U0963552

麦读

MyRead

走向上的路　追求正义与智慧

— 《中华人民共和国法律注释书系列》 —

作者简介　|

何　帆，1978 年生，湖北襄阳人，中国人民大学刑法学博士。曾从事经济犯罪侦查和刑事审判工作，现任职于最高人民法院。著有《刑事没收研究》（法律出版社，2007）、《刑民交叉案件审理的基本思路》（中国法制出版社，2007）、《积厚成势：中国司法的制度逻辑》（中国民主法制出版社，2023）等，另译有法政题材著作若干部。

中华人民共和国法律注释书系列

TREATISES ON THE LAWS OF
THE PEOPLE' S REPUBLIC OF CHINA

刑法
注释书

[第四版]

何帆 编著

CRIMINAL
LAW
TREATISE

中国民主法制出版社
全国百佳图书出版单位

第四版导言

《刑法注释书》第四版即将上市，循例就这次修订的内容、栏目和体例调整情况作一说明。

2024年3月以来，“两高”联合或单独印发了8个刑事司法解释。其中，联合印发的包括：《关于办理危害税收征管刑事案件适用法律若干问题的解释》（法释〔2024〕4号）、《关于办理洗钱刑事案件适用法律若干问题的解释》（法释〔2024〕10号）、《关于办理拒不执行判决、裁定刑事案件适用法律若干问题的解释》（法释〔2024〕13号）、《关于办理袭警刑事案件适用法律若干问题的解释》（高检发释字〔2025〕1号）、《关于办理侵犯知识产权刑事案件适用法律若干问题的解释》（法释〔2025〕5号）、《关于办理破坏黑土地资源刑事案件适用法律若干问题的解释》（法释〔2025〕7号）和《关于办理掩饰、隐瞒犯罪所得、犯罪所得收益刑事案件适用法律若干问题的解释》（法释〔2025〕13号）。最高人民法院单独印发的则有《关于办理减刑、假释案件审查财产性判项执行问题的规定》（法释〔2024〕5号）。上述司法解释及其理解与适用要点均已增补至本版**【司法解释】**和**【司法解释·注释】**栏目。

新司法解释印发后，11个与之内容或精神不一致的司法解释同时废止。具体包括：“两高”联合印发的《关于办理侵犯知识产权刑事案件具体应用法律若干问题的解释》（法释〔2004〕19号）、《关于办理侵犯知识产权刑事案件具体应用法律若干问题的解释(二)》（法释〔2007〕6号）、《关于办理侵犯知识产权刑事案件具体应用法律若干问题的解释(三)》（法释〔2020〕10号）、《关于办理侵犯著作权刑事案件中涉及录音录像制品有关问题的批复》（法释〔2005〕12号）；最高人民法院单独印发的《关于适用〈全国人民代表大会常务委员会关于惩治虚开、伪造和非法出售增值税专用发票犯罪的决定〉的若干问题的解释》（法发〔1996〕30号）、《关于审理骗取出口退税刑事案件具体应用法律若干问题的解释》（法释〔2002〕30号）、《关于审理偷税抗税刑事案件具体应用法律若干问题的解释》（法释〔2002〕33号）、《关于审理洗钱等刑事案件具体应用法律若干问题的解释》（法释〔2009〕15号）、《关于审理拒不执行判决、裁定刑事案件适用法律若干问题的解释》（法释〔2015〕16号）、《关于审理掩饰、隐瞒犯罪所得、犯罪所得收益刑事案件适用法律若干问题的解释》（法释〔2015〕11号）、《关于修改〈关于审理掩饰、隐瞒犯罪所得、犯罪所得收益刑事案件适用法律若干问题的解释〉的决定》（法释〔2021〕8号）。

除司法解释外，本版增补了7个新近印发的司法指导文件，具体包括：《最高人民法院、最高人民检察院、公安部关于依法惩治在使用中的航空器内实施违法犯罪行为的指导意见》（公通字〔2024〕3号）、《最高人民法院、最高人民检察院、公安部关于办理跨境电信网络诈骗等刑事案件适用法律若干问题的意见》（高检发办字〔2024〕166号）、《最高人民检察院经济犯罪检察厅关于办理财务造假犯罪案件有关问题的解答》（2024年8月16日施行）、《最高人民法院、最高人民检察院、公安部、国家安全部、司法部关于依法惩治"台独"顽固分子分裂国家、煽动分裂国家犯罪的意见》（法发〔2024〕8号）、《最高人民法院、最高人民检察院关于常见犯罪的量刑指导意见(二)（试行)》［法〔2024〕132号，以下简称《量刑指导意见(二)》］、《最高人民法院、最高人民检察院、公安部关于办理拒不执行判决、裁定刑事案件若干问题的意见》（法发〔2025〕8号）和《最高人民法院、最高人民检察院、公安部关于办理帮助信息网络犯罪活动等刑事案件有关问题的意见》（法发〔2025〕12号）。值得一提的是，《量刑指导意见(二)》于2024年7月1日起试行，为期一年，正好临近本书付梓。考虑到试行期满之后，"两高"还有一个总结经验、梳理问题的过程，并将结合2021年6月印发的《最高人民法院、最高人民检察院关于常见犯罪的量刑指导意见(试行)》（法发〔2021〕21号）一并修改完善，所以本版仍收录了2个量刑指导意见。

在上一版注释书导言中，我曾提到，人民法院案例库正式上线后，如何选编、收录入库案例，并处理好它们与其他类型案例的关系，将是下一次修订时的主要任务。截至2025年8月15日，案例库已入库刑事指导性案例43个、参考案例1902个，相关案例已成为刑事实务的重要指引。据此，本版专门增设了**【法院案例库参考案例】**栏目，收录了案例库部分参考案例裁判要旨。

按照2024年4月印发的《人民法院案例库建设运行工作规程》（法〔2024〕92号），各级人民法院审理案件时，应当检索人民法院案例库，依法参考入库类似案例作出裁判；经检索发现案例库收录有类似案例，但认为正在审理的案件具有特殊情况，不宜参考入库案例的，应当提交审判委员会讨论决定。此外，公诉机关、当事人及其辩护人、诉讼代理人等提交入库案例作为控(诉)辩理由的，人民法院应当在裁判文书说理中予以回应。综上，入库参考案例的效力要低于指导性案例，但高于收录于《最高人民法院公报》和《刑事审判参考》的案例。所以，在栏目排序上，**【法院案例库参考案例】**排在指导性案例之后、公报和刑参案例之前。另外，为防止与入库参考案例混淆、产生歧义，本版将此前的**【法院参考案例】**更名为**【《刑事审判参考》案例】**。

在案例编选上，本版主要采取如下原则：第一，同时有检察指导性案例和入库参考案例者，原则上保留前者，删除后者。例如，保留了〔南京百分百公司等生产、销售伪劣农药案，JZD62-2019〕，未收录〔南京百某某化学有限公司等生产、销售伪劣农药案，2025-18-1-075-001〕。第二，同时有入库参考案例和《刑事审判参考》案例的，原则上保留前者，删除后者；但是，若后者从其他角度提出有价值裁判规则的，则一并保留。例如，同样是"张某抢劫案"，〔参考案例第1569号：张某抢劫案〕涉及的问题是"涉案虚拟货币如何处置？"，〔张某抢劫案，2024-03-1-220-001〕涉及的问题是"强迫被害人购买比特币进而抢劫比特币并倒卖变现案件如何处理？"，对实务均有一定参考价值。第三，即便是入库参考案例，也未必"照单全收"，而是综合考虑其问题导向、规则意义、示范效果，决定是否收录，体现编注者自身的刑事立场。

本书初版导言中，我曾提出，人工智能时代的法律"知识图谱"，可以参照"机器学习"的逻辑，依循"刑事立法→司法文件→典型案例"的体例，采取逐层递进方式，直抵刑事实务中的每一个场景、每一条规则，但是，这项浩大工程，必须依托相应机制支撑、依靠广大法官参与。人民法院案例库的出现和运行，正好为更多裁判规则的归纳、提炼、汇聚，提供了更具体的抓手、更广阔的空间、更丰富的资源，也与本书最初的编选思路不谋而合。如今，随着大模型技术的飞速发展，人工智能正更多赋能于法律实务，期待本版注释书也能成为推进相关工作的助力之一。

以上是为第四版导言。

何　帆

2025年8月于北京

导　言

“智能时代”还需要工具书吗?

法无明文不为罪。办理刑事案件,法典不能离手。对办案人员和刑辩律师来说,“两高”司法解释、意见批复、会议纪要、指导案例,手头得常备常新。“一本通”“总整理”“全厚细”等刑事工具书,也是必不可少。

当然,司法实践中,许多“疑难杂症”,无法直接从字面求解。例如,多次抢劫预备,能否认定“多次抢劫”?经营有偿讨债业务,是否属于“非法经营”?国有控股企业中,哪些人属于“国家工作人员”?上述问题,单查法条不够,有时得靠“立法释义”或“理解适用”支招,或者在《最高人民法院公报》《刑事审判参考》等出版物中寻找答案。问题是,这些释义、参考、案例分布甚广,体系庞大,查询不易,即使汇编整理,也是不易携带的“大部头”。

我任刑事法官时,曾想逐字梳理前述文献,从中提炼“干货”、归纳“规则”,编撰一本相对全面、实用的“小册子”。一是因为实务界确实有需求。二是受我国台湾地区类似工具书启发,如许玉秀教授主编的《新学林分科六法·刑法》,即囊括刑法法条、立法理由、解释理由、标杆判例、裁判要旨、检察署座谈纪要、“最高法院”刑事庭法官会议决议等;林钰雄教授亦编有《搜索扣押注释书》,逐条注释相关条文,有效串接理论实践。

然而,面对汹涌而来的人工智能大潮,我又开始犹豫:当所有法律法规、司法文件、裁判文书都可以在“超级数据库”内“一网查询”,当“智能类案推送”成为各类办案辅助系统的核心“卖点”,还有必要再去编一本法条注释书吗?一切交给数据和机器,问题是否就迎刃而解了?

“当然不可能全靠机器解决。”当我向法律科技界的朋友求教时,大家都给出否定答案。是的,按照现在的人工智能技术,计算机在语音识别、图文识别(OCR)、自然语言处理(NLP)方面进步神速,但具体到法律领域,还做不到真正意义上的“智能推送、精确回应”。

为什么呢？因为每一个刑事罪名背后，都隐藏着千百种“适用场景”，对应着各类成文或不成文规则。这其中，既有法律适用规则、量刑操作规则，也有证据审核规则、程序把关规则。如果没有法律专业人士去提炼、分类、整合，并作标准化处理，将之转化为算法嵌入系统，机器就只能回答“抢劫罪规定在刑法第几条？有哪几种加重处罚情形？入户抢劫致人轻伤如何量刑？”等简单问题，无法就复杂案情作出反应。

什么是理想的“类案推送”？

以“类案推送”为例。法官办理“入户抢劫案”时，传统所谓“类案推送”系统，会识别“入户抢劫”标签，进而推送数据库内援引刑法第二百六十三条第一项作出的裁判文书。[①]至于是什么形式的“入户”，是不是“入户盗窃”后因当场使用暴力转化的抢劫，“入户”后是否又存在“致人重伤、死亡”的情节，则在所不问。如此一来，法官面对的是仅因适用同一法条，就被“打包”推送的上百篇裁判文书，即使得空读上十来篇，也未必能找到有参考价值的判例。这样的所谓“推送”，与凭关键词检索没有本质差别，既不“智能”，也省不了“人工”。

那么，什么是理想的“类案推送”呢？回答这一问题之前，先假设一个虚拟案例，具体案情是：某甲以强奸为目的，潜入某单身女性住宅，未遂后恼羞成怒，实施抢劫。这种情况下，机器通过识别电子卷宗，可初步判定某甲涉嫌强奸罪、抢劫罪，但能否认定为“入户抢劫”，则需要借助具体规则。

首先，按照《最高人民法院关于审理抢劫案件具体应用法律若干问题的解释》（法释〔2000〕35号，以下简称《抢劫解释》）第一条，“‘入户抢劫’，是指**为实施抢劫行为**而进入他人生活的与外界相对隔离的住所……对于入户盗窃，因被发现而当场使用暴力或者以暴力相威胁的行为，应当认定为入户抢劫”。可见，除以抢劫为目的，或者抱持“能盗窃就盗窃，被发现就抢劫”想法者外，以其他不法目的入户，并实施抢劫行为的情形，不能认定为“入户抢劫”。

---

① 刑法第二百六十三条规定：“以暴力、胁迫或者其他方法抢劫公私财物的，处三年以上十年以下有期徒刑，并处罚金；有下列情形之一的，处十年以上有期徒刑、无期徒刑或者死刑，并处罚金或者没收财产：（一）入户抢劫的；（二）在公共交通工具上抢劫的；（三）抢劫银行或者其他金融机构的；（四）多次抢劫或者抢劫数额巨大的；（五）抢劫致人重伤、死亡的；（六）冒充军警人员抢劫的；（七）持枪抢劫的；（八）抢劫军用物资或者抢险、救灾、救济物资的。”

其次，再看《最高人民法院关于审理抢劫、抢夺刑事案件适用法律若干问题的意见》（法发〔2005〕8号，以下简称《两抢意见》）。该意见明确，"进入他人住所须**以实施抢劫等犯罪为目的**。抢劫行为虽然发生在户内，但行为人不以实施抢劫等犯罪为目的进入他人住所，而是在户内临时起意实施抢劫的，不属于'入户抢劫'"。与《抢劫解释》不同的是，《两抢意见》在"入户目的"范围上增加了"**等**"字，但仍要求是实施"犯罪"行为。

那么，"等"字如何理解呢？《两抢意见》起草者在"理解与适用"中是这么解释的："这里的'抢劫等犯罪'，除了抢劫犯罪，还包括为**实施盗窃、诈骗、抢夺**而入户，为了窝藏赃物、抗拒抓捕或者毁灭罪证当场使用暴力或者以暴力相威胁的情形。至于行为人以为实施杀人、伤害等其他犯罪为目的侵入他人住所的，或者为了实施赌博、卖淫等违法行为侵入他人住所的，均不符合'入户目的非法性'的要件。"[①]

《刑事审判参考》（总第70集）则在第580号参考案例"虞正策强奸、抢劫案"的"裁判理由"中进一步明确："认定'入户抢劫'时，必须注意行为人进入他人住所须以实施抢劫等犯罪为目的。这里的'抢劫等犯罪'不宜理解为所有犯罪，仅应解释为**抢劫、盗窃、诈骗等图财类犯罪**。行为人以强奸为目的入户，在强奸过程中临时起意劫取财物的，不能认定为'入户抢劫'。"[②]

然而，《最高人民法院关于审理抢劫刑事案件适用法律若干问题的指导意见》（法发〔2016〕2号，以下简称《抢劫指导意见》）印发后，裁判标准又起了变化。该意见明确："**以侵害户内人员的人身、财产为目的**，入户后实施抢劫，包括入户实施盗窃、诈骗等犯罪而转化为抢劫的，应当认定为'入户抢劫'。"起草者在"理解与适用"中解释了这一规定的含义和意图："即使不以犯罪为目的，而只是**出于一般违法目的**，只要是'以侵害户内人员的人身、财产为目的'而入户，而后实施抢劫的，均可认定为入户抢劫。这样规定，有利于更有力地保护公民的住宅安全，更严厉地打击入户抢劫犯罪。"[③]如果

① 顾保华：《〈关于审理抢劫、抢夺刑事案件适用法律若干问题的意见〉的理解与适用》，载《人民司法》2005年第10期。

② 最高人民法院刑事审判第一、二、三、四、五庭主办：《刑事审判参考》（总第70集），法律出版社2010年版，第40—45页。

③ 陆建红、杨华、潘洁：《〈最高人民法院关于印发《关于审理抢劫刑事案件适用法律若干问题的指导意见》的通知〉的理解与适用》，载江必新主编：《最高人民法院司法解释与指导性案例理解与适用》（第五卷），人民法院出版社2017年版。

参照上述表述，虚拟案例设定的情形，应当认定为“入户抢劫”。[①]

既然《抢劫解释》、《两抢意见》和《抢劫指导意见》都是现行有效文件，相关条文又存在冲突，实践中到底该如何适用呢？《抢劫指导意见》起草者随后在《刑事审判参考》（总第109集）再次作了解读：“三个文件中，凡是内容有发展变化的，均以发展变化了的后一个文件为依据。三个文件之间的关系是递进式的补充和完善，而不是简单的否定。”[②]

当然，即使有上述文件和解读，也无法涵盖司法实践中各类复杂情况。对“入户抢劫”的理解，有时得结合个案情形判断。例如，“以侵害户内人员的人身、财产为目的”，是否包括敲诈勒索、寻衅滋事、招摇撞骗等妨害社会管理秩序类犯罪？进入卖淫女出租房嫖宿后，又实施抢劫是否构成“入户抢劫”？[③]这些问题，有的已在《刑事审判参考》相关案例中得到解答，有的则需进一步归纳提炼。

分析完案例，理想的“类案推送”模式大致就能呈现出来了。它要求机器能够在完成下述判断基础上，推送相关判例或规则：

第一，相似性判断。系统应当能够根据关键词，确定与本案案情最相似的“类案”。例如，前述虚拟案例的法律争议点是：“入户目的”对构成“入户抢劫”的影响。机器识别案情后，应当优先选择“入户目的”为图财类犯罪之外情形的判例。

第二，有效性判断。系统应当按照嵌入的算法规则，优先推送符合《抢劫指导意见》及其解读意见的内容或判例，而非机械套用《抢劫解释》和《两抢意见》。

第三，相关性判断。系统应当优先选择与办案机关所处地域、审级关联性最强的法院所作的裁判。例如，如果该案由成都市中级人民法院审理，系

---

① 部分学者认为应当对“入户抢劫”中“入户”进行限制解释。如张明楷教授认为，只有以抢劫故意入户后实施抢劫的，才能认定为入户抢劫。具体包括三类情形：第一，入户目的是为实施刑法第二百六十三条规定的抢劫罪。第二，入户时具有能盗窃就盗窃、不能盗窃就抢劫的目的。第三，入户时具有事后抢劫的目的，即入户时具有实施准抢劫罪的目的，也属于以抢劫为目的的入户。参见张明楷：《刑法的私塾》，北京大学出版社2017年版，第437—438页。

② 陆建红：《审理抢劫案件几个疑难问题探讨——基于对〈关于审理抢劫刑事案件适用法律若干问题的指导意见〉的再次解读》，载最高人民法院刑事审判第一、二、三、四、五庭主办：《刑事审判参考》（总第109集），法律出版社2017年版，第179—180页。

③ 相关案例参见《黄卫松抢劫案——进入卖淫女出租房嫖宿后实施抢劫是否构成“入户抢劫”》，载最高人民法院刑事审判第一、二、三、四、五庭主办：《刑事审判参考》（总第91集），法律出版社2014年版，第25—29页。

统应当在满足相似性判断、有效性判断前提下，优先推送该院之前类似判例，或者四川省高级人民法院作出的类似裁判。当然，如果最高人民法院已有类似指导性案例、公报案例或参考案例的，更应当优先推送。

第四，技术性判断。系统应当结合罪名特点和个案情形，推送法官撰写裁判文书时应当注意的技术性提示。例如，转化型抢劫不是具体罪名，只是抢劫犯罪的一种特殊构成形式。裁判文书在论述犯罪构成时，应当对转化过程进行论述；在适用法条时，应当先援引刑法第二百六十九条，再适用第二百六十三条，而不是直接适用第二百六十三条。

行文至此，读者或许已能体会到法律专业人士在“类案推送”系统研发中的作用。机器若想“智能”，必须经过“深度学习”和“试错训练”，而学习的对象，并非法条或司法解释的简单堆砌，而是经过一线办案人员“精加工”过的法律适用规则。规则越是“以问题为导向”，越是经过反复提炼、校正，机器的反应就越是灵敏，结果就越可能接近准确。正如行内对“人工智能”的解释：“投入多少人工，就有多少智能。”

“知识图谱”与人工智能

即使进入“智能时代”，法律专业主义仍然必不可少。推动实现“智能辅助办案”，不仅需要工程师和程序员的孜孜努力，更离不开法律专业人士精心绘制的“知识图谱”。这里的“法律知识图谱”，是教会机器开展法律推理的基础。总体上看，它是法律法规、司法文件、法院判例、证据规则和案件事实的动态集合。具体而言，又可以细分到追诉标准、法律适用、取证指引、证据分析、量刑指南等各个领域。

2017年年底，因为工作关系，我参与了上海“刑事案件智能辅助办案系统”（又称“206工程”）的应用推广工作。“206工程”的初步目标，是对应刑法常用罪名，制定相应证据标准和规则，将之嵌入司法办案系统，实现对证据的统一提示指引、严格校验把关。

我国刑法有469个罪名，常用罪名102个。为做好这项工作，上海倾三级法院之力，研究制定了上海地区71个常见罪名的证据标准，并结合案件类型、诉讼流程进行细分。其中，仅故意杀人罪的证据模型就分为现场目击型命案、现场留痕型命案、认罪供述得到印证型命案、拒不认罪型命案四种情形。

经中央有关部门委托，后期又有11家高级人民法院承担了涉矿产资源犯罪、涉黑恶势力犯罪、涉拐卖妇女儿童犯罪等上海地区不常见罪名的证据标准指引制定工作。在2018年4月9日举办的证据标准指引制定培训班上，我根据工作安排，作了动员讲话。在发言中，我将这项工作比喻为一次“证据指引”的“众筹”，由全国法院群策群力，共同完成证据“知识图谱”的绘制工作。

证据指引工程庞大，必须以“众筹”形式完成。但法律适用规则的整理，其实是刑法知识的一次“精加工”，编辑者的逻辑编排、要旨提炼、观点选择，体现了个人的价值取向、学术判断、政策立场。既然如此，“联产”不如“单干”。因此，我决心利用业余时间，以一人之力完成夙愿，编撰一本聚合刑法法条、立法解释、司法解释、司法指导文件及其起草者解读，囊括各类有效判例规则的刑法注释书。

打造一本理想的刑法工具书

与德、日学者侧重以学说、理论注解法典的传统注释书不同，本书选择的注释工具，是立法释义、立法解释、立法解释性意见、司法解释、司法指导文件、指导性案例、公安文件、相关文件理解与适用等。也就是说，注释者原则上不进行创造性注解，只负责逻辑编排、提炼要旨，寻找与实务问题对应的条文、释义、判例。涉及条文效力、废立等问题，以编者注形式说明。所有注释均对应实务问题，保持层次上的递进，条文本身已足够清晰的，不再作重复性解读。

下面，就栏目分类和编辑原则介绍如下：

【修正情况】1997年刑法实施至今，已经历过十次修正。具体到条文上，经历过三次修正的有两条，经历过两次修正的有十一条。本栏侧重提示修正要点，现行法条下也会附历次修正前条文，方便读者对照了解修正内容。

【立法 · 要点注释】1997年，第八届全国人民代表大会对《中华人民共和国刑法》作了全面修订。[①] 当时，为便于广大读者及时了解、准确把握刑法的内容和精神，全国人民代表大会常务委员会法制工作委员会参与刑法修

① 关于刑法修订相关背景性解读和立法文献资料，参见高铭暄：《中华人民共和国刑法的孕育诞生和完善发展》，北京大学出版社2012年版；高铭暄、赵秉志主编：《新中国刑法立法文献资料总览》（上、下），中国人民公安大学出版社1998年版；高铭暄、赵秉志主编：《中国刑法立法文献资料精选》，法律出版社2007年版。

订的人员编写了刑法逐条释义，之后根据历次修正和立法解释情况，不定期更新释义内容。本栏结合实践需要，提炼释义相关内容。例如，立法机关在解释刑法第三十七条之一"从业禁止"内容时提到，"对于依照本法第三十七条规定予以定罪，但免予刑事处罚的犯罪分子，不适用从业禁止的规定"。类似内容，有必要以要点形式提示。

【立法解释】是指全国人民代表大会常务委员会根据立法法就刑法适用问题作出的法律解释。[①]如《全国人民代表大会常务委员会关于〈中华人民共和国刑法〉第三十条的解释》《全国人民代表大会常务委员会关于〈中华人民共和国刑法〉有关信用卡规定的解释》等。立法解释与刑法具有同等法律效力，可以在刑事裁判文书中直接援引。在有关出版物中，立法解释起草者也会就解释背景、立法原意作深度解读，如合同制民警是否构成渎职罪主体、为什么没有用"银行卡"替代刑法中的"信用卡"等。为方便读者阅读，本书将相关内容吸收到【立法 · 要点注释】栏目中。[②]

【立法解释性意见】是指全国人民代表大会常务委员会法制工作委员会及其刑法室就刑法适用问题作出的答复性意见。如《全国人民代表大会常务委员会法制工作委员会关于对被告人在罚金刑执行完毕前又犯新罪的罚金应否与未执行完毕的罚金适用数罪并罚问题的答复意见》(法工办复〔2017〕2号)、《全国人民代表大会常务委员会法制工作委员会刑法室关于挪用资金罪有关问题的答复》(法工委刑发〔2004〕28号)等。根据立法法(2015年)第六十四条，全国人民代表大会常务委员会工作机构可以对有关具体问题的法律询问进行研究予以答复，并报常务委员会备案。相关答复具有准立法解释效力。刑法室等业务室作出的答复，具有适用参考价值，但不属于法律意义上的法律询问答复。

【司法解释】是指最高人民法院、最高人民检察院就刑法适用问题单独或联合作出的法律解释。根据《全国人民代表大会常务委员会关于加强法律解释工作的决议》(1981年6月10日)，凡属于法院审判工作中具体应用法

---

① 2015年修正的立法法第四十五条规定："法律解释权属于全国人民代表大会常务委员会。法律有以下情况之一的，由全国人民代表大会常务委员会解释：(一)法律的规定需要进一步明确具体含义的；(二)法律制定后出现新的情况，需要明确适用法律依据的。"首部刑事立法解释是2000年4月29日由第九届全国人民代表大会常务委员会第十五次会议通过的《全国人民代表大会常务委员会关于〈中华人民共和国刑法〉第九十三条第二款的解释》。

② 相关理解与适用集中收录于黄太云：《刑事立法的理解与适用：刑事立法背景、立法原意深度解读》，中国人民公安大学出版社2014年版。

律的问题，由最高人民法院进行解释；凡属于检察院检察工作中具体应用法律的问题，由最高人民检察院进行解释。实践中，刑法适用问题具有共性，通常会以“两高”名义共同发文解释。最高人民法院发布的司法解释，包括“解释”“规定”“批复”“决定”四种形式，涉及区际司法协助的还有“安排”一类，[①]一般编排“法释字”文号。最高人民检察院发布的司法解释，包括“解释”“规则”“规定”“批复”“决定”五种形式，一般编排“高检发释字”文号。司法解释作为对法律的解释，具有法律效力，可以在裁判文书中援引。

需要强调的是，2008年以来，最高人民检察院会同公安部先后发布过三个刑事案件立案追诉标准规定、两个补充规定。[②]按照文件要求，各级公安机关应当依照上述规定立案侦查，各级检察机关应当依照上述规定审查批捕、审查起诉。最高人民法院亦曾发文明确，对相关经济犯罪的定罪量刑标准没有规定的，人民法院在审理经济犯罪案件时，可以参照适用相关追诉标准的规定。[③]尽管上述规定编排的是“公通字”文号，本书仍将列入【司法解释】类别，但实际上属于司法解释性质文件，不是严格意义上的司法解释。实践中，追诉标准与最高人民法院司法解释内容冲突的，审理者应当以司法解释为准。本书亦秉持这一标准，对相关文件内容作了注解与取舍。[④]

【司法指导文件】除司法解释外，最高人民法院、最高人民检察院时常单独、联合或会同其他部委发布具有政策把握或办案指导性质的文件，主要包括各类“纪要”“通知”“意见”等，这些文件一般又称为司法性文件。司法性文件从性质上看，不是司法解释，但对办案工作同样有指导作用。实践

① 如《最高人民法院关于内地与香港特别行政区法院就民商事案件相互委托提取证据的安排》（法释〔2017〕4号）、《最高人民法院关于内地与澳门特别行政区相互认可和执行仲裁裁决的安排》（法释〔2007〕17号）等。

② 即《最高人民检察院、公安部关于公安机关管辖的刑事案件立案追诉标准的规定（一）》（公通字〔2008〕36号）、《最高人民检察院、公安部关于公安机关管辖的刑事案件立案追诉标准的规定（二）》（公通字〔2010〕23号）、《最高人民检察院、公安部关于公安机关管辖的刑事案件立案追诉标准的规定（三）》（公通字〔2012〕26号）、《最高人民检察院、公安部关于公安机关管辖的刑事案件立案追诉标准的规定（一）的补充规定》（公通字〔2017〕12号）、《最高人民检察院、公安部关于公安机关管辖的刑事案件立案追诉标准的规定（二）的补充规定》（公通字〔2011〕47号）。

③ 即《最高人民法院关于在经济犯罪审判中参照适用〈最高人民检察院、公安部关于公安机关管辖的刑事案件立案追诉标准的规定（二）〉的通知》（法发〔2010〕22号）。

④ 例如，关于非法提供麻醉药品、精神药品罪，容留他人吸毒罪的定罪标准，《最高人民检察院、公安部关于公安机关管辖的刑事案件立案追诉标准的规定（三）》作了规定，但《最高人民法院关于审理毒品犯罪案件适用法律若干问题的解释》（法释〔2016〕8号）结合审判实际，进行了相应调整，故本书不再收录追诉标准相关条文，并以编者注形式作了说明。

中，最高人民法院相关刑事审判庭、研究室，最高人民检察院公诉厅、法律政策研究室针对法律适用问题作出的个案答复，也具有较强的办案指导价值。本书将上述文件统一纳入【司法指导文件】类别。

裁判文书是否可以援引非司法解释类规范性文件，过去没有明确说法。特别是1997年之前，最高人民法院的司法解释形式不明确时，这类文件一般也被统称为司法解释。根据《最高人民法院关于裁判文书引用法律、法规等规范性法律文件的规定》(法释〔2009〕14号)，司法性文件不是司法解释，不具备法律效力，不能直接引用作为裁判依据，但可以在说理部分引用作为说理依据。但是，1997年以前出台的部分司法性文件，一般作为司法解释对待，可以引用。①

【司法解释·注释】【司法指导文件·注释】是司法解释、司法指导文件起草者撰写的"理解与适用"中具有办案指导价值的要点内容。刑事司法解释、司法指导文件、指导性案例一般通过《最高人民法院公报》《最高人民检察院公报》公布，相关释义以"理解与适用"、"答记者问"或"文件解读"等形式散见于《人民司法》《人民法院报》《检察日报》《刑事审判参考》《刑事司法指南》等出版物。

实践中，起草者在撰写"理解与适用"时，除介绍起草背景、条文原意、观点取舍外，对重点内容还会使用"需要强调的是""需要补充的是"等语气加以提示，或者采取"本解释……虽未作出规定，但实践中倾向的做法是……""关于……问题，实践中可参照……执行"等表述予以补充。因此，对于"理解与适用"内容，注释者并非照单全录，撷选、提炼的主要是阐释性、延伸性、补充性内容，针对的基本是实务中常见疑难问题。限于篇幅，本书不再逐一注明相关"理解与适用"的作者和出处。

【指导性案例·法院】【指导性案例·检察】是指最高人民法院、最高人民检察院以指导性案例形式分批发布的案例，各自经最高人民法院审判委员会、最高人民检察院检察委员会讨论通过。根据《〈最高人民法院关于案例指导工作的规定〉实施细则》(法〔2015〕130号)，各级人民法院正在审理

---

① 参见吴兆祥：《〈关于裁判文书引用法律、法规等规范性法律文件的规定〉的理解与适用》，载《人民司法·应用》2009年第23期。此外，按照《最高人民法院关于加强和规范裁判文书释法说理的指导意见》(法发〔2018〕10号)，除依据法律法规、司法解释的规定外，法官可以运用最高人民法院发布的指导性案例、最高人民法院发布的非司法解释类审判业务规范性文件等论证裁判理由，以提高裁判结论的正当性和可接受性。

的案件，在基本案情和法律适用方面，与最高人民法院发布的指导性案例相类似的，应当参照相关指导性案例的裁判要点作出裁判。[①]为节约篇幅，本书仅收录了“两高”指导性案例的“要旨”部分，未涵盖基本案情或者指导意义等内容。

【法院公报案例】【法院参考案例】是指《最高人民法院公报》和《刑事审判参考》刊登的案例。这些案例多数并非最高人民法院裁判，但经过最高人民法院相关部门编辑认可或点评，能够代表最高司法机关观点，具有司法指导意义，但不宜被称为“指导性案例”。为方便读者辨识，本书分别将之列入“公报案例”和“参考案例”两个栏目。《最高人民法院公报》案例均附有年份、期号和裁判要旨，读者可据此检索判决全文。《刑事审判参考》上的案例，则附上统一编号，列明对应实务问题、裁判规则指引，读者可根据案例编号，查询判例详情。

创办于1999年的《刑事审判参考》由最高人民法院各刑事审判庭主办，截至2018年9月，已出版112集，包含1235个参考案例，是全国影响力最大的刑事办案指导刊物。这些案例在事实认定、证据采信、法律适用、财物处理和定罪量刑方面，都具有重要指导意义，相关裁判要旨或规则意义亦有专著研究归纳。[②]但是，必须承认，随着经济社会快速发展，刑法几经修正，司法政策、编辑人员亦有变迁，一些案例已经过时，一些案例的观点已被司法解释吸收或修正，部分案例内容甚至相互冲突，需要注释者重新取舍、提炼、归纳。

例如，关于被告人杀伤被害人后报警，见被害人未死，又将被害人杀死，并在现场等候公安机关人员到来，事后如实供述犯罪事实的行为是否应当认定为自首问题。〔**参考案例第522号：翁见武故意杀人案**〕认为应当构成自首。〔**参考案例第831号：李国仁故意杀人案**〕则认为，被告人打电话表示投案后，还继续实施犯罪，表明其主观上并未彻底放弃和终止继续犯罪的意

① 根据正文提到的实施细则，审理类似案件参照指导性案例的，应当将指导性案例作为裁判理由引述，但不作为裁判依据引用；在办理案件过程中，案件承办人员应当查询相关指导性案例。在裁判文书中引述相关指导性案例的，应在裁判理由部分引述指导性案例的编号和裁判要点；公诉机关、案件当事人及其辩护人、诉讼代理人引述指导性案例作为控（诉）辩理由的，案件承办人员应当在裁判理由中回应是否参照了该指导性案例并说明理由。

② 较常见的是陈兴良、张军、胡云腾主编：《人民法院刑事指导案例裁判要旨通纂（第二版）》（上、下），北京大学出版社2018年版；刘树德：《刑事裁判的指导规则与案例汇纂》，法律出版社2014年版。

图，缺乏自愿将自己置于司法机关的控制之下，接受审查和裁判的主观意愿，不属于自动投案，不具备自首的本质特征，故不构成自首。注释者在综合考虑刑事立法精神基础上，选择了参考案例第831号的观点。

【公安文件】收录了公安部及该部法制局、经济犯罪侦查局关于部分法律适用问题的相关规定、答复。这类文件有的征求了“两高”、中国人民银行、证监会或海关总署意见，有的系公安机关自行规定，仅供办案人员在实践中参考。[①]

打造一本“开放”的刑法工具书

受罪刑法定原则规制，刑法典是一个相对闭合的规范体系，最适合以注释方式编撰。与此同时，随着经济、社会、科技的快速发展，刑法及其司法解释也必须不断予以回应。按照《最高人民法院关于在司法解释中全面贯彻社会主义核心价值观的工作规划(2018—2023)》，未来五年，最高人民法院将修订完善生产销售伪劣商品犯罪、危害食品药品安全犯罪、涉野生动物和国家重点保护植物相关犯罪案件的司法解释，完善金融犯罪司法解释，适时出台防卫过当的认定标准、处罚原则。此外，各类具有指导性质的案例仍将陆续发布。可以说，任何一本纸质刑法工具书，从出版当日就“过时”了。

当然，随着科技发展，有很多方式可以弥补这一缺憾。例如，读者可以通过扫描二维码，在线获取修订、更新资讯。又或者，将注释书嵌入数据库，方便读者在线查询、使用。

“在线”，还可以激活沉睡数据，聚合众人视野、经验、智慧，打造一本更加开放、与时俱进的线上刑法工具书。[②]例如，本书关于“入户抢劫”裁判规则的梳理，仍停留在司法解释、司法指导文件和官方认可的判例基础上。实践中，可能已有法官审理过超越规范性文件、指导性案例所列情形的案件，并根据刑法精神，在裁判文书说理过程中确立了新的规则。如果依托注释书建立在线专业社群，由法律研究者或从业者适时提供生效判决文号或文本，不断丰富完善、调整校正相关裁判规则，将为推动立法、司法完善提供更

① 为缩减篇幅，减少读者阅读负担，本书使用了大量缩略语，并于“凡例”部分例示说明，使用前请预先查阅，以明晰缩略语的具体指向。

② 关于数据在线的价值，参见王坚：《在线》，中信出版社2016年版。

多燃料和动力。这也是我将着手的一项探索。

总之，以注释书形式进行法律、释义、判例编撰，对我来说是一次全新尝试。逻辑编排、要点摘录、案例编选方面，难免会有错漏之处，尚请学界、实务界同仁不吝指正。我相信，即使法律人工智能已广泛投入运用，但只要注释者始终以现实问题为导向，始终秉持刑法正义精神，法律人的“情怀”和“匠心”，是无法被复制和替代的。

何　帆

2019年2月于北京

凡　　例

1.【**立法·要点注释**】全国人大常委会法制工作委员会刑法室撰写的刑法条文说明摘要，以及历次修正的说明摘要。

2.【**相关立法**】与刑法具体条文相关的法律、全国人大常委会作出的具有刑法性质的决定。

3.【**立法解释**】全国人大常委会就刑法适用问题作出的解释。

4.【**立法解释性意见**】全国人大常委会法制工作委员会及其刑法室就刑法适用问题作出的答复性意见。

5.【**立案追诉标准**】最高人民检察院、公安部联合印发的关于公安机关管辖的刑事案件立案追诉标准和最高人民检察院、解放军总政治部联合印发的军人违反职责罪案件立案标准。

6.【**司法解释**】最高人民法院、最高人民检察院依法就具体应用法律问题作出的解释。"两高"制定并发布的司法解释具有法律效力。

7.【**司法指导文件**】中央政法委，最高人民法院及其研究室、相关刑事审判庭，最高人民检察院及其法律政策研究室，以及"两高"与公安部、司法部等部门发布的对刑事办案工作具有指导意义的文件。

8.【**司法解释·注释**】和【**司法指导文件·注释**】最高人民法院、最高人民检察院起草部门就相关司法解释、司法指导文件撰写的理解与适用摘要。

9.【**司法解释(1)·注释**】是对【**司法解释(1)**】的注释，依次递进，【**司法解释(2)·注释**】对应【**司法解释(2)**】，【**司法解释(3)·注释**】对应【**司法解释(3)**】，司法指导文件亦依此形式对应。

10.【**审判实务释疑**】最高人民法院刑事审判庭审判长联席会议或法官会议的研究意见以及"法答网精选答问"所涉刑法问题的答疑意见。

11.【**指导性案例·法院**】最高人民法院审判委员会讨论通过的指导性案例的裁判要点。例如，〔潘玉梅、陈宁受贿案，FZD3-2011〕即指"潘玉梅、陈宁受贿案"，最高人民法院指导案例3号，2011年发布。更新至2025年发布的第45批案例。

12.【**指导性案例·检察**】最高人民检察院检察委员会讨论通过的指导性案例的要旨。例如，〔李泽强编造、故意传播虚假恐怖信息案，JZD9-2013〕即指"李泽强编造、故意传播虚假恐怖信息案"，最高人民检察院指导案例9号，2013年发布。更新至2025年发布的第58批案例。

13.【**法院案例库参考案例**】人民法院案例库收录的参考案例裁判要旨。例如，〔杨某玩忽职守、受贿案，2025-18-1-417-001〕即指人民法院案例库2025年发布的入库编号为“2025-18-1-417-001”的“杨某玩忽职守、受贿案”。更新至〔唐某杰等虚假广告案，2025-03-1-165-001〕。

14.【**法院公报案例**】《最高人民法院公报》刊载的案例裁判摘要。例如，〔南京市玄武区人民检察院诉余刚等四人盗窃案，GB2005-8〕即指“南京市玄武区人民检察院诉余刚等四人盗窃案”，载《最高人民法院公报》2005年第8期。2023年12月之后不再更新。

15.【**《刑事审判参考》案例**】根据《刑事审判参考》刊载的案例提炼的裁判规则。例如，〔参考案例第325号：钱炳良盗窃案〕盗买盗卖股票的行为应如何定性？即指《刑事审判参考》第325号案例，“钱炳良盗窃案：盗买盗卖股票的行为应如何定性”。更新至第142辑。

16.【**职务犯罪案例**】最高人民法院刑事审判第二庭编写的《职务犯罪审判指导》针对典型案例提炼的法律适用分析摘要。例如，〔村委会等基层组织人员利用职务便利收受贿赂行为的定性，ZWFZ1-2022〕即指《职务犯罪审判指导》2022年刊载的编号001的法律适用分析。更新至第3辑。

17.【**公安文件**】公安部及该部法制局、经济犯罪侦查局相关规范性文件、答复意见。

18.【**行政机关文件**】行政机关针对特定监管领域所涉刑事执法问题发布的具有规范意义的文件。

19. 注释中涉及刑法、刑法修正案名称的，均省略“中华人民共和国”字样。例如，《中华人民共和国刑法》简称“刑法”，《中华人民共和国刑法修正案(八)》简称“刑法修正案(八)”。

20. 各类文件名标题涉及相关立法的，附实施日期；涉及立法解释、立法解释性意见的，附通过或印发日期；涉及司法解释、司法指导文件的，附文号与实施日期。例如，《最高人民法院关于处理自首和立功若干具体问题的意见》(法发〔2010〕60号，20101222)。

21. 以上规范性文件均更新至2025年8月1日。

目　　录

第二编　分　则

附　　则

附　　录

中华人民共和国刑法

(1979年7月1日第五届全国人民代表大会第二次会议通过
1997年3月14日第八届全国人民代表大会第五次会议修订
1997年3月14日中华人民共和国主席令第八十三号公布
自1997年10月1日起施行)①

【司法解释(1)】

《最高人民法院关于在裁判文书中如何表述修正前后刑法条文的批复》(法释〔2012〕7号,20120601)

近来,一些法院就在裁判文书中引用修正前后刑法条文如何具体表述问题请示我院。经研究,批复如下:

一、根据案件情况,裁判文书引用1997年3月14日第八届全国人民代表大会第五次会议修订的刑法条文,应当根据具体情况分别表述:

(一)有关刑法条文在修订的刑法施行后未经修正,或者经过修正,但引用的是现行有效条文,表述为"《中华人民共和国刑法》第××条"。

(二)有关刑法条文经过修正,引用修正前的条文,表述为"1997年修订的《中华人民共和国刑法》第××条"。

(三)有关刑法条文经两次以上修正,引用经修正、且为最后一次修正前的条文,表述为"经××××年《中华人民共和国刑法修正案(×)》修正的《中华人民共和国刑法》第××条"。

二、根据案件情况,裁判文书引用1997年3月14日第八届全国人民代表大会第五次会议修订前的刑法条文,应

---

① 根据1998年12月29日第九届全国人民代表大会常务委员会第六次会议通过的《全国人民代表大会常务委员会关于惩治骗购外汇、逃汇和非法买卖外汇犯罪的决定》、1999年12月25日第九届全国人民代表大会常务委员会第十三次会议通过的《中华人民共和国刑法修正案》、2001年8月31日第九届全国人民代表大会常务委员会第二十三次会议通过的《中华人民共和国刑法修正案(二)》、2001年12月29日第九届全国人民代表大会常务委员会第二十五次会议通过的《中华人民共和国刑法修正案(三)》、2002年12月28日第九届全国人民代表大会常务委员会第三十一次会议通过的《中华人民共和国刑法修正案(四)》、2005年2月28日第十届全国人民代表大会常务委员会第十四次会议通过的《中华人民共和国刑法修正案(五)》、2006年6月29日第十届全国人民代表大会常务委员会第二十二次会议通过的《中华人民共和国刑法修正案(六)》、2009年2月28日第十一届全国人民代表大会常务委员会第七次会议通过的《中华人民共和国刑法修正案(七)》、2009年8月27日第十一届全国人民代表大会常务委员会第十次会议通过的《全国人民代表大会常务委员会关于修改部分法律的决定》、2011年2月25日第十一届全国人民代表大会常务委员会第十九次会议通过的《中华人民共和国刑法修正案(八)》、2015年8月29日第十二届全国人民代表大会常务委员会第十六次会议通过的《中华人民共和国刑法修正案(九)》、2017年11月4日第十二届全国人民代表大会常务委员会第三十次会议通过的《中华人民共和国刑法修正案(十)》、2020年12月26日第十三届全国人民代表大会常务委员会第二十四次会议通过的《中华人民共和国刑法修正案(十一)》和2023年12月29日第十四届全国人民代表大会常务委员会第七次会议通过的《中华人民共和国刑法修正案(十二)》修正。

刑法、历次刑法修正案、涉及修改刑法的决定的施行日期,分别依据各法律所规定的施行日期确定。

当表述为“1979年《中华人民共和国刑法》第××条”。

三、根据案件情况，裁判文书引用有关单行刑法条文，应当直接引用相应该条例、补充规定或者决定的具体条款。

四、《最高人民法院关于在裁判文书中如何引用修订前、后刑法名称的通知》（法〔1997〕192号）、《最高人民法院关于在裁判文书中如何引用刑法修正案的批复》（法释〔2007〕7号）不再适用。

【司法解释(1)·注释】

本司法解释第一条明确了在裁判文书中引用1997年3月14日第八届全国人民代表大会第五次会议修订的刑法条文如何表述的问题。对于此种情形，应当区分三种情况分别表述：

1.有关刑法条文在1997年10月1日后未经修正，或者经过修正，但引用的是现行有效条文，表述为“《中华人民共和国刑法》第××条”。例如，刑法第二百六十三条（抢劫罪）在1997年10月1日后未经修正，故引用该条文的，应当表述为“《中华人民共和国刑法》第二百六十三条”；又如，刑法第二百六十四条（盗窃罪）经2011年2月25日刑法修正案（八）修正，如根据案件情况和从旧兼从轻原则，对被告人应适用修正后即现行有效刑法条文的，也应表述为“《中华人民共和国刑法》第二百六十四条”。

2.有关刑法条文在1997年10月1日后经过修正，引用修正前的条文，表述为“1997年修订的《中华人民共和国刑法》第××条”。例如，刑法第六十五条（一般累犯）曾经2011年2月25日刑法修正案（八）修正，如根据案件情况和从旧兼从轻原则，对被告人应适用修正前刑法条文的，则应表述为“1997年修订的《中华人民共和国刑法》第六十五条”。再如，刑法第一百九十一条（洗钱罪）曾经2001年12月29日刑法修正案（三）、2006年6月29日刑法修正案（六）两次修正（截至本司法解释公布时），如根据案件情况和从旧兼从轻原则，对被告人应适用两次修正前，即1997年修订刑法时规定的第一百九十一条的，也应表述为“1997年修订的《中华人民共和国刑法》第一百九十一条”。

3.有关刑法条文在1997年10月1日后经两次以上修正，引用经修正且为最后一次修正前的条文，表述为“经××××年《中华人民共和国刑法修正案（×）》修正的《中华人民共和国刑法》第××条”。例如，刑法第二百二十五条（非法经营罪）曾经1999年12月25日刑法修正案、2009年2月28日刑法修正案（七）两次修正，如根据案件情况和从旧兼从轻原则，对被告人应适用经1999年刑法修正案修正后的刑法第二百二十五条的，则应表述为“经1999年《中华人民共和国刑法修正案》修正的《中华人民共和国刑法》第二百二十五条”。需要说明的是，截至目前（本司法解释公布时），有关刑法条文在1997年10月1日后经两次以上修正的只有七个条文，因此，按此种方式表述的应该极少。

【司法解释(2)】

《最高人民法院关于裁判文书引用法律、法规等规范性法律文件的规定》（法释〔2009〕14号，20091104）

第一条 人民法院的裁判文书应当依法引用相关法律、法规等规范性法律文件作为裁判依据。引用时应当准确完整写明规范性法律文件的名称、条款序号，需要引用具体条文的，应当整条引用。

第二条 并列引用多个规范性法律文件的，引用顺序如下：法律及法律解释、行政法规、地方性法规、自治条例或者单行条例、司法解释。同时引用两部以上法律的，应当先引用基本法律，后引用其他法律。引用包括实体法和程序法的，先引用实体法，后引用程序法。

第三条 刑事裁判文书应当引用法律、法律解释或者司法解释。刑事附带民事诉讼裁判文书引用规范性法律文件，同时适用本规定第四条规定。

第四条 民事裁判文书应当引用法律、法律解释或者司法解释。对于应当适用的行政法规、地方性法规或者自治条例和单行条例，可以直接引用。

第六条 对于本规定第三条、第四条、第五条规定之外的规范性文件，根据审理案件的需要，经审查认定为合法有效的，可以作为裁判说理的依据。

第七条 人民法院制作裁判文书确需引用的规范性法律文件之间存在冲突，根据立法法等有关法律规定无法选择适用的，应当依法提请有决定权的机关做出裁决，不得自行在裁判文书中认定相关规范性法律文件的效力。

第八条 本院以前发布的司法解释与本规定不一致的，以本规定为准。

【司法指导文件(1)】

《最高人民法院关于加强和规范裁判文书释法说理的指导意见》(法发〔2018〕10号，20180613)

十二、裁判文书引用规范性法律文件进行释法说理，应当适用《最高人民法院关于裁判文书引用法律、法规等规范性法律文件的规定》等相关规定，准确、完整地写明规范性法律文件的名称、条款项序号；需要加注引号引用条文内容的，应当表述准确和完整。

十三、除依据法律法规、司法解释的规定外，法官可以运用下列论据论证裁判理由，以提高裁判结论的正当性和可接受性：最高人民法院发布的指导性案例；最高人民法院发布的非司法解释类审判业务规范性文件；公理、情理、经验法则、交易惯例、民间规约、职业伦理；立法说明等立法材料；采取历史、体系、比较等法律解释方法时使用的材料；法理及通行学术观点；与法律、司法解释等规范性法律文件不相冲突的其他论据。

【司法指导文件(2)】

《最高人民法院办公厅关于司法解释施行日期问题的通知》(法办发〔2019〕2号，20190215)

一、司法解释的施行日期是司法解释时间效力的重要内容，司法解释应当在主文作出明确规定："本解释(规定或者决定)自×年×月×日起施行"。批复类解释在批复最后载明的发布日期作为施行日期。

四、发布司法解释公告中的施行日期应当与司法解释中的施行日期一致。

第一编　总　则

第一章 刑法的任务、基本原则和适用范围

第一条 【立法目的与根据】为了惩罚犯罪，保护人民，根据宪法，结合我国同犯罪作斗争的具体经验及实际情况，制定本法。

第二条 【刑法的任务】中华人民共和国刑法的任务，是用刑罚同一切犯罪行为作斗争，以保卫国家安全，保卫人民民主专政的政权和社会主义制度，保护国有财产和劳动群众集体所有的财产，保护公民私人所有的财产，保护公民的人身权利、民主权利和其他权利，维护社会秩序、经济秩序，保障社会主义建设事业的顺利进行。

第三条 【罪刑法定原则】法律明文规定为犯罪行为的，依照法律定罪处刑；法律没有明文规定为犯罪行为的，不得定罪处刑。

第四条 【适用刑法人人平等原则】对任何人犯罪，在适用法律上一律平等。不允许任何人有超越法律的特权。

第五条 【罪责刑相适应原则】刑罚的轻重，应当与犯罪分子所犯罪行和承担的刑事责任相适应。

第六条 【属地管辖权】凡在中华人民共和国领域内犯罪的，除法律有特别规定的以外，都适用本法。

凡在中华人民共和国船舶或者航空器内犯罪的，也适用本法。

犯罪的行为或者结果有一项发生在中华人民共和国领域内的，就认为是在中华人民共和国领域内犯罪。

【立法·要点注释】

1.本条第一款所谓“法律有特别规定的”，主要是指：刑法第十一条关于享有外交特权和豁免权的外国人的刑事责任的特别规定；刑法第九十条关于少数民族自治地区制定的变通或补充刑法的规定；其他法律中作出的特别规定，如香港、澳门特别行政区基本法中的有关规定等。

2.一部分行为或者一部分结果发生在我国领域内的，我国刑法也有管辖权。

【司法解释(1)】

《最高人民法院关于适用〈中华人民共和国刑事诉讼法〉的解释》(法释〔2021〕1号，20210301)

第二条 犯罪地包括犯罪行为地和犯罪结果地。

针对或者主要利用计算机网络实施的犯罪，犯罪地包括用于实施犯罪行为的网络服务使用的服务器所在地，网络服务提供者所在地，被侵害的信息网络系统及其管理者所在地，犯罪过程中被告人、被害人使用的信息网络系统所

在地，以及被害人被侵害时所在地和被害人财产遭受损失地等。

第三条　被告人的户籍地为其居住地。经常居住地与户籍地不一致的，经常居住地为其居住地。经常居住地为被告人被追诉前已连续居住一年以上的地方，但住院就医的除外。

被告单位登记的住所地为其居住地。主要营业地或者主要办事机构所在地与登记的住所地不一致的，主要营业地或者主要办事机构所在地为其居住地。

第四条　在中华人民共和国内水、领海发生的刑事案件，由犯罪地或者被告人登陆地的人民法院管辖。由被告人居住地的人民法院审判更为适宜的，可以由被告人居住地的人民法院管辖。

第五条　在列车上的犯罪，被告人在列车运行途中被抓获的，由前方停靠站所在地负责审判铁路运输刑事案件的人民法院管辖。必要时，也可以由始发站或者终点站所在地负责审判铁路运输刑事案件的人民法院管辖。

被告人不是在列车运行途中被抓获的，由负责该列车乘务的铁路公安机关对应的审判铁路运输刑事案件的人民法院管辖；被告人在列车运行途经车站被抓获的，也可以由该车站所在地负责审判铁路运输刑事案件的人民法院管辖。

第六条　在国际列车上的犯罪，根据我国与相关国家签订的协定确定管辖；没有协定的，由该列车始发或者前方停靠的中国车站所在地负责审判铁路运输刑事案件的人民法院管辖。

第七条　在中华人民共和国领域外的中国船舶内的犯罪，由该船舶最初停泊的中国口岸所在地或者被告人登陆地、入境地的人民法院管辖。

第八条　在中华人民共和国领域外的中国航空器内的犯罪，由该航空器在中国最初降落地的人民法院管辖。

第十三条　正在服刑的罪犯在判决宣告前还有其他罪没有判决的，由原审地人民法院管辖；由罪犯服刑地或者犯罪地的人民法院审判更为适宜的，可以由罪犯服刑地或者犯罪地的人民法院管辖。

罪犯在服刑期间又犯罪的，由服刑地的人民法院管辖。

罪犯在脱逃期间又犯罪的，由服刑地的人民法院管辖。但是，在犯罪地抓获罪犯并发现其在脱逃期间犯罪的，由犯罪地的人民法院管辖。

第二十六条　军队和地方互涉刑事案件，按照有关规定确定管辖。

【司法解释(2)】

《最高人民法院关于审理拐卖妇女案件适用法律有关问题的解释》(法释〔2000〕1号，20000125)

第二条　外国人或者无国籍人拐卖外国妇女到我国境内被查获的，应当根据刑法第六条的规定，适用我国刑法定罪处罚。

【司法解释(3)】

《最高人民法院关于审理发生在我国管辖海域相关案件若干问题的规定(一)》(法释〔2016〕16号，20160802)

第一条　本规定所称我国管辖海域，是指中华人民共和国内水、领海、毗连区、专属经济区、大陆架，以及中华人民共和国管辖的其他海域。

第二条　中国公民或组织在我国与有关国家缔结的协定确定的共同管

理的渔区或公海从事捕捞等作业的，适用本规定。

第三条 中国公民或者外国人在我国管辖海域实施非法猎捕、杀害珍贵濒危野生动物或者非法捕捞水产品等犯罪的，依照我国刑法追究刑事责任。

【司法解释(4)】

《最高人民法院关于人民法院办理接收在台湾地区服刑的大陆居民回大陆服刑案件的规定》(法释〔2016〕11号，20160501)

第一条 人民法院办理接收在台湾地区服刑的大陆居民(以下简称被判刑人)回大陆服刑案件(以下简称接收被判刑人案件)，应当遵循一个中国原则，遵守国家法律的基本原则，秉持人道和互惠原则，不得违反社会公共利益。

第十条 被判刑人回大陆服刑后，对其在台湾地区已被判处刑罚的行为，人民法院不再审理。

【公安文件】

《公安机关办理刑事案件程序规定》(公安部令第159号，20200901)

第十六条第一款 犯罪地包括犯罪行为发生地和犯罪结果发生地。犯罪行为发生地，包括犯罪行为的实施地以及预备地、开始地、途经地、结束地等与犯罪行为有关的地点；犯罪行为有连续、持续或者继续状态的，犯罪行为连续、持续或者继续实施的地方都属于犯罪行为发生地。犯罪结果发生地，包括犯罪对象被侵害地、犯罪所得的实际取得地、藏匿地、转移地、使用地、销售地。

第七条 【属人管辖权】中华人民共和国公民在中华人民共和国领域外犯本法规定之罪的，适用本法，但是按本法规定的最高刑为三年以下有期徒刑的，可以不予追究。

中华人民共和国国家工作人员和军人在中华人民共和国领域外犯本法规定之罪的，适用本法。

【立法·要点注释】

1.中华人民共和国公民，是指具有中华人民共和国国籍的人，包括定居在外国而没有取得外国国籍的华侨、临时出国的人员，以及已经取得我国国籍的外国血统的人。根据我国国籍法的规定，我国不承认双重国籍，定居在国外的我国公民，凡自愿加入或取得外国国籍的，即自动丧失我国国籍，不再属于我国公民。

2.我国刑法对我国公民领域外犯罪的属人管辖并不以双重犯罪为原则，与本法第八条针对外国人对我国国家和公民犯罪的保护管辖原则不一样，后者要求双重犯罪原则。

【司法解释】

《最高人民法院关于适用〈中华人民共和国刑事诉讼法〉的解释》(法释〔2021〕1号，20210301)

第九条 中国公民在中国驻外使领馆内的犯罪，由其主管单位所在地或者原户籍地的人民法院管辖。

第十条 中国公民在中华人民共和国领域外的犯罪，由其登陆地、入境地、离境前居住地或者现居住地的人民法院管辖；被害人是中国公民的，也可以由被害人离境前居住地或者现居住地的人民法院管辖。

【法院案例库参考案例】

〔袁某钢、包某敏骗取出境证件案，2024-02-1-310-001〕具有中国国籍同时又持有外国护照的行为人的国籍认定

1.根据国际惯例，对于自然人国籍的积极冲突(包括双重国籍)，原始国籍政府对国籍问题有优先管辖权。对于行为人的原始国籍是中国籍的，我国对行为人是否具有或者丧失中国国籍具有优先管辖权。

2.在审查行为人身份时，对行为人是否具有或者丧失中国国籍，依法应当以我国公安机关确定的为准。根据国籍法第三条"中华人民共和国不承认中国公民具有双重国籍"的规定，对于已依法确定行为人具有中国国籍的，不承认行为人具有其他国家国籍。

第八条　【保护管辖权】外国人在中华人民共和国领域外对中华人民共和国国家或者公民犯罪，而按本法规定的最低刑为三年以上有期徒刑的，可以适用本法，但是按照犯罪地的法律不受处罚的除外。

【相关立法(1)】

《中华人民共和国反恐怖主义法》(20180427)

第十一条　对在中华人民共和国领域外对中华人民共和国国家、公民或者机构实施的恐怖活动犯罪，或者实施的中华人民共和国缔结、参加的国际条约所规定的恐怖活动犯罪，中华人民共和国行使刑事管辖权，依法追究刑事责任。

【相关立法(2)】

《中华人民共和国反电信网络诈骗法》(20221201)

第三条　打击治理在中华人民共和国境内实施的电信网络诈骗活动或者中华人民共和国公民在境外实施的电信网络诈骗活动，适用本法。

境外的组织、个人针对中华人民共和国境内实施电信网络诈骗活动的，或者为他人针对境内实施电信网络诈骗活动提供产品、服务等帮助的，依照本法有关规定处理和追究责任。

【司法解释】

《最高人民法院关于适用〈中华人民共和国刑事诉讼法〉的解释》(法释〔2021〕1号，20210301)

第十一条　外国人在中华人民共和国领域外对中华人民共和国国家或者公民犯罪，根据《中华人民共和国刑法》应当受处罚的，由该外国人登陆地、入境地或者入境后居住地的人民法院管辖，也可以由被害人离境前居住地或者现居住地的人民法院管辖。

第九条　【普遍管辖原则】对于中华人民共和国缔结或者参加的国际条约所规定的罪行，中华人民共和国在所承担条约义务的范围内行使刑事管辖权的，适用本法。

【相关立法】

《中华人民共和国反恐怖主义法》(20180427)

第十一条　对在中华人民共和国领域外对中华人民共和国国家、公民或者机构实施的恐怖活动犯罪，或者实施的中华人民共和国缔结、参加的国际条约所规定的恐怖活动犯罪，中华人民共和国行使刑事管辖权，依法追究刑事责任。

【司法解释】

《最高人民法院关于适用〈中华人民共和国刑事诉讼法〉的解释》(法释〔2021〕1号，20210301)

第十二条　对中华人民共和国缔结或者参加的国际条约所规定的罪行，中华人民共和国在所承担条约义务的范围内行使刑事管辖权的，由被告人被抓获地、登陆地或者入境地的人民法院管辖。

【《刑事审判参考》案例】

〔参考案例第245号：阿丹·奈姆等抢劫案〕刑事普遍管辖权如何适用？

首先，普遍管辖原则在适用主体上具有限制，即不适用于享有外交特权和刑事管辖豁免权的外交代表。其次，普遍管辖原则在适用对象上，仅限于世界各国普遍认同的国际犯罪，而不是适用于任何犯罪。最后，普遍管辖原则在适用范围上具有限制，具体表现为：一是普遍管辖原则只能在有关国际条约的缔约国之间适用，而不是可以在任何国家间适用。且根据缔约国缔结的条约不同，其适用普遍管辖的国际犯罪的种类也不尽相同。二是缔约国只能在本国主权所及的范围内适用，即只能在本国主权所及的范围内对实施国际犯罪的罪犯予以刑事管辖，而不能在本国主权范围之外，无视别国主权去充当世界“宪兵”。

被告人在马来西亚海域抢劫泰国油轮的行为，属于国际犯罪中的海盗行为，根据我国参加签署的《联合国海洋法公约》和《制止危及海上航行安全非法行为公约》的有关规定，以及该规定确定的普遍管辖原则，我国可以对被告人在我国领域外实施的海上抢劫犯罪行为行使刑事管辖权。

第十条　【对已被外国刑事追究的领域外犯罪的处理】凡在中华人民共和国领域外犯罪，依照本法应当负刑事责任的，虽然经过外国审判，仍然可以依照本法追究，但是在外国已经受过刑罚处罚的，可以免除或者减轻处罚。

第十一条　【外交特权和豁免权】享有外交特权和豁免权的外国人的刑事责任，通过外交途径解决。

【立法·要点注释】

享有本条规定的“外交特权和豁免权”的外国人主要是指：(1)外国的国家元首、政府首脑、外交部长。(2)外国驻本国的外交代表、大使、公使、代办和同级别的人、具有外交官衔的使馆工作人员(一、二、三等秘书，随员，陆海空武官，商务、文化、新闻参赞或专员)以及他们的家属(配偶、未成年子女)等。(3)执行职务的外交使差。(4)根据我国同其他国家订立的条约、协定享受若干特权和豁免权的商务代表。(5)经我国外交部核定享受若干特权和豁免的下列人员：①途经或临时留在我国境内的各国驻第三国的外交官；②各国派来中国参加会议的代表；③各国政府来中国的高级官员；④按照《联合国宪章》规定和国际公约享受特权和豁免的其他人员。(6)总领事、领事、副领事、领事代理人、名誉领事和其他领馆人员。

上述享有外交特权和豁免权的外国人触犯我国刑法的行为，并非不构成犯罪，而是犯了罪不交付我国法院审判，他们的刑事责任通过外交途径解决。一般有下列几种方式：(1) 要求派遣国召回；(2) 建议派遣国依法处理；(3) 对罪行严重的，由我国政府宣布其为“不受欢迎的人”，限期出境。

【公安文件】

《公安机关办理刑事案件程序规定》(公安部令第159号，20200901)

第三百六十一条　犯罪嫌疑人为享有外交或者领事特权和豁免权的外国人的，应当层报公安部，同时通报同级人民政府外事办公室，由公安部商请外交部通过外交途径办理

第十二条　【刑法的追溯力】中华人民共和国成立以后本法施行以前的行为，如果当时的法律不认为是犯罪的，适用当时的法律；如果当时的法律认为是犯罪的，依照本法总则第四章第八节的规定应当追诉的，按照当时的法律追究刑事责任，但是如果本法不认为是犯罪或者处刑较轻的，适用本法。

本法施行以前，依照当时的法律已经作出的生效判决，继续有效。

【立法·要点注释】

1.关于“处刑较轻的”，是指刑法对某种犯罪规定的法定刑比修订前刑法规定的法定刑为轻。确定法定刑是否属于较轻时，应当先比较修订前后刑法哪个规定的法定最高刑更轻。如果法定最高刑相同，则比较法定最低刑哪个较轻。如果刑法规定的某一犯罪只有一个法定刑幅度，法定最高刑或者法定最低刑是指该幅度的最高刑或者最低刑；如果刑法规定的某一犯罪有两个以上的法定刑幅度，法定最高刑或者法定最低刑是指具体犯罪行为应当适用的法定刑幅度的最高刑或者最低刑。1997年10月1日以后审理1997年9月30日以前发生的刑事案件，如果刑法规定的定罪处刑标准、法定刑与修订前刑法相同的，应当适用修订前的刑法。

2.关于追诉时效问题修正前后刑法的适用。对1997年刑法施行以前的犯罪行为，1997年刑法施行后在追诉时效期限内，具有“在人民检察院、公安机关、国家安全机关立案侦查或者在人民法院受理案件以后，逃避侦查或者审判”或者“被害人在追诉期限内提出控告，人民法院、人民检察院、公安机关应当立案而不予立案”情形的，适用1997年刑法第八十八条的规定，不受追诉期限的限制。如果1997年刑法施行时，根据1979年刑法有关追诉期限的规定已超过追诉期限的，不宜再根据1997年刑法的规定追究刑事责任。

3.关于法律解释的适用效力。实践中，应当区分情况处理。有的法律解释属于对法律含义的进一步明确，如《全国人民代表大会常务委员会关于〈中华人民共和国刑法〉第九十三条第二款的解释》，是对刑法第九十三条第二款关于“其他依照法律从事公务的人员”规定的进一步明确，并不是对刑法的修改，该解释的效力适用于1997年修订后的刑法。有的法律解释属于法律制定后出现新的情况，需要准用刑法有关法律依据的，如《全国人民代表大会常务委员会关于〈中华人民共和国刑法〉有关文物的规定适用于具有

科学价值的古脊椎动物化石、古人类化石的解释》，则不宜适用于解释实施前发生的行为。

【司法解释(1)】

《最高人民法院关于适用刑法第十二条几个问题的解释》(法释〔1997〕12号，19980113)

第一条 刑法第十二条规定的“处刑较轻”，是指刑法对某种犯罪规定的刑罚即法定刑比修订前刑法轻。法定刑较轻是指法定最高刑较轻；如果法定最高刑相同，则指法定最低刑较轻。

第二条 如果刑法规定的某一犯罪只有一个法定刑幅度，法定最高刑或者最低刑是指该法定刑幅度的最高刑或者最低刑；如果刑法规定的某一犯罪有两个以上的法定刑幅度，法定最高刑或者最低刑是指具体犯罪行为应当适用的法定刑幅度的最高刑或者最低刑。

第三条 1997年10月1日以后审理1997年9月30日以前发生的刑事案件，如果刑法规定的定罪处刑标准、法定刑与修订前刑法相同的，应当适用修订前的刑法。

【司法解释(2)】

《最高人民法院关于适用刑法时间效力规定若干问题的解释》(法释〔1997〕5号，19971001)

第一条 对于行为人1997年9月30日以前实施的犯罪行为，在人民检察院、公安机关、国家安全机关立案侦查或者在人民法院受理案件以后，行为人逃避侦查或者审判，超过追诉期限或者被害人在追诉期限内提出控告，人民法院、人民检察院、公安机关应当立案而不予立案，超过追诉期限的，是否追究行为人的刑事责任，适用修订前的刑法第七十七条的规定。

第二条 犯罪分子1997年9月30日以前犯罪，不具有法定减轻处罚情节，但是根据案件的具体情况需要在法定刑以下判处刑罚的，适用修订前的刑法第五十九条第二款的规定。

第三条 前罪判处的刑罚已经执行完毕或者赦免，在1997年9月30日以前又犯应当判处有期徒刑以上刑罚之罪，是否构成累犯，适用修订前的刑法第六十一条的规定；1997年10月1日以后又犯应当判处有期徒刑以上刑罚之罪的，是否构成累犯，适用刑法第六十五条的规定。

第四条 1997年9月30日以前被采取强制措施的犯罪嫌疑人、被告人或者1997年9月30日以前犯罪，1997年10月1日以后仍在服刑的罪犯，如实供述司法机关还未掌握的本人其他罪行的，适用刑法第六十七条第二款的规定。

第五条 1997年9月30日以前犯罪的犯罪分子，有揭发他人犯罪行为，或者提供重要线索，从而得以侦破其他案件等立功表现的，适用刑法第六十八条的规定。

第六条 1997年9月30日以前犯罪被宣告缓刑的犯罪分子，在1997年10月1日以后的缓刑考验期间又犯新罪、被发现漏罪或者违反法律、行政法规或者国务院公安部门有关缓刑的监督管理规定，情节严重的，适用刑法第七十七条的规定，撤销缓刑。

第七条 1997年9月30日以前犯罪，1997年10月1日以后仍在服刑的犯罪分子，因特殊情况，需要不受执行刑期限制假释的，适用刑法第八十一条第一款的规定，报经最高人民法院核准。

第八条　1997年9月30日以前犯罪，1997年10月1日以后仍在服刑的累犯以及因杀人、爆炸、抢劫、强奸、绑架等暴力性犯罪被判处十年以上有期徒刑、无期徒刑的犯罪分子，适用修订前的刑法第七十三条的规定，可以假释。

第九条　1997年9月30日以前被假释的犯罪分子，在1997年10月1日以后的假释考验期内，又犯新罪、被发现漏罪或者违反法律、行政法规或者国务院公安部门有关假释的监督管理规定的，适用刑法第八十六条的规定，撤销假释。

第十条　按照审判监督程序重新审判的案件，适用行为时的法律。

【司法解释(3)】

《最高人民法院关于〈中华人民共和国刑法修正案(八)〉时间效力问题的解释》(法释〔2011〕9号，20110501)[①]

【司法解释(4)】

《最高人民法院关于〈中华人民共和国刑法修正案(九)〉时间效力问题的解释》(法释〔2015〕19号，20151101)[②]

【司法解释(5)】

《最高人民检察院关于检察工作中具体适用修订刑法第十二条若干问题的通知》(高检发释字〔1997〕4号，19971006)

一、如果当时的法律(包括1979年刑法，中华人民共和国惩治军人违反职责罪暂行条例，全国人大常委会关于刑事法律的决定、补充规定，民事、经济、行政法律中"依照"、"比照"刑法有关条款追究刑事责任的法律条文，下同)、司法解释认为是犯罪，修订刑法不认为是犯罪的，依法不再追究刑事责任。已经立案、侦查的，撤销案件；已批准逮捕的，撤销批准逮捕决定，并建议公安机关撤销案件；审查起诉的，作出不起诉决定；已经起诉的，建议人民法院退回案件，予以撤销；已经抗诉的，撤回抗诉。

二、如果当时的法律、司法解释认为是犯罪，修订刑法也认为是犯罪的，按从旧兼从轻的原则依法追究刑事责任：

1.罪名、构成要件、情节以及法定刑没有变化的，适用当时的法律追究刑事责任。

2.罪名、构成要件、情节以及法定刑已经变化的，根据从轻原则，确定适用当时的法律或者修订刑法追究刑事责任。

三、如果当时的法律不认为是犯罪，修订刑法认为是犯罪的，适用当时的法律；但行为连续或者继续到1997年10月1日以后的，对10月1日以后构成犯罪的行为适用修订刑法追究刑事责任。

【司法解释(6)】

《最高人民检察院关于对跨越修订刑法施行日期的继续犯罪、连续犯罪以

---

① 该司法解释条文已分解至本法第三十八条、第五十条、第六十五条、第六十六条、第六十七条、第六十八条、第六十九条、第七十二条、第七十八条、第八十一条的注释中。——编者注

② 该司法解释条文已分解至本法第三十七条之一、第五十条、第六十九条、第二百四十六条、第二百六十条、第二百六十六条、第二百八十四条之一、第三百零七条之一、第三百八十三条的注释中。——编者注

及其他同种数罪应如何具体适用刑法问题的批复》(高检发释字〔1998〕6号，19981202)

对于开始于1997年9月30日以前，继续或者连续到1997年10月1日以后的行为，以及在1997年10月1日前后分别实施的同种类数罪，如果原刑法和修订刑法都认为是犯罪并且应当追诉，按照下列原则决定如何适用法律：

一、对于开始于1997年9月30日以前，继续到1997年10月1日以后终了的继续犯罪，应当适用修订刑法一并进行追诉。

二、对于开始于1997年9月30日以前，连续到1997年10月1日以后的连续犯罪，或者在1997年10月1日前后分别实施同种类数罪，其中罪名、构成要件、情节以及法定刑均没有变化的，应当适用修订刑法，一并进行追诉；罪名、构成要件、情节以及法定刑已经变化的，也应当适用修订刑法，一并进行追诉，但是修订刑法比原刑法所规定的构成要件和情节较为严格，或者法定刑较重的，在提起公诉时应当提出酌情从轻处理意见。

【司法解释(7)】

《最高人民法院、最高人民检察院关于适用刑事司法解释时间效力问题的规定》(高检发释字〔2001〕5号，20011217)

一、司法解释是最高人民法院对审判工作中具体应用法律问题和最高人民检察院对检察工作中具体应用法律问题所作的具有法律效力的解释，自发布或者规定之日起施行，效力适用于法律的施行期间。

二、对于司法解释实施前发生的行为，行为时没有相关司法解释，司法解释施行后尚未处理或者正在处理的案件，依照司法解释的规定办理。

三、对于新的司法解释实施前发生的行为，行为时已有相关司法解释，依照行为时的司法解释办理，但适用新的司法解释对犯罪嫌疑人、被告人有利的，适用新的司法解释。

四、对于在司法解释施行前已办结的案件，按照当时的法律和司法解释，认定事实和适用法律没有错误的，不再变动。

【司法指导文件(1)】

《最高人民法院、最高人民检察院、公安部、司法部关于适用〈中华人民共和国刑法修正案(十一)〉有关问题的通知》(法发〔2021〕16号，20210520)

二、2021年2月28日以前发生的行为，2021年3月1日以后尚未处理或者正在处理的，依照《中华人民共和国刑法》第十二条和相关司法解释办理。

办理前款规定的案件，适用经《刑法修正案(十一)》修正的《中华人民共和国刑法》规定的，依照《最高人民法院、最高人民检察院关于执行〈中华人民共和国刑法〉确定罪名的补充规定(七)》(法释〔2021〕2号)确定罪名。

三、修正前刑法规定的主刑较重但未规定附加刑，修正后刑法规定的主刑较轻但规定并处附加刑的，应当适用修正后刑法的有关规定，在判处主刑时并处附加刑，但应当妥当把握主刑、附加刑的幅度，确保体现从旧兼从轻的原则。

【司法指导文件(2)】

《最高人民检察院关于认真贯彻执行〈中华人民共和国刑法修正案(四)〉和〈全国人大常委会关于《中华人民共

和国刑法》第九章渎职罪主体适用问题的解释〉的通知》(高检发研字〔2003〕1号,20030114)

三、要准确把握《刑法修正案(四)》和《解释》的时间效力,正确适用法律。《刑法修正案(四)》是对《刑法》有关条文的修改和补充,实践中办理相关案件时,应当依照《刑法》第十二条规定的原则正确适用法律。对于1997年修订刑法施行以后、《刑法修正案(四)》施行以前发生的枉法执行判决、裁定犯罪行为,应当依照《刑法》第三百九十七条的规定追究刑事责任。根据《立法法》第四十七条[①]的规定,法律解释的时间效力与它所解释的法律的时间效力相同。对于在1997年修订刑法施行以后、《解释》施行以前发生的行为,在《解释》施行以后尚未处理或者正在处理的案件,应当依照《解释》的规定办理。对于在《解释》施行前已经办结的案件,不再变动。

【司法指导文件(3)】

《最高人民法院研究室关于假释时间效力法律适用问题的答复》(法研〔2011〕97号,20110715)

一、根据刑法第十二条的规定,应当以行为实施时,而不是审判时,作为新旧法选择适用的判断基础。故《最高人民法院关于适用刑法时间效力规定若干问题的解释》第八条规定的"1997年9月30日以前犯罪,1997年10月1日以后仍在服刑的累犯以及因杀人、爆炸、抢劫、强奸、绑架等暴力性犯罪被判处十年以上有期徒刑、无期徒刑的犯罪分子",包括1997年9月30日以前犯罪,已被羁押尚未判决的犯罪分子。

二、经《中华人民共和国刑法修正案(八)》修正前刑法第八十一条第二款规定的"暴力性犯罪",不仅包括杀人、爆炸、抢劫、强奸、绑架五种,也包括故意伤害等其他暴力性犯罪。

【司法指导文件(4)】

《最高人民检察院关于〈全国人民代表大会常务委员会关于《中华人民共和国刑法》第九十三条第二款的解释〉的时间效力的批复》(高检发研字〔2000〕15号,20000629)

《全国人民代表大会常务委员会关于〈中华人民共和国刑法〉第九十三条第二款的解释》是对刑法第九十三条第二款关于"其他依照法律从事公务的人员"规定的进一步明确,并不是对刑法的修改。因此,该《解释》的效力适用于修订刑法的施行日期,其溯及力适用修订刑法第十二条的规定。

【司法指导文件(5)】

参见本法第一百二十五条项下【司法指导文件(2)】,第288页。

【司法指导文件(6)】

参见本法第二百二十五条项下【司法指导文件(17)】,第675页。

【法院案例库参考案例】

〔王某忠销售假冒注册商标的商品案,2024-02-1-157-001〕刑法修正案(十一)修改前后的刑法适用

刑法第十二条规定的"处刑较轻",是指现行刑法对某种犯罪规定的法定刑

---

① 现行立法法第五十三条。——编者注

比修订前刑法轻，法定刑较轻是指法定最高刑较轻；如果法定最高刑相同，则指法定最低刑较轻。新法对涉案犯罪作出部分修改，提高了该罪的法定最高刑，在相关法律、司法解释尚未明确具体定罪量刑标准的情况下，根据从旧兼从轻原则，应当适用旧法关于该罪的规定。

〔卿某跃等职务侵占案，2023-05-1-226-004〕新法减轻主刑并增加附加刑时，应以主刑作为判断刑罚轻重的标准适用从旧兼从轻原则

新法减轻主刑并增加附加刑时，应以主刑作为判断刑罚轻重的标准，根据从旧兼从轻原则，整体适用轻法即新法。

【《刑事审判参考》案例】

〔参考案例第 328 号：朱香海、左正红等非法买卖枪支、贪污案〕对于 1997 年刑法施行以后、司法解释公布施行以前实施的非法买卖枪支犯罪，是参照执行原有的司法解释还是适用新公布施行的司法解释？

对某一问题，1997 年刑法施行前和施行后均有相关司法解释，如果行为发生在 1997 年刑法施行之后、相关司法解释颁布生效之前，不应当适用 1997 年刑法施行之前的司法解释，而应当适用刑法施行后的司法解释。

〔参考案例第 1150 号：耿三有受贿案〕二审期间因刑法修改及司法解释出台导致定罪量刑标准发生变化的，应如何适用法律？

司法解释的效力与其所解释的刑法效力同步，即其生效时间应与所解释的刑法生效时间相同。对于新的司法解释实施前发生的行为，行为时已有相关司法解释，依照行为时的司法解释办理，但适用新的司法解释对犯罪嫌疑人、被告人有利的，适用新的司法解释。

第二章　犯　　罪

第一节　犯罪和刑事责任

第十三条　【犯罪的概念】一切危害国家主权、领土完整和安全，分裂国家、颠覆人民民主专政的政权和推翻社会主义制度，破坏社会秩序和经济秩序，侵犯国有财产或者劳动群众集体所有的财产，侵犯公民私人所有的财产，侵犯公民的人身权利、民主权利和其他权利，以及其他危害社会的行为，依照法律应当受刑罚处罚的，都是犯罪，但是情节显著轻微危害不大的，不认为是犯罪。

【相关立法】

《中华人民共和国治安管理处罚法》(20260101)

第三条　扰乱公共秩序，妨害公共安全，侵犯人身权利、财产权利，妨害社会管理，具有社会危害性，依照《中华人民共和国刑法》的规定构成犯罪的，依法追究刑事责任；尚不够刑事处罚的，由公安机关依照本法给予治安管理处罚。

【司法指导文件(1)】

《最高人民法院关于贯彻宽严相济刑事政策的若干意见》(法发〔2010〕9号，20100208)

14.宽严相济刑事政策中的从“宽”，主要是指对于情节较轻、社会危害性较小的犯罪，或者罪行虽然严重，但具有法定、酌定从宽处罚情节，以及主观恶性相对较小、人身危险性不大的被告人，可以依法从轻、减轻或者免除处罚；对于具有一定社会危害性，但情节显著轻微危害不大的行为，不作为犯罪处理；对于依法可不监禁的，尽量适用缓刑或者判处管制、单处罚金等非监禁刑。

【司法指导文件(2)】

《最高人民法院、最高人民检察院、公安部、司法部关于办理醉酒危险驾驶刑事案件的意见》(高检发办字〔2023〕187号，20231228)

第十二条第一款　醉驾具有下列情形之一，且不具有本意见第十条规定情形的，可以认定为情节显著轻微、危害不大，依照刑法第十三条、刑事诉讼法第十六条的规定处理：

(一)血液酒精含量不满150毫克/100毫升的；

(二)出于急救伤病人员等紧急情况驾驶机动车，且不构成紧急避险的；

(三)在居民小区、停车场等场所因挪车、停车入位等短距离驾驶机动车的；

(四)由他人驾驶至居民小区、停车场等场所短距离接替驾驶停放机动车的，或者为了交由他人驾驶，自居民小区、停车场等场所短距离驶出的；

（五）其他情节显著轻微的情形。

【法院公报案例】

〔张美华伪造居民身份证案，GB2004-12〕

被告人在未能补办遗失居民身份证的情况下，雇用他人以本人的真实身份资料伪造居民身份证，供自己在日常生活中使用的行为，虽然违反身份证管理的法律规定，但情节显著轻微，危害不大，根据刑法第十三条的规定，应认定不构成犯罪。

第十四条 【故意犯罪】明知自己的行为会发生危害社会的结果，并且希望或者放任这种结果发生，因而构成犯罪的，是故意犯罪。

故意犯罪，应当负刑事责任。

【立法·要点注释】

1.对于没有规定主观方面为故意的犯罪，只要分则条文没有规定主观上可为过失，主观上仍需为“故意”。

2.要注意区分犯罪的故意和一般生活意义上的故意。犯罪的故意是有特定内容的，具体表现为行为人对自己实施的危害行为及其结果的认识，以及希望或者放任的态度。而日常生活中的故意则是指行为人有意识地实施某种行为，比如刑法中规定的交通肇事罪，行为人违反交通运输管理法规，可能是故意的，但因行为人对发生交通事故，造成危害结果没有故意，只能是过失。若行为人主观上对危害行为及其结果存在故意，则构成以危险方法危害公共安全罪。

【《刑事审判参考》案例】

〔参考案例第432号：杨某某故意伤害案〕明知先行行为会引发危害后果而不予以防止的行为是否构成故意犯罪？

明知其先行行为可能引发严重危害后果，能采取而不采取积极有效措施予以防止，其行为系不作为犯罪。被告人主观上具有间接伤害他人的犯罪故意，客观上不履行采取积极有效措施以防止危害后果发生的义务，给他人造成严重伤害后果的，构成（间接）故意伤害罪。

第十五条 【过失犯罪】应当预见自己的行为可能发生危害社会的结果，因为疏忽大意而没有预见，或者已经预见而轻信能够避免，以致发生这种结果的，是过失犯罪。

过失犯罪，法律有规定的才负刑事责任。

【立法·要点注释】

1.“应当预见”要求根据行为人的具体情况，行为人对自己的行为可能发生危害社会的结果能够作出正确的判断。所谓行为人的具体情况，主要是指行为人的年龄、责任能力、文化程度、知识的广度和深度、职业专长、工作经验、社会经验等。上述情况不同，行为人对其行为可能发生危害结果的可认识能力也不同。

2.疏忽大意过失的特征是：(1) 行为人对自己的行为可能发生危害社会的结果具有可认识的能力，即应当预见；(2) 由于行为人主观上粗心大意，忽略了对行为后果的认真考虑，盲目实施了这种行为，以致发生了危害社会的结果。

3.过于自信过失的特征是：(1)行为人已经预见到自己的行为可能会发生危害社会的结果；(2)由于行为人过高地估计自己的能力，相信自己能够避免这种结果的发生，以致发生了这种危害结果。

4.不论是疏忽大意过失还是过于自信过失，其共同特点是行为人都不希望危害社会的结果发生，即主观上都没有危害社会的意图。

【司法指导文件】

《最高人民法院关于贯彻宽严相济刑事政策的若干意见》(法发〔2010〕9号，20100208)

32.对于过失犯罪，如安全责任事故犯罪等，主要应当根据犯罪造成危害后果的严重程度、被告人主观罪过的大小以及被告人案发后的表现等，综合掌握处罚的宽严尺度。对于过失犯罪后积极抢救、挽回损失或者有效防止损失进一步扩大的，要依法从宽。对于造成的危害后果虽然不是特别严重，但情节特别恶劣或案发后故意隐瞒案情，甚至逃逸，给及时查明事故原因和迅速组织抢救造成贻误的，则要依法从重处罚。

【法院案例库参考案例】

〔张某过失致人死亡案，2023-06-1-178-004〕地下车库车辆碾压致人死亡，系由于行为人不能预见的原因引起的，不构成刑法上的过失犯罪

在确定行为人的刑事责任时，必须坚持主客观相统一原则，既要存在客观的损害后果，也要求行为人主观上必须具有可归责性。本案中地下车库车辆碾压致人死亡，是由于行为人不能预见的原因引起的，不能认定具有刑法上的过失，进而不能追究其刑事责任。

【《刑事审判参考》案例】

〔参考案例第346号：朱家平过失致人死亡案〕如何区分疏忽大意的过失与意外事件？

意外事件与疏忽大意的过失区分的关键是判断行为人是否应当预见、能够预见。预见能力因人而异，有高低大小之分，需要进行具体的判断：(1)判断的基础，应当把行为人的智能水平、行为本身的危险性和行为时的客观环境结合起来；(2)判断的方法，要坚持从客观到主观，把对一般人的注意义务与具体行为人的智能水平结合起来；(3)判断的标准，应当在考察一般人预见能力的基础上充分考虑行为人的具体智能情况。

详言之，一方面，考察行为人所属的一般人能否预见结果的发生；另一方面，考虑行为人的智能水平是高于一般人还是低于一般人。如果一般人能够预见，但行为人智能水平低，则不宜认定过失；如果行为人的智能水平不低于一般人，则可以认定过失；如果一般人不能预见，而行为人的智能水平明显高于一般人，则可以认定为过失。

第十六条 【不可抗力与意外事件】行为在客观上虽然造成了损害结果，但是不是出于故意或者过失，而是由于不能抗拒或者不能预见的原因所引起的，不是犯罪。

【立法 · 要点注释】

1.“不能抗拒”，是指不以行为人的意志为转移，行为人无法阻挡或控制损害结果的发生。如由于某种机械力量的撞击、自然灾害的阻挡、突发病的影响等行为人意志以外的原因，使其无法避免损害结果的发生。“不能预见”，是指根据行为人的主观情况和发生损害结果当时的客观情况，行为人不具有能够预见的条件和能力，损害结果的发生完全出乎行为人的意料。

2.在认定不可抗力和意外事件时，应当注意区分其与疏忽大意的过失之间的界限。二者的根本区别是：前者是由于客观上不可抗拒、主观上不能预见的原因引起了危害社会的结果，行为人对危害社会的结果主观上没有过失，不负刑事责任；而后者行为人主观上有过失，即行为人由于主观上疏忽大意，对自己的行为可能发生危害社会的结果应当预见而没有预见，以致造成了危害社会结果的发生。在具体认定时，应当根据行为人的主客观情况和当时的实际情形，结合法律、职业等的要求来判断其有没有预见的可能。

第十七条 【刑事责任年龄】已满十六周岁的人犯罪，应当负刑事责任。

已满十四周岁不满十六周岁的人，犯故意杀人、故意伤害致人重伤或者死亡、强奸、抢劫、贩卖毒品、放火、爆炸、投放危险物质罪的，应当负刑事责任。

已满十二周岁不满十四周岁的人，犯故意杀人、故意伤害罪，致人死亡或者以特别残忍手段致人重伤造成严重残疾，情节恶劣，经最高人民检察院核准追诉的，应当负刑事责任。

对依照前三款规定追究刑事责任的不满十八周岁的人，应当从轻或者减轻处罚。

因不满十六周岁不予刑事处罚的，责令其父母或者其他监护人加以管教；在必要的时候，依法进行专门矫治教育。

【修正前条文】

第十七条 【刑事责任年龄】已满十六周岁的人犯罪，应当负刑事责任。

已满十四周岁不满十六周岁的人，犯故意杀人、故意伤害致人重伤或者死亡、强奸、抢劫、贩卖毒品、放火、爆炸、投毒罪的，应当负刑事责任。

已满十四周岁不满十八周岁的人犯罪，应当从轻或者减轻处罚。

因不满十六周岁不予刑事处罚的，责令他的家长或者监护人加以管教；在必要的时候，也可以由政府收容教养。

【修正说明】

刑法修正案(十一)第一条对原条文作出下述修改：一是在特定情形下，经特别程序，对法定最低刑事责任年龄做个别下调。二是统筹考虑刑法修改和预防未成年人犯罪法修改相关问题，与预防未成年人犯罪法修改做好衔接，将原刑法规定的“在必要的时候，也可以由政府收容教养”修改为“在必要的时候，依法进行专门矫治教育”。三是将“责令他的家长或者监护人加以管教”修改为“责令其父母或者其他监护人加以管教”，主要是为了与民法典关于监护人的有关规定做好衔接。四是将“投毒罪”修改为“投放危险物质罪”，主要是为了与刑法分则有关规定的修改相衔接。

【立法·要点注释】

1.本条关于刑事责任年龄的规定是指行为人实施犯罪行为时的年龄，而非审判时的年龄。

2.本条第三款中的“以特别残忍手段”，同刑法第二百三十四条的规定一样，是指故意造成他人严重残疾而采用毁容、挖人眼睛等特别残忍的手段伤害他人的行为。

3.本条第三款中的“情节恶劣”需要结合犯罪的动机、手段、危害、造成的后果、悔罪表现等犯罪情节综合进行判断，包括行为人主观恶性很大、有预谋有组织地实施、采用残忍手段、多次实施、致多人死亡或者重伤造成严重残疾、造成恶劣的社会影响等情形。对于行为人主观恶性不大、被害人有明显过错、行为人家属积极给予被害人及其家属赔偿并取得被害人及其家属的谅解等情形的，最高人民检察院也可以不核准追诉。

4.关于“经最高人民检察院核准追诉的，应当负刑事责任”，并不是指核准追诉的，就一定追责，还需人民法院根据证据和事实情况等，对案件进行审理，审理后作出有罪判决的，判决生效后，行为人才负刑事责任。实践中，应当由公安机关报请核准追诉，由同级人民检察院受理并层报最高人民检察院审查决定。最高人民检察院决定不予核准追诉的，公安机关应当及时撤销案件，犯罪嫌疑人在押的，应当立即释放，并依照有关法律采取相应措施。

5.本条第五款中“在必要的时候”，一般是指行为人的父母或者其他监护人确实管教不了，或者违法行为情节严重，造成恶劣的社会影响等情形。但对于实施杀人、故意伤害致人重伤或者死亡等严重暴力犯罪，人身危险性大的，应当依法进行专门矫治教育。

【相关立法(1)】

《中华人民共和国社区矫正法》(20200701)

第二十四条　社区矫正机构应当根据裁判内容和社区矫正对象的性别、年龄、心理特点、健康状况、犯罪原因、犯罪类型、犯罪情节、悔罪表现等情况，制定有针对性的矫正方案，实现分类管理、个别化矫正。矫正方案应当根据社区矫正对象的表现等情况相应调整。

第五十二条　社区矫正机构应当根据未成年社区矫正对象的年龄、心理特点、发育需要、成长经历、犯罪原因、家庭监护教育条件等情况，采取针对性的矫正措施。

社区矫正机构为未成年社区矫正对象确定矫正小组，应当吸收熟悉未成年人身心特点的人员参加。

对未成年人的社区矫正，应当与成年人分别进行。

第五十八条　未成年社区矫正对象在社区矫正期间年满十八周岁的，继续按照未成年人社区矫正有关规定执行。

【相关立法(2)】

《中华人民共和国预防未成年人犯罪法》(20210601)

第四十一条　对有严重不良行为的未成年人，公安机关可以根据具体情况，采取以下矫治教育措施：

(一)予以训诫；

（二）责令赔礼道歉、赔偿损失；

（三）责令具结悔过；

（四）责令定期报告活动情况；

（五）责令遵守特定的行为规范，不得实施特定行为、接触特定人员或者进入特定场所；

（六）责令接受心理辅导、行为矫治；

（七）责令参加社会服务活动；

（八）责令接受社会观护，由社会组织、有关机构在适当场所对未成年人进行教育、监督和管束；

（九）其他适当的矫治教育措施。

第四十五条　未成年人实施刑法规定的行为、因不满法定刑事责任年龄不予刑事处罚的，经专门教育指导委员会评估同意，教育行政部门会同公安机关可以决定对其进行专门矫治教育。

省级人民政府应当结合本地的实际情况，至少确定一所专门学校按照分校区、分班级等方式设置专门场所，对前款规定的未成年人进行专门矫治教育。

前款规定的专门场所实行闭环管理，公安机关、司法行政部门负责未成年人的矫治工作，教育行政部门承担未成年人的教育工作。

【立法解释性意见】

《全国人民代表大会常务委员会法制工作委员会关于已满十四周岁不满十六周岁的人承担刑事责任范围问题的答复意见》（法工委复字〔2002〕12号，20020724）

刑法第十七条第二款规定的八种犯罪，是指具体犯罪行为而不是具体罪名。对于刑法第十七条中规定的“犯故意杀人、故意伤害致人重伤或者死亡”，是指只要故意实施了杀人、伤害行为并且造成了致人重伤、死亡后果的，都应负刑事责任。而不是指只有犯故意杀人罪、故意伤害罪的，才负刑事责任，绑架撕票的，不负刑事责任。对司法实践中出现的已满十四周岁不满十六周岁的人绑架人质后杀害被绑架人、拐卖妇女、儿童而故意造成被拐卖妇女、儿童重伤或死亡的行为，依据刑法是应当追究其刑事责任的。

【司法解释(1)】

《最高人民法院关于审理未成年人刑事案件具体应用法律若干问题的解释》（法释〔2006〕1号，20060123）[①]

第一条　本解释所称未成年人刑事案件，是指被告人实施被指控的犯罪时已满十四周岁不满十八周岁的案件。

第二条　刑法第十七条规定的“周岁”，按照公历的年、月、日计算，从周岁生日的第二天起算。

第三条　审理未成年人刑事案件，应当查明被告人实施被指控的犯罪时的年龄。裁判文书中应当写明被告人出生的年、月、日。

第四条　对于没有充分证据证明被告人实施被指控的犯罪时已经达到法定刑事责任年龄且确实无法查明的，应当推定其没有达到相应法定刑事责任年龄。

相关证据足以证明被告人实施被指控的犯罪时已经达到法定刑事责任年龄，但是无法准确查明被告人具体出生日期的，应当认定其达到相应法定刑

---

① 在最高人民法院出台新的配套司法文件前，需结合刑法修正案（十一）第一条修正的刑法第十七条的规定综合考虑。——编者注

事责任年龄。

第五条 已满十四周岁不满十六周岁的人实施刑法第十七条第二款规定以外的行为，如果同时触犯了刑法第十七条第二款规定的，应当依照刑法第十七条第二款的规定确定罪名，定罪处罚。

第十二条 行为人在达到法定刑事责任年龄前后均实施了危害社会的行为，只能依法追究其达到法定刑事责任年龄后实施的危害社会行为的刑事责任。

行为人在年满十八周岁前后实施了不同种犯罪行为，对其年满十八周岁以前实施的犯罪应当依法从轻或者减轻处罚。行为人在年满十八周岁前后实施了同种犯罪行为，在量刑时应当考虑对年满十八周岁以前实施的犯罪，适当给予从轻或者减轻处罚。

第十三条 未成年人犯罪只有罪行极其严重的，才可以适用无期徒刑。对已满十四周岁不满十六周岁的人犯罪一般不判处无期徒刑。

第十四条 除刑法规定"应当"附加剥夺政治权利外，对未成年罪犯一般不判处附加剥夺政治权利。

如果对未成年罪犯判处附加剥夺政治权利的，应当依法从轻判处。

对实施被指控犯罪时未成年、审判时已成年的罪犯判处附加剥夺政治权利，适用前款的规定。

第十五条 对未成年罪犯实施刑法规定的"并处"没收财产或者罚金的犯罪，应当依法判处相应的财产刑；对未成年罪犯实施刑法规定的"可以并处"没收财产或者罚金的犯罪，一般不判处财产刑。

对未成年罪犯判处罚金刑时，应当依法从轻或者减轻判处，并根据犯罪情节，综合考虑其缴纳罚金的能力，确定罚金数额。但罚金的最低数额不得少于五百元人民币。

对被判处罚金刑的未成年罪犯，其监护人或者其他人自愿代为垫付罚金的，人民法院应当允许。

第十六条 对未成年罪犯符合刑法第七十二条第一款规定的，可以宣告缓刑。如果同时具有下列情形之一，对其适用缓刑确实不致再危害社会的，应当宣告缓刑：

（一）初次犯罪；

（二）积极退赃或赔偿被害人经济损失；

（三）具备监护、帮教条件。

第十七条 未成年罪犯根据其所犯罪行，可能被判处拘役、三年以下有期徒刑，如果悔罪表现好，并具有下列情形之一的，应当依照刑法第三十七条的规定免予刑事处罚：

（一）系又聋又哑的人或者盲人；

（二）防卫过当或者避险过当；

（三）犯罪预备、中止或者未遂；

（四）共同犯罪中从犯、胁从犯；

（五）犯罪后自首或者有立功表现；

（六）其他犯罪情节轻微不需要判处刑罚的。

第十八条 对未成年罪犯的减刑、假释，在掌握标准上可以比照成年罪犯依法适度放宽。

未成年罪犯能认罪服法，遵守监规，积极参加学习、劳动的，即可视为"确有悔改表现"予以减刑，其减刑的幅度可以适当放宽，间隔的时间可以相应缩短。符合刑法第八十一条第一款规定的，可以假释。

未成年罪犯在服刑期间已经成年的，对其减刑、假释可以适用上述规定。

【司法解释(1)·注释】

1.已满十四周岁不满十六周岁的人实施了刑法第十七条第二款没有列举的行为时，如果同时实施了刑法第十七条第二款规定的故意杀人等八种犯罪行为的，比如在绑架中杀人、在拐卖妇女儿童中强奸等，在这种情况下应当对其追究刑事责任。主要理由是：该年龄段未成年人故意杀人、强奸的尚且应当负刑事责任，如果他同时有杀人和绑架或者拐卖妇女儿童和强奸两种行为，更应当追究其刑事责任。

2.该年龄段未成年人实施刑法第十七条第二款没有列举的行为，比如制造、走私毒品等行为，在刑法第十七条第二款中没有明确列举。在这种情况下，如果未成年人没有同时实施刑法第十七条所规定的贩卖毒品行为的，这种情形即便制造、走私毒品等行为性质和危害程度与刑法所列举行为相当甚至更为严重，也不应追究其刑事责任，否则就违反了刑法第十七条第二款的规定，与罪刑法定原则的要求不符。

3.对绑架中杀人或者拐卖妇女儿童中强奸等这类情形，应当按照与刑法第十七条第二款的规定相对应的八个罪名定罪处罚，比如绑架杀人的，应当定故意杀人罪；拐卖妇女儿童中强奸的，定强奸罪。主要理由是：如果对该年龄段的人绑架杀人的定绑架罪、拐卖妇女儿童中强奸的定拐卖妇女儿童罪，则势必导致客观上对该年龄段未成年人实施的绑架、拐卖妇女儿童行为追究刑事责任的结果，与刑法规定该年龄段的人为限制刑事责任主体的立法本意相悖。

【司法解释(2)】

《最高人民检察院关于对涉嫌盗窃的不满十六周岁未成年人采取刑事拘留强制措施是否违法问题的批复》(高检发释字〔2011〕1号，20110125)

根据刑法、刑事诉讼法、未成年人保护法等有关法律规定，对于实施犯罪时未满十六周岁的未成年人，且未犯刑法第十七条第二款规定之罪的，公安机关查明犯罪嫌疑人实施犯罪时年龄确系未满十六周岁依法不负刑事责任后仍予以刑事拘留的，检察机关应当及时提出纠正意见。

【司法指导文件(1)】

《最高人民法院、最高人民检察院关于常见犯罪的量刑指导意见(试行)》(法发〔2021〕21号，20210701)

三、常见量刑情节的适用

(一)对于未成年人犯罪，综合考虑未成年人对犯罪的认知能力、实施犯罪行为的动机和目的、犯罪时的年龄、是否初犯、偶犯、悔罪表现、个人成长经历和一贯表现等情况，应当予以从宽处罚。

1.已满十二周岁不满十六周岁的未成年人犯罪，减少基准刑的30%—60%；

2.已满十六周岁不满十八周岁的未成年人犯罪，减少基准刑的10%—50%。

【司法指导文件(2)】

《最高人民法院关于全面加强未成年人司法保护及犯罪防治工作的意见》(法发〔2024〕7号，20240528)

16.对未成年人犯罪宽容不纵容。精准贯彻宽严相济刑事政策，依法贯彻

"教育、感化、挽救"的方针，坚持"教育为主、惩罚为辅"原则，准确把握和判断犯罪行为的社会危害性，充分考虑未成年人的成长经历、导致犯罪的深层次原因等，最大限度挽救涉案未成年人。对于主观恶性深、情节恶劣、危害严重，特别是屡教不改的，绝不姑息纵容，坚决依法惩治，确保司法公正。

审理未成年人犯罪案件，应当采取适合未成年人身心特点的审判方式，坚持"寓教于审"，根据未成年被告人性格特点和犯罪行为等实际情况，有针对性地开展法庭教育，剖析引发犯罪的主客观原因和教训，引导未成年被告人正确认识法庭审判的严肃性和犯罪行为的社会危害，促其改过自新。

21.深入开展社会调查。人民法院审理未成年人犯罪案件，应当详细了解未成年人成长环境和犯罪成因。对人民检察院移送的社会调查报告及有关人员提交的反映未成年被告人情况的书面材料，应当重点审查是否客观、全面地反映了未成年人性格特点、家庭监护情况、学校教育、社会交往、成长经历、实施犯罪前后的表现，以及其他反映未成年人走上犯罪道路深层原因的内容。社会调查报告不具体、不翔实的，人民法院应当通知人民检察院予以补充，也可以自行或者委托有关机构开展社会调查。对社会调查报告和有关人员提交的相关材料，经出示、质证，依法采纳的，可以作为办理案件和教育被告人的参考，以及向有关方面提出司法建议的依据。庭审中，人民法院可以通知作出调查报告的人员出庭说明情况，接受控辩双方和法庭的询问。

【司法指导文件(3)】

《最高人民法院关于贯彻宽严相济刑事政策的若干意见》(法发〔2010〕9号，20100208)

20.对于未成年人犯罪，在具体考虑其实施犯罪的动机和目的、犯罪性质、情节和社会危害程度的同时，还要充分考虑其是否属于初犯，归案后是否悔罪，以及个人成长经历和一贯表现等因素，坚持"教育为主、惩罚为辅"的原则和"教育、感化、挽救"的方针进行处理。对于偶尔盗窃、抢夺、诈骗，数额刚达到较大的标准，案发后能如实交代并积极退赃的，可以认定为情节显著轻微，不作为犯罪处理。对于罪行较轻的，可以依法适当多适用缓刑或者判处管制、单处罚金等非监禁刑；依法可免予刑事处罚的，应当免予刑事处罚。对于犯罪情节严重的未成年人，也应当依照刑法第十七条第三款[①]的规定予以从轻或者减轻处罚。对于已满十四周岁不满十六周岁的未成年犯罪人，一般不判处无期徒刑。

【司法指导文件(4)】

《最高人民法院、最高人民检察院、公安部、司法部关于印发〈中华人民共和国社区矫正法实施办法〉的通知》(司发通〔2020〕59号，20200701)

第五十五条　社区矫正机构、受委托的司法所应当根据未成年社区矫正对象的年龄、心理特点、发育需要、成长经历、犯罪原因、家庭监护教育条件等情况，制定适应未成年人特点的矫正方案，采取有益于其身心健康发展、融

① 现行刑法第十七条第四款。——编者注

入正常社会生活的矫正措施。

社区矫正机构、司法所对未成年社区矫正对象的相关信息应当保密。对未成年社区矫正对象的考核奖惩和宣告不公开进行。对未成年社区矫正对象进行宣告或者处罚时，应通知其监护人到场。

社区矫正机构、司法所应当选任熟悉未成年人身心特点，具有法律、教育、心理等专业知识的人员负责未成年人社区矫正工作，并通过加强培训、管理，提高专业化水平。

【司法指导文件(5)】

《人民检察院办理未成年人刑事案件的规定》(高检发研字〔2013〕7号，20131227)[①]

第二十六条 对于犯罪情节轻微，具有下列情形之一，依照刑法规定不需要判处刑罚或者免除刑罚的未成年犯罪嫌疑人，一般应当依法作出不起诉决定：

(一)被胁迫参与犯罪的；

(二)犯罪预备、中止、未遂的；

(三)在共同犯罪中起次要或者辅助作用的；

(四)系又聋又哑的人或者盲人的；

(五)因防卫过当或者紧急避险过当构成犯罪的；

(六)有自首或者立功表现的；

(七)其他依照刑法规定不需要判处刑罚或者免除刑罚的情形。

第二十九条 对于犯罪时已满十四周岁不满十八周岁的未成年人，同时符合下列条件的，人民检察院可以作出附条件不起诉决定：

(一)涉嫌刑法分则第四章、第五章、第六章规定的犯罪；

(二)根据具体犯罪事实、情节，可能被判处一年有期徒刑以下刑罚；

(三)犯罪事实清楚，证据确实、充分，符合起诉条件；

(四)具有悔罪表现。

第四十六条 被附条件不起诉的未成年犯罪嫌疑人，在考验期内有下列情形之一的，人民检察院应当撤销附条件不起诉的决定，提起公诉：

(一)实施新的犯罪的；

(二)发现决定附条件不起诉以前还有其他犯罪需要追诉的；

(三)违反治安管理规定，造成严重后果，或者多次违反治安管理规定的；

(四)违反考察机关有关附条件不起诉的监督管理规定，造成严重后果，或者多次违反考察机关有关附条件不起诉的监督管理规定的。

第七十九条 本规定所称未成年人刑事案件，是指犯罪嫌疑人、被告人实施涉嫌犯罪行为时已满十四周岁、未满十八周岁的刑事案件，但在有关未成年人诉讼权利和体现对未成年人程序上特殊保护的条文中所称的未成年人，是指在诉讼过程中未满十八周岁的人。犯罪嫌疑人实施涉嫌犯罪行为时未满十八周岁，在诉讼过程中已满十八周岁的，人民检察院可以根据案件的具体情况适用本规定。

第八十条 实施犯罪行为的年龄，一律按公历的年、月、日计算。从周岁生日的第二天起，为已满××周岁。

第八十一条 未成年人刑事案件

① 在最高人民检察院出台新的配套司法文件前，需结合刑法修正案(十一)第一条修正的刑法第十七条的规定综合考虑。——编者注

的法律文书和工作文书，应当注明未成年人的出生年月日、法定代理人或者到场的合适成年人、辩护人基本情况。

对未成年犯罪嫌疑人、被告人、未成年人罪犯的有关情况和办案人员开展教育感化工作的情况，应当记录在卷，随案移送。

第八十三条 本规定自发布之日起施行，最高人民检察院2007年1月9日发布的《人民检察院办理未成年人刑事案件的规定》同时废止。

【司法指导文件(6)】

《未成年人刑事检察工作指引(试行)》(高检发未检字〔2017〕1号，20170302)[①]

第一百五十二条 【年龄审查】人民检察院审查未成年人刑事案件，应当注重对未成年人年龄证据的审查，重点审查是否已满十四、十六、十八周岁。

对于未成年人年龄证据，一般应当以公安机关加盖公章、附有未成年人照片的户籍证明为准。当户籍证明与其他证据存在矛盾时，应当遵循以下原则：

(一)可以调取医院的分娩记录、出生证明、户口簿、户籍登记底卡、居民身份证、临时居住证、护照、入境证明、港澳居民来往内地通行证、台湾居民来往大陆通行证、中华人民共和国旅行证、学籍卡、计生台帐、防疫证、(家)族谱等证明文件，收集接生人员、邻居、同学等其他无利害关系人的证言，综合审查判断，排除合理怀疑，采纳各证据共同证实的相对一致的年龄。

(二)犯罪嫌疑人不讲真实姓名、住址，年龄不明的，可以委托进行骨龄鉴定或者其他科学鉴定。经审查，鉴定意见能够准确确定犯罪嫌疑人实施犯罪行为时的年龄的，可以作为判断犯罪嫌疑人年龄的证据参考。若鉴定意见不能准确确定犯罪嫌疑人实施犯罪行为时的年龄，而且显示犯罪嫌疑人年龄在法定应负刑事责任年龄上下，但无法查清真实年龄的，应当作出有利于犯罪嫌疑人的认定。

【司法指导文件(7)】

《最高人民检察院关于"骨龄鉴定"能否作为确定刑事责任年龄证据使用的批复》(高检发研字〔2000〕6号，20000221)

犯罪嫌疑人不讲真实姓名、住址，年龄不明的，可以委托进行骨龄鉴定或其他科学鉴定，经审查，鉴定结论能够准确确定犯罪嫌疑人实施犯罪行为时的年龄的，可以作为判断犯罪嫌疑人年龄的证据使用。如果鉴定结论不能准确确定犯罪嫌疑人实施犯罪行为时的年龄，而且鉴定结论又表明犯罪嫌疑人年龄在刑法规定的应负刑事责任年龄上下的，应当依法慎重处理。

【公安文件】

《公安部法制司关于如何确定无户籍登记的犯罪嫌疑人年龄的答复》(公法〔1997〕125号，19971124)

鉴于黄某的年龄在户籍资料中没有任何记载，户口登记机关无法提供准确的依据。因此，公安机关应进行司法鉴定，以确定诸如黄某等无户籍登记的

---

① 在最高人民检察院出台新的配套司法文件前，需结合刑法修正案(十一)第一条修正的刑法第十七条的规定综合考虑。——编者注

犯罪嫌疑人的实际年龄。

根据目前的技术水平，还无法对犯罪嫌疑人的年龄作出精确的鉴定，对25岁以内青少年的年龄鉴定结论误差范围通常在±2岁以内，只能反映犯罪嫌疑人的年龄段(如14岁以上18岁以下)。从保护青少年的合法权益和“教育、感化、挽救”的刑事政策出发，在实际认定时，应将鉴定反映的该犯罪嫌疑人年龄段的下限即可能的最低年龄视为犯罪嫌疑人的年龄。

【审判实务释疑】

对于已满十四周岁不满十六周岁的被告人以勒索财物为目的绑架并杀害被绑架人的案件，如何适用法律？

对已满十四周岁不满十六周岁的人绑架并杀害被绑架人的，应当依照刑法第二百三十二条的规定，以故意杀人罪追究其刑事责任。

需要指出的是，上述结论仅是针对已满十四周岁不满十六周岁的人绑架并杀害被绑架人的，主张应当依照刑法第二百三十二条追究其刑事责任。至于已满十六周岁的人绑架并杀害被绑架人的，因其属于完全刑事责任年龄人，按刑法规定，既须对绑架行为负刑事责任，也须对故意杀人行为负刑事责任，因而，仍应当直接依照刑法第二百三十九条第一款以绑架罪定罪处罚。[①]

【法院案例库参考案例】

〔张某某、李某故意杀人案，2025-14-1-177-001〕低龄未成年人严重暴力犯罪案件的处理

1.对未成年人犯罪，应当坚持宽严相济、惩教结合，依法贯彻落实教育、感化、挽救的方针。对于主观恶性深、犯罪手段特别残忍、情节特别恶劣的未成年人犯罪，坚决依法惩治，对罪行极其严重的可以依法适用无期徒刑。

2.对于已满十二周岁不满十四周岁的人共同实施严重暴力犯罪的，应当根据各人具体实施的行为及对共同犯罪所起的作用，判断是否属于“情节恶劣、应当负刑事责任”。对部分参与人依法不予刑事处罚的，必要时进行专门矫治教育。

3.人民法院审理未成年人刑事案件，特别是对未成年人实施严重暴力犯罪案件，应当对未成年被告人的成长经历、犯罪原因、监护教育等情况进行调查。调查报告可以作为办理案件和教育未成年人的参考。

〔徐某等拐卖妇女、章某某等强奸案，2023-02-1-188-025〕对未成年人在拐卖过程中强奸被拐卖妇女的行为定性

已满十四周岁不满十六周岁的未成年人在拐卖妇女过程中奸淫被拐卖妇女的，对其奸淫妇女行为应当以强奸罪论处，处罚时一并考虑拐卖妇女行为。

〔王某抢劫案，2023-05-1-220-012〕已满十四周岁不满十六周岁的未成年人，不能成为转化型抢劫罪的犯罪主体

已满十四周岁不满十六周岁的未成年人，依法对盗窃罪不负刑事责任，

---

① 参见《最高人民法院刑事审判第一庭审判长会议关于已满14周岁不满16周岁的人绑架并杀害被绑架人的行为如何适用法律问题的研究意见》，载最高人民法院刑事审判第一、二、三、四、五庭主办：《中国刑事审判指导案例2》(增订第3版)，法律出版社2017年版，第866—867页。

不具备转化型抢劫罪的基础，不能成为转化型抢劫罪的犯罪主体。

【法院公报案例】

〔上海市长宁区人民检察院诉李某某盗窃案，GB2016-8〕

未成年人犯罪案件的审理方式与成年人犯罪案件不同，应根据实际情况适用刑事诉讼法"未成年人刑事案件诉讼程序"专章中的相关规定，结合心理疏导、法律援助等方式，对犯罪的未成年人进行教育、感化和挽救，做到教育为主、惩罚为辅。同时通过加强社会调查，了解其个人成长经历、案外犯罪原因、羁押表现情况以及监护落实情况和社区矫治意见等，作为是否适用缓刑的量刑参考依据。

〔上海市长宁区人民检察院诉韩某某盗窃案，GB2018-1〕

刑事案件被告人年龄认定尤其是临界年龄认定发生争议，穷尽证据调查和证明手段仍无法查明，或者查实的证据有瑕疵、相互矛盾或者证明力较低的，一般采用以下规则处理：

一是户籍优先原则。出生医学证明是户口登记机关登记出生的重要依据，公安机关作出确认当事人身份关系包括年龄的具体行政行为具有法律效力。在调取的户籍资料与其他书证如学籍资料记载的入学日期、与其他证人证言等存在相互矛盾时，以认定户籍登记资料为原则，对户籍登记资料不予采信为例外。

二是书证优先原则。有关部门存档的书证，尤其是在案发前形成的书证客观性较强，其证明的内容与证人证言存在相互矛盾时，以书证认定优于证人证言为原则，对书证不予采信为例外。

三是参考鉴定原则。司法骨龄鉴定意见对判断被鉴定人年龄有科学参考价值。如果骨龄鉴定意见不能准确确定被告人实施犯罪行为时的实际年龄，存在一定的跨龄鉴定幅度，该鉴定意见不能单独作为认定年龄的证据加以适用，应当结合其他证据且必须是有效证据慎重判断才能作出综合认定。不能排除证据之间的矛盾，无充分证据证明被告人实施被指控犯罪时已满十八周岁且确实无法查明的，应按有利于被告人的原则，推定其不满十八周岁。

【《刑事审判参考》案例】

〔参考案例第480号：李春伟、史熠东抢劫案〕未成年人犯罪，法定刑为三年以上有期徒刑的，能否适用免予刑事处罚？

《最高人民法院关于审理未成年人刑事案件具体应用法律若干问题的解释》第十七条的规定并未涵括所有免予刑事处罚的情形，也未禁止对犯法定刑为三年以上有期徒刑之罪的未成年被告人免予刑事处罚。在适用第十七条决定是否免予刑事处罚时，要全面、有序地衡量各种从宽处罚情节，避免重复评价。

〔参考案例第684号：郭永明等绑架案〕被告人犯罪时是否年满十八周岁的证据存疑，且无法查清的，能否判处死刑？

死刑案件的严格证明标准要求必须查证清楚被告人的年龄，并应精确到具体的年月日。经过反复调查仍无法查清的，则应推定其犯罪时未满十八周岁，不能判处死刑。

〔参考案例第659号：伍金洪、黄南燕绑架案〕户籍证明与其他证据材料

互相矛盾时如何认定被告人的年龄?

户籍证明与其他证据材料存在矛盾时,如果其他证据材料能够相互印证,经审查能够证明被告人真实年龄的,可以排除户籍证明等法定证据,以其他证据来认定年龄;当户籍证明与其他证据材料的矛盾无法得到排除时,应当正确贯彻"有利于被告人"原则,准确认定被告人的年龄。

〔参考案例第851号:乔某诈骗案〕公安机关的户籍材料存在重大瑕疵的,如何认定被告人犯罪时的年龄?

实践中,有关年龄认定的问题主要体现在以下四个方面:一是被告人以当地有以农历填报出生日期的习惯为由,主张户籍登记上的出生日期实际为农历;二是公安机关出具的证明材料与被告人的户籍登记信息存在冲突;三是当事人提供的有关书证、证人证言等证据材料证明的内容与户籍登记信息不一致;四是被告人身份信息不详,且骨龄鉴定对被告人犯罪时是否未成年存在正负差值的情况。对于上述问题,应当综合运用证据审查、逻辑判断、常识检验、科学鉴定等多种手段,去伪存真,依法对被告人的犯罪年龄进行认定。在具体案件中,一般坚持以下审查判断原则:

1.穷尽原则。对被告人年龄证据的审查一般要穷尽一切司法调查取证手段,通过建议补充侦查、委托有关部门协查、实地走访调查、进行骨龄鉴定等多种形式,查找与被告人年龄有关的证据,最大限度查明被告人实施犯罪行为时的真实年龄。

2.公文性书证优先原则。公文性书证一般指国家机关、企业事业单位、人民团体在法定权限范围内制作的文书,并以此文书作为证明案件有关情况的书证。与年龄有关的公文性书证,一般包括公安机关的户籍信息材料、医院的出生证明、学校的学籍信息等。如果案件中存在多份内容不一致的公文性书证,则应当视具体情况予以认定:(1)以认定户籍登记信息为原则,以不采信户籍登记信息为例外。(2)医院的出生证明与户籍登记信息不一致的,如能作出合理解释,则出生证明的效力高于户籍登记信息,因为出生证明是户籍登记的基础。(3)在没有出生证明的情况下,户籍登记信息与医院的分娩病例或者被告人案发前的学籍信息、疫苗注射登记等原始信息不一致的,应当结合被告人的供述及家属证言,在能够得到合理解释的前提下,作出有利于被告人的认定。(4)公安机关出具的证明材料与户籍登记信息不一致的,原则上应当按照原始户籍登记信息来认定被告人的年龄,在公安机关能说明理由,并对被告人的户籍登记信息依法作出修改后,可以结合在案证据,依照变更后的年龄予以认定。公安机关无正当理由变更原始户籍登记中的出生日期,且变更后的信息与在案证据存在冲突的,应从证据合法性和有利于被告人的角度,严格进行审查判断。(5)村(居)委会、乡(镇)人民政府出具的证明材料如果没有加盖公安机关的户籍专用章,其证明力要低于公安机关出具的证明材料及户籍登记信息,且一般要与其他证据结合起来判定其证明效力。

3.原始书证优先原则。有关年龄认定的原始证据,一般形成于案发之前,且直接来源于客观事实,具有较强的证明力。但原始证据中的言词证据具有不稳定、不准确等特点,其效力要低于原始书证。如村(居)委会的原始户籍登记材料已经交给派出所或者因时间久远而丢失,村(居)委会的当事者根据记忆形成书面证明材料并加盖村(居)委会乃至乡(镇)人民政府的公章,由于原始书证已无法查找,故上述表面上属于书证的证明材料,实质上为证人证言,属于原始言词证据,其单独作为证据使用的证明力较低。

4.言词证据与其他类型证据结合判断的原则。言词证据(被告人供述、证人证言等)具有易变、模糊等特征,如果与其他类型的证据(如书证、鉴定意见)存在不一致之处,原则上应当以其他类型的年龄证据为准。但考虑到我国部分地区受客观条件所限、户籍登记混乱等因素,即使户籍登记信息完全可采,仍有可能在其生成阶段发生错误。因此,如果结合其他类型证据,能够相互印证补强,对户籍登记信息形成合理质疑,那么就可以采纳补强的言词证据作为裁判依据。如当时当地确实存在按照农历填报出生日期的习惯,接生婆、邻居、同班同学出具的证言均证明被告人的出生日期系按农历计算,同时通过骨龄鉴定无法排除被告人犯罪时未成年可能性的,可以认定被告人犯罪时尚未成年。

5.存疑有利于被告人的原则。对于没有充分证据证明被告人实施被指控的犯罪时已经达到法定刑事责任年龄且确实无法查明的,应当推定其没有达到相应法定刑事责任年龄。相关证据足以证明被告人实施被指控的犯罪时已经达到法定刑事责任年龄,但是无法准确查明被告人具体出生日期的,应当认定其达到相应法定刑事责任年龄。但需要注意的是,只有在穷尽一切司法调查手段仍无法查清被告人的具体出生日期的情况下,才能适用上述推定原则。

第十七条之一　【老年人犯罪的刑事责任】已满七十五周岁的人故意犯罪的,可以从轻或者减轻处罚;过失犯罪的,应当从轻或者减轻处罚。

【修正说明】

本条由刑法修正案(八)第一条增设。

【立法·要点注释】

对于老年人故意犯罪的,不应一律从轻或者减轻处罚,而是应当根据案件的具体情况决定,当宽则宽,当严则严。

【司法指导文件(1)】

《最高人民法院、最高人民检察院关于常见犯罪的量刑指导意见(试行)》(法发〔2021〕21号,20210701)

三、常见量刑情节的适用

(二)对于已满七十五周岁的老年人故意犯罪,综合考虑犯罪的性质、情节、后果等情况,可以减少基准刑的40%以下;过失犯罪的,减少基准刑的20%—50%。

【司法指导文件(2)】

《最高人民法院关于贯彻宽严相济刑事政策的若干意见》(法发〔2010〕9号,20100208)

21.对于老年人犯罪,要充分考虑其犯罪的动机、目的、情节、后果以及悔罪表现等,并结合其人身危险性和再犯可能性,酌情予以从宽处罚。

【法院案例库参考案例】

〔赵某令故意杀人案，2024-04-1-177-007〕年满七十五周岁老年人犯罪的量刑

在司法实践中，针对老年人犯罪，要充分考虑老年人个体的特殊情况，并结合其犯罪的具体事实、情节、主观恶性和社会影响等方面综合判断并作出裁决。具体适用中，要注意把握刑法第十七条之一“已满七十五周岁的人故意犯罪的，可以从轻或者减轻处罚；过失犯罪的，应当从轻或者减轻处罚”的规定，在量刑时予以充分考量，符合条件的，可以从轻或者减轻处罚。

【《刑事审判参考》案例】

〔参考案例第830号：胡金亭故意杀人案〕对已满七十五周岁的老年人犯罪是否适用无期徒刑，以及能否同时适用刑法第十七条之一的规定？

对年满七十五周岁的老年人罪犯，是否可以判处无期徒刑，取决于对年满七十五周岁的老年人故意犯罪是否适用从轻或者减轻处罚，而是否适用从轻或者减轻处罚，应当根据具体犯罪事实和犯罪情节予以综合认定。如果年满七十五周岁的老年人犯罪属于可以从轻或者减轻处罚但最终未适用从轻或者减轻处罚的，无须同时适用；如果年满七十五周岁的老年人犯罪属于可以从轻或者减轻处罚且最终适用从轻或者减轻处罚的，或者属于应当从轻或者减轻处罚的，应当同时适用。

第十八条　【精神障碍与刑事责任能力】精神病人在不能辨认或者不能控制自己行为的时候造成危害结果，经法定程序鉴定确认的，不负刑事责任，但是应当责令他的家属或者监护人严加看管和医疗；在必要的时候，由政府强制医疗。

间歇性的精神病人在精神正常的时候犯罪，应当负刑事责任。

尚未完全丧失辨认或者控制自己行为能力的精神病人犯罪的，应当负刑事责任，但是可以从轻或者减轻处罚。

醉酒的人犯罪，应当负刑事责任。

【立法 · 要点注释】

1.“间歇性的精神病人”，是指精神并非经常处于错乱而完全丧失辨认或者控制自己行为的能力的精神病人。间歇性的精神病人造成危害结果，是否处于精神正常的状态，即确认行为人造成危害结果时有无辨认或者控制自己行为的能力，也适用第一款的规定，须经鉴定确认。

2.“尚未完全丧失辨认或者控制自己行为能力的精神病人”，主要是指病情尚未达到完全不能辨认或者不能控制自己行为的程度，还有部分识别是非、善恶和控制自己行为的能力的精神病人。具体是从轻处罚，还是减轻处罚，或者不予从轻、减轻处罚，需要结合案件的具体情况，根据行为人辨认或者控制自己行为的能力减弱的程度确定。

3.执行本条规定应当注意的是，确认行为人是否在不能辨认或者不能控制自己行为的时候造成危害结果，必须严格依照刑事诉讼法规定的程序，在法定的鉴定部门进行鉴定，以保证鉴定的科学性，准确地认定行为人的责任能力，正确处理案件。

【指导性案例 · 法院】

〔徐加富强制医疗案, FZD63-2016〕

审理强制医疗案件, 对被申请人或者被告人是否"有继续危害社会可能", 应当综合被申请人或者被告人所患精神病的种类、症状, 案件审理时其病情是否已经好转, 以及其家属或者监护人有无严加看管和自行送医治疗的意愿和能力等情况予以判定。必要时, 可以委托相关机构或者专家进行评估。

【法院案例库案例】

〔张某故意杀人案, 2024-02-1-177-004〕因吸毒导致精神障碍的可不予从宽处罚

行为人因吸食毒品引起幻觉、妄想等严重精神障碍导致辨认能力或者控制能力丧失、减弱, 实施犯罪行为的, 依法应负刑事责任, 不予从轻或者减轻处罚。但是, 导致行为人出现幻觉、妄想等严重精神障碍的吸毒行为是被强迫或被欺骗的除外。

【法院公报案例】

〔福州市人民检察院诉彭崧故意杀人案, GB2007-7〕

行为人因吸毒后产生神志异常而实施危害社会的行为, 构成犯罪的, 依法应当承担刑事责任。

【《刑事审判参考》案例】

〔参考案例第610号: 侯卫春故意杀人案〕在故意杀人犯罪中醉酒状态能否作为酌定从轻处罚情节?

对醉酒状态下实施故意杀人行为的人一般情况下应严格控制死刑的适用, 但单纯的醉酒状态不足以作为一个酌定从轻处罚情节, 是否予以从轻处罚, 应结合其他认罪、悔罪等情节予以综合认定。

〔参考案例第554号: 房国忠故意杀人案〕醉酒状态下实施犯罪, 量刑时可否酌情考虑导致行为人醉酒的原因?

醉酒的原因, 有可能是行为人故意、过失所造成, 也可能是某些不能预见、不可抗拒的因素。而根据主客观相一致原则, 在造成同样后果的醉酒犯罪行为中, 为实施犯罪而故意制造醉酒假象、借酒壮胆或明知自己会"酒后乱性"而饮酒等故意醉酒行为的主观恶性最为严重, 过失醉酒者次之, 因不能预见或不可抗拒的原因醉酒者最轻。因此, 在醉酒人犯罪的案件中, 应当适当考察其醉酒的原因, 对确有特殊情况的应当在量刑时予以酌情考虑, 以实现罪责刑的均衡。

〔参考案例第925号: 杜成军故意杀人案〕在严重暴力犯罪案件中, 对具有轻度精神障碍, 认识和控制能力所受影响不大的被告人, 是否可以不从轻处罚?

精神障碍对行为人行为能力的影响也有大小轻重之分, 对于有较大影响的, 对行为人应当减轻处罚或者在法定刑幅度内从轻判处刑罚; 对于影响较小的, 对行为人可以不从轻判处刑罚。刑法并没有规定对限制行为能力人一律从轻处罚, 对罪行极其严重且辨认和控制自己行为能力轻微减弱的犯罪人不予从轻处罚, 并不违背立法本意。

第十九条 【又聋又哑的人或者盲人犯罪的刑事责任】又聋又哑的人或者盲人犯罪, 可以从轻、减轻或者免除处罚。

【司法指导文件】

《最高人民法院、最高人民检察院关于常见犯罪的量刑指导意见(试行)》(法发〔2021〕21号,20210701)

三、常见量刑情节的适用

(三)对于又聋又哑的人或者盲人犯罪,综合考虑犯罪性质、情节、后果以及聋哑人或者盲人犯罪时的控制能力等情况,可以减少基准刑的50%以下;犯罪较轻的,可以减少基准刑的50%以上或者依法免除处罚。

【《刑事审判参考》案例】

〔参考案例第469号:苏同强、王男敲诈勒索案〕如何理解与认定刑法第十九条规定的"盲人"犯罪?

实践中适用刑法第十九条关于对"盲人"被告人从宽处罚的规定,应在全面分析犯罪性质、情节和危害程度基础上,重点分析"盲人"身份对实施犯罪行为的具体影响:

1.对于被告人实施犯罪行为与"盲人"身份有直接联系的,应依法从宽处罚。当被告人系过失犯罪时,如因目盲违反交通规则横穿马路,导致交通事故致人重伤或死亡,构成交通肇事罪的,应比正常人过失犯罪加大从宽幅度。如果被告人系故意犯罪,如因目盲丧失劳动能力,没有收入来源,偶尔实施诈骗、侵占等财产性犯罪的,可以从轻或减轻处罚,情节轻微的可免除处罚。对被害人因言语不当被盲人伤害的案件中,可考虑盲人的特别心理情况,从宽处罚。

2.对于被告人实施犯罪行为与"盲人"身份无关或无直接关系的犯罪,并不必然适用刑法第十九条的从宽处罚规定。如被告人视力情况对其实施犯罪没有明显、具体影响的情况,或者盲人作为共同犯罪、有组织犯罪的起意者、策划者和组织者的情况。

第二十条 【正当防卫】为了使国家、公共利益、本人或者他人的人身、财产和其他权利免受正在进行的不法侵害,而采取的制止不法侵害的行为,对不法侵害人造成损害的,属于正当防卫,不负刑事责任。

正当防卫明显超过必要限度造成重大损害的,应当负刑事责任,但是应当减轻或者免除处罚。

对正在进行行凶、杀人、抢劫、强奸、绑架以及其他严重危及人身安全的暴力犯罪,采取防卫行为,造成不法侵害人伤亡的,不属于防卫过当,不负刑事责任。

【相关立法】

《中华人民共和国治安管理处罚法》(20260101)

第十九条 为了免受正在进行的不法侵害而采取的制止行为,造成损害的,不属于违反治安管理行为,不受处罚;制止行为明显超过必要限度,造成较大损害的,依法给予处罚,但是应当减轻处罚;情节较轻的,不予处罚。

【司法指导文件(1)】

《最高人民法院、最高人民检察院、公安部关于依法适用正当防卫制度的指导意见》(法发〔2020〕31号,20200828)

一、总体要求

1.把握立法精神,严格公正办案。

正当防卫是法律赋予公民的权利。要准确理解和把握正当防卫的法律规定和立法精神，对于符合正当防卫成立条件的，坚决依法认定。要切实防止“谁能闹谁有理”“谁死伤谁有理”的错误做法，坚决捍卫“法不能向不法让步”的法治精神。

2.立足具体案情，依法准确认定。要立足防卫人防卫时的具体情境，综合考虑案件发生的整体经过，结合一般人在类似情境下的可能反应，依法准确把握防卫的时间、限度等条件。要充分考虑防卫人面临不法侵害时的紧迫状态和紧张心理，防止在事后以正常情况下冷静理性、客观精确的标准去评判防卫人。

3.坚持法理情统一，维护公平正义。认定是否构成正当防卫、是否防卫过当以及对防卫过当裁量刑罚时，要注重查明前因后果，分清是非曲直，确保案件处理于法有据、于理应当、于情相容，符合人民群众的公平正义观念，实现法律效果与社会效果的有机统一。

4.准确把握界限，防止不当认定。对于以防卫为名行不法侵害之实的违法犯罪行为，要坚决避免认定为正当防卫或者防卫过当。对于虽具有防卫性质，但防卫行为明显超过必要限度造成重大损害的，应当依法认定为防卫过当。

二、正当防卫的具体适用

5.准确把握正当防卫的起因条件。正当防卫的前提是存在不法侵害。不法侵害既包括侵犯生命、健康权利的行为，也包括侵犯人身自由、公私财产等权利的行为；既包括犯罪行为，也包括违法行为。不应将不法侵害不当限缩为暴力侵害或者犯罪行为。对于非法限制他人人身自由、非法侵入他人住宅等不法侵害，可以实行防卫。不法侵害既包括针对本人的不法侵害，也包括危害国家、公共利益或者针对他人的不法侵害。对于正在进行的拉拽方向盘、殴打司机等妨害安全驾驶、危害公共安全的违法犯罪行为，可以实行防卫。成年人对于未成年人正在实施的针对其他未成年人的不法侵害，应当劝阻、制止；劝阻、制止无效的，可以实行防卫。

6.准确把握正当防卫的时间条件。正当防卫必须是针对正在进行的不法侵害。对于不法侵害已经形成现实、紧迫危险的，应当认定为不法侵害已经开始；对于不法侵害虽然暂时中断或者被暂时制止，但不法侵害人仍有继续实施侵害的现实可能性的，应当认定为不法侵害仍在进行；在财产犯罪中，不法侵害人虽已取得财物，但通过追赶、阻击等措施能够追回财物的，可以视为不法侵害仍在进行；对于不法侵害人确已失去侵害能力或者确已放弃侵害的，应当认定为不法侵害已经结束。对于不法侵害是否已经开始或者结束，应当立足防卫人在防卫时所处情境，按照社会公众的一般认知，依法作出合乎情理的判断，不能苛求防卫人。对于防卫人因为恐慌、紧张等心理，对不法侵害是否已经开始或者结束产生错误认识的，应当根据主客观相统一原则，依法作出妥当处理。

7.准确把握正当防卫的对象条件。正当防卫必须针对不法侵害人进行。对于多人共同实施不法侵害的，既可以针对直接实施不法侵害的人进行防卫，也可以针对在现场共同实施不法侵害的人进行防卫。明知侵害人是无刑事责任能力人或者限制刑事责任能力人的，应当尽量使用其他方式避免或者制止侵害；没有其他方式可以避免、制止不法侵害，或者不法侵害严重危及人身安全的，可以进行反击。

8.准确把握正当防卫的意图条件。正当防卫必须是为了使国家、公共利益、本人或者他人的人身、财产和其他权利免受不法侵害。对于故意以语言、行为等挑动对方侵害自己再予以反击的防卫挑拨，不应认定为防卫行为。

9.准确界分防卫行为与相互斗殴。防卫行为与相互斗殴具有外观上的相似性，准确区分两者要坚持主客观相统一原则，通过综合考量案发起因、对冲突升级是否有过错、是否使用或者准备使用凶器、是否采用明显不相当的暴力、是否纠集他人参与打斗等客观情节，准确判断行为人的主观意图和行为性质。

因琐事发生争执，双方均不能保持克制而引发打斗，对于有过错的一方先动手且手段明显过激，或者一方先动手，在对方努力避免冲突的情况下仍继续侵害的，还击一方的行为一般应当认定为防卫行为。

双方因琐事发生冲突，冲突结束后，一方又实施不法侵害，对方还击，包括使用工具还击的，一般应当认定为防卫行为。不能仅因行为人事先进行防卫准备，就影响对其防卫意图的认定。

10.防止将滥用防卫权的行为认定为防卫行为。对于显著轻微的不法侵害，行为人在可以辨识的情况下，直接使用足以致人重伤或者死亡的方式进行制止的，不应认定为防卫行为。不法侵害系因行为人的重大过错引发，行为人在可以使用其他手段避免侵害的情况下，仍故意使用足以致人重伤或者死亡的方式还击的，不应认定为防卫行为。

三、防卫过当的具体适用

11.准确把握防卫过当的认定条件。根据刑法第二十条第二款的规定，认定防卫过当应当同时具备“明显超过必要限度”和“造成重大损害”两个条件，缺一不可。

12.准确认定“明显超过必要限度”。防卫是否“明显超过必要限度”，应当综合不法侵害的性质、手段、强度、危害程度和防卫的时机、手段、强度、损害后果等情节，考虑双方力量对比，立足防卫人防卫时所处情境，结合社会公众的一般认知作出判断。在判断不法侵害的危害程度时，不仅要考虑已经造成的损害，还要考虑造成进一步损害的紧迫危险性和现实可能性。不应当苛求防卫人必须采取与不法侵害基本相当的反击方式和强度。通过综合考量，对于防卫行为与不法侵害相差悬殊、明显过激的，应当认定防卫明显超过必要限度。

13.准确认定“造成重大损害”。“造成重大损害”是指造成不法侵害人重伤、死亡。造成轻伤及以下损害的，不属于重大损害。防卫行为虽然明显超过必要限度但没有造成重大损害的，不应认定为防卫过当。

14.准确把握防卫过当的刑罚裁量。防卫过当应当负刑事责任，但是应当减轻或者免除处罚。要综合考虑案件情况，特别是不法侵害人的过错程度、不法侵害的严重程度以及防卫人面对不法侵害的恐慌、紧张等心理，确保刑罚裁量适当、公正。对于因侵害人实施严重贬损他人人格尊严、严重违反伦理道德的不法侵害，或者多次、长期实施不法侵害所引发的防卫过当行为，在量刑时应当充分考虑，以确保案件处理既经得起法律检验，又符合社会公平正义观念。

四、特殊防卫的具体适用

15.准确理解和把握“行凶”。根据刑法第二十条第三款的规定，下列行为应当认定为“行凶”：⑴使用致命性凶器，严重危及他人人身安全的；⑵未使用凶器或者未使用致命性凶器，但是根据不法侵害的人数、打击部位和力度等情况，确已严重危及他人人身安全的。虽然尚未造成实际损害，但已对人身安全造成严重、紧迫危险的，可以认定为“行凶”。

16.准确理解和把握“杀人、抢劫、强奸、绑架”。刑法第二十条第三款规定的“杀人、抢劫、强奸、绑架”，是指具体犯罪行为而不是具体罪名。在实施不法侵害过程中存在杀人、抢劫、强奸、绑架等严重危及人身安全的暴力犯罪行为的，如以暴力手段抢劫枪支、弹药、爆炸物或者以绑架手段拐卖妇女、儿童的，可以实行特殊防卫。有关行为没有严重危及人身安全的，应当适用一般防卫的法律规定。

17.准确理解和把握“其他严重危及人身安全的暴力犯罪”。刑法第二十条第三款规定的“其他严重危及人身安全的暴力犯罪”，应当是与杀人、抢劫、强奸、绑架行为相当，并具有致人重伤或者死亡的紧迫危险和现实可能的暴力犯罪。

18.准确把握一般防卫与特殊防卫的关系。对于不符合特殊防卫起因条件的防卫行为，致不法侵害人伤亡的，如果没有明显超过必要限度，也应当认定为正当防卫，不负刑事责任。

五、工作要求

19.做好侦查取证工作。公安机关在办理涉正当防卫案件时，要依法及时、全面收集与案件相关的各类证据，为案件的依法公正处理奠定事实根基。取证工作要及时，对冲突现场有视听资料、电子数据等证据材料的，应当第一时间调取；对冲突过程的目击证人，要第一时间询问。取证工作要全面，对证明案件事实有价值的各类证据都应当依法及时收集，特别是涉及判断是否属于防卫行为、是正当防卫还是防卫过当以及有关案件前因后果等的证据。

20.依法公正处理案件。要全面审查事实证据，认真听取各方意见，高度重视犯罪嫌疑人、被告人及其辩护人提出的正当防卫或者防卫过当的辩解、辩护意见，并及时核查，以准确认定事实、正确适用法律。要及时披露办案进展等工作信息，回应社会关切。对于依法认定为正当防卫的案件，根据刑事诉讼法的规定，及时作出不予立案、撤销案件、不批准逮捕、不起诉的决定或者被告人无罪的判决。对于防卫过当案件，应当依法适用认罪认罚从宽制度；对于犯罪情节轻微，依法不需要判处刑罚或者免除刑罚的，人民检察院可以作出不起诉决定。对于不法侵害人涉嫌犯罪的，应当依法及时追诉。人民法院审理第一审的涉正当防卫案件，社会影响较大或者案情复杂的，由人民陪审员和法官组成合议庭进行审理；社会影响重大的，由人民陪审员和法官组成七人合议庭进行审理。

21.强化释法析理工作。要围绕案件争议焦点和社会关切，以事实为根据、以法律为准绳，准确、细致地阐明案件处理的依据和理由，强化法律文书的释法析理，有效回应当事人和社会关切，使办案成为全民普法的法治公开课，达到办理一案、教育一片的效果。

要尽最大可能做好矛盾化解工作，促进社会和谐稳定。

22.做好法治宣传工作。要认真贯彻“谁执法、谁普法”的普法责任制，做好以案说法工作，使正当防卫案件的处理成为全民普法和宣扬社会主义核心价值观的过程。要加大涉正当防卫指导性案例、典型案例的发布力度，旗帜鲜明保护正当防卫者和见义勇为人的合法权益，弘扬社会正气，同时引导社会公众依法、理性、和平解决琐事纠纷，消除社会戾气，增进社会和谐。

【司法指导文件(1)·注释】

1.关于不法侵害是否应当具有“紧迫性”。正当防卫是紧急情况下保护合法权益的非常措施，不法侵害应当具有“紧迫性”；同时，对“紧迫性”不能作过于狭隘的理解和判断。具体而言，只要存在正在进行的不法侵害，通常就应当认定为具有防卫“紧迫性”，不能把“紧迫性”人为限缩为“造成人身伤害或者公共安全危险等重大后果”，对非法拘禁等不法侵害行为也可以进行防卫。但是，有些不法侵害，如侵犯知识产权行为、重婚等，采取加害性的防卫行为予以制止有悖常情常理，通过报案等方式解决更为可取，不宜认为具有防卫的“紧迫性”和必要性。

2.关于不法侵害人是精神病人、未成年人的。认定时需要注意两个问题：(1)未成年防卫人面对未成年不法侵害人时，防卫人本身的自我保护能力弱，辨认控制能力不足，不能一味要求其退避；(2)某些情况下，不法侵害人是否属于精神病人或者未成年人不易判断。对于确实未认识到不法侵害人是精神病人或者未成年人的，不适用本指导意见第七条相关规则。

3.关于正当防卫和相互斗殴的区分。综合判断的要点包括但不限于以下方面：(1)对引发矛盾是否存在过错；(2)是否先动手，导致冲突升级；(3)是否采用明显不相当的暴力进行回应；(4)是否使用管制刀具或者其他足以致人死伤的凶器；(5)是否纠集他人参与打斗等。通过综合判断，认定行为人具有泄愤、立威等意图或者其他非法目的的，应当认为具有互殴性质；反之，认定行为人是为了防止自身或者他人受到侵害的防卫行为。

需要特别说明的是，上述判断应当是综合判断，不能简单地依据其中一项就断定是否属于正当防卫。实践中要避免如下两个判断误区：(1)“先动手原则”，即先动手的就是不法侵害，后动手的就是正当防卫。这种观点过于绝对。例如，行为人的车位无故被他人堵拦，行为人好言相劝，对方就是不挪，甚至态度蛮横，行为人被逼无奈，情急之下推搡、拉扯甚至拳击对方的，后动手的一方并不必然具有防卫性质。(2)对“打上门”的还击就是正当防卫。一般而言，双方事先约定到特定地点打斗的，是典型的相互斗殴；一方“打上门”，另一方还击的，通常具有防卫性质，但也不能绝对化。在某些聚众斗殴案中，所谓的“防卫方”主观上并非基于防卫的意图，而是想“以逸待劳”，对斗殴的发生持积极态度，应当认定为相互斗殴。

4.关于制止不法侵害所“必需”的防卫，是否就属于“必要”的防卫。实践中，不宜一概而论。一方面，对显著轻微的不法侵害采取的严重失衡的制止行为，即使属于保护该细小利益所“必需”，也不能认可其为“必要”的防卫行为。另一方面，如强调只能采取“必需”的防卫措施，则给防卫人附加了过多的“退避义务”，缩小了正当防卫的成立空间，亦不符合为正当防卫适当“松绑”的政策取向。

5.关于对“其他严重危及人身安全的暴力犯罪”的认定。应当坚持综合判断，注意从不法侵害是否具有暴力性、是否严重危及人身安全、是否达到犯罪程度等方面作出判断。例如，在人流密集的公共场所驾车冲撞，危害公共安全的，无疑可以认定为“其他严重危及人身安全的暴力犯罪”，符合特殊防卫的起因条件。

【司法指导文件(2)】

《最高人民法院、最高人民检察院、公安部、司法部关于依法办理家庭暴力犯罪案件的意见》(法发〔2015〕4号，20150302)

19.准确认定对家庭暴力的正当防卫。为了使本人或者他人的人身权利免受不法侵害，对正在进行的家庭暴力采取制止行为，只要符合刑法规定的条件，就应当依法认定为正当防卫，不负刑事责任。防卫行为造成施暴人重伤、死亡，且明显超过必要限度，属于防卫过当，应当负刑事责任，但是应当减轻或者免除处罚。

认定防卫行为是否“明显超过必要限度”，应当以足以制止并使防卫人免受家庭暴力不法侵害的需要为标准，根据施暴人正在实施家庭暴力的严重程度、手段的残忍程度，防卫人所处的环境、面临的危险程度、采取的制止暴力的手段、造成施暴人重大损害的程度，以及既往家庭暴力的严重程度等进行综合判断。

20.充分考虑案件中的防卫因素和过错责任。对于长期遭受家庭暴力后，在激愤、恐惧状态下为了防止再次遭受家庭暴力，或者为了摆脱家庭暴力而故意杀害、伤害施暴人，被告人的行为具有防卫因素，施暴人在案件起因上具有明显过错或者直接责任的，可以酌情从宽处罚。……

【司法指导文件(3)】

《最高人民法院、最高人民检察院、公安部关于依法惩治妨害公共交通工具安全驾驶违法犯罪行为的指导意见》(公通字〔2019〕1号，20190108)

(四)对正在进行的妨害安全驾驶的违法犯罪行为，乘客等人员有权采取措施予以制止。制止行为造成违法犯罪行为人损害，符合法定条件的，应当认定为正当防卫。

【司法指导文件(4)】

《最高人民检察院、公安部关于依法妥善办理轻伤害案件的指导意见》(高检发办字〔2022〕167号，20221222)

(九)准确区分正当防卫与互殴型故意伤害。人民检察院、公安机关要坚持主客观相统一的原则，综合考察案发起因、对冲突升级是否有过错、是否使用或者准备使用凶器、是否采用明显不相当的暴力、是否纠集他人参与打斗等客观情节，准确判断犯罪嫌疑人的主观意图和行为性质。因琐事发生争执，双方均不能保持克制而引发打斗，对于过错的一方先动手且手段明显过激，或者一方先动手，在对方努力避免冲突的情况下仍继续侵害，还击一方造成对方伤害的，一般应当认定为正当防卫。故意挑拨对方实施不法侵害，借机伤害对方的，一般不认定为正当防卫。

【指导性案例·法院】

〔于欢故意伤害案，FZD93-2018〕

1.对正在进行的非法限制他人人身自由的行为，应当认定为刑法第二十条第一款规定的“不法侵害”，可以进行正当防卫。

2.对非法限制他人人身自由并伴有侮辱、轻微殴打的行为，不应当认定为刑法第二十条第三款规定的“严重危及人身安全的暴力犯罪”。

3.判断防卫是否过当，应当综合考虑不法侵害的性质、手段、强度、危害程度，以及防卫行为的性质、时机、手段、强度、所处环境和损害后果等情节。对非法限制他人人身自由并伴有侮辱、轻微殴打，且并不十分紧迫的不法侵害，进行防卫致人死亡重伤的，应当认定为刑法第二十条第二款规定的“明显超过必要限度造成重大损害”。

4.防卫过当案件，如系因被害人实施严重贬损他人人格尊严或者亵渎人伦的不法侵害引发的，量刑时对此应予充分考虑，以确保司法裁判既经得起法律检验，也符合社会公平正义观念。

〔张那木拉正当防卫案，FZD144-2020〕

1.对于使用致命性凶器攻击他人要害部位，严重危及他人人身安全的行为，应当认定为刑法第二十条第三款规定的“行凶”，可以适用特殊防卫的有关规定。

2.对于多人共同实施不法侵害，部分不法侵害人已被制伏，但其他不法侵害人仍在继续实施侵害的，仍然可以进行防卫。

〔江某某正当防卫案，FZD225-2024〕

1.对于因学生霸凌引发的防卫行为与相互斗殴的界分，应当坚持主客观相统一原则，通过综合考量案发起因、是否为主要过错方、是否纠集他人参与打斗等情节，结合同年龄段未成年人在类似情境下的可能反应，准确判断行为人的主观意图和行为性质。不能仅因行为人面对霸凌时不甘示弱、使用工具反击等情节，就影响对其防卫意图的认定。

2. 对于防卫是否“明显超过必要限度”，应当立足防卫时的具体情境，从同年龄段未成年人一般认知的角度，综合学生霸凌中不法侵害的性质、手段、强度、危害后果和防卫的时机、手段、强度、损害后果等情节，考虑双方力量对比，作出合理判断。

【指导性案例·检察】

〔陈某正当防卫案，JZD45-2018〕

在被人殴打、人身权利受到不法侵害的情况下，防卫行为虽然造成了重大损害的客观后果，但是防卫措施并未明显超过必要限度的，不属于防卫过当，依法不负刑事责任。

一般防卫有限度要求，超过限度的属于防卫过当，需要负刑事责任。刑法规定的限度条件是“明显超过必要限度造成重大损害”，具体而言，行为人的防卫措施虽明显超过必要限度但防卫结果客观上并未造成重大损害，或者防卫结果虽客观上造成重大损害但防卫措施并未明显超过必要限度，均不能认定为防卫过当。

〔朱凤山故意伤害(防卫过当)案，JZD46-2018〕

在民间矛盾激化过程中，对正在进行的非法侵入住宅、轻微人身侵害行为，可以进行正当防卫，但防卫行为的强度不具有必要性并致不法侵害人重伤、死亡的，属于明显超过必要限度造成重大损害，应当负刑事责任，但是应当减轻或者免除处罚。

〔于海明正当防卫案，JZD47-2018〕

对于犯罪故意的具体内容虽不确定，但足以严重危及人身安全的暴力侵害行为，应当认定为刑法第二十条第三款规定的“行凶”。行凶已经造成严重危及人身安全的紧迫危险，即使没有发生严重的实害后果，也不影响正当防卫的成立。

〔侯雨秋正当防卫案，JZD48-2018〕

单方聚众斗殴的，属于不法侵害，没有斗殴故意的一方可以进行正当防卫。单方持械聚众斗殴，对他人的人身安全造成严重危险的，应当认定为刑法第二十条第三款规定的“其他严重危及人身安全的暴力犯罪”。

【法院案例库参考案例】

〔何某永故意伤害宣告无罪案，2025-04-1-179-001〕肢体冲突停止后一方持械报复情形下的正当防卫认定

因琐事发生肢体冲突，冲突停止后，一方持械报复，危及另一方人身安全，另一方出于防卫目的，致对方人身伤害，且未超出必要限度的，应当认定为正当防卫，不负法律责任。

〔陈某浮正当防卫案，2024-18-1-179-005〕特殊防卫的起因条件把握

1.与一般防卫不同，特殊防卫起因条件的实质在于不法侵害系“严重危及人身安全”的暴力犯罪。对于相关不法侵害是否严重危及人身安全，应当注意从不法侵害是否具有暴力性、是否严重危及人身安全、是否达到犯罪程度等方面作出判断。

2.不法侵害人的具体故意内容不确定，但根据侵害行为发生的时间、地点及不法侵害人持有凶器判断，暴力侵害行为足以严重危及人身安全的，防卫人可以实行特殊防卫。

〔陈某杰正当防卫案，2024-18-1-179-002〕准确把握正当防卫的对象条件

正当防卫必须针对不法侵害人进行。对于多人共同实施不法侵害的，既可以针对直接实施不法侵害的人进行防卫，也可以针对在现场共同实施不法侵害的人进行防卫。

〔刘某胜故意伤害案，2024-18-1-179-004〕滥用防卫权行为的认定

1. 对于针对轻微不法侵害实施致人死伤的还击行为，要根据案件具体情况，准确认定是正当防卫还是违法犯罪行为。

2.对于因恋爱、婚姻、家庭、邻里纠纷等民间矛盾激化或者因劳动纠纷、管理失当等原因引发的不法侵害，特别是发生在亲友之间的，要求优先选择其他制止手段，而非径直选择致人死伤的还击行为，符合人民群众的公平正义观念，契合我国文化传统。对于相关案件，在认定是否属于正当防卫以及防卫过当时，要综合案件具体情况特别是被害方有无过错以及过错大小进行判断。

〔唐某华、杨某祥正当防卫案，2024-05-1-179-001〕正当防卫时间条件、限度条件的把握

1.防卫人面临不法侵害，时间紧迫、情势紧张，不能苛求防卫人进行精准防卫，对不法侵害的结束时间、是否继续，作出准确的、分毫不差的判断，而应当立足防卫人在防卫时所处情境，按照社会公众的一般认知，依法作出合乎情理的判断，认为不法侵害有继续实施的现实可能性的，应当认定为不法侵害仍在进行。

2.根据刑法第二十条第二款的规定，认定防卫过当应当同时具备“明显超过必要限度”和“造成重大损害”两个条件。关于防卫行为是否“明显超过必要限度”，应当站在防卫人当时的情境，从社会公众一般认知的角度，综合不法侵害的性质、手段、强度、危害程度和防卫的时机、手段、强度、损害后果等情节，考虑双方力量对比，依法作出合乎情理的判断。要防止“唯结果论”，避免只要造成不法侵害人重伤、死亡的，就一律认定为明显超过必要限度。

〔蔡某卫故意伤害案，2024-04-1-179-012〕持菜刀将上门闹事的不法侵害人砍致轻伤的，系正当防卫

认定正当防卫，要综合考量不法侵害行为已经造成和可能造成的损害，充分考虑防卫人持续遭受不法侵害所累积的危险感受以及双方悬殊的力量对比，如果防卫行为不属于“明显超过必要限度造成重大损害”的情形，不负刑事责任。

〔王某故意伤害案，2023-04-1-179-013〕面对围殴使用事先准备的工具进行自卫的，不影响防卫性质的认定

面对围殴使用事先准备的工具进行自卫，不影响防卫性质的认定。对认定正当防卫有影响的，并不是行为人携带并使用了可用于自卫的工具，而是行为人是否有斗殴的故意。这种斗殴的故意需要综合行为人当时的言行、对方的举动、现场的环境氛围等具体情况进行分析。在有证据证明行为人事先准备工具是出于防身等自我保护目的的情况下，携带工具、使用工具和斗殴故意之间的逻辑关联应被当然否定。

〔朱某飞故意伤害、马某民正当防卫案，2023-04-1-179-007〕欠缺意思联络的数人同时防卫案件的处理

对于欠缺意思联络的数人同时实施防卫行为，是否构成正当防卫不应一体适用，而应当根据各防卫人参与防卫的主客观情节分别加以判断。在具体案件处理之中，不应当因部分防卫人防卫过当构成犯罪而影响对其他防卫人正当防卫的认定。

〔李某俊故意伤害案，2023-04-1-179-019〕为制止严重危及人身安全的不法侵害，致不法侵害人死亡的，构成正当防卫

不法侵害人进入被害人家封闭院落内持刀行凶未果，但仍隐藏在封闭院落内，使他人处于可能受害持续危险之中。在此情形下，行为人持械寻找和抓捕不法侵害人，属于公民依法保护自身人身安全的行为，不能据此认定其有加害故意。当不法侵害人仍然实施持械行凶，足以严重危及人身安全，防卫人采取防卫行为，造成不法侵害人伤亡的，构成正当防卫，不负刑事责任。

〔肖某故意伤害案，2023-04-1-179-012〕认定正当防卫应要求不法侵害具有一定的紧迫性

正当防卫是为了合法权益免受侵害，在紧急情况下制止不法侵害，赋予公民实施自力救济以便保护合法权益的一项措施。只有不法侵害具有紧迫性时，才允许对其实行防卫。对于不具有明显紧迫性的轻微暴力行为，实施严重暴力行为造成死亡结果的，不应认定为正当防卫。

〔赵某甲、赵某乙故意伤害案，2023-16-1-179-001〕双方均有侵害故意的互殴行为不是正当防卫

双方在打斗过程中主观上都具有侵害对方的故意，客观上亦实施了针对对方的加害行为，双方的行为是互殴性质，不是单方遭到不法侵害，不符合正当防卫的成立条件。

【《刑事审判参考》案例】

〔参考案例第127号：王长友过失致人死亡案〕假想防卫如何认定及处理？

1.夜间误认来人为非法侵入住宅者而以防卫的故意暴力致对方死亡的，构成假想防卫。假想防卫不构成故意犯罪。

2.假想防卫有四个基本特征：⑴行为人主观上存在着正当防卫意图，以为自己是对不法侵害人实施的正当防卫。⑵防卫对象的“不法侵害”实际上并不存在。但是，假想防卫中并不存在的所谓“不法侵害”或“不法侵害人”，是基于行为人主观想象或推测，但这种主观想象或推测，绝不是脱离实际情形的任意想象，而是需要一定的客观前提，也就是说，假想防卫人在实行假想防卫时，主观上误认为发生了某种实际并不存在的不法侵害，是要有一定合理的根据的。⑶防卫行为人的“防卫”行为客观上侵害了防卫对象的人身和其他权利。⑷行为人的防卫错误，产生了危害社会的结果。假想防卫虽然是故意行为，但这类故意一般不是刑法上的犯罪故意，假想防卫致人伤亡的，可按过失致人死亡罪或过失致人重伤罪处理。

〔参考案例第133号：苏良才故意伤害案〕〔参考案例第433号：李明故意伤害案〕如何区分正当防卫与互殴行为？

1.区分正当防卫和互殴的关键在于有无防卫意图。互殴行为之所以不能构成正当防卫，正是因为斗殴双方缺乏防卫意图。在互相斗殴中，斗殴双方都具有殴击、伤害对方的故意，双方都以侵害对方为目的，并在此意图支配下积极实施侵害对方的行为，根本不存在正当防卫所要求的防卫意图，因此斗殴双方的任何一方均不得主张正当防卫的权利。

2.实践中，判断某一行为属于互殴还是正当防卫，可以从行为人主观上的认识因素和意志因素两方面来进行。从认识因素来说，互殴行为一般多具有预谋性，行为人对互殴的时间、地点、相对人比较明确，有相对具体的计划，往往为之作出充分准备，并很可能携带互殴所需凶器等。而正当防卫行为一般多具有突发性，侵害事件突然发生，行为人对该侵害事件发生的时间、地点以及相对人事先往往并不明知，为了保护自己的合法权益，被迫采取措施进行抵御或者反击。从意志因素看，互殴行为具有主动性和不法侵害性，互殴行为人主观上都有侵害对方的故意，在此侵害对方的故意意图支配下，其行为往往表现出明显的主动性，斗殴双方一般会主动地采取促使其侵害意图达成的多种措施以使对方遭受侵害，并积极追求或放任对方伤害结果的发生。正当防卫行为则具有被动性和防卫性。在突遭他人不法侵害的情况下，防卫人往往没有选择余地，只能被动采取措施，加入事件中。其可能被动地防御，也可能主动地反击，但不管以何种方式，行为人的主观目的在于制止不法侵害，保护合法权益，行为往往表现出防卫性和一定节制性。

〔参考案例第138号：张建国故意伤害案〕互殴停止后又为制止他方突然袭击而防卫的行为是否属于正当防卫？

互殴停止后，一方突然袭击或继续实施侵害行为，另一方依法享有正当防卫的权利。被侵害人出于防卫目的而依法实施的制止不法侵害的行为，属于正当防卫。需要指出的是，由双方互殴转变为一方自动放弃斗殴或主动退出斗殴现场，应该具有彻底性，并表现出明显的阶段性，而不包括互殴双方打斗中的此消彼长、强弱转换的情形变化。

〔参考案例第224号：胡咏平故意伤害案〕〔参考案例第433号：李明故意伤害案〕当人身安全受到威胁后，为预防不法侵害而事先准备防卫工具的，是否影响正当防卫的成立？

公民受到不法人身威胁后，没有主动报案，而是事先准备防卫工具的，不影响其防卫行为的性质认定。但是，如果该行为不仅对不法侵害发生了效果，还造成其他无辜人员伤亡或者财产损失的，也不能成立正当防卫，应依具体情况对该危害行为追究相应的刑事责任。

〔参考案例第297号：赵泉华故意伤害案〕对实施非法侵入住宅的行为人是否可以实行正当防卫？正当防卫仅致不法侵害人轻伤的是否负刑事责任？

1.对实施非法侵入住宅的行为人可以实行正当防卫。

2.行为人的防卫措施虽然明显超过必要限度但防卫结果客观上并未造成重大损害，或者防卫结果客观上虽造成严重损害，但防卫措施并不明显超过必要限度，均不能认定为防卫过当。如行为人采取防卫措施，造成一人轻伤一人轻微伤，不属于造成重大损害。

〔参考案例第353号：范尚秀故意伤害案〕对精神病人实施侵害行为的反击能否成立正当防卫？

无刑事责任能力的精神病人实施的侵害行为，也是危害社会的行为，仍属于不法侵害。对于不能辨认或者不能控制自己行为的精神病人实施的不法侵害行为，可以实施正当防卫，但应注意不能超过必要限度造成重大损害。

〔参考案例第1395号：梁锦辉寻衅滋事案〕持刀驱离正在违法强拆其合法财产的有关人员，并造成一人轻微伤，是否构成寻衅滋事罪？

为了保护本人的财产免受正在进行的不法拆迁行为的侵害，持刀驱离不法侵害者，其行为属于正当防卫，不构成犯罪。

〔参考案例第569号：韩霖故意伤害案〕如何认定防卫过当？

认定防卫过当的标准在于防卫行为是否超过“必要限度”。从积极行使的方面说，防卫行为须是必要的，要综合分析不法侵害行为的危险程度、侵害者的主观心态以及侵害手段、强度、人员多少与强弱、现场所处客观环境与形势等。从消极限制的方面说，防卫行为必须是有限度的，因而所造成的危害是应有的、必需的，是制止不法侵害所需要的。防卫行为所保护的合法权益与防卫行为所造成的损害后果之间不能悬殊过大，不能为了保护微小权利而造成不法侵害人重伤或者死亡。当然，并非凡是超过必要限度的防卫行为都是过当，只有“明显”超过其必要性并造成重大损害的，才是防卫过当。

〔参考案例第261号：李小龙等故意伤害案〕特殊防卫中“行凶”应如何理解？

“行凶”必须是一种已着手的暴力侵害行为，足以严重危及他人重大人身安全。一般情况下，“行凶”不只是拳脚相加之类的暴力侵害，只有持那种足以严重危及他人重大人身安全的凶器、器械伤人的行为，才可以认定为“行凶”，但对此也不能机械理解，如体壮者试图用手扼死体弱者，也可以视为“行凶”。

第二十一条 【紧急避险】为了使国家、公共利益、本人或者他人的人身、财产和其他权利免受正在发生的危险，不得已采取的紧急避险行为，造成损害的，不负刑事责任。

紧急避险超过必要限度造成不应有的损害的，应当负刑事责任，但是应当减轻或者免除处罚。

第一款中关于避免本人危险的规定，不适用于职务上、业务上负有特定责任的人。

【立法·要点注释】

“职务上、业务上负有特定责任”，是指担任的职务或者从事的业务要求其对一定的危险负有排除的职责，同一定危险作斗争是其职业义务。如负有追捕持枪罪犯的公安人员，不能为了自己免受枪击而逃离现场；民航驾驶员不能因飞机发生故障有坠机危险，而不顾乘客的安危自己跳伞逃生；等等。为了避免个人遭受危险，不履行职业义务，而牺牲国家、公共利益或者他人利益的行为，是放弃职守的行为，造成危害后果，构成犯罪的，应当依法追究其刑事责任。

【司法指导文件(1)】

《最高人民法院、最高人民检察院、公安部关于依法惩治妨害公共交通工具安全驾驶违法犯罪行为的指导意见》(公通字〔2019〕1号，20190108)

（五）正在驾驶公共交通工具的驾驶人员遭到妨害安全驾驶行为侵害时，为避免公共交通工具倾覆或者人员伤亡等危害后果发生，采取紧急制动或者躲避措施，造成公共交通工具、交通设施损坏或者人身损害，符合法定条件的，应当认定为紧急避险。

【司法指导文件(2)】

《最高人民法院、最高人民检察院、公安部、司法部关于办理醉酒危险驾驶刑事案件的意见》(高检发办字〔2023〕187号，20231228)

第十二条第二款 醉酒后出于急救伤病人员等紧急情况，不得已驾驶机动车，构成紧急避险的，依照刑法第二十一条的规定处理。

【《刑事审判参考》案例】

〔参考案例第295号：王仁兴破坏交通设施案〕不履行因紧急避险行为引起的作为义务是否可以构成不作为犯罪？

刑法上的不作为，是指行为人应当履行某种特定的法律义务且有能力履行而不去履行。构成不作为犯，必须以行为人负有履行特定的法律义务为前提，即负有作为义务。实践中，行为人的作为义务主要来自三个方面：一是法律明文规定的义务；二是职务上或业务上所要求必须承担的义务；三是行为人先行行为引起的义务。所谓先行行为引起的义务，是指由于行为人先前实施的行为，使某种合法权益处于危险状态时，该行为人负有采取有效措施积极防止危害结果发生的义务。行为人只要有能力履行而不履行该先行行为所引起的作为义务就可以构成不作为犯罪，先行行为是合法行为也不能免除行为人的作为义务。不履行因紧急避险行为引起的作为义务，可以构成不作为犯罪。

第二节　犯罪的预备、未遂和中止

第二十二条　【犯罪预备】为了犯罪，准备工具、制造条件的，是犯罪预备。

对于预备犯，可以比照既遂犯从轻、减轻处罚或者免除处罚。

【立法·要点注释】

1.“准备工具”，是指准备为实施犯罪所必需的作案工具和其他物品。“准备”包括收集、购买、制造，以及非法获取等活动。“工具”在司法实践中有较多表现形式，取决于行为人所预备实施的犯罪行为。一般表现为物品，如用于犯罪的刀具、车辆、器材、设备、仪器、零部件、原材料等。在信息网络时代，还可能为了实施网络相关犯罪，而准备数字工具，如专门用于非法侵入、非法控制计算机信息系统的程序、工具等。

2.“制造条件”，是指除准备犯罪工具和其他物品以外的其他为顺利进行犯罪活动，达到犯罪目的而创造条件的行为，如营造环境、制造机会、犯罪演练等。从准备工具对实施犯罪所起的作用来看，准备犯罪工具也是为实施犯罪制造条件。准备工具、制造条件，都是在着手实施犯罪之前。

【《刑事审判参考》案例】

〔参考案例第139号：黄斌等抢劫(预备)案〕犯罪预备应如何认定及处理？

除刑法条文规定的内容外，预备犯具有两个基本特征：一是尚未着手实行犯罪。二是未着手实行犯罪是由于行为人意志以外的原因。仅仅为实施犯罪准备工具、制造条件的，构成犯罪预备。对于预备犯，应当结合社会危害程度决定从轻、减轻或者免除处罚，情节显著轻微危害不大的，可不作为犯罪处理。

〔参考案例第467号：张正权等抢劫案〕如果同一行为同时构成两个罪名的预备行为，如何正确处理？

行为人预谋实施抢劫犯罪过程中，商量如遇有漂亮女性，则实施强奸。基于禁止重复评价原则，如果同一行为既为抢劫犯罪的预备行为，又为强奸犯罪的预备行为时，不能被抢劫、强奸的犯罪构成同时评价，也即不能同时成立抢劫罪(犯罪预备)和强奸罪(犯罪预备)。

〔参考案例第643号：夏洪生抢劫、破坏电力设备案〕骗乘出租车欲到目的地抢劫，因唯恐被发觉而在中途放弃的，应如何认定？

骗乘出租车欲到目的地抢劫，因唯恐被发觉而在中途放弃的，应当认定为抢劫预备阶段的犯罪中止。

第二十三条　【犯罪未遂】已经着手实行犯罪，由于犯罪分子意志以外的原因而未得逞的，是犯罪

未遂。

对于未遂犯，可以比照既遂犯从轻或者减轻处罚。

【司法指导文件】

《最高人民法院、最高人民检察院关于常见犯罪的量刑指导意见(试行)》(法发〔2021〕21号，20210701)

三、常见量刑情节的适用

(四)对于未遂犯，综合考虑犯罪行为的实行程度、造成损害的大小、犯罪未得逞的原因等情况，可以比照既遂犯减少基准刑的50%以下。

【指导性案例·法院】

〔王新明合同诈骗案，FZD62-2016〕

在数额犯中，犯罪既遂部分与未遂部分分别对应不同法定刑幅度的，应当先决定对未遂部分是否减轻处罚，确定未遂部分对应的法定刑幅度，再与既遂部分对应的法定刑幅度进行比较，选择适用处罚较重的法定刑幅度，并酌情从重处罚；二者在同一量刑幅度的，以犯罪既遂酌情从重处罚。

【《刑事审判参考》案例】

〔参考案例第37号：胡斌、张筠筠等故意杀人、运输毒品(未遂)案〕误认尸块为毒品予以运输的行为如何定罪处刑?

对象不能犯中的相对不能犯，应当治罪处罚，但属于犯罪未遂，对其中行为的社会危害性小于欲犯之罪的，一般应当从轻或者减轻处罚，对其中行为的社会危害性大于欲犯之罪的，不应当从轻、减轻处罚。在决定不能犯未遂是否从轻处罚时，应当区分不同情况处理：

第一，对于行为的客观危害性相对较小的，如误把头痛粉当“白粉”(即海洛因)予以出售，因头痛粉对人体健康的危害不大，一般应依法予以从轻或者减轻处罚。

第二，对于行为的客观危害性虽比欲犯之罪较小，但也具有较为严重社会危害性的，如被告人转移、藏匿尸体的行为，客观上必然严重妨害刑事侦查活动，同样具有严重的社会危害性，可以适当予以从轻处罚。

第三，对于行为的客观危害性大于欲犯之罪的，如误把海洛因当作麝香进行走私，因走私毒品罪重于欲犯的走私珍贵动物制品罪，即欲犯较轻之罪而实犯较重之罪，虽然应依法认定犯罪未遂，但一般不能予以从轻处罚。

〔参考案例第132号：曹成金故意杀人案〕间接故意犯罪是否存在未遂形态?

间接故意犯罪不存在未遂形态，行为人如果出于间接故意而实施危害行为，没有造成法定后果的，不构成相应犯罪的未遂。

第二十四条　【犯罪中止】在犯罪过程中，自动放弃犯罪或者自动有效地防止犯罪结果发生的，是犯罪中止。

对于中止犯，没有造成损害的，应当免除处罚；造成损害的，应当减轻处罚。

【立法·要点注释】

1.认定行为人“自动”放弃犯罪的主观心态，关键在于“自动性”。对此，需要注意以下两点：其一，从行为人内心对犯罪继续进行的可能性的认知看，其自认为可以继续实施和完成犯罪。因此，即使行为人所进行的犯罪客观上已经不可能完成，但行为人不了解这一情况，而“主动”放弃继续犯罪。由于行为人是在主观上仍然认为可以完成犯罪的情况下放弃继续犯罪的，其放弃犯罪的“主动性”应当予以认定。例如，行为人去仓库实施盗窃，半路上因内心畏惧中途折返，主动放弃犯罪，虽然事实上当时仓库内货物已经搬离，即使行为人不放弃犯罪也无法实施盗窃，也属于自动放弃犯罪。与此相反，如果犯罪客观上可以完成，但行为人自己主观上误认为犯罪遇到障碍无法完成，因而“被迫”停止继续实施犯罪行为的，由于其停止犯罪缺乏主观上的“主动性”，不属于自动放弃犯罪。以强奸案件为例，行为人遇有被害人经期、怀孕、哀求、轻微反抗等情况，因而产生不安、同情、怜悯等情绪，进而放弃强奸的，由于这些因素客观上并不足以阻止行为人的犯罪意志和活动，行为人放弃犯罪是出于自己的选择，应属于自动放弃犯罪。如果行为人在实施强奸过程中，听到附近有人走过，以为被发现而仓皇逃走，行为人放弃犯罪是以为犯罪将被阻止，应属于被迫而非自动放弃犯罪。其二，行为人必须出于本人意愿放弃犯罪。如果行为人不是出于本人意愿，而是在外力强制或主观上被强制的情况下停止犯罪的，不属于犯罪中止。行为人产生放弃犯罪的意愿有多种情况，有的表现为幡然醒悟、认罪悔罪；有的表现为畏惧法律威严，害怕案发受到制裁；有的表现为经亲友劝说、教育，对被害人心生怜悯；等等。总之，行为人是在自由意志的状态下，自愿放弃犯罪的。

2.“自动有效地防止犯罪结果发生的”，是指犯罪人在已经着手实施犯罪后、犯罪结果发生之前主动放弃继续犯罪，并主动采取积极措施防止了犯罪结果的发生。如杀人未杀死，但造成被害人重伤，如果这时犯罪人悔悟，在完全有条件把被害人杀死的情况下，主动放弃继续犯罪并将被害人送医院抢救，避免了被害人死亡的结果，犯罪人的上述行为就构成了犯罪中止。如果犯罪人虽然采取了积极措施，但是没有避免被害人死亡的结果，则不能认定为犯罪中止。在共同犯罪的情况下，“自动有效地防止犯罪结果发生的”同样是判断行为人犯罪中止的重要依据。具体有以下两种情况：其一，共同犯罪中部分行为人决定中止犯罪后，积极劝说其他人放弃犯罪，其他人经劝说放弃犯罪，且有效防止危害结果发生的，共同犯罪的所有行为人均构成犯罪中止。其二，共同犯罪中部分行为人决定中止犯罪后，积极劝说其他人放弃犯罪未果，但是采取有效措施避免了危害结果发生的，该部分行为人构成犯罪中止。

【《刑事审判参考》案例】

〔参考案例第128号：张烨等强奸、强制猥亵妇女案〕如何认定共同犯罪的中止？

强奸的帮助犯在实行犯实施强奸行为后，放弃对被害人实施奸淫的，不构成犯罪中止。

〔参考案例第199号：黄土保等故意伤害案〕如何认定教唆犯的犯罪中止？

教唆犯要构成犯罪中止，在教唆的预备阶段，只要放弃教唆意图即可，而在其将犯意灌输给他人后，则需要对被教唆人采取积极的补救措施，从而有效防止犯罪或犯罪结果的发生。教唆犯实施完教唆行为后，在其他被教唆人已经着手实施犯罪以后，虽其个人意图中止犯罪，但未能积极参与有效阻止犯罪结果发生，不能认为该教唆犯成立犯罪中止。

〔参考案例第601号：朱高伟强奸、故意杀人案〕中止犯罪中的"损害"如何认定？

中止犯造成的"损害"，是建立在犯罪成立评价前提下的，不能等同于一般意义上的损伤。犯罪行为的危害结果如果尚未达到刑法惩处的严重程度，不能认定其犯罪中止造成了损害，对该犯罪行为应当免除处罚。

〔参考案例第611号：李官容抢劫、故意杀人案〕对既具有自动性又具有被迫性的放弃重复侵害行为，能否认定犯罪中止？

"放弃重复实施的侵害行为"的特征主要有主客观两方面的条件：一是客观上，已经实施的侵害行为未能发生预期的危害结果，而且，同时存在着继续实施犯罪行为的可能性；二是主观上，认识到可以重复继续实施自己的犯罪行为而放弃重复实施，并且行为人预期的法定结果始终没有发生。一般而言，自动放弃重复侵害行为可以认定为犯罪中止。因为行为人在客观上具备可以继续实施犯罪的条件，主观上对继续实施犯罪的可能性亦有清醒的认识，放弃本来可以继续实施的犯罪行为，表现出放弃犯罪的自觉性。

如果停止犯罪完全是出于被告人的本意，放弃本来可以继续实施的犯罪行为，自然应当认定为犯罪中止。但是，如果不是完全自动地放弃重复侵害行为，而是既有自动性，也有被迫性，就应当实事求是，客观分析判断究竟是自动性为主，还是被迫性为主，如果有足够依据判定行为人停止犯罪是以被迫性为主，则可以认定犯罪停止形态为未遂。

〔参考案例第750号：韩江维等抢劫、强奸案〕指认被害人住址并多次参与蹲守，但此后未参与实施抢劫的，是否属于犯罪中止？

指认被害人住址并多次参与蹲守，此后也未参与实施抢劫，但没有消除已提供的帮助与犯罪结果之间因果关系的，属于犯罪既遂。

第三节　共同犯罪

第二十五条　【共同犯罪的概念】共同犯罪是指二人以上共同故意犯罪。

二人以上共同过失犯罪，不以共同犯罪论处；应当负刑事责任的，按照他们所犯的罪分别处罚。

【立法·要点注释】

1.本条规定的"二人以上"，不仅包括自然人，也包括单位，即单位可以构成共同犯罪。一是单位与单位构成共同犯罪。二是单位与自然人构成共同犯罪。

2.二人以上由于过失造成危害结果，应当负刑事责任的，按照他们所犯的罪分别处罚，即按照行为人各自的罪责分别处罚，具体有以下三种情形：其一，分别定罪且罪名相同。共同过失行为人，先后或同时出现过失行为，共同造成危害结果发生的，如果违反同一类性质的注意义务，则应以相同的罪名分别惩处。其二，分别定罪但罪名不同。

共同过失行为人先后或同时出现过失行为，共同造成危害结果发生的，但是由于过失行为人的主体、行为等不同情况，分别违反了不同性质的注意义务，应以不同罪名定罪处罚。比如，国家机关工作人员和国有企业负责人共同负责一项涉外重大资产投资项目，结果失职被骗。对此，国家机关工作人员的严重不负责任，应以玩忽职守罪定罪处罚；国有企业负责人的严重不负责任，应以签订合同失职被骗罪定罪处罚。其三，发生数个过失行为，能够区分数个过失行为对危害结果具有不同程度的作用的，应根据各个过失行为对结果发生的作用，认定各自的责任，分别处罚。对结果发生起主要作用的过失行为认定较重的责任，对结果发生起次要作用的过失行为认定较轻的责任。

【司法指导文件】

《最高人民检察院、公安部关于依法妥善办理轻伤害案件的指导意见》（高检发办字〔2022〕167号，20221222）

（十）准确认定共同犯罪。二人以上对同一被害人共同故意实施伤害行为，无论是否能够证明伤害结果具体由哪一犯罪嫌疑人的行为造成的，均应当按照共同犯罪认定处理，并根据各犯罪嫌疑人在共同犯罪中的地位、作用、情节等追究刑事责任。

犯罪嫌疑人对被害人实施伤害时，对虽然在场但并无伤害故意和伤害行为的人员，不能认定为共同犯罪。

对虽然有一定参与但犯罪情节轻微，依照刑法规定不需要判处刑罚或者免除刑罚的，可以依法作出不起诉处理。对情节显著轻微、危害不大，不认为是犯罪的，应当撤销案件，或者作出不起诉处理。

【法院案例库参考案例】

〔卢某洪敲诈勒索案，2024-02-1-229-001〕行为人对共同犯罪人实施的超过共同故意的犯罪数额，不承担刑事责任

共同犯罪中，部分参与人实施了共同故意以外的犯罪行为，其他参与人对超出共同故意的行为不知情且没有共同实施的，其他参与人不应对此承担刑事责任。实行犯的行为超出共同犯意的范围，由此造成的结果应当由具体行为人承担刑事责任。

〔徐某诈骗案，2023-05-1-222-007〕实行行为人超出间接正犯授意范围的另外获利部分，不应计入间接正犯的犯罪数额

根据主客观相一致的原则，被支配利用的实行行为人实施具体行为时，超出间接正犯的授意范围的另外获利部分，不应该计入间接正犯的犯罪数额。

【法院公报案例】

〔天津市人民检察院第一分院诉李彬、袁南京、胡海珍等绑架案，GB2008-8〕

根据刑法第二十五条的规定，共同犯罪是指二人以上共同故意犯罪，各共同犯罪人必须具有共同犯罪的故意。所谓共同犯罪的故意，是指各共同犯罪人通过意思联络，知道自己是和他人配合共同实施犯罪，认识到共同犯罪行为的性质以及该行为所导致的危害社会的结果，并且希望或者放任这种结果的发生。如果行为人并不了解他人真正的犯罪意图，不清楚他人所实施的犯罪行为的性质，而是被他人蒙骗或者出于自己的错误认识，在错误理解犯罪性质的情况下参与他人实施的犯罪，则不能认定该行为人与他人实施了共同犯罪，而应当依据该行为人的犯罪实际情况，按照主客观一致的原则正确定罪处罚。

【《刑事审判参考》案例】

〔参考案例第189号：郭玉林等抢劫案〕在共同抢劫中，部分行为人引起的致人重伤、死亡后果，其余未在现场的行为人应否对此后果承担责任？

行为人虽未实施持刀杀害行为，但因抢劫罪所侵犯的系双重客体，对于其他共同犯罪人所致被害人死亡后果，并未超出其主观认识范围，故同样应承担致人死亡后果的刑事责任。

〔参考案例第491号：侯吉辉、匡家荣、何德权抢劫案〕在明知他人抢劫的情况下，于暴力行为结束后参与共同搜取被害人财物的行为如何定罪量刑？

事先无通谋，但行为人明知他人抢劫的情况下，于同伙暴力行为致被害人死亡后参与共同搜取被害人财物的，应以抢劫罪共犯论处，并应适用刑法第二百六十三条一般抢劫罪的规定量刑。

〔参考案例第633号：焦祥根、焦祥林故意杀人案〕以欺骗手段诱使他人产生犯意，并创造犯罪条件的，是否构成共同犯罪？

各行为人的犯罪动机是否一致，不影响共同犯罪的成立。在发生了危害结果的情况下，各行为人的行为作为一个整体与危害结果之间具有因果关系，故可以肯定各人的行为与危害结果之间具有因果关系，各人均应对危害结果承担责任。

〔参考案例第644号：叶燕兵非法持有枪支案〕邀约非法持枪者携枪帮忙能否构成非法持有枪支罪的共犯？

为帮其他人解决纠纷而邀约持枪者携枪帮忙，主观上有非法控制、使用枪支的意图，客观上又通过持枪者实现了对枪支非法持有的状态，二人属于共同犯罪。

〔参考案例第658号：刘正波、刘海平强奸案〕欠缺犯意联络和协同行为的同时犯罪能否认定为共同犯罪？

共同犯罪行为人必须对共同犯罪具有故意，但如果各行为人之间欠缺相互协同实施特定犯罪行为的意思沟通，则不构成共同犯罪，只不过是同时犯，作为单独犯只对所实施的犯罪行为承担责任。

〔参考案例第937号：徐国桢等私分国有资产罪案〕在仅能由单位构成犯罪的情形下，能否认定非适格主体与单位构成共犯？

非适格主体可以成为由适格主体实施犯罪的共犯。对于共犯中非适格主体的量刑，一般按照普通主体适用刑罚或者以从犯身份适用刑罚。具体而言，在仅由适格主体实施的犯罪案件中，如果刑法规定对适格主体适用从重的刑罚，对不适格主体的共犯人，只能适用通常之刑罚。

〔参考案例第1513号：张某军故意杀人、张某明等人故意伤害案〕共犯实行过限情况下各共同犯罪人的责任应如何认定？

实行犯过限是指实行犯超过了共同犯罪人事先预谋或者临时谋议范围而实施的犯罪行为，在具体案件审理中往往需要结合行为主体、行为性质、行为时间、主观方面、行为限度等因素进行判断。对于共犯实行过限情况下各共同犯罪人归责问题的判断，宜从以下几个方面展开：一要从客观上判断造成损害结果的原因是否明确。如果根据在案证据，致害成因不能精准指向某具体行为人，即使存在共犯实行过限，一般也不宜将过限行为人与非过限行为人分别定罪论处，应当要求共同犯罪人整体对危害后果负责。如果在案证据能够证明致害结果是过限行为人直接造成的，过限行为人需对该结果负责在所不论，非过限行为人是否应承担责任需结合具体案情进一步分析判断。二要从客观上判断非过限行为是否为过限行为的实施创造了条件。在致害成因能够精准指向某非过限行为人时，在部分共同犯罪尤其是非重合过限之罪中，首先需要判断非过限行为与严重危害后果之间是否存在因果关系。过限行为人完全是另起犯意的，非过限行为与严重危害后果之间并不存在因果关系。相反地，在部分共同犯罪尤其是重合过限之罪中，非过限行为致使被害人处于不能反抗、不敢反抗的境地，过限行为人基于此再行实施过限之罪的，则非过限行为与危害后果之间存在因果关系。三要从主观上判断非过限行为人对过限行为是否具有预见可能性。在致害成因能够精准指向过限行为人时，非过限行为人只有符合因果关系要求，且对危害后果具有预见可能性才能承担责任。

第二十六条 【主犯、犯罪集团及其处罚原则】组织、领导犯罪集团进行犯罪活动的或者在共同犯罪中起主要作用的，是主犯。

三人以上为共同实施犯罪而组成的较为固定的犯罪组织，是犯罪集团。

对组织、领导犯罪集团的首要分子，按照集团所犯的全部罪行处罚。

对于第三款规定以外的主犯，应当按照其所参与的或者组织、指挥的全部犯罪处罚。

【司法指导文件(1)】

《最高人民法院关于贯彻宽严相济刑事政策的若干意见》(法发〔2010〕9号，20100208)

30.对于恐怖组织犯罪、邪教组织犯罪、黑社会性质组织犯罪和进行走私、诈骗、贩毒等犯罪活动的犯罪集团，在处理时要分别情况，区别对待：对犯罪组织或集团中的为首组织、指挥、策划者和骨干分子，要依法从严惩处，该判处重刑或死刑的要坚决判处重刑或死刑；对受欺骗、胁迫参加犯罪组织、犯罪集团或只是一般参加者，在犯罪中起次要、辅助作用的从犯，依法应当从轻或减轻处罚，符合缓刑条件的，可以适用缓刑。

对于群体性事件中发生的杀人、放火、抢劫、伤害等犯罪案件，要注意重点打击其中的组织、指挥、策划者和直接实施犯罪行为的积极参与者；对因被煽动、欺骗、裹胁而参加，情节较轻，经教育确有悔改表现的，应当依法从宽处理。

31.对于一般共同犯罪案件，应当充分考虑各被告人在共同犯罪中的地位和作用，以及在主观恶性和人身危险性方面的不同，根据事实和证据能分清主从犯的，都应当认定主从犯。有多名主犯的，应在主犯中进一步区分出罪行最为严重者。对于多名被告人共同致死一名被害人的案件，要进一步分清各被告人的作用，准确确定各被告人的罪责，以做到区别对待；不能以分不清主次为由，简单地一律判处重刑。

【司法指导文件(2)】

《最高人民法院、最高人民检察院、公安部、司法部关于办理黑恶势力犯罪案件若干问题的指导意见》(法发〔2018〕1号，20180116)

三、依法惩处恶势力犯罪

14.具有下列情形的组织，应当认定为“恶势力”：经常纠集在一起，以暴力、威胁或者其他手段，在一定区域或者行业内多次实施违法犯罪活动，为非作恶，欺压百姓，扰乱经济、社会生活秩序，造成较为恶劣的社会影响，但尚未形成黑社会性质组织的违法犯罪组织。恶势力一般为三人以上，纠集者相对固定，违法犯罪活动主要为强迫交易、故意伤害、非法拘禁、敲诈勒索、故意毁坏财物、聚众斗殴、寻衅滋事等，同时还可能伴随实施开设赌场、组织卖淫、强迫卖淫、贩卖毒品、运输毒品、制造毒品、抢劫、抢夺、聚众扰乱社会秩序、聚众扰乱公共场所秩序、交通秩序以及聚众“打砸抢”等。

在相关法律文书中的犯罪事实认定部分，可使用“恶势力”等表述加以描述。

15.恶势力犯罪集团是符合犯罪集团法定条件的恶势力犯罪组织，其特征表现为：有三名以上的组织成员，有明显的首要分子，重要成员较为固定，组织成员经常纠集在一起，共同故意实施三次以上恶势力惯常实施的犯罪活动或者其他犯罪活动。

16.公安机关、人民检察院、人民法院在办理恶势力犯罪案件时，应当依照上述规定，区别于普通刑事案件，充分运用《刑法》总则关于共同犯罪和犯罪集团的规定，依法从严惩处。

【司法指导文件(3)】

《最高人民法院、最高人民检察院、公安部、司法部关于办理恶势力刑事案件若干问题的意见》(法发〔2019〕10号，20190409)

二、恶势力、恶势力犯罪集团的认定标准

4.恶势力，是指经常纠集在一起，以暴力、威胁或者其他手段，在一定区域或者行业内多次实施违法犯罪活动，为非作恶，欺压百姓，扰乱经济、社会生活秩序，造成较为恶劣的社会影响，但尚未形成黑社会性质组织的违法犯罪组织。

5.单纯为牟取不法经济利益而实施的“黄、赌、毒、盗、抢、骗”等违法犯罪活动，不具有为非作恶、欺压百姓特征的，或者因本人及近亲属的婚恋纠纷、家庭纠纷、邻里纠纷、劳动纠纷、合法债务纠纷而引发以及其他确属事出有因的违法犯罪活动，不应作为恶势力案件处理。

6.恶势力一般为3人以上，纠集者相对固定。纠集者，是指在恶势力实施的违法犯罪活动中起组织、策划、指挥作用的违法犯罪分子。成员较为固定且符合恶势力其他认定条件，但多次实施违法犯罪活动是由不同的成员组织、策划、指挥，也可以认定为恶势力，有前述行为的成员均可以认定为纠集者。

恶势力的其他成员，是指知道或应当知道与他人经常纠集在一起是为了共同实施违法犯罪，仍按照纠集者的组织、策划、指挥参与违法犯罪活动的违法犯罪分子，包括已有充分证据证明但尚未归案的人员，以及因法定情形不予追究法律责任，或者因参与实施恶势力违法犯罪活动已受到行政或刑事处罚的人员。仅因临时雇佣或被雇佣、利用或被利用以及受蒙蔽参与少量恶势力违法犯罪活动的，一般不应认定为恶势力成员。

7.“经常纠集在一起，以暴力、威胁或者其他手段，在一定区域或者行业内多次实施违法犯罪活动”，是指犯罪嫌疑人、被告人于2年之内，以暴力、威胁或者其他手段，在一定区域或者行业内多次实施违法犯罪活动，且包括纠集者在内，至少应有2名相同的成员多次参与实施违法犯罪活动。对于“纠集在一起”时间明显较短，实施违法犯罪活动刚刚达到“多次”标准，且尚不足以造成较为恶劣影响的，一般不应认定为恶势力。

8.恶势力实施的违法犯罪活动，主要为强迫交易、故意伤害、非法拘禁、敲诈勒索、故意毁坏财物、聚众斗殴、寻衅滋事，但也包括具有为非作恶、欺压百姓特征，主要以暴力、威胁为手段的其他违法犯罪活动。

恶势力还可能伴随实施开设赌场、组织卖淫、强迫卖淫、贩卖毒品、运输毒品、制造毒品、抢劫、抢夺、聚众扰乱社会秩序、聚众扰乱公共场所秩序、交通秩序以及聚众“打砸抢”等违法犯罪活动，但仅有前述伴随实施的违法犯罪活动，且不能认定具有为非作恶、欺压百姓特征的，一般不应认定为恶势力。

9.办理恶势力刑事案件，“多次实施违法犯罪活动”至少应包括1次犯罪活动。对于反复实施强迫交易、非法拘禁、敲诈勒索、寻衅滋事等单一性质的违法行为，单次情节、数额尚不构成犯罪，但按照刑法或者有关司法解释、规范性文件的规定累加后应作为犯罪处理的，在认定是否属于“多次实施违法犯罪活动”时，可将已用于累加的违法行为计为1次犯罪活动，其他违法行为单独计算违法活动的次数。

已被处理或者已作为民间纠纷调处，后经查证确属恶势力违法犯罪活动的，均可以作为认定恶势力的事实依据，但不符合法定情形的，不得重新追究法律责任。

10.认定“扰乱经济、社会生活秩序，造成较为恶劣的社会影响”，应当结合侵害对象及其数量、违法犯罪次数、手段、规模、人身损害后果、经济损失数额、违法所得数额、引起社会秩序混乱的程度以及对人民群众安全感的影响程度等因素综合把握。

11.恶势力犯罪集团，是指符合恶势力全部认定条件，同时又符合犯罪集团法定条件的犯罪组织。

恶势力犯罪集团的首要分子，是指在恶势力犯罪集团中起组织、策划、指挥作用的犯罪分子。恶势力犯罪集团的其他成员，是指知道或者应当知道是为共同实施犯罪而组成的较为固定的犯罪组织，仍接受首要分子领导、管理、指挥，并参与该组织犯罪活动的犯罪分子。

恶势力犯罪集团应当有组织地实施多次犯罪活动，同时还可能伴随实施违法活动。恶势力犯罪集团所实施的违法犯罪活动，参照《指导意见》[①]第十条第二款的规定认定。

---

① 即《最高人民法院、最高人民检察院、公安部、司法部关于办理黑恶势力犯罪案件若干问题的指导意见》（法发〔2018〕1号）。——编者注

12.全部成员或者首要分子、纠集者以及其他重要成员均为未成年人、老年人、残疾人的，认定恶势力、恶势力犯罪集团时应当特别慎重。

三、正确运用宽严相济刑事政策的有关要求

13.对于恶势力的纠集者、恶势力犯罪集团的首要分子、重要成员以及恶势力、恶势力犯罪集团共同犯罪中罪责严重的主犯，要正确运用法律规定加大惩处力度，对依法应当判处重刑或死刑的，坚决判处重刑或死刑。同时要严格掌握取保候审，严格掌握不起诉，严格掌握缓刑、减刑、假释，严格掌握保外就医适用条件，充分利用资格刑、财产刑等法律手段全方位从严惩处。对于符合刑法第三十七条之一规定的，可以依法禁止其从事相关职业。

对于恶势力、恶势力犯罪集团的其他成员，在共同犯罪中罪责相对较小、人身危险性、主观恶性相对不大的，具有自首、立功、坦白、初犯等法定或酌定从宽处罚情节，可以依法从轻、减轻或免除处罚。认罪认罚或者仅参与实施少量的犯罪活动且只起次要、辅助作用，符合缓刑条件的，可以适用缓刑。

14.恶势力犯罪集团的首要分子检举揭发与该犯罪集团及其违法犯罪活动有关联的其他犯罪线索，如果在认定立功的问题上存在事实、证据或法律适用方面的争议，应当严格把握。依法应认定为立功或者重大立功的，在决定是否从宽处罚、如何从宽处罚时，应当根据罪责刑相一致原则从严掌握。可能导致全案量刑明显失衡的，不予从宽处罚。

恶势力犯罪集团的其他成员如果能够配合司法机关查办案件，有提供线索、帮助收集证据或者其他协助行为，并在侦破恶势力犯罪集团案件、查处“保护伞”等方面起到较大作用的，即使依法不能认定立功，一般也应酌情对其从轻处罚。

15.犯罪嫌疑人、被告人同时具有法定、酌定从严和法定、酌定从宽处罚情节的，量刑时要根据所犯具体罪行的严重程度，结合被告人在恶势力、恶势力犯罪集团中的地位、作用、主观恶性、人身危险性等因素整体把握。对于恶势力的纠集者、恶势力犯罪集团的首要分子、重要成员，量刑时要体现总体从严。对于在共同犯罪中罪责相对较小、人身危险性、主观恶性相对不大，且能够真诚认罪悔罪的其他成员，量刑时要体现总体从宽。

16.恶势力刑事案件的犯罪嫌疑人、被告人自愿如实供述自己的罪行，承认指控的犯罪事实，愿意接受处罚的，可以依法从宽处理，并适用认罪认罚从宽制度。对于犯罪性质恶劣、犯罪手段残忍、社会危害严重的犯罪嫌疑人、被告人，虽然认罪认罚，但不足以从轻处罚的，不适用该制度。

四、办理恶势力刑事案件的其他问题

17.人民法院、人民检察院、公安机关经审查认为案件符合恶势力认定标准的，应当在起诉意见书、起诉书、判决书、裁定书等法律文书中的案件事实部分明确表述，列明恶势力的纠集者、其他成员、违法犯罪事实以及据以认定的证据；符合恶势力犯罪集团认定标准的，应当在上述法律文书中明确定性，列明首要分子、其他成员、违法犯罪事实以及据以认定的证据，并引用刑法总则关于犯罪集团的相关规定。被告人及其辩护人对恶势力定性提出辩解和辩护意见，人民法院可以在裁判文书中予以评析回应。

恶势力刑事案件的起诉意见书、起诉书、判决书、裁定书等法律文书，可以在案件事实部分先概述恶势力、恶势力犯罪集团的概括事实，再分述具体的恶势力违法犯罪事实。

18.对于公安机关未在起诉意见书中明确认定，人民检察院在审查起诉期间发现构成恶势力或者恶势力犯罪集团，且相关违法犯罪事实已经查清，证据确实、充分，依法应追究刑事责任的，应当作出起诉决定，根据查明的事实向人民法院提起公诉，并在起诉书中明确认定为恶势力或者恶势力犯罪集团。人民检察院认为恶势力相关违法犯罪事实不清、证据不足，或者存在遗漏恶势力违法犯罪事实、遗漏同案犯罪嫌疑人等情形需要补充侦查的，应当提出具体的书面意见，连同案卷材料一并退回公安机关补充侦查；人民检察院也可以自行侦查，必要时可以要求公安机关提供协助。

对于人民检察院未在起诉书中明确认定，人民法院在审判期间发现构成恶势力或恶势力犯罪集团的，可以建议人民检察院补充或者变更起诉；人民检察院不同意或者在七日内未回复意见的，人民法院不应主动认定，可仅就起诉指控的犯罪事实依照相关规定作出判决、裁定。

审理被告人或者被告人的法定代理人、辩护人、近亲属上诉的案件时，一审判决认定黑社会性质组织有误的，二审法院应当纠正，符合恶势力、恶势力犯罪集团认定标准，应当作出相应认定；一审判决认定恶势力或恶势力犯罪集团有误的，应当纠正，但不得升格认定；一审判决未认定恶势力或恶势力犯罪集团的，不得增加认定。

【司法指导文件(3)·注释】

1.关于“为非作恶，欺压百姓”。“为非作恶”，不仅指行为性质具有不法性，同时也要求行为的动机、目的、起因带有不法性，因婚恋纠纷、家庭纠纷、邻里纠纷、劳动纠纷、合法债务纠纷而引发以及其他确属事出有因的违法犯罪活动，就不宜归入“为非作恶”之列。“欺压百姓”，要求“为非作恶”的方式、手段带有欺凌、强制、压迫的性质，也就是要利用物理强制或心理强制手段侵害群众权益。

那么，恶势力之间互相争斗，违法犯罪活动未伤及无辜群众，是否属于“欺压百姓”？一般来说，“欺压百姓”既包括直接以普通群众为对象实施违法犯罪活动的情形，也包括因逞强争霸、好勇斗狠、树立恶名、抢夺地盘等不法动机实施违法犯罪活动，直接或间接破坏人民群众安全感的情形。这是因为，恶势力处于不断发展过程中，违法犯罪活动对象并不特定，即便在个案中未直接侵害普通群众权益，但其发展壮大后必然会对人民群众的人身权利、财产权利、民主权利形成威胁或造成损害，故对“欺压百姓”不应作狭义理解。

2.关于恶势力与普通违法犯罪团伙的区别。恶势力与普通违法犯罪团伙都具有一定的组织性、稳定性，但二者在有无“为非作恶，欺压百姓”特征、有无“造成较为恶劣的社会影响”等方面存在区别。在具体案件中，可以从以下方面细化：一是违法犯罪手段具有特定性。恶势力实施违法犯罪活动应当以暴力、威胁为主要手段。而普通违法犯罪团伙则没有这方面要求，犯罪手段要根据其具体实施的犯罪行为而定。二是行为方式具有公开性。恶势力实施违法犯罪活动具有一定公开性，也即通常所说的“横行乡里，肆无忌惮”。而普通共同违法犯罪通常采用较为隐蔽的方式实施，在实现犯罪目的后就设法隐匿踪迹、毁灭痕迹，不会有意制造或者放任形成不法影响。三是危害后果具有多重性。恶势力的违法犯罪活动带来的危害往往具有复合性，在侵犯公民人身、财产权利的同时，还会破坏市场经济秩序或者社会管理秩序。而普通违法犯罪团伙一般是出于某种特定的违法犯罪目的而聚集，造成的危害后果通常具有单一性。认定恶势力、恶势力犯罪集团时，应杜绝只看“人数”、“行为次数”和“罪名”的错误倾向。

3.关于恶势力的最低成员人数。在绝大多数案件中应当将恶势力的成员人数把握在3人以上。主要理由是，恶势力是一类违法犯罪组织，作为共同违法犯罪的特殊形式，不论是从刑法相关规定还是从文义解释来看，其人数下限原则上都应高于一般的共同违法犯罪，只有在“为非作恶，欺压百姓”特征十分明显、危害后果特别严重的极个别情况下，才可以考虑认定“2人恶势力”。至于“1人恶势力”，则明显不符合违法犯罪组织的基本构成条件，应当坚决排除在外。

4.关于恶势力的其他成员。行为人有无参与恶势力实施的违法犯罪活动一般能够通过充分的证据直观反映，而行为人的主观认知与态度则要结合其参与违法犯罪活动时的具体行为、所起作用、与其他恶势力成员间的关系等事实予以认定。在办理案件时，应当注意把握以下两点：一是行为人在知晓与他人经常纠集在一起是为了共同实施违法犯罪的情况下，依然按照纠集者组织、策划、指挥行事，通常会具体表现为与其他成员平时联系较紧密、对所参与实施的违法犯罪活动的动机、起因、对象比较了解且行为积极、作用明显等。二是在适用恶势力成员的排除性规定时，要注意把握参与违法犯罪活动的“临时”“少量”。对于表面虽有雇佣或被雇佣、利用或被利用关系，但是长时间或者多次参与恶势力违法犯罪活动的，应当视为行为人已具有加入恶势力的意愿，避免违法犯罪分子利用规定逃避打击。

5.关于反复实施单一性质违法行为的评价。对那些“大罪不犯，小恶不断”的团伙，如果其行为符合“为非作恶，欺压百姓”特征，且已造成较为恶劣的社会影响的，完全有必要作为恶势力打击处理。以寻衅滋事为例，假如犯罪嫌疑人、被告人共同实施了5次随意殴打他人的寻衅滋事违法行为，虽然只能按照一罪处理，但超出“多次随意殴打他人”入罪标准的那部分违法行为，可以单独计算违法活动的次数，也就是视为1次犯罪活动和2次违法活动，这样就符合了恶势力“多次实施违法犯罪活动”的要求，如果同时符合其他认定条件的，应当作为恶势力案件处理。如此认定，可以更加全面、准确评价相关违法犯罪活动所造成的社会危害。

6.关于不诉不理原则和上诉不加刑原则的适用问题。认定恶势力不仅会导致量刑从重，还会产生其他不利于被告人的法律后果：一是在执行刑罚时，减刑、假释、保外就医等均会被从严掌握。二是认定恶势力后，在适用部分罪名（如敲诈勒索罪）时入罪标准会有相应降低。因此，是否认定恶势力，事实上对被告人实体、程序利益均有重大影响，应当受到不诉不理原则和上诉不加刑原则的限制。

【司法指导文件(4)】

《最高人民法院、最高人民检察院、公安部关于办理跨境电信网络诈骗等刑事案件适用法律若干问题的意见》(高检发办字〔2024〕166号，20240626)

4.通过提供犯罪场所、条件保障、武装庇护、人员管理等方式管理控制犯罪团伙实施跨境电信网络诈骗、敲诈勒索等犯罪活动，抽成分红或者收取相关费用，有明确的组织者、领导者，骨干成员基本固定，符合刑法第二十六条第二款规定的，应当认定为犯罪集团。

组织者、领导者未到案或者因死亡等法定情形未被追究刑事责任的，不影响犯罪集团的认定。

5.对于跨境实施的电信网络诈骗、敲诈勒索等犯罪，确因客观条件限制无法查明被害人的，可以依据账户交易记录、通讯群组聊天记录等证据，结合犯罪嫌疑人、被告人供述，综合认定犯罪数额。

对于犯罪集团的犯罪数额，可以根据该犯罪集团从其管理控制的犯罪团伙抽成分红或者收取费用的数额和方式折算。对于无法折算的，抽成分红或者收取费用的数额可以认定为犯罪数额。

6.犯罪嫌疑人、被告人参加犯罪集团或犯罪团伙，实施电信网络诈骗、敲诈勒索等犯罪行为，犯罪集团或犯罪团伙的犯罪数额已经查证，但因客观条件限制无法查明犯罪嫌疑人、被告人具体犯罪数额的，应当综合考虑其在犯罪集团、犯罪团伙中的地位作用、参与时间、与犯罪事实的关联度，以及主观恶性和人身危险性等，准确认定其罪责。

【指导性案例·法院】

〔吴强等敲诈勒索、抢劫、故意伤害案，FZD187-2022〕

恶势力犯罪集团是符合犯罪集团法定条件的恶势力犯罪组织。恶势力犯罪集团应当具备“为非作恶、欺压百姓”特征，其行为“造成较为恶劣的社会影响”，因而实施违法犯罪活动必然具有一定的公然性，且手段应具有较严重的强迫性、压制性。普通犯罪集团实施犯罪活动如仅为牟取不法经济利益，缺乏造成较为恶劣社会影响的意图，在行为方式的公然性、犯罪手段的强迫压制程度等方面与恶势力犯罪集团存在区别，可按犯罪集团处理，但不应认定为恶势力犯罪集团。

【指导性案例·检察】

〔张某、沈某某等七人抢劫案，JZD19-2014〕

1.办理未成年人与成年人共同犯罪案件，一般应当将未成年人与成年人分案起诉，但对于未成年人系犯罪集团的组织者或者其他共同犯罪中的主犯，或者具有其他不宜分案起诉情形的，可以不分案起诉。

2.办理未成年人与成年人共同犯罪案件，应当根据未成年人在共同犯罪中的地位、作用，综合考量未成年人实施犯罪行为的动机和目的、犯罪时的年龄、是否属于初犯、偶犯、犯罪后的悔罪表现、个人成长经历和一贯表现等因素，依法从轻或者减轻处罚。

3.未成年人犯罪不构成累犯。

【法院案例库参考案例】

〔金某等人组织卖淫案，2024-04-1-368-001〕不具备“为非作恶、欺压百姓”特征的犯罪组织不应认定为恶势力

单纯为牟取不法经济利益而实施组织卖淫等违法犯罪活动，主观动机上没有“形成非法影响、谋求强势地位”的违法意图，行为方式上没有实施暴力、威胁或“软暴力”的，不具有为非作恶、欺压百姓的行为特征，不应认定为恶势力。

〔陈某福、易某福等34人开设赌场一案，2024-04-1-286-001〕开设赌场型犯罪团伙的司法认定

单纯为牟取不法经济利益而开设赌场，没有采取暴力、威胁或者其他手段实施违法犯罪活动，不具有为非作恶、欺压百姓特征的，不应作为恶势力案件处理。

【《刑事审判参考》案例】

〔参考案例第413号：练永伟等贩卖毒品案〕如何区分犯罪集团和普通共同犯罪？

犯罪集团的成立必须具备以下条件：(1)参加人数必须是三人以上。(2)具有较为明确的犯罪目的性，即犯罪集团是其成员以反复多次实施一种或几种犯罪为目的而组织起来的。(3)具有相当的稳固性，即犯罪集团的成员是为了在较长时期内多次进行犯罪活动而组织起来的，而不是临时或者偶尔纠合在一起的，有明显的首要分子，主要成员固定，一般在实施一次犯罪后，犯罪人之间的相互联系和组织形式仍然存在。(4)具有较强的组织性，即犯罪集团具有较严密的组织，表现在组织制度上，往往通过一定的成文或不成文的律规维系在一起，有较严格的组织纪律，明确的组织宗旨；在组织结构上，成员较为固定，并且内部之间有较明确、固定的组织分工和等级划分，存在领导与被领导的明显层级关系，可分为首要分子、骨干分子、一般成员分子等。当然，不同的犯罪集团在组织严密程度上各有不同，有的组织性很强，甚至有成文“纪律”“帮规”来维系和约束集团成员的活动，而有的组织性则相对弱一些。但总体来说犯罪集团内部都具有较强的组织性和一定的稳定性，这是犯罪集团成立的必要条件，也是区别一般共同犯罪的主要特征。

〔参考案例第634号：龙世成、吴正跃故意杀人、抢劫案〕共同抢劫杀人致一人死亡案件，如何准确区分主犯之间的罪责？

如果各被告人均系主犯，且罪责相当，应从多种角度进一步区分主犯之间的罪责大小，进而准确适用刑罚。

第一，可以从各被告人在犯罪中的具体行为来分析其地位、作用。在犯罪预备阶段，通常包括提起犯意、选择犯罪对象、准备犯罪工具等环节。区分各被告人在这一阶段的具体作用，原则上以提起犯意者为主。通常，预谋过程中提起犯意的被告人往往会积极实施犯罪，且常常对共同犯罪行为有一定的控制力，故作用相对突出。对于起意后积极准备工具，直接参与实施抢劫和杀人行为的，即使其在实行阶段的作用与其他被告人相同甚至略小，可以认定其整体罪责较大。但是，如果二人均有犯意，仅是其中一人先说出，另一人“一拍即合”，并积极参与预谋，起意者在实行阶段作用不突出的，则不宜认定起意者罪责最大。实践中，证实有关犯罪预备事实，尤其是犯意提起这一事实的证据往往只有各被告人供述，如果被告人供述一致，自然容易认定。但常有各被告人供述不一致、相互推诿的情形，这就要结合各被告人自身情况、与被害人的关系等因素，综合分析认定。在实行阶段，关键看谁的行为对造成被害人死亡的结果所起作用相对较大。大体上，实施抢劫和伤人行为越主动的，罪责越大，而使用暴力手段有所节制者，罪责相对较小。例如，各被告人均积极动手杀人，但有的连续捅刺多刀，有的仅捅刺一两刀，则捅刺刀数多的罪责较大；再如，一人击打或者捅刺的是被害人的胸腹部等要害部位，另一人捅刺的是腿部、臀部等次要部位，则捅刺要害部位的罪责较大；又如，两被告人一前一后用同样凶器伤及被害人的同样部位，伤害程度也基本相当，则先实施伤害行为的罪责相对大。在犯罪后续阶段，通常有毁灭罪证、分赃等环节。分析各被告人在这一阶段的具体行为，对于区分他们在共同犯罪中的作用具有补充作用，特别是在无法准确区分各被告人在前两个阶段的作用时，区分各被告人在此阶段的作用大小，有利于准确适用死刑。在一般情况下，可通过下列环节比较所起作用的大小：抛尸、分尸或实施其他毁灭罪证行为的被告人比没有参与这些行为的被告人作用大；主持分赃的被告人比其他被告人作用大；分赃多的被告人比分赃少的被告人作用大；负责分赃的被告人比其他被告人作用大。

第二，区分各被告人在主观恶性、人身危险性等方面的差异，是确定各被告人罪责的重要依据。如果通过比较犯罪的具体作用无法准确区分被告人罪责大小的，还应当考察各被告人自身情况、犯罪前后表现等因素，来确定各被告人的罪责。例如，一般情况下，成年人和未成年人共同犯罪的，成年人罪责较大；父子或者兄弟共同犯罪的，父亲或者兄长的罪责较大；有累犯、再犯情节或者违法记录的被告人，比素行良好的初犯的罪责更大。从犯罪后表现看，作案后自首、立功、认罪悔罪、积极赔偿、取得被害人谅解的比不具备这些情节的被告人的罪责要小。当然，对被告人最终罪责的认定，均是综合分析判断的结果。对于犯罪情节十分恶劣、犯罪后果极其严重的案件，如果被告人在预谋、实施、分赃方面作用明显较大，即使其犯罪后有自首或者立功表现，但该情节不足以从轻处罚的，也可以依法判处死刑。

〔参考案例第790号：张甲、张乙强奸案〕共谋轮奸，一人得逞，如何区分该类犯罪案件中的主、从犯地位？

对从犯的认定，应当根据犯意的形成、犯罪的共谋、是否参与了全部犯罪活动、是否实施了实行行为、实行行为在整个犯罪构成要件中的关键程度和所起的作用、危害后果的发生与其实行行为的关联程度、分赃情况等因素综合审查。强奸行为未得逞的行为人是否认定为共同犯罪的从犯，应当根据其在犯罪中的地位、作用等多方面因素综合认定。

第二十七条　【从犯及其处罚原则】在共同犯罪中起次要或者辅助作用的，是从犯。

对于从犯，应当从轻、减轻处罚或者免除处罚。

【立法・要点注释】

实践中需要注意的是，对犯罪行为人给予精神鼓励的人的法律责任，对行为人实施犯罪给予精神鼓励的，是否以及如何承担刑事责任，需要根据不同情况进行分析：一是如果犯罪行为人原本没有犯罪意图，因被他人鼓励、怂恿而实施犯罪的，则实施鼓励行为的行为人构成教唆犯。二是犯罪行为人在主观上有犯罪意图，对其提供技术上建议或者增强其犯意的行为，事实上促成犯罪结果发生的，则属于精神上的帮助，可以认定构成帮助犯，属于从犯。三是如果实施颂扬犯罪行为或者预祝犯罪成功等行为与犯罪行为人造成的后果没有明显的因果关系的，则不成立帮助犯。

【司法指导文件】

《最高人民法院、最高人民检察院关于常见犯罪的量刑指导意见(试行)》(法发〔2021〕21号，20210701)

三、常见量刑情节的适用

(五)对于从犯，综合考虑其在共同犯罪中的地位、作用等情况，应当予以从宽处罚，减少基准刑的20%—50%；犯罪较轻的，减少基准刑的50%以上或者依法免除处罚。

第二十八条　【胁从犯的处罚原则】对于被胁迫参加犯罪的，应当按照他的犯罪情节减轻处罚或者免除处罚。

【司法指导文件】

《最高人民法院、最高人民检察院、公安部关于办理跨境电信网络诈骗等刑事案件适用法律若干问题的意见》(高检发办字〔2024〕166号，20240626)

12.犯罪嫌疑人、被告人辩解在境外受胁迫实施电信网络诈骗、敲诈勒索等犯罪活动的，应当对其提供的线索或者材料进行调查核实，综合认定其是否属于刑法第二十八条规定的“被胁迫参加犯罪”。

犯罪嫌疑人、被告人在境外实施电信网络诈骗、敲诈勒索等犯罪活动期间，能够与外界保持自由联络，或者被胁迫后又积极主动实施犯罪的，一般不认定为胁从犯。

第二十九条　【教唆犯及其处罚原则】教唆他人犯罪的，应当按照他在共同犯罪中所起的作用处罚。教唆不满十八周岁的人犯罪的，应当从重处罚。

如果被教唆的人没有犯被教唆的罪，对于教唆犯，可以从轻或者减轻处罚。

【立法・要点注释】

被教唆人实施了教唆内容以外的犯罪，大致分为两种情况：其一，如果教唆人的教唆内容特定、明确，被教唆人在特定情况下实施了超过教唆内容范围的行为，对教唆人和被教唆人应当分别追究刑事责任，即教唆人无须对被教唆人超出教唆内容实施的危害结果负责。比如，教唆人教唆他人实施盗窃，而被教唆人入室盗窃时见色起意，却实施了强奸犯罪。再比如，教唆人教唆他人实施故意伤害行为，并明确指示下手别太重，而被教唆人却将受害人打死。对于这些情况，被教唆人超出范围施行犯罪的危害结果不应由教唆人承担责任。其二，教唆人的教唆内容并没有明确排除特定犯罪对象或者犯罪结果，被教唆人实施的犯罪行为总体上在其教唆的范围内，或者并未明显违背其教唆内容和意图的，或者相应结果属于其所教唆行为可能产生的自然后果的，或者发生的结果不属于无法预料的后果等情形的，即使实行行为本身与教唆内容略有出入，也应当视为没有超出教唆内容范畴，教唆人和被教唆人必须对被教唆人的实行行为承担共同犯罪的刑事责任。

【法院案例库参考案例】

〔熊某某故意杀人案，2023-16-1-177-003〕教唆犯罪的认定和处罚

1.行为人通过书信、言辞等方式，将其内心对他人的仇恨灌输给被教唆人，使得被教唆人产生了“为兄出头”的犯意，造成被教唆人携带作案工具杀害多人的后果，属于教唆他人犯罪。

2.教唆他人犯罪的，应当按照他在共同犯罪中所起的作用处罚。

【《刑事审判参考》案例】

〔参考案例第200号：吴学友故意伤害案〕被雇佣人实施的行为未达到犯罪的程度又超出授意的范围，对雇佣人如何定罪处罚？

对雇佣犯罪中的雇佣者而言，只要其具备了雇佣犯罪的意图，而且实施了雇佣犯罪的行为，不论被雇佣人有无按其雇佣要求实行雇佣犯罪行为，或实行到何种程度，一般都应按其所雇佣的犯罪罪名，追究其雇佣犯罪未遂的刑事责任。除非其雇佣犯罪情节显著轻微，可不认为是犯罪，或不需要判处刑罚。

〔参考案例第409号：王兴佰、韩涛、王永央故意伤害案〕共同故意伤害犯罪中如何判定实行过限行为？

在教唆犯罪的情形下，判定实行行为过限的基本原则是看被教唆人的行为是否超出了教唆范围。司法实践中，对于教唆故意范围的认定，主要看教唆者的教唆内容是否明确，即教唆犯对被教唆人的实行行为有无明确要求：或正面明确要求用什么犯罪手段达到什么犯罪后果，如明确要求用棍棒打断被害人的一条腿；或从反面明确禁止实行犯采用什么手段，不得达到什么犯罪结果等，如在伤害中不得使用刀具、不得击打被害人头部，不得将被害人打死等。如果教唆内容明确，则以教唆内容为标准判断实行者行为是否过限。如果教唆内容不明确，则属于一种盖然的内容，一般情况下不应认定实行行为过限，除非实行行为显而易见地超出教唆内容。

第四节　单位犯罪

第三十条　【单位犯罪的刑事责任】公司、企业、事业单位、机关、团体实施的危害社会的行为，法律规定为单位犯罪的，应当负刑事责任。

【立法解释】

《全国人民代表大会常务委员会关于〈中华人民共和国刑法〉第三十条的解释》(20140424)

公司、企业、事业单位、机关、团体等单位实施刑法规定的危害社会的行为，刑法分则和其他法律未规定追究单位的刑事责任的，对组织、策划、实施该危害社会行为的人依法追究刑事责任。

【司法解释(1)】

《最高人民法院关于审理单位犯罪案件具体应用法律有关问题的解释》(法释〔1999〕14号，19990703)

第一条　刑法第三十条规定的公司、企业、事业单位，既包括国有、集体所有的公司、企业、事业单位，也包括依法设立的合资经营、合作经营企业和具有法人资格的独资、私营等公司、企业、事业单位。

第二条　个人为进行违法犯罪活动而设立的公司、企业、事业单位实施犯罪的，或者公司、企业、事业单位设立后，以实施犯罪为主要活动的，不以单位犯罪论处。

第三条　盗用单位名义实施犯罪，违法所得由实施犯罪的个人私分的，依照刑法有关自然人犯罪的规定定罪处罚。

【司法解释(2)】

《最高人民法院关于审理单位犯罪案件对其直接负责的主管人员和其他直接责任人员是否区分主犯、从犯问题的批复》(法释〔2000〕31号，20001010)

在审理单位故意犯罪案件时，对其直接负责的主管人员和其他直接责任人员，可不区分主犯、从犯，按照其在单位犯罪中所起的作用判处刑罚。

【司法解释(3)】

《最高人民法院关于在审理经济纠纷案件中涉及经济犯罪嫌疑若干问题的规定》(原法释〔1998〕7号，根据法释〔2020〕17号修正，20210101)

第二条　单位直接负责的主管人员和其他直接责任人员，以为单位骗取财物为目的，采取欺骗手段对外签订经济合同，骗取的财物被该单位占有、使用或处分构成犯罪的，除依法追究有关人员的刑事责任，责令该单位返还骗取的财物外，如给被害人造成经济损失的，单位应当承担赔偿责任。

第三条　单位直接负责的主管人员和其他直接责任人员，以该单位的名义对外签订经济合同，将取得的财物部分或全部占为己有构成犯罪的，除依法追究行为人的刑事责任外，该单位对行为人因签订、履行该经济合同造成的后果，依法应当承担民事责任。

第四条　个人借用单位的业务介绍信、合同专用章或者盖有公章的空白合同书，以出借单位名义签订经济合同，骗取财物归个人占有、使用、处分或者进行其他犯罪活动，给对方造成经济损失构成犯罪的，除依法追究借用人的刑事责任外，出借业务介绍信、合同专用章或者盖有公章的空白合同书的单位，依法应当承担赔偿责任。但是，有证据证明被害人明知签订合同对方当事人是借用行为，仍与之签订合同的除外。

第五条　行为人盗窃、盗用单位的公章、业务介绍信、盖有公章的空白合同书，或者私刻单位的公章签订经济合同，骗取财物归个人占有、使用、处分或者进行其他犯罪活动构成犯罪的，单位对行为人该犯罪行为所造成的经济损失不承担民事责任。

行为人私刻单位公章或者擅自使用单位公章、业务介绍信、盖有公章的空白合同书以签订经济合同的方法进行的犯罪行为，单位有明显过错，且该过错行为与被害人的经济损失之间具有因果关系的，单位对该犯罪行为所造成的经济损失，依法应当承担赔偿责任。

第六条　企业承包、租赁经营合同期满后，企业按规定办理了企业法定代表人的变更登记，而企业法人未采取有效措施收回其公章、业务介绍信、盖有公章的空白合同书，或者没有及时采取措施通知相对人，致原企业承包人、租赁人得以用原承包、租赁企业的名义签订经济合同，骗取财物占为己有构成犯罪的，该企业对被害人的经济损失，依法应当承担赔偿责任。但是，原承包人、承租人利用擅自保留的公章、业务介绍信、盖有公章的空白合同书以原承包、租赁企业的名义签订经济合同，骗取财物占为己有构成犯罪的，企业一般不承担民事责任。

单位聘用的人员被解聘后，或者受单位委托保管公章的人员被解除委托后，单位未及时收回其公章，行为人擅自利用保留的原单位公章签订经济合同，骗取财物占为己有构成犯罪，如给被害人造成经济损失的，单位应当承担赔偿责任。

第七条　单位直接负责的主管人员和其他直接责任人员，将单位进行走私或其他犯罪活动所得财物以签订经济合同的方法予以销售，买方明知或者应当知道的，如因此造成经济损失，其损失由买方自负。但是，如果买方不知该经济合同的标的物是犯罪行为所得财物而购买的，卖方对买方所造成的经济损失应当承担民事责任。

第八条　根据《中华人民共和国刑事诉讼法》第一百零一条第一款的规定，被害人或其法定代理人、近亲属对本规定第二条因单位犯罪行为造成经济损失的，对第四条、第五条第一款、第六条应当承担刑事责任的被告人未能返还财物而遭受经济损失提起附带民事诉讼的，受理刑事案件的人民法院应当依法一并审理。被害人或其法定代理人、近亲属因被害人遭受经济损失也有权对单位另行提起民事诉讼。若被害人或其法定代理人、近亲属另行提起民事诉讼的，有管辖权的人民法院应当依法受理。

【司法解释(4)】

《最高人民检察院关于涉嫌犯罪单位被撤销、注销、吊销营业执照或者宣告破产的应如何进行追诉问题的批复》(高检发释字〔2002〕4号，20020715)

涉嫌犯罪的单位被撤销、注销、吊销营业执照或者宣告破产的，应当根据刑法关于单位犯罪的相关规定，对实施犯罪行为的该单位直接负责的主管人员和其他直接责任人员追究刑事责任，对该单位不再追诉。①

【司法解释(5)】

《最高人民检察院关于单位有关人员组织实施盗窃行为如何适用法律问题的批复》(高检发释字〔2002〕5号，20020813)

单位有关人员为谋取单位利益组织实施盗窃行为，情节严重的，应当依照刑法第二百六十四条的规定以盗窃罪追究直接责任人员的刑事责任。

---

①　根据《最高人民法院关于适用〈中华人民共和国刑事诉讼法〉的解释》(法释〔2021〕1号)第三百四十四条的规定，审判期间，被告单位被吊销营业执照、宣告破产但尚未完成清算、注销登记的，应当继续审理；被告单位被撤销、注销的，对单位犯罪直接负责的主管人员和其他直接责任人员应当继续审理。——编者注

【司法指导文件(1)】

《全国法院审理金融犯罪案件工作座谈会纪要》(法〔2001〕8号,20010121)

(一)关于单位犯罪问题

根据刑法和《最高人民法院关于审理单位犯罪案件具体应用法律有关问题的解释》的规定,以单位名义实施犯罪,违法所得归单位所有的,是单位犯罪。

1.单位的分支机构或者内设机构、部门实施犯罪行为的处理。以单位的分支机构或者内设机构、部门的名义实施犯罪,违法所得亦归分支机构或者内设机构、部门所有的,应认定为单位犯罪。不能因为单位的分支机构或者内设机构、部门没有可供执行罚金的财产,就不将其认定为单位犯罪,而按照个人犯罪处理。

2.单位犯罪直接负责的主管人员和其他直接责任人员的认定。直接负责的主管人员,是在单位实施的犯罪中起决定、批准、授意、纵容、指挥等作用的人员,一般是单位的主管负责人,包括法定代表人。其他直接责任人员,是在单位犯罪中具体实施犯罪并起较大作用的人员,既可以是单位的经营管理人员,也可以是单位的职工,包括聘任、雇佣的人员。应当注意的是,在单位犯罪中,对于受单位领导指派或奉命而参与实施了一定犯罪行为的人员,一般不宜作为直接责任人员追究刑事责任。对单位犯罪中的直接负责的主管人员和其他直接责任人员,应根据其在单位犯罪中的地位、作用和犯罪情节,分别处以相应的刑罚,主管人员与直接责任人员,在个案中,不是当然的主、从犯关系,有的案件,主管人员与直接责任人员在实施犯罪行为的主从关系不明显的,可不分主、从犯。但具体案件可以分清主、从犯,且不分清主、从犯,在同一法定刑档次、幅度内量刑无法做到罪刑相适应的,应当分清主、从犯,依法处罚。

3.对未作为单位犯罪起诉的单位犯罪案件的处理。对于应当认定为单位犯罪的案件,检察机关只作为自然人犯罪案件起诉的,人民法院应及时与检察机关协商,建议检察机关对犯罪单位补充起诉。如检察机关不补充起诉的,人民法院仍应依法审理,对被起诉的自然人根据指控的犯罪事实、证据及庭审查明的事实,依法按单位犯罪中的直接负责的主管人员或者其他直接责任人员追究刑事责任,并应引用刑法分则关于单位犯罪追究直接负责的主管人员和其他直接责任人员刑事责任的有关条款。

4.单位共同犯罪的处理。两个以上单位以共同故意实施的犯罪,应根据各单位在共同犯罪中的地位、作用大小,确定犯罪单位的主、从犯。

【司法指导文件(2)】

《最高人民法院、最高人民检察院、海关总署关于办理走私刑事案件适用法律若干问题的意见》(法〔2002〕139号,20020708)

十七、关于单位走私犯罪案件诉讼代表人的确定及其相关问题

单位走私犯罪案件的诉讼代表人,应当是单位的法定代表人或者主要负责人。单位的法定代表人或者主要负责人被依法追究刑事责任或者因其他原因无法参与刑事诉讼的,人民检察院

应当另行确定被告单位的其他负责人作为诉讼代表人参加诉讼。

接到出庭通知的被告单位的诉讼代表人应当出庭应诉。拒不出庭的，人民法院在必要的时候，可以拘传到庭。

对直接负责的主管人员和其他直接责任人员均无法归案的单位走私犯罪案件，只要单位走私犯罪的事实清楚、证据确实充分，且能够确定诉讼代表人代表单位参与刑事诉讼活动的，可以先行追究该单位的刑事责任。

被告单位没有合适人选作为诉讼代表人出庭的，因不具备追究该单位刑事责任的诉讼条件，可按照单位犯罪的条款先行追究单位犯罪中直接负责的主管人员或者其他直接责任人员的刑事责任。人民法院在对单位犯罪中直接负责的主管人员或者直接责任人员进行判决时，对于扣押、冻结的走私货物、物品、违法所得以及属于犯罪单位所有的走私犯罪工具，应当一并判决予以追缴、没收。

十八、关于单位走私犯罪及其直接负责的主管人员和直接责任人员的认定问题

具备下列特征的，可以认定为单位走私犯罪：(1)以单位的名义实施走私犯罪，即由单位集体研究决定，或者由单位的负责人或者被授权的其他人员决定、同意；(2)为单位谋取不正当利益或者违法所得大部分归单位所有。

依照《最高人民法院关于审理单位犯罪案件具体应用法律有关问题的解释》第二条的规定，个人为进行违法犯罪活动而设立的公司、企业、事业单位实施犯罪的，或者个人设立公司、企业、事业单位后，以实施犯罪为主要活动的，不以单位犯罪论处。单位是否以实施犯罪为主要活动，应根据单位实施走私行为的次数、频度、持续时间、单位进行合法经营的状况等因素综合考虑认定。

根据单位人员在单位走私犯罪活动中所发挥的不同作用，对其直接负责的主管人员和其他直接责任人员，可以确定为一人或者数人。对于受单位领导指派而积极参与实施走私犯罪行为的人员，如果其行为在走私犯罪的主要环节起重要作用的，可以认定为单位犯罪的直接责任人员。

十九、关于单位走私犯罪后发生分立、合并或者其他资产重组情形以及单位被依法注销、宣告破产等情况下，如何追究刑事责任的问题

单位走私犯罪后，单位发生分立、合并或者其他资产重组等情况的，只要承受该单位权利义务的单位存在，应当追究单位走私犯罪的刑事责任。走私单位发生分立、合并或者其他资产重组后，原单位名称发生更改的，仍以原单位(名称)作为被告单位。承受原单位权利义务的单位法定代表人或者负责人为诉讼代表人。

单位走私犯罪后，发生分立、合并或者其他资产重组情形，以及被依法注销、宣告破产等情况的，无论承受该单位权利义务的单位是否存在，均应追究原单位直接负责的主管人员和其他直接责任人员的刑事责任。

人民法院对原走私单位判处罚金的，应当将承受原单位权利义务的单位作为被执行人。罚金超出新单位所承受的财产的，可在执行中予以减除。

二十、关于单位与个人共同走私普通货物、物品案件的处理问题

单位和个人(不包括单位直接负责

的主管人员和其他直接责任人员)共同走私的,单位和个人均应对共同走私所偷逃应缴税额负责。

对单位和个人共同走私偷逃应缴税额为5万元以上不满25万元的,应当根据其在案件中所起的作用,区分不同情况做出处理。单位起主要作用的,对单位和个人均不追究刑事责任,由海关予以行政处理;个人起主要作用的,对个人依照刑法有关规定追究刑事责任,对单位由海关予以行政处理。无法认定单位或个人起主要作用的,对个人和单位分别按个人犯罪和单位犯罪的标准处理。

单位和个人共同走私偷逃应缴税额超过25万元且能区分主、从犯的,应当按照刑法关于主、从犯的有关规定,对从犯从轻、减轻处罚或者免除处罚。

【司法指导文件(3)】

《最高人民检察院关于办理涉互联网金融犯罪案件有关问题座谈会纪要》(高检诉〔2017〕14号,20170602)

三、依法认定单位犯罪及其责任人员

20.涉互联网金融犯罪案件多以单位形式组织实施,所涉单位数量众多、层级复杂,其中还包括大量分支机构和关联单位,集团化特征明显。有的涉互联网金融犯罪案件中分支机构遍布全国,既有具备法人资格的,又有不具备法人资格的;既有受总公司直接领导的,又有受总公司的下属单位领导的。公安机关在立案时做法不一,有的对单位立案,有的不对单位立案,有的被立案的单位不具有独立法人资格,有的仅对最上层的单位立案而不对分支机构立案。对此,检察机关公诉部门在审查起诉时,应当从能够全面揭示犯罪行为基本特征、全面覆盖犯罪活动、准确界定区分各层级人员的地位作用、有利于有力指控犯罪、有利于追缴违法所得等方面依法具体把握,确定是否以单位犯罪追究。

21.涉互联网金融犯罪所涉罪名中,刑法规定应当追究单位刑事责任的,对同时具备以下情形且具有独立法人资格的单位,可以以单位犯罪追究:

(1)犯罪活动经单位决策实施;

(2)单位的员工主要按照单位的决策实施具体犯罪活动;

(3)违法所得归单位所有,经单位决策使用,收益亦归单位所有。但是,单位设立后专门从事违法犯罪活动的,应当以自然人犯罪追究刑事责任。

22.对参与涉互联网金融犯罪,但不具有独立法人资格的分支机构,是否追究其刑事责任,可以区分两种情形处理:

(1)全部或部分违法所得归分支机构所有并支配,分支机构作为单位犯罪主体追究刑事责任;

(2)违法所得完全归分支机构上级单位所有并支配的,不能对分支机构作为单位犯罪主体追究刑事责任,而是应当对分支机构的上级单位(符合单位犯罪主体资格)追究刑事责任。

23.分支机构认定为单位犯罪主体的,该分支机构相关涉案人员应当作为该分支机构的“直接负责的主管人员”或者“其他直接责任人员”追究刑事责任。仅将分支机构的上级单位认定为单位犯罪主体的,该分支机构相关涉案人员可以作为该上级单位的“其他直接责任人员”追究刑事责任。

24.对符合追诉条件的分支机构(包括具有独立法人资格的和不具有独立法人资格)及其所属单位,公安机关均没有作为犯罪嫌疑单位移送审查起诉，仅将其所属单位的上级单位作为犯罪嫌疑单位移送审查起诉的，对相关分支机构涉案人员可以区分以下情形处理：

⑴有证据证明被立案的上级单位(比如总公司)在业务、财务、人事等方面对下属单位及其分支机构进行实际控制，下属单位及其分支机构涉案人员可以作为被移送审查起诉的上级单位的“其他直接责任人员”追究刑事责任。在证明实际控制关系时，应当收集、运用公司决策、管理、考核等相关文件，OA 系统等电子数据，资金往来记录等证据。对不同地区同一单位的分支机构涉案人员起诉时，证明实际控制关系的证据体系、证明标准应基本一致。

⑵据现有证据无法证明被立案的上级单位与下属单位及其分支机构之间存在实际控制关系的，对符合单位犯罪构成要件的下属单位或分支机构应当补充起诉，下属单位及其分支机构已不具备补充起诉条件的，可以将下属单位及其分支机构的涉案犯罪嫌疑人直接起诉。

【司法指导文件(4)】

《最高人民法院研究室关于外国公司、企业、事业单位在我国领域内犯罪如何适用法律问题的答复》(法研〔2003〕153号，20031015)

符合我国法人资格条件的外国公司、企业、事业单位，在我国领域内实施危害社会的行为，依照我国《刑法》构成犯罪的，应当依照我国《刑法》关于单位犯罪的规定追究刑事责任。

个人为在我国领域内进行违法犯罪活动而设立的外国公司、企业、事业单位实施犯罪的，或者外国公司、企业、事业单位设立后在我国领域内以实施违法犯罪为主要活动的，不以单位犯罪论处。

【司法指导文件(5)】

《最高人民法院研究室关于企业犯罪后被合并应当如何追究刑事责任问题的答复》(19981118)

人民检察院起诉时该犯罪企业已被合并到一个新企业的，仍应依法追究原犯罪企业及其直接负责的主管人员和其他直接人员的刑事责任。人民法院审判时，对被告单位应列原犯罪企业名称，但注明已被并入新的企业，对被告单位所判处的罚金数额以其并入新的企业的财产及收益为限。

【《刑事审判参考》案例】

〔参考案例第455号：张俊等走私普通货物案〕单位责任人员在实施单位犯罪的同时，其个人又犯与单位犯罪相同之罪的，应如何处理？

单位责任人员在实施单位犯罪的同时，其个人又犯与单位犯罪相同之罪的，应数罪并罚。

〔参考案例第725号：上海新客派信息技术有限公司、王志强虚开增值税专用发票案〕依法成立的一人公司能否成为单位犯罪主体？

并不是所有的一人公司都可以成为单位犯罪的主体。只有依法成立，取得法人地位，具有独立人格的一人公司，才有可能成为单位犯罪的主体。

〔参考案例第726号：周敏合同诈骗案〕如何理解和把握一人公司单位犯罪主体的认定？

一人公司实施犯罪情况下，应从是否具有独立的财产利益、是否具有独立的意志、是否具有公司法所要求的法人治理结构、是否依照章程规定的宗旨运转、是否依照法定条件和程序成立等方面，综合判断一人公司是否具有独立人格。

〔参考案例第1398号：赵石山、王海杰、杨建波非法占用农用地案〕村民委员会是否构成单位犯罪的主体？①

关于村民委员会是否能够作为单位犯罪的主体，法律及相关司法解释中尚无明确规定。2007年3月，《公安部关于村民委员会可否构成单位犯罪主体问题的批复》（公复字〔2007〕1号）中指出，对以村民委员会名义实施犯罪的，不应以单位犯罪论。对此，我们认为，村委会有自己的名称、组织机构和场所，有自己的经费，且能够以自己的名义承担相应的责任，符合刑法规定的单位的形式特征和实质特征，可以作为单位犯罪的主体。且在司法实践中，为了本村村民或村集体的利益，以村委会名义实施的非法占用农用地、非法采矿、非法转让土地使用权等犯罪活动频发，将村委会认定为单位犯罪的主体，有利于规范村委会的行为，有效打击和遏制相关犯罪活动。但在具体个案中，并非只要以村委会名义实施的犯罪行为，均构成单位犯罪，对此应当作实质意义上的判断：单位犯罪应当体现单位意志，以村委会名义实施，且违法所得归全体村民或村集体所有；否则，仍应当以自然人犯罪分别追究个人的刑事责任。这样也有利于打击冒用、盗用村委会名义谋求个人私利的犯罪活动。

第三十一条　【单位犯罪的处罚原则】单位犯罪的，对单位判处罚金，并对其直接负责的主管人员和其他直接责任人员判处刑罚。本法分则和其他法律另有规定的，依照规定。

【司法解释】

《最高人民法院关于适用〈中华人民共和国刑事诉讼法〉的解释》（法释〔2021〕1号，20210301）

第三百四十条　对应当认定为单位犯罪的案件，人民检察院只作为自然人犯罪起诉的，人民法院应当建议人民检察院对犯罪单位追加起诉。人民检察院仍以自然人犯罪起诉的，人民法院应当依法审理，按照单位犯罪直接负责的主管人员或者其他直接责任人员追究刑事责任，并援引刑法分则关于追究单位犯罪中直接负责的主管人员和其他直接责任人员刑事责任的条款。

第三百四十四条　审判期间，被告单位被吊销营业执照、宣告破产但尚未完成清算、注销登记的，应当继续审理；被告单位被撤销、注销的，对单位犯罪直接负责的主管人员和其他直接责任人员应当继续审理。

第三百四十五条　审判期间，被告单位合并、分立的，应当将原单位列为

---

① 该参考案例实际上否定了《公安部关于村民委员会可否构成单位犯罪主体问题的批复》（公复字〔2007〕1号，20070301）的结论，后者具体内容是："根据《刑法》第三十条的规定，单位犯罪主体包括公司、企业、事业单位、机关、团体。按照《村民委员会组织法》第二条的规定，村民委员会是村民自我管理、自我教育、自我服务的基层群众性自治组织，不属于《刑法》第三十条列举的范围。因此，对以村民委员会名义实施犯罪的，不应以单位犯罪论，可以依法追究直接负责的主管人员和其他直接责任人员的刑事责任。"——编者注

被告单位，并注明合并、分立情况。对被告单位所判处的罚金以其在新单位的财产及收益为限。

【《刑事审判参考》案例】

〔参考案例第1284号：苏州市安派精密电子有限公司、庞美兴、罗正华虚开增值税专用发票案〕如何认定单位犯罪中直接负责的主管人员？

单位犯罪中直接负责的主管人员，不包括一般工作人员。“直接负责”包括“直接”和“负责”两个方面，在强调“负责”的同时，不能忽视“直接”。单位管理人员在单位犯罪中能否被认定为直接责任人员，关键在于该管理人员在单位犯罪中的参与程度是否起到“决定、批准、授意、纵容、指挥等”五种重要作用。如果没起到上述重要作用，即便该管理人员是单位“一把手”、主要负责人，也不应对单位犯罪直接负责。

第三章 刑 罚

第一节 刑罚的种类

第三十二条 【刑罚种类】刑罚分为主刑和附加刑。

【立法·要点注释】

1.“主刑”是对犯罪分子进行惩罚的主要刑种。它只能独立适用，不能相互附加适用。对一个犯罪，只能判处一个主刑。

2.“附加刑”是补充主刑惩罚罪犯的刑种。它既能附加主刑适用，又可以独立适用。附加刑无论附加适用还是单独适用，均应当以刑法分则条文有明文规定为准。凡未规定可以适用附加刑的，则不能附加或者独立适用附加刑。

第三十三条 【主刑的种类】主刑的种类如下：

（一）管制；

（二）拘役；

（三）有期徒刑；

（四）无期徒刑；

（五）死刑。

第三十四条 【附加刑的种类及其适用】附加刑的种类如下：

（一）罚金；

（二）剥夺政治权利；

（三）没收财产。

附加刑也可以独立适用。

【立法·要点注释】

“可以独立适用”，是指依照刑法分则单处附加刑的规定适用，而不是随意适用。它适用于犯罪性质、情节较轻的犯罪，罪行比较严重的，不独立适用附加刑，如果需要适用附加刑，只能附加适用。

第三十五条 【驱逐出境】对于犯罪的外国人，可以独立适用或者附加适用驱逐出境。

【立法·要点注释】

“可以独立适用或者附加适用驱逐出境”，是指对于犯罪的外国人不是一律适用驱逐出境，而是根据其犯罪的性质、情节及犯罪分子本人的情况，结合国际关系和形势等，可以适用驱逐出境，也可以不驱逐出境；可以独立适用驱逐出境，也可以附加驱逐出境。

【司法指导文件】

《最高人民法院、最高人民检察院、公安部、司法部关于办理性侵害未成年人刑事案件的意见》(高检发〔2023〕4号，20230601)

第十九条 外国人在中华人民共和国领域内实施强奸、猥亵未成年人等犯罪的，在依法判处刑罚时，可以附加适用驱逐出境。对于尚不构成犯罪但构成违反治安管理行为的，或者有性侵害未成年人犯罪记录不适宜在境内继续停留居留的，公安机关可以依法适用限期出境或者驱逐出境。

【公安文件】

《公安机关办理刑事案件程序规定》(公安部令第159号,20200901)

第三百七十一条 对判处独立适用驱逐出境刑罚的外国人,省级公安机关在收到人民法院的刑事判决书、执行通知书的副本后,应当指定该外国人所在地的设区的市一级公安机关执行。

被判处徒刑的外国人,主刑执行期满后应当执行驱逐出境附加刑的,省级公安机关在收到执行监狱的上级主管部门转交的刑事判决书、执行通知书副本或者复印件后,应当通知该外国人所在地的设区的市一级公安机关或者指定有关公安机关执行。

我国政府已按照国际条约或者《中华人民共和国外交特权与豁免条例》的规定,对实施犯罪,但享有外交或者领事特权和豁免权的外国人宣布为不受欢迎的人,或者不可接受并拒绝承认其外交或者领事人员身份,责令限期出境的人,无正当理由逾期不自动出境的,由公安部凭外交部公文指定该外国人所在地的省级公安机关负责执行或者监督执行。

第三十六条 【赔偿经济损失与民事优先原则】由于犯罪行为而使被害人遭受经济损失的,对犯罪分子除依法给予刑事处罚外,并应根据情况判处赔偿经济损失。

承担民事赔偿责任的犯罪分子,同时被判处罚金,其财产不足以全部支付的,或者被判处没收财产的,应当先承担对被害人的民事赔偿责任。

【立法·要点注释】

1."由于犯罪行为而使被害人遭受经济损失的",既包括由犯罪行为直接侵害被害人的财产而造成的物质损失,如毁坏财物、盗窃、诈骗等直接侵害财产的情形,也包括由于犯罪行为侵害被害人的人身等权利,给被害人造成其他直接的经济上的损失,如伤害行为不仅使被害人身体健康受到损害,而且使被害人遭受支出医疗费用等经济损失。

2."并应根据情况判处赔偿经济损失",是指人民法院在对犯罪分子判处刑事处罚的同时,根据犯罪分子的犯罪性质、情节、被害人遭受损失的程度,被告人的经济状况等具体情况,一并判处犯罪分子赔偿被害人遭受的经济损失。

【相关立法】

《中华人民共和国民法典》(20210101)

第十一条 其他法律对民事关系有特别规定的,依照其规定。

第一百八十七条 民事主体因同一行为应当承担民事责任、行政责任和刑事责任的,承担行政责任或者刑事责任不影响承担民事责任;民事主体的财产不足以支付的,优先用于承担民事责任。

【司法解释(1)】

《最高人民法院关于刑事裁判涉财产部分执行的若干规定》(法释〔2014〕13号,20141106)

第十三条 被执行人在执行中同时承担刑事责任、民事责任,其财产不足以支付的,按照下列顺序执行:

(一)人身损害赔偿中的医疗费用;

(二)退赔被害人的损失;

（三）其他民事债务；

（四）罚金；

（五）没收财产。

债权人对执行标的依法享有优先受偿权，其主张优先受偿的，人民法院应当在前款第（一）项规定的医疗费用受偿后，予以支持。

【司法解释(2)】

《最高人民法院关于行政机关工作人员执行职务致人伤亡构成犯罪的赔偿诉讼程序问题的批复》（法释〔2002〕28号，20020830）

一、行政机关工作人员在执行职务中致人伤、亡已构成犯罪，受害人或其亲属提起刑事附带民事赔偿诉讼的，人民法院对民事赔偿诉讼请求不予受理。但应当告知其可以依据《中华人民共和国国家赔偿法》的有关规定向人民法院提起行政赔偿诉讼。

二、本批复公布以前发生的此类案件，人民法院已作刑事附带民事赔偿处理，受害人或其亲属再提起行政赔偿诉讼的，人民法院不予受理。

【司法解释(3)】

《最高人民法院关于审理未成年人刑事案件具体应用法律若干问题的解释》（法释〔2006〕1号，20060123）

第十九条　刑事附带民事案件的未成年被告人有个人财产的，应当由本人承担民事赔偿责任，不足部分由监护人予以赔偿，但单位担任监护人的除外。[①]

被告人对被害人物质损失的赔偿情况，可以作为量刑情节予以考虑。

【司法解释(4)】

《最高人民法院、最高人民检察院关于办理强奸、猥亵未成年人刑事案件适用法律若干问题的解释》（法释〔2023〕3号，20230601）

第十四条　对未成年人实施强奸、猥亵等犯罪造成人身损害的，应当赔偿医疗费、护理费、交通费、营养费、住院伙食补助费等为治疗和康复支付的合理费用，以及因误工减少的收入。

根据鉴定意见、医疗诊断书等证明需要对未成年人进行精神心理治疗和康复，所需的相关费用，应当认定为前款规定的合理费用。

【司法解释(4)·注释】

1.本条第二款规定的表述是精神心理治疗和康复“所需”的相关费用，与第一款表述的治疗和康复“支付”的合理费用，措辞略有差异，主要考虑是：主张赔偿医疗费，一般应以实际已发生和支付的费用为限，根据《最高人民法院关于审理人身损害赔偿案件适用法律若干问题的解释》（法释〔2022〕14号）的规定，原则上只支持一审法庭辩论终结前已经实际发生的医疗费，此后发生的费用可另行起诉，但根据医疗证明或者鉴定意见确定必然发生的费用，也可以与已经发生的医疗费一并赔偿。相关规定对确定性侵害案件精神心理治疗和康复“所需”的费用有参照价值。

---

① 根据民法典第一千一百八十八条第二款的规定，有财产的无民事行为能力人、限制民事行为能力人造成他人损害的，从本人财产中支付赔偿费用；不足部分，由监护人赔偿。由此可见，该规定并未豁免单位担任监护人的民事赔偿责任。——编者注

2.鉴于性侵害犯罪造成的伤害具有特殊性，不少未成年被害人及其监护人对精神疾病知之甚少，不知道被性侵出现精神疾病后需要及如何治疗和康复；而且精神疾病的诊治复杂，有些严重的精神疾病诊治周期长，会出现在开庭审理刑事案件、一审法庭辩论终结前被害人尚未完全治疗康复的情况。对后续会产生的医疗费，被害人一般可在实际费用发生后另行起诉；对确有医疗诊断、鉴定意见等证明被害人存在严重精神疾病需要更长时间的治疗和康复，且能够明确大致所需费用的，为确保被害人能及时获得赔偿进行诊治，司法人员可结合在案证据和案件实际情况，依法裁判。鉴于精神心理治疗和康复具有专业性、复杂性，在适用本解释时应准确理解规定的精神，坚持依法、稳妥的原则，通过司法裁判引导有医疗诊治需要的被害人及时诊治、依法维权，让未成年被害人切实感受到司法关爱，让全社会更加关注被害人精神心理健康。

【司法解释(5)】

《最高人民法院关于适用〈中华人民共和国刑事诉讼法〉的解释》(法释〔2021〕1号，20210301)

第一百七十五条　被害人因人身权利受到犯罪侵犯或者财物被犯罪分子毁坏而遭受物质损失的，有权在刑事诉讼过程中提起附带民事诉讼；被害人死亡或者丧失行为能力的，其法定代理人、近亲属有权提起附带民事诉讼。

因受到犯罪侵犯，提起附带民事诉讼或者单独提起民事诉讼要求赔偿精神损失的，人民法院一般不予受理。

第一百七十六条　被告人非法占有、处置被害人财产的，应当依法予以追缴或者责令退赔。被害人提起附带民事诉讼的，人民法院不予受理。追缴、退赔的情况，可以作为量刑情节考虑。

第一百九十二条　对附带民事诉讼作出判决，应当根据犯罪行为造成的物质损失，结合案件具体情况，确定被告人应当赔偿的数额。

犯罪行为造成被害人人身损害的，应当赔偿医疗费、护理费、交通费等为治疗和康复支付的合理费用，以及因误工减少的收入。造成被害人残疾的，还应当赔偿残疾生活辅助器具费等费用；造成被害人死亡的，还应当赔偿丧葬费等费用。

驾驶机动车致人伤亡或者造成公私财产重大损失，构成犯罪的，依照《中华人民共和国道路交通安全法》第七十六条的规定确定赔偿责任。

附带民事诉讼当事人就民事赔偿问题达成调解、和解协议的，赔偿范围、数额不受第二款、第三款规定的限制。

第二百条　被害人或者其法定代理人、近亲属在刑事诉讼过程中未提起附带民事诉讼，另行提起民事诉讼的，人民法院可以进行调解，或者根据本解释第一百九十二条第二款、第三款的规定作出判决。

第五百二十七条　被判处财产刑，同时又承担附带民事赔偿责任的被执行人，应当先履行民事赔偿责任。

【司法指导文件(1)】

《最高人民法院、最高人民检察院关于常见犯罪的量刑指导意见(试行)》(法发〔2021〕21号，20210701)

三、常见量刑情节的适用

(十)对于退赃、退赔的，综合考虑犯罪性质，退赃、退赔行为对损害结果所能弥补的程度，退赃、退赔的数额及主动程度等情况，可以减少基准刑的30%以下；对抢劫等严重危害社会治安犯罪的，应当从严掌握。

（十一）对于积极赔偿被害人经济损失并取得谅解的，综合考虑犯罪性质、赔偿数额、赔偿能力以及认罪悔罪表现等情况，可以减少基准刑的40%以下；积极赔偿但没有取得谅解的，可以减少基准刑的30%以下；尽管没有赔偿，但取得谅解的，可以减少基准刑的20%以下。对抢劫、强奸等严重危害社会治安犯罪的，应当从严掌握。

（十二）对于当事人根据刑事诉讼法第二百八十八条达成刑事和解协议的，综合考虑犯罪性质、赔偿数额、赔礼道歉以及真诚悔罪等情况，可以减少基准刑的50%以下；犯罪较轻的，可以减少基准刑的50%以上或者依法免除处罚。

【司法指导文件(2)】

《全国法院维护农村稳定刑事审判工作座谈会纪要》（法〔1999〕217号，19991027）

（五）关于刑事附带民事诉讼问题

人民法院审理附带民事诉讼案件的受案范围，应只限于被害人因人身权利受到犯罪行为侵犯和财物被犯罪行为损毁而遭受的物质损失，不包括因犯罪分子非法占有、处置被害人财产而使其遭受的物质损失。对因犯罪分子非法占有、处置被害人财产而使其遭受的物质损失，应当根据刑法第六十四条的规定处理，即应通过追缴赃款赃物、责令退赔的途径解决。如赃款赃物尚在的，应一律追缴；已被用掉、毁坏或挥霍的，应责令退赔。无法退赃的，在决定刑罚时，应作为酌定从重处罚的情节予以考虑。

关于附带民事诉讼的赔偿范围，在没有司法解释规定之前，应注意把握以下原则：一是要充分运用现有法律规定，在法律许可的范围内最大限度地补偿被害人因被告人的犯罪行为而遭受的物质损失。物质损失应包括已造成的损失，也包括将来必然遭受的损失。二是赔偿只限于犯罪行为直接造成的物质损失，不包括精神损失和间接造成的物质损失。三是要适当考虑被告人的赔偿能力。被告人的赔偿能力包括现在的赔偿能力和将来的赔偿能力，对未成年被告人还应考虑到其监护人的赔偿能力，以避免数额过大的空判引起的负面效应，被告人的民事赔偿情况可作为量刑的酌定情节。四是要切实维护被害人的合法权益。附带民事原告人提出起诉的，对于没有构成犯罪的共同致害人，也要追究其民事赔偿责任。未成年致害人由其法定代表人或者监护人承担赔偿责任。但是，在逃的同案犯不应列为附带民事诉讼的被告人。关于赔偿责任的分担：共同致害人应当承担连带赔偿责任；在学校等单位内部发生犯罪造成受害人损失，在管理上有过错责任的学校等单位有赔偿责任，但不承担连带赔偿责任；交通肇事犯罪的车辆所有人（单位）在犯罪分子无赔偿能力的情况下，承担代为赔偿或者垫付的责任。

【司法指导文件(3)】

《最高人民法院关于充分发挥刑事审判职能作用深入推进社会矛盾化解的若干意见》（法发〔2010〕63号，20101231）

三、进一步做好附带民事诉讼审理工作

11.审理附带民事诉讼案件，应当依照刑法的有关规定，根据情况判处赔偿经济损失。确定赔偿数额，要根据被害人因犯罪行为遭受的物质损失并适当考虑被告人的赔偿能力。附带民事诉讼当事人就民事赔偿问题达成的调解协议，只要不违反法律规定，应当予以确认，以有利社会矛盾化解，更好慰藉被害人一方。

12.妥善处理附带民事赔偿与量刑的关系。被告人案发后对被害人积极赔偿，并认罪、悔罪的，依法可以作为酌定量刑情节予以考虑，对轻微刑事案件的被告人，应当考虑适用非监禁刑。被告人认罪、悔罪、赔礼道歉、积极赔偿，取得被害人谅解的，依法可以从宽处理。对于严重危害社会治安、人民群众反映强烈、依法应当从严惩处的犯罪，不能仅以经济赔偿作为决定从轻处罚的条件。

【司法指导文件(4)】

《最高人民法院研究室关于对参加聚众斗殴受重伤或者死亡的人及其家属提出的民事赔偿请求能否予以支持问题的答复》(法研〔2004〕179号，20041111)

根据《刑法》第二百九十二条第一款的规定，聚众斗殴的参加者，无论是否首要分子，均明知自己的行为有可能产生伤害他人以及自己被他人的行为伤害的后果，其仍然参加聚众斗殴的，应当自行承担相应的刑事和民事责任。根据《刑法》第二百九十二条第二款的规定，对于参加聚众斗殴，造成他人重伤或者死亡的，行为性质发生变化，应认定为故意伤害罪或者故意杀人罪。聚众斗殴中受重伤或者死亡的人，既是故意伤害罪或者故意杀人罪的受害人，又是聚众斗殴犯罪的行为人。对于参加聚众斗殴受重伤或者死亡的人或其家属提出的民事赔偿请求，依法应予支持，并适用混合过错责任原则。

【司法指导文件(5)】

《最高人民法院研究室关于交通肇事刑事案件附带民事赔偿范围问题的答复》(法研〔2014〕30号，20140224)

……交通肇事刑事案件的附带民事诉讼当事人未能就民事赔偿问题达成调解、和解协议的，无论附带民事诉讼被告人是否投保机动车第三者强制责任保险，均可将死亡赔偿金、残疾赔偿金纳入判决赔偿的范围。

【《刑事审判参考》案例】

〔参考案例第913号：李广欣以危险方法危害公共安全案〕醉酒驾驶机动车致使被害人遭受人身伤害的，被害方能否基于交通事故责任强制保险向相关保险公司主张赔偿责任？

行为人因醉驾、毒驾等原因发生交通事故的刑事案件中，被害方向相关保险公司在交强险责任范围内主张人身损害赔偿的，人民法院应予支持。被告人全额赔偿受害人损失的，保险公司无须再承担赔偿责任；若被告人未能足额赔偿受害人损失的，保险公司在交强险范围内仍须赔偿不足部分。

〔参考案例第1060号：周凯章等人组织出卖人体器官案〕在获得被害人承诺的犯罪案件中，如何确定被告人的附带民事赔偿责任？

对获得被害人承诺的犯罪，被害人仍可提起附带民事诉讼，可以适当减轻被告人的附带民事赔偿责任。

〔参考案例第1416号：廖俊昭故意伤害案〕无偿提供劳务的帮工人在帮工过程中故意伤害致人死亡的，被帮工人是否应当承担赔偿责任？

无偿提供劳务的帮工人在帮工过程中故意伤害致人死亡，被帮工人属于对被害人物质损失依法应当承担赔偿责任的“其他单位和个人”，可以作为附带民事诉讼被告人并承担连带赔偿责任。在帮工人致人伤亡的犯罪案件中，认定被帮工人承担民事赔偿责任的事实基础，关键是审查被帮工人“是否明确拒绝帮工”，以及帮工人的行为是否发生在“帮工过程中”。被帮工人明确拒绝帮工的，不承担赔偿责任；帮工人的犯罪行为不是在帮工过程中实施的，亦不能苛求被帮工人承担赔偿责任。

第三十七条　【免予刑事处罚与非刑罚处置措施】对于犯罪情节轻微不需要判处刑罚的，可以免予刑事处罚，但是可以根据案件的不同情况，予以训诫或者责令具结悔过、赔礼道歉、赔偿损失，或者由主管部门予以行政处罚或者行政处分。

【立法 · 要点注释】

“犯罪情节轻微”，是指已经构成犯罪，但犯罪的性质、情节及危害后果都很轻。“不需要判处刑罚”，是指犯罪情节轻微，犯罪人认罪、悔罪，对其没有判处刑罚的必要。

【司法解释】

《最高人民法院关于审理未成年人刑事案件具体应用法律若干问题的解释》（法释〔2006〕1号，20060123）

第十七条　未成年罪犯根据其所犯罪行，可能被判处拘役、三年以下有期徒刑，如果悔罪表现好，并具有下列情形之一的，应当依照刑法第三十七条的规定免予刑事处罚：

（一）系又聋又哑的人或者盲人；

（二）防卫过当或者避险过当；

（三）犯罪预备、中止或者未遂；

（四）共同犯罪中从犯、胁从犯；

（五）犯罪后自首或者有立功表现；

（六）其他犯罪情节轻微不需要判处刑罚的。

【司法指导文件（1）】

《最高人民法院关于贯彻宽严相济刑事政策的若干意见》（法发〔2010〕9号，20100208）

15. 被告人的行为已经构成犯罪，但犯罪情节轻微，或者未成年人、在校学生实施的较轻犯罪，或者被告人具有犯罪预备、犯罪中止、从犯、胁从犯、防卫过当、避险过当等情节，依法不需要判处刑罚的，可以免予刑事处罚。对免予刑事处罚的，应当根据刑法第三十七条规定，做好善后、帮教工作或者交由有关部门进行处理，争取更好的社会效果。

【司法指导文件（2）】

《最高人民法院、最高人民检察院、公安部、司法部关于办理醉酒危险驾驶刑事案件的意见》（高检发办字〔2023〕187号，20231228）

第十三条　对公安机关移送审查起诉的醉驾案件，人民检察院综合考虑犯罪嫌疑人驾驶的动机和目的、醉酒程度、机动车类型、道路情况、行驶时间、速度、距离以及认罪悔罪表现等因素，认为属于犯罪情节轻微的，依照刑法第三十七条、刑事诉讼法第一百七十七条第二款的规定处理。

第十九条 对犯罪嫌疑人、被告人决定不起诉或者免予刑事处罚的，可以根据案件的不同情况，予以训诫或者责令具结悔过、赔礼道歉、赔偿损失，需要给予行政处罚、处分的，移送有关主管机关处理。

第二十条 醉驾属于严重的饮酒后驾驶机动车行为。血液酒精含量达到80毫克/100毫升以上，公安机关应当在决定不予立案、撤销案件或者移送审查起诉前，给予行为人吊销机动车驾驶证行政处罚。根据本意见第十二条第一款处理的案件，公安机关还应当按照道路交通安全法规定的饮酒后驾驶机动车相应情形，给予行为人罚款、行政拘留的行政处罚。

人民法院、人民检察院依据本意见第十二条第一款、第十三条处理的案件，对被不起诉人、被告人需要予以行政处罚的，应当提出检察意见或者司法建议，移送公安机关依照前款规定处理。公安机关应当将处理情况通报人民法院、人民检察院。

【指导性案例·检察】

〔无锡F警用器材公司虚开增值税专用发票案，JZD81-2020〕

1.检察机关办理涉罪民营企业刑事案件，应当充分考虑促进经济发展，促进职工就业，维护国家和社会公共利益的需要，积极做好涉罪企业及其有关责任人员的认罪认罚工作，促使涉罪企业退缴违法所得、赔偿损失、修复损害、挽回影响，从而将犯罪所造成的危害降到最低。对犯罪情节较轻且认罪认罚、积极整改的企业及其相关责任人员，符合不捕、不诉条件的，坚持能不捕的不捕，能不诉的不诉，符合判处缓刑条件的要提出适用缓刑的建议。

2.检察机关依法作出不起诉决定的案件，要执行好刑事诉讼法第一百七十七条第三款的规定，对被不起诉人需要给予行政处罚、处分或者需要没收其违法所得的，应当提出检察意见，移送有关主管机关处理。有关主管机关应当将处理结果及时通知人民检察院。有关主管机关未及时通知处理结果的，人民检察院应当依法予以督促。

【法院公报案例】

〔陕西省府谷县人民检察院诉郝卫东盗窃案，GB2011-5〕

刑法第三十七条规定，对于犯罪情节轻微不需要判处刑罚的，可以免予刑事处罚。在审理盗窃案件中，盗窃数额是判断犯罪情节及社会危害性的重要依据，但不是唯一依据，还应综合考虑案件其他情节及被告人的主观恶性和人身危险性等因素。如果盗窃犯罪的案情特殊，综合判断犯罪情节确属轻微的，即使犯罪数额巨大，也可以免予刑事处罚。

判断某一盗窃犯罪行为是否属于刑法第三十七条的“情节轻微”，要根据刑法及相关司法解释的规定，综合考虑犯罪手段、犯罪对象、退赃情况及社会反应等情况，客观评价刑罚处罚的必要性。在案件具有特殊的事实、情节等情况下，要切实贯彻落实宽严相济的刑事政策，真正做到正确裁量、罪刑相当。

第三十七条之一 【从业禁止】因利用职业便利实施犯罪，或者实

施违背职业要求的特定义务的犯罪被判处刑罚的，人民法院可以根据犯罪情况和预防再犯罪的需要，禁止其自刑罚执行完毕之日或者假释之日起从事相关职业，期限为三年至五年。

被禁止从事相关职业的人违反人民法院依照前款规定作出的决定的，由公安机关依法给予处罚；情节严重的，依照本法第三百一十三条的规定定罪处罚。

其他法律、行政法规对其从事相关职业另有禁止或者限制性规定的，从其规定。

【修正说明】

本条由刑法修正案(九)第一条增设。

【立法 · 要点注释】

1.实施违背职业要求的特定义务的犯罪，是指违背一些特定行业、领域有关特定义务的要求，违背职业道德、职业信誉所实施的犯罪。如从事食品行业的人实施生产、销售不符合安全标准的食品罪或生产、销售有毒、有害食品罪；从事化学品生产、销售、运输或者储存的人违反有关要求，实施环境污染犯罪等。利用职业便利实施犯罪和实施违背职业要求的特定义务的犯罪，两者之间在范围上可能有相互覆盖、相互交叉的地方。

2.对于依照本法第三十七条规定予以定罪，但免予刑事处罚的犯罪分子，不适用从业禁止的规定。

3.从业禁止的预防性措施，其起始时间是自刑罚执行完毕或者假释之日起。从业禁止的效力当然适用于刑罚执行期间。对于被判处有期徒刑、无期徒刑被假释的犯罪分子，从业禁止从假释之日起计算。从业禁止的期限是三年至五年。人民法院可以根据犯罪情况和预防再犯罪的需要，在三年至五年之间，酌情确定从业禁止的具体期限。

4.“情节严重”，主要是指违反人民法院从业禁止决定，经有关方面劝告、责令改正仍不改正的，因违反从业禁止决定受到行政处罚又违反的，或者违反从业禁止决定且在从业过程中又有违法行为的等情形。

【司法解释(1)】

《最高人民法院、最高人民检察院关于办理危害生产安全刑事案件适用法律若干问题的解释》(法释〔2015〕22号，20151216)

第十六条 对于实施危害生产安全犯罪适用缓刑的犯罪分子，可以根据犯罪情况，禁止其在缓刑考验期限内从事与安全生产相关联的特定活动；对于被判处刑罚的犯罪分子，可以根据犯罪情况和预防再犯罪的需要，禁止其自刑罚执行完毕之日或者假释之日起三年至五年内从事与安全生产相关的职业。

【司法解释(1) · 注释】

考虑到司法惯例，借鉴禁止令的裁判文书格式，从业禁止措施宜在裁判文书主文部分作为一项单独内容予以宣告，即不宜在裁判文书之外另行制定从业禁止措施文书。具体可考虑采取以下方式：

“一、被告人×××犯××罪，判处……(写明主刑、附加刑)。(刑期从判决执行之日起计算。判决以前先行羁押的，羁押一日折抵刑期一日，即自××××年××月××日起至

××××年××月××日止)。

“二、禁止被告人×××在×××(写明期限)内…… (写明禁止从事相关职业)(从业禁止期限从刑罚执行完毕或者假释之日起计算)。”

此外，适用从业禁止措施的，裁判文书应当引用相关法律条文，并说明理由。

【司法解释(2)】

《最高人民法院关于〈中华人民共和国刑法修正案(九)〉时间效力问题的解释》(法释〔2015〕19号，20151101)

第一条　对于2015年10月31日以前因利用职业便利实施犯罪，或者实施违背职业要求的特定义务的犯罪的，不适用修正后刑法第三十七条之一第一款的规定。其他法律、行政法规另有规定的，从其规定。

【司法解释(3)】

《最高人民法院、最高人民检察院关于办理组织考试作弊等刑事案件适用法律若干问题的解释》(法释〔2019〕13号，20190904)

第十二条　对于实施本解释规定的犯罪被判处刑罚的，可以根据犯罪情况和预防再犯罪的需要，依法宣告职业禁止；被判处管制、宣告缓刑的，可以根据犯罪情况，依法宣告禁止令。

【司法解释(4)】

《最高人民法院、最高人民检察院关于办理非法利用信息网络、帮助信息网络犯罪活动等刑事案件适用法律若干问题的解释》(法释〔2019〕15号，20191101)

第十七条　对于实施本解释规定的犯罪被判处刑罚的，可以根据犯罪情况和预防再犯罪的需要，依法宣告职业禁止；被判处管制、宣告缓刑的，可以根据犯罪情况，依法宣告禁止令。

【司法解释(5)】

《最高人民法院、最高人民检察院关于办理强奸、猥亵未成年人刑事案件适用法律若干问题的解释》(法释〔2023〕3号，20230601)

第十二条　对强奸未成年人的成年被告人判处刑罚时，一般不适用缓刑。

对于判处刑罚同时宣告缓刑的，可以根据犯罪情况，同时宣告禁止令，禁止犯罪分子在缓刑考验期限内从事与未成年人有关的工作、活动，禁止其进入中小学校、幼儿园及其他未成年人集中的场所。确因本人就学、居住等原因，经执行机关批准的除外。

第十三条　对于利用职业便利实施强奸、猥亵未成年人等犯罪的，人民法院应当依法适用从业禁止。

【司法指导文件(1)】

《最高人民法院、最高人民检察院、教育部关于落实从业禁止制度的意见》(法发〔2022〕32号，20221115)

一、依照刑法第三十七条之一的规定，教职员工利用职业便利实施犯罪，或者实施违背职业要求的特定义务的犯罪被判处刑罚的，人民法院可以根据犯罪情况和预防再犯罪的需要，禁止其在一定期限内从事相关职业。其他法律、行政法规对其从事相关职业另有禁止或者限制性规定的，从其规定。

未成年人保护法、教师法属于前款规定的法律，《教师资格条例》属于前款规定的行政法规。

二、依照未成年人保护法第六十二条的规定，实施性侵害、虐待、拐卖、暴力伤害等违法犯罪的人员，禁止从事密切接触未成年人的工作。

依照教师法第十四条、《教师资格条例》第十八条规定，受到剥夺政治权利或者故意犯罪受到有期徒刑以上刑罚的，不能取得教师资格；已经取得教师资格的，丧失教师资格，且不能重新取得教师资格。

三、教职员工实施性侵害、虐待、拐卖、暴力伤害等犯罪的，人民法院应当依照未成年人保护法第六十二条的规定，判决禁止其从事密切接触未成年人的工作。

教职员工实施前款规定以外的其他犯罪，人民法院可以根据犯罪情况和预防再犯罪的需要，依照刑法第三十七条之一第一款的规定，判决禁止其自刑罚执行完毕之日或者假释之日起从事相关职业，期限为三年至五年；或者依照刑法第三十八条第二款、第七十二条第二款的规定，对其适用禁止令。

四、对有必要禁止教职员工从事相关职业或者适用禁止令的，人民检察院在提起公诉时，应当提出相应建议。

五、教职员工犯罪的刑事案件，判决生效后，人民法院应当在三十日内将裁判文书送达被告人单位所在地的教育行政部门；必要时，教育行政部门应当将裁判文书转送有关主管部门。

因涉及未成年人隐私等原因，不宜送达裁判文书的，可以送达载明被告人的自然情况、罪名及刑期的相关证明材料。

六、教职员工犯罪，人民法院作出的判决生效后，所在单位、教育行政部门或者有关主管部门可以依照未成年人保护法、教师法、《教师资格条例》等法律法规给予相应处理、处分和处罚。

符合丧失教师资格或者撤销教师资格情形的，教育行政部门应当及时收缴其教师资格证书。

七、人民检察院应当对从业禁止和禁止令执行落实情况进行监督。

八、人民法院、人民检察院发现有关单位未履行犯罪记录查询制度、从业禁止制度的，应当向该单位提出建议。

九、本意见所称教职员工，是指在学校、幼儿园等教育机构工作的教师、教育教学辅助人员、行政人员、勤杂人员、安保人员，以及校外培训机构的相关工作人员。

学校、幼儿园等教育机构、校外培训机构的举办者、实际控制人犯罪，参照本意见执行。

十、本意见自2022年11月15日起施行。

【司法指导文件(1)·注释】

1.对实施性侵害、虐待、拐卖、暴力伤害等犯罪的教职员工判决从业禁止，并不要求其必须利用职业便利实施犯罪或者违背职业要求的特定义务。例如，行为人奸淫幼女构成犯罪，即便奸淫的对象并非自己的学生，也应判决从业禁止。

2.对于实施性侵害、虐待、拐卖、暴力伤害等违法犯罪的人员，人民法院作出从业禁止判决时，援引的法律依据应当是刑法第三十七条之一第三款和未成年人保护法第六十二条，其判项的表述应当是“禁止被告人×××从事密切接触未成年人的工作”。在执行过程中，密切接触未成年人的工作应当参照未成年人保护法第一百三十条的规定进行把握。

3.对于教职员工实施性侵害、虐待、拐卖、暴力伤害以外的其他犯罪，人民法院可以根据犯罪情况和预防再犯罪的需要，依照刑法第三十七条之一第一款的规定，判决禁止其自刑罚执行完毕之日或者假释之日起从事相关职业，期限为三年至五年；或者依照刑法第三十八条第二款、第七十二条第二款的规定，对其适用禁止令。例如，学校的财务工作人员利用职务便利实施侵占犯罪，人民法院也可以作出三年至五年从业禁止判决。

【司法指导文件(2)】

《最高人民法院、最高人民检察院、公安部、司法部关于办理“套路贷”刑事案件若干问题的意见》(法发〔2019〕11号，20190409)

二、依法严惩“套路贷”犯罪

9.对于“套路贷”犯罪分子，应当根据其所触犯的具体罪名，依法加大财产刑适用力度。符合刑法第三十七条之一规定的，可以依法禁止从事相关职业。

【司法指导文件(3)】

《最高人民法院、最高人民检察院、公安部、司法部关于办理涉未成年人有组织犯罪案件若干问题的意见》(高检发办字〔2022〕119号，20220912)

四、依法严惩组织未成年人犯罪

20.对利用职业便利，或者违背职业要求的特定义务，组织未成年人犯罪的罪犯，人民法院可以依照刑法有关从业禁止的规定，判决禁止其从事相关职业，并通报相关行业主管部门。

【《刑事审判参考》案例】

〔参考案例第1541号：姜某起等人生产、销售不符合安全标准的食品案〕在食品安全法对从业禁业有相关规定的情况下，人民法院如何适用刑法规定的从业禁止？

刑法第三十七条之一第三款规定的“从其规定”，并非指人民法院所裁判宣告的从业禁止内容应与其他法律、行政法规规定的从业禁止内容一致，而是指人民法院的司法权需要尊重其他法律、行政法规的“从业禁止”规定，法院须在其他法律、行政法规对相关职业没有禁止或限制性规定的情况下才能适用。因此，在其他法律、行政法规对从业禁止有规定的情况下，由行政主管部门根据相关规定对行为人作出从业禁止的行政处罚即可，人民法院无须再裁判宣告从业禁止。

第二节　管　　制

第三十八条【管制的期限、禁止令和社区矫正】管制的期限，为三个月以上二年以下。

判处管制，可以根据犯罪情况，同时禁止犯罪分子在执行期间从事特定活动，进入特定区域、场所，接触特定的人。

对判处管制的犯罪分子，依法实行社区矫正。

违反第二款规定的禁止令的，由公安机关依照《中华人民共和国治安管理处罚法》的规定处罚。

【修正前条文】

第三十八条【管制的期限及执行机关】管制的期限，为三个月以上二年以下。

被判处管制的犯罪分子，由公安机

关执行。

【修正说明】

刑法修正案(八)第二条对原条文作出下述修改：一是规定“对被判处管制的犯罪分子，依法实行社区矫正”；二是增加了对被判处管制的犯罪分子可以同时禁止其在执行期间从事特定活动，进入特定区域、场所，接触特定的人的规定；三是进一步明确了被判处管制的犯罪分子在管制期间违反上述禁止令的法律责任。

【立法·要点注释】

1.法律规定“可以”根据案件情况作出禁止令，并非所有案件均要作出禁止令。是否作出禁止令，裁量权赋予人民法院，根据则在于根据案件情况确有需要，并非所有判处管制的案件均要作出禁止令。

2.人民法院作出禁止令，可以只涉及一个方面的事项，如只禁止行为人从事特定活动，也可以同时涉及三个方面的事项，即同时禁止其从事特定活动，进入特定区域、场所，接触特定的人，具体根据案件情况和需要确定。

3.何为“特定”，需要人民法院根据每一起案件的具体情况，主要是根据个案中犯罪的性质、情节，行为人犯罪的原因，维护社会秩序、保护被害人免遭再次侵害、预防行为人再次犯罪的需要等情况，在判决时作出具体的禁止性规定。

【相关立法(1)】

《中华人民共和国治安管理处罚法》(20260101)

第七十二条　有下列行为之一的，处五日以上十日以下拘留，可以并处一千元以下罚款；情节较轻的，处警告或者一千元以下罚款：

……

(四)被依法执行管制、剥夺政治权利或者在缓刑、暂予监外执行中的罪犯或者被依法采取刑事强制措施的人，有违反法律、行政法规或者国务院有关部门的监督管理规定的行为的。

第七十三条　有下列行为之一的，处警告或者一千元以下罚款；情节较重的，处五日以上十日以下拘留，可以并处一千元以下罚款：

(一)违反人民法院刑事判决中的禁止令或者职业禁止决定的；

……

【相关立法(2)】

《中华人民共和国社区矫正法》(20200701)

第二条　对被判处管制、宣告缓刑、假释和暂予监外执行的罪犯，依法实行社区矫正。

对社区矫正对象的监督管理、教育帮扶等活动，适用本法。

第十七条　社区矫正决定机关判处管制、宣告缓刑、裁定假释、决定或者批准暂予监外执行时应当确定社区矫正执行地。

社区矫正执行地为社区矫正对象的居住地。社区矫正对象在多个地方居住的，可以确定经常居住地为执行地。

社区矫正对象的居住地、经常居住地无法确定或者不适宜执行社区矫正的，社区矫正决定机关应当根据有利于社区矫正对象接受矫正、更好地融入社会的原则，确定执行地。

本法所称社区矫正决定机关，是指

依法判处管制、宣告缓刑、裁定假释、决定暂予监外执行的人民法院和依法批准暂予监外执行的监狱管理机关、公安机关。

【司法解释】

《最高人民法院关于〈中华人民共和国刑法修正案(八)〉时间效力问题的解释》(法释〔2011〕9号,20110501)

第一条　对于2011年4月30日以前犯罪,依法应当判处管制或者宣告缓刑的,人民法院根据犯罪情况,认为确有必要同时禁止犯罪分子在管制期间或者缓刑考验期内从事特定活动,进入特定区域、场所,接触特定人的,适用修正后刑法第三十八条第二款或者第七十二条第二款的规定。

犯罪分子在管制期间或者缓刑考验期内,违反人民法院判决中的禁止令的,适用修正后刑法第三十八条第四款或者第七十七条第二款的规定。

【司法指导文件(1)】

《最高人民法院、最高人民检察院、公安部、司法部关于对判处管制、宣告缓刑的犯罪分子适用禁止令有关问题的规定(试行)》(法发〔2011〕9号,20110501)

第一条　对判处管制、宣告缓刑的犯罪分子,人民法院根据犯罪情况,认为从促进犯罪分子教育矫正、有效维护社会秩序的需要出发,确有必要禁止其在管制执行期间、缓刑考验期限内从事特定活动,进入特定区域、场所,接触特定人的,可以根据刑法第三十八条第二款、第七十二条第二款的规定,同时宣告禁止令。

第二条　人民法院宣告禁止令,应当根据犯罪分子的犯罪原因、犯罪性质、犯罪手段、犯罪后的悔罪表现、个人一贯表现等情况,充分考虑与犯罪分子所犯罪行的关联程度,有针对性地决定禁止其在管制执行期间、缓刑考验期限内“从事特定活动,进入特定区域、场所,接触特定的人”的一项或者几项内容。

第三条　人民法院可以根据犯罪情况,禁止判处管制、宣告缓刑的犯罪分子在管制执行期间、缓刑考验期限内从事以下一项或者几项活动:

(一)个人为进行违法犯罪活动而设立公司、企业、事业单位或者在设立公司、企业、事业单位后以实施犯罪为主要活动的,禁止设立公司、企业、事业单位;

(二)实施证券犯罪、贷款犯罪、票据犯罪、信用卡犯罪等金融犯罪的,禁止从事证券交易、申领贷款、使用票据或者申领、使用信用卡等金融活动;

(三)利用从事特定生产经营活动实施犯罪的,禁止从事相关生产经营活动;

(四)附带民事赔偿义务未履行完毕,违法所得未追缴、退赔到位,或者罚金尚未足额缴纳的,禁止从事高消费活动;

(五)其他确有必要禁止从事的活动。

第四条　人民法院可以根据犯罪情况,禁止判处管制、宣告缓刑的犯罪分子在管制执行期间、缓刑考验期限内进入以下一类或者几类区域、场所:

(一)禁止进入夜总会、酒吧、迪厅、网吧等娱乐场所;

(二)未经执行机关批准,禁止进入举办大型群众性活动的场所;

(三)禁止进入中小学校区、幼儿园园区及周边地区,确因本人就学、居住等原因，经执行机关批准的除外；

（四）其他确有必要禁止进入的区域、场所。

第五条 人民法院可以根据犯罪情况，禁止判处管制、宣告缓刑的犯罪分子在管制执行期间、缓刑考验期限内接触以下一类或者几类人员：

（一）未经对方同意，禁止接触被害人及其法定代理人、近亲属；

（二）未经对方同意，禁止接触证人及其法定代理人、近亲属；

（三）未经对方同意，禁止接触控告人、批评人、举报人及其法定代理人、近亲属；

（四）禁止接触同案犯；

（五）禁止接触其他可能遭受其侵害、滋扰的人或者可能诱发其再次危害社会的人。

第六条 禁止令的期限，既可以与管制执行、缓刑考验的期限相同，也可以短于管制执行、缓刑考验的期限，但判处管制的，禁止令的期限不得少于三个月，宣告缓刑的，禁止令的期限不得少于二个月。

判处管制的犯罪分子在判决执行以前先行羁押以致管制执行的期限少于三个月的，禁止令的期限不受前款规定的最短期限的限制。

禁止令的执行期限，从管制、缓刑执行之日起计算。

第七条 人民检察院在提起公诉时，对可能判处管制、宣告缓刑的被告人可以提出宣告禁止令的建议。当事人、辩护人、诉讼代理人可以就应否对被告人宣告禁止令提出意见，并说明理由。

公安机关在移送审查起诉时，可以根据犯罪嫌疑人涉嫌犯罪的情况，就应否宣告禁止令及宣告何种禁止令，向人民检察院提出意见。

第八条 人民法院对判处管制、宣告缓刑的被告人宣告禁止令的，应当在裁判文书主文部分单独作为一项予以宣告。

第九条 禁止令由司法行政机关指导管理的社区矫正机构负责执行。

第十条 人民检察院对社区矫正机构执行禁止令的活动实行监督。发现有违反法律规定的情况，应当通知社区矫正机构纠正。

第十一条 判处管制的犯罪分子违反禁止令，或者被宣告缓刑的犯罪分子违反禁止令尚不属情节严重的，由负责执行禁止令的社区矫正机构所在地的公安机关依照《中华人民共和国治安管理处罚法》第六十条[①]的规定处罚。

第十三条 被宣告禁止令的犯罪分子被依法减刑时，禁止令的期限可以相应缩短，由人民法院在减刑裁定中确定新的禁止令期限。

【司法指导文件(1)·注释】

1.禁止令应当具有针对性和可行性。例如，犯罪分子是因长期在网吧上网，形成网瘾，进而走上犯罪道路的，可作出禁止其进入网吧的决定；如果犯罪分子是因为在夜总会、酒吧沾染恶习实施犯罪的，则可作出禁止其进入夜总会、酒吧的决定；犯罪分子在犯罪前后有滋扰证人行为的，可作出禁止其接触证人的决定；犯罪分子是在酒后犯罪，且有酗酒习性的，可作出禁止其饮酒的决定；等等。禁止令的内容不能妨害犯

① 2025年修订的治安管理处罚法第七十三条。——编者注

罪分子的正常生活。例如，不能作出“禁止进入公共场所”等决定。

2.关于禁止令的裁判文书格式。考虑到禁止令在性质上属于管制、缓刑的执行监管措施，宣告禁止令的，应当在裁判文书主文部分单独作为一项予以宣告。对此，要注意把握如下几点：

一是宣告禁止令的，不能在裁判文书之外另行制作禁止令文书，而是应当作为裁判文书主文部分的单独一项内容，具体表述应采取以下方式：

“一、被告人×××犯××罪，判处……（写明主刑、附加刑）。（刑期从判决执行之日起计算。判决以前先行羁押的，羁押一日折抵刑期一日，即自××××年××月××日起至××××年××月××日止）。

“二、禁止被告人×××在×个月内……（写明禁止从事的活动，进入的区域、场所，接触的人）（禁止令期限从判决生效之日起计算）。”

二是宣告禁止令的，裁判文书应当援引相关法律和司法解释条文，并说明理由。

【司法指导文件(2)】

《最高人民法院、最高人民检察院、公安部、司法部关于依法办理家庭暴力犯罪案件的意见》(法发〔2015〕4号，20150302)

21.充分运用禁止令措施。人民法院对实施家庭暴力构成犯罪被判处管制或者宣告缓刑的犯罪分子，为了确保被害人及其子女和特定亲属的人身安全，可以依照刑法第三十八条第二款、第七十二条第二款的规定，同时禁止犯罪分子再次实施家庭暴力，侵扰被害人的生活、工作、学习，进行酗酒、赌博等活动；经被害人申请且有必要的，禁止接近被害人及其未成年子女。

【司法指导文件(3)】

《最高人民法院、最高人民检察院、公安部、司法部关于印发〈中华人民共和国社区矫正法实施办法〉的通知》(司发通〔2020〕59号，20200701)

第十二条　对拟适用社区矫正的，社区矫正决定机关应当核实社区矫正对象的居住地。社区矫正对象在多个地方居住的，可以确定经常居住地为执行地。没有居住地，居住地、经常居住地无法确定或者不适宜执行社区矫正的，应当根据有利于社区矫正对象接受矫正、更好地融入社会的原则，确定社区矫正执行地。被确定为执行地的社区矫正机构应当及时接收。

社区矫正对象的居住地是指其实际居住的县(市、区)。社区矫正对象的经常居住地是指其经常居住的，有固定住所、固定生活来源的县(市、区)。

社区矫正对象应如实提供其居住、户籍等情况，并提供必要的证明材料。

【指导性案例·法院】

〔董某某、宋某某抢劫案，FZD14-2013〕

对判处管制或者宣告缓刑的未成年被告人，可以根据其犯罪的具体情况以及禁止事项与所犯罪行的关联程度，对其适用“禁止令”。对于未成年人因上网诱发犯罪的，可以禁止其在一定期限内进入网吧等特定场所。

第三十九条　【管制犯的义务和劳动报酬】被判处管制的犯罪分子，在执行期间，应当遵守下列

规定：

（一）遵守法律、行政法规，服从监督；

（二）未经执行机关批准，不得行使言论、出版、集会、结社、游行、示威自由的权利；

（三）按照执行机关规定报告自己的活动情况；

（四）遵守执行机关关于会客的规定；

（五）离开所居住的市、县或者迁居，应当报经执行机关批准。

对于被判处管制的犯罪分子，在劳动中应当同工同酬。

【立法·要点注释】

被依法实行社区矫正的管制犯，因违反治安管理被治安拘留、违反审判秩序被司法拘留、因吸毒被强制隔离戒毒时，管制刑不需要停止执行，拘留期满、强制隔离戒毒措施解除后，管制刑尚未期满的，应当继续执行管制。

【司法指导文件(1)】

《最高人民法院、最高人民检察院、公安部、劳动人事部关于被判处管制、剥夺政治权利和宣告缓刑、假释的犯罪分子能否外出经商等问题的通知》[〔86〕高检会(三)字第2号，19861108]

一、对被判处管制、剥夺政治权利和宣告缓刑、假释的犯罪分子，公安机关和有关单位要依法对其实行经常性的监督改造或考察。被管制、假释的犯罪分子，不能外出经商；被剥夺政治权利和宣告缓刑的犯罪分子，按现行规定，属于允许经商范围之内的，如外出经商，需事先经公安机关允许。

二、犯罪分子在被管制、剥夺政治权利、缓刑、假释期间，若原所在单位确有特殊情况不能安排工作的，在不影响对其实行监督考察的情况下，经工商管理部门批准，可以在常住户口所在地自谋生计；家在农村的，亦可就地从事或承包一些农副业生产。

三、犯罪分子在被管制、剥夺政治权利、缓刑、假释期间，不能担任国营或集体企事业单位的领导职务。

【司法指导文件(2)】

《最高人民检察院关于被判处管制、剥夺政治权利和宣告缓刑、假释的犯罪分子能否担任中外合资、合作经营企业领导职务问题的答复》(高检发研字〔1991〕4号，19910925)

最高人民法院、最高人民检察院、公安部、劳动人事部〔86〕高检会(三)字第2号《关于被判处管制、剥夺政治权利和宣告缓刑、假释的犯罪分子能否外出经商等问题的通知》第三条所规定的不能担任领导职务的原则，可适用于中外合资、中外合作企业(包括我方与港、澳、台客商合资、合作企业)。

第四十条 【解除管制】被判处管制的犯罪分子，管制期满，执行机关应即向本人和其所在单位或者居住地的群众宣布解除管制。

第四十一条 【管制刑期的计算和折抵】管制的刑期，从判决执行之日起计算；判决执行以前先行羁押的，羁押一日折抵刑期二日。

【相关立法(1)】

《中华人民共和国刑事诉讼法》

(20181026)

第七十六条　指定居所监视居住的期限应当折抵刑期。被判处管制的，监视居住一日折抵刑期一日；被判处拘役、有期徒刑的，监视居住二日折抵刑期一日。

【相关立法(2)】

《中华人民共和国监察法》(20250601)

第五十条第四款　被管护人员、被留置人员涉嫌犯罪移送司法机关后，被依法判处管制、拘役或者有期徒刑的，管护、留置一日折抵管制二日，折抵拘役、有期徒刑一日。

【司法解释(1)】

《最高人民法院关于刑事裁判文书中刑期起止日期如何表述问题的批复》(法释〔2000〕7号，20000304)

根据刑法第四十一条、第四十四条、第四十七条和《法院刑事诉讼文书样式》(样本)的规定，判处管制、拘役、有期徒刑的，应当在刑事裁判文书中写明刑种、刑期和主刑刑期的起止日期及折抵办法。刑期从判决执行之日起计算。判决执行以前先行羁押的，羁押一日折抵刑期一日(判处管制刑的，羁押一日折抵刑期二日)，即自××××年××月××日(羁押之日)起至××××年××月××日止。羁押期间取保候审的，刑期的终止日顺延。

【司法解释(2)】

《最高人民法院关于适用〈中华人民共和国刑事诉讼法〉的解释》(法释〔2021〕1号，20210301)

第二百零二条第二款　以年计算的刑期，自本年本月某日至次年同月同日的前一日为一年；次年同月同日不存在的，自本年本月某日至次年同月最后一日的前一日为一年。以月计算的刑期，自本月某日至下月同日的前一日为一个月；刑期起算日为本月最后一日的，至下月最后一日的前一日为一个月；下月同日不存在的，自本月某日至下月最后一日的前一日为一个月；半个月一律按十五日计算。

【司法指导文件】

《最高人民法院研究室关于因错判在服刑期“脱逃”后确有犯罪其错判服刑期限可否与后判刑期折抵问题的电话答复》(19830831)

……对被错判徒刑的在服刑期间“脱逃”的行为，可不以脱逃论罪判刑；但在脱逃期间犯罪的，应依法定罪判刑；对被错判已服刑的日期与后来犯罪所判处的刑期不宜折抵，可在量刑时酌情考虑从轻或减轻处罚。

第三节　拘　　役

第四十二条【拘役的期限】拘役的期限，为一个月以上六个月以下。

第四十三条【拘役的执行】被判处拘役的犯罪分子，由公安机关就近执行。

在执行期间，被判处拘役的犯罪分子每月可以回家一天至两天；参加劳动的，可以酌量发给报酬。

【公安文件】

《公安部关于对被判处拘役的罪犯在执行期间回家问题的批复》(公复字

〔2001〕2号，20010131)

《刑法》第四十三条第二款规定，“在执行期间，被判处拘役的犯罪分子每月可以回家一天至两天”。根据上述规定，是否准许被判处拘役的罪犯回家，应当根据其在服刑期间表现以及准许其回家是否会影响剩余刑期的继续执行等情况综合考虑，由负责执行的拘役所、看守所提出建议，报其所属的县级以上公安机关决定。被判处拘役的外国籍罪犯提出回家申请的，由地市级以上公安机关决定，并由决定机关将有关情况报上级公安机关备案。对于准许回家的，应当发给国家证明，告知其应当按时返回监管场所和不按时返回将要承担的法律责任，并将准许回家的决定送同级人民检察院。被判处拘役的罪犯在决定机关辖区内有固定住处的，可允许其回固定住处，没有固定住处的，可在决定机关为其指定的居所每月与其家人团聚一天至两天。拘役所、看守所根据被判处拘役的罪犯在服刑及回家期间表现，认为不宜继续准许其回家的，应当提出建议，报原决定机关决定。对于被判处拘役的罪犯在回家期间逃跑的，应当按照《刑法》第三百一十六条的规定以脱逃罪追究其刑事责任。

第四十四条 【拘役刑期的计算和折抵】拘役的刑期，从判决执行之日起计算；判决执行以前先行羁押的，羁押一日折抵刑期一日。

第四节 有期徒刑、无期徒刑

第四十五条 【有期徒刑的期限】有期徒刑的期限，除本法第五十条、第六十九条规定外，为六个月以上十五年以下。

第四十六条 【有期徒刑与无期徒刑的执行】被判处有期徒刑、无期徒刑的犯罪分子，在监狱或者其他执行场所执行；凡有劳动能力的，都应当参加劳动，接受教育和改造。

【司法解释(1)】

《最高人民法院关于审理未成年人刑事案件具体应用法律若干问题的解释》(法释〔2006〕1号，20060123)

第十三条 未成年人犯罪只有罪行极其严重的，才可以适用无期徒刑。对已满十四周岁不满十六周岁的人犯罪一般不判处无期徒刑。

【司法解释(2)】

《最高人民法院关于人民法院办理接收在台湾地区服刑的大陆居民回大陆服刑案件的规定》(法释〔2016〕11号，20160501)

第一条 人民法院办理接收在台湾地区服刑的大陆居民(以下简称被判刑人)回大陆服刑案件(以下简称接收被判刑人案件)，应当遵循一个中国原则，遵守国家法律的基本原则，秉持人道和互惠原则，不得违反社会公共利益。

第二条 接收被判刑人案件由最高人民法院指定的中级人民法院管辖。

第三条 申请机关向人民法院申请接收被判刑人回大陆服刑，应当同时提交以下材料：

(一)申请机关制作的接收被判刑人申请书，其中应当载明：

1.台湾地区法院认定的被判刑人

实施的犯罪行为及判决依据的具体条文内容；

2.该行为在大陆依据刑法也构成犯罪、相应的刑法条文、罪名及该行为未进入大陆刑事诉讼程序的说明；

3.建议转换的具体刑罚；

4.其他需要说明的事项。

（二）被判刑人系大陆居民的身份证明；

（三）台湾地区法院对被判刑人定罪处刑的裁判文书、生效证明和执行文书；

（四）被判刑人或其法定代理人申请或者同意回大陆服刑的书面意见，且法定代理人与被判刑人的意思表示一致；

（五）被判刑人或其法定代理人所作的关于被判刑人在台湾地区接受公正审判的权利已获得保障的书面声明；

（六）两岸有关业务主管部门均同意被判刑人回大陆服刑的书面意见；

（七）台湾地区业务主管部门出具的有关刑罚执行情况的说明，包括被判刑人交付执行前的羁押期、已服刑期、剩余刑期，被判刑人服刑期间的表现、退赃退赔情况，被判刑人的健康状况、疾病与治疗情况；

（八）根据案件具体情况需要提交的其他材料。

申请机关提交材料齐全的，人民法院应当在七日内立案。提交材料不全的，应当通知申请机关在十五日内补送，至迟不能超过两个月；逾期未补送的，不予立案，并于七日内书面告知申请机关。

第四条　人民法院应当组成合议庭审理接收被判刑人案件。

第五条　人民法院应当在立案后一个月内就是否准予接收被判刑人作出裁定，情况复杂、特殊的，可以延长一个月。

人民法院裁定准予接收的，应当依据台湾地区法院判决认定的事实并参考其所定罪名，根据刑法就相同或者最相似犯罪行为规定的法定刑，按照下列原则对台湾地区法院确定的无期徒刑或者有期徒刑予以转换：

（一）原判处刑罚未超过刑法规定的最高刑，包括原判处刑罚低于刑法规定的最低刑的，以原判处刑罚作为转换后的刑罚；

（二）原判处刑罚超过刑法规定的最高刑的，以刑法规定的最高刑作为转换后的刑罚；

（三）转换后的刑罚不附加适用剥夺政治权利。

前款所称的最高刑，如台湾地区法院认定的事实依据刑法应当认定为一个犯罪的，是指刑法对该犯罪规定的最高刑；如应当认定为多个犯罪的，是指刑法对数罪并罚规定的最高刑。

对人民法院立案前，台湾地区有关业务主管部门对被判刑人在服刑期间作出的减轻刑罚决定，人民法院应当一并予以转换，并就最终应当执行的刑罚作出裁定。

第六条　被判刑人被接收回大陆服刑前被实际羁押的期间，应当以一日折抵转换后的刑期一日。

第七条　被判刑人被接收回大陆前已在台湾地区被假释或保外就医的，或者被判刑人或其法定代理人在申请或者同意回大陆服刑的书面意见中同时申请暂予监外执行的，人民法院应当根据刑法、刑事诉讼法的规定一并审查，并作出是否假释或者暂予监外执行的决定。

第八条　人民法院作出裁定后，应

当在七日内送达申请机关。裁定一经送达，立即生效。

第九条　被判刑人回大陆服刑后，有关减刑、假释、暂予监外执行、赦免等事项，适用刑法、刑事诉讼法及相关司法解释的规定。

第十条　被判刑人回大陆服刑后，对其在台湾地区已被判处刑罚的行为，人民法院不再审理。

第十一条　本规定自2016年5月1日起施行。

【司法解释(2)·注释】

1.第五条第二款第一项和第二项中规定的“刑法规定的最高刑”或“刑法规定的最低刑”是指法定最高刑或最低刑，而不是某一具体量刑幅度。如我国台湾地区法院对被判刑人走私毒品行为判处了十年有期徒刑，即使该行为依据大陆方面刑法第三百四十七条第四款规定本来最高只能判处七年有期徒刑，但依据该条规定，走私毒品罪的法定最高刑是死刑，故仍应按照台湾地区法院判处的十年有期徒刑转换刑罚。

2.应当将我国台湾地区裁判文书确定的刑罚转换为刑法规定的最相类似的刑罚。原判刑种与人民法院应判处的刑种相同的，转换为相同的刑种；原判刑种与人民法院应判处的刑种不同时，转换后的刑罚应当符合刑法的规定。具体转换方法为：(1)原被判处无期徒刑的一个行为，人民法院依法也应判处无期徒刑的，转换为无期徒刑执行。(2)原被判处无期徒刑的一个行为，人民法院依法应判处有期徒刑的，转换为对该行为依法能判处的最重的有期徒刑执行，但最高刑期不得超过有期徒刑十五年。(3)原被判处有期徒刑的一个行为，人民法院依法应判处无期徒刑的，转换为有期徒刑执行，但不能超过原判刑期且最高刑期不得超过有期徒刑十五年。(4)原被判处有期徒刑的一个行为，人民法院依法应判处有期徒刑的，转换为有期徒刑执行，但不能超过原判刑期且最高刑期不得超过有期徒刑十五年。(5)原被判处无期徒刑的数个行为，人民法院依法也应判处无期徒刑的，转换为无期徒刑执行。(6)原被判处无期徒刑的数个行为，人民法院依法应判处有期徒刑的，首先将原被判处无期徒刑的数个行为刑期逐一转换为对该行为依法能判处的最重的有期徒刑，然后在所有数个行为的总和刑期以下、数刑中最高刑期以上，酌情决定转换执行的有期徒刑刑期，但是总和刑期不满三十五年的，最高不能超过二十年，总和刑期在三十五年以上的，最高不能超过二十五年。(7)原被判处有期徒刑的数个行为，人民法院依法应判处无期徒刑或者有期徒刑的，首先将原被判处刑罚的数个行为的刑期逐一转换为对该行为依法能判处的最重的有期徒刑，然后在所有数个行为的总和刑期以下、数刑中最高刑期以上，酌情决定转换执行的有期徒刑刑期，但是总和刑期不满三十五年的，最高不能超过二十年，总和刑期在三十五年以上的，最高不能超过二十五年。以上转换执行的有期徒刑刑期不能超过原判处的刑期。

3.第五条第二款第三项规定了“转换后的刑罚不附加适用剥夺政治权利”，主要是考虑到刑法第五十七条规定了对于被判处死刑、无期徒刑的犯罪分子，应当剥夺政治权利终身。因此，如果将台湾地区判处被判刑人的无期徒刑转换执行，势必面临是否应当附加剥夺政治权利的问题。从我国台湾地区有关规定来看，我国台湾地区“刑法”中有“褫夺公权”的从刑，主要内容是褫夺“为公务员之资格”和“为公职候选人之资格”，同“法”第三十七条同时规定“宣告死刑或无期徒刑者，宣告褫夺公权终身”，亦即如果我国台湾地区对被判刑人判处无期徒刑，也将同时附加适用“褫夺公权”刑。基于以下几点考虑，既不宜通过直接转换的方式也不宜通过附加适用的方式对被判刑人适用剥夺政治权利刑：第一，“剥夺政治权利”与“褫夺公权”并非完全等同，不宜直接转换。第二，“剥夺政治权利”与“褫夺公权”涉及问题较为敏感，不做转换较为稳妥。第三，在被判刑人移管实践中，一般也不规定资格刑、财产刑等附加刑之间的转换问题。第四，在不能直接转换的情况下，如果对被判刑人附加适用剥夺政治权利，相当于对其加重刑罚，不符合被判刑人移管制度理念。

【司法指导文件】

《最高人民法院研究室关于原判有期徒刑的罪犯被再审改判无期徒刑应如何计算实际执行刑期问题的研究意见》(2012)

原判有期徒刑的罪犯经再审改判为无期徒刑的，无期徒刑的执行期间从再审判决确定之日起计算。但是，改判前原判确定之日起已经执行的刑期，在决定假释时应当计算为无期徒刑实际执行的刑期。

第四十七条　【有期徒刑刑期的计算与折抵】有期徒刑的刑期，从判决执行之日起计算；判决执行以前先行羁押的，羁押一日折抵刑期一日。

【相关立法(1)】

《中华人民共和国行政处罚法》(20210715)

第三十五条第一款　违法行为构成犯罪，人民法院判处拘役或者有期徒刑时，行政机关已经给予当事人行政拘留的，应当依法折抵相应刑期。

【相关立法(2)】

《中华人民共和国国际刑事司法协助法》(20181026)

第三十八条第二款　在押人员在外国被羁押的期限，应当折抵其在中华人民共和国被判处的刑期。

第六十四条第三款　被判刑人回国服刑前被羁押的，羁押一日折抵转换后的刑期一日。

【司法解释】

《最高人民法院关于撤销缓刑时罪犯在宣告缓刑前羁押的时间能否折抵刑期问题的批复》(法释〔2002〕11号，20020418)

根据刑法第七十七条的规定，对被宣告缓刑的犯罪分子撤销缓刑执行原判刑罚的，对其在宣告缓刑前羁押的时间应当折抵刑期。

【司法指导文件(1)】

《最高人民法院研究室关于对刑罚已执行完毕，由于发现新的证据，又因同一事实被以新的罪名重新起诉的案件，应适用何种程序进行审理等问题的答复》(法研〔2002〕105号，20020731)

……对于先行判决且刑罚已经执行完毕，由于同案犯归案发现新的证据，又因同一事实被以新的罪名重新起诉的被告人，原判人民法院应当按照审判监督程序撤销原判决、裁定，并将案件移送有管辖权的人民法院，按照第一审程序与其他同案被告人并案审理。

该被告人已经执行完毕的刑罚，由收案的人民法院在对被指控的新罪作出判决时依法折抵，被判处有期徒刑的，原执行完毕的刑期可以折抵刑期。

【司法指导文件(2)】

《最高人民法院、最高人民检察院、公安部关于办理电信网络诈骗等刑事案件适用法律若干问题的意见(二)》(法发〔2021〕22号，20210617)

十五、对境外司法机关抓获并羁押的电信网络诈骗犯罪嫌疑人，在境内接受审判的，境外的羁押期限可以折抵刑期。

【公安文件】

《公安部关于刑事拘留时间可否折抵行政拘留时间问题的批复》(公复字〔2004〕1号，20040304)

如果行为人依法被刑事拘留的行为与依法被行政拘留的行为系同一行为，公安机关在依法对其裁决行政拘留时，应当将其刑事拘留的时间折抵行政拘留时间。如果行为人依法被刑事拘留的时间已超过依法被裁决的行政拘留时间的，则其行政拘留不再执行，但必须将行政拘留裁决书送达被处罚人。

对没有犯罪事实或者没有事实证明有犯罪重大嫌疑的人错误刑事拘留的，应当依法给予国家赔偿。但是，如果因同一行为依法被裁决行政拘留，且刑事拘留时间已经折抵行政拘留时间的，已经折抵的刑事拘留时间不再给予国家赔偿。

自本批复下发之日起，《公安部关于对刑事拘留时间可否折抵治安拘留时间有关问题的批复》(公复字〔1997〕9号)同时废止。

【法院案例库参考案例】

〔刘某某贩卖毒品案，2023-06-1-356-003〕关于被告人强制隔离戒毒期间折抵刑期的认定

吸毒人员因吸毒成瘾被公安机关作出强制隔离戒毒的决定，在强制隔离戒毒期间又被发现实施毒品犯罪，处以强制隔离戒毒和判处刑罚并非基于同一行为事实，且强制隔离戒毒是行政强制措施而非行政处罚，故强制隔离戒毒期间不能折抵刑期。

〔许某凡贪污、挪用公款案，2023-03-1-402-010〕被告人在境外被先行羁押的时间能否依照刑法第四十七条的规定折抵刑期

被告人在境外被先行羁押的时间能否依照刑法第四十七条的规定折抵刑期不能一概而论。基于司法主权原则，境外羁押期间可以而非必然折抵刑期。只有被告人在境外被羁押的原因行为与正在审理的犯罪行为具有同一性时，被告人在境外羁押期间才可以折抵刑期。在国际追逃追赃案件中，被告人主动回国投案是刑期折抵的先决条件。如我国与其他国家的条约规定刑期折抵或有外交承诺折抵刑期，应当遵守条约和承诺。

〔姜某容留他人吸毒案，2023-06-1-365-005〕因吸食毒品被行政拘留不能在毒品犯罪中折抵刑期

自己吸食毒品行为与容留他人吸毒犯罪行为不具有牵连关系，同一次抓捕不等于同一事由，行为的可罚性不因抓捕次数不同而改变，而直接决定于其违法行为的本质内容，对具有不同处罚性质的不同行为应当分别处罚。

【《刑事审判参考》案例】

〔参考案例第1280号：陈春莲贩卖毒品案〕先前被羁押行为与最终定罪行为并非同一行为时，羁押日期可否折抵刑期？

1.实践中，如下四种情形可以纳入刑期折抵的范围：(1)行为人因为甲行为被采取羁押措施，在上述羁押措施执行完毕后，又因甲行为构成犯罪而进入刑事诉讼，最终被判处管制、拘役、有期徒刑的，之前的羁押日期应当折抵刑期。(2)行为人因为甲行为被采取刑事羁押措施，在对甲行为侦查期间，又发现乙行为涉嫌犯罪，但针对乙行为并未采取刑事羁押措施，最终因乙行为被判处管制、拘役、有期徒刑的，因甲行为被刑事拘留、逮捕的时间应当折抵刑期。(3)行为人因为甲行为被侦查期间，发现了乙行为涉嫌犯罪，如果针对乙行为采取刑事羁押措施，但最终因甲行为被判处管制、拘役、有期徒刑的，因乙行为被刑事拘留、逮捕的时间应当折抵刑期。(4)行为人因为甲行为被采取刑事羁押措施，后变更为取保候审或监视居住，其间发现了乙行为涉嫌犯罪并针对乙行为采取刑事拘留、逮捕措施，最终因乙行为被判处管制、拘役、有期徒刑的，针对甲、乙两个行为所采取的刑事拘留、逮捕措施的时间均应当折抵刑期。

2.针对行为人所实施的数个行为，公安机关不一定均采取刑事强制措施，完全可能针对甲行为采取行政强制措施或者予以行政拘留，而对乙行为采取刑事拘留、逮捕等刑事强制措施，此时需要区分情况来折抵刑期。如果甲行为最终构成犯罪，依据“同一行为”或“关联性”标准，针对甲行为所采取的行政强制措施或者予以行政拘留也可以折抵刑期。但如果甲行为不构成犯罪，针对甲行为所采取的行政强制措施不能折抵刑期。

第五节　死　　刑

第四十八条　【死刑的适用条件、执行方式和核准程序】死刑只适用于罪行极其严重的犯罪分子。对于应当判处死刑的犯罪分子，如果不是必须立即执行的，可以判处死刑同时宣告缓期二年执行。

死刑除依法由最高人民法院判决的以外，都应当报请最高人民法院核准。死刑缓期执行的，可以由高级人民法院判决或者核准。

【司法指导文件(1)】

《最高人民法院关于贯彻宽严相济刑事政策的若干意见》(法发〔2010〕9号，20100208)

29.要准确理解和严格执行“保留死刑，严格控制和慎重适用死刑”的政策。对于罪行极其严重的犯罪分子，论罪应当判处死刑的，要坚决依法判处死刑。要依法严格控制死刑的适用，统一死刑案件的裁判标准，确保死刑只适用于极少数罪行极其严重的犯罪分子。拟判处死刑的具体案件定罪或者量刑的证据必须确实、充分，得出唯一结论。对于罪行极其严重，但只要是依法可不立即执行的，就不应当判处死刑立即执行。

【司法指导文件(2)】

《最高人民法院关于审理故意杀人、故意伤害案件正确适用死刑问题的指导意见》(20090803)

二、关于故意杀人罪的死刑适用

对于故意杀人犯罪案件是否适用死刑，要综合分析，区别对待，依法慎重决定。

一是要注意区分案件性质。对下列严重危害社会治安和严重影响人民群众安全感的犯罪，应当体现从严惩处的原则，依法判处被告人重刑直至死刑立即执行。如：暴力恐怖犯罪、黑社会性质组织犯罪、恶势力犯罪以及其他严重暴力犯罪中故意杀人的首要分子；雇凶杀人的；冒充军警、执法人员杀人的，等等。但是，对于其中具有法定从轻处罚情节的，也要注意依法从宽处罚。

对于因婚姻家庭、邻里纠纷以及山林、水流、田地纠纷等民间矛盾激化引发的故意杀人案件，在适用死刑时要特别慎重。如：被害人一方有明显过错或者对矛盾激化负有直接责任的；被告人有法定从轻处罚情节的；被告人积极赔偿被害人经济损失、真诚悔罪的；被害方谅解的，等等，除犯罪情节特别恶劣、犯罪后果特别严重、人身危险性极大的被告人外，一般可考虑不判处死刑立即执行。

二是要注重区分犯罪情节。对于犯罪情节特别恶劣，又无从轻处罚情节的被告人，可以依法判处死刑立即执行。如：暴力抗法而杀害执法人员的；以特别残忍的手段杀人的；持枪杀人的；实施其他犯罪后杀人灭口的；杀人后为掩盖罪行或者出于其他卑劣动机分尸、碎尸、焚尸灭迹的，等等。

三是要注重区分犯罪后果。故意杀人罪的直接后果主要是致人死亡，但也要考虑对社会治安的影响等其他后果。对于被害人有明显过错，或者有其他从轻情节可以对被告人从宽处罚的，即使造成了死亡的后果，一般也可不判处死刑立即执行。故意杀人未遂的，一般不判处被告人死刑。对于防卫过当致人死亡的，应当减轻或者免除处罚。虽不构成防卫过当，但带有防卫性质的故意杀人，即使造成了被害人死亡的结果，也不判处被告人死刑。

四是注重区分被告人的主观恶性及人身危险性。要从被告人的犯罪动机、犯罪预谋、犯罪过程中的具体情节以及被害人的过错等方面综合判断被告人的主观恶性。在直接故意杀人与间接故意杀人案件中，被告人的主观恶性程度是不同的，在处刑上也应有所区别。

对于犯罪动机卑劣而预谋杀人的，或者性情残暴动辄肆意杀人的被告人，可以依法判处死刑立即执行。对于坦白主要犯罪事实并对定案证据的收集有重要作用的；犯罪后自动归案但尚不构成自首的；被告人亲属协助司法机关抓获被告人后，被告人对自己的罪行供认不讳的；被告人及其亲属积极赔偿被害方经济损失并取得被害方谅解的；刚满18周岁或已满70周岁以上的人犯罪且情节不是特别恶劣的，等等，一般可不判处死刑立即执行。

要从被告人有无前科及平时表现、犯罪后的悔罪情况等方面综合判断被告人的人身危险性。对于累犯中前罪系暴力犯罪，或者曾因暴力犯罪被判重刑后又犯故意杀人罪的；杀人后毫无悔罪表现的，等等，如果没有法定从轻处罚情节，一般可依法判处死刑立即执行。对于犯罪后积极抢救被害人、减轻危害后果或者防止危害后果扩大的；虽具有累犯等法定从重处罚情节，但前罪较轻，或者同时具有自首等法定、酌定从轻情节，经综合考虑不是必须判处死刑立即执行的，等等，一般可不判处被告人死刑立即执行。

三、关于故意伤害罪的死刑适用

相对于故意杀人犯罪而言，故意伤害犯罪的社会危害性和被告人的主观恶性程度不同，适用死刑应当比故意杀人犯罪更加慎重，标准更加严格。只有对于犯罪后果特别严重、手段特别残忍、情节特别恶劣的被告人，才可以适用死刑立即执行。

对故意伤害致人死亡的被告人决定是否适用死刑立即执行时，要将严重危害社会治安的案件与民间纠纷引发的案件有所区别；将手段特别残忍、情节特别恶劣的与手段、情节一般的有所区别；将预谋犯罪与激情犯罪有所区别，等等。

对于下列故意伤害致人死亡的被告人，如果没有从轻情节，可以适用死刑立即执行。如：暴力恐怖犯罪、黑社会性质组织犯罪、恶势力犯罪以及其他严重暴力犯罪中故意伤害他人的首要分子；起组织、策划作用或者为主实施伤害行为罪行最严重的主犯；聚众“打砸抢”伤害致人死亡的首要分子；动机卑劣而预谋伤害致人死亡的，等等。

对于故意伤害致人死亡的被告人，如果具有下列情形，一般不判处死刑立即执行。如：因婚姻家庭、邻里纠纷以及山林、水流、田地纠纷等民间矛盾激化引发的；被害人有过错，或者对引发案件负有直接责任的；犯罪手段、情节一般的；被告人犯罪后积极救治被害人，或者积极赔偿被害方经济损失并真诚悔罪的；被告人作案时刚满18周岁或已满70周岁以上，且情节不是特别恶劣的；其他经综合考虑所有量刑情节可不判处死刑立即执行的，等等。

以特别残忍手段致人重伤造成严重残疾的故意伤害案件，适用死刑时应当更加严格把握，并不是只要达到“严重残疾”的程度就必须判处被告人死刑。要根据致人“严重残疾”的具体情况，综合考虑犯罪情节和“严重残疾”的程度等情况，慎重决定。

故意伤害案件中“严重残疾”的标准，在有关司法解释出台前，可参照1996年国家技术监督局颁布的《职工工伤与职业病致残程度鉴定标准》确定残疾等级。[①]即“严重残疾”是指下列情形之一：被害人身体器官大部缺损、器官明显畸形、身体器官有中等功能障碍、造成严重并发症等。残疾程度可以分为一般残疾(十至七级)、严重残疾(六至三级)、特别严重残疾(二至一级)，六级以上为“严重残疾”。

对于以特别残忍手段造成被害人重伤致特别严重残疾的被告人，可以适用死刑立即执行。但对于那些使用硫

① 2017年1月1日之后，司法鉴定机构和司法鉴定人统一适用最高人民法院、最高人民检察院、公安部、国家安全部、司法部印发的《人体损伤致残程度分级》确定残疾等级。——编者注

酸等化学物质严重毁容,或者采取砍掉手脚等极其残忍手段致使被害人承受极度肉体、精神痛苦的,虽未达到特别严重残疾的程度,但犯罪情节特别恶劣,造成被害人四级以上严重残疾程度的,也可以适用死刑立即执行。

四、关于故意杀人、故意伤害共同犯罪的死刑适用

对于故意杀人、故意伤害共同犯罪案件的死刑适用,要充分考虑各被告人在共同犯罪中的地位和作用、犯罪后果、被告人的主观恶性和人身危险性等情况,正确认定各被告人的罪责并适用刑罚。一案中有多名主犯的,要在主犯中区分出罪责最为严重者和较为严重者。

对于共同致一人死亡,依法应当判处被告人死刑立即执行的,原则上只判处一名被告人死刑立即执行。罪行极其严重的主犯因有立功、自首等法定从轻处罚情节而依法不判处死刑立即执行的,也不能对罪行相对较轻的主犯判处死刑立即执行。

对于被告人地位、作用相当,罪责相对分散,或者罪责确实难以分清的,一般不判处被告人死刑立即执行。确需判处被告人死刑立即执行的,要充分考虑被告人在主观恶性和人身危险性等方面的不同,审慎决定。

对于家庭成员共同犯罪案件,适用死刑要特别慎重,应尽量避免判处同一家庭两名以上成员死刑立即执行。

对于有同案犯在逃的案件,要分清罪责,慎重决定对在案的被告人判处死刑立即执行。

雇凶犯罪作为一种共同犯罪,其社会危害性比一般共同犯罪更大,应当依法从严惩处。雇凶者作为犯罪的"造意者",其对案件的发生负有直接和更主要的责任,只有依法严惩雇凶者,才能有效遏制犯罪。但在具体量刑时,也要根据案件的不同情况,区别对待。

对于雇凶者与受雇者共同直接实施故意杀人、故意伤害犯罪行为的,应认定雇凶者为罪行最严重的主犯;雇凶者没有直接实施故意杀人、故意伤害犯罪行为,但参与了共同犯罪的策划,实施了具体组织、指挥行为的,对雇凶者也应认定为罪行最严重的主犯;雇凶者只是笼统提出犯意,没有实施具体组织、指挥行为,积极实施犯罪行为的受雇者可认定为罪行最严重的主犯;雇凶者雇佣未成年人实施故意杀人、故意伤害犯罪的,雇凶者为罪行最严重的主犯;对于多名受雇者地位、作用相当,责任相对分散,或者责任难以分清的,雇凶者应对全案负责,应认定雇凶者为罪行最严重的主犯。

受雇者明显超出雇凶者授意范围,实施故意杀人、故意伤害犯罪,因行为过限,造成更严重危害后果的,应当以实际实施的行为承担刑事责任。

对于雇凶杀人、伤害只致一人死亡的案件,一般不宜同时判处雇凶者与受雇者死刑立即执行。对于案情特别重大,后果特别严重,确需判处两名以上被告人死刑立即执行的,要严格区分多名受雇者的地位、作用,根据其罪责和犯罪情节,一般可对雇凶者和其中罪行最严重的受雇者判处死刑立即执行。

【指导性案例 · 检察】

〔郭明先参加黑社会性质组织、故意杀人、故意伤害案,JZD18-2014〕

死刑依法只适用于罪行极其严重的犯罪分子。对故意杀人、故意伤害、

绑架、爆炸等涉黑、涉恐、涉暴刑事案件中罪行极其严重，严重危害国家安全和公共安全、严重危害公民生命权，或者严重危害社会秩序的被告人，依法应当判处死刑，人民法院未判处死刑的，人民检察院应当依法提出抗诉。

第四十九条　【不适用死刑的情况及其例外】犯罪的时候不满十八周岁的人和审判的时候怀孕的妇女，不适用死刑。

审判的时候已满七十五周岁的人，不适用死刑，但以特别残忍手段致人死亡的除外。

【修正前条文】

第四十九条　【不适用死刑的情况】犯罪的时候不满十八周岁的人和审判的时候怀孕的妇女，不适用死刑。

【修正说明】

本条第二款由刑法修正案(八)第三条增设。

【立法 · 要点注释】

1.不满十八周岁，是决定是否适用死刑的年龄界限，在司法实践中应当一律按公历年、月、日计算实足年龄。必须是过了十八岁生日的第二天起，才认为已满十八周岁；在此之前，则为不满十八周岁。

2.“审判的时候怀孕的妇女”，是指在人民法院审判的时候被告人是怀孕的妇女，也包括审判前在羁押受审时已是怀孕的妇女。因此，对于犯罪的怀孕妇女，无论是在她审判前被羁押期间还是在受审期间怀孕的，也不论其是否自然流产或者经人工流产，以及流产后移送起诉或审判期间的长短，都应视同审判时怀孕的妇女，不能适用死刑。

3.“审判的时候年满七十五周岁的人”，是指按照刑事诉讼法的规定，在人民法院审判的时候被告人是年满七十五周岁的老年人。“以特别残忍手段致人死亡”，是指犯罪手段令人发指，如以肢解、残酷折磨、毁人容貌、挖人眼睛、砍掉人双脚等特别残忍的手段致使被害人死亡的。只要被告人在人民法院作出判决前，已年满七十五周岁的，就应适用本条第二款规定。

【司法解释】

《最高人民法院关于对怀孕妇女在羁押期间自然流产审判时是否可以适用死刑问题的批复》(法释〔1998〕18号，19980813)

怀孕妇女因涉嫌犯罪在羁押期间自然流产后，又因同一事实被起诉、交付审判的，应当视为“审判的时候怀孕的妇女”，依法不适用死刑。

【司法指导文件】

《最高人民法院研究室关于如何理解“审判的时候怀孕的妇女不适用死刑”问题的电话答复》(19910318)

在羁押期间已是孕妇的被告人，无论其怀孕是否属于违反国家计划生育政策，也不论其是否自然流产或者经人工流产以及流产后移送起诉或审判期间的长短，仍应执行我院〔83〕法研字第18号《关于人民法院审判严重刑事犯罪案件中具体应用法律的若干问题的答复》中对第三个问题的答复：“对于这类案件，应当按照刑法第四十四条和刑事诉讼法第一百五十四条[①]的规定办理，即：人民法院对'审判的时候怀孕的妇女，不适用死刑'。如果人民法院在审判时发现，在羁押受审时已是孕妇的，仍应依照上述法律规定，不适用死刑。"

【法院案例库参考案例】

〔赵某令故意杀人案，2024-04-1-177-007〕年满七十五周岁老年人犯罪的量刑

刑法第四十九条规定的"特别残忍手段"是指故意要造成他人严重残疾而采用毁容、挖人眼睛、砍掉人双脚等特别残忍的手段伤害他人的行为，大致包括：一是毁伤人体主要器官，使人体基本机能毁损或完全丧失，并带来巨大的精神痛苦；二是故意延长被害人的痛苦时间或者不必要地增加痛苦程度，或者使用非致命性工具数次或数十次击打被害人造成被害人重伤死亡等。

【《刑事审判参考》案例】

〔参考案例第240号：张怡懿、杨珺故意杀人案〕公安机关待犯罪嫌疑人分娩后再采取强制措施的，能否视为审判时怀孕的妇女？

公安机关待犯罪嫌疑人分娩后再采取强制措施的，应视为"审判时怀孕的妇女"。

〔参考案例第250号：韩雅利贩卖毒品、韩镇平窝藏毒品案〕被告人在羁押期间做人工流产后脱逃，多年后又被抓获交付审判的，能否适用死刑？

所谓"审判时怀孕的妇女"，不仅包括审判时正在怀孕的妇女，而且也应包括因犯罪被羁押时已怀孕，但在审判前因某种原因自然或人工流产的妇女，即适用于刑事诉讼的整个过程。也就是说，只要刑事诉讼程序已经启动，尚未结束，对此期间怀孕的妇女，无论基于何种原因，均不适用死刑。羁押期间做人工流产后脱逃，多年后又被抓获交付审判的，不能适用死刑。

〔参考案例第830号：胡金亭故意杀人案〕如何理解和认定刑法第四十九条"以特别残忍手段致人死亡"？

1.一般手段杀人与以特别残忍手段杀人，两者的相同之处在于侵害了被害人的生命权，两者的区别在于对善良风俗、伦理底线、人类恻隐心的侵犯程度不同。因此，对故意杀人罪中"特别残忍手段"的理解和认定，应当符合社会民众一般的观念。在具体案件中，对"特别残忍手段"可以综合从以下几个方面理解和认定：(1)杀人手段：使用焚烧、冷冻、油煎、毒蛇猛兽撕咬、分解肢体、剥皮等凶残狠毒方法杀死被害人的。(2)行为过程：犯罪行为持续时间长、次数频繁、折磨被害人的主观故意强。如用凶器数十次捅刺被害人的；长时间暴力折磨被害人，故意加重其痛苦程度的；在被害人失去反抗能力后求饶、逃跑、呼救的过程中，仍然执意追杀被害人的。(3)以其他让社会民众普遍难以接受的手段和方式杀害被害人的。

2.实践中，对"特别残忍手段"与"情节特别恶劣"应当区别认定。"以特别残忍手段致人死亡"仅仅是"情节特别恶劣"的情形之一，"情节特别恶劣"涵盖的范围更广。如果将"以特别残忍手段致人死亡"替换为"情节特别恶劣"，无疑扩大了已满七十五周岁的

---

① 现行刑法第四十九条和刑事诉讼法第二百六十二条。——编者注

老年人适用死刑的限制范围，有违刑法第四十九条第二款的立法初衷。

3.在认定不属于“以特别残忍手段致人死亡”的前提下：对于年满七十五周岁的老年人故意犯罪无须同时适用刑法第十七条之一和第四十九条第二款规定的情形，可以对年满七十五周岁的老年人判处无期徒刑；对于年满七十五周岁的老年人故意犯罪同时适用刑法第十七条之一和第四十九条第二款规定的情形，对年满七十五周岁的老年人不应判处无期徒刑。

〔参考案例第1022号：尹宝书故意杀人案〕如何理解审判的时候已满七十五周岁的人不适用死刑的法律规定？

1.死刑复核阶段属于刑法第四十九条第二款规定的“审判的时候”。

2.实践中，一般认为，出自冷酷坚决的犯意，给被害人的肉体和精神造成特别严重的痛苦、折磨、恐惧，可视为“特别残忍手段”。“特别残忍手段”应当是肉体上极为痛苦、公众心理上难以接受的作案手段，不能认为只要使用了暴力手段，就属于手段特别残忍。

第五十条　【死缓的法律后果】判处死刑缓期执行的，在死刑缓期执行期间，如果没有故意犯罪，二年期满以后，减为无期徒刑；如果确有重大立功表现，二年期满以后，减为二十五年有期徒刑；如果故意犯罪，情节恶劣的，报请最高人民法院核准后执行死刑；对于故意犯罪未执行死刑的，死刑缓期执行的期间重新计算，并报最高人民法院备案。

对被判处死刑缓期执行的累犯以及因故意杀人、强奸、抢劫、绑架、放火、爆炸、投放危险物质或者有组织的暴力性犯罪被判处死刑缓期执行的犯罪分子，人民法院根据犯罪情节等情况可以同时决定对其限制减刑。

【第二次修正前条文】

第五十条　【死缓的法律后果】判处死刑缓期执行的，在死刑缓期执行期间，如果没有故意犯罪，二年期满以后，减为无期徒刑；如果确有重大立功表现，二年期满以后，减为二十五年有期徒刑；如果故意犯罪，查证属实的，由最高人民法院核准，执行死刑。

对被判处死刑缓期执行的累犯以及因故意杀人、强奸、抢劫、绑架、放火、爆炸、投放危险物质或者有组织的暴力性犯罪被判处死刑缓期执行的犯罪分子，人民法院根据犯罪情节等情况可以同时决定对其限制减刑。

【第一次修正前条文】

第五十条　【死缓的法律后果】判处死刑缓期执行的，在死刑缓期执行期间，如果没有故意犯罪，二年期满以后，减为无期徒刑；如果确有重大立功表现，二年期满以后，减为十五年以上二十年以下有期徒刑；如果故意犯罪，查证属实的，由最高人民法院核准，执行死刑。

【修正说明】

1.刑法修正案(八)第四条对原条文作出下述修改：一是将原规定中确有重大立功表现，二年期满以后，“减为十五年以上二十年以下有期徒刑”修改为“减为二十五年有期徒刑”；二是增加规定第二款内容，即对被判处死刑缓期执行的累犯以及因故意杀人、强奸、抢劫、绑架、放火、爆炸、投放危险物质或者有组织的暴力性犯罪被判处死刑缓期执行的犯罪分子，人民法院根据犯罪情节等情况可以同时决定对其限制减刑。

2.刑法修正案(九)第二条对本条进行第二次修正，对死刑缓期执行的罪犯执行死刑的条件作了修改，进一步提高了执行死刑的门槛，将死刑缓期执行期间“故意犯罪，查证属实的，由最高人民法院核准，执行死刑”修改为“故意犯罪，情节恶劣的，报请最高人民法院核准后执行死刑”。同时，增加规定对于故意犯罪未执行死刑的，死刑缓期执行的期间重新计算，并报最高人民法院备案。

【立法 · 要点注释】

1.第一款所谓“情节恶劣”，需要结合犯罪的动机、手段、危害、造成的后果等犯罪情节，以及罪犯在缓期执行期间的改造、悔罪表现等综合确定。对于故意犯罪、情节恶劣的，在认定构成故意犯罪的判决、裁定发生法律效力后，应当层报最高人民法院核准执行死刑后，执行死刑。

2.第一款规定的故意犯罪，必须发生在死刑缓期执行期间，如果发生在死刑缓期执行期满后，不适用本款规定，而应当依照刑法第六十九条、第七十一条有关数罪并罚的规定处理。故意犯罪发生在死刑缓期执行期间，司法机关在缓期执行期满以后发现犯罪事实的，适用本款的规定。

3.第二款中的“同时”，是指判处死刑缓期执行的同时，不是在死刑缓期执行二年期满以后减刑的“同时”。“限制减刑”，是指对犯罪分子虽然可以适用减刑，但其实际执行刑期比其他死缓犯减刑后的实际执行刑期更长。

【司法解释(1)】

《最高人民法院关于死刑缓期执行限制减刑案件审理程序若干问题的规定》(法释〔2011〕8号，20110501)

第一条 根据刑法第五十条第二款的规定，对被判处死刑缓期执行的累犯以及因故意杀人、强奸、抢劫、绑架、放火、爆炸、投放危险物质或者有组织的暴力性犯罪被判处死刑缓期执行的犯罪分子，人民法院根据犯罪情节、人身危险性等情况，可以在作出裁判的同时决定对其限制减刑。

第二条 被告人对第一审人民法院作出的限制减刑判决不服的，可以提出上诉。被告人的辩护人和近亲属，经被告人同意，也可以提出上诉。

第三条 高级人民法院审理或者复核判处死刑缓期执行并限制减刑的案件，认为原判对被告人判处死刑缓期执行适当，但判决限制减刑不当的，应当改判，撤销限制减刑。

第四条 高级人民法院审理判处死刑缓期执行没有限制减刑的上诉案件，认为原判事实清楚、证据充分，但应当限制减刑的，不得直接改判，也不得发回重新审判。确有必要限制减刑的，应当在第二审判决、裁定生效后，按照审判监督程序重新审判。

高级人民法院复核判处死刑缓期执行没有限制减刑的案件，认为应当限制减刑的，不得以提高审级等方式对被告人限制减刑。

第五条 高级人民法院审理判处死刑的第二审案件，对被告人改判死刑缓期执行的，如果符合刑法第五十条第二款的规定，可以同时决定对其限制减刑。

高级人民法院复核判处死刑后没有上诉、抗诉的案件，认为应当改判死刑缓期执行并限制减刑的，可以提审或者发回重新审判。

第六条　最高人民法院复核死刑案件，认为对被告人可以判处死刑缓期执行并限制减刑的，应当裁定不予核准，并撤销原判，发回重新审判。

一案中两名以上被告人被判处死刑，最高人民法院复核后，对其中部分被告人改判死刑缓期执行的，如果符合刑法第五十条第二款的规定，可以同时决定对其限制减刑。

第七条　人民法院对被判处死刑缓期执行的被告人所作的限制减刑决定，应当在判决书主文部分单独作为一项予以宣告。

第八条　死刑缓期执行限制减刑案件审理程序的其他事项，依照刑事诉讼法和有关司法解释的规定执行。

【司法解释(2)】

《最高人民法院关于〈中华人民共和国刑法修正案(八)〉时间效力问题的解释》(法释〔2011〕9号，20110501)

第二条　2011年4月30日以前犯罪，判处死刑缓期执行的，适用修正前刑法第五十条的规定。

被告人具有累犯情节，或者所犯之罪是故意杀人、强奸、抢劫、绑架、放火、爆炸、投放危险物质或者有组织的暴力性犯罪，罪行极其严重，根据修正前刑法判处死刑缓期执行不能体现罪刑相适应原则，而根据修正后刑法判处死刑缓期执行同时决定限制减刑可以罚当其罪的，适用修正后刑法第五十条第二款的规定。

【司法解释(3)】

《最高人民法院关于〈中华人民共和国刑法修正案(九)〉时间效力问题的解释》(法释〔2015〕19号，20151101)

第二条　对于被判处死刑缓期执行的犯罪分子，在死刑缓期执行期间，且在2015年10月31日以前故意犯罪的，适用修正后刑法第五十条第一款的规定。

【指导性案例·法院】

〔王志才故意杀人案，FZD4–2011〕

因恋爱、婚姻矛盾激化引发的故意杀人案件，被告人犯罪手段残忍，论罪应当判处死刑，但被告人具有坦白悔罪、积极赔偿等从轻处罚情节，同时被害人亲属要求严惩的，人民法院根据案件性质、犯罪情节、危害后果和被告人的主观恶性及人身危险性，可以依法判处被告人死刑，缓期二年执行，同时决定限制减刑，以有效化解社会矛盾，促进社会和谐。

〔李飞故意杀人案，FZD12–2012〕

对于因民间矛盾引发的故意杀人案件，被告人犯罪手段残忍，且系累犯，论罪应当判处死刑，但被告人亲属主动协助公安机关将其抓捕归案，并积极赔偿的，人民法院根据案件具体情节，从尽量化解社会矛盾角度考虑，可以依法判处被告人死刑，缓期二年执行，同时决定限制减刑。

【《刑事审判参考》案例】

〔参考案例第402号：范昌平抢劫、盗窃案〕死刑缓期执行期间发现漏罪被判决后仍决定执行死刑缓期二年执行的是否要重新核准？

被判处死刑缓期二年执行的犯罪分子，在死缓执行期间发现判决宣告前还有其他犯罪没有判决，经对漏罪判决后，仍决定执行死刑缓期二年执行的，新的死缓判决应报请高级人民法院重新核准。被判处死刑缓期二年执行的犯罪分子，在死缓执行期间发现判决宣告前还有其他犯罪没有判决，经对漏罪判决后，仍决定执行死刑缓期二年执行的，死刑缓期执行的期间应从新的死缓判决确定之日起计算，已经执行的死缓期间不应计算在新的死缓判决的执行期间之内。

〔参考案例第739号：宋江平、平建卫抢劫、盗窃案〕对共同犯罪中判处死刑缓期执行的被告人如何决定限制减刑？

在有些案件中，数名主犯之间罪责差别不大，罪责相对略小的主犯被判处了死刑缓期执行。对这类主犯是否限制减刑，关键看其主观恶性和人身危险性的大小。如果被判处死刑缓期执行的被告人犯罪手段残忍，犯罪性质和情节恶劣，或者是累犯或者有前科，表现出较大的主观恶性和人身危险性的，在符合刑法第五十条第二款规定的前提下，可以决定对其限制减刑。反之，如果判处死刑缓期执行的被告人犯罪手段和情节一般，也没有前科，不能认定其主观恶性深、人身危险性大的，则判处死刑缓期执行就已经体现严惩，并能实现与判处死刑立即执行主犯之间的量刑平衡，自然也就不应当再对其限制减刑。

〔参考案例第775号：陈黎明故意伤害案〕死刑缓期执行期间因有漏罪而被起诉，在漏罪审理期间又故意犯新罪，是否属于死刑缓期执行期间故意犯罪情形？

在死刑缓期执行期间因有漏罪而被起诉，在漏罪审理期间又故意犯新罪，属于在死刑缓期执行期间故意犯罪情形，并不改变罪犯因前罪被判处死刑缓期执行期间的起算日期。

第五十一条　【死缓执行的期间及死缓减为有期徒刑的刑期计算】死刑缓期执行的期间，从判决确定之日起计算。死刑缓期执行减为有期徒刑的刑期，从死刑缓期执行期满之日起计算。

第六节　罚　　金

第五十二条　【罚金数额的确定】判处罚金，应当根据犯罪情节决定罚金数额。

【相关立法】

《中华人民共和国行政处罚法》(20210715)

第三十五条第二款　违法行为构成犯罪，人民法院判处罚金时，行政机关已经给予当事人罚款的，应当折抵相应罚金；行政机关尚未给予当事人罚款的，不再给予罚款。

【司法解释(1)】

《最高人民法院关于适用财产刑若干问题的规定》(法释〔2000〕45号，20001219)

第一条　刑法规定"并处"没收财产或者罚金的犯罪，人民法院在对犯罪分子判处主刑的同时，必须依法判处相应的财产刑；刑法规定"可以并处"没收财产或者罚金的犯罪，人民法院应当根据案件具体情况及犯罪分子的财产状况，决定是否适用财产刑。

第二条　人民法院应当根据犯罪情节，如违法所得数额、造成损失的大小等，并综合考虑犯罪分子缴纳罚金的能力，依法判处罚金。刑法没有明确规定罚金数额标准的，罚金的最低数额不能少于一千元。

对未成年人犯罪应当从轻或者减轻判处罚金，但罚金的最低数额不能少于五百元。

第四条　犯罪情节较轻，适用单处罚金不致再危害社会并具有下列情形之一的，可以依法单处罚金：

（一）偶犯或者初犯；

（二）自首或者有立功表现的；

（三）犯罪时不满十八周岁的；

（四）犯罪预备、中止或者未遂的；

（五）被胁迫参加犯罪的；

（六）全部退赃并有悔罪表现的；

（七）其他可以依法单处罚金的情形。

【司法解释(2)】

《最高人民法院关于审理未成年人刑事案件具体应用法律若干问题的解释》(法释〔2006〕1号，20060123)

第十五条　对未成年罪犯实施刑法规定的“并处”没收财产或者罚金的犯罪，应当依法判处相应的财产刑；对未成年罪犯实施刑法规定的“可以并处”没收财产或者罚金的犯罪，一般不判处财产刑。

对未成年罪犯判处罚金刑时，应当依法从轻或者减轻判处，并根据犯罪情节，综合考虑其缴纳罚金的能力，确定罚金数额。但罚金的最低数额不得少于五百元人民币。

对被判处罚金刑的未成年罪犯，其监护人或者其他人自愿代为垫付罚金的，人民法院应当允许。

【司法指导文件(1)】

《全国法院维护农村稳定刑事审判工作座谈会纪要》(法〔1999〕217号，19991027)

（四）关于财产刑问题

凡法律规定并处罚金或者没收财产的，均应当依法并处，被告人的执行能力不能作为是否判处财产刑的依据。确实无法执行或不能执行的，可以依法执行终结或者减免。对法律规定主刑有死刑、无期徒刑和有期徒刑，同时并处没收财产或罚金的，如决定判处死刑，只能并处没收财产；判处无期徒刑的，可以并处没收财产，也可以并处罚金；判处有期徒刑的，只能并处罚金。

对于法律规定有罚金刑的犯罪，罚金的具体数额应根据犯罪的情节确定。刑法和司法解释有明确规定的，按规定判处；没有规定的，各地可依照法律规定的原则和具体情况，在总结审判经验的基础上统一规定参照执行的数额标准。

对自由刑与罚金刑均可选择适用的案件，如盗窃罪，在决定刑罚时，既要避免以罚金刑代替自由刑，又要克服机械执法只判处自由刑的倾向。对于可执行财产刑且罪行又不严重的初犯、偶犯、从犯等，可单处罚金刑。对于应当并处罚金刑的犯罪，如被告人能积极缴纳罚金，认罪态度较好，且判处的罚金数量较大，自由刑可适当从轻，或考虑宣告缓刑。这符合罪刑相适应原则，因为罚金刑也是刑罚。

被告人犯数罪的，应避免判处罚金刑的同时，判处没收部分财产。对于判处没收全部财产，同时判处罚金刑的，应决定执行没收全部财产，不再执行罚金刑。

【司法指导文件(2)】

《全国法院审理金融犯罪案件工作座谈会纪要》(法〔2001〕8号，20010121)

（五）财产刑的适用

金融犯罪是图利型犯罪，惩罚和预防此类犯罪，应当注重同时从经济上制裁犯罪分子。刑法对金融犯罪都规定了财产刑，人民法院应当严格依法判处。罚金的数额，应当根据被告人的犯罪情节，在法律规定的数额幅度内确定。对于具有从轻、减轻或者免除处罚情节的被告人，对于本应并处的罚金刑原则上也应当从轻、减轻或者免除。

单位金融犯罪中直接负责的主管人员和其他直接责任人员，是否适用罚金刑，应当根据刑法的具体规定。刑法分则条文规定有罚金刑，并规定对单位犯罪中直接负责的主管人员和其他直接责任人员依照自然人犯罪条款处罚的，应当判处罚金刑，但是对直接负责的主管人员和其他直接责任人员判处罚金的数额，应当低于对单位判处罚金的数额；刑法分则条文明确规定对单位犯罪中直接负责的主管人员和其他直接责任人员只判处自由刑的，不能附加判处罚金刑。

【法院案例库参考案例】

〔徐某锟内幕交易案，2024-03-1-120-001〕同一行为被处以罚款和判处罚金的处理

对同一违法犯罪行为，先后被予以行政处罚和定罪判刑，行政机关已作出罚款决定并实际执行的，应当折抵罚金。

第五十三条【罚金的缴纳】罚金在判决指定的期限内一次或者分期缴纳。期满不缴纳的，强制缴纳。对于不能全部缴纳罚金的，人民法院在任何时候发现被执行人有可以执行的财产，应当随时追缴。

由于遭遇不能抗拒的灾祸等原因缴纳确实有困难的，经人民法院裁定，可以延期缴纳、酌情减少或者免除。

【修正前条文】

第五十三条　【罚金的缴纳】罚金在判决指定的期限内一次或者分期缴纳。期满不缴纳的，强制缴纳。对于不能全部缴纳罚金的，人民法院在任何时候发现被执行人有可以执行的财产，应当随时追缴。如果由于遭遇不能抗拒的灾祸缴纳确实有困难的，可以酌情减少或者免除。

【修正说明】

刑法修正案(九)第三条对原条文作出下述修改：一是将可以减免罚金的情形由“遭遇不能抗拒的灾祸”修改为“遭遇不能抗拒的灾祸等原因”。二是增加了可以延期缴纳的规定；明确了由人民法院裁定的程序。三是将原条文由一款调整规定为两款。

【立法·要点注释】

1.遭遇不能抗拒的灾祸等是延期缴纳或者减免罚金的条件，但并不是凡有上述情况都可以延期缴纳或者减免罚金。只有由于遭遇不可抗拒的灾祸等原因造成缴纳罚金确实有困难的，才可以延期缴纳、酌情减少罚金数额或者免除全部罚金。

2.“延期缴纳”，是指期满不能缴纳或者全部缴纳的，给予一定的延长期限缴纳罚金。具体延长多长时间，由人民法院根据犯罪分子的犯罪情节、经济状况、缴纳困难原因预期消除的时间等因素确定。延期缴纳罚金、酌情减少罚金或者免除罚金，均涉及对原判决的变更，程序上应当严格。根据第二款规定，罚金延期缴纳、减少或者免除，须经人民法院裁定。

3.我国刑法不允许用缴纳罚金代替徒刑、拘役，同样也不允许用徒刑、拘役代替罚金。

【司法解释(1)】

《最高人民法院关于适用财产刑若干问题的规定》(法释〔2000〕45号，20001219)[①]

第五条　刑法第五十三条规定的“判决指定的期限”应当在判决书中予以确定；“判决指定的期限”应为从判决发生法律效力第二日起最长不超过三个月。

第六条　刑法第五十三条规定的“由于遭遇不能抗拒的灾祸缴纳确实有困难的”，主要是指因遭受火灾、水灾、地震等灾祸而丧失财产；罪犯因重病、伤残等而丧失劳动能力，或者需要罪犯抚养的近亲属患有重病，需支付巨额医药费等，确实没有财产可供执行的情形。

具有刑法第五十三条规定“可以酌情减少或者免除”事由的，由罪犯本人、亲属或者犯罪单位向负责执行的人民法院提出书面申请，并提供相应的证明材料。人民法院审查以后，根据实际情况，裁定减少或者免除应当缴纳的罚金数额。

第八条　罚金刑的数额应当以人民币为计算单位。

第九条　人民法院认为依法应当判处被告人财产刑的，可以在案件审理过程中，决定扣押或者冻结被告人的财产。

第十条　财产刑由第一审人民法院执行。

犯罪分子的财产在异地的，第一审人民法院可以委托财产所在地人民法院代为执行。

第十一条　自判决指定的期限届满第二日起，人民法院对于没有法定减免事由不缴纳罚金的，应当强制其缴纳。

对于隐藏、转移、变卖、损毁已被扣押、冻结财产情节严重的，依照刑法第三百一十四条的规定追究刑事责任。

【司法解释(2)】

《最高人民法院关于刑事裁判涉财产部分执行的若干规定》(法释〔2014〕13号，20141106)

第九条第二款　执行没收财产或罚金刑，应当参照被扶养人住所地政府公布的上年度当地居民最低生活费标准，保留被执行人及其所扶养家属的生活必需费用。

第七节　剥夺政治权利

第五十四条　【剥夺政治权利的内容】剥夺政治权利是剥夺下列权利：

（一）选举权和被选举权；

---

① 对于该司法解释的适用，需结合刑法修正案(九)第三条修正的刑法第五十三条的规定综合考虑。——编者注

（二）言论、出版、集会、结社、游行、示威自由的权利；

（三）担任国家机关职务的权利；

（四）担任国有公司、企业、事业单位和人民团体领导职务的权利。

【立法·要点注释】

被剥夺政治权利的人可以在国有公司、企业、事业单位和人民团体中继续工作，但是不能担任领导职务。应当注意的是，被剥夺政治权利的人担任集体、私营公司、企业和事业单位领导职务的权利不属于剥夺政治权利的范围，其他法律规定或者人民法院判决的禁止令、职业禁止另有要求的，按其要求执行。

【司法解释】

《最高人民法院关于审理未成年人刑事案件具体应用法律若干问题的解释》（法释〔2006〕1号，20060123）

第十四条 除刑法规定“应当”附加剥夺政治权利外，对未成年罪犯一般不判处附加剥夺政治权利。

如果对未成年罪犯判处附加剥夺政治权利的，应当依法从轻判处。

对实施被指控犯罪时未成年、审判时已成年的罪犯判处附加剥夺政治权利，适用前款的规定。

【司法指导文件】

《最高人民法院研究室关于剥夺政治权利期间是否可以获准出国定居的电话答复》（19871201）

……依照《中华人民共和国公民出境入境管理法》第八条[①]的规定，被判处刑罚正在服刑的，不批准出境。剥夺政治权利虽属附加刑，仍是我国刑法规定的一种刑罚。该人虽已服完主刑，现对他开始执行附加刑，即执行剥夺政治权利二年的刑罚。因此，该人仍在服刑。

【《刑事审判参考》案例】

〔参考案例第101号：方金青惠投毒案〕对犯罪的外国人能否附加剥夺政治权利？

对外国人不能附加剥夺政治权利。

第五十五条 【剥夺政治权利的期限】剥夺政治权利的期限，除本法第五十七条规定外，为一年以上五年以下。

判处管制附加剥夺政治权利的，剥夺政治权利的期限与管制的期限相等，同时执行。

第五十六条 【剥夺政治权利的适用对象】对于危害国家安全的犯罪分子应当附加剥夺政治权利；对于故意杀人、强奸、放火、爆炸、投毒、抢劫等严重破坏社会秩序的犯罪分子，可以附加剥夺政治权利。

独立适用剥夺政治权利的，依照本法分则的规定。

【司法解释(1)】

《最高人民法院关于对故意伤害、盗窃等严重破坏社会秩序的犯罪分子能否附加剥夺政治权利问题的批复》（法释〔1997〕11号，19980113）

根据刑法第五十六条规定，对于故

① 现为出境入境管理法第十二条。——编者注

意杀人、强奸、放火、爆炸、投毒、抢劫等严重破坏社会秩序的犯罪分子，可以附加剥夺政治权利。对故意伤害、盗窃等其他严重破坏社会秩序的犯罪，犯罪分子主观恶性较深、犯罪情节恶劣、罪行严重的，也可以依法附加剥夺政治权利。

【司法解释(2)】

《最高人民法院、最高人民检察院关于办理组织、利用邪教组织破坏法律实施等刑事案件适用法律若干问题的解释》(法释〔2017〕3号，20170201)

第十四条　对于犯组织、利用邪教组织破坏法律实施罪、组织、利用邪教组织致人重伤、死亡罪，严重破坏社会秩序的犯罪分子，根据刑法第五十六条的规定，可以附加剥夺政治权利。

第五十七条　【被判处死刑、无期徒刑的罪犯附加适用剥夺政治权利】对于被判处死刑、无期徒刑的犯罪分子，应当剥夺政治权利终身。

在死刑缓期执行减为有期徒刑或者无期徒刑减为有期徒刑的时候，应当把附加剥夺政治权利的期限改为三年以上十年以下。

第五十八条　【剥夺政治权利的刑期计算、效力和执行】附加剥夺政治权利的刑期，从徒刑、拘役执行完毕之日或者从假释之日起计算；剥夺政治权利的效力当然施用于主刑执行期间。

被剥夺政治权利的犯罪分子，在执行期间，应当遵守法律、行政法规和国务院公安部门有关监督管理的规定，服从监督；不得行使本法第五十四条规定的各项权利。

【立法·要点注释】

判处有期徒刑、拘役而附加剥夺政治权利的，剥夺政治权利的刑期，从主刑执行完毕之日或者从假释之日起计算。但是，剥夺政治权利的效力则从主刑执行之日起开始发生，即在主刑执行期间，也应同时剥夺政治权利。在这种情况下，被附加剥夺政治权利的罪犯被实际剥夺政治权利的时间要比判决中确定的剥夺政治权利的期限长，等于罪犯主刑刑期和剥夺政治权利刑期的总和。应当注意的是，被判处有期徒刑、拘役而没有附加剥夺政治权利的，在刑罚执行期间仍应享有一定的政治权利。依照《全国人民代表大会常务委员会关于县级以下人民代表大会代表直接选举的若干规定》，应准许他们行使选举权。

【公安文件】

《公安机关办理刑事案件程序规定》(公安部令第159号，20200901)

第三百一十二条　被剥夺政治权利的罪犯在执行期间应当遵守下列规定：

(一)遵守国家法律、行政法规和公安部制定的有关规定，服从监督管理；

(二)不得享有选举权和被选举权；

(三)不得组织或者参加集会、游行、示威、结社活动；

(四)不得出版、制作、发行书籍、音像制品；

(五)不得接受采访，发表演说；

(六)不得在境内外发表有损国家荣誉、利益或者其他具有社会危害性的言论；

(七)不得担任国家机关职务；

（八）不得担任国有公司、企业、事业单位和人民团体的领导职务。

【《刑事审判参考》案例】

〔参考案例第1418号：王斌盗窃案〕前罪判决因漏判附加剥夺政治权利被再审纠正的，数罪并罚时剩余剥夺政治权利刑期应如何计算？

基于"附加剥夺政治权利的效力施用于主刑执行期间"的基本原则，剥夺政治权利执行期间犯新罪，主刑执行期间应停止计算剥夺政治权利刑期。前罪再审改判确认的剥夺政治权利执行期间，不必然影响本罪应予并罚的剩余剥夺政治权利刑期的计算。

第八节　没收财产

第五十九条　【没收财产】没收财产是没收犯罪分子个人所有财产的一部或者全部。没收全部财产的，应当对犯罪分子个人及其扶养的家属保留必需的生活费用。

在判处没收财产的时候，不得没收属于犯罪分子家属所有或者应有的财产。

【司法解释】

《最高人民法院关于刑事裁判涉财产部分执行的若干规定》（法释〔2014〕13号，20141106）

第六条　刑事裁判涉财产部分的裁判内容，应当明确、具体。涉案财物或者被害人人数较多，不宜在判决主文中详细列明的，可以概括叙明并另附清单。

判处没收部分财产的，应当明确没收的具体财物或者金额。

……

第九条　判处没收财产的，应当执行刑事裁判生效时被执行人合法所有的财产。

执行没收财产或罚金刑，应当参照被扶养人住所地政府公布的上年度当地居民最低生活费标准，保留被执行人及其所扶养家属的生活必需费用。

【司法指导文件】

《最高人民法院研究室关于如何执行没收个人全部财产问题的研究意见》（2012）

作为附加刑的没收个人全部财产，应当是没收犯罪分子个人合法所有的全部财产。如相关财产属于违法所得，应通过追缴、退赔程序予以追回；如相关财产确属犯罪分子家属所有或者应有的财产，也不得作为没收对象。在没收财产前，如犯罪分子的财产与其他家庭成员的财产处于共有状态，应当从中分割出属于犯罪分子个人所有的财产后予以没收。

第六十条　【犯罪分子所负正当债务的偿还】没收财产以前犯罪分子所负的正当债务，需要以没收的财产偿还的，经债权人请求，应当偿还。

【立法·要点注释】

根据本条规定，以没收的财产偿还犯罪分子在没收财产以前所负的正当债务的条件有四个：（1）犯罪分子所负债务属于正当债务。（2）犯罪分子所负债务产生于人民法院没收其财产以前。（3）需要以没收的财产偿还。如果犯罪分子还有其他财产可用以偿还债务不是必须以被没收的财产偿还的，不应适用本条。(4)债权人提出申请。人民法院接到债权人的申请后，经审查属实且属于正当债务的，应当予以偿还。

【司法解释】

《最高人民法院关于适用财产刑若干问题的规定》(法释〔2000〕45号，20001219)

第七条　刑法第六十条规定的"没收财产以前犯罪分子所负的正当债务"，是指犯罪分子在判决生效前所负他人的合法债务。

第四章　刑罚的具体运用

第一节　量　　刑

第六十一条 【量刑原则】对于犯罪分子决定刑罚的时候，应当根据犯罪的事实、犯罪的性质、情节和对于社会的危害程度，依照本法的有关规定判处。

【司法指导文件(1)】

《最高人民法院、最高人民检察院关于常见犯罪的量刑指导意见(试行)》(法发〔2021〕21号，20210701)

一、量刑的指导原则

(一)量刑应当以事实为根据，以法律为准绳，根据犯罪的事实、性质、情节和对于社会的危害程度，决定判处的刑罚。

(二)量刑既要考虑被告人所犯罪行的轻重，又要考虑被告人应负刑事责任的大小，做到罪责刑相适应，实现惩罚和预防犯罪的目的。

(三)量刑应当贯彻宽严相济的刑事政策，做到该宽则宽，当严则严，宽严相济，罚当其罪，确保裁判政治效果、法律效果和社会效果的统一。

(四)量刑要客观、全面把握不同时期不同地区的经济社会发展和治安形势的变化，确保刑法任务的实现；对于同一地区同一时期案情相似的案件，所判处的刑罚应当基本均衡。

二、量刑的基本方法

量刑时，应当以定性分析为主，定量分析为辅，依次确定量刑起点、基准刑和宣告刑。

(一)量刑步骤

1.根据基本犯罪构成事实在相应的法定刑幅度内确定量刑起点。

2.根据其他影响犯罪构成的犯罪数额、犯罪次数、犯罪后果等犯罪事实，在量刑起点的基础上增加刑罚量确定基准刑。

3.根据量刑情节调节基准刑，并综合考虑全案情况，依法确定宣告刑。

(二)调节基准刑的方法

1.具有单个量刑情节的，根据量刑情节的调节比例直接调节基准刑。

2.具有多个量刑情节的，一般根据各个量刑情节的调节比例，采用同向相加、逆向相减的方法调节基准刑；具有未成年人犯罪、老年人犯罪、限制行为能力的精神病人犯罪、又聋又哑的人或者盲人犯罪，防卫过当、避险过当、犯罪预备、犯罪未遂、犯罪中止，从犯、胁从犯和教唆犯等量刑情节的，先适用该量刑情节对基准刑进行调节，在此基础上，再适用其他量刑情节进行调节。

3.被告人犯数罪，同时具有适用于个罪的立功、累犯等量刑情节的，先适用该量刑情节调节个罪的基准刑，确定个罪所应判处的刑罚，再依法实行数罪并罚，决定执行的刑罚。

(三)确定宣告刑的方法

1.量刑情节对基准刑的调节结果在法定刑幅度内，且罪责刑相适应的，可以直接确定为宣告刑；具有应当减轻处罚情节的，应当依法在法定最低刑以下确定宣告刑。

2.量刑情节对基准刑的调节结果在法定最低刑以下，具有法定减轻处罚情节，且罪责刑相适应的，可以直接确定为宣告刑；只有从轻处罚情节的，可以依法确定法定最低刑为宣告刑；但是根据案件的特殊情况，经最高人民法院核准，也可以在法定刑以下判处刑罚。

3.量刑情节对基准刑的调节结果在法定最高刑以上的，可以依法确定法定最高刑为宣告刑。

4.综合考虑全案情况，独任审判员或合议庭可以在20%的幅度内对调节结果进行调整，确定宣告刑。当调节后的结果仍不符合罪责刑相适应原则的，应当提交审判委员会讨论，依法确定宣告刑。

5.综合全案犯罪事实和量刑情节，依法应当判处无期徒刑以上刑罚、拘役、管制或者单处附加刑、缓刑、免予刑事处罚的，应当依法适用。

（四）判处罚金刑，应当以犯罪情节为根据，并综合考虑被告人缴纳罚金的能力，依法决定罚金数额。

（五）适用缓刑，应当综合考虑被告人的犯罪情节、悔罪表现、再犯罪的危险以及宣告缓刑对所居住社区的影响，依法作出决定。

三、常见量刑情节的适用

量刑时应当充分考虑各种法定和酌定量刑情节，根据案件的全部犯罪事实以及量刑情节的不同情形，依法确定量刑情节的适用及其调节比例。对黑恶势力犯罪、严重暴力犯罪、毒品犯罪、性侵未成年人犯罪等危害严重的犯罪，在确定从宽的幅度时，应当从严掌握；对犯罪情节较轻的犯罪，应当充分体现从宽。具体确定各个量刑情节的调节比例时，应当综合平衡调节幅度与实际增减刑罚量的关系，确保罪责刑相适应。

（一）对于未成年人犯罪，综合考虑未成年人对犯罪的认知能力、实施犯罪行为的动机和目的、犯罪时的年龄、是否初犯、偶犯、悔罪表现、个人成长经历和一贯表现等情况，应当予以从宽处罚。

1.已满十二周岁不满十六周岁的未成年人犯罪，减少基准刑的30%—60%；

2.已满十六周岁不满十八周岁的未成年人犯罪，减少基准刑的10%—50%。

（二）对于已满七十五周岁的老年人故意犯罪，综合考虑犯罪的性质、情节、后果等情况，可以减少基准刑的40%以下；过失犯罪的，减少基准刑的20%—50%。

（三）对于又聋又哑的人或者盲人犯罪，综合考虑犯罪性质、情节、后果以及聋哑人或者盲人犯罪时的控制能力等情况，可以减少基准刑的50%以下；犯罪较轻的，可以减少基准刑的50%以上或者依法免除处罚。

（四）对于未遂犯，综合考虑犯罪行为的实行程度、造成损害的大小、犯罪未得逞的原因等情况，可以比照既遂犯减少基准刑的50%以下。

（五）对于从犯，综合考虑其在共同犯罪中的地位、作用等情况，应当予以从宽处罚，减少基准刑的20%—50%；犯罪较轻的，减少基准刑的50%以上或者依法免除处罚。

（六）对于自首情节，综合考虑自首的动机、时间、方式、罪行轻重、如实供述罪行的程度以及悔罪表现等情况，可以减少基准刑的40%以下；犯罪较轻的，可以减少基准刑的40%以上或者依法免除处罚。恶意利用自首规避法律制裁等不足以从宽处罚的除外。

（七）对于坦白情节，综合考虑如实供述罪行的阶段、程度、罪行轻重以及悔罪表现等情况，确定从宽的幅度。

1.如实供述自己罪行的，可以减少基准刑的20%以下；

2.如实供述司法机关尚未掌握的同种较重罪行的，可以减少基准刑的10%—30%；

3.因如实供述自己罪行，避免特别严重后果发生的，可以减少基准刑的30%—50%。

（八）对于当庭自愿认罪的，根据犯罪的性质、罪行的轻重、认罪程度以及悔罪表现等情况，可以减少基准刑的10%以下。依法认定自首、坦白的除外。

（九）对于立功情节，综合考虑立功的大小、次数、内容、来源、效果以及罪行轻重等情况，确定从宽的幅度。

1.一般立功的，可以减少基准刑的20%以下；

2.重大立功的，可以减少基准刑的20%—50%；犯罪较轻的，减少基准刑的50%以上或者依法免除处罚。

（十）对于退赃、退赔的，综合考虑犯罪性质，退赃、退赔行为对损害结果所能弥补的程度，退赃、退赔的数额及主动程度等情况，可以减少基准刑的30%以下；对抢劫等严重危害社会治安犯罪的，应当从严掌握。

（十一）对于积极赔偿被害人经济损失并取得谅解的，综合考虑犯罪性质、赔偿数额、赔偿能力以及认罪悔罪表现等情况，可以减少基准刑的40%以下；积极赔偿但没有取得谅解的，可以减少基准刑的30%以下；尽管没有赔偿，但取得谅解的，可以减少基准刑的20%以下。对抢劫、强奸等严重危害社会治安犯罪的，应当从严掌握。

（十二）对于当事人根据刑事诉讼法第二百八十八条达成刑事和解协议的，综合考虑犯罪性质、赔偿数额、赔礼道歉以及真诚悔罪等情况，可以减少基准刑的50%以下；犯罪较轻的，可以减少基准刑的50%以上或者依法免除处罚。

（十三）对于被告人在羁押期间表现好的，可以减少基准刑的10%以下。

（十四）对于被告人认罪认罚的，综合考虑犯罪的性质、罪行的轻重、认罪认罚的阶段、程度、价值、悔罪表现等情况，可以减少基准刑的30%以下；具有自首、重大坦白、退赃退赔、赔偿谅解、刑事和解等情节的，可以减少基准刑的60%以下，犯罪较轻的，可以减少基准刑的60%以上或者依法免除处罚。认罪认罚与自首、坦白、当庭自愿认罪、退赃退赔、赔偿谅解、刑事和解、羁押期间表现好等量刑情节不作重复评价。

（十五）对于累犯，综合考虑前后罪的性质、刑罚执行完毕或赦免以后至再犯罪时间的长短以及前后罪罪行轻重等情况，应当增加基准刑的10%—40%，一般不少于3个月。

（十六）对于有前科的，综合考虑前科的性质、时间间隔长短、次数、处罚轻重等情况，可以增加基准刑的10%以下。前科犯罪为过失犯罪和未成年人犯罪的除外。

（十七）对于犯罪对象为未成年人、老年人、残疾人、孕妇等弱势人员的，综合考虑犯罪的性质、犯罪的严重程度等情况，可以增加基准刑的20%以下。

（十八）对于在重大自然灾害、预防、控制突发传染病疫情等灾害期间故意犯罪的，根据案件的具体情况，可以增加基准刑的20%以下。

五、附则

（一）本指导意见规范上列二十三种犯罪判处有期徒刑的案件。其他判处有期徒刑的案件，可以参照量刑的指导原则、基本方法和常见量刑情节的适用规范量刑。

（二）各省、自治区、直辖市高级人民法院、人民检察院应当结合当地实际，共同制定实施细则。

（三）本指导意见自2021年7月1日起实施。最高人民法院2017年3月9日《关于实施修订后的〈关于常见犯罪的量刑指导意见〉的通知》（法发〔2017〕7号）同时废止。

【司法指导文件(2)】

《人民检察院办理认罪认罚案件开展量刑建议工作的指导意见》(20211203)

第十一条 人民检察院应当按照有关量刑指导意见规定的量刑基本方法，依次确定量刑起点、基准刑和拟宣告刑，提出量刑建议。对新类型、不常见犯罪案件，可以参照相关量刑规范和相似案件的判决提出量刑建议。

第十二条 提出确定刑量刑建议应当明确主刑适用刑种、刑期和是否适用缓刑。

建议判处拘役的，一般应当提出确定刑量刑建议。

建议判处附加刑的，应当提出附加刑的类型。

建议判处罚金刑的，应当以犯罪情节为根据，综合考虑犯罪嫌疑人缴纳罚金的能力提出确定的数额。

建议适用缓刑的，应当明确提出。

第十三条 除有减轻处罚情节外，幅度刑量刑建议应当在法定量刑幅度内提出，不得兼跨两种以上主刑。

建议判处有期徒刑的，一般应当提出相对明确的量刑幅度。建议判处六个月以上不满一年有期徒刑的，幅度一般不超过二个月；建议判处一年以上不满三年有期徒刑的，幅度一般不超过六个月；建议判处三年以上不满十年有期徒刑的，幅度一般不超过一年；建议判处十年以上有期徒刑的，幅度一般不超过二年。

建议判处管制的，幅度一般不超过三个月。

第十四条 人民检察院提出量刑建议应当区别认罪认罚的不同诉讼阶段、对查明案件事实的价值和意义、是否确有悔罪表现，以及罪行严重程度等，综合考量确定从宽的限度和幅度。在从宽幅度上，主动认罪认罚优于被动认罪认罚，早认罪认罚优于晚认罪认罚，彻底认罪认罚优于不彻底认罪认罚，稳定认罪认罚优于不稳定认罪认罚。

认罪认罚的从宽幅度一般应当大于仅有坦白，或者虽认罪但不认罚的从宽幅度。对犯罪嫌疑人具有自首、坦白情节，同时认罪认罚的，应当在法定刑幅度内给予相对更大的从宽幅度。

第十五条 犯罪嫌疑人虽然认罪认罚，但所犯罪行具有下列情形之一的，提出量刑建议应当从严把握从宽幅度或者依法不予从宽：

（一）危害国家安全犯罪、恐怖活动犯罪、黑社会性质组织犯罪的首要分子、主犯；

（二）犯罪性质和危害后果特别严重、犯罪手段特别残忍、社会影响特别恶劣的；

（三）虽然罪行较轻但具有累犯、惯犯等恶劣情节的；

（四）性侵等严重侵害未成年人的；

（五）其他应当从严把握从宽幅度或者不宜从宽的情形。

第十六条　犯罪嫌疑人既有从重又有从轻、减轻处罚情节，应当全面考虑各情节的调节幅度，综合分析提出量刑建议，不能仅根据某一情节一律从轻或者从重。

犯罪嫌疑人具有减轻处罚情节的，应当在法定刑以下提出量刑建议，有数个量刑幅度的，应当在法定量刑幅度的下一个量刑幅度内提出量刑建议。

第十七条　犯罪嫌疑人犯数罪，同时具有立功、累犯等量刑情节的，先适用该量刑情节调节个罪基准刑，分别提出量刑建议，再依法提出数罪并罚后决定执行的刑罚的量刑建议。人民检察院提出量刑建议时应当分别列明个罪量刑建议和数罪并罚后决定执行的刑罚的量刑建议。

第十八条　对于共同犯罪案件，人民检察院应当根据各犯罪嫌疑人在共同犯罪中的地位、作用以及应当承担的刑事责任分别提出量刑建议。提出量刑建议时应当注意各犯罪嫌疑人之间的量刑平衡。

第十九条　人民检察院可以根据案件实际情况，充分考虑提起公诉后可能出现的退赃退赔、刑事和解、修复损害等量刑情节变化，提出满足相应条件情况下的量刑建议。

第二十条　人民检察院可以借助量刑智能辅助系统分析案件、计算量刑，在参考相关结论的基础上，结合案件具体情况，依法提出量刑建议。

第二十一条　检察官应当全面审查事实证据，准确认定案件性质，根据量刑情节拟定初步的量刑建议，并组织听取意见。

案件具有下列情形之一的，检察官应当向部门负责人报告或者建议召开检察官联席会议讨论，确定量刑建议范围后再组织听取意见：

（一）新类型、不常见犯罪；

（二）案情重大、疑难、复杂的；

（三）涉案犯罪嫌疑人人数众多的；

（四）性侵未成年人的；

（五）与同类案件或者关联案件处理结果明显不一致的；

（六）其他认为有必要报告或讨论的。

检察官应当按照有关规定在权限范围内提出量刑建议。案情重大、疑难、复杂的，量刑建议应当由检察长或者检察委员会讨论决定。

【司法指导文件(3)】

《最高人民法院关于贯彻宽严相济刑事政策的若干意见》(法发〔2010〕9号，20100208)

二、准确把握和正确适用依法从“严”的政策要求

6.宽严相济刑事政策中的从“严”，主要是指对于罪行十分严重、社会危害性极大，依法应当判处重刑或死刑的，要坚决地判处重刑或死刑；对于社会危害大或者具有法定、酌定从重处罚情节，以及主观恶性深、人身危险性大的被告人，要依法从严惩处。在审判活动中通过体现依法从“严”的政策要求，有效震慑犯罪分子和社会不稳定分子，达到有效遏制犯罪、预防犯罪的目的。

7.贯彻宽严相济刑事政策，必须毫不动摇地坚持依法严惩严重刑事犯罪的方针。对于危害国家安全犯罪、恐怖组织犯罪、邪教组织犯罪、黑社会性质组织犯罪、恶势力犯罪、故意危害公共安全犯罪等严重危害国家政权稳固和社会治安的犯罪，故意杀人、故意伤害致人死亡、强奸、绑架、拐卖妇女儿童、抢劫、重大抢夺、重大盗窃等严重暴力犯罪和严重影响人民群众安全感的犯罪，走私、贩卖、运输、制造毒品等毒害人民健康的犯罪，要作为严惩的重点，依法从重处罚。尤其对于极端仇视国家和社会，以不特定人为侵害对象，所犯罪行特别严重的犯罪分子，该重判的要坚决依法重判，该判处死刑的要坚决依法判处死刑。

8.对于国家工作人员贪污贿赂、滥用职权、失职渎职的严重犯罪，黑恶势力犯罪、重大安全责任事故、制售伪劣食品药品所涉及的国家工作人员职务犯罪，发生在社会保障、征地拆迁、灾后重建、企业改制、医疗、教育、就业等领域严重损害群众利益、社会影响恶劣、群众反映强烈的国家工作人员职务犯罪，发生在经济社会建设重点领域、重点行业的严重商业贿赂犯罪等，要依法从严惩处。

对于国家工作人员职务犯罪和商业贿赂犯罪中性质恶劣、情节严重、涉案范围广、影响面大的，或者案发后隐瞒犯罪事实、毁灭证据、订立攻守同盟、负案潜逃等拒不认罪悔罪的，要坚决依法从严惩处。

对于被告人犯罪所得数额不大，但对国家财产和人民群众利益造成重大损失、社会影响极其恶劣的职务犯罪和商业贿赂犯罪案件，也应依法从严惩处。

要严格掌握职务犯罪法定减轻处罚情节的认定标准与减轻处罚的幅度，严格控制依法减轻处罚后判处三年以下有期徒刑适用缓刑的范围，切实规范职务犯罪缓刑、免予刑事处罚的适用。

9.当前和今后一段时期，对于集资诈骗、贷款诈骗、制贩假币以及扰乱、操纵证券、期货市场等严重危害金融秩序的犯罪，生产、销售假药、劣药、有毒有害食品等严重危害食品药品安全的犯罪，走私等严重侵害国家经济利益的犯罪，造成严重后果的重大安全责任事故犯罪，重大环境污染、非法采矿、盗伐林木等各种严重破坏环境资源的犯罪等，要依法从严惩处，维护国家的经济秩序，保护广大人民群众的生命健康安全。

10.严惩严重刑事犯罪，必须充分考虑被告人的主观恶性和人身危险性。对于事先精心预谋、策划犯罪的被告人，具有惯犯、职业犯等情节的被告人，或者因故意犯罪受过刑事处罚、在缓刑、假释考验期内又犯罪的被告人，要依法严惩，以实现刑罚特殊预防的功能。

11.要依法从严惩处累犯和毒品再犯。凡是依法构成累犯和毒品再犯的，即使犯罪情节较轻，也要体现从严惩处的精神。尤其是对于前罪为暴力犯罪或被判处重刑的累犯，更要依法从严惩处。

三、准确把握和正确适用依法从“宽”的政策要求

14.宽严相济刑事政策中的从“宽”，主要是指对于情节较轻、社会危害性较小的犯罪，或者罪行虽然严重，但具有法定、酌定从宽处罚情节，以及主观恶性相对较小、人身危险性不大的被告人，可以依法从轻、减轻或者免除处罚；对于具有一定社会危害性，但情

节显著轻微危害不大的行为，不作为犯罪处理；对于依法可不监禁的，尽量适用缓刑或者判处管制、单处罚金等非监禁刑。

16.对于所犯罪行不重、主观恶性不深、人身危险性较小、有悔改表现、不致再危害社会的犯罪分子，要依法从宽处理。对于其中具备条件的，应当依法适用缓刑或者管制、单处罚金等非监禁刑。同时配合做好社区矫正，加强教育、感化、帮教、挽救工作。

19.对于较轻犯罪的初犯、偶犯，应当综合考虑其犯罪的动机、手段、情节、后果和犯罪时的主观状态，酌情予以从宽处罚。对于犯罪情节轻微的初犯、偶犯，可以免予刑事处罚；依法应当予以刑事处罚的，也应当尽量适用缓刑或者判处管制、单处罚金等非监禁刑。

20.对于未成年人犯罪，在具体考虑其实施犯罪的动机和目的、犯罪性质、情节和社会危害程度的同时，还要充分考虑其是否属于初犯，归案后是否悔罪，以及个人成长经历和一贯表现等因素，坚持“教育为主、惩罚为辅”的原则和“教育、感化、挽救”的方针进行处理。对于偶尔盗窃、抢夺、诈骗，数额刚达到较大的标准，案发后能如实交代并积极退赃的，可以认定为情节显著轻微，不作为犯罪处理。对于罪行较轻的，可以依法适当多适用缓刑或者判处管制、单处罚金等非监禁刑；依法可免予刑事处罚的，应当免予刑事处罚。对于犯罪情节严重的未成年人，也应当依照刑法第十七条第三款[①]的规定予以从轻或者减轻处罚。对于已满十四周岁不满十六周岁的未成年犯罪人，一般不判处无期徒刑。

21.对于老年人犯罪，要充分考虑其犯罪的动机、目的、情节、后果以及悔罪表现等，并结合其人身危险性和再犯可能性，酌情予以从宽处罚。

22.对于因恋爱、婚姻、家庭、邻里纠纷等民间矛盾激化引发的犯罪，因劳动纠纷、管理失当等原因引发、犯罪动机不属恶劣的犯罪，因被害方过错或者基于义愤引发的或者具有防卫因素的突发性犯罪，应酌情从宽处罚。

23.被告人案发后对被害人积极进行赔偿，并认罪、悔罪的，依法可以作为酌定量刑情节予以考虑。因婚姻家庭等民间纠纷激化引发的犯罪，被害人及其家属对被告人表示谅解的，应当作为酌定量刑情节予以考虑。犯罪情节轻微，取得被害人谅解的，可以依法从宽处理，不需判处刑罚的，可以免予刑事处罚。

四、准确把握和正确适用宽严“相济”的政策要求

25.宽严相济刑事政策中的“相济”，主要是指在对各类犯罪依法处罚时，要善于综合运用宽和严两种手段，对不同的犯罪和犯罪分子区别对待，做到严中有宽、宽以济严；宽中有严、严以济宽。

26.在对严重刑事犯罪依法从严惩处的同时，对被告人具有自首、立功、从犯等法定或酌定从宽处罚情节的，还要注意宽以济严，根据犯罪的具体情况，依法应当或可以从宽的，都应当在量刑上予以充分考虑。

27.在对较轻刑事犯罪依法从轻处罚的同时，要注意严以济宽，充分考虑

① 现行刑法第十七条第四款。——编者注

被告人是否具有屡教不改、严重滋扰社会、群众反映强烈等酌定从严处罚的情况，对于不从严不足以有效惩戒者，也应当在量刑上有所体现，做到济之以严，使犯罪分子受到应有处罚，切实增强改造效果。

28.对于被告人同时具有法定、酌定从严和法定、酌定从宽处罚情节的案件，要在全面考察犯罪的事实、性质、情节和对社会危害程度的基础上，结合被告人的主观恶性、人身危险性、社会治安状况等因素，综合作出分析判断，总体从严，或者总体从宽。

第六十二条 【从重、从轻处罚】犯罪分子具有本法规定的从重处罚、从轻处罚情节的，应当在法定刑的限度以内判处刑罚。

第六十三条 【减轻处罚】犯罪分子具有本法规定的减轻处罚情节的，应当在法定刑以下判处刑罚；本法规定有数个量刑幅度的，应当在法定量刑幅度的下一个量刑幅度内判处刑罚。

犯罪分子虽然不具有本法规定的减轻处罚情节，但是根据案件的特殊情况，经最高人民法院核准，也可以在法定刑以下判处刑罚。

【修正前条文】

第六十三条 【减轻处罚】犯罪分子具有本法规定的减轻处罚情节的，应当在法定刑以下判处刑罚。

犯罪分子虽然不具有本法规定的减轻处罚情节，但是根据案件的特殊情况，经最高人民法院核准，也可以在法定刑以下判处刑罚。

【修正说明】

刑法修正案(八)第五条对原条文第一款作了修改，明确规定：犯罪分子具有本法规定的减轻处罚情节的，应当在法定刑以下判处刑罚；本法规定有数个量刑幅度的，应当在法定量刑幅度的下一个量刑幅度内判处刑罚。

【立法 · 要点注释】

1.减轻处罚判处的刑罚应当是在本应当适用的量刑幅度的下一个量刑幅度内的刑罚。也就是说，对犯罪分子适用减轻处罚，应当在其所犯罪行法定量刑幅度基础上降一个档后在该量刑幅度内判处刑罚。如果已经是最低量刑幅度或者只有一个量刑幅度的，也必须适用该幅度的刑罚，不能适用量刑幅度内没有的刑罚。

2.关于“下一个量刑幅度内判处刑罚”。刑法规定此罪有两个以上量刑幅度的，减轻处罚只能在法定量刑幅度紧接着的下一个量刑幅度内判处刑罚，而不能跨越一个量刑幅度去判处刑罚。如果法定量刑幅度已经是最轻的一个量刑幅度，则减轻处罚也只能在此幅度内判处较轻或最轻的刑罚；对于已经确定予以减轻处罚，刑法只规定了一个量刑幅度的，则只能在此量刑幅度内判处较轻或最轻的刑罚。

3.“案件的特殊情况”，主要是指案件本身的特殊性，如涉及政治、国防、外交等特殊情况。对于有上述特殊情况的案件，即使犯罪分子不具有本法规定的减轻处罚的情节，地方各级人民法院经报最高人民法院核准，也可以在法定刑以下判处刑罚。这是对减轻处罚的特殊规定。

【司法指导文件】

《最高人民法院研究室关于如何理解“在法定刑以下判处刑罚”问题的答复》（法研〔2012〕67号，20120530）

刑法第六十三条第一款规定的“在法定刑以下判处刑罚”，是指在法定量刑幅度的最低刑以下判处刑罚。刑法分则中规定的“处十年以上有期徒刑、无期徒刑或者死刑”，是一个量刑幅度，而不是“十年以上有期徒刑”、“无期徒刑”和“死刑”三个量刑幅度。

【司法指导文件·注释】

1.“在法定刑以下判处刑罚”，是指在法定量刑幅度的最低刑以下判处刑罚。《最高人民法院研究室关于如何理解和掌握“在法定刑以下减轻”处罚问题的电话答复》（19900427）曾经明确规定：减轻处罚是指“应当在法定刑以下判处刑罚”。这里所说的“法定刑”，是指根据被告人所犯罪行的轻重，应当分别适用的刑法规定的不同条款或者相应的量刑幅度。在同一法定刑幅度中适用较轻的刑种或者较低的刑期，是“从轻处罚”，不是“减轻处罚”。所以，当法定刑有幅度时，“在法定刑以下判处刑罚”，就是指在法定量刑幅度的最低刑以下判处刑罚。

2.关于特殊情况下的酌定减轻处罚能否下二档处罚的问题。刑法第六十三条第二款规定：“犯罪分子虽然不具有本法规定的减轻处罚情节，但是根据案件的特殊情况，经最高人民法院核准，也可以在法定刑以下判处刑罚。”有意见认为，鉴于报最高人民法院核准是个特殊程序，为了政治、外交、国防、宗教、统战等国家利益的需要，以及为了实现极特殊个案的公正，确有必要的，也可以下二档处罚。正如许霆虽没有法定减轻处罚情节，但经最高人民法院核准，对其下二档处罚，取得了很好的社会效果。

【法院案例库参考案例】

〔何某故意毁坏财物案，2024-18-1-230-001〕法定量刑幅度的最低刑为单处罚金刑时减轻处罚的适用

刑法第六十三条第一款规定的“在法定刑以下判处刑罚”，是指在法定量刑幅度的最低刑以下判处刑罚。量刑幅度是指刑法分则条文针对具体犯罪配置的法定刑整体，如“三年以下有期徒刑、拘役或者罚金”是一个量刑幅度，而不是“三年以下有期徒刑”、“拘役”和“罚金”三个量刑幅度。同一法定量刑幅度中最低刑是单处罚金刑的，适用上述规定减轻处罚不得判处比单处罚金刑更重的刑种。

〔贾某刚等寻衅滋事案，2024-16-1-269-001〕减轻处罚时附加刑一并减轻处罚的问题

刑法第六十三条第一款规定：“犯罪分子具有本法规定的减轻处罚情节的，应当在法定刑以下判处刑罚。”当刑法分则所规定的某一量刑幅度既有主刑也有附加刑时，附加刑无疑也属于“法定刑”的组成部分。当犯罪分子具有减轻处罚情节，需要在法定刑以下判处刑罚时，显然既要在主刑适用上体现减轻，也要在附加刑适用上体现减轻。如果减轻后的量刑幅度未规定附加刑的，不再适用附加刑。

【《刑事审判参考》案例】

〔参考案例第829号：朱胜虎等非

法经营案〕如何依据法定情节对罚金刑减轻适用？

在对主刑选择从轻的同时，对罚金刑也可以适用减轻。制作裁判文书时，应当对罚金刑受量刑情节调节的结果进行表述，特别是在自由刑与罚金刑不同时，从轻、减轻处罚更应当表述清楚，以免引起不必要的争议。

〔参考案例第1017号：周标受贿案〕上一级人民法院同意在法定刑以下判处刑罚的应当制作何种文书？

上一级人民法院复核下级法院未上(抗)诉法定刑以下判处刑罚的案件，同意原判的，不必作出裁定，但应当制作书面报告层报最高人民法院核准。

〔参考案例第1428号：刘清江、朱文向非法收购、运输、出售珍贵、濒危野生动物案〕法定刑以下判处刑罚案件核准过程中应如何处理事实认定和法律适用中的瑕疵？

最高人民法院在法定刑以下量刑案件的核准过程中，对量刑适当但个别事实认定和罪名适用方面存在瑕疵的，可以在核准案件的同时在裁定书中依法纠正相关瑕疵。

〔参考案例第1507号：刘某魁、孙某梅等人非法买卖枪支案〕在法定刑以下判处刑罚核准案件，是仅报法定刑以下判处刑罚的被告人还是全案报核？

在法定刑以下判处刑罚案件仅需报核法定刑以下量刑的被告人。

第六十四条　【违禁品和涉案财物的处理】犯罪分子违法所得的一切财物，应当予以追缴或者责令退赔；对被害人的合法财产，应当及时返还；违禁品和供犯罪所用的本人财物，应当予以没收。没收的财物和罚金，一律上缴国库，不得挪用和自行处理。

【立法 · 要点注释】

1.“追缴”，是指将犯罪分子的违法所得强制收归国有。如在刑事诉讼过程中，对犯罪分子的违法所得进行追查、收缴；对于在办案过程中发现的犯罪分子已转移、隐藏的赃物追查下落，予以收缴。

2.“责令退赔”，是指犯罪分子已将违法所得使用、挥霍或者毁坏的，也要责令其按违法所得财物的价值退赔。

3.“供犯罪所用的本人财物”，是指供犯罪分子进行犯罪活动而使用的属于他本人所有的钱款和物品，如用于走私的运输工具等。如果这些财物不是犯罪分子本人的，而是借用或者擅自使用的他人财物，财物所有人事前不知是供犯罪使用的，应当予以返还。但是，对司法机关作为证据扣押的，需要等到案件审理结束后，再发还给财物所有人。如果通过照片、录像资料能够使原物充分发挥证据作用的，也可以将原物发还财物所有人，只保存照片、录像资料。

【相关立法】

《中华人民共和国反有组织犯罪法》(20220501)

第四十五条　有组织犯罪组织及其成员违法所得的一切财物及其孳息、收益，违禁品和供犯罪所用的本人财物，应当依法予以追缴、没收或者责令退赔。

依法应当追缴、没收的涉案财产无法找到、灭失或者与其他合法财产混合且不可分割的，可以追缴、没收其他等值财产或者混合财产中的等值部分。

被告人实施黑社会性质组织犯罪的定罪量刑事实已经查清，有证据证明其在犯罪期间获得的财产高度可能属于黑社会性质组织犯罪的违法所得及其孳息、收益，被告人不能说明财产合法来源的，应当依法予以追缴、没收。

第四十六条　涉案财产符合下列情形之一的，应当依法予以追缴、没收：

（一）为支持或者资助有组织犯罪活动而提供给有组织犯罪组织及其成员的财产；

（二）有组织犯罪组织成员的家庭财产中实际用于支持有组织犯罪活动的部分；

（三）利用有组织犯罪组织及其成员的违法犯罪活动获得的财产及其孳息、收益。

【司法解释(1)】

《最高人民法院关于适用刑法第六十四条有关问题的批复》(法〔2013〕229号，20131021)[①]

……被告人非法占有、处置被害人财产的，应当依法予以追缴或者责令退赔。……追缴或者责令退赔的具体内容，应当在判决主文中写明；其中，判决前已经发还被害人的财产，应当注明。被害人提起附带民事诉讼，或者另行提起民事诉讼请求返还被非法占有、处置的财产的，人民法院不予受理。

【司法解释(1)·注释】

1.鉴于法律、司法解释已将被告人非法占有、处置被害人财产的情形排除在附带民事诉讼的受案范围之外，如不在判决主文中写明追缴或者责令退赔的有关内容，则无法有效维护被害人的合法权益。追缴或者责令退赔的具体内容，在判决主文中如何具体写明，可以根据不同情况处理：

(1)财产已经被查封、扣押、冻结的，不论是否随案移送，只要查明属于应当返还被害人的，都应当在判决主文中写明。涉案财物较多，不宜在判决主文中详细列明的，可以附清单。

(2)没有查封、扣押、冻结财产，或者查封、扣押、冻结的财产不足以弥补被害人损失的，比如，诈骗100万元，扣押在案的财产只有20万元，就应当在判决将扣押的财产20万元发还被害人后，在判决主文中另写明责令被告人退赔被害人80万元。查封、扣押、冻结财产的价值在判决时难以确定的，判决主文可以这样表述：责令被告人退赔被害人100万元。扣押的财产×××发还被害人(以执行时的实际价值计入已退赔数额)。

(3)判决前已经发还被害人全部或者部分财产的，人民法院应当审查先行返还是否合理合法，尤其对于被告人、其他被害人或者第三人对先行返还提出异议的，应当在法庭上查证清楚，并在判决主文中予以明确。比如，诈骗100万元，扣押在案的财产20万元已经在判决前发还被害人，经审理认为先行返还合理合法的，判决主文可以这样表述：责令被告人退赔被害人100万元(其

① 该批复未经最高人民法院审判委员会讨论，也未使用法释号，不是司法解释，属于具有司法解释性质的规范性文件。考虑到该批复涉及的问题比较重要，故在本书中归入司法解释文件一类，但应注意其并不具有司法解释的效力。——编者注

中20万元已发还)。

(4)赃款赃物虽然没有查封、扣押、冻结，但判决时赃款赃物尚在，且已经查明权属关系，依法应当追缴返还被害人的，判决主文中可以使用“追缴”一词。比如，盗窃一件文物，已经查清该物的具体流向和下落，且持有人不属于善意取得，依法应当追缴的，判决主文可以这样表述：向×××追缴×××(注明文物名称、特征等)发还被害人。

2.对于追缴和责令退赔的区别，最高人民法院1999年10月27日《全国法院维护农村稳定刑事审判工作座谈会纪要》中规定：“如赃款赃物尚在的，应一律追缴；已被用掉、毁坏或挥霍的，应责令退赔。”但在实践中，刑事审判部门往往因难以查清赃物持有人，或者难以查清是否属于善意取得，一般笼统判决继续追缴赃物发还被害人；而执行部门反映，如果没有具体写明向谁追缴，就无法执行，等于空判。因此，如果部分赃款赃物尚在部分赃款赃物已经不在的，判决主文可以不作区分，只写责令退赔；如果赃物虽然尚在但已被毁坏，或者不能排除第三方属于善意取得的，宜判决责令退赔。

3.经过追缴或者退赔，赃物(原物)没有全部追缴，赃款(本金)没有全部退赔，或者兼而有之，被害人的损失仍未得到弥补。此种情形，一般表明赃物已无法追缴，被告人也无退赔能力，类似于无法执行的情况。但是，由于已经在刑事判决中判决继续追缴或者责令退赔，任何时候，只要发现被告人有财产，司法机关均可依法追缴或者强制执行。被害人另行提起民事诉讼的，人民法院应当不予受理，否则就会造成刑事判决和民事判决的重复、冲突。即使以前的刑事判决中没有继续追缴或者责令退赔的内容，也应当继续通过刑事诉讼途径予以弥补和解决，不宜通过民事诉讼程序解决。

【司法解释(2)】

《最高人民法院关于适用〈中华人民共和国刑事诉讼法〉的解释》(法释〔2021〕1号，20210301)

第四百四十三条 被告人将依法应当追缴的涉案财物用于投资或者置业的，对因此形成的财产及其收益，应当追缴。

被告人将依法应当追缴的涉案财物与其他合法财产共同用于投资或者置业的，对因此形成的财产中与涉案财物对应的份额及其收益，应当追缴。

第四百四十四条 对查封、扣押、冻结的财物及其孳息，应当在判决书中写明名称、金额、数量、存放地点及其处理方式等。涉案财物较多，不宜在判决主文中详细列明的，可以附清单。

判决追缴违法所得或者责令退赔的，应当写明追缴、退赔的金额或者财物的名称、数量等情况；已经发还的，应当在判决书中写明。

第四百四十五条 查封、扣押、冻结的财物及其孳息，经审查，确属违法所得或者依法应当追缴的其他涉案财物的，应当判决返还被害人，或者没收上缴国库，但法律另有规定的除外。

对判决时尚未追缴到案或者尚未足额退赔的违法所得，应当判决继续追缴或者责令退赔。

判决返还被害人的涉案财物，应当通知被害人认领；无人认领的，应当公告通知；公告满一年无人认领的，应当上缴国库；上缴国库后有人认领，经查证属实的，应当申请退库予以返还；原物已经拍卖、变卖的，应当返还价款。

对侵犯国有财产的案件，被害单位已经终止且没有权利义务继受人，或者损失已经被核销的，查封、扣押、冻结的财物及其孳息应当上缴国库。

第四百四十六条 第二审期间，发现第一审判决未对随案移送的涉案财物及其孳息作出处理的，可以裁定撤销原判，发回原审人民法院重新审判，由原审人民法院依法对涉案财物及其孳息一并作出处理。

判决生效后，发现原判未对随案移送的涉案财物及其孳息作出处理的，由原审人民法院依法对涉案财物及其孳息另行作出处理。

【司法解释(3)】

《最高人民法院关于刑事裁判涉财产部分执行的若干规定》(法释〔2014〕13号，20141106)

第一条 本规定所称刑事裁判涉财产部分的执行，是指发生法律效力的刑事裁判主文确定的下列事项的执行：

(一)罚金、没收财产；

(二)责令退赔；

(三)处置随案移送的赃款赃物；

(四)没收随案移送的供犯罪所用本人财物；

(五)其他应当由人民法院执行的相关事项。

刑事附带民事裁判的执行，适用民事执行的有关规定。

第四条 人民法院刑事审判中可能判处被告人财产刑、责令退赔的，刑事审判部门应当依法对被告人的财产状况进行调查；发现可能隐匿、转移财产的，应当及时查封、扣押、冻结其相应财产。

第六条 刑事裁判涉财产部分的裁判内容，应当明确、具体。涉案财物或者被害人人数较多，不宜在判决主文中详细列明的，可以概括叙明并另附清单。

判处没收部分财产的，应当明确没收的具体财物或者金额。

判处追缴或者责令退赔的，应当明确追缴或者退赔的金额或财物的名称、数量等相关情况。

第十条 对赃款赃物及其收益，人民法院应当一并追缴。

被执行人将赃款赃物投资或者置业，对因此形成的财产及其收益，人民法院应予追缴。

被执行人将赃款赃物与其他合法财产共同投资或者置业，对因此形成的财产中与赃款赃物对应的份额及其收益，人民法院应予追缴。

对于被害人的损失，应当按照刑事裁判认定的实际损失予以发还或者赔偿。

第十一条 被执行人将刑事裁判认定为赃款赃物的涉案财物用于清偿债务、转让或者设置其他权利负担，具有下列情形之一的，人民法院应予追缴：

(一)第三人明知是涉案财物而接受的；

(二)第三人无偿或者以明显低于市场的价格取得涉案财物的；

(三)第三人通过非法债务清偿或者违法犯罪活动取得涉案财物的；

(四)第三人通过其他恶意方式取得涉案财物的。

第三人善意取得涉案财物的，执行程序中不予追缴。作为原所有人的被害人对该涉案财物主张权利的，人民法院应当告知其通过诉讼程序处理。

第十五条 执行过程中，案外人

或被害人认为刑事裁判中对涉案财物是否属于赃款赃物认定错误或者应予认定而未认定，向执行法院提出书面异议，可以通过裁定补正的，执行机构应当将异议材料移送刑事审判部门处理；无法通过裁定补正的，应当告知异议人通过审判监督程序处理。

【司法解释(3)·注释】

1.关于赃款赃物的继续追缴。对于判决继续追缴的执行主体，由于法律无明确规定，长期存在争议。《中共中央办公厅、国务院办公厅关于进一步规范刑事诉讼涉案财物处置工作的意见》规定，未查控在案的违法所得，应由人民法院判决继续追缴或责令退赔，并由人民法院负责执行，人民检察院、公安机关等相关部门予以配合。从维护判决严肃性的大局出发，本规定第一条第一款第五项规定了“其他应当由人民法院执行的相关事项”，个别具备继续追缴条件的案件，人民法院可以引用此项规定执行追缴。

2.关于责令退赔。“退赔”，是指当犯罪分子因挥霍或者其他原因无法追回违法所得财物的情形下，要求其按照相应的折算价格进行退赔。因此，责令退赔中的赔偿与财产刑均是执行被执行人的个人财产，两者执行并无实质性区别，并且与民事赔偿的执行相类似，应当由执行机构负责执行。其中“退”的部分，应当以赃款赃物的追缴为前提，与处置赃款赃物重合，应适用本规定第一条第一款第三项的规定。

3.关于涉案财物的没收。对于随案移送的赃款赃物或者价值较大的供犯罪所用本人财物的没收，如走私船只、运输车辆等需要变现处置的，应当由执行机构负责执行。对于查控在案的违禁品或价值不大的作案工具，一般是由侦查机关直接销毁，其中作为证据使用而随案移送的，在案件审结后，亦由刑事审判部门移交有关部门销毁处理，无须移送执行，故未将违禁品的没收列入本规定的执行事项中。

4.关于执行刑事追赃中适用善意取得制度。赃物系特定物，赃物的追缴能否适用善意取得制度，理论界和实务中尚有不同认识。本规定明确赃物的追缴适用善意取得制度，是基于以下方面的考虑：(1)作为赃物原所有人的被害人与善意第三人为平等的民事主体，应当平等保护，在赃物已被善意第三人合法占有的情况下将赃物追回，对善意第三人显失公平。(2)从物权法规定看，善意取得问题集中规定在第九章“所有权取得的特别规定”中，该章第一百零六条首先对善意取得制度作出了一般性规定，之后分别在第一百零七条、第一百一十四条对遗失物和漂流物、埋藏物、隐藏物的善意取得问题作出了特别规定，并未就犯罪所得财物的善意取得问题，作出特别规定或者除外规定。[①](3)2011 年《最高人民法院、最高人民检察院关于办理诈骗刑事案件具体应用法律若干问题的解释》第十条的规定已将物权法善意取得的一般规定引入诈骗犯罪赃款赃物追缴程序中，鉴此，其他犯罪赃款赃物的追缴亦应适用善意取得制度。(4)执行实践中，在

① 民法典施行后，物权法失效。文中善意取得问题相关条文涉及民法典第三百一十一条、第三百一十二条、第三百一十九条。——编者注

赃物已被转让、多次转让或者设置权利负担的情况下，采取“一追到底”的追缴原则不具现实性。(5)规定“第三人善意取得涉案财物的，执行程序中不予追缴”有利于维护既定的社会关系，促进社会稳定。

【司法解释(4)】

《最高人民法院、最高人民检察院关于办理诈骗刑事案件具体应用法律若干问题的解释》(法释〔2011〕7号，20110408)

第九条　案发后查封、扣押、冻结在案的诈骗财物及其孳息，权属明确的，应当发还被害人；权属不明确的，可按被骗款物占查封、扣押、冻结在案的财物及其孳息总额的比例发还被害人，但已获退赔的应予扣除。

第十条　行为人已将诈骗财物用于清偿债务或者转让给他人，具有下列情形之一的，应当依法追缴：

(一)对方明知是诈骗财物而收取的；

(二)对方无偿取得诈骗财物的；

(三)对方以明显低于市场的价格取得诈骗财物的；

(四)对方取得诈骗财物系源于非法债务或者违法犯罪活动的。

他人善意取得诈骗财物的，不予追缴。

【司法解释(5)】

《最高人民法院、最高人民检察院关于办理贪污贿赂刑事案件适用法律若干问题的解释》(法释〔2016〕9号，20160418)

第十二条　贿赂犯罪中的“财物”，包括货币、物品和财产性利益。财产性利益包括可以折算为货币的物质利益如房屋装修、债务免除等，以及需要支付货币的其他利益如会员服务、旅游等。后者的犯罪数额，以实际支付或者应当支付的数额计算。

第十八条　贪污贿赂犯罪分子违法所得的一切财物，应当依照刑法第六十四条的规定予以追缴或者责令退赔，对被害人的合法财产应当及时返还。对尚未追缴到案或者尚未足额退赔的违法所得，应当继续追缴或者责令退赔。

【司法解释(6)】

《最高人民法院、最高人民检察院关于办理非法采矿、破坏性采矿刑事案件适用法律若干问题的解释》(法释〔2016〕25号，20161201)

第十二条　对非法采矿、破坏性采矿犯罪的违法所得及其收益，应当依法追缴或者责令退赔。

对用于非法采矿、破坏性采矿犯罪的专门工具和供犯罪所用的本人财物，应当依法没收。

【司法指导文件(1)】

《最高人民法院、最高人民检察院关于常见犯罪的量刑指导意见(试行)》(法发〔2021〕21号，20210701)

三、常见量刑情节的适用

(十)对于退赃、退赔的，综合考虑犯罪性质，退赃、退赔行为对损害结果所能弥补的程度，退赃、退赔的数额及主动程度等情况，可以减少基准刑的30%以下；对抢劫等严重危害社会治安犯罪的，应当从严掌握。

【司法指导文件(2)】

《最高人民检察院、公安部关于公安机关办理经济犯罪案件的若干规定》

（公通字〔2017〕25号，20180101）

第五十四条　犯罪分子违法所得的一切财物及其孳息，应当予以追缴或者责令退赔。

发现犯罪嫌疑人将经济犯罪违法所得和其他涉案财物用于清偿债务、转让或者设定其他权利负担，具有下列情形之一的，应当依法查封、扣押、冻结：

（一）他人明知是经济犯罪违法所得和其他涉案财物而接受的；

（二）他人无偿或者以明显低于市场价格取得上述财物的；

（三）他人通过非法债务清偿或者违法犯罪活动取得上述财物的；

（四）他人通过其他恶意方式取得上述财物的。

他人明知是经济犯罪违法所得及其产生的收益，通过虚构债权债务关系、虚假交易等方式予以窝藏、转移、收购、代为销售或者以其他方法掩饰、隐瞒，构成犯罪的，应当依法追究刑事责任。

【司法指导文件(3)】

《最高人民法院、最高人民检察院关于办理职务犯罪案件认定自首、立功等量刑情节若干问题的意见》（法发〔2009〕13号，20090312）

四、关于赃款赃物追缴等情形的处理

贪污案件中赃款赃物全部或者大部分追缴的，一般应当考虑从轻处罚。

受贿案件中赃款赃物全部或者大部分追缴的，视具体情况可以酌定从轻处罚。

犯罪分子及其亲友主动退赃或者在办案机关追缴赃款赃物过程中积极配合的，在量刑时应当与办案机关查办案件过程中依职权追缴赃款赃物的有所区别。

职务犯罪案件立案后，犯罪分子及其亲友自行挽回的经济损失，司法机关或者犯罪分子所在单位及其上级主管部门挽回的经济损失，或者因客观原因减少的经济损失，不予扣减，但可以作为酌情从轻处罚的情节。

【司法指导文件(4)】

《最高人民法院、最高人民检察院、公安部、司法部关于办理黑恶势力犯罪案件若干问题的指导意见》（法发〔2018〕1号，20180116）

七、依法处置涉案财产

27.对于依法查封、冻结、扣押的黑社会性质组织涉案财产，应当全面收集、审查证明其来源、性质、用途、权属及价值大小的有关证据。符合下列情形之一的，应当依法追缴、没收：

⑴组织及其成员通过违法犯罪活动或其他不正当手段聚敛的财产及其孳息、收益；

⑵组织成员通过个人实施违法犯罪活动聚敛的财产及其孳息、收益；

⑶其他单位、组织、个人为支持该组织活动资助或主动提供的财产；

⑷通过合法的生产、经营活动获取的财产或者组织成员个人、家庭合法资产中，实际用于支持该组织活动的部分；

⑸组织成员非法持有的违禁品以及供犯罪所用的本人财物；

⑹其他单位、组织、个人利用黑社会性质组织及其成员的违法犯罪活动获取的财产及其孳息、收益；

⑺其他应当追缴、没收的财产。

28.违法所得已用于清偿债务或者转让给他人，具有下列情形之一的，应当依法追缴：

⑴对方明知是通过违法犯罪活动或者其他不正当手段聚敛的财产及其孳息、收益的；

⑵对方无偿或者以明显低于市场价格取得的；

⑶对方是因非法债务或者违法犯罪活动而取得的；

⑷通过其他方式恶意取得的。

29.依法应当追缴、没收的财产无法找到、被他人善意取得、价值灭失或者与其他合法财产混合且不可分割的，可以追缴、没收其他等值财产。

30.黑社会性质组织犯罪嫌疑人、被告人逃匿，在通缉一年后不能到案，或者犯罪嫌疑人、被告人死亡的，应当依照法定程序没收其违法所得。

31.对于依法查封、扣押、冻结的涉案财产，有证据证明确属被害人合法财产，或者确与黑社会性质组织及其违法犯罪活动无关的，应当予以返还。

【司法指导文件(5)】

《最高人民法院、最高人民检察院、公安部、司法部关于办理黑恶势力刑事案件中财产处置若干问题的意见》(高检发〔2019〕6号，20190409)

三、准确处置涉案财产

14.人民法院作出的判决，除应当对随案移送的涉案财产作出处理外，还应当在判决书中写明需要继续追缴尚未被足额查封、扣押的其他违法所得；对随案移送财产进行处理时，应当列明相关财产的具体名称、数量、金额、处置情况等。涉案财产或者有关当事人人数较多，不宜在判决书正文中详细列明的，可以概括叙述并另附清单。

15.涉案财产符合下列情形之一的，应当依法追缴、没收：

⑴黑恶势力组织及其成员通过违法犯罪活动或者其他不正当手段聚敛的财产及其孳息、收益；

⑵黑恶势力组织成员通过个人实施违法犯罪活动聚敛的财产及其孳息、收益；

⑶其他单位、组织、个人为支持该黑恶势力组织活动资助或者主动提供的财产；

⑷黑恶势力组织及其成员通过合法的生产、经营活动获取的财产或者组织成员个人、家庭合法财产中，实际用于支持该组织活动的部分；

⑸黑恶势力组织成员非法持有的违禁品以及供犯罪所用的本人财物；

⑹其他单位、组织、个人利用黑恶势力组织及其成员违法犯罪活动获取的财产及其孳息、收益；

⑺其他应当追缴、没收的财产。

16.应当追缴、没收的财产已用于清偿债务或者转让、或者设置其他权利负担，具有下列情形之一的，应当依法追缴：

⑴第三人明知是违法犯罪所得而接受的；

⑵第三人无偿或者以明显低于市场的价格取得涉案财物的；

⑶第三人通过非法债务清偿或者违法犯罪活动取得涉案财物的；

⑷第三人通过其他方式恶意取得涉案财物的。

17.涉案财产符合下列情形之一的，应当依法返还：

⑴有证据证明确属被害人合法财产；

⑵有证据证明确与黑恶势力及其违法犯罪活动无关。

18.有关违法犯罪事实查证属实后，对于有证据证明权属明确且无争议的被害人、善意第三人或者其他人员合法财产及其孳息，凡返还不损害其他利害关系人的利益，不影响案件正常办理的，应当在登记、拍照或者录像后，依法及时返还。

四、依法追缴、没收其他等值财产

19.有证据证明依法应当追缴、没收的涉案财产无法找到、被他人善意取得、价值灭失或者与其他合法财产混合且不可分割的，可以追缴、没收其他等值财产。

对于证明前款各种情形的证据，公安机关或者人民检察院应当及时调取。

20.本意见第19条所称“财产无法找到”，是指有证据证明存在依法应当追缴、没收的财产，但无法查证财产去向、下落的。被告人有不同意见的，应当出示相关证据。

21.追缴、没收的其他等值财产的数额，应当与无法直接追缴、没收的具体财产的数额相对应。

五、其他

22.本意见所称孳息，包括天然孳息和法定孳息。

本意见所称收益，包括但不限于以下情形：

(1)聚敛、获取的财产直接产生的收益，如使用聚敛、获取的财产购买彩票中奖所得收益等；

(2)聚敛、获取的财产用于违法犯罪活动产生的收益，如使用聚敛、获取的财产赌博赢利所得收益、非法放贷所得收益、购买并贩卖毒品所得收益等；

(3)聚敛、获取的财产投资、置业形成的财产及其收益；

(4)聚敛、获取的财产和其他合法财产共同投资或者置业形成的财产中，与聚敛、获取的财产对应的份额及其收益；

(5)应当认定为收益的其他情形。

【司法指导文件(6)】

《最高人民法院、最高人民检察院、海关总署关于办理走私刑事案件适用法律若干问题的意见》(法〔2002〕139号，20020708)

二十三、关于走私货物、物品、走私违法所得以及走私犯罪工具的处理问题

在办理走私犯罪案件过程中，对发现的走私货物、物品、走私违法所得以及属于走私犯罪分子所有的犯罪工具，走私犯罪侦查机关应当及时追缴，依法予以查扣、冻结。在移送审查起诉时应当将扣押物品文件清单、冻结存款证明文件等材料随案移送，对于扣押的危险品或者鲜活、易腐、易失效、易贬值等不宜长期保存的货物、物品，已经依法先行变卖、拍卖的，应当随案移送变卖、拍卖物品清单以及原物的照片或者录像资料；人民检察院在提起公诉时应当将上述扣押物品文件清单、冻结存款证明和变卖、拍卖物品清单一并移送；人民法院在判决走私罪案件时，应当对随案清单、证明文件中载明的款、物审查确认并依法判决予以追缴、没收；海关根据人民法院的判决和海关法的有关规定予以处理，上缴中央国库。

二十四、关于走私货物、物品无法扣押或者不便扣押情况下走私违法所得的追缴问题

在办理走私普通货物、物品犯罪案件中，对于走私货物、物品因流入国内市场或者投入使用，致使走私货物、物品无法扣押或者不便扣押的，应当按照走私货物、物品的进出口完税价格认定违法所得予以追缴；走私货物、物品实际销售价格高于进出口完税价格的，应

当按照实际销售价格认定违法所得予以追缴。

【司法指导文件(7)】

《最高人民法院、最高人民检察院、海关总署打击非设关地成品油走私专题研讨会会议纪要》(署缉发〔2019〕210号,20191024)

五、关于涉案货物、财产及运输工具的处置

对查封、扣押的涉案成品油及易贬值、不易保管的涉案船舶、车辆,权利人明确的,经其本人书面同意或者申请,依法履行审批程序,并固定证据和留存样本后,可以依法先行变卖、拍卖,变卖、拍卖所得价款暂予保存,待诉讼终结后一并依法处理。

有证据证明依法应当追缴、没收的涉案财产被他人善意取得或者与其他合法财产混合且不可分割的,应当追缴、没收其他等值财产。

侦查机关查封、扣押的财物经审查后应当返还的,应当通知原主认领。无人认领的,应当公告通知,公告满三个月无人认领的,依法拍卖、变卖后所得价款上缴国库;上缴国库后有人认领,经查证属实的,应当申请退库予以返还。

对用于运输走私成品油的船舶、车辆,按照以下原则处置:

(一)对"三无"船舶、无法提供有效证书的船舶、车辆,依法予以没收、收缴或者移交主管机关依法处置;

(二)对走私犯罪分子自有的船舶、车辆或者假挂靠、长期不作登记、虚假登记等实为走私分子所有的船舶、车辆,作为犯罪工具依法没收;

(三)对所有人明知他人实施走私犯罪而出租、出借的船舶、车辆,依法予以没收。

具有下列情形之一的,可以认定船舶、车辆出租人、出借人明知他人实施违法犯罪,但有证据证明确属被蒙骗或者有其他相反证据的除外:

(一)出租人、出借人未经有关部门批准,擅自将船舶、车辆改装为可装载油料用的船舶、车辆,或者进行伪装的;

(二)出租人、出借人默许实际承租人将船舶、车辆改装为可装载油料用船舶、车辆,或者进行伪装的;

(三)因出租、出借船舶、车辆用于走私受过行政处罚,又出租、出借给同一走私人或者同一走私团伙使用的;

(四)出租人、出借人拒不提供真实的实际承运人信息,或者提供虚假的实际承运人信息的;

(五)其他可以认定明知的情形。

【司法指导文件(8)】

《最高人民法院关于严格执行有关走私案件涉案财物处理规定的通知》(法〔2006〕114号,20060430)

日前,据海关总署反映,有的地方法院在审理走私刑事案件中有不判或部分判决涉案赃款赃物的现象。对人民法院没有判决追缴、没收的涉案财物,海关多以行政处罚的方式予以没收或收缴,从而导致行政诉讼等不良后果。为严肃规范执法,现就有关规定重申如下:

关于刑事案件赃款赃物的处理问题,相关法律、司法解释已经规定得很明确。《海关法》第九十二条规定,"海关依法扣留的货物、物品、运输工具,在人民法院判决或者海关处罚决定作出之前,不得处理";"人民法院判决没收或者海关决定没收的走私货物、物品、违法所得、走私运输工具、特制设备，由海关依法统一处理，所得价款和海关决定处以的罚款，全部上缴中央国库。”《最高人民法院、最高人民检察院、海关总署关于办理走私刑事案件适用法律若干问题的意见》第二十三条规定，“人民法院在判决走私罪案件时，应当对随案清单、证明文件中载明的款、物审查确认并依法判决予以追缴、没收；海关根据人民法院的判决和海关法的有关规定予以处理，上缴中央国库。”

据此，地方各级人民法院在审理走私犯罪案件时，对涉案的款、物等，应当严格遵循并切实执行上述法律、司法解释的规定，依法作出追缴、没收的判决。对于在审理走私犯罪案件中遇到的新情况、新问题，要加强与海关等相关部门的联系和协调，对于遇到的适用法律的新问题，应当及时报告最高人民法院。

【司法指导文件(9)】

《最高人民法院、最高人民检察院、公安部、司法部关于办理“套路贷”刑事案件若干问题的意见》(法发〔2019〕11号，20190409)

二、依法严惩“套路贷”犯罪

7.犯罪嫌疑人、被告人实施“套路贷”违法所得的一切财物，应当予以追缴或者责令退赔；对被害人的合法财产，应当及时返还。有证据证明是犯罪嫌疑人、被告人为实施“套路贷”而交付给被害人的本金，赔偿被害人损失后如有剩余，应依法予以没收。

犯罪嫌疑人、被告人已将违法所得的财物用于清偿债务、转让或者设置其他权利负担，具有下列情形之一的，应当依法追缴：

(1)第三人明知是违法所得财物而接受的；

(2)第三人无偿取得或者以明显低于市场的价格取得违法所得财物的；

(3)第三人通过非法债务清偿或者违法犯罪活动取得违法所得财物的；

(4)其他应当依法追缴的情形。

【司法指导文件(10)】

《最高人民法院、最高人民检察院、公安部关于办理电信网络诈骗等刑事案件适用法律若干问题的意见》(法发〔2016〕32号，20161219)

七、涉案财物的处理

(一)公安机关侦办电信网络诈骗案件，应当随案移送涉案赃款赃物，并附清单。人民检察院提起公诉时，应一并移交受理案件的人民法院，同时就涉案赃款赃物的处理提出意见。

(二)涉案银行账户或者涉案第三方支付账户内的款项，对权属明确的被害人的合法财产，应当及时返还。确因客观原因无法查实全部被害人，但有证据证明该账户系用于电信网络诈骗犯罪，且被告人无法说明款项合法来源的，根据刑法第六十四条的规定，应认定为违法所得，予以追缴。

(三)被告人已将诈骗财物用于清偿债务或者转让给他人，具有下列情形之一的，应当依法追缴：

1.对方明知是诈骗财物而收取的；

2.对方无偿取得诈骗财物的；

3.对方以明显低于市场的价格取得诈骗财物的；

4.对方取得诈骗财物系源于非法债务或者违法犯罪活动的。

他人善意取得诈骗财物的，不予追缴。

【司法指导文件(11)】

《最高人民法院关于充分发挥审判职能作用为企业家创新创业营造良好法治环境的通知》(法〔2018〕1号,20171229)

二、依法保护企业家的人身自由和财产权利。……严格区分企业家违法所得和合法财产,没有充分证据证明为违法所得的,不得判决追缴或者责令退赔。严格区分企业家个人财产和企业法人财产,在处理企业犯罪时不得牵连企业家个人合法财产和家庭成员财产。

【司法指导文件(12)】

《最高人民法院、最高人民检察院、公安部关于刑事案件涉扶贫领域财物依法快速返还的若干规定》(高检发〔2020〕12号,20200724)

第二条 本规定所称涉案财物,是指办案机关办理有关刑事案件过程中,查封、扣押、冻结的与扶贫有关的财物及孳息,以及由上述财物转化而来的财产。

第三条 对于同时符合下列条件的涉案财物,应当依法快速返还有关个人、单位或组织:

(一)犯罪事实清楚,证据确实充分;

(二)涉案财物权属关系已经查明;

(三)有明确的权益被侵害的个人、单位或组织;

(四)返还涉案财物不损害其他被害人或者利害关系人的利益;

(五)不影响诉讼正常进行或者案件公正处理;

(六)犯罪嫌疑人、被告人以及利害关系人对涉案财物快速返还没有异议。

第四条 人民法院、人民检察院、公安机关办理有关扶贫领域刑事案件,应当依法积极追缴涉案财物,对于本办案环节具备快速返还条件的,应当及时快速返还。

第五条 人民法院、人民检察院、公安机关对追缴到案的涉案财物,应当及时调查、审查权属关系。

对于权属关系未查明的,人民法院可以通知人民检察院,由人民检察院通知前一办案环节补充查证,或者由人民检察院自行补充侦查。

第六条 公安机关办理涉扶贫领域财物刑事案件期间,可以就涉案财物处理等问题听取人民检察院意见,人民检察院应当提出相关意见。

第七条 人民法院、人民检察院、公安机关认为涉案财物符合快速返还条件的,应当在作出返还决定五个工作日内返还有关个人、单位或组织。

办案机关返还涉案财物时,应当制作返还财物清单,注明返还理由,由接受个人、单位或组织在返还财物清单上签名或者盖章,并将清单、照片附卷。

第八条 公安机关、人民检察院在侦查阶段、审查起诉阶段返还涉案财物的,在案件移送人民检察院、人民法院时,应当将返还财物清单随案移送,说明返还的理由并附相关证据材料。

未快速返还而随案移送的涉案财物,移送机关应当列明权属情况、提出处理建议并附相关证据材料。

第九条 对涉案财物中易损毁、灭失、变质等不宜长期保存的物品,易贬值的汽车等物品,市场价格波动大的债券、股票、基金份额等财产,有效期即将届满的汇票、本票、支票等,经权利人同意或者申请,并经人民法院、人民检察院、公安机关主要负责人批准,可以及时依法出售、变现或者先行变卖、拍卖。所得款项依照本规定快速返还，或者按照有关规定处理。

第十条 人民法院、人民检察院应当跟踪了解有关单位和村(居)民委员会等组织对返还涉案财物管理发放情况，跟进开展普法宣传教育，对于管理环节存在漏洞的，要及时提出司法建议、检察建议，确保扶贫款物依法正确使用。

第十一条 发现快速返还存在错误的，应当由决定快速返还的机关及时纠正，依法追回返还财物；侵犯财产权的，依据《中华人民共和国国家赔偿法》第十八条及有关规定处理。

【司法指导文件(13)】

《最高人民法院、最高人民检察院、公安部关于办理医保骗保刑事案件若干问题的指导意见》(法发〔2024〕6号，20240228)

21.对行为人实施医保骗保犯罪所得一切财物，应当依法追缴或者责令退赔。确有证据证明存在依法应当追缴的财产，但无法查明去向，或者价值灭失，或者与其他合法财产混合且不可分割的，可以追缴等值财产或者混合财产中的等值部分。等值财产的追缴数额限于依法查明应当追缴违法所得数额，对已经追缴或者退赔的部分应予扣除。

对于证明前款各种情形的证据，应当及时调取。

【司法指导文件(14)】

《最高人民法院关于被告人亲属主动为被告人退缴赃款应如何处理的批复》[法(研)复〔1987〕32号，19870826]

一、被告人是成年人，其违法所得都由自己挥霍，无法追缴的，应责令被告人退赔，其家属没有代为退赔的义务。

被告人在家庭共同财产中有其个人应有部分的，只能在其个人应有部分的范围内，责令被告人退赔。

二、如果被告人的违法所得有一部分用于家庭日常生活，对这部分违法所得，被告人和家属均有退赔义务。

三、如果被告人对责令其本人退赔的违法所得已无实际上的退赔能力，但其亲属应被告人的请求，或者主动提出并征得被告人同意，自愿代被告人退赔部分或者全部违法所得的，法院也可考虑其具体情况，收下其亲属自愿代被告人退赔的款项，并视为被告人主动退赔的款项。

四、属于以上三种情况，已作了退赔的，均可视为被告人退赃较好，可以依法适用从宽处罚。

五、如果被告人的罪行应当判处死刑，并必须执行，属于以上第一、二两种情况的，法院可以接收退赔的款项；属于以上第三种情况的，其亲属自愿代为退赔的款项，法院不应接收。

【公安文件】

《银监会、公安部关于印发电信网络新型违法犯罪案件冻结资金返还若干规定的通知》(银监发〔2016〕41号，20160804)

第二条 本规定所称电信网络新型违法犯罪案件，是指不法分子利用电信、互联网等技术，通过发送短信、拨打电话、植入木马等手段，诱骗(盗取)被害人资金汇(存)入其控制的银行账户，实施的违法犯罪案件。

本规定所称冻结资金，是指公安机关依照法律规定对特定银行账户实施冻结措施，并由银行业金融机构协助执行的资金。

本规定所称被害人，包括自然人、法人和其他组织。

第四条　公安机关负责查清被害人资金流向，及时通知被害人，并作出资金返还决定，实施返还。

银行业监督管理机构负责督促、检查辖区内银行业金融机构协助查询、冻结、返还工作，并就执行中的问题与公安机关进行协调。

银行业金融机构依法协助公安机关查清被害人资金流向，将所涉资金返还至公安机关指定的被害人账户。

第五条　被害人在办理被骗(盗)资金返还过程中，应当提供真实有效的信息，配合公安机关和银行业金融机构开展相应的工作。

被害人应当由本人办理冻结资金返还手续。本人不能办理的，可以委托代理人办理；公安机关应当核实委托关系的真实性。

被害人委托代理人办理冻结资金返还手续的，应当出具合法的委托手续。

第八条　冻结资金以溯源返还为原则，由公安机关区分不同情况按以下方式返还：

(一)冻结账户内仅有单笔汇(存)款记录，可直接溯源被害人的，直接返还被害人；

(二)冻结账户内有多笔汇(存)款记录，按照时间戳记载可以直接溯源被害人的，直接返还被害人；

(三)冻结账户内有多笔汇(存)款记录，按照时间戳记载无法直接溯源被害人的，按照被害人被骗(盗)金额占冻结在案资金总额的比例返还(返还计算公式见附件4)。

按比例返还的，公安机关应当发出公告，公告期为30日，公告期间内被害人、其他利害关系人可就返还冻结提出异议，公安机关依法进行审核。

冻结账户返还后剩余资金在原冻结期内继续冻结；公安机关根据办案需要可以在冻结期满前依法办理续冻手续。如查清新的被害人，公安机关可以按照本规定启动新的返还程序。

第十一条　立案地涉及多地，对资金返还存在争议的，应当由共同上级公安机关确定一个公安机关负责返还工作。

【审判实务释疑】

公司被申请破产，该公司的财产被另案刑事判决认定为涉案财产，该部分涉案财产是否属于破产财产？如果属于破产财产，刑事追赃债权在破产案件中的清偿顺位如何？

第一，如果刑事判决泛泛地认定破产企业财产属于涉案财产，没有明确破产企业的哪些财产属于赃款赃物的，应由刑事案件合议庭作出进一步说明，或作出补正裁定。不能说明或者作出补正裁定的，可由刑事被害人作为破产程序中的普通债权人申报债权。

第二，如果刑事判决对破产企业特定财产明确为赃款赃物(包括按上述第一点通过进一步说明或补正裁定明确特定财产为赃款赃物)，原则上应尊重刑事判决的认定，并依据《最高人民法院、最高人民检察院、公安部关于办理非法集资刑事案件若干问题的意见》第九条第四款关于“查封、扣押、冻结的涉案财物，一般应在诉讼终结后返还集资参与人。涉案财物不足全部返还的，按照集资参与人的集资额比例返还。退赔集资参与人的损失一般优先于其他民事债务以及罚金、没收财产的执行”的规定，将此部分财产从破产财产中剔除出去，由刑事程序退赔给有关被害人。这里应当注意的是：(1)非法集资参与人优先于其他民事债务的财产范围限于“涉案财产”即赃款赃物，不能扩大到被告人的其他合法财产。也就是说，第九条所规定的优先于其他民事债务，是指被明确认定为非法集资等犯罪行为涉及的赃款赃物，而不应扩大财产范围，优先于其他民事债务受偿。(2)刑事判决虽判令追缴、退赔“赃款赃物”，但该赃款赃物之原物已不存在或者已与其他财产混同的，被害人的损失在破产程序中只能与其他债权按损失性质(通常为普通债权)有序受偿。比如，刑事判决判令追缴刑事被告人100万元，但该100万元在被告人处并无对应的(被查封之)赃款时(即缺乏原物时)，该追缴只能在破产程序中与其他普通债权一起有序受偿。(3)刑事判决中的涉案财产被刑事被告人用于投资或置业，行为人也已取得相应股权或投资份额的，按照《刑事诉讼法解释》第四百四十三条和《刑事涉财产执行规定》第十条第二款、第三款的规定，只能追缴投资或置业所形成的财产及收益，而涉案财产本身不应再被追缴或者没收。(4)涉案财产已被刑事被告人用于清偿合法债务、转让或者设置其他权利负担，善意案外人通过正常的市场交易、支付了合理对价，并实际取得相应权利的，按照《刑事涉财产执行规定》第十一条第二款的规定，亦不得追缴或者没收。①

【指导性案例·检察】

〔李华波贪污案，JZD74-2020〕

对于贪污贿赂等重大职务犯罪案件，犯罪嫌疑人、被告人逃匿，在通缉一年后不能到案，如果有证据证明有犯罪事实，依照刑法规定应当追缴其违法所得及其他涉案财产的，应当依法适用违法所得没收程序办理。违法所得没收裁定生效后，在逃的职务犯罪嫌疑人自动投案或者被抓获，监察机关调查终结移送起诉的，检察机关应当依照普通刑事诉讼程序办理，并与原没收裁定程序做好衔接。

【法院案例库参考案例】

〔侯某峰诈骗案，2025-03-1-222-002〕被告人以明显低于市场价处分诈骗财物，如何分配退缴退赔责任

被告人以明显低于市场价将诈骗财物转让给第三人，经审查并听取第三人意见后，可依法向第三人进行追缴。第三人取得涉案财物后进行再次转卖和处置，导致无法追回诈骗财物的，应当责令第三人与被告人共同承担退赔责任。第三人已支付被告人的部分转让款，可从责令第三人共同退赔金额中扣减。

〔葛某岐、葛某锋盗窃案，2024-05-1-221-005〕作案工具的处理

1.作案工具的认定。一般情况下，在实施犯罪的过程中供犯罪所用的财物或其他物质，应认定为是作案工具。但是否作为作案工具没收，还应从使用的次数、作案工具的价值与犯罪成本之间的关系等多个方面来考察。例如

① 参见《法答网精选答问(第一批)》，载《人民法院报》2024年2月29日，第1版。

盗窃案件中，被告人驾驶的车辆，大部分时间都是家庭出行所用。偶尔的一次，临时起意，实施了盗窃、抢劫等犯罪，不宜将该车辆认定为作案工具。还要考虑该财物的价值与犯罪成本之间的关系。如果盗窃的数额与车辆的价值相差悬殊，仅因被告人在犯罪过程中使用了该车辆，就将其作案工具予以没收，显失公平，不符合罪刑相适应原则。

2.对作案工具的区别处理。在审理过程中应对作案工具的权属进行审查。只要查明作案工具的所有权人是犯罪分子本人所有就要依法予以没收。实践中还有一种情况，作案工具系犯罪分子与他人共同所有。虽然作案工具也属于犯罪分子所有，但不能简单对该作案工具予以没收。如果该共同所有人知道犯罪分子使用该财物用于犯罪，那么对该作案工具就应予以没收。若共同所有人对该财物用于犯罪并不知情，那么就不应予以没收，否则将损害共同所有人的权益。若审理查明作案工具并非被告人本人所有，而是借用或者擅自使用的他人财物，财物所有人事前不知是供犯罪使用的，应当将该财物返还实际所有人。司法机关作为证据扣押的，应当等到案件审理结束后，再发还给财物所有人。

〔蒋某超、林某等盗窃案，2024-03-1-221-002〕"供犯罪所用的本人财物"的认定

刑法第六十四条规定应当予以没收的"供犯罪所用的本人财物"，应当结合财物与犯罪的关联程度、没收是否损害他人合法民事权利等因素，并综合衡量财物价值与犯罪情节的相当性作出认定。一般来说，"供犯罪所用的本人财物"是指与犯罪有直接或者密切联系，对行为人实施犯罪起着决定作用或者重要作用，且予以没收不会对其他公民、法人合法民事权利造成损害的财物。

〔严某贼、曾某年、曾某钢非法采矿案，2024-11-1-349-006〕专门用于非法采砂的船舶应整体予以没收

对于行为人购买的专门用于海上非法采砂的船舶，应根据刑法第六十四条及非法采矿司法解释第十二条第二款有关用于非法采矿、破坏性采矿犯罪的专门工具和供犯罪所用的本人财物的相关规定，依法予以没收。

〔杨某亭受贿案，2024-03-1-404-020〕犯罪分子违法所得与其他合法财产共同转化为其他财物的追缴原则

对犯罪分子违法所得，一般应当追缴原物。原物已经转化为其他财物的，追缴转化后的财物。违法所得与其他合法财产共同转化为其他财物的，只追缴与违法所得对应的份额及相应收益。

〔武某职务侵占案，2023-05-1-226-005〕涉案赃款用于直播平台打赏行为的认定及处置

1.直播平台上，观众打赏与否并不影响其观看直播的内容，作为接受方的直播平台并未对此提供合理的对价，观众的打赏行为应认定为无偿赠与行为。

2.涉案赃款用于直播平台打赏能否追缴发还。不同于普通的民事赠与行为，用涉案赃款赠与并非自有合法财产，应当予以追缴，维护被害单位的合法权益。

〔某信息技术(北京)有限公司等虚开增值税专用发票案，2023-05-1-167-002〕单位犯罪中已注销公司造成的税款损失能否向公司实际控制人、股东追缴

在被告单位不具备承担刑事责任的相关能力，且在案证据不足以证实存在公司财产与个人财产混同或赃款流向实际控制人的情况下，不宜在刑事判决中直接向公司实际控制人、股东追缴某科技公司所涉税款。

【《刑事审判参考》案例】

〔参考案例第1464号：王甲受贿案〕受贿案中的涉案财物应当如何处理？

受贿案件中，对于涉案财物把握的原则是不能使犯罪人从违法犯罪中获利，对于犯罪分子违法所得及其收益，应当一并追缴。对于查封、扣押的在案财物，应当按照以下原则步骤处理：一是对于违法所得，一般应当追缴原物，但在被告人收受行贿人所送房屋的情况下，被告人或家属提出保留房屋而缴纳现金的，法院可以审查被告人及家属的实际居住情况，出于人道主义考虑同意的，应当以追缴的时间点为基准计算房屋价值，缴纳同等数额的现金。二是对于受贿款的增值部分应当一并追缴。三是对于被告人财物贬值的，被告人以其他财物折抵，可以允许，并视情作为被告人积极退赃的一种表现。四是对被告人判处财产刑的，可以查封、扣押的在案财物进行折抵。五是对于其他查封、扣押的在案财物，应当依法返还给被告人及其亲属。

〔参考案例第1477号：刘军、杨丽敏洗钱案〕如何认定和处置洗钱罪中的涉案财产？

在涉案财产的认定上，应区分进账与出账，对于同一笔进账，无论其后续是否多次转换，都只将进账的部分计算一次洗钱金额。在涉案财物的处置上，法院根据财产类型主要作出如下处理：(1)对于上游犯罪所得及其收益转换、转移产生的已查封且权属清晰的不动产、扣押在案的汽车、冻结的现金及孳息等财产，直接作为违法所得予以没收。(2)对已经查实的涉及洗钱犯罪及其上游犯罪的违法所得及其产生的收益中尚未查控到案的部分，均依法判处予以追缴。(3)对于查控在案但无证据证实属于违法所得的被告人名下的合法财产，作为被告人财产刑执行对象予以执行。(4)对于难以分割的混同财产，根据资金来源性质进行区分处置。(5)对于被告人利用上游毒品犯罪违法所得进行投资，与他人的合法财产发生难以分割的混同的合伙股份，法院应将其作为财产线索在判决书尾部予以列明。

〔参考案例第1510号：王某某、徐某某走私国家禁止进出口的货物案〕犯罪工具与合法财产混同时，如何保护合法权益？

犯罪工具可以依法判决没收，并不意味着所有的犯罪工具都应当予以没收。刑法第六十四条对没收范围进行了限制，明确规定没收的财物必须是本人财物，体现了罪责自负和保护第三人合法权益的原则。对于犯罪工具的没收，应当坚持权属限制和量度限制，既坚持没收供犯罪所用的本人财物，又坚持比例原则。当犯罪工具与合法财产混同时，可以考虑通过没收一定比例钱款的方式进行处理，一般适用于涉案财物被第三人善意取得、涉案财物由多人共同共有且不可分割或者附有他物权等情形。当决定采用没收一定比例的钱款方式时，还应当考虑到钱款价值与犯罪工具"作用"的价值相当。对犯罪工具的处理，没收比例的确定可以从工具所有人在犯罪中的地位和作用、使用犯罪工具的心理状态等多方面因素进行考虑。

〔参考案例第1592号：王某某贪污案〕非法截留捐赠的财物应如何定性及处置？

私自截留捐赠财物的行为应定性为贪污，而非受贿。对于贪污犯罪，一般应将涉案财物返还给被害单位，但违纪财物并非被害单位的合法财产，不符合刑法第六十四条“对被害人的合法财产，应当及时返还”的适用条件，更不宜通过判决的形式确认单位不法行为的获利，因而直接判决上缴国库更为合适。

第二节　累　　犯

第六十五条　【一般累犯】被判处有期徒刑以上刑罚的犯罪分子，刑罚执行完毕或者赦免以后，在五年以内再犯应当判处有期徒刑以上刑罚之罪的，是累犯，应当从重处罚，但是过失犯罪和不满十八周岁的人犯罪的除外。

前款规定的期限，对于被假释的犯罪分子，从假释期满之日起计算。

【修正前条文】

第六十五条　【累犯】被判处有期徒刑以上刑罚的犯罪分子，刑罚执行完毕或者赦免以后，在五年以内再犯应当判处有期徒刑以上刑罚之罪的，是累犯，应当从重处罚，但是过失犯罪除外。

前款规定的期限，对于被假释的犯罪分子，从假释期满之日起计算。

【修正说明】

刑法修正案(八)第六条在原条文第一款基础上增加了有关未成年人犯罪不构成累犯的规定。

【立法 · 要点注释】

“刑罚执行完毕”，应当是指有期徒刑以上的刑罚执行完毕。对于有期徒刑以上的主刑已经执行完毕，但附加刑尚未执行完毕的，应以主刑执行完毕之日为累犯期间的起算时间。

【司法解释(1)】

《最高人民法院关于适用刑法时间效力规定若干问题的解释》(法释〔1997〕5号，19971001)

第三条　前罪判处的刑罚已经执行完毕或者赦免，在1997年9月30日以前又犯应当判处有期徒刑以上刑罚之罪，是否构成累犯，适用修订前的刑法第六十一条的规定；1997年10月1日以后又犯应当判处有期徒刑以上刑罚之罪的，是否构成累犯，适用刑法第六十五条的规定。

【司法解释(2)】

《最高人民法院关于〈中华人民共和国刑法修正案(八)〉时间效力问题的解释》(法释〔2011〕9号，20110501)

第三条第一款　被判处有期徒刑以上刑罚，刑罚执行完毕或者赦免以后，在2011年4月30日以前再犯应当判处有期徒刑以上刑罚之罪的，是否构成累犯，适用修正前刑法第六十五条的规定；但是，前罪实施时不满十八周岁的，是否构成累犯，适用修正后刑法第六十五条的规定。

【司法解释(3)】

《最高人民检察院关于认定累犯如何确定刑罚执行完毕以后“五年以内”起始日期的批复》(高检发释字〔2018〕2号,20181230)

刑法第六十五条第一款规定的“刑罚执行完毕”,是指刑罚执行到期应予释放之日。认定累犯,确定刑罚执行完毕以后“五年以内”的起始日期,应当从刑满释放之日起计算。

【司法解释(4)】

《最高人民法院、最高人民检察院关于缓刑犯在考验期满后五年内再犯应当判处有期徒刑以上刑罚之罪应否认定为累犯问题的批复》(高检发释字〔2020〕1号,20200120)

近来,部分省、自治区、直辖市高级人民法院、人民检察院请示缓刑犯在考验期满后五年内再犯应当判处有期徒刑以上刑罚之罪应否认定为累犯的问题。经研究,批复如下:

被判处有期徒刑宣告缓刑的犯罪分子,在缓刑考验期满后五年内再犯应当判处有期徒刑以上刑罚之罪的,因前罪判处的有期徒刑并未执行,不具备刑法第六十五条规定的“刑罚执行完毕”的要件,故不应认定为累犯,但可作为对新罪确定刑罚的酌定从重情节予以考虑。

【司法指导文件(1)】

《最高人民法院、最高人民检察院关于常见犯罪的量刑指导意见(试行)》(法发〔2021〕21号,20210701)

三、常见量刑情节的适用

(十五)对于累犯,综合考虑前后罪的性质、刑罚执行完毕或赦免以后至再犯罪时间的长短以及前后罪罪行轻重等情况,应当增加基准刑的10%—40%,一般不少于3个月。

【司法指导文件(2)】

《最高人民法院关于审理抢劫刑事案件适用法律若干问题的指导意见》(法发〔2016〕2号,20160106)

六、累犯等情节的适用

根据刑法第六十五条第一款的规定,对累犯应当从重处罚。抢劫犯罪被告人具有累犯情节的,适用刑罚时要综合考虑犯罪的情节和后果,所犯前后罪的性质、间隔时间及判刑轻重等情况,决定从重处罚的力度。对于前罪系抢劫等严重暴力犯罪的累犯,应当依法加大从重处罚的力度。

对于虽不构成累犯,但具有抢劫犯罪前科的,一般不适用减轻处罚和缓刑。对于可能判处死刑的罪犯具有累犯情节的也应慎重,不能只要是累犯就一律判处死刑立即执行;被告人同时具有累犯和法定从宽处罚情节的,判处死刑立即执行应当综合考虑,从严掌握。

【司法指导文件(3)】

《最高人民法院研究室关于适用刑法第六十五条第一款有关问题的答复》(法研〔2013〕84号)

行为人在十八周岁前后实施数罪或者数个行为,如果其已满十八周岁以后的犯罪为故意犯罪且被判处或者明显应当被判处有期徒刑以上刑罚,在刑罚执行完毕或者赦免后五年内,又故意再犯应当判处有期徒刑以上刑罚之罪的,应当认定为累犯。

【法院案例库参考案例】

〔钟某抢劫案，2023-02-1-220-005〕被告人前次犯罪跨越十八周岁且被判处有期徒刑，在刑罚执行完毕后五年内再犯应当判处有期徒刑以上刑罚之罪的，是否构成累犯

对于在十八周岁前后实施数罪或持续性的犯罪行为(包括连续犯、继续犯等情形)，其中，十八周岁后实施的故意犯罪不是应当判处有期徒刑以上刑罚的，不构成累犯；十八周岁后实施的故意犯罪处于可能判处有期徒刑与拘役、管制、单处罚金等刑罚的临界点的，在前罪判处的刑罚执行完毕或者赦免以后五年内，再故意犯应当判处有期徒刑以上刑罚之罪的行为人，一般不认定为累犯。

【《刑事审判参考》案例】

〔参考案例第122号：买买提盗窃案〕如何理解累犯制度、数罪并罚制度中的"刑罚执行完毕"?

刑法第六十五条中规定的"刑罚"应当理解为是指"有期徒刑以上刑罚"，不能扩大理解为包括"主刑和附加刑"。数罪并罚制度中的"刑罚"包括主刑和附加刑，只要行为人所犯的后罪是在前罪被判处的刑罚，包括主刑和附加刑执行完毕之前的，在对后罪作出判决时，均应适用数罪并罚制度；只有行为人所犯的后罪是在前罪被判处的所有刑罚，包括主刑和附加刑都执行完毕之后，对后罪判决时才不适用数罪并罚制度。

〔参考案例第202号：丁立军强奸、抢劫、盗窃案〕在假释考验期间直至期满后连续实施犯罪是否应撤销假释并构成累犯?

被告人在假释考验期间直至期满后连续犯罪的，应撤销假释，数罪并罚。假释是附条件的提前释放，犯罪分子因犯新罪被撤销假释后，其前罪的余刑仍须执行，而不是前罪的"刑罚已经执行完毕"。因此，整个连续犯罪就缺乏构成累犯的前提条件，故不构成累犯。

〔参考案例第1068号：周崇敏贩卖毒品案〕二审裁判文书生效后，发现被告人在因一审判处的有期徒刑届满被取保候审期间又犯新罪的，在对新罪进行审判时是否应认定该被告人构成累犯?

1.刑罚执行的内容是判决和裁定，执行的前提条件是裁判发生法律效力，刑罚执行的起点是裁判发生法律效力之时。刑罚执行完毕，既包括有期徒刑实际执行完毕，也包括假释考验期满；被判处缓刑的犯人，在缓刑考验期满后再犯罪的，不构成累犯，系因缓刑考验期满意味着所判处的主刑不再执行，本质上区别于刑罚执行完毕。

2.从我国刑法对数罪并罚的制度规定来看，被告人属于在判决生效前又犯新罪，表面上看似符合刑法第六十九条"判决宣告前犯数罪予以并罚"的情形，但在前罪二审裁定书宣告前，并未发现被告人另犯本案新罪的情况，且前罪判决生效时已无余刑可执行，故不具备实行数罪并罚的客观条件和必要性。

〔参考案例第1082号：石加肆盗窃案〕前罪刑罚被执行完毕后，因审判监督程序被加重刑罚，被告人在加重刑罚执行期间又犯新罪，是否构成累犯?

因被告人自己隐瞒个人信息而导致法院对前罪再审并增加了刑罚量的情况下，增量刑罚尚未执行完毕的，不能认定为前罪刑罚执行完毕。被告人的犯罪行为实施于前罪尚未执行完毕的期间内，不符合累犯构成的时间要件，不应认定为累犯。

〔参考案例第1604号：吴某、刘某海开设赌场案〕前罪刑期在判决前羁押折抵完毕，如何认定累犯中前罪的刑罚执行完毕？

前罪刑期在判决前羁押折抵完毕，应以判决生效之日认定累犯中前罪的刑罚执行完毕。

第六十六条　【特别累犯】危害国家安全犯罪、恐怖活动犯罪、黑社会性质的组织犯罪的犯罪分子，在刑罚执行完毕或者赦免以后，在任何时候再犯上述任一类罪的，都以累犯论处。

【修正前条文】

第六十六条　【特别累犯】危害国家安全的犯罪分子在刑罚执行完毕或者赦免以后，在任何时候再犯危害国家安全罪的，都以累犯论处。

【修正说明】

刑法修正案(八)第七条将恐怖活动犯罪、黑社会性质的组织犯罪也纳入了特殊累犯的范围。

【立法·要点注释】

1.本条不受本法第六十五条关于构成累犯的前罪和后罪都应是"判处有期徒刑以上刑罚"的条件限制。即前罪只要判处刑罚即可，后罪只要构成犯罪即可。

2.未成年人不构成累犯属于对未成年人的特别规定。与刑法第十七条的规定一脉相承，不仅限于第六十五条，也应当适用于本条关于特殊累犯的规定。

【司法解释】

《最高人民法院关于〈中华人民共和国刑法修正案(八)〉时间效力问题的解释》(法释〔2011〕9号，20110501)

第三条第二款　曾犯危害国家安全犯罪，刑罚执行完毕或者赦免以后，在2011年4月30日以前再犯危害国家安全犯罪的，是否构成累犯，适用修正前刑法第六十六条的规定。

第三条第三款　曾被判处有期徒刑以上刑罚，或者曾犯危害国家安全犯罪、恐怖活动犯罪、黑社会性质的组织犯罪，在2011年5月1日以后再犯罪的，是否构成累犯，适用修正后刑法第六十五条、第六十六条的规定。

第三节　自首和立功

第六十七条　【自首和坦白】犯罪以后自动投案，如实供述自己的罪行的，是自首。对于自首的犯罪分子，可以从轻或者减轻处罚。其中，犯罪较轻的，可以免除处罚。

被采取强制措施的犯罪嫌疑人、被告人和正在服刑的罪犯，如实供述司法机关还未掌握的本人其他罪行的，以自首论。

犯罪嫌疑人虽不具有前两款规定的自首情节，但是如实供述自己罪行的，可以从轻处罚；因其如实供述自己罪行，避免特别严重后果发生的，可以减轻处罚。

【修正前条文】

第六十七条　【自首及其处罚】犯

罪以后自动投案，如实供述自己的罪行的，是自首。对于自首的犯罪分子，可以从轻或者减轻处罚。其中，犯罪较轻的，可以免除处罚。

被采取强制措施的犯罪嫌疑人、被告人和正在服刑的罪犯，如实供述司法机关还未掌握的本人其他罪行的，以自首论。

【修正说明】

刑法修正案(八)第八条在原条文基础上增设了第三款。

【立法・要点注释】

本条第三款“因其如实供述自己罪行，避免特别严重后果发生的”，是指行为人的行为已经实施，但犯罪结果还没有发生或者没有全部发生，由于行为人的供述，使得有关方面能够采取措施避免了特别严重后果发生的情况。本款规定的从宽处理是“可以”从轻、减轻处罚，对行为人虽然如实供述了自己罪行，但犯罪情节比较恶劣的也可以不从轻、减轻处罚。

【司法解释(1)】

《最高人民法院关于处理自首和立功具体应用法律若干问题的解释》(法释〔1998〕8号，19980509)

第一条　根据刑法第六十七条第一款的规定，犯罪以后自动投案，如实供述自己的罪行的，是自首。

(一)自动投案，是指犯罪事实或者犯罪嫌疑人未被司法机关发觉，或者虽被发觉，但犯罪嫌疑人尚未受到讯问、未被采取强制措施时，主动、直接向公安机关、人民检察院或者人民法院投案。

犯罪嫌疑人向其所在单位、城乡基层组织或者其他有关负责人员投案的；犯罪嫌疑人因病、伤或者为了减轻犯罪后果，委托他人先代为投案，或者先以信电投案的；罪行未被司法机关发觉，仅因形迹可疑被有关组织或者司法机关盘问、教育后，主动交代自己的罪行的；犯罪后逃跑，在被通缉、追捕过程中，主动投案的；经查实确已准备去投案，或者正在投案途中，被公安机关捕获的，应当视为自动投案。

并非出于犯罪嫌疑人主动，而是经亲友规劝、陪同投案的；公安机关通知犯罪嫌疑人的亲友，或者亲友主动报案后，将犯罪嫌疑人送去投案的，也应当视为自动投案。

犯罪嫌疑人自动投案后又逃跑的，不能认定为自首。

(二)如实供述自己的罪行，是指犯罪嫌疑人自动投案后，如实交代自己的主要犯罪事实。

犯有数罪的犯罪嫌疑人仅如实供述所犯数罪中部分犯罪的，只对如实供述部分犯罪的行为，认定为自首。

共同犯罪案件中的犯罪嫌疑人，除如实供述自己的罪行，还应当供述所知的同案犯，主犯则应当供述所知其他同案的共同犯罪事实，才能认定为自首。

犯罪嫌疑人自动投案并如实供述自己的罪行后又翻供的，不能认定为自首，但在一审判决前又能如实供述的，应当认定为自首。

第二条　根据刑法第六十七条第二款的规定，被采取强制措施的犯罪嫌疑人、被告人和已宣判的罪犯，如实供述司法机关尚未掌握的罪行，与司法机关已掌握的或者判决确定的罪行属不同种罪行的，以自首论。

第三条　根据刑法第六十七条第

一款的规定，对于自首的犯罪分子，可以从轻或者减轻处罚；对于犯罪较轻的，可以免除处罚。具体确定从轻、减轻还是免除处罚，应当根据犯罪轻重，并考虑自首的具体情节。

第四条　被采取强制措施的犯罪嫌疑人、被告人和已宣判的罪犯，如实供述司法机关尚未掌握的罪行，与司法机关已掌握的或者判决确定的罪行属同种罪行的，可以酌情从轻处罚；如实供述的同种罪行较重的，一般应当从轻处罚。

【司法解释(2)】

《最高人民法院关于被告人对行为性质的辩解是否影响自首成立问题的批复》(法释〔2004〕2号，20040401)

根据刑法第六十七条第一款和《最高人民法院关于处理自首和立功具体应用法律若干问题的解释》第一条的规定，犯罪以后自动投案，如实供述自己的罪行的，是自首。被告人对行为性质的辩解不影响自首的成立。

【司法解释(3)】

《最高人民法院关于适用刑法时间效力规定若干问题的解释》(法释〔1997〕5号，19971001)

第四条　1997年9月30日以前被采取强制措施的犯罪嫌疑人、被告人或者1997年9月30日以前犯罪，1997年10月1日以后仍在服刑的罪犯，如实供述司法机关还未掌握的本人其他罪行的，适用刑法第六十七条第二款的规定。

【司法解释(4)】

《最高人民法院关于〈中华人民共和国刑法修正案(八)〉时间效力问题的解释》(法释〔2011〕9号，20110501)

第四条　2011年4月30日以前犯罪，虽不具有自首情节，但是如实供述自己罪行的，适用修正后刑法第六十七条第三款的规定。

【司法解释(5)】

《最高人民法院、最高人民检察院关于办理行贿刑事案件具体应用法律若干问题的解释》(法释〔2012〕22号，20130101)

第八条　行贿人被追诉后如实供述自己罪行的，依照刑法第六十七条第三款的规定，可以从轻处罚；因其如实供述自己罪行，避免特别严重后果发生的，可以减轻处罚。

【司法指导文件(1)】

《最高人民法院关于处理自首和立功若干具体问题的意见》(法发〔2010〕60号，20101222)

一、关于“自动投案”的具体认定

《解释》[①]第一条第(一)项规定七种应当视为自动投案的情形，体现了犯罪嫌疑人投案的主动性和自愿性。根据《解释》第一条第(一)项的规定，犯罪嫌疑人具有以下情形之一的，也应当视为自动投案：

1.犯罪后主动报案，虽未表明自己是作案人，但没有逃离现场，在司法机关询问时交代自己罪行的；2.明知他人

① 即《最高人民法院关于处理自首和立功具体应用法律若干问题的解释》(法释〔1998〕8号)。——编者注

报案而在现场等待，抓捕时无拒捕行为，供认犯罪事实的；3.在司法机关未确定犯罪嫌疑人，尚在一般性排查询问时主动交代自己罪行的；4.因特定违法行为被采取劳动教养、行政拘留、司法拘留、强制隔离戒毒等行政、司法强制措施期间，主动向执行机关交代尚未被掌握的犯罪行为的；5.其他符合立法本意，应当视为自动投案的情形。

罪行未被有关部门、司法机关发觉，仅因形迹可疑被盘问、教育后，主动交代了犯罪事实的，应当视为自动投案，但有关部门、司法机关在其身上、随身携带的物品、驾乘的交通工具等处发现与犯罪有关的物品的，不能认定为自动投案。

……

犯罪嫌疑人被亲友采用捆绑等手段送到司法机关，或者在亲友带领侦查人员前来抓捕时无拒捕行为，并如实供认犯罪事实的，虽然不能认定为自动投案，但可以参照法律对自首的有关规定酌情从轻处罚。

二、关于“如实供述自己的罪行”的具体认定

《解释》第一条第(二)项规定如实供述自己的罪行，除供述自己的主要犯罪事实外，还应包括姓名、年龄、职业、住址、前科等情况。犯罪嫌疑人供述的身份等情况与真实情况虽有差别，但不影响定罪量刑的，应认定为如实供述自己的罪行。犯罪嫌疑人自动投案后隐瞒自己的真实身份等情况，影响对其定罪量刑的，不能认定为如实供述自己的罪行。

犯罪嫌疑人多次实施同种罪行的，应当综合考虑已交代的犯罪事实与未交代的犯罪事实的危害程度，决定是否认定为如实供述主要犯罪事实。虽然投案后没有交代全部犯罪事实，但如实交代的犯罪情节重于未交代的犯罪情节，或者如实交代的犯罪数额多于未交代的犯罪数额，一般应认定为如实供述自己的主要犯罪事实。无法区分已交代的与未交代的犯罪情节的严重程度，或者已交代的犯罪数额与未交代的犯罪数额相当，一般不认定为如实供述自己的主要犯罪事实。

犯罪嫌疑人自动投案时虽然没有交代自己的主要犯罪事实，但在司法机关掌握其主要犯罪事实之前主动交代的，应认定为如实供述自己的罪行。

三、关于“司法机关还未掌握的本人其他罪行”和“不同种罪行”的具体认定

犯罪嫌疑人、被告人在被采取强制措施期间，向司法机关主动如实供述本人的其他罪行，该罪行能否认定为司法机关已掌握，应根据不同情形区别对待。如果该罪行已被通缉，一般应以该司法机关是否在通缉令发布范围内作出判断，不在通缉令发布范围内的，应认定为还未掌握，在通缉令发布范围内的，应视为已掌握；如果该罪行已录入全国公安信息网络在逃人员信息数据库，应视为已掌握。如果该罪行未被通缉、也未录入全国公安信息网络在逃人员信息数据库，应以该司法机关是否已实际掌握该罪行为标准。

犯罪嫌疑人、被告人在被采取强制措施期间如实供述本人其他罪行，该罪行与司法机关已掌握的罪行属同种罪行还是不同种罪行，一般应以罪名区分。虽然如实供述的其他罪行的罪名与司法机关已掌握犯罪的罪名不同，但如实供述的其他犯罪与司法机关已掌握的犯罪属选择性罪名或者在法律、事

实上密切关联，如因受贿被采取强制措施后，又交代因受贿为他人谋取利益行为，构成滥用职权罪的，应认定为同种罪行。

七、关于自首、立功证据材料的审查

人民法院审查的自首证据材料，应当包括被告人投案经过、有罪供述以及能够证明其投案情况的其他材料。投案经过的内容一般应包括被告人投案时间、地点、方式等。证据材料应加盖接受被告人投案的单位的印章，并有接受人员签名。

……

人民法院经审查认为证明被告人自首、立功的材料不规范、不全面的，应当由检察机关、侦查机关予以完善或者提供补充材料。

上述证据材料在被告人被指控的犯罪一、二审审理时已形成的，应当经庭审质证。

八、关于对自首、立功的被告人的处罚

对具有自首、立功情节的被告人是否从宽处罚、从宽处罚的幅度，应当考虑其犯罪事实、犯罪性质、犯罪情节、危害后果、社会影响、被告人的主观恶性和人身危险性等。自首的还应考虑投案的主动性、供述的及时性和稳定性等。立功的还应考虑检举揭发罪行的轻重、被检举揭发的人可能或者已经被判处的刑罚、提供的线索对侦破案件或者协助抓捕其他犯罪嫌疑人所起作用的大小等。

具有自首或者立功情节的，一般应依法从轻、减轻处罚；犯罪情节较轻的，可以免除处罚。类似情况下，对具有自首情节的被告人的从宽幅度要适当宽于具有立功情节的被告人。

虽然具有自首或者立功情节，但犯罪情节特别恶劣、犯罪后果特别严重、被告人主观恶性深、人身危险性大，或者在犯罪前即为规避法律、逃避处罚而准备自首、立功的，可以不从宽处罚。

对于被告人具有自首、立功情节，同时又有累犯、毒品再犯等法定从重处罚情节的，既要考虑自首、立功的具体情节，又要考虑被告人的主观恶性、人身危险性等因素，综合分析判断，确定从宽或者从严处罚。累犯的前罪为非暴力犯罪的，一般可以从宽处罚，前罪为暴力犯罪或者前、后罪为同类犯罪的，可以不从宽处罚。

在共同犯罪案件中，对具有自首、立功情节的被告人的处罚，应注意共同犯罪人以及首要分子、主犯、从犯之间的量刑平衡。犯罪集团的首要分子、共同犯罪的主犯检举揭发或者协助司法机关抓捕同案地位、作用较次的犯罪分子的，从宽处罚与否应当从严掌握，如果从轻处罚可能导致全案量刑失衡的，一般不从轻处罚；如果检举揭发或者协助司法机关抓捕的是其他案件中罪行同样严重的犯罪分子，一般应依法从宽处罚。对于犯罪集团的一般成员、共同犯罪的从犯立功的，特别是协助抓捕首要分子、主犯的，应当充分体现政策，依法从宽处罚。

【司法指导文件(1)·注释】

1.关于“明知他人报案而在现场等待的情形”。如果犯罪嫌疑人系因受伤、醉酒、被群众包围等客观因素而未能逃跑，或者滞留现场是寻找作案机会、继续作案而非等待抓捕，则不能认定为自动投案。

2.关于如实供述的时间限制。犯罪嫌疑人投案后一直未主动如实供述主要犯罪事实，如在侦查机关掌握证据后才交代；在一审庭审中才交代；在二审庭审或二审发回重审中才交代，这类情形不能认定为自首。

【司法指导文件(2)】

《最高人民法院、最高人民检察院关于常见犯罪的量刑指导意见(试行)》(法发〔2021〕21号，20210701)

三、常见量刑情节的适用

(六)对于自首情节，综合考虑自首的动机、时间、方式、罪行轻重、如实供述罪行的程度以及悔罪表现等情况，可以减少基准刑的40%以下；犯罪较轻的，可以减少基准刑的40%以上或者依法免除处罚。恶意利用自首规避法律制裁等不足以从宽处罚的除外。

(七)对于坦白情节，综合考虑如实供述罪行的阶段、程度、罪行轻重以及悔罪表现等情况，确定从宽的幅度。

1.如实供述自己罪行的，可以减少基准刑的20%以下；

2.如实供述司法机关尚未掌握的同种较重罪行的，可以减少基准刑的10%—30%；

3.因如实供述自己罪行，避免特别严重后果发生的，可以减少基准刑的30%—50%。

【司法指导文件(3)】

《最高人民法院关于贯彻宽严相济刑事政策的若干意见》(法发〔2010〕9号，20100208)

17.对于自首的被告人，除了罪行极其严重、主观恶性极深、人身危险性极大，或者恶意地利用自首规避法律制裁者以外，一般均应当依法从宽处罚。

对于亲属以不同形式送被告人归案或协助司法机关抓获被告人而认定为自首的，原则上都应当依法从宽处罚；有的虽然不能认定为自首，但考虑到被告人亲属支持司法机关工作，促使被告人到案、认罪、悔罪，在决定对被告人具体处罚时，也应当予以充分考虑。

【司法指导文件(4)】

《最高人民法院、最高人民检察院关于办理职务犯罪案件认定自首、立功等量刑情节若干问题的意见》(法发〔2009〕13号，20090312)

一、关于自首的认定和处理

根据刑法第六十七条第一款的规定，成立自首需同时具备自动投案和如实供述自己的罪行两个要件。犯罪事实或者犯罪分子未被办案机关掌握，或者虽被掌握，但犯罪分子尚未受到调查谈话、讯问，或者未被宣布采取调查措施或者强制措施时，向办案机关投案的，是自动投案。在此期间如实交代自己的主要犯罪事实的，应当认定为自首。

犯罪分子向所在单位等办案机关以外的单位、组织或者有关负责人员投案的，应当视为自动投案。

没有自动投案，在办案机关调查谈话、讯问、采取调查措施或者强制措施期间，犯罪分子如实交代办案机关掌握的线索所针对的事实的，不能认定为自首。

没有自动投案，但具有以下情形之一的，以自首论：(1)犯罪分子如实交代办案机关未掌握的罪行，与办案机关已掌握的罪行属不同种罪行的；(2)办案机关所掌握线索针对的犯罪事实不成立，在此范围外犯罪分子交代同种罪行的。

单位犯罪案件中，单位集体决定或者单位负责人决定而自动投案，如实交代单位犯罪事实的，或者单位直接负责的主管人员自动投案，如实交代单位犯罪事实的，应当认定为单位自首。单位自首的，直接负责的主管人员和直接责任人员未自动投案，但如实交代自己知道的犯罪事实的，可以视为自首；拒不交代自己知道的犯罪事实或者逃避法律追究的，不应当认定为自首。单位没有自首，直接责任人员自动投案并如实交代自己知道的犯罪事实的，对该直接责任人员应当认定为自首。

对于具有自首情节的犯罪分子，办案机关移送案件时应当予以说明并移交相关证据材料。

对于具有自首情节的犯罪分子，应当根据犯罪的事实、性质、情节和对于社会的危害程度，结合自动投案的动机、阶段、客观环境，交代犯罪事实的完整性、稳定性以及悔罪表现等具体情节，依法决定是否从轻、减轻或者免除处罚以及从轻、减轻处罚的幅度。

三、关于如实交代犯罪事实的认定和处理①

犯罪分子依法不成立自首，但如实交代犯罪事实，有下列情形之一的，可以酌情从轻处罚：(1)办案机关掌握部分犯罪事实，犯罪分子交代了同种其他犯罪事实的；(2)办案机关掌握的证据不充分，犯罪分子如实交代有助于收集定案证据的。

犯罪分子如实交代犯罪事实，有下列情形之一的，一般应当从轻处罚：(1)办案机关仅掌握小部分犯罪事实，犯罪分子交代了大部分未被掌握的同种犯罪事实的；(2)如实交代对于定案证据的收集有重要作用的。

【司法指导文件(5)】

《最高人民法院、最高人民检察院、海关总署关于办理走私刑事案件适用法律若干问题的意见》(法〔2002〕139号，20020708)

二十一、关于单位走私犯罪案件自首的认定问题

在办理单位走私犯罪案件中，对单位集体决定自首的，或者单位直接负责的主管人员自首的，应当认定单位自首。认定单位自首后，如实交代主要犯罪事实的单位负责的其他主管人员和其他直接责任人员，可视为自首，但对拒不交代主要犯罪事实或逃避法律追究的人员，不以自首论。

【司法指导文件(6)】

《全国法院毒品案件审判工作会议纪要》(法〔2023〕108号，20230626)

八、自首、立功问题

毒品犯罪中的自首情节具有较高司法价值，对于自首的被告人，一般应当依法从宽处罚。对于积极响应司法机关发布的敦促涉毒在逃人员投案自首通告，在通告期限内自行或者经亲属劝说、陪同投案，并如实供述犯罪事实的被告人，从宽处罚的幅度应当更大；有的虽不构成自首，量刑时也应充分考虑其自动投案情节，尽可能地兑现政策。

……

【司法指导文件(7)】

《最高人民法院关于审理故意杀人、故意伤害案件正确适用死刑问题的

---

① 对于该部分内容的适用，需结合刑法修正案(八)第八条增设的刑法第六十七条第三款关于坦白从宽处理的规定综合考虑。——编者注

指导意见》(20090803)

五、关于被告人有自首、立功情节的死刑适用

自首和立功是刑法明确规定的、司法实践中适用较多的两种法定从轻或减轻处罚情节。对于具备这两种情节之一的，一般都应依法从轻处罚。对于具有自首、立功情节，同时又有累犯、前科等法定、酌定从重处罚情节的，要综合分析从重因素和从轻因素哪方面更突出一些，依法体现宽严相济的基本刑事政策。

对于被告人未自首，但被告人亲属协助抓获被告人，或者提供被告人犯罪的主要证据对定案起到重要作用等情况的，应作为酌定从宽情节，予以充分考虑。

对于具有犯罪后果特别严重、犯罪动机特别卑劣或者被告人为规避法律而自首等情形的，对被告人是否从轻处罚，要从严掌握。

对于罪该判处死刑的被告人具有立功表现的，是否从轻处罚，应当以该立功是否足以抵罪为标准。被告人确有重大立功表现的，一般应当考虑从轻处罚；被告人有一般立功表现，经综合考虑足以从轻的，也可以考虑对被告人从轻处罚；被告人亲属为使被告人得到从轻处罚，检举、揭发他人犯罪或者协助司法机关抓捕其他犯罪嫌疑人的，虽不能视为被告人立功，也可以作为酌定从宽情节考虑。对于黑社会性质组织犯罪的首要分子、犯罪集团的首要分子等，犯罪主体的特殊性决定了其有可能掌握他人较多的犯罪线索，即使其检举揭发与其犯罪有关联的人或事构成重大立功的，从轻处罚也要从严掌握。如果被告人罪行极其严重，只有一般立功表现，经综合考虑不足以从轻的，可不予从轻处罚。

【司法指导文件(8)】

《最高人民法院研究室关于自动投案法律适用问题的答复》(法研〔2013〕10号，20130120)

对于行为人原不具有自动投案情节，在被取保候审期间逃跑后主动归案的情形，不能认定为自动投案。

【法院案例库参考案例】

〔施甲故意杀人案，2024-04-1-177-015〕犯罪后主动至派出所但未明确表达投案意愿的，不属于“自动投案”

“自动投案”不仅要求行为人积极主动将自己置于办案机关的控制之下，还要求行为人明确表达投案意愿，自愿接受审查与裁判。对于行为人作案后虽主动至派出所等候，但在民警发觉其有犯罪嫌疑并传唤询问(及此后的讯问与庭审)时始终沉默不语的，属于消极抗拒审查，不具备投案的主动性和自愿性，不属于“自动投案”，不能认定为自首。

〔吴某斌内幕交易案，2023-03-1-120-001〕犯罪后主动向单位交待犯罪事实，但以接受内部处理形式规避法律制裁，不应视为主动投案

被告人在犯罪后主动向所在单位交待犯罪事实，但紧接着与单位协商以接受内部处理形式规避法律制裁，向单位交待犯罪事实与案件侦破、归案结果之间均无关联，缺乏投案的主动性和接受法律制裁的自愿性，不应视为主动投案。

〔徐某某故意伤害案，2023-04-1-179-002〕报案时间是否影响自首的认定

案发前和案发中报警，因不符合自首概念中“犯罪后”自动投案的时间限制，而不具备自动投案型自首的形式要件。自首的概念是犯罪后自动投案，向公安、司法机关或者其他有关机关如实供述自己的罪行的行为。徐某某喊报警的时间是在犯罪前或者犯罪中，其喊报警后或开始犯罪行为或未停止犯罪行为，人身危险性和主观恶性并未因报警行为而有所减少。不符合自动投案型自首的形式要件和实质要件。同时，警察到来时双方的打斗尚未结束，在此情况下，徐某某无法逃离现场，其留在现场完全是被情势所迫，不能认定其系主动将自己置于公安机关控制之下，故徐某某亦不构成原地等待型自首。综上，徐某某不具有自首情节，依法不应认定为自首。

〔卢某某故意杀人案，2024-03-1-177-001〕主动报案与自动投案的界分

作案后主动报警，但报警及民警到场处置时，均未如实供认自己的主要犯罪事实，在民警发现事态可疑而对行为人先行控制，并带回派出所后才供述主要犯罪事实的，不属于自动投案，不应当认定为自首。

〔杜某故意杀人案，2024-04-1-177-014〕行为人作案后报警，又实施自杀行为并反锁房门阻止民警进入现场的，不构成自首

作案后报警，又实施自杀行为并反锁房门阻止民警进入现场的，不属于自动投案，不构成自首。

〔吴某伟故意杀人案，2023-02-1-177-006〕犯罪后自杀又主动报案的性质认定

1.犯罪嫌疑人作案后，在归案前有自杀行为，只要其幡然悔悟，自杀后又投案，或者报案后等待公安人员到来的，均可视为自动投案，如果还同时具备如实供述罪行的条件，就应当认定其行为构成自首。

2.犯罪嫌疑人作案后打电话报案，但此后又有自杀或脱逃行为的，不能认定为自首。

〔翟某林故意伤害案，2023-02-1-179-016〕作案后以被害人身份报案的行为定性

行为人因认识错误，作案后以被害人的身份主动报案，归案后如实供述主要犯罪事实的，应当认定为自首。行为人基于认识错误而提出的辩解是否系“不如实供述”，可以从以下方面具体分析：一是看行为人是否故意歪曲该事实，二是看该错误是否会直接影响到对其定罪量刑。

〔张某敲诈勒索案，2023-03-1-229-003〕〔陶某根故意伤害案，2023-02-1-179-008〕作案后以被害人身份报案且在司法机关掌握犯罪事实前未主动如实交待，不构成自动投案

被告人在作案后以被害人身份报案，既不是基于接受处罚的主动性和自愿性，也无助于案件及时侦破，不构成自动投案。在报案后接受询问过程中，被告人未在司法机关掌握犯罪事实前及时改变态度，主动如实供述所犯罪行，也不应视为自动投案。

〔丁某良故意杀人案，2024-04-1-177-004〕被告人在投案途中被公安机关抓获，到案后如实供述犯罪事实的，构成自首

被告人丁某良在四名亲友的陪同下乘车前往公安机关投案途中被警察截停抓获，在亲友送丁某良去公安机关的过程中，以及公安机关捕获丁某良时，丁某良均未抗拒，体现了投案的主动性和自愿性，属于自动投案。丁某良到案后如实供述犯罪事实，依法构成自首。

〔王某梓故意杀人案，2023-05-1-177-018〕亲属主动报案并带领民警抓获被告人的如何量刑

1.亲属主动报案并带领公安人员抓获被告人，并非被告人自动投案，不构成自首。

2.亲属主动报案并带领公安人员抓获被告人的，可据此对被告人从轻处罚。采用这种方法“送子归案”虽不能认定被告人构成自首，但其价值通常高于一般自首，在量刑上应予以充分考虑，尤其在是否适用死刑立即执行的问题上，需要特别慎重。

〔田某志集资诈骗案，2023-04-1-134-005〕亲属提供线索抓获犯罪嫌疑人的能否认定自首

1.对于由犯罪嫌疑人亲属提供线索，由侦查机关实施抓捕将犯罪嫌疑人抓获的情况是否应当认定为“自动投案”从而构成自首，需要根据具体情况进行判断。即使被告人在被抓获时予以配合，归案后亦如实供述了自己的罪行，如果其始终没有主动投案的意思表示或行为，既没有体现出对其所犯罪行的悔罪认识，也没有实施主动前往司法机关接受追究的行为，其人身危险性和主观恶性并没有发生变化。从侦查机关的角度来看，从接到线索，到核实线索，确定侦查方向，最终抓获犯罪嫌疑人，系通过侦查机关自身侦查工作的开展而自然取得的结果，并不属于被告人自动投案，虽然其亲属提供线索的行为从一定程度上降低了侦破的难度，但并没有达到自动投案所实现的大幅节约司法资源的程度。因此，对被告人亲属提供线索，由侦查机关将被告人抓获的情况，不能认定为“自动投案”，从而成立自首。

2.犯罪嫌疑人亲属提供线索，由侦查机关实施抓捕将被告人抓获的情况，尽管不宜认定为自首，但是在量刑时应当根据案件的具体情况酌情从轻处罚。

〔张某生故意杀人案，2023-04-1-177-019〕被告人具备自首要件，其亲属不配合抓捕的不影响自首的成立

被告人归案时，自动投案的条件已经具备。当其家人不配合公安人员工作时，虽没有任何劝阻言行，但不影响自动投案成立，其投案后能如实交代自己的犯罪事实，应当认定具有自首情节。

〔梁某辉故意伤害案，2024-04-1-179-022〕将被害人送医后又返回案发现场等待抓捕，到案后如实供述的，构成自首

明知他人报案而在现场等待，抓捕时无拒捕行为，供认犯罪事实的，应当视为自动投案。其中，明知他人拨打“120”而在现场等待的，考虑到拨打“120”和“110”的联动性，应当认定为“明知他人报案”。“现场”包括案发现场、报警现场或者救助现场等，行为人将被害人送往医院后回到案发现场休息直至被抓获的，可以视为“在现场等待”。

〔孙某业、孙某友故意杀人案，2023-02-1-177-012〕明知同案被告人已报警而在现场等待抓捕，到案后如实供述的，构成自首

如果犯罪分子作案后因遭到周围群众围堵被迫留在现场的，不能认定其具有投案的主动性、自愿性；如果犯罪分子明知他人已报案，在有条件逃离情况下留在现场等候公安人员到来，且如实供述犯罪事实的，表明其有将自己交付司法机关控制的意愿，其行为成立自首。

〔郭某广故意杀人案，2024-04-1-177-002〕明知他人报案而留在现场，继续实施犯罪行为的，不构成自首

对于行为人明知他人报警，虽留在现场但仍继续实施犯罪行为的，应当认定其不具备投案的主动性和自愿性，依法不构成自首。

〔张某星、张某广故意杀人案，2023-02-1-177-010〕犯罪后电话报警但不停止犯罪行为的，不认定为自首

被告人犯罪后打电话报警，但继续持凶器对被害人进行加害，抓捕时又抗拒抓捕的，不构成自首。

〔刘某甲故意杀人案，2023-02-1-177-019〕逃离现场后又返回，待警察来后表明身份并供述基本犯罪事实的，应认定为自动投案

自动投案的本质属性在于投案的主动性和自愿性。犯罪嫌疑人作案后明知他人报案，有条件逃离而不逃离，且供认犯罪事实的，应当视为自动投案。

〔赵某明故意杀人案，2023-02-1-177-007〕在一般性排查询问中就如实交代罪行的可认定为自首

司法机关尚未掌握客观证据，仅是基于行为人与被害人具有特定关系等因素，传唤行为人进行一般性排查询问时，行为人到公安机关后即如实交代罪行的，可以认定为自首。

〔许某龙掩饰、隐瞒犯罪所得案，2024-18-1-300-001〕经侦查机关通知到案行为的定性

对于侦查机关已经掌握涉嫌犯罪的证据并以其他事由通知行为人到案的，判断是否成立自首，应当从严掌握自首的认定标准，着重审查行为人是否“到案即供”。对于行为人在未受到其他客观因素阻碍的情形下，到案后没有第一时间如实供述基本犯罪事实的，依法不认定为自首。

〔吴某飞故意杀人案，2024-04-1-177-017〕被告人接到公安机关配合调查电话通知到达指定地点接受调查时，不主动交代自己罪行的，不属于自动投案

公安机关发现被害人失踪与行为人有关，电话通知行为人到公安机关配合调查，行为人到指定场所接受调查时，故意作虚假陈述，未如实供述自己罪行，逃避法律追究的，依法不构成自首。

〔叶某林猥亵儿童、贩卖、传播淫秽物品牟利案，2024-02-1-185-011〕接公安机关电话通知后，将电子证据全部删除再前往投案，致关键证据无法取得的，不构成自首

被告人接到公安机关电话通知后，故意毁灭关键证据再前往公安机关投案的，虽形式上符合自首要求的投案、将自己置于司法机关控制之下的条件，但实质上系毁灭证据、逃避侦查和审判，缺乏自首要求的主动性、自愿性等实质要件，不构成自首。

〔杨某凤、赵某等诈骗案，2024-03-1-222-009〕行为人被侦查机关当场控制后经允许暂离，之后到指定地点接受侦查机关讯问是否构成自动投案

犯罪嫌疑人自动投案应发生在被侦查机关控制之前，被侦查机关控制后经允许暂时离开，之后按照侦查机关要求到案接受讯问的，系履行配合调查义务，不属于自动投案，不构成自首。

〔王某甲、严某开等抢劫案，2023-02-1-220-002〕犯罪后自首，被取保候审后潜逃情形中自首的认定

犯罪后自首，被取保候审后潜逃，最终被抓获归案的，不能认定为自首；又再次投案并如实供述自己罪行的，应当认定为自首。

〔温某平故意伤害案，2023-04-1-179-006〕自首在取保候审期间继续潜逃后再次投案能否认定自首

自首后在取保候审期间逃跑，但在司法机关采取措施控制前主动投案，应视为主动投案，因为归案接受审判不是司法机关采取措施抓获，而是主动投案的结果。自动投案后如实供述自己罪行的，应当认定为自首。

〔吴某强奸、故意伤害案，2023-02-1-182-003〕行为人在取保候审期间犯新罪而逃跑，被公安机关依法通缉后又自动投案并如实供述罪行的，是否认定全案构成自首

被告人因犯前罪被抓获到案后，在取保候审期间，又犯新罪而逃跑，尔后自动投案并如实供述犯罪事实的，对其所犯前罪不应认定为自首，但其所犯新罪尚未受到讯问，也没有被采取强制措施的，可以认定为自首。

〔孙某伪造国家机关证件案，2023-03-1-237-001〕如实供述主要犯罪事实的认定

自首情节中如实供述主要犯罪事实要件，不要求被告人必须对犯罪数额进行精准供述。受记忆等因素影响，被告人主动投案后，虽未能交待准确的犯罪数额，但通过主动交待赃款、赃物存放地点，认可系犯罪所得，属于如实供述主要犯罪事实的表现形态，应认定具有自首情节。

〔罗某某妨害公务案，2024-03-1-233-002〕被告人供述与真实情况虽有差别，但不影响定罪量刑的处理

犯罪嫌疑人自动投案，并如实供述自己的罪行，虽在一审庭审中针对在侦查阶段的有罪供述作了一定程度的辩解，但不否认主要犯罪事实，不影响定罪量刑的，仍应认定为如实供述自己的罪行，可以构成自首。

〔赵某朝故意杀人案，2024-02-1-177-001〕认定自首"如实供述"的时间限制

被告人虽自动投案，但未主动如实供述主要犯罪事实，在司法机关经调查取证，根据其他证据已掌握其主要犯罪事实后才交代的，不能认定为如实供述
32 自己的罪行，不构成自首。

〔韦某永故意杀人案，2024-04-1-177-018〕被告人对犯罪动机所做辩解是否影响自首的认定

被告人投案后如实供述犯罪事实，但对犯罪动机作出辩解，该辩解未达到改变或者否定案件事实的程度的，仍属于其对行为性质的辩解，不影响对其如实供述罪行和自首的认定。

〔李某新故意杀人案，2023-04-1-177-020〕对主观心态的辩解是否影响成立自首

1.犯罪的主观心态属于犯罪主观方面的事实，对于认定被告人犯罪事实起着至关重要的作用，理应属于主要犯罪事实。因此，如实供述犯罪时的主观心态是自首成立的应有之义。

2.将故意推脱为过失，属于对主观心态的辩解，是对故意杀人犯罪(主观要件事实)的否定，不属于如实供述自

己的罪行，不应成立自首。

〔李某某徇私枉法案，2024-02-1-420-001〕被告人能够供认主要犯罪事实，但对行为性质提出辩解的，能否构成自首

自动投案的被告人在诉讼过程中部分改变供述的，应当结合案件事实、证据对其供述内容进行审查。被告人能够供认主要犯罪事实，只是对行为性质作出辩解的，仍应认定其如实供认罪行，可以认定为自首。

〔袁某某盗窃案，2023-14-1-221-001〕被告人对犯罪性质的辩解不影响自首成立

犯罪以后自动投案，如实供述自己的罪行的，是自首。被告人对行为性质的辩解不影响自首成立。在对待被告人自首的问题上应当采取客观标准，即被告人供述的事实是否客观真实存在，而不是强求被告人对自己的犯罪性质作有罪的认识。

〔王某波故意杀人案，2024-04-1-177-016〕对被告人在一审庭审中"翻供"的审查和认定

对于被告人是否属于在一审庭审翻供、是否影响自首认定，不能仅凭其在庭审中的个别言词作出认定，而应当综合其在整个庭审中的陈述或者辩解、整体态度作出判断。即使被告人在庭审中对其之前的供述有所改变，但只要改变的内容不涉及其主要犯罪事实，对定罪量刑没有重大影响的，不影响自首的认定。

〔胡某青故意杀人案，2023-02-1-177-013〕自动投案后"一审翻供二审再供"的不认定为自首

行为人自动投案后如实供述自己的犯罪事实，但在一审庭审时翻供，在二审时又如实供述自己的犯罪事实，不能认定为自首。

〔张某甲故意伤害案，2023-02-1-179-013〕主动投案并如实供述罪行但在一审庭审中翻供，二审发回重审时如实交代主要犯罪事实的，不认定为自首

自首立功司法解释第一条规定："犯罪嫌疑人自动投案并如实供述自己的罪行后又翻供的，不能认定为自首；但在一审判决前又能如实供述的，应当认定为自首。"该条规定中的"一审"仅仅是指一审法院对某个案件的第一次审理。司法实践中，有的被告人二审发回重审后才如实交代主要犯罪事实，有的甚至在"再审一审"时才如实交代，在此情形下，被告人虽然自动投案，但未能在第一次审判前如实供述主要犯罪事实，既未体现出其悔罪态度，也未能体现出节约司法资源的宗旨，不符合自首的立法本意，故不能认定为自首。

〔张某某故意杀人案，2024-04-1-177-013〕自首中"司法机关还未掌握的本人其他罪行"的认定

被采取强制措施后供述的犯罪事实，是否属于刑法第六十七条第二款规定的"司法机关还未掌握的本人其他罪行"，不应当仅以立案侦查的罪名是否相同作为判断标准，而应当实质审查，将被告人供述的事实与立案侦查所针对的事实进行实质比较，如果系同一事实的，则不宜认定为如实供述"司法机关还未掌握的本人其他罪行"，不认定为自首。

〔孟某甲故意杀人等案，2023-06-1-177-006〕主动如实供述本人真实身份及已被公开通缉的罪行，不认定为自首

故意杀人潜逃后使用化名，后因犯新罪被采取强制措施期间，向司法机关主动交代真实身份及已被公开通缉所犯故意杀人罪行的，属于“司法机关已经掌握的罪行”，不认定为自首，但可认定为坦白。

〔项甲等贪污案，2024-03-1-402-008〕国际追逃引渡案件中自首的认定

外逃人员在境外被抓获后，在启动引渡程序前主动提出回国投案，自愿将自己置于我国司法机关的控制之下，并积极配合完成简易引渡程序，引渡回国后如实供述犯罪事实，可以依法认定为自首。

〔杨某毅强奸案，2024-02-1-182-023〕以特别残忍手段奸杀未成年人案件中自首情节对量刑的影响

具有自首情节的，是否从宽处罚以及从宽幅度，应当综合考虑犯罪性质、情节、手段、侵害对象、危害后果、行为人的主观恶性和人身危险性，以及行为人的投案动机、原因，是否真诚悔罪等因素予以裁量。对于犯罪性质、情节特别恶劣、犯罪后果特别严重、行为人主观恶性极深、人身危险性极大的，依法可以不予从宽处罚。

【《刑事审判参考》案例】

〔参考案例第381号：董保卫、李志林等盗窃、收购赃物案〕投案动机和目的是否影响自首成立？

被告人基于获取赏金、报复同案犯等原因到有关部门投案并如实供述自己罪行的，不影响自首成立。

〔参考案例第80号：王洪斌故意杀人案〕到公安机关报假案与自动投案的区别应如何把握？

案发后到公安机关报假案，编造虚假情况，欺骗司法机关，被识破后被抓获的，不属投案自首。

〔参考案例第134号：明安华抢劫案〕犯罪后到公安机关了解案情是否属于自动投案？

行为人没有投案动机，只是到公安机关了解被害人是否死亡等案情，被事先已掌握事实的公安机关抓获的，即便行为人事后如实供述主要犯罪事实，也不属于自动投案。

〔参考案例第437号：周建龙盗窃案〕向被害人投案的行为是否认定为自首？

仅向被害人承认作案，但没有接受司法机关处理意愿的行为，不能认定为自首。

〔参考案例第1084号：周某非法持有毒品案〕非法持有毒品者主动向公安机关上交毒品的，是否构成自首？

非法持有毒品者主动向公安机关上交毒品的，构成自首。

〔参考案例第525号：王秋明故意伤害案〕被告人在案发后电话报警的行为是否成立自首？

行为人作案后，以电话方式报警能否成立自首应当结合案情具体分析：(1)电话中明确表示投案意图，到案后如实供述犯罪事实的，成立自首；(2)电话报警时虽然没有明确投案意图，但在警方根据报警线索到达犯罪现场或抢救现场后，未通过调查将其列为犯罪嫌疑人或采取强制措施前，主动向警方供述犯罪事实的，或者属于因形迹可疑，经盘问主动如实供述罪行的，成立自首；(3)作案后主动电话报警但未明确供述其主要犯罪事实，或在警方到达后仍未主动供述主要犯罪事实。警方通过调查工作已将其列为犯罪嫌疑人后才如实供述罪行的，不能成立自首。

〔参考案例第1044号：黄光故意

杀人、诈骗案〕打电话报警但未承认自己实施犯罪行为的是否认定为自首？

被告人打电话报警，并不必然将自己置身于犯罪嫌疑人的身份。公安机关直到经过大量调查工作，取得一定证据后，才查明真相。被告人的报警行为与公安机关之后将其作为犯罪嫌疑人采取强制措施之间没有关联性，故不构成自首。

〔参考案例第831号：李国仁故意杀人案〕杀人后主动报警表示投案，等待抓捕期间又实施犯罪的，能否认定为自首？

犯罪嫌疑人在其打电话表示投案后，还继续实施犯罪，表明其主观上并未彻底放弃和终止继续犯罪的意图，缺乏自愿将自己置于司法机关的控制之下，接受审查和裁判的主观意愿，不属于自动投案，不具备自首的本质特征，不构成自首。

〔参考案例第394号：陈国策故意伤害案〕实施犯罪行为后，滞留犯罪现场等候警方处理的行为，能否认定自动投案？

被告人在故意伤害犯罪过程中多次用电话报警，但报警内容未涉及自己的犯罪行为，案发后滞留现场等候警方处理，并在警方讯问后如实供述主要犯罪事实的，应当认定为自首。

〔参考案例第696号：谭继伟交通肇事案〕交通肇事后报警并留在现场等候处理的，是否应认定为自动投案？

司法实践中，以下几类交通肇事后报警，并在现场等候处理的行为，均应认定为自首：(1)交通肇事后，立即报警，保护现场、抢救伤员和财产，归案后又如实供述自己罪行的；(2)交通肇事后，委托他人代为报警，自己忙于保护现场、抢救伤员和财产，归案后又如实供述自己罪行的；(3)交通肇事后，明知他人已经报警，自己在现场等候交警部门处理，归案后又如实供述自己罪行的。

〔参考案例第698号：熊华君故意伤害案〕现场待捕型自首如何认定？

考虑到犯罪嫌疑人投案的主动性和自愿性，认定现场待捕型自首还应该具备以下四个条件：

第一，现场待捕的非被动性。如果犯罪嫌疑人作案后由于被害人阻拦、群众围堵等客观情况而难以离去，或因受伤、突发疾病等自身缘故无法离开现场，或留在现场是为了继续犯罪，或类似列举情形的，都不应该视为自首。

第二，对于他人报案的明知性。只要行为人的精神、智力等同于常人，也可推断行为人应当知道有人已经报案。例如，案发现场有大量围观群众，即使行为人没有听到、看到有人报案，但可以推断其有人已报案或者会报案。当然，对他人是否报案的合理推断，应当根据案件当时的实际情况，如案发的时间是白天还是晚上，案发当时是否有目击者、目击者的数量、目击者的行为表现等进行综合判断。犯罪嫌疑人明知他人已经报案，仍然留在现场等待抓捕，可以视为犯罪嫌疑人对他人报案行为的一种追认。

第三，被抓捕时行为的服从性。在公安人员到场后主动承认犯罪行为，表现为基于本人意志，自愿置身于司法控制之下：犯罪嫌疑人对于公安人员到现场的抓捕在行为上应表现为顺从配合，这种顺从配合不仅要表现在被抓捕时，还应表现在此后的押解过程中。

第四，供认犯罪事实的彻底性。犯

罪嫌疑人应如实供述自身罪行，对犯罪事实供认不讳，这是自首“如实供述”条件的要求。

〔参考案例第780号：尚娟盗窃案〕明知他人报案而留在现场，抓捕时亦无拒捕行为，且如实供认犯罪事实的，是否构成自首？

1.要将“明知他人报案而在现场等待”的情形认定为自动投案，必须是犯罪嫌疑人积极主动在现场等待，是有机会逃走而未选择逃走，即犯罪嫌疑人属于“能逃而不逃”的情形。

2.“能逃而不逃”应当依据客观条件进行认定。对客观上不具备逃走条件的犯罪嫌疑人，即使存在投案的主动性、自愿性，也不应认定为自首。如对实施盗窃后被人发现报警，不论是因害怕被追究刑事责任还是为了争取从轻处罚，只要留在现场等待的，都应当视为自动投案；而对实施盗窃后被人发现报警并包围，而留在现场被抓获的，就不应视为自动投案。因为后一种情形中，犯罪嫌疑人客观上逃不掉，故不属于“能逃而不逃”的情形。

3.“明知他人报案而在现场等待”中的“现场”不限于作案现场。在作案现场以外的其他场合，如果犯罪嫌疑人明知他人报案，而自愿等待抓捕，且无拒捕行为，如实供述罪行的，同样体现了犯罪嫌疑人的主动性和自愿性，也应当认定为自首。

〔参考案例第1059号：韩永仁故意伤害案〕“明知他人报案而在现场等待”情形如何认定？

行为人根据现场情况，有合理依据判断有人及时报案的，属于“明知他人报案”；行为人在案发后有足够的时间、条件能逃跑而未逃跑，自愿在现场等待被抓捕的，属于“在现场等待”。具体来说，一是需要判断行为人在当时的情况下是否有条件逃走，如果行为人因为受伤、意识不清、被群众包围等客观因素而不得不留在现场，并非能够自由选择是否留在现场，则不能认定为自动投案。二是需要判断行为人不逃走的主观目的是什么，如果滞留现场是为了寻找作案机会、继续作案等而非等待抓捕，则不能认定为自动投案。

〔参考案例第1455号：赵迎锋故意杀人案〕如何准确把握“送亲投案”和亲友捆绑送嫌疑人归案、亲友协助公安机关抓捕犯罪嫌疑人的区别？“明知他人报案而在现场等待”的“现场”范围应如何认定？作案后有自杀行为的能否认定为自首？

1.“送亲投案”应当从实质角度出发，而不应简单考虑地点和形式，只要是主动交由司法机关控制之下的行为，均应当视为“送亲投案”，包括但不限于将犯罪嫌疑人送至具体特定场所。

2.认定“现场”的具体范围根据个案情况而有所不同，但范围不宜过大。犯罪嫌疑人没有藏匿行为，侦查人员到达犯罪现场后即发现，又或通过简单排查、走访、询问便能找到犯罪嫌疑人的，方可视为“现场等待”。反之，若犯罪嫌疑人作案后即逃离现场，或虽未逃离但就地隐匿、伪装，公安机关到达现场后难以发现，需要更加深入侦查才能锁定的，不能视为“现场等待”。

3.犯罪嫌疑人作案后有自杀行为的，一般不认定自首。但是否一概不予认定还需结合具体案情进行具体分析。对于投案前有自杀行为，自动投案或打电话投案后再无自杀行为，此后如实供述自己罪行的，可以认定为自首。因此，自杀行为并不是自动投案的必然排除要件，即使犯罪嫌疑人再作案后曾试图自杀，但只要其之后重新愿意将自己置于司法机关控制之下，并主动投案的，仍可以被认定为自动投案。

〔参考案例第699号：吕志明故意杀人、强奸、放火案〕如何认定"送亲归案"情形下的自动投案？

1."自动投案"对于投案目的有特定要求，即行为人必须明确告知其到司法机关的目的是投案，接受司法机关的处理。如果行为人主动到司法机关的目的是为自己开脱罪责或者表明自己"清白"的，则不符合自动投案的本质要求，不能认定为自动投案。

2.将"送亲归案"认定为自动投案的重要前提条件是，犯罪嫌疑人的亲友已知道犯罪嫌疑人实施了一种或几种犯罪行为。即犯罪嫌疑人的亲友明知犯罪嫌疑人实施了犯罪行为，仍然主动联系有关机关或人员，亲自"陪首"或者"送首"，目的是将犯罪嫌疑人有效地置于司法机关的控制之下，使犯罪嫌疑人承担相应的法律后果。如果亲友并不明知犯罪嫌疑人实施了犯罪行为，亲友主动与司法机关联系的目的并不是让犯罪嫌疑人接受司法机关的处理，而是为了撇清犯罪嫌疑，则不应认定为自动投案。

〔参考案例第700号：袁翌琳故意杀人案〕对亲属报警并协助公安机关抓获被告人的行为如何认定？

1.如果犯罪分子并不明知亲属已向公安机关报警或者公安机关正在前来抓捕，其主观方面的对抗性或非对抗性均无从体现，此种情形下即使犯罪分子没有拒捕行为，也不能认定为自动投案。

2.只要亲属的行为产生了将犯罪分子置于司法机关控制之下的实际效果，即使犯罪分子不符合自首的条件，法院在量刑时也可将亲属的行为作为酌情从轻处罚的情节予以考虑，以体现刑法的谦抑性。

〔参考案例第476号：赵春昌故意杀人案〕如何认定"经查实确已准备去投案"的自首？

"经查实确已准备去投案"的情形视为自动投案的，必须具备以下条件：

第一，从主观上讲，犯罪嫌疑人要有真实的投案意愿，即不论出于何种投案动机，犯罪嫌疑人本人必须具有自动投案的意志。具体而言，在认识因素方面，犯罪嫌疑人要具有主动到案接受司法机关处理的意思表示；在意志因素方面，准备投案的行为不违背其本人的意志。

第二，从客观上讲，犯罪嫌疑人要有准备投案的客观表现，这是认定准备投案的关键，如在投案自首之前准备钱物，妥善安排后事，在紧急情况下保护现场、抢救被害人等待警方到场等，当确有证据充分证明其有为投案而做准备的行为表现，才可认定准备投案。

第三，犯罪嫌疑人没有实施自动投案行为是因为被公安机关及时抓获，也就是说，如果没有公安机关的及时介入，犯罪嫌疑人将会实施向有关机关主动投案的行为。

第四，主、客观相一致，且必须有证据证实。尤其是对于尚未来得及向有关单位或有关负责人员表明投案意愿即被抓获的情况，对此，一般应从抓获时犯罪分子是否进行反抗、是否有准备外逃的迹象，其他证人关于犯罪嫌疑人被抓获前言行的证言、犯罪嫌疑人是否有准备投案的客观表现等方面进行综合审查判断。

总体上讲，“准备投案”不能仅是犯罪嫌疑人的一种纯心理活动，必须有一定的言语或行为表现来进行佐证。至于是否必须要有行为表示，则要看当时的具体情况，如果仅有愿意投案的言语表示，而时间和条件又允许，却在没有正当理由的情况下一直无任何去投案的行为迹象，就难以认定属于准备投案。

〔参考案例第811号：赵新正故意杀人案〕如何认定“确已准备去投案”和“正在投案途中”？

“确已准备去投案”表明主动、直接的投案行为尚未开始，只是在为投案做准备工作；“正在投案途中”表明投案的行为已经开始，即已经启程前往特定机关投案，只是由于时间和空间的差距而尚未完成投案即被抓获。

〔参考案例第1078号：徐勇故意杀人案〕自首情节中“确已准备去投案”如何认定？

对“准备去投案”的认定，应当强调的不仅仅是被告人的心理活动，更重要的是已经为投案实施了一定的准备活动，客观行为已经能够清楚地反映准备投案的主观心态。具体而言，可以从以下几个方面认定被告人是否“确已准备去投案”：

第一，必须有准备投案的客观行为。被告人必须在投案意愿的支配下，为投案实施了一定的准备行为，并且有客观的事实、证据来加以证明。例如，被告人已向他人表示将要投案，但在时间和条件允许的情况下，却一直没有任何为投案做准备的行为，这种情形就不能认定为准备投案。

第二，准备行为必须是与投案相关的必要行为。从司法实践来看，可以归入投案准备的行为主要有两类：一是为投案准备工具、创造条件的情形，如了解投案对象和场所路线，为投案准备交通工具、生活用具，请求父母、亲友陪同投案，正在书写供词准备带去投案，因受伤等原因正在寻找他人代为投案，等等；二是为投案解除后顾之忧、安排后事的情形，如投案前与亲友告别，交代债权债务，安排赡养老人、抚养子女事宜，等等。一般来说，以上情形都可以认定为是与投案相关的必要行为。反之，对那些与投案并无直接关系亦非必要的情形，则不能认定为准备投案。如被告人归案后辩称，归案前正在四处查找同案犯下落，准备找到之后带着立功线索投案的，即便该辩解有其他证据支持，但由于此情形并非投案的必要准备行为，在投案时间上也不可预期，故一般不能认定为准备投案。

第三，准备行为必须能够清楚地反映投案意愿。即便准备行为是与投案相关的必要行为，也要对是否能够清楚地反映出被告人的投案意愿进行审查。有的准备行为能够较为明显地反映出被告人的投案意愿，如请求亲友陪同投案，但也有一些准备行为具有双重性质，如准备交通工具、与家人告别，既可能是为投案创造条件或者解除后顾之忧，也可能是为潜逃做准备。对这种情形，如果仅有被告人供述，缺乏其他证据有力印证的，由于所谓的准备行为并不能清楚地反映出投案意愿，一般就不能认定为准备投案。

第四，投案意愿必须具有连续性。被告人的投案意愿必须具有连续性，产生投案意愿、准备投案之后又改变初衷的，或者犹豫不决的，一般不能认定为准备投案。例如，被告人在原籍地作案后外逃，在亲属的劝说下准备投案而返回原籍地，但返回后一个月一直未去投案，后被公安机关抓获，被告人辩称准备投案，其亲属也能证明说服被告人返回原籍地准备投案的过程。但是，所谓的“准备投案”竟然准备了一个月，这说明其投案意愿发生了变化。实际上，从客观行为看，被告人返回原籍地时确实是准备投案，但之后又放弃了投案意愿，所以不能认定为准备投案。又如，被告人确实是在准备投案途中被公安人员抓获，但在讯问时未能及时、如实供述犯罪事实，在多次讯问后才如实供述的，或者在抓捕时拒捕、逃跑的，都说明其投案意愿存在反复，一般也不能认定为准备投案。

第五，准备投案必须有相应的证据加以证明。对前述四个方面的审查认定，都离不开相应的证据。对此，可以从被告人准备投案行为的客观表现、归案后供述的主动性和及时性、相关证人对被告人归案前言行的证言等方面进行综合审查判断。一般来说，被告人辩称准备投案，却提不出相应的证据线索，司法机关经查证也未发现确能证明其已为投案做准备的证据的，不能认定为准备投案。在有被告人供述及相关证人证言等证据证明被告人准备投案的情形下，必须认真审查言词证据的客观性、真实性、关联性，如分析供述与证言的印证关系、有无矛盾之处、供述与证言是否稳定、证言的制作时间、证人与被告人的亲疏利害关系，同时将言词证据与其他证据进行比对，审慎作出判断。

〔参考案例第465号：刘兵故意杀人案〕如何认定自动投案中的“形迹可疑”？

判断行为人是否属于“形迹可疑”，关键就是看司法机关能否依凭现有证据特别是客观性证据在行为人与具体案件之间建立起直接、明确、紧密的联系，依据当时证据行为人作案的可能性已经大大提高，达到了被确定为“犯罪嫌疑人”的程度。能建立起这种联系的，行为人就属于犯罪嫌疑人；建立不起这种联系，而主要是凭经验、直觉认为行为人有作案可能的，行为人就属于“形迹可疑”。行为人在因“形迹可疑”受到盘问、教育时主动交代自己所犯罪行的，应当认定为自动投案，构成自首。

〔参考案例第702号：张某等抢劫、盗窃案〕接受公安人员盘问时，当场被搜出与犯罪有关的物品后，才交代犯罪事实的，能否视为自动投案？

行为人因形迹可疑被盘问时，当场被搜出与犯罪有关的物品后，行为人已不属于“形迹可疑”，而是具有“犯罪嫌疑”的明显证据，其罪行已被司法机关发觉，故交代犯罪事实对确定犯罪嫌疑人无实质意义，不能认定为投案自首。

〔参考案例第944号：张芳元故意杀人案〕如何区分“形迹可疑人”与“犯罪嫌疑人”？

“形迹可疑”和“犯罪嫌疑”之间的区别主要在于：一是产生怀疑的依据不同。对“形迹可疑”的判断主要是依据工作经验和常识、常情、常理，有时甚至是依据直觉所形成的猜测；“犯罪嫌疑”则是对所掌握的证据分析、判断后形成的推定，有被合理怀疑的事实根据。二是对证据和线索的要求程度不同。“形迹可疑”仅是针对特定行为人的衣着、举止、言谈或者表情而产生的一般性怀疑，司法人员无须掌握任何与特定案件相关联的证据或线索；而“犯罪嫌疑”则是有针对性的怀疑，强调司法人员必须以一定的线索、证据为依据，将行为人与某种具体犯罪相联系。简言之，行为人如实供述罪行之前司法机关是否已经掌握足以合理怀疑行为人实施某种犯罪的证据或者线索，从而在行为人与具体案件之间建立起直接、明确的联系，是区分“形迹可疑”与“犯罪嫌疑”的关键。

〔参考案例第1037号：杨文博非法持有毒品案〕因形迹可疑被盘查时发现持有可疑物品，在被带至公安机关接受调查时如实供述了非法持有毒品事实的，是否成立自首？

因形迹可疑被盘查时发现随身携带的挎包内藏有可疑物品，在被带至公安机关接受调查时，如实供述了非法持有毒品事实的，不构成自首。

〔参考案例第1212号：孟庆宝故意杀人案〕作案后逃往他处自杀被救起后，接受当地公安人员盘问时主动如实供述自己罪行的，能否成立自首？

对于畏罪自杀被救起后向不知晓具体案情的公安人员主动供述犯罪事实的行为，是否认定为自首，应当按照“形迹可疑型”自首的上述构成要件，综合考虑犯罪人的自杀动机、行凶与自杀的时间空间距离、侦查人员与盘问人员的同一关系、案件事实的知晓范围与程度等予以客观认定，而不能将犯罪人放弃生命的行为简单等同于逃避法律制裁，从而一概地排除适用自首制度。

〔参考案例第59号：庄保金抢劫案〕犯罪嫌疑人一经传唤，即如实供认犯罪事实的，可否认定为自首？

如果行为人是因形迹可疑受到公安人员查问，如实供述自己的罪行，应认定为自首；如果行为人是被作为犯罪嫌疑人被侦查机关讯问，供认了犯罪事实的，不应认定为自首。

〔参考案例第565号：闫光富故意杀人案〕犯罪嫌疑人在公安机关通知后到案，但在公安机关掌握部分证据后始供述的，是否成立自首？

犯罪嫌疑人接到公安机关调查通知后到案，但未供述犯罪事实，在公安机关掌握了部分证据后始予供述的，不能构成自首。

〔参考案例第701号：周元军故意杀人案〕不明知自己已被公安机关实际控制而投案的，是否成立自首？

1.不明知自己已被公安机关实际控制而投案的，不认定为自首，但可酌情从轻处罚。

2.自动投案中的“强制措施”与刑事诉讼法规定的“强制措施”既有区别又有联系，两者存在某种程度的交叉。前者是指对犯罪嫌疑人人身实施的实际控制或管控，尽管其不要求履行刑事诉讼法规定的程序，但对犯罪嫌疑人的实际控制也可能发生在已经对其适用刑事诉讼法规定的“强制措施”后，且这种情形在司法实践中发生的概率更高；另外，即使犯罪嫌疑人已被采取了刑事诉讼法规定的“强制措施”，其人身仍有可能并未被司法机关实际控制，如在犯罪嫌疑人被取保候审后脱保，监视居住后潜逃，或者羁押期间脱逃。在这些情况下，司法机关对犯罪嫌疑人并未形成事实上的控制，犯罪嫌疑人对其行为和活动仍能作自由决定，只要其实施了投案行为，就应当认为其是在尚未被采取“强制措施”前的自动投案。

3.司法实践中，还有一些因客观条

件限制类似“逃无可逃”的情形，同样因为失去自动的客观前提，不能认定为自动投案。例如，自然环境与条件限制了犯罪人的行动自由，犯罪人作案后根本无条件和机会逃避抓捕，或者犯罪人在作案过程中遭遇生命、健康的重大危险，别无选择时报案求助于公安机关的，此类情况下，犯罪人处于“逃无可逃”、别无选择的情形，其投案并非主动、自愿所为，而是因客观条件使其别无选择，迫不得已而为之的，不能认定为自动投案。

〔参考案例第1050号：台州市黄岩恒光金属加工有限公司、周正友污染环境案〕如何认定行政主管部门与公安机关联合执法案件中的自动投案？

1.环保部门是污染环境罪的办案机关之一，环保部门在进行调查谈话时已经初步掌握了本案的犯罪事实，其接受谈话的行为不能认定自动投案。案件移送到公安机关后，被告人再主动投案，更不能认定为自动投案，从而不能成立自首。

2.行政执法移送案件的自动投案主要有三种情形：(1)在犯罪事实和犯罪嫌疑人未被发现或者犯罪事实已被发觉，犯罪嫌疑人尚未被发觉以前，向公安、检察、法院等司法机关投案，或者向相关行政执法部门投案，都可以认定为自动投案。(2)犯罪事实和犯罪嫌疑人均已被发觉，但犯罪嫌疑人尚未受到办案机关调查谈话或者被宣布调查措施以前，向公安、检察、法院等司法机关投案，或者向相关行政执法部门投案，也可以认定为自动投案。(3)犯罪事实和犯罪嫌疑人均已在检查过程中被发觉，并已受到行政执法部门的调查，再到公安等司法机关投案的，不能视为自动投案。

〔参考案例第943号：冯维达、周峰故意杀人案〕行为人对其主观心态的辩解是否影响自首的成立？

“如实供述自己的罪行(主要犯罪事实)”不仅要求行为人如实供述客观行为，还要求如实供述其犯罪时的主观心态，否则就不能认定为自首。例如，行为人在自动投案后如实交代了持刀取得被害人财物的犯罪事实，但辩解其行为不构成抢劫罪，而是抢夺罪，这其实是行为人对行为法律性质的一种主观认识，认识的对错不能否认其如实供述了犯罪事实。反之，如果行为人自动投案后虽然承认从被害人处取得财物，但辩称是被害人归还给他的欠款，否认具有非法占有被害人财物的主观心态，则属于未如实供述主要犯罪事实，不能认定为自首。

〔参考案例第705号：李吉林故意杀人案〕如实供述杀人罪行后，又翻供称被害人先实施严重伤害行为的，能否认定为对主要犯罪事实的翻供？

被告人如实供述杀人罪行后，又翻供称被害人先实施严重伤害行为的，应当视为对主要犯罪事实的翻供，不能构成自首。

〔参考案例第776号：徐凤抢劫案〕公安机关确定犯罪嫌疑人并以其他名义通知其到案后，如实供述犯罪事实，但一审判决前翻供的，是否构成自首？

被告人到案后，在侦查、起诉阶段一直如实供述主要犯罪事实，但在一审庭审时翻供，不应认定为自首。

〔参考案例第66号：姚伟林、刘宗培、庄晓华非法制造注册商标标识案〕举报同案犯并如实交代自己参与共同犯罪事实的应否认定为自首？

被告人为泄私愤，向公安机关举报同案犯的共同犯罪事实，且查证属实，不属于有立功表现，但被告人在举报同案犯时如实供述自己参与共同犯罪的事实，应当认定有自首情节，并可从轻处罚。

〔参考案例第255号：杜祖斌、周起才抢劫案〕自动投案后没有如实供述同案犯是否构成自首？

共同实行犯成立自首，不仅要求其在自动投案后，如实供述自己直接实施的犯罪行为，还应如实供述与其共同实施犯罪的其他实行犯。否则，这种供述就是不彻底、不如实的，不成立自首。

〔参考案例第926号：喻春等故意杀人案〕在共同犯罪案件中如何认定"如实供述主要犯罪事实"？

在共同犯罪案件中，分析被告人是否如实供述主要犯罪事实，一是看交代同案犯关联事实的程度，是否如实供述其所知的同案犯实施的共同犯罪事实；二是看如实供述的时间节点，如果犯罪嫌疑人如实供述的时间节点是在其他同案犯已作相关供述之后，其是被迫作出如实供述的，那其实质上就不具有主动交付于司法机关监管的意愿，不符合自首制度设立的初衷，故不能认定构成自首。

〔参考案例第411号：何荣华强奸、盗窃案〕如何理解"如实供述司法机关还未掌握的本人其他罪行"？

刑法第六十七条"如实供述司法机关还未掌握的本人其他罪行"中的"司法机关"不仅指正在侦查、起诉、审判的司法机关，也包括其他司法机关，实践中可分三种情况灵活掌握：

(1) 如果犯罪嫌疑人、被告人所犯余罪尚未被查明、通缉，或者虽已被通缉，但通缉资料不全面，内容不准确，正在侦查、起诉、审判当前犯罪的司法机关并不掌握，或者很难、几乎不可能通过比对查证等方式掌握犯罪嫌疑人所犯余罪的，此时的"司法机关"仅指直接办案机关。

(2) 如果犯罪嫌疑人所犯前罪已被通缉，正在侦查、起诉、审判当前犯罪的司法机关可以通过通缉资料掌握该犯罪嫌疑人、被告人所犯前罪的情况下，"司法机关"应当包括通缉令覆盖范围内的所有司法机关。

(3) 如果犯罪嫌疑人或被告人先行实施的犯罪行为虽已被其他司法机关掌握，但因地处偏僻、路途遥远或通信不便等原因，客观上使控制犯罪嫌疑人、被告人的司法机关在侦查、起诉、审判当前犯罪过程中，难以了解、发现之前犯罪事实的，可以将之前的犯罪事实视为司法机关还未掌握的罪行，这时的"司法机关"仍指直接办案的司法机关。

〔参考案例第468号：沈利潮抢劫案〕行政拘留期间交代犯罪行为的能否认定为自首？

侦查机关以侦破刑事案件为目的，在已掌握部分犯罪线索的情况下，以行政违法为由将犯罪嫌疑人行政拘留，后者在行政拘留期间交代自己犯罪行为的，不能认定为自首。但是，如果侦查机关事先对犯罪行为不知情，仅因特定违法行为对某人行政拘留，后者主动交代侦查机关尚未掌握的犯罪事实，或者交代侦查机关尚未掌握的其他非同种犯罪事实，符合自首条件的，应当认定为自首。

〔参考案例第593号：彭佳升贩卖、运输毒品案〕因运输毒品被抓获后又

如实供述司法机关未掌握的贩卖毒品罪行是否成立自首？

对如实供述司法机关尚未掌握的选择性罪名中的某一罪行以自首论，会导致量刑上的不均衡。因运输毒品被抓获后，又如实供述司法机关未掌握的贩卖毒品罪行，不构成自首。

〔参考案例第703号：蒋文正爆炸、敲诈勒索案〕余罪自首中如何认定“不同种罪行”？

行为人主动供述的公安机关未掌握的两起敲诈勒索罪行，与公安机关已掌握的爆炸后敲诈勒索罪行属同种罪行，不构成自首。

〔参考案例第718号：张春亭故意杀人、盗窃案〕交代司法机关尚未掌握的案发起因构成其他犯罪的，是否属于自首？

交代司法机关尚未掌握的案发起因构成其他犯罪，且两个罪行在法律、事实上并不具有密切关联的，应当认定为自首。

〔参考案例第747号：汪某故意杀人、敲诈勒索案〕如实供述的罪行与司法机关已经掌握的罪行在事实上密切关联的，是否构成自首？

在事实上密切关联的犯罪，是指不同犯罪之间在犯罪的时间、地点、方法(手段)、对象、结果等客观事实特征方面有密切联系。如某人用炸药报复杀人，其因故意杀人被捕后，主动供述了其购买了较大数量硝酸铵等原料制造炸药的行为，其行为又构成非法制造爆炸物罪，与司法机关此前掌握的故意杀人罪不是同一罪名，但因其在供述故意杀人犯罪事实时，必须如实供述作为犯罪工具的爆炸物的来源，因而，其所触犯的两个罪名在事实上有紧密关联，其主动供述制造炸药的行为不能认定为自首。

〔参考案例第1348号：赛黎华、王翼龙贩卖毒品，赛黎华非法持有毒品案〕如何认定特殊自首中的同种罪行？

同种罪行主要包括以下三种：第一，相同罪名的罪行；第二，选择性罪名的罪行；第三，法律上、事实上存在密切关联的罪行。除此之外的才能被认定为不同种罪行。在法律上密切关联的犯罪，一般应从犯罪构成要件考察数种罪行在犯罪主体、客体、客观方面的行为、结果、对象要素上是否具有相近性或包容性；在事实上密切关联的犯罪，一般依托司法实践，结合日常经验，考察数种行为在发生概率、逻辑以及关系上是否具有关联性。如某人持枪杀人，其因故意杀人被抓获后，主动供述了购买枪支的行为，其购买枪支的行为构成非法买卖枪支罪，与司法机关此前掌握的故意杀人罪虽不是同一罪名，但因其在供述故意杀人犯罪事实时，必须如实供述作为犯罪工具的枪支的来源，因而，其所触犯的两个罪名在法律上、事实上均有紧密关联，其主动供述购买枪支的行为不能认定为自首。

〔参考案例第1303号：潘平盗窃案〕取保候审期间脱逃又主动投案并如实供述罪行的，能否认定为自首？

取保候审期间脱逃又主动投案并如实供述罪行的，不符合刑法关于自动投案的成立条件，也不符合自首制度的价值导向，且认定自首与刑事诉讼法的相关规定不协调，故不能认定为自首。不认定该情形属于自动投案和自首，并不影响将其作为归案后如实供述、认罪态度较好等酌定从宽情节在量刑时予以考虑。

〔参考案例第172号：刘某诉江某故意伤害案〕自诉案件中的自首情节如何认定？

只要符合自首成立的法定条件，无论是公诉案件还是自诉案件，都应当认定为自首，不能因自诉案件的犯罪事实和犯罪嫌疑人容易被司法机关发现和掌握，就不适用刑法关于自首的规定。

〔参考案例第709号：吴江、李晓光挪用公款案〕职务犯罪中如何认定自首？

职务犯罪案件中，被告人须在监察部门对其采取明确的调查措施前投案，方能构成自动投案，在此前提下符合自首其他构成要件的，依法应认定为自首。

〔参考案例第755号：刘某、姚某挪用公款案〕如何认定职务犯罪案件中的自首及把握“办案机关掌握的线索范围”？

职务犯罪案件中“办案机关掌握的线索”，不限于直接查证犯罪事实的线索，还包括与查证犯罪事实有关联的线索。“线索”本身是一个中性概念，线索不等于犯罪事实本身，有时甚至不能起到直接查证犯罪事实的作用。在刑事案件中，“线索”大致可以分为两种类型：一种是能够直接查证犯罪事实的线索；另一种是不能直接查证犯罪事实，但与查证犯罪事实有关联的线索。如果办案机关掌握了第一类线索，就应视为掌握了一定的犯罪事实，犯罪分子在被据此调查谈话时交代犯罪事实的，不能认定为自首。如果办案机关掌握了第二类线索，因该类线索不能直接查证犯罪事实，犯罪分子在被调查谈话期间交代犯罪事实的，是否构成自首存在争议。事实上，根据此类线索虽不能直接认定犯罪事实，但此类线索具有指向犯罪事实的作用。办案机关掌握此类线索后，能够研判行为人可能涉嫌的犯罪性质和类型。一般而言，办案机关找行为人调查谈话具有一定的针对性，行为人由此交待犯罪事实的，应该认定属于此线索针对的事实，不能认定为自首。

〔参考案例第1638号：徐某开设赌场案〕审判期间如实供述司法机关尚未掌握的同种罪行，是否认定为坦白？

由于被告人交代的同种罪行司法机关尚未掌握，需要再查证并补充起诉，此时被告人身份在实质上视同为犯罪嫌疑人，符合成立坦白的身份要求，应认定为坦白。

【职务犯罪案例】

〔携带赃款投案自首情节在受贿数额特别巨大案件中予以减轻处罚的法理依据和政策考量，ZWFZ3-2022〕

对于被告人携带赃款赃物主动到办案机关投案的案件，人民法院严格贯彻宽严相济刑事政策，充分运用认罪认罚从宽制度，对被告人减轻处罚，不仅是对被告人主动投案自首行为的正面评价，打击、震慑了犯罪，而且对尚未归案或者已经归案的违法犯罪分子走投案自首、认罪认罚从宽之路具有价值引领和政策导向作用。

〔民营企业员工在本单位内控部门谈话期间交代受贿事实能否认定自首，ZWFZ23-2023〕

民营企业员工在本单位内控部门谈话期间交代收受商业贿赂的事实是否构成自首，应在厘清监察机关谈话与内控部门谈话区别的基础上，分层依次进行审查。监察机关和企业内控部门在性质上的根本差异，决定了监察机关谈话与企业内控部门谈话在被谈话人的义务、谈话程序的要求以及产生的法律后果等方面存在诸多不同。民营企业员工在本单位内控部门谈话期间交代收受商业贿赂的事实是否构成自首，应当结合案件具体情况，从举报线索指向是否具体明确、谈话方式是否带有强制性以及是否发生影响自首认定的后续行为等方面分层依次进行审查。

〔依法审判外逃人员归国案件，实现以案促追逃追赃，ZWFZ27-2023〕

人民法院作为国家的审判机关，严格依照党中央决策部署，依法稳妥审理每一起外逃职务犯罪案件，做到以案释法、以案促追逃追赃，用法律的权威感召和震慑外逃人员。外逃人员在被通缉、追捕过程中，即使在外国因为各种原因被采取强制措施，但由于外国不是我国司法主权可以控制的领域，犯罪分子不是被我国司法机关采取强制措施，其完全可能利用各种复杂的外国法律程序，拖延诉讼程序，甚至有些犯罪分子还可能由此逃脱被引渡、遣返等后果，使我们短期内无法对其进行追诉。因此，外逃人员只要在回国之前主动放弃反抗，达到节约诉讼成本的自首本意，就应当视为自动投案。人民法院在办理外逃人员归国案件过程中，应特别注意审查被告人的悔罪情节和退赃程度，切实体现宽严相济，严要严到让负隅顽抗、不知悔改的犯罪分子付出惨痛代价，宽要宽到让能够投案自首、退出赃款的被告人真正体会到"回国投案才是正道"。

〔国家工作人员接驻单位纪检监察组电话通知到指定地点，能否认定为自动投案，ZWFZ31-2024〕

职务犯罪在"自动投案"的认定上，与普通刑事犯罪既有一致性也有特殊性。对于普通刑事犯罪而言，犯罪嫌疑人接到办案机关电话后有机会逃跑却选择将自己置于司法机关的控制之下，一般足以体现其投案的主动性和自愿性；对于职务犯罪而言，国家工作人员接驻单位纪检监察组电话通知到指定地点，是否能认定自动投案还需要结合国家工作人员投案的时间点、投案意愿、调查机关掌握的情况等进行实质分析。

第六十八条　【立功】犯罪分子有揭发他人犯罪行为，查证属实的，或者提供重要线索，从而得以侦破其他案件等立功表现的，可以从轻或者减轻处罚；有重大立功表现的，可以减轻或者免除处罚。

【修正前条文】

第六十八条　【立功】犯罪分子有揭发他人犯罪行为，查证属实的，或者提供重要线索，从而得以侦破其他案件等立功表现的，可以从轻或者减轻处罚；有重大立功表现的，可以减轻或者免除处罚。

犯罪后自首又有重大立功表现的，应当减轻或者免除处罚。

【修正说明】

刑法修正案(八)第九条删去了原条文第二款。

【立法·要点注释】

对于自首后又有重大立功表现的犯罪分子，刑法虽然删除了应当减轻或者免除处罚的规定，但是考虑到这类犯罪分子的立功行为客观上有利于打击犯罪，主观上有的也具有明显的悔罪意识，人身危险性有所降低，原则上还是可以结合案件具体情况减轻或者免除处罚。

【司法解释(1)】

《最高人民法院关于处理自首和立功具体应用法律若干问题的解释》(法释〔1998〕8号，19980509)

第五条　根据刑法第六十八条第一款的规定，犯罪分子到案后有检举、揭发他人犯罪行为，包括共同犯罪案件中的犯罪分子揭发同案犯共同犯罪以外的其他犯罪，经查证属实；提供侦破其他案件的重要线索，经查证属实；阻止他人犯罪活动；协助司法机关抓捕其他犯罪嫌疑人(包括同案犯)；具有其他有利于国家和社会的突出表现的，应当认定为有立功表现。

第六条　共同犯罪案件的犯罪分子到案后，揭发同案犯共同犯罪事实的，可以酌情予以从轻处罚。

第七条　根据刑法第六十八条第一款的规定，犯罪分子有检举、揭发他人重大犯罪行为，经查证属实；提供侦破其他重大案件的重要线索，经查证属实；阻止他人重大犯罪活动；协助司法机关抓捕其他重大犯罪嫌疑人(包括同案犯)；对国家和社会有其他重大贡献等表现的，应当认定为有重大立功表现。

前款所称“重大犯罪”、“重大案件”、“重大犯罪嫌疑人”的标准，一般是指犯罪嫌疑人、被告人可能被判处无期徒刑以上刑罚或者案件在本省、自治区、直辖市或者全国范围内有较大影响等情形。

【司法解释(2)】

《最高人民法院关于适用刑法时间效力规定若干问题的解释》(法释〔1997〕5号，19971001)

第五条　1997年9月30日以前犯罪的犯罪分子，有揭发他人犯罪行为，或者提供重要线索，从而得以侦破其他案件等立功表现的，适用刑法第六十八条的规定。

【司法解释(3)】

《最高人民法院关于〈中华人民共和国刑法修正案(八)〉时间效力问题的解释》(法释〔2011〕9号，20110501)

第五条　2011年4月30日以前犯罪，犯罪后自首又有重大立功表现的，适用修正前刑法第六十八条第二款的规定。

【司法解释(4)】

《最高人民法院、最高人民检察院关于办理行贿刑事案件具体应用法律若干问题的解释》(法释〔2012〕22号，20130101)

第九条　行贿人揭发受贿人与其行贿无关的其他犯罪行为，查证属实的，依照刑法第六十八条关于立功的规定，可以从轻、减轻或者免除处罚。

【司法指导文件(1)】

《最高人民法院关于处理自首和立功若干具体问题的意见》(法发〔2010〕60号，20101222)

四、关于立功线索来源的具体认定

犯罪分子通过贿买、暴力、胁迫等非法手段，或者被羁押后与律师、亲友会见过程中违反监管规定，获取他人犯罪线索并“检举揭发”的，不能认定为有立功表现。

犯罪分子将本人以往查办犯罪职务活动中掌握的，或者从负有查办犯罪、监管职责的国家工作人员处获取的他人犯罪线索予以检举揭发的，不能认定为有立功表现。

犯罪分子亲友为使犯罪分子"立功"，向司法机关提供他人犯罪线索、协助抓捕犯罪嫌疑人的，不能认定为犯罪分子有立功表现。

五、关于"协助抓捕其他犯罪嫌疑人"的具体认定

犯罪分子具有下列行为之一，使司法机关抓获其他犯罪嫌疑人的，属于《解释》[①]第五条规定的"协助司法机关抓捕其他犯罪嫌疑人"：1.按照司法机关的安排，以打电话、发信息等方式将其他犯罪嫌疑人(包括同案犯)约至指定地点的；2.按照司法机关的安排，当场指认、辨认其他犯罪嫌疑人(包括同案犯)的；3.带领侦查人员抓获其他犯罪嫌疑人(包括同案犯)的；4.提供司法机关尚未掌握的其他案件犯罪嫌疑人的联络方式、藏匿地址的，等等。

犯罪分子提供同案犯姓名、住址、体貌特征等基本情况，或者提供犯罪前、犯罪中掌握、使用的同案犯联络方式、藏匿地址，司法机关据此抓捕同案犯的，不能认定为协助司法机关抓捕同案犯。

六、关于立功线索的查证程序和具体认定

被告人在一、二审审理期间检举揭发他人犯罪行为或者提供侦破其他案件的重要线索，人民法院经审查认为该线索内容具体、指向明确的，应及时移交有关人民检察院或者公安机关依法处理。

侦查机关出具材料，表明在三个月内还不能查证并抓获被检举揭发的人，或者不能查实的，人民法院审理案件可不再等待查证结果。

被告人检举揭发他人犯罪行为或者提供侦破其他案件的重要线索经查证不属实，又重复提供同一线索，且没有提出新的证据材料的，可以不再查证。

根据被告人检举揭发破获的他人犯罪案件，如果已有审判结果，应当依据判决确认的事实认定是否查证属实；如果被检举揭发的他人犯罪案件尚未进入审判程序，可以依据侦查机关提供的书面查证情况认定是否查证属实。检举揭发的线索经查确有犯罪发生，或者确定了犯罪嫌疑人，可能构成重大立功，只是未能将犯罪嫌疑人抓获归案的，对可能判处死刑的被告人一般要留有余地，对其他被告人原则上应酌情从轻处罚。

被告人检举揭发或者协助抓获的人的行为构成犯罪，但因法定事由不追究刑事责任、不起诉、终止审理的，不影响对被告人立功表现的认定；被告人检举揭发或者协助抓获的人的行为应判处无期徒刑以上刑罚，但因具有法定、酌定从宽情节，宣告刑为有期徒刑或者更轻刑罚的，不影响对被告人重大立功表现的认定。

七、关于自首、立功证据材料的审查

……

人民法院审查的立功证据材料，一般应包括被告人检举揭发材料及证明其来源的材料、司法机关的调查核实材

[①] 即《最高人民法院关于处理自首和立功具体应用法律若干问题的解释》(法释〔1998〕8号)。——编者注

料、被检举揭发人的供述等。被检举揭发案件已立案、侦破，被检举揭发人被采取强制措施、公诉或者审判的，还应审查相关的法律文书。证据材料应加盖接收被告人检举揭发材料的单位的印章，并有接收人员签名。

……

八、关于对自首、立功的被告人的处罚(略)[1]

【司法指导文件(2)】

《最高人民法院、最高人民检察院关于常见犯罪的量刑指导意见(试行)》(法发〔2021〕21号，20210701)

三、常见量刑情节的适用

(九)对于立功情节，综合考虑立功的大小、次数、内容、来源、效果以及罪行轻重等情况，确定从宽的幅度。

1.一般立功的，可以减少基准刑的20%以下；

2.重大立功的，可以减少基准刑的20%—50%；犯罪较轻的，减少基准刑的50%以上或者依法免除处罚。

【司法指导文件(3)】

《最高人民法院关于贯彻宽严相济刑事政策的若干意见》(法发〔2010〕9号，20100208)

18.对于被告人检举揭发他人犯罪构成立功的，一般均应当依法从宽处罚。对于犯罪情节不是十分恶劣，犯罪后果不是十分严重的被告人立功的，从宽处罚的幅度应当更大。

33.在共同犯罪案件中，对于主犯或首要分子检举、揭发同案地位、作用较次犯罪分子构成立功的，从轻或者减轻处罚应当从严掌握，如果从轻处罚可能导致全案量刑失衡的，一般不予从轻处罚；如果检举、揭发的是其他犯罪案件中罪行同样严重的犯罪分子，或者协助抓获的是同案中的其他主犯、首要分子的，原则上应予依法从轻或者减轻处罚。对于从犯或犯罪集团中的一般成员立功，特别是协助抓获主犯、首要分子的，应当充分体现政策，依法从轻、减轻或者免除处罚。

【司法指导文件(4)】

参见本法第六十七条项下【司法指导文件(7)】，第147—148页。

【司法指导文件(5)】

《全国法院毒品案件审判工作会议纪要》(法〔2023〕108号，20230626)

八、自首、立功问题

……

认定立功情节，应当充分考虑毒品犯罪线索发现、案件侦破及抓捕工作的特殊性。按照公安机关的安排，经现场或即时视频通讯方式指认、辨认其他犯罪嫌疑人(包括同案犯)，或者通过打电话、发信息、即时通讯等方式将其他犯罪嫌疑人(包括同案犯)约至指定地点，公安机关据此抓获该人员的；以及通过打电话、发信息、即时通讯等方式稳控其他犯罪嫌疑人(包括同案犯)，对抓获该人员起到实质性协助作用的，可以认定为协助公安机关抓捕其他犯罪嫌疑人(包括同案犯)。具有到案后规劝其他犯罪嫌疑人(包括同案犯)投案、提供线

---

① 参见本法第六十七条项下【司法指导文件(1)】"关于对自首、立功的被告人的处罚"部分，第145页。

索协助公安机关查获大量案外毒品等情形之一的,可以认定为其他有利于国家和社会的突出表现。

被告人提供毒品共同犯罪人、上下家的姓名、住址、体貌特征等基本情况,或者提供犯罪前、犯罪中使用、掌握的上述人员的联络方式、藏匿地址,公安机关据此抓获该人员的,虽不认定有立功表现,但量刑时可酌情考虑。

对于具有立功情节的被告人,是否从宽处罚及从宽处罚的幅度,应当根据犯罪性质、具体情节、危害后果、毒品数量及其主观恶性、人身危险性,结合立功的类型、价值大小等因素综合考量,以功是否足以抵罪为标准。对于部分被告人具有立功情节的案件,要注意共同犯罪人及上下家之间的量刑平衡。犯罪集团首要分子、罪责相对较大的主犯检举揭发其他罪行相对较轻的犯罪分子,或者协助抓获从犯、罪责相对较小的主犯构成立功的,量刑时应当从严掌握,如果被告人罪行极其严重,只有一般立功表现,功不足以抵罪的,可不予从宽处罚;如果其检举揭发的是其他案件中罪行同样严重的犯罪分子,或者协助抓获的是其他首要分子、罪责相对较大的主犯,功足以抵罪的,可以从轻或者减轻处罚。对于从犯、罪责相对较小的主犯立功,特别是协助抓获首要分子、罪责相对较大的主犯的,应当充分体现政策,依法从轻、减轻或者免除处罚。

【司法指导文件(6)】

《最高人民法院、最高人民检察院关于办理职务犯罪案件认定自首、立功等量刑情节若干问题的意见》(法发〔2009〕13号,20090312)

二、关于立功的认定和处理

立功必须是犯罪分子本人实施的行为。为使犯罪分子得到从轻处理,犯罪分子的亲友直接向有关机关揭发他人犯罪行为,提供侦破其他案件的重要线索,或者协助司法机关抓捕其他犯罪嫌疑人的,不应当认定为犯罪分子的立功表现。

据以立功的他人罪行材料应当指明具体犯罪事实;据以立功的线索或者协助行为对于侦破案件或者抓捕犯罪嫌疑人要有实际作用。犯罪分子揭发他人犯罪行为时没有指明具体犯罪事实的;揭发的犯罪事实与查实的犯罪事实不具有关联性的;提供的线索或者协助行为对于其他案件的侦破或者其他犯罪嫌疑人的抓捕不具有实际作用的,不能认定为立功表现。

犯罪分子揭发他人犯罪行为,提供侦破其他案件重要线索的,必须经查证属实,才能认定为立功。审查是否构成立功,不仅要审查办案机关的说明材料,还要审查有关事实和证据以及与案件定性处罚相关的法律文书,如立案决定书、逮捕决定书、侦查终结报告、起诉意见书、起诉书或者判决书等。

据以立功的线索、材料来源有下列情形之一的,不能认定为立功:(1)本人通过非法手段或者非法途径获取的;(2)本人因原担任的查禁犯罪等职务获取的;(3)他人违反监管规定向犯罪分子提供的;(4)负有查禁犯罪活动职责的国家机关工作人员或者其他国家工作人员利用职务便利提供的。

犯罪分子检举、揭发的他人犯罪,提供侦破其他案件的重要线索,阻止他人的犯罪活动,或者协助司法机关抓捕的其他犯罪嫌疑人,犯罪嫌疑人、被告人依法可能被判处无期徒刑以上刑罚的，应当认定为有重大立功表现。其中，可能被判处无期徒刑以上刑罚，是指根据犯罪行为的事实、情节可能判处无期徒刑以上刑罚。案件已经判决的，以实际判处的刑罚为准。但是，根据犯罪行为的事实、情节应当判处无期徒刑以上刑罚，因被判刑人有法定情节经依法从轻、减轻处罚后判处有期徒刑的，应当认定为重大立功。

对于具有立功情节的犯罪分子，应当根据犯罪的事实、性质、情节和对于社会的危害程度，结合立功表现所起作用的大小、所破获案件的罪行轻重、所抓获犯罪嫌疑人可能判处的法定刑以及立功的时机等具体情节，依法决定是否从轻、减轻或者免除处罚以及从轻、减轻处罚的幅度。

【司法指导文件(7)】

《最高人民法院研究室关于带领被害方抓捕同案犯能否认定为有立功表现问题的复函》(法研〔2010〕2号)

最高人民检察院法律政策研究室：

你室征求意见函收悉。经研究，同意你室答复意见，即共同犯罪嫌疑人带领被害方抓捕同案犯的行为，在同案犯被抓捕并被扭送司法机关的情况下，可以认定为有立功表现。

【审判实务释疑】

被告人具有重大立功表现，不宜减轻或者免除处罚时，可否从轻处罚？

在一般情况下，犯罪分子具有重大立功表现，又不宜减轻或者免除处罚时，可以给予从轻处罚。

在法律文书中如何表述的问题，可以表述为：被告人虽然具有重大立功表现，但根据本案的具体情况(具体案件中应说明什么具体情况)，不宜减轻处罚或者免除处罚，但可从轻处罚。[①]

【指导性案例 · 法院】

〔金某等组织卖淫案，FZD248-2025〕

1.在取保候审期间，行为人为获得立功情节约购毒品并予以揭发的，属于通过非法手段获取立功线索，不应认定为有立功表现。

2.对于被告人提出上诉的案件，原判认定立功等法定从宽处罚情节有误的，二审应当在裁判文书中写明一审判决存在的错误，但根据上诉不加刑原则，不得加重被告人的刑罚。

【法院案例库参考案例】

〔于某受贿案，2024-03-1-404-005〕对快速侦破其他案件起到重要协助和证明作用行为的处理

对立功的认定，应当兼顾功利和公平正义。侦查机关依据被告人的检举对被检举者所涉他种犯罪进行了立案侦查并查证属实，被告人行为对快速侦破其他案件起到重要协助和证明作用，符合刑法关于立功制度的立法本意，可以认定为具有立功表现。

〔李某容留他人吸毒案，2024-18-1-365-001〕取保候审期间约购毒

---

① 参见最高人民法院刑四庭：《被告人具有重大立功表现，不宜减轻或者免除处罚时，可否从轻处罚》，载最高人民法院刑事审判第一、二、三、四、五庭编：《刑事审判参考》(总第125辑)，人民法院出版社2020年版，第194—196页。

品并“检举揭发”行为的处理

在取保候审期间，行为人为获得立功情节而约购毒品并予以“检举揭发”的行为，不属于刑法第六十八条规定的“揭发他人犯罪行为”，不应当认定为立功。

〔林某州危险驾驶案，2023-16-1-055-001〕为了达到立功目的而引诱他人犯罪，其后协助公安机关抓捕的，不应认定立功

被告人为争取立功，向公安机关提供他人贩卖毒品线索，并通过自身实施购买毒品行为协助抓捕犯罪嫌疑人，该行为能否认定为立功，应当引入主、客观相一致的标准来评判。基于任何人不能通过违法行为获益的司法原则，对立功行为合法性进行严格审查，避免造功、买功情况的发生，防止犯罪分子逃脱罪责。

〔吴某超故意杀人案，2023-02-1-179-012〕在押的犯罪分子违反监规获取线索并检举揭发的，不能认定为立功表现

犯罪分子被羁押后与律师、亲友会见过程中违反监管规定，获取他人犯罪线索并“检举揭发”的，不能认定为有立功表现。

〔陈某开设赌场案，2024-02-1-286-001〕规劝并陪同同案犯投案，且同案犯涉嫌其他犯罪的处理

规劝并陪同同案犯投案，且同案犯涉嫌其他犯罪的，属于自首立功司法解释第五条规定的“具有其他有利于国家和社会的突出表现”，应当认定为立功。

〔魏某强等走私、运输毒品案，2023-05-1-356-007〕提供线索并协助查获大量案外毒品，但无法查明毒品持有人的，构成立功

立功主要表现为协助查获案件、抓获犯罪人、阻止他人犯罪，但并不限于查获案件、抓获犯罪嫌疑人和阻止他人犯罪，而是包括其他有利于国家和社会的突出表现。关于“有利于国家和社会的突出表现”的认定，需要从两个方面分析：一是从行为性质上看，是“有利于国家和社会的”；二是从行为的程度上看，是“突出表现”，而不是一般的表现。

〔曹某甲、杨某某、张某等故意伤害案，2023-05-1-179-008〕被告人投案后，委托家属动员同案人投案的，能否认定为立功

行为人家属劝同案被告人归案的，行为人虽然不构成立功，但考虑到行为人在投案以后，人身自由受限，确实不能亲自前往动员同案犯投案，其委托亲属代为动员的行为，表明了其将功赎罪的意愿，应认定为具有悔罪表现，可以酌情从轻处罚。

〔陈某生、潘某传播淫秽物品牟利案，2023-02-1-374-002〕向公安机关提供同案犯共同犯罪中用的联络方式，公安机关据此抓获该同案犯的，不构成立功

犯罪分子提供同案犯姓名、住址、体貌特征等基本情况，或者提供犯罪前、犯罪中掌握、使用的同案犯联络方式、藏匿地址，司法机关据此抓捕同案犯的，不能认定为协助司法机关抓捕同案犯。

〔沈某贵受贿案，2023-02-1-404-004〕阻止他人犯罪活动，他人因未达刑事责任年龄而未被追究刑事责任的，行为人的阻止行为仍构成立功

行为人阻止他人犯罪活动，他人因未达刑事责任年龄而未被追究刑事责任的，因犯罪活动仅要求行为具有社会危害性且具备某种犯罪的客观外在表现，行为人的阻止行为应依法构成立功。

【《刑事审判参考》案例】

〔参考案例第223号：蔡勇、李光等故意伤害、窝藏案〕被窝藏人主动供述他人窝藏犯罪的能否成立立功？

被窝藏人主动揭发他人对本人实施的窝藏行为的，不成立立功。

〔参考案例第499号：吴灵玉等抢劫、盗窃、窝藏案〕揭发型立功中“他人犯罪行为”如何认定？

对于窝藏犯罪而言，窝藏人主观上明知对方系“犯罪的人”即可，无须对被窝藏人的具体犯罪行为有明确的认识。因此，同为窝藏犯的A揭发被窝藏人B的具体抢劫行为的，超出了如实供述的范围，应认定为立功。

〔参考案例第714号：杨彦玲故意杀人案〕如实供述自己所参与的对合型犯罪中对方的犯罪行为，是否构成立功？

对合型犯罪分为三种情形：一是双方的罪名与法定刑相同，如重婚罪；二是双方的罪名与法定刑都不相同，如行贿罪和受贿罪、拐卖妇女罪与收买被拐卖的妇女罪；三是只处罚一方的行为，如贩卖淫秽物品牟利罪，只处罚贩卖者，不处罚购买者。犯罪分子检举、揭发自己所参与的对合型犯罪中对方的行为的，因为线索来源上不具有正当性，不能认定为立功。

〔参考案例第1020号：刘凯受贿案〕因受贿案发后又主动交代用受贿款向他人行贿事实，使其他贿赂案件得以侦破的，是否构成立功？

主动供述行贿事实并由此破获他人受贿案件的，其中揭发他人受贿犯罪的内容属于如实供述行贿事实的一部分，可构成行贿罪的自首，不构成立功。

〔参考案例第1225号：张才文等抢劫、盗窃案〕检举本人与他人共同盗窃中他人超出犯意致人死亡的行为是否构成立功？

实行过限行为，属于被告人应当供述的与共同盗窃犯罪具有密切联系的关联行为，不属于“共同犯罪案件中的犯罪分子揭发同案犯共同犯罪以外的其他犯罪”的情形，不构成立功。

〔参考案例第934号：康文清贩卖毒品案〕案发前，行为人检举揭发他人违法行为，公安机关根据该线索查获系行为人自己实施犯罪的，是否构成立功？

案发前，行为人自愿置于有关机关和个人控制之下，并提供线索检举、揭发他人违法线索，公安机关根据该线索查获系行为人自己实施犯罪行为的，不能构成立功。

〔参考案例第607号：汪光斌受贿案〕没有利用查禁犯罪职责获取的线索是否构成立功？

被告人在担任看守所副所长期间获得的立功线索，只要线索来源不是基于职务获取，可依法认定为立功。

〔参考案例第706号：王奕发、刘演平敲诈勒索案〕“协助司法机关抓捕其他犯罪嫌疑人”立功情节如何认定？

如果被告人只是提供了同案犯的姓名、住址、体貌特征等基本情况，或者提供犯罪前、犯罪中掌握、使用的同案犯联络方式、藏匿地址，而没有当场辨认、指认同案犯，或者没有按照司法机关的安排将同案犯约至指定地点，或者没有带领侦查人员抓获同案犯的，不能认定为“协助司法机关抓捕同案犯”。

〔参考案例第249号：梁延兵等贩卖、运输毒品案〕如何认定被告人协助公安机关抓获同案犯构成立功问题？

能否认定"协助公安机关抓获同案犯"构成立功的判断标准是：如果没有被告人的协助，公安机关难以抓获同案犯；正是由于有了被告人的协助，才使公安机关得以抓获同案犯。

〔参考案例第331号：陆骅、茅顺君、石国伟抢劫案〕带领侦查人员抓捕同案犯未果后，电话劝说对方自首的，是否属于有立功表现？

电话劝说同案犯自首的行为，可以认定为立功。

〔参考案例第1479号：李久刚集资诈骗案〕被告人致电同案犯转达公安机关让其配合调查的通知，同案犯之后投案的，是否构成立功？

被告人协助抓捕同案犯的行为若想构成立功，必须对同案犯当场被抓获具有实际作用和不可替代性。被告人按照司法机关的安排，仅以打电话、发信息等方式向同案犯转达司法机关投案通知，没有劝说等其他行为，同案犯基于自由意志的选择投案的，被告人的行为不构成协助抓捕型立功。如果被告人到案后按照司法机关的安排给同案犯打电话约至指定地点，同案犯并未赴约，后脱逃，经过公安人员进一步摸排蹲守后才抓获的，被告人的协助抓捕行为与同案犯被实际抓获没有因果关系，也不构成立功。

〔参考案例第712号：刘伟等抢劫案〕带领公安人员抓捕同案犯，未指认同案犯及其住处的，是否认定为立功？

行为人带领公安人员抓捕同案犯过程中，未对同案犯住处及其本人进行指认，且公安机关是在当地警方和相关人员协助下抓获同案犯，带捉行为不构成立功。

〔参考案例第720号：韩传记等抢劫案〕提供同案犯的藏匿地点，但对抓捕同案犯未起到实质作用的，是否构成立功？

认定被告人提供同案犯的藏匿线索是否构成立功，可以从以下几个方面进行把握：(1)被告人提供的同案犯的藏匿信息应当真实、具体，而不是虚假或者漫无边际的。若提供的只是一个大概的藏匿方位，如藏在某一个城市或者某个街区，仅是为抓捕提供方向，公安机关是通过具体排查、技术侦查或者其他途径才抓获同案犯的，不能认定为立功。(2)被告人提供的线索对抓获同案犯起到了实质作用。被告人提供信息的行为与抓获同案犯的结果之间有因果关系，正是借助于被告人的信息，公安机关才得以及时抓获同案犯；如果没有被告人提供的信息，则难以抓获同案犯。(3)被告人提供的信息事先不为有关机关所掌握或者有关机关按照正常工作程序无法掌握。如果有关机关事先已经掌握或者按照正常工作程序能够掌握该信息，就说明被告人未真正起到协助作用。(4)有同案犯被抓获的实际结果。被告人虽然提供了同案犯的具体藏匿线索，但司法机关按照该线索未能将同案犯抓获的，不能认定为立功。只有同案犯已经被抓捕归案，才有立功成立与否的问题。这四个方面是一个有机统一的整体，必须同时满足才能认定被告人有立功表现。

〔参考案例第711号：胡国栋抢劫案〕自首后主动交代获悉的同案犯的关押场所并予以指认的，是否认定为立功？

对于司法机关根据被告人自首时交代的情况抓获同案犯的，能否同时认定其有立功表现，可以区分以下情形具体分析：

第一，被告人自首时交代同案犯的姓名或绰号、性别、年龄、体貌特征、住址、籍贯、联系电话、QQ号等个人信息的，属于其应供述的范围，是成立自首所必备的条件。如果被告人自首时不交代或不如实交代同案犯的这些基本信息，则不能认定为如实交代，不能认定为自首。公安机关根据自首被告人交代的同案犯基本信息抓获同案犯的，不能在认定自首之外再认定被告人有立功表现，否则就是评价过剩，属于适用法律不当。

第二，被告人自首时交代了同案犯的姓名、性别、年龄、体貌特征、住址、联系电话等基本信息，又提供了同案犯的可能藏匿地等线索，而该线索是司法机关通过正常工作程序能够掌握的，则也不能认定被告人有立功表现，仅应认定其有自首情节。

第三，被告人自首时交代了同案犯的罪行和基本信息，又提供了司法机关无法通过正常工作程序掌握的有关同案犯的线索，司法机关正是通过该线索将同案犯抓获归案的，那么，不论被告人是否带领公安机关前往现场抓捕，都应当认定其行为对司法机关抓获同案犯起到了必要的协助作用，构成立功。

第四，判断被告人提供的同案犯信息是否属于司法机关通过正常工作程序能够掌握的范围，应当立足于已然事实。对共同犯罪的被告人自首时所交代的案犯的罪行和基本信息超越了“如实供述”的范围，并对抓获同案犯确实起到必要的协助作用的，应同时认定具有自首和立功表现，依法从宽处罚。

〔参考案例第1125号：李虎、李善东等故意伤害案〕故意隐瞒自己参与共同犯罪的事实，而以“证人”身份按照司法机关安排指认同案犯的行为是否构成立功？

1.被告人故意隐瞒自己参与共同犯罪的事实，后以“证人”身份协助司法机关对同案犯进行指认，未体现任何“将功赎罪”的意愿，即使指认行为对司法机关抓捕同案犯起到一定协助作用，也不能认定是发生在“到案后”，其行为不构成立功。

2.犯罪分子虽尚未置于有关机关控制之下(即现实到案)，但有证据证实其确已准备投案或者在投案途中，其实施协助抓捕同案犯、向司法机关提供侦破其他案件的线索等符合立功客观要件行为的，对其应当认定为立功。例如，被告人伙同同案犯实施抢劫后潜逃，得知被通缉后，向公安机关打电话表示准备投案，同时应公安机关要求与同案犯进行联系并会面，配合公安机关抓获同案犯的，对被告人上述协助抓捕行为可以解释为是“到案后”所实施。

〔参考案例第1259号：张杰、曲建宇等故意杀人案〕虽然现场指认同案犯，但对抓捕未起到实际作用的，是否构成立功？

协助抓捕型的立功应当符合以下三个条件：一是客观上有协助行为；二是成功抓获其他犯罪嫌疑人；三是协助行为确实起到实际作用。这里的“确实起到实际作用”，不能是可有可无、无关紧要。换言之，如果没有行为人的协助，公安机关就难以抓获其他同案犯，才够得上“实际作用”。虽然现场指认同案犯，但即使未经指认，公安机关也能当场识别、抓获同案犯的，不构成立功。

〔参考案例第414号：田嫣、崔永林等贩卖毒品案〕〔参考案例第713号：冯绍龙等强奸案〕被告人亲属协助公安机关抓获其他犯罪嫌疑人的，是否认定为立功，能否据此对被告人从轻处罚？

被告人亲属协助公安机关抓获其他犯罪嫌疑人的，不认定为立功，但在具备一定条件时，可酌情对被告人从轻处罚。这里的"具备一定条件"是指：(1)被告人亲属的立功结果是基于被告人提供的线索或者相关信息；(2)被告人及其亲属在获取线索来源及亲属在代为立功过程中，不能通过非法手段或有违法行为。在亲属代为立功过程中，要求被告人必须在某种程度上亲自参与，这是对其从轻处罚的前提；代为立功的整个过程具备合法性是对被告人从轻处罚的法定条件。如果被告人亲属为使被告人获得从轻处罚，而单方面地代为立功，因被告人并未参与，不能体现出被告人主观上是否有悔罪表现，故不能对被告人从轻处罚；或者被告人及其亲属的立功线索或机会系采取非法手段获得的，也不能认定被告人的行为系立功，不能据此对被告人从轻处罚。

〔参考案例第539号：马良波、魏正芝贩卖毒品案〕被告人提供的在逃犯的藏匿地点与被告人亲属协助公安机关抓获该人的实际地点不一致的，能否认定为立功？

立功中协助抓捕的情形多种多样，并不以被告人亲自带领抓捕为要件。如果被告人将准确线索转给亲属，由亲属根据该线索抓获犯罪嫌疑人，或者亲属协助公安机关根据该线索将犯罪嫌疑人抓获，可认定被告人立功。但是，如果被告人告知亲属的线索并不准确，亲属是根据其他线索将犯罪嫌疑人抓获并扭送公安机关，或被告人将不准确的线索提供给公安机关，公安机关是根据被告人亲属提供的其他线索抓获了犯罪嫌疑人，在这些情形下，虽然被告人也有提供线索的行为，但因该行为对抓获犯罪嫌疑人没有产生实际作用，故不能认定被告人构成立功。

〔参考案例第438号：陈佳嵘等贩卖、运输毒品案〕协助司法机关稳住被监控的犯罪嫌疑人，是否构成立功？

协助司法机关稳住被监控的犯罪嫌疑人，在协助抓捕其他犯罪嫌疑人中起到重要作用的，构成立功。

〔参考案例第614号：张令、樊业勇抢劫、盗窃案〕协助抓获盗窃同案犯，该同案犯因抢劫罪被判处死缓，能否认定为重大立功？

行为人明知对方与自己一同参与盗窃、抢劫，隐瞒两人抢劫事实，但协助抓获盗窃同案犯，警方经事后调查得知两人抢劫罪行，且同案犯因抢劫罪被判处死缓的，行为人仅成立立功，但不成立重大立功。

〔参考案例第1036号：朱莎菲贩卖毒品案〕被告人协助公安机关抓获同案犯，但同案犯未被作为犯罪处理的，能否认定被告人构成立功？

实践中，对检举者的判决与被检举者的判决之间常常会出现较长的时间间隔。若一味强调只有人民法院判决才能确定被检举者的犯罪行为是否"查证属实"，无疑会错过对检举者在量刑阶段进行从宽处罚的时机，不利于保障犯罪人的正当权利。因此，从有利于被告人和便宜诉讼进程的角度考虑，可以由审理检举人的人民法院根据现有证据认定被检举人是否构成犯罪以及可能判处的刑罚，并据此认定检举人是否构成立功。

〔参考案例第708号：霍海龙等虚开用于抵扣税款发票案〕劝说、陪同同案犯自首的，是否认定为立功？

劝说、陪同同案犯自首的情况，属于司法解释中“具有其他有利于国家和社会的突出表现的”的情形，构成立功表现。

〔参考案例第1216号：刘哲骏等诈骗案〕积极救助同监室自杀人员的能否认定为立功？

立功分为检举揭发型、提供线索型、协助抓捕型、阻止犯罪型和其他贡献型，其他贡献型立功，是指与刑事案件无关的，在日常生产生活中作出的有益于国家和社会的突出表现行为。救助意欲自杀人员的行为，属于“具有其他有利于国家和社会的突出表现”，应构成立功。在司法实践中，对此类行为的认定需要注意几个问题：(1)行为真实性问题。需要明确查实救助行为确实发生，且非犯罪人与被救助人之间故意制造救助事实的情况。(2)行为效用性问题。即救助行为与被救助结果的因果关系即作用力大小问题。救助行为之所以可以被认定为立功，并得到从宽处理，在于被救助人员的危险程度高和救助行为对降低该危险程度的直接积极作用。(3)行为比例性问题。司法实践中的部分救助行为系多人共同实施(不同于提供案件线索的立功情况，能够以时间先后认定立功)，而相关机关在报送立功材料时又多为分别报送，导致一行为多立功的情况出现。对此，需要由报送机关对是否系共同救助，拟报送立功人数及相关人员具体实施的行为进行说明，这些事实的确定，对避免多人立功及对犯罪人从宽处理幅度的衡量均具有意义。

〔参考案例第710号：石敬伟偷税、贪污案〕被羁押期间将他人串供字条交给监管人员，对进一步查证他人犯罪起了一定的协助作用，是否认定为立功？

被羁押期间将他人串供字条交给监管人员，对进一步查证他人犯罪起了一定的协助作用，虽不认定为立功，但可酌情从轻处罚。

〔参考案例第801号：胡俊波走私、贩卖、运输毒品，走私武器、弹药案〕毒品犯罪案件中如何具体认定立功情节？

如果被告人供述的上、下家罪行，经审查，与被告人所犯之罪并无关联，则属于检举他人犯罪行为的立功表现。如果仅如实供述上、下家涉案人员个人信息和涉及本案的犯罪情况，而没有协助抓获的行为，不属于立功表现。

〔参考案例第540号：张树林等走私、贩卖、运输毒品案〕〔参考案例第541号：吴乃亲贩卖毒品案〕罪行极其严重，虽有重大立功，但功不抵罪，如何处理？

对犯罪分子立功或重大立功是否从宽处罚，应结合被告人罪行的严重程度、立功大小综合考虑，即立功是否足以抵罪。在毒品犯罪中，被告人罪行极其严重，虽有立功但功不足以抵罪的，可对其不从轻处罚。

【职务犯罪案例】

〔纪委监委派驻机构出具的被检举、揭发对象的情况说明等材料，能否作为认定被告人立功的依据，ZWFZ28-2024〕

实践中被告人检举、揭发他人职务犯罪的事实多由纪委监委派驻机构进行调查并出具相关情况说明等材料。纪委监委派驻机构根据授权依法依规进行的调查合法有效，相关情况说明等材料可以作为认定被告人立功的依据。被检举、揭发对象是否移送司法机关追究刑事责任不影响对被告人立功的认定。

第四节　数罪并罚

第六十九条　【判决宣告前一人犯数罪的并罚】判决宣告以前一人犯数罪的，除判处死刑和无期徒刑的以外，应当在总和刑期以下、数刑中最高刑期以上，酌情决定执行的刑期，但是管制最高不能超过三年，拘役最高不能超过一年，有期徒刑总和刑期不满三十五年的，最高不能超过二十年，总和刑期在三十五年以上的，最高不能超过二十五年。

数罪中有判处有期徒刑和拘役的，执行有期徒刑。数罪中有判处有期徒刑和管制，或者拘役和管制的，有期徒刑、拘役执行完毕后，管制仍须执行。

数罪中有判处附加刑的，附加刑仍须执行，其中附加刑种类相同的，合并执行，种类不同的，分别执行。

【第二次修正前条文】

第六十九条　【判决宣告前一人犯数罪的并罚】判决宣告以前一人犯数罪的，除判处死刑和无期徒刑的以外，应当在总和刑期以下、数刑中最高刑期以上，酌情决定执行的刑期，但是管制最高不能超过三年，拘役最高不能超过一年，有期徒刑总和刑期不满三十五年的，最高不能超过二十年，总和刑期在三十五年以上的，最高不能超过二十五年。

数罪中有判处附加刑的，附加刑仍须执行，其中附加刑种类相同的，合并执行，种类不同的，分别执行。

【第一次修正前条文】

第六十九条　【判决宣告前一人犯数罪的并罚】判决宣告以前一人犯数罪的，除判处死刑和无期徒刑的以外，应当在总和刑期以下、数刑中最高刑期以上，酌情决定执行的刑期，但是管制最高不能超过三年，拘役最高不能超过一年，有期徒刑最高不能超过二十年。

如果数罪中有判处附加刑的，附加刑仍须执行。

【修正说明】

1.刑法修正案(八)第十条对原条文作出下述修改：一是将第一款中“有期徒刑最高不能超过二十年”修改为“有期徒刑总和刑期不满三十五年的，最高不能超过二十年，总和刑期在三十五年以上的，最高不能超过二十五年”；二是在原第二款增加了“附加刑种类相同的，合并执行，种类不同的，分别执行”的规定。

2.刑法修正案(九)第四条对本条再次作出下述修改：一是在本条中增加一款，作为第二款，规定“数罪中有判处有期徒刑和拘役的，执行有期徒刑。数罪中有判处有期徒刑和管制，或者拘役和管制的，有期徒刑、拘役执行完毕后，管制仍须执行”；二是将原第二款调整为第三款。

【立法・要点注释】

1.对于犯罪分子犯有数罪的，都应对各罪分别作出判决，而不能“估堆”判处刑罚。对犯罪分子的各罪判处的刑罚中，有死刑或者无期徒刑的，由于死刑是最严厉的刑罚，而无期徒刑在自由刑中是最长的刑期，在适用本条第一款规定的并罚原则时，实际上死刑和无期徒刑就会吸收其他主刑，即在有死刑的数罪中实际执行死刑；在没有判处死刑，而有无期徒刑和其他主刑的数罪中实际执行无期徒刑。

2.对于数个罪都是被判处有期徒刑的，将每个犯罪判处的有期徒刑刑期相加计算得出总和刑期。对于总和刑期不满三十五年的，数罪并罚的期限不能超过二十年，即在数刑中最高刑以上总和刑期(最长为二十年)以下决定执行的刑期。对于总和刑期等于或者超过三十五年的，数罪并罚的期限最高不能超过二十五年，即在数刑中最高刑以上二十五年以下决定执行的刑期。对于数个罪都是被判处管制的，不论管制的总和刑期多少年，决定执行的管制刑期最高不能超过三年。对于数个罪都是被判处拘役的，不论拘役的总和刑期多少年，决定执行的拘役刑期不能超过一年。

3.对于一人因犯数罪被判处多个有期徒刑、多个拘役或者多个管制的，要先根据第一款的规定，对同种刑罚进行折算并罚，再根据第二款规定对不同种刑罚进行并罚确定执行的刑期。对于数罪中同时被判处有期徒刑、拘役和管制的，根据第二款的规定，执行有期徒刑，拘役不再执行，但管制仍须执行，也就是说，对该罪犯在执行有期徒刑后，再执行管制。

4.“合并执行”，是指对于种类相同的多个附加刑，期限或者数额相加之后一并执行，如同时判处多个罚金刑的，罚金数额相加之后一并执行，同时判处多个剥夺政治权利的，将数个剥夺政治权利的期限相加执行。需要注意的是，相同种类的多个附加刑并不适用限制加重原则。

【司法解释(1)】

《最高人民法院关于适用财产刑若干问题的规定》(法释〔2000〕45号，20001219)

第三条　依法对犯罪分子所犯数罪分别判处罚金的，应当实行并罚，将所判处的罚金数额相加，执行总和数额。

一人犯数罪依法同时并处罚金和没收财产的，应当合并执行；但并处没收全部财产的，只执行没收财产刑。

【司法解释(2)】

《最高人民法院关于〈中华人民共和国刑法修正案(八)〉时间效力问题的解释》(法释〔2011〕9号，20110501)

第六条　2011年4月30日以前一人犯数罪，应当数罪并罚的，适用修正前刑法第六十九条的规定；2011年4月30日前后一人犯数罪，其中一罪发生在2011年5月1日以后的，适用修正后刑法第六十九条的规定。

【司法解释(3)】

《最高人民法院关于〈中华人民共和国刑法修正案(九)〉时间效力问题的解释》(法释〔2015〕19号，20151101)

第三条　对于2015年10月31日以前一人犯数罪，数罪中有判处有期徒刑和拘役，有期徒刑和管制，或者拘役和管制，予以数罪并罚的，适用修正后刑法第六十九条第二款的规定。

【《刑事审判参考》案例】

〔参考案例第1607号：熊某波贩卖毒品案〕一人犯数罪依法同时并处罚金和没收个人全部财产的，如何并罚？

判决宣告以前一人犯数罪，同时并处罚金和没收个人全部财产的，罚金与没收个人全部财产的并罚原则上应当采取吸收原则，只执行没收个人全部财产。判决宣告后发现漏罪和判决宣告后又犯新罪的并罚，应按照以下原则把握：(1)对于前罪和漏罪(或新罪)均未判处没收个人全部财产的，如果前罪主刑已经执行完毕、罚金尚未执行完毕的，漏罪(或新罪)又判处罚金的，不必与新判处的罚金并罚；如果前罪主刑尚未执行完毕，漏罪(或新罪)又判处罚金的，应当将前罪判处的罚金与漏罪(或新罪)判处的罚金并罚。(2)对于前罪判处罚金，漏罪(或新罪)判处没收个人全部财产的，如果前罪主刑已经执行完毕、罚金尚未执行完毕的，不必与漏罪(或新罪)判处的没收个人全部财产并罚，前罪罚金在任何时候发现有可供执行财产的随时追缴，漏罪(或新罪)判处的没收个人全部财产不能吸收前罪罚金；如果前罪主刑尚未执行完毕，漏罪(或新罪)判处没收个人全部财产的，依据刑法第六十九条规定及前述分析，没收个人全部财产吸收前罪罚金。

第七十条　【漏罪的数罪并罚】判决宣告以后，刑罚执行完毕以前，发现被判刑的犯罪分子在判决宣告以前还有其他罪没有判决的，应当对新发现的罪作出判决，把前后两个判决所判处的刑罚，依照本法第六十九条的规定，决定执行的刑罚。已经执行的刑期，应当计算在新判决决定的刑期以内。

【立法·要点注释】

1.“其他罪”，是指漏罪。漏罪发现的时间，必须是在判决宣告以后，刑罚执行完毕以前，即犯罪分子在服刑期间。发现的漏罪必须是司法机关判决宣告之前已经发生的犯罪，并且犯罪应当是依法判处刑罚而没有判处的其他罪，不是判决以后新犯的罪。

2.“发现”，是指通过司法机关侦查、他人揭发或犯罪分子自首等途径发现犯罪分子还有其他罪行。

3.“两个判决所判处的刑罚”，是指已经交付执行的判决确定的执行刑期和对犯罪分子在原判决宣告之前的漏罪所判处的刑期。

4.“已经执行的刑期，应当计算在新判决决定的刑期以内”，是指重新判决决定执行的刑期应当包括犯罪分子已经执行的刑期。

【司法解释(1)】

《最高人民法院关于办理减刑、假释案件具体应用法律的规定》(法释〔2016〕23号，20170101)

第三十四条　罪犯被裁定减刑后，刑罚执行期间因发现漏罪而数罪并罚的，原减刑裁定自动失效。如漏罪系罪犯主动交代的，对其原减去的刑期，由执行机关报请有管辖权的人民法院重新作出减刑裁定，予以确认；如漏罪系有关机关发现或者他人检举揭发的，由执行机关报请有管辖权的人民法院，在原减刑裁定减去的刑期总和之内，酌情重新裁定。

第三十五条　被判处死刑缓期执行的罪犯，在死刑缓期执行期内被发现漏罪，依据刑法第七十条规定数罪并罚，决定执行死刑缓期执行的，死刑缓期执行期间自新判决确定之日起计算，已经执行的死刑缓期执行期间计入新判决的死刑缓期执行期间内，但漏罪被判处死刑缓期执行的除外。

第三十六条　被判处死刑缓期执行的罪犯，在死刑缓期执行期满后被发现漏罪，依据刑法第七十条规定数罪并罚，决定执行死刑缓期执行的，交付执行时对罪犯实际执行无期徒刑，死缓考验期不再执行，但漏罪被判处死刑缓期执行的除外。

在无期徒刑减为有期徒刑时，前罪死刑缓期执行减为无期徒刑之日起至新判决生效之日止已经实际执行的刑期，应当计算在减刑裁定决定执行的刑期以内。

原减刑裁定减去的刑期依照本规定第三十四条处理。

第三十七条　被判处无期徒刑的罪犯在减为有期徒刑后因发现漏罪，依据刑法第七十条规定数罪并罚，决定执行无期徒刑的，前罪无期徒刑生效之日起至新判决生效之日止已经实际执行的刑期，应当在新判决的无期徒刑减为有期徒刑时，在减刑裁定决定执行的刑期内扣减。

无期徒刑罪犯减为有期徒刑后因发现漏罪判处三年有期徒刑以下刑罚，数罪并罚决定执行无期徒刑的，在新判决生效后执行一年以上，符合减刑条件的，可以减为有期徒刑，减刑幅度依照本规定第八条、第九条的规定执行。

原减刑裁定减去的刑期依照本规定第三十四条处理。

【司法解释(2)】

《最高人民法院关于判决宣告后又发现被判刑的犯罪分子的同种漏罪是否实行数罪并罚问题的批复》(法复〔1993〕3号，19930416)

人民法院的判决宣告并已发生法律效力以后，刑罚还没有执行完毕以前，发现被判刑的犯罪分子在判决宣告以前还有其他罪没有判决的，不论新发现的罪与原判决的罪是否属于同种罪，都应当依照刑法[①]第六十五条的规定实行数罪并罚。但如果在第一审人民法院的判决宣告以后，被告人提出上诉或者人民检察院提出抗诉，判决尚未发生法律效力的，第二审人民法院在审理期间，发现原审被告人在第一审判决宣告以前还有同种漏罪没有判决的，第二审人民法院应当依照刑事诉讼法……的规定，裁定撤销原判，发回原审人民法院重新审判，第一审人民法院重新审判时，不适用刑法关于数罪并罚的规定。

【司法指导文件(1)】

《最高人民法院关于罪犯因漏罪、新罪数罪并罚时原减刑裁定应如何处理的意见》(法〔2012〕44号，20120118)[②]

---

① 此处指1979年刑法。——编者注

② 《最高人民法院关于办理减刑、假释案件具体应用法律的规定》(法释〔2016〕23号)第三十三条、第三十四条对相关问题已作出详细规定，因此适用中应以司法解释的规定为准。——编者注

罪犯被裁定减刑后,因被发现漏罪或者又犯新罪而依法进行数罪并罚时,经减刑裁定减去的刑期不计入已经执行的刑期。在此后对因漏罪数罪并罚的罪犯依法减刑,决定减刑的频次、幅度时,应当对其原经减刑裁定减去的刑期酌予考虑。

【司法指导文件(2)】

《最高人民法院研究室关于罪犯在刑罚执行期间的发明创造能否按照重大立功表现作为对其漏罪审判时的量刑情节问题的答复》(法研〔2011〕79号,20110614)

罪犯在服刑期间的发明创造构成立功或者重大立功的,可以作为依法减刑的条件予以考虑,但不能作为追诉漏罪的法定量刑情节考虑。

【法院案例库参考案例】

〔朱某容留他人吸毒案,2023-06-1-365-002〕行为人"被动漏罪"情形下数罪并罚条款的适用认定

1.刑法第七十条"发现漏罪"的理解要以行为人主客观表现及确认犯罪事实的整体动态过程为标准。"发现漏罪"不应仅以侦查机关刑事立案的时间作为判断是否成立漏罪的唯一标准,而是应当以发现、确认犯罪事实或者嫌疑人的动态过程作为漏罪成立的条件,既可以选择侦查机关收集的证据能够指向、确认行为人犯罪事实的发现时间点,也可以结合行为人如实供述、认罪悔罪的主客观表现内容为漏罪应当发现的时间点。这样既符合法律的文义解释,又能最大限度减少侦查、起诉、审判因素带来的法律适用不统一,有利于实现刑罚价值的平衡。

2.刑法第七十条的"漏罪"应当区分案件的特有背景,对于被告人已作全面如实供述但未被立案追诉的"被动漏罪"情形下,应当将漏罪所发生的时间点往前追溯到前罪阶段,即使前罪刑罚已经执行完毕,也不应剥夺其适用数罪并罚获得较轻刑罚的诉讼利益,才能真正实现数罪并罚制度的核心即罚的合并,而非罪的合并,同时符合罪责刑相适应的刑法基本原则。

〔朱某某、郭某某诈骗案,2023-05-1-222-011〕刑罚执行完毕后对以前未能依法并案处理的犯罪行为如何裁判

1.刑罚执行完毕后,发现被告人在判决宣告以前还有其他犯罪没有判决的,应当就漏罪单独进行定罪处罚。服刑期满后发现漏罪的,将漏罪与前罪数罪并罚不符合法律规定。适用刑法第七十条进行数罪并罚的时间条件是发现漏罪在"判决宣告以后,刑罚执行完毕以前",不包括在刑罚执行完毕以后,才发现漏罪的情形。

2.刑罚执行完毕后发现的漏罪与前罪实行并罚未必一律对被告人有利,在某些情况下,甚至对被告人更为不利。简单地从是否有利于被告人考虑,来确定是否实行数罪并罚,并不科学,应当严格依据刑法的有关规定进行。

〔罗某某盗窃案,2023-05-1-221-021〕涉多笔犯罪事实的漏罪并罚规则

1.漏罪涉及多笔犯罪事实的,只要在前罪判决宣告后、刑罚执行完毕前发现其中部分犯罪事实,不论遗漏犯罪事实系一罪还是数罪,均应对全案漏罪依法作出判决,依照刑法第七十条的规定对漏罪判决和前罪判决所判处的刑罚予以并罚。

2.在判决宣告后刑罚执行完毕前、

后分别发现犯罪分子尚有遗漏的犯罪事实未判决的，应首先判断遗漏犯罪事实系一罪还是数罪，然后以发现漏罪而非每笔遗漏犯罪事实的发现时间点判断是否依照刑法第七十条数罪并罚。其中同种数罪一般应按一罪处理，行为人多次实施盗窃、诈骗犯罪等数额犯的，能在一次判决中处理的，应按刑法的规定对数额累计计算，作一罪处断。

【《刑事审判参考》案例】

〔参考案例第1027号：沈青鼠、王威盗窃案〕〔参考案例第1028号：王雲盗窃案〕刑罚执行期间发现漏罪，判决作出时原判刑罚已执行完毕的情况如何处理？

在判决宣告以后、刑罚执行完毕以前，发现漏罪，无论漏罪判决作出时前罪原判刑罚是否已执行完毕，均应依法实行数罪并罚。

〔参考案例第1191号：陈菊玲非法进行节育手术案〕判决宣告前犯有同种数罪但被分案起诉，后罪判决时能否与前罪并罚？

判决宣告以前犯同种数罪的，一般应并案按照一罪处理，不实行并罚。在审理过程中，法院发现被告人犯有同种数罪但被人为分案处理的，可以建议检察机关并案起诉；检察机关不予并案处理的，应仅就起诉的犯罪事实作出裁判，在审理后起诉的犯罪事实时，可以适用刑法第七十条关于漏罪并罚的规定。对人为分案处理的同种数罪实行并罚时，决定执行的刑罚应当与并案一罪处理时所应判处的刑罚基本相当，不得加重被告人的处罚。

〔参考案例第1637号：黄某翔等掩饰、隐瞒犯罪所得案〕因司法机关分案处理导致同种漏罪如何数罪并罚？

因司法机关前期对被告人犯罪行为的性质认识不同而分案处理，导致后罪处理时出现同种数罪进行并罚的，在决定最终执行的刑罚时不应突破该罪名的最高刑期。

第七十一条 【新罪的数罪并罚】判决宣告以后，刑罚执行完毕以前，被判刑的犯罪分子又犯罪的，应当对新犯的罪作出判决，把前罪没有执行的刑罚和后罪所判处的刑罚，依照本法第六十九条的规定，决定执行的刑罚。

【立法·要点注释】

“刑罚执行完毕”，应当是指主刑执行完毕，而不包括罚金、剥夺政治权利等附加刑。

【立法解释性意见】

《全国人民代表大会常务委员会法制工作委员会关于对被告人在罚金刑执行完毕前又犯新罪的罚金应否与未执行完毕的罚金适用数罪并罚问题的答复意见》(法工办复〔2017〕2号，20171126)

刑法第七十一条中的“刑罚执行完毕以前”应是指主刑执行完毕以前。如果被告人主刑已执行完毕，只是罚金尚未执行完毕的，根据刑法第五十三条的规定，人民法院在任何时候发现有可以执行的财产，应当随时追缴。因此，被告人前罪主刑已执行完毕，罚金尚未执行完毕的，应当由人民法院继续执行尚未执行完毕的罚金，不必与新罪判处的罚金数罪并罚。

【司法解释(1)】

《最高人民法院关于办理减刑、假释案件具体应用法律的规定》(法释〔2016〕23号,20170101)

第三十三条 罪犯被裁定减刑后,刑罚执行期间因故意犯罪而数罪并罚时,经减刑裁定减去的刑期不计入已经执行的刑期。原判死刑缓期执行减为无期徒刑、有期徒刑,或者无期徒刑减为有期徒刑的裁定继续有效。

【司法解释(2)】

《最高人民法院关于在执行附加刑剥夺政治权利期间犯新罪应如何处理的批复》(法释〔2009〕10号,20090610)[①]

一、对判处有期徒刑并处剥夺政治权利的罪犯,主刑已执行完毕,在执行附加刑剥夺政治权利期间又犯新罪,如果所犯新罪无须附加剥夺政治权利的,依照刑法第七十一条的规定数罪并罚。

二、前罪尚未执行完毕的附加刑剥夺政治权利的刑期从新罪的主刑有期徒刑执行之日起停止计算,并依照刑法第五十八条规定从新罪的主刑有期徒刑执行完毕之日或者假释之日起继续计算;附加刑剥夺政治权利的效力施用于新罪的主刑执行期间。

三、对判处有期徒刑的罪犯,主刑已执行完毕,在执行附加刑剥夺政治权利期间又犯新罪,如果所犯新罪也剥夺政治权利的,依照刑法第五十五条、第五十七条、第七十一条的规定并罚。

【司法指导文件(1)】

《最高人民法院研究室关于对再审改判前因犯新罪被加刑的罪犯再审时如何确定执行的刑罚问题的电话答复》(19890524)

……对于再审改判前因犯新罪被加刑的罪犯,在对其前罪再审时,应当将罪犯犯新罪时的判决中关于前罪与新罪并罚的内容撤销,并把经再审改判后的前罪没有执行完的刑罚和新罪已判处的刑罚,按照刑法第六十六条[②]的规定依法数罪并罚。关于原前罪与新罪并罚的判决由哪个法院撤销,应视具体情况确定:如果再审法院是对新罪作出判决的法院的上级法院,或者是对新罪作出判决的同一法院,可以由再审法院撤销;否则,应由对新罪作出判决的法院撤销。对于前罪经再审改判为无罪或者免予刑事处分的,其已执行的刑期可以折抵新罪的刑期。

【司法指导文件(2)】

《最高人民法院研究室关于罪犯在保外就医期间又犯罪,事隔一段时间后被抓获,对前罪的余刑,应当如何计算的请示的答复》(19930128)

罪犯在保外就医期间又犯罪,应当依照刑法第六十六条[③]的规定,对前罪没有执行完的刑罚和后罪判处的刑罚,按刑法第六十四条[④]规定,决定执行的刑罚,对于前罪余刑的计算应从新罪判决确定之日起计算。

---

① 该司法解释在刑法第七十一条"刑罚执行完毕"的判断标准上与立法解释性意见法工办复〔2017〕2号有所不同。——编者注

② 这里指1979年刑法第六十六条,对应现行刑法第七十一条。——编者注

③ 这里指1979年刑法第六十六条,对应现行刑法第七十一条。——编者注

④ 这里指1979年刑法第六十四条,对应现行刑法第六十九条。——编者注

【法院案例库参考案例】

〔钱某某容留他人吸毒案，2023-16-1-365-001〕新罪审理期间发现前判存在错误的处理

1.被告人在判决宣告后、刑罚执行完毕前发现漏罪，而将前罪与漏罪数罪并罚的，当前罪刑罚经再审改判后，对漏罪所涉判决中的数罪并罚部分，可比照《最高人民法院研究室关于对再审改判前因犯新罪被加刑的罪犯再审时如何确定执行的刑罚问题的电话答复》精神，在前罪再审判决中一并撤销。

2.再审判决对前罪和漏罪重新并罚后，若被告人因新案个罪尚有正在执行的刑罚，应遵循有利于被告人原则，比照刑法第七十条规定，将前述并罚结果与新案判决刑罚进行二次并罚、合并执行，被告人已实际执行的刑期应予折抵。

〔沙某某容留他人吸毒案，2023-05-1-365-001〕在暂予监外执行期间犯新罪，前罪剩余刑期计算终点的确定

被暂予监外执行的罪犯因犯新罪被采取强制措施之日，其已不符合暂予监外执行条件，应通过法定程序中止前罪的暂予监外执行，即从抓获之日起其履行的是新犯罪的刑事强制措施的义务，不应视为所服前罪判决的刑期，故应以暂予监外执行的罪犯被抓获之日为终点计算前罪的剩余刑期。

【《刑事审判参考》案例】

〔参考案例第442号：焦军盗窃案〕剥夺政治权利执行期间重新犯罪如何计算未执行完毕的剥夺政治权利的刑期？

剥夺政治权利的执行可以发生中止，在计算前罪尚未执行完毕的剥夺政治权利的刑期时，应以被告人重新犯罪的被羁押时间作为中止时间。

〔参考案例第797号：田友兵敲诈勒索案〕暂予监外执行期满后发现在暂予监外执行期间犯新罪的，是否应数罪并罚？

暂予监外执行期满应当视为刑罚已经执行完毕，无须进行数罪并罚。

〔参考案例第493号：吴孔成盗窃案〕保外就医期间重新犯罪的如何计算前罪未执行的刑罚？

保外就医期间重新犯罪的，应以犯罪之日为起算未执行刑期的时点。

〔参考案例第1127号：潘光荣、赖铭有抢劫案〕保外就医期限届满后未归监又重新犯罪的应如何计算余刑？

保外就医期限届满后未归监又重新犯罪的，应以被告人保外就医一年期满后第二日为界点计算前罪的剩余刑期，并根据刑法第七十一条进行并罚。

〔参考案例第648号：代海业盗窃案〕缓刑考验期内犯新罪如何数罪并罚？

第一，在缓刑考验期限内犯新罪与在判决宣告以后刑罚执行完毕以前犯新罪属于不同情形，两者不可混为一谈。在缓刑考验期限内犯新罪或者发现漏罪实行数罪并罚的，均不适用刑法第七十条或第七十一条有关数罪并罚的规定，而应适用刑法第七十七条的规定。

第二，对被告人前罪先行羁押的时间予以折抵，应当在数罪并罚执行的刑罚决定后进行。

第三，缓刑犯在缓刑期间犯新罪，表明其主观恶性较大，在处理上应当体现从重处罚原则。但刑法第七十七条规定的是撤销缓刑，“把前罪和后罪所判处的刑罚，依照本法第六十九条的规定，决定执行的刑罚”，可见，立法对缓刑犯又犯新罪的从重处罚主要体现在对其缓刑的撤销，而不在于实际执行刑期方面。

〔参考案例第900号：吴升旭危险驾驶案〕在判处有期徒刑缓刑考验期内又犯危险驾驶罪的如何处理？

刑法修正案(八)施行后，被宣告缓刑的犯罪分子在缓刑考验期限内在道路上醉酒驾驶机动车，构成危险驾驶罪的，属于又犯新罪，应当撤销缓刑，对危险驾驶罪作出判决，与前罪所判处的刑罚，依照刑法第六十九条关于数罪并罚的规定，决定执行的刑罚。

第五节　缓　　刑

第七十二条　【缓刑的对象、条件】对于被判处拘役、三年以下有期徒刑的犯罪分子，同时符合下列条件的，可以宣告缓刑，对其中不满十八周岁的人、怀孕的妇女和已满七十五周岁的人，应当宣告缓刑：

（一）犯罪情节较轻；

（二）有悔罪表现；

（三）没有再犯罪的危险；

（四）宣告缓刑对所居住社区没有重大不良影响。

宣告缓刑，可以根据犯罪情况，同时禁止犯罪分子在缓刑考验期限内从事特定活动，进入特定区域、场所，接触特定的人。

被宣告缓刑的犯罪分子，如果被判处附加刑，附加刑仍须执行。

【修正前条文】

第七十二条　【缓刑的对象、条件】对于被判处拘役、三年以下有期徒刑的犯罪分子，根据犯罪分子的犯罪情节和悔罪表现，适用缓刑确实不致再危害社会的，可以宣告缓刑。

被宣告缓刑的犯罪分子，如果被判处附加刑，附加刑仍须执行。

【修正说明】

刑法修正案(八)第十一条对原条文作出下述修改：一是对第一款适用缓刑的条件作了修改，将“根据犯罪分子的犯罪情节和悔罪表现，适用缓刑确实不致再危害社会的”修改为同时符合“犯罪情节较轻”“有悔罪表现”“没有再犯罪的危险”“宣告缓刑对所居住社区没有重大不良影响”四项条件。二是明确对于符合缓刑条件的不满十八周岁的人、怀孕的妇女和已满七十五周岁的人三类主体，应当宣告缓刑。三是增加规定对宣告缓刑的犯罪分子，人民法院可以根据犯罪情况同时对其在缓刑考验期限内的行为作出限制，禁止其“从事特定活动，进入特定区域、场所，接触特定的人”。

【司法解释(1)】

《最高人民法院关于审理未成年人刑事案件具体应用法律若干问题的解释》(法释〔2006〕1号，20060123)

第十六条　对未成年罪犯符合刑法第七十二条第一款规定的，可以宣告缓刑。如果同时具有下列情形之一，对其适用缓刑确实不致再危害社会的，应当宣告缓刑：

（一）初次犯罪；

（二）积极退赃或赔偿被害人经济损失；

（三）具备监护、帮教条件。

【司法解释(2)】

《最高人民法院关于〈中华人民共和国刑法修正案(八)〉时间效力问题的解释》(法释〔2011〕9号，20110501)

第一条第一款　对于2011年4月30日以前犯罪，依法应当判处管制或者宣告缓刑的，人民法院根据犯罪情况，认为确有必要同时禁止犯罪分子在管制期间或者缓刑考验期内从事特定活动，进入特定区域、场所，接触特定人的，适用修正后刑法第三十八条第二款或者第七十二条第二款的规定。

【司法解释(3)】

《最高人民法院、最高人民检察院关于办理强奸、猥亵未成年人刑事案件适用法律若干问题的解释》(法释〔2023〕3号，20230601)

第十二条　对强奸未成年人的成年被告人判处刑罚时，一般不适用缓刑。

对于判处刑罚同时宣告缓刑的，可以根据犯罪情况，同时宣告禁止令，禁止犯罪分子在缓刑考验期限内从事与未成年人有关的工作、活动，禁止其进入中小学校、幼儿园及其他未成年人集中的场所。确因本人就学、居住等原因，经执行机关批准的除外。

【司法指导文件(1)】

《最高人民法院、最高人民检察院、公安部、司法部关于对判处管制、宣告缓刑的犯罪分子适用禁止令有关问题的规定(试行)》(法发〔2011〕9号，20110501)[①]

第十二条　被宣告缓刑的犯罪分子违反禁止令，情节严重的，应当撤销缓刑，执行原判刑罚。原作出缓刑裁判的人民法院应当自收到当地社区矫正机构提出的撤销缓刑建议书之日起一个月内依法作出裁定。人民法院撤销缓刑的裁定一经作出，立即生效。

违反禁止令，具有下列情形之一的，应当认定为“情节严重”：

（一）三次以上违反禁止令的；

（二）因违反禁止令被治安管理处罚后，再次违反禁止令的；

（三）违反禁止令，发生较为严重危害后果的；

（四）其他情节严重的情形。

【司法指导文件(2)】

《最高人民法院、最高人民检察院关于办理职务犯罪案件严格适用缓刑、免予刑事处罚若干问题的意见》(法发〔2012〕17号，20120808)[②]

【司法指导文件(3)】

《最高人民检察院法律政策研究室关于对数罪并罚决定执行刑期为三年以下有期徒刑的犯罪分子能否适用缓刑问题的复函》(〔1998〕高检研发第

---

① 关于对判处管制、宣告缓刑的犯罪分子适用禁止令有关问题规定的其他内容，参见本法第三十八条项下【司法指导文件(1)】，第85—86页。

② 参见本法分则第八章贪污贿赂罪项下【司法指导文件(1)】，第1337—1338页。

16号，19980917)[①]

根据刑法第七十二条的规定，可以适用缓刑的对象是被判处拘役、三年以下有期徒刑的犯罪分子；条件是根据犯罪分子的犯罪情节和悔罪表现，适用缓刑确实不致再危害社会。对于判决宣告以前犯数罪的犯罪分子，只要判决执行的刑罚为拘役、三年以下有期徒刑，且符合根据犯罪分子的犯罪情节和悔罪表现，适用缓刑确实不致再危害社会的案件，依法可以适用缓刑。

【司法指导文件(4)】

《最高人民法院、最高人民检察院、公安部、司法部关于对因犯罪在大陆受审的台湾居民依法适用缓刑实行社区矫正有关问题的意见》(法发〔2016〕33号，20170101)

第一条　对因犯罪被判处拘役、三年以下有期徒刑的台湾居民，如果其犯罪情节较轻、有悔罪表现、没有再犯罪的危险且宣告缓刑对所居住社区没有重大不良影响的，人民法院可以宣告缓刑，对其中不满十八周岁的人、怀孕的妇女和已满七十五周岁的人，应当宣告缓刑。

【司法指导文件(5)】

《最高人民法院、最高人民检察院、公安部、司法部关于办理醉酒危险驾驶刑事案件的意见》(高检发办字〔2023〕187号，20231228)

第十四条　对符合刑法第七十二条规定的醉驾被告人，依法宣告缓刑。具有下列情形之一的，一般不适用缓刑：

(一)造成交通事故致他人轻微伤或者轻伤，且负事故全部或者主要责任的；

(二)造成交通事故且负事故全部或者主要责任，未赔偿损失的；

(三)造成交通事故后逃逸的；

(四)未取得机动车驾驶证驾驶汽车的；

(五)血液酒精含量超过180毫克/100毫升的；

(六)服用国家规定管制的精神药品或者麻醉药品后驾驶的；

(七)采取暴力手段抗拒公安机关依法检查，或者实施妨害司法行为的；

(八)五年内曾因饮酒后驾驶机动车被查获或者受过行政处罚的；

(九)曾因危险驾驶行为被判决有罪或者作相对不起诉的；

(十)其他情节恶劣的情形。

【《刑事审判参考》案例】

〔参考案例第1003号：谭永艮非法持有枪支案〕作为情节加重犯适用条件的“情节严重”与缓刑适用条件中的“犯罪情节较轻”在适用时是否相矛盾？

认定缓刑适用条件的“犯罪情节较轻”所考虑的因素通常比认定情节加重犯所考虑的因素更为广泛，不能认为情节加重犯就必然是一种具有严重社会危害性的犯罪行为，就必然不符合缓刑适用条件。

特别是在非法持有枪支犯罪中，认定非法持有枪支犯罪是否“情节严重”，对照司法解释的列举式规定，标准十分清晰，对于应当判处实刑的案件来说，如何量刑不存在争议。但如果要判断

① 对于该复函的适用，需结合刑法修正案(八)第十一条修正的刑法第七十二条的规定综合考虑。——编者注

对行为人应当判处实刑还是缓刑，只考虑司法解释列举的枪支性能和数量这些客观情节，显然会失之片面。行为人基于何种原因持有枪支，持有枪支时间长短，枪支流入社会或者被用于非法目的的可能性大小，以及是否具有未成年人、老年人、累犯等特殊身份等，均不同程度上影响到对该非法持有枪支犯罪行为社会危害性的判断。因此，虽然通常来说，具备加重情节的非法持有枪支犯罪，相对于只符合基本构成要件的犯罪，对公共安全的潜在危害更加严重，在是否适用缓刑时要更加慎重把握，但不排除在一些特殊个案中，存在着其他可以被考虑为“犯罪情节较轻”的因素。

如果经综合权衡，对被告人宣告缓刑要比判处实刑，更有利于实现刑罚的目的和取得更好的法律、社会效果，也可以认定被告人符合刑法第七十二条第一款规定的缓刑适用条件。这样处理，对一些确实存在特殊情况的个案，可以避免出现如果严格依照司法解释列举的加重处罚情节对被告人升格法定刑，可能导致刑罚过于严苛而偏离罪责程度的极端情形发生。

第七十三条 【缓刑考验期限】拘役的缓刑考验期限为原判刑期以上一年以下，但是不能少于二个月。

有期徒刑的缓刑考验期限为原判刑期以上五年以下，但是不能少于一年。

缓刑考验期限，从判决确定之日起计算。

【审判实务释疑】

缓刑考验期限的起算日是判决生效之日还是到社区矫正机构报到之日？判决生效之日至报到之日的期间，是否计入缓刑考验期限？

缓刑考验期限的起算日应当是判决生效之日；判决生效之日至到社区矫正机构报到之日的期间，应当计入缓刑考验期限。[①]

第七十四条 【累犯、犯罪集团首要分子不适用缓刑】对于累犯和犯罪集团的首要分子，不适用缓刑。

【修正前条文】

第七十四条 【累犯不适用缓刑】对于累犯，不适用缓刑。

【修正说明】

刑法修正案(八)第十二条增加了关于犯罪集团的首要分子不适用缓刑的规定。

【法院案例库参考案例】

〔任某故意伤害案，2024-04-1-179-006〕被告人缓刑考验期满后五年内再犯新罪的，根据其犯罪情节和悔罪表现，仍可对被告人宣告适用缓刑

被告人在缓刑考验期满后五年内再犯应当判处有期徒刑以上刑罚之罪，因前罪判处的有期徒刑并未执行，不具备“刑罚执行完毕”的要件，不构成累犯。如被告人具备犯罪情节较轻、有悔罪表现、没有再犯罪的危险、宣告缓刑

① 参见《法答网精选答问(第二十二批)》，载《人民法院报》2025年6月26日，第7版。

对所居住社区没有重大不良影响等条件，仍可对犯罪分子宣告适用缓刑。

第七十五条 【缓刑犯应遵守的规定】被宣告缓刑的犯罪分子，应当遵守下列规定：

（一）遵守法律、行政法规，服从监督；

（二）按照考察机关的规定报告自己的活动情况；

（三）遵守考察机关关于会客的规定；

（四）离开所居住的市、县或者迁居，应当报经考察机关批准。

第七十六条 【社区矫正与缓刑考验合格的处理】对宣告缓刑的犯罪分子，在缓刑考验期限内，依法实行社区矫正，如果没有本法第七十七条规定的情形，缓刑考验期满，原判的刑罚就不再执行，并公开予以宣告。

【修正前条文】

第七十六条 【缓刑处理】被宣告缓刑的犯罪分子，在缓刑考验期限内，由公安机关考察，所在单位或者基层组织予以配合，如果没有本法第七十七条规定的情形，缓刑考验期满，原判的刑罚就不再执行，并公开予以宣告。

【修正说明】

刑法修正案(八)第十三条将原条文规定的"由公安机关考察，所在单位或者基层组织予以配合"修改为"依法实行社区矫正"。

第七十七条 【缓刑考验不合格的处理】被宣告缓刑的犯罪分子，在缓刑考验期限内犯新罪或者发现判决宣告以前还有其他罪没有判决的，应当撤销缓刑，对新犯的罪或者新发现的罪作出判决，把前罪和后罪所判处的刑罚，依照本法第六十九条的规定，决定执行的刑罚。

被宣告缓刑的犯罪分子，在缓刑考验期限内，违反法律、行政法规或者国务院有关部门关于缓刑的监督管理规定，或者违反人民法院判决中的禁止令，情节严重的，应当撤销缓刑，执行原判刑罚。

【修正前条文】

第七十七条 【缓刑考验不合格的处理】被宣告缓刑的犯罪分子，在缓刑考验期限内犯新罪或者发现判决宣告以前还有其他罪没有判决的，应当撤销缓刑，对新犯的罪或者新发现的罪作出判决，把前罪和后罪所判处的刑罚，依照本法第六十九条的规定，决定执行的刑罚。

被宣告缓刑的犯罪分子，在缓刑考验期限内，违反法律、行政法规或者国务院公安部门有关缓刑的监督管理规定，情节严重的，应当撤销缓刑，执行原判刑罚。

【修正说明】

刑法修正案(八)第十四条对原条文第二款作出下述修改：一是将其中的"国务院公安部门有关缓刑的监督管理规定"修改为"国务院有关部门关于缓刑的监督管理规定"；二是在撤销缓刑的情形中增加了"违反人民法院判决

中的禁止令”的规定。

【相关立法】

《中华人民共和国社区矫正法》(20200701)

第四十五条　社区矫正对象被裁定撤销缓刑、假释，被决定收监执行，或者社区矫正对象死亡的，社区矫正终止。

第四十六条　社区矫正对象具有刑法规定的撤销缓刑、假释情形的，应当由人民法院撤销缓刑、假释。

对于在考验期限内犯新罪或者发现判决宣告以前还有其他罪没有判决的，应当由审理该案件的人民法院撤销缓刑、假释，并书面通知原审人民法院和执行地社区矫正机构。

对于有第二款规定以外的其他需要撤销缓刑、假释情形的，社区矫正机构应当向原审人民法院或者执行地人民法院提出撤销缓刑、假释建议，并将建议书抄送人民检察院。社区矫正机构提出撤销缓刑、假释建议时，应当说明理由，并提供有关证据材料。

第五十九条　社区矫正对象在社区矫正期间有违反监督管理规定行为的，由公安机关依照《中华人民共和国治安管理处罚法》的规定给予处罚；具有撤销缓刑、假释或者暂予监外执行收监情形的，应当依法作出处理。

【司法解释(1)】

《最高人民法院关于适用刑法时间效力规定若干问题的解释》(法释〔1997〕5号，19971001)

第六条　1997年9月30日以前犯罪被宣告缓刑的犯罪分子，在1997年10月1日以后的缓刑考验期间又犯新罪、被发现漏罪或者违反法律、行政法规或者国务院公安部门有关缓刑的监督管理规定，情节严重的，适用刑法第七十七条的规定，撤销缓刑。

【司法解释(2)】

《最高人民法院关于撤销缓刑时罪犯在宣告缓刑前羁押的时间能否折抵刑期问题的批复》(法释〔2002〕11号，20020418)

根据刑法第七十七条的规定，对被宣告缓刑的犯罪分子撤销缓刑执行原判刑罚的，对其在宣告缓刑前羁押的时间应当折抵刑期。

【司法指导文件(1)】

《最高人民法院、最高人民检察院、公安部、司法部关于印发〈中华人民共和国社区矫正法实施办法〉的通知》(司发通〔2020〕59号，20200701)

第四十六条　社区矫正对象在缓刑考验期内，有下列情形之一的，由执行地同级社区矫正机构提出撤销缓刑建议：

(一)违反禁止令，情节严重的；

(二)无正当理由不按规定时间报到或者接受社区矫正期间脱离监管，超过一个月的；

(三)因违反监督管理规定受到治安管理处罚，仍不改正的；

(四)受到社区矫正机构两次警告，仍不改正的；

(五)其他违反有关法律、行政法规和监督管理规定，情节严重的情形。

社区矫正机构一般向原审人民法院提出撤销缓刑建议。如果原审人民法院与执行地同级社区矫正机构不在同一省、自治区、直辖市的，可以向执行地人民法院提出建议，执行地人民法院作出裁定的，裁定书同时抄送原审人民法院。

社区矫正机构撤销缓刑建议书和人民法院的裁定书副本同时抄送社区矫正执行地同级人民检察院。

【司法指导文件(2)】

《中央社会治安综合治理委员会办公室、最高人民法院、最高人民检察院、公安部、司法部关于加强和规范监外执行工作的意见》(高检会〔2009〕3号，20090625)

15.被宣告缓刑、假释的罪犯在缓刑、假释考验期间有下列情形之一的，由与原裁判人民法院同级的执行地公安机关提出撤销缓刑、假释的建议：

(1)人民法院、监狱、看守所已书面告知罪犯应当按时到执行地公安机关报到，罪犯未在规定的时间内报到，脱离监管三个月以上的；

(2)未经执行地公安机关批准擅自离开所居住的市、县或者迁居，脱离监管三个月以上的；

(3)未按照执行地公安机关的规定报告自己的活动情况或者不遵守执行机关关于会客等规定，经过三次教育仍然拒不改正的；

(4)有其他违反法律、行政法规或者国务院公安部门有关缓刑、假释的监督管理规定行为，情节严重的。①

【法院案例库参考案例】

〔向某等非法制造枪支案，2024-05-1-043-003〕前罪缓刑考验期间实施新罪预备行为、考验期满后较长时间才实施新罪实行行为的处理

对于在前罪缓刑考验期间内实施新罪预备行为、缓刑考验期满后实施实行行为的，在决定是否撤销前罪缓刑，进行数罪并罚时应当重点审查新罪的预备行为与实行行为是否属于一个完整的犯罪过程。对于行为人在前罪缓刑考验期内所实施的新罪预备行为与前罪缓刑考验期满后所实施的新罪实行行为之间时间跨度过长的，不宜认定为一个完整犯罪过程，依法不予撤销前罪缓刑与新罪数罪并罚。

〔齐某福组织、领导传销活动案，2024-18-1-168-002〕犯同种数罪分案被先后判处缓刑和实刑的处理

对犯同种数罪的被告人分案处理，先后分别判处缓刑和实刑，且后判宣告时缓刑考验期尚未届满的，可以依照审判监督程序撤销后宣告的判决，参照刑法第七十七条第一款“被宣告缓刑的犯罪分子，在缓刑考验期限内犯新罪或者发现判决宣告以前还有其他罪没有判决的，应当撤销缓刑，对新犯的罪或者新发现的罪作出判决，把前罪和后罪所判处的刑罚，依照本法第六十九条的规定，决定执行的刑罚”的精神，撤销缓刑，予以并罚。

〔夏某兵行贿案，2024-03-1-407-001〕被告人在缓刑考验期内犯新罪，无论是在考验期内还是在考验期满后被发现，均应撤销缓刑

被告人在缓刑考验期内犯新罪，无论是在考验期内还是在考验期满后被发现，均应当依据刑法第七十七条的规定撤销缓刑，与所犯新罪进行数罪

---

① 2020年7月1日社区矫正法施行后，撤销缓刑、假释的建议机构以及具体的撤销适用情形应依该法以及修正后的刑法、刑事诉讼法等相关规定确定。——编者注

并罚。

〔南某走私普通货物案，2024-06-1-085-001〕缓刑考验期限内违反监督管理规定情节严重的认定

对社区矫正机构建议撤销缓刑的案件，应当依照刑法关于撤销缓刑的规定，审查社区矫正对象的违法行为是否属于情节严重。对于社区矫正期间表现良好的矫正对象，因生产、生活需要偶然实施违规行为，被行政处罚后不存在仍不改正情形的，不应认定为情节严重。

〔包某伟危险驾驶案，2023-05-1-055-002〕被判处缓刑后在上诉期内又犯新罪的法律适用

行为人在缓刑判决生效前又犯新罪，不再符合缓刑的实质条件，应撤销缓刑后数罪并罚；缓刑判决生效前又犯新罪时，不能启动刑事审判监督程序撤销缓刑判决；缓刑判决生效前又犯新罪的，应参照适用刑法第七十七条。

〔龙某故意伤害案，2023-04-1-179-010〕二审期间发现原审被告人在原审宣判前取保候审期间又犯新罪且被异地法院判处缓刑正处缓刑考验期情形的处理

二审期间，发现原审被告人在原审法院宣判前取保候审期间又在异地犯新罪，原审被告人对两地法院均隐瞒前罪和新罪事实，导致原审法院未考量新罪因素仅以前罪对其判处缓刑，异地法院未考量前罪因素仅以新罪对其判处缓刑。在新罪判决已生效并进入缓刑执行程序，前罪判决因检察机关抗诉进入二审程序的情形下，审理前罪的二审法院应认定二审期间出现了影响原审被告人量刑的新证据，原判量刑事实不清，予以撤销原判，发回重审；由原审法院依照刑法第七十七条第一款关于缓刑考验期内发现判决宣告前还有其他罪没有判处的处理规定，先依法撤销异地法院所判处的缓刑，再按照刑法第六十九条的规定数罪并罚，并不得适用缓刑。

【《刑事审判参考》案例】

〔参考案例第238号：王园被撤销缓刑案〕撤销缓刑案件的羁押时间如何折抵？

1.被宣告缓刑的犯罪分子在缓刑考验期内因再犯新罪或者发现漏罪依法被撤销缓刑的，首先应按照刑法第七十七条第一款的规定，对新罪作出判决，再依照刑法第六十九条确定应当实际执行的刑期。然后再将因前罪被先行羁押的时间和因新罪被先行羁押的时间一并从最后宣告的刑罚中予以折抵扣除。

2.被宣告缓刑的犯罪分子在缓刑考验期内因违反法律、行政法规或者国务院有关部门缓刑监督管理规定，情节严重被依法撤销缓刑的，一般只应将因前罪被先行羁押的时间从撤销缓刑执行原判刑期中予以折抵扣除。缓刑犯在缓刑考验期内因违反法律、行政法规或者国务院有关部门缓刑监督管理规定，情节严重而被依法采取行政强制措施或行政处罚而羁押的时间，由于针对的是另一个行为，因此，不能从撤销缓刑后实际执行的刑期中予以折抵。

〔参考案例第515号：徐通等盗窃案〕先前宣告的数个缓刑均符合撤销条件的，审判新罪的人民法院是否可以同时撤销缓刑？

对于适用缓刑的被告人又犯新罪并发现漏罪的，可能错误的缓刑宣告不需通过审判监督程序纠正。先前宣告的数个缓刑均符合撤销条件的，审判新罪的人民法院有权同时撤销先前的两个缓刑。直接撤销缓刑与通过再审纠正，实体效果相同，但在提高司法效率和节约司法成本等方面，前者无疑更有明显优势。

〔参考案例第1266号：尹乐、李文颐非国家工作人员受贿案〕被告人在缓刑考验期限内与行贿人达成贿赂合意，在缓刑执行期满后收取财物的，能否认定“在缓刑考验期限内犯新罪”？

被告人在缓刑考验期内与行贿人达成贿赂合意，在缓刑执行期满后收取财物的，可以认定为“在缓刑考验期限内犯新罪”，并据此撤销缓刑，数罪并罚。

〔参考案例第1460号：董元寻衅滋事案〕在缓刑考验期间犯新罪，但在新罪判决前缓刑已被撤销，新罪判决应适用刑法哪一条款？

在缓刑期间犯新罪，本质上属于刑法第七十七条调整的范围。缓刑考验期不存在刑罚执行的问题，通过缓刑考验期的法律后果是原判的刑罚就不再执行，并公开予以宣告。在新罪判决前，前罪判处缓刑部分已经司法行政机关建议予以撤销，仍未超出刑法第七十七条的调整范围，故仍应适用刑法第七十七条的规定予以数罪并罚。

〔参考案例第1424号：董军立故意毁坏财物案〕后罪的预备行为发生在前罪的缓刑考验期内、实行行为发生在缓刑考验期满后，应否撤销缓刑将前后罪并罚？

所犯新罪的实行行为虽然发生在前罪缓刑考验期满后，但犯罪预备行为发生在前罪缓刑考验期限内。应当将犯罪预备行为与实行行为作为一个完整的犯罪过程来理解，而不能只考察犯罪实行行为的时间。因此，虽然前罪所判处缓刑考验期已满，社区矫正已被解除，但其所犯新罪仍属在缓刑考验期内发生，故应当依法撤销前罪的缓刑，与所犯新罪实行并罚。

〔参考案例第1546号：董某庆等虚开发票案〕针对缓刑判决宣告以前发现的犯罪，在缓刑考验期内进行审判时，能否撤销缓刑数罪并罚及并罚后能否再次适用缓刑？

针对判决宣告以前已经发现的犯罪，在刑罚执行期间或者缓刑、假释考验期内进行审判的，应当依照漏罪并罚的条款实行并罚，且决定执行的刑罚应当与并案处理所应判处的刑罚基本相当。撤销缓刑将前罪刑罚与新罪或漏罪刑罚并罚之后，一般不宜再次适用缓刑，但如被告人并未隐瞒漏罪，且并罚后仍然符合缓刑适用条件，可以再次适用缓刑。

第六节　减　　刑

第七十八条　【减刑条件】被判处管制、拘役、有期徒刑、无期徒刑的犯罪分子，在执行期间，如果认真遵守监规，接受教育改造，确有悔改表现的，或者有立功表现的，可以减刑；有下列重大立功表现之一的，应当减刑：

（一）阻止他人重大犯罪活动的；

（二）检举监狱内外重大犯罪活动，经查证属实的；

（三）有发明创造或者重大技术革新的；

（四）在日常生产、生活中舍己救人的；

（五）在抗御自然灾害或者排除重大事故中，有突出表现的；

（六）对国家和社会有其他重大贡献的。

减刑以后实际执行的刑期不能少于下列期限：

（一）判处管制、拘役、有期徒刑的，不能少于原判刑期的二分之一；

（二）判处无期徒刑的，不能少于十三年；

（三）人民法院依照本法第五十条第二款规定限制减刑的死刑缓期执行的犯罪分子，缓期执行期满后依法减为无期徒刑的，不能少于二十五年，缓期执行期满后依法减为二十五年有期徒刑的，不能少于二十年。

【修正前条文】

第七十八条　【减刑条件】被判处管制、拘役、有期徒刑、无期徒刑的犯罪分子，在执行期间，如果认真遵守监规，接受教育改造，确有悔改表现的，或者有立功表现的，可以减刑；有下列重大立功表现之一的，应当减刑：

（一）阻止他人重大犯罪活动的；

（二）检举监狱内外重大犯罪活动，经查证属实的；

（三）有发明创造或者重大技术革新的；

（四）在日常生产、生活中舍己救人的；

（五）在抗御自然灾害或者排除重大事故中，有突出表现的；

（六）对国家和社会有其他重大贡献的。

减刑以后实际执行的刑期，判处管制、拘役、有期徒刑的，不能少于原判刑期的二分之一；判处无期徒刑的，不能少于十年。

【修正说明】

刑法修正案（八）第十五条将被判处无期徒刑的犯罪分子的最低实际执行刑期由十年提高到十三年，并明确了限制减刑的死刑缓期执行犯罪分子缓期执行期满后减刑的最低实际执行刑期。

【立法·要点注释】

本条第二款规定的减刑后实际执行的刑期，是实际执行的最低刑期，即不能少于这个刑期，而不是只要执行了这些刑期，就释放犯罪分子。对犯罪分子的实际执行刑期，应在遵循本款规定的基础上，根据犯罪分子接受教育改造等具体情况确定。

【司法解释(1)】

《最高人民法院关于办理减刑、假释案件具体应用法律的规定》（法释〔2016〕23号，20170101）

第一条　减刑、假释是激励罪犯改造的刑罚制度，减刑、假释的适用应当贯彻宽严相济刑事政策，最大限度地发挥刑罚的功能，实现刑罚的目的。

第二条　对于罪犯符合刑法第七十八条第一款规定“可以减刑”条件的案件，在办理时应当综合考察罪犯犯罪的性质和具体情节、社会危害程度、原判刑罚及生效裁判中财产性判项的履行情况、交付执行后的一贯表现等因素。

第三条　“确有悔改表现”是指同时具备以下条件：

（一）认罪悔罪；

（二）遵守法律法规及监规，接受教育改造；

（三）积极参加思想、文化、职业技术教育；

（四）积极参加劳动，努力完成劳动任务。

对职务犯罪、破坏金融管理秩序和金融诈骗犯罪、组织（领导、参加、包庇、纵容）黑社会性质组织犯罪等罪犯，不积极退赃、协助追缴赃款赃物、赔偿损失，或者服刑期间利用个人影响力和社会关系等不正当手段意图获得减刑、假释的，不认定其“确有悔改表现”。

罪犯在刑罚执行期间的申诉权利应当依法保护，对其正当申诉不能不加分析地认为是不认罪悔罪。

第四条　具有下列情形之一的，可以认定为有“立功表现”：

（一）阻止他人实施犯罪活动的；

（二）检举、揭发监狱内外犯罪活动，或者提供重要的破案线索，经查证属实的；

（三）协助司法机关抓捕其他犯罪嫌疑人的；

（四）在生产、科研中进行技术革新，成绩突出的；

（五）在抗御自然灾害或者排除重大事故中，表现积极的；

（六）对国家和社会有其他较大贡献的。

第（四）项、第（六）项中的技术革新或者其他较大贡献应当由罪犯在刑罚执行期间独立或者为主完成，并经省级主管部门确认。

第五条　具有下列情形之一的，应当认定为有“重大立功表现”：

（一）阻止他人实施重大犯罪活动的；

（二）检举监狱内外重大犯罪活动，经查证属实的；

（三）协助司法机关抓捕其他重大犯罪嫌疑人的；

（四）有发明创造或者重大技术革新的；

（五）在日常生产、生活中舍己救人的；

（六）在抗御自然灾害或者排除重大事故中，有突出表现的；

（七）对国家和社会有其他重大贡献的。

第（四）项中的发明创造或者重大技术革新应当是罪犯在刑罚执行期间独立或者为主完成并经国家主管部门确认的发明专利，且不包括实用新型专利和外观设计专利；第（七）项中的其他重大贡献应当由罪犯在刑罚执行期间独立或者为主完成，并经国家主管部门确认。

第六条　被判处有期徒刑的罪犯减刑起始时间为：不满五年有期徒刑的，应当执行一年以上方可减刑；五年以上不满十年有期徒刑的，应当执行一年六个月以上方可减刑；十年以上有期徒刑的，应当执行二年以上方可减刑。有期徒刑减刑的起始时间自判决执行之日起计算。

确有悔改表现或者有立功表现的，一次减刑不超过九个月有期徒刑；确有悔改表现并有立功表现的，一次减刑不超过一年有期徒刑；有重大立功表现的，一次减刑不超过一年六个月有期徒刑；确有悔改表现并有重大立功表现的，一次减刑不超过二年有期徒刑。

被判处不满十年有期徒刑的罪犯，两次减刑间隔时间不得少于一年；被判处十年以上有期徒刑的罪犯，两次减刑间隔时间不得少于一年六个月。减刑间隔时间不得低于上次减刑减去的刑期。

罪犯有重大立功表现的，可以不受

上述减刑起始时间和间隔时间的限制。

第七条　对符合减刑条件的职务犯罪罪犯，破坏金融管理秩序和金融诈骗犯罪罪犯，组织、领导、参加、包庇、纵容黑社会性质组织犯罪罪犯，危害国家安全犯罪罪犯，恐怖活动犯罪罪犯，毒品犯罪集团的首要分子及毒品再犯，累犯，确有履行能力而不履行或者不全部履行生效裁判中财产性判项的罪犯，被判处十年以下有期徒刑的，执行二年以上方可减刑，减刑幅度应当比照本规定第六条从严掌握，一次减刑不超过一年有期徒刑，两次减刑之间应当间隔一年以上。

对被判处十年以上有期徒刑的前款罪犯，以及因故意杀人、强奸、抢劫、绑架、放火、爆炸、投放危险物质或者有组织的暴力性犯罪被判处十年以上有期徒刑的罪犯，数罪并罚且其中两罪以上被判处十年以上有期徒刑的罪犯，执行二年以上方可减刑，减刑幅度应当比照本规定第六条从严掌握，一次减刑不超过一年有期徒刑，两次减刑之间应当间隔一年六个月以上。

罪犯有重大立功表现的，可以不受上述减刑起始时间和间隔时间的限制。

第八条　被判处无期徒刑的罪犯在刑罚执行期间，符合减刑条件的，执行二年以上，可以减刑。减刑幅度为：确有悔改表现或者有立功表现的，可以减为二十二年有期徒刑；确有悔改表现并有立功表现的，可以减为二十一年以上二十二年以下有期徒刑；有重大立功表现的，可以减为二十年以上二十一年以下有期徒刑；确有悔改表现并有重大立功表现的，可以减为十九年以上二十年以下有期徒刑。无期徒刑罪犯减为有期徒刑后再减刑时，减刑幅度依照本规定第六条的规定执行。两次减刑间隔时间不得少于二年。

罪犯有重大立功表现的，可以不受上述减刑起始时间和间隔时间的限制。

第九条　对被判处无期徒刑的职务犯罪罪犯，破坏金融管理秩序和金融诈骗犯罪罪犯，组织、领导、参加、包庇、纵容黑社会性质组织犯罪罪犯，危害国家安全犯罪罪犯，恐怖活动犯罪罪犯，毒品犯罪集团的首要分子及毒品再犯，累犯以及因故意杀人、强奸、抢劫、绑架、放火、爆炸、投放危险物质或者有组织的暴力性犯罪的罪犯，确有履行能力而不履行或者不全部履行生效裁判中财产性判项的罪犯，数罪并罚被判处无期徒刑的罪犯，符合减刑条件的，执行三年以上方可减刑，减刑幅度应当比照本规定第八条从严掌握，减刑后的刑期最低不得少于二十年有期徒刑；减为有期徒刑后再减刑时，减刑幅度比照本规定第六条从严掌握，一次不超过一年有期徒刑，两次减刑之间应当间隔二年以上。

罪犯有重大立功表现的，可以不受上述减刑起始时间和间隔时间的限制。

第十条　被判处死刑缓期执行的罪犯减为无期徒刑后，符合减刑条件的，执行三年以上方可减刑。减刑幅度为：确有悔改表现或者有立功表现的，可以减为二十五年有期徒刑；确有悔改表现并有立功表现的，可以减为二十四年以上二十五年以下有期徒刑；有重大立功表现的，可以减为二十三年以上二十四年以下有期徒刑；确有悔改表现并有重大立功表现的，可以减为二十二年以上二十三年以下有期徒刑。

被判处死刑缓期执行的罪犯减为有期徒刑后再减刑时，比照本规定第八条的规定办理。

第十一条 对被判处死刑缓期执行的职务犯罪罪犯，破坏金融管理秩序和金融诈骗犯罪罪犯，组织、领导、参加、包庇、纵容黑社会性质组织犯罪罪犯，危害国家安全犯罪罪犯，恐怖活动犯罪罪犯，毒品犯罪集团的首要分子及毒品再犯，累犯以及因故意杀人、强奸、抢劫、绑架、放火、爆炸、投放危险物质或者有组织的暴力性犯罪的罪犯，确有履行能力而不履行或者不全部履行生效裁判中财产性判项的罪犯，数罪并罚被判处死刑缓期执行的罪犯，减为无期徒刑后，符合减刑条件的，执行三年以上方可减刑，一般减为二十五年有期徒刑，有立功表现或者重大立功表现的，可以比照本规定第十条减为二十三年以上二十五年以下有期徒刑；减为有期徒刑后再减刑时，减刑幅度比照本规定第六条从严掌握，一次不超过一年有期徒刑，两次减刑之间应当间隔二年以上。

第十二条 被判处死刑缓期执行的罪犯经过一次或者几次减刑后，其实际执行的刑期不得少于十五年，死刑缓期执行期间不包括在内。

死刑缓期执行罪犯在缓期执行期间不服从监管、抗拒改造，尚未构成犯罪的，在减为无期徒刑后再减刑时应当适当从严。

第十三条 被限制减刑的死刑缓期执行罪犯，减为无期徒刑后，符合减刑条件的，执行五年以上方可减刑。减刑间隔时间和减刑幅度依照本规定第十一条的规定执行。

第十四条 被限制减刑的死刑缓期执行罪犯，减为有期徒刑后再减刑时，一次减刑不超过六个月有期徒刑，两次减刑间隔时间不得少于二年。有重大立功表现的，间隔时间可以适当缩短，但一次减刑不超过一年有期徒刑。

第十五条 对被判处终身监禁的罪犯，在死刑缓期执行期满依法减为无期徒刑的裁定中，应当明确终身监禁，不得再减刑或者假释。

第十六条 被判处管制、拘役的罪犯，以及判决生效后剩余刑期不满二年有期徒刑的罪犯，符合减刑条件的，可以酌情减刑，减刑起始时间可以适当缩短，但实际执行的刑期不得少于原判刑期的二分之一。

第十七条 被判处有期徒刑罪犯减刑时，对附加剥夺政治权利的期限可以酌减。酌减后剥夺政治权利的期限，不得少于一年。

被判处死刑缓期执行、无期徒刑的罪犯减为有期徒刑时，应当将附加剥夺政治权利的期限减为七年以上十年以下，经过一次或者几次减刑后，最终剥夺政治权利的期限不得少于三年。

第十八条 被判处拘役或者三年以下有期徒刑，并宣告缓刑的罪犯，一般不适用减刑。

前款规定的罪犯在缓刑考验期内有重大立功表现的，可以参照刑法第七十八条的规定予以减刑，同时应当依法缩减其缓刑考验期。缩减后，拘役的缓刑考验期限不得少于二个月，有期徒刑的缓刑考验期限不得少于一年。

第十九条 对在报请减刑前的服刑期间不满十八周岁，且所犯罪行不属于刑法第八十一条第二款规定情形的罪犯，认罪悔罪，遵守法律法规及监规，积极参加学习、劳动，应当视为确有悔改表现。

对上述罪犯减刑时，减刑幅度可以适当放宽，或者减刑起始时间、间隔时间可以适当缩短，但放宽的幅度和缩短的时间不得超过本规定中相应幅度、时间的三分之一。

第二十条　老年罪犯、患严重疾病罪犯或者身体残疾罪犯减刑时，应当主要考察其认罪悔罪的实际表现。

对基本丧失劳动能力，生活难以自理的上述罪犯减刑时，减刑幅度可以适当放宽，或者减刑起始时间、间隔时间可以适当缩短，但放宽的幅度和缩短的时间不得超过本规定中相应幅度、时间的三分之一。

第二十一条　被判处有期徒刑、无期徒刑的罪犯在刑罚执行期间又故意犯罪，新罪被判处有期徒刑的，自新罪判决确定之日起三年内不予减刑；新罪被判处无期徒刑的，自新罪判决确定之日起四年内不予减刑。

罪犯在死刑缓期执行期间又故意犯罪，未被执行死刑的，死刑缓期执行的期间重新计算，减为无期徒刑后，五年内不予减刑。

被判处死刑缓期执行罪犯减刑后，在刑罚执行期间又故意犯罪的，依照第一款规定处理。

第三十二条　人民法院按照审判监督程序重新审理的案件，裁定维持原判决、裁定的，原减刑、假释裁定继续有效。

再审裁判改变原判决、裁定的，原减刑、假释裁定自动失效，执行机关应当及时报请有管辖权的人民法院重新作出是否减刑、假释的裁定。重新作出减刑裁定时，不受本规定有关减刑起始时间、间隔时间和减刑幅度的限制。重新裁定时应综合考虑各方面因素，减刑幅度不得超过原裁定减去的刑期总和。

再审改判为死刑缓期执行或者无期徒刑的，在新判决减为有期徒刑之时，原判决已经实际执行的刑期一并扣减。

再审裁判宣告无罪的，原减刑、假释裁定自动失效。

第三十三条　罪犯被裁定减刑后，刑罚执行期间因故意犯罪而数罪并罚时，经减刑裁定减去的刑期不计入已经执行的刑期。原判死刑缓期执行减为无期徒刑、有期徒刑，或者无期徒刑减为有期徒刑的裁定继续有效。

第三十四条　罪犯被裁定减刑后，刑罚执行期间因发现漏罪而数罪并罚的，原减刑裁定自动失效。如漏罪系罪犯主动交代的，对其原减去的刑期，由执行机关报请有管辖权的人民法院重新作出减刑裁定，予以确认；如漏罪系有关机关发现或者他人检举揭发的，由执行机关报请有管辖权的人民法院，在原减刑裁定减去的刑期总和之内，酌情重新裁定。

第三十五条　被判处死刑缓期执行的罪犯，在死刑缓期执行期内被发现漏罪，依据刑法第七十条规定数罪并罚，决定执行死刑缓期执行的，死刑缓期执行期间自新判决确定之日起计算，已经执行的死刑缓期执行期间计入新判决的死刑缓期执行期间内，但漏罪被判处死刑缓期执行的除外。

第三十六条　被判处死刑缓期执行的罪犯，在死刑缓期执行期满后被发现漏罪，依据刑法第七十条规定数罪并罚，决定执行死刑缓期执行的，交付执行时对罪犯实际执行无期徒刑，死缓考验期不再执行，但漏罪被判处死刑缓期执行的除外。

在无期徒刑减为有期徒刑时，前罪死刑缓期执行减为无期徒刑之日起至新判决生效之日止已经实际执行的刑期,应当计算在减刑裁定决定执行的刑期以内。

原减刑裁定减去的刑期依照本规定第三十四条处理。

第三十七条 被判处无期徒刑的罪犯在减为有期徒刑后因发现漏罪,依据刑法第七十条规定数罪并罚,决定执行无期徒刑的,前罪无期徒刑生效之日起至新判决生效之日止已经实际执行的刑期,应当在新判决的无期徒刑减为有期徒刑时,在减刑裁定决定执行的刑期内扣减。

无期徒刑罪犯减为有期徒刑后因发现漏罪判处三年有期徒刑以下刑罚,数罪并罚决定执行无期徒刑的,在新判决生效后执行一年以上,符合减刑条件的,可以减为有期徒刑,减刑幅度依照本规定第八条、第九条的规定执行。

原减刑裁定减去的刑期依照本规定第三十四条处理。

第三十九条 本规定所称"老年罪犯",是指报请减刑、假释时年满六十五周岁的罪犯。

本规定所称"患严重疾病罪犯",是指因患有重病,久治不愈,而不能正常生活、学习、劳动的罪犯。

本规定所称"身体残疾罪犯",是指因身体有肢体或者器官残缺、功能不全或者丧失功能,而基本丧失生活、学习、劳动能力的罪犯,但是罪犯犯罪后自伤致残的除外。

对刑罚执行机关提供的证明罪犯患有严重疾病或者有身体残疾的证明文件,人民法院应当审查,必要时可以委托有关单位重新诊断、鉴定。

第四十条 本规定所称"判决执行之日",是指罪犯实际送交刑罚执行机关之日。

本规定所称"减刑间隔时间",是指前一次减刑裁定送达之日起至本次减刑报请之日止的期间。

第四十一条 本规定所称"财产性判项"是指判决罪犯承担的附带民事赔偿义务判项,以及追缴、责令退赔、罚金、没收财产等判项。

第四十二条 本规定自2017年1月1日起施行。以前发布的司法解释与本规定不一致的,以本规定为准。

【司法解释(2)】

《最高人民法院关于办理减刑、假释案件具体应用法律的补充规定》(法释〔2019〕6号,20190601)

为准确把握宽严相济刑事政策,严格执行《最高人民法院关于办理减刑、假释案件具体应用法律的规定》,现对《中华人民共和国刑法修正案(九)》施行后,依照刑法分则第八章贪污贿赂罪判处刑罚的原具有国家工作人员身份的罪犯的减刑、假释补充规定如下:

第一条 对拒不认罪悔罪的,或者确有履行能力而不履行或者不全部履行生效裁判中财产性判项的,不予假释,一般不予减刑。

第二条 被判处十年以上有期徒刑,符合减刑条件的,执行三年以上方可减刑;被判处不满十年有期徒刑,符合减刑条件的,执行二年以上方可减刑。

确有悔改表现或者有立功表现的,一次减刑不超过六个月有期徒刑;确有悔改表现并有立功表现的,一次减刑不超过九个月有期徒刑;有重大立功表现的,一次减刑不超过一年有期徒刑。

被判处十年以上有期徒刑的,两次减刑之间应当间隔二年以上;被判处不满十年有期徒刑的,两次减刑之间应当间隔一年六个月以上。

第三条　被判处无期徒刑，符合减刑条件的，执行四年以上方可减刑。

确有悔改表现或者有立功表现的，可以减为二十三年有期徒刑；确有悔改表现并有立功表现的，可以减为二十二年以上二十三年以下有期徒刑；有重大立功表现的，可以减为二十一年以上二十二年以下有期徒刑。

无期徒刑减为有期徒刑后再减刑时，减刑幅度比照本规定第二条的规定执行。两次减刑之间应当间隔二年以上。

第四条　被判处死刑缓期执行的，减为无期徒刑后，符合减刑条件的，执行四年以上方可减刑。

确有悔改表现或者有立功表现的，可以减为二十五年有期徒刑；确有悔改表现并有立功表现的，可以减为二十四年六个月以上二十五年以下有期徒刑；有重大立功表现的，可以减为二十四年以上二十四年六个月以下有期徒刑。

减为有期徒刑后再减刑时，减刑幅度比照本规定第二条的规定执行。两次减刑之间应当间隔二年以上。

第五条　罪犯有重大立功表现的，减刑时可以不受上述起始时间和间隔时间的限制。

第七条　本规定自2019年6月1日起施行。此前发布的司法解释与本规定不一致的，以本规定为准。

【司法解释(2)·注释】

【司法解释(2)】是作为【司法解释(1)】的补充性规定下发的，并非废止【司法解释(1)】。【司法解释(2)】第七条中的“此前发布的司法解释与本规定不一致的，以本规定为准”，是指在对贪污贿赂罪犯减刑、假释时，【司法解释(1)】与本规定相冲突时，适用【司法解释(2)】。但是，对贪污贿赂犯罪之外的其他罪犯减刑、假释时，仍适用【司法解释(1)】的规定。

【司法解释(3)】

《最高人民法院关于审理未成年人刑事案件具体应用法律若干问题的解释》(法释〔2006〕1号，20060123)

第十八条　对未成年罪犯的减刑、假释，在掌握标准上可以比照成年罪犯依法适度放宽。

未成年罪犯能认罪服法，遵守监规，积极参加学习、劳动的，即可视为“确有悔改表现”予以减刑，其减刑的幅度可以适当放宽，间隔的时间可以相应缩短。符合刑法第八十一条第一款规定的，可以假释。

未成年罪犯在服刑期间已经成年的，对其减刑、假释可以适用上述规定。

【司法解释(4)】

《最高人民法院关于〈中华人民共和国刑法修正案(八)〉时间效力问题的解释》(法释〔2011〕9号，20110501)

第七条　2011年4月30日以前犯罪，被判处无期徒刑的罪犯，减刑以后或者假释前实际执行的刑期，适用修正前刑法第七十八条第二款、第八十一条第一款的规定。

【司法解释(4)·注释】

对于2011年4月30日以前犯罪，已经终审判决判处死刑缓期执行的罪犯，由于修正前刑法并无限制减刑的规定，当时的裁判也不可能作出限制减刑的决定，当然不能依据修正后刑法对其限制减刑，延长其实际执行刑期。对这部分已在押的罪犯，应当根据其在死缓期间及死缓期满后的表现，适用修正前刑法第五十条、第七十八条的相关规定作出处理，即：如果其在死缓期间有重大立功表现的，仍应依据修正前刑法第五十条的规定，在死缓期满后减为十五年以上二十年以下有期徒刑；死缓期满后减为无期徒刑、有期徒刑的，仍适用修正前刑法第七十八条第二款及1997年10月29日《最高人民法院关于办理减刑、假释案件具体应用法律若干问题的规定》的相关规定。

【司法解释(5)】

《最高人民法院关于办理减刑、假释案件审查财产性判项执行问题的规定》(法释〔2024〕5号，20240501)

第一条　人民法院办理减刑、假释案件必须审查原生效刑事或者刑事附带民事裁判中财产性判项的执行情况，以此作为判断罪犯是否确有悔改表现的因素之一。

财产性判项是指生效刑事或者刑事附带民事裁判中确定罪犯承担的被依法追缴、责令退赔、罚金、没收财产判项，以及民事赔偿义务等判项。

第二条　人民法院审查财产性判项的执行情况，应将执行法院出具的结案通知书、缴付款票据、执行情况说明等作为审查判断的依据。

人民法院判决多名罪犯对附带民事赔偿承担连带责任的，只要其中部分人履行全部赔偿义务，即可认定附带民事赔偿判项已经执行完毕。

罪犯亲属代为履行财产性判项的，视为罪犯本人履行。

第三条　财产性判项未执行完毕的，人民法院应当着重审查罪犯的履行能力。

罪犯的履行能力应根据财产性判项的实际执行情况，并结合罪犯的财产申报、实际拥有财产情况，以及监狱或者看守所内消费、账户余额等予以判断。

第四条　罪犯有财产性判项履行能力的，应在履行后方可减刑、假释。

罪犯确有履行能力而不履行的，不予认定其确有悔改表现，除法律规定情形外，一般不予减刑、假释。

罪犯确无履行能力的，不影响对其确有悔改表现的认定。

罪犯因重大立功减刑的，依照相关法律规定处理，一般不受财产性判项履行情况的影响。

第五条　财产性判项未执行完毕的减刑、假释案件，人民法院在受理时应当重点审查下列材料：

(一)执行裁定、缴付款票据、有无拒不履行或者妨害执行行为等有关财产性判项执行情况的材料；

(二)罪犯对其个人财产的申报材料；

(三)有关组织、单位对罪犯实际拥有财产情况的说明；

(四)不履行财产性判项可能承担不利后果的告知材料；

(五)反映罪犯在监狱、看守所内消费及账户余额情况的材料；

(六)其他反映罪犯财产性判项执行情况的材料。

上述材料不齐备的，应当通知报请减刑、假释的刑罚执行机关在七日内补送，逾期未补送的，不予立案。

第六条　财产性判项未履行完毕，具有下列情形之一的，应当认定罪犯确有履行能力而不履行：

(一)拒不交代赃款、赃物去向的；

(二)隐瞒、藏匿、转移财产的；

（三）妨害财产性判项执行的；

（四）拒不申报或者虚假申报财产情况的。

罪犯采取借名、虚报用途等手段在监狱、看守所内消费的，或者无特殊原因明显超出刑罚执行机关规定额度标准消费的，视为其确有履行能力而不履行。

上述情形消失或者罪犯财产性判项执行完毕六个月后方可依法减刑、假释。

第七条 罪犯经执行法院查控未发现有可供执行财产，且不具有本规定第六条所列情形的，应认定其确无履行能力。

第八条 罪犯被判处的罚金被执行法院裁定免除的，其他财产性判项未履行完毕不影响对其确有悔改表现的认定，但罪犯确有履行能力的除外。

判决确定分期缴纳罚金，罪犯没有出现期满未缴纳情形的，不影响对其确有悔改表现的认定。

第九条 判处没收财产的，判决生效后，应当立即执行，所执行财产为判决生效时罪犯个人合法所有的财产。除具有本规定第六条第一款所列情形外，没收财产判项执行情况一般不影响对罪犯确有悔改表现的认定。

第十条 承担民事赔偿义务的罪犯，具有下列情形之一的，不影响对其确有悔改表现的认定：

（一）全额履行民事赔偿义务，附带民事诉讼原告人下落不明或者拒绝接受，对履行款项予以提存的；

（二）分期履行民事赔偿义务，没有出现期满未履行情形的；

（三）附带民事诉讼原告人对罪犯表示谅解，并书面放弃民事赔偿的。

第十一条 因犯罪行为造成损害，受害人单独提起民事赔偿诉讼的，人民法院办理减刑、假释案件时应对相关生效民事判决确定的赔偿义务判项执行情况进行审查，并结合本规定综合判断罪犯是否确有悔改表现。

承担民事赔偿义务的罪犯，同时被判处罚金或者没收财产的，应当先承担民事赔偿义务。对财产不足以承担全部民事赔偿义务及罚金、没收财产的罪犯，如能积极履行民事赔偿义务的，在认定其是否确有悔改表现时应予以考虑。

第十二条 对职务犯罪、破坏金融管理秩序和金融诈骗犯罪、组织(领导、参加、包庇、纵容)黑社会性质组织犯罪等罪犯，不积极退赃、协助追缴赃款赃物、赔偿损失的，不认定其确有悔改表现。

第十三条 人民法院将罪犯交付执行刑罚时，对生效裁判中有财产性判项的，应当将财产性判项实际执行情况的材料一并移送刑罚执行机关。

执行财产性判项的人民法院收到刑罚执行机关核实罪犯财产性判项执行情况的公函后，应当在七日内出具相关证明，已经执行结案的，应当附有关法律文书。

执行财产性判项的人民法院在执行过程中，发现财产性判项未执行完毕的罪犯具有本规定第六条第一款第（一）（二）（三）项所列情形的，应当及时将相关情况通报刑罚执行机关。

第十四条 人民法院办理减刑、假释案件中发现罪犯确有履行能力而不履行的，裁定不予减刑、假释，或者依法由刑罚执行机关撤回减刑、假释建议。

罪犯被裁定减刑、假释后，发现其确有履行能力的，人民法院应当继续执行财产性判项；发现其虚假申报、故意隐瞒财产，情节严重的，人民法院应当撤销该减刑、假释裁定。

第十五条 本规定自2024年5月1日起施行，此前发布的司法解释与本规定不一致的，以本规定为准。

【司法解释(5)·注释】

1.罪犯有财产性判项履行能力的，应在履行后方可减刑、假释，实践中适用本规则要注意两点：一是罪犯对财产性判项的履行能力有全部履行能力和部分履行能力之分，履行后才能减刑、假释的要求是基于其履行能力而言，有全部履行能力的应全部履行，有部分履行能力的只要求部分履行。二是要求罪犯在能力范围内履行财产性判项才能减刑、假释，关键在于考察罪犯真诚认罪悔罪、积极改造并履行判决义务的态度，非其个人原因导致不能履行的，一般不应影响对其减刑、假释。

2.减刑、假释作为刑罚执行变更制度，主要目的是激励罪犯改造，在适用中考虑财产性判项执行情况，也不应脱离确有悔改表现这一条件框架。而且，没有履行能力的罪犯在获得减刑、假释后，其财产性判项该执行的仍然要继续执行，不会因在减刑、假释中关联与否而有任何改变。罪犯确无履行能力的，对其确有悔改表现的认定，无须纠结于其没有履行财产性判项，而是应该根据其在监狱内的改造表现，根据其是否符合认罪悔罪、遵守法律法规及监规、积极参加教育、完成劳动任务等条件来判定。

3.罪犯因重大立功减刑的，依照相关法律规定处理，一般不受财产性判项履行情况的影响。这是一个提示性的规定，刑法规定罪犯有重大立功表现的应当减刑，重大立功是因为对国家和社会有重大贡献，和确有悔改表现是并列的减刑条件，而财产性判项履行情况关系的是确有悔改表现的认定，所以不受影响。之所以加了一般的限定，主要是考虑有重大立功表现的罪犯，如果有抗拒财产性判项执行情形的，虽然不影响其减刑资格，但在减刑幅度上仍然可以考虑适当从严。第四条第四款没有规定一般立功，因为一般立功在法律规定上是可以减刑，而非应当减刑，《最高人民法院关于办理减刑、假释案件具体应用法律的规定》对一般立功减刑还规定了与确有悔改表现减刑一样的起始时间和间隔时间要求，实践中，因一般立功表现减刑的情况很少，且基本是与确有悔改表现一起适用。

4.关于确有履行能力而不履行的情形与民事诉讼法中的有关表述并不完全一致，而是采用了减刑、假释规范性文件中的已有表述。比如第六条第一款第二项中的隐瞒、藏匿、转移财产，根据民事诉讼法和有关司法解释的规定，与这一行为并列的还有毁损、无偿转让、以不合理的低价转让财产。不是说对毁损、无偿转让、以不合理的低价转让财产的行为不纳入评价，而是考虑实质化审理意见中已将其类型化，并在实践中为广大办理减刑、假释案件的司法人员所熟知，应尽量避免表述不同所引起的混乱。而且，无偿转让、不合理的低价转让也属于广义上的转移财产，毁损可以归入妨害执行的情形。所以，该条表述与民事诉讼法中有关表述差异仅是形式上的，实质上并无二致。在司法实践中，某些犯罪分子在刑事判决后利用协议离婚手段放弃共有财产，逃避财产性判项的执行，表面上看似真实自然，实际上是恶意转移财产，被社会公众广泛诟病为“牺牲贪官一个、幸福贪官全家”，这是法律不能允许的。应当说，只要犯罪行为发生时依法应当确认的犯罪分子共同财产，都不能允许在刑事判决后利用离婚手段逃避执行，都要纳入减刑、假释时对财产性判项执行情况的审查范围。

5.妨害财产性判项执行的情形在确有履行能力而不履行的认定中具有兜底作用。严格讲，第一种情形既是不认罪悔罪的表现，也是对抗执行的行为，第二种情形是典型的妨害执行行为。这两种情形是主要的妨害执行行为，但也不排除罪犯可能实施其他的妨害执行行为，比如毁损财产的行为等。

6.拒不交代赃款、赃物去向的判定。要求罪犯交代赃款、赃物去向，既是考察罪犯的认罪悔罪态度，更是为了追赃挽损。罪犯对赃款、赃物的去向需要经过查证，查证不属实的应该认定为拒不交代。难以查证的，应当分析罪犯交代内容的合理性，结合其行为习惯等综合判断交代的真实性，不宜简单以难以查证或用途非法为由认定罪犯拒不交代。

7.关于监狱是否每次报请减刑都需要重新收集第五条第一款所要求的材料。有关罪犯财产申报、不利后果告知的材料，以及反映罪犯狱内经济状况情况的材料，是要重新收集的，因为罪犯的财产情况是可能变化的，狱内消费、账户余额也不是确定的，需要及时更新以作为判断依据。至于财产性判项执行情况的材料，则要考虑执行的具体情况，如果是自动履行完毕，或者强制执行后终结执行的，一般不需要再重新调取，如果只是暂未发现有可供执行的财产，没有终局性的结论，仅是终结本次执行的，则在下次报请减刑前仍然需要了解执行的进展情况。

8.第十条规定了履行民事赔偿义务中，不影响确有悔改表现认定的三种情形。第一种情形是罪犯有履行意愿，且已经将款项提存，只是没有找到被害方或被害方不接受，自然是不应该影响对罪犯悔改表现的认定。需要注意的是，此处的提存可以理解为泛指将钱交到了第三方保管，不仅限于公证部门，也包括法院以及具有公信力的第三方。第二种情形是分期履行，只要没有出现期满未履行的，和分期缴纳罚金一样，也不影响悔改表现的认定。当然，分期履行的前提是对方当事人同意。第三种情形实质上是被害方放弃了民事权利，因为罪犯的履行义务已不存在，自然不应当再影响减刑、假释。

9.本规定中的执行属于广义上的执行，既包括法院的强制执行，也包括罪犯的主动履行。本规定中也有使用履行表述的，主要是从罪犯义务角度，以及基于语言准确性和具体语境所作的选择，其中有关履行能力和履行义务的表述就是此例。

【司法指导文件(1)】

《中共中央政法委关于严格规范减刑、假释、暂予监外执行切实防止司法腐败的意见》(中政委〔2014〕5号，20140121)

一、从严把握减刑、假释、暂予监外执行的实体条件

1.对职务犯罪、破坏金融管理秩序和金融诈骗犯罪、组织(领导、参加、包庇、纵容)黑社会性质组织犯罪等罪犯(以下简称三类罪犯)减刑、假释，必须从严把握法律规定的“确有悔改表现”、“立功表现”、“重大立功表现”的标准。

对三类罪犯“确有悔改表现”的认定，不仅应当考察其是否认罪悔罪，认真遵守法律法规及监规、接受教育改造，积极参加思想、文化、职业技术教育，积极参加劳动、努力完成劳动任务，而且应当考察其是否通过主动退赃、积极协助追缴境外赃款赃物、主动赔偿损失等方式，积极消除犯罪行为所产生的社会影响。对服刑期间利用个人影响力和社会关系等不正当手段企图获得减刑、假释机会的，不认定其“确有悔改表现”。

对三类罪犯拟按法律规定的“在生产、科研中进行技术革新，成绩突出”或者“对国家和社会有其他贡献”认定为“立功表现”的，该技术革新或者其他贡献必须是该罪犯在服刑期间独立完成，并经省级主管部门确认。

对三类罪犯拟按法律规定的“有发明创造或者重大技术革新”认定为“重大立功表现”的，该发明创造或者重大技术革新必须是该罪犯在服刑期间独立完成并经国家主管部门确认的发明专利，且不包括实用新型专利和外观设计专利；拟按法律规定的“对国家和社会有其他重大贡献”认定为“重大立功表现”的，该重大贡献必须是该罪犯在服刑期间独立完成并经国家主管部门确认的劳动成果。

2.对三类罪犯与其他罪犯的计分考核应当平等、平衡。在三类罪犯计分考核项目和标准的设计上，不仅应当考虑对其他罪犯教育改造的普遍性要求，而且应当考虑对三类罪犯教育改造的特殊性要求，防止三类罪犯在考核中比其他罪犯容易得分。进一步限制、规范三类罪犯的加分项目，严格控制加分总量。对利用个人影响力和社会关系、提供虚假证明材料、贿赂等不正当手段企图获得加分的，不但不能加分，还要扣分。司法部应当根据上述要求，抓紧修改罪犯的计分考核办法。

3.对依法可以减刑的三类罪犯，必须从严把握减刑的起始时间、间隔时间和幅度。被判处十年以下有期徒刑的，执行二年以上方可减刑，一次减刑不超过一年有期徒刑，两次减刑之间应当间隔一年以上。被判处十年以上有期徒刑的，执行二年以上方可减刑，一次减刑不超过一年有期徒刑，两次减刑之间应当间隔一年六个月以上。被判处无期徒刑的，执行三年以上方可减刑，可以减为二十年以上二十二年以下有期徒刑；减为有期徒刑后，一次减刑不超过一年有期徒刑，两次减刑之间应当间隔二年以上。死刑缓期执行罪犯减为无期徒刑后，执行三年以上方可减刑，可以减为二十五年有期徒刑；减为有期徒刑后，一次减刑不超过一年有期徒刑，两次减刑之间应当间隔二年以上。

确有阻止或检举他人重大犯罪活动、舍己救人、发明创造或者重大技术革新、在抗御自然灾害或者排除重大事故中表现突出等重大立功表现的，可以不受上述减刑起始时间和间隔时间的限制。

4.对三类罪犯适用保外就医，必须从严把握严重疾病范围和条件。虽然患有高血压、糖尿病、心脏病等疾病，但经诊断在短期内不致危及生命的，或者不积极配合刑罚执行机关安排的治疗的，或者适用保外就医可能有社会危险性的，或者自伤自残的，一律不得保外就医。

5.从2014年1月开始，以省、自治区、直辖市和新疆生产建设兵团为单位，各地职务犯罪罪犯减刑、假释、暂予监外执行的比例，不得明显高于其他罪犯的相应比例。中央政法相关单位应当积极指导和督促本系统落实相关比例要求。

二、完善减刑、假释、暂予监外执行的程序规定

6.对三类罪犯的计分考核、行政奖励、立功表现等信息，应当在罪犯服刑场所及时公开；拟提请减刑、假释的，一律提前予以公示。拟提请暂予监外执行的，除病情严重必须立即保外就医的，应当提前予以公示。减刑、假释裁定书及暂予监外执行决定书，一律上网公开。

7.对三类罪犯中因重大立功而提请减刑、假释的案件，原县处级以上职务犯罪罪犯的减刑、假释案件，组织(领导、包庇、纵容)黑社会性质组织罪犯的减刑、假释案件，原判死刑缓期执行、无期徒刑的破坏金融管理秩序和金融诈骗犯罪罪犯的减刑、假释案件，一律开庭审理。

8.健全检察机关对减刑、假释、暂予监外执行的同步监督制度。刑罚执行机关在决定提请减刑、假释、暂予监外执行前，审判机关在作出暂予监外执行决定前，应当征求检察机关意见。审判机关开庭审理减刑、假释案件，检察机关应当派员出庭并发表检察意见。刑罚执行机关、审判机关对检察机关提出的不同意见未予采纳的，应当予以回复或者在裁定书、决定书中说明理由。检察机关可以向有关单位和人员调查核实情况、调阅复制案卷材料、重新组织对病残罪犯的诊断鉴别，并依法作出处理。

9.推进刑罚执行机关、审判机关、检察机关减刑、假释网上协同办案平台建设，对执法办案和考核奖惩中的重要事项、重点环节，实行网上录入、信息共享、“全程留痕”，从制度和技术上确保监督到位。

10.对原厅局级以上职务犯罪罪犯减刑、假释、暂予监外执行的，裁定、决定或者批准后十日内，由省级政法机关向相应中央政法机关逐案报请备案审查。对原县处级职务犯罪罪犯减刑、假释、暂予监外执行的，裁定、决定或者批准后十日内，由地市级政法机关向相应省级政法机关逐案报请备案审查(省级政法机关裁定、决定或者批准的除外)。中央和省级政法机关对报请备案审查的减刑、假释、暂予监外执行案件，应当认真审查，发现问题的，立即责令下级政法机关依法纠正。

【司法指导文件(2)】

《最高人民法院关于贯彻宽严相济刑事政策的若干意见》(法发〔2010〕9号，20100208)

34.对于危害国家安全犯罪、故意危害公共安全犯罪、严重暴力犯罪、涉众型经济犯罪等严重犯罪；恐怖组织犯罪、邪教组织犯罪、黑恶势力犯罪等有组织犯罪的领导者、组织者和骨干分子；毒品犯罪再犯的严重犯罪者；确有执行能力而拒不依法积极主动缴付财产执行财产刑或确有履行能力而不积极主动履行附带民事赔偿责任的，在依法减刑、假释时，应当从严掌握。对累犯减刑时，应当从严掌握。拒不交代真实身份或对减刑、假释材料弄虚作假，不符合减刑、假释条件的，不得减刑、假释。

对于因犯故意杀人、爆炸、抢劫、

强奸、绑架等暴力犯罪，致人死亡或严重残疾而被判处死刑缓期二年执行或无期徒刑的罪犯，要严格控制减刑的频度和每次减刑的幅度，要保证其相对较长的实际服刑期限，维护公平正义，确保改造效果。

对于未成年犯、老年犯、残疾罪犯、过失犯、中止犯、胁从犯、积极主动缴付财产执行财产刑或履行民事赔偿责任的罪犯、因防卫过当或避险过当而判处徒刑的罪犯以及其他主观恶性不深、人身危险性不大的罪犯，在依法减刑、假释时，应当根据悔改表现予以从宽掌握。对认罪服法，遵守监规，积极参加学习、劳动，确有悔改表现的，依法予以减刑，减刑的幅度可以适当放宽，间隔的时间可以相应缩短。符合刑法第八十一条第一款规定的假释条件的，应当依法多适用假释。

【司法指导文件(3)】

《最高人民法院、最高人民检察院、公安部、司法部关于加强减刑、假释案件实质化审理的意见》(法发〔2021〕31号，20211201)

二、严格审查减刑、假释案件的实体条件

5.严格审查罪犯服刑期间改造表现的考核材料。对于罪犯的计分考核材料，应当认真审查考核分数的来源及其合理性等，如果存在考核分数与考核期不对应、加扣分与奖惩不对应、奖惩缺少相应事实和依据等情况，应当要求刑罚执行机关在规定期限内作出说明或者补充。对于在规定期限内不能作出合理解释的考核材料，不作为认定罪犯确有悔改表现的依据。

对于罪犯的认罪悔罪书、自我鉴定等自书材料，要结合罪犯的文化程度认真进行审查，对于无特殊原因非本人书写或者自书材料内容虚假的，不认定罪犯确有悔改表现。

对于罪犯存在违反监规纪律行为的，应当根据行为性质、情节等具体情况，综合分析判断罪犯的改造表现。罪犯服刑期间因违反监规纪律被处以警告、记过或者禁闭处罚的，可以根据案件具体情况，认定罪犯是否确有悔改表现。

6.严格审查罪犯立功、重大立功的证据材料，准确把握认定条件。对于检举、揭发监狱内外犯罪活动，或者提供重要破案线索的，应当注重审查线索的来源。对于揭发线索来源存疑的，应当进一步核查，如果查明线索系通过赎买、暴力、威胁或者违反监规等非法手段获取的，不认定罪犯具有立功或者重大立功表现。

对于技术革新、发明创造，应当注重审查罪犯是否具备该技术革新、发明创造的专业能力和条件，对于罪犯明显不具备相应专业能力及条件、不能说明技术革新或者发明创造原理及过程的，不认定罪犯具有立功或者重大立功表现。

对于阻止他人实施犯罪活动，协助司法机关抓捕其他犯罪嫌疑人，在日常生产、生活中舍己救人，在抗御自然灾害或者排除重大事故中有积极或者突出表现的，除应当审查有关部门出具的证明材料外，还应当注重审查能够证明上述行为的其他证据材料，对于罪犯明显不具备实施上述行为能力和条件的，不认定罪犯具有立功或者重大立功表现。

严格把握“较大贡献”或者“重大贡献”的认定条件。该“较大贡献”或者“重大贡献”，是指对国家、社会具有积极影响，而非仅对个别人员、单位有贡献和帮助。对于罪犯在警示教育活动中现身说法的，不认定罪犯具有立功或者重大立功表现。

7.严格审查罪犯履行财产性判项的能力。罪犯未履行或者未全部履行财产性判项，具有下列情形之一的，不认定罪犯确有悔改表现：

(1)拒不交代赃款、赃物去向；

(2)隐瞒、藏匿、转移财产；

(3)有可供履行的财产拒不履行。

对于前款罪犯，无特殊原因狱内消费明显超出规定额度标准的，一般不认定罪犯确有悔改表现。

9.严格审查罪犯身份信息、患有严重疾病或者身体有残疾的证据材料。对于上述证据材料有疑问的，可以委托有关单位重新调查、诊断、鉴定。对原判适用《中华人民共和国刑事诉讼法》第一百六十条第二款规定判处刑罚的罪犯，在刑罚执行期间不真心悔罪，仍不讲真实姓名、住址，且无法调查核实清楚的，除具有重大立功表现等特殊情形外，一律不予减刑、假释。

10.严格把握罪犯减刑后的实际服刑刑期。正确理解法律和司法解释规定的最低服刑期限，严格控制减刑起始时间、间隔时间及减刑幅度，并根据罪犯前期减刑情况和效果，对其后续减刑予以总体掌握。死刑缓期执行、无期徒刑罪犯减为有期徒刑后再减刑时，在减刑间隔时间及减刑幅度上，应当从严把握。

【指导性案例·检察】

〔宣告缓刑罪犯蔡某等12人减刑监督案，JZD70-2020〕

对于判处拘役或者三年以下有期徒刑并宣告缓刑的罪犯，在缓刑考验期内确有悔改表现或者有一般立功表现，一般不适用减刑。在缓刑考验期内有重大立功表现的，可以参照刑法第七十八条的规定予以减刑。人民法院对宣告缓刑罪犯裁定减刑适用法律错误的，人民检察院应当依法提出纠正意见。人民法院裁定维持原减刑裁定的，人民检察院应当继续予以监督。

【法院案例库参考案例】

〔姚某故意伤害裁定减刑案，2025-16-1-179-002〕罪犯在服刑期间发现漏罪被数罪并罚情形下原减刑裁定的处理

罪犯在服刑期间因发现漏罪而被数罪并罚的，其在前罪服刑期间的减刑裁定自动失效。如该漏罪系司法机关发现，对罪犯原减去的刑期，应当在原减刑裁定减去的刑期总和内，酌情重新裁定。

〔幸某掩饰、隐瞒犯罪所得裁定减刑案，2025-16-1-300-001〕缓刑犯在缓刑考验期内因见义勇为认定具有重大立功表现的，依法予以减刑

被宣告缓刑的罪犯在缓刑考验期内，积极保护他人生命财产安全，被确认为见义勇为行为的，可以依法认定为具有重大立功表现，对罪犯可以依法予以减刑，同时缩减缓刑考验期。

〔孙某某集资诈骗、抽逃出资案，2024-16-1-134-001〕罪犯未积极履行财产性判项，不明确交代赃款去向的，不予减刑

对于金融诈骗类犯罪罪犯，必须从严把握法律规定的“确有悔改表现”的标准。如果罪犯未履行生效裁判中的财产性判项，未积极退赔，拒不交代赃款去向的，不能认定其确有悔改表现，应当认为不符合法定减刑条件，不予减刑。

第七十九条　【减刑程序】对于犯罪分子的减刑，由执行机关向中级以上人民法院提出减刑建议书。人民法院应当组成合议庭进行审理，对确有悔改或者立功事实的，裁定予以减刑。非经法定程序不得减刑。

【相关立法】

《中华人民共和国社区矫正法》(20200701)

第三十三条　社区矫正对象符合刑法规定的减刑条件的，社区矫正机构应当向社区矫正执行地的中级以上人民法院提出减刑建议，并将减刑建议书抄送同级人民检察院。

人民法院应当在收到社区矫正机构的减刑建议书后三十日内作出裁定，并将裁定书送达社区矫正机构，同时抄送人民检察院、公安机关。

【司法解释】

《最高人民法院关于减刑、假释案件审理程序的规定》(法释〔2014〕5号，20140601)

第一条　对减刑、假释案件，应当按照下列情形分别处理：

(一)对被判处死刑缓期执行的罪犯的减刑，由罪犯服刑地的高级人民法院在收到同级监狱管理机关审核同意的减刑建议书后一个月内作出裁定；

(二)对被判处无期徒刑的罪犯的减刑、假释，由罪犯服刑地的高级人民法院在收到同级监狱管理机关审核同意的减刑、假释建议书后一个月内作出裁定，案情复杂或者情况特殊的，可以延长一个月；

(三)对被判处有期徒刑和被减为有期徒刑的罪犯的减刑、假释，由罪犯服刑地的中级人民法院在收到执行机关提出的减刑、假释建议书后一个月内作出裁定，案情复杂或者情况特殊的，可以延长一个月；

(四)对被判处拘役、管制的罪犯的减刑，由罪犯服刑地中级人民法院在收到同级执行机关审核同意的减刑、假释建议书后一个月内作出裁定。

对暂予监外执行罪犯的减刑，应当根据情况，分别适用前款的有关规定。

第二条　人民法院受理减刑、假释案件，应当审查执行机关移送的下列材料：

(一)减刑或者假释建议书；

(二)终审法院裁判文书、执行通知书、历次减刑裁定书的复印件；

(三)罪犯确有悔改或者立功、重大立功表现的具体事实的书面证明材料；

(四)罪犯评审鉴定表、奖惩审批表等；

(五)其他根据案件审理需要应予移送的材料。

报请假释的，应当附有社区矫正机构或者基层组织关于罪犯假释后对所居住社区影响的调查评估报告。

人民检察院对报请减刑、假释案件提出检察意见的，执行机关应当一并移送受理减刑、假释案件的人民法院。

经审查，材料齐备的，应当立案；材料不齐的，应当通知执行机关在三日内补送，逾期未补送的，不予立案。

第三条　人民法院审理减刑、假释案件，应当在立案后五日内将执行机关报请减刑、假释的建议书等材料依法向社会公示。

公示内容应当包括罪犯的个人情况、原判认定的罪名和刑期、罪犯历次减刑情况、执行机关的建议及依据。

公示应当写明公示期限和提出意

见的方式。公示期限为五日。

第四条　人民法院审理减刑、假释案件，应当依法由审判员或者由审判员和人民陪审员组成合议庭进行。

第五条　人民法院审理减刑、假释案件，除应当审查罪犯在执行期间的一贯表现外，还应当综合考虑犯罪的具体情节、原判刑罚情况、财产刑执行情况、附带民事裁判履行情况、罪犯退赃退赔等情况。

人民法院审理假释案件，除应当审查第一款所列情形外，还应当综合考虑罪犯的年龄、身体状况、性格特征、假释后生活来源以及监管条件等影响再犯罪的因素。

执行机关以罪犯有立功表现或重大立功表现为由提出减刑的，应当审查立功或重大立功表现是否属实。涉及发明创造、技术革新或者其他贡献的，应当审查该成果是否系罪犯在执行期间独立完成，并经有关主管机关确认。

第六条　人民法院审理减刑、假释案件，可以采取开庭审理或者书面审理的方式。但下列减刑、假释案件，应当开庭审理：

（一）因罪犯有重大立功表现报请减刑的；

（二）报请减刑的起始时间、间隔时间或者减刑幅度不符合司法解释一般规定的；

（三）公示期间收到不同意见的；

（四）人民检察院有异议的；

（五）被报请减刑、假释罪犯系职务犯罪罪犯，组织（领导、参加、包庇、纵容）黑社会性质组织犯罪罪犯，破坏金融管理秩序和金融诈骗犯罪罪犯及其他在社会上有重大影响或社会关注度高的；

（六）人民法院认为其他应当开庭审理的。

第七条　人民法院开庭审理减刑、假释案件，应当通知人民检察院、执行机关及被报请减刑、假释罪犯参加庭审。

人民法院根据需要，可以通知证明罪犯确有悔改表现或者立功、重大立功表现的证人，公示期间提出不同意见的人，以及鉴定人、翻译人员等其他人员参加庭审。

第八条　开庭审理应当在罪犯刑罚执行场所或者人民法院确定的场所进行。有条件的人民法院可以采取视频开庭的方式进行。

在社区执行刑罚的罪犯因重大立功被报请减刑的，可以在罪犯服刑地或者居住地开庭审理。

第九条　人民法院对于决定开庭审理的减刑、假释案件，应当在开庭三日前将开庭的时间、地点通知人民检察院、执行机关、被报请减刑、假释罪犯和有必要参加庭审的其他人员，并于开庭三日前进行公告。

第十条　减刑、假释案件的开庭审理由审判长主持，应当按照以下程序进行：

（一）审判长宣布开庭，核实被报请减刑、假释罪犯的基本情况；

（二）审判长宣布合议庭组成人员、检察人员、执行机关代表及其他庭审参加人；

（三）执行机关代表宣读减刑、假释建议书，并说明主要理由；

（四）检察人员发表检察意见；

（五）法庭对被报请减刑、假释罪犯确有悔改表现或立功表现、重大立功表现的事实以及其他影响减刑、假释的情况进行调查核实；

（六）被报请减刑、假释罪犯作最后陈述；

（七）审判长对庭审情况进行总结并宣布休庭评议。

第十一条 庭审过程中，合议庭人员对报请理由有疑问的，可以向被报请减刑、假释罪犯、证人、执行机关代表、检察人员提问。

庭审过程中，检察人员对报请理由有疑问的，在经审判长许可后，可以出示证据，申请证人到庭，向被报请减刑、假释罪犯及证人提问并发表意见。被报请减刑、假释罪犯对报请理由有疑问的，在经审判长许可后，可以出示证据，申请证人到庭，向证人提问并发表意见。

第十二条 庭审过程中，合议庭对证据有疑问需要进行调查核实，或者检察人员、执行机关代表提出申请的，可以宣布休庭。

第十三条 人民法院开庭审理减刑、假释案件，能够当庭宣判的应当当庭宣判；不能当庭宣判的，可以择期宣判。

第十四条 人民法院书面审理减刑、假释案件，可以就被报请减刑、假释罪犯是否符合减刑、假释条件进行调查核实或听取有关方面意见。

第十五条 人民法院书面审理减刑案件，可以提讯被报请减刑罪犯；书面审理假释案件，应当提讯被报请假释罪犯。

第十六条 人民法院审理减刑、假释案件，应当按照下列情形分别处理：

（一）被报请减刑、假释罪犯符合法律规定的减刑、假释条件的，作出予以减刑、假释的裁定；

（二）被报请减刑的罪犯符合法律规定的减刑条件，但执行机关报请的减刑幅度不适当的，对减刑幅度作出相应调整后作出予以减刑的裁定；

（三）被报请减刑、假释罪犯不符合法律规定的减刑、假释条件的，作出不予减刑、假释的裁定。

在人民法院作出减刑、假释裁定前，执行机关书面申请撤回减刑、假释建议的，是否准许，由人民法院决定。

第十七条 减刑、假释裁定书应当写明罪犯原判和历次减刑情况，确有悔改表现或者立功、重大立功表现的事实和理由，以及减刑、假释的法律依据。

裁定减刑的，应当注明刑期的起止时间；裁定假释的，应当注明假释考验期的起止时间。

裁定调整减刑幅度或者不予减刑、假释的，应当在裁定书中说明理由。

第十八条 人民法院作出减刑、假释裁定后，应当在七日内送达报请减刑、假释的执行机关、同级人民检察院以及罪犯本人。作出假释裁定的，还应当送达社区矫正机构或者基层组织。

第十九条 减刑、假释裁定书应当通过互联网依法向社会公布。

第二十条 人民检察院认为人民法院减刑、假释裁定不当，在法定期限内提出书面纠正意见的，人民法院应当在收到纠正意见后另行组成合议庭审理，并在一个月内作出裁定。

第二十一条 人民法院发现本院已经生效的减刑、假释裁定确有错误的，应当依法重新组成合议庭进行审理并作出裁定；上级人民法院发现下级人民法院已经生效的减刑、假释裁定确有错误的，应当指令下级人民法院另行组成合议庭审理，也可以自行依法组成合议庭进行审理并作出裁定。

第二十二条 最高人民法院以前发布的司法解释和规范性文件，与本规定不一致的，以本规定为准。

【司法指导文件(1)】

《最高人民法院、最高人民检察院、公安部、司法部关于加强减刑、假释案件实质化审理的意见》(法发〔2021〕31号,20211201)

三、切实强化减刑、假释案件办理程序机制

11.充分发挥庭审功能。人民法院开庭审理减刑、假释案件,应当围绕罪犯实际服刑表现、财产性判项执行履行情况等,认真进行法庭调查。人民检察院应当派员出庭履行职务,并充分发表意见。人民法院对于有疑问的证据材料,要重点进行核查,必要时可以要求有关机关或者罪犯本人作出说明,有效发挥庭审在查明事实、公正裁判中的作用。

12.健全证人出庭作证制度。人民法院审理减刑、假释案件,应当通知罪犯的管教干警、同监室罪犯、公示期间提出异议的人员以及其他了解情况的人员出庭作证。开庭审理前,刑罚执行机关应当提供前述证人名单,人民法院根据需要从名单中确定相应数量的证人出庭作证。证人到庭后,应当对其进行详细询问,全面了解被报请减刑、假释罪犯的改造表现等情况。

13.有效行使庭外调查核实权。人民法院、人民检察院对于刑罚执行机关提供的罪犯确有悔改表现、立功表现等证据材料存有疑问的,根据案件具体情况,可以采取讯问罪犯、询问证人、调取相关材料、与监所人民警察座谈、听取派驻监所检察人员意见等方式,在庭外对相关证据材料进行调查核实。

14.强化审判组织的职能作用。人民法院审理减刑、假释案件,合议庭成员应当对罪犯是否符合减刑或者假释条件、减刑幅度是否适当、财产性判项是否执行履行等情况,充分发表意见。对于重大、疑难、复杂的减刑、假释案件,合议庭必要时可以提请院长决定提交审判委员会讨论,但提请前应当先经专业法官会议研究。

15.完善财产性判项执行衔接机制。人民法院刑事审判部门作出具有财产性判项内容的刑事裁判后,应当及时按照规定移送负责执行的部门执行。刑罚执行机关对罪犯报请减刑、假释时,可以向负责执行财产性判项的人民法院调取罪犯财产性判项执行情况的有关材料,负责执行的人民法院应当予以配合。刑罚执行机关提交的关于罪犯财产性判项执行情况的材料,可以作为人民法院认定罪犯财产性判项执行情况和判断罪犯是否具有履行能力的依据。

16.提高信息化运用水平。人民法院、人民检察院、刑罚执行机关要进一步提升减刑、假释信息化建设及运用水平,充分利用减刑、假释信息化协同办案平台、执行信息平台及大数据平台等,采用远程视频开庭等方式,不断完善案件办理机制。同时,加强对减刑、假释信息化协同办案平台和减刑、假释、暂予监外执行信息网的升级改造,不断拓展信息化运用的深度和广度,为提升减刑、假释案件办理质效和加强权力运行制约监督提供科技支撑。

【司法指导文件(2)】

《人民检察院办理减刑、假释案件规定》(高检发监字〔2014〕8号,20140801)

第二条 人民检察院依法对减刑、假释案件的提请、审理、裁定等活动是否合法实行法律监督。

第三条 人民检察院办理减刑、假释案件，应当按照下列情形分别处理：

（一）对减刑、假释案件提请活动的监督，由对执行机关承担检察职责的人民检察院负责；

（二）对减刑、假释案件审理、裁定活动的监督，由人民法院的同级人民检察院负责；同级人民检察院对执行机关不承担检察职责的，可以根据需要指定对执行机关承担检察职责的人民检察院派员出席法庭；下级人民检察院发现减刑、假释裁定不当的，应当及时向作出减刑、假释裁定的人民法院的同级人民检察院报告。

第四条 人民检察院办理减刑、假释案件，依照规定实行统一案件管理和办案责任制。

第五条 人民检察院收到执行机关移送的下列减刑、假释案件材料后，应当及时进行审查：

（一）执行机关拟提请减刑、假释意见；

（二）终审法院裁判文书、执行通知书、历次减刑裁定书；

（三）罪犯确有悔改表现、立功表现或者重大立功表现的证明材料；

（四）罪犯评审鉴定表、奖惩审批表；

（五）其他应当审查的案件材料。

对拟提请假释案件，还应当审查社区矫正机构或者基层组织关于罪犯假释后对所居住社区影响的调查评估报告。

第六条 具有下列情形之一的，人民检察院应当进行调查核实：

（一）拟提请减刑、假释罪犯系职务犯罪罪犯，破坏金融管理秩序和金融诈骗犯罪罪犯，黑社会性质组织犯罪罪犯，严重暴力恐怖犯罪罪犯，或者其他在社会上有重大影响、社会关注度高的罪犯；

（二）因罪犯有立功表现或者重大立功表现拟提请减刑的；

（三）拟提请减刑、假释罪犯的减刑幅度大、假释考验期长、起始时间早、间隔时间短或者实际执行刑期短的；

（四）拟提请减刑、假释罪犯的考核计分高、专项奖励多或者鉴定材料、奖惩记录有疑点的；

（五）收到控告、举报的；

（六）其他应当进行调查核实的。

第七条 人民检察院可以采取调阅复制有关材料、重新组织诊断鉴别、进行文证鉴定、召开座谈会、个别询问等方式，对下列情况进行调查核实：

（一）拟提请减刑、假释罪犯在服刑期间的表现情况；

（二）拟提请减刑、假释罪犯的财产刑执行、附带民事裁判履行、退赃退赔等情况；

（三）拟提请减刑罪犯的立功表现、重大立功表现是否属实，发明创造、技术革新是否系罪犯在服刑期间独立完成并经有关主管机关确认；

（四）拟提请假释罪犯的身体状况、性格特征、假释后生活来源和监管条件等影响再犯罪的因素；

（五）其他应当进行调查核实的情况。

第八条 人民检察院可以派员列席执行机关提请减刑、假释评审会议，了解案件有关情况，根据需要发表意见。

第九条 人民检察院发现罪犯符合减刑、假释条件，但是执行机关未提请减刑、假释的，可以建议执行机关提请减刑、假释。

第十条 人民检察院收到执行机关抄送的减刑、假释建议书副本后，应当逐案进行审查，可以向人民法院提出书面意见。发现减刑、假释建议不当或者提请减刑、假释违反法定程序的，应当在收到建议书副本后十日以内，依法向审理减刑、假释案件的人民法院提出书面意见，同时将检察意见书副本抄送执行机关。案情复杂或者情况特殊的，可以延长十日。

第十一条　人民法院开庭审理减刑、假释案件的，人民检察院应当指派检察人员出席法庭，发表检察意见，并对法庭审理活动是否合法进行监督。

第十二条　出席法庭的检察人员不得少于二人，其中至少一人具有检察官职务。

第十三条　检察人员应当在庭审前做好下列准备工作：

（一）全面熟悉案情，掌握证据情况，拟定法庭调查提纲和出庭意见；

（二）对执行机关提请减刑、假释有异议的案件，应当收集相关证据，可以建议人民法院通知相关证人出庭作证。

第十四条　庭审开始后，在执行机关代表宣读减刑、假释建议书并说明理由之后，检察人员应当发表检察意见。

第十五条　庭审过程中，检察人员对执行机关提请减刑、假释有疑问的，经审判长许可，可以出示证据，申请证人出庭作证，要求执行机关代表出示证据或者作出说明，向被提请减刑、假释的罪犯及证人提问并发表意见。

第十六条　法庭调查结束时，在被提请减刑、假释罪犯作最后陈述之前，经审判长许可，检察人员可以发表总结性意见。

第十七条　庭审过程中，检察人员认为需要进一步调查核实案件事实、证据，需要补充鉴定或者重新鉴定，或者需要通知新的证人到庭的，应当建议休庭。

第十八条　检察人员发现法庭审理活动违反法律规定的，应当在庭审后及时向本院检察长报告，依法向人民法院提出纠正意见。

第十九条　人民检察院收到人民法院减刑、假释裁定书副本后，应当及时审查下列内容：

（一）人民法院对罪犯裁定予以减刑、假释，以及起始时间、间隔时间、实际执行刑期、减刑幅度或者假释考验期是否符合有关规定；

（二）人民法院对罪犯裁定不予减刑、假释是否符合有关规定；

（三）人民法院审理、裁定减刑、假释的程序是否合法；

（四）按照有关规定应当开庭审理的减刑、假释案件，人民法院是否开庭审理；

（五）人民法院减刑、假释裁定书是否依法送达执行并向社会公布。

第二十条　人民检察院经审查认为人民法院减刑、假释裁定不当的，应当在收到裁定书副本后二十日以内，依法向作出减刑、假释裁定的人民法院提出书面纠正意见。

第二十一条　人民检察院对人民法院减刑、假释裁定提出纠正意见的，应当监督人民法院在收到纠正意见后一个月以内重新组成合议庭进行审理并作出最终裁定。

第二十二条　人民检察院发现人民法院已经生效的减刑、假释裁定确有错误的，应当向人民法院提出书面纠正意见，提请人民法院按照审判监督程序依法另行组成合议庭重新审理并作出裁定。

第二十三条　人民检察院收到控告、举报或者发现司法工作人员在办理减刑、假释案件中涉嫌违法的，应当依法进行调查，并根据情况，向有关单位提出纠正违法意见，建议更换办案人，或者建议予以纪律处分；构成犯罪的，依法追究刑事责任。

第二十四条　人民检察院办理职务犯罪罪犯减刑、假释案件，按照有关规定实行备案审查。

第二十五条　本规定自发布之日起施行。最高人民检察院以前发布的有关规定与本规定不一致的，以本规定为准。

【司法指导文件(3)】

《最高人民法院研究室关于对无期徒刑犯减刑后原审法院发现原判决确有错误予以改判，原减刑裁定应如何适用法律条款予以撤销问题的答复》(19941107)

被判处无期徒刑的罪犯由服刑地的高级人民法院依法裁定减刑后，原审人民法院发现原判决确有错误并依照审判监督程序改判为有期徒刑的，应当撤销原减刑裁定。鉴于原减刑裁定是在无期徒刑基础上的减刑，既然原判无期徒刑已被认定为错判，那么原减刑裁定在认定事实和适用法律上亦应视为确有错误。由此，由罪犯服刑地的高级人民法院根据刑事诉讼法规定，按照审判监督程序撤销原减刑裁定是适宜的。[①]

【司法指导文件(4)】

《最高人民法院关于刘文占减刑一案的答复》(〔2006〕刑监他字第7号，20070811)

罪犯刘文占犯盗窃罪被判处无期徒刑，减为有期徒刑十八年之后，发现其在判决宣告之前犯有强奸罪、抢劫罪。沧州市中级人民法院作出新的判决，对刘文占以强奸罪、抢劫罪分别定罪量刑，数罪并罚，决定对罪犯刘文占执行无期徒刑是正确的。

现监狱报请为罪犯刘文占减刑，你院在计算刑期时，应将罪犯刘文占第一次减为有期徒刑十八年之后至漏罪判决之间已经执行的刑期予以扣除。[②]

第八十条　【无期徒刑减为有期徒刑的刑期计算】无期徒刑减为有期徒刑的刑期，从裁定减刑之日起计算。

第七节　假　　释

第八十一条　【假释的适用对象和条件】被判处有期徒刑的犯罪分子，执行原判刑期二分之一以上，被判处无期徒刑的犯罪分子，

---

① 《最高人民法院关于办理减刑、假释案件具体应用法律的规定》(法释〔2016〕23号)第三十二条第二款规定："再审裁判改变原判决、裁定的，原减刑、假释裁定自动失效，执行机关应当及时报请有管辖权的人民法院重新作出是否减刑、假释的裁定。重新作出减刑裁定时，不受本规定有关减刑起始时间、间隔时间和减刑幅度的限制。重新裁定时应综合考虑各方面因素，减刑幅度不得超过原裁定减去的刑期总和。"由此可见，如再审裁判改变原判决、裁定，则原减刑、假释裁定自动失效。——编者注

② 《最高人民法院关于办理减刑、假释案件具体应用法律的规定》(法释〔2016〕23号)第三十七条第一款规定："被判处无期徒刑的罪犯在减为有期徒刑后因发现漏罪，依据刑法第七十条规定数罪并罚，决定执行无期徒刑的，前罪无期徒刑生效之日起至新判决生效之日止已经实际执行的刑期，应当在新判决的无期徒刑减为有期徒刑时，在减刑裁定决定执行的刑期内扣减。"由此可见，该种情形下是将"前罪无期徒刑生效之日起至新判决生效之日止已经实际执行的刑期"予以扣减。——编者注

实际执行十三年以上，如果认真遵守监规，接受教育改造，确有悔改表现，没有再犯罪的危险的，可以假释。如果有特殊情况，经最高人民法院核准，可以不受上述执行刑期的限制。

对累犯以及因故意杀人、强奸、抢劫、绑架、放火、爆炸、投放危险物质或者有组织的暴力性犯罪被判处十年以上有期徒刑、无期徒刑的犯罪分子，不得假释。

对犯罪分子决定假释时，应当考虑其假释后对所居住社区的影响。

【修正前条文】

第八十一条　【假释的适用对象和条件】被判处有期徒刑的犯罪分子，执行原判刑期二分之一以上，被判处无期徒刑的犯罪分子，实际执行十年以上，如果认真遵守监规，接受教育改造，确有悔改表现，假释后不致再危害社会的，可以假释。如果有特殊情况，经最高人民法院核准，可以不受上述执行刑期的限制。

对累犯以及因杀人、爆炸、抢劫、强奸、绑架等暴力性犯罪被判处十年以上有期徒刑、无期徒刑的犯罪分子，不得假释。

【修正说明】

刑法修正案(八)第十六条对原条文作出下述修改：一是将被判处无期徒刑的犯罪分子假释前实际执行的刑期，由十年以上提高到十三年以上；二是完善了假释的条件，进一步明确了对犯罪分子决定假释时，应当考虑其假释后对所居住社区的影响，修改了不得假释的人的范围。

【司法解释(1)】

《最高人民法院关于办理减刑、假释案件具体应用法律的规定》(法释〔2016〕23号，20170101)

第二十二条　办理假释案件，认定“没有再犯罪的危险”，除符合刑法第八十一条规定的情形外，还应当根据犯罪的具体情节、原判刑罚情况，在刑罚执行中的一贯表现，罪犯的年龄、身体状况、性格特征，假释后生活来源以及监管条件等因素综合考虑。

第二十三条　被判处有期徒刑的罪犯假释时，执行原判刑期二分之一的时间，应当从判决执行之日起计算，判决执行以前先行羁押的，羁押一日折抵刑期一日。

被判处无期徒刑的罪犯假释时，刑法中关于实际执行刑期不得少于十三年的时间，应当从判决生效之日起计算。判决生效以前先行羁押的时间不予折抵。

被判处死刑缓期执行的罪犯减为无期徒刑或者有期徒刑后，实际执行十五年以上，方可假释，该实际执行时间应当从死刑缓期执行期满之日起计算。死刑缓期执行期间不包括在内，判决确定以前先行羁押的时间不予折抵。

第二十四条　刑法第八十一条第一款规定的“特殊情况”，是指有国家政治、国防、外交等方面特殊需要的情况。

第二十五条　对累犯以及因故意杀人、强奸、抢劫、绑架、放火、爆炸、投放危险物质或者有组织的暴力性犯罪被判处十年以上有期徒刑、无期徒刑的罪犯，不得假释。

因前款情形和犯罪被判处死刑缓

期执行的罪犯，被减为无期徒刑、有期徒刑后，也不得假释。

第二十六条　对下列罪犯适用假释时可以依法从宽掌握：

(一)过失犯罪的罪犯、中止犯罪的罪犯、被胁迫参加犯罪的罪犯；

(二)因防卫过当或者紧急避险过当而被判处有期徒刑以上刑罚的罪犯；

(三)犯罪时未满十八周岁的罪犯；

(四)基本丧失劳动能力、生活难以自理，假释后生活确有着落的老年罪犯、患严重疾病罪犯或者身体残疾罪犯；

(五)服刑期间改造表现特别突出的罪犯；

(六)具有其他可以从宽假释情形的罪犯。

罪犯既符合法定减刑条件，又符合法定假释条件的，可以优先适用假释。

第二十七条　对于生效裁判中有财产性判项，罪犯确有履行能力而不履行或者不全部履行的，不予假释。

第二十八条　罪犯减刑后又假释的，间隔时间不得少于一年；对一次减去一年以上有期徒刑后，决定假释的，间隔时间不得少于一年六个月。

罪犯减刑后余刑不足二年，决定假释的，可以适当缩短间隔时间。

第二十九条　罪犯在假释考验期内违反法律、行政法规或者国务院有关部门关于假释的监督管理规定的，作出假释裁定的人民法院，应当在收到报请机关或者检察机关撤销假释建议书后及时审查，作出是否撤销假释的裁定，并送达报请机关，同时抄送人民检察院、公安机关和原刑罚执行机关。

罪犯在逃的，撤销假释裁定书可以作为对罪犯进行追捕的依据。

第三十条　依照刑法第八十六条规定被撤销假释的罪犯，一般不得再假释。但依照该条第二款被撤销假释的罪犯，如果罪犯对漏罪曾作如实供述但原判未予认定，或者漏罪系其自首，符合假释条件的，可以再假释。

被撤销假释的罪犯，收监后符合减刑条件的，可以减刑，但减刑起始时间自收监之日起计算。

第三十一条　年满八十周岁、身患疾病或者生活难以自理、没有再犯罪危险的罪犯，既符合减刑条件，又符合假释条件的，优先适用假释；不符合假释条件的，参照本规定第二十条有关的规定从宽处理。

【司法解释(2)】

《最高人民法院关于〈中华人民共和国刑法修正案(八)〉时间效力问题的解释》(法释〔2011〕9号，20110501)

第八条　2011年4月30日以前犯罪，因具有累犯情节或者系故意杀人、强奸、抢劫、绑架、放火、爆炸、投放危险物质或者有组织的暴力性犯罪并被判处十年以上有期徒刑、无期徒刑的犯罪分子，2011年5月1日以后仍在服刑的，能否假释，适用修正前刑法第八十一条第二款的规定；2011年4月30日以前犯罪，因其他暴力性犯罪被判处十年以上有期徒刑、无期徒刑的犯罪分子，2011年5月1日以后仍在服刑的，能否假释，适用修正后刑法第八十一条第二款、第三款的规定。

【司法解释(3)】

《最高人民法院关于办理减刑、假释案件具体应用法律的补充规定》(法释〔2019〕6号，20190601)

为准确把握宽严相济刑事政策，严

格执行《最高人民法院关于办理减刑、假释案件具体应用法律的规定》，现对《中华人民共和国刑法修正案(九)》施行后，依照刑法分则第八章贪污贿赂罪判处刑罚的原具有国家工作人员身份的罪犯的减刑、假释补充规定如下：

第一条 对拒不认罪悔罪的，或者确有履行能力而不履行或者不全部履行生效裁判中财产性判项的，不予假释，一般不予减刑。

第六条 对本规定所指贪污贿赂罪犯适用假释时，应当从严掌握。

第七条 本规定自2019年6月1日起施行。此前发布的司法解释与本规定不一致的，以本规定为准。

【司法解释(4)】

参见本法第七十八条项下【司法解释(3)】第十八条，第200页。

【司法解释(5)】

参见本法第七十八条项下【司法解释(5)】，第201—203页。

【司法指导文件(1)】

《最高人民法院、最高人民检察院、公安部、司法部关于加强减刑、假释案件实质化审理的意见》(法发〔2021〕31号，20211201)

8.严格审查反映罪犯是否有再犯罪危险的材料。对于报请假释的罪犯，应当认真审查刑罚执行机关提供的反映罪犯服刑期间现实表现和生理、心理状况的材料，并认真审查司法行政机关或者有关社会组织出具的罪犯假释后对所居住社区影响的材料，同时结合罪犯犯罪的性质、具体情节、社会危害程度、原判刑罚及生效裁判中财产性判项的履行情况等，综合判断罪犯假释后是否具有再犯罪危险性。

【司法指导文件(2)】

《最高人民法院研究室关于假释时间效力法律适用问题的答复》(法研〔2011〕97号，20110715)

二、经《中华人民共和国刑法修正案(八)》修正前刑法第八十一条第二款规定的“暴力性犯罪”，不仅包括杀人、爆炸、抢劫、强奸、绑架五种，也包括故意伤害等其他暴力性犯罪。

【指导性案例 · 检察】

〔罪犯康某假释监督案，JZD71-2020〕

人民检察院办理未成年罪犯减刑、假释监督案件，应当比照成年罪犯依法适当从宽把握假释条件。对既符合法定减刑条件又符合法定假释条件的，可以建议刑罚执行机关优先适用假释。审查未成年罪犯是否符合假释条件时，应当结合犯罪的具体情节、原判刑罚情况、刑罚执行中的表现、家庭帮教能力和条件等因素综合认定。

〔罪犯邹某某假释监督案，JZD198-2023〕

刑法规定适用假释须“执行原判刑期二分之一以上”的期限，应当包含罪犯在监狱中服刑刑期和判决执行前先行羁押期限。根据刑法规定，“执行原判刑期二分之一以上”是依法适用假释的前提条件。为充分保障罪犯合法权益，按照刑法中刑期折抵的规定，“执行原判刑期二分之一以上”应包含罪犯先行羁押期限。在罪犯符合“执行原判刑期二分之一以上”的刑期条件的基础上，检察机关还要结合罪犯交付执行刑罚后的教育改造情况、认罪悔罪表现、在羁押期间的表现情况、调查评估意见等综合考虑罪犯“再犯罪的危险”，依法提出对罪犯适用假释的检察意见。

【法院案例库参考案例】

〔张某故意伤害裁定假释案，2025-16-1-179-001〕认定罪犯“没有再犯罪的危险”的综合考量因素

在判断罪犯是否“没有再犯罪的危险”时，除应审查是否符合刑法第八十一条规定的情形外，还要根据犯罪的具体情节、原判刑罚情况，罪犯服刑改造表现，罪犯的年龄、身体状况、性格特征，以及假释后的监管条件、生活保障等因素综合考虑。能够排除再犯罪可能性的，依法假释。

〔邹某国非国家工作人员受贿、职务侵占裁定假释案，2025-18-1-094-001〕假释“执行原判刑期二分之一以上”应当包含罪犯先行羁押期限

1.假释条件中的“刑期”包含罪犯在监狱中服刑刑期和判决执行前先行羁押的期限，即“执行原判刑期二分之一以上”应从罪犯羁押之日起算。

2.在罪犯符合“执行原判刑期二分之一”条件基础上，法院还应结合罪犯刑罚执行期间的教育改造情况、认罪悔罪表现、调查评估意见、假释后对所居住社区的影响等因素综合判断罪犯是否具有再犯罪的危险，依法裁定是否假释。

〔向某故意伤害裁定假释案，2024-18-1-179-008〕对既符合减刑又符合假释条件犯罪人，执行机关提请假释的，应依法予以支持

对既符合减刑条件又符合假释条件的犯罪人，执行机关优先提请假释，人民法院经审查认为该犯罪人符合刑法第八十一条规定的假释条件的，依法裁定予以准许。

〔杨某红故意杀人案，2024-18-1-177-004〕对确需抚养未成年子女的罪犯如何依法妥当把握假释适用条件

对被判处十年以下有期徒刑的暴力性犯罪罪犯，在掌握假释适用条件时要准确运用宽严相济刑事政策，结合罪犯的犯罪事实、情节、罪犯的主观恶性、在刑罚执行中的一贯表现、年龄、身体状况、性格特征，假释后生活来源及社会适应性等因素进行综合评价，准确判断其有无再犯罪的危险。对于符合假释条件、有未成年子女确需本人抚养且配偶正在服刑等特殊情况的罪犯，可以依法适用假释。

〔刘某安骗取贷款裁定假释案，2024-18-1-112-001〕对单位犯罪直接负责的主管人员的假释审查时，应当对罪犯个人和犯罪单位的财产性判项履行情况予以区分

人民法院在对单位犯罪中的个人罪犯进行假释审查时，应当区别审查单位犯罪直接负责的主管人员和涉罪单位的财产性判项履行情况。对于单位犯罪直接负责的主管人员个人财产性判项全部履行，涉罪单位财产性判项虽未履行或未全部履行，但不能归责于罪犯个人原因的，一般不影响对罪犯“确有悔改表现”的认定。

〔鞠某某危害珍贵、濒危野生动物案，2023-16-1-344-001〕对老年罪犯依法从宽适用假释

在办理假释案件时，应当着重审查罪犯服刑改造表现，同时要综合考虑罪犯的年龄和身体状况。对于符合假释时间条件，且确有悔改表现、假释后没有再犯罪危险的，应当依法假释。

〔蔡某某虚开增值税专用发票案，2023-16-1-146-002〕罪犯原判刑期由无期徒刑减为有期徒刑后符合假释条件的，假释考验期限应适用有期徒刑假释的规定

原判无期徒刑的罪犯，在刑罚执行期间历经减刑后，其原判刑期减为有期徒刑的，在符合假释条件予以假释时，其假释考验期限应适用有期徒刑假释的情形，即为没有执行完毕的刑期。

第八十二条 【假释程序】对于犯罪分子的假释，依照本法第七十九条规定的程序进行。非经法定程序不得假释。

第八十三条 【假释考验期限】有期徒刑的假释考验期限，为没有执行完毕的刑期；无期徒刑的假释考验期限为十年。

假释考验期限，从假释之日起计算。

第八十四条 【假释犯应遵守的规定】被宣告假释的犯罪分子，应当遵守下列规定：

（一）遵守法律、行政法规，服从监督；

（二）按照监督机关的规定报告自己的活动情况；

（三）遵守监督机关关于会客的规定；

（四）离开所居住的市、县或者迁居，应当报经监督机关批准。

第八十五条 【假释考验期满如何处理】对假释的犯罪分子，在假释考验期限内，依法实行社区矫正，如果没有本法第八十六条规定的情形，假释考验期满，就认为原判刑罚已经执行完毕，并公开予以宣告。

【修正前条文】

第八十五条 【假释考验期满如何处理】被假释的犯罪分子，在假释考验期限内，由公安机关予以监督，如果没有本法第八十六条规定的情形，假释考验期满，就认为原判刑罚已经执行完毕，并公开予以宣告。

【修正说明】

刑法修正案(八)第十七条将原条文中对被假释的犯罪分子，在假释考验期限内，“由公安机关予以监督”修改为“依法实行社区矫正”。

第八十六条 【撤销假释条件】被假释的犯罪分子，在假释考验期限内犯新罪，应当撤销假释，依照本法第七十一条的规定实行数罪并罚。

在假释考验期限内，发现被假释的犯罪分子在判决宣告以前还有其他罪没有判决的，应当撤销假释，依照本法第七十条的规定实行数罪并罚。

被假释的犯罪分子，在假释考验期限内，有违反法律、行政法规或者国务院有关部门关于假释的监督管理规定的行为，尚未构成新的犯罪的，应当依照法定程序撤销假释，收监执行未执行完毕的刑罚。

【修正前条文】

第八十六条 【撤销假释条件】被

假释的犯罪分子，在假释考验期限内犯新罪，应当撤销假释，依照本法第七十一条的规定实行数罪并罚。

在假释考验期限内，发现被假释的犯罪分子在判决宣告以前还有其他罪没有判决的，应当撤销假释，依照本法第七十条的规定实行数罪并罚。

被假释的犯罪分子，在假释考验期限内，有违反法律、行政法规或者国务院公安部门有关假释的监督管理规定的行为，尚未构成新的犯罪的，应当依照法定程序撤销假释，收监执行未执行完毕的刑罚。

【修正说明】

刑法修正案(八)第十八条将原条文第三款中的“国务院公安部门”修改为“国务院有关部门”。

【司法指导文件】

《最高人民法院、最高人民检察院、公安部、司法部关于印发〈中华人民共和国社区矫正法实施办法〉的通知》(司发通〔2020〕59号，20200701)

第四十七条 社区矫正对象在假释考验期内，有下列情形之一的，由执行地同级社区矫正机构提出撤销假释建议：

(一)无正当理由不按规定时间报到或者接受社区矫正期间脱离监管，超过一个月的；

(二)受到社区矫正机构两次警告，仍不改正的；

(三)其他违反有关法律、行政法规和监督管理规定，尚未构成新的犯罪的。

社区矫正机构一般向原审人民法院提出撤销假释建议。如果原审人民法院与执行地同级社区矫正机构不在同一省、自治区、直辖市的，可以向执行地人民法院提出建议，执行地人民法院作出裁定的，裁定书同时抄送原审人民法院。

社区矫正机构撤销假释的建议书和人民法院的裁定书副本同时抄送社区矫正执行地同级人民检察院、公安机关、罪犯原服刑或者接收其档案的监狱。

【法院案例库参考案例】

〔沈某故意杀人、抢劫案，2024-03-1-177-002〕前罪符合犯罪记录封存条件的犯罪分子，在假释考验期限内犯新罪的处理

犯罪记录封存并非犯罪记录消灭，不影响在封存之后的刑事诉讼中对已封存的犯罪记录进行法律评价。对于前罪符合犯罪记录封存条件的犯罪分子，在假释考验期限内犯新罪的，应当撤销假释，依照刑法有关规定予以数罪并罚。

〔朱某某等盗窃案，2023-05-1-221-013〕罪犯在假释期间又犯新罪，数罪并罚时原减刑裁定如何处理

1.罪犯在假释期间又犯新罪数罪并罚时，原减刑裁定不计入已执行的刑期。罪犯只要是又犯新罪或者被发现还有漏罪尚未处理，需要进行数罪并罚时，先前裁定减去的刑期一律不计入已经执行的期限，也就是说先前的减刑裁定被“一笔勾销”，不管先前罪犯被减刑几次、被减去的刑期有多长。

2.罪犯因未被发现漏罪而数罪并罚时，虽然已经被裁定减刑的刑期不计入已执行的刑期，但是在实践操作中可以在数罪并罚之后的服刑期间获得一定程度的“返还”或者“偿还”，当然，这种“返还”或者“偿还”并非具有法定的确定性，需要结合罪犯的表现情况而酌情考虑。

第八节　时　　效

第八十七条　【犯罪追诉时效期限】犯罪经过下列期限不再追诉：

（一）法定最高刑为不满五年有期徒刑的，经过五年；

（二）法定最高刑为五年以上不满十年有期徒刑的，经过十年；

（三）法定最高刑为十年以上有期徒刑的，经过十五年；

（四）法定最高刑为无期徒刑、死刑的，经过二十年。如果二十年以后认为必须追诉的，须报请最高人民检察院核准。

【立法·要点注释】

1.法定最高刑不是指罪犯应判决的具体刑期，而是根据犯罪分子的犯罪性质和法定情节，与其所犯罪行相对应的刑法分则条文规定的处刑档次中的最高刑。最高刑为拘役的，应当理解为最高刑不满五年有期徒刑。

2.法定最高刑也不是指某种性质犯罪全部刑罚的最高刑，而是指某种性质犯罪中与该犯罪情况基本相适应的某一档处罚的最高刑。即对犯罪分子应在该档量刑幅度内处刑的档次最高刑。例如，犯故意杀人罪，法定最高刑有两档，一档是死刑，另一档为十年，应根据犯罪情节确定最高法定刑是十年还是死刑。

【司法指导文件(1)】

《最高人民检察院关于办理核准追诉案件若干问题的规定》(高检发侦监〔2012〕21号，20121009)

第二条　办理核准追诉案件应当严格依法、从严控制。

第三条　法定最高刑为无期徒刑、死刑的犯罪，已过二十年追诉期限的，不再追诉。如果认为必须追诉的，须报请最高人民检察院核准。

第四条　须报请最高人民检察院核准追诉的案件在核准之前，侦查机关可以依法对犯罪嫌疑人采取强制措施。

侦查机关报请核准追诉并提请逮捕犯罪嫌疑人，人民检察院经审查认为必须追诉而且符合法定逮捕条件的，可以依法批准逮捕，同时要求侦查机关在报请核准追诉期间不停止对案件的侦查。

未经最高人民检察院核准，不得对案件提起公诉。

第五条　报请核准追诉的案件应当同时符合下列条件：

(一)有证据证明存在犯罪事实，且犯罪事实是犯罪嫌疑人实施的；

(二)涉嫌犯罪的行为应当适用的法定量刑幅度的最高刑为无期徒刑或者死刑的；

(三)涉嫌犯罪的性质、情节和后果特别严重，虽然已过二十年追诉期限，但社会危害性和影响依然存在，不追诉会严重影响社会稳定或者产生其他严重后果，而必须追诉的；

(四)犯罪嫌疑人能够及时到案接受追诉的。

第六条　侦查机关报请核准追诉的案件，由同级人民检察院受理并层报最高人民检察院审查决定。

第十一条　最高人民检察院决定核准追诉的案件，最初受理案件的人民检察院应当监督侦查机关及时开展侦查取证。

最高人民检察院决定不予核准追

诉，侦查机关未及时撤销案件的，同级人民检察院应当予以监督纠正。犯罪嫌疑人在押的，应当立即释放。

第十二条　人民检察院直接立案侦查的案件报请最高人民检察院核准追诉的，参照本规定办理。

第十三条　本规定自发布之日起施行。

【司法指导文件(2)】

《最高人民法院关于被告人林少钦受贿请示一案的答复》(〔2016〕最高法刑他 5934 号，20170213)

追诉时效是依照法律规定对犯罪分子追究刑事责任的期限，在追诉时效期限内，司法机关应当依法追究犯罪分子刑事责任。对于法院正在审理的贪污贿赂案件，应当依据司法机关立案侦查时的法律规定认定追诉时效。依据立案侦查时的法律规定未过时效，且已经进入诉讼程序的案件，在新的法律规定生效后应当继续审理。

【指导性案例 · 检察】

〔马世龙(抢劫)核准追诉案，JZD20-2015〕

故意杀人、抢劫、强奸、绑架、爆炸等严重危害社会治安的犯罪，经过二十年追诉期限，仍然严重影响人民群众安全感，被害方、案发地群众、基层组织等强烈要求追究犯罪嫌疑人刑事责任，不追诉可能影响社会稳定或者产生其他严重后果的，对犯罪嫌疑人应当追诉。

〔杨菊云(故意杀人)不核准追诉案，JZD22-2015〕

1.因婚姻家庭等民间矛盾激化引发的犯罪，经过二十年追诉期限，犯罪嫌疑人没有再犯罪危险性，被害人及其家属对犯罪嫌疑人表示谅解，不追诉有利于化解社会矛盾、恢复正常社会秩序，同时不会影响社会稳定或者产生其他严重后果的，对犯罪嫌疑人可以不再追诉。

2.须报请最高人民检察院核准追诉的案件，侦查机关在核准之前可以依法对犯罪嫌疑人采取强制措施。侦查机关报请核准追诉并提请逮捕犯罪嫌疑人，人民检察院经审查认为必须追诉而且符合法定逮捕条件的，可以依法批准逮捕。

〔蔡金星、陈国辉等(抢劫)不核准追诉案，JZD23-2015〕

1.涉嫌犯罪已过二十年追诉期限，犯罪嫌疑人没有再犯罪危险性，并且通过赔礼道歉、赔偿损失等方式积极消除犯罪影响，被害方对犯罪嫌疑人表示谅解，犯罪破坏的社会秩序明显恢复，不追诉不会影响社会稳定或者产生其他严重后果的，对犯罪嫌疑人可以不再追诉。

2.1997 年 9 月 30 日以前实施的共同犯罪，已被司法机关采取强制措施的犯罪嫌疑人逃避侦查或者审判的，不受追诉期限限制。司法机关在追诉期限内未发现或者未采取强制措施的犯罪嫌疑人，应当受追诉期限限制；涉嫌犯罪应当适用的法定量刑幅度的最高刑为无期徒刑、死刑，犯罪行为发生二十年以后认为必须追诉的，须报请最高人民检察院核准。

【法院案例库参考案例】

〔徐某乙诬告陷害案，2023-06-1-191-001〕追诉时效制度在刑事自诉案件审判中的适用

刑法关于追诉时效的规定同等适

用于自诉与公诉案件。对于自诉案件，如果法院在立案审查阶段发现超过追诉时效的情形，应当说服自诉人撤回自诉或者裁定不予受理；已经立案的，如在庭前审查环节发现，应当说服自诉人撤回起诉或者裁定驳回起诉，如已经开庭，则应根据庭审情况裁定终止审理或者宣告无罪。

【《刑事审判参考》案例】

〔参考案例第1200号：袁明祥、王汉恩故意杀人案〕对共同犯罪案件如何分别确定被告人的追诉期限？

对于共同犯罪中，部分被告人的追诉期限延长或中断，或者不受追诉期限限制，是否必然影响共同犯罪中其他被告人的追诉期限，法律没有明确规定。实践中，应当对共同犯罪中各被告人的追诉时效分别评价判断，主要理由是：追诉时效是依照法律规定对犯罪分子追究刑事责任的有效期限，是解决某一犯罪行为经过一定的时限，是否还需要对犯罪分子起诉追究其刑事责任，设立时效制度的一项重要考虑是稳定既有的社会关系。追诉时效期限的长短，是根据犯罪分子所犯罪行对应的法定最高刑进行确定。是否受追诉期限限制，考察的是犯罪分子是否具有逃避侦查或者审判的情形，必然要求结合各被告人的具体情况进行个别化判断。

第八十八条 【不受追诉时效限制的特别规定】在人民检察院、公安机关、国家安全机关立案侦查或者在人民法院受理案件以后，逃避侦查或者审判的，不受追诉期限的限制。

被害人在追诉期限内提出控告，人民法院、人民检察院、公安机关应当立案而不予立案的，不受追诉期限的限制。

【立法·要点注释】

1.本条规定“立案侦查”和“受理案件”是指在追诉时效的期限内，对于已过了追诉时效才开始的立案侦查和审判活动，不适用本条规定，而是应分别采取撤销案件、不起诉或者宣告无罪的方法处理，不再追究刑事责任。对于军队保卫部门、海警部门立案侦查以后，逃避侦查或者审判的，也应当适用本条规定。

2.“逃避侦查或者审判”主要是指以逃避、隐藏的方法逃避刑事追究，不应包括消极不到案等情况。犯罪嫌疑人在人民检察院、公安机关和国家安全机关立案侦查或者被告人在人民法院受理案件以后，如果其从拘留所、看守所逃跑，从自家潜逃、隐藏起来或者采用其他方法逃避侦查或者审判的，在任何时候将其追捕归案后，都可以进行追诉，不再受刑法第八十七条规定的追诉时效期限的限制。

3.在确定共同犯罪的具体追诉期限时，按照主犯的法定刑确定，如共同犯罪主犯的最高法定刑是无期徒刑、死刑的，追诉期限为二十年，那么全体共同犯罪人的追诉期限均应当确定为二十年。

【立法解释性意见】

《全国人民代表大会常务委员会法制工作委员会对刑法追诉时效制度有关规定如何理解适用的答复意见》(法工办发〔2014〕277号，20140717)

一、关于1979年刑法第七十七条规定的“采取强制措施”如何理解的问题

1979年刑法第七十七条规定，在人民法院、人民检察院、公安机关采取强制措施以后，逃避侦查或者审判的，不受追诉时效的限制。这条规定的“采取强制措施”包括已经批准对犯罪嫌疑人采取强制措施，但因犯罪嫌疑人逃匿，致使强制措施不能执行的情况。

二、关于1997年刑法生效前的案件，被害人家属于刑法生效后提出控告，公安机关应当立案而不立案，是否适用刑法第八十八条第二款的规定

1997年修订后的刑法第十二条第一款规定：中华人民共和国成立以后本法施行以前的行为，如果当时的法律不认为是犯罪的，适用当时的法律；如果当时的法律认为是犯罪的，依照本法总则第四章第八节的规定应当追诉的，按照当时的法律追究刑事责任，但是如果本法不认为是犯罪或者处刑较轻的，适用本法。根据上述规定，对1997年前发生的行为，被害人及其家属在1997年后刑法规定的时效内提出控告的，应当适用刑法第八十八条第二款的规定，不受追诉时效的限制。

【司法指导文件】

《最高人民法院研究室关于如何理解和适用1997年刑法第十二条第一款规定有关问题征求意见的复函》(法研〔2019〕52号，20190604)

一、1997年刑法施行以前实施的犯罪行为，1997年刑法施行以后仍在追诉期限内的，具有“在人民检察院、公安机关、国家安全机关立案侦查或者在人民法院受理案件以后，逃避侦查或者审判”或者“被害人在追诉期限内提出控告，人民法院、人民检察院、公安机关应当立案而不予立案”情形的，适用1997年刑法第八十八条的规定，不受追诉期限的限制。

二、1997年刑法施行以前实施的犯罪行为，1997年刑法施行时已超过追诉期限的，是否追究行为人的刑事责任，应当适用1979年刑法第七十七条的规定。

【公安文件】

《公安部关于刑事追诉期限有关问题的批复》(公复字〔2000〕11号，20001025)

根据从旧兼从轻原则，对1997年9月30日以前实施的犯罪行为，追诉期限问题应当适用1979年刑法第七十七条的规定，即在人民法院、人民检察院、公安机关采取强制措施以后逃避侦查或者审判的，不受追诉期限的限制。

【指导性案例·检察】

〔丁国山等(故意伤害)核准追诉案，JZD21-2015〕

涉嫌犯罪情节恶劣、后果严重，并且犯罪后积极逃避侦查，经过二十年追诉期限，犯罪嫌疑人没有明显悔罪表现，也未通过赔礼道歉、赔偿损失等获得被害方谅解，犯罪造成的社会影响没有消失，不追诉可能影响社会稳定或者产生其他严重后果的，对犯罪嫌疑人应当追诉。

【法院案例库参考案例】

〔邵某德等故意伤害案，2024-04-1-179-016〕追诉时效延长制度中采取虚假供述方式逃避侦查的界定

虚假供述是对抗侦查的情形之一，是否构成追诉时效延长中的“逃避侦查”，应当对虚假供述行为作出实质判断。犯罪嫌疑人、被告人虚假供述的行为足以对定罪与否或者罪行轻重产生

实质影响，对刑事追诉产生实质妨碍的，应当认定为追诉时效延长中的“逃避侦查”。

〔马某军故意伤害案，2023-04-1-179-016〕关于立案后行为人逃避侦查的是否受追诉期限限制的认定

发生于1997年9月30日以前的犯罪行为，公安机关决定立案侦查并已决定对行为人采取刑事拘留措施，因行为人逃往外地，并使用假名在外地生活至被抓捕，致使无法对其执行刑事拘留的，不受追诉期限的限制。

〔陈某发拐卖妇女案，2023-02-1-188-009〕被害方在追诉期限内提出控告，公安机关应当立案而不予立案的，不受追诉期限的限制

刑法规定，被害人在追诉期限内提出控告，人民法院、人民检察院、公安机关应当立案而不予立案的，不受追诉期限的限制。案发当年被害人亲属即报案，公安机关经初步调查，符合立案条件，因工作失误应当立案而不予立案，依法不受追诉期限的限制。

〔彭某杰故意杀人案，2024-04-1-177-003〕1997年9月30日以前实施的犯罪行为追诉时效的确定

对于1997年9月30日以前实施的犯罪行为，1997年刑法施行以后仍在追诉时效期限内，在公安机关立案侦查以后，犯罪分子逃避侦查的，应当适用1997年刑法第八十八条的规定，不受追诉期限的限制。

〔邓某强串通投标案，2024-02-1-166-001〕公安机关虽立案侦查，但行为人没有逃避侦查的，需受追诉期限的限制

公安机关在追诉时效期限内虽已立案，但未对行为人采取相关侦查措施，更未移送起诉，行为人主动向司法机关反映情况并退缴赃款，不存在逃避侦查情形的，应受追诉时效期限的限制。

第八十九条　【追诉时效期限的计算】追诉期限从犯罪之日起计算；犯罪行为有连续或者继续状态的，从犯罪行为终了之日起计算。

在追诉期限以内又犯罪的，前罪追诉的期限从犯后罪之日起计算。

【立法 · 要点注释】

1.一般情况下追诉期限的起算时间是从犯罪之日起计算。“犯罪之日”，是指犯罪行为完成或停止之日。如运输毒品，在路途上用了三天，应以第三天将毒品运到转交他人起开始计算运输毒品犯罪的追诉期限。

2.特殊情况下追诉期限的起算时间，有三种情形：

(1)犯罪行为处于连续状态的，从犯罪行为终了之日起计算。就是说犯罪人连续实施同一罪名的犯罪，时效期限从其最后一个犯罪行为施行完毕时开始计算。“连续状态”，是指犯罪人在一定时期，以一个故意连续实施数个独立的犯罪行为触犯同一罪名的。如某罪犯多次在汽车上扒窃，其连续扒窃行为即是盗窃罪的“连续”状态。

(2)犯罪行为处于继续状态的，从犯罪行为终了之日起计算。就是犯罪人的犯罪行为在一定时间处于持续状态的，时效期限自这种持续状态停止的时候起开始计算。“继续状态”也就是持续状态，是指犯罪人实施的同一犯罪行为在一定时间内处于接连不断的状态。如非法拘禁他人，在被害人脱离拘禁以前，该犯罪就一直属于继续状态。

(3) 在追诉期限内又犯罪的，前一犯罪的追诉期限从后罪的犯罪行为完成或停止之日计算。这里的前罪和后罪并未限定为同一种罪名，只要构成犯罪即可。只要再犯新罪，前罪开始计算的时效期限就归于无效，而从犯后罪之日起计算。

【司法解释(1)】

《最高人民检察院关于对跨越修订刑法施行日期的继续犯罪、连续犯罪以及其他同种数罪应如何具体适用刑法问题的批复》(高检发释字〔1998〕6号，19981202)

对于开始于1997年9月30日以前，继续或者连续到1997年10月1日以后的行为，以及在1997年10月1日前后分别实施的同种类数罪，如果原刑法和修订刑法都认为是犯罪并且应当追诉，按照下列原则决定如何适用法律：

一、对于开始于1997年9月30日以前，继续到1997年10月1日以后终了的继续犯罪，应当适用修订刑法一并进行追诉。

二、对于开始于1997年9月30日以前，连续到1997年10月1日以后的连续犯罪，或者在1997年10月1日前后分别实施同种类数罪，其中罪名、构成要件、情节以及法定刑均没有变化的，应当适用修订刑法，一并进行追诉；罪名、构成要件、情节以及法定刑已经变化的，也应当适用修订刑法，一并进行追诉，但是修订刑法比原刑法所规定的构成要件和情节较为严格，或者法定刑较重的，在提起公诉时应当提出酌情从轻处理意见。

【司法解释(2)】

参见本法分则第九章渎职罪项下【司法解释(1)】第六条，第1396—1397页。

【司法解释(3)】

参见本法第三百八十四条项下【司法解释(3)】，第1355页。

【司法指导文件(1)】

《最高人民法院刑事审判第二庭关于国有公司人员滥用职权犯罪追诉期限等问题的答复》(20050113)

二、国有公司人员滥用职权或失职罪的追诉期限应从损失结果发生之日起计算。就本案而言，追诉期限应以法律意义上的损失发生为标准，即以人民法院民事终审判决之日起计算。

【司法指导文件(2)】

参见本法分则第九章渎职罪项下【司法指导文件(1)】关于“玩忽职守罪的追诉时效”的规定，第1397页。

【审判实务释疑】

司法工作人员玩忽职守行为的追诉时效如何认定?

玩忽职守行为不属于刑法第八十九条规定的“犯罪行为有连续或者继续状态的”情形。对于玩忽职守犯罪的追诉期限不能从犯罪的不法状态终了之日起计算，而应当从犯罪成立之日起计算。[①]

---

① 参见《司法工作人员玩忽职守行为追诉时效的认定问题》，载最高人民法院刑事审判第二庭编：《职务犯罪审判指导》(第1辑)，法律出版社2022年版，第85页。——编者注

【职务犯罪案例】

〔受招生办委托行使招生职责的高中工作人员滥用职权导致他人被冒名顶替上大学的行为追诉时效问题，ZWFZ11-2022〕

对于以“造成恶劣社会影响”作为入罪情形的渎职类案件，不宜将引发媒体关注等损失认定为“致使国家利益遭受重大损失”，追诉时效也不宜从媒体披露后出现“恶劣社会影响”之日起计算追诉期限。

第五章　其他规定

第九十条 【民族自治地方的变通、补充规定】民族自治地方不能全部适用本法规定的，可以由自治区或者省的人民代表大会根据当地民族的政治、经济、文化的特点和本法规定的基本原则，制定变通或者补充的规定，报请全国人民代表大会常务委员会批准施行。

第九十一条 【公共财产的范围】本法所称公共财产，是指下列财产：

（一）国有财产；

（二）劳动群众集体所有的财产；

（三）用于扶贫和其他公益事业的社会捐助或者专项基金的财产。

在国家机关、国有公司、企业、集体企业和人民团体管理、使用或者运输中的私人财产，以公共财产论。

【立法·要点注释】

1.国有财产，即国家所有的财产。主要包括国家机关、国有公司、企业、国有事业单位、人民团体中的财产。

2.劳动群众集体所有的财产。主要包括集体所有制的公司、企业、事业单位、经济组织中的财产。在经济活动中，公民多人合伙经营积累的财产，属于合伙人共有，不属于集体所有的财产。

3.用于扶贫和其他公益事业的社会捐助或者专项基金的财产。“公益事业”，主要是指服务于社会公益的非营利性事项。根据公益事业捐赠法第三条的规定，“公益事业”是指非营利的下列事项：(1)救助灾害、救济贫困、扶助残疾人等困难的社会群体和个人的活动；(2)教育、科学、文化、卫生、体育事业；(3)环境保护、社会公共设施建设；(4)促进社会发展和进步的其他社会公共和福利事业。“社会捐助”，是指个人、组织或单位向社会公益事业以及向贫困地区所捐赠、赞助的款物。“专项基金”，是指专门用于上述公益事业的各种基金。

【职务犯罪案例】

〔受委托经营法律关系中，国有单位授权非国有单位管理、使用的私人财产，以公共财产论，ZWFZ33-2024〕

刑法第九十一条第二款的立法本意在于强调国有单位对私人财产享有的占有权和承担的保管责任。“以公共财产论”不能仅局限于物在法律上的所有权归属，还应当对物的占有、持有以及相应的责任关系进行实质性考察。在受委托经营法律关系中，非国有单位接受国有单位的授权或指示管理、使用私人财产，此时的私人财产处于国有单位的管理、使用之下，以公共财产论。

第九十二条 【公民私人所有财产的范围】本法所称公民私人所有的财产，是指下列财产：

（一）公民的合法收入、储蓄、房屋和其他生活资料；

（二）依法归个人、家庭所有的生产资料；

（三）个体户和私营企业的合法财产；

（四）依法归个人所有的股份、股票、债券和其他财产。

【立法解释性意见】

《全国人民代表大会常务委员会法制工作委员会对关于公司人员利用职务上的便利采取欺骗等手段非法占有股东股权的行为如何定性处理的批复的意见》（法工委发函〔2005〕105号，20051201）

根据刑法第九十二条的规定，股份属于财产。采用各种非法手段侵吞、占有他人依法享有的股份，构成犯罪的，适用刑法有关非法侵犯他人财产的犯罪规定。

第九十三条　【国家工作人员】本法所称国家工作人员，是指国家机关中从事公务的人员。

国有公司、企业、事业单位、人民团体中从事公务的人员和国家机关、国有公司、企业、事业单位委派到非国有公司、企业、事业单位、社会团体从事公务的人员，以及其他依照法律从事公务的人员，以国家工作人员论。

【立法·要点注释】

1.“国家机关”，是指国家的权力机关、行政机关、监察机关、司法机关以及军事机关。国家机关的设立和对国家机关中工作人员的编制管理是性质不同的两个问题，只要是依法设立的行使一定国家管理职权的组织就是国家机关，至于组织人事部门在编制上对其是按照行政编制还是事业编制进行管理，并不影响其作为国家机关的性质。

2.“从事公务的人员”，是指在上述国家机关中行使一定职权、履行一定职务的人员。在上述国家机关中从事劳务性工作的人员，如司机、门卫、炊事员、清洁工等勤杂人员以及部队战士等，不属于国家工作人员范畴。

3.“以国家工作人员论”，主要包括三个方面：一是在国有公司、企业、事业单位、人民团体中从事公务的人员。这里规定的“从事公务的人员”，是指在国有公司、企业等单位中具有经营、管理职责，或履行一定职务的人员，在国有公司、企业等上述单位中不具有管理职责的一般工人、临时工等其他勤杂人员，不属本条规定的从事公务的人员。二是国家机关、国有公司、企业、事业单位委派到非国有公司、企业、事业单位、社会团体从事公务的人员。“委派”，主要是指在一些具有国有资产成分的中外合资企业、合作企业、股份制企业当中，国有公司、企业或其他有关国有单位为了行使对所参与的国有资产的管理权，而派驻的管理人员。这里也包括有的国家机关、国有事业单位委派一些人员到非国有事业单位、社会团体中从事公务的人员。三是其他依照法律从事公务的人员。这些人虽不是上述单位的人员，但依照法律规定从事国家事务工作的人员。一般情况下国家工作人员是指上述具有正式国家工作人员身份的人，但是在特殊情况下，一些虽不具正式国家工作人员身份的人员，如果因临时委托、授权等法律上的原因而实际上依法承担了国家事务的管理职责的，应当认定其依法履行该职责时，应作为国家工作人员看待，如果有渎职等犯罪行为的，应依法追究相应的刑事责任。如协助人民政府从事行政管理事务的村委会等村基层组织人员，受委托看管犯人的狱医等人员，只要实际负有国家管理职责的人员在依法履行相应的职责的过程中有渎职、滥用职权等行为，均应以国家工作人员论，构成犯罪的，依法追究相应的刑事责任。

【立法解释】

《全国人民代表大会常务委员会关于〈中华人民共和国刑法〉第九十三条第二款的解释》(20090827)

全国人民代表大会常务委员会讨论了村民委员会等村基层组织人员在从事哪些工作时属于刑法第九十三条第二款规定的“其他依照法律从事公务的人员”，解释如下：

村民委员会等村基层组织人员协助人民政府从事下列行政管理工作时，属于刑法第九十三条第二款规定的“其他依照法律从事公务的人员”：

(一)救灾、抢险、防汛、优抚、扶贫、移民、救济款物的管理；

(二)社会捐助公益事业款物的管理；

(三)国有土地的经营和管理；

(四)土地征收、征用补偿费用的管理；

(五)代征、代缴税款；

(六)有关计划生育、户籍、征兵工作；

(七)协助人民政府从事的其他行政管理工作。

村民委员会等村基层组织人员从事前款规定的公务，利用职务上的便利，非法占有公共财物、挪用公款、索取他人财物或者非法收受他人财物，构成犯罪的，适用刑法第三百八十二条和第三百八十三条贪污罪、第三百八十四条挪用公款罪、第三百八十五条和第三百八十六条受贿罪的规定。

【立法解释·注释】

1.“村民委员会等村基层组织人员”，主要指村党支部、村委会、村经联社、经济合作社、农工商联合企业等掌管村经济活动的组织的人员。因为他们是农村中掌握权力，可能协助政府从事行政管理工作的人员。

2.村委会等村基层组织人员在管理村务时，利用职务之便，非法占有村集体财物或挪用集体款项的，不适用本解释，构成犯罪的，可以职务侵占罪、挪用资金罪定罪处罚。

【司法解释(1)】

《最高人民法院关于在国有资本控股、参股的股份有限公司中从事管理工作的人员利用职务便利非法占有本公司财物如何定罪问题的批复》(法释〔2001〕17号，20010526)

在国有资本控股、参股的股份有限公司中从事管理工作的人员，除受国家机关、国有公司、企业、事业单位委派从事公务的以外，不属于国家工作人员。对其利用职务上的便利，将本单位财物非法占为已有，数额较大的，应当依照刑法第二百七十一条第一款的规定，以职务侵占罪定罪处罚。

【司法解释(2)】

《最高人民法院关于如何认定国有控股、参股股份有限公司中的国有公司、企业人员的解释》(法释〔2005〕10

号，20050811）

国有公司、企业委派到国有控股、参股公司从事公务的人员，以国有公司、企业人员论。

【司法指导文件(1)】

《全国法院审理经济犯罪案件工作座谈会纪要》（法〔2003〕167号，20031113）

一、关于贪污贿赂犯罪和渎职犯罪的主体

（一）国家机关工作人员的认定

刑法中所称的国家机关工作人员，是指在国家机关中从事公务的人员，包括在各级国家权力机关、行政机关、司法机关和军事机关①中从事公务的人员。

根据有关立法解释的规定，在依照法律、法规规定行使国家行政管理职权的组织中从事公务的人员，或者在受国家机关委托代表国家行使职权的组织中从事公务的人员，或者虽未列入国家机关人员编制但在国家机关中从事公务的人员，视为国家机关工作人员。在乡（镇）以上中国共产党机关、人民政协机关中从事公务的人员，司法实践中也应当视为国家机关工作人员。

（二）国家机关、国有公司、企业、事业单位委派到非国有公司、企业、事业单位、社会团体从事公务的人员的认定

所谓委派，即委任、派遣，其形式多种多样，如任命、指派、提名、批准等。不论被委派的人身份如何，只要是接受国家机关、国有公司、企业、事业单位委派，代表国家机关、国有公司、企业、事业单位在非国有公司、企业、事业单位、社会团体中从事组织、领导、监督、管理等工作，都可以认定为国家机关、国有公司、企业、事业单位委派到非国有公司、企业、事业单位、社会团体从事公务的人员。如国家机关、国有公司、企业、事业单位委派在国有控股或者参股的股份有限公司从事组织、领导、监督、管理等工作的人员，应当以国家工作人员论。国有公司、企业改制为股份有限公司后，原国有公司、企业的工作人员和股份有限公司新任命的人员中，除代表国有投资主体行使监督、管理职权的人外，不以国家工作人员论。

（三）“其他依照法律从事公务的人员”的认定

刑法第九十三条第二款规定的“其他依照法律从事公务的人员”应当具有两个特征：一是在特定条件下行使国家管理职能；二是依照法律规定从事公务。具体包括：(1)依法履行职责的各级人民代表大会代表；(2)依法履行审判职责的人民陪审员；(3)协助乡镇人民政府、街道办事处从事行政管理工作的村民委员会、居民委员会等农村和城市基层组织人员；(4)其他由法律授权从事公务的人员。

（四）关于“从事公务”的理解

从事公务，是指代表国家机关、国有公司、企业、事业单位、人民团体等履行组织、领导、监督、管理等职责。公务主要表现为与职权相联系的公共事务以及监督、管理国有财产的职务活动。如国家机关工作人员依法履行职责，国有公司的董事、经理、监事、会计、出纳人员等管理、监督国有财产等活动，属于从事公务。那些不具备职权内容的劳务活动、技术服务工作，如售货员、售票员等所从事的工作，一般不认

① 亦应包括监察机关。——编者注

为是公务。

【司法指导文件(2)】

《最高人民检察院关于贯彻执行全国人民代表大会常务委员会关于〈中华人民共和国刑法〉第九十三条第二款的解释的通知》(高检发研字〔2000〕12号,20000605)

三、各级检察机关在依法查处村民委员会等村基层组织人员贪污、受贿、挪用公款犯罪案件过程中,要根据《解释》[①]和其他有关法律的规定,严格把握界限,准确认定村民委员会等村基层组织人员的职务活动是否属于协助人民政府从事《解释》所规定的行政管理工作,并正确把握刑法第三百八十二条、第三百八十三条贪污罪、第三百八十四条挪用公款罪和第三百八十五条、第三百八十六条受贿罪的构成要件。对村民委员会等村基层组织人员从事属于村民自治范围的经营、管理活动不能适用《解释》的规定。

【司法指导文件(3)】

《最高人民检察院关于〈全国人民代表大会常务委员会关于《中华人民共和国刑法》第九十三条第二款的解释〉的时间效力的批复》(高检发研字〔2000〕15号,20000629)

《全国人民代表大会常务委员会关于〈中华人民共和国刑法〉第九十三条第二款的解释》是对刑法第九十三条第二款关于“其他依照法律从事公务的人员”规定的进一步明确,并不是对刑法的修改。因此,该《解释》的效力适用于修订刑法的施行日期,其溯及力适用修订刑法第十二条的规定。

【司法指导文件(4)】

《最高人民检察院法律政策研究室关于国家机关、国有公司、企业委派到非国有公司、企业从事公务但尚未依照规定程序获取该单位职务的人员是否适用刑法第九十三条第二款问题的答复》(〔2004〕高检研发第17号,20041103)

对于国家机关、国有公司、企业委派到非国有公司、企业从事公务但尚未依照规定程序获取该单位职务的人员,涉嫌职务犯罪的,可以依照刑法第九十三条第二款关于“国家机关、国有公司、企业委派到非国有公司、企业、事业单位、社会团体从事公务的人员”,“以国家工作人员论”的规定追究刑事责任。

【司法指导文件(5)】

《最高人民检察院对〈关于中国证监会主体认定的请示〉的答复函》(高检发法字〔2000〕7号,20000430)[②]

中国证券监督管理委员会为国务院直属事业单位,是全国证券期货市场的主管部门。其主要职责是统一管理证券期货市场,按规定对证券期货监管机构实行垂直领导,所以,它是具有行政职责的事业单位。据此,北京证券监督管理委员会干部应视同为国家机关工作人员。

① 即《全国人民代表大会常务委员会关于〈中华人民共和国刑法〉第九十三条第二款的解释》(20000429)。——编者注

② 2023年国家机构改革涉及金融监管部门的内容完成之前发生的犯罪行为,仍适用本答复。——编者注

【司法指导文件(6)】

《最高人民检察院对〈关于中国保险监督管理委员会主体认定的请示〉的答复》(20001008)[①]

对于中国保险监督管理委员会可参照对国家机关的办法进行管理。据此，中国保险监督管理委员会干部应视同国家机关工作人员。

【司法指导文件(7)】

《最高人民检察院关于镇财政所所长是否适用国家机关工作人员的批复》(高检发研字〔2000〕9号，20000504)

对于属行政执法事业单位的镇财政所中按国家机关在编干部管理的工作人员，在履行政府行政公务活动中，滥用职权或玩忽职守构成犯罪的，应以国家机关工作人员论。

【司法指导文件(8)】

《最高人民检察院法律政策研究室关于集体性质的乡镇卫生院院长利用职务之便收受他人财物的行为如何适用法律问题的答复》(〔2003〕高检研发第9号，20030402)

经过乡镇政府或者主管行政机关任命的乡镇卫生院院长，在依法从事本区域卫生工作的管理与业务技术指导，承担医疗预防保健服务工作等公务活动时，属于刑法第九十三条第二款规定的其他依照法律从事公务的人员。对其利用职务上的便利，索取他人财物的，或者非法收受他人财物，为他人谋取利益的，应当依照刑法第三百八十五条、第三百八十六条的规定，以受贿罪追究刑事责任。

【司法指导文件(9)】

《最高人民检察院关于佛教协会工作人员能否构成受贿罪或者公司、企业人员受贿罪主体问题的答复》(〔2003〕高检研发第2号，20030113)

佛教协会属于社会团体，其工作人员除符合刑法第九十三条第二款的规定属于受委托从事公务的人员外，既不属于国家工作人员，也不属于公司、企业人员。根据刑法的规定，对非受委托从事公务的佛教协会的工作人员利用职务之便收受他人财物，为他人谋取利益的行为，不能按受贿罪或者公司、企业人员受贿罪追究刑事责任。[②]

【司法指导文件(10)】

《最高人民法院研究室关于国家工作人员在农村合作基金会兼职从事管理工作如何认定身份问题的答复》[法(研)明传〔2000〕12号，20000629]

国家工作人员自行到农村合作基金会兼职从事管理工作的，因其兼职工作与国家工作人员身份无关，应认定为农村合作基金会一般从业人员；国家机关、国有公司、企业、事业单位委派到农村合作基金会兼职从事管理工作的人员，以国家工作人员论。

---

① 2023年国家机构改革涉及金融监管部门的内容完成之前发生的犯罪行为，仍适用本答复。——编者注

② 刑法修正案(六)第七条对刑法第一百六十三条作了修改，将犯罪主体扩充到了公司、企业以外的“其他单位”的工作人员，罪名也相应调整为非国家工作人员受贿罪。因此，佛教协会的工作人员当然可以成为该罪的适格主体。——编者注

【司法指导文件(11)】

参见本法分则第三章第三节妨害对公司、企业的管理秩序罪项下【司法指导文件】“六、关于国家出资企业中国家工作人员的认定”,第438页。

【指导性案例 · 检察】

〔宋某某违规出具金融票证、违法发放贷款、非国家工作人员受贿案,JZD190-2023〕

对监察机关移送起诉的集体经济组织中行使公权力的人员所涉犯罪案件,应当重点审查其是否属于国家工作人员。对于集体经济组织注册资本中没有国有资本,所从事工作不具有“从事公务”属性的,相关人员不属于国家工作人员。农村信用合作社受计划经济体制影响和农村经济发展需要,在其改制为农村商业银行或农村合作银行前,系由农民、农村工商户、企业法人和其他经济组织以及本社职工自愿入股组成的农村合作金融机构,性质属于集体经济组织。根据监察法第十五条第六项、监察法实施条例第四十三条第三项规定,其管理人员是“其他依法履行公职的人员”。检察机关在审查监察机关移送起诉的此类人员涉嫌职务犯罪案件时,应当审查其是否具有国家工作人员身份,对其行为定性和所涉罪名作出准确认定。一般应当根据其所在信用社的股权结构进行判断,注册资本中没有国有资本,所从事工作不具有“从事公务”属性的,相关人员不属于国家工作人员。

【法院案例库参考案例】

〔史某庆贪污案,2025-03-1-402-003〕村基层组织人员在协助人民政府从事拆迁腾退工作中伙同他人骗取搬迁补偿费行为的定性

1.村基层组织人员在协助人民政府从事拆迁腾退工作中,参与对被搬迁人补偿资格、占地面积等具体认定,人民政府依据认定结果发放搬迁补偿费的,应当认定相关村基层组织人员是在协助人民政府从事土地征收、征用补偿费用的管理等行政管理工作,属于《全国人民代表大会常务委员会关于〈中华人民共和国刑法〉第九十三条第二款的解释》规定的“其他依照法律从事公务的人员”。

2.村基层组织人员利用上述职务上的便利,伙同他人共同骗取国家搬迁补偿费,符合刑法第三百八十三条规定的,依法应当以贪污罪定罪处罚。

〔刘某军非国家工作人员受贿案,2024-03-1-094-002〕包村干部从事村民自治工作收受贿赂行为的定性

包村干部系受某一机关指派或委派负责村民委员会相关工作的干部。从性质上而言,包村干部所从事的工作可以分为村务、公务两类。包村干部在实际开展村民自治事项过程中收受贿赂,无法将其认定为国家工作人员,其亦非从事公务,应当以非国家工作人员受贿罪论处。

〔蔡某受贿案,2023-03-1-404-024〕律师作为破产管理人成员在破产管理工作中非法收受他人财物的行为如何定性

破产管理人是企业破产法设立的破产管理职位,其职责、行为性质与担任破产管理人的单位和个人原先的身份和职责无关。破产管理人的职责内容属于协助法院审理破产案件,具有从事公务的性质。关于其民事责任的规定，并不决定其职权的性质，破产管理的事务性质与申请破产企业的所有权性质并无直接关联。因此，破产管理人工作人员在从事破产管理人工作期间，属于刑法第九十三条第二款规定的“其他依照法律从事公务的人员”，应当认定为国家工作人员。

〔杨某受贿案，2024-03-1-404-016〕国有媒体的记者可以构成受贿罪的主体

国有事业单位媒体记者，通过采访报道等途径对公共事务行使舆论监督权，应当认定为从事公务活动的国家工作人员。其利用职务上的便利，为他人谋取利益，索取或者非法收受他人财物，数额较大的，构成受贿罪。

〔张某贪污、受贿、国有事业单位人员滥用职权案，2023-03-1-402-003〕供销合作社联合社主任滥用职权行为的性质认定

供销合作社联合社是为农服务的合作经济组织，受政府委托在特定事项上行使行政管理职权。供销合作社联合社主任作为受委托行使国家行政管理职权的组织中从事公务的人员，在行使国家行政管理职权过程中滥用职权，构成犯罪的，以滥用职权罪认定；非行使行政管理职权，而是在具有国有事业性质的供销合作社联合社的日常经营管理活动中滥用职权，致使国家利益遭受重大损失的，构成国有事业单位人员滥用职权罪。

〔毕某钦受贿案，2024-03-1-404-021〕国家出资企业中国家工作人员的认定

上级或者本级国家出资企业中负有管理、监督国有资产职责的党委、党政联席会批准或者研究决定，代表其在国有控股、参股公司及其分支机构中从事组织、领导、监督、经营、管理工作的人员，应当认定为国家工作人员。

〔顾某忠挪用公款、贪污案，2023-04-1-403-001〕由国有公司负责人口头提名、非国有公司聘任的管理人员能否以国家工作人员论

对于受委派从事公务的国家工作人员的认定上更强调的是从事公务，即代表国有单位行使组织、领导、监督、管理等职权活动，而不再是单纯关注国家工作人员的身份形式，只要真正地代表国有单位行使了相关职务活动就应以国家工作人员论。如在国有公司、企业改制为股份有限公司的情况中，即使原国有公司、企业的工作人员因各种原因未获得任何形式的委派手续，但仍代表国有投资主体行使监督、管理职权的，同样应以国家工作人员论。

〔余某荣、陈某健挪用公款案，2024-03-1-403-001〕公益性社会团体中国家工作人员的认定

依据公益事业捐赠法等法律规定，有关公益性社会团体中的管理人员，在特定条件下行使部分国家管理职能，代表国家机关履行对公共财产进行监管等职责，属于“其他依照法律从事公务的人员”，应当以国家工作人员论。

〔沈某忠受贿案，2024-03-1-404-004〕受国有单位委派到具有公共事务管理职能的行业协会中从事领导、管理等职责的人员，属于国家工作人员

受国有单位委派到具有公共事务管理职能的行业协会中，对公共事务履行领导、管理等职责的人员，属于国家工作人员。上述人员利用职务上的便利，为他人谋取利益并收受贿赂，符合刑法第三百八十五条规定的，以受贿罪论处。

〔崔某挪用资金案，2023-05-1-227-001〕国企调至社会团体人员的身份认定

从国有企业借调至行业协会等社会团体担任领导职务的人员，若从其工作职责、人事关系、聘用形式等方面判断其工作性质不具有公共管理性质，不能认定履行公务，则不能适用刑法第九十三条第二款规定认定为国家工作人员。

〔刘某元贪污案，2024-03-1-402-007〕在国有公司中从事公务的劳务派遣人员可认定为国家工作人员

对于接受国有公司指派、管理开展工作，履行一定管理职务，劳动报酬来源于国有公司的劳务派遣人员，应当认定为在国有公司中从事公务的人员，以国家工作人员论。上述人员利用职务便利，与本人实际控制的公司签订合作项目，提供虚假业务信息套取佣金，数据较大或者有其他较重情节的，应当依照刑法第三百八十二条的规定，以贪污罪论处。

〔付某受贿案，2023-03-1-404-004〕劳务派遣员工在公务中收受贿赂的，符合受贿罪主体要件

认定国家工作人员主要有两个标准，一是单位的性质，二是是否在单位中从事公务。而对于行为人是否是单位的正式员工，并不是判断其是否为国家工作人员的依据。国家机关、国有公司、企业、事业单位、人民团体中非正式员工，依法从事公务的人员仍属于国家工作人员。因此，被告人虽属劳务派遣的非正式事业单位员工，仍应认定为受贿罪，而非非国家工作人员受贿罪。

〔钱某德受贿案，2024-03-1-404-019〕在国家机关设立的非常设性工作机构中从事公务的非正式在编人员属于国家工作人员

1.在国家机关设立的具有行政管理属性的非常设性工作机构中从事公务的人员，属于“国家工作人员”。

2. 对于刑法第九十三条第一款规定的“国家工作人员”，并不要求行为人具有国家机关在编人员的身份，关键在于是否在国家机关中从事公务。只要是在国家机关中从事公务，即使是非正式在编人员，亦属于国家工作人员。

〔吕某受贿案，2024-03-1-404-018〕临时工利用职务便利收受财物行为的定性

国家工作人员的本质特征是从事公务，至于行为人的身份是临时工还是正式职工，不影响对国家工作人员的认定。

〔刚某、吴某竹受贿案，2023-03-1-404-014〕辅警按照单位安排从事公务的主体性质认定

辅警作为合同编制的工作人员，根据规定只能从事辅助性工作。根据工作安排负责处理非现场道路交通违章，虽然违反上述规定，但不影响其从事的是公务的性质，因此应认定其属于从事公务的国家工作人员，符合受贿罪的犯罪主体。国家工作人员伙同他人利用职务之便收受贿赂的，系受贿共同犯罪，其行为构成受贿罪。

【《刑事审判参考》案例】

〔参考案例第1233号：朱思亮非国家工作人员受贿案〕如何认定“受委派从事公务”?

从刑法第九十三条第二款的立法

目的看，"受委派从事公务"人员作为国家工作人员认定主要是保护国有资产。受委派人员是否属于从事公务，与接受委派的公司是否包含国有资产具有直接关联。国有资产所在，即是受委派人员的公务所在。一般情况下，只有非国有公司中有国有资产，才存在委派；若无国有资产，既无委派必要，亦无委派可能。

〔参考案例第1420号：刘楚荣、刘汉杰、刘立辉诈骗案〕被告人同时具有国家工作人员等多种身份时应如何认定其行为性质？村民委员会是否属于单位犯罪的适格主体？

1.被告人同时具有国家工作人员等多种身份时，应当以其实施犯罪行为时所利用的具体身份来认定其行为性质。

2.村民委员会符合"单位"的构成要件和法律特征，可以认定为单位犯罪的适格主体。

【职务犯罪案例】

〔村委会等基层组织人员利用职务便利收受贿赂行为的定性，ZWFZ1-2022〕

村委会等基层组织人员利用的职务便利同时包括协助政府从事行政管理工作和管理基层自治组织集体自治事务的因素，在难以具体确定其性质的情况下，难以判断主体是否属于刑法第九十三条第二款规定的"其他依照法律从事公务的人员"时，可以从有利于被告人的角度认定处罚较轻的罪名。

〔受国家机关委派到社会团体从事公务人员的认定，ZWFZ13-2023〕

认定是否属于受国家机关委派到社会团体从事公务的人员，应重点把握以下三个方面：一是看该社会团体是否具有公共事务管理职能；二是看行为人的任职是否体现相关国家机关的意志；三是看行为人是否行使公共事务管理等国家职权。

〔参与国家医保药品目录调整工作的医学专家身份性质的认定，ZWFZ39-2024〕

第三方专家依法参与人力资源和社会保障部等单位组织开展的国家医保目录调整工作，负责制定调入、调出医保药品目录名单，系在特定条件下行使国家管理职能，从事公务，属于刑法第九十三条第二款规定的"其他依照法律从事公务的人员"，以国家工作人员论。专家系受聘用或邀请，是否获取工作报酬及所获取的工作报酬名目为公务报酬或劳务报酬，不影响其身份性质的认定。

第九十四条　【司法工作人员】本法所称司法工作人员，是指有侦查、检察、审判、监管职责的工作人员。

【立法·要点注释】

1.本条关于"司法工作人员"的概念不同于一般所说的司法机关工作人员的概念。不是所有在公安机关、国家安全机关、人民检察院、人民法院以及看守所、监狱等监管机关工作的人员都属于司法工作人员，只有担负本条规定的四种职责之一的，才能被认定为是本法所说的"司法工作人员"。

2.本条所说的具有侦查、检察、审判、监管职责的人员不是只限于直接做上述工作的人员，在公安机关、国家安全机关、人民检察院、人民法院以及看守所、监狱等监管机关中负责侦查、检察、审判、监管工作的领导人员也都属于司法工作人员。

第九十五条 【重伤】本法所称重伤，是指有下列情形之一的伤害：

（一）使人肢体残废或者毁人容貌的；

（二）使人丧失听觉、视觉或者其他器官机能的；

（三）其他对于人身健康有重大伤害的。

【立法·要点注释】

1.使人肢体残废或者毁人容貌的。“肢体残废”，是指由各种致伤因素致使肢体缺失，或者肢体虽然完整但已丧失功能。例如，二肢以上离断或者缺失(上肢腕关节以上、下肢踝关节以上)，二肢六大关节功能完全丧失，四肢任一大关节强直畸形或者功能丧失50%以上，膝关节挛缩畸形屈曲30°以上，一足离断或者缺失50%以上，足跟离断或者缺失50%以上，一足第一趾及其相连的跖骨离断或者缺失，双手离断、缺失或者功能完全丧失，手功能丧失累计达一手功能36%等。“毁人容貌”，是指毁损他人面容，致使面容显著变形、丑陋或者功能障碍。根据有关规定，面部瘢痕畸形，并有以下六项中四项者，属于重度容貌毁损：(1)眉毛缺失；(2)双睑外翻或者缺失；(3)外耳缺失；(4)鼻缺失；(5)上、下唇外翻或者小口畸形；(6)颈颏粘连。具有以下六项中三项者，属于中度容貌毁损，具有以下六项中二项者，属于轻度容貌毁损：(1)眉毛部分缺失；(2)双睑外翻或者部分缺失；(3)耳廓部分缺失；(4)鼻翼部分缺失；(5)唇外翻或者小口畸形；(6)颈部瘢痕畸形。

2.使人丧失听觉、视觉或者其他器官机能的。“丧失听觉”，是指损伤后，一耳听力障碍(≥91dB HL)；一耳听力障碍(≥81dB HL)，另一耳听力障碍(≥41dB HL)；一耳听力障碍(≥81dB HL)，伴同侧前庭平衡功能障碍；双耳听力障碍(≥61dB HL)；双侧前庭平衡功能丧失，睁眼行走困难，不能并足站立等。“丧失视觉”，是指损伤后，一眼盲目3级；双眼盲目4级等。丧失“其他器官机能”，是指丧失听觉、视觉之外的其他器官的功能或者功能严重障碍。例如，女性两侧乳房损伤丧失哺乳能力；肾损伤并发肾性高血压、肾功能严重障碍等。

3.其他对于人身健康有重大伤害的。这种情况主要是指上述几种重伤之外的，在受伤当时危及生命或者在损伤过程中能够引起威胁生命的并发症，以及其他严重影响人体健康的损伤。例如，开放性颅脑损伤；心脏损伤；胸部大血管损伤；胃、肠、胆道系统穿孔、破裂；烧、烫伤后出现休克等。

关于“重伤”的概念和范围，2013年8月30日最高人民法院、最高人民检察院、公安部、国家安全部、司法部发布《人体损伤程度鉴定标准》，自2014年1月1日起施行。该标准对人体损伤程度鉴定的原则、方法、内容和等级划分作了详细的规定，将重伤分为重伤一级和重伤二级，分别针对不同情况，制定了具体的认定标准。办理关于重伤的刑事案件，应以本条和该文件作为衡量是否构成重伤的具体标准。

在办理刑事案件时，应注意对于有多处损伤的，其中必须有一处符合重伤鉴定标准的规定才能构成重伤，而不能以多处轻伤相加，作为重伤看待。

第九十六条　【违反国家规定】本法所称违反国家规定，是指违反全国人民代表大会及其常务委员会制定的法律和决定，国务院制定的行政法规、规定的行政措施、发布的决定和命令。

【立法·要点注释】

1.违反全国人大及其常委会制定的法律和决定，包括由全国人大通过的法律，如宪法及其他基本法律，由全国人大常委会通过的法律、决定以及对现行法律的修改和补充的规定。

2.违反国务院制定的行政法规、规定的行政措施、发布的决定和命令，既包括由国务院直接制定的行政法规、规定的行政措施、发布的决定和命令，也包括由国务院直属的有关部委制定，经国务院批准并以国务院名义发布的行政措施、决定和命令。

3.本条仅限于全国人大及其常委会制定的法律和决定，国务院制定的行政法规、规定的行政措施、发布的决定和命令。各级地方人大及其常委会制定的地方性法规以及国务院各部委制定的规章和发布的决定和命令都不属于本法所指的国家规定。

【司法指导文件(1)】

《最高人民法院关于准确理解和适用刑法中“国家规定”的有关问题的通知》(法发〔2011〕155号，20110408)

日前，国务院法制办就国务院办公厅文件的有关规定是否可以认定为刑法中的“国家规定”予以统一、规范。为切实做好相关刑事案件审判工作，准确把握刑法有关条文规定的“违反国家规定”的认定标准，依法惩治犯罪，统一法律适用，现就有关问题通知如下：

一、根据刑法第九十六条的规定，刑法中的“国家规定”，是指全国人民代表大会及其常务委员会制定的法律和决定，国务院制定的行政法规、规定的行政措施、发布的决定和命令。其中，“国务院规定的行政措施”应当由国务院决定，通常以行政法规或者国务院制发文件的形式加以规定。以国务院办公厅名义制发的文件，符合以下条件的，亦应视为刑法中的“国家规定”：(1)有明确的法律依据或者同相关行政法规不相抵触；(2)经国务院常务会议讨论通过或者经国务院批准；(3)在国务院公报上公开发布。

二、各级人民法院在刑事审判工作中，对有关案件所涉及的“违反国家规定”的认定，要依照相关法律、行政法规及司法解释的规定准确把握。对于规定不明确的，要按照本通知的要求审慎认定。对于违反地方性法规、部门规章的行为，不得认定为“违反国家规定”。对被告人的行为是否“违反国家规定”存在争议的，应当作为法律适用问题，逐级向最高人民法院请示。

三、各级人民法院审理非法经营犯罪案件，要依法严格把握刑法第二百二十五条第(四)项的适用范围。对被告人的行为是否属于刑法第二百二十五条第(四)项规定的“其他严重扰乱市场秩序的非法经营行为”，有关司法解释未作明确规定的，应当作为法律适用问题，逐级向最高人民法院请示。

【司法指导文件(2)】

《最高人民法院关于审理行政案件适用法律规范问题的座谈会纪要》(法

〔2004〕96号，20040518)[①]

一、关于行政案件的审判依据

……

考虑建国后我国立法程序的沿革情况，现行有效的行政法规有以下三种类型：一是国务院制定并公布的行政法规；二是立法法施行以前，按照当时有效的行政法规制定程序，经国务院批准、由国务院部门公布的行政法规。但在立法法施行以后，经国务院批准、由国务院部门公布的规范性文件，不再属于行政法规；三是在清理行政法规时由国务院确认的其他行政法规。

……

第九十七条 【首要分子的概念】本法所称首要分子，是指在犯罪集团或者聚众犯罪中起组织、策划、指挥作用的犯罪分子。

第九十八条 【告诉才处理】本法所称告诉才处理，是指被害人告诉才处理。如果被害人因受强制、威吓无法告诉的，人民检察院和被害人的近亲属也可以告诉。

【司法解释】

《最高人民法院关于适用〈中华人民共和国刑事诉讼法〉的解释》(法释〔2021〕1号，20210301)

第一条　人民法院直接受理的自诉案件包括：

(一)告诉才处理的案件：

1.侮辱、诽谤案(刑法第二百四十六条规定的，但严重危害社会秩序和国家利益的除外)；

2.暴力干涉婚姻自由案(刑法第二百五十七条第一款规定的)；

3.虐待案(刑法第二百六十条第一款规定的，但被害人没有能力告诉或者因受到强制、威吓无法告诉的除外)；

4.侵占案(刑法第二百七十条规定的)。

第九十九条 【以上、以下、以内之界定】本法所称以上、以下、以内，包括本数。

第一百条 【前科报告制度】依法受过刑事处罚的人，在入伍、就业的时候，应当如实向有关单位报告自己曾受过刑事处罚，不得隐瞒。

犯罪的时候不满十八周岁被判处五年有期徒刑以下刑罚的人，免除前款规定的报告义务。

【修正前条文】

第一百条　【前科报告制度】依法受过刑事处罚的人，在入伍、就业的时候，应当如实向有关单位报告自己曾受过刑事处罚，不得隐瞒。

【修正说明】

本条第二款由刑法修正案(八)第十九条增设。

【立法·要点注释】

1."依法受过刑事处罚的人"，是指依照我国的刑事法律，行为人的行为构成犯罪，并经人民法院判处刑罚。经人

---

① 该纪要有助于理解刑法第九十六条中"国务院制定的行政法规"的含义。——编者注

民法院判处刑罚，包括被人民法院依法判处刑法规定的各种主刑和附加刑。例如，某犯罪分子被人民法院判处有期徒刑一年，宣告缓刑一年，在缓刑考验期内遵守刑法的有关规定，缓刑考验期满，原判的刑罚不再执行，这种情况也属于依法受过刑事处罚。如果某行为人虽曾受到司法机关的追诉，但其行为符合刑法规定的不需要判处刑罚或者免除刑罚的情况，因而人民法院决定免予刑罚处罚的，则不属于“受过刑事处罚的人”。同样，如果检察机关对上述情况依照刑事诉讼法的规定决定不予起诉的，也不在“受过刑事处罚”之列。

2.第二款的规定有两个条件：一是被免除前科报告义务的主体是犯罪时不满十八周岁的人，既包括入伍、就业时未满十八周岁的未成年人，也包括入伍、就业时已满十八周岁的成年人，只要其犯罪时不满十八周岁，就构成适用本条规定的条件之一；二是被判处五年有期徒刑以下刑罚，包括被判处五年以下有期徒刑、拘役、管制、单处附加刑以及适用缓刑的情形。需要注意的是，以上两个条件须同时具备才能适用本款的规定，犯罪时不满十八周岁的人如果被判处五年有期徒刑以上刑罚(不包括五年有期徒刑)，则不适用本款的规定。

【相关立法(1)】

《中华人民共和国刑事诉讼法》(20181026)

第二百八十六条 犯罪的时候不满十八周岁，被判处五年有期徒刑以下刑罚的，应当对相关犯罪记录予以封存。

犯罪记录被封存的，不得向任何单位和个人提供，但司法机关为办案需要或者有关单位根据国家规定进行查询的除外。依法进行查询的单位，应当对被封存的犯罪记录的情况予以保密。

【相关立法(2)】

《中华人民共和国预防未成年人犯罪法》(20210601)

第五十九条 未成年人的犯罪记录依法被封存的，公安机关、人民检察院、人民法院和司法行政部门不得向任何单位或者个人提供，但司法机关因办案需要或者有关单位根据国家有关规定进行查询的除外。依法进行查询的单位和个人应当对相关记录信息予以保密。

未成年人接受专门矫治教育、专门教育的记录，以及被行政处罚、采取刑事强制措施和不起诉的记录，适用前款规定。

【相关立法(3)】

《中华人民共和国治安管理处罚法》(20260101)

第一百三十六条 违反治安管理的记录应当予以封存，不得向任何单位和个人提供或者公开，但有关国家机关为办案需要或者有关单位根据国家规定进行查询的除外。依法进行查询的单位，应当对被封存的违法记录的情况予以保密。

第一百零一条【总则的适用】本法总则适用于其他有刑罚规定的法律，但是其他法律有特别规定的除外。

第二编 分则

第一章　危害国家安全罪

第一百零二条　【背叛国家罪】 勾结外国，危害中华人民共和国的主权、领土完整和安全的，处无期徒刑或者十年以上有期徒刑。

与境外机构、组织、个人相勾结，犯前款罪的，依照前款的规定处罚。

第一百零三条　【分裂国家罪】 组织、策划、实施分裂国家、破坏国家统一的，对首要分子或者罪行重大的，处无期徒刑或者十年以上有期徒刑；对积极参加的，处三年以上十年以下有期徒刑；对其他参加的，处三年以下有期徒刑、拘役、管制或者剥夺政治权利。

【煽动分裂国家罪】 煽动分裂国家、破坏国家统一的，处五年以下有期徒刑、拘役、管制或者剥夺政治权利；首要分子或者罪行重大的，处五年以上有期徒刑。

【司法解释(1)】

《最高人民法院关于审理非法出版物刑事案件具体应用法律若干问题的解释》(法释〔1998〕30号，19981223)

第一条　明知出版物中载有煽动分裂国家、破坏国家统一或者煽动颠覆国家政权、推翻社会主义制度的内容，而予以出版、印刷、复制、发行、传播的，依照刑法第一百零三条第二款或者第一百零五条第二款的规定，以煽动分裂国家罪或者煽动颠覆国家政权罪定罪处罚。

【司法解释(2)】

《最高人民法院、最高人民检察院关于办理妨害预防、控制突发传染病疫情等灾害的刑事案件具体应用法律若干问题的解释》(法释〔2003〕8号，20030515)

第十条第二款　利用突发传染病疫情等灾害，制造、传播谣言，煽动分裂国家、破坏国家统一，或者煽动颠覆国家政权、推翻社会主义制度的，依照刑法第一百零三条第二款、第一百零五条第二款的规定，以煽动分裂国家罪或者煽动颠覆国家政权罪定罪处罚。

【司法解释(3)】

《最高人民法院、最高人民检察院关于办理组织、利用邪教组织破坏法律实施等刑事案件适用法律若干问题的解释》(法释〔2017〕3号，20170201)

第十条　组织、利用邪教组织破坏国家法律、行政法规实施过程中，又有煽动分裂国家、煽动颠覆国家政权或者侮辱、诽谤他人等犯罪行为的，依照数罪并罚的规定定罪处罚。

【司法指导性文件】

《最高人民法院、最高人民检察院、公安部、国家安全部、司法部关于依法惩治"台独"顽固分子分裂国家、煽动分裂国家犯罪的意见》(法发〔2024〕8号，20240526)

二、准确认定犯罪

2.以将台湾从中国分裂出去为目的，组织、策划、实施下列行为之一的，依照刑法第一百零三条第一款的规定，以分裂国家罪定罪处罚：

(1) 发起、建立“台独”分裂组织，策划、制定“台独”分裂行动纲领、计划、方案，指挥“台独”分裂组织成员或者其他人员实施分裂国家、破坏国家统一活动的；

(2) 通过制定、修改、解释、废止台湾地区有关规定或者“公民投票”等方式，图谋改变台湾是中国一部分的法律地位的；

(3) 通过推动台湾加入仅限主权国家参加的国际组织或者对外进行官方往来、军事联系等方式，图谋在国际社会制造“两个中国”、“一中一台”、“台湾独立”的；

(4) 利用职权在教育、文化、历史、新闻传媒等领域大肆歪曲、篡改台湾是中国一部分的事实，或者打压支持两岸关系和平发展和国家统一的政党、团体、人员的；

(5) 其他图谋将台湾从中国分裂出去的行为。

3.在“台独”分裂犯罪集团中起组织、策划、指挥作用的，应当认定为刑法第一百零三条第一款规定的“首要分子”。

4.实施本意见第二条规定的行为，具有下列情形之一的，应当认定为刑法第一百零三条第一款规定的“罪行重大”：

(1) 直接参与实施“台独”分裂组织主要分裂活动的；

(2) 实施“台独”分裂活动后果严重、影响恶劣的；

(3) 其他在“台独”分裂活动中起重大作用的。

5.实施本意见第二条规定的行为，具有下列情形之一的，应当认定为刑法第一百零三条第一款规定的“积极参加”：

(1) 多次参与“台独”分裂组织分裂活动的；

(2) 在“台独”分裂组织中起骨干作用的；

(3) 在“台独”分裂组织中积极协助首要分子实施组织、领导行为的；

(4) 其他积极参加的。

6.实施本意见第二条规定行为的，对首要分子或者罪行重大的，处无期徒刑或者十年以上有期徒刑，其中对国家和人民危害特别严重、情节特别恶劣的，可以判处死刑；对积极参加的，处三年以上十年以下有期徒刑；对其他参加的，处三年以下有期徒刑、拘役、管制或者剥夺政治权利。

7.以将台湾从中国分裂出去为目的，实施下列行为之一的，依照刑法第一百零三条第二款的规定，以煽动分裂国家罪定罪处罚：

(1) 顽固宣扬“台独”分裂主张及其分裂行动纲领、计划、方案的；

(2) 其他煽动将台湾从中国分裂出去的行为。

8.实施本意见第七条规定的行为，情节严重、造成严重后果或者造成特别恶劣影响的，应当认定为刑法第一百零三条第二款规定的“罪行重大”。

9.实施本意见第七条规定行为的，处五年以下有期徒刑、拘役、管制或者剥夺政治权利；首要分子或者罪行重大的，处五年以上有期徒刑。

10.实施本意见第二条、第七条规

定行为的，可以并处没收财产。

11.与外国或者境外机构、组织、个人相勾结实施本意见第二条、第七条规定行为的，依照刑法第一百零六条的规定从重处罚。

12.“台独”顽固分子分裂国家、煽动分裂国家的犯罪行为有连续或者继续状态的，追诉期限从犯罪行为终了之日起计算。在公安机关、国家安全机关立案侦查或者人民法院受理案件以后，逃避侦查或者审判的，不受追诉期限的限制。

四、附则

21.对于“台独”顽固分子实施的资助危害国家安全犯罪活动罪等其他犯罪，可以参照本意见办理。

22.本意见自发布之日起施行。

第一百零四条　【武装叛乱、暴乱罪】组织、策划、实施武装叛乱或者武装暴乱的，对首要分子或者罪行重大的，处无期徒刑或者十年以上有期徒刑；对积极参加的，处三年以上十年以下有期徒刑；对其他参加的，处三年以下有期徒刑、拘役、管制或者剥夺政治权利。

策动、胁迫、勾引、收买国家机关工作人员、武装部队人员、人民警察、民兵进行武装叛乱或者武装暴乱的，依照前款的规定从重处罚。

第一百零五条　【颠覆国家政权罪】组织、策划、实施颠覆国家政权、推翻社会主义制度的，对首要分子或者罪行重大的，处无期徒刑或者十年以上有期徒刑；对积极参加的，处三年以上十年以下有期徒刑；对其他参加的，处三年以下有期徒刑、拘役、管制或者剥夺政治权利。

【煽动颠覆国家政权罪】以造谣、诽谤或者其他方式煽动颠覆国家政权、推翻社会主义制度的，处五年以下有期徒刑、拘役、管制或者剥夺政治权利；首要分子或者罪行重大的，处五年以上有期徒刑。

【司法解释】

参见本法第一百零三条项下【司法解释(1)】【司法解释(2)】【司法解释(3)】，第245页。

第一百零六条　【与境外机构、组织、个人相勾结进行危害国家安全犯罪】与境外机构、组织、个人相勾结，实施本章第一百零三条、第一百零四条、第一百零五条规定之罪的，依照各该条的规定从重处罚。

第一百零七条　【资助危害国家安全犯罪活动罪】境内外机构、组织或者个人资助实施本章第一百零二条、第一百零三条、第一百零四条、第一百零五条规定之罪的，对直接责任人员，处五年以下有期徒刑、拘役、管制或者剥夺政治权利；情节严重的，处五年以上有期徒刑。

【修正前条文】

第一百零七条　【资助危害国家安全犯罪活动罪】境内外机构、组织或者个人资助境内组织或者个人实施本章第一百零二条、第一百零三条、第一百零四条、第一百零五条规定之罪的，对直接责任人员，处五年以下有期徒刑、拘役、管制或者剥夺政治权利；情节严重的，处五年以上有期徒刑。

【修正说明】

本条由刑法修正案（八）第二十条修正，删除了关于受资助者必须是“境内组织或者个人”的限制。

第一百零八条　【投敌叛变罪】投敌叛变的，处三年以上十年以下有期徒刑；情节严重或者带领武装部队人员、人民警察、民兵投敌叛变的，处十年以上有期徒刑或者无期徒刑。

第一百零九条　【叛逃罪】国家机关工作人员在履行公务期间，擅离岗位，叛逃境外或者在境外叛逃的，处五年以下有期徒刑、拘役、管制或者剥夺政治权利；情节严重的，处五年以上十年以下有期徒刑。

掌握国家秘密的国家工作人员叛逃境外或者在境外叛逃的，依照前款的规定从重处罚。

【修正前条文】

第一百零九条　【叛逃罪】国家机关工作人员在履行公务期间，擅离岗位，叛逃境外或者在境外叛逃，危害中华人民共和国国家安全的，处五年以下有期徒刑、拘役、管制或者剥夺政治权利；情节严重的，处五年以上十年以下有期徒刑。

掌握国家秘密的国家工作人员犯前款罪的，依照前款的规定从重处罚。

【修正说明】

刑法修正案（八）第二十一条对原条文作出下述修改：一是删除了第一款中“危害中华人民共和国国家安全”的规定；二是将第二款中的“掌握国家秘密的国家工作人员犯前款罪的”修改为“掌握国家秘密的国家工作人员叛逃境外或者在境外叛逃的”。

【立法·要点注释】

“履行公务期间”，是指在职的国家机关工作人员在执行公务期间，如国家机关代表团在外访问期间、我国驻外使领馆的外交人员以及国家派驻国外执行任务的人员履行职务期间等。国家机关工作人员离职在境外学习，或者到境外探亲访友的，不属于“履行公务期间”。

第一百一十条　【间谍罪】有下列间谍行为之一，危害国家安全的，处十年以上有期徒刑或者无期徒刑；情节较轻的，处三年以上十年以下有期徒刑：

（一）参加间谍组织或者接受间谍组织及其代理人的任务的；

（二）为敌人指示轰击目标的。

【相关立法】

《中华人民共和国反间谍法》(20230701)

第四条　本法所称间谍行为，是指下列行为：

（一）间谍组织及其代理人实施或者指使、资助他人实施，或者境内外机构、组织、个人与其相勾结实施的危害中华人民共和国国家安全的活动；

（二）参加间谍组织或者接受间谍

组织及其代理人的任务，或者投靠间谍组织及其代理人；

（三）间谍组织及其代理人以外的其他境外机构、组织、个人实施或者指使、资助他人实施，或者境内机构、组织、个人与其相勾结实施的窃取、刺探、收买、非法提供国家秘密、情报以及其他关系国家安全和利益的文件、数据、资料、物品，或者策动、引诱、胁迫、收买国家工作人员叛变的活动；

（四）间谍组织及其代理人实施或者指使、资助他人实施，或者境内外机构、组织、个人与其相勾结实施针对国家机关、涉密单位或者关键信息基础设施等的网络攻击、侵入、干扰、控制、破坏等活动；

（五）为敌人指示攻击目标；

（六）进行其他间谍活动。

间谍组织及其代理人在中华人民共和国领域内，或者利用中华人民共和国的公民、组织或者其他条件，从事针对第三国的间谍活动，危害中华人民共和国国家安全的，适用本法。

第十条　境外机构、组织、个人实施或者指使、资助他人实施的，或者境内机构、组织、个人与境外机构、组织、个人相勾结实施的危害中华人民共和国国家安全的间谍行为，都必须受到法律追究。

第五十五条　实施间谍行为，有自首或者立功表现的，可以从轻、减轻或者免除处罚；有重大立功表现的，给予奖励。

在境外受胁迫或者受诱骗参加间谍组织、敌对组织，从事危害中华人民共和国国家安全的活动，及时向中华人民共和国驻外机构如实说明情况，或者入境后直接或者通过所在单位及时向国家安全机关如实说明情况，并有悔改表现的，可以不予追究。

第一百一十一条【为境外窃取、刺探、收买、非法提供国家秘密、情报罪】为境外的机构、组织、人员窃取、刺探、收买、非法提供国家秘密或者情报的，处五年以上十年以下有期徒刑；情节特别严重的，处十年以上有期徒刑或者无期徒刑；情节较轻的，处五年以下有期徒刑、拘役、管制或者剥夺政治权利。

【立法 · 要点注释】

“情报”，是指除国家秘密以外的关系国家安全和利益，但尚未公开，或依照有关规定不应公开的事项。应当注意的是，对于情报的范围，法律未作出具体规定，司法实践中要根据具体案件作具体分析，从严掌握：一是不能把所有未公开的内部情况，都列入“情报”范围，避免扩大打击面；二是要注意与正常的信息情报交流区分开。

【相关立法】

《中华人民共和国保守国家秘密法》(20240501)

第二条　国家秘密是关系国家安全和利益，依照法定程序确定，在一定时间内只限一定范围的人员知悉的事项。

第十三条　下列涉及国家安全和利益的事项，泄露后可能损害国家在政治、经济、国防、外交等领域的安全和利益的，应当确定为国家秘密：

（一）国家事务重大决策中的秘密事项；

（二）国防建设和武装力量活动中的秘密事项；

（三）外交和外事活动中的秘密事项以及对外承担保密义务的秘密事项；

（四）国民经济和社会发展中的秘密事项；

（五）科学技术中的秘密事项；

（六）维护国家安全活动和追查刑事犯罪中的秘密事项；

（七）经国家保密行政管理部门确定的其他秘密事项。

政党的秘密事项中符合前款规定的，属于国家秘密。

第十四条　国家秘密的密级分为绝密、机密、秘密三级。

绝密级国家秘密是最重要的国家秘密，泄露会使国家安全和利益遭受特别严重的损害；机密级国家秘密是重要的国家秘密，泄露会使国家安全和利益遭受严重的损害；秘密级国家秘密是一般的国家秘密，泄露会使国家安全和利益遭受损害。

【司法解释】

《最高人民法院关于审理为境外窃取、刺探、收买、非法提供国家秘密、情报案件具体应用法律若干问题的解释》（法释〔2001〕4号，20010122）

第一条　刑法第一百一十一条规定的“国家秘密”，是指《中华人民共和国保守国家秘密法》第二条、第八条[①]以及《中华人民共和国保守国家秘密法实施办法》[②]第四条确定的事项。

刑法第一百一十一条规定的“情报”，是指关系国家安全和利益、尚未公开或者依照有关规定不应公开的事项。

对为境外机构、组织、人员窃取、刺探、收买、非法提供国家秘密之外的情报的行为，以为境外窃取、刺探、收买、非法提供情报罪定罪处罚。

第二条　为境外窃取、刺探、收买、非法提供国家秘密或者情报，具有下列情形之一的，属于“情节特别严重”，处十年以上有期徒刑、无期徒刑，可以并处没收财产：

（一）为境外窃取、刺探、收买、非法提供绝密级国家秘密的；

（二）为境外窃取、刺探、收买、非法提供三项以上机密级国家秘密的；

（三）为境外窃取、刺探、收买、非法提供国家秘密或者情报，对国家安全和利益造成其他特别严重损害的。

实施前款行为，对国家和人民危害特别严重、情节特别恶劣的，可以判处死刑，并处没收财产。

第三条　为境外窃取、刺探、收买、非法提供国家秘密或者情报，具有下列情形之一的，处五年以上十年以下有期徒刑，可以并处没收财产：

（一）为境外窃取、刺探、收买、非法提供机密级国家秘密的；

（二）为境外窃取、刺探、收买、非法提供三项以上秘密级国家秘密的；

（三）为境外窃取、刺探、收买、非法提供国家秘密或者情报，对国家安全和利益造成其他严重损害的。

第四条　为境外窃取、刺探、收买、非法提供秘密级国家秘密或者情报，属

① 这里的第八条为现行保守国家秘密法第十三条。——编者注

② 该实施办法已被2014年3月1日施行的保守国家秘密法实施条例所废止。该条例又于2024年7月10日修订公布，自2024年9月1日起施行。——编者注

于"情节较轻"，处五年以下有期徒刑、拘役、管制或者剥夺政治权利，可以并处没收财产。

第五条　行为人知道或者应当知道没有标明密级的事项关系国家安全和利益，而为境外窃取、刺探、收买、非法提供的，依照刑法第一百一十一条的规定以为境外窃取、刺探、收买、非法提供国家秘密罪定罪处罚。

第六条　通过互联网将国家秘密或者情报非法发送给境外的机构、组织、个人的，依照刑法第一百一十一条的规定定罪处罚；将国家秘密通过互联网予以发布，情节严重的，依照刑法第三百九十八条的规定定罪处罚。

第七条　审理为境外窃取、刺探、收买、非法提供国家秘密案件，需要对有关事项是否属于国家秘密以及属于何种密级进行鉴定的，由国家保密工作部门或者省、自治区、直辖市保密工作部门鉴定。

【司法解释·注释】

1."情报"，是指关系国家安全和利益、尚未公开或者依照有关规定不应公开的事项。"尚未公开"，是指单位内部的资料没有对外公开，比如没有标明密级，但上有"内部使用、严禁外传"字样的文字、统计资料、电话本等。"不应公开"，是指依照有关规定不应公开，如有关部门规定，"文革"材料不能向境外提供等。

2.对已经公开的资料进行分析、综合、研究后得出的信息，如收集某一中级法院门口公告栏的死刑数字，进行汇总后得出的死刑总数向国外提供的，不应视为提供"情报"。

3.一般公民因不知情而将没有标明密级的事项向国外提供的，不追究其为境外非法提供国家秘密罪的刑事责任。

【司法指导文件(1)】

《最高人民法院、国家保密局关于执行〈关于审理为境外窃取、刺探、收买、非法提供国家秘密、情报案件具体应用法律若干问题的解释〉有关问题的通知》(法发〔2001〕117号，20010822)

人民法院审理为境外窃取、刺探、收买、非法提供情报案件，需要对有关事项是否属于情报进行鉴定的，由国家保密工作部门或者省、自治区、直辖市保密工作部门鉴定。

【司法指导文件(2)】

《人民法院、保密行政管理部门办理侵犯国家秘密案件若干问题的规定》(保发〔2020〕2号，20200311)

第二条　人民法院、保密行政管理部门办理《中华人民共和国刑法》第一百零九条第二款、第一百一十条、第一百一十一条、第二百八十二条、第三百九十八条、第四百三十一条、第四百三十二条规定的侵犯国家秘密案件，适用本规定。

第三条　人民法院审理侵犯国家秘密案件，需要对有关事项是否属于国家秘密以及属于何种密级或者是否属于情报进行鉴定的，应当由有关机关依据《密级鉴定工作规定》向国家保密行政管理部门或者省、自治区、直辖市保密行政管理部门提起。

第四条　保密行政管理部门对于疑难、复杂的侵犯国家秘密案件，可以商请同级人民法院就专业性法律问题提出咨询或者参考意见。人民法院应当予以支持。

人民法院审理侵犯国家秘密案件，可以商请作出密级鉴定的保密行政管理部门就鉴定依据、危害评估等问题提出咨询或者参考意见。保密行政管理部门应当予以支持。

第一百一十二条　【资敌罪】战时供给敌人武器装备、军用物资资敌的，处十年以上有期徒刑或者无期徒刑；情节较轻的，处三年以上十年以下有期徒刑。

第一百一十三条　【对危害国家安全罪判处刑罚的特殊情形】本章上述危害国家安全罪行中，除第一百零三条第二款、第一百零五条、第一百零七条、第一百零九条外，对国家和人民危害特别严重、情节特别恶劣的，可以判处死刑。

犯本章之罪的，可以并处没收财产。

第二章　危害公共安全罪

第一百一十四条 【放火罪】【决水罪】【爆炸罪】【投放危险物质罪】【以危险方法危害公共安全罪】放火、决水、爆炸以及投放毒害性、放射性、传染病病原体等物质或者以其他危险方法危害公共安全，尚未造成严重后果的，处三年以上十年以下有期徒刑。

【修正前条文】

第一百一十四条 【放火罪】【决水罪】【爆炸罪】【投毒罪】【以危险方法危害公共安全罪】放火、决水、爆炸、投毒或者以其他危险方法破坏工厂、矿场、油田、港口、河流、水源、仓库、住宅、森林、农场、谷场、牧场、重要管道、公共建筑物或者其他公私财产，危害公共安全，尚未造成严重后果的，处三年以上十年以下有期徒刑。

【修正说明】

刑法修正案(三)第一条对原条文作出下述修改：一是将"投毒"修改为"投放毒害性、放射性、传染病病原体等物质"；二是删去了"破坏工厂、矿场、油田、港口、河流、水源、仓库、住宅、森林、农场、谷场、牧场、重要管道、公共建筑物或者其他公私财产"的规定。

【司法解释(1)】

《最高人民法院、最高人民检察院关于办理组织、利用邪教组织破坏法律实施等刑事案件适用法律若干问题的解释》(法释〔2017〕3号，20170201)

第十二条　邪教组织人员以自焚、自爆或者其他危险方法危害公共安全的，依照刑法第一百一十四条、第一百一十五条的规定，以放火罪、爆炸罪、以危险方法危害公共安全罪等定罪处罚。

【司法解释(2)】

《最高人民法院、最高人民检察院关于办理妨害预防、控制突发传染病疫情等灾害的刑事案件具体应用法律若干问题的解释》(法释〔2003〕8号，20030515)

第一条第一款　故意传播突发传染病病原体，危害公共安全的，依照刑法第一百一十四条、第一百一十五条第一款的规定，按照以危险方法危害公共安全罪定罪处罚。

【司法指导文件(1)】

《最高人民法院、最高人民检察院、公安部关于依法惩治妨害公共交通工具安全驾驶违法犯罪行为的指导意见》(公通字〔2019〕1号，20190108)[①]

① 对于该指导意见的适用，需结合刑法修正案(十一)第二条增设的刑法第一百三十三条之二即妨害安全驾驶罪的规定综合考虑。——编者注

一、准确认定行为性质，依法从严惩处妨害安全驾驶犯罪

（一）乘客在公共交通工具行驶过程中，抢夺方向盘、变速杆等操纵装置，殴打、拉拽驾驶人员，或者有其他妨害安全驾驶行为，危害公共安全，尚未造成严重后果的，依照刑法第一百一十四条的规定，以以危险方法危害公共安全罪定罪处罚；致人重伤、死亡或者使公私财产遭受重大损失的，依照刑法第一百一十五条第一款的规定，以以危险方法危害公共安全罪定罪处罚。

实施前款规定的行为，具有以下情形之一的，从重处罚：

1.在夜间行驶或者恶劣天气条件下行驶的公共交通工具上实施的；

2.在临水、临崖、急弯、陡坡、高速公路、高架道路、桥隧路段及其他易发生危险的路段实施的；

3.在人员、车辆密集路段实施的；

4.在实际载客10人以上或者时速60公里以上的公共交通工具上实施的；

5.经他人劝告、阻拦后仍然继续实施的；

6.持械袭击驾驶人员的；

7.其他严重妨害安全驾驶的行为。

实施上述行为，即使尚未造成严重后果，一般也不得适用缓刑。

（二）乘客在公共交通工具行驶过程中，随意殴打其他乘客，追逐、辱骂他人，或者起哄闹事，妨害公共交通工具运营秩序，符合刑法第二百九十三条规定的，以寻衅滋事罪定罪处罚；妨害公共交通工具安全行驶，危害公共安全的，依照刑法第一百一十四条、第一百一十五条第一款的规定，以以危险方法危害公共安全罪定罪处罚。

（三）驾驶人员在公共交通工具行驶过程中，与乘客发生纷争后违规操作或者擅离职守，与乘客厮打、互殴，危害公共安全，尚未造成严重后果的，依照刑法第一百一十四条的规定，以以危险方法危害公共安全罪定罪处罚；致人重伤、死亡或者使公私财产遭受重大损失的，依照刑法第一百一十五条第一款的规定，以以危险方法危害公共安全罪定罪处罚。

（四）对正在进行的妨害安全驾驶的违法犯罪行为，乘客等人员有权采取措施予以制止。制止行为造成违法犯罪行为人损害，符合法定条件的，应当认定为正当防卫。

（五）正在驾驶公共交通工具的驾驶人员遭到妨害安全驾驶行为侵害时，为避免公共交通工具倾覆或者人员伤亡等危害后果发生，采取紧急制动或者躲避措施，造成公共交通工具、交通设施损坏或者人身损害，符合法定条件的，应当认定为紧急避险。

（六）以暴力、威胁方法阻碍国家机关工作人员依法处置妨害安全驾驶违法犯罪行为、维护公共交通秩序的，依照刑法第二百七十七条的规定，以妨害公务罪定罪处罚；暴力袭击正在依法执行职务的人民警察的，从重处罚。

（七）本意见所称公共交通工具，是指公共汽车、公路客运车，大、中型出租车等车辆。

二、加强协作配合，有效维护公共交通安全秩序

……

在办理案件过程中，人民法院、人民检察院和公安机关要综合考虑公共交通工具行驶速度、通行路段情况、载客情况、妨害安全驾驶行为的严重程度及对公共交通安全的危害大小、行为人

认罪悔罪表现等因素，全面准确评判，充分彰显强化保障公共交通安全的价值导向。

【司法指导文件(1)·注释】

四座出租车不宜认定为本指导意见所规定的“公共交通工具”。

【司法指导文件(2)】

《最高人民法院关于依法妥善审理高空抛物、坠物案件的意见》(法发〔2019〕25号，20191021)①

二、依法惩处构成犯罪的高空抛物、坠物行为，切实维护人民群众生命财产安全

5.准确认定高空抛物犯罪。对于高空抛物行为，应当根据行为人的动机、抛物场所、抛掷物的情况以及造成的后果等因素，全面考量行为的社会危害程度，准确判断行为性质，正确适用罪名，准确裁量刑罚。

故意从高空抛弃物品，尚未造成严重后果，但足以危害公共安全的，依照刑法第一百一十四条规定的以危险方法危害公共安全罪定罪处罚；致人重伤、死亡或者使公私财产遭受重大损失的，依照刑法第一百一十五条第一款的规定处罚。为伤害、杀害特定人员实施上述行为的，依照故意伤害罪、故意杀人罪定罪处罚。

6.依法从重惩治高空抛物犯罪。具有下列情形之一的，应当从重处罚，一般不得适用缓刑：(1)多次实施的；(2)经劝阻仍继续实施的；(3)受过刑事处罚或者行政处罚后又实施的；(4)在人员密集场所实施的；(5)其他情节严重的情形。

7.准确认定高空坠物犯罪。过失导致物品从高空坠落，致人死亡、重伤，符合刑法第二百三十三条、第二百三十五条规定的，依照过失致人死亡罪、过失致人重伤罪定罪处罚。在生产、作业中违反有关安全管理规定，从高空坠落物品，发生重大伤亡事故或者造成其他严重后果的，依照刑法第一百三十四条第一款的规定，以重大责任事故罪定罪处罚。

【司法指导文件(3)】

《最高人民法院、最高人民检察院、公安部、司法部、生态环境部关于办理环境污染刑事案件有关问题座谈会纪要》(高检会〔2019〕3号，20190220)

6.关于投放危险物质罪的适用

……会议认为，司法实践中对环境污染行为适用投放危险物质罪追究刑事责任时，应当重点审查判断行为人的主观恶性、污染行为恶劣程度、污染物的毒害性危险性、污染持续时间、污染结果是否可逆、是否对公共安全造成现实、具体、明确的危险或者危害等各方面因素。对于行为人明知其排放、倾倒、处置的污染物含有毒害性、放射性、传染病病原体等危险物质，仍实施环境污染行为放任其危害公共安全，造成重大人员伤亡、重大公私财产损失等严重后果，以污染环境罪论处明显不足以罚当其罪的，可以按投放危险物质罪定罪量刑。实践中，此类情形主要是向饮用水水源保护区，饮用水供水单位取水口和

① 对于该意见的适用，需结合刑法修正案(十一)第三十三条增设的刑法第二百九十一条之二即高空抛物罪的规定综合考虑。——编者注

出水口，南水北调水库、干渠、涵洞等配套工程，重要渔业水体以及自然保护区核心区等特殊保护区域，排放、倾倒、处置毒害性极强的污染物，危害公共安全并造成严重后果的情形。

【司法指导文件(4)】

《最高人民法院、最高人民检察院、公安部关于办理涉窨井盖相关刑事案件的指导意见》(高检发〔2020〕3号，20200316)

二、盗窃、破坏人员密集往来的非机动车道、人行道以及车站、码头、公园、广场、学校、商业中心、厂区、社区、院落等生产生活、人员聚集场所的窨井盖，足以危害公共安全，尚未造成严重后果的，依照刑法第一百一十四条的规定，以以危险方法危害公共安全罪定罪处罚；致人重伤、死亡或者使公私财产遭受重大损失的，依照刑法第一百一十五条第一款的规定处罚。

过失致人重伤、死亡或者使公私财产遭受重大损失的，依照刑法第一百一十五条第二款的规定，以过失以危险方法危害公共安全罪定罪处罚。

十二、本意见所称的“窨井盖”，包括城市、城乡结合部和乡村等地的窨井盖以及其他井盖。

【司法指导文件(5)】

《最高人民法院、最高人民检察院、公安部、工业和信息化部、住房和城乡建设部、交通运输部、应急管理部、国家铁路局、中国民用航空局、国家邮政局关于依法惩治涉枪支、弹药、爆炸物、易燃易爆危险物品犯罪的意见》(法发〔2021〕35号，20211231)

8.在水路、铁路、航空易燃易爆危险物品运输生产作业活动中违反有关安全管理的规定，有下列情形之一，明知存在重大事故隐患而不排除，足以危害公共安全的，依照刑法第一百一十四条的规定，以以危险方法危害公共安全罪定罪处罚；致人重伤、死亡或者使公私财产遭受重大损失的，依照刑法第一百一十五条第一款的规定处罚：

(1)未经依法批准或者许可，擅自从事易燃易爆危险物品运输的；

(2)委托无资质企业或者个人承运易燃易爆危险物品的；

(3)在托运的普通货物中夹带易燃易爆危险物品的；

(4)将易燃易爆危险物品谎报或者匿报为普通货物托运的；

(5)其他在水路、铁路、航空易燃易爆危险物品运输活动中违反有关安全管理规定的情形。

非法携带易燃易爆危险物品进入水路、铁路、航空公共交通工具或者有关公共场所，危及公共安全，情节严重的，依照刑法第一百三十条的规定，以非法携带危险物品危及公共安全罪定罪处罚。

【司法指导文件(6)】

《最高人民法院、最高人民检察院、公安部、司法部关于依法严厉打击传播艾滋病病毒等违法犯罪行为的指导意见》(公通字〔2019〕23号，20190519)

二、准确认定行为性质

(八)以危险方法危害公共安全罪。采用危险方法，意图使不特定多数人感染艾滋病病毒，危害公共安全，尚未造成严重后果的，依照刑法第一百一十四条的规定，以以危险方法危害公共安全罪定罪处罚；致人重伤、死亡或者使公私财产遭受重大损失的，依照刑法第一百一十五条的规定定罪处罚。

【司法指导文件(7)】

《最高人民法院、最高人民检察院、公安部关于依法惩治在使用中的航空器内实施违法犯罪行为的指导意见》(公通字〔2024〕3号，20240112)

二、准确认定行为性质

(二)以危险方法危害公共安全。在航空器依靠自身动力移动期间违规开启应急舱门，导致应急撤离滑梯释放，或者在航空器低空飞行期间违规开启舱门，危害公共安全的，依照刑法第一百一十四条规定，以以危险方法危害公共安全罪定罪处罚；致人重伤、死亡或者使公私财产遭受重大损失的，依照刑法第一百一十五条第一款规定定罪处罚。

【公安文件】

《公安部关于公安机关处置信访活动中违法犯罪行为适用法律的指导意见》(公通字〔2013〕25号，20130719)

二、对危害公共安全违法犯罪行为的处理

1.为制造社会影响、发泄不满情绪、实现个人诉求，驾驶机动车在公共场所任意冲闯，危害公共安全，符合《刑法》第一百一十四条、第一百一十五条第一款规定的，以以危险方法危害公共安全罪追究刑事责任。

4.采取放火、爆炸或者以其他危险方法自伤、自残、自杀，危害公共安全，符合《刑法》第一百一十四条和第一百一十五条第一款规定的，以放火罪、爆炸罪、以危险方法危害公共安全罪追究刑事责任。

【法院案例库参考案例】

〔林某遭爆炸案，2024-05-1-015-001〕为报复特定人而实施的不计后果的爆炸行为构成爆炸罪

爆炸罪和以爆炸方法实施的故意伤害罪，区别主要在于侵害的客体不同。前者所侵害的客体为公共安全，后者所侵害的客体为他人的生命健康安全。行为人以特定人为爆炸对象，但受诸多客观因素的影响，难以将爆炸控制在特定人或物的范围之内，可能造成不特定多数人伤亡或公私财产损失，而其主观上又对危害公共安全的后果持放任态度的，应以爆炸罪论处。

〔刘某某以危险方法危害公共安全案，2023-05-1-017-003〕被告人行为客观上不可能造成较大危险时不得认定构成以危险方法危害公共安全罪

被告人拉扯行驶中公共交通车辆驾驶员手臂或者方向盘的行为虽然属于以危险方法危害公共安全的行为类型，但要分析具体案件中被告人该种行为的情节和危害后果。如果行为客观上不可能造成较大危险，不足以产生人员伤亡、财产损失的现实后果，应该认为此行为情节显著轻微危害不大，根据刑法第十三条“但书”部分规定，不得认定构成犯罪。

〔黄某垒以危险方法危害公共安全案，2023-02-1-017-001〕在高速公路上醉驾并掉头逆行较长时间的行为定性

行为人在高速公路上驾驶车辆，存在醉驾、横跨多车道、掉头且逆行时间较长等多项违章行为的，应当结合案发时的路况、车流量、相对车速、逆行时间和距离等客观情况以及行为人对可能发生的危险结果的主观心态进行综合判断，认定其行为是否对不特定多数人的生命、财产造成了威胁，进而判断是否构成以危险方法危害公共安全罪。

〔张某以危险方法危害公共安全宣告无罪案，2024-05-1-017-004〕在封闭路段驾驶机动车炫技失误行为的定性

在相对封闭路段驾驶机动车炫耀车技，行为人主观上不具有危害公共安全的犯罪故意、行为客观上不具有与放火、决水、爆炸、投放危险物质等行为相当的危险性的，不构成以危险方法危害公共安全罪；致人重伤、死亡或者致使公私财产遭受重大损失，构成其他犯罪的，按照相应犯罪论处。

〔叶某以危险方法危害公共安全案，2024-05-1-017-003〕吸毒后驾驶机动车发生交通事故的定性

行为人吸毒后驾驶机动车，因陷于精神障碍而在道路上横冲直撞，客观上具有与放火、决水、爆炸、投放危险物质等行为相当的危险性；如果行为人主观上明知吸毒后会产生幻觉导致行为不可控制，具有危害公共安全故意的，应当以危险方法危害公共安全罪论处。

【《刑事审判参考》案例】

〔参考案例第150号：王新生等放火案〕以诈骗保险金为目的的放火烧毁投保汽车的行为如何定罪？

以诈骗保险金为目的的放火烧毁投保汽车，客观上足以危害公共安全，但主体上不具备保险诈骗罪特殊主体资格的，仅构成放火罪不构成保险诈骗罪。

〔参考案例第239号：叶朝红等放火案〕以盗窃为目的的放火烧毁货物列车的行为应如何定罪？

行为人虽以盗窃为目的，但所采取的手段行为却符合放火罪的特征，根据牵连犯择一重罪处罚的原则，应认定为放火罪。如果行为人主观上明知在火车站放火会危及公共安全，客观上又实施了该行为，不应定为故意毁坏财物罪。

〔参考案例第1448号：陈俊伟放火案〕醉酒后点燃停放在居民住宅旁电动车的行为应如何定性？

以放火方法实施的犯罪行为是否构成放火罪，关键看放火行为客观上是否足以危害公共安全及主观上是否具有放火的故意。从客观环境等因素看，酒后为寻求刺激用打火机点燃居民住宅旁电动车，存在火势进一步扩大而危及周边众多居民人身、财产安全的危险；从主观上看，行为人熟悉案发现场及附近情况，明知周围房屋密集居住人员众多仍点燃电动车后离开，可以认定其对点火可能引发火灾造成周边居民区人身、财产损失的后果持放任态度，其行为构成放火罪。

〔参考案例第24号：于光平爆炸案〕明知爆炸物危害后果而意图威胁他人放任危害结果发生的，是否构成爆炸罪？

明知手榴弹爆炸的危害后果，却仍拧开手榴弹的后盖，持弹威胁他人，放任危害后果发生的行为，构成间接故意的爆炸罪。

〔参考案例第137号：赖贵勇爆炸案〕以报复特定人为目的而实施的不计危害后果的爆炸行为如何定性？

如果行为人以爆炸为手段来杀害特定的人，而不危及公共安全的，其行为构成故意杀人罪；如果行为人以爆炸为手段来杀害特定的人，而结果却危及或足以危及公共安全的，且对其危害公共安全的后果持追求或放任的态度，应当按照爆炸罪处理。

〔参考案例第276号：陈美娟投放危险物质案〕往被害人户外种植的丝瓜中注射农药危及他人生命的行为，应当如何定性？

如果行为人所实施的投放危险物质的行为，除可能造成其意图杀害的特定少数人死亡的结果外，还可能威胁或危害到其他不特定人的生命、健康或者财产安全，且行为人对此又有认识，则说明行为人在积极追求特定少数人死亡结果发生的同时，还存在放任危害公共安全结果发生的心态，此时，行为人的行为属于(间接故意)投放危险物质罪与(直接故意)故意杀人罪的想象竞合犯，依照想象竞合犯之"从一重处断"原则，应当对其以投放危险物质罪论处。反之，如果行为人的投放危险物质行为在客观上并不具有威胁或危害其他不特定人生命、健康或者财产安全的性质，或者虽具有这种性质，但行为人对此没有认识，则其行为不符合投放危险物质罪的构成，应当认定其构成故意杀人罪。

〔参考案例第764号：刘飞抢劫案〕驾驶机动车"碰瓷"行为在什么情况下按危害公共安全犯罪论处？

关于"碰瓷"是否足以严重危害公共安全，应当以认识和判断力处于正常、平均水平的人来判断，综合考虑时间、路段、路况、车速、"碰瓷"方式等诸多因素，判断是否足以构成高度危险。例如，行为人在高速路、城市主干道等人流、车流集中、车速快的路段驾车故意冲撞被害车辆，如果不及时采取有效措施，就有可能使受到撞击的车辆失去控制，进而造成与其他机动车碰撞、追尾等重大交通事故的发生，这样的"碰瓷"就属于危害公共安全的行为。但如果是在夜间，通行车辆较少，碰撞发生后，行为人或被害人及时设置路障标识，或采取防范措施，那么，其"碰瓷"行为就不足以严重危害公共安全。因此，是否严重危害公共安全，必须综合考虑"碰瓷"发生时的各种情况谨慎判断。

〔参考案例第909号：任寒青以危险方法危害公共安全案〕为逃避酒驾检查，驾车冲撞警察和他人车辆的行为如何定性？

为逃避酒驾检查，驾车冲撞警察和他人车辆的行为，不但侵害了执法人员的人身安全，还对其他不特定多数人的人身、财产安全构成危害，以以危险方法危害公共安全罪定罪处罚，可以完整评价行为人实施的全部行为。为避免重复评价，对妨害公务罪(袭警罪)、故意伤害罪不宜另行认定。

〔参考案例第1314号：支玖龙以危险方法危害公共安全案〕故意驾车冲撞疫情防控站的行为如何定性？

疫情防控期间，因对人员、车辆进入小区需要核实、登记并办理证件不满，而驾车冲撞不特定多人的行为，不应被评价为妨害公务罪、寻衅滋事罪、故意杀人罪，而应当以以危险方法危害公共安全罪追究被告人的刑事责任。且疫情防控期间针对疫情防控措施实施犯罪的，应予从重处罚。

〔参考案例第910号：黄世华以危险方法危害公共安全案〕如何理解危害公共安全犯罪中的"不特定多数人"？

在实施针对特定对象的犯罪过程中，无视不特定多数人的生命、健康和财产安全，并实际造成了不特定多数人的伤亡和重大财产损失，故其之前针对特定对象和之后造成不特定对象伤亡的行为应当从整体上评价为一个法律行为，以以危险方法危害公共安全罪一罪论处。

〔参考案例第1072号：郑小教以危险方法危害公共安全案〕如何理解以危险方法危害公共安全罪中的“不特定多数人”？

在拆迁现场采用驾车撞人的危险方法冲向不特定多数人，对危害不特定多数人生命健康安全持放任态度，应当认定为以危险方法危害公共安全罪。虽然现场拆迁人员是相对特定的，但一方面现场拆迁人员本身就人数众多，另一方面现场还有被告人的邻居和亲属，即使其行为针对的是相对特定的对象，由于最终侵害的对象及造成的后果均无法控制和预料，应当认定其侵犯的仍是“不特定多数人”。

第一百一十五条 【放火罪】【决水罪】【爆炸罪】【投放危险物质罪】【以危险方法危害公共安全罪】放火、决水、爆炸以及投放毒害性、放射性、传染病病原体等物质或者以其他危险方法致人重伤、死亡或者使公私财产遭受重大损失的，处十年以上有期徒刑、无期徒刑或者死刑。

【失火罪】【过失决水罪】【过失爆炸罪】【过失投放危险物质罪】【过失以危险方法危害公共安全罪】过失犯前款罪的，处三年以上七年以下有期徒刑；情节较轻的，处三年以下有期徒刑或者拘役。

【修正前条文】

第一百一十五条 【放火罪】【决水罪】【爆炸罪】【投毒罪】【以危险方法危害公共安全罪】放火、决水、爆炸、投毒或者以其他危险方法致人重伤、死亡或者使公私财产遭受重大损失的，处十年以上有期徒刑、无期徒刑或者死刑。

【失火罪】【过失决水罪】【过失爆炸罪】【过失投毒罪】【过失以危险方法危害公共安全罪】过失犯前款罪的，处三年以上七年以下有期徒刑；情节较轻的，处三年以下有期徒刑或者拘役。

【修正说明】

刑法修正案(三)第二条将原条文中的“投毒”修改为“投放毒害性、放射性、传染病病原体等物质”。

【立案追诉标准】

《最高人民检察院、公安部关于公安机关管辖的刑事案件立案追诉标准的规定(一)》(公通字〔2008〕36号，20080625)

第一条 〔失火案(刑法第一百一十五条第二款)〕过失引起火灾，涉嫌下列情形之一的，应予立案追诉：

(一)造成死亡一人以上，或者重伤三人以上的；

(二)造成公共财产或者他人财产直接经济损失五十万元以上的；

(三)造成十户以上家庭的房屋以及其他基本生活资料烧毁的；

(四)造成森林火灾，过火有林地面积二公顷以上，或者过火疏林地、灌木林地、未成林地、苗圃地面积四公顷以上的；

(五)其他造成严重后果的情形。

本条和本规定第十五条规定的“有林地”、“疏林地”、“灌木林地”、“未成林地”、“苗圃地”，按照国家林业主管部门的有关规定确定。

【司法解释】

《最高人民法院、最高人民检察院关于办理妨害预防、控制突发传染病疫情等灾害的刑事案件具体应用法律若干问题的解释》(法释〔2003〕8号，20030515)

第一条　故意传播突发传染病病原体，危害公共安全的，依照刑法第一百一十四条、第一百一十五条第一款的规定，按照以危险方法危害公共安全罪定罪处罚。

患有突发传染病或者疑似突发传染病而拒绝接受检疫、强制隔离或者治疗，过失造成传染病传播，情节严重，危害公共安全的，依照刑法第一百一十五条第二款的规定，按照过失以危险方法危害公共安全罪定罪处罚。

【司法指导文件(1)】

《最高人民法院关于醉酒驾车犯罪法律适用问题的意见》(法发〔2009〕47号，20090911)

一、准确适用法律，依法严惩醉酒驾车犯罪

刑法规定，醉酒的人犯罪，应当负刑事责任。行为人明知酒后驾车违法、醉酒驾车会危害公共安全，却无视法律醉酒驾车，特别是在肇事后继续驾车冲撞，造成重大伤亡，说明行为人主观上对持续发生的危害结果持放任态度，具有危害公共安全的故意。对此类醉酒驾车造成重大伤亡的，应依法以以危险方法危害公共安全罪定罪。

2009年9月8日公布的两起醉酒驾车犯罪案件中，被告人黎景全和被告人孙伟铭都是在严重醉酒状态下驾车肇事，连续冲撞，造成重大伤亡。其中，黎景全驾车肇事后，不顾伤者及劝阻他的众多村民的安危，继续驾车行驶，致2人死亡，1人轻伤；孙伟铭长期无证驾驶，多次违反交通法规，在醉酒驾车与其他车辆追尾后，为逃逸继续驾车超限速行驶，先后与4辆正常行驶的轿车相撞，造成4人死亡、1人重伤。被告人黎景全和被告人孙伟铭在醉酒驾车发生交通事故后，继续驾车冲撞行驶，其主观上对他人伤亡的危害结果明显持放任态度，具有危害公共安全的故意。二被告人的行为均已构成以危险方法危害公共安全罪。

二、贯彻宽严相济刑事政策，适当裁量刑罚

根据刑法第一百一十五条第一款的规定，醉酒驾车，放任危害结果发生，造成重大伤亡事故，构成以危险方法危害公共安全罪的，应处以十年以上有期徒刑、无期徒刑或者死刑。具体决定对被告人的刑罚时，要综合考虑此类犯罪的性质、被告人的犯罪情节、危害后果及其主观恶性、人身危险性。一般情况下，醉酒驾车构成本罪的，行为人在主观上并不希望、也不追求危害结果的发生，属于间接故意犯罪，行为的主观恶性与以制造事端为目的而恶意驾车撞人并造成重大伤亡后果的直接故意犯罪有所不同，因此，在决定刑罚时，也应当有所区别。此外，醉酒状态下驾车，行为人的辨认和控制能力实际有所减弱，量刑时也应酌情考虑。

被告人黎景全和被告人孙伟铭醉酒驾车犯罪案件，依法没有适用死刑，而是分别判处无期徒刑，主要考虑到二被告人均系间接故意犯罪，与直接故意犯罪相比，主观恶性不是很深，人身危险性不是很大；犯罪时驾驶车辆的控制能力有所减弱；归案后认罪、悔罪态度较好，积极赔偿被害方的经济损失，一定程度上获得了被害方的谅解。广东省高级人民法院和四川省高级人民法院的终审裁判对二被告人的量刑是适当的。

三、统一法律适用，充分发挥司法审判职能作用

为依法严肃处理醉酒驾车犯罪案件，遏制酒后和醉酒驾车对公共安全造成的严重危害，警示、教育潜在违规驾驶人员，今后，对醉酒驾车，放任危害结果的发生，造成重大伤亡的，一律按照本意见规定，并参照附发的典型案例，依法以以危险方法危害公共安全罪定罪量刑。

为维护生效裁判的既判力，稳定社会关系，对于此前已经处理过的将特定情形的醉酒驾车认定为交通肇事罪的案件，应维持终审裁判，不再变动。

本意见执行中有何情况和问题，请及时层报最高人民法院。

【司法指导文件(1)·注释】

1.认定酒后驾车犯罪的罪过形式时，应根据“主观支配客观，客观反映主观”的基本刑法原理，结合案件的具体情况认定。具体而言，应结合行为人是否具有驾驶能力、是否正常行驶、行驶速度快慢、所驾车辆车况、案发地点车辆及行人多少、肇事后的表现，以及行为人案发后关于主观心态的供述、相关证人的证言等方面，进行综合分析认定。事实上，案件情况不同，行为人对醉酒驾车造成的危害结果所持的心态也不相同，故不能说醉酒驾车行为主观上对危害结果的发生一概是故意或过失，进而一律以以危险方法危害公共安全罪或交通肇事罪定罪。

2.醉酒驾车行为在何种情况下与放火、决水、爆炸、投放危险物质的危险性相当，要在具体案件中，根据行为的时间、地点、方式、环境等具体情况来判断，不能单纯以危害后果来判断醉酒驾车行为是否构成以危险方法危害公共安全罪。

【司法指导文件(2)】

参见本法第一百一十四条项下【司法指导文件(1)】至【司法指导文件(7)】的相关内容，第253—257页。

【公安文件】

参见本法第一百一十四条项下【公安文件】，第257页。

【法院案例库参考案例】

〔刘某等投放危险物质案，2023-11-1-016-001〕在开放性水域毒鱼构成投放危险物质罪

行为人在开放性河流投入农药毒鱼，明知该行为可能会造成致人重伤、死亡或者使公私财产遭受重大损失等严重危害后果，但却持放任这种结果发生的心态，最终造成他人养殖的牛蛙大量死亡这一公私财产遭受重大损失的严重后果，则应认定构成投放危险物质罪。

〔于某以危险方法危害公共安全案，2023-05-1-017-002〕为报复同事向所在单位饮用水中投放兽用激素类药物行为的定性处罚

1.兽用地塞米松不属于刑法规定的毒害性危险物质的范畴，不能认定为投放危险物质罪中的危险物质。

2.公共安全受到危害的认定标准应当是不特定多人人身财产权益受到侵害。

3.行为人基于报复特定人员的目的实施危害不特定多人身心健康行为的定性问题，应综合其主观罪过与客观行为表现，其行为既构成故意伤害罪，也构成以危险方法危害公共安全罪，属于一行为触犯两罪名的想象竞合，应择一重罪确定罪名。

〔聂某文以危险方法危害公共安全案，2024-06-1-017-001〕吸食含有麻醉药品或精神药品成分电子烟驾驶机动车，导致发生多起交通事故的，构成以危险方法危害公共安全罪

以危险方法危害公共安全罪属于故意犯罪，间接故意也可以构成该罪。行为人吸食含有依托咪酯、曲马多等麻醉药品或精神药品成分的电子烟，陷入意识模糊后驾驶车辆引发多起交通事故，危及不特定多数人的生命、健康或者公私财产安全的，属于自陷行为，不影响犯罪故意的成立，其行为依法构成以危险方法危害公共安全罪。

〔陈某春以危险方法危害公共安全案，2024-05-1-017-002〕醉驾肇事后继续驾车冲撞行为的定性

行为人明知酒后驾驶违法、醉酒驾车会危害公共安全，却无视法律醉酒驾车，特别是在肇事后继续驾车冲撞，造成重大伤亡的，主观上对持续发生的危害结果持放任态度，具有危害公共安全的故意。对醉酒驾车肇事后继续冲撞又造成了重大伤亡的行为，应当以以危险方法危害公共安全罪定罪处罚。

〔付某见以危险方法危害公共安全案，2024-18-1-017-001〕驾驶汽车冲撞人群致人死伤行为的定性规则

对于采用驾驶汽车的危险方法冲撞人群致人死伤的行为，应当综合全案情节，准确界分故意杀人罪、故意伤害罪与以危险方法危害公共安全罪。结合案发时段道路状况、人流量、车流量、撞击速度、撞击次数等情况，认为所涉行为与放火、决水、爆炸、投放危险物质具有相当性，危害不特定多数人生命、健康和公私财产安全的，应当认定为以危险方法危害公共安全罪。

〔泽某甲失火案，2023-11-1-018-003〕乱扔烟头过失引发草原火灾致使公私财产遭受重大损失行为的定性

行为人乱扔烟头过失引发大面积草原火灾，致使公私财产遭受重大损失的，构成失火罪。

〔白某碧失火案，2023-11-1-018-002〕行为人烧灰作肥引燃山林致公私财产遭受重大损失行为的定性

行为人将树枝和杂草烧灰作肥而点燃山林，致使公私财产遭受重大损失的，构成失火罪。若行为人事后有自首、取得受损群众谅解等情节的，可予以从轻处罚。

【法院公报案例】

〔重庆市沙坪坝区人民检察院诉李旭晨以危险方法危害公共安全案，GB2020-5〕

行为人明知楼下系人流密集的学校操场，仍故意从高空连续抛物，其行为足以危及不特定多数人的生命健康和财产安全，并实际造成一人重伤的严重后果，应依法以以危险方法危害公共安全罪追究刑事责任。

〔江苏省泰州市人民检察院诉王桂平以危险方法危害公共安全、销售伪劣产品、虚报注册资本案，GB2009-1〕

行为人明知会发生危害他人身体健康的后果，但基于非法牟利的目的，放任这种结果的发生，向药品生产企业销售假冒的药用辅料用于生产药品，致使药品投入市场后发生致人重伤、死亡的严重后果，其行为构成以危险方法危害公共安全罪。

【《刑事审判参考》案例】

〔参考案例第101号：方金青惠投毒案〕针对特定的被害人投放毒物致死致伤多人的行为应如何定性？

仅针对特定被害人投放毒物，致死致伤多人的行为，构成故意杀人罪。

〔参考案例第358号：古计明、方振华投放危险物质案〕利用放射性同位素工业探伤机对人照射，致使多人受到辐射性伤害的行为如何定性？

被告人出于泄愤动机，为报复被害人，利用铱射线工业探伤机对被害人进行照射，致被害人重伤。此外，由于工业探伤机被放置于公共场所，当其开机照射被害人时，不可避免地将照射与被害人相邻的他人，其犯罪行为侵害了不特定多数人的生命健康，构成投放危险物质罪。

〔参考案例第907号：杜军交通肇事案〕对酒后驾驶仅仅发生一次冲撞行为，但造成重大伤亡的案件，如何区分交通肇事罪与以危险方法危害公共安全罪？

对于被告人酒后肇事，且仅发生一次冲撞行为的情形，并非绝对排除构成以危险方法危害公共安全罪的可能。对于具有以下情形之一，确有证据证实行为人明知酒后驾车可能发生交通事故，仍不管不顾执意驾车，导致一次冲撞发生重大伤亡的，仍然可能依法构成以危险方法危害公共安全罪：(1)行为人曾有酒后驾车交通肇事经历的；(2)在车辆密集的繁华地段故意实施超速50%以上驾驶、违反交通信号灯驾驶、逆向行驶等严重威胁道路交通安全的行为；(3)驾车前遭到他人竭力劝阻，仍执意醉驾的等。这些情节在一定程度上反映出行为人对危害后果可能持放任心态。

〔参考案例第1236号：金复生以危险方法危害公共安全、故意杀人案〕不同犯意支配下实施的连续行为如何定性？

行为人基于故意杀人的目的驾车撞击特定人，之后又故意连续冲撞多人。对不同犯意支配下实施的连续行为，应综合考量行为发生、发展至结束的全过程，按照主客观相一致原则予以准确评价。在整个犯罪过程中，即使连续行为相同或者类似，如果主观方面不同，所构成的犯罪也不尽相同。

〔参考案例第1041号：许小渠过失以危险方法危害公共安全案〕食品销售人员对亚硝酸盐未尽妥善保管义务导致亚硝酸盐混入食品中出售，致人伤亡的行为如何定性？

食品销售人员对亚硝酸盐未尽妥善保管义务，没有及时将这种危险物质放回、保管好，导致亚硝酸盐被他人混入食品中出售，致人伤亡的，构成过失以危险方法危害公共安全罪。

第一百一十六条　【破坏交通工具罪】破坏火车、汽车、电车、船只、航空器，足以使火车、汽车、电车、船只、航空器发生倾覆、毁

坏危险，尚未造成严重后果的，处三年以上十年以下有期徒刑。

【立法·要点注释】

“足以使火车、汽车、电车、船只、航空器发生倾覆、毁坏危险”，是指该种破坏行为有造成火车、汽车、电车、船只、航空器的倾覆、毁坏的现实可能性和威胁。应当注意的是，在实践中如何判断某种破坏行为是否已达到“现实可能性和威胁”的程度，主要应从以下几个方面来判定：(1)交通工具是否在使用过程中的待用期间。这不仅包括正在行驶和飞行期间，也包括使用过程中的待用期间。如果破坏的是尚未交付使用或者正在修理的交通工具，一般不会危及公共安全，故不构成本罪。(2)破坏的是不是交通工具的关键部位。如果行为人破坏的是交通工具的次要部位，如破坏的是交通工具的座椅、卫生设备或者其他不影响安全行驶的辅助设备等，则不足以使火车、汽车、电车、船只、航空器发生倾覆、毁坏危险，故同样不能构成本罪。

【司法指导文件】

《最高人民法院、最高人民检察院、公安部关于依法惩治在使用中的航空器内实施违法犯罪行为的指导意见》(公通字〔2024〕3号，20240112)

二、准确认定行为性质

（三）破坏交通工具。破坏使用中的航空器，足以使航空器发生倾覆、毁坏危险，尚未造成严重后果的，依照刑法第一百一十六条规定，以破坏交通工具罪定罪处罚；造成严重后果的，依照刑法第一百一十九条第一款规定定罪处罚。

损毁、擅自移动使用中的航空设施，尚不构成犯罪的，依照治安管理处罚法第三十四条第一款[①]规定处罚。

【法院案例库参考案例】

〔杜某破坏交通工具案，2025-05-1-023-001〕破坏正在使用中的车辆刹车装置行为的定性

破坏交通工具罪以足以使交通工具“发生倾覆、毁坏危险”为入罪要件。破坏正在使用中的车辆刹车系统的，应当认定为足以发生倾覆、毁坏危险。

〔苏某峰破坏交通工具案，2025-03-1-023-001〕足以使交通工具发生倾覆、毁坏危险的判定

判断破坏交通工具行为是否具有刑法第一百一十六条规定的足以使交通工具发生倾覆、毁坏危险，应当根据行为人采取的破坏手段、所破坏的交通工具的部件，尤其是否涉及安全驾驶的关键部件等因素综合判断。对于行为人针对机动车车轮等保障行驶安全的关键部件实施破坏，足以使机动车发生倾覆危险的，依法以破坏交通工具罪定罪处罚。

第一百一十七条　【破坏交通设施罪】破坏轨道、桥梁、隧道、公路、机场、航道、灯塔、标志或者进行其他破坏活动，足以使火车、汽车、电车、船只、航空器发生倾覆、毁坏危险，尚未造成严重后果的，处三年以上十年以下有期徒刑。

---

① 2025年修订的治安管理处罚法第四十条第一款。——编者注

【立法 · 要点注释】

"破坏",不仅包括使交通设施遭受有形的损坏,也包括对交通设施正常功能的损害,如发出无线电干扰信号,使正常行驶中的交通工具与指挥、导航系统不能联系,致使该交通工具处于极大风险之中的行为等。"其他破坏活动",是指破坏上述未列举的其他交通设施和虽然没有直接破坏上述交通设施,但却足以使火车、汽车、电车、船只、航空器发生倾覆、毁坏危险的行为。如乱发指示信号干扰无线电通信、导航,在铁轨上放置障碍物等。

【司法指导文件】

《最高人民法院、最高人民检察院、公安部关于办理涉窨井盖相关刑事案件的指导意见》(高检发〔2020〕3号,20200316)

一、盗窃、破坏正在使用中的社会机动车通行道路上的窨井盖,足以使汽车、电车发生倾覆、毁坏危险,尚未造成严重后果的,依照刑法第一百一十七条的规定,以破坏交通设施罪定罪处罚;造成严重后果的,依照刑法第一百一十九条第一款的规定处罚。

过失造成严重后果的,依照刑法第一百一十九条第二款的规定,以过失损坏交通设施罪定罪处罚。

十二、本意见所称的"窨井盖",包括城市、城乡结合部和乡村等地的窨井盖以及其他井盖。

【《刑事审判参考》案例】

〔参考案例第295号:王仁兴破坏交通设施案〕为紧急避险解开航标船钢缆绳,之后未消除危险状态的,是否构成破坏交通设施罪?

在渔船存在翻沉的现实危险下,不得已解开航标船钢缆绳来保护人身及财产安全的行为,虽系紧急避险,但行为人在危险消除后,明知航标船漂离会造成船舶发生倾覆、毁坏危险,而未采取相应积极救济措施消除危险状态,属不作为,构成破坏交通设施罪,应负刑事责任。

第一百一十八条　【破坏电力设备罪】【破坏易燃易爆设备罪】破坏电力、燃气或者其他易燃易爆设备,危害公共安全,尚未造成严重后果的,处三年以上十年以下有期徒刑。

【立法 · 要点注释】

破坏易燃易爆设备的行为,必须是危害了公共安全,如果上述破坏行为仅局限在一些特定的范围,没有危及公共安全,则不应按本罪处罚。

【司法解释(1)】

《最高人民法院关于审理破坏电力设备刑事案件具体应用法律若干问题的解释》(法释〔2007〕15号,20070821)

第三条　盗窃电力设备,危害公共安全,但不构成盗窃罪的,以破坏电力设备罪定罪处罚;同时构成盗窃罪和破坏电力设备罪的,依照刑法处罚较重的规定定罪处罚。

盗窃电力设备,没有危及公共安全,但应当追究刑事责任的,可以根据案件的不同情况,按照盗窃罪等犯罪处理。

第四条　本解释所称电力设备,是指处于运行、应急等使用中的电力设备；已经通电使用，只是由于枯水季节或电力不足等原因暂停使用的电力设备；已经交付使用但尚未通电的电力设备。不包括尚未安装完毕，或者已经安装完毕但尚未交付使用的电力设备。

本解释中直接经济损失的计算范围，包括电量损失金额，被毁损设备材料的购置、更换、修复费用，以及因停电给用户造成的直接经济损失等。

【司法解释(2)】

《最高人民法院、最高人民检察院关于办理盗窃油气、破坏油气设备等刑事案件具体应用法律若干问题的解释》(法释〔2007〕3号，20070119)

第一条　在实施盗窃油气等行为过程中，采用切割、打孔、撬砸、拆卸、开关等手段破坏正在使用的油气设备的，属于刑法第一百一十八条规定的“破坏燃气或者其他易燃易爆设备”的行为；危害公共安全，尚未造成严重后果的，依照刑法第一百一十八条的规定定罪处罚。

第四条　盗窃油气同时构成盗窃罪和破坏易燃易爆设备罪的，依照刑法处罚较重的规定定罪处罚。

第八条　本解释所称的“油气”，是指石油、天然气。其中，石油包括原油、成品油；天然气包括煤层气。

本解释所称“油气设备”，是指用于石油、天然气生产、储存、运输等易燃易爆设备。

【司法指导文件】

《最高人民法院、最高人民检察院、公安部关于办理盗窃油气、破坏油气设备等刑事案件适用法律若干问题的意见》(法发〔2018〕18号，20180928)

一、关于危害公共安全的认定

在实施盗窃油气等行为过程中，破坏正在使用的油气设备，具有下列情形之一的，应当认定为刑法第一百一十八条规定的“危害公共安全”：

(一)采用切割、打孔、撬砸、拆卸手段的，但是明显未危害公共安全的除外；

(二)采用开、关等手段，足以引发火灾、爆炸等危险的。

【司法指导文件·注释】

如果盗窃油气人员采取了切割、打孔、撬砸、拆卸、开、关以外的其他手段，也需要根据实际情况判断是否“足以引发火灾、爆炸等危险”，从而对是否“危害公共安全”作出准确认定。

【法院案例库参考案例】

〔王某岗破坏易燃易爆设备案，2024-05-1-026-001〕以破坏使用中油气设备方式盗窃油气导致发生火灾的，构成破坏易燃易爆设备罪

在盗窃油气等过程中，采用切割、打孔、撬砸、拆卸手段破坏正在使用的油气设备，危害公共安全，足以引发火灾、爆炸等危险，尚未造成严重后果的，以破坏易燃易爆设备罪定罪处罚；造成火灾、爆炸等严重后果的，处十年以上有期徒刑、无期徒刑或者死刑。盗窃油气尚未危害公共安全，但符合刑法第二百六十四条规定的，以盗窃罪定罪处罚。盗窃油气同时符合破坏易燃易爆设备罪和盗窃罪构成要件的，依照处罚较重的规定定罪处罚。

【《刑事审判参考》案例】

〔参考案例第219号：彭定安破坏

电力设备案〕盗割铁路电气化接触网回流线的行为如何定性?

铁路电气化接触网回流线作为输电线路,属于广义交通设施中的附属电力设备。被告人盗割接触网回流线,既构成盗窃罪,又构成破坏电力设备罪,系想象竞合犯,按择一重罪处罚原则,应以破坏电力设备罪追究其刑事责任。

〔参考案例第504号:冯留民破坏电力设备、盗窃案〕如何判断盗窃电力设备行为中的"危害公共安全"?

如果盗割的是正在使用中的高压输电线路备用线,或者用于医疗、交通、抢险、生产、养殖等领域的正在使用中的电路,往往会危害公共安全,而对于一般生活用电、景观照明等用电线路则要视其损害的范围及时间,以及是否造成了严重后果而定。因此,在没有相关证据直接证明其对公共安全造成实际损害的情况下,就只能通过其所偷窃的电力设备的地点和用途来判断其对于公共安全的危害程度。行为人如果采用破坏性的手段盗窃不属于正在使用中的电力设备或者正在使用中的电力设备的附属部件,但没有危及公共安全的,则不构成破坏电力设备罪,应当以盗窃罪论处。

〔参考案例第575号:杨辉、石磊等破坏电力设备案〕盗窃电力设备过程中,以暴力手段控制无抓捕意图的过往群众的如何定性?

1.若行为人实施暴力,控制过往群众的行为只是手段行为,剪取电缆才是目的行为,其行为特征符合破坏电力设备罪和故意伤害罪的牵连犯,应择一重罪处罚。

2.盗窃电力设备过程中,为抗拒抓捕而当场使用暴力或者以暴力相威胁的,构成抢劫罪。当对盗窃行为选择破坏电力设备罪处罚较重,而盗窃行为又具备转化型抢劫罪的构成时,对行为人应在破坏电力设备罪和抢劫罪中择一重罪处罚。

第一百一十九条　【破坏交通工具罪】【破坏交通设施罪】【破坏电力设备罪】【破坏易燃易爆设备罪】破坏交通工具、交通设施、电力设备、燃气设备、易燃易爆设备,造成严重后果的,处十年以上有期徒刑、无期徒刑或者死刑。

【过失损坏交通工具罪】【过失损坏交通设施罪】【过失损坏电力设备罪】【过失损坏易燃易爆设备罪】过失犯前款罪的,处三年以上七年以下有期徒刑;情节较轻的,处三年以下有期徒刑或者拘役。

【司法解释(1)】

《最高人民法院关于审理破坏电力设备刑事案件具体应用法律若干问题的解释》(法释〔2007〕15号,20070821)

第一条　破坏电力设备,具有下列情形之一的,属于刑法第一百一十九条第一款规定的"造成严重后果",以破坏电力设备罪判处十年以上有期徒刑、无期徒刑或者死刑:

(一)造成一人以上死亡、三人以上重伤或者十人以上轻伤的;

(二)造成一万以上用户电力供应中断六小时以上,致使生产、生活受到严重影响的;

(三)造成直接经济损失一百万元以上的;

(四)造成其他危害公共安全严重后果的。

第二条 过失损坏电力设备，造成本解释第一条规定的严重后果的，依照刑法第一百一十九条第二款的规定，以过失损坏电力设备罪判处三年以上七年以下有期徒刑；情节较轻的，处三年以下有期徒刑或者拘役。

【司法解释(2)】

《最高人民法院、最高人民检察院关于办理盗窃油气、破坏油气设备等刑事案件具体应用法律若干问题的解释》(法释〔2007〕3号，20070119)

第二条 实施本解释第一条规定的行为，具有下列情形之一的，属于刑法第一百一十九条第一款规定的"造成严重后果"，依照刑法第一百一十九条第一款的规定定罪处罚：

(一)造成一人以上死亡、三人以上重伤或者十人以上轻伤的；

(二)造成井喷或者重大环境污染事故的；

(三)造成直接经济损失数额在五十万元以上的；

(四)造成其他严重后果的。

【司法指导文件】

参见本法第一百一十六条项下【司法指导文件】，第265页；本法第一百一十七条项下【司法指导文件】，第266页。

第一百二十条 【组织、领导、参加恐怖组织罪】组织、领导恐怖活动组织的，处十年以上有期徒刑或者无期徒刑，并处没收财产；积极参加的，处三年以上十年以下有期徒刑，并处罚金；其他参加的，处三年以下有期徒刑、拘役、管制或者剥夺政治权利，可以并处罚金。

犯前款罪并实施杀人、爆炸、绑架等犯罪的，依照数罪并罚的规定处罚。

【第二次修正前条文】

第一百二十条 【组织、领导、参加恐怖组织罪】组织、领导恐怖活动组织的，处十年以上有期徒刑或者无期徒刑；积极参加的，处三年以上十年以下有期徒刑；其他参加的，处三年以下有期徒刑、拘役、管制或者剥夺政治权利。

犯前款罪并实施杀人、爆炸、绑架等犯罪的，依照数罪并罚的规定处罚。

【第一次修正前条文】

第一百二十条 【组织、领导、参加恐怖组织罪】组织、领导和积极参加恐怖活动组织的，处三年以上十年以下有期徒刑；其他参加的，处三年以下有期徒刑、拘役或者管制。

犯前款罪并实施杀人、爆炸、绑架等犯罪的，依照数罪并罚的规定处罚。

【修正说明】

1.刑法修正案(三)第三条将原条文第一款中组织、领导恐怖活动组织犯罪的法定刑由"三年以上十年以下有期徒刑"提高为"十年以上有期徒刑或者无期徒刑"。

2.刑法修正案(九)第五条增设了财产刑。

【相关立法】

《中华人民共和国反恐怖主义法》(20180427)

第三条 本法所称恐怖主义，是指通过暴力、破坏、恐吓等手段，制造社会恐慌、危害公共安全、侵犯人身财产，或者胁迫国家机关、国际组织，以实现其政治、意识形态等目的的主张和行为。

本法所称恐怖活动，是指恐怖主义性质的下列行为：

（一）组织、策划、准备实施、实施造成或者意图造成人员伤亡、重大财产损失、公共设施损坏、社会秩序混乱等严重社会危害的活动的；

（二）宣扬恐怖主义，煽动实施恐怖活动，或者非法持有宣扬恐怖主义的物品，强制他人在公共场所穿戴宣扬恐怖主义的服饰、标志的；

（三）组织、领导、参加恐怖活动组织的；

（四）为恐怖活动组织、恐怖活动人员、实施恐怖活动或者恐怖活动培训提供信息、资金、物资、劳务、技术、场所等支持、协助、便利的；

（五）其他恐怖活动。

本法所称恐怖活动组织，是指三人以上为实施恐怖活动而组成的犯罪组织。

本法所称恐怖活动人员，是指实施恐怖活动的人和恐怖活动组织的成员。

本法所称恐怖事件，是指正在发生或者已经发生的造成或者可能造成重大社会危害的恐怖活动。

第三十条　对恐怖活动罪犯和极端主义罪犯被判处徒刑以上刑罚的，监狱、看守所应当在刑满释放前根据其犯罪性质、情节和社会危害程度，服刑期间的表现，释放后对所居住社区的影响等进行社会危险性评估。进行社会危险性评估，应当听取有关基层组织和原办案机关的意见。经评估具有社会危险性的，监狱、看守所应当向罪犯服刑地的中级人民法院提出安置教育建议，并将建议书副本抄送同级人民检察院。

罪犯服刑地的中级人民法院对于确有社会危险性的，应当在罪犯刑满释放前作出责令其在刑满释放后接受安置教育的决定。决定书副本应当抄送同级人民检察院。被决定安置教育的人员对决定不服的，可以向上一级人民法院申请复议。

安置教育由省级人民政府组织实施。安置教育机构应当每年对被安置教育人员进行评估，对于确有悔改表现，不致再危害社会的，应当及时提出解除安置教育的意见，报决定安置教育的中级人民法院作出决定。被安置教育人员有权申请解除安置教育。

人民检察院对安置教育的决定和执行实行监督。

【司法指导文件(1)】

《最高人民法院、最高人民检察院、公安部、司法部关于办理恐怖活动和极端主义犯罪案件适用法律若干问题的意见》(高检会〔2018〕1号，20180316)

一、准确认定犯罪

（一）具有下列情形之一的，应当认定为刑法第一百二十条规定的“组织、领导恐怖活动组织”，以组织、领导恐怖组织罪定罪处罚：

1.发起、建立恐怖活动组织的；

2.恐怖活动组织成立后，对组织及其日常运行负责决策、指挥、管理的；

3.恐怖活动组织成立后，组织、策划、指挥该组织成员进行恐怖活动的；

4.其他组织、领导恐怖活动组织的情形。

具有下列情形之一的，应当认定为刑法第一百二十条规定的“积极参加”，以参加恐怖组织罪定罪处罚：

1.纠集他人共同参加恐怖活动组织的；

2.多次参加恐怖活动组织的；

3.曾因参加恐怖活动组织、实施恐怖活动被追究刑事责任或者二年内受过行政处罚，又参加恐怖活动组织的；

4.在恐怖活动组织中实施恐怖活动且作用突出的；

5.在恐怖活动组织中积极协助组织、领导者实施组织、领导行为的；

6.其他积极参加恐怖活动组织的情形。

参加恐怖活动组织，但不具有前两款规定情形的，应当认定为刑法第一百二十条规定的“其他参加”，以参加恐怖组织罪定罪处罚。

犯刑法第一百二十条规定的犯罪，又实施杀人、放火、爆炸、绑架、抢劫等犯罪的，依照数罪并罚的规定定罪处罚。

（八）犯刑法第一百二十条规定的犯罪，同时构成刑法第一百二十条之一至之六规定的犯罪的，依照处罚较重的规定定罪处罚。

犯刑法第一百二十条之一至之六规定的犯罪，同时构成其他犯罪的，依照处罚较重的规定定罪处罚。

（九）恐怖主义、极端主义，恐怖活动，恐怖活动组织，根据《中华人民共和国反恐怖主义法》等法律法规认定。

【司法指导文件(2)】

《最高人民法院关于充分发挥审判职能作用切实维护公共安全的若干意见》(法发〔2015〕12号，20150916)

3.依法严惩暴力恐怖犯罪活动。暴力恐怖犯罪严重危害广大人民群众的生命财产安全，严重危害社会和谐稳定。对暴力恐怖犯罪活动，要坚持严打方针不动摇，对首要分子、骨干成员、罪行重大者，该判处重刑乃至死刑的应当依法判处；要立足打早打小打苗头，对已经构成犯罪的一律依法追究刑事责任，对因被及时发现、采取预防措施而没有造成实际损害的暴恐分子，只要符合犯罪构成条件的，该依法重判的也要依法重判；要注意区别对待，对自动投案、检举揭发，特别是主动交代、协助抓捕幕后指使的，要体现政策依法从宽处理。要通过依法裁判，树立法治威严，坚决打掉暴恐分子的嚣张气焰，有效维护人民权益和社会安宁。

【《刑事审判参考》案例】

〔参考案例第1220号：依斯坎达尔·艾海提等组织、领导、参加恐怖组织、故意杀人案〕如何把握恐怖活动组织成员的罪责认定？

应当客观、正确对待恐怖活动组织成员地位与其应当承担的刑事责任的关系，不能为了判处重刑或者因为组织者、领导者已死亡或在逃而将积极参加者拔高认定为组织者、领导者；同时，即便只是积极参加者，如果在实施杀人、放火、爆炸等恐怖活动时行为积极、作用突出，而相关恐怖活动造成严重后果，仍可根据其实施的恐怖活动的行为性质以故意杀人罪、放火罪、爆炸罪等罪名依法判处重刑乃至死刑。

第一百二十条之一　【帮助恐怖活动罪】资助恐怖活动组织、实施恐怖活动的个人的，或者资助恐怖活动培训的，处五年以下有期徒刑、拘役、管制或者剥夺政治权利，并处罚金；情节严重的，处五

年以上有期徒刑，并处罚金或者没收财产。

为恐怖活动组织、实施恐怖活动或者恐怖活动培训招募、运送人员的，依照前款的规定处罚。

单位犯前两款罪的，对单位判处罚金，并对其直接负责的主管人员和其他直接责任人员，依照第一款的规定处罚。

【修正前条文】

第一百二十条之一　【资助恐怖活动罪】资助恐怖活动组织或者实施恐怖活动的个人的，处五年以下有期徒刑、拘役、管制或者剥夺政治权利，并处罚金；情节严重的，处五年以上有期徒刑，并处罚金或者没收财产。

单位犯前款罪的，对单位判处罚金，并对其直接负责的主管人员和其他直接责任人员，依照前款的规定处罚。

【修正说明】

本罪由刑法修正案(三)第四条增设，后由刑法修正案(九)第六条作出下述修改：一是在第一款的罪状中增加"资助恐怖活动培训的"的表述，将资助恐怖活动培训的行为明确纳入本罪。二是增加了一款，作为第二款，规定："为恐怖活动组织、实施恐怖活动或者恐怖活动培训招募、运送人员的，依照前款的规定处罚。"三是将原第二款改为第三款，并对其作了相应的文字修改。

【立案追诉标准】

《最高人民检察院、公安部关于公安机关管辖的刑事案件立案追诉标准的规定(二)》(公通字〔2022〕12号，20220515)

第一条　〔帮助恐怖活动案(刑法第一百二十条之一第一款)〕资助恐怖活动组织、实施恐怖活动的个人的，或者资助恐怖活动培训的，应予立案追诉。

【司法解释(1)】

《最高人民法院、最高人民检察院关于办理非法从事资金支付结算业务、非法买卖外汇刑事案件适用法律若干问题的解释》(法释〔2019〕1号，20190201)

第五条　非法从事资金支付结算业务或者非法买卖外汇，构成非法经营罪，同时又构成刑法第一百二十条之一规定的帮助恐怖活动罪或者第一百九十一条规定的洗钱罪的，依照处罚较重的规定定罪处罚。

【司法解释(2)】

《最高人民法院、最高人民检察院关于办理洗钱刑事案件适用法律若干问题的解释》(法释〔2024〕10号，20240820)

第六条第二款　实施刑法第一百九十一条规定的洗钱行为，构成洗钱罪，同时又构成刑法第三百四十九条、第二百二十五条、第一百七十七条之一或者第一百二十条之一规定的犯罪的，依照处罚较重的规定定罪处罚。

【司法指导文件】

《最高人民法院、最高人民检察院、公安部、司法部关于办理恐怖活动和极端主义犯罪案件适用法律若干问题的意见》(高检会〔2018〕1号，20180316)

一、准确认定犯罪

(二)具有下列情形之一的，依照刑

法第一百二十条之一的规定，以帮助恐怖活动罪定罪处罚：

1.以募捐、变卖房产、转移资金等方式为恐怖活动组织、实施恐怖活动的个人、恐怖活动培训筹集、提供经费，或者提供器材、设备、交通工具、武器装备等物资，或者提供其他物质便利的；

2.以宣传、招收、介绍、输送等方式为恐怖活动组织、实施恐怖活动、恐怖活动培训招募人员的；

3.以帮助非法出入境，或者为非法出入境提供中介服务、中转运送、停留住宿、伪造身份证明材料等便利，或者充当向导、帮助探查偷越国(边)境路线等方式，为恐怖活动组织、实施恐怖活动、恐怖活动培训运送人员的；

4.其他资助恐怖活动组织、实施恐怖活动的个人、恐怖活动培训，或者为恐怖活动组织、实施恐怖活动、恐怖活动培训招募、运送人员的情形。

实施恐怖活动的个人，包括已经实施恐怖活动的个人，也包括准备实施、正在实施恐怖活动的个人。包括在我国领域内实施恐怖活动的个人，也包括在我国领域外实施恐怖活动的个人。包括我国公民，也包括外国公民和无国籍人。

帮助恐怖活动罪的主观故意，应当根据案件具体情况，结合行为人的具体行为、认知能力、一贯表现和职业等综合认定。

明知是恐怖活动犯罪所得及其产生的收益，为掩饰、隐瞒其来源和性质，而提供资金账户，协助将财产转换为现金、金融票据、有价证券，通过转账或者其他结算方式协助资金转移，协助将资金汇往境外的，以洗钱罪定罪处罚。事先通谋的，以相关恐怖活动犯罪的共同犯罪论处。

(八)犯刑法第一百二十条规定的犯罪，同时构成刑法第一百二十条之一至之六规定的犯罪的，依照处罚较重的规定定罪处罚。

犯刑法第一百二十条之一至之六规定的犯罪，同时构成其他犯罪的，依照处罚较重的规定定罪处罚。

(九)恐怖主义、极端主义，恐怖活动，恐怖活动组织，根据《中华人民共和国反恐怖主义法》等法律法规认定。

第一百二十条之二 【准备实施恐怖活动罪】有下列情形之一的，处五年以下有期徒刑、拘役、管制或者剥夺政治权利，并处罚金；情节严重的，处五年以上有期徒刑，并处罚金或者没收财产：

(一)为实施恐怖活动准备凶器、危险物品或者其他工具的；

(二)组织恐怖活动培训或者积极参加恐怖活动培训的；

(三)为实施恐怖活动与境外恐怖活动组织或者人员联络的；

(四)为实施恐怖活动进行策划或者其他准备的。

有前款行为，同时构成其他犯罪的，依照处罚较重的规定定罪处罚。

【修正说明】

本罪由刑法修正案(九)第七条增设。

【司法指导文件】

《最高人民法院、最高人民检察院、公安部、司法部关于办理恐怖活动和极

端主义犯罪案件适用法律若干问题的意见》(高检会〔2018〕1号,20180316)

一、准确认定犯罪

(三)具有下列情形之一的,依照刑法第一百二十条之二的规定,以准备实施恐怖活动罪定罪处罚:

1.为实施恐怖活动制造、购买、储存、运输凶器,易燃易爆、易制爆品,腐蚀性、放射性、传染性、毒害性物品等危险物品,或者其他工具的;

2.以当面传授、开办培训班、组建训练营、开办论坛、组织收听收看音频视频资料等方式,或者利用网站、网页、论坛、博客、微博客、网盘、即时通信、通讯群组、聊天室等网络平台、网络应用服务组织恐怖活动培训的,或者积极参加恐怖活动心理体能培训,传授、学习犯罪技能方法或者进行恐怖活动训练的;

3.为实施恐怖活动,通过拨打电话、发送短信、电子邮件等方式,或者利用网站、网页、论坛、博客、微博客、网盘、即时通信、通讯群组、聊天室等网络平台、网络应用服务与境外恐怖活动组织、人员联络的;

4.为实施恐怖活动出入境或者组织、策划、煽动、拉拢他人出入境的;

5.为实施恐怖活动进行策划或者其他准备的情形。

(八)犯刑法第一百二十条规定的犯罪,同时构成刑法第一百二十条之一至之六规定的犯罪的,依照处罚较重的规定定罪处罚。

犯刑法第一百二十条之一至之六规定的犯罪,同时构成其他犯罪的,依照处罚较重的规定定罪处罚。

(九)恐怖主义、极端主义,恐怖活动,恐怖活动组织,根据《中华人民共和国反恐怖主义法》等法律法规认定。

第一百二十条之三 【宣扬恐怖主义、极端主义、煽动实施恐怖活动罪】以制作、散发宣扬恐怖主义、极端主义的图书、音频视频资料或者其他物品,或者通过讲授、发布信息等方式宣扬恐怖主义、极端主义的,或者煽动实施恐怖活动的,处五年以下有期徒刑、拘役、管制或者剥夺政治权利,并处罚金;情节严重的,处五年以上有期徒刑,并处罚金或者没收财产。

【修正说明】

本罪由刑法修正案(九)第七条增设。

【立法·要点注释】

1.对于在私人场合或者秘密场合,在家庭、朋友之间,或者通过投寄信件、利用不开放的网络论坛或者聊天室等进行的宣扬、煽动行为,也属于本条规定的犯罪,应当依法追究其刑事责任。

2.不指向具体的恐怖活动,而是概括性地煽动实施恐怖活动的,属于本条规定的煽动行为。对于鼓动、要求、怂恿他人参加或者实施特定的恐怖活动的,则应当按照刑法关于教唆的规定定罪处罚。如果既有煽动行为也有教唆行为,两者出现竞合的情形,应当按照处罚较重的规定定罪量刑。

【司法指导文件】

《最高人民法院、最高人民检察院、公安部、司法部关于办理恐怖活动和极端主义犯罪案件适用法律若干问题的意见》(高检会〔2018〕1号,20180316)

一、准确认定犯罪

(四)实施下列行为之一,宣扬恐怖主义、极端主义或者煽动实施恐怖活动的，依照刑法第一百二十条之三的规定，以宣扬恐怖主义、极端主义、煽动实施恐怖活动罪定罪处罚：

1.编写、出版、印刷、复制、发行、散发、播放载有宣扬恐怖主义、极端主义内容的图书、报刊、文稿、图片或者音频视频资料的；

2.设计、生产、制作、销售、租赁、运输、托运、寄递、散发、展示带有宣扬恐怖主义、极端主义内容的标识、标志、服饰、旗帜、徽章、器物、纪念品等物品的；

3.利用网站、网页、论坛、博客、微博客、网盘、即时通信、通讯群组、聊天室等网络平台、网络应用服务等登载、张贴、复制、发送、播放、演示载有恐怖主义、极端主义内容的图书、报刊、文稿、图片或者音频视频资料的；

4.网站、网页、论坛、博客、微博客、网盘、即时通信、通讯群组、聊天室等网络平台、网络应用服务的建立、开办、经营、管理者，明知他人利用网络平台、网络应用服务散布、宣扬恐怖主义、极端主义内容，经相关行政主管部门处罚后仍允许或者放任他人发布的；

5.利用教经、讲经、解经、学经、婚礼、葬礼、纪念、聚会和文体活动等宣扬恐怖主义、极端主义、煽动实施恐怖活动的；

6.其他宣扬恐怖主义、极端主义、煽动实施恐怖活动的行为。

（八）犯刑法第一百二十条规定的犯罪，同时构成刑法第一百二十条之一至之六规定的犯罪的，依照处罚较重的规定定罪处罚。

犯刑法第一百二十条之一至之六规定的犯罪，同时构成其他犯罪的，依照处罚较重的规定定罪处罚。

（九）恐怖主义、极端主义，恐怖活动，恐怖活动组织，根据《中华人民共和国反恐怖主义法》等法律法规认定。

第一百二十条之四 【利用极端主义破坏法律实施罪】利用极端主义煽动、胁迫群众破坏国家法律确立的婚姻、司法、教育、社会管理等制度实施的，处三年以下有期徒刑、拘役或者管制，并处罚金；情节严重的，处三年以上七年以下有期徒刑，并处罚金；情节特别严重的，处七年以上有期徒刑，并处罚金或者没收财产。

【修正说明】

本罪由刑法修正案（九）第七条增设。

【立法 · 要点注释】

“利用极端主义”是构成本罪的一个要件。对于煽动、胁迫他人破坏国家法律制度实施但没有利用极端主义的，应当根据具体情况分别处理。对于组织、利用会道门、邪教组织或者利用迷信破坏国家法律、行政法规实施，构成犯罪的，依照刑法第三百条的规定定罪处罚。有些人由于狭隘思想或者愚昧等原因，对宗教教义、民族风俗习惯产生不正确的理解，并进而破坏国家法律实施的，如果构成犯罪，可以按照刑法的其他规定定罪处罚；不构成犯罪的，依法予以行政处罚或者进行批评、教育。

【司法指导文件】

《最高人民法院、最高人民检察院、公安部、司法部关于办理恐怖活动和极端主义犯罪案件适用法律若干问题的意见》（高检会〔2018〕1号，20180316）

一、准确认定犯罪

（五）利用极端主义，实施下列行为之一的，依照刑法第一百二十条之四的规定，以利用极端主义破坏法律实施罪定罪处罚：

1.煽动、胁迫群众以宗教仪式取代结婚、离婚登记，或者干涉婚姻自由的；

2.煽动、胁迫群众破坏国家法律确立的司法制度实施的；

3.煽动、胁迫群众干涉未成年人接受义务教育，或者破坏学校教育制度、国家教育考试制度等国家法律规定的教育制度的；

4.煽动、胁迫群众抵制人民政府依法管理，或者阻碍国家机关工作人员依法执行职务的；

5.煽动、胁迫群众损毁居民身份证、居民户口簿等国家法定证件以及人民币的；

6.煽动、胁迫群众驱赶其他民族、有其他信仰的人员离开居住地，或者干涉他人生活和生产经营的；

7.其他煽动、胁迫群众破坏国家法律制度实施的行为。

（八）犯刑法第一百二十条规定的犯罪，同时构成刑法第一百二十条之一至之六规定的犯罪的，依照处罚较重的规定定罪处罚。

犯刑法第一百二十条之一至之六规定的犯罪，同时构成其他犯罪的，依照处罚较重的规定定罪处罚。

（九）恐怖主义、极端主义，恐怖活动，恐怖活动组织，根据《中华人民共和国反恐怖主义法》等法律法规认定。

第一百二十条之五 【强制穿戴宣扬恐怖主义、极端主义服饰、标志罪】以暴力、胁迫等方式强制他人在公共场所穿着、佩戴宣扬恐怖主义、极端主义服饰、标志的，处三年以下有期徒刑、拘役或者管制，并处罚金。

【修正说明】

本罪由刑法修正案（九）第七条增设。

【立法 · 要点注释】

“宣扬恐怖主义、极端主义服饰、标志”，指的是穿着、佩戴的服饰、标志包含了恐怖主义、极端主义的符号、旗帜、徽记、文字、口号、标语、图形或者带有恐怖主义、极端主义的色彩，容易使人联想到恐怖主义、极端主义。实践中比较普遍的是穿着模仿恐怖活动组织统一着装的衣物，穿着印有恐怖主义、极端主义符号、旗帜等标志的衣物，佩戴恐怖活动组织标志或者恐怖主义、极端主义标志，留有象征恐怖主义、极端主义的特定发型等。

【司法指导文件】

《最高人民法院、最高人民检察院、公安部、司法部关于办理恐怖活动和极端主义犯罪案件适用法律若干问题的意见》（高检会〔2018〕1号，20180316）

一、准确认定犯罪

（六）具有下列情形之一的，依照刑法第一百二十条之五的规定，以强制穿戴宣扬恐怖主义、极端主义服饰、标志罪定罪处罚：

1.以暴力、胁迫等方式强制他人在公共场所穿着、佩戴宣扬恐怖主义、极端主义服饰的；

2.以暴力、胁迫等方式强制他人在公共场所穿着、佩戴含有恐怖主义、极端主义的文字、符号、图形、口号、徽章的服饰、标志的；

3.其他强制他人穿戴宣扬恐怖主义、极端主义服饰、标志的情形。

（八）犯刑法第一百二十条规定的犯罪，同时构成刑法第一百二十条之一至之六规定的犯罪的，依照处罚较重的规定定罪处罚。

犯刑法第一百二十条之一至之六规定的犯罪，同时构成其他犯罪的，依照处罚较重的规定定罪处罚。

（九）恐怖主义、极端主义，恐怖活动，恐怖活动组织，根据《中华人民共和国反恐怖主义法》等法律法规认定。

第一百二十条之六 【非法持有宣扬恐怖主义、极端主义物品罪】明知是宣扬恐怖主义、极端主义的图书、音频视频资料或者其他物品而非法持有，情节严重的，处三年以下有期徒刑、拘役或者管制，并处或者单处罚金。

【修正说明】

本罪由刑法修正案（九）第七条增设。

【立法 · 要点注释】

1.对是否"明知"的认定，应当结合案件的具体情况和有关证据材料进行全面分析。要坚持重证据、重调查研究，以行为人实施的客观行为为基础，结合其一贯表现，具体行为、程度、手段、事后态度，以及年龄、认知和受教育程度、所从事的职业、所生活的环境、所接触的人群等综合作出判断。比如，对曾因实施暴力恐怖、极端主义违法犯罪行为受过行政、刑事处罚的，或者被责令改正后又实施的，应当认定为明知。有其他共同犯罪嫌疑人、被告人或者其他知情人供认、指证，虽然行为人不承认其主观上"明知"，但又不能作出合理解释的，依据其行为本身和认知程度，足以认定其确实知道或者应当知道的，应当认定为明知。但是，结合行为人的认知程度和客观条件，如果确实属于不明知所持有物品为宣扬恐怖主义、极端主义图书、音频视频资料等物品的，不能认定为本罪。比如，捡拾到保存有宣扬恐怖主义、极端主义音频视频资料的手机、U盘或者其他存储介质的；维修电脑的人员为修理电脑而暂时保管他人送修的存有宣扬恐怖主义、极端主义音频视频资料，而事先未被告知，待公安机关查办案件时才发现的；等等。

2.实践中有一些合法持有的情形，如查办案件的人民警察查封、扣押宣扬恐怖主义、极端主义的图书、音频视频资料等物品因而持有的；研究反恐怖主义问题的专家学者为进行学术研究而持有少量恐怖主义、极端主义宣传品的，则不能认定为犯罪。

【司法指导文件】

《最高人民法院、最高人民检察院、公安部、司法部关于办理恐怖活动和极端主义犯罪案件适用法律若干问题的意见》（高检会〔2018〕1号，20180316）

一、准确认定犯罪

（七）明知是载有宣扬恐怖主义、极端主义内容的图书、报刊、文稿、图片、音频视频资料、服饰、标志或者其他物品而非法持有，达到下列数量标准之一的，依照刑法第一百二十条之六的规定，以非法持有宣扬恐怖主义、极端主义物品罪定罪处罚：

1.图书、刊物二十册以上，或者电

子图书、刊物五册以上的；

2.报纸一百份(张)以上，或者电子报纸二十份(张)以上的；

3.文稿、图片一百篇(张)以上，或者电子文稿、图片二十篇(张)以上，或者电子文档五十万字符以上的；

4.录音带、录像带等音像制品二十个以上，或者电子音频视频资料五个以上，或者电子音频视频资料二十分钟以上的；

5.服饰、标志二十件以上的。

非法持有宣扬恐怖主义、极端主义的物品，虽未达到前款规定的数量标准，但具有多次持有，持有多类物品，造成严重后果或者恶劣社会影响，曾因实施恐怖活动、极端主义违法犯罪被追究刑事责任或者二年内受过行政处罚等情形之一的，也可以定罪处罚。

多次非法持有宣扬恐怖主义、极端主义的物品，未经处理的，数量应当累计计算。非法持有宣扬恐怖主义、极端主义的物品，涉及不同种类或者形式的，可以根据本条规定的不同数量标准的相应比例折算后累计计算。

非法持有宣扬恐怖主义、极端主义物品罪主观故意中的"明知"，应当根据案件具体情况，以行为人实施的客观行为为基础，结合其一贯表现，具体行为、程度、手段、事后态度，以及年龄、认知和受教育程度、所从事的职业等综合审查判断。

具有下列情形之一，行为人不能做出合理解释的，可以认定其"明知"，但有证据证明确属被蒙骗的除外：

1.曾因实施恐怖活动、极端主义违法犯罪被追究刑事责任，或者二年内受过行政处罚，或者被责令改正后又实施的；

2.在执法人员检查时，有逃跑、丢弃携带物品或者逃避、抗拒检查等行为，在其携带、藏匿或者丢弃的物品中查获宣扬恐怖主义、极端主义的物品的；

3.采用伪装、隐匿、暗语、手势、代号等隐蔽方式制作、散发、持有宣扬恐怖主义、极端主义的物品的；

4.以虚假身份、地址或者其他虚假方式办理托运、寄递手续，在托运、寄递的物品中查获宣扬恐怖主义、极端主义的物品的；

5.有其他证据足以证明行为人应当知道的情形。

(八)犯刑法第一百二十条规定的犯罪，同时构成刑法第一百二十条之一至之六规定的犯罪的，依照处罚较重的规定定罪处罚。

犯刑法第一百二十条之一至之六规定的犯罪，同时构成其他犯罪的，依照处罚较重的规定定罪处罚。

(九)恐怖主义、极端主义，恐怖活动，恐怖活动组织，根据《中华人民共和国反恐怖主义法》等法律法规认定。

【法院案例库参考案例】

〔贾某非法持有宣扬恐怖主义、极端主义物品，宣扬恐怖主义、极端主义案，2024-02-1-034-001〕刑法第一百二十条之三、之六行为并存时的罪数形态

非法持有宣扬恐怖主义、极端主义物品行为和宣扬恐怖主义、极端主义行为并存的，可根据持有行为和宣扬行为在时间上的交叉关系认定罪数形态。行为人持有涉案视频资料的行为与散布该视频资料的行为相对独立的，对两个行为应当分别评价，数罪并罚。

第一百二十一条 【劫持航空器罪】以暴力、胁迫或者其他方法劫持航空器的，处十年以上有期徒刑或者无期徒刑；致人重伤、死亡或者使航空器遭受严重破坏的，处死刑。

【立法·要点注释】

本条中的“其他方法”，是指犯罪分子使用除暴力、威胁方法以外的方法劫持航空器的行为。如航空器的驾驶人员，利用驾驶航空器的便利条件，违反规定直接驾机非法出逃境外，危害公众安全的行为。

第一百二十二条 【劫持船只、汽车罪】以暴力、胁迫或者其他方法劫持船只、汽车的，处五年以上十年以下有期徒刑；造成严重后果的，处十年以上有期徒刑或者无期徒刑。

【立法·要点注释】

本条规定的劫持船只、汽车行为的目的不是抢劫或者实施海盗行为，对于以抢劫为目的劫持船只、汽车的，应当依照抢劫罪的规定定罪处罚。本条规定的劫持船只、汽车的目的与第一百二十一条劫持航空器的目的是基本一致的，主要是逃避法律追究，让船只、汽车开往其指定的地点，或者以劫持车船作为要挟手段，让政府答应其提出的某项条件等。

第一百二十三条 【暴力危及飞行安全罪】对飞行中的航空器上的人员使用暴力，危及飞行安全，尚未造成严重后果的，处五年以下有期徒刑或者拘役；造成严重后果的，处五年以上有期徒刑。

【立法·要点注释】

1.关于“飞行中”的认定。一般认为，航空器从装载完毕、机舱外部各门均已关闭时起，直至打开任一机舱门以便卸载时为止，应被认为是在飞行中；航空器强迫降落时，在主管当局接管对该航空器及其所载人员和财产的责任前，应被认为仍在飞行中。实践中应严格把握是否为飞行中的状态，如果是对处于待飞行状态的航空器上的人员使用暴力，原则上不适用本条。“待飞行”应以实质的飞行状态判断，如经停，航行前检测、维修，航空管制待飞等均应属于“待飞行”。对于不在“飞行中”的航空器及相关人员使用暴力的，构成犯罪的，可以根据故意伤害、毁损财物等相关犯罪依法追究刑事责任，如在飞机上、候机厅、安检处等殴打安检人员、飞机乘务人员、其他旅客等造成人身伤害的，以故意伤害罪追究刑事责任。毁坏机场设备或飞机上的设备等情形可以故意毁坏财物罪追究刑事责任。

2.本条中的“使用暴力”，较劫持航空器罪的范围要宽，包括对飞行中的航空器上的人员脚踢、使用凶器行凶，以及乘客之间、乘客与机组人员之间的暴力事件。

3.“造成严重后果的”，是指因行为人在航空器中使用暴力的行为，致使航空器不能正常航行，以致迫降、坠毁等。

【司法指导文件】

《最高人民法院、最高人民检察院、公安部关于依法惩治在使用中的航空器内实施违法犯罪行为的指导意见》

(公通字〔2024〕3号，20240112)

二、准确认定行为性质

(一)暴力危及飞行安全。对飞行中的航空器内的人员使用暴力，具有下列情形之一的，应当认定为刑法第一百二十三条规定的危及飞行安全，尚未造成严重后果：

1.导致机舱内人员、行李位移，足以影响航空器配载平衡的；

2.造成航空器发动机或者与飞行安全相关的关键通信、应急、线路、舱体等设备功能受损的；

3.导致安全员、随机机务等飞行安全保障人员丧失履职能力或者履职能力严重受损的；

4.在航空器驾驶舱内实施暴力行为的；

5.航空器驾驶员擅离职守对他人实施暴力行为的；

6.其他危及飞行安全，尚未造成严重后果的行为。

具有下列情形之一的，应当认定为刑法第一百二十三条规定的危及飞行安全，造成严重后果：

1.导致航空器配载平衡受到影响，航空器发动机或者与飞行安全相关的关键通信、应急、线路、舱体等设备功能受损等，致使航班备降、返航或者中断运行的；

2.导致航空器驾驶员丧失履职能力或者履职能力严重受损的；

3.导致航空器发生起火、冲出跑道、迫降、坠毁等严重安全事故的。

……

(六)故意伤害。在使用中的航空器内故意伤害他人身体的，依照刑法第二百三十四条规定，以故意伤害罪定罪处罚；尚不构成犯罪的，依照治安管理处罚法第四十三条[①]规定处罚。

第一百二十四条　【破坏广播电视设施、公用电信设施罪】破坏广播电视设施、公用电信设施，危害公共安全的，处三年以上七年以下有期徒刑；造成严重后果的，处七年以上有期徒刑。

【过失损坏广播电视设施、公用电信设施罪】过失犯前款罪的，处三年以上七年以下有期徒刑；情节较轻的，处三年以下有期徒刑或者拘役。

【司法解释(1)】

《最高人民法院关于审理破坏公用电信设施刑事案件具体应用法律若干问题的解释》(法释〔2004〕21号，20050111)

第一条　采用截断通信线路、损毁通信设备或者删除、修改、增加电信网计算机信息系统中存储、处理或者传输的数据和应用程序等手段，故意破坏正在使用的公用电信设施，具有下列情形之一的，属于刑法第一百二十四条规定的“危害公共安全”，依照刑法第一百二十四条第一款规定，以破坏公用电信设施罪处三年以上七年以下有期徒刑：

(一)造成火警、匪警、医疗急救、交通事故报警、救灾、抢险、防汛等通信中断或者严重障碍，并因此贻误救助、救治、救灾、抢险等，致使人员死亡一人、重伤三人以上或者造成财产损失三十万元以上的；

① 2025年修订的治安管理处罚法第五十一条。——编者注

(二)造成二千以上不满一万用户通信中断一小时以上,或者一万以上用户通信中断不满一小时的;

(三)在一个本地网范围内,网间通信全阻、关口局至某一局向全部中断或网间某一业务全部中断不满二小时或者直接影响范围不满五万(用户×小时)的;

(四)造成网间通信严重障碍,一日内累计二小时以上不满十二小时的;

(五)其他危害公共安全的情形。

第二条 实施本解释第一条规定的行为,具有下列情形之一的,属于刑法第一百二十四条第一款规定的"严重后果",以破坏公用电信设施罪处七年以上有期徒刑;

(一)造成火警、匪警、医疗急救、交通事故报警、救灾、抢险、防汛等通信中断或者严重障碍,并因此贻误救助、救治、救灾、抢险等,致使人员死亡二人以上、重伤六人以上或者造成财产损失六十万元以上的;

(二)造成一万以上用户通信中断一小时以上的;

(三)在一个本地网范围内,网间通信全阻、关口局至某一局向全部中断或网间某一业务全部中断二小时以上或者直接影响范围五万(用户×小时)以上的;

(四)造成网间通信严重障碍,一日内累计十二小时以上的;

(五)造成其他严重后果的。

第三条 故意破坏正在使用的公用电信设施尚未危害公共安全,或者故意毁坏尚未投入使用的公用电信设施,造成财物损失,构成犯罪的,依照刑法第二百七十五条规定,以故意毁坏财物罪定罪处罚。

盗窃公用电信设施价值数额不大,但是构成危害公共安全犯罪的,依照刑法第一百二十四条的规定定罪处罚;盗窃公用电信设施同时构成盗窃罪和破坏公用电信设施罪的,依照处罚较重的规定定罪处罚。

第四条 指使、组织、教唆他人实施本解释规定的故意犯罪行为的,按照共犯定罪处罚。

第五条 本解释中规定的公用电信设施的范围、用户数、通信中断和严重障碍的标准和时间长度,依据国家电信行业主管部门的有关规定确定。

【司法解释(2)】

《最高人民法院关于审理破坏广播电视设施等刑事案件具体应用法律若干问题的解释》(法释〔2011〕13号,20110613)

第一条 采取拆卸、毁坏设备,剪割缆线,删除、修改、增加广播电视设备系统中存储、处理、传输的数据和应用程序,非法占用频率等手段,破坏正在使用的广播电视设施,具有下列情形之一的,依照刑法第一百二十四条第一款的规定,以破坏广播电视设施罪处三年以上七年以下有期徒刑:

(一)造成救灾、抢险、防汛和灾害预警等重大公共信息无法发布的;

(二)造成县级、地市(设区的市)级广播电视台中直接关系节目播出的设施无法使用,信号无法播出的;

(三)造成省级以上广播电视传输网内的设施无法使用,地市(设区的市)级广播电视传输网内的设施无法使用三小时以上,县级广播电视传输网内的设施无法使用十二小时以上,信号无法传输的;

（四）其他危害公共安全的情形。

第二条　实施本解释第一条规定的行为，具有下列情形之一的，应当认定为刑法第一百二十四条第一款规定的“造成严重后果”，以破坏广播电视设施罪处七年以上有期徒刑：

（一）造成救灾、抢险、防汛和灾害预警等重大公共信息无法发布，因此贻误排除险情或者疏导群众，致使一人以上死亡、三人以上重伤或者财产损失五十万元以上，或者引起严重社会恐慌、社会秩序混乱的；

（二）造成省级以上广播电视台中直接关系节目播出的设施无法使用，信号无法播出的；

（三）造成省级以上广播电视传输网内的设施无法使用三小时以上，地市（设区的市）级广播电视传输网内的设施无法使用十二小时以上，县级广播电视传输网内的设施无法使用四十八小时以上，信号无法传输的；

（四）造成其他严重后果的。

第三条　过失损坏正在使用的广播电视设施，造成本解释第二条规定的严重后果的，依照刑法第一百二十四条第二款的规定，以过失损坏广播电视设施罪处三年以上七年以下有期徒刑；情节较轻的，处三年以下有期徒刑或者拘役。

过失损坏广播电视设施构成犯罪，但能主动向有关部门报告，积极赔偿损失或者修复被损坏设施的，可以酌情从宽处罚。

第四条　建设、施工单位的管理人员、施工人员，在建设、施工过程中，违反广播电视设施保护规定，故意或者过失损毁正在使用的广播电视设施，构成犯罪的，以破坏广播电视设施罪或者过失损坏广播电视设施罪定罪处罚。其定罪量刑标准适用本解释第一至三条的规定。

第五条　盗窃正在使用的广播电视设施，尚未构成盗窃罪，但具有本解释第一条、第二条规定情形的，以破坏广播电视设施罪定罪处罚；同时构成盗窃罪和破坏广播电视设施罪的，依照处罚较重的规定定罪处罚。

第六条　破坏正在使用的广播电视设施未危及公共安全，或者故意毁坏尚未投入使用的广播电视设施，造成财物损失数额较大或者有其他严重情节的，以故意毁坏财物罪定罪处罚。

第七条　实施破坏广播电视设施犯罪，并利用广播电视设施实施煽动分裂国家、煽动颠覆国家政权、煽动民族仇恨、民族歧视或者宣扬邪教等行为，同时构成其他犯罪的，依照处罚较重的规定定罪处罚。

第八条　本解释所称广播电视台中直接关系节目播出的设施、广播电视传输网内的设施，参照国家广播电视行政主管部门和其他相关部门的有关规定确定。

第一百二十五条　【非法制造、买卖、运输、邮寄、储存枪支、弹药、爆炸物罪】非法制造、买卖、运输、邮寄、储存枪支、弹药、爆炸物的，处三年以上十年以下有期徒刑；情节严重的，处十年以上有期徒刑、无期徒刑或者死刑。

【非法制造、买卖、运输、储存危险物质罪】非法制造、买卖、运输、储存毒害性、放射性、传染

病病原体等物质，危害公共安全的，依照前款的规定处罚。

单位犯前两款罪的，对单位判处罚金，并对其直接负责的主管人员和其他直接责任人员，依照第一款的规定处罚。

【修正前条文】

第一百二十五条 【非法制造、买卖、运输、邮寄、储存枪支、弹药、爆炸物罪】非法制造、买卖、运输、邮寄、储存枪支、弹药、爆炸物的，处三年以上十年以下有期徒刑；情节严重的，处十年以上有期徒刑、无期徒刑或者死刑。

【非法买卖、运输核材料罪】非法买卖、运输核材料的，依照前款的规定处罚。

单位犯前两款罪的，对单位判处罚金，并对其直接负责的主管人员和其他直接责任人员，依照第一款的规定处罚。

【修正说明】

刑法修正案(三)第五条将原条文中的"核材料"修改为"毒害性、放射性、传染病病原体等物质"。

【立法·要点注释】

1."非法"，既包括违反法律、法规，也包括违反国家有关部门发布的规章、通告等规范性文件。

2."运输"与"邮寄"的主要区别是运输的方式，一个通过交通工具，另一个是通过邮政、快递系统，"运输"一般较"邮寄"的数量要多。

3."枪支"，是指以火药或者压缩气体等为动力，利用管状器具发射金属弹丸或者其他物质，足以致人伤亡或者丧失知觉的各种枪支。包括军用的手枪、步枪、冲锋枪、机枪以及射击运动用的各种枪支，还有各种民用的狩猎用枪等。"弹药"，是指上述枪支所使用的子弹、火药等；"爆炸物"，是指具有爆破性并对人体造成杀伤的物品，如手榴弹、炸药以及雷管、爆破筒、地雷等。

【相关立法】

《中华人民共和国枪支管理法》(20150424)

第四十六条 本法所称枪支，是指以火药或者压缩气体等为动力，利用管状器具发射金属弹丸或者其他物质，足以致人伤亡或者丧失知觉的各种枪支。

【立案追诉标准】

《最高人民检察院、公安部关于公安机关管辖的刑事案件立案追诉标准的规定(一)》(公通字〔2008〕36号，20080625)

第二条 〔非法制造、买卖、运输、储存危险物质案(刑法第一百二十五条第二款)〕非法制造、买卖、运输、储存毒害性、放射性、传染病病原体等物质，危害公共安全，涉嫌下列情形之一的，应予立案追诉：

(一)造成人员重伤或者死亡的；

(二)造成直接经济损失十万元以上的；

(三)非法制造、买卖、运输、储存毒鼠强、氟乙酰胺、氟乙酰钠、毒鼠硅、甘氟原粉、原液、制剂五十克以上，或者饵料二千克以上的；

(四)造成急性中毒、放射性疾病或者造成传染病流行、暴发的；

(五)造成严重环境污染的；

(六)造成毒害性、放射性、传染病病原体等危险物质丢失、被盗、被抢或者被他人利用进行违法犯罪活动的；

（七）其他危害公共安全的情形。

【司法解释(1)】

《最高人民法院关于审理非法制造、买卖、运输枪支、弹药、爆炸物等刑事案件具体应用法律若干问题的解释》(原法释〔2001〕15号，根据法释〔2009〕18号修正，20100101)[①]

第一条　个人或者单位非法制造、买卖、运输、邮寄、储存枪支、弹药、爆炸物，具有下列情形之一的，依照刑法第一百二十五条第一款的规定，以非法制造、买卖、运输、邮寄、储存枪支、弹药、爆炸物罪定罪处罚：

（一）非法制造、买卖、运输、邮寄、储存军用枪支一支以上的；

（二）非法制造、买卖、运输、邮寄、储存以火药为动力发射枪弹的非军用枪支一支以上或者以压缩气体等为动力的其他非军用枪支二支以上的；

（三）非法制造、买卖、运输、邮寄、储存军用子弹十发以上、气枪铅弹五百发以上或者其他非军用子弹一百发以上的；

（四）非法制造、买卖、运输、邮寄、储存手榴弹一枚以上的；

（五）非法制造、买卖、运输、邮寄、储存爆炸装置的；

（六）非法制造、买卖、运输、邮寄、储存炸药、发射药、黑火药一千克以上或者烟火药三千克以上、雷管三十枚以上或者导火索、导爆索三十米以上的；

（七）具有生产爆炸物品资格的单位不按照规定的品种制造，或者具有销售、使用爆炸物品资格的单位超过限额买卖炸药、发射药、黑火药十千克以上或者烟火药三十千克以上、雷管三百枚以上或者导火索、导爆索三百米以上的；

（八）多次非法制造、买卖、运输、邮寄、储存弹药、爆炸物的；

（九）虽未达到上述最低数量标准，但具有造成严重后果等其他恶劣情节的。

介绍买卖枪支、弹药、爆炸物的，以买卖枪支、弹药、爆炸物罪的共犯论处。

第二条　非法制造、买卖、运输、邮寄、储存枪支、弹药、爆炸物，具有下列情形之一的，属于刑法第一百二十五条第一款规定的“情节严重”：

（一）非法制造、买卖、运输、邮寄、储存枪支、弹药、爆炸物的数量达到本解释第一条第（一）、（二）、（三）、（六）、（七）项规定的最低数量标准五倍以上的；

（二）非法制造、买卖、运输、邮寄、储存手榴弹三枚以上的；

（三）非法制造、买卖、运输、邮寄、储存爆炸装置，危害严重的；

（四）达到本解释第一条规定的最低数量标准，并具有造成严重后果等其他恶劣情节的。

第七条　非法制造、买卖、运输、邮寄、储存、盗窃、抢夺、持有、私藏、携带成套枪支散件的，以相应数量的枪支计；非成套枪支散件以每三十件为一成套枪支散件计。

第八条第一款　刑法第一百二十五条第一款规定的“非法储存”，是指明知是他人非法制造、买卖、运输、邮

---

① 对于该司法解释的适用，需结合本条项下【司法解释(2)】的规定综合考虑。——编者注

寄的枪支、弹药而为其存放的行为，或者非法存放爆炸物的行为。

第九条 因筑路、建房、打井、整修宅基地和土地等正常生产、生活需要，以及因从事合法的生产经营活动而非法制造、买卖、运输、邮寄、储存爆炸物，数量达到本解释第一条规定标准，没有造成严重社会危害，并确有悔改表现的，可依法从轻处罚；情节轻微的，可以免除处罚。

具有前款情形，数量虽达到本解释第二条规定标准的，也可以不认定为刑法第一百二十五条第一款规定的“情节严重”。

在公共场所、居民区等人员集中区域非法制造、买卖、运输、邮寄、储存爆炸物，或者因非法制造、买卖、运输、邮寄、储存爆炸物三年内受到两次以上行政处罚又实施上述行为，数量达到本解释规定标准的，不适用前两款量刑的规定。

第十条 实施非法制造、买卖、运输、邮寄、储存、盗窃、抢夺、持有、私藏其他弹药、爆炸物品等行为，参照本解释有关条文规定的定罪量刑标准处罚。

【司法解释(2)】

《最高人民法院、最高人民检察院关于涉以压缩气体为动力的枪支、气枪铅弹刑事案件定罪量刑问题的批复》(法释〔2018〕8号，20180330)

近来，部分高级人民法院、省级人民检察院就如何对非法制造、买卖、运输、邮寄、储存、持有、私藏、走私以压缩气体为动力的枪支、气枪铅弹(用铅、铅合金或者其他金属加工的气枪弹)行为定罪量刑的问题提出请示。经研究，批复如下：

一、对于非法制造、买卖、运输、邮寄、储存、持有、私藏、走私以压缩气体为动力且枪口比动能较低的枪支的行为，在决定是否追究刑事责任以及如何裁量刑罚时，不仅应当考虑涉案枪支的数量，而且应当充分考虑涉案枪支的外观、材质、发射物、购买场所和渠道、价格、用途、致伤力大小、是否易于通过改制提升致伤力，以及行为人的主观认知、动机目的、一贯表现、违法所得、是否规避调查等情节，综合评估社会危害性，坚持主客观相统一，确保罪责刑相适应。

二、对于非法制造、买卖、运输、邮寄、储存、持有、私藏、走私气枪铅弹的行为，在决定是否追究刑事责任以及如何裁量刑罚时，应当综合考虑气枪铅弹的数量、用途以及行为人的动机目的、一贯表现、违法所得、是否规避调查等情节，综合评估社会危害性，确保罪责刑相适应。

【司法解释(2)·注释】

1.关于非法制造、买卖、运输、邮寄、储存、持有、私藏、走私以压缩气体为动力且枪口比动能较低的枪支的定罪量刑。对于非法制造、买卖、运输、邮寄、储存、持有、私藏、走私以压缩气体为动力且枪口比动能较低的枪支案件，在决定是否追究刑事责任以及如何裁量刑罚时，不应当唯枪支数量论，而应当根据案件情况综合评估社会危害性。具体而言，除涉案枪支的数量外，还应当充分考虑如下情况：

一是涉案枪支的外观、材质、发射物、购买场所和渠道、价格。这主要是考虑到实践中一些以压缩气体为动力且枪口比动能较低的枪支，虽然经鉴定枪口比动能达到了枪支认定标准，但是从其外观看一般人明显不会认识到系枪支(如玩具枪)，材质通常不同于一般枪支(如使用材质较差的塑料)，发射物明显致伤力较小(如发射BB弹)，就购买场所和渠道而言一般人认为购买不到枪支的地方(如玩具市场)，就价格而言一般人认为不可能是枪支的对价(如仅花费了几十元钱)。对于上述情形，在决定是否追究刑事责任以及如何裁量刑罚时，就应当根据相应情节作出特别考虑。

二是涉案枪支的致伤力大小、是否易于通过改制提升致伤力。以压缩气体为动力的枪支的枪口比动能区间较大，且由于发射物不同，枪支致伤力存在明显差异。因此，在办理具体案件时，应当要求公安机关做好涉案枪支的鉴定工作，涉案枪支的鉴定意见要载明枪支的数量、发射物、枪口比动能的具体数值等情况，以便判断其致伤力大小。此外，此类枪支中的部分枪支，其本身致伤力不大，但易于通过改制达到较大致伤力，具有更大的社会危害性。对于是否易于通过改制提升致伤力，应当由公诉机关予以证明，必要时可以通过鉴定人、有专门知识的人出庭作证的方式作进一步判断。

三是涉案枪支的用途和行为人的主观认知、动机目的、一贯表现、违法所得、是否规避调查等情节。这主要侧重从行为人角度对社会危害性进行考量。特别是，要坚持主客观相统一，防止"客观归罪"，即只要涉案枪支经鉴定认定为枪支即追究刑事责任，而对行为人主观上是否明知涉案物品系枪支置之不顾。根据主客观相统一原则的要求，对于此类案件的处理，要根据在案证据对行为人主观明知作出准确认定，对于不能认定行为人主观上明知涉案物品系枪支的，不认定为犯罪。例如，赵某某、朱某某夫妇在集贸市场内销售"玩具枪"，公安机关从其作为玩具出售的枪状物中起获43支，经鉴定均为以弹簧为动力转化为压缩气体发射球形弹丸，其中有18支符合枪支标准。在本案的审查起诉阶段，检察机关认为，对赵某某、朱某某夫妇在集贸市场内销售"玩具枪"的行为，没有充分的证据证明其主观上明知出售的物品系枪支并具有非法买卖枪支的故意，故依法作出存疑不起诉处理。该案的处理，正是从主观明知方面作了准确判断，体现了主客观相统一原则的基本要求。

四是对于以收藏、娱乐为目的，非法购买、持有以压缩气体为动力、枪口比动能较低且不属于易于通过改制提升致伤力的枪支的，社会危害性相对较小，应当依法从宽处罚；如果行为人系初犯，确有悔改表现，没有造成严重后果的，可以依法不起诉或者免予刑事处罚；情节显著轻微危害不大的，不以犯罪论处；确有必要判处刑罚的，可以非法持有枪支罪依法从宽处罚。对行为人是否规避调查的考量，主要考虑行为人是否采用伪装、隐藏等有意规避有关部门调查的方式实施上述涉枪违法犯罪的行为。

在本批复起草过程中，对于是否应当明确"枪口比动能较低"的具体数值，存在不同认识。经慎重研究认为，涉以压缩气体为动力的枪支的案件情况非常复杂，在决定是否追究刑事责任以及如何裁量刑罚时，需要考虑枪口比动能这一重要因素，但更须根据案件情况综合考量。在此背景下，如对"枪口比动能较低”的具体数值作出规定，恐会导致对具体案件的处理陷入“一刀切”的困境，不符合批复所确立的综合考量精神。例如，涉案枪支的枪口比动能虽然较低，但是易于通过改制提升致伤力，社会危害性大，如受制于“枪口比动能较低”的具体数值，可能难以依法严惩；相反，涉案枪支的枪口比动能虽然达到一定数值，比如达到11焦耳/平方厘米，但综合考虑购买场所和渠道、价格、用途等因素，综合评估认为社会危害性不大的，若受制于“枪口比动能较低”的具体数值，可能出现处理过苛、处罚过严的问题。基于上述考虑，本批复最终未对“枪口比动能较低”的具体数值作出明确，司法实践中，应当根据案件具体情况，在综合考虑其他相关情节的基础上，妥当把握“枪口比动能较低”的认定。

司法实践中对于涉“火柴枪”等其他致伤力较低的枪支的案件的处理，同样存在类似的问题。鉴于相关问题尚待进一步总结司法经验，本批复未作明确规定。但是，处理具体案件时，可以根据本批复的精神，在决定是否追究刑事责任以及如何裁量刑罚时，综合评估社会危害性，坚持主客观相统一，实现罪责刑相适应。

2.对于非法制造、买卖、运输、邮寄、储存、持有、私藏、走私气枪铅弹的定罪量刑。对于非法制造、买卖、运输、邮寄、储存、持有、私藏、走私气枪铅弹的行为，也要避免唯数量论，而应当根据案件情况综合评估社会危害性，妥当决定是否追究刑事责任以及如何裁量刑罚，确保罪责刑相适应。除气枪铅弹外，用其他金属加工的气枪弹与气枪铅弹可能具有大致相当的致伤力。因此，为避免司法实践中对“气枪铅弹”作机械把握，本批复明确气枪铅弹是指“用铅、铅合金或者其他金属加工的气枪弹”。

【司法解释(3)】

《最高人民法院、最高人民检察院关于办理非法制造、买卖、运输、储存毒鼠强等禁用剧毒化学品刑事案件具体应用法律若干问题的解释》(法释〔2003〕14号，20031001)

第一条　非法制造、买卖、运输、储存毒鼠强等禁用剧毒化学品，危害公共安全，具有下列情形之一的，依照刑法第一百二十五条的规定，以非法制造、买卖、运输、储存危险物质罪，处三年以上十年以下有期徒刑：

(一)非法制造、买卖、运输、储存原粉、原液、原药制剂50克以上，或者饵料2千克以上的；

(二)在非法制造、买卖、运输、储存过程中致人重伤、死亡或者造成公私财产损失10万元以上的。

第二条　非法制造、买卖、运输、储存毒鼠强等禁用剧毒化学品，具有下列情形之一的，属于刑法第一百二十五条规定的“情节严重”，处十年以上有期徒刑、无期徒刑或者死刑：

(一)非法制造、买卖、运输、储存原粉、原液、制剂500克以上，或者饵料20千克以上的；

(二)在非法制造、买卖、运输、储存过程中致3人以上重伤、死亡，或者造成公私财产损失20万元以上的；

(三)非法制造、买卖、运输、储存原粉、原药、制剂50克以上不满500克，或者饵料2千克以上不满20千克，并具有其他严重情节的。

第三条　单位非法制造、买卖、运

输、储存毒鼠强等禁用剧毒化学品的，依照本解释第一条、第二条规定的定罪量刑标准执行。

第五条　本解释施行以前，确因生产、生活需要而非法制造、买卖、运输、储存毒鼠强等禁用剧毒化学品饵料自用，没有造成严重社会危害的，可以依照刑法第十三条的规定，不作为犯罪处理。

本解释施行以后，确因生产、生活需要而非法制造、买卖、运输、储存毒鼠强等禁用剧毒化学品饵料自用，构成犯罪，但没有造成严重社会危害，经教育确有悔改表现的，可以依法从轻、减轻或者免除处罚。

第六条　本解释所称"毒鼠强等禁用剧毒化学品"，是指国家明令禁止的毒鼠强、氟乙酰胺、氟乙酸钠、毒鼠硅、甘氟。

【司法指导文件(1)】

《最高人民法院关于处理涉枪、涉爆申诉案件有关问题的通知》(法〔2003〕8号，20030115)

我院于2001年9月17日发出《对执行〈关于审理非法制造、买卖、运输枪支、弹药、爆炸物等刑事案件具体应用法律若干问题的解释〉有关问题的通知》(以下简称《通知》)[①]后，一些高级人民法院向我院请示，对于符合《通知》的要求，但是已经依照我院于2001年5月16日公布的《关于审理非法制造、买卖、运输枪支、弹药、爆炸物等刑事案件具体应用法律若干问题的解释》(以下简称《解释》)[②]作出生效裁判的案件，当事人提出申诉的，人民法院能否根据《通知》精神再审改判等问题。为准确适用法律和司法解释，现就有关问题通知如下：

《解释》公布后，人民法院经审理并已作出生效裁判的非法制造、买卖、运输枪支、弹药、爆炸物等刑事案件，当事人依法提出申诉，经审查认为生效裁判不符合《通知》规定的，人民法院可以根据案件的具体情况，按照审判监督程序重新审理，并依照《通知》规定的精神予以改判。

【司法指导文件(2)】

《最高人民法院关于九七刑法实施后发生的非法买卖枪支案件，审理时新的司法解释尚未作出，是否可以参照1995年9月20日最高人民法院〈关于办理非法制造、买卖、运输非军用枪支、弹药刑事案件适用法律问题的解释〉的规定审理案件请示的复函》(〔2003〕刑立他字第8号，20030729)

原审被告人侯磊非法买卖枪支的行为发生在修订后的《刑法》实施以后，而该案审理时《最高人民法院关于审理非法制造、买卖、运输枪支、弹药、爆炸物等刑事案件具体应用法律若干问题的解释》尚未颁布，因此，依照我院法发〔1997〕3号《关于认真学习宣传贯彻修订的〈中华人民共和国刑法〉的通知》的精神，该案应参照1995年9月20日最高人民法院法发〔1995〕20号《关于办理非法制造、买卖、运输非军用枪支、弹药刑事案件适用法律问题的解释》的规定办理。

---

① 该通知已被废止。——编者注

② 该司法解释已被法释〔2009〕18号修正。——编者注

【司法指导文件(3)】

《最高人民法院、最高人民检察院、公安部、工业和信息化部、住房和城乡建设部、交通运输部、应急管理部、国家铁路局、中国民用航空局、国家邮政局关于依法惩治涉枪支、弹药、爆炸物、易燃易爆危险物品犯罪的意见》(法发〔2021〕35号,20211231)

一、总体要求

……

二、正确认定犯罪

4.非法制造、买卖、运输、邮寄、储存、盗窃、抢夺、抢劫、持有、私藏、走私枪支、弹药、爆炸物,并利用该枪支、弹药、爆炸物实施故意杀人、故意伤害、抢劫、绑架等犯罪的,依照数罪并罚的规定处罚。

5.违反危险化学品安全管理规定,未经依法批准或者许可擅自从事易燃易爆危险物品道路运输活动,或者实施其他违反危险化学品安全管理规定通过道路运输易燃易爆危险物品的行为,危及公共安全的,依照刑法第一百三十三条之一第一款第四项的规定,以危险驾驶罪定罪处罚。

在易燃易爆危险物品生产、经营、储存等高度危险的生产作业活动中违反有关安全管理的规定,有下列情形之一,具有发生重大伤亡事故或者其他严重后果的现实危险的,依照刑法第一百三十四条之一第三项的规定,以危险作业罪定罪处罚:

(1)委托无资质企业或者个人储存易燃易爆危险物品的;

(2)在储存的普通货物中夹带易燃易爆危险物品的;

(3)将易燃易爆危险物品谎报或者匿报为普通货物申报、储存的;

(4)其他涉及安全生产的事项未经依法批准或者许可,擅自从事易燃易爆危险物品生产、经营、储存等活动的情形。

实施前两款行为,同时构成刑法第一百三十条规定之罪等其他犯罪的,依照处罚较重的规定定罪处罚;导致发生重大伤亡事故或者其他严重后果,符合刑法第一百三十四条、第一百三十五条、第一百三十六条等规定的,依照各该条的规定定罪从重处罚。

6.在易燃易爆危险物品生产、储存、运输、使用中违反有关安全管理的规定,实施本意见第5条前两款规定以外的其他行为,导致发生重大事故,造成严重后果,符合刑法第一百三十六条等规定的,以危险物品肇事罪等罪名定罪处罚。

7.实施刑法第一百三十六条规定等行为,向负有安全生产监督管理职责的部门不报、谎报或者迟报相关情况的,从重处罚;同时构成刑法第一百三十九条之一规定之罪的,依照数罪并罚的规定处罚。

8.在水路、铁路、航空易燃易爆危险物品运输生产作业活动中违反有关安全管理的规定,有下列情形之一,明知存在重大事故隐患而不排除,足以危害公共安全的,依照刑法第一百一十四条的规定,以以危险方法危害公共安全罪定罪处罚;致人重伤、死亡或者使公私财产遭受重大损失的,依照刑法第一百一十五条第一款的规定处罚:

(1)未经依法批准或者许可,擅自从事易燃易爆危险物品运输的;

(2)委托无资质企业或者个人承运易燃易爆危险物品的;

(3)在托运的普通货物中夹带易燃

易爆危险物品的；

(4) 将易燃易爆危险物品谎报或者匿报为普通货物托运的；

(5) 其他在水路、铁路、航空易燃易爆危险物品运输活动中违反有关安全管理规定的情形。

非法携带易燃易爆危险物品进入水路、铁路、航空公共交通工具或者有关公共场所，危及公共安全，情节严重的，依照刑法第一百三十条的规定，以非法携带危险物品危及公共安全罪定罪处罚。

9.通过邮件、快件夹带易燃易爆危险物品，或者将易燃易爆危险物品谎报为普通物品交寄，符合本意见第5条至第8条规定的，依照各该条的规定定罪处罚。

三、准确把握刑事政策

10.对于非法制造、买卖、运输、邮寄、储存、持有、私藏、走私枪支、弹药，以及非法制造、买卖、运输、邮寄、储存爆炸物的行为，应当依照刑法和《最高人民法院关于审理非法制造、买卖、运输枪支、弹药、爆炸物等刑事案件具体应用法律若干问题的解释》《最高人民法院、最高人民检察院关于办理走私刑事案件适用法律若干问题的解释》等规定，从严追究刑事责任。

11.对于非法制造、买卖、运输、邮寄、储存、持有、私藏、走私以压缩气体为动力且枪口比动能较低的枪支以及气枪铅弹的行为，应当依照刑法和《最高人民法院、最高人民检察院关于涉以压缩气体为动力的枪支、气枪铅弹刑事案件定罪量刑问题的批复》的规定，综合考虑案件情节，综合评估社会危害性，坚持主客观相统一，决定是否追究刑事责任以及如何裁量刑罚，确保罪责刑相适应。

12.利用信息网络非法买卖枪支、弹药、爆炸物、易燃易爆危险物品，或者利用寄递渠道非法运输枪支、弹药、爆炸物、易燃易爆危险物品，依法构成犯罪的，从严追究刑事责任。

13.确因正常生产、生活需要，以及因从事合法的生产经营活动而非法生产、储存、使用、经营、运输易燃易爆危险物品，依法构成犯罪，没有造成严重社会危害，并确有悔改表现的，可以从轻处罚。

14.将非法枪支、弹药、爆炸物主动上交公安机关，或者将未经依法批准或者许可生产、储存、使用、经营、运输的易燃易爆危险物品主动上交行政执法机关处置的，可以从轻处罚；未造成实际危害后果，犯罪情节轻微不需要判处刑罚的，可以依法不起诉或者免予刑事处罚；成立自首的，可以依法从轻、减轻或者免除处罚。

有揭发他人涉枪支、弹药、爆炸物、易燃易爆危险物品犯罪行为，查证属实的，或者提供重要线索，从而得以侦破其他涉枪支、弹药、爆炸物、易燃易爆危险物品案件等立功表现的，可以依法从轻或者减轻处罚；有重大立功表现的，可以依法减轻或者免除处罚。

四、加强行政执法与刑事司法衔接

……

22.人民法院对涉枪支、弹药、爆炸物、易燃易爆危险物品犯罪案件被告人判处罚金、有期徒刑或者拘役的，有关行政执法机关已经依法给予的罚款、行政拘留，应当依法折抵相应罚金或者刑期。有关行政执法机关尚未给予罚款的，不再给予罚款。

对于人民检察院依法决定不起诉或者人民法院依法免予刑事处罚的案

件，需要给予行政处罚的，由有关行政执法机关依法给予行政处罚。

五、其他问题

23.本意见所称易燃易爆危险物品，是指具有爆炸、易燃性质的危险化学品、危险货物等，具体范围依照相关法律、行政法规、部门规章和国家标准确定。依照有关规定属于爆炸物的除外。

24.本意见所称有关行政执法机关，包括民用爆炸物品行业主管部门、燃气管理部门、交通运输主管部门、应急管理部门、铁路监管部门、民用航空主管部门和邮政管理部门等。

25.本意见自 2021 年 12 月 31 日起施行。

【司法指导文件(4)】

《最高人民法院、最高人民检察院、公安部、司法部关于依法严厉打击传播艾滋病病毒等违法犯罪行为的指导意见》(公通字〔2019〕23号，20190519)

二、准确认定行为性质

(九)非法买卖危险物质罪。非法买卖含有艾滋病病毒的血液，危害公共安全的，依照刑法第一百二十五条第二款的规定，以非法买卖危险物质罪定罪处罚。

【司法指导文件(5)】

《最高人民法院、最高人民检察院、公安部、国家安全监管总局关于依法加强对涉嫌犯罪的非法生产经营烟花爆竹行为刑事责任追究的通知》(安监总管三〔2012〕116号，20120906)

一、非法生产、经营烟花爆竹及相关行为涉及非法制造、买卖、运输、邮寄、储存黑火药、烟火药，构成非法制造、买卖、运输、邮寄、储存爆炸物罪的，应当依照刑法第一百二十五条的规定定罪处罚；非法生产、经营烟花爆竹及相关行为涉及生产、销售伪劣产品或不符合安全标准产品，构成生产、销售伪劣产品罪或生产、销售不符合安全标准产品罪[①]的，应当依照刑法第一百四十条、第一百四十六条的规定定罪处罚；非法生产、经营烟花爆竹及相关行为构成非法经营罪的，应当依照刑法第二百二十五条的规定定罪处罚。上述非法生产经营烟花爆竹行为的定罪量刑和立案追诉标准，分别按照《最高人民法院关于审理非法制造、买卖、运输枪支、弹药、爆炸物等刑事案件具体应用法律若干问题的解释》(法释〔2009〕18号)、《最高人民法院、最高人民检察院关于办理生产、销售伪劣商品刑事案件具体应用法律若干问题的解释》(法释〔2001〕10号)、《最高人民检察院、公安部关于公安机关管辖的刑事案件立案追诉标准的规定(一)》(公通字〔2008〕36号)、《最高人民检察院、公安部关于公安机关管辖的刑事案件立案追诉标准的规定(二)》(公通字〔2010〕23号)[②]等有关规定执行。

【司法指导文件(6)】

《最高人民法院研究室关于生产烟花爆竹配制烟火药行为是否构成非法制造、买卖爆炸物罪的答复》(法研

---

① 罪名应为“生产、销售不符合安全标准的产品罪”。——编者注

② 该文件已被《最高人民检察院、公安部关于公安机关管辖的刑事案件立案追诉标准的规定(二)》(公通字〔2022〕12号)所废止。——编者注

〔2009〕85号)

……烟花爆竹具有爆炸性、危险性,这是一般人都能够认识和了解的。但是,由于烟花爆竹的普遍被接受性、娱乐性、爆炸力被分散性等特点,将烟花爆竹认定为爆炸物会扩大打击面,也与普通民众的认识观念、传统习俗不符,因此,最高法院的司法解释没有将烟花爆竹认定为爆炸物。但是,黑火药、烟火药则不同,一方面,黑火药、烟火药的爆炸力强,对公共安全的危害性大;另一方面,将黑火药、烟火药认定为爆炸物有利于从源头上打击非法制造、销售烟花爆竹的非法行为,从根本上保障人民群众生命财产安全。因此,司法解释没有将烟花爆竹认定为爆炸物,而是将制造烟花爆竹用的黑火药、烟火药认定为爆炸物。

鉴于此类案件的特殊性,如果被告人配制烟火药的行为没有造成严重的社会危害,数量不大,经教育确有悔改表现,可以根据有关规定和法律确定的程序,对被告人从轻、减轻或者免除处罚。

【司法指导文件(7)】

《最高人民检察院法律政策研究室关于非法制造、买卖、运输、储存以火药为动力发射弹药的大口径武器的行为如何适用法律问题的答复》(〔2004〕高检研发第18号,20041103)

对于非法制造、买卖、运输、储存以火药为动力发射弹药的大口径武器的行为,应当依照刑法第一百二十五条第一款的规定,以非法制造、买卖、运输、储存枪支罪追究刑事责任。

【司法指导文件(8)】

《最高人民法院研究室关于非法买卖气枪铅弹行为是否构成犯罪的研究意见》(2012)[1]

非法买卖气枪铅弹,数量达到《最高人民法院关于审理非法制造、买卖、运输枪支、弹药、爆炸物等刑事案件具体应用法律若干问题的解释》规定的定罪量刑标准,应当以非法买卖弹药罪定罪处罚。但考虑到社会上非法买卖气枪铅弹的行为主要是为了娱乐或者供他人娱乐,如果没有造成严重危害后果,行为人主观恶性不深,具有悔罪表现,可结合案情对被告人从宽处理。

【司法指导文件(9)】

《最高人民法院研究室关于磷化铝是否属于刑法规定的毒害性物质的研究意见》(2012)

磷化铝片剂属于刑法中规定的毒害性物质,但是结合磷化铝在粮食储存中被广泛使用以及案件的具体情况,可以对被告人从宽处理。

【公安文件(1)】

《公安部关于对以气体等为动力发射金属弹丸或者其他物质的仿真枪认定问题的批复》(公复字〔2006〕5号,20061011)

依据《中华人民共和国枪支管理法》第四十六条的规定,利用气瓶、弹簧、电机等形成压缩气体为动力、发射金属弹丸或者其他物质并具有杀伤力

① 对于该研究意见的适用,需结合本条项下【司法解释(2)】的规定综合考虑。——编者注

的“仿真枪”，具备制式气枪的本质特征，应认定为枪支，并按气枪进行管制处理。对非法制造、买卖、运输、储存、邮寄、持有、携带和走私此类枪支的，应当依照《中华人民共和国枪支管理法》、《中华人民共和国刑法》、《中华人民共和国治安管理处罚法》的有关规定追究当事人的法律责任。对不具有杀伤力但符合仿真枪认定规定的，应认定为仿真枪；对非法制造、销售此类仿真枪的，应当依照《中华人民共和国枪支管理法》的有关规定，予以处罚。

【公安文件(2)】

《仿真枪认定标准》(公通字〔2008〕8号，20080219)

一、凡符合以下条件之一的，可以认定为仿真枪：

1.符合《中华人民共和国枪支管理法》规定的枪支构成要件，所发射金属弹丸或其他物质的枪口比动能小于1.8焦耳/平方厘米(不含本数)、大于0.16焦耳/平方厘米(不含本数)的；

2.具备枪支外形特征，并且具有与制式枪支材质和功能相似的枪管、枪机、机匣或者击发等机构之一的；

3.外形、颜色与制式枪支相同或者近似，并且外形长度尺寸介于相应制式枪支全枪长度尺寸的二分之一与一倍之间的。

二、枪口比动能的计算，按照《枪支致伤力的法庭科学鉴定判据》规定的计算方法执行。

三、术语解释

1.制式枪支：国内制造的制式枪支是指已完成定型试验，并且经军队或国家有关主管部门批准投入装备、使用(含外贸出口)的各类枪支。国外制造的制式枪支是指制造商已完成定型试验，并且装备、使用或投入市场销售的各类枪支。

2.全枪长：是指从枪管口部至枪托或枪机框(适用于无枪托的枪支)底部的长度。

【公安文件(3)】

《公安部关于仿真枪认定标准有关问题的批复》(公复字〔2011〕1号，20110108)

一、关于仿真枪与制式枪支的比例问题

公安部《仿真枪认定标准》第一条第三项规定的“外形长度尺寸介于相应制式枪支全枪长度尺寸的二分之一与一倍之间”，其中的“一倍”是指比相应制式枪支全枪长度尺寸长出一倍；其中的二分之一与一倍均不包含本数。

二、关于仿真枪仿制式枪支年代问题

鉴于转轮手枪等一些手动、半自动枪械均属于第一次世界大战以前就已问世的产品。因此，制式枪支的概念不能以第一次世界大战来划定，仍应当按照《仿真枪认定标准》的有关规定执行。但绳枪、燧发枪等古代前装枪不属于制式枪支的范畴。

【公安文件(4)】

《公安部关于对彩弹枪按照枪支进行管理的通知》(公治〔2002〕82号，20020607)

彩弹枪射击运动，是一项利用彩弹枪进行对抗射击的娱乐活动。目前彩弹枪正逐步向小口径化方向发展，所发射的彩弹也由软质向硬质转化，且初速越来越快，威力越来越大，近距离射击可对人体构成伤害。为加强对彩弹枪的管理，特通知如下：

彩弹枪的结构符合《中华人民共和国枪支管理法》第四十六条有关枪支定义规定的要件，且其发射彩弹时枪口动能平均值达到93焦耳，已超过国家军用标准规定的对人体致伤动能的标准(78焦耳)。各地要按照《中华人民共和国枪支管理法》的有关规定对彩弹枪进行管理，以维护社会治安秩序，保障公共安全。

【公安文件(5)】

《公安部关于对空包弹管理有关问题的批复》(公复字〔2011〕3号，20110922)

空包弹是一种能够被枪支击发的无弹头特种枪弹。鉴于空包弹易被犯罪分子改制成枪弹，并且发射时其枪口冲击波在一定距离内，仍能够对人员造成伤害。因此，应当依据《中华人民共和国枪支管理法》将空包弹纳入枪支弹药管理范畴。其中，对中国人民解放军、武装警察部队需要配备使用的各类空包弹，纳入军队、武警部队装备枪支弹药管理范畴予以管理；对公务用枪配备单位需要使用的各类空包弹，纳入公务用枪管理范畴予以管理；对民用枪支配置、影视制作等单位需要配置使用的各类空包弹，纳入民用枪支弹药管理范畴予以管理。

对于射钉弹、发令弹的口径与制式枪支口径相同的，应当作为民用枪支弹药进行管理；口径与制式枪支口径不同的，对制造企业应当作为民用爆炸物品使用单位进行管理，其销售、购买应当实行实名登记管理。

【公安文件(6)】

《公安部关于涉弩违法犯罪行为的处理及性能鉴定问题的批复》(公复字〔2006〕2号，20060525)

一、弩是一种具有一定杀伤能力的运动器材，但其结构和性能不符合《中华人民共和国枪支管理法》对枪支的定义，不属于枪支范畴。因此，不能按照《最高人民法院关于审理非法制造、买卖、运输枪支、弹药、爆炸物等刑事案件具体应用法律若干问题的解释》(法释〔2001〕15号)[①]追究刑事责任，仍应按照《公安部、国家工商行政管理局关于加强弩管理的通知》(公治〔1999〕1646号)的规定，对非法制造、销售、运输、持有弩的登记收缴，消除社会治安隐患。

二、对弩的鉴定工作，不能参照公安部《公安机关涉案枪支弹药性能鉴定工作规定》(公通字〔2001〕68号)[②]进行。鉴于目前社会上非法制造、销售、运输、持有的弩均为制式产品，不存在非制式弩的情况，因此不需要进行技术鉴定。

【公安文件(7)】

《公安部关于枪支主要零部件管理有关问题的批复》(公治〔2014〕110号，20140306)

枪支主要零部件是指组成枪支的主要零件和部件，其中，枪支主要零件是指对枪支性能具有较大影响而且不可拆分的单个制件，如枪管、击针、扳

---

① 该司法解释已被法释〔2009〕18号修正。——编者注

② 该规定目前现行有效的是公通字〔2019〕30号。——编者注

机等；枪支部件是指由若干枪支零件组成具有一定功能的集合体，如击发机构部件、枪机部件等。《最高人民法院关于审理非法制造、买卖、运输枪支、弹药、爆炸物等刑事案件具体应用法律若干问题的解释》(法释〔2009〕18号)中的枪支散件和《公安机关涉案枪支弹药性能鉴定工作规定》(公通字〔2010〕67号)[①]中的枪支专用散件等同于枪支主要零件。

枪支主要零部件的生产加工应当委托具有枪支制造资质的企业进行。对枪支主要零部件的鉴定工作，应当按照《公安机关涉案枪支弹药性能鉴定工作规定》进行，对国外生产的枪支或者自制枪支的主要零部件，可以采取判别是否具有枪支零部件主要性能特征的方式进行鉴定。

【公安文件(8)】

《公安机关涉案枪支弹药鉴定工作规定》(公通字〔2019〕30号，20191209)

一、鉴定范围

公安机关在依法办理案件中需要鉴定涉案枪支、弹药及其散件的，适用本规定。

本规定所称枪支，是指符合《中华人民共和国枪支管理法》第四十六条之规定，以火药或者压缩气体等为动力，利用管状器具发射金属弹丸或者其他物质，足以致人伤亡或者丧失知觉的各种枪支。枪支一般应具备枪身、枪管、击发机构、发射机构等。

本规定所称弹药，一般应具备弹头(弹丸)、弹壳、底火、发射药四部分结构。气枪弹虽不具备上述结构，但属于本规定所称弹药。

本规定所称枪支散件，是指专门用于组成枪支的主要零部件。

本规定所称弹药散件，是指组成弹药的弹头、弹壳、底火等。

本规定所称制式枪支、弹药，是指按照国家标准或者公安部、军队下达的战术技术指标要求，经国家有关部门或者军队批准定型，由合法企业生产的各类枪支、弹药，以及境外合法企业制造的枪支、弹药和历史遗留的各类旧杂式枪支、弹药。

本规定所称非制式枪支、弹药，是指未经有关部门批准定型或者不符合国家标准的各类枪支、弹药，包括自制、改制的枪支、弹药和枪支、弹药生产企业研制工作中的中间产品。

二、鉴定机关

涉案枪支、弹药的鉴定工作由地(市)级及以上公安机关鉴定机构负责。

三、鉴定标准

(一)制式枪支、弹药及其散件的鉴定标准

与制式枪支、弹药及其散件的实物或者资料相符，或者具备制式枪支、弹药及其散件特征的，应认定为枪支、弹药及其散件。

制式枪支、弹药，无论能否击发，均应认定为枪支、弹药。

(二)非制式枪支、弹药及其散件的鉴定标准

1.以火药为动力的非制式枪支、弹药的鉴定标准

对以火药为动力的非制式枪支，能发射制式或者非制式弹药的，应认定为枪支。对火铳类枪支，其枪管、传火孔

① 该规定目前现行有效的是公通字〔2019〕30号。——编者注

贯通，且能实现发射功能的，应认定为枪支。

对以火药为动力的非制式枪支，因缺少个别零件或者锈蚀不能完成击发动作，经加装相关零件或者除锈后具备发射功能的，应认定为枪支。

对以火药为动力的非制式弹药，具备弹药组成结构，且各部分具备相应功能或者能够发射的，应认定为弹药。

2.以压缩气体等为动力的非制式枪支、弹药的鉴定标准

对以压缩气体等为动力的非制式枪支，所发射弹丸的枪口比动能大于等于1.8焦耳／平方厘米的，应认定为枪支。因缺少个别零件或者锈蚀不能完成击发动作，经加装相关零件或者除锈后具备发射功能，且枪口比动能大于等于1.8焦耳／平方厘米的，应认定为枪支。

对非制式气枪弹，与境内外生产的制式气枪弹外形、规格相符或者相近的，应认定为气枪弹。

3.非制式枪支、弹药散件的鉴定标准

对非制式枪支散件，与制式或者非制式枪支散件的实物、资料相符或者相近，或者具备枪支散件相同功能的，应认定为枪支散件。

对非制式弹药散件，与制式弹药散件的实物、资料相符或者相近的，应认定为弹药散件。

四、附则

（一）对同一类型的枪支、弹药及其散件，因数量较大等原因无法进行全部检验的，可按照有关规定进行抽样检验。

（二）涉案枪支、弹药的鉴定程序，按照《公安机关鉴定规则》执行。

【审判实务释疑】

审理以压缩气体为动力的枪支犯罪案件，如何把握定罪量刑标准？

……一些涉以压缩气体为动力且枪口比动能较低的枪支案件，涉案枪支的致伤力较低，在决定是否追究刑事责任以及裁量刑罚时唯枪支数量论，恐会有悖一般公众的认知，也会违背罪责刑相适应原则。……办理涉以压缩气体为动力且枪口比动能较低的枪支案件，可以根据《最高人民法院、最高人民检察院关于涉以压缩气体为动力的枪支、气枪铅弹刑事案件定罪量刑问题的批复》的规定，不受《最高人民法院关于审理非法制造、买卖、运输枪支、弹药、爆炸物等刑事案件具体应用法律若干问题的解释》定罪量刑标准的限制，综合考量犯罪的社会危害性，依法妥当处理。“刘某魁、孙某梅非法买卖枪支案”（案例库入库编号：2023-05-1-043-001）的裁判要旨也体现了这一规则。当然，对于虽属以压缩气体为动力的枪支，但枪口比动能较高的，仍然应当适用上述解释的定罪量刑标准。[①]

【指导性案例 · 法院】

〔王召成等非法买卖、储存危险物质案，FZD13-2013〕

1.国家严格监督管理的氰化钠等剧毒化学品，易致人中毒或者死亡，对人体、环境具有极大的毒害性和危险性，属于刑法第一百二十五条第二款规定的“毒害性”物质。

---

① 参见《法答网精选答问（第六批）》，载《人民法院报》2024年6月13日，第7版。

2.“非法买卖”毒害性物质，是指违反法律和国家主管部门规定，未经有关主管部门批准许可，擅自购买或者出售毒害性物质的行为，并不需要兼有买进和卖出的行为。

【法院案例库参考案例】

〔郑某轩、马某剑非法制造、买卖、运输爆炸物准许撤回起诉案，2024-05-1-043-001〕非法制造、买卖、运输爆炸物罪之非法性的判断

1.就非法制造、买卖、运输爆炸物罪等涉及行政管理的犯罪而言，相关犯罪的成立，应当以行政违法为前提，且需要行政违法性达到一定的严重程度。在对二氧化碳相变致裂器类等新型爆破产品的生产、加工、销售等环节行政规范监管缺位的情况下，所涉行为难以被认定具有行政违法性，且行为人已做到严格管理，不应当承担刑事责任。

2.司法机关应当依法严惩非法制造、买卖、运输爆炸物等相关犯罪。但是，同时应当充分体现刑法的谦抑性，对行政监管缺位的案件的入罪持慎重态度，避免以刑事处罚代替行政监管。

〔李某虎非法买卖爆炸物再审改判无罪案，2024-05-1-043-002〕非法买卖爆炸物罪的认定

对于非法买卖爆炸物罪等涉及行政管理的犯罪而言，相关犯罪的成立，应当以行政违法为前提。对于案涉物品未被列入监管名录，购买者已从卖家获得有资质部门安全检验报告、质量检验报告，且所购物品用于正常生产活动，并在使用过程中做到了审慎管理、安全使用的，依法不构成非法买卖爆炸物罪。

〔韩某台非法制造、买卖枪支、弹药、爆炸物、妨害公务案，2024-18-1-043-002〕非法制造以火药为动力发射弹药的大口径武器行为的定性

对于非法制造、买卖、运输、储存以火药为动力发射弹药的大口径武器的行为，应当依照刑法第一百二十五条第一款的规定，以非法制造、买卖、运输、储存枪支罪追究刑事责任。

〔牛某非法买卖枪支案，2024-18-1-043-001〕涉以压缩气体为动力且枪口比动能较低枪支案件的处理

1.对于非法制造、买卖、运输、邮寄、储存、持有、私藏、走私以压缩气体为动力且枪口比动能较低的枪支的行为，在决定是否追究刑事责任以及如何裁量刑罚时，应当避免唯数量论，综合考虑涉案枪支的数量、外观、材质、发射物、购买场所和渠道、价格、用途、致伤力大小、是否易于通过改制提升致伤力，以及行为人的主观认知、动机目的、一贯表现、违法所得、是否规避调查等情节，综合评估社会危害性，坚持主客观相统一，确保罪责刑相适应。

2.对于非法制造、买卖、运输、邮寄、储存、持有、私藏、走私以压缩气体为动力且枪口比动能较低的枪支的行为，涉案枪支数量虽然达到《最高人民法院关于审理非法制造、买卖、运输枪支、弹药、爆炸物等刑事案件具体应用法律若干问题的解释》规定的“情节严重”标准，但根据“两高”《关于涉以压缩气体为动力的枪支、气枪铅弹刑事案件定罪量刑问题的批复》(法释〔2018〕8号)规定，可以不认定为“情节严重”的，无须适用刑法第六十三条第二款的规定在法定刑以下判处刑罚并报最高人民法院核准。

〔刘某准、官某机非法制造枪支案，

2024-05-1-043-004〕购买主要零部件改造已有枪支的，应当以非法制造枪支罪定罪处罚

私自购买主要零部件，加工、组装、改装、拼装、修理枪支后，持有、使用枪支，应当以非法制造枪支罪定罪处罚。

〔参考案例第1624号：王某军等人被诉非法制造、买卖、邮寄、持有枪支、弹药案〕制造、买卖、邮寄、持有枪支、弹药，用于创办抗日战争博物馆展览的，应如何定性？

被告人购买、持有枪支、弹药的目的是筹办抗日战争博物馆，主观上没有危害公共安全的故意，客观上未造成实际危害后果，社会危害性低，故对其行为不应作为犯罪处理。

【法院公报案例】

〔铜陵市狮子山区人民检察院诉查从余、黄保根非法买卖爆炸物案，GB2005-5〕

被告人非法买卖炸药的行为，已构成非法买卖爆炸物罪，但鉴于其确因生活所需非法买卖炸药，没有造成严重社会危害，经教育确有悔改表现，可以在法定刑以下判处刑罚。

【《刑事审判参考》案例】

〔参考案例第360号：徐钦朋非法买卖爆炸物案〕确因生产、生活所需非法买卖爆炸物的，应当如何适用刑罚？

行为人确因生产、生活所需而非法买卖爆炸物，没有造成严重社会危害，经教育确有悔改表现的，可依法免除或者从轻处罚。

〔参考案例第361号：吴传贵等非法制造、买卖爆炸物案〕非法制造、买卖大量炸药，炸药在买方存储中发生爆炸的，应当如何量刑？

刑法第一百二十五条规定的“情节严重”，与非法制造、买卖、运输、邮寄、存储爆炸物之间应当是直接的因果关系。炸药的爆炸是在炸药卖出后的存储中发生，非法制造、买卖炸药的行为与爆炸的发生不是典型的直接的因果关系。即非法制造炸药的行为与炸药发生爆炸这一后果之间的距离比典型的因果关系之间的距离远，相应地，行为人承担这一后果的刑事责任也应当从轻。

〔参考案例第463号：庄木根、刘平平、郑斌非法买卖枪支、贩卖毒品案〕非法买卖枪支时以毒品冲抵部分价款的行为如何定性？

以毒品冲抵部分买卖枪支价款的行为构成贩卖毒品罪；与非法买卖枪支罪不构成牵连犯从一重处断，应当以贩卖毒品罪与非法买卖枪支罪数罪并罚。

〔参考案例第631号：吴芝桥非法制造、买卖枪支、弹药案〕如何认定非法制造、买卖枪支、弹药罪的“情节严重”？

《最高人民法院关于审理非法制造、买卖、运输枪支、弹药、爆炸物等刑事案件具体应用法律若干问题的解释》第二条第四项规定：“达到本解释第一条规定的最低数量标准，并具有造成严重后果等其他恶劣情节的”，属于刑法第一百二十五条第一款规定的“情节严重”。这里的“造成严重后果等其他恶劣情节”包括：枪支弹药流散到社会后是否造成人身伤亡的结果；是否针对妇女、儿童等特定对象犯罪；非法制造、买卖的枪支、弹药是否被他人用于犯罪活动；是否出于自己实施犯罪的目的或者意图为犯罪分子提供枪支、弹药而非法制造、买卖枪支弹药等。

〔参考案例第940号：戴永光走私弹药、非法持有枪支案〕气枪铅弹是否属于刑法中的“弹药”?

气枪铅弹属于刑法中的“弹药”，但行为人出于兴趣爱好走私或者非法持有的，量刑时应当有别于一般非军用子弹。

〔参考案例第1507号：刘某魁、孙某梅等人非法买卖枪支案〕非法买卖枪口比动能较低的以压缩气体为动力的枪支、气枪铅弹应如何认定?

对枪口比动能较低的涉气枪案件，可不认定为“情节严重”，无须报请核准在法定刑以下判处刑罚。

第一百二十六条【违规制造、销售枪支罪】依法被指定、确定的枪支制造企业、销售企业，违反枪支管理规定，有下列行为之一的，对单位判处罚金，并对其直接负责的主管人员和其他直接责任人员，处五年以下有期徒刑；情节严重的，处五年以上十年以下有期徒刑；情节特别严重的，处十年以上有期徒刑或者无期徒刑：

（一）以非法销售为目的，超过限额或者不按照规定的品种制造、配售枪支的；

（二）以非法销售为目的，制造无号、重号、假号的枪支的；

（三）非法销售枪支或者在境内销售为出口制造的枪支的。

【立案追诉标准】

《最高人民检察院、公安部关于公安机关管辖的刑事案件立案追诉标准的规定(一)》(公通字〔2008〕36号，20080625)

第三条 〔违规制造、销售枪支案(刑法第一百二十六条)〕依法被指定、确定的枪支制造企业、销售企业，违反枪支管理规定，以非法销售为目的，超过限额或者不按照规定的品种制造、配售枪支，或者以非法销售为目的，制造无号、重号、假号的枪支，或者非法销售枪支或者在境内销售为出口制造的枪支，涉嫌下列情形之一的，应予立案追诉：

(一)违规制造枪支五支以上的；

(二)违规销售枪支二支以上的；

(三)虽未达到上述数量标准，但具有造成严重后果等其他恶劣情节的。

本条和本规定第四条、第七条规定的“枪支”，包括枪支散件。成套枪支散件，以相应数量的枪支计；非成套枪支散件，以每三十件为一成套枪支散件计。

【司法解释】

《最高人民法院关于审理非法制造、买卖、运输枪支、弹药、爆炸物等刑事案件具体应用法律若干问题的解释》(原法释〔2001〕15号，根据法释〔2009〕18号修正，20100101)

第三条 依法被指定或者确定的枪支制造、销售企业，实施刑法第一百二十六条规定的行为，具有下列情形之一的，以违规制造、销售枪支罪定罪处罚：

(一)违规制造枪支五支以上的；

(二)违规销售枪支二支以上的；

(三)虽未达到上述最低数量标准，但具有造成严重后果等其他恶劣情节的。

具有下列情形之一的，属于刑法第一百二十六条规定的“情节严重”：

（一）违规制造枪支二十支以上的；

（二）违规销售枪支十支以上的；

（三）达到本条第一款规定的最低数量标准，并具有造成严重后果等其他恶劣情节的。

具有下列情形之一的，属于刑法第一百二十六条规定的“情节特别严重”：

（一）违规制造枪支五十支以上的；

（二）违规销售枪支三十支以上的；

（三）达到本条第二款规定的最低数量标准，并具有造成严重后果等其他恶劣情节的。

第一百二十七条 【盗窃、抢夺枪支、弹药、爆炸物、危险物质罪】盗窃、抢夺枪支、弹药、爆炸物的，或者盗窃、抢夺毒害性、放射性、传染病病原体等物质，危害公共安全的，处三年以上十年以下有期徒刑；情节严重的，处十年以上有期徒刑、无期徒刑或者死刑。

【抢劫枪支、弹药、爆炸物、危险物质罪】【盗窃、抢夺枪支、弹药、爆炸物、危险物质罪】抢劫枪支、弹药、爆炸物的，或者抢劫毒害性、放射性、传染病病原体等物质，危害公共安全的，或者盗窃、抢夺国家机关、军警人员、民兵的枪支、弹药、爆炸物的，处十年以上有期徒刑、无期徒刑或者死刑。

【修正前条文】

第一百二十七条 【盗窃、抢夺枪支、弹药、爆炸物罪】盗窃、抢夺枪支、弹药、爆炸物的，处三年以上十年以下有期徒刑；情节严重的，处十年以上有期徒刑、无期徒刑或者死刑。

【抢劫枪支、弹药、爆炸物罪】【盗窃、抢夺枪支、弹药、爆炸物罪】抢劫枪支、弹药、爆炸物或者盗窃、抢夺国家机关、军警人员、民兵的枪支、弹药、爆炸物的，处十年以上有期徒刑、无期徒刑或者死刑。

【修正说明】

刑法修正案（三）第六条将“危险物质”增列为犯罪对象。

【司法解释】

《最高人民法院关于审理非法制造、买卖、运输枪支、弹药、爆炸物等刑事案件具体应用法律若干问题的解释》（原法释〔2001〕15号，根据法释〔2009〕18号修正，20100101）

第四条 盗窃、抢夺枪支、弹药、爆炸物，具有下列情形之一的，依照刑法第一百二十七条第一款的规定，以盗窃、抢夺枪支、弹药、爆炸物罪定罪处罚：

（一）盗窃、抢夺以火药为动力的发射枪弹非军用枪支一支以上或者以压缩气体等为动力的其他非军用枪支二支以上的；

（二）盗窃、抢夺军用子弹十发以上、气枪铅弹五百发以上或者其他非军用子弹一百发以上的；

（三）盗窃、抢夺爆炸装置的；

（四）盗窃、抢夺炸药、发射药、黑火药一千克以上或者烟火药三千克以上、雷管三十枚以上或者导火索、导爆索三十米以上的；

（五）虽未达到上述最低数量标准，但具有造成严重后果等其他恶劣情节的。

具有下列情形之一的，属于刑法

第一百二十七条第一款规定的“情节严重”：

（一）盗窃、抢夺枪支、弹药、爆炸物的数量达到本条第一款规定的最低数量标准五倍以上的；

（二）盗窃、抢夺军用枪支的；

（三）盗窃、抢夺手榴弹的；

（四）盗窃、抢夺爆炸装置，危害严重的；

（五）达到本条第一款规定的最低数量标准，并具有造成严重后果等其他恶劣情节的。

第一百二十八条 【非法持有、私藏枪支、弹药罪】违反枪支管理规定，非法持有、私藏枪支、弹药的，处三年以下有期徒刑、拘役或者管制；情节严重的，处三年以上七年以下有期徒刑。

【非法出租、出借枪支罪】依法配备公务用枪的人员，非法出租、出借枪支的，依照前款的规定处罚。

【非法出租、出借枪支罪】依法配置枪支的人员，非法出租、出借枪支，造成严重后果的，依照第一款的规定处罚。

单位犯第二款、第三款罪的，对单位判处罚金，并对其直接负责的主管人员和其他直接责任人员，依照第一款的规定处罚。

【立法·要点注释】

1.“非法持有”，是指不符合配备、配置枪支、弹药条件的人员，违反枪支管理法律、法规的规定，擅自持有枪支、弹药的行为。

2.“私藏”，是指依法配备、配置枪支、弹药的人员，在配备、配置枪支、弹药的条件消失后，违反枪支管理法律、法规的规定，私自藏匿所配备、配置的枪支、弹药且拒不交出的行为。

3.“依法配备公务用枪的人员”，一般是指公安机关、国家安全机关、监狱的人民警察，人民法院、人民检察院的司法警察，以及海关的缉私人员，在依法履行职责时确有必要使用枪支的人员，还有国家重要的军工、金融、仓储、科研等单位的专职守护、押运人员在执行守护、押运任务时确有必要使用枪支的人员。“公务用枪”，即指各种军用枪支，如手枪、冲锋枪、机枪等。

4.“非法出租”，是指以牟利为目的，将配备给自己的枪支租给他人的行为；“非法出借”，是指擅自将配备给自己的枪支借给他人的行为。行为人若明知他人使用枪支进行犯罪活动仍出租、出借的，则应认定为共犯，不能适用本条定罪处刑。

5.“依法配置枪支的人员”中的“枪支”，是指民用枪支，如猎枪、麻醉注射枪、射击运动枪等。对于配置上述民用枪支的范围，枪支管理法已作了明确规定。构成本条第三款之罪的，必须是造成严重后果的非法出租、出借行为，如使用人利用该枪支打伤、打死人等情况。

【立案追诉标准】

《最高人民检察院、公安部关于公安机关管辖的刑事案件立案追诉标准的规定(一)》(公通字〔2008〕36号，20080625)

第四条 〔非法持有、私藏枪支、弹药案(刑法第一百二十八条第一款)〕违反枪支管理规定，非法持有、私藏枪支、弹药，涉嫌下列情形之一的，应予立案追诉：

（一）非法持有、私藏军用枪支一支以上的；

（二）非法持有、私藏以火药为动力发射枪弹的非军用枪支一支以上，或者以压缩气体等为动力的其他非军用枪支二支以上的；

（三）非法持有、私藏军用子弹二十发以上、气枪铅弹一千发以上或者其他非军用子弹二百发以上的；

（四）非法持有、私藏手榴弹、炸弹、地雷、手雷等具有杀伤性弹药一枚以上的；

（五）非法持有、私藏的弹药造成人员伤亡、财产损失的。

本条规定的"非法持有"，是指不符合配备、配置枪支、弹药条件的人员，擅自持有枪支、弹药的行为；"私藏"，是指依法配备、配置枪支、弹药的人员，在配备、配置枪支、弹药的条件消除后，私自藏匿所配备、配置的枪支、弹药且拒不交出的行为。

第五条　〔非法出租、出借枪支案（刑法第一百二十八条第二、三、四款）〕依法配备公务用枪的人员或单位，非法将枪支出租、出借给未取得公务用枪配备资格的人员或单位，或者将公务用枪用作借债质押物的，应予立案追诉。

依法配备公务用枪的人员或单位，非法将枪支出租、出借给具有公务用枪配备资格的人员或单位，以及依法配置民用枪支的人员或单位，非法出租、出借民用枪支，涉嫌下列情形之一的，应予立案追诉：

（一）造成人员轻伤以上伤亡事故的；

（二）造成枪支丢失、被盗、被抢的；

（三）枪支被他人利用进行违法犯罪活动的；

（四）其他造成严重后果的情形。

【司法解释(1)】

《最高人民法院关于审理非法制造、买卖、运输枪支、弹药、爆炸物等刑事案件具体应用法律若干问题的解释》（原法释〔2001〕15号，根据法释〔2009〕18号修正，20100101）[①]

第五条　具有下列情形之一的，依照刑法第一百二十八条第一款的规定，以非法持有、私藏枪支、弹药罪定罪处罚：

（一）非法持有、私藏军用枪支一支的；

（二）非法持有、私藏以火药为动力发射枪弹的非军用枪支一支或者以压缩气体等为动力的其他非军用枪支二支以上的；

（三）非法持有、私藏军用子弹二十发以上，气枪铅弹一千发以上或者其他非军用子弹二百发以上的；

（四）非法持有、私藏手榴弹一枚以上的；

（五）非法持有、私藏的弹药造成人员伤亡、财产损失的。

具有下列情形之一的，属于刑法第一百二十八条第一款规定的"情节严重"：

（一）非法持有、私藏军用枪支二支以上的；

（二）非法持有、私藏以火药为动力

---

① 对于该司法解释的适用，需结合本法第一百二十五条项下【司法解释(2)】的规定综合考虑。——编者注

发射枪弹的非军用枪支二支以上或者以压缩气体等为动力的其他非军用枪支五支以上的；

（三）非法持有、私藏军用子弹一百发以上，气枪铅弹五千发以上或者其他非军用子弹一千发以上的；

（四）非法持有、私藏手榴弹三枚以上的；

（五）达到本条第一款规定的最低数量标准，并具有造成严重后果等其他恶劣情节的。

第八条第二款、第三款　刑法第一百二十八条第一款规定的“非法持有”，是指不符合配备、配置枪支、弹药条件的人员，违反枪支管理法律、法规的规定，擅自持有枪支、弹药的行为。

刑法第一百二十八条第一款规定的“私藏”，是指依法配备、配置枪支、弹药的人员，在配备、配置枪支、弹药的条件消除后，违反枪支管理法律、法规的规定，私自藏匿所配备、配置的枪支、弹药且拒不交出的行为。

【司法解释(2)】

《最高人民检察院关于将公务用枪用作借债质押的行为如何适用法律问题的批复》(高检发释字〔1998〕4号，19981103)

依法配备公务用枪的人员，违反法律规定，将公务用枪用作借债质押物，使枪支处于非依法持枪人的控制、使用之下，严重危害公共安全，是刑法第一百二十八条第二款所规定的非法出借枪支行为的一种形式，应以非法出借枪支罪追究刑事责任；对接受枪支质押的人员，构成犯罪的，根据刑法第一百二十八条第一款的规定，应以非法持有枪支罪追究其刑事责任。

【法院案例库参考案例】

〔于某非法持有枪支准许撤回起诉案，2024-05-1-048-001〕对以收藏、娱乐为目的的非法购买、持有以压缩气体为动力且枪口比动能较低的枪支案件的处理

对于以收藏、娱乐为目的，非法购买、持有以压缩气体为动力且枪口比动能较低的枪支的案件，应当综合评估社会危害性，坚持主客观相统一，确保罪责刑相适应。经综合评估认为社会危害性较小的，依法从宽处理；犯罪情节轻微不需要判处刑罚的，可以免予刑事处罚；情节显著轻微社会危害不大的，不作为犯罪处理。

〔全某非法持有枪支、弹药案，2023-05-1-048-001〕将非法持有的制式枪支切割销毁后，经鉴定能够拼成完整枪支则构成非法持有枪支罪

疑似枪支经鉴定系制式枪支零部件，且能够拼成完整枪支的，可以认定为枪支。在将疑似枪支切割销毁的案件中，如能经鉴定或其他方式证实，疑似枪支系制式枪支零部件，并且能够拼成完整枪支，可以证实被告人构成非法持有枪支罪。

【《刑事审判参考》案例】

〔参考案例第644号：叶燕兵非法持有枪支案〕邀约非法持枪者携枪帮忙能否构成非法持有枪支罪的共犯?

为帮其他人解决纠纷而邀约持枪者携枪帮忙，主观上有非法控制、使用枪支的意图，客观上又通过持枪者实现了对枪支非法持有的状态，二人属于共同犯罪。

第一百二十九条 【丢失枪支不报罪】依法配备公务用枪的人员，丢失枪支不及时报告，造成严重后果的，处三年以下有期徒刑或者拘役。

【立法·要点注释】

“丢失枪支”，主要是指依法配备公务用枪的人员的枪支被盗、被抢或者遗失等情况。现实中丢失枪支的情况很复杂，有的行为人有过错，有的行为人没有过错，但无论枪支如何丢失，都构成本罪的前提条件。如果行为人及时、如实报告自己丢失枪支的情况，则不能适用本条的规定。

【立案追诉标准】

《最高人民检察院、公安部关于公安机关管辖的刑事案件立案追诉标准的规定(一)》(公通字〔2008〕36号，20080625)

第六条 〔丢失枪支不报案(刑法第一百二十九条)〕依法配备公务用枪的人员，丢失枪支不及时报告，涉嫌下列情形之一的，应予立案追诉：

(一)丢失的枪支被他人使用造成人员轻伤以上伤亡事故的；

(二)丢失的枪支被他人利用进行违法犯罪活动的；

(三)其他造成严重后果的情形。

第一百三十条 【非法携带枪支、弹药、管制刀具、危险物品危及公共安全罪】非法携带枪支、弹药、管制刀具或者爆炸性、易燃性、放射性、毒害性、腐蚀性物品，进入公共场所或者公共交通工具，危及公共安全，情节严重的，处三年以下有期徒刑、拘役或者管制。

【立法·要点注释】

1.“管制刀具”，是指国家依法进行管制，只能由特定人员持有、使用，禁止私自生产、买卖、持有的刀具，如匕首、三棱刮刀、弹簧刀以及类似的单刃刀、双刃刀和三棱尖刀等。

2.“公共场所”，主要是指大众进行公开活动的场所，如商店、影剧院、体育场、街道等。“公共交通工具”，是指火车、轮船、长途客运汽车、公共电车、汽车、民用航空器等。

3.对于虽具有非法携带枪支、弹药、管制刀具或者爆炸性、易燃性、放射性、毒害性、腐蚀性物品的行为，进入公共场所或者公共交通工具的，但是尚未达到危及公共安全，情节严重的程度的，不宜定罪处罚，应适用行政管理和行政处罚的方式处理。此外，由于相关法律法规或者规范性文件尚不能对所有的管制刀具、危险物品作详尽列举，对于实践中出现的法规和规范性文件以外的刀具和物品，认为需要按照管制刀具、危险物品管控的，宜先适用行政管理和行政处罚的方式处理，不能一进入公共场所或者公共交通工具，就追究刑事责任。

【相关立法(1)】

《中华人民共和国铁路法》(20150424)

第六十条 违反本法规定，携带危险品进站上车或者以非危险品品名托运危险品，导致发生重大事故的，依照刑法有关规定追究刑事责任。企业事业单位、国家机关、社会团体犯本款罪的，处以罚金，对其主管人员和直接责任人员依法追究刑事责任。

携带炸药、雷管或者非法携带枪支

子弹、管制刀具进站上车的，依照刑法有关规定追究刑事责任。

【相关立法(2)】

《中华人民共和国民用航空法》(20210429)

第一百九十三条　违反本法规定，隐匿携带炸药、雷管或者其他危险品乘坐民用航空器，或者以非危险品品名托运危险品的，依照刑法有关规定追究刑事责任。

企业事业单位犯前款罪的，判处罚金，并对直接负责的主管人员和其他直接责任人员依照前款规定追究刑事责任。

隐匿携带枪支子弹、管制刀具乘坐民用航空器的，依照刑法有关规定追究刑事责任。

【立案追诉标准】

《最高人民检察院、公安部关于公安机关管辖的刑事案件立案追诉标准的规定(一)》(公通字〔2008〕36号，20080625)

第七条　〔非法携带枪支、弹药、管制刀具、危险物品危及公共安全案(刑法第一百三十条)〕非法携带枪支、弹药、管制刀具或者爆炸性、易燃性、放射性、毒害性、腐蚀性物品，进入公共场所或者公共交通工具，危及公共安全，涉嫌下列情形之一的，应予立案追诉：

(一)携带枪支一支以上或者手榴弹、炸弹、地雷、手雷等具有杀伤性弹药一枚以上的；

(二)携带爆炸装置一套以上的；

(三)携带炸药、发射药、黑火药五百克以上或者烟火药一千克以上、雷管二十枚以上或者导火索、导爆索二十米以上，或者虽未达到上述数量标准，但拒不交出的；

(四)携带的弹药、爆炸物在公共场所或者公共交通工具上发生爆炸或者燃烧，尚未造成严重后果的；

(五)携带管制刀具二十把以上，或者虽未达到上述数量标准，但拒不交出，或者用来进行违法活动尚未构成其他犯罪的；

(六)携带的爆炸性、易燃性、放射性、毒害性、腐蚀性物品在公共场所或者公共交通工具上发生泄漏、遗洒，尚未造成严重后果的；

(七)其他情节严重的情形。

【司法解释】

《最高人民法院关于审理非法制造、买卖、运输枪支、弹药、爆炸物等刑事案件具体应用法律若干问题的解释》(原法释〔2001〕15号，根据法释〔2009〕18号修正，20100101)

第六条　非法携带枪支、弹药、爆炸物进入公共场所或者公共交通工具，危及公共安全，具有下列情形之一的，属于刑法第一百三十条规定的“情节严重”：

(一)携带枪支或者手榴弹的；

(二)携带爆炸装置的；

(三)携带炸药、发射药、黑火药五百克以上或者烟火药一千克以上、雷管二十枚以上或者导火索、导爆索二十米以上的；

(四)携带的弹药、爆炸物在公共场所或者公共交通工具上发生爆炸或者燃烧，尚未造成严重后果的；

(五)具有其他严重情节的。

行为人非法携带本条第一款第(三)项规定的爆炸物进入公共场所或者公

共交通工具，虽未达到上述数量标准，但拒不交出的，依照刑法第一百三十条的规定定罪处罚；携带的数量达到最低数量标准，能够主动、全部交出的，可不以犯罪论处。

【司法指导文件(1)】

《最高人民法院、最高人民检察院、公安部、工业和信息化部、住房和城乡建设部、交通运输部、应急管理部、国家铁路局、中国民用航空局、国家邮政局关于依法惩治涉枪支、弹药、爆炸物、易燃易爆危险物品犯罪的意见》(法发〔2021〕35号，20211231)

8.……

非法携带易燃易爆危险物品进入水路、铁路、航空公共交通工具或者有关公共场所，危及公共安全，情节严重的，依照刑法第一百三十条的规定，以非法携带危险物品危及公共安全罪定罪处罚。

【司法指导文件(2)】

《最高人民法院、最高人民检察院、公安部关于依法处理信访活动中违法犯罪行为的指导意见》(公通字〔2019〕7号)

(五)非法携带枪支、弹药、管制刀具、危险物品。非法携带枪支、弹药、管制刀具或者爆炸性、易燃性、放射性、毒害性、腐蚀性物品进入公共场所或者公共交通工具，危及公共安全，情节严重的，依照刑法第一百三十条的规定，以非法携带枪支、弹药、管制刀具、危险物品危及公共安全罪定罪处罚。

【公安文件(1)】

《公安部关于对少数民族人员佩带刀具乘坐火车如何处理问题的批复》(公复字〔2001〕6号，20010428)

根据国务院批准、公安部发布的《对部分刀具实行管制的暂行规定》(〔83〕公发(治)31号)的规定，管制刀具是指匕首、三棱刀(包括机械加工用的三棱刮刀)、带有自锁装置的弹簧刀(跳刀)以及其他相类似的单刃、双刃、三棱尖刀。任何人不得非法制造、销售、携带和私自保存管制刀具。少数民族人员只能在民族自治地区佩带、销售和使用藏刀、腰刀、靴刀等民族刀具；在非民族自治地区，只要少数民族人员所携带的刀具属于管制刀具范围，公安机关就应当严格按照相应规定予以管理。凡公安工作中涉及的此类有关少数民族的政策、法律规定，各级公安机关应当积极采取多种形式广泛宣传，特别是要加大在车站等人员稠密的公共场所及公共交通工具上的宣传力度。

少数民族人员违反《中华人民共和国铁路法》和《铁路运输安全保护条例》[①]携带管制刀具进入车站、乘坐火车的，由公安机关依法予以没收，但在本少数民族自治地区携带具有特别纪念意义或者比较珍贵的民族刀具进入车站的，可以由携带人交其亲友带回或者交由车站派出所暂时保存并出具相应手续，携带人返回时领回；对不服从管理，构成违反治安管理行为的，依法予以治安处罚；构成犯罪的，依法追究其刑事责任。

---

① 该条例已被2014年1月1日施行的《铁路安全管理条例》所废止。——编者注

【公安文件(2)】

《公安部关于公安机关处置信访活动中违法犯罪行为适用法律的指导意见》(公通字〔2013〕25号，20130719)

二、对危害公共安全违法犯罪行为的处理

3.在信访接待场所、其他国家机关或者公共场所、公共交通工具上非法携带枪支、弹药、弓弩、匕首等管制器具，或者爆炸性、毒害性、放射性、腐蚀性等危险物质的，应当及时制止，收缴枪支、弹药、管制器具、危险物质；符合《治安管理处罚法》第三十二条、第三十条[①]规定的，以非法携带枪支、弹药、管制器具、非法携带危险物质依法予以治安管理处罚；情节严重，符合《刑法》第一百三十条规定的，以非法携带枪支、弹药、管制刀具、危险物品危及公共安全罪追究刑事责任。

【公安文件(3)】

《公安部关于将陶瓷类刀具纳入管制刀具管理问题的批复》(公复字〔2010〕1号，20100407)

陶瓷类刀具具有超高硬度、超高耐磨、刃口锋利等特点，其技术特性已达到或超过了部分金属刀具的性能，对符合《管制刀具认定标准》(公通字〔2007〕2号)规定的刀具类型、刀刃长度和刀尖角度等条件的陶瓷类刀具，应当作为管制刀具管理。

【《刑事审判参考》案例】

〔参考案例第368号：孔德明非法携带危险物品危及公共安全罪〕如何区分非法运输、储存爆炸物罪和非法携带危险物品危及公共安全罪？

行为人一直将用于水下施工爆破而以合法手续领取的炸药存放在船上，其驾船行驶的目的是装运货物，而非将炸药从一地运至另一地，将此行为认定为运输炸药不符合主客观一致原则，应当以非法携带危险物品危及公共安全罪定罪处罚。

第一百三十一条　【重大飞行事故罪】航空人员违反规章制度，致使发生重大飞行事故，造成严重后果的，处三年以下有期徒刑或者拘役；造成飞机坠毁或者人员死亡的，处三年以上七年以下有期徒刑。

【立法·要点注释】

1.“航空人员”，是指从事民用航空活动的空勤人员和地面人员。空勤人员包括驾驶员、领航员、飞行机械人员、飞行通信员和乘务员；地面人员包括航空指挥人员、航空器维修人员、空中交通管制员、飞行签派员和航空电台通信员等。

2.“违反规章制度”，是指违反了对民用航空器的维修、操作管理、空域管理、运输管理及安全飞行管理等方面的规章制度。如民用航空器不按照空中交通管制单位指定的航路和飞行高度飞行，民用航空器机组人员的飞行时间、执勤时间大大超过国务院民用航空主管部门规定的时限等。

3.“重大飞行事故”，是指在航空器飞行过程中发生的航空器严重毁坏、破

---

① 2025年修订的治安管理处罚法第三十八条、第三十六条。——编者注

损造成人身伤亡的事件等。

4.“造成严重后果”，是指造成人员重伤或者航空器严重损坏以及承运的货物毁坏等重大损失的情形。

第一百三十二条 【铁路运营安全事故罪】铁路职工违反规章制度，致使发生铁路运营安全事故，造成严重后果的，处三年以下有期徒刑或者拘役；造成特别严重后果的，处三年以上七年以下有期徒刑。

【立法·要点注释】

1.“铁路职工”，是指从事铁路管理、运输、维修等工作的人员，既包括工人，也包括管理人员。

2.“铁路运营安全事故”，是指铁路在运输过程中发生的火车倾覆、出轨、撞车等造成人员伤亡、机车毁坏以及致使公私财产遭受重大损失的严重事件，不包括列车晚点、不能正点发车或到达等非安全事故。

3.“造成严重后果”，是指造成人员伤亡和公私财产遭受重大损失等结果。

【司法解释】

《最高人民法院、最高人民检察院关于办理危害生产安全刑事案件适用法律若干问题的解释》（法释〔2015〕22号，20151216）

第六条第一款　实施刑法第一百三十二条……规定的行为，因而发生安全事故，具有下列情形之一的，应当认定为“造成严重后果”或者“发生重大伤亡事故或者造成其他严重后果”，对相关责任人员，处三年以下有期徒刑或者拘役：

（一）造成死亡一人以上，或者重伤三人以上的；

（二）造成直接经济损失一百万元以上的；

（三）其他造成严重后果或者重大安全事故的情形。

第七条第一款　实施刑法第一百三十二条……规定的行为，因而发生安全事故，具有下列情形之一的，对相关责任人员，处三年以上七年以下有期徒刑：

（一）造成死亡三人以上或者重伤十人以上，负事故主要责任的；

（二）造成直接经济损失五百万元以上，负事故主要责任的；

（三）其他造成特别严重后果、情节特别恶劣或者后果特别严重的情形。

第十二条　实施刑法第一百三十二条……规定的犯罪行为，具有下列情形之一的，从重处罚：

（一）未依法取得安全许可证件或者安全许可证件过期、被暂扣、吊销、注销后从事生产经营活动的；

（二）关闭、破坏必要的安全监控和报警设备的；

（三）已经发现事故隐患，经有关部门或者个人提出后，仍不采取措施的；

（四）一年内曾因危害生产安全违法犯罪活动受过行政处罚或者刑事处罚的；

（五）采取弄虚作假、行贿等手段，故意逃避、阻挠负有安全监督管理职责的部门实施监督检查的；

（六）安全事故发生后转移财产意图逃避承担责任的；

（七）其他从重处罚的情形。

实施前款第五项规定的行为，同时构成刑法第三百八十九条规定的犯罪的，依照数罪并罚的规定处罚。

第十三条　实施刑法第一百三十二条……规定的犯罪行为，在安全事故发生后积极组织、参与事故抢救，或者积极配合调查、主动赔偿损失的，可以酌情从轻处罚。

第一百三十三条　【交通肇事罪】违反交通运输管理法规，因而发生重大事故，致人重伤、死亡或者使公私财产遭受重大损失的，处三年以下有期徒刑或者拘役；交通运输肇事后逃逸或者有其他特别恶劣情节的，处三年以上七年以下有期徒刑；因逃逸致人死亡的，处七年以上有期徒刑。

【立法·要点注释】

1.本罪的主体既包括车辆、船舶的驾驶员、车长、船长等，也包括对上述交通运输的正常、安全运行负有职责的其他有关人员。对于没有合法证件、手续而从事交通运输的人员，如无证驾驶车辆、船舶人员，也属于本罪的犯罪主体。

2.“交通运输肇事后逃逸”，是指行为人交通肇事构成犯罪，在发生交通事故后，为逃避法律追究而逃跑的行为。行为人交通肇事未造成严重后果而逃逸的，不属于本条所规定的情况，可作为行政处罚的从重情节考虑。

【相关立法】

《中华人民共和国道路交通安全法》(20210429)

第九十一条第五款　饮酒后或者醉酒驾驶机动车发生重大交通事故，构成犯罪的，依法追究刑事责任，并由公安机关交通管理部门吊销机动车驾驶证，终生不得重新取得机动车驾驶证。

第一百零一条　违反道路交通安全法律、法规的规定，发生重大交通事故，构成犯罪的，依法追究刑事责任，并由公安机关交通管理部门吊销机动车驾驶证。

造成交通事故后逃逸的，由公安机关交通管理部门吊销机动车驾驶证，且终生不得重新取得机动车驾驶证。

【司法解释】

《最高人民法院关于审理交通肇事刑事案件具体应用法律若干问题的解释》(法释〔2000〕33号，20001121)

第一条　从事交通运输人员或者非交通运输人员，违反交通运输管理法规发生重大交通事故，在分清事故责任的基础上，对于构成犯罪的，依照刑法第一百三十三条的规定定罪处罚。

第二条　交通肇事具有下列情形之一的，处三年以下有期徒刑或者拘役：

(一)死亡一人或者重伤三人以上，负事故全部或者主要责任的；

(二)死亡三人以上，负事故同等责任的；

(三)造成公共财产或者他人财产直接损失，负事故全部或者主要责任，无能力赔偿数额在三十万元以上的。

交通肇事致一人以上重伤，负事故全部或者主要责任，并具有下列情形之一的，以交通肇事罪定罪处罚：

(一)酒后、吸食毒品后驾驶机动车辆的；

(二)无驾驶资格驾驶机动车辆的；

(三)明知是安全装置不全或者安全机件失灵的机动车辆而驾驶的；

（四）明知是无牌证或者已报废的机动车辆而驾驶的；

（五）严重超载驾驶的；

（六）为逃避法律追究逃离事故现场的。

第三条　“交通运输肇事后逃逸”，是指行为人具有本解释第二条第一款规定和第二款第（一）至（五）项规定的情形之一，在发生交通事故后，为逃避法律追究而逃跑的行为。

第四条　交通肇事具有下列情形之一的，属于“有其他特别恶劣情节”，处三年以上七年以下有期徒刑：

（一）死亡二人以上或者重伤五人以上，负事故全部或者主要责任的；

（二）死亡六人以上，负事故同等责任的；

（三）造成公共财产或者他人财产直接损失，负事故全部或者主要责任，无能力赔偿数额在六十万元以上的。

第五条　“因逃逸致人死亡”，是指行为人在交通肇事后为逃避法律追究而逃跑，致使被害人因得不到救助而死亡的情形。

交通肇事后，单位主管人员、机动车辆所有人、承包人或者乘车人指使肇事人逃逸，致使被害人因得不到救助而死亡的，以交通肇事罪的共犯论处。

第六条　行为人在交通肇事后为逃避法律追究，将被害人带离事故现场后隐藏或者遗弃，致使被害人无法得到救助而死亡或者严重残疾的，应当分别依照刑法第二百三十二条、第二百三十四条第二款的规定，以故意杀人罪或者故意伤害罪定罪处罚。

第七条　单位主管人员、机动车辆所有人或者机动车辆承包人指使、强令他人违章驾驶造成重大交通事故，具有本解释第二条规定情形之一的，以交通肇事罪定罪处罚。

第八条　在实行公共交通管理的范围内发生重大交通事故的，依照刑法第一百三十三条和本解释的有关规定办理。

在公共交通管理的范围外，驾驶机动车辆或者使用其他交通工具致人伤亡或者致使公共财产或者他人财产遭受重大损失，构成犯罪的，分别依照刑法第一百三十四条、第一百三十五条、第二百三十三条等规定定罪处罚。

第九条　各省、自治区、直辖市高级人民法院可以根据本地实际情况，在三十万元至六十万元、六十万元至一百万元的幅度内，确定本地区执行本解释第二条第一款第（三）项、第四条第（三）项的起点数额标准，并报最高人民法院备案。

【司法解释·注释】

1.交通肇事后逃逸的前提条件界定为“逃避法律追究”。实践中，肇事人逃跑的目的大多是逃避法律追究，但也有少数人之所以逃跑，是害怕受害方或者其他围观者对其进行殴打，等等。同样是逃跑，但这些人往往在逃离现场后，能够通过报告单位领导或者报警等方式，接受法律的处理。因此，对逃跑行为作适度区分是必要的，以保证准确适用法律，不枉不纵。

2.“逃跑”并没有时间和场所的限定。实践中，有的肇事人并未在肇事后立即逃离现场，而是在将伤者送至医院后或者等待交管部门处理的时候逃跑。因此，只要是在肇事后为逃避法律追究而逃跑的行为，都应视为“交通肇事后逃逸”。

3.驾驶非机动车发生交通事故是否构成本罪。非机动车，是指以人力或者畜力驱动，上道路行驶的交通工具，以及虽有动力装置驱动但设计最高时速、空车质量、外形尺寸符合有关国家标准的残疾人机动轮椅车、电动自行车等交通工具。如果驾驶非机动车不具有危害公共安全的性质，如在行人稀少、没有车辆来往的道路上违章骑自行车等，则不能以本罪论处，如果符合刑法第二百三十三条规定的过失致人死亡的，可以依照过失致人死亡罪定罪处罚。实践中由于非机动车的种类很多，包括自行车、马车、残疾人机动轮椅车、电动自行车等，有的非机动车的速度并不低于机动车，如果行为人驾驶非机动车具有危害公共安全的性质，如在人员密集的场所驾驶非机动车，或者驾驶速度较快的电动自行车等，构成犯罪的，应当依照本条的规定处罚。

【司法指导文件(1)】

《最高人民法院、最高人民检察院关于常见犯罪的量刑指导意见(试行)》(法发〔2021〕21号，20210701)

(一)交通肇事罪

1.构成交通肇事罪的，根据下列情形在相应的幅度内确定量刑起点：

(1)致人重伤、死亡或者使公私财产遭受重大损失的，在二年以下有期徒刑、拘役幅度内确定量刑起点。

(2)交通运输肇事后逃逸或者有其他特别恶劣情节的，在三年至五年有期徒刑幅度内确定量刑起点。

(3)因逃逸致一人死亡的，在七年至十年有期徒刑幅度内确定量刑起点。

2.在量刑起点的基础上，根据事故责任、致人重伤、死亡的人数或者财产损失的数额以及逃逸等其他影响犯罪构成的犯罪事实增加刑罚量，确定基准刑。

3.构成交通肇事罪的，综合考虑事故责任、危害后果、赔偿谅解等犯罪事实、量刑情节，以及被告人的主观恶性、人身危险性、认罪悔罪表现等因素，决定缓刑的适用。

【司法指导文件(2)】

《最高人民法院、最高人民检察院、公安部关于依法办理“碰瓷”违法犯罪案件的指导意见》(公通字〔2020〕12号，20200922)

六、实施“碰瓷”，驾驶机动车对其他机动车进行追逐、冲撞、挤别、拦截或者突然加减速、急刹车等可能影响交通安全的行为，因而发生重大事故，致人重伤、死亡或者使公私财物遭受重大损失，符合刑法第一百三十三条规定的，以交通肇事罪定罪处罚。

【司法指导文件(3)】

《最高人民法院关于处理自首和立功若干具体问题的意见》(法发〔2010〕60号，20101222)

一、关于“自动投案”的具体认定

交通肇事后保护现场、抢救伤者，并向公安机关报告的，应认定为自动投案，构成自首的，因上述行为同时系犯罪嫌疑人的法定义务，对其是否从宽、从宽幅度要适当从严掌握。交通肇事逃逸后自动投案，如实供述自己罪行的，应认定为自首，但应依法以较重法定刑为基准，视情决定对其是否从宽处罚以及从宽处罚的幅度。

【司法指导文件(4)】

《最高人民法院研究室关于交通肇事刑事案件附带民事赔偿范围问题的答复》(法研〔2014〕30号,20140224)

……交通肇事刑事案件的附带民事诉讼当事人未能就民事赔偿问题达成调解、和解协议的,无论附带民事诉讼被告人是否投保机动车第三者强制责任保险,均可将死亡赔偿金、残疾赔偿金纳入判决赔偿的范围。

【司法指导文件(5)】

《最高人民法院研究室关于遇害者下落不明的水上交通肇事案件应如何适用法律问题的电话答复》(19921030)

水上交通肇事案件中,如有遇害者下落不明的,不能推定其已经死亡,而应根据被告人的行为造成被害人下落不明的案件事实,依照刑法定罪处罚,民事诉讼应另行提起,并经过宣告失踪人死亡程序后,根据法律和事实处理赔偿等民事纠纷。

【司法指导文件(6)】

《最高人民法院研究室关于纵容他人醉酒驾驶造成重大交通事故定性问题的研究意见》(2012)

对"纵容他人在道路上醉酒驾驶机动车造成重大交通事故"的,不宜以交通肇事罪追究刑事责任。主要考虑:将机动车交由醉酒者驾驶与指使、强令他人违章驾驶相比,行为人的主观故意明显不同,以交通肇事罪追究将机动车交由醉酒者驾驶的人的刑事责任,不符合共同犯罪原理,当事人之间对危害后果不存在共同罪过。

【司法指导文件(7)】

《最高人民法院研究室关于对运输货车自行滑坡造成他人死亡如何定性处理问题的研究意见》(2012)

行为人严重超载与事故发生之间如有因果关系,行为人的行为已符合交通肇事罪的构成,但考虑到本案发生具有一定的偶发性,如通过民事赔偿能够化解矛盾,被害方不坚持追诉,也可不追究行为人的刑事责任。如行为人严重超载与事故发生之间不能认定存在因果关系,则应认定为意外事件。

【法院案例库参考案例】

〔周某刚交通肇事案,2024-18-1-054-001〕行人、机动车等多种因素引起交通事故的处理

1.交通肇事罪的犯罪主体为一般主体,实践中通常为机动车驾驶人等从事交通运输人员。但是,行人等非交通运输人员违反交通运输管理法规,因而发生重大事故,符合刑法第一百三十三条及相关司法解释规定的,亦应以交通肇事罪定罪处罚。

2.根据刑法第十六条的规定,对于行为人严格遵守交通运输管理法规,虽然在客观上造成了损害结果,但不是出于故意或者过失,而是由于不能预见的原因所引起的,不是犯罪,不应当追究刑事责任。

〔胡某霞交通肇事案,2024-03-1-054-001〕行人引发交通事故的司法认定

行人等非交通运输人员亦属于交通肇事罪的犯罪主体。非交通运输人员违反交通运输管理法规,因而发生重大事故,符合刑法第一百三十三条及相关司法解释规定的，应当以交通肇事罪定罪处罚。

〔宋某、宫某某交通肇事案，2024-06-1-054-005〕交通肇事罪犯罪主体的认定

1.车辆所有人明知他人无驾驶资格，仍指使其驾驶车辆上路导致发生事故的，车辆所有人的指使行为与事故的发生存在因果关系，车辆所有人虽不是车辆直接驾驶人员，亦可以成为交通肇事罪的犯罪主体。

2.交通肇事罪是过失犯罪，不构成共同犯罪，对多名被告人可以交通肇事罪分别定罪处罚。

〔曹某交通肇事案，2024-06-1-054-001〕未封闭的施工路段属于道路

施工单位在对道路进行整修时，未按规定履行安全警示义务，以致施工路段未被封闭，被害人能够以参与公共交通的主观心态误入的，应当认定该未封闭的路段属于道路。肇事者的行为符合刑法第一百三十三条规定的，以交通肇事罪论处。

〔孙某交通肇事案，2023-06-1-054-010〕驾驶特种设备车辆道路交通肇事行为的定性

叉车、非公路用观光车、推顶车等均系特种设备中的场(厂)内专用机动车辆，不得上道路行驶，但当其在交通道路上按照道路交通法规进行行驶或履行运输职能时，即具有机动车的车辆属性，属于受道路交通安全法所规制的机动车；该类车辆因违反交通运输法规在道路上发生事故并由交管部门出具相应事故责任认定书，此类事故属于交通事故，可依法以交通肇事罪追究肇事者刑事责任。

〔张某某交通肇事案，2023-06-1-054-007〕驾驶证被吊扣、滞留期间继续驾车的，应当视为无证驾驶

根据道路交通安全法以及其他驾驶员管理法规的规定，无证驾驶是指没有依法取得驾驶资格以及驾驶资格被依法剥夺期间继续驾车的行为。驾驶证被吊扣、滞留期间继续驾车的行为，应当视为无证驾驶。吊扣驾驶证期间驾驶车辆属于违反交通运输管理法规的无证驾驶行为，发生重大事故，致人重伤、死亡或者公私财产遭受重大损失的，可根据案件事实按交通肇事罪处罚。

〔金某交通肇事、危险驾驶案，2024-06-1-054-008〕交通肇事后指使他人顶包的，属于肇事后逃逸

交通运输肇事后逃逸本质上是逃避法律追究。肇事后指使他人顶替驾驶员接受法律处理的顶包行为，既是逃避公安机关依法检查的行为，也是妨害司法的行为，其行为本质是逃避法律追究，可以认定为交通肇事后逃逸。

〔范某堂交通肇事案，2025-06-1-054-001〕交通肇事后报警救治被害人并指使他人顶包行为及事故责任的审查认定

1.交通肇事后指使他人顶包，且在公安机关询问时否认“顶包”事实，直至证据确凿才承认的，即使在事故发生后及时报警并积极救治被害人，仍应当认定为肇事逃逸。

2.对于交通肇事致一人死亡，并具有逃逸情节的，如果排除逃逸情节后行为人仍应承担事故主要责任的，依法以交通肇事罪定罪处罚。

〔黄某树交通肇事案，2024-06-1-054-002〕交通肇事逃逸致被害人被二次碰撞致死行为的定性

行为人驾驶机动车将被害人撞倒于道路中央无法动弹后逃逸，致被害人被后来车辆二次碰撞，前后两次碰撞共同导致被害人死亡的，第二次碰撞不阻断行为人交通肇事后逃逸与被害人死亡结果之间的因果关系，应当认定行为人“因逃逸致人死亡”。

〔陈某宏故意杀人案，2023-03-1-177-001〕船舶碰撞导致船只倾覆、船员落水，肇事责任人能够救助而不救助并逃离现场致使落水船员死亡行为的认定

1.关于船员落水溺亡能否归因于肇事船舶碰撞后的逃逸行为，要通过审查全案事故相关情况，结合被告人主观上对事故的认知以及客观上未采取救助措施的事实来认定。

2.先行行为致落水船员处于危险境地，行为人明知而不履行救助义务致被害人死亡的，应当认定为故意杀人罪。

〔韩某禄故意杀人案，2024-02-1-177-002〕驾车故意冲撞他人并拖曳的，可构成故意杀人罪

对于驾车冲撞他人行为的定性，应根据全案证据反映的被告人主观故意、犯罪时的具体行为、撞人后的表现等综合审查判断，依据主客观相统一的原则，准确区分故意杀人罪、以危险方法危害公共安全罪、故意伤害罪、寻衅滋事罪。明知车辆前进方向上有人阻拦，仍驾车故意冲撞他人并拖曳的，依法以故意杀人罪定罪处罚。未造成被害人死亡后果的，可认定为犯罪未遂。

〔周某海故意杀人案，2024-02-1-177-007〕交通肇事后将受伤被害人带离现场拒不送医，致使被害人因无法得到救治而死亡行为的定性

交通肇事后将受伤被害人带离现场拒不送医，致使被害人因无法得到救治而死亡的，应当依照刑法第二百三十二条的规定，以故意杀人罪定罪处罚。

〔赵某江等故意杀人、交通肇事案，2023-05-1-177-009〕车辆所有人在交通肇事后将被害人隐藏致使被害人无法得到救助而死亡的行为定性

1.认定“交通运输肇事后逃逸”，应当定位于为“逃避法律追究而逃跑”，且“逃跑”并不限于“当即从现场逃跑”。“交通运输肇事后逃逸”中的“逃逸”没有严格的时间和场所的限制。

2.车辆所有人在交通肇事后将被害人隐藏致使被害人无法得到救助而死亡的，应当以故意杀人罪论处。

〔刘某江交通肇事宣告无罪案，2024-18-1-054-002〕对道路交通事故认定书的实质审查

办理交通肇事刑事案件，应当对公安机关出具的道路交通事故认定书进行实质审查，剔除特殊加重责任情节，结合其他证据，依据对事故发生的原因力大小确定事故责任。剔除特殊加重责任情节后，行为人对道路交通事故所负责任不符合交通肇事罪所要求的事故责任要件的，依法不构成交通肇事罪。

〔卢某朝交通肇事案，2025-06-1-054-002〕交通肇事罪缓刑适用中再犯罪危险的判断

对于行为人曾因犯交通肇事罪被判处缓刑，在缓刑考验期满不久即在被吊销驾驶证的情况下驾驶机动车，再犯交通肇事罪的，表明其有再犯罪的危险，依法不适用缓刑。

【法院公报案例】

〔安徽省颍上县人民检察院诉龚德田交通肇事案，GB2017-6〕

交通肇事案件中，已作为入罪要件的逃逸行为，不能再作为对被告人加重处罚的量刑情节而予以重复评价。

【《刑事审判参考》案例】

〔参考案例第84号：梁应金、周守金等交通肇事案〕肇事交通工具的单位主管人员能否构成交通肇事罪？

肇事船舶的单位主管人员未按规定配足船员，将不具备适航条件的船舶投入运营，导致发生重大交通事故的，构成交通肇事罪。

〔参考案例第243号：李满英过失致人死亡案〕驾驶交通工具在非公共交通范围内撞人死亡的应如何定罪？

所谓公共交通管理范围内，应当是指纳入公安交通管理机关管理范围内的道路。一般而言，机关、企事业单位、厂矿、学校、封闭的住宅小区等内部道路均不属于公共交通管理范围。在上述区域道路上因使用交通工具致人死亡，在排除行为人出于主观故意以及不能构成过失以危险方法危害公共安全罪的情况下，如构成过失犯罪，需要定罪处罚的，不能按交通肇事罪处理。原则上讲，一般应首先考虑以过失致人死亡罪追究刑事责任，如行为同时又符合重大责任事故罪或重大劳动安全事故罪的构成要件，则应按特别法条优于普通法条的适用原则，以重大责任事故罪或重大劳动安全事故罪等罪名追究刑事责任。

〔参考案例第890号：李启铭交通肇事案〕校园道路是否属于道路交通安全法规定的“道路”？

2004年公布施行的道路交通安全法修改了“道路”的含义，扩大了公共交通管理的范围，将“道路”的范围明确为“公路、城市道路和虽在单位管辖范围但允许社会机动车通行的地方，包括广场、公共停车场等用于公众通行的场所”，因此，允许社会车辆通行的校园道路属于道路交通安全法规定的“道路”。被告人在大学校园醉驾肇事的行为构成交通肇事罪。

〔参考案例第1631号：何某过失致人死亡案〕在限制通行的校园内驾驶机动车致一人死亡，是否属于过失致人死亡罪的“情节较轻”？

不能因为仅造成一人死亡就当然认定为“情节较轻”，而应结合犯罪手段、危害后果、事发原因等因素综合判断行为的社会危害性大小，以确定是否属于“情节较轻”。被告人驾驶载重货车将校园内正常通行的被害人撞倒、碾压，又因处置不当造成二次碾压，且被害人没有任何事故责任，不宜认定为“情节较轻”。

〔参考案例第176号：周立杰交通肇事案〕如何准确认定“交通肇事后逃逸”？

司法实践中，对肇事后已离开事故现场还没有来得及投案即被抓获或是扭送的肇事人，应当根据客观情形准确判断他们的主观目的。肇事后运送伤者去医院抢救，在未来得及报案前，就在途中或医院被抓获的，一般应认定为无逃避法律追究的目的。若是在将伤者送至医院后又偷偷离开的，有报案条件和可能而不予报案，事后又被抓获的，应当认定为有逃避法律追究的目的。在基于临时躲避被害人亲属加害的情况下，如确无条件和可能及时报案即被抓获的，不属于肇事后逃逸；反之，在临时躲避情形消失后，在有报案条件及可能的情况下，仍不予报案而继续逃避的，其性质又转化为肇事后逃逸。

〔参考案例第415号：孙贤玉交通肇事案〕交通肇事后逃离现场又投案自首的行为能否认定“肇事逃逸”？

1.认定肇事人“逃逸”不能仅看肇事人是否离开现场，其关键在于肇事人是否同时具备“积极履行救助义务”和“立即投案”的行为特征。如果肇事人肇事后积极对被害人进行救助，如拦截车辆将被害人送往医院，并立即报案在医院守候等待公安机关的审查处理，虽然其离开了肇事现场，但系为了救助被害人所致，当然不属于交通肇事后“逃逸”。反之，如果肇事人积极履行救助义务后没有立即投案，如将被害人送往医院后而逃跑的；或者虽然肇事人立即投案但有能力履行却没有积极履行救助义务，均属于肇事后“为逃避法律追究”的“逃逸”行为。

2.如果肇事人“逃离现场”后没有立即投案，而是经过一段时间后“事后投案”，则说明肇事人的“逃离”与“投案”分属两个独立的行为，这种“事后投案”不能成为否定其肇事后“逃逸”的理由，应认定为“逃逸”。至于是“立即投案”还是“事后投案”，应当根据投案路途远近、投案时间间隔长短等案件当时的客观情况，结合日常生活经验来认定。

〔参考案例第696号：谭继伟交通肇事案〕交通肇事后报警并留在现场等候处理的，是否应认定为自动投案？

司法实践中，以下几类交通肇事后报警，并在现场等候处理的行为，均应认定为自动投案：(1)交通肇事后，立即报警，保护现场、抢救伤员和财产，归案后又如实供述自己罪行的；(2)交通肇事后，委托他人代为报警，自己忙于保护现场、抢救伤员和财产，归案后又如实供述自己罪行的；(3)交通肇事后，明知他人已经报警，自己在现场等候交警部门处理，归案后又如实供述自己罪行的。

〔参考案例第697号：王友彬交通肇事案〕在交通肇事后擅自离开就诊医院，十余小时后才到交警部门接受调查处理，是否构成“交通肇事后逃逸”？

在接受交警部门首次处理前，为逃避法律追究擅自离开与其肇事行为具有紧密联系的抢救医院，构成交通肇事后的逃逸行为，且一经实施即告成立。即使逃离抢救场所后又主动到交警部门接受处理，仍不影响认定其成立“交通肇事后逃逸”。

〔参考案例第788号：刘本露交通肇事案〕交通肇事后，行为人因受伤在医院治疗，公安机关向其询问案情时，拒不交代肇事经过，并虚构身份信息，后逃离医院的行为，是否应当认定为“交通肇事后逃逸”？

“交通肇事后逃逸”行为不宜仅限定于事故现场。交通肇事后，行为人因受伤在医院治疗，公安机关向其询问案情时，拒不交代肇事经过，并虚构身份信息，后逃离医院的行为，应认定为交通肇事后逃逸。

〔参考案例第857号：龚某交通肇事案〕肇事者接受公安机关处理后，在取保候审或者被监视居住期间逃跑的，是否属于“交通肇事后逃逸”行为？

肇事者已经履行道路交通安全法规定的肇事者必须履行的法定义务，接受公安机关处理后，在侦查、起诉、审判阶段逃离，或者经传唤不到案，取保候审或者被监视居住期间逃跑，行为人只是违背刑事诉讼法规定的法定义务的，不能认定为“交通肇事后逃逸”。

〔参考案例第 858 号：马国旺交通肇事案〕对致人重伤交通肇事案件中的逃逸行为如何评价？

被告人有多个违反交通运输管理法规的行为时，如果肇事后逃逸作为认定交通肇事罪的依据的，根据禁止重复评价原则，不得再作为加重处罚情节；如果其他违章行为足以认定构成交通肇事罪的基本犯，则交通肇事后逃逸应当认定为加重处罚情节。

〔参考案例第 342 号：钱竹平交通肇事案〕交通肇事“因逃逸致人死亡”如何认定？

1.“因逃逸致人死亡”的认定必须以逃逸行为的存在为前提。

2.在客观上，逃逸行为与死亡结果之间应当具有因果关系。实践中要注意考察救助行为是否能够阻止死亡结果的发生。如果从被害人的伤情看，及时送往医院也不能避免被害人死亡的，或者被害人死亡结果的最终发生并非肇事者逃逸行为所致，那么，不能认定肇事者的逃逸行为与被害人死亡结果之间具有因果关系，不能认定为“因逃逸致人死亡”，只能按照“交通运输肇事后逃逸”处罚。同时，在时间上，死亡必然发生在逃逸行为过程中或者逃逸之后。如果先前的交通肇事行为发生时已经致被害人死亡的，即使肇事者实施逃逸行为，仍然属于“交通运输肇事后逃逸”，而不能认定为“因逃逸致人死亡”。

3.司法解释所规定的“救助”没有特定的指向，因此应该理解为既可以是肇事者的救助，也可以是其他人的救助。及时的“救助”是确定逃逸与死亡之间是否存在刑法上的因果关系的一个中介。

〔参考案例第 1118 号：邵大平交通肇事案〕交通肇事撞伤他人后逃离现场，致被害人被后续车辆碾压致死的如何定性？

1.“因逃逸致人死亡”的认定，不以逃逸前的交通肇事行为构成犯罪为前提，也不以行为人在逃逸前的交通肇事行为中的责任大小为前提条件。

2.在二次碰撞事故中，应重点考量被害人因何种原因处于危险状态、危险程度、被害人对逃逸者的依赖程度、逃逸者履行义务的难易程度、逃逸者不履行义务对结果的原因力、将结果仅归责于逃逸是否合适等因素，综合判断逃逸行为与故意杀人间是否具有等价性。

〔参考案例第 1364 号：汪庆樟交通肇事案〕肇事者交通事故后滞留现场不履行救助义务，在二次事故发生后，隐瞒身份并离开现场，应当如何定性？

1.行为人撞倒被害人后，在具备救助条件的情况下，置被害人生命处于高度危险状态而不顾，并故意隐瞒自己的肇事者身份，不履行作为肇事者应该履行的法定义务，意图逃避法律追究，致使被害人被后车碾轧致死，属于交通肇事后逃逸致人死亡。

2.司法实践中，对以下几种情形应当区分处理：一是肇事者交通肇事后为逃避法律追究，不顾被害人的受伤结果，拒不履行救助义务而逃跑，致被害人因得不到及时救助而死亡，应构成“因逃逸致人死亡”；二是肇事者履行了救助行为，如将被害人送往医院，但肇事者履行救助义务后为逃避法律追究又逃跑，被害人因抢救无效而死亡，不能认定肇事人“因逃逸致人死亡”，只能认定肇事人“交通肇事逃逸”；三是肇事者将受害人带离事故现场后隐藏或者遗弃，致使被害人无法得到救助而死亡或者造成严重残疾的，则应当以故意杀人罪或者故意伤害罪定罪处罚。

〔参考案例第220号：倪庆国交通肇事案〕如何准确把握“交通肇事后将被害人带离事故现场而后遗弃，致使被害人无法得到救助而死亡”的情形？

以故意杀人罪或者故意伤害罪追究刑事责任的交通肇事案件，必须同时具备以下条件：(1)行为人必须有在交通肇事后将被害人带离事故现场，并予以隐藏或遗弃的行为；(2)行为人实施上述行为的目的是逃避法律追究；(3)被害人最终死亡或者造成严重残疾，且该结果系由被隐藏或遗弃而无法得到救助所致。这包含两层意思：一是如果被害人虽被隐藏或遗弃，但因有他力救助或其他原因而没有发生死亡或严重残疾的结果，则不能以故意杀人罪或故意伤害罪追究肇事人责任；二是被害人死亡或者严重残疾的结果在没被带离现场隐藏或遗弃之前已经发生，如事故当场即死亡或因伤势严重，被隐藏或遗弃前后不可避免地要发生死亡的，同样不能以故意杀人罪或故意伤害罪追究肇事人责任。

〔参考案例第908号：陆华故意杀人案〕在醉酒驾驶致人死亡的案件中如何区分交通肇事罪与(间接)故意杀人罪？

被告人在实施交通肇事行为后，为逃避法律追究，明知有异物被拖拽于汽车底下，继续驾车行驶可能会导致被害人死亡结果的发生，而继续驾车逃逸，放任这种危害结果的发生，并最终导致被害人死亡的，其行为属于间接故意杀人，构成故意杀人罪。

〔参考案例第923号：李中海故意杀人案〕如何认定交通肇事逃逸案件中的间接故意杀人犯罪？

行为人先前的交通肇事行为虽是出于过失，但当其明知被害人在凌晨时分因自己驾车肇事导致受伤摔倒在交通干线的机动车道上无法动弹，存在被后续车辆碾压致死的高度危险时，仍未采取任何救助措施或者防范措施，而是选择了自行逃逸，最终导致被害人死亡，这一行为属于典型的放任危害结果发生的情形，其罪过形式属于间接故意，应当构成故意杀人罪。

〔参考案例第588号：胡斌交通肇事案〕超速驾车撞死人行道内行人的如何定罪？

被告人属于在城市主要道路上严重超速驾驶，但在驾车过程中未违反交通信号灯指令，遇红灯时能够停车，只是因为没有注意观察前方路面情况而撞上在人行横道上行走的被害人，可见，其当晚驾车除违反交通法规超速行驶外还是能够基本遵守交通规则的。被告人发现撞人后，立即踩刹车并下车查看被害人伤势情况，随即拨打了120急救电话以及122报警电话，并留在现场等候处理。这一系列行为反映其肇事时主观上不希望交通事故的发生，也没有放任交通事故发生的表现，对被害人的死亡其内心是持否定和排斥态度的，应当属于过失心态，因此，被告人行为不能构成以危险方法危害公共安全罪，应认定为交通肇事罪。

〔参考案例第1271号：李彬交通肇

事案〕如何判定醉驾致人死亡案件中行为人的主观心态是故意还是过失?

实践中,可大体遵循以下标准区分交通肇事罪和以危险方法危害公共安全罪:(1)仅有一次碰撞行为的,除非有充分证据证明行为人对危害结果的发生持希望或者放任的态度,否则不能认定其具有危害公共安全的直接或者间接故意,只能认定为过失,以交通肇事罪论处。(2)有两次以上碰撞行为的,说明行为人出于逃逸等目的,将他人的生命置于高度危险之中,其本人已没有能力对这种危险进行有效控制,但依然不管不顾,为逃脱罪责放任危害结果的发生,一般可认定具有危害公共安全的间接故意,可以以危险方法危害公共安全罪论处。

〔参考案例第916号:张超泽交通肇事案〕吸毒后驾驶机动车致使发生交通事故的行为如何定性以及是否属于刑法第一百三十三条规定的"其他特别恶劣情节"?

被告人吸毒后驾驶机动车致使发生交通事故的,结合该案证据认定被告人主观上系过失,客观行为属于交通肇事,应当认定为交通肇事罪。一般情况下,"死亡二人以上或者重伤五人以上,负事故全部或者主要责任的"属于"其他特别恶劣情节",对于具有毒驾情节的,可比照该项规定适当降低致人伤亡的程度。如果毒驾肇事致一人以上死亡、多人受伤的,可以考虑认定为"其他特别恶劣情节"。

第一百三十三条之一 【危险驾驶罪】在道路上驾驶机动车,有下列情形之一的,处拘役,并处罚金:

(一)追逐竞驶,情节恶劣的;

(二)醉酒驾驶机动车的;

(三)从事校车业务或者旅客运输,严重超过额定乘员载客,或者严重超过规定时速行驶的;

(四)违反危险化学品安全管理规定运输危险化学品,危及公共安全的。

机动车所有人、管理人对前款第三项、第四项行为负有直接责任的,依照前款的规定处罚。

有前两款行为,同时构成其他犯罪的,依照处罚较重的规定定罪处罚。

【修正前条文】

第一百三十三条之一 【危险驾驶罪】在道路上驾驶机动车追逐竞驶,情节恶劣的,或者在道路上醉酒驾驶机动车的,处拘役,并处罚金。

有前款行为,同时构成其他犯罪的,依照处罚较重的规定定罪处罚。

【修正说明】

本罪由刑法修正案(八)第二十二条增设。刑法修正案(九)第八条对原条文作出下述修改:一是增加规定从事校车业务或者旅客运输,严重超过额定乘员载客,或者严重超过规定时速行驶的,以及违反危险化学品安全管理规定运输危险化学品,危及公共安全的,构成危险驾驶罪。二是明确机动车所有人、管理人对这两类危险驾驶行为负有直接责任的,依照危险驾驶罪的规定追究其刑事责任。

【立法·要点注释】

1.本条第一款中的"道路",根据道路交通安全法第一百一十九条的规定是指：公路、城市道路和虽在单位管辖范围但允许社会机动车通行的地方，包括广场、公共停车场等用于公众通行的场所。同样，“机动车”是指以动力装置驱动或者牵引，上道路行驶的供人员乘用或者用于运送物品以及进行工程专项作业的轮式车辆，包括汽车、挂车、无轨电车、摩托车、三轮摩托车、农用运输车、农用拖拉机以及轮式专用机械车等，不包括在轨道上运行的车辆，如有轨电车。

2.“追逐竞驶”就是平常所说的“飙车”，是指在道路上，以同行的其他车辆为竞争目标，追逐行驶。具体情形包括在道路上进行汽车驾驶“计时赛”，或者若干车辆在同时行进中互相追赶等，既包括超过限定时速的追逐竞驶，也包括未超过限定时速的追逐竞驶。根据本条规定，在道路上追逐竞驶，情节恶劣的才构成犯罪。判断是否“情节恶劣”，应从追逐竞驶的危害程度以及危害后果等方面进行认定。

3.关于“醉酒驾驶机动车”。根据原国家质量监督检验检疫总局、国家标准化管理委员会2011年发布的《车辆驾驶人员血液、呼气酒精含量阈值与检验》(GB 19522–2010)的规定，饮酒后驾车是指车辆驾驶人员血液中的酒精含量大于或者等于20mg/100ml，小于80mg/100ml的驾驶行为；醉酒后驾车是指车辆驾驶人员血液中的酒精含量大于或者等于80mg/100ml的驾驶行为。

4.关于醉酒驾驶超标电动自行车。符合国家标准的电动自行车属于非机动车，醉酒驾驶符合标准的电动自行车不能构成危险驾驶罪。但是，对于醉酒驾驶超标电动自行车是否构成危险驾驶罪，在认定时应当慎重，综合考虑电动自行车对群众生活的影响，电动自行车发展不规范的深层次原因，行为人对超标电动自行车属性的认知等因素。

5.关于未取得校车业务营运资格者的刑事责任。有的从事校车业务的车辆并未取得许可，有的从事旅客运输的车辆不具备营运资格，还有一些未取得客运道路运输经营许可非法从事旅客运输的车辆，甚至还有货车违反规定载人、拖拉机载人的；有的从业人员并不具备相关资质，如有的校车驾驶员就是由幼儿园的管理人员担任的，有的客运车辆驾驶员并不具备相应的驾驶资格。但是，未取得许可或者不具备相关资质，不影响本罪刑事责任的认定，只要是从事了校车业务或者旅客运输，严重超过额定乘员载客，或者严重超过规定时速行驶的，都应当依照本条规定追究刑事责任。

6.关于运输危险化学品是否“危及公共安全”的判断。应当结合运输的危险化学品的性质、品种及数量，运输的时间、路线，违反安全管理规定的具体内容及严重程度，一旦发生事故可能造成的损害后果等综合作出判断。

7.关于“毒驾”者的刑事责任。对吸食、注射毒品后驾驶机动车的，可依法采取注销机动车驾驶证、强制隔离戒毒等措施，对“毒驾”造成严重后果的，还可以根据案件的具体情况追究其交通肇事、以危险方法危害公共安全的刑事责任。

【相关立法】

《中华人民共和国道路交通安全法》(20210429)

第一百一十九条　本法中下列用语的含义：

（一）“道路”，是指公路、城市道路和虽在单位管辖范围但允许社会机动车通行的地方，包括广场、公共停车场等用于公众通行的场所。

（二）“车辆”，是指机动车和非机动车。

（三）“机动车”，是指以动力装置驱动或者牵引，上道路行驶的供人员乘用或者用于运送物品以及进行工程专项作业的轮式车辆。

（四）“非机动车”，是指以人力或者畜力驱动，上道路行驶的交通工具，以及虽有动力装置驱动但设计最高时速、空车质量、外形尺寸符合有关国家标准的残疾人机动轮椅车、电动自行车等交通工具。

（五）“交通事故”，是指车辆在道路上因过错或者意外造成的人身伤亡或者财产损失的事件。

【司法指导文件(1)】

《最高人民法院、最高人民检察院关于常见犯罪的量刑指导意见(试行)》(法发〔2021〕21号，20210701)

（二）危险驾驶罪

1.构成危险驾驶罪的，依法在一个月至六个月拘役幅度内确定宣告刑。

2.构成危险驾驶罪的，根据危险驾驶行为、实际损害后果等犯罪情节，综合考虑被告人缴纳罚金的能力，决定罚金数额。

3.构成危险驾驶罪的，综合考虑危险驾驶行为、危害后果等犯罪事实、量刑情节，以及被告人主观恶性、人身危险性、认罪悔罪表现等因素，决定缓刑的适用。

【司法指导文件(2)】

《最高人民法院、最高人民检察院、公安部、司法部关于办理醉酒危险驾驶刑事案件的意见》(高检发办字〔2023〕187号，20231228)

一、总体要求

第一条　人民法院、人民检察院、公安机关办理醉驾案件，应当坚持分工负责，互相配合，互相制约，坚持正确适用法律，坚持证据裁判原则，严格执法，公正司法，提高办案效率，实现政治效果、法律效果和社会效果的有机统一。人民检察院依法对醉驾案件办理活动实行法律监督。

第二条　人民法院、人民检察院、公安机关办理醉驾案件，应当全面准确贯彻宽严相济刑事政策，根据案件的具体情节，实行区别对待，做到该宽则宽，当严则严，罚当其罪。

第三条　人民法院、人民检察院、公安机关和司法行政机关应当坚持惩治与预防相结合，采取多种方式强化综合治理、诉源治理，从源头上预防和减少酒后驾驶行为发生。

二、立案与侦查

第四条　在道路上驾驶机动车，经呼气酒精含量检测，显示血液酒精含量达到80毫克/100毫升以上的，公安机关应当依照刑事诉讼法和本意见的规定决定是否立案。对情节显著轻微、危害不大，不认为是犯罪的，不予立案。

公安机关应当及时提取犯罪嫌疑人血液样本送检。认定犯罪嫌疑人是否醉酒，主要以血液酒精含量鉴定意见作为依据。

犯罪嫌疑人经呼气酒精含量检测，显示血液酒精含量达到80毫克/100毫升以上，在提取血液样本前脱逃或者找人顶替的，可以以呼气酒精含量检测结果作为认定其醉酒的依据。

犯罪嫌疑人在公安机关依法检查时或者发生道路交通事故后，为逃避法律追究，在呼气酒精含量检测或者提取血液样本前故意饮酒的，可以以查获后血液酒精含量鉴定意见作为认定其醉酒的依据。

第五条 醉驾案件中"道路""机动车"的认定适用道路交通安全法有关"道路""机动车"的规定。

对机关、企事业单位、厂矿、校园、居民小区等单位管辖范围内的路段是否认定为"道路"，应当以其是否具有"公共性"，是否"允许社会机动车通行"作为判断标准。只允许单位内部机动车、特定来访机动车通行的，可以不认定为"道路"。

第六条 对醉驾犯罪嫌疑人、被告人，根据案件具体情况，可以依法予以拘留或者取保候审。具有下列情形之一的，一般予以取保候审：

（一）因本人受伤需要救治的；

（二）患有严重疾病，不适宜羁押的；

（三）系怀孕或者正在哺乳自己婴儿的妇女；

（四）系生活不能自理的人的唯一扶养人；

（五）其他需要取保候审的情形。

对符合取保候审条件，但犯罪嫌疑人、被告人不能提出保证人，也不交纳保证金的，可以监视居住。对违反取保候审、监视居住规定的犯罪嫌疑人、被告人，情节严重的，可以予以逮捕。

第七条 办理醉驾案件，应当收集以下证据：

（一）证明犯罪嫌疑人情况的证据材料，主要包括人口信息查询记录或者户籍证明等身份证明；驾驶证、驾驶人信息查询记录；犯罪前科记录、曾因饮酒后驾驶机动车被查获或者行政处罚记录、本次交通违法行政处罚决定书等；

（二）证明醉酒检测鉴定情况的证据材料，主要包括呼气酒精含量检测结果、呼气酒精含量检测仪标定证书、血液样本提取笔录、鉴定委托书或者鉴定机构接收检材登记材料、血液酒精含量鉴定意见、鉴定意见通知书等；

（三）证明机动车情况的证据材料，主要包括机动车行驶证、机动车信息查询记录、机动车照片等；

（四）证明现场执法情况的照片，主要包括现场检查机动车、呼气酒精含量检测、提取与封装血液样本等环节的照片，并应当保存相关环节的录音录像资料；

（五）犯罪嫌疑人供述和辩解。

根据案件具体情况，还应当收集以下证据：

（一）犯罪嫌疑人是否饮酒、驾驶机动车有争议的，应当收集同车人员、现场目击证人或者共同饮酒人员等证人证言、饮酒场所及行驶路段监控记录等；

（二）道路属性有争议的，应当收集相关管理人员、业主等知情人员证言、管理单位或者有关部门出具的证明等；

（三）发生交通事故的，应当收集交通事故认定书、事故路段监控记录、人体损伤程度等鉴定意见、被害人陈述等；

（四）可能构成自首的，应当收集犯罪嫌疑人到案经过等材料；

（五）其他确有必要收集的证据材料。

第八条 对犯罪嫌疑人血液样本提取、封装、保管、送检、鉴定等程序，按照公安部、司法部有关道路交通安全违法行为处理程序、鉴定规则等规定执行。

公安机关提取、封装血液样本过程应当全程录音录像。血液样本提取、封装应当做好标记和编号，由提取人、封装人、犯罪嫌疑人在血液样本提取笔录上签字。犯罪嫌疑人拒绝签字的，应当注明。提取的血液样本应当及时送往鉴定机构进行血液酒精含量鉴定。因特殊原因不能及时送检的，应当按照有关规范和技术标准保管检材并在五个工作日内送检。

鉴定机构应当对血液样品制备和仪器检测过程进行录音录像。鉴定机构应当在收到送检血液样本后三个工作日内，按照有关规范和技术标准进行鉴定并出具血液酒精含量鉴定意见，通知或者送交委托单位。

血液酒精含量鉴定意见作为证据使用的，办案单位应当自收到血液酒精含量鉴定意见之日起五个工作日内，书面通知犯罪嫌疑人、被告人、被害人或者其法定代理人。

第九条　具有下列情形之一，经补正或者作出合理解释的，血液酒精含量鉴定意见可以作为定案的依据；不能补正或者作出合理解释的，应当予以排除：

（一）血液样本提取、封装、保管不规范的；

（二）未按规定的时间和程序送检、出具鉴定意见的；

（三）鉴定过程未按规定同步录音录像的；

（四）存在其他瑕疵或者不规范的取证行为的。

三、刑事追究

第十条　醉驾具有下列情形之一，尚不构成其他犯罪的，从重处理：

（一）造成交通事故且负事故全部或者主要责任的；

（二）造成交通事故后逃逸的；

（三）未取得机动车驾驶证驾驶汽车的；

（四）严重超员、超载、超速驾驶的；

（五）服用国家规定管制的精神药品或者麻醉药品后驾驶的；

（六）驾驶机动车从事客运活动且载有乘客的；

（七）驾驶机动车从事校车业务且载有师生的；

（八）在高速公路上驾驶的；

（九）驾驶重型载货汽车的；

（十）运输危险化学品、危险货物的；

（十一）逃避、阻碍公安机关依法检查的；

（十二）实施威胁、打击报复、引诱、贿买证人、鉴定人等人员或者毁灭、伪造证据等妨害司法行为的；

（十三）二年内曾因饮酒后驾驶机动车被查获或者受过行政处罚的；

（十四）五年内曾因危险驾驶行为被判决有罪或者作相对不起诉的；

（十五）其他需要从重处理的情形。

第十一条　醉驾具有下列情形之一的，从宽处理：

（一）自首、坦白、立功的；

（二）自愿认罪认罚的；

（三）造成交通事故，赔偿损失或者取得谅解的；

（四）其他需要从宽处理的情形。

第十二条　醉驾具有下列情形之一，且不具有本意见第十条规定情形的，可以认定为情节显著轻微、危害不大，依照刑法第十三条、刑事诉讼法第十六条的规定处理：

（一）血液酒精含量不满150毫克/100毫升的；

（二）出于急救伤病人员等紧急情况驾驶机动车，且不构成紧急避险的；

（三）在居民小区、停车场等场所因挪车、停车入位等短距离驾驶机动车的；

（四）由他人驾驶至居民小区、停车场等场所短距离接替驾驶停放机动车的，或者为了交由他人驾驶，自居民小区、停车场等场所短距离驶出的；

（五）其他情节显著轻微的情形。

醉酒后出于急救伤病人员等紧急情况，不得已驾驶机动车，构成紧急避险的，依照刑法第二十一条的规定处理。

第十三条　对公安机关移送审查起诉的醉驾案件，人民检察院综合考虑犯罪嫌疑人驾驶的动机和目的、醉酒程度、机动车类型、道路情况、行驶时间、速度、距离以及认罪悔罪表现等因素，认为属于犯罪情节轻微的，依照刑法第三十七条、刑事诉讼法第一百七十七条第二款的规定处理。

第十四条　对符合刑法第七十二条规定的醉驾被告人，依法宣告缓刑。具有下列情形之一的，一般不适用缓刑：

（一）造成交通事故致他人轻微伤或者轻伤，且负事故全部或者主要责任的；

（二）造成交通事故且负事故全部或者主要责任，未赔偿损失的；

（三）造成交通事故后逃逸的；

（四）未取得机动车驾驶证驾驶汽车的；

（五）血液酒精含量超过180毫克/100毫升的；

（六）服用国家规定管制的精神药品或者麻醉药品后驾驶的；

（七）采取暴力手段抗拒公安机关依法检查，或者实施妨害司法行为的；

（八）五年内曾因饮酒后驾驶机动车被查获或者受过行政处罚的；

（九）曾因危险驾驶行为被判决有罪或者作相对不起诉的；

（十）其他情节恶劣的情形。

第十五条　对被告人判处罚金，应当根据醉驾行为、实际损害后果等犯罪情节，综合考虑被告人缴纳罚金的能力，确定与主刑相适应的罚金数额。起刑点一般不应低于道路交通安全法规定的饮酒后驾驶机动车相应情形的罚款数额；每增加一个月拘役，增加一千元至五千元罚金。

第十六条　醉驾同时构成交通肇事罪、过失以危险方法危害公共安全罪、以危险方法危害公共安全罪等其他犯罪的，依照处罚较重的规定定罪，依法从严追究刑事责任。

醉酒驾驶机动车，以暴力、威胁方法阻碍公安机关依法检查，又构成妨害公务罪、袭警罪等其他犯罪的，依照数罪并罚的规定处罚。

第十七条　犯罪嫌疑人醉驾被现场查获后，经允许离开，再经公安机关通知到案或者主动到案，不认定为自动投案；造成交通事故后保护现场、抢救伤者，向公安机关报告并配合调查的，应当认定为自动投案。

第十八条　根据本意见第十二条第一款、第十三条、第十四条处理的案件，可以将犯罪嫌疑人、被告人自愿接受安全驾驶教育、从事交通志愿服务、社区公益服务等情况作为作出相关处理的考量因素。

第十九条　对犯罪嫌疑人、被告人决定不起诉或者免予刑事处罚的，可以根据案件的不同情况，予以训诫或者责令具结悔过、赔礼道歉、赔偿损失，需要给予行政处罚、处分的，移送有关主管机关处理。

第二十条　醉驾属于严重的饮酒后驾驶机动车行为。血液酒精含量达到80毫克/100毫升以上，公安机关应当在决定不予立案、撤销案件或者移送审查起诉前，给予行为人吊销机动车驾驶证行政处罚。根据本意见第十二条第一款处理的案件，公安机关还应当按照道路交通安全法规定的饮酒后驾驶机动车相应情形，给予行为人罚款、行政拘留的行政处罚。

人民法院、人民检察院依据本意见第十二条第一款、第十三条处理的案件，对被不起诉人、被告人需要予以行政处罚的，应当提出检察意见或者司法建议，移送公安机关依照前款规定处理。公安机关应当将处理情况通报人民法院、人民检察院。

四、快速办理

第二十一条　人民法院、人民检察院、公安机关和司法行政机关应当加强协作配合，在遵循法定程序、保障当事人权利的前提下，因地制宜建立健全醉驾案件快速办理机制，简化办案流程，缩短办案期限，实现醉驾案件优质高效办理。

第二十二条　符合下列条件的醉驾案件，一般应当适用快速办理机制：

（一）现场查获，未造成交通事故的；

（二）事实清楚，证据确实、充分，法律适用没有争议的；

（三）犯罪嫌疑人、被告人自愿认罪认罚的；

（四）不具有刑事诉讼法第二百二十三条规定情形的。

第二十三条　适用快速办理机制办理的醉驾案件，人民法院、人民检察院、公安机关一般应当在立案侦查之日起三十日内完成侦查、起诉、审判工作。

第二十四条　在侦查或者审查起诉阶段采取取保候审措施的，案件移送至审查起诉或者审判阶段时，取保候审期限尚未届满且符合取保候审条件的，受案机关可以不再重新作出取保候审决定，由公安机关继续执行原取保候审措施。

第二十五条　对醉驾被告人拟提出缓刑量刑建议或者宣告缓刑的，一般可以不进行调查评估。确有必要的，应当及时委托社区矫正机构或者有关社会组织进行调查评估。受委托方应当及时向委托机关提供调查评估结果。

第二十六条　适用简易程序、速裁程序的醉驾案件，人民法院、人民检察院、公安机关和司法行政机关可以采取合并式、要素式、表格式等方式简化文书。

具备条件的地区，可以通过一体化的网上办案平台流转、送达电子卷宗、法律文书等，实现案件线上办理。

五、综合治理

第二十七条　人民法院、人民检察院、公安机关和司法行政机关应当积极落实普法责任制，加强道路交通安全法治宣传教育，广泛开展普法进机关、进乡村、进社区、进学校、进企业、进单位、进网络工作，引导社会公众培养规则意识，养成守法习惯。

第二十八条　人民法院、人民检察院、公安机关和司法行政机关应当充分运用司法建议、检察建议、提示函等机制，督促有关部门、企事业单位，加强本单位人员教育管理，加大驾驶培训环节安全驾驶教育，规范代驾行业发展，加强餐饮、娱乐等涉酒场所管理，加大警示提醒力度。

第二十九条　公安机关、司法行政机关应当根据醉驾服刑人员、社区矫正对象的具体情况，制定有针对性的教育改造、矫正方案，实现分类管理、个别化教育，增强其悔罪意识、法治观念，帮助其成为守法公民。

六、附则

第三十条　本意见自2023年12月28日起施行。《最高人民法院 最高人民检察院 公安部关于办理醉酒驾驶机动车刑事案件适用法律若干问题的意见》(法发〔2013〕15号)同时废止。

【司法指导文件(2)·注释】

1.对于行为人系特殊体质或者出于抢救需要等原因不宜提取血样的，也可以以呼气检测结果作为认定醉酒的依据。因这种情况较为少见，故本意见未作专门规定。

2.行为人在驾驶前确有饮酒行为，因企图逃避法律追究而再次饮酒，导致难以客观还原其驾驶时血液酒精含量数值，应由行为人承担对其不利的鉴定后果。

3.关于"道路"。无论单位管理方式是收费还是免费、机动车进出是否需要登记，只要允许不特定的社会机动车自由通行的，就属于道路。只允许单位内部机动车、特定来访机动车通行的，可以不认定为"道路"。"特定来访机动车"一般指因与单位或者单位内部人员有业务往来、亲友关系等特定事由，经单位或者单位内部人员同意方能进入单位管辖范围路段的车辆。

4.关于"机动车"。叉车、场地观光旅游车等以动力驱动的非道路车辆，以及拖拉机、联合收割机等农用机械，亦符合道路交通安全法中的"机动车"定义，若上道路行驶，需遵守道路交通安全法的规定，故醉驾此类车辆的可构成危险驾驶罪。本意见未对超标电动自行车、电动或者其他动力装置驱动的三轮、四轮车的法律属性作出明确规定，留待实践继续探索。办案中应坚持主客观相一致原则，结合当地行政管理实际情况，充分考虑办案效果，审慎处理。

5.关于血液酒精含量鉴定意见的采信。对瑕疵证据进行补正或者解释，可以采取由相关人员出具书面情况说明、在原鉴定意见上补正或者出具补正书等方式；必要时，可以通知血样提取人、鉴定人等人员出庭作证，相关人员无正当理由拒不出庭作证的，血液酒精含量鉴定意见不得作为定案的证据。排除相关鉴定意见的，呼气检测结果可以作为认定醉酒的依据，但应慎重使用，需有其他证据印证，达到确实、充分的证明标准。

6.关于造成交通事故且负事故全部或者主要责任的情形。主要注意两点：(1) 刑法上的因果关系是认定行为人承担刑事责任的基础。尽管交通管理部门出具的交通事故认定书是认定行为人事故责任的重要依据，但仍有必要对交通事故认定书进行实质审查。若事故对方过错行为是导致事故发生的主要乃至全部原因，不能仅因行为人醉驾(即没有其他道路交通违法行为导致事故发生)，就加重评定其负事故全部或者主要责任。(2) 交通事故范围一般限于造成他人人身伤亡或者公私财产损失，对造成单方事故，仅致本人受伤或者财产损失的，其已为自己的违法行为付出代价，从法理情相融合的角度，可考虑不对其从重处理。造成他人受伤或者公私财产损失，不以达到何种受伤程度或者损失数额为前提，程度和数额仅对量刑产生影响。

7.关于造成交通事故后逃逸的情形。这里的“逃逸”原则上应与交通肇事罪的“逃逸”概念保持一致，主要注意两点：(1)行为人主观上认识到发生事故的可能性即可，不要求对事故细节都有具体认识。(2)行为客观上表现为逃跑、躲避，没有时间和场所的限定，包括但不限于：逃离事故现场；留在现场但藏匿在人群中不配合交通管理部门调查；将伤者送至医院后逃跑；等等。

8.关于未取得机动车驾驶证驾驶汽车的情形，主要注意三点：(1)为统一执法司法标准，“未取得机动车驾驶证”是指自始未取得与所驾汽车车型相符的机动车驾驶证，不包括驾驶证被吊销、暂扣或者注销的情形；对采取欺骗、贿赂等不正当手段取得机动车驾驶证导致驾驶证被撤销的，视为自始未取得机动车驾驶证。(2)汽车的范围，参照《道路交通管理 机动车类型》(GA 802-2019)认定，不包括摩托车、挂车等车型。(3)持有军队、武装警察部队机动车驾驶证未换领地方驾驶证，境外中国公民回国(入境)后持境外驾驶证未换领中国驾驶证，驾驶对应准驾车型汽车的，行政上一般按照“未取得机动车驾驶证”处理，但是否作为该项规定的从重处理情形认定，实践中存在争议，可不予从重处理。

9.关于严重超员、超载、超速驾驶的情形，主要注意三点：(1)原则上参照道路交通安全法第九十二条、第九十九条的规定，“严重超员”是指超过额定乘员百分之二十；“严重超载”是指超过核定载质量百分之三十；“严重超速”是指超过规定时速百分之五十。(2)考虑到路况、车辆类型差别较大，特殊情形下可适当提高比例。如，摩托车类型不同，是否允许载人以及准载人数也不同，驾驶摩托车超员1人的，一般不宜认定为严重超员。又如，在限速15公里/小时的辅路、二轮车专用道等路段驾驶，行驶速度未超过30公里/小时的，一般不宜认定为严重超速。(3)认定严重超速，一般以机动车实际行驶道路的最高限速标志为基准，采取将行为人信息录入公安交通管理综合应用平台的方式，核查其在醉驾过程中是否被交通技术监控设备记录超速违法行为，不需要调取所有行驶路段监控设备进行核查，有争议的除外。

10.关于服用国家规定管制的精神药品或者麻醉药品后驾驶的情形，主要注意三点：(1)该情形既包括非法服用国家管制的精神药品或者麻醉药品后驾车(俗称“毒驾”)，也包括合法服用国家管制的精神药品或者麻醉药品后驾车(俗称“药驾”)。(2)国家规定管制的精神药品、麻醉药品品种，以有关部门发布的管制目录为准。同时兼顾执法实际，检测的精神药品、麻醉药品，不要求覆盖目录列管的所有品种。(3)检验“毒驾”“药驾”，按照有关国家标准、行业标准进行。实践中发现有影响安全驾驶的“毒驾”“药驾”嫌疑，多采用唾液或者尿液现场检测进行初筛，再以提取血样送检的方式确认。

11.关于驾驶机动车从事客运活动且载有乘客的情形，主要注意两点：(1)“客运活动”是指以营利为目的使用机动车运送旅客的活动，既包括依法取得营运许可的客运活动，也包括未取得营运许可的客运活动。客运活动具有公共性、营利性的特点，同事朋友间使用私家车“拼车”、单位组织非营利性质的内部班车接送员工等客运活动，不属于该项规定的客运活动范围。(2)“载有乘客”是指醉驾时实际载有乘客，包括查获时载有乘客，以及乘客下车之后被查获的情形。

12.关于驾驶机动车从事校车业务且载有师生的情形，主要注意两点：(1)“校车业务”是指学校、幼儿园以及其他教育机构、校车服务提供者使用机动车，或者他人以营利为目的使用机动车，接送学生或者学龄前幼儿上下学的活动；为组织活动而使用机动车接送学生或者学龄前幼儿的，视为从事校车业务。在主体方面，为防止打击面过宽，对一般主体设有“以营利为目的”的条件限制，将家长自行组织驾驶私家车，“拼车”接送孩子上下学的情形排除在外；在车型方面，涵盖所有机动车，既包括合规专用校车，也包括非专用校车；在业务方面，既包括接送上下学，也包括组织活动使用。(2)“载有师生”包括载有老师和学生、幼儿，或者仅载有一方的情形。

13.关于在高速公路上驾驶的情形，主要注意两点：(1)为统一执法司法标准，结合行为人主观认知，一般以高速公路收费站作为地方道路与高速公路的分界点；没有设置收费站或者不收费的高速公路路段，结合该路段设计文件、管理和运行方式、路标等认定；同时设置高速公路和城市快速路标志的路段，从有利于被告人原则，认定为城市快速路。(2)对于仅在高速公路服务区或者停车区内驾驶的，不属于在高速公路上驾驶。

14.关于驾驶重型载货汽车的情形。按照《道路交通管理 机动车类型》(GA 802–2019)对机动车规格的分类，重型载货汽车是指总质量大于或者等于12000kg的载货汽车；审查时，无须考虑该车是否实际载货。

15.关于运输危险化学品、危险货物的情形，主要注意两点：(1)“危险化学品”按照《危险化学品安全管理条例》界定，具体列于《危险化学品目录》；“危险货物”按照《道路危险货物运输管理规定》界定，具体列于《危险货物道路运输规则》(JT/T617)，未列入《危险货物道路运输规则》的，以有关法律、行政法规的规定或者国务院有关部门公布的结果为准。(2)运输危险化学品、危险货物是指行为，不是指车型，既包括使用专用运输车辆，也包括使用其他机动车运输危险化学品、危险货物的情形。

16.关于逃避、阻碍公安机关依法检查的情形，主要注意两点：(1)对尚不构成其他犯罪的逃避、阻碍情形的把握。“逃避”通常表现为看见或者察觉到前方执法人员正在进行依法检查，掉转车头逃跑、弃车逃跑、更换驾驶人、与执法人员或者执法设备无接触的一般驾车闯卡行为，为逃避法律追究大量饮水或者再次饮酒等行为。“阻碍”通常表现为抗拒检查行为，如不配合呼气检测导致未能读取有效呼气检测结果，不配合提取血样导致强制抽血，抢夺呼气检测仪器或者血样、取血设备，围堵、推搡、抓挠、挣脱执法人员等轻微肢体冲突行为，轻微辱骂、讽刺等言语攻击行为，等等。(2)“逃避”“阻碍”情节恶劣，符合刑法第二百七十七条规定的，行为人可能构成妨害公务罪、袭警罪。判断情节是否恶劣，需综合考虑暴力、威胁手段的严重程度，是否导致依法执行职务的活动无法正常进行等因素。认定为情节恶劣的情形一般有：对执法人员以杀害、伤害、毁坏财产、损坏名誉相威胁；实施拳击、踢打、抱摔、撕咬、投掷物品等较为严重的人身攻击行为，打砸、毁坏执法设备，抢夺警用装备，驾车冲撞执法人员或者车辆、栏杆等执法设备，造成执法人员受伤、财物受损或者多人围观、交通堵塞等恶劣社会影响，等等。

17.关于实施威胁、打击报复、引诱、贿买证人、鉴定人等人员或者毁灭、伪造证据等妨害司法行为的情形，主要注意两点：(1)因实践中情形复杂多样，难以一一列举，此项规定的两处“等”字，是包括但不限于的意思，关键在于行为人主观上是否为了逃避法律追究，客观上是否一定程度地妨害司法。常见的情形有：采取威胁、打击报复、引诱、贿买等方式，强迫、指使被害人、证人、鉴定人等人员，违背事实作出虚假陈述、证言、鉴定意见，或者导致上述人员不胜其扰甚至不敢作证；自行或者强迫、指使他人毁灭、伪造、隐匿证据；强迫、指使、配合他人顶罪；隐瞒真实身份等。(2)此类行为如果情节严重，符合刑法第三百零五条、第三百零七条、第三百一十条等规定的，醉驾者可能构成妨害作证罪，其他人员可能构成伪证罪、包庇罪或者帮助毁灭、伪造证据罪等罪。判断情节是否严重，一般以是否导致刑事诉讼活动受到实质性影响为标准，如关键证据灭失不可补，该立案而未立案、难立案，错误立案、起诉、审判，等等。

18.关于二年内曾因饮酒后驾驶机动车被查获或者受过行政处罚的情形，“二年”的起算日自其实施上一次饮酒后驾驶机动车行为之日起计算。

19.关于五年内曾因危险驾驶行为被判决有罪或者作相对不起诉的情形，“五年”的起算日自其实施上一次危险驾驶行为之日起计算。

20.关于醉驾型紧急避险，是指行为人为保护一方免受正在发生的危险，不得已在道路上醉驾，危及乃至损害道路交通安全的情形。常见的情形是急救伤病人员，也有逃避他人追杀、夺回被盗抢财物、帮助抓捕逃犯等特殊情形。以急救伤病人员为例，该情形构成紧急避险需具备以下两方面要素：一方面是危险达到紧急程度，即以一般人的认知并结合行为人所处情境，认为患者病情严重，确有紧急送医必要；另一方面是避险行为的不得已性，即行为人醉驾是当时唯一可供选择的手段，没有借助其他手段的条件，如地处偏僻，无法雇请代驾人员，不能向其他在场或者附近人员求助，120急救中心派车时间较长，可能延误抢救时机，给患者带来生命危险，等等。

21.关于短距离驾驶类行为。具体分为两种：(1)本意见第十二条第一款第三项规定的在居民小区、停车场等场所因挪车、停车入位等短距离驾驶机动车的情形。(2)本意见第十二条第一款第四项规定的由他人驾驶至居民小区、停车场等场所短距离接替驾驶停放机动车，或者为了交由他人驾驶，自居民小区、停车场等场所短距离驶出的情形。该类情形下，行为人对醉驾行为的违法性和危险性有一定认识，驾驶的动机和目的并非为了上道路长距离行驶，通常雇请了代驾人员或者委托亲友代为驾驶，为与对方交接车辆而短距离驾车，或者因车辆停放位置不当而短距离挪车、停车入位，可予以从宽处理。认定该类情形，要重点考察行为人驾驶的动机和目的，场所、短距离的认定也应以此展开。若醉酒后打算自己驾车上道路长距离行驶，在居民小区、停车场等场所发动车辆起步、掉头时被查获，虽然行驶距离很短，也不属于该类情形；若打算交由他人驾驶，因居民小区、停车场较大或者路况复杂，向代驾人员、亲友说不清交接地点，自行驾车数百米，也可认定为短距离驾驶。在居民小区、停车场以外其他场所的道路醉驾的，若行为人驾驶的动机和目的符合该类情形，也可适用该项规定。

22.关于造成交通事故后未赔偿损失。"未赔偿损失"不包括事故对方不要求赔偿，以及被告人愿意赔偿，但事故对方漫天要价、拒绝提供损失证明等情形。

23.关于本意见第十条、第十二条、第十四条的关系问题。第十条规定了从重处理情形，第十二条规定了认定情节显著轻微的情形，第十四条规定了缓刑适用标准。其中第十二条引用了第十条，第十四条与第十条的部分规定重合。有意见认为，在入罪时适用第十条，在量刑时就不能对同一情形再适用第十四条，否则就是重复评价。例如，被告人在道路上醉酒驾驶机动车，血液酒精含量为90毫克/100毫升，因不满150毫克/100毫升，醉酒程度符合第十二条第一款第一项的规定，但采取暴力手段抗拒警察依法检查，具有第十条第十一项规定的情形，构成危险驾驶罪，在量刑时不能再适用第十四条第七项的规定对其不适用缓刑。上述意见并不准确，是对第十条规定的不当理解。从立法表述看，若规定"血液酒精含量不满150毫克/100毫升，且具有第十条规定的情形之一的，构成危险驾驶罪"，则第十条规定的情形属于入罪标准、定罪情节。但第十条并未如此规定，而是表述为"醉驾具有下列情形之一，尚不构成其他犯罪的，从重处理"，且非惯常表述的从重处"罚"，一字之差旨在提示该条具有双重作用。一是结合本意见第十二条规定起反向排除作用，将那些反映醉驾情节严重的情形排除在认定为情节显著轻微之外，处理上体现从严立案。不能因为结合第十二条适用，就认为该条规定属于入罪标准、定罪情节。二是量刑时起从重处罚作用。第十四条只是从中挑出一些更需体现从严惩处的情形，规定一般不适用缓刑，同时符合第十条、第十四条规定的，可以"一通到底"，直接适用第十四条，不属于重复评价。需要说明的是，在上述例子中，若被告人暴力抗拒警察依法检查的情节在不认定醉驾情节显著轻微时被评价过一次，从而认为构成危险驾驶罪，又因该情节恶劣被评价构成袭警罪的，应择一重罪论处，即以袭警罪一罪定罪。若被告人同时具有严重超速情节，则可将严重超速情节在不认定醉驾情节显著轻微时评价，将袭警情节单独评价，对被告人以危险驾驶罪、袭警罪数罪并罚。

24.关于"逆向情节"并存的处理。对被告人同时具有本意见第十条、第十一条、第十四条规定的从重、从宽处理或者一般不适用缓刑的情形，应如何处理，本意见未作出明确规定，主要是考虑同时具有“逆向情节”的情形比较复杂，有多种排列组合，即便作出规定也难以细化。对此，可参照《最高人民法院关于贯彻宽严相济刑事政策的若干意见》(法发〔2010〕9号)第二十八条所作原则性规定，即“对于被告人同时具有法定、酌定从严和法定、酌定从宽处罚情节的案件，要在全面考察犯罪的事实、性质、情节和对社会危害程度的基础上，结合被告人的主观恶性、人身危险性、社会治安状况等因素，综合作出分析判断，总体从严，或者总体从宽”。换言之，办理醉驾案件，需要全面准确考察被告人驾驶的动机和目的、醉酒程度、机动车类型、道路情况、行驶时间、速度、距离、后果以及认罪悔罪表现等因素。对造成交通事故且不思悔改的再次醉驾者，总体从严处理，该严惩的依法严惩，该判处实刑的依法判处实刑；对未造成交通事故且自愿认罪认罚的初次醉驾者，总体从宽处理，可轻判的依法轻判，可宣告缓刑或者免予刑事处罚的，依法宣告缓刑或者免予刑事处罚，给予被告人改过自新的机会。

25.关于罚款与罚金的折抵问题。若公安机关因醉驾行为本身已对被告人处以罚款的，人民法院判处罚金时应予折抵；若公安机关是因未取得机动车驾驶证驾驶汽车、严重超员、超载、超速等其他行政违法行为而罚款，人民法院判处罚金时则需区分三种情形，决定是否折抵。(1)其他违法行为在入罪时被作为从重处理情形予以考虑的，应予折抵；(2)其他行政违法行为被作为量刑情节予以考虑，因此增加罚金数额的，应予折抵；(3)其他行政违法行为未被作为量刑情节考虑，未因此增加罚金数额的，不予折抵。醉驾案件中行政拘留与拘役的折抵，也应按照上述情形分别处理。

26.关于罪数的处理。(1)只暴力袭击正在依法执行职务的辅警，可构成妨害公务罪；同时袭击警察、辅警的，可以按照袭警罪一罪从重处罚。(2)被告人采取驾车冲撞的方式抗拒公安机关依法检查的，以妨害公务罪或者袭警罪一罪论处，还是与危险驾驶罪数罪并罚，实践中存在争议。经研究，危险驾驶罪与妨害公务罪、袭警罪侵犯的客体不同，前者危害公共安全，后者扰乱公共秩序，以一罪论处难以评价两种不同性质的驾车行为和主观心态，以数罪论处更为恰当。

【司法指导文件(3)】

《最高人民法院、最高人民检察院、公安部、工业和信息化部、住房和城乡建设部、交通运输部、应急管理部、国家铁路局、中国民用航空局、国家邮政局关于依法惩治涉枪支、弹药、爆炸物、易燃易爆危险物品犯罪的意见》(法发〔2021〕35号，20211231)

二、正确认定犯罪

5.违反危险化学品安全管理规定，未经依法批准或者许可擅自从事易燃易爆危险物品道路运输活动，或者实施其他违反危险化学品安全管理规定通过道路运输易燃易爆危险物品的行为，危及公共安全的，依照刑法第一百三十三条之一第一款第四项的规定，以危险驾驶罪定罪处罚。

……

实施前两款行为，同时构成刑法第一百三十条规定之罪等其他犯罪的，依照处罚较重的规定定罪处罚；导致发生重大伤亡事故或者其他严重后果，符合刑法第一百三十四条、第一百三十五条、第一百三十六条等规定的，依照各该条的规定定罪从重处罚。

【指导性案例·法院】

〔张某某、金某危险驾驶案，FZD32-2014〕

1.机动车驾驶人员出于竞技、追求刺激、斗气或者其他动机，在道路上曲折穿行、快速追赶行驶的，属于刑法第一百三十三条之一规定的“追逐竞驶”。

2.追逐竞驶虽未造成人员伤亡或财产损失，但综合考虑超过限速、闯红灯、强行超车、抗拒交通执法等严重违反道路交通安全法的行为，足以威胁他人生命、财产安全的，属于危险驾驶罪中“情节恶劣”的情形。

【法院案例库参考案例】

〔阿某危险驾驶案，2024-06-1-055-030〕换领的国内驾驶证到期的不属于未取得机动车驾驶证

未取得机动车驾驶证与驾驶证被吊销、暂扣存在区别。相关司法指导意见使用“未取得机动车驾驶证”这一概念，指自始未取得国内机动车驾驶证，而不包括机动车驾驶证被吊销或被暂扣的情形。

〔张某危险驾驶案，2024-06-1-055-017〕“未取得机动车驾驶证驾驶汽车”情形的认定

醉酒危险驾驶相关意见第十条第三项、第十四条第四项规定的“未取得机动车驾驶证驾驶汽车”的情形，是指自始未取得与准驾车型相符的机动车驾驶证，不包括曾取得与准驾车型相符的机动车驾驶证后，该驾驶证被吊销、暂扣的情形。

〔钟某荣危险驾驶案，2024-06-1-055-050〕〔郝某某危险驾驶案，2024-06-1-055-049〕短距离醉驾情节显著轻微情形的认定

对于不是出于挪车、停车入位或者交由他人接替驾驶等目的，而是为了长距离交通目的上道路行驶的，即便在停车场短距离行驶时被查获，也不属于短距离醉驾情节显著轻微的情形。

〔孙某华危险驾驶案，2024-06-1-055-046〕网约车司机隔夜醉酒驾驶机动车载客行为的处理

隔夜醉酒驾驶机动车的行为人，与饮酒后不久即驾驶机动车的行为人在主观恶性上有所区别，原则上应对其从宽处理。但具有醉酒危险驾驶相关意见第十条规定的从重处理情形的，即使系隔夜、隔时醉驾，亦应依法从重处理，并结合具体案情，准确把握宽严尺度。

〔徐某某危险驾驶案，2024-06-1-055-035〕对在高速公路上醉驾行为的量刑处理

对在高速公路上醉酒驾驶的被告人，在依法从重处理的同时，符合缓刑适用条件的，可依法宣告缓刑，充分体现宽严相济刑事政策。

〔罗某危险驾驶案，2024-06-1-055-002〕醉驾行经城市快速路不属于从重处理情形

醉酒危险驾驶意见第十条规定，在高速公路上醉酒驾驶，应从重处理，不再涵盖城市快速路，审判时应按照“从旧兼从轻”原则处理。

〔刘某某危险驾驶案，2024-06-1-055-047〕在因醉驾取保候审期间再次醉驾的，依法从严惩处

被告人在因醉驾取保候审期间再次醉驾，虽第一次醉驾行为本可不作为犯罪处理，但考虑其第一次醉驾被查获的情况，第二次醉驾构成危险驾驶罪，且符合醉酒危险驾驶相关意见第十四条规定的，一般不适用缓刑。

〔刘某某危险驾驶案，2024-06-1-055-044〕五年内曾因危险驾驶行为被相对不起诉的，依法从重处理

刑法第七十二条规定，适用缓刑的条件之一是没有再犯罪的危险。据此，醉酒危险驾驶相关意见第十条规定，二年内曾因饮酒后驾驶机动车被查获或者受过行政处罚，或者五年内曾因危险驾驶行为被判决有罪或者作相对不起诉，再次醉驾的，一般不适用缓刑。

〔汪某秋危险驾驶案，2024-06-1-055-028〕"五年内曾因饮酒后驾驶"以实施上一次酒驾行为之日起计算

醉酒危险驾驶相关意见第十四条第八项将"五年内曾因饮酒后驾驶机动车被查获或者受过行政处罚"规定为一般不适用缓刑的情形。从统一执法司法标准和有利于被告人角度考虑，应当自行为人实施上一次饮酒后驾驶机动车行为之日起计算"五年内"的区间，而不以受到行政处罚之日起计算。

〔赵某某危险驾驶案，2024-06-1-055-037〕发生道路交通事故后二次饮酒的处理规则

对于饮酒后驾驶机动车，在造成事故后逃离现场、指使他人顶替，返回现场后在呼气酒精含量检测或者提取血液样本前又二次饮酒，足以认定其有逃避法律追究的故意，应以其二次饮酒后的血液酒精含量作为认定其醉酒的依据。需要注意的是，二次饮酒可以是现场饮酒，也可以是逃离到其他地方饮酒，但二次饮酒与道路交通事故在时间上应当具有一定延续性。

〔邱某某危险驾驶案，2024-06-1-055-024〕以快速驶离方式通过酒驾检查岗不属于采取暴力手段抗拒公安机关依法检查

醉酒危险驾驶案件中，有的行为人遇到酒驾检查由于紧张害怕，采取锁车、掉头、拐弯、弃车逃跑、伪装停车入库等手段逃避检查，未对人身安全及公私财产造成损害，可以不认定为"采取暴力手段抗拒检查"。有的行为人为逃避处罚，采取驾车闯卡的方式逃避公安机关依法检查，通常会发生撞击路障、栏杆、岗亭、警车甚至警察、辅警等人员的后果，暴力性特征比较明显，故一般认定为采取暴力手段抗拒检查，实践中要具体情况具体分析，结合闯卡的强度、后果、卡点设置情况等因素，判断是否达到认定为暴力手段的程度。

〔齐某某危险驾驶案，2024-06-1-055-042〕醉驾关联行为所受行政处罚与刑罚的折抵规则

实施醉酒驾驶犯罪行为，因严重超速驾驶、违反交通信号灯、无证驾驶等其他违反道路交通安全法行为受到行政处罚的，应当根据行政处罚法第三十五条的规定，按照"一事不二罚"的原则作出处理。如果所涉行为受到拘留、罚款等行政处罚，且所涉行为已在危险驾驶罪的刑罚之中予以评价，则应当折抵其因危险驾驶行为被判处的拘役、罚金等刑罚。

〔马某危险驾驶案，2024-06-1-055-027〕因被害方赔偿诉求明显不合理且拒不提供损失证明，导致未达成赔偿协议的，不属于"未赔偿损失"

因醉酒驾驶造成交通事故且负事故全部或者主要责任的被告人未赔偿损失的，一般不适用缓刑。但是，因事故相对方要求的赔偿数额明显超出合理范围，且拒不提供相应损失证明，经调解双方未能就赔偿数额达成一致的，不属于前述因“未赔偿损失”而一般不适用缓刑的情形，对被告人可依法适用缓刑。

【《刑事审判参考》案例】

〔参考案例第760号：谢忠德危险驾驶案〕“乡间小道”能否被认定为危险驾驶罪中的“道路”？

对危险驾驶罪中“道路”的理解，应重点把握驾驶行为发生地是否具有“公共性”，只要具有“公共性”，就应当认定为“道路”。近年来，随着经济发展，农村的一些道路出现了明显的公路化演变，行驶的机动车数量大量增多，机动车在农村道路上发生的交通事故也大幅增加。因此，将农村中具有一定规模和较强公共性的农村道路纳入“道路”范畴，不仅符合立法价值取向，而且也顺应了司法实践发展需要。

〔参考案例第892号：林某危险驾驶案〕醉酒驾驶超标电动自行车的，是否构成危险驾驶罪？

不宜将超标电动自行车认定为“机动车”，在道路上醉酒驾驶超标电动自行车的，不构成危险驾驶罪。如果行为人驾驶超标电动自行车超速行驶的，可以对其处以警告、罚款或者扣留车辆的行政处罚。如果发生轻微交通事故，可以通过民事赔偿予以补救。如果发生重大交通事故，符合交通肇事罪构成要件的，可以依法处理。

〔参考案例第897号：黄建忠危险驾驶案〕如何认定醉驾型危险驾驶犯罪案件中的自首以及如何根据具体的自首情形决定对被告人的从宽处罚程度？

被告人在得知对方当事人报警后，在人身未受到控制情况下选择了未逃离现场，自愿留在现场等候警方处理，应当认定为“自动投案”。在公安人员到来后，主动交代其在驾车前饮酒的事实，并配合公安人员对其进行呼气酒精含量测试和抽取血样，应当认定其如实供述自己的罪行，应当认定构成“自首”。危险驾驶罪本身属于轻罪，故被告人具有自首情节的，一般可以从轻处罚。但如前所述，醉驾案件中被告人自动投案的情形不同，有主动报警的，也有他人报警的，故在从轻处罚的程度上应当有所区别。如果被告人主动报警的，一般应当从轻处罚，其中没有发生交通事故的，或者只是造成轻微财产损失，没有人员伤亡的，可以不作为犯罪处理或者免除处罚。在他人报警的情况下，如果被告人未逃离现场，是因为精神上受到一定程度的强制而不敢逃逸，则从轻处罚的幅度可以小于其主动报警的情况；如果造成较为严重的交通事故(尚不构成交通肇事罪)，亦可以考虑不予从轻处罚。对于被告人交通肇事逃逸后自动投案，如实供述自己罪行，构成自首的，可视具体情形决定是否对其从轻处罚以及从轻处罚的幅度，一般不能免除处罚。

〔参考案例第899号：于岗危险驾驶、妨害公务案〕醉酒驾驶并抗拒检查的是应当从一重处还是数罪并罚？

醉酒驾驶并抗拒检查，分别符合危险驾驶罪和妨害公务罪构成特征的，应当按照数罪并罚的原则予以并罚。

〔参考案例第902号：孔某危险驾驶案〕醉驾逃逸后找人“顶包”并指使他人提供虚假证言，导致无法及时检验

血液酒精含量的案件如何处理?

1.醉驾逃逸后找人"顶包",并指使他人提供虚假证言,导致无法及时检验血液酒精含量的,应当以危险驾驶罪、妨害作证罪数罪并罚。

2.醉驾入刑后,酒后驾驶抗拒、逃避检查,交通肇事后逃逸的现象逐渐增多,网络上甚至出现了专门为醉酒驾驶行为支招逃避刑事追究的"醉驾肇事逃逸攻略"。这些所谓的"攻略"致使一些醉酒驾驶行为人心存侥幸,误以为只要及时逃脱,待酒精挥发、分解、消化、排泄后,血液酒精含量就会大幅度下降甚至消失,如此就能够逃避刑法处罚。因此,在绝大多数情况下,应当要求公诉机关提供血液酒精含量的鉴定意见,但同时应当保留一定的例外。如果在任何情况下都要求将血液酒精含量鉴定意见作为认定醉酒的唯一依据,既不利于遏制和预防醉驾犯罪,甚至还会纵容醉驾肇事逃逸的行为。司法实践中,根据间接证据定案的情况不在少数,只要间接证据达到确实、充分的证明程度,能够排除合理怀疑的,仍可认定为醉酒驾驶。只是在这种情形下,对取证要求更高,要穷尽一切手段收集能够证明行为人在驾驶时处于醉酒状态的各类证据。

具体包括以下几类:一是证实行为人在驾驶前曾经饮酒或者肇事时呈现醉态的证人证言、被害人陈述。例如,与行为人一同饮酒的人和饭店工作人员关于行为人喝酒的时间、品种、数量、度数以及驾车时的状态等情节的证言,目击证人或者被害人描述行为人肇事后步态、神态等状况的证言。二是证实行为人饮酒、驾车离开时的饭店监控录像、道路监控录像等视听资料。三是专业人员的鉴定意见。对于行为人逃逸不久即被抓获,体内还能检出血液酒精含量值,但低于80毫克/100毫升的,可以委托专业人员按照业内通行的10毫克/(100毫升·小时)的血液清除率往回推算行为人驾驶时的血液酒精含量。四是侦查实验。根据有关证人证言、监控录像等证据证实的行为人饮酒的时间、品种、数量、度数以及距驾驶的时间等情节进行侦查实验,"还原"行为人驾驶时的状态后,提取其血样送检。如果血液酒精含量达到80毫克/100毫升的,结合上述证据,可以认定行为人驾驶时呈醉酒状态。需要强调的是,鉴于血液酒精含量检验鉴定意见的重要性以及缺失后的不可弥补性,根据间接证据定案,是迫不得已的做法,应当极为慎重。

〔参考案例第903号:孟令悟危险驾驶案〕对涉嫌犯危险驾驶罪的犯罪嫌疑人、被告人能否直接采取逮捕强制措施以及判决文书如何表述刑期起止日期?

对于涉嫌犯危险驾驶罪的犯罪嫌疑人、被告人不能直接采取逮捕强制措施,除非在取保候审、监视居住期间严重违反相关规定。由于刑期起止日期与判决执行前被告人是否被羁押密切相关,在危险驾驶案件的判决书中表述刑期起止日期时,应当区分羁押和未被羁押两种情形:

1.作出判决时,被告人被取保候审或者监视居住的,判决执行之日不能确定,刑期的起止日期也不能确定,判决结果的刑期部分可表述为:"刑期从判决执行之日起计算,判决执行前先行羁押的,羁押一日折抵刑期一日(未采取拘留措施的,略去加着重号部分)",并将“即自××××年××月××日起至××××年××月××日止”略去。待判决生效后，将罪犯交付执行机关执行之日即为刑期开始日期，再根据先行羁押日期计算折抵后的刑期终止日期，填写在执行通知书中。本案因未对被告人孟令悟采取逮捕措施，法院在判决书中略去刑期起止日期的做法是正确的。

2.作出判决时，被告人因违反取保候审、监视居住的规定被逮捕的，虽然不能确定判决执行之日，但经折抵先行羁押日期，刑期的起止日期是确定的，判决结果的刑期部分应当写明“刑期从判决执行之日起计算，判决执行前先行羁押的，羁押一日折抵刑期一日，即自××××年××月××日(羁押之日)起至××××年××月××日止”。

〔参考案例第915号：杨某危险驾驶案〕醉酒驾驶仅致本人受伤的如何处理？

对于危险驾驶仅致本人受伤且不具有从重处罚情节的，从刑罚的谦抑精神出发，可以酌情从宽处罚。实践中，因驾驶摩托车属于“肉包铁”，常发生醉酒驾驶摩托车撞到树上、掉进沟里、跌倒在地等致行为人本人自伤的后果。在这种情况下，行为人的身体和精神已经因其犯罪行为付出了一定程度的代价，如果再施以严厉的刑罚，有违刑罚谦抑精神。特别是在有的案件中，行为人承担着家庭主要经济来源，因本人遭受伤残而支出的医疗费用已是一笔沉重的负担，加上失去主要经济来源的家庭，容易转化为社会负担和不稳定因素。这种情形下，对仅导致自伤的醉驾行为人科以刑罚或者重罚，社会效果并不好。当然，在具体把握处罚幅度时，应当主要考虑行为人在道路上醉酒驾驶机动车有无法定从重处罚情节，是否属于犯罪情节较轻、情节轻微或者显著轻微，避免单纯将行为人本人受伤作为判断其醉驾情节轻微与否的主要因素。

〔参考案例第898号：郑帮巧危险驾驶案〕醉酒驾驶机动车致使本人重伤的是否构成交通肇事罪？

交通肇事罪司法解释“致一人以上重伤”中的“人”不包括肇事者本人。行为人醉酒驾驶机动车致使本人受伤的不构成交通肇事罪，但在道路上醉酒驾车的构成危险驾驶罪。

第一百三十三条之二　【妨害安全驾驶罪】对行驶中的公共交通工具的驾驶人员使用暴力或者抢控驾驶操纵装置，干扰公共交通工具正常行驶，危及公共安全的，处一年以下有期徒刑、拘役或者管制，并处或者单处罚金。

前款规定的驾驶人员在行驶的公共交通工具上擅离职守，与他人互殴或者殴打他人，危及公共安全的，依照前款的规定处罚。

有前两款行为，同时构成其他犯罪的，依照处罚较重的规定定罪处罚。

【修正说明】

本罪由刑法修正案(十一)第二条增设。

【立法 · 要点注释】

1.本罪主体主要是公共交通工具上的乘客等人员。在公共交通工具行驶过程中，与驾驶员发生冲突的一般都是乘客。个别情况下，车辆上的售票员或者安保员也有可能会与驾驶员发生冲突。

2."公共交通工具",主要是指公共汽车、公路客运车,大、中型出租车等车辆。司乘人员冲突事件大多发生在上述这几类公共交通工具上。此外,公共交通工具还有从事空中运输的飞机,铁路运输的火车、地铁、轻轨,水路运输的客运轮船、摆渡船、快艇等。

3."对驾驶人员使用暴力或者抢控驾驶操纵装置",主要是指行为人对公共交通工具的驾驶人员实施殴打、推搡拉拽等暴力行为,或者实施抢夺控制方向盘、变速杆等驾驶操纵装置的行为。"驾驶操纵装置",主要是指供驾驶人员控制车辆行驶的装置,包括方向盘、离合器踏板、加速踏板、制动踏板、变速杆、驻车制动手柄等。"抢控驾驶操作装置"并不需要行为人实际控制驾驶操作装置,只要实施了争抢行为即可。

4."干扰公共交通工具正常行驶,危及公共安全的",主要是指行为人的行为足以导致公共交通工具不能安全行驶,车辆失控,随时可能发生乘客、道路上的行人、车辆伤亡或者财产损失的现实危险。如果行为人只是辱骂、轻微拉扯驾驶员或者轻微争抢方向盘,并没有影响车辆的正常行驶,不宜作为犯罪处理,但违反治安管理处罚法规定的,应当依法予以治安处罚。

5."擅离职守",主要是指驾驶人员未采取任何安全措施控制车辆,擅自离开驾驶位置,或者双手离开方向盘等。"与他人互殴或者殴打他人",是指驾驶人员与乘客等进行互相殴打,或者驾驶人员殴打乘客等行为。

6.本条第三款规定的"同时构成其他犯罪"中的"其他犯罪",应当是与妨害公共交通工具安全驾驶行为直接相关的罪名,如果行为人实施了本款的犯罪行为,在行驶中的公共交通工具上又实施其他与妨害公共交通工具安全驾驶行为不相关的犯罪行为,如行为人明显具有伤害、杀人的恶意殴打、杀害司机或乘客,或者盗窃、抢劫乘客财物、强制猥亵乘客等行为,应当根据情况适用故意伤害罪、故意杀人罪、盗窃罪、抢劫罪、强制猥亵罪与本罪实行数罪并罚。

7.如何把握妨害安全驾驶的犯罪与以危险方法危害公共安全罪的界限。为避免适用以危险方法危害公共安全罪而导致刑罚过重,刑法修正案(十一)增设本罪。实践中对于在行驶中的公共交通工具上发生的因司乘纠纷而引发的互殴、厮打等妨害安全驾驶行为一般不宜再适用以危险方法危害公共安全罪。对于个别情况下,行为人妨害公共交通工具安全驾驶行为,判处一年有期徒刑明显偏轻,符合刑法第一百一十四条规定的,可以按照以危险方法危害公共安全罪追究。

【司法指导文件】

参见本法第一百一十四条项下【司法指导文件(1)】,第253—255页。对相关行为的定性,需结合刑法修正案(十一)增设的本条即妨害安全驾驶罪的规定综合考虑。

【《刑事审判参考》案例】

〔参考案例第1476号:吴鑫霞妨害安全驾驶案〕如何认定在公共交通工具行驶过程中抢夺方向盘等妨害安全驾驶行为的性质?

行为人在公交车行驶过程中抢夺方向盘(时间持续不长、未导致车辆行驶方向偏离)、拉拽驾驶员口罩(作用力不大),干扰公共交通工具正常行驶,危及公共安全的,若其行为本身不具有严重的社会危险性(发生在车辆起步时、车速较为缓慢,事发路段不属于桥梁、隧道、高速或人流密集区),不构成以危险方法危害公共安全罪,以妨害安全驾驶罪论处。

第一百三十四条　【重大责任事故罪】在生产、作业中违反有关安全管理的规定,因而发生重大伤亡事故或者造成其他严重后果的,处三年以下有期徒刑或者拘役;情节特别恶劣的,处三年以上七年以下有期徒刑。

【强令、组织他人违章冒险作业罪】强令他人违章冒险作业,或者明知存在重大事故隐患而不排除,仍冒险组织作业,因而发生重大伤亡事故或者造成其他严重后果的,处五年以下有期徒刑或者拘役;情节特别恶劣的,处五年以上有期徒刑。

【第二次修正前条文】

第一百三十四条　【重大责任事故罪】在生产、作业中违反有关安全管理的规定,因而发生重大伤亡事故或者造成其他严重后果的,处三年以下有期徒刑或者拘役;情节特别恶劣的,处三年以上七年以下有期徒刑。

【强令违章冒险作业罪】强令他人违章冒险作业,因而发生重大伤亡事故或者造成其他严重后果的,处五年以下有期徒刑或者拘役;情节特别恶劣的,处五年以上有期徒刑。

【第一次修正前条文】

第一百三十四条　【重大责任事故罪】工厂、矿山、林场、建筑企业或者其他企业、事业单位的职工,由于不服管理、违反规章制度,或者强令工人违章冒险作业,因而发生重大伤亡事故或者造成其他严重后果的,处三年以下有期徒刑或者拘役;情节特别恶劣的,处三年以上七年以下有期徒刑。

【修正说明】

1.刑法修正案(六)第一条对原条文作了如下修改:一是将犯罪主体从原来的企业、事业单位的职工扩大到从事生产、作业的所有人员;二是将“强令他人违章冒险作业”与一般的违章生产、作业分开,作为第二款单独规定,并将其刑罚从最高七年有期徒刑提高到十五年有期徒刑。

2.刑法修正案(十一)第三条将“明知存在重大事故隐患而不排除,仍冒险组织作业,因而发生重大伤亡事故或者造成其他严重后果的”行为增列为犯罪。

【立法 · 要点注释】

1.本罪主体是在各类生产经营活动中从事生产、作业及其指挥管理的人员,既包括工厂、矿山、林场、建筑企业或者其他企业、事业单位的职工,也包括其他生产、经营单位的人员,个体经营户、群众合作经营组织的生产、管理人员,甚至违法经营单位、无照经营单位的生产、作业及其指挥管理人员等。

2.“违反有关安全管理的规定”的行为往往具有不同的形式。普通职工主要表现为不服管理、不听指挥、不遵守操作规程和工艺设计要求或者盲目蛮干、擅离岗位等。生产管理人员主要表现为违背客观规律在现场瞎指挥，或者作出不符合安全生产、作业要求的工作安排等。

3.实践中，有些企业、事业单位或者群众合作经营组织、个体经营户招用从业人员，不经技术培训，也不进行必要的安全教育，直接安排其从事生产、作业，使职工在不了解安全管理规定的情况下违反安全管理规定，因而发生重大责任事故，对于生产、作业人员不宜认定为犯罪，但对发生事故的单位和经营组织、经营户的直接责任人员，则应当按照本罪定罪处罚。

4.“情节特别恶劣”，是指造成伤亡人数特别多，造成直接经济损失特别大，或者其他违反安全管理规定非常恶劣的情况。比如，经常违反规章制度，屡教不改；明知没有安全保证，不听劝阻；发生过事故不引以为戒，继续蛮干；违章行为特别恶劣，如已因违反规章制度受到批评教育或行政处罚而不改正，再次违反安全管理规定，造成重大事故；已发现事故苗头，仍然不听劝阻、一意孤行，拒不采纳工人和技术人员的意见，导致事故发生；通过恶劣手段掩盖安全生产隐患，蒙骗工人作业，在出现险情的情况下仍然继续生产、作业或者指挥工人生产、作业；等等。

5.“强令他人违章冒险作业”中的“强令”，不一定表现在恶劣的态度、强硬的语言或者行动，只要是能够对工人产生精神强制，使其不敢违抗命令，不得不违章冒险作业的，均构成“强令”。该款中的“情节特别恶劣”，是指用恶劣手段强令工人违章冒险作业，或者已经出现事故苗头或者已经发生事故，仍然强令冒险作业的等情形。

6.自然事故，是指不依人的意志为转移的自然原因造成的事故，如雷电、暴风雨造成电路故障而引起的人员伤亡或经济损失。如果无人违章，纯属自然事故，不构成犯罪。

7.技术事故，是指由于技术手段或者设备条件所限而无法避免的人员伤亡或经济损失。比如，在生产和科学实验中，总会因为科技水平和设备条件的限制，不可避免地出现一些事故，造成一些损失，这不是犯罪问题，但是，如果凭借现有的科技和设备条件，经过努力本来可以避免事故发生，由于疏忽大意或者过于自信未能避免的，则可能构成重大责任事故罪。

【立案追诉标准】

《最高人民检察院、公安部关于公安机关管辖的刑事案件立案追诉标准的规定(一)》(公通字〔2008〕36号，20080625)[①]

第八条　〔重大责任事故案(刑法第一百三十四条第一款)〕在生产、作业中违反有关安全管理的规定，涉嫌下列情形之一的，应予立案追诉：

(一)造成死亡一人以上，或者重伤三人以上；

(二)造成直接经济损失五十万元以上的；

(三)发生矿山生产安全事故，造成直接经济损失一百万元以上的；

(四)其他造成严重后果的情形。

---

① 《立案追诉标准(一)》第八条、第九条的规定与本条项下【司法解释(1)】第六条的规定不一致的，应以后者的规定为准。——编者注

第九条　〔强令违章冒险作业案[1]（刑法第一百三十四条第二款）〕强令他人违章冒险作业，涉嫌下列情形之一的，应予立案追诉：

（一）造成死亡一人以上，或者重伤三人以上；

（二）造成直接经济损失五十万元以上的；

（三）发生矿山生产安全事故，造成直接经济损失一百万元以上的；

（四）其他造成严重后果的情形。

【司法解释（1）】

《最高人民法院、最高人民检察院关于办理危害生产安全刑事案件适用法律若干问题的解释》（法释〔2015〕22号，20151216）

第一条　刑法第一百三十四条第一款规定的犯罪主体，包括对生产、作业负有组织、指挥或者管理职责的负责人、管理人员、实际控制人、投资人等人员，以及直接从事生产、作业的人员。

第二条　刑法第一百三十四条第二款规定的犯罪主体，包括对生产、作业负有组织、指挥或者管理职责的负责人、管理人员、实际控制人、投资人等人员。

第五条　明知存在事故隐患、继续作业存在危险，仍然违反有关安全管理的规定，实施下列行为之一的，应当认定为刑法第一百三十四条第二款规定的"强令他人违章冒险作业"：

（一）利用组织、指挥、管理职权，强制他人违章作业的；

（二）采取威逼、胁迫、恐吓等手段，强制他人违章作业的；

（三）故意掩盖事故隐患，组织他人违章作业的；[2]

（四）其他强令他人违章作业的行为。

第六条　实施刑法第一百三十二条、第一百三十四条第一款、第一百三十五条、第一百三十五条之一、第一百三十六条、第一百三十九条规定的行为，因而发生安全事故，具有下列情形之一的，应当认定为"造成严重后果"或者"发生重大伤亡事故或者造成其他严重后果"，对相关责任人员，处三年以下有期徒刑或者拘役：

（一）造成死亡一人以上，或者重伤三人以上的；

（二）造成直接经济损失一百万元以上的；

（三）其他造成严重后果或者重大安全事故的情形。

实施刑法第一百三十四条第二款规定的行为，因而发生安全事故，具有本条第一款规定情形的，应当认定为"发生重大伤亡事故或者造成其他严重后果"，对相关责任人员，处五年以下有期徒刑或者拘役。

……

第七条　实施刑法第一百三十二条、第一百三十四条第一款、第一百三十五条、第一百三十五条之一、第一百三十六条、第一百三十九条规定的行为，因而发生安全事故，具有下列情形之一的，对相关责任人员，处三年以上七年以下有期徒刑：

（一）造成死亡三人以上或者重伤

① 罪名已变更为"强令、组织他人违章冒险作业罪"。——编者注

② 刑法修正案（十一）施行后，对第五条列举的第三种行为方式不宜再认定为强令违章冒险作业行为，在存在重大事故隐患的情况下，应以组织他人违章冒险作业罪定罪处罚。对此，本条项下【司法解释（2）】第一条作出相应修改。——编者注

十人以上，负事故主要责任的；

（二）造成直接经济损失五百万元以上，负事故主要责任的；

（三）其他造成特别严重后果、情节特别恶劣或者后果特别严重的情形。

实施刑法第一百三十四条第二款规定的行为，因而发生安全事故，具有本条第一款规定情形的，对相关责任人员，处五年以上有期徒刑。

……

第十条　在安全事故发生后，直接负责的主管人员和其他直接责任人员故意阻挠开展抢救，导致人员死亡或者重伤，或者为了逃避法律追究，对被害人进行隐藏、遗弃，致使被害人因无法得到救助而死亡或者重度残疾的，分别依照刑法第二百三十二条、第二百三十四条的规定，以故意杀人罪或者故意伤害罪定罪处罚。

第十一条　生产不符合保障人身、财产安全的国家标准、行业标准的安全设备，或者明知安全设备不符合保障人身、财产安全的国家标准、行业标准而进行销售，致使发生安全事故，造成严重后果的，依照刑法第一百四十六条的规定，以生产、销售不符合安全标准的产品罪定罪处罚。

第十二条　实施刑法第一百三十二条、第一百三十四条至第一百三十九条之一规定的犯罪行为，具有下列情形之一的，从重处罚：

（一）未依法取得安全许可证件或者安全许可证件过期、被暂扣、吊销、注销后从事生产经营活动的；

（二）关闭、破坏必要的安全监控和报警设备的；

（三）已经发现事故隐患，经有关部门或者个人提出后，仍不采取措施的；

（四）一年内曾因危害生产安全违法犯罪活动受过行政处罚或者刑事处罚的；

（五）采取弄虚作假、行贿等手段，故意逃避、阻挠负有安全监督管理职责的部门实施监督检查的；

（六）安全事故发生后转移财产意图逃避承担责任的；

（七）其他从重处罚的情形。

实施前款第五项规定的行为，同时构成刑法第三百八十九条规定的犯罪的，依照数罪并罚的规定处罚。

第十三条　实施刑法第一百三十二条、第一百三十四条至第一百三十九条之一规定的犯罪行为，在安全事故发生后积极组织、参与事故抢救，或者积极配合调查、主动赔偿损失的，可以酌情从轻处罚。

第十四条　国家工作人员违反规定投资入股生产经营，构成本解释规定的有关犯罪的，或者国家工作人员的贪污、受贿犯罪行为与安全事故发生存在关联性的，从重处罚；同时构成贪污、受贿犯罪和危害生产安全犯罪的，依照数罪并罚的规定处罚。

第十六条　对于实施危害生产安全犯罪适用缓刑的犯罪分子，可以根据犯罪情况，禁止其在缓刑考验期限内从事与安全生产相关联的特定活动；对于被判处刑罚的犯罪分子，可以根据犯罪情况和预防再犯罪的需要，禁止其自刑罚执行完毕之日或者假释之日起三年至五年内从事与安全生产相关的职业。

第十七条　本解释自2015年12月16日起施行。本解释施行后，《最高人民法院、最高人民检察院关于办理危害矿山生产安全刑事案件具体应用法律若干问题的解释》（法释〔2007〕5号）同时废止。最高人民法院、最高人民检察院此前发布的司法解释和规范性文件与本解释不一致的，以本解释为准。

【司法解释(2)】

《最高人民法院、最高人民检察院关于办理危害生产安全刑事案件适用法律若干问题的解释(二)》(法释〔2022〕19号，20221219)

第一条　明知存在事故隐患，继续作业存在危险，仍然违反有关安全管理的规定，有下列情形之一的，属于刑法第一百三十四条第二款规定的"强令他人违章冒险作业"：

(一)以威逼、胁迫、恐吓等手段，强制他人违章作业的；

(二)利用组织、指挥、管理职权，强制他人违章作业的；

(三)其他强令他人违章冒险作业的情形。

明知存在重大事故隐患，仍然违反有关安全管理的规定，不排除或者故意掩盖重大事故隐患，组织他人作业的，属于刑法第一百三十四条第二款规定的"冒险组织作业"。

第四条　刑法第一百三十四条第二款和第一百三十四条之一第二项规定的"重大事故隐患"，依照法律、行政法规、部门规章、强制性标准以及有关行政规范性文件进行认定。

刑法第一百三十四条之一第三项规定的"危险物品"，依照安全生产法第一百一十七条的规定确定。

对于是否属于"重大事故隐患"或者"危险物品"难以确定的，可以依据司法鉴定机构出具的鉴定意见、地市级以上负有安全生产监督管理职责的部门或者其指定的机构出具的意见，结合其他证据综合审查，依法作出认定。

第十一条　有本解释规定的行为，被不起诉或者免予刑事处罚，需要给予行政处罚、政务处分或者其他处分的，依法移送有关主管机关处理。

第十二条　本解释自2022年12月19日起施行。最高人民法院、最高人民检察院此前发布的司法解释与本解释不一致的，以本解释为准。

【司法指导文件(1)】

《最高人民法院关于进一步加强危害生产安全刑事案件审判工作的意见》(法发〔2011〕20号，20111230)

二、危害生产安全刑事案件审判工作的原则

3.严格依法，从严惩处。对严重危害生产安全犯罪，尤其是相关职务犯罪，必须始终坚持严格依法、从严惩处。对于人民群众广泛关注、社会反映强烈的案件要及时审结，回应人民群众关切，维护社会和谐稳定。

4.区分责任，均衡量刑。危害生产安全犯罪，往往涉案人员较多，犯罪主体复杂，既包括直接从事生产、作业的人员，也包括对生产、作业负有组织、指挥或者管理职责的负责人、管理人员、实际控制人、投资人等，有的还涉及国家机关工作人员渎职犯罪。对相关责任人的处理，要根据事故原因、危害后果、主体职责、过错大小等因素，综合考虑全案，正确划分责任，做到罪责刑相适应。

5.主体平等，确保公正。审理危害生产安全刑事案件，对于所有责任主体，都必须严格落实法律面前人人平等的刑法原则，确保刑罚适用公正，确保裁判效果良好。

三、正确确定责任

6.审理危害生产安全刑事案件，政

府或相关职能部门依法对事故原因、损失大小、责任划分作出的调查认定，经庭审质证后，结合其他证据，可作为责任认定的依据。

7.认定相关人员是否违反有关安全管理规定，应当根据相关法律、行政法规，参照地方性法规、规章及国家标准、行业标准，必要时可参考公认的惯例和生产经营单位制定的安全生产规章制度、操作规程。

8.多个原因行为导致生产安全事故发生的，在区分直接原因与间接原因的同时，应当根据原因行为在引发事故中所具作用的大小，分清主要原因与次要原因，确认主要责任和次要责任，合理确定罪责。

一般情况下，对生产、作业负有组织、指挥或者管理职责的负责人、管理人员、实际控制人、投资人，违反有关安全生产管理规定，对重大生产安全事故的发生起决定性、关键性作用的，应当承担主要责任。

对于直接从事生产、作业的人员违反安全管理规定，发生重大生产安全事故的，要综合考虑行为人的从业资格、从业时间、接受安全生产教育培训情况、现场条件、是否受到他人强令作业、生产经营单位执行安全生产规章制度的情况等因素认定责任，不能将直接责任简单等同于主要责任。

对于负有安全生产管理、监督职责的工作人员，应根据其岗位职责、履职依据、履职时间等，综合考察工作职责、监管条件、履职能力、履职情况等，合理确定罪责。

四、准确适用法律

9.严格把握危害生产安全犯罪与以其他危险方法危害公共安全罪的界限，不应将生产经营中违章违规的故意不加区别地视为对危害后果发生的故意。

10.以行贿方式逃避安全生产监督管理，或者非法、违法生产、作业，导致发生重大生产安全事故，构成数罪的，依照数罪并罚的规定处罚。

违反安全生产管理规定，非法采矿、破坏性采矿或排放、倾倒、处置有害物质严重污染环境，造成重大伤亡事故或者其他严重后果，同时构成危害生产安全犯罪和破坏环境资源保护犯罪的，依照数罪并罚的规定处罚。

五、准确把握宽严相济刑事政策

13.审理危害生产安全刑事案件，应综合考虑生产安全事故所造成的伤亡人数、经济损失、环境污染、社会影响、事故原因与被告人职责的关联程度、被告人主观过错大小、事故发生后被告人的施救表现、履行赔偿责任情况等，正确适用刑罚，确保裁判法律效果和社会效果相统一。

14.造成《关于办理危害矿山生产安全刑事案件具体应用法律若干问题的解释》第四条规定的“重大伤亡事故或者其他严重后果”，同时具有下列情形之一的，也可以认定为刑法第一百三十四条、第一百三十五条规定的“情节特别恶劣”：

（一）非法、违法生产的；

（二）无基本劳动安全设施或未向生产、作业人员提供必要的劳动防护用品，生产、作业人员劳动安全无保障的；

（三）曾因安全生产设施或者安全生产条件不符合国家规定，被监督管理部门处罚或责令改正，一年内再次违规生产致使发生重大生产安全事故的；

（四）关闭、故意破坏必要安全警示设备的；

(五)已发现事故隐患,未采取有效措施,导致发生重大事故的;

(六)事故发生后不积极抢救人员,或者毁灭、伪造、隐藏影响事故调查的证据,或者转移财产逃避责任的;

(七)其他特别恶劣的情节。[①]

15.相关犯罪中,具有以下情形之一的,依法从重处罚:

(一)国家工作人员违反规定投资入股生产经营企业,构成危害生产安全犯罪的;

(二)贪污贿赂行为与事故发生存在关联性的;

(三)国家工作人员的职务犯罪与事故存在直接因果关系的;

(四)以行贿方式逃避安全生产监督管理,或者非法、违法生产、作业的;

(五)生产安全事故发生后,负有报告职责的国家工作人员不报或者谎报事故情况,贻误事故抢救,尚未构成不报、谎报安全事故罪的;

(六)事故发生后,采取转移、藏匿、毁灭遇难人员尸体,或者毁灭、伪造、隐藏影响事故调查的证据,或者转移财产,逃避责任的;

(七)曾因安全生产设施或者安全生产条件不符合国家规定,被监督管理部门处罚或责令改正,一年内再次违规生产致使发生重大生产安全事故的。

16.对于事故发生后,积极施救,努力挽回事故损失,有效避免损失扩大;积极配合调查,赔偿受害人损失的,可依法从宽处罚。

六、依法正确适用缓刑和减刑、假释

17.对于危害后果较轻,在责任事故中不负主要责任,符合法律有关缓刑适用条件的,可以依法适用缓刑,但应注意根据案件具体情况,区别对待,严格控制,避免适用不当造成的负面影响。

18.对于具有下列情形的被告人,原则上不适用缓刑:

(一)具有本意见第14条、第15条所规定的情形的;

(二)数罪并罚的。

19.宣告缓刑,可以根据犯罪情况,同时禁止犯罪分子在缓刑考验期限内从事与安全生产有关的特定活动。

20.办理与危害生产安全犯罪相关的减刑、假释案件,要严格执行刑法、刑事诉讼法和有关司法解释规定。是否决定减刑、假释,既要看罪犯服刑期间的悔改表现,还要充分考虑原判认定的犯罪事实、性质、情节、社会危害程度等情况。

【司法指导文件(2)】

《最高人民法院关于充分发挥审判职能作用切实维护公共安全的若干意见》(法发〔2015〕12号,20150916)

三、依法惩治危害安全生产犯罪,促进安全生产形势根本好转

7.准确把握打击重点。结合当前形势并针对犯罪原因,既要重点惩治发生在危险化学品、民爆器材、烟花爆竹、电梯、煤矿、非煤矿山、油气运送管道、建筑施工、消防、粉尘涉爆等重点行业领域企业,以及港口、码头、人员密集

① 《最高人民法院关于办理危害矿山生产安全刑事案件具体应用法律若干问题的解释》已被废止,但第十四条、第十五条所列情形,属于该意见第十八条“原则上不适用缓刑”的情形,故予以保留。——编者注

场所等重点部位的危害安全生产犯罪，更要从严惩治发生在这些犯罪背后的国家机关工作人员贪污贿赂和渎职犯罪。既要依法追究直接造成损害的从事生产、作业的责任人员，更要依法从严惩治对生产、作业负有组织、指挥或者管理职责的负责人、管理人、实际控制人、投资人。既要加大对各类安全生产犯罪的惩治力度，更要从严惩治因安全生产条件不符合国家规定被处罚而又违规生产，关闭或者故意破坏安全警示设备，事故发生后不积极抢救人员或者毁灭、伪造、隐藏影响事故调查证据，通过行贿非法获取相关生产经营资质等情节的危害安全生产的犯罪。

8.依法妥善审理与重大责任事故有关的赔偿案件。对当事人因重大责任事故遭受人身、财产损失而提起诉讼要求赔偿的，应当依法及时受理，保障当事人诉权。对两人以上实施危及他人人身、财产安全的行为，其中一人或者数人的行为造成他人损害，能够确定具体责任人的，由责任人承担赔偿责任，不能确定具体责任人的，由行为人承担连带责任。被告人因重大责任事故既承担刑事、行政责任，又承担民事责任的，其财产应当优先承担民事责任。原告因重大责任事故遭受损失而无法及时履行赡养、抚养等义务，申请先予执行的，应当依法支持。

【司法指导文件(3)】

《最高人民法院关于依法妥善审理高空抛物、坠物案件的意见》(法发〔2019〕25号，20191021)

二、依法惩处构成犯罪的高空抛物、坠物行为，切实维护人民群众生命财产安全

7.准确认定高空坠物犯罪。……在生产、作业中违反有关安全管理规定，从高空坠落物品，发生重大伤亡事故或者造成其他严重后果的，依照刑法第一百三十四条第一款的规定，以重大责任事故罪定罪处罚。

【司法指导文件(4)】

《最高人民法院、最高人民检察院、公安部关于办理涉窨井盖相关刑事案件的指导意见》(高检发〔2020〕3号，20200316)

五、在生产、作业中违反有关安全管理的规定，擅自移动窨井盖或者未做好安全防护措施等，发生重大伤亡事故或者造成其他严重后果的，依照刑法第一百三十四条第一款的规定，以重大责任事故罪定罪处罚。

……

十二、本意见所称的“窨井盖”，包括城市、城乡结合部和乡村等地的窨井盖以及其他井盖。

【指导性案例·检察】

〔夏某某等人重大责任事故案，JZD97-2021〕

具有营运性质的交通运输活动中，行为人既违反交通运输法规，也违反其他安全管理规定(如未取得安全许可证、经营资质，不配备安全设施等)，发生重大事故的，由于该类运输活动主要是一种生产经营活动，并非单纯的交通运输行为，为全面准确评价行为人的行为，一般可按照重大责任事故罪认定。交通运输活动的负责人、投资人等负有安全监管职责的人员违反有关安全管理规定，造成重大事故发生，应认定为重大责任事故罪；驾驶人员等一线运输

人员违反交通运输法规造成事故发生的,应认定为交通肇事罪。

【法院案例库参考案例】

〔吴某重大责任事故案,2024-06-1-057-001〕游泳馆违规提供游泳技能培训业务致他人死亡的,构成重大责任事故罪

与不特定人的生命健康和财产安全相关联,具有生产、经营性质的培训业务,属于刑法第一百三十四条规定的"生产、作业"。培训业务开展过程中违反安全管理规定,发生重大伤亡事故或者造成其他严重后果的,以重大责任事故罪论处。

〔李某俊等重大责任事故案,2024-05-1-057-004〕重大责任事故罪中发包业主的刑事责任认定

在重大责任事故犯罪案件中,业主将修建工程发包给第三方施工,双方签订发包合同却并未实际履行,发包业主实际亲自控制修建工程的施工活动的,应当认定为事故主要责任人,依法以重大责任事故罪论处。

〔张某忠重大责任事故准予撤回起诉案,2024-05-1-057-002〕被雇用人在施工过程中不慎坠亡,个人雇用者不构成重大责任事故罪

重大责任事故罪中的"生产、作业"活动具有组织性、可重复性等特点,其犯罪主体是具有一定组织性的生产、作业活动的负责人、管理者和具体实施者。对于临时雇用帮工,被雇用人在帮工过程中摔落伤亡的,通常不宜以重大责任事故罪论处。

〔祁某华重大责任事故案,2024-05-1-057-001〕个人违规自建房用于经营活动导致重大安全事故的,构成重大责任事故罪

对于个人违规自建房用于经营活动造成重大安全事故的,行为主体不具有单位属性,不符合工程重大安全事故罪的主体要件要求,依法不构成工程重大安全事故罪。此类行为符合重大责任事故罪的构成要件,可以重大责任事故罪追究相关行为人的刑事责任。

〔邵某重大责任事故案,2023-05-1-057-002〕雇用未取得特种作业资质人员实施特种作业,作业过程中未采取安全措施致一人死亡,构成重大责任事故罪

对雇用未取得特种作业资质人员实施特种作业,在作业过程中未采取安全措施致使发生重大伤亡事故的,实际施工方构成重大责任事故罪。

第一百三十四条之一 【危险作业罪】在生产、作业中违反有关安全管理的规定,有下列情形之一,具有发生重大伤亡事故或者其他严重后果的现实危险的,处一年以下有期徒刑、拘役或者管制:

(一)关闭、破坏直接关系生产安全的监控、报警、防护、救生设备、设施,或者篡改、隐瞒、销毁其相关数据、信息的;

(二)因存在重大事故隐患被依法责令停产停业、停止施工、停止使用有关设备、设施、场所或者立即采取排除危险的整改措施,而拒不执行的;

(三)涉及安全生产的事项未经依法批准或者许可,擅自从事矿山开采、金属冶炼、建筑施工,以及危险物品生产、经营、储存等高度危险的生产作业活动的。

【修正说明】

本罪由刑法修正案(十一)第四条增设。

【立法 · 要点注释】

1."现实危险",主要是指已经出现了重大险情,或者出现了"冒顶""渗漏"等"小事故",虽然最终没有发生重大严重后果,但这种没有发生的原因,有的是因为被及时制止了,有的是因为开展了有效救援,有的完全是偶然性的客观原因而未发生,对这"千钧一发"的危险才能认定为具有发生现实危险的。

2.对于应当配置而没有配置直接关系生产安全的监控、报警、防护、救生设备、设施,或者配置不合格的上述设备、设施的情形,实践中比较复杂,安全生产标准和要求较为全面、严格,有的不安装行为并非具有直接导致重大危害结果的危险性,且涉及企业安全生产的投入,因此本条未作专门规定。对这类情况是否构成危险作业犯罪,需要结合实践情况慎重把握。

3.本条第三项的有关行为,可能同时构成非法采矿罪,非法运输、储存危险物质罪等其他犯罪,应当根据案件具体情况从一重罪处罚或者数罪并罚。

【司法解释(1)】

《最高人民法院、最高人民检察院关于办理危害生产安全刑事案件适用法律若干问题的解释》(法释〔2015〕22号,20151216)

第十二条 实施刑法第一百三十二条、第一百三十四条至第一百三十九条之一规定的犯罪行为,具有下列情形之一的,从重处罚:

(一)未依法取得安全许可证件或者安全许可证件过期、被暂扣、吊销、注销后从事生产经营活动的;

(二)关闭、破坏必要的安全监控和报警设备的;

(三)已经发现事故隐患,经有关部门或者个人提出后,仍不采取措施的;

(四)一年内曾因危害生产安全违法犯罪活动受过行政处罚或者刑事处罚的;

(五)采取弄虚作假、行贿等手段,故意逃避、阻挠负有安全监督管理职责的部门实施监督检查的;

(六)安全事故发生后转移财产意图逃避承担责任的;

(七)其他从重处罚的情形。

实施前款第五项规定的行为,同时构成刑法第三百八十九条规定的犯罪的,依照数罪并罚的规定处罚。[①]

【司法解释(2)】

《最高人民法院、最高人民检察院关于办理危害生产安全刑事案件适用法律若干问题的解释(二)》(法释〔2022〕19号,20221219)

第二条 刑法第一百三十四条之一规定的犯罪主体,包括对生产、作业负有组织、指挥或者管理职责的负责人、管理人员、实际控制人、投资人等人员,以及直接从事生产、作业的人员。

第三条 因存在重大事故隐患被依法责令停产停业、停止施工、停止使

① 对于该条司法解释的适用,需结合刑法修正案(十一)第四条增设的刑法第一百三十四条之一即危险作业罪的规定综合考虑。——编者注

用有关设备、设施、场所或者立即采取排除危险的整改措施，有下列情形之一的，属于刑法第一百三十四条之一第二项规定的“拒不执行”：

（一）无正当理由故意不执行各级人民政府或者负有安全生产监督管理职责的部门依法作出的上述行政决定、命令的；

（二）虚构重大事故隐患已经排除的事实，规避、干扰执行各级人民政府或者负有安全生产监督管理职责的部门依法作出的上述行政决定、命令的；

（三）以行贿等不正当手段，规避、干扰执行各级人民政府或者负有安全生产监督管理职责的部门依法作出的上述行政决定、命令的。

有前款第三项行为，同时构成刑法第三百八十九条行贿罪、第三百九十三条单位行贿罪等犯罪的，依照数罪并罚的规定处罚。

认定是否属于“拒不执行”，应当综合考虑行政决定、命令是否具有法律、行政法规等依据，行政决定、命令的内容和期限要求是否明确、合理，行为人是否具有按照要求执行的能力等因素进行判断。

第四条　刑法第一百三十四条第二款和第一百三十四条之一第二项规定的“重大事故隐患”，依照法律、行政法规、部门规章、强制性标准以及有关行政规范性文件进行认定。

刑法第一百三十四条之一第三项规定的“危险物品”，依照安全生产法第一百一十七条的规定确定。

对于是否属于“重大事故隐患”或者“危险物品”难以确定的，可以依据司法鉴定机构出具的鉴定意见、地市级以上负有安全生产监督管理职责的部门或者其指定的机构出具的意见，结合其他证据综合审查，依法作出认定。

第五条　在生产、作业中违反有关安全管理的规定，有刑法第一百三十四条之一规定情形之一，因而发生重大伤亡事故或者造成其他严重后果，构成刑法第一百三十四条、第一百三十五条至第一百三十九条等规定的重大责任事故罪、重大劳动安全事故罪、危险物品肇事罪、工程重大安全事故罪等犯罪的，依照该规定定罪处罚。

第十条　有刑法第一百三十四条之一行为，积极配合公安机关或者负有安全生产监督管理职责的部门采取措施排除事故隐患，确有悔改表现，认罪认罚的，可以依法从宽处罚；犯罪情节轻微不需要判处刑罚的，可以不起诉或者免予刑事处罚；情节显著轻微危害不大的，不作为犯罪处理。

第十一条　有本解释规定的行为，被不起诉或者免予刑事处罚，需要给予行政处罚、政务处分或者其他处分的，依法移送有关主管机关处理。

第十二条　本解释自2022年12月19日起施行。最高人民法院、最高人民检察院此前发布的司法解释与本解释不一致的，以本解释为准。

【司法解释(2)·注释】

1.刑法第一百三十四条之一规定的“现实危险”不仅是指具体危险，而且必须是十分紧迫的危险，原则上只有在行为已经导致出现重大险情，或者已经造成了小的事故，只是因为偶然性的客观因素或者及时开展救援等原因，未造成重大事故后果的，对于这种“千钧一发”的危险才能认定为“现实危险”，进而以危险作业罪定罪处罚。基于上述考虑，刑法第一百三十四条之一规定的“现实危险”主要包括两种情形：一是行为人实施了该条规定的三种行为之一，并且已经因为实施该行为引发了小的事故，只是因为及时开展抢救、救援或者其他偶然性的客观因素，小事故没有发展成重大事故、没有达到重大伤亡事故或者其他严重后果的认定标准；二是行为人实施了该条规定的三种行为之一，导致出现了矿山井下冒顶、透水或者危险物品泄漏等重大事故险情，但因为及时开展抢救、救援或者其他偶然性的客观因素，险情没有发展成事故。具有上述情况之一的，才可以认定为具有“现实危险”，进而对行为人以危险作业罪定罪处罚。对于不符合上述两种情形的行为，不宜认定构成危险作业罪，否则可能导致刑事手段不当介入应由行政手段调整的领域范围，过度影响市场主体的正常生产经营活动。

2.实践中适用本解释第五条的规定，需要注意处理好与《最高人民法院、最高人民检察院关于办理危害生产安全刑事案件适用法律若干问题的解释》(法释〔2015〕22号，以下简称《2015年解释》)有关规定条文的关系。《2015年解释》第十二条第一款规定了构成危害生产安全犯罪情况下的多种从重处罚的情形。该条第一款规定的部分情形，如未经许可违法违规从事生产经营活动，关闭、破坏必要的安全监控和报警设备等行为，属于刑法第一百三十四条之一规定的危险作业行为。根据本解释第五条和《2015年解释》第十二条第一款的规定，行为人实施属于刑法第一百三十四条之一和《2015年解释》第十二条第一款规定范围内的危险作业行为，导致发生重大伤亡事故或者其他严重后果，构成重大责任事故罪等结果犯罪名的，应当以重大责任事故罪等结果犯的罪名定罪处罚，同时还应体现《2015年解释》第十二条第一款的规定精神，在量刑时酌情从重处罚。从理论上讲，如果行为人实施的非法违法生产经营行为属于刑法第一百三十四条之一规定的危险作业罪行为，说明该行为本身即具有严重的社会危害性，在该行为导致发生重大伤亡事故或者其他严重后果、又构成重大责任事故罪等结果犯罪名的情况下，以重大责任事故罪等结果犯罪名定罪并酌情从重处罚，才能对该行为以及行为造成的危害后果进行充分评价。

3.刑法对危险作业罪的规定方式具有一定特殊性，仅选取了社会危害性较大的一部分非法违法生产经营行为作为犯罪处理，而非将所有的非法违法生产经营行为均规定为犯罪，这一点与刑法第一百一十四条、第一百一十五条等对放火罪等罪名基本犯和结果加重犯的规定方式存在明显不同。在危险作业行为导致发生重大伤亡事故或者其他严重后果、符合重大责任事故罪等结果犯罪名构成要件的情况下，如果在具体量刑时不对犯罪人酌情从重处罚，不利于做到与非法违法生产经营行为本身不符合危险作业罪行为构成要件的其他结果犯的量刑平衡。这种情况下，以重大责任事故罪等结果犯的罪名定罪，并在量刑时酌情从重处罚，有利于做到罪责刑相适应。

【司法指导文件】

《最高人民法院、最高人民检察院、公安部、工业和信息化部、住房和城乡建设部、交通运输部、应急管理部、国家铁路局、中国民用航空局、国家邮政

局关于依法惩治涉枪支、弹药、爆炸物、易燃易爆危险物品犯罪的意见》（法发〔2021〕35号，20211231）

二、正确认定犯罪

5.……

在易燃易爆危险物品生产、经营、储存等高度危险的生产作业活动中违反有关安全管理的规定，有下列情形之一，具有发生重大伤亡事故或者其他严重后果的现实危险的，依照刑法第一百三十四条之一第三项的规定，以危险作业罪定罪处罚：

(1) 委托无资质企业或者个人储存易燃易爆危险物品的；

(2) 在储存的普通货物中夹带易燃易爆危险物品的；

(3) 将易燃易爆危险物品谎报或者匿报为普通货物申报、储存的；

(4) 其他涉及安全生产的事项未经依法批准或者许可，擅自从事易燃易爆危险物品生产、经营、储存等活动的情形。

实施前两款行为，同时构成刑法第一百三十条规定之罪等其他犯罪的，依照处罚较重的规定定罪处罚；导致发生重大伤亡事故或者其他严重后果，符合刑法第一百三十四条、第一百三十五条、第一百三十六条等规定的，依照各该条的规定定罪从重处罚。

【审判实务释疑】

无证经营成品汽油应当适用非法经营罪还是危险作业罪？

……2022年10月，《危险化学品目录》作了调整，汽油、柴油、煤油均已被纳入危险化学品目录。但是，考虑到《危险化学品安全管理条例》保护的法益主要是生产安全，而非市场经济秩序，从国家政策导向和法律规定看，将未经审批经营成品油的行为纳入非法经营罪宜持慎重态度。2022年12月，“两高”联合发布了《人民法院、检察机关依法惩治危害生产安全犯罪典型案例》，其中，“高某海等危险作业案”所涉案情即为未经批准擅自存储、销售汽油，并引发事故，以危险作业罪定罪处罚，而非非法经营罪。

需要强调的是，对于危险作业罪“具有发生重大伤亡事故或者其他严重后果的现实危险”的构成要件，要综合考虑具体行为方式、案发地点及危害后果等进行认定，避免适用泛化。同时，应当注意区别对待，对于其他为行为人提供便利条件、参与分装赚取差价的人员，综合考虑其在共同犯罪中所起作用以及认罪认罚等情节，可以依法不纳入刑事追究范围，体现宽严相济的刑事政策。[①]

【法院案例库参考案例】

〔李某超、倪某喜危险作业案，2024-05-1-059-001〕在海洋运输生产、作业中违反有关安全管理的规定，导致发生船舶沉没事故但无人员伤亡的行为定性

在海洋运输生产、作业中违反有关安全管理的规定，因存在重大事故隐患被责令整改而拒不执行，导致发生船舶沉没事故，但未造成人员伤亡，未具备“发生重大伤亡事故或者造成其他严重后果”的要件，不构成重大责任事故罪等犯罪的，可以认定为刑法第一百三十四条之一规定的“具有发生重大伤亡事故及其他严重后果的现实危险”，以

① 参见《法答网精选答问(第三批)》，载《人民法院报》2024年3月21日，第7版。

危险作业罪论处。

〔李某远危险作业案，2023-05-1-059-002〕关闭消防安全设备“现实危险”的把握标准

根据刑法第一百三十四条之一规定，危险作业罪中“具有发生重大伤亡事故或者其他严重后果的现实危险”，是指客观存在的、紧迫的危险，这种危险未及时消除、持续存在，将可能随时导致发生重大伤亡事故或者其他严重后果。司法实践中，是否属于“具有发生重大伤亡事故或者其他严重后果的现实危险”，应当结合行业属性、行为对象、现场环境、违规行为严重程度、纠正整改措施的及时性和有效性等具体因素，进行综合判断。司法机关在办理具体案件过程中要准确把握立法原意，对于行为人关闭、破坏直接关系生产安全的监控、报警、防护、救生设备、设施，已经出现重大险情，或者发生了“小事故”，由于偶然性的客观原因而未造成重大严重后果的情形，可以认定为“具有发生重大伤亡事故或者其他严重后果的现实危险”。

第一百三十五条 【重大劳动安全事故罪】安全生产设施或者安全生产条件不符合国家规定，因而发生重大伤亡事故或者造成其他严重后果的，对直接负责的主管人员和其他直接责任人员，处三年以下有期徒刑或者拘役；情节特别恶劣的，处三年以上七年以下有期徒刑。

【修正前条文】

第一百三十五条 【重大劳动安全事故罪】工厂、矿山、林场、建筑企业或者其他企业、事业单位的劳动安全设施不符合国家规定，经有关部门或者单位职工提出后，对事故隐患仍不采取措施，因而发生重大伤亡事故或者造成其他严重后果的，对直接责任人员，处三年以下有期徒刑或者拘役；情节特别恶劣的，处三年以上七年以下有期徒刑。

【修正说明】

刑法修正案(六)第二条对原条文作了如下修改：一是删去了关于主体的规定；二是将“不符合国家规定”的对象范围从“安全生产设施”扩大到“安全生产条件”；三是删去了关于“经有关部门或者单位职工提出后，对事故隐患仍不采取措施”的规定；四是将原条文中“直接责任人员”修改规定为“直接负责的主管人员和其他直接责任人员”。

【立法 · 要点注释】

1.“安全生产设施”，主要是指用于安全生产的各种设施和设备。主要包括安全牢固的生产用房设施、符合安全标准的各种机器设备及隔离栏、防护网、危险标志、用于逃生的安全通道等。

2.“安全生产条件”，主要是指劳动生产者在进行劳动生产时所处的环境条件及用于保护劳动者安全生产作业必不可少的安全防护用品和措施。

3.“造成其他严重后果的”，是指造成重大伤亡事故以外的其他严重后果的情况。如给国家财产或集体财产造成严重损失或者造成国家有关的重要工程、生产计划不能如期完工的严重后果等情况。

4.“情节特别恶劣”，是指由于有关直接负责的主管人员和其他直接责任人员，对长期存在的生产安全隐患，不及时进行治理或者明知是不符合国家规定的安全生产设施而安装或者使用的等情况。

【立案追诉标准】

《最高人民检察院、公安部关于公安机关管辖的刑事案件立案追诉标准的规定(一)》(公通字〔2008〕36号，20080625)

第十条[①]　〔重大劳动安全事故案(刑法第一百三十五条)〕安全生产设施或者安全生产条件不符合国家规定，涉嫌下列情形之一的，应予立案追诉：

(一)造成死亡一人以上，或者重伤三人以上；

(二)造成直接经济损失五十万元以上的；

(三)发生矿山生产安全事故，造成直接经济损失一百万元以上的；

(四)其他造成严重后果的情形。

【司法解释】

《最高人民法院、最高人民检察院关于办理危害生产安全刑事案件适用法律若干问题的解释》(法释〔2015〕22号，20151216)

第三条　刑法第一百三十五条规定的"直接负责的主管人员和其他直接责任人员"，是指对安全生产设施或者安全生产条件不符合国家规定负有直接责任的生产经营单位负责人、管理人员、实际控制人、投资人，以及其他对安全生产设施或者安全生产条件负有管理、维护职责的人员。[②]

【司法指导文件】

《最高人民法院研究室关于被告人阮某重大劳动安全事故案有关法律适用问题的答复》(法研〔2009〕228号，20091225)

用人单位违反职业病防治法的规定，职业病危害预防设施不符合国家规定，因而发生重大伤亡事故或者造成其他严重后果的，对直接负责的主管人员和其他直接责任人员，可以依照刑法第一百三十五条的规定，以重大劳动安全事故罪定罪处罚。

【《刑事审判参考》案例】

〔参考案例第505号：尚知国等重大劳动安全事故案〕重大劳动安全事故罪与重大责任事故罪出现竞合时应如何处理？

司法实践中，当工厂、矿山、林场、建筑企业或者其他企业、事业单位发生重大伤亡事故或者造成其他严重后果，当重大责任事故罪与重大劳动安全事故罪的客观方面和主体都出现竞合时，应当按照下列原则处理：

第一，在完全是由于安全生产设施或者安全生产条件不符合国家规定的情况下进行生产、作业，因而发生重大伤亡事故或者造成其他严重后果的情况下，应当以重大劳动安全事故罪定罪量刑。

第二，在安全生产设施或者安全生产条件不符合国家规定的情况下，在生产、作业中又违反具体的安全管理规定，因而发生重大伤亡事故或者造成其

---

① 该条立案追诉标准与本法第一百三十四条项下【司法解释(1)】第六条的规定不一致的，应以后者的规定为准。——编者注

② 关于本罪处罚的规定，参见本法第一百三十四条项下【司法解释(1)】第六条第一款、第七条第一款、第十二条、第十三条之规定，第340—341页。

他严重后果的，应区分不同情况选择较为妥当的罪名定罪量刑：(1)当二罪中某一罪的情节明显重于另一罪时，应按情节较重的罪名定罪量刑。(2)当二罪的情节基本相当的情况下，对于实际控制人、投资人，他们对安全生产设施或者安全生产条件是否符合国家规定负有直接责任，在无法查清对生产、作业是否负有组织、指挥或者管理职责时，以重大劳动安全事故罪定罪量刑。如果对生产、作业同时负有组织、指挥或者管理职责时，一般仍以重大劳动安全事故罪定罪为宜，而将“在生产、作业中违反有关安全管理的规定”的行为作为从重处罚的情节。对于负责人、管理人员，他们既对生产、作业负有组织、指挥或者管理职责，又对安全生产设施或者安全生产条件是否符合国家规定负有直接责任。对他们一般也以重大劳动安全事故罪定罪为宜，而将“在生产、作业中违反有关安全管理的规定”的行为作为从重处罚的情节。对于“对安全生产设施或者安全生产条件负有管理、维护职责的电工、瓦斯检查工等人员”，亦参照上述原则处理。

第一百三十五条之一【大型群众性活动重大安全事故罪】举办大型群众性活动违反安全管理规定，因而发生重大伤亡事故或者造成其他严重后果的，对直接负责的主管人员和其他直接责任人员，处三年以下有期徒刑或者拘役；情节特别恶劣的，处三年以上七年以下有期徒刑。

【修正说明】

本罪由刑法修正案(六)第三条增设。

【立法·要点注释】

构成本罪的客观行为要同时具备两个条件：一是“违反安全管理规定”。这里的“安全管理规定”是广义的，不仅包括举办大型群众性活动应当具备的各种安全防范设施，还包括举办大型群众性活动涉及的人员管理的各种安全规定。如参加者人数大大超出场地人员的核定容量，没有迅速疏散人员的应急预案等存在严重安全隐患，不符合举办大型群众性活动的安全要求，可能危及参加者人身财产安全等情况。二是举办的是“大型群众性活动”。所谓“大型群众性活动”，是指组织者举办的活动的人数和规模。根据我国有关法律、法规的规定，所谓“大型”，一般是指参加人数在1000人以上的。

【立案追诉标准】

《最高人民检察院、公安部关于公安机关管辖的刑事案件立案追诉标准的规定(一)》(公通字〔2008〕36号，20080625)

第十一条[①]〔大型群众性活动重大安全事故案(刑法第一百三十五条之一)〕举办大型群众性活动违反安全管理规定，涉嫌下列情形之一的，应予立案追诉：

(一)造成死亡一人以上，或者重伤三人以上；

(二)造成直接经济损失五十万元以上的；

① 该条立案追诉标准与本法第一百三十四条项下【司法解释(1)】第六条的规定不一致的，应以后者的规定为准。——编者注

（三）其他造成严重后果的情形。

【司法解释】

关于本罪处罚的规定，参见本法第一百三十四条项下【司法解释(1)】第六条第一款、第七条第一款、第十二条、第十三条之规定，第340—341页。

第一百三十六条 【危险物品肇事罪】违反爆炸性、易燃性、放射性、毒害性、腐蚀性物品的管理规定，在生产、储存、运输、使用中发生重大事故，造成严重后果的，处三年以下有期徒刑或者拘役；后果特别严重的，处三年以上七年以下有期徒刑。

【立案追诉标准】

《最高人民检察院、公安部关于公安机关管辖的刑事案件立案追诉标准的规定(一)》(公通字〔2008〕36号，20080625)

第十二条[①] 〔危险物品肇事案(刑法第一百三十六条)〕违反爆炸性、易燃性、放射性、毒害性、腐蚀性物品的管理规定，在生产、储存、运输、使用中发生重大事故，涉嫌下列情形之一的，应予立案追诉：

（一）造成死亡一人以上，或者重伤三人以上；

（二）造成直接经济损失五十万元以上的；

（三）其他造成严重后果的情形。

【司法解释】

关于本罪处罚的规定，参见本法第一百三十四条项下【司法解释(1)】第六条第一款、第七条第一款、第十二条、第十三条之规定，第340—341页。

【司法指导文件】

《最高人民法院、最高人民检察院、公安部、工业和信息化部、住房和城乡建设部、交通运输部、应急管理部、国家铁路局、中国民用航空局、国家邮政局关于依法惩治涉枪支、弹药、爆炸物、易燃易爆危险物品犯罪的意见》(法发〔2021〕35号，20211231)

二、正确认定犯罪

6.在易燃易爆危险物品生产、储存、运输、使用中违反有关安全管理的规定，实施本意见第5条前两款规定以外的其他行为，导致发生重大事故，造成严重后果，符合刑法第一百三十六条等规定的，以危险物品肇事罪等罪名定罪处罚。

7.实施刑法第一百三十六条规定等行为，向负有安全生产监督管理职责的部门不报、谎报或者迟报相关情况的，从重处罚；同时构成刑法第一百三十九条之一规定之罪的，依照数罪并罚的规定处罚。

【法院公报案例】

〔淮安市人民检察院诉康兆永、王刚危险物品肇事案，GB2006-8〕

1.有危险货物运输从业资格的人员，明知使用具有安全隐患的机动车超载运输剧毒化学品，有可能引发危害公共安全的事故，却轻信能够避免，以致这种事故发生并造成严重后果的，构成刑法第一百三十六条规定的危险物品肇事罪。

① 该条立案追诉标准与本法第一百三十四条项下【司法解释(1)】第六条的规定不一致的，应以后者的规定为准。——编者注

2.从事剧毒化学品运输工作的专业人员，在发生交通事故致使剧毒化学品泄漏后，有义务利用随车配备的应急处理器材和防护用品抢救对方车辆上的受伤人员，有义务在现场附近设置警戒区域，有义务及时报警并在报警时主动说明危险物品的特征、可能发生的危害，以及需要采取何种救助工具与救助方式才能防止、减轻以至消除危害，有义务在现场等待抢险人员的到来，利用自己对剧毒危险化学品的专业知识以及对运输车辆构造的了解，协助抢险人员处置突发事故。从事剧毒化学品运输工作的专业人员不履行这些义务，应当对由此造成的特别严重后果承担责任。

第一百三十七条　【工程重大安全事故罪】建设单位、设计单位、施工单位、工程监理单位违反国家规定，降低工程质量标准，造成重大安全事故的，对直接责任人员，处五年以下有期徒刑或者拘役，并处罚金；后果特别严重的，处五年以上十年以下有期徒刑，并处罚金。

【立案追诉标准】

《最高人民检察院、公安部关于公安机关管辖的刑事案件立案追诉标准的规定(一)》(公通字〔2008〕36号，20080625)

第十三条[①]　〔工程重大安全事故案(刑法第一百三十七条)〕建设单位、设计单位、施工单位、工程监理单位违反国家规定，降低工程质量标准，涉嫌下列情形之一的，应予立案追诉：

(一)造成死亡一人以上，或者重伤三人以上；

(二)造成直接经济损失五十万元以上的；

(三)其他造成严重后果的情形。

【司法解释】

《最高人民法院、最高人民检察院关于办理危害生产安全刑事案件适用法律若干问题的解释》(法释〔2015〕22号，20151216)

第六条第一款　实施刑法第一百三十二条、第一百三十四条第一款、第一百三十五条、第一百三十五条之一、第一百三十六条、第一百三十九条规定的行为，因而发生安全事故，具有下列情形之一的，应当认定为“造成严重后果”或者“发生重大伤亡事故或者造成其他严重后果”，对相关责任人员，处三年以下有期徒刑或者拘役：

(一)造成死亡一人以上，或者重伤三人以上的；

(二)造成直接经济损失一百万元以上的；

(三)其他造成严重后果或者重大安全事故的情形。

第六条第三款　实施刑法第一百三十七条规定的行为，因而发生安全事故，具有本条第一款规定情形的，应当认定为“造成重大安全事故”，对直接责任人员，处五年以下有期徒刑或者拘役，并处罚金。

第七条第一款　实施刑法第一百三十二条、第一百三十四条第一款、第一百三十五条、第一百三十五条之一、

① 该条立案追诉标准与本条项下【司法解释】第六条的规定不一致的，应以后者的规定为准。——编者注

第一百三十六条、第一百三十九条规定的行为，因而发生安全事故，具有下列情形之一的，对相关责任人员，处三年以上七年以下有期徒刑：

（一）造成死亡三人以上或者重伤十人以上，负事故主要责任的；

（二）造成直接经济损失五百万元以上，负事故主要责任的；

（三）其他造成特别严重后果、情节特别恶劣或者后果特别严重的情形。

第七条第三款　实施刑法第一百三十七条规定的行为，因而发生安全事故，具有本条第一款规定情形的，对直接责任人员，处五年以上十年以下有期徒刑，并处罚金。[1]

【司法指导文件】

《最高人民法院、最高人民检察院、公安部关于办理涉窨井盖相关刑事案件的指导意见》（高检发〔2020〕3号，20200316）

五、……

窨井盖建设、设计、施工、工程监理单位违反国家规定，降低工程质量标准，造成重大安全事故的，依照刑法第一百三十七条的规定，以工程重大安全事故罪定罪处罚。

十二、本意见所称的“窨井盖”，包括城市、城乡结合部和乡村等地的窨井盖以及其他井盖。

第一百三十八条　【教育设施重大安全事故罪】明知校舍或者教育教学设施有危险，而不采取措施或者不及时报告，致使发生重大伤亡事故的，对直接责任人员，处三年以下有期徒刑或者拘役；后果特别严重的，处三年以上七年以下有期徒刑。

【立案追诉标准】

《最高人民检察院、公安部关于公安机关管辖的刑事案件立案追诉标准的规定（一）》（公通字〔2008〕36号，20080625）

第十四条[2]　〔教育设施重大安全事故案（刑法第一百三十八条）〕明知校舍或者教育教学设施有危险，而不采取措施或者不及时报告，涉嫌下列情形之一的，应予立案追诉：

（一）造成死亡一人以上、重伤三人以上或者轻伤十人以上的；

（二）其他致使发生重大伤亡事故的情形。

【司法解释】

《最高人民法院、最高人民检察院关于办理危害生产安全刑事案件适用法律若干问题的解释》（法释〔2015〕22号，20151216）

第六条第一款　实施刑法第一百三十二条、第一百三十四条第一款、第一百三十五条、第一百三十五条之一、第一百三十六条、第一百三十九条规定的行为，因而发生安全事故，具有下列情形之一的，应当认定为“造成严重后果”或者“发生重大伤亡事故或者造成其他严重后果”，对相关责任人员，处三年以下有期徒刑或者拘役：

---

① 关于本罪从重、从轻处罚的规定，参见本法第一百三十四条项下【司法解释(1)】第十二条、第十三条之规定，第341页。

② 该条立案追诉标准与本条项下【司法解释】第六条的规定不一致的，应以后者的规定为准。——编者注

(一)造成死亡一人以上,或者重伤三人以上的;

(二)造成直接经济损失一百万元以上的;

(三)其他造成严重后果或者重大安全事故的情形。

第六条第四款　实施刑法第一百三十八条规定的行为,因而发生安全事故,具有本条第一款第一项规定情形的,应当认定为“发生重大伤亡事故”,对直接责任人员,处三年以下有期徒刑或者拘役。

第七条第一款　实施刑法第一百三十二条、第一百三十四条第一款、第一百三十五条、第一百三十五条之一、第一百三十六条、第一百三十九条规定的行为,因而发生安全事故,具有下列情形之一的,对相关责任人员,处三年以上七年以下有期徒刑:

(一)造成死亡三人以上或者重伤十人以上,负事故主要责任的;

(二)造成直接经济损失五百万元以上,负事故主要责任的;

(三)其他造成特别严重后果、情节特别恶劣或者后果特别严重的情形。

第七条第四款　实施刑法第一百三十八条规定的行为,因而发生安全事故,具有下列情形之一的,对直接责任人员,处三年以上七年以下有期徒刑:

(一)造成死亡三人以上或者重伤十人以上,负事故主要责任的;

(二)具有本解释第六条第一款第一项规定情形,同时造成直接经济损失五百万元以上并负事故主要责任的,或者同时造成恶劣社会影响的。[①]

【法院公报案例】

〔郑州市中原区人民检察院诉高知先、乔永杰过失致人死亡案,GB2005-1〕

幼儿教育单位的负责人明知本单位接送幼儿的专用车辆有安全隐患,不符合行车要求,而不采取必要的检修措施,仍让他人使用该车接送幼儿,以致于在车辆发生故障后,驾驶人员违规操作引起车辆失火,使被接送的幼儿多人伤亡,该负责人的行为构成刑法第一百三十八条规定的教育设施重大安全事故罪。

第一百三十九条　【消防责任事故罪】违反消防管理法规,经消防监督机构通知采取改正措施而拒绝执行,造成严重后果的,对直接责任人员,处三年以下有期徒刑或者拘役;后果特别严重的,处三年以上七年以下有期徒刑。

【立案追诉标准】

《最高人民检察院、公安部关于公安机关管辖的刑事案件立案追诉标准的规定(一)》(公通字〔2008〕36号,20080625)

第十五条[②]　〔消防责任事故案(刑法第一百三十九条)〕违反消防管理法规,经消防监督机构通知采取改正措施而拒绝执行,涉嫌下列情形之一的,应予立案追诉:

(一)造成死亡一人以上,或者重伤三人以上;

(二)造成直接经济损失五十万元

---

① 关于本罪从重、从轻处罚的规定,参见本法第一百三十四条项下【司法解释(1)】第十二条、第十三条之规定,第341页。

② 该条立案追诉标准与本法第一百三十四条项下【司法解释(1)】第六条的规定不一致的,应以后者的规定为准。——编者注

以上的；

（三）造成森林火灾，过火有林地面积二公顷以上，或者过火疏林地、灌木林地、未成林地、苗圃地面积四公顷以上的；

（四）其他造成严重后果的情形。

【司法解释】

关于本罪处罚的规定，参见本法第一百三十四条项下【司法解释(1)】第六条第一款、第七条第一款、第十二条、第十三条之规定，第340—341页。

第一百三十九条之一 【不报、谎报安全事故罪】在安全事故发生后，负有报告职责的人员不报或者谎报事故情况，贻误事故抢救，情节严重的，处三年以下有期徒刑或者拘役；情节特别严重的，处三年以上七年以下有期徒刑。

【修正说明】

本条由刑法修正案(六)第四条增设。

【立案追诉标准】

《最高人民检察院、公安部关于公安机关管辖的刑事案件立案追诉标准的规定(一)》[公通字〔2008〕36号，20080625，经2017年4月27日发布的《最高人民检察院、公安部关于公安机关管辖的刑事案件立案追诉标准的规定(一)的补充规定》(公通字〔2017〕12号)修正]

第十五条之一 〔不报、谎报安全事故案(刑法第一百三十九条之一)〕在安全事故发生后，负有报告职责的人员不报或者谎报事故情况，贻误事故抢救，涉嫌下列情形之一的，应予立案追诉：

（一）导致事故后果扩大，增加死亡一人以上，或者增加重伤三人以上，或者增加直接经济损失一百万元以上的；

（二）实施下列行为之一，致使不能及时有效开展事故抢救的：

1.决定不报、迟报、谎报事故情况或者指使、串通有关人员不报、迟报、谎报事故情况的；

2.在事故抢救期间擅离职守或者逃匿的；

3.伪造、破坏事故现场，或者转移、藏匿、毁灭遇难人员尸体，或者转移、藏匿受伤人员的；

4.毁灭、伪造、隐匿与事故有关的图纸、记录、计算机数据等资料以及其他证据的；

（三）其他不报、谎报安全事故情节严重的情形。

本条规定的“负有报告职责的人员”，是指负有组织、指挥或者管理职责的负责人、管理人员、实际控制人、投资人，以及其他负有报告职责的人员。

【司法解释】

《最高人民法院、最高人民检察院关于办理危害生产安全刑事案件适用法律若干问题的解释》(法释〔2015〕22号，20151216)

第四条 刑法第一百三十九条之一规定的“负有报告职责的人员”，是指负有组织、指挥或者管理职责的负责人、管理人员、实际控制人、投资人，以及其他负有报告职责的人员。

第八条 在安全事故发生后，负有报告职责的人员不报或者谎报事故情况，贻误事故抢救，具有下列情形之一的，应当认定为刑法第一百三十九条之一规定的“情节严重”：

（一）导致事故后果扩大，增加死亡一人以上，或者增加重伤三人以上，或者增加直接经济损失一百万元以上的；

（二）实施下列行为之一，致使不能及时有效开展事故抢救的：

1.决定不报、迟报、谎报事故情况或者指使、串通有关人员不报、迟报、谎报事故情况的；

2.在事故抢救期间擅离职守或者逃匿的；

3.伪造、破坏事故现场，或者转移、藏匿、毁灭遇难人员尸体，或者转移、藏匿受伤人员的；

4.毁灭、伪造、隐匿与事故有关的图纸、记录、计算机数据等资料以及其他证据的；

（三）其他情节严重的情形。

具有下列情形之一的，应当认定为刑法第一百三十九条之一规定的"情节特别严重"：

（一）导致事故后果扩大，增加死亡三人以上，或者增加重伤十人以上，或者增加直接经济损失五百万元以上的；

（二）采用暴力、胁迫、命令等方式阻止他人报告事故情况，导致事故后果扩大的；

（三）其他情节特别严重的情形。

第九条 在安全事故发生后，与负有报告职责的人员串通，不报或者谎报事故情况，贻误事故抢救，情节严重的，依照刑法第一百三十九条之一的规定，以共犯论处。①

【指导性案例·检察】

〔黄某某等人重大责任事故、谎报安全事故案，JZD96-2021〕

只有谎报事故的行为造成贻误事故抢救的后果，即造成事故后果扩大或致使不能及时有效开展事故抢救，才可能构成谎报安全事故罪。如果事故已经完成抢救，或者没有抢救时机(危害结果不可能加重或扩大)，则不构成本罪。构成重大责任事故罪，同时又构成谎报安全事故罪的，应当数罪并罚。

① 关于本罪从重、从轻处罚的规定，参见本法第一百三十四条项下【司法解释(1)】第十二条、第十三条之规定，第 341 页。

第三章　破坏社会主义市场经济秩序罪

【司法指导文件(1)】

《最高人民检察院、公安部关于公安机关办理经济犯罪案件的若干规定》(公通字〔2017〕25号,20180101)

第二十二条　涉嫌经济犯罪的案件与人民法院正在审理或者作出生效裁判文书以及仲裁机构作出裁决的民事案件有关联但不属同一法律事实的,公安机关可以立案侦查,但是不得以刑事立案为由要求人民法院移送案件、裁定驳回起诉、中止诉讼、判决驳回诉讼请求、中止执行或者撤销判决、裁定,或者要求人民法院撤销仲裁裁决。

第二十三条　人民法院在办理民事案件过程中,认为该案件不属于民事纠纷而有经济犯罪嫌疑需要追究刑事责任,并将涉嫌经济犯罪的线索、材料移送公安机关的,接受案件的公安机关应当立即审查,并在十日以内决定是否立案。公安机关不立案的,应当及时告知人民法院。

第二十四条　人民法院在办理民事案件过程中,发现与民事纠纷虽然不是同一事实但是有关联的经济犯罪线索、材料,并将涉嫌经济犯罪的线索、材料移送公安机关的,接受案件的公安机关应当立即审查,并在十日以内决定是否立案。公安机关不立案的,应当及时告知人民法院。

第二十九条　人民检察院发现公安机关在办理经济犯罪案件过程中适用另案处理存在违法或者不当的,可以向公安机关提出书面纠正意见或者检察建议。公安机关应当认真审查,并将结果及时反馈人民检察院。没有采纳的,应当说明理由。

第七十六条　本规定所称的"经济犯罪案件",主要是指公安机关经济犯罪侦查部门按照有关规定依法管辖的各种刑事案件,但以资助方式实施的帮助恐怖活动案件,不适用本规定。

公安机关其他办案部门依法管辖刑法分则第三章规定的破坏社会主义市场经济秩序犯罪有关案件的,适用本规定。

【司法指导文件(2)】

《最高人民法院关于在经济犯罪审判中参照适用〈最高人民检察院、公安部关于公安机关管辖的刑事案件立案追诉标准的规定(二)〉的通知》(法发〔2010〕22号,20100621)[①]

今年5月18日,最高人民检察院、公安部印发了《最高人民检察院、公安部关于公安机关管辖的刑事案件立案

① 2022年4月6日,最高人民检察院、公安部研究修订并重新公布了《最高人民检察院、公安部关于公安机关管辖的刑事案件立案追诉标准的规定(二)》(公通字〔2022〕12号),修改完善了公安机关管辖的部分经济犯罪案件立案追诉标准。从工作延续性和机制衔接上看,人民法院在经济犯罪审判中仍可参照《标准二》。但是,相关司法解释对立案追诉标准作出进一步明确规定的,应当依照相关司法解释规定执行。——编者注

追诉标准的规定(二)》(以下简称《标准二》)。《标准二》规定了公安机关经济犯罪侦查部门管辖的 86 种刑事案件的立案追诉标准。为切实做好经济犯罪审判工作,及时、准确打击经济犯罪,有效维护市场经济秩序,现就人民法院在审理经济犯罪案件中参照适用《标准二》的有关问题通知如下:

一、最高人民法院对相关经济犯罪的定罪量刑标准没有规定的,人民法院在审理经济犯罪案件时,可以参照适用《标准二》的规定。

二、各级人民法院在参照适用《标准二》的过程中,如认为《标准二》的有关规定不能适应案件审理需要的,要结合案件具体情况和本地实际,依法审慎稳妥处理好案件的法律适用和政策把握,争取更好的社会效果。

【公安文件】

《公安部办公厅关于若干经济犯罪案件如何统计涉案总价值、挽回经济损失数额的批复》(公经〔2008〕214 号,20081105)

五、挽回经济损失额按照实际追缴的赃款以及赃物折价统计。

第一节　生产、销售伪劣商品罪

第一百四十条 【生产、销售伪劣产品罪】生产者、销售者在产品中掺杂、掺假,以假充真,以次充好或者以不合格产品冒充合格产品,销售金额五万元以上不满二十万元的,处二年以下有期徒刑或者拘役,并处或者单处销售金额百分之五十以上二倍以下罚金;销售金额二十万元以上不满五十万元的,处二年以上七年以下有期徒刑,并处销售金额百分之五十以上二倍以下罚金;销售金额五十万元以上不满二百万元的,处七年以上有期徒刑,并处销售金额百分之五十以上二倍以下罚金;销售金额二百万元以上的,处十五年有期徒刑或者无期徒刑,并处销售金额百分之五十以上二倍以下罚金或者没收财产。

【立案追诉标准】

《最高人民检察院、公安部关于公安机关管辖的刑事案件立案追诉标准的规定(一)》(公通字〔2008〕36 号,20080625)

第十六条 〔生产、销售伪劣产品案(刑法第一百四十条)〕生产者、销售者在产品中掺杂、掺假,以假充真,以次充好或者以不合格产品冒充合格产品,涉嫌下列情形之一的,应予立案追诉:

(一)伪劣产品销售金额五万元以上的;

(二)伪劣产品尚未销售,货值金额十五万元以上的;

(三)伪劣产品销售金额不满五万元,但将已销售金额乘以三倍后,与尚未销售的伪劣产品货值金额合计十五万元以上的。

本条规定的“掺杂、掺假”,是指在产品中掺入杂质或者异物,致使产品质量不符合国家法律、法规或者产品明示质量标准规定的质量要求,降低、失去应有使用性能的行为;“以假充真”,是指以不具有某种使用性能的产品冒充具有该种使用性能的产品的行为;“以次充好”,是指以低等级、低档次产品冒充高等级、高档次产品,或者以残次、废旧零配件组合、拼装后冒充正品或者新产品的行为;“不合格产品”,是指不符合《中华人民共和国产品质量法》规定的质量要求的产品。

对本条规定的上述行为难以确定的，应当委托法律、行政法规规定的产品质量检验机构进行鉴定。本条规定的“销售金额”，是指生产者、销售者出售伪劣产品后所得和应得的全部违法收入；“货值金额”，以违法生产、销售的伪劣产品的标价计算；没有标价的，按照同类合格产品的市场中间价格计算。货值金额难以确定的，按照《扣押、追缴、没收物品估价管理办法》的规定，委托估价机构进行确定。

【司法解释(1)】

《最高人民法院、最高人民检察院关于办理危害食品安全刑事案件适用法律若干问题的解释》(法释〔2021〕24号，20220101)

第十五条　生产、销售不符合食品安全标准的食品添加剂，用于食品的包装材料、容器、洗涤剂、消毒剂，或者用于食品生产经营的工具、设备等，符合刑法第一百四十条规定的，以生产、销售伪劣产品罪定罪处罚。

生产、销售用超过保质期的食品原料、超过保质期的食品、回收食品作为原料的食品，或者以更改生产日期、保质期、改换包装等方式销售超过保质期的食品、回收食品，适用前款的规定定罪处罚。

实施前两款行为，同时构成生产、销售不符合安全标准的食品罪，生产、销售不符合安全标准的产品罪等其他犯罪的，依照处罚较重的规定定罪处罚。

【司法解释(2)】

《最高人民法院、最高人民检察院关于办理非法生产、销售烟草专卖品等刑事案件具体应用法律若干问题的解释》(法释〔2010〕7号，20100326)

第一条第一款　生产、销售伪劣卷烟、雪茄烟等烟草专卖品，销售金额在五万元以上的，依照刑法第一百四十条的规定，以生产、销售伪劣产品罪定罪处罚。

第二条　伪劣卷烟、雪茄烟等烟草专卖品尚未销售，货值金额达到刑法第一百四十条规定的销售金额定罪起点数额标准的三倍以上的，或者销售金额未达到五万元，但与未销售货值金额合计达到十五万元以上的，以生产、销售伪劣产品罪(未遂)定罪处罚。

销售金额和未销售货值金额分别达到不同的法定刑幅度或者均达到同一法定刑幅度的，在处罚较重的法定刑幅度内酌情从重处罚。

查获的未销售的伪劣卷烟、雪茄烟，能够查清销售价格的，按照实际销售价格计算。无法查清实际销售价格，有品牌的，按照该品牌卷烟、雪茄烟的查获地省级烟草专卖行政主管部门出具的零售价格计算；无品牌的，按照查获地省级烟草专卖行政主管部门出具的上年度卷烟平均零售价格计算。

第四条　非法经营烟草专卖品，能够查清销售或者购买价格的，按照其销售或者购买的价格计算非法经营数额。无法查清销售或者购买价格的，按照下列方法计算非法经营数额：

(一)查获的卷烟、雪茄烟的价格，有品牌的，按照该品牌卷烟、雪茄烟的查获地省级烟草专卖行政主管部门出具的零售价格计算；无品牌的，按照查获地省级烟草专卖行政主管部门出具的上年度卷烟平均零售价格计算；

（二）查获的复烤烟叶、烟叶的价格按照查获地省级烟草专卖行政主管部门出具的上年度烤烟调拨平均基准价格计算；

（三）烟丝的价格按照第（二）项规定价格计算标准的一点五倍计算；

（四）卷烟辅料的价格，有品牌的，按照该品牌辅料的查获地省级烟草专卖行政主管部门出具的价格计算；无品牌的，按照查获地省级烟草专卖行政主管部门出具的上年度烟草行业生产卷烟所需该类卷烟辅料的平均价格计算；

（五）非法生产、销售、购买烟草专用机械的价格按照国务院烟草专卖行政主管部门下发的全国烟草专用机械产品指导价格目录进行计算；目录中没有该烟草专用机械的，按照省级以上烟草专卖行政主管部门出具的目录中同类烟草专用机械的平均价格计算。

第五条 行为人实施非法生产、销售烟草专卖品犯罪，同时构成生产、销售伪劣产品罪、侵犯知识产权犯罪、非法经营罪的，依照处罚较重的规定定罪处罚。

第六条 明知他人实施本解释第一条所列犯罪，而为其提供贷款、资金、账号、发票、证明、许可证件，或者提供生产、经营场所、设备、运输、仓储、保管、邮寄、代理进出口等便利条件，或者提供生产技术、卷烟配方的，应当按照共犯追究刑事责任。

第七条 办理非法生产、销售烟草专卖品等刑事案件，需要对伪劣烟草专卖品鉴定的，应当委托国务院产品质量监督管理部门和省、自治区、直辖市人民政府产品质量监督管理部门指定的烟草质量检测机构进行。

第八条 以暴力、威胁方法阻碍烟草专卖执法人员依法执行职务，构成犯罪的，以妨害公务罪追究刑事责任。

煽动群众暴力抗拒烟草专卖法律实施，构成犯罪的，以煽动暴力抗拒法律实施罪追究刑事责任。

第九条 本解释所称"烟草专卖品"，是指卷烟、雪茄烟、烟丝、复烤烟叶、烟叶、卷烟纸、滤嘴棒、烟用丝束、烟草专用机械。

本解释所称"卷烟辅料"，是指卷烟纸、滤嘴棒、烟用丝束。

本解释所称"烟草专用机械"，是指由国务院烟草专卖行政主管部门烟草专用机械名录所公布的，在卷烟、雪茄烟、烟丝、复烤烟叶、烟叶、卷烟纸、滤嘴棒、烟用丝束的生产加工过程中，能够完成一项或者多项特定加工工序，可以独立操作的机械设备。

本解释所称"同类烟草专用机械"，是指在卷烟、雪茄烟、烟丝、复烤烟叶、烟叶、卷烟纸、滤嘴棒、烟用丝束的生产加工过程中，能够完成相同加工工序的机械设备。

第十条 以前发布的有关规定与本解释不一致的，以本解释为准。

【司法解释(3)】

《最高人民检察院关于废止〈最高人民检察院关于办理非法经营食盐刑事案件具体应用法律若干问题的解释〉的决定》（高检发释字〔2020〕2号，20200401）

为适应盐业体制改革，保证国家法律统一正确适用，根据《食盐专营办法》（国务院令696号）的规定，结合检察工作实际，最高人民检察院决定废止《最高人民检察院关于办理非法经营食盐刑事案件具体应用法律若干问题的解释》(高检发释字〔2002〕6号)。

该解释废止后，对以非碘盐充当碘盐或者以工业用盐等非食盐充当食盐等危害食盐安全的行为，人民检察院可以依据《最高人民法院、最高人民检察院关于办理生产、销售伪劣商品刑事案件具体应用法律若干问题的解释》(法释〔2001〕10号)、《最高人民法院、最高人民检察院关于办理危害食品安全刑事案件适用法律若干问题的解释》(法释〔2013〕12号)[①]的规定，分别不同情况，以生产、销售伪劣产品罪，或者生产、销售不符合安全标准的食品罪，或者生产、销售有毒、有害食品罪追究刑事责任。

【司法解释(4)】

《最高人民法院、最高人民检察院关于办理妨害预防、控制突发传染病疫情等灾害的刑事案件具体应用法律若干问题的解释》(法释〔2003〕8号，20030515)

第二条　在预防、控制突发传染病疫情等灾害期间，生产、销售伪劣的防治、防护产品、物资，或者生产、销售用于防治传染病的假药、劣药，构成犯罪的，分别依照刑法第一百四十条、第一百四十一条、第一百四十二条的规定，以生产、销售伪劣产品罪，生产、销售假药罪或者生产、销售劣药罪[②]定罪，依法从重处罚。

第十七条　人民法院、人民检察院办理有关妨害预防、控制突发传染病疫情等灾害的刑事案件，对于有自首、立功等悔罪表现的，依法从轻、减轻、免除处罚或者依法作出不起诉决定。

【司法解释(5)】

《最高人民法院、最高人民检察院关于办理生产、销售伪劣商品刑事案件具体应用法律若干问题的解释》(法释〔2001〕10号，20010410)

第一条　刑法第一百四十条规定的“在产品中掺杂、掺假”，是指在产品中掺入杂质或者异物，致使产品质量不符合国家法律、法规或者产品明示质量标准规定的质量要求，降低、失去应有使用性能的行为。

刑法第一百四十条规定的“以假充真”，是指以不具有某种使用性能的产品冒充具有该种使用性能的产品的行为。

刑法第一百四十条规定的“以次充好”，是指以低等级、低档次产品冒充高等级、高档次产品，或者以残次、废旧零配件组合、拼装后冒充正品或者新产品的行为。

刑法第一百四十条规定的“不合格产品”，是指不符合《中华人民共和

---

① 该司法解释已被《最高人民法院、最高人民检察院关于办理危害食品安全刑事案件适用法律若干问题的解释》(法释〔2021〕24号)所废止。——编者注

② 罪名已变更为“生产、销售、提供假药罪”或者“生产、销售、提供劣药罪”。——编者注

国产品质量法》第二十六条第二款[①]规定的质量要求的产品。

对本条规定的上述行为难以确定的，应当委托法律、行政法规规定的产品质量检验机构进行鉴定。

第二条　刑法第一百四十条、第一百四十九条规定的“销售金额”，是指生产者、销售者出售伪劣产品后所得和应得的全部违法收入。

伪劣产品尚未销售，货值金额达到刑法第一百四十条规定的销售金额三倍以上的，以生产、销售伪劣产品罪(未遂)定罪处罚。

货值金额以违法生产、销售的伪劣产品的标价计算；没有标价的，按照同类合格产品的市场中间价格计算。货值金额难以确定的，按照国家计划委员会、最高人民法院、最高人民检察院、公安部1997年4月22日联合发布的《扣押、追缴、没收物品估价管理办法》的规定，委托指定的估价机构确定[②]。

多次实施生产、销售伪劣产品行为，未经处理的，伪劣产品的销售金额或者货值金额累计计算。

第九条　知道或者应当知道他人实施生产、销售伪劣商品犯罪，而为其提供贷款、资金、账号、发票、证明、许可证件，或者提供生产、经营场所或者运输、仓储、保管、邮寄等便利条件，或者提供制假生产技术的，以生产、销售伪劣商品犯罪的共犯论处。

第十条　实施生产、销售伪劣商品犯罪，同时构成侵犯知识产权、非法经营等其他犯罪的，依照处罚较重的规定定罪处罚。

第十一条　实施刑法第一百四十条至第一百四十八条规定的犯罪，又以暴力、威胁方法抗拒查处，构成其他犯罪的，依照数罪并罚的规定处罚。

第十二条　国家机关工作人员参与生产、销售伪劣商品犯罪的，从重处罚。

【司法解释(5)·注释】

1.“以假充真”本质上是以不具有某种使用性能的产品冒充具有某种性能产品的行为。如以萝卜冒充人参，以土豆冒充天麻等。实践中，假冒他人的品牌、产地、厂名、厂址的行为，不宜认定为“以假充真”。

2.“销售金额”，是指生产者、销售者出售伪劣产品后所得和应得的全部违法收入。全部违法收入不应该扣除成本及各种费用，包括所得的和应得的两种违法收入。前者指行为人出售伪劣商品后已经得到的违法收入；后者指行为人已经出售伪劣商品按照合同或者约定将要得到的违法收入。

【司法解释(6)】

《最高人民法院、最高人民检察院关于办理危害药品安全刑事案件适用法律若干问题的解释》(高检发释字〔2022〕1号，20220306)

---

① 现行产品质量法第二十六条第二款规定：“产品质量应当符合下列要求：(一)不存在危及人身、财产安全的不合理的危险，有保障人体健康和人身、财产安全的国家标准、行业标准的，应当符合该标准；(二)具备产品应当具备的使用性能，但是，对产品存在使用性能的瑕疵作出说明的除外；(三)符合在产品或者其包装上注明采用的产品标准，符合以产品说明、实物样品等方式表明的质量状况。”——编者注

② 目前应当是由价格认证机构作出价格认证。——编者注

第十一条　以提供给他人生产、销售、提供药品为目的，违反国家规定，生产、销售不符合药用要求的原料、辅料，符合刑法第一百四十条规定的，以生产、销售伪劣产品罪从重处罚；同时构成其他犯罪的，依照处罚较重的规定定罪处罚。

【司法指导文件(1)】

《最高人民法院、最高人民检察院、公安部、国家安全监管总局关于依法加强对涉嫌犯罪的非法生产经营烟花爆竹行为刑事责任追究的通知》(安监总管三〔2012〕116号，20120906)

一、非法生产、经营烟花爆竹及相关行为涉及非法制造、买卖、运输、邮寄、储存黑火药、烟火药，构成非法制造、买卖、运输、邮寄、储存爆炸物罪的，应当依照刑法第一百二十五条的规定定罪处罚；非法生产、经营烟花爆竹及相关行为涉及生产、销售伪劣产品或不符合安全标准产品，构成生产、销售伪劣产品罪或生产、销售不符合安全标准产品罪[①]的，应当依照刑法第一百四十条、第一百四十六条的规定定罪处罚；非法生产、经营烟花爆竹及相关行为构成非法经营罪的，应当依照刑法第二百二十五条的规定定罪处罚。上述非法生产经营烟花爆竹行为的定罪量刑和立案追诉标准，分别按照《最高人民法院关于审理非法制造、买卖、运输枪支、弹药、爆炸物等刑事案件具体应用法律若干问题的解释》(法释〔2009〕18号)、《最高人民法院、最高人民检察院关于办理生产、销售伪劣商品刑事案件具体应用法律若干问题的解释》(法释〔2001〕10号)、《最高人民检察院、公安部关于公安机关管辖的刑事案件立案追诉标准的规定(一)》(公通字〔2008〕36号)、《最高人民检察院、公安部关于公安机关管辖的刑事案件立案追诉标准的规定(二)》(公通字〔2010〕23号)[②]等有关规定执行。

【司法指导文件(2)】

《最高人民法院、最高人民检察院、公安部、国家烟草专卖局关于办理假冒伪劣烟草制品等刑事案件适用法律问题座谈会纪要》(商检会〔2003〕4号，20031223)

一、关于生产、销售伪劣烟草制品行为适用法律问题

(二)关于非法生产、拼装、销售烟草专用机械行为定罪处罚问题

非法生产、拼装、销售烟草专用机械行为，依照刑法第一百四十条的规定，以生产、销售伪劣产品罪追究刑事责任。

四、关于共犯问题

知道或者应当知道他人实施本《纪要》第一条至第三条规定的犯罪行为，仍实施下列行为之一的，应认定为共犯，依法追究刑事责任：

1.直接参与生产、销售假冒伪劣烟草制品或者销售假冒烟用注册商标的烟草制品或者直接参与非法经营烟草制品并在其中起主要作用的；

2.提供房屋、场地、设备、车辆、贷

---

① 罪名应为“生产、销售不符合安全标准的产品罪”。——编者注

② 该文件已被《最高人民检察院、公安部关于公安机关管辖的刑事案件立案追诉标准的规定(二)》(公通字〔2022〕12号)所废止。——编者注

款、资金、账号、发票、证明、技术等设施和条件，用于帮助生产、销售、储存、运输假冒伪劣烟草制品、非法经营烟草制品的；

3.运输假冒伪劣烟草制品的。

上述人员中有检举他人犯罪经查证属实，或者提供重要线索，有立功表现的，可以从轻或减轻处罚；有重大立功表现的，可以减轻或者免除处罚。

五、国家机关工作人员参与实施本《纪要》第一条至第三条规定的犯罪行为的处罚问题

根据《最高人民法院、最高人民检察院关于办理生产、销售伪劣商品刑事案件具体应用法律若干问题的解释》的规定，国家机关工作人员参与实施本《纪要》第一条至第三条规定的犯罪行为的，从重处罚。

六、关于一罪与数罪问题

行为人的犯罪行为同时构成生产、销售伪劣产品罪、销售假冒注册商标的商品罪、非法经营罪等罪的，依照处罚较重的规定定罪处罚。

十一、关于烟草制品、卷烟的范围

本纪要所称烟草制品指卷烟、雪茄烟、烟丝、复烤烟叶、烟叶、卷烟纸、滤嘴棒、烟用丝束。

本纪要所称卷烟包括散支烟和成品烟。

【司法指导文件(3)】

《最高人民法院关于审理生产、销售伪劣商品刑事案件有关鉴定问题的通知》(法〔2001〕70号，20010521)

一、对于提起公诉的生产、销售伪劣产品、假冒商标、非法经营等严重破坏社会主义市场经济秩序的犯罪案件，所涉生产、销售的产品是否属于“以假充真”、“以次充好”、“以不合格产品冒充合格产品”难以确定的，应当根据《最高人民法院、最高人民检察院关于办理生产、销售伪劣商品刑事案件具体应用法律若干问题的解释》第一条第五款的规定，由公诉机关委托法律、行政法规规定的产品质量检验机构进行鉴定。

三、经鉴定确系伪劣商品，被告人的行为既构成生产、销售伪劣产品罪，又构成生产、销售假药罪或者生产、销售不符合卫生标准的食品罪①，或者同时构成侵犯知识产权、非法经营等其他犯罪的，根据刑法第一百四十九条第二款和《最高人民法院、最高人民检察院关于办理生产、销售伪劣商品刑事案件具体应用法律若干问题的解释》第十条的规定，应当依照处罚较重的规定定罪处罚。

【司法指导文件(4)】

《最高人民法院、最高人民检察院、海关总署打击非设关地成品油走私专题研讨会会议纪要》(署缉发〔2019〕210号，20191024)

一、关于定罪处罚

在办理非设关地走私成品油刑事案件中，发现行为人在销售的成品油中掺杂、掺假，以假充真，以次充好或者以不合格油品冒充合格油品，构成犯罪的，依照刑法第一百四十条的规定，对该行为以生产、销售伪劣产品罪定罪处罚。

---

① 罪名已变更为“生产、销售不符合安全标准的食品罪”。——编者注

【司法指导文件(5)】

参见本法第一百四十七条项下【司法指导文件】第三条第二款，第408页。

【指导性案例 · 检察】

〔柳立国等人生产、销售有毒、有害食品，生产、销售伪劣产品案，JZD12-2014〕

……明知油脂经销者向饲料生产企业和药品生产企业等单位销售豆油等食用油，仍将用餐厨废弃油加工而成的劣质油脂销售给对方，导致劣质油脂流向饲料生产企业和药品生产企业等单位的，构成生产、销售伪劣产品罪。

〔刘远鹏涉嫌生产、销售"伪劣产品"(不起诉)案，JZD85-2020〕

1.检察机关办理涉企案件，应当注意保护企业创新发展。对涉及创新的争议案件，可以通过听证方式开展审查。对专业性问题，应当加强与行业主管部门沟通，充分听取行业意见和专家意见，促进完善相关行业领域标准。

2.对创新产品要进行实质性审查判断，不宜简单套用现有产品标准认定为"伪劣产品"。刑法规定，以不合格产品冒充合格产品的，构成生产、销售伪劣产品罪。认定"不合格产品"，以违反产品质量法规定的相关质量要求为前提。产品质量法要求产品"不存在危及人身、财产安全的不合理的危险""有保障人体健康和人身、财产安全的国家标准、行业标准的，应当符合该标准"的要求；同时，产品还应当具备使用性能。根据这些要求，对于已有国家标准、行业标准的传统产品，只有符合标准的才能认定为合格产品；对于尚无国家标准、行业标准的创新产品，应当本着既鼓励创新，又保证人身、财产安全的原则，多方听取意见，进行实质性研判。创新产品在使用性能方面与传统产品存在实质性差别的，不宜简单化套用传统产品的标准认定是否"合格"。创新产品不存在危及人身、财产安全隐患，且具备应有使用性能的，不应当认定为伪劣产品。相关质量检验机构作出鉴定意见的，检察机关应当进行实质审查。

【法院案例库参考案例】

〔绵竹市某燃气有限公司、黄某等销售伪劣产品案，2025-02-1-067-001〕将二甲醚掺入液化石油气中并予以销售行为的定性

行为人将二甲醚掺入液化石油气中并予以销售的，属于刑法第一百四十条规定的"在产品中掺杂、掺假""以不合格产品冒充合格产品"的行为。对于销售金额五万元以上的，依法以销售伪劣产品罪论处。

〔天津某橙汁有限公司、蒋某言等生产、销售伪劣产品准许撤回起诉案，2025-03-1-067-001〕不当标识行为与生产、销售伪劣产品犯罪的区分

行为人生产、销售的产品符合产品质量法第二十六条规定的质量要求，但名称标识不符合规范的，属于不当标识行政违法行为，不符合生产、销售伪劣产品罪的客观行为要件，不具有刑事违法性和可罚性，不应认定构成生产、销售伪劣产品罪。

〔福州华某汽车销售服务有限公司、张某鑫等人生产、销售伪劣产品罪案，2024-02-1-067-005〕长期改装、销售"大吨小标"货车行为的定性

"大吨小标"货车整备质量严重超

限、载货量加大，转向能力下降，严重影响整车制动性能，系不合格产品，具有重大安全隐患。改装、销售“大吨小标”货车的行为，系以不合格产品冒充合格产品行为，不仅破坏汽车销售和道路运输市场的正当竞争与交易秩序，同时扰乱黄牌限(禁)行区域道路交通秩序、损坏公路基础设施、危及行人的生命健康，具有社会危害性，应当以生产、销售伪劣产品罪定罪处罚。

〔海宁市国某食品公司、国某校生产、销售伪劣产品案，2023-02-1-067-004〕将溶剂残留超标的浸出菜籽油冠以压榨菜籽油之名销售行为的定性

食用油生产、销售者以浸出工艺生产的菜籽油冒充压榨工艺生产的菜籽油，且溶剂残留量超过国家对于压榨油溶剂残留量的国家标准，但尚达不到“足以造成严重食物中毒事故或者其他严重食源性疾病”的程度，销售金额超过五万元的，应以生产、销售伪劣产品罪定罪处罚。

〔赵某甲生产、销售伪劣产品案，2023-02-1-067-003〕在屠宰环节对生猪注入肾上腺素、阿托品和生水并予以销售行为的定性

在屠宰环节对生猪注入肾上腺素、阿托品和生水，销售金额在五万元以上的，构成生产、销售伪劣产品罪。需要说明的是，由于药物代谢等原因，行为人在屠宰环节给畜禽注入肾上腺素、阿托品后，往往难以从肉品中检出药物残留，在此情况下，只要证明行为人在屠宰相关环节有注药行为，注药后的肉品即存在危及人身安全的不合理危险，应认定为不合格产品，销售金额在五万元以上的，即可以生产、销售伪劣产品罪定罪处罚。

〔杨某甲销售伪劣产品案，2024-02-1-067-001〕明知他人销售伪劣产品而帮助运输行为的定性

明知他人生产、销售假冒伪劣产品而为其提供运输等便利条件的，应当按照生产、销售伪劣产品罪的共犯追究刑事责任。在运输途中即被查获，货值金额达到十五万元以上的，以生产、销售伪劣产品罪(未遂)定罪处罚。

〔闫某销售伪劣产品案，2023-02-1-067-005〕将足量疫苗拆分成多支疫苗给受种者接种获利的行为定性

以抽取原液的方式，将足量的疫苗拆分成多支不足量疫苗，导致疫苗成分的含量不符合国家药品标准，涉案疫苗应认定为劣药。销售涉案劣药行为，未对人体健康造成严重危害的，不构成销售劣药罪，销售金额在五万元以上的，根据刑法第一百四十九条第一款的规定，以销售伪劣产品罪定罪处罚。

【《刑事审判参考》案例】

〔参考案例第8号：王洪成生产、销售伪劣产品案〕对于生产、销售不具有生产者、销售者所许诺的使用性能的新产品的行为如何适用法律?

标准化法规定了产品质量标准。该法将我国的产品质量标准分为国际标准、国家标准、行业标准、地方标准和企业标准。对于没有国际标准、国家标准、行业标准、地方标准可供执行的“新产品”，应执行企业标准。根据企业标准生产、销售的产品，应当具备其许诺的使用性能。如果不具有生产者、销售者所许诺的性能，就是不合格产品，属于我国刑法生产、销售伪劣产品罪中的“伪劣产品”，行为人的行为构成该罪的，应当以该罪处罚。

〔参考案例第143号：韩俊杰、付安生、韩军生生产伪劣产品案〕为他人加工伪劣产品的行为如何定罪处罚？

明知他人以销售的目的委托加工伪劣产品，而为其加工的行为构成生产、销售伪劣产品罪；仅有伪劣产品的加工生产行为，但没有销售行为的，应以生产、销售伪劣产品罪定罪。

〔参考案例第1453号：徐云、桑林华等非法经营案〕以产品系非法入境、制作张贴含有虚假内容的标签等情况，能否推定产品系伪劣产品，进而认定行为构成销售伪劣产品罪？

对伪劣产品的界定应采用实质判断说，即从产品本身质量、使用性能及性能高低来判定，对于无关产品性能及质量的行为，如仅有伪造或冒用生产商、产地、认证标志，张贴含有虚假内容标签等，则排除在伪劣产品的范围之外。对于非法入境的产品，不能仅凭国家禁止进口的行政规定，就推定属于刑法意义上的伪劣产品。因此，在无法对产品质量进行实质性监测的情况下，仅凭非法入境、制作张贴虚假内容标签等行为，不能推定产品系伪劣产品，不能认定构成销售伪劣产品罪。

第一百四十一条 【生产、销售、提供假药罪】生产、销售假药的，处三年以下有期徒刑或者拘役，并处罚金；对人体健康造成严重危害或者有其他严重情节的，处三年以上十年以下有期徒刑，并处罚金；致人死亡或者有其他特别严重情节的，处十年以上有期徒刑、无期徒刑或者死刑，并处罚金或者没收财产。

药品使用单位的人员明知是假药而提供给他人使用的，依照前款的规定处罚。

【第二次修正前条文】

第一百四十一条 【生产、销售假药罪】生产、销售假药的，处三年以下有期徒刑或者拘役，并处罚金；对人体健康造成严重危害或者有其他严重情节的，处三年以上十年以下有期徒刑，并处罚金；致人死亡或者有其他特别严重情节的，处十年以上有期徒刑、无期徒刑或者死刑，并处罚金或者没收财产。

本条所称假药，是指依照《中华人民共和国药品管理法》的规定属于假药和按假药处理的药品、非药品。

【第一次修正前条文】

第一百四十一条 【生产、销售假药罪】生产、销售假药，足以严重危害人体健康的，处三年以下有期徒刑或者拘役，并处或者单处销售金额百分之五十以上二倍以下罚金；对人体健康造成严重危害的，处三年以上十年以下有期徒刑，并处销售金额百分之五十以上二倍以下罚金；致人死亡或者对人体健康造成特别严重危害的，处十年以上有期徒刑、无期徒 刑或者死刑，并处销售金额百分之五十以上二倍以下罚金或者没收财产。

本条所称假药，是指依照《中华人民共和国药品管理法》的规定属于假药和按假药处理的药品、非药品。

【修正说明】

1.刑法修正案(八)第二十三条对原条文作出下述修改：一是降低了本罪的入罪门槛。在修改后的规定中，本罪为行为犯，只要实施生产、销售假药的行为就构成犯罪。二是在加重处罚的情节中增加了关于有其他严重情节和特别严重情节的规定。三是删除了罚金刑中关于数额的具体规定。四是删除了本条中单处罚金的规定。

2.刑法修正案(十一)第五条将非法提供假药的行为增列为犯罪,删除了原第二款关于"假药"认定依据的内容。

【立法·要点注释】

关于"假药"的范围,实践中,可以继续依照药品管理法的具体规定确定。

【相关立法】

《中华人民共和国药品管理法》(20191201)

第九十八条　禁止生产(包括配制,下同)、销售、使用假药、劣药。

有下列情形之一的,为假药:

(一)药品所含成份与国家药品标准规定的成份不符;

(二)以非药品冒充药品或者以他种药品冒充此种药品;

(三)变质的药品;

(四)药品所标明的适应症或者功能主治超出规定范围。

……

禁止未取得药品批准证明文件生产、进口药品;禁止使用未按照规定审评、审批的原料药、包装材料和容器生产药品。

【立案追诉标准】

《最高人民检察院、公安部关于公安机关管辖的刑事案件立案追诉标准的规定(一)》[公通字〔2008〕36号,20080625,经2017年4月27日发布的《最高人民检察院、公安部关于公安机关管辖的刑事案件立案追诉标准的规定(一)的补充规定》(公通字〔2017〕12号)修正]

第十七条[①]　〔生产、销售假药案(刑法第一百四十一条)〕生产、销售假药的,应予立案追诉。但销售少量根据民间传统配方私自加工的药品,或者销售少量未经批准进口的国外、境外药品,没有造成他人伤害后果或者延误诊治,情节显著轻微危害不大的除外。

以生产、销售假药为目的,具有下列情形之一的,属于本条规定的"生产":

(一)合成、精制、提取、储存、加工炮制药品原料的;

(二)将药品原料、辅料、包装材料制成成品过程中,进行配料、混合、制剂、储存、包装的;

(三)印制包装材料、标签、说明书的。

医疗机构、医疗机构工作人员明知是假药而有偿提供给他人使用,或者为出售而购买、储存的,属于本条规定的"销售"。

……是否属于假药难以确定的,可以根据地市级以上药品监督管理部门出具的认定意见等相关材料进行认定。必要时,可以委托省级以上药品监督管理部门设置或者确定的药品检验机构进行检验。

---

① 该条立案追诉标准与本条项下【司法解释】第六条、第九条、第十九条的规定不一致的,应以后者的规定为准。——编者注

【司法解释】

《最高人民法院、最高人民检察院关于办理危害药品安全刑事案件适用法律若干问题的解释》(高检发释字〔2022〕1号,20220306)

第一条　生产、销售、提供假药,具有下列情形之一的,应当酌情从重处罚:

(一)涉案药品以孕产妇、儿童或者危重病人为主要使用对象的;

(二)涉案药品属于麻醉药品、精神药品、医疗用毒性药品、放射性药品、生物制品,或者以药品类易制毒化学品冒充其他药品的;

(三)涉案药品属于注射剂药品、急救药品的;

(四)涉案药品系用于应对自然灾害、事故灾难、公共卫生事件、社会安全事件等突发事件的;

(五)药品使用单位及其工作人员生产、销售假药的;

(六)其他应当酌情从重处罚的情形。

第二条　生产、销售、提供假药,具有下列情形之一的,应当认定为刑法第一百四十一条规定的"对人体健康造成严重危害":

(一)造成轻伤或者重伤的;

(二)造成轻度残疾或者中度残疾的;

(三)造成器官组织损伤导致一般功能障碍或者严重功能障碍的;

(四)其他对人体健康造成严重危害的情形。

第三条　生产、销售、提供假药,具有下列情形之一的,应当认定为刑法第一百四十一条规定的"其他严重情节":

(一)引发较大突发公共卫生事件的;

(二)生产、销售、提供假药的金额二十万元以上不满五十万元的;

(三)生产、销售、提供假药的金额十万元以上不满二十万元,并具有本解释第一条规定情形之一的;

(四)根据生产、销售、提供的时间、数量、假药种类、对人体健康危害程度等,应当认定为情节严重的。

第四条　生产、销售、提供假药,具有下列情形之一的,应当认定为刑法第一百四十一条规定的"其他特别严重情节":

(一)致人重度残疾以上的;

(二)造成三人以上重伤、中度残疾或者器官组织损伤导致严重功能障碍的;

(三)造成五人以上轻度残疾或者器官组织损伤导致一般功能障碍的;

(四)造成十人以上轻伤的;

(五)引发重大、特别重大突发公共卫生事件的;

(六)生产、销售、提供假药的金额五十万元以上的;

(七)生产、销售、提供假药的金额二十万元以上不满五十万元,并具有本解释第一条规定情形之一的;

(八)根据生产、销售、提供的时间、数量、假药种类、对人体健康危害程度等,应当认定为情节特别严重的。

第六条　以生产、销售、提供假药、劣药为目的,合成、精制、提取、储存、加工炮制药品原料,或者在将药品原料、辅料、包装材料制成成品过程中,进行配料、混合、制剂、储存、包装的,应当认定为刑法第一百四十一条、第一百四十二条规定的"生产"。

药品使用单位及其工作人员明知

是假药、劣药而有偿提供给他人使用的，应当认定为刑法第一百四十一条、第一百四十二条规定的“销售”；无偿提供给他人使用的，应当认定为刑法第一百四十一条、第一百四十二条规定的“提供”。

第九条 明知他人实施危害药品安全犯罪，而有下列情形之一的，以共同犯罪论处：

（一）提供资金、贷款、账号、发票、证明、许可证件的；

（二）提供生产、经营场所、设备或者运输、储存、保管、邮寄、销售渠道等便利条件的；

（三）提供生产技术或者原料、辅料、包装材料、标签、说明书的；

（四）提供虚假药物非临床研究报告、药物临床试验报告及相关材料的；

（五）提供广告宣传的；

（六）提供其他帮助的。

第十条 办理生产、销售、提供假药、生产、销售、提供劣药、妨害药品管理等刑事案件，应当结合行为人的从业经历、认知能力、药品质量、进货渠道和价格、销售渠道和价格以及生产、销售方式等事实综合判断认定行为人的主观故意。具有下列情形之一的，可以认定行为人有实施相关犯罪的主观故意，但有证据证明确实不具有故意的除外：

（一）药品价格明显异于市场价格的；

（二）向不具有资质的生产者、销售者购买药品，且不能提供合法有效的来历证明的；

（三）逃避、抗拒监督检查的；

（四）转移、隐匿、销毁涉案药品、进销货记录的；

（五）曾因实施危害药品安全违法犯罪行为受过处罚，又实施同类行为的；

（六）其他足以认定行为人主观故意的情形。

第十一条 以提供给他人生产、销售、提供药品为目的，违反国家规定，生产、销售不符合药用要求的原料、辅料，符合刑法第一百四十条规定的，以生产、销售伪劣产品罪从重处罚；同时构成其他犯罪的，依照处罚较重的规定定罪处罚。

第十二条 广告主、广告经营者、广告发布者违反国家规定，利用广告对药品作虚假宣传，情节严重的，依照刑法第二百二十二条的规定，以虚假广告罪定罪处罚。

第十三条 明知系利用医保骗保购买的药品而非法收购、销售，金额五万元以上的，应当依照刑法第三百一十二条的规定，以掩饰、隐瞒犯罪所得罪定罪处罚；指使、教唆、授意他人利用医保骗保购买药品，进而非法收购、销售，符合刑法第二百六十六条规定的，以诈骗罪定罪处罚。

对于利用医保骗保购买药品的行为人是否追究刑事责任，应当综合骗取医保基金的数额、手段、认罪悔罪态度等案件具体情节，依法妥当决定。利用医保骗保购买药品的行为人是否被追究刑事责任，不影响对非法收购、销售有关药品的行为人定罪处罚。

对于第一款规定的主观明知，应当根据药品标志、收购渠道、价格、规模及药品追溯信息等综合认定。

第十四条 负有药品安全监督管理职责的国家机关工作人员，滥用职权或者玩忽职守，构成药品监管渎职罪，同时构成商检徇私舞弊罪、商检失职罪等其他渎职犯罪的，依照处罚较重的规定定罪处罚。

负有药品安全监督管理职责的国家机关工作人员滥用职权或者玩忽职守，不构成药品监管渎职罪，但构成前款规定的其他渎职犯罪的，依照该其他犯罪定罪处罚。

负有药品安全监督管理职责的国家机关工作人员与他人共谋，利用其职务便利帮助他人实施危害药品安全犯罪行为，同时构成渎职犯罪和危害药品安全犯罪共犯的，依照处罚较重的规定定罪从重处罚。

第十五条　对于犯生产、销售、提供假药罪、生产、销售、提供劣药罪、妨害药品管理罪的，应当结合被告人的犯罪数额、违法所得，综合考虑被告人缴纳罚金的能力，依法判处罚金。罚金一般应当在生产、销售、提供的药品金额二倍以上；共同犯罪的，对各共同犯罪人合计判处的罚金一般应当在生产、销售、提供的药品金额二倍以上。

第十六条　对于犯生产、销售、提供假药罪、生产、销售、提供劣药罪、妨害药品管理罪的，应当依照刑法规定的条件，严格缓刑、免予刑事处罚的适用。对于被判处刑罚的，可以根据犯罪情况和预防再犯罪的需要，依法宣告职业禁止或者禁止令。《中华人民共和国药品管理法》等法律、行政法规另有规定的，从其规定。

对于被不起诉或者免予刑事处罚的行为人，需要给予行政处罚、政务处分或者其他处分的，依法移送有关主管机关处理。

第十七条　单位犯生产、销售、提供假药罪、生产、销售、提供劣药罪、妨害药品管理罪的，对单位判处罚金，并对直接负责的主管人员和其他直接责任人员，依照本解释规定的自然人犯罪的定罪量刑标准处罚。

单位犯罪的，对被告单位及其直接负责的主管人员、其他直接责任人员合计判处的罚金一般应当在生产、销售、提供的药品金额二倍以上。

第十八条　根据民间传统配方私自加工药品或者销售上述药品，数量不大，且未造成他人伤害后果或者延误诊治的，或者不以营利为目的实施带有自救、互助性质的生产、进口、销售药品的行为，不应当认定为犯罪。

对于是否属于民间传统配方难以确定的，根据地市级以上药品监督管理部门或者有关部门出具的认定意见，结合其他证据作出认定。

第十九条　刑法第一百四十一条、第一百四十二条规定的“假药”“劣药”，依照《中华人民共和国药品管理法》的规定认定。

对于《中华人民共和国药品管理法》第九十八条第二款第二项、第四项及第三款第三项至第六项规定的假药、劣药，能够根据现场查获的原料、包装，结合犯罪嫌疑人、被告人供述等证据材料作出判断的，可以由地市级以上药品监督管理部门出具认定意见。对于依据《中华人民共和国药品管理法》第九十八条第二款、第三款的其他规定认定假药、劣药，或者是否属于第九十八条第二款第二项、第三款第六项规定的假药、劣药存在争议的，应当由省级以上药品监督管理部门设置或者确定的药品检验机构进行检验，出具质量检验结论。司法机关根据认定意见、检验结论，结合其他证据作出认定。

第二十条 对于生产、提供药品的金额，以药品的货值金额计算；销售药品的金额，以所得和可得的全部违法收入计算。

第二十一条 本解释自2022年3月6日起施行。本解释公布施行后，《最高人民法院、最高人民检察院关于办理危害药品安全刑事案件适用法律若干问题的解释》(法释〔2014〕14号)、《最高人民法院、最高人民检察院关于办理药品、医疗器械注册申请材料造假刑事案件适用法律若干问题的解释》(法释〔2017〕15号)同时废止。

【司法解释 · 注释】

1.如果生产、销售、提供假药，延误诊治，虽未造成死亡、伤害等结果，但致人病情恶化、重度恶化的，可视情认定为"其他严重情节"或者"其他特别严重情节"。

2."民间传统配方"的表述虽然相沿成习，但无明确界定。实践中，可以参考"中医药传统知识"的界定，即"基于中华民族长期实践积累、世代传承发展、具有现实或者潜在价值的中医药理论、技术和标志符号，包括但不限于中医药古籍经典名方、单验方、诊疗技术、中药炮制技术、制剂方法、养生方法等"，以将其与"黑窝点"界分开来。

3.对于依据药品管理法第九十八条第二款第二项规定的"以他种药品冒充此种药品"认定为假药的情形，通常是指以不具有特定功能主治的他种药品冒充此种药品的行为，如以感冒药冒充治疗高血压的药品。与之不同，对于以功能主治相同的他种药品冒充此种药品的，如药品成分、质量并无问题，不应认定属于"以他种药品冒充此种药品"，符合假冒注册商标罪等侵犯知识产权犯罪的，可按相应犯罪论处。

【司法指导文件(1)】

《最高人民检察院法律政策研究室对〈关于具有药品经营资质的企业通过非法渠道从私人手中购进药品后销售的如何适用法律问题的请示〉的答复》(高检研〔2015〕19号，20151026)

司法机关应当根据《中华人民共和国药品管理法》的有关规定，对具有药品经营资质的企业通过非法渠道从私人手中购销的药品的性质进行认定，区分不同情况，分别定性处理：一是对于经认定属于假药、劣药，且达到"两高"《关于办理危害药品安全刑事案件适用法律若干问题的解释》(以下简称《药品解释》)规定的销售假药罪、销售劣药罪的定罪量刑标准的，应当以销售假药罪、销售劣药罪依法追究刑事责任。……三是对于无法认定属于假药、劣药的，可以由药品监督管理部门依照《中华人民共和国药品管理法》的规定给予行政处罚，不宜以非法经营罪追究刑事责任。

【司法指导文件(2)】

《药品行政执法与刑事司法衔接工作办法》(国药监法〔2022〕41号，20230201)

第二十条 多次实施危害药品安全违法犯罪行为，未经处理，且依法应当追诉的，涉案产品的销售金额或者货值金额累计计算。

第二十五条 对同一批次或者同一类型的涉案药品，如因数量较大等原因，无法进行全部检验检测，根据办案需要，可以依法进行抽样检验检测。公安机关、人民检察院、人民法院对符合行政执法规范要求的抽样检验检测结果予以认可，可以作为该批次或者该类型全部涉案产品的检验检测结果。

第二十六条　对于《中华人民共和国药品管理法》第九十八条第二款第二项、第四项及第三款第三项至第六项规定的假药、劣药，能够根据在案证据材料作出判断的，可以由地市级以上药品监管部门出具认定意见。

对于依据《中华人民共和国药品管理法》第九十八条第二款、第三款的其他规定认定假药、劣药，或者是否属于第九十八条第二款第二项、第三款第六项规定的假药、劣药存在争议的，应当由省级以上药品监管部门设置或者确定的药品检验机构进行检验，出具质量检验结论。

对于《中华人民共和国刑法》第一百四十二条之一规定的"足以严重危害人体健康"难以确定的，根据地市级以上药品监管部门出具的认定意见，结合其他证据作出认定。

对于是否属于民间传统配方难以确定的，根据地市级以上药品监管部门或者有关部门出具的认定意见，结合其他证据作出认定。

第二十七条　药品、医疗器械、化妆品的检验检测，按照《中华人民共和国药品管理法》及其实施条例、《医疗器械监督管理条例》《化妆品监督管理条例》等有关规定执行。必要时，检验机构可以使用经国务院药品监督管理部门批准的补充检验项目和检验方法进行检验，出具检验结论。

第二十八条　药品监管部门依据检验检测报告、结合专家意见等相关材料得出认定意见的，应当包括认定依据、理由、结论。按照以下格式出具结论：

（一）假药案件，结论中应当写明"经认定，……为假药"；

（二）劣药案件，结论中应当写明"经认定，……为劣药"；

（三）妨害药品管理案件，对属于难以确定"足以严重危害人体健康"的，结论中应当写明"经认定，当事人实施……的行为，足以严重危害人体健康"；

（四）生产、销售不符合保障人体健康的国家标准、行业标准的医疗器械案件，结论中应当写明"经认定，涉案医疗器械……不符合……标准，结合本案其他情形，足以严重危害人体健康"；

（五）生产、销售不符合卫生标准的化妆品案件，结论中应当写明"经认定，涉案化妆品……不符合……标准或者化妆品安全技术规范"。

其他案件也应当写明认定涉嫌犯罪应具备的结论性意见。

【行政机关文件】

《国家药监局综合司关于假药劣药认定有关问题的复函》（药监综法函〔2020〕431号，20200710）

对假药、劣药的处罚决定，有的无需载明药品检验机构的质量检验结论。根据《药品管理法》第九十八条第二款第四项"药品所标明的适应症或者功能主治超出规定范围"认定为假药，以及根据《药品管理法》第九十八条第三款第三项至第七项认定为劣药，只需要事实认定，不需要对涉案药品进行检验，处罚决定亦无需载明药品检验机构的质量检验结论。关于假药、劣药的认定，按照《最高人民法院、最高人民检察院关于办理危害药品安全刑事案件适用法律若干问题的解释》(法释〔2014〕14号)第十四条[①]规定处理,即是否属于假药、劣药难以确定的,司法机关可以根据地市级以上药品监督管理部门出具的认定意见等相关材料进行认定。必要时,可以委托省级以上药品监督管理部门设置或者确定的药品检验机构进行检验。总之,对违法行为的事实认定,应当以合法、有效、充分的证据为基础,药品质量检验结论并非为认定违法行为的必要证据,除非法律、法规、规章等明确规定对涉案药品依法进行检验并根据质量检验结论才能认定违法事实,或者不对涉案药品依法进行检验就无法对案件所涉事实予以认定。如对黑窝点生产的药品,是否需要进行质量检验,应当根据案件调查取证的情况具体案件具体分析。

【法院案例库参考案例】

〔新疆某气体制造有限公司等销售假药案,2024-02-1-068-001〕以工业氧冒充医用氧进行销售行为的定性

医用氧属于药品。以工业氧冒充医用氧,属于"以非药品冒充药品"。以工业氧冒充医用氧销售,符合刑法第一百四十一条规定的,以销售假药罪论处。

〔黄某辉、钟某州销售假药案,2023-02-1-068-001〕中药中非法掺入西药,冒充纯中药销售行为的定性

1.将含有西药成分的药品冒充纯中药制剂对外进行销售,系"以他种药品冒充此种药品",应以销售假药罪定罪处罚。

2.对"冒充纯中药制剂进行销售"的认定,应结合被告人的供述、药品来源、药品包装标签或说明书标注的药物成分信息、检验检测报告、假药认定书等,予以综合判定。

【《刑事审判参考》案例】

〔参考案例第1074号:杨智勇销售假药案〕联系制作假药销售网站的行为是否构成生产、销售假药罪的共犯?

明知他人生产、销售假药、劣药,仍提供广告宣传等帮助行为的,以共同犯罪论处。司法实践中,如果行为人辩称主观上不明知生产、销售的系假药,就需要结合行为人具体实施的行为以及涉案各环节其他行为人的供述、相关证人证言和鉴定意见等证据进行全面分析,综合认定。具体可从以下方面入手进行分析:(1)对药品生产、经营资格准入制度的认知;(2)自身对药品真假的鉴别能力和资质的认知;(3)行为人在制售假药过程中违法追逐暴利的思想和行为表现;(4)销售环节行为人对药品真实性的怀疑或者应当引起的怀疑;(5)行为人涉足药品行业的时间和对药品常识及假药危害的知晓;(6)违法制售假药过程中各行为人供述及相关证人证言对犯罪事实的相互印证;(7)行为人的年龄、文化程度、职业、阅历等方面综合情况。

〔参考案例第1415号:王明等销售假药案〕未及销售的假药应否计入销售金额?犯罪形态应如何认定?

---

① 鉴于该司法解释已被废止,相关内容可参见2022年3月6日施行的《最高人民法院、最高人民检察院关于办理危害药品安全刑事案件适用法律若干问题的解释》(高检发释字〔2022〕1号)第十九条的规定。——编者注

1.为销售而购入、存储假药的行为，属于销售的实行行为，现场查获的假药应当计入销售金额。

2.生产、销售假药罪存在预备、未遂、中止的停止形态，本罪既遂与否应以假药是否进入交易环节为准，如果因行为人意志以外的原因而未进行实质性的交易行为，则构成犯罪未遂。

〔参考案例第1561号：潘某销售假药案〕以生理盐水冒充HPV疫苗行为应如何定性？

使用生理盐水充当疫苗属于以非药品冒充药品，不仅使消费者支付高价却无法得到相应的免疫效果，部分消费者还因此错过了最佳接种年龄和时机，社会危害严重，应当以销售假药罪定罪处罚。

第一百四十二条 【生产、销售、提供劣药罪】生产、销售劣药，对人体健康造成严重危害的，处三年以上十年以下有期徒刑，并处罚金；后果特别严重的，处十年以上有期徒刑或者无期徒刑，并处罚金或者没收财产。

药品使用单位的人员明知是劣药而提供给他人使用的，依照前款的规定处罚。

【修正前条文】

第一百四十二条 【生产、销售劣药罪】生产、销售劣药，对人体健康造成严重危害的，处三年以上十年以下有期徒刑，并处销售金额百分之五十以上二倍以下罚金；后果特别严重的，处十年以上有期徒刑或者无期徒刑，并处销售金额百分之五十以上二倍以下罚金或者没收财产。

本条所称劣药，是指依照《中华人民共和国药品管理法》的规定属于劣药的药品。

【修正说明】

刑法修正案(十一)第六条对原条文作出下述修改：一是取消了本罪的罚金刑限制；二是将非法提供劣药的行为增列为犯罪；三是删除了原第二款关于"劣药"认定依据的内容。

【立法·要点注释】

1.实践中，应注意本罪与神汉、巫婆利用迷信手段骗取财物的区别：二罪除犯罪主体不同外，在客观方面，神汉、巫婆只是利用迷信手段，把根本不具备药品效能和外观、包装的物品当成药品诈骗钱财，其所利用的不是人们认为药品可以治病的科学心理，而是利用人们的愚昧、迷信心理，有可能构成诈骗罪。

2.如果生产、销售劣药行为同时触犯了两种罪名，则按处刑较重的罪处罚。如果生产、销售劣药，没有对人体造成严重危害的后果，而销售金额在五万元以上的，则不构成生产、销售劣药罪，而应以生产、销售伪劣产品罪处罚。

【相关立法】

《中华人民共和国药品管理法》(20191201)

第九十八条　禁止生产(包括配制，下同)、销售、使用假药、劣药。

……

有下列情形之一的，为劣药：

(一)药品成份的含量不符合国家药品标准；

(二)被污染的药品；

(三)未标明或者更改有效期的

药品；

（四）未注明或者更改产品批号的药品；

（五）超过有效期的药品；

（六）擅自添加防腐剂、辅料的药品；

（七）其他不符合药品标准的药品。

禁止未取得药品批准证明文件生产、进口药品；禁止使用未按照规定审评、审批的原料药、包装材料和容器生产药品。

【立案追诉标准】

《最高人民检察院、公安部关于公安机关管辖的刑事案件立案追诉标准的规定(一)》(公通字〔2008〕36号，20080625)

第十八条[①]　〔生产、销售劣药案(刑法第一百四十二条)〕生产(包括配制)、销售劣药，涉嫌下列情形之一的，应予立案追诉：

（一）造成人员轻伤、重伤或者死亡的；

（二）其他对人体健康造成严重危害的情形。

【司法解释(1)】

《最高人民法院、最高人民检察院关于办理危害药品安全刑事案件适用法律若干问题的解释》(高检发释字〔2022〕1号，20220306)

第五条　生产、销售、提供劣药，具有本解释第一条规定情形之一的，应当酌情从重处罚。

生产、销售、提供劣药，具有本解释第二条规定情形之一的，应当认定为刑法第一百四十二条规定的“对人体健康造成严重危害”。

生产、销售、提供劣药，致人死亡，或者具有本解释第四条第一项至第五项规定情形之一的，应当认定为刑法第一百四十二条规定的“后果特别严重”。

第六条　以生产、销售、提供假药、劣药为目的，合成、精制、提取、储存、加工炮制药品原料，或者在将药品原料、辅料、包装材料制成成品过程中，进行配料、混合、制剂、储存、包装的，应当认定为刑法第一百四十一条、第一百四十二条规定的“生产”。

药品使用单位及其工作人员明知是假药、劣药而有偿提供给他人使用的，应当认定为刑法第一百四十一条、第一百四十二条规定的“销售”；无偿提供给他人使用的，应当认定为刑法第一百四十一条、第一百四十二条规定的“提供”。

第九条　明知他人实施危害药品安全犯罪，而有下列情形之一的，以共同犯罪论处：

（一）提供资金、贷款、账号、发票、证明、许可证件的；

（二）提供生产、经营场所、设备或者运输、储存、保管、邮寄、销售渠道等便利条件的；

（三）提供生产技术或者原料、辅料、包装材料、标签、说明书的；

（四）提供虚假药物非临床研究报告、药物临床试验报告及相关材料的；

（五）提供广告宣传的；

（六）提供其他帮助的。

第十条　办理生产、销售、提供假药、生产、销售、提供劣药、妨害药品管

---

① 该条立案追诉标准与本条项下【司法解释(1)】第五条的规定不一致的，应以后者的规定为准。——编者注

理等刑事案件，应当结合行为人的从业经历、认知能力、药品质量、进货渠道和价格、销售渠道和价格以及生产、销售方式等事实综合判断认定行为人的主观故意。具有下列情形之一的，可以认定行为人有实施相关犯罪的主观故意，但有证据证明确实不具有故意的除外：

（一）药品价格明显异于市场价格的；

（二）向不具有资质的生产者、销售者购买药品，且不能提供合法有效的来历证明的；

（三）逃避、抗拒监督检查的；

（四）转移、隐匿、销毁涉案药品、进销货记录的；

（五）曾因实施危害药品安全违法犯罪行为受过处罚，又实施同类行为的；

（六）其他足以认定行为人主观故意的情形。

第十五条　对于犯生产、销售、提供假药罪、生产、销售、提供劣药罪、妨害药品管理罪的，应当结合被告人的犯罪数额、违法所得，综合考虑被告人缴纳罚金的能力，依法判处罚金。罚金一般应当在生产、销售、提供的药品金额二倍以上；共同犯罪的，对各共同犯罪人合计判处的罚金一般应当在生产、销售、提供的药品金额二倍以上。

第十六条　对于犯生产、销售、提供假药罪、生产、销售、提供劣药罪、妨害药品管理罪的，应当依照刑法规定的条件，严格缓刑、免予刑事处罚的适用。对于被判处刑罚的，可以根据犯罪情况和预防再犯罪的需要，依法宣告职业禁止或者禁止令。《中华人民共和国药品管理法》等法律、行政法规另有规定的，从其规定。

对于被不起诉或者免予刑事处罚的行为人，需要给予行政处罚、政务处分或者其他处分的，依法移送有关主管机关处理。

第十七条　单位犯生产、销售、提供假药罪、生产、销售、提供劣药罪、妨害药品管理罪的，对单位判处罚金，并对直接负责的主管人员和其他直接责任人员，依照本解释规定的自然人犯罪的定罪量刑标准处罚。

单位犯罪的，对被告单位及其直接负责的主管人员、其他直接责任人员合计判处的罚金一般应当在生产、销售、提供的药品金额二倍以上。

第十八条　根据民间传统配方私自加工药品或者销售上述药品，数量不大，且未造成他人伤害后果或者延误诊治的，或者不以营利为目的实施带有自救、互助性质的生产、进口、销售药品的行为，不应当认定为犯罪。

对于是否属于民间传统配方难以确定的，根据地市级以上药品监督管理部门或者有关部门出具的认定意见，结合其他证据作出认定。

第二十条　对于生产、提供药品的金额，以药品的货值金额计算；销售药品的金额，以所得和可得的全部违法收入计算。

【司法解释(2)】

《最高人民法院、最高人民检察院关于办理妨害预防、控制突发传染病疫情等灾害的刑事案件具体应用法律若干问题的解释》(法释〔2003〕8号，20030515)

第二条　在预防、控制突发传染病疫情等灾害期间，生产、销售伪劣的防治、防护产品、物资，或者生产、销售用于防治传染病的假药、劣药，构成犯罪的，分别依照刑法第一百四十条、第一百四十一条、第一百四十二条的规定，以生产、销售伪劣产品罪，生产、销售假药罪或者生产、销售劣药罪[①]定罪，依法从重处罚。

【司法指导文件(1)】

《最高人民法院关于充分发挥审判职能作用切实维护公共安全的若干意见》(法发〔2015〕12号，20150916)

三、依法惩治危害安全生产犯罪，促进安全生产形势根本好转

10.依法惩治危害食品药品安全犯罪。……要充分认识此类犯罪的严重社会危害，严格缓刑、免刑等非监禁刑的适用。要采取有效措施依法追缴违法犯罪所得，充分适用财产刑，坚决让犯罪分子在经济上无利可图、得不偿失。要依法适用禁止令，有效防范犯罪分子再次危害社会。

【司法指导文件(2)】

《最高人民检察院关于全面履行检察职能为推进健康中国建设提供有力司法保障的意见》(高检发〔2016〕12号，20160929)

二、依法惩治食品药品领域犯罪，维护人民群众身体健康和生命安全

4.依法惩治危害药品安全犯罪，促进解决医药领域乱象。……对于销售少量根据民间传统配方私自加工的药品，或者销售少量未经批准进口的国外、境外药品，没有造成他人伤害后果或者延误诊治的行为，以及病患者实施的不以营利为目的带有自救、互助性质的制售药品行为，不作为犯罪处理。对于认定罪与非罪争议较大的案件，及时向上级检察机关请示报告。

【司法指导文件(3)】

《最高人民检察院法律政策研究室对〈关于具有药品经营资质的企业通过非法渠道从私人手中购进药品后销售的如何适用法律问题的请示〉的答复》(高检研〔2015〕19号，20151026)

司法机关应当根据《中华人民共和国药品管理法》的有关规定，对具有药品经营资质的企业通过非法渠道从私人手中购销的药品的性质进行认定，区分不同情况，分别定性处理：一是对于经认定属于假药、劣药，且达到“两高”《关于办理危害药品安全刑事案件适用法律若干问题的解释》(以下简称《药品解释》)规定的销售假药罪、销售劣药罪的定罪量刑标准的，应当以销售假药罪、销售劣药罪依法追究刑事责任。二是对于经认定属于劣药，但尚未达到《药品解释》规定的销售劣药罪的定罪量刑标准的，可以依据刑法第一百四十九条、第一百四十条的规定，以销售伪劣产品罪追究刑事责任。三是对于无法认定属于假药、劣药的，可以由药品监督管理部门依照《中华人民共和国药品管理法》的规定给予行政处罚，不宜以非法经营罪追究刑事责任。

【司法指导文件(4)】

参见本法第一百四十一条项下【司

① 罪名已变更为“生产、销售、提供假药罪”或者“生产、销售、提供劣药罪”。——编者注

法指导文件(2)】,第375—376页。

第一百四十二条之一 【妨害药品管理罪】违反药品管理法规,有下列情形之一,足以严重危害人体健康的,处三年以下有期徒刑或者拘役,并处或者单处罚金;对人体健康造成严重危害或者有其他严重情节的,处三年以上七年以下有期徒刑,并处罚金:

(一)生产、销售国务院药品监督管理部门禁止使用的药品的;

(二)未取得药品相关批准证明文件生产、进口药品或者明知是上述药品而销售的;

(三)药品申请注册中提供虚假的证明、数据、资料、样品或者采取其他欺骗手段的;

(四)编造生产、检验记录的。

有前款行为,同时又构成本法第一百四十一条、第一百四十二条规定之罪或者其他犯罪的,依照处罚较重的规定定罪处罚。

【修正说明】

本罪由刑法修正案(十一)第七条增设。

【司法解释】

《最高人民法院、最高人民检察院关于办理危害药品安全刑事案件适用法律若干问题的解释》(高检发释字〔2022〕1号,20220306)

第七条　实施妨害药品管理的行为,具有下列情形之一的,应当认定为刑法第一百四十二条之一规定的“足以严重危害人体健康”:

(一)生产、销售国务院药品监督管理部门禁止使用的药品,综合生产、销售的时间、数量、禁止使用原因等情节,认为具有严重危害人体健康的现实危险的;

(二)未取得药品相关批准证明文件生产药品或者明知是上述药品而销售,涉案药品属于本解释第一条第一项至第三项规定情形的;

(三)未取得药品相关批准证明文件生产药品或者明知是上述药品而销售,涉案药品的适应症、功能主治或者成分不明的;

(四)未取得药品相关批准证明文件生产药品或者明知是上述药品而销售,涉案药品没有国家药品标准,且无核准的药品质量标准,但检出化学药成分的;

(五)未取得药品相关批准证明文件进口药品或者明知是上述药品而销售,涉案药品在境外也未合法上市的;

(六)在药物非临床研究或者药物临床试验过程中故意使用虚假试验用药品,或者瞒报与药物临床试验用药品相关的严重不良事件的;

(七)故意损毁原始药物非临床研究数据或者药物临床试验数据,或者编造受试动物信息、受试者信息、主要试验过程记录、研究数据、检测数据等药物非临床研究数据或者药物临床试验数据,影响药品的安全性、有效性和质量可控性的;

(八)编造生产、检验记录,影响药品的安全性、有效性和质量可控性的;

(九)其他足以严重危害人体健康的情形。

对于涉案药品是否在境外合法上市,应当根据境外药品监督管理部门或者权利人的证明等证据,结合犯罪嫌疑人、被告人及其辩护人提供的证据材料综合审查，依法作出认定。

对于“足以严重危害人体健康”难以确定的，根据地市级以上药品监督管理部门出具的认定意见，结合其他证据作出认定。

第八条　实施妨害药品管理的行为，具有本解释第二条规定情形之一的，应当认定为刑法第一百四十二条之一规定的“对人体健康造成严重危害”。

实施妨害药品管理的行为，足以严重危害人体健康，并具有下列情形之一的，应当认定为刑法第一百四十二条之一规定的“有其他严重情节”：

（一）生产、销售国务院药品监督管理部门禁止使用的药品，生产、销售的金额五十万元以上的；

（二）未取得药品相关批准证明文件生产、进口药品或者明知是上述药品而销售，生产、销售的金额五十万元以上的；

（三）药品申请注册中提供虚假的证明、数据、资料、样品或者采取其他欺骗手段，造成严重后果的；

（四）编造生产、检验记录，造成严重后果的；

（五）造成恶劣社会影响或者具有其他严重情节的情形。

实施刑法第一百四十二条之一规定的行为，同时又构成生产、销售、提供假药罪、生产、销售、提供劣药罪或者其他犯罪的，依照处罚较重的规定定罪处罚。

【司法解释 · 注释】

1.实践中，对于未经批准进口使人形成瘾癖的麻醉药品、精神药品或者明知是上述药品而销售，特别是面向未成年人销售，即使不构成毒品犯罪的，也可以根据案件情况考虑是否属于妨害药品管理罪规定的“其他足以严重危害人体健康的情形”。

2.刑法修正案(十一)施行后，对于药品注册申请造假的行为，应当适用妨害药品管理罪而非提供虚假证明文件罪的规定。司法实践中应当注意的是，对于为药品注册、申请造假提供相关证明材料或者帮助的行为，不应再使用提供虚假证明文件罪，以防止形成罪刑倒挂；符合妨害药品管理罪共同犯罪的，以共犯论处。而对于医疗器械注册申请材料造假的，由于妨害药品管理罪未涉及相关行为类型，如果相关行为符合刑法第二百二十九条关于提供虚假证明文件罪规定的，也应当注意量刑平衡的问题，原则上只应适用“处五年以下有期徒刑或者拘役，并处罚金”的量刑档次。

【法院案例库参考案例】

〔周某源、温某妨害药品管理案，2024-03-1-070-001〕妨害药品管理罪与假劣药犯罪的界分

被告人私自生产、销售自行研制的中药制剂，经认定属于中成药范畴，未冒充其他药品的，不属于“以非药品冒充药品”“以他种药品冒充此种药品”的假药情形；自行研制中药制剂没有固定、对应含量的国家标准，也不属于“药品成份的含量不符合国家药品标准”的劣药情形。被告人违反药品管理法规，在未取得药品相关批准证明文件情况下生产、销售药品，足以严重危害人体健康的，应当以妨害药品管理罪定罪处罚。

【《刑事审判参考》案例】

〔参考案例第1493号：上海赛诺克医药科技有限公司、张奇能等妨害药品管理案〕在未取得药品相关批准证明文件，且不具备从事药品生产活动所必备的技术、卫生、设施等条件下，通过化学合成的方式生产的化学原料药，是否属于妨害药品管理罪中的“药品”？如何认定妨害药品管理罪中的“足以严重危害人体健康”？

1.根据药品管理法的规定，某种物质具备药品的自然属性，能够用于预防、治疗、诊断人的疾病，具有明确适应症或功能主治，虽未取得药品注册证书或批准证明文件，其仍属于法律意义上的药品。原料药如果具有明确的适应症和功能主治，能够治疗人的疾病，就符合药品管理法关于药品的规定，属于法律意义上的药品。

2.具体应从以下几方面进行判断：第一，从药品的安全性、有效性方面分析，一是药品本身缺乏安全性和有效性。行为人未取得药品相关批准证明文件生产、销售药品，由于无法提供真实、充分、可靠的数据、资料和样品来证明药品的安全性、有效性和质量可控性，故难以保障药品本身的安全性和有效性。二是生产药品的客观环境和条件无法保障药品的安全性和有效性。行为人未经批准擅自研发生产药品，研发生产药品的环境、条件、设备等客观因素无法保障药品的安全性、有效性，监管部门难以有效监管，人体用药安全即无法得到保障，进而容易危害人体健康。第二，从药品的适应症和使用对象分析。行为人未取得药品批准证明文件生产以孕产妇、儿童或患有危重疾病的病患为使用对象的药品或生产麻醉药品、精神药品、急救药品等国家重点管控的药品，应认定其行为足以严重危害人体健康。

第一百四十三条 【生产、销售不符合安全标准的食品罪】生产、销售不符合食品安全标准的食品，足以造成严重食物中毒事故或者其他严重食源性疾病的，处三年以下有期徒刑或者拘役，并处罚金；对人体健康造成严重危害或者有其他严重情节的，处三年以上七年以下有期徒刑，并处罚金；后果特别严重的，处七年以上有期徒刑或者无期徒刑，并处罚金或者没收财产。

【修正前条文】

第一百四十三条 【生产、销售不符合卫生标准的食品罪】生产、销售不符合卫生标准的食品，足以造成严重食物中毒事故或者其他严重食源性疾患的，处三年以下有期徒刑或者拘役，并处或者单处销售金额百分之五十以上二倍以下罚金；对人体健康造成严重危害的，处三年以上七年以下有期徒刑，并处销售金额百分之五十以上二倍以下罚金；后果特别严重的，处七年以上有期徒刑或者无期徒刑，并处销售金额百分之五十以上二倍以下罚金或者没收财产。

【修正说明】

刑法修正案(八)第二十四条对原条文作出下述修改：一是将“卫生标准”修改为“食品安全标准”，将“食源性疾患”改为“食源性疾病”；二是在第二档刑罚中，增加了"其他严重情节"的构成条件；三是取消了单处罚金刑；四是将具体罚金数额，即销售金额百分之五十以上二倍以下罚金的规定改为不再具体规定罚金数额。

【相关立法】

《中华人民共和国食品安全法》(20210429)

第一百五十条　本法下列用语的含义：

食品，指各种供人食用或者饮用的成品和原料以及按照传统既是食品又是中药材的物品，但是不包括以治疗为目的的物品。

食品安全，指食品无毒、无害，符合应当有的营养要求，对人体健康不造成任何急性、亚急性或者慢性危害。

预包装食品，指预先定量包装或者制作在包装材料、容器中的食品。

食品添加剂，指为改善食品品质和色、香、味以及为防腐、保鲜和加工工艺的需要而加入食品中的人工合成或者天然物质，包括营养强化剂。

用于食品的包装材料和容器，指包装、盛放食品或者食品添加剂用的纸、竹、木、金属、搪瓷、陶瓷、塑料、橡胶、天然纤维、化学纤维、玻璃等制品和直接接触食品或者食品添加剂的涂料。

用于食品生产经营的工具、设备，指在食品或者食品添加剂生产、销售、使用过程中直接接触食品或者食品添加剂的机械、管道、传送带、容器、用具、餐具等。

用于食品的洗涤剂、消毒剂，指直接用于洗涤或者消毒食品、餐具、饮具以及直接接触食品的工具、设备或者食品包装材料和容器的物质。

食品保质期，指食品在标明的贮存条件下保持品质的期限。

食源性疾病，指食品中致病因素进入人体引起的感染性、中毒性等疾病，包括食物中毒。

食品安全事故，指食源性疾病、食品污染等源于食品，对人体健康有危害或者可能有危害的事故。

【立案追诉标准】

《最高人民检察院、公安部关于公安机关管辖的刑事案件立案追诉标准的规定(一)》[公通字〔2008〕36号，20080625，经2017年4月27日发布的《最高人民检察院、公安部关于公安机关管辖的刑事案件立案追诉标准的规定(一)的补充规定》(公通字〔2017〕12号)修正]

第十九条[①]　〔生产、销售不符合安全标准的食品案(刑法第一百四十三条)〕生产、销售不符合食品安全标准的食品，涉嫌下列情形之一的，应予立案追诉：

(一)食品含有严重超出标准限量的致病性微生物、农药残留、兽药残留、重金属、污染物质以及其他危害人体健康的物质的；

(二)属于病死、死因不明或者检验检疫不合格的畜、禽、兽、水产动物及其肉类、肉类制品的；

(三)属于国家为防控疾病等特殊需要明令禁止生产、销售的食品的；

① 该条立案追诉标准与本条项下【司法解释(1)】第一条、第五条的规定不一致的，应以后者的规定为准。——编者注

（四）婴幼儿食品中生长发育所需营养成分严重不符合食品安全标准的；

（五）其他足以造成严重食物中毒事故或者严重食源性疾病的情形。

在食品加工、销售、运输、贮存等过程中，违反食品安全标准，超限量或者超范围滥用食品添加剂，足以造成严重食物中毒事故或者其他严重食源性疾病的，应予立案追诉。

在食用农产品种植、养殖、销售、运输、贮存等过程中，违反食品安全标准，超限量或者超范围滥用添加剂、农药、兽药等，足以造成严重食物中毒事故或者其他严重食源性疾病的，应予立案追诉。

【司法解释(1)】

《最高人民法院、最高人民检察院关于办理危害食品安全刑事案件适用法律若干问题的解释》（法释〔2021〕24号，20220101）

第一条　生产、销售不符合食品安全标准的食品，具有下列情形之一的，应当认定为刑法第一百四十三条规定的“足以造成严重食物中毒事故或者其他严重食源性疾病”：

（一）含有严重超出标准限量的致病性微生物、农药残留、兽药残留、生物毒素、重金属等污染物质以及其他严重危害人体健康的物质的；

（二）属于病死、死因不明或者检验检疫不合格的畜、禽、兽、水产动物肉类及其制品的；

（三）属于国家为防控疾病等特殊需要明令禁止生产、销售的；

（四）特殊医学用途配方食品、专供婴幼儿的主辅食品营养成分严重不符合食品安全标准的；

（五）其他足以造成严重食物中毒事故或者严重食源性疾病的情形。

第二条　生产、销售不符合食品安全标准的食品，具有下列情形之一的，应当认定为刑法第一百四十三条规定的“对人体健康造成严重危害”：

（一）造成轻伤以上伤害的；

（二）造成轻度残疾或者中度残疾的；

（三）造成器官组织损伤导致一般功能障碍或者严重功能障碍的；

（四）造成十人以上严重食物中毒或者其他严重食源性疾病的；

（五）其他对人体健康造成严重危害的情形。

第三条　生产、销售不符合食品安全标准的食品，具有下列情形之一的，应当认定为刑法第一百四十三条规定的“其他严重情节”：

（一）生产、销售金额二十万元以上的；

（二）生产、销售金额十万元以上不满二十万元，不符合食品安全标准的食品数量较大或者生产、销售持续时间六个月以上的；

（三）生产、销售金额十万元以上不满二十万元，属于特殊医学用途配方食品、专供婴幼儿的主辅食品的；

（四）生产、销售金额十万元以上不满二十万元，且在中小学校园、托幼机构、养老机构及周边面向未成年人、老年人销售的；

（五）生产、销售金额十万元以上不满二十万元，曾因危害食品安全犯罪受过刑事处罚或者二年内因危害食品安全违法行为受过行政处罚的；

（六）其他情节严重的情形。

第四条　生产、销售不符合食品安全全标准的食品，具有下列情形之一的，应当认定为刑法第一百四十三条规定的“后果特别严重”：

（一）致人死亡的；

（二）造成重度残疾以上的；

（三）造成三人以上重伤、中度残疾或者器官组织损伤导致严重功能障碍的；

（四）造成十人以上轻伤、五人以上轻度残疾或者器官组织损伤导致一般功能障碍的；

（五）造成三十人以上严重食物中毒或者其他严重食源性疾病的；

（六）其他特别严重的后果。

第五条 在食品生产、销售、运输、贮存等过程中，违反食品安全标准，超限量或者超范围滥用食品添加剂，足以造成严重食物中毒事故或者其他严重食源性疾病的，依照刑法第一百四十三条的规定以生产、销售不符合安全标准的食品罪定罪处罚。

在食用农产品种植、养殖、销售、运输、贮存等过程中，违反食品安全标准，超限量或者超范围滥用添加剂、农药、兽药等，足以造成严重食物中毒事故或者其他严重食源性疾病的，适用前款的规定定罪处罚。

第十二条 在食品生产、销售、运输、贮存等过程中，使用不符合食品安全标准的食品包装材料、容器、洗涤剂、消毒剂，或者用于食品生产经营的工具、设备等，造成食品被污染，符合刑法第一百四十三条、第一百四十四条规定的，以生产、销售不符合安全标准的食品罪或者生产、销售有毒、有害食品罪定罪处罚。

第十三条 生产、销售不符合食品安全标准的食品，有毒、有害食品，符合刑法第一百四十三条、第一百四十四条规定的，以生产、销售不符合安全标准的食品罪或者生产、销售有毒、有害食品罪定罪处罚。同时构成其他犯罪的，依照处罚较重的规定定罪处罚。

生产、销售不符合食品安全标准的食品，无证据证明足以造成严重食物中毒事故或者其他严重食源性疾病，不构成生产、销售不符合安全标准的食品罪，但构成生产、销售伪劣产品罪，妨害动植物防疫、检疫罪等其他犯罪的，依照该其他犯罪定罪处罚。

第十四条 明知他人生产、销售不符合食品安全标准的食品，有毒、有害食品，具有下列情形之一的，以生产、销售不符合安全标准的食品罪或者生产、销售有毒、有害食品罪的共犯论处：

（一）提供资金、贷款、账号、发票、证明、许可证件的；

（二）提供生产、经营场所或者运输、贮存、保管、邮寄、销售渠道等便利条件的；

（三）提供生产技术或者食品原料、食品添加剂、食品相关产品或者有毒、有害的非食品原料的；

（四）提供广告宣传的；

（五）提供其他帮助行为的。

第十五条 生产、销售不符合食品安全标准的食品添加剂，用于食品的包装材料、容器、洗涤剂、消毒剂，或者用于食品生产经营的工具、设备等，符合刑法第一百四十条规定的，以生产、销售伪劣产品罪定罪处罚。

生产、销售用超过保质期的食品原料、超过保质期的食品、回收食品作为原料的食品，或者以更改生产日期、保质期、改换包装等方式销售超过保质期的食品、回收食品，适用前款的规定定罪处罚。

实施前两款行为，同时构成生产、销售不符合安全标准的食品罪，生产、销售不符合安全标准的产品罪等其他犯罪的，依照处罚较重的规定定罪处罚。

第十六条　以提供给他人生产、销售食品为目的，违反国家规定，生产、销售国家禁止用于食品生产、销售的非食品原料，情节严重的，依照刑法第二百二十五条的规定以非法经营罪定罪处罚。

以提供给他人生产、销售食用农产品为目的，违反国家规定，生产、销售国家禁用农药、食品动物中禁止使用的药品及其他化合物等有毒、有害的非食品原料，或者生产、销售添加上述有毒、有害的非食品原料的农药、兽药、饲料、饲料添加剂、饲料原料，情节严重的，依照前款的规定定罪处罚。

第十七条　违反国家规定，私设生猪屠宰厂(场)，从事生猪屠宰、销售等经营活动，情节严重的，依照刑法第二百二十五条的规定以非法经营罪定罪处罚。

在畜禽屠宰相关环节，对畜禽使用食品动物中禁止使用的药品及其他化合物等有毒、有害的非食品原料，依照刑法第一百四十四条的规定以生产、销售有毒、有害食品罪定罪处罚；对畜禽注水或者注入其他物质，足以造成严重食物中毒事故或者其他严重食源性疾病的，依照刑法第一百四十三条的规定以生产、销售不符合安全标准的食品罪定罪处罚；虽不足以造成严重食物中毒事故或者其他严重食源性疾病，但符合刑法第一百四十条规定的，以生产、销售伪劣产品罪定罪处罚。

第十八条　实施本解释规定的非法经营行为，非法经营数额在十万元以上，或者违法所得数额在五万元以上的，应当认定为刑法第二百二十五条规定的“情节严重”；非法经营数额在五十万元以上，或者违法所得数额在二十五万元以上的，应当认定为刑法第二百二十五条规定的“情节特别严重”。

实施本解释规定的非法经营行为，同时构成生产、销售伪劣产品罪，生产、销售不符合安全标准的食品罪，生产、销售有毒、有害食品罪，生产、销售伪劣农药、兽药罪等其他犯罪的，依照处罚较重的规定定罪处罚。

第十九条　违反国家规定，利用广告对保健食品或者其他食品作虚假宣传，符合刑法第二百二十二条规定的，以虚假广告罪定罪处罚；以非法占有为目的，利用销售保健食品或者其他食品诈骗财物，符合刑法第二百六十六条规定的，以诈骗罪定罪处罚。同时构成生产、销售伪劣产品罪等其他犯罪的，依照处罚较重的规定定罪处罚。

第二十条　负有食品安全监督管理职责的国家机关工作人员滥用职权或者玩忽职守，构成食品监管渎职罪，同时构成徇私舞弊不移交刑事案件罪、商检徇私舞弊罪、动植物检疫徇私舞弊罪、放纵制售伪劣商品犯罪行为罪等其他渎职犯罪的，依照处罚较重的规定定罪处罚。

负有食品安全监督管理职责的国家机关工作人员滥用职权或者玩忽职守，不构成食品监管渎职罪，但构成前款规定的其他渎职犯罪的，依照该其他犯罪定罪处罚。

负有食品安全监督管理职责的国家机关工作人员与他人共谋，利用其职务行为帮助他人实施危害食品安全犯罪行为，同时构成渎职犯罪和危害食品安全犯罪共犯的，依照处罚较重的规定定罪从重处罚。

第二十一条　犯生产、销售不符合安全标准的食品罪，生产、销售有毒、有害食品罪，一般应当依法判处生产、销售金额二倍以上的罚金。

共同犯罪的，对各共同犯罪人合计判处的罚金一般应当在生产、销售金额的二倍以上。

第二十二条　对实施本解释规定之犯罪的犯罪分子，应当依照刑法规定的条件，严格适用缓刑、免予刑事处罚。对于依法适用缓刑的，可以根据犯罪情况，同时宣告禁止令。

对于被不起诉或者免予刑事处罚的行为人，需要给予行政处罚、政务处分或者其他处分的，依法移送有关主管机关处理。

第二十三条　单位实施本解释规定的犯罪的，对单位判处罚金，并对直接负责的主管人员和其他直接责任人员，依照本解释规定的定罪量刑标准处罚。

第二十四条　“足以造成严重食物中毒事故或者其他严重食源性疾病”“有毒、有害的非食品原料”等专门性问题难以确定的，司法机关可以依据鉴定意见、检验报告、地市级以上相关行政主管部门组织出具的书面意见，结合其他证据作出认定。必要时，专门性问题由省级以上相关行政主管部门组织出具书面意见。

第二十五条　本解释所称“二年内”，以第一次违法行为受到行政处罚的生效之日与又实施相应行为之日的时间间隔计算确定。

第二十六条　本解释自2022年1月1日起施行。本解释公布实施后，《最高人民法院、最高人民检察院关于办理危害食品安全刑事案件适用法律若干问题的解释》（法释〔2013〕12号）同时废止；之前发布的司法解释与本解释不一致的，以本解释为准。

【司法解释(1)·注释】

1.第五条第一款在适用过程中应注意把握食品滥用添加行为与食品非法添加行为的区别，特别是要注意“超范围滥用食品添加剂”与“掺入有毒、有害的非食品原料”的区分，避免将仅在部分食品中禁止使用的食品添加剂视为有毒、有害的非食品原料，进而混淆生产、销售不符合安全标准的食品罪与生产、销售有毒、有害食品罪。

2.第五条第二款在适用时也存在同样的问题，应注意“超范围滥用农药、兽药”与“使用禁用农药、食品动物中禁止使用的药品及其他化合物等有毒、有害的非食品原料”的区分，避免将仅在部分食用农产品中禁止使用的农药、兽药认定为有毒、有害的非食品原料，进而混淆生产、销售不符合安全标准的食品罪与生产、销售有毒、有害食品罪。例如，根据农业农村部公告的禁限用农药名录，克百威禁止在蔬菜、瓜果、茶叶、菌类、中草药材上使用，但可在水稻、花生、大豆等食品农产品上使用，故在蔬菜、瓜果上使用克百威属于超范围滥用农药，应依照生产、销售不符合安全标准的食品罪处理。对于超范围滥用克百威等农药的，如果农药残留量超出标准限量的，可以生产、销售不符合安全标准的食品罪定罪处罚，既坚持了罪刑法定原则，避免定罪标准不统一，也能够实现对此类具有较高食品安全风险的犯罪予以从严惩处的效果。

【司法解释(2)】

《最高人民法院、最高人民检察院关于办理生产、销售伪劣商品刑事案件具体应用法律若干问题的解释》(法释〔2001〕10号，20010410)

第四条　经省级以上卫生行政部门确定的机构鉴定，食品中含有可能导致严重食物中毒事故或者其他严重食源性疾患的超标准的有害细菌或者其他污染物的，应认定为刑法第一百四十三条规定的“足以造成严重食物中毒事故或者其他严重食源性疾患”。

生产、销售不符合卫生标准的食品被食用后，造成轻伤、重伤或者其他严重后果的，应认定为“对人体健康造成严重危害”。

生产、销售不符合卫生标准的食品被食用后，致人死亡、严重残疾、三人以上重伤、十人以上轻伤或者造成其他特别严重后果的，应认定为“后果特别严重”。①

【司法解释(3)】

《最高人民法院关于审理走私、非法经营、非法使用兴奋剂刑事案件适用法律若干问题的解释》(法释〔2019〕16号，20200101)

第五条　生产、销售含有兴奋剂目录所列物质的食品，符合刑法第一百四十三条、第一百四十四条规定的，以生产、销售不符合安全标准的食品罪、生产、销售有毒、有害食品罪定罪处罚。

【司法解释(4)】

《最高人民检察院关于废止〈最高人民检察院关于办理非法经营食盐刑事案件具体应用法律若干问题的解释〉的决定》(高检发释字〔2020〕2号，20200401)

为适应盐业体制改革，保证国家法律统一正确适用，根据《食盐专营办法》(国务院令696号)的规定，结合检察工作实际，最高人民检察院决定废止《最高人民检察院关于办理非法经营食盐刑事案件具体应用法律若干问题的解释》(高检发释字〔2002〕6号)。

该解释废止后，对以非碘盐充当碘盐或者以工业用盐等非食盐充当食盐等危害食盐安全的行为，人民检察院可以依据《最高人民法院、最高人民检察院关于办理生产、销售伪劣商品刑事案件具体应用法律若干问题的解释》(法释〔2001〕10号)、《最高人民法院、最高人民检察院关于办理危害食品安全刑事案件适用法律若干问题的解释》(法释〔2013〕12号)②的规定，分别不同情况，以生产、销售伪劣产品罪，或者生产、销售不符合安全标准的食品罪，或者生产、销售有毒、有害食品罪追究刑事责任。

【法院案例库参考案例】

〔谢某荣生产、销售不符合安全标准的食品案，2025-02-1-071-001〕生产、销售不符合安全标准的食品罪的

① 该条内容实际已被【司法解释(1)】吸收和调整，具体适用应当以【司法解释(1)】的规定为准。——编者注

② 该司法解释已被《最高人民法院、最高人民检察院关于办理危害食品安全刑事案件适用法律若干问题的解释》(法释〔2021〕24号)所废止。——编者注

认定

1.对于生产、销售不符合安全标准的食品犯罪的主观故意，应当综合行为人的认知能力、食品质量、进货或者销售的渠道及价格等主、客观因素进行认定。长期从事相关食品生产、销售行业的人员，不依法履行保障食品安全义务的，依法认定具有主观故意。

2.对于生产、销售不符合安全标准的食品犯罪中的专门性问题难以确定的，司法机关可以依据鉴定意见、检验报告等，结合其他证据作出认定。

〔王某销售不符合安全标准的食品案，2024-02-1-071-003〕销售为防控疫病而明令禁止输入的肉制品行为的定性

对于从动物疫病流行国家地区输入的动物及其产品，不能一概等同于危害食品安全司法解释第一条第三项规定的“国家为防控疾病等特殊需要明令禁止生产、销售的”食品，还需结合相关动物疫病是否属于食源性疾病进行判断。例如，疯牛病属于食源性疾病，对于相关产地因疯牛病爆发被我国禁止进口牛及相关产品，可认定涉案食品为不符合安全标准的食品；而如果产品涉及非洲猪瘟等不会传染人的疾病或者非食源性疾病，则不能以生产、销售不符合安全标准的食品罪定罪处罚。

〔朱某华等生产、销售不符合安全标准的食品案，2024-02-1-071-002〕生产、销售死因不明的动物及其肉类制品行为的定性

生产、销售动物肉类及其制品的，被告人作为经营者对食品来源负有说明义务，对被告人无法提供涉案动物的死因和合法来源，仅辩称可凭自身经验来判断动物死因，结合其他在案证据亦无法认定涉案动物死因明确并符合食品安全标准的，应当认定涉案动物“死因不明”“足以造成严重食物中毒事故或者其他严重食源性疾病”，以生产、销售不符合安全标准的食品罪定罪处罚。

〔阎某某销售不符合安全标准的食品案，2024-02-1-071-001〕销售病死的动物肉类及其制品行为的定性

涉案食品属于病死的畜、禽、兽、水产动物肉类及其制品的，应当认定为刑法第一百四十三条生产、销售不符合安全标准的食品罪规定的“足以造成严重食物中毒事故或者其他严重食源性疾病”。生产、销售病死的畜、禽、兽、水产动物肉类及其制品的，应当以生产、销售不符合安全标准的食品罪定罪处罚。

〔袁某涛生产、销售不符合安全标准的食品案，2023-02-1-071-004〕食品添加剂残留量严重超出标准限量的应当认定为“足以造成严重食物中毒事故或者其他严重食源性疾病”

生产、销售食品过程中滥用食品添加剂，导致残留量严重超出标准限量，足以造成严重食物中毒事故或者其他严重食源性疾病的，依法以生产、销售不符合安全标准的食品罪定罪处罚。

【《刑事审判参考》案例】

〔参考案例第1535号：朱某生产、销售不符合安全标准食品案〕餐饮服务提供者制售添加亚硝酸盐的腊肉制品的行为如何定性？如何把握超范围滥用添加行为的入罪标准？

1.餐饮服务提供者制售添加亚硝酸盐的腊肉制品的行为，应定性为生产、销售不符合安全标准的食品罪。实践中，不能不加区别地将国务院有关部门禁用公告的物质一律认定为“有毒、有害的非食品原料”，禁用公告中有的是禁止在部分食品中使用，如硫酸铝钾、硫酸铝铵禁止在小麦粉及其制品(除油炸面制品、面糊、裹粉、煎炸粉外)生产中使用；有的是禁止部分主体使用，如亚硝酸盐(亚硝酸钠、亚硝酸钾)禁止餐饮服务提供者使用。无论是对象超范围还是主体超范围滥用，都不能改变硫酸铝钾、硫酸铝铵和亚硝酸钠、亚硝酸钾属于食品添加剂的性质。换言之，硫酸铝钾、硫酸铝铵和亚硝酸钠、亚硝酸钾属于食品添加剂的性质，并不因使用对象和使用主体的不同而改变。因此，要避免将食品添加剂认定为有毒、有害的非食品原料，进而混淆生产、销售不符合安全标准的食品罪与生产、销售有毒、有害食品罪的认定。

2.“超范围”滥用食品添加剂本质上是“乱用”“错用”的问题，主体超范围还涉及公然违背政府对从业者的专门禁止性规定，行为人的主观恶性更大，同时由于自身没有“量”的底线，一般应参照同类允许添加的限量标准，不能只要有超范围添加的行为即入罪。实践中，运用常识常理对法定危险要件进行实质审查，必要时引入专家证人，听取专业意见，并结合被告人犯罪情节、主观恶性等综合判断。

〔参考案例第1526号：邹某智生产、销售不符合安全标准的食品案〕非法销售河豚鱼及其制品的行为如何定性？

非法销售的河豚鱼属于“国家为防控疾病等特殊需要明令禁止生产经营的食品”。销售的河豚鱼河豚毒素严重超出标准限量，应当认定为“足以造成严重食物中毒事故或者其他严重食源性疾病”。

〔参考案例第1529号：王某贞走私国家禁止进出口的货物、物品案〕直接向走私人非法收购并销售来自境外疫区的肉类、肉类制品的行为如何定性？

行为人同时构成走私禁止进出口的货物、物品罪以及生产、销售不符合安全标准的食品罪，应择一重罪处理，以走私国家禁止进出口的货物、物品罪定罪处罚。

第一百四十四条　【生产、销售有毒、有害食品罪】在生产、销售的食品中掺入有毒、有害的非食品原料的，或者销售明知掺有有毒、有害的非食品原料的食品的，处五年以下有期徒刑，并处罚金；对人体健康造成严重危害或者有其他严重情节的，处五年以上十年以下有期徒刑，并处罚金；致人死亡或者有其他特别严重情节的，依照本法第一百四十一条的规定处罚。

【修正前条文】

第一百四十四条　【生产、销售有毒、有害食品罪】在生产、销售的食品中掺入有毒、有害的非食品原料的，或者销售明知掺有有毒、有害的非食品原料的食品的，处五年以下有期徒刑或者拘役，并处或者单处销售金额百分之五十以上二倍以下罚金；造成严重食物中毒事故或者其他严重食源性疾患，对人体健康造成严重危害的，处五年以上十年以下有期徒刑，并处销售金额百分之五十以上二倍以下罚金；致人死亡或者对人体健康造成特别严重危害的，依照本法第一百四十一条的规定处罚。

【修正说明】

刑法修正案(八)第二十五条对原条文作出下述修改：一是取消了单处罚金刑和拘役刑；二是将第二档刑处刑情节“造成严重食物中毒事故或者其他严重食源性疾患，对人体健康造成严重危害”修改为“对人体健康造成严重危害或者有其他严重情节”，将第三档刑处刑情节“致人死亡或者对人体健康造成特别严重危害”修改为“致人死亡或者有其他特别严重情节”；三是将具体罚金数额，即销售金额百分之五十以上二倍以下罚金的规定改为不再具体规定罚金数额。

【立法 · 要点注释】

“有毒、有害的非食品原料”，是指对人体具有生理毒性，食用后会引起不良反应，损害机体健康的不能食用的原料。如制酒时加入工业酒精，在饮料中加入国家严禁使用的非食用色素等。如果掺入的是食品原料，由于污染、腐败变质而具有了毒害性，不构成本罪。

【相关立法】

《中华人民共和国食品安全法》(20210429)

第一百三十五条第二款　因食品安全犯罪被判处有期徒刑以上刑罚的，终身不得从事食品生产经营管理工作，也不得担任食品生产经营企业食品安全管理人员。

【立案追诉标准】

《最高人民检察院、公安部关于公安机关管辖的刑事案件立案追诉标准的规定(一)》[公通字〔2008〕36号，20080625，经2017年4月27日发布的《最高人民检察院、公安部关于公安机关管辖的刑事案件立案追诉标准的规定(一)的补充规定》(公通字〔2017〕12号)修正]

第二十条[①]　〔生产、销售有毒、有害食品案(刑法第一百四十四条)〕在生产、销售的食品中掺入有毒、有害的非食品原料的，或者销售明知掺有有毒、有害的非食品原料的食品的，应予立案追诉。

在食品加工、销售、运输、贮存等过程中，掺入有毒、有害的非食品原料，或者使用有毒、有害的非食品原料加工食品的，应予立案追诉。

在食用农产品种植、养殖、销售、运输、贮存等过程中，使用禁用农药、兽药等禁用物质或者其他有毒、有害物质的，应予立案追诉。

在保健食品或者其他食品中非法添加国家禁用药物等有毒、有害物质的，应予立案追诉。

下列物质应当认定为本条规定的“有毒、有害的非食品原料”：

(一)法律、法规禁止在食品生产经营活动中添加、使用的物质；

(二)国务院有关部门公布的《食品中可能违法添加的非食用物质名单》《保健食品中可能非法添加的物质名单》中所列物质；

① 该条立案追诉标准与本条项下【司法解释(1)】第九条、第十一条的规定不一致的，应以后者的规定为准。——编者注

（三）国务院有关部门公告禁止使用的农药、兽药以及其他有毒、有害物质；

（四）其他危害人体健康的物质。

【司法解释(1)】

《最高人民法院、最高人民检察院关于办理危害食品安全刑事案件适用法律若干问题的解释》(法释〔2021〕24号，20220101)

第六条　生产、销售有毒、有害食品，具有本解释第二条规定情形之一的，应当认定为刑法第一百四十四条规定的“对人体健康造成严重危害”。

第七条　生产、销售有毒、有害食品，具有下列情形之一的，应当认定为刑法第一百四十四条规定的“其他严重情节”：

（一）生产、销售金额二十万元以上不满五十万元的；

（二）生产、销售金额十万元以上不满二十万元，有毒、有害食品数量较大或者生产、销售持续时间六个月以上的；

（三）生产、销售金额十万元以上不满二十万元，属于特殊医学用途配方食品、专供婴幼儿的主辅食品的；

（四）生产、销售金额十万元以上不满二十万元，且在中小学校园、托幼机构、养老机构及周边面向未成年人、老年人销售的；

（五）生产、销售金额十万元以上不满二十万元，曾因危害食品安全犯罪受过刑事处罚或者二年内因危害食品安全违法行为受过行政处罚的；

（六）有毒、有害的非食品原料毒害性强或者含量高的；

（七）其他情节严重的情形。

第八条　生产、销售有毒、有害食品，生产、销售金额五十万元以上，或者具有本解释第四条第二项至第六项规定的情形之一的，应当认定为刑法第一百四十四条规定的“其他特别严重情节”。

第九条　下列物质应当认定为刑法第一百四十四条规定的“有毒、有害的非食品原料”：

（一）因危害人体健康，被法律、法规禁止在食品生产经营活动中添加、使用的物质；

（二）因危害人体健康，被国务院有关部门列入《食品中可能违法添加的非食用物质名单》《保健食品中可能非法添加的物质名单》和国务院有关部门公告的禁用农药、《食品动物中禁止使用的药品及其他化合物清单》等名单上的物质；

（三）其他有毒、有害的物质。

第十条　刑法第一百四十四条规定的“明知”，应当综合行为人的认知能力、食品质量、进货或者销售的渠道及价格等主、客观因素进行认定。

具有下列情形之一的，可以认定为刑法第一百四十四条规定的“明知”，但存在相反证据并经查证属实的除外：

（一）长期从事相关食品、食用农产品生产、种植、养殖、销售、运输、贮存行业，不依法履行保障食品安全义务的；

（二）没有合法有效的购货凭证，且不能提供或者拒不提供销售的相关食品来源的；

（三）以明显低于市场价格进货或者销售且无合理原因的；

（四）在有关部门发出禁令或者食品安全预警的情况下继续销售的；

（五）因实施危害食品安全行为受

过行政处罚或者刑事处罚，又实施同种行为的；

(六)其他足以认定行为人明知的情形。

第十一条 在食品生产、销售、运输、贮存等过程中，掺入有毒、有害的非食品原料，或者使用有毒、有害的非食品原料生产食品的，依照刑法第一百四十四条的规定以生产、销售有毒、有害食品罪定罪处罚。

在食用农产品种植、养殖、销售、运输、贮存等过程中，使用禁用农药、食品动物中禁止使用的药品及其他化合物等有毒、有害的非食品原料，适用前款的规定定罪处罚。

在保健食品或者其他食品中非法添加国家禁用药物等有毒、有害的非食品原料的，适用第一款的规定定罪处罚。

第十二条 在食品生产、销售、运输、贮存等过程中，使用不符合食品安全标准的食品包装材料、容器、洗涤剂、消毒剂，或者用于食品生产经营的工具、设备等，造成食品被污染，符合刑法第一百四十三条、第一百四十四条规定的，以生产、销售不符合安全标准的食品罪或者生产、销售有毒、有害食品罪定罪处罚。

第十三条 生产、销售不符合食品安全标准的食品，有毒、有害食品，符合刑法第一百四十三条、第一百四十四条规定的，以生产、销售不符合安全标准的食品罪或者生产、销售有毒、有害食品罪定罪处罚。同时构成其他犯罪的，依照处罚较重的规定定罪处罚。

生产、销售不符合食品安全标准的食品，无证据证明足以造成严重食物中毒事故或者其他严重食源性疾病，不构成生产、销售不符合安全标准的食品罪，但构成生产、销售伪劣产品罪，妨害动植物防疫、检疫罪等其他犯罪的，依照该其他犯罪定罪处罚。

第十四条 明知他人生产、销售不符合食品安全标准的食品，有毒、有害食品，具有下列情形之一的，以生产、销售不符合安全标准的食品罪或者生产、销售有毒、有害食品罪的共犯论处：

(一)提供资金、贷款、账号、发票、证明、许可证件的；

(二)提供生产、经营场所或者运输、贮存、保管、邮寄、销售渠道等便利条件的；

(三)提供生产技术或者食品原料、食品添加剂、食品相关产品或者有毒、有害的非食品原料的；

(四)提供广告宣传的；

(五)提供其他帮助行为的。

第十七条 违反国家规定，私设生猪屠宰厂(场)，从事生猪屠宰、销售等经营活动，情节严重的，依照刑法第二百二十五条的规定以非法经营罪定罪处罚。

在畜禽屠宰相关环节，对畜禽使用食品动物中禁止使用的药品及其他化合物等有毒、有害的非食品原料，依照刑法第一百四十四条的规定以生产、销售有毒、有害食品罪定罪处罚；对畜禽注水或者注入其他物质，足以造成严重食物中毒事故或者其他严重食源性疾病的，依照刑法第一百四十三条的规定以生产、销售不符合安全标准的食品罪定罪处罚；虽不足以造成严重食物中毒事故或者其他严重食源性疾病，但符合刑法第一百四十条规定的，以生产、销售伪劣产品罪定罪处罚。

【司法解释(1)·注释】

关于屠宰相关环节畜禽注水注药行为的定性处理。这里的屠宰相关环节，既包括进入屠宰厂(场)后的待宰环节，也包括屠宰前的运输等相关环节。实践中，应当根据对畜禽注入药物等物质的差异和可能造成的危害，适用不同罪名。另外，对于仅查明有注水行为的，也要区分不同情况，准确适用法律：(1)对于使用盐酸克仑特罗、沙丁胺醇等禁用药物的，以生产、销售有毒、有害食品罪定罪处罚。(2)对于使用允许使用的兽药的，如果肉品中兽药残留量超标，足以造成严重食物中毒事故或者其他严重食源性疾病的，以生产、销售不符合安全标准的食品罪定罪处罚；如果肉品中兽药残留量不超标，或者所注入的兽药未规定最大残留限量，但销售金额在五万元以上的，以生产、销售伪劣产品罪定罪处罚。(3)对于不法分子使用自己购买或者配置的化学物质，如果可以证明属于其他有毒、有害物质的，以生产、销售有毒、有害食品罪定罪处罚；如果难以证明毒害性，但销售金额在五万元以上的，可以生产、销售伪劣产品罪定罪处罚。(4)仅查明有注水行为的，对于注入污水，致肉品微生物等污染物超标，足以造成严重食物中毒事故或者其他严重食源性疾病的，以生产、销售不符合安全标准的食品罪定罪处罚；对于肉品污染物未超标，但含水量超标，且销售金额在五万元以上的，以生产、销售伪劣产品罪定罪处罚；对于污染物和含水量均不超标的，不宜认定为犯罪，应由行政主管部门依法作出行政处罚。

【司法解释(2)】

《最高人民法院、最高人民检察院关于办理非法生产、销售、使用禁止在饲料和动物饮用水中使用的药品等刑事案件具体应用法律若干问题的解释》(法释〔2002〕26号，20020823)

第三条　使用盐酸克仑特罗等禁止在饲料和动物饮用水中使用的药品或者含有该类药品的饲料养殖供人食用的动物，或者销售明知是使用该类药品或者含有该类药品的饲料养殖的供人食用的动物的，依照刑法第一百四十四条的规定，以生产、销售有毒、有害食品罪追究刑事责任。

第四条　明知是使用盐酸克仑特罗等禁止在饲料和动物饮用水中使用的药品或者含有该类药品的饲料养殖的供人食用的动物，而提供屠宰等加工服务，或者销售其制品的，依照刑法第一百四十四条的规定，以生产、销售有毒、有害食品罪追究刑事责任。

第五条　实施本解释规定的行为，同时触犯刑法规定的两种以上犯罪的，依照处罚较重的规定追究刑事责任。

第六条　禁止在饲料和动物饮用水中使用的药品，依照国家有关部门公告的禁止在饲料和动物饮用水中使用的药物品种目录确定。

【司法解释(3)】

《最高人民法院、最高人民检察院关于办理生产、销售伪劣商品刑事案件具体应用法律若干问题的解释》(法释〔2001〕10号，20010410)

第五条　生产、销售的有毒、有害食品被食用后，造成轻伤、重伤或者其他严重后果的，应认定为刑法第一百四十四条规定的"对人体健康造成严重危害"。

生产、销售的有毒、有害食品被食用后，致人严重残疾、三人以上重伤、十人以上轻伤或者造成其他特别严重后果的，应认定为"对人体健康造成特别严重危害"。[①]

【司法解释(4)】

《最高人民法院关于审理走私、非法经营、非法使用兴奋剂刑事案件适用法律若干问题的解释》(法释〔2019〕16号，20200101)

第五条 生产、销售含有兴奋剂目录所列物质的食品，符合刑法第一百四十三条、第一百四十四条规定的，以生产、销售不符合安全标准的食品罪、生产、销售有毒、有害食品罪定罪处罚。

【司法指导文件】

《最高人民法院、最高人民检察院、公安部关于依法严惩"地沟油"犯罪活动的通知》(公通字〔2012〕1号，20120109)

一、依法严惩"地沟油"犯罪，切实维护人民群众食品安全

"地沟油"犯罪，是指用餐厨垃圾、废弃油脂、各类肉及肉制品加工废弃物等非食品原料，生产、加工"食用油"，以及明知是利用"地沟油"生产、加工的油脂而作为食用油销售的行为。……

二、准确理解法律规定，严格区分犯罪界限

(一)对于利用"地沟油"生产"食用油"的，依照刑法第144条生产有毒、有害食品罪的规定追究刑事责任。

(二)明知是利用"地沟油"生产的"食用油"而予以销售的，依照刑法第144条销售有毒、有害食品罪的规定追究刑事责任。认定是否"明知"，应当结合犯罪嫌疑人、被告人的认知能力，犯罪嫌疑人、被告人及其同案人的供述和辩解，证人证言，产品质量，进货渠道及进货价格、销售渠道及销售价格等主、客观因素予以综合判断。

(三)对于利用"地沟油"生产的"食用油"，已经销售出去没有实物，但是有证据证明系已被查实生产、销售有毒、有害食品犯罪事实的上线提供的，依照刑法第144条销售有毒、有害食品罪的规定追究刑事责任。

(四)虽无法查明"食用油"是否系利用"地沟油"生产、加工，但犯罪嫌疑人、被告人明知该"食用油"来源可疑而予以销售的，应分别情形处理：经鉴定，检出有毒、有害成分的，依照刑法第144条销售有毒、有害食品罪的规定追究刑事责任；属于不符合安全标准的食品的，依照刑法第143条销售不符合安全标准的食品罪追究刑事责任；属于以假充真、以次充好、以不合格产品冒充合格产品或者假冒注册商标，构成犯罪的，依照刑法第140条销售伪劣产品罪或者第213条假冒注册商标罪、第214条销售假冒注册商标的商品罪追究刑事责任。

(五)知道或应当知道他人实施以上第(一)、(二)、(三)款犯罪行为，而为其掏捞、加工、贩运"地沟油"，或者提供

---

① 该条内容实际已被【司法解释(1)】吸收和调整，具体适用应当以【司法解释(1)】的规定为准。——编者注

贷款、资金、账号、发票、证明、许可证件，或者提供技术、生产、经营场所、运输、仓储、保管等便利条件的，依照本条第(一)、(二)、(三)款犯罪的共犯论处。

(六)对违反有关规定，掏捞、加工、贩运“地沟油”，没有证据证明用于生产“食用油”的，交由行政部门处理。

(七)对于国家工作人员在食用油安全监管和查处“地沟油”违法犯罪活动中滥用职权、玩忽职守、徇私枉法，构成犯罪的，依照刑法有关规定追究刑事责任。

三、准确把握宽严相济刑事政策在食品安全领域的适用

在对“地沟油”犯罪定罪量刑时，要充分考虑犯罪数额、犯罪分子主观恶性及其犯罪手段、犯罪行为对人民群众生命安全和身体健康的危害、对市场经济秩序的破坏程度、恶劣影响等。对于具有累犯、前科、共同犯罪的主犯、集团犯罪的首要分子等情节，以及犯罪数额巨大、情节恶劣、危害严重，群众反映强烈，给国家和人民利益造成重大损失的犯罪分子，依法严惩，罪当判处死刑的，要坚决依法判处死刑。对在同一条生产销售链上的犯罪分子，要在法定刑幅度内体现严惩源头犯罪的精神，确保生产环节与销售环节量刑的整体平衡。对于明知是“地沟油”而非法销售的公司、企业，要依法从严追究有关单位和直接责任人员的责任。对于具有自首、立功、从犯等法定情节的犯罪分子，可以依法从宽处理。要严格把握适用缓刑、免予刑事处罚的条件。对依法必须适用缓刑的，一般同时宣告禁止令，禁止其在缓刑考验期内从事与食品生产、销售等有关的活动。

【审判实务释疑】

减肥产品中含有禁止添加的西药成分，案件如何定性？如何把握情节轻微和情节显著轻微？

关于减肥产品中检出禁止添加的西药成分的案件定性，不能一概而论，需要区分销售的产品是食品还是药品。减肥产品既包括减肥类保健食品，又包括减肥药品。如果涉案产品是食品(保健食品)，则可以按照刑法第一百四十四条规定的生产、销售有毒、有害食品罪定性；如果涉案产品是药品，则可以按照刑法第一百四十一条规定的生产、销售、提供假药罪定性。

区分食品与药品的关键在于是否有“疾病预防、治疗功能”，表现为标签、说明书是否涉及疾病预防、治疗功能，是否规定有适应症或者功能主治。在具体案件中，一般可以通过产品审批文号、产品说明是否规定有适应症或功能主治、用法和用量等外观标识进行判断。如果产品标识不明，则可以通过经营者以何种名义对外宣传、销售涉案减肥产品进行判断。当产品标识与对外宣传一致时，可以直接按照标识来确定产品属性。当产品标识和对外宣传不一致或者标识不明确时，应当按照行为人对外宣传的产品性能并结合购买者购买、使用产品的目的来确定其属于食品还是药品。例如，《刑事审判参考》第1531号案例“钟某本销售有毒、有害食品案”中，涉案产品的属性无法通过审批文号、产品说明等外观标识来界定。钟某本以“壮阳补肾”名义销售产品，但没有对外宣传治疗功能及治疗效果，消费者是基于“性保健”而非治疗疾病的目的而购买、使用，因此涉案产

品应认定为保健食品。该案中，由于涉案保健食品经检测含有西地那非，故认定钟某本构成销售有毒、有害食品罪。

对于情节轻微和情节显著轻微的把握，实践中应结合行为人销售数量、销售金额、销售时间长短、是否曾因同类行为受过行政处罚或者刑事处罚等主客观情况进行综合认定。[①]

【指导性案例 · 法院】

〔北京阳光一佰生物技术开发有限公司、习文有等生产、销售有毒、有害食品案，FZD70-2016〕

行为人在食品生产经营中添加的虽然不是国务院有关部门公布的《食品中可能违法添加的非食用物质名单》和《保健食品中可能非法添加的物质名单》中的物质，但如果该物质与上述名单中所列物质具有同等属性，并且根据检验报告和专家意见等相关材料能够确定该物质对人体具有同等危害的，应当认定为刑法第一百四十四条规定的“有毒、有害的非食品原料”。

【指导性案例 · 检察】

〔柳立国等人生产、销售有毒、有害食品，生产、销售伪劣产品案，JZD12-2014〕

明知对方是食用油经销者，仍将用餐厨废弃油（俗称“地沟油”）加工而成的劣质油脂销售给对方，导致劣质油脂流入食用油市场供人食用的，构成生产、销售有毒、有害食品罪。

〔徐孝伦等人生产、销售有害食品案，JZD13-2014〕

在食品加工过程中，使用有毒、有害的非食品原料加工食品并出售的，应当认定为生产、销售有毒、有害食品罪；明知是他人使用有毒、有害的非食品原料加工出的食品仍然购买并出售的，应当认定为销售有毒、有害食品罪。

〔孙建亮等人生产、销售有毒、有害食品案，JZD14-2014〕

明知盐酸克仑特罗（俗称“瘦肉精”）是国家禁止在饲料和动物饮用水中使用的药品，而用以养殖供人食用的动物并出售的，应当认定为生产、销售有毒、有害食品罪。明知盐酸克仑特罗是国家禁止在饲料和动物饮用水中使用的药品，而买卖和代买盐酸克仑特罗片，供他人用以养殖供人食用的动物的，应当认定为生产、销售有毒、有害食品罪的共犯。

〔胡林贵等人生产、销售有毒、有害食品，行贿；骆梅等人销售伪劣产品；朱伟全等人生产、销售伪劣产品；黎达文等人受贿，食品监管渎职案，JZD15-2014〕

实施生产、销售有毒、有害食品犯罪，为逃避查处向负有食品安全监管职责的国家工作人员行贿的，应当以生产、销售有毒、有害食品罪和行贿罪实行数罪并罚。

【法院案例库参考案例】

〔李某山等生产、销售有毒、有害食品案，2024-03-1-072-002〕将化工原料更换商标后冒充食品原料销售给食品生产企业行为的认定

行为人明知是有毒、有害化工原料，不能用于食用，仍将化工原料更换商标后冒充食品原料，销售给下游食品

① 参见《法答网精选答问（第七批）》，载《人民法院报》2024年7月18日，第7版。

生产厂家的，应当依法以生产、销售有毒、有害食品罪追究刑事责任。

〔张某升生产、销售有毒、有害食品案，2024-02-1-072-007〕使用工业甲醛清洗净水设备致桶装饮用水检出甲醛成分的定性

在食品生产过程中，使用不符合标准的洗涤剂、消毒剂清洗设备、消毒杀菌，造成食品被污染，导致生产食品掺入有毒、有害的非食品原料，符合刑法第一百四十四条规定的，以生产、销售有毒、有害食品罪定罪处罚。

〔孙某结等生产、销售有毒、有害食品案，2024-02-1-072-006〕使用工业用甲醛溶液浸泡银鱼并销售的，构成生产、销售有毒、有害食品罪

工业用甲醛因危害人体健康，被列入国务院有关部门发布的《食品中可能违法添加的非食用物质名单》，行为人在生产、销售的食品中掺入工业用甲醛或者销售明知掺有工业用甲醛的食品的，应以生产、销售有毒、有害食品罪定罪处罚。

〔陈某辉生产、销售有毒、有害食品案，2024-02-1-072-005〕使用碱性橙Ⅱ对小黄鱼染色并销售的，构成生产、销售有毒、有害食品罪

碱性橙Ⅱ(俗称“黄粉”“王金黄”“块黄”)，属于工业染料，被列入国务院有关部门发布的《食品中可能违法添加的非食用物质名单》。行为人在生产、销售的食品中掺入含有碱性橙Ⅱ成分的工业染料，或者销售明知掺有碱性橙Ⅱ成分的食品的，应当以生产、销售有毒、有害食品罪定罪处罚。

〔田某某生产、销售有毒、有害食品案，2024-02-1-072-002〕使用琥珀胆碱捕杀狗并加工、销售供人食用行为的定性

1.使用琥珀胆碱等药品或有毒化学品捕杀狗，再进行加工、销售用于食用的，属于生产、销售掺入有毒、有害非食品原料的食品的行为，应当以生产、销售有毒、有害食品罪论处。

2.对于已销售的部分食品因已被消费者食用，无法进行毒物成分鉴定的，亦可以根据被告人供述，结合扣押食品抽检情况，判定已销售的食品是否属于掺入有毒、有害非食品原料的食品。

〔李某等人生产、销售有毒、有害食品案，2024-02-1-072-004〕火锅店回收餐厨垃圾熬制“老油”销售金额的认定

将餐厨垃圾熬制成“老油”，并按一定比例与新油混合勾兑后给顾客食用。虽然锅底除使用“老油”外，还掺入一部分合格的底料，但使用“老油”后的“红汤锅”“鸳鸯锅”锅底是一个整体，锅底的销售金额均应计入犯罪金额，不应再按比例折算犯罪金额。

〔史某等生产、销售有毒、有害食品案，2024-02-1-072-001〕利用餐厨垃圾、废弃油脂等加工火锅锅底销售行为的定性

餐厨垃圾、废弃油脂属于国家卫生主管机关明令禁止使用的非食品物质，且属于刑法第一百四十四条生产、销售有毒、有害食品罪规定的有毒、有害的非食品原料。使用餐厨垃圾、废弃油脂加工食品并销售的行为，构成生产、销售有毒、有害食品罪。

〔周某峰生产、销售有毒、有害食品案，2023-02-1-072-016〕在豆芽制发过程中添加兽用抗菌药行为的定性

对于豆芽是属于食用农产品还是

加工食品，目前在国家层面尚无统一认定。无论是将豆芽认定为食用农产品，还是加工食品，在豆芽生产过程中添加兽药恩诺沙星的行为，都属于掺入“有毒、有害的非食品原料”，应以生产、销售有毒、有害食品罪定罪处罚。

〔吕某辉等生产、销售有毒、有害食品案，2023-02-1-072-008〕生产、销售添加国家禁用药物成分的假冒保健食品的定性

因危害人体健康被国务院有关部门列入《保健食品中可能非法添加的物质名单》中的物质，属于刑法第一百四十四条规定的“有毒、有害的非食品原料”。生产、销售保健食品过程中非法添加上述物质的，依法认定为生产、销售有毒、有害食品罪。

〔王某等销售有毒、有害食品案，2023-02-1-072-011〕将有毒、有害食品作为赠品与其他食品捆绑销售的行为定性

赠品属于销售者为达成交易的促销或鼓励条件。赠品的成本实际上已经分摊到付费商品中，消费者为赠品支付了相应对价，因此商品交易中赠与赠品行为应当视为销售。赠品与正常商品捆绑销售，以赠品之名行销售之实的，不可将正常商品与赠品销售数额再作区分，而应以捆绑销售的整体数额认定犯罪数额，正常商品的价值属于犯罪付出的成本，无须扣除。

〔刘某安销售有毒、有害食品案，2023-02-1-072-007〕保健食品与药品的区分及对行政机关认定意见的审查

对涉案产品属于保健食品还是药品，应当结合被告人供述，综合产品标识、外观及产品说明书等方面进行判断。对行政机关出具的认定意见，人民法院经审查认为不符合客观事实和相关法律规定的，依法不予采信。

【《刑事审判参考》案例】

〔参考案例第94号：林烈群、何华平等销售有害食品案〕以工业用猪油冒充食用猪油予以销售致人死亡的行为如何定性？

行为人明知销售的非食用猪油掺有有害食品原料，为牟取非法利益而放任严重危害后果的发生，构成销售有害食品罪。实践中，若行为人销售有毒、有害食品的主观目的是牟利，但同时又放任严重危害后果发生的，应定生产、销售有毒、有害食品罪；若行为人出于各种动机，如造成当地治安混乱、人心恐慌，主观目的就是追求严重危害后果发生的，应定以危险方法危害公共安全罪。

〔参考案例第166号：俞亚春生产、销售有毒、有害食品案〕销售以“瘦肉精”饲养的肉猪致多人中毒的行为如何定性？

“瘦肉精”属于有毒的食品原料，使用“瘦肉精”喂养肉猪的实际结果，就是导致猪肉中含有有毒物质，与在猪肉中掺入有毒物质并无二致，因此，销售以“瘦肉精”饲养的肉猪致多人中毒的行为，可以按生产、销售有毒食品罪定罪处罚。

〔参考案例第1004号：张联新、郑荷芹生产、销售有毒、有害食品，李阿明、何金友生产有毒、有害食品，王一超等销售有毒、有害食品案〕如何处理涉“新型地沟油”案件？

刑法第一百四十四条规定的“掺入”的行为不仅限于指向产品本身，还可能针对产品的原料、半成品等，甚至还可以指向食品添加剂本身，即在食品添加剂内掺入有毒、有害物质。而所谓“有毒、有害的非食品原料”，是指对人体具有生理毒性，食用后会引起不良反应，损害机体健康的不能食用的原料。利用含有淋巴的花油、含有伤肉的膘肉碎、“肚下塌”等肉制品加工废弃物生产、加工的“食用油”，应当视为“新型地沟油”；惩治危害食品安全的犯罪，尚不能完全依赖于鉴定机构的鉴定，对“地沟油”的鉴定意见不应是司法机关认定“有毒、有害食品”的唯一依据。实践中，应当结合技术标准和法学标准对“有毒、有害食品”进行判定。

〔参考案例第1335号：邓文均、符纯宣生产、销售有毒、有害食品案〕〔参考案例第1528号：吴某、何某兵生产、销售有毒、有害食品案〕将火锅店顾客吃剩的火锅底料通过加工分离出剩油，再制作锅底油的行为应如何定性？

1.火锅“口水油”中聚集大量的有毒有害物质，属于废弃食用油脂，能够认定为有毒、有害的非食品原料，使用“口水油”加工食品并用于出售，构成生产、销售有毒、有害食品罪。

2.“口水油”犯罪是继“地沟油”犯罪之后出现的新型危害食品安全的犯罪类型，是“地沟油”犯罪的变种。鉴于食品检验的有限性及依法从严打击食品安全犯罪的需要，目前在司法实践中不宜以证据材料中缺少对“口水油”是否含有有毒、有害物质的鉴定意见便认为证据不足，不将“口水油”认定为有毒、有害的非食品原料。鉴定意见虽然直观且客观，具有较高的信服度，但不能仅以此为标准，而应本着主客观相统一的原则，结合“口水油”具有实质危害性、回收和使用“口水油”的行政违法性以及法律和司法解释的相关规定，依法对“口水油”犯罪判处刑罚。

〔参考案例第1527号：吴某凤等人销售有毒、有害食品案〕将添加“西布曲明”等非食品原料的减肥产品作为“赠品”捆绑其他物品出售的行为如何定性？销售数额如何认定？

1.非药品类减肥产品属于食品监管范畴。西地那非、西布曲明、酚酞均属于因危害人体健康而被列入在食品中可能非法添加的物质名单，属于“有毒、有害的非食品原料”。行为人销售添加含有西地那非、西布曲明、酚酞成分的非药品减肥食品，应按照销售有毒、有害食品罪定罪处罚。

2.不是所有的减肥类产品都是保健食品，对于经过国家批准，纳入药品管理的减肥药品，如“奥利司他”等即属于药品，生产、销售相应虚假产品的，依法构成生产、销售假药罪。

3.行为人以“赠品”的形式销售有毒、有害食品，系以合法手段掩盖非法目的，所谓的“主产品”属于犯罪成本，应以销售总额认定被告人的犯罪数额。

〔参考案例第1531号：钟某本销售有毒、有害食品案〕如何区分伪劣保健食品和假药劣药？

1.涉案“保健品”属于食品(保健食品)或者药品，一般可以通过产品审批文号，产品说明是否规定有适应症或功能主治、用法和用量等外观标识进行判断。如果产品标识不明，则可以通过经营者以何种名义对外宣传、销售案涉“保健品”，使之进入流通领域进行判断。具体而言：当产品标识与对外宣传一致时，表明行为人系按照产品标识来对外经营，可以直接按照标识来确定产品属性；当产品标识和对外宣传不一致或者标识不明确时，应当按照行为人对外宣传的产品性能并结合购买者购买、使用产品的目的来确定属于食品还是药品。

2.经营场所和经营者的职业不是区分食品、药品的依据。经营场所、经营者的职业与产品类别并没有直接、必然的关联性，不能仅以经营场所是药店或保健品店为由，直接认定案涉产品属于药品或食品，也不能仅以经营者属于食品或药品行业的从业人员径行区分认定案涉产品的类别。

〔参考案例第1539号：邱某其、邱某森、邱某后盗窃和销售有毒、有害食品案〕使用有毒物质偷盗他人土狗，后将含有有毒物质的土狗销售给他人牟利的行为应当如何定性？

行为人以非法占有为目的，使用含有琥珀胆碱的注射器盗杀多名被害人养的土狗的行为构成盗窃罪，之后将含有有毒物质的土狗销售给他人牟利的行为，又构成销售有毒、有害食品罪，应当数罪并罚。

〔参考案例第715号：王岳超等生产、销售有毒、有害食品案〕办理生产、销售有毒、有害食品犯罪案件时对行为人主观“明知”的认定？

1.在认定生产、销售有毒、有害食品罪的主观要件时，必须把握“明知”的要件。总则中的“明知”是对犯罪故意成立的总要求，而分则中的“明知”，其内容则较为特定。分则中“明知”不能局限于犯罪故意的认定，还涉及定罪量刑标准等问题。

2.刑法第一百四十四条规定：“在生产、销售的食品中掺入有毒、有害的非食品原料的，或者销售明知掺有有毒、有害的非食品原料的食品的，处五年以下有期徒刑，并处罚金……”刑法虽然只对销售行为规定了明知要件，但这不意味着生产行为不需要明知要件。实践中，在被告人拒不承认“明知”的情况下，可注重从以下五个方面把握：一是买卖双方的成交价格；二是货物来源渠道是否正当；三是行为人对食品的认识程度；四是是否在有关部门禁止或发出安全预警的情况下继续生产、销售；五是根据行为人的年龄、经历、学识、职业、职务、职责、素质等方面。上述五个方面应当综合考虑。

〔参考案例第1534号：荆某、张某等人生产、销售有毒、有害食品案〕在被告人拒不供认且涉及原料采购、委托加工、推广销售等多个环节的生产、销售有毒、有害食品案件中，如何认定各个环节中行为人的主观明知？

1.对于生产者的主观明知认定。对于从生产现场查获有毒、有害的非食品原料，行为人不能作出合理解释的，可以认定行为人具有“掺入”行为或者对“掺入”行为明知。对于未能查获生产现场而仅在销售领域查获了成品，则需要从以下几个方面考虑生产者是否具有“掺入”行为或对“掺入”是否明知：(1)行为人生产者的从业经历和背景。(2)行为人在生产各个环节中的作用，是否具备“掺入”的客观条件和主观动机。例如行为人负责原料采购、存储、食品加工，则具有掺入的条件，如果仅负责包装，成品的存储、运输，则由其掺入的可能性较小，同时还要考虑行为人利益与食品成效、销量等是否息息相关，进而判断行为人是否具有犯罪动机。(3)生产流程是否规范。根据场所、设备、人员、工艺流程、包装材料等是否符合食品安全生产标准，综合判断有毒、有害成分是否为人为掺入。

2.对于销售者的主观明知认定。销售者接触的是成品，可从以下几方面考虑其是否明知所销售食品掺有有毒、有害的非食品原料：(1)进货渠道是否正常，有无合法有效的购货凭证，价格是否明显偏低；(2)行为人对涉案食品有无生产日期、生产厂家、卫生检验合格证是否明知；(3)行为人基于其知识经验是否知道食品中可能含有有毒、有害的非食品原料；(4)是否在有关部门发出禁令或者食品安全预警的情况下继续销售；(5)是否因实施危害食品安全行为受过行政处罚或刑事处罚又实施同种行为的。

第一百四十五条【生产、销售不符合标准的医用器材罪】生产不符合保障人体健康的国家标准、行业标准的医疗器械、医用卫生材料，或者销售明知是不符合保障人体健康的国家标准、行业标准的医疗器械、医用卫生材料，足以严重危害人体健康的，处三年以下有期徒刑或者拘役，并处销售金额百分之五十以上二倍以下罚金；对人体健康造成严重危害的，处三年以上十年以下有期徒刑，并处销售金额百分之五十以上二倍以下罚金；后果特别严重的，处十年以上有期徒刑或者无期徒刑，并处销售金额百分之五十以上二倍以下罚金或者没收财产。

【修正前条文】

第一百四十五条【生产、销售不符合标准的医用器材罪】生产不符合保障人体健康的国家标准、行业标准的医疗器械、医用卫生材料，或者销售明知是不符合保障人体健康的国家标准、行业标准的医疗器械、医用卫生材料，对人体健康造成严重危害的，处五年以下有期徒刑，并处销售金额百分之五十以上二倍以下罚金；后果特别严重的，处五年以上十年以下有期徒刑，并处销售金额百分之五十以上二倍以下罚金，其中情节特别恶劣的，处十年以上有期徒刑或者无期徒刑，并处销售金额百分之五十以上二倍以下罚金或者没收财产。

【修正说明】

刑法修正案(四)第一条对原条文作出下述修改：一是将结果犯改为危险犯；二是调整法定刑，对于“对人体健康造成严重危害”的犯罪行为加重了处罚。

【立法 · 要点注释】

“医疗器械”，是指用于人体疾病诊断、治疗、预防，调节人体生理功能或者替代人体器官的仪器、设备、材料、植入物和相关物品，如注射器、心脏起搏器、超声波诊断仪等。“医用卫生材料”，是指用于诊断、治疗、预防人的疾病，调节人的生理功能的辅助材料，如医用纱布、药棉等。

【立案追诉标准】

《最高人民检察院、公安部关于公安机关管辖的刑事案件立案追诉标准的规定(一)》(公通字〔2008〕36号，20080625)

第二十一条〔生产、销售不符合标准的医用器材案(刑法第一百四十五条)〕生产不符合保障人体健康的国家标准、行业标准的医疗器械、医用卫生材料，或者销售明知是不符合保障人体健康的国家标准、行业标准的医疗器械、医用卫生材料，涉嫌下列情形之一的，应予立案追诉：

（一）进入人体的医疗器械的材料中含有超过标准的有毒有害物质的；

（二）进入人体的医疗器械的有效性指标不符合标准要求，导致治疗、替代、调节、补偿功能部分或者全部丧失，可能造成贻误诊治或者人体严重损伤的；

（三）用于诊断、监护、治疗的有源医疗器械的安全指标不符合强制性标准要求，可能对人体构成伤害或者潜在危害的；

（四）用于诊断、监护、治疗的有源医疗器械的主要性能指标不合格，可能造成贻误诊治或者人体严重损伤的；

（五）未经批准，擅自增加功能或者适用范围，可能造成贻误诊治或者人体严重损伤的；

（六）其他足以严重危害人体健康或者对人体健康造成严重危害的情形。

医疗机构或者个人知道或者应当知道是不符合保障人体健康的国家标准、行业标准的医疗器械、医用卫生材料而购买并有偿使用的，视为本条规定的“销售”。

【司法解释(1)】

《最高人民法院、最高人民检察院关于办理妨害预防、控制突发传染病疫情等灾害的刑事案件具体应用法律若干问题的解释》（法释〔2003〕8号，20030515）

第三条　在预防、控制突发传染病疫情等灾害期间，生产用于防治传染病的不符合保障人体健康的国家标准、行业标准的医疗器械、医用卫生材料，或者销售明知是用于防治传染病的不符合保障人体健康的国家标准、行业标准的医疗器械、医用卫生材料，不具有防护、救治功能，足以严重危害人体健康的，依照刑法第一百四十五条的规定，以生产、销售不符合标准的医用器材罪定罪，依法从重处罚。

医疗机构或者个人，知道或者应当知道系前款规定的不符合保障人体健康的国家标准、行业标准的医疗器械、医用卫生材料而购买并有偿使用的，以销售不符合标准的医用器材罪定罪，依法从重处罚。

【司法解释(2)】

《最高人民法院、最高人民检察院关于办理生产、销售伪劣商品刑事案件具体应用法律若干问题的解释》（法释〔2001〕10号，20010410）

第六条　生产、销售不符合标准的医疗器械、医用卫生材料，致人轻伤或者其他严重后果的，应认定为刑法第一百四十五条规定的“对人体健康造成严重危害”。

生产、销售不符合标准的医疗器械、医用卫生材料，造成感染病毒性肝炎等难以治愈的疾病、一人以上重伤、三人以上轻伤或者其他严重后果的，应认定为“后果特别严重”。

生产、销售不符合标准的医疗器械、医用卫生材料，致人死亡、严重残疾、感染艾滋病、三人以上重伤、十人以上轻伤或者造成其他特别严重后果的，应认定为“情节特别恶劣”。

医疗机构或者个人，知道或者应当知道是不符合保障人体健康的国家标准、行业标准的医疗器械、医用卫生材料而购买、使用，对人体健康造成严重危害的，以销售不符合标准的医用器材罪定罪处罚。

没有国家标准、行业标准的医疗器械，注册产品标准可视为“保障人体健康的行业标准”。①

【司法指导文件】

参见本法第一百四十一条项下【司法指导文件(2)】，第375—376页。

第一百四十六条　【生产、销售不符合安全标准的产品罪】生产不符合保障人身、财产安全的国家标准、行业标准的电器、压力容器、易燃易爆产品或者其他不符合保障人身、财产安全的国家标准、行业标准的产品，或者销售明知是以上不符合保障人身、财产安全的国家标准、行业标准的产品，造成严重后果的，处五年以下有期徒刑，并处销售金额百分之五十以上二倍以下罚金；后果特别严重的，处五年以上有期徒刑，并处销售金额百分之五十以上二倍以下罚金。

【立案追诉标准】

《最高人民检察院、公安部关于公安机关管辖的刑事案件立案追诉标准的规定(一)》(公通字〔2008〕36号，20080625)

第二十二条　〔生产、销售不符合安全标准的产品案(刑法第一百四十六条)〕生产不符合保障人身、财产安全的国家标准、行业标准的电器、压力容器、易燃易爆或者其他不符合保障人身、财产安全的国家标准、行业标准的产品，或者销售明知是以上不符合保障人身、财产安全的国家标准、行业标准的产品，涉嫌下列情形之一的，应予立案追诉：

(一)造成人员重伤或者死亡的；

(二)造成直接经济损失十万元以上的；

(三)其他造成严重后果的情形。

【司法解释】

《最高人民法院、最高人民检察院关于办理危害生产安全刑事案件适用法律若干问题的解释》(法释〔2015〕22号，20151216)

第十一条　生产不符合保障人身、财产安全的国家标准、行业标准的安全设备，或者明知安全设备不符合保障人身、财产安全的国家标准、行业标准而进行销售，致使发生安全事故，造成严重后果的，依照刑法第一百四十六条的规定，以生产、销售不符合安全标准的产品罪定罪处罚。

【司法指导文件】

《最高人民法院、最高人民检察院、公安部关于办理涉窨井盖相关刑事案件的指导意见》(高检发〔2020〕3号，20200316)

六、生产不符合保障人身、财产安全的国家标准、行业标准的窨井盖，或者销售明知是不符合保障人身、财产安全的国家标准、行业标准的窨井盖，造成严重后果的，依照刑法第一百四十六条的规定，以生产、销售不符合安全标准的产品罪定罪处罚。

① 本罪已调整为危险犯，实践中应当结合修正后的刑法条文适用本条规定。——编者注

十二、本意见所称的“窨井盖”，包括城市、城乡结合部和乡村等地的窨井盖以及其他井盖。

第一百四十七条 【生产、销售伪劣农药、兽药、化肥、种子罪】生产假农药、假兽药、假化肥，销售明知是假的或者失去使用效能的农药、兽药、化肥、种子，或者生产者、销售者以不合格的农药、兽药、化肥、种子冒充合格的农药、兽药、化肥、种子，使生产遭受较大损失的，处三年以下有期徒刑或者拘役，并处或者单处销售金额百分之五十以上二倍以下罚金；使生产遭受重大损失的，处三年以上七年以下有期徒刑，并处销售金额百分之五十以上二倍以下罚金；使生产遭受特别重大损失的，处七年以上有期徒刑或者无期徒刑，并处销售金额百分之五十以上二倍以下罚金或者没收财产。

【相关立法】

《中华人民共和国种子法》(20220301)

第七十四条第二款　因生产经营假种子犯罪被判处有期徒刑以上刑罚的，种子企业或者其他单位的法定代表人、直接负责的主管人员自刑罚执行完毕之日起五年内不得担任种子企业的法定代表人、高级管理人员。

第七十五条第二款　因生产经营劣种子犯罪被判处有期徒刑以上刑罚的，种子企业或者其他单位的法定代表人、直接负责的主管人员自刑罚执行完毕之日起五年内不得担任种子企业的法定代表人、高级管理人员。

【立案追诉标准】

《最高人民检察院、公安部关于公安机关管辖的刑事案件立案追诉标准的规定(一)》(公通字〔2008〕36号，20080625)

第二十三条　〔生产、销售伪劣农药、兽药、化肥、种子案(刑法第一百四十七条)〕生产假农药、假兽药、假化肥，销售明知是假的或者失去使用效能的农药、兽药、化肥、种子，或者生产者、销售者以不合格的农药、兽药、化肥、种子冒充合格的农药、兽药、化肥、种子，涉嫌下列情形之一的，应予立案追诉：

(一)使生产遭受损失二万元以上的；

(二)其他使生产遭受较大损失的情形。

【司法解释】

《最高人民法院、最高人民检察院关于办理生产、销售伪劣商品刑事案件具体应用法律若干问题的解释》(法释〔2001〕10号，20010410)

第七条　刑法第一百四十七条规定的生产、销售伪劣农药、兽药、化肥、种子罪中“使生产遭受较大损失”，一般以二万元为起点；“重大损失”，一般以十万元为起点；“特别重大损失”，一般以五十万元为起点。

【司法指导文件】

《最高人民法院关于进一步加强涉种子刑事审判工作的指导意见》(法〔2022〕66号，20220302)

三、准确适用法律，依法严惩种子制假售假犯罪。对销售明知是假的或者失去使用效能的种子，或者生产者、销售者以不合格的种子冒充合格的种子，使生产遭受较大损失的，依照刑法第一百四十七条的规定以生产、销售伪劣种子罪定罪处罚。

对实施生产、销售伪劣种子行为，因无法认定使生产遭受较大损失等原因，不构成生产、销售伪劣种子罪，但是销售金额在五万元以上的，依照刑法第一百四十条的规定以生产、销售伪劣产品罪定罪处罚。同时构成假冒注册商标罪等其他犯罪的，依照处罚较重的规定定罪处罚。

四、立足现有罪名，依法严惩种子套牌侵权相关犯罪。假冒品种权以及未经许可或者超出委托规模生产、繁殖授权品种种子对外销售等种子套牌侵权行为，经常伴随假冒注册商标、侵犯商业秘密等其他犯罪行为。审理此类案件时要把握这一特点，立足刑法现有规定，通过依法适用与种子套牌侵权密切相关的假冒注册商标罪，销售假冒注册商标的商品罪，非法制造、销售非法制造的注册商标标识罪，侵犯商业秘密罪，为境外窃取、刺探、收买、非法提供商业秘密罪等罪名，实现对种子套牌侵权行为的依法惩处。同时，应当将种子套牌侵权行为作为从重处罚情节，加大对此类犯罪的惩处力度。

五、保护种质资源，依法严惩破坏种质资源犯罪。非法采集或者采伐天然种质资源，符合刑法第三百四十四条规定的，以危害国家重点保护植物罪定罪处罚。

在种质资源库、种质资源保护区或者种质资源保护地实施上述行为的，应当酌情从重处罚。

六、贯彻落实宽严相济的刑事政策，确保裁判效果。实施涉种子犯罪，具有下列情形之一的，应当酌情从重处罚：针对稻、小麦、玉米、棉花、大豆等主要农作物种子实施的，曾因涉种子犯罪受过刑事处罚的，二年内曾因涉种子违法行为受过行政处罚的，其他应当酌情从重处罚的情形。

对受雇佣或者受委托参与种子生产、繁殖的，要综合考虑社会危害程度、在共同犯罪中的地位作用、认罪悔罪表现等情节，准确适用刑罚。犯罪情节轻微的，可以依法免予刑事处罚；情节显著轻微危害不大的，不以犯罪论处。

七、依法解决鉴定难问题，准确认定伪劣种子。对是否属于假的、失去使用效能的或者不合格的种子，或者使生产遭受的损失难以确定的，可以依据具有法定资质的种子质量检验机构出具的鉴定意见、检验报告，农业农村、林业和草原主管部门出具的书面意见，农业农村主管部门所属的种子管理机构组织出具的田间现场鉴定书等，结合其他证据作出认定。

【指导性案例·检察】

〔王敏生产、销售伪劣种子案，JZD61-2019〕

以同一科属的此品种种子冒充彼品种种子，属于刑法上的“假种子”。行为人对假种子进行小包装分装销售，使农业生产遭受较大损失的，应当以生产、销售伪劣种子罪追究刑事责任。

〔南京百分百公司等生产、销售伪劣农药案，JZD62-2019〕

1.未取得农药登记证的企业或者个人，借用他人农药登记证、生产许可证、质量标准证等许可证明文件生产、销售农药，使生产遭受较大损失的，以生产、销售伪劣农药罪追究刑事责任。

2.对于使用伪劣农药造成的农业生产损失，可采取田间试验的方法确定受损原因，并以农作物绝收折损面积、受害地区前三年该类农作物的平均亩产量和平均销售价格为基准，综合计算认定损失金额。

【法院案例库参考案例】

〔刘某林等销售伪劣种子案，2024-02-1-075-002〕销售伪劣种子罪主观故意的认定

行为人明知所培育的种子具有质量问题，仍以合格种子名义销售，或者明知种子无任何生产标识，也无种子检验合格证明，仍予以收购并销售，涉案种子系伪劣种子的，应认定行为人具有销售伪劣种子的主观故意。

〔郭某某销售伪劣种子案，2024-02-1-075-001〕受委托制种过程中私自截留种子销售，使生产遭受较大损失行为的定性

受委托制种过程中私自截留种子，冒充委托制种企业的种子品种对外销售，使生产遭受损失达二万元以上的，属于使生产遭受较大损失，以销售伪劣种子罪论处。

〔某农资公司、赵某风等生产、销售伪劣产品案，2024-02-1-067-003〕生产、销售伪劣化肥，未使生产遭受较大损失行为的定性

根据刑法第一百四十七条的规定，构成生产、销售伪劣化肥罪，需要满足“使生产遭受较大损失”的条件。生产者、销售者以不合格的化肥冒充合格的化肥，未使生产遭受较大损失的，不构成生产、销售伪劣化肥罪。但销售金额在五万元以上的，根据刑法第一百四十九条第一款的规定，应当依照刑法第一百四十条规定的生产、销售伪劣产品罪定罪处罚。

〔酒泉市某农业科技有限公司、王某某生产、销售伪劣产品案，2024-02-1-067-002〕生产、销售伪劣种子，认定使生产遭受较大损失的证据不足的，可依法适用生产、销售伪劣产品罪定罪处罚

生产、销售伪劣种子罪，需要满足使生产遭受较大损失的条件。实践中，因受制于农时、土壤、天气和种植水平等复杂因素，部分案件难以对使生产遭受损失的情况作出认定，故难以以生产、销售伪劣种子罪追究被告人的刑事责任。但根据刑法第一百四十九条的规定，生产、销售伪劣种子，不构成生产、销售伪劣种子罪，销售金额达到五万元以上的，可依法适用生产、销售伪劣产品罪定罪处罚。

【《刑事审判参考》案例】

〔参考案例第109号：李云平销售伪劣种子案〕以此种品种种子冒充他种品种种子的行为如何定性?

行为人将自己培育的玉米种冒充“鲁单50号”玉米种进行销售，属于“以此种品种种子冒充他种品种种子”的销售假种子行为，构成销售伪劣种子罪。

第一百四十八条　【生产、销售不符合卫生标准的化妆品罪】生产不符合卫生标准的化妆品，或者销售明知是不符合卫生标准的化妆品，造成严重后果的，处三年以下有期徒刑或者拘役，并处或者单处销售金额百分之五十以上二倍以下罚金。

【立案追诉标准】

《最高人民检察院、公安部关于公安机关管辖的刑事案件立案追诉标准的规定(一)》(公通字〔2008〕36号,20080625)

第二十四条　〔生产、销售不符合卫生标准的化妆品案(刑法第一百四十八条)〕生产不符合卫生标准的化妆品,或者销售明知是不符合卫生标准的化妆品,涉嫌下列情形之一的,应予立案追诉:

(一)造成他人容貌毁损或者皮肤严重损伤的;

(二)造成他人器官组织损伤导致严重功能障碍的;

(三)致使他人精神失常或者自杀、自残造成重伤、死亡的;

(四)其他造成严重后果的情形。

【司法指导文件】

参见本法第一百四十一条项下【司法指导文件(2)】,第375—376页。

第一百四十九条　【犯本节之罪的其他情形】生产、销售本节第一百四十一条至第一百四十八条所列产品,不构成各该条规定的犯罪,但是销售金额在五万元以上的,依照本节第一百四十条的规定定罪处罚。

生产、销售本节第一百四十一条至第一百四十八条所列产品,构成各该条规定的犯罪,同时又构成本节第一百四十条规定之罪的,依照处罚较重的规定定罪处罚。

第一百五十条　【对单位犯本节之罪的处罚】单位犯本节第一百四十条至第一百四十八条规定之罪的,对单位判处罚金,并对其直接负责的主管人员和其他直接责任人员,依照各该条的规定处罚。

第二节　走私罪

【司法解释】

《最高人民法院、最高人民检察院关于办理走私刑事案件适用法律若干问题的解释》(法释〔2014〕10号,20140910)

第二十条　直接向走私人非法收购走私进口的货物、物品,在内海、领海、界河、界湖运输、收购、贩卖国家禁止进出口的物品,或者没有合法证明,在内海、领海、界河、界湖运输、收购、贩卖国家限制进出口的货物、物品,构成犯罪的,应当按照走私货物、物品的种类,分别依照刑法第一百五十一条、第一百五十二条、第一百五十三条、第三百四十七条、第三百五十条的规定定罪处罚。

刑法第一百五十五条第二项规定的"内海",包括内河的入海口水域。

第二十一条　未经许可进出口国家限制进出口的货物、物品,构成犯罪的,应当依照刑法第一百五十一条、第一百五十二条的规定,以走私国家禁止进出口的货物、物品罪等罪名定罪处罚;偷逃应缴税额,同时又构成走私普通货物、物品罪的,依照处罚较重的规定定罪处罚。

……

第二十二条　在走私的货物、物品中藏匿刑法第一百五十一条、第一百五十二条、第三百四十七条、第三百五十条规定的货物、物品,构成犯罪的,以实际走私的货物、物品定罪处罚；构成数罪的，实行数罪并罚。

第二十三条　实施走私犯罪，具有下列情形之一的，应当认定为犯罪既遂：

（一）在海关监管现场被查获的；

（二）以虚假申报方式走私，申报行为实施完毕的；

（三）以保税货物或者特定减税、免税进口的货物、物品为对象走私，在境内销售的，或者申请核销行为实施完毕的。

第二十四条　单位犯刑法第一百五十一条、第一百五十二条规定之罪，依照本解释规定的标准定罪处罚。

单位犯走私普通货物、物品罪，偷逃应缴税额在二十万元以上不满一百万元的，应当依照刑法第一百五十三条第二款的规定，对单位判处罚金，并对其直接负责的主管人员和其他直接责任人员，处三年以下有期徒刑或者拘役；偷逃应缴税额在一百万元以上不满五百万元的，应当认定为"情节严重"；偷逃应缴税额在五百万元以上的，应当认定为"情节特别严重"。

第二十五条　本解释发布实施后，《最高人民法院关于审理走私刑事案件具体应用法律若干问题的解释》（法释〔2000〕30号）、《最高人民法院关于审理走私刑事案件具体应用法律若干问题的解释（二）》（法释〔2006〕9号）同时废止。之前发布的司法解释与本解释不一致的，以本解释为准。

【司法解释·注释】

1.监管现场查获情形的既未遂认定。在海关监管现场被查获的，应当认定为犯罪既遂。适用该规定时需要注意以下两点：一是适用范围。该规定适用于各种形式的走私犯罪，不以通关走私为限。海关监管现场包括多种场所，既可能是通关场所，也可能是绕关场所，不管是通关走私还是绕关走私，凡是在海关监管现场被查获的，均按犯罪既遂处理。二是海关监管现场的理解。海关有权执法的地域空间并不限于海关监管区，在有权执法的地域行使执法权力时查获走私犯罪，均应认定为在海关监管现场被查获。

2.虚假申报通关走私的既未遂认定。以虚假申报方式走私，申报行为实施完毕的，应当认定为犯罪既遂。适用该规定时需要注意以下两点：一是行为人的申报行为独立于海关的查验行为，申报行为是否实施完毕的判断不受是否进入查验环节以及查验是否通过的影响。查验行为属于不受行为人控制的海关监管活动，报关行为实施完毕，在法律上即可视同为行为人的走私行为已经实施完毕。二是申报行为实施完毕标准与海关监管现场被查获标准并行不悖。在通关走私当中，实施申报行为与海关监管现场被查获的时间不具有同步性和必然的先后顺序。申报行为尚未实施完毕即在海关监管现场被查获，只要根据相关证据足以认定构成走私犯罪的，同样应认定为走私既遂。

3.后续走私的既未遂认定。以保税货物或者特定减税、免税进口的货物、物品为对象走私，在境内销售的，或者申请核销行为实施完毕的，应认定为犯罪既遂。这里明确的是刑法第一百五十四条规定的后续走私犯罪的既未遂认定意见。适用本规定时需要注意以下三点：一是是否实际牟利不影响既未遂的认定。刑法第一百五十四条规定的“销售牟利”的落脚点在于销售而非牟利，牟利系后续走私犯罪的主观目的要件而非客观要件，牟利目的的实现与否不影响后续走私犯罪既未遂的认定。二是销售行为需要客观实施，但不要求销售行为实施完毕，销售行为是后续走私犯罪的一个重要客观行为。同时，本着与前述其他走私犯罪既未遂标准相协调的要求，走私犯罪的既遂，不要求销售行为实行完毕或者完成货物、物品的交付。在销售过程中被查获的，也应认定为犯罪既遂。三是尚未实施销售行为但申请核销行为已经实施完毕的，以犯罪既遂论处。较之于销售行为，申请核销行为对于后续走私犯罪的完成更具实质性意义，与前述虚假申报通关走私的道理相同，尚未着手销售但已经申请核销的，同样应认定为既遂，而不以实际骗取核销为条件。

【司法指导文件】

《最高人民法院、最高人民检察院、海关总署关于办理走私刑事案件适用法律若干问题的意见》(法〔2002〕139号，20020708)

五、关于走私犯罪嫌疑人、被告人主观故意的认定问题

行为人明知自己的行为违反国家法律法规，逃避海关监管，偷逃进出境货物、物品的应缴税额，或者逃避国家有关进出境的禁止性管理，并且希望或者放任危害结果发生的，应认定为具有走私的主观故意。

走私主观故意中的“明知”是指行为人知道或者应当知道所从事的行为是走私行为。具有下列情形之一的，可以认定为“明知”，但有证据证明确属被蒙骗的除外：

(一)逃避海关监管，运输、携带、邮寄国家禁止进出境的货物、物品的；

(二)用特制的设备或者运输工具走私货物、物品的；

(三)未经海关同意，在非设关的码头、海(河)岸、陆路边境等地点，运输(驳载)、收购或者贩卖非法进出境货物、物品的；

(四)提供虚假的合同、发票、证明等商业单证委托他人办理通关手续的；

(五)以明显低于货物正常进(出)口的应缴税额委托他人代理进(出)口业务的；

(六)曾因同一种走私行为受过刑事处罚或者行政处罚的；

(七)其他有证据证明的情形。

六、关于行为人对其走私的具体对象不明确的案件的处理问题

走私犯罪嫌疑人主观上具有走私犯罪故意，但对其走私的具体对象不明确的，不影响走私犯罪构成，应当根据实际的走私对象定罪处罚。但是，确有证据证明行为人因受蒙骗而对走私对象发生认识错误的，可以从轻处罚。

十一、关于伪报价格走私犯罪案件中实际成交价格的认定问题

走私犯罪案件中的伪报价格行为，是指犯罪嫌疑人、被告人在进出口货物、物品时，向海关申报进口或者出口的货物、物品的价格低于或者高于进出口货物的实际成交价格。

对实际成交价格的认定，在无法提取真、伪两套合同、发票等单证的情况下，可以根据犯罪嫌疑人、被告人的付汇渠道、资金流向、会计账册、境内外收发货人的真实交易方式，以及其他能够证明进出口货物实际成交价格的证

据材料综合认定。

十二、关于出售走私货物已缴纳的增值税应否从走私偷逃应缴税额中扣除的问题

走私犯罪嫌疑人为出售走私货物而开具增值税专用发票并缴纳增值税，是其走私行为既遂后在流通领域获违法所得的一种手段，属于非法开具增值税专用发票。对走私犯罪嫌疑人因出售走私货物而实际缴纳走私货物增值税的，在核定走私货物偷逃应缴税额时，不应当将其已缴纳的增值税额从其走私偷逃应缴税额中扣除。

十七、关于单位走私犯罪案件诉讼代表人的确定及其相关问题

单位走私犯罪案件的诉讼代表人，应当是单位的法定代表人或者主要负责人。单位的法定代表人或者主要负责人被依法追究刑事责任或者因其他原因无法参与刑事诉讼的，人民检察院应当另行确定被告单位的其他负责人作为诉讼代表人参加诉讼。

接到出庭通知的被告单位的诉讼代表人应当出庭应诉。拒不出庭的，人民法院在必要的时候，可以拘传到庭。

对直接负责的主管人员和其他直接责任人员均无法归案的单位走私犯罪案件，只要单位走私犯罪的事实清楚、证据确实充分，且能够确定诉讼代表人代表单位参与刑事诉讼活动的，可以先行追究该单位的刑事责任。

被告单位没有合适人选作为诉讼代表人出庭的，因不具备追究该单位刑事责任的诉讼条件，可按照单位犯罪的条款先行追究单位犯罪中直接负责的主管人员或者其他直接责任人员的刑事责任。人民法院在对单位犯罪中直接负责的主管人员或者直接责任人员进行判决时，对于扣押、冻结的走私货物、物品、违法所得以及属于犯罪单位所有的走私犯罪工具，应当一并判决予以追缴、没收。

十八、关于单位走私犯罪及其直接负责的主管人员和直接责任人员的认定问题

具备下列特征的，可以认定为单位走私犯罪：(1)以单位的名义实施走私犯罪，即由单位集体研究决定，或者由单位的负责人或者被授权的其他人员决定、同意；(2)为单位谋取不正当利益或者违法所得大部分归单位所有。

依照《最高人民法院关于审理单位犯罪案件具体应用法律有关问题的解释》第二条的规定，个人为进行违法犯罪活动而设立的公司、企业、事业单位实施犯罪的，或者个人设立公司、企业、事业单位后，以实施犯罪为主要活动的，不以单位犯罪论处。单位是否以实施犯罪为主要活动，应根据单位实施走私行为的次数、频度、持续时间、单位进行合法经营的状况等因素综合考虑认定。

根据单位人员在单位走私犯罪活动中所发挥的不同作用，对其直接负责的主管人员和其他直接责任人员，可以确定为一人或者数人。对于受单位领导指派而积极参与实施走私犯罪行为的人员，如果其行为在走私犯罪的主要环节起重要作用的，可以认定为单位犯罪的直接责任人员。

十九、关于单位走私犯罪后发生分立、合并或者其他资产重组情形以及单位被依法注销、宣告破产等情况下，如何追究刑事责任的问题

单位走私犯罪后，单位发生分立、合并或者其他资产重组等情况的，只要

承受该单位权利义务的单位存在,应当追究单位走私犯罪的刑事责任。走私单位发生分立、合并或者其他资产重组后,原单位名称发生更改的,仍以原单位(名称)作为被告单位。承受原单位权利义务的单位法定代表人或者负责人为诉讼代表人。

单位走私犯罪后,发生分立、合并或者其他资产重组情形,以及被依法注销、宣告破产等情况的,无论承受该单位权利义务的单位是否存在,均应追究原单位直接负责的主管人员和其他直接责任人员的刑事责任。

人民法院对原走私单位判处罚金的,应当将承受原单位权利义务的单位作为被执行人。罚金超出新单位所承受的财产的,可在执行中予以减除。

二十一、关于单位走私犯罪案件自首的认定问题

在办理单位走私犯罪案件中,对单位集体决定自首的,或者单位直接负责的主管人员自首的,应当认定单位自首。认定单位自首后,如实交代主要犯罪事实的单位负责的其他主管人员和其他直接责任人员,可视为自首,但对拒不交代主要犯罪事实或逃避法律追究的人员,不以自首论。

二十二、关于共同走私犯罪案件如何判处罚金刑问题

审理共同走私犯罪案件时,对各共同犯罪人判处罚金的总额应掌握在共同走私行为偷逃应缴税额的一倍以上五倍以下。

第一百五十一条　【走私武器、弹药罪】【走私核材料罪】【走私假币罪】走私武器、弹药、核材料或者伪造的货币的，处七年以上有期徒刑，并处罚金或者没收财产；情节特别严重的，处无期徒刑，并处没收财产；情节较轻的，处三年以上七年以下有期徒刑，并处罚金。

【走私文物罪】【走私贵重金属罪】【走私珍贵动物、珍贵动物制品罪】走私国家禁止出口的文物、黄金、白银和其他贵重金属或者国家禁止进出口的珍贵动物及其制品的，处五年以上十年以下有期徒刑，并处罚金；情节特别严重的，处十年以上有期徒刑或者无期徒刑，并处没收财产；情节较轻的，处五年以下有期徒刑，并处罚金。

【走私国家禁止进出口的货物、物品罪】走私珍稀植物及其制品等国家禁止进出口的其他货物、物品的，处五年以下有期徒刑或者拘役，并处或者单处罚金；情节严重的，处五年以上有期徒刑，并处罚金。

单位犯本条规定之罪的，对单位判处罚金，并对其直接负责的主管人员和其他直接责任人员，依照本条各款的规定处罚。

【第三次修正前条文】

第一百五十一条　【走私武器、弹药罪】【走私核材料罪】【走私假币罪】走私武器、弹药、核材料或者伪造的货币的,处七年以上有期徒刑,并处罚金或者没收财产;情节特别严重的,处无期徒刑或者死刑,并处没收财产;情节较轻的,处三年以上七年以下有期徒刑,并处罚金。

【走私文物罪】【走私贵重金属罪】【走私珍贵动物、珍贵动物制品罪】走私国家禁止出口的文物、黄金、白银和

其他贵重金属或者国家禁止进出口的珍贵动物及其制品的，处五年以上十年以下有期徒刑，并处罚金；情节特别严重的，处十年以上有期徒刑或者无期徒刑，并处没收财产；情节较轻的，处五年以下有期徒刑，并处罚金。

【走私国家禁止进出口的货物、物品罪】走私珍稀植物及其制品等国家禁止进出口的其他货物、物品的，处五年以下有期徒刑或者拘役，并处或者单处罚金；情节严重的，处五年以上有期徒刑，并处罚金。

单位犯本条规定之罪的，对单位判处罚金，并对其直接负责的主管人员和其他直接责任人员，依照本条各款的规定处罚。

【第二次修正前条文】

第一百五十一条　【走私武器、弹药罪】【走私核材料罪】【走私假币罪】走私武器、弹药、核材料或者伪造的货币的，处七年以上有期徒刑，并处罚金或者没收财产；情节较轻的，处三年以上七年以下有期徒刑，并处罚金。

【走私文物罪】【走私贵重金属罪】【走私珍贵动物、珍贵动物制品罪】走私国家禁止出口的文物、黄金、白银和其他贵重金属或者国家禁止进出口的珍贵动物及其制品的，处五年以上有期徒刑，并处罚金；情节较轻的，处五年以下有期徒刑，并处罚金。

【走私国家禁止进出口的货物、物品罪】走私珍稀植物及其制品等国家禁止进出口的其他货物、物品的，处五年以下有期徒刑或者拘役，并处或者单处罚金；情节严重的，处五年以上有期徒刑，并处罚金。

犯第一款、第二款罪，情节特别严重的，处无期徒刑或者死刑，并处没收财产。

单位犯本条规定之罪的，对单位判处罚金，并对其直接负责的主管人员和其他直接责任人员，依照本条各款的规定处罚。

【第一次修正前条文】

第一百五十一条　【走私武器、弹药罪】【走私核材料罪】【走私假币罪】走私武器、弹药、核材料或者伪造的货币的，处七年以上有期徒刑，并处罚金或者没收财产；情节较轻的，处三年以上七年以下有期徒刑，并处罚金。

【走私文物罪】【走私贵重金属罪】【走私珍贵动物、珍贵动物制品罪】走私国家禁止出口的文物、黄金、白银和其他贵重金属或者国家禁止进出口的珍贵动物及其制品的，处五年以上有期徒刑，并处罚金；情节较轻的，处五年以下有期徒刑，并处罚金。

【走私珍稀植物、珍稀植物制品罪】走私国家禁止进出口的珍稀植物及其制品的，处五年以下有期徒刑，并处或者单处罚金；情节严重的，处五年以上有期徒刑，并处罚金。

犯第一款、第二款罪，情节特别严重的，处无期徒刑或者死刑，并处没收财产。

单位犯本条规定之罪的，对单位判处罚金，并对其直接负责的主管人员和其他直接责任人员，依照本条各款的规定处罚。

【修正说明】

1.刑法修正案(七)第一条将原条文第三款“走私国家禁止进出口的珍稀植物及其制品的”修改为“走私珍稀植

物及其制品等国家禁止进出口的其他货物、物品的”。

2.刑法修正案(八)第二十六条将走私文物罪、走私贵重金属罪、走私珍贵动物罪、走私珍贵动物制品罪一般情节的量刑由“五年以上有期徒刑,并处罚金”修改为“五年以上十年以下有期徒刑,并处罚金”;“情节特别严重”的量刑由“无期徒刑或者死刑,并处没收财产”修改为“十年以上有期徒刑或者无期徒刑,并处没收财产”。

3.刑法修正案(九)第九条取消了走私武器、弹药罪,走私核材料罪,走私假币罪的死刑规定。

【立法解释】

《全国人民代表大会常务委员会关于〈中华人民共和国刑法〉有关文物的规定适用于具有科学价值的古脊椎动物化石、古人类化石的解释》(20051229)

刑法有关文物的规定,适用于具有科学价值的古脊椎动物化石、古人类化石。

【立案追诉标准】

《最高人民检察院、公安部关于公安机关管辖的刑事案件立案追诉标准的规定(二)》(公通字〔2022〕12号,20220515)

第二条　〔走私假币案(刑法第一百五十一条第一款)〕走私伪造的货币,涉嫌下列情形之一的,应予立案追诉:

(一)总面额在二千元以上或者币量在二百张(枚)以上的;

(二)总面额在一千元以上或者币量在一百张(枚)以上,二年内因走私假币受过行政处罚,又走私假币的;[①]

(三)其他走私假币应予追究刑事责任的情形。

【司法解释(1)】

《最高人民法院、最高人民检察院关于办理走私刑事案件适用法律若干问题的解释》(法释〔2014〕10号,20140910)[②]

第一条　走私武器、弹药,具有下列情形之一的,可以认定为刑法第一百五十一条第一款规定的“情节较轻”:

(一)走私以压缩气体等非火药为动力发射枪弹的枪支二支以上不满五支的;

(二)走私气枪铅弹五百发以上不满二千五百发,或者其他子弹十发以上不满五十发的;

(三)未达到上述数量标准,但属于犯罪集团的首要分子,使用特种车辆从事走私活动,或者走私的武器、弹药被用于实施犯罪等情形的;

(四)走私各种口径在六十毫米以下常规炮弹、手榴弹或者枪榴弹等分别或者合计不满五枚的。

具有下列情形之一的,依照刑法第一百五十一条第一款的规定处七年以上有期徒刑,并处罚金或者没收财产:

(一)走私以火药为动力发射枪弹的枪支一支,或者以压缩气体等非火药为动力发射枪弹的枪支五支以上不满十支的;

(二)走私第一款第二项规定的弹

---

① 该条立案追诉标准在本条项下【司法解释(1)】第六条第一款的基础上增加了基于前科情形的规定。——编者注

② 适用该司法解释第一条至第五条时,需结合本法第一百二十五条项下【司法解释(2)】综合考虑,第285页。——编者注

药，数量在该项规定的最高数量以上不满最高数量五倍的；

（三）走私各种口径在六十毫米以下常规炮弹、手榴弹或者枪榴弹等分别或者合计达到五枚以上不满十枚，或者各种口径超过六十毫米以上常规炮弹合计不满五枚的；

（四）达到第一款第一、二、四项规定的数量标准，且属于犯罪集团的首要分子，使用特种车辆从事走私活动，或者走私的武器、弹药被用于实施犯罪等情形的。

具有下列情形之一的，应当认定为刑法第一百五十一条第一款规定的"情节特别严重"：

（一）走私第二款第一项规定的枪支，数量超过该项规定的数量标准的；

（二）走私第一款第二项规定的弹药，数量在该项规定的最高数量标准五倍以上的；

（三）走私第二款第三项规定的弹药，数量超过该项规定的数量标准，或者走私具有巨大杀伤力的非常规炮弹一枚以上的；

（四）达到第二款第一项至第三项规定的数量标准，且属于犯罪集团的首要分子，使用特种车辆从事走私活动，或者走私的武器、弹药被用于实施犯罪等情形的。

走私其他武器、弹药，构成犯罪的，参照本条各款规定的标准处罚。

第二条　刑法第一百五十一条第一款规定的"武器、弹药"的种类，参照《中华人民共和国进口税则》及《中华人民共和国禁止进出境物品表》的有关规定确定。

第三条　走私枪支散件，构成犯罪的，依照刑法第一百五十一条第一款的规定，以走私武器罪定罪处罚。成套枪支散件以相应数量的枪支计，非成套枪支散件以每三十件为一套枪支散件计。

第四条　走私各种弹药的弹头、弹壳，构成犯罪的，依照刑法第一百五十一条第一款的规定，以走私弹药罪定罪处罚。具体的定罪量刑标准，按照本解释第一条规定的数量标准的五倍执行。

走私报废或者无法组装并使用的各种弹药的弹头、弹壳，构成犯罪的，依照刑法第一百五十三条的规定，以走私普通货物、物品罪定罪处罚；属于废物的，依照刑法第一百五十二条第二款的规定，以走私废物罪定罪处罚。

弹头、弹壳是否属于前款规定的"报废或者无法组装并使用"或者"废物"，由国家有关技术部门进行鉴定。

第五条　走私国家禁止或者限制进出口的仿真枪、管制刀具，构成犯罪的，依照刑法第一百五十一条第三款的规定，以走私国家禁止进出口的货物、物品罪定罪处罚。具体的定罪量刑标准，适用本解释第十一条第一款第六、七项和第二款的规定。

走私的仿真枪经鉴定为枪支，构成犯罪的，依照刑法第一百五十一条第一款的规定，以走私武器罪定罪处罚。不以牟利或者从事违法犯罪活动为目的，且无其他严重情节的，可以依法从轻处罚；情节轻微不需要判处刑罚的，可以免予刑事处罚。

第六条　走私伪造的货币，数额在二千元以上不满二万元，或者数量在二百张（枚）以上不满二千张（枚）的，可以认定为刑法第一百五十一条第一款规定的"情节较轻"。

具有下列情形之一的，依照刑法第一百五十一条第一款的规定处七年以上有期徒刑，并处罚金或者没收财产：

（一）走私数额在二万元以上不满二十万元，或者数量在二千张（枚）以上不满二万张（枚）的；

（二）走私数额或者数量达到第一款规定的标准，且具有走私的伪造货币流入市场等情节的。

具有下列情形之一的，应当认定为刑法第一百五十一条第一款规定的“情节特别严重”：

（一）走私数额在二十万元以上，或者数量在二万张（枚）以上的；

（二）走私数额或者数量达到第二款第一项规定的标准，且属于犯罪集团的首要分子，使用特种车辆从事走私活动，或者走私的伪造货币流入市场等情形的。

第七条　刑法第一百五十一条第一款规定的“货币”，包括正在流通的人民币和境外货币。伪造的境外货币数额，折合成人民币计算。

第十一条　走私国家禁止进出口的货物、物品，具有下列情形之一的，依照刑法第一百五十一条第三款的规定处五年以下有期徒刑或者拘役，并处或者单处罚金：

（一）走私国家一级保护野生植物五株以上不满二十五株，国家二级保护野生植物十株以上不满五十株，或者珍稀植物、珍稀植物制品数额在二十万元以上不满一百万元的；

（二）走私重点保护古生物化石或者未命名的古生物化石不满十件，或者一般保护古生物化石十件以上不满五十件的；

（三）走私禁止进出口的有毒物质一吨以上不满五吨，或者数额在二万元以上不满十万元的；

（四）走私来自境外疫区的动植物及其产品五吨以上不满二十五吨，或者数额在五万元以上不满二十五万元的；

（五）走私木炭、硅砂等妨害环境、资源保护的货物、物品十吨以上不满五十吨，或者数额在十万元以上不满五十万元的；

（六）走私旧机动车、切割车、旧机电产品或者其他禁止进出口的货物、物品二十吨以上不满一百吨，或者数额在二十万元以上不满一百万元的；

（七）数量或者数额未达到本款第一项至第六项规定的标准，但属于犯罪集团的首要分子，使用特种车辆从事走私活动，造成环境严重污染，或者引起甲类传染病传播、重大动植物疫情等情形的。

具有下列情形之一的，应当认定为刑法第一百五十一条第三款规定的“情节严重”：

（一）走私数量或者数额超过前款第一项至第六项规定的标准的；

（二）达到前款第一项至第六项规定的标准，且属于犯罪集团的首要分子，使用特种车辆从事走私活动，造成环境严重污染，或者引起甲类传染病传播、重大动植物疫情等情形的。

第十二条　刑法第一百五十一条第三款规定的“珍稀植物”，包括列入《国家重点保护野生植物名录》《国家重点保护野生药材物种名录》《国家珍贵树种名录》中的国家一、二级保护野生植物、国家重点保护的野生药材、珍贵树木，《濒危野生动植物种国际贸易公约》附录Ⅰ、附录Ⅱ中的野生植物，以及人工培育的上述植物。

本解释规定的“古生物化石”，按照《古生物化石保护条例》的规定予以认定。走私具有科学价值的古脊椎动物化石、古人类化石，构成犯罪的，依照刑法第一百五十一条第二款的规定，以走私文物罪定罪处罚。

【司法解释(2)】

《最高人民法院、最高人民检察院关于办理破坏野生动物资源刑事案件适用法律若干问题的解释》(法释〔2022〕12号，20220409)

第一条　具有下列情形之一的，应当认定为刑法第一百五十一条第二款规定的走私国家禁止进出口的珍贵动物及其制品：

(一) 未经批准擅自进出口列入经国家濒危物种进出口管理机构公布的《濒危野生动植物种国际贸易公约》附录一、附录二的野生动物及其制品；

(二) 未经批准擅自出口列入《国家重点保护野生动物名录》的野生动物及其制品。

第二条　走私国家禁止进出口的珍贵动物及其制品，价值二十万元以上不满二百万元的，应当依照刑法第一百五十一条第二款的规定，以走私珍贵动物、珍贵动物制品罪处五年以上十年以下有期徒刑，并处罚金；价值二百万元以上的，应当认定为“情节特别严重”，处十年以上有期徒刑或者无期徒刑，并处没收财产；价值二万元以上不满二十万元的，应当认定为“情节较轻”，处五年以下有期徒刑，并处罚金。

实施前款规定的行为，具有下列情形之一的，从重处罚：

(一) 属于犯罪集团的首要分子的；

(二) 为逃避监管，使用特种交通工具实施的；

(三) 二年内曾因破坏野生动物资源受过行政处罚的。

实施第一款规定的行为，不具有第二款规定的情形，且未造成动物死亡或者动物、动物制品无法追回，行为人全部退赃退赔，确有悔罪表现的，按照下列规定处理：

(一) 珍贵动物及其制品价值二百万元以上的，可以处五年以上十年以下有期徒刑，并处罚金；

(二) 珍贵动物及其制品价值二十万元以上不满二百万元的，可以认定为“情节较轻”，处五年以下有期徒刑，并处罚金；

(三) 珍贵动物及其制品价值二万元以上不满二十万元的，可以认定为犯罪情节轻微，不起诉或者免予刑事处罚；情节显著轻微危害不大的，不作为犯罪处理。

【司法解释(3)】

《最高人民法院、最高人民检察院关于办理妨害文物管理等刑事案件适用法律若干问题的解释》(法释〔2015〕23号，20160101)

第一条　刑法第一百五十一条规定的“国家禁止出口的文物”，依照《中华人民共和国文物保护法》规定的“国家禁止出境的文物”的范围认定。

走私国家禁止出口的二级文物的，应当依照刑法第一百五十一条第二款的规定，以走私文物罪处五年以上十年以下有期徒刑，并处罚金；走私国家禁止出口的一级文物的，应当认定为刑法第一百五十一条第二款规定的“情节特别严重”；走私国家禁止出口的三级文物的，应当认定为刑法第一百五十一条第二款规定的“情节较轻”。

走私国家禁止出口的文物，无法确

定文物等级，或者按照文物等级定罪量刑明显过轻或者过重的，可以按照走私的文物价值定罪量刑。走私的文物价值在二十万元以上不满一百万元的，应当依照刑法第一百五十一条第二款的规定，以走私文物罪处五年以上十年以下有期徒刑，并处罚金；文物价值在一百万元以上的，应当认定为刑法第一百五十一条第二款规定的“情节特别严重”；文物价值在五万元以上不满二十万元的，应当认定为刑法第一百五十一条第二款规定的“情节较轻”。

第十五条　在行为人实施有关行为前，文物行政部门已对涉案文物及其等级作出认定的，可以直接对有关案件事实作出认定。

对案件涉及的有关文物鉴定、价值认定等专门性问题难以确定的，由司法鉴定机构出具鉴定意见，或者由国务院文物行政部门指定的机构出具报告。其中，对于文物价值，也可以由有关价格认证机构作出价格认证并出具报告。

第十六条第一款　实施本解释第一条、第二条、第六条至第九条规定的行为，虽已达到应当追究刑事责任的标准，但行为人系初犯，积极退回或者协助追回文物，未造成文物损毁，并确有悔罪表现的，可以认定为犯罪情节轻微，不起诉或者免予刑事处罚。

第十七条　走私、盗窃、损毁、倒卖、盗掘或者非法转让具有科学价值的古脊椎动物化石、古人类化石的，依照刑法和本解释的有关规定定罪量刑。

【司法解释(4)】

《最高人民法院关于审理走私、非法经营、非法使用兴奋剂刑事案件适用法律若干问题的解释》(法释〔2019〕16号，20200101)

第一条　运动员、运动员辅助人员走私兴奋剂目录所列物质，或者其他人员以在体育竞赛中非法使用为目的走私兴奋剂目录所列物质，涉案物质属于国家禁止进出口的货物、物品，具有下列情形之一的，应当依照刑法第一百五十一条第三款的规定，以走私国家禁止进出口的货物、物品罪定罪处罚：

(一)一年内曾因走私被给予二次以上行政处罚后又走私的；

(二)用于或者准备用于未成年人运动员、残疾人运动员的；

(三)用于或者准备用于国内、国际重大体育竞赛的；

(四)其他造成严重恶劣社会影响的情形。

实施前款规定的行为，涉案物质不属于国家禁止进出口的货物、物品，但偷逃应缴税额一万元以上或者一年内曾因走私被给予二次以上行政处罚后又走私的，应当依照刑法第一百五十三条的规定，以走私普通货物、物品罪定罪处罚。

对于本条第一款、第二款规定以外的走私兴奋剂目录所列物质行为，适用《最高人民法院、最高人民检察院关于办理走私刑事案件适用法律若干问题的解释》(法释〔2014〕10号)规定的定罪量刑标准。

第七条　实施本解释规定的行为，涉案物质属于毒品、制毒物品等，构成有关犯罪的，依照相应犯罪定罪处罚。

第八条　对于是否属于本解释规定的“兴奋剂”“兴奋剂目录所列物质”“体育运动”“国内、国际重大体育竞赛”等专门性问题，应当依据《中华人民共和国体育法》《反兴奋剂条例》

等法律法规，结合国务院体育主管部门出具的认定意见等证据材料作出认定。

第九条　本解释自2020年1月1日起施行。

【司法指导文件】

《最高人民法院、最高人民检察院、海关总署、公安部、中国海警局关于打击粤港澳海上跨境走私犯罪适用法律若干问题的指导意见》(署缉发〔2021〕141号，20211214)

一、非设关地走私进口未取得国家检验检疫准入证书的冻品，应认定为国家禁止进口的货物，构成犯罪的，按走私国家禁止进出口的货物罪定罪处罚。其中，对走私来自境外疫区的冻品，依据《最高人民法院、最高人民检察院关于办理走私刑事案件适用法律若干问题的解释》(法释〔2014〕10号，以下简称《解释》)第十一条第一款第四项和第二款规定定罪处罚。对走私来自境外非疫区的冻品，或者无法查明是否来自境外疫区的冻品，依据《解释》第十一条第一款第六项和第二款规定定罪处罚。

二、走私犯罪分子在实施走私犯罪或者逃避追缉过程中，实施碰撞、挤别、抛撒障碍物、超高速行驶、强光照射驾驶人员等危险行为，危害公共安全的，以走私罪和以危险方法危害公共安全罪数罪并罚。以暴力、威胁方法抗拒缉私执法，以走私罪和袭警罪或者妨害公务罪数罪并罚。武装掩护走私的，依照刑法第一百五十一条第一款规定从重处罚。

三、犯罪嫌疑人真实姓名、住址无法查清的，按其绰号或者自报的姓名、住址认定，并在法律文书中注明。

犯罪嫌疑人的国籍、身份，根据其入境时的有效证件认定；拥有两国以上护照的，以其入境时所持的护照认定其国籍。

犯罪嫌疑人国籍不明的，可以通过出入境管理部门协助查明，或者以有关国家驻华使、领馆出具的证明认定；确实无法查明国籍的，以无国籍人员对待。

四、对用于运输走私冻品等货物的船舶、车辆，按照以下原则处置：

(一)对“三无”船舶，无法提供有效证书的船舶、车辆，依法予以没收、收缴或者移交主管机关依法处置；

(二)对走私犯罪分子自有的船舶、车辆或者假挂靠、长期不作登记、虚假登记等实为走私分子所有的船舶、车辆，作为犯罪工具依法没收；

(三)对所有人明知或者应当知道他人实施走私冻品等犯罪而出租、出借的船舶、车辆，依法予以没收。

具有下列情形之一的，可以认定船舶、车辆出租人、出借人明知或者应当知道他人实施违法犯罪，但有证据证明确属被蒙骗或者有其他相反证据的除外：

(一)出租人、出借人未经有关部门批准，擅自将船舶改装为可运载冻品等货物用的船舶，或者进行伪装的；

(二)出租人、出借人默许实际承运人将船舶改装为可运载冻品等货物用船舶，或者进行伪装的；

(三)因出租、出借船舶、车辆用于走私受过行政处罚，又出租、出借给同一走私人或者同一走私团伙使用的；

(四)出租人、出借人拒不提供真实的实际承运人信息，或者提供虚假的实际承运人信息的；

（五）其他可以认定明知或者应当知道的情形。

是否属于“三无”船舶，按照《“三无”船舶联合认定办法》（署缉发〔2021〕88号印发）规定认定。

五、对查封、扣押的未取得国家检验检疫准入证书的冻品，走私犯罪事实已基本查清的，在做好拍照、录像、称量、勘验、检查等证据固定工作和保留样本后，依照《罚没走私冻品处置办法（试行）》（署缉发〔2015〕289号印发）和《海关总署 财政部关于查获走私冻品由地方归口处置的通知》（署财函〔2019〕300号）规定，先行移交有关部门作无害化处理。

六、办理粤港澳海上以外其他地区非设关地走私刑事案件，可以参照本意见的精神依法处理。

【法院案例库参考案例】

〔董某等11人走私国家禁止进出口的货物案，2025-03-1-083-001〕明知系境外来源不明的肉类冻品仍走私入境，构成走私国家禁止进出口的货物罪

从非设关地走私进口未取得国家检验检疫准入证书的冻品，应认定为国家禁止进口的货物，构成犯罪的，按走私国家禁止进出口的货物罪定罪处罚。

〔李某走私珍贵动物制品案，2024-06-1-082-001〕非原产于我国物种的保护级别的认定

在无特别规定时，《濒危野生动植物种国际贸易公约》（CITES）附录Ⅰ与附录Ⅱ中非原产于我国的物种分别对应国家一级保护野生动物和国家二级保护野生动物。

〔赵某某、谭某某走私珍贵动物制品案，2023-11-1-082-001〕珍贵水生野生动物及其制品的价值认定

加利福尼亚湾石首鱼系《濒危野生动植物种国际贸易公约》附录I中的珍稀物种。《濒危野生动植物种国际贸易公约》附录一中的水生野生动物或其产品的国内管理，按照《水生野生动物特许利用办法》对国家一级保护水生野生动物的管理规定执行。加利福尼亚湾石首鱼应认定为国家一级保护动物。

【《刑事审判参考》案例】

〔参考案例第1529号：王某贞走私国家禁止进出口的货物、物品案〕直接向走私人非法收购并销售来自境外疫区的肉类、肉类制品的行为如何定性？

行为人同时构成走私禁止进出口的货物、物品罪以及生产、销售不符合安全标准的食品罪，应择一重罪处理，以走私国家禁止进出口的货物、物品罪定罪处罚。

第一百五十二条　【走私淫秽物品罪】以牟利或者传播为目的，走私淫秽的影片、录像带、录音带、图片、书刊或者其他淫秽物品的，处三年以上十年以下有期徒刑，并处罚金；情节严重的，处十年以上有期徒刑或者无期徒刑，并处罚金或者没收财产；情节较轻的，处三年以下有期徒刑、拘役或者管制，并处罚金。

【走私废物罪】逃避海关监管将境外固体废物、液态废物和气态废物运输进境，情节严重的，处五年以下有期徒刑，并处或者单处罚金；情节特别严重的，处五年以上

有期徒刑，并处罚金。

单位犯前两款罪的，对单位判处罚金，并对其直接负责的主管人员和其他直接责任人员，依照前两款的规定处罚。

【修正前条文】

第一百五十二条　【走私淫秽物品罪】以牟利或者传播为目的，走私淫秽的影片、录像带、录音带、图片、书刊或者其他淫秽物品的，处三年以上十年以下有期徒刑，并处罚金；情节严重的，处十年以上有期徒刑或者无期徒刑，并处罚金或者没收财产；情节较轻的，处三年以下有期徒刑、拘役或者管制，并处罚金。

单位犯前款罪的，对单位判处罚金，并对其直接负责的主管人员和其他直接责任人员，依照前款的规定处罚。

【修正说明】

刑法修正案(四)第二条将原刑法第一百五十五条第(三)项“逃避海关监管将境外固体废物运输进境的”内容移至本条第二款，并增加了将液态废物和气态废物运输进境的规定，原第二款变更为第三款。

【立法·要点注释】

以牟利为目的，是指行为人走私淫秽物品是为了出卖、出租或者通过其他方式牟取非法利润；以传播为目的，是指行为人走私淫秽物品是为了在社会上传播、扩散。如果行为人携带少量的淫秽物品入境，目的是自己使用，则不宜按走私淫秽物品罪处理。如果行为人走私大量淫秽物品，显然超出了自用的范围，就可以认定是以牟利或者传播为目的，至于“牟利”或者“传播”的目的是否实现，并不影响本罪的成立。

【立案追诉标准】

《最高人民检察院、公安部关于公安机关管辖的刑事案件立案追诉标准的规定(一)》(公通字〔2008〕36号，20080625)

第二十五条　〔走私淫秽物品案(刑法第一百五十二条第一款)〕以牟利或者传播为目的，走私淫秽的影片、录像带、录音带、图片、书刊或者其他通过文字、声音、形象等形式表现淫秽内容的影碟、音碟、电子出版物等物品，涉嫌下列情形之一的，应予立案追诉：

(一)走私淫秽录像带、影碟五十盘(张)以上的；

(二)走私淫秽录音带、音碟一百盘(张)以上的；

(三)走私淫秽扑克、书刊、画册一百副(册)以上的；

(四)走私淫秽照片、画片五百张以上的；

(五)走私其他淫秽物品相当于上述数量的；

(六)[①]走私淫秽物品数量虽未达到本条第(一)项至第(四)项规定标准，但分别达到其中两项以上标准的百分之五十以上的。

【司法解释】

《最高人民法院、最高人民检察院关于办理走私刑事案件适用法律若干问题

① 本条项下【司法解释】第十三条并无第六项规定，只规定了前五项情形。——编者注

的解释》(法释〔2014〕10号，20140910)

第十三条　以牟利或者传播为目的，走私淫秽物品，达到下列数量之一的，可以认定为刑法第一百五十二条第一款规定的“情节较轻”：

(一) 走私淫秽录像带、影碟五十盘(张)以上不满一百盘(张)的；

(二) 走私淫秽录音带、音碟一百盘(张)以上不满二百盘(张)的；

(三) 走私淫秽扑克、书刊、画册一百副(册)以上不满二百副(册)的；

(四) 走私淫秽照片、画片五百张以上不满一千张的；

(五) 走私其他淫秽物品相当于上述数量的。

走私淫秽物品在前款规定的最高数量以上不满最高数量五倍的，依照刑法第一百五十二条第一款的规定处三年以上十年以下有期徒刑，并处罚金。

走私淫秽物品在第一款规定的最高数量五倍以上，或者在第一款规定的最高数量以上不满五倍，但属于犯罪集团的首要分子，使用特种车辆从事走私活动等情形的，应当认定为刑法第一百五十二条第一款规定的“情节严重”。

第十四条　走私国家禁止进口的废物或者国家限制进口的可用作原料的废物，具有下列情形之一的，应当认定为刑法第一百五十二条第二款规定的“情节严重”：

(一) 走私国家禁止进口的危险性固体废物、液态废物分别或者合计达到一吨以上不满五吨的；

(二) 走私国家禁止进口的非危险性固体废物、液态废物分别或者合计达到五吨以上不满二十五吨的；

(三) 走私国家限制进口的可用作原料的固体废物、液态废物分别或者合计达到二十吨以上不满一百吨的；

(四) 未达到上述数量标准，但属于犯罪集团的首要分子，使用特种车辆从事走私活动，或者造成环境严重污染等情形的。

具有下列情形之一的，应当认定为刑法第一百五十二条第二款规定的“情节特别严重”：

(一) 走私数量超过前款规定的标准的；

(二) 达到前款规定的标准，且属于犯罪集团的首要分子，使用特种车辆从事走私活动，或者造成环境严重污染等情形的；

(三) 未达到前款规定的标准，但造成环境严重污染且后果特别严重的。

走私置于容器中的气态废物，构成犯罪的，参照前两款规定的标准处罚。

第十五条　国家限制进口的可用作原料的废物的具体种类，参照国家有关部门的规定确定。

【《刑事审判参考》案例】

〔参考案例第1434号：佛山市格利华经贸有限公司、王炽东、李伟雄走私废物案〕利用他人许可证进口可用作原料的固体废物的行为性质应如何认定?

实践中，一些有许可证的企业为了提高进口通关效率，将许可证存放在有长期业务关系的报关公司处，部分报关公司为谋取非法利益，在未告知该委托企业的情况下，利用保管的许可证为其他企业进口国家限制进口可用作原料的固体废物，并制作虚假报关单证，这类行为属于走私废物犯罪的共犯，按走私废物罪处理。这里的“利用”属于不问自取的“盗用”，本质上还是一种“借用”行为，适用《最高人民法院、最高人民检察院关于办理走私刑事案件适用法律若干问题的解释》第二十一条第三款的规定，即“租用、借用或者使用购买的他人许可证，进出口国家限制进出口的货物、物品的，应当依照刑法第一百五十一条、第一百五十二条的规定，以走私国家禁止进出口的货物、物品罪等罪名定罪处罚；偷逃应缴税额，同时又构成走私普通货物、物品罪的，依照处罚较重的规定定罪处罚”。

第一百五十三条　【走私普通货物、物品罪】走私本法第一百五十一条、第一百五十二条、第三百四十七条规定以外的货物、物品的，根据情节轻重，分别依照下列规定处罚：

（一）走私货物、物品偷逃应缴税额较大或者一年内曾因走私被给予二次行政处罚后又走私的，处三年以下有期徒刑或者拘役，并处偷逃应缴税额一倍以上五倍以下罚金。

（二）走私货物、物品偷逃应缴税额巨大或者有其他严重情节的，处三年以上十年以下有期徒刑，并处偷逃应缴税额一倍以上五倍以下罚金。

（三）走私货物、物品偷逃应缴税额特别巨大或者有其他特别严重情节的，处十年以上有期徒刑或者无期徒刑，并处偷逃应缴税额一倍以上五倍以下罚金或者没收财产。

单位犯前款罪的，对单位判处罚金，并对其直接负责的主管人员和其他直接责任人员，处三年以下有期徒刑或者拘役；情节严重的，处三年以上十年以下有期徒刑；情节特别严重的，处十年以上有期徒刑。

对多次走私未经处理的，按照累计走私货物、物品的偷逃应缴税额处罚。

【修正前条文】

第一百五十三条　【走私普通货物、物品罪】走私本法第一百五十一条、第一百五十二条、第三百四十七条规定以外的货物、物品的，根据情节轻重，分别依照下列规定处罚：

（一）走私货物、物品偷逃应缴税额在五十万元以上的，处十年以上有期徒刑或者无期徒刑，并处偷逃应缴税额一倍以上五倍以下罚金或者没收财产；情节特别严重的，依照本法第一百五十一条第四款的规定处罚。

（二）走私货物、物品偷逃应缴税额在十五万元以上不满五十万元的，处三年以上十年以下有期徒刑，并处偷逃应缴税额一倍以上五倍以下罚金；情节特别严重的，处十年以上有期徒刑或者无期徒刑，并处偷逃应缴税额一倍以上五倍以下罚金或者没收财产。

（三）走私货物、物品偷逃应缴税额在五万元以上不满十五万元的，处三年以下有期徒刑或者拘役，并处偷逃应缴税额一倍以上五倍以下罚金。

单位犯前款罪的，对单位判处罚金，并对其直接负责的主管人员和其他直接责任人员，处三年以下有期徒刑或者拘役；情节严重的，处三年以上十年以下有期徒刑；情节特别严重的，处十年以上有期徒刑。

对多次走私未经处理的，按照累计走私货物、物品的偷逃应缴税额处罚。

【修正说明】

刑法修正案(八)第二十七条对原条文第一款作出下述修改：一是取消了走私普通货物、物品罪的死刑规定；二是将一年内曾因走私被给予二次行政处罚后又走私的行为规定为犯罪；三是将“偷逃应缴税额在五万元以上不满十五万元”改为“偷逃应缴税额较大”，将“偷逃应缴税额在十五万元以上不满五十万元”改为“偷逃应缴税额巨大或者有其他严重情节”，将“偷逃应缴税额在五十万元以上”改为“偷逃应缴税额特别巨大或者有其他特别严重情节”；四是调整处罚顺序，由重到轻改为由轻到重，并整合处刑档次，将五档处刑改为三档处刑。

【司法解释(1)】

《最高人民法院、最高人民检察院关于办理走私刑事案件适用法律若干问题的解释》(法释〔2014〕10号，20140910)

第十六条　走私普通货物、物品，偷逃应缴税额在十万元以上不满五十万元的，应当认定为刑法第一百五十三条第一款规定的“偷逃应缴税额较大”；偷逃应缴税额在五十万元以上不满二百五十万元的，应当认定为“偷逃应缴税额巨大”；偷逃应缴税额在二百五十万元以上的，应当认定为“偷逃应缴税额特别巨大”。

走私普通货物、物品，具有下列情形之一，偷逃应缴税额在三十万元以上不满五十万元的，应当认定为刑法第一百五十三条第一款规定的“其他严重情节”；偷逃应缴税额在一百五十万元以上不满二百五十万元的，应当认定为“其他特别严重情节”：

(一)犯罪集团的首要分子；

(二)使用特种车辆从事走私活动的；

(三)为实施走私犯罪，向国家机关工作人员行贿的；

(四)教唆、利用未成年人、孕妇等特殊人群走私的；

(五)聚众阻挠缉私的。

第十七条　刑法第一百五十三条第一款规定的“一年内曾因走私被给予二次行政处罚后又走私”中的“一年内”，以因走私第一次受到行政处罚的生效之日与“又走私”行为实施之日的时间间隔计算确定；“被给予二次行政处罚”的走私行为，包括走私普通货物、物品以及其他货物、物品；“又走私”行为仅指走私普通货物、物品。

第十八条　刑法第一百五十三条规定的“应缴税额”，包括进出口货物、物品应当缴纳的进出口关税和进口环节海关代征税的税额。应缴税额以走私行为实施时的税则、税率、汇率和完税价格计算；多次走私的，以每次走私行为实施时的税则、税率、汇率和完税价格逐票计算；走私行为实施时间不能确定的，以案发时的税则、税率、汇率和完税价格计算。

刑法第一百五十三条第三款规定的“多次走私未经处理”，包括未经行政处理和刑事处理。

第二十四条　单位犯刑法第一百五十一条、第一百五十二条规定之罪，依照本解释规定的标准定罪处罚。

单位犯走私普通货物、物品罪，偷逃应缴税额在二十万元以上不满一百万元的，应当依照刑法第一百五十三条第二款的规定，对单位判处罚金，并对其直接负责的主管人员和其他直接责任人员，处三年以下有期徒刑或者拘役；偷逃应缴税额在一百万元以上不满五百万元的，应当认定为“情节严重”；偷逃应缴税额在五百万元以上的，应当认定为“情节特别严重”。

【司法解释(2)】

《最高人民检察院关于擅自销售进料加工保税货物的行为法律适用问题的解释》(高检发释字〔2000〕3号，20001016)

保税货物是指经海关批准未办理纳税手续进境，在境内储存、加工、装配后复运出境的货物。经海关批准进口的进料加工的货物属于保税货物。未经海关许可并且未补缴应缴税额，擅自将批准进口的进料加工的原材料、零件、制成品、设备等保税货物，在境内销售牟利，偷逃应缴税额在五万元以上的，依照刑法第一百五十四条、第一百五十三条的规定，以走私普通货物、物品罪追究刑事责任。[①]

【司法解释(3)】

《最高人民法院关于审理走私、非法经营、非法使用兴奋剂刑事案件适用法律若干问题的解释》(法释〔2019〕16号，20200101)

第一条　运动员、运动员辅助人员走私兴奋剂目录所列物质，或者其他人员以在体育竞赛中非法使用为目的走私兴奋剂目录所列物质，涉案物质属于国家禁止进出口的货物、物品，具有下列情形之一的，应当依照刑法第一百五十一条第三款的规定，以走私国家禁止进出口的货物、物品罪定罪处罚：

(一)一年内曾因走私被给予二次以上行政处罚后又走私的；

(二)用于或者准备用于未成年人运动员、残疾人运动员的；

(三)用于或者准备用于国内、国际重大体育竞赛的；

(四)其他造成严重恶劣社会影响的情形。

实施前款规定的行为，涉案物质不属于国家禁止进出口的货物、物品，但偷逃应缴税额一万元以上或者一年内曾因走私被给予二次以上行政处罚后又走私的，应当依照刑法第一百五十三条的规定，以走私普通货物、物品罪定罪处罚。

对于本条第一款、第二款规定以外的走私兴奋剂目录所列物质行为，适用《最高人民法院、最高人民检察院关于办理走私刑事案件适用法律若干问题的解释》(法释〔2014〕10号)规定的定罪量刑标准。

【司法指导文件(1)】

《最高人民法院、最高人民检察院、海关总署关于办理走私刑事案件适用法律若干问题的意见》(法〔2002〕139号，20020708)

九、关于利用购买的加工贸易登记手册、特定减免税批文等涉税单证进口货物行为的定性处理问题

加工贸易登记手册、特定减免税批文等涉税单证是海关根据国家法律法规以及有关政策性规定，给予特定企业

---

① 实践中，对偷逃应缴税额标准，应参照《最高人民法院、最高人民检察院关于办理走私刑事案件适用法律若干问题的解释》(法释〔2014〕10号)第十六条的规定执行。——编者注

用于保税货物经营管理和减免税优惠待遇的凭证。利用购买的加工贸易登记手册、特定减免税批文等涉税单证进口货物，实质是将一般贸易货物伪报为加工贸易保税货物或者特定减免税货物进口，以达到偷逃应缴税款的目的，应当适用刑法第一百五十三条以走私普通货物、物品罪定罪处罚。如果行为人与走私分子通谋出售上述涉税单证，或者在出卖批文后又以提供印章、向海关伪报保税货物、特定减免税货物等方式帮助买方办理进口通关手续的，对卖方依照刑法第一百五十六条以走私罪共犯定罪处罚。买卖上述涉税单证情节严重尚未进口货物的，依照刑法第二百八十条的规定定罪处罚。

十、关于在加工贸易活动中骗取海关核销行为的认定问题

在加工贸易经营活动中，以假出口、假结转或者利用虚假单证等方式骗取海关核销，致使保税货物、物品脱离海关监管，造成国家税款流失，情节严重的，依照刑法第一百五十三条的规定，以走私普通货物、物品罪追究刑事责任。但有证据证明因不可抗力原因导致保税货物脱离海关监管，经营人无法办理正常手续而骗取海关核销的，不认定为走私犯罪。

二十、关于单位与个人共同走私普通货物、物品案件的处理问题①

单位和个人(不包括单位直接负责的主管人员和其他直接责任人员)共同走私的，单位和个人均应对共同走私所偷逃应缴税额负责。

对单位和个人共同走私偷逃应缴税额为5万元以上不满25万元的，应当根据其在案件中所起的作用，区分不同情况做出处理。单位起主要作用的，对单位和个人均不追究刑事责任，由海关予以行政处理；个人起主要作用的，对个人依照刑法有关规定追究刑事责任，对单位由海关予以行政处理。无法认定单位或个人起主要作用的，对个人和单位分别按个人犯罪和单位犯罪的标准处理。

单位和个人共同走私偷逃应缴税额超过25万元且能区分主、从犯的，应当按照刑法关于主、从犯的有关规定，对从犯从轻、减轻处罚或者免除处罚。

【司法指导文件(2)】

《最高人民法院、最高人民检察院、海关总署打击非设关地成品油走私专题研讨会会议纪要》(署缉发〔2019〕210号，20191024)

一、关于定罪处罚

走私成品油，构成犯罪的，依照刑法第一百五十三条的规定，以走私普通货物罪定罪处罚。

对不构成走私共犯的收购人，直接向走私人购买走私的成品油，数额较大的，依照刑法第一百五十五条第(一)项的规定，以走私罪论处；向非直接走私人购买走私的成品油的，根据其主观故意，分别依照刑法第一百九十一条规定的洗钱罪或者第三百一十二条规定的掩饰、隐瞒犯罪所得、犯罪所得收益罪定罪处罚。

在办理非设关地走私成品油刑事案件中，发现行为人在销售的成品油中

---

① 对于该条规定的偷逃应缴税额标准，需结合本条项下【司法解释(1)】第十六条、第二十四条的规定综合考虑。——编者注

掺杂、掺假，以假充真，以次充好或者以不合格油品冒充合格油品，构成犯罪的，依照刑法第一百四十条的规定，对该行为以生产、销售伪劣产品罪定罪处罚。

行为人与他人事先通谋或者明知他人从事走私成品油犯罪活动，而在我国专属经济区或者公海向其贩卖、过驳成品油的，应当按照走私犯罪的共犯追究刑事责任。

明知他人从事走私成品油犯罪活动而为其提供资金、贷款、账号、发票、证明、许可文件，或者提供运输、仓储等其他便利条件的，应当按照走私犯罪的共犯追究刑事责任。

对成品油走私共同犯罪或者犯罪集团中的主要出资者、组织者，应当认定为主犯；对受雇用的联络员、船长等管理人员，可以认定为从犯，如其在走私犯罪中起重要作用的，应当认定为主犯；对其他参与人员，如船员、司机、“黑引水”、盯梢望风人员等，不以其职业、身份判断是否追究刑事责任，应当按照其在走私活动中的实际地位、作用、涉案金额、参与次数等确定是否追究刑事责任。

对在非设关地走私成品油的犯罪嫌疑人、被告人，人民检察院、人民法院应当依法严格把握不起诉、缓刑适用条件。

二、关于主观故意的认定

行为人没有合法证明，逃避监管，在非设关地运输、贩卖、收购、接卸成品油，有下列情形之一的，综合其他在案证据，可以认定具有走私犯罪故意，但有证据证明确属被蒙骗或者有其他相反证据的除外：

（一）使用“三无”船舶、虚假船名船舶、非法改装的船舶，或者使用虚假号牌车辆、非法改装、伪装的车辆的；

（二）虚假记录船舶航海日志、轮机日志，进出港未申报或者进行虚假申报的；

（三）故意关闭或者删除船载AIS系统、GPS及其他导航系统存储数据，销毁手机存储数据，或者销毁成品油交易、运输单证的；

（四）在明显不合理的隐蔽时间、偏僻地点过驳成品油的；

（五）使用无实名登记或者无法定位的手机卡、卫星电话卡等通讯工具的；

（六）使用暗号、信物进行联络、接头的；

（七）交易价格明显低于同类商品国内合规市场同期价格水平且无法作出合理解释的；

（八）使用控制的他人名下银行账户收付成品油交易款项的；

（九）逃避、抗拒执法机关检查，或者事前制定逃避执法机关检查预案的；

（十）其他可以认定具有走私犯罪故意情形的。

三、关于犯罪数额的认定

非设关地成品油走私活动属于非法的贸易活动，计核非设关地成品油走私刑事案件的偷逃应缴税额，一律按照成品油的普通税率核定，不适用最惠国税率或者暂定税率。

查获部分走私成品油的，可以按照被查获的走私成品油标准核定应缴税额；全案没有查获成品油的，可以结合其他在案证据综合认定走私成品油的种类和数量，核定应缴税额。

办理非设关地成品油走私犯罪案件，除主要犯罪嫌疑人以外，对集团犯罪、共同犯罪中的其他犯罪嫌疑人，无法准确核定其参与走私的具体偷逃应缴税额的，可以结合在案相关证据，根据其参与走私的涉案金额、次数或者在走私活动中的地位、作用等情节决定是否追究刑事责任。

四、关于证据的收集

办理非设关地成品油走私犯罪案件，应当注意收集、提取以下证据：

(一)反映涉案地点的位置、环境，涉案船舶、车辆、油品的特征、数量、属性等的证据；

(二)涉案船舶的航次航图、航海日志、GPS、AIS轨迹、卫星电话及其通话记录；

(三)涉案人员的手机号码及其通话记录、手机短信、微信聊天记录，涉案人员通过微信、支付宝、银行卡等方式收付款的资金交易记录；

(四)成品油取样、计量过程的照片、视听资料；

(五)跟踪守候、监控拍摄的照片、视听资料；

(六)其他应当收集、提取的证据。

依照法律规定采取技术侦查措施收集的物证、书证、视听资料、电子数据等证据材料对定罪量刑有重大影响的，应当随案移送，并移送批准采取技术侦查措施的法律文书和侦查办案部门对证据内容的说明材料。对视听资料中涉及的绰号、暗语、俗语、方言等，侦查机关应当结合犯罪嫌疑人的供述、证人证言等证据说明其内容。

确因客观条件的限制无法逐一收集船员、司机、收购人等人员证言的，可结合已收集的言词证据和物证、书证、视听资料、电子数据等证据，综合认定犯罪事实。

五、关于涉案货物、财产及运输工具的处置[①]

……

六、关于办案协作

为有效遏制非设关地成品油走私犯罪活动，各级海关缉私部门、人民检察院和人民法院要进一步加强办案协作，依法及时开展侦查、批捕、起诉和审判工作。要强化人民检察院提前介入机制，并加大对非设关地重特大成品油走私案件联合挂牌督办力度。要强化案件信息沟通，积极发挥典型案例指引作用，保证执法司法标准的统一性和均衡性。

七、其他问题

本纪要中的成品油是指汽油、煤油、柴油以及其他具有相同用途的乙醇汽油和生物柴油等替代燃料(包括添加染色剂的“红油”“白油”“蓝油”等)。

办理非设关地走私白糖、冻品等刑事案件的相关问题，可以参照本纪要的精神依法处理。

【司法指导文件(2)·注释】

1.成品油属于普通货物、物品，而非限制进出口的货物、物品。“红油”不属于刑法第一百五十一条第三款规定的“国家禁止进口的货物、物品”。对走私成品油的行为应当以走私普通货物、物品罪定罪处罚，不宜认定为走私国家禁止进出口的货物、物品罪。

2.非法从事成品油经营的行为主要可以分为超范围经营和无证经营两

---

① 参见本法第六十四条项下【司法指导文件(7)】，第130页。——编者注

种情形。对于有成品油经营许可证但超范围经营的行为，一般不宜认定为非法经营罪。对于无证经营成品油的行为是否可按非法经营罪处理，也应慎重。对于无证经营成品油是否属于刑法第二百二十五条第(四)项规定的“其他严重扰乱市场秩序的非法经营行为”，应当按照《最高人民法院关于准确理解和适用刑法中“国家规定”的有关问题的通知》(法〔2011〕155号)要求，作为法律适用问题，逐级向最高人民法院请示。

3.关于其他可以认定具有走私犯罪故意的情形。纪要以兜底性条款的方式，规定了其他可以认定具有走私犯罪故意的情形。实践中，其他可以认定具有走私犯罪故意的情形可以以行为人职业经历、专业背景或者具体案情中其他特别反常的情形为基础，结合经验法则、逻辑规则等判断行为人是否有犯罪主观故意。实践中，以下几类常见情形有利于认定非设关地成品油走私的主观故意：(1)是否具有同类前科走私行为。如果行为人因走私违法犯罪被打击处理后又实施同类行为的，可以认定为具有走私犯罪的主观故意。(2)行为人背景经历。个人教育背景、职业经历、社会阅历等，可以在一定程度上反映其对相关行为特别是违法犯罪的认识程度。具体到非设关地成品油走私犯罪中，如果行为人长期生活在沿海、沿边地区，自己或者周边亲友有出海经历，或者时常通过边境地区进出境，或者长期从事成品油行业相关工作等，就比较有利于分析其是否具有走私犯罪故意。(3)是否有异常记账方式或者操作模式。行为人在实施走私犯罪过程中，如果其记账方式、操作模式等明显异于常理常情常识，严重背离民众从事合法行为的经验法则、逻辑规则，在无法合理解释的情况下，也可以作为认定走私犯罪故意的重要依据。(4)是否使用特殊运输工具。行为人如使用特制设备、夹层、暗格实施走私活动的，可以认定为具有走私犯罪故意。总之，非设关地成品油走私通常涉及环节多、链条长，相关参与人员时常会在不同环节、不同侧面留下一些异常痕迹，可以作为判断主观故意的基础事实，再结合具体案情进行综合认定。对于这些基础事实，应当重点把握以下两点基本要求：一是基础事实应当查证属实。实践中，不少案件能够反映出行为人有异常行为的线索，如果无法查证属实，仍然不能作为推定主观故意的依据。二是基础事实多多益善。相关基础事实越多，越有利于认定主观明知。事实上，司法实践中大量非设关地成品油走私案件是结合两种或两种以上基础事实来认定主观故意。

4.非设关地成品油走私活动属于非法的贸易活动，计核非设关地成品油走私刑事案件的偷逃应缴税额，一律按照成品油的普通税率核定，不适用最惠国税率或者暂定税率。在办理非设关地成品油走私案件计核偷逃税额的税率适用时，应当将协定税率或特惠税率排除在外并适用普通税率。为体现“从旧兼从轻原则”，对于走私成品油行为发生在纪要发布前的案件，可以按照惯常做法计核偷逃应缴税额，不必适用纪要关于计核税率的规定。从发文层级来看，纪要效力高于海关总署关税司税管函〔2006〕140号批复和税管函〔2007〕119号批复，实际上废除了海关总署关税司前述两个批复，明确了非设关地成品油走私偷逃应缴税额计核税率统一适用的标准，故对于走私成品油行为发生在纪要发布后的案件，一律按照成品油的普通税率计核偷逃的应缴税额。

5.在办理走私犯罪案件适用“从旧兼从轻原则”时，关税税率的变动不影响偷逃应缴税额的认定。关税税率的调整不属于刑法意义上的政策、法律变更，不具有溯及既往的效力，故并不影响走私犯罪行为时偷逃应缴税额的认定。因为“从旧兼从轻原则”是一项法律适用原则，实践中应当把“法律调整”与“事实变化”严格区分开来，只有在法律调整的情况下才可以适用“从旧兼从轻原则”。关税税率变更属于犯罪构成要件事实变化的情形，正如具有国家工作人员身份的人实施职务犯罪后，在案发或者审判时已不具备国家工作人员身份的事实变化，并不影响职务犯罪的认定一样，不能适用“从旧兼从轻原则”。

【行政机关文件】

《中华人民共和国海关计核涉嫌走私的货物、物品偷逃税款办法》(海关总署公告2024年第168号，20241201)

第四条　走私毒品、武器、弹药、核材料、人类遗传资源材料、伪造的货币、国家禁止出口的文物，国家禁止进出口的珍贵动物及其制品、珍稀植物及其制品、淫秽物品，国家禁止进境的固体废物和危险性废物等不以偷逃税额作为定罪量刑及认定走私行为、作出行政处罚标准的货物、物品，不适用本办法。

第七条　海关出具的计核结论，经走私犯罪侦查机关、人民检察院和人民法院审查确认，可以作为办理走私案件的依据和定罪量刑的证据。

海关出具的计核结论可以作为行政处罚的依据。

第八条　涉嫌走私货物的计税价格应当以该货物的成交价格为基础确定。成交价格不能确定的，其计税价格依次按照《中华人民共和国海关确定进出口货物计税价格办法》《中华人民共和国海关确定内销保税货物计税价格办法》规定的除成交价格估价方法以外的估价方法确定。

使用倒扣价格估价方法时，涉嫌走私货物的计税价格可以国内有资质的价格认定机构等单位出具的国内市场批发价格为基础，扣除进口关税、进口环节税以及进口后的利润和费用后确定。其中进口后的利润和费用综合计算为计税价格的20%。

涉嫌走私货物的计税价格包括实际发生的、有证据证明应计入计税价格的运输及其相关费用、保险费。

第九条　擅自销售减免税货物涉嫌走私的，应当以该减免税货物原进口时的成交价格为基础确定原进口时的计税价格，并按照该货物擅自销售时已进口时间与监管年限的比例进行折旧。原进口时的成交价格不能确定的，应当按照本办法第八条的规定进行确定。

擅自销售涉嫌走私减免税货物的，计税价格计算公式为：

计税价格＝涉嫌走私的减免税货物原进口时的计税价格×〔1-擅自销售时已进口时间(月)/(监管年限×12)〕

上述计算公式中已进口时间自货物放行之日起按月计算，不足1个月但超过15日的，按1个月计算；不超过15

日的，不予计算。

第十条 涉嫌通过运输、携带和寄递等方式走私的货物，应当按本办法第八条的规定确定其计税价格。

涉嫌通过运输、携带和寄递等方式走私的物品，应当按照进境物品关税简易征收办法以及其他进境物品的相关规定确定其计税价格。

第十一条 涉嫌走私的货物，应当按照《中华人民共和国进出口税则》《进出口税则商品及品目注释》《中华人民共和国海关进出口货物商品归类管理规定》等规定确定税则号列，并按照《中华人民共和国关税法》及有关税率适用的规定，确定所适用的税率。

涉嫌走私的物品，应当按照进境物品关税简易征收办法以及其他进境物品的相关规定确定分类编号、适用税率。

第十二条 除法律法规等另有规定的，对涉嫌走私货物的原产地，涉及非优惠性贸易措施的，应当按照《中华人民共和国进出口货物原产地条例》等有关规定予以确定；涉及优惠性贸易措施的，应当按照我国缔结或者共同参加的国际条约、协定项下原产地管理等有关规定予以确定。

第十三条 计核涉嫌走私的货物、物品偷逃税款时，有证据证明走私行为发生时间的，适用该走私行为发生之日的税则/进境物品分类原则、税率、计征汇率和按照本办法第八条、第九条、第十条的规定确定的计税价格；走私行为发生之日不能确定的，以发现该行为之日为准。

第十四条 在计核涉嫌走私的货物、物品偷逃税款时，应扣除海关按照走私犯罪嫌疑人、走私行为案件当事人的申报所计算的应纳税额。

【法院公报案例】

〔上海市人民检察院第一分院诉应志敏、陆毅走私废物、走私普通货物案，GB2014-5〕

在走私犯罪案件中，应当根据案情综合判断行为人对夹藏物品是否具有走私的故意。行为人不具有走私的概括故意，对于走私物品中还夹藏有其他不同种类走私物品确实不明知的，不能适用相关规范性文件中“根据实际的走私对象定罪处罚”的规定进行数罪并罚，而应当根据主客观相统一原则，以行为人主观认知的走私对象性质加以定罪处罚。对于客观上走私了夹藏的其他物品的，可作为行为人所构成特定走私犯罪的量刑情节予以评价，以体现罪责刑相适应原则。

【《刑事审判参考》案例】

〔参考案例第267号：宋世璋被控走私普通货物案〕在代理转口贸易中未如实报关的行为是否构成走私罪？

为进行转口贸易将普通货物暂时转运进境，在表面上虽采用了不如实报关的手段逃避海关监管，但由于在客观上没有偷逃税款，亦不会给国家造成关税损失，因此，不应以走私普通货物罪论处。

〔参考案例第1119号：舟山市某远洋渔业有限公司、李某某走私普通货物案〕冒用远洋渔业项目确认的船舶名义，将自捕水产品作为不征税货物报关入境的行为如何定性？

违反海关法规，冒用远洋自捕水产品免税资格，逃避海关监管，侵害了海关监管秩序，偷逃应缴税额较大的，构成走私普通货物罪。

〔参考案例第1199号：吕丽玲走私普通物品案〕携带贵金属纪念币入境的行为应如何定性？走私关税为零的普通货物、物品的行为是否构成走私罪？如何计算被告人的偷逃税款额？

纪念币属于商品，可以成为走私普通货物、物品罪的对象。在关税为零的情况下，可以将在进出口时偷逃其他税款的行为认定为走私罪。纪念币体现更多的是一种商品属性，以纪念币的市场价格作为计核偷逃税款的基础较为合理。

第一百五十四条　【走私普通货物、物品罪】下列走私行为，根据本节规定构成犯罪的，依照本法第一百五十三条的规定定罪处罚：

（一）未经海关许可并且未补缴应缴税额，擅自将批准进口的来料加工、来件装配、补偿贸易的原材料、零件、制成品、设备等保税货物，在境内销售牟利的；

（二）未经海关许可并且未补缴应缴税额，擅自将特定减税、免税进口的货物、物品，在境内销售牟利的。

【司法解释(1)】

《最高人民法院、最高人民检察院关于办理走私刑事案件适用法律若干问题的解释》(法释〔2014〕10号，20140910)

第十九条　刑法第一百五十四条规定的“保税货物”，是指经海关批准，未办理纳税手续进境，在境内储存、加工、装配后应予复运出境的货物，包括通过加工贸易、补偿贸易等方式进口的货物，以及在保税仓库、保税工厂、保税区或者免税商店内等储存、加工、寄售的货物。

【司法解释(2)】

《最高人民检察院关于擅自销售进料加工保税货物的行为法律适用问题的解释》(高检发释字〔2000〕3号，20001016)

保税货物是指经海关批准未办理纳税手续进境，在境内储存、加工、装配后复运出境的货物。经海关批准进口的进料加工的货物属于保税货物。未经海关许可并且未补缴应缴税额，擅自将批准进口的进料加工的原材料、零件、制成品、设备等保税货物，在境内销售牟利，偷逃应缴税额在五万元以上的，依照刑法第一百五十四条、第一百五十三条的规定，以走私普通货物、物品罪追究刑事责任。[①]

【司法指导文件】

《最高人民法院、最高人民检察院、海关总署关于办理走私刑事案件适用法律若干问题的意见》(法〔2002〕139号，20020708)

十三、关于刑法第一百五十四条规定的“销售牟利”的理解问题

刑法第一百五十四条第(一)、(二)项规定的“销售牟利”，是指行为人主观上为了牟取非法利益而擅自销售海关监管的保税货物、特定减免税货物。该种行为是否构成犯罪，应当根据偷逃

---

① 实践中，对偷逃应缴税额标准，应参照《最高人民法院、最高人民检察院关于办理走私刑事案件适用法律若干问题的解释》(法释〔2014〕10号)第十六条的规定执行。——编者注

的应缴税额是否达到刑法第一百五十三条及相关司法解释规定的数额标准予以认定。实际获利与否或者获利多少并不影响其定罪。

【法院案例库参考案例】

〔冀某某走私普通货物案，2024-06-1-085-002〕公式定价模式下走私犯罪故意的认定

公式定价申报进口过程中，大宗货物的进口商或者进口业务操作人因大宗货物价格被普遍看低，以临时价格作为实际成交价格进行申报，但之后较长的时间里大宗货物实际成交价格比临时价格高导致漏税，进口商或者进口业务操作人明知这一情况仍沿用原来的操作方式，未向海关报告进行及时补税，可以认定具有走私故意。

〔薛某某走私普通货物案，2024-03-1-085-002〕境外发货人按照境内收货人要求实施逃避海关监管行为的处理

对于境外发货人按照进口货物收货人的要求实施伪报货物信息、大包改小包、更换收货地址、委托通关公司清关等行为，且收货人支付给发货人的货款中不包含税款的，应当认定涉案关税纳税义务人是进口货物的收货人。境外发货人按照境内收货人要求实施逃避海关监管的行为，系为收货人实施走私偷逃税款提供帮助的行为，在共同犯罪中起辅助作用，可以认定为从犯。

〔舟山某洋公司、李某嵩走私普通货物案，2023-06-1-085-003〕冒用远洋渔业项目确认的船舶名义，将自捕水产品作为不征税货物报关入境的，系走私普通货物行为

违反海关法规，逃避海关监管，冒用远洋渔业项目确认的船舶名义，将自捕水产品作为不征税货物报关入境，偷逃应缴税额较大的，应以走私普通货物罪定罪处罚。

第一百五十五条　【以走私罪论处的情形】下列行为，以走私罪论处，依照本节的有关规定处罚：

（一）直接向走私人非法收购国家禁止进口物品的，或者直接向走私人非法收购走私进口的其他货物、物品，数额较大的；

（二）在内海、领海、界河、界湖运输、收购、贩卖国家禁止进出口物品的，或者运输、收购、贩卖国家限制进出口货物、物品，数额较大，没有合法证明的。

【修正前条文】

第一百五十五条　【以走私罪论处的情形】下列行为，以走私罪论处，依照本节的有关规定处罚：

（一）直接向走私人非法收购国家禁止进口物品的，或者直接向走私人非法收购走私进口的其他货物、物品，数额较大的；

（二）在内海、领海运输、收购、贩卖国家禁止进出口物品的，或者运输、收购、贩卖国家限制进出口货物、物品，数额较大，没有合法证明的；

（三）逃避海关监管将境外固体废物运输进境的。

【修正说明】

刑法修正案(四)第三条对原条文作出下述修改：一是删去了第三项规定；二是增加了在界河、界湖运输、收购、贩卖国家禁止进出口或者限制进出口货物、物品的犯罪行为。

【立法 · 要点注释】

1.“直接”，即所谓“第一手交易”。如果不是直接向走私分子收购走私进境的货物、物品，而是经过第二手、第三手甚至更多的收购环节后收购的，即使收购人明知是走私货物、物品，也不能以走私罪论处。

2.“合法证明”，是指有关主管部门颁发的进出口货物、物品许可证、准运证等能证明其来源、用途合法的证明文件。

【司法解释】

《最高人民法院、最高人民检察院关于办理走私刑事案件适用法律若干问题的解释》(法释〔2014〕10号，20140910)

第二十条　直接向走私人非法收购走私进口的货物、物品，在内海、领海、界河、界湖运输、收购、贩卖国家禁止进出口的物品，或者没有合法证明，在内海、领海、界河、界湖运输、收购、贩卖国家限制进出口的货物、物品，构成犯罪的，应当按照走私货物、物品的种类，分别依照刑法第一百五十一条、第一百五十二条、第一百五十三条、第三百四十七条、第三百五十条的规定定罪处罚。

刑法第一百五十五条第二项规定的“内海”，包括内河的入海口水域。

【司法指导文件(1)】

《最高人民法院、最高人民检察院、海关总署关于办理走私刑事案件适用法律若干问题的意见》(法〔2002〕139号，20020708)

十四、关于海上走私犯罪案件如何追究运输人的刑事责任问题

对刑法第一百五十五条第(二)项规定的实施海上走私犯罪行为的运输人、收购人或者贩卖人应当追究刑事责任。对运输人，一般追究运输工具的负责人或者主要责任人的刑事责任，但对于事先通谋的、集资走私的、或者使用特殊的走私运输工具从事走私犯罪活动的，可以追究其他参与人员的刑事责任。

【司法指导文件(2)】

《最高人民法院、最高人民检察院、海关总署打击非设关地成品油走私专题研讨会会议纪要》(署缉发〔2019〕210号，20191024)

一、关于定罪处罚

走私成品油，构成犯罪的，依照刑法第一百五十三条的规定，以走私普通货物罪定罪处罚。

对不构成走私共犯的收购人，直接向走私人购买走私的成品油，数额较大的，依照刑法第一百五十五条第(一)项的规定，以走私罪论处；……

第一百五十六条　【走私罪共犯】与走私罪犯通谋，为其提供贷款、资金、帐号、发票、证明，或者为其提供运输、保管、邮寄或者其他方便的，以走私罪的共犯论处。

【司法指导文件(1)】

《最高人民法院、最高人民检察院、海关总署关于办理走私刑事案件适用法律若干问题的意见》(法〔2002〕139号，20020708)

十五、关于刑法第一百五十六条规定的“与走私罪犯通谋”的理解问题

通谋是指犯罪行为人之间事先或者事中形成的共同的走私故意。下列

情形可以认定为通谋：

（一）对明知他人从事走私活动而同意为其提供贷款、资金、账号、发票、证明、海关单证，提供运输、保管、邮寄或者其他方便的；

（二）多次为同一走私犯罪分子的走私行为提供前项帮助的。

【司法指导文件(2)】

《最高人民法院、最高人民检察院、海关总署打击非设关地成品油走私专题研讨会会议纪要》（署缉发〔2019〕210号，20191024）

一、关于定罪处罚

走私成品油，构成犯罪的，依照刑法第一百五十三条的规定，以走私普通货物罪定罪处罚。

……

行为人与他人事先通谋或者明知他人从事走私成品油犯罪活动，而在我国专属经济区或者公海向其贩卖、过驳成品油的，应当按照走私犯罪的共犯追究刑事责任。

明知他人从事走私成品油犯罪活动而为其提供资金、贷款、账号、发票、证明、许可文件，或者提供运输、仓储等其他便利条件的，应当按照走私犯罪的共犯追究刑事责任。

第一百五十七条　【武装掩护走私、抗拒缉私的犯罪】武装掩护走私的，依照本法第一百五十一条第一款的规定从重处罚。

以暴力、威胁方法抗拒缉私的，以走私罪和本法第二百七十七条规定的阻碍国家机关工作人员依法执行职务罪，依照数罪并罚的规定处罚。

【修正前条文】

第一百五十七条　【武装掩护走私、抗拒缉私的犯罪】武装掩护走私的，依照本法第一百五十一条第一款、第四款的规定从重处罚。

以暴力、威胁方法抗拒缉私的，以走私罪和本法第二百七十七条规定的阻碍国家机关工作人员依法执行职务罪，依照数罪并罚的规定处罚。

【修正说明】

由于刑法修正案(八)第二十六条删除了原第一百五十一条第四款，原刑法第一百五十七条第一款中“依照第一百五十一条第四款从重处罚”的规定也就不再适用，刑法修正案(八)第二十八条因此作了相应修改，删除了“依照第一百五十一条第一款、第四款从重处罚”中的“第四款”。

【立法·要点注释】

行为人必须是走私分子，而且其走私行为已经构成犯罪，又有以暴力、威胁方法抗拒缉私的行为，才能以数罪并罚的规定处罚。如果行为人的走私行为尚不构成走私罪，但使用暴力、威胁方法抗拒缉私的，只能按刑法第二百七十七条阻碍国家机关工作人员依法执行职务罪定罪处罚。

第三节　妨害对公司、企业的管理秩序罪

【司法解释】

《最高人民法院关于如何认定国有

控股、参股股份有限公司中的国有公司、企业人员的解释》(法释〔2005〕10号,20050811)

国有公司、企业委派到国有控股、参股公司从事公务的人员,以国有公司、企业人员论。

【司法指导文件】

《最高人民法院、最高人民检察院关于办理国家出资企业中职务犯罪案件具体应用法律若干问题的意见》(法发〔2010〕49号,20101126)

六、关于国家出资企业中国家工作人员的认定

经国家机关、国有公司、企业、事业单位提名、推荐、任命、批准等,在国有控股、参股公司及其分支机构中从事公务的人员,应当认定为国家工作人员。具体的任命机构和程序,不影响国家工作人员的认定。

经国家出资企业中负有管理、监督国有资产职责的组织批准或者研究决定,代表其在国有控股、参股公司及其分支机构中从事组织、领导、监督、经营、管理工作的人员,应当认定为国家工作人员。

国家出资企业中的国家工作人员,在国家出资企业中持有个人股份或者同时接受非国有股东委托的,不影响其国家工作人员身份的认定。

七、关于国家出资企业的界定

本意见所称"国家出资企业",包括国家出资的国有独资公司、国有独资企业,以及国有资本控股公司、国有资本参股公司。

是否属于国家出资企业不清楚的,应遵循"谁投资、谁拥有产权"的原则进行界定。企业注册登记中的资金来源与实际出资不符的,应根据实际出资情况确定企业的性质。企业实际出资情况不清楚的,可以综合工商注册、分配形式、经营管理等因素确定企业的性质。

第一百五十八条　【虚报注册资本罪】申请公司登记使用虚假证明文件或者采取其他欺诈手段虚报注册资本,欺骗公司登记主管部门,取得公司登记,虚报注册资本数额巨大、后果严重或者有其他严重情节的,处三年以下有期徒刑或者拘役,并处或者单处虚报注册资本金额百分之一以上百分之五以下罚金。

单位犯前款罪的,对单位判处罚金,并对其直接负责的主管人员和其他直接责任人员,处三年以下有期徒刑或者拘役。

【立法·要点注释】

1."证明文件",主要是指依法设立的注册会计师事务所和审计师事务所等法定验资机构依法对申请公司登记的人的出资所出具的验资报告、资产评估报告、验资证明等材料。"其他欺诈手段",主要是指采取贿赂等非法手段收买有关机关和部门的工作人员,恶意串通,虚报注册资本,或者采用其他隐瞒事实真相的方法欺骗公司登记主管部门的行为。"公司登记主管部门",是指市场监督管理机关。

2.无论使用虚假证明文件还是采取其他欺诈手段,其目的是虚报注册资本,欺骗公司登记主管机关。如果使用虚假证明文件或者其他欺诈手段是为了夸大公司员工的人数或生产经营条

件，虚构生产经营场所等，与虚报注册资本无关，不构成本罪。如果使用虚假的证明文件或者采取其他欺诈手段，没有到市场监督管理机关去申请公司设立登记，而是去欺骗另一方当事人，签订经济合同，诈骗钱财，也不构成本罪，对其行为应当依照刑法其他有关条款进行处罚。

3.行为人必须取得了公司登记，而且虚报注册资本数额巨大、后果严重或者有其他严重情节的，才构成犯罪。“取得公司登记”，是指经市场监督管理部门核准并发给《企业法人营业执照》，还包括取得公司设立登记和变更登记的情况。如果在申请登记过程中，市场监督管理部门发现其使用的是虚假的证明文件或者采取了欺诈手段，没有予以登记，不构成本罪。因此，“取得公司登记”是区分罪与非罪的一个重要界限。

4.除法律、行政法规和国务院另有规定实行注册资本实缴登记制的公司以外，对于实行注册资本认缴登记制的公司，法律已不再将实收资本作为公司登记的法定条件。实践中如果出现股东有虚假出资、抽逃出资等行为的，除应当按照公司章程规定向公司足额缴纳出资外，还应当依法承担相应的违约责任等，对此可由其他股东依法主张权利，可以不再依照刑法第一百五十八条、第一百五十九条的规定追究刑事责任。对于法律、行政法规和国务院规定实行注册资本实缴登记制的公司，刑法第一百五十八条、第一百五十九条的规定仍然适用。

5.第二款所说“单位”，是指不是以个人名义而是代表一个单位去申请登记的情况。

【立法解释】

《全国人民代表大会常务委员会关于〈中华人民共和国刑法〉第一百五十八条、第一百五十九条的解释》(20140424)

全国人民代表大会常务委员会讨论了公司法修改后刑法第一百五十八条、第一百五十九条对实行注册资本实缴登记制、认缴登记制的公司的适用范围问题，解释如下：

刑法第一百五十八条、第一百五十九条的规定，只适用于依法实行注册资本实缴登记制的公司。

【立案追诉标准】

《最高人民检察院、公安部关于公安机关管辖的刑事案件立案追诉标准的规定(二)》(公通字〔2022〕12号，20220515)

第三条　〔虚报注册资本案(刑法第一百五十八条)〕申请公司登记使用虚假证明文件或者采取其他欺诈手段虚报注册资本，欺骗公司登记主管部门，取得公司登记，涉嫌下列情形之一的，应予立案追诉：

(一)法定注册资本最低限额在六百万元以下，虚报数额占其应缴出资数额百分之六十以上的；

(二)法定注册资本最低限额超过六百万元，虚报数额占其应缴出资数额百分之三十以上的；

(三)造成投资者或者其他债权人直接经济损失累计数额在五十万元以上的；

(四)虽未达到上述数额标准，但具有下列情形之一的：

1.二年内因虚报注册资本受过二次以上行政处罚，又虚报注册资本的；

2.向公司登记主管人员行贿的；

3.为进行违法活动而注册的。

(五)其他后果严重或者有其他严重情节的情形。

本条只适用于依法实行注册资本实缴登记制的公司。

【司法指导文件】

《最高人民检察院、公安部关于严格依法办理虚报注册资本和虚假出资抽逃出资刑事案件的通知》(公经〔2014〕247号,20140520)

二、严格把握罪与非罪的界限。根据新修改的公司法[①]和全国人大常委会立法解释,自2014年3月1日起,除依法实行注册资本实缴登记制的公司[参见《国务院关于印发注册资本登记制度改革方案的通知》(国发〔2014〕7号)][②]以外,对申请公司登记的单位和个人不得以虚报注册资本罪追究刑事责任;对公司股东、发起人不得以虚假出资、抽逃出资罪追究刑事责任。对依法实行注册资本实缴登记制的公司涉嫌虚报注册资本和虚假出资、抽逃出资犯罪的,各级公安机关、检察机关依照刑法和《立案追诉标准(二)》的相关规定追究刑事责任时,应当认真研究行为性质和危害后果,确保执法办案的法律效果和社会效果。

三、依法妥善处理跨时限案件。各级公安机关、检察机关对发生在2014年3月1日以前尚未处理或者正在处理的虚报注册资本和虚假出资、抽逃出资刑事案件,应当按照刑法第十二条规定的精神处理:除依法实行注册资本实缴登记制的公司以外,依照新修改的公司法不再符合犯罪构成要件的案件,公安机关已经立案侦查的,应当撤销案件;检察机关已经批准逮捕的,应当撤销批准逮捕决定,并监督公安机关撤销案件;检察机关审查起诉的,应当作出不起诉决定;检察机关已经起诉的,应当撤回起诉并作出不起诉决定;检察机关已经抗诉的,应当撤回抗诉。

【公安文件】

《公安部办公厅关于若干经济犯罪案件如何统计涉案总价值、挽回经济损失数额的批复》(公经〔2008〕214号,20081105)

一、虚报注册资本案按照虚报数额统计涉案总价值;虚假出资、抽逃出资案按照虚假或抽逃的出资数额统计涉案总价值。

第一百五十九条　【虚假出资、抽逃出资罪】公司发起人、股东违反公司法的规定未交付货币、实物或者未转移财产权,虚假出资,或

---

① 2023年修订的公司法对认缴出资制度作出了进一步完善:第四十七条第一款将无认缴期限修改为五年最长认缴期限,第五十一条、第五十二条、第五十四条增加了股东出资的核查与催缴、股东失权、股东出资加速到期等规定。——编者注

② 根据《国务院关于印发注册资本登记制度改革方案的通知》(国发〔2014〕7号)的附件规定,暂不实行注册资本认缴登记制的行业包括:采取募集方式设立的股份有限公司、商业银行、外资银行、金融资产管理公司、信托公司、财务公司、金融租赁公司、汽车金融公司、消费金融公司、货币经纪公司、村镇银行、贷款公司、农村信用合作联社、农村资金互助社、证券公司、期货公司、基金管理公司、保险公司、保险专业代理机构和保险经纪人、外资保险公司、直销企业、对外劳务合作企业、融资性担保公司、劳务派遣企业、典当行、保险资产管理公司、小额贷款公司。——编者注

者在公司成立后又抽逃其出资，数额巨大、后果严重或者有其他严重情节的，处五年以下有期徒刑或者拘役，并处或者单处虚假出资金额或者抽逃出资金额百分之二以上百分之十以下罚金。

单位犯前款罪的，对单位判处罚金，并对其直接负责的主管人员和其他直接责任人员，处五年以下有期徒刑或者拘役。

【立法·要点注释】

1.“虚假出资”，主要是指对以实物、工业产权、非专利技术或者土地使用权出资的，在评估作价时，故意高估或者低估作价，然后再作为出资等情况。实践中发生最多的是对个人或非国有资产作为出资额时高估作价，而对国有资产故意低估作价。

2.“公司成立后又抽逃其出资”，一般包括两种情况：一种是为达到设立公司的目的，通过向其他企业借款或者向银行贷款等手段取得资金，作为自己的出资，待公司登记成立后，又抽回这些资金；另一种是在公司设立时，依法缴纳了自己的出资，但当公司成立后，又将其出资撤回。

3.实践中应注意抽逃出资与转让出资的区别。公司发起人、股东在公司成立后如需收回或减少自己的资本，可以依照法律规定采取转让出资或适当减少注册资本的方式，这与抽逃出资的行为是根本不同的。

【立法解释】

参见本法第一百五十八条项下【立法解释】，第439页。

【立案追诉标准】

《最高人民检察院、公安部关于公安机关管辖的刑事案件立案追诉标准的规定(二)》(公通字〔2022〕12号，20220515)

第四条　〔虚假出资、抽逃出资案(刑法第一百五十九条)〕公司发起人、股东违反公司法的规定未交付货币、实物或者未转移财产权，虚假出资，或者在公司成立后又抽逃其出资，涉嫌下列情形之一的，应予立案追诉：

(一)法定注册资本最低限额在六百万元以下，虚假出资、抽逃出资数额占其应缴出资数额百分之六十以上的；

(二)法定注册资本最低限额超过六百万元，虚假出资、抽逃出资数额占其应缴出资数额百分之三十以上的；

(三)造成公司、股东、债权人的直接经济损失累计数额在五十万元以上的；

(四)虽未达到上述数额标准，但具有下列情形之一的：

1.致使公司资不抵债或者无法正常经营的；

2.公司发起人、股东合谋虚假出资、抽逃出资的；

3.二年内因虚假出资、抽逃出资受过二次以上行政处罚，又虚假出资、抽逃出资的；

4.利用虚假出资、抽逃出资所得资金进行违法活动的。

(五)其他后果严重或者有其他严重情节的情形。

本条只适用于依法实行注册资本实缴登记制的公司。

【司法指导文件】

参见本法第一百五十八条项下【司法指导文件】，第440页。

第一百六十条　【欺诈发行证券罪】在招股说明书、认股书、公司、企业债券募集办法等发行文件中隐瞒重要事实或者编造重大虚假内容，发行股票或者公司、企业债券、存托凭证或者国务院依法认定的其他证券，数额巨大、后果严重或者有其他严重情节的，处五年以下有期徒刑或者拘役，并处或者单处罚金；数额特别巨大、后果特别严重或者有其他特别严重情节的，处五年以上有期徒刑，并处罚金。

控股股东、实际控制人组织、指使实施前款行为的，处五年以下有期徒刑或者拘役，并处或者单处非法募集资金金额百分之二十以上一倍以下罚金；数额特别巨大、后果特别严重或者有其他特别严重情节的，处五年以上有期徒刑，并处非法募集资金金额百分之二十以上一倍以下罚金。

单位犯前两款罪的，对单位判处非法募集资金金额百分之二十以上一倍以下罚金，并对其直接负责的主管人员和其他直接责任人员，依照第一款的规定处罚。

【修正前条文】

第一百六十条　【欺诈发行股票、债券罪】在招股说明书、认股书、公司、企业债券募集办法中隐瞒重要事实或者编造重大虚假内容，发行股票或者公司、企业债券，数额巨大、后果严重或者有其他严重情节的，处五年以下有期徒刑或者拘役，并处或者单处非法募集资金金额百分之一以上百分之五以下罚金。

单位犯前款罪的，对单位判处罚金，并对其直接负责的主管人员和其他直接责任人员，处五年以下有期徒刑或者拘役。

【修正说明】

刑法修正案(十一)第八条对原条文作出下述修改：一是增加了“等发行文件”的规定；二是增加了“存托凭证或者国务院依法认定的其他证券”的规定；三是对控股股东、实际控制人组织、指使实施欺诈发行行为增加了一款专门规定；四是提高了本罪的刑罚，将法定最高刑提高至有期徒刑十五年；五是完善了罚金刑，将董事、监事、高级管理人员等一般主体实施欺诈发行行为与控股股东、实际控制人实施欺诈发行行为的罚金，予以区分；六是修改了单位犯罪的规定。

【立法 · 要点注释】

1.“等发行文件”包含了在发行过程中与“招股说明书、认股书、公司、企业债券募集办法”重要性一样的其他发行文件，包括公司的监事会对募集说明书真实性、准确性、完整性的审核意见，募集资金使用的可行性报告，以及增发、发行可转换公司债券等涉及的发行文件等。需要注意的是，注册制施行后，需要通过交易所审核和证券监督管理部门注册两个环节完成股票、债券等注册发行。交易所审核主要通过向发行人提出问题、发行人回答问题的方式来进行。这种“问答”环节所形成的文件也属于这里所说的发行文件。

2.“隐瞒重要事实或者编造重大虚假内容”，是指违反公司法、证券法及其有关法律、法规的规定，制作的招股说明书、认股书、公司、企业债券募集办法等发行文件的内容全部都是虚构的，或者对其中重要的事项和部分内容作虚假的陈述或记载，或者对某些重要事实进行夸大或者隐瞒，或者故意遗漏有关的重要事项等。例如，虚构发起人认购股份数额；故意夸大公司、企业生产经营利润和公司、企业净资产额；对所筹资金的使用提出虚假的计划和虚假的经营生产项目；故意隐瞒公司、企业所负债务和正在进行的重大诉讼；故意遗漏公司、企业签订的重要合同等。

3."发行股票或者公司、企业债券、存托凭证或者国务院依法认定的其他证券"，是指实际已经发行了股票或者公司、企业债券、存托凭证或者国务院依法认定的其他证券，如果制作或形成了虚假的招股说明书、认股书、公司、企业债券募集办法等发行文件，但只锁在办公室抽屉里，或者还未来得及发行就被阻止、不予注册或者主动撤回注册申请，未实施向社会发行股票或者公司、企业债券、存托凭证或者国务院依法认定的其他证券的行为，不构成犯罪。需要说明的是，这里的"国务院依法认定的其他证券"并不是广义的兜底性规定，其与2020年施行的证券法第二条第一款中规定的"国务院依法认定的其他证券"的含义是一致的，只有国务院经法定程序确认的新型证券品种才符合这一规定。

4."后果严重"，主要是指造成了投资者或者其他债权人的重大经济损失；严重影响了投资人、债权人的生产、经营活动；破坏了投资人、债权人的正常生活甚至激发了一些社会矛盾，影响了社会安定和正常的社会生活秩序等。

5."其他严重情节"，主要是指除数额巨大和后果严重外，严重违反法律规定，扰乱金融和社会管理秩序的其他情节。

【相关立法】

《中华人民共和国证券法》(20200301)

第十二条 公司首次公开发行新股，应当符合下列条件：

(一)具备健全且运行良好的组织机构；

(二)具有持续经营能力；

(三)最近三年财务会计报告被出具无保留意见审计报告；

(四)发行人及其控股股东、实际控制人最近三年不存在贪污、贿赂、侵占财产、挪用财产或者破坏社会主义市场经济秩序的刑事犯罪；

(五)经国务院批准的国务院证券监督管理机构规定的其他条件。

上市公司发行新股，应当符合经国务院批准的国务院证券监督管理机构规定的条件，具体管理办法由国务院证券监督管理机构规定。

公开发行存托凭证的，应当符合首次公开发行新股的条件以及国务院证券监督管理机构规定的其他条件。

【立案追诉标准】

《最高人民检察院、公安部关于公安机关管辖的刑事案件立案追诉标准的规定(二)》(公通字〔2022〕12号，20220515)

第五条 〔欺诈发行证券案(刑法第一百六十条)〕在招股说明书、认股书、公司、企业债券募集办法等发行文件中隐瞒重要事实或者编造重大虚假内容，发行股票或者公司、企业债券、存托凭证或者国务院依法认定的其他证券，涉嫌下列情形之一的，应予立案追诉：

（一）非法募集资金金额在一千万元以上的；

（二）虚增或者虚减资产达到当期资产总额百分之三十以上的；

（三）虚增或者虚减营业收入达到当期营业收入总额百分之三十以上的；

（四）虚增或者虚减利润达到当期利润总额百分之三十以上的；

（五）隐瞒或者编造的重大诉讼、仲裁、担保、关联交易或者其他重大事项所涉及的数额或者连续十二个月的累计数额达到最近一期披露的净资产百分之五十以上的；

（六）造成投资者直接经济损失数额累计在一百万元以上的；

（七）为欺诈发行证券而伪造、变造国家机关公文、有效证明文件或者相关凭证、单据的；

（八）为欺诈发行证券向负有金融监督管理职责的单位或者人员行贿的；

（九）募集的资金全部或者主要用于违法犯罪活动的；

（十）其他后果严重或者有其他严重情节的情形。

【司法指导文件】

《最高人民检察院经济犯罪检察厅关于办理财务造假犯罪案件有关问题的解答》(20240816)

一、总体问题

（一）如何认定公司、企业的信息披露义务

欺诈发行证券罪与违规披露、不披露重要信息罪是依法负有信息披露义务的公司、企业在证券发行、持续经营等不同阶段实施的隐瞒重要事实、编造重大虚假内容的信息披露犯罪。发行不同的证券、在不同的阶段，信息披露义务主体和披露义务均有差别，准确认定公司、企业是否为信息披露义务主体及其披露义务是认定本罪的前提条件，对此应当依据《公司法》《证券法》以及根据上述法律制定的行政法规、部门规章作出判断。

1.关于证券发行人在发行上市阶段的信息披露义务。证券发行人在发行阶段的信息披露义务，应当依据《公司法》《证券法》《首次公开发行股票并上市管理办法》《上市公司证券发行管理办法》《公司债券发行与交易管理办法》《企业债券管理条例》《公司信用类债券信息披露管理办法》《可转换公司债券管理办法》《存托凭证发行与交易管理办法(试行)》《境内外证券交易所互联互通存托凭证业务监管规定》《非上市公众公司监督管理办法》等，依法作出认定。需要注意的是，发行股票，既包括首次公开发行股票并上市，也包括公司上市后公开发行股票、非公开发行股票。发行债券，既包括上市公司发行债券，也包括非上市公司、企业发行债券；既包括公开发行债券，也包括非公开发行债券；既包括发行仅还本付息的信用类债券，也包括发行可转换为本公司股票的可转换公司债券。发行存托凭证，既包括境外公司在境内发行存托凭证并上市，也包括境内公司在境外发行存托凭证并上市。发行不同类型的证券，信息披露主体及义务存在差异，应当精准适用行政规定，依法作出认定。

2.关于证券发行人持续经营阶段的信息披露义务。(1)公司股票发行后，上市公司、非上市公众公司对公司经营情况、财务情况、重大事件等负有定期披露义务和临时披露义务，应当依据

《公司法》《证券法》《上市公司信息披露管理办法》《上市公司重大资产重组管理办法》《上市公司收购管理办法》《上市公司监管指引》《非上市公众公司信息披露管理办法》等，依法作出认定。(2) 债券发行后，发行人在债券存续期内负有定期披露义务和临时披露义务，应当依据《证券法》《公司债券发行与交易管理办法》《企业债券管理条例》《公司信用类债券信息披露管理办法》《可转换公司债券管理办法》等法律法规，依法作出认定。(3) 境外公司在境内发行存托凭证并在境内交易所上市后，境外基础证券发行人对境外公司经营情况、财务情况、重大事件等负有定期披露和临时披露义务，应当依据《证券法》《存托凭证发行与交易管理办法(试行)》《境内外证券交易所互联互通存托凭证业务监管规定》《创新企业境内发行股票或存托凭证上市后持续监管实施办法(试行)》等，依法作出认定。

3.关于具体事项的披露义务。对于重大诉讼、仲裁、担保、关联交易等具体事项的披露义务，可以根据上市规则以及证券交易所制定的具体事项信息披露指引等，依法作出认定。

(二) 罪数问题

1.关于欺诈发行证券罪与违规披露、不披露重要信息罪的罪数问题。公司、企业利用相同的虚假财务数据，先后实施欺诈发行证券行为与违规披露、不披露重要信息行为，属于实施了两个违法行为，分别构成犯罪的，应当同时以欺诈发行证券罪和违规披露、不披露重要信息罪追究刑事责任。

2.关于欺诈发行证券罪与行贿犯罪的罪数问题。《关于公安机关管辖的刑事案件立案追诉标准的规定(二)》(以下简称“立案追诉标准”)第五条第八项规定，为欺诈发行证券向负有金融监管职责的单位或者人员行贿，应当立案追诉。本项规定应作如下理解：具有客观行贿事实即符合本罪的立案追诉条件，行贿行为同时构成犯罪的，应当数罪并罚。

(三) 多项立案追诉标准是否有先后适用顺序，符合多项标准的是否必须全部查明

1.立案追诉标准规定的多项标准是并列适用的关系，在适用上有准确选择的要求，但没有优先、劣后之分，达到其中一项标准的就应予立案追诉。其中，第十项兜底条款在适用上虽应慎重把握，但与同条款的其他规定仍属并列适用关系。

2.财务造假犯罪由于财务指标互相关联，犯罪行为往往同时符合几种追诉标准，对此从法律和道理上讲，应当依法全部查明，以便全面评价犯罪情节和危害后果。

(四) 如何认定“直接经济损失”

立案追诉标准对欺诈发行证券罪与违规披露、不披露重要信息罪均规定“造成投资者(股东、债权人或者其他人)直接经济损失数额累计在100万元以上的，应予立案追诉”。对此，相关虚假陈述侵权民事赔偿案件已有生效判决的，可以参照民事判决对直接经济损失作出认定；直接经济损失数额难以准确计算的，应当依法委托专门机构出具测算报告后予以审查认定。

(五) 如何把握“情节特别严重”的升档标准

立案追诉标准规定的定罪量刑情节大致可以分为数额、比例及其他情形

三种。对于数额，可按司法实践通行的五倍关系把握刑罚升档标准。对于立案追诉标准规定的比例、其他情形的升档标准，因不同造假主体的规模体量差异较大，可按罪责刑相适应原则并结合常情常理，在个案当中积极探索，积累认定经验。

（六）关于支持证券纠纷代表人诉讼的问题

财务造假犯罪危害严重，应当坚持刑事、行政、民事立体化追责。检察机关支持证券纠纷代表人诉讼，有关方面提出复制材料等协助请求的，应当依法配合。

（七）公司、企业违反规定在账目上作跨期确认，但涉案交易真实存在的，如何处理

公司、企业违反《企业会计准则—基本准则》《企业会计准则第8号—资产减值》《企业会计准则第14号—收入》等的规定，跨期确认收入、跨期确认成本以及跨期确认应当计入当期利得或损失等情形，属于财务造假行为，构成犯罪的，应当依法追究刑事责任。涉案交易真实存在的，可以作为量刑情节予以考虑。

（八）涉案人员的分层分类处理问题

财务造假犯罪层级多、链条长，涉及的公司、企业人员也较多，对此应坚持分层分类处理。

1.公司、企业的控股股东、实际控制人，董事、监事，总经理、副总经理、财务负责人、董事会秘书等高级管理人员，实施或组织实施财务造假行为，或者签字确认明知虚假的信息披露文件的，应当以欺诈发行证券罪或者违规披露、不披露重要信息罪依法追究刑事责任。上述人员是否明知，应当根据其对公司、企业的控制权、决策权以及具体管理职责等，综合认定。

2.公司、企业体系内的中层负责人或者一般工作人员，在财务造假行为中负有部分组织责任或者积极参与起较大作用的，应当以欺诈发行证券罪或者违规披露、不披露重要信息罪依法追究刑事责任。对于受单位领导指派或者奉命参与实施一定犯罪行为的人员，作用不大的，一般不宜作为直接责任人员追究刑事责任。

3.单位或个人通过签订虚假交易合同、资金空转等手段，配合公司、企业实施财务造假行为，构成合同诈骗、虚开发票、逃税等犯罪的，应当依法追究刑事责任，同时成立财务造假犯罪共犯的，应当依照处罚较重的规定定罪处罚。单位或个人专门为公司、企业提供财务造假“一条龙”服务的，应当从严打击。

二、关于欺诈发行证券罪的问题

（九）本罪规定的债券有哪些

本罪规定的公司、企业债券，是指公司、企业依照法定程序发行、约定在一定期限还本付息的有价证券，既包括在交易所市场发行的债券，也包括在银行间市场发行的债券。在办案过程中，遇到新类型或不常见的债券，可在征求主管部门意见后，根据法律和行政法规规定的基本原理，按照“还本付息”这一债券的共同属性，依法作出认定。

（十）本罪立案追诉标准第二至四项规定的虚增或者虚减资产、营业收入、利润的占比，是按照发行文件披露的几个会计年度的总和计算，还是按照不同会计年度分别计算

发行股票或债券对企业财务指标有不同的要求，可以分为对最近几年每

年财务指标的要求、对最近几年平均财务指标的要求和对最近一期财务指标的要求，发行文件对相应的财务指标均应作全面披露。根据立案追诉标准第二至四项的规定，比例计算的分子是"虚增或者虚减的资产、营业收入、利润"，分母是"当期资产总额、营业收入总额、利润总额"，发行文件中虚假披露的是最近几年每年财务指标的，分子、分母按照不同会计年度数据分别计算；虚假披露的是最近几年平均财务指标的，分子、分母按照披露的最近几个会计年度绝对金额的总数计算；虚假披露的是最近一期或者期末财务指标的，分子、分母按照最近一个会计年度的数据计算。

（十一）本罪立案追诉标准第五项"隐瞒或者编造的重大诉讼、仲裁、担保、关联交易以及其他重大事项所涉及的数额或者连续十二个月的累计数额达到最近一期披露的净资产50%以上的"，不同类型重大事项是单独计算还是合并计算，最近一期披露的净资产是指哪一期

该项以重大事项违规披露数额与净资产的比例为立案追诉标准，分子、分母的计算应注意：

1.分子：为隐瞒或者编造重大事项的数额，采用"先并后合"的方法计算。"先并"指重大诉讼、担保、仲裁、关联交易以及其他重大事项所涉及的数额应当合并计算，"后合"指任意连续十二个月未按照规定披露的重大事项所涉及的数额应当累计计算，可跨不同会计年度。

2.分母：为最近一期披露的净资产，"最近一期"指发行文件披露当期。发行上市阶段要求披露的信息是为了让投资者了解公司、企业发行时经营状况，为投资决策提供参考，重大事项对投资者决策的影响也应体现为对发行当时企业生产、经营的影响，因此以重大事项所涉数额占发行当期净资产的比例认定情节严重程度。

……

四、关于中介组织及其人员犯罪的问题

（十四）关于定罪问题

中介组织及其人员故意提供虚假证明文件，情节严重的，以提供虚假证明文件罪追究刑事责任，其同时参与财务造假行为成立财务造假犯罪共犯的，应当依照处罚较重的规定定罪处罚。中介组织及其人员在履行职责过程中严重不负责任，出具的证明文件有重大失实，造成严重后果的，以出具证明文件重大失实罪依法追究刑事责任。

（十五）关于严重不负责任的认定问题

办理中介组织及其人员犯罪案件，如何认定严重不负责任是经常遇到的问题。所谓严重不负责任，一般指不遵守规定或能为而不为，不同性质的中介组织因职责各异而有不同的判断标准。以会计师事务所的审计人员为例，目前既有案例的认定标准主要有以下几种情形：未按审计准则履行必需的审计程序；一般审计人员能够正常发现的问题而未发现；未开展审计工作而直接签字确认审计结论等。实际办案不能囿于既往认定情形，具体认定标准要保持必要的开放性，以制衡越来越隐蔽的犯罪手法和行为人越来越强的反侦查能力；同时还应注意到，严重不负责任背后往往隐藏有利益关联或利益输送行为，对此应当坚持深挖彻查、全面打击。

【指导性案例 · 检察】

〔甲皮业有限公司、周某某等欺诈发行债券 马某出具证明文件重大失实案，JZD219-2025〕

办理欺诈发行债券犯罪案件，应当根据我国现行金融管理法律规定，准确把握刑法规定的“公司、企业债券”的范围。对于新出现的金融产品，符合《公司法》《企业债券管理条例》规定的，可以认定为欺诈发行“公司、企业债券”。对于涉案中介组织人员，应当根据主客观相一致原则，依法认定欺诈发行证券罪共同犯罪、提供虚假证明文件罪或者出具证明文件重大失实罪。

【《刑事审判参考》案例】

〔参考案例第1387号：江苏北极皓天科技有限公司、杨佳业欺诈发行债券案〕中小企业发行私募债券是否属于欺诈发行债券罪[①]的规制范围？如何理解欺诈发行债券罪的客观行为？欺诈发行债券罪中的发行数额如何认定？

1.私募债券是指以特定的少数投资者为对象发行的债券，发行手续简单，一般不能公开上市交易。但究其本质，私募债券仍然符合“依照法定程序发行、约定在一定期限还本付息”的公司债券的基本特征，因此理应属于欺诈发行债券罪的规制对象。

2.欺诈发行债券罪在客观方面具有以下特点：第一，行为人必须实施了在公司、企业债券募集办法中隐瞒重要事实或者编造重大虚假内容的行为。所谓重要事实或者重大内容，是指可能对他人产生误导、从而作出错误决定的事实。例如，发行人虚构或故意夸大公司生产经营利润和公司净资产额；对所筹资金的使用提出虚假的计划、虚假的经营生产项目；故意隐瞒、遗漏公司所负债务、订立的重要合同以及公司正在进行的重大诉讼事项；严重损害投资者合法权益和社会公共利益的其他情形。第二，行为人必须实施了发行公司、企业债券的行为。如果行为人仅是制作了虚假的公司、企业债券募集办法，而未实际发行，则不构成本罪。第三，行为人制作虚假的公司、企业债券募集办法发行债券的行为，必须达到一定的严重程度，即达到“数额巨大、后果严重或者有其他严重情节的”，才构成犯罪。从情节标准看，欺诈发行债券的“后果严重”，可以包括以下情形：(1)引发众多债权人上访、闹事等不安事端的；(2)债权人要求清退而不能及时清退的；(3)造成恶劣影响的。“其他严重情节”，可以包括以下情形：(1)拒绝监管部门检查或拒不提供有关账目的；(2)转移或者隐瞒所募集资金的；(3)利用非法募集资金从事违法犯罪活动的；(4)伪造政府公文、有效证明文件或者相关凭证、单据等。

3.欺诈发行私募债券犯罪的数额存在备案数额、销售数额和结果数额三种类型。其中，备案数额是指行为人预想通过欺诈发行行为所要达到的意向数额。销售数额是指行为人在骗取备案后，具体发行过程中募集到的债券数额。结果数额是行为人实际募集的数额，是其欺诈发行债券的实际获利。除案发前归还以外，往往也是投资人实际遭受损失的数额，因此应当将结果数额

① 本案例中该罪名已变更为“欺诈发行证券罪”。——编者注

作为欺诈发行债券罪的发行数额进行定罪量刑。

〔参考案例第1625号:A有限公司、王某某等欺诈发行债券案〕欺诈发行债券的认定

欺诈发行证券罪属于行政犯,在认识和理解"公司、企业债券"时,应当以前置性法律规范作为逻辑前提,先从证券法、公司法中寻找解释依据。司法实践中,判断新出现的金融产品是否属于"公司、企业债券",一般应当从发行债券主体的单位性质、发行债券主体是否依照法定程序发行、发行者与投资者是否形成债权债务关系并约定按期保本付息以及发行对象是否属于有价证券等方面进行综合判断。"公司、企业债券"的认定并不以是否公开发行以及投资者是否属于社会公众作为必要条件。发行人在实际财务状况不符合发行债券条件的情况下,将账外收入计入财务报表以虚增公司、企业财务数据的行为,属于欺诈发行证券罪的规制范畴。

第一百六十一条 【违规披露、不披露重要信息罪】依法负有信息披露义务的公司、企业向股东和社会公众提供虚假的或者隐瞒重要事实的财务会计报告,或者对依法应当披露的其他重要信息不按照规定披露,严重损害股东或者其他人利益,或者有其他严重情节的,对其直接负责的主管人员和其他直接责任人员,处五年以下有期徒刑或者拘役,并处或者单处罚金;情节特别严重的,处五年以上十年以下有期徒刑,并处罚金。

前款规定的公司、企业的控股股东、实际控制人实施或者组织、指使实施前款行为的,或者隐瞒相关事项导致前款规定的情形发生的,依照前款的规定处罚。

犯前款罪的控股股东、实际控制人是单位的,对单位判处罚金,并对其直接负责的主管人员和其他直接责任人员,依照第一款的规定处罚。

【第二次修正前条文】

第一百六十一条 【违规披露、不披露重要信息罪】依法负有信息披露义务的公司、企业向股东和社会公众提供虚假的或者隐瞒重要事实的财务会计报告,或者对依法应当披露的其他重要信息不按照规定披露,严重损害股东或者其他人利益的,或者有其他严重情节的,对其直接负责的主管人员和其他直接责任人员,处三年以下有期徒刑或者拘役,并处或者单处二万元以上二十万元以下罚金。

【第一次修正前条文】

第一百六十一条 【提供虚假财会报告罪】公司向股东和社会公众提供虚假的或者隐瞒重要事实的财务会计报告,严重损害股东或者其他人利益的,对其直接负责的主管人员和其他直接责任人员,处三年以下有期徒刑或者拘役,并处或者单处二万元以上二十万元以下罚金。

【修正说明】

1.刑法修正案(六)第五条对原条文作出下述修改:一是将主体扩大为"依法负有信息披露义务的公司、企业";二是增加了"对依法应当披露的其他重要信息不按照规定披露"的行为方式;

三是增设了“有其他严重情节”的定罪标准。

2.刑法修正案(十一)第九条对原条文作出下述修改：一是针对控股股东、实际控制人实施或者组织、指使实施违规披露或者不披露重要信息的行为作了明确规定，增加了第二款和第三款的规定。二是提高了本罪的刑罚，将“三年以下有期徒刑或者拘役，并处或者单处二万元以上二十万元以下罚金”修改为两档刑，第一档刑规定“处五年以下有期徒刑或者拘役，并处或者单处罚金”；第二档刑规定“处五年以上十年以下有期徒刑，并处罚金”。

【立法 · 要点注释】

1.“依法应当披露的其他重要信息不按照规定披露”的行为，是指违反法律、行政法规和国务院证券管理部门等对信息披露的规定，对除财务会计报告以外的其他重要信息不披露或者进行虚假披露，如作虚假记载、误导性陈述或者有重大遗漏等。

2.“依法应当披露的其他重要信息”包括：招股说明书、债券募集办法、财务会计报告、上市报告等文件，上市公司年度报告、中期报告、临时报告及其他信息披露资料；金融机构的财务会计报告、风险管理状况、董事和高级管理人员变更以及其他重大事项等信息及基金信息、实际控制人、控股股东应当依法披露的重要信息等。

3.本条第一款规定的犯罪主体是单位，即“依法负有信息披露义务的公司、企业”。实践中，不能因为该款规定了单罚制，仅对单位直接负责的主管人员和其他直接责任人员设置了刑罚，就否认单位构成犯罪的实质。在司法实践中，应首先依法明确是单位构成了犯罪，再对有关责任人员予以处罚。同时，对犯本条规定之罪的，必要时可以根据有关规定作退市处理。

【相关立法】

参见本法第一百八十条项下【相关立法(1)】第八十条、第八十一条的规定，第511—512页。

【立案追诉标准】

《最高人民检察院、公安部关于公安机关管辖的刑事案件立案追诉标准的规定(二)》(公通字〔2022〕12号，20220515)

第六条　〔违规披露、不披露重要信息案(刑法第一百六十一条)〕依法负有信息披露义务的公司、企业向股东和社会公众提供虚假的或者隐瞒重要事实的财务会计报告，或者对依法应当披露的其他重要信息不按照规定披露，涉嫌下列情形之一的，应予立案追诉：

(一)造成股东、债权人或者其他人直接经济损失数额累计在一百万元以上的；

(二)虚增或者虚减资产达到当期披露的资产总额百分之三十以上的；

(三)虚增或者虚减营业收入达到当期披露的营业收入总额百分之三十以上的；

(四)虚增或者虚减利润达到当期披露的利润总额百分之三十以上的；

(五)未按照规定披露的重大诉讼、仲裁、担保、关联交易或者其他重大事项所涉及的数额或者连续十二个月的累计数额达到最近一期披露的净资产百分之五十以上的；

(六)致使不符合发行条件的公司、企业骗取发行核准或者注册并且上市交易的；

（七）致使公司、企业发行的股票或者公司、企业债券、存托凭证或者国务院依法认定的其他证券被终止上市交易的；

（八）在公司财务会计报告中将亏损披露为盈利，或者将盈利披露为亏损的；

（九）多次提供虚假的或者隐瞒重要事实的财务会计报告，或者多次对依法应当披露的其他重要信息不按照规定披露的；

（十）其他严重损害股东、债权人或者其他人利益，或者有其他严重情节的情形。

【司法指导文件】

《最高人民检察院经济犯罪检察厅关于办理财务造假犯罪案件有关问题的解答》(20240816)

三、关于违规披露、不披露重要信息罪的问题[①]

（十二）本罪立案追诉标准第五项“未按照规定披露的重大诉讼、仲裁、担保、关联交易以及其他重大事项所涉及的数额或者连续十二个月的累计数额达到最近一期披露的净资产50%以上”如何理解，是否应当按照临时披露义务、定期披露义务分别计算

根据证券法第七十九条、第八十条、第八十一条的规定，依法负有信息披露义务的公司、企业对重大诉讼、仲裁、担保、关联交易等重大事项，负有临时报告、定期报告双重信息披露义务。因此，对于临时披露重大事项违规比例、定期披露重大事项违规比例应当分别计算，其中一个比例达到该项标准的就应当立案追诉。

1.关于临时披露重大事项违规比例的计算。发生可能对证券交易价格产生重大影响的重大事项，公司、企业应当及时披露。对于违反该临时披露义务的，违规比例计算方法为：分子采用“先并后合”的方法，先将未按规定披露的重大诉讼、担保、仲裁、关联交易以及其他重大事项所涉及的数额合并计算，后将任意连续十二个月未按照规定披露的重大事项所涉及的数额累计计算，可跨不同会计年度；分母采用连续十二个月最后一笔未按照规定披露重大事项往前最近一期年度报告披露的净资产。

需要注意的是，关于分子，对于单笔重大事项未达临时披露标准，多笔重大事项累计达到临时披露标准的(按照交易所业务规则，诉讼、仲裁、担保、关联交易等重大事项，按不同类型分别累计至一定数额的应当临时披露)，以累计至披露标准的当次应当披露的数额计入分子。关于分母，由于交易所业务规则规定重大事项是否应当临时披露，一般以占最近一期经审计数额的比例为标准，因此分母选取经审计的年度报告，不选取中期报告。

2.关于定期披露重大事项违规比例的计算。定期披露文件应当对当期的诉讼、仲裁、担保、关联交易等重大事项进行完整披露。对于违反该定期披露义务的，违规比例计算方法为：分子采用当期披露文件未按规定披露的诉讼、仲裁、担保、关联交易等重大事项所涉及的合并数额；分母采用当期披露文件披露的净资产。

---

① 涉及本罪的一些共性问题，参见本法第一百六十条项下【司法指导文件】，第444—446页。

（十三）本罪的追诉时效问题

1.伪造财务数据后又实施虚假平账行为的，该虚假平账行为是财务造假行为的一部分，追诉期限从虚假平账行为终了之日起计算。

2.公司、企业违规不披露重要信息，违法行为有继续状态的，继续状态结束之日为行为终了之日，追诉期限从该日起计算。

【公安文件(1)】

《公安部经济犯罪侦查局关于如何认定湖北××股份有限公司涉嫌提供虚假财会报告罪[①]的批复》(公经〔2002〕549号，20020509)

……关于直接经济损失的认定。如湖北××股份有限公司(现湖北××生态农业股份有限公司)涉嫌提供虚假财会报告是中国证监会和公安机关对该公司进行调查的主要原因，则“涉嫌提供虚假财会报告”应认定为该公司股票下跌的直接原因，由此引起的该公司股票两次连续3天的下跌应计算为股东的经济损失。经济损失数额应包括该公司股票市值两次连续3天缩水的总额，即所有股东的整体损失。

【公安文件(2)】

《公安部经济犯罪侦查局关于认定烟台××电子信息产业股份有限公司涉嫌提供虚假财会报告罪犯罪结果的批复》(公经〔2002〕697号，20020623)

……烟台××电子信息产业股份有限公司因提供虚假财会报告被中国证监会调查后，该公司在2001年9月8日发布的风险提示报告、2002年4月17日及19日发布的较大会计差错报告，是导致该股在2001年9月8日、10日及2002年4月17日至22日连续数日股票大幅下跌的直接原因，在此期间该股市值缩小数额应计算为提供虚假财会报告给股东造成的经济损失，应认定为犯罪结果。

【指导性案例·检察】

〔博元投资股份有限公司、余蒂妮等人违规披露、不披露重要信息案，JZD66-2020〕

刑法规定违规披露、不披露重要信息罪只处罚单位直接负责的主管人员和其他直接责任人员，不处罚单位。公安机关以本罪将单位移送起诉的，检察机关应当对单位直接负责的主管人员及其他直接责任人员提起公诉，对单位依法作出不起诉决定。对单位需要给予行政处罚的，检察机关应当提出检察意见，移送证券监督管理部门依法处理。

〔吴某某等人违规披露重要信息案，JZD220-2025〕

人民检察院办理上市公司违规披露重要信息案件，应当查清上市公司原始生产经营情况，还原真实财务数据，与公开披露的财务数据进行比对，准确认定财务造假并违规披露重要信息的犯罪事实。要注重对行政执法证据的审查与运用。对于收集程序和来源合法、内容客观真实的书证、电子数据等客观性证据，可以作为指控犯罪的依据。要准确区分财务造假涉案人员的

---

① 本条项下【公安文件(1)】和【公安文件(2)】中的该罪名已变更为“违规披露、不披露重要信息罪”。——编者注

刑事责任，有针对性地进行分类处理。对于上市公司大股东、实际控制人、高级管理人员等实施犯罪的，依法从严惩处。

【法院案例库参考案例】

〔张某文违规不披露重要信息罪，2025-03-1-090-001〕上市公司所涉重大诉讼及披露义务时间节点的认定

1.上市公司所涉诉讼是否属于应当依法披露的重大诉讼，可参考《最高人民检察院、公安部关于公安机关管辖的刑事案件立案追诉标准的规定(二)》关于违规披露、不披露重要信息罪的立案追诉标准，结合涉诉案件发生时间、数量、标的及占公司净资产比例等实际情况进行综合判断。

2.上市公司所涉重大诉讼披露义务时间节点的确定，应坚持及时性原则，并充分考虑上市公司知情程度。上市公司作为被告的案件，在收到起诉材料后，对所涉诉讼的重大性具有充分认知，依据证券法相关规定，应当认定负有立即报告并依法披露的义务。

【《刑事审判参考》案例】

〔参考案例第285号：董博等提供虚假财会报告案〕如何认定提供虚假财会报告罪[①]中的直接责任人员？

提供虚假财会报告罪中承担刑事责任的直接负责的主管人员和其他直接责任人员，既包括对公司财务会计报告的真实性、可靠性负有直接责任的公司董事长、董事、总经理、经理、监事，同时还包括直接参与虚假财务会计报告制作的工作人员。

〔参考案例第824号：于在青违规不披露重要信息案〕依法负有披露义务的公司、企业对依法应披露的重要信息不按规定披露的，对直接负责的主管人员以及上市公司直接负责的主管人员如何处理？违规向不具有清偿能力的控股股东提供担保的行为如何定性？

1.依法负有披露义务的公司、企业对依法应当披露的重要信息不按规定披露的，对直接负责的主管人员以违规不披露重要信息罪论处。

2.上市公司直接负责的主管人员违规向不具有清偿能力的控股股东提供担保，未造成实际损失的，不构成背信损害上市公司利益罪。

〔参考案例第1435号：丹东欣泰电气股份有限公司及温德乙、刘明胜欺诈发行股票、违规披露重要信息案〕上市公司上市之前的欺诈行为与上市之后的违规披露行为是否应当数罪并罚？

资本市场财务造假行为主要通过信息违规披露的方式表现出来。对于不同阶段涉财务造假信息的违规披露行为，刑法规定了不同的罪名和相应的刑罚。欺诈发行股票罪[②]与违规披露重要信息罪是两个独立的罪名，侵犯的法益不同，二者也并非手段与目的的牵连关系，欺诈发行不意味着一定会违规披露，而违规披露也不一定是因为前面有欺诈发行行为。如果同时符合两个犯罪构成，就应当数罪并罚。

〔参考案例第1626号：被告人吴某某等人违规披露重要信息案〕违规披露信息的违法主体和犯罪主体是否应

① 本案例中的该罪名已变更为“违规披露、不披露重要信息罪”。——编者注
② 罪名已变更为“欺诈发行证券罪”。——编者注

当一致？证监会先行行政处罚是否为违规披露、不披露重要信息案件审理的前置程序？

1.上市公司所涉利益主体具有多元性，为避免无辜的中小股东利益遭受双重损害，刑法对违规披露重要信息罪只追究直接负责的主管人员和其他直接责任人员的刑事责任，不追究单位的刑事责任。鉴于行政案件与刑事案件的主观罪过不同，故该两类案件关于直接负责的主管人员和其他直接责任人员的范围也是不一致的。

2.证监会先行行政处罚不是违规披露、不披露重要信息案件审理的前置程序。

第一百六十二条 【妨害清算罪】公司、企业进行清算时，隐匿财产，对资产负债表或者财产清单作虚伪记载或者在未清偿债务前分配公司、企业财产，严重损害债权人或者其他人利益的，对其直接负责的主管人员和其他直接责任人员，处五年以下有期徒刑或者拘役，并处或者单处二万元以上二十万元以下罚金。

【立法 · 要点注释】

1.本罪主体在一般情况下，是进行清算的公司、企业法人。但如果清算组成员与公司、企业相勾结共同实施本条规定的行为，也应以共同犯罪依照本条规定追究刑事责任。

2.“隐匿财产”，是指将公司、企业财产予以转移、隐藏。公司、企业的财产既包括资金，也包括工具、设备、产品、货物等各种财物。

3.“对资产负债表或者财产清单作虚伪记载”，是指公司、企业在制作资产负债表或者财产清单时，故意采取隐瞒或者欺骗等方法，对资产负债或者财产清单进行虚报，以达到逃避公司、企业债务的目的。虚报公司、企业的财产，有的是可能采用少报、低报的手段，故意隐瞒或者缩小公司、企业的实际财产的数额；有的是采取夸大的手段，多报公司、企业的实际资产，如将公司、企业的厂房、设备、产品的实际价值高估高报，用以抵销或者偿还债务；也有的是对公司、企业现有债务状况进行夸张或不实记载；等等。

【立案追诉标准】

《最高人民检察院、公安部关于公安机关管辖的刑事案件立案追诉标准的规定(二)》(公通字〔2022〕12号，20220515)

第七条　〔妨害清算案(刑法第一百六十二条)〕公司、企业进行清算时，隐匿财产，对资产负债表或者财产清单作虚伪记载或者在未清偿债务前分配公司、企业财产，涉嫌下列情形之一的，应予立案追诉：

(一)隐匿财产价值在五十万元以上的；

(二)对资产负债表或者财产清单作虚伪记载涉及金额在五十万元以上的；

(三)在未清偿债务前分配公司、企业财产价值在五十万元以上的；

(四)造成债权人或者其他人直接经济损失数额累计在十万元以上的；

(五)虽未达到上述数额标准，但应清偿的职工的工资、社会保险费用和法定补偿金得不到及时清偿，造成恶劣社会影响的；

(六)其他严重损害债权人或者其

他人利益的情形。

【法院案例库参考案例】

〔王某乔妨害清算案，2023-03-1-091-001〕在未清偿债务前擅自处置公司财产行为的认定

行为人在其实际经营的公司被法院裁定受理破产申请后，隐匿财产，对管理人隐瞒不报，在未清偿债务前擅自处置公司财产，不仅造成破产清算工作失去真实、客观的依据，还严重损害了债权人或者其他人权益，符合妨害清算罪的构成要件。

第一百六十二条之一　【隐匿、故意销毁会计凭证、会计帐簿、财务会计报告罪】隐匿或者故意销毁依法应当保存的会计凭证、会计帐簿、财务会计报告，情节严重的，处五年以下有期徒刑或者拘役，并处或者单处二万元以上二十万元以下罚金。

单位犯前款罪的，对单位判处罚金，并对其直接负责的主管人员和其他直接责任人员，依照前款的规定处罚。

【修正说明】

本罪由刑法修正案第一条增设。

【立法 · 要点注释】

"隐匿"，是指有关机关要求其提供会计凭证、会计账簿、财务会计报告，以便监督检查其会计工作，查找犯罪证据时，故意转移、隐藏应当保存的会计凭证、会计账簿、财务会计报告的行为。"故意销毁"，是指故意将应当依法保存的会计凭证、会计账簿、财务会计报告予以毁灭、损毁的行为。

【立法解释性意见】

《全国人民代表大会常务委员会法制工作委员会关于对"隐匿、销毁会计凭证、会计账簿、财务会计报告构成犯罪的主体范围"问题的答复意见》（法工委复字〔2002〕3号，20020114）

根据全国人大常委会1999年12月25日刑法修正案第一条的规定，任何单位和个人在办理会计事务时对依法应当保存的会计凭证、会计账簿、财务会计报告，进行隐匿、销毁，情节严重的，构成犯罪，应当依法追究其刑事责任。

……

【立案追诉标准】

《最高人民检察院、公安部关于公安机关管辖的刑事案件立案追诉标准的规定(二)》（公通字〔2022〕12号，20220515）

第八条　〔隐匿、故意销毁会计凭证、会计帐簿、财务会计报告案(刑法第一百六十二条之一)〕隐匿或者故意销毁依法应当保存的会计凭证、会计帐簿、财务会计报告，涉嫌下列情形之一的，应予立案追诉：

(一)隐匿、故意销毁的会计凭证、会计帐簿、财务会计报告涉及金额在五十万元以上的；

(二)依法应当向监察机关、司法机关、行政机关、有关主管部门等提供而隐匿、故意销毁或者拒不交出会计凭证、会计帐簿、财务会计报告的；

(三)其他情节严重的情形。

【《刑事审判参考》案例】

〔参考案例第1206号：林垦、金敏隐匿会计凭证、会计账簿、财务会计报

告案〕未实施对抗监管部门监督检查的“隐匿”行为是否构成隐匿会计凭证、会计账簿、财务会计报告罪?

为了逃避有关监督检查部门依法实施的监督检查而实施的隐匿，才可能构成会计法意义上的“隐匿”。会计法规定的隐匿会计凭证、会计账簿、财务报告的目的，应当成为评价某一隐匿行为是否能够进入刑事处罚领域的依据。因而，评价某一行为是否构成隐匿会计凭证、会计账簿、财务报告罪，首先需要判断行为人所实施的隐匿行为是否为了逃避有关监督检查部门依法实施的监督检查。未实施对抗监管部门监督检查的“隐匿”行为不构成隐匿会计凭证、会计账簿、财务会计报告罪。

第一百六十二条之二　【虚假破产罪】公司、企业通过隐匿财产、承担虚构的债务或者以其他方法转移、处分财产，实施虚假破产，严重损害债权人或者其他人利益的，对其直接负责的主管人员和其他直接责任人员，处五年以下有期徒刑或者拘役，并处或者单处二万元以上二十万元以下罚金。

【修正说明】

本罪由刑法修正案(六)第六条增设。

【立法·要点注释】

1.“隐匿财产”，是指将公司、企业的财产予以转移、隐藏，或者对公司、企业的财产清单和资产负债表作虚假记载，或者采用少报、低报的手段，故意隐瞒、缩小公司、企业财产的实际数额。公司、企业的财产既包括资金，也包括工具、设备、产品、货物等各种财物。

2.“承担虚构的债务”，是指夸大公司、企业的负债状况，目的是造成公司资不抵债的假象。

3.“以其他方法转移、处分财产”，是指以隐匿财产、承担虚构的债务以外的方法转移、处分公司、企业的财产，如将公司、企业财产无偿或者以明显不合理的低价转让，以明显高于市场的价格受让财产，放弃公司、企业的债权等。

4.是否进入清算程序是区分本罪和妨害清算罪的关键。“实施虚假破产”的时间界限于公司、企业提出破产申请并进入清算程序之前，或者因为公司、企业资不抵债，由债权人提出破产申请并进入清算程序之前。

【立案追诉标准】

《最高人民检察院、公安部关于公安机关管辖的刑事案件立案追诉标准的规定(二)》(公通字〔2022〕12号，20220515)

第九条　〔虚假破产案(刑法第一百六十二条之二)〕公司、企业通过隐匿财产、承担虚构的债务或者以其他方法转移、处分财产，实施虚假破产，涉嫌下列情形之一的，应予立案追诉:

(一)隐匿财产价值在五十万元以上的;

(二)承担虚构的债务涉及金额在五十万元以上的;

(三)以其他方法转移、处分财产价值在五十万元以上的;

(四)造成债权人或者其他人直接经济损失数额累计在十万元以上的;

(五)虽未达到上述数额标准，但应清偿的职工的工资、社会保险费用和法定补偿金得不到及时清偿，造成恶劣社会影响的；

(六)其他严重损害债权人或者其他人利益的情形。

【法院案例库参考案例】

〔张某元虚假破产、挪用资金案，2025-03-1-093-001〕虚假破产罪的司法认定

1.公司、企业通过承担虚构的巨额债务等方式，造成公司、企业资不抵债的假象，实施虚假破产，符合刑法第一百六十二条之二规定的，依法以虚假破产罪论处。

2.对于已申请破产等着手实行虚假破产行为，由于法院审查发现虚假破产情形等犯罪分子意志以外的原因，而未能发生宣告破产等严重损害债权人或者其他人利益结果的，依法认定为犯罪未遂。

第一百六十三条　【非国家工作人员受贿罪】公司、企业或者其他单位的工作人员，利用职务上的便利，索取他人财物或者非法收受他人财物，为他人谋取利益，数额较大的，处三年以下有期徒刑或者拘役，并处罚金；数额巨大或者有其他严重情节的，处三年以上十年以下有期徒刑，并处罚金；数额特别巨大或者有其他特别严重情节的，处十年以上有期徒刑或者无期徒刑，并处罚金。

公司、企业或者其他单位的工作人员在经济往来中，利用职务上的便利，违反国家规定，收受各种名义的回扣、手续费，归个人所有的，依照前款的规定处罚。

【受贿罪】国有公司、企业或者其他国有单位中从事公务的人员和国有公司、企业或者其他国有单位委派到非国有公司、企业以及其他单位从事公务的人员有前两款行为的，依照本法第三百八十五条、第三百八十六条的规定定罪处罚。

【第二次修正前条文】

第一百六十三条　【非国家工作人员受贿罪】公司、企业或者其他单位的工作人员利用职务上的便利，索取他人财物或者非法收受他人财物，为他人谋取利益，数额较大的，处五年以下有期徒刑或者拘役；数额巨大的，处五年以上有期徒刑，可以并处没收财产。

公司、企业或者其他单位的工作人员在经济往来中，利用职务上的便利，违反国家规定，收受各种名义的回扣、手续费，归个人所有的，依照前款的规定处罚。

【受贿罪】国有公司、企业或者其他国有单位中从事公务的人员和国有公司、企业或者其他国有单位委派到非国有公司、企业以及其他单位从事公务的人员有前两款行为的，依照本法第三百八十五条、第三百八十六条的规定定罪处罚。

【第一次修正前条文】

第一百六十三条　【公司、企业人员受贿罪】公司、企业的工作人员利用职务上的便利，索取他人财物或者非法收受他人财物，为他人谋取利益，数额较大的，处五年以下有期徒刑或者拘役；数额巨大的，处五年以上有期徒刑，可以并处没收财产。

公司、企业的工作人员在经济往来中，违反国家规定，收受各种名义的回扣、手续费，归个人所有的，依照前款的规定处罚。

扣、手续费，归个人所有的，依照前款的规定处罚。

【受贿罪】国有公司、企业中从事公务的人员和国有公司、企业委派到非国有公司、企业从事公务的人员有前两款行为的，依照本法第三百八十五条、第三百八十六条的规定定罪处罚。

【修正说明】

1.刑法修正案(六)第七条扩大了本罪主体，增加了关于“其他单位的工作人员”的规定。

2.刑法修正案(十一)第十条对本条作出下述修改：一是提高了非国家工作人员受贿罪的法定刑，将法定最高刑提高到无期徒刑，增加罚金刑；二是调整了刑罚档次配置，与贪污受贿罪的规定平衡，实现罪责刑相适应。

【立法·要点注释】

司法机关在办理非公有制企业等单位中的贿赂犯罪时，要根据本条规定的精神，区分不同情况，把握好法律和政策界限，当严则严、当宽则宽。如对于建立了规范的法人治理结构，由职业经理人经营的企业，与股东兼任经营者的小型企业或者家族企业，在刑事政策掌握上应当有所区别。

【立案追诉标准】

《最高人民检察院、公安部关于公安机关管辖的刑事案件立案追诉标准的规定(二)》(公通字〔2022〕12号，20220515)

第十条　〔非国家工作人员受贿案(刑法第一百六十三条)〕公司、企业或者其他单位的工作人员利用职务上的便利，索取他人财物或者非法收受他人财物，为他人谋取利益，或者在经济往来中，利用职务上的便利，违反国家规定，收受各种名义的回扣、手续费，归个人所有，数额在三万元以上的，应予立案追诉。

【司法解释】

《最高人民法院、最高人民检察院关于办理贪污贿赂刑事案件适用法律若干问题的解释》(法释〔2016〕9号，20160418)

第十一条第一款　刑法第一百六十三条规定的非国家工作人员受贿罪、第二百七十一条规定的职务侵占罪中的“数额较大”“数额巨大”的数额起点，按照本解释关于受贿罪、贪污罪相对应的数额标准规定的二倍、五倍执行。[①]

【司法指导文件(1)】

《最高人民法院、最高人民检察院关于办理商业贿赂刑事案件适用法律若干问题的意见》(法发〔2008〕33号，20081120)

一、商业贿赂犯罪涉及刑法规定的以下八种罪名：(1)非国家工作人员受贿罪(刑法第一百六十三条)；(2)对非国家工作人员行贿罪(刑法第一百六十四条)；(3)受贿罪(刑法第三百八十五条)；(4)单位受贿罪(刑法第三百八十七条)；(5)行贿罪(刑法第三百八十九条)；(6)对单位行贿罪(刑法第三百九十一条)；(7)介绍贿赂罪(刑法第三百九十二条)；(8)单位行贿罪(刑法第三百九十

---

① 对于该款规定的适用，需结合刑法修正案(十一)第十条修正的刑法第一百六十三条以及本条项下【立案追诉标准】第十条的规定综合考虑。——编者注

三条)。[①]

二、刑法第一百六十三条、第一百六十四条规定的“其他单位”，既包括事业单位、社会团体、村民委员会、居民委员会、村民小组等常设性的组织，也包括为组织体育赛事、文艺演出或者其他正当活动而成立的组委会、筹委会、工程承包队等非常设性的组织。

三、刑法第一百六十三条、第一百六十四条规定的“公司、企业或者其他单位的工作人员”，包括国有公司、企业以及其他国有单位中的非国家工作人员。

四、……医疗机构中的非国家工作人员，有前款行为，数额较大的，依照刑法第一百六十三条的规定，以非国家工作人员受贿罪定罪处罚。

医疗机构中的医务人员，利用开处方的职务便利，以各种名义非法收受药品、医疗器械、医用卫生材料等医药产品销售方财物，为医药产品销售方谋取利益，数额较大的，依照刑法第一百六十三条的规定，以非国家工作人员受贿罪定罪处罚。

五、……学校及其他教育机构中的非国家工作人员，有前款行为，数额较大的，依照刑法第一百六十三条的规定，以非国家工作人员受贿罪定罪处罚。

学校及其他教育机构中的教师，利用教学活动的职务便利，以各种名义非法收受教材、教具、校服或者其他物品销售方财物，为教材、教具、校服或者其他物品销售方谋取利益，数额较大的，依照刑法第一百六十三条的规定，以非国家工作人员受贿罪定罪处罚。

六、依法组建的评标委员会、竞争性谈判采购中谈判小组、询价采购中询价小组的组成人员，在招标、政府采购等事项的评标或者采购活动中，索取他人财物或者非法收受他人财物，为他人谋取利益，数额较大的，依照刑法第一百六十三条的规定，以非国家工作人员受贿罪定罪处罚。……

七、商业贿赂中的财物，既包括金钱和实物，也包括可以用金钱计算数额的财产性利益，如提供房屋装修、含有金额的会员卡、代币卡(券)、旅游费用等。具体数额以实际支付的资费为准。

八、收受银行卡的，不论受贿人是否实际取出或者消费，卡内的存款数额一般应全额认定为受贿数额。使用银行卡透支的，如果由给予银行卡的一方承担还款责任，透支数额也应当认定为受贿数额。

九、在行贿犯罪中，“谋取不正当利益”，是指行贿人谋取违反法律、法规、规章或者政策规定的利益，或者要求对方违反法律、法规、规章、政策、行业规范的规定提供帮助或者方便条件。……

十、办理商业贿赂犯罪案件，要注意区分贿赂与馈赠的界限。主要应当结合以下因素全面分析、综合判断：(1)发生财物往来的背景，如双方是否存在亲友关系及历史上交往的情形和程度；(2)往来财物的价值；(3)财物往来的缘由、时机和方式，提供财物方对于接受方有无职务上的请托；(4)接受方是否利用职务上的便利为提供方谋取利益。

十一、非国家工作人员与国家工作

① 该意见发布后，刑法经多次修正，相关罪名有所扩大。——编者注

人员通谋，共同收受他人财物，构成共同犯罪的，根据双方利用职务便利的具体情形分别定罪追究刑事责任：

(1)利用国家工作人员的职务便利为他人谋取利益的，以受贿罪追究刑事责任。

(2)利用非国家工作人员的职务便利为他人谋取利益的，以非国家工作人员受贿罪追究刑事责任。

(3)分别利用各自的职务便利为他人谋取利益的，按照主犯的犯罪性质追究刑事责任，不能分清主从犯的，可以受贿罪追究刑事责任。

【司法指导文件(1)·注释】

1.本条中的"其他单位"，既包括事业单位、社会团体、村民委员会、居民委员会、村民小组等常设性的组织，也包括为组织体育赛事、文艺演出或者其他正当活动而成立的组委会、筹委会、工程承包队等临时性的组织。其他没有列举的临时性组织，如债权人会议、清算组等是否属于其他单位，需要在实践中具体把握。在具体认定中，由于单位的组织形式多样，对单位成立的要求不尽相同，那些完全具备单位的实质特征，只是由于没有依法登记或者没有经主管部门依法批准或备案，形式上存在瑕疵的，不影响对其属于"其他单位"的认定。

2.关于医生的处方行为。医生的处方行为虽然是一种职务行为，但不具有从事公务的性质，因而不符合受贿罪的主体特征，应当按非国家工作人员受贿罪论处。但是，医院科室主任在接受医药产品销售方请托向院里推荐或者建议采购该医药产品的行为，属于从事公务的行为。对非国有医院而言，除认定为国家工作人员的外，均应按非国家工作人员受贿罪处理。

3.关于"财物"。从司法层面看，在原则上坚持贿赂为财物的同时，当前对于贿赂范围的理解和掌握实际上有一定程度的突破，部分可以直接物化的财产性利益如免费旅游、无偿劳务、债务免除、消费权证等有时也会视具体情况被认定为贿赂。至于非财产性利益如招工提干、调换工作、迁移户口、晋升职务等则一般不被视为贿赂。

4.关于收受银行卡的受贿行为。行贿人提供了完全充分的信息，足以保证受贿人完全取出卡内余款或者消费，由于银行方面的原因，如技术故障导致受贿人暂时不能全额取出存款或者消费的，或者由于受贿人自身操作技术问题，如记错密码、操作错误导致其暂时不能全额取出存款或者消费的，或者由于受贿人认识错误如认为已经将卡内存款用完而没有完全取出或者消费的，未取出或者未消费的卡内存款余额应当认定为受贿数额。另外，行贿人送卡后抽回存款或者以挂失等方式阻碍受贿人取款或者消费的，受贿数额以实际取款或者消费的数额计算。因行贿人的上述行为未能实际取款或者消费的，按受贿未遂论处。

【司法指导文件(2)】

《最高人民检察院法律政策研究室关于在房屋拆迁过程中利用职务便利索取贿赂如何定性的批复》(20030514)

……国有资本控股的上海杨房拆迁综合服务有限公司受建设单位委托对政府决策改造的地块进行拆迁，是依据法律规定进行市场运作的企业行为而非受政府委托的管理职能行为。犯罪嫌疑人沈×作为国有资本控股公司的一般工作人员，既不属于在国有公司中从事公务的人员，又不是受委派在非国有公司中从事公务的人员。其利用在房屋拆迁过程中的职务便利索取贿赂，应依法认定为公司、企业人员受贿罪[①]。

【法院案例库参考案例】

〔陈某等非国家工作人员受贿案，2024-03-1-094-004〕业主委员会成员利用职务便利收受财物行为的定性

业主委员会是业主大会的常设执行机构，属于刑法第一百六十三条第一款规定的"其他单位"。业主委员会的工作人员利用职务上的便利，索取他人财物或者非法收受他人财物，为他人谋取利益，数额较大的，应当以非国家工作人员受贿罪论处；与业主委员会的工作人员共谋，索取他人财物或者非法收受他人财物的，以非国家工作人员受贿罪的共犯论处。

〔刘某非国家工作人员受贿案，2024-03-1-094-003〕实际任职公司与签劳动合同公司不一致的非国家工作人员受贿罪的认定

虽然行为人签订劳动合同的公司与其实际任职公司不一致，但是公司之间存在上下级等关联关系，行为人利用实际任职公司职务上的便利，为他人谋取利益，收受他人财物，数额较大的，亦构成非国家工作人员受贿罪。

〔陈某非国家工作人员受贿案，2024-03-1-094-005〕非国家工作人员受贿罪主体要件的认定

非国家工作人员受贿罪的主体是公司、企业或者其他单位的工作人员，既包括在成立后的公司、企业或者其他单位中任职的工作人员，也包括在公司、企业或者其他单位设立过程中的发起人等筹备人员。

【《刑事审判参考》案例】

〔参考案例第320号：杨志华非国家工作人员受贿案〕筹建中的企业工作人员利用职务便利为他人谋取利益非法收受、索取财物的如何定性？

筹建中的企业工作人员利用职务便利，为他人谋取利益非法收受、索取财物，数额较大的，可以按非国家工作人员受贿罪定罪处罚。

〔参考案例第960号：高世银非国家工作人员受贿案〕村民委员会主任在村自行修建道路中收受他人贿赂的如何定性？

只有依法把村农民集体土地转为国有土地，在该土地上修建道路等公共设施才属于公务活动，系"政府工程"。反之，相关建设活动仍然属于村民自治范围内的事务，建设主体为村集体经济组织或者村民委员会。从事村民自治范围经营、管理活动的村民委员会人员，不属于其他依照法律从事公务的人员。如果该类人员利用上述便利条件，非法收受他人财物，为他人谋取利益构成犯罪的，应当以非国家工作人员受贿罪追究刑事责任。

〔参考案例第935号：陈凯旋受贿案〕省农村信用合作社联合社委派到市、县、乡、镇农村信用合作社联合社、农村信用合作联社的人员是否属于"以国家工作人员论"的范围？

仅具有受国有单位委派的形式特

---

① 罪名已变更为"非国家工作人员受贿罪"。——编者注

征，但无“从事公务”这一认定国家工作人员的实质内容的，不能认定为国家工作人员。

〔参考案例第959号：宋涛非国家工作人员受贿案〕如何认定国有控股企业中一般中层管理干部的国家工作人员身份？

1.在国有控股、参股公司等国家出资企业中，国家工作人员的认定，需具备负有管理、监督国有资产职责的组织批准或决定的形式要件。“负有管理、监督国有资产职责的组织”一般是指上级或者本级国家出资企业领导部门和联席会议。根据有关组织原则，改制后的国家出资企业一般仍设有领导部门，并由本级或者上级领导部门决定人事任免。由其任命并代表其从事公务的人员，应当认定为国家工作人员。而国家出资公司的股东会、董事会、监事会，包括公司的人事组织部门，均不是适格的任命主体。

2.在国有控股、参股公司国家工作人员身份的认定中，除了需要审查行为人的任命程序，还需要着重核实其所从事的工作性质，看其是否“代表负有管理、监督国有资产职责的组织”，从事“组织、领导、监督、经营、管理工作”。从实质层面而言，国有出资企业中“代表人员”认定为国家工作人员，还要求其所从事的工作同时具备以下两大特征：(1)代表性。作为授权方的负有管理、监督国有资产职责的组织，与作为被授权方的国家工作人员，通过批准、研究决定等方式，产生一种委托法律关系。换言之，在国家出资企业中，国家工作人员系代表国有资产的监督、管理组织从事工作，这种代表性是认定国家工作人员身份的首要特征。(2)公务性。在实践认定中，要注意考察公务与职权的关联性。公务首先是管理性的事务，而不是一般的技术性、业务性的活动，与劳务相比其具有明显的管理属性。值得注意的是，在国有出资企业中，公务有公司性的公务和国家性的公务之分。前者代表公司整体利益的行为，而后者仅代表国有资产组织管理的行为。

3.实践中，一般做法是，行为人的身份如果符合形式要件，即经国家出资企业中负有管理、监督国有资产职责的组织批准或者研究决定，即使从事的是公司性的公务，也应以国家工作人员从事公务论。因为在国家出资企业中，国家性的公务必然包含在公司性的公务中。如果行为人的身份不符合形式要件，但从事的本质上属于国家性的公务，原则上也应以国家工作人员从事公务论。刑事实体法，对犯罪概念的界定更强调实质原则。强调这一原则的主要考虑是为了防止行为人规避法律。如果行为人实质从事国有资产的监督、管理，仅因为缺少形式要件或者故意使形式要件不成就，就不以国家工作人员从事公务论，则必然助长国家出资企业中的犯罪之风，不利于国有资产的保护。

〔参考案例第1055号：王海洋非国家工作人员受贿、挪用资金案〕如何认定国家出资企业中工作人员的主体身份？

对公司性质的认定，不能仅凭公司的工商注册登记或者公司自身所做的理解与适用，而应当严格依照《最高人民法院、最高人民检察院关于办理国家出资企业中职务犯罪案件具体应用法律若干问题的意见》第七条的规定，遵循“谁投资、谁拥有产权”的原则，从公司的实际出资情况进行认定。

〔参考案例第1207号：周根强、朱江华非国家工作人员受贿案〕受国家机关委托行使行政管理职权的公司将相关职权再次委托给其他人员，相关人员的滥用职权行为和收受财物行为如何认定？

1.受国有公司的委托管理相关事务的主体因为并非直接接受国家机关的委托而不属于国家机关工作人员和国家工作人员的范畴，不属于滥用职权罪和受贿罪的适格主体，故对行为人收受财物的行为应以非国家工作人员受贿罪定罪处罚。

2.受贿罪的主体不包括受委托管理、经营国有财产的人员。

第一百六十四条　【对非国家工作人员行贿罪】为谋取不正当利益，给予公司、企业或者其他单位的工作人员以财物，数额较大的，处三年以下有期徒刑或者拘役，并处罚金；数额巨大的，处三年以上十年以下有期徒刑，并处罚金。

【对外国公职人员、国际公共组织官员行贿罪】为谋取不正当商业利益，给予外国公职人员或者国际公共组织官员以财物的，依照前款的规定处罚。

单位犯前两款罪的，对单位判处罚金，并对其直接负责的主管人员和其他直接责任人员，依照第一款的规定处罚。

行贿人在被追诉前主动交待行贿行为的，可以减轻处罚或者免除处罚。

【第三次修正前条文】

第一百六十四条　【对非国家工作人员行贿罪】为谋取不正当利益，给予公司、企业或者其他单位的工作人员以财物，数额较大的，处三年以下有期徒刑或者拘役；数额巨大的，处三年以上十年以下有期徒刑，并处罚金。

【对外国公职人员、国际公共组织官员行贿罪】为谋取不正当商业利益，给予外国公职人员或者国际公共组织官员以财物的，依照前款的规定处罚。

单位犯前两款罪的，对单位判处罚金，并对其直接负责的主管人员和其他直接责任人员，依照第一款的规定处罚。

行贿人在被追诉前主动交待行贿行为的，可以减轻处罚或者免除处罚。

【第二次修正前条文】

第一百六十四条　【对非国家工作人员行贿罪】为谋取不正当利益，给予公司、企业或者其他单位的工作人员以财物，数额较大的，处三年以下有期徒刑或者拘役；数额巨大的，处三年以上十年以下有期徒刑，并处罚金。

单位犯前款罪的，对单位判处罚金，并对其直接负责的主管人员和其他直接责任人员，依照前款的规定处罚。

行贿人在被追诉前主动交待行贿行为的，可以减轻处罚或者免除处罚。

【第一次修正前条文】

第一百六十四条　【对公司、企业人员行贿罪】为谋取不正当利益，给予公司、企业的工作人员以财物，数额较大的，处三年以下有期徒刑或者拘役；数额巨大的，处三年以上十年以下有期徒刑，并处罚金。

单位犯前款罪的，对单位判处罚金，并对其直接负责的主管人员和其他直接责任人员，依照前款的规定处罚。

行贿人在被追诉前主动交待行贿行为的，可以减轻处罚或者免除处罚。

【修正说明】

1.刑法修正案(六)第八条将向公司、企业以外的“其他单位”的非国家工作人员行贿行为规定为犯罪。

2.刑法修正案(八)第二十九条将“为谋取不正当商业利益，给予外国公职人员或者国际公共组织官员以财物”的行为增加规定为犯罪。

3.刑法修正案(九)第十条对为谋取不正当利益，给予公司、企业或者其他单位的工作人员以财物，数额较大的，在处三年以下有期徒刑或者拘役的同时，增加了“并处罚金”的规定。

【相关立法】

《中华人民共和国反不正当竞争法》(20251015)

第八条　经营者不得采用给予财物或者其他手段贿赂下列单位或者个人，以谋取交易机会或者竞争优势：

(一)交易相对方的工作人员；

(二)受交易相对方委托办理相关事务的单位或者个人；

(三)利用职权或者影响力影响交易的单位或者个人。

前款规定的单位和个人不得收受贿赂。

经营者在交易活动中，可以以明示方式向交易相对方支付折扣，或者向中间人支付佣金。经营者向交易相对方支付折扣、向中间人支付佣金的，应当如实入账。接受折扣、佣金的经营者也应当如实入账。

经营者的工作人员进行贿赂的，应当认定为经营者的行为；但是，经营者有证据证明该工作人员的行为与为经营者谋取交易机会或者竞争优势无关的除外。

【立案追诉标准】

《最高人民检察院、公安部关于公安机关管辖的刑事案件立案追诉标准的规定(二)》(公通字〔2022〕12号，20220515)

第十一条　〔对非国家工作人员行贿案(刑法第一百六十四条第一款)〕为谋取不正当利益，给予公司、企业或者其他单位的工作人员以财物，个人行贿数额在三万元以上的，单位行贿数额在二十万元以上的，应予立案追诉。

第十二条　〔对外国公职人员、国际公共组织官员行贿案(刑法第一百六十四条第二款)〕为谋取不正当商业利益，给予外国公职人员或者国际公共组织官员以财物，个人行贿数额在三万元以上的，单位行贿数额在二十万元以上的，应予立案追诉。

【司法解释】

《最高人民法院、最高人民检察院关于办理贪污贿赂刑事案件适用法律若干问题的解释》(法释〔2016〕9号，20160418)

第十一条第三款　刑法第一百六十四条第一款规定的对非国家工作人员行贿罪中的“数额较大”“数额巨大”的数额起点，按照本解释第七条、第八条第一款关于行贿罪的数额标准规定的二倍执行。[①]

【司法指导文件(1)】

《最高人民法院、最高人民检察院关于办理商业贿赂刑事案件适用法律若干问题的意见》(法发〔2008〕33号,20081120)

九、在行贿犯罪中,"谋取不正当利益",是指行贿人谋取违反法律、法规、规章或者政策规定的利益,或者要求对方违反法律、法规、规章、政策、行业规范的规定提供帮助或者方便条件。

在招标投标、政府采购等商业活动中,违背公平原则,给予相关人员财物以谋取竞争优势的,属于"谋取不正当利益"。

【司法指导文件(2)】

《最高人民法院研究室关于向非国家工作人员介绍贿赂行为如何定性问题的研究意见》(2012)

对于向非国家工作人员介绍贿赂行为,根据罪刑法定原则,不宜定罪处罚。但对于确已明显构成行贿共犯或者受贿共犯的,予以定罪处罚,也依法有据,并不违反罪刑法定原则。

【公安文件】

《公安部经济犯罪侦查局关于对××商业贿赂案如何定性的批复》(公经〔2002〕1299号,20021025)

认定对公司、企业人员行贿案的必要条件是为获取不正当利益。不正当利益是指获取的利益违反法律、法规、国家政策、规章制度。在推销药品过程中,采用宴请、送礼券、现金和实物等手段,扩大药品的市场销售量,由此获取的利益违反了《中华人民共和国反不正当竞争法》第八条和第二十二条的规定,属不正当利益。[②]

【法院案例库参考案例】

〔张某军、刘某伟对非国家工作人员行贿案,2025-03-1-095-001〕国有建设用地使用权挂牌出让过程中串通竞买行为的定性

串通投标罪系发生在招投标领域的犯罪。挂牌出让和招标出让是国有建设用地使用权出让两种相互独立的方式,行为人在国有建设用地使用权挂牌出让过程中串通竞买的,不符合串通投标罪的客观要件,依法不能认定串通投标罪。相关行为符合对非国家工作人员行贿罪等其他罪名构成要件的,应当按照相应罪名依法惩处。

第一百六十五条　【非法经营同类营业罪】国有公司、企业的董事、监事、高级管理人员,利用职务便利,自己经营或者为他人经营与其所任职公司、企业同类的营业,获取非法利益,数额巨大的,处三年以下有期徒刑或者拘役,并处或者单处罚金;数额特别巨大的,处三年以上七年以下有期徒刑,并处罚金。

其他公司、企业的董事、监事、高级管理人员违反法律、行政

---

① 对于该款规定的适用,需结合刑法修正案(十一)的立法精神以及本条项下【立案追诉标准】第十一条的规定综合考虑。——编者注

② 2025年修订的反不正当竞争法第八条和第二十四条。按照该法第八条的表述,"为谋取不正当利益"可以理解为"谋取交易机会或者竞争优势"。——编者注

法规规定，实施前款行为，致使公司、企业利益遭受重大损失的，依照前款的规定处罚。

【修正前条文】

第一百六十五条　【非法经营同类营业罪】国有公司、企业的董事、经理利用职务便利，自己经营或者为他人经营与其所任职公司、企业同类的营业，获取非法利益，数额巨大的，处三年以下有期徒刑或者拘役，并处或者单处罚金；数额特别巨大的，处三年以上七年以下有期徒刑，并处罚金。

【修正说明】

刑法修正案(十二)第一条对本条作出下述修改：一是将国有公司、企业的“董事、经理”改为“董事、监事、高级管理人员”；二是将本罪的适用范围由国有公司、企业扩充至包括其他公司、企业在内。

【立法·要点注释】

1.“利用职务便利”，是指利用自己在国有公司、企业任董事、监事、高级管理人员掌管材料、物资、市场、计划、销售等便利条件，既包括本人在经营、管理国家出资企业事务中的职权，也包括利用在职务上有隶属、制约关系的他人的职权。

2.“自己经营”，包括以私人名义另行注册公司、企业，有的是以亲友的名义注册公司、企业，有的是在他人经办的公司、企业中入股进行经营。

3.“为他人经营”，是指行为人虽未参与投资和利润分配，但被雇佣、聘用担任他人公司、企业的管理人员参与管理，或者幕后为他人的公司、企业的业务进行策划、指挥，并领取一定报酬的行为。

4.“同类的营业”，是指从事与其所任职国有公司、企业相同或者相近似的业务。实践中，对于同类的营业中的“类”，需要结合国民经济行业分类标准中的“小类”、国家统计局发布的统计用产品分类目录以及具体案情确定。国有公司、企业董事、监事、高级管理人员非法经营同类营业行为，获取非法利益，数额巨大的，才构成犯罪。所谓“非法利益”，是指行为人获取的与其非法经营所得相关的利益，包括金钱、物品和可折算为金钱的财产性利益。

5.本条第二款规定了“依照前款的规定处罚”，是指依照第一款的两档刑罚处罚，具体是指，对于致使公司、企业利益遭受重大损失的，处三年以下有期徒刑或者拘役，并处或者单处罚金；致使公司、企业利益遭受特别重大损失的，处三年以上七年以下有期徒刑，并处罚金。

【法院案例库参考案例】

〔陈某明受贿、贪污、非法经营同类营业案，2024-18-1-404-003〕非法经营同类营业罪与受贿罪的界分

1.界分非法经营同类营业罪与受贿罪的关键在于获利方式和利益来源不同。非法经营同类营业罪系通过实际开展“竞业经营”活动来获取非法利益，需要投入一定成本并承担相应经营风险，所获利益部分是经营利润。受贿罪则通常不存在经营行为，行为人无实际投入、不负担亏损，利益来源不是经营活动盈利，而是“权钱交易”对价。

2.非法经营同类营业罪的“经营”包括策划、组织、管理等行为，具有营利性、风险性。行为人利用职务便利为他人经营的同类营业提供帮助，但没有参与策划、组织、管理等行为的，不能认定为非法经营同类营业罪的“经营”行为，不构成非法经营同类营业罪；对于行为人因所涉行为获取非法利益，符合其他犯罪的，以相应犯罪论处。

【《刑事审判参考》案例】

〔参考案例第1298号：吴小军非法经营同类营业、对非国家工作人员行贿案〕对“同类营业”应坚持怎样的判断标准？

“同类营业”并非“同样营业”。行为人利用其担任国有公司总经理期间获得的交易信息及前期所做工作，通过其他公司运作融资项目，将本应属于所在单位的交易机会据为己有，其行为构成非法经营同类营业罪而非受贿罪。

第一百六十六条　【为亲友非法牟利罪】国有公司、企业、事业单位的工作人员，利用职务便利，有下列情形之一，致使国家利益遭受重大损失的，处三年以下有期徒刑或者拘役，并处或者单处罚金；致使国家利益遭受特别重大损失的，处三年以上七年以下有期徒刑，并处罚金：

（一）将本单位的盈利业务交由自己的亲友进行经营的；

（二）以明显高于市场的价格从自己的亲友经营管理的单位采购商品、接受服务或者以明显低于市场的价格向自己的亲友经营管理的单位销售商品、提供服务的；

（三）从自己的亲友经营管理的单位采购、接受不合格商品、服务的。

其他公司、企业的工作人员违反法律、行政法规规定，实施前款行为，致使公司、企业利益遭受重大损失的，依照前款的规定处罚。

【修正前条文】

第一百六十六条　【为亲友非法牟利罪】国有公司、企业、事业单位的工作人员，利用职务便利，有下列情形之一，使国家利益遭受重大损失的，处三年以下有期徒刑或者拘役，并处或者单处罚金；致使国家利益遭受特别重大损失的，处三年以上七年以下有期徒刑，并处罚金：

（一）将本单位的盈利业务交由自己的亲友进行经营的；

（二）以明显高于市场的价格向自己的亲友经营管理的单位采购商品或者以明显低于市场的价格向自己的亲友经营管理的单位销售商品的；

（三）向自己的亲友经营管理的单位采购不合格商品的。

【修正说明】

刑法修正案(十二)第二条对本条作出下述修改：一是将第一款中的“使国家利益遭受重大损失的”修改为“致使国家利益遭受重大损失的”；二是将“向自己的亲友经营管理的单位采购商品”修改为“从自己的亲友经营管理的单位采购商品”，并增列了“接受服务”“提供服务”行为；三是增列了其他公司、企业的工作人员实施相关背信行为的责任。

【立法 · 要点注释】

1.关于“其他公司、企业”，范围上

是除了国有公司、企业、事业单位之外的其他公司、企业，类型上包括但不限于有限责任公司、股份有限公司、合伙企业等。

2.关于“违反法律、行政法规”，符合法律、行政法规规定的条件或者程序作出的同类营业和有关关联交易不构成犯罪。例如，向董事会或者股东会报告，并按照公司章程的规定经董事会或者股东会决议通过的情形，不属于“违反法律、行政法规”。

3.关于“致使公司、企业利益遭受重大损失”，“重大损失”的判定，要结合公司、企业的规模、经营情况等综合判断，具体标准需要相关司法解释予以明确。损失原则上以实际造成的损失为判断标准，如营业收入、额外支出费用、货物损失等。对于客户资源、商业机会等难以量化或者非短期可见的是否属于损失范围，还要通过证据情况及因果关系等角度综合判断。

【法院案例库参考案例】

〔阚某利为亲友非法牟利、贪污、受贿案，2025-03-1-098-001〕为亲友非法牟利罪中“本单位的盈利业务”和“致使国家利益遭受重大损失”的认定

为亲友非法牟利罪中“本单位的盈利业务”的认定，应当结合当时市场环境、行业经营状况、盈利预期、亲友实际获利情况等进行综合判断。在认定是否“致使国家利益遭受重大损失”时，可根据相关业务具体情况，将亲友获利数额作为考虑因素。

第一百六十七条 【签订、履行合同失职被骗罪】国有公司、企业、事业单位直接负责的主管人员，在签订、履行合同过程中，因严重不负责任被诈骗，致使国家利益遭受重大损失的，处三年以下有期徒刑或者拘役；致使国家利益遭受特别重大损失的，处三年以上七年以下有期徒刑。

【立法·要点注释】

“严重不负责任”在实践中表现为各种各样的行为：有的盲目轻信，不认真审查对方当事人的合同主体资格、资信情况；有的不认真审查对方的履约能力和货源情况；有的贪图个人私利，关心的不是产品的质量和价格，而是个人能否得到回扣、从中捞取多少利益，在得到好处后，在质量上舍优求劣，在价格上舍低就高，在路途上舍近求远；有的在销售商品时，则对并非滞销甚至是紧俏的商品，让价出售或赊销，以权谋私，导致被骗；有的无视规章制度和工作纪律，擅自越权，签订或者履行经济合同；有的急于推销产品，上当受骗；有的不辨真假，盲目吸收投资，同假外商签订引资合作协议等；有的违反规定为他人签订经济合同提供担保，导致发生纠纷时承担保证责任。

【相关立法】

《全国人民代表大会常务委员会关于惩治骗购外汇、逃汇和非法买卖外汇犯罪的决定》(19981229)

七、金融机构、从事对外贸易经营活动的公司、企业的工作人员严重不负责任，造成大量外汇被骗购或者逃汇，致使国家利益遭受重大损失的，依照刑法第一百六十七条的规定定罪处罚。

【审判实务释疑】

签订、履行合同失职被骗犯罪是否以对方当事人的行为构成诈骗犯罪为要件?

认定签订、履行合同失职被骗罪和国家机关工作人员签订、履行合同失职罪[①]应当以对方当事人涉嫌诈骗,行为构成犯罪为前提。

但司法机关在办理或者审判行为人被指控犯有上述两罪的案件过程中,不能以对方当事人已经被人民法院判决构成诈骗犯罪作为认定本案当事人构成签订、履行合同失职被骗罪或者国家机关工作人员签订、履行合同失职罪的前提。

也就是说,司法机关在办理案件过程中,只要认定对方当事人的行为已经涉嫌构成诈骗犯罪,就可依法认定行为人构成签订、履行合同失职被骗罪或者国家机关工作人员签订、履行合同失职罪,而不需要搁置或者中止审理,直至对方当事人被人民法院审理并判决构成诈骗犯罪。[②]

【《刑事审判参考》案例】

〔参考案例第270号:高原、梁汉钊信用证诈骗,签订、履行合同失职被骗案〕如何理解签订、履行合同失职被骗罪的客观条件?

本罪中的"诈骗"指犯罪行为,不能将一般民事欺诈行为理解为诈骗,但是,在认定时,无须以合同相对方已被人民法院以诈骗类犯罪定罪为前提,只需要在程序上认定对方已涉嫌诈骗犯罪即可。

第一百六十八条 【国有公司、企业、事业单位人员失职罪】【国有公司、企业、事业单位人员滥用职权罪】国有公司、企业的工作人员,由于严重不负责任或者滥用职权,造成国有公司、企业破产或者严重损失,致使国家利益遭受重大损失的,处三年以下有期徒刑或者拘役;致使国家利益遭受特别重大损失的,处三年以上七年以下有期徒刑。

国有事业单位的工作人员有前款行为,致使国家利益遭受重大损失的,依照前款的规定处罚。

国有公司、企业、事业单位的工作人员,徇私舞弊,犯前两款罪的,依照第一款的规定从重处罚。

【修正前条文】

第一百六十八条 【徇私舞弊造成破产、亏损罪】国有公司、企业直接负责的主管人员,徇私舞弊,造成国有公司、企业破产或者严重亏损,致使国家利益遭受重大损失的,处三年以下有期徒刑或者拘役。

【修正说明】

刑法修正案第二条对原条文作出下述修改:一是将犯罪主体由原来的

① 本释疑内容中该罪名已变更为"国家机关工作人员签订、履行合同失职被骗罪"。——编者注

② 参见《最高人民法院刑二庭审判长会议关于签订、履行合同失职被骗犯罪是否以对方当事人的行为构成诈骗犯罪为要件的意见》,载最高人民法院刑事审判第一庭、第二庭编:《刑事审判参考》(总第15辑),法律出版社2001年版,第77页。——编者注

"国有公司、企业直接负责的主管人员"扩大为"国有公司、企业的工作人员";二是将行为构成要件从"徇私舞弊,造成国有公司、企业破产或者严重亏损,致使国家利益遭受重大损失"修改为"由于严重不负责任或者滥用职权,造成国有公司、企业破产或者严重损失,致使国家利益遭受重大损失";三是将原条文中的"严重亏损"改为"严重损失";四是增加加重犯的法定刑;五是增加国有事业单位工作人员失职和滥用职权的规定;六是增加徇私舞弊从重处罚的规定。

【司法解释(1)】

《最高人民法院、最高人民检察院关于办理妨害预防、控制突发传染病疫情等灾害的刑事案件具体应用法律若干问题的解释》(法释〔2003〕8号,20030515)

第四条 国有公司、企业、事业单位的工作人员,在预防、控制突发传染病疫情等灾害的工作中,由于严重不负责任或者滥用职权,造成国有公司、企业破产或者严重损失,致使国家利益遭受重大损失的,依照刑法第一百六十八条的规定,以国有公司、企业、事业单位人员失职罪或者国有公司、企业、事业单位人员滥用职权罪定罪处罚。

【司法解释(2)】

《最高人民法院关于审理扰乱电信市场管理秩序案件具体应用法律若干问题的解释》(法释〔2000〕12号,20000524)

第六条 国有电信企业的工作人员,由于严重不负责任或者滥用职权,造成国有电信企业破产或者严重损失,致使国家利益遭受重大损失的,依照刑法第一百六十八条的规定定罪处罚。

【司法指导文件(1)】

《最高人民法院、最高人民检察院关于办理国家出资企业中职务犯罪案件具体应用法律若干问题的意见》(法发〔2010〕49号,20101126)

四、关于国家工作人员在企业改制过程中的渎职行为的处理

国家出资企业中的国家工作人员在公司、企业改制或者国有资产处置过程中严重不负责任或者滥用职权,致使国家利益遭受重大损失的,依照刑法第一百六十八条的规定,以国有公司、企业人员失职罪或者国有公司、企业人员滥用职权罪定罪处罚。

【司法指导文件(2)】

《最高人民法院刑事审判第二庭关于国有公司人员滥用职权犯罪追诉期限等问题的答复》(20050113)

二、国有公司人员滥用职权或失职罪的追诉期限应从损失结果发生之日起计算。就本案而言,追诉期限应以法律意义上的损失发生为标准,即以人民法院民事终审判决之日起计算。

【司法指导文件(3)】

《最高人民检察院法律政策研究室关于中国农业发展银行及其分支机构的工作人员法律适用问题的答复》(〔2002〕高检研发第16号,20020923)

中国农业发展银行及其分支机构的工作人员严重不负责任或者滥用职权,构成犯罪的,应当依照刑法第一百六十八条的规定追究刑事责任。

【公安文件(1)】

《公安部经济犯罪侦查局关于能否对章××进行立案侦查的批复》(公经〔2002〕446号,20020409)

国有企业人员失职案的追诉标准,应按失职行为造成的直接经济损失计算,案发后司法机关追回的赃款和犯罪嫌疑人主动退回的赃款数额,只是量刑的情节,不影响定罪。如果按上述标准计算,符合追诉标准的,应予立案侦查。

【公安文件(2)】

《公安部经济犯罪侦查局关于对国有控股、参股的金融部门及其分支机构有关人员失职或者滥用职权可否适用刑法第一百六十八条的批复》(公经〔2012〕269号,20120327)

国有控股或参股的公司、企业,不属于刑法规定中的国有公司、企业,但国有控股、参股公司、企业的工作人员在一定条件下可以适用刑法第一百六十八条的规定。

【法院案例库参考案例】

〔吴某国有公司人员失职案,2023-03-1-100-001〕未与国有公司建立人事和工资关系的代履职人员,可以成为国有公司人员失职罪的犯罪主体

认定国有公司人员,不能仅对被告人是否与国有公司建立人事和工资关系进行形式审查,更重要的是应对被告人是否担任国有公司具体职务并实际履行监督管理国有资产等职责进行实质判断。行为人虽未与国有公司建立人事和工资关系,但在国有公司中兼任职务,代为履行监督管理国有资产等职责,可以成为国有公司人员失职罪的犯罪主体。

【《刑事审判参考》案例】

〔参考案例第1234号:工商银行神木支行、童某等国有公司人员滥用职权案〕国家控股、参股公司、企业是否属于私分国有资产罪中的“国有公司、企业”? 国家控股、参股公司、企业工作人员私分本公司、企业资产的行为如何定性?

1.对私分国有资产罪与单位受贿罪中的“国有公司、企业”均应作限制解释,即仅指国有独资公司、企业。

2.国家控股、参股公司、企业工作人员私分本公司、企业国有资产的行为依法可以构成国有公司人员滥用职权罪。

【职务犯罪案例】

〔集体研究是否阻却国有公司人员滥用职权的认定,ZWFZ29-2024〕

国有公司人员滥用职权认定的关键在于行为人是否违反公司规章制度,如属违规经营,即使经过集体研究,也系滥用职权。若致使国家利益遭受重大损失,则在决策过程中起决定性作用的国有公司负责人,原则上应承担刑事责任。

第一百六十九条　【徇私舞弊低价折股、出售公司、企业资产罪】国有公司、企业或者其上级主管部门直接负责的主管人员,徇私舞弊,将国有资产低价折股或者低价出售,致使国家利益遭受重大损失的,处三年以下有期徒刑或者拘役;致使国家利益遭受特别重大损失的,处三年以上七年以下有期徒刑。

其他公司、企业直接负责的主管人员，徇私舞弊，将公司、企业资产低价折股或者低价出售，致使公司、企业利益遭受重大损失的，依照前款的规定处罚。

【修正前条文】

第一百六十九条　【徇私舞弊低价折股、出售国有资产罪】国有公司、企业或者其上级主管部门直接负责的主管人员，徇私舞弊，将国有资产低价折股或者低价出售，致使国家利益遭受重大损失的，处三年以下有期徒刑或者拘役；致使国家利益遭受特别重大损失的，处三年以上七年以下有期徒刑。

【修正说明】

刑法修正案(十二)第三条扩大了本罪主体，增加了关于“其他公司、企业直接负责的主管人员”的规定。

【立法 · 要点注释】

1.将“国有资产低价折股或者低价出售”，具体表现为：在合资、合营、股份制改革过程中，对国有财产不进行资产评估，或者虽进行资产评估，但背离所评估资产的价值低价折股；低估实物资产；国有资产未按重置价格折股，未计算其增值部分，只是按账面原值折股；对公司、企业的商标、信誉等无形资产未计入国家股；不经主管部门批准，不经评估组织作价，擅自将属于企业的土地、厂房低价卖给小团体或私营业主，从中收取回扣。

2.如果国有公司、企业或者其上级主管部门直接负责的主管人员因索取收受好处费、回扣，而将国有资产低价折股或者低价出售的，应数罪并罚。

3.“致使公司、企业利益遭受重大损失”，一般是指造成公司、企业资产流失严重或造成公司、企业严重亏损，无法进行生产经营，让公司经营停摆等。

【司法指导文件】

《最高人民法院、最高人民检察院关于办理国家出资企业中职务犯罪案件具体应用法律若干问题的意见》(法发〔2010〕49号，20101126)

四、关于国家工作人员在企业改制过程中的渎职行为的处理

国家出资企业中的国家工作人员在公司、企业改制或者国有资产处置过程中徇私舞弊，将国有资产低价折股或者低价出售给其本人未持有股份的公司、企业或者其他个人，致使国家利益遭受重大损失的，依照刑法第一百六十九条的规定，以徇私舞弊低价折股、出售国有资产罪①定罪处罚。

第一百六十九条之一　【背信损害上市公司利益罪】上市公司的董事、监事、高级管理人员违背对公司的忠实义务，利用职务便利，操纵上市公司从事下列行为之一，致使上市公司利益遭受重大损失的，处三年以下有期徒刑或者拘役，并处或者单处罚金；致使上市公司利益遭受特别重大损失的，处三年以上七年以下有期徒刑，并处罚金：

（一）无偿向其他单位或者个人提供资金、商品、服务或者其他

① 罪名已变更为“徇私舞弊低价折股、出售公司、企业资产罪”。——编者注

资产的；

（二）以明显不公平的条件，提供或者接受资金、商品、服务或者其他资产的；

（三）向明显不具有清偿能力的单位或者个人提供资金、商品、服务或者其他资产的；

（四）为明显不具有清偿能力的单位或者个人提供担保，或者无正当理由为其他单位或者个人提供担保的；

（五）无正当理由放弃债权、承担债务的；

（六）采用其他方式损害上市公司利益的。

上市公司的控股股东或者实际控制人，指使上市公司董事、监事、高级管理人员实施前款行为的，依照前款的规定处罚。

犯前款罪的上市公司的控股股东或者实际控制人是单位的，对单位判处罚金，并对其直接负责的主管人员和其他直接责任人员，依照第一款的规定处罚。

【修正说明】

本罪由刑法修正案(六)第九条增设。

【立法 · 要点注释】

实践中，行为人之所以在公司经营活动中千方百计损害本公司利益，往往是因为其为交易对方所收买、控制，或者其本身就是交易对方利用大股东地位或者控制关系安排到上市公司中的，实际代表的正是上市公司的大股东或者实际控制人的利益。但认定本罪并不需要证明行为人的动机，只要行为人有利用职务便利，操纵上市公司损害自身利益的行为即可。

【立案追诉标准】

《最高人民检察院、公安部关于公安机关管辖的刑事案件立案追诉标准的规定(二)》(公通字〔2022〕12号，20220515)

第十三条　〔背信损害上市公司利益案(刑法第一百六十九条之一)〕上市公司的董事、监事、高级管理人员违背对公司的忠实义务，利用职务便利，操纵上市公司从事损害上市公司利益的行为，以及上市公司的控股股东或者实际控制人，指使上市公司董事、监事、高级管理人员实施损害上市公司利益的行为，涉嫌下列情形之一的，应予立案追诉：

(一)无偿向其他单位或者个人提供资金、商品、服务或者其他资产，致使上市公司直接经济损失数额在一百五十万元以上的；

(二)以明显不公平的条件，提供或者接受资金、商品、服务或者其他资产，致使上市公司直接经济损失数额在一百五十万元以上的；

(三)向明显不具有清偿能力的单位或者个人提供资金、商品、服务或者其他资产，致使上市公司直接经济损失数额在一百五十万元以上的；

(四)为明显不具有清偿能力的单位或者个人提供担保，或者无正当理由为其他单位或者个人提供担保，致使上市公司直接经济损失数额在一百五十万元以上的；

(五)无正当理由放弃债权、承担债务，致使上市公司直接经济损失数额在一百五十万元以上的；

(六)致使公司、企业发行的股票或

者公司、企业债券、存托凭证或者国务院依法认定的其他证券被终止上市交易的；

（七）其他致使上市公司利益遭受重大损失的情形。

【法院案例库参考案例】

〔高某背信损害上市公司利益、内幕交易案，2024-03-1-103-001〕背信损害上市公司利益罪中“采用其他方式损害上市公司利益”的认定

对于刑法第一百六十九条之一第一款第六项规定的“采用其他方式损害上市公司利益”情形的认定，应当坚持主客观相一致原则：主观上考察行为人是否从公司利益出发；客观上考察行为人作出的经营管理行为是否符合法律规定、公司规定及决策流程，且还要考察其中是否掺杂行为人本人利益、是否涉及向其他人输送利益等。

第四节 破坏金融管理秩序罪

【司法指导文件】

《最高人民法院、最高人民检察院、公安部、司法部关于办理非法放贷刑事案件若干问题的意见》（法发〔2019〕24号，20191021）

一、违反国家规定，未经监管部门批准，或者超越经营范围，以营利为目的，经常性地向社会不特定对象发放贷款，扰乱金融市场秩序，情节严重的，依照刑法第二百二十五条第（四）项的规定，以非法经营罪定罪处罚。

前款规定中的“经常性地向社会不特定对象发放贷款”，是指2年内向不特定多人（包括单位和个人）以借款或其他名义出借资金10次以上。

贷款到期后延长还款期限的，发放贷款次数按照1次计算。

六、为从事非法放贷活动，实施擅自设立金融机构、套取金融机构资金高利转贷、骗取贷款、非法吸收公众存款等行为，构成犯罪的，应当择一重罪处罚。

……

八、本意见自2019年10月21日起施行。对于本意见施行前发生的非法放贷行为，依照最高人民法院《关于准确理解和适用刑法中“国家规定”的有关问题的通知》（法发〔2011〕155号）的规定办理。

【公安文件(1)】

《公安部办公厅关于若干经济犯罪案件如何统计涉案总价值、挽回经济损失数额的批复》（公经〔2008〕214号，20081105）

三、走私假币案、伪造货币案、出售、购买、运输假币案、金融工作人员购买假币、以假币换取货币案、持有、使用假币案、变造货币案，按照已经查证属实的伪造、变造的货币的面值统计涉案总价值。

伪造、变造的外国货币以及香港、澳门、台湾地区货币的面值，按照立案时国家外汇管理机关公布的外汇牌价折算成人民币后统计。

【公安文件(2)】

《公安部经济犯罪侦查局关于小额贷款公司是否属于金融机构的批复》（公经金融〔2011〕153号，20110817）

根据《中华人民共和国商业银行法》、《非法金融机构和非法金融业务取缔办法》[1]等法律、行政法规的规定，我国境内(不含港、澳、台地区)的金融机构必须是由金融监督管理机构批准设立并监管、领取金融业务牌照、从事特许金融业务活动的机构。根据《中国银行业监督管理委员会、中国人民银行关于小额贷款公司试点的指导意见》(银监发〔2008〕23号)，小额贷款公司是由自然人、企业法人与其他社会组织依照《中华人民共和国公司法》投资设立、不吸收公众存款、经营小额贷款业务的有限责任公司或股份有限公司，省级人民政府承担小额贷款公司风险处置责任，并明确一个主管部门(金融办或相关机构)负责对小额贷款公司的监督管理。因此，从现行金融法律规定来看，小额贷款公司属非持牌的工商企业，目前不宜界定为金融机构。

第一百七十条　【伪造货币罪】伪造货币的，处三年以上十年以下有期徒刑，并处罚金；有下列情形之一的，处十年以上有期徒刑或者无期徒刑，并处罚金或者没收财产：

（一）伪造货币集团的首要分子；

（二）伪造货币数额特别巨大的；

（三）有其他特别严重情节的。

【修正前条文】

第一百七十条　【伪造货币罪】伪造货币的，处三年以上十年以下有期徒刑，并处五万元以上五十万元以下罚金；有下列情形之一的，处十年以上有期徒刑、无期徒刑或者死刑，并处五万元以上五十万元以下罚金或者没收财产：

(一)伪造货币集团的首要分子；

(二)伪造货币数额特别巨大的；

(三)有其他特别严重情节的。

【修正说明】

刑法修正案(九)第十一条对原条文作出下述修改：一是取消了伪造货币犯罪的死刑；二是对本条的罚金刑作了修改完善，由原来的具体数额规定改为原则性规定。

【立案追诉标准】

《最高人民检察院、公安部关于公安机关管辖的刑事案件立案追诉标准的规定(二)》(公通字〔2022〕12号，20220515)

第十四条　〔伪造货币案(刑法第一百七十条)〕伪造货币，涉嫌下列情形之一的，应予立案追诉：

(一)总面额在二千元以上或者币量在二百张(枚)以上的；

(二)总面额在一千元以上或者币量在一百张(枚)以上，二年内因伪造货币受过行政处罚，又伪造货币的；[2]

(三)制造货币版样或者为他人伪造货币提供版样的；

(四)其他伪造货币应予追究刑事责任的情形。

第七十九条　本规定中的“货币”是指在境内外正在流通的以下货币：

(一)人民币(含普通纪念币、贵金属纪念币)、港元、澳门元、新台币；

---

① 该办法已被2021年5月1日施行的《防范和处置非法集资条例》所废止。——编者注

② 该条立案追诉标准相对于司法解释增加了基于前科情形的规定。——编者注

（二）其他国家及地区的法定货币。

贵金属纪念币的面额以中国人民银行授权中国金币总公司的初始发售价格为准。

【司法解释(1)】

《最高人民法院关于审理伪造货币等案件具体应用法律若干问题的解释》（法释〔2000〕26号，20000914）[①]

第一条 伪造货币的总面额在二千元以上不满三万元或者币量在二百张（枚）以上不足三千张（枚）的，依照刑法第一百七十条的规定，处三年以上十年以下有期徒刑……

伪造货币的总面额在三万元以上的，属于"伪造货币数额特别巨大"。

行为人制造货币版样或者与他人事前通谋，为他人伪造货币提供版样的，依照刑法第一百七十条的规定定罪处罚。

第七条 本解释所称"货币"是指可在国内市场流通或者兑换的人民币和境外货币。

货币面额应当以人民币计算，其他币种以案发时国家外汇管理机关公布的外汇牌价折算成人民币。[②]

【司法解释(2)】

《最高人民法院关于审理伪造货币等案件具体应用法律若干问题的解释（二）》（法释〔2010〕14号，20101103）

第一条 仿照真货币的图案、形状、色彩等特征非法制造假币，冒充真币的行为，应当认定为刑法第一百七十条规定的"伪造货币"。

对真货币采用剪贴、挖补、揭层、涂改、移位、重印等方法加工处理，改变真币形态、价值的行为，应当认定为刑法第一百七十三条规定的"变造货币"。

第二条 同时采用伪造和变造手段，制造真伪拼凑货币的行为，依照刑法第一百七十条的规定，以伪造货币罪定罪处罚。

第三条 以正在流通的境外货币为对象的假币犯罪，依照刑法第一百七十条至第一百七十三条的规定定罪处罚。[③]

假境外货币犯罪的数额，按照案发当日中国外汇交易中心或者中国人民银行授权机构公布的人民币对该货币的中间价折合成人民币计算。中国外汇交易中心或者中国人民银行授权机构未公布汇率中间价的境外货币，按照案发当日境内银行人民币对该货币的中间价折算成人民币，或者该货币在境内银行、国际外汇市场对美元汇率，与人民币对美元汇率中间价进行套算。

第四条 以中国人民银行发行的普通纪念币和贵金属纪念币为对象的假币犯罪，依照刑法第一百七十条至第一百七十三条的规定定罪处罚。

假普通纪念币犯罪的数额，以面额计算；假贵金属纪念币犯罪的数额，以贵金属纪念币的初始发售价格计算。

---

① 对于该司法解释的适用，需结合刑法修正案（九）第十一条修正的刑法第一百七十条及相关条文的规定综合考虑。——编者注

② 对于该条司法解释的适用，需结合本条项下【司法解释(2)】第三条以及【立案追诉标准】第七十九条的规定综合考虑。——编者注

③ 该款规定凡是现行流通的境外货币均属于假币犯罪的对象，而不论其境内是否可以兑换，实际上是对本条项下【司法解释(1)】第七条第一款的规定进行了修改，扩大了假币犯罪的对象。——编者注

第五条 以使用为目的，伪造停止流通的货币，或者使用伪造的停止流通的货币的，依照刑法第二百六十六条的规定，以诈骗罪定罪处罚。

第六条 此前发布的司法解释与本解释不一致的，以本解释为准。

【司法指导文件】

《全国法院审理金融犯罪案件工作座谈会纪要》(法〔2001〕8号，20010121)

(二)关于破坏金融管理秩序罪

2.关于假币犯罪

假币犯罪的认定。假币犯罪是一种严重破坏金融管理秩序的犯罪。只要有证据证明行为人实施了出售、购买、运输、使用假币行为，且数额较大，就构成犯罪。伪造货币的，只要实施了伪造行为，不论是否完成全部印制工序，即构成伪造货币罪；对于尚未制造出成品，无法计算伪造、销售假币面额的，或者制造、销售用于伪造货币的版样的，不认定犯罪数额，依据犯罪情节决定刑罚。明知是伪造的货币而持有，数额较大，根据现有证据不能认定行为人是为了进行其他假币犯罪的，以持有假币罪定罪处罚；如果有证据证明其持有的假币已构成其他假币犯罪的，应当以其他假币犯罪定罪处罚。

假币犯罪罪名的确定。假币犯罪案件中犯罪分子实施数个相关行为的，在确定罪名时应把握以下原则：

(1)对同一宗假币实施了法律规定为选择性罪名的行为，应根据行为人所实施的数个行为，按相关罪名刑法规定的排列顺序并列确定罪名，数额不累计计算，不实行数罪并罚。

(2)对不同宗假币实施法律规定为选择性罪名的行为，并列确定罪名，数额按全部假币面额累计计算，不实行数罪并罚。

(3)对同一宗假币实施了刑法没有规定为选择性罪名的数个犯罪行为，择一重罪从重处罚。如伪造货币或者购买假币后使用的，以伪造货币罪或购买假币罪定罪，从重处罚。

(4)对不同宗假币实施了刑法没有规定为选择性罪名的数个犯罪行为，分别定罪，数罪并罚。

出售假币被查获部分的处理。在出售假币时被抓获的，除现场查获的假币应认定为出售假币的犯罪数额外，现场之外在行为人住所或者其他藏匿地查获的假币，亦应认定为出售假币的犯罪数额。但有证据证实后者是行为人有实施其他假币犯罪的除外。

制造或者出售伪造的台币行为的处理。对于伪造台币的，应当以伪造货币罪定罪处罚；出售伪造的台币的，应当以出售假币罪定罪处罚。

【公安文件(1)】

《公安部经济犯罪侦查局关于伪造缅甸货币行为定性问题的批复》(公经〔2004〕493号，20040331)

鉴于缅甸货币在中缅边境地区可以与人民币兑换，伪造缅甸货币的行为应以伪造货币罪定罪处罚。

【公安文件(2)】

《公安部经济犯罪侦查局关于对制贩假贵金属纪念币行为性质认定问题的批复》(公经〔2007〕2548号，20071102)

根据《中华人民共和国人民币管理条例》规定，贵金属纪念币是人民币的有机组成部分，是国家法定货币。制贩假贵金属纪念币的行为，应以《中华人民共和国刑法》第一百七十条、第一百七十一条等规定的伪造货币罪，出售、购买、运输假币罪等罪定罪处罚。其犯罪金额认定应以中国人民银行授权中国金币总公司初始发售价格为依据标准。

【公安文件(3)】

《公安部经济犯罪侦查局关于制造、销售用于伪造货币的版样的行为如何定性问题的批复》(公经〔2003〕660号，20030619)

根据《最高人民法院关于审理伪造货币等案件具体应用法律若干问题的解释》(法释〔2000〕26号)以及《全国法院审理金融犯罪案件工作座谈会纪要》的有关规定，对制造、销售用于伪造货币的版样的行为以伪造货币罪定罪处罚。

【指导性案例·检察】

〔郭四记、徐维伦等人伪造货币案，JZD176-2023〕

行为人为直接实施伪造货币人员提供专门用于伪造货币的技术或者物资的，应当认定其具有伪造货币的共同犯罪故意。通过网络积极宣传、主动为直接实施伪造货币人员提供伪造货币的关键技术、物资，或者明知他人有伪造货币意图，仍积极提供专门从事伪造货币相关技术、物资等，应当认定其在共同伪造货币犯罪中起主要作用，系主犯，对其实际参与的伪造货币犯罪总额负责。对于通过网络联络、分工负责、共同实施伪造货币犯罪案件，检察机关应当注重对伪造货币犯罪全链条依法追诉。

【法院案例库参考案例】

〔郭某记、徐某伦等伪造货币案，2024-18-1-104-001〕通过网络推广、提供伪造货币的关键技术、设备、材料等行为的定性

1.明知他人伪造货币，仍旧通过网络提供伪造货币技术或者设备、材料的，与直接实施伪造货币的人员构成伪造货币罪的共同犯罪。

2.对于提供伪造货币的技术或者设备、材料但未直接实施伪造货币行为的人员，应当根据其行为在共同伪造货币中的地位和作用认定主从犯。通过网络积极宣传、主动为直接实施伪造货币人员提供伪造货币的关键技术、设备、材料，或者明知他人有伪造货币意图，仍积极提供专门从事伪造货币的相关技术、设备、材料等，应当认定其在共同伪造货币犯罪中起主要作用，系主犯，应当按照其所参与的全部伪造货币犯罪总额处罚。

〔谢某勇伪造货币案，2024-02-1-104-001〕伪造货币罪犯罪既遂的认定

伪造货币犯罪侵害国家的货币管理制度。对于行为人实施仿照真币的非法制造行为，已使假币在图案、形状、色彩等方面具备了真币的基本要素，足以使一般人误认为是真币的，应当认定构成伪造货币犯罪既遂。对已伪造货币进行切割、剪裁，仅是伪造货币的次要、辅助环节，不影响对伪造货币犯罪既遂的认定。

【《刑事审判参考》案例】

〔参考案例第23号：杨吉茂伪造货币案〕本罪中的“其他特别严重情节”如何认定？伪造未发行过货币的行为

如何定性?

1.伪造货币罪中的“其他特别严重情节”，实践中一般包括：(1)以暴力抗拒检查、拘留、逮捕，情节严重的；(2)以机械印刷的方法伪造货币的；(3)金融、财政工作人员利用工作之便伪造货币的；(4)因伪造货币受过刑罚处罚后，又实施伪造货币行为的；(5)伪造货币投放市场后，严重扰乱社会秩序的。

2.伪造外币构成伪造货币罪；伪造半成品货币构成伪造货币罪，但可酌情从轻处罚；伪造已不流通或者从来没有发行过的货币不构成伪造货币罪。

第一百七十一条 【出售、购买、运输假币罪】出售、购买伪造的货币或者明知是伪造的货币而运输，数额较大的，处三年以下有期徒刑或者拘役，并处二万元以上二十万元以下罚金；数额巨大的，处三年以上十年以下有期徒刑，并处五万元以上五十万元以下罚金；数额特别巨大的，处十年以上有期徒刑或者无期徒刑，并处五万元以上五十万元以下罚金或者没收财产。

【金融工作人员购买假币、以假币换取货币罪】银行或者其他金融机构的工作人员购买伪造的货币或者利用职务上的便利，以伪造的货币换取货币的，处三年以上十年以下有期徒刑，并处二万元以上二十万元以下罚金；数额巨大或者有其他严重情节的，处十年以上有期徒刑或者无期徒刑，并处二万元以上二十万元以下罚金或者没收财产；情节较轻的，处三年以下有期徒刑或者拘役，并处或者单处一万元以上十万元以下罚金。

伪造货币并出售或者运输伪造的货币的，依照本法第一百七十条的规定定罪从重处罚。

【立案追诉标准】

《最高人民检察院、公安部关于公安机关管辖的刑事案件立案追诉标准的规定(二)》(公通字〔2022〕12号，20220515)

第十五条 〔出售、购买、运输假币案(刑法第一百七十一条第一款)〕出售、购买伪造的货币或者明知是伪造的货币而运输，涉嫌下列情形之一的，应予立案追诉：

(一)总面额在四千元以上或者币量在四百张(枚)以上的；

(二)总面额在二千元以上或者币量在二百张(枚)以上，二年内因出售、购买、运输假币受过行政处罚，又出售、购买、运输假币的；

(三)其他出售、购买、运输假币应予追究刑事责任的情形。①

在出售假币时被抓获的，除现场查获的假币应认定为出售假币的数额外，现场之外在行为人住所或者其他藏匿地查获的假币，也应认定为出售假币的数额。

第十六条 〔金融工作人员购买假币、以假币换取货币案(刑法第一百七十一条第二款)〕银行或者其他金融机构的工作人员购买伪造的货币或者利用职务上的便利，以伪造的货币换取货币，总面额在二千元以上或者币量在二百张(枚)以上的，应予立案追诉。

① 该条立案追诉标准相对于司法解释增加了基于币量、前科情形的规定。——编者注

【司法解释】

《最高人民法院关于审理伪造货币等案件具体应用法律若干问题的解释》(法释〔2000〕26号，20000914)

第二条　行为人购买假币后使用，构成犯罪的，依照刑法第一百七十一条的规定，以购买假币罪定罪，从重处罚。

行为人出售、运输假币构成犯罪，同时有使用假币行为的，依照刑法第一百七十一条、第一百七十二条的规定，实行数罪并罚。

第三条　出售、购买假币或者明知是假币而运输，总面额在四千元以上不满五万元的，属于“数额较大”；总面额在五万元以上不满二十万元的，属于“数额巨大”；总面额在二十万元以上的，属于“数额特别巨大”，依照刑法第一百七十一条第一款的规定定罪处罚。

第四条　银行或者其他金融机构的工作人员购买假币或者利用职务上的便利，以假币换取货币，总面额在四千元以上不满五万元或者币量在四百张(枚)以上不足五千张(枚)的，处三年以上十年以下有期徒刑，并处二万元以上二十万元以下罚金；总面额在五万元以上或者币量在五千张(枚)以上或者有其他严重情节的，处十年以上有期徒刑或者无期徒刑，并处二万元以上二十万元以下罚金或者没收财产；总面额不满人民币四千元或者币量不足四百张(枚)[①]或者具有其他情节较轻情形的，处三年以下有期徒刑或者拘役，并处或者单处一万元以上十万元以下罚金。

第一百七十二条　【持有、使用假币罪】明知是伪造的货币而持有、使用，数额较大的，处三年以下有期徒刑或者拘役，并处或者单处一万元以上十万元以下罚金；数额巨大的，处三年以上十年以下有期徒刑，并处二万元以上二十万元以下罚金；数额特别巨大的，处十年以上有期徒刑，并处五万元以上五十万元以下罚金或者没收财产。

【立法 · 要点注释】

1.“持有”，不仅指行为人随身携带有伪造的货币，还包括行为人在自己家中、亲属朋友处保存伪造的货币，自己或者通过他人传递伪造的货币等行为。

2.“使用”，包括行为人出于各种目的，以各种方式将伪造的货币作为货币流通的行为，如使用伪造的货币购买商品；将伪造的货币存入银行；用伪造的外币在境内进行兑换；以伪造的货币清偿债务等行为。

【立案追诉标准】

《最高人民检察院、公安部关于公安机关管辖的刑事案件立案追诉标准的规定(二)》(公通字〔2022〕12号，20220515)

第十七条　〔持有、使用假币案(刑法第一百七十二条)〕明知是伪造的货币而持有、使用，涉嫌下列情形之一的，应予立案追诉：

(一)总面额在四千元以上或者币量在四百张(枚)以上的；

(二)总面额在二千元以上或者币量在二百张(枚)以上，二年内因持有、

① 本条项下【立案追诉标准】第十六条规定是“总面额在二千元以上或者币量在二百张(枚)以上的”，应予立案追诉。——编者注

使用假币受过行政处罚，又持有、使用假币的；

（三）其他持有、使用假币应予追究刑事责任的情形。[①]

【司法解释】

《最高人民法院关于审理伪造货币等案件具体应用法律若干问题的解释》（法释〔2000〕26号，20000914）

第五条　明知是假币而持有、使用，总面额在四千元以上不满五万元的，属于“数额较大”；总面额在五万元以上不满二十万元的，属于“数额巨大”；总面额在二十万元以上的，属于“数额特别巨大”，依照刑法第一百七十二条的规定定罪处罚。

【《刑事审判参考》案例】

〔参考案例第188号：张顺发持有、使用假币案〕购买假币后使用的，使用假币的数额如何认定？

购买假币后使用的，“使用”的金额不能仅理解为业已使用的假币数额，还应包括准备使用但因各种原因未使用出去的假币数额。

第一百七十三条　【变造货币罪】变造货币，数额较大的，处三年以下有期徒刑或者拘役，并处或者单处一万元以上十万元以下罚金；数额巨大的，处三年以上十年以下有期徒刑，并处二万元以上二十万元以下罚金。

【立法・要点注释】

变造货币的行为与伪造货币的行为是不同的，变造货币的行为是在货币的基础上进行的加工处理，以增加原货币的面值，伪造货币的行为不是对货币进行加工处理，而是将非货币的一些物质经过加工后伪造成为货币，有的伪造货币的行为要利用货币，如采用彩色复印机伪造货币的。变造的货币在某种程度上有原货币的成分，如原货币的纸张、金属防伪线、油墨等。伪造的货币则不具有原货币的成分。

【立案追诉标准】

《最高人民检察院、公安部关于公安机关管辖的刑事案件立案追诉标准的规定(二)》（公通字〔2022〕12号，20220515）

第十八条　〔变造货币案（刑法第一百七十三条）〕变造货币，涉嫌下列情形之一的，应予立案追诉：

（一）总面额在二千元以上或者币量在二百张（枚）以上的；

（二）总面额在一千元以上或者币量在一百张（枚）以上，二年内因变造货币受过行政处罚，又变造货币的；

（三）其他变造货币应予追究刑事责任的情形。[②]

【司法解释(1)】

《最高人民法院关于审理伪造货币等案件具体应用法律若干问题的解释》（法释〔2000〕26号，20000914）

第六条　变造货币的总面额在二千元以上不满三万元的，属于“数额较

① 该条立案追诉标准相对于司法解释增加了基于币量、前科情形的规定。——编者注

② 该条立案追诉标准相对于司法解释增加了基于币量、前科情形的规定。——编者注

大”；总面额在三万元以上的，属于“数额巨大”，依照刑法第一百七十三条的规定定罪处罚。

【司法解释(2)】

《最高人民法院关于审理伪造货币等案件具体应用法律若干问题的解释(二)》(法释〔2010〕14号，20101103)

第一条第二款　对真货币采用剪贴、挖补、揭层、涂改、移位、重印等方法加工处理，改变真币形态、价值的行为，应当认定为刑法第一百七十三条规定的“变造货币”。

【司法指导文件】

《最高人民法院研究室关于对外国残损、变形硬币进行加工修复是否属于“变造货币”征求意见的复函》(法研〔2012〕57号)

对从废旧金属、洋垃圾中分拣的外国残损、变形硬币进行加工修复行为所涉情形较为复杂，应当区分情况处理：对其中内芯、外圈分离的硬币进行重新拼装，加工修复的，可以认定为“变造货币”；对分拣出的外国硬币进行清洗、挑选，或者对扭曲变形的外国硬币进行敲打、压平，不应认定为“变造货币”。

【公安文件】

《公安部经济犯罪侦查局关于马××变造货币案中变造货币数额认定问题的批复》(公经〔2003〕1329号，20031112)

犯罪嫌疑人以货币为基本材料，采用挖补、撕贴、拼凑等方法，改变货币的外在形态，变造货币的数额应以实际变造出的货币的票面数额计算，包括被因挖补、撕贴而改变了外在形态的货币，但已灭失的货币除外。

第一百七十四条　【擅自设立金融机构罪】未经国家有关主管部门批准，擅自设立商业银行、证券交易所、期货交易所、证券公司、期货经纪公司、保险公司或者其他金融机构的，处三年以下有期徒刑或者拘役，并处或者单处二万元以上二十万元以下罚金；情节严重的，处三年以上十年以下有期徒刑，并处五万元以上五十万元以下罚金。

【伪造、变造、转让金融机构经营许可证、批准文件罪】伪造、变造、转让商业银行、证券交易所、期货交易所、证券公司、期货经纪公司、保险公司或者其他金融机构的经营许可证或者批准文件的，依照前款的规定处罚。

单位犯前两款罪的，对单位判处罚金，并对其直接负责的主管人员和其他直接责任人员，依照第一款的规定处罚。

【修正前条文】

第一百七十四条　【擅自设立金融机构罪】未经中国人民银行批准，擅自设立商业银行或者其他金融机构的，处三年以下有期徒刑或者拘役，并处或者单处二万元以上二十万元以下罚金；情节严重的，处三年以上十年以下有期徒刑，并处五万元以上五十万元以下罚金。

【伪造、变造、转让金融机构经营许可证罪】伪造、变造、转让商业银行或者其他金融机构经营许可证的，依照前款的规定处罚。

单位犯前两款罪的，对单位判处罚金，并对其直接负责的主管人员和其他直接责任人员，依照第一款的规定处罚。

【修正说明】

刑法修正案第三条将原条文中的“未经中国人民银行批准，擅自设立商业银行或者其他金融机构”，修改为“未经国家有关主管部门批准，擅自设立商业银行、证券交易所、期货交易所、证券公司、期货经纪公司、保险公司或者其他金融机构”。另外，在第二款增加了“批准文件”。

【立法·要点注释】

有些商业银行、证券公司、期货经纪公司、保险公司或者其他金融机构，为了扩展业务，不向主管机关申报而擅自扩建营业网点、增设分支机构，或者虽向主管机关申报，但在主管机关尚未批准前就擅自设立分支机构进行营业活动，虽然这些行为也都属于违法，但与那些未取得金融业务经营资格的单位或者个人违反法律、法规的规定擅自设立商业银行、证券交易所、期货交易所、证券公司、期货经纪公司、保险公司或者其他金融机构的行为在本质上是有区别的。前者应由有关主管部门查处后按违纪行为处理，如责令取消未经批准设立和扩建的营业网点和分支机构等，而不应当按照犯罪处理。

【立案追诉标准】

《最高人民检察院、公安部关于公安机关管辖的刑事案件立案追诉标准的规定(二)》(公通字〔2022〕12号，20220515)

第十九条　〔擅自设立金融机构案(刑法第一百七十四条第一款)〕未经国家有关主管部门批准，擅自设立金融机构，涉嫌下列情形之一的，应予立案追诉：

(一)擅自设立商业银行、证券交易所、期货交易所、证券公司、期货公司、保险公司或者其他金融机构的；

(二)擅自设立金融机构筹备组织的。

第二十条　〔伪造、变造、转让金融机构经营许可证、批准文件案(刑法第一百七十四条第二款)〕伪造、变造、转让商业银行、证券交易所、期货交易所、证券公司、期货公司、保险公司或者其他金融机构的经营许可证或者批准文件的，应予立案追诉。

第一百七十五条　【高利转贷罪】以转贷牟利为目的，套取金融机构信贷资金高利转贷他人，违法所得数额较大的，处三年以下有期徒刑或者拘役，并处违法所得一倍以上五倍以下罚金；数额巨大的，处三年以上七年以下有期徒刑，并处违法所得一倍以上五倍以下罚金。

单位犯前款罪的，对单位判处罚金，并对其直接负责的主管人员和其他直接责任人员，处三年以下有期徒刑或者拘役。

【立案追诉标准】

《最高人民检察院、公安部关于公安机关管辖的刑事案件立案追诉标准的规定(二)》(公通字〔2022〕12号，20220515)

第二十一条　〔高利转贷案(刑法第一百七十五条)〕以转贷牟利为目的，套取金融机构信贷资金高利转贷他人，违法所得数额在五十万元以上的，应予立案追诉。

【法院案例库参考案例】

〔马某、张某高利转贷案，2023-16-1-111-001〕套取金融机构信贷资金后转存至另一金融机构行为的认定

行为人套取金融机构信贷资金后，为谋取高额利息，将信贷资金转存至另一金融机构，不属于高利转贷罪中的“转贷”，其获取高息的行为违反商业银行法相关规定，但不构成犯罪。

【《刑事审判参考》案例】

〔参考案例第487号：姚凯高利转贷案〕套取银行的承兑汇票是否属于套取银行信贷资金?

行为人采取欺骗手段，套取银行承兑汇票后，将汇款交给用款人，然后由用款人向银行贴现，实质上就是利用承兑汇票贴现套取银行信贷资金的行为，应以高利转贷罪定罪。实践中，对利率标准的掌握不应过于苛严，只要违法所得较大，且转贷利率高于银行贷款利率，即可认定为高利转贷罪。

第一百七十五条之一　【骗取贷款、票据承兑、金融票证罪】以欺骗手段取得银行或者其他金融机构贷款、票据承兑、信用证、保函等，给银行或者其他金融机构造成重大损失的，处三年以下有期徒刑或者拘役，并处或者单处罚金；给银行或者其他金融机构造成特别重大损失或者有其他特别严重情节的，处三年以上七年以下有期徒刑，并处罚金。

单位犯前款罪的，对单位判处罚金，并对其直接负责的主管人员和其他直接责任人员，依照前款的规定处罚。

【修正前条文】

第一百七十五条之一　【骗取贷款、票据承兑、金融票证罪】以欺骗手段取得银行或者其他金融机构贷款、票据承兑、信用证、保函等，给银行或者其他金融机构造成重大损失或者有其他严重情节的，处三年以下有期徒刑或者拘役，并处或者单处罚金；给银行或者其他金融机构造成特别重大损失或者有其他特别严重情节的，处三年以上七年以下有期徒刑，并处罚金。

单位犯前款罪的，对单位判处罚金，并对其直接负责的主管人员和其他直接责任人员，依照前款的规定处罚。

【修正说明】

本罪由刑法修正案(六)第十条增设。刑法修正案(十一)第十一条对本罪入罪门槛作了适当调整，将给银行或者其他金融机构“造成重大损失或者有其他严重情节”修改为“造成重大损失”，删去了“其他严重情节”的规定。

【立法・要点注释】

1.“欺骗手段”，是指行为人在取得银行或者其他金融机构的贷款、票据承兑、信用证、保函等信贷资金、信用时，采用的是虚构事实、隐瞒真相等手段，掩盖了客观事实，骗取了银行或者其他金融机构的信任。只要申请人在申请贷款的过程中有虚构事实、掩盖真相的情节，或者说在申请贷款过程中，只要提供假证明、假材料，或者贷款资金没有按申请时的用途去用，都符合这一条件。对“欺骗手段”的理解不能过于宽泛，“欺骗手段”应当是严重影响银行对借款人资信状况、还款能力判断的实质性事项，这类事项应当属于银行等金融机构一旦知晓真实情况就会基于风险控制而不会为其融资的事项。如行为人编造虚假的资信证明、资金用途、抵押物价值等虚假材料，导致银行或者其他金融机构高估其资信现状的，可以认定为使用“欺骗手段”。

2.关于“造成重大损失”。一般来说，对于并非出于诈骗银行资金目的，在向银行等金融机构融资过程中存在违规行为，使用了“欺骗手段”获得资金，但归还了银行资金，未给银行造成重大损失的，不作为犯罪处理。“给银行或者其他金融机构造成重大损失”是一个客观标准，指的是上述行为直接造成的经济损失，如贷款无法追回，银行由于出具的信用所承担的还款或者付款等实际经济损失。实践中对是否造成“重大损失”的判断时点和标准不能过于拘泥，不能要求穷尽一切法律手段后才确定是否造成损失，如行为人采取欺骗手段骗取贷款，不能按期归还资金，也没有提供有效担保，就应认定给银行等金融机构造成重大损失，而不能要求银行等在采取诉讼等法律手段追偿行为人房产等财产不能清偿之后，才判定其遭到重大损失。对于后期在判决前通过法律手段获得清偿的，可酌定从宽处罚。

3.本条第二档刑罚中保留了“特别严重情节”的规定。这种立法体例在刑法其他条文规定中也是有的，如诈骗罪、贷款诈骗罪等。“其他特别严重情节”一般也应当以“造成重大损失”为条件，如果具有欺骗手段特别严重或者涉嫌数额极其巨大，给国家金融安全造成特别重大风险的，也可依法追究刑事责任。

【立案追诉标准】

《最高人民检察院、公安部关于公安机关管辖的刑事案件立案追诉标准的规定(二)》(公通字〔2022〕12号,20220515)

第二十二条　〔骗取贷款、票据承兑、金融票证案(刑法第一百七十五条之一)〕以欺骗手段取得银行或者其他金融机构贷款、票据承兑、信用证、保函等，给银行或者其他金融机构造成直接经济损失数额在五十万元以上的，应予立案追诉。

【司法指导文件】

《最高人民法院关于被告人陈岩骗取贷款请示一案的批复》(〔2011〕刑他字第53号)

一、骗取贷款罪，虽不要求行为人具有非法占有目的，但应以危害金融安全为要件。被告人陈岩虽然采用欺骗手段从银行获取贷款的数额特别巨大，但其提供了足额真实抵押，未给银行造成损失，不会危及金融安全。因此，陈岩的行为不属于刑法第一百七十五条之一规定的“有其他严重情节”[①]，不构成犯罪。

【公安文件】

《公安部经济犯罪侦查局关于骗取

---

① 刑法修正案(十一)第十一条对刑法第一百七十五条之一删去了“其他严重情节”的入罪规定，但本复函仍然具有重要参考价值。——编者注

贷款罪和违法发放贷款罪立案追诉标准问题的批复》(公经〔2009〕314号，20090724)

二、关于给银行或者其他金融机构“造成重大损失”的认定问题

如果银行或者其他金融机构仅仅出具“形成不良贷款数额”的结论，不宜认定为“重大经济损失数额”。根据目前国有独资银行、股份制商业银行实行的贷款五级分类制，商业贷款分为正常、关注、次级、可疑、损失五类，其中后三类称为不良贷款，不良贷款尽管“不良”，但并不一定形成了既成的损失，因此“不良贷款”不等于“经济损失”，也不能将“形成不良贷款数额”等同于“重大经济损失数额”。[1]

【法院案例库参考案例】

〔李某等骗取贷款案，2024-04-1-112-004〕骗取贷款罪与一般商业贷款纠纷的区分

设立骗取贷款罪的目的是保护信贷资金安全，防范金融风险，而非使用刑事手段惩罚一切不合规范的贷款行为。行为人在贷款中提供的担保可靠或者抵押物真实足额，未给银行造成重大损失，即使提供了虚假资料，亦可作为商业贷款纠纷处理。

〔龚某某骗取贷款案，2024-04-1-112-001〕直客式消费分期付款属于银行贷款，给银行造成重大损失的，可认定为骗取贷款罪

1.直客式消费分期付款业务与信用卡透支业务在是否具有透支功能、额度用完后能否自动恢复、是否需要明确用途等方面具有明显区别。直客式消费分期付款业务在审批程序、用途限制、使用额度使用、能否循环使用等方面与贷款业务一致，应属于贷款业务。

2.行为人使用虚假的身份证明，通过办理直客式消费分期付款业务骗取金融机构资金，给银行或者其他金融机构造成重大损失，如无证据证明其有非法占有目的的，应以骗取贷款罪对其定罪处罚。

【《刑事审判参考》案例】

〔参考案例第1609号：蒋某某被诉骗取票据承兑案〕使用欺骗手段骗取银行票据承兑，但未给银行造成实际损失的行为是否构成犯罪？

认定构成骗取贷款、票据承兑、金融票证罪原则上以造成重大损失为前提。在办理骗取票据承兑等犯罪案件时，要注意从行为人采取的欺骗手段是否属于明显虚构事实或者隐瞒真相，是否与银行工作人员合谋、受其指使，是否非法影响银行放贷决策、危及信贷资金安全，是否造成重大损失等方面，合理判断其行为的危害性大小。对于行为人虽有违规行为，但未给金融机构造成实际损失、未危害金融安全的，即便涉案金额很大，一般也不作为犯罪处理。

第一百七十六条　【非法吸收公众存款罪】非法吸收公众存款或者变相吸收公众存款，扰乱金融秩

[1] 该批复内容与《最高人民法院刑事审判第二庭关于针对骗取贷款、票据承兑、金融票证罪和违法发放贷款罪立案追诉标准的意见》(20090624)、《最高人民检察院公诉厅关于对骗取贷款罪等犯罪立案追诉标准有关问题的回复意见》(20090630)的内容基本相同，为避免重复，后两个意见未予收录。——编者注

序的，处三年以下有期徒刑或者拘役，并处或者单处罚金；数额巨大或者有其他严重情节的，处三年以上十年以下有期徒刑，并处罚金；数额特别巨大或者有其他特别严重情节的，处十年以上有期徒刑，并处罚金。

单位犯前款罪的，对单位判处罚金，并对其直接负责的主管人员和其他直接责任人员，依照前款的规定处罚。

有前两款行为，在提起公诉前积极退赃退赔，减少损害结果发生的，可以从轻或者减轻处罚。

【修正前条文】

第一百七十六条　【非法吸收公众存款罪】非法吸收公众存款或者变相吸收公众存款，扰乱金融秩序的，处三年以下有期徒刑或者拘役，并处或者单处二万元以上二十万元以下罚金；数额巨大或者有其他严重情节的，处三年以上十年以下有期徒刑，并处五万元以上五十万元以下罚金。

单位犯前款罪的，对单位判处罚金，并对其直接负责的主管人员和其他直接责任人员，依照前款的规定处罚。

【修正说明】

刑法修正案(十一)第十二条对原条文作出下述修改：一是将非法吸收公众存款罪的法定最高刑由十年有期徒刑提高到十五年有期徒刑，删去罚金具体数额的规定，加大惩处力度；二是增加在提起公诉前积极退赃退赔，减少损害结果发生的，可以从轻或者减轻处罚的规定。

【立法 · 要点注释】

1.“非法吸收公众存款”，是指行为人违反国家法律、法规的规定在社会上以存款的形式公开吸收公众资金的行为。广义的非法吸收公众存款，包含两种情况：一是行为人不具有吸收存款的主体资格而吸收公众存款，破坏金融秩序。二是行为人具有吸收存款的主体资格，但是，其吸收公众存款所采用的方法是违法的。例如，有的银行或其他金融机构为争揽储户，违反中国人民银行关于利率的规定，采用擅自提高利率的方式吸收存款，进行恶意竞争，破坏了国家的利率政策，扰乱了金融秩序。对后一种情况，商业银行法已具体规定了行政处罚，一般不宜作为犯罪处理。

2.“变相吸收公众存款”，是指行为人不以存款的名义而是通过其他形式吸收公众资金，从而达到吸收公众存款的目的的行为。例如，有些单位和个人，未经批准成立各种基金会吸收公众的资金，或者以投资、集资入股等名义吸收公众资金，但并不按正常投资的形式分配利润、股息，而是以一定的利息进行支付的行为。变相吸收公众存款规避国家对吸收公众存款的监督管理，其危害和犯罪的性质与非法吸收公众存款是相同的。

3.“其他严重情节”，一般是指以下情况：吸收公众存款或者变相吸收公众存款的犯罪手段恶劣的；屡教不改的；吸收的公众存款用于违法活动的；给储户造成重大损失的；具有其他属于严重危害国家金融秩序的情形。

4.“退赃”，是指将非法吸收的存款退回原所有人。“退赔”，是指在非法吸收的存款无法直接退回的情况下，赔偿等值财产。行为人积极退赃退赔的表现，必须要达到避免或者减少损害结果发生的实际效果。

【立案追诉标准】

《最高人民检察院、公安部关于公安机关管辖的刑事案件立案追诉标准的规定(二)》(公通字〔2022〕12号，20220515)

第二十三条　〔非法吸收公众存款案(刑法第一百七十六条)〕非法吸收公众存款或者变相吸收公众存款，扰乱金融秩序，涉嫌下列情形之一的，应予立案追诉：

(一)非法吸收或者变相吸收公众存款数额在一百万元以上的；

(二)非法吸收或者变相吸收公众存款对象一百五十人以上的；

(三)非法吸收或者变相吸收公众存款，给集资参与人造成直接经济损失数额在五十万元以上的。

非法吸收或者变相吸收公众存款数额在五十万元以上或者给集资参与人造成直接经济损失数额在二十五万元以上，同时涉嫌下列情形之一的，应予立案追诉：

(一)因非法集资受过刑事追究的；

(二)二年内因非法集资受过行政处罚的；

(三)造成恶劣社会影响或者其他严重后果的。

【司法解释】

《最高人民法院关于审理非法集资刑事案件具体应用法律若干问题的解释》(原法释〔2010〕18号，根据法释〔2022〕5号修正，20220301)

第一条　违反国家金融管理法律规定，向社会公众(包括单位和个人)吸收资金的行为，同时具备下列四个条件的，除刑法另有规定的以外，应当认定为刑法第一百七十六条规定的"非法吸收公众存款或者变相吸收公众存款"：

(一)未经有关部门依法许可或者借用合法经营的形式吸收资金；

(二)通过网络、媒体、推介会、传单、手机信息等途径向社会公开宣传；

(三)承诺在一定期限内以货币、实物、股权等方式还本付息或者给付回报；

(四)向社会公众即社会不特定对象吸收资金。

未向社会公开宣传，在亲友或者单位内部针对特定对象吸收资金的，不属于非法吸收或者变相吸收公众存款。

第二条　实施下列行为之一，符合本解释第一条第一款规定的条件的，应当依照刑法第一百七十六条的规定，以非法吸收公众存款罪定罪处罚：

(一)不具有房产销售的真实内容或者不以房产销售为主要目的，以返本销售、售后包租、约定回购、销售房产份额等方式非法吸收资金的；

(二)以转让林权并代为管护等方式非法吸收资金的；

(三)以代种植(养殖)、租种植(养殖)、联合种植(养殖)等方式非法吸收资金的；

(四)不具有销售商品、提供服务的真实内容或者不以销售商品、提供服务为主要目的，以商品回购、寄存代售等方式非法吸收资金的；

(五)不具有发行股票、债券的真实内容，以虚假转让股权、发售虚构债券等方式非法吸收资金的；

(六)不具有募集基金的真实内容，以假借境外基金、发售虚构基金等方式非法吸收资金的；

（七）不具有销售保险的真实内容，以假冒保险公司、伪造保险单据等方式非法吸收资金的；

（八）以网络借贷、投资入股、虚拟币交易等方式非法吸收资金的；

（九）以委托理财、融资租赁等方式非法吸收资金的；

（十）以提供"养老服务"、投资"养老项目"、销售"老年产品"等方式非法吸收资金的；

（十一）利用民间"会""社"等组织非法吸收资金的；

（十二）其他非法吸收资金的行为。

第三条　非法吸收或者变相吸收公众存款，具有下列情形之一的，应当依法追究刑事责任：

（一）非法吸收或者变相吸收公众存款数额在100万元以上的；

（二）非法吸收或者变相吸收公众存款对象150人以上的；

（三）非法吸收或者变相吸收公众存款，给存款人造成直接经济损失数额在50万元以上的。

非法吸收或者变相吸收公众存款数额在50万元以上或者给存款人造成直接经济损失数额在25万元以上，同时具有下列情节之一的，应当依法追究刑事责任：

（一）曾因非法集资受过刑事追究的；

（二）二年内曾因非法集资受过行政处罚的；

（三）造成恶劣社会影响或者其他严重后果的。

第四条　非法吸收或者变相吸收公众存款，具有下列情形之一的，应当认定为刑法第一百七十六条规定的"数额巨大或者有其他严重情节"：

（一）非法吸收或者变相吸收公众存款数额在500万元以上的；

（二）非法吸收或者变相吸收公众存款对象500人以上的；

（三）非法吸收或者变相吸收公众存款，给存款人造成直接经济损失数额在250万元以上的。

非法吸收或者变相吸收公众存款数额在250万元以上或者给存款人造成直接经济损失数额在150万元以上，同时具有本解释第三条第二款第三项情节的，应当认定为"其他严重情节"。

第五条　非法吸收或者变相吸收公众存款，具有下列情形之一的，应当认定为刑法第一百七十六条规定的"数额特别巨大或者有其他特别严重情节"：

（一）非法吸收或者变相吸收公众存款数额在5000万元以上的；

（二）非法吸收或者变相吸收公众存款对象5000人以上的；

（三）非法吸收或者变相吸收公众存款，给存款人造成直接经济损失数额在2500万元以上的。

非法吸收或者变相吸收公众存款数额在2500万元以上或者给存款人造成直接经济损失数额在1500万元以上，同时具有本解释第三条第二款第三项情节的，应当认定为"其他特别严重情节"。

第六条　非法吸收或者变相吸收公众存款的数额，以行为人所吸收的资金全额计算。在提起公诉前积极退赃退赔，减少损害结果发生的，可以从轻或者减轻处罚；在提起公诉后退赃退赔的，可以作为量刑情节酌情考虑。

非法吸收或者变相吸收公众存款，

主要用于正常的生产经营活动，能够在提起公诉前清退所吸收资金，可以免予刑事处罚；情节显著轻微危害不大的，不作为犯罪处理。

对依法不需要追究刑事责任或者免予刑事处罚的，应当依法将案件移送有关行政机关。

第七条　以非法占有为目的，使用诈骗方法实施本解释第二条规定所列行为的，应当依照刑法第一百九十二条的规定，以集资诈骗罪定罪处罚。

使用诈骗方法非法集资，具有下列情形之一的，可以认定为“以非法占有为目的”：

（一）集资后不用于生产经营活动或者用于生产经营活动与筹集资金规模明显不成比例，致使集资款不能返还的；

（二）肆意挥霍集资款，致使集资款不能返还的；

（三）携带集资款逃匿的；

（四）将集资款用于违法犯罪活动的；

（五）抽逃、转移资金、隐匿财产，逃避返还资金的；

（六）隐匿、销毁账目，或者搞假破产、假倒闭，逃避返还资金的；

（七）拒不交代资金去向，逃避返还资金的；

（八）其他可以认定非法占有目的的情形。

集资诈骗罪中的非法占有目的，应当区分情形进行具体认定。行为人部分非法集资行为具有非法占有目的的，对该部分非法集资行为所涉集资款以集资诈骗罪定罪处罚；非法集资共同犯罪中部分行为人具有非法占有目的，其他行为人没有非法占有集资款的共同故意和行为的，对具有非法占有目的的行为人以集资诈骗罪定罪处罚。

第八条　集资诈骗数额在10万元以上的，应当认定为“数额较大”；数额在100万元以上的，应当认定为“数额巨大”。

集资诈骗数额在50万元以上，同时具有本解释第三条第二款第三项情节的，应当认定为刑法第一百九十二条规定的“其他严重情节”。

集资诈骗的数额以行为人实际骗取的数额计算，在案发前已归还的数额应予扣除。行为人为实施集资诈骗活动而支付的广告费、中介费、手续费、回扣，或者用于行贿、赠与等费用，不予扣除。行为人为实施集资诈骗活动而支付的利息，除本金未归还可予折抵本金以外，应当计入诈骗数额。

第九条　犯非法吸收公众存款罪，判处三年以下有期徒刑或者拘役，并处或者单处罚金的，处五万元以上一百万元以下罚金；判处三年以上十年以下有期徒刑的，并处十万元以上五百万元以下罚金；判处十年以上有期徒刑的，并处五十万元以上罚金。

犯集资诈骗罪，判处三年以上七年以下有期徒刑的，并处十万元以上五百万元以下罚金；判处七年以上有期徒刑或者无期徒刑的，并处五十万元以上罚金或者没收财产。

第十条　未经国家有关主管部门批准，向社会不特定对象发行、以转让股权等方式变相发行股票或者公司、企业债券，或者向特定对象发行、变相发行股票或者公司、企业债券累计超过200人的，应当认定为刑法第一百七十九条规定的“擅自发行股票或者公司、企业债券”。构成犯罪的，以擅自发行股票、公司、企业债券罪定罪处罚。

第十一条 违反国家规定，未经依法核准擅自发行基金份额募集基金，情节严重的，依照刑法第二百二十五条的规定，以非法经营罪定罪处罚。

第十二条 广告经营者、广告发布者违反国家规定，利用广告为非法集资活动相关的商品或者服务作虚假宣传，具有下列情形之一的，依照刑法第二百二十二条的规定，以虚假广告罪定罪处罚：

（一）违法所得数额在10万元以上的；

（二）造成严重危害后果或者恶劣社会影响的；

（三）二年内利用广告作虚假宣传，受过行政处罚二次以上的；

（四）其他情节严重的情形。

明知他人从事欺诈发行证券，非法吸收公众存款，擅自发行股票、公司、企业债券，集资诈骗或者组织、领导传销活动等集资犯罪活动，为其提供广告等宣传的，以相关犯罪的共犯论处。

第十三条 通过传销手段向社会公众非法吸收资金，构成非法吸收公众存款罪或者集资诈骗罪，同时又构成组织、领导传销活动罪的，依照处罚较重的规定定罪处罚。

第十四条 单位实施非法吸收公众存款、集资诈骗犯罪的，依照本解释规定的相应自然人犯罪的定罪量刑标准，对单位判处罚金，并对其直接负责的主管人员和其他直接责任人员定罪处罚。

第十五条 此前发布的司法解释与本解释不一致的，以本解释为准。

【司法指导文件(1)】

《最高人民法院、最高人民检察院关于常见犯罪的量刑指导意见(试行)》(法发〔2021〕21号，20210701)

（三）非法吸收公众存款罪

1.构成非法吸收公众存款罪的，根据下列情形在相应的幅度内确定量刑起点：

(1)犯罪情节一般的，在一年以下有期徒刑、拘役幅度内确定量刑起点。

(2)达到数额巨大起点或者有其他严重情节的，在三年至四年有期徒刑幅度内确定量刑起点。

(3)达到数额特别巨大起点或者有其他特别严重情节的，在十年至十二年有期徒刑幅度内确定量刑起点。

2.在量刑起点的基础上，根据非法吸收存款数额等其他影响犯罪构成的犯罪事实增加刑罚量，确定基准刑。

3.对于在提起公诉前积极退赃退赔，减少损害结果发生的，可以减少基准刑的40%以下；犯罪较轻的，可以减少基准刑的40%以上或者依法免除处罚。

4.构成非法吸收公众存款罪的，根据非法吸收公众存款数额、存款人人数、给存款人造成的直接经济损失数额等犯罪情节，综合考虑被告人缴纳罚金的能力，决定罚金数额。

5.构成非法吸收公众存款罪的，综合考虑非法吸收存款数额、存款人人数、给存款人造成的直接经济损失数额、清退资金数额等犯罪事实、量刑情节，以及被告人主观恶性、人身危险性、认罪悔罪表现等因素，决定缓刑的适用。

【司法指导文件(2)】

《最高人民法院、最高人民检察院、公安部关于办理非法集资刑事案件若干问题的意见》(高检会〔2019〕2号,20190130)

一、关于非法集资的“非法性”认定依据问题

人民法院、人民检察院、公安机关认定非法集资的“非法性”,应当以国家金融管理法律法规作为依据。对于国家金融管理法律法规仅作原则性规定的,可以根据法律规定的精神并参考中国人民银行、中国银行保险监督管理委员会、中国证券监督管理委员会等行政主管部门依照国家金融管理法律法规制定的部门规章或者国家有关金融管理的规定、办法、实施细则等规范性文件的规定予以认定。

二、关于单位犯罪的认定问题

单位实施非法集资犯罪活动,全部或者大部分违法所得归单位所有的,应当认定为单位犯罪。

个人为进行非法集资犯罪活动而设立的单位实施犯罪的,或者单位设立后,以实施非法集资犯罪活动为主要活动的,不以单位犯罪论处,对单位中组织、策划、实施非法集资犯罪活动的人员应当以自然人犯罪依法追究刑事责任。

判断单位是否以实施非法集资犯罪活动为主要活动,应当根据单位实施非法集资的次数、频度、持续时间、资金规模、资金流向、投入人力物力情况、单位进行正当经营的状况以及犯罪活动的影响、后果等因素综合考虑认定。

三、关于涉案下属单位的处理问题

办理非法集资刑事案件中,人民法院、人民检察院、公安机关应当全面查清涉案单位,包括上级单位(总公司、母公司)和下属单位(分公司、子公司)的主体资格、层级、关系、地位、作用、资金流向等,区分情况依法作出处理。

上级单位已被认定为单位犯罪,下属单位实施非法集资犯罪活动,且全部或者大部分违法所得归下属单位所有的,对该下属单位也应当认定为单位犯罪。上级单位和下属单位构成共同犯罪的,应当根据犯罪单位的地位、作用,确定犯罪单位的刑事责任。

上级单位已被认定为单位犯罪,下属单位实施非法集资犯罪活动,但全部或者大部分违法所得归上级单位所有的,对下属单位不单独认定为单位犯罪。下属单位中涉嫌犯罪的人员,可以作为上级单位的其他直接责任人员依法追究刑事责任。

上级单位未被认定为单位犯罪,下属单位被认定为单位犯罪的,对上级单位中组织、策划、实施非法集资犯罪的人员,一般可以与下属单位按照自然人与单位共同犯罪处理。

上级单位与下属单位均未被认定为单位犯罪的,一般以上级单位与下属单位中承担组织、领导、管理、协调职责的主管人员和发挥主要作用的人员作为主犯,以其他积极参加非法集资犯罪的人员作为从犯,按照自然人共同犯罪处理。

四、关于主观故意的认定问题

认定犯罪嫌疑人、被告人是否具有非法吸收公众存款的犯罪故意,应当依据犯罪嫌疑人、被告人的任职情况、职业经历、专业背景、培训经历、本人因同类行为受到行政处罚或者刑事追究情况以及吸收资金方式、宣传推广、合

同资料、业务流程等证据，结合其供述，进行综合分析判断。

犯罪嫌疑人、被告人使用诈骗方法非法集资，符合《最高人民法院关于审理非法集资刑事案件具体应用法律若干问题的解释》第四条[①]规定的，可以认定为集资诈骗罪中“以非法占有为目的”。

办案机关在办理非法集资刑事案件中，应当根据案件具体情况注意收集运用涉及犯罪嫌疑人、被告人的以下证据：是否使用虚假身份信息对外开展业务；是否虚假订立合同、协议；是否虚假宣传，明显超出经营范围或者夸大经营、投资、服务项目及盈利能力；是否吸收资金后隐匿、销毁合同、协议、账目；是否传授或者接受规避法律、逃避监管的方法，等等。

五、关于犯罪数额的认定问题

非法吸收或者变相吸收公众存款构成犯罪，具有下列情形之一的，向亲友或者单位内部人员吸收的资金应当与向不特定对象吸收的资金一并计入犯罪数额：

（一）在向亲友或者单位内部人员吸收资金的过程中，明知亲友或者单位内部人员向不特定对象吸收资金而予以放任的；

（二）以吸收资金为目的，将社会人员吸收为单位内部人员，并向其吸收资金的；

（三）向社会公开宣传，同时向不特定对象、亲友或者单位内部人员吸收资金的。

非法吸收或者变相吸收公众存款的数额，以行为人所吸收的资金全额计算。集资参与人收回本金或者获得回报后又重复投资的数额不予扣除，但可以作为量刑情节酌情考虑。

六、关于宽严相济刑事政策把握问题

办理非法集资刑事案件，应当贯彻宽严相济刑事政策，依法合理把握追究刑事责任的范围，综合运用刑事手段和行政手段处置和化解风险，做到惩处少数、教育挽救大多数。要根据行为人的客观行为、主观恶性、犯罪情节及其地位、作用、层级、职务等情况，综合判断行为人的责任轻重和刑事追究的必要性，按照区别对待原则分类处理涉案人员，做到罚当其罪、罪责刑相适应。

重点惩处非法集资犯罪活动的组织者、领导者和管理人员，包括单位犯罪中的上级单位（总公司、母公司）的核心层、管理层和骨干人员，下属单位（分公司、子公司）的管理层和骨干人员，以及其他发挥主要作用的人员。

对于涉案人员积极配合调查、主动退赃退赔、真诚认罪悔罪的，可以依法从轻处罚；其中情节轻微的，可以免除处罚；情节显著轻微、危害不大的，不作为犯罪处理。[②]

七、关于管辖问题

跨区域非法集资刑事案件按照《国务院关于进一步做好防范和处置非法集资工作的意见》（国发〔2015〕59号）确定的工作原则办理。如果合并侦查、诉讼更为适宜的，可以合并办理。

办理跨区域非法集资刑事案件，如

---

① 现为经法释〔2022〕5号修正的《最高人民法院关于审理非法集资刑事案件具体应用法律若干问题的解释》第七条。——编者注

② 刑法修正案（十一）第十二条修正的刑法第一百七十六条规定，在提起公诉前积极退赃退赔，减少损害结果发生的，可以从轻或者减轻处罚。——编者注

果多个公安机关都有权立案侦查的，一般由主要犯罪地公安机关作为案件主办地，对主要犯罪嫌疑人立案侦查和移送审查起诉；由其他犯罪地公安机关作为案件分办地根据案件具体情况，对本地区犯罪嫌疑人立案侦查和移送审查起诉。

管辖不明或者有争议的，按照有利于查清犯罪事实、有利于诉讼的原则，由其共同的上级公安机关协调确定或者指定有关公安机关作为案件主办地立案侦查。需要提请批准逮捕、移送审查起诉、提起公诉的，由分别立案侦查的公安机关所在地的人民检察院、人民法院受理。

对于重大、疑难、复杂的跨区域非法集资刑事案件，公安机关应当在协调确定或者指定案件主办地立案侦查的同时，通报同级人民检察院、人民法院。人民检察院、人民法院参照前款规定，确定主要犯罪地作为案件主办地，其他犯罪地作为案件分办地，由所在地的人民检察院、人民法院负责起诉、审判。

本条规定的"主要犯罪地"，包括非法集资活动的主要组织、策划、实施地，集资行为人的注册地、主要营业地、主要办事机构所在地，集资参与人的主要所在地等。

八、关于办案工作机制问题

案件主办地和其他涉案地办案机关应当密切沟通协调，协同推进侦查、起诉、审判、资产处置工作，配合有关部门最大限度追赃挽损。

案件主办地办案机关应当统一负责主要犯罪嫌疑人、被告人涉嫌非法集资全部犯罪事实的立案侦查、起诉、审判，防止遗漏犯罪事实；并应就全案处理政策、追诉主要犯罪嫌疑人、被告人的证据要求及诉讼时限、追赃挽损、资产处置等工作要求，向其他涉案地办案机关进行通报。其他涉案地办案机关应当对本地区犯罪嫌疑人、被告人涉嫌非法集资的犯罪事实及时立案侦查、起诉、审判，积极协助主办地处置涉案资产。

案件主办地和其他涉案地办案机关应当建立和完善证据交换共享机制。对涉及主要犯罪嫌疑人、被告人的证据，一般由案件主办地办案机关负责收集，其他涉案地提供协助。案件主办地办案机关应当及时通报接收涉及主要犯罪嫌疑人、被告人的证据材料的程序及要求。其他涉案地办案机关需要案件主办地提供证据材料的，应当向案件主办地办案机关提出证据需求，由案件主办地收集并依法移送。无法移送证据原件的，应当在移送复制件的同时，按照相关规定作出说明。

九、关于涉案财物追缴处置问题

办理跨区域非法集资刑事案件，案件主办地办案机关应当及时归集涉案财物，为统一资产处置做好基础性工作。其他涉案地办案机关应当及时查明涉案财物，明确其来源、去向、用途、流转情况，依法办理查封、扣押、冻结手续，并制作详细清单，对扣押款项应当设立明细账，在扣押后立即存入办案机关唯一合规账户，并将有关情况提供案件主办地办案机关。

人民法院、人民检察院、公安机关应当严格依照刑事诉讼法和相关司法解释的规定，依法移送、审查、处理查封、扣押、冻结的涉案财物。对审判时尚未追缴到案或者尚未足额退赔的违法所得，人民法院应当判决继续追缴或者责令退赔，并由人民法院负责执行，处置非法集资职能部门、人民检察院、公安机关等应当予以配合。

人民法院对涉案财物依法作出判决后，有关地方和部门应当在处置非法集资职能部门统筹协调下，切实履行协作义务，综合运用多种手段，做好涉案财物清运、财产变现、资金归集、资金清退等工作，确保最大限度减少实际损失。

根据有关规定，查封、扣押、冻结的涉案财物，一般应在诉讼终结后返还集资参与人。涉案财物不足全部返还的，按照集资参与人的集资额比例返还。退赔集资参与人的损失一般优先于其他民事债务以及罚金、没收财产的执行。

十、关于集资参与人权利保障问题

集资参与人，是指向非法集资活动投入资金的单位和个人，为非法集资活动提供帮助并获取经济利益的单位和个人除外。

人民法院、人民检察院、公安机关应当通过及时公布案件进展、涉案资产处置情况等方式，依法保障集资参与人的合法权利。集资参与人可以推选代表人向人民法院提出相关意见和建议；推选不出代表人的，人民法院可以指定代表人。人民法院可以视案件情况决定集资参与人代表人参加或者旁听庭审，对集资参与人提起附带民事诉讼等请求不予受理。

十一、关于行政执法与刑事司法衔接问题

处置非法集资职能部门或者有关行政主管部门，在调查非法集资行为或者行政执法过程中，认为案情重大、疑难、复杂的，可以商请公安机关就追诉标准、证据固定等问题提出咨询或者参考意见；发现非法集资行为涉嫌犯罪的，应当按照《行政执法机关移送涉嫌犯罪案件的规定》等规定，履行相关手续，在规定的期限内将案件移送公安机关。

人民法院、人民检察院、公安机关在办理非法集资刑事案件过程中，可商请处置非法集资职能部门或者有关行政主管部门指派专业人员配合开展工作，协助查阅、复制有关专业资料，就案件涉及的专业问题出具认定意见。涉及需要行政处理的事项，应当及时移交处置非法集资职能部门或者有关行政主管部门依法处理。

十二、关于国家工作人员相关法律责任问题

国家工作人员具有下列行为之一，构成犯罪的，应当依法追究刑事责任：

（一）明知单位和个人所申请机构或者业务涉嫌非法集资，仍为其办理行政许可或者注册手续的；

（二）明知所主管、监管的单位有涉嫌非法集资行为，未依法及时处理或者移送处置非法集资职能部门的；

（三）查处非法集资过程中滥用职权、玩忽职守、徇私舞弊的；

（四）徇私舞弊不向司法机关移交非法集资刑事案件的；

（五）其他通过职务行为或者利用职务影响，支持、帮助、纵容非法集资的。

【司法指导文件(3)】

《最高人民法院、最高人民检察院、公安部关于办理非法集资刑事案件适用法律若干问题的意见》（公通字〔2014〕16号，20140325）

一、关于行政认定的问题

行政部门对于非法集资的性质认定，不是非法集资刑事案件进入刑事诉讼程序的必经程序。行政部门未对非法集资作出性质认定的，不影响非法集资刑事案件的侦查、起诉和审判。

公安机关、人民检察院、人民法院应当依法认定案件事实的性质，对于案情复杂、性质认定疑难的案件，可参考有关部门的认定意见，根据案件事实和法律规定作出性质认定。

二、关于“向社会公开宣传”的认定问题

《最高人民法院关于审理非法集资刑事案件具体应用法律若干问题的解释》第一条第一款第二项中的“向社会公开宣传”，包括以各种途径向社会公众传播吸收资金的信息，以及明知吸收资金的信息向社会公众扩散而予以放任等情形。

三、关于“社会公众”的认定问题

下列情形不属于《最高人民法院关于审理非法集资刑事案件具体应用法律若干问题的解释》第一条第二款规定的“针对特定对象吸收资金”的行为，应当认定为向社会公众吸收资金：

（一）在向亲友或者单位内部人员吸收资金的过程中，明知亲友或者单位内部人员向不特定对象吸收资金而予以放任的；

（二）以吸收资金为目的，将社会人员吸收为单位内部人员，并向其吸收资金的。

四、关于共同犯罪的处理问题

为他人向社会公众非法吸收资金提供帮助，从中收取代理费、好处费、返点费、佣金、提成等费用，构成非法集资共同犯罪的，应当依法追究刑事责任。能够及时退缴上述费用的，可依法从轻处罚；其中情节轻微的，可以免除处罚；情节显著轻微、危害不大的，不作为犯罪处理。

五、关于涉案财物的追缴和处置问题

向社会公众非法吸收的资金属于违法所得。以吸收的资金向集资参与人支付的利息、分红等回报，以及向帮助吸收资金人员支付的代理费、好处费、返点费、佣金、提成等费用，应当依法追缴。集资参与人本金尚未归还的，所支付的回报可予折抵本金。

将非法吸收的资金及其转换财物用于清偿债务或者转让给他人，有下列情形之一的，应当依法追缴：

（一）他人明知是上述资金及财物而收取的；

（二）他人无偿取得上述资金及财物的；

（三）他人以明显低于市场的价格取得上述资金及财物的；

（四）他人取得上述资金及财物系源于非法债务或者违法犯罪活动的；

（五）其他依法应当追缴的情形。

查封、扣押、冻结的易贬值及保管、养护成本较高的涉案财物，可以在诉讼终结前依照有关规定变卖、拍卖。所得价款由查封、扣押、冻结机关予以保管，待诉讼终结后一并处置。

查封、扣押、冻结的涉案财物，一般应在诉讼终结后，返还集资参与人。涉案财物不足全部返还的，按照集资参与人的集资额比例返还。

六、关于证据的收集问题

办理非法集资刑事案件中，确因客观条件的限制无法逐一收集集资参与人的言词证据的，可结合已收集的集资参与人的言词证据和依法收集并查证属实的书面合同、银行账户交易记录、会计凭证及会计账簿、资金收付凭证、审计报告、互联网电子数据等证据，综合认定非法集资对象人数和吸收资金数额等犯罪事实。

七、关于涉及民事案件的处理问题

对于公安机关、人民检察院、人民法院正在侦查、起诉、审理的非法集资刑事案件，有关单位或者个人就同一事实向人民法院提起民事诉讼或者申请执行涉案财物的，人民法院应当不予受理，并将有关材料移送公安机关或者检察机关。

人民法院在审理民事案件或者执行过程中，发现有非法集资犯罪嫌疑的，应当裁定驳回起诉或者中止执行，并及时将有关材料移送公安机关或者检察机关。

公安机关、人民检察院、人民法院在侦查、起诉、审理非法集资刑事案件中，发现与人民法院正在审理的民事案件属同一事实，或者被申请执行的财物属于涉案财物的，应当及时通报相关人民法院。人民法院经审查认为确属涉嫌犯罪的，依照前款规定处理。

八、关于跨区域案件的处理问题

跨区域非法集资刑事案件，在查清犯罪事实的基础上，可以由不同地区的公安机关、人民检察院、人民法院分别处理。

对于分别处理的跨区域非法集资刑事案件，应当按照统一制定的方案处置涉案财物。

国家机关工作人员违反规定处置涉案财物，构成渎职等犯罪的，应当依法追究刑事责任。

【司法指导文件(4)】

《最高人民法院关于非法集资刑事案件性质认定问题的通知》(法〔2011〕262号，20110818)

一、行政部门对于非法集资的性质认定，不是非法集资案件进入刑事程序的必经程序。行政部门未对非法集资作出性质认定的，不影响非法集资刑事案件的审判。

二、人民法院应当依照刑法和《最高人民法院关于审理非法集资刑事案件具体应用法律若干问题的解释》等有关规定认定案件事实的性质，并认定相关行为是否构成犯罪。

三、对于案情复杂、性质认定疑难的案件，人民法院可以在有关部门关于是否符合行业技术标准的行政认定意见的基础上，根据案件事实和法律规定作出性质认定。

【司法指导文件(5)】

《最高人民检察院关于办理涉互联网金融犯罪案件有关问题座谈会纪要》(高检诉〔2017〕14号，20170602)

6.涉互联网金融活动在未经有关部门依法批准的情形下，公开宣传并向不特定公众吸收资金，承诺在一定期限内还本付息的，应当依法追究刑事责任。其中，应重点审查互联网金融活动相关主体是否存在归集资金、沉淀资金，致使投资人资金存在被挪用、侵占等重大风险等情形。

7.互联网金融的本质是金融，判断其是否属于“未经有关部门依法批准”，即行为是否具有非法性的主要法律依据是《商业银行法》、《非法金融机构和非法金融业务活动取缔办法》(国务院令第247号)[①] 等现行有效的金融管理

① 该办法已被2021年5月1日施行的《防范和处置非法集资条例》所废止。——编者注

法律规定。

8.对以下网络借贷领域的非法吸收公众资金的行为，应当以非法吸收公众存款罪分别追究相关行为主体的刑事责任：

(1) 中介机构以提供信息中介服务为名，实际从事直接或间接归集资金、甚至自融或变相自融等行为，应当依法追究中介机构的刑事责任。特别要注意识别变相自融行为，如中介机构通过拆分融资项目期限、实行债权转让等方式为自己吸收资金的，应当认定为非法吸收公众存款。

(2) 中介机构与借款人存在以下情形之一的，应当依法追究刑事责任：①中介机构与借款人合谋或者明知借款人存在违规情形，仍为其非法吸收公众存款提供服务的；中介机构与借款人合谋，采取向出借人提供信用担保、通过电子渠道以外的物理场所开展借贷业务等违规方式向社会公众吸收资金的；②双方合谋通过拆分融资项目期限、实行债权转让等方式为借款人吸收资金的。在对中介机构、借款人进行追诉时，应根据各自在非法集资中的地位、作用确定其刑事责任。中介机构虽然没有直接吸收资金，但是通过大肆组织借款人开展非法集资并从中收取费用数额巨大、情节严重的，可以认定为主犯。

(3) 借款人故意隐瞒事实，违反规定，以自己名义或借用他人名义利用多个网络借贷平台发布借款信息，借款总额超过规定的最高限额，或将吸收资金用于明确禁止的投资股票、场外配资、期货合约等高风险行业，造成重大损失和社会影响的，应当依法追究借款人的刑事责任。对于借款人将借款主要用于正常的生产经营活动，能够及时清退所吸收资金，不作为犯罪处理。

9.在非法吸收公众存款罪中，原则上认定主观故意并不要求以明知法律的禁止性规定为要件。特别是具备一定涉金融活动相关从业经历、专业背景或在犯罪活动中担任一定管理职务的犯罪嫌疑人，应当知晓相关金融法律管理规定，如果有证据证明其实际从事的行为应当批准而未经批准，行为在客观上具有非法性，原则上就可以认定其具有非法吸收公众存款的主观故意。在证明犯罪嫌疑人的主观故意时，可以收集运用犯罪嫌疑人的任职情况、职业经历、专业背景、培训经历、此前任职单位或者其本人因从事同类行为受到处罚情况等证据，证明犯罪嫌疑人提出的“不知道相关行为被法律所禁止，故不具有非法吸收公众存款的主观故意”等辩解不能成立。除此之外，还可以收集运用以下证据进一步印证犯罪嫌疑人知道或应当知道其所从事行为具有非法性，比如犯罪嫌疑人故意规避法律以逃避监管的相关证据：自己或要求下属与投资人签订虚假的亲友关系确认书，频繁更换宣传用语逃避监管，实际推介内容与宣传用语、实际经营状况不一致，刻意向投资人夸大公司兑付能力，在培训课程中传授或接受规避法律的方法，等等。

10.对于无相关职业经历、专业背景，且从业时间短暂，在单位犯罪中层级较低，纯属执行单位领导指令的犯罪嫌疑人提出辩解的，如确实无其他证据证明其具有主观故意的，可以不作为犯罪处理。另外，实践中还存在犯罪嫌疑人提出因信赖行政主管部门出具的相关意见而陷入错误认识的辩解。如果上述辩解确有证据证明，不应作为犯罪处理，但应当对行政主管部门出具的相关意见及其出具过程进行查证，如存在以下情形之一，仍应认定犯罪嫌疑人具有非法吸收公众存款的主观故意：

(1)行政主管部门出具意见所涉及的行为与犯罪嫌疑人实际从事的行为不一致的；

(2)行政主管部门出具的意见未对是否存在非法吸收公众存款问题进行合法性审查，仅对其他合法性问题进行审查的；

(3)犯罪嫌疑人在行政主管部门出具意见时故意隐瞒事实、弄虚作假的；

(4)犯罪嫌疑人与出具意见的行政主管部门的工作人员存在利益输送行为的；

(5)犯罪嫌疑人存在其他影响和干扰行政主管部门出具意见公正性的情形的。

对于犯罪嫌疑人提出因信赖专家学者、律师等专业人士、主流新闻媒体宣传或有关行政主管部门工作人员的个人意见而陷入错误认识的辩解，不能作为犯罪嫌疑人判断自身行为合法性的根据和排除主观故意的理由。

11.负责或从事吸收资金行为的犯罪嫌疑人非法吸收公众存款金额，根据其实际参与吸收的全部金额认定。但以下金额不应计入该犯罪嫌疑人的吸收金额：

(1)犯罪嫌疑人自身及其近亲属所投资的资金金额；

(2)记录在犯罪嫌疑人名下，但其未实际参与吸收且未从中收取任何形式好处的资金。

吸收金额经过司法会计鉴定的，可以将前述不计入部分直接扣除。但是，前述两项所涉金额仍应计入相对应的上一级负责人及所在单位的吸收金额。

12.投资人在每期投资结束后，利用投资账户中的资金(包括每期投资结束后归还的本金、利息)进行反复投资的金额应当累计计算，但对反复投资的数额应当作出说明。对负责或从事行政管理、财务会计、技术服务等辅助工作的犯罪嫌疑人，应当按照其参与的犯罪事实，结合其在犯罪中的地位和作用，依法确定刑事责任范围。

13.确定犯罪嫌疑人的吸收金额时，应当重点审查、运用以下证据：

(1)涉案主体自身的服务器或第三方服务器上存储的交易记录等电子数据；

(2)会计账簿和会计凭证；

(3)银行账户交易记录、POS机支付记录；

(4)资金收付凭证、书面合同等书证。仅凭投资人报案数据不能认定吸收金额。

【司法指导文件(6)】

《最高人民法院研究室关于认定非法吸收公众存款罪主体问题的复函》(法研〔2001〕71号，20010910)

金融机构及其工作人员不能构成非法吸收公众存款罪的犯罪主体。对于银行或者其他金融机构及其工作人员以牟利为目的，采用吸收客户资金不入账并将资金用于非法拆借、发放贷款，构成犯罪的，依照刑法有关规定定罪处罚。

【司法指导文件(7)】

《最高人民法院刑事审判第二庭关于以投资林业为名向社会吸收资金行为定性的答复意见》(20040904)

……对于此类以投资某些项目为名向社会公众非法吸收资金案件的违法性把握上应当慎重，除未经国家金融主管部门批准外，只有所涉及的项目及经营方式也违反了行政审批的有关规定，才作为犯罪论处。

对于此类行为，如果主观上存在非法占有目的，客观上实施了诈骗行为，则应以集资诈骗罪定罪处罚。

【指导性案例·检察】

〔杨卫国等人非法吸收公众存款案，JZD64-2020〕

1.单位或个人假借开展网络借贷信息中介业务之名，未经依法批准，归集不特定公众的资金设立资金池，控制、支配资金池中的资金，并承诺还本付息的，构成非法吸收公众存款罪。

2.检察机关在办案中要通过对网络借贷平台的股权结构、实际控制关系、资金来源、资金流向、中间环节和最终投向的分析，综合全流程信息，分析判断是规范的信息中介，还是假借信息中介名义从事信用中介活动，是否存在违法设立资金池、自融、变相自融等违法归集、控制、支配、使用资金的行为，准确认定行为性质。

【法院案例库参考案例】

〔陈某红非法吸收存款、非法经营、合同诈骗案，2024-04-1-113-002〕被告人仅向与其具有相对特定关系的个人借款，后因企业经营不善导致亏损无法偿还借款的，不构成非法吸收公众存款罪

仅向与其具有相对特定关系的个人借款，后因企业经营不善导致亏损无法偿还借款的，其行为不构成非法吸收公众存款罪。

〔何某林非法吸收公众存款案，2024-04-1-113-001〕受雇参与非法集资流程中部分环节，仅领取少量报酬，情节显著轻微危害不大的，可不认为是犯罪

明知他人非法向社会不特定对象吸收存款，仍为他人提供帮助，从中收取提成等费用，符合刑法第一百七十六条规定的，以非法吸收公众存款罪论处。但是，行为人受雇参与非法集资流程中部分环节，仅领取少量报酬，情节显著轻微危害不大的，可不认为是犯罪。

〔陈某先非法吸收公众存款案，2024-03-1-113-001〕"向社会不特定对象公开宣传"的审查认定

非法吸收公众存款犯罪行为需具备非法性、公开性、利诱性、社会性四个特征，其中，公开性是指向社会不特定对象公开宣传，包括以各种途径向社会公众传播吸收资金的信息，以及明知吸收资金的信息向社会扩散而予以放任等情形。通常表现为通过媒体、推介会、传单、社交平台等各种途径向社会公众传播吸收资金信息。对于行为人通过员工、亲朋或者相关集资户以口口相传方式将集资信息传播给社会上人员，要根据主客观相一致原则进行具体分析。如果行为人以明示或暗示方式主动授意，或在获悉存在口口相传向社会人员吸收资金时不予控制或排斥，对社会人员直接或以内部人员名义投入的资金均予以吸收的，可以认定为以口口相传的方式向社会不特定对象公开宣传。

【法院公报案例】

〔陕西省渭南市人民检察院诉渭南市尤湖塔园有限责任公司、惠庆祥、陈创、冯振达非法吸收公众存款，惠庆祥挪用资金案，GB2008-6〕

未经中国人民银行批准，不以吸收公众存款的名义，向社会不特定对象吸收资金，但承诺履行的义务与吸收公众存款性质相同，即承诺在一定期限内返本付息的，属于刑法第一百七十六条规定的“变相吸收公众存款”。只要行为人实施了非法吸收公众存款的行为，无论采取何种非法吸收公众存款的手段、方式，均不影响非法吸收公众存款罪的成立。

【《刑事审判参考》案例】

〔参考案例第1544号：张某宇等集资诈骗、非法吸收公众存款案〕在集资诈骗和非法吸收公众存款交叉犯罪案件中，对不能实际履行公司职责的高管的行为如何定性？

对于不能实际履行职责的公司高管人员，即使从事了部分对内、对外职责，也不能据此一概认定具有“非法占有”目的，而应深入考察、比较其已实施行为以及未履行“职责”的性质、后果，按照疑罪从无、主客观相一致等原则，严格裁判标准，将其与具有“非法占有”目的的公司实际控制人、实际管理者区分开来，依法认定构成非法吸收公众存款罪，而非集资诈骗罪。

〔参考案例第1611号：廊坊市国某股权投资基金管理有限公司、闫某某等非法吸收公众存款案〕经依法登记的私募基金管理人通过发售合法备案的私募基金向不特定社会公众吸收资金的行为应如何定性？行为人通过发售私募基金向不特定社会公众吸收资金的，犯罪数额如何计算？

1.私募基金管理人按规定进行了登记，发行的涉案基金亦进行了备案，但借用合法经营的形式针对不特定对象进行公开宣传，以高息及承诺还本付息等方式利诱公众，向远超法律法规规定的社会不特定对象吸收资金，其行为符合非法吸收公众存款罪的要件。

2.对于非法吸收公众存款案件，应将行为人每次吸收公众存款的数额进行累加计算，得出犯罪数额，而不应以集资参与人受到的损失数额作为犯罪数额。集资参与人重复投资、循环投资的，均应累计计算。行为人在吸收公众存款后，支付或归还的本息均不在犯罪数额中予以扣除。在非法吸收公众存款案件中行为人向社会公开宣传，同时向不特定对象、亲友或者单位内部人员吸收资金的，向亲友或者单位内部人员吸收的资金应当与向不特定对象吸收的资金一并计入犯罪数额。

〔参考案例第1627号：曾某斌被诉非法吸收公众存款案〕股权众筹融资与非法集资犯罪的区分

被告人作为用资人，委托其他公司寻找合格投资人，对投资对象是否特定以及资金来源并无审查义务，也无证据证实被告人明知资金来源于不合格投资人，被告人客观上未直接向集资参与人募集资金，提供投资项目和投资赠品亦非基于犯罪故意的帮助行为，不构成非法吸收公众存款罪。

第一百七十七条　【伪造、变造金融票证罪】有下列情形之一，伪造、变造金融票证的，处五年以

下有期徒刑或者拘役，并处或者单处二万元以上二十万元以下罚金；情节严重的，处五年以上十年以下有期徒刑，并处五万元以上五十万元以下罚金；情节特别严重的，处十年以上有期徒刑或者无期徒刑，并处五万元以上五十万元以下罚金或者没收财产：

（一）伪造、变造汇票、本票、支票的；

（二）伪造、变造委托收款凭证、汇款凭证、银行存单等其他银行结算凭证的；

（三）伪造、变造信用证或者附随的单据、文件的；

（四）伪造信用卡的。

单位犯前款罪的，对单位判处罚金，并对其直接负责的主管人员和其他直接责任人员，依照前款的规定处罚。

【立法解释】

《全国人民代表大会常务委员会关于〈中华人民共和国刑法〉有关信用卡规定的解释》(20041229)

刑法规定的“信用卡”，是指由商业银行或者其他金融机构发行的具有消费支付、信用贷款、转账结算、存取现金等全部功能或者部分功能的电子支付卡。

【立案追诉标准】

《最高人民检察院、公安部关于公安机关管辖的刑事案件立案追诉标准的规定(二)》(公通字〔2022〕12号，20220515)

第二十四条　〔伪造、变造金融票证案(刑法第一百七十七条)〕伪造、变造金融票证，涉嫌下列情形之一的，应予立案追诉：

(一)伪造、变造汇票、本票、支票，或者伪造、变造委托收款凭证、汇款凭证、银行存单等其他银行结算凭证，或者伪造、变造信用证或者附随的单据、文件，总面额在一万元以上或者数量在十张以上的；

(二)伪造信用卡一张以上，或者伪造空白信用卡十张以上的。

【司法解释】

《最高人民法院、最高人民检察院关于办理妨害信用卡管理刑事案件具体应用法律若干问题的解释》(原法释〔2009〕19号，根据法释〔2018〕19号修正，20181201)

第一条　复制他人信用卡、将他人信用卡信息资料写入磁条介质、芯片或者以其他方法伪造信用卡一张以上的，应当认定为刑法第一百七十七条第一款第四项规定的“伪造信用卡”，以伪造金融票证罪定罪处罚。

伪造空白信用卡十张以上的，应当认定为刑法第一百七十七条第一款第四项规定的“伪造信用卡”，以伪造金融票证罪定罪处罚。

伪造信用卡，有下列情形之一的，应当认定为刑法第一百七十七条规定的“情节严重”：

(一)伪造信用卡五张以上不满二十五张的；

(二)伪造的信用卡内存款余额、透支额度单独或者合计数额在二十万元以上不满一百万元的；

(三)伪造空白信用卡五十张以上不满二百五十张的；

(四)其他情节严重的情形。

伪造信用卡，有下列情形之一的，

应当认定为刑法第一百七十七条规定的“情节特别严重”：

（一）伪造信用卡二十五张以上的；

（二）伪造的信用卡内存款余额、透支额度单独或者合计数额在一百万元以上的；

（三）伪造空白信用卡二百五十张以上的；

（四）其他情节特别严重的情形。

本条所称“信用卡内存款余额、透支额度”，以信用卡被伪造后发卡行记录的最高存款余额、可透支额度计算。

第十三条　单位实施本解释规定的行为，适用本解释规定的相应自然人犯罪的定罪量刑标准。

【司法指导文件】

《最高人民法院研究室关于对贩卖假金融票证行为如何适用法律问题的复函》（法研〔2002〕21号）

明知是伪造、变造的金融票证而贩卖，或者明知他人实施金融诈骗行为而为其提供伪造、变造的金融票证的，以伪造、变造金融票证罪或者金融诈骗犯罪的共犯论处。

【公安文件(1)】

《公安部经济犯罪侦查局关于银行现金缴款单是否属金融票证的批复》（公经〔2006〕2697号，20061124）

现金缴款单是客户到银行办理现金缴存业务的专用凭证，证明银行与客户之间发生了资金收付关系，应为银行结算凭证的一种，属于金融票证的范畴。

【公安文件(2)】

《公安部经济犯罪侦查局关于伪造银行履约保函的行为是否构成伪造、变造金融票证罪的批复》（公经〔2006〕2769号，20061201）

银行履约保函是保函的一种，属于刑法第一百八十八条所列的金融票证的范畴。但只有在经济活动中具有给付货币和资金清算作用，并表明银行与客户之间已受理或已办结相关支付结算业务的凭据，才能认定为银行结算凭证。因此，刑法第一百七十七条“伪造、变造金融票证罪”规定的金融票证种类中并未包括银行履约保函。

【公安文件(3)】

《公安部经济犯罪侦查局关于对伪造、变造金融凭证罪法律适用问题的批复》（公经〔2007〕1900号，20070822）

一、刑法意义上的伪造、变造金融票证行为，其核心是对金融票证的物理性状进行改变。本案中犯罪嫌疑人先将资金存入××信用分社取得存单，再假称存单丢失，通过办理存单挂失手续将存款提现的方法取得已挂失的存单，犯罪嫌疑人的行为不属于刑法规定的伪造、变造金融票证的范畴。

二、银行质押凭证止付通知书不属于刑法第一百七十七条中的金融票证。

【公安文件(4)】

《公安部经济犯罪侦查局关于银行进账单、支票存根联、支付系统专用凭证、转账贷方传票是否属于银行结算凭证的批复》（公经金融〔2008〕116号，20080722）

银行进账单、支付系统专用凭证、转账贷方传票属于银行结算凭证，而支票存根联是出票人自行留存、用于核对账务的内部凭证，不属于银行结算凭证。

【公安文件(5)】

《公安部经济犯罪侦查局关于银行现金缴款单和进账单是否属于银行结算凭证的批复》(公经金融〔2009〕96号,20090331)

银行现金缴款单、进账单均属于刑法第一百七十七条所指的银行结算凭证。

【公安文件(6)】

《公安部经济犯罪侦查局关于网上银行电子回单是否属于金融票证的批复》(公经金融〔2013〕69号,20130730)

根据《支付结算办法》(银发〔1997〕393号,以下简称《办法》)的规定,结算凭证是办理支付结算的工具,是办理支付结算和现金收付的重要依据,未按《办法》规定填写的结算凭证,银行有权不予受理。因而,结算凭证一般可理解为银行在办理支付结算活动中所使用的,据以执行客户支付指令、办理资金划转的凭证。根据《电子支付指引(第一号)》(中国人民银行公告〔2005〕第23号)第五条、第十九条和《办法》第一百七十四条的规定,电子支付指令与纸质支付凭证具有同等效力,而网上银行电子回单(包括纸质形式)可理解为银行对电子支付指令进行确认后,向客户提供的用以证明银行受理了相关业务的单证,并非办理支付结算业务和资金划转的依据,也不能证明有关的货币给付或资金清算已经完成。综上,网上银行电子回单(包括纸质形式)不属于结算凭证,也不属于金融票证。

【公安文件(7)】

《公安部经济犯罪侦查局关于"12·24"票据诈骗案件有关法律问题的批复》(公经金融〔2012〕182号,20121031)

一、涉案的PROMISSORY NOTE(英译为本票)及附随英文确认书系商业本票。根据我国《票据法》第七十三条第二款"本票是指银行本票"之规定,该商业本票不符合我国票据法对本票的概念,也不属于《刑法》第一百七十七条、第一百九十四条关于本票的范畴。

二、涉案的商业承兑汇票(不可撤销)保证函、不可撤销的还款担保函属于银行履约保函的一种。根据我局2006年12月1日《关于伪造银行履约保函的行为是否构成伪造、变造金融票证罪的批复》(公经〔2006〕2769号),银行履约保函是保函的一种,属于刑法第一百八十八条所列的金融票证的范畴。但只有在经济活动中具有给付货币和资金清算作用,并表明银行与客户之间已受理或已办结相关支付结算业务的凭证,才能认定为银行结算凭证。因此,刑法第一百七十七条"伪造、变造金融票证罪"规定的金融票证种类中并未包括银行履约保函。

【公安文件(8)】

《公安部经济犯罪侦查局关于转中国人民银行办公厅银办函〔2003〕469号复函的通知》(公经〔2003〕1094号,20030923)

一、在来函所述的案件中,甲行行长先在票据上加盖私刻印章,事后又补盖了真章。对此,我们认为,甲行行长加盖私刻印章的行为属于伪造票据签章的行为。《中华人民共和国票据法》

第十四条规定，“票据上有伪造、变造的签章的，不影响票据上其他真实签章的效力”，因此，即使票据上有伪造、变造的签章，只要票据的制作、签发和承兑真实有效，该票据仍属有效票据，而不是伪造的票据。

二、甲行行长事后补盖真章的行为属于对以前票据行为的追认，属于有效的票据行为。

【公安文件(9)】

《公安部经济犯罪侦查局关于转发〈中国人民银行办公厅关于单位取款凭条性质认定问题的意见〉的通知》(公经〔2003〕575号，20030529)

根据《支付结算办法》(银发〔1997〕393号)的有关规定，银行结算凭证是办理支付结算的工具，是银行、单位和个人凭以记载财务的会计凭证，是记载经济业务和明确经济责任的一种书面证明。单位取款凭条，是存款人开户银行根据存款人委托，从其账户中将款项支付给指定收款人的一种书面证明，应属银行结算凭证。

第一百七十七条之一　【妨害信用卡管理罪】有下列情形之一，妨害信用卡管理的，处三年以下有期徒刑或者拘役，并处或者单处一万元以上十万元以下罚金；数量巨大或者有其他严重情节的，处三年以上十年以下有期徒刑，并处二万元以上二十万元以下罚金：

（一）明知是伪造的信用卡而持有、运输的，或者明知是伪造的空白信用卡而持有、运输，数量较大的；

（二）非法持有他人信用卡，数量较大的；

（三）使用虚假的身份证明骗领信用卡的；

（四）出售、购买、为他人提供伪造的信用卡或者以虚假的身份证明骗领的信用卡的。

【窃取、收买、非法提供信用卡信息罪】窃取、收买或者非法提供他人信用卡信息资料的，依照前款规定处罚。

银行或者其他金融机构的工作人员利用职务上的便利，犯第二款罪的，从重处罚。

【修正说明】

本罪由刑法修正案(五)第一条增设。

【立案追诉标准】

《最高人民检察院、公安部关于公安机关管辖的刑事案件立案追诉标准的规定(二)》(公通字〔2022〕12号，20220515)

第二十五条　〔妨害信用卡管理案(刑法第一百七十七条之一第一款)〕妨害信用卡管理，涉嫌下列情形之一的，应予立案追诉：

(一)明知是伪造的信用卡而持有、运输的；

(二)明知是伪造的空白信用卡而持有、运输，数量累计在十张以上的；

(三)非法持有他人信用卡，数量累计在五张以上的；

(四)使用虚假的身份证明骗领信用卡的；

(五)出售、购买、为他人提供伪造的信用卡或者以虚假的身份证明骗领的信用卡的。

违背他人意愿，使用其居民身份

证、军官证、士兵证、港澳居民往来内地通行证、台湾居民来往大陆通行证、护照等身份证明申领信用卡的，或者使用伪造、变造的身份证明申领信用卡的，应当认定为“使用虚假的身份证明骗领信用卡”。

第二十六条〔窃取、收买、非法提供信用卡信息案(刑法第一百七十七条之一第二款)〕窃取、收买或者非法提供他人信用卡信息资料，足以伪造可进行交易的信用卡，或者足以使他人以信用卡持卡人名义进行交易，涉及信用卡一张以上的，应予立案追诉。

【司法解释】

《最高人民法院、最高人民检察院关于办理妨害信用卡管理刑事案件具体应用法律若干问题的解释》(原法释〔2009〕19号，根据法释〔2018〕19号修正，20181201)

第二条　明知是伪造的空白信用卡而持有、运输10张以上不满100张的，应当认定为刑法第一百七十七条之一第一款第(一)项规定的“数量较大”；非法持有他人信用卡5张以上不满50张的，应当认定为刑法第一百七十七条之一第一款第(二)项规定的“数量较大”。

有下列情形之一的，应当认定为刑法第一百七十七条之一第一款规定的“数量巨大”：

(一)明知是伪造的信用卡而持有、运输10张以上的；

(二)明知是伪造的空白信用卡而持有、运输100张以上的；

(三)非法持有他人信用卡50张以上的；

(四)使用虚假的身份证明骗领信用卡10张以上的；

(五)出售、购买、为他人提供伪造的信用卡或者以虚假的身份证明骗领的信用卡10张以上的。

违背他人意愿，使用其居民身份证、军官证、士兵证、港澳居民往来内地通行证、台湾居民来往大陆通行证、护照等身份证明申领信用卡的，或者使用伪造、变造的身份证明申领信用卡的，应当认定为刑法第一百七十七条之一第一款第(三)项规定的“使用虚假的身份证明骗领信用卡”。

第三条　窃取、收买、非法提供他人信用卡信息资料，足以伪造可进行交易的信用卡，或者足以使他人以信用卡持卡人名义进行交易，涉及信用卡1张以上不满5张的，依照刑法第一百七十七条之一第二款的规定，以窃取、收买、非法提供信用卡信息罪定罪处罚；涉及信用卡5张以上的，应当认定为刑法第一百七十七条之一第一款规定的“数量巨大”。

【司法指导文件(1)】

《最高人民法院、最高人民检察院、公安部关于办理电信网络诈骗等刑事案件适用法律若干问题的意见》(法发〔2016〕32号，20161219)

三、全面惩处关联犯罪

(四)非法持有他人信用卡，没有证据证明从事电信网络诈骗犯罪活动，符合刑法第一百七十七条之一第一款第(二)项规定的，以妨害信用卡管理罪追究刑事责任。

【司法指导文件(2)】

《最高人民法院、最高人民检察院、公安部关于办理电信网络诈骗等刑事案件适用法律若干问题的意见(二)》(法发〔2021〕22号，20210617)

四、无正当理由持有他人的单位结算卡的，属于刑法第一百七十七条之一第一款第(二)项规定的“非法持有他人信用卡”。

【司法指导文件(3)】

《最高人民法院刑事审判第三庭、最高人民检察院第四检察厅、公安部刑事侦查局关于“断卡”行动中有关法律适用问题的会议纪要》(20220322)

七、关于收购、出售、出租信用卡的行为，可否以窃取、收买、非法提供信用卡信息罪追究刑事责任的问题。《刑法修正案(五)》设立了窃取、收买、非法提供信用卡信息罪，主要考虑是：利用信用卡信息资料复制磁条卡的问题在当时比较突出，严重危害持卡人的财产安全和国家金融安全，故设立本罪，相关司法解释将本罪入罪门槛规定为1张(套)信用卡。其中的“信用卡信息资料”，是指用于伪造信用卡的电子数据等基础信息，如有关发卡行代码、持卡人账户、密码等内容的加密电子数据。在“断卡”行动破获的此类案件中，行为人非法交易信用卡的主要目的在于直接使用信用卡，而非利用其中的信息资料伪造信用卡。故当前办理“断卡”行动中的此类案件，一般不以窃取、收买、非法提供信用卡信息罪追究刑事责任。

八、关于收购、出售、出租信用卡“四件套”行为的处理。行为人收购、出售、出租信用卡“四件套”(一般包括信用卡，身份信息，U盾，网银)，数量较大的，可能同时构成帮助信息网络犯罪活动罪、妨害信用卡管理罪等。“断卡”行动中破获的此类案件，行为人收购、出售、出租的信用卡“四件套”，主要流向电信网络诈骗犯罪团伙或人员手中，用于非法接收、转移诈骗资金，一般以帮助信息网络犯罪活动罪论处。对于涉案信用卡“四件套”数量巨大，同时符合妨害信用卡管理罪构成要件的，择一重罪论处。

【公安文件】

《公安部经济犯罪侦查局关于对以虚假的工作单位证明及收入证明骗领信用卡是否可以认定为妨害信用卡管理罪请示的批复》(公经金融〔2008〕107号，20080701)

以虚假的工作单位证明及收入证明骗领信用卡不能认定为妨害信用卡管理罪。

第一百七十八条　【伪造、变造国家有价证券罪】伪造、变造国库券或者国家发行的其他有价证券，数额较大的，处三年以下有期徒刑或者拘役，并处或者单处二万元以上二十万元以下罚金；数额巨大的，处三年以上十年以下有期徒刑，并处五万元以上五十万元以下罚金；数额特别巨大的，处十年以上有期徒刑或者无期徒刑，并处五万元以上五十万元以下罚金或者没收财产。

【伪造、变造股票、公司、企业债券罪】伪造、变造股票或者公司、企业债券，数额较大的，处三年以下有期徒刑或者拘役，并处或者单处一万元以上十万元以下罚金；数额巨大的，处三年以上十年以下有期徒刑，并处二万元以上二十万元以下罚金。

单位犯前两款罪的，对单位判处罚金，并对其直接负责的主管人

员和其他直接责任人员，依照前两款的规定处罚。

【立案追诉标准】

《最高人民检察院、公安部关于公安机关管辖的刑事案件立案追诉标准的规定(二)》(公通字〔2022〕12号，20220515)

第二十七条　〔伪造、变造国家有价证券案(刑法第一百七十八条第一款)〕伪造、变造国库券或者国家发行的其他有价证券，总面额在二千元以上的，应予立案追诉。

第二十八条　〔伪造、变造股票、公司、企业债券案(刑法第一百七十八条第二款)〕伪造、变造股票或者公司、企业债券，总面额在三万元以上的，应予立案追诉。

第一百七十九条　【擅自发行股票、公司、企业债券罪】未经国家有关主管部门批准，擅自发行股票或者公司、企业债券，数额巨大、后果严重或者有其他严重情节的，处五年以下有期徒刑或者拘役，并处或者单处非法募集资金金额百分之一以上百分之五以下罚金。

单位犯前款罪的，对单位判处罚金，并对其直接负责的主管人员和其他直接责任人员，处五年以下有期徒刑或者拘役。

【立案追诉标准】

《最高人民检察院、公安部关于公安机关管辖的刑事案件立案追诉标准的规定(二)》(公通字〔2022〕12号，20220515)

第二十九条　〔擅自发行股票、公司、企业债券案(刑法第一百七十九条)〕未经国家有关主管部门批准或者注册，擅自发行股票或者公司、企业债券，涉嫌下列情形之一的，应予立案追诉：

(一)非法募集资金金额在一百万元以上的；

(二)造成投资者直接经济损失数额累计在五十万元以上的；

(三)募集的资金全部或者主要用于违法犯罪活动的；

(四)其他后果严重或者有其他严重情节的情形。

本条规定的“擅自发行股票或者公司、企业债券”，是指向社会不特定对象发行、以转让股权等方式变相发行股票或者公司、企业债券，或者向特定对象发行、变相发行股票或者公司、企业债券累计超过二百人的行为。

【司法解释】

《最高人民法院关于审理非法集资刑事案件具体应用法律若干问题的解释》(原法释〔2010〕18号，根据法释〔2022〕5号修正，20220301)

第十条　未经国家有关主管部门批准，向社会不特定对象发行、以转让股权等方式变相发行股票或者公司、企业债券，或者向特定对象发行、变相发行股票或者公司、企业债券累计超过200人的，应当认定为刑法第一百七十九条规定的“擅自发行股票或者公司、企业债券”。构成犯罪的，以擅自发行股票、公司、企业债券罪定罪处罚。

【司法指导文件】

《最高人民法院、最高人民检察院、公安部、中国证券监督管理委员会关于整治非法证券活动有关问题的通知》(证监发〔2008〕1号，20080102)

二、明确法律政策界限，依法打击非法证券活动

(一)关于公司及其股东向社会公众擅自转让股票行为的性质认定。……公司、公司股东违反上述规定，擅自向社会公众转让股票，应当追究其擅自发行股票的责任。公司与其股东合谋，实施上述行为的，公司与其股东共同承担责任。

(二)关于擅自发行证券的责任追究。未经依法核准，擅自发行证券，涉嫌犯罪的，依照《刑法》第一百七十九条之规定，以擅自发行股票、公司、企业债券罪追究刑事责任。未经依法核准，以发行证券为幌子，实施非法证券活动，涉嫌犯罪的，依照《刑法》第一百七十六条、第一百九十二条等规定，以非法吸收公众存款罪、集资诈骗罪等罪名追究刑事责任。未构成犯罪的，依照《证券法》和有关法律的规定给予行政处罚。

(三)关于非法经营证券业务的责任追究。任何单位和个人经营证券业务，必须经证监会批准。未经批准的，属于非法经营证券业务，应予以取缔；涉嫌犯罪的，依照《刑法》第二百二十五条之规定，以非法经营罪追究刑事责任。对于中介机构非法代理买卖非上市公司股票，涉嫌犯罪的，应当依照《刑法》第二百二十五条之规定，以非法经营罪追究刑事责任；所代理的非上市公司涉嫌擅自发行股票，构成犯罪的，应当依照《刑法》第一百七十九条之规定，以擅自发行股票罪追究刑事责任。非上市公司和中介机构共谋擅自发行股票，构成犯罪的，以擅自发行股票罪的共犯论处。未构成犯罪的，依照《证券法》和有关法律的规定给予行政处罚。

……

(五)关于修订后的《证券法》与修订前的《证券法》中针对擅自发行股票和非法经营证券业务规定的衔接。修订后的《证券法》与修订前的《证券法》针对擅自发行股票和非法经营证券业务的规定是一致的，是相互衔接的，因此在修订后的《证券法》实施之前发生的擅自发行股票和非法经营证券业务行为，也应予以追究。

【法院公报案例】

〔上海市浦东新区人民检察院诉上海安基生物科技股份有限公司、郑戈擅自发行股票案，GB2010-9〕

非上市股份有限公司为筹集经营资金，在未经证券监管部门批准的情况下，委托中介机构向不特定社会公众转让公司股东的股权，其行为属于未经批准擅自发行股票的行为，数额巨大、后果严重或者有其他严重情节的，应当以擅自发行股票罪定罪处罚。

【《刑事审判参考》案例】

〔参考案例第1612号：TR集团股份有限公司、薛某甲、薛某乙擅自发行股票案〕如何区分擅自发行股票、公司、企业债券罪与非法吸收公众存款罪？

擅自发行股票、公司、企业债券罪与非法吸收公众存款罪最主要的区别是是否真实发行股票或者债券。擅自发行股票、公司、企业债券罪确实发行了股票、债券，所募集的资金有明确用途并实际用于约定项目，在操作手法上与合法发行股票、债券没有区别，其违法性体现为发行行为未经有关部门依法核准。而非法吸收公众存款罪并未

实际发行股票、债券，其真实目的是吸收公众资金。另外，在投资人利润的获取方式上也存在一定差别。非法吸收公众存款罪的行为人会向投资人承诺保本付息或者定期给付投资人一定的对价；而擅自发行股票、债券一般不会保证保本付息，双方通常会签订股权转让合同或者资金募集合同等，投资人需要根据公司经营状况自负盈亏。

第一百八十条 【内幕交易、泄露内幕信息罪】证券、期货交易内幕信息的知情人员或者非法获取证券、期货交易内幕信息的人员，在涉及证券的发行，证券、期货交易或者其他对证券、期货交易价格有重大影响的信息尚未公开前，买入或者卖出该证券，或者从事与该内幕信息有关的期货交易，或者泄露该信息，或者明示、暗示他人从事上述交易活动，情节严重的，处五年以下有期徒刑或者拘役，并处或者单处违法所得一倍以上五倍以下罚金；情节特别严重的，处五年以上十年以下有期徒刑，并处违法所得一倍以上五倍以下罚金。

单位犯前款罪的，对单位判处罚金，并对其直接负责的主管人员和其他直接责任人员，处五年以下有期徒刑或者拘役。

内幕信息、知情人员的范围，依照法律、行政法规的规定确定。

【利用未公开信息交易罪】证券交易所、期货交易所、证券公司、期货经纪公司、基金管理公司、商业银行、保险公司等金融机构的从业人员以及有关监管部门或者行业协会的工作人员，利用因职务便利获取的内幕信息以外的其他未公开的信息，违反规定，从事与该信息相关的证券、期货交易活动，或者明示、暗示他人从事相关交易活动，情节严重的，依照第一款的规定处罚。

【第二次修正前条文】

第一百八十条 【内幕交易、泄露内幕信息罪】证券、期货交易内幕信息的知情人员或者非法获取证券、期货交易内幕信息的人员，在涉及证券的发行，证券、期货交易或者其他对证券、期货交易价格有重大影响的信息尚未公开前，买入或者卖出该证券，或者从事与该内幕信息有关的期货交易，或者泄露该信息，情节严重的，处五年以下有期徒刑或者拘役，并处或者单处违法所得一倍以上五倍以下罚金；情节特别严重的，处五年以上十年以下有期徒刑，并处违法所得一倍以上五倍以下罚金。

单位犯前款罪的，对单位判处罚金，并对其直接负责的主管人员和其他直接责任人员，处五年以下有期徒刑或者拘役。

内幕信息、知情人员的范围，依照法律、行政法规的规定确定。

【第一次修正前条文】

第一百八十条 【内幕交易、泄露内幕信息罪】证券交易内幕信息的知情人员或者非法获取证券交易内幕信息的人员，在涉及证券的发行、交易或者其他对证券的价格有重大影响的信息尚未公开前，买入或者卖出该证券，或者泄露该信息，情节严重的，处五年以下有期徒刑或者拘役，并处或者单处违法所得一倍以上五倍以下罚金；情节特别严重的，处五年以上十年以下有期徒刑，并处违法所得一倍以上五倍以下罚金。

单位犯前款罪的，对单位判处罚金，并对其直接负责的主管人员和其他直接责任人员，处五年以下有期徒刑或者拘役。

内幕信息的范围，依照法律、行政法规的规定确定。

知情人员的范围，依照法律、行政法规的规定确定。

【修正说明】

1.刑法修正案第四条在原条文基础上增加了处罚期货内幕交易、泄露期货内幕信息的规定。

2.刑法修正案(七)第二条对本条第一款进行了第二次修正，增加了处罚"明示、暗示他人从事上述交易活动"的规定，并增列了第四款关于利用未公开信息交易罪的内容。

【相关立法(1)】

《中华人民共和国证券法》(20200301)

第五十一条　证券交易内幕信息的知情人包括：

(一)发行人及其董事、监事、高级管理人员；

(二)持有公司百分之五以上股份的股东及其董事、监事、高级管理人员，公司的实际控制人及其董事、监事、高级管理人员；

(三)发行人控股或者实际控制的公司及其董事、监事、高级管理人员；

(四)由于所任公司职务或者因与公司业务往来可以获取公司有关内幕信息的人员；

(五)上市公司收购人或者重大资产交易方及其控股股东、实际控制人、董事、监事和高级管理人员；

(六)因职务、工作可以获取内幕信息的证券交易场所、证券公司、证券登记结算机构、证券服务机构的有关人员；

(七)因职责、工作可以获取内幕信息的证券监督管理机构工作人员；

(八)因法定职责对证券的发行、交易或者对上市公司及其收购、重大资产交易进行管理可以获取内幕信息的有关主管部门、监管机构的工作人员；

(九)国务院证券监督管理机构规定的可以获取内幕信息的其他人员。

第五十二条　证券交易活动中，涉及发行人的经营、财务或者对该发行人证券的市场价格有重大影响的尚未公开的信息，为内幕信息。

本法第八十条第二款、第八十一条第二款所列重大事件属于内幕信息。

第八十条　发生可能对上市公司、股票在国务院批准的其他全国性证券交易场所交易的公司的股票交易价格产生较大影响的重大事件，投资者尚未得知时，公司应当立即将有关该重大事件的情况向国务院证券监督管理机构和证券交易场所报送临时报告，并予公告，说明事件的起因、目前的状态和可能产生的法律后果。

前款所称重大事件包括：

(一)公司的经营方针和经营范围的重大变化；

(二)公司的重大投资行为，公司在一年内购买、出售重大资产超过公司资产总额百分之三十，或者公司营业用主要资产的抵押、质押、出售或者报废一次超过该资产的百分之三十；

（三）公司订立重要合同、提供重大担保或者从事关联交易，可能对公司的资产、负债、权益和经营成果产生重要影响；

（四）公司发生重大债务和未能清偿到期重大债务的违约情况；

（五）公司发生重大亏损或者重大损失；

（六）公司生产经营的外部条件发生的重大变化；

（七）公司的董事、三分之一以上监事或者经理发生变动，董事长或者经理无法履行职责；

（八）持有公司百分之五以上股份的股东或者实际控制人持有股份或者控制公司的情况发生较大变化，公司的实际控制人及其控制的其他企业从事与公司相同或者相似业务的情况发生较大变化；

（九）公司分配股利、增资的计划，公司股权结构的重要变化，公司减资、合并、分立、解散及申请破产的决定，或者依法进入破产程序、被责令关闭；

（十）涉及公司的重大诉讼、仲裁，股东大会、董事会决议被依法撤销或者宣告无效；

（十一）公司涉嫌犯罪被依法立案调查，公司的控股股东、实际控制人、董事、监事、高级管理人员涉嫌犯罪被依法采取强制措施；

（十二）国务院证券监督管理机构规定的其他事项。

公司的控股股东或者实际控制人对重大事件的发生、进展产生较大影响的，应当及时将其知悉的有关情况书面告知公司，并配合公司履行信息披露义务。

第八十一条　发生可能对上市交易公司债券的交易价格产生较大影响的重大事件，投资者尚未得知时，公司应当立即将有关该重大事件的情况向国务院证券监督管理机构和证券交易场所报送临时报告，并予公告，说明事件的起因、目前的状态和可能产生的法律后果。

前款所称重大事件包括：

（一）公司股权结构或者生产经营状况发生重大变化；

（二）公司债券信用评级发生变化；

（三）公司重大资产抵押、质押、出售、转让、报废；

（四）公司发生未能清偿到期债务的情况；

（五）公司新增借款或者对外提供担保超过上年末净资产的百分之二十；

（六）公司放弃债权或者财产超过上年末净资产的百分之十；

（七）公司发生超过上年末净资产百分之十的重大损失；

（八）公司分配股利，作出减资、合并、分立、解散及申请破产的决定，或者依法进入破产程序、被责令关闭；

（九）涉及公司的重大诉讼、仲裁；

（十）公司涉嫌犯罪被依法立案调查，公司的控股股东、实际控制人、董事、监事、高级管理人员涉嫌犯罪被依法采取强制措施；

（十一）国务院证券监督管理机构规定的其他事项。

【相关立法(2)】

《中华人民共和国期货和衍生品法》(20220801)

第三条第一款　本法所称期货交易，是指以期货合约或者标准化期权合约为交易标的的交易活动。

第十四条　本法所称内幕信息，是指可能对期货交易或者衍生品交易的交易价格产生重大影响的尚未公开的信息。

期货交易的内幕信息包括：

（一）国务院期货监督管理机构以及其他相关部门正在制定或者尚未发布的对期货交易价格可能产生重大影响的政策、信息或者数据；

（二）期货交易场所、期货结算机构作出的可能对期货交易价格产生重大影响的决定；

（三）期货交易场所会员、交易者的资金和交易动向；

（四）相关市场中的重大异常交易信息；

（五）国务院期货监督管理机构规定的对期货交易价格有重大影响的其他信息。

第十五条　本法所称内幕信息的知情人，是指由于经营地位、管理地位、监督地位或者职务便利等，能够接触或者获得内幕信息的单位和个人。

期货交易的内幕信息的知情人包括：

（一）期货经营机构、期货交易场所、期货结算机构、期货服务机构的有关人员；

（二）国务院期货监督管理机构和其他有关部门的工作人员；

（三）国务院期货监督管理机构规定的可以获取内幕信息的其他单位和个人。

【立案追诉标准】

《最高人民检察院、公安部关于公安机关管辖的刑事案件立案追诉标准的规定(二)》(公通字〔2022〕12号，20220515)

第三十条　〔内幕交易、泄露内幕信息案(刑法第一百八十条第一款)〕证券、期货交易内幕信息的知情人员、单位或者非法获取证券、期货交易内幕信息的人员、单位，在涉及证券的发行，证券、期货交易或者其他对证券、期货交易价格有重大影响的信息尚未公开前，买入或者卖出该证券，或者从事与该内幕信息有关的期货交易，或者泄露该信息，或者明示、暗示他人从事上述交易活动，涉嫌下列情形之一的，应予立案追诉：

（一）获利或者避免损失数额在五十万元以上的；

（二）证券交易成交额在二百万元以上的；

（三）期货交易占用保证金数额在一百万元以上的；

（四）二年内三次以上实施内幕交易、泄露内幕信息行为的；

（五）明示、暗示三人以上从事与内幕信息相关的证券、期货交易活动的；

（六）具有其他严重情节的。

内幕交易获利或者避免损失数额在二十五万元以上，或者证券交易成交额在一百万元以上，或者期货交易占用保证金数额在五十万元以上，同时涉嫌下列情形之一的，应予立案追诉：

（一）证券法规定的证券交易内幕信息的知情人实施或者与他人共同实施内幕交易行为的；

（二）以出售或者变相出售内幕信息等方式，明示、暗示他人从事与该内幕信息相关的交易活动的；

（三）因证券、期货犯罪行为受过刑事追究的；

（四）二年内因证券、期货违法行为受过行政处罚的；

(五)造成其他严重后果的。

第三十一条 〔利用未公开信息交易案(刑法第一百八十条第四款)〕证券交易所、期货交易所、证券公司、期货公司、基金管理公司、商业银行、保险公司等金融机构的从业人员以及有关监管部门或者行业协会的工作人员,利用因职务便利获取的内幕信息以外的其他未公开的信息,违反规定,从事与该信息相关的证券、期货交易活动,或者明示、暗示他人从事相关交易活动,涉嫌下列情形之一的,应予立案追诉:

(一)获利或者避免损失数额在一百万元以上的;

(二)二年内三次以上利用未公开信息交易的;

(三)明示、暗示三人以上从事相关交易活动的;

(四)具有其他严重情节的。

利用未公开信息交易,获利或者避免损失数额在五十万元以上,或者证券交易成交额在五百万元以上,或者期货交易占用保证金数额在一百万元以上,同时涉嫌下列情形之一的,应予立案追诉:

(一)以出售或者变相出售未公开信息等方式,明示、暗示他人从事相关交易活动的;

(二)因证券、期货犯罪行为受过刑事追究的;

(三)二年内因证券、期货违法行为受过行政处罚的;

(四)造成其他严重后果的。

【司法解释(1)】

《最高人民法院、最高人民检察院关于办理内幕交易、泄露内幕信息刑事案件具体应用法律若干问题的解释》(法释〔2012〕6号,20120601)[①]

第一条 下列人员应当认定为刑法第一百八十条第一款规定的"证券、期货交易内幕信息的知情人员":

(一)证券法第七十四条[②]规定的人员;

(二)期货交易管理条例第八十五条第十二项[③]规定的人员。

第二条 具有下列行为的人员应当认定为刑法第一百八十条第一款规定的"非法获取证券、期货交易内幕信息的人员":

(一)利用窃取、骗取、套取、窃听、利诱、刺探或者私下交易等手段获取内幕信息的;

(二)内幕信息知情人员的近亲属或者其他与内幕信息知情人员关系密切的人员,在内幕信息敏感期内,从事或者明示、暗示他人从事,或者泄露内幕信息导致他人从事与该内幕信息有关的证券、期货交易,相关交易行为明显异常,且无正当理由或者正当信息来

① 对于该司法解释的适用以及要点注释,需结合此后修改的证券法、期货交易管理条例以及新制定的期货和衍生品法的规定综合考虑。——编者注

② 现行证券法第五十一条。——编者注

③ 现行期货交易管理条例第八十一条第十二项,该项规定:"内幕信息的知情人员,是指由于其管理地位、监督地位或者职业地位,或者作为雇员、专业顾问履行职务,能够接触或者获得内幕信息的人员,包括:期货交易所的管理人员以及其他由于任职可获取内幕信息的从业人员,国务院期货监督管理机构和其他有关部门的工作人员以及国务院期货监督管理机构规定的其他人员。"另外,期货和衍生品法第十五条对期货交易的内幕信息的知情人作出了规定。——编者注

源的；

（三）在内幕信息敏感期内，与内幕信息知情人员联络、接触，从事或者明示、暗示他人从事，或者泄露内幕信息导致他人从事与该内幕信息有关的证券、期货交易，相关交易行为明显异常，且无正当理由或者正当信息来源的。

第三条　本解释第二条第二项、第三项规定的“相关交易行为明显异常”，要综合以下情形，从时间吻合程度、交易背离程度和利益关联程度等方面予以认定：

（一）开户、销户、激活资金账户或者指定交易（托管）、撤销指定交易（转托管）的时间与该内幕信息形成、变化、公开时间基本一致的；

（二）资金变化与该内幕信息形成、变化、公开时间基本一致的；

（三）买入或者卖出与内幕信息有关的证券、期货合约时间与内幕信息的形成、变化和公开时间基本一致的；

（四）买入或者卖出与内幕信息有关的证券、期货合约时间与获悉内幕信息的时间基本一致的；

（五）买入或者卖出证券、期货合约行为明显与平时交易习惯不同的；

（六）买入或者卖出证券、期货合约行为，或者集中持有证券、期货合约行为与该证券、期货公开信息反映的基本面明显背离的；

（七）账户交易资金进出与该内幕信息知情人员或者非法获取人员有关联或者利害关系的；

（八）其他交易行为明显异常情形。

第四条　具有下列情形之一的，不属于刑法第一百八十条第一款规定的从事与内幕信息有关的证券、期货交易：

（一）持有或者通过协议、其他安排与他人共同持有上市公司百分之五以上股份的自然人、法人或者其他组织收购该上市公司股份的；

（二）按照事先订立的书面合同、指令、计划从事相关证券、期货交易的；

（三）依据已被他人披露的信息而交易的；

（四）交易具有其他正当理由或者正当信息来源的。

第五条　本解释所称“内幕信息敏感期”是指内幕信息自形成至公开的期间。

证券法第六十七条第二款[①]所列“重大事件”的发生时间，第七十五条[②]规定的“计划”、“方案”以及期货交易管理条例第八十五条第十一项[③]规定的“政策”、“决定”等的形成时间，应当认定为内幕信息的形成之时。

影响内幕信息形成的动议、筹划、决策或者执行人员，其动议、筹划、决策或者执行初始时间，应当认定为内幕信息的形成之时。

内幕信息的公开，是指内幕信息在国务院证券、期货监督管理机构指定的报刊、网站等媒体披露。

第六条　在内幕信息敏感期内从事或者明示、暗示他人从事或者泄露内幕信息导致他人从事与该内幕信息有关的证券、期货交易，具有下列情形之

① 现行证券法第八十条第二款、第八十一条第二款。——编者注

② 现行证券法第八十条。——编者注

③ 现行期货交易管理条例第八十一条第十一项。另外，期货和衍生品法第十四条对期货交易的内幕信息作出了规定。——编者注

一的，应当认定为刑法第一百八十条第一款规定的“情节严重”：

（一）证券交易成交额在五十万元以上的；

（二）期货交易占用保证金数额在三十万元以上的；

（三）获利或者避免损失数额在十五万元以上的；

（四）三次以上的；

（五）具有其他严重情节的。[①]

第七条　在内幕信息敏感期内从事或者明示、暗示他人从事或者泄露内幕信息导致他人从事与该内幕信息有关的证券、期货交易，具有下列情形之一的，应当认定为刑法第一百八十条第一款规定的“情节特别严重”：

（一）证券交易成交额在二百五十万元以上的；

（二）期货交易占用保证金数额在一百五十万元以上的；

（三）获利或者避免损失数额在七十五万元以上的；

（四）具有其他特别严重情节的。

第八条　二次以上实施内幕交易或者泄露内幕信息行为，未经行政处理或者刑事处理的，应当对相关交易数额依法累计计算。

第九条　同一案件中，成交额、占用保证金额、获利或者避免损失额分别构成情节严重、情节特别严重的，按照处罚较重的数额定罪处罚。

构成共同犯罪的，按照共同犯罪行为人的成交总额、占用保证金总额、获利或者避免损失总额定罪处罚，但判处各被告人罚金的总额应掌握在获利或者避免损失总额的一倍以上五倍以下。

第十条　刑法第一百八十条第一款规定的“违法所得”，是指通过内幕交易行为所获利益或者避免的损失。

内幕信息的泄露人员或者内幕交易的明示、暗示人员未实际从事内幕交易的，其罚金数额按照因泄露而获悉内幕信息人员或者被明示、暗示人员从事内幕交易的违法所得计算。

第十一条　单位实施刑法第一百八十条第一款规定的行为，具有本解释第六条规定情形之一的，按照刑法第一百八十条第二款的规定定罪处罚。

【司法解释(1)·注释】

1.被动型获悉内幕信息的人员从事内幕交易或者泄露内幕信息的情形又十分复杂，实践中难以准确把握，出于审慎起见，本解释未将被动型获悉内幕信息的人员明确规定为非法获取内幕信息的人员。如果被动获悉内幕信息的人员与传递信息的人员具有犯意联络，则可能构成内幕交易、泄露内幕信息罪的共犯。

2.本解释第四条第一项规定的“持有或者通过协议、其他安排与他人共同持有上市公司百分之五以上股份的自然人、法人或者其他组织收购该上市公司股份的”援引了证券法(2005)第七十六条第二款前半部分的规定。有观点提出，证券法(2005)第七十六条第二款同时规定了“本法另有规定的适用其规定”，因此，只有在排除适用证券法其他相关规定的前提下，才可将“持有或者通过协议、其他安排与他人共同持有上

---

① 该条司法解释的规定与本条项下【立案追诉标准】第三十条的规定不一致，后者提高了入罪门槛，能够更好体现相关立法精神和司法实践情况。——编者注

市公司百分之五以上股份的自然人、法人或者其他组织收购该上市公司股份的”行为认定为内幕交易犯罪的阻却事由。上述观点是对证券法(2005)第七十六条第二款的误读。该款行为无须附加任何其他条件，就应当认定为内幕交易犯罪的阻却事由。证券法(2005)第七十六条第一款是禁止性规定，第二款相当于除外规定，第二款中的“本法另有规定”所明确的正是该类行为属于正当、合法交易。

3.对本解释第四条第一项的适用，要注意从以下三个方面严格把握：一是关于收购人的把握。如果是单独持有上市公司百分之五以上的股份，收购人仅限单独持有人。如果是共同持有上市公司百分之五以上的股份，则收购人仅限共同持有人。二是关于收购信息的把握。如果是单独持有，收购信息指的是单独持有人拟收购上市公司的信息。如果是共同持有，则收购信息指的是共同持有人之间达成的拟收购上市公司的信息。三是关于收购行为的把握。只有收购人利用收购信息收购上市公司股票、期货的，才能适用本解释第四条第一项的规定。收购人以外或者收购人利用收购信息以外的信息的，不能适用该项规定。如B公司拟收购A上市公司，A上市公司百分之五以上的股东曹某获知此消息后，利用其控制的账户购入大量A上市公司股票。曹某与B公司显然不是一致行动人，B公司拟收购A公司的信息属于曹某收购A公司股份信息之外的信息，因此，曹某的行为不能适用本解释第四条第一项的规定。

4.本解释第四条第三项规定的“他人披露”是指强制披露信息以外的其他人在国务院证券监管机构指定的报刊、媒体以外的报刊、媒体披露相关信息。换言之，是他人在非指定报刊、媒体披露的信息促使行为人从事相关股票、期货交易。广大股民对国务院证券监管机构指定的报刊、媒体披露的信息的信赖程度要远高于非指定报刊、媒体披露的信息。由于依据非指定报刊、媒体披露的信息从事股票、期货交易，实质上具有很大博弈的成分，所以，即便从非指定报刊、媒体获悉的信息与后来指定报刊、媒体公布的内幕信息相同，行为人也可以基于这一事由主张自己的行为不构成犯罪。值得强调的是，如果行为人在交易过程中同时从内幕信息的知情人员处获取了内幕信息，且真正促使行为人从事相关证券、期货交易的是行为人对内幕信息知情人员泄露的信息的信赖，则不能适用本解释第四条第三项的规定。

5.关于单次证券交易成交额、期货交易占用保证金数额的认定。买入金额、卖出金额均能体现行为的社会危害程度。在有的案件中，买入金额最能准确体现行为的社会危害大小，而在有的案件中，卖出金额最能准确体现行为的社会危害大小。考虑到具体案件中情况比较复杂，本解释对此未确立一个统一的原则。实践中，对于单次买入金额、卖出金额不同的，比较普遍的做法是按照“从一重处断”原则，即将数量大的认定为成交额(占用保证金数额)。

6.获利或者避免损失数额的认定。考虑到实际情况纷繁多变，本解释未对获利或者避免损失数额的认定确立一个总的原则。实践中比较倾向的观点是，对已抛售的股票按照实际所得计算，对未抛售的股票按照账面所得计算，但对为逃避处罚而卖亏的股票，应当按照账面所得计算。对于涉案股票暂不宜抛售的，在认定获利或者避免损失数额时，应当按照查封股票账户时的账面所得计算，但在具体追缴财产或退赔财产时，可按最终实际所得认定获利或者避免损失数额。

7.关于对二手以上的内幕信息传递行为是否追究刑事责任。并非所有存在二传、三传的案件都难以认定泄露内幕信息人员的责任，即便难以认定，在能够认定的限度内也应追究泄露内幕信息人员的责任。对于泄露内幕信息行为，即如二传、三传不是从内幕信息知情人员那里获悉信息，但如果泄露内幕信息人员知晓有二传、三传乃至之后的人在利用其泄露的内幕信息进行交易而不加制止或未有效制止，那么其就应当对这些从事内幕交易的行为承担责任。

8.关于无获利且未避免损失情形的罚金刑适用。实践中，比较倾向的做法是对行为人判处一千元的罚金，即以罚金刑的下限作为判处行为人的罚金数额，如此解决了具体案件中无违法所得又无罚金参照标准与刑法规定的并处罚金又必须判处罚金之间的矛盾。

【司法解释(2)】

《最高人民法院、最高人民检察院关于办理利用未公开信息交易刑事案件适用法律若干问题的解释》(法释〔2019〕10号，20190701)

第一条　刑法第一百八十条第四款规定的“内幕信息以外的其他未公开的信息”，包括下列信息：

(一)证券、期货的投资决策、交易执行信息；

(二)证券持仓数量及变化、资金数量及变化、交易动向信息；

(三)其他可能影响证券、期货交易活动的信息。

第二条　内幕信息以外的其他未公开的信息难以认定的，司法机关可以在有关行政主(监)管部门的认定意见的基础上，根据案件事实和法律规定作出认定。

第三条　刑法第一百八十条第四款规定的“违反规定”，是指违反法律、行政法规、部门规章、全国性行业规范有关证券、期货未公开信息保护的规定，以及行为人所在的金融机构有关信息保密、禁止交易、禁止利益输送等规定。

第四条　刑法第一百八十条第四款规定的行为人“明示、暗示他人从事相关交易活动”，应当综合以下方面进行认定：

(一)行为人具有获取未公开信息的职务便利；

(二)行为人获取未公开信息的初始时间与他人从事相关交易活动的初始时间具有关联性；

(三)行为人与他人之间具有亲友关系、利益关联、交易终端关联等关联关系；

(四)他人从事相关交易的证券、期货品种、交易时间与未公开信息所涉证券、期货品种、交易时间等方面基本一致；

(五)他人从事的相关交易活动明显不具有符合交易习惯、专业判断等正当理由；

(六)行为人对明示、暗示他人从事相关交易活动没有合理解释。

第五条　利用未公开信息交易，具

有下列情形之一的，应当认定为刑法第一百八十条第四款规定的“情节严重”：

(一)违法所得数额在一百万元以上的；

(二)二年内三次以上利用未公开信息交易的；

(三)明示、暗示三人以上从事相关交易活动的。

第六条 利用未公开信息交易，违法所得数额在五十万元以上，或者证券交易成交额在五百万元以上，或者期货交易占用保证金数额在一百万元以上，具有下列情形之一的，应当认定为刑法第一百八十条第四款规定的“情节严重”：

(一)以出售或者变相出售未公开信息等方式，明示、暗示他人从事相关交易活动的；

(二)因证券、期货犯罪行为受过刑事追究的；

(三)二年内因证券、期货违法行为受过行政处罚的；

(四)造成恶劣社会影响或者其他严重后果的。

第七条 刑法第一百八十条第四款规定的“依照第一款的规定处罚”，包括该条第一款关于“情节特别严重”的规定。

利用未公开信息交易，违法所得数额在一千万元以上的，应当认定为“情节特别严重”。

违法所得数额在五百万元以上，或者证券交易成交额在五千万元以上，或者期货交易占用保证金数额在一千万元以上，具有本解释第六条规定的四种情形之一的，应当认定为“情节特别严重”。

第八条 二次以上利用未公开信息交易，依法应予行政处理或者刑事处理而未经处理的，相关交易数额或者违法所得数额累计计算。

第九条 本解释所称“违法所得”，是指行为人利用未公开信息从事与该信息相关的证券、期货交易活动所获利益或者避免的损失。

行为人明示、暗示他人利用未公开信息从事相关交易活动，被明示、暗示人员从事相关交易活动所获利益或者避免的损失，应当认定为“违法所得”。

第十条 行为人未实际从事与未公开信息相关的证券、期货交易活动的，其罚金数额按照被明示、暗示人员从事相关交易活动的违法所得计算。

第十一条 符合本解释第五条、第六条规定的标准，行为人如实供述犯罪事实，认罪悔罪，并积极配合调查，退缴违法所得的，可以从轻处罚；其中犯罪情节轻微的，可以依法不起诉或者免予刑事处罚。

符合刑事诉讼法规定的认罪认罚从宽适用范围和条件的，依照刑事诉讼法的规定处理。

第十二条 本解释自2019年7月1日起施行。

【司法解释(2)·注释】

1.证券持仓数量及变化、资金数量及变化、交易动向信息，通常是指证券交易所、证券结算中心等金融机构工作人员利用职务便利能够获取，并且应当予以保密的重要信息，如本单位受托管理的资金的运营情况，客户的交易信息等。因这类信息不属于证券法规定的内幕信息，但又对证券交易活动具有影响，故作为“未公开信息”。需要注意的是，期货交易管理条例明确规定此类信息属于“内幕信息”，不属于“未公开信息”，如果在期货领域，利用此类信息进行非法交易的，应当以内幕交易、泄露内幕信息罪论处。

2.行为人明示、暗示他人从事相关交易活动，如果“他人”是行为人的配偶、父母等特殊亲属，行为人与“他人”系不可分割的利益共同体，则可认定为共同犯罪。

3.关于“明示、暗示三人以上从事相关交易活动”的认定。司法解释第五条第三项将“明示、暗示三人以上从事相关交易活动的”作为“情节严重”的情形之一。值得注意的是：其一，三人以上是指不同的人，三次以上明示、暗示同一人从事相关交易活动的不属于此种情形。其二，被明示、暗示人只有从事相关交易活动的，才构成犯罪；换言之，如果行为人仅是将信息泄露给他人，但他人没有从事相关交易活动的，不构成本罪。

4.司法解释第五条规定了“情节严重”的一般认定标准、第六条规定了“数额+情节”的认定标准，对于符合第六条规定的数额标准，但不具备第六条规定的四种情形之一，又不符合第五条规定的认定标准的，不能认定为“情节严重”。

5.司法解释第十一条第二款规定，对于符合刑事诉讼法规定的认罪认罚从宽适用范围和条件的，依照刑事诉讼法的规定处理。需要注意的是，该条第一款只适用于第五条、第六条规定的在利用未公开信息交易罪第一档法定刑幅度定罪处罚的情形，不适用于第二档法定刑的情形。

【公安文件】

《公安部经济犯罪侦查局关于转证监会〈关于韩×等人涉嫌利用未公开信息交易案有关问题的认定函〉的通知》（公证券〔2010〕86号，20100831）

一、本案涉及的“未公开信息”是指韩×担任××基金管理有限公司××证券投资基金（以下简称××基金）经理期间，因管理该基金而掌握的有关投资决策、交易等方面的重要信息，包括××基金投资股票的名称、数量、价格、盈利预期以及投资（买卖）时点等。

二、本案有关证券交易账户利用“未公开信息”所进行的股票交易与××基金投资的关联性是指涉案账户和××基金在股票交易品种及交易时机上的关联，即涉案账户先于或同步于××基金买入或卖出同一只股票。

【指导性案例·法院】

〔马乐利用未公开信息交易案，FZD61-2016〕

刑法第一百八十条第四款规定的利用未公开信息交易罪援引法定刑的情形，应当是对第一款内幕交易、泄露内幕信息罪全部法定刑的引用，即利用未公开信息交易罪应有“情节严重”“情节特别严重”两种情形和两个量刑档次。

【指导性案例·检察】

〔马乐利用未公开信息交易案，JZD24-2016〕

刑法第一百八十条第四款利用未公开信息交易罪为援引法定刑的情形，应当是对第一款法定刑的全部援引。其中，“情节严重”是入罪标准，在处罚上应当依照本条第一款内幕交易、泄露内幕信息罪的全部法定刑处罚，即区分不同情形分别依照第一款规定的“情节严重”和“情节特别严重”两个量刑档次处罚。

〔王鹏等人利用未公开信息交易案，JZD65-2020〕

具有获取未公开信息职务便利条件的金融机构从业人员及其近亲属从事相关证券交易行为明显异常，且与未公开信息相关交易高度趋同，即使其拒不供述未公开信息传递过程等犯罪事实，但其他证据之间相互印证，能够形成证明利用未公开信息犯罪的完整证明体系，足以排除其他可能的，可以依法认定犯罪事实。

〔桑某受贿、国有公司人员滥用职权、利用未公开信息交易案，JZD188-2023〕

办理证券期货类犯罪案件，对于内幕信息、未公开信息的范围、趋同性交易盈利数额等关键要件的认定，一般应调取证券监督管理部门、证券交易所等专业机构的认定意见，并依法进行审查判断。行为人利用职务便利实施的内幕交易、利用未公开信息交易犯罪，此类犯罪中的内幕信息、未公开信息等关键要件的认定，以及对趋同性交易盈利数额等重要情节的认定，专业性较强，要以证券监督管理部门、证券交易所等专业机构出具的认定意见为依据，如在审查中发现缺少专业认定意见，应及时与监察机关沟通，补充完善相关证据材料。

〔蒋某某内幕交易案，JZD221-2025〕

认定内幕信息，应当根据证券法第五十二条第一款的规定，从“对证券的市场价格有重大影响”与“尚未公开”两方面作实质判断。对于证券法所列重大事件以外的信息，符合前述规定要求的，依法认定为内幕信息。认定内幕信息的知情人员，应当在审查行为人是否具有特定职务身份的同时，重点审查其实际获取内幕信息的情况。凡属通过合法途径取得内幕信息的，均应依法认定为内幕信息的知情人员。利用内幕信息提前卖出避免损失的金额应当认定为违法所得，一般应当以信息公开后跌停板打开之日收盘价为标准进行计算；没有跌停的，以复牌后首个交易日收盘价为标准进行计算。

【法院案例库参考案例】

〔靳某勇内幕交易案，2025-03-1-120-002〕内幕交易罪中内幕信息的认定

1.对于“内幕信息”的认定，应当依据相关法律、行政法规的规定。其中，上市公司收购其他公司股权事项，对公司的股票交易价格产生重大影响的，该股权收购事项在公开前应当依法认定为“内幕信息”。

2.办案证券刑事案件，可以就案件涉及的“内幕信息”的认定问题，商请证券监管机构出具专业认定意见，作为认定案件事实的参考。

〔赵某梅、刘某斌内幕交易案，2025-03-1-120-001〕内幕信息知情人员之外其他人实施内幕交易的认定

认定内幕信息知情人员以外其他人是否实施内幕交易的，应当着重审查相关交易行为是否明显异常，具体结合行为人与内幕信息知情人员有无直接或者间接联络、接触的时间和频次，交易行为与联络、接触的关联程度，清仓变现、紧急筹资与正常交易习惯的背离程度，以及抛售获利情况等因素进行综合判断。对于相关交易行为明显异常，行为人又不能提供正当理由或者正当信息来源的，依法认定构成内幕交易，符合刑法第一百八十条规定的，以内幕交易罪论处。

〔马某文内幕交易案，2024-04-1-120-002〕积极联络内幕信息知情人员，且在内幕信息敏感期交易明显异常又无合理解释的，可依法认定为内幕交易

内幕交易犯罪具有隐蔽性强、直接证据少、证明难度大等特点。当被告人与知情人均否认内幕信息传递时，需要通过被告人与知情人在内幕信息敏感期内是否有过联络接触，证券账户来源、证券交易时间、数量、交易方向，以及被告人交易习惯等因素综合判断交易行为是否明显异常。对于交易明显异常，被告人又无正当信息来源，不能作出合理解释的，可以认定构成内幕交易罪。

〔刘某春、陈某某内幕交易案，2024-04-1-120-001〕国家工作人员可以成为内幕交易罪的犯罪主体

国家工作人员因履行工作职责，获取了对证券交易价格有重大影响的尚未公开的信息的，属于内幕信息知情人。国家工作人员自己或与特定关系人共同利用所知悉的信息从事证券交易活动，情节严重的，应当以内幕交易罪定罪处罚。

〔顾某内幕交易案，2023-04-1-120-001〕非法获取证券交易内幕信息的人员的认定

与证券交易内幕信息知情人员关系密切的人员，无论是主动获取还是被动获取内幕信息，均属于非法获取证券交易内幕信息的人员。从他人处非法获取证券交易内幕信息后，在涉及证券的发行或其他对证券交易价格有重大影响的信息尚未公开前，买入该证券，相关交易行为明显异常，且无正当理由或者正当信息来源，其行为构成内幕交易罪。

〔王某、李某内幕交易案，2023-03-1-120-002〕通过排除其他可能的信息来源认定被告人实施了内幕交易犯罪

内幕交易罪认定过程中，在内幕信息知情人和内幕交易实施者均否认泄露并共同实施内幕交易的情况下，可根据双方联系紧密程度和交易异常性，结合无罪辩解，通过排除其他可能的信息来源，进而认定内幕交易的犯罪事实。

【法院公报案例】

〔上海市静安区人民检察院诉许春茂利用未公开信息交易案，GB2012-10〕

行为人在担任基金经理期间，违反规定，利用掌握的未公开的信息，从事与该信息相关的证券交易活动，先于或同步多次买入、卖出相同个股，情节严重，应当按照刑法第一百八十条第四款的规定，以利用未公开信息交易罪定罪处罚。

【《刑事审判参考》案例】

〔参考案例第756号：肖时庆受贿、内幕交易案〕因获取让壳重组信息而指使他人购买让壳公司股票，后借壳公司改变的，是否影响内幕信息的认定？对于既利用了专业知识判断，又利用获取的内幕信息而从事有关的证券、期货交易的行为，如何定性？

1.因获取让壳重组信息而指使他

人购买让壳公司股票，后借壳公司改变的，不影响内幕信息的认定。

2. 对于具有专业知识的人员，即使是利用专业知识掌握了内幕信息的内容，只要其进行专业知识判断时依据其利用职务或工作便利获取的信息，也应当认定为内幕信息的知情人员。对于具有专业知识的人员，如果其通过非法手段获取了内幕信息，同时在此过程中也通过其专业知识加强了其判断，或者是先通过专业知识预判出重组对象，后通过获取内幕信息加强了对其预判的确信，原则上只要其从事与内幕信息有关的证券、期货交易，情节严重的，就应当追究内幕交易的刑事责任。

〔参考案例第 757 号：杜兰库、刘乃华泄露内幕信息案〕如何判定内幕信息的知情人员？

对于具有专业知识的人员，不论其是否是利用专业知识掌握了内幕信息的内容，原则上只要其判断时依据了因其职务或工作获取的信息，就应当认定为内幕信息的知情人员。否则，就给证券、期货领域中具有证券、期货专业的人员开辟了一条绿色通道。这样的认定也符合当前打击证券、期货违法犯罪的政策精神。

〔参考案例第 1501 号：朱东海非法获取计算机信息系统数据、非法控制计算机信息系统、内幕交易案〕行为人非法侵入他人计算机信息系统并实施非法控制，在获取计算机信息系统数据后又实施内幕交易的，应定一罪还是数罪？

行为人为实现非法目的，非法侵入他人计算机信息系统，对多台计算机信息系统实施非法控制，后利用非法获取的内幕信息实施内幕交易，上述行为虽可以分别评价为手段行为与目的行为，但由于作为手段行为的非法侵入计算机信息系统、非法控制计算机信息系统行为不能完全评价内幕交易行为，故应数罪并罚。

〔参考案例第 1582 号：北京某发展集团有限公司、李某某内幕交易案〕单位犯内幕交易罪的认定

被告人在内幕信息敏感期内与内幕信息知情人员之间的联络、接触达到具有获取内幕信息的现实可能性的程度，可认定与内幕信息知情人员有联络、接触。被告单位在敏感期内集中资金买入某电子公司股票，并于股票复牌后陆续卖出的行为可以认定交易行为明显异常，且被告单位与被告人没有正当理由。内幕交易系为单位牟利并代表单位意志，应认定为单位犯罪，被告人系直接负责的主管人员，亦应以内幕交易罪定罪处罚。

第一百八十一条　【编造并传播证券、期货交易虚假信息罪】编造并且传播影响证券、期货交易的虚假信息，扰乱证券、期货交易市场，造成严重后果的，处五年以下有期徒刑或者拘役，并处或者单处一万元以上十万元以下罚金。

【诱骗投资者买卖证券、期货合约罪】证券交易所、期货交易所、证券公司、期货经纪公司的从业人员，证券业协会、期货业协会或者证券期货监督管理部门的工作人员，故意提供虚假信息或者伪造、变造、销毁交易记录，诱骗投资者买卖证券、期货合约，造成严重后果的，处五年以下有期徒刑或者拘役，并处或者单处一万元以上

十万元以下罚金；情节特别恶劣的，处五年以上十年以下有期徒刑，并处二万元以上二十万元以下罚金。

单位犯前两款罪的，对单位判处罚金，并对其直接负责的主管人员和其他直接责任人员，处五年以下有期徒刑或者拘役。

【修正前条文】

第一百八十一条　【编造并传播证券交易虚假信息罪】编造并且传播影响证券交易的虚假信息，扰乱证券交易市场，造成严重后果的，处五年以下有期徒刑或者拘役，并处或者单处一万元以上十万元以下罚金。

【诱骗投资者买卖证券罪】证券交易所、证券公司的从业人员，证券业协会或者证券管理部门的工作人员，故意提供虚假信息或者伪造、变造、销毁交易记录，诱骗投资者买卖证券，造成严重后果的，处五年以下有期徒刑或者拘役，并处或者单处一万元以上十万元以下罚金；情节特别恶劣的，处五年以上十年以下有期徒刑，并处二万元以上二十万元以下罚金。

单位犯前两款罪的，对单位判处罚金，并对其直接负责的主管人员和其他直接责任人员，处五年以下有期徒刑或者拘役。

【修正说明】

刑法修正案第五条将编造并传播期货交易虚假信息和诱骗投资者买卖期货合约的行为增列为犯罪。

【立案追诉标准】

《最高人民检察院、公安部关于公安机关管辖的刑事案件立案追诉标准的规定(二)》(公通字〔2022〕12号，20220515)

第三十二条　〔编造并传播证券、期货交易虚假信息案(刑法第一百八十一条第一款)〕编造并且传播影响证券、期货交易的虚假信息，扰乱证券、期货交易市场，涉嫌下列情形之一的，应予立案追诉：

(一)获利或者避免损失数额在五万元以上的；

(二)造成投资者直接经济损失数额在五十万元以上的；

(三)虽未达到上述数额标准，但多次编造并且传播影响证券、期货交易的虚假信息的；

(四)致使交易价格或者交易量异常波动的；

(五)造成其他严重后果的。

第三十三条　〔诱骗投资者买卖证券、期货合约案(刑法第一百八十一条第二款)〕证券交易所、期货交易所、证券公司、期货公司的从业人员，证券业协会、期货业协会或者证券期货监督管理部门的工作人员，故意提供虚假信息或者伪造、变造、销毁交易记录，诱骗投资者买卖证券、期货合约，涉嫌下列情形之一的，应予立案追诉：

(一)获利或者避免损失数额在五万元以上的；

(二)造成投资者直接经济损失数额在五十万元以上的；

(三)虽未达到上述数额标准，但多次诱骗投资者买卖证券、期货合约的；

(四)致使交易价格或者交易量异常波动的；

(五)造成其他严重后果的。

第一百八十二条 【操纵证券、期货市场罪】有下列情形之一，操纵证券、期货市场，影响证券、期货交易价格或者证券、期货交易量，情节严重的，处五年以下有期徒刑或者拘役，并处或者单处罚金；情节特别严重的，处五年以上十年以下有期徒刑，并处罚金：

（一）单独或者合谋，集中资金优势、持股或者持仓优势或者利用信息优势联合或者连续买卖的；

（二）与他人串通，以事先约定的时间、价格和方式相互进行证券、期货交易的；

（三）在自己实际控制的帐户之间进行证券交易，或者以自己为交易对象，自买自卖期货合约的；

（四）不以成交为目的，频繁或者大量申报买入、卖出证券、期货合约并撤销申报的；

（五）利用虚假或者不确定的重大信息，诱导投资者进行证券、期货交易的；

（六）对证券、证券发行人、期货交易标的公开作出评价、预测或者投资建议，同时进行反向证券交易或者相关期货交易的；

（七）以其他方法操纵证券、期货市场的。

单位犯前款罪的，对单位判处罚金，并对其直接负责的主管人员和其他直接责任人员，依照前款的规定处罚。

【第三次修正前条文】

第一百八十二条 【操纵证券、期货市场罪】有下列情形之一，操纵证券、期货市场，情节严重的，处五年以下有期徒刑或者拘役，并处或者单处罚金；情节特别严重的，处五年以上十年以下有期徒刑，并处罚金：

（一）单独或者合谋，集中资金优势、持股或者持仓优势或者利用信息优势联合或者连续买卖，操纵证券、期货交易价格或者证券、期货交易量的；

（二）与他人串通，以事先约定的时间、价格和方式相互进行证券、期货交易，影响证券、期货交易价格或者证券、期货交易量的；

（三）在自己实际控制的帐户之间进行证券交易，或者以自己为交易对象，自买自卖期货合约，影响证券、期货交易价格或者证券、期货交易量的；

（四）以其他方法操纵证券、期货市场的。

单位犯前款罪的，对单位判处罚金，并对其直接负责的主管人员和其他直接责任人员，依照前款的规定处罚。

【第二次修正前条文】

第一百八十二条 【操纵证券、期货交易价格罪】有下列情形之一，操纵证券、期货交易价格，获取不正当利益或者转嫁风险，情节严重的，处五年以下有期徒刑或者拘役，并处或者单处违法所得一倍以上五倍以下罚金：

（一）单独或者合谋，集中资金优势、持股或者持仓优势或者利用信息优势联合或者连续买卖，操纵证券、期货交易价格的；

（二）与他人串通，以事先约定的时间、价格和方式相互进行证券、期货交易，或者相互买卖并不持有的证券，影响证券、期货交易价格或者证券、期货交易量的；

（三）以自己为交易对象，进行不转

移证券所有权的自买自卖，或者以自己为交易对象，自买自卖期货合约，影响证券、期货交易价格或者证券、期货交易量的；

（四）以其他方法操纵证券、期货交易价格的。

单位犯前款罪的，对单位判处罚金，并对其直接负责的主管人员和其他直接责任人员，处五年以下有期徒刑或者拘役。

【第一次修正前条文】

第一百八十二条　【操纵证券交易价格罪】有下列情形之一，操纵证券交易价格，获取不正当利益或者转嫁风险，情节严重的，处五年以下有期徒刑或者拘役，并处或者单处违法所得一倍以上五倍以下罚金：

（一）单独或者合谋，集中资金优势、持股优势或者利用信息优势联合或者连续买卖，操纵证券交易价格的；

（二）与他人串通，以事先约定的时间、价格和方式相互进行证券交易或者相互买卖并不持有的证券，影响证券交易价格或者证券交易量的；

（三）以自己为交易对象，进行不转移证券所有权的自买自卖，影响证券交易价格或者证券交易量的；

（四）以其他方法操纵证券交易价格的。

单位犯前款罪的，对单位判处罚金，并对其直接负责的主管人员和其他直接责任人员，处五年以下有期徒刑或者拘役。

【修正说明】

1.刑法修正案第六条对原条文作出第一次修改，增加了关于操纵期货市场的犯罪。

2.刑法修正案（六）第十一条对原条文作出下述修改：一是将原第一款中的“操纵证券、期货交易价格”修改为“操纵证券、期货交易市场”，同时删去了“获取不正当利益或者转嫁风险”的规定；二是就处罚幅度增加了一档刑，即情节特别严重的，处五年以上十年以下有期徒刑，并处罚金，且将原第一款中规定的“处一倍以上五倍以下罚金”修改为“罚金”；三是删去了原第二项中的“或者相互买卖并不持有的证券”的规定；四是在原第三项中增加了“在自己实际控制的帐户之间进行证券交易”，同时，删去了“以自己为交易对象，进行不转移证券所有权的自买自卖”行为的规定；五是将第二款对单位犯罪的直接负责的主管人员和其他直接责任人员的处罚，由原来直接规定的处自由刑修改为依照自然人犯罪的规定处罚，既处自由刑也处财产刑。

3.刑法修正案（十一）第十三条对原条文作出下述修改：一是完善了本罪的罪状表述，对原来分散在各项中规定的“影响证券、期货交易价格或者证券、期货交易量”的入罪条件在本条罪状中作统一规定；二是将“虚假申报操纵”“蛊惑交易操纵”“抢帽子交易操纵”等三种操纵证券、期货市场的行为明确规定为犯罪。

【立法·要点注释】

“以其他方法操纵证券、期货市场”，即除本条具体列举的六种情形以外其他操纵证券、期货市场的方法。目前有利用职务便利操纵证券、期货市场，主要是证券交易所、期货交易所、证券公司、期货经纪公司及其从业人员，利用手中掌握的证券、期货委托、报价交易等职务便利，人为地压低或者抬高证券、期货价格，从中牟取暴利，其表现形式包括：擅自篡改证券、期货行情记录，引起证券、期货价格波动；在委托交易中，利用时间差，进行强买强卖故意引起价格波动；串通客户共同操纵证券、期货价格；在证券、期货代理过程中，违反规定取得多个客户的全权委托，并实际操作客户账户，实施操纵交易；会员单位或客户利用多个会员或客户的账户与注册编码，规避交易所持股、持仓量或交易头寸的限制超量持股、持仓以及借股、借仓交易等操纵价格的行为；交易所会员或客户在现货市场上超越自身经营范围或实际需求，囤积居奇，企图或实际严重影响期货市场价格；交易所会员或客户超越自身经营范围或实际要求，控制大量交易所指定仓库标准仓单，企图或实际严重影响期货市场价格；交易所会员故意阻止、延误或改变客户某一方向的交易指令，或擅自下达交易指令或诱导、强制客户按照自己的意志进行交易，操纵证券、期货交易价格；等等。

【相关立法(1)】

《中华人民共和国证券法》(20200301)

第五十五条　禁止任何人以下列手段操纵证券市场，影响或者意图影响证券交易价格或者证券交易量：

(一)单独或者通过合谋，集中资金优势、持股优势或者利用信息优势联合或者连续买卖；

(二)与他人串通，以事先约定的时间、价格和方式相互进行证券交易；

(三)在自己实际控制的账户之间进行证券交易；

(四)不以成交为目的，频繁或者大量申报并撤销申报；

(五)利用虚假或者不确定的重大信息，诱导投资者进行证券交易；

(六)对证券、发行人公开作出评价、预测或者投资建议，并进行反向证券交易；

(七)利用在其他相关市场的活动操纵证券市场；

(八)操纵证券市场的其他手段。

操纵证券市场行为给投资者造成损失的，应当依法承担赔偿责任。

【相关立法(2)】

《中华人民共和国期货和衍生品法》(20220801)

第十二条　任何单位和个人不得操纵期货市场或者衍生品市场。

禁止以下列手段操纵期货市场，影响或者意图影响期货交易价格或者期货交易量：

(一)单独或者合谋，集中资金优势、持仓优势或者利用信息优势联合或者连续买卖合约；

(二)与他人串通，以事先约定的时间、价格和方式相互进行期货交易；

(三)在自己实际控制的账户之间进行期货交易；

(四)利用虚假或者不确定的重大信息，诱导交易者进行期货交易；

(五)不以成交为目的，频繁或者大量申报并撤销申报；

(六)对相关期货交易或者合约标的物的交易作出公开评价、预测或者投资建议，并进行反向操作或者相关操作；

(七)为影响期货市场行情囤积现货；

(八)在交割月或者临近交割月，利

用不正当手段规避持仓限额，形成持仓优势；

（九）利用在相关市场的活动操纵期货市场；

（十）操纵期货市场的其他手段。

【立案追诉标准】

《最高人民检察院、公安部关于公安机关管辖的刑事案件立案追诉标准的规定(二)》(公通字〔2022〕12号，20220515)

第三十四条 〔操纵证券、期货市场案(刑法第一百八十二条)〕操纵证券、期货市场，影响证券、期货交易价格或者证券、期货交易量，涉嫌下列情形之一的，应予立案追诉：

（一）持有或者实际控制证券的流通股份数量达到该证券的实际流通股份总量百分之十以上，实施刑法第一百八十二条第一款第一项操纵证券市场行为，连续十个交易日的累计成交量达到同期该证券总成交量百分之二十以上的；

（二）实施刑法第一百八十二条第一款第二项、第三项操纵证券市场行为，连续十个交易日的累计成交量达到同期该证券总成交量百分之二十以上的；

（三）利用虚假或者不确定的重大信息，诱导投资者进行证券交易，行为人进行相关证券交易的成交额在一千万元以上的；

（四）对证券、证券发行人公开作出评价、预测或者投资建议，同时进行反向证券交易，证券交易成交额在一千万元以上的；

（五）通过策划、实施资产收购或者重组、投资新业务、股权转让、上市公司收购等虚假重大事项，误导投资者作出投资决策，并进行相关交易或者谋取相关利益，证券交易成交额在一千万元以上的；

（六）通过控制发行人、上市公司信息的生成或者控制信息披露的内容、时点、节奏，误导投资者作出投资决策，并进行相关交易或者谋取相关利益，证券交易成交额在一千万元以上的；

（七）实施刑法第一百八十二条第一款第一项操纵期货市场行为，实际控制的帐户合并持仓连续十个交易日的最高值超过期货交易所限仓标准的二倍，累计成交量达到同期该期货合约总成交量百分之二十以上，且期货交易占用保证金数额在五百万元以上的；

（八）通过囤积现货，影响特定期货品种市场行情，并进行相关期货交易，实际控制的帐户合并持仓连续十个交易日的最高值超过期货交易所限仓标准的二倍，累计成交量达到同期该期货合约总成交量百分之二十以上，且期货交易占用保证金数额在五百万元以上的；

（九）实施刑法第一百八十二条第一款第二项、第三项操纵期货市场行为，实际控制的帐户连续十个交易日的累计成交量达到同期该期货合约总成交量百分之二十以上，且期货交易占用保证金数额在五百万元以上的；

（十）利用虚假或者不确定的重大信息，诱导投资者进行期货交易，行为人进行相关期货交易，实际控制的帐户连续十个交易日的累计成交量达到同期该期货合约总成交量百分之二十以上，且期货交易占用保证金数额在五百万元以上的；

（十一）对期货交易标的公开作出评价、预测或者投资建议，同时进行相关期货交易，实际控制的帐户连续十个交易日的累计成交量达到同期该期货合约总成交量的百分之二十以上，且期货交易占用保证金数额在五百万元以上的；

（十二）不以成交为目的，频繁或者大量申报买入、卖出证券、期货合约并撤销申报，当日累计撤回申报量达到同期该证券、期货合约总申报量百分之五十以上，且证券撤回申报额在一千万元以上、撤回申报的期货合约占用保证金数额在五百万元以上的；

（十三）实施操纵证券、期货市场行为，获利或者避免损失数额在一百万元以上的。

操纵证券、期货市场，影响证券、期货交易价格或者证券、期货交易量，获利或者避免损失数额在五十万元以上，同时涉嫌下列情形之一的，应予立案追诉：

（一）发行人、上市公司及其董事、监事、高级管理人员、控股股东或者实际控制人实施操纵证券、期货市场行为的；

（二）收购人、重大资产重组的交易对方及其董事、监事、高级管理人员、控股股东或者实际控制人实施操纵证券、期货市场行为的；

（三）行为人明知操纵证券、期货市场行为被有关部门调查，仍继续实施的；

（四）因操纵证券、期货市场行为受过刑事追究的；

（五）二年内因操纵证券、期货市场行为受过行政处罚的；

（六）在市场出现重大异常波动等特定时段操纵证券、期货市场的；

（七）造成其他严重后果的。

对于在全国中小企业股份转让系统中实施操纵证券市场行为，社会危害性大，严重破坏公平公正的市场秩序的，比照本条的规定执行，但本条第一款第一项和第二项除外。

【司法解释】

《最高人民法院、最高人民检察院关于办理操纵证券、期货市场刑事案件适用法律若干问题的解释》（法释〔2019〕9号，20190701）[①]

第一条　行为人具有下列情形之一的，可以认定为刑法第一百八十二条第一款第四项规定的“以其他方法操纵证券、期货市场”：

（一）利用虚假或者不确定的重大信息，诱导投资者作出投资决策，影响证券、期货交易价格或者证券、期货交易量，并进行相关交易或者谋取相关利益的；

（二）通过对证券及其发行人、上市公司、期货交易标的公开作出评价、预测或者投资建议，误导投资者作出投资决策，影响证券、期货交易价格或者证券、期货交易量，并进行与其评价、预测、投资建议方向相反的证券交易或者相关期货交易的；

（三）通过策划、实施资产收购或者重组、投资新业务、股权转让、上市公司收购等虚假重大事项，误导投资者作出投资决策，影响证券交易价格或者证券交易量，并进行相关交易或者谋取相

---

① 对于该司法解释的适用，特别是第一条具体情形的认定，需结合刑法修正案（十一）第十三条修正的刑法第一百八十二条的规定综合考虑。——编者注

关利益的；

（四）通过控制发行人、上市公司信息的生成或者控制信息披露的内容、时点、节奏，误导投资者作出投资决策，影响证券交易价格或者证券交易量，并进行相关交易或者谋取相关利益的；

（五）不以成交为目的，频繁申报、撤单或者大额申报、撤单，误导投资者作出投资决策，影响证券、期货交易价格或者证券、期货交易量，并进行与申报相反的交易或者谋取相关利益的；

（六）通过囤积现货，影响特定期货品种市场行情，并进行相关期货交易的；

（七）以其他方法操纵证券、期货市场的。

第二条　操纵证券、期货市场，具有下列情形之一的，应当认定为刑法第一百八十二条第一款规定的“情节严重”：

（一）持有或者实际控制证券的流通股份数量达到该证券的实际流通股份总量百分之十以上，实施刑法第一百八十二条第一款第一项操纵证券市场行为，连续十个交易日的累计成交量达到同期该证券总成交量百分之二十以上的；

（二）实施刑法第一百八十二条第一款第二项、第三项操纵证券市场行为，连续十个交易日的累计成交量达到同期该证券总成交量百分之二十以上的；

（三）实施本解释第一条第一项至第四项操纵证券市场行为，证券交易成交额在一千万元以上的；

（四）实施刑法第一百八十二条第一款第一项及本解释第一条第六项操纵期货市场行为，实际控制的账户合并持仓连续十个交易日的最高值超过期货交易所限仓标准的二倍，累计成交量达到同期该期货合约总成交量百分之二十以上，且期货交易占用保证金数额在五百万元以上的；

（五）实施刑法第一百八十二条第一款第二项、第三项及本解释第一条第一项、第二项操纵期货市场行为，实际控制的账户连续十个交易日的累计成交量达到同期该期货合约总成交量百分之二十以上，且期货交易占用保证金数额在五百万元以上的；

（六）实施本解释第一条第五项操纵证券、期货市场行为，当日累计撤回申报量达到同期该证券、期货合约总申报量百分之五十以上，且证券撤回申报额在一千万元以上、撤回申报的期货合约占用保证金数额在五百万元以上的；

（七）实施操纵证券、期货市场行为，违法所得数额在一百万元以上的。

第三条　操纵证券、期货市场，违法所得数额在五十万元以上，具有下列情形之一的，应当认定为刑法第一百八十二条第一款规定的“情节严重”：

（一）发行人、上市公司及其董事、监事、高级管理人员、控股股东或者实际控制人实施操纵证券、期货市场行为的；

（二）收购人、重大资产重组的交易对方及其董事、监事、高级管理人员、控股股东或者实际控制人实施操纵证券、期货市场行为的；

（三）行为人明知操纵证券、期货市场行为被有关部门调查，仍继续实施的；

（四）因操纵证券、期货市场行为受过刑事追究的；

（五）二年内因操纵证券、期货市场

行为受过行政处罚的；

（六）在市场出现重大异常波动等特定时段操纵证券、期货市场的；

（七）造成恶劣社会影响或者其他严重后果的。

第四条　具有下列情形之一的，应当认定为刑法第一百八十二条第一款规定的“情节特别严重”：

（一）持有或者实际控制证券的流通股份数量达到该证券的实际流通股份总量百分之十以上，实施刑法第一百八十二条第一款第一项操纵证券市场行为，连续十个交易日的累计成交量达到同期该证券总成交量百分之五十以上的；

（二）实施刑法第一百八十二条第一款第二项、第三项操纵证券市场行为，连续十个交易日的累计成交量达到同期该证券总成交量百分之五十以上的；

（三）实施本解释第一条第一项至第四项操纵证券市场行为，证券交易成交额在五千万元以上的；

（四）实施刑法第一百八十二条第一款第一项及本解释第一条第六项操纵期货市场行为，实际控制的账户合并持仓连续十个交易日的最高值超过期货交易所限仓标准的五倍，累计成交量达到同期该期货合约总成交量百分之五十以上，且期货交易占用保证金数额在二千五百万元以上的；

（五）实施刑法第一百八十二条第一款第二项、第三项及本解释第一条第一项、第二项操纵期货市场行为，实际控制的账户连续十个交易日的累计成交量达到同期该期货合约总成交量百分之五十以上，且期货交易占用保证金数额在二千五百万元以上的；

（六）实施操纵证券、期货市场行为，违法所得数额在一千万元以上的。

实施操纵证券、期货市场行为，违法所得数额在五百万元以上，并具有本解释第三条规定的七种情形之一的，应当认定为“情节特别严重”。

第五条　下列账户应当认定为刑法第一百八十二条中规定的“自己实际控制的账户”：

（一）行为人以自己名义开户并使用的实名账户；

（二）行为人向账户转入或者从账户转出资金，并承担实际损益的他人账户；

（三）行为人通过第一项、第二项以外的方式管理、支配或者使用的他人账户；

（四）行为人通过投资关系、协议等方式对账户内资产行使交易决策权的他人账户；

（五）其他有证据证明行为人具有交易决策权的账户。

有证据证明行为人对前款第一项至第三项账户内资产没有交易决策权的除外。

第六条　二次以上实施操纵证券、期货市场行为，依法应予行政处理或者刑事处理而未经处理的，相关交易数额或者违法所得数额累计计算。

第七条　符合本解释第二条、第三条规定的标准，行为人如实供述犯罪事实，认罪悔罪，并积极配合调查，退缴违法所得的，可以从轻处罚；其中犯罪情节轻微的，可以依法不起诉或者免予刑事处罚。

符合刑事诉讼法规定的认罪认罚从宽适用范围和条件的，依照刑事诉讼法的规定处理。

第八条　单位实施刑法第一百八十二条第一款行为的，依照本解释规定的定罪量刑标准，对其直接负责的主管人员和其他直接责任人员定罪处罚，并对单位判处罚金。

第九条　本解释所称"违法所得"，是指通过操纵证券、期货市场所获利益或者避免的损失。

本解释所称"连续十个交易日"，是指证券、期货市场开市交易的连续十个交易日，并非指行为人连续交易的十个交易日。

第十条　对于在全国中小企业股份转让系统中实施操纵证券市场行为，社会危害性大，严重破坏公平公正的市场秩序的，比照本解释的规定执行，但本解释第二条第一项、第二项和第四条第一项、第二项除外。

第十一条　本解释自2019年7月1日起施行。

【司法解释·注释】①

1.关于"以其他方法操纵证券、期货市场"。司法解释第一条明确了"以其他方法操纵证券、期货市场"的六种情形，同时考虑证券、期货市场操纵手段不断翻新，难以列举穷尽，该条第七项仍然以"以其他方法操纵证券、期货市场"作为兜底性规定。六种情形具体指：

(1)"蛊惑交易操纵"，即利用虚假或者不确定的重大信息，诱导投资者作出投资决策，影响证券、期货交易价格或者证券、期货交易量，并进行相关交易或者谋取相关利益。其中"诱导投资者作出投资决策"，通常是指行为人故意编造虚假信息或者明知是虚假或不确定的信息而进行传播，使广大投资者信以为真作出错误的投资决策，从而影响交易价格或者交易量。"进行相关交易"，是指进行与其蛊惑信息所涉证券、期货的交易，包括集合竞价阶段交易、连续竞价阶段交易、大宗交易、场外交易等。"谋取相关利益"，是相关交易之外的其他相关利益，如影响定向增发价格，影响股权质押价格，影响大宗交易价格，打压他人基金排名，影响公司收购价格等。

(2)"抢帽子交易操纵"，也就是利用"黑嘴"荐股操纵，即通过对证券及其发行人、上市公司、期货交易标的公开作出评价、预测或者投资建议，误导投资者作出投资决策，影响证券、期货交易价格或者证券、期货交易量，并进行与其评价、预测、投资建议方向相反的证券交易或者相关期货交易。《立案追诉标准(二)》(2010)规定该类操纵的主体为"证券公司、证券投资咨询机构、专业中介机构或者从业人员"。随着自媒体等现代通讯传播技术的快速发展，涉案主体既有持牌机构和分析师，也有网络工作室、网络大V、博主等非持牌机构以及一般公民，"黑嘴"荐股的方式多种多样，如微博、股吧、视频直播、微信以及QQ私聊建群等，最终目的是误导投资者作出投资决策而从中获利，有的是自己反向交易从中获利，有的诱导散户买入，帮助"庄家出货"获取报酬等。

(3)"重大事件操纵"，即通过策划、

① 该注释内容亦需结合刑法修正案(十一)第十三条修正的刑法第一百八十二条的规定综合考虑。——编者注

实施资产收购或者重组、投资新业务、股权转让、上市公司收购等虚假重大事项，误导投资者作出投资决策，影响证券交易价格或者证券交易量，并进行相关交易或者谋取相关利益。本项规定主要针对股市中近几年出现的通过策划、实施虚假重组、虚假投资、虚假股权转让、虚假收购等重大事件，误导投资者作出投资决策，自己交易或者谋取相关利益的操纵行为，俗称证券市场中“编故事、画大饼”的操纵行为。如上市公司的发起人为减持限售股，而提前策划收购、重组等重大虚假事项，推高股价后减持获利。

(4)“控制信息操纵”，即通过控制发行人、上市公司信息的生成或者控制信息披露的内容、时点、节奏，误导投资者作出投资决策，影响证券交易价格或者证券交易量，并进行相关交易或者谋取相关利益。本项的“控制信息操纵”，与刑法第一百八十二条第一款第一项中规定的“利用信息优势操纵”的区分在于：刑法第一百八十二条第一款第一项中规定的“利用信息优势操纵”是指行为人利用已有的信息，基于其先知晓、知晓得完全等优势，通过交易进行操纵，其本质是交易型操纵，即“信息优势+联合或连续买卖”。而本项“控制信息操纵”是指行为人控制信息生成和控制信息内容以及控制信息发布的时点、节奏，利用生成信息及控制信息本身，对市场投资者进行诱导，从而影响股价，本身不一定有联合或连续买卖股票，其本质是信息型操纵。此外，两者的犯罪主体不同，《立案追诉标准(二)》(2010)规定“利用信息优势操纵”的主体为特殊主体，即“上市公司及其董事、监事、高级管理人员、控股股东、实际控制人或其他关联人员”。从近年来处理的案例来看，参与“控制信息操纵”的主体身份越来越广泛，出现上述特殊主体与外部人员内外勾结，甚至外部人员收买内部人员，控制信息的生成和发布对证券市场进行操纵，故司法解释将该类操纵的主体规定为一般主体。

(5)“恍骗交易操纵”(也称虚假申报操纵)，即不以成交为目的，频繁申报、撤单或者大额申报、撤单，误导投资者作出投资决策，影响证券、期货交易价格或者证券、期货交易量，并进行与申报相反的交易或者谋取相关利益。在证券、期货交易市场中，报撤单是正常交易行为。该类操纵与正常报撤单的区分，要根据报撤单是否频繁，或者报撤单的金额是否巨大；是否进行与申报相反的交易；是否使用多个不同账户掩盖操作等客观方面进行综合判断。

(6)“跨期、现货市场操纵”，即通过囤积现货，影响特定期货品种市场行情，并进行相关期货交易。这种操纵方法在期货市场中并不少见，甚至会发生“逼仓”现象，如小品种的期货交易中，多头持仓者预测现货不足时，凭借资金优势拉高期货价格，同时大量囤积现货，拉高现货价格，迫使空头要么高价买回期货合约认赔平仓出局，要么以高价买入现货进行实物交割，甚至空头因买不到现货交割受到违约罚款，从而出现“逼仓”现象，操纵者从而获取暴利。

2.关于司法解释第二条第三项规定的信息型操纵和行为型操纵证券的证券交易成交金额标准。随着社会经济的发展，《立案追诉标准(二)》(2010)规定的五十万元交易金额的入罪标准过低，可能造成选择性执法。虽然信息型操纵交易金额一般会大大低于交易型操纵，但从执法和司法实践看，移送追究刑事责任的信息型操纵案件，交易金额几乎没有低于一千万元的。根据实践中案件情况，结合中国经济较快增长现状，通货膨胀趋势，并考虑到各罪名之间数额上的平衡，司法解释规定信息型操纵行为“证券交易成交金额在一千万元以上”为“情节严重”。需要说明的是，司法解释第二条第三项只是针对第一条第一项至第四项规定了证券交易成交额的入罪标准，并没有针对刑法第一百八十二条第一款第一项、第二项、第三项规定证券交易成交额的入罪标准，主要考虑是，从实际案例看，交易型操纵由于存在资金的反复使用，成交金额大多达到数亿元至数百亿元，甚至数千亿元，故难以规定具体入罪标准。鉴于第二条第一项、第二项已从相关比例方面进行了规定，故不再直接规定交易型操纵证券交易成交额标准。

3.关于司法解释第二条第七项规定的各类型操纵市场行为适用的违法所得数额的入罪标准。违法所得数额标准是“情节严重”的认定标准，而不是操纵行为的认定标准，不能因为违法所得数额在一百万元以上就认定为操纵行为。只有在认定操纵行为的基础上，因违法所得数额达到一百万元以上的才能认定为“情节严重”。违法所得数额标准是认定“情节严重”的情形之一，与第二条第一项至第六项情形是并列关系，对于具有刑法第一百八十二条第一款规定的三种或者本司法解释第一条规定的六种操纵证券、期货市场行为，只要符合司法解释第二条规定的七种情形之一的，就应当认定为“情节严重”。例如，对于交易型操纵行为，在已查明行为人存在违规地控制多个账户隐蔽操作、联合操作、对倒、自买自卖等行为的情况下，虽然不符合司法解释第二条规定的第一项、第二项的比例标准，但违法所得数额在一百万元以上的，即可认定为“情节严重”。

4.司法解释第二条第六项从撤单比例方面规定了“恍骗交易操纵”的“情节严重”的入罪标准，考虑到“恍骗交易操纵”仅是一个交易日的操纵，对市场的危害性有限，故本司法解释没有规定“情节特别严重”的情形。

5.司法解释第七条第二款规定，对于符合刑事诉讼法规定的认罪认罚从宽适用范围和条件的，依照刑事诉讼法的规定处理。该条第一款只适用于本司法解释第二条、第三条规定的在操纵证券、期货市场罪第一档法定刑幅度定罪处罚的情形，不适用于第二档法定刑的情形。

6.司法解释是对审判、检察工作中适用法律问题所作的解释，其效力适用于作为解释对象的法律施行期间。对于法律施行后、实施前发生的操纵证券、期货市场行为，本司法解释施行后尚未处理或者正在处理的案件，依照司法解释的规定处理，但《立案追诉标准(二)》(2010)规定的立案追诉标准与本司法解释规定的“情节严重”的入罪标准不一致的，应当按照从旧兼从轻的原则处理；对于本司法解释施行前已经办结(包括已经行政处理)的案件，如果按照当时的法律和司法解释，在认定事实和适用法律上没有错误的，不再变动。

【指导性案例·检察】

〔朱炜明操纵证券市场案，JZD39-2018〕

1.证券公司、证券咨询机构、专业

中介机构及其工作人员违背从业禁止规定，买卖或者持有证券，并在对相关证券作出公开评价、预测或者投资建议后，通过预期的市场波动反向操作，谋取利益，情节严重的，以操纵证券市场罪追究其刑事责任。

2.证券公司、证券咨询机构、专业中介机构及其工作人员，违反规定买卖或者持有相关证券后，对该证券或者其发行人、上市公司作出公开评价、预测或者提出投资建议，通过期待的市场波动谋取利益的，构成“抢帽子”交易操纵行为。发布投资咨询意见的机构或者证券从业人员往往具有一定的社会知名度，他们借助影响力较大的传播平台发布诱导性信息，容易对普通投资者交易决策产生影响。其在发布信息后，又利用证券价格波动实施与投资者反向交易的行为获利，破坏了证券市场管理秩序，违反了证券市场公开、公平、公正原则，具有较大的社会危害性，情节严重的，构成操纵证券市场罪。

〔赵某某等人操纵证券市场案，JZD222-2025〕

1.对于挪用基金资金实施操纵证券市场犯罪，分别构成挪用资金罪、操纵证券市场罪的，依法数罪并罚。

2.操纵证券市场犯罪可以分为交易型操纵与信息型操纵，交易型操纵主要以持股占比、成交量占比等交易指标来判断是否符合入罪和法定刑升档标准。相较于2010年追诉标准，2019年司法解释降低了交易指标的入罪标准。对于2019年7月1日前实施的交易型操纵，应当适用2010年追诉标准认定是否构成犯罪；对于“情节特别严重”的认定，由于行为时没有司法解释的规定，应当适用2019年司法解释。2019年司法解释实施前涉交易型操纵案件中的交易指标未达到2010年追诉标准规定的，不能直接适用2019年司法解释入罪甚至升档法定刑。

3.与操纵股票互相配合买卖场外期权的行为，不能认定为操纵期货市场罪，但其获利属于操纵证券市场犯罪的跨市场违法所得，应当依法予以追缴。

【法院案例库参考案例】

〔暨某明等操纵证券市场、洗钱案，2025-04-1-124-001〕操纵证券市场罪的司法认定

1.行为人集中资金优势、持股或者持仓优势或者利用信息优势联合或者连续买卖，操纵证券市场，影响证券交易价格或者证券交易量，违法所得数额在一千万元以上的，应当认定为构成操纵证券市场罪，且属“情节特别严重”。

2.计算本罪违法所得数额应当按照获利数额标准，即操纵证券交易的全部收入扣除买入证券金额、交易税费等的数额。

〔李某某等操纵证券市场案，2024-04-1-124-001〕操纵证券市场犯罪违法所得的认定

1.操纵行为获利的本质是通过扭曲市场价格机制获取利益。应当将证券交易价量受到操纵行为影响的期间，作为违法所得计算的时间依据。操纵行为的终点原则上是操纵影响消除日，在交易型操纵中，如行为人被控制或账户被限制交易的，则应当以操纵行为终止日作为操纵行为的终点。

2.违法所得应当先确认操纵期间内的交易价差、余券价值等获利，而后从中剔除正常交易成本。受其他市场因素影响产生的获利原则上不予扣除，配资利息、账户租借费等违法成本并非正常交易行为产生的必要费用，亦不应扣除。

3.以违法所得数额作为操纵证券市场犯罪情节严重程度的判断标准，是为了对行为人科处与其罪责相适应的刑罚，故应以操纵期间的不法获利作为犯罪情节的认定依据。对行为人追缴违法所得，是为了不让违法者从犯罪行为中获得收益，故应按照亏损产生的具体原因进行区分认定，因行为人自身原因导致股票未能及时抛售的，按照操纵期间的获利金额进行追缴；因侦查行为等客观因素导致股票未能及时抛售的，按照实际获利金额进行追缴。

第一百八十三条 【职务侵占罪】保险公司的工作人员利用职务上的便利，故意编造未曾发生的保险事故进行虚假理赔，骗取保险金归自己所有的，依照本法第二百七十一条的规定定罪处罚。

【贪污罪】国有保险公司工作人员和国有保险公司委派到非国有保险公司从事公务的人员有前款行为的，依照本法第三百八十二条、第三百八十三条的规定定罪处罚。

【立法·要点注释】

如果行为人虽然有利用职务上的便利，故意编造未曾发生的保险事故进行虚假理赔，但其虚假理赔的行为被及时揭穿，骗取保险金的阴谋未能得逞，就不宜作为犯罪处理，其性质属于违反保险法的违法行为。

【法院案例库参考案例】

〔徐某栋、朱某华职务侵占案，2023-05-1-226-003〕保险代理人作为职务侵占犯罪主体的认定

保险代理人在一定时期内实际履行着单位职责，承担着与保险公司业务员相同的工作任务，具有保险公司日常经营业务过程中的职务便利，可以成为职务侵占罪的犯罪主体。

第一百八十四条 【非国家工作人员受贿罪】银行或者其他金融机构的工作人员在金融业务活动中索取他人财物或者非法收受他人财物，为他人谋取利益的，或者违反国家规定，收受各种名义的回扣、手续费，归个人所有的，依照本法第一百六十三条的规定定罪处罚。

【受贿罪】国有金融机构工作人员和国有金融机构委派到非国有金融机构从事公务的人员有前款行为的，依照本法第三百八十五条、第三百八十六条的规定定罪处罚。

第一百八十五条 【挪用资金罪】商业银行、证券交易所、期货交易所、证券公司、期货经纪公司、保险公司或者其他金融机构的工作人员利用职务上的便利，挪用本单位或者客户资金的，依照本法第二百七十二条的规定定罪处罚。

【挪用公款罪】国有商业银行、证券交易所、期货交易所、证券公司、期货经纪公司、保险公司或者其他国有金融机构的工作人员和国有商业银行、证券交易所、期货交易所、证券公司、期货经纪公司、保险公司或者其他国有金融机构委派到前款规定中的非国有机构从事公务的人员有前款行为的，依照本法第三百八十四条的规定定罪

处罚。

【修正前条文】

第一百八十五条 【挪用资金罪】银行或者其他金融机构的工作人员利用职务上的便利,挪用本单位或者客户资金的,依照本法第二百七十二条的规定定罪处罚。

【挪用公款罪】国有金融机构工作人员和国有金融机构委派到非国有金融机构从事公务的人员有前款行为的,依照本法第三百八十四条的规定定罪处罚。

【修正说明】

刑法修正案第七条将本条犯罪主体进一步明确规定为"商业银行、证券交易所、期货交易所、证券公司、期货经纪公司、保险公司或者其他金融机构的工作人员"。

第一百八十五条之一 【背信运用受托财产罪】商业银行、证券交易所、期货交易所、证券公司、期货经纪公司、保险公司或者其他金融机构，违背受托义务，擅自运用客户资金或者其他委托、信托的财产，情节严重的，对单位判处罚金，并对其直接负责的主管人员和其他直接责任人员，处三年以下有期徒刑或者拘役，并处三万元以上三十万元以下罚金；情节特别严重的，处三年以上十年以下有期徒刑，并处五万元以上五十万元以下罚金。

【违法运用资金罪】社会保障基金管理机构、住房公积金管理机构等公众资金管理机构，以及保险公司、保险资产管理公司、证券投资基金管理公司，违反国家规定运用资金的，对其直接负责的主管人员和其他直接责任人员，依照前款的规定处罚。

【修正说明】

本罪由刑法修正案(六)第十二条增设。

【立案追诉标准】

《最高人民检察院、公安部关于公安机关管辖的刑事案件立案追诉标准的规定(二)》(公通字〔2022〕12号,20220515)

第三十五条 〔背信运用受托财产案(刑法第一百八十五条之一第一款)〕商业银行、证券交易所、期货交易所、证券公司、期货公司、保险公司或者其他金融机构,违背受托义务,擅自运用客户资金或者其他委托、信托的财产,涉嫌下列情形之一的,应予立案追诉:

(一)擅自运用客户资金或者其他委托、信托的财产数额在三十万元以上的;

(二)虽未达到上述数额标准,但多次擅自运用客户资金或者其他委托、信托的财产,或者擅自运用多个客户资金或者其他委托、信托的财产的;

(三)其他情节严重的情形。

第三十六条 〔违法运用资金案(刑法第一百八十五条之一第二款)〕社会保障基金管理机构、住房公积金管理机构等公众资金管理机构,以及保险公司、保险资产管理公司、证券投资基金管理公司,违反国家规定运用资金,涉嫌下列情形之一的,应予立案追诉:

(一)违反国家规定运用资金数额在三十万元以上的;

（二）虽未达到上述数额标准，但多次违反国家规定运用资金的；

（三）其他情节严重的情形。

【《刑事审判参考》案例】

〔参考案例第1388号：兴证期货大连营业部背信运用受托财产案〕背信运用受托财产罪与挪用资金罪、挪用公款罪如何区分？

背信运用受托财产罪与挪用资金罪、挪用公款罪有时容易产生混淆。实践中可以从以下方面进行区分：首先，是主体不同，如果挪用客户资金的行为是有关人员按领导指令，以单位名义、为单位利益实施的，则应视情形以背信运用受托财产罪论处；反之，如果该行为是金融机构中有关工作人员个人的行为，则应视情形以挪用资金罪或者挪用公款罪论处。其次，挪用资金、公款等行为指向的资金为公司或国家所有，而背信运用受托财产行为其指向的资金为客户所有，因此，以金融机构名义签订合同后，工作人员以单位名义背信运用受托财产，违法所得归单位所有的，金融机构亦应当承担相应的刑事责任。

第一百八十六条　【违法发放贷款罪】银行或者其他金融机构的工作人员违反国家规定发放贷款，数额巨大或者造成重大损失的，处五年以下有期徒刑或者拘役，并处一万元以上十万元以下罚金；数额特别巨大或者造成特别重大损失的，处五年以上有期徒刑，并处二万元以上二十万元以下罚金。

银行或者其他金融机构的工作人员违反国家规定，向关系人发放贷款的，依照前款的规定从重处罚。

单位犯前两款罪的，对单位判处罚金，并对其直接负责的主管人员和其他直接责任人员，依照前两款的规定处罚。

关系人的范围，依照《中华人民共和国商业银行法》和有关金融法规确定。

【修正前条文】

第一百八十六条　【违法向关系人发放贷款罪】银行或者其他金融机构的工作人员违反法律、行政法规规定，向关系人发放信用贷款或者发放担保贷款的条件优于其他借款人同类贷款的条件，造成较大损失的，处五年以下有期徒刑或者拘役，并处一万元以上十万元以下罚金；造成重大损失的，处五年以上有期徒刑，并处二万元以上二十万元以下罚金。

【违法发放贷款罪】银行或者其他金融机构的工作人员违反法律、行政法规规定，向关系人以外的其他人发放贷款，造成重大损失的，处五年以下有期徒刑或者拘役，并处一万元以上十万元以下罚金；造成特别重大损失的，处五年以上有期徒刑，并处二万元以上二十万元以下罚金。

单位犯前两款罪的，对单位判处罚金，并对其直接负责的主管人员和其他直接责任人员，依照前两款的规定处罚。

关系人的范围，依照《中华人民共和国商业银行法》和有关金融法规确定。

【修正说明】

刑法修正案（六）第十三条对原条

文作了下述修改：一是将“法律、行政法规”修改为“国家规定”；二是删除了第二款中的“向关系人以外的其他人”；三是将“造成较大损失的”修改为“数额巨大或者造成重大损失的”；四是删除了第二款中的具体处罚规定，修改为“依照前款的规定从重处罚”。

【相关立法】

《中华人民共和国商业银行法》(20151001)

第四十条　商业银行不得向关系人发放信用贷款；向关系人发放担保贷款的条件不得优于其他借款人同类贷款的条件。

前款所称关系人是指：

(一) 商业银行的董事、监事、管理人员、信贷业务人员及其近亲属；

(二) 前项所列人员投资或者担任高级管理职务的公司、企业和其他经济组织。

【立案追诉标准】

《最高人民检察院、公安部关于公安机关管辖的刑事案件立案追诉标准的规定(二)》(公通字〔2022〕12号，20220515)

第三十七条　〔违法发放贷款案(刑法第一百八十六条)〕银行或者其他金融机构及其工作人员违反国家规定发放贷款，涉嫌下列情形之一的，应予立案追诉：

(一) 违法发放贷款，数额在二百万元以上的；

(二) 违法发放贷款，造成直接经济损失数额在五十万元以上的。

【司法指导文件(1)】

《最高人民法院刑事审判第二庭关于对银行工作人员违规票据贴现行为如何适用法律问题的函》(〔2006〕刑二函字第42号，20060705)

根据我国法律规定，票据贴现属于贷款的一种类型。违规票据贴现行为是否构成违法发放贷款罪，应当根据案件事实和刑法规定综合评判加以认定。

【司法指导文件(2)】

《最高人民检察院侦查监督厅关于对郭某某涉嫌违法发放贷款犯罪性质认定的回复意见》(〔2010〕高检侦监函32号)

银监会制定的《流动资金贷款管理暂行办法》[①]和《个人贷款管理暂行办法》[②]是对《中华人民共和国商业银行法》有关规定的细化，可以作为认定案件性质的依据。

【公安文件(1)】

《公安部经济犯罪侦查局关于以信用卡透支协议的形式进行借款可否视为贷款问题的批复》(公经〔2001〕1021号，20010907)

根据中国人民银行《银行卡业务管理办法》的规定，信用卡只能在规定的限额内透支。信用卡超限额透支的金额，属于贷款性质。若该行为造成了重大损失，符合违法发放贷款罪的构成要件，则构成违法发放贷款罪。

---

① 已被2024年7月1日施行的《流动资金贷款管理办法》所废止。——编者注

② 已被2024年7月1日施行的《个人贷款管理办法》所废止。——编者注

【公安文件(2)】

《公安部经济犯罪侦查局关于对中国银行××支行行长潘×等人行为如何适用法律问题的通知》(公经〔2006〕1655号，20060801)

依据中国人民银行颁布的《贷款通则》，票据贴现应属贷款种类之一。违反法律、法规规定，制作贴现凭证，办理贴现业务，致使所贴现的资金无法追回，造成重大损失的，涉嫌违法发放贷款罪。

【公安文件(3)】

《公安部经济犯罪侦查局关于对违法发放贷款案件中损失认定问题的批复》(公经〔2007〕1458号，20070727)

在案件侦办过程中，如有证据证明犯罪嫌疑人实施了违法、违规发放贷款的行为，只要发生贷款已无法收回的情况且达到追诉标准的，就应视为刑法第一百八十六条所规定的造成损失。案中提及的未到期贷款及其利息，如确定不能追回，应视为犯罪损失。

【公安文件(4)】

《公安部经济犯罪侦查局关于对郭××涉嫌违法放贷犯罪性质认定请示的批复》(公经金融〔2011〕4号，20110104)

根据2004年7月16日银监会发布的《商业银行授信工作尽职指引》第十五条、第十六条、第二十七条、第二十八条、第二十九条、第五十一条的规定，我们认为，郭××作为原中国银行工作人员，在审查××化工有限公司贷款过程中，未按规定履行对该公司的贷款资料和担保单位的担保能力进行全面核实和实地审核的尽职调查义务即发放贷款，致使××化工有限公司利用虚假的贷款资料和伪造的担保合同取得贷款，并给银行造成巨额损失，其行为违反了国家有关规定涉嫌违法发放贷款犯罪。

第一百八十七条　【吸收客户资金不入账罪】银行或者其他金融机构的工作人员吸收客户资金不入帐，数额巨大或者造成重大损失的，处五年以下有期徒刑或者拘役，并处二万元以上二十万元以下罚金；数额特别巨大或者造成特别重大损失的，处五年以上有期徒刑，并处五万元以上五十万元以下罚金。

单位犯前款罪的，对单位判处罚金，并对其直接负责的主管人员和其他直接责任人员，依照前款的规定处罚。

【修正前条文】

第一百八十七条　【用帐外客户资金非法拆借、发放贷款罪】银行或者其他金融机构的工作人员以牟利为目的，采取吸收客户资金不入帐的方式，将资金用于非法拆借、发放贷款，造成重大损失的，处五年以下有期徒刑或者拘役，并处二万元以上二十万元以下罚金；造成特别重大损失的，处五年以上有期徒刑，并处五万元以上五十万元以下罚金。

单位犯前款罪的，对单位判处罚金，并对其直接负责的主管人员和其他直接责任人员，依照前款的规定处罚。

【修正说明】

刑法修正案(六)第十四条对原条

文作出下述修改：一是删去了“以牟利为目的”的规定；二是删去了“将资金用于非法拆借、发放贷款”的规定；三是增加了“数额巨大”这一构成要件。

【立案追诉标准】

《最高人民检察院、公安部关于公安机关管辖的刑事案件立案追诉标准的规定(二)》(公通字〔2022〕12号，20220515)

第三十八条　〔吸收客户资金不入帐案(刑法第一百八十七条)〕银行或者其他金融机构及其工作人员吸收客户资金不入帐，涉嫌下列情形之一的，应予立案追诉：

(一)吸收客户资金不入帐，数额在二百万元以上的；

(二)吸收客户资金不入帐，造成直接经济损失数额在五十万元以上的。

【司法指导文件】

《全国法院审理金融犯罪案件工作座谈会纪要》(法〔2001〕8号，20010121)

(二)关于破坏金融管理秩序罪

3.用账外客户资金非法拆借、发放贷款行为的认定和处罚

……吸收客户资金不入账，是指不记入金融机构的法定存款账目，以逃避国家金融监管，至于是否记入法定账目以外设立的账目不影响该罪成立。

【公安文件】

《公安部经济犯罪侦查局关于对吸收客户资金不入账犯罪法律适用问题的批复》(公经金融〔2010〕272号，20101217)

保险费属于刑法第一百八十七条规定的客户资金，保险公司及其工作人员收到保险费不入账，数额巨大或者造成重大损失的，应按吸收客户资金不入账犯罪追究刑事责任。[①]

第一百八十八条　【违规出具金融票证罪】银行或者其他金融机构的工作人员违反规定，为他人出具信用证或者其他保函、票据、存单、资信证明，情节严重的，处五年以下有期徒刑或者拘役；情节特别严重的，处五年以上有期徒刑。

单位犯前款罪的，对单位判处罚金，并对其直接负责的主管人员和其他直接责任人员，依照前款的规定处罚。

【修正前条文】

第一百八十八条　【非法出具金融票证罪】银行或者其他金融机构的工作人员违反规定，为他人出具信用证或者其他保函、票据、存单、资信证明，造成较大损失的，处五年以下有期徒刑或者拘役；造成重大损失的，处五年以上有期徒刑。

单位犯前款罪的，对单位判处罚金，并对其直接负责的主管人员和其他直接责任人员，依照前款的规定处罚。

【修正说明】

刑法修正案(六)第十五条将原条文第一款中的“造成较大损失”修改为

① 该批复内容与《最高人民检察院法律政策研究室对〈关于征求客户资金不入账犯罪法律适用问题的函〉的回复意见》(高检研函字〔2010〕74号，20101213)的内容基本相同，为避免重复，后者未予收录。——编者注

"情节严重","造成重大损失"修改为"情节特别严重"。

【立法·要点注释】

"情节严重"不仅包括给金融机构造成了较大损失,还包括虽然还没有造成较大损失,但非法出具金融票证涉及金额巨大,或者多次非法出具金融票证等情形。如果行为人有以上违反规定的行为,但被及时发现并制止,情节不严重的,可作为违法行为处理,不宜以犯罪论处。

【立案追诉标准】

《最高人民检察院、公安部关于公安机关管辖的刑事案件立案追诉标准的规定(二)》(公通字〔2022〕12号,20220515)

第三十九条 〔违规出具金融票证案(刑法第一百八十八条)〕银行或者其他金融机构及其工作人员违反规定,为他人出具信用证或者其他保函、票据、存单、资信证明,涉嫌下列情形之一的,应予立案追诉:

(一)违反规定为他人出具信用证或者其他保函、票据、存单、资信证明,数额在二百万元以上的;

(二)违反规定为他人出具信用证或者其他保函、票据、存单、资信证明,造成直接经济损失数额在五十万元以上的;

(三)多次违规出具信用证或者其他保函、票据、存单、资信证明的;

(四)接受贿赂违规出具信用证或者其他保函、票据、存单、资信证明的;

(五)其他情节严重的情形。

【公安文件(1)】

《公安部关于对涉嫌非法出具金融凭证犯罪案件涉及的部分法律问题的批复》(公经〔2003〕88号,20030127)

一、关于损失的认定问题

对于借款人有下列情形之一,其借款不能归还的,应认定为损失:

(一)法院宣布借款人破产,已清算完毕的;

(二)借款人被依法撤销、关闭、解散,并终止法人资格的;

(三)借款人虽未被终止法人资格,但生产经营活动已停止,借款人已名存实亡的;

(四)借款人的经营活动虽未停止,但公司、企业已亏损严重,资不抵债的;

(五)其他应认定为损失的情形。

关于损失的认定时间,应分为定罪损失和量刑损失两种情形来考虑:定罪损失是立案损失、成罪损失,应以公安机关立案时为标准;量刑损失是法院审理案件时的实际损失,以确定最终量刑幅度。

【公安文件(2)】

《公安部经济犯罪侦查局关于民间借贷合同加盖金融机构公章能否视为保函有关问题的批复》(公经金融〔2009〕295号,20091104)

银行保函是指银行应委托人的申请而向受益人开立的有担保性质的书面承诺文件,一旦委托人未按其与受益人签订的合同的约定偿还债务或履行约定义务时,由银行按照与委托人签订的《保函委托书》履行担保责任。而本案中,犯罪嫌疑人杨××违反规定,利用其担任中国建设银行郑州市××支行行长便利,私自在河南××纸业股份有限公司向辛××个人借款1360万元的民间借贷合同上加盖本行印章,由于单纯公章印章本身不具备保函的形式要件，不能视为保函。同时，对杨××的行为应按照主客观相统一的原则，查明其是否存在职务犯罪等情况。

【公安文件(3)】

《公安部经济犯罪侦查局关于认定“5·15”案件性质的答复》(公经〔2000〕722号，20000704)[①]

刑法第一百八十八条非法出具金融票证罪[②]规定的“为他人出具信用证”中的“他人”，是指银行或者其他金融机构以外的个人或者单位。银行内部机构的工作人员以本部门与他人合办的公司为受益人，违反规定开具信用证，属于为他人非法出具信用证。

【公安文件(4)】

《公安部经济犯罪侦查局关于单位定期存款开户证实书性质的批复》(公经〔2000〕1329号，20001219)

“单位定期存款开户证实书”是接受存款的金融机构向存款单位开具的人民币定期存款权利凭证，其性质上是一种金融凭证，它与存单同样起到存款证明作用，只是不能作为质押的权利凭证。

【公安文件(5)】

《公安部经济犯罪侦查局关于“12·24”票据诈骗案件有关法律问题的批复》(公经金融〔2012〕182号，20121031)

二、涉案的商业承兑汇票(不可撤销)保证函、不可撤销的还款担保函属于银行履约保函的一种。根据我局2006年12月1日《关于伪造银行履约保函的行为是否构成伪造、变造金融票证罪的批复》(公经〔2006〕2769号)，银行履约保函是保函的一种，属于刑法第一百八十八条所列的金融票证的范畴。但只有在经济活动中具有给付货币和资金清算作用，并表明银行与客户之间已受理或已办结相关支付结算业务的凭证，才能认定为银行结算凭证。因此，刑法第一百七十七条“伪造、变造金融票证罪”规定的金融票证种类中并未包括银行履约保函。

【指导性案例·检察】

〔宋某某违规出具金融票证、违法发放贷款、非国家工作人员受贿案，JZD190-2023〕

不具备出具保函、票据等金融票证资质的银行或其他金融机构工作人员，违规为他人出具金融票证，情节严重的，应当认定构成违规出具金融票证罪。国家有关金融法律、法规对金融票证出具条件及程序有严格规定，银行及其他金融机构内部也有严格的规章制度和业务规程，有出具金融票证资质的银行、金融机构工作人员违反法定程序、超越职权范围出具金融票证，情节严重的，构成违规出具金融票证罪。对于明知所在金融机构不具备出具金融票证资质，仍为他人出具相关金融票证，属于超越职权范围滥用职权，行为人主观恶性更深、社会危害性更大，对其依法定罪处罚不仅是刑法的应有之

① 该答复内容与《最高人民法院刑事审判第一庭关于银行内部机构的工作人员以本部门与他人合办的公司为受益人开具信用证是否属于“为他人出具信用证”问题的复函》(20000627)的回复内容基本相同，为避免重复，后者未予收录。——编者注

② 罪名已变更为“违规出具金融票证罪”。——编者注

义，也符合常情常理和社会大众普遍认知，符合违规出具金融票证罪的，应依法予以认定。

第一百八十九条　【对违法票据承兑、付款、保证罪】银行或者其他金融机构的工作人员在票据业务中，对违反票据法规定的票据予以承兑、付款或者保证，造成重大损失的，处五年以下有期徒刑或者拘役；造成特别重大损失的，处五年以上有期徒刑。

单位犯前款罪的，对单位判处罚金，并对其直接负责的主管人员和其他直接责任人员，依照前款的规定处罚。

【立案追诉标准】

《最高人民检察院、公安部关于公安机关管辖的刑事案件立案追诉标准的规定(二)》(公通字〔2022〕12号，20220515)

第四十条　〔对违法票据承兑、付款、保证案(刑法第一百八十九条)〕银行或者其他金融机构及其工作人员在票据业务中，对违反票据法规定的票据予以承兑、付款或者保证，造成直接经济损失数额在五十万元以上的，应予立案追诉。

第一百九十条　【逃汇罪】公司、企业或者其他单位，违反国家规定，擅自将外汇存放境外，或者将境内的外汇非法转移到境外，数额较大的，对单位判处逃汇数额百分之五以上百分之三十以下罚金，并对其直接负责的主管人员和其他直接责任人员处五年以下有期徒刑或者拘役；数额巨大或者有其他严重情节的，对单位判处逃汇数额百分之五以上百分之三十以下罚金，并对其直接负责的主管人员和其他直接责任人员处五年以上有期徒刑。

【修正前条文】

第一百九十条　【逃汇罪】国有公司、企业或者其他国有单位，违反国家规定，擅自将外汇存放境外，或者将境内的外汇非法转移到境外，情节严重的，对单位判处罚金，并对其直接负责的主管人员和其他直接责任人员，处五年以下有期徒刑或者拘役。

【修正说明】

《全国人民代表大会常务委员会关于惩治骗购外汇、逃汇和非法买卖外汇犯罪的决定》(以下简称《决定》)第三条对原条文作出下述修改：一是扩大了犯罪主体；二是提高了法定刑；三是增加了对罚金数额的规定。此外，《决定》第一条还增设了骗购外汇罪。

【相关立法】

《全国人民代表大会常务委员会关于惩治骗购外汇、逃汇和非法买卖外汇犯罪的决定》(19981229)

一、【骗购外汇罪】有下列情形之一，骗购外汇，数额较大的，处五年以下有期徒刑或者拘役，并处骗购外汇数额百分之五以上百分之三十以下罚金；数额巨大或者有其他严重情节的，处五年以上十年以下有期徒刑，并处骗购外汇数额百分之五以上百分之三十以下罚金；数额特别巨大或者有其他特别严重情节的，处十年以上有期徒刑或者无期徒刑，并处骗购外汇数额百分之五以上百分之三十以下罚金或者没收财产：

(一) 使用伪造、变造的海关签发的报关单、进口证明、外汇管理部门核准件等凭证和单据的；

(二) 重复使用海关签发的报关单、进口证明、外汇管理部门核准件等凭证和单据的；

(三) 以其他方式骗购外汇的。

伪造、变造海关签发的报关单、进口证明、外汇管理部门核准件等凭证和单据，并用于骗购外汇的，依照前款的规定从重处罚。

明知用于骗购外汇而提供人民币资金的，以共犯论处。

单位犯前三款罪的，对单位依照第一款的规定判处罚金，并对其直接负责的主管人员和其他直接责任人员，处五年以下有期徒刑或者拘役；数额巨大或者有其他严重情节的，处五年以上十年以下有期徒刑；数额特别巨大或者有其他特别严重情节的，处十年以上有期徒刑或者无期徒刑。

五、海关、外汇管理部门以及金融机构、从事对外贸易经营活动的公司、企业或者其他单位的工作人员与骗购外汇或者逃汇的行为人通谋，为其提供购买外汇的有关凭证或者其他便利的，或者明知是伪造、变造的凭证和单据而售汇、付汇的，以共犯论，依照本决定从重处罚。

【立案追诉标准】

《最高人民检察院、公安部关于公安机关管辖的刑事案件立案追诉标准的规定(二)》(公通字〔2022〕12号，20220515)

第四十一条　〔逃汇案(刑法第一百九十条)〕公司、企业或者其他单位，违反国家规定，擅自将外汇存放境外，或者将境内的外汇非法转移到境外，单笔在二百万美元以上或者累计数额在五百万美元以上的，应予立案追诉。

第四十二条　〔骗购外汇案《全国人民代表大会常务委员会关于惩治骗购外汇、逃汇和非法买卖外汇犯罪的决定》(第一条)〕骗购外汇，数额在五十万美元以上的，应予立案追诉。

【司法指导文件】

《最高人民法院、最高人民检察院、公安部关于印发〈办理骗汇、逃汇犯罪案件联席会议纪要〉的通知》(公通字〔1999〕39号，19990607)

二、全国人大常委会《关于惩治骗购外汇、逃汇和非法买卖外汇犯罪的决定》(以下简称《决定》)公布施行后发生的犯罪行为，应当依照《决定》办理；对于《决定》公布施行前发生的公布后尚未处理或者正在处理的行为，依照修订后的刑法第十二条第一款规定的原则办理。

……

【法院案例库参考案例】

〔上海某实业发展有限公司等逃汇案，2025-04-1-132-001〕完全以套利为目的的虚假贸易流转付汇行为属于逃汇

公司、企业或者其他单位以套利为目的，利用无真实货物流转的虚假转口贸易非法转移外汇，数额较大的，应当以逃汇罪追究相关单位及责任人员的刑事责任

〔姜某财、田某记骗购外汇案，2024-03-1-131-001〕利用跨境外汇支付平台向银行骗购外汇，数额较大的，可以构成骗购外汇罪

向跨境外汇支付平台提供虚假跨境电商订单等购汇申请材料，利用跨境外汇支付平台向银行骗购外汇，符合《关于惩治骗购外汇、逃汇和非法买卖外汇犯罪的决定》第一条规定的，构成骗购外汇罪。

第一百九十一条【洗钱罪】为掩饰、隐瞒毒品犯罪、黑社会性质的组织犯罪、恐怖活动犯罪、走私犯罪、贪污贿赂犯罪、破坏金融管理秩序犯罪、金融诈骗犯罪的所得及其产生的收益的来源和性质，有下列行为之一的，没收实施以上犯罪的所得及其产生的收益，处五年以下有期徒刑或者拘役，并处或者单处罚金；情节严重的，处五年以上十年以下有期徒刑，并处罚金：

（一）提供资金帐户的；

（二）将财产转换为现金、金融票据、有价证券的；

（三）通过转帐或者其他支付结算方式转移资金的；

（四）跨境转移资产的；

（五）以其他方法掩饰、隐瞒犯罪所得及其收益的来源和性质的。

单位犯前款罪的，对单位判处罚金，并对其直接负责的主管人员和其他直接责任人员，依照前款的规定处罚。

【第三次修正前条文】

第一百九十一条【洗钱罪】明知是毒品犯罪、黑社会性质的组织犯罪、恐怖活动犯罪、走私犯罪、贪污贿赂犯罪、破坏金融管理秩序犯罪、金融诈骗犯罪的所得及其产生的收益，为掩饰、隐瞒其来源和性质，有下列行为之一的，没收实施以上犯罪的所得及其产生的收益，处五年以下有期徒刑或者拘役，并处或者单处洗钱数额百分之五以上百分之二十以下罚金；情节严重的，处五年以上十年以下有期徒刑，并处洗钱数额百分之五以上百分之二十以下罚金：

（一）提供资金帐户的；

（二）协助将财产转换为现金、金融票据、有价证券的；

（三）通过转帐或者其他结算方式协助资金转移的；

（四）协助将资金汇往境外的；

（五）以其他方法掩饰、隐瞒犯罪所得及其收益的来源和性质的。

单位犯前款罪的，对单位判处罚金，并对其直接负责的主管人员和其他直接责任人员，处五年以下有期徒刑或者拘役；情节严重的，处五年以上十年以下有期徒刑。

【第二次修正前条文】

第一百九十一条【洗钱罪】明知是毒品犯罪、黑社会性质的组织犯罪、恐怖活动犯罪、走私犯罪的违法所得及其产生的收益，为掩饰、隐瞒其来源和性质，有下列行为之一的，没收实施以上犯罪的违法所得及其产生的收益，处五年以下有期徒刑或者拘役，并处或者单处洗钱数额百分之五以上百分之二十以下罚金；情节严重的，处五年以上十年以下有期徒刑，并处洗钱数额百分之五以上百分之二十以下罚金：

（一）提供资金帐户的；

（二）协助将财产转换为现金或者金融票据的；

（三）通过转帐或者其他结算方式

协助资金转移的；

（四）协助将资金汇往境外的；

（五）以其他方法掩饰、隐瞒犯罪的违法所得及其收益的来源和性质的。

单位犯前款罪的，对单位判处罚金，并对其直接负责的主管人员和其他直接责任人员，处五年以下有期徒刑或者拘役；情节严重的，处五年以上十年以下有期徒刑。

【第一次修正前条文】

第一百九十一条 【洗钱罪】明知是毒品犯罪、黑社会性质的组织犯罪、走私犯罪的违法所得及其产生的收益，为掩饰、隐瞒其来源和性质，有下列行为之一的，没收实施以上犯罪的违法所得及其产生的收益，处五年以下有期徒刑或者拘役，并处或者单处洗钱数额百分之五以上百分之二十以下罚金；情节严重的，处五年以上十年以下有期徒刑，并处洗钱数额百分之五以上百分之二十以下罚金：

（一）提供资金帐户的；

（二）协助将财产转换为现金或者金融票据的；

（三）通过转帐或者其他结算方式协助资金转移的；

（四）协助将资金汇往境外的；

（五）以其他方法掩饰、隐瞒犯罪的违法所得及其收益的性质和来源的。

单位犯前款罪的，对单位判处罚金，并对其直接负责的主管人员和其他直接责任人员，处五年以下有期徒刑或者拘役。

【修正说明】

1.刑法修正案（三）第七条对原条文进行第一次修改，将恐怖活动犯罪增列为本罪的上游犯罪，提高了单位犯罪的法定刑。

2.刑法修正案（六）第十六条对本条进行第二次修改，将贪污贿赂犯罪、破坏金融管理秩序犯罪、金融诈骗犯罪增列为上游犯罪，将"协助将财产转换为有价证券"的行为列为洗钱方式之一。

3.刑法修正案（十一）第十四条对原条文作出下述修改：一是将行为人"明知"上游犯罪的规定和"为掩饰、隐瞒犯罪所得及其产生的收益的来源和性质"的行为目的在表述上一并作了修改完善，将"明知是……犯罪的所得及其产生的收益，为掩饰、隐瞒其来源和性质"修改为"为掩饰、隐瞒……犯罪的所得及其产生的收益的来源和性质"。二是删去了本条第一款第二项、第三项、第四项中规定的"协助"，将"自洗钱"行为规定为犯罪。三是在本条第一款第三项规定中增加以"支付"方式转移资金的犯罪行为，以加大对"地下钱庄"的惩处。四是将本条第一款第四项"将资金汇往境外"修改为"跨境转移资产"。五是将比例罚金刑修改为不定额罚金刑。六是对单位犯罪中直接责任人员的处罚增加规定了罚金刑。

【立案追诉标准】

《最高人民检察院、公安部关于公安机关管辖的刑事案件立案追诉标准的规定(二)》(公通字〔2022〕12号，20220515)

第四十三条 〔洗钱案(刑法第一百九十一条)〕为掩饰、隐瞒毒品犯罪、黑社会性质的组织犯罪、恐怖活动犯罪、走私犯罪、贪污贿赂犯罪、破坏金融管理秩序犯罪、金融诈骗犯罪的所得及其产生的收益的来源和性质，涉嫌下列情形之一的，应予立案追诉：

（一）提供资金帐户的；

（二）将财产转换为现金、金融票据、有价证券的；

（三）通过转帐或者其他支付结算方式转移资金的；

（四）跨境转移资产的；

（五）以其他方法掩饰、隐瞒犯罪所得及其收益的来源和性质的。

【司法解释】

《最高人民法院、最高人民检察院关于办理洗钱刑事案件适用法律若干问题的解释》（法释〔2024〕10号，20240820）

第一条　为掩饰、隐瞒本人实施刑法第一百九十一条规定的上游犯罪的所得及其产生的收益的来源和性质，实施该条第一款规定的洗钱行为的，依照刑法第一百九十一条的规定定罪处罚。

第二条　知道或者应当知道是他人实施刑法第一百九十一条规定的上游犯罪的所得及其产生的收益，为掩饰、隐瞒其来源和性质，实施该条第一款规定的洗钱行为的，依照刑法第一百九十一条的规定定罪处罚。

第三条　认定“知道或者应当知道”，应当根据行为人所接触、接收的信息，经手他人犯罪所得及其收益的情况，犯罪所得及其收益的种类、数额，犯罪所得及其收益的转移、转换方式，交易行为、资金账户等异常情况，结合行为人职业经历、与上游犯罪人员之间的关系以及其供述和辩解，同案人指证和证人证言等情况综合审查判断。有证据证明行为人确实不知道的除外。

将刑法第一百九十一条规定的某一上游犯罪的犯罪所得及其收益，认作该条规定的上游犯罪范围内的其他犯罪所得及其收益的，不影响“知道或者应当知道”的认定。

第四条　洗钱数额在五百万元以上的，且具有下列情形之一的，应当认定为刑法第一百九十一条规定的“情节严重”：

（一）多次实施洗钱行为的；

（二）拒不配合财物追缴，致使赃款赃物无法追缴的；

（三）造成损失二百五十万元以上的；

（四）造成其他严重后果的。

二次以上实施洗钱犯罪行为，依法应予刑事处理而未经处理的，洗钱数额累计计算。

第五条　为掩饰、隐瞒实施刑法第一百九十一条规定的上游犯罪的所得及其产生的收益的来源和性质，实施下列行为之一的，可以认定为刑法第一百九十一条第一款第五项规定的“以其他方法掩饰、隐瞒犯罪所得及其收益的来源和性质”：

（一）通过典当、租赁、买卖、投资、拍卖、购买金融产品等方式，转移、转换犯罪所得及其收益的；

（二）通过与商场、饭店、娱乐场所等现金密集型场所的经营收入相混合的方式，转移、转换犯罪所得及其收益的；

（三）通过虚构交易、虚设债权债务、虚假担保、虚报收入等方式，转移、转换犯罪所得及其收益的；

（四）通过买卖彩票、奖券、储值卡、黄金等贵金属等方式，转换犯罪所得及其收益的；

（五）通过赌博方式，将犯罪所得及其收益转换为赌博收益的；

（六）通过“虚拟资产”交易、金融资产兑换方式，转移、转换犯罪所得及其收益的；

(七)以其他方式转移、转换犯罪所得及其收益的。

第六条　掩饰、隐瞒刑法第一百九十一条规定的上游犯罪的犯罪所得及其产生的收益，构成刑法第一百九十一条规定的洗钱罪，同时又构成刑法第三百一十二条规定的掩饰、隐瞒犯罪所得、犯罪所得收益罪的，依照刑法第一百九十一条的规定定罪处罚。

实施刑法第一百九十一条规定的洗钱行为，构成洗钱罪，同时又构成刑法第三百四十九条、第二百二十五条、第一百七十七条之一或者第一百二十条之一规定的犯罪的，依照处罚较重的规定定罪处罚。

第七条　认定洗钱罪应当以上游犯罪事实成立为前提。有下列情形的，不影响洗钱罪的认定：

(一)上游犯罪尚未依法裁判，但有证据证明确实存在的；

(二)有证据证明上游犯罪确实存在，因行为人逃匿未到案的；

(三)有证据证明上游犯罪确实存在，因行为人死亡等原因依法不予追究刑事责任的；

(四)有证据证明上游犯罪确实存在，但同时构成其他犯罪而以其他罪名定罪处罚的。

第八条　刑法第一百九十一条规定的"黑社会性质的组织犯罪的所得及其产生的收益"，是指黑社会性质组织及其成员实施相关犯罪的所得及其产生的收益，包括黑社会性质组织的形成、发展过程中，该组织及组织成员通过违法犯罪活动聚敛的全部财物、财产性权益及其孳息、收益。

第九条　犯洗钱罪，判处五年以下有期徒刑或者拘役，并处或者单处罚金的，判处一万元以上罚金；判处五年以上十年以下有期徒刑的，并处二十万元以上罚金。

第十条　符合本解释第一条、第二条的规定，行为人如实供述犯罪事实，认罪悔罪，并积极配合追缴犯罪所得及其产生的收益的，可以从轻处罚；犯罪情节轻微的，可以依法不起诉或者免予刑事处罚。

第十一条　单位实施洗钱犯罪的，依照本解释规定的相应自然人犯罪的定罪量刑标准，对单位判处罚金，并对其直接负责的主管人员和其他直接责任人员定罪处罚。

第十二条　本解释所称"上游犯罪"，是指刑法第一百九十一条规定的毒品犯罪、黑社会性质的组织犯罪、恐怖活动犯罪、走私犯罪、贪污贿赂犯罪、破坏金融管理秩序犯罪、金融诈骗犯罪。

第十三条　本解释自2024年8月20日起施行。《最高人民法院关于审理洗钱等刑事案件具体应用法律若干问题的解释》(法释〔2009〕15号)同时废止。

【司法解释·注释】

1.对于"自洗钱"行为，什么情形构成犯罪，哪些情形依法数罪并罚，在司法实践中，要注意把握以下几个原则：一是主客观相一致原则。认定"自洗钱"犯罪，行为人必须要具有洗钱的故意和洗钱的行为，否则不能认定。对于上游犯罪的自然延伸行为，不属于单独的洗钱行为，不具有刑事可罚性，不能认定洗钱罪。比如，实施上游犯罪后，自然持有犯罪所得，没有实施洗钱行为的，不能认定洗钱罪；"自窝藏"行为，也不构成洗钱罪。二是禁止重复评价原则。对同一犯罪构成事实不能在同一层面作重复评价。对于属于上游犯罪行为的一部分或者与上游犯罪行为存在交叉的洗钱行为，不能作重复评价。比如，上游犯罪行为人提供资金账户接收上游犯罪所得的行为，属于上游犯罪行为的一部分，不能认定洗钱罪。又比如，提供资金账户，实施走私犯罪，又用同一资金账户实施洗钱的，洗钱行为与上游犯罪行为存在交叉，在这种情况下，不宜对提供资金账户行为作重复评价，不能单独认定自洗钱犯罪并与上游犯罪实行数罪并罚。三是罪责刑相适应原则。对"自洗钱"行为定罪处罚，不但要考虑"自洗钱"行为是否构成犯罪，也要考虑数罪并罚所判处的刑罚是否符合罪责刑相适应原则，还要考虑对刑法体系、司法实践造成的影响和效果。对于一些没有争议的"自洗钱"行为，比如，上游犯罪行为人通过地下钱庄以跨境转移资产的方式洗钱的，应依法数罪并罚；对于一些争议比较大的，要慎重入刑。

2.认定"他洗钱"犯罪的"知道或者应当知道"，需要重点把握以下几点：一是认定"知道或者应当知道"要以客观事实为依据，办案时应当调查核实行为人所接触、接收的信息，经手他人犯罪所得及其收益的情况，犯罪所得及其收益的种类、数额，犯罪所得及其收益的转移、转换方式，交易行为、资金账户等异常情况，作为认定"知道或者应当知道"的基础事实依据。二是应当从多角度审查认定是否属于"知道或者应当知道"，全面审查行为人供述和辩解、同案人指认和证人证言等证据，并且结合行为人职业经历、与上游犯罪人员之间的关系等因素，形成关于认定其主观认知的内心确信。三是"知道或者应当知道"是指对上游犯罪事实的概括认知，而非对具体犯罪事实或罪名的判断，将刑法第一百九十一条规定的某一上游犯罪的犯罪所得及其收益，认作该条规定的上游犯罪范围内的其他犯罪所得及其收益的，不影响"知道或者应当知道"的认定。四是准确理解"反证排除"规定，对于有证据证明行为人确实不知道系七类上游犯罪所得及其收益的来源和性质的，则应当否定先前的意见，依法认定不构成洗钱罪。在证明要求上，行为人主观上不仅要认识到是犯罪所得及其收益，还要认识到是刑法第一百九十一条规定的上游犯罪所得及其产生的收益。行为人对上游犯罪的认识不仅包括确定性认识，还包括概括性认识，即认识到上游犯罪的类型，而不要求具体到某一特定上游犯罪，将某一上游犯罪的所得及其产生的收益认作该条规定的其他上游犯罪的所得及其产生的收益的，不影响主观认知的认定。在具体认定"知道或者应当知道"时，还要注意洗钱罪不是目的犯。与刑法第三百一十二条相比较，第一百九十一条洗钱罪有"为掩饰、隐瞒七类上游犯罪的所得及其产生的收益的来源和性质"的规定。对"掩饰、隐瞒其来源和性质"应理解为对洗钱行为主观故意和客观行为的审查，应重点审查行为本身是否具有掩饰、隐瞒的特征。该目的是与洗钱的客观行为方式紧密相连、不可分割的，应属于客观构成要件要素，不可将该目的纳入"目的犯"的范畴，从而不必要地加重举证责任。

3.关于"情节严重"的具体情形，需要注意的是：一是多次实施洗钱行为的情形。实践中对"多次"的把握一般是二年内三次以上。认定一次洗钱行为必须包括独立的洗钱故意、独立的洗钱行为以及独立的洗钱结果。实践中，针对同一笔资金进行多次转账的洗钱行为，不宜认定为多次实施洗钱行为，在计算洗钱数额时不能重复计算。二是拒不配合财物追缴，致使赃款赃物无法追缴的情形。这种情形主要是指洗钱行为人拒不交代涉案财物去向，不配合调查取证，造成赃款赃物去向不明或者无法查清，致使赃款赃物无法追缴。三是造成损失二百五十万元以上的情形。这里的“损失”是指因洗钱行为造成的无法追回的实际损失。第二种情形与第三种情形是并列关系，第二种情形没有损失数额的要求，只要是拒不配合财物追缴，致使赃款赃物无法追缴的，不受第三种情形规定的损失数额的限定，可适用第二种情形。四是造成其他严重后果的情形。主要是指洗钱数额特别巨大，严重影响国家金融安全稳定，造成恶劣社会影响等严重后果。另外，以往司法解释中还规定“曾因洗钱行为受过刑事追究的”情形，但因该项规定存在重复评价，故本解释不再规定。

4.关于洗钱罪的入罪门槛的问题。刑法第一百九十一条未设定洗钱罪的入罪数额门槛，本解释亦未规定洗钱罪的入罪数额标准，但这并不意味着只要实施了刑法第一百九十一条规定的洗钱行为，就一律以洗钱罪定罪处罚。在司法认定时应贯彻罪刑法定、罪责刑相适应的原则，不能“唯数额论”。在办理洗钱犯罪案件时，应综合考虑上游犯罪的性质，掩饰、隐瞒犯罪所得及收益的来源和性质的情节、后果及社会危害程度等方面因素，依法认定。构成犯罪的，依法定罪处罚；行为人如实供述犯罪事实，认罪悔罪，并积极配合追缴犯罪所得及其产生的收益的，可以从轻处罚；犯罪情节轻微的，可以依法不起诉或者免予刑事处罚。

5.本解释所列举的洗钱行为方式不可能完全概括反映实践中的各种洗钱行为，这就要求我们把握洗钱的实质。洗钱的本质在于为特定上游犯罪的犯罪所得披上合法外衣，消灭犯罪线索和证据，逃避法律追究和制裁，实现犯罪所得的安全循环使用。根据主客观相一致的原则，进一步强调洗钱的主观故意，从而避免实践中出现的客观归罪的问题，确保正确认定洗钱行为。

6.关于同时对两个罪名规定的上游犯罪的犯罪所得实施的一个洗钱行为的认定问题。洗钱行为人将银行一个账户内的赃款转移至其他账户或境外账户，但该账户内的赃款既有刑法第一百九十一条上游犯罪的犯罪所得又有刑法第三百一十二条上游犯罪的犯罪所得。行为人以一个主观故意实施一种犯罪行为，但触犯了两个罪名，属于竞合犯，应依照处罚较重的刑法第一百九十一条洗钱罪的规定定罪处罚。

7.关于分别对两个罪名规定的上游犯罪所得及其收益实施的两个洗钱行为的认定问题。行为人基于两个犯罪故意，实施的两个洗钱行为分别触犯了刑法第一百九十一条和第三百一十二条，按照罪数理论应予数罪并罚。

【司法指导文件】

《最高人民法院、最高人民检察院、公安部关于办理洗钱刑事案件若干问题的意见》(法发〔2020〕41号，

20201106)[①]

一、办理洗钱刑事案件的总体要求

……

二、依法准确认定洗钱犯罪

4.刑法第一百九十一条规定的洗钱罪与刑法第三百一十二条规定的掩饰、隐瞒犯罪所得、犯罪所得收益罪是刑法特别规定与一般规定的关系。掩饰、隐瞒犯罪所得、犯罪所得收益罪包含传统的窝藏犯罪和普通的洗钱犯罪，洗钱罪是针对毒品犯罪、黑社会性质的组织犯罪、恐怖活动犯罪、走私犯罪、贪污贿赂犯罪、破坏金融管理秩序犯罪、金融诈骗犯罪等严重犯罪而为其洗钱的行为所作的特别规定。同时符合刑法第一百九十一条和第三百一十二条规定的，优先适用第一百九十一条特别规定。

5.刑法第一百九十一条规定的“黑社会性质的组织犯罪所得及其产生的收益”，是指黑社会性质组织及其成员实施的各种犯罪所得及其产生的收益，包括黑社会性质组织的形成、发展过程中，该组织及组织成员通过违法犯罪活动或其他不正当手段聚敛的全部财物、财产性权益及其孳息、收益。

6.主观上认识到是刑法第一百九十一条规定的上游犯罪的所得及其产生的收益，并实施该条第一款规定的洗钱行为的，可以认定其具有掩饰、隐瞒犯罪所得及其收益的来源和性质的目的，但有证据证明不是为掩饰、隐瞒犯罪所得及其收益的来源和性质的除外。

7.刑法第一百九十一条规定的洗钱罪，应当以上游犯罪事实成立为认定前提。上游犯罪是否既遂，不影响洗钱罪的认定。上游犯罪尚未依法裁判，但查证属实的，不影响洗钱罪的认定。

上游犯罪事实经查证属实，因行为人死亡、未达到刑事责任年龄等原因依法不予追究刑事责任的，不影响洗钱罪的认定。

8.主观上认识到是刑法第一百九十一条规定的上游犯罪的所得及其产生的收益，包括知道或者应当知道。其中：“知道”是指根据犯罪嫌疑人、被告人的供述、证人证言等证据，可以直接证明犯罪嫌疑人、被告人知悉、了解其所掩饰、隐瞒的是刑法第一百九十一条规定的上游犯罪的所得及其产生的收益；“应当知道”是指结合查证的主、客观证据，可以证明犯罪嫌疑人、被告人知悉、了解其所掩饰、隐瞒的是刑法第一百九十一条规定的上游犯罪的所得及其产生的收益。

认定主观认知，应当结合犯罪嫌疑人、被告人的身份背景、职业经历、认知能力及其所接触、接收的信息，与上游犯罪嫌疑人、被告人的亲属关系、上下级关系、交往情况、了解程度、信任程度，接触、接收他人犯罪所得及其收益的情况，犯罪所得及其收益的种类、数额，犯罪所得及其收益的转换、转移方式，交易行为、资金账户的异常情况，以及犯罪嫌疑人、被告人的供述及证人证言等主、客观因素，进行综合分析判断。对于犯罪嫌疑人、被告人的供述和辩解，要结合全案证据进行审查判断。

9.主观上认识到是刑法第一百九十一条规定的上游犯罪的所得及其产生的

① 对于该意见的适用，需结合刑法修正案(十一)第十四条修正的刑法第一百九十一条的规定以及新的洗钱案件司法解释法释〔2024〕10号的规定综合考虑。——编者注

收益，是指对上游犯罪客观事实的认识，而非对行为性质的认识。将某一上游犯罪的所得及其产生的收益认为是该条规定的其他上游犯罪的所得及其产生的收益的，不影响主观认知的认定。

10.实施刑法第一百九十一条规定的洗钱行为，构成洗钱罪的同时，又构成刑法第三百四十九条规定的窝藏、转移、隐瞒毒赃罪，刑法第一百二十条之一规定的帮助恐怖活动罪，或者刑法第二百二十五条规定的非法经营罪的，依照处罚较重的规定定罪处罚。法律和司法解释另有规定的除外。

具有刑法第一百九十一条规定的上游犯罪的犯罪事实，又具有为其他不是同一事实的上游犯罪洗钱的犯罪事实的，分别以上游犯罪、洗钱罪定罪处罚，依法实行数罪并罚。

三、依法从严惩处洗钱犯罪

11.行为人主观上认识到是刑法第一百九十一条规定的七类上游犯罪的所得及其产生的收益，并实施该条第一款规定的洗钱行为，从而掩饰、隐瞒犯罪所得及其收益的来源和性质，构成犯罪的，应依法以洗钱罪定罪处罚。

12.洗钱数额在十万元以上的，或者洗钱数额在五万元以上，且具有下列情形之一的，可以认定为“情节严重”：

(1)多次实施洗钱行为的；

(2)曾因洗钱行为受过刑事追究的；

(3)拒不交代涉案资金去向或者拒不配合追缴工作，致使赃款无法追缴的；

(4)造成重大损失或者其他严重后果的。

二次以上实施洗钱犯罪行为，依法应予刑事处理而未经处理的，洗钱数额累计计算。

13.地下钱庄实施洗钱犯罪的，或者金融机构及其从业人员实施洗钱犯罪的，可以依法从重处罚。

14.单位实施洗钱犯罪行为的，与自然人犯罪的定罪量刑标准相同，对单位判处罚金，并依法对其直接负责的主管人员和其他直接责任人员定罪处罚。

15.要依法用足用好财产刑，从经济上最大限度制裁洗钱犯罪分子。对洗钱犯罪判处罚金，应当根据被告人的犯罪情节，在法律规定的数额幅度内决定罚金数额，充分体现从重处罚的政策精神。对于自然人洗钱犯罪“情节严重”的，一般可并处洗钱数额百分之十以上百分之二十以下罚金。对单位犯罪，一般可判处洗钱数额百分之十以上罚金。

16.对于行为人如实供述犯罪事实，认罪悔罪，并如实交代涉案资金去向，积极配合调查和追缴工作，符合刑事诉讼法规定的认罪认罚从宽适用范围和条件的，可以依法从宽处理。

17.要从严掌握洗钱犯罪的缓刑适用。适用缓刑，应当综合考虑犯罪情节、悔罪表现、再犯罪的危险以及宣告缓刑对所居住社区的影响，依法作出决定。对于地下钱庄犯罪分子，以洗钱为业，多次实施洗钱行为，或者拒不交代涉案资金去向的，一般不适用缓刑。

四、强化洗钱刑事案件证据的收集、审查和运用

……

21.人民法院要强化对洗钱刑事案件证据的审查、判断，综合运用证据，就行为人主观上是否认识到是洗钱罪的七类上游犯罪的所得及其产生的收益，是否通过实施洗钱行为掩饰、隐瞒犯罪所得及其收益的来源和性质等犯罪事实进行审查、认定，确保案件事实清楚，证据确实、充分。同时要注重从

上游犯罪的事实证据中挖掘洗钱犯罪线索，发现洗钱犯罪线索或者新的洗钱犯罪事实的，应当及时将有关材料移送公安机关，或者建议人民检察院补充、追加或者变更起诉。

……

23.人民法院、人民检察院、公安机关办理洗钱刑事案件，应当依法查询、查封、扣押、冻结全部涉案财产。对于依法查封、扣押、冻结的涉案财产，应当全面收集、审查证明其来源、性质、用途、权属及价值大小等有关证据。

对于涉及洗钱犯罪及其上游犯罪的违法所得及其产生的收益，应当依法追缴、没收。依法应当追缴、没收的财产无法找到、价值灭失或者与其他合法财产混合且不可分割的，可以追缴、没收洗钱犯罪行为人的其他等值财产。人民法院可以依法判决责令行为人以其他等值财产在违法所得范围内退赔。

对于依法查封、扣押、冻结的涉案财产，有证据证明确属被害人合法财产，或者确与行为人及其犯罪活动无关的，应予返还。

五、合力预防和惩治洗钱犯罪

……

【法院案例库参考案例】

〔王某剑、马某等集资诈骗、洗钱案，2025-04-1-134-001〕利用虚拟货币进行集资、洗钱行为的认定

洗钱行为的本质特征在于为掩饰、隐瞒实施刑法第一百九十一条规定的上游犯罪的所得及其产生的收益的来源和性质。通过虚拟货币等"虚拟资产"交易方式转移、转换犯罪所得及其收益，属于刑法第一百九十一条第一款规定的"以其他方法掩饰、隐瞒犯罪所得及其收益的来源和性质"。

第五节　金融诈骗罪

【司法指导文件】

《全国法院审理金融犯罪案件工作座谈会纪要》(法〔2001〕8号，20010121)

(三)关于金融诈骗罪

1.金融诈骗罪中非法占有目的的认定

金融诈骗犯罪都是以非法占有为目的的犯罪。在司法实践中，认定是否具有非法占有为目的，应当坚持主客观相一致的原则，既要避免单纯根据损失结果客观归罪，也不能仅凭被告人自己的供述，而应当根据案件具体情况具体分析。根据司法实践，对于行为人通过诈骗的方法非法获取资金，造成数额较大资金不能归还，并具有下列情形之一的，可以认定为具有非法占有的目的：

(1)明知没有归还能力而大量骗取资金的；

(2)非法获取资金后逃跑的；

(3)肆意挥霍骗取资金的；

(4)使用骗取的资金进行违法犯罪活动的；

(5)抽逃、转移资金、隐匿财产，以逃避返还资金的；

(6)隐匿、销毁账目，或者搞假破产、假倒闭，以逃避返还资金的；

(7)其他非法占有资金、拒不返还的行为。但是，在处理具体案件的时候，对于有证据证明行为人不具有非法占有目的的，不能单纯以财产不能归还就按金融诈骗罪处罚。

4.金融诈骗犯罪定罪量刑的数额标准和犯罪数额的计算。金融诈骗的数额不仅是定罪的重要标准，也是量刑的主要依据。……在具体认定金融诈骗犯罪的数额时，应当以行为人实际骗取的数额计算。对于行为人为实施金融诈骗活动而支付的中介费、手续费、回扣等，或者用于行贿、赠与等费用，均应计入金融诈骗的犯罪数额。但应当将案发前已归还的数额扣除。

(五)财产刑的适用

金融犯罪是图利型犯罪，惩罚和预防此类犯罪，应当注重同时从经济上制裁犯罪分子。刑法对金融犯罪都规定了财产刑，人民法院应当严格依法判处。罚金的数额，应当根据被告人的犯罪情节，在法律规定的数额幅度内确定。对于具有从轻、减轻或者免除处罚情节的被告人，对于本应并处的罚金刑原则上也应当从轻、减轻或者免除。

单位金融犯罪中直接负责的主管人员和其他直接责任人员，是否适用罚金刑，应当根据刑法的具体规定。刑法分则条文规定有罚金刑，并规定对单位犯罪中直接负责的主管人员和其他直接责任人员依照自然人犯罪条款处罚的，应当判处罚金刑，但是对直接负责的主管人员和其他直接责任人员判处罚金的数额，应当低于对单位判处罚金的数额；刑法分则条文明确规定对单位犯罪中直接负责的主管人员和其他直接责任人员只判处自由刑的，不能附加判处罚金刑。

第一百九十二条 【集资诈骗罪】以非法占有为目的，使用诈骗方法非法集资，数额较大的，处三年以上七年以下有期徒刑，并处罚金；数额巨大或者有其他严重情节的，处七年以上有期徒刑或者无期徒刑，并处罚金或者没收财产。

单位犯前款罪的，对单位判处罚金，并对其直接负责的主管人员和其他直接责任人员，依照前款的规定处罚。

【修正前条文】

第一百九十二条 【集资诈骗罪】以非法占有为目的，使用诈骗方法非法集资，数额较大的，处五年以下有期徒刑或者拘役，并处二万元以上二十万元以下罚金；数额巨大或者有其他严重情节的，处五年以上十年以下有期徒刑，并处五万元以上五十万元以下罚金；数额特别巨大或者有其他特别严重情节的，处十年以上有期徒刑或者无期徒刑，并处五万元以上五十万元以下罚金或者没收财产。

【修正说明】

刑法修正案(十一)第十五条对原条文作出下述修改：一是将本罪的法定刑由原来的三档调整为两档。二是删除了罚金刑的罚金数额标准，改为原则规定并处罚金。三是增加一款作为第二款，对本条单位犯罪的内容专门作出规定，不再与金融诈骗罪一节中其他几种金融诈骗罪的单位犯罪，统一在第二百条中作出规定。

【立案追诉标准】

《最高人民检察院、公安部关于公安机关管辖的刑事案件立案追诉标准的规定(二)》(公通字〔2022〕12号，20220515)

第四十四条 〔集资诈骗案(刑法第一百九十二条)〕以非法占有为目的，使用诈骗方法非法集资，数额在十万元以上的，应予立案追诉。

【司法解释】

《最高人民法院关于审理非法集资刑事案件具体应用法律若干问题的解释》(原法释〔2010〕18号，根据法释〔2022〕5号修正，20220301)

第七条　以非法占有为目的，使用诈骗方法实施本解释第二条规定所列行为的，应当依照刑法第一百九十二条的规定，以集资诈骗罪定罪处罚。

使用诈骗方法非法集资，具有下列情形之一的，可以认定为“以非法占有为目的”：

(一)集资后不用于生产经营活动或者用于生产经营活动与筹集资金规模明显不成比例，致使集资款不能返还的；

(二)肆意挥霍集资款，致使集资款不能返还的；

(三)携带集资款逃匿的；

(四)将集资款用于违法犯罪活动的；

(五)抽逃、转移资金、隐匿财产，逃避返还资金的；

(六)隐匿、销毁账目，或者搞假破产、假倒闭，逃避返还资金的；

(七)拒不交代资金去向，逃避返还资金的；

(八)其他可以认定非法占有目的的情形。

集资诈骗罪中的非法占有目的，应当区分情形进行具体认定。行为人部分非法集资行为具有非法占有目的的，对该部分非法集资行为所涉集资款以集资诈骗罪定罪处罚；非法集资共同犯罪中部分行为人具有非法占有目的，其他行为人没有非法占有集资款的共同故意和行为的，对具有非法占有目的的行为人以集资诈骗罪定罪处罚。

第八条　集资诈骗数额在10万元以上的，应当认定为“数额较大”；数额在100万元以上的，应当认定为“数额巨大”。

集资诈骗数额在50万元以上，同时具有本解释第三条第二款第三项情节的，应当认定为刑法第一百九十二条规定的“其他严重情节”。

集资诈骗的数额以行为人实际骗取的数额计算，在案发前已归还的数额应予扣除。行为人为实施集资诈骗活动而支付的广告费、中介费、手续费、回扣，或者用于行贿、赠与等费用，不予扣除。行为人为实施集资诈骗活动而支付的利息，除本金未归还可予折抵本金以外，应当计入诈骗数额。

第九条　犯非法吸收公众存款罪，判处三年以下有期徒刑或者拘役，并处或者单处罚金的，处五万元以上一百万元以下罚金；判处三年以上十年以下有期徒刑的，并处十万元以上五百万元以下罚金；判处十年以上有期徒刑的，并处五十万元以上罚金。

犯集资诈骗罪，判处三年以上七年以下有期徒刑的，并处十万元以上五百万元以下罚金；判处七年以上有期徒刑或者无期徒刑的，并处五十万元以上罚金或者没收财产。

【司法指导文件(1)】

《最高人民法院、最高人民检察院关于常见犯罪的量刑指导意见(试行)》(法发〔2021〕21号，20210701)

(四)集资诈骗罪

1.构成集资诈骗罪的，根据下列情形在相应的幅度内确定量刑起点：

(1)达到数额较大起点的，在三年

至四年有期徒刑幅度内确定量刑起点。

(2)达到数额巨大起点或者有其他严重情节的，在七年至九年有期徒刑幅度内确定量刑起点。依法应当判处无期徒刑的除外。

2.在量刑起点的基础上，根据集资诈骗数额等其他影响犯罪构成的犯罪事实增加刑罚量，确定基准刑。

3.构成集资诈骗罪的，根据犯罪数额、危害后果等犯罪情节，综合考虑被告人缴纳罚金的能力，决定罚金数额。

4.构成集资诈骗罪的，综合考虑犯罪数额、诈骗对象、危害后果、退赃退赔等犯罪事实、量刑情节，以及被告人主观恶性、人身危险性、认罪悔罪表现等因素，决定缓刑的适用。

【司法指导文件(2)】

《最高人民法院、最高人民检察院、公安部关于办理非法集资刑事案件若干问题的意见》(高检会〔2019〕2号，20190130)

四、关于主观故意的认定问题

……

犯罪嫌疑人、被告人使用诈骗方法非法集资，符合《最高人民法院关于审理非法集资刑事案件具体应用法律若干问题的解释》第四条①规定的，可以认定为集资诈骗罪中“以非法占有为目的”。

【司法指导文件(3)】

《最高人民检察院关于办理涉互联网金融犯罪案件有关问题座谈会纪要》(高检诉〔2017〕14号，20170602)

14.以非法占有为目的，使用诈骗方法非法集资，是集资诈骗罪的本质特征。是否具有非法占有目的，是区分非法吸收公众存款罪和集资诈骗罪的关键要件，对此要重点围绕融资项目真实性、资金去向、归还能力等事实进行综合判断。犯罪嫌疑人存在以下情形之一的，原则上可以认定具有非法占有目的：

(1)大部分资金未用于生产经营活动，或名义上投入生产经营但又通过各种方式抽逃转移资金的；

(2)资金使用成本过高，生产经营活动的盈利能力不具有支付全部本息的现实可能性的；

(3)对资金使用的决策极度不负责任或肆意挥霍造成资金缺口较大的；

(4)归还本息主要通过借新还旧来实现的；

(5)其他依照有关司法解释可以认定为非法占有目的的情形。

15.对于共同犯罪或单位犯罪案件中，不同层级的犯罪嫌疑人之间存在犯罪目的发生转化或者犯罪目的明显不同的，应当根据犯罪嫌疑人的犯罪目的分别认定。

(1)注意区分犯罪目的发生转变的时间节点。犯罪嫌疑人在初始阶段仅具有非法吸收公众存款的故意，不具有非法占有目的，但在发生经营失败、资金链断裂等问题后，明知没有归还能力仍然继续吸收公众存款的，这一时间节点之后的行为应当认定为集资诈骗罪，此前的行为应当认定为非法吸收公众存款罪。

① 现为经法释〔2022〕5号修正的《最高人民法院关于审理非法集资刑事案件具体应用法律若干问题的解释》第七条。——编者注

(2)注意区分犯罪嫌疑人的犯罪目的的差异。在共同犯罪或单位犯罪中，犯罪嫌疑人由于层级、职责分工、获取收益方式、对全部犯罪事实的知情程度等不同，其犯罪目的也存在不同。在非法集资犯罪中，有的犯罪嫌疑人具有非法占有的目的，有的则不具有非法占有目的，对此，应当分别认定为集资诈骗罪和非法吸收公众存款罪。

16.证明主观上是否具有非法占有目的，可以重点收集、运用以下客观证据：

(1)与实施集资诈骗整体行为模式相关的证据：投资合同、宣传资料、培训内容等；

(2)与资金使用相关的证据：资金往来记录、会计账簿和会计凭证、资金使用成本(包括利息和佣金等)、资金决策使用过程、资金主要用途、财产转移情况等；

(3)与归还能力相关的证据：吸收资金所投资项目内容、投资实际经营情况、盈利能力、归还本息资金的主要来源、负债情况、是否存在虚构业绩等虚假宣传行为等；

(4)其他涉及欺诈等方面的证据：虚构融资项目进行宣传、隐瞒资金实际用途、隐匿销毁账簿；等等。司法会计鉴定机构对相关数据进行鉴定时，办案部门可以根据查证犯罪事实的需要提出重点鉴定的项目，保证司法会计鉴定意见与待证的构成要件事实之间的关联性。

17.集资诈骗的数额，应当以犯罪嫌疑人实际骗取的金额计算。犯罪嫌疑人为吸收公众资金制造还本付息的假象，在诈骗的同时对部分投资人还本付息的，集资诈骗的金额以案发时实际未兑付的金额计算。案发后，犯罪嫌疑人主动退还集资款项的，不能从集资诈骗的金额中扣除，但可以作为量刑情节考虑。

【司法指导文件(4)】

《全国法院审理金融犯罪案件工作座谈会纪要》(法〔2001〕8号，20010121)

(三)关于金融诈骗罪

3.集资诈骗罪的认定和处理。集资诈骗罪和欺诈发行股票、债券罪[①]、非法吸收公众存款罪在客观上均表现为向社会公众非法募集资金。区别的关键在于行为人是否具有非法占有的目的。对于以非法占有为目的而非法集资，或者在非法集资过程中产生了非法占有他人资金的故意，均构成集资诈骗罪。但是，在处理具体案件时要注意以下两点：一是不能仅凭较大数额的非法集资款不能返还的结果，推定行为人具有非法占有的目的；二是行为人将大部分资金用于投资或生产经营活动，而将少量资金用于个人消费或挥霍的，不应仅以此便认定具有非法占有的目的。

【指导性案例·检察】

〔周辉集资诈骗案，JZD40-2018〕

1.网络借贷信息中介机构或其控制人，利用网络借贷平台发布虚假信息，非法建立资金池募集资金，所得资金大部分未用于生产经营活动，主要用于借新还旧和个人挥霍，无法归还所募资金数额巨大，应认定为具有非法占有目的，以集资诈骗罪追究刑事责任。

① 罪名已变更为“欺诈发行证券罪”。——编者注

2.是否具有非法占有目的，是正确区分非法吸收公众存款罪和集资诈骗罪的关键。对非法占有目的的认定，应当围绕融资项目真实性、资金去向、归还能力等事实、证据进行综合判断。行为人将所吸收资金大部分未用于生产经营活动，或名义上投入生产经营，但又通过各种方式抽逃转移资金，或供其个人肆意挥霍，归还本息主要通过借新还旧来实现，造成数额巨大的募集资金无法归还的，可以认定具有非法占有的目的。

〔张业强等人非法集资案，JZD175-2023〕

违反私募基金管理有关规定，以发行销售私募基金形式公开宣传，向社会公众吸收资金，并承诺还本付息的，属于变相非法集资。向私募基金投资者隐瞒未将募集资金用于约定项目的事实，虚构投资项目经营情况，应当认定为使用诈骗方法。非法集资人虽然将部分集资款投入生产经营活动，但投资随意，明知经营活动盈利能力不具有支付本息的现实可能性，仍然向社会公众大规模吸收资金，还本付息主要通过募新还旧实现，致使集资款不能返还的，应当认定其具有非法占有目的。

【法院案例库参考案例】

〔王某剑、马某等集资诈骗、洗钱案，2025-04-1-134-001〕利用虚拟货币进行集资、洗钱行为的认定

对涉虚拟货币非法集资案件，应当对虚拟货币本质属性进行审查判断，区分以虚拟货币为投资对象的行为和以投资虚拟货币为名，实施集资诈骗等犯罪行为。以非法占有为目的，以投资虚拟货币为名，虚构事实、隐瞒真相，向社会公众非法集资，符合刑法第一百九十二条规定的，应当按照集资诈骗罪定罪处罚。

〔周某云等集资诈骗案，2024-04-1-134-007〕集资诈骗罪非法占有目的形成时间的认定

集资诈骗案件中，认定行为人在成立涉案公司时是否具有非法占有目的，应当结合行为人当时的资金偿付能力、涉案公司的实缴资本来源、生产经营活动、募集资金流向等情况进行综合判断。行为人在已有较大资金缺口的情况下，仍成立涉案公司向社会不特定对象吸收资金，涉案公司用于生产经营活动的资金与募集资金规模明显不成比例，且实缴资本完全来源于募集资金的，可认定行为人成立涉案公司就是为了填补之前的资金缺口，自成立涉案公司之日起即具有非法占有目的。

〔胡某宇集资诈骗案，2024-04-1-134-006〕集资诈骗犯罪中“非法占有目的”的认定

在集资诈骗刑事案件中，经营模式和资金去向是认定行为人是否具有非法占有目的的重要事实。具体而言，可以结合投资风险、经营成本、预期利润等因素，判断行为人的经营能否保障集资款的足额返还。大部分集资款被用于支付有关人员的工资、提成等用途，只有很少一部分用于实际生产经营的，可以认定行为人具有非法占有目的。

〔刘某波集资诈骗案，2024-04-1-134-004〕集资诈骗罪中“非法占有目的”的认定

审理非法集资案件时，应当坚持衡平投资者利益保护、稳定金融秩序与肯定合理风险，尊重市场经营规律，避免唯资金灭失就构成犯罪的结果论。对行为人非法占有目的的认定，应当从融资项目真实与否、资金用途、有无归还能力等方面综合认定。对于以欺骗手段募集资金，擅自变更投资项目，将资金投资具有更高风险的项目；在资金使用上不考虑资金使用成本，未尽到合理使用义务；不考虑项目是否具有还本付息可能性；在资金存在巨大缺口情况下盲目投入等资金使用极度不负责的行为，应当认定具有非法占有目的。

〔赵某杰集资诈骗案，2024-04-1-134-005〕行为人虚构公司盈利能力，诱骗集资款后“拆东补西”填补资金漏洞的，应当认定主观上具有非法占有的故意

行为人非法吸收投资款后，未用于经营活动，对投资款肆意处分，偿还个人债务，以借新还旧的方式归还本息，在明知严重亏损的情况下，继续以同样的方式吸收投资款，且在投资款无法兑付后又逃匿的，应当认定其主观上具有非法占有目的，依法以集资诈骗罪论处。

〔苑某某集资诈骗案，2024-04-1-134-003〕以高额收益为诱惑，支付销售团队高额提成，无真实项目投资的非法集资行为的定性

对于集资诈骗罪的认定，应当综合案件具体情况，作出准确判定。其中，以高额收益为诱惑，支付销售团队高额提成，无真实经营项目的，不应当认定为“用于生产经营”，实际系任意处置，可以作为认定行为人具有非法占有目的的重要依据。

〔陈某某、王某某集资诈骗案，2023-03-1-134-001〕以传销方式骗取不特定公众财物的定性

组织、领导传销活动罪与集资诈骗罪并非对立、排斥关系，二者可能发生竞合。以非法占有为目的，采用传销手段和诈骗方法非法集资，同时构成组织、领导传销活动罪与集资诈骗罪，应当择一重罪按照集资诈骗罪定罪处罚。

【法院公报案例】

〔江苏省南京市人民检察院诉许官成、许冠卿、马茹梅集资诈骗案，GB2009-10〕

行为人以非法占有为目的，采取虚构集资用途，以虚假的证明文件和高回报率为诱饵，未经有权机关批准，向社会公众非法募集资金，骗取集资款的行为，构成刑法第一百九十二条规定的集资诈骗罪。在认定行为人是否具有非法占有目的时，应当坚持主客观相统一的认定标准，既要避免单纯根据损失结果客观归罪，也不能仅凭被告人自己的供述，应当根据案件具体情况全面分析行为人无法偿还集资款的原因，若行为人没有进行实体经营或实体经营的比例极小，根本无法通过正常经营偿还前期非法募集的本金及约定利息，将募集的款项隐匿、挥霍的，应当认定行为人具有非法占有的目的。

【《刑事审判参考》案例】

〔参考案例第167号：袁鹰、欧阳湘、李巍集资诈骗案〕非法传销过程中携传销款潜逃的行为如何处理？

传销或者非法传销活动虽然具有价格欺诈等特征，但与非法集资行为存在区别：一是非法集资行为人往往是承诺以定期利息、红利等形式返还巨额利益相引诱；而传销的利益主要是靠传销人自己层层发展下线来获取，没有下线就没有利益。二是非法集资一般没有或者很少有货物经营行为；而传销行为存在货物买卖行为，基本上是上线低价买进再高价卖给下线。三是非法集资的结果往往是几个主要责任人骗取大量非法资金，受害人数众多；而传销中往往是最底层、最后发展的下线、加盟者遭受损失，上线和先加入者一般不会有损失。因此，对于非法传销过程中携传销款潜逃的行为，由于有买卖货物的行为，是在非法经营活动中进行诈骗活动，没有侵犯金融管理秩序，主要侵犯的是传销参与者的财产权和市场经济秩序，因此应以诈骗罪或者合同诈骗罪定罪处罚。

〔参考案例第1478号：巨如集团、胡立勇集资诈骗案〕如何审查判断以私募基金之名实施非法集资的行为？

私募基金是合法的金融业态，但以私募基金之名实施非法集资的案件逐渐多发。有很多非法集资案件的被告人辩称其发行的是私募基金，虽发行过程中存在一些违法违规行为，但不影响产品的私募基金性质，不属于非法集资。办理此类案件，首先应当审查涉案"私募"是否合法合规；如果存在违法违规行为，则应当进一步分析判断该违法违规行为是否影响产品的私募基金性质，进一步审查涉案"私募"是否具备"非法性""公开性""利诱性""社会性"，从而决定是否以非法集资犯罪论处。

第一百九十三条 【贷款诈骗罪】有下列情形之一，以非法占有为目的，诈骗银行或者其他金融机构的贷款，数额较大的，处五年以下有期徒刑或者拘役，并处二万元以上二十万元以下罚金；数额巨大或者有其他严重情节的，处五年以上十年以下有期徒刑，并处五万元以上五十万元以下罚金；数额特别巨大或者有其他特别严重情节的，处十年以上有期徒刑或者无期徒刑，并处五万元以上五十万元以下罚金或者没收财产：

（一）编造引进资金、项目等虚假理由的；

（二）使用虚假的经济合同的；

（三）使用虚假的证明文件的；

（四）使用虚假的产权证明作担保或者超出抵押物价值重复担保的；

（五）以其他方法诈骗贷款的。

【立案追诉标准】

《最高人民检察院、公安部关于公安机关管辖的刑事案件立案追诉标准的规定(二)》(公通字〔2022〕12号，20220515)

第四十五条 〔贷款诈骗案(刑法第一百九十三条)〕以非法占有为目的，诈骗银行或者其他金融机构的贷款，数额在五万元以上的，应予立案追诉。

【司法指导文件】

《全国法院审理金融犯罪案件工作座谈会纪要》(法〔2001〕8号，20010121)

(三)关于金融诈骗罪

2.贷款诈骗罪的认定和处理。贷款诈骗犯罪是目前案发较多的金融诈骗犯罪之一。审理贷款诈骗犯罪案件，应当注意以下两个问题：

一是单位不能构成贷款诈骗罪。根据刑法第三十条和第一百九十三条的规定，单位不构成贷款诈骗罪。对于单位实施的贷款诈骗行为，不能以贷款诈骗罪定罪处罚，也不能以贷款诈骗罪追究直接负责的主管人员和其他直接责任人员的刑事责任。但是，在司法实践中，对于单位十分明显地以非法占有为目的，利用签订、履行借款合同诈骗银行或其他金融机构贷款，符合刑法第二百二十四条规定的合同诈骗罪构成要件的，应当以合同诈骗罪定罪处罚。[①]

二是要严格区分贷款诈骗与贷款纠纷的界限。对于合法取得贷款后，没有按规定的用途使用贷款，到期没有归还贷款的，不能以贷款诈骗罪定罪处罚；对于确有证据证明行为人不具有非法占有的目的，因不具备贷款的条件而采取了欺骗手段获取贷款，案发时有能力履行还贷义务，或者案发时不能归还贷款是因为意志以外的原因，如因经营不善、被骗、市场风险等，不应以贷款诈骗罪定罪处罚。

【公安文件】

《公安部经济犯罪侦查局关于转发〈中国人民银行办公厅关于进出口押汇垫款认定事宜的复函〉的通知》(公经〔2002〕751号，20020624)

进、出口押汇属于贸易融资业务。进口押汇是银行根据客户要求在进口结算业务中给予客户资金融通的业务活动。出口押汇是银行凭出口商提供的出口单据向出口商融通资金的业务活动。押汇垫款是贸易项下融资的一种方式，其性质应属于贷款。

【法院案例库参考案例】

〔纪某成等合同诈骗案，2025-04-1-167-001〕地方金融监管部门批准设立的小额贷款公司不属于贷款诈骗罪中的“其他金融机构”

贷款诈骗罪中“其他金融机构”是指经国家金融管理部门依法批准设立的金融机构，地方金融监管部门批准设立的小额贷款公司不属于该罪中的“其他金融机构”。通过签订、履行合同骗取小额贷款公司贷款，数额较大的，应当依照刑法第二百二十四条的规定，以合同诈骗罪定罪处罚。

〔孟某贷款诈骗案，2024-04-1-135-001〕已支付的利息应当从贷款诈骗金额中予以扣除

行为人贷款诈骗的犯罪数额应为其实际骗取的金额。贷款诈骗犯罪过程中，行为人以利息名义给付的钱款应当折抵为支付的本金，据此认定行为人的诈骗数额。

【《刑事审判参考》案例】

〔参考案例第1628号：石某男合同诈骗案〕小额贷款公司是否属于骗取贷款罪、贷款诈骗罪等刑法有关规定中的“其他金融机构”?

小额贷款公司不属于刑法有关规定中的“其他金融机构”。

〔参考案例第88号：郭建升被控贷款诈骗案〕贷款中使用欺诈手段的是否一律构成贷款诈骗罪?

---

① 根据2014年4月24日通过的《全国人民代表大会常务委员会关于〈中华人民共和国刑法〉第三十条的解释》，公司、企业、事业单位、机关、团体等单位实施刑法规定的危害社会的行为，刑法分则和其他法律未规定追究单位的刑事责任的，对组织、策划、实施该危害社会行为的人依法追究刑事责任，因此，可以贷款诈骗罪追究直接负责的主管人员和其他直接责任人员的刑事责任。——编者注

利用含有虚假项目的财务报表进行申请贷款，能否认定为“以其他方法诈骗贷款”而构成贷款诈骗罪，关键在于结合案件其他事实来证明行为人主观上是否具备“非法占有贷款的目的”。实践中，应正确区分贷款诈骗罪(刑事违法行为)与贷款诈欺(民事违法行为)在主观方面的界限。

〔参考案例第95号：吴晓丽贷款诈骗案〕〔参考案例第306号：张福顺贷款诈骗案〕如何区分贷款诈骗罪和贷款纠纷？

判断行为人主观上具有非法占有贷款的目的，必须同时具备以下客观事实：其一，行为人是通过欺诈的手段来取得贷款的；其二，行为人到期没有归还贷款；其三，行为人贷款时即明知不具有归还能力或者贷款后实施了某种特定行为，如携款逃跑，肆意挥霍贷款，抽逃、转移资金，隐匿财产以逃避返还贷款，等等。只有在借款人同时具备上述三个条件时，才能认定借款人在主观上具有非法占有贷款的目的。若借款人所实施的行为欠缺上述条件之一的，一般不能认定其主观上具有非法占有的目的。

〔参考案例第192号：潘勇、王伟职务侵占、虚报注册资本、贷款诈骗案〕以非法侵占物进行抵押贷款、逾期不还贷行为如何定性？

以非法侵占物进行抵押贷款、逾期不还贷行为，不构成贷款诈骗罪。

〔参考案例第1208号：钢浓公司、武建钢骗取贷款、诈骗案〕使用虚假资料获取银行贷款的，如何认定行为人的非法占有目的？

区分骗取贷款罪和贷款诈骗罪，主要根据以下三方面情况来判断行为人的主观故意：

第一，贷款之前的经济状况。通常情况下，借款人贷款之前的经济状况并不能直接反映借款人是否存有非法占有目的。但其经济状况和借款缘由可以在一定程度上反映借款人的后期还款能力和借款用途的真实性。如果借款人有正常经营的业务，经济能力较强，虽然使用了虚假资料获取贷款，但借款用途真实，后因正常经营风险无力还款，认定借款人有非法占有目的要慎重；如果借款人并无真实经营业务，资不抵债甚至长期负债，可以推定其主观上可能具有非法占有之目的，同时结合其申请贷款时的具体行为和实际造成的后果进一步界定其主观故意。

第二，获取贷款后的款项用途。一般而言，非法占有具有很强的主观性，很难通过客观事实直接证明，但行为人获取贷款后的用款方式、有无擅自改变贷款用途的行为可以在一定程度上反映行为人的主观状态。对于严格遵照贷款协议约定的贷款用途，真实诚信地使用所借款项，确因正常经营风险无力偿还贷款的，即使在申请贷款时使用了虚假资料或有其他民事欺诈行为，亦应首先考虑贷款纠纷，确实给银行等金融机构造成重大损失或者有其他严重情节的，可以结合案件事实以骗取贷款罪论处，不能简单采取客观归罪的方式直接以诈骗犯罪处理。对于擅自改变贷款用途，导致贷款资金脱离银行等金融机构所能预期的经营状况，后因正常经营风险无力偿还的，既要考虑实际用款项目的正常盈利可能，也要结合行为人贷款前的实际经济状况，申请贷款时有无欺诈行为等具体情节，结合证人证言、被告人供述等言辞证据准确界定行为人是否具有非法占有之故意。对于获取贷款后，将资金用于偿还个人债务、赌博、挥霍，后又实际未能偿还贷款的，除有证据证明行为人确有可靠资金来源保证偿贷能力，后因不可抗力或者意外事件等难以预料的因素导致偿贷资金灭失的，一般可以推定其主观上具有非法占有目的。

第三，款项到期后的还款意愿和实际还款效果。按照主观见之于客观的原则，借款人在款项到期后的还款意愿和实际还款效果，一方面反映借款人的客观行为所造成的实际后果，另一方面也能直接反映行为人对所借款项是否具有非法占有的主观故意。在民商事法律关系中，按期还款是借款人应当履行的义务，逾期还款承担相应的违约责任。但违约责任的成立并不必然导致刑事责任的承担。一般而言，款项到期后，行为人虽一时不具备还款能力，但能够积极筹措资金，实际归还了全部或者大部分贷款的；或者虽无还款资金，但能够提供相应的无权属争议的担保物保证还款的，后又实际归还了全部或者大部分贷款的；或者有其他类似的积极还款行为以及保证还款措施的，均不宜认定行为人有非法占有的主观恶意。对于抽逃、转移资金，隐匿财产，或者隐匿销毁账目，或者以假破产、假倒闭等方式，逃避还贷的，以及获取贷款后逃跑的，实际造成数额较大的资金不能偿还的，可以认定行为人有非法占有的目的。

〔参考案例第1633号：程某某盗窃、贷款诈骗案〕通过支付平台绑定他人银行卡使用及冒名贷款的定性

1.非法占有与第三方支付平台绑定的银行卡内资金主要包括两种类型，即直接非法占有已绑定卡内资金和先绑卡再非法占有卡内资金。(1)关于直接非法占有已绑定卡内资金的定性，以盗窃罪定罪处罚更为合理。(2)关于先绑卡再非法占有卡内资金，如属于窃取他人银行卡，并将该卡与微信、支付宝绑定使用，符合刑法规定的“盗窃信用卡并使用”的行为特征，数额较大的，应以盗窃罪论处。属于抢劫信用卡并使用、消费的认定为抢劫罪，实际使用、消费的数额为抢劫数额，对于抢劫他人银行卡并将该卡与微信、支付宝绑定，非法占有卡内资金的行为，也应以抢劫罪论处。属于骗取他人银行卡，并将该卡与微信、支付宝绑定，非法占有卡内资金的，属于刑法第一百九十六条规定的冒用他人信用卡并使用的行为，数额较大的，构成信用卡诈骗罪。对通过骗取方式获取他人银行卡卡号，并将该卡号与微信、支付宝绑定，非法占有卡内资金的行为也应认定为盗窃罪。

2.通过第三方支付平台冒名网贷可以概括为两种类型，即擅自登录冒名网贷与冒名开通网贷功能并冒名网贷。(1)关于擅自登录冒名网贷的定性，如果用户已经开通网络贷款功能，行为人冒用用户名义申请贷款，并将所贷资金占为己有的，应以盗窃罪论处。对于抢劫他人手机，当场要求报出支付宝支付密码，并以其名义向“借呗”“花呗”申请贷款的，全案以抢劫罪论处。(2)关于冒名开通网贷并冒名网贷的定性，对于获取他人身份信息后，以他人名义开通“借呗”“花呗”等贷款功能，继而获取相关贷款的情形，属于假冒他人名义申请贷款，如何定性要看被害单位是否属于金融机构，骗取的钱款来自银行或者其他金融机构，数额较大的，以贷款诈骗罪论处。骗取的钱款来自小额贷款公司，则不属于贷款诈骗罪中的“其他金融机构”，此时冒用他人名义向“借呗”“花呗”申请贷款的不能认定为贷款诈骗罪。但是，冒用他人名义向“借呗”“花呗”贷款，需阅知和点击同意相关协议，即需要签订借款合同，该行为既扰乱了市场秩序也侵犯了相关公司的财产权利，数额较大的，可构成合同诈骗罪。

第一百九十四条 【票据诈骗罪】有下列情形之一，进行金融票据诈骗活动，数额较大的，处五年以下有期徒刑或者拘役，并处二万元以上二十万元以下罚金；数额巨大或者有其他严重情节的，处五年以上十年以下有期徒刑，并处五万元以上五十万元以下罚金；数额特别巨大或者有其他特别严重情节的，处十年以上有期徒刑或者无期徒刑，并处五万元以上五十万元以下罚金或者没收财产：

（一）明知是伪造、变造的汇票、本票、支票而使用的；

（二）明知是作废的汇票、本票、支票而使用的；

（三）冒用他人的汇票、本票、支票的；

（四）签发空头支票或者与其预留印鉴不符的支票，骗取财物的；

（五）汇票、本票的出票人签发无资金保证的汇票、本票或者在出票时作虚假记载，骗取财物的。

【金融凭证诈骗罪】使用伪造、变造的委托收款凭证、汇款凭证、银行存单等其他银行结算凭证的，依照前款的规定处罚。

【立法·要点注释】

1.“冒用”，是指行为人擅自以合法持票人的名义，支配、使用、转让自己不具备支配权利的他人的票据的行为。这里所说的“冒用”通常表现为以下几种情况：一是指行为人以非法手段获取的票据，如以欺诈、偷盗或者胁迫等手段取得的票据，或者明知是以上述手段取得的票据而使用，进行欺诈活动。二是指没有代理权而以被代理人名义进行活动或者代理人超越代理权限的行为。三是指用他人委托代为保管的或者捡拾他人遗失的票据进行使用，骗取财物的行为。此外，行为人冒用他人票据的行为必须是故意的。有些情况下，可能会出现有些行为人冒用他人的票据是在不知情的情况下所为，如有的持票人所持票据是其前手诈骗或者窃取的；有的行为人是受他人委托并使用委托人提供的票据，进行购物、支付、结算等活动，而该票据本身是冒用的。委托人为了逃避追查，隐瞒了该票据持有人的真实情况，请他人代为使用。在这种行为人不知票据是冒用的情况下，其主观上当然也就不具有诈骗的故意。

2.“空头支票”，是指出票人所签发的支票金额超过其付款时在付款人处实有的存款金额的支票。所谓付款人，就是指签发空头支票人开立账户的银行或者其他金融机构。简单地说，出票人签发的支票金额超过其在银行现有的存款金额，这样的支票就是空头支票。签发“与其预留印鉴不符的支票”，是指票据签发人在其签发的支票上加盖与其预留存在银行或者其他金融机构处印鉴不一致的财务公章或者支票签发人的名章。这里所说的“与其预留印鉴”不符，可以是与其预留的某一个印鉴不符，也可以是与所有预留印鉴都不符。实践中出现签发空头支票或者与其预留印鉴不符的支票的情况比较复杂，造成这种情况的原因很多。有些是由于企业内部缺乏管理的原因，有些则是由于资金转让、结算等方法的原因。如有的银行、金融机构的办理结算、汇款等业务中“压单”“压票”情况比较严重，使原本按正常期限应当到账的款项被拖延，单位在这种情况下，可能会误认为钱已到账而开出空头支票。在这种情况下，不能认定行为人具有犯罪故意。有的企业因一时资金周转不过来签发了空头支票，事后及时在账上补充资金。这种情况下行为人主观上没有骗取财物的目的，只是违反了票据法及有关行政法规，应受到行政处罚，但不构成犯罪。

【立案追诉标准】

《最高人民检察院、公安部关于公安机关管辖的刑事案件立案追诉标准的规定(二)》(公通字〔2022〕12号，20220515)

第四十六条 〔票据诈骗案(刑法第一百九十四条第一款)〕进行金融票据诈骗活动，数额在五万元以上的，应予立案追诉。

第四十七条 〔金融凭证诈骗案(刑法第一百九十四条第二款)〕使用伪造、变造的委托收款凭证、汇款凭证、银行存单等其他银行结算凭证进行诈骗活动，数额在五万元以上的，应予立案追诉。

【法院案例库参考案例】

〔上官某某票据诈骗案，2024-04-1-136-001〕冒用型票据诈骗罪的认定

以非法占有为目的，在代理票据贴现业务过程中，私自背书和办理贴现后截留贴现款拒不返还，属于超越代理权限的冒用他人票据的行为，构成犯罪的，应以票据诈骗罪论处。

〔张某某等人金融凭证诈骗案，2023-05-1-137-001〕伪造企业网上银行转账授权书骗取资金的行为应构成金融凭证诈骗罪

1.对网上银行的相关业务凭证是否属于金融凭证，可以根据其是否具有金融凭证的本质功能予以确定。

2.在金融活动中具有货币给付和资金清算作用，并表明银行与客户之间已受理或已办结相关支付结算业务的凭据，均应认定为银行结算凭证。办理票据、信用卡和汇兑、托收承付、委托收款等转账结算业务所使用的凭证，均属银行结算凭证。此外，银行办理现金缴存或支取业务使用的有关凭证也属银行结算凭证。而单位定期存款开户证实书、对账单、银行询证函等，只具有证明或事后检查作用，不具有货币给付和资金清算作用，不属于结算凭证。

【法院公报案例】

〔曹娅莎、刘锦祥金融凭证诈骗案，GB1999-3〕

以非法占有为目的，使用变造的银行存单诈骗资金，诈骗数额特别巨大，其行为构成金融凭证诈骗罪，而非票据诈骗罪。

〔张奇金融凭证诈骗案，GB2001-1〕

被告人伙同他人使用伪造的银行信汇凭证，骗取储户存款，诈骗数额特别巨大，其行为构成金融凭证诈骗罪。

【《刑事审判参考》案例】

〔参考案例第96号：季某票据诈骗、合同诈骗案〕骗取货物后以空头支票付款的行为如何定罪?

诈骗罪与合同诈骗罪、票据诈骗罪是法条竞合关系，一般应择一重处。骗取货物与使用空头支票付款的先后不应影响票据诈骗罪的成立。

〔参考案例第145号：姚建林票据诈骗案〕票据诈骗罪是否属于以非法占有为目的的犯罪?

票据诈骗罪是从传统的诈骗罪中分离出来的犯罪，构成票据诈骗罪需要具有非法占有目的。

〔参考案例第277号：周大伟票据诈骗(未遂)案〕盗取空白现金支票伪造后使用的应如何定性?

盗取空白现金支票伪造后予以使用的，构成票据诈骗罪。

〔参考案例第307号：李兰香票据诈骗案〕利用保管他公司工商登记、经营证章的便利条件，以他公司名义申领、签发支票并非法占有他公司财物行为的如何定性?

利用保管的公司相关证章擅自签发支票并加以使用，从而将该公司资金非法据为已有的行为，同时触犯了伪造金融票证罪和票据诈骗罪两个罪名，但因两者存在手段和目的之间的牵连关系，按照牵连犯的一般适用原则，应以票据诈骗罪一罪处理。

〔参考案例第387号：王世清票据诈骗案〕勾结银行工作人员使用已贴现的真实票据质押贷款的行为如何处理?

以非法占有为目的，使用已经贴现的真实票据质押贷款的行为，属于刑法第一百九十四条第一款第三项规定的“冒用他人的汇票”进行诈骗活动，应当以票据诈骗罪定罪处罚。

〔参考案例第653号：张平票据诈骗案〕盗窃银行承兑汇票并使用，骗取数额较大财物的行为是构成盗窃罪还是票据诈骗罪?

盗窃银行承兑汇票并使用，骗取数额巨大财物的行为，构成票据诈骗罪。行为人盗窃银行承兑汇票时，并未实现对银行承兑汇票项下款项的控制，其获取巨额财产的关键手段是其盗窃后的骗取行为，因此不宜认定为盗窃罪。

〔参考案例第861号：颜强票据诈骗案〕城市信用社工作人员，采取欺骗手段取得客户印鉴后，以现金支票的形式将客户账户内的资金取出非法占有的行为如何定性?

城市信用社工作人员，采取欺骗手段取得客户印鉴后，以现金支票的形式将客户账户内的资金取出非法占有，数额较大的，应以票据诈骗罪追究其刑事责任。

〔参考案例第168号：刘岗、王小军、庄志德金融凭证诈骗案〕变造银行存单并使用的行为如何定性?

变造银行存单并使用的，应以金融凭证诈骗罪定罪处罚。

〔参考案例第425号：李路军金融凭证诈骗案〕金融机构工作人员利用工作之便，以换折方式支取储户资金的行为构成盗窃罪还是金融凭证诈骗罪?

行为人利用窃取的他人存款信息资料伪造银行存折的行为，构成伪造金融票证罪，其后使用该伪造的存折到信用社取款的行为构成金融凭证诈骗罪。两行为之间具有手段与目的的牵连关系，成立牵连犯，应从一重处。

第一百九十五条　【信用证诈骗罪】有下列情形之一，进行信用证诈骗活动的，处五年以下有期徒刑或者拘役，并处二万元以上二十万元以下罚金；数额巨大或者有其他严重情节的，处五年以上十年以下有期徒刑，并处五万元以上五十万元以下罚金；数额特别巨大或者有其他特别严重情节的，处十年以上有期徒刑或者无期徒刑，并处五万元以上五十万元以下罚金或者没收财产：

（一）使用伪造、变造的信用证或者附随的单据、文件的；

（二）使用作废的信用证的；

（三）骗取信用证的；

（四）以其他方法进行信用证诈骗活动的。

【立法·要点注释】

“以其他方法进行信用证诈骗活动”的手段很多，如利用“软条款”信用证进行诈骗活动。所谓“软条款”信用证，是指在开立信用证时，故意制造一些隐蔽性条款，这些条款实际上赋予开证人或开证行单方面的主动权，从而使信用证随时因开证行或开证申请人单方面的行为而解除，以达到骗取财物的目的。例如，有些不法分子利用远期信用证诈骗。由于采用远期信用证支付时，进口商是先取货后付款，在信用证到期付款前存有一段时间，犯罪分子就利用这段时间，制造付款障碍，以达到骗取货物的目的。有的是取得货物后，将财产转移，宣布企业破产。有的则是与银行勾结，在信用证到期付款前，将银行资金转移，宣布银行破产。甚至有的国外小银行，其本身的资金就少于信用证所开出的金额，仍以开证行名义为进口商开具信用证，待进口商取得货物后，宣告资不抵债。

【立案追诉标准】

《最高人民检察院、公安部关于公安机关管辖的刑事案件立案追诉标准的规定(二)》(公通字〔2022〕12号，20220515)

第四十八条　〔信用证诈骗案(刑法第一百九十五条)〕进行信用证诈骗活动，涉嫌下列情形之一的，应予立案追诉：

(一)使用伪造、变造的信用证或者附随的单据、文件的；

(二)使用作废的信用证的；

(三)骗取信用证的；

(四)以其他方法进行信用证诈骗活动的。

第一百九十六条　【信用卡诈骗罪】有下列情形之一，进行信用卡诈骗活动，数额较大的，处五年以下有期徒刑或者拘役，并处二万元以上二十万元以下罚金；数额巨大或者有其他严重情节的，处五年以上十年以下有期徒刑，并处五万元以上五十万元以下罚金；数额特别巨大或者有其他特别严重情节的，处十年以上有期徒刑或者无期徒刑，并处五万元以上五十万元以下罚金或者没收财产：

（一）使用伪造的信用卡，或者使用以虚假的身份证明骗领的信用卡的；

（二）使用作废的信用卡的；

（三）冒用他人信用卡的；

（四）恶意透支的。

前款所称恶意透支，是指持卡

人以非法占有为目的，超过规定限额或者规定期限透支，并且经发卡银行催收后仍不归还的行为。

【盗窃罪】盗窃信用卡并使用的，依照本法第二百六十四条的规定定罪处罚。

【修正前条文】

第一百九十六条 【信用卡诈骗罪】有下列情形之一，进行信用卡诈骗活动，数额较大的，处五年以下有期徒刑或者拘役，并处二万元以上二十万元以下罚金；数额巨大或者有其他严重情节的，处五年以上十年以下有期徒刑，并处五万元以上五十万元以下罚金；数额特别巨大或者有其他特别严重情节的，处十年以上有期徒刑或者无期徒刑，并处五万元以上五十万元以下罚金或者没收财产：

（一）使用伪造的信用卡的；

（二）使用作废的信用卡的；

（三）冒用他人信用卡的；

（四）恶意透支的。

前款所称恶意透支，是指持卡人以非法占有为目的，超过规定限额或者规定期限透支，并且经发卡银行催收后仍不归还的行为。

【盗窃罪】盗窃信用卡并使用的，依照本法第二百六十四条的规定定罪处罚。

【修正说明】

刑法修正案（五）第二条将使用以虚假身份证明骗领的信用卡的行为增列为犯罪。

【立法·要点注释】

1.一些信用卡申领人为了顺利取得信用卡，或者获得较高的授信额度，而在申请信用卡时对自己的收入状况等作了不实陈述的行为，因为其主观上并无非法占有目的，性质不同于骗领信用卡的行为，不应作为犯罪处理。

2.有的信用卡持有人将自己的信用卡借给他人使用，如借给自己的亲属、朋友等，虽然这种行为违反信用卡使用规定，但使用人主观上不是以非法占有持卡人财物为目的，因此不具备诈骗罪的本质特征。在这种情况下，可以对其进行纠正或者按照有关规定处理，不能以“冒用他人信用卡”处理。

【立法解释】

《全国人民代表大会常务委员会关于〈中华人民共和国刑法〉有关信用卡规定的解释》(20041229)

刑法规定的“信用卡”，是指由商业银行或者其他金融机构发行的具有消费支付、信用贷款、转账结算、存取现金等全部功能或者部分功能的电子支付卡。

【立案追诉标准】

《最高人民检察院、公安部关于公安机关管辖的刑事案件立案追诉标准的规定(二)》(公通字〔2022〕12号，20220515)

第四十九条 〔信用卡诈骗案（刑法第一百九十六条）〕进行信用卡诈骗活动，涉嫌下列情形之一的，应予立案追诉：

（一）使用伪造的信用卡、以虚假的身份证明骗领的信用卡、作废的信用卡或者冒用他人信用卡，进行诈骗活动，数额在五千元以上的；

（二）恶意透支，数额在五万元以上的。

本条规定的“恶意透支”，是指持卡人以非法占有为目的，超过规定限额或者规定期限透支，经发卡银行两次有效催收后超过三个月仍不归还的。

恶意透支的数额，是指公安机关刑事立案时尚未归还的实际透支的本金数额，不包括利息、复利、滞纳金、手续费等发卡银行收取的费用。归还或者支付的数额，应当认定为归还实际透支的本金。

恶意透支，数额在五万元以上不满五十万元的，在提起公诉前全部归还或者具有其他情节轻微情形的，可以不起诉。但是，因信用卡诈骗受过二次以上处罚的除外。

【司法解释(1)】

《最高人民法院、最高人民检察院关于办理妨害信用卡管理刑事案件具体应用法律若干问题的解释》(原法释〔2009〕19号，根据法释〔2018〕19号修正，20181201)

第五条　使用伪造的信用卡、以虚假的身份证明骗领的信用卡、作废的信用卡或者冒用他人信用卡，进行信用卡诈骗活动，数额在五千元以上不满五万元的，应当认定为刑法第一百九十六条规定的“数额较大”；数额在五万元以上不满五十万元的，应当认定为刑法第一百九十六条规定的“数额巨大”；数额在五十万元以上的，应当认定为刑法第一百九十六条规定的“数额特别巨大”。

刑法第一百九十六条第一款第三项所称“冒用他人信用卡”，包括以下情形：

(一)拾得他人信用卡并使用的；

(二)骗取他人信用卡并使用的；

(三)窃取、收买、骗取或者以其他非法方式获取他人信用卡信息资料，并通过互联网、通讯终端等使用的；

(四)其他冒用他人信用卡的情形。

第六条　持卡人以非法占有为目的，超过规定限额或者规定期限透支，经发卡银行两次有效催收后超过三个月仍不归还的，应当认定为刑法第一百九十六条规定的“恶意透支”。

对于是否以非法占有为目的，应当综合持卡人信用记录、还款能力和意愿、申领和透支信用卡的状况、透支资金的用途、透支后的表现、未按规定还款的原因等情节作出判断。不得单纯依据持卡人未按规定还款的事实认定非法占有目的。

具有以下情形之一的，应当认定为刑法第一百九十六条第二款规定的“以非法占有为目的”，但有证据证明持卡人确实不具有非法占有目的的除外：

(一)明知没有还款能力而大量透支，无法归还的；

(二)使用虚假资信证明申领信用卡后透支，无法归还的；

(三)透支后通过逃匿、改变联系方式等手段，逃避银行催收的；

(四)抽逃、转移资金，隐匿财产，逃避还款的；

(五)使用透支的资金进行犯罪活动的；

(六)其他非法占有资金，拒不归还的情形。

第七条　催收同时符合下列条件的，应当认定为本解释第六条规定的“有效催收”：

(一)在透支超过规定限额或者规定期限后进行；

(二)催收应当采用能够确认持卡

人收悉的方式，但持卡人故意逃避催收的除外；

(三)两次催收至少间隔三十日；

(四)符合催收的有关规定或者约定。

对于是否属于有效催收，应当根据发卡银行提供的电话录音、信息送达记录、信函送达回执、电子邮件送达记录、持卡人或者其家属签字以及其他催收原始证据材料作出判断。

发卡银行提供的相关证据材料，应当有银行工作人员签名和银行公章。

第八条 恶意透支，数额在五万元以上不满五十万元的，应当认定为刑法第一百九十六条规定的“数额较大”；数额在五十万元以上不满五百万元的，应当认定为刑法第一百九十六条规定的“数额巨大”；数额在五百万元以上的，应当认定为刑法第一百九十六条规定的“数额特别巨大”。

第九条 恶意透支的数额，是指公安机关刑事立案时尚未归还的实际透支的本金数额，不包括利息、复利、滞纳金、手续费等发卡银行收取的费用。归还或者支付的数额，应当认定为归还实际透支的本金。

检察机关在审查起诉、提起公诉时，应当根据发卡银行提供的交易明细、分类账单(透支账单、还款账单)等证据材料，结合犯罪嫌疑人、被告人及其辩护人所提辩解、辩护意见及相关证据材料，审查认定恶意透支的数额；恶意透支的数额难以确定的，应当依据司法会计、审计报告，结合其他证据材料审查认定。人民法院在审判过程中，应当在对上述证据材料查证属实的基础上，对恶意透支的数额作出认定。

发卡银行提供的相关证据材料，应当有银行工作人员签名和银行公章。

第十条 恶意透支数额较大，在提起公诉前全部归还或者具有其他情节轻微情形的，可以不起诉；在一审判决前全部归还或者具有其他情节轻微情形的，可以免予刑事处罚。但是，曾因信用卡诈骗受过两次以上处罚的除外。

第十一条 发卡银行违规以信用卡透支形式变相发放贷款，持卡人未按规定归还的，不适用刑法第一百九十六条“恶意透支”的规定。构成其他犯罪的，以其他犯罪论处。

第十二条 违反国家规定，使用销售点终端机具(POS机)等方法，以虚构交易、虚开价格、现金退货等方式向信用卡持卡人直接支付现金，情节严重的，应当依据刑法第二百二十五条的规定，以非法经营罪定罪处罚。

实施前款行为，数额在一百万元以上的，或者造成金融机构资金二十万元以上逾期未还的，或者造成金融机构经济损失十万元以上的，应当认定为刑法第二百二十五条规定的“情节严重”；数额在五百万元以上的，或者造成金融机构资金一百万元以上逾期未还的，或者造成金融机构经济损失五十万元以上的，应当认定为刑法第二百二十五条规定的“情节特别严重”。

持卡人以非法占有为目的，采用上述方式恶意透支，应当追究刑事责任的，依照刑法第一百九十六条的规定，以信用卡诈骗罪定罪处罚。

第十三条 单位实施本解释规定的行为，适用本解释规定的相应自然人犯罪的定罪量刑标准。

【司法解释(1)·注释】

1.关于“以非法占有为目的”的综合考量。对非法占有目的应当根据案件的具体情况综合认定，具体可以从如下几个方面考量：申领信用卡时提交材料是否真实，有无严重弄虚作假；使用信用卡时是否具有相对稳定的还款能力，如是否具有稳定合法的工作或者收入来源等；透支情况与收入水平是否基本相符；涉案信用卡是否存在大量套现情况；透支款项用途是否合法，是否用于违法犯罪活动；是否存在持续且有效的还款行为；透支后是否与发卡银行保持联系、积极沟通，是否存在故意逃避催收的情况；等等。对于持卡人原有合法、稳定收入来源，长期正常使用信用卡，信用记录良好，但在正常透支消费后，因突发重大疾病或者其他客观原因，导致一时无力还款，事后与发卡银行积极沟通说明情况、尽力筹措还款资金的，不应认定为以非法占有为目的。

2.关于“有效催收”的认定标准。对于“有效催收”，应当从催收的时间、效果、间隔、合法性等方面加以认定。具体而言：(1) 在透支超过规定限额或者规定期限后进行。持卡人的透支尚未超过规定限额或者规定期限的，属于对信用卡的合法使用，此时的所谓催收，本质上属于中国银行业监督管理委员会《商业银行信用卡业务监督管理办法》(以下简称《信用卡管理办法》)第六十七条“发卡银行应当及时就即将到期的透支金额、还款日期等信息提醒持卡人”中的“提醒”，不属于催收，故明确催收应当在透支超过规定限额或者规定期限“后”进行。(2) 催收应当采用能够确认持卡人收悉的方式，但持卡人故意逃避催收的除外。这是“有效催收”的本质要求，以将持卡人由于搬迁或者出差等原因，没有收到银行催收以致未能按时还款的情况排除在外。需要注意的问题有三：一是这里的“确认持卡人收悉”，并非仅指持卡人实际知晓催收内容，也包括司法机关根据一般生活经验，判断持卡人确实收悉催收的情况，例如发卡银行按照约定，将催收短信送达持卡人的手机，即使不能证明持卡人已实际阅读，也可以认定有效催收。二是有的持卡人通过变更联系方式不通知发卡银行等方式故意逃避催收的，要求发卡银行的催收现实、确定被故意逃避催收的持卡人知悉，显然不符合现实情况。考虑发卡银行催收与人民法院民事送达有一定的相似性，故参考《最高人民法院关于进一步加强民事送达工作的若干意见》(法发〔2017〕19号)第六条“当事人变更送达地址，应当以书面方式告知人民法院。当事人未书面变更的，以其确认的地址为送达地址”的规定，明确对于有证据证明持卡人故意逃避催收的，不需要发卡银行的催收必须采用能够确认其收悉的方式，只要发卡银行按照与持卡人约定的方式进行了催收，例如向故意逃避催收的持卡人预留的手机号码发送催收短信的，也可以认定为有效催收。三是催收方式。2010年《最高人民法院研究室关于信用卡犯罪法律适用若干问题的复函》(法研〔2010〕108号)明确要求“两次催收”一般应分别采用电话、信函、上门等两种以上催收形式。对此，司法实践反映良好。修改决定未吸收上述规定，主要是考虑随着信息技术的发展，催收的方式更加灵活多样，例如近年开始出现“短信”“微信”“电子邮件”等催收方式，司法解释难以全面列举；而且，修正后的司法解释已经明确规定“催收应当采用能够确认持卡人收悉的方式”的情况下，对催收形式再作限制，亦无必要。(3)两次催收至少间隔三十日。作此规定，同样是为了确保持卡人能够收悉发卡银行的催收，避免短时间内连续催收造成把两次催收实质上合并为一次催收的情况。之所以确定为“三十日”，是参考了信用卡对账单的生成周期一般为三十日的做法。(4)符合催收的有关规定或者约定。此处规定的“约定”，是指持卡人与发卡银行就催收达成的合意，主要表现为持卡人同意发卡银行的信用卡章程中有关催收的条款。至于“规定”，目前主要是指《信用卡管理办法》第六十八条至第七十条的相关规定，如“不得对与债务无关的第三人进行催收”“对催收过程应当进行录音，录音资料至少保存二年备查”等。下一步关于催收的相关规定如有调整的，从其规定。

3.关于持卡人与实际透支人不一致时的催收对象及相关问题。具体操作中，可以根据实际透支人获得信用卡的不同方式分别作出处理：(1)违背持卡人真实意愿情形的处理。以拾得、骗取、窃取、收买，甚至抢劫、盗窃等方式获取他人信用卡后恶意透支，根据刑法和司法解释的有关规定，可以盗窃罪、信用卡诈骗罪(冒用他人信用卡)等规定定罪处罚，不需要催收。(2)未违背持卡人的真实意愿情形的处理。持卡人明知甚至与实际透支人共谋，共同使用自己的信用卡恶意透支的，对持卡人进行催收即可。因为此种情形下，持卡人与实际透支人一般存在某种关联，且双方违反了中国人民银行《银行卡业务管理办法》(银发〔1999〕17号，已于2025年6月7日被废止)第二十八条“银行卡及其帐户只限经发卡银行批准的持卡人本人使用，不得出租和转借”的规定。需要特别强调，此处只是明确催收对象是持卡人，但是否构成恶意透支型信用卡诈骗罪，以及追究的刑事责任具体主体，还需要根据案件具体情况作出判断。

4.有意见提出，恶意透支是信用卡诈骗罪的类型之一，与信用卡诈骗罪的其他类型(使用伪造的信用卡；使用以虚假的身份证明骗领的信用卡；使用作废的信用卡；冒用他人信用卡)没有本质区别，恶意透支定罪量刑的数额标准提高后，其他类型信用卡诈骗定罪量刑的数额标准宜作相应提高。经慎重考虑，暂未采纳这一意见。主要考虑是：恶意透支是信用卡诈骗罪的绝对多数类型，其定罪量刑的数额标准，是当前办理信用卡诈骗刑事案件面临的最为突出问题之一，有必要重点解决，而其他类型信用卡诈骗的定罪量刑数额标准未见突出问题，实施情况较好，可以继续适用。特别是，恶意透支主要属于持卡人与发卡银行的债权债务纠纷，危害相对较小，风险相对可控，其定罪量刑的数额标准，可以而且有必要与信用卡诈骗罪的其他类型保持较大差别。

5.有意见提出，恶意透支定罪量刑的数额标准，能否以及如何与信用卡诈骗罪其他类型的定罪量刑数额标准相互折抵，建议作出明确。经研究认为，恶意透支与信用卡诈骗罪的其他类型虽然适用同一罪名，但性质有所不同，不宜相互折抵，分别计算似更为适宜。

6.关于恶意透支数额的认定，应当着重把握如下三个方面的问题：(1)恶意透支的数额是指“实际透支的本金数额”。恶意透支的犯罪对象主要是发卡银行的本金，而“利息、复利、滞纳金、手续费等发卡银行收取的费用”属于发卡银行的市场收入，通过民事等其他法律手段加以保护更为妥当。(2) 计算恶意透支数额的时间节点为“公安机关刑事立案时”。这是实践中的普遍做法，能够鼓励持卡人还款，有助于发卡银行及时挽回损失。(3) 归还或者支付的数额，应当认定为归还实际透支的本金。实践中，持卡人逾期后归还的款项，是“还本”还是“付息”，认识不一，故此处明确为“还本”。如不作此规定，可能导致将发卡银行收取的费用变相计入恶意透支的数额，明显不当。需要强调，“归还或者支付的数额，应当认定为归还实际透支的本金”的规定，是公安、司法机关计算恶意透支犯罪数额的方法，而《信用卡管理办法》第五十七条“逾期1—90天(含)的，按照先应收利息或各项费用、后本金的顺序进行冲还；逾期91天以上的，按照先本金、后应收利息或各项费用的顺序进行冲还”的规定，则属于银行的信用卡业务规则，二者的法律依据、适用范围、制度目的等均不相同，应当并行但不能混同。

7.关于认定恶意透支数额的证据标准。检察机关在审查起诉、提起公诉时，即应当收集、调取发卡银行提供的交易明细、分类账单(透支账单、还款账单)等证据材料，审查认定恶意透支的数额。在一些案件中，恶意透支的数额难以确定的，检察机关应当要求有关部门出具司法会计报告或者审计报告，并结合案件其他证据审查认定恶意透支的数额，以提升恶意透支数额认定的准确性和案件处理的效率。

8.关于名为透支信用卡实为贷款情形的处理规则。司法实践中，个别发卡银行不采用传统的抵押担保等具有较高安全性的贷款发放方式，而是以信用卡透支的形式发放贷款，既降低了银行发放贷款的审查要求，又可以将“持卡人”透支不还的行为认定恶意透支以通过刑事手段追索贷款，从而将银行的审慎义务转移给司法机关和“持卡人”。实践中，对于此种情况能否认定为刑法第一百九十六条规定的恶意透支，存在较大争议。经研究认为，该行为实质上是借用信用卡的形式发放贷款，所发放的“信用卡”的主要功能是作为贷款载体而非用于透支消费，不符合信用卡的本质特征，此种情况下“持卡人”透支不还的行为主要属于不及时归还贷款，不应适用恶意透支的规定定罪处罚。当然，如果符合刑法第一百七十五条之一规定的骗取贷款罪、第一百九十三条规定的贷款诈骗罪等其他犯罪的，可以依照其他犯罪定罪处罚。

【司法解释(2)】

《最高人民检察院关于拾得他人信用卡并在自动柜员机(ATM机)上使用的行为如何定性问题的批复》(高检发释字〔2008〕1号，20080507)

拾得他人信用卡并在自动柜员机(ATM机)上使用的行为，属于刑法第一百九十六条第一款第(三)项规定的“冒用他人信用卡”的情形，构成犯罪的，以信用卡诈骗罪追究刑事责任。

【司法指导文件(1)】

《最高人民法院、最高人民检察院关于常见犯罪的量刑指导意见(试行)》(法发〔2021〕21号，20210701)

(五)信用卡诈骗罪

1.构成信用卡诈骗罪的，根据下列

情形在相应的幅度内确定量刑起点：

(1)达到数额较大起点的，在二年以下有期徒刑、拘役幅度内确定量刑起点。

(2)达到数额巨大起点或者有其他严重情节的，在五年至六年有期徒刑幅度内确定量刑起点。

(3)达到数额特别巨大起点或者有其他特别严重情节的，在十年至十二年有期徒刑幅度内确定量刑起点。依法应当判处无期徒刑的除外。

2.在量刑起点的基础上，根据信用卡诈骗数额等其他影响犯罪构成的犯罪事实增加刑罚量，确定基准刑。

3.构成信用卡诈骗罪的，根据诈骗手段、犯罪数额、危害后果等犯罪情节，综合考虑被告人缴纳罚金的能力，决定罚金数额。

4.构成信用卡诈骗罪的，综合考虑诈骗手段、犯罪数额、危害后果、退赃退赔等犯罪事实、量刑情节，以及被告人主观恶性、人身危险性、认罪悔罪表现等因素，决定缓刑的适用。

【司法指导文件(2)】

《最高人民法院、最高人民检察院、公安部关于信用卡诈骗犯罪管辖有关问题的通知》(公通字〔2011〕29号，20110808)

近年来，信用卡诈骗流窜作案逐年增多，受害人在甲地申领的信用卡，被犯罪嫌疑人在乙地盗取了信用卡信息，并在丙地被提现或消费。犯罪嫌疑人企图通过空间的转换逃避刑事打击。为及时有效打击此类犯罪，现就有关案件管辖问题通知如下：

对以窃取、收买等手段非法获取他人信用卡信息资料后在异地使用的信用卡诈骗犯罪案件，持卡人信用卡申领地的公安机关、人民检察院、人民法院可以依法立案侦查、起诉、审判。

【司法指导文件(3)】

《最高人民法院关于被告人余××利用他人遗忘在ATM机内已输好密码的信用卡取款的行为如何定性请示一案的批复》(〔2017〕最高法刑他3371号)

被告人余××利用他人遗忘在ATM机内已输好密码的信用卡取款的行为倾向于认定为信用卡诈骗罪。

【公安文件】

《公安部经济犯罪侦查局关于对以虚假的工作单位证明及收入证明骗领信用卡是否可以认定为妨害信用卡管理罪请示的批复》(公经金融〔2008〕107号，20080701)

以虚假的工作单位证明及收入证明骗领信用卡不能认定为妨害信用卡管理罪。

【法院案例库参考案例】

〔武某信用卡诈骗案，2024-04-1-139-001〕以套现形式盗刷他人信用卡行为的定性

行为人盗刷他人信用卡过程中，要求“套现”人员将通过虚构交易方式盗刷的款项转账至其本人账户，是上游犯罪的完成行为，没有改变或者超出上游犯罪的评价范围，不宜重复认定为自洗钱，应当以信用卡诈骗罪论处。

〔王某军等信用卡诈骗案，2024-03-1-139-001〕窃取他人开卡邮件后激活信用卡并使用的行为定性

1.未激活的信用卡尚不具备信用

卡消费、提现等功能，盗窃未激活的信用卡并不能获取财物，不构成盗窃罪。

2.窃取开卡邮件，非法获取他人未激活的信用卡后，冒名激活并使用的，属于冒用他人信用卡，符合刑法第一百九十六条规定的，应当依法以信用卡诈骗罪定罪处罚。

【《刑事审判参考》案例】

〔参考案例第472号：张国涛信用卡诈骗案〕如何认定信用卡诈骗罪中的信用卡范围？

针对银行或者其他金融机构发行的电子支付卡，只要其具备消费支付、信用贷款、转账结算、存取现金等全部功能或者部分功能的，都属于刑法意义上的信用卡。我国刑法中的信用卡，既包括国际通行意义上具有透支功能的信用卡，也包括了不具有透支功能的银行借记卡。

〔参考案例第841号：陈自渝信用卡诈骗案〕恶意透支型信用卡诈骗案件中对透支本金产生的费用如何处理？

恶意透支型信用卡诈骗罪是一种数额犯，只有恶意透支到一定数额时才对恶意透支的行为追究刑事责任。在恶意透支型信用卡诈骗罪中，行为人犯罪时所指向的对象只是透支的本金部分，至于后来透支本金所产生的各种费用并不是其犯罪时意图占有的部分。透支本金所产生的复利，包括正常利息和罚息以及其他费用，不能认定为银行的直接损失。对于透支本金所产生的复利、滞纳金等间接损失，不能通过附带民事诉讼解决。确有正当理由，应当通过民事救济途径解决的，被害人可以另行提起民事诉讼。

〔参考案例第1120号：梁保权、梁博艺信用卡诈骗案〕透支信用卡用于经营活动导致无法归还的是否构成信用卡诈骗罪？

1.行为人将透支款项用于合法经营，因客观原因导致无法归还透支款项的不能认定“以非法占有为目的”。

2.恶意透支被停卡后至催收后未满3个月期间所偿还款项应视为偿还本金且应从犯罪数额中予以扣除。

〔参考案例第1389号：潘安信用卡诈骗案〕行为人利用他人遗忘在ATM机内已输好密码的信用卡取款的行为如何定性？

行为人利用他人遗忘在ATM机内已输好密码的信用卡取款的行为构成信用卡诈骗罪。

第一百九十七条　【有价证券诈骗罪】使用伪造、变造的国库券或者国家发行的其他有价证券，进行诈骗活动，数额较大的，处五年以下有期徒刑或者拘役，并处二万元以上二十万元以下罚金；数额巨大或者有其他严重情节的，处五年以上十年以下有期徒刑，并处五万元以上五十万元以下罚金；数额特别巨大或者有其他特别严重情节的，处十年以上有期徒刑或者无期徒刑，并处五万元以上五十万元以下罚金或者没收财产。

【立案追诉标准】

《最高人民检察院、公安部关于公安机关管辖的刑事案件立案追诉标准的规定(二)》(公通字〔2022〕12号，20220515)

第五十条　〔有价证券诈骗案(刑法第一百九十七条)〕使用伪造、变造的国库券或者国家发行的其他有价证券进行诈骗活动,数额在五万元以上的,应予立案追诉。

第一百九十八条 【保险诈骗罪】有下列情形之一,进行保险诈骗活动,数额较大的,处五年以下有期徒刑或者拘役,并处一万元以上十万元以下罚金;数额巨大或者有其他严重情节的,处五年以上十年以下有期徒刑,并处二万元以上二十万元以下罚金;数额特别巨大或者有其他特别严重情节的,处十年以上有期徒刑,并处二万元以上二十万元以下罚金或者没收财产:

(一)投保人故意虚构保险标的,骗取保险金的;

(二)投保人、被保险人或者受益人对发生的保险事故编造虚假的原因或者夸大损失的程度,骗取保险金的;

(三)投保人、被保险人或者受益人编造未曾发生的保险事故,骗取保险金的;

(四)投保人、被保险人故意造成财产损失的保险事故,骗取保险金的;

(五)投保人、受益人故意造成被保险人死亡、伤残或者疾病,骗取保险金的。

有前款第四项、第五项所列行为,同时构成其他犯罪的,依照数罪并罚的规定处罚。

单位犯第一款罪的,对单位判处罚金,并对其直接负责的主管人员和其他直接责任人员,处五年以下有期徒刑或者拘役;数额巨大或者有其他严重情节的,处五年以上十年以下有期徒刑;数额特别巨大或者有其他特别严重情节的,处十年以上有期徒刑。

保险事故的鉴定人、证明人、财产评估人故意提供虚假的证明文件,为他人诈骗提供条件的,以保险诈骗的共犯论处。

【立法·要点注释】

行为人为达到保险诈骗的目的,采取的方法已构成独立的犯罪,如杀人、纵火等。如果所要进行的保险诈骗行为由于各种原因没有或者未能继续实施下去,或者未能得逞,在这种情况下,保险诈骗罪不能成立,但并不因此而影响对其实施的杀人、纵火等行为追究刑事责任。

【立案追诉标准】

《最高人民检察院、公安部关于公安机关管辖的刑事案件立案追诉标准的规定(二)》(公通字〔2022〕12号,20220515)

第五十一条 〔保险诈骗案(刑法第一百九十八条)〕进行保险诈骗活动,数额在五万元以上的,应予立案追诉。

【司法指导文件】

《最高人民检察院法律政策研究室关于保险诈骗未遂能否按犯罪处理问题的答复》(〔1998〕高检研发第20号,19981127)

行为人已经着手实施保险诈骗行为,但由于其意志以外的原因未能获得保险赔偿的,是诈骗未遂,情节严重的,应依法追究刑事责任。

【法院案例库参考案例】

〔重庆东某企业管理咨询有限公司、陈某军保险诈骗案,2025-04-1-

141-001〕雇主责任险型保险诈骗罪的认定

1.根据刑法第一百九十八条的规定，投保人对发生的保险事故夸大损失的程度，骗取保证金的行为，属于保险诈骗。据此，投保雇主责任险的用人单位利用其与工伤职工信息不对称的优势签订阴阳赔偿协议，并通过制造虚假给付痕迹等手段夸大其赔偿数额，向保险公司理赔超出其实际支付数额的款项造成保险公司损失的，依法认定为保险诈骗。

2.保险公司在雇主责任险理赔核实过程中，发现用人单位向工伤职工实际赔偿的数额可能少于协议数额，但因无法确认是否存在骗取保险金的事实，仍按照合同约定进行赔付的，属于“陷入错误认识而处分财产”。用人单位、行为人骗取保险金数额较大，符合刑法第一百九十八条规定的，依法以保险诈骗罪定罪处罚。

〔温某甲等保险诈骗案，2023-04-1-141-001〕新型险种是否属于保险诈骗罪的“保险”的认定

只要主险种已经批准或备案，其效力可溯及已被社会广泛认可的分支险种。本案中，尽管“某猫材质保真险”未进行备案，但是，其属于材质保真险的分支险种，而材质保真险是已备案的某安产品质量保证保险的产品推广销售名称，主险种的效力可溯及该分支险种，故该险种可认定为保险法规定的“保险”，属于保险诈骗罪的对象。

〔温某保险诈骗案，2023-03-1-141-001〕网络交易中“材质保真险”诈骗行为的认定

材质保真险是网络交易发展过程的产物，具有合法性。行为人诱使卖家违背了诚信经营的原则，使得其所购商品必然不符合标准，以达到获取理赔金的结果，扰乱了正常的市场经济秩序，并在理赔过程中，对保险公司隐瞒真相，导致保险公司认识错误，作出支付赔偿金的处分财产决定。对该网络交易中的保险诈骗行为定性，优先考虑是否符合保险诈骗罪，再考虑合同诈骗罪或诈骗罪。保险诈骗罪行为方式的认定，主要在于厘清保险事故是否发生以及编造的内容。

【《刑事审判参考》案例】

〔参考案例第296号：曾劲青、黄剑新保险诈骗、故意伤害案〕以骗取数额巨大的保险费为目的，因意志以外原因未得逞的，是否构成保险诈骗罪？

以骗取数额巨大的保险费为目的，虽因意志以外原因未得逞，也可以构成保险诈骗罪。

〔参考案例第479号：徐开雷保险诈骗案〕被保险车辆的实际所有人利用挂靠单位的名义实施保险诈骗行为，是否构成保险诈骗罪？

挂靠车辆的实际所有者作为实际投保人和被保险人，对于保险标的具有直接的保险利益关系，可以成为保险诈骗罪的主体。行为人利用挂靠单位从保险公司骗得盗窃险保险金的行为，属于隐名被保险人(实际投保人)利用显名被保险人(名义投保人)名义实施的保险诈骗行为，构成保险诈骗罪的间接正犯。

第一百九十九条 【已删除】

【第二次修正前条文】

第一百九十九条 【部分金融诈骗罪的死刑规定】犯本节第一百九十二

条规定之罪，数额特别巨大并且给国家和人民利益造成特别重大损失的，处无期徒刑或者死刑，并处没收财产。

【第一次修正前条文】

第一百九十九条　【部分金融诈骗罪的死刑规定】犯本节第一百九十二条、第一百九十四条、第一百九十五条规定之罪，数额特别巨大并且给国家和人民利益造成特别重大损失的，处无期徒刑或者死刑，并处没收财产。

【修正说明】

原条文经刑法修正案（八）第三十条修正，后由刑法修正案（九）第十二条删除。

第二百条　【对单位犯金融诈骗罪的处罚】单位犯本节第一百九十四条、第一百九十五条规定之罪的，对单位判处罚金，并对其直接负责的主管人员和其他直接责任人员，处五年以下有期徒刑或者拘役，可以并处罚金；数额巨大或者有其他严重情节的，处五年以上十年以下有期徒刑，并处罚金；数额特别巨大或者有其他特别严重情节的，处十年以上有期徒刑或者无期徒刑，并处罚金。

【第二次修正前条文】

第二百条　【对单位犯金融诈骗罪的处罚】单位犯本节第一百九十二条、第一百九十四条、第一百九十五条规定之罪的，对单位判处罚金，并对其直接负责的主管人员和其他直接责任人员，处五年以下有期徒刑或者拘役，可以并处罚金；数额巨大或者有其他严重情节的，处五年以上十年以下有期徒刑，并处罚金；数额特别巨大或者有其他特别严重情节的，处十年以上有期徒刑或者无期徒刑，并处罚金。

【第一次修正前条文】

第二百条　【对单位犯金融诈骗罪的处罚】单位犯本节第一百九十二条、第一百九十四条、第一百九十五条规定之罪的，对单位判处罚金，并对其直接负责的主管人员和其他直接责任人员，处五年以下有期徒刑或者拘役；数额巨大或者有其他严重情节的，处五年以上十年以下有期徒刑；数额特别巨大或者有其他特别严重情节的，处十年以上有期徒刑或者无期徒刑。

【修正说明】

1.刑法修正案（八）第三十一条增设了相应单位犯罪的罚金刑。

2.刑法修正案（十一）第十六条删除了单位犯集资诈骗罪的处罚规定，在修正后的刑法第一百九十二条中专门规定。

第六节　危害税收征管罪

【司法解释】

《最高人民法院、最高人民检察院关于办理危害税收征管刑事案件适用法律若干问题的解释》（法释〔2024〕4号，20240320）

第十九条　明知他人实施危害税收征管犯罪而仍为其提供账号、资信证明或者其他帮助的，以相应犯罪的共犯论处。

第二十一条　实施危害税收征管犯罪，造成国家税款损失，行为人补缴税款、挽回税收损失的，可以从宽处罚；犯罪情节轻微不需要判处刑罚的，可以不起诉或者免予刑事处罚；情节显著轻微危害不大的，不作为犯罪处理。

对于实施本解释规定的相关行为被不起诉或者免予刑事处罚，需要给予行政处罚、政务处分或者其他处分的，依法移送有关主管机关处理。有关主管机关应当将处理结果及时通知人民检察院、人民法院。

【公安文件】

《公安部办公厅关于若干经济犯罪案件如何统计涉案总价值、挽回经济损失数额的批复》（公经〔2008〕214号，20081105）

四、危害税收征管案按照以下方法统计涉案总价值：

（一）偷税案[1]按照偷税数额统计涉案总价值。

（二）抗税案按照拒缴税款额统计涉案总价值。

（三）逃避追缴欠税案按照欠缴税款额统计涉案总价值。

（四）骗取出口退税案按照骗取税款额统计涉案总价值。

（五）虚开增值税专用发票、用于骗取出口退税、抵扣税款发票案按照价税合计额统计涉案总价值。

（六）伪造、出售伪造的增值税专用发票案、非法出售增值税专用发票案、非法购买增值税专用发票、购买伪造的增值税专用发票案，发票已经填开或打印金额的，按照价税合计额统计涉案总价值；发票未填开或打印金额的，不统计涉案总价值。

（七）非法制造、出售非法制造的用于骗取出口退税、抵扣税款发票案、非法出售用于骗取出口退税、抵扣税款发票案，发票已经填开或打印、印刷金额的，按照票面金额统计涉案总价值；票面既有价款额又有税款额的，按照价税合计额统计涉案总价值；发票未填开或打印、印刷金额的，不统计涉案总价值。

（八）非法制造、出售非法制造的发票案、非法出售发票案，发票已经填开或打印、印刷金额的，按照票面金额统计涉案总价值；发票未填开或打印、印刷金额的，不统计涉案总价值。

五、挽回经济损失额按照实际追缴的赃款以及赃物折价统计。

第二百零一条　【逃税罪】纳税人采取欺骗、隐瞒手段进行虚假纳税申报或者不申报，逃避缴纳税款数额较大并且占应纳税额百分之十以上的，处三年以下有期徒刑或者拘役，并处罚金；数额巨大并且占应纳税额百分之三十以上的，处三年以上七年以下有期徒刑，并处罚金。

扣缴义务人采取前款所列手段，不缴或者少缴已扣、已收税款，数额较大的，依照前款的规定处罚。

对多次实施前两款行为，未经处理的，按照累计数额计算。

有第一款行为，经税务机关依法下达追缴通知后，补缴应纳税款，缴纳滞纳金，已受行政处罚的，不予追究刑事责任；但是，五年内因逃避缴纳税款受过刑事处罚

---

① 罪名已变更为"逃税罪"。——编者注

或者被税务机关给予二次以上行政处罚的除外。

【修正前条文】

第二百零一条 【偷税罪】纳税人采取伪造、变造、隐匿、擅自销毁帐簿、记帐凭证，在帐簿上多列支出或者不列、少列收入，经税务机关通知申报而拒不申报或者进行虚假的纳税申报的手段，不缴或者少缴应纳税款，偷税数额占应纳税额的百分之十以上不满百分之三十并且偷税数额在一万元以上不满十万元的，或者因偷税被税务机关给予二次行政处罚又偷税的，处三年以下有期徒刑或者拘役，并处偷税数额一倍以上五倍以下罚金；偷税数额占应纳税额的百分之三十以上并且偷税数额在十万元以上的，处三年以上七年以下有期徒刑，并处偷税数额一倍以上五倍以下罚金。

扣缴义务人采取前款所列手段，不缴或者少缴已扣、已收税款，数额占应缴税额的百分之十以上并且数额在一万元以上的，依照前款的规定处罚。

对多次犯有前两款行为，未经处理的，按照累计数额计算。

【修正说明】

本条由刑法修正案(七)第三条修正。

【立法·要点注释】

1.本条宽大处理的规定仅针对初犯者，五年内曾因逃避缴纳税款受过刑事处罚或者被税务机关给予二次以上行政处罚的除外，如果达到第一款规定的逃税数额和比例，即作为涉嫌犯罪移交公安机关立案处理。

2.不予追究刑事责任的适用条件是经税务机关依法下达追缴通知后，补缴应纳税款，缴纳滞纳金，已受行政处罚的。这里的“依法下达追缴通知”，是对税务机关征税行为的合法性说明，该规定不影响行为人在法定期限内对税务机关的相关追缴行为依法提起复议和诉讼，但是要注意，根据税收征收管理法第八十八条，纳税人、扣缴义务人、纳税担保人同税务机关在纳税上发生争议时，必须先依照税务机关的纳税决定缴纳或者解缴税款及滞纳金或者提供相应的担保，然后可以依法申请救济。这里的“已受行政处罚”，不仅指行政机关已经作出了行政处罚，还要求行为人已经履行了行政处罚的内容。需要说明的是，根据税收征收管理法第八十六条，违反税收法律、行政法规应当给予行政处罚的行为，在五年内未被发现的，不再给予行政处罚。对于行政机关因该逃避缴纳税款行为超过五年而依法不再给予行政处罚，但行为人根据追缴通知已经补缴应纳税款和滞纳金的，也可以适用本款规定。

3.关于不予追究刑事责任的例外情形。本条第四款规定了两个限制性条件：(1)五年内曾因逃避缴纳税款受过刑事处罚的，实践中这里的“受过刑事处罚”通常不包括“免予刑事处罚”的情形。(2)被税务机关给予二次以上行政处罚的，是指因纳税人的逃避缴纳税款行为被给予二次以上行政处罚的，包含二次，且该行政处罚必须是针对逃避缴纳税款行为作出的。

【相关立法】

《中华人民共和国税收征收管理法》(20150424)

第四条 法律、行政法规规定负有

纳税义务的单位和个人为纳税人。

法律、行政法规规定负有代扣代缴、代收代缴税款义务的单位和个人为扣缴义务人。

纳税人、扣缴义务人必须依照法律、行政法规的规定缴纳税款、代扣代缴、代收代缴税款。

【立案追诉标准】

《最高人民检察院、公安部关于公安机关管辖的刑事案件立案追诉标准的规定(二)》(公通字〔2022〕12号,20220515)

第五十二条　〔逃税案(刑法第二百零一条)〕逃避缴纳税款,涉嫌下列情形之一的,应予立案追诉:

(一)纳税人采取欺骗、隐瞒手段进行虚假纳税申报或者不申报,逃避缴纳税款,数额在十万元以上并且占各税种应纳税总额百分之十以上,经税务机关依法下达追缴通知后,不补缴应纳税款、不缴纳滞纳金或者不接受行政处罚的;

(二)纳税人五年内因逃避缴纳税款受过刑事处罚或者被税务机关给予二次以上行政处罚,又逃避缴纳税款,数额在十万元以上并且占各税种应纳税总额百分之十以上的;

(三)扣缴义务人采取欺骗、隐瞒手段,不缴或者少缴已扣、已收税款,数额在十万元以上的。

纳税人在公安机关立案后再补缴应纳税款、缴纳滞纳金或者接受行政处罚的,不影响刑事责任的追究。

【司法解释】

《最高人民法院、最高人民检察院关于办理危害税收征管刑事案件适用法律若干问题的解释》(法释〔2024〕4号,20240320)

第一条　纳税人进行虚假纳税申报,具有下列情形之一的,应当认定为刑法第二百零一条第一款规定的“欺骗、隐瞒手段”:

(一)伪造、变造、转移、隐匿、擅自销毁账簿、记账凭证或者其他涉税资料的;

(二)以签订“阴阳合同”等形式隐匿或者以他人名义分解收入、财产的;

(三)虚列支出、虚抵进项税额或者虚报专项附加扣除的;

(四)提供虚假材料,骗取税收优惠的;

(五)编造虚假计税依据的;

(六)为不缴、少缴税款而采取的其他欺骗、隐瞒手段。

具有下列情形之一的,应当认定为刑法第二百零一条第一款规定的“不申报”:

(一)依法在登记机关办理设立登记的纳税人,发生应税行为而不申报纳税的;

(二)依法不需要在登记机关办理设立登记或者未依法办理设立登记的纳税人,发生应税行为,经税务机关依法通知其申报而不申报纳税的;

(三)其他明知应当依法申报纳税而不申报纳税的。

扣缴义务人采取第一、二款所列手段,不缴或者少缴已扣、已收税款,数额较大的,依照刑法第二百零一条第一款的规定定罪处罚。扣缴义务人承诺为纳税人代付税款,在其向纳税人支付税后所得时,应当认定扣缴义务人“已扣、已收税款”。

第二条　纳税人逃避缴纳税款十万元以上、五十万元以上的,应当分别认定为刑法第二百零一条第一款规定的“数额较大”、“数额巨大”。

扣缴义务人不缴或者少缴已扣、已收税款"数额较大"、"数额巨大"的认定标准,依照前款规定。

第三条 纳税人有刑法第二百零一条第一款规定的逃避缴纳税款行为,在公安机关立案前,经税务机关依法下达追缴通知后,在规定的期限或者批准延缓、分期缴纳的期限内足额补缴应纳税款,缴纳滞纳金,并全部履行税务机关作出的行政处罚决定的,不予追究刑事责任。但是,五年内因逃避缴纳税款受过刑事处罚或者被税务机关给予二次以上行政处罚的除外。

纳税人有逃避缴纳税款行为,税务机关没有依法下达追缴通知的,依法不予追究刑事责任。

第四条 刑法第二百零一条第一款规定的"逃避缴纳税款数额",是指在确定的纳税期间,不缴或者少缴税务机关负责征收的各税种税款的总额。

刑法第二百零一条第一款规定的"应纳税额",是指应税行为发生年度内依照税收法律、行政法规规定应当缴纳的税额,不包括海关代征的增值税、关税等及纳税人依法预缴的税额。

刑法第二百零一条第一款规定的"逃避缴纳税款数额占应纳税额的百分比",是指行为人在一个纳税年度中的各税种逃税总额与该纳税年度应纳税总额的比例;不按纳税年度确定纳税期的,按照最后一次逃税行为发生之日前一年中各税种逃税总额与该年应纳税总额的比例确定。纳税义务存续期间不足一个纳税年度的,按照各税种逃税总额与实际发生纳税义务期间应纳税总额的比例确定。

逃税行为跨越若干个纳税年度,只要其中一个纳税年度的逃税数额及百分比达到刑法第二百零一条第一款规定的标准,即构成逃税罪。各纳税年度的逃税数额应当累计计算,逃税额占应纳税额百分比应当按照各逃税年度百分比的最高值确定。

刑法第二百零一条第三款规定的"未经处理",包括未经行政处理和刑事处理。

【司法指导文件(1)】

《最高人民法院研究室关于对三种涉税行为法律适用问题意见的复函》(法研〔2003〕175号,20031120)

二、行为人使用非法制造的发票的行为,应当具体情形具体分析。如果行为人不知道是非法制造的发票,主观上也没有偷逃税款的目的,即使客观上使用了该发票,也不能按照犯罪处理。如果行为人明知是非法制造的发票而使用,且偷逃税额达到了法定数额、比例要求,根据刑法第二百零一条的规定,应当以偷税罪[①]追究刑事责任。

【司法指导文件(2)】

《最高人民法院研究室关于税收通用完税证和车辆购置税完税证是否属于发票问题的回函》(法研〔2010〕140号,20100817)

对伪造税务机关征税专用章,非法制造税收通用完税证和车辆购置税完税证对外出售的,视情可以伪造国家机关印章罪论处;对非法购买上述两种伪

① 本条项下司法指导文件、公安文件以及案例中的"偷税罪"罪名已变更为"逃税罪"。——编者注

造的完税证，逃避缴纳税款的，视情可以逃税罪论处。

【公安文件(1)】

《公安部关于如何理解〈刑法〉第二百零一条规定的“应纳税额”问题的批复》(公复字〔1999〕4号，19991123)

《刑法》第二百零一条规定的“应纳税额”是指某一法定纳税期限或者税务机关依法核定的纳税期间内应纳税额的总和。偷税行为涉及两个以上税种的，只要其中一个税种的偷税数额、比例达到法定标准的，即构成偷税罪，其他税种的偷税数额累计计算。

【公安文件(2)】

《公安部关于对未依法办理税务登记的纳税人能否成为偷税犯罪主体问题的批复》(公复字〔2007〕3号，20070523)

根据《中华人民共和国税收征收管理法》第四条、第三十七条的规定，未按照规定办理税务登记的从事生产、经营的纳税人以及临时从事经营的纳税人，可以构成偷税罪的犯罪主体。其行为触犯《中华人民共和国刑法》第二百零一条规定的，公安机关应当以偷税罪立案侦查，依法追究刑事责任。

2002年1月23日公安部《关于无证经营的行为人能否成为偷税主体问题的批复》(公复字〔2002〕1号)不再适用。

【公安文件(3)】

《公安部经济犯罪侦查局关于挂靠单位和个人是否符合偷税犯罪主体特征请示的答复》(公经〔2003〕819号，20030722)

现就承包、挂靠两种经营形式纳税人认定的原则性问题答复如下：

虽然税法没有明确规定挂靠和承包两种经营形式的纳税主体，但是，税法的立法精神与原则以及其他有关规定已对该两种经营形式的纳税主体作了原则性的规定。

1.偷税犯罪主体是特殊主体，即必须是纳税人或扣缴义务人。纳税人，是税法中规定的直接负有纳税义务的单位和个人。每一种税都有关于纳税义务的规定，通过规定纳税义务人落实税收任务和法律责任。一般分为两种：一是自然人，依法享有民事权利，并承担民事义务的公民个人；二是法人，依法成立，能够独立地支配财产，并能以自己的名义享有民事权利和承担民事义务的社会组织。所具备的资格条件：依法成立，有一定的财产和资金，有自己的名称、组织或机构；能够独立承担民事上的财产义务以及能以自己的名义参加民事活动和诉讼。扣缴义务人是指根据税法规定负有代扣代缴义务的单位和个人。不具有纳税义务或扣缴义务的单位和个人不能独立构成偷税罪主体。

2.如果纳税企业单位改变经营方式，其全部或部分被个人、其他企业、单位实行承租经营的，确定其纳税人视情况处理：

(1)凡承租经营后，未改变被承租企业名称，未变更工商登记，仍以被承租企业名义对外从事生产经营活动，不论被承租企业与承租方如何分配经营成果，均以被承租企业为纳税义务人。

(2)承租经营后，承租方重新办理工商登记，并以承租方的名义对外从事生产经营活动，以重新办理工商登记的企业、单位为纳税义务人。

⑶承租经营后，承租方虽重新办理工商登记，但是，仍然以被承租方的名义从事生产经营活动，且资金往来均以被承租方的名义进行，则要看承租双方是否有协议规定，如果有，按照协议规定确定纳税义务人；如果没有，则以被承租方为纳税义务人。如果承租方以被承租方名义从事生产经营活动，但是没有得到被承租方的认可，则有实际获得生产经营活动收益方为纳税义务人。

3.如果单位和个人以挂靠他单位的形式从事生产经营活动，确定其纳税人的原则同承租经营形式，视情况处理：

⑴凡挂靠方，未改变被挂靠企业名称，未办理工商登记，仍以被挂靠单位名义对外从事生产经营活动，不论挂靠双方如何分配经营成果，均以被挂靠方为纳税义务人。

⑵挂靠方办理工商登记，并以挂靠方的名义对外从事生产经营活动，以办理工商登记的挂靠方为纳税义务人。

⑶挂靠方虽办理工商登记，但仍以被挂靠方的名义从事生产经营活动，且资金往来均以被挂靠方的名义进行，则要看挂靠双方是否有协议规定，如果有，按照协议规定确定纳税义务人；如果没有，则以被挂靠方为纳税义务人。如果挂靠方以被挂靠方名义从事生产经营活动，但是没有得到被挂靠方的认可，则有实际获得生产经营活动收益方为纳税义务人。

4.营业税法规规定：建筑安装企业实行分包或转包的，以总承包人为扣缴义务人。非跨省工程的分包或转包，由扣缴人在工程所在地代扣代缴；跨省工程的分包或转包，由扣缴人向被扣缴人机构所在地税务机关交纳。

【公安文件(4)】

《公安部经济犯罪侦查局关于偷逃契税能否定性为偷税问题的批复》(公经〔2005〕1040号，20050621)

纳税人采取刑法第二百零一条所列举的手段，不缴或少缴契税，达到偷税罪追诉标准的，应以涉嫌偷税罪定罪论处。

【公安文件(5)】

《公安部经济犯罪侦查局关于应纳税总额是否包含海关等部门征收的其他税种问题的批复》(公经〔2006〕1829号，20060821)

《刑法》第二百零一条所规定的应纳税款及应纳税额不包含海关关税及海关代征增值税。

……

【公安文件(6)】

《公安部经济犯罪侦查局关于地方政府擅自制定的税收优惠不能作为纳税人不缴少缴税款依据的批复》(公经〔2007〕1459号，20070702)

根据《中华人民共和国税收征收管理法》第三十三条[①]的规定，“减税、免税的申请须经法律、行政法规规定的减税、免税审查批准机关审批。地方各级人民政府、各级人民政府主管部门、单位和个人违反法律、行政法规规定，擅自作出的减税、免税决定无效，税务机关不得执行，并向上级税务机关报

① 现行税收征收管理法第三十三条第二款规定：“地方各级人民政府、各级人民政府主管部门、单位和个人违反法律、行政法规规定，擅自作出的减税、免税决定无效，税务机关不得执行，并向上级税务机关报告。”——编者注

告”。因此，黑龙江省佳木斯市东风区政府于2003年10月以“常务会议纪要”的方式作出的给予黑龙江××路桥建筑有限责任公司2003年至2005年定额征税1000万元的税收优惠规定无效，对征纳双方不具有约束力，不能作为纳税人不按国家税收法律、法规缴纳税款的依据。因此如果其行为触犯《刑法》第二百零一条规定的，公安机关应当以涉嫌偷税罪追究其刑事责任。

【法院案例库参考案例】

〔中山市康某游艺机有限公司、梁某尧逃税案，2024-05-1-142-001〕单位逃税犯罪离任人员未补缴税款的责任认定

对逃税单位和直接责任人员依法不予追究刑事责任需要同时具备刑法第二百零一条第四款“经税务机关依法下达追缴通知后，补缴应纳税款，缴纳滞纳金，已受行政处罚的，不予追究刑事责任；但是，五年内因逃避缴纳税款受过刑事处罚或者被税务机关给予二次以上行政处罚的除外”规定的条件。单位逃税犯罪案件中，如果逃税单位实施犯罪时在任、案发时已经离任的直接负责的主管人员和其他直接责任人员，不能配合纳税人按照税务机关要求补缴应纳税款、缴纳滞纳金、接受行政处罚的，应当依法追究刑事责任。

【《刑事审判参考》案例】

〔参考案例第447号：黄春发等偷税案〕行为人购进货物时应当取得增值税发票而未索要，销售货物后没有按照增值税征管规定纳税，从而偷逃应纳税额的，应如何计算偷税数额？

行为人购进货物时应当取得增值税发票而未索要，销售货物后没有按照增值税征管规定纳税，从而偷逃应纳税额的，在计算偷税数额时，应当减除按照增值税征管规定可以申报抵扣的税额。

〔参考案例第1511号：湖北洁达环境工程有限公司、李某某逃税案〕对于刑法修正案(七)施行前实施，未经税务机关给予行政处罚，直接移交司法机关处理的逃税行为，审判时刑法修正案(七)已经施行的，能否适用修正后刑法第二百零一条第四款对逃税初犯附条件不予追究刑事责任的特别条款？

刑法修正案(七)对刑法第二百零一条作出了修正，增加了第四款不予追究刑事责任的特殊条款。根据该规定，结合对立法的理解，是否接受税务机关给予的行政处罚就成为能否启动刑事诉讼的前置程序。对于逃税人，应当先由税务机关依法下达追缴通知，如果逃税人补缴应纳税款，缴纳滞纳金，并已受行政处罚，且不存在五年内因逃避缴纳税款受过刑事处罚或者被税务机关给予二次以上行政处罚情形的，不再追究刑事责任。换言之，接受税务机关的行政处罚成为不予追究刑事责任的前提条件，或者说是刑罚阻却事由。对于刑法修正案(七)施行前实施逃税行为，未经税务机关给予行政处罚，直接移交司法机关处理，审判时刑法修正案(七)已经施行的，根据从旧兼从轻的时间效力原则，应当适用修正后刑法第二百零一条第四款规定，在被告人接受税务机关行政处罚，补缴应纳税款，缴纳滞纳金后，对其不予追究刑事责任。

第二百零二条　【抗税罪】以暴力、威胁方法拒不缴纳税款的，

处三年以下有期徒刑或者拘役，并处拒缴税款一倍以上五倍以下罚金；情节严重的，处三年以上七年以下有期徒刑，并处拒缴税款一倍以上五倍以下罚金。

【立案追诉标准】

《最高人民检察院、公安部关于公安机关管辖的刑事案件立案追诉标准的规定(二)》(公通字〔2022〕12号，20220515)

第五十三条　〔抗税案(刑法第二百零二条)〕以暴力、威胁方法拒不缴纳税款，涉嫌下列情形之一的，应予立案追诉：

(一)造成税务工作人员轻微伤以上的；

(二)以给税务工作人员及其亲友的生命、健康、财产等造成损害为威胁，抗拒缴纳税款的；

(三)聚众抗拒缴纳税款的；

(四)以其他暴力、威胁方法拒不缴纳税款的。

【司法解释】

《最高人民法院、最高人民检察院关于办理危害税收征管刑事案件适用法律若干问题的解释》(法释〔2024〕4号，20240320)

第五条　以暴力、威胁方法拒不缴纳税款，具有下列情形之一的，应当认定为刑法第二百零二条规定的“情节严重”：

(一)聚众抗税的首要分子；

(二)故意伤害致人轻伤的；

(三)其他情节严重的情形。

实施抗税行为致人重伤、死亡，符合刑法第二百三十四条或者第二百三十二条规定的，以故意伤害罪或者故意杀人罪定罪处罚。

第二百零三条　【逃避追缴欠税罪】纳税人欠缴应纳税款，采取转移或者隐匿财产的手段，致使税务机关无法追缴欠缴的税款，数额在一万元以上不满十万元的，处三年以下有期徒刑或者拘役，并处或者单处欠缴税款一倍以上五倍以下罚金；数额在十万元以上的，处三年以上七年以下有期徒刑，并处欠缴税款一倍以上五倍以下罚金。

【立案追诉标准】

《最高人民检察院、公安部关于公安机关管辖的刑事案件立案追诉标准的规定(二)》(公通字〔2022〕12号，20220515)

第五十四条　〔逃避追缴欠税案(刑法第二百零三条)〕纳税人欠缴应纳税款，采取转移或者隐匿财产的手段，致使税务机关无法追缴欠缴的税款，数额在一万元以上的，应予立案追诉。

【司法解释】

《最高人民法院、最高人民检察院关于办理危害税收征管刑事案件适用法律若干问题的解释》(法释〔2024〕4号，20240320)

第六条　纳税人欠缴应纳税款，为逃避税务机关追缴，具有下列情形之一的，应当认定为刑法第二百零三条规定的“采取转移或者隐匿财产的手段”：

(一)放弃到期债权的；

(二)无偿转让财产的；

(三)以明显不合理的价格进行交易的；

(四)隐匿财产的；

(五)不履行税收义务并脱离税务机关监管的；

(六)以其他手段转移或者隐匿财

产的。

【法院案例库参考案例】

〔四川某房地产公司、王某洪逃避追缴欠税案，2025-05-1-144-001〕逃避追缴欠税罪的认定及金额计算

明知公司欠缴应纳税款，仍采取将公司房产租金等收入不记入公司账目的手段，隐匿公司收入，属于转移或者隐匿财产的逃避税务机关追缴欠税行为；符合刑法第二百零三条规定的，构成逃避追缴欠税罪。

第二百零四条　【骗取出口退税罪】以假报出口或者其他欺骗手段，骗取国家出口退税款，数额较大的，处五年以下有期徒刑或者拘役，并处骗取税款一倍以上五倍以下罚金；数额巨大或者有其他严重情节的，处五年以上十年以下有期徒刑，并处骗取税款一倍以上五倍以下罚金；数额特别巨大或者有其他特别严重情节的，处十年以上有期徒刑或者无期徒刑，并处骗取税款一倍以上五倍以下罚金或者没收财产。

【逃税罪】纳税人缴纳税款后，采取前款规定的欺骗方法，骗取所缴纳的税款的，依照本法第二百零一条的规定定罪处罚；骗取税款超过所缴纳的税款部分，依照前款的规定处罚。

【立案追诉标准】

《最高人民检察院、公安部关于公安机关管辖的刑事案件立案追诉标准的规定(二)》(公通字〔2022〕12号，20220515)

第五十五条　〔骗取出口退税案(刑法第二百零四条)〕以假报出口或者其他欺骗手段，骗取国家出口退税款，数额在十万元以上的，应予立案追诉。

【司法解释】

《最高人民法院、最高人民检察院关于办理危害税收征管刑事案件适用法律若干问题的解释》(法释〔2024〕4号，20240320)

第七条　具有下列情形之一的，应当认定为刑法第二百零四条第一款规定的“假报出口或者其他欺骗手段”：

(一)使用虚开、非法购买或者以其他非法手段取得的增值税专用发票或者其他可以用于出口退税的发票申报出口退税的；

(二)将未负税或者免税的出口业务申报为已税的出口业务的；

(三)冒用他人出口业务申报出口退税的；

(四)虽有出口，但虚构应退税出口业务的品名、数量、单价等要素，以虚增出口退税额申报出口退税的；

(五)伪造、签订虚假的销售合同，或者以伪造、变造等非法手段取得出口报关单、运输单据等出口业务相关单据、凭证，虚构出口事实申报出口退税的；

(六)在货物出口后，又转入境内或者将境外同种货物转入境内循环进出口并申报出口退税的；

(七)虚报出口产品的功能、用途等，将不享受退税政策的产品申报为退税产品的；

(八)以其他欺骗手段骗取出口退税款的。

第八条　骗取国家出口退税款数额十万元以上、五十万元以上、五百万元以上的，应当分别认定为刑法第二百零四

条第一款规定的“数额较大”、“数额巨大”、“数额特别巨大”。

具有下列情形之一的，应当认定为刑法第二百零四条第一款规定的“其他严重情节”：

（一）两年内实施虚假申报出口退税行为三次以上，且骗取国家税款三十万元以上的；

（二）五年内因骗取国家出口退税受过刑事处罚或者二次以上行政处罚，又实施骗取国家出口退税行为，数额在三十万元以上的；

（三）致使国家税款被骗取三十万元以上并且在提起公诉前无法追回的；

（四）其他情节严重的情形。

具有下列情形之一的，应当认定为刑法第二百零四条第一款规定的“其他特别严重情节”：

（一）两年内实施虚假申报出口退税行为五次以上，或者以骗取出口退税为主要业务，且骗取国家税款三百万元以上的；

（二）五年内因骗取国家出口退税受过刑事处罚或者二次以上行政处罚，又实施骗取国家出口退税行为，数额在三百万元以上的；

（三）致使国家税款被骗取三百万元以上并且在提起公诉前无法追回的；

（四）其他情节特别严重的情形。

第九条 实施骗取国家出口退税行为，没有实际取得出口退税款的，可以比照既遂犯从轻或者减轻处罚。

从事货物运输代理、报关、会计、税务、外贸综合服务等中介组织及其人员违反国家有关进出口经营规定，为他人提供虚假证明文件，致使他人骗取国家出口退税款，情节严重的，依照刑法第二百二十九条的规定追究刑事责任。

【法院案例库参考案例】

〔石某民等骗取出口退税案，2024-05-1-145-001〕出口产品“低值高报”及单位犯罪的认定

1.出口产品“低值高报”的认定，应当参考相关涉案产品的价格认定报告等证据，确定产品的实际价值与申报价值是否悬殊，同时结合产品是否真实出口、交易的必要性等综合判断是否属于“低值高报”骗取出口退税。

2.以“低值高报”的手段，虚开增值税专用发票，虚构该产品在国内流通环节所缴纳的税款，并以虚增的税额申请退税的，属于以虚开增值税专用发票手段骗取出口退税行为，同时构成虚开增值税专用发票罪和骗取出口退税罪的，应当择一重罪处断。

【《刑事审判参考》案例】

〔参考案例第287号：中国包装进出口陕西公司、侯万万骗取出口退税案〕“明知他人意欲骗取出口退税款”的如何认定？

如果在察觉对方手续不全、单证虚假的情况下，即使不见出口商品、不见供货货主、不见外商，仍然通过允许他人自带客户、自带货源、自带汇票并自行报关等“四自三不见”方式为对方办理退税，不管出于何种动机，至少在主观上具有放任他人实施骗取出口退税行为的故意。

〔参考案例第329号：杨康林、曹培强等骗取出口退税案〕如何认定明知他人具有骗取国家出口退税款的主观故意？

有进出口经营权的公司在“四自三不见”的情况下，将代理出口业务伪造为自营出口业务，致使国家税款被骗的，应当认定具有骗取国家出口退税款的主观故意。

第二百零五条　【虚开增值税专用发票、用于骗取出口退税、抵扣税款发票罪】虚开增值税专用发票或者虚开用于骗取出口退税、抵扣税款的其他发票的，处三年以下有期徒刑或者拘役，并处二万元以上二十万元以下罚金；虚开的税款数额较大或者有其他严重情节的，处三年以上十年以下有期徒刑，并处五万元以上五十万元以下罚金；虚开的税款数额巨大或者有其他特别严重情节的，处十年以上有期徒刑或者无期徒刑，并处五万元以上五十万元以下罚金或者没收财产。

单位犯本条规定之罪的，对单位判处罚金，并对其直接负责的主管人员和其他直接责任人员，处三年以下有期徒刑或者拘役；虚开的税款数额较大或者有其他严重情节的，处三年以上十年以下有期徒刑；虚开的税款数额巨大或者有其他特别严重情节的，处十年以上有期徒刑或者无期徒刑。

虚开增值税专用发票或者虚开用于骗取出口退税、抵扣税款的其他发票，是指有为他人虚开、为自己虚开、让他人为自己虚开、介绍他人虚开行为之一的。

【修正前条文】

第二百零五条　【虚开增值税专用发票、用于骗取出口退税、抵扣税款发票罪】虚开增值税专用发票或者虚开用于骗取出口退税、抵扣税款的其他发票的，处三年以下有期徒刑或者拘役，并处二万元以上二十万元以下罚金；虚开的税款数额较大或者有其他严重情节的，处三年以上十年以下有期徒刑，并处五万元以上五十万元以下罚金；虚开的税款数额巨大或者有其他特别严重情节的，处十年以上有期徒刑或者无期徒刑，并处五万元以上五十万元以下罚金或者没收财产。

有前款行为骗取国家税款，数额特别巨大，情节特别严重，给国家利益造成特别重大损失的，处无期徒刑或者死刑，并处没收财产。

单位犯本条规定之罪的，对单位判处罚金，并对其直接负责的主管人员和其他直接责任人员，处三年以下有期徒刑或者拘役；虚开的税款数额较大或者有其他严重情节的，处三年以上十年以下有期徒刑；虚开的税款数额巨大或者有其他特别严重情节的，处十年以上有期徒刑或者无期徒刑。

虚开增值税专用发票或者虚开用于骗取出口退税、抵扣税款的其他发票，是指有为他人虚开、为自己虚开、让他人为自己虚开、介绍他人虚开行为之一的。

【修正说明】

刑法修正案(八)第三十二条删去了原条文第二款，废除了本条犯罪的死刑规定。

【立法·要点注释】

1.实施虚开行为后进而利用该行为骗取国家税款应如何认定。在实践中，“虚开”行为往往伴随着逃避缴纳税款、骗取出口退税、出售营利等不法目的，虚开增值税专用发票或者可用于出口退税、抵扣税款的发票往往成为虚假申报、逃避缴纳税款或者骗取出口退税的一种手段工具。对于虚开本条规定的发票后又利用该虚开发票减免应纳税额以逃避缴纳税款的，或者直接骗取国家出口退税的，或者出售的等情形，应在实践中结合行为人目的、情节具体分析。如对于以虚开增值税专用发票为业务并售卖的，一般不以虚开增值税专用发票罪论处，对于以逃税目的虚开增值税专用发票的，可考虑按照逃税罪处理等。

2.关于挂靠开票和代开发票行为的认定。一是挂靠方以挂靠形式向受票方实际销售货物，被挂靠方向受票方开具增值税专用发票的行为，应如何认定。挂靠，一般指由挂靠方适用被挂靠方的经营资格进行经营活动，并向被挂靠方支付挂靠费的一种经营方式，主要存在于建筑施工领域。建筑法第二十六条已经明确禁止以挂靠形式从事经营活动，但对于挂靠方以被挂靠方名义开具发票的行为，主管机关认为挂靠方以挂靠形式向受票方实际销售货物，被挂靠方向受票方开具增值税专用发票的，不属于虚开。二是行为人利用他人的名义从事经营活动，并以他人名义开具增值税专用发票的直接代开发票行为。如行为人进行了实际的经营活动，主观上并无骗取抵扣税款的故意，客观上也未造成国家增值税款损失的，一般也不宜直接认定为虚开增值税专用发票罪，符合逃税罪等其他犯罪构成条件的，可以其他犯罪论处。

【立法解释】

《全国人民代表大会常务委员会关于〈中华人民共和国刑法〉有关出口退税、抵扣税款的其他发票规定的解释》(20051229)

刑法规定的“出口退税、抵扣税款的其他发票”，是指除增值税专用发票以外的，具有出口退税、抵扣税款功能的收付款凭证或者完税凭证。

【立案追诉标准】

《最高人民检察院、公安部关于公安机关管辖的刑事案件立案追诉标准的规定(二)》(公通字〔2022〕12号，20220515)

第五十六条　〔虚开增值税专用发票、用于骗取出口退税、抵扣税款发票案(刑法第二百零五条)〕虚开增值税专用发票或者虚开用于骗取出口退税、抵扣税款的其他发票，虚开的税款数额在十万元以上或者造成国家税款损失数额在五万元以上的，应予立案追诉。

【司法解释】

《最高人民法院、最高人民检察院关于办理危害税收征管刑事案件适用法律若干问题的解释》(法释〔2024〕4号，20240320)

第十条　具有下列情形之一的，应当认定为刑法第二百零五条第一款规定的“虚开增值税专用发票或者虚开用于骗取出口退税、抵扣税款的其他发票”：

(一)没有实际业务，开具增值税专用发票、用于骗取出口退税、抵扣税款的其他发票的；

(二)有实际应抵扣业务，但开具超过实际应抵扣业务对应税款的增值税专用发票、用于骗取出口退税、抵扣税款的其他发票的；

(三)对依法不能抵扣税款的业务，通过虚构交易主体开具增值税专用发票、用于骗取出口退税、抵扣税款的其他发票的；

（四）非法篡改增值税专用发票或者用于骗取出口退税、抵扣税款的其他发票相关电子信息的；

（五）违反规定以其他手段虚开的。

为虚增业绩、融资、贷款等不以骗抵税款为目的，没有因抵扣造成税款被骗损失的，不以本罪论处，构成其他犯罪的，依法以其他犯罪追究刑事责任。

第十一条　虚开增值税专用发票、用于骗取出口退税、抵扣税款的其他发票，税款数额在十万元以上的，应当依照刑法第二百零五条的规定定罪处罚；虚开税款数额在五十万元以上、五百万元以上的，应当分别认定为刑法第二百零五条第一款规定的“数额较大”、“数额巨大”。

具有下列情形之一的，应当认定为刑法第二百零五条第一款规定的“其他严重情节”：

（一）在提起公诉前，无法追回的税款数额达到三十万元以上的；

（二）五年内因虚开发票受过刑事处罚或者二次以上行政处罚，又虚开增值税专用发票或者虚开用于骗取出口退税、抵扣税款的其他发票，虚开税款数额在三十万元以上的；

（三）其他情节严重的情形。

具有下列情形之一的，应当认定为刑法第二百零五条第一款规定的“其他特别严重情节”：

（一）在提起公诉前，无法追回的税款数额达到三百万元以上的；

（二）五年内因虚开发票受过刑事处罚或者二次以上行政处罚，又虚开增值税专用发票或者虚开用于骗取出口退税、抵扣税款的其他发票，虚开税款数额在三百万元以上的；

（三）其他情节特别严重的情形。

以同一购销业务名义，既虚开进项增值税专用发票、用于骗取出口退税、抵扣税款的其他发票，又虚开销项的，以其中较大的数额计算。

以伪造的增值税专用发票进行虚开，达到本条规定标准的，应当以虚开增值税专用发票罪追究刑事责任。

【司法指导文件(1)】

《最高人民法院关于对〈审计署关于咨询虚开增值税专用发票罪问题的函〉的复函》（法函〔2001〕66号，20011017）

地方税务机关实施“高开低征”或者“开大征小”等违规开具增值税专用发票的行为，不属于刑法第二百零五条规定的虚开增值税专用发票的犯罪行为，造成国家税款重大损失的，对有关主管部门的国家机关工作人员，应当根据刑法有关渎职罪的规定追究刑事责任。

【司法指导文件(2)】

《最高人民法院研究室关于对三种涉税行为法律适用问题意见的复函》（法研〔2003〕175号，20031120）

一、行为人购买非法制造的用于抵扣税款的其他发票又虚开的行为，根据刑法第二百零五条的规定，构成犯罪的，以虚开用于抵扣税款发票罪追究刑事责任。

【司法指导文件(3)】

《最高人民法院研究室〈关于如何认定以“挂靠”有关公司名义实施经营活动并让有关公司为自己虚开增值税专用发票行为的性质〉征求意见的复函》（法研〔2015〕58号，20150611）

一、挂靠方以挂靠方式向受票方实际销售货物，被挂靠方向受票方开具增值税专用发票的，不属于刑法第二百零五条规定的“虚开增值税专用发票”。

二、行为人利用他人的名义从事经营活动，并以他人名义开具增值税专用发票的，即便行为人与该他人之间不存在挂靠关系，但如行为人进行了实际的经营活动，主观上并无骗取抵扣税款的故意，客观上也未造成国家增值税款损失的，不宜认定为刑法第二百零五条规定的“虚开增值税专用发票”；符合逃税罪等其他犯罪构成条件的，可以其他犯罪论处。

【司法指导文件(4)】

《最高人民检察院法律政策研究室关于税务机关工作人员通过企业以“高开低征”的方法代开增值税专用发票的行为如何适用法律问题的答复》(高检研发〔2004〕6号，20040317)

税务机关及其工作人员将不具备条件的小规模纳税人虚报为一般纳税人，并让其采用“高开低征”的方法为他人代开增值税专用发票的行为，属于虚开增值税专用发票。对于造成国家税款损失，构成犯罪的，应当依照刑法第二百零五条的规定追究刑事责任。

【司法指导文件(5)】

《最高人民法院刑事审判第二庭对〈关于征求对国税函〔2002〕893号文件适用暨××公司案定性问题意见的函〉的复函》(〔2008〕刑二函字第92号，20081017)[①]

关于国税函〔2002〕893号文件[②]的法律效力问题，同意你局意见，即符合国税函〔2002〕893号文件的行为不宜以虚开犯罪处理。该案能否适用国税函〔2002〕893号文件，关键在于××公司是否属于实际从事废旧物资经营的单位。如果能够证实××公司确实系没有实际经营业务的开票公司，则不符合国税函〔2002〕893号文件规定的实质主体要件，不适用国税函〔2002〕893号文件。其行为构成犯罪的，依照刑法及相关司法解释的有关规定处理。

【法院案例库参考案例】

〔张某强虚开增值税专用发票宣告无罪案，2024-05-1-146-001〕不以骗抵税款为目的虚开增值税专用发票，且未造成税款被骗损失的，不构成虚开增值税专用发票罪

不以骗抵国家税款为目的，为虚增业绩、融资、贷款等，以其他单位名义对外签订销售合同，由该单位收取货款、开具增值税专用发票，并未造成国家税款被骗损失的，不构成虚开增值税专用发票罪。

〔夏某虚开增值税专用发票案，2024-03-1-146-001〕有真实交易代开行为与无真实交易虚开行为的区分

虽有实际经营，但在让他人开票环

① 该复函内容与《最高人民检察院公诉厅〈关于征求对国税函〔2002〕893号文件适用暨××公司案定性问题意见的函〉的回复函》(20081107)和《公安部经济犯罪侦查局关于安徽省泗县××废旧物资回收公司案定性问题的批复》(公经财税〔2008〕67号，20081112)的内容基本相同，为避免重复，后两者未予收录。——编者注

② 即《国家税务总局关于废旧物资回收经营业务有关税收问题的批复》(国税函〔2002〕893号)。——编者注

节并没有对应的真实交易，也没有缴纳进项增值税，却让他人为自己虚开发票用于抵扣销项税，具有骗取国家税款的目的，造成国家税款损失，属于刑法第二百零五条规定的“虚开”。

【《刑事审判参考》案例】

〔参考案例第110号：芦才兴虚开抵扣税款发票案〕虚开可以用于抵扣税款的发票冲减营业额偷逃税款的行为如何定性？

1.只有为增值税纳税人虚开或者介绍他人为增值税纳税人虚开可以用于抵扣税款发票的，才能以虚开抵扣税款发票定罪处罚。

2.行为人没有抵扣税款的故意，即使实施了虚开抵扣税款发票的行为，也不能以虚开抵扣税款发票罪定罪处罚。在这里，对刑法第二百零五条中的“用于抵扣税款”的理解不能过于宽泛，“用于”应指主观上想用于和客观上实际用于，而不包括虽然可以用于但行为人主观上不想用于，客观上也没有用于，也不能将行为人使用发票意图不明的视为准备用于。

3.虚开可以用于抵扣税款的发票，不是为了抵扣税款，而是出于其他目的，应当结合行为人的犯罪故意和实施的客观行为择定其他罪名定罪处罚，符合逃税罪构成要件的，以逃税罪定罪处罚。

〔参考案例第231号：吴彩森、郭家春等虚开增值税专用发票案〕税务机关利用代管监开的增值税专用发票“高开低征”的行为如何定罪处罚？

税务机关利用代管监开的增值税专用发票“高开低征”的行为，应以虚开增值税专用发票罪定罪量刑。

〔参考案例第1209号：王小禹、鞠井田虚开增值税专用发票案〕介绍他人开具、让他人为自己开具无真实货物购销的增值税专用发票的行为如何定罪量刑？

1.介绍他人开具、让他人为自己开具无真实货物购销的增值税专用发票的行为构成虚开增值税专用发票罪。

2.关于虚开增值税专用发票罪与非法出售增值税专用发票罪、非法购买增值税专用发票罪、出售伪造的增值税专用发票罪、购买伪造的增值税专用发票罪等相关增值税专用发票犯罪之间如何区分的问题，各罪名之间各有其适用的空间。具体而言：(1)非法出售真实的空白增值税专用发票的，认定为非法出售增值税专用发票罪。出售伪造的空白增值税专用发票的，认定为出售伪造的增值税专用发票罪。(2)非法购买真实的空白增值税专用发票的，认定为非法购买增值税专用发票罪。购买伪造的空白增值税专用发票的，认定为购买伪造的增值税专用发票罪。(3)非法购买真实的定额增值税专用发票的，认定为非法购买增值税专用发票罪。出售真实的定额增值税专用发票的，认定为非法出售增值税专用发票罪。(4)非法购买伪造的定额增值税专用发票的，认定为购买伪造的增值税专用发票罪。出售伪造的定额增值税专用发票的，认定为出售伪造的增值税专用发票罪。(5)为他人开、为自己开、让他人为自己开、介绍他人开增值税专用发票，符合司法解释规定的虚开行为的，认定为虚开增值税专用发票罪。需要注意的是，在犯罪过程中，一般会存在买卖的行为，但依照刑法第二百零八条第二款规定，应直接以虚开增值税专用发票罪处罚。(6)伪造增值税专用发票的，认定为伪造增值税专用发票罪。(7)购买增值税专用发票，但无证据证明是为了虚开而购买的，认定为非法购买增值税专用发票罪；有证据证明为了虚开而购买的，则认定为虚开增值税专用发票罪。

3.虚开的“税款数额”是虚开增值税专用发票罪定罪量刑的主要依据。这里的“税款数额”应指税额，而不是货额或者价税合计额。从本质上来说，增值税是对货物或应税服务的最终销售按照不含税价征收的比例税款，认定虚开税额，应当以该部分虚开实际或者可能让国家税款流失的数额为限。增值税专用发票不同于普通发票，其可以用于抵扣税款。抵扣税款，会直接造成国家税收损失，这也正是对增值税发票犯罪行为从重打击的原因。所以，“虚开的税款数额”应是指增值税专用发票造成的国家税收的损失，也就是抵扣的税款额，即票面载明的税额。

第二百零五条之一 【虚开发票罪】虚开本法第二百零五条规定以外的其他发票，情节严重的，处二年以下有期徒刑、拘役或者管制，并处罚金；情节特别严重的，处二年以上七年以下有期徒刑，并处罚金。

单位犯前款罪的，对单位判处罚金，并对其直接负责的主管人员和其他直接责任人员，依照前款的规定处罚。

【修正说明】

本罪由刑法修正案(八)第三十三条增设。

【立案追诉标准】

《最高人民检察院、公安部关于公安机关管辖的刑事案件立案追诉标准的规定(二)》(公通字〔2022〕12号，20220515)

第五十七条 〔虚开发票案(刑法第二百零五条之一)〕虚开刑法第二百零五条规定以外的其他发票，涉嫌下列情形之一的，应予立案追诉：

(一)虚开发票金额累计在五十万元以上的；

(二)虚开发票一百份以上且票面金额在三十万元以上的；

(三)五年内因虚开发票受过刑事处罚或者二次以上行政处罚，又虚开发票，数额达到第一、二项标准百分之六十以上的。

【司法解释】

《最高人民法院、最高人民检察院关于办理危害税收征管刑事案件适用法律若干问题的解释》(法释〔2024〕4号，20240320)

第十二条　具有下列情形之一的，应当认定为刑法第二百零五条之一第一款规定的“虚开刑法第二百零五条规定以外的其他发票”：

(一)没有实际业务而为他人、为自己、让他人为自己、介绍他人开具发票的；

(二)有实际业务，但为他人、为自己、让他人为自己、介绍他人开具与实际业务的货物品名、服务名称、货物数量、金额等不符的发票的；

(三)非法篡改发票相关电子信息的；

(四)违反规定以其他手段虚开的。

第十三条　具有下列情形之一的，应当认定为刑法第二百零五条之一第一款规定的“情节严重”：

（一）虚开发票票面金额五十万元以上的；

（二）虚开发票一百份以上且票面金额三十万元以上的；

（三）五年内因虚开发票受过刑事处罚或者二次以上行政处罚，又虚开发票，票面金额达到第一、二项规定的标准60%以上的。

具有下列情形之一的，应当认定为刑法第二百零五条之一第一款规定的“情节特别严重”：

（一）虚开发票票面金额二百五十万元以上的；

（二）虚开发票五百份以上且票面金额一百五十万元以上的；

（三）五年内因虚开发票受过刑事处罚或者二次以上行政处罚，又虚开发票，票面金额达到第一、二项规定的标准60%以上的。

以伪造的发票进行虚开，达到本条第一款规定的标准的，应当以虚开发票罪追究刑事责任。

第二百零六条 【伪造、出售伪造的增值税专用发票罪】伪造或者出售伪造的增值税专用发票的，处三年以下有期徒刑、拘役或者管制，并处二万元以上二十万元以下罚金；数量较大或者有其他严重情节的，处三年以上十年以下有期徒刑，并处五万元以上五十万元以下罚金；数量巨大或者有其他特别严重情节的，处十年以上有期徒刑或者无期徒刑，并处五万元以上五十万元以下罚金或者没收财产。

单位犯本条规定之罪的，对单位判处罚金，并对其直接负责的主管人员和其他直接责任人员，处三年以下有期徒刑、拘役或者管制；数量较大或者有其他严重情节的，处三年以上十年以下有期徒刑；数量巨大或者有其他特别严重情节的，处十年以上有期徒刑或者无期徒刑。

【修正前条文】

第二百零六条 【伪造、出售伪造的增值税专用发票罪】伪造或者出售伪造的增值税专用发票的，处三年以下有期徒刑、拘役或者管制，并处二万元以上二十万元以下罚金；数量较大或者有其他严重情节的，处三年以上十年以下有期徒刑，并处五万元以上五十万元以下罚金；数量巨大或者有其他特别严重情节的，处十年以上有期徒刑或者无期徒刑，并处五万元以上五十万元以下罚金或者没收财产。

伪造并出售伪造的增值税专用发票，数量特别巨大，情节特别严重，严重破坏经济秩序的，处无期徒刑或者死刑，并处没收财产。

单位犯本条规定之罪的，对单位判处罚金，并对其直接负责的主管人员和其他直接责任人员，处三年以下有期徒刑、拘役或者管制；数量较大或者有其他严重情节的，处三年以上十年以下有期徒刑；数量巨大或者有其他特别严重情节的，处十年以上有期徒刑或者无期徒刑。

【修正说明】

刑法修正案（八）第三十四条删去原条文第二款，废除了本条犯罪的死刑规定。

【立法·要点注释】

构成本罪，只要具有伪造或者出售

伪造的增值税专用发票的其中一种行为即可，不要求同时具备两种行为。如果同一主体同时具有伪造和出售伪造的增值税专用发票的行为，则应以伪造、出售伪造的增值税专用发票罪定罪处刑，而不数罪并罚，但出售行为应作为量刑情节在量刑时予以考虑。

【立案追诉标准】

《最高人民检察院、公安部关于公安机关管辖的刑事案件立案追诉标准的规定(二)》(公通字〔2022〕12号，20220515)

第五十八条　〔伪造、出售伪造的增值税专用发票案(刑法第二百零六条)〕伪造或者出售伪造的增值税专用发票，涉嫌下列情形之一的，应予立案追诉：

(一)票面税额累计在十万元以上的；

(二)伪造或者出售伪造的增值税专用发票十份以上且票面税额在六万元以上的；

(三)非法获利数额在一万元以上的。

【司法解释】

《最高人民法院、最高人民检察院关于办理危害税收征管刑事案件适用法律若干问题的解释》(法释〔2024〕4号，20240320)

第十四条　伪造或者出售伪造的增值税专用发票，具有下列情形之一的，应当依照刑法第二百零六条的规定定罪处罚：

(一)票面税额十万元以上的；

(二)伪造或者出售伪造的增值税专用发票十份以上且票面税额六万元以上的；

(三)违法所得一万元以上的。

伪造或者出售伪造的增值税专用发票票面税额五十万元以上的，或者五十份以上且票面税额三十万元以上的，应当认定为刑法第二百零六条第一款规定的“数量较大”。

五年内因伪造或者出售伪造的增值税专用发票受过刑事处罚或者二次以上行政处罚，又实施伪造或者出售伪造的增值税专用发票行为，票面税额达到本条第二款规定的标准60%以上的，或者违法所得五万元以上的，应当认定为刑法第二百零六条第一款规定的“其他严重情节”。

伪造或者出售伪造的增值税专用发票票面税额五百万元以上的，或者五百份以上且票面税额三百万元以上的，应当认定为刑法第二百零六条第一款规定的“数量巨大”。

五年内因伪造或者出售伪造的增值税专用发票受过刑事处罚或者二次以上行政处罚，又实施伪造或者出售伪造的增值税专用发票行为，票面税额达到本条第四款规定的标准60%以上的，或者违法所得五十万元以上的，应当认定为刑法第二百零六条第一款规定的“其他特别严重情节”。

伪造并出售同一增值税专用发票的，以伪造、出售伪造的增值税专用发票罪论处，数量不重复计算。

变造增值税专用发票的，按照伪造增值税专用发票论处。

【《刑事审判参考》案例】

〔参考案例第252号：曾珠玉等伪造增值税专用发票案〕购买伪造的增值税专用发票又出售的行为如何定罪处罚？制造、销售用于伪造增值税专用

发票(普通发票)的印刷模板等印制工具的行为如何定罪处罚?

1.购买伪造的增值税专用发票又出售的行为,应以出售伪造的增值税专用发票罪定罪处罚。

2.对于制造、销售伪造增值税专用发票(普通发票)的印刷模板等印制工具的行为,应以伪造增值税专用发票罪定罪处罚。

第二百零七条 【非法出售增值税专用发票罪】非法出售增值税专用发票的,处三年以下有期徒刑、拘役或者管制,并处二万元以上二十万元以下罚金;数量较大的,处三年以上十年以下有期徒刑,并处五万元以上五十万元以下罚金;数量巨大的,处十年以上有期徒刑或者无期徒刑,并处五万元以上五十万元以下罚金或者没收财产。

【立法・要点注释】

对于盗窃或骗取增值税专用发票后又非法出售的行为如何定罪处罚,刑法并没有明确规定。在刑法理论上,这两种行为应当属于牵连关系,其中,目的行为是非法出售增值税专用发票,而方法行为触犯盗窃罪、诈骗罪,按照牵连犯的处罚原则,应从一重罪从重处罚。

【立案追诉标准】

《最高人民检察院、公安部关于公安机关管辖的刑事案件立案追诉标准的规定(二)》(公通字〔2022〕12号,20220515)

第五十九条 〔非法出售增值税专用发票案(刑法第二百零七条)〕非法出售增值税专用发票,涉嫌下列情形之一的,应予立案追诉:

(一)票面税额累计在十万元以上的;

(二)非法出售增值税专用发票十份以上且票面税额在六万元以上的;

(三)非法获利数额在一万元以上的。

【司法解释】

《最高人民法院、最高人民检察院关于办理危害税收征管刑事案件适用法律若干问题的解释》(法释〔2024〕4号,20240320)

第十五条 非法出售增值税专用发票的,依照本解释第十四条的定罪量刑标准定罪处罚。

【《刑事审判参考》案例】

〔参考案例第337号:邓冬蓉非法出售增值税专用发票案〕非法出售增值税专用发票份数和票面额分别达到不同的量刑档次的如何量刑?

对于非法出售增值税专用发票的份数和票面额分别达到不同量刑档次的,应适用处罚较重之规定进行量刑。

第二百零八条 【非法购买增值税专用发票、购买伪造的增值税专用发票罪】非法购买增值税专用发票或者购买伪造的增值税专用发票的,处五年以下有期徒刑或者拘役,并处或者单处二万元以上二十万元以下罚金。

【虚开增值税专用发票罪】【出售伪造的增值税专用发票罪】【非法出售增值税专用发票罪】非法购买增值税专用发票或者购买伪造的

增值税专用发票又虚开或者出售的，分别依照本法第二百零五条、第二百零六条、第二百零七条的规定定罪处罚。

款，同时构成非法购买增值税专用发票罪与虚开增值税专用发票罪、骗取出口退税罪的，依照处罚较重的规定定罪处罚。

【立案追诉标准】

《最高人民检察院、公安部关于公安机关管辖的刑事案件立案追诉标准的规定(二)》(公通字〔2022〕12号，20220515)

第六十条　〔非法购买增值税专用发票、购买伪造的增值税专用发票案(刑法第二百零八条第一款)〕非法购买增值税专用发票或者购买伪造的增值税专用发票，涉嫌下列情形之一的，应予立案追诉：

(一)非法购买增值税专用发票或者购买伪造的增值税专用发票二十份以上且票面税额在十万元以上的；

(二)票面税额累计在二十万元以上的。

【司法解释】

《最高人民法院、最高人民检察院关于办理危害税收征管刑事案件适用法律若干问题的解释》(法释〔2024〕4号，20240320)

第十六条　非法购买增值税专用发票或者购买伪造的增值税专用发票票面税额二十万元以上的，或者二十份以上且票面税额十万元以上的，应当依照刑法第二百零八条第一款的规定定罪处罚。

非法购买真、伪两种增值税专用发票的，数额累计计算，不实行数罪并罚。

购买伪造的增值税专用发票又出售的，以出售伪造的增值税专用发票罪定罪处罚；非法购买增值税专用发票用于骗取抵扣税款或者骗取出口退税

第二百零九条　【非法制造、出售非法制造的用于骗取出口退税、抵扣税款发票罪】伪造、擅自制造或者出售伪造、擅自制造的可以用于骗取出口退税、抵扣税款的其他发票的，处三年以下有期徒刑、拘役或者管制，并处二万元以上二十万元以下罚金；数量巨大的，处三年以上七年以下有期徒刑，并处五万元以上五十万元以下罚金；数量特别巨大的，处七年以上有期徒刑，并处五万元以上五十万元以下罚金或者没收财产。

【非法制造、出售非法制造的发票罪】伪造、擅自制造或者出售伪造、擅自制造的前款规定以外的其他发票的，处二年以下有期徒刑、拘役或者管制，并处或者单处一万元以上五万元以下罚金；情节严重的，处二年以上七年以下有期徒刑，并处五万元以上五十万元以下罚金。

【非法出售用于骗取出口退税、抵扣税款发票罪】非法出售可以用于骗取出口退税、抵扣税款的其他发票的，依照第一款的规定处罚。

【非法出售发票罪】非法出售第三款规定以外的其他发票的，依照第二款的规定处罚。

【立法解释性意见】

《全国人民代表大会常务委员会法制工作委员会刑法室关于对变造、出售

变造普通发票行为的定性问题的意见》（刑发〔2005〕1号，20050117）

刑法第二百零九条第二款规定的"伪造、擅自制造或者出售伪造、擅自制造的前款规定以外的其他发票"的行为，包括变造、出售变造的普通发票的行为。

【立案追诉标准】

《最高人民检察院、公安部关于公安机关管辖的刑事案件立案追诉标准的规定（二）》（公通字〔2022〕12号，20220515）

第六十一条　〔非法制造、出售非法制造的用于骗取出口退税、抵扣税款发票案（刑法第二百零九条第一款）〕伪造、擅自制造或者出售伪造、擅自制造的用于骗取出口退税、抵扣税款的其他发票，涉嫌下列情形之一的，应予立案追诉：

（一）票面可以退税、抵扣税额累计在十万元以上的；

（二）伪造、擅自制造或者出售伪造、擅自制造的发票十份以上且票面可以退税、抵扣税额在六万元以上的；

（三）非法获利数额在一万元以上的。

第六十二条　〔非法制造、出售非法制造的发票案（刑法第二百零九条第二款）〕伪造、擅自制造或者出售伪造、擅自制造的不具有骗取出口退税、抵扣税款功能的其他发票，涉嫌下列情形之一的，应予立案追诉：

（一）伪造、擅自制造或者出售伪造、擅自制造的不具有骗取出口退税、抵扣税款功能的其他发票一百份以上且票面金额累计在三十万元以上的；

（二）票面金额累计在五十万元以上的；

（三）非法获利数额在一万元以上的。

第六十三条　〔非法出售用于骗取出口退税、抵扣税款发票案（刑法第二百零九条第三款）〕非法出售可以用于骗取出口退税、抵扣税款的其他发票，涉嫌下列情形之一的，应予立案追诉：

（一）票面可以退税、抵扣税额累计在十万元以上的；

（二）非法出售用于骗取出口退税、抵扣税款的其他发票十份以上且票面可以退税、抵扣税额在六万元以上的；

（三）非法获利数额在一万元以上的。

第六十四条　〔非法出售发票案（刑法第二百零九条第四款）〕非法出售增值税专用发票、用于骗取出口退税、抵扣税款的其他发票以外的发票，涉嫌下列情形之一的，应予立案追诉：

（一）非法出售增值税专用发票、用于骗取出口退说、抵扣税款的其他发票以外的发票一百份以上且票面金额累计在三十万元以上的；

（二）票面金额累计在五十万元以上的；

（三）非法获利数额在一万元以上的。

【司法解释】

《最高人民法院、最高人民检察院关于办理危害税收征管刑事案件适用法律若干问题的解释》（法释〔2024〕4号，20240320）

第十七条　伪造、擅自制造或者出售伪造、擅自制造的用于骗取出口退税、抵扣税款的其他发票，具有下列情形之一的，应当依照刑法第二百零九条第一款的规定定罪处罚：

（一）票面可以退税、抵扣税额十万元以上的；

（二）伪造、擅自制造或者出售伪造、擅自制造的发票十份以上且票面可以退税、抵扣税额六万元以上的；

（三）违法所得一万元以上的。

伪造、擅自制造或者出售伪造、擅自制造的可以用于骗取出口退税、抵扣税款的其他发票票面可以退税、抵扣税额五十万元以上的，或者五十份以上且票面可以退税、抵扣税额三十万元以上的，应当认定为刑法第二百零九条第一款规定的“数量巨大”；伪造、擅自制造或者出售伪造、擅自制造的可以用于骗取出口退税、抵扣税款的其他发票票面可以退税、抵扣税额五百万元以上的，或者五百份以上且票面可以退税、抵扣税额三百万元以上的，应当认定为刑法第二百零九条第一款规定的“数量特别巨大”。

伪造、擅自制造或者出售伪造、擅自制造刑法第二百零九条第二款规定的发票，具有下列情形之一的，应当依照该款的规定定罪处罚：

（一）票面金额五十万元以上的；

（二）伪造、擅自制造或者出售伪造、擅自制造发票一百份以上且票面金额三十万元以上的；

（三）违法所得一万元以上的。

伪造、擅自制造或者出售伪造、擅自制造刑法第二百零九条第二款规定的发票，具有下列情形之一的，应当认定为“情节严重”：

（一）票面金额二百五十万元以上的；

（二）伪造、擅自制造或者出售伪造、擅自制造发票五百份以上且票面金额一百五十万元以上的；

（三）违法所得五万元以上的。

非法出售用于骗取出口退税、抵扣税款的其他发票的，定罪量刑标准依照本条第一、二款的规定执行。

非法出售增值税专用发票、用于骗取出口退税、抵扣税款的其他发票以外的发票的，定罪量刑标准依照本条第三、四款的规定执行。

【司法指导文件】

《最高人民法院、最高人民检察院、公安部、国家工商行政管理局关于依法查处盗窃、抢劫机动车案件的规定》（公通字〔1998〕31号，19980508）

六、非法出售机动车有关发票的，或者伪造、擅自制造或者出售伪造、擅自制造的机动车有关发票的，依照刑法第二百零九条的规定处罚。

【公安文件(1)】

《公安部经济犯罪侦查局关于对非法出售过期普通发票行为定性问题的批复》（公经〔2007〕2290号，20071008）

非法出售过期普通发票，属于《中华人民共和国发票管理办法》第三十八条规定的私自倒卖发票的行为。非法出售过期普通发票，达到刑事追诉标准的，公安机关应当按照《中华人民共和国刑法》第二百零九条第四款的规定，依法追究其刑事责任。

【公安文件(2)】

《公安部经济犯罪侦查局关于交通工具意外伤害保险单认定问题的批复》（公经财税〔2010〕31号，20100209）

保险行业开具发票方式是在提供保单之外另行开具单独的保险业发票。交通工具意外伤害保险单，虽然包含了缴纳保费的内容，但就其印制监制、主要用途和管理方式而言，仍然是作为保险单使用，不应认定为发票。

【公安文件(3)】

《公安部经济犯罪侦查局关于两种完税凭证不属于发票问题的批复》(公经〔2010〕356号，20100611)

《中华人民共和国税收通用完税证》和《车辆购置税完税证明》不具备发票功能，不属于发票。

【公安文件(4)】

《公安部经济犯罪侦查局关于航空运输代理机构虚开、销售虚假航空行程单行为如何定性问题的批复》(公经财税〔2010〕137号，20100623)[①]

航空行程单属于《税收征收管理法》和《发票管理办法》规定的发票。航空票务代理机构购买非法印制的空白航空行程单并出售的，或者购买非法印制的空白航空行程单后，为他人虚开并收取手续费的，其行为符合刑法第二百零九条第二款的规定，构成犯罪的，应按照出售非法制造的发票罪追究相关机构和人员的刑事责任。航空票务代理机构的主管人员或直接责任人员与他人相互勾结，为他人利用虚开的航空行程单实施贪污、侵占等犯罪行为提供帮助的，应以相应犯罪的共犯论处。

航空票务代理机构购买非法印制的空白航空行程单，并在非法印制的航空行程单上按真实票价额填开后出具给乘机者的，或者应乘机者的要求，在非法印制的航空行程单上填开虚增的票价额后出具给乘机者的，属于使用不符合规定的发票的行为，应按照《税收征收管理法》和《发票管理办法》相关规定，由税务机关予以行政处罚。

【公安文件(5)】

《公安部经济犯罪侦查局关于对江西省高速公路联网收费专用收据定性问题的批复》(公经财税〔2013〕43号，20130528)

伪造的财政性专用收据不具备发票监制章、发票代码、发票号码等发票基本要素，不属于假发票。

【公安文件(6)】

《公安部经济犯罪侦查局关于××公司私自印制的客运车票是否属于假发票问题的批复》(公经财税〔2010〕55号，20100318)

××运输有限责任公司私自印制的客运车票，不具备全国统一发票监制章、发票代码、发票号码等发票基本要素，不属于发票范畴，不能认定为假发票。

【公安文件(7)】

《公安部法制局关于对非法制造当场处罚罚款定额收据行为如何处理的意见的函》(公法〔2004〕195号，20041021)

根据《中华人民共和国发票管理办法》第三条规定，发票是指在购销商品、提供或者接受服务以及从事其他经营活动中，开具、收取的收付款凭证。当场处罚罚款收据是行政执法机关按

① 该批复内容与《最高人民法院刑事审判第二庭关于航空运输代理机构虚开、销售虚假航空行程单的行为如何定性问题的复函》(〔2010〕刑二函字第82号)的内容基本相同，为避免重复，后者未予收录。——编者注

照《行政处罚法》的规定，实施行政处罚需要当场收缴罚款而使用的罚款票据，不属于发票。对于非法印制当场处罚罚款收据的，不能以非法制造发票罪追究刑事责任。上述行为构成其他犯罪的，应当根据所触犯的罪名追究刑事责任；不构成犯罪的，交由有关主管行政机关依法处理。

【法院案例库参考案例】

〔郑某、肖某非法制造、出售非法制造的发票案，2023-05-1-152-001〕非法制造、出售过期火车票的行为应如何定性

伪造及出售过期火车票的行为应认定为非法制造、出售非法制造的发票。过期火车票，已不具有原有的乘车功能，如认定为伪造车票罪显属不当，这些火车票多根据客户定制用于单位报销差旅费等用途，其出售价格远低于车票面额，在过期票未失去报销的功能时，应被视为发票。

第二百一十条　【盗窃罪】盗窃增值税专用发票或者可以用于骗取出口退税、抵扣税款的其他发票的，依照本法第二百六十四条的规定定罪处罚。

【诈骗罪】使用欺骗手段骗取增值税专用发票或者可以用于骗取出口退税、抵扣税款的其他发票的，依照本法第二百六十六条的规定定罪处罚。

第二百一十条之一　【持有伪造的发票罪】明知是伪造的发票而持有，数量较大的，处二年以下有期徒刑、拘役或者管制，并处罚金；数量巨大的，处二年以上七年以下有期徒刑，并处罚金。

单位犯前款罪的，对单位判处罚金，并对其直接负责的主管人员和其他直接责任人员，依照前款的规定处罚。

【修正说明】

本罪由刑法修正案(八)第三十五条增设。

【立案追诉标准】

《最高人民检察院、公安部关于公安机关管辖的刑事案件立案追诉标准的规定(二)》(公通字〔2022〕12号，20220515)

第六十五条　〔持有伪造的发票案(刑法第二百一十条之一)〕明知是伪造的发票而持有，涉嫌下列情形之一的，应予立案追诉：

(一)持有伪造的增值税专用发票或者可以用于骗取出口退税、抵扣税款的其他发票五十份以上且票面税额累计在二十五万元以上的；

(二)持有伪造的增值税专用发票或者可以用于骗取出口退税、抵扣税款的其他发票票面税额累计在五十万元以上的；

(三)持有伪造的第一项规定以外的其他发票一百份以上且票面金额在五十万元以上的；

(四)持有伪造的第一项规定以外的其他发票票面金额累计在一百万元以上的。

【司法解释】

《最高人民法院、最高人民检察院关于办理危害税收征管刑事案件适用法律若干问题的解释》(法释〔2024〕4

号，20240320）

第十八条　具有下列情形之一的，应当认定为刑法第二百一十条之一第一款规定的“数量较大”：

（一）持有伪造的增值税专用发票或者可以用于骗取出口退税、抵扣税款的其他发票票面税额五十万元以上的；或者五十份以上且票面税额二十五万元以上的；

（二）持有伪造的前项规定以外的其他发票票面金额一百万元以上的，或者一百份以上且票面金额五十万元以上的。

持有的伪造发票数量、票面税额或者票面金额达到前款规定的标准五倍以上的，应当认定为刑法第二百一十条之一第一款规定的“数量巨大”。

第二百一十一条　【对单位犯危害税收征管罪的处罚】单位犯本节第二百零一条、第二百零三条、第二百零四条、第二百零七条、第二百零八条、第二百零九条规定之罪的，对单位判处罚金，并对其直接负责的主管人员和其他直接责任人员，依照各该条的规定处罚。

【司法解释】

《最高人民法院、最高人民检察院关于办理危害税收征管刑事案件适用法律若干问题的解释》（法释〔2024〕4号，20240320）

第二十条　单位实施危害税收征管犯罪的定罪量刑标准，依照本解释规定的标准执行。

第二百一十二条　【涉税犯罪所涉税款优先追缴】犯本节第二百零一条至第二百零五条规定之罪，被判处罚金、没收财产的，在执行前，应当先由税务机关追缴税款和所骗取的出口退税款。

【立法 · 要点注释】

本条规定的税收征缴优先，仅指税务机关追缴税款的行为。至于税务机关依法作出的罚款、没收财产等行政处罚，并不在本条规定的范围内。

第七节　侵犯知识产权罪

【司法解释】

《最高人民法院、最高人民检察院关于办理侵犯知识产权刑事案件适用法律若干问题的解释》（法释〔2025〕5号，20250426）

第二十二条　明知他人实施侵犯知识产权犯罪，具有下列行为之一的，以共同犯罪论处，但法律和司法解释另有规定的除外：

（一）提供生产、制造侵权产品的主要原材料、辅助材料、半成品、包装材料、机械设备、标签标识、生产技术、配方等帮助的；

（二）提供贷款、资金、账号、许可证件、支付结算等服务的；

（三）提供生产、经营场所或者运输、仓储、保管、快递、邮寄等服务的；

（四）提供互联网接入、服务器托管、网络存储、通讯传输等技术支持的；

（五）其他帮助侵犯知识产权犯罪的情形。

第二十三条　实施侵犯知识产权犯罪，具有下列情形之一的，一般酌情从重处罚：

（一）主要以侵犯知识产权为业的；

（二）在重大自然灾害、事故灾难、公共卫生事件期间，假冒抢险救灾、防疫物资等商品或者服务注册商标的；

（三）拒不交出违法所得的。

第二十四条　实施侵犯知识产权犯罪，具有下列情形之一的，可以依法从轻处罚：

（一）认罪认罚的；

（二）取得权利人谅解的；

（三）以不正当手段获取权利人的商业秘密后尚未披露、使用或者允许他人使用的。

犯罪情节轻微的，可以依法不起诉或者免予刑事处罚。情节显著轻微危害不大的，不以犯罪论处。

第二十五条　实施侵犯知识产权犯罪的，应当综合考虑犯罪违法所得数额、非法经营数额、给权利人造成的损失数额、侵权假冒物品数量及社会危害性等情节，依法判处罚金。

罚金数额一般在违法所得数额的一倍以上十倍以下确定。违法所得数额无法查清的，罚金数额一般按照非法经营数额的百分之五十以上一倍以下确定。违法所得数额和非法经营数额均无法查清，判处三年以下有期徒刑、拘役或者单处罚金的，一般在三万元以上一百万元以下确定罚金数额；判处三年以上有期徒刑的，一般在十五万元以上五百万元以下确定罚金数额。

第二十六条　单位实施刑法第二百一十三条至第二百一十九条之一行为的，对单位判处罚金，并对其直接负责的主管人员和其他直接责任人员，依照本解释规定的定罪量刑标准处罚。

第二十七条　除特殊情况外，假冒注册商标的商品、非法制造的注册商标标识、侵犯著作权的复制品、主要用于制造假冒注册商标的商品、注册商标标识或者侵权复制品的材料和工具，应当依法予以没收和销毁。

上述物品需要作为民事、行政案件的证据使用的，经权利人申请，可以在民事、行政案件终结后或者采取取样、拍照等方式对证据固定后予以销毁。

第二十八条　本解释所称“非法经营数额”，是指行为人在实施侵犯知识产权行为过程中，制造、储存、运输、销售侵权产品的价值。已销售侵权产品的价值，按照实际销售的价格计算。尚未销售侵权产品的价值，按照已经查清的侵权产品实际销售平均价格计算。实际销售平均价格无法查清的，按照侵权产品的标价计算。无法查清实际销售价格或者侵权产品没有标价的，按照被侵权产品的市场中间价格计算。

本解释所称“货值金额”，依照前款规定的尚未销售的侵犯知识产权的产品价值认定。

本解释所称“销售金额”，是指行为人在实施侵犯知识产权行为过程中，出售侵权产品后所得和应得的全部违法收入。

本解释所称“违法所得数额”，是指行为人出售侵犯知识产权的产品后所得和应得的全部违法收入扣除原材料、所售产品的购进价款；提供服务的，扣除该项服务中所使用产品的购进价款。通过收取服务费、会员费或者广告费等方式营利的，收取的费用应当认定为“违法所得”。

第二十九条　多次实施侵犯知识产权行为，未经处理且依法应当追诉的，定罪量刑所涉数额、数量等分别累计计算。

对于已经制作完成但尚未附着或者尚未全部附着假冒注册商标标识的产品，有证据证明该产品将假冒他人注册商标的，其价值计入非法经营数额。

第三十条　人民法院依法受理侵犯知识产权刑事自诉案件，对于当事人因客观原因不能取得的证据，在提起自诉时能够提供有关线索，申请人民法院调取的，人民法院应当依法调取。

第三十一条　本解释自2025年4月26日起施行。

本解释施行后，《最高人民法院、最高人民检察院关于办理侵犯知识产权刑事案件具体应用法律若干问题的解释》（法释〔2004〕19号）、《最高人民法院、最高人民检察院关于办理侵犯知识产权刑事案件具体应用法律若干问题的解释（二）》（法释〔2007〕6号）、《最高人民法院、最高人民检察院关于办理侵犯知识产权刑事案件具体应用法律若干问题的解释（三）》（法释〔2020〕10号）及《最高人民法院、最高人民检察院关于办理侵犯著作权刑事案件中涉及录音录像制品有关问题的批复》（法释〔2005〕12号）同时废止。

本解释施行后，之前发布的司法解释和规范性文件与本解释不一致的，以本解释为准。

【司法指导文件(1)】

《最高人民法院、最高人民检察院、公安部关于办理侵犯知识产权刑事案件适用法律若干问题的意见》（法发〔2011〕3号，20110110）

一、关于侵犯知识产权犯罪案件的管辖问题

侵犯知识产权犯罪案件由犯罪地公安机关立案侦查。必要时，可以由犯罪嫌疑人居住地公安机关立案侦查。侵犯知识产权犯罪案件的犯罪地，包括侵权产品制造地、储存地、运输地、销售地，传播侵权作品、销售侵权产品的网站服务器所在地、网络接入地、网站建立者或者管理者所在地，侵权作品上传者所在地，权利人受到实际侵害的犯罪结果发生地。对有多个侵犯知识产权犯罪地的，由最初受理的公安机关或者主要犯罪地公安机关管辖。多个侵犯知识产权犯罪地的公安机关对管辖有争议的，由共同的上级公安机关指定管辖，需要提请批准逮捕、移送审查起诉、提起公诉的，由该公安机关所在地的同级人民检察院、人民法院受理。

对于不同犯罪嫌疑人、犯罪团伙跨地区实施的涉及同一批侵权产品的制造、储存、运输、销售等侵犯知识产权犯罪行为，符合并案处理要求的，有关公安机关可以一并立案侦查，需要提请批准逮捕、移送审查起诉、提起公诉的，由该公安机关所在地的同级人民检察院、人民法院受理。

二、关于办理侵犯知识产权刑事案件中行政执法部门收集、调取证据的效力问题

行政执法部门依法收集、调取、制作的物证、书证、视听资料、检验报告、鉴定结论、勘验笔录、现场笔录，经公安机关、人民检察院审查，人民法院庭审质证确认，可以作为刑事证据使用。

行政执法部门制作的证人证言、当事人陈述等调查笔录，公安机关认为有必要作为刑事证据使用的，应当依法重新收集、制作。

三、关于办理侵犯知识产权刑事案件的抽样取证问题和委托鉴定问题

公安机关在办理侵犯知识产权刑

事案件时，可以根据工作需要抽样取证，或者商请同级行政执法部门、有关检验机构协助抽样取证。法律、法规对抽样机构或者抽样方法有规定的，应当委托规定的机构并按照规定方法抽取样品。

公安机关、人民检察院、人民法院在办理侵犯知识产权刑事案件时，对于需要鉴定的事项，应当委托国家认可的有鉴定资质的鉴定机构进行鉴定。

公安机关、人民检察院、人民法院应当对鉴定结论进行审查，听取权利人、犯罪嫌疑人、被告人对鉴定结论的意见，可以要求鉴定机构作出相应说明。

四、关于侵犯知识产权犯罪自诉案件的证据收集问题

人民法院依法受理侵犯知识产权刑事自诉案件，对于当事人因客观原因不能取得的证据，在提起自诉时能够提供有关线索，申请人民法院调取的，人民法院应当依法调取。

十四、关于多次实施侵犯知识产权行为累计计算数额问题

依照《最高人民法院、最高人民检察院关于办理侵犯知识产权刑事案件具体应用法律若干问题的解释》第十二条第二款[①]的规定，多次实施侵犯知识产权行为，未经行政处理或者刑事处罚的，非法经营数额、违法所得数额或者销售金额累计计算。

二年内多次实施侵犯知识产权违法行为，未经行政处理，累计数额构成犯罪的，应当依法定罪处罚。实施侵犯知识产权犯罪行为的追诉期限，适用刑法的有关规定，不受前述二年的限制。

十五、关于为他人实施侵犯知识产权犯罪提供原材料、机械设备等行为的定性问题

明知他人实施侵犯知识产权犯罪，而为其提供生产、制造侵权产品的主要原材料、辅助材料、半成品、包装材料、机械设备、标签标识、生产技术、配方等帮助，或者提供互联网接入、服务器托管、网络存储空间、通讯传输通道、代收费、费用结算等服务的，以侵犯知识产权犯罪的共犯论处。

十六、关于侵犯知识产权犯罪竞合的处理问题

行为人实施侵犯知识产权犯罪，同时构成生产、销售伪劣商品犯罪的，依照侵犯知识产权犯罪与生产、销售伪劣商品犯罪中处罚较重的规定定罪处罚。

【司法指导文件(2)】

《最高人民法院关于依法加大知识产权侵权行为惩治力度的意见》(法发〔2020〕33号，20200914)

四、加大刑事打击力度

14.通过网络销售实施侵犯知识产权犯罪的非法经营数额、违法所得数额，应当综合考虑网络销售电子数据、银行账户往来记录、送货单、物流公司电脑系统记录、证人证言、被告人供述等证据认定。

15.对于主要以侵犯知识产权为业、在特定期间假冒抢险救灾、防疫物资等商品的注册商标以及因侵犯知识产权受到行政处罚后再次侵犯知识产权构成犯罪的情形，依法从重处罚，一

① 该司法解释已被《最高人民法院、最高人民检察院关于办理侵犯知识产权刑事案件适用法律若干问题的解释》(法释〔2025〕5号)所废止。关于多次实施侵犯知识产权行为累计计算数额问题，新司法解释第二十九条第一款作出了明确规定。——编者注

般不适用缓刑。

16.依法严格追缴违法所得，加强罚金刑的适用，剥夺犯罪分子再次侵犯知识产权的能力和条件。

【司法指导文件(3)】

参见本法第一百四十七条项下【司法指导文件】第四条，第408页。

第二百一十三条 【假冒注册商标罪】未经注册商标所有人许可，在同一种商品、服务上使用与其注册商标相同的商标，情节严重的，处三年以下有期徒刑，并处或者单处罚金；情节特别严重的，处三年以上十年以下有期徒刑，并处罚金。

【修正前条文】

第二百一十三条 【假冒注册商标罪】未经注册商标所有人许可，在同一种商品上使用与其注册商标相同的商标，情节严重的，处三年以下有期徒刑或者拘役，并处或者单处罚金；情节特别严重的，处三年以上七年以下有期徒刑，并处罚金。

【修正说明】

刑法修正案(十一)第十七条对原条文作出下述修改：一是将假冒注册服务商标的行为规定为假冒注册商标罪的行为类型。二是提高了假冒注册商标罪的刑罚，将第一档刑罚由“三年以下有期徒刑或者拘役，并处或者单处罚金”修改为“三年以下有期徒刑，并处或者单处罚金”，最高刑罚由七年有期徒刑修改为十年有期徒刑。

【相关立法】

《中华人民共和国商标法》(20191101)

第三条　经商标局核准注册的商标为注册商标，包括商品商标、服务商标和集体商标、证明商标；商标注册人享有商标专用权，受法律保护。

本法所称集体商标，是指以团体、协会或者其他组织名义注册，供该组织成员在商事活动中使用，以表明使用者在该组织中的成员资格的标志。

本法所称证明商标，是指由对某种商品或者服务具有监督能力的组织所控制，而由该组织以外的单位或者个人使用于其商品或者服务，用以证明该商品或者服务的原产地、原料、制造方法、质量或者其他特定品质的标志。

……

【司法解释(1)】

《最高人民法院、最高人民检察院关于办理侵犯知识产权刑事案件适用法律若干问题的解释》(法释〔2025〕5号，20250426)

第一条　未经注册商标所有人许可，在同一种商品、服务上使用与其注册商标相同的商标，具有下列情形之一的，应当认定为刑法第二百一十三条规定的“同一种商品、服务”：

(一)行为人实际生产销售的商品名称、实际提供的服务名称与权利人注册商标核定使用的商品、服务名称相同的；

(二)商品名称不同，但在功能、用途、主要原料、消费对象、销售渠道等方面相同或者基本相同，相关公众一般认为是同种商品的；

(三)服务名称不同，但在服务的目的、内容、方式、对象、场所等方面相同或者基本相同，相关公众一般认为是同种服务的。

认定“同一种商品、服务”，应当在权利人注册商标核定使用的商品、服务和行为人实际生产销售的商品、实际提供的服务之间进行比较。

第二条　与被假冒的注册商标完全相同，或者与被假冒的注册商标基本无差别、足以对相关公众产生误导的商标，应当认定为刑法第二百一十三条规定的“与其注册商标相同的商标”。具有下列情形之一的，应当认定为与被假冒的注册商标基本无差别、足以对相关公众产生误导的商标：

（一）改变注册商标的字体、字母大小写或者文字横竖排列，与注册商标基本无差别的；

（二）改变注册商标的文字、字母、数字等之间的间距，与注册商标基本无差别的；

（三）改变注册商标颜色，不影响体现注册商标显著特征的；

（四）在注册商标上仅增加商品通用名称、型号等缺乏显著特征要素，不影响体现注册商标显著特征的；

（五）与立体注册商标的三维标志及平面要素基本无差别的；

（六）其他与注册商标基本无差别、足以对相关公众产生误导的。

第三条　未经注册商标所有人许可，在同一种商品上使用与其注册商标相同的商标，具有下列情形之一的，应当认定为刑法第二百一十三条规定的“情节严重”：

（一）违法所得数额在三万元以上或者非法经营数额在五万元以上的；

（二）假冒两种以上注册商标，违法所得数额在二万元以上或者非法经营数额在三万元以上的；

（三）二年内因实施刑法第二百一十三条至第二百一十五条规定的行为受过刑事处罚或者行政处罚后再次实施，违法所得数额在二万元以上或者非法经营数额在三万元以上的；

（四）其他情节严重的情形。

未经注册商标所有人许可，在同一种服务上使用与其注册商标相同的商标，具有下列情形之一的，应当认定为刑法第二百一十三条规定的“情节严重”：

（一）违法所得数额在五万元以上的；

（二）假冒两种以上注册商标，违法所得数额在三万元以上的；

（三）二年内因实施刑法第二百一十三条至第二百一十五条规定的行为受过刑事处罚或者行政处罚后再次实施，违法所得数额在三万元以上的；

（四）其他情节严重的情形。

既假冒商品注册商标，又假冒服务注册商标，假冒商品注册商标的违法所得数额不足本条第一款规定标准，但与假冒服务注册商标的违法所得数额合计达到本条第二款规定标准的，应当认定为刑法第二百一十三条规定的“情节严重”。

违法所得数额、非法经营数额达到本条前三款相应规定标准十倍以上的，应当认定为刑法第二百一十三条规定的“情节特别严重”。

第七条　本解释所称“两种以上注册商标”，是指识别商品、服务不同来源的两种以上注册商标。虽然注册商标不同，但在同一种商品、服务上使用，均指向同一商品、服务来源的，不应当认定为“两种以上注册商标”。

本解释所称注册商标标识“件”，一般是指标有完整商标图样的一份标识。对于在一件有形载体上印制数个标识图样，该标识图样不能脱离有形载体单独使用的，应当认定为一件标识。

第八条　实施刑法第二百一十三条规定的假冒注册商标犯罪，又销售该假冒注册商标的商品，构成犯罪的，应当依照刑法第二百一十三条的规定，以假冒注册商标罪定罪处罚。

实施刑法第二百一十三条规定的假冒注册商标犯罪，又销售明知是他人的假冒注册商标的商品，构成犯罪的，应当实行数罪并罚。

【司法解释(2)】

《最高人民法院、最高人民检察院关于办理非法生产、销售烟草专卖品等刑事案件具体应用法律若干问题的解释》(法释〔2010〕7号，20100326)

第一条第二款　未经卷烟、雪茄烟等烟草专卖品注册商标所有人许可，在卷烟、雪茄烟等烟草专卖品上使用与其注册商标相同的商标，情节严重的，依照刑法第二百一十三条的规定，以假冒注册商标罪定罪处罚。

【司法指导文件(1)】

《最高人民法院、最高人民检察院、公安部关于办理侵犯知识产权刑事案件适用法律若干问题的意见》(法发〔2011〕3号，20110110)

五、关于刑法第二百一十三条规定的“同一种商品”的认定问题

名称相同的商品以及名称不同但指同一事物的商品，可以认定为“同一种商品”。“名称”是指国家工商行政管理总局商标局[①]在商标注册工作中对商品使用的名称，通常即《商标注册用商品和服务国际分类》中规定的商品名称。“名称不同但指同一事物的商品”是指在功能、用途、主要原料、消费对象、销售渠道等方面相同或者基本相同，相关公众一般认为是同一种事物的商品。

认定“同一种商品”，应当在权利人注册商标核定使用的商品和行为人实际生产销售的商品之间进行比较。

六、关于刑法第二百一十三条规定的“与其注册商标相同的商标”的认定问题

具有下列情形之一，可以认定为“与其注册商标相同的商标”：[②]

(一)改变注册商标的字体、字母大小写或者文字横竖排列，与注册商标之间仅有细微差别的；

(二)改变注册商标的文字、字母、数字等之间的间距，不影响体现注册商标显著特征的；

(三)改变注册商标颜色的；

(四)其他与注册商标在视觉上基本无差别、足以对公众产生误导的商标。

七、关于尚未附着或者尚未全部附着假冒注册商标标识的侵权产品价值是否计入非法经营数额的问题

---

① 根据2018年《深化党和国家机构改革方案》，原国家工商行政管理总局的商标管理职责被整合进重新组建的国家知识产权局，该局由国家市场监督管理总局管理。根据2023年《党和国家机构改革方案》，国家知识产权局由国家市场监督管理总局管理的国家局调整为国务院直属机构。——编者注

② 本条项下【司法解释(1)】第二条对“与其注册商标相同的商标”的认定作出了明确规定，实践中应当以司法解释为准。——编者注

在计算制造、储存、运输和未销售的假冒注册商标侵权产品价值时，对于已经制作完成但尚未附着(含加贴)或者尚未全部附着(含加贴)假冒注册商标标识的产品，如果有确实、充分证据证明该产品将假冒他人注册商标，其价值计入非法经营数额。

【司法指导文件(2)】

《最高人民法院刑事审判第二庭关于集体商标是否属于我国刑法的保护范围问题的复函》(〔2009〕刑二函字第28号，20090410)①

一、我国商标法第三条规定："经商标局核准注册的商标为注册商标，包括商品商标、服务商标和集体商标、证明商标；商标注册人享有商标专用权，受法律保护。"因此，刑法第二百一十三条至二百一十五条所规定的"注册商标"应当涵盖"集体商标"。

二、商标标识中注明了自己的注册商标的同时，又使用了他人注册为集体商标的地理名称，可以认定为刑法规定的"相同的商标"。……

【公安文件(1)】

《公安部经济犯罪侦查局关于重点商标是否等同于驰名商标问题的批复》(公经〔2002〕108号，20020121)

驰名商标并不等同于重点商标。驰名商标是由国家工商总局商标局依据法律而认定的商标；重点商标是由国家工商总局商标局根据工作需要，对一些有较高知名度且遭受跨省(市、区)严重侵权而确定的予以特别保护的商标。

【公安文件(2)】

《公安部经济犯罪侦查局关于对假冒"××××"商标案件的批复》(公经知产〔2012〕164号，20120702)

在办理侵犯商标权刑事案件中，对于犯罪嫌疑人所使用的商标是否与注册商标相同等问题，行政主管部门的认定意见不是刑事认定的必经程序，公安司法机关可依照刑法、商标法等法律、法规和司法解释的规定，并综合具体案件事实和各方面证据进行认定。必要时，公安司法机关可以就相关专业性问题咨询有关主管部门意见。对于确实需要进行鉴定的事项，应当委托国家认可的有鉴定资质的鉴定机构进行鉴定。

【指导性案例·法院】

〔郭明升、郭明锋、孙淑标假冒注册商标案，FZD87-2017〕

假冒注册商标犯罪的非法经营数额、违法所得数额，应当综合被告人供述、证人证言、被害人陈述、网络销售电子数据、被告人银行账户往来记录、送货单、快递公司电脑系统记录、被告人等所作记账等证据认定。被告人辩解称网络销售记录存在刷信誉的不真实交易，但无证据证实的，对其辩解不予采纳。

【指导性案例·检察】

〔丁某某、林某某等人假冒注册商标立案监督案，JZD93-2020〕

---

① 《最高人民检察院侦查监督厅关于对〈关于就一起涉嫌假冒注册商标案征求意见的函〉的答复函》(〔2009〕高检侦监函字12号，20090410)也指出，集体商标也属于注册商标，应属于刑法保护范围。——编者注

对于实施刑法第二百一十三条规定的假冒注册商标行为，又销售该假冒注册商标的商品，构成犯罪的，以假冒注册商标罪予以追诉。如果同时构成刑法分则第三章第一节生产、销售伪劣商品罪各条规定之罪的，应当依照处罚较重的罪名予以追诉。

〔姚常龙等五人假冒注册商标案，JZD101-2021〕

假冒在我国取得注册商标的商品销往境外，情节严重构成犯罪的，依法应予追诉。凡在我国合法注册且在有效期内的商标，商标所有权人享有的商标专用权依法受我国法律保护。未经注册商标所有人许可，假冒在我国注册的商标的商品，无论由境内生产销往境外，还是由境外生产销往境内，均属违反我国商标管理法律法规，侵害商标专用权，损害商品信誉，情节严重的，构成犯罪。司法实践中，要加强对跨境侵犯注册商标类犯罪的惩治，营造良好营商环境。

【法院案例库参考案例】

〔欧某辉、张某妹假冒注册商标案，2024-03-1-156-001〕假冒注册商标罪非法经营数额的认定

假冒注册商标罪中的非法经营数额，应包括制造、储存、运输、销售侵权产品的价值，尚未发货部分的货值金额也应计入非法经营数额。

【《刑事审判参考》案例】

〔参考案例第674号：孙国强等假冒注册商标案〕如何认定假冒注册商标罪中的同一种商品？对于已经制作完成但尚未附着或加贴假冒注册商标标识的产品，其价值是否应当计入非法经营数额？

1.未列入权利人注册商标核定使用范围内的商品，不应当被认定为假冒注册商标罪中的同一种商品。

2.当言词证据与物证能够相互印证，证明尚未附着或加贴假冒注册商标标识的产品将附着或加贴相关商标标识的，应当将产品价值计入非法经营数额。

〔参考案例第859号：李清假冒注册商标案〕假冒注册商标后又销售该假冒商品，但销售价格无法查清的，如何认定非法经营数额？

侦查机关扣押的行为人电脑中虽然没有其实际销售商品的价格记录，但行为人在将不同批次不同款式的假冒注册商标的商品照片放在不同价格名称的文件夹中的做法，基本反映出其主观上出售假冒注册商标的商品的出售价格。故以电脑主机中记载的不同批次不同款式假冒注册商标的商品上标注的平均价格认定非法经营数额，更符合本案实际。

第二百一十四条　【销售假冒注册商标的商品罪】销售明知是假冒注册商标的商品，违法所得数额较大或者有其他严重情节的，处三年以下有期徒刑，并处或者单处罚金；违法所得数额巨大或者有其他特别严重情节的，处三年以上十年以下有期徒刑，并处罚金。

【修正前条文】

第二百一十四条　【销售假冒注册商标的商品罪】销售明知是假冒注册商标的商品，销售金额数额较大的，处三年以下有期徒刑或者拘役，并处或者单处罚金；销售金额数额巨大的，处三年以上七年以下有期徒刑，并处罚金。

【修正说明】

刑法修正案(十一)第十八条对原条文作出下述修改：一是将本罪定罪量刑标准从销售金额修改为违法所得数额和情节；二是取消本罪的拘役刑；三是提升了法定最高刑。

【立法 · 要点注释】

1.适用本条规定时，必须有证据证明行为人明知其销售的商品是假冒他人注册商标的商品，如果行为人不知是假冒注册商标的商品而销售，不构成销售假冒注册商标的商品罪。我国商标法第六十四条规定，销售不知道是侵犯注册商标专有权的商品，能证明该商品是自己合法取得并说明提供者的，不承担赔偿责任。

2.“假冒注册商标”，是指假冒他人已经注册了的商标。如果将还未有人注册过的商标冒充已经注册的商标在商品上使用，不构成本条规定的犯罪，而是属于违反注册商标管理的行为。

3.虽然刑法修正案(十一)将本罪入罪标准由“销售金额数额较大”修改为“违法所得数额较大或者有其他严重情节”，但由于新的入罪标准增加了“其他严重情节”作为兜底性规定，因此，销售金额本身的大小仍然应当属于衡量行为人所实施的犯罪行为的情节是否达到严重的重要参照。所以，相关司法解释关于“销售金额数额较大”的规定，依然可以作为认定行为人犯罪行为情节严重程度的参考标准。

【司法解释(1)】

《最高人民法院、最高人民检察院关于办理侵犯知识产权刑事案件适用法律若干问题的解释》(法释〔2025〕5号，20250426)

第四条　销售假冒注册商标的商品，具有下列情形之一的，可以认定为刑法第二百一十四条规定的“明知”，但有证据证明确实不知道的除外：

(一)知道自己销售的商品上的注册商标被涂改、调换或者覆盖的；

(二)伪造、涂改商标注册人授权文件或者知道该文件被伪造、涂改的；

(三)因销售假冒注册商标的商品受过刑事处罚或者行政处罚，又销售同一种假冒注册商标的商品的；

(四)无正当理由以明显低于市场价格进货或者销售的；

(五)被行政执法机关、司法机关发现销售假冒注册商标的商品后，转移、销毁侵权商品、会计凭证等证据或者提供虚假证明的；

(六)其他可以认定为明知是假冒注册商标的商品的情形。

第五条　销售明知是假冒注册商标的商品，违法所得数额在三万元以上的，应当认定为刑法第二百一十四条规定的“违法所得数额较大”；具有下列情形之一的，应当认定为刑法第二百一十四条规定的“其他严重情节”：

(一)销售金额在五万元以上的；

(二)二年内因实施刑法第二百一十三条至第二百一十五条规定的行为受过刑事处罚或者行政处罚后再次实施，违法所得数额在二万元以上或者销售金额在三万元以上的；

(三)假冒注册商标的商品尚未销售，货值金额达到本款前两项规定的销售金额标准三倍以上，或者已销售商品的销售金额不足本款前两项标准，但与尚未销售商品的货值金额合计达到本款前两项规定的销售金额标准三倍以上的。

违法所得数额、销售金额、货值金额或者销售金额与货值金额合计达到本条前款相应规定标准十倍以上的，应当认定为刑法第二百一十四条规定的"违法所得数额巨大或者有其他特别严重情节"。

第七条　本解释所称"两种以上注册商标"，是指识别商品、服务不同来源的两种以上注册商标。虽然注册商标不同，但在同一种商品、服务上使用，均指向同一商品、服务来源的，不应当认定为"两种以上注册商标"。

本解释所称注册商标标识"件"，一般是指标有完整商标图样的一份标识。对于在一件有形载体上印制数个标识图样，该标识图样不能脱离有形载体单独使用的，应当认定为一件标识。

第八条　实施刑法第二百一十三条规定的假冒注册商标犯罪，又销售该假冒注册商标的商品，构成犯罪的，应当依照刑法第二百一十三条的规定，以假冒注册商标罪定罪处罚。

实施刑法第二百一十三条规定的假冒注册商标犯罪，又销售明知是他人的假冒注册商标的商品，构成犯罪的，应当实行数罪并罚。

【司法解释(2)】

《最高人民法院、最高人民检察院关于办理非法生产、销售烟草专卖品等刑事案件具体应用法律若干问题的解释》(法释〔2010〕7号，20100326)

第一条第三款　销售明知是假冒他人注册商标的卷烟、雪茄烟等烟草专卖品，销售金额较大的，依照刑法第二百一十四条的规定，以销售假冒注册商标的商品罪定罪处罚。

【司法指导文件(1)】

《最高人民法院、最高人民检察院、公安部关于办理侵犯知识产权刑事案件适用法律若干问题的意见》(法发〔2011〕3号，20110110)

八、关于销售假冒注册商标的商品犯罪案件中尚未销售或者部分销售情形的定罪量刑问题[①]

销售明知是假冒注册商标的商品，具有下列情形之一的，依照刑法第二百一十四条的规定，以销售假冒注册商标的商品罪(未遂)定罪处罚：

(一)假冒注册商标的商品尚未销售，货值金额在十五万元以上的；

(二)假冒注册商标的商品部分销售，已销售金额不满五万元，但与尚未销售的假冒注册商标的商品的货值金额合计在十五万元以上的。

假冒注册商标的商品尚未销售，货值金额分别达到十五万元以上不满二十五万元、二十五万元以上的，分别依照刑法第二百一十四条规定的各法定刑幅度定罪处罚。

销售金额和未销售货值金额分别达到不同的法定刑幅度或者均达到同一法定刑幅度的，在处罚较重的法定刑或者同一法定刑幅度内酌情从重处罚。

【司法指导文件(2)】

《最高人民法院、最高人民检察院、

① 本条项下【司法解释(1)】第五条对假冒注册商标的商品尚未销售或者部分销售情形的定罪量刑作出了明确规定，司法实践中应以司法解释为准。——编者注

公安部、国家烟草专卖局关于办理假冒伪劣烟草制品等刑事案件适用法律问题座谈会纪要》(商检会〔2003〕4号，20031223)

二、关于销售明知是假冒烟用注册商标的烟草制品行为中的“明知”问题

根据刑法第二百一十四条的规定，销售明知是假冒烟用注册商标的烟草制品，销售金额较大的，构成销售假冒注册商标的商品罪。

“明知”，是指知道或应当知道。有下列情形之一的，可以认定为“明知”：

1.以明显低于市场价格进货的；

2.以明显低于市场价格销售的；

3.销售假冒烟用注册商标的烟草制品被发现后转移、销毁物证或者提供虚假证明、虚假情况的；

4.其他可以认定为明知的情形。

四、关于共犯问题

知道或者应当知道他人实施本《纪要》第一条至第三条规定的犯罪行为，仍实施下列行为之一的，应认定为共犯，依法追究刑事责任：

1.直接参与生产、销售假冒伪劣烟草制品或者销售假冒烟用注册商标的烟草制品或者直接参与非法经营烟草制品并在其中起主要作用的；

2.提供房屋、场地、设备、车辆、贷款、资金、账号、发票、证明、技术等设施和条件，用于帮助生产、销售、储存、运输假冒伪劣烟草制品、非法经营烟草制品的；

3.运输假冒伪劣烟草制品的。

上述人员中有检举他人犯罪经查证属实，或者提供重要线索，有立功表现的，可以从轻或减轻处罚；有重大立功表现的，可以减轻或者免除处罚。

【法院案例库参考案例】

〔合肥市某电子有限公司、钟传某销售假冒注册商标的商品案，2023-09-1-157-002〕通过商标国际注册程序在我国获准领土延伸保护的商标受刑事保护

依据《商标国际注册马德里协定》和《商标国际注册马德里协定有关议定书》进行商标国际注册，并经我国商标行政管理机关核准，获准在我国进行领土延伸保护的商标，与在我国境内直接提出申请并获准注册的注册商标具有同等的法律效力。在符合商标权犯罪构成要件的情况下，对侵犯案涉注册商标的行为，应予刑事处罚。

〔石某波销售假冒注册商标的商品案，2024-16-1-156-001〕是否积极弥补被害方损失是评价罪犯主观改造表现的重要因素

知识产权刑事案件由于被害人众多、案情复杂以及刑民赔偿计算方法的不同等原因，被害方实体权利的救济较少通过刑事附带民事诉讼的方法来解决，不少通过另行提起民事诉讼来实现。在该类罪犯减刑案件中，被害方受损利益往往数额巨大，相关罪犯对其损失赔偿的履行情况及态度，是否以实际行动积极弥补被害方受损利益，应作为判断罪犯主观改造表现是否积极、是否确有悔改表现的重要因素。

【《刑事审判参考》案例】

〔参考案例第860号：顾娟、张立峰销售假冒注册商标的商品案〕如何认定商标权利人出具商品真伪鉴定意见的证据属性？

商标权利人在侵犯商标权刑事犯

罪案件中，处于被害人地位，其就假冒商品或者商标所作的真伪辨别属于被害人陈述而非鉴定意见，无须鉴定资质的要求。

〔参考案例第1317号：白升余销售假冒注册商标的商品案〕防疫期间销售冒牌口罩的行为如何认定？如何认定“明知是假冒注册商标的商品”？

1.销售冒牌口罩的行为同时触犯销售假冒注册商标的商品罪、销售伪劣产品罪等罪名的，应择一重罪处罚。

2.销售假冒注册商标的商品罪是故意犯罪，要求行为人主观上具有明知。“明知”不仅可以根据被告人明确的供述进行认定，也可以根据客观的事实进行推定；而从认识的程度来说，“明知”不仅包括对事实的确知，还应当包括对高度可能性的认识。如果有确实充分的证据证明行为人是因为被欺骗或者事后才知道其销售的是假冒注册商标的商品，则不能认定为“明知”。

第二百一十五条　【非法制造、销售非法制造的注册商标标识罪】伪造、擅自制造他人注册商标标识或者销售伪造、擅自制造的注册商标标识，情节严重的，处三年以下有期徒刑，并处或者单处罚金；情节特别严重的，处三年以上十年以下有期徒刑，并处罚金。

【修正前条文】

第二百一十五条　【非法制造、销售非法制造的注册商标标识罪】伪造、擅自制造他人注册商标标识或者销售伪造、擅自制造的注册商标标识，情节严重的，处三年以下有期徒刑、拘役或者管制，并处或者单处罚金；情节特别严重的，处三年以上七年以下有期徒刑，并处罚金。

【修正说明】

刑法修正案(十一)第十九条对原条文作出下述修改：一是取消了本罪的拘役刑和管制刑；二是提升了法定最高刑。

【司法解释(1)】

《最高人民法院、最高人民检察院关于办理侵犯知识产权刑事案件适用法律若干问题的解释》(法释〔2025〕5号，20250426)

第六条　伪造、擅自制造他人注册商标标识或者销售伪造、擅自制造的注册商标标识，具有下列情形之一的，应当认定为刑法第二百一十五条规定的“情节严重”：

(一)标识数量在一万件以上，或者违法所得数额在二万元以上，或者非法经营数额在三万元以上的；

(二)伪造、擅自制造或者销售伪造、擅自制造两种以上注册商标标识，标识数量在五千件以上，或者违法所得数额在一万元以上，或者非法经营数额在二万元以上的；

(三)二年内因实施刑法第二百一十三条至第二百一十五条规定的行为受过刑事处罚或者行政处罚后再次实施，标识数量在五千件以上，或者违法所得数额在一万元以上，或者非法经营数额在二万元以上的；

(四)销售他人非法制造的注册商标标识，尚未销售的标识数量达到本款前三项规定标准三倍以上，或者已销售的标识数量不足本款前三项标准，但与尚未销售的标识数量合计达到本款前三项规定标准三倍以上的；

（五）其他情节严重的情形。

标识数量、违法所得数额、非法经营数额达到本条前款相应规定标准五倍以上的，应当认定为刑法第二百一十五条规定的“情节特别严重”。

第七条　本解释所称“两种以上注册商标”，是指识别商品、服务不同来源的两种以上注册商标。虽然注册商标不同，但在同一种商品、服务上使用，均指向同一商品、服务来源的，不应当认定为“两种以上注册商标”。

本解释所称注册商标标识“件”，一般是指标有完整商标图样的一份标识。对于在一件有形载体上印制数个标识图样，该标识图样不能脱离有形载体单独使用的，应当认定为一件标识。

【司法解释(2)】

《最高人民法院、最高人民检察院关于办理非法生产、销售烟草专卖品等刑事案件具体应用法律若干问题的解释》(法释〔2010〕7号，20100326)

第一条第四款　伪造、擅自制造他人卷烟、雪茄烟注册商标标识或者销售伪造、擅自制造的卷烟、雪茄烟注册商标标识，情节严重的，依照刑法第二百一十五条的规定，以非法制造、销售非法制造的注册商标标识罪定罪处罚。

【司法指导文件】

《最高人民法院、最高人民检察院、公安部关于办理侵犯知识产权刑事案件适用法律若干问题的意见》(法发〔2011〕3号，20110110)

九、关于销售他人非法制造的注册商标标识犯罪案件中尚未销售或者部分销售情形的定罪问题[①]

销售他人伪造、擅自制造的注册商标标识，具有下列情形之一的，依照刑法第二百一十五条的规定，以销售非法制造的注册商标标识罪(未遂)定罪处罚：

（一）尚未销售他人伪造、擅自制造的注册商标标识数量在六万件以上的；

（二）尚未销售他人伪造、擅自制造的两种以上注册商标标识数量在三万件以上的；

（三）部分销售他人伪造、擅自制造的注册商标标识，已销售标识数量不满二万件，但与尚未销售标识数量合计在六万件以上的；

（四）部分销售他人伪造、擅自制造的两种以上注册商标标识，已销售标识数量不满一万件，但与尚未销售标识数量合计在三万件以上的。

【《刑事审判参考》案例】

〔参考案例第678号：王学保非法制造注册商标标识案〕将回收的空旧酒瓶、包装物与购买的假冒注册商标标识进行组装的行为，如何定性？

商标标识是指与商品配套一同进入流通领域的带有商标的有形载体。带有注册商标的空旧酒瓶、包装物应属注册商标标识；将回收的空旧酒瓶、包装物与购买的假冒注册商标标识进行组装的行为属于简单的物理组合行为，

① 本条项下【司法解释(1)】第六条对销售他人非法制造的注册商标标识犯罪案件中尚未销售或者部分销售情形的定罪作出了明确规定，司法实践中应以司法解释为准。——编者注

但仍符合制造的本质特征，应当定性为“制造”，故将回收的空旧酒瓶、包装物与购买的假冒注册商标标识进行组装的行为构成非法制造注册商标标识罪。

第二百一十六条 【假冒专利罪】假冒他人专利，情节严重的，处三年以下有期徒刑或者拘役，并处或者单处罚金。

【立法・要点注释】

根据专利法的规定，任何单位或者个人实施他人专利，必须与专利权人订立书面实施许可合同，向专利权人支付专利使用费。被许可人无权允许合同规定以外的任何单位或个人实施该专利。这里规定的“许可”不是一般的口头同意，而是要签订专利许可合同。专利许可意味着专利权人允许被许可人有权在专利权期限内，在其效力所及的范围内对该发明创造加以利用。如果行为人已经得到专利权人同意，只是还未签订书面许可合同，或者还未向专利权人支付使用费，不构成犯罪。

【司法解释】

《最高人民法院、最高人民检察院关于办理侵犯知识产权刑事案件适用法律若干问题的解释》(法释〔2025〕5号，20250426)

第九条　具有下列情形之一的，应当认定为刑法第二百一十六条规定的“假冒他人专利”：

(一)伪造或者变造他人的专利证书、专利文件或者专利申请文件的；

(二)未经许可，在其制造或者销售的产品、产品包装上标注他人专利号的；

(三)未经许可，在合同、产品说明书或者广告等宣传材料中使用他人的专利号，使人误认为是他人发明、实用新型或者外观设计的。

第十条　假冒他人专利，具有下列情形之一的，应当认定为刑法第二百一十六条规定的“情节严重”：

(一)违法所得数额在十万元以上或者非法经营数额在二十万元以上的；

(二)给专利权人造成直接经济损失三十万元以上的；

(三)假冒两项以上他人专利，违法所得数额在五万元以上或者非法经营数额在十万元以上的；

(四)二年内因实施假冒他人专利的行为受过刑事处罚或者行政处罚后再次实施，违法所得数额在五万元以上或者非法经营数额在十万元以上的；

(五)其他情节严重的情形。

第二百一十七条 【侵犯著作权罪】以营利为目的，有下列侵犯著作权或者与著作权有关的权利的情形之一，违法所得数额较大或者有其他严重情节的，处三年以下有期徒刑，并处或者单处罚金；违法所得数额巨大或者有其他特别严重情节的，处三年以上十年以下有期徒刑，并处罚金：

（一）未经著作权人许可，复制发行、通过信息网络向公众传播其文字作品、音乐、美术、视听作品、计算机软件及法律、行政法规规定的其他作品的；

（二）出版他人享有专有出版权的图书的；

（三）未经录音录像制作者许可，复制发行、通过信息网络向公众传播其制作的录音录像的；

（四）未经表演者许可，复制发行录有其表演的录音录像制品，或者通过信息网络向公众传播其表演的；

（五）制作、出售假冒他人署名的美术作品的；

（六）未经著作权人或者与著作权有关的权利人许可，故意避开或者破坏权利人为其作品、录音录像制品等采取的保护著作权或者与著作权有关的权利的技术措施的。

【修正前条文】

第二百一十七条【侵犯著作权罪】以营利为目的，有下列侵犯著作权情形之一，违法所得数额较大或者有其他严重情节的，处三年以下有期徒刑或者拘役，并处或者单处罚金；违法所得数额巨大或者有其他特别严重情节的，处三年以上七年以下有期徒刑，并处罚金：

（一）未经著作权人许可，复制发行其文字作品、音乐、电影、电视、录像作品、计算机软件及其他作品的；

（二）出版他人享有专有出版权的图书的；

（三）未经录音录像制作者许可，复制发行其制作的录音录像的；

（四）制作、出售假冒他人署名的美术作品的。

【修正说明】

刑法修正案（十一）第二十条对原条文作出下述修改：一是与著作权法相衔接，增加了与著作权有关的权利的表述，完善了作品的类型，在犯罪情形中增加了侵犯表演者权利，以及避开或者破坏技术保护措施的两种侵权行为方式，并增加了通过信息网络向公众传播作品、录音录像制品、表演的规定。二是提高了侵犯著作权罪的刑罚，将第一档刑罚由“三年以下有期徒刑或者拘役，并处或者单处罚金”修改为“三年以下有期徒刑，并处或者单处罚金”，将最高刑罚由七年有期徒刑修改为十年有期徒刑。

【立法 · 要点注释】

1.关于“以营利为目的”的认定。是否“以营利为目的”，是就行为人相关行为的目的和性质而言的，并不意味着行为人的行为一定要有即期获利或者直接从中取得经济收入。如有的行为人虽然出于商业目的实施侵权行为，但开始阶段可能因为吸引“流量”“促销”等原因，并没有实现盈利，甚至“赔本赚吆喝”，但就其行为的实质来看，属于为了远期盈利，而以营利为目的实施侵犯他人著作权的行为，这不影响其行为被认定为“以营利为目的”。例如，有的为了提高网站的知名度、吸引更多网民或者提高点击率，许可他人免费使用自己侵犯第三人著作权而得到的作品；有的以免费的形式将盗版作品通过网络进行分发，积累到一定的用户流量和会员数量后，便将网站或者App打包出售以获取利益。此类行为在前期不投放广告、不收取会员费，都完全是以免费、非营利的表象出现的，只有在打包出售时才能体现出其主观营利的目的。对于前期的侵犯著作权的行为，是否能认定为“以营利为目的”，应当结合行为人的行为表现、意图、远期目标等进行综合判断，行为人是为了远期获利的，即使当前尚未实际获利甚至亏损，但符合“以营利为目的”条件的，可以依照本条规定的予以处罚。

2.关于"美术作品"的认定。刑法关于美术作品的范围，与著作权法的规定是一致的。根据著作权法等有关规定，美术作品主要包括绘画、书法、雕塑、工艺美术等。这里的工艺美术通常分为两类，一类是陈设工艺，即专供陈设欣赏用的工艺美术品，如象牙雕刻、泥塑等；另一类是日用工艺，即经过装饰加工可供人们日常生活用的实用艺术品，如家居工艺、陶瓷工艺中的碗、杯等。著作权法所保护的工艺美术，只保护工艺美术品中具有创造性的造型或美术图案，不保护生产过程中的工艺；只保护具有创造性的造型艺术，不保护日常生活中使用的实用功能，首创的具有实用功能的实用品，可以受到其他有关法律的保护。

3.著作权法第五十条对可以避开技术措施的五种情形作了规定，包括为学校课堂教学或科学研究，而无法通过正常途径获取；国家机关执行公务；进行加密研究或者计算机软件反向工程研究等，上述情形属于合理避开，不属于本条第六项规定的违法行为。

【相关立法】

《中华人民共和国著作权法》(20210601)

第五十三条　有下列侵权行为的，应当根据情况，承担本法第五十二条规定的民事责任；侵权行为同时损害公共利益的，由主管著作权的部门责令停止侵权行为，予以警告，没收违法所得，没收、无害化销毁处理侵权复制品以及主要用于制作侵权复制品的材料、工具、设备等，违法经营额五万元以上的，可以并处违法经营额一倍以上五倍以下的罚款；没有违法经营额、违法经营额难以计算或者不足五万元的，可以并处二十五万元以下的罚款；构成犯罪的，依法追究刑事责任：

（一）未经著作权人许可，复制、发行、表演、放映、广播、汇编、通过信息网络向公众传播其作品的，本法另有规定的除外；

（二）出版他人享有专有出版权的图书的；

（三）未经表演者许可，复制、发行录有其表演的录音录像制品，或者通过信息网络向公众传播其表演的，本法另有规定的除外；

（四）未经录音录像制作者许可，复制、发行、通过信息网络向公众传播其制作的录音录像制品的，本法另有规定的除外；

（五）未经许可，播放、复制或者通过信息网络向公众传播广播、电视的，本法另有规定的除外；

（六）未经著作权人或者与著作权有关的权利人许可，故意避开或者破坏技术措施的，故意制造、进口或者向他人提供主要用于避开、破坏技术措施的装置或者部件的，或者故意为他人避开或者破坏技术措施提供技术服务的，法律、行政法规另有规定的除外；

（七）未经著作权人或者与著作权有关的权利人许可，故意删除或者改变作品、版式设计、表演、录音录像制品或者广播、电视上的权利管理信息的，知道或者应当知道作品、版式设计、表演、录音录像制品或者广播、电视上的权利管理信息未经许可被删除或者改变，仍然向公众提供的，法律、行政法规另有规定的除外；

（八）制作、出售假冒他人署名的作品的。

【立案追诉标准】

《最高人民检察院、公安部关于公安机关管辖的刑事案件立案追诉标准的规定(一)》(公通字〔2008〕36 号,20080625)

第二十六条[①]　〔侵犯著作权案(刑法第二百一十七条)〕以营利为目的,未经著作权人许可,复制发行其文字作品、音乐、电影、电视、录像作品、计算机软件及其他作品,或者出版他人享有专有出版权的图书,或者未经录音录像制作者许可,复制发行其制作的录音录像,或者制作、出售假冒他人署名的美术作品,涉嫌下列情形之一的,应予立案追诉:

(一)违法所得数额三万元以上的;

(二)非法经营数额五万元以上的;

(三)未经著作权人许可,复制发行其文字作品、音乐、电影、电视、录像作品、计算机软件及其他作品,复制品数量合计五百张(份)以上的;

(四)未经录音录像制作者许可,复制发行其制作的录音录像制品,复制品数量合计五百张(份)以上的;

(五)其他情节严重的情形。

以刊登收费广告等方式直接或者间接收取费用的情形,属于本条规定的"以营利为目的"。

本条规定的"未经著作权人许可",是指没有得到著作权人授权或者伪造、涂改著作权人授权许可文件或者超出授权许可范围的情形。

本条规定的"复制发行",包括复制、发行或者既复制又发行的行为。

通过信息网络向公众传播他人文字作品、音乐、电影、电视、录像作品、计算机软件及其他作品,或者通过信息网络传播他人制作的录音录像制品的行为,应当视为本条规定的"复制发行"。

侵权产品的持有人通过广告、征订等方式推销侵权产品的,属于本条规定的"发行"。

本条规定的"非法经营数额",是指行为人在实施侵犯知识产权行为过程中,制造、储存、运输、销售侵权产品的价值。已销售的侵权产品的价值,按照实际销售的价格计算。制造、储存、运输和未销售的侵权产品的价值,按照标价或者已经查清的侵权产品的实际销售平均价格计算。侵权产品没有标价或者无法查清其实际销售价格的,按照被侵权产品的市场中间价格计算。

【司法解释(1)】

《最高人民法院、最高人民检察院关于办理侵犯知识产权刑事案件适用法律若干问题的解释》(法释〔2025〕5 号,20250426)

第十一条　实施侵犯著作权或者与著作权有关的权利的行为,没有取得著作权人、录音录像制作者、表演者授权,或者伪造、涂改授权许可文件,或者超出授权许可范围,应当认定为刑法第二百一十七条规定的"未经著作权人许可"、"未经录音录像制作者许可"、"未经表演者许可"。

在刑法第二百一十七条规定的作品、录音录像制品上以通常方式署名的自然人、法人或者非法人组织,应当推定

① 该条立案追诉标准与本条项下【司法解释(1)】第十一条、第十二条、第十三条、第二十八条的规定不一致的,应以后者的规定为准。——编者注

为著作权人或者录音录像制作者，且该作品、录音录像制品上存在着相应权利，但有相反证据的除外。

在涉案作品、录音录像制品种类众多且权利人分散的案件中，有证据证明涉案作品、录音录像制品系非法出版、复制发行、通过信息网络向公众传播，且出版者、复制发行者、信息网络传播者不能提供获得著作权人、录音录像制作者、表演者许可的相关证据材料的，可以认定为刑法第二百一十七条规定的“未经著作权人许可”、“未经录音录像制作者许可”、“未经表演者许可”。但是，有证据证明权利人放弃权利、涉案作品的著作权或者录音录像制品、表演者的有关权利不受我国著作权法保护、权利保护期限已经届满等情形除外。

第十二条　未经著作权人或者与著作权有关的权利人许可，既复制又发行或者为发行而复制作品、录音录像制品的行为，应当认定为刑法第二百一十七条规定的“复制发行”。

未经著作权人或者与著作权有关的权利人许可，以有线或者无线的方式向公众提供，使公众可以在其选定的时间和地点获得作品、录音录像制品、表演的，应当认定为刑法第二百一十七条规定的“通过信息网络向公众传播”。

第十三条　实施刑法第二百一十七条规定的侵犯著作权或者与著作权有关的权利的行为，违法所得数额在三万元以上的，应当认定为刑法第二百一十七条规定的“违法所得数额较大”；具有下列情形之一的，应当认定为刑法第二百一十七条规定的“其他严重情节”：

（一）非法经营数额在五万元以上的；

（二）二年内因实施刑法第二百一十七条、第二百一十八条规定的行为受过刑事处罚或者行政处罚后再次实施，违法所得数额在二万元以上或者非法经营数额在三万元以上的；

（三）复制发行他人作品或者录音录像制品，复制件数量合计在五百份(张)以上的；

（四）通过信息网络向公众传播他人作品、录音录像制品或者表演，数量合计在五百件(部)以上的，或者下载数量达到一万次以上的，或者被点击数量达到十万次以上的，或者以会员制方式传播，注册会员数量达到一千人以上的；

（五）数额或者数量虽未达到本款第一项至第四项规定标准，但分别达到其中两项以上标准一半以上的。

明知他人实施侵犯著作权犯罪，而向他人提供主要用于避开、破坏技术措施的装置或者部件，或者为他人避开、破坏技术措施提供技术服务，违法所得数额、非法经营数额达到前款规定标准的，应当以侵犯著作权罪追究刑事责任。

数额、数量达到本条前两款相应规定标准十倍以上的，应当认定为刑法第二百一十七条规定的“违法所得数额巨大或者有其他特别严重情节”。

第十五条　实施刑法第二百一十七条规定的侵犯著作权犯罪，又销售该侵权复制品，构成犯罪的，应当依照刑法第二百一十七条的规定，以侵犯著作权罪定罪处罚。

实施刑法第二百一十七条规定的侵犯著作权犯罪，又销售明知是他人的侵权复制品，构成犯罪的，应当实行数罪并罚。

【司法解释(2)】

《最高人民法院关于审理非法出版物刑事案件具体应用法律若干问题的解释》（法释〔1998〕30号，19981223）

第三条　刑法第二百一十七条第(一)项中规定的“复制发行”，是指行为人以营利为目的，未经著作权人许可而实施的复制、发行或者既复制又发行其文字作品、音乐、电影、电视、录像作品、计算机软件及其他作品的行为。

第五条　实施刑法第二百一十七条规定的侵犯著作权行为，又销售该侵权复制品，违法所得数额巨大的，只定侵犯著作权罪，不实行数罪并罚。

实施刑法第二百一十七条规定的侵犯著作权的犯罪行为，又明知是他人的侵权复制品而予以销售，构成犯罪的，应当实行数罪并罚。

第十七条　本解释所称“经营数额”，是指以非法出版物的定价数额乘以行为人经营的非法出版物数量所得的数额。

本解释所称“违法所得数额”，是指获利数额。

非法出版物没有定价或者以境外货币定价的，其单价数额应当按照行为人实际出售的价格认定。

【司法指导文件(1)】

《最高人民法院、最高人民检察院、公安部关于办理侵犯知识产权刑事案件适用法律若干问题的意见》(法发〔2011〕3号，20110110)

十、关于侵犯著作权犯罪案件“以营利为目的”的认定问题

除销售外，具有下列情形之一的，可以认定为“以营利为目的”：

(一)以在他人作品中刊登收费广告、捆绑第三方作品等方式直接或者间接收取费用的；

(二)通过信息网络传播他人作品，或者利用他人上传的侵权作品，在网站或者网页上提供刊登收费广告服务，直接或者间接收取费用的；

(三)以会员制方式通过信息网络传播他人作品，收取会员注册费或者其他费用的；

(四)其他利用他人作品牟利的情形。

十一、关于侵犯著作权犯罪案件“未经著作权人许可”的认定问题

“未经著作权人许可”一般应当依据著作权人或者其授权的代理人、著作权集体管理组织、国家著作权行政管理部门指定的著作权认证机构出具的涉案作品版权认证文书，或者证明出版者、复制发行者伪造、涂改授权许可文件或者超出授权许可范围的证据，结合其他证据综合予以认定。

在涉案作品种类众多且权利人分散的案件中，上述证据确实难以一一取得，但有证据证明涉案复制品系非法出版、复制发行的，且出版者、复制发行者不能提供获得著作权人许可的相关证明材料的，可以认定为“未经著作权人许可”。但是，有证据证明权利人放弃权利、涉案作品的著作权不受我国著作权法保护，或者著作权保护期限已经届满的除外。

十二、关于刑法第二百一十七条规定的“发行”的认定及相关问题

“发行”，包括总发行、批发、零售、通过信息网络传播以及出租、展销等活动。

非法出版、复制、发行他人作品，侵犯著作权构成犯罪的，按照侵犯著作权罪定罪处罚，不认定为非法经营罪等其他犯罪。

十三、关于通过信息网络传播侵权

作品行为的定罪处罚标准问题[①]

以营利为目的，未经著作权人许可，通过信息网络向公众传播他人文字作品、音乐、电影、电视、美术、摄影、录像作品、录音录像制品、计算机软件及其他作品，具有下列情形之一的，属于刑法第二百一十七条规定的“其他严重情节”：

(一) 非法经营数额在五万元以上的；

(二) 传播他人作品的数量合计在五百件(部)以上的；

(三) 传播他人作品的实际被点击数达到五万次以上的；

(四) 以会员制方式传播他人作品，注册会员达到一千人以上的；

(五) 数额或者数量虽未达到第(一)项至第(四)项规定标准，但分别达到其中两项以上标准一半以上的；

(六) 其他严重情节的情形。

实施前款规定的行为，数额或者数量达到前款第(一)项至第(五)项规定标准五倍以上的，属于刑法第二百一十七条规定的“其他特别严重情节”。

【司法指导文件(2)】

《最高人民法院研究室关于制作、销售网络游戏外挂程序如何处理问题的研究意见》(2012)[②]

对于制作、销售网络游戏外挂程序的行为，要全面综合判断行为的社会危害性，秉持刑法的谦抑性，慎用刑事制裁手段。对于社会危险性严重、确需追究刑事责任的制作、销售互联网游戏外挂程序行为，也应妥善选择适用罪名。对制作、销售网络游戏外挂程序的行为应以侵犯著作权罪定罪处罚，不宜适用非法经营罪、破坏计算机信息系统罪等其他罪名。

【公安文件(1)】

《公安部关于对侵犯著作权案件中尚未印制完成的侵权复制品如何计算非法经营数额问题的批复》(公复字〔2003〕2号，20030620)

根据《最高人民法院关于审理非法出版物刑事案件具体应用法律若干问题的解释》第十七条的规定，侵犯著作权案件，应以非法出版物的定价数额乘以行为人经营的非法出版物数量所得的数额计算其经营数额。因此，对于行为人尚未印制完成侵权复制品的，应当以侵权复制品的定价数额乘以承印数量所得的数额计算其经营数额。但由于上述行为属于犯罪未遂，对于需要追究刑事责任的，公安机关应当在起诉意见书中予以说明。

【公安文件(2)】

《公安部经济犯罪侦查局关于对“××视频”网站涉嫌侵犯著作权案如何适用法律问题的批复》(公经〔2010〕663号，20101102)

有关广告在侵权影视作品及非侵权作品中均有刊登的，或者刊登广告的网页上同时提供侵权影视作品和其他非侵权作品的，应当根据广告刊登方式、刊登位置、收费方式等因素合理确

① 本条项下【司法解释(1)】第十三条对通过信息网络传播侵权作品行为的定罪处罚标准作出了明确规定，司法实践中应以司法解释为准。——编者注

② 刑法修正案(十一)实施后，这类行为可以按修正后的刑法第二百一十七条第六项定性处理。——编者注

定其犯罪数额。无法查清的，可以参照有关广告费用乘以广告在侵权影视作品中播放、显示的次数占全部广告播放、显示次数的比例所得之积计算；或者参照有关广告费用乘以侵权影视作品的实际被点击次数占有关作品、网页实际被点击总次数的比例所得之积计算。上述方法均无法计算的，对于以播放影视作品为主的视频网站，可以参照有关广告费用乘以侵权影视作品占网站所有影视作品的比例所得之积计算。

【指导性案例·检察】

〔陈力等八人侵犯著作权案，JZD100-2021〕

为准确指控和证明犯罪，检察机关在适时介入侦查、引导取证时，应注意以下方面：一是提取、固定和保全涉案网站视频链接、链接所指向的视频文件、涉案网站影视作品目录、涉案网站视频播放界面；二是固定、保全涉案网站对应的云转码服务器后台及该后台中的视频链接；三是比对确定云转码后台形成的链接与涉案网站播放的视频链接是否具有同一性；四是对犯罪过程中涉及的多个版本盗版影片，技术性地针对片头片中片尾分别进行作品的同一性对比。

〔梁永平、王正航等十五人侵犯著作权案，JZD193-2023〕

办理网络侵犯著作权刑事案件，应当准确理解把握"避风港规则"适用条件，通过审查网络服务提供者是否明知侵权，认定其无罪辩解是否成立。涉案侵权视听作品数量较大的，可通过鉴定机构抽样鉴定的方式，结合权利人鉴别意见，综合认定作品是否构成实质性相似。对于涉案人员众多的网络知识产权案件，应根据涉案人员在案件中的地位、作用、参与程度以及主观恶性等因素，按照宽严相济刑事政策分层分类处理。

〔上海某公司、许林、陶伟侵犯著作权案，JZD194-2023〕

1.对于通过反向工程获取芯片中二进制代码后，未经许可以复制二进制代码方式制售权利人芯片的，应认定为复制发行计算机软件行为，违法所得数额较大或有其他严重情节的，以侵犯著作权罪追究刑事责任。行为人制售的芯片上附着有与他人注册商标相同的标识，但该标识封闭于产品内部，未用于区分商品来源，不构成侵犯商标权犯罪。对于行为人从公开渠道购买芯片并从中提取二进制代码的，应注重审查其反向工程的辩解是否成立，综合认定是否构成侵犯商业秘密罪。

2.对于以复制二进制代码方式制售权利人芯片的，应以二进制代码作为比对客体，综合全案证据认定计算机软件是否构成实质性相似。

【法院案例库参考案例】

〔陈某、林某等侵犯著作权案，2024-18-1-160-001〕互联网跨境侵犯视听作品著作权行为的处理

以境外服务器为工具，采取境内外人员合作、远程控制的方式，从正版网站下载视听作品，通过转化格式、切片转码、生成链接再发布的方式，在互联网上向公众传播相关视听作品，违法所得数额较大或者有其他严重情节的，应当依照刑法第二百一十七条的规定，以侵犯著作权罪论处。

〔上海某集成电路设计有限公司侵犯著作权案，2024-09-1-160-002〕

破解他人芯片并大量制售侵权芯片的定性

以二进制代码形式固化至芯片内的代码化指令序列享有计算机软件著作权，受到著作权法及刑法保护。未经软件著作权人许可，反向破解受害人芯片，提取其中的文件并进行复制生产、对外销售，符合刑法第二百一十七条规定的，以侵犯著作权罪论处。

〔北京易某信息技术有限公司、于某侵犯著作权案，2023-09-1-160-003〕判断网页转码技术是否侵害他人著作权的认定

对网页的“转码”过程必然导致对其中作品的存储，是否侵犯他人著作权取决于该存储是否短暂的及临时的、是否转码技术所必须、是否具备独立的经济价值等因素。若网络服务商以转码为借口，实施了超越转码技术所必须的、属于著作权法专有权利保护范围的行为，则应当承担侵权责任，在情节严重的情况下，构成侵犯著作权罪。本案中，经营者将转码的内容传输给触发转码的用户后，还将该内容存储在自己的服务器中供其他用户直接获取，属于对他人作品的复制和信息网络传播，构成侵权。

〔燕某侵犯著作权案，2023-09-1-160-002〕向游戏软件提供私服运营构成犯罪的认定

网络游戏程序属于可以由计算机等具有信息处理能力的装置执行的代码化序列的计算机软件。私服行为人通过非法途径获得网络游戏软件服务器端程序的源代码，即使调整程序的一些边缘部分以迎合游戏玩家的需要，但其非法提供的游戏软件的源程序与其所依托的正版软件源程序是实质性相似的。私服行为人对其经营的游戏软件并未真正作出独创性的贡献。行为人未经游戏软件著作权人许可，非法获取网络游戏软件源程序后，私自架设并运营该网络游戏服务器牟利属于复制发行计算机软件的行为，非法获利数额较大的，构成侵犯著作权罪。

〔张某某侵犯著作权案，2023-09-1-160-007〕非作品提供的网络服务提供行为的刑事规制

非作品提供的网络服务提供行为，符合信息网络传播行为的实质性要件，属相关司法解释视为“复制发行”的“通过信息网络向公众传播他人作品”的行为。在作品提供者及网络服务提供行为实施者对其传播的作品具侵权性存在明知的状态下，应当对网络服务提供者以侵犯著作权罪定罪处罚。

〔李某某等九人侵犯著作权案，2023-09-1-160-006〕侵犯著作权罪中复制发行行为的认定

1.权利人设计创作的具有独创性的拼装积木玩具，其中包装、图册上的平面图案以及由积木颗粒搭建完成的立体模型具有独创性及独特的审美意义，属于我国著作权法所保护的美术作品。

2.未经权利人许可复制发行美术作品数额达到刑法及司法解释规定的标准，构成侵犯著作权罪。区别侵犯著作权罪的“发行”行为与销售侵权复制品罪的“销售”行为，需结合案件中行为人与复制生产商是否具有紧密联系综合考量。

【法院公报案例】

〔江苏省苏州市虎丘区人民检察院诉成都共软网络科技有限公司、孙显忠

等人侵犯著作权案，GB2010-9〕

行为人未经著作权人许可复制其计算机软件，通过修改相应程序捆绑其他软件后在互联网上发布供他人下载，并因此获取广告费等收益的，属于刑法第二百一十七条规定的“以营利为目的”的“复制发行”行为。

〔江苏省无锡市滨湖区人民检察院诉鞠文明、徐路路、华轶侵犯著作权案，GB2012-1〕

行为人通过非法手段获取他人享有著作权的计算机软件中的目标程序并与特定硬件产品相结合，用于生产同类侵权产品，在某些程序、代码方面虽有不同，但只要实现硬件产品功能的目标程序或功能性代码与他人享有著作权的计算机软件“实质相同”，即属于非法复制发行计算机软件的行为，应以侵犯著作权罪定罪处罚。

如果涉案侵权产品的价值主要在于实现其产品功能的软件程序，即软件著作权价值为其主要价值构成，应以产品整体销售价格作为非法经营数额的认定依据。

【《刑事审判参考》案例】

〔参考案例第679号：凌永超侵犯著作权、贩卖淫秽物品牟利案〕如何认定“未经著作权人许可”？

对于有证据证明涉案复制品系非法复制发行，且复制发行者不能提供获得著作权人许可的相关证明材料的，可以认定为“未经著作权人许可”。

〔参考案例第942号：余刚等侵犯著作权案〕复制部分实质性相同的计算机程序文件并加入自行编写的脚本文件形成新的外挂程序后运用的行为是否属于刑法意义上的“复制发行”？

复制部分实质性相同的计算机程序文件并加入自行编写的脚本文件形成新的外挂程序后运用的行为，属于侵犯著作权罪中的“复制发行”。脱机型外挂，是一种需要了解、掌握游戏客户端和服务器之间的通讯数据包完整内容后才能制作完成的程序，与其他外挂需挂接到客户端程序不同，它可以脱离游戏的客户端程序，模拟官方的客户端进行登录、游戏，并能实现官方客户端所没有的一些功能，如自动打怪、交易等。因此，脱机型外挂系脱胎于官方客户端程序，除非掌握该游戏的内部技术秘密，一般技术层面很难完成。这种复制部分实质性相同的程序文件并加入自行编写的脚本文件形成新的外挂程序后运用的行为，应当认定为刑法意义上的“复制发行”。虽然行为人销售的是“复制发行”侵权软件衍生的游戏金币，但这只是牟利行为在形式上的延伸，实质上与“复制发行”侵权软件本身的使用价值无异。[①]

第二百一十八条　【销售侵权复制品罪】以营利为目的，销售明知是本法第二百一十七条规定的侵权复制品，违法所得数额巨大或者有其他严重情节的，处五年以下有期徒刑，并处或者单处罚金。

【修正前条文】

第二百一十八条　【销售侵权复制

① 刑法修正案(十一)实施后，这类行为可以按修正后的刑法第二百一十七条第六项定性处理。——编者注

品罪】以营利为目的，销售明知是本法第二百一十七条规定的侵权复制品，违法所得数额巨大的，处三年以下有期徒刑或者拘役，并处或者单处罚金。

【修正说明】

刑法修正案(十一)第二十一条对原条文作出下述修改：一是将入罪门槛由“违法所得数额巨大”修改为“违法所得数额巨大或者有其他严重情节”。二是提高了销售侵权复制品罪的刑罚，将“三年以下有期徒刑或者拘役，并处或者单处罚金”修改为“五年以下有期徒刑，并处或者单处罚金”。

【立案追诉标准】

《最高人民检察院、公安部关于公安机关管辖的刑事案件立案追诉标准的规定(一)》(公通字〔2008〕36号，20080625)

第二十七条[①]　〔销售侵权复制品案(刑法第二百一十八条)〕以营利为目的，销售明知是刑法第二百一十七条规定的侵权复制品，涉嫌下列情形之一的，应予立案追诉：

(一)违法所得数额十万元以上的；

(二)违法所得数额虽未达到上述数额标准，但尚未销售的侵权复制品货值金额达到三十万元以上的。

【司法解释】

《最高人民法院、最高人民检察院关于办理侵犯知识产权刑事案件适用法律若干问题的解释》(法释〔2025〕5号，20250426)

第十四条　销售明知是刑法第二百一十七条规定的侵权复制品，违法所得数额在五万元以上的，应当认定为刑法第二百一十八条规定的“违法所得数额巨大”；具有下列情形之一的，应当认定为刑法第二百一十八条规定的“其他严重情节”：

(一)销售金额在十万元以上的；

(二)二年内因实施刑法第二百一十七条、第二百一十八条规定的行为受过刑事处罚或者行政处罚后再次实施，违法所得数额在三万元以上或者销售金额在五万元以上的；

(三)销售他人作品或者录音录像制品，复制件数量合计在一千份(张)以上的；

(四)侵权复制品尚未销售，货值金额或者侵权复制品数量达到本款前三项规定标准三倍以上，或者已销售侵权复制品的销售金额、数量不足本款前三项标准，但与尚未销售的侵权复制品的货值金额、数量合计达到本款前三项规定标准三倍以上的。

第十五条　实施刑法第二百一十七条规定的侵犯著作权犯罪，又销售该侵权复制品，构成犯罪的，应当依照刑法第二百一十七条的规定，以侵犯著作权罪定罪处罚。

实施刑法第二百一十七条规定的侵犯著作权犯罪，又销售明知是他人的侵权复制品，构成犯罪的，应当实行数罪并罚。

【法院公报案例】

〔上海市人民检察院第二分院诉顾然地等人非法经营案，GB2005-9〕

根据刑法第二百一十八条的规定，

① 该条立案追诉标准与本条项下【司法解释】第十四条的规定不一致的，应以后者的规定为准。——编者注

被告人以营利为目的，在未取得《音像制品经营许可证》的情况下，低价购进明知是侵权的音像复制品后高价向境外售出，违法所得数额巨大，构成了销售侵权复制品罪。

第二百一十九条 【侵犯商业秘密罪】有下列侵犯商业秘密行为之一，情节严重的，处三年以下有期徒刑，并处或者单处罚金；情节特别严重的，处三年以上十年以下有期徒刑，并处罚金：

（一）以盗窃、贿赂、欺诈、胁迫、电子侵入或者其他不正当手段获取权利人的商业秘密的；

（二）披露、使用或者允许他人使用以前项手段获取的权利人的商业秘密的；

（三）违反保密义务或者违反权利人有关保守商业秘密的要求，披露、使用或者允许他人使用其所掌握的商业秘密的。

明知前款所列行为，获取、披露、使用或者允许他人使用该商业秘密的，以侵犯商业秘密论。

本条所称权利人，是指商业秘密的所有人和经商业秘密所有人许可的商业秘密使用人。

【修正前条文】

第二百一十九条 【侵犯商业秘密罪】有下列侵犯商业秘密行为之一，给商业秘密的权利人造成重大损失的，处三年以下有期徒刑或者拘役，并处或者单处罚金；造成特别严重后果的，处三年以上七年以下有期徒刑，并处罚金：

（一）以盗窃、利诱、胁迫或者其他不正当手段获取权利人的商业秘密的；

（二）披露、使用或者允许他人使用以前项手段获取的权利人的商业秘密的；

（三）违反约定或者违反权利人有关保守商业秘密的要求，披露、使用或者允许他人使用其所掌握的商业秘密的。

明知或者应知前款所列行为，获取、使用或者披露他人的商业秘密的，以侵犯商业秘密论。

本条所称商业秘密，是指不为公众所知悉，能为权利人带来经济利益，具有实用性并经权利人采取保密措施的技术信息和经营信息。

本条所称权利人，是指商业秘密的所有人和经商业秘密所有人许可的商业秘密使用人。

【修正说明】

刑法修正案（十一）第二十二条对原条文作出下述修改：一是将第一款第一项中的“利诱”修改为“贿赂”，增加规定了“欺诈、电子侵入”的不正当手段，并将第三项中的“违反约定”修改为“违反保密义务”；在第二款中增加了允许他人使用商业秘密的情形。二是将第二款中的“明知或者应知前款所列行为”修改为“明知”。三是删去了第三款关于商业秘密定义的表述。四是修改了入罪门槛和判处第二档刑罚的情形，并提高了侵犯商业秘密罪的刑罚。

【相关立法】

《中华人民共和国反不正当竞争法》（20251015）

第十条 经营者不得实施下列侵犯商业秘密的行为：

（一）以盗窃、贿赂、欺诈、胁迫、电子侵入或者其他不正当手段获取权利人的商业秘密；

（二）披露、使用或者允许他人使用以前项手段获取的权利人的商业秘密；

（三）违反保密义务或者违反权利人有关保守商业秘密的要求，披露、使用或者允许他人使用其所掌握的商业秘密；

（四）教唆、引诱、帮助他人违反保密义务或者违反权利人有关保守商业秘密的要求，获取、披露、使用或者允许他人使用权利人的商业秘密。

经营者以外的其他自然人、法人和非法人组织实施前款所列违法行为的，视为侵犯商业秘密。

第三人明知或者应知商业秘密权利人的员工、前员工或者其他单位、个人实施本条第一款所列违法行为，仍获取、披露、使用或者允许他人使用该商业秘密的，视为侵犯商业秘密。

本法所称的商业秘密，是指不为公众所知悉、具有商业价值并经权利人采取相应保密措施的技术信息、经营信息等商业信息。

【立案追诉标准】

《最高人民检察院、公安部关于修改侵犯商业秘密刑事案件立案追诉标准的决定》（高检发〔2020〕15号，20200917）

第七十三条[①]　〔侵犯商业秘密案（刑法第二百一十九条）〕侵犯商业秘密，涉嫌下列情形之一的，应予立案追诉：

（一）给商业秘密权利人造成损失数额在三十万元以上的；

（二）因侵犯商业秘密违法所得数额在三十万元以上的；

（三）直接导致商业秘密的权利人因重大经营困难而破产、倒闭的；

（四）其他给商业秘密权利人造成重大损失的情形。

前款规定的造成损失数额或者违法所得数额，可以按照下列方式认定：

（一）以不正当手段获取权利人的商业秘密，尚未披露、使用或者允许他人使用的，损失数额可以根据该项商业秘密的合理许可使用费确定；

（二）以不正当手段获取权利人的商业秘密后，披露、使用或者允许他人使用的，损失数额可以根据权利人因被侵权造成销售利润的损失确定，但该损失数额低于商业秘密合理许可使用费的，根据合理许可使用费确定；

（三）违反约定、权利人有关保守商业秘密的要求，披露、使用或者允许他人使用其所掌握的商业秘密的，损失数额可以根据权利人因被侵权造成销售利润的损失确定；

（四）明知商业秘密是不正当手段获取或者是违反约定、权利人有关保守商业秘密的要求披露、使用、允许使用，仍获取、使用或者披露的，损失数额可以根据权利人因被侵权造成销售利润的损失确定；

（五）因侵犯商业秘密行为导致商业秘密已为公众所知悉或者灭失的，损失数额可以根据该项商业秘密的商业价值确定。商业秘密的商业价值，可以根据该项商业秘密的研究开发成本、实施该项商业秘密的收益综合确定；

① 该条立案追诉标准与本条项下【司法解释】第十七条、第十八条、第十九条的规定不一致的，应以后者的规定为准。——编者注

（六）因披露或者允许他人使用商业秘密而获得的财物或者其他财产性利益，应当认定为违法所得。

前款第二项、第三项、第四项规定的权利人因被侵权造成销售利润的损失，可以根据权利人因被侵权造成销售量减少的总数乘以权利人每件产品的合理利润确定；销售量减少的总数无法确定的，可以根据侵权产品销售量乘以权利人每件产品的合理利润确定；权利人因被侵权造成销售量减少的总数和每件产品的合理利润均无法确定的，可以根据侵权产品销售量乘以每件侵权产品的合理利润确定。商业秘密系用于服务等其他经营活动的，损失数额可以根据权利人因被侵权而减少的合理利润确定。

商业秘密的权利人为减轻对商业运营、商业计划的损失或者重新恢复计算机信息系统安全、其他系统安全而支出的补救费用，应当计入给商业秘密的权利人造成的损失。

【司法解释】

《最高人民法院、最高人民检察院关于办理侵犯知识产权刑事案件适用法律若干问题的解释》（法释〔2025〕5号，20250426）

第十六条　采取非法复制等方式获取商业秘密的，应当认定为刑法第二百一十九条第一款第一项规定的“盗窃”；未经授权或者超越授权使用计算机信息系统等方式获取商业秘密的，应当认定为刑法第二百一十九条第一款第一项规定的“电子侵入”。

第十七条　侵犯商业秘密，具有下列情形之一的，应当认定为刑法第二百一十九条规定的“情节严重”：

（一）给商业秘密的权利人造成损失数额在三十万元以上的；

（二）因侵犯商业秘密违法所得数额在三十万元以上的；

（三）二年内因实施刑法第二百一十九条、第二百一十九条之一规定的行为受过刑事处罚或者行政处罚后再次实施，造成损失数额或者违法所得数额在十万元以上的；

（四）其他情节严重的情形。

侵犯商业秘密，直接导致商业秘密的权利人因重大经营困难而破产、倒闭的，或者数额达到本条前款相应规定标准十倍以上的，应当认定为刑法第二百一十九条规定的“情节特别严重”。

第十八条　本解释规定的侵犯商业秘密“损失数额”，按照下列方式予以认定：

（一）以不正当手段获取权利人的商业秘密，尚未披露、使用或者允许他人使用的，损失数额可以根据该项商业秘密的合理许可使用费确定；

（二）以不正当手段获取权利人的商业秘密后，披露、使用或者允许他人使用的，损失数额可以根据权利人因被侵权造成利润的损失确定，但该损失数额低于商业秘密合理许可使用费的，根据合理许可使用费确定；

（三）违反保密义务或者权利人有关保守商业秘密的要求，披露、使用或者允许他人使用其所掌握的商业秘密的，损失数额可以根据权利人因被侵权造成利润的损失确定；

（四）明知商业秘密是不正当手段获取或者是违反保密义务、权利人有关保守商业秘密的要求披露、使用、允许使用，仍获取、披露、使用或者允许他人使用的，损失数额可以根据权利人因被侵权造成利润的损失确定；

（五）因侵犯商业秘密行为导致商业秘密已为公众所知悉或者灭失的，损失数额可以根据该项商业秘密的商业价值确定。商业秘密的商业价值，可以根据该项商业秘密的研究开发成本、实施该项商业秘密的收益等因素综合确定。

前款第二项至第四项规定的权利人因被侵权造成利润的损失，可以根据权利人因被侵权造成产品销售量减少的总数乘以权利人每件产品的合理利润确定；产品销售量减少的总数无法确定的，可以根据侵权产品销售量乘以权利人每件产品的合理利润确定。商业秘密系用于服务等其他经营活动的，损失数额可以根据权利人因被侵权而减少的合理利润确定。

商业秘密的权利人为减轻对商业运营、商业计划的损失或者重新恢复计算机信息系统安全、其他系统安全而支出的补救费用，应当计入给商业秘密的权利人造成的损失。

第十九条　本解释规定的侵犯商业秘密"违法所得数额"，是指因披露、允许他人使用商业秘密而获得的财物或者其他财产性利益的价值，或者因使用商业秘密所获得的利润。该利润可以根据侵权产品销售量乘以每件侵权产品的合理利润确定。

第二十一条　在刑事诉讼程序中，当事人、辩护人、诉讼代理人或者案外人书面申请对有关商业秘密或者其他需要保密的商业信息的证据、材料采取保密措施的，应当根据案件情况采取组织诉讼参与人签署保密承诺书等必要的保密措施。

违反前款有关保密措施的要求或者法律法规规定的保密义务的，依法承担相应责任。擅自披露、使用或者允许他人使用在刑事诉讼程序中接触、获取的商业秘密，构成犯罪的，依法追究刑事责任。

【指导性案例·检察】

〔金义盈侵犯商业秘密案，JZD102-2021〕

办理侵犯商业秘密犯罪案件，被告人作无罪辩解的，既要注意审查商业秘密的成立及侵犯商业秘密的证据，又要依法排除被告人取得商业秘密的合法来源，形成指控犯罪的证据链。对鉴定意见的审查，必要时可聘请或指派有专门知识的人辅助办案。

【法院案例库参考案例】

〔伍某、李某等侵犯商业秘密、侵犯著作权案，2023-09-1-162-001〕泄露游戏源代码、架设及运营网络游戏私服网站等行为的刑事认定

商业秘密权利单位的雇员违反与单位的保密协议约定，向他人泄露作为本单位商业秘密的网络游戏源代码，给单位造成重大经济损失的，应按侵犯商业秘密罪论处。

【法院公报案例】

〔上海市人民检察院第二分院诉周德隆等人侵犯商业秘密案，GB2005-3〕

1.违反与原单位的保密约定，伙同他人利用原单位专利技术以外不为公众知悉的工艺技术信息，生产与原单位相同的产品，并给原单位造成重大经济损失的，应……按侵犯商业秘密罪论处。

2.明知他人违反与原单位的保密约定，仍伙同其利用掌握原单位专利技术以外不为公众知悉的工艺技术信息，生产与其原单位相同的产品，并给其原单位造成重大经济损失的，应……按侵犯商业秘密罪论处。

〔西安市人民检察院诉裴国良侵犯商业秘密案，GB2006-12〕

行为人窃取他人技术秘密供自己所在的公司使用，从而给技术秘密权利人造成特别严重后果的，在追究行为人侵犯商业秘密罪的刑事责任时，可以根据附带民事诉讼原告人的请求，将行为人所在公司列为附带民事诉讼被告人一并追究侵权的民事赔偿责任。

【《刑事审判参考》案例】

〔参考案例第233号：项军、孙晓斌侵犯商业秘密案〕非法披露计算机软件源代码的行为是否属于侵犯商业秘密？

源代码是用源语言编制的计算机程序，一旦被公开，软件的核心技术即泄露，因此，源代码作为一种技术信息，当属商业秘密范畴。被告人违反合同约定义务，向他人提供权利人软件源代码，属于侵犯商业秘密的行为；明知被告人以不正当手段获取权利人的商业秘密仍加以使用，以侵犯商业秘密论。

〔参考案例第609号：杨俊杰、周智平侵犯商业秘密案〕商业秘密是否区分公知技术与非公知技术？

对商业秘密区分公知技术与非公知技术是针对特定情形或者特定案件而言的，不具有普遍性。涂料配方应作为一个整体认定为商业秘密加以法律保护，不应区分公知技术和非公知技术。

第二百一十九条之一 【为境外窃取、刺探、收买、非法提供商业秘密罪】为境外的机构、组织、人员窃取、刺探、收买、非法提供商业秘密的，处五年以下有期徒刑，并处或者单处罚金；情节严重的，处五年以上有期徒刑，并处罚金。

【修正说明】

本罪由刑法修正案(十一)第二十三条增设。

【司法解释】

《最高人民法院、最高人民检察院关于办理侵犯知识产权刑事案件适用法律若干问题的解释》(法释〔2025〕5号，20250426)

第十七条 侵犯商业秘密，具有下列情形之一的，应当认定为刑法第二百一十九条规定的“情节严重”：

(一)给商业秘密的权利人造成损失数额在三十万元以上的；

(二)因侵犯商业秘密违法所得数额在三十万元以上的；

(三)二年内因实施刑法第二百一十九条、第二百一十九条之一规定的行为受过刑事处罚或者行政处罚后再次实施，造成损失数额或者违法所得数额在十万元以上的；

(四)其他情节严重的情形。

侵犯商业秘密，直接导致商业秘密的权利人因重大经营困难而破产、倒闭的，或者数额达到本条前款相应规定标准十倍以上的，应当认定为刑法第二百一十九条规定的“情节特别严重”。

第二十条 为境外机构、组织、人员窃取、刺探、收买、非法提供商业秘密，具有本解释第十七条规定情形的，应当认定为刑法第二百一十九条之一规定的“情节严重”。

第二百二十条　【对单位犯侵犯知识产权罪的处罚】单位犯本节第二百一十三条至第二百一十九条之一规定之罪的，对单位判处罚金，并对其直接负责的主管人员和其他直接责任人员，依照本节各该条的规定处罚。

【修正前条文】

第二百二十条　【对单位犯侵犯知识产权罪的处罚】单位犯本节第二百一十三条至第二百一十九条规定之罪的，对单位判处罚金，并对其直接负责的主管人员和其他直接责任人员，依照本节各该条的规定处罚。

【修正说明】

刑法修正案(十一)第二十四条增列了对单位犯刑法第二百一十九条之一所列之罪的处罚。

【司法解释】

《最高人民法院、最高人民检察院关于办理侵犯知识产权刑事案件适用法律若干问题的解释》(法释〔2025〕5号，20250426)

第二十六条　单位实施刑法第二百一十三条至第二百一十九条之一行为的，对单位判处罚金，并对其直接负责的主管人员和其他直接责任人员，依照本解释规定的定罪量刑标准处罚。

第八节　扰乱市场秩序罪

第二百二十一条　【损害商业信誉、商品声誉罪】捏造并散布虚伪事实，损害他人的商业信誉、商品声誉，给他人造成重大损失或者有其他严重情节的，处二年以下有期徒刑或者拘役，并处或者单处罚金。

【立法 · 要点注释】

1.“捏造”，既包括完全虚构，也包括在真实情况基础上的部分虚构、歪曲事实真相。“散布”，既包括口头散布，也包括以书面方式散布，如宣传媒介、信函等。

2.“他人的商业信誉”，主要是指他人在从事商业活动中的信用程度和名誉等，如他人在信守合约或履行合同中的信誉度，他人的生产能力和资金状况是否良好等；“他人的商品声誉”，主要是指他人的商品在质量等方面的可信赖程度和经过长期良好的生产、经营所形成的知名度等。

3.造成损害他人的商业信誉、商品声誉的后果可以是多方面的，既可以是直接的，也可以是潜在的。如使他人的商业信用降低、无法签订合同或无法开展正常的商业活动等；或者使他人的商品声誉遭到破坏，产品大量积压，无法销售等。

【立案追诉标准】

《最高人民检察院、公安部关于公安机关管辖的刑事案件立案追诉标准的规定(二)》(公通字〔2022〕12号，20220515)

第六十六条　〔损害商业信誉、商

品声誉案(刑法第二百二十一条)〕捏造并散布虚伪事实，损害他人的商业信誉、商品声誉，涉嫌下列情形之一的，应予立案追诉：

(一) 给他人造成直接经济损失数额在五十万元以上的；

(二) 虽未达到上述数额标准，但造成公司、企业等单位停业、停产六个月以上，或者破产的；

(三) 其他给他人造成重大损失或者有其他严重情节的情形。

【司法解释】

《最高人民法院、最高人民检察院关于办理利用信息网络实施诽谤等刑事案件适用法律若干问题的解释》(法释〔2013〕21号，20130910)

第九条　利用信息网络实施诽谤、寻衅滋事、敲诈勒索、非法经营犯罪，同时又构成刑法第二百二十一条规定的损害商业信誉、商品声誉罪，第二百七十八条规定的煽动暴力抗拒法律实施罪，第二百九十一条之一规定的编造、故意传播虚假恐怖信息罪等犯罪的，依照处罚较重的规定定罪处罚。

【法院案例库参考案例】

〔李某等损害商业信誉、商品声誉案，2024-03-1-164-001〕损害商业信誉、商品声誉罪中“给他人造成重大损失”的认定

行为人捏造并散布虚假事实，损害他人的商业信誉、商品声誉，造成被害人单位同类商品的销售态势低于行业平均增长水平、商品零售量和零售额低于市场预期、公司股价波动幅度与同期上证指数相比呈下行态势等危害后果的，可以作为量刑情节予以综合考量认定。

【法院公报案例】

〔上海市奉贤区人民检察院诉陈恩等人损害商品声誉案，GB2004-6〕

被告人为诋毁他人商品的声誉，故意歪曲、夸大事实，在公共场所砸毁他人商品，对他人的生产经营活动造成重大损失的，根据刑法第二百二十一条的规定，其行为构成损害商品声誉罪。

【《刑事审判参考》案例】

〔参考案例第85号：王宗达损害商业信誉、商品声誉案〕损害商业信誉、商品声誉罪中的“重大损失”如何认定？罪名如何确定？

1.“重大损失”一般是指直接经济损失，但间接经济损失也是应当考虑的量刑情节。其中，造成直接经济损失的情形包括商品严重滞销、产品被大量退回、合同被停止履行、企业商誉显著降低、驰名产品声誉受到严重侵损、销售额和利润严重减少、应得收入大量减少、上市公司股票价格大幅度下跌、商誉以及其他无形资产的价值显著降低等。但对于被害人为了恢复受到损害的商业信誉和商品声誉所投入的资金(如广告费用等)或者为制止不法侵害事件而扩大的开支(如诉讼费用)等间接经济损失，不应认定为损害商业信誉、商品声誉所造成的损失，一般只在量刑或者附带民事诉讼赔偿时酌情加以考虑。

2.损害商业信誉、商品声誉罪是选择性罪名。因此，在处理损害商业信誉、商品声誉案件时，应根据案件具体事实具体认定被告人的行为侵犯的是商业信誉，还是商品声誉，抑或是商业信誉和商品声誉，确定相应的罪名。例如，行为人捏造并散布的虚伪事实是关于他人在信守合约或履行合同中的信誉度或者他人的生产能力和资金状况方面等内容，则只侵害了他人的商业信誉，罪名就应确定为“损害商业信誉罪”；行为人捏造并散布的虚伪事实是关于他人的产品在质量、等级、效果、方法、价格等方面的内容，则只侵害了他人的商品声誉，罪名就应确定为“损害商品声誉罪”；行为人捏造并散布的虚伪事实既针对他人的商业信誉又针对他人的商品声誉的，罪名则应确定为“损害商业信誉、商品声誉罪”。

〔参考案例第597号：訾北佳损害商品声誉案〕如何认定损害商品声誉罪中的“他人”?

损害商品声誉罪中的“他人”应当具备一定的特定性，但对这种特定性的理解不能过于僵化，侵犯一个市场主体的商业信誉、商品声誉可以构成犯罪，如果侵害了一类市场主体的商业信誉、商品声誉，社会危害性更大，举轻以明重，自然应当构成犯罪。

第二百二十二条　【虚假广告罪】广告主、广告经营者、广告发布者违反国家规定，利用广告对商品或者服务作虚假宣传，情节严重的，处二年以下有期徒刑或者拘役，并处或者单处罚金。

【相关立法】

《中华人民共和国广告法》(20210429)

第二条　在中华人民共和国境内，商品经营者或者服务提供者通过一定媒介和形式直接或者间接地介绍自己所推销的商品或者服务的商业广告活动，适用本法。

本法所称广告主，是指为推销商品或者服务，自行或者委托他人设计、制作、发布广告的自然人、法人或者其他组织。

本法所称广告经营者，是指接受委托提供广告设计、制作、代理服务的自然人、法人或者其他组织。

本法所称广告发布者，是指为广告主或者广告主委托的广告经营者发布广告的自然人、法人或者其他组织。

……

【立案追诉标准】

《最高人民检察院、公安部关于公安机关管辖的刑事案件立案追诉标准的规定(二)》(公通字〔2022〕12号，20220515)

第六十七条　〔虚假广告案(刑法第二百二十二条)〕广告主、广告经营者、广告发布者违反国家规定，利用广告对商品或者服务作虚假宣传，涉嫌下列情形之一的，应予立案追诉：

(一) 违法所得数额在十万元以上的；

(二) 假借预防、控制突发事件、传染病防治的名义，利用广告作虚假宣传，致使多人上当受骗，违法所得数额在三万元以上的；

(三) 利用广告对食品、药品作虚假宣传，违法所得数额在三万元以上的；

(四) 虽未达到上述数额标准，但二年内因利用广告作虚假宣传受过二次以上行政处罚，又利用广告作虚假宣传的；

(五) 造成严重危害后果或者恶劣社会影响的；

(六) 其他情节严重的情形。

【司法解释(1)】

《最高人民法院、最高人民检察院关于办理妨害预防、控制突发传染病疫情等灾害的刑事案件具体应用法律若干问题的解释》(法释〔2003〕8号，20030515)

第五条　广告主、广告经营者、广告发布者违反国家规定，假借预防、控制突发传染病疫情等灾害的名义，利用广告对所推销的商品或者服务作虚假宣传，致使多人上当受骗，违法所得数额较大或者有其他严重情节的，依照刑法第二百二十二条的规定，以虚假广告罪定罪处罚。

【司法解释(2)】

《最高人民法院关于审理非法集资刑事案件具体应用法律若干问题的解释》(原法释〔2010〕18号，根据法释〔2022〕5号修正，20220301)

第十二条　广告经营者、广告发布者违反国家规定，利用广告为非法集资活动相关的商品或者服务作虚假宣传，具有下列情形之一的，依照刑法第二百二十二条的规定，以虚假广告罪定罪处罚：

(一) 违法所得数额在10万元以上的；

(二) 造成严重危害后果或者恶劣社会影响的；

(三) 二年内利用广告作虚假宣传，受过行政处罚二次以上的；

(四) 其他情节严重的情形。

明知他人从事欺诈发行证券，非法吸收公众存款，擅自发行股票、公司、企业债券，集资诈骗或者组织、领导传销活动等集资犯罪活动，为其提供广告等宣传的，以相关犯罪的共犯论处。

【司法解释(3)】

《最高人民法院、最高人民检察院关于办理危害食品安全刑事案件适用法律若干问题的解释》(法释〔2021〕24号，20220101)

第十九条　违反国家规定，利用广告对保健食品或者其他食品作虚假宣传，符合刑法第二百二十二条规定的，以虚假广告罪定罪处罚；以非法占有为目的，利用销售保健食品或者其他食品诈骗财物，符合刑法第二百六十六条规定的，以诈骗罪定罪处罚。同时构成生产、销售伪劣产品罪等其他犯罪的，依照处罚较重的规定定罪处罚。

【司法解释(4)】

《最高人民法院、最高人民检察院关于办理危害药品安全刑事案件适用法律若干问题的解释》(高检发释字〔2022〕1号，20220306)

第十二条　广告主、广告经营者、广告发布者违反国家规定，利用广告对药品作虚假宣传，情节严重的，依照刑法第二百二十二条的规定，以虚假广告罪定罪处罚。

【法院案例库参考案例】

〔唐某杰等虚假广告案，2025-03-1-165-001〕网络直播带货型虚假广告罪的认定

1.在网络直播带货中，通过虚构产地、摆拍视频、买粉控评等方式，假借助农等名义对商品作虚假宣传，欺骗和误导消费者的，属于利用广告对商品作虚假宣传；符合刑法第二百二十二条规定的，以虚假广告罪论处。

2.对于利用虚假广告售卖商品的行为判断是构成虚假广告罪还是诈骗罪，应当结合行为人销售的商品对消费者使用价值的大小、质量高低等因素，综合判断行为人主观上是非法获利目的还是非法占有目的，妥当确定罪名适用。

3.最高人民法院对相关经济犯罪的定罪量刑标准没有规定的，人民法院在审理经济犯罪案件时，可以参照适用相关立案追诉标准的规定。如认为立案追诉标准的有关规定不能适应案件审理需要的，要结合案件具体情况和本地实际，依法审慎稳妥处理好案件的法律适用和政策把握，争取更好的社会效果。

第二百二十三条 【串通投标罪】投标人相互串通投标报价，损害招标人或者其他投标人利益，情节严重的，处三年以下有期徒刑或者拘役，并处或者单处罚金。

投标人与招标人串通投标，损害国家、集体、公民的合法利益的，依照前款的规定处罚。

【立法·要点注释】

1.“相互串通投标报价”，是指投标人在投标过程中，包括投标前和投标过程中，串通一气，商量好抬高标价或者压低标价等行为，既包括双方相互串通，也包括多方串通。

2.“损害招标人或者其他投标人利益”，是指由于投标人相互串通投标报价而使招标人无法达到最佳的竞标结果或者其他投标人无法在公平竞争的条件下参与投标竞争而受到损害的情形，包括已经造成损害的和造成潜在损害的两种情形。

3.“招标人”，是指主持招标活动的操办人。“串通投标”，是指投标人与招标人私下串通，事先根据招标底价确定投标报价、中标价格，而不是在公平竞争的条件下确定中标价格，从而破坏招标公正的行为。

【立案追诉标准】

《最高人民检察院、公安部关于公安机关管辖的刑事案件立案追诉标准的规定(二)》(公通字〔2022〕12号，20220515)

第六十八条 〔串通投标案(刑法第二百二十三条)〕投标人相互串通投标报价，或者投标人与招标人串通投标，涉嫌下列情形之一的，应予立案追诉：

(一)损害招标人、投标人或者国家、集体、公民的合法利益，造成直接经济损失数额在五十万元以上的；

(二)违法所得数额在二十万元以上的；

(三)中标项目金额在四百万元以上的；

(四)采取威胁、欺骗或者贿赂等非法手段的；

(五)虽未达到上述数额标准，但二年内因串通投标受过二次以上行政处罚，又串通投标的；

(六)其他情节严重的情形。

【审判实务释疑】

1.串通投标罪的适用范围是否仅限于招标投标法规定的国家必须进行招标的项目，行为人在民营企业或者其他单位开展的招投标活动中实施串通投标的，是否构成本罪？

从招标投标法的规定看，所规制的范围并不只限于依法必须进行招标的项目；相应地，对刑法有关串通投标罪中投标、招标的理解，也不应作上述限制。认定串通投标罪，应着眼于行为人的行为是否扰乱了市场经济秩序，是否损害了国家、集体或者他人利益，不限于某一特定的经济形态、特定的领域或者特定的项目。在民营企业或者其他单位开展的招投标活动过程中，行为人实施串通投标行为，情节严重的，应当以串通投标罪论处。

司法实践中，应当结合招标投标法及其实施条例的有关规定重点审查行为人的行为是否属于“串通投标行为”，具体行为包括：(1)投标人相互串通投标。如：投标人之间协商投标报价等投标文件的实质性内容；投标人之间约定部分投标人放弃投标或者中标；属于同一集团、协会、商会等组织成员的投标人按照该组织要求协同投标等。(2)招标人与投标人串通投标。如：招标人在开标前开启投标文件并将有关信息泄露给其他投标人；招标人设置排他性条款为特定投标人“量身定做”；招标人直接或者间接向投标人泄露标底、评标委员会成员等信息；招标人明示或者暗示投标人压低或者抬高投标报价；招标人授意投标人撤换、修改投标文件；招标人明示或者暗示投标人为特定投标人中标提供方便等。(3)招标代理人或者评委与投标人、招标人串通投标。如：招标代理人居中勾连串通投标；投标人通过利益输送影响评委打分等。

2.串通投标罪中的犯罪主体“投标人”“招标人”是否仅限于招标投标法中规定的“法人或者其他组织”？

串通投标罪的主体既可以是单位也可以是自然人。应当正确认识和把握招标投标法与刑法有关规定的不同。招标投标法的相关规定主要针对招投标行为的规范，而刑法有关串通投标罪的规定则是旨在规制招投标过程中的犯罪行为。招标、投标以法人或者其他组织名义开展，但如果串通投标行为是法人或者其他组织中的责任人员个人实施，其行为不符合单位犯罪成立条件的，则应当以串通投标罪追究有关责任人员个人的刑事责任，这与招标投标法的规定并不矛盾。当然，如果有关个人是以单位名义、为单位利益实施串通投标行为，有关行为符合单位犯罪成立条件的，则应当以单位犯罪论处。

司法实践中，常见的串通投标罪犯罪主体主要包括：(1)招标单位及招标单位中负责、参与招标工作的人员；(2)投标单位及投标单位中负责、参与投标工作的人员；(3)招标代理机构及其工作人员、评标委员会成员等；(4)挂靠其他单位或者盗用其他单位名义参加投标的单位或者自然人。另外，对于单位犯罪的认定，应当根据《最高人民法院关于审理单位犯罪案件具体应用法律有关问题的解释》的有关规定和具体案件事实，确定单位或者自然人犯罪主体。

3.司法实践中，应当如何具体把握串通投标罪中认定“情节严重”的标准及依据？

《最高人民检察院、公安部关于公安机关管辖的刑事案件立案追诉标准的规定(二)》第六十八条关于串通投标罪立案追诉标准的规定可以用于审判实践中认定串通投标罪“情节严重”的参考，但亦须根据案件具体情况妥当作出处理，确保案件审理的效果。

4.串通投标犯罪造成的直接经济损失主要包括哪些方面？

关于直接经济损失的认定，是指因串通投标行为直接导致的财产损毁、消耗、减少的直接价值。司法实践中，主要包括：(1)因串通投标行为造成中标价降低或升高而给国家、集体或者他人造成的直接经济损失；(2)因串通投标而使招标活动失败，因此给国家、集体或者他人造成的直接经济损失，包括但不限于因招标而支付的招标文件制作费、咨询费、招标代理费、评标费等各项正常支出；(3)因串通投标而使其他投标人遭受的直接经济损失，包括但不限于因参加投标活动而支出的标书制作费、咨询费、调查费等各项正常支出；(4)因串通投标而使招标项目误期所造成的直接经济损失。上述经济损失，应当合计计算。

5.司法实践中，在认定串通投标犯罪中的违法所得时，应当注意哪些方面？

具体到本罪中，系指行为人串通投标所获得的全部收入，扣除其直接用于为实施中标项目而合理支出的费用(为实施串通投标犯罪而支出的费用不应扣除)后剩余的数额。

司法实践中，下列支出不应扣除，而应作为犯罪成本或者违法所得予以追缴、没收：(1)投标人不具备投标资质，为实施串通投标犯罪而挂靠其他企业产生的挂靠费；(2)投标人为实施串通投标犯罪而寻找陪标公司产生的陪标费；(3)投标人为实施串通投标犯罪给予其他参与投标公司的好处费；(4)串通投标人为实施串通投标行为而支出的投标费用及缴纳的保证金等。另外，行为人因串通投标所获利润应作为违法所得予以追缴。

6.行为人为实施串通投标犯罪或者在实施串通投标犯罪的过程中，实施行贿、受贿或者侵犯公民个人信息等犯罪行为的，是否数罪并罚？

司法实践中，部分行为人为实施串通投标犯罪或者在实施串通投标犯罪的过程中，另实施了行贿、受贿或者侵犯公民个人信息等犯罪行为，应当数罪并罚。[①]

【指导性案例·检察】

〔许某某、包某某串通投标立案监督案，JZD90-2020〕

1.刑法规定了串通投标罪，但未规定串通拍卖行为构成犯罪。对于串通拍卖行为，不能以串通投标罪予以追诉。公安机关对串通竞拍国有资产行为以涉嫌串通投标罪刑事立案的，检察机关应当通过立案监督，依法通知公安机关撤销案件。

2.对于民营企业参与国有资产处置过程中的串通拍卖行为，不应以串通投标罪论处。如果在串通拍卖过程中有其他犯罪行为或者一般违法违规行为的，依照刑法、拍卖法等法律法规追究相应责任。

【法院案例库参考案例】

〔张某军、刘某伟对非国家工作人员行贿案，2025-03-1-095-001〕国有建设用地使用权挂牌出让过程中串通竞买行为的定性

串通投标罪系发生在招投标领域

① 参见《法答网精选答问(第二十四批)——串通投标罪专题》，载《人民法院报》2025年7月3日，第7版。

的犯罪。挂牌出让和招标出让是国有建设用地使用权出让两种相互独立的方式,行为人在国有建设用地使用权挂牌出让过程中串通竞买的,不符合串通投标罪的客观要件,依法不能认定串通投标罪。相关行为符合对非国家工作人员行贿罪等其他罪名构成要件的,应当按照相应罪名依法惩处。

【《刑事审判参考》案例】

〔参考案例第1251号:黄正田、许敬杰等串通投标案〕串通竞买的行为能否以串通投标罪论处?

拍卖和招标投标是两种不同的法律行为,拍卖法和招标投标法对两者分别作出规定,对串通投标设定了刑事责任,对串通拍卖则没有,不宜以串通投标罪对串通拍卖行为定罪处罚。行为人在拍卖过程中有贿赂、渎职等其他犯罪行为的,可以依照刑法相关规定追究刑事责任。

〔参考案例第1564号:汪某强、冯某东等人串通投标案〕"报价承诺法"招标类串通投标行为如何定性?

"报价承诺法"招标,是指由招标人提出要约价,投标人以承诺方式响应,招标人在合格的投标人中随机抽取产生中标人。在此类案件中,通常是一人或多人控制参与投标的企业,确保最后中标。在"报价承诺法"招标类串通投标案件中,参与投标的行为人均不构成串通投标罪。

〔参考案例第1629号:浙江某项目管理有限公司、张某某、朱某某、陈某某串通投标、对非国家工作人员行贿案〕修改招投标中资信标的指标设置,降低招标门槛,是否构成串通投标罪?

招标人和投标人合谋降低资信标的要求,修改招投标中资信标的目的在于排除其他潜在的投标人,并且使特定投标人获得不正当竞争优势,导致公平竞争被破坏的,符合串通投标罪的本质特征。

第二百二十四条 【合同诈骗罪】有下列情形之一,以非法占有为目的,在签订、履行合同过程中,骗取对方当事人财物,数额较大的,处三年以下有期徒刑或者拘役,并处或者单处罚金;数额巨大或者有其他严重情节的,处三年以上十年以下有期徒刑,并处罚金;数额特别巨大或者有其他特别严重情节的,处十年以上有期徒刑或者无期徒刑,并处罚金或者没收财产:

(一)以虚构的单位或者冒用他人名义签订合同的;

(二)以伪造、变造、作废的票据或者其他虚假的产权证明作担保的;

(三)没有实际履行能力,以先履行小额合同或者部分履行合同的方法,诱骗对方当事人继续签订和履行合同的;

(四)收受对方当事人给付的货物、货款、预付款或者担保财产后逃匿的;

(五)以其他方法骗取对方当事人财物的。

【立案追诉标准】

《最高人民检察院、公安部关于公安机关管辖的刑事案件立案追诉标准的规定(二)》(公通字〔2022〕12号,20220515)

第六十九条 〔合同诈骗案(刑法

第二百二十四条)〕以非法占有为目的，在签订、履行合同过程中，骗取对方当事人财物，数额在二万元以上的，应予立案追诉。

【司法指导文件】

《最高人民法院、最高人民检察院关于常见犯罪的量刑指导意见(试行)》(法发〔2021〕21号，20210701)

(六)合同诈骗罪

1.构成合同诈骗罪的，根据下列情形在相应的幅度内确定量刑起点：

(1)达到数额较大起点的，在一年以下有期徒刑、拘役幅度内确定量刑起点。

(2)达到数额巨大起点或者有其他严重情节的，在三年至四年有期徒刑幅度内确定量刑起点。

(3)达到数额特别巨大起点或者有其他特别严重情节的，在十年至十二年有期徒刑幅度内确定量刑起点。依法应当判处无期徒刑的除外。

2.在量刑起点的基础上，根据合同诈骗数额等其他影响犯罪构成的犯罪事实增加刑罚量，确定基准刑。

3.构成合同诈骗罪的，根据诈骗手段、犯罪数额、损失数额、危害后果等犯罪情节，综合考虑被告人缴纳罚金的能力，决定罚金数额。

4.构成合同诈骗罪的，综合考虑诈骗手段、犯罪数额、危害后果、退赃退赔等犯罪事实、量刑情节，以及被告人主观恶性、人身危险性、认罪悔罪表现等因素，决定缓刑的适用。

【指导性案例·检察】

〔温某某合同诈骗立案监督案，JZD91-2020〕

检察机关办理涉企业合同诈骗犯罪案件，应当严格区分合同诈骗与民事违约行为的界限。要注意审查涉案企业在签订、履行合同过程中是否具有非法占有目的和虚构事实、隐瞒真相的行为，准确认定是否具有诈骗故意。发现公安机关对企业之间的合同纠纷以合同诈骗进行刑事立案的，应当依法监督撤销案件。对于立案后久侦不结的“挂案”，检察机关应当向公安机关提出纠正意见。

【法院案例库参考案例】

〔蔡某合同诈骗案，2025-03-1-167-001〕合同诈骗与市场融资的区分

融资方隐瞒重大事实，进行虚假宣传，诱骗投资方违背真实意愿签订融资协议并交付资金，收款后未按照融资协议的约定进行使用，而是肆意挥霍，造成投资方巨额经济损失的，应当认定具有非法占有目的，依法以合同诈骗罪论处。

〔许某昕、荣某公司合同诈骗案，2024-03-1-167-001〕商业承兑汇票涉合同诈骗罪的认定

行为人在自己严重负债没有实际履行合同能力的情况下，虚构其在其他公司有渠道可用低贴现率贴现商票和银票的事实，与多家公司签订承兑汇票贴现协议，采用先履行小额协议或部分履行协议的方法，诱骗被害单位继续履行协议，并采取“高买低卖”的手段背书转让商票和银票，将收到的大部分贴现款据为己有，用于个人偿还债务等，应当认定具有非法占有的主观故意，其行为构成合同诈骗罪。

〔莫某等合同诈骗宣告无罪案，2024-03-1-167-005〕行为人对出借

款项实施息转本并要求借款人提供超额担保的行为是否构成合同诈骗罪

出借人面对借款人资金紧缺无力还款的现状，与借款人约定将利息转为本金形成新的借款并要求借款人提供超额担保及长期占有担保物的行为，是维护自身合法权益的行为。如果出借人未虚构事实、隐瞒真相，对担保物并无非法占有目的，也未对担保物行使处分权利，不构成合同诈骗罪。

〔于某等合同诈骗案，2023-05-1-167-001〕组织网络水军批量人工点击广告的，属于对广告推广合作合同的虚假履行，构成合同诈骗罪

行为人组织网络水军批量人工点击广告，本质上属于带有欺骗性的无效恶意点击，不是对广告推广合作合同的正常履行，因此从平台处收取广告费的，构成合同诈骗罪。广告推广平台与被告人构成合同关系，是合同诈骗犯罪的受害人。

〔陈某元合同诈骗案，2023-03-1-167-013〕案发前追回数额应从合同诈骗犯罪数额中扣减

合同诈骗罪犯罪数额的认定，应把案发前已追回的被骗款额扣除，按最后实际诈骗所得数额计算。在存在多名被害人的情形下，被告人在案发前以“利息”形式自愿多退还部分被害人的款项，未减少其他被害人的损失，不应从犯罪数额中扣减。

〔郭某合同诈骗案，2023-03-1-167-011〕隐瞒房屋被司法查封不能办理过户的事实骗取他人购房款数额较大的，构成合同诈骗罪

被告人在签订、履行房屋买卖合同过程中，隐瞒房屋被司法查封不能办理过户的事实，骗取他人购房款且数额较大，用于归还借款等个人支出，既无履约条件，又无退款能力和行为，且更换手机号码后潜逃外地，应认定具有非法占有目的，其行为构成合同诈骗罪。

〔高某华等合同诈骗案，2023-03-1-167-005〕融资行为中签订合同并收取对方的保证金后挪作他用时非法占有目的的认定

融资行为是判断被告人履约意愿的重要方面，当被告人的融资行为的证据有限且真假未辨时，应当综合合同签订的背景、被告人为生产经营作出的努力、钱款的去向、用途等方面来判断被告人是否具有非法占有的目的，而不能简单地认为签订合同并收取对方的保证金后挪作他用时就一定具有非法占有目的，也不能从被告人客观上有欺骗行为而直接得出主观上具有非法占有目的的结论。对于民事活动中，虽有一定的欺骗行为，但不影响被害人通过民事途径进行救济的，不宜轻易认定构成合同诈骗罪。

【法院公报案例】

〔吴联大合同诈骗案，GB2003-1〕

行为人签订和履行合同过程的一些行为具有一定欺骗性，但其主观上不具有以欺骗手段非法占有对方公司财产的目的，客观上具备一定履约能力，也有积极履行合同的诚意和行动，拒退保证金是事出有因，并不是企图骗取对方公司的财产，不属于“明知自己没有履行合同的能力而采取欺骗手段骗取他人财物的”或者“隐匿合同保证金等担保合同履行的财产，拒不返还”的情形，不构成合同诈骗罪。

【《刑事审判参考》案例】

〔参考案例第211号：程庆合同诈骗案〕通过欺骗手段兼并企业后恶意处分企业财产的行为如何定性？

行为人通过签订“兼并”协议控制被兼并企业财产后恶意处分的行为，是否构成合同诈骗罪，关键取决于以下两个因素的认定：一是行为人在签订、履行兼并合同过程中是否采取了欺骗手段，二是行为人是否具有非法占有的目的。实践中，行为人不仅没有履行兼并合同的能力，而且在以零价格实施“兼并”后，并未按照兼并合同约定履行义务，而是恶意处分被兼并企业财产，其行为充分证明其主观上无任何履行兼并协议规定义务的诚意，应当认定行为人具有非法占有被“兼并”企业财产的主观故意，应以合同诈骗罪定罪处罚。

〔参考案例第403号：王贺军合同诈骗案〕以签订虚假的工程施工合同为诱饵骗取钱财的行为是诈骗罪还是合同诈骗罪？

行为人假冒国家工作人员，伪造工程批文，假借承揽项目需要活动经费的名义骗取他人财物的行为，都是在签订合同之前实施的，即在与被害人签订所谓施工承包合同之前，其诈骗行为已经实施完毕，被害人的财物已经被被告人非法占有，其虚构事实骗取钱财的犯罪目的已经实现。此外，行为人骗取钱财的行为并没有伴随合同的签订、履行，其非法侵占的财物亦不是合同的标的物或其他与合同相关的财物。虽然行为人事后也与他人签订了一个虚假的工程施工承包合同，但这仅仅是掩盖其诈骗行为的手段，而不是签订、履行合同的附随结果，是否签订合同已经并不能影响其骗取财物行为的完成。可以看出，行为人虚构身份，以许诺给他人介绍承包虚假的工程项目为诱饵，借承揽工程需要各种费用为名目，利用他人想承揽有关工程项目的心理，骗取各被害人钱财的行为完全符合诈骗罪的特征，应当以诈骗罪定罪处罚。

〔参考案例第457号：宗爽合同诈骗案〕以签订出国“聘请顾问协议书”为名骗取他人钱财的行为如何定性？

行为人与他人签订“聘请顾问协议书”，以自己承包的公司及自己成立的公司的名义，对外承揽出国签证咨询业务，收取他人钱款，许诺如办不成出国签证，再如数退还钱款。行为人所签订的“聘请顾问协议书”，表面上像一个咨询性质的协议，具有技术服务性质，但根据其提供的所谓服务内容，实质上是一个代办出国签证性质的委托代理合同。这种委托代理合同，具有一定的代理服务内容并体现了一定市场经济活动性质，利用这种合同实施的诈骗犯罪严重扰乱了正常的代办出国签证的市场秩序，因此应认定为与经济活动有关的合同。行为人的诈骗行为发生在合同的签订、履行过程之中，骗取的钱款正是合同约定的报酬标的，在没有为他人办成出国签证的情况下，携款潜逃，可以认定具有非法占有目的，因此行为人的诈骗行为，应构成合同诈骗罪。

〔参考案例第577号：谭某合同诈骗案〕业务员冒用公司名义与他人签订合同违规收取货款的行为如何定性？

以非法占有为目的，冒用他人名义签订合同，在履行合同过程中，明知自己没有实际履行合同的能力，以先部分履行合同的方法，诱骗他人与其继续签订、履行合同，骗取他人财物的行为，构成合同诈骗罪。

〔参考案例第645号：曹戈合同诈骗案〕伪造购销合同，通过与金融机构签订承兑合同，将获取的银行资金用于偿还其他个人债务，后因合同到期无力偿还银行债务而逃匿，致使反担保人遭受巨额财产损失的行为，如何定性？

以非法占有为目的，伪造购销合同，骗取银行与担保人、反担保人的信任，以办理银行承兑汇票的方式获取银行资金后，因合同到期不能偿还银行债务而逃匿，致使反担保人代为偿还债务，侵害了反担保人的财产权益，应构成合同诈骗罪。

〔参考案例第646号：刘恺基合同诈骗案〕如何认定合同诈骗犯罪中行为人具有非法占有目的？

对行为人是否具有非法占有之目的，可以从以下几个方面进行分析：行为人是否具有签订、履行合同的条件，是否创造虚假条件；行为人在签订合同时有无履约能力；行为人在签订和履行合同过程中有无诈骗行为；行为人在签订合同后有无履行合同的实际行为；行为人对取得财物的处置情况，是否有挥霍、挪用及携款潜逃等行为。

〔参考案例第716号：杨永承合同诈骗案〕以公司代理人的身份，通过骗取方式将收取的公司货款据为己有，是构成诈骗罪、职务侵占罪还是挪用资金罪？

职务是一项由单位分配给行为人从事的一种持续的、反复进行的工作，担当职务应当具有相对稳定性的特点，而非单位临时一次性地委托行为人从事某项事务。行为人并不是公司聘用的职工，而仅系公司临时一次性授权的、只负责某项业务洽谈的代理人，故其身份不符合职务侵占犯罪、挪用资金犯罪所要求的主体身份，不能认定其犯罪行为系利用职务上的便利而实施。行为人的行为以非法占有为目的，在履行其与公司的协议过程中，采用虚构事实、隐瞒真相的方法，骗取公司财产，数额特别巨大，其行为构成合同诈骗罪。

〔参考案例第807号：张海岩等合同诈骗案〕承运过程中承运人将承运货物暗中调包的行为如何定性？如何理解合同诈骗罪中的“合同”？

1.承运过程中为非法占有财物而偷偷调包的行为应当构成诈骗类犯罪。

2.合同诈骗罪中的“合同”必须是能够体现一定的市场秩序，体现财产转移或者交易关系，为行为人带来财产利益的合同。第一，合同诈骗罪中的“合同”主要是经济合同，诸如监护、收养、抚养等有关身份关系的合同，应当排除在外。第二，签订合同的主体可以是自然人或者单位。实践中相当多的经济实体往往以个人名义签订合同，如果将以个人名义签订的合同一概排除在合同诈骗罪的合同之外，不符合平等保护市场主体的原则。第三，合同不管是以口头形式还是书面形式签订，只要能够具备合同的本质特征，即属于合同诈骗罪中的“合同”。

3.承运合同是市场经济中较为常见的一类合同，行为人事先签订合同，并在履行合同过程中将承运的优质豆粕暗中调换为劣质豆粕，事后又按合同约定运送至约定地点，其正是利用合同实施了诈骗活动，不但侵害了他人财物的所有权，而且严重扰乱了正常的市场经济秩序。行为人系出于非法占有他人财物的目的，利用签订、履行合同实施诈骗犯罪活动，因此应当按照合同诈骗罪定罪处罚。

〔参考案例第808号：吴某合同诈骗案〕挂靠轮船公司的个体船主，在履行承运合同过程中采用以次充好的方式骗取收货方收货并向货主足额支付货款及运费的，该行为如何定性？

挂靠人员是否属于运输公司员工，可以通过挂靠人员与运输公司之间是否具有劳资关系、雇佣关系综合认定。承运合同是市场经济中较为常见的一种要式合同，事先签订合同，并在履行合同过程中实施诈骗活动，不但侵害了他人财物的所有权，而且严重扰乱了正常的市场经济秩序。因此，行为人出于非法占有他人财物的目的，利用签订、履行合同实施诈骗犯罪活动，应当按照合同诈骗罪定罪处罚。

〔参考案例第876号：周有文、陈巧芳合同诈骗案〕通过支付预付款获得他人房产后以抵押方式向第三人借款的，既有欺骗卖房人的行为，也有欺骗抵押权人的行为，应当如何认定被害人？

通过支付预付款获得他人房产后以抵押方式获得第三人借款过程中，既有欺骗卖房人的行为，也有欺骗抵押权人的行为，应当认定原房主为被害人。

〔参考案例第1512号：黄某正等合同诈骗案〕对合同整体履行不存在根本影响的欺诈行为如何定性？

对合同整体适当、全面履行不具有根本影响的欺诈行为属于民事欺诈行为。可通过调解、仲裁或民事诉讼方式进行救济。

〔参考案例第1583号：叶某林、谭某竑、石某、乔某坤合同诈骗案〕以“套路加盟”视角把握合同诈骗罪的认定

借用特许经营加盟外壳实施合同诈骗行为，判断是否构成合同诈骗罪需要考察以下情况：(1)被告人没有履行合同能力。仅有一家线下直营店且经营时间未超过一年，该线下直营店未进行过正常开店活动，其开设目的仅为营造盈利假象欺骗线下考察的加盟商，不具有有市场竞争力的核心产品、服务及经受市场考验的盈利模式，没有成熟的经营和管理经验，无法为加盟商提供充分的技术支持和服务保障，运营能力不存在让加盟商盈利的可能性，没有履行合同的能力。(2)被告人实施欺诈，诱骗对方签订合同。虚构品牌与其他知名品牌属同一集团或有合作关系，诱骗被害人至直营店考察商谈，再由商务团队在直营店内继续采取贴靠知名品牌、虚增经营业绩、购买知名品牌产品冒充自有产品等方式诱骗被害人签订加盟合同，属于典型的通过欺诈方式诱骗对方签订合同。(3)签订合同后被告人未实际履行合同。特许加盟中，特许人要为被特许人持续提供经营指导、技术支持和业务培训等服务，使加盟商获得一系列支持，减少市场经营风险。被告人在合同签订后象征性地发放了产品制作手册、进行课程培训等，而合同约定的实质内容如全面系统的市场评估、选址装修、开业指导、业务培训、广告宣传等服务均未履行，加盟商因此直接置身于市场风险之中，大量亏损、倒闭。而且，绝大部分加盟费未用于后续产品开发、品牌推广、技术指导等公司运营，无法为后续合同履行进行必要的资金投入，合同实际上已无法得到履行。(4)被告人转移、隐匿骗取的财物。被告人不仅在收到加盟费后将绝大部分资金按照分成比例转给线上招商公司，用于公司运营的资金已所剩无几，加盟商在遭受损失后无法通过民事途径获得救济，而且被告人在收到大量客户投诉后仅留下几名售后人员稳定客户情绪，之后迅速更换品牌和公司，切断与之前公司品牌的联系，将大量员工带至新公司，用新品牌以类似的方式继续从事特许经营招商加盟活动，无任何损失弥补的能力和行为，具有非法占有加盟费的主观目的。

第二百二十四条之一【组织、领导传销活动罪】组织、领导以推销商品、提供服务等经营活动为名，要求参加者以缴纳费用或者购买商品、服务等方式获得加入资格，并按照一定顺序组成层级，直接或者间接以发展人员的数量作为计酬或者返利依据，引诱、胁迫参加者继续发展他人参加，骗取财物，扰乱经济社会秩序的传销活动的，处五年以下有期徒刑或者拘役，并处罚金；情节严重的，处五年以上有期徒刑，并处罚金。

【修正说明】

本罪由刑法修正案(七)第四条增设。

【立案追诉标准】

《最高人民检察院、公安部关于公安机关管辖的刑事案件立案追诉标准的规定(二)》(公通字〔2022〕12号，20220515)

第七十条　〔组织、领导传销活动案(刑法第二百二十四条之一)〕组织、领导以推销商品、提供服务等经营活动为名，要求参加者以缴纳费用或者购买商品、服务等方式获得加入资格，并按照一定顺序组成层级，直接或者间接以发展人员的数量作为计酬或者返利依据，引诱、胁迫参加者继续发展他人参加，骗取财物，扰乱经济社会秩序的传销活动，涉嫌组织、领导的传销活动人员在三十人以上且层级在三级以上的，对组织者、领导者，应予立案追诉。

下列人员可以认定为传销活动的组织者、领导者：

(一)在传销活动中起发起、策划、操纵作用的人员；

(二)在传销活动中承担管理、协调等职责的人员；

(三)在传销活动中承担宣传、培训等职责的人员；

(四)因组织、领导传销活动受过刑事追究，或者一年内因组织、领导传销活动受过行政处罚，又直接或者间接发展参与传销活动人员在十五人以上且层级在三级以上的人员；

(五)其他对传销活动的实施、传销组织的建立、扩大等起关键作用的人员。

【司法解释】

《最高人民法院关于审理非法集资刑事案件具体应用法律若干问题的解释》(原法释〔2010〕18号，根据法释〔2022〕5号修正，20220301)

第十三条　通过传销手段向社会公众非法吸收资金，构成非法吸收公众存款罪或者集资诈骗罪，同时又构成组织、领导传销活动罪的，依照处罚较重的规定定罪处罚。

【司法指导文件】

《最高人民法院、最高人民检察院、公安部关于办理组织领导传销活动刑事案件适用法律若干问题的意见》(公

通字〔2013〕37号，20131114)

一、关于传销组织层级及人数的认定问题

以推销商品、提供服务等经营活动为名，要求参加者以缴纳费用或者购买商品、服务等方式获得加入资格，并按照一定顺序组成层级，直接或者间接以发展人员的数量作为计酬或者返利依据，引诱、胁迫参加者继续发展他人参加，骗取财物，扰乱经济社会秩序的传销组织，其组织内部参与传销活动人员在三十人以上且层级在三级以上的，应当对组织者、领导者追究刑事责任。

组织、领导多个传销组织，单个或者多个组织中的层级已达三级以上的，可将在各个组织中发展的人数合并计算。

组织者、领导者形式上脱离原传销组织后，继续从原传销组织获取报酬或者返利的，原传销组织在其脱离后发展人员的层级数和人数，应当计算为其发展的层级数和人数。

办理组织、领导传销活动刑事案件中，确因客观条件的限制无法逐一收集参与传销活动人员的言词证据的，可以结合依法收集并查证属实的缴纳、支付费用及计酬、返利记录，视听资料，传销人员关系图，银行账户交易记录，互联网电子数据，鉴定意见等证据，综合认定参与传销的人数、层级数等犯罪事实。

二、关于传销活动有关人员的认定和处理问题

下列人员可以认定为传销活动的组织者、领导者：

（一）在传销活动中起发起、策划、操纵作用的人员；

（二）在传销活动中承担管理、协调等职责的人员；

（三）在传销活动中承担宣传、培训等职责的人员；

（四）曾因组织、领导传销活动受过刑事处罚，或者一年以内因组织、领导传销活动受过行政处罚，又直接或者间接发展参与传销活动人员在十五人以上且层级在三级以上的人员；

（五）其他对传销活动的实施、传销组织的建立、扩大等起关键作用的人员。

以单位名义实施组织、领导传销活动犯罪的，对于受单位指派，仅从事劳务性工作的人员，一般不予追究刑事责任。

三、关于“骗取财物”的认定问题

传销活动的组织者、领导者采取编造、歪曲国家政策，虚构、夸大经营、投资、服务项目及盈利前景，掩饰计酬、返利真实来源或者其他欺诈手段，实施刑法第二百二十四条之一规定的行为，从参与传销活动人员缴纳的费用或者购买商品、服务的费用中非法获利的，应当认定为骗取财物。参与传销活动人员是否认为被骗，不影响骗取财物的认定。

四、关于“情节严重”的认定问题

对符合本意见第一条第一款规定的传销组织的组织者、领导者，具有下列情形之一的，应当认定为刑法第二百二十四条之一规定的“情节严重”：

（一）组织、领导的参与传销活动人员累计达一百二十人以上的；

（二）直接或者间接收取参与传销活动人员缴纳的传销资金数额累计达二百五十万元以上的；

（三）曾因组织、领导传销活动受过刑事处罚，或者一年以内因组织、领导传销活动受过行政处罚，又直接或者间

接发展参与传销活动人员累计达六十人以上的；

（四）造成参与传销活动人员精神失常、自杀等严重后果的；

（五）造成其他严重后果或者恶劣社会影响的。

五、关于"团队计酬"行为的处理问题

传销活动的组织者或者领导者通过发展人员，要求传销活动的被发展人员发展其他人员加入，形成上下线关系，并以下线的销售业绩为依据计算和给付上线报酬，牟取非法利益的，是"团队计酬"式传销活动。

以销售商品为目的、以销售业绩为计酬依据的单纯的"团队计酬"式传销活动，不作为犯罪处理。形式上采取"团队计酬"方式，但实质上属于"以发展人员的数量作为计酬或者返利依据"的传销活动，应当依照刑法第二百二十四条之一的规定，以组织、领导传销活动罪定罪处罚。

六、关于罪名的适用问题

以非法占有为目的，组织、领导传销活动，同时构成组织、领导传销活动罪和集资诈骗罪的，依照处罚较重的规定定罪处罚。

犯组织、领导传销活动罪，并实施故意伤害、非法拘禁、敲诈勒索、妨害公务、聚众扰乱社会秩序、聚众冲击国家机关、聚众扰乱公共场所秩序、交通秩序等行为，构成犯罪的，依照数罪并罚的规定处罚。

七、其他问题

本意见所称"以上"、"以内"，包括本数。

本意见所称"层级"和"级"，系指组织者、领导者与参与传销活动人员之间的上下线关系层次，而非组织者、领导者在传销组织中的身份等级。

对传销组织内部人数和层级数的计算，以及对组织者、领导者直接或者间接发展参与传销活动人员人数和层级数的计算，包括组织者、领导者本人及其本层级在内。

【审判实务释疑】

1.组织、领导传销活动罪中，如何认定"以推销商品、提供服务等经营活动为名"？

司法实践中，对于"以推销商品、提供服务等经营活动为名"的把握，一般可理解为"传销组织未实际提供商品、服务的或者提供的商品、服务价格严重偏离实际成本"。应重点审查"是否不提供商品、服务退货退款政策""是否要求参加者购买并囤积明显超出其可在合理时间内消费的大量商品、服务""是否禁止参加者退出""提供的商品或者服务是否具有普遍流通性"等情形，并基于上述事实基础作综合判断。若提供的所谓"商品、服务"仅仅是传销的"道具商品"，则可判断涉案经济组织实际上并无合法的经营活动，属"以推销商品、提供服务等经营活动为名"。

2.组织、领导传销活动罪中，部分传销组织是免费注册会员并加入的，加入后再要求购买商品或者服务，如何认定"要求参加者以缴纳费用或者购买商品、服务等方式获得加入资格"的时间节点和参加者身份？

组织、领导传销活动罪中，对"要求参加者以缴纳费用或者购买商品、服务等方式获得加入资格"的认定应当进行实质判断。特别是在网络传销犯罪中，从形式上看，简单填写资料便可注册成为会员，不仅无须缴纳费用，甚至还能获得一定经济奖励，但这只是引诱他人加入传销组织的手段，后续“购买商品、服务”的行为才会让参加者真正“获得加入资格”，此时，应当认定该行为符合组织、领导传销活动罪中“参加者以购买商品、服务等方式获取加入资格”的构成要件。

对于其中仅注册会员，未实际购买商品或者服务的，因该“注册会员”并未实际参加到传销组织的传销行为中，实质上并未获得加入传销组织的资格，不应计入传销组织发展的成员人数中。

3.组织、领导传销活动罪中，有的组织者、领导者虚列层级，该“层级”是否计入传销犯罪的层级中？

组织、领导传销活动罪中，要求“按照一定顺序组成层级，直接或者间接以发展人员的数量作为计酬或者返利依据”，对于“层级”认定应当进行实质审查。传销犯罪中的层级认定不能仅根据名称、形式进行判断，而需要把握层级认定的核心，即身份、层级关系的认定应当关联计酬或者返利。如有的传销组织虽然设置了负责人、总店长、店长、A级、B级、C级等不同层级，但实际上负责人、总店长、店长之间并不发生返利，均各自负责自己发展的下线，虽然称谓上有所不同，但实际处于同一层级，虚列两个层级，该两个层级不应计入传销组织的实际层级；又如，有的传销人员用自己的身份重复设立多个层级以营造组织假象，实际其用一个身份设立的多个层级并不发生实际返利，亦属虚列层级，应自层级中扣除。

4.组织、领导传销活动罪规定的“骗取财物”是否与诈骗犯罪规定的“诈骗财物”一致，是否包含了“下线认识到被骗”的要求？

在传销案件和诈骗案件中，均可能存在欺骗行为，且根据刑法规定，并不是只有诈骗犯罪要求“骗取/诈骗财物”，比如虚假广告罪、骗取贷款罪、串通投标罪等，均具有骗取财物的性质。在集资诈骗犯罪中，行为人一般以各种“虚构的事实”向被害人“承诺”在一定期限内或者达到一定条件后，连本带利还给被害人，让被害人获得高额利息，以吸引被害人投资，骗取被害人的投资款，其主观目的是非法占有被害人资金、财物，一旦目的达成便结束犯罪。而传销中的“骗”是骗取他人加入传销组织后利用传销模式非法牟利。传销犯罪的组织者、领导者虽然也向参加者许诺高额收益，但参加者收益的来源是基于参加者拉来下线的人数和投资数额，参加者对于其高额收益的来源系下线而非上线是明知的，且传销组织的组织者、领导者及一般参加人员的共同目标是将传销组织持续发展壮大，持续性以发展人员的数量作为牟利、返利依据。

组织、领导传销活动罪中，主要从行为人的客观行为方式加以认定和把握传销中的“骗取财物”。只要行为人采取编造、歪曲国家政策，虚构、夸大经营、投资、服务项目及盈利前景，掩饰计酬、返利真实来源或者其他欺诈手段，实施了组织、领导传销活动的行为，并以“拉人头”“收取入门费”等方式从中非法获利的，即应认定为“骗取财物”。至于参加传销人员是否认识到被骗，不影响骗取财物的认定。

5.组织、领导传销活动罪中，组织者、领导者虚设下线并因此“虚”增传销金额，该“下线”“金额”是否计入传

销犯罪中?

组织、领导传销活动罪中,关于发展下线要求"引诱、胁迫参加者继续发展他人参加",发展下线是指发展他人参加,不包括自己和一人注册多个账号的重复注册,也不包括冒用他人身份发展的情形。传销人员虚设下线的行为,并没有给传销组织带来新的人员,其下线人员实际就是行为人本人,不存在骗取行为人以外的人的财产问题,故虚设的下线不应计入传销犯罪发展下线的人数中。关于虚设下线投入的传销资金问题,"两高一部"《关于办理组织领导传销活动刑事案件适用法律若干问题的意见》规定,传销组织的组织者、领导者,直接或者间接收取参加传销活动人员缴纳的传销资金数额累计达二百五十万元以上的,构成情节严重。可见,认定某一组织者、领导者传销数额的标准是"收取参加传销活动人员缴纳的传销资金",并不包括其本人投入到传销中的资金,其因虚设下线投入传销的资金实际是其自己的资金,故应当在其犯罪数额中予以扣除,但该资金应当作为传销资金计入其上线的犯罪数额中。

6.组织、领导传销活动罪中,传销组织的一般参加人员可否作为"被害人"参加诉讼?

组织、领导传销活动罪中,传销组织的获利方案是固定的、公开的,参加者明知自己是基于下线获利,其加入传销组织的决定性因素是利益诱惑。参加者与传销组织之间是共生关系,参加者依托传销组织牟取非法利益抽成,传销组织依赖于传销人员发展下线而不断壮大,任何一名参加传销的人员均对传销组织的壮大起到了作用。因此,传销组织中一般参加人员的诉讼地位,既不同于诈骗罪的被害人,也不同于非法吸收公众存款罪的参加人,不应以"被害人"身份参加到诉讼中。[①]

【指导性案例 · 检察】

〔叶经生等组织、领导传销活动案,JZD41-2018〕

1.组织者或者经营者利用网络发展会员,要求被发展人员以缴纳或者变相缴纳"入门费"为条件,获得提成和发展下线的资格。通过发展人员组成层级关系,并以直接或者间接发展的人员数量作为计酬或者返利的依据,引诱被发展人员继续发展他人参加,骗取财物,扰乱经济社会秩序的,以组织、领导传销活动罪追究刑事责任。

2.随着互联网技术的广泛应用,微信、语音视频聊天室等社交平台作为新的营销方式被广泛运用。传销组织在手段上借助互联网不断翻新,打着"金融创新"的旗号,以"资本运作""消费投资""网络理财""众筹""慈善互助"等为名从事传销活动。常见的表现形式有:组织者、经营者注册成立电子商务企业,以此名义建立电子商务网站。以网络营销、网络直销等名义,变相收取入门费,设置各种返利机制,激励会员发展下线,上线从直接或者间接发展的下线的销售业绩中计酬,或以直接或者间接发展的人员数量为依据计酬或者返利。这类行为,不管其手段如何翻新,只要符合传销组织骗取财物、扰乱

---

① 参见《法答网精选答问(第十二批)——组织、领导传销活动罪专题》,载《人民法院报》2024年11月28日,第7版。

市场经济秩序本质特征的，应以组织、领导传销活动罪论处。

3.检察机关办理组织、领导传销活动犯罪案件，要紧扣传销活动骗取财物的本质特征和构成要件，收集、审查、运用证据。特别要注意针对传销网站的经营特征与其他合法经营网站的区别，重点收集涉及入门费、设层级、拉人头等传销基本特征的证据及企业资金投入、人员组成、资金来源去向、网站功能等方面的证据，揭示传销犯罪没有创造价值，经营模式难以持续，用后加入者的财物支付给先加入者，通过发展下线牟利骗取财物的本质特征。

【法院案例库参考案例】

〔吴某梅组织、领导传销活动案，2025-03-1-168-002〕组织、领导传销活动罪中“获得加入资格”的司法认定

对组织、领导传销活动罪中“获得加入资格”的认定应当坚持实质判断标准。参与者虽可免费注册，但需通过购买虚拟商品、服务等变相支付对价方式获得实际收益资格，系以“变相购买商品”形式掩盖“入门费”本质，应认定为刑法第二百二十四条之一规定的“以购买商品、服务等方式获取加入资格”。

〔罗某某组织、领导传销活动案，2024-03-1-168-001〕被告人在组织、领导传销活动中投入资金发生损失，不影响对其行为性质的认定

被告人参与组织、领导以推销商品为名，要求参加者以缴纳费用获得加入资格，并按照一定顺序组成层级，直接以发展人员的数量作为返利依据，引诱参加者继续发展他人参加，其直接或间接发展下线人员在三十人以上且层级在三级以上，其行为完全符合“两高一部”《关于办理组织领导传销活动刑事案件适用法律若干问题的意见》关于传销组织层级及人数的认定相关规定，对其应当按照组织、领导传销活动罪追究刑事责任。因传销组织资金链断裂，被告人本人投入资金发生损失的，不影响行为性质的认定。

〔陈某芝等人组织、领导传销活动案，2023-03-1-168-001〕以平台提供虚拟货币增值服务为名要求投资者购币加入并根据其发展下线情况结算收益的行为性质认定

1.数行为人成立网络平台后，以平台提供虚拟货币增值服务为名，要求参与者购买一定数量的虚拟货币充值该平台获得加入资格，平台不具有行为人对外宣传的大部分盈利模式，主要从各层级参与人的投资中非法获利，参与者获得收益的结算方式为虚拟货币，收益主要取决于其下线人数及下线投资额，而非从虚拟货币的市场价涨跌获得收益的，应当认定为传销。

2.关于组织、领导传销活动罪违法所得数额的认定。计算传销犯罪数额时，不应当扣除传销人员培训、会务等费用开支，而传销参与人投入的资金系传销犯罪所用财物，均应当计入犯罪数额。

3.关于涉案虚拟货币的处置。以虚拟货币为对象的组织、领导传销活动罪中，被告人以外的投资者虽是被引诱加入平台，并充值购买虚拟货币获得入会资格，但投资者为获取更高的收益，按照平台的要求不断发展下线，让他人继续在平台充值购买虚拟货币的行为已经使得各投资者成为传销的参与者，只是因为其未达到刑事处罚标准，而未受到刑罚处罚。因此，传销平台被扣押的虚拟货币不作为被害人的财产予以返还。

〔陈某等组织、领导传销活动案，2025-03-1-168-001〕涉虚拟货币网络传销案件的定性

以提供虚拟货币增值服务为名，要求参与者缴纳一定数量的虚拟货币获取加入资格，实际系按照一定顺序组成层级，直接或者间接以发展人员的数量作为返利依据，骗取他人虚拟货币的，对组织者、领导者依法以组织、领导传销活动罪论处。

【《刑事审判参考》案例】

〔参考案例第842号：王艳组织、领导传销活动案〕传销与单层次直销如何区分？

单层次直销是商品和服务的生产者将生产的产品通过专卖店或者营销人员直接把产品销售给终端客户，且给予服务的销售方式，是一种合法且受法律保护的经营行为。它与传销具有本质的区别，主要表现在以下几个方面：(1)是否以销售产品为企业营运的基础。直销以销售产品或者提供服务作为公司收益的来源。而传销则以拉人头牟利或者借销售伪劣或质次价高的产品变相拉人头牟利，有的传销甚至根本无销售产品可言。(2)是否收取高额入门费。单层次直销企业的推销员无须缴付任何高额入门费，也不会被强制认购货品。而在传销中，参加者通过缴纳高额入门费或者被要求先认购一定数量质次价高(通常情况下价格严重高于产品价值)的产品以变相缴纳高额入门费作为参与的条件，进而刺激下线人员不择手段地拉人加入以赚取利润。(3)是否拥有经营场所。单层次直销企业都有自己的经营场所，有自己的产品和服务，销售人员都直接与公司签订合同，其从业行为直接接受公司的规范与管理。而传销的“经营者”没有自己的经营场所，也没有从事销售产品或者提供服务的经营活动，只是假借“经营活动”骗取他人信任和逃避有关机关的管理和打击，通过收取高额入门费为整个传销组织的组织者和领导者攫取暴利，其本身不会产生任何的利润和收益，也不会为国家和社会创造任何的经济价值。(4)是否遵循价值规律分配报酬。单层次直销企业的工作人员主要通过销售商品、提供服务获取利润，其薪酬的高低主要与工作人员的销售业绩相挂钩。而通过以高额回报为诱饵招揽人员从事“变相销售”的传销行为，因为其不存在销售行为，故不会产生任何的销售收入，其报酬全部来源于高额的会员费。更主要的是，并非所有传销人员都能够获取报酬，从整体上看，只有处于组织核心和顶层的领导者和组织者才能获取暴利，其余人员均是损失的承担者，不会获取任何收入。(5)是否具有完善的售后服务保障制度。单层次直销企业作为正规经营的经济体，有合格、规范、快捷的售后服务操作流程，通常能够为顾客提供完善的退货保障。而传销活动绝大部分没有产品和服务，即便提供也通常强制约定不可退货或者退货条件非常苛刻。再者，传销组织一般也不会设立专门的售后服务部门，消费者已购的产品难以退货，遇到质量问题也得不到解决，消费者退货和投诉无门的情况普遍存在。(6)是否实行制度化的人员管理。单层次直销形式下，企业对工作人员的管理模式正规、科学，有健全的工会组织，充分尊重人员的自由，保障员工的合法权益。而在传销组织中，上线主要通过非法拘禁、诱骗，甚至在某种情况下采取非常暴力的手段控制下线，并以此对下线产生威慑进而使其继续发展下线。因而在传销活动中，传销人员尤其是处于底层的人员没有人身自由，合法权益难以得到保障。正因如此，传销活动往往诱发其他类型的犯罪，给正常的社会秩序和公民的生命财产安全带来严重影响。

第二百二十五条 【非法经营罪】违反国家规定，有下列非法经营行为之一，扰乱市场秩序，情节严重的，处五年以下有期徒刑或者拘役，并处或者单处违法所得一倍以上五倍以下罚金；情节特别严重的，处五年以上有期徒刑，并处违法所得一倍以上五倍以下罚金或者没收财产：

（一）未经许可经营法律、行政法规规定的专营、专卖物品或者其他限制买卖的物品的；

（二）买卖进出口许可证、进出口原产地证明以及其他法律、行政法规规定的经营许可证或者批准文件的；

（三）未经国家有关主管部门批准非法经营证券、期货、保险业务的，或者非法从事资金支付结算业务的；

（四）其他严重扰乱市场秩序的非法经营行为。

【第二次修正前条文】

第二百二十五条 【非法经营罪】违反国家规定，有下列非法经营行为之一，扰乱市场秩序，情节严重的，处五年以下有期徒刑或者拘役，并处或者单处违法所得一倍以上五倍以下罚金；情节特别严重的，处五年以上有期徒刑，并处违法所得一倍以上五倍以下罚金或者没收财产：

（一）未经许可经营法律、行政法规规定的专营、专卖物品或者其他限制买卖的物品的；

（二）买卖进出口许可证、进出口原产地证明以及其他法律、行政法规规定的经营许可证或者批准文件的；

（三）未经国家有关主管部门批准，非法经营证券、期货或者保险业务的；

（四）其他严重扰乱市场秩序的非法经营行为。

【第一次修正前条文】

第二百二十五条 【非法经营罪】违反国家规定，有下列非法经营行为之一，扰乱市场秩序，情节严重的，处五年以下有期徒刑或者拘役，并处或者单处违法所得一倍以上五倍以下罚金；情节特别严重的，处五年以上有期徒刑，并处违法所得一倍以上五倍以下罚金或者没收财产：

（一）未经许可经营法律、行政法规规定的专营、专卖物品或者其他限制买卖的物品的；

（二）买卖进出口许可证、进出口原产地证明以及其他法律、行政法规规定的经营许可证或者批准文件的；

（三）其他严重扰乱市场秩序的非法经营行为。

【修正说明】

1.刑法修正案第八条增加了第三项关于“未经国家有关主管部门批准，非法经营证券、期货或者保险业务的”

规定，将原条文第三项改为第四项。

2.刑法修正案(七)第五条在第三项增加了“非法从事资金支付结算业务的”规定。

【相关立法】

《全国人民代表大会常务委员会关于惩治骗购外汇、逃汇和非法买卖外汇犯罪的决定》(19981229)

四、在国家规定的交易场所以外非法买卖外汇，扰乱市场秩序，情节严重的，依照刑法第二百二十五条的规定定罪处罚。

单位犯前款罪的，依照刑法第二百三十一条的规定处罚。

【立案追诉标准】

《最高人民检察院、公安部关于公安机关管辖的刑事案件立案追诉标准的规定(二)》(公通字〔2022〕12号，20220515)

第七十一条　〔非法经营案(刑法第二百二十五条)〕违反国家规定，进行非法经营活动，扰乱市场秩序，涉嫌下列情形之一的，应予立案追诉：

(一)违反国家烟草专卖管理法律法规，未经烟草专卖行政主管部门许可，无烟草专卖生产企业许可证、烟草专卖批发企业许可证、特种烟草专卖经营企业许可证、烟草专卖零售许可证等许可证明，非法经营烟草专卖品，具有下列情形之一的：

1.非法经营数额在五万元以上，或者违法所得数额在二万元以上的；

2.非法经营卷烟二十万支以上的；

3.三年内因非法经营烟草专卖品受过二次以上行政处罚，又非法经营烟草专卖品且数额在三万元以上的。

(二)未经国家有关主管部门批准，非法经营证券、期货、保险业务，或者非法从事资金支付结算业务，具有下列情形之一的：

1.非法经营证券、期货、保险业务，数额在一百万元以上，或者违法所得数额在十万元以上的；

2.非法从事资金支付结算业务，数额在五百万元以上，或者违法所得数额在十万元以上的；

3.非法从事资金支付结算业务，数额在二百五十万元以上不满五百万元，或者违法所得数额在五万元以上不满十万元，且具有下列情形之一的：

(1)因非法从事资金支付结算业务犯罪行为受过刑事追究的；

(2)二年内因非法从事资金支付结算业务违法行为受过行政处罚的；

(3)拒不交代涉案资金去向或者拒不配合追缴工作，致使赃款无法追缴的；

(4)造成其他严重后果的。

4.使用销售点终端机具(POS机)等方法，以虚构交易、虚开价格、现金退货等方式向信用卡持卡人直接支付现金，数额在一百万元以上的，或者造成金融机构资金二十万元以上逾期未还的，或者造成金融机构经济损失十万元以上的。

(三)实施倒买倒卖外汇或者变相买卖外汇等非法买卖外汇行为，扰乱金融市场秩序，具有下列情形之一的：

1.非法经营数额在五百万元以上的，或者违法所得数额在十万元以上的；

2.非法经营数额在二百五十万元以上，或者违法所得数额在五万元以上，且具有下列情形之一的：

(1)因非法买卖外汇犯罪行为受过

刑事追究的；

(2) 二年内因非法买卖外汇违法行为受过行政处罚的；

(3) 拒不交代涉案资金去向或者拒不配合追缴工作，致使赃款无法追缴的；

(4) 造成其他严重后果的。

3.公司、企业或者其他单位违反有关外贸代理业务的规定，采用非法手段，或者明知是伪造、变造的凭证、商业单据，为他人向外汇指定银行骗购外汇，数额在五百万美元以上或者违法所得数额在五十万元以上的；

4.居间介绍骗购外汇，数额在一百万美元以上或者违法所得数额在十万元以上的。

(四) 出版、印刷、复制、发行严重危害社会秩序和扰乱市场秩序的非法出版物，具有下列情形之一的：

1.个人非法经营数额在五万元以上的，单位非法经营数额在十五万元以上的；

2.个人违法所得数额在二万元以上的，单位违法所得数额在五万元以上的；

3.个人非法经营报纸五千份或者期刊五千本或者图书二千册或者音像制品、电子出版物五百张(盒)以上的，单位非法经营报纸一万五千份或者期刊一万五千本或者图书五千册或者音像制品、电子出版物一千五百张(盒)以上的；

4.虽未达到上述数额标准，但具有下列情形之一的：

(1) 二年内因出版、印刷、复制、发行非法出版物受过二次以上行政处罚，又出版、印刷、复制、发行非法出版物的；

(2) 因出版、印刷、复制、发行非法出版物造成恶劣社会影响或者其他严重后果的。

(五) 非法从事出版物的出版、印刷、复制、发行业务，严重扰乱市场秩序，具有下列情形之一的：

1.个人非法经营数额在十五万元以上的，单位非法经营数额在五十万元以上的；

2.个人违法所得数额在五万元以上的，单位违法所得数额在十五万元以上的；

3.个人非法经营报纸一万五千份或者期刊一万五千本或者图书五千册或者音像制品、电子出版物一千五百张(盒)以上的，单位非法经营报纸五万份或者期刊五万本或者图书一万五千册或者音像制品、电子出版物五千张(盒)以上的；

4.虽未达到上述数额标准，二年内因非法从事出版物的出版、印刷、复制、发行业务受过二次以上行政处罚，又非法从事出版物的出版、印刷、复制、发行业务的。

(六) 采取租用国际专线、私设转接设备或者其他方法，擅自经营国际电信业务或者涉港澳台电信业务进行营利活动，扰乱电信市场管理秩序，具有下列情形之一的：

1.经营去话业务数额在一百万元以上的；

2.经营来话业务造成电信资费损失数额在一百万元以上的；

3.虽未达到上述数额标准，但具有下列情形之一的：

(1) 二年内因非法经营国际电信业务或者涉港澳台电信业务行为受过二次以上行政处罚，又非法经营国际电信业务或者涉港澳台电信业务的；

(2)因非法经营国际电信业务或者涉港澳台电信业务行为造成其他严重后果的。

(七)以营利为目的，通过信息网络有偿提供删除信息服务，或者明知是虚假信息，通过信息网络有偿提供发布信息等服务，扰乱市场秩序，具有下列情形之一的：

1.个人非法经营数额在五万元以上，或者违法所得数额在二万元以上的；

2.单位非法经营数额在十五万元以上，或者违法所得数额在五万元以上的。

(八)非法生产、销售"黑广播""伪基站"、无线电干扰器等无线电设备，具有下列情形之一的：

1.非法生产、销售无线电设备三套以上的；

2.非法经营数额在五万元以上的；

3.虽未达到上述数额标准，但二年内因非法生产、销售无线电设备受过二次以上行政处罚，又非法生产、销售无线电设备的。

(九)以提供给他人开设赌场为目的，违反国家规定，非法生产、销售具有退币、退分、退钢珠等赌博功能的电子游戏设施设备或者其专用软件，具有下列情形之一的：

1.个人非法经营数额在五万元以上，或者违法所得数额在一万元以上的；

2.单位非法经营数额在五十万元以上，或者违法所得数额在十万元以上的；

3.虽未达到上述数额标准，但二年内因非法生产、销售赌博机行为受过二次以上行政处罚，又进行同种非法经营行为的；

4.其他情节严重的情形。

(十)实施下列危害食品安全行为，非法经营数额在十万元以上，或者违法所得数额在五万元以上的：

1.以提供给他人生产、销售食品为目的，违反国家规定，生产、销售国家禁止用于食品生产、销售的非食品原料的；

2.以提供给他人生产、销售食用农产品为目的，违反国家规定，生产、销售国家禁用农药、食品动物中禁止使用的药品及其他化合物等有毒、有害的非食品原料，或者生产、销售添加上述有毒、有害的非食品原料的农药、兽药、饲料、饲料添加剂、饲料原料的；

3.违反国家规定，私设生猪屠宰厂(场)，从事生猪屠宰、销售等经营活动的。

(十一)未经监管部门批准，或者超越经营范围，以营利为目的，以超过百分之三十六的实际年利率经常性地向社会不特定对象发放贷款，具有下列情形之一的：

1.个人非法放贷数额累计在二百万元以上的，单位非法放贷数额累计在一千万元以上的；

2.个人违法所得数额累计在八十万元以上的，单位违法所得数额累计在四百万元以上的；

3.个人非法放贷对象累计在五十人以上的，单位非法放贷对象累计在一百五十人以上的；

4.造成借款人或者其近亲属自杀、死亡或者精神失常等严重后果的。

5.虽未达到上述数额标准，但具有下列情形之一的：

⑴二年内因实施非法放贷行为受过二次以上行政处罚的；

⑵以超过百分之七十二的实际年利率实施非法放贷行为十次以上的。

黑恶势力非法放贷的，按照第1、2、3项规定的相应数额、数量标准的百分之五十确定。同时具有第5项规定情形的，按照相应数额、数量标准的百分之四十确定。

（十二）从事其他非法经营活动，具有下列情形之一的：

1.个人非法经营数额在五万元以上，或者违法所得数额在一万元以上的；

2.单位非法经营数额在五十万元以上，或者违法所得数额在十万元以上的；

3.虽未达到上述数额标准，但二年内因非法经营行为受过二次以上行政处罚，又从事同种非法经营行为的；

4.其他情节严重的情形。

法律、司法解释对非法经营罪的立案追诉标准另有规定的，依照其规定。

【司法解释(1)】

《最高人民法院、最高人民检察院关于办理非法从事资金支付结算业务、非法买卖外汇刑事案件适用法律若干问题的解释》(法释〔2019〕1号，20190201)

第一条　违反国家规定，具有下列情形之一的，属于刑法第二百二十五条第三项规定的“非法从事资金支付结算业务”：

（一）使用受理终端或者网络支付接口等方法，以虚构交易、虚开价格、交易退款等非法方式向指定付款方支付货币资金的；

（二）非法为他人提供单位银行结算账户套现或者单位银行结算账户转个人账户服务的；

（三）非法为他人提供支票套现服务的；

（四）其他非法从事资金支付结算业务的情形。

第二条　违反国家规定，实施倒买倒卖外汇或者变相买卖外汇等非法买卖外汇行为，扰乱金融市场秩序，情节严重的，依照刑法第二百二十五条第四项的规定，以非法经营罪定罪处罚。

第三条　非法从事资金支付结算业务或者非法买卖外汇，具有下列情形之一的，应当认定为非法经营行为“情节严重”：

（一）非法经营数额在五百万元以上的；

（二）违法所得数额在十万元以上的。

非法经营数额在二百五十万元以上，或者违法所得数额在五万元以上，且具有下列情形之一的，可以认定为非法经营行为“情节严重”：

（一）曾因非法从事资金支付结算业务或者非法买卖外汇犯罪行为受过刑事追究的；

（二）二年内因非法从事资金支付结算业务或者非法买卖外汇违法行为受过行政处罚的；

（三）拒不交代涉案资金去向或者拒不配合追缴工作，致使赃款无法追缴的；

（四）造成其他严重后果的。

第四条　非法从事资金支付结算业务或者非法买卖外汇，具有下列情形之一的，应当认定为非法经营行为“情节特别严重”：

（一）非法经营数额在二千五百万元以上的；

（二）违法所得数额在五十万元以上的。

非法经营数额在一千二百五十万元以上，或者违法所得数额在二十五万元以上，且具有本解释第三条第二款规定的四种情形之一的，可以认定为非法经营行为“情节特别严重”。

第五条　非法从事资金支付结算业务或者非法买卖外汇，构成非法经营罪，同时又构成刑法第一百二十条之一规定的帮助恐怖活动罪或者第一百九十一条规定的洗钱罪的，依照处罚较重的规定定罪处罚。

第六条　二次以上非法从事资金支付结算业务或者非法买卖外汇，依法应予行政处理或者刑事处理而未经处理的，非法经营数额或者违法所得数额累计计算。

同一案件中，非法经营数额、违法所得数额分别构成情节严重、情节特别严重的，按照处罚较重的数额定罪处罚。

第七条　非法从事资金支付结算业务或者非法买卖外汇违法所得数额难以确定的，按非法经营数额的千分之一认定违法所得数额，依法并处或者单处违法所得一倍以上五倍以下罚金。

第八条　符合本解释第三条规定的标准，行为人如实供述犯罪事实，认罪悔罪，并积极配合调查，退缴违法所得的，可以从轻处罚；其中犯罪情节轻微的，可以依法不起诉或者免予刑事处罚。

符合刑事诉讼法规定的认罪认罚从宽适用范围和条件的，依照刑事诉讼法的规定处理。

第九条　单位实施本解释第一条、第二条规定的非法从事资金支付结算业务、非法买卖外汇行为，依照本解释规定的定罪量刑标准，对单位判处罚金，并对其直接负责的主管人员和其他直接责任人员定罪处罚。

第十条　非法从事资金支付结算业务、非法买卖外汇刑事案件中的犯罪地，包括犯罪嫌疑人、被告人用于犯罪活动的账户开立地、资金接收地、资金过渡账户开立地、资金账户操作地，以及资金交易对手资金交付和汇出地等。

第十一条　涉及外汇的犯罪数额，按照案发当日中国外汇交易中心或者中国人民银行授权机构公布的人民币对该货币的中间价折合成人民币计算。中国外汇交易中心或者中国人民银行授权机构未公布汇率中间价的境外货币，按照案发当日境内银行人民币对该货币的中间价折算成人民币，或者该货币在境内银行、国际外汇市场对美元汇率，与人民币对美元汇率中间价进行套算。

第十二条　本解释自2019年2月1日起施行。《最高人民法院关于审理骗购外汇、非法买卖外汇刑事案件具体应用法律若干问题的解释》（法释〔1998〕20号）与本解释不一致的，以本解释为准。

【司法解释(2)】

《最高人民法院、最高人民检察院关于办理扰乱无线电通讯管理秩序等刑事案件适用法律若干问题的解释》（法释〔2017〕11号，20170701）

第四条　非法生产、销售“黑广播”“伪基站”、无线电干扰器等无线电设备，具有下列情形之一的，应当认定为刑法第二百二十五条规定的“情节严重”：

（一）非法生产、销售无线电设备三套以上的；

（二）非法经营数额五万元以上的；

（三）其他情节严重的情形。[①]

实施前款规定的行为，数量或者数额达到前款第一项、第二项规定标准五倍以上，或者具有其他情节特别严重的情形的，应当认定为刑法第二百二十五条规定的“情节特别严重”。

在非法生产、销售无线电设备窝点查扣的零件，以组装完成的套数以及能够组装的套数认定；无法组装为成套设备的，每三套广播信号调制器（激励器）认定为一套“黑广播”设备，每三块主板认定为一套“伪基站”设备。

【司法解释(3)】

《最高人民法院、最高人民检察院关于办理利用信息网络实施诽谤等刑事案件适用法律若干问题的解释》（法释〔2013〕21号，20130910）

第七条　违反国家规定，以营利为目的，通过信息网络有偿提供删除信息服务，或者明知是虚假信息，通过信息网络有偿提供发布信息等服务，扰乱市场秩序，具有下列情形之一的，属于非法经营行为“情节严重”，依照刑法第二百二十五条第（四）项的规定，以非法经营罪定罪处罚：

（一）个人非法经营数额在五万元以上，或者违法所得数额在二万元以上的；

（二）单位非法经营数额在十五万元以上，或者违法所得数额在五万元以上的。

实施前款规定的行为，数额达到前款规定的数额五倍以上的，应当认定为刑法第二百二十五条规定的“情节特别严重”。

【司法解释(4)】

《最高人民法院、最高人民检察院关于办理危害食品安全刑事案件适用法律若干问题的解释》（法释〔2021〕24号，20220101）

第十六条　以提供给他人生产、销售食品为目的，违反国家规定，生产、销售国家禁止用于食品生产、销售的非食品原料，情节严重的，依照刑法第二百二十五条的规定以非法经营罪定罪处罚。

以提供给他人生产、销售食用农产品为目的，违反国家规定，生产、销售国家禁用农药、食品动物中禁止使用的药品及其他化合物等有毒、有害的非食品原料，或者生产、销售添加上述有毒、有害的非食品原料的农药、兽药、饲料、饲料添加剂、饲料原料，情节严重的，依照前款的规定定罪处罚。

第十七条　违反国家规定，私设生猪屠宰厂（场），从事生猪屠宰、销售等经营活动，情节严重的，依照刑法第二百二十五条的规定以非法经营罪定罪处罚。

……

第十八条　实施本解释规定的非法经营行为，非法经营数额在十万元以上，或者违法所得数额在五万元以上的，应当认定为刑法第二百二十五条规定的“情节严重”；非法经营数额在五

① 本条项下【立案追诉标准】增加了前科情形的规定。——编者注

十万元以上，或者违法所得数额在二十五万元以上的，应当认定为刑法第二百二十五条规定的“情节特别严重”。

实施本解释规定的非法经营行为，同时构成生产、销售伪劣产品罪，生产、销售不符合安全标准的食品罪，生产、销售有毒、有害食品罪，生产、销售伪劣农药、兽药罪等其他犯罪的，依照处罚较重的规定定罪处罚。

【司法解释(5)】

《最高人民法院关于审理非法集资刑事案件具体应用法律若干问题的解释》(原法释〔2010〕18号，根据法释〔2022〕5号修正，20220301)

第十一条　违反国家规定，未经依法核准擅自发行基金份额募集基金，情节严重的，依照刑法第二百二十五条的规定，以非法经营罪定罪处罚。

【司法解释(6)】

《最高人民法院、最高人民检察院关于办理非法生产、销售烟草专卖品等刑事案件具体应用法律若干问题的解释》(法释〔2010〕7号，20100326)

第一条第五款　违反国家烟草专卖管理法律法规，未经烟草专卖行政主管部门许可，无烟草专卖生产企业许可证、烟草专卖批发企业许可证、特种烟草专卖经营企业许可证、烟草专卖零售许可证等许可证明，非法经营烟草专卖品，情节严重的，依照刑法第二百二十五条的规定，以非法经营罪定罪处罚。

第三条　非法经营烟草专卖品，具有下列情形之一的，应当认定为刑法第二百二十五条规定的“情节严重”：

(一)非法经营数额在五万元以上的，或者违法所得数额在二万元以上的；

(二)非法经营卷烟二十万支以上的；

(三)曾因非法经营烟草专卖品三年内受过二次以上行政处罚，又非法经营烟草专卖品且数额在三万元以上的。

具有下列情形之一的，应当认定为刑法第二百二十五条规定的“情节特别严重”：

(一)非法经营数额在二十五万元以上，或者违法所得数额在十万元以上的；

(二)非法经营卷烟一百万支以上的。①

第四条　非法经营烟草专卖品，能够查清销售或者购买价格的，按照其销售或者购买的价格计算非法经营数额。无法查清销售或者购买价格的，按照下列方法计算非法经营数额：

(一)查获的卷烟、雪茄烟的价格，有品牌的，按照该品牌卷烟、雪茄烟的查获地省级烟草专卖行政主管部门出具的零售价格计算；无品牌的，按照查获地省级烟草专卖行政主管部门出具的上年度卷烟平均零售价格计算；

(二)查获的复烤烟叶、烟叶的价格按照查获地省级烟草专卖行政主管部门出具的上年度烤烟调拨平均基准价格计算；

(三)烟丝的价格按照第(二)项规定

① 2003年12月23日印发的《最高人民法院、最高人民检察院、公安部和国家烟草专卖局关于办理假冒伪劣烟草制品等刑事案件适用法律问题座谈会纪要》中，对涉烟类非法经营罪的个人与单位定罪量刑标准存在差异。本司法解释不再区分个人犯罪与单位犯罪的定罪数额标准，实践中应当以本司法解释为准，而非会议纪要。——编者注

价格计算标准的一点五倍计算；

（四）卷烟辅料的价格，有品牌的，按照该品牌辅料的查获地省级烟草专卖行政主管部门出具的价格计算；无品牌的，按照查获地省级烟草专卖行政主管部门出具的上年度烟草行业生产卷烟所需该类卷烟辅料的平均价格计算；

（五）非法生产、销售、购买烟草专用机械的价格按照国务院烟草专卖行政主管部门下发的全国烟草专用机械产品指导价格目录进行计算；目录中没有该烟草专用机械的，按照省级以上烟草专卖行政主管部门出具的目录中同类烟草专用机械的平均价格计算。

第五条　行为人实施非法生产、销售烟草专卖品犯罪，同时构成生产、销售伪劣产品罪、侵犯知识产权犯罪、非法经营罪的，依照处罚较重的规定定罪处罚。

第六条　明知他人实施本解释第一条所列犯罪，而为其提供贷款、资金、账号、发票、证明、许可证件，或者提供生产、经营场所、设备、运输、仓储、保管、邮寄、代理进出口等便利条件，或者提供生产技术、卷烟配方的，应当按照共犯追究刑事责任。

第九条　本解释所称“烟草专卖品”，是指卷烟、雪茄烟、烟丝、复烤烟叶、烟叶、卷烟纸、滤嘴棒、烟用丝束、烟草专用机械。

本解释所称“卷烟辅料”，是指卷烟纸、滤嘴棒、烟用丝束。

本解释所称“烟草专用机械”，是指由国务院烟草专卖行政主管部门烟草专用机械名录所公布的，在卷烟、雪茄烟、烟丝、复烤烟叶、烟叶、卷烟纸、滤嘴棒、烟用丝束的生产加工过程中，能够完成一项或者多项特定加工工序，可以独立操作的机械设备。

本解释所称“同类烟草专用机械”，是指在卷烟、雪茄烟、烟丝、复烤烟叶、烟叶、卷烟纸、滤嘴棒、烟用丝束的生产加工过程中，能够完成相同加工工序的机械设备。

【司法解释(7)】

《最高人民法院、最高人民检察院关于办理妨害信用卡管理刑事案件具体应用法律若干问题的解释》(原法释〔2009〕19号，根据法释〔2018〕19号修正，20181201)

第十二条　违反国家规定，使用销售点终端机具(POS机)等方法，以虚构交易、虚开价格、现金退货等方式向信用卡持卡人直接支付现金，情节严重的，应当依据刑法第二百二十五条的规定，以非法经营罪定罪处罚。

实施前款行为，数额在一百万元以上的，或者造成金融机构资金二十万元以上逾期未还的，或者造成金融机构经济损失十万元以上的，应当认定为刑法第二百二十五条规定的“情节严重”；数额在五百万元以上的，或者造成金融机构资金一百万元以上逾期未还的，或者造成金融机构经济损失五十万元以上的，应当认定为刑法第二百二十五条规定的“情节特别严重”。

持卡人以非法占有为目的，采用上述方式恶意透支，应当追究刑事责任的，依照刑法第一百九十六条的规定，以信用卡诈骗罪定罪处罚。

第十三条　单位实施本解释规定的行为，适用本解释规定的相应自然人犯罪的定罪量刑标准。

【司法解释(8)】

《最高人民法院、最高人民检察院关于办理赌博刑事案件具体应用法律若干问题的解释》(法释〔2005〕3号，20050513)

第六条 未经国家批准擅自发行、销售彩票，构成犯罪的，依照刑法第二百二十五条第(四)项的规定，以非法经营罪定罪处罚。

【司法解释(9)】

《最高人民法院、最高人民检察院关于办理妨害预防、控制突发传染病疫情等灾害的刑事案件具体应用法律若干问题的解释》(法释〔2003〕8号，20030515)

第六条 违反国家在预防、控制突发传染病疫情等灾害期间有关市场经营、价格管理等规定，哄抬物价、牟取暴利，严重扰乱市场秩序，违法所得数额较大或者有其他严重情节的，依照刑法第二百二十五条第(四)项的规定，以非法经营罪定罪，依法从重处罚。

【司法解释(10)】

《最高人民检察院关于非法经营国际或港澳台地区电信业务行为法律适用问题的批复》(高检发释字〔2002〕1号，20020211)

违反《中华人民共和国电信条例》规定，采取租用电信国际专线、私设转接设备或者其他方法，擅自经营国际或者香港特别行政区、澳门特别行政区和台湾地区电信业务进行营利活动，扰乱电信市场管理秩序，情节严重的，应当依照《刑法》第二百二十五条第(四)项的规定，以非法经营罪追究刑事责任。

【司法解释(11)】

《最高人民法院、最高人民检察院关于办理非法生产、销售、使用禁止在饲料和动物饮用水中使用的药品等刑事案件具体应用法律若干问题的解释》(法释〔2002〕26号，20020823)

第一条 未取得药品生产、经营许可证件和批准文号，非法生产、销售盐酸克仑特罗等禁止在饲料和动物饮用水中使用的药品，扰乱药品市场秩序，情节严重的，依照刑法第二百二十五条第(一)项的规定，以非法经营罪追究刑事责任。

第二条 在生产、销售的饲料中添加盐酸克仑特罗等禁止在饲料和动物饮用水中使用的药品，或者销售明知是添加有该类药品的饲料，情节严重的，依照刑法第二百二十五条第(四)项的规定，以非法经营罪追究刑事责任。

【司法解释(12)】

《最高人民法院关于审理扰乱电信市场管理秩序案件具体应用法律若干问题的解释》(法释〔2000〕12号，20000524)

第一条 违反国家规定，采取租用国际专线、私设转接设备或者其他方法，擅自经营国际电信业务或者涉港澳台电信业务进行营利活动，扰乱电信市场管理秩序，情节严重的，依照刑法第二百二十五条第(四)项的规定，以非法经营罪定罪处罚。

第二条 实施本解释第一条规定的行为，具有下列情形之一的，属于非法经营行为"情节严重"：

(一)经营去话业务数额在一百万元以上的；

（二）经营来话业务造成电信资费损失数额在一百万元以上的。

具有下列情形之一的，属于非法经营行为"情节特别严重"：

（一）经营去话业务数额在五百万元以上的；

（二）经营来话业务造成电信资费损失数额在五百万元以上的。

第三条 实施本解释第一条规定的行为，经营数额或者造成电信资费损失数额接近非法经营行为"情节严重"、"情节特别严重"的数额起点标准，并具有下列情形之一的，可以分别认定为非法经营行为"情节严重"、"情节特别严重"：

（一）两年内因非法经营国际电信业务或者涉港澳台电信业务行为受过行政处罚两次以上的；

（二）因非法经营国际电信业务或者涉港澳台电信业务行为造成其他严重后果的。

第四条 单位实施本解释第一条规定的行为构成犯罪的，对单位判处罚金，并对其直接负责的主管人员和其他直接责任人员，依照本解释第二条、第三条的规定处罚。

第五条 违反国家规定，擅自设置、使用无线电台（站），或者擅自占用频率，非法经营国际电信业务或者涉港澳台电信业务进行营利活动，同时构成非法经营罪和刑法第二百八十八条规定的扰乱无线电通讯管理秩序罪的，依照处罚较重的规定定罪处罚。

第十条 本解释所称"经营去话业务数额"，是指以行为人非法经营国际电信业务或者涉港澳台电信业务的总时长（分钟数）乘以行为人每分钟收取的用户使用费所得的数额。

本解释所称"电信资费损失数额"，是指以行为人非法经营国际电信业务或者涉港澳台电信业务的总时长（分钟数）乘以在合法电信业务中我国应当得到的每分钟国际结算价格所得的数额。

【司法解释(13)】

《最高人民法院关于审理非法出版物刑事案件具体应用法律若干问题的解释》（法释〔1998〕30号，19981223）[①]

第十一条 违反国家规定，出版、印刷、复制、发行本解释第一条至第十条规定以外的其他严重危害社会秩序和扰乱市场秩序的非法出版物，情节严重的，依照刑法第二百二十五条第（三）项[②]的规定，以非法经营罪定罪处罚。

第十二条 个人实施本解释第十一条规定的行为，具有下列情形之一的，属于非法经营行为"情节严重"：

（一）经营数额在五万元至十万元以上的；

（二）违法所得数额在二万元至三万元以上的；

（三）经营报纸五千份或者期刊五千本或者图书二千册或者音像制品、电子出版物五百张（盒）以上的。

具有下列情形之一的，属于非法经营行为"情节特别严重"：

（一）经营数额在十五万元至三十万元以上的；

① 本条项下【立案追诉标准】对个人或者单位属于非法经营行为"情节严重"的数额标准的规定略有不同。——编者注

② 现行刑法第二百二十五条第四项。——编者注

（二）违法所得数额在五万元至十万元以上的；

（三）经营报纸一万五千份或者期刊一万五千本或者图书五千册或者音像制品、电子出版物一千五百张（盒）以上的。

第十三条　单位实施本解释第十一条规定的行为，具有下列情形之一的，属于非法经营行为"情节严重"：

（一）经营数额在十五万元至三十万元以上的；

（二）违法所得数额在五万元至十万元以上的；

（三）经营报纸一万五千份或者期刊一万五千本或者图书五千册或者音像制品、电子出版物一千五百张（盒）以上的。

具有下列情形之一的，属于非法经营行为"情节特别严重"：

（一）经营数额在五十万元至一百万元以上的；

（二）违法所得数额在十五万元至三十万元以上的；

（三）经营报纸五万份或者期刊五万本或者图书一万五千册或者音像制品、电子出版物五千张（盒）以上的。

第十四条　实施本解释第十一条规定的行为，经营数额、违法所得数额或者经营数量接近非法经营行为"情节严重"、"情节特别严重"的数额、数量起点标准，并具有下列情形之一的，可以认定为非法经营行为"情节严重"、"情节特别严重"：

（一）两年内因出版、印刷、复制、发行非法出版物受过行政处罚两次以上的；

（二）因出版、印刷、复制、发行非法出版物造成恶劣社会影响或者其他严重后果的。

第十五条　非法从事出版物的出版、印刷、复制、发行业务，严重扰乱市场秩序，情节特别严重，构成犯罪的，可以依照刑法第二百二十五条第（三）项[①]的规定，以非法经营罪定罪处罚。

第十六条　出版单位与他人事前通谋，向其出售、出租或者以其他形式转让该出版单位的名称、书号、刊号、版号，他人实施本解释第二条、第四条、第八条、第九条、第十条、第十一条规定的行为，构成犯罪的，对该出版单位应当以共犯论处。

第十七条　本解释所称"经营数额"，是指以非法出版物的定价数额乘以行为人经营的非法出版物数量所得的数额。

本解释所称"违法所得数额"，是指获利数额。

非法出版物没有定价或者以境外货币定价的，其单价数额应当按照行为人实际出售的价格认定。

【司法解释(14)】

《最高人民法院关于审理骗购外汇、非法买卖外汇刑事案件具体应用法律若干问题的解释》(法释〔1998〕20号，19980901)

第四条　公司、企业或者其他单位，违反有关外贸代理业务的规定，采用非法手段、或者明知是伪造、变造的凭证、商业单据，为他人向外汇指定银行骗购外汇，数额在五百万美元以上或者违法所得五十万元人民币以上的，按

① 现行刑法第二百二十五条第四项。——编者注

照刑法第二百二十五条第(三)项[①]的规定定罪处罚。

居间介绍骗购外汇一百万美元以上或者违法所得十万元人民币以上的，按照刑法第二百二十五条第(三)项[②]的规定定罪处罚。

第五条 海关、银行、外汇管理机关工作人员与骗购外汇的行为人通谋，为其提供购买外汇的有关凭证，或者明知是伪造、变造的凭证和商业单据而出售外汇，构成犯罪的，按照刑法的有关规定从重处罚。

第六条 实施本解释规定的行为，同时触犯二个以上罪名的，择一重罪从重处罚。

第七条 根据刑法第六十四条规定，骗购外汇、非法买卖外汇的，其违法所得予以追缴，用于骗购外汇、非法买卖外汇的资金予以没收，上缴国库。

【司法解释(15)】

《最高人民法院关于审理走私、非法经营、非法使用兴奋剂刑事案件适用法律若干问题的解释》(法释〔2019〕16号，20200101)

第二条 违反国家规定，未经许可经营兴奋剂目录所列物质，涉案物质属于法律、行政法规规定的限制买卖的物品，扰乱市场秩序，情节严重的，应当依照刑法第二百二十五条的规定，以非法经营罪定罪处罚。

【司法解释(16)】

《最高人民检察院关于废止〈最高人民检察院关于办理非法经营食盐刑事案件具体应用法律若干问题的解释〉的决定》(高检发释字〔2020〕2号，20200401)

为适应盐业体制改革，保证国家法律统一正确适用，根据《食盐专营办法》(国务院令696号)的规定，结合检察工作实际，最高人民检察院决定废止《最高人民检察院关于办理非法经营食盐刑事案件具体应用法律若干问题的解释》(高检发释字〔2002〕6号)。

该解释废止后，对以非碘盐充当碘盐或者以工业用盐等非食盐充当食盐等危害食盐安全的行为，人民检察院可以依据《最高人民法院、最高人民检察院关于办理生产、销售伪劣商品刑事案件具体应用法律若干问题的解释》(法释〔2001〕10号)、《最高人民法院、最高人民检察院关于办理危害食品安全刑事案件适用法律若干问题的解释》(法释〔2013〕12号)[③]的规定，分别不同情况，以生产、销售伪劣产品罪，或者生产、销售不符合安全标准的食品罪，或者生产、销售有毒、有害食品罪追究刑事责任。

【司法解释(17)】

《最高人民法院、最高人民检察院关于办理环境污染刑事案件适用法律若干问题的解释》(法释〔2023〕7号，20230815)

第七条第一款 无危险废物经营许可证从事收集、贮存、利用、处置危险废物经营活动，严重污染环境的，按

---

① 现行刑法第二百二十五条第四项。——编者注

② 现行刑法第二百二十五条第四项。——编者注

③ 该司法解释已被《最高人民法院、最高人民检察院关于办理危害食品安全刑事案件适用法律若干问题的解释》(法释〔2021〕24号)所废止。——编者注

照污染环境罪定罪处罚；同时构成非法经营罪的，依照处罚较重的规定定罪处罚。

【司法解释(18)】

《最高人民法院、最高人民检察院关于办理洗钱刑事案件适用法律若干问题的解释》(法释〔2024〕10号，20240820)

第六条第二款　实施刑法第一百九十一条规定的洗钱行为，构成洗钱罪，同时又构成刑法第三百四十九条、第二百二十五条、第一百七十七条之一或者第一百二十条之一规定的犯罪的，依照处罚较重的规定定罪处罚。

【司法指导文件(1)】

《最高人民法院、最高人民检察院关于常见犯罪的量刑指导意见(二)(试行)》(法〔2024〕132号，20240701)

(一)非法经营罪

1.构成非法经营罪的，根据下列情形在相应的幅度内确定量刑起点：

(1)犯罪情节严重的，在二年以下有期徒刑、拘役幅度内确定量刑起点。

(2)情节特别严重的，在五年至六年有期徒刑幅度内确定量刑起点。

2.在量刑起点的基础上，根据非法经营数额、违法所得数额等其他影响犯罪构成的犯罪事实增加刑罚量，确定基准刑。

3.构成非法经营罪的，根据非法经营数额、违法所得数额等犯罪情节，综合考虑被告人缴纳罚金的能力，决定罚金数额。

4.构成非法经营罪的，综合考虑非法经营数额、违法所得数额、退缴赃款等犯罪事实、量刑情节，以及被告人的主观恶性、人身危险性、认罪悔罪表现等因素，决定缓刑的适用。

【司法指导文件(2)】

《最高人民法院关于准确理解和适用刑法中“国家规定”的有关问题的通知》(法发〔2011〕155号，20110408)

三、各级人民法院审理非法经营犯罪案件，要依法严格把握刑法第二百二十五条第(四)项的适用范围。对被告人的行为是否属于刑法第二百二十五条第(四)项规定的“其他严重扰乱市场秩序的非法经营行为”，有关司法解释未作明确规定的，应当作为法律适用问题，逐级向最高人民法院请示。

【司法指导文件(3)】

《最高人民法院、最高人民检察院、公安部、司法部关于办理非法放贷刑事案件若干问题的意见》(法发〔2019〕24号，20191021)

一、违反国家规定，未经监管部门批准，或者超越经营范围，以营利为目的，经常性地向社会不特定对象发放贷款，扰乱金融市场秩序，情节严重的，依照刑法第二百二十五条第(四)项的规定，以非法经营罪定罪处罚。

前款规定中的“经常性地向社会不特定对象发放贷款”，是指2年内向不特定多人(包括单位和个人)以借款或其他名义出借资金10次以上。

贷款到期后延长还款期限的，发放贷款次数按照1次计算。

二、以超过36%的实际年利率实施符合本意见第一条规定的非法放贷行为，具有下列情形之一的，属于刑法第二百二十五条规定的“情节严重”，但单次非法放贷行为实际年利率未超过

36%的，定罪量刑时不得计入：

（一）个人非法放贷数额累计在200万元以上的，单位非法放贷数额累计在1000万元以上的；

（二）个人违法所得数额累计在80万元以上的，单位违法所得数额累计在400万元以上的；

（三）个人非法放贷对象累计在50人以上的，单位非法放贷对象累计在150人以上的；

（四）造成借款人或者其近亲属自杀、死亡或者精神失常等严重后果的。

具有下列情形之一的，属于刑法第二百二十五条规定的“情节特别严重”：

（一）个人非法放贷数额累计在1000万元以上的，单位非法放贷数额累计在5000万元以上的；

（二）个人违法所得数额累计在400万元以上的，单位违法所得数额累计在2000万元以上的；

（三）个人非法放贷对象累计在250人以上的，单位非法放贷对象累计在750人以上的；

（四）造成多名借款人或者其近亲属自杀、死亡或者精神失常等特别严重后果的。

三、非法放贷数额、违法所得数额、非法放贷对象数量接近本意见第二条规定的“情节严重”“情节特别严重”的数额、数量起点标准，并具有下列情形之一的，可以分别认定为“情节严重”“情节特别严重”：

（一）2年内因实施非法放贷行为受过行政处罚2次以上的；

（二）以超过72%的实际年利率实施非法放贷行为10次以上的。

前款规定中的“接近”，一般应当掌握在相应数额、数量标准的80%以上。

四、仅向亲友、单位内部人员等特定对象出借资金，不得适用本意见第一条的规定定罪处罚。但具有下列情形之一的，定罪量刑时应当与向不特定对象非法放贷的行为一并处理：

（一）通过亲友、单位内部人员等特定对象向不特定对象发放贷款的；

（二）以发放贷款为目的，将社会人员吸收为单位内部人员，并向其发放贷款的；

（三）向社会公开宣传，同时向不特定多人和亲友、单位内部人员等特定对象发放贷款的。

五、非法放贷数额应当以实际出借给借款人的本金金额认定。非法放贷行为人以介绍费、咨询费、管理费、逾期利息、违约金等名义和以从本金中预先扣除等方式收取利息的，相关数额在计算实际年利率时均应计入。

非法放贷行为人实际收取的除本金之外的全部财物，均应计入违法所得。

非法放贷行为未经处理的，非法放贷次数和数额、违法所得数额、非法放贷对象数量等应当累计计算。

六、为从事非法放贷活动，实施擅自设立金融机构、套取金融机构资金高利转贷、骗取贷款、非法吸收公众存款等行为，构成犯罪的，应当择一重罪处罚。

为强行索要因非法放贷而产生的债务，实施故意杀人、故意伤害、非法拘禁、故意毁坏财物、寻衅滋事等行为，构成犯罪的，应当数罪并罚。

纠集、指使、雇佣他人采用滋扰、纠缠、哄闹、聚众造势等手段强行索要债务，尚不单独构成犯罪，但实施非法放贷行为已构成非法经营罪的，应当按照非法经营罪的规定酌情从重处罚。

以上规定的情形，刑法、司法解释另有规定的除外。

七、有组织地非法放贷，同时又有其他违法犯罪活动，符合黑社会性质组织或者恶势力、恶势力犯罪集团认定标准的，应当分别按照黑社会性质组织或者恶势力、恶势力犯罪集团侦查、起诉、审判。

黑恶势力非法放贷的，据以认定“情节严重”“情节特别严重”的非法放贷数额、违法所得数额、非法放贷对象数量起点标准，可以分别按照本意见第二条规定中相应数额、数量标准的50%确定；同时具有本意见第三条第一款规定情形的，可以分别按照相应数额、数量标准的40%确定。

八、本意见自2019年10月21日起施行。对于本意见施行前发生的非法放贷行为，依照最高人民法院《关于准确理解和适用刑法中“国家规定”的有关问题的通知》(法发〔2011〕155号)的规定办理。

【司法指导文件(3)·注释】

1.关于发放贷款次数的计算。在延长还款期限后仅改变约定利率或者利息计算方式，但出借的本金金额未实际增加的，发放贷款次数仍按照1次计算；如果在延长还款期限后追加出借资金，或者将借款人已偿还贷款重新借出的，放贷次数另行计算。

2.关于单次非法放贷行为实际年利率未超过36%的，定罪量刑时不得计入。执法办案时需要重点把握。例如，行为人2年内共向不特定多人以借款名义出借资金10次，但其中只有9次实际年利率超过36%，还有1次未超过，则其行为不符合“以超过36%的实际年利率实施符合本意见第一条规定的非法放贷行为”的标准，不能以非法经营罪定罪处罚。

3.关于实际年利率的计算。非法放贷行为人以介绍费、咨询费、管理费、逾期利息、违约金等名义和以从本金中预先扣除等方式收取利息的，相关数额在计算实际年利率时均应计入。例如，非法放贷行为人在单次非法放贷活动中实际出借本金1000万元，借期1年，同时与借款人约定，除按照年利率24%还本付息外，还需要支付180万元的管理费。在计算该次非法放贷行为的实际年利率时，应当以本金1000万元为基数，将240万元约定利息和180万元管理费一并计入，计得该次非法放贷行为的实际年利率为42%。

4.关于本意见的时间效力。本意见出台前，根据《最高人民法院关于准确理解和适用刑法中“国家规定”的有关问题的通知》(法发〔2011〕155号)的规定，拟适用刑法第二百二十五条第四项对非法放贷行为以非法经营罪论处的案件，均应当作为法律适用问题，逐级向最高人民法院请示。根据该规定，最高人民法院曾于2012年12月26日作出《关于被告人何伟光、张勇泉等非法经营案的批复》(〔2012〕刑他字第136号)，明确对何伟光、张勇泉等人的高利放贷行为不宜以非法经营罪定罪处罚。该批复虽然是最高人民法院对个案的批复，但是长期以来在司法实践中已然起到了重要的指导作用，为类似案件的处理提供了规范和指引。为此，意见第八条明确，对于意见施行前发生的非法放贷行为，仍依照《最高人民法院关于准确理解和适用刑法中“国家规定”的有关问题的通知》的规定办理。在司法实践中需着重把握以下方面：一是为贯彻罪刑法定原则，办案机关应当准确理解和把握意见的时间效力问题，对于意见施行前发生的非法放贷行为，在实体处理上要注意与《关于被告人何伟光、张勇泉等非法经营案的批复》精神保持一致。二是行为人非法发放贷款在意见施行前，收回本息在意见施行后的，应当认定为“本意见施行前发生的非法放贷行为”。三是行为人在意见施行之前、之后均有非法放贷行为的，只能对施行后的行为适用意见相关规定定罪处罚。

【司法指导文件(4)】

《最高人民法院关于被告人何伟光、张勇泉等非法经营案的批复》(〔2012〕刑他字第136号，20120226)

被告人何伟光、张勇泉等人发放高利贷的行为具有一定的社会危害性，但此类行为是否属于刑法第二百二十五条规定的“其他严重扰乱市场秩序的非法经营行为”，相关立法解释和司法解释尚无明确规定，故对何伟光、张勇泉等人的行为不宜以非法经营罪定罪处罚。[①]

【司法指导文件(5)】

《最高人民法院、最高人民检察院、公安部、司法部、生态环境部关于办理环境污染刑事案件有关问题座谈会纪要》(高检会〔2019〕3号，20190220)

5.关于非法经营罪的适用

会议针对如何把握非法经营罪与污染环境罪的关系以及如何具体适用非法经营罪的问题进行了讨论。会议强调，要高度重视非法经营危险废物案件的办理，坚持全链条、全环节、全流程对非法排放、倾倒、处置、经营危险废物的产业链进行刑事打击，查清犯罪网络，深挖犯罪源头，斩断利益链条，不断挤压和铲除此类犯罪滋生蔓延的空间。

会议认为，准确理解和适用《环境解释》第六条[②]的规定应当注意把握两个原则：一要坚持实质判断原则，对行为人非法经营危险废物行为的社会危害性作实质性判断。比如，一些单位或者个人虽未依法取得危险废物经营许可证，但其收集、贮存、利用、处置危险废物经营活动，没有超标排放污染物、非法倾倒污染物或者其他违法造成环境污染情形的，则不宜以非法经营罪论处。二要坚持综合判断原则，对行为人非法经营危险废物行为根据其在犯罪链条中的地位、作用综合判断其社会危害性。比如，有证据证明单位或者个人的无证经营危险废物行为属于危险废物非法经营产业链的一部分，并且已经形成了分工负责、利益均沾、相对固定的犯罪链条，如果行为人或者与其联系紧密的上游或者下游环节具有排放、倾倒、处置危险废物违法造成环境污染的情形，且交易价格明显异常的，对行为人可以根据案件具体情况在污染环境

---

① 对于该批复的适用，需结合《最高人民法院、最高人民检察院、公安部、司法部关于办理非法放贷刑事案件若干问题的意见》(法发〔2019〕24号)第八条综合考虑。2019年10月21日后发生的非法放贷行为，不适用该批复。——编者注

② 现为《最高人民法院、最高人民检察院关于办理环境污染刑事案件适用法律若干问题的解释》(法释〔2023〕7号)第七条。——编者注

罪和非法经营罪中，择一重罪处断。

【司法指导文件(6)】

《最高人民法院、最高人民检察院、公安部、国家新闻出版广电总局关于依法严厉打击非法电视网络接收设备违法犯罪活动的通知》(新广电发〔2015〕229号，20150918)

二、正确把握法律政策界限，依法严厉打击非法电视网络接收设备违法犯罪活动

各级公安、检察、审判机关和新闻出版广电行政主管部门要高度重视查办非法电视网络接收设备违法犯罪案件，正确把握法律政策界限，严格执行法律法规的有关规定，坚决依法严厉打击非法电视网络接收设备违法犯罪活动。非法电视网络接收设备主要包括三类："电视棒"等网络共享设备；非法互联网电视接收设备，包括但不限于内置含有非法电视、非法广播等非法内容的定向接收软件或硬件模块的机顶盒、电视机、投影仪、显示器；用于收看非法电视、收听非法广播的网络软件、移动互联网客户端软件和互联网电视客户端软件。根据刑法和司法解释的规定，违反国家规定，从事生产、销售非法电视网络接收设备(含软件)，以及为非法广播电视接收软件提供下载服务、为非法广播电视节目频道接收提供链接服务等营利性活动，扰乱市场秩序，个人非法经营数额在五万元以上或违法所得数额在一万元以上，单位非法经营数额在五十万元以上或违法所得数额在十万元以上，按照非法经营罪追究刑事责任。对于利用生产、销售、安装非法电视网络接收设备传播淫秽色情节目、实施危害国家安全等行为的，根据其行为的性质，依法追究刑事责任。对非法电视网络接收设备犯罪行为，涉及数个罪名的，按照相关原则，择一重罪处罚或数罪并罚。在追究犯罪分子刑事责任的同时，还要依法追缴违法所得，没收其犯罪所用的本人财物。对于实施上述行为尚不构成犯罪的，由新闻出版广电等相关行政主管部门依法给予行政处罚；构成违反治安管理行为的，依法给予治安管理处罚。

【司法指导文件(7)】

《最高人民法院、最高人民检察院、公安部关于办理利用赌博机开设赌场案件适用法律若干问题的意见》(公通字〔2014〕17号，20140326)

四、关于生产、销售赌博机的定罪量刑标准

以提供给他人开设赌场为目的，违反国家规定，非法生产、销售具有退币、退分、退钢珠等赌博功能的电子游戏设施设备或者其专用软件，情节严重的，依照刑法第二百二十五条的规定，以非法经营罪定罪处罚。

实施前款规定的行为，具有下列情形之一的，属于非法经营行为"情节严重"：

(一)个人非法经营数额在五万元以上，或者违法所得数额在一万元以上的；

(二)单位非法经营数额在五十万元以上，或者违法所得数额在十万元以上的；

(三)虽未达到上述数额标准，但两年内因非法生产、销售赌博机行为受过二次以上行政处罚，又进行同种非法经营行为的；

(四)其他情节严重的情形。

具有下列情形之一的，属于非法经营行为"情节特别严重"：

(一) 个人非法经营数额在二十五万元以上，或者违法所得数额在五万元以上的；

(二) 单位非法经营数额在二百五十万元以上，或者违法所得数额在五十万元以上的。

【司法指导文件(8)】

《最高人民法院、最高人民检察院、公安部办理非法经营国际电信业务犯罪案件联席会议纪要》(公通字〔2002〕29号，20030422)

二、《解释》[①]第一条规定："违反国家规定，采取租用国际专线、私设转接设备或者其他方法，擅自经营国际电信业务或者涉港澳台电信业务进行营利活动，扰乱电信市场管理秩序，情节严重的，依照刑法第二百二十五条第(四)项的规定，以非法经营罪定罪处罚。"对于未取得国际电信业务(含涉港澳台电信业务，下同)经营许可证而经营，或被终止国际电信业务经营资格后继续经营，应认定为"擅自经营国际电信业务或者涉港澳台电信业务"；情节严重的，应按上述规定以非法经营罪追究刑事责任。

《解释》第一条所称"其他方法"，是指在边境地区私自架设跨境通信线路；利用互联网跨境传送IP话音并设立转接设备，将国际话务转接至我境内公用电话网或转接至其他国家或地区；在境内以租用、托管、代维等方式设立转接平台；私自设置国际通信出入口等方法。

三、获得国际电信业务经营许可的经营者(含涉港澳台电信业务经营者)明知他人非法从事国际电信业务，仍违反国家规定，采取出租、合作、授权等手段，为他人提供经营和技术条件，利用现有设备或另设国际话务转接设备并从中营利，情节严重的，应以非法经营罪的共犯追究刑事责任。

【司法指导文件(9)】

《最高人民法院、最高人民检察院、公安部、中国证券监督管理委员会关于整治非法证券活动有关问题的通知》(证监发〔2008〕1号，20080102)

二、明确法律政策界限，依法打击非法证券活动

(三) 关于非法经营证券业务的责任追究。任何单位和个人经营证券业务，必须经证监会批准。未经批准的，属于非法经营证券业务，应予以取缔；涉嫌犯罪的，依照刑法第二百二十五条之规定，以非法经营罪追究刑事责任。对于中介机构非法代理买卖非上市公司股票，涉嫌犯罪的，应当依照刑法第二百二十五条之规定，以非法经营罪追究刑事责任；……

【司法指导文件(10)】

《最高人民法院、最高人民检察院、公安部办理骗汇、逃汇犯罪案件联席会议纪要》(公通字〔1999〕39号，19990607)

二、全国人大常委会《关于惩治骗购外汇、逃汇和非法买卖外汇犯罪的决定》(以下简称《决定》)公布施行后发生的犯罪行为，应当依照《决定》办理；

① 即《最高人民法院关于审理扰乱电信市场管理秩序案件具体应用法律若干问题的解释》(法释〔2000〕12号)。——编者注

对于《决定》公布施行前发生的公布后尚未处理或者正在处理的行为，依照修订后的刑法第十二条第一款规定的原则办理。

最高人民法院1998年8月28日发布的《关于审理骗购外汇、非法买卖外汇刑事案件具体应用法律若干问题的解释》(以下简称《解释》)，是对具体应用修订后的刑法有关问题的司法解释，适用于依照修订后的刑法判处的案件。各执法部门对于《解释》应当准确理解，严格执行。

《解释》第四条规定："公司、企业或者其他单位，违反有关外贸代理业务的规定，采用非法手段、或者明知是伪造、变造的凭证、商业单据，为他人向外汇指定银行骗购外汇，数额在五百万美元以上或者违法所得五十万元人民币以上的，按照刑法第二百二十五条第(三)项[①]的规定定罪处罚；居间介绍骗购外汇一百万美元以上或者违法所得十万元人民币以上的，按照刑法第二百二十五条第(三)项[②]的规定定罪处罚。"上述所称"采用非法手段"，是指有国家批准的进出口经营权的外贸代理企业在经营代理进口业务时，不按国家经济主管部门有关规定履行职责，放任被代理方自带客户、自带货源、自带汇票、自行报关，在不见进口产品、不见供货货主、不见外商的情况下代理进口业务，或者采取法律、行政法规和部门规章禁止的其他手段代理进口业务。

认定《解释》第四条所称的"明知"，要结合案件的具体情节予以综合考虑，不能仅仅因为行为人不供述就不予认定。报关行为先于签订外贸代理协议的，或者委托方提供的购汇凭证明显与真实凭证、商业单据不符的，应当认定为明知。

《解释》第四条所称"居间介绍骗购外汇"，是指收取他人人民币、以虚假购汇凭证委托外贸公司、企业骗购外汇，获取非法收益的行为。

【司法指导文件(11)】

《最高人民法院、最高人民检察院、公安部、农业部、食品药品监管总局关于进一步加强麻黄草管理严厉打击非法买卖麻黄草等违法犯罪活动的通知》(公通字〔2013〕16号，20130521)

三、依法查处非法采挖、买卖麻黄草等犯罪行为

(四)违反国家规定采挖、销售、收购麻黄草，没有证据证明以制造毒品或者走私、非法买卖制毒物品为目的，依照刑法第二百二十五条的规定构成犯罪的，以非法经营罪定罪处罚。

【司法指导文件(12)】

《最高人民法院、最高人民检察院、公安部、国家安全监管总局关于依法加强对涉嫌犯罪的非法生产经营烟花爆竹行为刑事责任追究的通知》(安监总管三〔2012〕116号，20120906)

一、非法生产、经营烟花爆竹及相关行为涉及非法制造、买卖、运输、邮寄、储存黑火药、烟火药，构成非法制造、买卖、运输、邮寄、储存爆炸物罪的，应当依照刑法第一百二十五条的规定定罪处罚；非法生产、经营烟花爆竹及

① 现行刑法第二百二十五条第四项。——编者注
② 现行刑法第二百二十五条第四项。——编者注

相关行为涉及生产、销售伪劣产品或不符合安全标准产品，构成生产、销售伪劣产品罪或生产、销售不符合安全标准产品罪[①]的，应当依照刑法第一百四十条、第一百四十六条的规定罪处罚；非法生产、经营烟花爆竹相关行为构成非法经营罪的，应当依照刑法第二百二十五条的规定定罪处罚。非法生产经营烟花爆竹行为的定罪和立案追诉标准，分别按照《最高人民法院关于审理非法制造、买卖、运输枪支、弹药、爆炸物等刑事案件具体应用法律若干问题的解释》(法释〔2009〕18号)、《最高人民法院、最高人民检察院关于办理生产、销售伪劣商品刑事案件具体应用法律若干问题的解释》(法释〔2001〕10号)、《最高人民检察院、公安部关于公安机关管辖的刑事案件立案追诉标准的规定(一)》(公通字〔2008〕36号)、《最高人民检察院、公安部关于公安机关管辖的刑事案件立案追诉标准的规定(二)》(公通字〔2010〕23号)[②]等有关规定执行。

【司法指导文件(13)】

《最高人民法院关于被告人李明华非法经营请示一案的批复》(〔2011〕刑他字第21号，20110506)

被告人李明华持有烟草专卖零售许可证，但多次实施批发业务，而且从非指定烟草专卖部门进货的行为，属于超范围和地域经营的情形，不宜按照非法经营罪处理，应由相关主管部门进行处理。

【司法指导文件(14)】

《最高人民法院关于被告人缪绿伟非法经营一案的批复》(刑他字〔2008〕86号，20081128)

《盐业管理条例》第二十条虽然规定盐的批发业务由各级盐业公司统一经营，但并无相应法律责任的规定。1995年国家计委、国家经贸委下发的《关于改进工业盐供销和价格管理办法的通知》明确取消了工业盐准运证和准运章制度，工业盐已不再属于国家限制买卖的物品。因此，被告人缪绿伟经营工业盐的行为不构成非法经营犯罪。

【司法指导文件(15)】

《最高人民法院、最高人民检察院、公安部关于依法开展打击淫秽色情网站专项行动有关工作的通知》(公通字〔2004〕53号，20040716)

对于违反国家规定，擅自设立互联网上网服务营业场所，或者擅自从事互联网上网服务经营活动，情节严重，构成犯罪的，以非法经营罪追究刑事责任。

【司法指导文件(16)】

《最高人民法院、最高人民检察院、公安部、国家烟草专卖局关于办理假冒伪劣烟草制品等刑事案件适用法律问题座谈会纪要》(商检会〔2003〕4号，20031223)

四、关于共犯问题

知道或者应当知道他人实施本《纪要》第一条至第三条规定的犯罪行为，

---

① 罪名应为“生产、销售不符合安全标准的产品罪”。——编者注

② 该文件已被《最高人民检察院、公安部关于公安机关管辖的刑事案件立案追诉标准的规定(二)》(公通字〔2022〕12号)所废止。——编者注

仍实施下列行为之一的，应认定为共犯，依法追究刑事责任：

1.直接参与生产、销售假冒伪劣烟草制品或者销售假冒烟用注册商标的烟草制品或者直接参与非法经营烟草制品并在其中起主要作用的；

2.提供房屋、场地、设备、车辆、贷款、资金、账号、发票、证明、技术等设施和条件，用于帮助生产、销售、储存、运输假冒伪劣烟草制品、非法经营烟草制品的；

……

六、关于一罪与数罪问题

行为人的犯罪行为同时构成生产、销售伪劣产品罪、销售假冒注册商标的商品罪、非法经营罪等罪的，依照处罚较重的规定定罪处罚。

【司法指导文件(17)】

《最高人民法院研究室关于明确〈关于办理妨害信用卡管理刑事案件具体应用法律若干问题的解释〉溯及力的复函》(法研〔2010〕70号，20100416)

对1997年刑法施行后、《2009年两高关于办理妨害信用卡管理刑事案件具体应用法律若干问题的解释》施行前发生的利用信用卡非法套现行为，如未超过法定追诉时效，社会危害重大的，可以依法追究。

【司法指导文件(18)】

《最高人民法院研究室关于非法经营黄金案件移送起诉期间国务院出台〈国务院关于取消第二批行政审批项目和改变一批行政审批项目管理方式的决定〉如何适用法律问题的答复》(法研〔2005〕80号)

国务院〔2003〕5号文件发布后，个人收购、销售黄金的行为，不构成非法经营罪。对于该文件发布前个人收购、销售黄金的行为，应按照《中华人民共和国刑法》第十二条的规定处理。

【司法指导文件(19)】

《最高人民法院研究室关于对既涉嫌非法经营又涉嫌偷税的经济犯罪案件如何适用法律问题的意见函》(法研〔2001〕24号，20010314)

行为人在实施非法经营犯罪过程中，又涉嫌偷税构成犯罪的，应以处罚较重的犯罪依法追究刑事责任，不实行数罪并罚。

【司法指导文件(20)】

《最高人民法院研究室关于非法经营罪中“违法所得”认定问题的研究意见》(2013)

非法经营罪中的“违法所得”，应是指获利数额，即以行为人违法生产、销售商品或者提供服务所获得的全部收入(即非法经营数额)，扣除其直接用于经营活动的合理支出部分后剩余的数额。

【司法指导文件(21)】

《最高人民法院研究室关于制作、销售网络游戏外挂程序如何处理问题的研究意见》(2012)

对于制作、销售网络游戏外挂程序的行为，要全面综合判断行为的社会危害性，秉持刑法的谦抑性，慎用刑事制裁手段。对于社会危险性严重、确需追究刑事责任的制作、销售互联网游戏外挂程序行为，也应妥善选择适用罪名。对制作、销售网络游戏外挂程序的行为应以侵犯著作权罪定罪处罚，不宜适用非法经营罪、破坏计算机信息系统罪等其他罪名。

【司法指导文件(22)】

《最高人民法院研究室关于经营彩票“优化”、“缩水”业务定性问题的研究意见》(2012)

经营彩票“优化”、“缩水”业务是为彩民提供咨询服务的营利活动，由于目前国家有关彩票经营的规定并未禁止此种经营行为，不宜认定为犯罪。如果此种行为属于未经许可的擅自经营行为，可由行政机关予以行政处罚。

【司法指导文件(23)】

《最高人民检察院关于办理涉互联网金融犯罪案件有关问题座谈会纪要》(高检诉〔2017〕14号，20170602)

18.支付结算业务(也称支付业务)是商业银行或者支付机构在收付款人之间提供的货币资金转服务。非银行机构从事支付结算业务，应当经中国人民银行批准取得《支付业务许可证》，成为支付机构。未取得支付业务许可从事该业务的行为，违反《非法金融机构和非法金融业务活动取缔办法》[①]第四条第一款第(三)、(四)项的规定，破坏了支付结算业务许可制度，危害支付市场秩序和安全，情节严重的，适用刑法第二百二十五条第(三)项，以非法经营罪追究刑事责任。具体情形：

(1)未取得支付业务许可经营基于客户支付账户的网络支付业务。无证网络支付机构为客户非法开立支付账户，客户先把资金支付到该支付账户，再由无证机构根据订单信息从支付账户平台将资金结算到收款人银行账户。

(2)未取得支付业务许可经营多用途预付卡业务。无证发卡机构非法发行可跨地区、跨行业、跨法人使用的多用途预付卡，聚集大量的预付卡销售资金，并根据客户订单信息向商户划转结算资金。

19.在具体办案时，要深入剖析相关行为是否具备资金支付结算的实质特征，准确区分支付工具的正常商业流转与提供支付结算服务、区分单用途预付卡与多用途预付卡业务，充分考虑具体行为与“地下钱庄”等同类犯罪在社会危害方面的相当性以及刑事处罚的必要性，严格把握入罪和出罪标准。

【司法指导文件(24)】

《最高人民检察院法律政策研究室关于1998年4月18日以前的传销或者变相传销行为如何处理的答复》(高检研发〔2003〕第7号，20030321)

对1998年4月18日国务院发布《关于禁止传销经营活动的通知》以前的传销或者变相传销行为，不宜以非法经营罪追究刑事责任。行为人在传销或者变相传销活动中实施销售假冒伪劣产品、诈骗、非法集资、虚报注册资本、偷税[②]等行为，构成犯罪的，应当依照刑法的相关规定追究刑事责任。

【司法指导文件(25)】

《最高人民检察院法律政策研究室关于买卖银行承兑汇票行为如何适用法

---

① 该办法已被2021年5月1日施行的《防范和处置非法集资条例》所废止。——编者注

② 罪名已变更为“逃税罪”。——编者注

律问题的答复意见》(高检研函字〔2013〕58号,20131009)

根据票据行为的无因性以及票据法关于汇票可背书转让的规定,汇票买卖不同于支付结算行为,将二者等同可能会造成司法实践的混乱。实践中,买卖银行承兑汇票的情况比较复杂,对于单纯买卖银行承兑汇票的行为不宜以非法经营罪追究刑事责任。[①]

【司法指导文件(26)】

《最高人民检察院法律政策研究室关于非法经营行为界定有关问题的复函》(高检研发〔2002〕第24号,20021025)

一、关于经营违法音像制品行为的处理问题。对于经营违法音像制品行为,构成犯罪的,应当根据案件的具体情况,分别依照最高人民法院《关于审理非法出版物刑事案件具体应用法律若干问题的解释》……相关规定办理。

二、关于非法经营行为的界定问题,同意你部的意见,即:只要行为人明知是违法音像制品而进行经营即属于非法经营行为,其是否具有音像制品合法经营资格并不影响非法经营行为的认定;非法经营行为包括一系列环节,经营者购进违法音像制品并存放于仓库等场所的行为属于经营行为的中间环节,对此也可以认定为是非法经营行为。

【司法指导文件(27)】

《最高人民检察院法律政策研究室关于对居间贩卖假金融票证行为如何认定问题的意见》(20011227)

对居间贩卖假金融票证的行为,首先应当考虑该行为是否构成伪造、变造金融票证或者金融诈骗犯罪的共犯;如果不能认定共同犯罪,也不构成其他犯罪,而只能以非法经营罪追究刑事责任……

【公安文件(1)】

《公安部经济犯罪侦查局关于对四川××、陕西××等公司代理转让未上市公司股权行为定性的批复》(公经〔2006〕1789号,20060815)

一、四川××公司南充分公司、陕西××公司及南充、德阳分公司代理未上市公司股票向不特定社会公众转让的行为,属于证券法规定的证券业务。根据证券法……规定,未经中国证监会批准,其行为构成非法经营证券业务。如其非法经营数额达到刑事追诉标准,则涉嫌构成刑法第二百二十五条规定的非法经营罪。

【公安文件(2)】

《公安部关于对侵犯著作权案件中尚未印制完成的侵权复制品如何计算非法经营数额问题的批复》(公复字〔2003〕2号,20030620)

根据《最高人民法院关于审理非法出版物刑事案件具体应用法律若干问题的解释》(法释〔1998〕30号)第十七条的规定,侵犯著作权案件,应以非法出版物的定价数额乘以行为人经营的

① 根据该答复,实践中不宜再援引《公安部经济犯罪侦查局关于对倒卖银行承兑汇票行为性质认定意见的批复》(公经金融〔2009〕253号,20090918)、《公安部经济犯罪侦查局关于对徐×等人经营银行承兑汇票贴现业务定性问题的批复》(公经金融〔2010〕135号,20100706)关于将倒卖银行承兑汇票活动认定为"非法从事资金交付结算业务"的结论。——编者注

非法出版物数量所得的数额计算其经营数额。因此，对于行为人尚未印制完成侵权复制品的，应当以侵权制品的定价数额乘以承印数量所得的数额计算其经营数额。但由于上述行为属于犯罪未遂，对于需要追究刑事责任的，公安机关应当在起诉意见书中予以说明。

【公安文件(3)】

《公安部关于涂××等人从事非法金融业务行为性质认定问题的批复》(公经〔2003〕385号，20030408)

涂××等人或假借中国农业银行武汉市××支行及未经批准成立的武汉市××区工商联互助基金会之名，或用武汉市××贸易有限责任公司或个人的名义，以武汉市××贸易有限责任公司或个人资金，向他人非法发放高息贷款的行为，属于从事非法金融业务活动。1998年6月国务院发布施行的《非法金融机构和非法金融业务活动取缔办法》[①]第二十二条规定："设立非法金融或者从事非法金融业务活动，构成犯罪的，依法追究刑事责任。"涂××等人从事非法金融业务活动，数额巨大，其行为属于刑法第二百二十五条第(四)项所规定的"其他严重扰乱市场秩序的非法经营行为"，应以涉嫌非法经营罪立案侦查。

【公安文件(4)】

《公安部经济犯罪侦查局关于打击非法经营销售国内机票有关问题的批复》(公经〔2002〕928号，20020809)

一、《关于坚决打击暗扣销售和非法经营销售国内机票行为规范航空运输市场秩序的通知》(民航财发〔2002〕101号)中的"国内机票"、"民航国内航班机票"是指"国内航空公司的国内航线机票"。

二、根据1993年8月3日经国务院批准发布施行的《民用航空运输销售代理业管理规定》(民航总局第37号令)第三十三条的规定，非法代理销售国内航空公司国际航线机票属于非法经营行为，情节严重的，应当根据刑法第二百二十五条的规定，以非法经营罪立案侦查。

【公安文件(5)】

《公安部办公厅关于销售印有本·拉登头像的商品如何处理问题的答复》(公办〔2001〕162号，20011231)

二、根据《刑法》第二百二十五条和《最高人民法院关于审理非法出版物刑事案件具体应用法律若干问题的解释》(法释〔1998〕30号)的规定，个人或单位违反国家规定，出版、印刷、复制、发行印有本·拉登头像的音像制品、电子出版物500或1500张(盒)以上的，或者经营数额在5万元或15万元以上的，公安机关可以涉嫌非法经营罪立案侦查。

三、公安机关对出版、销售印有本·拉登头像的出版物、音像制品的行为以涉嫌非法经营罪立案查处的，应当事先与人民检察院、人民法院进行沟通，必要时提请当地政法委协调。

---

① 该办法已被2021年5月1日施行的《防范和处置非法集资条例》所废止。——编者注

【公安文件(6)】

《公安部经济犯罪侦查局关于刘××等人利用银行账户为他人转移资金行为定性问题的批复》(公经〔2008〕164号,20080901)

根据国务院1998年7月13日发布实施的《非法金融机构和非法金融业务活动取缔办法》[①]第四条规定,刘××等犯罪嫌疑人未经国务院银行业监督管理机构及其派出机构批准,以营利为目的,大量使用虚假身份或冒用他人身份,注册成立无经营地址、无从业人员、无经营活动的"三无公司",在银行开立单位基本账户并开通网上银行业务,在没有真实交易的情况下接受性质不明的巨额资金,获取大量非法利益,该行为属于非法办理结算业务。刘××等犯罪嫌疑人的行为应认定为从事非法金融业务活动,并依法追究刑事责任。

【公安文件(7)】

《公安部经济犯罪侦查局关于对艾××等人有关行为定性问题的批复》(公经反洗钱〔2008〕585号,20081124)

根据《外汇管理条例》(国务院第532号令)第四十五条规定,艾××等人将委托人的外汇资金假借外商投资的名义汇入境内,骗取银行结汇后,按照委托人要求支付给指定的境内收款人,并依据汇入外汇资金数量向委托人收取报酬的行为,属于非法买卖外汇违法犯罪行为,应依法追究刑事责任。

【公安文件(8)】

《公安部经济犯罪侦查局关于顾××等人有关行为性质认定意见的批复》(公经反洗钱〔2009〕188号,20090413)

犯罪嫌疑人顾××等人为获取非法利益,注册成立空壳公司并在银行开立基本账户,在无任何实际贸易背景的情况下,专门从事为他人提供支票套现服务并收取手续费,非法获利数额巨大,其行为严重扰乱正常的金融管理秩序,根据《非法金融机构和非法金融业务活动取缔办法》[②](国务院令第247号)第四条第四项的规定,顾××等犯罪嫌疑人的行为可以认定为其他非法金融业务活动。

【公安文件(9)】

《公安部经济犯罪侦查局关于南京××公司从事非法票据贴现业务认定意见的批复》(公经金融〔2009〕315号,20091127)

犯罪嫌疑人王×等人注册成立多家空壳公司,并雇人寻找需要贴现票据的企业,通过伪造购销合同和增值税发票等,以上述空壳公司的名义通过银行为企业进行票据贴现,收取手续费的行为,数额巨大,严重扰乱正常的票据管理秩序,可以认定为刑法修正案(七)第五条规定的"非法从事资金支付结算业务"的活动。

【公安文件(10)】

《公安部经济犯罪侦查局关于对闻

---

① 该办法已被2021年5月1日施行的《防范和处置非法集资条例》所废止。——编者注

② 该办法已被2021年5月1日施行的《防范和处置非法集资条例》所废止。——编者注

丽×等人有关行为定性问题的批复》(公经反洗钱〔2010〕84号，20100308)

犯罪嫌疑人闻丽×等人按照新加坡“××快速汇款公司”(以下简称“××公司”)授意，在境内私设××公司办事处，由××公司在新加坡收取客户新加坡元，后指示闻丽×等人按照约定汇率在境内将相应人民币汇入客户指定的账户(或现金交付)。根据《中华人民共和国外汇管理条例》(国务院第532号令)第四十五条规定及相关证据，闻丽×等人的行为属于非法买卖外汇行为。

【公安文件(11)】

《公安部经济犯罪侦查局关于利用转账支票为他人套现行为性质认定的批复》(公经〔2014〕172号，20140409)

行为人在无真实贸易背景的情况下，为牟取不法利益，利用空壳公司账户等手段协助他人套取巨额现金的行为，违反了《人民币银行结算账户管理办法》(中国人民银行令〔2013〕第5号)第三十九条的规定，属于《中华人民共和国现金管理暂行条例》第二十一条第五项和第八项规定的“用转账凭证套换现金”、“利用账户替其他单位和个人套取现金”的违规情形，扰乱了市场秩序，具有明显的社会危害性，其行为构成非法从事资金支付结算业务。

【公安文件(12)】

《公安部经济犯罪侦查局关于对新疆××公司使用配额许可证行为性质的批复》(公经〔2006〕2115号，20060922)

2004年4月26日，新疆××国际经贸股份有限公司(以下简称新疆××公司)与山西省大同市××煤焦化有限责任公司签订了出口10000吨焦炭的供货协议，之后新疆××公司又与××国际贸易股份有限公司签订了合作出口协议书及此后为履行上述两协议而进行的有关商品交易行为和通关、外汇收汇核销等手续，符合国家有关法律法规的规定，也是我国对外贸易企业从事出口经营的惯常做法，即不构成倒卖或变相倒卖出口配额许可证的行为。

【公安文件(13)】

《公安部禁毒局关于非法滥用、买卖复方曲马多片处理意见的通知》(公禁毒传发〔2012〕188号，20120626)

个人非法买卖复方曲马多片经营数额在五万元以上，或者违法所得数额在一万元以上的；或者单位非法买卖复方曲马多片经营数额在五十万元以上，或者违法所得数额在十万元以上的；或者虽未达到上述数额标准，但两年内因同种非法经营行为受过二次以上行政处罚，又进行同种非法经营行为的，应……以“非法经营案”移交公安机关立案追诉。

【指导性案例·法院】

〔王力军非法经营再审改判无罪案，FZD97-2018〕

1.对于刑法第二百二十五条第四项规定的“其他严重扰乱市场秩序的非法经营行为”的适用，应当根据相关行为是否具有与刑法第二百二十五条前三项规定的非法经营行为相当的社会危害性、刑事违法性和刑事处罚必要性进行判断。

2.判断违反行政管理有关规定的经营行为是否构成非法经营罪，应当考虑该经营行为是否属于严重扰乱市场秩序。对于虽然违反行政管理有关规定，但尚未严重扰乱市场秩序的经营行为，不应当认定为非法经营罪。

【指导性案例·检察】

〔孙旭东非法经营案，JZD177-2023〕

对于为恶意透支的信用卡持卡人非法套现的行为人，应当根据其与信用卡持卡人有无犯意联络、有无非法占有目的等证据，区分非法经营罪与信用卡诈骗罪。使用销售点终端机具(POS机)等方法，以虚构交易等方式向信用卡持卡人支付货币资金，违反了商业银行法第三条、第十一条和2021年实施的《防范和处置非法集资条例》第三十九条等规定，系非法从事资金支付结算业务，构成非法经营罪。与恶意透支的信用卡持卡人通谋，或者明知信用卡持卡人意图恶意透支信用卡，仍然使用销售点终端机具(POS机)等方法帮助其非法套现，构成信用卡诈骗罪的共同犯罪。虽然信用卡持卡人通过非法套现恶意透支，但证明从事非法套现的行为人构成信用卡诈骗罪共同犯罪证据不足的，对其非法经营POS机套现的行为依法以非法经营罪定罪处罚。

【法院案例库参考案例】

〔颜某康等非法经营案，2025-03-1-169-002〕协助他人将他人以外币购买的虚拟货币兑换成人民币行为的定性

与非法买卖外汇人员事前通谋，或者明知他人非法买卖外汇，协助他人将以外币购买的虚拟货币兑换为人民币，实现货币转换的，属于非法买卖外汇行为；情节严重的，应当以非法经营罪定罪处罚。

〔林某业等走私普通货物、非法经营案，2024-04-1-085-001〕以自有外币换汇后自用行为的性质认定

1.对非法买卖外汇行为适用非法经营罪，应当要求行为人主观上以营利为目的。行为人以自用为目的，将自有外币进行非法换汇，依法不以非法经营罪论处。

2.对于以营利为目的，不能以实际盈利为由反向推导。从实践来看，大部分换汇者规避国家规定的换汇场所，多含有贪图低汇率或手续费等因素，故换汇者多可能有实际获利，但不能据此径直推定营利目的。

3.以自用为目的，既包括生产经营、日常消费等合法用途，也包括用于偿还赌债等非法用途。只要换汇者不是通过换汇开展经营性活动，换汇所得款项的具体用途并不影响对“自用”的认定。

〔侯某某、闫某、王某某非法经营案，2024-03-1-169-001〕未取得药品经营许可证销售境外仿制药的行为定性

未取得药品相关批准证明文件生产、进口药品或者明知是上述药品而销售，足以严重危害人体健康的，应当依照刑法第一百四十二条之一的规定，以妨害药品管理罪论处。通常而言，对所涉情形适用非法经营罪应当特别慎重。

〔参考案例第1547号：胡某弟非法经营案〕出于医疗目的从境外购买国家管制的二类精神药品并在境内销售应如何定性?

根据药品管理法、《药品管理法实施条例》、《麻醉药品和精神药品管理条例》的规定，从事药品经营，应当经药品监督管理部门批准并取得药品经营许可证。被告人未取得经营药品和精神药品的行政许可，不具有经营药品的资质，其从境外购进并通过网上销售的氯巴占系法律、行政法规禁止进口或限制进口买卖的药品，应认定为刑法第二百二十五条第一项规定的犯罪对象，即未经许可经营法律、行政法规规定的专营、专卖物品或者其他限制买卖的物品，其行为构成非法经营罪。

〔李某、葛某梦非法经营罪，2024-03-1-169-005〕利用信息网络有偿发布虚假信息行为性质的认定

冒充客服、虚构相关网站工作人员的身份，接受他人委托，在相关网站上发布帖文、推广，采用操控软件的方式，向他人有偿提供发布虚假评论、制造虚假浏览量等服务，获取利益的，属于刑法第二百二十五条规定的非法经营罪。

〔周某非法经营案，2023-03-1-169-012〕以"现货延期交易"为名非法经营黄金期货业务的，构成非法经营罪

被告人以提供黄金"现货延期交易"为名，未经批准在国内非法代理境外黄金及其衍生产品交易，投资人采取买空、卖空以及对冲黄金合约等交易手段，利用境外黄金市场价格波动获取投机利益，不关注最终能否真正取得黄金所有权。上述行为属于未经国家有关主管部门批准，变相非法经营黄金期货业务，扰乱金融市场秩序；情节严重的，应按照非法经营罪定罪处罚。

〔袁某非法经营案，2023-03-1-169-007〕非法利用POS机进行信用卡代还款的"养卡"行为的定性规则

1.行为人先垫资替信用卡持卡人归还到期透支款项，后使用POS机以虚构交易方式取回垫资款的，属于"非法从事资金支付结算业务"，情节严重的，以非法经营罪定罪处罚。

2.鉴于非法利用POS机进行信用卡代还款的"养卡"行为，与传统的信用卡套现在行为手段与方式上有所不同，在对其决定是否追究刑事责任和如何裁量刑罚时，应当结合"养卡"规模大小、持续时间、资金用途等情节，综合评估社会危害性，确保罪责刑相适应。

〔黄某某非法经营案，2023-03-1-169-003〕未经许可从事长途客运经营的行为定性

从事客运经营应当具备一定的条件，依照相关规定程序申请获得经营许可。未取得道路运输经营许可，擅自从事长途大巴客运经营的行为，属于"其他严重扰乱市场秩序的非法经营行为"，情节严重的，以非法经营罪论处。

〔杜某狮非法经营案，2023-03-1-169-001〕利用电商平台消费信用额度非法套现行为的性质认定

采取虚构交易、虚开价格、交易退款等方式为他人提供电商平台消费额度套现服务，将交易货款支付给买家，属于非法从事资金支付结算行为，情节严重的，应以非法经营罪定罪处罚。

【法院公报案例】

〔浙江省宁波市人民检察院诉宁波利百代投资咨询有限公司、陈宗纬、王文泽、郑淳中非法经营案，GB2009-1〕

行为人为非法经营证券业务而设立公司，超越工商行政管理部门核准登记的公司经营范围，未经法定机关批准，向不特定的社会公众代理销售非上市股份有限公司的股权(股票)，其行为属未经批准非法经营证券业务、扰乱国家证券市场的非法经营行为，情节严重的，应当以非法经营罪定罪处罚。

〔江苏省南京市江宁区人民检察院诉董杰、陈珠非法经营案，GB2012-2〕

利用"外挂"软件"代练升级"从事非法经营活动，情节严重的，属于刑法第二百二十五条中规定的"其他严重扰乱市场秩序的非法经营行为"，应以非法经营罪定罪处罚。

〔上海市闵行区人民检察院诉卞飞非法经营案，GB2022-11〕

人民法院认定非法经营行为，应依据行政法律、法规的规定，对于行政机关内部文件，应当全面审查其是否符合行政法律、法规的相关规定，不得单独据以认定行为人的行为构成犯罪。

【《刑事审判参考》案例】

〔参考案例第378号：郭金元、肖东梅非法经营案〕被行政处罚过的非法经营数额应否计入犯罪金额？

对于行政机关未超越职权范围予以行政处罚的非法经营数额，不得累计计算犯罪数额。对于行政机关超越职权"以罚代刑"处置的非法经营数额，应当作为未经处理的犯罪金额重新计算。

〔参考案例第212号：高秋生、林适应等非法经营案〕非法经营假冒台湾产香烟的行为如何定性？

非法经营假冒台湾产香烟，情节严重的，构成非法经营罪。

〔参考案例第1237号：王海旺非法经营案〕无证经营假冒伪劣卷烟的行为如何定罪？

无证经营假冒伪劣卷烟的行为，可能涉及销售伪劣产品罪、销售假冒注册商标的商品罪和非法经营罪，属于想象竞合犯，应以处罚较重的罪名定罪。罪轻罪重不能笼统地从不同罪名的法定最高刑来判断，而应根据具体犯罪行为，在不同罪名中所对应的法定刑幅度判断。

〔参考案例第1057号：吴名强、黄桂荣等非法经营案〕非法生产、经营国家管制的第二类精神药品盐酸曲马多，应如何定性？

行为人没有贩卖、制造毒品的故意，仅有生产、销售假药的故意，而其生产、销售国家管制的精神药品的行为同时又构成非法经营罪，生产、销售假药罪与非法经营罪发生竞合，应择一重罪处罚。比较两罪的法定刑，在没有出现致人体健康严重危害后果或其他严重情节的情况下，生产、销售假药罪的法定刑幅度较低，而且以生产、销售假药罪来定罪不能充分评价生产、销售盐酸曲马多的社会危害性，定非法经营罪更合适，能恰当地体现此类行为的本质在于违反国家禁止性管理制度。

〔参考案例第1482号：徐昌勇、江兴平非法经营案〕非法经营弩和氯化琥珀胆碱的行为性质应当如何认定？

对于未经许可经营弩的行为，违反了2004年国务院令第412号《国务院对确需保留的行政审批项目设定行政许可的决定》的有关规定，属于违反刑法意义上的"国家规定"，情节严重的，可按照刑法第二百二十五条第四项规定的"其他严重扰乱市场秩序的非法经营行为"，以非法经营罪追究刑事责任。此外，售卖含氯化琥珀胆碱成分的毒针的行为，违反了国家关于药品管理的法律和行政法规，按照刑法第二百二十五条第一项，也应当以非法经营罪追究刑事责任。

〔参考案例第663号：梁俊涛非法

经营案〕对于制售有严重政治问题的非法出版物行为应如何定性?

违反国家规定,出版、印刷、复制、发行政治性非法出版物行为应认定为非法经营罪。

〔参考案例第1211号:马智中、王现平非法经营案〕非法出版物未经装订以及无法查明定价或者销售价格的情况下,如何认定册数和经营数额?

页码连贯、内容完整的出版物散页可以折算认定为刑法意义上的"册"。非法出版物没有装订且无法查明册数、定价或者销售价格的,可以散页的鉴定价格为依据计算非法经营数额。

〔参考案例第330号:高国华非法经营案〕非法从事外汇按金交易的行为如何处理?

对于非法从事外汇按金交易,扰乱市场秩序,情节严重的,应当以非法经营罪定罪处罚。由于外汇按金交易是一种远期外汇买卖方式,只要交付了部分的按金(保证金),就可以进行交易,未交付全部交易现金并不影响外汇按金交易的进行。至于没有实际占有非法获利款,并不影响非法经营罪的成立。

〔参考案例第564号:周新桥等非法经营案〕刑法修正案颁布实施前未经国家有关主管部门批准,非法经营期货业务的行为是否构成非法经营罪?

在未经国家有关主管部门批准的前提下,非法经营股市指数期货业务和国内商品期货业务,构成非法经营罪。

〔参考案例第727号:刘溪、聂明湛、原维达非法经营案〕以现货投资名义非法代理境外黄金合约买卖的行为,如何定性?

1.以介绍现货黄金投资为名义,未经批准招揽国内客户参与境外市场的黄金合约买卖,属于组织变相期货交易活动,其行为构成非法经营罪。

2.人民法院在办理变相期货交易案件时,应当重点关注以下几个方面:(1)审慎认定交易手法是否符合国务院《期货交易管理条例》中变相期货交易的行为特征。(2)综合全案证据及事实,判断交易目的是否是对冲合约获取风险利润。(3)如果所交易的合约到期应当被依法、全面、适当履行,当事人既不能擅自变更或者解除,也不能通过对冲替代履行,并且交易不具备变相期货交易的特征或者特征不明显的,则是现货交易。(4)在必要时征询、参考行政主管部门的意见。(5)留意我国特定时期的黄金市场监管政策。总之,应当综合平衡司法介入经济活动与打击经济犯罪之间的关系,既要保护灵活、新型、合法的投资手段,又要维护正常的黄金、期货市场秩序,注重保护投资者的合法利益。

〔参考案例第1021号:钟小云非法经营案〕未经许可经营现货黄金延期交收业务的行为如何定性?

未经许可经营现货黄金延期交收业务的行为,不构成诈骗罪或者合同诈骗罪,属于刑法规制的非法经营行为。

〔参考案例第1238号:徐波等人非法经营案〕未经许可经营原油期货业务,并向客户提供反向提示操作,客户在交易过程中遭受重大损失,这类行为如何定性?

行为人以虚拟的"白富美"女性形象诱导客户进入平台交易,诱导行为本身不属于诈骗罪中的欺诈。将行情反向提供给客户的行为也不成立诈骗罪中的"虚构事实"。诈骗罪中的虚构事实是指虚构与客观事实相反的事实，并不包括行为人不能控制、存在或然性、对将来事实的预测。未经许可经营原油期货业务的行为本身应构成非法经营罪。

〔参考案例第1043号：王丹、沈玮婷非法经营、虚报注册资本案〕不具备证券从业资格的公司与具备资格的公司合作开展证券咨询业务，是否构成非法经营罪？

无证券咨询资格的公司与具备资格的公司之间的合作协议不能规避其应当接受审批与监管的义务，相关合作行为可以构成非法经营罪。

〔参考案例第1481号：满鑫、孙保锋非法经营案〕第四方支付平台为赌博等违法犯罪网站提供资金转移服务的行为如何定性？

被告人未经国家主管部门批准，运营第四方支付平台，整合微信、支付宝二维码等收付款媒介，非法进行资金流转，属于非法从事资金支付结算业务，构成非法经营罪，同时亦构成帮助信息网络犯罪活动罪，依法择一重罪以非法经营罪处断。

〔参考案例第1565号：田某等人非法经营案〕搭建、租售非法第四方支付平台并按资金流水抽成的行为如何定性？

第四方支付，也称“聚合支付”，是通过聚合相关银行金融机构、非银行支付机构及其他支付接口，提供综合性的支付服务。第四方支付平台只能作为持证支付机构的外包服务商，不能从事资金支付结算业务。若以第四方支付名义在收付款人之间提供货币资金转移服务，则属于非法第四方支付。明知运营商使用系统进行非法资金结算，仍向运营商出租、出售该系统，控制、管理运营商，并按照资金流水抽成牟利，具有非法从事资金支付结算的共同故意，应当构成非法经营罪。

〔参考案例第864号：王后平非法经营案〕挂靠具有经营资质的企业从事药品经营且不建立真实购销记录的，如何定性？

挂靠经营药品行为违反了国家规定，应当认定为刑法第二百二十五条规定的非法经营行为；在非法经营药品过程中故意不建立真实购销记录的不属于刑法第二百二十五条规定的非法经营行为，但可以作为认定情节严重的参考因素。

〔参考案例第1042号：翁士喜非法经营案〕未经许可在城区违法搭建商铺并以招商为名收取租金的行为如何定性？

未经许可擅自开工违章搭建商铺，并对外招租收取租金的行为构成非法经营罪。

〔参考案例第1121号：欧敏、关树锦非法从事长途大巴客运经营案〕未取得道路运输经营许可擅自从事长途大巴客运经营的行为如何定性？

未取得道路运输经营许可擅自从事长途大巴客运经营活动，违反了国家规定。非法从事长途大巴客运经营活动属于“其他严重扰乱市场秩序的非法经营行为”。鉴于目前社会上出现的非法营运行为较为普遍，且原因复杂，在司法实践中一定要把握好是否追究刑事责任和追究刑事责任的范围问题。以非法经营罪追究刑事责任，主要是针对非法营运的出资者、组织者和主要管理者，特别是要打击那些欺行霸市、采取非法手段裹挟国家行政执法人员，带有黑社会性质的从事非法营运的团伙和人员。对于个人自驾“黑车”或者少数几个人联合从事非法营运，营运时间短、经营数额不大以及受雇用参与非法营运的，一般不予追究刑事责任，可以行政处罚等方式追究其行政违法责任。

〔参考案例第1122号：喻江、李强非法从事出租汽车经营活动案〕未取得道路运输经营许可集合社会车辆对不特定的旅客招揽生意、拉客，从事出租汽车经营的行为如何定性？

1.未取得道路运输经营许可证、出租汽车经营资格证，擅自从事出租汽车经营活动，违反了国家规定。

2.非法从事出租汽车营运活动是否属于严重扰乱市场秩序的非法经营行为，核心要看其经营行为的违法性以及扰乱市场秩序的严重程度，即要从其社会危害性认定其行为性质。从当前各地案发情况来看，非法从事出租汽车营运活动的主要危害体现在：(1)所从事的经营行为严重危害人民群众的生命财产安全。非法营运车辆大都车况不佳、安全性能差、从业人员驾驶技术和交通安全意识良莠不齐，从而导致交通事故多发、频发。(2)引发社会不稳定因素。非法营运车主和合法营运车主经常发生冲突，近年来，不少地方因非法营运引发正规营运车主多次停运、罢工、上访。且非法营运车辆多数无保险，在营运中一旦发生事故，乘客的合法权益得不到保障，给相关部门处理事故造成极大的难度，甚至容易激发上访、闹访等群体性事件，严重影响当地社会稳定。(3)破坏正常的营运秩序。非法营运公司不缴纳税费，造成国家的税收流失；争抢客源、抢夺市场份额，使正规客运站点和合法营运者收入减少，损害合法营运车辆的正当权益，影响行业稳定；由于其没有纳入正常的管理体系，相关部门平时也无法对其进行有效管理。(4)严重影响城市形象。非法营运车辆不仅车容不整，容易造成城市的视觉污染，而且在城区主要路口及繁华地段聚集候客，或者沿街随意乱停乱靠招客，严重影响道路交通安全。(5)因非法营运利润率极高，绝大多数非法营运车主一直在观望，如果此类行为不能得到有效遏制，将会激发更多非法营运车辆加入非法营运团伙。可见，非法从事出租汽车营运活动，严重扰乱道路运输市场秩序和出租汽车行业秩序，危害人民群众的生命财产安全，侵害出租汽车从业人员的合法权益，影响出租汽车行业和社会的稳定，属于刑法第二百二十五条规定的“其他严重扰乱市场秩序的非法经营行为”。

〔参考案例第1210号：朱海林、周汝胜、谢从军非法经营案〕未经许可生产摩托车的行为如何定性？

无证生产摩托车的行为构成非法经营罪。考虑到实践中无证生产以及采用“大排小标”方式生产摩托车的行为具有一定普遍性，是否按照犯罪处理，应结合具体案情综合考量，只能对“情节严重”的非法经营行为定罪处罚。要避免将一般的行政违法行为当作刑事犯罪处理，以犯罪论处的非法经营行为应当具有相当的社会危害性和刑事处罚的必要性。

〔参考案例第1253号：曾海涵非法经营案〕开采、加工、销售稀土矿产品的行为是否构成非法经营罪？

国务院1991年印发的《关于将钨、锡、锑、离子型稀土矿产列为国家实行保护性开采特定矿种的通知》(国发

〔1991〕5号）明确离子型稀土“个人不得收购”“严禁自由买卖”，但稀土矿产品销售在国内尚未实行严格管控，我国取消稀土出口配额制度在一定程度上也意味着放松了对稀土矿产品销售的管控。因此，对一般稀土矿产品销售行为以非法经营罪追究刑事责任应持审慎态度。

〔参考案例第1318号：上海万晖特工贸有限公司、谢世全非法经营案〕疫情防控期间“哄抬物价”的行为如何认定？

1.利用疫情“哄抬物价”，达到追诉标准的，可以以非法经营罪追究刑事责任。判断何谓“哄抬物价”的依据，包括国务院2010年《价格违法行为行政处罚规定》第六条、国家市场监督管理总局2020年《关于新型冠状病毒感染肺炎疫情防控期间查处哄抬价格违法行为的指导意见》等。实践中，“哄抬物价”表现为直接提高价格，通过提高运费、搭售商品等变相提高价格，囤积商品，捏造和散布涨价信息等。

2.在判断“哄抬物价”行为的罪与非罪时，可以从以下几个方面进行把握：(1)物品价格上涨的幅度。如果购销差价明显超过相应幅度、明显超过市场同类商品平均价格，则可能构成非法经营罪。对于是否“牟取暴利”，则要考虑国家有关部门和地方政府关于市场经营、价格管理等规定，又要坚持一般人的认知标准，确保认定结果符合人民群众的公平正义观念。(2)非法经营数额和违法所得数额。价格上涨幅度不大，违法所得不多，对疫情防控没有重大影响，未造成严重后果的，不宜纳入刑事处罚范围。利用物资紧俏的“商机”，坐地起价，牟取暴利的，应依法追究刑事责任。(3)考虑行为的社会危害性。综合考虑哄抬物价的对象是否防疫用品和基本民生商品、当地疫情风险等级、物资紧缺程度等，确保刑事手段的审慎使用。

〔参考案例第1336号：易某某非法经营案〕非法经营烟花爆竹制品的行为如何定性？

烟花爆竹制品不应直接认定为刑法意义上的爆炸物。如果行为人非法买卖烟花爆竹制品的目的是追求产品的娱乐属性、商品属性，而不是为了获取烟火药或黑火药的爆炸属性，客观上也只是将烟花爆竹制品作为烟花爆竹制品使用或出售，就不应将烟花爆竹制品理解为爆炸物品。实践中，烟花爆竹制品不属于“专营专卖物品”或“限制买卖的物品”。行为人未取得相关行政许可买卖烟花爆竹制品，扰乱市场秩序，情节严重的，应当适用刑法第二百二十五条第四项规定，以非法经营罪追究刑事责任。

〔参考案例第1483号：侯增喜非法经营案〕在特定路段指导司机逃避交管、路政等有关机关检查并牟利的行为，是否属于刑法第二百二十五条第四项规定的“其他严重扰乱市场秩序的非法经营行为”？

行为人为非法牟利，向大量从事货物运输行业的车队、公司出售印有联系方式的“保通行联系卡”，通过为运营车辆提供周边道路行政执法的信息，帮助逃避处罚提供通行便利，获取非法收益。其出售的“保通行联系卡”本身虽不属于刑法第二百二十五条所规定的限制许可买卖的物品，但行为人实际经营的是为帮助司机逃避处罚提供“保通行”的非法服务。上述服务以非法牟利为目的，本身不可能取得经营许可证且为法律所禁止，形成一定规模后，严重扰乱运输行业市场秩序，构成非法经营罪，应予刑事制裁。

〔参考案例第1530号：上海谷润贸易有限公司、上海睿钧工贸有限公司、倪某钢非法经营案〕将工业用牛羊油销售给食用油生产企业的行为如何定性？

进口工业用牛羊油不能用于食品生产。销售进口工业用牛羊油用于食用牛油生产的行为违反“国家规定”，构成非法经营罪。

〔参考案例第1077号：李彦生、胡文龙非法经营案〕如何认定刑法中的“国家规定”？经营有偿讨债业务宜否认定为刑法第二百二十五条第四项规定的“其他严重扰乱市场秩序的非法经营行为”？

1.刑法中的“国家规定”主要包括以下三个方面：(1)全国人民代表大会及其常务委员会通过的法律、带有单行法性质的决定，以及以修正案、立法解释等形式对现行法律作出的修改、补充的规定。全国人民代表大会常务委员会的内设机构如法制工作委员会等发布的文件不属于“国家规定”。(2)国务院制定的行政法规、规定的行政措施、发布的决定和命令。(3)国务院办公厅制发(即“国办发”)的部分文件。国务院办公厅作为协助国务院领导同志处理国务院日常工作的机构，有权以“国办发”的名义制发文件，部分“国办发”文件会就行政措施作出规定，这部分文件虽然法律位阶低于以国务院的名义发布的规范性文件，但只要有明确的法律依据或者不与行政法规的规定相抵触，经国务院同意并公开向社会发布，其效力和适用范围通常情况下应当高于地方性法规和部门规章，可视为国务院“规定的行政措施、发布的决定和命令”。所以，以国务院办公厅名义制发的文件，符合以下条件的，亦应视为刑法中的“国家规定”：有明确的法律依据或者同相关行政法规不相抵触；经国务院常务会议讨论通过或者经国务院批准；在国务院公报上公开发布。

2.国家经济贸易委员会、公安部、国家工商行政管理局于2000年6月15日联合发布的《关于取缔各类讨债公司严厉打击非法讨债活动的通知》(国经贸综合〔2000〕568号)虽然系“经报请国务院同意”，但从制发主体以及发布形式来看，均不属于刑法第九十六条中的“国家规定”。

3.有偿讨债行为的社会危害性主要体现在对公民个人隐私和正常工作、生活秩序的破坏和干扰，对于正常的市场经济秩序虽有一定的危害，但并非主要方面。如果行为人在讨债过程中采取了非法获取公民个人信息、寻衅滋事、限制人身自由、暴力、威胁等手段且情节严重的，可按照其所触犯的具体罪名如侵犯公民个人信息罪、寻衅滋事罪、非法拘禁罪、非法侵入住宅罪、故意杀人罪、故意伤害罪等罪名予以处理。在市场经济条件下，债权人既可以通过诉讼、仲裁、调解等途径实现债权，也可以在不违法或不损害公序良俗的前提下自行向债务人追讨，这些手段为国家、社会所鼓励和认可。但是，社会生活的复杂性决定了一些债权人或是由于债务人的躲避，或是出于节约时间，或是不方便通过诉讼等途径实现债权等原因，往往通过支付一定报酬的方式请他人帮助向债务人追讨。只要行为人在追讨时未采取违法犯罪手段，或是虽有违法行为但程度较轻，其社会危害性是有限的，被侵害的对象可以通过追究行为人的民事侵权责任来维护自身的合法权益，国家相关部门也可以对行为人适用治安管理处罚措施予以制裁。这样的处理方式符合刑法的谦抑性原则，即刑法的适用对象只能是具备严重社会危害性的违法行为，作为破坏社会主义市场经济秩序罪的非法经营罪，在适用时更应注意坚持这一原则。

〔参考案例第1337号：周长兵非法经营宣告无罪案〕未经许可从事保安服务业务经营的行为是否构成非法经营罪？

在办理非法经营刑事案件过程中，"情节严重"的认定是一种个案认定，多是参照规范性文件的量化标准，而行为是否属于严重扰乱市场秩序的认定是一种类案认定，两者应作为不同层面的问题进行分析。对于涉案行为是否属于严重扰乱市场秩序的非法经营行为，应当单独评价，而不应以"情节严重"与否代替。行为人虽然没有获取保安服务许可证，但无实质上违法犯罪行为、未造成严重后果的，不应认定为严重扰乱市场秩序的非法经营行为。

〔参考案例第1509号：张某重大责任事故案〕受让具有合法证照的网吧后未变更登记的是否属于非法经营？

受让具有合法证照的网吧而继续经营，虽然未办理证照变更登记，但不属于"擅自从事互联网经营活动"，不构成非法经营罪。网吧经营活动中接送上网人员发生事故后果的，可以构成重大责任事故罪。

第二百二十六条　【强迫交易罪】以暴力、威胁手段，实施下列行为之一，情节严重的，处三年以下有期徒刑或者拘役，并处或者单处罚金；情节特别严重的，处三年以上七年以下有期徒刑，并处罚金：

（一）强买强卖商品的；

（二）强迫他人提供或者接受服务的；

（三）强迫他人参与或者退出投标、拍卖的；

（四）强迫他人转让或者收购公司、企业的股份、债券或者其他资产的；

（五）强迫他人参与或者退出特定的经营活动的。

【修正前条文】

第二百二十六条　【强迫交易罪】以暴力、威胁手段强买强卖商品、强迫他人提供服务或者强迫他人接受服务，情节严重的，处三年以下有期徒刑或者拘役，并处或者单处罚金。

【修正说明】

刑法修正案(八)第三十六条对原条文作出下述修改：一是增加了三种新的犯罪行为，即强迫他人参与或者退出投标、拍卖的行为；强迫他人转让或者收购公司、企业的股份、债券或者其他资产的行为；强迫他人参与或者退出特定的经营活动的行为。二是该罪的法定最高刑由原来的三年提高到七年。

【立案追诉标准】

《最高人民检察院、公安部关于公安机关管辖的刑事案件立案追诉标准的规定(一)》[公通字〔2008〕36号，20080625，经2017年4月27日发布的《最高人民检察院、公安部关于公安机关管辖的刑事案件立案追诉标准的

规定(一)的补充规定》(公通字〔2017〕12号)修正]

第二十八条　〔强迫交易案(刑法第二百二十六条)〕以暴力、威胁手段强买强卖商品,强迫他人提供服务或者接受服务,涉嫌下列情形之一的,应予立案追诉:

(一)造成被害人轻微伤的;

(二)造成直接经济损失二千元以上的;

(三)强迫交易三次以上或者强迫三人以上交易的;

(四)强迫交易数额一万元以上,或者违法所得数额二千元以上的;

(五)强迫他人购买伪劣商品数额五千元以上,或者违法所得数额一千元以上的;

(六)其他情节严重的情形。

以暴力、威胁手段强迫他人参与或者退出投标、拍卖,强迫他人转让或者收购公司、企业的股份、债券或者其他资产,强迫他人参与或者退出特定的经营活动,具有多次实施、手段恶劣、造成严重后果或者恶劣社会影响等情形之一的,应予立案追诉。

【司法解释】

《最高人民检察院关于强迫借贷行为适用法律问题的批复》(高检发释字〔2014〕1号,20140417)

以暴力、胁迫手段强迫他人借贷,属于刑法第二百二十六条第二项规定的"强迫他人提供或者接受服务",情节严重的,以强迫交易罪追究刑事责任;同时构成故意伤害罪等其他犯罪的,依照处罚较重的规定定罪处罚。……

【司法指导文件(1)】

《最高人民法院、最高人民检察院、公安部、司法部关于办理黑恶势力犯罪案件若干问题的指导意见》(法发〔2018〕1号,20180116)

四、依法惩处利用"软暴力"实施的犯罪

17.黑恶势力为谋取不法利益或形成非法影响,有组织地采用滋扰、纠缠、哄闹、聚众造势等手段侵犯人身权利、财产权利,破坏经济秩序、社会秩序,构成犯罪的,应当分别依照《刑法》相关规定处理:

(1)有组织地采用滋扰、纠缠、哄闹、聚众造势等手段扰乱正常的工作、生活秩序,使他人产生心理恐惧或者形成心理强制,分别属于《刑法》第二百九十三条第一款第(二)项规定的"恐吓"、《刑法》第二百二十六规定的"威胁",同时符合其他犯罪构成条件的,应分别以寻衅滋事罪、强迫交易罪定罪处罚。

……

(2) ……

雇佣、指使他人有组织地采用上述手段强迫交易、敲诈勒索,构成强迫交易罪、敲诈勒索罪的,对雇佣者、指使者,一般应当以共同犯罪中的主犯论处。……

【司法指导文件(2)】

《最高人民法院、最高人民检察院、公安部、司法部关于办理实施"软暴力"的刑事案件若干问题的意见》(公通字〔2019〕15号,20190409)

五、采用"软暴力"手段,使他人产生心理恐惧或者形成心理强制,分别属于《刑法》第二百二十六条规定的

"威胁"、《刑法》第二百九十三条第一款第(二)项规定的"恐吓",同时符合其他犯罪构成要件的,应当分别以强迫交易罪、寻衅滋事罪定罪处罚。

……

十一、雇佣、指使他人采用"软暴力"手段强迫交易、敲诈勒索,构成强迫交易罪、敲诈勒索罪的,对雇佣者、指使者,一般应当以共同犯罪中的主犯论处。

……

【司法指导文件(3)】

《最高人民法院、最高人民检察院、公安部、司法部关于办理利用信息网络实施黑恶势力犯罪刑事案件若干问题的意见》(公通字〔2019〕28号,20191021)

二、依法严惩利用信息网络实施的黑恶势力犯罪

5.利用信息网络威胁他人,强迫交易,情节严重的,依照刑法第二百二十六条的规定,以强迫交易罪定罪处罚。

【法院案例库参考案例】

〔吕某等强迫交易案,2025-03-1-170-001〕强迫交易罪中"情节特别严重"的认定

1.行为人以从事物业管理服务为依托,通过停水、停电、停业等强制手段对物业管理范围内的商户进行威胁,强迫商户接受特定服务,使商户失去自主选择服务及服务相对人的自由,干扰正常经营秩序,情节严重的,构成强迫交易罪。

2.对于强迫交易罪中"情节特别严重",应当综合考虑犯罪行为的危害后果、犯罪手段是否恶劣、被害人数多寡、犯罪数额及对市场交易秩序的影响程度等因素,妥当作出认定。

〔宋某亮、陈某永强迫交易、故意伤害案,2024-02-1-170-001〕共同强迫交易犯罪中一人突然重伤他人行为的定性

1.行为人在强迫交易犯罪过程中使用暴力造成被害人伤害或者死亡的结果,同时构成故意伤害罪等其他犯罪的,依照处罚较重的规定定罪处罚。

2.判断是否构成共同犯罪,应当考察行为人主观上是否具有共同的犯罪故意,客观上是否互相配合实施犯罪行为。对超出共同犯罪故意的行为,应当由实行过限的行为人单独承担责任。在共同强迫交易过程中,一人超出在实施强迫交易犯罪活动中所形成的共同犯罪故意,故意致使被害人重伤的,由实施重伤行为的被告人对故意伤害行为承担刑事责任。

〔范某胜等组织、领导黑社会性质组织案,2024-04-1-271-003〕强迫他人不准交易行为的认定

强迫交易行为的本质是通过暴力、威胁等行为,强行达成违反公平、自愿、等价有偿的市场基本准则的交易。行为人强迫他人不准交易,其根本目的是使对方只能与己方交易或己方与特定方交易,既违反了市场基本交易准则,也破坏了市场经济秩序,与直接强迫对方与己方进行交易的典型强迫交易犯罪没有本质区别,属于刑法第二百二十六条规定的"强买强卖商品",应当以强迫交易罪论处。

【法院公报案例】

〔重庆市渝中区人民检察院诉朱波伟、雷秀平抢劫案,GB2006-4〕

出租车驾驶员在正常营运过程中,为牟取非法利益,采用暴力、威胁手段,

强行向乘客索取与合理价格相差悬殊的高额出租车服务费，情节严重的，其行为构成刑法第二百二十六条规定的强迫交易罪，不应以抢劫罪定罪处罚。

第二百二十七条 【伪造、倒卖伪造的有价票证罪】伪造或者倒卖伪造的车票、船票、邮票或者其他有价票证，数额较大的，处二年以下有期徒刑、拘役或者管制，并处或者单处票证价额一倍以上五倍以下罚金；数额巨大的，处二年以上七年以下有期徒刑，并处票证价额一倍以上五倍以下罚金。

【倒卖车票、船票罪】倒卖车票、船票，情节严重的，处三年以下有期徒刑、拘役或者管制，并处或者单处票证价额一倍以上五倍以下罚金。

【立案追诉标准】

《最高人民检察院、公安部关于公安机关管辖的刑事案件立案追诉标准的规定(一)》(公通字〔2008〕36号，20080625)

第二十九条 〔伪造、倒卖伪造的有价票证案(刑法第二百二十七条第一款)〕伪造或者倒卖伪造的车票、船票、邮票或者其他有价票证，涉嫌下列情形之一的，应予立案追诉：

(一)车票、船票票面数额累计二千元以上，或者数量累计五十张以上的；

(二)邮票票面数额累计五千元以上，或者数量累计一千枚以上的；

(三)其他有价票证价额累计五千元以上，或者数量累计一百张以上的；

(四)非法获利累计一千元以上的；

(五)其他数额较大的情形。

第三十条 〔倒卖车票、船票案(刑法第二百二十七条第二款)〕倒卖车票、船票或者倒卖车票坐席、卧铺签字号以及订购车票、船票凭证，涉嫌下列情形之一的，应予立案追诉：

(一)票面数额累计五千元以上的；

(二)非法获利累计二千元以上的；

(三)其他情节严重的情形。

【司法解释(1)】

《最高人民法院关于审理倒卖车票刑事案件有关问题的解释》(法释〔1999〕17号，19990914)

第一条 高价、变价、变相加价倒卖车票或者倒卖坐席、卧铺签字号及订购车票凭证，票面数额在五千元以上，或者非法获利数额在二千元以上的，构成刑法第二百二十七条第二款规定的“倒卖车票情节严重”。

第二条 对于铁路职工倒卖车票或者与其他人员勾结倒卖车票；组织倒卖车票的首要分子；曾因倒卖车票受过治安处罚两次以上或者被劳动教养一次以上，两年内又倒卖车票，构成倒卖车票罪的，依法从重处罚。

【司法解释(2)】

《最高人民法院关于对变造、倒卖变造邮票行为如何适用法律问题的解释》(法释〔2000〕41号，20001209)

对变造或者倒卖变造的邮票数额较大的，应当依照刑法第二百二十七条第一款的规定定罪处罚。

【司法指导文件】

《最高人民检察院法律政策研究室关于非法制作、出售、使用IC电话卡行为如何适用法律问题的答复》(高检研发〔2003〕第10号，20030402)

非法制作或者出售非法制作的IC电话卡，数额较大的，应当依照刑法第二百二十七条第一款的规定，以伪造、倒卖伪造的有价票证罪追究刑事责任，犯罪数额可以根据销售数额认定；明知是非法制作的IC电话卡而使用或者购买并使用，造成电信资费损失数额较大的，应当依照刑法第二百六十四条的规定，以盗窃罪追究刑事责任。

【法院案例库参考案例】

〔王某强、王某倒卖车票案，2024-03-1-172-001〕以牟利为目的有偿代购车票行为性质的认定

社会人员与铁路车站售票员勾结，利用售票员的职务便利占票、退票，并使用抢票软件采取不间断刷新抢票、重复提交订单购票等方式抢购火车票，之后加价倒卖，数量多、金额巨大的，应当以倒卖车票罪论处。

【《刑事审判参考》案例】

〔参考案例第 170 号：赵志刚伪造有价票证案〕伪造洗澡票的行为如何定性？

经工商部门核准登记的营业性公共浴池洗澡票，是经当地物价部门核定并在当地社会上流通使用，具有确定面额的一种书面凭证，尽管其在发行、使用范围上具有地域性，但从性质上讲，与车票、船票、邮票等具有相同的属性，应当属于刑法规定的“其他有价票证”。

〔参考案例第 213 号：董佳、岑炯等伪造有价票证、职务侵占案〕国家认可的旅游景点门票是否属于有价票证？

有价票证应当理解为由有关国家机关、公司、企业、事业单位依法印刷，并向社会公众发放、销售，具有一定票面金额，可以在一定范围内流通或者使用，能够证明持票人享有要求发票人支付一定数额财物或者提供特定服务的权利，或者能够证明其已经履行相关法律义务的书面凭证。在具体认定时，应从有价票证制作发行的有权性、票面的有价性、流通使用的公共性及权利内容的凭证性等方面来加以把握，诸如演出(电影、球赛)、旅游景点、博物馆门票(入场券、观光券)等均属有价票证。

〔参考案例第 426 号：王珂伪造、倒卖伪造的有价票证，蔡明喜倒卖伪造的有价票证案〕刑法第二百二十七条中的“其他有价票证”如何认定？

1.刑法第二百二十七条中的“其他有价票证”，不要求具备与所列举的“车票、船票、邮票”完全相同的特征，铁路乘车证及相关证件可认定为有价票证。对于行为人伪造、倒卖伪造的乘车证被他人免票乘车给铁路企业造成的价款损失，由于乘车证本身无票面价额，其价额应依使用情况定，即使用人乘坐相应车次、铺席的票价即是乘车证的价额。如果是无人使用，则乘车证有价但尚无价额，被害方也无财产损失，不宜认定为犯罪数额。

2.对于无票面价额的有价票证，可以结合伪造或者倒卖伪造有价票证的张数，给国家、企业、公民个人等造成的损失，非法所得数额，伪造、倒卖伪造相关证件、证明文件的数量等综合认定。

〔参考案例第 379 号：刘建场、李向华倒卖车票案〕以出售牟利为目的购买大量车票尚未售出的行为如何处理？

以出售牟利为目的购买车票的行为符合倒卖车票罪的客观特征，情节严重的，应认定具备倒卖车票罪的犯罪构成要件，以犯罪既遂处理，但在量刑上应有所区别。

第二百二十八条【非法转让、倒卖土地使用权罪】以牟利为目的，违反土地管理法规，非法转让、倒卖土地使用权，情节严重的，处三年以下有期徒刑或者拘役，并处或者单处非法转让、倒卖土地使用权价额百分之五以上百分之二十以下罚金；情节特别严重的，处三年以上七年以下有期徒刑，并处非法转让、倒卖土地使用权价额百分之五以上百分之二十以下罚金。

【立法解释】

《全国人民代表大会常务委员会关于〈中华人民共和国刑法〉第二百二十八条、第三百四十二条、第四百一十条的解释》(20090827)

刑法第二百二十八条、第三百四十二条、第四百一十条规定的“违反土地管理法规”，是指违反土地管理法、森林法、草原法等法律以及有关行政法规中关于土地管理的规定。

【立案追诉标准】

《最高人民检察院、公安部关于公安机关管辖的刑事案件立案追诉标准的规定(二)》(公通字〔2022〕12号，20220515)

第七十二条〔非法转让、倒卖土地使用权案(刑法第二百二十八条)〕以牟利为目的，违反土地管理法规，非法转让、倒卖土地使用权，涉嫌下列情形之一的，应予立案追诉：

(一)非法转让、倒卖永久基本农田五亩以上的；

(二)非法转让、倒卖永久基本农田以外的耕地十亩以上的；

(三)非法转让、倒卖其他土地二十亩以上的；

(四)违法所得数额在五十万元以上的；

(五)虽未达到上述数额标准，但因非法转让、倒卖土地使用权受过行政处罚，又非法转让、倒卖土地的；

(六)其他情节严重的情形。

【司法解释】

《最高人民法院关于审理破坏土地资源刑事案件具体应用法律若干问题的解释》(法释〔2000〕14号，20000622)

第一条[①]　以牟利为目的，违反土地管理法规，非法转让、倒卖土地使用权，具有下列情形之一的，属于非法转让、倒卖土地使用权“情节严重”，依照刑法第二百二十八条的规定，以非法转让、倒卖土地使用权罪定罪处罚：

(一)非法转让、倒卖基本农田五亩以上的；

(二)非法转让、倒卖基本农田以外的耕地十亩以上的；

(三)非法转让、倒卖其他土地二十亩以上的；

(四)非法获利五十万元以上的；

(五)非法转让、倒卖土地接近上述数量标准并具有其他恶劣情节的，如曾因非法转让、倒卖土地使用权受过行政处罚或者造成严重后果等。

第二条　实施第一条规定的行为，

---

① 该条对“情节严重”定罪标准的表述与本条项下【立案追诉标准】第七十二条的表述略有不同，但实质内容一致。——编者注

具有下列情形之一的，属于非法转让、倒卖土地使用权“情节特别严重”：

（一）非法转让、倒卖基本农田十亩以上的；

（二）非法转让、倒卖基本农田以外的耕地二十亩以上的；

（三）非法转让、倒卖其他土地四十亩以上的；

（四）非法获利一百万元以上的；

（五）非法转让、倒卖土地接近上述数量标准并具有其他恶劣情节，如造成严重后果等。

第八条　单位犯非法转让、倒卖土地使用权罪、非法占有耕地罪①的定罪量刑标准，依照本解释第一条、第二条、第三条的规定执行。

第九条　多次实施本解释规定的行为依法应当追诉的，或者一年内多次实施本解释规定的行为未经处理的，按照累计的数量、数额处罚。

【公安文件】

《公安部经济犯罪侦查局关于对程××的行为是否涉嫌非法转让、倒卖土地使用权犯罪的批复》（公经法〔2008〕29号，20080125）

程××的行为是否涉嫌非法转让、倒卖土地使用权，关键是看甲公司和乙公司于2000年2月1日签订的合同的性质。从合同约定的权利义务关系以及合同的实际履行情况来看，所谓“买断”指的不是该土地的土地使用权，而是对该地块的开发经营收益权，即双方通过合作开发、销售房地产取得收益。从该块国有土地转移的过程看，是经人民政府批准将原划拨给××集团的土地使用权收回后出让给乙公司，而并非出让给甲公司后再转让给乙公司。因此，该合同的性质不是土地使用权买卖性质。综上，程××的行为不能认定为非法转让、倒卖土地使用权。

【法院案例库参考案例】

〔青岛某投资有限公司非法转让土地使用权宣告无罪案，2024-03-1-173-001〕以股权转让方式流转土地使用权行为的定性

以公司股权转让方式进行土地使用权流转，土地使用权主体未发生变更，土地性质、用途未改变，没有证据证明因股权转让造成土地市场秩序被严重扰乱的，不宜认定为刑法第二百二十八条规定的“非法转让、倒卖土地使用权”，依法不以非法转让、倒卖土地使用权罪论处。

〔周某非法转让、倒卖土地使用权案，2023-03-1-173-001〕以股权转让方式转让土地使用权行为的定性

行为人因政府部门收回土地使用权等客观原因，在没有全部缴纳土地出让金和开发建设未达一定投资比例的情况下，将公司股权转让给他人，未违反法律、行政法规关于公司股权转让方面的强制性规定，且土地使用权权属没有发生变更，依然属于公司，不宜认定构成非法转让、倒卖土地使用权罪。

〔田某满、田某利非法转让土地使用权案，2024-02-1-173-001〕以“转租”之名行转让土地使用权之实的，构成非法转让土地使用权罪

对行为人将其所承包土地使用权“转租”的行为，应当结合全案证据对

---

① 罪名已变更为“非法占用农用地罪”。——编者注

"转租"行为性质进行实质判断。具体判断因素包括：行为人"转租"是否具有非法牟利的目的，"转租"是否业已履行完毕法律规定的必要程序，双方约定的"转租"期限是否超越强制性规定，行为人是否一次性收取全部租赁费用，行为人在"转租"后是否继续履行其所承包土地使用权的义务，行为人是否明知或放任对方改变土地用途，以及行为人获得支付对价的金额等。对于以"转租"之名行转让土地使用权之实的，应依法认定构成非法转让土地使用权罪。

【《刑事审判参考》案例】

〔参考案例第1252号：王志芳非法转让土地使用权案〕农民转让自有宅基地的行为是否构成非法转让土地使用权罪？

对于农民私自转让自有宅基地的行为，基于农村宅基地的政策导向，参照《最高人民法院关于个人违法建房出售行为如何适用法律问题的答复》精神，不宜按犯罪处理。

第二百二十九条　【提供虚假证明文件罪】承担资产评估、验资、验证、会计、审计、法律服务、保荐、安全评价、环境影响评价、环境监测等职责的中介组织的人员故意提供虚假证明文件，情节严重的，处五年以下有期徒刑或者拘役，并处罚金；有下列情形之一的，处五年以上十年以下有期徒刑，并处罚金：

（一）提供与证券发行相关的虚假的资产评估、会计、审计、法律服务、保荐等证明文件，情节特别严重的；

（二）提供与重大资产交易相关的虚假的资产评估、会计、审计等证明文件，情节特别严重的；

（三）在涉及公共安全的重大工程、项目中提供虚假的安全评价、环境影响评价等证明文件，致使公共财产、国家和人民利益遭受特别重大损失的。

有前款行为，同时索取他人财物或者非法收受他人财物构成犯罪的，依照处罚较重的规定定罪处罚。

【出具证明文件重大失实罪】第一款规定的人员，严重不负责任，出具的证明文件有重大失实，造成严重后果的，处三年以下有期徒刑或者拘役，并处或者单处罚金。

【修正前条文】

第二百二十九条　【提供虚假证明文件罪】承担资产评估、验资、验证、会计、审计、法律服务等职责的中介组织的人员故意提供虚假证明文件，情节严重的，处五年以下有期徒刑或者拘役，并处罚金。

前款规定的人员，索取他人财物或者非法收受他人财物，犯前款罪的，处五年以上十年以下有期徒刑，并处罚金。

【出具证明文件重大失实罪】第一款规定的人员，严重不负责任，出具的证明文件有重大失实，造成严重后果的，处三年以下有期徒刑或者拘役，并处或者单处罚金。

【修正说明】

刑法修正案(十一)第二十五条对原条文作出下述修改：一是进一步增加

列举了一些中介组织，以进一步明确本条适用的主体范围，对从事保荐、安全评价、环境影响评价、环境监测职责的中介组织的人员适用本条作了明确规定。二是增加了一档刑罚，即“处五年以上十年以下有期徒刑，并处罚金”，同时对加重处罚的情形作了明确列举。三是修改完善了中介组织人员受贿以提供虚假证明文件的处罚，将法定刑“处五年以上十年以下有期徒刑，并处罚金”修改为“依照处罚较重的规定定罪处罚”。

【立法 · 要点注释】

实践中，有些建设单位依法可以自行编制建设项目的环境影响评价文件。根据环境影响评价法第十九条的规定，建设单位具备环境影响评价技术能力的，可以自行对其建设项目开展环境影响评价，编制建设项目环境影响报告书、环境影响报告表。这类“自评自建”的建设单位不属于本条规定的承担环境影响评价职责的中介组织。当相关人员实施篡改、伪造环境影响报告书(表)的行为时，不属于本条规定的中介组织人员提供虚假证明文件的情况，但是其篡改、伪造环境影响报告书(表)的行为，如果构成刑法规定的其他犯罪的，应当依照相应规定追究。如相关环境影响评价涉及的项目造成环境污染的，相关证明文件造假的行为人可以按照刑法第三百三十八条污染环境罪的共犯定罪处罚。

【立案追诉标准】

《最高人民检察院、公安部关于公安机关管辖的刑事案件立案追诉标准的规定(二)》(公通字〔2022〕12号，20220515)

第七十三条　〔提供虚假证明文件案(刑法第二百二十九条第一款)〕承担资产评估、验资、验证、会计、审计、法律服务、保荐、安全评价、环境影响评价、环境监测等职责的中介组织的人员故意提供虚假证明文件，涉嫌下列情形之一的，应予立案追诉：[①]

(一)给国家、公众或者其他投资者造成直接经济损失数额在五十万元以上的；

(二)违法所得数额在十万元以上的；

(三)虚假证明文件虚构数额在一百万元以上且占实际数额百分之三十以上的；

(四)虽未达到上述数额标准，但二年内因提供虚假证明文件受过二次以上行政处罚，又提供虚假证明文件的；

(五)其他情节严重的情形。

第七十四条　〔出具证明文件重大失实案(刑法第二百二十九条第三款)〕承担资产评估、验资、验证、会计、审计、法律服务、保荐、安全评价、环境影响评价、环境监测等职责的中介组织的人员严重不负责任，出具的证明文件有重大失实，涉嫌下列情形之一的，应予立案追诉：

(一)给国家、公众或者其他投资者造成直接经济损失数额在一百万元以

① 对于承担环境影响评价、环境监测、温室气体排放检验检测、排放报告编制或者核查等职责的中介组织的人员故意提供虚假证明文件的入罪门槛，本条项下【司法解释(3)】第十条作了专门规定，并未完全妥纳立案追诉标准的规定。鉴此，对所涉情形应当以司法解释的规定为准。——编者注

上的；

（二）其他造成严重后果的情形。

【司法解释(1)】

《最高人民法院、最高人民检察院关于办理危害生产安全刑事案件适用法律若干问题的解释(二)》(法释〔2022〕19号，20221219)

第六条　承担安全评价职责的中介组织的人员提供的证明文件有下列情形之一的，属于刑法第二百二十九条第一款规定的“虚假证明文件”：

（一）故意伪造的；

（二）在周边环境、主要建（构）筑物、工艺、装置、设备设施等重要内容上弄虚作假，导致与评价期间实际情况不符，影响评价结论的；

（三）隐瞒生产经营单位重大事故隐患及整改落实情况、主要灾害等级等情况，影响评价结论的；

（四）伪造、篡改生产经营单位相关信息、数据、技术报告或者结论等内容，影响评价结论的；

（五）故意采用存疑的第三方证明材料、监测检验报告，影响评价结论的；

（六）有其他弄虚作假行为，影响评价结论的情形。

生产经营单位提供虚假材料、影响评价结论，承担安全评价职责的中介组织的人员对评价结论与实际情况不符无主观故意的，不属于刑法第二百二十九条第一款规定的“故意提供虚假证明文件”。

有本条第二款情形，承担安全评价职责的中介组织的人员严重不负责任，导致出具的证明文件有重大失实，造成严重后果的，依照刑法第二百二十九条第三款的规定追究刑事责任。

第七条　承担安全评价职责的中介组织的人员故意提供虚假证明文件，有下列情形之一的，属于刑法第二百二十九条第一款规定的“情节严重”：

（一）造成死亡一人以上或者重伤三人以上安全事故的；

（二）造成直接经济损失五十万元以上安全事故的；

（三）违法所得数额十万元以上的；

（四）两年内因故意提供虚假证明文件受过两次以上行政处罚，又故意提供虚假证明文件的；

（五）其他情节严重的情形。

在涉及公共安全的重大工程、项目中提供虚假的安全评价文件，有下列情形之一的，属于刑法第二百二十九条第一款第三项规定的“致使公共财产、国家和人民利益遭受特别重大损失”：

（一）造成死亡三人以上或者重伤十人以上安全事故的；

（二）造成直接经济损失五百万元以上安全事故的；

（三）其他致使公共财产、国家和人民利益遭受特别重大损失的情形。

承担安全评价职责的中介组织的人员有刑法第二百二十九条第一款行为，在裁量刑罚时，应当考虑其行为手段、主观过错程度、对安全事故的发生所起作用大小及其获利情况、一贯表现等因素，综合评估社会危害性，依法裁量刑罚，确保罪责刑相适应。

第八条　承担安全评价职责的中介组织的人员，严重不负责任，出具的证明文件有重大失实，有下列情形之一的，属于刑法第二百二十九条第三款规定的“造成严重后果”：

（一）造成死亡一人以上或者重伤三人以上安全事故的；

（二）造成直接经济损失一百万元以上安全事故的；

（三）其他造成严重后果的情形。

第九条　承担安全评价职责的中介组织犯刑法第二百二十九条规定之罪的，对该中介组织判处罚金，并对其直接负责的主管人员和其他直接责任人员，依照本解释第七条、第八条的规定处罚。

第十一条　有本解释规定的行为，被不起诉或者免予刑事处罚，需要给予行政处罚、政务处分或者其他处分的，依法移送有关主管机关处理。

第十二条　本解释自2022年12月19日起施行。最高人民法院、最高人民检察院此前发布的司法解释与本解释不一致的，以本解释为准。

【司法解释(1)·注释】

本解释第七条第三款规定，在安全评价中介组织人员的行为构成提供虚假证明文件罪的前提下，应当综合考虑其行为手段、主观过错程度、对安全事故的发生所起作用大小及其获利情况、一贯表现等各方面因素，综合评估社会危害性，依法裁量刑罚，确保罪责刑相适应。在具体案件处理过程中，如果根据本解释第七条第二款规定的标准适用五年以上十年以下有期徒刑量刑幅度明显处罚过重的，可以根据案件事实、情节和社会危害程度，依法作出妥当处理。对于犯提供虚假证明文件罪、未达到本解释第七条第二款规定的适用第二档法定刑标准，以及犯出具证明文件重大失实罪的安全评价中介组织人员，在量刑时也应注意与关联的危害生产安全犯罪人之间的量刑平衡。

【司法解释(2)】

《最高人民法院、最高人民检察院关于办理妨害信用卡管理刑事案件具体应用法律若干问题的解释》（原法释〔2009〕19号，根据法释〔2018〕19号修正，20181201）

第四条第二款　承担资产评估、验资、验证、会计、审计、法律服务等职责的中介组织或其人员，为信用卡申请人提供虚假的财产状况、收入、职务等资信证明材料，应当追究刑事责任的，依照刑法第二百二十九条的规定，分别以提供虚假证明文件罪和出具证明文件重大失实罪定罪处罚。

【司法解释(3)】

《最高人民法院、最高人民检察院关于办理环境污染刑事案件适用法律若干问题的解释》（法释〔2023〕7号，20230815）

第十条　承担环境影响评价、环境监测、温室气体排放检验检测、排放报告编制或者核查等职责的中介组织的人员故意提供虚假证明文件，具有下列情形之一的，应当认定为刑法第二百二十九条第一款规定的“情节严重”：

（一）违法所得三十万元以上的；[①]

---

① 本条项下【立案追诉标准】第七十三条规定，提供虚假证明文件行为违法所得数额在十万元以上的，即应立案追诉，而【司法解释(3)】将环境污染罪的入罪标准明确为违法所得或者致公私财产损失三十万元以上。一般来说，提供虚假证明文件行为的入罪门槛不宜低于污染环境罪，故直接采用《立案追诉标准二》的规定可能存在不协调之处。基于此，司法解释第十条将环境领域提供虚假证明文件罪的入罪数额标准确定为“违法所得三十万元以上”。——编者注

（二）二年内曾因提供虚假证明文件受过二次以上行政处罚，又提供虚假证明文件的；

（三）其他情节严重的情形。

实施前款规定的行为，在涉及公共安全的重大工程、项目中提供虚假的环境影响评价等证明文件，致使公共财产、国家和人民利益遭受特别重大损失的，应当依照刑法第二百二十九条第一款的规定，处五年以上十年以下有期徒刑，并处罚金。

实施前两款规定的行为，同时索取他人财物或者非法收受他人财物构成犯罪的，依照处罚较重的规定定罪处罚。

【司法解释(4)】

《最高人民检察院关于地质工程勘测院和其他履行勘测职责的单位及其工作人员能否成为刑法第二百二十九条规定的有关犯罪主体的批复》(高检发释字〔2015〕4号，20151112)

地质工程勘测院和其他履行勘测职责的单位及其工作人员在履行勘察、勘查、测绘职责过程中，故意提供虚假工程地质勘察报告等证明文件，情节严重的，依照刑法第二百二十九条第一款和第二百三十一条的规定，以提供虚假证明文件罪追究刑事责任；地质工程勘测院和其他履行勘测职责的单位及其工作人员在履行勘察、勘查、测绘职责过程中，严重不负责任，出具的工程地质勘察报告等证明文件有重大失实，造成严重后果的，依照刑法第二百二十九条第三款和第二百三十一条的规定，以出具证明文件重大失实罪追究刑事责任。

【司法解释(5)】

《最高人民检察院关于公证员出具公证书有重大失实行为如何适用法律问题的批复》(高检发释字〔2009〕1号，20090115)

《中华人民共和国公证法》施行以后，公证员在履行公证职责过程中，严重不负责任，出具的公证书有重大失实，造成严重后果的，依照刑法第二百二十九条第三款的规定，以出具证明文件重大失实罪追究刑事责任。

【司法解释(6)】

《最高人民法院、最高人民检察院关于办理危害税收征管刑事案件适用法律若干问题的解释》(法释〔2024〕4号，20240320)

第九条　实施骗取国家出口退税行为，没有实际取得出口退税款的，可以比照既遂犯从轻或者减轻处罚。

从事货物运输代理、报关、会计、税务、外贸综合服务等中介组织及其人员违反国家有关进出口经营规定，为他人提供虚假证明文件，致使他人骗取国家出口退税款，情节严重的，依照刑法第二百二十九条的规定追究刑事责任。

【司法指导文件】

参见本法第一百六十条项下【司法指导文件】第四部分，第447页。

【法院案例库参考案例】

〔西安某检测校准有限公司提供虚假证明文件案，2025-11-1-174-001〕环境监测中介组织提供虚假证明文件的定性

1.承担环境监测职责的中介组织

故意出具虚假监测报告，违法所得达到三十万元以上，符合刑法第二百二十九条第一款规定的，依法以提供虚假证明文件罪定罪处罚。

2.对于承担环境监测职责的中介组织人员利用职业便利实施犯罪被判处刑罚的，人民法院可以根据犯罪情况和预防再犯罪的需要，禁止其自刑罚执行完毕之日或者假释之日起从事相关职业。

〔李某凌提供虚假证明文件案，2024-18-1-174-005〕出具虚假资产评估报告、审计报告"情节严重"的认定

对于出具内容严重失实的资产评估报告、审计报告的，应当综合考虑违反执业规范的情况、证明文件的失实程度及行为动机等，结合在案其他证据准确认定主观罪过形式。对于为迎合委托方需求，未经成本核算与市场调查，直接出具价值严重虚高的资产评估报告，或者未经账目核验与会计凭证抽查，直接以虚假财务报表为依据出具审计报告的，应当认定为刑法第二百二十九条规定的"故意提供虚假证明文件"。

〔李某民提供虚假证明文件案，2024-18-1-174-004〕提供虚假公证书行为的认定

公证书属于刑法第二百二十九条规定的"证明文件"。公证员严重违反公证程序，未对公证事项的真实性、合法性进行审查，径直为虚构或者内容严重失实的民事合同等出具公证书的，应当认定为"故意提供虚假证明文件"。

〔喻某霞等提供虚假证明文件案，2024-18-1-174-003〕出具数据严重失真的矿产资源核实量报告行为的定性

承担地质勘测等职责的中介组织的人员，在核实非法采挖的矿产资源数量过程中，隐瞒涉案矿产资源数量，出具数据严重失真的矿产资源核实量报告，属于刑法第二百二十九条规定的"提供虚假证明文件"。

〔林某鑫等提供虚假证明文件案，2024-18-1-174-001〕出售环评报告资质页行为的定性

承担环境影响评价职责的中介组织的人员，未实际参与环境影响评价，直接出售环评报告资质页，供他人冒用资质、编制虚假环境影响报告书、环境影响报告表的，属于刑法第二百二十九条规定的"故意提供虚假证明文件"。

〔陈某某、徐某某等提供虚假证明文件案，2024-03-1-174-001〕在空白审计报告上签字的行为定性

承担审计职责的中介组织的人员，未实际参与审计，让他人代为签名或者在空白审计报告上签名后用于出具虚假的审计报告，符合刑法第二百二十九条规定的，以提供虚假证明文件罪论处。

〔相某利等提供虚假证明文件案，2024-18-1-174-002〕出具虚假机动车安全技术检验报告行为的处理

1.承担机动车安全技术检验的中介组织的人员，明知受检车辆不符合国家安全技术标准，违反技术操作规范，伪造车辆检验数据，出具车辆安全技术检验合格结论，属于刑法第二百二十九条规定的"故意提供虚假证明文件"。

2.故意提供虚假的机动车安全技术检验报告，致使不符合安全技术标准的车辆违规登记、上路行驶，引发重大交通事故的，应当认定为刑法第二百二十九条规定的"情节严重"。

〔余某等八人提供虚假证明文件案，2024-11-1-174-001〕通过出售、挂靠、购买环境影响评价资质等方式提

供环境影响评价文件的认定

1.承担环境影响评价职责的中介组织的人员，故意提供具有遗漏关键内容等情形的虚假环境影响评价文件，情节严重的，应当以提供虚假证明文件罪定罪处罚。

2.对于注册环境影响评价公司并出售环境影响评价资质的人员，授意他人冒用资质的环境影响评价工程师，以及通过购买环境影响评价资质编制虚假环境影响评价文件的人员，应当认定为刑法第二百二十九条规定的承担环境影响评价职责的中介组织的人员。

〔广东某检测技术股份有限公司提供虚假证明文件案，2023-11-1-174-001〕环境监测中介机构弄虚作假行为的定性

1.对于出具内容严重失实的环境监测报告的，应当综合考虑违反执业规范的情况、证明文件的失实程度等，结合在案其他证据准确认定主观罪过形式。对于未开展采样分析直接出具监测数据、不真实记录或选择性记录原始数据的，应当认定为刑法第二百二十九条规定的"故意提供虚假证明文件"。

2.单位犯提供虚假证明文件罪的，对单位判处罚金，并对其直接负责的主管人员和其他直接责任人员，依照刑法第二百二十九条的规定定罪处罚。对于追究刑事责任的直接责任人员的范围，应当根据所涉人员在单位犯罪中所起作用、主观恶性程度等，妥当加以把握。

〔王某春出具证明文件重大失实案，2024-18-1-175-001〕出具建设项目投资评审报告严重不负责任的认定

1.建设项目投资评审报告属于刑法第二百二十九条规定的"证明文件"。承担建设项目投资评审职责中介组织的人员，严重不负责任，出具的证明文件有重大失实，造成严重后果的，应当依照刑法第二百二十九条第三款的规定，以出具证明文件重大失实罪论处。

2.承担建设项目投资评审职责的中介组织的人员，在项目评审过程中，没有严格依照相关管理规定和技术规程的要求进行操作，未实地对全部工程内容进行逐项核实，对评审结论重大失实应当预见而没有预见，应当认定为刑法第二百二十九条第三款规定的"严重不负责任"。

〔闫某出具证明文件重大失实案，2024-03-1-175-001〕出具证明文件重大失实罪中"严重不负责任"的认定

承担审计等职责的中介组织的人员具有未按审计准则履行必须的审计程序、一般审计人员能够正常发现的问题而未发现、未开展审计工作径直签字确认审计结论等情节，出具重大失实的审计报告的，可以认定为刑法第二百二十九条第三款规定的"严重不负责任"，依法以出具证明文件重大失实罪论处。

第二百三十条 【逃避商检罪】违反进出口商品检验法的规定，逃避商品检验，将必须经商检机构检验的进口商品未报经检验而擅自销售、使用，或者将必须经商检机构检验的出口商品未报经检验合格而擅自出口，情节严重的，处三年以下有期徒刑或者拘役，并处或者单处罚金。

【立案追诉标准】

《最高人民检察院、公安部关于公安机关管辖的刑事案件立案追诉标准的规定(二)》(公通字〔2022〕12号，20220515)

第七十五条〔逃避商检案(刑法第二百三十条)〕违反进出口商品检验法的规定,逃避商品检验,将必须经商检机构检验的进口商品未报经检验而擅自销售、使用,或者将必须经商检机构检验的出口商品未报经检验合格而擅自出口,涉嫌下列情形之一的,应予立案追诉:

(一)给国家、单位或者个人造成直接经济损失数额在五十万元以上的;

(二)逃避商检的进出口货物货值金额在三百万元以上的;

(三)导致病疫流行、灾害事故的;

(四)多次逃避商检的;

(五)引起国际经济贸易纠纷,严重影响国家对外贸易关系,或者严重损害国家声誉的;

(六)其他情节严重的情形。

第二百三十一条 【对单位犯扰乱市场秩序罪的处罚】单位犯本节第二百二十一条至第二百三十条规定之罪的,对单位判处罚金,并对其直接负责的主管人员和其他直接责任人员,依照本节各该条的规定处罚。

第四章　侵犯公民人身权利、民主权利罪

第二百三十二条 【故意杀人罪】故意杀人的，处死刑、无期徒刑或者十年以上有期徒刑；情节较轻的，处三年以上十年以下有期徒刑。

【立法 · 要点注释】

1.“情节较轻”，主要是指防卫过当致使他人死亡、出于义愤杀人等情况。考虑到故意杀人罪是一种非常严重的侵犯公民人身权利的犯罪，必须予以严厉打击，本条对刑罚作了比较特殊的表述，按照从重刑到轻刑的顺序列举，因此，在司法实践中，对于犯故意杀人罪的罪犯，在量刑时应当首先考虑重刑。

2.认定故意杀人罪不能客观归罪，不能只看行为的后果，要根据行为人的故意内容来认定。如果行为人不是要故意非法剥夺他人生命，而是出于其他故意行为致人死亡的，如故意伤害致人死亡的，强奸妇女致使被害人死亡的，使用暴力进行抢劫致人死亡的，等等，不能认定为故意杀人罪，而应将致人死亡这一后果作为各罪的量刑情节考虑。

【司法解释(1)】

《最高人民法院、最高人民检察院关于办理组织、利用邪教组织破坏法律实施等刑事案件适用法律若干问题的解释》(法释〔2017〕3号，20170201)

第十一条　组织、利用邪教组织，制造、散布迷信邪说，组织、策划、煽动、胁迫、教唆、帮助其成员或者他人实施自杀、自伤的，依照刑法第二百三十二条、第二百三十四条的规定，以故意杀人罪或者故意伤害罪定罪处罚。

【司法解释(2)】

《最高人民法院关于审理交通肇事刑事案件具体应用法律若干问题的解释》(法释〔2000〕33号，20001121)

第六条　行为人在交通肇事后为逃避法律追究，将被害人带离事故现场后隐藏或者遗弃，致使被害人无法得到救助而死亡或者严重残疾的，应当分别依照刑法第二百三十二条、第二百三十四条第二款的规定，以故意杀人罪或者故意伤害罪定罪处罚。

【司法解释(3)】

《最高人民法院、最高人民检察院关于办理危害生产安全刑事案件适用法律若干问题的解释》(法释〔2015〕22号，20151216)

第十条　在安全事故发生后，直接负责的主管人员和其他直接责任人员故意阻挠开展抢救，导致人员死亡或者重伤，或者为了逃避法律追究，对被害人进行隐藏、遗弃，致使被害人因无法得到救助而死亡或者重度残疾的，分别依照刑法第二百三十二条、第二百三十四条的规定，以故意杀人罪或者故意伤害罪定罪处罚。

【司法解释(4)】

《最高人民法院、最高人民检察院关于办理强奸、猥亵未成年人刑事案件适用法律若干问题的解释》(法释〔2023〕3号,20230601)

第十条　实施猥亵未成年人犯罪,造成被害人轻伤以上后果,同时符合刑法第二百三十四条或者第二百三十二条的规定,构成故意伤害罪、故意杀人罪的,依照处罚较重的规定定罪处罚。

【司法解释(5)】

《最高人民法院关于审理未成年人刑事案件具体应用法律若干问题的解释》(法释〔2006〕1号,20060123)

第十条第一款　已满十四周岁不满十六周岁的人盗窃、诈骗、抢夺他人财物,为窝藏赃物、抗拒抓捕或者毁灭罪证,当场使用暴力,故意伤害致人重伤或者死亡,或者故意杀人的,应当分别以故意伤害罪或者故意杀人罪定罪处罚。

【司法指导文件(1)】

《全国法院维护农村稳定刑事审判工作座谈会纪要》(法〔1999〕217号,19991027)

(一)关于故意杀人、故意伤害案件

要准确把握故意杀人犯罪适用死刑的标准。对故意杀人犯罪是否判处死刑,不仅要看是否造成了被害人死亡结果,还要综合考虑案件的全部情况。对于因婚姻家庭、邻里纠纷等民间矛盾激化引发的故意杀人犯罪,适用死刑一定要十分慎重,应当与发生在社会上的严重危害社会治安的其他故意杀人犯罪案件有所区别。对于被害人一方有明显过错或对矛盾激化负有直接责任,或者被告人有法定从轻处罚情节的,一般不应判处死刑立即执行。

要注意严格区分故意杀人罪与故意伤害罪的界限。在直接故意杀人与间接故意杀人案件中,犯罪人的主观恶性程度是不同的,在处刑上也应有所区别。间接故意杀人与故意伤害致人死亡,虽然都造成了死亡后果,但行为人故意的性质和内容是截然不同的。不注意区分犯罪的性质和故意的内容,只要有死亡后果就判处死刑的做法是错误的,这在今后的工作中,应当予以纠正。

【司法指导文件(2)】

《最高人民法院、最高人民检察院、公安部、司法部关于依法办理家庭暴力犯罪案件的意见》(法发〔2015〕4号,20150302)

20.充分考虑案件中的防卫因素和过错责任。对于长期遭受家庭暴力后,在激愤、恐惧状态下为了防止再次遭受家庭暴力,或者为了摆脱家庭暴力而故意杀害、伤害施暴人,被告人的行为具有防卫因素,施暴人在案件起因上具有明显过错或者直接责任的,可以酌情从宽处罚。对于因遭受严重家庭暴力,身体、精神受到重大损害而故意杀害施暴人;或者因不堪忍受长期家庭暴力而故意杀害施暴人,犯罪情节不是特别恶劣,手段不是特别残忍的,可以认定为刑法第二百三十二条规定的故意杀人"情节较轻"。在服刑期间确有悔改表现的,可以根据其家庭情况,依法放宽减刑的幅度,缩短减刑的起始时间与间隔时间;符合假释条件的,应当假释。被杀害施暴人的近亲属表示谅解的,在量刑、减刑、假释时应当予以充分考虑。

【司法指导文件(3)】

《最高人民法院、最高人民检察院、公安部关于办理涉窨井盖相关刑事案件的指导意见》(高检发〔2020〕3号，20200316)

三、对于本意见第一条、第二条规定①以外的其他场所的窨井盖，明知会造成人员伤亡后果而实施盗窃、破坏行为，致人受伤或者死亡的，依照刑法第二百三十四条、第二百三十二条的规定，分别以故意伤害罪、故意杀人罪定罪处罚。

……

十二、本意见所称的“窨井盖”，包括城市、城乡结合部和乡村等地的窨井盖以及其他井盖。

【司法指导文件(4)】

参见本法第四十八条项下【司法指导文件(2)】第二部分和第四部分，第96—98页。

【司法指导文件(5)】

参见本法分则第五章侵犯财产罪项下【司法指导文件(1)】第七条，第807页。

【司法指导文件(6)】

《最高人民法院研究室关于醉酒后在公共场所持刀连续捅刺，致多人死伤行为如何定性问题的研究意见》(2012)

醉酒后在公共场所持刀连续捅刺，致多人死伤的行为，宜定性为故意杀人罪(故意伤害罪被吸收)。

【法院案例库参考案例】

〔赵某梅故意杀人案，2025-02-1-177-003〕因不堪忍受长期家庭暴力而故意杀害施暴人案件的处理

对于因不堪忍受长期家庭暴力而故意杀害施暴人，犯罪情节不是特别恶劣，手段不是特别残忍的，可以认定为刑法第二百三十二条规定的故意杀人“情节较轻”。对于此类案件，应充分考虑案件起因、作案动机、防卫因素和过错责任、施暴者近亲属谅解情况等因素，妥当确定刑罚，确保罪责刑相适应。

〔王某故意杀人案，2024-04-1-177-011〕特定时空环境下负有救助义务的人，不合理施救造成被害人因疾病身亡的，构成故意杀人罪

不作为犯罪通常须以行为人负有某种特定义务为前提。不作为犯罪的义务来源包括先行行为产生的义务在内。司法实践中，被告人与被害人双方虽无法律或血缘上的保护、扶助义务，但如果双方基于个人意愿在特定时间、私密空间实施特定行为时，相互对另一方具有保护义务，即当一方处于危险状态时，另一方负有积极救助的义务。

〔曹某庆故意杀人案，2024-04-1-177-019〕夫妻一方侮辱、殴打对方，引起对方自杀，有能力救助而未救助的，构成不作为杀人

夫妻之间具有相互照顾扶助的法定义务。夫妻一方实施侮辱、殴打等先

---

① 即正在使用中的社会机动车通行道路上的窨井盖、人员密集往来的非机动车道、人行道以及车站、码头、公园、广场、学校、商业中心、厂区、社区、院落等生产生活、人员聚集场所的窨井盖。——编者注

行行为引起对方实施自杀行为，另一方有义务、有能力救助却怠于履行救助义务而放任死亡后果的发生，具有杀人的间接故意，构成不作为杀人，依法以故意杀人罪论处。

〔俞某锋等故意杀人案，2023-04-1-177-017〕寻衅滋事致被害人溺水死亡而不积极救助的，可认定为不作为故意杀人

行为人寻衅滋事的追逐行为导致被害人溺水，系先行行为，负有防止结果发生的作为义务。行为人有能力履行作为义务而不履行，构成不作为的故意杀人罪，而非过失致人死亡。

〔乐某故意杀人案，2023-02-1-177-018〕故意将亲生幼女留置在与外界隔绝的房间后离家长期不归致幼女死亡的，构成故意杀人罪

行为人故意将婴幼儿留置在与外界完全隔绝的房间，不提供足够维持生命的食物、饮水，外出长期不归，致婴幼儿死亡，其行为实际上排除了婴幼儿得到其他救助存活的可能，其对幼儿可能造成的死亡后果持放任态度，故应当以故意杀人罪定罪处罚。

〔刘某某故意杀人案，2023-06-1-177-001〕提供农药给意欲自杀的被害人自行服下后未采取任何救助措施，导致被害人中毒身亡的，以故意杀人罪定罪处罚

明知他人有自杀倾向，客观上有刺激、强化他人自杀决意的言行，提供自杀工具，在他人自杀后未采取救助措施，应当认定相关行为与他人死亡后果之间具有刑法上的因果关系，以故意杀人罪追究刑事责任。

〔张某故意杀人案，2023-06-1-177-007〕玩“危险游戏”致人死亡案件中行为人主观心态的认定

对于玩“危险游戏”致人死亡中行为人主观心态的认定，应结合在案证据、游戏本身的危险程度、日常生活经验等综合分析判断。对于明知其行为可能会产生致人死亡的结果，但其仍放任被害人死亡结果发生的，应当以(间接)故意杀人罪对其定罪处罚。

〔胡某某故意杀人案，2024-04-1-177-010〕借他人缺陷辱骂他人构成刑法意义上的被害人过错

通常只有在被害人对行为人实施了程度较高的暴力行为或严重违反社会道德风尚的行为引发犯罪时，才构成被害人过错，一般的辱骂行为尚无法达到被害人过错的程度。但是，在行为人存在特殊生理缺陷时，被害人针对该特定缺陷进行侮辱从而引发行为人犯罪的情形，因针对性的侮辱言词严重违背社会公德，且行为人因特殊身体缺陷导致对特定的辱骂言词相较于普通人更为敏感，其在受辱后行为控制能力显著降低，应将此类辱骂行为与一般的辱骂行为区别对待，将其认定为被害人过错。

【《刑事审判参考》案例】

〔参考案例第50号：杨政锋故意杀人案〕驾车故意挤占车道致使追赶车辆车毁人亡的行为如何定性?

行为人为逃避行政处罚，驾车故意挤占车道，导致追赶的路政执法人员车毁人亡，不构成破坏交通工具罪，应按故意杀人罪定罪处罚。

〔参考案例第810号：邓明建故意杀人案〕对直系亲属间帮助自杀的行为如何定性?

被告人帮助自杀的行为虽然系在

死者的请求下实施，但由于其侵害的生命权超过了被害人承诺可处分的范围，故不能排除其行为的刑事违法性，仍然构成故意杀人罪。

〔参考案例第993号：万道龙等故意杀人案〕拒不履行扶养义务，将出生不久的女婴遗弃在获救希望渺茫的深山野林的，如何定性？

区分遗弃罪与以遗弃方式的故意杀人罪的关键点在于：行为人实施遗弃行为时，其是否考虑并给予了被害人获得救助的机会。如果是，则可以遗弃罪定罪；否则，应当以故意杀人罪来定罪。拒不履行抚养义务，将出生不久的女婴遗弃在获救希望渺茫的深山野林的，应当以故意杀人罪定性。

〔参考案例第475号：颜克于等故意杀人案〕殴打小偷致小偷跳水而不施救的行为如何定性？

虽然被害人偷窃自行车有过错，但被告人对被害人实施的殴打行为不属正当、合法行为，由此行为而致被害人自己跳入河中处于危险境地，负有法律上的救助义务；被告人目睹被害人挣扎，并沉入水中，却不实施任何救助行为，其对被害人的死亡具有放任故意，构成不作为的故意杀人罪。

〔参考案例第1285号：陈君宏故意杀人案〕船舶碰撞发生船只倾覆、船员落水的后果，肇事责任人能够救助而不救助，逃离现场致使落水船员死亡的能否认定为故意杀人罪？

肇事船舶的先前碰撞行为使落水人员处于危险境地，即产生救助义务，肇事船舶的"逃逸"行为背后反映的是不予救助的情节，这也是认定不作为的故意杀人罪的主要依据，如果行为人虽因过失造成船舶碰撞事故，但能够积极救助遇难船员的，则不能参照本案以故意杀人罪定罪处罚。此外，个别情况下大船与小船在海上发生碰撞事故时，大船自身对碰撞事故的感受并不明显，有的甚至误认为撞到了海上漂浮物。如果能够认定责任人确实不知道本船发生了碰撞事故而驶离现场的，由于其对由此产生的救助义务不明知，即便发生他人溺亡的后果，通常也不能按照故意杀人罪论处。

〔参考案例第1484号：许铁贤故意杀人案〕行为人明知其先行行为造成被害人生命危险，未予施救，且阻吓救助者，最终导致被害人死亡，其行为应如何定性？

行为人先行行为与被害人生命危险的处境之间存在引起与被引起、原因与结果的事实关系，行为人因此负有法律上的救助义务，行为人负有救助义务而没有积极履行义务，且阻吓他人救助，造成被害人死亡的，构成故意杀人罪。

〔参考案例第104号：王彬故意杀人案〕对在盗取自己被公安机关依法查扣的机动车辆过程中致人伤亡的行为应如何定性？

行为人在盗取自己被公安机关依法查扣的机动车辆过程中致人伤亡的，不构成抢劫罪，可视行为人主观故意情况按故意杀人罪或故意伤害罪处理。

〔参考案例第153号：计永欣故意杀人案〕故意杀人后又取走被害人财物的如何定性？

行为人未以抢劫为目的，故意杀人后，临时起意，窃取被害人财物的，应当以故意杀人罪与盗窃罪数罪并罚。

〔参考案例第171号：李春林故意杀人案〕为逃避债务故意杀人后又拿走被害人财物的行为如何定性？

为逃避债务故意杀人的行为构成故意杀人罪，而非抢劫罪。事后临时起意非法占有被害人财物的，应定盗窃罪。上述情形可按故意杀人罪、盗窃罪数罪并罚。

〔参考案例第 490 号：肖明明故意杀人案〕在盗窃过程中为灭口杀害被害人的应如何定性？

行为人在盗窃时被人发现，恐事情败露，杀人灭口的，应当以故意杀人罪追究其刑事责任，不构成抢劫罪。

〔参考案例第 198 号：王志峰、王志生故意杀人、保险诈骗案〕为骗取保险金而杀害非被保险人的应如何定罪？

投保人、受益人故意杀害被保险人，骗取保险金的，应当以保险诈骗罪和故意杀人罪，实行数罪并罚。如果投保人、受益人故意杀害非被保险人，骗取保险金的，构成保险诈骗罪与故意杀人罪的牵连犯，应从一重处，即以故意杀人罪论处。

〔参考案例第 1243 号：张志明故意杀人案〕被告人持刀连续捅刺他人，致一死一伤的行为，成立故意杀人一罪还是故意杀人和故意伤害两罪？

一罪与数罪的认定，并非以单纯的行为个数为标准，而是行为人外在的客观行为与内在的主观犯意的结合。在一定的概括故意下实施的连续行为，如果行为人对行为性质和行为对象均有明确认识，仅对危害结果存在不明确认识的情形下，可认定为系在一个主观故意下实施的整体行为，构成处断的一罪，在本案中即故意杀人罪。

〔参考案例第 647 号：姚国英故意杀人案〕〔参考案例第 1124 号：吴某某、郑某某故意杀人案〕故意杀人罪中的“情节较轻”应当如何认定？激情杀人或者义愤杀人能否认定为“情节较轻”？

1.理论界和实务界通常将以下情形视为“情节较轻”：(1) 防卫过当的故意杀人，指正当防卫超过必要限度而故意将不法侵害者杀死的情形。(2) 义愤杀人，指行为人或者其近亲属受被害人的虐待、侮辱或迫害，因不能忍受，为摆脱所受的虐待、侮辱、迫害而实施故意杀人的行为。(3) 激情杀人，即本无杀人故意，因被害人的严重过错，在被害人的刺激、挑逗下而失去理智，当场实施故意杀人的行为。(4) 受嘱托帮助他人自杀，即基于被害人的请求、自愿而帮助其自杀的行为。(5) 生父母溺婴，即父母出于无力抚养、怜悯等不太恶劣的主观动机而将亲生婴儿杀死的行为。上述五种情形又以前三种较为常见和值得探讨，这三类情形有一个共通点，即被害人在案发起因上有严重过错。具体而言，是指被害人出于主观上的故意或过失，侵犯他人合法权益，对诱发被告人的犯意、激发被告人实施犯罪具有直接或间接作用。

2.对于激情杀人或者义愤杀人等情形，能否认定为“情节较轻”通常要考虑以下几个因素：一是被告人的主观恶性，包括被害人在案发起因上是否有重大过错、被告人犯罪动机是否卑劣等；二是杀人手段属于一般还是残忍，如以特别残忍手段杀人，则通常不宜认定为“情节较轻”；三是犯罪后果是否严重，如导致二人以上死亡的严重后果，通常不能认定为“情节较轻”；四是被害方及社会公众特别是当地群众对被告人行为作出的社会评价。

〔参考案例第 556 号：刘宝利故意杀人案〕如何认定被害人过错？

被害人过错需要具备的条件主要有：(1) 过错方系被害人，被告人的犯罪行为针对的必须是有过错行为的被害人。(2) 被害人必须出于故意，由于被害人过错通常出现在互动性明显的故意杀人、故意伤害等犯罪中，单纯的过失行为或者不可归咎于被害人的其他行为，不能认定为被害人过错。(3) 被害人须实施了较为严重的违背社会伦理或违反法律的行为。"明显过错"是否明显，通常应以社会一般人的认识判断为标准。(4) 被害人的过错行为须侵犯了被告人的合法权利或者正当利益。(5) 被害人的过错行为须引起被告人实施了犯罪行为或者激化了加害行为的危害程度。诸如被害人疏于防范、误入犯罪圈套等行为，不属于刑法意义上的被害人过错。确认被害人过错时，不仅要分析是否具备以上五点，还应当全面考察案件的来龙去脉、发案背景，具体情况具体分析，不可简单套用。

〔参考案例第1254号：陈锦国故意杀人案〕对暴力抗拒行政执法致死案件，如何判定被害人是否有过错？

对暴力抗拒行政执法的故意杀人、伤害案件是否适用死刑，需要在查清案件起因的基础上，准确分析被害人有无过错，从而作出公正判决。一般来说，可以从以下方面分析被害人过错问题：(1) 行政管理的目的与动机是否正当；(2) 行政强制程序是否规范；(3) 暴力抗法行为是否具有防卫因素。实践中，应当根据行政强制措施的实施情况、双方肢体冲突发生的原因、双方的损伤特征和损伤程度、财物损毁的原因和损失价值等实际情况，具体分析判断行为人的暴力抗法行为是否具有防卫因素。

〔参考案例第1242号：陈万寿故意杀人案〕自愿吸食毒品致精神障碍后故意杀人的行为如何处理？

行为人自愿吸食毒品后实施犯罪行为，因其吸毒行为属于可控制行为，具有违法性和自发性，属于刑法理论上的"原因自由行为"，应当依法追究其刑事责任。一般来说，原因自由行为引起的犯罪，在处罚上可作为酌定从宽处罚的情节。但是，原因自由行为产生的原因，行为人对原因自由行为的态度及行为所造成的危害后果也是必须考虑的因素，原因自由行为不能成为一律从宽处罚的事由。行为人长期吸毒，对事后行为放任自流、毫无节制的，不应从宽处理。

〔参考案例第1244号：许涛故意杀人案〕自动投案后掩盖案发起因，虚构作案动机，将性质恶劣的故意杀人行为编造为相约自杀，能否成立自首？

自首中如实供述的"主要犯罪事实"包括定罪事实和重大量刑事实两部分。行为人虽然主动投案，并供认杀人事实，但掩饰案发起因，隐瞒真实作案动机，将性质恶劣的故意杀人行为虚构为相约自杀，该情节对其定罪量刑具有重大影响，不应认定其具有自首情节。

〔参考案例第35号：宋有福、许朝相故意杀人案〕农村邻里纠纷引发的间接故意杀人如何量刑？

农村因邻里纠纷引发的间接故意杀人，如果不是手段特别残忍、情节特别恶劣，可以不判处死刑立即执行。

〔参考案例第474号：吴江故意杀人案〕如何处理因恋爱矛盾激化引发的故意杀人犯罪？

对因恋爱矛盾激化引发的故意杀人案件，可以参照因婚姻家庭矛盾激化引发的故意杀人案件予以处理。此类案件适用死刑标准的考量因素有：第一，产生矛盾的原因是否可以归责于被害人，即被害人一方是否有明显过错或对矛盾激化负有直接责任。第二，行为人是否具有法定或酌定从轻处罚的情节。此外，以下情节，也是考量此类案件是否适用死刑的重要因素：一是行为人的一贯表现；二是行为人行为时的主观故意内容；三是行为人的行为方式；四是行为人的悔罪表现。

〔参考案例第555号：胡忠、胡学飞、童峰峰故意杀人案〕如何确定雇凶者与受雇者的罪责？

雇凶者和被雇佣者所处的地位和所起的作用，应当根据雇凶者雇凶犯罪的目的和意图、希望达到的结果、是否直接实施犯罪行为以及参与实施犯罪的程度，被雇佣者实施犯罪行为的手段、情节以及犯罪实际造成的危害后果等综合考虑决定，不能片面判断。从审判实际看，雇凶犯罪不外乎有两种形式：一是"只动口不动手"的情形，二是"既动口又动手"的情形。

"只动口不动手"的雇凶者一般要比实施犯罪行为的被雇佣者的罪责要小，但也不完全排除某些情况下雇凶者的罪责也是极其严重的，如雇凶者出于极其卑劣的动机、不惜巨资、杀害多人或伤害致多人死亡的，在这种情况下，尽管被雇佣者的罪责最重，但并不能因此而减轻雇凶者的罪责。对于"既动口又动手"的雇凶者，如果雇凶者与被雇佣者都积极实施致人死亡的犯罪行为，那么，雇凶者既是犯意提起者，又是行为实施者，在致人死亡的罪责相当或者确难以分清的情况下，其罪责显然要比被雇佣者重。

〔参考案例第1224号：郭光伟、李涛抢劫案〕在雇凶杀人、伤害案中如何认定罪责最严重的主犯？

1.在雇凶杀人、伤害致一人死亡的案件中，一般不宜同时判处雇凶者与受雇者死刑立即执行，应根据雇凶犯罪的不同情况，准确认定罪责最严重的主犯。

2.下列情形可以认定雇凶者是罪责最严重的主犯：(1)雇凶者不仅雇用他人犯罪，而且与受雇者共同直接实施；(2)雇凶者虽没有直接实施犯罪，但参与了共同犯罪的策划，实施了具体组织、指挥行为的；(3)雇凶者雇用未成年人实施犯罪的；(4)多名受雇者地位作用相当，责任相对分散或者责任难以分清，雇凶者应对全案负责，应认定雇凶者为罪行最严重的主犯。

3.下列情形可以认定受雇者是罪责最严重的主犯：(1)雇凶者只是笼统提出犯意，没有实施组织、指挥行为，而系受雇者积极主动实施杀人、伤害行为的；(2)受雇者明显超出雇凶者授意范围实施故意杀人、故意伤害犯罪，因行为过限造成更严重危害后果的。

〔参考案例第1454号：叶得利、孙鹏辉故意杀人案〕雇凶杀人案件中如何认定罪责最为严重的主犯？如何确定雇凶者是否适用死刑？

1.雇凶杀人属于一种典型的共同犯罪，存在雇凶者和受雇者两种角色。一般而言，雇凶者和受雇者都是主犯，但二者地位、所起作用和承担的罪责仍会存在一定差别。实践中，应从雇凶者和受雇者在共同犯罪中的地位和作用着手，准确认定罪责最为严重者。具体来说，一般可以从以下几方面考虑：(1)雇凶者不仅提起犯意，还与受雇者共同直接实施犯罪，雇凶者罪责最为严重；(2)雇凶者虽没有直接实施犯罪，但参与了共同犯罪的策划，以其为主制定犯罪方案，组织、指挥受雇者实施犯罪，雇凶者罪责最为严重；(3)雇凶者雇用有刑事责任能力的未成年人实施犯罪，雇凶者罪责最为严重(如雇用无刑事责任能力的未成年人实施犯罪则属于间接正犯)；(4)雇凶者雇用多人作案，各受雇者地位作用相当，责任相对分散或者责任难以分清，雇凶者则应对全案负责，罪责最为严重；(5)受雇者要求退出犯罪、中止犯罪，雇凶者通过提高酬劳等方式坚定受雇者犯意意志的，雇凶者罪责最为严重；(6)雇凶者仅笼统提出犯意，没有参与策划犯罪，没有实施组织、指挥行为，也没有实行行为的，受雇者积极主动实施犯罪行为，受雇者罪责最为严重；(7)受雇者明显超出雇凶者授意范围实施犯罪，因行为过限造成更严重危害后果，受雇者罪责最为严重；(8)雇凶者撤回犯意，要求受雇者停止犯罪，受雇者仍然坚持实施犯罪行为，受雇者罪责最为严重。

2.决定对雇凶者是否适用死刑时，应以案中情节为主，兼顾案外情节。实践中，需要注意：(1)有违社会道德的感情纠纷不能作为从宽事由；(2)受雇者被“反杀”应纳入对雇凶者的量刑评价；(3)坦白、立功情节一般的，可以不予从宽；(4)赔偿并获得谅解并不能绝对排除死刑的适用。

第二百三十三条 【过失致人死亡罪】过失致人死亡的，处三年以上七年以下有期徒刑；情节较轻的，处三年以下有期徒刑。本法另有规定的，依照规定。

【立法·要点注释】

本条在实践中应当注意区分过于自信的过失致人死亡与间接故意杀人的区别。虽然二者行为人都预见到可能发生他人死亡的后果，但前者行为人并不希望或放任这种结果发生，而只是轻信能够避免；后者行为人则对结果的发生采取放任、听之任之和漠不关心的态度。

【司法解释】

《最高人民法院关于审理交通肇事刑事案件具体应用法律若干问题的解释》(法释〔2000〕33号，20001121)

第八条第二款　在公共交通管理的范围外，驾驶机动车辆或者使用其他交通工具致人伤亡或者致使公共财产或者他人财产遭受重大损失，构成犯罪的，分别依照刑法第一百三十四条、第一百三十五条、第二百三十三条等规定定罪处罚。

【司法指导文件】

《最高人民法院、最高人民检察院、公安部关于办理涉窨井盖相关刑事案件的指导意见》(高检发〔2020〕3号，20200316)

三、对于本意见第一条、第二条规定[①]以外的其他场所的窨井盖，明知会造成人员伤亡后果而实施盗窃、破坏行

① 即正在使用中的社会机动车通行道路上的窨井盖、人员密集往来的非机动车道、人行道以及车站、码头、公园、广场、学校、商业中心、厂区、社区、院落等生产生活、人员聚集场所的窨井盖。——编者注

为，致人受伤或者死亡的，依照刑法第二百三十四条、第二百三十二条的规定，分别以故意伤害罪、故意杀人罪定罪处罚。

过失致人重伤或者死亡的，依照刑法第二百三十五条、第二百三十三条的规定，分别以过失致人重伤罪、过失致人死亡罪定罪处罚。

十、对窨井盖负有管理职责的其他公司、企业、事业单位的工作人员，严重不负责任，导致人员坠井等事故，致人重伤或者死亡，符合刑法第二百三十五条、第二百三十三条规定的，分别以过失致人重伤罪、过失致人死亡罪定罪处罚。

十二、本意见所称的“窨井盖”，包括城市、城乡结合部和乡村等地的窨井盖以及其他井盖。

【法院案例库参考案例】

〔邱某潮过失致人死亡案，2024-06-1-178-004〕轻微暴力致特殊体质被害人死亡案件的处理

行为人实施危险程度较低的轻微暴力行为，未直接造成被害人伤害后果，而是因被害人自身疾病发作等因素导致被害人死亡的，应当综合考量行为人的主观罪过、行为的暴力程度及行为、特殊体质与死亡结果之间的因果关系等情节，依法作出准确定性。尽管所涉轻微暴力不会造成伤害后果，但可能诱发被害人自身疾病发作致死，且行为人对此有过失的，以过失致人死亡罪论处。

〔崔某宁过失致人死亡宣告无罪案，2024-06-1-178-002〕对于轻微肢体冲突后被害人因自身疾病死亡且行为人没有过失的，不构成过失致人死亡罪

对于行为人与被害人争吵、轻微肢体冲突过程中，被害人因情绪激动导致自身疾病发作而死亡且行为人对此没有过失的，不构成过失致人死亡罪。认定行为人是否存在过失，应当结合行为人的年龄、知识水平、生活阅历、对被害人健康状况的知晓程度等因素进行综合判断。

〔韩某亭过失致人死亡案，2024-02-1-178-001〕过失致人死亡中因果关系及过失的认定

刑法因果关系是指危害行为与结果之间的引起与被引起的关系，危害行为合乎规律地引起危害结果的发生，即可认定二者具有刑法意义上的因果关系。行为人酒后搂、压、骑在醉酒的被害人身上，应当预见自己的行为可能会导致被害人死亡的后果，因为疏忽大意而未能预见，构成过失致人死亡罪。

〔廖某某过失致人死亡案，2023-06-1-178-006〕药店经营者疏忽大意未审核中药药方，未严格辨认药物，导致客户服药后死亡行为的认定

药店经营者疏忽大意，明知出售中药时需审核药方，却未审核中药药方，在非正规渠道购进未经辨认确认无误的药物，未尽注意义务，导致客户服药后死亡的，以过失致人死亡罪定罪处罚。

【《刑事审判参考》案例】

〔参考案例第996号：肖某过失致人死亡案〕对家长体罚子女致子女死亡的行为如何定罪处罚？

对于家长体罚致子女死亡的案件，应从以下几方面，在考察客观行为的基础上，结合动机和案发后的表现来分析研判被告人的主观意图，最终准确定性。

首先，考察客观行为特征。在体罚致子女重伤、死亡的案件中，要着重考察行为本身的危险性和强度，是否足以造成致人伤亡的后果。具体而言，应审查行为的打击强度、持续时间、是否使用工具、所使用工具致人伤亡的危险程度、打击方式、击打部位等。审查时应以凶器等物证、尸体鉴定意见、现场勘验检查笔录为依据，结合被告人供述及证人证言等证据加以分析研判。在综合上述因素的基础上，判断行为的危险性和强度，考量其有无超出社会大众理解的管教子女体罚行为应有的限度。

其次，查明案发起因及家庭环境。考察行为人出于何种动机，是为了管教，还是肆意打骂凌虐，抑或出于个人泄愤等原因，还应查明行为人与被害人的身份关系、生活中的相处关系，是否存在经常性打骂、虐待，综合上述情况以确定案发起因。不能因为出现了伤亡结果，就将家长出于管教子女的善良动机而采取的一般程度的殴打、体罚，均认定为故意伤害犯罪。

最后，分析案发后行为。案发后行为是反映行为人作案时主观心态的一项参考因素。例如，在发现行为导致被害人生命健康受损害后，是予以二次加害，还是置之不理，抑或是马上积极施救，可不同程度反映行为人实施体罚时的主观心态。

在综合前述三个方面予以判断的基础上，尤其要注重对实行行为特征的考察，此系定性的最重要因素。案发动机与案发后态度，并不具有单独的证明意义，只有与客观行为相结合才对定性有辅助的证明价值。具体而言，对出于恶意动机而以较大强度暴力殴打子女，导致子女伤亡的，无疑应认定为故意伤害罪甚至故意杀人罪。对于出于管教目的实施体罚，发现子女伤亡后积极施救的，虽然从情理上分析，一般可反映出行为人不追求故意伤害的结果，但不能一概对具有类似情节的均认定为过失致人死亡罪，还应结合客观行为分情况处理：(1)在行为人动机无恶意，造成伤亡后果后悔罪救助的前提下，若体罚子女的手段毫无节制，大大超出了年幼子女所能承受的程度，足以造成重伤或死亡后果的，就不排除认定行为人主观上对伤害结果具有间接故意，从而认定为故意伤害罪。(2)在无恶意动机且案后悔罪救助的前提下，如果体罚子女只是一般的轻微殴打行为，本不足以导致轻伤以上后果，但由于被害人自身隐性体质问题或者其他偶然因素介入导致重伤或死亡的情况下(如被害人患有心脏疾病受激下致心功能衰竭，或掌推被害人跌倒后磕碰石块)，若行为人对此并不明知，则一般应认定为过失致人死亡。另外，即使行为人知道被害人有疾病，但若之前曾有过轻微的打骂行为并未造成被害人身体伤害，而案发时类似的行为却发生了伤亡后果的情况下(如被害人该段时间感染心肌炎，行为人的强烈呵斥或轻微击打导致其心梗死亡)，则无法认定行为人具有追求和放任危害结果发生的意图，通常也认为构成过失致人死亡。

〔参考案例第1079号：都某过失致人死亡案〕实施一般殴打导致特异体质被害人死亡的行为如何定性?

在一般争执和殴打致人死亡案件中，被告人的行为并未直接造成被害人轻伤以上的后果，而是因被害人具有特异体质、原有病症发作等复杂因素导致死亡，因果关系方面具有“多因一果”的特征，死亡结果具有某种程度偶发性，对此种情形以过失致人死亡罪定罪处罚，更能获得社会认同。

〔参考案例第1080号：张润博过失致人死亡案〕轻微暴力致人死亡案件如何定性？

1.实施拳打脚踢等轻微殴打行为，导致被害人摔倒磕碰死亡或原有病症发作而死亡的，需结合个案事实具体分析，再决定如何定性。首先，要从事实层面入手，分析、判断涉案行为与死亡结果之间是否存在因果关系。如果因果关系得以确认，则要从规范层面入手，结合行为人的主观罪过，确定其是否应当对死亡结果承担刑事责任，以及承担何种刑事责任。

2.轻微暴力致人死亡的案件较为复杂，除意图对被害人造成轻微痛苦而实施攻击行为的情况外，还有行为人意图摆脱被害人控制或拉扯而实施的强力甩手、转身等防御行为造成他人倒地磕碰或引起原有病症发作死亡的情况。一般而言，后者的危险性较小，有的属于本能之举，亦可能不以犯罪论处，除非争执发生在马路边、行进的公共交通工具中等极易摔倒磕碰的场合或者对年老体弱者及幼童等特殊对象实施。此外，虽然是采用拳打脚踢、掌推等徒手方式殴打被害人，但打击没有节制或者当时场所特殊而具有高度危险性的，如长时间殴打，或者在楼梯口、车辆穿行的马路边猛推、追赶被害人的，在一定情况下也可以认定行为人具有伤害故意。

第二百三十四条　【故意伤害罪】故意伤害他人身体的，处三年以下有期徒刑、拘役或者管制。

犯前款罪，致人重伤的，处三年以上十年以下有期徒刑；致人死亡或者以特别残忍手段致人重伤造成严重残疾的，处十年以上有期徒刑、无期徒刑或者死刑。本法另有规定的，依照规定。

【立法·要点注释】

1.所谓“特别残忍手段”，是指故意要造成他人严重残疾，而采用毁容、挖人眼睛、剁掉人双脚等特别残忍的手段伤害他人的行为。

2.以特别残忍手段致人重伤造成严重残疾的故意伤害案件，适用死刑时需要严格把握，并非只要达到“致人重伤造成严重残疾”的程度就必须判处死刑，还需要根据致人“严重残疾”的具体情况，综合考虑犯罪情节和危害后果来决定具体适用的刑罚，只有犯罪手段特别残忍、后果特别严重的，才能考虑适用死刑。

【司法解释(1)】

《最高人民法院、最高人民检察院关于办理组织、强迫、引诱、容留、介绍卖淫刑事案件适用法律若干问题的解释》(法释〔2017〕13号，20170725)

第十二条第二款　具有下列情形之一，致使他人感染艾滋病病毒的，认定为刑法第九十五条第三项“其他对于人身健康有重大伤害”所指的“重伤”，依照刑法第二百三十四条第二款的规定，以故意伤害罪定罪处罚：

(一)明知自己感染艾滋病病毒而卖淫、嫖娼的；

(二)明知自己感染艾滋病病毒，故意不采取防范措施而与他人发生性关系的。

【司法解释(2)】

本法第二百三十二条项下的司法解释，对故意杀人罪、故意伤害罪均有规定。因此，对于故意伤害罪，可参见该条项下各司法解释的规定，第704—705页。

【司法指导文件(1)】

《最高人民法院、最高人民检察院关于常见犯罪的量刑指导意见(试行)》(法发〔2021〕21号，20210701)

(七)故意伤害罪

1.构成故意伤害罪的，根据下列情形在相应的幅度内确定量刑起点：

(1)故意伤害致一人轻伤的，在二年以下有期徒刑、拘役幅度内确定量刑起点。

(2)故意伤害致一人重伤的，在三年至五年有期徒刑幅度内确定量刑起点。

(3)以特别残忍手段故意伤害致一人重伤，造成六级严重残疾的，在十年至十三年有期徒刑幅度内确定量刑起点。依法应当判处无期徒刑以上刑罚的除外。

2.在量刑起点的基础上，根据伤害后果、伤残等级、手段残忍程度等其他影响犯罪构成的犯罪事实增加刑罚量，确定基准刑。

故意伤害致人轻伤的，伤残程度可以在确定量刑起点时考虑，或者作为调节基准刑的量刑情节。

3.构成故意伤害罪的，综合考虑故意伤害的起因、手段、危害后果、赔偿谅解等犯罪事实、量刑情节，以及被告人的主观恶性、人身危险性、认罪悔罪表现等因素，决定缓刑的适用。

【司法指导文件(2)】

《全国法院维护农村稳定刑事审判工作座谈会纪要》(法〔1999〕217号，19991027)

(一)关于故意杀人、故意伤害案件

……对于故意伤害致人死亡，手段特别残忍，情节特别恶劣的，才可以判处死刑。

要准确把握故意伤害致人重伤造成“严重残疾”的标准。参照1996年国家技术监督局颁布的《职工工伤与职业病致残程度鉴定标准》(以下简称“工伤标准”)，刑法第二百三十四条第二款规定的“严重残疾”是指下列情形之一：被害人身体器官大部缺损、器官明显畸形、身体器官有中等功能障碍、造成严重并发症等。残疾程度可以分为一般残疾(十至七级)、严重残疾(六至三级)、特别严重残疾(二至一级)，六级以上视为“严重残疾”。在有关司法解释出台前，可统一参照“工伤标准”确定残疾等级。[①]实践中，并不是只要达到“严重残疾”就判处死刑，还要根据伤害致人“严重残疾”的具体情况，综合考虑犯罪情节和危害后果来决定刑罚。故意伤害致重伤造成严重残疾，只有犯罪手段特别残忍，后果特别严重的，才能考虑适用死刑(包括死刑，缓期二年执行)。

---

① 2017年1月1日之后，司法鉴定机构和司法鉴定人统一适用最高人民法院、最高人民检察院、公安部、国家安全部、司法部印发的《人体损伤致残程度分级》确定残疾等级。——编者注

……

【司法指导文件(3)】

《最高人民法院、最高人民检察院、公安部、国家安全部、司法部关于发布〈人体损伤程度鉴定标准〉的公告》(20140101)

3.1　重伤

使人肢体残废、毁人容貌、丧失听觉、丧失视觉、丧失其他器官功能或者其他对于人身健康有重大伤害的损伤，包括重伤一级和重伤二级。

3.2　轻伤

使人肢体或者容貌损害，听觉、视觉或者其他器官功能部分障碍或者其他对于人身健康有中度伤害的损伤，包括轻伤一级和轻伤二级。

3.3　轻微伤

各种致伤因素所致的原发性损伤，造成组织器官结构轻微损害或者轻微功能障碍。

【司法指导文件(4)】

《最高人民法院关于执行〈人体损伤程度鉴定标准〉有关问题的通知》(法〔2014〕3号，20140102)

《最高人民法院、最高人民检察院、公安部、国家安全部、司法部关于发布〈人体损伤程度鉴定标准〉的公告》已于2013年8月30日发布，《人体损伤程度鉴定标准》(以下简称《损伤标准》)自2014年1月1日起施行。《人体重伤鉴定标准》(司发〔1990〕070号)、《人体轻伤鉴定标准(试行)》[法(司)发〔1990〕6号]和《人体轻微伤的鉴定》(GA/T146-1996)同时废止。为正确适用《损伤标准》，做好涉人体损伤案件审判工作，现就执行《损伤标准》有关问题通知如下：

一、致人损伤的行为发生在2014年1月1日之前，尚未审判或者正在审判的案件，需要进行损伤程度鉴定的，适用原鉴定标准。但按照《损伤标准》不构成损伤或者损伤程度较轻的，适用《损伤标准》。

二、致人损伤的行为发生在2014年1月1日之后，需要进行损伤程度鉴定的，适用《损伤标准》。

三、2014年1月1日前已发生法律效力的判决、裁定，按照当时的法律和司法解释，认定事实和适用法律没有错误的，不再变动。当事人及其法定代理人、近亲属以《损伤程度》① 的相关规定发生变更为由申请再审的，人民法院不予受理。

四、对于正在审理案件需要进行损伤程度鉴定的，司法技术部门应做好前期技术审核工作，在对外委托时应明确向鉴定机构提出适用标准。

【司法指导文件(5)】

《最高人民法院、最高人民检察院、公安部、司法部关于依法严厉打击传播艾滋病病毒等违法犯罪行为的指导意见》(公通字〔2019〕23号，20190519)

二、准确认定行为性质

(一)故意伤害罪。明知自己感染艾滋病病毒或者患有艾滋病而卖淫、嫖娼或者故意不采取防范措施与他人发生性关系，致人感染艾滋病病毒的，依照刑法第二百三十四条第二款的规定，以故意伤害罪定罪处罚。

故意采取针刺等方法，致人感染

---

①　应为《损伤标准》。——编者注

艾滋病病毒的，依照刑法第二百三十四条第二款的规定，以故意伤害罪定罪处罚；未致人感染艾滋病病毒，但造成他人身体轻伤以上伤害的，依照刑法第二百三十四条的规定，以故意伤害罪定罪处罚。

明知他人感染艾滋病病毒或者患有艾滋病而隐瞒情况，介绍与其他人发生性关系，致人感染艾滋病病毒的，以故意伤害罪的共犯论处。

告知对方自己感染艾滋病病毒或者患有艾滋病，或者对方明知他人感染艾滋病病毒或者患有艾滋病，双方仍自愿发生性关系的，不作为犯罪处理。

三、依法收集证据查明案件事实

公安机关要依法、及时，全面收集固定证据，确保证据真实性、合法性。突出以下取证重点：

（一）查明违法犯罪嫌疑人明知自己感染艾滋病病毒或者患有艾滋病的情况。通过调查违法犯罪嫌疑人背景、患病状况、含有艾滋病病毒的血液来源等，查明其明知自己感染艾滋病病毒或者患有艾滋病的情况。特别要调取违法犯罪嫌疑人被医院或者其他医疗机构诊断感染艾滋病病毒或者患有艾滋病的有关证据，询问被害人获取违法犯罪嫌疑人事后告知其患病情况的陈述，收集违法犯罪嫌疑人亲属、朋友有关患病、就医等方面的证人证言等。

（二）查明发生性关系的情况。鉴于发生性行为情况比较隐蔽，办案中应当加大收集取证力度。对发生性行为后即报案报警的，应当及时提取痕迹物证。对发生性行为距报案报警时间较长的，应当多方收集证据，形成证据链，例如及时讯问犯罪嫌疑人、询问被害人、被害人家属等人，查明犯罪嫌疑人、被害人进出案发场所的时间、持续时长，查明犯罪嫌疑人、被害人联系情况，事后犯罪嫌疑人向他人炫耀情况等。

（五）查明危害结果。及时收集被害人事后就医、诊断证明、病历等情况，对其进行艾滋病病毒抗体检测，查明其是否已经感染艾滋病病毒，及时询问被害人，及时鉴定其伤害情况，查明其财产损失情况等。收集固定编造、传播的虚假信息在信息网络上被转发、评论，报道，造成公共秩序严重混乱的相关证据。

【司法指导文件(6)】

《最高人民检察院、公安部关于依法妥善办理轻伤害案件的指导意见》(高检发办字〔2022〕167号，20221222)

（七）准确区分罪与非罪。对被害人出现伤害后果的，人民检察院、公安机关判断犯罪嫌疑人是否构成故意伤害罪时，应当在全面审查案件事实、证据的基础上，根据双方的主观方面和客观行为准确认定，避免“唯结果论”“谁受伤谁有理”。如果犯罪嫌疑人只是与被害人发生轻微推搡、拉扯的，或者为摆脱被害人拉扯或者控制而实施甩手、后退等应急、防御行为的，不宜认定为刑法意义上的故意伤害行为。

（八）准确区分寻衅滋事罪与故意伤害罪。对出现被害人轻伤后果的案件，人民检察院、公安机关要全面分析案件性质，查明案件发生起因、犯罪嫌疑人的动机、是否有涉黑涉恶或者其他严重情节等，依法准确定性，不能简单化办案，一概机械认定为故意伤害罪。犯罪嫌疑人无事生非、借故生非，随意殴打他人的，属于“寻衅滋事”，构成犯罪的，应当以寻衅滋事罪依法从严惩处。

（九）准确区分正当防卫与互殴型故意伤害。人民检察院、公安机关要坚持主客观相统一的原则，综合考察案发起因、对冲突升级是否有过错、是否使用或者准备使用凶器、是否采用明显不相当的暴力、是否纠集他人参与打斗等客观情节，准确判断犯罪嫌疑人的主观意图和行为性质。因琐事发生争执，双方均不能保持克制而引发打斗，对于过错的一方先动手且手段明显过激，或者一方先动手，在对方努力避免冲突的情况下仍继续侵害，还击一方造成对方伤害的，一般应当认定为正当防卫。故意挑拨对方实施不法侵害，借机伤害对方的，一般不认定为正当防卫。

（十）准确认定共同犯罪。二人以上对同一被害人共同故意实施伤害行为，无论是否能够证明伤害结果具体由哪一犯罪嫌疑人的行为造成的，均应当按照共同犯罪认定处理，并根据各犯罪嫌疑人在共同犯罪中的地位、作用、情节等追究刑事责任。

犯罪嫌疑人对被害人实施伤害时，对虽然在场但并无伤害故意和伤害行为的人员，不能认定为共同犯罪。

对虽然有一定参与但犯罪情节轻微，依照刑法规定不需要判处刑罚或者免除刑罚的，可以依法作出不起诉处理。对情节显著轻微、危害不大，不认为是犯罪的，应当撤销案件，或者作出不起诉处理。

……

（二十）对情节恶劣的轻伤害案件依法从严处理。对于虽然属于轻伤害案件，但犯罪嫌疑人涉黑涉恶的，雇凶伤害他人的，在被采取强制措施或者刑罚执行期间伤害他人的，犯罪动机、手段恶劣的，伤害多人的，多次伤害他人的，伤害未成年人、老年人、孕妇、残疾人及医护人员等特定职业人员的，以及具有累犯等其他恶劣情节的，应当依法从严惩处。

【司法指导文件(7)】

参见本法第四十八条项下【司法指导文件(2)】第三部分和第四部分，第97—98页。

【司法指导文件(8)】

参见本法分则第五章侵犯财产罪项下【司法指导文件(1)】第七条，第807页。

【公安文件(1)】

《公安机关办理伤害案件规定》（公通字〔2005〕98号，20060201）

第二十八条　被害人伤情构成轻伤、重伤或者死亡，需要追究犯罪嫌疑人刑事责任的，依照《中华人民共和国刑事诉讼法》的有关规定办理。

第二十九条　根据《中华人民共和国刑法》第十三条及《中华人民共和国刑事诉讼法》第十五条第一项[①]规定，对故意伤害他人致轻伤，情节显著轻微、危害不大，不认为是犯罪的，以及被害人伤情达不到轻伤的，应当依法予以治安管理处罚。

第三十条　对于因民间纠纷引起的殴打他人或者故意伤害他人身体的行为，情节较轻尚不够刑事处罚，具有下列情形之一的，经双方当事人同意，公安机关可以依法调解处理：

① 现行刑事诉讼法第十六条第一项。——编者注

（一）亲友、邻里或者同事之间因琐事发生纠纷，双方均有过错的；

（二）未成年人、在校学生殴打他人或者故意伤害他人身体的；

（三）行为人的侵害行为系由被害人事前的过错行为引起的；

（四）其他适用调解处理更易化解矛盾的。

第三十一条 有下列情形之一的，不得调解处理：

（一）雇凶伤害他人的；

（二）涉及黑社会性质组织的；

（三）寻衅滋事的；

（四）聚众斗殴的；

（五）累犯；

（六）多次伤害他人身体的；

（七）其他不宜调解处理的。

第三十二条 公安机关调解处理的伤害案件，除下列情形外，应当公开进行：

（一）涉及个人隐私的；

（二）行为人为未成年人的；

（三）行为人和被害人都要求不公开调解的。

【公安文件(2)】

《公安部关于公安机关处置信访活动中违法犯罪行为适用法律的指导意见》（公通字〔2013〕25号，20130719）

三、对侵犯人身权利、财产权利违法犯罪行为的处理

1.殴打他人或者故意伤害他人身体，符合《治安管理处罚法》第四十三条[①]规定的，以殴打他人、故意伤害依法予以治安管理处罚；符合刑法第二百三十四条规定的，以故意伤害罪追究刑事责任。明知患有艾滋病或者其他严重传染疾病，故意以撕咬、抓挠等方式伤害他人，符合刑法第二百三十四条规定的，以故意伤害罪追究刑事责任。

【法院案例库参考案例】

〔张某中故意伤害宣告无罪案，2025-04-1-179-003〕民间纠纷引发轻伤害案件的处理

对于因民事纠纷引发的轻伤害案件，在决定是否追究行为人刑事责任以及如何裁量刑罚时，应当避免唯“结果论”，综合考虑当事人日常关系、案发原因、施害方式、受伤部位、致伤原因、事后表现等因素，综合评估社会危害性，坚持主客观相统一，确保罪责刑相适应。行为人与被害人之间相互嬉戏打闹等引发矛盾，仅与被害人发生轻微推搡、拉扯，致被害人轻伤损害的，一般不宜认定行为人有实施伤害的故意，可以根据案件具体情况作出妥当处理。

〔赵某某故意伤害案，2024-04-1-179-018〕救治行为存在不当对量刑的影响

医院对被害人的伤情出现误判，致使病情恶化，构成重伤，医疗诊疗失误是被害人重伤后果的介入因素，即重伤结果系被告人的伤害行为与医院的误诊共同原因所致，可酌情对被告人致人重伤的行为从宽处罚。

【法院公报案例】

〔邢台市人民检察院诉陈文兵故意伤害案，GB2005-7〕

被告人受雇佣，召集并带领其他人去伤害被害人，已构成故意伤害罪，依

① 2025年修订的治安管理处罚法第五十一条。——编者注

法应予惩处。但鉴于被告人没有直接实施伤害被害人的行为，他人实施的致被害人死亡的行为超出被告人的犯意，且被告人归案后认罪态度好，对其判处死刑可不立即执行。

【《刑事审判参考》案例】

〔参考案例第90号：蒋志华故意伤害案〕使用暴力手段向债务人的亲属索要欠债致人伤害应如何定性？

行为人为索要欠债，对债务人的亲属实施暴力行为，造成被害人轻伤以上后果的，应当以故意伤害罪论处。

〔参考案例第225号：杨安等故意伤害案〕寻衅滋事随意殴打他人致人重伤、死亡的应如何定罪？

寻衅滋事致人轻伤的，以寻衅滋事罪论处，寻衅滋事致人重伤或死亡的，应根据具体情况，以故意伤害罪或故意杀人罪追究行为人刑事责任，不再以寻衅滋事罪、故意伤害罪数罪并罚。但对其他参与共同殴打的人，是否一律以故意伤害罪或故意杀人罪来论处，则不宜一概而论，关键是要看各行为人之间在共同殴打过程中所形成的临时共同故意中是否包含伤害的内容，以及他们各自的行为与被害人的重伤、死亡是否具有相当的因果关系。

〔参考案例第298号：赖忠、苏绍俊等故意伤害案〕抢回赌资致人轻伤的行为如何定性？

行为人为抢回赌资，致人轻伤的行为，构成故意伤害罪。

〔参考案例第410号：蔡世祥故意伤害案〕虐待过程中又实施故意伤害行为致人死亡的如何定罪？

行为人对被虐待人有故意伤害行为，但没有对被害人造成轻伤以上伤害后果的，应将故意伤害行为视为虐待方法之一，认定为虐待罪。在经常性虐待过程中，行为人某一次明知其行为会给被害人身体造成伤害，客观上已经给被害人造成伤害后果的，应当认定为故意伤害罪。如果将该伤害行为分离出来独立评价后，其他虐待行为能够满足虐待罪构成要件的，应当以虐待罪、故意伤害罪两罪并罚。如果将伤害行为分离出来后，其余虐待行为不构成虐待罪的，只能以行为人犯故意伤害罪一罪处罚。

〔参考案例第434号：赵金明等故意伤害案〕持刀追砍致使他人泅水逃避导致溺水死亡的如何定罪？

被告人持刀追赶被害人时已具有伤害故意，且已着手实施犯罪，该伤害行为本身具有致人死亡的高度危险，被害人泅水逃避的行为，是一种在当时特定条件下正常的自救行为。被害人溺水身亡在特定条件下具有较高现实可能性，故被告人的持刀追砍行为与被害人溺水死亡之间具有刑法意义上的因果关系，根据主客观相一致的定罪原则，可以对被告人以故意伤害罪定罪处罚。

〔参考案例第568号：张化故意伤害案〕聚众斗殴致人死亡的应如何定罪？

聚众斗殴中发生致人死亡结果时，应当在判断死亡结果是否是行为人实施的犯罪行为所致的基础上，判断行为人对死亡结果所持的主观心态。行为人只能对有杀人故意(包括直接故意杀人和间接故意杀人)的行为承担故意杀人的罪责；行为人仅有伤害故意时，虽致被害人死亡，也只能承担故意伤害(致死)的罪责。据此，死亡结果虽是行为人所致，但不能仅凭结果发生来认定行为人的犯罪故意内容，也即不能说致人死亡就有杀人故意，没有致人死亡的就没有杀人故意。

〔参考案例第1274号：周天武故意伤害案〕明知自己感染艾滋病病毒，故意不采取保护措施与他人发生性关系，致使他人感染艾滋病病毒的，如何定罪处罚？

明知自己感染艾滋病病毒，故意不采取保护措施与他人发生性关系，致使他人感染艾滋病病毒的，应定故意伤害罪，并按照“致人重伤”的量刑档次量刑。

第二百三十四条之一 【组织出卖人体器官罪】组织他人出卖人体器官的，处五年以下有期徒刑，并处罚金；情节严重的，处五年以上有期徒刑，并处罚金或者没收财产。

【故意伤害罪】【故意杀人罪】未经本人同意摘取其器官，或者摘取不满十八周岁的人的器官，或者强迫、欺骗他人捐献器官的，依照本法第二百三十四条、第二百三十二条的规定定罪处罚。

【盗窃、侮辱、故意毁坏尸体、尸骨、骨灰罪】违背本人生前意愿摘取其尸体器官，或者本人生前未表示同意，违反国家规定，违背其近亲属意愿摘取其尸体器官的，依照本法第三百零二条的规定定罪处罚。

【修正说明】

本罪由刑法修正案(八)第三十七条增设。

【《刑事审判参考》案例】

〔参考案例第929号：王海涛等组织出卖人体器官案〕组织出卖人体器官罪既、未遂以及情节严重如何认定？

组织出卖人体器官罪属于典型的行为犯，行为人只要基于出卖人体器官的目的，实施了指挥、策划、招揽、控制自愿出卖器官的人的行为，即构成本罪的既遂，不以人体器官实际摘取作为既遂、未遂的标准。

第二百三十五条 【过失致人重伤罪】过失伤害他人致人重伤的，处三年以下有期徒刑或者拘役。本法另有规定的，依照规定。

【立法 · 要点注释】

行为人的过失行为，只有造成他人重伤的才能构成犯罪，造成他人轻伤的不构成犯罪。如果行为人主观上没有过失，而是由于其无法预见的原因导致他人重伤的，属于意外事故，行为人不负刑事责任。

【法院案例库参考案例】

〔李某某过失致人重伤案，2023-16-1-181-001〕被害人在人身安全并未受到威胁的情况下跳车致重伤的，驾驶人不承担刑事责任

对于客运交通领域因乘客中途跳车发生的过失致人重伤案件，要审慎分析驾驶人员的行为与被害人重伤结果之间是否具有刑法意义上的因果关系，以及对危害结果被告人是否存在预见可能性或避免可能性。

第二百三十六条 【强奸罪】以暴力、胁迫或者其他手段强奸妇女的，处三年以上十年以下有期徒刑。

奸淫不满十四周岁的幼女的，以强奸论，从重处罚。

强奸妇女、奸淫幼女，有下列情形之一的，处十年以上有期徒刑、无期徒刑或者死刑：

（一）强奸妇女、奸淫幼女情节恶劣的；

（二）强奸妇女、奸淫幼女多人的；

（三）在公共场所当众强奸妇女、奸淫幼女的；

（四）二人以上轮奸的；

（五）奸淫不满十周岁的幼女或者造成幼女伤害的；

（六）致使被害人重伤、死亡或者造成其他严重后果的。

【修正前条文】

第二百三十六条 【强奸罪】以暴力、胁迫或者其他手段强奸妇女的，处三年以上十年以下有期徒刑。

奸淫不满十四周岁的幼女的，以强奸论，从重处罚。

强奸妇女、奸淫幼女，有下列情形之一的，处十年以上有期徒刑、无期徒刑或者死刑：

(一)强奸妇女、奸淫幼女情节恶劣的；

(二)强奸妇女、奸淫幼女多人的；

(三)在公共场所当众强奸妇女的；

(四)二人以上轮奸的；

(五)致使被害人重伤、死亡或者造成其他严重后果的。

【修正说明】

刑法修正案(十一)第二十六条对原条文作出下述修改：一是将第三款第三项“在公共场所当众强奸妇女的”，修改为“在公共场所当众强奸妇女、奸淫幼女的”；二是在第三款中增加一项作为第五项。

【立法・要点注释】

1.强奸妇女、奸淫幼女“情节恶劣”，是指除本款已经列举之外的其他各种恶劣情节、欺凌等恶劣手段。

2.强奸妇女、奸淫幼女“多人”，是指强奸妇女、奸淫幼女人数比较多的情况，包括一次多人、多次累计多人等情况。司法实践中一般掌握为三人(含)以上的。

3.“公共场所”包括群众进行公开活动的场所，如商店、影剧院、体育场、街道等；也包括各类单位，如机关、团体、事业单位的办公场所，企业生产经营场所，医院、学校、幼儿园等；还包括公共交通工具，如火车、轮船、长途客运汽车、公共电车、汽车、民用航空器等。“当众”既包括故意使他人看到，也包括不避讳他人看到的情况。在公共场所强奸妇女、奸淫幼女的，只要有其他人在场，不论在场人员是否实际看到，均可以认定为在公共场所“当众”强奸妇女、奸淫幼女。

4.二人以上轮奸的。这里所说的“轮奸”，是指两个以上的男子在同一犯罪活动中，以暴力、胁迫或者其他手段对同一妇女或幼女进行强奸或者奸淫的行为。

5.“造成幼女伤害的”，是指因奸淫幼女行为给幼女造成身体、精神伤害结果的。“奸淫不满十周岁的幼女”与“造成幼女伤害的”是并列的两种情形，行为人有奸淫幼女的行为，符合上述条件之一的，即应当处十年以上有期徒刑、无期徒刑或者死刑。

6.“致使被害人重伤、死亡”，是指因强奸妇女、奸淫幼女导致被害人性器官严重损伤，或者造成其他严重伤害，甚至死亡的。

7.2015年刑法修正案(九)删去刑法第三百六十条第二款关于嫖宿幼女罪的规定，并不是对这类行为不再追究，在刑法修正案(九)施行之后，对于实践中发生的嫖宿幼女行为，应适用本条第二款关于奸淫幼女的规定，直接以强奸罪处理，并从重处罚。

【司法解释(1)】

《最高人民法院、最高人民检察院关于办理强奸、猥亵未成年人刑事案件适用法律若干问题的解释》(法释〔2023〕3号，20230601)

第一条　奸淫幼女的，依照刑法第二百三十六条第二款的规定从重处罚。具有下列情形之一的，应当适用较重的从重处罚幅度：

(一)负有特殊职责的人员实施奸淫的；

(二)采用暴力、胁迫等手段实施奸淫的；

(三)侵入住宅或者学生集体宿舍实施奸淫的；

(四)对农村留守女童、严重残疾或者精神发育迟滞的被害人实施奸淫的；

(五)利用其他未成年人诱骗、介绍、胁迫被害人的；

(六)曾因强奸、猥亵犯罪被判处刑罚的。

强奸已满十四周岁的未成年女性，具有前款第一项、第三项至第六项规定的情形之一，或者致使被害人轻伤、患梅毒、淋病等严重性病的，依照刑法第二百三十六条第一款的规定定罪，从重处罚。

第二条　强奸已满十四周岁的未成年女性或者奸淫幼女，具有下列情形之一的，应当认定为刑法第二百三十六条第三款第一项规定的“强奸妇女、奸淫幼女情节恶劣”：

(一)负有特殊职责的人员多次实施强奸、奸淫的；

(二)有严重摧残、凌辱行为的；

(三)非法拘禁或者利用毒品诱骗、控制被害人的；

(四)多次利用其他未成年人诱骗、介绍、胁迫被害人的；

(五)长期实施强奸、奸淫的；

(六)奸淫精神发育迟滞的被害人致使怀孕的；

(七)对强奸、奸淫过程或者被害人身体隐私部位制作视频、照片等影像资料，以此胁迫对被害人实施强奸、奸淫，或者致使影像资料向多人传播，暴露被害人身份的；

(八)其他情节恶劣的情形。

第三条　奸淫幼女，具有下列情形之一的，应当认定为刑法第二百三十六条第三款第五项规定的“造成幼女伤害”：

(一)致使幼女轻伤的；

(二)致使幼女患梅毒、淋病等严重性病的；

(三)对幼女身心健康造成其他伤害的情形。

第四条　强奸已满十四周岁的未成年女性或者奸淫幼女，致使其感染艾滋病病毒的，应当认定为刑法第二百三十六第三款第六项规定的“致使被害人重伤”。

第十一条　强奸、猥亵未成年人的成年被告人认罪认罚的，是否从宽处罚及从宽幅度应当从严把握。

第十二条　对强奸未成年人的成年被告人判处刑罚时，一般不适用缓刑。

对于判处刑罚同时宣告缓刑的，可以根据犯罪情况，同时宣告禁止令，禁止犯罪分子在缓刑考验期限内从事与未成年人有关的工作、活动，禁止其进入中小学校、幼儿园及其他未成年人集中的场所。确因本人就学、居住等原因，经执行机关批准的除外。

第十三条　对于利用职业便利实施强奸、猥亵未成年人等犯罪的，人民法院应当依法适用从业禁止。

第十四条　对未成年人实施强奸、猥亵等犯罪造成人身损害的，应当赔偿医疗费、护理费、交通费、营养费、住院伙食补助费等为治疗和康复支付的合理费用，以及因误工减少的收入。

根据鉴定意见、医疗诊断书等证明需要对未成年人进行精神心理治疗和康复，所需的相关费用，应当认定为前款规定的合理费用。

第十五条　本解释规定的“负有特殊职责的人员”，是指对未成年人负有监护、收养、看护、教育、医疗等职责的人员，包括与未成年人具有共同生活关系且事实上负有照顾、保护等职责的人员。

【司法解释(1)·注释】

1.关于奸淫幼女适用“较重的从重处罚幅度”。根据《最高人民法院、最高人民检察院关于常见犯罪的量刑指导意见(试行)》(法发〔2021〕21号，以下简称《量刑指导意见》)的规定，奸淫幼女一人的，可以在四年至七年有期徒刑幅度内确定量刑起点。本解释第一条第一款列举了六项相对较严重的情节，规定适用“较重的从重处罚幅度”，具体幅度可以结合《量刑指导意见》确定。换言之，相较于普通的奸淫幼女犯罪，具备上述六项情形的，量刑时更要体现依法严惩。例如，奸淫幼女一人一次，根据刑法规定，并适用《量刑指导意见》，可能以四年或五年有期徒刑为量刑起点，那么，对于具有上述所列情形之一的，则可依法判处高于四年或五年有期徒刑的刑罚，也就是在从重幅度的把握上更加体现从严惩处。

2.国家工作人员即使对未成年人并不负有监护、教育、救助等特殊职责，但其奸淫幼女的，相较于普通主体实施，危害、影响往往也更恶劣，同样应依法严惩。

3.“严重摧残、凌辱行为”并非指单纯为了控制被害人而施加暴力的行为，而是指额外增加被害人身体及精神痛苦的变态行为。例如，长时间实施殴打、折磨，迫使被害人吞食尿液，棍棒侵入隐私部位等严重危及被害人身心健康、严重贬损人格尊严的变态行为。

4.“非法拘禁或者利用毒品诱骗、控制被害人”的行为既侵犯被害人性自主权，又侵犯其人身自由、身心健康，危害严重。鉴于非法拘禁、诱骗吸毒与奸淫行为有牵连关系，以强奸罪一罪加重处罚，更有利于从严惩处犯罪。需要指出的是，鉴于加重法定刑的严厉性，对其中的“非法拘禁”，应从持续时间等情节考察足以构成非法拘禁罪的情形，且行为人是出于奸淫目的而持续控制被害人。如果实际拘禁时间虽然短暂，但行为人控制被害人的具体情形足以反映其意图长期拘禁被害人以便奸淫的，例如，事先挖好地窖、购置铁笼等予以拘禁，也应认定为“非法拘禁”，依法予以加重处罚。

5.“长期强奸、奸淫”是指在相对长的时间段内频繁强奸、奸淫的情形，侧重点在于强奸、奸淫次数多、频繁，不在于“多次强奸、奸淫”是否跨越了较长时间段，如半年或者一年。主要考虑是，刑法中的“多次”概念指三次以上，但强奸三次即加重判处十年以上刑罚与行为的危害程度不相当，故本项规定为“长期强奸、奸淫”。该类行为对未成年人身心造成长期持续、反复的伤害，行为危害性大，行为人主观恶性深，在第一档三年至十年有期徒刑内处刑已无法罚当其罪，故有必要加重处罚。实践中，不应纠结于“长期”的具体时间长短，而应结合案情合理把握强奸、奸淫行为的实质危害性。

6.对强奸、奸淫过程或者被害人身体隐私部位制作视频、照片等影像资料，致使影像资料向多人传播，一般限定于“暴露被害人身份”的情况。主要考虑是，如果影像资料只是某个身体隐私部位，也没有暴露相关个体身份信息，尚不足以使他人将特定隐私部位与被害人关联起来的，危害性就未达到需要加重处罚的程度。但是，即使尚不足以加重处罚的行为，也应体现从严惩处。例如，对强奸过程拍摄被害人隐私影像资料，但未向多人扩散的，等等。

7.对于特殊职责人员利用对未成年人的优势地位或者未成年人处于孤立无援的境地，迫使被害人发生性关系的，实质是违背被害人意志的非自愿行为，对行为人不能认定为负有照护职责人员性侵罪，而应当以强奸罪定罪处罚。这种特殊关系型强奸，主要是利用人身支配关系压制女性反抗的非暴力威胁。例如，父母威胁不给生活费甚至以赶出家门威胁、医生威胁不给予恰当治疗、老师威胁不予考试通过、教练威胁不给予上场比赛机会等，迫使未成年女性与其发生性关系的，应当认定为违背被害人意志，构成强奸罪。

【司法解释(2)】

《最高人民法院关于审理未成年人刑事案件具体应用法律若干问题的解释》(法释〔2006〕1号，20060123)

第六条　已满十四周岁不满十六周岁的人偶尔与幼女发生性行为，情节轻微、未造成严重后果的，不认为是犯罪。

【司法指导文件(1)】

《最高人民法院、最高人民检察院关于常见犯罪的量刑指导意见(试行)》(法发〔2021〕21号，20210701)

(八)强奸罪

1.构成强奸罪的，根据下列情形在相应的幅度内确定量刑起点：

(1)强奸妇女一人的，在三年至六年有期徒刑幅度内确定量刑起点。

奸淫幼女一人的，在四年至七年有期徒刑幅度内确定量刑起点。

(2)有下列情形之一的，在十年至十三年有期徒刑幅度内确定量刑起点：强奸妇女、奸淫幼女情节恶劣的；强奸妇女、奸淫幼女三人的；在公共场所当众强奸妇女、奸淫幼女的；二人以上轮奸妇女的；奸淫不满十周岁的幼女或者造成幼女伤害的;强奸致被害人重伤或者造成其他严重后果的。依法应当判处无期徒刑以上刑罚的除外。

2.在量刑起点的基础上,根据强奸妇女、奸淫幼女情节恶劣程度、强奸人数、致人伤害后果等其他影响犯罪构成的犯罪事实增加刑罚量,确定基准刑。

强奸多人多次的,以强奸人数作为增加刑罚量的事实,强奸次数作为调节基准刑的量刑情节。

3.构成强奸罪的,综合考虑强奸的手段、危害后果等犯罪事实、量刑情节,以及被告人的主观恶性、人身危险性、认罪悔罪表现等因素,从严把握缓刑的适用。

【司法指导文件(2)】

《最高人民法院、最高人民检察院、公安部、司法部关于办理性侵害未成年人刑事案件的意见》(高检发〔2023〕4号,20230601)

第五条 公安机关接到未成年人被性侵害的报案、控告、举报,应当及时受理,迅速审查。符合刑事立案条件的,应当立即立案侦查,重大、疑难、复杂案件立案审查期限原则上不超过七日。具有下列情形之一,公安机关应当在受理后直接立案侦查:

(一)精神发育明显迟滞的未成年人或者不满十四周岁的未成年人怀孕、妊娠终止或者分娩的;

(二)未成年人的生殖器官或者隐私部位遭受明显非正常损伤的;

(三)未成年人被组织、强迫、引诱、容留、介绍卖淫的;

(四)其他有证据证明性侵害未成年人犯罪发生的。

第十七条 知道或者应当知道对方是不满十四周岁的幼女,而实施奸淫等性侵害行为的,应当认定行为人"明知"对方是幼女。

对不满十二周岁的被害人实施奸淫等性侵害行为的,应当认定行为人"明知"对方是幼女。

对已满十二周岁不满十四周岁的被害人,从其身体发育状况、言谈举止、衣着特征、生活作息规律等观察可能是幼女,而实施奸淫等性侵害行为的,应当认定行为人"明知"对方是幼女。

第十八条 在校园、游泳馆、儿童游乐场、学生集体宿舍等公共场所对未成年人实施强奸、猥亵犯罪,只要有其他多人在场,不论在场人员是否实际看到,均可以依照刑法第二百三十六条第三款、第二百三十七条的规定,认定为在公共场所"当众"强奸、猥亵。

第十九条 外国人在中华人民共和国领域内实施强奸、猥亵未成年人等犯罪的,在依法判处刑罚时,可以附加适用驱逐出境。对于尚不构成犯罪但构成违反治安管理行为的,或者有性侵害未成年人犯罪记录不适宜在境内继续停留居留的,公安机关可以依法适用限期出境或者驱逐出境。

第二十条 对性侵害未成年人的成年犯罪分子严格把握减刑、假释、暂予监外执行的适用条件。纳入社区矫正的,应当严管严控。

【司法指导文件(2)·注释】

1.关于奸淫幼女犯罪主观明知的认定把握。应严格把握行为人"不明知"被害人为幼女的认定适用。奸淫幼女案件中犯罪分子多以不明知被害人系幼女为辩解。办理此类案件时应注意,性侵害十二周岁以下被害人的一律认定行为人"明知"对方为幼女。对于行为人对已满十二周岁不满十四周岁幼女实施奸淫等性侵害行为的，如无极其特殊的例外情况，一般均应认定行为人明知被害人为幼女，除非确有证据或者合理依据证明行为人根本不可能知道被害人是幼女。对于行为人根本不考虑被害人是否是幼女，而甘冒风险对被害人进行奸淫等性侵害的，一般都应当认定行为人明知被害人为幼女。

2.关于强奸犯罪“公共场所当众”的认定。将学生集体宿舍认定为公共场所，主要考虑学生宿舍虽人员范围相对固定，但具有一定的涉众性。一些案件中，教师在学生集体宿舍对未成年人实施性侵害，影响恶劣，对被害学生和周围同学均造成严重的心理伤害和影响，认定公共场所性侵符合公众普遍的理解和认知。也有意见提出对“当众”的理解适用是否过于宽泛，担心对一些手段轻微或极其隐蔽的猥亵行为量刑过重。事实上，刑法修正案(十一)已经通过“情节恶劣”等限定条件对“公共场所当众”猥亵儿童等行为在加重处罚上进行限定，对于一些情节轻微的猥亵犯罪，尚未达到“情节恶劣”程度的，适用刑法第二百三十七条的规定，不会造成量刑不适当。

3.采取暴力、胁迫等手段奸淫幼女致使怀孕的，应当认定“强奸妇女、奸淫幼女情节恶劣”。

【法院案例库参考案例】

〔席某某强奸案，2025-02-1-182-002〕订婚不影响强奸罪的认定

订婚不意味着对性行为存在默示同意，不存在所谓的“订婚就有性权利”。行为人与被害人之间的订婚事实不影响对强奸罪的认定。行为人违背妇女意志，以暴力、胁迫或者其他手段强行与妇女发生性关系，符合刑法第二百三十六条规定的，应当依法以强奸罪定罪处罚。

〔王某明强奸案，2025-02-1-182-001〕婚内强奸案件的处理

在法院已经判决离婚但判决尚未生效，婚姻关系处于非正常存续状态时，丈夫强行与妻子发生性关系，符合刑法第二百三十六条规定的，依法以强奸罪论处。

〔刘某伟强奸案，2024-02-1-182-017〕〔文某强奸案，2023-02-1-182-014〕婚外两性关系中违背妇女意志强行与之发生性关系的，构成强奸罪

婚外两性关系虽然违背婚姻法和社会公序良俗，但并不影响处于该关系中的妇女享有和主张性的自主权。在他人欲结束婚外两性关系时，行为人违背妇女意志而强行与之发生性关系的，仍可构成强奸罪。

〔方某强奸案，2024-02-1-182-010〕被害人未反抗情形下“违背妇女意志”的认定

判断与妇女发生性关系是否违背妇女意志，要结合性关系发生的时间、周围环境、妇女的性格、体质等各种因素进行综合分析，不能简单将妇女抗拒作为违背其意志的唯一判断标准。对妇女未作反抗或者反抗表示不明显的，要通观全案，具体分析，可结合被害人未作明确意思表示的客观原因、案发时的反抗能力、被告人是否实施胁迫等因素综合考虑。

〔古某峰、詹某霞、甘某珍强奸案，2024-02-1-182-013〕女性可构成强奸罪共犯

强奸罪的主体一般为年满十四周

岁的男性，女性不可单独构成强奸罪，但女性在强奸罪中起到教唆、帮助作用的，可作为共犯，从而成为强奸罪的犯罪主体。

〔穆某山强奸案，2023-02-1-182-013〕被告人以强奸为目的非法侵入被害人住宅，因被害人反抗强奸未遂的，以强奸罪定罪处罚

行为人主观目的是实施强奸犯罪，为了达到犯罪目的，客观上着手实施了强行侵入他人住宅的手段行为，应以实施的目的行为定性，认定构成强奸罪，手段行为不再单独、重复评价。

〔王某强奸案，2024-02-1-182-022〕与未达到刑事责任年龄的人轮流强奸的，构成轮奸

达到刑事责任年龄的人与未达到刑事责任年龄的人轮流奸淫幼女的，属于刑法第二百三十六条第三款第四项规定的“二人以上轮奸的”情形。

〔张某甲等强奸案，2023-02-1-182-015〕对轮奸中部分强奸得逞的行为人、部分强奸未得逞的行为人均以强奸既遂论

对于轮奸事实中部分行为人强奸得逞、部分行为人强奸未得逞的情形，由于各行为人是基于共同强奸故意支配下实施的共同行为，构成共同犯罪，只要一人既遂，其余共犯，无论是共同实行犯还是帮助犯、教唆犯、组织犯，都应当按照强奸罪既遂论处。当然，对于各被告人均按照强奸罪既遂论处及构成轮奸的，并不意味着量刑时无差别对待，应当根据全案事实所反映的行为人在共同犯罪中的地位、作用准确认定主、从犯并量刑。需要强调的是，不能简单仅以强奸是否得逞予以区分主、从犯。

〔邓某甲强奸案，2024-02-1-182-009〕强奸罪共同犯罪与轮奸的区分

两名行为人在同一犯罪活动中，均以暴力、胁迫或者其他手段，违背被害人意志，强行与同一妇女发生性关系的，构成轮奸。如果其中一人与被害人发生性关系未违背被害人意志的，则不构成轮奸情节，但其为他人实施强奸犯罪提供配合、帮助的，构成强奸共犯。

〔吴某某强奸案，2024-02-1-182-003〕已满十六周岁的未成年人在日常交往中与幼女自愿发生性关系的处理

已满十六周岁的未成年人与幼女在“恋爱”等日常交往过程中，自愿发生性关系，依法以强奸罪论处。综合考虑未成年被告人犯罪情节较轻、有悔罪表现、无再犯危险、取得被害人及其亲属谅解等情节，宣告缓刑对所居住社区没有重大不良影响的，可以依法宣告缓刑。

〔尹某龙强奸案，2024-02-1-182-005〕共同生活的继父等负有特殊职责的人员多次实施强奸、奸淫的，依法认定为“情节恶劣”

共同生活的继父等负有特殊职责的人员多次实施强奸、奸淫的，依法认定为刑法第二百三十六条第三款第一项规定的“强奸妇女、奸淫幼女情节恶劣”，依法应当处十年以上有期徒刑、无期徒刑或者死刑。

〔贾某某强奸案，2024-02-1-182-001〕关于刑法第二百三十六条第三款“奸淫不满十周岁的幼女”情节的适用

对于行为人数次奸淫被害人，奸淫行为跨越刑法修正案(十一)施行前后，被害人在刑法修正案(十一)施行前不满十周岁，在施行时已满十周岁的，不能适用刑法修正案(十一)增设的“奸淫不满十周岁的幼女”规定对被告人升档量刑处罚。综合行为人的强奸情节、次数以及被害人年龄、造成损害后果等因素，认为行为人犯罪行为的严重程度与刑法第二百三十六条第三款第二项至第六项规定的情形相当的，可以依法认定为“奸淫幼女情节恶劣”，予以升档量刑处罚。

〔袁某生强奸、猥亵儿童案，2024-02-1-182-002〕强奸幼女行为之外实施猥亵的罪数处断

行为人针对同一幼女多次实施性侵犯罪过程中，在强奸行为之外的时间、空间又实施猥亵行为的，不应认为猥亵行为是强奸行为的一部分，应当以强奸罪和猥亵儿童罪并罚。

〔王某某强奸案，2023-14-1-182-001〕明知自己患有艾滋病仍强奸幼女案件的处理

被告人明知自己感染艾滋病，仍然奸淫幼女，客观上可能造成幼女感染的风险，同时也反映出被告人主观恶性较大，应当依法从严惩处，综合全案情节，可以认定为刑法第二百三十六条第三款规定的“奸淫幼女情节恶劣”，以确保罪责刑相适应。

〔李某国强奸案，2023-06-1-182-003〕采取足以致人伤亡的暴力手段实施强奸，并最终导致被害人死亡的定性

1.被告人为达到奸淫被害人的目的采取足以致死被害人的暴力手段，其实施的暴力行为系强奸罪的手段行为，暴力手段行为造成的伤亡后果属于强奸罪的加重构成要件要素，被告人行为构成强奸(致人死亡)罪一罪。

2.在强奸案件中认定行为人是否构成数罪，需结合是否有报复、灭口的动机及暴力、其他手段的具体实施情况综合判断。对于强奸犯出于报复、灭口等动机杀死或者伤害被害妇女、幼女的，应当分别认定为强奸罪、故意杀人罪或者故意伤害罪，数罪并罚。

【《刑事审判参考》案例】

〔参考案例第20号：白俊峰强奸案〕

如果在合法婚姻存续期间，丈夫不顾妻子反对，甚至采用暴力与妻子强行发生性关系的行为，不属刑法意义上的违背妇女意志与妇女进行性行为，不能构成强奸罪。同理，如果是非法婚姻关系，或者已经进入离婚诉讼程序，婚姻关系实际已处于不确定状态，丈夫违背妻子意志，以暴力手段强行与其发生性关系的行为，可以认定为强奸罪。

〔参考案例第979号：卓智成等强奸案〕行为人明知他人系采取暴力、胁迫手段迫使被害人表面“同意”与其发生性关系的，如何定性？指使他人物色幼女供其奸淫后给付金钱财物的行为如何定性？

1.行为人明知他人系采取暴力、胁迫手段迫使被害人表面“同意”与其发生性关系的，视为行为人违背被害人意志发生性关系。

2.指使他人物色幼女供其奸淫，事后给付中间人金钱财物的行为构成强奸罪，中间人构成强奸罪的共犯。

〔参考案例第1061号：孟某等强奸案〕被害人无明显反抗行为或意思表示时，如何认定强奸罪中的“违背妇女意志”？

1.明知被害人处于认知能力减弱的醉酒状态，利用被害人不知反抗、不能亦不敢反抗的状态，与被害人发生性关系，其行为已违背被害妇女意志。

2.在被害人未作明确意思表示的情形下，应当对其客观原因进行具体分析。由于实践中存在未作意思表示情形下的“半推半就”、默示同意和不敢反抗、不能反抗下的未作意思表示两种性质不同的现象，应当从案发当时的环境、双方是否熟人关系、被害人的身体状况、行为人的人数等因素，综合判定被害妇女是否具有选择表达不同意的意思自由。例如，行为人利用职权引诱女方，女方受到了一定程度的要挟，后在未作明确意思表示的情形下，基于互相利用之动机与行为人发生性行为。在此情形下，女方并未完全丧失意思自由，结合其“利用”之动机，即使发生女方被欺骗的情况，行为人也不构成强奸罪。也就是说，在有证据证明女方对发生性行为存有心理上的自愿认可时，可以阻却行为人构成强奸罪。

〔参考案例第495号：谭荣财、罗进东强奸、抢劫、盗窃案〕强迫他人性交供其观看的行为如何定性？

行为人持刀胁迫男女两名被害人，强迫男被害人与女被害人性交，其行为构成间接实行犯，应当按实行正犯处理，以强奸罪追究刑事责任。男被害人在生命受到现实威胁的情况下，被迫与他人性交的行为，系紧急避险行为，不构成犯罪。

〔参考案例第834号：韦风强奸、故意杀人案〕被害人因躲避强奸在逃离过程中失足落水，行为人未实施救助，导致被害人溺水死亡的事实是认定为强奸罪的加重情节还是单独认定为故意杀人罪？

被害人因躲避强奸在逃离过程中失足落水，行为人未实施救助，导致被害人溺水死亡，应当以强奸罪(未遂)和故意杀人罪两罪并罚。

〔参考案例第228号：曹占宝强奸案〕强奸导致被害人自杀是否属于“强奸致人死亡”？

因强奸妇女或奸淫幼女导致被害人自杀、精神失常等严重危害妇女或幼女身心健康后果的，应当属于刑法第二百三十六条第三款中的因强奸“造成其他严重后果”。

〔参考案例第514号：陆振泉强奸案〕如何认定强奸致被害人重伤、死亡或者造成其他严重后果？

被告人实施强奸行为后，被害人不慎溺水死亡，其死亡与强奸行为间不具有直接的因果关系，不属于刑法规定的“强奸致被害人重伤、死亡”的情形。若被告人的强奸行为是导致被害人溺水死亡的原因之一，则属于刑法规定的“强奸造成其他严重后果”的情形。

〔参考案例第280号：李尧强奸案〕与未满刑事责任年龄的人轮流奸淫同一幼女的是否成立轮奸？

所谓轮奸，是指两个以上的行为人基于共同认识，在一段时间内，先后连续、轮流地对同一名妇女(或幼女)实施奸淫的行为。轮奸作为强奸罪中的一种情形，并不要求实施轮奸的人之间必须构成强奸共同犯罪。换言之，即使是与未满刑事责任年龄的人轮流奸淫同一妇女或幼女，仍然成立轮奸。

〔参考案例第281号：唐胜海、杨勇强奸案〕轮奸案件中一人强奸既遂一人未遂的应如何处理？

轮奸案件中，一人强奸既遂一人未遂的，对实行犯和其他共犯都应按强奸罪既遂处理，但在量刑时可予以区分。

**〔参考案例第790号：张甲、张乙强奸案〕共谋轮奸，一人得逞，未得逞

的人是否认定为从犯？

在轮奸犯罪案件中，未得逞者的强奸行为对被害妇女或者幼女的身心健康直接造成的危害程度低于已得逞者，但对未得逞者是否认定为从犯，应当结合案件实际情况，综合未得逞者在案件中的分工、地位、作用、实际参与程度等多方面因素予以全面分析，不应仅仅从其是否完成自身的强奸行为进行片面认定。

〔参考案例第792号：苑建民、李佳等绑架、强奸案〕行为人实施强奸行为完毕离开现场后，其他帮助犯起意并对同一被害人实施轮奸行为的，能否认定该行为人构成轮奸？

行为人实施强奸行为完毕离开现场后，其他帮助犯临时起意并对同一被害人实施轮奸行为的，之前的行为人不构成轮奸，但其他帮助犯（哪怕仅有一人）构成轮奸。

〔参考案例第983号：李明明强奸案〕共同犯罪人未经共谋在不同地点先后强奸同一被害人的是否构成轮奸？如何认定强奸罪中的“情节恶劣”？

1.同案犯未经共谋，在不同地点先后强奸同一被害人的，不构成轮奸。

2.认定强奸罪“情节恶劣”的标准，应当与刑法第二百三十六条第三款第二项至第五项所列情形的严重性相当，实践中可以从以下几个方面来把握：(1)选择特定犯罪对象实施强奸，被害人不具有一般人的反抗能力或者反抗能力极弱，如强奸无辨认能力的精神病人，强奸行动不便的孕妇，强奸身患重病、无法抵抗的重症患者；(2)在公共场所公然劫持被害人后实施强奸，对抗社会意图明显；(3)采用残忍的暴力手段或者在强奸过程中以十分下流的手段肆意蹂躏等损害被害人身心健康的方式实施强奸，如强奸被害人过程中施以凌辱、虐待等；(4)长期多次对同一被害人进行强奸，即行为人在某段相对较长时期内连续多次反复强奸同一人，通常有“霸占”被害人为本人性工具的意图；(5)其他具有相当危害程度的情形，如国家工作人员利用职务便利强奸未成年人，造成未成年被害人轻伤、怀孕、感染性病等后果，等等。总之，因司法实践的复杂性，判断是否属于强奸“情节恶劣”，应当结合案件具体事实、情节，社会危害程度，从犯罪主体、犯罪对象、犯罪地点、犯罪手段、犯罪后果等诸多方面综合判断。

〔参考案例第395号：滕开林、董洪元强奸案〕通奸后帮助他人强奸是否构成共犯？

被告人与被害人通奸后又帮助他人强奸被害人，是强奸犯罪的帮助犯，与他人的行为构成强奸共同犯罪。

〔参考案例第843号：王鑫等强奸、寻衅滋事、故意伤害、抢劫案〕轮奸幼女的，是否同时适用轮奸加重处罚和奸淫幼女从重处罚情节？

轮奸幼女的行为，应当同时适用刑法第二百三十六条第三款第三项和该条第二款的规定，在加重处罚的同时要求从重处罚，上述两款同时适用不存在重复评价的问题。

〔参考案例第978号：何某强奸案〕奸淫幼女案件中如何判断行为人“应当知道”被害人系幼女？

对已满十二周岁不满十四周岁的幼女实施奸淫等性侵害行为，若无极其特殊的例外情况，一般都应当认定行为人“明知”被害人是幼女。极其特殊的例外情况具体可以从以下三个方面把握：一是必须确有证据或者合理依据证明行为人根本不可能知道被害人是幼女；二是行为人已经足够谨慎行事，仍然对幼女年龄产生了误认，即使其他一般人处在行为人的场合，也难以避免这种错误判断；三是客观上被害人身体发育状况、言谈举止、衣着、生活作息规律等特征明显更像已满十四周岁。例如，与发育较早、貌似成人、虚报年龄的已满十二周岁不满十四周岁的幼女在谈恋爱和正常交往过程中，双方自愿发生了性行为，确有证据证实行为人不可能知道对方是幼女的，才可以采纳其不明知的辩解。相反，如果行为人采取引诱、欺骗等方式，或者根本不考虑被害人是不是幼女，而甘冒风险对被害人进行奸淫等性侵害行为的，一般都应当认定行为人明知被害人是幼女，以实现对幼女的特殊保护，堵塞惩治犯罪的漏洞。

〔参考案例第981号：刘某强奸案〕对未成年人与幼女正常交往过程中自愿发生性关系的，如何把握刑事政策？如何适用缓刑？

1.对未成年人与幼女在正常交往过程中自愿发生性关系，在确定罪与非罪的界限时，应当注意把握以下三点：

第一，行为人一般应当处于已满十四周岁不满十六周岁的年龄阶段。考虑到司法实际情况的复杂性，并非已满十六周岁的未成年人与幼女发生性关系的，就一律以强奸罪论处。例如，行为人不满十六周岁时与已满十三周岁不满十四周岁的幼女在恋爱交往中自愿发生性关系，至行为人刚满十六周岁时，二人仍然保持两性关系，后因幼女父母报案而案发。如果综合全案考察，不宜机械地以十六周岁为界限，对十六周岁前的行为不以犯罪论处，而对刚满十六周岁以后实施的行为即以强奸罪论处。但对于已满十六周岁的未成年人实施类似行为的案件认定不构成强奸罪，相对于不满十六周岁的人，在把握上应当更为严格。

第二，行为人应当是与年龄相当的幼女在正常交往、恋爱过程中基于幼女自愿而与之发生性关系。对于行为人使用暴力、胁迫或者诱骗等手段奸淫幼女的，即使其不满十六周岁，对其也不宜排除在刑事处罚范围之外。对于不满十六周岁的未成年人与幼女之间的年龄究竟相差几岁才能认定为双方年龄相当，一般年龄差距限定在四周岁左右相对较为合理。举例而言，已满十四周岁的男方与不满十周岁的幼女发生性关系，或者已满十五周岁不满十六周岁的男方与不满十二周岁且双方年龄差距在四岁以上的幼女发生性关系，即使男方辩称系与幼女正常恋爱交往，那么，一般也不宜对男方不以犯罪论处。值得强调的是，并不是所有行为人与不满十二周岁的幼女发生性关系，都应当以强奸罪论处；对已满十四周岁不满十六周岁的行为人与不满十二周岁的幼女在正常交往过程中自愿发生性关系，如果双方年龄差距不大，行为情节轻微的，也可以不以强奸论。这一认定原则体现了对未成年人实行双向保护的政策精神。

第三，综合考察，未成年人与幼女发生性关系情节轻微、未造成严重后果。发生性关系的次数是判断行为情节是否轻微的其中一项因素，但并非决定性因素，决定性因素是行为人是否是与年龄相当的幼女在正常交往、恋爱过程中基于幼女自愿而与之发生性关系，如果是，一般可以认定为情节轻微。

值得注意的是，对于不满十六周岁

的行为人在与幼女正常交往恋爱过程中基于幼女自愿与其发生性关系致幼女怀孕引产、流产，单就后果来看，不能说不严重，但是否一律认为行为人的行为不属“情节轻微、不以犯罪论处”，不宜一概而论。类似案件，如果双方确实存在正常恋爱交往关系，年龄差距也不大，如差距小于一周岁或者二周岁，司法机关判断对行为人是否以强奸罪论处，要特别慎重。对于双方成年亲属自行协商，被害人及其法定代理人不要求追究行为人刑事责任的，司法机关没有必要主动干预，启动司法程序。

2.关于未成年犯罪分子奸淫幼女案件是否适用缓刑。对未成年人奸淫幼女案件，鉴于未成年人身心发育不成熟、易冲动、好奇心强、易受外界不良影响，同时也相对易教育、改造等特点，从严的幅度要明显有别于成年被告人，能够从宽处罚的要依法从宽。因此，奸淫幼女情节较轻，符合缓刑适用条件的，可以依法适用缓刑。在判断是否属于情节较轻时，要综合考虑是否使用暴力、胁迫等强制手段或者利诱、欺骗等不正当手段，对幼女身心健康是否造成严重伤害，案发后是否取得被害人及其亲属真诚谅解等因素。对于未成年人与年龄相当的幼女在正常交往恋爱过程中，因懵懂无知，一时冲动，自愿发生性关系，没有对幼女身心造成严重伤害的，如果构成强奸罪，但确属情节较轻，有悔罪表现，没有再犯罪危险，宣告缓刑对所居住社区没有重大不良影响的，一般可以宣告缓刑。

〔参考案例第985号：淡某甲强奸、猥亵儿童案〕如何准确把握奸幼型强奸罪的死刑适用标准？

判断奸幼型强奸案件是否达到“罪行极其严重”的死刑适用标准，应当依照刑法、司法解释的相关规定并结合司法审判经验，根据具体案件的事实、犯罪性质、情节和社会危害程度，着重从侵害对象、侵害人数、侵害次数或者持续时间、作案手段、危害后果等方面综合分析判断。

第一，关于侵害对象。一般来说，幼女年龄越小，身体发育越不成熟，受到的伤害越大，故对被告人的惩罚相应也应越严厉。

第二，关于侵害人数。司法实践中，一般认为强奸妇女、奸淫幼女三人以上，属于“强奸妇女、奸淫幼女多人”。这里的“多人”是指被某一行为人强奸的不同个体的总人数，而非“人次”。下列情况属于“强奸妇女、奸淫幼女多人”：(1)单独计算强奸妇女人数或者奸淫幼女人数不满三人，但两者之和达到三人以上的；(2)每次强奸妇女、奸淫幼女的人数不满三人，但累计人数达到三人以上的；(3)强奸既遂的人数不满三人，但加上强奸预备、未遂或者中止的人数达到三人以上的；(4)作为实行犯强奸的人数不满三人，但加上作为帮助犯、教唆犯强奸的人数达到三人以上的。对于奸幼型强奸案件，侵害人数达到三人以上的，应在“十年以上有期徒刑、无期徒刑或者死刑”的量刑档次内从重量刑。是否适用死刑，应从奸淫的幼女人数、强奸既遂人数、作为实行犯强奸的人数等方面具体分析。

第三，关于作案次数或者持续时间。对被害人多次或者长期奸淫的，属于刑法第二百三十六条第三款第一项规定的“强奸妇女、奸淫幼女情节恶劣”。行为人在长达数月、数年甚至更长时间内多次对被害人进行强奸，既反映了犯罪行为极其严重的客观危害，也表明行为人具有极深的主观恶性。对于奸幼型强奸案件，如果行为人多次或者长期奸淫幼女，次数越多，连续作案时间越长，则罪行越严重，从重处罚乃至适用死刑的根据就越充分。至于达到何种作案次数或者持续时间可以考虑判处死刑，则应根据具体案情综合分析。

第四，关于作案手段。如果采取暴力、胁迫手段奸淫幼女，或者当着幼女亲属、熟人的面奸淫幼女，或者使用残酷、变态手段奸淫幼女的，一般都应当作为强奸罪的酌定从重处罚情节考虑。

第五，关于危害后果。不能片面地认为只有强奸致被害人重伤、死亡才属于“罪行极其严重”。对于奸幼型强奸案件来说，即使没有出现幼女重伤、死亡后果，但随着被害人年龄增长，被强奸的经历将长期、严重地损害其身心健康，给幼女造成严重的心理创伤。在对奸幼型强奸案件决定是否适用死刑时，要特别重视被害人遭受的心理创伤程度，全面、客观地评价强奸罪行是否属于“罪行极其严重”。

〔参考案例第 1549 号：张某强奸案〕负有特殊职责的人员多次奸淫幼女的是否属于“奸淫幼女情节恶劣”？

负有特殊职责的人员多次奸淫幼女的，既严重损害幼女身心健康、挑战社会伦理道德底线，又因其高度隐蔽性，发现和查处难，易演变为长期多次奸淫，故应充分体现从严惩处，达到多次奸淫认定标准的，一般就应认定为“奸淫幼女情节恶劣”，依法加重处罚，确保罚当其罪。

〔参考案例第 1568 号：吕某飞等人强奸、强制猥亵、敲诈勒索、抢劫、盗窃案〕强奸犯罪“情节恶劣”如何认定？未造成被害人重伤、死亡后果的强奸案件如何适用死刑？

1.对于“其他情节恶劣的情形”的把握，应当与《关于办理强奸、猥亵未成年人刑事案件适用法律若干问题的解释》第二条规定的前七种情形的社会危害性基本相当，综合考虑具体案件事实，从犯罪主体、犯罪对象、犯罪手段、侵害次数或持续时间、社会影响等方面综合把握。

2.对于强奸犯罪适用死刑，首先要考虑是否符合刑法第二百三十六条第三款第六项，对于以暴力手段或程度相当的非暴力手段造成被害人死亡，或造成被害人重伤导致严重残疾的强奸案件，可以考虑适用死刑。而对于未造成被害人重伤、死亡后果的强奸案件，要以该款第二项“强奸妇女、奸淫幼女多人”为基准，结合其他加重处罚情节综合分析，全面考察被告人的犯罪次数、犯罪手段、犯罪对象、犯罪情节、社会影响，以及被告人的主观恶性、人身危险性等因素，兼顾案件处理的法律效果和社会效果，综合评判是否达到罪行极其严重的程度，该判处死刑的依法判处。

第二百三十六条之一　【负有照护职责人员性侵罪】对已满十四周岁不满十六周岁的未成年女性负有监护、收养、看护、教育、医疗等特殊职责的人员，与该未成年女性发生性关系的，处三年以下有期徒刑；情节恶劣的，处三年以上十年以下有期徒刑。

有前款行为，同时又构成本法第二百三十六条规定之罪的，依照处罚较重的规定定罪处罚。

【修正说明】

本罪由刑法修正案(十一)第二十七条增设。

【司法解释】

《最高人民法院、最高人民检察院关于办理强奸、猥亵未成年人刑事案件适用法律若干问题的解释》(法释〔2023〕3号,20230601)

第五条　对已满十四周岁不满十六周岁的未成年女性负有特殊职责的人员,与该未成年女性发生性关系,具有下列情形之一的,应当认定为刑法第二百三十六条之一规定的"情节恶劣":

(一)长期发生性关系的;

(二)与多名被害人发生性关系的;

(三)致使被害人感染艾滋病病毒或者患梅毒、淋病等严重性病的;

(四)对发生性关系的过程或者被害人身体隐私部位制作视频、照片等影像资料,致使影像资料向多人传播,暴露被害人身份的;

(五)其他情节恶劣的情形。

第六条　对已满十四周岁的未成年女性负有特殊职责的人员,利用优势地位或者被害人孤立无援的境地,迫使被害人与其发生性关系的,依照刑法第二百三十六条的规定,以强奸罪定罪处罚。

第十五条　本解释规定的"负有特殊职责的人员",是指对未成年人负有监护、收养、看护、教育、医疗等职责的人员,包括与未成年人具有共同生活关系且事实上负有照顾、保护等职责的人员。

【司法解释·注释】

"与未成年人具有共同生活关系且事实上负有照顾、保护等职责的人员",是指"因同居等形成对未成年人事实上(非法律意义上)有特殊照护职责的人员",如继父或者一方的同居男/女友。之所以要求"共同生活"且必须"负有照护职责",是因为如果只是在一起生活,但双方没有基于照护形成的不平等关系,就无特殊性可言,不能据此对双方自愿发生性关系的行为入罪或者加重处罚。比如,同在一个家庭中的哥哥与已满十四周岁的未成年妹妹自愿发生性关系;或者只是偶尔一两次短暂受托看护未成年人,没有稳定的共同生活关系,就不宜认定为刑法和司法解释中规定的"特殊职责人员"。

【法院案例库参考案例】

〔朱某凡负有照护职责人员性侵案,2024-02-1-183-001〕负有照护职责的人员与已满十四周岁不满十六周岁的未成年女性"自愿"发生性关系行为的定性

对已满十四周岁不满十六周岁的未成年女性负有监护、收养、看护、教育、医疗等特殊职责的人员,与该未成年女性发生性关系的,以负有照护职责人员性侵罪论处,并依法适用从业禁止。需要注意的是,如上述负有特殊职责的人员强迫已满十四周岁未成年女性发生性关系的,应认定强奸罪,并从重处罚。

第二百三十七条　【强制猥亵、侮辱罪】以暴力、胁迫或者其他方法强制猥亵他人或者侮辱妇女的,

处五年以下有期徒刑或者拘役。

聚众或者在公共场所当众犯前款罪的，或者有其他恶劣情节的，处五年以上有期徒刑。

【猥亵儿童罪】猥亵儿童的，处五年以下有期徒刑；有下列情形之一的，处五年以上有期徒刑：

（一）猥亵儿童多人或者多次的；

（二）聚众猥亵儿童的，或者在公共场所当众猥亵儿童，情节恶劣的；

（三）造成儿童伤害或者其他严重后果的；

（四）猥亵手段恶劣或者有其他恶劣情节的。

【第二次修正前条文】

第二百三十七条　【强制猥亵、侮辱罪】以暴力、胁迫或者其他方法强制猥亵他人或者侮辱妇女的，处五年以下有期徒刑或者拘役。

聚众或者在公共场所当众犯前款罪的，或者有其他恶劣情节的，处五年以上有期徒刑。

【猥亵儿童罪】猥亵儿童的，依照前两款的规定从重处罚。

【第一次修正前条文】

第二百三十七条　【强制猥亵、侮辱妇女罪】以暴力、胁迫或者其他方法强制猥亵妇女或者侮辱妇女的，处五年以下有期徒刑或者拘役。

聚众或者在公共场所当众犯前款罪的，处五年以上有期徒刑。

【猥亵儿童罪】猥亵儿童的，依照前两款的规定从重处罚。

【修正说明】

1.刑法修正案(九)第十三条对原条文作出如下修正：一是将猥亵妇女改为猥亵他人；二是增加规定了加重处罚情形，加大了对猥亵犯罪的惩治力度。

2.刑法修正案(十一)第二十八条对本条第三款作了修改完善，对猥亵儿童的“恶劣情节”作了列举式规定，进一步细化猥亵儿童罪从重处罚的规定。

【立法・要点注释】

1.“侮辱妇女”，主要是指对妇女实施猥亵行为以外的、损害妇女人格尊严的淫秽下流的、伤风败俗的行为。例如，以多次偷剪妇女的发辫、衣服，向妇女身上泼洒腐蚀物、涂抹污物，故意向妇女显露生殖器，追逐、堵截妇女等手段侮辱妇女的行为。行为人“侮辱妇女”的，既可能出于损害妇女的人格和名誉等目的，也可能出于寻欢作乐的淫秽下流心理。

2.“猥亵儿童”，主要是指以抠摸、指奸等淫秽下流的手段猥亵儿童的行为。考虑到儿童的认识能力，尤其是对性的认识能力欠缺，为了保护儿童的身心健康，构成猥亵儿童罪并不要求以暴力、胁迫或者其他方法强制进行。只要对儿童实施了猥亵行为，就构成了本款规定的犯罪。实际执行中应当注意区分猥亵儿童与一般的对儿童表示“亲昵”的行为。猥亵儿童的行为是出于行为人淫秽下流的欲望，往往对儿童的身体或者思想、认识造成伤害或者不良影响，行为一般为当地的风俗、习惯所不容。

3.“聚众”，是指聚集多人。“公共场所”，既包括群众进行公开活动的场所，如商店、影剧院、体育场、街道等；也包括各类单位，如机关、团体、事业单位的办公场所，企业生产经营场所，医院、学校、幼儿园等；还包括公共交通工具，如火车、轮船、长途客运汽车、公共电车、汽车、民用航空器等。

【司法解释】

《最高人民法院、最高人民检察院关于办理强奸、猥亵未成年人刑事案件适用法律若干问题的解释》(法释〔2023〕3号，20230601)

第七条　猥亵儿童，具有下列情形之一的，应当认定为刑法第二百三十七条第三款第三项规定的“造成儿童伤害或者其他严重后果”：

（一）致使儿童轻伤以上的；

（二）致使儿童自残、自杀的；

（三）对儿童身心健康造成其他伤害或者严重后果的情形。

第八条　猥亵儿童，具有下列情形之一的，应当认定为刑法第二百三十七条第三款第四项规定的“猥亵手段恶劣或者有其他恶劣情节”：

（一）以生殖器侵入肛门、口腔或者以生殖器以外的身体部位、物品侵入被害人生殖器、肛门等方式实施猥亵的；

（二）有严重摧残、凌辱行为的；

（三）对猥亵过程或者被害人身体隐私部位制作视频、照片等影像资料，以此胁迫对被害人实施猥亵，或者致使影像资料向多人传播，暴露被害人身份的；

（四）采取其他恶劣手段实施猥亵或者有其他恶劣情节的情形。

第九条　胁迫、诱骗未成年人通过网络视频聊天或者发送视频、照片等方式，暴露身体隐私部位或者实施淫秽行为，符合刑法第二百三十七条规定的，以强制猥亵罪或者猥亵儿童罪定罪处罚。

胁迫、诱骗未成年人通过网络直播方式实施前款行为，同时符合刑法第二百三十七条、第三百六十五条的规定，构成强制猥亵罪、猥亵儿童罪、组织淫秽表演罪的，依照处罚较重的规定定罪处罚。

第十条　实施猥亵未成年人犯罪，造成被害人轻伤以上后果，同时符合刑法第二百三十四条或者第二百三十二条的规定，构成故意伤害罪、故意杀人罪的，依照处罚较重的规定定罪处罚。

【司法解释·注释】

1.本解释第九条第一款针对的是猥亵儿童与猥亵已满十四周岁不满十八周岁的未成年人的两种情形，两种情形对构成猥亵犯罪涉及的犯罪对象、是否要求违背被害人意志有不同要求，故适用时需分别判断构成猥亵儿童罪还是强制猥亵罪，不能简单地认为诱骗十五六岁的未成年人裸聊、发裸照的，就必然属于“强制”猥亵，仍需根据在案证据，结合考虑未成年人身心特点，判断所采取的手段是否能达到违背未成年人意志的程度。

2.本解释起草过程中，有意见建议明确，与多名未成年人裸聊或者多次裸聊、索要裸照的，是否能适用刑法第二百三十七条第三款的规定，加重处罚。鉴于信息网络空间的非接触性特点，危害程度与现实空间实施的猥亵相比，情形更复杂，本解释对此未作明确。同时考虑的其他因素是，在现实物理空间中实施猥亵，既可能构成犯罪，也可能只构成治安违法，在信息网络空间实施索要裸照、裸聊等行为，如果确属情节显著轻微的，也存在以治安管理处罚的问题，但针对未成年人实施猥亵的，不论是在物理现实空间还是信息网络空间实施，在把握情节是否“显著轻微”、认定罪与非罪时，都应当体现对未成年人的特殊、优先保护，符合条件的即应依法定罪处罚。

3.对在现实生活中，隔着衣裤抚摸儿童胸、臀部等“咸猪手”行为，如果手段明显较轻，持续时间短暂，情节显著轻微，但综合考虑针对多名儿童实施或者多次实施等情节，应以猥亵儿童罪论处的，是否同时适用“猥亵儿童多人或者多次”的加重情节判处五年以上有期徒刑，存在争议。例如，有的案件中，被告人在小学校门口趁放学人多拥挤，趁小学生不备，用手接连短暂触碰多名学生臀部或者胸部，随即逃离现场。对类似情形如何把握，经征询相关部门意见，多数认为，对猥亵儿童行为，既要旗帜鲜明彰显从严惩处，该定罪的必须依法定罪，同时也不能违背罪责刑相适应原则，对加重情节仍应审慎判断、适用，确保“罪”“罚”相当。

4.对在信息网络空间实施非接触式猥亵行为的，应当结合实施猥亵的具体方式、被害人人数、次数、对被害人身心影响程度、被告人有无性侵害犯罪前科劣迹等因素，综合判断是否属于猥亵“情节恶劣”，对其中被害人人数或者次数等某一项因素特别突出的，也可以考虑认定为“情节恶劣”。

【司法指导文件(1)】

《最高人民法院、最高人民检察院关于常见犯罪的量刑指导意见(二)(试行)》(法〔2024〕132号，20240701)

(二)猥亵儿童罪

1.构成猥亵儿童罪的，根据下列情形在相应的幅度内确定量刑起点：

(1)犯罪情节一般的，在一年至三年有期徒刑幅度内确定量刑起点。

(2)有下列情形之一的，在五年至七年有期徒刑幅度内确定量刑起点：猥亵儿童多人或者多次的；聚众猥亵儿童的，或者在公共场所当众猥亵儿童，情节恶劣的；造成儿童伤害或者其他严重后果的；猥亵手段恶劣或者有其他恶劣情节的。

2.在量刑起点的基础上，根据猥亵儿童人数、次数、情节恶劣程度、危害后果严重程度等其他影响犯罪构成的犯罪事实增加刑罚量，确定基准刑。

3.构成猥亵儿童罪的，综合考虑猥亵的手段、危害后果等犯罪事实、量刑情节，以及被告人的主观恶性、人身危险性、认罪悔罪表现等因素，从严把握缓刑的适用。

【司法指导文件(2)】

《最高人民法院、最高人民检察院、公安部、司法部关于办理性侵害未成年人刑事案件的意见》(高检发〔2023〕4号，20230601)

第十八条 在校园、游泳馆、儿童游乐场、学生集体宿舍等公共场所对未成年人实施强奸、猥亵犯罪，只要有其他多人在场，不论在场人员是否实际看到，均可以依照刑法第二百三十六条第三款、第二百三十七条的规定，认定为在公共场所“当众”强奸、猥亵。

【指导性案例·检察】

〔齐某强奸、猥亵儿童案，JZD42-2018〕

1.性侵未成年人犯罪案件中，被害人陈述稳定自然，对于细节的描述符合正常记忆认知、表达能力，被告人辩解没有证据支持，结合生活经验对全案证据进行审查，能够形成完整证明体系的，可以认定案件事实。

2.奸淫幼女具有……从严处罚情节，社会危害性与刑法第二百三十六条第三款第二至四项规定的情形相当的，可以认定为该款第一项规定的“情节恶劣”。

3.行为人在教室、集体宿舍等场所实施猥亵行为，只要当时有多人在场，即使在场人员未实际看到，也应当认定犯罪行为是在“公共场所当众”实施。

〔骆某猥亵儿童案，JZD43-2018〕

行为人以满足性刺激为目的，以诱骗、强迫或者其他方法要求儿童拍摄裸体、敏感部位照片、视频等供其观看，严重侵害儿童人格尊严和心理健康的，构成猥亵儿童罪。

〔隋某某利用网络猥亵儿童，强奸，敲诈勒索，制作、贩卖、传播淫秽物品牟利案，JZD200-2024〕

实施线上猥亵犯罪行为后，又利用线上猥亵获得的私密照片、视频要挟被害人，实施线下强奸犯罪行为的，应当认定构成猥亵儿童和强奸两个独立犯罪，实行数罪并罚。要依法从严惩处性侵害未成年人犯罪。行为人以满足性刺激为目的，利用网络胁迫、诱骗儿童拍摄裸体、敏感部位照片、视频等供其观看，其行为构成猥亵儿童罪。对儿童实施“隔空猥亵”后，行为人又以传播线上猥亵所获得私密照片、视频相要挟强迫被害人发生性关系的，线上猥亵行为与线下强奸行为在时空上相对独立，分别给被害人的人格尊严、身心健康造成不同程度的伤害，是两个独立的犯罪行为，应分别认定为猥亵儿童罪与强奸罪，数罪并罚。

【法院案例库参考案例】

〔王某合强制猥亵案，2024-02-1-184-003〕利用被害人误认医疗检查行为不知反抗之机而猥亵的，属于强制猥亵

医务工作者利用医疗检查情境下被害人不知反抗之机而实施猥亵的，属于刑法第二百三十七条第一款规定的以“其他方法强制猥亵”，依法以强制猥亵罪论处。实践中，需结合在案证据查明医务工作者在诊疗工作中所实施的行为，是否属于职责范围内的正常诊疗行为，是否系诊疗所必需的检查手段。对于以追求性刺激为目的，故意明显超出职责范围实施相关行为的，应当依法认定为强制猥亵行为。

〔高某水、刘某一猥亵儿童、引诱未成年人聚众淫乱案，2024-02-1-185-002〕行为人引诱不满十四周岁男童对行为人本人实施肛交的，亦构成猥亵儿童罪

被告人介绍他人对不满十四周岁的男童实施猥亵，或者引诱男童对被告人本人实施肛交的，均构成猥亵儿童罪。

〔邱某杏强制猥亵案，2025-14-1-184-001〕强制猥亵罪中“其他恶劣情节”的认定

强制猥亵犯罪案件中，认定是否属于刑法第二百三十七条第二款规定的“其他恶劣情节”，应当结合猥亵行为次数、对象、方式、后果等因素进行综合判断。对已满十四周岁的未成年人连续多次实施强制猥亵行为，并将录制的裸聊视频及隐私照片等影像资料发送给被害人熟悉的人员、在人数众多的社交群内传播，暴露被害人身份，对被害人身心健康以及正常学习生活造成严重影响的，应当认定为强制猥亵罪的"其他恶劣情节"，处五年以上有期徒刑。

〔李某强制猥亵案，2024-14-1-184-001〕胁迫未成年人网络裸聊构成强制猥亵罪

1.在网络视频聊天中，行为人强制被害人暴露身体隐私部位或者实施淫秽行为，虽然未实际接触被害人的身体隐私部位，与传统猥亵在表现形式上有所不同，但行为实质及社会危害并无差异，应当认定为刑法第二百三十七条规定的"猥亵"。

2.行为人在网络视频聊天中拍摄裸体照片和视频后，以公开相关照片、视频相威胁，胁迫被害人视频裸体聊天，符合刑法第二百三十七条规定的，以强制猥亵罪定罪处罚。行为对象为未成年人的，依法从重处罚。

〔张某某强制猥亵案，2024-02-1-184-001〕利用网络隔空猥亵的司法认定

行为人通过网络隔空猥亵，虽与被害人并无实际肢体接触，但采用胁迫方式对未成年被害人进行精神强制，进而实施犯罪行为，对被害人身心造成严重伤害，符合强制猥亵罪的构成要件。针对未成年人实施的猥亵行为，不论是在现实空间还是信息网络空间，都应当贯彻从严惩处的方针，依法定罪处罚，体现对未成年人的特殊、优先保护。

〔周某猥亵儿童、强奸案，2024-06-1-185-001〕〔杨某某猥亵儿童案，2024-02-1-185-009〕〔商某猥亵儿童案，2024-02-1-185-004〕利用网络隔空猥亵儿童行为的定性

行为人利用网络社交工具隔空非接触式观看儿童的私密部位，诱使儿童发送自己的私密部位照片、视频等，虽无实际身体接触，且儿童有时是自愿甚至主动配合，但仍会对儿童的身心健康造成危害，具有严重的社会危害性，应当以猥亵儿童罪定罪处罚。基于加强对儿童的保护，隔空猥亵儿童，不论儿童是否自愿，是否造成了实际后果，是否有强制，均不影响猥亵儿童罪的成立。

〔李某侮辱、传播淫秽物品案，2024-04-1-196-001〕传播可识别真实身份的淫秽视频，损害他人人格尊严案件的处理

1.行为人出于报复、炫耀或者其他变态心理，未经被害人同意，将可识别出被害人真实身份的私密淫秽电子信息恶意上传至互联网，不仅妨害社会管理秩序，构成传播淫秽物品罪，而且严重损害被害人的人格权，构成侮辱罪，应当按照想象竞合犯从一重罪论处的原则，以侮辱罪定罪处罚。

2.对于网络侮辱是否严重危害社会秩序，应当综合侵害对象、动机目的、行为方式、信息传播范围、危害后果等因素作出判断。将能够识别被害人身份的私密淫秽电子信息上传至境外黄色网站，公然侮辱他人的，相关电子信息易被其他网站反复转载传播，难以彻底删除，且该行为本身亦是严重妨害社会管理秩序的传播淫秽物品行为，属于网络侮辱"严重危害社会秩序"的情形，应当适用公诉程序。

〔于某杨猥亵儿童并制作、传播淫秽物品牟利案，2024-04-1-185-001〕

猥亵儿童并拍摄照片发布到互联网的处理

行为人对被害人实施猥亵后拍摄、制作淫秽照片并配以文字在互联网上传播牟利，造成被害人身份信息扩散等严重后果的，其拍摄、制作淫秽照片并传播的行为同时构成侮辱罪和传播淫秽物品牟利罪，应当择一重罪与猥亵儿童罪并罚。

〔卢某猥亵儿童案，2024-02-1-185-010〕被告人制造隐蔽条件使得在场多人未实际看到猥亵行为的，不影响“当众”情节的认定

行为人在教室等公共场所实施猥亵行为，只要当时有其他多人在场、能够看到，不论在场人员是否实际看到，都应当认定具有“当众”情节。行为人主观上不想被多人看到，客观上也制造了一定的隐蔽条件，但只要其猥亵行为能够被在场多人看到，不影响“当众”情节的认定。

〔袁某胜强制猥亵案，2024-02-1-184-002〕在居民小区内开放空间实施猥亵时有多人在场的，应当认定为“在公共场所当众猥亵”

1.构成“在公共场所当众”实施猥亵需满足两个条件：一是猥亵地点发生在“公共场所”，二是“当众”实施猥亵。公共场所既包括车站、码头、商场等通常意义上的公共场所，也包括校园、学生集体宿舍、居民小区内开放空间等一定范围内的多数人可以自由出入的场所。

2.在公共场所实施猥亵，在案证据能够证明有其他多人在场，猥亵行为处于随时能够被发现、被感知的状态或者已被发现的，均属于在公共场所“当众”猥亵，应当依法加重处罚。

〔田某某猥亵儿童案，2025-14-1-185-002〕“在公共场所当众猥亵儿童，情节恶劣”的认定

1.刑法第二百三十七条规定的“公共场所”通常是指对大众开放，不特定人可以自由出入的场所。教室、团体包乘的大巴车等场所，由相对固定的多数人使用，具有涉众性和公开性，属于“公共场所”。

2.当众猥亵儿童中的“当众”并不要求在场人员实际看到其实施猥亵行为，只要行为人实施犯罪处于在场多数人可能看到的范围，其他在场人员随时可能发现、可以发现的，即构成“当众”情节。

3.负有教育职责和特殊监护职责的人员，一天内二次在公共场所当众猥亵儿童，抚摸其胸部、阴部等隐私部位的，应当认定为“在公共场所当众猥亵儿童，情节恶劣”。

〔周某强奸、强制猥亵、抢劫案，2024-18-1-182-001〕强奸后强制猥亵的罪数处断

1.针对同一被害人实施强奸后，又实施强制猥亵，二行为之间间隔时间较长、空间发生变化的，不宜认为强制猥亵行为是强奸行为的延续，不能成立吸收犯，应当以强奸罪和强制猥亵罪并罚。

2.对怀孕妇女实施强奸、强制猥亵犯罪的，酌情予以从重处罚。

【《刑事审判参考》案例】

〔参考案例第987号：王晓鹏强制猥亵妇女、猥亵儿童案〕如何界分正常医疗检查与猥亵犯罪行为？强制猥亵对象中既包括已满十四周岁女性又包括未满十四周岁女童的，对所犯数罪是

否并罚?

1.区分医疗检查与猥亵犯罪，主要从行为人的主观和客观两个方面进行甄别。实践中，对于犯罪主观方面的证明，通常有赖于对客观行为的分析判断。因此，即使行为人辩解不具有猥亵故意，但可以通过对该“医疗检查”行为是否明显超越职责范围，是否系医疗诊治所必需的检查手段等因素，来分析行为人的主观故意。关于犯罪客观方面，需要注意考察以下两个方面的因素：

第一，是否使用了强制或者欺骗等不正当手段。虽然猥亵儿童罪对行为手段没有限制，儿童是否出于自愿不影响犯罪的成立，但行为人是否使用强制或者欺骗等不正当手段，可以作为区分正常医疗行为与猥亵行为的一个重要参考因素。强制手段通常包括暴力、胁迫或者其他手段，医务人员直接使用有形暴力进行猥亵的，因为有被害人陈述可加以证明，部分情况下还会有活体检验意见等证据加以佐证，故在实践中比较容易认定。而由于医务工作的特殊性，是否使用了胁迫或者其他不正当手段在认定时确有一定困难。医务人员通常要对医疗对象的身体进行检查，而医疗对象一般对专业医学知识不知或者所知不多，出于对自己身体健康状况的关切、担忧，以及对医务人员专业性的信任、敬畏，在心理上处于一定弱势地位。医务人员如利用其特殊身份和优势地位，在医院检查治疗室这一特定场所，通过有针对性的语言或者行为暗示等方式，即可对妇女、儿童的身体或者精神形成强制力，使其不能、不敢或者不知反抗。实践中，也有部分医生欺骗被害人接受非诊疗所必需的身体检查，借机实施猥亵。因此，不能完全以被害人是否明显反抗作为认定其是否自愿接受身体检查的依据。在实践中，可参考被害人所陈述的内心感受，是否感觉受到侵犯或者猥亵加以辅助认定。

第二，是否明显超越了职责范围、是否系诊疗所必需。医疗检查是一种专业技术活动，因其注重可操作性和实效性，故专业操作规范绝大多数并不为法律法规所规定，只是行业内的规程，有些只是本行业从业人员的共识。通常来讲，甄别正常医疗检查与猥亵行为需要具有一定的医学知识，作为未受过专业医学教育的司法工作人员，可从以下几个层面进行审查：首先，以一般人的认识为标准，分析诊疗行为是否明显超越职责范围，如对骨折的病人进行妇科检查，显然非诊疗所必需。其次，结合医院关于岗位职责以及检验流程的规定加以判断。由于医生的专业性强、分工细致，医院对相关流程和规范均进行了细化规定，这些规定可用作判别检查是否明显超越了职责范围、是否系诊疗所必需的依据。最后，参考专业人士的意见。在一些简单的专科检查中，依据医院的相关规定即可判断是否超出职责范畴，但对于一些较为复杂的病症需要进行详细或者有针对性的全科检查时，机械地以医院的规范来衡量难免会有所疏漏，此时就需借助医院其他医务人员的证言甚至是相关医疗机构出具的意见，进行综合判断。

2.强制猥亵对象中既包括已满十四周岁女性又包括未满十四周岁女童的，对所犯数罪应当并罚。

〔参考案例第989号：吴茂东猥亵儿童案〕如何区分猥亵犯罪行为与猥亵违法行为？在教室讲台实施的猥亵

是否属于"在公共场所当众猥亵"？

1.在区分猥亵一般违法行为与猥亵犯罪行为时，需要着重考虑以下几个方面的因素：(1)猥亵行为侵害的身体部位所代表的性象征意义明显与否；(2)猥亵行为是否伴随暴力、胁迫等强制手段；(3)猥亵行为持续时间的长短；(4)其他能反映猥亵行为对被害人身心伤害大小，对普通公民性的羞耻心冒犯程度大小的情节；(5)行为人是否具有前科劣迹以及其他反映行为人主观恶性、人身危险性大小的情节。考虑上述某一项或者某几项因素，如果猥亵行为情节轻微，危害不大的，可以不以犯罪论处。为体现对儿童的特殊保护，对猥亵行为严重程度的判断，与针对妇女实施的强制猥亵行为，也可以有所不同，针对儿童实施的，入罪标准的门槛可适当降低一些。一般而言，出于亲昵、戏谑，亲吻他人脸部，不属于"猥亵"；强行亲吻被害人脸部，结合其他情节，如果确有必要认定属于猥亵行为的，对行为人进行治安管理处罚即可做到"罚"当其"罪"。

2.在教室讲台猥亵儿童应当认定为在"公共场所当众"实施猥亵。

〔参考案例第1260号：于书祥猥亵儿童案〕如何准确认定"在公共场所当众猥亵"？

对于猥亵场所相对封闭，除被告人及被害人外无其他多人在场的情形，不宜认定为"在公众场所当众猥亵"。

〔参考案例第1437号：秦磊强奸、猥亵儿童案〕在有十余名女生居住的集体宿舍实施猥亵儿童的行为，是否属于"在公共场所当众"猥亵？

女生集体宿舍内床铺相互连接，多名学生毗邻而卧，即便其他同寝室学生未发现猥亵行为，但该行为仍处于随时可能被发现和感知的状态，可以认定为"在公共场所当众"施行猥亵行为。

〔参考案例第1555号：陈某平猥亵儿童案〕如何认定"在公共场所当众猥亵儿童，情节恶劣"？

本罪中的"情节恶劣"是限制性条件而非提示性规定。实践中，在公共场所当众猥亵儿童的情节轻重差别很大，如一次短时间的抚摸儿童臀部、胸部，或者当众对儿童实施亲吻脸部，对儿童未造成严重伤害，即使是发生在公共场所，当众实施，也不宜认定为情节加重犯而判处五年以上有期徒刑，否则将导致量刑明显过重。

第二百三十八条 【非法拘禁罪】非法拘禁他人或者以其他方法非法剥夺他人人身自由的，处三年以下有期徒刑、拘役、管制或者剥夺政治权利。具有殴打、侮辱情节的，从重处罚。

犯前款罪，致人重伤的，处三年以上十年以下有期徒刑；致人死亡的，处十年以上有期徒刑。使用暴力致人伤残、死亡的，依照本法第二百三十四条、第二百三十二条的规定定罪处罚。

为索取债务非法扣押、拘禁他人的，依照前两款的规定处罚。

国家机关工作人员利用职权犯前三款罪的，依照前三款的规定从重处罚。

【立法·要点注释】

1.依照刑事诉讼法及有关法律规定，公民对正在实行犯罪或者犯罪后被及时发觉的、通缉在案的、越狱逃跑的、正在被追捕的人有权立即扭送到司法机关。这种扭送行为，包括在途中的捆绑、扣留等行为，不能认为是非法拘禁行为。“具有殴打、侮辱情节”，是指在非法拘禁过程中，对被害人实施了殴打、侮辱行为，如打骂、游街示众等。

2.“致人重伤”，是指在非法拘禁过程中，由于捆绑过紧、长期囚禁、进行虐待等致使被害人身体健康受到重大伤害；被害人在被非法拘禁期间不堪忍受，自伤自残，身体健康受到重大伤害。非法拘禁中轻微的推搡、拉扯行为不能认为是使用了暴力。是否使用了暴力，可根据行为人的主观意志是否存在损害被害人身体的故意及当时案发情况等因素综合分析。

3.对出于非法剥夺他人生命的故意，而以非法拘禁为手段杀人，如故意以拘禁的方法冻死、饿死他人的，不能认定为本条第二款规定的非法拘禁他人“致人死亡”，而应以故意杀人罪定罪处罚。

4.根据本条第四款的规定，国家机关工作人员只有利用职权犯非法拘禁罪的，才能依照本条前三款的规定从重处罚，对于未利用职权而犯非法拘禁罪，应当分别依照本条第一款、第二款的规定处罚。

【司法解释(1)】

《最高人民检察院关于渎职侵权犯罪案件立案标准的规定》(高检发释字〔2006〕2号，20060726)

(一)国家机关工作人员利用职权实施的非法拘禁案(第二百三十八条)

非法拘禁罪是指以拘禁或者其他方法非法剥夺他人人身自由的行为。

国家机关工作人员利用职权非法拘禁，涉嫌下列情形之一的，应予立案：

1.非法剥夺他人人身自由24小时以上的；

2.非法剥夺他人人身自由，并使用械具或者捆绑等恶劣手段，或者实施殴打、侮辱、虐待行为的；

3.非法拘禁，造成被拘禁人轻伤、重伤、死亡的；

4.非法拘禁，情节严重，导致被拘禁人自杀、自残造成重伤、死亡，或者精神失常的；

5.非法拘禁3人次以上的；

6.司法工作人员对明知是没有违法犯罪事实的人而非法拘禁的；

7.其他非法拘禁应予追究刑事责任的情形。

【司法解释(2)】

《最高人民法院关于对为索取法律不予保护的债务，非法拘禁他人行为如何定罪问题的解释》(法释〔2000〕19号，20000719)

行为人为索取高利贷、赌债等法律不予保护的债务，非法扣押、拘禁他人的，依照刑法第二百三十八条的规定定罪处罚。[①]

【司法解释(2)·注释】

行为人为索取明显超出债务数额的财物而非法扣押、拘禁他人，符合绑架罪构成要件的，可以依照本法第二百三十九条的规定以绑架罪定罪处罚。

---

① 对相关行为的定性，需结合刑法修正案(十一)第三十四条增设的刑法第二百九十三条之一即催收非法债务罪的规定综合考虑。——编者注

【司法指导文件(1)】

《最高人民法院、最高人民检察院关于常见犯罪的量刑指导意见(试行)》(法发〔2021〕21号，20210701)

(九)非法拘禁罪

1.构成非法拘禁罪的，根据下列情形在相应的幅度内确定量刑起点：

(1)犯罪情节一般的，在一年以下有期徒刑、拘役幅度内确定量刑起点。

(2)致一人重伤的，在三年至五年有期徒刑幅度内确定量刑起点。

(3)致一人死亡的，在十年至十三年有期徒刑幅度内确定量刑起点。

2.在量刑起点的基础上，根据非法拘禁人数、拘禁时间、致人伤亡后果等其他影响犯罪构成的犯罪事实增加刑罚量，确定基准刑。

非法拘禁多人多次的，以非法拘禁人数作为增加刑罚量的事实，非法拘禁次数作为调节基准刑的量刑情节。

3.有下列情节之一的，增加基准刑的10%—20%：

(1)具有殴打、侮辱情节的；

(2)国家机关工作人员利用职权非法扣押、拘禁他人的。

4.构成非法拘禁罪的，综合考虑非法拘禁的起因、时间、危害后果等犯罪事实、量刑情节，以及被告人的主观恶性、人身危险性、认罪悔罪表现等因素，决定缓刑的适用。

【司法指导文件(2)】

《最高人民法院、最高人民检察院、公安部、司法部关于办理黑恶势力犯罪案件若干问题的指导意见》(法发〔2018〕1号，20180116)

四、依法惩处利用“软暴力”实施的犯罪

18.黑恶势力有组织地多次短时间非法拘禁他人的，应当认定为《刑法》第二百三十八条规定的“以其他方法非法剥夺他人人身自由”。非法拘禁他人三次以上、每次持续时间在四小时以上，或者非法拘禁他人累计时间在十二小时以上的，应以非法拘禁罪定罪处罚。

【司法指导文件(3)】

《最高人民法院、最高人民检察院、公安部、司法部关于办理实施“软暴力”的刑事案件若干问题的意见》(公通字〔2019〕15号，20190409)

六、有组织地多次短时间非法拘禁他人的，应当认定为《刑法》第二百三十八条规定的“以其他方法非法剥夺他人人身自由”。非法拘禁他人三次以上、每次持续时间在四小时以上，或者非法拘禁他人累计时间在十二小时以上的，应当以非法拘禁罪定罪处罚。

【司法指导文件(4)】

《最高人民法院、最高人民检察院、公安部、司法部、国家卫生和计划生育委员会关于依法惩处涉医违法犯罪维护正常医疗秩序的意见》(法发〔2014〕5号，20140422)

二、严格依法惩处涉医违法犯罪

(三)以不准离开工作场所等方式非法限制医务人员人身自由的，依照治安管理处罚法第四十条[①]的规定处罚；构成非法拘禁罪的，依照刑法的有关规

① 2025年修订的治安管理处罚法第四十七条。——编者注

定定罪处罚。

【司法指导文件(5)】

参见本法分则第五章侵犯财产罪项下【司法指导文件(1)】第八条，第807页。

【法院案例库参考案例】

〔宋某胜等故意伤害、故意毁坏财物案，2024-03-1-179-001〕事出有因非法拘禁他人并向其亲属索取赔偿金行为的定性

1.行为人事出有因非法拘禁他人并向其家属索要赔偿金的，以非法拘禁罪定罪处罚。

2.犯非法拘禁罪，使用暴力致人死亡的，是构成故意伤害(致死)罪还是故意杀人罪，不能单纯根据死亡结果客观归罪，而应当结合行为人的行为、犯罪前后的表现等，准确判断其对死亡结果的发生是否存在故意。行为人对死亡结果并无犯罪故意的，应当以故意伤害罪论处。

【法院公报案例】

〔黄永柱非法拘禁案，GB2001-6〕

行为人出于索要债务的目的，以强制的方法实施了非法剥夺他人人身自由的行为，即使索要的债务是非法的，也应当以非法拘禁罪论处，而非绑架罪。[①]

【《刑事审判参考》案例】

〔参考案例第74号：孟铁保等赌博、绑架、敲诈勒索、故意伤害、非法拘禁案〕扣押、拘禁他人强索赌债的行为如何定罪处罚？

为索要赌债而非法扣押、拘禁他人，索要的钱款没有超出赌债的范围或者超出不多的，应以非法拘禁罪定罪处罚[②]；非法劫持并扣押他人后，向被害人家属索要大大超出赌债范围的钱物的行为，构成绑架罪。

〔参考案例第157号：颜通市等绑架案〕给付定金方违约后，为索回定金而非法扣押对方当事人子女的行为，如何定罪？

给付定金方违约后，为索回定金而非法扣押对方当事人子女的行为，构成非法拘禁罪。

〔参考案例第181号：辜正平非法拘禁案〕为逼人还贷款非法关押借款人以外的第三人的行为应如何定性？

刑法第二百三十八条第三款规定“为索取债务非法扣押、拘禁他人”以非法拘禁罪论处，这里的“他人”并未明确限定为债务人本人。“他人”可以包括债务人以外而又与债务人具有某种利害关系的人。

〔参考案例第263号：雷小飞等非法拘禁案〕“索债型”扣押、拘禁案件的定性

在对“索债型”扣押、拘禁行为定性时，应严格依照刑法主客观相统一的原则，根据案件具体情况作出慎重判断。

1.原债务数额难以确定的情形。在一些“索债型”扣押、拘禁案件中，行为人认为确实存在债务，而被害人予以否认，或者行为人与被害人虽然均承

---

① 对相关行为的定性，需结合刑法修正案(十一)第三十四条增设的刑法第二百九十三条之一即催收非法债务罪的规定综合考虑。——编者注

② 对相关行为的定性，需结合刑法修正案(十一)第三十四条增设的刑法第二百九十三条之一即催收非法债务罪的规定综合考虑。——编者注

认存在债务关系，但是双方在具体数额上说法不一致，由于缺乏证据而难以查清原债权债务关系中涉及的具体数额。如果行为人主观上认为确实存在债务或者确认债务为某一数额，即使有证据证明行为人对债务或数额的认识是基于某种错误，行为人也是在“索要债务”的主观认识之下实施扣押、拘禁被害人的行为，而不存在“勒索他人财物的目的”，因此应以非法拘禁罪定罪处罚。如果以绑架罪定罪，则有客观归罪之嫌。

2.索要数额高于原债务的情形。在“索债型”扣押、拘禁案件中，行为人可能因为多种原因向被害人索要高于原债务数额的财物，有的是出于对被害人久拖不还债务的气愤，有的是为弥补讨债费用或商业损失，有的是借机勒索更多的财物等。不能仅因索要数额超过原债务，就认定该行为构成绑架罪，而要具体情况具体分析。如果索要的数额大大超过原债务数额，且与其他情节相结合，足以证明行为人的主观目的已经由索债转化为勒索财物，则该行为已触犯了绑架罪和非法拘禁罪两个罪名，按照想象竞合犯的处罚原则，应以绑架罪定罪处罚。如果索要的数额超过原债务的数额不大，或者虽然索要的数额超过原债务的数额较大，但超出的部分是用于弥补讨债费用或由此带来的其他损失，行为人认为这些费用和损失应由被害人承担，其主要目的仍是索债，而不是勒索财物。从有利于被告人的刑法原则上看，上述行为应当以相对较轻的非法拘禁罪定罪，而不宜定绑架罪，从而更符合刑法主客观相统一原则的要求。如果索要数额大大超过原债务，当被害人拿出与原债务数额相近的财物后，行为人主动停止犯罪，从客观上可以证明行为人并不具备勒索他人财物的目的，也不宜定绑架罪，而应定非法拘禁罪。

〔参考案例第997号：贾斌非法拘禁案〕抱走年幼继女向欲离婚的妻子索要所支出的抚养费、彩礼费的行为，如何定性？

被告人为解决离婚财产纠纷，向其妻索要婚姻存续期间对其继女的抚养费、二人结婚时的彩礼等费用，而将继女擅自带至外地，并以此胁迫其妻支付上述费用，否则不送还继女，其行为符合为索要债务而非法扣押他人的情形，依法构成非法拘禁罪。

〔参考案例第435号：胡经杰、邓明才非法拘禁案〕为寻找他人而挟持人质的行为构成何罪？

在界定非法拘禁罪与绑架罪的区别时，要谨慎分析被告人与被害人的关系、被告人所提出的要求实现之难易、被告人对被害人剥夺自由行为的恶劣程度、对第三人及解救方的对抗程度等，综合多方面因素情节来分析认定。现实生活中，如因无知、愚昧、一时冲动扣留岳母要求媳妇回家、扣押女友的父母迫使女友同意继续谈恋爱等，一般情形下不具有与绑架罪严厉刑罚相当的否定评价程度，不能认定为绑架罪。

〔参考案例第1172号：郑师武非法拘禁案〕吸毒致幻挟持他人，不具有真实的绑架犯罪目的，能否认定构成绑架罪？

行为人吸毒致幻，产生精神障碍，在幻觉下挟持他人囚禁于仓库中，意图逃避“警察抓捕”，因行为人并不具有真实的绑架犯罪目的，不构成绑架罪，可以按非法拘禁罪处理。

第二百三十九条 【绑架罪】以勒索财物为目的绑架他人的，或者绑架他人作为人质的，处十年以上有期徒刑或者无期徒刑，并处罚金或者没收财产；情节较轻的，处五年以上十年以下有期徒刑，并处罚金。

犯前款罪，杀害被绑架人的，或者故意伤害被绑架人，致人重伤、死亡的，处无期徒刑或者死刑，并处没收财产。

以勒索财物为目的偷盗婴幼儿的，依照前两款的规定处罚。

【第二次修正前条文】

第二百三十九条 【绑架罪】以勒索财物为目的绑架他人的，或者绑架他人作为人质的，处十年以上有期徒刑或者无期徒刑，并处罚金或者没收财产；情节较轻的，处五年以上十年以下有期徒刑，并处罚金。

犯前款罪，致使被绑架人死亡或者杀害被绑架人的，处死刑，并处没收财产。

以勒索财物为目的偷盗婴幼儿的，依照前两款的规定处罚。

【第一次修正前条文】

第二百三十九条 【绑架罪】以勒索财物为目的绑架他人的，或者绑架他人作为人质的，处十年以上有期徒刑或者无期徒刑，并处罚金或者没收财产；致使被绑架人死亡或者杀害被绑架人的，处死刑，并处没收财产。

以勒索财物为目的偷盗婴幼儿的，依照前款的规定处罚。

【修正说明】

1.刑法修正案(七)第六条在原条文基础上，增加了“情节较轻的，处五年以上十年以下有期徒刑，并处罚金”的规定，并将原条文中关于“致使被绑架人死亡或者杀害被绑架人”的规定单列为第二款。

2.刑法修正案(九)第十四条又对第二款进行了修正。

【立法·要点注释】

1.“绑架”指行为人完全控制了人质，人质被剥夺了人身自由。行为人控制人质，常以非法将他人掳走、带离原来常习的处所的方法，使他人丧失行动自由，但也不排除行为人将他人拘禁于原处所作为人质的情形。

2.在勒索型绑架犯罪中，犯罪既遂与否的实质标准是看绑架行为是否实施，从而使被害人丧失行动自由并受到行为人的实际支配。至于勒索财物的行为是否来得及实施，以及虽实施了勒索行为，但由于行为人意志以外的原因而未达到勒索财物的目的，都不影响勒索型绑架既遂的成立。勒索财物目的是否实现仅是一个量刑加以考虑的情节。现实生活中，与被害人有特殊关系的他人或组织会收到行为人将要杀死或伤害人质的威胁，但是人质自身可能仍处于平和的被控制状态，甚至都无从察觉其所陷入的危险，如孩童被行为人引诱去打游戏机的情形。因此，有的情况下，被害人自身是否认识到被绑架，并不影响绑架罪既遂的认定。

3.以出卖为目的，使用暴力、胁迫或者麻醉方法绑架妇女、儿童的行为不属于本条所规定的绑架罪的范围，而应当依照本法第二百四十条关于拐卖妇女、儿童犯罪的规定处罚。

4.“杀害被绑架人”即通常说的“撕票”，是指以剥夺被绑架人生命为目的实施的各种行为。“杀害”只需要行为人有故意杀人的故意及行为，并不要求“杀死”被绑架人的结果。“杀害”既可以是积极作为也可以是消极不作为。积极作为，指以杀害为目的，将被绑架人抛入深潭或水库中让其溺毙等情形；消极不作为，指以杀害为目的，将被绑架人抛入人迹罕至的地方等待其冻饿死等情形。实践中，杀害被绑架人未遂的情况时有发生。对于被绑架人基于各种原因最终生还的，并不影响“杀害”行为的认定。

5.由于婴幼儿缺乏辨别是非的能力，无论是将其抱走、带走，还是哄骗走，都是偷盗婴幼儿的行为，都应当依照绑架罪的规定处罚。

【司法解释】

《最高人民法院关于审理未成年人刑事案件具体应用法律若干问题的解释》(法释〔2006〕1号，20060123)

第五条 已满十四周岁不满十六周岁的人实施刑法第十七条第二款规定以外的行为，如果同时触犯了刑法第十七条第二款规定的，应当依照刑法第十七条第二款的规定确定罪名，定罪处罚。

【司法解释·注释】

刑法第十七条第二款中的“故意杀人”泛指一种犯罪行为，而不是特指故意杀人罪这一具体罪名。刑法第二百三十九条中“绑架并杀害被绑架人的”，实质上是绑架和故意杀人两个行为的结合规定。根据刑法第十七条第二款的规定，已满十四周岁不满十六周岁的人，虽不对绑架行为负刑事责任，但仍应对故意杀人行为负刑事责任。因此，应当依照刑法第二百三十二条以故意杀人罪追究其刑事责任。

已满十六周岁的人绑架并杀害被绑架人的，因其属于完全刑事责任年龄人，按刑法规定，既须对绑架行为负刑事责任，也须对故意杀人行为负刑事责任，因而，仍应当直接依照刑法第二百三十九条第二款以绑架罪定罪处罚。

【司法指导文件(1)】

《最高人民法院关于对在绑架过程中以暴力、胁迫等手段当场劫取被害人财物的行为如何适用法律问题的答复》(法函〔2001〕68号，20011108)

行为人在绑架过程中，又以暴力、胁迫等手段当场劫取被害人财物，构成犯罪的，择一重罪处罚。

【司法指导文件(2)】

《最高人民法院研究室关于第三方受到勒索是否属于绑架罪构成要件问题的研究意见》(2012)

构成绑架罪，无须以行为人自行或者通过被绑架人向被绑架人的亲友明确告知绑架事实为要件，只要以勒索财物为目的绑架他人的，均应以绑架罪论处。

【法院案例库参考案例】

〔胡某绑架案，2024-06-1-187-001〕挟持亲属可构成绑架罪及绑架罪中“情节较轻”的认定

1.绑架罪的犯罪对象可以包括继子等亲属，绑架的目的不限于勒索财物、抗拒抓捕、释放同伙或者政治目的等,逼人下跪道歉等侮辱性质的不正当目的也可以成为绑架罪的犯罪目的。

2.要坚持宽严相济刑事政策,综合考虑绑架对象、绑架目的、行为方式、行为后果、被害方谅解等因素,准确认定绑架罪中的"情节较轻",确保罪责刑相适应。

【《刑事审判参考》案例】

〔参考案例第496号:俞志刚绑架案〕绑架犯罪人绑架他人后自动放弃继续犯罪的如何处理?

犯罪分子绑架人质的行为一经完成,就构成犯罪既遂,之后自动放弃继续犯罪并释放人质的行为,属于犯罪既遂后的补救措施。

〔参考案例第570号:白宇良、肖益军绑架案〕绑架罪的未完成形态应如何区分?

绑架罪的"着手"应当解释为实施了直接侵犯人质人身权利的行为,即劫持人质的行为。也就是说,行为人只有实施了扣押被害人剥夺其人身自由的行为,方属于绑架的实行行为,才可以认定为绑架的着手。

〔参考案例第571号:李彬、袁南京、胡海珍等绑架、非法拘禁、敲诈勒索案〕帮人"讨债"参与绑架,与人质谈好"报酬"后将其释放,事后索要"报酬"如何定罪处罚?

误以为索要债务而实施了帮助他人绑架人质的行为,主观上没有绑架的犯罪故意,应当以非法拘禁罪定罪处罚。与人质谈好"报酬"后将人质释放,事后索要"报酬"的行为,应当以敲诈勒索罪定罪处罚。

〔参考案例第947号:孙家洪、濮剑鸣等绑架、抢劫、故意杀人案〕绑架罪中如何认定"情节较轻"?认定后是否包括未遂情节?

1.只有在对影响绑架罪社会危害性程度的各种主客观事实进行综合评价基础上,才能得出某一个案是否属于"情节较轻"的结论。影响绑架罪社会危害性轻重的事实要素大致有以下几个方面:(1)犯罪手段。绑架罪采用暴力、胁迫、诱骗等方法控制被绑架人人身自由,拘禁时间有长短之分,暴力、胁迫、诱骗等手段各不相同,亦直接影响到该罪的社会危害程度。(2)犯罪后果。从人身损害方面看,是否造成了被绑架人重伤、轻伤、轻微伤或严重的精神伤害;从财产损害方面看,赎金数额有数额巨大、数额较大或未获取分文的区别,犯罪后果直接反映了行为的社会危害程度。(3)犯罪动机。行为人的动机或出于满足个人私利,或迫于生活压力,或因合法权益不能保障,或出于特定政治目的等,动机不同体现了行为人主观恶性程度的差异。(4)犯罪情节。行为人是否放弃勒索赎金、是否主动释放人质,行为人与被害人是否系亲属或熟人关系,行为人是否选择以老人、妇女、儿童或者社会知名人士作为绑架对象等,上述情节对绑架罪的社会危害程度具有直接影响。在正确认定了影响绑架罪社会危害性轻重的事实要素后,还有必要探寻"情节较轻"与侵害法益的实质联系,对"情节较轻"作出价值判断。绑架罪侵害的法益在司法实践中通常表现为:人身法益(人身自由与安全)、财产法益(他人财产所有权)、社会法益(社会秩序与公共安全)。人身法益是刑法保护的重点,绑架罪必然侵犯人身自由,但在人身安全方面却客观存在侵害程度的差异，被绑架人的人身安全未受实质侵犯，人身自由限制程度较轻等因素，是认定“情节较轻”的首要判断。财产法益、社会法益虽然对判断绑架罪罪质轻重而言不具有决定性意义，但仍会对绑架罪的社会危害性程度产生重要影响。例如，绑架行为虽然未给被绑架人的人身安全造成严重威胁，但勒索财物数额巨大，手段卑劣，社会影响恶劣，也不能认定为“情节较轻”。

2.刑法总则规定的犯罪预备、未遂、中止等从轻、减轻情节，基于刑事立法模式以及禁止重复评价的原则，不应适用绑架罪“情节较轻”条款。

〔参考案例第1586号：何某某、王某某绑架案〕绑架杀害被害人后，再以被害人生命相要挟向被害人亲属勒索财物的行为应如何定性？

对于以索财为目的绑架被害人，先杀人后索财的行为，应定绑架罪一罪。需要指出的是，如果行为人出于其他目的和动机先行杀害被害人，再临时起意谎称绑架了被害人而向被害人亲属勒索财物，因杀人行为与索财行为没有必然的关联性，应当实事求是地评价为两罪。也就是说，决定如何定性的关键在于绑架犯意产生的时间节点，而非故意杀人和勒索财物的先后顺序。绑架案件中，被害人在勒索财物之前还是在勒索财物之后杀害被害人，并不影响犯罪性质的认定。至于绑架犯意产生的时间节点认定，则应立足于被告人口供、被告人与被害人及亲属间的关系、双方有无矛盾、案件发生发展的逻辑过程等，结合常情常理来综合判断。

第二百四十条【拐卖妇女、儿童罪】拐卖妇女、儿童的，处五年以上十年以下有期徒刑，并处罚金；有下列情形之一的，处十年以上有期徒刑或者无期徒刑，并处罚金或者没收财产；情节特别严重的，处死刑，并处没收财产：

（一）拐卖妇女、儿童集团的首要分子；

（二）拐卖妇女、儿童三人以上的；

（三）奸淫被拐卖的妇女的；

（四）诱骗、强迫被拐卖的妇女卖淫或者将被拐卖的妇女卖给他人迫使其卖淫的；

（五）以出卖为目的，使用暴力、胁迫或者麻醉方法绑架妇女、儿童的；

（六）以出卖为目的，偷盗婴幼儿的；

（七）造成被拐卖的妇女、儿童或者其亲属重伤、死亡或者其他严重后果的；

（八）将妇女、儿童卖往境外的。

拐卖妇女、儿童是指以出卖为目的，有拐骗、绑架、收买、贩卖、接送、中转妇女、儿童的行为之一的。

【立法·要点注释】

1.“拐卖妇女、儿童三人以上”，是指犯罪分子直接参与拐卖的人数(包括本数在内)，既包括以出卖为目的拐骗妇女、儿童三人以上，也包括在拐卖妇女、儿童过程中中转、接送、收买、贩卖妇女、儿童三人以上；既包括在一次犯罪活动中拐卖妇女、儿童三人以上，也包括多次拐卖活动累计拐卖妇女、儿童三人以上。

2.“奸淫被拐卖的妇女”，是指犯罪

分子在拐卖过程中与被害妇女发生性关系的行为，既包括使用暴力、胁迫或者其他手段的强奸行为，也包括利用被害妇女处于孤立无援境地和不敢反抗的心理，与其发生性关系的行为。换言之，只要犯罪分子在拐卖过程中与被害妇女发生了性关系，无论其是否使用暴力、胁迫手段，也无论被害人是否有反抗行为，都应按照本项规定追究刑事责任，不再适用数罪并罚。

3.“造成被拐卖的妇女、儿童或者其亲属重伤、死亡或者其他严重后果”，仅指拐卖过程中，犯罪分子采用捆绑、殴打、虐待、侮辱等手段，造成被害人重伤、死亡等严重后果，以及被害人及其亲属因犯罪分子的拐卖行为而自杀、精神失常或者造成其他严重后果的。如果上述后果是因收买人对所收买的妇女、儿童在收买后实施虐待等行为所致，则不属于本项所列情况，应依法追究收买人相应责任。

【司法解释(1)】

《最高人民法院关于审理拐卖妇女案件适用法律有关问题的解释》(法释〔2000〕1号，20000125)

第一条　刑法第二百四十条规定的拐卖妇女罪中的“妇女”，既包括具有中国国籍的妇女，也包括具有外国国籍和无国籍的妇女。被拐卖的外国妇女没有身份证明的，不影响对犯罪分子的定罪处罚。

第二条　外国人或者无国籍人拐卖外国妇女到我国境内被查获的，应当根据刑法第六条的规定，适用我国刑法定罪处罚。

【司法解释(2)】

《最高人民法院关于审理拐卖妇女儿童犯罪案件具体应用法律若干问题的解释》(法释〔2016〕28号，20170101)

第一条　对婴幼儿采取欺骗、利诱等手段使其脱离监护人或者看护人的，视为刑法第二百四十条第一款第(六)项规定的“偷盗婴幼儿”。

第二条　医疗机构、社会福利机构等单位的工作人员以非法获利为目的，将所诊疗、护理、抚养的儿童出卖给他人的，以拐卖儿童罪论处。

第三条　以介绍婚姻为名，采取非法扣押身份证件、限制人身自由等方式，或者利用妇女人地生疏、语言不通、孤立无援等境况，违背妇女意志，将其出卖给他人的，应当以拐卖妇女罪追究刑事责任。

以介绍婚姻为名，与被介绍妇女串通骗取他人钱财，数额较大的，应当以诈骗罪追究刑事责任。

第九条　刑法第二百四十条、第二百四十一条规定的儿童，是指不满十四周岁的人。其中，不满一周岁的为婴儿，一周岁以上不满六周岁的为幼儿。

第十条　本解释自2017年1月1日起施行。

【司法解释(2)·注释】

关于以介绍婚姻为名的拐卖行为的认定。只要是违背妇女意志(如果妇女属无责任能力人，不能正确理解介绍婚姻行为性质，也属违背妇女意志)，将妇女出卖给他人的，就构成拐卖妇女罪。实践中行为方式各异，情形复杂，特别是对于妇女处于孤立无援等脆弱境况，行为人实施“介绍婚姻”行为并索要他人(通常是男方)数额较大钱财的,被害妇女可能会作出表面“同意”的意思表示。对类似案件,要综合考察被害妇女的陈述、证人证言等证据,结合常理常情,分析行为人是否有意利用被害人的脆弱境况,使被害人不得不屈从行为人的要求,而“同意”与他人结婚;对行为人而言,是基于男女双方自愿及地位平等,为促成婚姻的缔结而居间介绍、联系,还是明知妇女非自愿但仍将妇女作为非法获利的筹码,也影响对其行为性质罪与非罪的认定。对妇女本有结婚意愿,在中介人员介绍、撮合下与男方见面、相识后,因对男方条件不满,而不愿与男方结婚或者生活,行为人以已经支付了女方及近亲属彩礼、支出了办理签证手续费用等为由,威胁妇女被迫同意,行为人在事前或事后索取、收受钱财的,也属违背妇女意志将其卖给他人,构成拐卖妇女罪。总之,在办理相关案件时,要注意认真甄别因介绍婚姻引发的民事纠纷与拐卖妇女犯罪的界限,做到不枉不纵。

【司法指导文件(1)】

《最高人民法院、最高人民检察院、公安部、司法部关于依法惩治拐卖妇女儿童犯罪的意见》(法发〔2010〕7号,20100315)

五、定性

14.犯罪嫌疑人、被告人参与拐卖妇女、儿童犯罪活动的多个环节,只有部分环节的犯罪事实查证清楚、证据确实、充分的,可以对该环节的犯罪事实依法予以认定。

15.以出卖为目的强抢儿童,或者捡拾儿童后予以出卖,符合刑法第二百四十条第二款规定的,应当以拐卖儿童罪论处。

以抚养为目的的偷盗婴幼儿或者拐骗儿童,之后予以出卖的,以拐卖儿童罪论处。

16.以非法获利为目的,出卖亲生子女的,应当以拐卖妇女、儿童罪论处。

17.要严格区分借送养之名出卖亲生子女与民间送养行为的界限。区分的关键在于行为人是否具有非法获利的目的。应当通过审查将子女“送”人的背景和原因、有无收取钱财及收取钱财的多少、对方是否具有抚养目的及有无抚养能力等事实,综合判断行为人是否具有非法获利的目的。

具有下列情形之一的,可以认定属于出卖亲生子女,应当以拐卖妇女、儿童罪论处:

(1)将生育作为非法获利手段,生育后即出卖子女的;

(2)明知对方不具有抚养目的,或者根本不考虑对方是否具有抚养目的,为收取钱财将子女“送”给他人的;

(3)为收取明显不属于“营养费”、“感谢费”的巨额钱财将子女“送”给他人的;

(4)其他足以反映行为人具有非法获利目的的“送养”行为的。

不是出于非法获利目的,而是迫于生活困难,或者受重男轻女思想影响,私自将没有独立生活能力的子女送给他人抚养,包括收取少量“营养费”、“感谢费”的,属于民间送养行为,不能以拐卖妇女、儿童罪论处。对私自送养导致子女身心健康受到严重损害,或者具有其他恶劣情节,符合遗弃罪特征的,可以遗弃罪论处;情节显著轻微危害不大的,可由公安机关依法予以行政处罚。

18.将妇女拐卖给有关场所，致使被拐卖的妇女被迫卖淫或者从事其他色情服务的，以拐卖妇女罪论处。

有关场所的经营管理人员事前与拐卖妇女的犯罪人通谋的，对该经营管理人员以拐卖妇女罪的共犯论处；同时构成拐卖妇女罪和组织卖淫罪的，择一重罪论处。

19.医疗机构、社会福利机构等单位的工作人员以非法获利为目的，将所诊疗、护理、抚养的儿童贩卖给他人的，以拐卖儿童罪论处。

六、共同犯罪

21.明知他人拐卖妇女、儿童，仍然向其提供被拐卖妇女、儿童的健康证明、出生证明或者其他帮助的，以拐卖妇女、儿童罪的共犯论处。

明知他人收买被拐卖的妇女、儿童，仍然向其提供被收买妇女、儿童的户籍证明、出生证明或者其他帮助的，以收买被拐卖的妇女、儿童罪的共犯论处，但是，收买人未被追究刑事责任的除外。

认定是否“明知”，应当根据证人证言、犯罪嫌疑人、被告人及其同案人供述和辩解，结合提供帮助的人次，以及是否明显违反相关规章制度、工作流程等，予以综合判断。

22.明知他人系拐卖儿童的“人贩子”，仍然利用从事诊疗、福利救助等工作的便利或者了解被拐卖方情况的条件，居间介绍的，以拐卖儿童罪的共犯论处。

23.对于拐卖妇女、儿童犯罪的共犯，应当根据各被告人在共同犯罪中的分工、地位、作用，参与拐卖的人数、次数，以及分赃数额等，准确区分主从犯。

对于组织、领导、指挥拐卖妇女、儿童的某一个或者某几个犯罪环节，或者积极参与实施拐骗、绑架、收买、贩卖、接送、中转妇女、儿童等犯罪行为，起主要作用的，应当认定为主犯。

对于仅提供被拐卖妇女、儿童信息或者相关证明文件，或者进行居间介绍，起辅助或者次要作用，没有获利或者获利较少的，一般可认定为从犯。

对于各被告人在共同犯罪中的地位、作用区别不明显的，可以不区分主从犯。

七、一罪与数罪

24.拐卖妇女、儿童，又奸淫被拐卖的妇女、儿童，或者诱骗、强迫被拐卖的妇女、儿童卖淫的，以拐卖妇女、儿童罪处罚。

25.拐卖妇女、儿童，又对被拐卖的妇女、儿童实施故意杀害、伤害、猥亵、侮辱等行为，构成其他犯罪的，依照数罪并罚的规定处罚。

26.拐卖妇女、儿童或者收买被拐卖的妇女、儿童，又组织、教唆被拐卖、收买的妇女、儿童进行犯罪的，以拐卖妇女、儿童罪或者收买被拐卖的妇女、儿童罪与其所组织、教唆的罪数罪并罚。

27.拐卖妇女、儿童或者收买被拐卖的妇女、儿童，又组织、教唆被拐卖、收买的未成年妇女、儿童进行盗窃、诈骗、抢夺、敲诈勒索等违反治安管理活动的，以拐卖妇女、儿童罪或者收买被拐卖的妇女、儿童罪与组织未成年人进行违反治安管理活动罪数罪并罚。

八、刑罚适用

28.对于拐卖妇女、儿童犯罪集团的首要分子，情节严重的主犯，累犯，偷盗婴幼儿、强抢儿童情节严重，将妇女、儿童卖往境外情节严重，拐卖妇女、儿童多人多次、造成伤亡后果，或者具有其他严重情节的，依法从重处罚；情节特别严重的，依法判处死刑。

拐卖妇女、儿童，并对被拐卖的妇女、儿童实施故意杀害、伤害、猥亵、侮辱等行为，数罪并罚决定执行的刑罚应当依法体现从严。

29.对于拐卖妇女、儿童的犯罪分子，应当注重依法适用财产刑，并切实加大执行力度，以强化刑罚的特殊预防与一般预防效果。

31.多名家庭成员或者亲友共同参与出卖亲生子女，或者“买人为妻”、“买人为子”构成收买被拐卖的妇女、儿童罪的，一般应当在综合考察犯意提起、各行为人在犯罪中所起作用等情节的基础上，依法追究其中罪责较重者的刑事责任。对于其他情节显著轻微危害不大，不认为是犯罪的，依法不追究刑事责任；必要时可以由公安机关予以行政处罚。

32.具有从犯、自首、立功等法定从宽处罚情节的，依法从轻、减轻或者免除处罚。

对被拐卖的妇女、儿童没有实施摧残、虐待等违法犯罪行为，或者能够协助解救被拐卖的妇女、儿童，或者具有其他酌定从宽处罚情节的，可以依法酌情从轻处罚。

33.同时具有从严和从宽处罚情节的，要在综合考察拐卖妇女、儿童的手段、拐卖妇女、儿童或者收买被拐卖妇女、儿童的人次、危害后果以及被告人主观恶性、人身危险性等因素的基础上，结合当地此类犯罪发案情况和社会治安状况，决定对被告人总体从严或者从宽处罚。

【司法指导文件(1)·注释】

1.关于出卖亲生子女行为的认定。对于出卖亲生子女的行为，是否具有非法获利目的是区分罪与非罪的关键。所谓非法获利，是把子女当作商品，把收取的钱财作为出卖子女的对价。实践中，下列情形可以作为认定行为人是否具有非法获利目的的参考：

(1)将生育作为非法获利手段，生育后即出卖子女的。

(2)明知对方不具有抚养目的，或者根本不考虑对方是否具有抚养目的，为收取钱财将子女“送”给他人的。明知包括知道和应当知道。实践中，如果是送养的，一般情况下，家庭可能因遭遇重大变故等原因导致经济异常困难，或者存在其他特殊困难，如未婚先育等，在这种背景下，父母首先考虑的是子女以后的生活、教育成长等因素，往往会对收养方是否有抚养目的和抚养能力进行斟酌考量，对方给不给抚养费、给多少抚养费，父母不会特别在意。反之，如果行为人明知对方不具有抚养目的，如知道或应当知道对方是人贩子，还将子女“送”给对方并收取钱财的，可以认定行为人具有非法获利目的，以拐卖犯罪论处。

(3)为收取明显不属于“营养费”“感谢费”的巨额钱财将子女“送”给他人的。对这类情形适用时应注意：一方面，要考虑收取钱财的数额是否明显超出了抚养、养育的成本或感谢费的范围。另一方面，不能唯数额论，数额大的，未必都能认定行为人具有非法获利目的。例如，收养人经济状况较好，主动交付了数额较大的感谢费。而收取钱财数额小的，也未必不能认定非法获利目的。例如，父母为了偿还赌债，以极低价格将子女“送”人，或者父母为卖子女积极讨价还价，但最终只收取到少量钱财，也能反映行为人具有非法获利目的。

(4)其他足以反映行为人具有非法获利目的的“送养”行为的。例如，行为人将二名以上亲生子女都以所谓送养的名义出卖，也能在一定程度上反映其具有非法获利的目的。

2.关于居间介绍行为的认定。对于一些人利用从事诊疗、福利救助等工作的便利或者了解情况的条件，在人贩子和准备遗弃婴幼儿的父母之间居间介绍，促成买卖婴幼儿的，应当以拐卖儿童罪的共犯论处。但如果只是在收养人和准备遗弃婴幼儿的父母之间居间介绍，没有非法获利目的，未收取钱财或仅收取一定感谢费，情节显著轻微的，一般不作为犯罪处理。

【司法指导文件(2)】

《最高人民法院、最高人民检察院、公安部、民政部、司法部、全国妇联关于打击拐卖妇女儿童犯罪有关问题的通知》(公通字〔2000〕26号，20000320)

四、正确适用法律，依法严厉打击拐卖妇女、儿童的犯罪活动。……凡是拐卖妇女、儿童的，不论是哪个环节，只要是以出卖为目的，有拐骗、绑架、收买、贩卖、接送、中转、窝藏妇女、儿童的行为之一的，不论拐卖人数多少，是否获利，均应以拐卖妇女、儿童罪追究刑事责任。对收买被拐卖的妇女、儿童的，以及阻碍解救被拐卖妇女、儿童构成犯罪的，也要依法惩处。出卖亲生子女的，由公安机关依法没收非法所得，并处以罚款；以营利为目的，出卖不满十四周岁子女，情节恶劣的，借收养名义拐卖儿童的，以及出卖捡拾的儿童的，均应以拐卖儿童罪追究刑事责任。出卖十四周岁以上女性亲属或者其他不满十四周岁亲属的，以拐卖妇女、儿童罪追究刑事责任。

办案中，要正确区分罪与非罪、罪与罪的界限，特别是拐卖妇女罪与介绍婚姻收取钱物行为、拐卖儿童罪与收养中介行为、拐卖儿童罪与拐骗儿童罪，以及绑架儿童罪与拐卖儿童罪的界限，防止扩大打击面或者放纵犯罪。

【司法指导文件(3)】

《全国法院维护农村稳定刑事审判工作座谈会纪要》(法〔1999〕217号，19991027)

(六)关于拐卖妇女、儿童犯罪案件

……对于买卖至亲的案件，要区别对待：以贩卖牟利为目的“收养”子女的，应以拐卖儿童罪处理；对那些迫于生活困难、受重男轻女思想影响而出卖亲生子女或收养子女的，可不作为犯罪处理；对于出卖子女确属情节恶劣的，可按遗弃罪处罚；对于那些确属介绍婚姻，且被介绍的男女双方相互了解对方的基本情况，或者确属介绍收养，并经被收养人父母同意的，尽管介绍的人数较多，从中收取财物较多，也不应作犯罪处理。

【司法指导文件(4)】

《最高人民检察院法律政策研究室关于以出卖为目的倒卖外国妇女的行为是否构成拐卖妇女罪的答复》(〔1998〕高检研发第21号，19981224)

刑法第二百四十条明确规定：“拐卖妇女、儿童是指以出卖为目的，有拐骗、绑架、收买、贩卖、接送、中转妇女、儿童的行为之一的。”其中作为“收买”对象的妇女、儿童并不要求必须是“被拐骗、绑架的妇女、儿童”。因此，以出卖为目的，收买、贩卖外国妇女，从中牟取非法利益的，应以拐卖妇女罪追究刑事责任。但确属为他人介绍婚姻收取介绍费，而非以出卖为目的的，不能追究刑事责任。

【公安文件】

《公安部关于打击拐卖妇女儿童犯罪适用法律和政策有关问题的意见》(公通字〔2000〕25号，20000317)

二、关于拐卖妇女、儿童犯罪

(一)要正确认定拐卖妇女、儿童罪。凡是拐卖妇女、儿童的，不论是哪个环节，只要是以出卖为目的，有拐骗、绑架、收买、贩卖、接送、中转妇女、儿童的行为之一的，均以拐卖妇女、儿童罪立案侦查。

(二)在办理拐卖妇女、儿童案件中，不论拐卖人数多少，是否获利，只要实施拐卖妇女、儿童行为的，均应当以拐卖妇女、儿童罪立案侦查。

(三)明知是拐卖妇女、儿童的犯罪分子而事先通谋，为其拐卖行为提供资助或者其他便利条件的，应当以拐卖妇女、儿童罪的共犯立案侦查。

(四)对拐卖过程中奸淫被拐卖妇女的；诱骗、强迫被拐卖的妇女卖淫或者将被拐卖的妇女卖给他人迫使其卖淫的；以出卖为目的使用暴力、胁迫、麻醉等方法绑架妇女、儿童的；以出卖为目的，偷盗婴幼儿的；造成被拐卖的妇女、儿童或者其亲属重伤、死亡或者其他严重后果的，均以拐卖妇女、儿童罪立案侦查。

(五)教唆他人实施拐卖妇女、儿童犯罪的，以拐卖妇女、儿童罪的共犯立案侦查。向他人传授拐卖妇女、儿童的犯罪方法的，以传授犯罪方法罪立案侦查。明知是拐卖妇女、儿童的犯罪分子，而在其实施犯罪后为其提供隐藏处所、财物，帮助其逃匿或者作假证明包庇的，以窝藏、包庇罪立案侦查。

(六)出卖亲生子女的，由公安机关依法没收非法所得，并处以罚款；以营利为目的，出卖不满十四周岁子女，情节恶劣的，以拐卖儿童罪立案侦查。

(七)出卖十四周岁以上女性亲属或者其他不满十四周岁亲属的，以拐卖妇女、儿童罪立案侦查。

(八)借收养名义拐卖儿童的，出卖捡拾的儿童的，均以拐卖儿童罪立案侦查。

(九)以勒索财物为目的，偷盗婴幼儿的，以绑架罪立案侦查。

(十)犯组织他人偷越国(边)境罪，对被组织的妇女、儿童有拐卖犯罪行为的，以组织他人偷越国(边)境罪和拐卖妇女、儿童罪立案侦查。

(十一)非以出卖为目的，拐骗不满十四周岁的未成年人脱离家庭或者监护人的，以拐骗儿童罪立案侦查。

(十二)教唆被拐卖、拐骗、收买的未成年人实施盗窃、诈骗等犯罪行为的，应当以盗窃罪、诈骗罪等犯罪的共犯立案侦查。

办案中，要正确区分罪与非罪、罪与罪的界限，特别是拐卖妇女罪与介绍婚姻收取钱物行为、拐卖儿童罪与收养中介行为、拐卖儿童罪与拐骗儿童罪，以及绑架儿童罪与拐卖儿童罪的界限，防止扩大打击面或者放纵犯罪。

八、关于办理涉外案件

（一）外国人或者无国籍人拐卖外国妇女、儿童到我国境内被查获的，应当适用我国刑法，以拐卖妇女、儿童罪立案侦查。

（二）拐卖妇女犯罪中的"妇女"，既包括具有中国国籍的妇女，也包括具有外国国籍和无国籍的妇女。被拐卖的外国妇女没有身份证明的，不影响对犯罪分子的立案侦查。

……

【法院案例库参考案例】

〔吕某友等拐卖妇女案，2024-02-1-188-005〕以介绍婚姻为名出卖精神、智力异常妇女行为的定性

当妇女为精神、智力异常的无责任能力人，不能正确理解介绍婚姻行为性质时，行为人以介绍婚姻为名收取钱财，目的在于出卖妇女牟利，属于违背妇女意志的出卖行为，构成拐卖妇女罪。

〔尹某等拐卖妇女案，2023-02-1-188-022〕被害人自愿被出卖不影响拐卖妇女行为性质

被拐卖妇女自愿被出卖的，不阻却拐卖妇女行为的违法性。行为人以出卖为目的贩卖自愿被出卖的妇女，仍然构成拐卖妇女罪。

〔张某红拐卖妇女案，2024-02-1-188-001〕明知他人拐卖妇女而提供帮助，即使未获利，亦构成拐卖妇女罪的共犯

行为人明知他人拐卖妇女，仍实施提供住所、介绍买家等帮助出卖妇女行为的，不论是否获利，均应当以拐卖妇女罪的共犯论处。对于仅进行居间介绍，没有获利或者获利较少的，一般可认定为从犯。

〔陈某宏拐卖妇女案，2023-02-1-188-027〕在拐卖过程中奸淫被拐卖的妇女并迫使其卖淫的罪数判断

1.犯罪分子在拐卖妇女的过程中，奸淫被拐卖的妇女又强迫其卖淫的，以拐卖妇女罪一罪论处。

2.犯罪分子在拐卖过程中奸淫被拐卖的幼女的，同样作为"奸淫被拐卖的妇女"加重处罚，不以拐卖儿童罪和强奸罪数罪并罚。

〔秦某某拐卖儿童案，2024-02-1-188-003〕不以非法获利为目的将亲生孙子女送养他人的，不构成犯罪

借送养之名出卖亲生子女与民间送养的关键区别在于行为人是否具有非法获利的目的。应当主要通过审查行为人送养背景和原因、有无收取钱财及收取钱财多少、是否考察对方的抚养目的及有无抚养能力等事实，综合判断行为人是否具有非法获利目的。不宜简单以是否收取较高额度钱财来判断是否以非法获利为目的。

〔徐某琴拐卖儿童案，2024-02-1-188-004〕〔杜某彩拐卖儿童案，2024-02-1-188-002〕〔阿某某、基某某拐卖儿童、沙某某等拐卖儿童、贩卖毒品案，2023-14-1-188-001〕以非法获利为目的，借送养之名出卖亲生子女并收取"营养费"的行为，构成拐卖儿童罪

对私自送养亲生子女并收取一定数额钱财的行为，要严格区分民间私自送养和借送养之名出卖亲生子女的界限。对于能否认定为以非法获利为目的，拐卖儿童的行为，具体可从以下方面予以审查判断：一是审查是否有证据证实行为人将生育作为非法获利的手段，如生育子女后即将子女出卖；二是审查行为人将子女送人的背景和真实原因，行为人是否已核实对方的抚养目的、抚养能力；三是审查行为人收取钱财的目的、用途及态度，着重分析判断行为人是否具有非法获利的目的。实践中，考虑到各地经济发展水平的差异及收养方经济能力的不同，也不能唯获取钱财数额的多少简单判断。

〔江某娣等拐卖儿童案，2023-02-1-188-013〕出卖捡拾儿童行为性质的认定及量刑

“贩卖”并不仅限于“既买入又卖出”，以出卖为目的买入的，或以获利为目的卖出的，均属于“贩卖”。据此，出卖捡拾儿童的，应以拐卖儿童罪追究行为人的刑事责任。同时，拐卖方式是反映社会危害性大小的一个重要因素。出卖捡拾儿童的行为，与采取偷盗、强抢等方式拐卖儿童的行为相比，社会危害性相对较小。在量刑时，应综合考虑各种法定或酌定情节，对被告人合理量刑。

〔余某齐、胡某强拐卖儿童案，2023-02-1-188-002〕以出卖目的拐骗儿童后，被拐儿童年龄的变化不影响成立拐卖儿童罪

行为人以出卖为目的实施拐卖儿童犯罪过程中，被拐儿童年龄从不满十四周岁变为年满十四周岁的，应认定为拐卖儿童罪一罪。

【《刑事审判参考》案例】

〔参考案例第77号：张世林拐卖妇女案〕拐卖两性人能否构成拐卖妇女罪？

对于行为人明知是年满十四周岁的两性人而以出卖为目的实施拐骗、绑架、收买、贩卖、接送、中转行为的，根据罪刑法定原则，不能以拐卖妇女罪定罪处罚。但对于行为人因对犯罪对象的认识错误，误将两性人视为妇女而拐卖的，属于对象不能犯未遂，可以拐卖妇女罪(未遂)追究行为人的刑事责任。

〔参考案例第229号：李邦祥拐卖妇女案〕应收买的被拐卖的妇女要求将其再转卖他人的如何定罪处罚？

应收买的被拐卖妇女的要求，将其再转卖给他人的行为，应当定拐卖妇女罪，但在具体量刑上应考虑被害人自愿等因素，对被告人从宽处罚。

〔参考案例第791号：刘友祝拐卖妇女案〕为无民事行为能力妇女介绍对象收取费用的行为如何定性？

为精神发育迟滞、无民事行为能力的妇女“介绍对象”获取利益的行为，应当认定为拐卖妇女罪。

〔参考案例第781号：武亚军、关倩倩拐卖儿童案〕如何区分将亲生子女送给他人抚养和出卖亲生子女？

对行为人将亲生子女送给他人并收取一定数额的钱财的行为，如何判断行为人主观上是为了非法获利，还是拒绝承担抚养义务，要注意从以下几个方面的证据综合进行审查：

第一，审查是否有证据证实行为人将生育作为非法获利的手段，生育子女后即将子女出卖。对非法获利目的的认定，不能局限于一次行为的评价，要综合被告人的关联行为，准确认定被告人是否属于因经济困难而送养小孩。例如，行为人在三年时间里，先后将所生育的三个孩子全“送”给他人“抚养”，共收取68000元。如果仅局限于第一次行为，很难准确认定被告人的主观目的。然而，其接下来将刚生育的三个子女都先后“送人”换取钱财的事实，足以体现出其借“送养”之名行敛财之实，具有非法获利目的，应当以拐卖儿童罪论处。

第二，审查行为人将子女送人的背景和真实原因，并审查行为时是否考虑对方有无抚养目的、抚养能力。实践中，父母将亲生子女送人的背景、原因很复杂，有的是家庭经济状况异常困难或者突然遭遇重大变故，如亲属身染重病，导致没有能力抚养子女的；或者未婚先育，短期内无法结婚又不具备抚养能力和条件的等。在上述情况下，父母将亲生子女送给他人，首先考虑的是子女以后的成长生活、教育等因素，一般会对收养方是否有抚养目的和抚养能力进行认真斟酌考量。对方给不给抚养费、给多少抚养费，父母不会特别在意。

第三，审查行为人收取钱财的多少以及在收取钱财过程中的态度。一方面，要考虑收取钱财的数额是否明显超出了抚育成本或"感谢费"的范围，但不能唯数额论。数额巨大的，未必都能认定行为人具有非法获利目的，如收养人经济状况较好，主动支付数额较大的"感谢费"的情形；收取钱财数额相对小的，也未必一概不认定具有非法获利目的，如父母为了偿还赌债或者挥霍享乐，以"较低价格"将子女"送人"，或者父母为出卖子女积极讨价还价，但最终只收取到少量钱财的情形，就足以体现出行为人具有非法获利目的。因此，行为人在收取钱财过程中的表现、态度，是判断其是否具有非法获利目的的一项重要因素。

总之，对于将亲生子女送给他人并收取一定数额钱财的行为，实践中一定要结合各种因素综合判断。如果认定行为人非法获利目的的证据存疑的，应当按照存疑有利于被告人的原则，根据案件具体情况，或者认定为遗弃罪，或者作无罪处理。

〔参考案例第930号：孙如珍、卢康涛拐卖儿童案〕如何把握出卖亲生子女行为罪与非罪的界限？如何区分居间介绍收养儿童和以非法获利为目的拐卖儿童？

1.因生活困难、重男轻女等原因，私自送养亲生子女并收取一定数额钱财的，一般不以拐卖儿童罪论处。

2.司法实践中，对于在私自收养儿童的过程中居间介绍并收取少量介绍费的，一般不以犯罪论处。但如果明知他人系拐卖儿童的"人贩子"，仍然利用从事诊疗、福利救助等工作的便利或者了解被拐卖方情况的条件，从事居间介绍活动的，则应当以拐卖儿童罪的共犯论处。对其中起辅助或者次要作用、没有获利或者获利较少的，可以认定为从犯。如果居间介绍者在介绍过程中直接参与交易并从中获利，其实施的拐卖儿童行为具有相对独立性，即使送养方与收养方都不构成犯罪，介绍者也可能构成拐卖儿童罪。

〔参考案例第1000号：郑明寿拐卖儿童案〕如何理解"偷盗婴幼儿"中的"偷盗"？

"偷盗婴幼儿"是指以暴力、胁迫或者麻醉以外的平和方法控制婴幼儿的行为，即"偷盗"的外延不仅包括秘密窃取，还包括欺骗、利诱等其他手段。

第二百四十一条 【收买被拐卖的妇女、儿童罪】收买被拐卖的妇女、儿童的，处三年以下有期徒刑、拘役或者管制。

【强奸罪】收买被拐卖的妇女，强行与其发生性关系的，依照本法第二百三十六条的规定定罪处罚。

收买被拐卖的妇女、儿童，非法剥夺、限制其人身自由或者有伤害、侮辱等犯罪行为的，依照本法的有关规定定罪处罚。

收买被拐卖的妇女、儿童，并有第二款、第三款规定的犯罪行为的，依照数罪并罚的规定处罚。

【拐卖妇女、儿童罪】收买被拐卖的妇女、儿童又出卖的，依照本法第二百四十条的规定定罪处罚。

收买被拐卖的妇女、儿童，对被买儿童没有虐待行为，不阻碍对其进行解救的，可以从轻处罚；按照被买妇女的意愿，不阻碍其返回原居住地的，可以从轻或者减轻处罚。

【修正前条文】

第二百四十一条 【收买被拐卖的妇女、儿童罪】收买被拐卖的妇女、儿童的，处三年以下有期徒刑、拘役或者管制。

【强奸罪】收买被拐卖的妇女，强行与其发生性关系的，依照本法第二百三十六条的规定定罪处罚。

收买被拐卖的妇女、儿童，非法剥夺、限制其人身自由或者有伤害、侮辱等犯罪行为的，依照本法的有关规定定罪处罚。

收买被拐卖的妇女、儿童，并有第二款、第三款规定的犯罪行为的，依照数罪并罚的规定处罚。

【拐卖妇女、儿童罪】收买被拐卖的妇女、儿童又出卖的，依照本法第二百四十条的规定定罪处罚。

收买被拐卖的妇女、儿童，按照被买妇女的意愿，不阻碍其返回原居住地的，对被买儿童没有虐待行为，不阻碍对其进行解救的，可以不追究刑事责任。

【修正说明】

本条由刑法修正案(九)第十五条修正，删去了“可以不追究刑事责任”的规定，对收买被拐卖妇女、儿童的行为一律定罪处刑。

【立法・要点注释】

“原居住地”，一般是指被买妇女被拐卖前的居住地。这里需要特别注意的是，有的妇女是在外出时遭到拐卖的，即“拐出地”和原居住地不一致。在这种情况下，如果收买人按照被买妇女的意愿，将其送到被“拐出地”的，也应视为被买妇女返回原居住地。还有的妇女要求到自己的亲友家，这种情况也应视为被买妇女返回了原居住地。除此之外，如果被买妇女自愿留在当地，并经查证属实的，也应视为收买人不阻碍其返回原居住地。有关部门在解救工作中也应注意尊重被买妇女的意愿。

【司法解释】

《最高人民法院关于审理拐卖妇女儿童犯罪案件具体应用法律若干问题的解释》(法释〔2016〕28号，20170101)

第四条 在国家机关工作人员排查来历不明儿童或者进行解救时，将所收买的儿童藏匿、转移或者实施其他妨碍解救行为，经说服教育仍不配合的，属于刑法第二百四十一条第六款规定的“阻碍对其进行解救”。

第五条 收买被拐卖的妇女，业已形成稳定的婚姻家庭关系，解救时被买妇女自愿继续留在当地共同生活的，可以视为“按照被买妇女的意愿，不阻碍其返回原居住地”。

第六条　收买被拐卖的妇女、儿童后又组织、强迫卖淫或者组织乞讨、进行违反治安管理活动等构成其他犯罪的，依照数罪并罚的规定处罚。

第七条　收买被拐卖的妇女、儿童，又以暴力、威胁方法阻碍国家机关工作人员解救被收买的妇女、儿童，或者聚众阻碍国家机关工作人员解救被收买的妇女、儿童，构成妨害公务罪、聚众阻碍解救被收买的妇女、儿童罪的，依照数罪并罚的规定处罚。

第八条　出于结婚目的收买被拐卖的妇女，或者出于抚养目的收买被拐卖的儿童，涉及多名家庭成员、亲友参与的，对其中起主要作用的人员应当依法追究刑事责任。

【司法解释 · 注释】

根据本司法解释第八条的规定，可以不追究刑事责任的对象是在收买犯罪中起次要作用的参与人员。如果行为人在收买被拐卖妇女、儿童的环节虽不起主要作用，但积极参与殴打、拘禁被拐卖的妇女、儿童，甚至实施或者协助实施强奸、摧残等严重损害被拐卖的妇女、儿童身心健康行为的，亦应依法追究刑事责任，构成数罪的，还应依法予以并罚，切实保障妇女、儿童合法权益不受侵犯。

【司法指导文件】

《最高人民法院、最高人民检察院、公安部、司法部关于依法惩治拐卖妇女儿童犯罪的意见》(法发〔2010〕7号，20100315)

20.明知是被拐卖的妇女、儿童而收买，具有下列情形之一的，以收买被拐卖的妇女、儿童罪论处；同时构成其他犯罪的，依照数罪并罚的规定处罚：

(1)收买被拐卖的妇女后，违背被收买妇女的意愿，阻碍其返回原居住地的；

(2)阻碍对被收买妇女、儿童进行解救的；

(3)非法剥夺、限制被收买妇女、儿童的人身自由，情节严重，或者对被收买妇女、儿童有强奸、伤害、侮辱、虐待等行为的；

(4)所收买的妇女、儿童被解救后又再次收买，或者收买多名被拐卖的妇女、儿童的；

(5)组织、诱骗、强迫被收买的妇女、儿童从事乞讨、苦役，或者盗窃、传销、卖淫等违法犯罪活动的；

(6)造成被收买妇女、儿童或者其亲属重伤、死亡以及其他严重后果的；

(7)具有其他严重情节的。

……

30.犯收买被拐卖的妇女、儿童罪，对被收买妇女、儿童实施违法犯罪活动或者将其作为牟利工具的，处罚时应当依法体现从严。

收买被拐卖的妇女、儿童，对被收买妇女、儿童没有实施摧残、虐待行为或者与其已形成稳定的婚姻家庭关系，但仍应依法追究刑事责任的，一般应当从轻处罚；符合缓刑条件的，可以依法适用缓刑。

收买被拐卖的妇女、儿童，犯罪情节轻微的，可以依法免予刑事处罚。[①]

---

① 对于该条的适用，需结合刑法修正案(九)第十五条修正的刑法第二百四十一条的规定综合考虑。——编者注

31.多名家庭成员或者亲友共同参与出卖亲生子女，或者“买人为妻”、“买人为子”构成收买被拐卖的妇女、儿童罪的，一般应当在综合考察犯意提起、各行为人在犯罪中所起作用等情节的基础上，依法追究其中罪责较重者的刑事责任。对于其他情节显著轻微危害不大，不认为是犯罪的，依法不追究刑事责任；必要时可以由公安机关予以行政处罚。

【公安文件】

《公安部关于打击拐卖妇女儿童犯罪适用法律和政策有关问题的意见》(公通字〔2000〕25号，20000317)

三、关于收买被拐卖的妇女、儿童犯罪

(一)收买被拐卖的妇女、儿童的，以收买被拐卖的妇女、儿童罪立案侦查。

(二)收买被拐卖的妇女、儿童，并有下列犯罪行为的，同时以收买被拐卖的妇女、儿童罪和下列罪名立案侦查：

1.违背被拐卖妇女的意志，强行与其发生性关系的，以强奸罪立案侦查。

2.明知收买的妇女是精神病患者(间歇性精神病患者在发病期间)或者痴呆者(程度严重的)而与其发生性关系的，以强奸罪立案侦查。

3.与收买的不满十四周岁的幼女发生性关系的，不论被害人是否同意，均以奸淫幼女罪[①]立案侦查。

4.非法剥夺、限制被拐卖的妇女、儿童人身自由的，或者对其实施伤害、侮辱、猥亵等犯罪行为的，以非法拘禁罪，或者伤害罪、侮辱罪、强制猥亵妇女罪[②]、猥亵儿童罪等犯罪立案侦查。

5.明知被拐卖的妇女是现役军人的妻子而与之同居或者结婚的，以破坏军婚罪立案侦查。

(三)收买被拐卖的妇女、儿童后又出卖的，以拐卖妇女、儿童罪立案侦查。

(四)凡是帮助买主实施强奸、伤害、非法拘禁被拐卖的妇女、儿童等犯罪行为的，应当分别以强奸罪、伤害罪、非法拘禁罪等犯罪的共犯立案侦查。

(五)……

【法院案例库参考案例】

〔陈某收买被拐卖的儿童案，2023-02-1-189-003〕福利院工作人员收买被拐卖儿童行为性质的认定

福利院工作人员明知所收买的婴儿系被跨地区拐卖的婴儿，为获取经济利益仍予以收买的，其行为构成收买被拐卖的儿童罪。

【《刑事审判参考》案例】

〔参考案例第991号：龚绍吴收买被拐卖的妇女、儿童，强迫卖淫案〕收买被拐卖的妇女、儿童后，又强迫其卖淫的，如何定罪处罚？

强迫被收买的妇女、儿童从事卖淫等违法犯罪活动同时构成犯罪的，按收买被拐卖的妇女、儿童罪和强迫卖淫罪并罚。

第二百四十二条　【妨害公务罪】以暴力、威胁方法阻碍国家机关工作人员解救被收买的妇女、儿童的，依照本法第二百七十七条的

① 罪名已变更为“强奸罪”。——编者注
② 罪名已变更为“强制猥亵、侮辱罪”。——编者注

规定定罪处罚。

【聚众阻碍解救被收买的妇女、儿童罪】聚众阻碍国家机关工作人员解救被收买的妇女、儿童的首要分子，处五年以下有期徒刑或者拘役；其他参与者使用暴力、威胁方法的，依照前款的规定处罚。

第二百四十三条　【诬告陷害罪】捏造事实诬告陷害他人，意图使他人受刑事追究，情节严重的，处三年以下有期徒刑、拘役或者管制；造成严重后果的，处三年以上十年以下有期徒刑。

国家机关工作人员犯前款罪的，从重处罚。

不是有意诬陷，而是错告，或者检举失实的，不适用前两款的规定。

【立法·要点注释】

诬告陷害的行为必须有明确的对象，如果行为人只是捏造了某种犯罪事实，向有关机关告发，并没有具体的告发对象，这种行为虽然也侵犯了司法机关的正常活动，但并未直接侵犯他人的人身权利，不构成本罪。有明确的对象并非要求行为人必须指名道姓告发，如果通过告发的事实可以明显地判断出告发对象，即使没有提出具体姓名，也属于有明确的对象。

【法院案例库参考案例】

〔聂某德等诬告陷害案，2023-06-1-191-003〕在互联网发布捏造的举报帖打击报复基层干部，情节严重的构成诬告陷害罪

捏造乡镇干部指使他人截留精准扶贫款、贪污、收受贿赂、私设小金库等虚假“事实”，在互联网发布捏造的举报帖，意图使乡镇干部受到刑事追究，情节严重的，可按诬告陷害罪处罚。

〔何某诬告陷害案，2023-06-1-191-002〕向行政机关投诉，对行政行为错告或检举失实的，不构成诬告陷害罪

在审理诬告陷害案件时，犯罪构成方面必须注意考察行为人主观方面是否具有意图使他人受到刑事追究的目的，客观上是否具有捏造事实诬陷他人的行为，社会危害性是否达到“情节严重”的程度。对于向行政机关投诉，对行政行为错告或检举失实的，不能以诬告陷害罪追究刑事责任。

第二百四十四条　【强迫劳动罪】以暴力、威胁或者限制人身自由的方法强迫他人劳动的，处三年以下有期徒刑或者拘役，并处罚金；情节严重的，处三年以上十年以下有期徒刑，并处罚金。

明知他人实施前款行为，为其招募、运送人员或者有其他协助强迫他人劳动行为的，依照前款的规定处罚。

单位犯前两款罪的，对单位判处罚金，并对其直接负责的主管人员和其他直接责任人员，依照第一款的规定处罚。

【修正前条文】

第二百四十四条　【强迫职工劳动罪】用人单位违反劳动管理法规，以限制人身自由方法强迫职工劳动，情节严重的，对直接责任人员，处三年以下有期徒刑或者拘役，并处或者单处罚金。

【修正说明】

刑法修正案(八)第三十八条对原条文作出下述修改：一是将犯罪主体由用人单位扩大到包括个人和单位在内的一般主体；二是将犯罪对象由“职工”修改为“他人”；三是完善了犯罪行为的规定，加重了法定刑；四是将为强迫劳动的单位和个人招募、运送人员或者以其他手段协助强迫劳动的行为规定为犯罪。

【立案追诉标准】

《最高人民检察院、公安部关于公安机关管辖的刑事案件立案追诉标准的规定(一)》[公通字〔2008〕36号，20080625，经2017年4月27日发布的《最高人民检察院、公安部关于公安机关管辖的刑事案件立案追诉标准的规定(一)的补充规定》(公通字〔2017〕12号)修正]

第三十一条 〔强迫劳动案(刑法第二百四十四条)〕以暴力、威胁或者限制人身自由的方法强迫他人劳动的，应予立案追诉。

明知他人以暴力、威胁或者限制人身自由的方法强迫他人劳动，为其招募、运送人员或者有其他协助强迫他人劳动行为的，应予立案追诉。

【《刑事审判参考》案例】

〔参考案例第867号：朱斌等强迫劳动案〕强迫劳动罪与非罪如何认定？强迫劳动“情节严重”如何认定？

1.对于具有以下情形之一的强迫劳动行为，一般应当予以刑罚处罚：(1)强迫三人以上劳动的，或者虽未达到三人，但强迫劳动持续时间长的；(2)强迫未成年人、严重残疾人、精神智力障碍达到限制民事行为能力程度的人或者其他处于特别脆弱状况的人劳动的；(3)采取殴打、多次体罚虐待、严重威胁、非法限制人身自由等正常人通常无法抗拒、难以抗拒的方式强迫劳动的；(4)从强迫他人劳动中获利数额较大的，数额较大的标准似可参考盗窃罪数额较大的标准确定。对于那些偶尔强迫他人劳动、持续时间短、被强迫的人数较少、强迫程度较轻、被强迫者虽然不情愿但尚有选择自由的行为，可以不予刑事追究，而通过民事或者行政手段予以处理。另外，对于在正常用工单位日常管理工作中，因管理方式简单粗暴，偶尔发生的以克扣津贴、奖金，扣发、延发工资甚至开除等方式威胁职工加班，从事长时间、高强度劳动的，是否认定构成强迫劳动罪应当严格把握。

2.对强迫劳动罪“情节严重”的认定标准可以是：(1)被强迫劳动者人数在十人以上的；(2)被强迫劳动者属于未成年人、严重残疾人、精神智力障碍达到限制民事行为能力程度的人或者其他处于特别脆弱状况的人，且人数在三人以上的；(3)以非人道的恶劣手段对他人进行摧残、精神折磨，强迫其劳动的；(4)强迫他人在爆炸性、易燃性、放射性、毒害性等危险环境下从事劳动或从事常人难以忍受的超强度体力劳动的；(5)因强迫劳动造成被害人自残、自杀、精神失常等严重后果，但尚不构成故意杀人罪、故意伤害罪等其他严重犯罪的；(6)强迫劳动持续时间较长的；(7)因强迫劳动被劳动行政部门、公安机关处理、处罚过，又实施强迫劳动构成犯罪的；(8)强迫他人无偿劳动，或所支付的报酬与他人劳动付出明显不成比例，行为人从中获利数额巨大的，数额巨大的标准似可参考盗窃罪数额巨大的标准确定；(9)其他能够反映行为人主观恶性深、动机卑劣以及强迫程度高、对被害人身心伤害大的情节。

3.行为人强迫劳动本身已构成强迫劳动罪，又在日常工作中，实施暴力导致被害人人身严重伤害、死亡的，则分别构成强迫劳动罪和故意伤害罪、故意杀人罪，应当实行数罪并罚。

第二百四十四条之一 【雇用童工从事危重劳动罪】违反劳动管理法规，雇用未满十六周岁的未成年人从事超强度体力劳动的，或者从事高空、井下作业的，或者在爆炸性、易燃性、放射性、毒害性等危险环境下从事劳动，情节严重的，对直接责任人员，处三年以下有期徒刑或者拘役，并处罚金；情节特别严重的，处三年以上七年以下有期徒刑，并处罚金。

有前款行为，造成事故，又构成其他犯罪的，依照数罪并罚的规定处罚。

【修正说明】

本罪由刑法修正案(四)第四条增设。

【立法·要点注释】

1.关于违反劳动管理法规，雇用未满十六周岁的未成年人从事劳动。根据劳动管理法规的规定，任何用人单位和个人，招用未满十六周岁的未成年人从事劳动的，属于使用童工的违法行为。但是，文艺、体育单位经未成年人的监护人同意，可以招用未满十六周岁的专业文艺工作者、运动员，学校、其他教育机构以及职业培训机构按照国家规定组织未满十六周岁的未成年人进行不影响其人身安全和身心健康的教育实践活动、职业技能培训劳动的，不属于非法使用童工。一些单位和个人打着从事文艺、体育活动的招牌，非法雇用童工进行低俗、危险表演的，不属于招收文艺、体育工作者的情况，应当按照本条的规定定罪处罚。

2.所谓雇用，一般是指在行为人和童工之间形成一定的劳动关系。雇用是向童工支付工资使其为自己提供劳动的行为。雇佣关系的形成并不要求双方有明确的时间约定，也不以签订书面合同为条件，只要雇用人和被雇用的童工之间形成事实上的劳动关系即可。但是父母让未成年子女到自己的工厂、作坊等从事劳动的，不宜认定为雇佣关系。

3.关于雇用未满十六周岁的未成年人从事超强度体力劳动的，或者从事高空、井下作业，或者在爆炸性、易燃性、放射性、毒害性等危险环境下从事劳动。“超强度体力劳动”，是指劳动强度超过劳动者正常体能所能承受的体力劳动。在具体认定童工所从事的体力劳动是否属于超强度体力劳动时，可以参考劳动保护部门用于测算正常生产劳动作业的分级标准，但不能简单地认定某级以上强度的劳动就属于超强度体力劳动。具体认定需要由司法机关根据案件具体情况，结合童工的年龄、身体发育状况、承受能力，童工所从事的劳动的性质等因素，综合考虑。需要特别说明的是，刑法虽然只是规定了爆炸性、易燃性、放射性、毒害性等危险环境，但是，除上述危险环境外，非法雇用童工在与上述环境具有相当危险性的环境下劳动的，也可以构成本罪。比如，雇用童工在严重的粉尘环境、极端低温或者高温环境下从事劳动。

4.关于数罪并罚。本条第二款规定了数罪并罚的情况，根据这一规定，对被告人实行数罪并罚的条件有三个：(1)有非法雇用童工的犯罪行为。数罪并罚的前提条件是行为人的数个行为都构成犯罪，因此行为人必须实施了本法第一款规定的非法雇用童工的行为，情节严重，构成犯罪。(2)造成了事故。造成事故是指过失造成被雇用的童工人身伤害、死亡等后果。因采用暴力手段强迫被雇用的童工劳动，体罚、虐待被雇用的童工，造成童工伤害或者死亡后果的，应当按照刑法有关规定处理，不属于这里所说的事故。需要说明的是，本条第二款是对非法雇用童工和造成事故这两种情况同时发生如何处理作出的规定，并不要求两者之间具有直接因果关系。事故的直接原因与非法雇用童工行为没有直接联系，但是发生重大责任事故或者重大安全事故，造成童工人身伤亡，符合本条第二款规定的，应当按照数罪进行并罚。(3)造成事故的行为构成了犯罪。这里的其他犯罪主要是指本法第一百三十四条、第一百三十五条等有关安全生产事故的犯罪。

【立案追诉标准】

《最高人民检察院、公安部关于公安机关管辖的刑事案件立案追诉标准的规定(一)》(公通字〔2008〕36号，20080625)

第三十二条　〔雇用童工从事危重劳动案(刑法第二百四十四条之一)〕违反劳动管理法规，雇用未满十六周岁的未成年人从事国家规定的第四级体力劳动强度的劳动，或者从事高空、井下劳动，或者在爆炸性、易燃性、放射性、毒害性等危险环境下从事劳动，涉嫌下列情形之一的，应予立案追诉：

(一)造成未满十六周岁的未成年人伤亡或者对其身体健康造成严重危害的；

(二)雇用未满十六周岁的未成年人三人以上的；

(三)以强迫、欺骗等手段雇用未满十六周岁的未成年人从事危重劳动的；

(四)其他情节严重的情形。

第二百四十五条　【非法搜查罪】【非法侵入住宅罪】非法搜查他人身体、住宅，或者非法侵入他人住宅的，处三年以下有期徒刑或者拘役。

司法工作人员滥用职权，犯前款罪的，从重处罚。

【立法·要点注释】

1.关于“非法搜查”。“非法搜查”有两层意思：一是指无权进行搜查的机关、团体、单位的工作人员或者个人，非法对他人人身、住宅进行搜查；二是指有搜查权的国家机关工作人员，滥用职权，非法对他人的人身、住宅进行搜查或者搜查的程序和手续不符合法律规定。

2.关于“非法侵入住宅”。所谓“非法侵入住宅”，主要指无权或者无理进入他人住宅而强行闯入或者拒不退出。如果是事先征得住宅主人同意的，或者是司法工作人员为依法执行搜查、逮捕、拘留等任务而进入他人住宅的，都不是非法侵入他人住宅。这里的“住宅”，是指他人生活的与外界相对隔离的住所，包括封闭的院落、牧民的帐篷、渔民作为家庭生活场所的渔船、为生活租用的房屋等。非法侵入他人住宅罪是故意犯罪，过失的不构成犯罪。

【司法解释】

《最高人民检察院关于渎职侵权犯罪案件立案标准的规定》(高检发释字〔2006〕2号，20060726)

(二)国家机关工作人员利用职权实施的非法搜查案(第二百四十五条)

非法搜查罪是指非法搜查他人身体、住宅的行为。

国家机关工作人员利用职权非法搜查，涉嫌下列情形之一的，应予立案：

1.非法搜查他人身体、住宅，并实施殴打、侮辱等行为的；

2.非法搜查，情节严重，导致被搜查人或者其近亲属自杀、自残造成重伤、死亡，或者精神失常的；

3.非法搜查，造成财物严重损坏的；

4.非法搜查3人(户)次以上的；

5.司法工作人员对明知是与涉嫌犯罪无关的人身、住宅非法搜查的；

6.其他非法搜查应予追究刑事责任的情形。

【司法指导文件(1)】

《最高人民法院、最高人民检察院、公安部、司法部关于办理实施"软暴力"的刑事案件若干问题的意见》(公通字〔2019〕15号，20190409)

七、以"软暴力"手段非法进入或者滞留他人住宅的，应当认定为《刑法》第二百四十五条规定的"非法侵入他人住宅"，同时符合其他犯罪构成要件的，应当以非法侵入住宅罪定罪处罚。

【司法指导文件(2)】

参见本法分则第五章侵犯财产罪项下【司法指导文件(1)】第八条，第807页。

【法院案例库参考案例】

〔先某川非法侵入住宅、盗窃案，2024-06-1-195-001〕非法侵入他人住宅后另起犯意窃取住宅内财物的，依法应当数罪并罚

行为人未经住宅主人同意，非法侵入他人住宅居住且长达数日的，其行为构成非法侵入住宅罪。非法居住期间临时起意窃取住宅内价值较大以上财物的，同时构成盗窃罪。该盗窃行为与非法侵入他人住宅的行为相对独立，应当以非法侵入住宅罪和盗窃罪数罪并罚。

【《刑事审判参考》案例】

〔参考案例第526号：毛君、徐杰非法侵入住宅案〕入户盗窃财物数额未达到盗窃罪定罪标准，严重妨碍他人的居住与生活安宁的，应如何定性？

入户盗窃财物数额未达到盗窃罪定罪标准，具备下列情形之一，严重妨碍他人的居住与生活安宁的，可以按非法侵入住宅罪论处：(1)携带凶器入户或者入户后准备凶器的；(2)对户内财物进行破坏并造成较为严重后果的；(3)对户内人员造成严重精神损害的；(4)数额接近较大标准或两次入户盗窃的；(5)其他严重影响他人正常生活和居住安宁的。

第二百四十六条　【侮辱罪】【诽谤罪】以暴力或者其他方法公

然侮辱他人或者捏造事实诽谤他人，情节严重的，处三年以下有期徒刑、拘役、管制或者剥夺政治权利。

前款罪，告诉的才处理，但是严重危害社会秩序和国家利益的除外。

通过信息网络实施第一款规定的行为，被害人向人民法院告诉，但提供证据确有困难的，人民法院可以要求公安机关提供协助。

【修正前条文】

第二百四十六条 【侮辱罪】【诽谤罪】以暴力或者其他方法公然侮辱他人或者捏造事实诽谤他人，情节严重的，处三年以下有期徒刑、拘役、管制或者剥夺政治权利。

前款罪，告诉的才处理，但是严重危害社会秩序和国家利益的除外。

【修正说明】

本条由刑法修正案(九)第十六条修正，增加了第三款的规定。

【立法·要点注释】

1.关于“侮辱”。“侮辱”，是指以暴力或者其他方法，公然诋毁他人人格，破坏他人名誉的行为。侮辱的方法可以是暴力，也可以是暴力以外的其他方法。

2.关于“暴力”。“暴力”，是指以强制方法来损害他人人格和名誉，如强迫他人“戴高帽”游行、当众剥光他人衣服等。这里的暴力，不是为了损害他人的身体健康，如果在实施暴力侮辱的过程中造成他人死亡或者伤害后果的，即构成故意杀人罪或者故意伤害罪。

3.关于“其他方法”。“其他方法”，是指以语言、文字等暴力以外的方法侮辱他人，如当众嘲笑、辱骂、贴传单或者漫画等来侮辱他人。

4.关于“公然”。“公然”，是指当众或者利用能够使多人听到或看到的方式，对他人进行侮辱。侮辱他人的行为，必须是公然进行，如果不是公然，不构成本罪。

5.关于“诽谤”与“捏造事实”。“诽谤”，是指故意捏造事实，并且进行散播，损害他人人格和名誉的行为。“捏造事实”，就是无中生有，凭空制造虚假的事实。诽谤除捏造事实外，还要将该捏造的事实进行散播，散播包括口头方法和书面方法。捏造事实的行为与散播行为必须同时具备才构成本罪。如果只是捏造事实与个别亲友私下议论，没有散播的，或者散播的是客观事实而不是捏造的虚假事实的，都不构成本罪。

6.关于“严重危害社会秩序和国家利益”。“严重危害社会秩序和国家利益”，是指侮辱、诽谤行为严重扰乱社会秩序的；侮辱、诽谤外交使节造成恶劣国际影响的；侮辱、诽谤给国家形象造成恶劣影响的；等等。

7.关于“提供协助”。主要是指由公安机关查明犯罪嫌疑人的身份信息，向互联网企业调取有关犯罪证据，协助人民法院查明有关案情，等等。根据人民警察法的规定，公安机关负有预防、制止和侦查违法犯罪活动的职责，在人民法院要求公安机关提供协助的情况下，公安机关可以行使法律赋予的职权，开展相应调查工作。

【司法解释(1)】

《最高人民法院关于〈中华人民共和国刑法修正案(九)〉时间效力问题的解释》(法释〔2015〕19号,20151101)

第四条　对于2015年10月31日以前通过信息网络实施的刑法第二百四十六条第一款规定的侮辱、诽谤行为,被害人向人民法院告诉,但提供证据确有困难的,适用修正后刑法第二百四十六条第三款的规定。

【司法解释(2)】

《最高人民法院、最高人民检察院关于办理利用信息网络实施诽谤等刑事案件适用法律若干问题的解释》(法释〔2013〕21号,20130910)

第一条　具有下列情形之一的,应当认定为刑法第二百四十六条第一款规定的"捏造事实诽谤他人":

(一)捏造损害他人名誉的事实,在信息网络上散布,或者组织、指使人员在信息网络上散布的;

(二)将信息网络上涉及他人的原始信息内容篡改为损害他人名誉的事实,在信息网络上散布,或者组织、指使人员在信息网络上散布的;

明知是捏造的损害他人名誉的事实,在信息网络上散布,情节恶劣的,以"捏造事实诽谤他人"论。

第二条　利用信息网络诽谤他人,具有下列情形之一的,应当认定为刑法第二百四十六条第一款规定的"情节严重":

(一)同一诽谤信息实际被点击、浏览次数达到五千次以上,或者被转发次数达到五百次以上的;

(二)造成被害人或者其近亲属精神失常、自残、自杀等严重后果的;

(三)二年内曾因诽谤受过行政处罚,又诽谤他人的;

(四)其他情节严重的情形。

第三条　利用信息网络诽谤他人,具有下列情形之一的,应当认定为刑法第二百四十六条第二款规定的"严重危害社会秩序和国家利益":

(一)引发群体性事件的;

(二)引发公共秩序混乱的;

(三)引发民族、宗教冲突的;

(四)诽谤多人,造成恶劣社会影响的;

(五)损害国家形象,严重危害国家利益的;

(六)造成恶劣国际影响的;

(七)其他严重危害社会秩序和国家利益的情形。

第四条　一年内多次实施利用信息网络诽谤他人行为未经处理,诽谤信息实际被点击、浏览、转发次数累计计算构成犯罪的,应当依法定罪处罚。

第八条　明知他人利用信息网络实施诽谤、寻衅滋事、敲诈勒索、非法经营等犯罪,为其提供资金、场所、技术支持等帮助的,以共同犯罪论处。[①]

第九条　利用信息网络实施诽谤、寻衅滋事、敲诈勒索、非法经营犯罪,同时又构成刑法第二百二十一条规定的损害商业信誉、商品声誉罪,第二百七十八条规定的煽动暴力抗拒法律实施罪,第二百九十一条之一规定的编

① 对于该条的适用,需结合刑法修正案(九)第二十九条增设的刑法第二百八十七条之二即帮助信息网络犯罪活动罪的规定综合考虑。——编者注

造、故意传播虚假恐怖信息罪等犯罪的，依照处罚较重的规定定罪处罚。

第十条　本解释所称信息网络，包括以计算机、电视机、固定电话机、移动电话机等电子设备为终端的计算机互联网、广播电视网、固定通信网、移动通信网等信息网络，以及向公众开放的局域网络。

【司法解释(3)】

《最高人民法院关于审理非法出版物刑事案件具体应用法律若干问题的解释》(法释〔1998〕30号，19981223)

第六条　在出版物中公然侮辱他人或者捏造事实诽谤他人，情节严重的，依照刑法第二百四十六条的规定，分别以侮辱罪或者诽谤罪定罪处罚。

【司法指导文件】

《最高人民法院、最高人民检察院、公安部关于依法惩治网络暴力违法犯罪的指导意见》(法发〔2023〕14号，20230920)

二、准确适用法律，依法严惩网络暴力违法犯罪

2.依法惩治网络诽谤行为。在信息网络上制造、散布谣言，贬损他人人格、损害他人名誉，情节严重，符合刑法第二百四十六条规定的，以诽谤罪定罪处罚。

3.依法惩治网络侮辱行为。在信息网络上采取肆意谩骂、恶意诋毁、披露隐私等方式，公然侮辱他人，情节严重，符合刑法第二百四十六条规定的，以侮辱罪定罪处罚。

4.依法惩治侵犯公民个人信息行为。组织"人肉搜索"，违法收集并向不特定多数人发布公民个人信息，情节严重，符合刑法第二百五十三条之一规定的，以侵犯公民个人信息罪定罪处罚；依照刑法和司法解释规定，同时构成其他犯罪的，依照处罚较重的规定定罪处罚。

5.依法惩治借网络暴力事件实施的恶意营销炒作行为。基于蹭炒热度、推广引流等目的，利用互联网用户公众账号等推送、传播有关网络暴力违法犯罪的信息，符合刑法第二百八十七条之一规定的，以非法利用信息网络罪定罪处罚；依照刑法和司法解释规定，同时构成其他犯罪的，依照处罚较重的规定定罪处罚。

6.依法惩治拒不履行信息网络安全管理义务行为。网络服务提供者对于所发现的有关网络暴力违法犯罪的信息不依法履行信息网络安全管理义务，经监管部门责令采取改正措施而拒不改正，致使违法信息大量传播或者有其他严重情节，符合刑法第二百八十六条之一规定的，以拒不履行信息网络安全管理义务罪定罪处罚；依照刑法和司法解释规定，同时构成其他犯罪的，依照处罚较重的规定定罪处罚。

7.依法惩治网络暴力违法行为。实施网络侮辱、诽谤等网络暴力行为，尚不构成犯罪，符合治安管理处罚法等规定的，依法予以行政处罚。

8.依法严惩网络暴力违法犯罪。对网络暴力违法犯罪，应当体现从严惩治精神，让人民群众充分感受到公平正义。坚持严格执法司法，对于网络暴力违法犯罪，依法严肃追究，切实矫正"法不责众"的错误倾向。要重点打击恶意发起者、组织者、恶意推波助澜者以及屡教不改者。实施网络暴力违法犯罪，具有下列情形之一的，依法从重处罚：

(1)针对未成年人、残疾人实施的；

(2)组织“水军”、“打手”或者其他人员实施的；

(3)编造“涉性”话题侵害他人人格尊严的；

(4)利用“深度合成”等生成式人工智能技术发布违法信息的；

(5)网络服务提供者发起、组织的。

9.依法支持民事维权。针对他人实施网络暴力行为，侵犯他人名誉权、隐私权等人格权，受害人请求行为人承担民事责任的，人民法院依法予以支持。

10.准确把握违法犯罪行为的认定标准。通过信息网络检举、揭发他人犯罪或者违法违纪行为，只要不是故意捏造事实或者明知是捏造的事实而故意散布的，不应当认定为诽谤违法犯罪。针对他人言行发表评论、提出批评，即使观点有所偏颇、言论有些偏激，只要不是肆意谩骂、恶意诋毁的，不应当认定为侮辱违法犯罪。

三、畅通诉讼程序，及时提供有效法律救济

11.落实公安机关协助取证的法律规定。根据刑法第二百四十六条第三款的规定，对于被害人就网络侮辱、诽谤提起自诉的案件，人民法院经审查认为被害人提供证据确有困难的，可以要求公安机关提供协助。公安机关应当根据人民法院要求和案件具体情况，及时查明行为主体，收集相关侮辱、诽谤信息传播扩散情况及造成的影响等证据材料。网络服务提供者应当依法为公安机关取证提供必要的技术支持和协助。经公安机关协助取证，达到自诉案件受理条件的，人民法院应当决定立案；无法收集相关证据材料的，公安机关应当书面向人民法院说明情况。

12.准确把握侮辱罪、诽谤罪的公诉条件。根据刑法第二百四十六条第二款的规定，实施侮辱、诽谤犯罪，严重危害社会秩序和国家利益的，应当依法提起公诉。对于网络侮辱、诽谤是否严重危害社会秩序，应当综合侵害对象、动机目的、行为方式、信息传播范围、危害后果等因素作出判定。

实施网络侮辱、诽谤行为，具有下列情形之一的，应当认定为刑法第二百四十六条第二款规定的“严重危害社会秩序”：

(1)造成被害人或者其近亲属精神失常、自杀等严重后果，社会影响恶劣的；

(2)随意以普通公众为侵害对象，相关信息在网络上大范围传播，引发大量低俗、恶意评论，严重破坏网络秩序，社会影响恶劣的；

(3)侮辱、诽谤多人或者多次散布侮辱、诽谤信息，社会影响恶劣的；

(4)组织、指使人员在多个网络平台大量散布侮辱、诽谤信息，社会影响恶劣的；

(5)其他严重危害社会秩序的情形。

13.依法适用侮辱、诽谤刑事案件的公诉程序。对于严重危害社会秩序的网络侮辱、诽谤行为，公安机关应当依法及时立案。被害人同时向人民法院提起自诉的，人民法院可以请自诉人撤回自诉或者裁定不予受理；已经受理的，应当裁定终止审理，并将相关材料移送公安机关，原自诉人可以作为被害人参与诉讼。对于网络侮辱、诽谤行为，被害人在公安机关立案前提起自诉，人民法院经审查认为有关行为严重危害社会秩序的，应当将案件移送公安机关。

对于网络侮辱、诽谤行为，被害人或者其近亲属向公安机关报案，公安机关经审查认为已构成犯罪但不符合公诉条件的，可以告知报案人向人民法院提起自诉。

14.加强立案监督工作。人民检察院依照有关法律和司法解释的规定，对网络暴力犯罪案件加强立案监督工作。

上级公安机关应当加强对下级公安机关网络暴力案件立案工作的业务指导和内部监督。

15.依法适用人格权侵害禁令制度。权利人有证据证明行为人正在实施或者即将实施侵害其人格权的违法行为，不及时制止将使其合法权益受到难以弥补的损害，依据民法典第九百九十七条向人民法院申请采取责令行为人停止有关行为的措施的，人民法院可以根据案件具体情况依法作出人格权侵害禁令。

16.依法提起公益诉讼。网络暴力行为损害社会公共利益的，人民检察院可以依法向人民法院提起公益诉讼。

网络服务提供者对于所发现的网络暴力信息不依法履行信息网络安全管理义务，致使违法信息大量传播或者有其他严重情节，损害社会公共利益的，人民检察院可以依法向人民法院提起公益诉讼。

人民检察院办理网络暴力治理领域公益诉讼案件，可以依法要求网络服务提供者提供必要的技术支持和协助。

四、落实工作要求，促进强化综合治理

17.有效保障受害人权益。办理网络暴力案件，应当及时告知受害人及其法定代理人或者近亲属有权委托诉讼代理人，并告知其有权依法申请法律援助。针对相关网络暴力信息传播范围广、社会危害大、影响消除难的现实情况，要依法及时向社会发布案件进展信息，澄清事实真相，有效消除不良影响。依法适用认罪认罚从宽制度，促使被告人认罪认罚，真诚悔罪，通过媒体公开道歉等方式，实现对受害人人格权的有效保护。对于被判处刑罚的被告人，可以依法宣告职业禁止或者禁止令。

……

【司法指导文件·注释】

1.实践中，对于网络侮辱行为是否达到“情节严重”的程度，应当根据侮辱信息的具体情形、传播范围，以及行为手段、造成危害后果等因素，综合评价对被害人社会评价、人格尊严的损害程度，依法准确作出认定。特别是，考虑到手机等移动网络终端的广泛普及，以及当前互联网海量信息的实际情况，单纯依据相关信息的被点击、浏览次数或者被转发次数入罪应当特别慎重，以切实贯彻罪责刑相适应原则，确保案件办理取得良好效果。

2.公安机关协助取证的前提是“人民法院经审查认为被害人提供证据确有困难”。如果被害人已经提供了足够证据，或者自行收集有关证据并无困难，则无须由公安机关协助取证。受制于网络侮辱、诽谤的现实情况，被害人一般能够提供相关网络视频、网页截图等证明网络暴力事实的初步证据材料，但是对于实施网络侮辱、诽谤行为人的真实身份信息，以及相关网暴信息具体转载、阅读数量等证据材料，被害人往往无法完全自行提供。依照传统自诉案件的条件，上述情形难以进入自诉程序，但在网络侮辱、诽谤案件之中，被告人提起自诉的，法院可以根据案件具体情况要求公安机关协助取证。作此处理，可以促使人民法院在第一时间向公安机关提出协助取证要求，最大限度地维护被害人的合法权益和确保证据的完整性。

3.有人提出，侮辱罪、诽谤罪属亲告罪，对于网络侮辱、诽谤“严重危害社会秩序”，但被害人提起自诉的，应尊重其意愿，优先适用自诉程序。经研究，本意见未采纳这一观点，主要考虑：(1)根据刑法规定，实施侮辱、诽谤犯罪，严重危害社会秩序的，应当依法提起公诉。(2)在公安机关已就同一网络侮辱、诽谤行为立案侦查的情况下，如允许被害人再提起自诉，则不仅增加被害人诉累，还形成就同一行为的双重追诉，于法无据。(3)对于适用公诉程序的网络侮辱、诽谤刑事案件，原自诉人可以作为被害人参与诉讼，其当事人的诉讼权利可以得到充分的程序保障。

【公安文件】

《公安部关于严格依法办理侮辱诽谤案件的通知》(20090403)

二、准确把握侮辱、诽谤公诉案件的管辖范围及基本要件。根据刑法第二百四十六条的规定，侮辱、诽谤案件一般属于自诉案件，应当由公民个人自行向人民法院提起诉讼，只有在侮辱、诽谤行为“严重危害社会秩序和国家利益”时，公安机关才能按照公诉程序立案侦查。公安机关在依照公诉程序办理侮辱、诽谤刑事案件时，必须准确把握犯罪构成要件。对于不具备“严重危害社会秩序和国家利益”这一基本要件的，公安机关不得作为公诉案件管辖。对于具有下列情形之一的侮辱、诽谤行为，应当认定为“严重危害社会秩序和国家利益”，以侮辱罪、诽谤罪立案侦查，作为公诉案件办理：(一)因侮辱、诽谤行为导致群体性事件，严重影响社会秩序的；(二)因侮辱、诽谤外交使节、来访的外国国家元首、政府首脑等人员，造成恶劣国际影响的；(三)因侮辱、诽谤行为给国家利益造成严重危害的其他情形。公安机关在接到公民对侮辱、诽谤行为的报案、控告或者举报后，首先要认真审查，判明是否属于公安机关管辖。对于符合上述情形，但通过公诉可能对国家利益和国家形象造成更大损害的，可以通过其他方式予以处理。对于经过审查认为不属于上述情形但涉嫌犯罪的侮辱、诽谤案件，公安机关应当问明情况，制作笔录，并将案件材料移交有管辖权的人民法院，同时向当事人说明此类案件依照法律规定属于自诉案件，不属公安机关管辖，告知其到人民法院自行提起诉讼。公安机关在立案前的审查过程中，不得对有关人员和财产采取强制性措施。对于不构成犯罪但违反《治安管理处罚法》的，要通过治安调解，最大限度地化解矛盾和纠纷；对于调解不成的，应依法给予治安管理处罚。

【指导性案例 · 检察】

〔岳某侮辱案，JZD138-2022〕

1.利用信息网络散布被害人的裸体视频、照片及带有侮辱性的文字，公然侮辱他人，贬损他人人格、破坏他人名誉，导致出现被害人自杀等后果，严重危害社会秩序的，应当按照公诉程序，以侮辱罪依法追究刑事责任。

2.侮辱他人行为恶劣或者造成被

害人精神失常、自残、自杀等严重后果的，可以认定为"情节严重"。行为人以破坏他人名誉、贬低他人人格为目的，故意在网络上对他人实施侮辱行为，如散布被害人的个人隐私、生理缺陷等，情节严重的，应当认定为侮辱罪。侮辱罪"情节严重"，包括行为恶劣、后果严重等情形，如当众撕光妇女衣服的，当众向被害人泼洒粪便、污物的，造成被害人或者其近亲属精神失常、自残、自杀的，二年内曾因侮辱受过行政处罚又侮辱他人的，在网络上散布被害人隐私导致被广泛传播的，以及其他情节严重情形。

【法院案例库参考案例】

〔吴某某诽谤案，2024－18－1－197－001〕网络诽谤行为"严重危害社会秩序"的认定

随意以普通公众为侵害对象，制造、散布网络谣言，实施诽谤，引发大量低俗、恶意评论，严重破坏网络秩序，社会影响恶劣的，属于刑法第二百四十六条第二款规定的"严重危害社会秩序"，应当适用公诉程序。对于"严重破坏网络秩序，社会影响恶劣"的判断，应当综合信息内容、信息传播范围、对被害人名誉权的侵害程度及社会影响等情节，作出准确认定。

〔薛某琴侮辱案，2024－18－1－196－004〕网络侮辱适用公诉程序的条件

网络侮辱行为造成被害人自杀，虽经救治未危及生命，但综合行为人的动机目的、行为方式、信息传播范围、其他危害后果等因素，能够认定社会影响恶劣的，属于刑法第二百四十六条第二款规定的"严重危害社会秩序"，依法适用公诉程序。

〔李某某侮辱案，2024－18－1－196－003〕网络侮辱"情节严重"的认定

根据刑法第二百四十六条规定，侮辱罪以"情节严重"为入罪要件。对于网络侮辱行为是否达到"情节严重"的程度，应当根据侮辱信息的具体情形、传播范围，以及行为手段、造成危害后果等因素，综合评价对被害人社会评价、人格尊严的损害程度，依法准确作出认定。特别是，考虑到手机等移动网络终端的广泛普及，以及当前互联网海量信息的实际情况，单纯依据相关信息的被点击、浏览次数或者被转发次数入罪应当特别慎重，切实贯彻罪责刑相适应原则，确保案件办理取得良好效果。

〔常某甲等侮辱案，2024－18－1－196－001〕网络侮辱"情节严重"入罪条件的把握

利用双方冲突事件，煽动网络暴力，引导网民集中谩骂、诋毁他人，贬损他人人格、破坏他人名誉，造成被害人自杀的，应当根据刑法第二百四十六条的规定，以侮辱罪定罪处罚。

〔吕某某侮辱案，2024－18－1－196－002〕网络侮辱"严重危害社会秩序"公诉条件的把握

在成员人数众多的网络通信群组中，多次散布他人裸体照片、视频等私密信息，公然侮辱他人，贬损他人人格的，应当适用公诉程序，以侮辱罪依法追究刑事责任。

【《刑事审判参考》案例】

〔参考案例第179号：周彩萍等非法拘禁案〕将被捉奸的妇女赤裸捆绑示众的行为如何定罪处罚？

将被捉奸的妇女赤裸捆绑示众的行为应按侮辱罪定罪处罚。

〔参考案例第966号：秦志晖诽谤、寻衅滋事案〕利用信息网络实施诽谤、寻衅滋事犯罪的司法认定？

行为人利用信息网络诽谤他人，并散布谣言，造成公共秩序混乱的，分别构成诽谤罪、寻衅滋事罪，数罪并罚。

〔参考案例第1046号：蔡晓青侮辱案〕如何认定侮辱罪中"严重危害社会秩序和国家利益"可以提起公诉的情形？

"严重危害社会秩序和国家利益"中的社会秩序和国家利益，不是特指危害结果或者特定对象，而应当将其视为一个综合性的标准，应当扩展到从侮辱的手段、方法、内容和主观目的等角度来进行全面考量。结合全案案情、危害后果和情节等，进行整体分析，综合判断是否达到了"严重危害社会秩序和国家利益"的程度。"严重危害社会秩序和国家利益"，两者不必要同时具备，只要具备其一即可。

〔参考案例第1550号：江某莲自诉谭某侮辱、诽谤案〕在网络上侮辱、诽谤死者及其母亲的行为如何认定？

死者享有名誉权，侮辱罪、诽谤罪侵犯的客体包括死者的名誉权。根据《全国人民代表大会常务委员会关于维护互联网安全的决定》第四条第一项，利用互联网侮辱他人或者捏造事实诽谤他人的，依照刑法有关规定追究刑事责任。即如果网络语言暴力行为借助网络扩散放大镜的功能使侵犯他人权益的程度加深，造成严重后果，社会影响恶劣的，具有很强的社会危害性、刑事违法性，符合犯罪构成要件，应当入刑，以引起公众对其危害性的重视。

第二百四十七条　【刑讯逼供罪】【暴力取证罪】司法工作人员对犯罪嫌疑人、被告人实行刑讯逼供或者使用暴力逼取证人证言的，处三年以下有期徒刑或者拘役。致人伤残、死亡的，依照本法第二百三十四条、第二百三十二条的规定定罪从重处罚。

【司法解释】

《最高人民检察院关于渎职侵权犯罪案件立案标准的规定》（高检发释字〔2006〕2号，20060726）

（三）刑讯逼供案（第二百四十七条）

刑讯逼供罪是指司法工作人员对犯罪嫌疑人、被告人使用肉刑或者变相肉刑逼取口供的行为。

涉嫌下列情形之一的，应予立案：

1.以殴打、捆绑、违法使用械具等恶劣手段逼取口供的；

2.以较长时间冻、饿、晒、烤等手段逼取口供，严重损害犯罪嫌疑人、被告人身体健康的；

3.刑讯逼供造成犯罪嫌疑人、被告人轻伤、重伤、死亡的；

4.刑讯逼供，情节严重，导致犯罪嫌疑人、被告人自杀、自残造成重伤、死亡，或者精神失常的；

5.刑讯逼供，造成错案的；

6.刑讯逼供3人次以上的；

7.纵容、授意、指使、强迫他人刑讯逼供，具有上述情形之一的；

8.其他刑讯逼供应予追究刑事责任的情形。

（四）暴力取证案（第二百四十七条）

暴力取证罪是指司法工作人员以暴力逼取证人证言的行为。

涉嫌下列情形之一的，应予立案：

1.以殴打、捆绑、违法使用械具等恶劣手段逼取证人证言的；

2.暴力取证造成证人轻伤、重伤、死亡的；

3.暴力取证，情节严重，导致证人自杀、自残造成重伤、死亡，或者精神失常的；

4.暴力取证，造成错案的；

5.暴力取证3人次以上的；

6.纵容、授意、指使、强迫他人暴力取证，具有上述情形之一的；

7.其他暴力取证应予追究刑事责任的情形。

【《刑事审判参考》案例】

〔参考案例第158号：周建忠暴力取证案〕暴力迫使证人在询问笔录上签名按手印并致人轻伤的行为如何定性？

暴力迫使证人在询问笔录上签名按手印是暴力取证的一种表现形式。暴力取证致人轻伤的，仍应以暴力取证罪定罪处罚，不应按故意伤害罪论处。

第二百四十八条 【虐待被监管人罪】监狱、拘留所、看守所等监管机构的监管人员对被监管人进行殴打或者体罚虐待，情节严重的，处三年以下有期徒刑或者拘役；情节特别严重的，处三年以上十年以下有期徒刑。致人伤残、死亡的，依照本法第二百三十四条、第二百三十二条的规定定罪从重处罚。

监管人员指使被监管人殴打或者体罚虐待其他被监管人的，依照前款的规定处罚。

【立法·要点注释】

"体罚虐待"，是指监管人员违反监管法规规定，对被监管人实施任意殴打、捆绑、冻饿、强迫从事过度劳动、侮辱人格、滥施械具等行为。依照有关监管法规的规定，对被监管人采取某些严格的监管措施，如必要的禁闭、使用手铐或其他械具、强制劳动等，不能认定为体罚虐待。

【司法解释(1)】

《最高人民检察院关于渎职侵权犯罪案件立案标准的规定》(高检发释字〔2006〕2号，20060726)

(五)虐待被监管人案(第二百四十八条)

虐待被监管人罪是指监狱、拘留所、看守所……等监管机构的监管人员对被监管人进行殴打或者体罚虐待，情节严重的行为。

涉嫌下列情形之一的，应予立案：

1.以殴打、捆绑、违法使用械具等恶劣手段虐待被监管人的；

2.以较长时间冻、饿、晒、烤等手段虐待被监管人，严重损害其身体健康的；

3.虐待造成被监管人轻伤、重伤、死亡的；

4.虐待被监管人，情节严重，导致被监管人自杀、自残造成重伤、死亡，或者精神失常的；

5.殴打或者体罚虐待3人次以上的；

6.指使被监管人殴打、体罚虐待其他被监管人，具有上述情形之一的；

7.其他情节严重的情形。

【司法解释(2)】

《最高人民检察院关于强制隔离戒毒所工作人员能否成为虐待被监管人罪主体问题的批复》(高检发释字〔2015〕2号,20150215)

根据有关法律规定,强制隔离戒毒所是对符合特定条件的吸毒成瘾人员限制人身自由,进行强制隔离戒毒的监管机构,其履行监管职责的工作人员属于刑法第二百四十八条规定的监管人员。

对于强制隔离戒毒所监管人员殴打或者体罚虐待戒毒人员,或者指使戒毒人员殴打、体罚虐待其他戒毒人员,情节严重的,应当适用刑法第二百四十八条的规定,以虐待被监管人罪追究刑事责任;造成戒毒人员伤残、死亡后果的,应当依照刑法第二百三十四条、第二百三十二条的规定,以故意伤害罪、故意杀人罪从重处罚。

第二百四十九条 【煽动民族仇恨、民族歧视罪】煽动民族仇恨、民族歧视,情节严重的,处三年以下有期徒刑、拘役、管制或者剥夺政治权利;情节特别严重的,处三年以上十年以下有期徒刑。

【立法·要点注释】

本条所称"煽动",是指以激起民族之间的仇恨、歧视为目的,公然以语言、文字等方式诱惑、鼓动群众的行为。"民族仇恨",是指基于民族的来源、历史、风俗习惯等的不同,民族间相互仇视、敌对的状况。"民族歧视",是指基于民族的来源、历史、风俗习惯等的不同,民族间相互排斥、限制、损害民族平等地位的状况。"情节严重",是指煽动手段恶劣,如使用侮辱、造谣手段等;多次进行煽动的;造成严重后果或者影响恶劣的。"情节特别严重",是指煽动手段特别恶劣;长期进行煽动的;引起民族纠纷、冲突或者民族地区骚乱,后果特别严重的或者影响特别恶劣的。

第二百五十条 【出版歧视、侮辱少数民族作品罪】在出版物中刊载歧视、侮辱少数民族的内容,情节恶劣,造成严重后果的,对直接责任人员,处三年以下有期徒刑、拘役或者管制。

【立法·要点注释】

1."歧视、侮辱少数民族的内容",是指针对少数民族的来源、历史、风俗习惯等,对少数民族进行贬低、污蔑、嘲讽、辱骂以及其他歧视、侮辱的行为。"情节恶劣",主要指刊载的内容歪曲历史或者是制造谣言的,内容污秽恶毒以及多次刊载等。"造成严重后果",是指造成恶劣的政治影响,引起民族骚乱、纠纷等。

2.构成本罪的行为,一般是出于民族偏见、取笑、猎奇等目的,如果是以激起民族仇恨、民族歧视为目的而进行煽动的,应当依照本法第二百四十九条关于煽动民族仇恨、民族歧视罪的规定定罪处罚。

【司法解释】

《最高人民法院关于审理非法出版物刑事案件具体应用法律若干问题的解释》(法释〔1998〕30号,19981223)

第七条 出版刊载歧视、侮辱少数民族内容的作品,情节恶劣,造成严重后果的，依照刑法第二百五十条的规定，以出版歧视、侮辱少数民族作品罪定罪处罚。

第二百五十一条 【非法剥夺公民宗教信仰自由罪】【侵犯少数民族风俗习惯罪】国家机关工作人员非法剥夺公民的宗教信仰自由和侵犯少数民族风俗习惯，情节严重的，处二年以下有期徒刑或者拘役。

【立法 · 要点注释】

"非法剥夺"公民宗教信仰自由，是指采用强制等方法剥夺他人的宗教信仰自由。例如，非法干涉他人的合法宗教活动，强迫教徒退教或者改变信仰，强迫公民信教或者信某一教派，以及非法封闭或者捣毁合法宗教场所、设施等。

第二百五十二条 【侵犯通信自由罪】隐匿、毁弃或者非法开拆他人信件，侵犯公民通信自由权利，情节严重的，处一年以下有期徒刑或者拘役。

【立法 · 要点注释】

"隐匿"他人信件，是指将他人投寄的信件秘密隐藏起来，使收件人无法查收的行为。"毁弃"他人信件，是指将他人投寄的信件予以撕毁、烧毁、扔弃等，致使他人无法查收的行为。"非法开拆"，是指违反国家有关规定，未经投寄人或者收件人的同意，私自开拆他人信件的行为。非法截获、篡改、删除他人电子邮件或者其他数据资料，侵犯公民通信自由和通信秘密构成犯罪的，也适用本条。"情节严重"，是指多次、经常隐匿、毁弃、非法开拆他人信件，或者隐匿、毁弃、非法开拆他人信件数量较多或者造成严重后果等。

第二百五十三条 【私自开拆、隐匿、毁弃邮件、电报罪】邮政工作人员私自开拆或者隐匿、毁弃邮件、电报的，处二年以下有期徒刑或者拘役。

【盗窃罪】犯前款罪而窃取财物的，依照本法第二百六十四条的规定定罪从重处罚。

【立法 · 要点注释】

"邮政工作人员"，是指邮政部门的营业员、分拣员、投递员、押运员以及其他从事邮政工作的人员。私自开拆、隐匿、毁弃邮件、电报的行为必须是邮政工作人员利用职务之便实施的。

第二百五十三条之一 【侵犯公民个人信息罪】违反国家有关规定，向他人出售或者提供公民个人信息，情节严重的，处三年以下有期徒刑或者拘役，并处或者单处罚金；情节特别严重的，处三年以上七年以下有期徒刑，并处罚金。

违反国家有关规定，将在履行职责或者提供服务过程中获得的公民个人信息，出售或者提供给他人的，依照前款的规定从重处罚。

窃取或者以其他方法非法获取公民个人信息的，依照第一款的规定处罚。

单位犯前三款罪的，对单位判处罚金，并对其直接负责的主管人员和其他直接责任人员，依照各该

款的规定处罚。

【修正前条文】

第二百五十三条之一 【出售、非法提供公民个人信息罪】国家机关或者金融、电信、交通、教育、医疗等单位的工作人员，违反国家规定，将本单位在履行职责或者提供服务过程中获得的公民个人信息，出售或者非法提供给他人，情节严重的，处三年以下有期徒刑或者拘役，并处或者单处罚金。

【非法获取公民个人信息罪】窃取或者以其他方法非法获取上述信息，情节严重的，依照前款的规定处罚。

单位犯前两款罪的，对单位判处罚金，并对其直接负责的主管人员和其他直接责任人员，依照各该款的规定处罚。

【修正说明】

本条由刑法修正案(七)第七条增设，又经刑法修正案(九)第十七条作出下述修改：一是增加一款作为第一款，规定一般主体违规向他人出售、非法提供公民个人信息的犯罪；二是将原第一款改作第二款，扩大犯罪主体的范围；三是将“违反国家规定”修改为“违反国家有关规定”，同时规定了从重处罚的原则。

【立法·要点注释】

1.“违反国家有关规定”，是指违反了有关法律、行政法规、规章等国家层面涉及公民个人信息管理方面的规定，如反洗钱法、商业银行法、居民身份证法、护照法、消费者权益保护法、旅游法、社会保险法、统计法等法律也都有关于公民个人信息保护的规定。

2.“出售”，是指将自己掌握的公民信息卖给他人，自己从中牟利的行为。“非法提供”，是指不应将自己掌握的公民信息提供给他人而予以提供的行为。例如，现实生活中公民安装网络宽带，需将个人的身份证号提供给电信部门，但电信部门要求在复印件上注明“仅供安装宽带使用”，如果电信部门工作人员将公民的身份证号提供给他人的，应当属于非法提供。“情节严重”，是指出售他人信息获利数额较大、出售多人的信息、多次出售他人信息及公民个人信息被他人使用后，给公民造成了经济上的重大损失或者严重影响到公民个人的正常生活等情况。具体情节的认定，应当由司法机关依法根据案件具体情况认定。

3.如果行为人为非法获取公民个人信息而采用了侵犯公民通信自由权利、通信秘密，非法使用窃听、窃照专用器材的手段或者是在实施上述犯罪的过程中同时窃取、获取了公民个人信息的，则可能同时构成本条规定的犯罪和其他罪名，应当根据案件的具体情况从一重罪处罚或者是数罪并罚。

【相关立法】

《中华人民共和国个人信息保护法》(20211101)

第四条 个人信息是以电子或者其他方式记录的与已识别或者可识别的自然人有关的各种信息，不包括匿名化处理后的信息。

个人信息的处理包括个人信息的收集、存储、使用、加工、传输、提供、公开、删除等。

第十三条 符合下列情形之一的，个人信息处理者方可处理个人信息：

（一）取得个人的同意；

（二）为订立、履行个人作为一方当事人的合同所必需，或者按照依法制定的劳动规章制度和依法签订的集体合同实施人力资源管理所必需；

（三）为履行法定职责或者法定义务所必需；

（四）为应对突发公共卫生事件，或者紧急情况下为保护自然人的生命健康和财产安全所必需；

（五）为公共利益实施新闻报道、舆论监督等行为，在合理的范围内处理个人信息；

（六）依照本法规定在合理的范围内处理个人自行公开或者其他已经合法公开的个人信息；

（七）法律、行政法规规定的其他情形。

依照本法其他有关规定，处理个人信息应当取得个人同意，但是有前款第二项至第七项规定情形的，不需取得个人同意。

【司法解释】

《最高人民法院、最高人民检察院关于办理侵犯公民个人信息刑事案件适用法律若干问题的解释》（法释〔2017〕10号，20170601）

第一条　刑法第二百五十三条之一规定的“公民个人信息”，是指以电子或者其他方式记录的能够单独或者与其他信息结合识别特定自然人身份或者反映特定自然人活动情况的各种信息，包括姓名、身份证件号码、通信通讯联系方式、住址、账号密码、财产状况、行踪轨迹等。

第二条　违反法律、行政法规、部门规章有关公民个人信息保护的规定的，应当认定为刑法第二百五十三条之一规定的“违反国家有关规定”。

第三条　向特定人提供公民个人信息，以及通过信息网络或者其他途径发布公民个人信息的，应当认定为刑法第二百五十三条之一规定的“提供公民个人信息”。

未经被收集者同意，将合法收集的公民个人信息向他人提供的，属于刑法第二百五十三条之一规定的“提供公民个人信息”，但是经过处理无法识别特定个人且不能复原的除外。

第四条　违反国家有关规定，通过购买、收受、交换等方式获取公民个人信息，或者在履行职责、提供服务过程中收集公民个人信息的，属于刑法第二百五十三条之一第三款规定的“以其他方法非法获取公民个人信息”。

第五条　非法获取、出售或者提供公民个人信息，具有下列情形之一的，应当认定为刑法第二百五十三条之一规定的“情节严重”：

（一）出售或者提供行踪轨迹信息，被他人用于犯罪的；

（二）知道或者应当知道他人利用公民个人信息实施犯罪，向其出售或者提供的；

（三）非法获取、出售或者提供行踪轨迹信息、通信内容、征信信息、财产信息五十条以上的；

（四）非法获取、出售或者提供住宿信息、通信记录、健康生理信息、交易信息等其他可能影响人身、财产安全的公民个人信息五百条以上的；

（五）非法获取、出售或者提供第三项、第四项规定以外的公民个人信息五千条以上的；

（六）数量未达到第三项至第五项

规定标准，但是按相应比例合计达到有关数量标准的；

(七)违法所得五千元以上的；

(八)将在履行职责或者提供服务过程中获得的公民个人信息出售或者提供给他人，数量或者数额达到第三项至第七项规定标准一半以上的；

(九)曾因侵犯公民个人信息受过刑事处罚或者二年内受过行政处罚，又非法获取、出售或者提供公民个人信息的；

(十)其他情节严重的情形。

实施前款规定的行为，具有下列情形之一的，应当认定为刑法第二百五十三条之一第一款规定的“情节特别严重”：

(一)造成被害人死亡、重伤、精神失常或者被绑架等严重后果的；

(二)造成重大经济损失或者恶劣社会影响的；

(三)数量或者数额达到前款第三项至第八项规定标准十倍以上的；

(四)其他情节特别严重的情形。

第六条　为合法经营活动而非法购买、收受本解释第五条第一款第三项、第四项规定以外的公民个人信息，具有下列情形之一的，应当认定为刑法第二百五十三条之一规定的“情节严重”：

(一)利用非法购买、收受的公民个人信息获利五万元以上的；

(二)曾因侵犯公民个人信息受过刑事处罚或者二年内受过行政处罚，又非法购买、收受公民个人信息的；

(三)其他情节严重的情形。

实施前款规定的行为，将购买、收受的公民个人信息非法出售或者提供的，定罪量刑标准适用本解释第五条的规定。

第七条　单位犯刑法第二百五十三条之一规定之罪的，依照本解释规定的相应自然人犯罪的定罪量刑标准，对直接负责的主管人员和其他直接责任人员定罪处罚，并对单位判处罚金。

第八条　设立用于实施非法获取、出售或者提供公民个人信息违法犯罪活动的网站、通讯群组，情节严重的，应当依照刑法第二百八十七条之一的规定，以非法利用信息网络罪定罪处罚；同时构成侵犯公民个人信息罪的，依照侵犯公民个人信息罪定罪处罚。

第九条　网络服务提供者拒不履行法律、行政法规规定的信息网络安全管理义务，经监管部门责令采取改正措施而拒不改正，致使用户的公民个人信息泄露，造成严重后果的，应当依照刑法第二百八十六条之一的规定，以拒不履行信息网络安全管理义务罪定罪处罚。

第十条　实施侵犯公民个人信息犯罪，不属于“情节特别严重”，行为人系初犯，全部退赃，并确有悔罪表现的，可以认定为情节轻微，不起诉或者免予刑事处罚；确有必要判处刑罚的，应当从宽处罚。

第十一条　非法获取公民个人信息后又出售或者提供的，公民个人信息的条数不重复计算。

向不同单位或者个人分别出售、提供同一公民个人信息的，公民个人信息的条数累计计算。

对批量公民个人信息的条数，根据查获的数量直接认定，但是有证据证明信息不真实或者重复的除外。

第十二条　对于侵犯公民个人信息犯罪，应当综合考虑犯罪的危害程度、犯罪的违法所得数额以及被告人的前科情况、认罪悔罪态度等，依法判处罚金。罚金数额一般在违法所得的一倍以上五倍以下。

第十三条 本解释自2017年6月1日起施行。

【司法解释·注释】

1.关于“公民个人信息”，有以下几个具体问题值得注意：(1)“公民个人信息”，既包括中国公民的个人信息，也包括外国公民和其他无国籍人的个人信息。(2)公民个人信息须与特定自然人关联。对于与特定自然人关联，可以是识别特定自然人身份，也可以是反映特定自然人活动情况。需要注意的是，无论是识别特定自然人身份，还是反映特定自然人活动情况，都应当是能够单独或者与其他信息结合所具有的功能。例如，身份证号与公民个人身份一一对应，可以单独识别公民个人身份；而工作单位、家庭住址等无法单独识别公民个人身份，需要同其他信息结合才能识别公民个人身份。但是，上述两类信息无疑都属于公民个人信息的范畴。(3)与特定自然人关联的账号密码属于“公民个人信息”。当前账号密码往往绑定身份证号、手机号码等特定信息，即使未绑定，非法获取账号密码后往往也会引发侵犯财产甚至人身的违法犯罪。因此，本解释第一条明确将“账号密码”列为“公民个人信息”的范围。

2.“国家有关规定”明确限于法律、行政法规、部门规章等国家层面的规定，不包括地方性法规等非国家层面的规定。

3.关于为合法经营活动购买、收受公民个人信息行为的定罪量刑标准。适用该标准须满足三个条件：一是为了合法经营活动，对此可以综合全案证据认定，但主要应当由被告方提供相关证据；二是限于普通公民个人信息，即不包括可能影响人身、财产安全的敏感信息；三是信息没有再流出扩散，即行为方式限于购买、收受。为了合法经营活动交换公民个人信息的，由于在获取信息的同时造成了信息扩散，不符合前述三个要件，定罪量刑标准亦应适用本司法解释第五条的规定。

【司法指导文件(1)】

《最高人民法院、最高人民检察院关于常见犯罪的量刑指导意见(二)(试行)》(法〔2024〕132号，20240701)

(三)侵犯公民个人信息罪

1.构成侵犯公民个人信息罪的，根据下列情形在相应的幅度内确定量刑起点：

(1)犯罪情节严重的，在一年以下有期徒刑、拘役幅度内确定量刑起点。

(2)情节特别严重的，在三年至四年有期徒刑幅度内确定量刑起点。

2.在量刑起点的基础上，根据非法获取、出售或者提供信息数量及类型、违法所得数额、危害后果等其他影响犯罪构成的犯罪事实增加刑罚量，确定基准刑。

3.违反国家有关规定，将在履行职责或者提供服务过程中获得的公民个人信息，出售或者提供给他人的，增加基准刑的10%—30%。

4.构成侵犯公民个人信息罪的，根据违法所得数额等犯罪情节，综合考虑被告人缴纳罚金的能力，决定罚金数额。

5.构成侵犯公民个人信息罪的，综合考虑非法获取、出售或者提供信息数量及类型、违法所得数额、危害后果、退赃退赔等犯罪事实、量刑情节，以及被告人的主观恶性、人身危险性、认罪悔罪表现等因素，决定缓刑的适用。

【司法指导文件(2)】

《最高人民法院、最高人民检察院、公安部关于依法惩处侵害公民个人信息犯罪活动的通知》(公通字〔2013〕12号，20130423)

二、正确适用法律，实现法律效果与社会效果的有机统一。……公民个人信息包括公民的姓名、年龄、有效证件号码、婚姻状况、工作单位、学历、履历、家庭住址、电话号码等能够识别公民个人身份或者涉及公民个人隐私的信息、数据资料。……对使用非法获取的个人信息，实施其他犯罪行为，构成数罪的，应当依法予以并罚。单位实施侵害公民个人信息罪的，应当追究直接负责的主管人员和其他直接责任人员的刑事责任。要依法加大对财产刑的适用力度，剥夺犯罪分子非法获利和再次犯罪的资本。

【司法指导文件(3)】

《最高人民法院、最高人民检察院、公安部关于办理电信网络诈骗等刑事案件适用法律若干问题的意见》(法发〔2016〕32号，20161219)

三、全面惩处关联犯罪

(二)违反国家有关规定，向他人出售或者提供公民个人信息，窃取或者以其他方法非法获取公民个人信息，符合刑法第二百五十三条之一规定的，以侵犯公民个人信息罪追究刑事责任。

使用非法获取的公民个人信息，实施电信网络诈骗犯罪行为，构成数罪的，应当依法予以并罚。

【司法指导文件(4)】

《最高人民法院、最高人民检察院、公安部关于办理电信网络诈骗等刑事案件适用法律若干问题的意见(二)》(法发〔2021〕22号，20210617)

五、非法获取、出售、提供具有信息发布、即时通讯、支付结算等功能的互联网账号密码、个人生物识别信息，符合刑法第二百五十三条之一规定的，以侵犯公民个人信息罪追究刑事责任。

对批量前述互联网账号密码、个人生物识别信息的条数，根据查获的数量直接认定，但有证据证明信息不真实或者重复的除外。

【司法指导文件(5)】

《最高人民法院、最高人民检察院、公安部关于依法惩治网络暴力违法犯罪的指导意见》(法发〔2023〕14号，20230920)

4.依法惩治侵犯公民个人信息行为。组织“人肉搜索”，违法收集并向不特定多数人发布公民个人信息，情节严重，符合刑法第二百五十三条之一规定的，以侵犯公民个人信息罪定罪处罚；依照刑法和司法解释规定，同时构成其他犯罪的，依照处罚较重的规定定罪处罚。

【司法指导文件(6)】

《检察机关办理侵犯公民个人信息案件指引》(高检发侦监字〔2018〕13号，20181109)

根据《中华人民共和国刑法》第二百五十三条之一的规定，侵犯公民个人信息罪是指违反国家有关规定，向他人出售、提供公民个人信息，或者通过窃取等方法非法获取公民个人信息，情节严重的行为。结合《最高人民法院、最高人民检察院关于办理侵犯公民个人信息刑事案件适用法律若干问题的解释》(法释〔2017〕10号)(以下简称《解释》)，办理侵犯公民个人信息案件，应当特别注意以下问题：一是对“公民个人信息”的审查认定；二是对“违反国家有关规定”的审查认定；三是对“非法获取”的审查认定；四是对“情节严重”和“情节特别严重”的审查认定；五是对关联犯罪的审查认定。

……

二、需要特别注意的问题

在侵犯公民个人信息案件审查逮捕、审查起诉中，要根据相关法律、司法解释等规定，结合在案证据，重点注意以下问题：

(一)对“公民个人信息”的审查认定

根据《解释》的规定，公民个人信息是指以电子或者其他方式记录的能够单独或者与其他信息结合识别特定自然人身份或者反映特定自然人活动情况的各种信息，包括姓名、身份证件号码、通信通讯联系方式、住址、账号密码、财产状况、行踪轨迹等。经过处理无法识别特定自然人且不能复原的信息，虽然也可能反映自然人活动情况，但与特定自然人无直接关联，不属于公民个人信息的范畴。

对于企业工商登记等信息中所包含的手机、电话号码等信息，应当明确该号码的用途。对由公司购买、使用的手机、电话号码等信息，不属于个人信息的范畴，从而严格区分“手机、电话号码等由公司购买，归公司使用”与“公司经办人在工商登记等活动中登记个人电话、手机号码”两种不同情形。

(二)对“违反国家有关规定”的审查认定

《中华人民共和国刑法修正案(九)》将原第二百五十三条之一的“违反国家规定”修改为“违反国家有关规定”，后者的范围明显更广。根据刑法第九十六条的规定，“国家规定”仅限于全国人大及其常委会制定的法律和决定，国务院制定的行政法规、规定的行政措施、发布的决定和命令。而“国家有关规定”还包括部门规章，这些规定散见于金融、电信、交通、教育、医疗、统计、邮政等领域的法律、行政法规或部门规章中。

(三)对“非法获取”的审查认定

在窃取或者以其他方法非法获取公民个人信息的行为中，需要着重把握“其他方法”的范围问题。“其他方法”，是指“窃取”以外，与窃取行为具有同等危害性的方法，其中，购买是最常见的非法获取手段。侵犯公民个人信息犯罪作为电信网络诈骗的上游犯罪，诈骗分子往往先通过网络向他人购买公民个人信息，然后自己直接用于诈骗或转发给其他同伙用于诈骗，诈骗分子购买公民个人信息的行为属于非法获取行为，其同伙接收公民个人信息的行为明显也属于非法获取行为。同时，一些房产中介、物业管理公司、保险公司、担保公司的业务员往往与同行通过QQ、微信群互相交换各自掌握的客户信息，这种交换行为也属于非法获取行为。此外，行为人在履行职责、提供服务过程中，违反国家有关规定，未经他人同意收集公民个人信息，或者收集与提供的服务无关的公民个人信息的，也属于非法获取公民个人信息的行为。

（四）对“情节严重”和“情节特别严重”的审查认定

1.关于“情节严重”的具体认定标准，根据《解释》第五条第一款的规定，主要涉及五个方面：

⑴信息类型和数量。①行踪轨迹信息、通信内容、征信信息、财产信息，此类信息与公民人身、财产安全直接相关，数量标准为五十条以上，且仅限于上述四类信息，不允许扩大范围。对于财产信息，既包括银行、第三方支付平台、证券期货等金融服务账户的身份认证信息（一组确认用户操作权限的数据，包括账号、口令、密码、数字证书等），也包括存款、房产、车辆等财产状况信息。②住宿信息、通信记录、健康生理信息、交易信息等可能影响公民人身、财产安全的信息，数量标准为五百条以上，此类信息也与人身、财产安全直接相关，但重要程度要弱于行踪轨迹信息、通信内容、征信信息、财产信息。对“其他可能影响人身、财产安全的公民个人信息”的把握，应当确保所适用的公民个人信息涉及人身、财产安全，且与“住宿信息、通信记录、健康生理信息、交易信息”在重要程度上具有相当性。③除上述两类信息以外的其他公民个人信息，数量标准为五千条以上。

⑵违法所得数额。对于违法所得，可直接以犯罪嫌疑人出售公民个人信息的收入予以认定，不必扣减其购买信息的犯罪成本。同时，在审查认定违法所得数额过程中，应当以查获的银行交易记录、第三方支付平台交易记录、聊天记录、犯罪嫌疑人供述、证人证言综合予以认定，对于犯罪嫌疑人无法说明合法来源的用于专门实施侵犯公民个人信息犯罪的银行账户或第三方支付平台账户内资金收入，可综合全案证据认定为违法所得。

⑶信息用途。公民个人信息被他人用于违法犯罪活动的，不要求他人的行为必须构成犯罪，只要行为人明知他人非法获取公民个人信息用于违法犯罪活动即可。

⑷主体身份。如果行为人系将在履行职责或者提供服务过程中获得的公民个人信息出售或者提供给他人的，涉案信息数量、违法所得数额只要达到一般主体的一半，即可认为“情节严重”。

⑸主观恶性。曾因侵犯公民个人信息受过刑事处罚或者二年内受过行政处罚，又非法获取、出售或者提供公民个人信息的，即可认为“情节严重”。

2.关于“情节特别严重”的认定标准，根据《解释》，主要分为两类：一是信息数量、违法所得数额标准。二是信息用途引发的严重后果，其中造成人身伤亡、经济损失、恶劣社会影响等后果，需要审查认定侵犯公民个人信息的行为与严重后果间存在因果关系。

对于涉案公民个人信息数量的认定，根据《解释》第十一条，非法获取公民个人信息后又出售或者提供的，公民个人信息的条数不重复计算；向不同单位或者个人分别出售、提供同一公民个人信息的，公民个人信息的条数累计计算；对批量出售、提供公民个人信息的条数，根据查获的数量直接认定，但是有证据证明信息不真实或者重复的除外。在实践中，如犯罪嫌疑人多次获取同一条公民个人信息，一般认定为一条，不重复累计；但获取的该公民个人信息内容发生了变化的除外。

对于涉案公民个人信息的数量、社会危害性等因素的审查，应当结合刑法第二百五十三条和《解释》的规定进行综合审查。涉案公民个人信息数量极少，但造成被害人死亡等严重后果的，应审查犯罪嫌疑人行为与该后果之间的因果关系，符合条件的，可以认定为实施《解释》第五条第一款第十项“其他情节严重的情形”的行为，造成被害人死亡等严重后果，从而认定为“情节特别严重”。如涉案公民个人信息数量较多，但犯罪嫌疑人仅仅获取而未向他人出售或提供，则可以在认定相关犯罪事实的基础上，审查该行为是否符合《解释》第五条第一款第三、四、五、六、九项及第二款第三项的情形，符合条件的，可以分别认定为“情节严重”“情节特别严重”。

此外，针对为合法经营活动而购买、收受公民个人信息的行为，在适用《解释》第六条的定罪量刑标准时须满足三个条件：一是为了合法经营活动，对此可以综合全案证据认定，但主要应当由犯罪嫌疑人一方提供相关证据；二是限于普通公民个人信息，即不包括可能影响人身、财产安全的敏感信息；三是信息没有再流出扩散，即行为方式限于购买、收受。如果将购买、收受的公民个人信息非法出售或者提供的，定罪量刑标准应当适用《解释》第五条的规定。

（五）对关联犯罪的审查认定

对于侵犯公民个人信息犯罪与电信网络诈骗犯罪相交织的案件，应严格按照《最高人民法院、最高人民检察院、公安部关于办理电信网络诈骗等刑事案件适用法律若干问题的意见》（法发〔2016〕32号）的规定进行审查认定，即通过认真审查非法获取、出售、提供公民个人信息的犯罪嫌疑人对电信网络诈骗犯罪的参与程度，结合能够证实其认知能力的学历文化、聊天记录、通话频率、获取固定报酬还是参与电信网络诈骗犯罪分成等证据，分析判断其是否属于诈骗共同犯罪、是否应该数罪并罚。

根据《解释》第八条的规定，设立用于实施出售、提供或者非法获取公民个人信息违法犯罪活动的网站、通讯群组，情节严重的，应当依照刑法第二百八十七条之一的规定，以非法利用信息网络罪定罪；同时构成侵犯公民个人信息罪的，应当认定为侵犯公民个人信息罪。

对于违反国家有关规定，采用技术手段非法侵入合法存储公民个人信息的单位数据库窃取公民个人信息的行为，也符合刑法第二百八十五条第二款非法获取计算机信息系统数据罪的客观特征，同时触犯侵犯公民个人信息罪和非法获取计算机信息系统数据罪的，应择一重罪论处。

此外，针对公安民警在履行职责过程中，违反国家有关规定，查询、提供公民个人信息的情形，应当认定为“违反国家有关规定，将在履行职责或者提供服务过程中以其他方法非法获取或提供公民个人信息”。但同时，应当审查犯罪嫌疑人除该行为之外有无其他行为侵害其他法益，从而对可能存在的其他犯罪予以准确认定。

……

【司法指导文件(7)】

《最高人民法院研究室关于侵犯公民个人信息罪有关法律适用问题征求

意见的复函》(法研〔2018〕11号)

……刑法第二百五十三条之一规定的“公民个人信息”，既包括中国公民的个人信息，也包括外国公民和其他无国籍人的个人信息。主要考虑：

(1)从刑法用语看，刑法第二百五十三条之一规定的是“公民个人信息”，并未限定为“中华人民共和国公民的个人信息”，因此不应将此处的“公民个人信息”限制为中国公民的个人信息。

(2)从立法精神看，外国人、无国籍人的信息应当同中国公民的信息一样受到刑法的平等保护。

(3)从司法实践看，将外籍人、无国籍人个人信息排除在刑法保护之外，会放纵犯罪。特别是在侵犯公民个人信息犯罪案件所涉及的个人信息既有中国公民的个人信息，也有外国公民、无国籍人的个人信息时，只处罚涉及中国公民个人信息的部分，既不合理，也难操作。

【公安文件】

《公安部关于公安机关处置信访活动中违法犯罪行为适用法律的指导意见》(公通字〔2013〕25号，20130719)

三、对侵犯人身权利、财产权利违法犯罪行为的处理

4.偷窥、偷拍、窃听、散布他人隐私，符合《治安管理处罚法》第四十二条第六项[①]规定的，以侵犯隐私依法予以治安管理处罚；情节严重，符合《刑法》第二百五十三条之一第二款规定的，以非法获取公民个人信息罪[②]追究刑事责任。

【审判实务释疑】

侵犯公民个人信息罪案件中，在认定“违法所得”时应否扣除成本?

对于刑事案件中认定“违法所得”是否应当扣除成本的问题，在司法实践中素有争议。非法经营犯罪中的“违法所得”，是指获利数额，即以行为人违法生产、销售商品或者提供服务所获得的全部收入(非法经营数额)扣除其直接用于经营活动的合理支出部分后剩余的数额。因此，相关司法解释及规范性文件并用“非法经营数额”和“违法所得数额”表述的，认定“违法所得数额”时应当扣除成本。但是，侵犯公民个人信息刑事案件司法解释第五条系单独使用“违法所得”数额，在认定违法所得时，一般不扣除成本。《检察机关办理侵犯公民个人信息案件指引》(以下简称《办案指引》)所规定的“对于违法所得，可直接以犯罪嫌疑人出售公民个人信息的收入予以认定，不必扣减其购买信息的犯罪成本”也体现这一规则。

需要注意的是，《办案指引》并非司法解释，人民法院在审理相关侵犯公民个人信息刑事案件时，对于司法解释未作规定的，可以参考《办案指引》的规定。但如认为《办案指引》的相关规定不符合案件审理需要的，还应结合案件具体情况，依法审慎处理。因此，对于个别采取交易形式侵犯公民个人信息构成犯罪的，在认定“违法所得”时如不扣除成本可能使得案件处理明显不符合罪责刑相适应原则要求的，应结合案件具体情况予以考虑。例如，被告

---

① 2025年修订的治安管理处罚法第五十条第一款第六项。——编者注

② 罪名已变更为“侵犯公民个人信息罪”。——编者注

人支付五千元购买个人信息后加价二百元卖出的，或者支付五万元购买个人信息后加价五百元卖出的，是否扣除其所支付的对价成本直接关涉是否入罪和升档量刑，不予扣除似不合常情常理。[1]

【指导性案例·法院】

〔李开祥侵犯公民个人信息刑事附带民事公益诉讼案，FZD192-2022〕

使用人脸识别技术处理的人脸信息以及基于人脸识别技术生成的人脸信息均具有高度的可识别性，能够单独或者与其他信息结合识别特定自然人身份或者反映特定自然人活动情况，属于刑法规定的公民个人信息。行为人未经公民本人同意，未具备获得法律、相关部门授权等个人信息保护法规定的处理个人信息的合法事由，利用软件程序等方式窃取或者以其他方法非法获取上述信息，情节严重的，应依照侵犯公民个人信息刑事案件司法解释第五条第一款第四项等规定定罪处罚。

〔闻巍等侵犯公民个人信息案，FZD193-2022〕

居民身份证信息包含自然人姓名、人脸识别信息、身份号码、户籍地址等多种个人信息，属于侵犯公民个人信息刑事案件司法解释第五条第一款第四项规定的"其他可能影响人身、财产安全的公民个人信息"。非法获取、出售或者提供居民身份证信息，情节严重的，依照刑法第二百五十三条之一第一款规定，构成侵犯公民个人信息罪。

〔熊昌恒等侵犯公民个人信息案，FZD194-2022〕

1.违反国家有关规定，购买已注册但未使用的微信账号等社交媒体账号，通过具有智能群发、添加好友、建立讨论群组等功能的营销软件，非法制作带有公民个人信息可用于社交活动的微信账号等社交媒体账号出售、提供给他人，情节严重的，属于刑法第二百五十三条之一第一款规定的"违反国家有关规定，向他人出售或者提供公民个人信息"行为，构成侵犯公民个人信息罪。

2.未经公民本人同意，或未具备具有法律授权等个人信息保护法规定的理由，通过购买、收受、交换等方式获取在一定范围内已公开的公民个人信息进行非法利用，改变了公民公开个人信息的范围、目的和用途，不属于法律规定的合理处理，属于刑法第二百五十三条之一第三款规定的"以其他方法非法获取公民个人信息"行为，情节严重的，构成侵犯公民个人信息罪。

〔罗文君、瞿小珍侵犯公民个人信息刑事附带民事公益诉讼案，FZD195-2022〕

服务提供者专门发给特定手机号码的数字、字母等单独或者其组合构成的验证码具有独特性、隐秘性，能够单独或者与其他信息结合识别特定自然人身份或者反映特定自然人活动情况的，属于刑法规定的公民个人信息。行为人将提供服务过程中获得的验证码及对应手机号码出售给他人，情节严重的，依照侵犯公民个人信息罪定罪处罚。

【指导性案例·检察】

〔柯某侵犯公民个人信息案，JZD140-2022〕

业主房源信息是房产交易信息和

[1] 参见《法答网精选答问(第十批)》，载《人民法院报》2024年10月31日，第7版。

身份识别信息的组合，包含姓名、通信通讯联系方式、住址、交易价格等内容，属于法律保护的公民个人信息。未经信息主体另行授权，非法获取、出售限定使用范围的业主房源信息，系侵犯公民个人信息的行为，情节严重、构成犯罪的，应当依法追究刑事责任。检察机关办理案件时应当对涉案公民个人信息具体甄别，筛除模糊、无效及重复信息，准确认定侵犯公民个人信息数量。

【法院案例库参考案例】

〔刘某某侵犯公民个人信息案，2024-18-1-207-008〕网络暴力型公开个人信息行为的定性

向不特定多数人发布公民个人信息，情节严重，符合刑法第二百五十三条之一规定的，构成侵犯公民个人信息罪。司法实践中，对通过“人肉搜索”“开盒”等方式，在网络上非法曝光他人隐私、发布公民个人信息等网络暴力行为，可以依法适用侵犯公民个人信息罪的规定。

〔邱某某侵犯公民个人信息案，2024-18-1-207-006〕行踪轨迹信息的认定

1.对于行踪轨迹信息的认定，原则上只宜理解为GPS定位信息、车辆轨迹信息等可以直接定位特定自然人具体坐标的信息。本案所涉及的通过车载GPS定位器获取的定位信息，应当纳入行踪轨迹信息的范畴。

2.行踪轨迹信息不等于涉及轨迹的信息，而应当理解为涉及轨迹的实时信息。广义上而言，涉及轨迹的信息范围较宽，诸如火车票信息、机票信息等相关轨迹信息并非实时信息，故应当排除在行踪轨迹信息的范围之外。与之不同，本案所涉车辆定位信息则均属于实时信息的范畴，应当认定为行踪轨迹信息。

〔毛某斌侵犯公民个人信息案，2024-04-1-207-001〕行踪轨迹信息的数量认定

1.车辆轨迹、定位信息等可以直接定位特定自然人具体坐标的信息，应当认定为“行踪轨迹信息”。

2.行踪轨迹信息等因涉及人身财产安全，系敏感公民个人信息，入罪标准较低，应当逐一认定，确保定罪量刑准确。对于被害人在某地点处于静止状态下的重复定位信息，应当计算为一条信息。

〔卢某某侵犯公民个人信息案，2024-18-1-207-005〕房产信息的属性归属

1.房产信息是否属于侵犯公民个人信息犯罪中的财产信息不应一概而论。判断房产信息是否属于本罪中的财产信息，关键在于该信息是否直接涉及公民个人人身财产安全。

2.判断涉案房产信息是否属于“财产信息”的范畴，坚持主客观相统一原则，以信息流向作为信息类型归属的重要判断因素。涉案房产信息被房屋中介公司、装修公司工作人员购买，用于业务推广的，通常不会影响人身财产安全，一般不宜认定为财产信息。

〔钱某勇、王某春等侵犯公民个人信息案，2024-18-1-207-004〕公民个人房屋权籍调查信息的属性归属

1.房产信息是否属于侵犯公民个人信息犯罪中的财产信息不应一概而论。判断房产信息是否属于本罪中的财产信息，关键在于该信息是否直接涉及公民个人人身财产安全。“公民个人房屋权籍调查信息”直接来源于银行房屋信息系统，属于直接反映财产状况的信息，涉及财产安全，可以纳入“财产信息”的范畴。

2.判断涉案信息是否属于“财产信息”的范畴，可以结合信息获取渠道和交易价格考量。司法实践中，作为佐证，可以将信息交易价格作为敏感信息判断的辅助因素。通常而言，敏感信息特别是高度敏感信息的交易价格要远远高于一般公民个人信息。

〔夏某晓侵犯公民个人信息案，2024-18-1-207-002〕非法买卖网购订单信息的处理

1.非法买卖公民个人信息，属于刑法第二百五十三条之一规定的“非法获取公民个人信息”“出售公民个人信息”，情节严重的，应当以侵犯公民个人信息罪论处。

2.网购订单信息与财产安全直接相关，属于敏感信息的范畴，可以归入相关司法解释第五条规定的“交易信息”。

〔周某城等侵犯公民个人信息案，2024-18-1-207-001〕非法购买公民个人信息出售牟利的处理

1.非法购买公民个人信息出售牟利，属于刑法第二百五十三条之一规定的“非法获取公民个人信息”“出售公民个人信息”，情节严重的，应当以侵犯公民个人信息罪论处。

2.非法购买公民个人信息后又出售的，公民个人信息的条数不重复计算。

〔袁某、郭某冰侵犯公民个人信息案，2024-04-1-207-004〕非法出售企业支付宝账户信息行为的定性

企业支付宝账户除企业账户信息外，还记载了企业法定代表人的手机号、身份证号码等个人信息。故企业支付宝账户背后承载的自然人信息属于“公民个人信息”，属于刑法保护对象。行为人非法出售关联公民个人信息的企业支付宝账户信息，情节严重的，构成侵犯公民个人信息罪。

〔丁某光侵犯公民个人信息案，2024-04-1-207-003〕获取非法公开的住宿记录并供他人查询牟利行为的定性

对于因信息泄露等原因被非法公开的公民个人信息，行为人获取后向他人出售或者提供，情节严重的，依法以侵犯公民个人信息罪论处。

〔赵某岗侵犯公民个人信息案，2024-03-1-207-001〕批量公民个人信息的认定

1.对于敏感公民个人信息以外的一般公民个人信息的条数，如果涉案信息数量巨大的，可以根据查获的数量直接认定。

2.计算批量公民个人信息的条数，应当排除不真实的信息，并在此基础上作去重处理，去除重复的信息。对于“信息不真实或者重复的”情形，既可以是控辩双方提出证据，也可以由法院依职权查明。

【《刑事审判参考》案例】

〔参考案例第741号：谢新冲出售公民个人信息案〕〔参考案例第1009号：胡某等非法获取公民个人信息案〕通过非法跟踪他人行踪所获取的公民日常活动信息是否属于公民个人信息？

手机定位属于动态信息，当公民从事某些活动不希望被他人获悉时，因其所处具体位置与其从事的活动具有直接联系，一旦所处位置被他人获悉，其所从事的活动也就相应暴露，从而可能损害其利益。故手机定位属于刑法所保护的"公民个人信息"。

〔参考案例第1487号：王健侵犯公民个人信息案〕行为人收集并出售、提供他人自愿在公开网站上发布的信息是否构成侵犯公民个人信息罪？

即使在民法典、个人信息保护法施行后，对于信息主体出于商业目的自愿公开姓名、电话等个人信息，行为人基于单纯获利目的的出售、提供、交换，未对信息主体的人身、财产或人格利益造成具体、重大风险，未违反法律、法规禁止性规定的，亦不应当认定为侵犯公民个人信息罪。

〔参考案例第1496号：董雷雷等侵犯公民个人信息案〕在排除鉴定意见的情形下，如何认定侵犯公民个人信息罪的犯罪对象？

公民个人信息分为行踪轨迹信息、通信内容、征信信息、财产信息类极其敏感的个人信息，住宿信息、通信记录、健康生理信息、交易信息等其他可能影响人身、财产安全的敏感个人信息以及除上述两类信息之外的普通个人信息。对于敏感个人信息中"等其他可能影响人身、财产安全的公民个人信息"的表述，司法实践中可以根据具体情况作等外解释，但应当确保所适用的公民个人信息涉及人身、财产安全，且与"住宿信息、通信记录、健康生理信息、交易信息"在重要程度上具有相当性。

第二百五十四条　【报复陷害罪】国家机关工作人员滥用职权、假公济私，对控告人、申诉人、批评人、举报人实行报复陷害的，处二年以下有期徒刑或者拘役；情节严重的，处二年以上七年以下有期徒刑。

【立法·要点注释】

"报复陷害"，是指利用手中的权力，以种种借口进行政治上或者经济上的迫害，如降职，降级，调离岗位，经济处罚，开除公职，捏造事实诬陷其经济、生活作风上有问题等。报复陷害的行为，必须是采取滥用职权或者假公济私的方法。如果行为人进行报复陷害与滥用职权、假公济私没有关系，则不构成本罪。

【司法解释】

《最高人民检察院关于渎职侵权犯罪案件立案标准的规定》(高检发释字〔2006〕2号，20060726)

(六)报复陷害案(第二百五十四条)

报复陷害罪是指国家机关工作人员滥用职权、假公济私，对控告人、申诉人、批评人、举报人实行报复陷害的行为。

涉嫌下列情形之一的，应予立案：

1.报复陷害，情节严重，导致控告人、申诉人、批评人、举报人或者其近亲属自杀、自残造成重伤、死亡，或者精神失常的；

2.致使控告人、申诉人、批评人、举报人或者其近亲属的其他合法权利受到严重损害的；

3.其他报复陷害应予追究刑事责任的情形。

第二百五十五条　【打击报复会计、统计人员罪】公司、企业、事业单位、机关、团体的领导人，对依法履行职责、抵制违反会计法、统计法行为的会计、统计人员实行打击报复，情节恶劣的，处三

年以下有期徒刑或者拘役。

【立法 · 要点注释】

“违反会计法”行为，主要指伪造、变造、隐匿、故意毁灭会计凭证、会计账簿、会计报表和其他会计资料的；利用虚假的会计凭证、会计账簿、会计报表和其他会计资料逃税或者损害国家利益、社会公众利益的；对不真实、不合法的原始凭证予以受理的；对违法的收支不提出书面意见或者不报告的。“违反统计法”行为，是指虚报、瞒报统计资料；伪造、篡改统计资料；编造虚假数据；等等。“打击报复”，是指对依法履行职责，抵制违反会计法、统计法行为的会计、统计人员，通过调动其工作、撤换其职务、进行处罚以及其他方法进行打击报复的行为。

第二百五十六条　【破坏选举罪】在选举各级人民代表大会代表和国家机关领导人员时，以暴力、威胁、欺骗、贿赂、伪造选举文件、虚报选举票数等手段破坏选举或者妨害选民和代表自由行使选举权和被选举权，情节严重的，处三年以下有期徒刑、拘役或者剥夺政治权利。

【立法 · 要点注释】

1.关于破坏的选举活动。“选举各级人民代表大会代表和国家机关领导人员”包括选民登记、提出候选人、投票选举、补选、罢免等整个选举活动。

2.关于“妨害选民和代表自由行使选举权和被选举权”，是指非法组织选民参加登记或者投票，或者迫使、诱骗选民违背自己的意志进行投票，以及使选民放弃自己的被选举权等。

【司法解释】

《最高人民检察院关于渎职侵权犯罪案件立案标准的规定》（高检发释字〔2006〕2号，20060726）

（七）国家机关工作人员利用职权实施的破坏选举案（第二百五十六条）

破坏选举罪是指在选举各级人民代表大会代表和国家机关领导人员时，以暴力、威胁、欺骗、贿赂、伪造选举文件、虚报选举票数或者编造选举结果等手段破坏选举或者妨害选民和代表自由行使选举权和被选举权，情节严重的行为。

国家机关工作人员利用职权破坏选举，涉嫌下列情形之一的，应予立案：

1.以暴力、威胁、欺骗、贿赂等手段，妨害选民、各级人民代表大会代表自由行使选举权和被选举权，致使选举无法正常进行，或者选举无效，或者选举结果不真实的；

2.以暴力破坏选举场所或者选举设备，致使选举无法正常进行的；

3.伪造选民证、选票等选举文件，虚报选举票数，产生不真实的选举结果或者强行宣布合法选举无效、非法选举有效的；

4.聚众冲击选举场所或者故意扰乱选举场所秩序，使选举工作无法进行的；

5.其他情节严重的情形。

第二百五十七条　【暴力干涉婚姻自由罪】以暴力干涉他人婚姻自由的，处二年以下有期徒刑或者拘役。

犯前款罪，致使被害人死亡

的，处二年以上七年以下有期徒刑。

第一款罪，告诉的才处理。

【立法 · 要点注释】

本条第二款规定的致使被害人死亡的干涉婚姻自由的行为，行为人必须是使用了暴力，如果干涉行为未使用暴力，而是由于被害人自己心理承受能力差而轻生自杀或因为其他原因自杀的，不应追究行为人的刑事责任。行为人在暴力干涉婚姻自由过程中实施的故意伤害或杀害行为，应当按故意伤害罪或者故意杀人罪追究刑事责任。

第二百五十八条 【重婚罪】有配偶而重婚的，或者明知他人有配偶而与之结婚的，处二年以下有期徒刑或者拘役。

【立法 · 要点注释】

"明知"是本罪的罪与非罪的重要界限，如果行为人是蒙受欺骗，不知道对方已有配偶而与之结婚的，则不构成本罪。本条所规定的"结婚"，既包括骗取合法手续登记结婚，又包括虽未登记结婚，但以夫妻名义共同生活的。只要是有配偶而又结婚，或者是明知他人有配偶而与之结婚的，无论是骗取合法手续登记结婚，还是未登记结婚，但以夫妻名义共同生活的，都构成重婚罪。

【司法指导文件(1)】

《最高人民法院研究室关于重婚案件中受骗的一方当事人能否作为被害人向法院提起诉讼问题的电话答复》(19921107)

……基本同意你院的第二种意见，即：重婚案件中的被害人，既包括重婚者在原合法婚姻关系中的配偶，也包括后来受欺骗而与重婚者结婚的人。鉴于受骗一方当事人在主观上不具有重婚的故意，因此，根据你院《请示》中介绍的案情，陈若容可以作为本案的被害人。根据最高人民法院、最高人民检察院1983年7月26日《关于重婚案件管辖问题的通知》中关于"由被害人提出控告的重婚案件……由人民法院直接受理"的规定，陈若容可以作为自诉人，直接向人民法院提起诉讼。

【司法指导文件(2)】

《最高人民法院研究室关于重婚案件的被告人长期外逃法院能否中止审理和是否受追诉时效限制问题的电话答复》(19890816)

……同意你院意见，即胡应亭诉焦有枝、赵炳信重婚一案，在人民法院对焦有枝采取取保候审的强制措施后，焦有枝潜逃并和赵炳信一直在外流窜，下落不明的情况下，可参照最高人民法院法(研)复〔1988〕29号《关于刑事案件取保候审的被告人在法院审理期间潜逃应宣告中止审理的批复》的规定，中止审理，俟被告人追捕归案后，再恢复审理。关于追诉时效问题，根据刑法第七十七条的规定，对焦有枝追究刑事责任不受追诉期限的限制。对于赵炳信，只要他同焦有枝的非法婚姻关系不解除，他们的重婚犯罪行为就处于一种继续状态，根据刑法第七十八条的规定，人民法院随时都可以对他追究刑事责任。此外，如果公安机关已对赵炳信发布了通缉令，也可以根据刑法第七十七条的规定，对他追究刑事责任，不受追诉期限的限制。[1]

【法院案例库参考案例】

〔张某伟重婚、故意杀人案，2024-06-1-212-003〕重婚罪认定应坚持主客观相一致原则

认定行为人是否构成重婚罪，应坚持主客观相一致原则。行为人与他人有事实上的婚姻关系在前，且其供述称与第三人同居及结婚时并不知道事实婚姻的配偶已经改嫁，可以认定其主观上有重婚的故意。但从客观上看，行为人与第三人以夫妻名义共同生活并登记结婚时，其事实婚姻的配偶早已改嫁，行为人客观上没有对事实婚姻配偶的合法权利造成侵犯，也没有破坏一夫一妻制的婚姻关系，根据主客观相一致原则，不构成重婚罪。

〔刘某某、陈某重婚案，2024-06-1-212-002〕原有婚姻存在无效情形，未解除原有婚姻关系与他人以夫妻名义共同居住生活的，构成重婚罪

我国民事立法对婚姻无效采取的是宣告无效主义，原有婚姻存在无效事由，需经法律程序宣告无效，在宣告无效之前，该婚姻仍对婚姻当事人具有法律约束效力，不影响认定有配偶的事实。在未解除原有婚姻关系的情况下与他人以夫妻名义共同居住生活的，仍可构成重婚罪。

〔徐某某重婚案，2024-03-1-212-001〕审理重婚犯罪时不宜宣告婚姻无效

刑事判决作出民事判项均应当具有法律依据，刑事判决与民事判决涉及的法律关系不同，宣告婚姻无效不属于刑事诉讼及刑事附带民事诉讼的处理范围，不宜在刑事判决中一并宣告婚姻无效。

〔法某、罗某婷重婚案，2025-03-1-212-001〕在境外有配偶的外国籍被告人在我国境内与他人以夫妻名义同居的，构成重婚罪

外国籍被告人在境外合法登记结婚，其在境外婚姻关系存续期间，又在我国境内与我国公民以夫妻名义共同居住生活，违反我国“一夫一妻”婚姻制度，构成重婚罪。

【《刑事审判参考》案例】

〔参考案例第10号：方伍峰重婚案〕“事实婚姻”能否成为重婚罪的构成要件？

同居开始时，其中一方不符合结婚的法定条件，不构成事实婚姻关系。对于先有事实婚姻，又与他人登记结婚和两次及两次以上均是事实婚姻的，依法不构成重婚罪。

〔参考案例第1062号：田某某重婚案〕已婚的被告人与他人建立事实婚姻关系后，又单方终止事实婚姻关系的，如何计算重婚犯罪行为的追诉期限？

继续犯的追诉期限应当从犯罪行为终了之日起计算。因此，重婚罪的追诉期限应当从重婚行为终了之日起计算。认定重婚行为是否终了应当着重考虑两个因素：一是行为人是否作出解除事实婚姻的意思表示；二是该意思表示实质上是否起到解除婚姻关系的作用。无论是法律婚姻还是事实婚姻，婚姻关系毕竟由男女双方结成，一方作出解除婚姻关系的意思表示，并不必然导致婚姻关系自此解除，另一方是否愿意

---

① 该文件所提“刑法”为1979年刑法。——编者注

维持婚姻关系，双方是否解决财产分割、子女抚养等重大问题等因素，在认定婚姻关系是否解除时也要予以考虑。后婚系事实婚姻的，行为人单方作出解除婚姻关系的意思表示后，如另一方对此予以认可，二人不再以夫妻名义共同生活，此种情况下即可认定事实婚姻关系自此解除，如有遗留的财产分割、子女抚养问题，可在日后通过民事纠纷解决渠道解决；如另一方对此不予认可，则说明双方对是否继续保持事实婚姻关系存在争议，从保护弱势群体、维护社会公序良俗的角度出发，应综合考虑夫妻双方的态度，财产分割、子女抚养等问题的解决情况等因素判断婚姻关系是否解除。

〔参考案例第419号：王艳重婚案〕恶意申请宣告配偶死亡后与他人结婚的行为如何定性？

行为人明知丈夫尚在人世，却故意编造丈夫下落不明已满四年的虚假事实，导致法院作出宣告丈夫死亡的判决，进而与他人结婚，应按重婚罪追诉。

第二百五十九条 【破坏军婚罪】明知是现役军人的配偶而与之同居或者结婚的，处三年以下有期徒刑或者拘役。

【强奸罪】利用职权、从属关系，以胁迫手段奸淫现役军人的妻子的，依照本法第二百三十六条的规定定罪处罚。

【立法·要点注释】

"现役军人"，是指中国人民解放军或者人民武装警察部队的现役军官、现役警官、文职干部、士兵及具有军籍的学员等。在军事部门或者人民武装警察部队中工作，但没有取得军籍的人员，以及复员退伍军人、转业军人、残废军人等，都不属于现役军人。"现役军人的配偶"，是指依法与现役军人存续婚姻关系的妻子或者丈夫。依据本条规定，破坏军人婚姻的行为有两种方式：一种是与现役军人的配偶同居，这里所说的"同居"，是指虽没有办理结婚登记手续，但以夫妻名义共同生活，或者在较长时间内共同生活；另一种是与现役军人的配偶结婚。这里所说的"结婚"，是指骗取合法手续登记结婚。

【法院案例库参考案例】

〔施某破坏军婚案，2025-03-1-213-001〕破坏军婚罪主观故意的认定

行为人与他人同居时不明知同居人系现役军人配偶，但同居过程中知晓同居人系现役军人配偶后仍继续同居的，属于刑法第二百五十九条规定的"明知是现役军人的配偶而与之同居"，依法以破坏军婚罪定罪处罚。

〔骆某飞破坏军婚案，2024-18-1-213-002〕破坏军婚罪中"同居"的认定

行为人明知是现役军人配偶，仍与其建立情人关系，常态化出入其住处，与其多次发生不正当两性关系，并建立经济、生活上的紧密联系的，应当认定为刑法第二百五十九条第一款规定的"同居"。

〔郑某寿破坏军婚案，2024-18-1-213-001〕破坏军婚罪中"同居"的认定

行为人与现役军人的配偶之间存在长期、多次发生性关系，居住场所相对固定，经济上相互支持，生活上相互照顾等情节的，应当认定二人达到了持续、稳定的共同生活的程度,属于刑法第二百五十九条第一款规定的"同居"。

【《刑事审判参考》案例】

〔参考案例第1457号:李某破坏军婚案〕如何认定破坏军婚罪中的"同居"?

对破坏军婚罪中"同居"的认定,在遵循刑法形式解释的同时,更应遵循对本罪实质意义上的解释,强调对军人婚姻产生实质性破坏的否定评价。所谓与现役军人的配偶"同居",应当包括在较长时间内公开或者秘密地在一起生活的情形。这种关系以不正当的两性关系为基础,往往还伴有经济上和其他生活方面的特殊关系。如果双方仅偶尔或间隔地共同居住,如一夜情、嫖娼、通奸等,则该行为并不构成有配偶者与他人同居。此外,在判断共同居住行为是否具有持续性和稳定性时,也不应仅将同居时间长短作为唯一的认定标准,而应结合案件具体情况,对双方同居时间长短、同居关系稳定程度,以及同居频率等多因素进行综合考量,从而得出符合客观实际的结论。需要注意的是,通奸与同居并非截然可分、一成不变。通奸也可以转化为同居。长期通奸关系保持一年以上,时间相对持续、地点相对固定,尤其是经济上、生活上有着密切联系的,已具备同居的实质内容,对于婚姻尤其是军婚的破坏程度亦无异于同居,其实质已属于同居。

第二百六十条　【虐待罪】虐待家庭成员,情节恶劣的,处二年以下有期徒刑、拘役或者管制。

犯前款罪,致使被害人重伤、死亡的,处二年以上七年以下有期徒刑。

第一款罪,告诉的才处理,但被害人没有能力告诉,或者因受到强制、威吓无法告诉的除外。

【修正前条文】

第二百六十条　【虐待罪】虐待家庭成员,情节恶劣的,处二年以下有期徒刑、拘役或者管制。

犯前款罪,致使被害人重伤、死亡的,处二年以上七年以下有期徒刑。

第一款罪,告诉的才处理。

【修正说明】

本条由刑法修正案(九)第十八条修正,增加了"但被害人没有能力告诉,或者因受到强制、威吓无法告诉的除外"的规定。

【立法·要点注释】

1.关于"虐待"。"虐待",是指经常以打骂、冻饿、捆绑、强迫超体力劳动、限制自由、凌辱人格等各种方法,从肉体、精神上迫害、折磨、摧残共同生活的家庭成员的行为。虐待行为不同于偶尔打骂与偶尔体罚,往往是经常或一贯进行的,具有相对连续性。

2."家庭成员",是指在同一家庭中共同生活的成员,如夫妻、父母、子女、兄弟、姐妹等。根据我国有关法律的规定,家庭成员关系主要包括以下四种情形:一是由婚姻关系形成的家庭成员关系,如丈夫和妻子,夫妻关系是父母、子女关系产生的前提和基础。二是由血缘关系形成的家庭成员关系,包括由直系血亲关系而联系起来的父母、子女、孙子女、曾孙子女以及祖父母、曾祖父母、外祖父母等,也包括由旁系血亲而联系起来的兄、弟、姐、妹、叔、伯、姑、姨、舅等。三是由收养关系而形成的家庭成员关系,即养父母和养子女之间的关系。四是由其他关系所产生的家庭成员关系,现实生活中还存在区别于前三种情形而形成的非法定义务的扶养关系,如同居关系、对孤寡老人的自愿赡养关系等。非家庭成员间的虐待行为,不构成虐待罪。

3.致人重伤、死亡,是指由于被害人经常受到虐待,身体和精神受到严重的损害或者导致死亡,或者不堪忍受而自杀。如果行为人是故意要致使被害人重伤或者死亡,而采取长期虐待的方式实现其犯罪目的,可按故意伤害罪或故意杀人罪的规定定罪处罚。

【司法解释】

《最高人民法院关于〈中华人民共和国刑法修正案(九)〉时间效力问题的解释》(法释〔2015〕19号,20151101)

第五条 对于2015年10月31日以前实施的刑法第二百六十条第一款规定的虐待行为,被害人没有能力告诉,或者因受到强制、威吓无法告诉的,适用修正后刑法第二百六十条第三款的规定。

【司法指导文件】

《最高人民法院、最高人民检察院、公安部、司法部关于依法办理家庭暴力犯罪案件的意见》(法发〔2015〕4号,20150302)

三、定罪处罚

16.依法准确定罪处罚。对故意杀人、故意伤害、强奸、猥亵儿童、非法拘禁、侮辱、暴力干涉婚姻自由、虐待、遗弃等侵害公民人身权利的家庭暴力犯罪,应当根据犯罪的事实、犯罪的性质、情节和对社会的危害程度,严格依照刑法的有关规定判处。对于同一行为同时触犯多个罪名的,依照处罚较重的规定定罪处罚。

17.依法惩处虐待犯罪。采取殴打、冻饿、强迫过度劳动、限制人身自由、恐吓、侮辱、谩骂等手段,对家庭成员的身体和精神进行摧残、折磨,是实践中较为多发的虐待性质的家庭暴力。根据司法实践,具有虐待持续时间较长、次数较多;虐待手段残忍;虐待造成被害人轻微伤或者患较严重疾病;对未成年人、老年人、残疾人、孕妇、哺乳期妇女、重病患者实施较为严重的虐待行为等情形,属于刑法第二百六十条第一款规定的虐待"情节恶劣",应当依法以虐待罪定罪处罚。

准确区分虐待犯罪致人重伤、死亡与故意伤害、故意杀人犯罪致人重伤、死亡的界限,要根据被告人的主观故意、所实施的暴力手段与方式、是否立即或者直接造成被害人伤亡后果等进行综合判断。对于被告人主观上不具有侵害被害人健康或者剥夺被害人生命的故意,而是出于追求被害人肉体和精神上的痛苦,长期或者多次实施虐待行为,逐渐造成被害人身体损害,过失导致被害人重伤或者死亡的;或者因虐待致使被害人不堪忍受而自残、自杀,导致重伤或者死亡的,属于刑法第二百六十条第二款规定的虐待"致使被害人重伤、死亡",应当以虐待罪定罪处罚。对于被告人虽然实施家庭暴力呈现出经常性、持续性、反复性的特点,但其主观上具有希望或者放任被害人重伤或者死亡的故意,持凶器实施暴力,暴力手段残忍，暴力程度较强，直接或者立即造成被害人重伤或者死亡的，应当以故意伤害罪或者故意杀人罪定罪处罚。

……

18.切实贯彻宽严相济刑事政策。对于实施家庭暴力构成犯罪的，应当根据罪刑法定、罪刑相适应原则，兼顾维护家庭稳定、尊重被害人意愿等因素综合考虑，宽严并用，区别对待。根据司法实践，对于实施家庭暴力手段残忍或者造成严重后果；出于恶意侵占财产等卑劣动机实施家庭暴力；因酗酒、吸毒、赌博等恶习而长期或者多次实施家庭暴力；曾因实施家庭暴力受到刑事处罚、行政处罚；或者具有其他恶劣情形的，可以酌情从重处罚。对于实施家庭暴力犯罪情节较轻，或者被告人真诚悔罪，获得被害人谅解，从轻处罚有利于被扶养人的，可以酌情从轻处罚；对于情节轻微不需要判处刑罚的，人民检察院可以不起诉，人民法院可以判处免予刑事处罚。

对于实施家庭暴力情节显著轻微危害不大不构成犯罪的，应当撤销案件、不起诉，或者宣告无罪。

人民法院、人民检察院、公安机关应当充分运用训诫，责令施暴人保证不再实施家庭暴力，或者向被害人赔礼道歉、赔偿损失等非刑罚处罚措施，加强对施暴人的教育与惩戒。

【指导性案例·法院】

〔陈某某、刘某某故意伤害、虐待案，FZD226-2024〕

1.与父(母)的未婚同居者处于较为稳定的共同生活状态的未成年人，应当认定为刑法第二百六十条规定的“家庭成员”。

2.在经常性的虐待过程中，行为人对被害人实施严重暴力，主观上希望或者放任、客观上造成被害人轻伤以上后果的，应当认定为故意伤害罪；如果将该伤害行为独立评价后，其他虐待行为仍符合虐待罪构成要件的，应当以故意伤害罪与虐待罪数罪并罚。

3.对于故意伤害未成年人案件，认定是否符合刑法第二百三十四条第二款规定的以特别残忍手段致人重伤造成“严重残疾”，应当综合考量残疾等级、数量、所涉部位等情节，以及伤害后果对未成年人正在发育的身心所造成的严重影响等因素，依法准确作出判断。

【指导性案例·检察】

〔于某虐待案，JZD44-2018〕

1.被虐待的未成年人，因年幼无法行使告诉权利的，属于刑法第二百六十条第三款规定的“被害人没有能力告诉”的情形，应当按照公诉案件处理，由检察机关提起公诉，并可以依法提出适用禁止令的建议。

2.抚养人对未成年人未尽抚养义务，实施虐待或者其他严重侵害未成年人合法权益的行为，不适宜继续担任抚养人的，检察机关可以支持未成年人或者其他监护人向人民法院提起变更抚养权诉讼。

【法院案例库参考案例】

〔刘某坤虐待、重婚案，2025-02-1-214-001〕虐待未成年孩童及哺乳期妇女案件的处理

1.虽然法律对重婚行为予以否定评价，但并不影响重婚双方及其子女等形成事实上的家庭成员关系，不影响虐待罪的认定。

2.对共同生活的哺乳期妇女及未成年人，长期多次采取殴打、辱骂、恐吓等手段予以摧残、折磨，致被害人多处受伤、罹患精神疾病等后果的，虽未达到轻微伤、轻伤以上后果，但能够认定虐待行为较为严重的，属于虐待"情节恶劣"，依法以虐待罪定罪处罚。

〔牟某翰虐待案，2024-18-1-214-001〕"虐待家庭成员"的具体认定

1.与行为人具有共同生活事实，处于较为稳定的同居状态，形成事实上的家庭关系的人，可以认定为刑法第二百六十条规定的"家庭成员"。

2.持续实施精神虐待行为，造成或者增加被害人自残、自杀倾向的高风险状态，导致被害人自残、自杀的，可以综合案件具体情况，认定虐待行为与危害结果之间存在因果关系。

〔朱某某虐待案，2023-02-1-214-002〕夫妻离婚后仍然共同生活的，属于虐待罪主体构成要件中的"家庭成员"

为了保护被害人的合法权益，夫妻离婚后仍然在一起共同生活的，如果一方对另一方实施虐待，只要达到了情节恶劣的程度，就应当以虐待罪对侵害人进行惩处。

〔王某蓉故意伤害、虐待案，2024-02-1-179-001〕行为人在长期虐待过程中又实施严重故意伤害行为的罪数认定

行为人出于追求被害人肉体和精神上的痛苦，长期或者多次实施虐待行为，逐渐造成被害人身体损害，过失导致被害人重伤的，应当以虐待罪定罪处罚。行为人在长期虐待期间，如果其中某一次或几次暴力行为的暴力程度较强，直接造成被害人重伤，主观上具有希望或者放任损害被害人身体健康故意的，则应当以故意伤害罪与虐待罪进行并罚。

第二百六十条之一　【虐待被监护、看护人罪】对未成年人、老年人、患病的人、残疾人等负有监护、看护职责的人虐待被监护、看护的人，情节恶劣的，处三年以下有期徒刑或者拘役。

单位犯前款罪的，对单位判处罚金，并对其直接负责的主管人员和其他直接责任人员，依照前款的规定处罚。

有第一款行为，同时构成其他犯罪的，依照处罚较重的规定定罪处罚。

【修正说明】

本罪由刑法修正案(九)第十九条增设。

【立法 · 要点注释】

1."情节恶劣"，具体是指虐待的动机卑鄙、手段凶残，或者长期虐待被监护、看护人等。行为人虽有虐待被监护、看护的人的行为，尚不够恶劣，对被监护、看护的人的身心健康也没有造成严重损害的，不构成虐待被监护、看护人罪。

2.单位实施虐待行为主要是出于经济利益，或者是疏于管理导致，如养老院盘剥在院老人的生活费用，降低伙食标准，致使老年人长期处于营养不良状态，或者是对员工疏于管理，放任员工对未成年人、老年人、患病的人、残疾人等实施虐待行为。

【司法解释】

《最高人民法院关于审理走私、非法经营、非法使用兴奋剂刑事案件适用

法律若干问题的解释》(法释〔2019〕16号,20200101)

第三条　对未成年人、残疾人负有监护、看护职责的人组织未成年人、残疾人在体育运动中非法使用兴奋剂,具有下列情形之一的,应当认定为刑法第二百六十条之一规定的"情节恶劣",以虐待被监护、看护人罪定罪处罚:

(一)强迫未成年人、残疾人使用的;

(二)引诱、欺骗未成年人、残疾人长期使用的;

(三)其他严重损害未成年人、残疾人身心健康的情形。①

第二百六十一条 【遗弃罪】 对于年老、年幼、患病或者其他没有独立生活能力的人,负有扶养义务而拒绝扶养,情节恶劣的,处五年以下有期徒刑、拘役或者管制。

【立法 · 要点注释】

"负有扶养义务",是指行为人对于年老、年幼、患病或者其他没有独立生活能力的人,依法负有的在经济、生活等方面予以供给、照顾、帮助,以维持其正常生活的义务。扶养关系主要包括以下几个方面:夫妻间有相互扶养的义务;父母对子女有抚养教育的义务;子女对父母有赡养扶助的义务;养父母与养子女、继父母与继子女之间有相互扶养的义务;有负担能力的祖父母、外祖父母对父母已经死亡的未成年的孙子女、外孙子女有抚养义务;有负担能力的孙子女、外孙子女,对于子女已经死亡的祖父母、外祖父母有赡养义务;有负担能力的兄姐对父母已经死亡或者父母无力扶养的未成年弟妹有抚养的义务;等等。"情节恶劣",是指由于遗弃造成被害人重伤、死亡等严重后果的,有遗弃行为屡教不改的,或者遗弃手段、情节特别恶劣的。

【司法指导文件】

《最高人民法院、最高人民检察院、公安部、司法部关于依法办理家庭暴力犯罪案件的意见》(法发〔2015〕4号,20150302)

三、定罪处罚

17.……

依法惩处遗弃犯罪。负有扶养义务且有扶养能力的人,拒绝扶养年幼、年老、患病或者其他没有独立生活能力的家庭成员,是危害严重的遗弃性质的家庭暴力。根据司法实践,具有对被害人长期不予照顾、不提供生活来源;驱赶、逼迫被害人离家,致使被害人流离失所或者生存困难;遗弃患严重疾病或者生活不能自理的被害人;遗弃致使被害人身体严重损害或者造成其他严重后果等情形,属于刑法第二百六十一条规定的遗弃"情节恶劣",应当依法以遗弃罪定罪处罚。

准确区分遗弃罪与故意杀人罪的界限,要根据被告人的主观故意、所实施行为的时间与地点、是否立即造成被害人死亡,以及被害人对被告人的依赖程度等进行综合判断。对于只是为了逃避扶养义务,并不希望或者放任被害人死亡,将生活不能自理的被害人弃置在福利院、医院、派出所等单位或者广

---

① 对相关行为的定性,需结合刑法修正案(十一)第四十四条增设的刑法第三百五十五条之一即妨害兴奋剂管理罪的规定综合考虑。——编者注

场、车站等行人较多的场所，希望被害人得到他人救助的，一般以遗弃罪定罪处罚。对于希望或者放任被害人死亡，不履行必要的扶养义务，致使被害人因缺乏生活照料而死亡，或者将生活不能自理的被害人带至荒山野岭等人迹罕至的场所扔弃，使被害人难以得到他人救助的，应当以故意杀人罪定罪处罚。

【法院案例库参考案例】

〔邓某故意杀人案，2023-02-1-177-004〕对抛弃婴儿行为的定性分析

同样是抛弃婴儿的行为，受施暴人主观目的、认识程度、暴力手段与方式等因素的影响，其行为的性质、主观恶性、社会危害程度有着显著的区别，直接影响到定罪问题。对婴儿负有抚养义务的人，故意用纸巾塞入婴儿口部并将其丢弃在难以被他人发现的场所，致婴儿死亡的，其行为应认定为故意杀人罪。

〔骆某盛遗弃案，2024-04-1-216-001〕对遗弃被扶养人"情节恶劣"的认定

负有扶养义务的人为逃避扶养义务，将没有独立生活能力的人弃置在福利院、医院、派出所等单位或者广场、车站等行人较多的公共场所，希望被害人得到他人救助的，属于刑法第二百六十一条规定的"负有扶养义务而拒绝扶养"的情形；对于情节恶劣的，应当以遗弃罪定罪处罚。

第二百六十二条 【拐骗儿童罪】拐骗不满十四周岁的未成年人，脱离家庭或者监护人的，处五年以下有期徒刑或者拘役。

【立法·要点注释】

拐骗不满十四周岁的未成年人脱离家庭或者监护人的行为的目的，往往是出于收养，也可以是出于奴役等目的，如果是以出卖或勒索财物为目的而拐骗未成年人或偷盗婴幼儿的，应按拐卖妇女、儿童罪或绑架罪的规定定罪处罚。

【法院案例库参考案例】

〔葛某星拐骗儿童案，2023-02-1-217-001〕拐骗儿童罪与拐卖儿童罪的区分

拐骗儿童罪与拐卖儿童罪的主要区别在于，行为人主观上是否以出卖儿童为目的。凡是以出卖为目的拐骗儿童，无论行为人是否已经实际完成了将儿童卖出的犯罪行为，均应以拐卖儿童罪定罪处罚。但如果行为人出于出卖以外的目的拐骗儿童脱离监护人，则应当以拐骗儿童罪论处。需要说明的是，出卖目的不同于营利目的，即使行为人并非为了营利而出卖儿童，也不能据以否定其拐卖儿童犯罪的性质。

【《刑事审判参考》案例】

〔参考案例第173号：胡从方拐骗儿童案〕如何区分拐骗儿童罪和拐卖儿童罪？

区分拐骗儿童罪和拐卖儿童罪的关键就在于行为人实施犯罪的主观目的。拐骗儿童罪的行为人不以出卖儿童(包括婴儿、幼儿)为目的，其目的通常是自己或者送他人收养，也有少数收养者是为了自己使唤、奴役拐骗来的儿童。拐卖儿童罪则必须以出卖为目的，无此目的就不构成该罪。

第二百六十二条之一 【组织残疾人、儿童乞讨罪】以暴力、胁迫手段组织残疾人或者不满十四周

岁的未成年人乞讨的，处三年以下有期徒刑或者拘役，并处罚金；情节严重的，处三年以上七年以下有期徒刑，并处罚金。

【修正说明】

本罪由刑法修正案(六)第十七条增设。

【立法 · 要点注释】

1.司法实践中，对于父母、监护人或者近亲属因为生计所迫，带领残疾亲属或者未成年子女乞讨满足基本生活需要的，甚至为了筹集子女、亲属的医药费、学费等乞讨的，不应按照犯罪处理。

2.实践中，如果没有实施暴力、胁迫等强迫行为，不宜认定为组织残疾人、儿童乞讨罪。

3."情节严重"，是指以暴力或者胁迫手段组织残疾人、未成年人乞讨，获利较大的；强迫乞讨导致残疾人、未成年人身体衰弱，得不到治疗，健康状况严重恶化的；被害人无法忍受折磨自杀、自残的；强迫残疾人、未成年人制造生理痛苦博取他人同情进行乞讨的；强迫被害人采用死缠硬要等方式野蛮乞讨的；强迫被害人采用可能造成伤亡(如在马路上拦车乞讨等)或有伤风化的方式乞讨的；组织乞讨人数较多，造成恶劣社会影响的；其他严重扰乱社会秩序或者影响恶劣的情形等。

4.为了强迫而实施的暴力行为导致被害人伤亡的，可按照故意伤害罪、故意杀人罪定罪处罚。为了达到长期强迫残疾人、未成年人乞讨的目的而限制被害人人身自由的，应当根据刑法规定，在组织残疾人、儿童乞讨罪和非法拘禁罪中择一重罪处罚。对于那些为了组织他人乞讨而绑架、拐骗残疾人或者未成年人，或者收买被拐骗儿童的，为了博取人们同情达到乞取更多钱财目的而故意造成被害人伤残的，奸淫被强迫的残疾人、未成年人的，应按刑法有关规定定罪，与组织残疾人、儿童乞讨罪数罪并罚。

【《刑事审判参考》案例】

〔参考案例第1001号：翟雪峰、魏翠英组织儿童乞讨案〕如何认定组织儿童乞讨罪中的"暴力、胁迫"手段、"组织"行为、乞讨形式以及"情节严重"?

1.组织儿童乞讨罪中的"暴力、胁迫"不需以压制儿童反抗为必要，只要足以让儿童产生恐惧心理即可。"组织"不以被组织乞讨的人员达三人为入罪条件。实践中，乞讨的方式形形色色，例如，以哀求哭讨为主行乞；依靠本身的一点专长或者力所能及的技艺为资本，用以招徕或者博人欢心而换取施舍；依靠老弱病残等自身状况唤起他人同情怜悯而给予施舍；靠各种歪门邪道如编造惨况、丢失车票等事由骗讨、诈讨，或者拦路、拉扯行人强行讨要等。根据乞讨是否以牟利为目的，可以分为生存性乞讨和职业性乞讨，前者系为解决生活困境而乞讨，后者则是将乞讨作为主要生活来源乃至发财致富的手段。

2.组织儿童乞讨构成犯罪，具有下列情形之一的，可以认定为情节严重，处三年以上七年以下有期徒刑：(1)组织不满六周岁的儿童一人以上或者已满六周岁的儿童三人以上乞讨的；(2)组织儿童采取有伤风化、严重损害儿童身心健康的方式进行乞讨的；(3)采取药物麻醉等严重损害儿童身心健康的方式迫使其乞讨的；(4)暴力迫使儿童乞讨致使乞讨儿童受轻微伤的；(5)组织儿童乞讨达一个月以上的；(6)被组织乞讨的儿童经查证系被偷盗、拐卖、拐骗的；(7)遗弃所组织的儿童或者致被组织乞讨的儿童下落不明的；(8)组织儿童乞讨期间，因疏于照料看护，致儿童营养不良达中度以上，罹患严重疾病，伤残或者死亡的；(9)具有其他严重情节的。

3.组织儿童乞讨中，对儿童实施暴力造成儿童轻伤以上后果的，应当以故意伤害罪或故意杀人罪，与组织儿童乞讨罪予以并罚。此外，为组织儿童乞讨，故意致儿童残疾、畸形，符合刑法第二百三十四条规定的，对行为人应当以故意伤害罪从重处罚；其组织儿童乞讨行为另构成组织儿童乞讨罪的，依照数罪并罚的规定处罚。

第二百六十二条之二 【组织未成年人进行违反治安管理活动罪】组织未成年人进行盗窃、诈骗、抢夺、敲诈勒索等违反治安管理活动的，处三年以下有期徒刑或者拘役，并处罚金；情节严重的，处三年以上七年以下有期徒刑，并处罚金。

【修正说明】

本罪由刑法修正案(七)第八条增设。

【立法 · 要点注释】

1.“组织”，一般是指采取引诱、欺骗、威胁或者说服等办法，以包吃包住或发给一定的报酬等名义，纠集未成年人或将未成年人笼络、控制在自己手下，指令或要求未成年人实施盗窃、诈骗、抢夺、敲诈勒索等违法行为。上述盗窃、诈骗、抢夺、敲诈勒索行为，是指由未成年人实施的，违反治安管理，不构成犯罪的行为。法律将组织未成年人实施上述四种违法行为，规定为行为犯。

2.“情节严重”，是指组织多人、残疾未成年人，多次组织未成年人进行违法活动，对未成年人采取暴力、威胁、虐待等手段，或者通过未成年人的违法行为，获利数额较大等情节。

第五章　侵犯财产罪

【司法指导文件(1)】

《最高人民法院、最高人民检察院、公安部关于依法办理“碰瓷”违法犯罪案件的指导意见》(公通字〔2020〕12号,20200922)

近年来,“碰瓷”现象时有发生。所谓“碰瓷”,是指行为人通过故意制造或者编造其被害假象,采取诈骗、敲诈勒索等方式非法索取财物的行为。实践中,一些不法分子有的通过“设局”制造或者捏造他人对其人身、财产造成损害来实施;有的通过自伤、造成同伙受伤或者利用自身原有损伤,诬告系被害人所致来实施;有的故意制造交通事故,利用被害人违反道路通行规定或者酒后驾驶、无证驾驶、机动车手续不全等违法违规行为,通过被害人害怕被查处的心理来实施;有的在“碰瓷”行为被识破后,直接对被害人实施抢劫、抢夺、故意伤害等违法犯罪活动等。此类违法犯罪行为性质恶劣,危害后果严重,败坏社会风气,且易滋生黑恶势力,人民群众反响强烈。为依法惩治“碰瓷”违法犯罪活动,保障人民群众合法权益,维护社会秩序,根据刑法、刑事诉讼法、治安管理处罚法等法律的规定,制定本意见。

一、实施“碰瓷”,虚构事实、隐瞒真相,骗取赔偿,符合刑法第二百六十六条规定的,以诈骗罪定罪处罚;骗取保险金,符合刑法第一百九十八条规定的,以保险诈骗罪定罪处罚。

实施“碰瓷”,捏造人身、财产权益受到侵害的事实,虚构民事纠纷,提起民事诉讼,符合刑法第三百零七条之一规定的,以虚假诉讼罪定罪处罚;同时构成其他犯罪的,依照处罚较重的规定定罪从重处罚。

二、实施“碰瓷”,具有下列行为之一,敲诈勒索他人财物,符合刑法第二百七十四条规定的,以敲诈勒索罪定罪处罚:

1.实施撕扯、推搡等轻微暴力或者围困、阻拦、跟踪、贴靠、滋扰、纠缠、哄闹、聚众造势、扣留财物等软暴力行为的;

2.故意制造交通事故,进而利用被害人违反道路通行规定或者其他违法违规行为相要挟的;

3.以揭露现场掌握的当事人隐私相要挟的;

4.扬言对被害人及其近亲属人身、财产实施侵害的。

三、实施“碰瓷”,当场使用暴力、胁迫或者其他方法,当场劫取他人财物,符合刑法第二百六十三条规定的,以抢劫罪定罪处罚。

四、实施“碰瓷”,采取转移注意力、趁人不备等方式,窃取、夺取他人财物,符合刑法第二百六十四条、第二百六十七条规定的,分别以盗窃罪、抢夺罪定罪处罚。

五、实施“碰瓷”,故意造成他人财物毁坏,符合刑法第二百七十五条规定的，以故意毁坏财物罪定罪处罚。

六、实施“碰瓷”，驾驶机动车对其他机动车进行追逐、冲撞、挤别、拦截或者突然加减速、急刹车等可能影响交通安全的行为，因而发生重大事故，致人重伤、死亡或者使公私财物遭受重大损失，符合刑法第一百三十三条规定的，以交通肇事罪定罪处罚。

七、为实施“碰瓷”而故意杀害、伤害他人或者过失致人重伤、死亡，符合刑法第二百三十二条、第二百三十四条、第二百三十三条、第二百三十五条规定的，分别以故意杀人罪、故意伤害罪、过失致人死亡罪、过失致人重伤罪定罪处罚。

八、实施“碰瓷”，为索取财物，采取非法拘禁等方法非法剥夺他人人身自由或者非法搜查他人身体，符合刑法第二百三十八条、第二百四十五条规定的，分别以非法拘禁罪、非法搜查罪定罪处罚。

九、共同故意实施“碰瓷”犯罪，起主要作用的，应当认定为主犯，对其参与或者组织、指挥的全部犯罪承担刑事责任；起次要或者辅助作用的，应当认定为从犯，依法予以从轻、减轻处罚或者免除处罚。

三人以上为共同故意实施“碰瓷”犯罪而组成的较为固定的犯罪组织，应当认定为犯罪集团。对首要分子应当按照集团所犯全部罪行处罚。

符合黑恶势力认定标准的，应当按照黑社会性质组织、恶势力或者恶势力犯罪集团侦查、起诉、审判。

十、对实施“碰瓷”，尚不构成犯罪，但构成违反治安管理行为的，依法给予治安管理处罚。

各级人民法院、人民检察院和公安机关要严格依法办案，加强协作配合，对“碰瓷”违法犯罪行为予以快速处理、准确定性、依法严惩。……三要严格贯彻宽严相济的刑事政策，落实认罪认罚从宽制度。要综合考虑主观恶性大小、行为的手段、方式、危害后果以及在案件中所起作用等因素，切实做到区别对待。对于“碰瓷”犯罪集团的首要分子、积极参加的犯罪分子以及屡教不改的犯罪分子，应当作为打击重点依法予以严惩。对犯罪性质和危害后果特别严重、社会影响特别恶劣的犯罪分子，虽具有酌定从宽情节但不足以从宽处罚的，依法不予从宽处罚。具有自首、立功、坦白、认罪认罚等情节的，依法从宽处理。同时，应当准确把握法律尺度，注意区分“碰瓷”违法犯罪同普通民事纠纷、行政违法的界限，既防止出现“降格处理”，也要防止打击面过大等问题。……

【司法指导文件(2)】

《最高人民法院、最高人民检察院、公安部、司法部关于办理“套路贷”刑事案件若干问题的意见》(法发〔2019〕11号，20190409)

一、准确把握“套路贷”与民间借贷的区别

1.“套路贷”，是对以非法占有为目的，假借民间借贷之名，诱使或迫使被害人签订“借贷”或变相“借贷”“抵押”“担保”等相关协议，通过虚增借贷金额、恶意制造违约、肆意认定违约、毁匿还款证据等方式形成虚假债权债务，并借助诉讼、仲裁、公证或者采用暴力、威胁以及其他手段非法占有被害人财物的相关违法犯罪活动的概括性称谓。

2.“套路贷”与平等主体之间基于意思自治而形成的民事借贷关系存在本质区别，民间借贷的出借人是为了到期按照协议约定的内容收回本金并获取利息，不具有非法占有他人财物的目的，也不会在签订、履行借贷协议过程中实施虚增借贷金额、制造虚假给付痕迹、恶意制造违约、肆意认定违约、毁匿还款证据等行为。

司法实践中，应当注意非法讨债引发的案件与“套路贷”案件的区别，犯罪嫌疑人、被告人不具有非法占有目的，也未使用“套路”与借款人形成虚假债权债务，不应视为“套路贷”。因使用暴力、威胁以及其他手段强行索债构成犯罪的，应当根据具体案件事实定罪处罚。

3.实践中，“套路贷”的常见犯罪手法和步骤包括但不限于以下情形：

(1)制造民间借贷假象。犯罪嫌疑人、被告人往往以“小额贷款公司”“投资公司”“咨询公司”“担保公司”“网络借贷平台”等名义对外宣传，以低息、无抵押、无担保、快速放款等为诱饵吸引被害人借款，继而以“保证金”“行规”等虚假理由诱使被害人基于错误认识签订金额虚高的“借贷”协议或相关协议。有的犯罪嫌疑人、被告人还会以被害人先前借贷违约等理由，迫使对方签订金额虚高的“借贷”协议或相关协议。

(2)制造资金走账流水等虚假给付事实。犯罪嫌疑人、被告人按照虚高的“借贷”协议金额将资金转入被害人账户，制造已将全部借款交付被害人的银行流水痕迹，随后便采取各种手段将其中全部或者部分资金收回，被害人实际上并未取得或者完全取得“借贷”协议、银行流水上显示的钱款。

(3)故意制造违约或者肆意认定违约。犯罪嫌疑人、被告人往往会以设置违约陷阱、制造还款障碍等方式，故意造成被害人违约，或者通过肆意认定违约，强行要求被害人偿还虚假债务。

(4)恶意垒高借款金额。当被害人无力偿还时，有的犯罪嫌疑人、被告人会安排其所属公司或者指定的关联公司、关联人员为被害人偿还“借款”，继而与被害人签订金额更大的虚高“借贷”协议或相关协议，通过这种“转单平账”“以贷还贷”的方式不断垒高“债务”。

(5)软硬兼施“索债”。在被害人未偿还虚高“借款”的情况下，犯罪嫌疑人、被告人借助诉讼、仲裁、公证或者采用暴力、威胁以及其他手段向被害人或者被害人的特定关系人索取“债务”。

二、依法严惩“套路贷”犯罪

4.实施“套路贷”过程中，未采用明显的暴力或者威胁手段，其行为特征从整体上表现为以非法占有为目的，通过虚构事实、隐瞒真相骗取被害人财物的，一般以诈骗罪定罪处罚；对于在实施“套路贷”过程中多种手段并用，构成诈骗、敲诈勒索、非法拘禁、虚假诉讼、寻衅滋事、强迫交易、抢劫、绑架等多种犯罪的，应当根据具体案件事实，区分不同情况，依照刑法及有关司法解释的规定数罪并罚或者择一重处。

5.多人共同实施“套路贷”犯罪，犯罪嫌疑人、被告人在所参与的犯罪中起主要作用的，应当认定为主犯，对其参与或组织、指挥的全部犯罪承担刑事责任；起次要或辅助作用的，应当认定为从犯。

明知他人实施“套路贷”犯罪，具

有以下情形之一的，以相关犯罪的共犯论处，但刑法和司法解释等另有规定的除外：

(1)组织发送“贷款”信息、广告，吸引、介绍被害人“借款”的；

(2)提供资金、场所、银行卡、账号、交通工具等帮助的；

(3)出售、提供、帮助获取公民个人信息的；

(4)协助制造走账记录等虚假给付事实的；

(5)协助办理公证的；

(6)协助以虚假事实提起诉讼或者仲裁的；

(7)协助套现、取现、办理动产或不动产过户等，转移犯罪所得及其产生的收益的；

(8)其他符合共同犯罪规定的情形。

上述规定中的“明知他人实施‘套路贷’犯罪”，应当结合行为人的认知能力、既往经历、行为次数和手段、与同案人、被害人的关系、获利情况、是否曾因“套路贷”受过处罚、是否故意规避查处等主客观因素综合分析认定。

6.在认定“套路贷”犯罪数额时，应当与民间借贷相区别，从整体上予以否定性评价，“虚高债务”和以“利息”“保证金”“中介费”“服务费”“违约金”等名目被犯罪嫌疑人、被告人非法占有的财物，均应计入犯罪数额。

犯罪嫌疑人、被告人实际给付被害人的本金数额，不计入犯罪数额。

已经着手实施“套路贷”，但因意志以外原因未得逞的，可以根据相关罪名所涉及的刑法、司法解释规定，按照已着手非法占有的财物数额认定犯罪未遂。既有既遂，又有未遂，犯罪既遂部分与未遂部分分别对应不同法定刑幅度的，应当先决定对未遂部分是否减轻处罚，确定未遂部分对应的法定刑幅度，再与既遂部分对应的法定刑幅度进行比较，选择处罚较重的法定刑幅度，并酌情从重处罚；二者在同一量刑幅度的，以犯罪既遂酌情从重处罚。

7.犯罪嫌疑人、被告人实施“套路贷”违法所得的一切财物，应当予以追缴或者责令退赔；对被害人的合法财产，应当及时返还。有证据证明是犯罪嫌疑人、被告人为实施“套路贷”而交付给被害人的本金，赔偿被害人损失后如有剩余，应依法予以没收。

犯罪嫌疑人、被告人已将违法所得的财物用于清偿债务、转让或者设置其他权利负担，具有下列情形之一的，应当依法追缴：

(1)第三人明知是违法所得财物而接受的；

(2)第三人无偿取得或者以明显低于市场的价格取得违法所得财物的；

(3)第三人通过非法债务清偿或者违法犯罪活动取得违法所得财物的；

(4)其他应当依法追缴的情形。

8.以老年人、未成年人、在校学生、丧失劳动能力的人为对象实施“套路贷”，或者因实施“套路贷”造成被害人或其特定关系人自杀、死亡、精神失常、为偿还“债务”而实施犯罪活动的，除刑法、司法解释另有规定的外，应当酌情从重处罚。

在坚持依法从严惩处的同时，对于认罪认罚、积极退赃、真诚悔罪或者具有其他法定、酌定从轻处罚情节的被告人，可以依法从宽处罚。

9.对于“套路贷”犯罪分子，应当根据其所触犯的具体罪名，依法加大财产刑适用力度。符合刑法第三十七条之一规定的，可以依法禁止从事相关职业。

10. 三人以上为实施“套路贷”而组成的较为固定的犯罪组织，应当认定为犯罪集团。对首要分子应按照集团所犯全部罪行处罚。

符合黑恶势力认定标准的，应当按照黑社会性质组织、恶势力或者恶势力犯罪集团侦查、起诉、审判。

三、依法确定“套路贷”刑事案件管辖

11.“套路贷”犯罪案件一般由犯罪地公安机关侦查，如果由犯罪嫌疑人居住地公安机关立案侦查更为适宜的，可以由犯罪嫌疑人居住地公安机关立案侦查。犯罪地包括犯罪行为发生地和犯罪结果发生地。

“犯罪行为发生地”包括为实施“套路贷”所设立的公司所在地、“借贷”协议或相关协议签订地、非法讨债行为实施地、为实施“套路贷”而进行诉讼、仲裁、公证的受案法院、仲裁委员会、公证机构所在地，以及“套路贷”行为的预备地、开始地、途经地、结束地等。

“犯罪结果发生地”包括违法所得财物的支付地、实际取得地、藏匿地、转移地、使用地、销售地等。

除犯罪地、犯罪嫌疑人居住地外，其他地方公安机关对于公民扭送、报案、控告、举报或者犯罪嫌疑人自首的“套路贷”犯罪案件，都应当立即受理，经审查认为有犯罪事实的，移送有管辖权的公安机关处理。

黑恶势力实施的“套路贷”犯罪案件，由侦办黑社会性质组织、恶势力或者恶势力犯罪集团案件的公安机关进行侦查。

12. 具有下列情形之一的，有关公安机关可以在其职责范围内并案侦查：

(1)一人犯数罪的；

(2)共同犯罪的；

(3)共同犯罪的犯罪嫌疑人还实施其他犯罪的；

(4)多个犯罪嫌疑人实施的犯罪存在直接关联，并案处理有利于查明案件事实的。

13. 本意见自2019年4月9日起施行。

【司法指导文件(2)·注释】

本意见第三条列举了五类常见犯罪手法和步骤，目的是回应实践需要。但是，在具体“套路贷”犯罪中，五类犯罪手法和步骤并不必然全部出现。实践中，“套路贷”犯罪在犯罪手法的具体选择上多种多样，可能多种手法并用，通过多个犯罪步骤实现对被害人财产的非法占有，也可能仅采用少量犯罪手法就达成了犯罪目的。因此，不能认为全部具备所列举的五类犯罪手法和步骤才是“套路贷”犯罪。此外，“套路贷”犯罪的犯罪手法和步骤不局限于所列举的范围。在认定“套路贷”犯罪时，应当着重根据其假借民间借贷之名行非法占有之实的主要特征来甄别判断。

【法院案例库参考案例】

〔冯某某诈骗案，2023-04-1-222-006〕虚拟货币的刑事属性

虚拟货币具有刑法意义上的财产属性，可以成为财产犯罪的对象。在以虚拟货币为对象的财产犯罪中，可以被害人取得虚拟货币支付的成本或对价来认定被害人遭受的损失，进而确定虚拟货币的价值。

〔何某某盗窃、合同诈骗、信用卡诈骗案，2023-04-1-221-002〕新型支付环境下侵财犯罪的刑事定性

涉及支付宝的侵犯财产权案件的刑事定性应当采取区分原则，对于不同情形下的侵财行为分别从刑法上加以评价。如果是利用"蚂蚁花呗""京东白条""蚂蚁借呗"的方式购买商品、获得贷款，构成合同诈骗罪；如果是通过支付宝、微信使用被害人的银行卡内资金，构成信用卡诈骗罪；如果是盗窃了支付宝内的钱款，构成盗窃罪。

【《刑事审判参考》案例】

〔参考案例第587号：李跃等以危险方法危害公共安全案〕在城市主干路采用故意驾驶机动车撞击他人车辆制造交通事故的手段勒索钱财的行为如何定罪？

在城市主干路采用故意驾驶机动车撞击他人车辆制造交通事故的手段勒索钱财，构成以危险方法危害公共安全罪。但是，发生在道路交通事故中的"碰瓷"案件情况多样，不能一概认定为危害公共安全犯罪。对于利用道路混乱、机动车停车起步阶段以及违规行驶等，用身体故意或假装与机动车发生碰撞而声称受伤，要求对方"赔偿"，以及在居民区、行人稀少的街道等场所，车流量少，行车速度慢，驾驶机动车制造"碰瓷"事故的，其发生危及不特定或多数人安全的结果之可能性很小，不具有危及公共安全的现实危险，故一般不能以以危险方法危害公共安全罪论处，应根据行为人的主观故意，以敲诈勒索罪、诈骗罪或者保险诈骗罪等来定罪处罚。

〔参考案例第764号：刘飞抢劫案〕驾驶机动车以"碰瓷"方式获取财物的行为如何定性？

1.如果行为人以非法占有为目的，故意制造交通事故，并造成事故系被害人过错所致的假象，继而以此为要挟，迫使被害人赔偿，应当以敲诈勒索罪论处。实践中，要挟、强迫的方式多种多样，有的以不赔偿就扣留车辆相要挟，有的抓住被害人车辆手续不全、正规处理程序烦琐、害怕耽误时间等心理，但不管具体方式如何，要准确把握行为要挟、胁迫的本质特征。

2.如果行为人故意制造交通事故，隐瞒事故真相，使被害人基于事故产生原因的错误认识而给付"赔偿"，行为人的行为就符合诈骗罪的构成特征，应当以诈骗罪论处。

3.在有的"碰瓷"案件中，被害人是完全被胁迫交付钱财，还是既有被欺骗又有被胁迫的因素而交付钱财，有时不容易区分。尤其是在系列"碰瓷"案件中，行为人在有些犯罪过程中故意制造交通事故，被害人基于错误认识"自愿"交付了钱财，而在有些犯罪过程中因被害人识破骗局而使用了要挟的手段。对类似案件，应从系列行为的整体特征考察，根据行为人主要取财手段的特征，以敲诈勒索罪或者诈骗罪论处，而不宜进行数罪并罚。

4.如果行为人驾车碰撞他人车辆后，又以暴力或实施暴力相威胁而索取钱财的，构成抢劫罪。

5.如果行为人实施的"碰瓷"行为不足以严重危害公共安全，"碰瓷"后，由于主客观原因，也没有进一步实施诈骗、敲诈勒索或抢劫行为，那么，对于只撞毁车辆，符合故意毁坏财物罪构成要件的，可以故意毁坏财物罪论处；致人伤亡的，根据具体情况，可以故意伤害罪或故意杀人罪论处；既符合故意毁坏财物罪，同时符合故意伤害罪或故意杀人罪的，按照想象竞合犯的原则处理。

第二百六十三条　【抢劫罪】以暴力、胁迫或者其他方法抢劫公私财物的，处三年以上十年以下有期徒刑，并处罚金；有下列情形之一的，处十年以上有期徒刑、无期徒刑或者死刑，并处罚金或者没收财产：

（一）入户抢劫的；

（二）在公共交通工具上抢劫的；

（三）抢劫银行或者其他金融机构的；

（四）多次抢劫或者抢劫数额巨大的；

（五）抢劫致人重伤、死亡的；

（六）冒充军警人员抢劫的；

（七）持枪抢劫的；

（八）抢劫军用物资或者抢险、救灾、救济物资的。

【立法·要点注释】

1.“其他方法”，是指对被害人采取暴力、胁迫以外的使被害人处于不知反抗或者不能反抗的状态的方法。例如，用酒灌醉、用药物麻醉等方法使被害人处于暂时丧失知觉而不能反抗的状态下，将财物当场掠走。在这里，必须是由于犯罪分子故意造成被害人处于不能反抗的状态，如果犯罪分子利用被害人睡熟或者醉酒不醒，趁机秘密取走数额较大的财物，则不构成本罪。

2.“军警”，是指军人和警察。军人，是指中国人民解放军、中国人民武装警察部队的现役军官(警官)、文职干部、士兵及具有军籍的学员。警察，是指我国武装性质的国家治安行政力量，包括公安机关、国家安全机关、监狱的人民警察和人民法院、人民检察院的司法警察。

【司法解释(1)】

《最高人民法院关于审理抢劫案件具体应用法律若干问题的解释》(法释〔2000〕35号，20001128)

第一条　刑法第二百六十三条第(一)项规定的“入户抢劫”，是指为实施抢劫行为而进入他人生活的与外界相对隔离的住所，包括封闭的院落、牧民的帐篷、渔民作为家庭生活场所的渔船、为生活租用的房屋等进行抢劫的行为。①

对于入户盗窃，因被发现而当场使用暴力或者以暴力相威胁的行为，应当认定为入户抢劫。

第二条　刑法第二百六十三条第(二)项规定的“在公共交通工具上抢劫”，既包括在从事旅客运输的各种公共汽车，大、中型出租车，火车，船只，飞机等正在运营中的机动公共交通工具上对旅客、司售、乘务人员实施的抢劫，也包括对运行途中的机动公共交通工具加以拦截后，对公共交通工具上的人员实施的抢劫。

第三条　刑法第二百六十三条第(三)项规定的“抢劫银行或者其他金融机构”，是指抢劫银行或者其他金融机

---

① 对于该款的适用，需结合本条【司法指导文件(3)】关于“入户抢劫”的内容综合考虑。——编者注

构的经营资金、有价证券和客户的资金等。

抢劫正在使用中的银行或者其他金融机构的运钞车的，视为“抢劫银行或者其他金融机构”。

第四条　刑法第二百六十三条第(四)项规定的“抢劫数额巨大”的认定标准，参照各地确定的盗窃罪数额巨大的认定标准执行。

第五条　刑法第二百六十三条第(七)项规定的“持枪抢劫”，是指行为人使用枪支或者向被害人显示持有、佩带的枪支进行抢劫的行为。“枪支”的概念和范围，适用枪支管理法的规定。

【司法解释(1)·注释】

关于“持枪抢劫”的认定。使用假枪、玩具枪进行抢劫的行为，不能认定为“持枪抢劫”。因为行为人使用假枪、玩具枪进行抢劫，客观上不可能借助“枪支”的功能给被害人施加伤害，这种行为的危害性要远远小于使用真枪。因此，司法解释中“枪支”的概念和范围，适用枪支管理法的规定。

【司法解释(2)】

《最高人民法院关于抢劫过程中故意杀人案件如何定罪问题的批复》(法释〔2001〕16号，20010526)

行为人为劫取财物而预谋故意杀人，或者在劫取财物过程中，为制服被害人反抗而故意杀人的，以抢劫罪定罪处罚。

行为人实施抢劫后，为灭口而故意杀人的，以抢劫罪和故意杀人罪定罪，实行数罪并罚。

【司法解释(2)·注释】

1.以杀害其他人为手段，威胁被害人，劫取财物的行为，仍应当认定为抢劫罪，而不应以故意杀人罪和抢劫罪实行数罪并罚。

2.故意杀人后见财起意，乘机窃取被害人财物的行为，一般应按照故意杀人罪和盗窃罪定罪，实行数罪并罚。

【司法解释(3)】

《最高人民法院关于审理未成年人刑事案件具体应用法律若干问题的解释》(法释〔2006〕1号，20060123)

第七条　已满十四周岁不满十六周岁的人使用轻微暴力或者威胁，强行索要其他未成年人随身携带的生活、学习用品或者钱财数量不大，且未造成被害人轻微伤以上或者不敢正常到校学习、生活等危害后果的，不认为是犯罪。

已满十六周岁不满十八周岁的人具有前款规定情形的，一般也不认为是犯罪。

【司法解释(4)】

《最高人民检察院关于强迫借贷行为适用法律问题的批复》(高检发释字〔2014〕1号，20140417)

……以非法占有为目的，以借贷为名采用暴力、胁迫手段获取他人财物，符合刑法第二百六十三条或者第二百七十四条规定的，以抢劫罪或者敲诈勒索罪追究刑事责任。

【司法解释(5)】

参见本法第二百六十四条项下【司法解释(3)】，第837—838页。

【司法指导文件(1)】

《最高人民法院、最高人民检察院关于常见犯罪的量刑指导意见(试行)》(法发〔2021〕21号，20210701)

(十)抢劫罪

1.构成抢劫罪的，根据下列情形在相应的幅度内确定量刑起点：

(1)抢劫一次的，在三年至六年有期徒刑幅度内确定量刑起点。

(2)有下列情形之一的，在十年至十三年有期徒刑幅度内确定量刑起点：入户抢劫的；在公共交通工具上抢劫的；抢劫银行或者其他金融机构的；抢劫三次或者抢劫数额达到数额巨大起点的；抢劫致一人重伤的；冒充军警人员抢劫的；持枪抢劫的；抢劫军用物资或者抢险、救灾、救济物资的。依法应当判处无期徒刑以上刑罚的除外。

2.在量刑起点的基础上，根据抢劫情节严重程度、抢劫数额、次数、致人伤害后果等其他影响犯罪构成的犯罪事实增加刑罚量，确定基准刑。

3.构成抢劫罪的，根据抢劫的数额、次数、手段、危害后果等犯罪情节，综合考虑被告人缴纳罚金的能力，决定罚金数额。

4.构成抢劫罪的，综合考虑抢劫的起因、手段、危害后果等犯罪事实、量刑情节，以及被告人的主观恶性、人身危险性、认罪悔罪表现等因素，从严把握缓刑的适用。

【司法指导文件(2)】

《最高人民法院关于审理抢劫、抢夺刑事案件适用法律若干问题的意见》(法发〔2005〕8号，20050608)

一、关于“入户抢劫”的认定[①]

根据《抢劫解释》第一条规定，认定“入户抢劫”时，应当注意以下三个问题：一是“户”的范围。“户”在这里是指住所，其特征表现为供他人家庭生活和与外界相对隔离两个方面，前者为功能特征，后者为场所特征。一般情况下，集体宿舍、旅店宾馆、临时搭建工棚等不应认定为“户”，但在特定情况下，如果确实具有上述两个特征的，也可以认定为“户”。二是“入户”目的的非法性。进入他人住所须以实施抢劫等犯罪为目的。抢劫行为虽然发生在户内，但行为人不以实施抢劫等犯罪为目的进入他人住所，而是在户内临时起意实施抢劫的，不属于“入户抢劫”。三是暴力或者暴力胁迫行为必须发生在户内。入户实施盗窃被发现，行为人为窝藏赃物、抗拒抓捕或者毁灭罪证而当场使用暴力或者以暴力相威胁的，如果暴力或者暴力胁迫行为发生在户内，可以认定为“入户抢劫”；如果发生在户外，不能认定为“入户抢劫”。

二、关于“在公共交通工具上抢劫”的认定

公共交通工具承载的旅客具有不特定多数人的特点。根据《抢劫解释》第二条规定，“在公共交通工具上抢劫”主要是指在从事旅客运输的各种公共汽车、大、中型出租车、火车、船只、飞机等正在运营中的机动公共交通工具上对旅客、司售、乘务人员实施的抢劫。在未运营中的大、中型公共交通工具上

① 对于该部分的适用，需结合本条【司法指导文件(3)】关于“入户抢劫”的内容综合考虑。——编者注

针对司售、乘务人员抢劫的，或者在小型出租车上抢劫的，不属于“在公共交通工具上抢劫”。

三、关于“多次抢劫”的认定

刑法第二百六十三条第(四)项中的“多次抢劫”是指抢劫三次以上。

对于“多次”的认定，应以行为人实施的每一次抢劫行为均已构成犯罪为前提，综合考虑犯罪故意的产生、犯罪行为实施的时间、地点等因素，客观分析、认定。对于行为人基于一个犯意实施犯罪的，如在同一地点同时对在场的多人实施抢劫的；或基于同一犯意在同一地点实施连续抢劫犯罪的，如在同一地点连续地对途经此地的多人进行抢劫的；或在一次犯罪中对一栋居民楼房中的几户居民连续实施入户抢劫的，一般应认定为一次犯罪。

六、关于抢劫犯罪数额的计算

抢劫信用卡后使用、消费的，其实际使用、消费的数额为抢劫数额；抢劫信用卡后未实际使用、消费的，不计数额，根据情节轻重量刑。所抢信用卡数额巨大，但未实际使用、消费或者实际使用、消费的数额未达到巨大标准的，不适用“抢劫数额巨大”的法定刑。

为抢劫其他财物，劫取机动车辆当作犯罪工具或者逃跑工具使用的，被劫取机动车辆的价值计入抢劫数额；为实施抢劫以外的其他犯罪劫取机动车辆的，以抢劫罪和实施的其他犯罪实行数罪并罚。

抢劫存折、机动车辆的数额计算，参照执行《关于审理盗窃案件具体应用法律若干问题的解释》的相关规定。[①]

七、关于抢劫特定财物行为的定性

以毒品、假币、淫秽物品等违禁品为对象，实施抢劫的，以抢劫罪定罪；抢劫的违禁品数量作为量刑情节予以考虑。抢劫违禁品后又以违禁品实施其他犯罪的，应以抢劫罪与具体实施的其他犯罪实行数罪并罚。

抢劫赌资、犯罪所得的赃款赃物的，以抢劫罪定罪，但行为人仅以其所输赌资或所赢赌债为抢劫对象，一般不以抢劫罪定罪处罚。构成其他犯罪的，依照刑法的相关规定处罚。

为个人使用，以暴力、胁迫等手段取得家庭成员或近亲属财产的，一般不以抢劫罪定罪处罚，构成其他犯罪的，依照刑法的相关规定处理；教唆或者伙同他人采取暴力、胁迫等手段劫取家庭成员或近亲属财产的，可以抢劫罪定罪处罚。

八、关于抢劫罪数的认定

行为人实施伤害、强奸等犯罪行为，在被害人未失去知觉，利用被害人不能反抗、不敢反抗的处境，临时起意劫取他人财物的，应以此前所实施的具体犯罪与抢劫罪实行数罪并罚；在被害人失去知觉或者没有发觉的情形下，以及实施故意杀人犯罪行为之后，临时起意拿走他人财物的，应以此前所实施的具体犯罪与盗窃罪实行数罪并罚。

九、关于抢劫罪与相似犯罪的界限

1.冒充正在执行公务的人民警察、联防人员，以抓卖淫嫖娼、赌博等违法行为为名非法占有财物的行为定性

行为人冒充正在执行公务的人民警察“抓赌”、“抓嫖”，没收赌资或者罚

---

① 相关司法解释现已废止，实践中应当参照《最高人民法院、最高人民检察院关于办理盗窃刑事案件适用法律若干问题的解释》(法释〔2013〕8号)。——编者注

款的行为，构成犯罪的，以招摇撞骗罪从重处罚；在实施上述行为中使用暴力或者暴力威胁的，以抢劫罪定罪处罚。行为人冒充治安联防队员“抓赌”、“抓嫖”、没收赌资或者罚款的行为，构成犯罪的，以敲诈勒索罪定罪处罚；在实施上述行为中使用暴力或者暴力威胁的，以抢劫罪定罪处罚。

2.以暴力、胁迫手段索取超出正常交易价钱、费用的钱财的行为定性

从事正常商品买卖、交易或者劳动服务的人，以暴力、胁迫手段迫使他人交出与合理价钱、费用相差不大钱物，情节严重的，以强迫交易罪定罪处罚；以非法占有为目的，以买卖、交易、服务为幌子采用暴力、胁迫手段迫使他人交出与合理价钱、费用相差悬殊的钱物的，以抢劫罪定罪处刑。在具体认定时，既要考虑超出合理价钱、费用的绝对数额，还要考虑超出合理价钱、费用的比例，加以综合判断。

3.抢劫罪与绑架罪的界限

绑架罪是侵害他人人身自由权利的犯罪，其与抢劫罪的区别在于：第一，主观方面不尽相同。抢劫罪中，行为人一般出于非法占有他人财物的故意实施抢劫行为，绑架罪中，行为人既可能为勒索他人财物而实施绑架行为，也可能出于其他非经济目的实施绑架行为。第二，行为手段不尽相同。抢劫罪表现为行为人劫取财物一般应在同一时间、同一地点，具有“当场性”；绑架罪表现为行为人以杀害、伤害等方式向被绑架人的亲属或其他人或单位发出威胁，索取赎金或提出其他非法要求，劫取财物一般不具有“当场性”。

绑架过程中又当场劫取被害人随身携带财物的，同时触犯绑架罪和抢劫罪两罪名，应择一重罪定罪处罚。

4.抢劫罪与寻衅滋事罪的界限

寻衅滋事罪是严重扰乱社会秩序的犯罪，行为人实施寻衅滋事的行为时，客观上也可能表现为强拿硬要公私财物的特征。这种强拿硬要的行为与抢劫罪的区别在于：前者行为人主观上还具有逞强好胜和通过强拿硬要来填补其精神空虚等目的，后者行为人一般只具有非法占有他人财物的目的；前者行为人客观上一般不以严重侵犯他人人身权利的方法强拿硬要财物，而后者行为人则以暴力、胁迫等方式作为劫取他人财物的手段。司法实践中，对于未成年人使用或威胁使用轻微暴力强抢少量财物的行为，一般不宜以抢劫罪定罪处罚。其行为符合寻衅滋事罪特征的，可以寻衅滋事罪定罪处罚。

5.抢劫罪与故意伤害罪的界限

行为人为索取债务，使用暴力、暴力威胁等手段的，一般不以抢劫罪定罪处罚。构成故意伤害等其他犯罪的，依照刑法第二百三十四条等规定处罚。

十、抢劫罪的既遂、未遂的认定

抢劫罪侵犯的是复杂客体，既侵犯财产权利又侵犯人身权利，具备劫取财物或者造成他人轻伤以上后果两者之一的，均属抢劫既遂；既未劫取财物，又未造成他人人身伤害后果的，属抢劫未遂。据此，刑法第二百六十三条规定的八种处罚情节中除“抢劫致人重伤、死亡的”这一结果加重情节之外，其余七种处罚情节同样存在既遂、未遂问题，其中属抢劫未遂的，应当根据刑法关于加重情节的法定刑规定，结合未遂犯的处理原则量刑。

十一、驾驶机动车、非机动车夺取他人财物行为的定性

对于驾驶机动车、非机动车(以下简称“驾驶车辆”)夺取他人财物的,一般以抢夺罪从重处罚。但具有下列情形之一,应当以抢劫罪定罪处罚:

(1)驾驶车辆,逼挤、撞击或强行逼倒他人以排除他人反抗,乘机夺取财物的;

(2)驾驶车辆强抢财物时,因被害人不放手而采取强拉硬拽方法劫取财物的;

(3)行为人明知其驾驶车辆强行夺取他人财物的手段会造成他人伤亡的后果,仍然强行夺取并放任造成财物持有人轻伤以上后果的。

【司法指导文件(2)·注释】

1.关于“入户抢劫”的认定。乡村里“独门独院”中的院落,因符合供家庭生活使用和与外界相对隔离的特征,应认定为“户”的组成部分,行为人侵入独院中实施抢劫的,属于入户抢劫。

暴力或暴力胁迫行为是指抢劫的实行行为,且必须发生在户内。有的情况下行为人是在户外实施暴力,如扔石头或施加语言威胁,逼迫受害人交出财物,虽然也对户内受害人直接产生了遭受暴力侵害的现实危险,但还不属于发生在户内的狭小空间中的、难以躲避的侵害,毕竟行为人尚未侵入户内,不宜认定为暴力发生于户内;反之,对于行为人非法侵入他人户内实施抢劫,受害人逃出户外,其暴力行为延伸至户外的,仍应认定暴力行为发生于户内。

2.关于“在公共交通工具上抢劫”的认定。对于行为人在公共交通工具上以麻醉方式抢劫特定旅客的,是否应认定为“在公共交通工具上抢劫”?实践中有不同认识。一般来说,行为人只要主观上具有在运营中的交通工具上抢劫的故意,客观上实施了暴力劫财的行为,无论其具体的抢劫手段是公开的还是秘密的,无论其行为是否被他人察觉,均可构成“在公共交通工具上抢劫”。

3.关于抢劫犯罪数额的计算。行为人使用暴力或暴力胁迫的方法抢劫他人信用卡使用、消费的,其使用、消费信用卡的数额可以作为抢劫犯罪的数额,其行为可以纳入抢劫罪中进行评价,不再另行以信用卡诈骗罪评价。如果数罪并罚,将不适当地加重处罚,导致量刑失衡。

【司法指导文件(3)】

《最高人民法院关于审理抢劫刑事案件适用法律若干问题的指导意见》(法发〔2016〕2号,20160106)

一、关于审理抢劫刑事案件的基本要求

坚持贯彻宽严相济刑事政策。对于多次结伙抢劫,针对农村留守妇女、儿童及老人等弱势群体实施抢劫,在抢劫中实施强奸等暴力犯罪的,要在法律规定的量刑幅度内从重判处。

对于罪行严重或者具有累犯情节的抢劫犯罪分子,减刑、假释时应当从严掌握,严格控制减刑的幅度和频度。对因家庭成员就医等特定原因初次实施抢劫,主观恶性和犯罪情节相对较轻的,要与多次抢劫以及为了挥霍、赌博、吸毒等实施抢劫的案件在量刑上有所区分。对于犯罪情节较轻,或者具有法定、酌定从轻、减轻处罚情节的,坚持依法从宽处理。

确保案件审判质量。审理抢劫刑事案件,要严格遵守证据裁判原则,确保事实清楚，证据确实、充分。特别是对因抢劫可能判处死刑的案件，更要切实贯彻执行刑事诉讼法及相关司法解释、司法文件，严格依法审查判断和运用证据，坚决防止冤错案件的发生。

对抢劫刑事案件适用死刑，应当坚持“保留死刑，严格控制和慎重适用死刑”的刑事政策，以最严格的标准和最审慎的态度，确保死刑只适用于极少数罪行极其严重的犯罪分子。对被判处死刑缓期二年执行的抢劫犯罪分子，根据犯罪情节等情况，可以同时决定对其限制减刑。

二、关于抢劫犯罪部分加重处罚情节的认定

1.认定“入户抢劫”，要注重审查行为人“入户”的目的，将“入户抢劫”与“在户内抢劫”区别开来。以侵害户内人员的人身、财产为目的，入户后实施抢劫，包括入户实施盗窃、诈骗等犯罪而转化为抢劫的，应当认定为“入户抢劫”。因访友办事等原因经户内人员允许入户后，临时起意实施抢劫，或者临时起意实施盗窃、诈骗等犯罪而转化为抢劫的，不应认定为“入户抢劫”。

对于部分时间从事经营、部分时间用于生活起居的场所，行为人在非营业时间强行入内抢劫或者以购物等为名骗开房门入内抢劫的，应认定为“入户抢劫”。对于部分用于经营、部分用于生活且之间有明确隔离的场所，行为人进入生活场所实施抢劫的，应认定为“入户抢劫”；如场所之间没有明确隔离，行为人在营业时间入内实施抢劫的，不认定为“入户抢劫”，但在非营业时间入内实施抢劫的，应认定为“入户抢劫”。

2.“公共交通工具”，包括从事旅客运输的各种公共汽车，大、中型出租车，火车，地铁，轻轨，轮船，飞机等，不含小型出租车。对于虽不具有商业营运执照，但实际从事旅客运输的大、中型交通工具，可认定为“公共交通工具”。接送职工的单位班车、接送师生的校车等大、中型交通工具，视为“公共交通工具”。

“在公共交通工具上抢劫”，既包括在处于运营状态的公共交通工具上对旅客及司售、乘务人员实施抢劫，也包括拦截运营途中的公共交通工具对旅客及司售、乘务人员实施抢劫，但不包括在未运营的公共交通工具上针对司售、乘务人员实施抢劫。以暴力、胁迫或者麻醉等手段对公共交通工具上的特定人员实施抢劫的，一般应认定为“在公共交通工具上抢劫”。

3.认定“抢劫数额巨大”，参照各地认定盗窃罪数额巨大的标准执行。抢劫数额以实际抢劫到的财物数额为依据。对以数额巨大的财物为明确目标，由于意志以外的原因，未能抢到财物或实际抢得的财物数额不大的，应同时认定“抢劫数额巨大”和犯罪未遂的情节，根据刑法有关规定，结合未遂犯的处理原则量刑。

根据《两抢意见》第六条第一款规定，抢劫信用卡后使用、消费的，以行为人实际使用、消费的数额为抢劫数额。由于行为人意志以外的原因无法实际使用、消费的部分，虽不计入抢劫数额，但应作为量刑情节考虑。通过银行转账或者电子支付、手机银行等支付平台获取抢劫财物的，以行为人实际获取的财物为抢劫数额。

4.认定“冒充军警人员抢劫”，要注重对行为人是否穿着军警制服、携带枪支、是否出示军警证件等情节进行综合审查，判断是否足以使他人误以为是军警人员。对于行为人仅穿着类似军警的服装或仅以言语宣称系军警人员但未携带枪支、也未出示军警证件而实施抢劫的，要结合抢劫地点、时间、暴力或威胁的具体情形，依照常人判断标准，确定是否认定为“冒充军警人员抢劫”。

军警人员利用自身的真实身份实施抢劫的，不认定为“冒充军警人员抢劫”，应依法从重处罚。

三、关于转化型抢劫犯罪的认定

……

四、具有法定八种加重处罚情节的刑罚适用

1.根据刑法第二百六十三条的规定，具有“抢劫致人重伤、死亡”等八种法定加重处罚情节的，处十年以上有期徒刑、无期徒刑或者死刑，并处罚金或者没收财产。应当根据抢劫的次数及数额、抢劫对人身的损害、对社会治安的危害等情况，结合被告人的主观恶性及人身危险程度，并根据量刑规范化的有关规定，确定具体的刑罚。判处无期徒刑以上刑罚的，一般应并处没收财产。

2.具有下列情形之一的，可以判处无期徒刑以上刑罚：

(1)抢劫致三人以上重伤，或者致人重伤造成严重残疾的；

(2)在抢劫过程中故意杀害他人，或者故意伤害他人，致人死亡的；

(3)具有除“抢劫致人重伤、死亡”外的两种以上加重处罚情节，或者抢劫次数特别多、抢劫数额特别巨大的。

3.为劫取财物而预谋故意杀人，或者在劫取财物过程中为制服被害人反抗、抗拒抓捕而杀害被害人，且被告人无法定从宽处罚情节的，可依法判处死刑立即执行。对具有自首、立功等法定从轻处罚情节的，判处死刑立即执行应当慎重。

对于采取故意杀人以外的其他手段实施抢劫并致人死亡的案件，要从犯罪的动机、预谋、实行行为等方面分析被告人主观恶性的大小，并从有无前科及平时表现、认罪悔罪情况等方面判断被告人的人身危险程度，不能不加区别，仅以出现被害人死亡的后果，一律判处死刑立即执行。

4.抢劫致人重伤案件适用死刑，应当更加慎重、更加严格，除非具有采取极其残忍的手段造成被害人严重残疾等特别恶劣的情节或者造成特别严重后果的，一般不判处死刑立即执行。

5.具有刑法第二百六十三条规定的“抢劫致人重伤、死亡”以外其他七种加重处罚情节，且犯罪情节特别恶劣、危害后果特别严重的，可依法判处死刑立即执行。认定“情节特别恶劣、危害后果特别严重”，应当从严掌握，适用死刑必须非常慎重、非常严格。

五、抢劫共同犯罪的刑罚适用

1.审理抢劫共同犯罪案件，应当充分考虑共同犯罪的情节及后果、共同犯罪人在抢劫中的作用以及被告人的主观恶性、人身危险性等情节，做到准确认定主从犯，分清罪责，以责定刑，罚当其罪。一案中有两名以上主犯的，要从犯罪提意、预谋、准备、行为实施、赃物处理等方面区分出罪责最大者和较大者；有两名以上从犯的，要在从犯中区分出罪责相对更轻者和较轻者。对从犯的处罚，要根据案件的具体事实、从犯的罪责，确定从轻还是减轻处罚。

对具有自首、立功或者未成年人且初次抢劫等情节的从犯，可以依法免除处罚。

2.对于共同抢劫致一人死亡的案件，依法应当判处死刑的，除犯罪手段特别残忍、情节及后果特别严重、社会影响特别恶劣、严重危害社会治安的外，一般只对共同抢劫犯罪中作用最突出、罪行最严重的那名主犯判处死刑立即执行。罪行最严重的主犯如因系未成年人而不适用死刑，或者因具有自首、立功等法定从宽处罚情节而不判处死刑立即执行的，不能不加区别地对其他主犯判处死刑立即执行。

3.在抢劫共同犯罪案件中，有同案犯在逃的，应当根据现有证据尽量分清在押犯与在逃犯的罪责，对在押犯应按其罪责处刑。罪责确实难以分清，或者不排除在押犯的罪责可能轻于在逃犯的，对在押犯适用刑罚应当留有余地，判处死刑立即执行要格外慎重。

六、累犯等情节的适用

根据刑法第六十五条第一款的规定，对累犯应当从重处罚。抢劫犯罪被告人具有累犯情节的，适用刑罚时要综合考虑犯罪的情节和后果，所犯前后罪的性质、间隔时间及判刑轻重等情况，决定从重处罚的力度。对于前罪系抢劫等严重暴力犯罪的累犯，应当依法加大从重处罚的力度。对于虽不构成累犯，但具有抢劫犯罪前科的，一般不适用减轻处罚和缓刑。对于可能判处死刑的罪犯具有累犯情节的也应慎重，不能只要是累犯就一律判处死刑立即执行；被告人同时具有累犯和法定从宽处罚情节的，判处死刑立即执行应当综合考虑，从严掌握。

七、关于抢劫案件附带民事赔偿的处理原则

要妥善处理抢劫案件附带民事赔偿工作。审理抢劫刑事案件，一般情况下人民法院不主动开展附带民事调解工作。但是，对于犯罪情节不是特别恶劣或者被害方生活、医疗陷入困境，被告人与被害方自行达成民事赔偿和解协议的，民事赔偿情况可作为评价被告人悔罪态度的依据之一，在量刑上酌情予以考虑。

【司法指导文件(3)·注释】

1.司法实践中，对非以抢劫为目的的入户，而是“以侵害户内人员的人身、财产为目的”而入户，而后实施抢劫的，应当以本指导意见为依据，认定为“入户抢劫”，而不能以司法解释第一条关于“‘入户抢劫’，是指为实施抢劫行为而进入他人生活的与外界相对隔离的住所，包括封闭的院落、牧民的帐篷、渔民作为家庭生活场所的渔船、为生活租用的房屋等进行抢劫的行为”的规定为依据，不认定为“入户抢劫”。也就是说，司法解释、“两抢”意见、本指导意见三个文件中，凡是内容有发展变化的，均以发展变化了的后一个文件为依据。三个文件之间的关系是递进式的补充和完善，而不是简单地否定。

2.关于“携带凶器抢夺”不存在转化抢劫的问题。对于所携凶器本身、抢夺所处地点等，只是量刑时考虑的酌情因素，而不是必然地构成刑法第二百六十三条规定的八种加重处罚情形。如：(1)行为人携带枪支抢夺。此种情形，以抢劫论处的原因是因为其携带了枪支进行抢夺，是法定的以抢劫论，而本身行为不是典型的抢劫，因此，不再以持枪抢劫罪论，避免对携带枪支行为进行重复评价。(2)在公共交通工具上抢夺、入户抢夺等，同样是法定将抢夺行为以抢劫罪论处，而不能认定为在公共交通工具上抢劫或者入户抢劫等。但是，如果行为人三次以上携带凶器抢夺的，自然构成“多次抢劫”。如果行为人携带凶器抢夺行为实施后，为窝藏赃物、抗拒抓捕或者毁灭罪证而当场使用暴力或者以暴力相威胁的，也仍然是适用刑法第二百六十七条第二款和第二百六十三条的规定，以抢劫罪定罪处罚，而不是适用刑法第二百六十九条的规定，以转化型抢劫处理。此时，其抢劫的地点如果在户内或者公共交通工具上，则因行为本身就是抢劫，故应当认定为“入户抢劫”或者“在公共交通工具上抢劫”。如果以枪支作为暴力或者威胁的工具的，则可认定为“持枪抢劫”。如果使用暴力致人死亡的，则构成“抢劫致人死亡”。

【司法指导文件(4)】

《最高人民法院、最高人民检察院、公安部、司法部关于依法严厉打击传播艾滋病病毒等违法犯罪行为的指导意见》(公通字〔2019〕23号，20190519)

二、准确认定行为性质

(六)抢劫罪。假冒或者利用艾滋病病毒感染者或者病人身份，以谎称含有或者含有艾滋病病毒的血液为工具，以暴力、胁迫或者其他方法抢劫公私财物的，依照刑法第二百六十三条的规定，以抢劫罪定罪处罚。

【司法指导文件(5)】

实施“碰瓷”行为，以抢劫罪定罪处罚的规定，参见本法分则第五章侵犯财产罪项下【司法指导文件(1)】第三条，第806页。

【司法指导文件(6)】

实施“套路贷”行为，涉及抢劫罪的规定，参见本法分则第五章侵犯财产罪项下【司法指导文件(2)】第四条，第808页；本法第二百九十四条项下【司法指导文件(1)】第二十条，第1022页。

【司法指导文件(7)】

抢劫毒品构成抢劫罪的规定，参见本法分则第六章妨害社会管理秩序罪第七节走私、贩卖、运输、制造毒品罪项下【司法指导文件(1)】关于其他涉毒行为罪名的认定部分，第1235页。

【司法指导文件(8)】

关于对在绑架过程中以暴力、胁迫等手段当场劫取被害人财物的行为如何适用法律问题，参见本法第二百三十九条项下【司法指导文件(1)】，第750页。

【司法指导文件(9)】

《最高人民法院研究室关于对非法占有强迫他人卖血所得款物案件如何定性问题的意见函》(19951023)

被告人以非法占有为目的，强迫被害人卖血后占有卖血所得款物的行为，构成抢劫罪；其间实施的非法剥夺被害人人身自由的行为，应作为抢劫罪从重处罚的情节予以考虑。

【司法指导文件(10)】

《最高人民法院研究室关于对在绑架勒索犯罪过程中对同一受害人又有抢劫行为应如何定罪问题的答复》(19950530)

行为人在绑架勒索犯罪过程中，又

抢劫同一人被害人财物的，应以绑架勒索罪[①]定罪，从重处罚；同时又抢劫他人财物的，应分别以绑架勒索罪、抢劫罪定罪，实行数罪并罚。[②]

【司法指导文件(11)】

《最高人民法院研究室关于强迫借贷行为如何适用法律问题的研究意见》(2014)

采用暴力、威胁手段强迫他人借贷的，可以认定为刑法第二百二十六条第二项规定的“强迫他人提供或者接受服务”，情节严重的，以强迫交易罪论处；但是，以非法占有为目的，采用暴力、胁迫、要挟等手段强迫他人借贷，符合刑法第二百六十三条或者第二百七十四条规定的，以抢劫罪或者敲诈勒索罪论处。

【司法指导文件(12)】

《最高人民法院研究室关于持仿真玩具枪实施抢劫犯罪有关问题的研究意见》(2012)

持仿真玩具枪实施抢劫，不应认定为“持枪抢劫”。

【审判实务释疑】

在小型出租车上抢劫能否认定为“在公共交通工具上抢劫”?

实践中发生在小型出租汽车上的抢劫犯罪案件，大多是犯罪分子以租乘为名，骗司机将出租车开到偏僻无人的地方后，针对司机行抢，或者同时抢劫司机驾驶的出租汽车。这种抢劫犯罪不是针对众多乘客实施的，因此，不同于威胁众多乘客人身、财产安全的“在公共交通工具上抢劫”犯罪案件，故不能根据刑法第二百六十三条第二项规定，认定为“在公共交通工具上抢劫”。[③]

【法院案例库参考案例】

〔张某抢劫案，2024-03-1-220-001〕强迫被害人购买比特币进而抢劫比特币并倒卖变现案件的处理

以暴力、胁迫等方法，强迫被害人购买比特币，进而抢劫所购买的比特币并转卖变现的，实际是抢劫购买比特币的对价，应当适用刑法第二百六十三条的规定，以抢劫罪定罪处罚。对于抢劫数额，应当根据被害人支付的对价予以认定。

〔尹某辉等人抢劫、容留他人吸毒案，2024-03-1-220-002〕为从事违法犯罪活动租住的旅社房间不应当认定为“入户抢劫”中的“户”

旅店宾馆的房间虽然具有“与外界相对隔离”的场所特征，但通常情况下不具有“供他人家庭生活”的功能特征，故行为人进入旅店宾馆实施抢劫的，一般不宜认定为“入户抢劫”。

〔刘某庚抢劫案，2023-05-1-220-002〕行为人从户外追赶被害人进入户内后实施抢劫的行为，认定为“入户抢劫”

对“在户内实施暴力或者暴力胁迫行为”不应做过于严格的解释，即只

---

① 该罪1997年后调整为绑架罪。——编者注

② 对于该答复的适用，需结合本条【司法指导文件(2)】关于“抢劫罪与绑架罪的界限”的内容综合考虑。——编者注

③ 参见《最高人民法院刑二庭审判长会议关于在小型出租车上抢劫能否认定为“在公共交通工具上抢劫”的问题》，载最高人民法院刑事审判第一、二、三、四、五庭主办：《中国刑事审判指导案例4》(增订第3版)，法律出版社2017年版，第648页。

要行为人的抢劫暴力行为有一部分发生在户内，就应当认定为“入户抢劫”。

〔王某坚抢劫、强奸、盗窃案，2023-04-1-220-003〕如何把握抢劫犯罪案件中“入户抢劫”情节的认定

工人宿舍不具备家庭生活的实质，建筑工地不能认定为住所，所以，对侵入该二处地点的行为不宜认定为“入户”。

〔韦某抢劫案，2023-05-1-220-007〕进入无人居住的待租房屋实施抢劫，不属于“入户抢劫”

无人居住的待租房屋，虽然与外界相对隔离，符合“户”的场所特征，但该房屋既不是供受害人本人或其家人生活居住使用的，也不是有他人正在居住使用的房屋，而是等待他人租住的房屋，因此不具有“户”的功能特征，不属于“供他人家庭生活和与外界相对隔离的住所”，不能认定为“户”。

〔季某某抢劫、强奸案，2024-05-1-220-002〕入户抢劫案件中入户目的的认定

以实施强奸为目的入户后临时起意实施抢劫，构成入户抢劫。

〔祝某峰、祝某强抢劫案，2023-05-1-220-010〕多次抢劫预备能否认定为“多次抢劫”

认定“多次抢劫”时不应将抢劫预备行为作为次数计算。对于多次抢劫预备行为，由于行为人尚未着手实行犯罪，惯犯特征并不明显，况且“多次抢劫”的起点刑为十年有期徒刑以上的重刑，故不宜将社会危害性并不十分严重的多次抢劫预备行为纳入其中。

〔徐某抢劫案，2024-05-1-220-001〕抢劫人刺伤受害人后受害人为逃生被撞身亡，是否符合“抢劫致人重伤、死亡”情形的认定

行为人在高度危险的状态下实施抢劫，导致被害人在逃跑、呼救中被其他车辆撞击身亡，结合具体案情能够认定抢劫行为与被害人死亡之间具有因果关系的，属于刑法第二百六十三条第五项规定的“抢劫致人重伤、死亡的”情形。

〔蒋某伟抢劫案，2024-03-1-220-003〕为劫取财物而预谋故意杀人案件的处理

行为人为劫取财物而预谋故意杀人的，以抢劫罪定罪处罚。对于杀人动机的认定，应当通过审查行为人的客观行为及其供述和辩解，并结合在案证据的细节信息，如犯罪动机、起因、手段、工具等，综合判断是否属于为劫取财物而预谋故意杀人，从而对其行为作出准确定性。

〔贾某抢劫案，2023-05-1-220-006〕当场以未成年人相威胁要求被害人取款的行为构成抢劫罪

被告人劫取财物的手段是通过控制孩子让被害人取款。虽然其主要劫取的财物并非被害人随身携带的财物，表面上在时空上有一定分离，但鉴于随着社会发展，越来越少有人随身携带大量现金，而更多的是银行、微信、支付宝等形式存在。这些形式的财产，仍然应当认定为是被害人可以随时取得、控制、变现的财产，以上述财产为目的的犯罪行为，仍然具有当场性，与绑架行为中的勒赎行为仍有本质区别。

〔陈甲等拐卖妇女、抢劫案，2023-02-1-188-007〕拐卖妇女过程中劫取被拐卖妇女财物行为性质的认定

在拐卖妇女、儿童过程中劫取被害人财物的行为，应认定为抢劫罪，依法与拐卖妇女、儿童罪数罪并罚。

〔周某强奸、强制猥亵、抢劫案，2024-18-1-182-001〕抢劫罪既遂的认定

抢劫公私财物之后丢弃所劫取财物的，属于犯罪既遂之后处置财物的行为，不影响抢劫罪既遂的认定。

【法院公报案例】

〔淄博市人民检察院诉杨保营等人抢劫、绑架、寻衅滋事案，GB2005-2〕

被告人以殴打、捆绑、禁闭为手段非法拘禁被害人，并迫使被害人直接交出现金的行为，应按抢劫罪论处。

〔上海市黄浦区人民检察院诉陈祥国绑架案，GB2007-1〕

1.勒索财物型的绑架罪，是指行为人绑架他人作为人质，以人质的安危来要挟被绑架人以外的第三人，向该第三人勒索财物的行为。行为人虽然控制了被害人的人身自由，但其目的不是以被害人为人质来要挟被害人以外的第三人并向第三人勒索财物，而是对被害人实施暴力、胁迫以直接劫取财物，其行为不构成绑架罪。

2.索债型的非法拘禁罪，是指行为人以索取债务(包括合法债务与非法债务)为目的，以拘留、禁闭或者其他方法故意非法剥夺他人人身自由的行为。如果不能证实行为人与被害人之间存在债权债务关系，则不构成索债型的非法拘禁罪。

3.行为人以暴力、胁迫的方法要求被害人交出自己的财产，由于被害人的财产不在身边，行为人不得不同意被害人通知其他人送来财产，也不得不与被害人一起等待财产的到来。这种行为不是以被害人为人质向被害人以外的第三人勒索财物，而是符合“使用暴力、胁迫方法当场强行劫取财物”的抢劫罪特征，应当按照刑法第二百六十三条的规定定罪处罚。

〔内蒙古自治区乌海市人民检察院诉白雪云等抢劫案，GB2008-5〕

抢劫罪是指以非法占有为目的，以暴力、胁迫或者其他方法，强行劫取公私财物的行为。这里所称的“暴力”，是指犯罪人对被害人的身体实施打击或者强制，如杀伤、殴打、捆绑或禁闭等。行为人出于非法占有的目的，以欺骗的方法将被害人诱至其承租的住房内，而后将被害人反锁在其事先改造过的房间内，致使被害人不能反抗，从而劫取被害人随身携带的财物的，属于以对被害人的身体实施强制禁闭的暴力方法，强行劫取公私财物的行为，应按抢劫罪定罪处罚。

〔广东省肇庆市人民检察院诉梁克财等抢劫案，GB2010-6〕

1.《最高人民法院关于对为索取法律不予保护的债务非法拘禁他人行为如何定罪问题的解释》规定，行为人为索取高利贷、赌债等法律不予保护的债务，非法扣押、拘禁他人的，依照刑法第二百三十八条的规定定罪处罚。① 据此，在上述规定情形下构成非法拘禁罪的前提条件，是实际存在高利贷、赌债等法律不予保护的债务。行为人仅是主观上怀疑受害人在赌局中对其设计骗局，为追回赌资而非法劫持受害人，逼迫受害人交出财物的，不属于上述司

① 对相关行为的定性，需结合刑法修正案(十一)第三十四条增设的刑法第二百九十三条之一即催收非法债务罪的规定综合考虑。——编者注

法解释规定的情形。

2.根据刑法第二百六十三条的规定，抢劫罪是指以非法占有为目的，对财物的所有人、保管人当场使用暴力、胁迫或其他方法，强行将公私财物抢走的行为。行为人当场使用暴力控制受害人，迫使受害人通过网上银行转账的形式将钱款转入行为人指定的账户，其行为属于迫使受害人当场交出财物，符合抢劫罪的犯罪构成，应依照刑法第二百六十三条的规定定罪处罚。

【《刑事审判参考》案例】

〔参考案例第92号：戚道云等抢劫案〕为消灭债务采用暴力、胁迫手段抢回欠款凭证的行为应如何定性？

债务人邀约他人，采用暴力、胁迫手段，强迫债权人交出欠条，并在“签收欠款”的收条上签字，以达到消灭债务目的的案件，应当认定债务人的行为构成抢劫罪。在特定情况下，欠款凭证往往等于同值的财产。如果债务人上述行为已经实施终了，相当于实现了消灭债务的犯罪目的，应当认定为犯罪既遂。

〔参考案例第1063号：刁海珠抢劫案〕逼迫他人书写收条的行为应当如何定性？

将抢劫罪罪状中的“财物”理解为包括有形财物之外的财产性利益，不属类推解释，不违反罪刑法定原则。以暴力、胁迫手段逼迫他人书写收条，侵犯了被害人财产利益，构成抢劫罪。收条一旦写下，即可能改变了原有的财产权利关系，应当认定为抢劫犯罪既遂。

〔参考案例第749号：蔡苏卫等抢劫案〕以借钱为名劫取财物使用后归还并付利息的行为如何定性？

以借钱为名，通过暴力手段劫取财物使用后归还并偿付利息的行为，应当以抢劫罪定罪处罚。

〔参考案例第793号：张超抢劫案〕行为人在赌博完毕离开后返回赌博现场抢走赌资的行为如何定性？

对赌博完毕后返回赌博现场抢走赌资的行为定性，应当重点审查以下两个方面的要素：

一是时空条件。仅以其所输赌资或者所赢赌债作为抢劫对象的行为，应当发生在赌博现场。如果时间上、空间上具有一定的接续性、邻接性，如行为人仅离开半小时就返回赌博场所，或者仅离开赌博房间不远，在宾馆同层走廊或者大堂处，实施抢回所输赌资或者所赢赌债的行为，也应认定为在赌博现场实施的行为。

二是数额条件。即抢取财物没有明显超出自己所输赌资或者所赢赌债的范围。在司法实践中，不能强求行为人在慌乱之中抢回的数额刚好与自己所输赌资或者所赢赌债的数额相等。然而，也不能将所抢数额与所输赌资或者所赢赌债数额的差距无限放大。

〔参考案例第159号：邹代明抢劫案〕设置机关将他人禁闭起来以得逞劫财目的的行为如何定性？

被告人以交易为名，使用欺骗手段，将被害人骗入自己租住的房间内，趁被害人不注意，将其锁在屋中，携被害人事先交付的钱款离开。被告人的行为，属于以“其他方法”劫取他人财物，应以抢劫罪定罪论处。

〔参考案例第134号：明安华抢劫案〕子女进入父母居室内抢劫的能否认定为“入户抢劫”？

财产共有人抢劫共有财产的，可以

按抢劫罪定罪处罚。子女进入父母(包括继父母)住宅抢劫的,一般不应当认定为“入户抢劫”。

〔参考案例第288号:陆剑钢等抢劫案〕冲入设在他人住所内的赌场抢劫是否属于“入户抢劫”?

行为人以非法占有为目的,冲进设在他人住所内的赌场,以持刀威胁为手段,劫走其他赌客财物。整个过程是行为人得知他人正设局赌博后,事先策划好的行为,客观上行为人仅以参赌人员为抢劫对象,劫取的财物均为赌资与参赌人员随身财物,未危及房主户内其他财产。由于主观上没有对住户实施抢劫的犯罪故意,客观上没有实施针对住户及财产抢劫的行为,行为人这种“入户”,是进入赌博场所,而非家庭生活场所,因此,对行为人应按抢劫罪处理,但不宜认定为“入户抢劫”。

〔参考案例第309号:杨廷祥等抢劫案〕在个体家庭旅馆针对旅馆主人实施的抢劫是否构成“入户抢劫”?

即便个体家庭旅馆在空间物理结构上与原来作为家庭住所时并无两样,因其先前作为住所具有的封闭性特征随着性质功能改变已经不复存在,不能再视之为刑法上的“户”。在个体家庭旅馆针对旅馆主人实施的抢劫行为,不应认定为入户抢劫。

〔参考案例第466号:韩维等抢劫案〕非法进入他人共同租住的房屋抢劫是否属于“入户抢劫”?

共租的房屋相对于他人和外界也同样具有隐私性和排他性,虽然合租人不具有家庭成员关系,但合租的房屋系供生活所用,具有私人住所的特点,应当属于刑法意义上的“户”。值得注意的是,不具有家庭成员身份的人共同租用的住所,如果每一个承租人相对于其他人都没有相对独立的空间,该房屋应属于群体共同休息和活动的公共场所,就不能认定为刑法意义上的“户”。当然,家庭成员共同居住的住所,隐私性和排他性则是以整体体现的,即使各成员没有相对独立的空间,也不影响成立“户”。

〔参考案例第815号:尹志刚、李龙云抢劫案〕提供配好的钥匙给同伙,让同伙入室抢劫共同居住人的,行为人与同伙是否均构成入户抢劫?行为人代为保管共同居住人钱款期间,伙同他人入室抢劫,并伪造部分保管钱款被抢假象,将部分保管钱款据为己有,如何定性?

1.提供配好的钥匙给同伙,让同伙入室抢劫共同居住人的,行为人与同伙均构成入户抢劫。

2.行为人代为保管共同居住人钱款期间,伙同他人入室抢劫,并伪造部分保管钱款被抢假象,将部分保管钱款据为己有,应当认定为抢劫。

〔参考案例第844号:黄卫松抢劫案〕进入卖淫女出租房嫖宿后,实施抢劫是否构成“入户抢劫”?

没有嫖客进入卖淫女的出租房时,该出租房供卖淫女进行日常生活起居之用,同时具有相对封闭性和私密性,应当被认定为刑法意义上的“户”。相反,当卖淫女决定在该出租房内接纳嫖客时,该出租房实际承载的功能便转化为淫乱牟利的场所。此时,该出租房虽然具有“户”的场所特征,但不具有“户”的功能特征,故嫖宿后当场实施抢劫不构成“入户抢劫”。

〔参考案例第1181号:秦红抢劫案〕被允许入户后临时起意盗窃,被发

现后当场使用暴力的能否认定为“入户抢劫”？

作为入户发生的转化型抢劫的前提行为，就不应当只限于入户盗窃，而是应当包括入户诈骗、抢夺。至于出于其他合法的或者不是以侵害户内人员的人身、财产为目的的(如赌博、卖淫嫖娼等)进入他人住宅，临时起意当场实施抢劫行为，一般不能认定为“入户抢劫”。

〔参考案例第1182号：张红军抢劫、盗窃案〕入户盗窃数额较少财物为抗拒抓捕当场使用暴力，能否认定“入户抢劫”？

行为人入户盗窃被发现后，当场使用暴力抗拒抓捕，致被害人轻微伤，其行为已构成入户抢劫。

〔参考案例第391号：李政等抢劫案〕针对特定的被害人在公共交通工具上实施抢劫是否属于“在公共交通工具上抢劫”？

行为人以拉客为名，将特定被害人带至正在运营的长途客车上，并以暴力、威胁方法，劫取被害人随身财物，但未抢劫其他乘客。第二次行劫时，车上除被害人外，只有司机一人。按照相关司法解释、审判指导文件的精神，“在公共交通工具上抢劫”不以行为人实际上是否对不特定多数人实施抢劫行为为标准，而应以不特定多数人的人身权利和财产权利是否受到威胁，或者抢劫行为是否足以使得不特定多数人认为受到威胁为标准。行为人对被害人的暴力、威胁行为，使车上其他乘客或驾驶员受到威胁，侵犯了社会公共秩序与公共运输安全，因此，仍属于“在公共交通工具上抢劫”。

〔参考案例第190号：曾贤勇抢劫案〕携带凶器在银行营业大厅抢夺储户现金行为如何定性？

携带凶器在银行营业大厅抢夺储户现金，应当以抢劫罪定罪处罚。但是，正在银行或者其他金融机构等待办理业务的客户毕竟不是金融机构本身，所以，被告人的行为不宜视为抢劫金融机构。

〔参考案例第338号：姜继红、成盛等抢劫、盗窃案〕连续抢劫多人的是否属于“多次抢劫”？

对于“多次”的认定，应以行为人实施的每一次抢劫行为均已构成犯罪为前提，综合考虑犯罪故意的产生、犯罪行为实施的时间、地点等因素，客观分析、认定。对于行为人基于一个犯意实施犯罪的，如在同一地点同时对在场的多人实施抢劫的；或基于同一犯意在同一地点实施连续抢劫犯罪的，如在同一地点连续地对途经此地的多人进行抢劫的；或在一次犯罪中对一栋居民楼房中的几户居民连续实施入户抢劫的，一般应认定为一次犯罪。也就是说，行为人在同一地点连续对多人同时实施抢劫的，虽然抢劫多人，但由于是基于同一犯意，不仅具有犯罪时间的连续性，还具有犯罪地点的相近性，不属于“多次抢劫”。

〔参考案例第1226号：祝日峰、祝某强抢劫案〕多次抢劫预备能否认定为“多次抢劫”？

对于多次抢劫预备行为，由于行为人尚未着手实行犯罪，惯犯特征并不明显，况且多次抢劫的起点刑为十年有期徒刑以上的重刑，故不宜将社会危害性并非十分严重的多次抢劫预备行为纳入其中。

〔参考案例第482号：王建利等抢

劫案〕抢劫国家二级以上文物应如何量刑？

抢劫国家二级以上文物，应当适用“抢劫数额巨大”的量刑幅度，依照刑法第二百六十三条第四项在十年有期徒刑以上法定刑幅度内量刑。

〔参考案例第401号：魏建军抢劫、放火案〕抢劫过程中致人重伤昏迷，又放火毁灭罪证致人窒息死亡的，是抢劫致人死亡还是故意杀人？

行为人在抢劫过程中使用暴力致人重伤昏迷，后为毁灭罪证放火焚烧现场，致人窒息死亡，由于其在实施放火行为之前主观上认为被害人已经死亡，故不构成故意杀人罪，应认定为抢劫罪。如果行为人的放火行为构成放火罪的，应以抢劫罪与放火罪数罪并罚。

〔参考案例第477号：王国全抢劫案〕如何认定抢劫致人死亡？

司法实践中，抢劫致人死亡主要有三种情形：一是使用暴力追求或者放任被害人死亡结果的发生；二是使用暴力抢劫过程中过失致人死亡；三是抢劫时置被害人于危险状态而不予救助，放任其死亡结果的发生。总之，只要被害人的死亡与抢劫行为具有紧密、不中断的因果关系，即可认定抢劫致人死亡。

〔参考案例第685号：张校抢劫案〕医院抢救中的失误能否中断抢劫行为与被害人死亡结果之间的因果关系？

在被告人行为引起被害人死亡结果发生的可能性较大，而医院抢救行为对结果发生的影响力并非主要的情况下，医院的抢救行为并不能中断被告人的抢劫行为与被害人死亡结果之间的因果关系。

〔参考案例第814号：刘某抢劫、强奸案〕为抢劫、强奸同一被害人，穿插实施多种多次暴力犯罪行为，致使被害人跳楼逃离过程中造成重伤以上后果的，如何定罪量刑？

行为人在抢劫过程中，多次强奸被害人，被害人跳窗逃脱摔至重伤的，即使行为人未实际劫得财物，也应当以抢劫罪(既遂)和强奸罪数罪并罚。将被害人重伤后果在抢劫罪、强奸罪中分别予以评价，不属于禁止重复评价的情形。

〔参考案例第818号：徐伟抢劫案〕在高速公路上持刀抢劫出租车司机，被害人下车呼救时被其他车辆撞击致死，能否适用“抢劫致人死亡”？

在高速公路上持刀抢劫出租车司机，被害人下车呼救时被其他车辆撞击致死，抢劫行为与被害人的死亡结果存在刑法上的因果关系，被告人的行为属于“抢劫致人死亡”。

〔参考案例第1183号：郭建良抢劫案〕如何认定“抢劫致人死亡”？

1.在抢劫过程中介入其他因素导致被害人死亡的，虽然被害人死亡由多种因素造成，但只要抢劫行为与被害人死亡之间的因果关系没有中断，仍然可以认定为抢劫致人死亡。例如，在抢劫过程中，被害人为逃跑而跌入河流淹死或者穿过马路被车轧死的，应当认定为“抢劫致人死亡”。行为人为抢劫而捆绑被害人的手脚，并将被害人放置在二楼，被害人在呼救时坠楼身亡，也属于“抢劫致人死亡”。反之，在抢劫行为发生后，由于其他因素的介入导致被害人死亡，抢劫行为与死亡结果之间的因果关系中断的，则不应认定为“抢劫致人死亡”。例如，被害人被抢劫后，离开现场，在回家路上因车祸而死亡，或者被害人回家后因被抢劫而自杀的，都因因果关系的中断，而不能认定为“抢劫致人死亡”。

2.在行为人的抢劫行为介入了其他因素时，要根据具体情况综合判断抢劫行为与被害人死亡结果之间的关系，具体应当考察以下四个方面的因素：(1)抢劫暴力行为导致结果发生的可能性大小；(2)介入因素的异常性大小；(3)介入因素对结果发生作用的大小；(4)介入因素是否属于行为人的作用范围。在抢劫行为实施中介入了被害人某些行为，进而导致死亡结果的发生时，应根据案件具体情况判断被害人实施的行为是否具有通常性，如果抢劫行为的实施导致被害人不得不或者在通常情况下会实施介入行为，则该介入行为对抢劫行为与被害人死亡结果之间的因果关系没有影响；如果被害人的介入行为属于通常情况下不会实施的行为，即异常行为，该行为对死亡结果又起到决定性作用，则抢劫行为与被害人死亡结果之间的因果关系中断。

〔参考案例第506号：赵东波、赵军故意杀人、抢劫案〕预谋并实施抢劫及杀人灭口的应如何定性？

行为人预谋抢劫并杀人灭口，且之后按预谋内容实施抢劫完毕后，又杀人灭口的，应以抢劫罪与故意杀人罪两罪并罚。

〔参考案例第1184号：王志国、肖建美抢劫案〕如何认定抢劫罪加重处罚情节之一的“冒充军警人员抢劫”？“冒充”是否要求达到使人信以为真的程度？

司法实践中判断是否“冒充军警人员抢劫”，具体包括以下三个条件：

1.冒充军警的行为应具有一定的表现形式。主要包括行为人主动亮明自己的军警人员身份、出示军警证件、身着军警制式服装、携带警械、驾驶军警车辆等形式。但并非行为人只要具有上述表现形式就一定构成冒充军警人员抢劫，还需根据实际情况考查行为人的主观方面，如其并非出于抢劫的目的，则不宜认定为“冒充军警人员抢劫”，否则将会导致客观归罪。

2.冒充军警的行为应达到使一般人能够相信其身份的程度。冒充军警抢劫与一般抢劫的差别在于前者同时还损害了军人警察的形象。若行为人仅用口头的方式冒充军警，且其“演技”拙劣、破绽百出，按照普通人的辨识能力可以识破，未能使一般人轻易相信，既没有构成一定的威胁程度，也没有损害军人警察的形象，其社会危害性与一般抢劫无异，此行为不宜认定冒充军警人员抢劫，可作为酌定从重的情节为宜。

3.冒充军警的行为不可简单地依据结果来认定。冒充行为存在被害人信与不信两种结果，虽然被害人是否相信对于冒充行为的认定具有一定影响，但并非只要被害人识破了行为人的假军警身份，就一概不认定为冒充军警人员抢劫。相关指导意见在此处使用的并非“被害人标准”，而是“常人标准”，假如行为人的伎俩高超，足以使一般人信以为真，如果恰巧被具有军警专业知识的被害人轻易识破，虽然行为人冒充失败，但不可因此而不追究其责任，对此仍应认定为冒充军警人员抢劫加重处罚。

〔参考案例第436号：粟君才等抢劫、非法持有枪支案〕为抢劫而携带枪支，抢劫中未使用枪支的，是否属于持枪抢劫？

“持枪抢劫”是指行为人为达到抢劫目的而使用枪支的行为，通常包括两种行为：一是抢劫中开枪以制服被害人；二是为达到抢劫目的而故意向对方显露枪支，给被害人造成心理恐惧致其不敢反抗。如果只是单纯携带枪支，且并未向被害人及其他在场者显露，不能认定为持枪抢劫。

〔参考案例第139号：黄斌等抢劫（预备）案〕抢劫罪的犯罪预备应如何认定及处理？

抢劫罪的成立，必须以行为人已实施了暴力、威胁等法定的犯罪方法为要件，因此，只有行为人已开始实施上述特定行为，才能视为犯罪着手。被告人出于抢劫他人出租车的犯罪目的，共同策划，准备了刀、绳等作案工具，选定了抢劫对象，并将出租车诱骗开往他们的预定路线，最后因司机及时警觉报案，从而使被告人的行为被迫停顿。在此过程中，被告人的行为仍属犯罪预备阶段，应视预备实行的犯罪的性质、所准备工具的杀伤力、制造条件的充分程度，衡量犯罪预备行为的社会危害性，并作出相应处罚。

〔参考案例第643号：夏洪生抢劫、破坏电力设备案〕骗乘出租车欲到目的地抢劫因唯恐被发觉而在中途放弃的，能否认定为抢劫预备阶段的犯罪中止？为抢劫其他财物，劫取机动车辆当作犯罪工具或者逃跑工具使用的，被劫取机动车辆的价值是否应当计入抢劫数额？

1.在抢劫出租车司机这一类型犯罪，“着手抢劫”的认定标准应以出租车司机的人身和财产法益所面临的危险是否具有急迫性来判断。如果犯罪行为人以抢劫为目的乘坐出租车，但还未采取任何暴力、胁迫手段，则法益所面临危险的急迫性并不明显。骗乘出租车欲到目的地抢劫因唯恐被发觉而在中途放弃的，应当认定为抢劫预备阶段的犯罪中止。

2.为抢劫其他财物，劫取机动车辆当作犯罪工具或者逃跑工具使用的，被劫取机动车辆的价值计入抢劫数额。

〔参考案例第91号：包胜芹等故意伤害、抢劫案〕〔参考案例第97号：刘汉福等抢劫案〕丈夫伙同他人抢劫夫妻共同财产的行为如何定性？

丈夫伙同他人抢劫夫妻共同财产的行为，构成抢劫罪。根据罪责刑相适应原则，丈夫应当与其他共犯一样，对抢得的全部金额承担刑事责任，而非只对部分金额负责。

〔参考案例第491号：侯吉辉、匡家荣、何德权抢劫案〕在明知他人抢劫的情况下，于暴力行为结束后参与共同搜取被害人财物的行为如何定罪量刑？

事先无通谋，但行为人明知他人抢劫的情况下，于其暴力行为致被害人死亡后参与共同搜取被害人财物的，应以抢劫罪共犯论处，并应适用刑法第二百六十三条一般抢劫罪的规定量刑。

〔参考案例第750号：韩江维等抢劫、强奸案〕指认被害人住址并多次参与蹲守，但此后未参与实施抢劫的，是否属于犯罪中止？

指认被害人住址并多次参与蹲守，但此后未参与实施抢劫的，若没有消除已提供的帮助与犯罪结果之间的因果关系，属于犯罪既遂。

〔参考案例第112号：郑小平、邹小虎抢劫案〕以暴力、威胁手段强迫他人提供贷款的行为如何定性？

以暴力、威胁手段强迫他人提供贷

款的行为，如果不能证实行为人具有非法占有他人财物的目的，就不能以抢劫罪或者敲诈勒索罪定罪处罚。强迫金融机构工作人员提供贷款的行为，是扰乱市场秩序的行为，情节严重的，应以强迫交易罪定罪。

〔参考案例第520号：李洪生强迫交易案〕使用暴力强行向他人当场"借款"并致人轻伤的如何定罪处罚？

强迫交易罪中的"交易"仅指买卖商品、提供和接受服务的行为，使用暴力手段，强行向他人当场"借款"，并致人轻伤的行为，应按抢劫罪定罪处罚。

〔参考案例第730号：陈惠忠等抢劫案〕"吊模宰客"行为如何定性？

"吊模宰客"，是指一些地方形容不法分子以各种名目诱骗游客到酒吧、咖啡厅、KTV、美容院等场所消费、购物，通过抬高消费金额等手段谋取高额利润，"吊模"则从消费金额中抽取一定比例的违法犯罪活动。"吊模宰客"行为虽有基本套路，但无固定模式，不能千篇一律地用一个罪名去套这类犯罪。根据行为暴力升级的发展态势，"吊模宰客"行为一般涉及下列犯罪：

1.诈骗罪。非暴力的"吊模宰客"行为对应的往往是诈骗罪。在此阶段，行为人采用各种欺骗手段，不具有暴力或威胁，这是其定性的关键行为特征。例如，安排女青年主动搭识男性被害人后，约至餐厅、酒吧消费，虚开高价，使被害人受到蒙蔽后支付钱财。被害人在此过程中未受到人身威胁，仅是财产权益受到侵害。行为人的诈骗金额达到数额较大的，可以认定构成诈骗罪。

2.强迫交易罪。从事正常经营的单位或个人，为增加盈利，采用"吊模宰客"的手段拉生意，为促成交易使用较轻暴力、胁迫手段，强买强卖，如果其经营行为是基本正常的、稳定的，行为人追求和获取的经济利益主要源于商业经营活动，基本符合商业利润的发生规律，仅为获取更高经营利润而为之，情节严重的可以认定构成强迫交易罪。其关键特征是具有实际的商业经营活动和经营行为，其刑事责任的根据在于被告人采用了侵害人身权利和市场秩序的交易手段。

3.敲诈勒索罪、抢劫罪。与强迫交易罪相比，敲诈勒索罪和抢劫罪具有非法占有财物的故意，行为人并非从事正常经营，而是以经营活动为幌子或诱饵，追求的主要不是商业利润，而是商业利润环节之外的他人财产，并且是通过暴力或威胁取得。如果行为人使用的是非暴力的胁迫，或者是非当场兑现的暴力胁迫，则构成敲诈勒索罪。如果行为人以当场实施暴力相威胁或者直接实施暴力而劫取财物，则构成抢劫罪。

〔参考案例第117号：周建平、卫杨林、吴江、刘有志抢劫、敲诈勒索案〕如何正确区分抢劫罪与绑架罪、敲诈勒索罪的界限？

在抢劫过程中，威胁被害人事后交出钱财的行为应认定为敲诈勒索罪；控制被害人人身劫取被害人本身财物的，不构成绑架罪，构成抢劫罪。

〔参考案例第272号：杨保营等抢劫、绑架案〕暴力劫持、拘禁他人之后迫使其本人交出现金行为应如何定性？

行为人以索要财物为目的，将被害人挟持至旅馆，予以非法拘禁，要求被害人交付大量现金。被害人同意付款后，行为人挟持被害人至其家中，取得钱款后将被害人释放。在上述过程中，由于行为人的目的只是向被害人索取财物，未向被害人之外的第三人索要财物，因此不能认定为绑架罪。尽管行为人对被害人实施了较长时间的非法拘禁，但鉴于本案中非法拘禁与抢劫之间存在目的与手段上的牵连关系，根据牵连犯择一重罪从重处罚的原则，对行为人应以抢劫罪一罪从重处罚。

〔参考案例第282号：王团结等抢劫、敲诈勒索案〕挟持被害人前往其亲友处取钱的行为应如何定罪？

行为人采用殴打、持刀等威胁手段，当场抢走被害人随身携带的财物后，又挟持被害人至其兄开设的餐馆，谎称被害人开车时撞到人需要钱交押金，由被害人向其兄拿钱与存折，并交给行为人。由于行为人并未向被害人之兄表示被害人已被绑架，也非直接向被害人之兄实施勒索，被害人之兄并不知道被害人此时正被挟持，也未感受到被勒索。故应认定行为人仍是在向被害人索取钱财，而非向被害人之兄进行勒索。因此，行为人之前之后的行为都应认定为抢劫罪一罪。

〔参考案例第637号：张红亮等抢劫、盗窃案〕劫持被害人后，要求被害人以勒赎之外的名义向其家属索要财物的行为，如何定性？

劫持被害人后，要求被害人以勒赎之外的名义，联系家属汇款到指定账户取得钱款的行为，构成抢劫罪。

〔参考案例第323号：王跃军、张晓勇抢劫、盗窃案〕“飞车行抢”刑事案件如何定性？

将“飞车行抢”刑事案件一概定性为抢劫罪或者抢夺罪，或者以危害结果为标准定性为抢劫罪、抢夺罪都是不合适的，正确做法应当是根据案件实际情况，具体问题具体分析，符合抢劫罪、抢夺罪或者其他犯罪构成要件的，应分别以相应的罪名定罪：(1) 对于并未造成人员伤亡的案件，考虑到行为人主观心态的不确定性和客观上直接针对的是财物，如果行为人抢取财物数额较大的，应以抢夺罪论处；(2) 对于造成被害人伤亡后果的案件，应该结合行为人的作案手段、作案环境、作案对象等情况具体分析行为人的主观罪过，分别定性。如果行为人对于伤亡后果的主观罪过是故意(包括直接故意和间接故意)，应以抢劫罪定罪处罚。如果行为人对于伤亡后果的主观罪过是过失，则分两种情况处理。在抢取财物达到“数额较大”标准时，致人轻伤的，认定为“其他严重情节”，致人重伤或者死亡的，则认定为“其他特别严重情节”，以抢夺罪定罪处罚。在抢取财物未达到“数额较大”标准时，如果仅因过失造成了被害人轻伤以下的伤害，那么可以对行为人处以治安行政处罚，但难以定罪处罚。如果过失造成了被害人重伤或者死亡，可分别以过失致人重伤罪或者过失致人死亡罪定罪处罚。

〔参考案例第866号：陈志故意杀人、劫持汽车案〕杀人后劫车逃跑的行为如何定性？

行为人杀人后劫车用于逃跑，没有非法占有车辆的目的，不构成抢劫罪，应当认定为劫持汽车罪。

〔参考案例第1185号：姚小林等抢劫案〕抢劫信用卡的犯罪数额如何认定？

1.在抢劫犯罪案件中，行为人劫取了信用卡，甚至获取了密码，均不等于行为人已经获取了信用卡上所记载的财物,被害人丧失了对信用卡本身的控制,也不意味着已经丧失了信用卡上所记载的财物。鉴于信用卡所具有的抽象财物与具体财物的双重属性,在抢劫信用卡类犯罪中,只有以行为人从信用卡中实际获取的财物数额,也即信用卡所有人受到的实际损失为抢劫数额的认定标准,才能完整、客观地体现抢劫信用卡行为的社会危害性。

2.相关审判指导意见对于行为人抢劫信用卡后部分使用、消费,部分没有使用、消费的情形作了补充规定,即“由于行为人意志以外的原因无法实际使用、消费的部分,虽不计入抢劫数额,但应作为量刑情节考虑”。此处的“由于行为人意志以外的原因”是指,行为人主观上有继续使用、消费信用卡的意愿,但由于账户冻结、密码输入错误被吞卡、取款或消费额度限制等客观方面原因导致未能继续使用、消费该信用卡,此时信用卡(主要是指借记卡)内的未使用、消费的部分虽然不能计入抢劫数额,但在量刑时应予以考虑。

〔参考案例第1569号:张某抢劫案〕涉案虚拟货币如何处置?

个人持有虚拟货币并不违反法律规定,因此刑事判决不能判令追缴虚拟货币、予以没收。对行为人取得虚拟货币后尚未处置的,应当判令将虚拟货币发还被害人。行为人取得虚拟货币后已经处置的,对被害人因犯罪行为遭受的损失,依法应当责令被告人退赔,可以按照被害人取得虚拟货币支付的成本或对价责令被告人退赔,即以判决书事实部分认定的虚拟货币的价值责令被告人退赔。如被告人销赃价格高于被害人实际损失,基于任何人不能从犯罪行为中获益的原则,对超过部分应依法追缴并没收。

第二百六十四条 【盗窃罪】盗窃公私财物,数额较大的,或者多次盗窃、入户盗窃、携带凶器盗窃、扒窃的,处三年以下有期徒刑、拘役或者管制,并处或者单处罚金;数额巨大或者有其他严重情节的,处三年以上十年以下有期徒刑,并处罚金;数额特别巨大或者有其他特别严重情节的,处十年以上有期徒刑或者无期徒刑,并处罚金或者没收财产。

【修正前条文】

第二百六十四条 【盗窃罪】盗窃公私财物,数额较大或者多次盗窃的,处三年以下有期徒刑、拘役或者管制,并处或者单处罚金;数额巨大或者有其他严重情节的,处三年以上十年以下有期徒刑,并处罚金;数额特别巨大或者有其他特别严重情节的,处十年以上有期徒刑或者无期徒刑,并处罚金或者没收财产;有下列情形之一的,处无期徒刑或者死刑,并处没收财产:

(一)盗窃金融机构,数额特别巨大的;

(二)盗窃珍贵文物,情节严重的。

【修正说明】

刑法修正案(八)第三十九条对原条文作出下述修改:一是删去了对盗窃罪可以判处死刑的规定;二是增加了入户盗窃、携带凶器盗窃、扒窃三类行为直接构成盗窃罪的规定。

【立法·要点注释】

1.“秘密窃取”,是指采用不易被财

物所有人、保管人或者其他人发现的方法，将公私财物占为己有的行为。如溜门撬锁、挖洞跳墙、潜入他人室内、掏兜割包、利用网络技术窃取等。秘密窃取是盗窃罪的重要特征，也是区别其他侵犯财产罪的主要标志。盗窃的公私财物，既包括有形的货币、金银首饰等财物，也包括电力、煤气、天然气等无形的财产。盗窃毒品等违禁品的，也应当按照盗窃罪处理，根据情节轻重量刑。

2.“扒窃”，是指在公共场所或者公共交通工具上窃取他人随身携带的财物。扒窃行为往往采取掏兜、割包等手法，严重侵犯公民财产和人身安全，扰乱公共场所秩序，且技术性强，多为屡抓屡放的惯犯，应当予以严厉打击。

【司法解释(1)】

《最高人民法院、最高人民检察院关于办理盗窃刑事案件适用法律若干问题的解释》(法释〔2013〕8号，20130404)

第一条 盗窃公私财物价值一千元至三千元以上、三万元至十万元以上、三十万元至五十万元以上的，应当分别认定为刑法第二百六十四条规定的“数额较大”、“数额巨大”、“数额特别巨大”。

各省、自治区、直辖市高级人民法院、人民检察院可以根据本地区经济发展状况，并考虑社会治安状况，在前款规定的数额幅度内，确定本地区执行的具体数额标准，报最高人民法院、最高人民检察院批准。

在跨地区运行的公共交通工具上盗窃，盗窃地点无法查证的，盗窃数额是否达到“数额较大”、“数额巨大”、“数额特别巨大”，应当根据受理案件所在地省、自治区、直辖市高级人民法院、人民检察院确定的有关数额标准认定。

盗窃毒品等违禁品，应当按照盗窃罪处理的，根据情节轻重量刑。

第二条 盗窃公私财物，具有下列情形之一的，“数额较大”的标准可以按照前条规定标准的百分之五十确定：

(一)曾因盗窃受过刑事处罚的；

(二)一年内曾因盗窃受过行政处罚的；

(三)组织、控制未成年人盗窃的；

(四)自然灾害、事故灾害、社会安全事件等突发事件期间，在事件发生地盗窃的；

(五)盗窃残疾人、孤寡老人、丧失劳动能力人的财物的；

(六)在医院盗窃病人或者其亲友财物的；

(七)盗窃救灾、抢险、防汛、优抚、扶贫、移民、救济款物的；

(八)因盗窃造成严重后果的。

第三条 二年内盗窃三次以上的，应当认定为“多次盗窃”。

非法进入供他人家庭生活，与外界相对隔离的住所盗窃的，应当认定为“入户盗窃”。

携带枪支、爆炸物、管制刀具等国家禁止个人携带的器械盗窃，或者为了实施违法犯罪携带其他足以危害他人人身安全的器械盗窃的，应当认定为“携带凶器盗窃”。

在公共场所或者公共交通工具上盗窃他人随身携带的财物的，应当认定为“扒窃”。

第四条 盗窃的数额，按照下列方法认定：

(一)被盗财物有有效价格证明的，根据有效价格证明认定；无有效价格证

明，或者根据价格证明认定盗窃数额明显不合理的，应当按照有关规定委托估价机构估价；①

（二）盗窃外币的，按照盗窃时中国外汇交易中心或者中国人民银行授权机构公布的人民币对该货币的中间价折合成人民币计算；中国外汇交易中心或者中国人民银行授权机构未公布汇率中间价的外币，按照盗窃时境内银行人民币对该货币的中间价折算成人民币，或者该货币在境内银行、国际外汇市场对美元汇率，与人民币对美元汇率中间价进行套算；

（三）盗窃电力、燃气、自来水等财物，盗窃数量能够查实的，按照查实的数量计算盗窃数额；盗窃数量无法查实的，以盗窃前六个月月均正常用量减去盗窃后计量仪表显示的月均用量推算盗窃数额；盗窃前正常使用不足六个月的，按照正常使用期间的月均用量减去盗窃后计量仪表显示的月均用量推算盗窃数额；

（四）明知是盗接他人通信线路、复制他人电信码号的电信设备、设施而使用的，按照合法用户为其支付的费用认定盗窃数额；无法直接确认的，以合法用户的电信设备、设施被盗接、复制后的月缴费额减去被盗接、复制前六个月的月均电话费推算盗窃数额；合法用户使用电信设备、设施不足六个月的，按照实际使用的月均电话费推算盗窃数额；

（五）盗接他人通信线路、复制他人电信码号出售的，按照销赃数额认定盗窃数额。

盗窃行为给失主造成的损失大于盗窃数额的，损失数额可以作为量刑情节考虑。

第五条　盗窃有价支付凭证、有价证券、有价票证的，按照下列方法认定盗窃数额：

（一）盗窃不记名、不挂失的有价支付凭证、有价证券、有价票证的，应当按票面数额和盗窃时应得的孳息、奖金或者奖品等可得收益一并计算盗窃数额；

（二）盗窃记名的有价支付凭证、有价证券、有价票证，已经兑现的，按照兑现部分的财物价值计算盗窃数额；没有兑现，但失主无法通过挂失、补领、补办手续等方式避免损失的，按照给失主造成的实际损失计算盗窃数额。

第六条　盗窃公私财物，具有本解释第二条第三项至第八项规定情形之一，或者入户盗窃、携带凶器盗窃，数额达到本解释第一条规定的“数额巨大”、“数额特别巨大”百分之五十的，可以分别认定为刑法第二百六十四条规定的“其他严重情节”或者“其他特别严重情节”。

第七条　盗窃公私财物数额较大，行为人认罪、悔罪，退赃、退赔，且具有下列情形之一，情节轻微的，可以不起诉或者免予刑事处罚；必要时，由有关部门予以行政处罚：

（一）具有法定从宽处罚情节的；

（二）没有参与分赃或者获赃较少且不是主犯的；

（三）被害人谅解的；

（四）其他情节轻微、危害不大的。

---

① 关于被盗财物的价格认定，具体可参见《被盗财物价格认定规则(2020年)》(发改价认办〔2020〕97号)。其他侵犯财产罪案件涉案财物的价格认定，亦可参照。——编者注

第八条　偷拿家庭成员或者近亲属的财物，获得谅解的，一般可不认为是犯罪；追究刑事责任的，应当酌情从宽。

第十条　偷开他人机动车的，按照下列规定处理：

（一）偷开机动车，导致车辆丢失的，以盗窃罪定罪处罚；

（二）为盗窃其他财物，偷开机动车作为犯罪工具使用后非法占有车辆，或者将车辆遗弃导致丢失的，被盗车辆的价值计入盗窃数额；

（三）为实施其他犯罪，偷开机动车作为犯罪工具使用后非法占有车辆，或者将车辆遗弃导致丢失的，以盗窃罪和其他犯罪数罪并罚；将车辆送回未造成丢失的，按照其所实施的其他犯罪从重处罚。

第十一条　盗窃公私财物并造成财物损毁的，按照下列规定处理：

（一）采用破坏性手段盗窃公私财物，造成其他财物损毁的，以盗窃罪从重处罚；同时构成盗窃罪和其他犯罪的，择一重罪从重处罚；

（二）实施盗窃犯罪后，为掩盖罪行或者报复等，故意毁坏其他财物构成犯罪的，以盗窃罪和构成的其他犯罪数罪并罚；

（三）盗窃行为未构成犯罪，但损毁财物构成其他犯罪的，以其他犯罪定罪处罚。

第十二条　盗窃未遂，具有下列情形之一的，应当依法追究刑事责任：

（一）以数额巨大的财物为盗窃目标的；

（二）以珍贵文物为盗窃目标的；

（三）其他情节严重的情形。

盗窃既有既遂，又有未遂，分别达到不同量刑幅度的，依照处罚较重的规定处罚；达到同一量刑幅度的，以盗窃罪既遂处罚。

第十三条　单位组织、指使盗窃，符合刑法第二百六十四条及本解释有关规定的，以盗窃罪追究组织者、指使者、直接实施者的刑事责任。

第十四条　因犯盗窃罪，依法判处罚金刑的，应当在一千元以上盗窃数额的二倍以下判处罚金；没有盗窃数额或者盗窃数额无法计算的，应当在一千元以上十万元以下判处罚金。

第十五条　本解释发布实施后，《最高人民法院关于审理盗窃案件具体应用法律若干问题的解释》（法释〔1998〕4号）同时废止；之前发布的司法解释和规范性文件与本解释不一致的，以本解释为准。

【司法解释(2)】

《最高人民法院、最高人民检察院关于办理妨害文物管理等刑事案件适用法律若干问题的解释》（法释〔2015〕23号，20160101）

第二条　盗窃一般文物、三级文物、二级以上文物的，应当分别认定为刑法第二百六十四条规定的“数额较大”“数额巨大”“数额特别巨大”。

盗窃文物，无法确定文物等级，或者按照文物等级定罪量刑明显过轻或者过重的，按照盗窃的文物价值定罪量刑。

第八条第三款　采用破坏性手段盗窃古文化遗址、古墓葬以外的古建筑、石窟寺、石刻、壁画、近代现代重要史迹和代表性建筑等其他不可移动文物的，依照刑法第二百六十四条的规定，以盗窃罪追究刑事责任。

第十一条第二款　公司、企业、事业单位、机关、团体等单位实施盗窃文物，故意损毁文物、名胜古迹，过失损毁文物，盗掘古文化遗址、古墓葬等行为的，依照本解释规定的相应定罪量刑标准，追究组织者、策划者、实施者的刑事责任。

第十二条　针对不可移动文物整体实施走私、盗窃、倒卖等行为的，根据所属不可移动文物的等级，依照本解释第一条、第二条、第六条的规定定罪量刑：

（一）尚未被确定为文物保护单位的不可移动文物，适用一般文物的定罪量刑标准；

（二）市、县级文物保护单位，适用三级文物的定罪量刑标准；

（三）全国重点文物保护单位、省级文物保护单位，适用二级以上文物的定罪量刑标准。

针对不可移动文物中的建筑构件、壁画、雕塑、石刻等实施走私、盗窃、倒卖等行为的，根据建筑构件、壁画、雕塑、石刻等文物本身的等级或者价值，依照本解释第一条、第二条、第六条的规定定罪量刑。建筑构件、壁画、雕塑、石刻等所属不可移动文物的等级，应当作为量刑情节予以考虑。

第十三条　案件涉及不同等级的文物的，按照高级别文物的量刑幅度量刑；有多件同级文物的，五件同级文物视为一件高一级文物，但是价值明显不相当的除外。

第十四条　依照文物价值定罪量刑的，根据涉案文物的有效价格证明认定文物价值；无有效价格证明，或者根据价格证明认定明显不合理的，根据销赃数额认定，或者结合本解释第十五条规定的鉴定意见、报告认定。

第十五条　在行为人实施有关行为前，文物行政部门已对涉案文物及其等级作出认定的，可以直接对有关案件事实作出认定。

对案件涉及的有关文物鉴定、价值认定等专门性问题难以确定的，由司法鉴定机构出具鉴定意见，或者由国务院文物行政部门指定的机构出具报告。其中，对于文物价值，也可以由有关价格认证机构作出价格认证并出具报告。

第十六条第一款　实施本解释第一条、第二条、第六条至第九条规定的行为，虽已达到应当追究刑事责任的标准，但行为人系初犯，积极退回或者协助追回文物，未造成文物损毁，并确有悔罪表现的，可以认定为犯罪情节轻微，不起诉或者免予刑事处罚。

第十七条　走私、盗窃、损毁、倒卖、盗掘或者非法转让具有科学价值的古脊椎动物化石、古人类化石的，依照刑法和本解释的有关规定定罪量刑。

第十八条　本解释自2016年1月1日起施行。本解释公布施行后，《最高人民法院、最高人民检察院关于办理盗窃、盗掘、非法经营和走私文物的案件具体应用法律的若干问题的解释》（法（研）发〔1987〕32号）同时废止；之前发布的司法解释与本解释不一致的，以本解释为准。

【司法解释(3)】

《最高人民法院、最高人民检察院关于办理掩饰、隐瞒犯罪所得、犯罪所得收益刑事案件适用法律若干问题的解释》（法释〔2025〕13号，20250826）

第七条　事前与盗窃、抢劫、诈骗、抢夺等行为人通谋，掩饰、隐瞒犯罪所得及其收益，构成犯罪的，分别以盗窃、抢劫、诈骗、抢夺等犯罪的共犯论处。

第八条　对犯罪所得及其收益实施盗窃、抢劫、诈骗、抢夺等行为，构成犯罪的，分别以盗窃、抢劫、诈骗、抢夺等犯罪定罪处罚。

【司法解释(4)】

《最高人民法院关于审理扰乱电信市场管理秩序案件具体应用法律若干问题的解释》(法释〔2000〕12号，20000524)

第七条　将电信卡非法充值后使用，造成电信资费损失数额较大的，依照刑法第二百六十四条的规定，以盗窃罪定罪处罚。

第八条　盗用他人公共信息网络上网账号、密码上网，造成他人电信资费损失数额较大的，依照刑法第二百六十四条的规定，以盗窃罪定罪处罚。

【司法解释(5)】

《最高人民法院关于审理破坏森林资源刑事案件适用法律若干问题的解释》(法释〔2023〕8号，20230815)

第十一条　下列行为，符合刑法第二百六十四条规定的，以盗窃罪定罪处罚：

（一）盗窃国家、集体或者他人所有并已经伐倒的树木的；

（二）偷砍他人在自留地或者房前屋后种植的零星树木的。

非法实施采种、采脂、掘根、剥树皮等行为，符合刑法第二百六十四条规定的，以盗窃罪论处。在决定应否追究刑事责任和裁量刑罚时，应当综合考虑对涉案林木资源的损害程度以及行为人获利数额、行为动机、前科情况等情节；认为情节显著轻微危害不大的，不作为犯罪处理。

【司法解释(6)】

《最高人民法院关于审理未成年人刑事案件具体应用法律若干问题的解释》(法释〔2006〕1号，20060123)

第九条　已满十六周岁不满十八周岁的人实施盗窃行为未超过三次，盗窃数额虽已达到“数额较大”标准，但案发后能如实供述全部盗窃事实并积极退赃，且具有下列情形之一的，可以认定为“情节显著轻微危害不大”，不认为是犯罪：

（一）系又聋又哑的人或者盲人；

（二）在共同盗窃中起次要或者辅助作用，或者被胁迫；

（三）具有其他轻微情节的。

已满十六周岁不满十八周岁的人盗窃未遂或者中止的，可不认为是犯罪。

已满十六周岁不满十八周岁的人盗窃自己家庭或者近亲属财物，或者盗窃其他亲属财物但其他亲属要求不予追究的，可不按犯罪处理。

【司法解释(7)】

《最高人民法院、最高人民检察院关于办理盗窃油气、破坏油气设备等刑事案件具体应用法律若干问题的解释》(法释〔2007〕3号，20070119)

第三条　盗窃油气或者正在使用的油气设备，构成犯罪，但未危害公共安全的，依照刑法第二百六十四条的规定，以盗窃罪定罪处罚。

盗窃油气，数额巨大但尚未运离现场的，以盗窃未遂定罪处罚。

为他人盗窃油气而偷开油气井、油气管道等油气设备阀门排放油气或者提供其他帮助的，以盗窃罪的共犯定罪处罚。

第四条　盗窃油气同时构成盗窃罪和破坏易燃易爆设备罪的，依照刑法处罚较重的规定定罪处罚。

【司法解释(8)】

《最高人民检察院关于单位有关人员组织实施盗窃行为如何适用法律问题的批复》(高检发释字〔2002〕5号，20020813)

单位有关人员为谋取单位利益组织实施盗窃行为，情节严重的，应当依照刑法第二百六十四条的规定以盗窃罪追究直接责任人员的刑事责任。

【司法指导文件(1)】

《最高人民法院、最高人民检察院关于常见犯罪的量刑指导意见(试行)》(法发〔2021〕21号，20210701)

(十一)盗窃罪

1.构成盗窃罪的，根据下列情形在相应的幅度内确定量刑起点：

(1)达到数额较大起点的，二年内三次盗窃的，入户盗窃的，携带凶器盗窃的，或者扒窃的，在一年以下有期徒刑、拘役幅度内确定量刑起点。

(2)达到数额巨大起点或者有其他严重情节的，在三年至四年有期徒刑幅度内确定量刑起点。

(3)达到数额特别巨大起点或者有其他特别严重情节的，在十年至十二年有期徒刑幅度内确定量刑起点。依法应当判处无期徒刑的除外。

2.在量刑起点的基础上，根据盗窃数额、次数、手段等其他影响犯罪构成的犯罪事实增加刑罚量，确定基准刑。

多次盗窃，数额达到较大以上的，以盗窃数额确定量刑起点，盗窃次数可以作为调节基准刑的量刑情节；数额未达到较大的，以盗窃次数确定量刑起点，超过三次的次数作为增加刑罚量的事实。

3.构成盗窃罪的，根据盗窃的数额、次数、手段、危害后果等犯罪情节，综合考虑被告人缴纳罚金的能力，在一千元以上盗窃数额二倍以下决定罚金数额；没有盗窃数额或者盗窃数额无法计算的，在一千元以上十万元以下判处罚金。

4.构成盗窃罪的，综合考虑盗窃的起因、数额、次数、手段、退赃退赔等犯罪事实、量刑情节，以及被告人的主观恶性、人身危险性、认罪悔罪表现等因素，决定缓刑的适用。

【司法指导文件(2)】

《最高人民法院、最高人民检察院、公安部关于办理盗窃油气、破坏油气设备等刑事案件适用法律若干问题的意见》(法发〔2018〕18号，20180928)

二、关于盗窃油气未遂的刑事责任

着手实施盗窃油气行为，由于意志以外的原因未得逞，具有下列情形之一的，以盗窃罪(未遂)追究刑事责任：

(一)以数额巨大的油气为盗窃目标的；

(二)已将油气装入包装物或者运输工具，达到“数额较大”标准三倍以上的；

(三)携带盗油卡子、手摇钻、电钻、电焊枪等切割、打孔、撬砸、拆卸工具的；

(四)其他情节严重的情形。

三、关于共犯的认定

在共同盗窃油气、破坏油气设备等犯罪中，实际控制、为主出资或者组织、策划、纠集、雇佣、指使他人参与犯罪的，应当依法认定为主犯；对于其他人员，在共同犯罪中起主要作用的，也应当依法认定为主犯。

在输油输气管道投入使用前擅自安装阀门，在管道投入使用后将该阀门提供给他人盗窃油气的，以盗窃罪、破坏易燃易爆设备罪等有关犯罪的共同犯罪论处。

四、关于内外勾结盗窃油气行为的处理

行为人与油气企业人员勾结共同盗窃油气，没有利用油气企业人员职务便利，仅仅是利用其易于接近油气设备、熟悉环境等方便条件的，以盗窃罪的共同犯罪论处。

实施上述行为，同时构成破坏易燃易爆设备罪的，依照处罚较重的规定定罪处罚。

五、关于窝藏、转移、收购、加工、代为销售被盗油气行为的处理

明知是犯罪所得的油气而予以窝藏、转移、收购、加工、代为销售或者以其他方式掩饰、隐瞒，符合刑法第三百一十二条规定的，以掩饰、隐瞒犯罪所得罪追究刑事责任。

"明知"的认定，应当结合行为人的认知能力、所得报酬、运输工具、运输路线、收购价格、收购形式、加工方式、销售地点、仓储条件等因素综合考虑。

实施第一款规定的犯罪行为，事前通谋的，以盗窃罪、破坏易燃易爆设备罪等有关犯罪的共同犯罪论处。

六、关于直接经济损失的认定

《最高人民法院、最高人民检察院关于办理盗窃油气、破坏油气设备等刑事案件具体应用法律若干问题的解释》第二条第三项规定的"直接经济损失"包括因实施盗窃油气等行为直接造成的油气损失以及采取抢修堵漏等措施所产生的费用。

对于直接经济损失数额，综合油气企业提供的证据材料、犯罪嫌疑人、被告人及其辩护人所提辩解、辩护意见等认定；难以确定的，依据价格认证机构出具的报告，结合其他证据认定。

油气企业提供的证据材料，应当有工作人员签名和企业公章。

七、关于专门性问题的认定

对于油气的质量、标准等专门性问题，综合油气企业提供的证据材料、犯罪嫌疑人、被告人及其辩护人所提辩解、辩护意见等认定；难以确定的，依据司法鉴定机构出具的鉴定意见或者国务院公安部门指定的机构出具的报告，结合其他证据认定。

油气企业提供的证据材料，应当有工作人员签名和企业公章。

【司法指导文件(3)】

《最高人民法院、最高人民检察院、公安部关于办理涉窨井盖相关刑事案件的指导意见》(高检发〔2020〕3号，20200316)

四、盗窃本意见第一条、第二条规定[①]以外的其他场所的窨井盖，且不属于本意见第三条规定的情形，数额较

① 即正在使用中的社会机动车通行道路上的窨井盖、人员密集往来的非机动车道、人行道以及车站、码头、公园、广场、学校、商业中心、厂区、社区、院落等生产生活、人员聚集场所的窨井盖。——编者注

大，或者多次盗窃的，依照刑法第二百六十四条的规定，以盗窃罪定罪处罚。

……

十二、本意见所称的"窨井盖"，包括城市、城乡结合部和乡村等地的窨井盖以及其他井盖。

【司法指导文件(4)】

《最高人民法院、最高人民检察院、公安部关于办理医保骗保刑事案件若干问题的指导意见》(法发〔2024〕6号，20240228)

8.以骗取医疗保障基金为目的，购买他人医疗保障凭证(社会保障卡等)并使用，同时构成买卖身份证件罪、使用虚假身份证件罪、诈骗罪的，以处罚较重的规定定罪处罚。

盗窃他人医疗保障凭证(社会保障卡等)，并盗刷个人医保账户资金，依照刑法第二百六十四条的规定，以盗窃罪定罪处罚。

【司法指导文件(5)】

实施"碰瓷"行为，以盗窃罪定罪处罚的规定，参见本法分则第五章侵犯财产罪项下【司法指导文件(1)】第四条，第806页。

【司法指导文件(6)】

盗窃毒品构成盗窃罪的规定，参见本法分则第六章妨害社会管理秩序罪第七节走私、贩卖、运输、制造毒品罪项下【司法指导文件(1)】关于其他涉毒行为罪名的认定部分，第1235页。

【司法指导文件(7)】

《最高人民检察院法律政策研究室关于非法制作、出售、使用IC电话卡行为如何适用法律问题的答复》(〔2003〕高检研发第10号，20030402)

……明知是非法制作的IC电话卡而使用或者购买并使用，造成电信资费损失数额较大的，应当依照刑法第二百六十四条的规定，以盗窃罪追究刑事责任。

【司法指导文件(8)】

《最高人民检察院法律政策研究室关于〈关于多次盗窃中"次"如何认定的法律适用请示〉的答复意见》(20160318)

多次盗窃中"次"的判断，可以参照2005年最高人民法院《关于审理抢劫、抢夺刑事案件适用法律若干问题的意见》中多次抢劫的规定认定。但多次盗窃与多次抢劫必定有所不同，实践中应结合具体案件的具体情况，从主观方面考量行为人是基于一个盗窃的故意，还是多个盗窃的故意；同时，更需要结合客观方面的行为方式，实施行为的条件，以及行为所造成的后果等来综合判断。

【司法指导文件(9)】

《最高人民法院研究室关于盗窃互联网上网流量如何认定盗窃数额征求意见的复函》(法研〔2013〕155号)

最高人民检察院法律政策研究室：

贵室《关于通信公司员工违规开通流量包后私自销售犯罪数额认定问题的征求意见函》(高检研函字〔2013〕72号)收悉。经研究，我室认为，可以按照销赃数额认定盗窃数额。

【司法指导文件(10)】

《最高人民法院研究室关于入户盗窃但未窃得财物应如何定性问题的研

究意见》(2013)

对入户盗窃但未实际窃得任何财物的，应当以盗窃未遂论处。

【审判实务释疑】

房屋装修后，尚无人居住，进入房屋盗窃财物是否认定为入户盗窃?

认定“入户盗窃”，应当注意“户”所应当具有的功能特征(供他人家庭生活)和场所特征(与外界相对隔离)。房屋装修放置期间，所涉住所虽然与外界相对隔离，具有“户”的场所特征，但因无人居住，尚未供他人家庭生活，不具有功能特征。从立法目的看，将入户盗窃规定为盗窃罪的一种入罪情形，目的在于强化对户内人员人身权利的保护。因为入户盗窃，一旦被户内人员发觉，往往会转化为抢劫，从而严重危及、危害户内人员的人身。而进入无人居住的房屋通常不存在这一问题。故对被告人在房屋装修放置期间进入盗取家电家具等财物的行为，不宜认定为“入户盗窃”。[①]

【指导性案例 · 法院】

〔臧进泉等盗窃、诈骗案，FZD27-2014〕

行为人利用信息网络，诱骗他人点击虚假链接而实际通过预先植入的计算机程序窃取财物构成犯罪的，以盗窃罪定罪处罚；虚构可供交易的商品或者服务，欺骗他人点击付款链接而骗取财物构成犯罪的，以诈骗罪定罪处罚。

【指导性案例 · 检察】

〔张四毛盗窃案，JZD37-2017〕

1.网络域名具备法律意义上的财产属性，盗窃网络域名可以认定为盗窃行为。

2.行为人利用技术手段，通过变更网络域名绑定邮箱及注册ID，实现了对域名的非法占有，并使原所有人丧失了对网络域名的合法占有和控制，其目的是非法获取网络域名的财产价值，其行为给网络域名的所有人带来直接的经济损失。该行为符合以非法占有为目的窃取他人财产利益的盗窃罪本质属性，应以盗窃罪论处。

3.对于网络域名的价值，当前可综合考虑网络域名的购入价、销赃价、域名升值潜力、市场热度等综合认定。

〔朱某涉嫌盗窃不批捕复议复核案，JZD209-2024〕

行为人虽然“多次盗窃”，但根据行为的客观危害、情节与行为人的主观恶性等综合考量，不具有严重社会危害性，不应受刑罚处罚的，属于情节显著轻微危害不大，不认为是犯罪……

理解把握“多次盗窃”的规定，应坚持实质解释，不能简单认为只要“多次盗窃”就一律作为犯罪惩处。一方面应遵循“多次盗窃”与“数额较大、入户盗窃、携带凶器盗窃、扒窃”具有相当的危害性；另一方面要把分则与总则结合起来理解，根据刑法第十三条的规定，进一步审查其行为的社会危害性程度和是否应予刑罚处罚。对“多次盗窃”的，可以结合行为人实施盗窃的动机、目的、时间、地点、手段、对象、数额等情节综合判断是否认定为盗窃罪。如具有以破坏性手段多次盗窃的，以盗窃为业的，曾因盗窃受过刑事处罚或者

---

① 参见《法答网精选答问(第二批)》，载《人民法院报》2024年3月7日，第7版。

行政处罚又多次盗窃的，多次盗窃残疾人、孤寡老人财物等情形的，应当以盗窃罪依法追诉。对于虽然多次盗窃，但行为人属于贪图小利、顺手牵羊，盗窃少量财物、价值较小的，应当认定为情节显著轻微危害不大，不认为是犯罪。

【法院案例库参考案例】

〔李某、宁某群、林某波等盗窃案，2025-05-1-221-002〕利用工作上形成的有利条件窃取本单位财物行为的定性

1.盗窃罪与秘密窃取型职务侵占罪都具有非法占有的目的，采用秘密方式占有处分他人财物的特点。二者关键区别在于占有他人财物的方式上是否利用了职务上的便利。利用职务便利的实质是行为人基于工作职责能够占有、处分本单位财物。

2.行为人以非法占有目的，利用因工作关系形成的便利之机，而非利用自己在本单位中担任的职务形成的便利条件，窃取本单位财物，符合刑法第二百六十四条规定的，应当以盗窃罪定罪处罚。

〔花某盗窃案，2025-03-1-221-001〕在群众监视下窃得他人财物后逃离现场时被群众控制的犯罪形态认定

1.盗窃罪作为侵财型犯罪，一般以行为人取得他人财物和被害人失去对财物的控制为既遂标准。入户盗窃作为盗窃犯罪表现形式之一，在区分既遂与未遂时，采取相同的标准。

2.行为人在入户盗窃过程中被群众发现，群众自发监视行为不能替代被害人对自身财物的控制。行为人在窃得财物后、逃离现场过程中被群众控制并送交司法机关，不影响犯罪既遂的认定。

〔欧阳某甲等盗窃案，2025-05-1-221-001〕植入代码远程控制手机，在机主不知情的情况下恶意扣费行为的定性

通过植入代码等手段远程控制他人手机，秘密开通增值业务、扣取他人手机话费，非法获利，符合刑法第二百六十四条规定的，应当以盗窃罪论处。所涉行为同时构成非法控制计算机信息系统罪等其他犯罪的，依照处罚较重的规定定罪处罚。

〔闫某某盗窃案，2023-16-1-221-003〕非法占有他人遗失物的行为不构成盗窃罪

物品被遗落在人流量较大的公共场所，距离失主较近。失主目睹了行为人捡拾全过程，但尚未意识到自己的物品丢失，未予以制止。此时，该物品已实际脱离失主实际控制或支配。行为人捡拾后不予归还的，不属于秘密窃取他人财物，不构成盗窃罪。应综合考虑案发时空环境、涉案财物物理特征、被害人认知情况等，从社会一般观念出发，坚持罪刑法定和主客观相统一原则，准确认定涉案物品的法律状态，科学评判行为方式和行为人主观心态，准确把握盗窃罪的犯罪构成要件。

〔周某盗窃案，2024-05-1-221-001〕行为人修改被害人手机支付账户密码，将被害人资金转入他人账户，即可认定其具有非法占有目的且被害人已丧失控制

在盗窃手机支付账户资金这类盗窃案件中，行为人修改了被害人手机支付账户的登录密码、支付密码，并将账户内的资金转至他人账户，即使资金还未转移到行为人本人所有的账户，也应认定行为人具有非法占有目的，且被害人已丧失对该财物的控制，行为人取得了财物，认定为盗窃既遂。

〔单某盗窃案，2023-03-1-221-001〕利用微信转账窃取他人绑定的银行储蓄卡内资金行为的认定

行为人擅自使用他人手机，利用其知晓的微信支付密码，通过微信转账将他人微信绑定的银行储蓄卡内的资金占为已有的行为，数额较大的，构成盗窃罪。

〔关某艺盗窃案，2023-06-1-221-001〕为索偿债务实施盗窃，误将非债务人财物作为债务人财物盗窃的，不影响盗窃罪的认定

误将非债务人的财物作为债务人的财物加以盗窃的，仍应以盗窃罪定罪处罚。债权人为索偿债务，将第三人的财物误认为债务人的财物而加以盗窃，属于犯罪对象认识错误，对犯罪行为性质不产生实质影响。

〔林某光盗窃案，2023-05-1-221-009〕不具有私力救济主体身份的人经授权窃取质押物的行为构成盗窃罪

即使行为人获得收回涉案财产的委托授权，但其不通过与财产现有占有人协商等合法途径解决纠纷，并且在明知与现有占有人可能存在协商不能的情况下，采取秘密窃取的手段占有该财产，其行为符合盗窃罪的构成要件，不属私力救济范畴，应当认定为盗窃罪。

〔焦某卫等14人盗窃(文物)、掩饰、隐瞒犯罪所得案，2023-11-1-221-001〕盗窃文物犯罪中文物折抵规则的适用

盗窃文物犯罪中，五件一般文物可以折算视为高一级别的三级文物，再以三级文物的量刑幅度量刑。

〔曾某某盗窃案，2023-05-1-221-005〕采用破坏性手段盗窃不可移动文物的，应认定为对该文物的整体实施盗窃

采用破坏性手段盗窃不可移动文物的佛像头部应认定为对佛像整体的盗窃。

〔李某明盗窃案，2024-02-1-221-001〕盗窃数额较大，有多个从宽处罚情节的，可依法单处罚金

对于盗窃数额较大，但具有认罪认罚、初犯、积极退赔、被害人谅解等从宽处罚情节的被告人，可依法单处罚金。

【法院公报案例】

〔南京市玄武区人民检察院诉余刚等四人盗窃案，GB2005-8〕

被告人利用编写、传播病毒程序在网上截取他人的银行账号、密码，窃取或实际控制他人网上银行账户内存款的行为，构成盗窃罪。

〔西安市人民检察院诉韦国权盗窃案，GB2006-4〕

机动车为具有特殊属性的物，所有权人必须以所有权凭证来主张自己的所有权。机动车交易只有在办理过户登记手续后，才发生所有权的转移。同时，机动车牌号登记制度也进一步增强了所有人或占有人对车辆的控制力。因此，即使机动车所有人或者占有人在离开车辆时忘记关闭车窗、车灯，将车钥匙忘记在车上，也不能认定其完全丧失对车辆的控制，并由此推定该机动车属于遗忘物。在此情形下，行为人出于非法占有的目的，以秘密窃取的方式取得该机动车辆的，应当以盗窃罪定罪处罚。

〔上海市黄浦区人民检察院诉孟

动、何立康网络盗窃案，GB2006-11〕

1.依照法定程序收集的电子文件如果与案件关联，并在与其他证据印证后能够客观地反映案件真实情况，依法可成为刑事诉讼中的证据。

2.行为人通过网络实施的虚拟行为如果对现实生活中刑法所保护的客体造成危害构成犯罪的，应当受刑罚惩罚。

3.秘密窃取网络环境中的虚拟财产构成盗窃罪的，应当按该虚拟财产在现实生活中对应的实际财产遭受损失的数额确定盗窃数额。虚拟财产在现实生活中对应的财产数额，可以通过该虚拟财产在现实生活中的实际交易价格来确定。

4.盗窃罪的犯罪对象是种类繁多的公私财物，盗窃公私财物的种类不同，认定盗窃既遂、未遂的方法就会不同。审判实践中，不存在唯一的具体案件盗窃未遂认定标准，应当根据刑法第二十三条规定的“着手实行犯罪”“犯罪未得逞”“犯罪未得逞是由于犯罪分子意志以外的原因”三个条件，结合盗窃财物种类等具体情况，认定盗窃犯罪行为是否未遂。行为人在网络中盗窃他人的虚拟财产，只要盗窃行为已实现了非法占有该虚拟财产在现实生活中所对应的被害人财产，理当认定犯罪既遂。至于行为人是否对赃物作出最终处理，以及被害人事后是否追回该虚拟财产，均与行为人已完成的犯罪形态无关。

〔河南省郑州市金水区人民检察院诉杨志成盗窃案，GB2008-11〕

根据刑法关于职务侵占罪的规定，所谓“利用职务上的便利”，是指行为人在实施犯罪时，利用自身的职权，或者利用自身因执行职务而获取的主管、管理、经手本单位财物的便利条件。这里的“主管”，是指行为人在一定范围内拥有调配、处置本单位财产的权力；所谓“管理”，是指行为人对本单位财物直接负有保管、处理、使用的职责，亦即对本单位财产具有一定的处分权；所谓“经手”，是指行为人虽然不负有主管或者管理本单位财物的职责，但因工作需要而在特定的时间、空间内实际控制本单位财物。因此，构成职务侵占罪，就必然要求行为人在非法占有本单位财产时，以其本人职务范围内的权限、职责为基础，利用其对本单位财产具有一定的主管、管理或者经手的职责，在实际支配、控制、处置本单位财物时实施非法占有行为。如果行为人仅仅是在自身工作中易于接触他人主管、管理、经手的本单位财物，或者熟悉作案环境，而利用上述工作中形成的便利条件秘密窃取本单位的财产，则不属于“利用职务上的便利”，应依照刑法第二百六十四条的规定，以盗窃罪定罪处罚。

〔上海市黄浦区人民检察院诉崔勇、仇国宾、张志国盗窃案，GB2011-9〕

行为人将银行卡出租给他人使用，租用人更改银行卡密码后，因使用不慎，银行卡被ATM机吞掉。行为人出于非法占有的目的，利用租用人请求其帮助取卡之机，在租用人掌握密码并实际占有、控制银行卡内存款的情况下，通过挂失、补卡等手段将银行卡内租用人的存款取出并占为已有，其行为属于秘密窃取他人财物，应以盗窃罪定罪处罚。

【《刑事审判参考》案例】

〔参考案例第106号：孔庆涛盗窃案〕〔参考案例第325号：钱炳良盗窃案〕盗买盗卖股票行为应如何定性？

行为人以非法占有为目的，盗用他人账号与股票交易密码，采用在他人账户上高买低卖某一股票，在自己账户上低买高卖同一股票的方法获取差价的行为，应当认定为盗窃罪，盗窃数额应以行为人实际获利数额为准。

〔参考案例第277号：周大伟票据诈骗(未遂)案〕行为人盗窃印章齐全、已填写好票面金额，且数额较大的现金支票如何定性？如何认定盗窃数额？

行为人盗窃印章齐全、已填写好票面金额，且数额较大的现金支票，本质上与盗窃等额的现金无异，即使未及时兑现，也应以盗窃罪处罚。行为人进而持该现金支票已从金融部门骗领现金的，其骗领行为的性质，属于兑现盗窃物品价值的行为，是盗窃行为自然所牵连的结果行为，因此，仍应定盗窃罪。上述情形下，认定盗窃数额以票面数额为准。

〔参考案例第315号：沈某某盗窃案〕对所盗物品的价值有重大认识错误的应如何判断和处罚？

1.对无价值的东西误认为有较大、巨大或特别巨大价值的东西而盗走的，实践中一般可不作犯罪处理；对有较大、巨大或特别巨大价值的东西误认为是无价值的东西而随手拿走，如果当其发现具有价值后，若没有继续非法占有，一般不应作犯罪处理；对于盗窃对象价值高低的认识错误，一般应当按照盗窃对象的实际价值定罪处罚；对于将价值高的东西误认为价值低的东西拿走应因具体案情而定。

2.行为人对所盗物品价值是否存在重大认识错误，不能仅凭被告人的供述或辩解来认定，否则，行为人均可以自称对所盗物品价值有重大认识错误，来规避或逃脱其应负的法律责任。判断行为人是否对所盗物品价值存在重大认识错误，主要应从行为人的个人情况及其行为前后的表现来综合分析。一是从主观上进行考察，即行为人是否认识到或应当认识到。除考察其供述、个人情况外，还要综合分析其行为的时间、地点、条件、行为人与被害人等。同时，应从一般人的角度来分析，一般人均能认识的，应视为行为人认识到，以避免行为人推脱责任。对于那些抱着“能偷多少偷多少，偷到什么算什么”心态的行为人来说，其主观故意属于概括性的犯罪故意，因为无论财物价值多少都不违背行为人的本意，自应以实际价值论。二是从手段上进行考察，即行为人采取特定手段进行盗窃即视为具有概括性的故意，犯罪数额以实际价值论。例如，惯窃、扒窃、入室盗窃、撬锁盗窃、团伙犯罪等，因其行为的严重性，推定其为概括性的犯罪故意，以实际价值认定其盗窃数额。在推定为概括性犯罪故意时，需要注意的是当行为人辩称其不知财物的真实价值，也有充分理由相信其辩解的，而行为人又主动退回的，则应对退回部分不作犯罪处理。三是从场合特定性上进行考察，即只能发生在行为人有合法合理机会接触被盗物品的顺手牵羊场合。被盗物品价值大又容易被误以为小的时候，才会产生认识错误问题。应当注意的是，事实认识错误只影响到刑事责任的承担与否，而不影响责任的大小。因此，只有在特定环境和条件下才能认定被告人是否对盗窃对象的价值存在严重的认识错误，避免出现客观归罪或主观归罪的现象。

〔参考案例第339号：叶文言、叶文语等盗窃案〕窃取被交通管理部门扣押的自己所有的车辆后进行索赔的行为如何定性？

本人所有的财物在被他人合法占有、控制期间，能够成为自己盗窃的对象。行为人窃取被交通管理部门依法扣押的自有车辆，进而提出索赔的行为，应当认定为盗窃罪，行为人获得赔偿的数额应当认定为盗窃数额。

〔参考案例第404号：陆惠忠、刘敏非法处置扣押财产案〕窃取本人被司法机关扣押财物的行为如何处理？

1.如果有证据证明行为人窃取人民法院扣押的财物后，有向人民法院提出索赔的目的，或者已经获得赔偿的情况，则应当以盗窃罪定罪处刑；反之，如果没有非法占有目的，把自己所有而被司法机关扣押的财产擅自拿走，则不能以盗窃罪处理。

2.如果非法隐藏、转移、变卖、故意毁损已被司法机关查封、扣押、冻结的财产的行为发生在诉讼保全程序中，而没有进入执行程序，那么应当以非法处置查封、扣押、冻结的财产罪定罪；如果此种行为发生在执行程序中，但行为人并不是负有执行法院判决、裁定义务的人，亦应以非法处置查封、扣押、冻结的财产罪定罪；如果在执行程序中负有执行生效裁判义务的人实施了此种行为，但并没有拒不执行法院生效裁判目的的，也应当以非法处置查封、扣押、冻结的财产罪定罪；如果在执行程序中负有执行生效裁判义务的人实施了此种行为，且具有拒不执行法院生效裁判的目的，因为该行为系作为拒不执行法院裁判的手段实施的，两罪法定刑相同，以拒不执行判决、裁定罪定罪更为适当。

〔参考案例第412号：张泽容、屈自强盗窃案〕盗窃定期存折从银行冒名取款的行为如何定性？

行为人盗窃他人定期存折与身份证复印件，据此伪造了失主与本人的身份证，在银行将定期存折转为活期存折后，将存折上款项全部取空。由于盗窃在行为人非法占有他人财物过程中起到了决定作用，上述行为应认定为盗窃罪。

〔参考案例第508号：范军盗窃案〕偷配单位保险柜钥匙秘密取走柜内的资金后，留言表明日后归还的行为仍然构成犯罪？

行为人私自偷配财务室保险柜钥匙，盗走单位巨额钱财，留言表明真实身份、声称会连本带利归还的行为，不属于民间借贷，构成盗窃罪。

〔参考案例第527号：詹伟东、詹伟京盗窃案〕通过纺织品网上交易平台窃取并转让他人的纺织品出口配额牟利的行为如何定罪？

纺织品出口配额按照现行国家政策可转让，具有财产属性，可视为财物，对被告人私下窃取他人纺织品出口数量配额并转让牟利的行为，应以盗窃罪论处。

〔参考案例第766号：邓玮铭盗窃案〕以非法占有为目的，在网络上利用出现系统故障的第三方支付平台，故意输入错误信息，无偿获取游戏点数，如何定性？

处于故障状态的人工智能系统和

机器因已经丧失独立的意思表示能力，不能正确识别相关代码，作出的决定不能代表其管理者的真实意志，不能代表其管理者真正“处分”财物，不能成为诈骗的对象。在网络上利用出现系统故障的第三方支付平台，故意输入错误信息，无偿获取游戏点数的行为构成盗窃罪。

〔参考案例第785号：李波盗伐林木案〕以出售为目的，盗挖价值数额较大的行道树的行为，如何定性？

以出售为目的，盗挖价值数额较大的行道树的行为构成盗窃罪。

〔参考案例第849号：廖承龙、张文清盗窃案〕盗回处于债权人质押之下的本人财物，如何定性？

盗窃处于债权人质押之下的本人财物，构成盗窃罪。

〔参考案例第1393号：陈华增、梁锦仔、林冬明盗窃案〕拾得他人遗失的医保卡，并在药店盗刷卡内个人医保账户资金的行为如何定性？

加载金融功能的医保卡是由社保部门发行，不能视为信用卡。医保账户和金融账户互相独立，医保个人账户资金属于个人所有，盗刷医保个人账户资金属于秘密窃取他人财物，应当定盗窃罪。

〔参考案例第661号：李春旺盗窃案〕入户盗窃信用卡后使用的数额应否一并计入“入户盗窃”数额？

入户盗窃信用卡后使用的数额，应一并计入入户盗窃数额。

〔参考案例第1175号：巫建福盗窃案〕利用入户盗窃所得车钥匙在户外窃取摩托车的行为，是否属“入户盗窃”？

利用入户盗窃所得车钥匙在户外窃取摩托车，两者属于同一行为的两个阶段。车钥匙作为控制和使用摩托车的载体，“入户盗窃”车钥匙的行为在整个盗窃行为中起决定性作用，故户外窃取摩托车的价值应计入“入户盗窃”数额，整体行为属“入户盗窃”。

〔参考案例第1417号：张金福盗窃案〕将他人放在椅背衣服口袋内的财物盗走，能否认定为盗窃他人“随身携带的财物”？

盗窃罪中的“扒窃”行为应当发生在公共场所或者公共交通工具上，对象必须是他人“随身携带的财物”，并同时具备普通盗窃行为所具有的秘密性、以非法占有为目的的特征。关于“随身携带”的理解，宜采用“贴身说”，即随身携带的财物是他人贴身放置在口袋中或者包中的财物。该类财物仅限于他人带在身上的财物，即未离身的财物，如装在他人所穿衣服口袋内的手机、钱包、手提或肩背的包等，而在身体附近、处于他人现实支配之下但没有放在身上的财物不能认定为“随身携带的财物”。如果财物没有与身体接触，即使处在身体的近处，如放置在座椅旁、自行车筐内等，由于没有与失主身体有物理接触，因而不能称为扒窃对象，只能是普通盗窃的对象。

〔参考案例第879号：饶继军等盗窃案〕盗窃金砂后加工成黄金销赃，盗窃数额应当以所盗金砂价值认定，还是以加工成黄金后的销赃数额认定？

盗窃金砂后加工成黄金销赃，盗窃数额应当以所盗物品的原始价值认定。

〔参考案例第1128号：张万盗窃案〕盗窃罪中数额巨大与减半认定情形并存的，如何适用法律？

《最高人民法院、最高人民检察院关于办理盗窃刑事案件适用法律若干问题的解释》第一条和第二条对盗窃罪的入罪和法定刑升格标准采取了“数额+情节”的规定方式。但实践中，当行为人盗窃数额满足入罪或者法定刑升格标准的同时，又具有第二条、第六条所规定的八种特定情形时，应当直接以盗窃数额巨大标准确定刑格，减半情节作为酌定情节考虑。例如，盗窃数额已满足数额巨大的标准，又具有减半认定的情形之一(即“在医院盗窃病人或者其亲友财物”)，应直接适用刑法第二百六十四条关于数额巨大的升格刑规定，在三年以上十年以下有期徒刑内量刑。

〔参考案例第1419号：程少杰盗窃、传授犯罪方法案〕以数额特别巨大之财物为盗窃目标但仅窃得数额较大之财物的，如何认定盗窃数额并选择法定刑幅度？

行为人未针对特定财物实施盗窃，应当以其实际得手的数额来认定犯罪数额。当行为人明确以数额特别巨大之财物作为目标，即使未能窃得财物或实际窃得的财物价值不大的，也应认定为“数额特别巨大”，并同时适用未遂的相关规定。当行为人以数额特别巨大的财物为明确目标，仅窃取到部分财物时，应当针对既遂与未遂情形分别量刑，并从一重处；达到同一量刑幅度的，以既遂处罚。

〔参考案例第557号：林燕盗窃案〕保姆盗窃主人财物后藏于房间是否构成盗窃既遂？

保姆盗窃户主财物后，对藏于户主衣帽间的财物并没有达到事实上足以排除被害人占有的支配力，没有实现对财物的非法占有，因此构成盗窃未遂；保姆房间是房屋的组成部分之一，对藏于保姆房间的财物，也应认定为盗窃未遂。

〔参考案例第483号：马俊、陈小灵等盗窃、隐瞒犯罪所得案〕在盗窃实行犯不知情的情况下，与销赃人事先约定、事后出资收购赃物的行为是否构成盗窃共犯？

在盗窃实行犯不知情的情况下，与销赃人事先约定、事后出资收购赃物的行为，不构成盗窃共犯。

〔参考案例第1013号：熊海涛盗窃案〕明知未达到刑事责任年龄的人正在盗卖他人或者自己家中财物，仍然上门帮助转移并予以收购的，如何定性？

在未成年人以极低价格销售住房中价值较大的财物时，可结合相关事实，认定行为人明知未成年人是在盗卖别人家或者自己家中的财物，在此基础上积极实施拆卸、转移和收购财物行为的，符合盗窃罪的主客观特征。

〔参考案例第1214号：翟高生、杨永涛等盗窃、抢劫案〕共同预谋并实施盗窃后离开，对同伙的二次盗窃行为是否担责？

行为人虽因中途离开没有实施第二次盗窃，但其作为整个盗窃活动的组织策划者，主观上对窃取财物的数量存在概括的故意，虽未实施第二次盗窃行为，但其主观上并不排斥同伙再次实施盗窃。次日，其看到盗窃所得的摄像头远远超过第一次的数量时，没有提出质疑，而是事后积极参与销赃、分赃。因此，其应对两次盗窃行为均承担刑事责任。

〔参考案例第153号：计永欣故意杀人案〕故意杀人后又取走被害人财物的如何定性？

故意杀人后又窃取被害人财物的，

应当分别构成故意杀人罪和盗窃罪。

〔参考案例第427号：张超群、张克银盗窃案〕窃取他人挖掘机电脑主板后向被害人索取钱财的行为如何定罪处罚？

行为人窃取他人挖掘机电脑主板后向被害人索取钱财的行为，其手段行为构成盗窃罪，目的行为构成敲诈勒索罪，构成牵连犯，在处罚上应择一重罪，即以盗窃罪定罪处罚。

〔参考案例第582号：杨聪慧、马文明盗窃机动车号牌案〕以勒索钱财为目的盗窃机动车号牌应如何定罪处罚？

机动车号牌不属于盗窃国家机关证件罪中的“国家机关证件”。以敲诈勒索为目的盗窃机动车号牌的行为，可视具体情形处以敲诈勒索罪或盗窃罪。行为人敲诈得手后归还所窃取的车牌，并达到追诉标准的，可定敲诈勒索罪。行为人未能敲诈到钱财，而将车牌随意丢弃的，可定盗窃罪。盗窃罪的犯罪金额可按被害人补办牌照的费用计算。

〔参考案例第492号：朱影盗窃案〕对以盗窃与诈骗相互交织的手段非法占有他人财物的行为应如何定性？

在交互使用欺骗与窃取手段的侵财案件中，认定行为的性质是盗窃还是诈骗，关键看行为人获取财物时起决定性作用的手段是窃取还是欺骗。若采用“虚构和蒙骗”的直接手段取得他人财物的，应认定为诈骗罪；若采用“秘密窃取”为直接手段取得他人财物的，则应认定为盗窃罪。

〔参考案例第1048号：葛玉友等诈骗案〕行为人在买卖过程中采取秘密的欺骗手段，致使被害人对所处分财物的真实重量产生错误认识，进而处分财物的行为如何定性？如何对盗窃与诈骗交织的行为定性？

1.行为人在买卖过程中采取秘密的欺骗手段，致使被害人对所处分财物的真实重量产生错误认识，进而处分财物的行为构成诈骗罪。

2.司法实践中，关于盗窃与诈骗行为相交织的情形，主要存在以下两种：

第一，当被害人知道交付的财物是甲财物，并且实际上交付的确实是甲财物时，尽管犯罪人采取欺骗手段隐瞒了财物的实际价值等内在属性，但被害人对所交付财物的种类、名称等外观物理特征并没有发生认识错误，故不影响处分行为的认定。例如，犯罪行为人通过欺骗手段使被害人对其所持名贵字画的真假产生了错误认识，将真实的字画当成赝品低价转卖给行为人。在这种情况下，被害人尽管对字画的真假属性及由此决定的价格产生了错误认识，但对字画的物理外观本身并没有产生错误认识，知道自己在卖画，此时的交付行为仍然属于诈骗罪中的处分行为。

第二，行为人采用秘密“调包”或者其他隐蔽方法，使得被害人对自己所交付财物的种类、名称等物理外观都没有认识到，即不知道自己对某财物进行了处分，此时被害人不存在处分意识，故不能认定其实施了处分行为。例如，在商场“调包案”中，行为人将包装内的普通商品换成贵重商品，收银员不知情按照普通商品收了较低的价格。表面上看，是收银员自己将贵重商品交给了行为人，具有“自愿交付”的行为表象。但是，收银员并不清楚普通商品包装袋内有贵重物品，其对于该贵重物品连最基本的物理外观都不存在认识，当然也就谈不上实施了处分行为。实际上，行为人系采用隐瞒事实真相的方法作掩饰，乘机窃取他人财物，当其将贵重物品秘密放进普通商品包装内时，就已经构成了盗窃罪，应当以盗窃罪论处。

〔参考案例第 1174 号：丁晓君诈骗案〕以借用为名取得信任后非法占有他人财物行为如何定性？

行为人冒充帮助民警办案的工作人员，以协助办案为由骗得被害人手机等财物，将财物带离现场时，被害人基于信任并未表示反对，也未采取积极措施保持对财物的占有，其"自愿"处分财物是基于行为人欺骗所致，故行为人构成诈骗罪。

〔参考案例第 1514 号：计某彬、付某生、阮某雨盗窃案〕利用计算机信息系统漏洞非法办理电信宽带业务并对外出售应如何定性？

利用计算机信息系统漏洞非法办理电信宽带业务并对外出售，其手段行为构成非法获取计算机信息系统数据罪、破坏计算机信息系统罪，目的行为构成盗窃罪的，应当按照牵连犯从一重罪处罚的原则论处。

〔参考案例第 1341 号：蒲长才盗窃案〕如何确定非数额型盗窃罪的罚金刑数额？

对非数额型盗窃罪判处罚金，应当遵循罪责刑相适应的基本原则，符合罚金刑设立的立法目的。对于单纯的数额型盗窃行为，应当在一千元以上盗窃数额的二倍以下判处罚金；而对于非数额型盗窃行为，即使有明确的盗窃数额，但如果盗窃数额较小(未达到数额犯入罪标准的)，也应当按照"没有盗窃数额或者盗窃数额无法计算"之规定，在一千元以上十万元以下判处罚金。

〔参考案例第 1588 号：杨某盗窃案〕员工离职后利用公司未及时关闭系统使用权限的漏洞预订机票应如何定性，以及既遂和未遂数额如何认定？

1.被告人主观上具有非法占有目的，其离职后利用领导先前已审批通过的出差事项，以及公司未及时关闭系统使用权限的漏洞，秘密预订机票的行为构成盗窃罪。

2.对于被告人已使用的机票，因已被其实际占有并消费，金额应认定为既遂数额，而对于被告人已预订但尚未使用的机票，因公司并未对机票失去实际控制，金额应认定为未遂数额。

第二百六十五条　【盗用电信码号犯罪的处理】以牟利为目的，盗接他人通信线路、复制他人电信码号或者明知是盗接、复制的电信设备、设施而使用的，依照本法第二百六十四条的规定定罪处罚。

【立法 · 要点注释】

"盗接"，是指以牟利为目的，未经权利人许可，采取秘密方法连接他人通信线路无偿使用或者转给他人使用，从而给权利人造成较大损失的行为。"复制他人电信码号"，主要是指以牟利为目的，取得他人电信码号后，非法加以复制无偿使用或者非法出租、出借、转让的行为。这里的"电信码号"是广义的，包括电话磁卡、长途电话账号和移动通信账号，如移动电话码号的出厂号码、电话号码、用户密码。"电信设备、设施"，主要指交换机、电话机、通信线路等。

【司法指导文件(1)】

《最高人民法院研究室关于盗用他

人长话帐号案件如何定性问题的复函》(19910914)

这类案件一般来说符合盗窃罪的特征。但是,由于这类案件情况比较复杂,是否都追究刑事责任,还要具体案件具体分析。

【司法指导文件(2)】

参见本法第二百六十四条项下【司法指导文件(7)】,第841页。

【法院案例库参考案例】

〔张某某盗窃案,2023-05-1-221-024〕利用计算机系统漏洞在不扣减话费的情况下,大量购买电话号码卡恶意盗兑积分,换取商品非法获利的行为属于盗窃

1.行为人利用某公司网络系统兑换积分却不扣话费的漏洞,大量购买电话号码卡,恶意盗兑积分,换取商品转卖他人以非法获利,非法占有他人财物的事实确凿,意图明显,构成盗窃罪。

2.盗窃数额的认定,应考虑行为人购卡成本。盗窃数额应扣除涉案号码卡中的话费。号码卡与积分是对应关系,一定的号码卡兑换相应的积分,要获得积分,先购买号码卡,也即购买号码卡是获取积分的先决条件。积分非法获取,但卡及卡中话费仍是合法的,不因盗兑积分非法行为而影响电话号码卡里话费的合法性。

【《刑事审判参考》案例】

〔参考案例第602号:程稚瀚盗窃案〕充值卡明文密码可以成为盗窃犯罪的对象吗?

充值卡明文密码代表了充值卡标明的金额,具有一定的价值,属于刑法中的财物,可以成为盗窃犯罪的对象。行为人非法侵入移动公司充值中心修改充值卡数据,并将充值卡明文密码出售的行为属于将电信卡非法充值后使用,构成盗窃罪。

〔参考案例第795号:陈某盗窃案〕窃取公司提供充值服务的密保卡数据,并进行非法充值,使公司QQ密保卡对应的等值服务资费遭受损失的,构成盗窃罪,如何确定盗窃数额?

窃取公司提供充值服务的密保卡数据,并进行非法充值,使公司QQ密保卡对应的等值服务资费遭受损失的,构成盗窃罪,盗窃数额应当按照QQ密保卡对应的等值服务资费实际受到的损失认定。

〔参考案例第796号:汪李芳盗窃案〕行为人盗取移动代理商经营的手机SIM卡后,代理商从移动公司获得该SIM卡销售后的返利,返利金额是否应当从盗窃数额中扣除?

被害代理商在行为人盗窃既遂后,从移动公司获取的销售手机SIM卡返利,应当在认定盗窃数额时扣除。

〔参考案例第1277号:许赞良、汤焯杰盗窃案〕内外勾结获取电信公司内部免费宽带账户后转卖,构成何种罪名?

1.电信公司内部免费宽带账号具有财产性价值,非法获取并转卖的构成侵犯财产类犯罪。

2.职务侵占罪和盗窃罪的核心区别在于:(1)职务侵占罪的行为人在犯罪前已经合法占有财物,而盗窃罪则没有;(2)职务侵占罪的行为人具有主管、管理、经手财物的职责,盗窃罪的行为人则不具有上述职责;(3)职务侵占罪除侵犯被害人财产权利之外,还侵犯了职务的廉洁性。

第二百六十六条 【诈骗罪】诈骗公私财物，数额较大的，处三年以下有期徒刑、拘役或者管制，并处或者单处罚金；数额巨大或者有其他严重情节的，处三年以上十年以下有期徒刑，并处罚金；数额特别巨大或者有其他特别严重情节的，处十年以上有期徒刑或者无期徒刑，并处罚金或者没收财产。本法另有规定的，依照规定。

【立法·要点注释】

1.诈骗罪并不限于骗取实体财物，还包括骗取无形物与财产性利益。

2.当犯罪分子冒充国家工作人员骗取公私财物时，它就既侵犯了财产权利，又损害了国家机关的威信和正常活动，一般应当从一重罪处罚：如果骗取财物数额不大，却严重损害了国家机关的威信，应按招摇撞骗罪论处；反之，则定为诈骗罪。

3.对于"偷换商家二维码"案件，行为人采取秘密手段偷换了商家的收款码，导致顾客所付钱款在商家和顾客都不知情的状况下直接进入行为人账户的情形，缺乏诈骗罪所必需的有主观意识的财产处分行为，从构成要件上更符合盗窃罪的犯罪构成。

【立法解释】

《全国人民代表大会常务委员会关于〈中华人民共和国刑法〉第二百六十六条的解释》(20140424)

以欺诈、伪造证明材料或者其他手段骗取养老、医疗、工伤、失业、生育等社会保险金或者其他社会保障待遇的，属于刑法第二百六十六条规定的诈骗公私财物的行为。

【相关立法】

《中华人民共和国反电信网络诈骗法》(20221201)

第二条 本法所称电信网络诈骗，是指以非法占有为目的，利用电信网络技术手段，通过远程、非接触等方式，诈骗公私财物的行为。

第三十八条 组织、策划、实施、参与电信网络诈骗活动或者为电信网络诈骗活动提供帮助，构成犯罪的，依法追究刑事责任。

前款行为尚不构成犯罪的，由公安机关处十日以上十五日以下拘留；没收违法所得，处违法所得一倍以上十倍以下罚款，没有违法所得或者违法所得不足一万元的，处十万元以下罚款。

第四十五条 反电信网络诈骗工作有关部门、单位的工作人员滥用职权、玩忽职守、徇私舞弊，或者有其他违反本法规定行为，构成犯罪的，依法追究刑事责任。

第四十六条 组织、策划、实施、参与电信网络诈骗活动或者为电信网络诈骗活动提供相关帮助的违法犯罪人员，除依法承担刑事责任、行政责任以外，造成他人损害的，依照《中华人民共和国民法典》等法律的规定承担民事责任。

电信业务经营者、银行业金融机构、非银行支付机构、互联网服务提供者等违反本法规定，造成他人损害的，依照《中华人民共和国民法典》等法律的规定承担民事责任。

第四十七条 人民检察院在履行反电信网络诈骗职责中，对于侵害国家利益和社会公共利益的行为，可以依法向人民法院提起公益诉讼。

【司法解释(1)】

《最高人民法院、最高人民检察院关于办理诈骗刑事案件具体应用法律若干问题的解释》(法释〔2011〕7号，20110408)[①]

第一条　诈骗公私财物价值三千元至一万元以上、三万元至十万元以上、五十万元以上的，应当分别认定为刑法第二百六十六条规定的“数额较大”、“数额巨大”、“数额特别巨大”。

各省、自治区、直辖市高级人民法院、人民检察院可以结合本地区经济社会发展状况，在前款规定的数额幅度内，共同研究确定本地区执行的具体数额标准，报最高人民法院、最高人民检察院备案。

第二条　诈骗公私财物达到本解释第一条规定的数额标准，具有下列情形之一的，可以依照刑法第二百六十六条的规定酌情从严惩处：

(一)通过发送短信、拨打电话或者利用互联网、广播电视、报刊杂志等发布虚假信息，对不特定多数人实施诈骗的；

(二)诈骗救灾、抢险、防汛、优抚、扶贫、移民、救济、医疗款物的；

(三)以赈灾募捐名义实施诈骗的；

(四)诈骗残疾人、老年人或者丧失劳动能力人的财物的；

(五)造成被害人自杀、精神失常或者其他严重后果的。

诈骗数额接近本解释第一条规定的“数额巨大”、“数额特别巨大”的标准，并具有前款规定的情形之一或者属于诈骗集团首要分子的，应当分别认定为刑法第二百六十六条规定的“其他严重情节”、“其他特别严重情节”。

第三条　诈骗公私财物虽已达到本解释第一条规定的“数额较大”的标准，但具有下列情形之一，且行为人认罪、悔罪的，可以根据刑法第三十七条、刑事诉讼法第一百四十二条[②]的规定不起诉或者免予刑事处罚：

(一)具有法定从宽处罚情节的；

(二)一审宣判前全部退赃、退赔的；

(三)没有参与分赃或者获赃较少且不是主犯的；

(四)被害人谅解的；

(五)其他情节轻微、危害不大的。

第四条　诈骗近亲属的财物，近亲属谅解的，一般可不按犯罪处理。

诈骗近亲属的财物，确有追究刑事责任必要的，具体处理也应酌情从宽。

第五条　诈骗未遂，以数额巨大的财物为诈骗目标的，或者具有其他严重情节的，应当定罪处罚。

利用发送短信、拨打电话、互联网等电信技术手段对不特定多数人实施诈骗，诈骗数额难以查证，但具有下列情形之一的，应当认定为刑法第二百六十六条规定的“其他严重情节”，以诈骗罪(未遂)定罪处罚：

(一)发送诈骗信息五千条以上的；

(二)拨打诈骗电话五百人次以上的；

---

① 对电信网络诈骗犯罪的定罪量刑标准，需结合本条项下【司法指导文件(2)】的规定综合考虑。——编者注

② 现行刑事诉讼法第一百七十七条。——编者注

(三)诈骗手段恶劣、危害严重的。

实施前款规定行为,数量达到前款第(一)、(二)项规定标准十倍以上的,或者诈骗手段特别恶劣、危害特别严重的,应当认定为刑法第二百六十六条规定的"其他特别严重情节",以诈骗罪(未遂)定罪处罚。

第六条　诈骗既有既遂,又有未遂,分别达到不同量刑幅度的,依照处罚较重的规定处罚;达到同一量刑幅度的,以诈骗罪既遂处罚。

第七条　明知他人实施诈骗犯罪,为其提供信用卡、手机卡、通讯工具、通讯传输通道、网络技术支持、费用结算等帮助的,以共同犯罪论处。[①]

第八条　冒充国家机关工作人员进行诈骗,同时构成诈骗罪和招摇撞骗罪的,依照处罚较重的规定定罪处罚。

第九条　案发后查封、扣押、冻结在案的诈骗财物及其孳息,权属明确的,应当发还被害人;权属不明确的,可按被骗款物占查封、扣押、冻结在案的财物及其孳息总额的比例发还被害人,但已获退赔的应予扣除。

第十条　行为人已将诈骗财物用于清偿债务或者转让给他人,具有下列情形之一的,应当依法追缴:

(一)对方明知是诈骗财物而收取的;

(二)对方无偿取得诈骗财物的;

(三)对方以明显低于市场的价格取得诈骗财物的;

(四)对方取得诈骗财物系源于非法债务或者违法犯罪活动的。

他人善意取得诈骗财物的,不予追缴。

第十一条　以前发布的司法解释与本解释不一致的,以本解释为准。

【司法解释(2)】

《最高人民法院关于审理拐卖妇女儿童犯罪案件具体应用法律若干问题的解释》(法释〔2016〕28号,20170101)

第三条第二款　以介绍婚姻为名,与被介绍妇女串通骗取他人钱财,数额较大的,应当以诈骗罪追究刑事责任。

【司法解释(3)】

《最高人民法院关于审理扰乱电信市场管理秩序案件具体应用法律若干问题的解释》(法释〔2000〕12号,20000524)

第九条　以虚假、冒用的身份证件办理入网手续并使用移动电话,造成电信资费损失数额较大的,依照刑法第二百六十六条的规定,以诈骗罪定罪处罚。

【司法解释(4)】

《最高人民法院、最高人民检察院关于办理妨害预防、控制突发传染病疫情等灾害的刑事案件具体应用法律若干问题的解释》(法释〔2003〕8号,20030515)

第七条　在预防、控制突发传染病疫情等灾害期间,假借研制、生产或者销售用于预防、控制突发传染病疫情等灾害用品的名义,诈骗公私财物数额

① 对于该条的适用,在明知他人利用信息网络实施诈骗犯罪的情形下,需结合刑法修正案(九)第二十九条增设的刑法第二百八十七条之二即帮助信息网络犯罪活动罪的规定综合考虑。——编者注

较大的，依照刑法有关诈骗罪的规定定罪，依法从重处罚。

【司法解释(5)】

《最高人民法院、最高人民检察院关于办理危害食品安全刑事案件适用法律若干问题的解释》(法释〔2021〕24号，20220101)

第十九条　违反国家规定，利用广告对保健食品或者其他食品作虚假宣传，符合刑法第二百二十二条规定的，以虚假广告罪定罪处罚；以非法占有为目的，利用销售保健食品或者其他食品诈骗财物，符合刑法第二百六十六条规定的，以诈骗罪定罪处罚。同时构成生产、销售伪劣产品罪等其他犯罪的，依照处罚较重的规定定罪处罚。

【司法解释(6)】

《最高人民法院、最高人民检察院关于办理危害药品安全刑事案件适用法律若干问题的解释》(高检发释字〔2022〕1号，20220306)

第十三条　明知系利用医保骗保购买的药品而非法收购、销售，金额五万元以上的，应当依照刑法第三百一十二条的规定，以掩饰、隐瞒犯罪所得罪定罪处罚；指使、教唆、授意他人利用医保骗保购买药品，进而非法收购、销售，符合刑法第二百六十六条规定的，以诈骗罪定罪处罚。

对于利用医保骗保购买药品的行为人是否追究刑事责任，应当综合骗取医保基金的数额、手段、认罪悔罪态度等案件具体情节，依法妥当决定。利用医保骗保购买药品的行为人是否被追究刑事责任，不影响对非法收购、销售有关药品的行为人定罪处罚。

对于第一款规定的主观明知，应当根据药品标志、收购渠道、价格、规模及药品追溯信息等综合认定。

【司法解释(7)】

《最高人民法院关于审理伪造货币等案件具体应用法律若干问题的解释(二)》(法释〔2010〕14号，20101103)

第五条　以使用为目的，伪造停止流通的货币，或者使用伪造的停止流通的货币的，依照刑法第二百六十六条的规定，以诈骗罪定罪处罚。

【司法解释(8)】

参见本法第二百六十四条项下【司法解释(3)】，第837—838页。

【司法解释(9)】

《最高人民法院关于〈中华人民共和国刑法修正案(九)〉时间效力问题的解释》(法释〔2015〕19号，20151101)

第七条　对于2015年10月31日以前以捏造的事实提起民事诉讼，妨害司法秩序或者严重侵害他人合法权益，根据修正前刑法应当以伪造公司、企业、事业单位、人民团体印章罪或者妨害作证罪等追究刑事责任的，适用修正前刑法的有关规定。但是，根据修正后刑法第三百零七条之一的规定处刑较轻的，适用修正后刑法的有关规定。

实施第一款行为，非法占有他人财产或者逃避合法债务，根据修正前刑法应当以诈骗罪、职务侵占罪或者贪污罪等追究刑事责任的，适用修正前刑法的有关规定。

【司法解释(9)·注释】

有意见提出，根据2002年10月24

日《最高人民检察院法律政策研究室关于通过伪造证据骗取法院民事裁判占有他人财物的行为如何适用法律问题的答复》,对于2015年10月31日以前的虚假诉讼行为,即使非法占有他人财产或者逃避合法债务,也不宜以诈骗罪等追究行为人的刑事责任,因为人民法院及其裁判不应成为犯罪分子利用的工具。但如果行为人有妨害作证、伪造印章的行为,构成犯罪的,以妨害作证罪或者伪造公司、企业、事业单位、人民团体印章罪追究刑事责任。故建议删除本解释第七条第二款规定。

最高人民法院认为,鉴于诈骗罪、职务侵占罪、贪污罪的手段多样,通过虚假诉讼已经非法占有他人财产或者已经逃避合法债务的案例时有发生,给被害人造成重大损失,且社会影响恶劣,如果不依法惩治,并追缴违法所得,势将放纵犯罪。而且,在最高检研究室的答复出台后,各地已有不少生效判例已经按诈骗罪定罪处罚,且裁判结果符合罪刑法定、罪刑相当原则,社会反应良好,理论界也普遍认同。故未采纳该意见。

【司法指导文件(1)】

《最高人民法院、最高人民检察院关于常见犯罪的量刑指导意见(试行)》(法发〔2021〕21号,20210701)

(十二)诈骗罪

1.构成诈骗罪的,根据下列情形在相应的幅度内确定量刑起点:

(1)达到数额较大起点的,在一年以下有期徒刑、拘役幅度内确定量刑起点。

(2)达到数额巨大起点或者有其他严重情节的,在三年至四年有期徒刑幅度内确定量刑起点。

(3)达到数额特别巨大起点或者有其他特别严重情节的,在十年至十二年有期徒刑幅度内确定量刑起点。依法应当判处无期徒刑的除外。

2.在量刑起点的基础上,根据诈骗数额等其他影响犯罪构成的犯罪事实增加刑罚量,确定基准刑。

3.构成诈骗罪的,根据诈骗的数额、手段、危害后果等犯罪情节,综合考虑被告人缴纳罚金的能力,决定罚金数额。

4.构成诈骗罪的,综合考虑诈骗的起因、手段、数额、危害后果、退赃退赔等犯罪事实、量刑情节,以及被告人的主观恶性、人身危险性、认罪悔罪表现等因素,决定缓刑的适用。对实施电信网络诈骗的,从严把握缓刑的适用。

【司法指导文件(2)】

《最高人民法院、最高人民检察院、公安部关于办理电信网络诈骗等刑事案件适用法律若干问题的意见》(法发〔2016〕32号,20161219)

二、依法严惩电信网络诈骗犯罪

(一)根据《最高人民法院、最高人民检察院关于办理诈骗刑事案件具体应用法律若干问题的解释》第一条的规定,利用电信网络技术手段实施诈骗,诈骗公私财物价值三千元以上、三万元以上、五十万元以上的,应当分别认定为刑法第二百六十六条规定的“数额较大”“数额巨大”“数额特别巨大”。

二年内多次实施电信网络诈骗未经处理,诈骗数额累计计算构成犯罪的,应当依法定罪处罚。

(二)实施电信网络诈骗犯罪,达到相应数额标准,具有下列情形之一的,酌情从重处罚：

1.造成被害人或其近亲属自杀、死亡或者精神失常等严重后果的；

2.冒充司法机关等国家机关工作人员实施诈骗的；

3.组织、指挥电信网络诈骗犯罪团伙的；

4.在境外实施电信网络诈骗的；

5.曾因电信网络诈骗犯罪受过刑事处罚或者二年内曾因电信网络诈骗受过行政处罚的；

6.诈骗残疾人、老年人、未成年人、在校学生、丧失劳动能力人的财物，或者诈骗重病患者及其亲属财物的；

7.诈骗救灾、抢险、防汛、优抚、扶贫、移民、救济、医疗等款物的；

8.以赈灾、募捐等社会公益、慈善名义实施诈骗的；

9.利用电话追呼系统等技术手段严重干扰公安机关等部门工作的；

10.利用"钓鱼网站"链接、"木马"程序链接、网络渗透等隐蔽技术手段实施诈骗的。

（三）实施电信网络诈骗犯罪，诈骗数额接近"数额巨大""数额特别巨大"的标准，具有前述第（二）条规定的情形之一的，应当分别认定为刑法第二百六十六条规定的"其他严重情节""其他特别严重情节"。

上述规定的"接近"，一般应掌握在相应数额标准的百分之八十以上。

（四）实施电信网络诈骗犯罪，犯罪嫌疑人、被告人实际骗得财物的，以诈骗罪（既遂）定罪处罚。诈骗数额难以查证，但具有下列情形之一的，应当认定为刑法第二百六十六条规定的"其他严重情节"，以诈骗罪（未遂）定罪处罚：

1.发送诈骗信息五千条以上的，或者拨打诈骗电话五百人次以上的；

2.在互联网上发布诈骗信息，页面浏览量累计五千次以上的。

具有上述情形，数量达到相应标准十倍以上的，应当认定为刑法第二百六十六条规定的"其他特别严重情节"，以诈骗罪（未遂）定罪处罚。

上述"拨打诈骗电话"，包括拨出诈骗电话和接听被害人回拨电话。反复拨打、接听同一电话号码，以及反复向同一被害人发送诈骗信息的，拨打、接听电话次数、发送信息条数累计计算。

因犯罪嫌疑人、被告人故意隐匿、毁灭证据等原因，致拨打电话次数、发送信息条数的证据难以收集的，可以根据经查证属实的日拨打人次数、日发送信息条数，结合犯罪嫌疑人、被告人实施犯罪的时间、犯罪嫌疑人、被告人的供述等相关证据，综合予以认定。

（五）电信网络诈骗既有既遂，又有未遂，分别达到不同量刑幅度的，依照处罚较重的规定处罚；达到同一量刑幅度的，以诈骗罪既遂处罚。

（六）对实施电信网络诈骗犯罪的被告人裁量刑罚，在确定量刑起点、基准刑时，一般应就高选择。确定宣告刑时，应当综合全案事实情节，准确把握从重、从轻量刑情节的调节幅度，保证罪责刑相适应。

（七）对实施电信网络诈骗犯罪的被告人，应当严格控制适用缓刑的范围，严格掌握适用缓刑的条件。

（八）对实施电信网络诈骗犯罪的被告人，应当更加注重依法适用财产刑，加大经济上的惩罚力度，最大限度剥夺被告人再犯的能力。

三、全面惩处关联犯罪

（一）在实施电信网络诈骗活动中，非法使用“伪基站”“黑广播”，干扰无线电通讯秩序，符合刑法第二百八十八条规定的，以扰乱无线电通讯管理秩序罪追究刑事责任。同时构成诈骗罪的，依照处罚较重的规定定罪处罚。

（二）……

使用非法获取的公民个人信息，实施电信网络诈骗犯罪行为，构成数罪的，应当依法予以并罚。

（三）冒充国家机关工作人员实施电信网络诈骗犯罪，同时构成诈骗罪和招摇撞骗罪的，依照处罚较重的规定定罪处罚。

（四）非法持有他人信用卡，没有证据证明从事电信网络诈骗犯罪活动，符合刑法第一百七十七条之一第一款第（二）项规定的，以妨害信用卡管理罪追究刑事责任。

（五）明知是电信网络诈骗犯罪所得及其产生的收益，以下列方式之一予以转账、套现、取现的，依照刑法第三百一十二条第一款的规定，以掩饰、隐瞒犯罪所得、犯罪所得收益罪追究刑事责任。但有证据证明确实不知道的除外：

1.通过使用销售点终端机具（POS机）刷卡套现等非法途径，协助转换或者转移财物的；

2.帮助他人将巨额现金散存于多个银行账户，或在不同银行账户之间频繁划转的；

3.多次使用或者使用多个非本人身份证明开设的信用卡、资金支付结算账户或者多次采用遮蔽摄像头、伪装等异常手段，帮助他人转账、套现、取现的；

4.为他人提供非本人身份证明开设的信用卡、资金支付结算账户后，又帮助他人转账、套现、取现的；

5.以明显异于市场的价格，通过手机充值、交易游戏点卡等方式套现的。

实施上述行为，事前通谋的，以共同犯罪论处。

实施上述行为，电信网络诈骗犯罪嫌疑人尚未到案或案件尚未依法裁判，但现有证据足以证明该犯罪行为确实存在的，不影响掩饰、隐瞒犯罪所得、犯罪所得收益罪的认定。

实施上述行为，同时构成其他犯罪的，依照处罚较重的规定定罪处罚。法律和司法解释另有规定的除外。

（六）网络服务提供者不履行法律、行政法规规定的信息网络安全管理义务，经监管部门责令采取改正措施而拒不改正，致使诈骗信息大量传播，或者用户信息泄露造成严重后果的，依照刑法第二百八十六条之一的规定，以拒不履行信息网络安全管理义务罪追究刑事责任。同时构成诈骗罪的，依照处罚较重的规定定罪处罚。

（七）实施刑法第二百八十七条之一、第二百八十七条之二规定之行为，构成非法利用信息网络罪、帮助信息网络犯罪活动罪，同时构成诈骗罪的，依照处罚较重的规定定罪处罚。

（八）金融机构、网络服务提供者、电信业务经营者等在经营活动中，违反国家有关规定，被电信网络诈骗犯罪分子利用，使他人遭受财产损失的，依法承担相应责任。构成犯罪的，依法追究刑事责任。

四、准确认定共同犯罪与主观故意

（一）三人以上为实施电信网络诈骗犯罪而组成的较为固定的犯罪组织，应依法认定为诈骗犯罪集团。对组织、领导犯罪集团的首要分子，按照集团所犯的全部罪行处罚。对犯罪集团中组织、指挥、策划者和骨干分子依法从严惩处。

对犯罪集团中起次要、辅助作用的从犯，特别是在规定期限内投案自首、积极协助抓获主犯、积极协助追赃的，依法从轻或减轻处罚。

对犯罪集团首要分子以外的主犯，应当按照其所参与的或者组织、指挥的全部犯罪处罚。全部犯罪包括能够查明具体诈骗数额的事实和能够查明发送诈骗信息条数、拨打诈骗电话人次数、诈骗信息网页浏览次数的事实。

（二）多人共同实施电信网络诈骗，犯罪嫌疑人、被告人应对其参与期间该诈骗团伙实施的全部诈骗行为承担责任。在其所参与的犯罪环节中起主要作用的，可以认定为主犯；起次要作用的，可以认定为从犯。

上述规定的“参与期间”，从犯罪嫌疑人、被告人着手实施诈骗行为开始起算。

（三）明知他人实施电信网络诈骗犯罪，具有下列情形之一的，以共同犯罪论处，但法律和司法解释另有规定的除外：

1.提供信用卡、资金支付结算账户、手机卡、通讯工具的；

2.非法获取、出售、提供公民个人信息的；

3.制作、销售、提供“木马”程序和“钓鱼软件”等恶意程序的；

4.提供“伪基站”设备或相关服务的；

5.提供互联网接入、服务器托管、网络存储、通讯传输等技术支持，或者提供支付结算等帮助的；

6.在提供改号软件、通话线路等技术服务时，发现主叫号码被修改为国内党政机关、司法机关、公共服务部门号码，或者境外用户改为境内号码，仍提供服务的；

7.提供资金、场所、交通、生活保障等帮助的；

8.帮助转移诈骗犯罪所得及其产生的收益，套现、取现的。

上述规定的“明知他人实施电信网络诈骗犯罪”，应当结合被告人的认知能力，既往经历，行为次数和手段，与他人关系，获利情况，是否曾因电信网络诈骗受过处罚，是否故意规避调查等主客观因素进行综合分析认定。

（四）负责招募他人实施电信网络诈骗犯罪活动，或者制作、提供诈骗方案、术语清单、语音包、信息等的，以诈骗共同犯罪论处。

（五）部分犯罪嫌疑人在逃，但不影响对已到案共同犯罪嫌疑人、被告人的犯罪事实认定的，可以依法先行追究已到案共同犯罪嫌疑人、被告人的刑事责任。

五、依法确定案件管辖

（一）电信网络诈骗犯罪案件一般由犯罪地公安机关立案侦查，如果由犯罪嫌疑人居住地公安机关立案侦查更为适宜的，可以由犯罪嫌疑人居住地公安机关立案侦查。犯罪地包括犯罪行为发生地和犯罪结果发生地。

“犯罪行为发生地”包括用于电信网络诈骗犯罪的网站服务器所在地，网站建立者、管理者所在地，被侵害的计算机信息系统或其管理者所在地，犯罪嫌疑人、被害人使用的计算机信息系统所在地，诈骗电话、短信息、电子邮件等的拨打地、发送地、到达地、接受地，以及诈骗行为持续发生的实施地、预备地、开始地、途经地、结束地。

“犯罪结果发生地”包括被害人被骗时所在地，以及诈骗所得财物的实际取得地、藏匿地、转移地、使用地、销售地等。

（二）电信网络诈骗最初发现地公安机关侦办的案件，诈骗数额当时未达到“数额较大”标准，但后续累计达到“数额较大”标准，可由最初发现地公安机关立案侦查。

（三）具有下列情形之一的，有关公安机关可以在其职责范围内并案侦查：

1.一人犯数罪的；

2.共同犯罪的；

3.共同犯罪的犯罪嫌疑人还实施其他犯罪的；

4.多个犯罪嫌疑人实施的犯罪存在直接关联，并案处理有利于查明案件事实的。

（四）对因网络交易、技术支持、资金支付结算等关系形成多层级链条、跨区域的电信网络诈骗等犯罪案件，可由共同上级公安机关按照有利于查清犯罪事实、有利于诉讼的原则，指定有关公安机关立案侦查。

（五）多个公安机关都有权立案侦查的电信网络诈骗等犯罪案件，由最初受理的公安机关或者主要犯罪地公安机关立案侦查。有争议的，按照有利于查清犯罪事实、有利于诉讼的原则，协商解决。经协商无法达成一致的，由共同上级公安机关指定有关公安机关立案侦查。

（六）在境外实施的电信网络诈骗等犯罪案件，可由公安部按照有利于查清犯罪事实、有利于诉讼的原则，指定有关公安机关立案侦查。

（七）公安机关立案、并案侦查，或因有争议，由共同上级公安机关指定立案侦查的案件，需要提请批准逮捕、移送审查起诉、提起公诉的，由该公安机关所在地的人民检察院、人民法院受理。

对重大疑难复杂案件和境外案件，公安机关应在指定立案侦查前，向同级人民检察院、人民法院通报。

（八）已确定管辖的电信诈骗共同犯罪案件，在逃的犯罪嫌疑人归案后，一般由原管辖的公安机关、人民检察院、人民法院管辖。

六、证据的收集和审查判断

（一）办理电信网络诈骗案件，确因被害人人数众多等客观条件的限制，无法逐一收集被害人陈述的，可以结合已收集的被害人陈述，以及经查证属实的银行账户交易记录、第三方支付结算账户交易记录、通话记录、电子数据等证据，综合认定被害人人数及诈骗资金数额等犯罪事实。

（二）公安机关采取技术侦查措施收集的案件证明材料，作为证据使用的，应当随案移送批准采取技术侦查措施的法律文书和所收集的证据材料，并对其来源等作出书面说明。

（三）依照国际条约、刑事司法协助、互助协议或平等互助原则，请求证据材料所在地司法机关收集，或通过国际警务合作机制、国际刑警组织启动合作取证程序收集的境外证据材料，经查证属实，可以作为定案的依据。公安机关应对其来源、提取人、提取时间或者提供人、提供时间以及保管移交的过程等作出说明。

对其他来自境外的证据材料，应当对其来源、提供人、提供时间以及提取人、提取时间进行审查。能够证明案件事实且符合刑事诉讼法规定的，可以作为证据使用。

七、涉案财物的处理[①]

……

【司法指导文件(3)】

《最高人民法院、最高人民检察院、公安部关于办理电信网络诈骗等刑事案件适用法律若干问题的意见(二)》(法发〔2021〕22号，20210617)[②]

一、电信网络诈骗犯罪地，除《最高人民法院、最高人民检察院、公安部关于办理电信网络诈骗等刑事案件适用法律若干问题的意见》规定的犯罪行为发生地和结果发生地外，还包括：

(一)用于犯罪活动的手机卡、流量卡、物联网卡的开立地、销售地、转移地、藏匿地；

(二)用于犯罪活动的信用卡的开立地、销售地、转移地、藏匿地、使用地以及资金交易对手资金交付和汇出地；

(三)用于犯罪活动的银行账户、非银行支付账户的开立地、销售地、使用地以及资金交易对手资金交付和汇出地；

(四)用于犯罪活动的即时通讯信息、广告推广信息的发送地、接受地、到达地；

(五)用于犯罪活动的"猫池"(Modem Pool)、GOIP设备、多卡宝等硬件设备的销售地、入网地、藏匿地；

(六)用于犯罪活动的互联网账号的销售地、登录地。

二、为电信网络诈骗犯罪提供作案工具、技术支持等帮助以及掩饰、隐瞒犯罪所得及其产生的收益，由此形成多层级犯罪链条的，或者利用同一网站、通讯群组、资金账户、作案窝点实施电信网络诈骗犯罪的，应当认定为多个犯罪嫌疑人、被告人实施的犯罪存在关联，人民法院、人民检察院、公安机关可以在其职责范围内并案处理。

三、有证据证实行为人参加境外诈骗犯罪集团或犯罪团伙，在境外针对境内居民实施电信网络诈骗犯罪行为，诈骗数额难以查证，但一年内出境赴境外诈骗犯罪窝点累计时间30日以上或多次出境赴境外诈骗犯罪窝点的，应当认定为刑法第二百六十六条规定的"其他严重情节"，以诈骗罪依法追究刑事责任。有证据证明其出境从事正当活动的除外。[③]

四、无正当理由持有他人的单位结算卡的，属于刑法第一百七十七条之一第一款第(二)项规定的"非法持有他人信用卡"。

五、非法获取、出售、提供具有信息发布、即时通讯、支付结算等功能的互联网账号密码、个人生物识别信息，符合刑法第二百五十三条之一规定的，以侵犯公民个人信息罪追究刑事责任。

对批量前述互联网账号密码、个人生物识别信息的条数，根据查获的数量

---

① 参见本法第六十四条项下【司法指导文件(10)】，第131页。

② 需要注意的是，电信网络诈骗意见二不是对意见一的修订，而是对意见一的补充，二者是承继性关系，相辅相成，都是办理电信网络诈骗及其关联犯罪案件的重要规范依据。——编者注

③ 对于该条的适用，需结合本条项下【司法指导文件(6)】第六条的规定综合考虑。——编者注

直接认定，但有证据证明信息不真实或者重复的除外。

六、在网上注册办理手机卡、信用卡、银行账户、非银行支付账户时，为通过网上认证，使用他人身份证件信息并替换他人身份证件相片，属于伪造身份证件行为，符合刑法第二百八十条第三款规定的，以伪造身份证件罪追究刑事责任。

使用伪造、变造的身份证件或者盗用他人身份证件办理手机卡、信用卡、银行账户、非银行支付账户，符合刑法第二百八十条之一第一款规定的，以使用虚假身份证件、盗用身份证件罪追究刑事责任。

实施上述两款行为，同时构成其他犯罪的，依照处罚较重的规定定罪处罚。法律和司法解释另有规定的除外。

七、为他人利用信息网络实施犯罪而实施下列行为，可以认定为刑法第二百八十七条之二规定的“帮助”行为：

（一）收购、出售、出租信用卡、银行账户、非银行支付账户、具有支付结算功能的互联网账号密码、网络支付接口、网上银行数字证书的；

（二）收购、出售、出租他人手机卡、流量卡、物联网卡的。

八、认定刑法第二百八十七条之二规定的行为人明知他人利用信息网络实施犯罪，应当根据行为人收购、出售、出租前述第七条规定的信用卡、银行账户、非银行支付账户、具有支付结算功能的互联网账号密码、网络支付接口、网上银行数字证书，或者他人手机卡、流量卡、物联网卡等的次数、张数、个数，并结合行为人的认知能力、既往经历、交易对象、与实施信息网络犯罪的行为人的关系、提供技术支持或者帮助的时间和方式、获利情况以及行为人的供述等主客观因素，予以综合认定。

收购、出售、出租单位银行结算账户、非银行支付机构单位支付账户，或者电信、银行、网络支付等行业从业人员利用履行职责或提供服务便利，非法开办并出售、出租他人手机卡、信用卡、银行账户、非银行支付账户等的，可以认定为《最高人民法院、最高人民检察院关于办理非法利用信息网络、帮助信息网络犯罪活动等刑事案件适用法律若干问题的解释》第十一条第（七）项规定的“其他足以认定行为人明知的情形”。但有相反证据的除外。

九、明知他人利用信息网络实施犯罪，为其犯罪提供下列帮助之一的，可以认定为《最高人民法院、最高人民检察院关于办理非法利用信息网络、帮助信息网络犯罪活动等刑事案件适用法律若干问题的解释》第十二条第一款第（七）项规定的“其他情节严重的情形”：

（一）收购、出售、出租信用卡、银行账户、非银行支付账户、具有支付结算功能的互联网账号密码、网络支付接口、网上银行数字证书5张（个）以上的；

（二）收购、出售、出租他人手机卡、流量卡、物联网卡20张以上的。

十、电商平台预付卡、虚拟货币、手机充值卡、游戏点卡、游戏装备等经销商，在公安机关调查案件过程中，被明确告知其交易对象涉嫌电信网络诈骗犯罪，仍与其继续交易，符合刑法第二百八十七条之二规定的，以帮助信息网络犯罪活动罪追究刑事责任。同时构成其他犯罪的，依照处罚较重的规定定罪处罚。

十一、明知是电信网络诈骗犯罪所得及其产生的收益，以下列方式之一予以转账、套现、取现，符合刑法第三百一十二条第一款规定的，以掩饰、隐瞒犯罪所得、犯罪所得收益罪追究刑事责任。但有证据证明确实不知道的除外。

（一）多次使用或者使用多个非本人身份证明开设的收款码、网络支付接口等，帮助他人转账、套现、取现的；

（二）以明显异于市场的价格，通过电商平台预付卡、虚拟货币、手机充值卡、游戏点卡、游戏装备等转换财物、套现的；

（三）协助转换或者转移财物，收取明显高于市场的“手续费”的。

实施上述行为，事前通谋的，以共同犯罪论处；同时构成其他犯罪的，依照处罚较重的规定定罪处罚。法律和司法解释另有规定的除外。

十二、为他人实施电信网络诈骗犯罪提供技术支持、广告推广、支付结算等帮助，或者窝藏、转移、收购、代为销售及以其他方法掩饰、隐瞒电信网络诈骗犯罪所得及其产生的收益，诈骗犯罪行为可以确认，但实施诈骗的行为人尚未到案，可以依法先行追究已到案的上述犯罪嫌疑人、被告人的刑事责任。

十三、办案地公安机关可以通过公安机关信息化系统调取异地公安机关依法制作、收集的刑事案件受案登记表、立案决定书、被害人陈述等证据材料。调取时不得少于两名侦查人员，并应记载调取的时间、使用的信息化系统名称等相关信息，调取人签名并加盖办案地公安机关印章。经审核证明真实的，可以作为证据使用。

十四、通过国（区）际警务合作收集或者境外警方移交的境外证据材料，确因客观条件限制，境外警方未提供相关证据的发现、收集、保管、移交情况等材料的，公安机关应当对上述证据材料的来源、移交过程以及种类、数量、特征等作出书面说明，由两名以上侦查人员签名并加盖公安机关印章。经审核能够证明案件事实的，可以作为证据使用。

十五、对境外司法机关抓获并羁押的电信网络诈骗犯罪嫌疑人，在境内接受审判的，境外的羁押期限可以折抵刑期。

十六、办理电信网络诈骗犯罪案件，应当充分贯彻宽严相济刑事政策。在侦查、审查起诉、审判过程中，应当全面收集证据、准确甄别犯罪嫌疑人、被告人在共同犯罪中的层级地位及作用大小，结合其认罪态度和悔罪表现，区别对待，宽严并用，科学量刑，确保罚当其罪。

对于电信网络诈骗犯罪集团、犯罪团伙的组织者、策划者、指挥者和骨干分子，以及利用未成年人、在校学生、老年人、残疾人实施电信网络诈骗的，依法从严惩处。

对于电信网络诈骗犯罪集团、犯罪团伙中的从犯，特别是其中参与时间相对较短、诈骗数额相对较低或者从事辅助性工作并领取少量报酬，以及初犯、偶犯、未成年人、在校学生等，应当综合考虑其在共同犯罪中的地位作用、社会危害程度、主观恶性、人身危险性、认罪悔罪表现等情节，可以依法从轻、减轻处罚。犯罪情节轻微的，可以依法不起诉或者免予刑事处罚；情节显著轻微危害不大的，不以犯罪论处。

十七、查扣的涉案账户内资金，应当优先返还被害人，如不足以全额返还的，应当按照比例返还。

【司法指导文件(3)·注释】

1.适用本意见第三条规定需要注意如下几个具体问题：第一，行为人必须是“参加境外电信网络诈骗犯罪集团或犯罪团伙，且在境外实施了具体的诈骗犯罪行为”。这是一个基本前提，也是一个基本事实，必须有相应的证据证明。其实，证明这一事实的证据并不难收集，比如在境外诈骗窝点当场抓获行为人，或者有同案人指证行为人在境外窝点参加诈骗，再结合行为人有出境前往诈骗窝点的客观记录等，就可以予以认定。第二，只适用于行为人在境外对境内居民实施电信网络诈骗犯罪，不适用于行为人在境内实施的电信网络诈骗犯罪。第三，诈骗数额难以查证，是指基于客观困难，确实无法查清行为人实施诈骗的具体数额，不能理解为不再需要去查证具体诈骗数额。诈骗罪作为侵财型犯罪，犯罪数额还是应当首先考虑的定罪量刑依据。在能够查明诈骗数额的情况下，应当根据查明的数额定罪量刑。只有确实查不清诈骗数额，才适用本条规定。侦查机关查证全部诈骗数额，仍然是一项重要的办案工作和努力的目标。如果诈骗分子涉案数额在五十万元以上，查实了数额，就可以在十年以上量刑幅度内处理。而未查实数额或者有条件查实却人为不查实，就只能适用该规定在三到十年量刑幅度内按照未遂处理，必然造成量刑单一化，无法体现罪责刑相适应。第四，犯罪数额查不清，应当去查证数量，即发送诈骗信息条数、拨打诈骗电话次数，如果数额与数量都查不清，无法适用数量标准据以定罪量刑，才能适用这条规定。第五，本条规定的“30日以上”如何计算？是以被告人护照签证上注明的入境某国的日期开始计算？还是以其实际加入诈骗窝点的日期开始计算？这一点是明确的：应当以其实际加入诈骗窝点的日期计算。后者证明较前者的确难一些，但并非无法证明。可以通过在诈骗窝点查获的出勤表、工资表等书面材料或者电子文档，并结合行为人、同案人的口供综合予以认定。如果存在不确定性，则按照“就低不就高”原则处理。第六，本条规定的“有证据证明其出境从事正当活动的除外”，并不意味着举证责任倒置，让行为人自己或者其辩护人向法庭证明。这个举证责任仍在公安机关和公诉机关。也就是说，行为人可以提出辩解并提供线索，由公安机关查明核实。

2.关于境外羁押期限折抵刑期问题。需要注意如下两个问题：第一，该条规定中的“可以”折抵刑期，指的是以折抵刑期为原则，不折抵刑期为例外。这个例外，主要针对那些故意编造损害国家声誉的借口，恶意规避移送或引渡的犯罪嫌疑人。对这种情形拟定不折抵刑期的，要事先逐级报至最高人民法院同意。第二，如果行为人在国外被羁押时没有相关法律手续，或者未向我方移交羁押法律手续，难以确定行为人的境外羁押时间的，需要公安机关加强与境外警方的协调，全力取得相关证据材料。如果穷尽手段仍无法取得，无法查明行为人在境外羁押实际期限的，法院在量刑时应予酌情考虑。

【司法指导文件(4)】

《最高人民法院、最高人民检察院公安部关于办理跨境电信网络诈骗等刑事案件适用法律若干问题的意见》(高

检发办字〔2024〕166号，20240626）[①]

一、总体要求

……

二、依法惩治跨境电信网络诈骗等犯罪

4.通过提供犯罪场所、条件保障、武装庇护、人员管理等方式管理控制犯罪团伙实施跨境电信网络诈骗、敲诈勒索等犯罪活动，抽成分红或者收取相关费用，有明确的组织者、领导者，骨干成员基本固定，符合刑法第二十六条第二款规定的，应当认定为犯罪集团。

组织者、领导者未到案或者因死亡等法定情形未被追究刑事责任的，不影响犯罪集团的认定。

5.对于跨境实施的电信网络诈骗、敲诈勒索等犯罪，确因客观条件限制无法查明被害人的，可以依据账户交易记录、通讯群组聊天记录等证据，结合犯罪嫌疑人、被告人供述，综合认定犯罪数额。

对于犯罪集团的犯罪数额，可以根据该犯罪集团从其管理控制的犯罪团伙抽成分红或者收取费用的数额和方式折算。对于无法折算的，抽成分红或者收取费用的数额可以认定为犯罪数额。

6.犯罪嫌疑人、被告人参加犯罪集团或犯罪团伙，实施电信网络诈骗、敲诈勒索等犯罪行为，犯罪集团或犯罪团伙的犯罪数额已经查证，但因客观条件限制无法查明犯罪嫌疑人、被告人具体犯罪数额的，应当综合考虑其在犯罪集团、犯罪团伙中的地位作用、参与时间、与犯罪事实的关联度，以及主观恶性和人身危险性等，准确认定其罪责。

7.犯罪嫌疑人、被告人参加境外诈骗犯罪集团或犯罪团伙，实施电信网络诈骗犯罪行为，犯罪嫌疑人、被告人及所在犯罪集团、犯罪团伙的犯罪数额均难以查证，但犯罪嫌疑人、被告人一年内出境赴境外犯罪窝点累计时间30日以上或者多次出境赴境外犯罪窝点的，应当认定为刑法第二百六十六条规定的"其他严重情节"，以诈骗罪依法追究刑事责任。但有证据证实其出境从事正当活动的除外。

8.本意见第7条规定的"犯罪窝点"，是指实施电信网络诈骗犯罪活动的作案场所。对于为招募电信网络诈骗犯罪团伙而建设，或者入驻的主要是电信网络诈骗犯罪团伙的整栋建筑物、企业园区、产业园区、开发区等，可以认定为"犯罪窝点"。

"一年内出境赴境外犯罪窝点累计时间30日以上"，应当从犯罪嫌疑人、被告人实际加入境外犯罪窝点的时间起算。犯罪嫌疑人、被告人实际加入境外犯罪窝点的确切时间难以查证，但能够查明其系非法出境的，可以以出境时间起算，合理路途时间应当扣除。确因客观条件限制无法查明出境时间的，可以结合犯罪嫌疑人、被告人的行踪轨迹等最后出现在国（边）境附近的时间，扣除合理路途时间后综合认定。合理路途时间可以参照乘坐公共交通工具所需时间认定。犯罪嫌疑人、被告人就路途时间提出合理辩解并经查证属实的，

① 需要注意的是，该意见仅适用于办理跨境电信网络诈骗等犯罪案件，注意防止将相关规则扩大适用至境内电信网络诈骗等犯罪案件。另外，该意见的内容与此前发布的电信网络诈骗意见二等规范性文件不一致的，如案件属于跨境电信网络诈骗等犯罪案件的，适用该意见。——编者注

应当予以采信。

9.认定犯罪嫌疑人、被告人实施偷越国(边)境行为,可以根据其出入境证件、出入境记录、行踪轨迹、移交接收人员证明等,结合犯罪嫌疑人、被告人供述综合认定。

犯罪嫌疑人、被告人以旅游、探亲、求学、务工、经商等为由申领出入境证件,但出境后即前往电信网络诈骗、敲诈勒索等犯罪窝点的,属于《最高人民法院 最高人民检察院关于办理妨害国(边)境管理刑事案件应用法律若干问题的解释》第六条第(四)项规定的使用以虚假的出入境事由骗取的出入境证件出入国(边)境情形,应当认定为偷越国(边)境行为。

10.具有下列情形之一的,应当认定为《最高人民法院 最高人民检察院关于办理妨害国(边)境管理刑事案件应用法律若干问题的解释》第五条第(二)项规定的"结伙":

(1)犯罪嫌疑人、被告人就偷越国(边)境的路线、交通方式、中途驻留地点、规避检查方式等进行商议或者以实际行为相互帮助的;

(2)犯罪嫌疑人、被告人之间代为支付交通、住宿等偷越国(边)境过程中产生的相关费用的;

(3)有犯罪嫌疑人、被告人负责与组织、运送偷越国(边)境的犯罪团伙或者个人联系,并带领其他人员一起偷越国(边)境的。

11.能够查明被害人的身份,但确因客观条件限制无法当面询问的,可由两名以上办案人员通过视频等远程方式询问,并当场制作笔录,经被害人核对无误后,办案人员逐页签名确认,并注明与询问内容一致。询问、核对笔录、签名过程应当全程同步录音录像。询问过程有翻译人员参加的,翻译人员应当在询问笔录上逐页签名确认。

12.犯罪嫌疑人、被告人辩解在境外受胁迫实施电信网络诈骗、敲诈勒索等犯罪活动的,应当对其提供的线索或者材料进行调查核实,综合认定其是否属于刑法第二十八条规定的"被胁迫参加犯罪"。

犯罪嫌疑人、被告人在境外实施电信网络诈骗、敲诈勒索等犯罪活动期间,能够与外界保持自由联络,或者被胁迫后又积极主动实施犯罪的,一般不认定为胁从犯。

13.实施跨境电信网络诈骗、敲诈勒索等犯罪的人员,主动或者经亲友劝说后回国投案,并如实供述自己罪行的,应当认定为自首,依法可以从轻或者减轻处罚。其中,犯罪较轻的,可以免除处罚。

14.犯罪嫌疑人、被告人在境外实施电信网络诈骗、敲诈勒索等犯罪,犯罪情节轻微,依照法律规定不起诉或者免予刑事处罚的,由主管部门依法予以行政处罚。

三、全面加强追赃挽损

15.公安机关、人民检察院、人民法院应当全面调查、审查跨境电信网络诈骗、敲诈勒索等犯罪集团、犯罪团伙及其成员的财产状况,依法及时查询、查封、扣押、冻结涉案账户资金、房产、车辆、贵金属等涉案财物。对于依法查封、扣押、冻结的涉案财物,公安机关应当全面收集证明其来源、性质、权属、价值,以及是否应予追缴、没收或者责令退赔等证据材料,并在移送审查起诉时随案移送。人民检察院应当对涉案财物的证据材料进行审查,在提起公诉时提出处理意见。人民法院应当在判决书中对涉案财物作出处理。

16.犯罪嫌疑人、被告人逃匿境外的电信网络诈骗犯罪案件，犯罪嫌疑人、被告人在通缉一年后不能到案，或者犯罪嫌疑人、被告人死亡的，应当依照法定程序没收其违法所得及其他涉案财产。

【司法指导文件(4)·注释】

1.该类犯罪集团的特殊行为特征包括：(1)实施管理控制型行为。该类犯罪集团并不直接实施跨境电信网络诈骗、敲诈勒索等具体的犯罪活动，而是通过提供犯罪场所、条件保障、武装庇护、人员管理等方式管理控制犯罪团伙实施犯罪。其向实施犯罪的团伙或成员颁发许可证或实施登记管理，要求有关人员未经同意不得进出有关场所，或者派驻武装安保人员对实施跨境电信网络诈骗、敲诈勒索等犯罪的场所进行看守庇护，甚至对不服从管理或擅自脱离窝点的团伙成员进行殴打体罚等。实践中，认定该类犯罪集团行为时需注重把握“管理控制”特征。(2)实施收取费用行为。该类犯罪集团抽成分红或者收取相关费用。在犯罪所得方面，有的是按照跨境电信网络诈骗、敲诈勒索等犯罪数额进行抽成，有的是按照具体犯罪集团人数收取“人头费”，有的是按照犯罪场所收取“场地费”，有的是混用多种收费标准，但无论采取何种方式，该类犯罪集团必然收取相当数额的费用，而非一般的劳务报酬。(3)该类犯罪集团必须符合刑法第二十六条第二款的规定。首先，该类犯罪集团已经形成了较为稳定的管理架构，有相应的管理制度，重要成员固定或者基本固定；其次，是为管理控制犯罪团伙实施跨境电信网络诈骗、敲诈勒索等犯罪活动而成立，或者成立后主要从事管理控制犯罪团伙实施上述犯罪活动；最后，管理或控制的犯罪团伙长期从事跨境电信网络诈骗、敲诈勒索等犯罪活动。

2.该类犯罪集团可能涉及多种犯罪，与一般的犯罪集团相比具有特殊性，实践中还应注意以下两个问题：(1)该类犯罪集团既可能具有诈骗犯罪的性质，也可能具有敲诈勒索犯罪的性质。第四条第一款规定该类犯罪集团“管理控制犯罪团伙实施跨境电信网络诈骗、敲诈勒索等犯罪活动”，因此应根据其管理控制犯罪团伙实施犯罪的情况准确认定犯罪集团的性质。如果管理控制犯罪团伙既有实施跨境电信网络诈骗犯罪，也有实施跨境敲诈勒索犯罪，应注意全面认定该类犯罪集团的犯罪活动。(2)不宜认为所管理控制的犯罪团伙隶属于该类犯罪集团。该类犯罪集团实际上是为多个犯罪团伙跨境电信网络诈骗、敲诈勒索等犯罪活动提供“平台”，并进行管理控制，此种“管理控制”是对所招募犯罪团伙的外部管控和提供相关服务保障，并不对所招募犯罪团伙的内部人财物等进行管理控制或组织、策划、指挥所招募犯罪团伙的具体犯罪活动。虽然该类犯罪集团与所招募犯罪团伙在实施电信网络诈骗、敲诈勒索等犯罪方面相互配合，但本身未直接实施具体的犯罪活动，不宜认为所招募的犯罪团伙在组织上隶属于该类犯罪集团。

3.适用第五条第一款应当注意以下两个方面：(1)本款仅适用于“确因客观条件限制无法查明被害人”的情形，如果仍可以通过技术侦查、案件串并等方式进一步查明被害人，则不应适用本款规定。(2)应强调“综合认定”，即依据“账户交易记录、通讯群组聊天记录”等证据，同时结合“犯罪嫌疑人、被告人供述”等主观证据，防止仅根据单一证据不当认定犯罪数额。对于能够根据相关证据及犯罪嫌疑人供述，比如在相关通讯群组中，犯罪嫌疑人发出的表明实施诈骗、敲诈勒索等犯罪成功的信息或者收款、转账、取现的信息，综合其他证据能够确定诈骗、敲诈勒索等犯罪事实和数额的，可以依法认定。

4.适用第六条应当注意以下两个方面：(1)行为人必须是参加跨境电信网络诈骗、敲诈勒索犯罪集团或犯罪团伙，且所属犯罪集团、犯罪团伙的犯罪数额已经全部或者部分查证，但确因客观条件限制无法查证行为人具体犯罪数额的。这里强调“确因客观条件限制”无法查证，即在能够查明诈骗、敲诈勒索数额的情况下，应当根据查明的数额定罪量刑，并非可以不经查证直接适用该规则。(2)要注重综合认定，既要考虑其在犯罪集团、犯罪团伙中的地位作用、参与时间、与犯罪事实的关联度，也要考虑主观恶性和人身危险性等，确定所应承担的责任，避免依据单一情节归罪，做到罪责刑相一致。

5.由于诈骗和敲诈勒索在刑法中是不同的罪名，对犯罪集团、犯罪团伙实施的裸聊敲诈如何定罪处罚，还需结合刑法及司法解释综合认定。即有证据证实行为人参加境外敲诈勒索犯罪集团或犯罪团伙，实施裸聊敲诈犯罪行为，犯罪数额难以查证时，宜遵循以下判断规则：(1)可立足“出境赴境外犯罪窝点累计时间30日以上”或者“多次出境赴境外犯罪窝点”，认定行为人是否“多次敲诈勒索”，而非直接将其作为认定构成犯罪的依据。《最高人民法院、最高人民检察院关于办理敲诈勒索刑事案件适用法律若干问题的解释》第三条规定：“二年内敲诈勒索三次以上的，应当认定为刑法第二百七十四条规定的‘多次敲诈勒索’。”从实践情况来看，行为人无论“出境赴境外犯罪窝点累计时间30日以上”，还是“多次出境赴境外犯罪窝点”，所参与实施的敲诈勒索行为往往达到“多次”以上。在此基础上可依据其在犯罪集团、犯罪团伙中的地位作用、参与时间、与犯罪事实的关联度等，进一步认定是否属于“其他严重情节”或者“其他特别严重情节”。(2)判断行为人是否属于“多次敲诈勒索”必须结合相关主客观证据，不能仅根据达到赴境外犯罪窝点的时间、次数标准直接认定。实践中必须注重对于行为人以及其他犯罪人员供述、被害人陈述，以及通信记录、转账记录等证据进行审查，特别是能否印证敲诈勒索行为的次数，防止不当认定。(3)应当允许行为人反证。行为人有证据证实其出境从事正当活动的，应当依法予以排除。

【司法指导文件(5)】

《最高人民法院、最高人民检察院、公安部关于办理帮助信息网络犯罪活动等刑事案件有关问题的意见》(法发〔2025〕12号，20250722)

8.准确区分帮助信息网络犯罪活动罪与关联犯罪共犯。为他人利用信息网络实施诈骗等犯罪收购或者组织、招募、介绍人员提供银行账户、支付账户、电话卡、物联网卡、互联网账号等，事先通谋或者形成较为稳定配合关系

的，按照电信网络诈骗等信息网络犯罪的共同犯罪处罚。

【司法指导文件(6)】

《最高人民法院刑事审判第三庭、最高人民检察院第四检察厅、公安部刑事侦查局关于“断卡”行动中有关法律适用问题的会议纪要》(20220322)

六、关于《最高人民法院、最高人民检察院、公安部关于办理电信网络诈骗等刑事案件适用法律若干问题的意见(二)》第三条的理解适用。为严厉打击跨境电信网络诈骗团伙犯罪，该条规定，有证据证实行为人参加境外诈骗犯罪集团或犯罪团伙，在境外针对境内居民实施电信网络诈骗犯罪行为，诈骗数额难以查证，但一年内出境赴境外诈骗犯罪窝点累计时间30日以上或多次出境赴境外诈骗犯罪窝点的，以诈骗罪依法追究刑事责任。在司法适用时，要注意把握以下三个要求：(1)有证据证明行为人参加了境外电信网络诈骗犯罪集团或犯罪团伙，且在境外针对境内居民实施了具体的诈骗犯罪行为；(2)行为人一年内出境赴境外诈骗犯罪窝点累计30日以上，应当从行为人实际加入境外诈骗犯罪窝点的日期开始计算时间；(3)诈骗数额难以查证，是指基于客观困难，确实无法查清行为人实施诈骗的具体数额。在办案中，应当首先全力查证具体诈骗数额；在诈骗数额难以查清的情况下，根据《最高人民法院、最高人民检察院关于办理诈骗刑事案件具体应用法律若干问题的解释》和《最高人民法院、最高人民检察院、公安部关于办理电信网络诈骗等刑事案件适用法律若干问题的意见》的规定，还应当查证发送诈骗信息条数和拨打诈骗电话次数，如二者均无法查明，才适用该条规定。

【司法指导文件(7)】

《检察机关办理电信网络诈骗案件指引》(高检发侦监字〔2018〕12号，20181109)

电信网络诈骗犯罪，是指以非法占有为目的，利用电话、短信、互联网等电信网络技术手段，虚构事实，设置骗局，实施远程、非接触式诈骗，骗取公私财物的犯罪行为。根据《中华人民共和国刑法》第二百六十六条、《最高人民法院、最高人民检察院关于办理诈骗刑事案件具体应用法律若干问题的解释》(法释〔2011〕7号)(以下简称《解释》)、《最高人民法院、最高人民检察院、公安部关于办理电信网络诈骗等刑事案件适用法律若干问题的意见》(法发〔2016〕32号)(以下简称《意见》)，办理电信网络诈骗案件除了要把握普通诈骗案件的基本要求外，还要特别注意以下问题：一是电信网络诈骗犯罪的界定；二是犯罪形态的审查；三是诈骗数额及发送信息、拨打电话次数的认定；四是共同犯罪及主从犯责任的认定；五是关联犯罪事前通谋的审查；六是电子数据的审查；七是境外证据的审查。

……

二、需要特别注意的问题

在电信网络诈骗案件审查逮捕、审查起诉中，要根据相关法律、司法解释等规定，结合在案证据，重点注意以下问题：

(一)电信网络诈骗犯罪的界定

1.此罪彼罪

在一些案件中，尤其是利用网络钓鱼、木马链接实施犯罪的案件中，既存在虚构事实、隐瞒真相的诈骗行为，又可能存在秘密窃取的行为，关键要审查犯罪嫌疑人取得财物是否基于被害人对财物的主动处分意识。如果行为人通过秘密窃取的行为获取他人财物，则应认定构成盗窃罪；如果窃取或者骗取的是他人信用卡资料，并通过互联网、通讯终端等使用的，根据《最高人民法院、最高人民检察院关于办理妨害信用卡管理刑事案件具体应用法律若干问题的解释》（法释〔2009〕19号）[①]，则可能构成信用卡诈骗罪；如果通过电信网络技术向不特定多数人发送诈骗信息后又转入接触式诈骗，或者为实现诈骗目的，线上线下并行同时进行接触式和非接触式诈骗，应当按照诈骗取财行为的本质定性，虽然使用电信网络技术但被害人基于接触被骗的，应当认定普通诈骗；如果出现电信网络诈骗和合同诈骗、保险诈骗等特殊诈骗罪名的竞合，应依据刑法有关规定定罪量刑。

2.追诉标准低于普通诈骗犯罪且无地域差别

追诉标准直接决定了法律适用问题甚至罪与非罪的认定。《意见》规定，利用电信网络技术手段实施诈骗，诈骗公私财物价值三千元以上的，认定为刑法第二百六十六条规定的“数额较大”。而《解释》规定，诈骗公私财物价值三千元至一万元以上的，认定为刑法第二百六十六条规定的“数额较大”。因此，电信网络诈骗的追诉标准要低于普通诈骗的追诉标准，且全国统一无地域差别，即犯罪数额达到三千元以上、三万元以上、五十万元以上的，应当分别认定为刑法第二百六十六条规定的“数额较大”“数额巨大”“数额特别巨大”。

（二）犯罪形态的审查

1.可以查证诈骗数额的未遂

电信网络诈骗应以被害人失去对被骗钱款的实际控制为既遂认定标准。一般情形下，诈骗款项转出后即时到账构成既遂。但随着银行自助设备、第三方支付平台陆续推出“延时到账”“撤销转账”等功能，被害人通过自助设备、第三方支付平台向犯罪嫌疑人指定账户转账，可在规定时间内撤销转账，资金并未实时转出。此种情形下被害人并未对被骗款项完全失去控制，而犯罪嫌疑人亦未取得实际控制，应当认定为未遂。

2.无法查证诈骗数额的未遂

根据《意见》规定，对于诈骗数额难以查证的，犯罪嫌疑人发送诈骗信息五千条以上，或者拨打诈骗电话五百人次以上，或者在互联网上发布诈骗信息的页面浏览量累计五千次以上，可以认定为诈骗罪中“其他严重情节”，以诈骗罪（未遂）定罪处罚。具有上述情形，数量达到相应标准十倍以上的，应当认定为刑法第二百六十六条规定的“其他特别严重情节”，以诈骗罪（未遂）定罪处罚。

（三）诈骗数额及发送信息、拨打电话次数的认定

1.诈骗数额的认定

（1）根据犯罪集团诈骗账目登记表、犯罪嫌疑人提成表等书证，结合证人证言、犯罪嫌疑人供述和辩解等言词证

① 该司法解释已被《最高人民法院、最高人民检察院关于修改〈关于办理妨害信用卡管理刑事案件具体应用法律若干问题的解释〉的决定》（法释〔2018〕19号）所修正。——编者注

据，认定犯罪嫌疑人的诈骗数额。

(2) 根据经查证属实的银行账户交易记录、第三方支付结算账户交易记录、通话记录、电子数据等证据，结合已收集的被害人陈述，认定被害人人数及诈骗资金数额。

(3) 对于确因客观原因无法查实全部被害人，尽管有证据证明该账户系用于电信网络诈骗犯罪，且犯罪嫌疑人无法说明款项合法来源的，也不能简单将账户内的款项全部推定为“犯罪数额”。要根据在案其他证据，认定犯罪集团是否有其他收入来源，“违法所得”有无其他可能性。如果证据足以证实“违法所得”的排他性，则可以将“违法所得”均认定为犯罪数额。

(4) 犯罪嫌疑人为实施犯罪购买作案工具、伪装道具、租用场地、交通工具甚至雇佣他人等诈骗成本不能从诈骗数额中扣除。对通过向被害人交付一定货币，进而骗取其信任并实施诈骗的，由于货币具有流通性和经济价值，该部分货币可以从诈骗数额中扣除。

2.发送信息、拨打电话次数的认定

(1) 拨打电话包括拨出诈骗电话和接听被害人回拨电话。反复拨打、接听同一电话号码，以及反复向同一被害人发送诈骗信息的，拨打、接听电话次数、发送信息条数累计计算。

(2) 被害人是否接听、接收到诈骗电话、信息不影响次数、条数计算。

(3) 通过语音包发送的诈骗录音或通过网络等工具辅助拨出的电话，应当认定为拨打电话。

(4) 发送信息条数、拨打电话次数的证据难以收集的，可以根据经查证属实的日发送信息条数、日拨打人次数，结合犯罪嫌疑人实施犯罪的时间、犯罪嫌疑人的供述等相关证据予以认定。

(5) 发送信息条数和拨打电话次数在法律及司法解释未明确的情况下不宜换算累加。

(四) 共同犯罪及主从犯责任的认定

1.对于三人以上为实施电信网络诈骗而组成的较为固定的犯罪组织，应当依法认定为犯罪集团。对于犯罪集团的首要分子，按照集团所犯全部犯罪处罚，并且对犯罪集团中组织、指挥、策划者和骨干分子依法从严惩处。

2.对于其余主犯，按照其所参与或者组织、指挥的全部犯罪处罚。多人共同实施电信网络诈骗，犯罪嫌疑人、被告人应对其参与期间该诈骗团伙实施的全部诈骗行为承担责任。

3.对于部分被招募发送信息、拨打电话的犯罪嫌疑人，应当对其参与期间整个诈骗团伙的诈骗行为承担刑事责任，但可以考虑参与时间较短、诈骗数额较低、发送信息、拨打电话较少，认定为从犯，从宽处理。

4.对于专门取款人，由于其可在短时间内将被骗款项异地转移，对诈骗既遂起到了至关重要的作用，也大大增加了侦查和追赃难度，因此应按其在共同犯罪中的具体作用进行认定，不宜一律认定为从犯。

(五) 关联犯罪事前通谋的审查

根据《意见》规定，明知是电信网络诈骗犯罪所得及其产生的收益，通过使用销售点终端机具(POS机)刷卡套现等非法途径，协助转换或者转移财物等五种方式转账、套现、取现的，需要与直接实施电信网络诈骗犯罪嫌疑人事前通谋的才以共同犯罪论处。因此，应当重点审查帮助转换或者转移财物行为人是否在诈骗犯罪既遂之前与实施诈骗犯罪嫌疑人共谋或者虽无共谋但明知他人实施犯罪而提供帮助。对于帮助者明知的内容和程度,并不要求其明知被帮助者实施诈骗行为的具体细节,其只要认识到对方实施诈骗犯罪行为即可。审查时,要根据犯罪嫌疑人的认知能力、既往经历、行为次数和手段、与他人关系、获利情况、是否曾因电信网络诈骗受过处罚以及是否故意规避调查等主客观因素分析认定。

(六)电子数据的审查

1.电子数据真实性的审查

(1)是否移送原始存储介质;在原始存储介质无法封存、不便移动时,有无说明原因,并注明收集、提取过程及原始存储介质的存放地点或者电子数据的来源等情况。

(2)电子数据是否具有数字签名、数字证书等特殊标识。

(3)电子数据的收集、提取过程是否可以重现。

(4)电子数据如有增加、删除、修改等情形的,是否附有说明。

(5)电子数据的完整性是否可以保证。

2.电子数据合法性的审查

(1)收集、提取电子数据是否由二名以上侦查人员进行,取证方法是否符合相关技术标准。

(2)收集、提取电子数据,是否附有笔录、清单,并经侦查人员、电子数据持有人(提供人)、见证人签名或者盖章;没有持有人(提供人)签名或者盖章的,是否注明原因;对电子数据的类别、文件格式等是否注明清楚。

(3)是否依照有关规定由符合条件的人员担任见证人,是否对相关活动进行录像。

(4)电子数据检查是否将电子数据存储介质通过写保护设备接入到检查设备;有条件的,是否制作电子数据备份,并对备份进行检查;无法制作备份且无法使用写保护设备的,是否附有录像。

(5)通过技术侦查措施,利用远程计算机信息系统进行网络远程勘验收集到电子数据,作为证据使用的,是否随案移送批准采取技术侦查措施的法律文书和所收集的证据材料,是否对其来源等作出书面说明。

(6)对电子数据作出鉴定意见的鉴定机构是否具有司法鉴定资质。

3.电子数据的采信

(1)经过公安机关补正或者作出合理解释可以采信的电子数据:未以封存状态移送的;笔录或者清单上没有侦查人员、电子数据持有人(提供人)、见证人签名或者盖章的;对电子数据的名称、类别、格式等注明不清的;有其他瑕疵的。

(2)不能采信的电子数据:电子数据系篡改、伪造或者无法确定真伪的;电子数据有增加、删除、修改等情形,影响电子数据真实性的;其他无法保证电子数据真实性的情形。

(七)境外证据的审查

1.证据来源合法性的审查

境外证据的来源包括:外交文件(国际条约、互助协议);司法协助(刑事司法协助、平等互助原则);警务合作(国际警务合作机制、国际刑警组织)。

由于上述来源方式均需要有法定的程序和条件,对境外证据的审查要注意:证据来源是否是通过上述途径收集,审查报批、审批手续是否完备,程序是否合法;证据材料移交过程是否合法，手续是否齐全，确保境外证据的来源合法性。

2.证据转换的规范性审查

对于不符合我国证据种类和收集程序要求的境外证据，侦查机关要重新进行转换和固定，才能作为证据使用。注重审查：

(1) 境外交接证据过程的连续性，是否有交接文书，交接文书是否包含接收证据。

(2) 接收移交、开箱、登记时是否全程录像，确保交接过程的真实性，交接物品的完整性。

(3) 境外证据按照我国证据收集程序重新进行固定的，依据相关规定进行，注意证据转换过程的连续性和真实性的审查。

(4)公安机关是否对境外证据来源、提取人、提取时间或者提供人、提供时间以及保管移交的过程等作出说明，有无对电子数据完整性等专门性问题的鉴定意见等。

(5) 无法确认证据来源、证据真实性、收集程序违法无法补正等境外证据应予排除。

3.其他来源的境外证据的审查

通过其他渠道收集的境外证据材料，作为证据使用的，应注重对其来源、提供人、提供时间以及提取人、提取时间进行审查。能够证明案件事实且符合刑事诉讼法规定的，可以作为证据使用。

……

【司法指导文件(8)】

《最高人民法院、最高人民检察院、公安部、司法部关于依法严厉打击传播艾滋病病毒等违法犯罪行为的指导意见》(公通字〔2019〕23号，20190519)

二、准确认定行为性质

(五) 诈骗罪。出售谎称含有艾滋病病毒的血液，骗取他人财物，数额较大的，依照刑法第二百六十六条的规定，以诈骗罪定罪处罚。

【司法指导文件(9)】

《最高人民法院、最高人民检察院、公安部关于依法惩治招摇撞骗等违法犯罪行为的指导意见》(公通字〔2021〕21号，20211216)

二、冒充党和国家领导人或者其他领导干部的亲属、身边工作人员，骗取公私财物，符合刑法第二百六十六条规定的，以诈骗罪定罪处罚；诈骗数额接近“数额巨大”“数额特别巨大”的标准，并且严重损害国家机关、军队形象和威信或者诈骗手段恶劣、造成其他严重后果的，应当分别认定为刑法第二百六十六条规定的“其他严重情节”“其他特别严重情节”。

三、伪造党和国家领导人或者其他领导干部的题词、书法、绘画或者合影照片、音频、视频等，骗取公私财物，符合刑法第二百六十六条规定的，以诈骗罪定罪处罚。

【司法指导文件(10)】

《最高人民法院、最高人民检察院、公安部关于办理医保骗保刑事案件若干问题的指导意见》(法发〔2024〕6号，20240228)

一、全面把握总体要求

……

二、准确认定医保骗保犯罪

4.本意见所指医保骗保刑事案件，是指采取欺骗手段，骗取医疗保障基金的犯罪案件。

医疗保障基金包括基本医疗保险（含生育保险）基金、医疗救助基金、职工大额医疗费用补助、公务员医疗补助、居民大病保险资金等。

5.定点医药机构（医疗机构、药品经营单位）以非法占有为目的，实施下列行为之一，骗取医疗保障基金支出的，对组织、策划、实施人员，依照刑法第二百六十六条的规定，以诈骗罪定罪处罚；同时构成其他犯罪的，依照处罚较重的规定定罪处罚：

（1）诱导、协助他人冒名或者虚假就医、购药，提供虚假证明材料，或者串通他人虚开费用单据；

（2）伪造、变造、隐匿、涂改、销毁医学文书、医学证明、会计凭证、电子信息、检测报告等有关资料；

（3）虚构医药服务项目、虚开医疗服务费用；

（4）分解住院、挂床住院；

（5）重复收费、超标准收费、分解项目收费；

（6）串换药品、医用耗材、诊疗项目和服务设施；

（7）将不属于医疗保障基金支付范围的医药费用纳入医疗保障基金结算；

（8）其他骗取医疗保障基金支出的行为。

定点医药机构通过实施前款规定行为骗取的医疗保障基金应当予以追缴。

定点医药机构的国家工作人员，利用职务便利，实施第一款规定的行为，骗取医疗保障基金，依照刑法第三百八十二条、第三百八十三条的规定，以贪污罪定罪处罚。

6.行为人以非法占有为目的，实施下列行为之一，骗取医疗保障基金支出的，依照刑法第二百六十六条的规定，以诈骗罪定罪处罚；同时构成其他犯罪的，依照处罚较重的规定定罪处罚：

（1）伪造、变造、隐匿、涂改、销毁医学文书、医学证明、会计凭证、电子信息、检测报告等有关资料；

（2）使用他人医疗保障凭证冒名就医、购药；

（3）虚构医药服务项目、虚开医疗服务费用；

（4）重复享受医疗保障待遇；

（5）利用享受医疗保障待遇的机会转卖药品、医用耗材等，接受返还现金、实物或者获得其他非法利益；

（6）其他骗取医疗保障基金支出的行为。

参保人员个人账户按照有关规定为他人支付在定点医疗机构就医发生的由个人负担的医疗费用，以及在定点零售药店购买药品、医疗器械、医用耗材发生的由个人负担的费用，不属于前款第（2）项规定的冒名就医、购药。

7.医疗保障行政部门及经办机构工作人员利用职务便利，骗取医疗保障基金支出的，依照刑法第三百八十二条、第三百八十三条的规定，以贪污罪定罪处罚。

8.以骗取医疗保障基金为目的，购买他人医疗保障凭证（社会保障卡等）并使用，同时构成买卖身份证件罪、使用虚假身份证件罪、诈骗罪的，以处罚较重的规定定罪处罚。

盗窃他人医疗保障凭证（社会保障卡等），并盗刷个人医保账户资金，依照刑法第二百六十四条的规定，以盗窃罪定罪处罚。

9.明知系利用医保骗保购买的药

品而非法收购、销售的，依照刑法第三百一十二条和相关司法解释的规定，以掩饰、隐瞒犯罪所得罪定罪处罚；指使、教唆、授意他人利用医保骗保购买药品，进而非法收购、销售，依照刑法第二百六十六条的规定，以诈骗罪定罪处罚。

利用医保骗保购买药品的行为人是否被追究刑事责任，不影响对非法收购、销售有关药品的行为人定罪处罚。

对第一款规定的主观明知，应当根据药品标志、收购渠道、价格、规模及药品追溯信息等综合认定。具有下列情形之一的，可以认定行为人具有主观明知，但行为人能够说明药品合法来源或作出合理解释的除外：

(1)药品价格明显异于市场价格的；

(2)曾因实施非法收购、销售利用医保骗保购买的药品，受过刑事或行政处罚的；

(3)以非法收购、销售基本医疗保险药品为业的；

(4)长期或多次向不特定交易对象收购、销售基本医疗保险药品的；

(5)利用互联网、邮寄等非接触式渠道多次收购、销售基本医疗保险药品的；

(6)其他足以认定行为人主观明知的。

三、依法惩处医保骗保犯罪

10.依法从严惩处医保骗保犯罪，重点打击幕后组织者、职业骗保人等，对其中具有退赃退赔、认罪认罚等从宽情节的，也要从严把握从宽幅度。

具有下列情形之一的，可以从重处罚：

(1)组织、指挥犯罪团伙骗取医疗保障基金的；

(2)曾因医保骗保犯罪受过刑事追究的；

(3)拒不退赃退赔或者转移财产的；

(4)造成其他严重后果或恶劣社会影响的。

11.办理医保骗保刑事案件，要同步审查洗钱、侵犯公民个人信息等其他犯罪线索，实现全链条依法惩治。要结合常态化开展扫黑除恶斗争，发现、识别医保骗保团伙中可能存在的黑恶势力，深挖医保骗保犯罪背后的腐败和“保护伞”，并坚决依法严惩。

12.对实施医保骗保的行为人是否追究刑事责任，应当综合骗取医疗保障基金的数额、手段、认罪悔罪、退赃退赔等案件具体情节，依法决定。

对于涉案人员众多的，要根据犯罪的事实、犯罪的性质、情节和对于社会的危害程度，以及在共同犯罪中的地位、作用、具体实施的行为区别对待、区别处理。对涉案不深的初犯、偶犯从轻处罚，对认罪认罚的医务人员、患者可以从宽处罚，其中，犯罪情节轻微的，可以依法不起诉或者免除处罚；情节显著轻微、危害不大的，不作为犯罪处理。

13.依法正确适用缓刑，要综合考虑犯罪情节、悔罪表现、再犯罪的危险以及宣告缓刑对所居住社区的影响，依法作出决定。对犯罪集团的首要分子、职业骗保人、曾因医保骗保犯罪受过刑事追究，毁灭、伪造、隐藏证据，拒不退赃退赔或者转移财产逃避责任的，一般不适用缓刑。对宣告缓刑的犯罪分子，根据犯罪情况，可以同时禁止其在缓刑考验期限内从事与医疗保障基金有关的特定活动。

14.依法用足用好财产刑，加大罚金、没收财产力度，提高医保骗保犯罪成本，从经济上严厉制裁犯罪分子。要综合考虑犯罪数额、退赃退赔、认罪认罚等情节决定罚金数额。

四、切实加强证据的收集、审查和判断

15.医保骗保刑事案件链条长、隐蔽深、取证难，公安机关要加强调查取证工作，围绕医保骗保犯罪事实和量刑情节收集固定证据，尤其注重收集和固定处方、病历等原始证据材料及证明实施伪造骗取事实的核心证据材料，深入查明犯罪事实，依法移送起诉。对重大、疑难、复杂和社会影响大、关注度高的案件，必要时可以听取人民检察院的意见。

16.人民检察院要依法履行法律监督职责，强化以证据为核心的指控体系构建，加强对医保骗保刑事案件的提前介入、证据审查、立案监督等工作，积极引导公安机关开展侦查活动，完善证据体系。

17.人民法院要强化医保骗保刑事案件证据的审查、判断，综合运用证据，围绕与定罪量刑有关的事实情节进行审查、认定，确保案件事实清楚，证据确实、充分。认为需要补充证据的，应当依法建议人民检察院补充侦查。

18.医疗保障行政部门在监督检查和调查中收集的物证、书证、视听资料、电子数据等证据材料，经法庭查证属实，且收集程序符合有关法律、行政法规规定的，可以作为定案的根据。

19.办理医保骗保刑事案件，确因证人人数众多等客观条件限制，无法逐一收集证人证言的，可以结合已收集的证人证言，以及经查证属实的银行账户交易记录、第三方支付结算凭证、账户交易记录、审计报告、医保信息系统数据、电子数据等证据，综合认定诈骗数额等犯罪事实。

20.公安机关、人民检察院、人民法院对依法查封、扣押、冻结的涉案财产，应当全面收集、审查证明其来源、性质、用途、权属及价值大小等有关证据，根据查明的事实依法处理。经查明确实与案件无关的，应予返还。

公安机关、人民检察院应当对涉案财产审查甄别。在移送起诉、提起公诉时，应当对涉案财产提出处理意见。

21.对行为人实施医保骗保犯罪所得一切财物，应当依法追缴或者责令退赔。确有证据证明存在依法应当追缴的财产，但无法查明去向，或者价值灭失，或者与其他合法财产混合且不可分割的，可以追缴等值财产或者混合财产中的等值部分。等值财产的追缴数额限于依法查明应当追缴违法所得数额，对已经追缴或者退赔的部分应予扣除。

对于证明前款各种情形的证据，应当及时调取。

22.公安机关、人民检察院、人民法院要把追赃挽损贯穿办理案件全过程和各环节，全力追赃挽损，做到应追尽追。人民法院在执行涉案财物过程中，公安机关、人民检察院及有关职能部门应当配合，切实履行协作义务，综合运用多种手段，做好涉案财物清运、财产变现、资金归集和财产返还等工作，最大程度减少医疗保障基金损失，最大限度维护人民群众利益。

五、建立健全协同配合机制

……

【司法指导文件(11)】

实施“套路贷”行为，以诈骗罪定罪处罚的规定，参见本法分则第五章侵犯财产罪项下【司法指导文件(2)】

第四条，第808页。

【司法指导文件(12)】

实施“碰瓷”行为，以诈骗罪定罪处罚的规定，参见本法分则第五章侵犯财产罪项下【司法指导文件(1)】第一条，第806页。

【司法指导文件(13)】

《最高人民法院研究室关于申付强诈骗案如何认定诈骗数额问题的电话答复》(19910423)

……在具体认定诈骗犯罪数额时，应把案发前已被追回的被骗款额扣除，按最后实际诈骗所得数额计算。但在处罚时，对于这种情况应当作为从重情节予以考虑。

【公安文件(1)】

《公安部关于对伪造学生证及贩卖、使用伪造学生证的行为如何处理问题的批复》(公刑〔2002〕1046号，20020626)

三、对使用伪造的学生证购买半价火车票，数额较大的，应当依照《中华人民共和国刑法》第266条的规定，以诈骗罪立案侦查；尚不够刑事处罚的，应当依照《中华人民共和国治安管理处罚条例》第23条第(一)项[①]的规定以诈骗定性处罚。

【公安文件(2)】

《公安部法制局对〈关于对将已经仪器识别为不中奖的彩票出售的行为如何定性处理的请示〉的答复》(公法〔2000〕83号，20000523)

行为人采用欺骗方法使发行彩票的工作人员回收已被识别为不中奖的彩票，数额较大的，应当依照刑法第二百六十六条的规定，以诈骗罪追究刑事责任；行为人与发行彩票的工作人员共谋，发行彩票的工作人员明知是已被识别为不中奖的彩票而回收并向社会公众出售，且数额较大的，对行为人和发行彩票的工作人员，应当以共同犯罪依照刑法第二百六十六条的规定追究刑事责任；尚不构成犯罪的，依照《治安管理处罚条例》第二十三条[②]的有关规定予以处罚。

【公安文件(3)】

《公安部法制局关于办理赌博违法案件有关法律适用问题的电话答复》(20050905)

一、行为人诱使他人参与赌博，约定由行为人本人直接参赌，他人与其共同承担输赢责任，在行为人故意输给其他参赌人后，要求被诱骗人承担还款责任，骗取钱款数额巨大的，应以诈骗罪追究行为人的刑事责任。

【指导性案例·法院】

〔臧进泉等盗窃、诈骗案，FZD27-2014〕

行为人利用信息网络，诱骗他人点击虚假链接而实际通过预先植入的计算机程序窃取财物构成犯罪的，以盗窃罪定罪处罚；虚构可供交易的商品或者服务，欺骗他人点击付款链接而骗取财物构成犯罪的，以诈骗罪定罪处罚。

---

① 现为2025年修订的治安管理处罚法第五十八条。——编者注

② 现为2025年修订的治安管理处罚法第五十八条。——编者注

【指导性案例 · 检察】

〔董亮等四人诈骗案，JZD38-2017〕

以非法占有为目的，采用自我交易方式，虚构提供服务事实，骗取互联网公司垫付费用及订单补贴，数额较大的行为，应认定为诈骗罪。

【法院案例库参考案例】

〔陈某等诈骗案，2024-04-1-222-007〕骗取他人虚拟货币后变现行为的定性

行为人以非法占有为目的骗取他人虚拟货币，进而变现，符合刑法第二百六十六条规定的，依法以诈骗罪追究刑事责任。

〔郑某等诈骗案，2025-05-1-222-001〕网络平台主播虚构身份、情感经历等情形，使他人产生重大误解，诱使他人背离打赏目的打赏的，依法认定为具有非法占有目的

利用网络主播虚构的身份、职业、情感经历等情形，诱使以恋爱为目的的被害人对主播虚构的性别、已经结婚等情形产生认识错误，给主播打赏或以其他方式给予财物的，应当认定具有非法占有目的；符合刑法第二百六十六条规定的，依照诈骗罪定罪处罚。

〔袁某某等诈骗案，2024-05-1-222-002〕直播平台从业者骗取用户打赏构成诈骗罪

设直播公司，立女主播"人设"，推广人员通过网络交友软件冒充女主播的身份挑选男性用户，在女主播的配合下与男性用户聊天，保持虚假的男女暧昧关系，最终将男性用户引入女主播的直播间观看直播，后虚构人气直播挑战比赛，公司内部人员假冒其他男性用户参与直播间"哄托"比赛气氛，让被害男性用户陷入认识错误而"自愿"充值购买礼物打赏，致使被害人的财产遭受损失，构成诈骗罪。

〔邓某光诈骗案，2023-03-1-222-011〕通过自买自卖虚假交易骗取平台虚拟财产奖励，并在后续虚假交易中以提取货款形式变现，构成诈骗罪

被告人通过实施自买自卖虚假交易等行为，骗取平台可用于折抵货款的虚拟财产奖励，并在后续虚假交易中将所骗虚拟财产用于"支付"货款，最后以提现形式非法占有平台资金，数额较大的，构成诈骗罪。

〔王某、方某民诈骗案，2023-05-1-222-009〕将他人手机号码非法过户后转让获取钱财行为如何定性

1.行为人将不属于自己所有的手机号码以自己的名义卖给他人获取钱财的行为构成诈骗罪。

2.目前移动电话已没有入网费，因此手机号码本身不具有价值，不能成为盗窃罪的对象。行为人利用伪造的身份证将他人手机号码过户至自己名下，但是上述号码实际并未脱离原机主的控制，原机主发现后可以随时到移动营业厅将号码取回，且没有任何障碍，因此行为人对他人手机号码并没有实际取得占有，其行为不构成盗窃罪。

〔孙某、张某等诈骗案，2024-03-1-222-007〕套用绿通车辆牌照偷逃高速公路过路费的行为认定

运输普通货物，采取套用绿通车辆牌照的方式偷逃高速公路过路费，侵害了公路营运方的财产所有权，符合刑法第二百六十六条规定的，以诈骗罪论处。

〔陈某等17人诈骗案，2024-05-1-222-003〕被告人以非法占有为目的，以假扮“炒股高手”等角色恶意诱导及采用反向喊单等多种方式蓄意造成被害人亏损以获取财物的行为构成诈骗罪

被告人陈某等人以非法占有为目的，借助虚假期货交易平台，诱骗被害人投入资金，以假扮“炒股高手”等角色恶意诱导及采用反向喊单等多种方式蓄意造成被害人亏损以获取财物，其行为构成诈骗罪。应按照各被告人诈骗金额、被害人人数、诈骗次数、诈骗手段、情节、危害后果等因素依法进行惩处。

〔毛某、时某诈骗案，2024-05-1-222-004〕伪造劳动合同签名进行“劳动碰瓷”的定性分析

“劳动碰瓷”案件中，被告人在主观上以非法占有二倍工资为目的，在客观上以提起民事诉讼等手段，通过欺骗仲裁委、法院而间接地占有公私财物，系三角诈骗，应以诈骗罪判处。同时符合虚假诉讼构成要件时，属于想象竞合犯，依法择一重罪判处。

〔朱某琴、朱某明诈骗案，2024-05-1-222-007〕虚构办理养老保险费诈骗多人财物的定性

对于行为人明知自己无能力办理一次性补缴职工养老保险费，却对外宣称自己有能力办理，并通过伪造资料为部分被害人交纳数月不等的普通养老保险等方式引诱被害人相信其能力并交付钱款，后又以伪造的养老保险参保缴费凭证等继续欺骗被害人，同时以各种理由搪塞被害人的退款要求的，应以诈骗罪定罪处罚。

〔褚某刚诈骗案，2024-05-1-222-008〕以非法占有为目的虚构办理挂靠单位性质养老统筹的行为构成诈骗罪

行为人以非法占有为目的，虚构其能办理挂靠单位性质养老统筹的事实，多次骗取各被害人钱款，数额巨大，其行为侵犯了被害人财产所有权，构成诈骗罪。

〔李某等诈骗案，2024-05-1-222-005〕盗窃他人医保卡、身份证报销住院医疗费用的行为定性

医保卡往往由银行机构代理发行，除具有传统医保功能外，还具有银行卡存取现金、转账、消费等金融功能，两种功能被分设于相互独立的社保账户和金融账户之中，所以既是医保功能卡又是信用卡。若行为人盗窃他人医保卡、身份证后，冒用持卡人名义使用，隐瞒真相诈骗医疗机构，使之产生错误认识，并基于该错误认识作出同意报销相关医疗费用，且主观上具有非法占有公私财物的目的，符合刑法有关诈骗罪的构成要件，构成诈骗罪。

〔刘某甲、刘某乙、刘某丙诈骗案，2024-04-1-222-005〕医保骗保犯罪集团的处理

1.定点医药机构(医疗机构、药品经营单位)以非法占有为目的，骗取医疗保障基金支出，对组织、策划、实施人员，符合刑法第二百六十六条规定的，以诈骗罪定罪处罚；同时构成其他犯罪的，依照处罚较重的规定定罪处罚。

2.对于医保骗保犯罪，应当重点惩治幕后组织者、职业骗保人等。对于招募人员实施医保骗保犯罪，形成犯罪集团的，对组织、指挥犯罪集团骗取医保基金的首要分子依法从重处罚。

〔刘某甲、刘某乙等诈骗案，2024-02-1-222-001〕申报国家专项补贴资

金过程中伪造申报材料的，是否构成诈骗罪

对于伪造材料申报国家专项补贴资金是否构成诈骗罪，要根据审理查明的事实和证据审慎判断，准确认定被告人是否具备申报专项补贴资金的关键资质，是否具有非法占有的目的，避免只要材料造假即一律入罪。对于申报企业不具备专项资金申报的关键资质，不符合实施补贴资金项目的基本要求和必备条件，通过虚构事实、隐瞒真相骗取国家专项补贴，致使有关部门基于错误认识批准、下拨补贴款项，符合诈骗罪构成要件的，可以依法追究刑事责任。反之，对于申报项目符合国家专项资金政策基本条件，只是在申报过程中存在个别夸大实际的情况，伪造或提供非关键性虚假申报材料的，对行为人一般不宜按诈骗罪定罪处罚。

〔刘某某诈骗案，2023-16-1-222-003〕骗取补贴类诈骗犯罪非法占有目的的认定

衡量骗取补贴类行为是否构成犯罪，应当综合考虑补贴发放的时代背景、政策初衷、发放部门的认知状态和执行标准，以及补贴的目的是否实现等因素。国家支付补贴资金的社会目的是否落空，对准确界定行为人是否具有非法占有目的非常关键，不能简单地以申报条件欠缺或资格有无来确定此类行为是否成立诈骗犯罪。处理此类案件，要尽可能地保持行政确认与司法认定的一致性，保证国家利国利民的政策落到实处。

〔张某甲诈骗、单位行贿、挪用资金再审改判无罪案，2023-16-1-222-001〕虽然存在违规行为，但未实施虚构事实、隐瞒真相以骗取国债技改贴息资金的，不符合诈骗罪的构成要件

在申报项目过程中，虽然存在违规行为，但未实施虚构事实、隐瞒真相以骗取国债技改贴息资金的诈骗行为，并无非法占有国债技改贴息资金的主观故意的，不符合诈骗罪的构成要件。

〔倪某晶等人诈骗案，2024-03-1-222-008〕设局诈赌行为性质的认定

被告人以非法占有为目的，通过设置虚假赌局控制输赢结果，让被害人产生正在参与真实赌博、存在赢钱可能的错误认知，诱骗被害人不断付出赌资，上述设局诈赌行为不具有赌博射幸行为的偶然性特征，而是符合了诈骗罪构成要件，应当按照诈骗罪定罪处罚。

〔史某其诈骗案，2023-05-1-222-003〕利用自己准备的特定赌具控制赌博输赢行为的定性

在赌博型诈骗犯罪中，行为人主观上以非法占有为目的，客观上采用了欺诈的手段弄虚作假，支配、控制赌局的输赢，单方面确定赌博胜败的结果，使被害人基于错误认识，误认为自己运气不佳而“自愿”交付财物给行为人。此种行为属于以赌博之名、行诈骗之实的行为，实质上符合诈骗罪的构成要件。

〔靳某峰诈骗、职务侵占案，2025-05-1-222-002〕对借款不还行为是否构成诈骗罪的审查认定

1.对借款不还行为适用诈骗罪，应当要求行为人主观上以非法占有为目的，且出借人因行为人虚构事实或者隐瞒真相而产生错误认识并出借钱款。对于非法占有目的的认定，应当结合行为人借款时是否掩饰真实身份、是否夸大经济实力、是否虚构借款理由、是否具有还款能力、借款后是否逃匿、是否有还款意愿和还款行为等因素进行综合判断。

2.对于行为人借款后一直有还款行为，且没有逃匿等行为，并积极提供偿债方案，与出借人协商共同成立公司，约定出借人占股比例、公司的盈利优先清偿出借人债务的，难以认定其具有非法占有目的，依法不以诈骗罪论处。

〔丁某君诈骗案，2024-03-1-222-010〕以借用为名非法占有他人财物行为的定性

以借用为名非法占有他人财物行为的定性，应当从行为人采取的主要手段和被害人有无处分财物等方面进行判断。行为人采取欺骗手段使被害人交付财物，在被害人同意行为人携带财物离开现场后，行为人非法占有所涉财物的，依法当以诈骗罪论处。

〔陈某平诈骗案，2024-03-1-222-003〕以借为名实施诈骗的数额认定

被告人在不具有归还能力的情况下，通过虚构事实、虚夸办事能力骗取被害人信任，进而以借为名骗取被害人钱款，可以认定具有非法占有目的，相应款项一并计入诈骗数额。

〔杨某诚等诈骗案，2025-03-1-222-001〕骗取不动产登记后办理抵押贷款行为的性质及犯罪数额的认定

1.行为人伪造材料骗取不动产登记中心信任，将他人房产等不动产登记在本人或指定的其他人名下，实现对房产等不动产的非法占有和控制的，符合诈骗罪的犯罪特征，构成诈骗罪。

2.行为人骗取产权登记后，犯罪已然既遂，犯罪数额应当按照被诈骗房产市场价值计算，之后实施的抵押贷款等处分赃物行为，不影响对犯罪数额的认定。

〔孙某、徐某、周某等诈骗、非法经营案，2024-04-1-222-006〕诈骗人员实际控制受害人资金后未使用的应当认定为犯罪既遂

1.实施诈骗行为后，被害人因错误认识进行了转账等行为，导致被害人的资金实际受到被告人的控制时，即可认定为诈骗罪既遂。即使由于公安机关及时介入，被告人未成功使用其所控制的受害人资金的，不影响犯罪既遂的认定。

2.计算犯罪数额涉及汇率转化的，存在多个适用标准或难以确定标准时，应当按照有利于被告人原则，确定换算结果最低值为犯罪金额。

〔曹某诈骗案，2024-03-1-222-011〕"请托办事型"诈骗中"履约期未满"不影响非法占有目的的认定

在"请托办事型"诈骗案件中，行为人虚构具备实现请托事项的能力，行为人承诺的履约期本质上属于虚构事实的内容，该所谓履约期不影响对其主观上具有非法占有目的的认定，相关款项亦应计入犯罪数额。

〔段某新诈骗案，2024-03-1-222-005〕被告人在诈骗行为完成后、案发前提供还款担保的有效性审查

被告人在诈骗行为完成后、案发前向被害人提供担保人，应当结合担保人签订担保协议是否出于真实意愿、是否具有代为偿付能力等进行综合审查。担保人受威胁签订担保协议，且不具有相应的代为偿付能力，不应认定被告人在案发前提供了有效还款担保，不影响诈骗行为性质和犯罪数额的认定。

〔王某、董某勇诈骗案，2023-03-1-222-009〕伙同债务人骗取他人钱款实现本人不良债权，可认定构成诈骗罪

债权人在债务人无法偿还到期债

务的情况下，伙同债务人以非法占有为目的，向第三方虚构事实，通过骗取第三方资金以实现自身不良债权，向第三方转嫁损失，背离诚信和风险自担原则，侵犯他人财产权，数额较大的，应认定构成诈骗罪。

〔于某文诈骗案，2024-03-1-222-004〕诈骗罪中被告人兼具被害人身份，如何认定共同诈骗犯罪故意

行为人因自身被骗而对相关诈骗手段具有一定认识之后，出于挽回本人损失、非法获利等目的，为他人继续实施诈骗提供帮助，具有共同诈骗的犯罪故意和行为，应对其参与的诈骗犯罪依法追究刑事责任。

〔邝某春诈骗宣告无罪案，2025-05-1-222-003〕被告人没有非法占有目的，虚构事实与被害人处分财物不具有因果关系，不构成诈骗罪

在名为合伙实为民间借贷的资金往来交易关系中，出借人并非因借款人虚构的合伙经营事实陷入错误认识而交付财物的，借款人不构成诈骗罪；构成其他犯罪，按照其他犯罪定罪处罚。

〔姚某涛等诈骗案，2024-18-1-222-003〕诈骗罪与组织、领导传销活动罪的界分

以提供高息回报金融产品、高薪兼职工作等为手段进行诈骗兼具诈骗罪和传销犯罪的特征。对此，应当通过区分被害人主观认识、客观方面以及犯罪集团经营组织模式等方面进行研判。主观方面，被害人交纳会员费是为了获得高薪兼职工作，并非为了加入犯罪集团。客观方面，犯罪集团声称的提供高薪兼职工作并不存在，属于虚构事实的诈骗。从犯罪集团组织模式看，其内部没有形成拉人头式的层级，收入来源就是会员交纳的会员费。对于所涉行为具有非法占有目的，虚构事实骗取财物的，依法以诈骗罪论处。

〔朱某春、李某乐诈骗案，2023-05-1-222-008〕“单方欺诈型”虚假诉讼行为的定罪处罚

1.在“单方欺诈型”虚假诉讼的情况下，因行为人捏造事实而被骗的是人民法院，人民法院在受蒙蔽的情况下处分的是民事被告的财产，遭受损失的是民事被告，受骗人(财产处分人)与被害人并非同一主体，发生了分离。对于这种情况，理论上一般称为“三角诈骗”，可以以诈骗罪论处。

2.“单方欺诈型”虚假诉讼行为发生在刑法修正案(九)施行之前，刑法修正案(九)施行之日尚未处理的，应当适用修正前刑法规定，以诈骗罪定罪处罚。

〔白某来诈骗案，2023-04-1-222-002〕冒充退休人民警察实施诈骗行为的性质认定

公职人员退休后已不再是原单位的工作人员。退休的原国家机关工作人员，不再是国家机关工作人员。退休的人民警察，也不再具有人民警察的身份，也不能被视为人民警察。行为人冒充退休的人民警察，其本人无法直接通过行使执法权力来损害国家机关的权威和公信力。

〔郑某梅诈骗案，2025-04-1-222-001〕案发前已支付的利息应从诈骗犯罪数额中扣减

诈骗犯罪数额是行为人通过实施诈骗行为而实际非法占有的财物数额。行为人在被侦查机关立案前已归还的部分钱款，包括以利息名义给付被害人的钱款，不应计入诈骗数额。

〔张某健诈骗案，2024-03-1-222-002〕诈骗罪中被害人实际损失金额的认定

诈骗罪中认定被害人实际损失金额，应在综合被告人关于还款金额、方式所作辩解、相关书证以及被害人自认还款金额等其他证据，按照供证一致原则认定。

〔丁某功诈骗案，2024-03-1-222-001〕被害人在案发前以借款之名从被告人处挽回的损失，应从诈骗数额中扣除

诈骗罪犯罪数额按照被害人案发前的实际损失计算。被害人在案发前从被告人处挽回的损失金额，不计入诈骗数额。

〔谢某桥诈骗案，2023-05-1-222-001〕诈骗罪中已返还被害人的钱款不纳入诈骗总金额

行为人在被侦查机关立案前已归还的部分钱款不应计入诈骗总金额。

〔任某诈骗案，2024-03-1-222-006〕情侣之间诈骗犯罪数额的认定

被告人与被害人之间系情侣关系，基于双方存在共同生活的事实，被告人将部分款项用于共同生活支出的，对该部分款项缺乏非法占有目的，应当从诈骗数额中予以扣减。

〔许某委诈骗案，2023-03-1-222-005〕被骗财物鉴定价格高于交易价格应如何认定犯罪数额

涉案财物在市场上流通，实际交易价格受供需关系变化、批发或零售等各种因素的影响，呈现出多样性，最终由买卖双方基于意思自治原则进行确定。被告人在实施诈骗犯罪的过程中，与被害人约定的交易价格未违背被害人的真实意思，或存在明显不合理，交易价格属于有效价格证明，在低于鉴定价格的情况下，应将交易价格作为认定被告人犯罪数额的依据。

〔王某洪诈骗案，2024-04-1-222-001〕电信网络诈骗集团主犯诈骗数额的认定

刑法诈骗集团的主犯应当对其参与期间该诈骗集团实施的全部犯罪承担责任，此处的“参与期间”，应从犯罪嫌疑人、被告人着手实施诈骗行为开始计算，“全部犯罪”包括能够查明具体诈骗数额的事实和能够查明发送诈骗信息条数、拨打诈骗电话人次数、诈骗信息网页浏览次数等事实。

〔宋某岩诈骗案，2023-03-1-222-012〕电信网络诈骗犯罪中的诈骗数额认定

为实施犯罪购买作案工具、伪装道具，租用场地、交通工具甚至雇佣他人等诈骗成本不能从诈骗数额中扣除。平台抽成的手续费属于被告人入驻平台并使用平台的费用，属于被告人一方的犯罪直接成本，应当计入诈骗数额；但是，对通过向被害人交付一定金钱，进而骗取其信任并实施诈骗的，所涉数额可以从诈骗数额中予以扣除。

〔张某甲等诈骗案，2024-04-1-222-002〕诈骗罪与关联犯罪的数罪并罚问题

使用非法获取的公民个人信息，实施电信网络诈骗行为，构成数罪的，应当依法予以并罚。

【法院公报案例】

〔登封市人民检察院诉姚国建等人诈骗、伪造国家机关印章案，GB2003-5〕

共同被告人以非法占有为目的，结伙利用其警察身份，趁夜晚到乡村路段，使用假罚款收据私自对过往车辆进行处罚，其行为系以虚构事实、隐瞒真相的方法欺骗财物所有人，使财物所有人产生“他们在履行公务”的错觉后自动将财产交给他们，构成诈骗罪，而非贪污罪。诈骗数额以其收到并着手用于犯罪的那部分假收据为准，其他假收据，系被告实行诈骗犯罪所作的预备，应作为量刑情节予以考虑。

〔四川省泸县人民检察院诉黄艺、袁小军等诈骗案，GB2007-8〕

行为人出于非法占有他人财产的目的，采取虚构事实、隐瞒真相、设置圈套的方法诱使他人参加赌博，并以欺诈手段控制赌局的输赢结果，从而骗取他人财物，数额较大的，构成诈骗罪。

〔上海市虹口区人民检察院诉陈新金、余明觉等诈骗案，GB2012-12〕

出于非法占有他人财物的目的，以虚构“医院、专家、神药”，假冒病患、导医、医生、收费员、药品发放员等身份，骗取被害人财物的行为，应当依照刑法第二百六十六条的规定，以诈骗罪定罪处罚。

〔江苏省扬州市宝应县人民检察院诉刘国义等诈骗案，GB2016-2〕

行为人在明知自己控制的为虚拟现货交易平台，客户注入资金并未真正进入现货交易市场的情况下，通过虚构事实、隐瞒真相的方式骗取客户资金占为己有的，应认定为诈骗罪。

【《刑事审判参考》案例】

〔参考案例第1616号：刘某某被诉诈骗案〕赌石行为是否构成诈骗罪？

直播销售翡翠原石是一种典型的赌石交易。原石交易的特殊性决定了这种交易有别于其他物品的等价交换，且有悠久的历史，从刑法的谦抑性原则看，为了尊重传统的交易习惯，通常不宜使原石交易入罪。

〔参考案例第45号：章杨盗窃案〕窃取并变造已付讫的国库券再骗兑的行为如何定性？

盖有“付讫”章的国库券不再属于有价证券，将盗窃的盖有“付讫”章的国库券变造后再骗兑的行为，构成诈骗罪。

〔参考案例第148号：何起明诈骗案〕抢走财物后哄骗被害人不追赶的行为如何定性？

抢走财物后，在被害人有条件当场夺回财物的情况下，采用欺骗的方法使被害人放弃夺回的行为，构成诈骗罪。

〔参考案例第161号：王庆诈骗案〕骗购电信卡贩卖给他人使用造成电信资费巨大损失的行为如何定性？

骗购电信卡转卖他人使用造成电信资费巨大损失的行为，构成诈骗罪。

〔参考案例第167号：袁鹰、欧阳湘、李巍集资诈骗案〕非法传销过程中携传销款潜逃的行为如何处理？

对于非法传销过程中，携传销款潜逃的行为，应以诈骗罪或者合同诈骗罪定罪量刑。

〔参考案例第185号：刘国芳等诈骗案〕为获取回扣费以虚假身份证件办理入网手续并使用移动电话拨打国际声讯台造成电信资费损失的行为应如何定罪？

为获取回扣费以虚假身份证件办理入网手续并使用移动电话拨打国际声讯台造成电信资费损失的行为，应以诈骗罪论处。

〔参考案例第214号：李品华、潘才庆、潘才军诈骗案〕故意“制造交通

事故”骗取赔偿款的行为如何定性？

行为人故意制造交通事故后，对被害人和公安交警部门隐瞒事故是其故意制造的真相，致使公安交警部门认定被害人承担事故全部责任或部分责任，被害人为此支付赔偿款。尽管诈骗行为是通过第三方(即交警部门)介入，才得以实施完毕，仍然符合诈骗罪的基本构成，应按诈骗罪处理。

〔参考案例第256号：程剑诈骗案〕猜配捡拾存折密码，非法提取他人存款行为如何定性？

猜中他人存折密码，非法提取存款的行为，属于冒用骗取，应以诈骗罪定罪处罚。

〔参考案例第301号：田亚平诈骗案〕银行出纳员用自制的“高额利率定单”，对外虚构单位内部有高额利率存款的事实，将吸存的亲朋好友现金占为己有的行为如何定性？

银行出纳员用自制的“高额利率定单”，对外虚构单位内部有高额利率存款的事实，将吸存的亲朋好友现金占为己有的行为，不构成非法吸收公众存款罪、贪污罪和金融凭证诈骗罪，构成诈骗罪。

〔参考案例第836号：王红柳、黄叶峰诈骗案〕设置圈套或者利用自己准备的特定赌具控制赌博输赢并从中获取钱财的行为，如何定性？赃款如何处理？

1.如果行为人在赌博过程中采取设置圈套或利用特定赌具(如透视扑克牌、特制隐形眼镜)等“作弊”手段控制赌博输赢，赌博成了掩盖事实的手段，该行为本质上符合诈骗的特征，构成诈骗罪。

2.关于这类案件的赃款处理，应区分不同情况：第一种情况，如果被害人本来不具有赌博的意思，而是基于行为人的欺骗而产生赌博意愿，并陷入赌博陷阱，从而被骗钱财的，因被害人不具有通过赌博进行营利的目的，对其合法财产权益应予保护，故对于扣押或者退缴的赃款应当发还被害人，或者责令被告人退赔被害人经济损失。第二种情况，如果被害人本身也是参赌人员，由于其具有通过赌博进行营利的目的，其本身积极参与赌博行为，因此，其所输钱款属于赌资，对于该赌资的处理问题，可以借鉴抢劫赌资案件的处理方法进行处理，对于赌资无须通过行政处罚程序没收，可直接在刑事程序中追缴没收。

〔参考案例第494号：余志华诈骗案〕将租赁来的汽车典当不予退还的行为如何定性？

行为人将租赁来的汽车进行典当，进而非法占有典当款的行为，应按诈骗罪处理。

〔参考案例第650号：张航军等诈骗案〕利用异地刷卡消费反馈时差，要求银行工作人员将款项存入指定贷记卡，当同伙在异地将该贷记卡上的款项刷卡消费完毕，又谎称存款出错，要求撤销该项存款的行为，如何定罪？

利用异地POS机刷卡消费反馈到银行电脑有一至两分钟延迟这一漏洞，故意隐瞒存入贷记卡中的资金已被消费的真相，要求银行工作人员办理冲正业务，进而骗取资金的行为，应认定为诈骗罪。

〔参考案例第819号：曹海平诈骗案〕虚构事实，待店主交付商品后，谎称未带钱，在回家取钱途中趁店主不备溜走的行为，如何定性？

虚构事实，待店主交付商品后，谎称未带钱，在回家取钱途中趁店主不备溜走的行为，构成诈骗罪。

〔参考案例第 820 号：黄某诈骗案〕侵入单位内部未联网的计算机人事系统篡改他人工资账号，非法占有他人工资款的行为，如何定性？

行为人以非法占有为目的，利用熟悉环境的工作便利，侵入单位内部未联网的计算机系统，将公司人事系统进行更改，导致公司财务基于错误认识将本应发给其他员工的工资款汇入行为人银行卡账户内，其行为构成诈骗罪。

〔参考案例第 1049 号：杨丽涛诈骗案〕侵入红十字会计算机信息系统，篡改网页内容发布虚假募捐消息骗取他人财物的行为，如何定罪处罚？

行为人为骗取社会提供的救灾捐款，利用计算机非法入侵红十字会网站，发布虚假募捐消息，并将其本人控制的银行账户设定为虚假募捐账户的行为构成诈骗罪。同时，其行为致使红十字会网站被迫关闭 24 小时以上，影响了该网站的正常运行，也影响了红十字会正常的募捐行为，构成破坏计算机信息系统罪，应当从一重罪处罚。

〔参考案例第 850 号：苗辉诈骗案〕家电销售商虚报冒领国家家电下乡补贴资金的行为应如何定性？

家电销售商以非法占有为目的，虚报冒领国家家电下乡补贴资金的行为，构成诈骗罪。

〔参考案例第 952 号：伍华诈骗案〕受他人委托炒股，私自使用他人证件以委托人名义开立银行新账户，通过证券业务员将原账户股票卖出后将所得款转到新账户并取走的行为如何定性？

受他人委托操作其股票账户进行股票买卖，却私自使用委托人证件以委托人名义开立银行新账户，通过证券业务员卖出委托人账户股票，并将所得款转到新账户后取走的行为，属于“三角诈骗”，构成诈骗罪。

〔参考案例第 1083 号：嵇世勇诈骗案〕假冒国际标准集装箱偷逃高速公路通行费的行为应当如何定性？

行为人为减少企业运输成本，非法利用对于国际标准集装箱运输车辆的优惠政策，购入外表破损的国际标准集装箱装运货物并购买相关单证，偷逃高速公路通行费的行为，构成诈骗罪。

〔参考案例第 1218 号：杨涛诈骗案〕单位职员虚构公司业务、骗取财物的如何定性？

行为人对其所在单位是否构成表见代理并不影响对行为人的定罪，行为人编造虚假公司业务，利用职务身份获取被害人信任，骗取被害人财物的行为，依法应构成诈骗罪。

〔参考案例第 1247 号：李政等诈骗案〕以办理各种学历证书为名非法收取钱财的如何定性？

虚构事实、隐瞒真相，以办理各种学历证书为名，非法收取他人钱财的行为，同时符合非法经营罪和诈骗罪犯罪构成的，出于本质特征和社会效果的考虑，对行为人宜以诈骗罪论处，同时将非法经营罪作为从重处罚情节考虑。

〔参考案例第 649 号：詹群忠等诈骗案〕利用手机群发诈骗短信，后因逃避侦查丢弃银行卡而未取出卡内他人所汇款项，能否认定为诈骗罪的未遂形态？

在短信类诈骗犯罪中的既遂，不仅要求被害人基于错误认识交付财物，而且该财物应为行为人所占有。行为人为逃避侦查丢弃银行卡后，已无法通过银行卡来实现对被害人财物的控制，故应认定犯罪未遂。

〔参考案例第1065号：王先杰诈骗案〕民事纠纷与公权力混合型诈骗案件中的“财产取得”如何认定？

1.被告人在明知无力偿还巨额债务的情况下，意图通过虚构注册公司的事实，骗取他人垫付资金以偿还债务，当其无法实际占有涉案财产时，又假借国家公权力强制执行相应财产，以达到诈骗资金偿还债务的非法目的，其行为已构成诈骗罪(未遂)。

2.在以欺诈手段借助公权力行使骗取财物的案件中，因为公权力介入，涉案财产可能脱离被害人和行为人的占有，处于暂时“悬空”状态，如人民法院基于公权力将涉案财物予以扣押、冻结时，财产已经超出被害人和行为人的占有范畴，在名义上的占有人和私法上的实际占有人之间，又加入了公法上的占有人，且后者权力明显强于前两者权利。此时，作为实际占有人的被害人丧失了对财物的占有，但是失去占有并不意味着损害的发生，也不意味着犯罪的既遂。本案中，法院只是冻结相应款项，涉案财物尚处于国家公权力控制之下，被害人只是暂时失去了处分权，并未实际遭受财产损害。被害人得知款项被冻结后立即报案，相关法院并未将已冻结的款项发放给申请执行人，也未进行其他处理，因此，诈骗行为处于未完成状态，属于因案发等意志以外的因素未完成，系未遂。如果人民法院已将相应款项划拨，无论是发放给申请执行人，抑或是作其他处理，被害人财产损害均已实际发生，行为人的行为即构成诈骗罪的既遂。

〔参考案例第1203号：林在清等人诈骗案〕无明确的犯罪意思联络，但为诈骗犯罪分子提取赃款并获利，是否构成诈骗共犯？

虽然行为人事先与诈骗“上线”未就如何具体实施诈骗犯罪进行预谋，但就其所处的生活环境以及被告人的个人认知水平，其是知道也应当知道诈骗“上线”所实施行为的严重社会危害性已经达到犯罪程度，在诈骗“上线”实施犯罪行为过程中，行为人提供银行卡账户，并协助提取赃款等行为，均是诈骗犯罪不可缺少的重要组成部分，只是在诈骗犯罪中分工不同而已，应当以诈骗共犯论处。

〔参考案例第1363号：张凤江等14人诈骗案〕“套路贷”中的犯罪数额如何认定？

在认定“套路贷”犯罪数额时，应当与民间借贷相区别，从整体上予以否定性评价，“虚高债务”和以“利息”“保证金”“中介费”“服务费”“违约金”等名目被行为人非法占有的财物，均应计入犯罪数额。行为人实际给付的本金数额，不计入犯罪数额。被害人经催讨后无力还款，行为人将债务“平账”至其他团伙，且其他团伙将平账钱款实际支付给行为人的，诈骗既遂金额按照“平账钱款减去借款本金”予以认定。行为人着手实施“套路贷”诈骗行为，但由于意志以外的原因未得逞的，犯罪未遂的金额应当以“虚高借条的数额(或诉讼数额)减去借款本金数额”予以认定。

〔参考案例第1373号：阚莹诈骗案〕如何正确计算诈骗犯罪中的诈骗数额？哪些可以扣除？

诈骗数额认定应当考虑被害人实

际财产损失。在司法实践中，为了诈骗行为的顺利实施，行为人需要一定的投入。如该种投入是以被害人之外的第三方为支出对象，因对被害人损失没有任何弥补，故不应从犯罪金额中扣除；如该种投入直接以被害人为支付对象，考虑到其对受损的法律关系有所弥补，在特定情形下从犯罪金额中扣除。具体而言，即对于案发前行为人向被害人归还的财物，以及在诈骗过程中行为人向被害人交付或者支付的有利用可能性的财物，可以从犯罪数额中予以核减。

〔参考案例第1421号：何上候等人诈骗案〕利用传销性质组织实施网络交友诈骗的犯罪数额如何认定？

各被告人的行为均属于集团犯罪的一部分，各被告人均直接实施对被害人的诈骗行为，可以将集团犯罪数额作为认定各被告人的犯罪数额。由于不同被告人加入集团的时间不同，故应以各被告人加入集团的时间作为起算点，分别计算各被告人加入集团后集团总的犯罪数额。对于中途退出的普通集团成员，原则上犯罪数额计算至其退出时点，因为后续集团的犯罪与其参与行为无刑法上的因果关系。对于中途退出的集团骨干成员，因为骨干成员的参与行为，其危害后果能够继续延伸，故除非其采取措施尽力消除其行为对犯罪集团的影响和作用，如及时向公安机关报警等，否则犯罪数额不计算至其退出时点。

同时，为解决个别成员参与时间较短、犯罪数额畸高的问题，在司法实践中应注意两点：第一，对于参与时间明显较短的，可以认为其产生犯罪的主观故意尚未形成，一般不认定为犯罪；第二，对于未直接实施诈骗(如"公司"行政人员)，或直接实施诈骗数额较小、行为较少的参与人员，应当认定为从犯，对其从轻、减轻或者免除处罚。

〔参考案例第1635号：叶某甲、叶某乙等诈骗案〕诈骗数额未达数额巨大的标准，但已接近该标准且以诈骗老年人为主时，可否认定为诈骗罪中的"有其他严重情节"？

诈骗数额接近数额巨大标准且以诈骗老年人为主的，可认定为"有其他严重情节"。

〔参考案例第162号：李志远招摇撞骗、诈骗案〕冒充国家机关工作人员骗取财物的同时又骗取其他非法利益的如何定罪处罚？

行为人冒充国家机关工作人员，多次骗取他人财物，并骗得他人与其同居，其行为既符合诈骗罪的犯罪构成(骗取他人财物)，又符合招摇撞骗罪的犯罪构成(骗取他人财物之外的利益)，属于法条竞合，应选择适用法定刑较重的法条。

〔参考案例第1264号：吴剑、张加路、刘凯诈骗案〕如何区分诈骗罪与合同诈骗罪？

区分诈骗罪与合同诈骗罪应当注意两点：(1)不能简单以有无合同为标准来区分合同诈骗罪与诈骗罪。合同诈骗罪的"合同"是指被行为人利用，以骗取他人财物、扰乱市场秩序的合同。它是刑法意义上的合同，是以财产为内容的、体现了合同当事人之间财产关系的财产合同。因此，有关身份关系的合同、行政合同以及不能反映为经济活动的赠与合同、代理合同等，一般不能认定为合同诈骗罪中的"合同"。(2)不能简单以"签订合同＋骗取财物"

为标准来判断合同诈骗罪。合同诈骗罪的本质是被害人基于合同陷入错误认识而交付财物，对于只是利用合同形式，但被害人之所以陷入错误认识并非主要基于合同的签订、履行，而是合同以外的因素使其陷入错误认识而交付财物的，应认定为诈骗罪。

〔参考案例第1372号：黄金章诈骗案〕如何区分诈骗犯罪与民事欺诈行为？

1.司法实践中，对诈骗罪和民事欺诈准确区分，一般应从欺骗内容、欺骗程度和欺骗结果三个方面予以界分：首先是欺骗内容。民事欺诈是个别事实或者局部事实的欺骗，诈骗犯罪则是整体事实或者全部事实的欺骗。其次是欺骗程度。如果行为人采用的欺骗手段达到了使他人产生错误认识并处分财物的程度，构成诈骗罪；如果行为人虽然采用欺骗手段，但并没有达到使他人无对价交付财物的程度，则可能只构成民事欺诈。最后是欺骗结果，也可以从主观上理解为非法占有目的。民事欺诈行为中，当事人主观上也有谋取不正当利益的目的，但这种利益是通过民事行为，如通过履行合同而实现合同利益；诈骗犯罪则是以非法占有为目的，行为人谋取的不是民事行为的对价利益，而是对方当事人的财物，即使行为人有表面上的履约行为，也只是掩人耳目或者迷惑对方的行为，是为了犯罪的顺利实施而付出的犯罪成本。

2.实践中诈骗犯罪中非法占有目的的推定，可以综合考虑、审查分析以下几个要素：要看行为人主体身份是否真实，行为实施对象是陌生人群还是熟悉的人甚至是朋友、亲戚；要审查行为人在行为当时有无履约能力，有无归还能力；要审查行为人有无采取诈骗的行为手段，有无实施虚构事实、隐瞒真相的行为；要审查行为人有无履约的实际行动，有无积极准备做相应工作；要审查行为人未履约的原因，是因为意外事件、行为人过失等原因造成不能履约，还是根本不想去履约；要审查行为人的履约态度是否积极，是否按时、按计划履行合约；要审查行为人对财物的主要处置形式，如有无肆意挥霍、有无使用资金进行违法犯罪活动；要审查行为人的事后态度是否积极，如有无抽逃、转移资金、隐匿财产，以逃避返还资金，有无在获取资金后逃跑行为。

〔参考案例第1572号：何某忠诈骗案〕以部分虚构的事实提起民事诉讼的应如何定性？

1.民事诉讼欺诈行为若成立诈骗罪需具备两个要件：一是必须以捏造的事实提起民事诉讼；二是具有非法占有他人财产的主观故意。

2.民事诉讼欺诈行为若成立虚假诉讼罪需具备以下条件：一是以捏造的事实提起民事诉讼；二是妨害司法秩序或者严重侵害他人合法权益。

3.民事诉讼实践中，当事人对虚构事实、隐瞒真相的情形往往是明知的，如果不加区分一律认定为诈骗罪，那么绝大多数的民事二审、再审改判案件中，在诉讼中实施欺诈行为的一方当事人都可能构成诈骗罪；即使当事人起诉后又撤诉，也可能构成诈骗罪的中止或者未遂，如此将导致诈骗罪认定泛滥，影响正常的社会秩序。根据刑法谦抑性原则，“有救济无刑法”，即能通过民事、行政诉讼途径解决的，宜归为民事欺诈行为在民事、行政领域予以解决。

〔参考案例第1319号：倪劲锋诈骗

案〕疫情防控期间，利用微信实施诈骗犯罪的行为如何定罪量刑？**

疫情防控期间，利用微信销售口罩实施撒网式诈骗犯罪的，应当依法从严惩处。具体要求是：(1)电信网络诈骗突破了传统犯罪空间范畴，大多属于跨区域犯罪，地域化特征相对淡化，故不宜由各省、自治区、直辖市结合本地区经济社会发展状况，而应根据《最高人民法院、最高人民检察院、公安部关于办理电信网络诈骗等刑事案件适用法律若干问题的意见》的规定明确本地区执行的具体数额标准。(2)在基准刑及宣告刑的确定上应依法从严。(3)应严格控制缓刑的适用。

〔参考案例第1320号：王郊诈骗案〕针对特定人通过电信网络联系实施的诈骗犯罪是否属于电信网络诈骗犯罪？

1.不宜将凡经电话、网络联络的诈骗犯罪均认定为电信网络诈骗犯罪。行为人针对知悉其真实身份的特定人实施的诈骗犯罪，即使利用了电信、网络工具，亦不宜认定为电信网络诈骗犯罪。

2.对于借助电信网络实施的诈骗犯罪，当被害人数量众多时，一般较易区分电信网络诈骗与普通诈骗。而当被害人较少时，则应综合在案因素进行判断：(1)行为人是否向不特定人员发布了虚假信息，包括主动发布以及在别人询问时对众人发布。行为人在即时通信群组中发布虚假信息，实施“钓鱼型”诈骗，该通信群组中的相对不特定人员即为诈骗信息受众，此类行为构成犯罪的，宜认定为电信网络诈骗。(2)行为人未发布虚假信息的，是不是向不特定人员实施犯罪。行为人通过电话、网络等手段实施远程“背靠背”式诈骗，双方不接触、不明身份，是电信网络诈骗区别于传统诈骗的标准之一。对此要调查核实行为人与被害人是否相识，或被害人是否知悉行为人的真实身份。(3)对于行为人利用其掌握的公民个人信息通过电话、网络实施“精准诈骗”的，需调查核实其获取公民个人信息的目的，以及获取公民个人信息的手段。行为人有目的地获取具有某类共同特征的公民个人信息后，据此“量身定做”诈骗剧本并实施；或通过购买等手段获取批量公民个人信息后，依照诈骗剧本实施的，此时诈骗受众在一定范围内仍具有不特定性，仍属于电信网络诈骗。

〔参考案例第1573号：宋某岩诈骗案〕通过直播平台实施电信网络诈骗行为如何认定、犯罪数额如何计算？

主播提供了直播服务，并通过点赞、私信、评论等方式吸引用户到直播间观看直播、打赏等，此阶段行为并不属于诈骗犯罪的范畴。但之后被告人将直播平台作为精准选取目标客户的工具，进一步接触目标用户并添加微信，通过承诺恋爱关系、线下见面发生性关系等方式要求被害人通过直播平台进行打赏，此时被害人支付钱款已经脱离了“通过直播获取精神享受而进行打赏”的范畴，是基于对被告人一方承诺“进一步发展”而给付财物，实际上与被害人直接联系的并非主播本人而是公司男性运营人员，在被害人打赏到达一定数额款项后，被告人方敷衍、推脱见面甚至直接拉黑，此阶段属于较为典型的婚恋诈骗行为，达到一定数额标准的，构成诈骗犯罪。被告人提现被害人打赏钱款而被直播平台抽成的手续费应当纳入诈骗犯罪数额。

第二百六十七条 【抢夺罪】抢夺公私财物，数额较大的，或者多次抢夺的，处三年以下有期徒刑、拘役或者管制，并处或者单处罚金；数额巨大或者有其他严重情节的，处三年以上十年以下有期徒刑，并处罚金；数额特别巨大或者有其他特别严重情节的，处十年以上有期徒刑或者无期徒刑，并处罚金或者没收财产。

【抢劫罪】携带凶器抢夺的，依照本法第二百六十三条的规定定罪处罚。

【修正前条文】

第二百六十七条 【抢夺罪】抢夺公私财物，数额较大的，处三年以下有期徒刑、拘役或者管制，并处或者单处罚金；数额巨大或者有其他严重情节的，处三年以上十年以下有期徒刑，并处罚金；数额特别巨大或者有其他特别严重情节的，处十年以上有期徒刑或者无期徒刑，并处罚金或者没收财产。

【抢劫罪】携带凶器抢夺的，依照本法第二百六十三条的规定定罪处罚。

【修正说明】

刑法修正案(九)第二十条在原条文第一款中增加规定“多次抢夺的”构成抢夺罪，处三年以下有期徒刑、拘役或者管制，并处或者单处罚金。

【立法·要点注释】

抢夺罪与抢劫罪的区别，在于行为人夺取财物过程中是否对被害人采取暴力、胁迫或者其他强制方法，危及被害人人身安全。当然，行为人也会在“夺”走公私财物时使用一定的力量，有时产生危及被害人安全的情形，如由于被害人毫无防备，可能被拽倒摔伤，甚至致死；犯罪分子逃离现场时，也可能将他人撞倒摔伤，甚至致死。这些情况不是犯罪分子针对被害人人身故意使用暴力所致，不能以抢劫罪论处，但可以作为情节严重或者情节特别严重的情节予以考虑。

【司法解释(1)】

《最高人民法院、最高人民检察院关于办理抢夺刑事案件适用法律若干问题的解释》(法释〔2013〕25号，20131118)

第一条 抢夺公私财物价值一千元至三千元以上、三万元至八万元以上、二十万元至四十万元以上的，应当分别认定为刑法第二百六十七条规定的“数额较大”“数额巨大”“数额特别巨大”。

各省、自治区、直辖市高级人民法院、人民检察院可以根据本地区经济发展状况，并考虑社会治安状况，在前款规定的数额幅度内，确定本地区执行的具体数额标准，报最高人民法院、最高人民检察院批准。

第二条 抢夺公私财物，具有下列情形之一的，“数额较大”的标准按照前条规定标准的百分之五十确定：

(一)曾因抢劫、抢夺或者聚众哄抢受过刑事处罚的；

(二)一年内曾因抢夺或者哄抢受过行政处罚的；

（三）一年内抢夺三次以上的；[1]

（四）驾驶机动车、非机动车抢夺的；

（五）组织、控制未成年人抢夺的；

（六）抢夺老年人、未成年人、孕妇、携带婴幼儿的人、残疾人、丧失劳动能力人的财物的；

（七）在医院抢夺病人或者其亲友财物的；

（八）抢夺救灾、抢险、防汛、优抚、扶贫、移民、救济款物的；

（九）自然灾害、事故灾害、社会安全事件等突发事件期间，在事件发生地抢夺的；

（十）导致他人轻伤或者精神失常等严重后果的。

第三条　抢夺公私财物，具有下列情形之一的，应当认定为刑法第二百六十七条规定的“其他严重情节”：

（一）导致他人重伤的；

（二）导致他人自杀的；

（三）具有本解释第二条第三项至第十项规定的情形之一，数额达到本解释第一条规定的“数额巨大”百分之五十的。

第四条　抢夺公私财物，具有下列情形之一的，应当认定为刑法第二百六十七条规定的“其他特别严重情节”：

（一）导致他人死亡的；

（二）具有本解释第二条第三项至第十项规定的情形之一，数额达到本解释第一条规定的“数额特别巨大”百分之五十的。

第五条　抢夺公私财物数额较大，但未造成他人轻伤以上伤害，行为人系初犯，认罪、悔罪，退赃、退赔，且具有下列情形之一的，可以认定为犯罪情节轻微，不起诉或者免予刑事处罚；必要时，由有关部门依法予以行政处罚：

（一）具有法定从宽处罚情节的；

（二）没有参与分赃或者获赃较少，且不是主犯的；

（三）被害人谅解的；

（四）其他情节轻微、危害不大的。

第六条　驾驶机动车、非机动车夺取他人财物，具有下列情形之一的，应当以抢劫罪定罪处罚：

（一）夺取他人财物时因被害人不放手而强行夺取的；

（二）驾驶车辆逼挤、撞击或者强行逼倒他人夺取财物的；

（三）明知会致人伤亡仍然强行夺取并放任造成财物持有人轻伤以上后果的。

第七条　本解释公布施行后，《最高人民法院关于审理抢夺刑事案件具体应用法律若干问题的解释》（法释〔2002〕18号）同时废止；之前发布的司法解释和规范性文件与本解释不一致的，以本解释为准。

【司法解释(2)】

《最高人民法院关于审理抢劫案件具体应用法律若干问题的解释》（法释〔2000〕35号，20001128）

第六条　刑法第二百六十七条第二款规定的“携带凶器抢夺”，是指行为人随身携带枪支、爆炸物、管制刀具等国家禁止个人携带的器械进行抢夺或者为了实施犯罪而携带其他器械进行抢夺的行为。

---

[1] 刑法修正案（九）第二十条将“多次抢夺”增加规定为犯罪后，本项规定自动失效。——编者注

【司法解释(3)】

参见本法第二百六十四条项下【司法解释(3)】,第837—838页。

【司法指导文件(1)】

《最高人民法院、最高人民检察院关于常见犯罪的量刑指导意见(试行)》(法发〔2021〕21号,20210701)

(十三)抢夺罪

1.构成抢夺罪的,根据下列情形在相应的幅度内确定量刑起点:

(1)达到数额较大起点或者二年内三次抢夺的,在一年以下有期徒刑、拘役幅度内确定量刑起点。

(2)达到数额巨大起点或者有其他严重情节的,在三年至五年有期徒刑幅度内确定量刑起点。

(3)达到数额特别巨大起点或者有其他特别严重情节的,在十年至十二年有期徒刑幅度内确定量刑起点。依法应当判处无期徒刑的除外。

2.在量刑起点的基础上,根据抢夺数额、次数等其他影响犯罪构成的犯罪事实增加刑罚量,确定基准刑。

多次抢夺,数额达到较大以上的,以抢夺数额确定量刑起点,抢夺次数可以作为调节基准刑的量刑情节;数额未达到较大的,以抢夺次数确定量刑起点,超过三次的次数作为增加刑罚量的事实。

3.构成抢夺罪的,根据抢夺的数额、次数、手段、危害后果等犯罪情节,综合考虑被告人缴纳罚金的能力,决定罚金数额。

4.构成抢夺罪的,综合考虑抢夺的起因、数额、手段、次数、危害后果、退赃退赔等犯罪事实、量刑情节,以及被告人的主观恶性、人身危险性、认罪悔罪表现等因素,决定缓刑的适用。

【司法指导文件(2)】

《最高人民法院关于审理抢劫、抢夺刑事案件适用法律若干问题的意见》(法发〔2005〕8号,20050608)

四、关于"携带凶器抢夺"的认定

《抢劫解释》第六条规定,"携带凶器抢夺",是指行为人随身携带枪支、爆炸物、管制刀具等国家禁止个人携带的器械进行抢夺或者为了实施犯罪而携带其他器械进行抢夺的行为。行为人随身携带国家禁止个人携带的器械以外的其他器械抢夺,但有证据证明该器械确实不是为了实施犯罪准备的,不以抢劫罪定罪;行为人将随身携带凶器有意加以显示、能为被害人察觉到的,直接适用刑法第二百六十三条的规定定罪处罚;行为人携带凶器抢夺后,在逃跑过程中为窝藏赃物、抗拒抓捕或者毁灭罪证而当场使用暴力或者以暴力相威胁的,适用刑法第二百六十七条第二款的规定定罪处罚。

【司法指导文件(3)】

实施"碰瓷"行为,以抢夺罪定罪处罚的规定,参见本法分则第五章侵犯财产罪项下【司法指导文件(1)】第四条,第806页。

【司法指导文件(4)】

抢夺毒品构成抢夺罪的规定,参见本法分则第六章妨害社会管理秩序罪第七节走私、贩卖、运输、制造毒品罪项下【司法指导文件(1)】关于其他涉毒行为罪名的认定部分,第1235页。

【法院案例库参考案例】

〔郭某周故意伤害、抢夺案，2023-02-1-179-014〕实施故意伤害行为，被害人逃离后，行为人临时起意取走被害人遗留在现场的财物，如何定性

行为人实施故意伤害犯罪行为致被害人逃离后，在其暴力行为已告中断的情况下又临时起意，利用被害人来不及夺回的情形，公然夺取被害人遗留在现场的财物的，应以故意伤害罪和抢夺罪数罪并罚。

【《刑事审判参考》案例】

〔参考案例第203号：亢红昌抢劫案〕无故殴打他人后临时起意乘机夺财的行为应如何定罪？

被告人伙同他人酒后滋事，无故殴打行人后见财起意，趁被害人被打倒不备之机，公然夺取被害人的手机后逃跑。如果被告人殴打被害人并非夺取财物的手段，且事先并无劫财故意，则临时起意夺走被害人财物的行为应认定为抢夺罪。

〔参考案例第868号：李培峰抢劫、抢夺案〕“加霸王油”的行为如何定性？

在汽车加油过程中，趁加油站工作人员不备，驾车逃跑，构成抢夺罪。逃跑时，因碰撞、加速等行为导致阻拦人员受伤的，按抢劫罪定罪处罚。

〔参考案例第931号：李丽波抢夺案〕抢夺本人因质押而被第三人保管的财物，如何定性？

行为人公然开走自己所有，但已依法质押给他人并处于保管站合法监管状态下的汽车，由于该车占有权已从所有权人经质权人转移到了保管站，其强行开走该汽车的行为构成抢夺罪。

第二百六十八条 【聚众哄抢罪】聚众哄抢公私财物，数额较大或者有其他严重情节的，对首要分子和积极参加的，处三年以下有期徒刑、拘役或者管制，并处罚金；数额巨大或者有其他特别严重情节的，处三年以上十年以下有期徒刑，并处罚金。

【立法·要点注释】

一般情况下，参与人数众多、哄抢重要物资、社会影响大、哄抢次数多、造成公私财产损失较大、造成人员重伤或死亡的，均属于本条规定的“其他严重情节”“其他特别严重情节”需要考虑的因素。

第二百六十九条 【抢劫罪】犯盗窃、诈骗、抢夺罪，为窝藏赃物、抗拒抓捕或者毁灭罪证而当场使用暴力或者以暴力相威胁的，依照本法第二百六十三条的规定定罪处罚。

【立法·要点注释】

1.关于“窝藏赃物、抗拒抓捕或者毁灭罪证”。“窝藏赃物”，是指转移、隐匿盗窃、诈骗、抢夺所得到的公私财物的行为。“抗拒抓捕”，是指犯罪分子抗拒司法机关依法对其采取的抓捕措施，以及在犯罪时或者犯罪后被及时发现，抗拒群众将其扭送到司法机关的行为。“毁灭罪证”，是指犯罪分子为逃避罪责，消灭作案现场遗留的痕迹、物品以及销毁可以证明其罪行的各种证据。

2.关于“当场使用暴力或者以暴力相威胁”。“当场”一般是指实施盗窃、诈骗、抢夺犯罪行为的作案现场。如果犯罪分子在逃离现场时被发现，在受到追捕或者围堵的情况下使用暴力的，也应视为当场使用暴力。如果犯罪分子作案时没有被及时发现，而是在其他时间、地点被发现，在抓捕过程中行凶拒捕或者在事后为掩盖罪行杀人灭口的，不适用本条规定。“使用暴力或者以暴力相威胁”，是指犯罪分子对他人故意实施撞击、殴打、伤害等危及人体健康和生命安全的行为或者以立即实施这些行为相威胁。对于以摆脱的方式逃脱抓捕，暴力强度较小，未造成轻伤以上后果的，可不认定为“使用暴力”，不以抢劫罪论处。

【司法解释】

《最高人民法院关于审理未成年人刑事案件具体应用法律若干问题的解释》(法释〔2006〕1号，20060123)

第十条　已满十四周岁不满十六周岁的人盗窃、诈骗、抢夺他人财物，为窝藏赃物、抗拒抓捕或者毁灭罪证，当场使用暴力，故意伤害致人重伤或者死亡，或者故意杀人的，应当分别以故意伤害罪或者故意杀人罪定罪处罚。

已满十六周岁不满十八周岁的人犯盗窃、诈骗、抢夺罪，为窝藏赃物、抗拒抓捕或者毁灭罪证而当场使用暴力或者以暴力相威胁的，应当依照刑法第二百六十九条的规定定罪处罚；情节轻微的，可不以抢劫罪定罪处罚。

【司法指导文件(1)】

《最高人民法院关于审理抢劫、抢夺刑事案件适用法律若干问题的意见》(法发〔2005〕8号，20050608)

五、关于转化抢劫的认定

行为人实施盗窃、诈骗、抢夺行为，未达到“数额较大”，为窝藏赃物、抗拒抓捕或者毁灭罪证当场使用暴力或者以暴力相威胁，情节较轻、危害不大的，一般不以犯罪论处；但具有下列情节之一的，可依照刑法第二百六十九条的规定，以抢劫罪定罪处罚：

(1)盗窃、诈骗、抢夺接近“数额较大”标准的；

(2)入户或在公共交通工具上盗窃、诈骗、抢夺后在户外或交通工具外实施上述行为的；

(3)使用暴力致人轻微伤以上后果的；

(4)使用凶器或以凶器相威胁的；

(5)具有其他严重情节的。

【司法指导文件(2)】

《最高人民法院关于审理抢劫刑事案件适用法律若干问题的指导意见》(法发〔2016〕2号，20160106)

三、关于转化型抢劫犯罪的认定

根据刑法第二百六十九条的规定，“犯盗窃、诈骗、抢夺罪，为窝藏赃物、抗拒抓捕或者毁灭罪证而当场使用暴力或者以暴力相威胁的”，依照抢劫罪定罪处罚。“犯盗窃、诈骗、抢夺罪”，主要是指行为人已经着手实施盗窃、诈骗、抢夺行为，一般不考察盗窃、诈骗、抢夺行为是否既遂。但是所涉财物数额明显低于“数额较大”的标准，又不具有《两抢意见》第五条所列五种情节之一的，不构成抢劫罪。“当场”是指在盗窃、诈骗、抢夺的现场以及行为人刚离开现场即被他人发现并抓捕的情形。

对于以摆脱的方式逃脱抓捕，暴力强度较小，未造成轻伤以上后果的，可不认定为“使用暴力”，不以抢劫罪论处。

入户或者在公共交通工具上盗窃、诈骗、抢夺后，为了窝藏赃物、抗拒抓捕或者毁灭罪证，在户内或者公共交通工具上当场使用暴力或者以暴力相威胁的，构成“入户抢劫”或者“在公共交通工具上抢劫”。

两人以上共同实施盗窃、诈骗、抢夺犯罪，其中部分行为人为窝藏赃物、抗拒抓捕或者毁灭罪证而当场使用暴力或者以暴力相威胁的，对于其余行为人是否以抢劫罪共犯论处，主要看其对实施暴力或者以暴力相威胁的行为人是否形成共同犯意、提供帮助。基于一定意思联络，对实施暴力或者以暴力相威胁的行为人提供帮助或实际成为帮凶的，可以抢劫共犯论处。

【司法指导文件(2)·注释】

1.关于转化型抢劫是否存在未遂的情况。转化型抢劫罪是一种独立的犯罪形态，作为法律拟制的转化犯，其犯罪构成要件不同于一般抢劫罪，并不存在因犯罪分子意志以外的原因而未得逞的情形，只要发生转化即应为既遂。《两抢意见》第十条关于“既未劫取财物，又未造成他人人身伤害后果的属抢劫未遂”的规定，只适用于认定一般抢劫犯罪的既未遂，并不适用于认定转化型抢劫的既未遂。

2.关于如何正确区分“使用暴力、以暴力相威胁”和“以摆脱的方式逃脱抓捕”。本指导意见规定，对于以摆脱方式逃脱抓捕，暴力强度较小，未造成轻伤以上后果的，可不认定为“使用暴力”，不以抢劫罪论处。对“摆脱”的认识，要注重以下三个方面：一是行为人只是想逃脱抓捕，而未主动抗拒抓捕，这两者之间是有区别的；二是行为人逃脱抓捕的方式只是被动地实施摆脱行为，并未主动采取暴力行为；三是摆脱的方式，一般情况下对抓捕人的人身损害不大。

3.关于共同犯罪转化案件中的主从犯认定问题。转化的前提是有共同的转化意愿并实施了共同转化的行为。共同盗窃、诈骗、抢夺的意愿是转化型抢劫的前提条件和必要条件，但不是充分条件。是否转化，不能仅仅考察行为人是否都有共同盗窃、诈骗、抢夺的故意，还必须考察是否有共同转化的故意。例如，以盗窃为宗旨的犯罪集团进行盗窃时，主犯明确要求不要实施暴力行为，但是在盗窃过程中，部分行为人单独为窝藏赃物、抗拒逮捕或者毁灭罪证而当场使用暴力或者以暴力相威胁，那么该实施暴力的犯罪人就属于转化型抢劫，而主犯仍按盗窃罪定罪；在盗窃前，主犯事先就预谋，如果被发现就想尽一切办法逃脱，那么部分行为人实施暴力而窝藏赃物、抗拒逮捕或者毁灭罪证，在这种情况下，主犯也应当按照转化型犯罪处罚。其他共同犯罪也如此，不以其前行为即盗窃、诈骗、抢夺行为中的地位、作用决定主从犯是否转化为抢劫犯罪的标准，而完全应当依照其在转化的客观行为即“当场实施暴力或者以暴力相威胁”中是否有共同的犯意和共同的行为来决定。也就是说，在共同犯罪的转化犯中，前行为主犯的“暴力或者以暴力相威胁”行为引起犯罪转化的，对该主犯以转化型抢劫论，前行为从犯、胁从犯不是必然随前行为主犯的犯罪转化而转化。如果是前行为的从犯、胁从犯的“暴力或者以暴力相威胁”行为引起犯罪转化，则对该从犯、胁从犯以转化型抢劫论处，但前行为的主犯未必随前行为从犯的犯罪转化而转化。前行为的各共同犯罪分子之间，无论其在盗窃、诈骗、抢夺犯罪行为中是主犯还是从犯，只能确定其首先在盗窃、诈骗、抢夺罪的范围内成立共同犯罪，但是否一律转化为抢劫犯罪，标准和界线只有一个，即对实施暴力或者以暴力相威胁的行为人是否形成共同犯意、提供帮助。

4.关于转化型抢劫的法律适用问题。司法实践中，有的法院对转化型抢劫在适用法律条文时直接适用刑法第二百六十三条，而不是先援引第二百六十九条，然后适用第二百六十三条。这实际上是对转化型抢劫的性质认识不充分的体现。裁判文书在论述犯罪构成时应当对转化过程进行论述。如入户盗窃转化为入户抢劫的，不宜直接认定为入户抢劫，应先论证行为人入户盗窃的行为，然后论述行为人为窝藏赃物、抗拒抓捕或者毁灭罪证而当场使用暴力或者以暴力相威胁，因而应当依照抢劫罪定罪处罚。因使用暴力或者以暴力相威胁的行为发生在户内，因而构成“入户抢劫”。在适用法条上，应当先援引第二百六十九条，然后适用第二百六十三条。

【法院案例库参考案例】

〔武某军盗窃案，2024-05-1-221-003〕盗窃被发现后使用轻微暴力摆脱抓捕，未造成轻伤以上后果的，其行为可不认定为转化型抢劫

对于入户盗窃后被发现，以摆脱的方式逃脱抓捕，暴力程度较小，未造成轻伤以上后果的，可不认定为“暴力”，不以转化型抢劫罪论处。

〔李某、宋某增抢劫、盗窃案，2024-05-1-220-003〕携带凶器连续盗窃后暴力拒捕的罪数认定

携带凶器连续盗窃后暴力拒捕，若第一次盗窃行为已呈终局状态、独立构成犯罪，且与后续实施的暴力行为联系不紧密，即不符合转化型抢劫的“当场性”特征，应当以盗窃罪与抢劫罪数罪并罚。

【《刑事审判参考》案例】

〔参考案例第777号：王伟华抢劫案〕已满十四周岁不满十六周岁的未成年人，能否成为转化型抢劫罪的犯罪主体？

已满十四周岁不满十六周岁的未成年人，依法对盗窃罪不负刑事责任，因此不具备转化型抢劫罪的基础，不能成为转化型抢劫罪的犯罪主体。对于行为人未达完全刑事责任年龄的情况，判决主文应表述为被告人不负刑事责任。

〔参考案例第1246号：王艳峰抢劫案〕如何界定刑法第二百六十九条规定的“犯盗窃、诈骗、抢夺罪”的范围？犯信用卡诈骗罪，为抗拒抓捕而当场使用暴力的，可否转化为抢劫罪？

1.就盗窃、诈骗、抢夺罪而言，除刑法分则第五章规定的三个普通罪名外，还有诸多散见于各章节的特殊罪名，如盗伐林木罪、盗掘古墓葬罪、合同诈骗罪、金融诈骗犯罪、战时掠夺居民财物罪等。将这类犯罪归入刑法第二百六十九条规定的转化型抢劫的前提犯罪，并不违反罪刑法定原则。因此，犯信用卡诈骗罪，为抗拒抓捕而当场使用暴力的，可以构成抢劫罪。

2.转化型抢劫中的“犯盗窃、诈骗、

抢夺罪”应具有侵犯财产犯罪的属性，对于主要侵犯公共安全、社会管理秩序等其他客体的盗窃、诈骗、抢夺行为，如刑法第二百八十条规定的盗窃、抢夺国家机关公文、证件、印章罪，一般不宜作为转化型抢劫的前提犯罪。

〔参考案例第300号：贺喜民抢劫案〕转化型抢劫罪之“当场”使用暴力，应当如何理解和把握？

在判断行为人的有关行为是否具有“当场”性时，应综合考虑暴力、威胁行为与先前的盗窃、诈骗、抢夺行为在时间、场所上的连接性、事实上的关联性等多种因素。具体地说，在犯盗窃等罪的现场使用暴力或者以暴力相威胁的，固然应当认定符合转化型抢劫罪的“当场”要件；但即便是已离开犯盗窃等罪的现场，只要其后的暴力或以暴力相威胁行为是在相隔短暂的时空范围内实施的，只要一般的社会观念认为行为人先前的盗窃等行为在该时空范围内仍处于继续状态，则也应认定行为人的行为符合转化型抢劫罪的“当场”要件。

〔参考案例第1201号：李智豪抢劫案〕抢夺车辆后逃离，被对方GPS追踪并在距离案发地十多公里处拦截，为抗拒抓捕而持枪威胁的，是否属于转化抢劫中的“当场”使用暴力或者以暴力相威胁？

转化型抢劫的“当场”，是指盗窃、诈骗、抢夺罪的现场，在现场或者刚一离开现场就被人及时发觉而立即追捕的过程中，也可视为现场的延伸。根据有关刑法理论及司法实践，准确理解“当场”，应当综合考虑以下三个方面：时空的接续性、先后行为的关联性、追捕事态的继续性。因此，只要被告人始终处于追捕人视线范围之内(GPS定位也可以视为在视线范围内)，追捕行为一直处于持续状态(哪怕中间有短暂的中断，也不影响整体连续性)，截获地点就可以作为案发地点的“延伸”，并被视为“当场”。

〔参考案例第1186号：尹林军、任文军盗窃案〕盗窃后为抗拒抓捕实施暴力程度不明显的摆脱行为，能否认定为“转化型抢劫”？

转化型抢劫与抢劫虽然认定性质相同，但行为人的主观恶性和行为动机毕竟不同，行为人最初目的是盗窃、诈骗、抢夺，为抗拒抓捕、窝藏赃物或者毁灭罪证才使用暴力或者以暴力相威胁，因此对其暴力程度应当有所限制，应以被害人不敢抓捕或者不能抓捕为限。如果行为人不具有伤害意图，只是为摆脱和逃跑而推推搡搡，没有造成轻伤以上后果的，则可不认定使用暴力，不以抢劫罪定罪处罚。

〔参考案例第1634号：杨某盗窃案〕盗窃过程中被发现，采取的胁迫方式不足以压制被害人反抗的，不宜认定为转化型抢劫

转化型抢劫罪的暴力、胁迫应达到使被害人“不能反抗、不敢反抗、不知反抗”的程度。

〔参考案例第321号：穆文军抢劫案〕盗窃未遂为抗拒抓捕而当场使用暴力能否构成抢劫罪？

成立转化型抢劫罪的前提条件是实施盗窃、诈骗、抢夺行为，因此，只要行为人在实施盗窃行为过程中，为窝藏赃物、抗拒抓捕或者毁灭罪证而当场使用暴力或者以暴力相威胁的，就应当以抢劫罪定罪处罚，盗窃是否既遂不影响抢劫罪的成立。

〔参考案例第581号：龚文彬等抢劫、贩卖毒品案〕诈骗未得逞后以暴力手段取得财物的如何定性？

在诈骗过程中，受害人当场发现不愿交付财物，行为人采用威胁手段直接劫取财物的，应当直接认定为抢劫罪，而非转化型抢劫。

〔参考案例第660号：刘兴明等抢劫、盗窃案〕盗窃后持枪抗拒抓捕的行为能否认定为“持枪抢劫”？

实施盗窃后持枪抗拒抓捕的行为应当认定为“持枪抢劫”。

〔参考案例第244号：张某某抢劫、李某盗窃案〕盗窃共同犯罪中部分共犯因为抗拒抓捕，当场实施暴力转化为抢劫罪，其他共犯是否随之转化？

由盗窃罪转化为抢劫罪的特征是先窃取财物，后使用暴力，要认定各个盗窃共犯的行为是否转化为抢劫罪，关键看行为人在窃取财物后是否当场使用暴力，或者以暴力相威胁。其中，对部分没有当场使用暴力，或者以暴力相威胁的行为人，要看其是否同意其他共犯当场使用暴力或者以暴力相威胁(如是否有共同故意或共同行为)。如果是，其行为就由盗窃转化为抢劫；反之，其行为不发生转化，仅负盗窃罪的刑事责任。

〔参考案例第740号：陈万学抢劫、刘永等人盗窃案〕共同盗窃犯罪中转化型抢劫罪如何认定？

在共同盗窃过程中，个别或部分人因实施暴力、威胁行为转化为抢劫罪的，其他参加盗窃者并不必然转化为抢劫罪，是否对其他参与作案的人均按抢劫罪定罪处罚，需要考察各行为人之间的共谋内容，其他人对临时发生的暴力、威胁行为的态度等情况来具体分析判断。

1.各行为人共谋作案时遇抓捕可采取暴力、威胁手段的情形。即各行为人事先明确约定，在盗窃、诈骗、抢夺过程中，如遇到抓捕，将采取暴力、威胁手段予以抗拒；或者各行为人事先虽无明确约定，但均明知有人携带了匕首、砍刀、棍棒等犯罪工具，做好了两手准备，各人对遇到抓捕时将采取暴力、威胁手段抗拒的可能性均心知肚明。在此情况下，各行为人事先在主观上已经达成一致认识，如遇他人抓捕或被害人反抗，将相互帮助或联手反击。故当实际发生某人为抗拒抓捕而当场使用暴力或以暴力相威胁的情形时，则所有参与作案的人均转化为抢劫罪。这是典型的共同转化犯罪。

2.事先没有预谋采取暴力、威胁手段，个别行为人在犯罪过程中采取暴力、威胁手段，其他行为人事后才获悉的，不宜认定为抢劫罪的共犯。

3.各行为人事先仅约定实施盗窃、诈骗、抢夺犯罪，未约定遇抓捕是否反抗，但作案中其他人发现个别人采取了暴力、威胁手段的情形。对此，需要根据其他人在发现有人采取暴力、胁迫手段时的表现来认定。如果其他人发现有人采取暴力、威胁手段抗拒抓捕后，均当场实施暴力、威胁行为的，则其他人也均转化为抢劫罪。如果其他人没有参与实施暴力、威胁行为的，有必要进一步区分以下三种情形来判断：(1)其他人发现个别人采取暴力、威胁手段抗拒抓捕后，仍停留在现场继续参与盗窃、诈骗或抢夺的，尽管其他人并没有实施暴力、威胁行为，但其行为表明其原有的盗窃犯意已经发生了改变，彼此之间形成了新的抢劫犯意，在这种情形下继续在现场实施犯罪的人均应一体转化为抢劫罪。(2)其他人在发现个别人采取暴力、威胁手段后，当场明确作出反对的意思表示或阻止过限行为发生危害结果。这种情况下，应认定采取暴力、威胁手段的人属于实行过限，对其他反对或者阻止者不应以抢劫罪的共同犯罪论处。(3)其他人发现个别人采取了暴力、威胁手段抗拒抓捕后，未予制止便逃离现场的，表明其他人主观上对个别人的过限行为并未给予追加认同，客观上对实行过限行为人亦未产生精神支持或鼓励，故对逃离现场的人仍应以先前的盗窃、诈骗、抢夺罪定罪处罚，而不能认定为转化型抢劫罪。

〔参考案例第 1187 号：翟光强等抢劫案〕先行为人实施盗窃行为，为抗拒抓捕当场使用暴力，后行为人加入犯罪的行为如何定性？

行为人实施盗窃时被被害人发现后，持斧子与其打斗，但当场被抓，同伙逃跑后又纠集他人暴力劫夺行为人，造成被害人死亡，同伙们的后续行为与先前的转化抢劫犯罪行为是一个连续的整体，故行为人与其同伙均构成抢劫罪，且属于事前无通谋的共同犯罪。

〔参考案例第 1222 号：秦电志故意杀人、故意伤害、放火、抢劫、盗窃案〕行为人在施暴过程中临时起意抢劫被害人财物，之后又将被害人刺伤的行为如何定罪量刑？

在施暴过程中临时起意劫取财物的，该暴力行为应评价为抢劫罪的胁迫行为。抢劫既遂后，又实施的故意伤害行为，应另行定故意伤害罪，并以抢劫罪、故意伤害罪实行并罚。

第二百七十条　【侵占罪】将代为保管的他人财物非法占为己有，数额较大，拒不退还的，处二年以下有期徒刑、拘役或者罚金；数额巨大或者有其他严重情节的，处二年以上五年以下有期徒刑，并处罚金。

将他人的遗忘物或者埋藏物非法占为己有，数额较大，拒不交出的，依照前款的规定处罚。

本条罪，告诉的才处理。

【立法 · 要点注释】

1.“保管”，主要是指基于委托合同关系，或者是根据事实上的管理，以及因习惯而成立的委托、信任关系所拥有的对他人财物的持有、管理权利。这种保管必须是合法的，如果不是合法的保管，而是使用盗窃、抢夺、诈骗、敲诈勒索等手段占有他人财物，则不构成本罪。

2.“遗忘物”，是指由于财产所有人、占有人的疏忽，遗忘在某处的物品。实践中，遗忘物和遗失物是有区别的，遗忘物一般是指被害人明确知道自己遗忘在某处的物品。而遗失物则是失主丢失的物品，对于拾得遗失物未交还失主的不得按本罪处理。

3.“埋藏物”，是指所有权不明的埋藏于地下的财物。遗忘物的所有权属于遗忘该财物的公民个人或单位。埋藏物依法属于国家所有。

【法院案例库参考案例】

〔沙某芳侵占案，2023-06-1-225-001〕“借名存款”中名义存款人通过挂失将账户内数额巨大资金占为己有行为的定性

名义存款人在侵占他人财物之前，已通过代为保管的方式实际持有或控制他人财物，后通过挂失方式将数额巨大的涉案资金占为己有，且拒不退还的，其行为符合侵占罪的构成要件，依法以侵占罪定罪处罚。

〔曹某洋侵占案，2023-04-1-225-001〕借出银行卡后不愿意继续出借，进而通过挂失方式取走卡内资金行为的定性

侵占罪的客观方面表现为将代为保管的他人财物非法占为己有，拒不退还的行为。借出银行卡后，不愿意继续出借遂将银行卡挂失并冻结卡内资金，实际系对存款人资金的持有，构成“代为保管”他人资金。存款人与行为人协商未成，行为人补办新卡并将所涉资金转入的，则实际具备“拒不退还”的要件，根据刑法第二百七十条的规定，以侵占罪论处。

【《刑事审判参考》案例】

〔参考案例第318号：张建忠侵占案〕雇员利用职务之便将个体工商户财产非法占为己有的行为应如何定性？

个体工商户雇员不属于职务侵占罪主体，如果其将代为保管的户主财产占为己有，数额较大，拒不退还的，构成侵占罪。

〔参考案例第583号：杨飞侵占案〕如何认定加工承揽合同导致的侵占罪中的“代为保管他人财物”？

1.在侵占罪中，典型意义上的代为保管关系，产生于保管合同之中，此外，加工承揽合同、委托合同、租赁合同、使用借贷合同、担保合同等众多的合同关系均可能存在代为保管关系。

2.加工承揽合同有两种情形：一种是加工的原材料由承揽人自己选用；另一种是由定作人提供。在第一种情形下，定作人不负责提供原材料，承揽人先行支付购买材料费用，对自己选用的材料享有所有权，对于利用该材料加工完成的工作成果，若承揽人不将其交付给定作人，不成立侵占罪，只构成民事上的违约。在第二种情形下，即定作人提供原材料的情形下，原材料被交付给承揽人之后并未发生所有权转移，承揽人只是暂时地享有占有、支配、按照合同目的使用原材料的权利。在履行合同时，承揽人负有返还利用原材料加工完毕的工作成果的义务，此时原材料就处于代为保管的状态，拒不返还便属于侵占。

第二百七十一条　【职务侵占罪】公司、企业或者其他单位的工作人员，利用职务上的便利，将本单位财物非法占为己有，数额较大的，处三年以下有期徒刑或者拘役，并处罚金；数额巨大的，处三年以上十年以下有期徒刑，并处罚金；数额特别巨大的，处十年以上有期徒刑或者无期徒刑，并处罚金。

【贪污罪】国有公司、企业或者其他国有单位中从事公务的人员和国有公司、企业或者其他国有单位委派到非国有公司、企业以及其他单位从事公务的人员有前款行为的，依照本法第三百八十二条、第三百八十三条的规定定罪处罚。

【修正前条文】

第二百七十一条　【职务侵占罪】公司、企业或者其他单位的人员，利用职务上的便利，将本单位财物非法占为己有，数额较大的，处五年以下有期徒刑或者拘役；数额巨大的，处五年以上有期徒刑，可以并处没收财产。

【贪污罪】国有公司、企业或者其他国有单位中从事公务的人员和国有公司、企业或者其他国有单位委派到非国有公司、企业以及其他单位从事公务的人员有前款行为的，依照本法第三百八十二条、第三百八十三条的规定定罪处罚。

【修正说明】

刑法修正案(十一)第二十九条对原条文作出下述修改：一是调整了法定刑，将原条文的两档法定刑调整为三档法定刑；二是相应调整了罚金刑，对三档法定刑的财产刑均修改为“并处罚金”的规定。

【立案追诉标准】

《最高人民检察院、公安部关于公安机关管辖的刑事案件立案追诉标准的规定(二)》(公通字〔2022〕12号，20220515)

第七十六条　〔职务侵占案(刑法第二百七十一条第一款)〕公司、企业或者其他单位的人员，利用职务上的便利，将本单位财物非法占为己有，数额在三万元以上的，应予立案追诉。

【司法解释(1)】

《最高人民法院关于村民小组组长利用职务便利非法占有公共财物行为如何定性问题的批复》(法释〔1999〕12号，19990703)

对村民小组组长利用职务上的便利，将村民小组集体财产非法占为己有，数额较大的行为，应当依照刑法第二百七十一条第一款的规定，以职务侵占罪定罪处罚。

【司法解释(1)·注释】

本解释只是针对村民小组组长。他们中有的可能是村委会成员，但批复明确指出，本解释只适用于村民小组组长利用职务便利实施的犯罪行为，而不是利用村委会成员的职务便利。村委会成员利用职务上的便利，将本单位财物占为己有的行为如何处理的问题，可根据2000年4月29日《全国人民代表大会常务委员会关于〈中华人民共和国刑法〉第九十三条第二款的解释》认定。

【司法解释(2)】

《最高人民法院关于审理贪污、职务侵占案件如何认定共同犯罪几个问题的解释》(法释〔2000〕15号，20000708)

第一条　行为人与国家工作人员勾结，利用国家工作人员的职务便利，共同侵吞、窃取、骗取或者以其他手段非法占有公共财物的，以贪污罪共犯论处。

第二条　行为人与公司、企业或者其他单位的人员勾结，利用公司、企业或者其他单位人员的职务便利，共同将该单位财物非法占为己有，数额较大的，以职务侵占罪共犯论处。

第三条　公司、企业或者其他单位中，不具有国家工作人员身份的人与国家工作人员勾结，分别利用各自的职务便利，共同将本单位财物非法占为己有的，按照主犯的犯罪性质定罪。

【司法解释(3)】

《最高人民法院关于在国有资本控股、参股的股份有限公司中从事管理

工作的人员利用职务便利非法占有本公司财物如何定罪问题的批复》(法释〔2001〕17号,20010526)

在国有资本控股、参股的股份有限公司中从事管理工作的人员,除受国家机关、国有公司、企业、事业单位委派从事公务的以外,不属于国家工作人员。对其利用职务上的便利,将本单位财物非法占为己有,数额较大的,应当依照刑法第二百七十一条第一款的规定,以职务侵占罪定罪处罚。

【司法解释(4)】

《最高人民法院、最高人民检察院关于办理贪污贿赂刑事案件适用法律若干问题的解释》(法释〔2016〕9号,20160418)

第十一条第一款　刑法第一百六十三条规定的非国家工作人员受贿罪、第二百七十一条规定的职务侵占罪中的"数额较大""数额巨大"的数额起点,按照本解释关于受贿罪、贪污罪相对应的数额标准规定的二倍、五倍执行。[①]

【司法指导文件(1)】

《最高人民法院、最高人民检察院关于常见犯罪的量刑指导意见(试行)》(法发〔2021〕21号,20210701)

(十四)职务侵占罪

1.构成职务侵占罪的,根据下列情形在相应的幅度内确定量刑起点:

(1)达到数额较大起点的,在一年以下有期徒刑、拘役幅度内确定量刑起点。

(2)达到数额巨大起点的,在三年至四年有期徒刑幅度内确定量刑起点。

(3)达到数额特别巨大起点的,在十年至十一年有期徒刑幅度内确定量刑起点。依法应当判处无期徒刑的除外。

2.在量刑起点的基础上,根据职务侵占数额等其他影响犯罪构成的犯罪事实增加刑罚量,确定基准刑。

3.构成职务侵占罪的,根据职务侵占的数额、危害后果等犯罪情节,综合考虑被告人缴纳罚金的能力,决定罚金数额。

4.构成职务侵占罪的,综合考虑职务侵占的数额、手段、危害后果、退赃退赔等犯罪事实、量刑情节,以及被告人的主观恶性、人身危险性、认罪悔罪表现等因素,决定缓刑的适用。

【司法指导文件(2)】

《最高人民法院研究室关于对通过虚假验资骗取工商营业执照的"三无"企业能否成为职务侵占罪客体问题征求意见的复函》(法研〔2008〕79号,20080617)

……是否具有法人资格是私营、独资等公司、企业、事业单位成为我国刑法中"单位"的关键。行为人通过虚假验资骗取工商营业执照成立的企业,即使为"三无"企业,只要该企业具有法人资格,并且不是为进行违法犯罪活动而设立的公司、企业、事业单位,或者公司、企业、事业单位设立后,不是以实施犯罪为主要活动的,应当视为刑法中的"单位",能够成为刑法第二百七

---

① 对于该款规定的适用,需结合刑法修正案(十一)第二十九条修正的刑法第二百七十一条以及本条项下【立案追诉标准】第七十六条的规定综合考虑。——编者注

十一条第一款规定的“公司、企业或者其他单位”。这些单位中的人员，利用职务上的便利，将单位财物非法占为已有，数额较大的，构成职务侵占罪。

【司法指导文件(3)】

《最高人民法院研究室关于个人独资企业员工能否成为职务侵占罪主体问题的复函》(法研〔2011〕20号，20110215)

刑法第二百七十一条第一款规定中的“单位”，包括“个人独资企业”。主要理由是：刑法第三十条规定的单位犯罪的“单位”与刑法第二百七十一条第一款职务侵占罪的单位概念不尽一致，前者是指作为犯罪主体应当追究刑事责任的“单位”，后者是指财产被侵害需要刑法保护的“单位”，责任追究针对的是该“单位”中的个人。有关司法解释之所以规定，不具有法人资格的独资企业不能成为单位犯罪的主体，主要是考虑此类企业因无独立财产、个人与企业行为的界限难以区分；不具备独立承担刑事责任的能力。刑法第二百七十一条第一款立法的目的基于保护单位财产，惩处单位内工作人员利用职务便利，侵占单位财产的行为，因此该款规定中的“单位”应当也包括独资企业。

【公安文件(1)】

《公安部经济犯罪侦查局关于对非法占有他人股权是否构成职务侵占罪的工作意见》(20050624)

对于公司股东之间或者被委托人利用职务便利，非法占有公司股东股权的行为，如果能够认定行为人主观上具有非法占有他人财物的目的，则可对其利用职务便利，非法占有公司管理中的股东股权的行为以职务侵占罪论处。

【公安文件(2)】

《公安部经济犯罪侦查局关于宗教活动场所工作人员能否构成职务侵占或挪用资金犯罪主体的批复》(公经〔2004〕643号，20040430)

根据《宗教活动场所管理条例》[①](国务院第145号令)等有关规定，宗教活动场所属于刑法第271条和第272条所规定的“其他单位”的范围。宗教活动场所的财产属于公共财产或信教公民共有财产，受法律保护，任何组织和个人不得侵占、哄抢、私分和非法处分宗教团体、宗教活动场所的合法财产。宗教活动场所的管理人员利用职务之便，侵占或挪用宗教活动场所公共财产的，可以构成职务侵占罪或挪用资金罪。

【公安文件(3)】

《公安部经济犯罪侦查局关于对居民小组下设生产队认定问题的批复》(公经〔2007〕938号，20070429)

根据罪刑法定原则，不宜将《最高人民法院关于村民小组组长利用职务便利非法占有公共财物行为如何定性问题的批复》(1999年6月25日)类推适用于“居民小组”以及其下设的生产队。在法律、法规以及司法解释没有明确规定的情况下，不宜将“居民小组”

① 该条例已被2005年3月1日施行的《宗教事务条例》所废止。《宗教事务条例》后于2017年8月26日修订，2018年2月1日施行。——编者注

以及其下设的生产队认定为刑法意义上的“其他单位”。

【公安文件(4)】

《公安部经济犯罪侦查局关于对周××等人涉嫌职务侵占案法律适用问题的批复》(公经商贸〔2010〕259号，20101026)

根据《刑法》第92条、第271条规定和参照最高人民法院研究室《关于对通过虚假验资骗取工商营业执照的“三无”企业能否成为职务侵占罪客体问题征求意见的复函》(法研〔2008〕79号)，××有限公司各股东以及对所属子公司的实际出资情况与公司有关人员是否涉嫌职务侵占罪无关。

【公安文件(5)】

《公安部经济犯罪侦查局关于范×涉嫌职务侵占案犯罪主体问题的批复》(公经〔2012〕898号，20121026)

范×利用其担任业主委员会主任的职务，将小区警卫室用房对外出租后所得租金占为已有，属于职务侵占犯罪行为。

【法院案例库参考案例】

〔饶某职务侵占案，2025-05-1-226-001〕通过正常商业谈判提高商品售价后，向本公司隐瞒与客户之间的真实价格，并以差额资金套取公司商品行为的定性

销售人员通过正常商业谈判方式向买方提高商品售价后对公司隐瞒真实交易价格，利用价格差侵吞本公司商品，数额较大的，依法以职务侵占罪论处。

〔程某权职务侵占案，2025-05-1-226-002〕预先核准名称但未正式登记成立的“公司”属于职务侵占罪中的“其他单位”

对于预先核准名称的“公司”，虽未正式登记成立，但具有独立财产、能够以组织名义独立从事经营活动，应当认定为刑法第二百七十一条所规定的“其他单位”。

〔关某某、赵某职务侵占案，2024-05-1-226-008〕将个人银行卡提供给单位使用后，通过挂失方式取走卡内资金行为的定性

持卡人与银行系存款债权债务关系。银行对持卡人与使用人是否为同一人没有实质审查义务。单位将钱款存入行为人名下的银行卡，实际赋予了行为人为单位利益管理该银行卡、保管卡内钱款的职权。行为人以非法占有为目的，利用其保管银行卡内钱款的便利，通过挂失、补卡等行为将单位钱款取出自用，系利用职务上的便利将本单位财物非法占为已有，符合刑法第二百七十一条规定的，以职务侵占罪论处。

〔冯某某职务侵占案，2024-05-1-226-007〕职务侵占罪中犯罪金额的认定

职务侵占罪的犯罪金额应当以行为人实际侵占单位财物的金额作为犯罪金额，依法不扣除为完成犯罪支付的成本。

〔郭某、王某职务侵占案，2024-04-1-226-001〕利用职务便利截留私募基金财产归个人所有的构成职务侵占罪

对于私募基金工作人员利用职务便利截留私募基金财产的案件，应当区分为投资人利益开展的正常投资与为个人利益实施的不正当交易，以准确认定是否构成职务侵占罪。利用职务便利,截留本属于私募基金的利润归个人所有,系侵占私募基金管理人代为管理的资金,符合刑法第二百七十一条规定的,以职务侵占罪论处。

〔谭某浩等职务侵占、掩饰、隐瞒犯罪所得案,2024-03-1-226-003〕劳务挂靠中利用被挂靠公司任命职务便利私自变卖施工材料的行为认定

被告人挂靠建筑劳务公司承揽劳务工程,接受被挂靠公司的职务任命,以被挂靠公司名义从工程发包方处领取施工所需材料,期间以非法占有为目将领用的部分施工材料私自变卖的,应以职务侵占罪定罪处罚。

〔王某某职务侵占案,2023-05-1-226-007〕一人公司的法定代表人能否构成职务侵占罪

在实际股东仅有法定代表人一人、其个人财产与公司财产混同的情况下,主观上难以认定具有非法占有的故意,客观上并未侵犯其他挂名股东的权益,故形成财产混同的相应数额不应计算在职务侵占的数额内,应从犯罪数额中扣除。

〔王某甲、王某乙职务侵占案,2024-05-1-226-003〕拆迁过程中村干部侵吞公共财物行为的定性

在土地征收、旧村改造等过程中出现村干部以权谋私、"侵吞公款"的情况时,对村干部行为的定性应当着重考量行为人行为的时间节点。实施犯罪行为时,若协助政府管理土地征用补偿费用等工作已经完成时,其便不属于"其他依法从事公务的人员",实施犯罪利用的是村干部管理村集体事务的职务便利,此时共同私分村集体财产的,应以职务侵占罪处罚。需要说明的是,基于村干部也可能成为"其他从事公务人员",以权谋私的行为也可能成为贪污罪,对此要仔细辨别行为时间节点、职权属性、涉案财产性质、占有目的等,区分是否涉及特定公务,综合评价行为构成贪污罪还是职务侵占罪。

【法院公报案例】

〔上海市长宁区人民检察院诉李江职务侵占案,GB2009-8〕

根据刑法第二百七十一条的规定,职务侵占罪是指公司、企业或者其他单位的人员,利用职务上的便利,将本单位数额较大的财物非法占为己有的行为。所谓"利用职务上的便利",是指行为人在实施犯罪时,利用自身的职权,或者利用自身因执行职务而获取的主管、管理、经手本单位财物的便利条件。

普通货物运输的承运人不仅负有将货物安全及时地送达目的地的职责,同时对该货物负有直接保管的义务。货运驾驶员在运输途中,利用其运输、保管货物的职务便利窃取货物的行为,构成职务侵占罪。

【《刑事审判参考》案例】

〔参考案例第235号:于庆伟职务侵占案〕〔参考案例第452号:贺豫松职务侵占案〕单位的临时工能否构成职务侵占罪?

刑法第二百七十一条第一款中的"公司、企业或者其他单位的人员",一般包括正式职工、合同工和临时工三种成分。是否构成职务侵占罪,关键在于这些人员非法占有单位财物(包括单位管理、使用、运输中的其他公私财产)是否利用了职务上的便利,而不是行为人在单位的“身份”。因此，即使是临时工，只要利用了单位赋予的主管、管理或经手本单位财物的权力，都可以成为职务侵占罪的主体。

〔参考案例第516号：刘宏职务侵占案〕用工合同到期后没有续签合同的情况下，原单位工作人员是否符合职务侵占罪的主体要件？

1.用工合同到期后没有续签合同的情况下，原单位工作人员仍在实际行使管理职责，符合职务侵占罪的主体要件。

2.实践中，主管、管理、经手单位财物的通常不是一人，出于相互制约、相互监督的需要，单位财物的支配权、处置权及管理权往往由两人或两人以上共同行使。这种情况下，行为人对单位财物的管理权限仍及于职责范围的全部，其管理权能以及因该管理权所产生的便利亦不因有其他共同管理人而受到影响，其单独利用其管理职务便利窃取本单位财物的行为不影响“利用职务上的便利”的认定。

〔参考案例第213号：董佳、岑炯等伪造有价票证、职务侵占案〕行为人利用职务之便，以假充真侵占门票收入款的行为如何定性？

行为人利用职务便利，将假票冒充真票出售给游客，对持假观光券的游客予以放行，进而将售卖假观光券的票款收入占为己有，其行为构成职务侵占罪。

〔参考案例第247号：林通职务侵占案〕名义职务与实际职务不一致的应当如何判断是否利用了职务之便？

当名义职务与实际职务范围不一致时，应以实际职务范围为标准，判断行为人是否利用了职务之便。

〔参考案例第461号：王一辉等职务侵占案〕利用职务便利盗卖单位游戏“武器装备”的行为如何定性？

行为人系某网络公司游戏项目管理中心运维部经理，负责对服务器、游戏软件进行维护和游戏环境内容更新。行为人通过修改游戏数据，创造游戏“武器、装备”，贩卖给游戏玩家牟利的行为，属于利用职务之便侵占单位财产，应当认定为职务侵占罪。

〔参考案例第872号：曹建亮等职务侵占案〕村干部侵吞土地补偿费的如何定性？

1.村民委员会等村基层组织人员利用职务便利非法占有土地征用补偿费用以贪污罪论处，必须符合以下条件：一是该人员系村基层组织人员；二是系在从事公务，即协助人民政府进行特定行政管理工作；三是利用职务便利侵吞了公共财产。如果村干部并非在协助人民政府对土地征收补偿费用进行管理，此时，村干部并不具有从事协助政府进行行政管理的职权，并非从事公务，这个阶段即使侵吞了土地征收补偿费用，也应以职务侵占罪而非贪污罪论处。

2.土地征用补偿费用本质上是土地所有权由集体所有转为国家所有的利益补偿，一旦被征用方的损失依法得到填补，所有权转移的法律效果便已实现，针对土地征用补偿费进行管理的国家公权力的行使即告终止。协助人民政府从事“土地征用补偿费用的管理”的公务，应当限于协助政府核准、测算以及向因土地征用受损方发放补偿费用的环节。一旦补偿到位，来源于政府的补偿费用就转变为因出让集体土地所有权和个人土地使用权而获得的集体财产和个人财产，之后对该款项的处理属于村自治事务和个人财产处置。

此时，村干部的协助政府管理土地征用补偿费用的公务职责也就相应终结。

〔参考案例第1137号：谭世豪职务侵占案〕单位员工利用本单位业务合作方的收费系统漏洞，制造代收业务费用结算金额减少的假象，截留本单位受托收取的业务合作方现金费用的行为，应当如何定性？

司法实践中，对单位职工将本单位财物占为已有的行为如何定性，要视单位性质、行为人的身份、犯罪手段、涉案财物属性等因素综合判定。本案中，美霖公司与中国电信广州公司存在合作关系，受中国电信广州公司委托代收客户电信费用，行为人在美霖公司具体负责该项工作。行为人利用中国电信广州公司的MBOSS CRM收费系统漏洞，通过虚构客户错缴电信费及滞纳金的事实进行“返销账”操作，向收费系统申请退费后又重新缴纳电信费，将该收费系统在处理上述操作中自动返还的客户原缴纳的滞纳金冲抵其应代表美霖公司通过银行上交给中国电信广州公司的其他客户缴纳的电信费用现金，其行为构成职务侵占罪。

〔参考案例第1440号：韩枫职务侵占案〕在行使职权存在监督制约关系的案件中，如何判断行为人侵占单位财产的行为是否利用职务上的便利？

主要考虑两个方面：一是行为人是否具有主管、管理、经手本单位财物的职务权限。二是行为人是否利用了主管、管理、经手本单位财物的职务上的便利。实践中，单位财物的管理权、处置权有时由两人或者两人以上共同行使，这就导致行为人为顺利非法占有本单位财物，不仅需要利用自己职务上的便利，还需要借助其他工作人员职务上的便利。行为人在犯罪过程中可能会实施多种行为，有时利用其自身职务上的便利，有时利用其熟悉作案环境等工作上的便利，甚至有的行为与职务上的便利并无关系。在这种情况下，从刑法因果关系的角度分析，应根据行为人职务上的便利对其完成犯罪所起作用的大小来确定罪名，如果职务上的便利对整个犯罪的完成起到不可或缺的作用，则构成职务侵占罪。

〔参考案例第1499号：王海英职务侵占案〕利用职务便利侵占股东股份或股权并利用所侵占的股份进一步侵占公司财产的行为是否构成职务侵占罪？

职务侵占罪的犯罪对象必须是公司财产，而股东股权属于个人的财产性权益，故公司人员利用职务便利侵占股东股权的行为通常不构成职务侵占罪，但是，如果其利用所侵占的股权进一步侵占公司财产，或者侵占公司所持有或代为管理的股权的，可以成立职务侵占罪。

第二百七十二条　【挪用资金罪】公司、企业或者其他单位的工作人员，利用职务上的便利，挪用本单位资金归个人使用或者借贷给他人，数额较大、超过三个月未还的，或者虽未超过三个月，但数额较大、进行营利活动的，或者进行非法活动的，处三年以下有期徒刑或者拘役；挪用本单位资金数额巨大的，处三年以上七年以下有期徒刑；数额特别巨大的，处七年以上有期徒刑。

【挪用公款罪】国有公司、企业或者其他国有单位中从事公务的人员和国有公司、企业或者其他国

有单位委派到非国有公司、企业以及其他单位从事公务的人员有前款行为的，依照本法第三百八十四条的规定定罪处罚。

有第一款行为，在提起公诉前将挪用的资金退还的，可以从轻或者减轻处罚。其中，犯罪较轻的，可以减轻或者免除处罚。

【修正前条文】

第二百七十二条　【挪用资金罪】公司、企业或者其他单位的工作人员，利用职务上的便利，挪用本单位资金归个人使用或者借贷给他人，数额较大、超过三个月未还的，或者虽未超过三个月，但数额较大、进行营利活动的，或者进行非法活动的，处三年以下有期徒刑或者拘役；挪用本单位资金数额巨大的，或者数额较大不退还的，处三年以上十年以下有期徒刑。

【挪用公款罪】国有公司、企业或者其他国有单位中从事公务的人员和国有公司、企业或者其他国有单位委派到非国有公司、企业以及其他单位从事公务的人员有前款行为的，依照本法第三百八十四条的规定定罪处罚。

【修正说明】

刑法修正案(十一)第三十条对原条文作出下述修改：一是删除了第一款第二档法定刑中“或者数额较大不退还的”情形；二是调整了第一款法定刑，将第二档法定刑调整为“处三年以上七年以下有期徒刑”，增加一档法定刑为“数额特别巨大的，处七年以上有期徒刑”；三是增加一款作为第三款。

【立法·要点注释】

1.“挪用本单位资金”，是指公司、企业或者其他单位的工作人员利用其经手、主管本单位资金的便利条件，私自将本单位的资金挪作自己使用或者借贷他人使用的行为。挪用本单位资金是否构成犯罪，主要应考虑以下两个方面：第一，挪用资金的数额。如果行为人挪用资金数额较小或者只进行危害性小的非法活动，显然不宜以犯罪论处。第二，挪用资金的时间。关于挪用资金进行非法活动或者营利活动的案件，刑法没有挪用时间的具体规定和限制，但挪用时间的长短对定罪也存在一定的影响。如果挪用时间较短，综合全案的情况，确属情节显著轻微危害不大的，也可以不认为是犯罪。

2.“进行营利活动”，是指用所挪用的资金进行经营或者其他获取利润的行为，至于行为人是否实际获取利益不影响本罪成立。

3.“进行非法活动”，既包括一般的违法行为，如赌博、嫖娼，也包括犯罪行为，如走私、贩毒等。

4.对挪用资金犯罪从宽处理必须同时符合以下两个条件：一是在提起公诉前；二是行为人必须将挪用的资金退还。这里的退还挪用资金，应当是退还全部的挪用资金。在同时具备以上前提的条件下，根据本款的规定，可以从轻或者减轻处罚。其中，犯罪较轻的，可以减轻或者免除处罚。当然，实践中也存在行为人因为经济状况等原因，积极退赔部分赃款，确实无力退还全部赃款的情况，对于这种退还部分挪用资金的，也可以根据上述规定的精神，结合案件的具体情况，行为人退赔金额对于减少损害结果的实际效果等，依法予以从宽处理，以体现罪责刑相适应。

【立法解释性意见】

《全国人民代表大会常务委员会法制工作委员会刑法室关于挪用资金罪有关问题的答复》（法工委刑发〔2004〕第28号，20040908）

刑法第二百七十二条规定的挪用资金罪中的“归个人使用”与刑法第三百八十四条规定的挪用公款罪中的“归个人使用”的含义基本相同。1997年修改刑法时，针对当时挪用资金中比较突出的情况，在规定“归个人使用”的同时，进一步明确了“借贷给他人”属于挪用资金罪的一种表现形式。

【立案追诉标准】

《最高人民检察院、公安部关于公安机关管辖的刑事案件立案追诉标准的规定（二）》（公通字〔2022〕12号，20220515）

第七十七条　〔挪用资金案（刑法第二百七十二条第一款）〕公司、企业或者其他单位的工作人员，利用职务上的便利，挪用本单位资金归个人使用或者借贷给他人，涉嫌下列情形之一的，应予立案追诉：

（一）挪用本单位资金数额在五万元以上，超过三个月未还的；

（二）挪用本单位资金数额在五万元以上，进行营利活动的；

（三）挪用本单位资金数额在三万元以上，进行非法活动的。

具有下列情形之一的，属于本条规定的“归个人使用”：

（一）将本单位资金供本人、亲友或者其他自然人使用的；

（二）以个人名义将本单位资金供其他单位使用的；

（三）个人决定以单位名义将本单位资金供其他单位使用，谋取个人利益的。

【司法解释(1)】

《最高人民法院、最高人民检察院关于办理贪污贿赂刑事案件适用法律若干问题的解释》（法释〔2016〕9号，20160418）

第十一条第二款　刑法第二百七十二条规定的挪用资金罪中的“数额较大”“数额巨大”以及“进行非法活动”情形的数额起点，按照本解释关于挪用公款罪“数额较大”“情节严重”以及“进行非法活动”的数额标准规定的二倍执行。[①]

【司法解释(2)】

《最高人民法院关于对受委托管理、经营国有财产人员挪用国有资金行为如何定罪问题的批复》（法释〔2000〕5号，20000224）

对于受国家机关、国有公司、企业、事业单位、人民团体委托，管理、经营国有财产的非国家工作人员，利用职务上的便利，挪用国有资金归个人使用构成犯罪的，应当依照刑法第二百七十二条第一款的规定定罪处罚。

---

① 对于该款规定的适用，需结合刑法修正案（十一）第三十条修正的刑法第二百七十二条以及本条项下【立案追诉标准】第七十七条的规定综合考虑。——编者注

【司法解释(3)】

《最高人民法院关于如何理解刑法第二百七十二条规定的“挪用本单位资金归个人使用或者借贷给他人”问题的批复》(法释〔2000〕22号,20000727)

公司、企业或者其他单位的非国家工作人员,利用职务上的便利,挪用本单位资金归本人或者其他自然人使用,或者挪用人以个人名义将所挪用的资金借给其他自然人和单位,构成犯罪的,应当依照刑法第二百七十二条第一款的规定定罪处罚。

【司法指导文件(1)】

《最高人民检察院关于挪用尚未注册成立公司资金的行为适用法律问题的批复》(高检发研字〔2000〕19号,20001009)

筹建公司的工作人员在公司登记注册前,利用职务上的便利,挪用准备设立的公司在银行开设的临时账户上的资金,归个人使用或者借贷给他人,数额较大、超过三个月未还的,或者虽未超过三个月,但数额较大、进行营利活动的,或者进行非法活动的,应当根据刑法第二百七十二条的规定,追究刑事责任。

【司法指导文件(1)·注释】

1.对刑法第二百七十二条第一款规定中的“其他单位”,不应作狭义理解,仅将其理解为“经过登记而成立”的社会组织,如社会团体。公司发起人在向公司登记机关申请登记时,他们相互之间已经存在紧密联系,成为一个整体,其财产亦集合为未来公司的财产,上述整体应当属于“其他单位”。

2.本批复的行为主体并未局限于公司发起人,也不限于筹建有限责任公司的工作人员,而应界定为“筹建公司的工作人员”。当筹集公司的工作人员是“国有公司、企业或者其他国有单位中从事公务的人员和国有公司、企业或者其他国有单位委派到非国有公司、企业以及其他单位从事公务的人员”时,根据刑法第二百七十二条第二款的规定,应适用刑法第三百八十四条的规定,以挪用公款罪追究刑事责任。

【司法指导文件(2)】

《最高人民法院研究室关于挪用退休职工社会养老金行为如何适用法律问题的复函》(法研〔2004〕102号,20040709)

退休职工养老保险金不属于我国刑法中救灾、抢险、防汛、优抚、扶贫、移民、救济等特定款物中的任何一种。因此,对于挪用退休职工养老保险金的行为,构成犯罪时,不能以挪用特定款物罪追究刑事责任,而应当按照行为人身份的不同,分别以挪用资金罪或者挪用公款罪追究刑事责任。

【司法指导文件(3)】

《最高人民法院研究室关于村民小组是否属于刑法第二百七十二条规定的“其他单位”问题的研究意见》(2012)

刑法第二百七十二条规定的“其他单位”包括村民小组,村民小组组长可以成为挪用资金罪的犯罪主体。村民小组组长利用职务上的便利,挪用本单位资金归个人使用或者借贷给他人,数额较大、超过三个月未还的,或者虽未超过三个月,但数额较大、进行营利活动的,或者进行非法活动的,应当依照刑法第二百七十二条第一款的规定，以挪用资金罪定罪处罚。

【公安文件(1)】

《公安部关于村民小组组长以本组资金为他人担保贷款如何定性处理问题的批复》(公法〔2001〕83号,20010426)

村民小组组长利用职务上的便利，擅自将村民小组的集体财产为他人担保贷款，并以集体财产承担担保责任的，属于挪用本单位资金归个人使用的行为。构成犯罪的，应当依照刑法第二百七十二条第一款的规定，以挪用资金罪追究行为人的刑事责任。

【公安文件(2)】

《公安部经济犯罪侦查局关于对挪用资金罪有关问题请示的答复》(公经〔2002〕1604号,20021224)

对于在经济往来中所涉及的暂收、预收、暂存其他单位或个人的款项、物品，或者对方支付的货款、交付的货物等，如接收人已以单位名义履行接受手续的，所接受的财、物应视为该单位资产。

【公安文件(3)】

《公安部经济犯罪侦查局关于对挪用资金罪中"归个人使用"有关问题的批复》(公经〔2004〕1455号,20040908)

《中华人民共和国刑法》第二百七十二条规定的挪用资金罪中的"归个人使用"与《中华人民共和国刑法》第三百八十四条规定的挪用公款罪中的"归个人使用"的含义基本相同。在理解时，可以参照2002年4月28日第九届全国人民代表大会常务委员会第二十七次会议通过的全国人大常委会关于《中华人民共和国刑法》第三百八十四条第一款的解释。

【法院案例库参考案例】

〔罗某挪用资金案，2024-03-1-227-002〕多次挪用同笔款项且归还行为的犯罪数额认定

对于行为人多次反复挪用本单位同一笔资金且每次使用后均归还的，犯罪数额以单次挪用的最高金额认定，不累计计算；反复挪用的行为作为量刑情节予以考虑。

〔张某国挪用资金案，2024-03-1-227-001〕公司负责人使用自己个人账户流转公司资金的司法认定

对于公司负责人使用个人账户流转公司资金，如果账户内个人资金和公司资金混同，现有证据不足以证明其使用的系"本单位资金"的，依法不以挪用资金罪论处。

〔崔某挪用资金案，2023-05-1-227-001〕冒用单位名义对外借款后无法归还的行为性质认定

被告人挪用单位资金后，冒用单位名义以虚构的事由向他人出具借条借款，并以新贷归还旧债，出借人非因编造理由陷于认识错误而系基于被告人职务及借条签章的信任出借款项，属于表见代理，本单位为受害人。被告人的行为系利用职务上的便利，挪用本单位的资金归个人使用，对其应以挪用资金罪定罪处罚。

〔王某浩挪用资金案，2023-03-1-227-001〕小区业主委员会主任挪用业主委员会银行账户资金的行为应当如何定性

业主委员会可以认定为刑法中的"其他单位"。业主委员会账户内资金属于挪用资金罪中"本单位资金"。行为人利用职务上的便利，挪用业主委员会账户内资金进行营利活动，同时借贷给他人、超过三个月未还的行为具有明显的社会危害性，符合挪用资金罪的构成要件。

〔王某某挪用资金案，2023-05-1-227-002〕挪用资金办理银行卡是否属于进行营利活动

1.挪用资金存入银行客观上有所营利。行为人只要将挪用的公款存入银行，不管是存定期还是活期，虽其主观意图不在于获取利息，但可认定其主观上具有营利意图，其行为属于营利活动。

2.对于挪用资金用于公司、企业验资，验资后即将资金归还给单位的，虽然验资行为并非直接营利行为，而只是营利性准备，但司法实践中已普遍认定该行为系进行营利活动。

3.挪用资金作为办卡的资金证明，虽不能直接获得经济利益，但使用该卡可以获得投资理财的优惠利益，使用该卡投资理财获取利益的行为可视为营利活动，办理该卡的行为是营利活动的向前延伸，可以参照挪用资金验资认定为“进行营利活动”。

【法院公报案例】

〔晋中市人民检察院诉刘国平挪用资金案，GB2004-8〕

在无法查明企业经济性质的情况下，对企业负责人将企业资金转移到个人账户进行股票交易的行为，不应按刑法第二百七十二条第一款的规定认定为挪用资金罪。

〔滨海县人民检察院诉刘必仲挪用资金案，GB2006-2〕

福利彩票是国家为筹集社会福利事业发展资金，特许中国福利彩票发行中心垄断发行的有价凭证。受彩票发行机构委托，在彩票投注站代销福利彩票的非国家工作人员，如果以不交纳彩票投注金的方式擅自打印并获取彩票，是侵犯彩票发行机构管理的社会公益性财产的行为。根据刑法第二百七十二条第一款规定，对这种行为应当按挪用资金罪定罪处罚。

【《刑事审判参考》案例】

〔参考案例第333号：丁钦宇挪用资金案〕村民委员会成员利用职务上的便利，个人借用村集体资金或者将村集体资金借给他人使用的，能否以挪用资金罪追究刑事责任？

村民委员会作为村民自我管理、自我教育、自我服务的基层群众性自治组织，是经县级人民政府批准设立，不需要登记的社会团体，属于刑法第二百七十二条第一款规定的“其他单位”。村民委员会成员利用职务上的便利，挪用村宅基地出让金和村提留款，归个人使用或借贷给他人进行营利活动，数额较大，应当以挪用资金罪追究刑事责任。

〔参考案例第454号：陈焕林等挪用资金、贪污案〕无法区分村民委员会人员利用职务之便挪用款项性质的如何定罪处罚？

村民委员会等村基层组织人员协助人民政府从事有关法律规定的行政管理工作，属于“其他依照法律从事公务的人员”，以国家工作人员论。无法区分被挪用的款项性质的，以刑罚相对较轻的挪用资金罪追究村民委员会等村基层组织人员的刑事责任，符合刑法的谦抑原则。

〔参考案例第1515号：张某挪用资金案〕挪用资金罪的被害单位应如何

认定?

挪用资金罪的被害单位应从法益保护角度进行认定。挪用资金罪与职务侵占罪侵害的法益基本相同，因此，对于二罪名被害单位的理解可以认为是一致的。某香港公司是否构成挪用资金罪的被害单位，不能只看其在内地是否具有合规的资质，更要审查其是否符合单位的实质、其经营活动是否合法。公司符合上述单位的特征，同时其开展的业务不为法律规定所禁止，应认定为挪用资金罪的被害单位，同时，使用个人银行账户支付结算不能否定被害单位性质的认定。

第二百七十三条 【挪用特定款物罪】挪用用于救灾、抢险、防汛、优抚、扶贫、移民、救济款物，情节严重，致使国家和人民群众利益遭受重大损害的，对直接责任人员，处三年以下有期徒刑或者拘役；情节特别严重的，处三年以上七年以下有期徒刑。

【立法 · 要点注释】

1.本条所称“挪用”，是指未经合法批准，擅自将自己经手、管理的用于救灾、抢险、防汛、优抚、扶贫、移民、救济款物调拨、使用到其他方面，如将上述款物挪作修建楼堂馆所、从事商业经营、投资工业建设的行为。挪用款物目的是用于单位其他项目，如果挪用上述特定款物归个人使用，构成犯罪的，应按挪用公款罪处罚。

2.“情节严重”，主要是指挪用上述款物数额较大的；挪用行为给人民群众的生产和生活造成严重危害的；挪用特别重要紧急款物的；挪用手段恶劣，造成极坏影响的；等等。

【司法解释(1)】

《最高人民法院、最高人民检察院关于办理妨害预防、控制突发传染病疫情等灾害的刑事案件具体应用法律若干问题的解释》(法释〔2003〕8号，20030515)

第十四条第二款　挪用用于预防、控制突发传染病疫情等灾害的救灾、优抚、救济等款物，构成犯罪的，对直接责任人员，依照刑法第二百七十三条的规定，以挪用特定款物罪定罪处罚。

【司法解释(2)】

《最高人民检察院关于挪用失业保险基金和下岗职工基本保障资金的行为适用法律问题的批复》(高检发释字〔2003〕1号，20030130)

挪用失业保险基金和下岗职工基本生活保障资金属于挪用救济款物。挪用失业保险基金和下岗职工基本生活保障资金，情节严重，致使国家和人民群众利益遭受重大损害的，对直接责任人员，应当依照刑法第二百七十三条的规定，以挪用特定款物罪追究刑事责任；国家工作人员利用职务上的便利，挪用失业保险基金和下岗职工基本生活保障资金归个人使用，构成犯罪的，应当依照刑法第三百八十四条的规定，以挪用公款罪追究刑事责任。

【司法指导文件(1)】

《最高人民法院研究室关于挪用民族贸易和民族用品生产贷款利息补贴行为如何定性问题的复函》(法研〔2003〕16号，20030224)

中国人民银行给予中国农业银行

发放民族贸易和民族用品生产贷款的利息补贴，不属于刑法第二百七十三条规定的特定款物。

【司法指导文件(2)】

《最高人民法院研究室关于挪用退休职工社会养老金行为如何适用法律问题的复函》(法研〔2004〕102号，20040709)

退休职工养老保险金不属于我国刑法中救灾、抢险、防汛、优抚、扶贫、移民、救济等特定款物中的任何一种。因此，对于挪用退休职工养老保险金的行为，构成犯罪时，不能以挪用特定款物罪追究刑事责任，而应当按照行为人身份的不同，分别以挪用资金罪或者挪用公款罪追究刑事责任。

【法院案例库参考案例】

〔李某军挪用特定款物案，2024-03-1-228-001〕行为人将他人已挪出专款账户的优抚款物改作其他用途的行为定性

优抚款已被虚套转移出特定账户，不影响其特定款项的性质。行为人明知他人账外保管的资金系从专款账户套出的优抚资金，仍将款项挪作他用，情节严重，致使国家和人民群众利益遭受重大损害的，构成挪用特定款物罪。

第二百七十四条 【敲诈勒索罪】敲诈勒索公私财物，数额较大或者多次敲诈勒索的，处三年以下有期徒刑、拘役或者管制，并处或者单处罚金；数额巨大或者有其他严重情节的，处三年以上十年以下有期徒刑，并处罚金；数额特别巨大或者有其他特别严重情节的，处十年以上有期徒刑，并处罚金。

【修正前条文】

第二百七十四条 【敲诈勒索罪】敲诈勒索公私财物，数额较大的，处三年以下有期徒刑、拘役或者管制；数额巨大或者有其他严重情节的，处三年以上十年以下有期徒刑。

【修正说明】

刑法修正案(八)第四十条对原条文作出下述修改：一是增加了多次敲诈勒索构成犯罪的规定；二是增设了第三个量刑档次；三是增加规定了财产刑。

【立法·要点注释】

1.敲诈勒索罪最主要的特点，是行为人使用威胁或者要挟的方法勒索财物。威胁和要挟，是指通过对被害人及其亲属精神上的强制，对其在心理上造成恐惧，产生压力。威胁或要挟方法多种多样，如以将要实行暴力，揭发隐私、违法犯罪活动，毁坏名誉相威胁。形式上可以是书面的，也可以是口头的，可通过第三者转达；可以是明示，也可以是暗示。在取得他人财物时间上，既可以是迫使其当场交出，也可以限期交出。总之，是通过对公私财物所有人、保管人实行精神上的强制，使其产生恐惧、畏难心理，不得已而交出财物。

2.行为人必须具有非法占有他人财物的目的，如果是其他目的，如债权人为讨债而威胁债务人的，不构成本罪。

【司法解释(1)】

《最高人民法院、最高人民检察院关于办理敲诈勒索刑事案件适用法律若干问题的解释》(法释〔2013〕10号，

20130427)

第一条 敲诈勒索公私财物价值二千元至五千元以上、三万元至十万元以上、三十万元至五十万元以上的，应当分别认定为刑法第二百七十四条规定的“数额较大”、“数额巨大”、“数额特别巨大”。

各省、自治区、直辖市高级人民法院、人民检察院可以根据本地区经济发展状况和社会治安状况，在前款规定的数额幅度内，共同研究确定本地区执行的具体数额标准，报最高人民法院、最高人民检察院批准。

第二条 敲诈勒索公私财物，具有下列情形之一的，“数额较大”的标准可以按照本解释第一条规定标准的百分之五十确定：

（一）曾因敲诈勒索受过刑事处罚的；

（二）一年内曾因敲诈勒索受过行政处罚的；

（三）对未成年人、残疾人、老年人或者丧失劳动能力人敲诈勒索的；

（四）以将要实施放火、爆炸等危害公共安全犯罪或者故意杀人、绑架等严重侵犯公民人身权利犯罪相威胁敲诈勒索的；

（五）以黑恶势力名义敲诈勒索的；

（六）利用或者冒充国家机关工作人员、军人、新闻工作者等特殊身份敲诈勒索的；

（七）造成其他严重后果的。

第三条 二年内敲诈勒索三次以上的，应当认定为刑法第二百七十四条规定的“多次敲诈勒索”。

第四条 敲诈勒索公私财物，具有本解释第二条第三项至第七项规定的情形之一，数额达到本解释第一条规定的“数额巨大”、“数额特别巨大”百分之八十的，可以分别认定为刑法第二百七十四条规定的“其他严重情节”、“其他特别严重情节”。

第五条 敲诈勒索数额较大，行为人认罪、悔罪，退赃、退赔，并具有下列情形之一的，可以认定为犯罪情节轻微，不起诉或者免予刑事处罚，由有关部门依法予以行政处罚：

（一）具有法定从宽处罚情节的；

（二）没有参与分赃或者获赃较少且不是主犯的；

（三）被害人谅解的；

（四）其他情节轻微、危害不大的。

第六条 敲诈勒索近亲属的财物，获得谅解的，一般不认为是犯罪；认定为犯罪的，应当酌情从宽处理。

被害人对敲诈勒索的发生存在过错的，根据被害人过错程度和案件其他情况，可以对行为人酌情从宽处理；情节显著轻微危害不大的，不认为是犯罪。

第七条 明知他人实施敲诈勒索犯罪，为其提供信用卡、手机卡、通讯工具、通讯传输通道、网络技术支持等帮助的，以共同犯罪论处。[①]

第八条 对犯敲诈勒索罪的被告人，应当在二千元以上、敲诈勒索数额的二倍以下判处罚金；被告人没有获得财物的，应当在二千元以上十万元以下

---

① 对于该条的适用，在明知他人利用信息网络实施敲诈勒索犯罪的情形下，需结合刑法修正案（九）第二十九条增设的刑法第二百八十七条之二即帮助信息网络犯罪活动罪的规定综合考虑。——编者注

判处罚金。

第九条 本解释公布施行后,《最高人民法院关于敲诈勒索罪数额认定标准问题的规定》(法释〔2000〕11号)同时废止;此前发布的司法解释与本解释不一致的,以本解释为准。

【司法解释(1)·注释】

1.根据本司法解释第二条的规定,具有"曾因敲诈勒索受过刑事处罚"等七种情形之一的,只是"可以"而非"应当"降低入罪数额门槛。因此,如综合考虑全案情节,降低入罪数额门槛明显有失妥当的,也可例外地不适用本条规定。例如,冒充黑恶势力敲诈勒索,行为人只是随口一说,甚至带有玩笑色彩,明显不足信,对方也根本没有因此感到恐惧的,则不宜适用本条规定。

2.关于敲诈勒索犯罪数额的认定问题。在敲诈勒索案件中,被告人与被害人之间往往有一个"讨价还价"的过程。行为人的"开价"数额往往很高,但真正最后到手的通常要打折扣。实践中,应以行为人实际敲诈到的数额作为其犯罪数额,同时将开价数额作为量刑情节考虑。如果经过"讨价还价",行为人最后仍未实际敲诈到钱财的,宜以其最低的要价认定敲诈勒索未遂的数额。

【司法解释(2)】

《最高人民法院、最高人民检察院关于办理利用信息网络实施诽谤等刑事案件适用法律若干问题的解释》(法释〔2013〕21号,20130910)

第六条 以在信息网络上发布、删除等方式处理网络信息为由,威胁、要挟他人,索取公私财物,数额较大,或者多次实施上述行为的,依照刑法第二百七十四条的规定,以敲诈勒索罪定罪处罚。

【司法解释(2)·注释】

1.认定敲诈勒索罪,要求行为人必须有主动向被害人实施威胁、要挟并索要财物的行为。尤其是对于"删帖型"敲诈勒索,如果行为人没有主动与被害人联系删帖事宜,未实施威胁、要挟,而是在被害人主动上门联系请求删帖的情况下,以"广告费""赞助费""服务费"等名义收取被害人费用的,不认定为敲诈勒索罪。如果被害人主动上门联系请求删帖,但并不同意支付费用,而行为人以不支付费用,或者不支付指定数额的费用就不删帖甚至将对负面信息进一步炒作为由,威胁、要挟被害人,进而索取费用的,可以认定为敲诈勒索罪。

2.行为人威胁将要在信息网络上发布、删除的涉及被害人的负面信息即使是真实的,但只要其出于非法占有的目的,以发布、删除该负面信息为由索取公私财物,仍然构成敲诈勒索罪。

【司法解释(3)】

参见本法第二百六十三条项下【司法解释(4)】关于强迫借贷行为的规定,第813页。

【司法指导文件(1)】

《最高人民法院、最高人民检察院关于常见犯罪的量刑指导意见(试行)》(法发〔2021〕21号,20210701)

(十五)敲诈勒索罪

1.构成敲诈勒索罪的,根据下列情形在相应的幅度内确定量刑起点:

(1)达到数额较大起点的，或者二年内三次敲诈勒索的，在一年以下有期徒刑、拘役幅度内确定量刑起点。

(2)达到数额巨大起点或者有其他严重情节的，在三年至五年有期徒刑幅度内确定量刑起点。

(3)达到数额特别巨大起点或者有其他特别严重情节的，在十年至十二年有期徒刑幅度内确定量刑起点。

2.在量刑起点的基础上，根据敲诈勒索数额、次数、犯罪情节严重程度等其他影响犯罪构成的犯罪事实增加刑罚量，确定基准刑。

多次敲诈勒索，数额达到较大以上的，以敲诈勒索数额确定量刑起点，敲诈勒索次数可以作为调节基准刑的量刑情节；数额未达到较大的，以敲诈勒索次数确定量刑起点，超过三次的次数作为增加刑罚量的事实。

3.构成敲诈勒索罪的，根据敲诈勒索的数额、手段、次数、危害后果等犯罪情节，综合考虑被告人缴纳罚金的能力，在二千元以上敲诈勒索数额的二倍以下决定罚金数额；被告人没有获得财物的，在二千元以上十万元以下判处罚金。

4.构成敲诈勒索罪的，综合考虑敲诈勒索的手段、数额、次数、危害后果、退赃退赔等犯罪事实、量刑情节，以及被告人的主观恶性、人身危险性、认罪悔罪表现等因素，决定缓刑的适用。

【司法指导文件(2)】

《最高人民法院、最高人民检察院、公安部、司法部关于办理黑恶势力犯罪案件若干问题的指导意见》(法发〔2018〕1号，20180116)

四、依法惩处利用“软暴力”实施的犯罪

17.黑恶势力为谋取不法利益或形成非法影响，有组织地采用滋扰、纠缠、哄闹、聚众造势等手段侵犯人身权利、财产权利，破坏经济秩序、社会秩序，构成犯罪的，应当分别依照《刑法》相关规定处理：

……

(2)以非法占有为目的强行索取公私财物，有组织地采用滋扰、纠缠、哄闹、聚众造势等手段扰乱正常的工作、生活秩序，同时符合《刑法》第二百七十四条规定的其他犯罪构成条件的，应当以敲诈勒索罪定罪处罚。同时由多人实施或者以统一着装、显露纹身、特殊标识以及其他明示或者暗示方式，足以使对方感知相关行为的有组织性的，应当认定为《关于办理敲诈勒索刑事案件适用法律若干问题的解释》第二条第(五)项规定的“以黑恶势力名义敲诈勒索”。

采用上述手段，同时又构成其他犯罪的，应当依法按照处罚较重的规定定罪处罚。

雇佣、指使他人有组织地采用上述手段强迫交易、敲诈勒索，构成强迫交易罪、敲诈勒索罪的，对雇佣者、指使者，一般应当以共同犯罪中的主犯论处。……为追讨合法债务或者因婚恋、家庭、邻里纠纷等民间矛盾而雇佣、指使，没有造成严重后果的，一般不作为犯罪处理，但经有关部门批评制止或者处理处罚后仍继续实施的除外。

【司法指导文件(3)】

《最高人民法院、最高人民检察院、公安部、司法部关于办理实施“软暴力”的刑事案件若干问题的意见》(公通字

〔2019〕15号，20190409）

八、以非法占有为目的，采用“软暴力”手段强行索取公私财物，同时符合《刑法》第二百七十四条规定的其他犯罪构成要件的，应当以敲诈勒索罪定罪处罚。

《关于办理敲诈勒索刑事案件适用法律若干问题的解释》第三条中“二年内敲诈勒索三次以上”，包括已受行政处罚的行为。

十一、雇佣、指使他人采用“软暴力”手段强迫交易、敲诈勒索，构成强迫交易罪、敲诈勒索罪的，对雇佣者、指使者，一般应当以共同犯罪中的主犯论处。

……

【司法指导文件(4)】

《最高人民法院、最高人民检察院、公安部、司法部关于办理利用信息网络实施黑恶势力犯罪刑事案件若干问题的意见》（公通字〔2019〕28号，20191021）

二、依法严惩利用信息网络实施的黑恶势力犯罪

6.利用信息网络威胁、要挟他人，索取公私财物，数额较大，或者多次实施上述行为的，依照刑法第二百七十四条的规定，以敲诈勒索罪定罪处罚。

【司法指导文件(5)】

《最高人民法院、最高人民检察院、公安部、司法部关于依法严厉打击传播艾滋病病毒等违法犯罪行为的指导意见》（公通字〔2019〕23号，20190519）

二、准确认定行为性质

（四）敲诈勒索罪。假冒或者利用艾滋病病毒感染者或者病人身份，以谎称含有或者含有艾滋病病毒的血液为工具，敲诈勒索公私财物数额较大或者多次敲诈勒索的，依照刑法第二百七十四条的规定，以敲诈勒索罪定罪处罚。

【司法指导文件(6)】

实施“碰瓷”行为，以敲诈勒索罪定罪处罚的规定，参见本法分则第五章侵犯财产罪项下【司法指导文件(1)】第二条，第806页。

【司法指导文件(7)】

参见本法第二百六十六条项下【司法指导文件(4)】，第866—868页。

【公安文件】

《公安部关于公安机关处置信访活动中违法犯罪行为适用法律的指导意见》（公通字〔2013〕25号，20130719）

二、对侵犯人身权利、财产权利违法犯罪行为的处理

8.以制造社会影响、采取极端闹访行为、持续缠访闹访等威胁、要挟手段，敲诈勒索，符合《治安管理处罚法》第四十九条[①]规定的，以敲诈勒索依法予以治安管理处罚；符合《刑法》第二百七十四条规定的，以敲诈勒索罪追究刑事责任。

【法院案例库参考案例】

〔黄某洪、吕某婷敲诈勒索案，2025-04-1-229-001〕在自媒体平台发布、转载企业负面信息，假借商务合作索要“合作费”“公关费”行为的定性

先利用信息网络发布、转载负面信

---

① 2025年修订的治安管理处罚法第五十八条。——编者注

息，再以帮助"删帖"为由，威胁、要挟他人并索取钱财，符合刑法第二百七十四条规定的，依法以敲诈勒索罪定罪处罚。所涉信息本身是否真实，不影响行为的定性。

〔陈某敲诈勒索案，2023-05-1-229-003〕以网络删帖为由索要财物的应认定为敲诈勒索

1.陈某以删帖等方式处理负面信息要挟郑某，索取财物，使郑某内心产生不安，感受到威胁被迫交给陈某财物，其行为构成敲诈勒索罪。

2.利用信息网络实施诽谤等刑事案件解释第六条规定的是"网络信息"，无论信息是否真实，只要使被害人产生恐惧心理即可认定为敲诈勒索。

〔何某毅敲诈勒索宣告无罪案，2024-05-1-229-001〕因婚外情纠纷向第三者索要赔偿但没有非法占有目的的，不构成敲诈勒索罪

行为人因配偶发生婚外情向过错方索要少量钱财，非法占有目的不明显的，不应当认定构成敲诈勒索罪。

〔祝某飞、祝某镡故意伤害、敲诈勒索案，2024-04-1-179-013〕事出有因故意伤害他人后，又当场获取被害人财物行为的定性

行为人为报复先前有过错的被害人，对被害人实施暴力后，威胁被害人自行提出解决办法，被害人主动提出给予财物并实际交付，但被害人处分财物的意志自由未被完全限制的，一般应认定行为人构成敲诈勒索罪而非抢劫罪。

〔夏某理等人敲诈勒索案，2023-05-1-229-007〕拆迁户以举报开发商违法行为为手段索取巨额补偿款不构成敲诈勒索罪

在认定行为人是否构成敲诈勒索罪时，对于财物归属确实存有争议的情形应当慎重，要通过行为人是否属于行使正当权利、签订协议的目的、事后处分行为等因素综合判断行为人是否构成敲诈勒索罪。只有行为人明知财物不属于自己而故意以刑法禁止的方式将该财物占为己有的才能认定具有非法占有目的。对于有争议的、带有不确定性的利益，行为人予以索取，实际上是行使民事权利的一种方式，不属"以非法占有为目的"。

〔刘某等敲诈勒索案，2023-03-1-229-002〕"黑中介"恶势力犯罪行为的认定

由于"黑中介"采取了交易的伪装形式，使被害人先给付财产，其中部分敲诈勒索行为是通过强迫对方缴纳额外费用的方式实现，还有部分敲诈勒索行为则是通过不退还多余租金的方式实现。被害人遭受威胁搬离出租屋后，被告人不退还的剩余租金，是典型的不当得利，被害人对于这部分的财产依法享有不当得利返还请求权，但基于被告人的胁迫、恐吓行为，被害人处分财产的方式是放弃自己的不当得利返还请求权，仍然是处分了自己财产并造成财产损失，被告人构成敲诈勒索罪。

〔岳某敲诈勒索案，2023-03-1-229-001〕以举报他人违法行为相威胁勒索财物数额较大的，构成敲诈勒索罪

依法投诉、举报违法犯罪行为是公民的权利。但公民应当依法正确行使投诉、举报权利，不得以投诉、举报相要挟，借行使权利之名向他人勒索钱财，数额较大的，构成敲诈勒索罪。

【法院公报案例】

〔海南省临高县人民检察院诉谢家

海等敲诈勒索案，GB2009-10〕

行为人以被害人预谋犯罪为由，对被害人加以控制，并以报警将被害人送交公安机关处理为要挟，向被害人及其亲属强索财物。在实施上述犯罪过程中，行为人虽然在一定程度上限制了被害人的人身自由，并且为控制被害人而采取了轻微暴力，但并未使用暴力、胁迫、麻醉或者其他方法劫持被害人，亦未将被害人藏匿，其行为不构成绑架罪，应当以敲诈勒索罪定罪处罚。

【《刑事审判参考》案例】

〔参考案例第259号：陈宗发故意杀人、敲诈勒索案〕将被害人杀死后，以被害人被绑架为名，向被害人亲属勒索的行为如何定性?

行为人故意杀死被害人后，以被害人被绑架为名，向被害人亲属勒索数额较大的财物，足以对被害人亲属产生精神强制力，应当以敲诈勒索罪追究刑事责任。

〔参考案例第443号：张舒娟敲诈勒索案〕利用被害人年幼将其哄骗至外地继而敲诈其家属钱财的能否构成绑架罪?

行为人将年幼的被害人哄骗至外地，但并未限制其人身自由，继而电话其家属，谎称已绑架被害人，要求对方支付数额较大财物。由于行为人并未真正实施绑架行为，对其应按敲诈勒索罪追究刑事责任。

〔参考案例第885号：雷政富受贿案〕以不雅视频相要挟，使他人陷入心理恐惧，向他人提出借款要求且还款期满后有能力归还而不归还的，是否属于敲诈勒索?

以不雅视频相要挟，使他人陷入心理恐惧，向他人提出借款要求且还款期满后有能力归还而不归还的，属于敲诈勒索。

〔参考案例第1344号：周禄宝敲诈勒索案〕如何认定利用信息网络实施的敲诈勒索犯罪以及利用信息网络敲诈勒索犯罪与利用网络维权的界限?

1.利用信息网络实施的敲诈勒索犯罪虽然在犯罪手段上有一定特殊性，但实质上仍是行为人以非法占有为目的，借助信息网络平台对他人实施威胁、要挟，被害人基于恐惧或者因为承受某种压力而被迫交付财物，符合敲诈勒索罪的构成要件。实践中，利用信息网络实施的敲诈勒索犯罪主要有两种表现形式，即“发帖型”敲诈勒索和“删帖型”敲诈勒索。“发帖型”敲诈勒索，是指行为人通过各种途径收集到有关被害人的负面信息，然后主动联系被害人，以将在信息网络上发布相关负面信息为由，威胁、要挟被害人，进而索取财物的行为。“删帖型”敲诈勒索，是指行为人通过各种途径收集到有关被害人的负面信息后，先在信息网络上发布，然后主动联系被害人，以删除、下沉上述负面信息为条件威胁、要挟被害人，进而索取财物的行为。对于“删帖型”敲诈勒索，如果行为人没有主动与被害人联系删帖事宜，未实施威胁、要挟，而是在被害人主动上门联系请求删帖的情况下，以“广告费”“赞助费”“服务费”等名义收取被害人费用的，则不构成敲诈勒索罪。如果被害人主动上门联系请求删帖，但并不同意支付费用，而行为人以不支付费用，或者不支付指定数额的费用就不删帖甚至将对负面信息进一步炒作为由，威胁、要挟被害人，进而索取费用的，可以认定为敲诈勒索罪。

2.行为人是否具有非法占有目的，是区分利用信息网络实施敲诈勒索罪与利用信息网络维权的关键。在具体认定时，需要综合考虑以下因素：(1)是否有正当的权利，即行为人索取财物是否具有法律上的依据。换言之，如果通过民事诉讼途径能够得到合法保护而行为人未通过诉讼途径直接向对方索要的，就不能认定为敲诈勒索，这是权利的正当性所决定的。(2)是否在正当权利的范围内行使。只有在正当的权利范围之内，行为人索取财物的行为才能被认为是行使正当的权利，否则就可能成立敲诈勒索罪。也就是说，不能认为只要事出有因，就一定不构成敲诈勒索罪。即使涉及的权利是内容确定的债权，但如果远超出债权的数额范围之外，则不属于正当权利的范围。比如，甲借给乙二十万元，乙到期后不还款，甲数次催讨后未果，便威胁要将乙与他人偷情的事实通过网络公之于众，向乙索要五十万元，应视为已超出正当的权利范围。反之，如果涉及的权利是内容不确定的债权，或者行使损害赔偿请求权的场合，行为人所提出的财产性要求与债权或损害赔偿请求权直接相关，便应视为行使正当权利。比如，行为人在饭店饭菜中吃出苍蝇，以向媒体或者在网络上曝光相要挟，要求饭店精神损害赔偿，即使所要求的数额较大，也属于正当的权利范围之内，不成立敲诈勒索罪。其主要原因是行为人的合法权益受到了侵犯，且确实存在精神损失，而精神损失亦属于法律保护的对象。(3)行使权利的手段是否具有必要性和相当性。行使权利的行为本质上是一种私力救济，虽然具有正当性，但应当予以必要的限制。手段行为是否具有相当性，需要根据案件的具体情况来判断。一般来说，债权本身的重大性、手段行为侵害相对方权益的程度、手段行为本身是否合法，行为人是否存在实施其他行为的可能性等，均是需要考虑的因素。如果行为人为索取数额微小的债权，在可以采取其他较低程度的威胁进行自力救济时，对被害人采取较为严重的暴力或以严重的暴力相威胁，则应当认为其所采取的手段行为缺乏相当性。比如，行为人在饭店饭菜中吃出苍蝇，却以加害饭店员工的生命、身体等相要挟(非当场实现)，并且要求天价赔偿的，由于手段不具有相当性，仍应以敲诈勒索罪论处。如果没有超出权利的范围，具有使用实力(如胁迫)的必要性，而且手段行为本身不构成刑法规定的其他犯罪，就应认为没有造成对方财产上的损害，不宜认定为犯罪。

〔参考案例第1500号：李兴文、李兴武敲诈勒索案〕利用“专利维权”碰瓷的行为应如何定罪？

专利权方与他人恶意串通，以虚构的专利独占许可提起诉讼，被害单位为避免影响上市融资，“迫不得已”同意与对方协商。即使行为人商谈时并未使用“如果不给钱就……”等强烈威胁性言语，而是让对方公司“花钱买撤诉”，但当先行的诉讼和举报已经具备一定的胁迫效果，再加上后续压制式的谈判，结合被害单位资金成本、政府监管等因素，可以判断行为人实际上已经实施了足以使被害单位产生恐惧心理的胁迫行为，应以敲诈勒索罪定罪处罚。

第二百七十五条　【故意毁坏财物罪】故意毁坏公私财物，数额较大或者有其他严重情节的，处

三年以下有期徒刑、拘役或者罚金；数额巨大或者有其他特别严重情节的，处三年以上七年以下有期徒刑。

【立法 · 要点注释】

"故意毁坏公私财物"，是指出于某种个人动机和目的，非法毁灭或者损坏公共财物或者私人财物的行为。"毁坏"包括毁灭与损坏。"毁灭"，是指使用各种方法故意使公私财物的价值和使用价值全部丧失。"损坏"，是指将某些公私财物部分毁坏，使其部分丧失价值和使用价值。如果用放火、爆炸等危险方法毁坏公私财物，而且足以危及公共安全的，则应以放火罪、爆炸罪等危害公共安全罪论处。同时，故意毁坏公私财物必须达到数额较大或者有其他严重情节的程度。如果情节轻微或者数额较小，不构成犯罪。"其他严重情节"，一般是指以下几种情况：毁灭重要财物或者物品，损失严重的；造成严重后果的；动机和手段特别恶劣的；等等。

【立案追诉标准】

《最高人民检察院、公安部关于公安机关管辖的刑事案件立案追诉标准的规定(一)》(公通字〔2008〕36号，20080625)

第三十三条　〔故意毁坏财物案(刑法第二百七十五条)〕故意毁坏公私财物，涉嫌下列情形之一的，应予立案追诉：

(一)造成公私财物损失五千元以上的；

(二)毁坏公私财物三次以上的；

(三)纠集三人以上公然毁坏公私财物的；

(四)其他情节严重的情形。

【司法解释】

《最高人民法院关于审理破坏公用电信设施刑事案件具体应用法律若干问题的解释》(法释〔2004〕21号，20050111)

第三条第一款　故意破坏正在使用的公用电信设施尚未危害公共安全，或者故意毁坏尚未投入使用的公用电信设施，造成财物损失，构成犯罪的，依照刑法第二百七十五条规定，以故意毁坏财物罪定罪处罚。

【司法指导文件(1)】

《最高人民法院、最高人民检察院、公安部关于办理涉窨井盖相关刑事案件的指导意见》(高检发〔2020〕3号，20200316)

四、……

故意毁坏本意见第一条、第二条规定[①]以外的其他场所的窨井盖，且不属于本意见第三条规定的情形，数额较大或者有其他严重情节的，依照刑法第二百七十五条的规定，以故意毁坏财物罪定罪处罚。

十二、本意见所称的"窨井盖"，包括城市、城乡结合部和乡村等地的窨井盖以及其他井盖。

---

① 即正在使用中的社会机动车通行道路上的窨井盖、人员密集往来的非机动车道、人行道以及车站、码头、公园、广场、学校、商业中心、厂区、社区、院落等生产生活、人员聚集场所的窨井盖。——编者注

【司法指导文件(2)】

实施"碰瓷"行为，以故意毁坏财物罪定罪处罚的规定，参见本法分则第五章侵犯财产罪项下【司法指导文件(1)】第五条，第806—807页。

【司法指导文件(3)】

《最高人民法院、最高人民检察院、公安部关于依法惩治在使用中的航空器内实施违法犯罪行为的指导意见》(公通字〔2024〕3号，20240112)

二、准确认定行为性质

(七)故意损毁财物。在使用中的航空器内故意毁坏公私财物，数额较大或者有其他严重情节的，依照刑法第二百七十五条规定，以故意毁坏财物罪定罪处罚；尚不构成犯罪的，依照治安管理处罚法第四十九条①规定处罚。

【法院公报案例】

〔上海市静安区人民检察院诉朱建勇故意毁坏财物案，GB2004-4〕

被告人为泄私愤，侵入他人股票交易账户并修改密码，在他人股票交易账户内，采用高进低出股票的手段，造成他人资金损失数额巨大的行为，构成刑法第二百七十五条规定的故意毁坏财物罪。

〔天津市红桥区人民检察院诉李焕强故意毁坏财物案，GB2007-4〕

1.行为人不具有非法占有公私财产的目的，而是出于其他目的偷开机动车辆造成车辆损坏的，应当按照刑法第二百七十五条的规定，以故意毁坏财物罪定罪处罚。

2.行为人从停车场将他人的机动车偷开后造成车辆损坏，构成故意毁坏财物罪的，虽然开办停车场的单位与车主之间存在车辆保管合同关系，但该单位不属于依法负有刑事附带民事赔偿责任的主体，其与车主之间发生的合同纠纷同因犯罪行为引起的刑事附带民事赔偿责任系不同的法律关系。车主以该单位为刑事附带民事诉讼被告，并主张该单位对犯罪人应负的刑事附带民事赔偿责任承担连带责任的，依法不予支持。

【法院案例库参考案例】

〔莫某尧故意毁坏财物案，2024-05-1-230-001〕破坏公用电信设施未危害公共安全行为的定性

认定破坏公用电信设施罪，应当考察破坏的公用电信设施的范围、受影响的用户数、导致通信中断和严重障碍的程度和时间长度，综合判断是否达到了危害公共安全的严重程度。对于不足以危害公共安全，不构成破坏公用电信设施罪；如果毁坏财物数额较大或者有其他严重情节的，可以认定为故意毁坏财物罪。

第二百七十六条　【破坏生产经营罪】由于泄愤报复或者其他个人目的，毁坏机器设备、残害耕畜或者以其他方法破坏生产经营的，处三年以下有期徒刑、拘役或者管制；情节严重的，处三年以上七年以下有期徒刑。

【立法 · 要点注释】

1.行为人主观上是故意犯罪，并且

① 2025年修订的治安管理处罚法第五十九条。——编者注

具有泄愤报复或者其他个人目的。这里所说的“其他个人目的”，主要是指为了称霸一方、打击竞争对手或者牟取其他不正当利益，如意图通过破坏设备达到怠工、停工不劳动的目的。

2.行为人必须具有毁坏机器设备、残害耕畜或者以其他方法破坏生产经营的行为。这里所说的“其他方法”，是指除本条所列方法外的其他任何方法。例如，切断水源、颠倒生产程序、砸坏机器设备等破坏生产经营的方法。至于其方式，则既可以表现为积极的作为，如砸碎、烧毁，又可以表现为消极的不作为，如明知有故障而不加排除。但不论方式如何，采用的手段怎样，破坏的对象都必须与生产经营活动直接相联系，破坏用于生产经营的生产工具、生产工艺、生产对象等。如果是毁坏闲置不用或在仓库备用的机器设备，已经收获并未用于加工生产的粮食、水果，残害已经丧失畜役力的待售肉食牲畜的行为，则由于它们与生产经营活动没有直接联系，因此不能构成本罪。

3.“情节严重”，是指手段特别恶劣，引起生产停顿，间接造成巨大经济损失；或者直接造成较大经济损失，后果严重。

4.凡破坏生产过程中的上述工具、设备，危害的主要是生产经营的，一般以破坏生产经营罪定罪处罚，凡破坏的是用于公共生活的上述工具、设备，危害的主要是公共安全的，分别按破坏交通工具罪、破坏交通设施罪、破坏电力设备罪和破坏易燃易爆设备罪定罪处罚。

【立案追诉标准】

《最高人民检察院、公安部关于公安机关管辖的刑事案件立案追诉标准的规定(一)》(公通字〔2008〕36号，20080625)

第三十四条 〔破坏生产经营案(刑法第二百七十六条)〕由于泄愤报复或者其他个人目的，毁坏机器设备、残害耕畜或者以其他方法破坏生产经营，涉嫌下列情形之一的，应予立案追诉：

(一)造成公私财物损失五千元以上的；

(二)破坏生产经营三次以上的；

(三)纠集三人以上公然破坏生产经营的；

(四)其他破坏生产经营应予追究刑事责任的情形。

【法院公报案例】

〔江苏省南京市雨花台区人民检察院诉董志超、谢文浩破坏生产经营案，GB2018-8〕

1.被告人主观上具有报复和从中获利的目的，客观上通过在网络交易平台恶意大量购买他人商品或服务，导致相关单位被网络交易平台认定为虚假交易进而被采取商品搜索降权的管控措施，造成相关单位遭受损失10万元以上，其行为应以破坏生产经营罪定罪处罚。

2.网络交易平台的搜索排序属于互联网经济的运营方式，应认定为生产要素。在刑法解释上，可以比照实体经济的信誉、商誉予以解释。反向炒信既损害了对方的商业信誉，同时也破坏了生产经营，二者竞合的，应择一重处。

3.被害单位因被告人犯罪行为遭受的损失，可以综合案发时行业发展趋势、被害单位日常收入情况、案发时收入情况，依照有利于被告人的原则，综合予以认定和评估。

第二百七十六条之一 【拒不支付劳动报酬罪】以转移财产、逃匿等方法逃避支付劳动者的劳动报酬或者有能力支付而不支付劳动者的劳动报酬，数额较大，经政府有关部门责令支付仍不支付的，处三年以下有期徒刑或者拘役，并处或者单处罚金；造成严重后果的，处三年以上七年以下有期徒刑，并处罚金。

单位犯前款罪的，对单位判处罚金，并对其直接负责的主管人员和其他直接责任人员，依照前款的规定处罚。

有前两款行为，尚未造成严重后果，在提起公诉前支付劳动者的劳动报酬，并依法承担相应赔偿责任的，可以减轻或者免除处罚。

【修正说明】

本罪由刑法修正案(八)第四十一条增设。

【立法 · 要点注释】

实践中应正确区分恶意欠薪行为和一般欠薪行为。对于因用人单位在经营中遇到困难、资金周转不开或经营不善等原因而暂时无法支付劳动者劳动报酬，主观上并不具有故意或恶意的，不宜将其纳入刑法调整的范围。劳动者可以通过现行法律规定的救济途径去维护其合法权益。

【立案追诉标准】

《最高人民检察院、公安部关于公安机关管辖的刑事案件立案追诉标准的规定(一)》[公通字〔2008〕36号，20080625，经2017年4月27日发布的《最高人民检察院、公安部关于公安机关管辖的刑事案件立案追诉标准的规定(一)的补充规定》(公通字〔2017〕12号)修正]

第三十四条之一 〔拒不支付劳动报酬案(刑法第二百七十六条之一)〕以转移财产、逃匿等方法逃避支付劳动者的劳动报酬或者有能力支付而不支付劳动者的劳动报酬，经政府有关部门责令支付仍不支付，涉嫌下列情形之一的，应予立案追诉：

(一)拒不支付一名劳动者三个月以上的劳动报酬且数额在五千元至二万元以上的；

(二)拒不支付十名以上劳动者的劳动报酬且数额累计在三万元至十万元以上的。

不支付劳动者的劳动报酬，尚未造成严重后果，在刑事立案前支付劳动者的劳动报酬，并依法承担相应赔偿责任的，可以不予立案追诉。

【司法解释】

《最高人民法院关于审理拒不支付劳动报酬刑事案件适用法律若干问题的解释》(法释〔2013〕3号，20130123)

第一条 劳动者依照《中华人民共和国劳动法》和《中华人民共和国劳动合同法》等法律的规定应得的劳动报酬，包括工资、奖金、津贴、补贴、延长工作时间的工资报酬及特殊情况下支付的工资等，应当认定为刑法第二百七十六条之一第一款规定的“劳动者的劳动报酬”。

第二条 以逃避支付劳动者的劳动报酬为目的，具有下列情形之一的，应当认定为刑法第二百七十六条之一第一款规定的“以转移财产、逃匿等方法逃避支付劳动者的劳动报酬”：

（一）隐匿财产、恶意清偿、虚构债务、虚假破产、虚假倒闭或者以其他方法转移、处分财产的；

（二）逃跑、藏匿的；

（三）隐匿、销毁或者篡改账目、职工名册、工资支付记录、考勤记录等与劳动报酬相关的材料的；

（四）以其他方法逃避支付劳动报酬的。

第三条　具有下列情形之一的，应当认定为刑法第二百七十六条之一第一款规定的“数额较大”：

（一）拒不支付一名劳动者三个月以上的劳动报酬且数额在五千元至二万元以上的；

（二）拒不支付十名以上劳动者的劳动报酬且数额累计在三万元至十万元以上的。

各省、自治区、直辖市高级人民法院可以根据本地区经济社会发展状况，在前款规定的数额幅度内，研究确定本地区执行的具体数额标准，报最高人民法院备案。

第四条　经人力资源社会保障部门或者政府其他有关部门依法以限期整改指令书、行政处理决定书等文书责令支付劳动者的劳动报酬后，在指定的期限内仍不支付的，应当认定为刑法第二百七十六条之一第一款规定的“经政府有关部门责令支付仍不支付”，但有证据证明行为人有正当理由未知悉责令支付或者未及时支付劳动报酬的除外。

行为人逃匿，无法将责令支付文书送交其本人、同住成年家属或者所在单位负责收件的人的，如果有关部门已通过在行为人的住所地、生产经营场所等地张贴责令支付文书等方式责令支付，并采用拍照、录像等方式记录的，应当视为“经政府有关部门责令支付”。

第五条　拒不支付劳动者的劳动报酬，符合本解释第三条的规定，并具有下列情形之一的，应当认定为刑法第二百七十六条之一第一款规定的“造成严重后果”：

（一）造成劳动者或者其被赡养人、被扶养人、被抚养人的基本生活受到严重影响、重大疾病无法及时医治或者失学的；

（二）对要求支付劳动报酬的劳动者使用暴力或者进行暴力威胁的；

（三）造成其他严重后果的。

第六条　拒不支付劳动者的劳动报酬，尚未造成严重后果，在刑事立案前支付劳动者的劳动报酬，并依法承担相应赔偿责任的，可以认定为情节显著轻微危害不大，不认为是犯罪；在提起公诉前支付劳动者的劳动报酬，并依法承担相应赔偿责任的，可以减轻或者免除刑事处罚；在一审宣判前支付劳动者的劳动报酬，并依法承担相应赔偿责任的，可以从轻处罚。

对于免除刑事处罚的，可以根据案件的不同情况，予以训诫、责令具结悔过或者赔礼道歉。

拒不支付劳动者的劳动报酬，造成严重后果，但在宣判前支付劳动者的劳动报酬，并依法承担相应赔偿责任的，可以酌情从宽处罚。

第七条　不具备用工主体资格的单位或者个人，违法用工且拒不支付劳动者的劳动报酬，数额较大，经政府有关部门责令支付仍不支付的，应当依照刑法第二百七十六条之一的规定，以拒不支付劳动报酬罪追究刑事责任。

第八条 用人单位的实际控制人实施拒不支付劳动报酬行为，构成犯罪的，应当依照刑法第二百七十六条之一的规定追究刑事责任。

第九条 单位拒不支付劳动报酬，构成犯罪的，依照本解释规定的相应个人犯罪的定罪量刑标准，对直接负责的主管人员和其他直接责任人员定罪处罚，并对单位判处罚金。

【司法解释·注释】

1.行为人因身患重病、自然灾害等正常理由未知悉责令支付，或者虽然知悉责令支付但在指定期限内无法及时支付劳动报酬的，不能认定为“经政府有关部门责令支付仍不支付”。

2.工会是职工自愿结合的工人阶级的群众组织，不属于政府有关部门的范畴，不能成为责令支付的主体。此外，人民法院和劳动争议仲裁委员会也不属于政府有关部门的范畴，不执行人民法院的判决和劳动争议仲裁裁决的不属于经政府有关部门责令支付仍不支付，不构成拒不支付劳动报酬罪，但可能构成拒不执行判决、裁定罪。

3.在建筑施工领域，普遍存在工程总承包企业违法发包、分包给不具备用工主体资格的组织或者个人(小包工头)的现象，这也是农民工工资被拖欠的“重灾区”。《国务院办公厅关于切实解决企业拖欠农民工工资问题的紧急通知》(国办发明电〔2010〕4号)规定：“因工程总承包企业违反规定发包、分包给不具备用工主体资格的组织或个人，由工程总承包企业承担清偿被拖欠的农民工工资责任。”实践中经常发生的案件是，总承包企业已将工程款(工资是其中的一小部分)支付给小包工头，小包工头却未支付给农民工，甚至卷款潜逃。此种情形下，可以依照国办发明电〔2010〕4号的相关规定，要求违反规定发包、分包的工程总承包企业支付劳动报酬。但是，如果工程总承包企业拒绝再次支付农民工劳动报酬的，由于其已经履行过支付劳动报酬的义务(只是由于小包工头非法扣留、挪用，甚至卷款潜逃而未支付)，故不宜追究其拒不支付劳动报酬罪的刑事责任。

需要注意的是，此种情形下，小包工头虽然不具备用工主体资格，但是政府有关部门仍然应当责令其支付劳动报酬，在政府有关部门责令支付后，小包工头仍然不支付的，应当依照刑法第二百七十六条之一第一款的规定，以拒不支付劳动报酬罪追究刑事责任。而且，即使工程总承包企业已再次支付农民工劳动报酬的，其在性质上属于垫付，并不影响对小包工头以拒不支付劳动报酬罪追究刑事责任。

【司法指导文件】

《最高人民法院、最高人民检察院、人力资源和社会保障部、公安部关于加强涉嫌拒不支付劳动报酬犯罪案件查处衔接工作的通知》(人社部发〔2014〕100号，20141223)

一、切实加强涉嫌拒不支付劳动报酬违法犯罪案件查处工作

(二)行为人拖欠劳动者劳动报酬后，人力资源社会保障部门通过书面、电话、短信等能够确认其收悉的方式，通知其在指定的时间内到指定的地点配合解决问题，但其在指定的时间内未到指定的地点配合解决问题或明确表示拒不支付劳动报酬的，视为刑法第二百七十六条之一第一款规定的“以逃匿

方法逃避支付劳动者的劳动报酬”。但是，行为人有证据证明因自然灾害、突发重大疾病等非人力所能抗拒的原因造成其无法在指定的时间内到指定的地点配合解决问题的除外。

【指导性案例 · 法院】

〔胡克金拒不支付劳动报酬案，FZD28-2014〕

1.不具备用工主体资格的单位或者个人(包工头)，违法用工且拒不支付劳动者报酬，数额较大，经政府有关部门责令支付仍不支付的，应当以拒不支付劳动报酬罪追究刑事责任。

2.不具备用工主体资格的单位或者个人(包工头)拒不支付劳动报酬，即使其他单位或者个人在刑事立案前为其垫付了劳动报酬的，也不影响追究该用工单位或者个人(包工头)拒不支付劳动报酬罪的刑事责任。

【法院案例库参考案例】

〔金某拒不支付劳动报酬案，2025-18-1-232-001〕拒不支付新就业形态劳动者的劳动报酬行为的处理

对于拒不支付新就业形态劳动者的劳动报酬，符合刑法第二百七十六条之一规定的，依法以拒不支付劳动报酬罪定罪处罚。

〔江西某光电有限公司拒不支付劳动报酬案，2025-05-1-232-004〕“有能力支付而不支付劳动者的劳动报酬”的认定

1.对于“有能力支付而不支付劳动者的劳动报酬”，可以结合拖欠劳动报酬的数额与拖欠期间收入款项情况等予以综合判断，作出准确认定。

2.拒不支付劳动报酬，在裁判作出前仍未支付的，人民法院在定罪量刑的同时，依法责令行为人支付所欠劳动报酬。

〔翁某拒不支付劳动报酬案，2025-05-1-232-002〕拒不支付劳动报酬犯罪免予刑事处罚的适用

对于被告人在提起公诉前全额支付劳动报酬，获得被害方谅解的，法院可以综合案件具体情况，依法免予刑事处罚。

〔江苏省常州市某信息科技有限公司拒不支付劳动报酬案，2025-05-1-232-001〕拒不支付劳动报酬单位犯罪的处理

1.单位拒不支付劳动报酬，构成拒不支付劳动报酬罪的，对直接负责的主管人员和其他直接责任人员定罪处罚，并对单位判处罚金。

2.拒不支付劳动报酬，在裁判作出前仍未支付的，人民法院在定罪量刑的同时，依法责令行为人支付所欠劳动报酬。

〔任某利拒不支付劳动报酬案，2024-05-1-232-001〕不具备用工主体资格的个人，采取挂靠等方式承揽工程后用工，拒不支付劳动报酬的处理

1.不具备用工主体资格的个人，采取挂靠等方式承揽工程后用工，拒不支付劳动者的劳动报酬，数额较大，经政府有关部门责令支付仍不支付的，应当依照刑法第二百七十六条之一的规定，以拒不支付劳动报酬罪追究刑事责任。

2.拒不支付劳动报酬的行为人在一审宣判前支付劳动者的劳动报酬，并取得被害人谅解的，依法可以从轻处罚。

〔陈某某拒不支付劳动报酬案，2023-05-1-232-002〕承包方与发包

方之间的纠纷不能作为承包方拒不支付劳动报酬的理由

工程承包方应当按照约定足额支付劳动者工资，施工期间，发包方依工程进度按期向承包方支付相关款项后，承包方应当优先保证工人工资的足额发放。承包方与发包方存在经济纠纷，应当通过其他合法方式处理，不能以此作为拖欠劳动者工资的理由或借口。

〔曾某等拒不支付劳动报酬案，2023-05-1-232-001〕拒不支付劳动报酬罪中逃匿的认定

1.个人违法用工且拒不支付劳动者报酬，数额较大，经政府有关部门责令支付仍不支付的，应当以拒不支付劳动报酬罪追究刑事责任。行为人明知政府相关部门通知其到指定地点解决拖欠劳动报酬问题，拒不配合，可视为“以逃匿方法逃避支付劳动者的劳动报酬”。

2.针对逃匿的行为人，通过在行为人的住所地、生产经营场所等地张贴责令支付文书等方式责令支付，并采用拍照、录像等方式记录的，应当视为“经政府有关部门责令支付”。

第六章　妨害社会管理秩序罪

第一节　扰乱公共秩序罪

第二百七十七条 【妨害公务罪】以暴力、威胁方法阻碍国家机关工作人员依法执行职务的，处三年以下有期徒刑、拘役、管制或者罚金。

以暴力、威胁方法阻碍全国人民代表大会和地方各级人民代表大会代表依法执行代表职务的，依照前款的规定处罚。

在自然灾害和突发事件中，以暴力、威胁方法阻碍红十字会工作人员依法履行职责的，依照第一款的规定处罚。

故意阻碍国家安全机关、公安机关依法执行国家安全工作任务，未使用暴力、威胁方法，造成严重后果的，依照第一款的规定处罚。

【袭警罪】暴力袭击正在依法执行职务的人民警察的，处三年以下有期徒刑、拘役或者管制；使用枪支、管制刀具，或者以驾驶机动车撞击等手段，严重危及其人身安全的，处三年以上七年以下有期徒刑。

【第二次修正前条文】

第二百七十七条 【妨害公务罪】以暴力、威胁方法阻碍国家机关工作人员依法执行职务的，处三年以下有期徒刑、拘役、管制或者罚金。

以暴力、威胁方法阻碍全国人民代表大会和地方各级人民代表大会代表依法执行代表职务的，依照前款的规定处罚。

在自然灾害和突发事件中，以暴力、威胁方法阻碍红十字会工作人员依法履行职责的，依照第一款的规定处罚。

故意阻碍国家安全机关、公安机关依法执行国家安全工作任务，未使用暴力、威胁方法，造成严重后果的，依照第一款的规定处罚。

暴力袭击正在依法执行职务的人民警察的，依照第一款的规定从重处罚。

【第一次修正前条文】

第二百七十七条 【妨害公务罪】以暴力、威胁方法阻碍国家机关工作人员依法执行职务的，处三年以下有期徒刑、拘役、管制或者罚金。

以暴力、威胁方法阻碍全国人民代表大会和地方各级人民代表大会代表依法执行代表职务的，依照前款的规定处罚。

在自然灾害和突发事件中，以暴力、威胁方法阻碍红十字会工作人员依法履行职责的，依照第一款的规定处罚。

故意阻碍国家安全机关、公安机关依法执行国家安全工作任务，未使用暴力、威胁方法，造成严重后果的，依照第一款的规定处罚。

【修正说明】

1.刑法修正案(九)第二十一条增设了本条第五款。

2.刑法修正案(十一)第三十一条进一步修改了本条第五款,增设袭警罪。

【立法·要点注释】

1.“依法执行职务”,是指国家机关工作人员依照法律、法规规定所进行的职务活动。如果阻碍的不是国家机关工作人员的活动,或者不是职务活动,或者不是依法进行的职务活动,都不构成本罪。

2.在认定袭警罪时需要注意以下六点:一是本款规定的警察既包括执行刑事追诉相关侦查职责的警察,也包括根据其他法律执行治安管理等职责的警察;既包括公安机关、国家安全机关、监狱的人民警察,也包括人民法院、人民检察院的司法警察。二是实践中对正在依法执行职务的民警虽未实施暴力袭击,但以实施暴力相威胁,或者采用其他方法阻碍人民警察执行职务的,则不构成暴力袭击警察的犯罪,符合刑法第二百七十七条第一款规定的,应当以妨害公务罪定罪处罚。三是行为人只是辱骂民警,或者实施袭警情节轻微,如抓挠、一般的肢体冲突等,尚不构成犯罪,但构成违反治安管理行为的,应当依法给予治安管理处罚。四是行为人暴力袭击正在执行职务的人民警察,造成人民警察重伤、死亡或者其他严重后果,构成故意伤害罪、故意杀人罪等犯罪的,依照处罚较重的规定定罪处罚。五是行为人如果以暴力方法抗拒缉私的,根据刑法第一百五十七条的规定,以走私罪和本条规定的阻碍国家机关依法执行职务罪,依照数罪并罚的规定处罚。也就是说,如果行为人以暴力方法抗拒人民警察缉私的,应当依照走私罪和本条第五款规定的袭警罪数罪并罚;如果行为人以暴力方法抗拒其他国家机关工作人员缉私的,应当依照走私罪和妨害公务罪数罪并罚。六是本款规定的核心在于通过维护警察执法权威进而维护法律的权威,这里的法律既包括作为执法依据的法律,也包括规范管理对象的实体与程序权利的法律,因此,在执行中要统筹考虑合理用警,规范执法与渎职追责,避免暴力执法、情绪执法,要注意公权力违法对法治权威的损害甚至更大。

【司法解释(1)】

《最高人民法院关于审理破坏草原资源刑事案件应用法律若干问题的解释》(法释〔2012〕15号,20121122)

第四条第一款　以暴力、威胁方法阻碍草原监督检查人员依法执行职务,构成犯罪的,依照刑法第二百七十七条的规定,以妨害公务罪追究刑事责任。

【司法解释(2)】

《最高人民法院、最高人民检察院关于办理妨害预防、控制突发传染病疫情等灾害的刑事案件具体应用法律若干问题的解释》(法释〔2003〕8号,20030515)

第八条　以暴力、威胁方法阻碍国家机关工作人员、红十字会工作人员依法履行为防治突发传染病疫情等灾害而采取的防疫、检疫、强制隔离、隔离治疗等预防、控制措施的,依照刑法第二百七十七条第一款、第三款的规定,以妨害公务罪定罪处罚。

【司法解释(3)】

《最高人民法院、最高人民检察院关于办理非法生产、销售烟草专卖品等刑事案件具体应用法律若干问题的解释》(法释〔2010〕7号,20100326)

第八条第一款　以暴力、威胁方法阻碍烟草专卖执法人员依法执行职务,构成犯罪的,以妨害公务罪追究刑事责任。

【司法解释(4)】

《最高人民检察院关于以暴力、威胁方法阻碍事业编制人员依法执行行政执法职务是否可对侵害人以妨害公务罪论处的批复》(高检发释字〔2000〕2号,20000424)

对于以暴力、威胁方法阻碍国有事业单位人员依照法律、行政法规的规定执行行政执法职务的,或者以暴力、威胁方法阻碍国家机关中受委托从事行政执法活动的事业编制人员执行行政执法职务的,可以对侵害人以妨害公务罪追究刑事责任。

【司法解释(5)】

参见本法第二百四十一条项下【司法解释】第七条,第763页。

【司法解释(6)】

参见本法第三百四十一条项下【司法解释(3)】第八条第二款,第1196页。

【司法解释(7)】

《最高人民法院、最高人民检察院关于办理袭警刑事案件适用法律若干问题的解释》(高检发释字〔2025〕1号,20250118)

第一条　袭击正在依法执行职务的人民警察,具有下列情形之一的,应当认定为刑法第二百七十七条第五款规定的"暴力袭击":

(一)实施撕咬、掌掴、踢打、抱摔、投掷物品等行为,造成轻微伤以上后果的;

(二)实施打砸、毁坏、抢夺人民警察乘坐的车辆、使用的警械等行为,足以危及人身安全的。

与人民警察发生轻微肢体冲突,或者为摆脱抓捕、约束实施甩手、挣脱、蹬腿等一般性抗拒行为,危害不大的,或者仅实施辱骂、讽刺等言语攻击行为的,不属于刑法第二百七十七条第五款规定的"暴力袭击"。

第二条　暴力袭击正在依法执行职务的人民警察,具有下列情形之一,足以致人重伤或者死亡的,应当认定为刑法第二百七十七条第五款规定的"严重危及其人身安全":

(一)使用枪支、管制刀具或者其他具有杀伤力的工具的;

(二)驾驶机动车撞击人民警察或者其乘坐的车辆的;

(三)其他严重暴力袭击行为。

第三条　实施袭警犯罪,具有下列情形之一的,从重处罚:

(一)造成人民警察轻伤的;

(二)致使人民警察不能正常执行职务,造成他人伤亡、犯罪嫌疑人脱逃、关键证据灭失或者公私财产重大损失等严重后果的;

(三)纠集或者煽动多人袭警的;

(四)袭击人民警察二人以上的;

(五)其他情节严重的情形。

第四条　对于人民警察执法活动

存在过错，在认定行为人暴力袭击行为是否构成袭警罪时，应当综合考虑行为人的暴力程度、危害后果及执法过错程度等因素，依法妥当处理。

人民警察执法活动存在严重过错的，对行为人一般不作为犯罪处理。执法过错较大，袭击行为暴力程度较轻、危害不大的，可以不作为犯罪处理。袭击行为造成严重后果，确需追究刑事责任的，应当依法从宽处理。

第五条　醉酒的人实施袭警犯罪的，应当负刑事责任。

第六条　教唆、煽动他人实施袭警犯罪或者明知他人实施袭警犯罪而提供工具或者其他帮助，情节严重的，以共同犯罪论处。

第七条　行为人阻碍人民警察依法执行职务，但未实施暴力袭击行为的，不构成袭警罪；符合刑法第二百七十七条第一款规定的，以妨害公务罪定罪处罚。

对在非工作时间遇有紧急情况依法履行职责的人民警察实施暴力袭击，符合刑法第二百七十七条第五款规定的，以袭警罪定罪处罚。

对非执行职务的人民警察实施报复性暴力袭击的，不构成袭警罪；符合刑法第二百三十四条、第二百三十二条等规定的，依照相应犯罪从重处罚。

第八条　暴力袭击正在依法配合人民警察执行职务的警务辅助人员的，不构成袭警罪；符合刑法第二百七十七条第一款规定的，以妨害公务罪定罪处罚。

同时暴力袭击正在依法执行职务的人民警察和配合人民警察执行职务的警务辅助人员，符合刑法第二百七十七条第五款规定的，以袭警罪从重处罚。

第九条　实施本解释规定的行为，同时构成袭警罪、妨害公务罪和故意杀人罪、故意伤害罪等犯罪的，依照处罚较重的规定定罪处罚。

第十条　实施本解释规定的行为，综合考虑行为人认罪悔罪表现、赔偿损失情况、行为手段、危害后果等情形，认为犯罪情节较轻的，可以从宽处罚；犯罪情节轻微的，可以不起诉或者免予刑事处罚；情节显著轻微危害不大的，不作为犯罪处理。

第十一条　对于实施本解释规定的相关行为被不起诉或者免予刑事处罚的行为人，需要给予行政处罚、政务处分或者其他处分的，依法移送有关主管机关处理。

第十二条　对于刑法第二百七十七条第五款规定的"人民警察"，依照人民警察法的相关规定认定，包括公安机关、国家安全机关、监狱等部门的人民警察和人民法院、人民检察院的司法警察。

第十三条　本解释自2025年1月18日起施行。本解释施行后，之前发布的规范性文件与本解释不一致的，以本解释为准。

【司法指导文件(1)】

《最高人民法院、最高人民检察院关于常见犯罪的量刑指导意见(试行)》(法发〔2021〕21号，20210701)

(十六)妨害公务罪

1.构成妨害公务罪的，在二年以下有期徒刑、拘役幅度内确定量刑起点。

2.在量刑起点的基础上，根据妨害公务造成的后果、犯罪情节严重程度等其他影响犯罪构成的犯罪事实增加刑罚量，确定基准刑。

3.构成妨害公务罪，依法单处罚金的，根据妨害公务的手段、危害后果、造成的人身伤害以及财物毁损情况等犯罪情节，综合考虑被告人缴纳罚金的能力，决定罚金数额。

4.构成妨害公务罪的，综合考虑妨害公务的手段、造成的人身伤害、财物的毁损及社会影响等犯罪事实、量刑情节，以及被告人的主观恶性、人身危险性、认罪悔罪表现等因素，决定缓刑的适用。

【司法指导文件(2)】

《最高人民法院、最高人民检察院、公安部、国家工商行政管理局关于依法查处盗窃、抢劫机动车案件的规定》(公通字〔1998〕31号，19980508)

一、司法机关依法查处盗窃、抢劫机动车案件，任何单位和个人都应当予以协助。以暴力、威胁方法阻碍司法工作人员依法办案的，依照刑法第二百七十七条第一款的规定处罚。[①]

【司法指导文件(3)】

《最高人民法院、最高人民检察院、公安部关于依法惩治袭警违法犯罪行为的指导意见》(公通字〔2019〕32号，20200110)[②]

【司法指导文件(4)】

《最高人民法院、最高人民检察院、公安部关于依法处理信访活动中违法犯罪行为的指导意见》(公通字〔2019〕7号，20190228)

(四)阻碍执行职务。在信访活动中或者以信访为名，以暴力、威胁方法阻碍国家机关工作人员依法执行职务的，依照刑法第二百七十七条的规定，以妨害公务罪定罪处罚……

【司法指导文件(5)】

《最高人民法院、最高人民检察院、公安部关于依法惩治妨害公共交通工具安全驾驶违法犯罪行为的指导意见》(公通字〔2019〕1号，20190108)

(六)以暴力、威胁方法阻碍国家机关工作人员依法处置妨害安全驾驶违法犯罪行为、维护公共交通秩序的，依照刑法第二百七十七条的规定，以妨害公务罪定罪处罚……

【司法指导文件(6)】

《最高人民法院、最高人民检察院、公安部、国家烟草专卖局关于办理假冒伪劣烟草制品等刑事案件适用法律问题座谈会纪要》(商检会〔2003〕4号，20031223)

八、关于以暴力、威胁方法阻碍烟草专卖执法人员依法执行职务行为的定罪处罚问题

以暴力、威胁方法阻碍烟草专卖执法人员依法执行职务的，依照刑法第二百七十七条的规定，以妨害公务罪定罪处罚。

---

① 对于该文件的适用，需结合刑法修正案(十一)第三十一条修正的刑法第二百七十七条第五款即袭警罪的规定综合考虑。——编者注

② 《最高人民法院、最高人民检察院关于办理袭警刑事案件适用法律若干问题的解释》(高检发释字〔2025〕1号)实施后，该意见实际上已不再继续适用。这里仅保留文件名称。——编者注

【司法指导文件(7)】

参见本法第一百五十一条项下【司法指导文件】第二条，第421页。

【司法指导文件(8)】

参见本法第一百三十三条之一项下【司法指导文件(2)】第十六条第二款，第324页。

【公安文件】

《公安部关于公安机关处置信访活动中违法犯罪行为适用法律的指导意见》(公通字〔2013〕25号，20130719)

四、对妨害社会管理秩序违法犯罪行为的处理

9.阻碍国家机关工作人员依法执行职务，强行冲闯公安机关设置的警戒带、警戒区，或者阻碍执行紧急任务的消防车、救护车、工程抢险车、警车等车辆通行，符合《治安管理处罚法》第五十条①第一款第二项、第三项、第四项规定的，以阻碍执行职务、阻碍特种车辆通行、冲闯警戒带、警戒区依法予以治安管理处罚；阻碍人民警察依法执行职务的，从重处罚；使用暴力、威胁方法阻碍国家机关工作人员依法执行职务，符合《刑法》第二百七十七条规定的，以妨害公务罪追究刑事责任。

【法院案例库参考案例】

〔马某凯袭警案，2025-05-1-234-002〕袭警罪中“严重危及人身安全”及“正在依法执行职务”的认定

1.对于袭警罪中“严重危及其人身安全”的认定，不能仅以警察是否实际遭受伤害或伤害严重程度作为判断依据，而应当结合袭击的力度、部位、物品损坏等情况进行综合判断。行为人持刀具捅刺警察颈部未果，后又驾驶车辆猛烈撞击警车，造成车辆严重损毁变形，虽未致警察受伤，但足以造成警察伤亡的严重后果的，应当认定为“严重危及其人身安全”。

2.行为人被查处后暴力攻击警察未果，在警察离开执法现场后又驾车追逐，并在追上后撞击警车，撞车的第二现场应看作是袭警第一现场的延伸，也应当认定为袭击“正在依法执行职务”的人民警察。

〔李某德袭警案，2025-05-1-234-001〕袭警罪中“正在依法执行职务”的认定

“正在依法执行职务”是袭警罪客观构成要件中的限制性条件。其中，“正在”是时间性要求，指依法执行职务的全过程，与警察职务的执行具有密切联系的活动都应当纳入“正在”范畴，包括具有紧迫性、紧密性、连续性的执行职务准备活动；但事后袭击不属于该范畴。“依法”是合法性要求，对职务行为合法性的判断应当从实体法和程序法两个方面入手，两者缺一不可。

〔曹某危险驾驶案，2024-06-1-055-051〕为抗拒民警控制而实施甩手、蹬腿等一般性抗拒行为的定性

在人民警察依法执行职务过程中，行为人为摆脱控制、逃避抓捕等实施甩手、蹬腿等一般性抗拒行为，危害不大的，不属于刑法第二百七十七条第五款规定的“暴力袭击”，不构成袭警罪。

① 2025年修订的治安管理处罚法第六十一条。——编者注

〔周某某袭警案，2024-05-1-234-001〕驾驶机动车逃避抓捕的行为的认定

1.暴力袭击正在依法执行职务的人民警察和配合人民警察执行职务的辅警，同时符合袭警罪和妨害公务罪的，可以按照吸收犯的处理原则，以袭警罪从重处罚，不实行数罪并罚。

2.在驾驶机动车逃跑过程中撞击人民警察和辅警，严重危及人民警察人身安全的，属于刑法第二百七十七条第五款规定的“以驾驶机动车撞击，严重危及人身安全”。

【《刑事审判参考》案例】

〔参考案例第205号：江世田等妨害公务案〕聚众以暴力手段抢回被依法查扣的制假设备应如何定罪？

被告人以对抗执法的故意和目的，聚众暴力拦截执法车辆，公然夺回被依法查扣的制假设备，应以妨害公务罪定罪处罚，不宜定抢劫罪或聚众哄抢罪。

〔参考案例第731号：周洪宝妨害公务案〕以投掷点燃汽油瓶的方式阻碍城管队员依法执行职务的行为，如何定罪处罚？

以放火方式阻碍国家工作人员执行职务，行为并非针对不特定多数人，在行为当时特定的客观环境下该行为不可能形成引发危害公共安全的燃烧状态，且主观上并无危害公共安全的故意的，应以妨害公务罪论处。

〔参考案例第1324号：陈岗妨害公务案〕如何准确把握妨害公务罪中的“暴力”“威胁”方法？如何准确认定妨害公务罪的行为对象？

1.凡是针对执行公务人员及其所属设备实施足以干扰和破坏公务活动正常执行的强制力量，都应当认定为妨害公务罪的“暴力”方法。具体而言，既包括对人身的强制，也包括对物的强制；既包括直接暴力，也包括间接暴力；既包括有形力，也包括无形力。对与公务人员执行职务具有密切关系的辅助人员实施暴力的，也成立本罪。

2.行为人以自杀、自伤、自残相威胁，或者自称疫病患者乱吐口水，造成公务人员精神上的恐惧、心理上的压力或者自由意志的抑制，从而使公务人员处于不敢抗拒的境地而影响公务活动正常执行的，也应当认定为妨害公务罪中的“威胁”。

3.如果村(居)民委员会或村(居)民等基层自治组织人员在党委政府统一部署下，协助政府从事疫情防控、检疫、强制隔离、隔离治疗等措施的，应当视为从事行使疫情防控职权的公务人员。

〔参考案例第1618号：王某某袭警、危险驾驶案〕相对人被追截过程中袭警行为的罪责应如何认定？

相对人在民警撞击别停其车的时候突然加速超越警车，并伴有撞击警车行为，属于暴力袭击人民警察，构成袭警罪。

〔参考案例第1619号：范某文妨害公务案〕暴力袭击辅警的行为如何定性？

暴力袭击配合公安机关人民警察执行授权性职务辅警的，构成妨害公务罪。暴力袭击单独执行职务或执行禁止性职务辅警的，不构成袭警罪、妨害公务罪。同时暴力袭击公安机关人民警察和正在配合公安机关人民警察开展工作的辅警的，按照吸收犯原理处理。

〔参考案例第1589号：林某袭警案〕袭警行为人主动给予受害民警民

事赔偿并取得民警个人谅解的，能否予以从宽处罚？

民警个人可对造成其人身损害的行为人表示谅解，但无权处分受损的国家公权力和正常管理秩序，亦无权代表国家“原谅”袭警行为人，因此不足以对袭警行为人从宽处罚。

第二百七十八条 【煽动暴力抗拒法律实施罪】煽动群众暴力抗拒国家法律、行政法规实施的，处三年以下有期徒刑、拘役、管制或者剥夺政治权利；造成严重后果的，处三年以上七年以下有期徒刑。

【立法·要点注释】

行为人只要实施了煽动的行为，就可能足以扰乱社会秩序，有很大的社会危害性，就可以构成本罪，至于群众是否听信，是否造成了实际危害后果，不影响本罪的成立。“造成严重后果”，主要是指由于煽动行为，导致被煽动的群众错误听信，使用暴力抗拒国家法律实施，或者由于煽动行为，造成工作、生产、教学、科研活动不能正常进行，以及由于煽动行为，造成了十分恶劣的社会影响，等等。

【司法解释(1)】

《最高人民法院关于审理破坏草原资源刑事案件应用法律若干问题的解释》(法释〔2012〕15号，20121122)

第四条第二款 煽动群众暴力抗拒草原法律、行政法规实施，构成犯罪的，依照刑法第二百七十八条的规定，以煽动暴力抗拒法律实施罪追究刑事责任。

【司法解释(2)】

《最高人民法院、最高人民检察院关于办理非法生产、销售烟草专卖品等刑事案件具体应用法律若干问题的解释》(法释〔2010〕7号，20100326)

第八条第二款 煽动群众暴力抗拒烟草专卖法律实施，构成犯罪的，以煽动暴力抗拒法律实施罪追究刑事责任。

【司法解释(3)】

参见本法第二百二十一条项下【司法解释】第九条，第635页。

【司法指导文件】

《最高人民法院、最高人民检察院、公安部、国家烟草专卖局关于办理假冒伪劣烟草制品等刑事案件适用法律问题座谈会纪要》(商检会〔2003〕4号，20031223)

九、关于煽动群众暴力抗拒烟草专卖法律实施行为的定罪处罚问题

煽动群众暴力抗拒烟草专卖法律实施的，依照刑法第二百七十八条的规定，以煽动暴力抗拒法律实施罪定罪处罚。

【公安文件】

《公安部关于公安机关处置信访活动中违法犯罪行为适用法律的指导意见》(公通字〔2013〕25号，20130719)

四、对妨害社会管理秩序违法犯罪行为的处理

11.煽动群众暴力抗拒国家法律、行政法规实施，符合《刑法》第二百七十八条规定的，以煽动暴力抗拒法律实施罪追究刑事责任。

第二百七十九条 【招摇撞骗罪】冒充国家机关工作人员招摇撞骗的，处三年以下有期徒刑、拘役、管制或者剥夺政治权利；情节严重的，处三年以上十年以下有期徒刑。

冒充人民警察招摇撞骗的，依照前款的规定从重处罚。

【立法 · 要点注释】

1.“冒充国家机关工作人员”，是指非国家机关工作人员假冒国家机关工作人员的身份、职位，或者某一国家机关工作人员冒用其他国家机关工作人员的身份、职位的行为。如果冒充的是非国家机关工作人员，如冒充高干子弟、企业家、教师等，不构成本罪。对于已经离休、退休、离职、辞职、被辞退、被开除等曾在国家机关从事公务活动的人员，如果不再享有依法履行公务的职权，这类人员冒充现职的国家机关工作人员进行招摇撞骗的，也应以招摇撞骗罪论处。

2.虽然辅警根据有关规定，承担协助警察开展工作的部分职责，但他们不属于人民警察，如果行为人冒充辅警实施招摇撞骗，不属于冒充人民警察的犯罪，不能适用本条第二款关于冒充人民警察招摇撞骗从重处罚的规定。

3.“招摇撞骗”，是指行为人为牟取非法利益，以假冒的国家机关工作人员身份到处炫耀，利用人们对国家机关工作人员的信任，骗取地位、荣誉、待遇以及玩弄女性等。如果行为人冒充国家机关工作人员不是为了获取非法利益，或者行为人只是出于满足虚荣心，仅仅实施了冒充国家机关工作人员的行为，但并未借此实施骗取非法利益的行为，则不构成本罪。

4.“情节严重的”，主要是指多次冒充国家机关工作人员进行招摇撞骗的；造成恶劣影响，严重损害国家机关形象和威信的；造成被骗人精神失常、自杀等严重后果的；等等。

5.关于招摇撞骗罪与诈骗罪的界限。诈骗罪骗取的对象只限于公私财物，并且要求财物达到一定的数额，侵害的是公私合法财产利益；招摇撞骗罪骗取的对象主要不是财产，而是财产以外的其他利益，如地位、待遇等，侵害的主要是国家机关的威信和形象。如果行为人冒充国家机关工作人员为了骗取财物，应当以诈骗罪处罚。

【司法解释】

《最高人民法院、最高人民检察院关于办理诈骗刑事案件具体应用法律若干问题的解释》(法释〔2011〕7号，20110408)

第八条　冒充国家机关工作人员进行诈骗，同时构成诈骗罪和招摇撞骗罪的，依照处罚较重的规定定罪处罚。

【司法指导文件(1)】

《最高人民法院、最高人民检察院、公安部关于依法惩治招摇撞骗等违法犯罪行为的指导意见》(公通字〔2021〕21号，20211216)

一、冒充国家机关工作人员、军人，骗取财物、荣誉、地位、待遇、感情等，符合刑法第二百七十九条、第三百七十二条规定的，分别以招摇撞骗罪、冒充军人招摇撞骗罪定罪处罚；严重损害国家机关、军队形象和威信，或者造成其他严重后果的，应当认定为刑法第二百七十九条、第三百七十二条规定的“情节严重”。

二、冒充党和国家领导人或者其他领导干部的亲属、身边工作人员，骗取公私财物，符合刑法第二百六十六条规定的，以诈骗罪定罪处罚；诈骗数额接近“数额巨大”“数额特别巨大”的标准，并且严重损害国家机关、军队形象和威信或者诈骗手段恶劣、造成其他严重后果的，应当分别认定为刑法第二百六十六条规定的“其他严重情节”“其他特别严重情节”。

三、伪造党和国家领导人或者其他领导干部的题词、书法、绘画或者合影照片、音频、视频等，骗取公私财物，符合刑法第二百六十六条规定的，以诈骗罪定罪处罚。

四、冒充国家机关工作人员或者军人招摇撞骗，同时构成非法吸收公众存款罪、集资诈骗罪、合同诈骗罪、组织、领导传销活动罪、诈骗罪的，依照处罚较重的规定定罪处罚。

五、对下列情形之一的，应当分别认定为刑法第二百七十九条、第三百七十二条规定的“冒充国家机关工作人员”“冒充军人”：

1.冒充国家机关中真实存在或者虚构的工作人员、军人的；

2.冒充虚构的国家机关中的工作人员、军人，易让他人信以为真的；

3.身为国家机关工作人员、军人冒充其他国家机关工作人员、军人的；

4.以骗取非法利益为目的，制造假象，诱使他人误以为系国家机关工作人员、军人的。

【司法指导文件(2)】

《最高人民法院关于审理抢劫、抢夺刑事案件适用法律若干问题的意见》(法发〔2005〕8号，20050608)

九、关于抢劫罪与相似犯罪的界限

1.……行为人冒充正在执行公务的人民警察“抓赌”、“抓嫖”，没收赌资或者罚款的行为，构成犯罪的，以招摇撞骗罪从重处罚；在实施上述行为中使用暴力或者暴力威胁的，以抢劫罪定罪处罚。……

【法院案例库参考案例】

〔陈某科等招摇撞骗案，2023-03-1-236-001〕冒充虚构的国家机关工作人员实施招摇撞骗的认定

冒充虚构的国家机关工作人员，足以使一般人信以为真，应当视为冒充国家机关工作人员。招摇撞骗罪是结果犯，招摇撞骗行为对国家机关形象及正常工作秩序造成损害，无论行为人是否实际获得目标非法利益，即构成既遂。

【《刑事审判参考》案例】

〔参考案例第162号：李志远招摇撞骗、诈骗案〕冒充国家机关工作人员骗取财物的同时又骗取其他非法利益的应如何定罪处罚？

被告人基于一个概括的故意，冒充国家机关工作人员，既骗取财物，又骗取其他非法利益的，属于连续犯情形，处断上应作为一罪处理。具体处理原则如下：(1)骗取财物数额较大的。如判定属于情节严重的招摇撞骗行为，应以招摇撞骗罪论处，反之则以诈骗罪论处。(2)骗取财物数额巨大的。诈骗罪的法定刑为三年以上十年以下有期徒刑，并处罚金，而招摇撞骗罪没有罚金的规定，因此，诈骗罪是重法条，应以诈骗罪论处。同理，骗取财物数额特别巨大时，也应以诈骗罪论处。

〔参考案例第1497号：白福来诈骗案〕冒充退休人民警察招摇撞骗的行为如何定性？

退休的人民警察不能视为人民警察，冒充退休的人民警察不属于冒充国家机关工作人员。行为人借此招摇撞骗，骗取数额较大以上钱款的，应以诈骗罪追究刑事责任。

第二百八十条　【伪造、变造、买卖国家机关公文、证件、印章罪】【盗窃、抢夺、毁灭国家机关公文、证件、印章罪】伪造、变造、买卖或者盗窃、抢夺、毁灭国家机关的公文、证件、印章的，处三年以下有期徒刑、拘役、管制或者剥夺政治权利，并处罚金；情节严重的，处三年以上十年以下有期徒刑，并处罚金。

【伪造公司、企业、事业单位、人民团体印章罪】伪造公司、企业、事业单位、人民团体的印章的，处三年以下有期徒刑、拘役、管制或者剥夺政治权利，并处罚金。

【伪造、变造、买卖身份证件罪】伪造、变造、买卖居民身份证、护照、社会保障卡、驾驶证等依法可以用于证明身份的证件的，处三年以下有期徒刑、拘役、管制或者剥夺政治权利，并处罚金；情节严重的，处三年以上七年以下有期徒刑，并处罚金。

【修正前条文】

第二百八十条　【伪造、变造、买卖国家机关公文、证件、印章罪】【盗窃、抢夺、毁灭国家机关公文、证件、印章罪】伪造、变造、买卖或者盗窃、抢夺、毁灭国家机关的公文、证件、印章的，处三年以下有期徒刑、拘役、管制或者剥夺政治权利；情节严重的，处三年以上十年以下有期徒刑。

【伪造公司、企业、事业单位、人民团体印章罪】伪造公司、企业、事业单位、人民团体的印章的，处三年以下有期徒刑、拘役、管制或者剥夺政治权利。

【伪造、变造居民身份证罪】伪造、变造居民身份证的，处三年以下有期徒刑、拘役、管制或者剥夺政治权利；情节严重的，处三年以上七年以下有期徒刑。

【修正说明】

刑法修正案(九)第二十二条对原条文作出下述修改：一是将证件的范围扩大为“居民身份证、护照、社会保障卡、驾驶证等依法可以用于证明身份的证件”。二是对买卖居民身份证、护照、社会保障卡、驾驶证的行为作了补充规定。三是对本条规定的犯罪增加了罚金刑。

【立法·要点注释】

1.在实际生活中，还有一些被单位或者个人在一定范围、领域内使用，实际起到证明身份作用的证件，如各种会员卡、会员证、上岗证等，这些证件能否认定为本条第三款规定的“依法可以用于证明身份的证件”，对此需要慎重研究。居民身份证、护照、社会保障卡、驾驶证这四类证件之所以被社会广泛认可，是因为他们有一些共同的属性：一是具有权威性，由国家有关主管部门依法统一制作发放。二是具有统一性，采用全国统一标准，以具有唯一性的居民身份证号码作为识别信息，并附有照片等重要身份识别信息，可识别性强。三是持证人的广泛性，发放数量大，具有较好的应用基础。因此，对“依法可以用于证明身份的证件”的范围，实践中应当严格按照法律规定的范围掌握。如果在实践中，在上述权威性、统一性、广泛性等方面与法律明确列举的四类证件具有相当性，确属应当作为“依法可以用于证明身份的证件”，可通过法律解释等方式予以明确。

2.对证件的范围严格按照法律规定掌握，并非对伪造、变造、买卖这四类证件之外的其他证件的行为不能够依法处理。实际上其中多数行为可以根据本条第一款、第二款的规定，以伪造、变造、买卖国家机关公文、证件、印章罪，伪造公司、企业、事业单位、人民团体印章罪追究。还有一些，可以根据治安管理处罚法的规定处理。

3.根据本条第三款的规定，买卖居民身份证、护照、社会保障卡、驾驶证，既包括买卖真证，也包括买卖伪造、变造的证件。

【相关立法】

《全国人民代表大会常务委员会关于惩治骗购外汇、逃汇和非法买卖外汇犯罪的决定》(19981229)

二、买卖伪造、变造的海关签发的报关单、进口证明、外汇管理部门核准件等凭证和单据或者国家机关的其他公文、证件、印章的，依照刑法第二百八十条的规定定罪处罚。

【司法解释(1)】

《最高人民法院关于审理骗购外汇、非法买卖外汇刑事案件具体应用法律若干问题的解释》(法释〔1998〕20号，19980901)

第二条　伪造、变造、买卖海关签发的报关单、进口证明、外汇管理机关的核准件等凭证或者购买伪造、变造的上述凭证的，按照刑法第二百八十条第一款的规定定罪处罚。

【司法解释(2)】

《最高人民法院关于审理破坏森林资源刑事案件适用法律若干问题的解释》(法释〔2023〕8号，20230815)

第十条　伪造、变造、买卖采伐许可证，森林、林地、林木权属证书以及占用或者征用林地审核同意书等国家机关批准的林业证件、文件构成犯罪的，依照刑法第二百八十条第一款的规定，以伪造、变造、买卖国家机关公文、证件罪定罪处罚。

买卖允许进出口证明书等经营许可证明，同时构成刑法第二百二十五条、第二百八十条规定之罪的，依照处罚较重的规定定罪处罚。

【司法解释(3)】

《最高人民法院、最高人民检察院关于办理伪造、贩卖伪造的高等院校学历、学位证明刑事案件如何适用法律问题的解释》(法释〔2001〕22号，20010705)

对于伪造高等院校印章制作学历、学位证明的行为，应当依照刑法第二百八十条第二款的规定，以伪造事业单位印章罪定罪处罚。明知是伪造高等院校印章制作的学历、学位证明而贩卖的，以伪造事业单位印章罪的共犯论处。

【司法解释(4)】

《最高人民法院、最高人民检察院关于办理与盗窃、抢劫、诈骗、抢夺机动车相关刑事案件具体应用法律若干问题的解释》(法释〔2007〕11号，20070511)

第二条　伪造、变造、买卖机动车行驶证、登记证书，累计三本以上的，依照刑法第二百八十条第一款的规定，以伪造、变造、买卖国家机关证件罪定罪，处三年以下有期徒刑、拘役、管制或者剥夺政治权利。

伪造、变造、买卖机动车行驶证、登记证书，累计达到第一款规定数量标准五倍以上的，属于刑法第二百八十条第一款规定中的“情节严重”，处三年以上十年以下有期徒刑。

【司法解释(5)】

《最高人民法院、最高人民检察院关于办理妨害信用卡管理刑事案件具体应用法律若干问题的解释》(原法释〔2009〕19号，根据法释〔2018〕19号修正，20181201)

第四条第一款　为信用卡申请人制作、提供虚假的财产状况、收入、职务等资信证明材料，涉及伪造、变造、买卖国家机关公文、证件、印章，或者涉及伪造公司、企业、事业单位、人民团体印章，应当追究刑事责任的，依照刑法第二百八十条的规定，分别以伪造、变造、买卖国家机关公文、证件、印章罪和伪造公司、企业、事业单位、人民团体印章罪定罪处罚。

【司法指导文件(1)】

《最高人民法院、最高人民检察院、公安部关于办理电信网络诈骗等刑事案件适用法律若干问题的意见(二)》(法发〔2021〕22号，20210617)

六、在网上注册办理手机卡、信用卡、银行账户、非银行支付账户时，为通过网上认证，使用他人身份证件信息并替换他人身份证件相片，属于伪造身份证件行为，符合刑法第二百八十条第三款规定的，以伪造身份证件罪追究刑事责任。

使用伪造、变造的身份证件或者盗用他人身份证件办理手机卡、信用卡、银行账户、非银行支付账户，符合刑法第二百八十条之一第一款规定的，以使用虚假身份证件、盗用身份证件罪追究刑事责任。

实施上述两款行为，同时构成其他犯罪的，依照处罚较重的规定定罪处罚。法律和司法解释另有规定的除外。

【司法指导文件(2)】

《最高人民法院研究室关于对行为人通过伪造国家机关公文、证件担任国家工作人员职务并利用职务上的便利侵占本单位财物、收受贿赂、挪用本单位资金等行为如何适用法律问题的答复》(法研〔2004〕38号，20040320)

行为人通过伪造国家机关公文、证件担任国家工作人员职务以后，又利用职务上的便利实施侵占本单位财物、收受贿赂、挪用本单位资金等行为，构成犯罪的，应当分别以伪造国家机关公文、证件罪和相应的贪污罪、受贿罪、挪用公款罪等追究刑事责任，实行数罪并罚。

【司法指导文件(3)】

《最高人民法院研究室〈关于伪

造、变造、买卖民用机动车号牌行为能否以伪造、变造、买卖国家机关证件罪定罪处罚问题的请示〉的答复》(法研〔2009〕68号,20090101)

伪造、变造、买卖民用机动车号牌行为不能以伪造、变造、买卖国家机关证件罪定罪处罚。……从当前我国刑法的规定看,不能将机动车号牌认定为国家机关证件。理由在于:

一、刑法第280条第1款规定了伪造、变造、买卖国家机关公文、证件、印章罪,第281条规定了非法生产、买卖警用装备罪,将警用车辆号牌归属于警察专用标志,属于警用装备的范围。从这一点分析,证件与车辆号牌不具有同一性。如果具有同一性,刑法第280条中的证件就包括了警用车辆号牌,也就没有必要在第281条中单独明确列举警用车辆号牌了。同样的道理适用于刑法第375条的规定(刑法第375条第1款规定了伪造、变造、买卖武装部队公文、证件、印章罪,盗窃、抢夺武装部队公文、证件、印章罪,第2款规定了非法生产、买卖军用标志罪,而军用标志包括武装部队车辆号牌)。刑法规定非法生产、买卖警用装备罪和非法生产、买卖军用标志罪,明确对警用车辆号牌和军用车辆号牌进行保护,目的在于维护警用、军用标志性物品的专用权,而不是将警用和军用车辆号牌作为国家机关证件来保护。如果将机动车号牌认定为证件,那么非法买卖警用机动车号牌的行为,是认定为非法买卖国家机关证件罪还是非法买卖警用装备罪?这会导致刑法适用的混乱。

二、从刑罚处罚上看,如果将机动车号牌认定为国家机关证件,那么非法买卖的机动车号牌如果分别属于人民警察车辆号牌、武装部队车辆号牌、普通机动车号牌,同样一个行为就会得到不同的处理结果:对于前两者,根据刑法第281条、第375条第2款的规定,情节严重的,分别构成非法买卖警用装备罪、非法买卖军用标志罪,法定刑为三年以下有期徒刑、拘役或者管制,并处或者单处罚金。对于非法买卖民用机动车号牌,根据刑法第280条第1款的规定,不论情节是否严重,均构成买卖国家机关证件罪,情节一般的,处三年以下有期徒刑、拘役、管制或者剥夺政治权利;情节严重的,处三年以上十年以下有期徒刑。可见,将机动车号牌认定为证件,将使对非法买卖普通机动车号牌的刑罚处罚重于对非法买卖人民警察、武装部队车辆号牌的刑罚处罚,这显失公平,也有悖立法本意。

【司法指导文件(4)】

《最高人民法院研究室关于税收通用完税证和车辆购置税完税证是否属于发票问题的回函》(法研〔2010〕140号,20100817)

对伪造税务机关征税专用章,非法制造税收通用完税证和车辆购置税完税证对外出售的,视情可以伪造国家机关印章罪论处;对非法购买上述两种伪造的完税证,逃避缴纳税款的,视情可以逃税罪论处。

【司法指导文件(5)】

《最高人民法院、最高人民检察院、公安部、国家工商行政管理局关于依法查处盗窃、抢劫机动车案件的规定》(公通字〔1998〕31号,19980508)

七、伪造、变造、买卖机动车牌证及机动车入户、过户、验证的有关证明文件的，依照刑法第二百八十条第一款的规定处罚。

【司法指导文件(6)】

《最高人民检察院法律政策研究室关于买卖伪造的国家机关证件行为是否构成犯罪问题的答复》(〔1999〕高检研发第5号，19990621)

对于买卖伪造的国家机关证件的行为，依法应当追究刑事责任的，可适用刑法第二百八十条第一款的规定以买卖国家机关证件罪追究刑事责任。

【司法指导文件(7)】

《最高人民检察院法律政策研究室关于伪造、变造、买卖政府设立的临时性机构的公文、证件、印章行为如何适用法律问题的答复》(高检研发〔2003〕第17号，20030603)

伪造、变造、买卖各级人民政府设立的行使行政管理权的临时性机构的公文、证件、印章行为，构成犯罪的，应当依照刑法第二百八十条第一款的规定，以伪造、变造、买卖国家机关公文、证件、印章罪追究刑事责任。

【司法指导文件(8)】

《最高人民检察院法律政策研究室关于〈关于伪造机动车登记证书如何适用法律的请示〉的答复意见》(20160318)

一、2007年两高《关于办理盗窃、抢劫、诈骗、抢夺机动车相关刑事案件具体应用法律若干问题的解释》第二条关于伪造、变造、买卖机动车行驶证、登记证书行为的定罪量刑标准，主要适用于与盗窃、抢劫、诈骗、抢夺机动车相关的刑事案件。

二、2007年两高《关于办理盗窃、抢劫、诈骗、抢夺机动车相关刑事案件具体应用法律若干问题的解释》规定情形以外的刑法第280条入罪标准应当根据案件具体情况处理，注意把握行政处罚与刑事处罚的衔接，注意把握行为的社会危害性。

【公安文件(1)】

《公安部关于盗窃空白因私护照有关问题的批复》(公境出〔2000〕881号，20000516)

一、李某、万某等人所盗取的空白护照属于出入境证件。护照不同于一般的身份证件，它是公民国际旅行的身份证件和国籍证明。在我国，公民因私护照的设计、研制、印刷统一由公安部出入境管理局负责。护照上设计了多项防伪措施，每本护照(包括空白护照)都有一个统一编号，空白护照是签发护照的重要构成因素，对空白护照的发放、使用有严格的管理程序。空白护照丢失，与已签发的护照一样，也由公安部出入境管理局宣布作废，空白护照是作为出入境证件加以管理的。因此，空白护照既是国家机关的证件，也是出入境证件。

二、李某、万某等人所盗护照不同于一般商品，在认定其盗窃情节时，不能简单依照护照本身的研制、印刷费用计算盗窃数额，而应依照所盗护照的本数计算。一次盗窃2000本护照，在中华人民共和国成立以来是第一次，所造成的影响极其恶劣。应当认定为“情节严重”，不是一般的盗窃，而应按照刑法第二百八十条规定处理。

【公安文件(2)】

《公安部关于对伪造学生证及贩卖、使用伪造学生证的行为如何处理问题的批复》(公刑〔2002〕1046号,20020626)

一、对伪造高等院校印章制作学生证的行为,应当依照《中华人民共和国刑法》第280条第2款的规定,以伪造事业单位印章罪立案侦查。

二、对明知是伪造高等院校印章制作的学生证而贩卖的,应当以伪造事业单位印章罪的共犯立案侦查;对贩卖伪造的学生证,尚不够刑事处罚的,应当就其明知是伪造的学生证而购买的行为,依照《中华人民共和国治安管理处罚条例》第24条第(一)项[①]的规定,以明知是赃物而购买处罚。

【公安文件(3)】

《公安部经济犯罪侦查局关于房产证是否属于"国家机关证件"问题的研究意见》(公经〔2003〕号,20030626)

我们在办理妨碍对公司、企业管理秩序犯罪案件过程中经常遇到犯罪嫌疑人"涂改房产证明",用以达到公司、企业注册登记、验资等目的的情形,对于此种情形是否涉嫌构成"伪造、变造、买卖国家机关公文、证件、印章罪"的问题,存在分歧意见:一种意见认为,房产证属于政府房地产管理部门填发的房产证明,应该属于国家机关证件;另一种意见认为,房产证仅是房产权属证明,不属于国家机关证件。我们同意第一种意见,最高人民检察院侦查监督厅也同意此意见。

【审判实务释疑】

刑法第二百八十条对伪造、变造、买卖国家机关公文、证件、印章罪,伪造公司、企业、事业单位、人民团体印章罪和伪造、变造、买卖身份证件罪没有明确规定入罪门槛,司法适用时应当如何具体把握入罪和升档量刑的问题?

刑法第二百八十条没有明确规定入罪门槛。但从实践来看,通常要求达到一定的情节才构成犯罪。……

基于此,在相关司法解释明确入罪标准之前,可以参考《最高人民法院、最高人民检察院关于办理与盗窃、抢劫、诈骗、抢夺机动车相关刑事案件具体应用法律若干问题的解释》(法释〔2007〕11号)的相关规定,以三本(张/个)作为刑法第二百八十条所涉罪名的基本入罪门槛;需要升档量刑的,可以按照入罪门槛的五倍标准把握。当然,对于所涉行为,在决定是否追究刑事责任及如何裁量刑罚时,不仅应当考虑数量,还应当综合考虑所涉公文、证件、印章的重要程度、具体用途、造成后果、违法所得及前科情况等情节,综合评估社会危害性,坚持主客观相统一,确保罪责刑相适应。例如,明知他人实施犯罪而为其伪造、变造或者向其出售身份证件,或者为了实施犯罪而购买身份证件的,即使未达到三张,亦可以定罪处罚;相反,对于未用于犯罪用途的提供身份证件行为,根据案件具体情况,适用三张的入罪标准过严的,亦可以不作为犯罪处理,需要行政处罚的,依法移送相关部门处理。

---

① 现为2025年修订的治安管理处罚法第七十一条。——编者注

另外，对于刑法第二百八十条之一规定的使用虚假身份证件、盗用身份证件罪的适用，亦可以参照上述原则依法对案件作出妥当处理。[①]

【法院案例库参考案例】

〔余某买卖国家机关公文准许撤回起诉案，2025-18-1-237-001〕购买并套用网络游戏版号发行其他网络游戏的定性

1.合法持有网络游戏版号的公司与其他公司签订游戏运营授权书，授权对方公司运营授权游戏的，应当根据被授权公司实际运营的游戏内容与获得授权的游戏内容一致性、价款支付方式等来判断是否属于“名为授权，实为买卖”。如果被授权的公司没有运营授权的网络游戏，而是将自己研发的游戏套用在授权公司持有的案涉核发单、批复中的，则属于买卖游戏版号，系买卖国家机关公文的行为。

2.对于上述买卖网络游戏出版物号核发单、批复等国家机关公文的行为，应当根据案件具体情况，综合考虑被告人的主观动机、行为手段、前科情况、所涉公文的重要程度、买卖数量、违法所得、具体用途、危害后果，以及所涉行业的发展背景，判断行为是否具有严重的社会危害性、刑事违法性和刑事处罚必要性。对于可以通过行政处罚达到惩治、监管效果的，应当审慎把握刑事手段介入的必要性。

〔田某某、刘某某等十二人买卖国家机关公文、证件、印章，买卖身份证件准许撤回起诉案，2024-18-1-237-001〕对于买卖国家机关公文、证件、印章和买卖身份证件行为入罪的综合裁量

对于买卖国家机关公文、证件、印章，买卖身份证件的行为，在决定是否追究刑事责任及如何裁量刑罚时，不仅应当考虑数量，还应当综合考虑所涉公文、证件、印章的重要程度、具体用途、造成后果、违法所得及前科情况等情节，综合评估社会危害性，坚持主客观相统一，确保罪责刑相适应。

〔许某东伪造公司、事业单位印章案，2024-03-1-239-001〕伪造电子印章的行为定性

企业、事业单位同时使用的实体印章和电子印章，均属于刑法第二百八十条第二款规定的“企业、事业单位的印章”。

【法院公报案例】

〔金华市人民检察院诉胡祥祯诈骗案，GB2005-2〕

被告人借款后，私自改变借款用途，将借款用于其他商业活动，且为应付借款人的催讨，指使他人伪造与其合作开发工程项目的企业印章和收款收据的，因对借款不具有非法占有的目的，不构成诈骗罪。但其指使他人伪造企业印章的行为，根据刑法第二百八十条第二款的规定构成伪造公司印章罪。

〔张美华伪造居民身份证案，GB2004-12〕

被告人在未能补办遗失居民身份证的情况下，雇用他人以本人的真实身份资料伪造居民身份证，供自己在日常生活中使用的行为，虽然违反身份证管理的法律规定，但情节显著轻微，危害不大，根据刑法第十三条的规定，应认

---

① 参见《法答网精选答问(第七批)》，载《人民法院报》2024年7月18日，第7版。

定不构成犯罪。

第二百八十条之一 【使用虚假身份证件、盗用身份证件罪】在依照国家规定应当提供身份证明的活动中，使用伪造、变造的或者盗用他人的居民身份证、护照、社会保障卡、驾驶证等依法可以用于证明身份的证件，情节严重的，处拘役或者管制，并处或者单处罚金。

有前款行为，同时构成其他犯罪的，依照处罚较重的规定定罪处罚。

【修正说明】

本罪由刑法修正案(九)第二十三条增设。

【立法 · 要点注释】

1.“依照国家规定应当提供身份证明”中的“国家规定”，是指全国人民代表大会及其常务委员会制定的法律和决定，国务院制定的行政法规、规定的行政措施、发布的决定和命令。

2.实际生活中，还有一些是经过身份证件持有人本人同意或者与其串通，冒用证件所有人名义从事相关经济社会活动的情况，这种行为因为不存在盗用本人名义的情况，因而不属于本条规定的“盗用”，但对这些行为并非一律不作处理，具体要视冒用的情况而定，有的可以根据相关法律规定予以行政处罚。

3.借用是否属于盗用不能一概而论，需要具体情况具体分析，行为人向持件人借用身份证件，如果明确说明借用的目的，且按照该目的使用的，考虑到该借用行为经持件人同意，且没有违背持件人的意愿，一般不宜认定为“盗用”，虽然该行为违反有关证件管理的规定，可以按照其他有关法律规定予以处理。如果行为人借用持件人身份证件，没有按照借用的目的进行使用，或者超越了借用目的使用的，或者使用该身份证件从事违法犯罪活动的，则属于本条规定的“盗用”行为，构成犯罪的，应当依照本条的规定予以处理。

【司法指导文件】

《最高人民法院、最高人民检察院、公安部关于办理电信网络诈骗等刑事案件适用法律若干问题的意见(二)》(法发〔2021〕22号，20210617)

六、在网上注册办理手机卡、信用卡、银行账户、非银行支付账户时，为通过网上认证，使用他人身份证件信息并替换他人身份证件相片，属于伪造身份证件行为，符合刑法第二百八十条第三款规定的，以伪造身份证件罪追究刑事责任。

使用伪造、变造的身份证件或者盗用他人身份证件办理手机卡、信用卡、银行账户、非银行支付账户，符合刑法第二百八十条之一第一款规定的，以使用虚假身份证件、盗用身份证件罪追究刑事责任。

实施上述两款行为，同时构成其他犯罪的，依照处罚较重的规定定罪处罚。法律和司法解释另有规定的除外。

第二百八十条之二 【冒名顶替罪】盗用、冒用他人身份，顶替他人取得的高等学历教育入学资格、公务员录用资格、就业安置待遇的，处三年以下有期徒刑、拘役或者管制，并处罚金。

组织、指使他人实施前款行为

的，依照前款的规定从重处罚。

国家工作人员有前两款行为，又构成其他犯罪的，依照数罪并罚的规定处罚。

【修正说明】

本罪由刑法修正案(十一)第三十二条增设。

【立法·要点注释】

1."盗用、冒用他人身份"是指盗用、冒用能够证明他人身份的证件、证明文件、身份档案、材料信息以达到自己替代他人的社会或法律地位，行使他人相关权利的目的。这里的"盗用、冒用"包括：采用非法手段获取用于证明他人身份的证件、证明文件、身份档案、材料信息后使用，如以伪造、变造、盗窃、骗取、收买或者胁迫他人的方式获取用于证明他人身份的证件、证明文件、身份档案、材料信息后使用；以其他方式获取用于证明他人身份的证件、证明文件、身份档案、材料信息后使用，如捡到他人的能够证明身份的身份证件、证明文件、身份档案、材料信息后以他人名义活动；受他人委托代为保管或因职责保管用于证明他人身份的证件、证明文件、身份档案、信息材料而未经同意使用；他人授权或者同意使用，但是超出授权及同意使用的范围使用他人的能够证明他人身份的证件、证明文件、身份档案、信息材料；经与他人交易或者串通，使用他人的能够证明他人身份的证件、证明文件、身份档案、信息材料；取得用于证明他人身份的特定数据信息后以他人身份登录数据信息系统；等等。盗用、冒用的一般是他人真实的身份。

2."高等学历教育入学资格、公务员录用资格、就业安置待遇"是"他人取得的"，即相关资格和待遇与他人的身份一一对应。行为人要实施"顶替"他人取得的资格和待遇，才能构成本罪。

3.从曝光出来的冒名顶替上大学案件看，需要根据案件的具体情况，分类处理。一是顶替他人入学资格的。主要表现为受害人获得入学资格，但是被其他人通过截留录取通知、篡改学籍档案等方法，冒名顶替入学。受害人一方完全不知情。这些案件数量少，但性质极其恶劣。冒名顶替行为严重损害了受害人的受教育权，严重损害了教育公平的公信力，具有严重的社会危害性，各方对于该种行为应予以刑事处罚，均不持异议。二是顶替他人放弃的入学资格的。因当事人主动放弃入学资格或者将该入学资格交易、赠送的，当事人的受教育权未受到直接侵害。这种顶替他人放弃的入学资格的行为，也具有一定社会危害性，也应予以惩处。三是对于冒名但未顶替的。我国有些地方因教育政策原因，一度只允许高中应届生参加高考，因此出现一些冒用他人学籍，使用他人学籍身份参加高考，冒名者自己通过正常考试入学、升学，没有顶替他人的入学资格的情况。对于该类行为，冒用他人身份虽然违反了学籍管理制度，但是没有顶替他人的录取资格，也没有考试作弊、招录舞弊等情况，并未对特定或不特定对象的考试公平和招录公平产生影响。该类行为的社会危害性较低，通过行政处罚可以达到较好的社会效果，没有必要入刑。总体上，本罪的处罚重点应集中在冒用他人身份而顶替入学资格的行为，以切实维护考试招录制度的公平和公信力。

第二百八十一条　【非法生产、买卖警用装备罪】非法生产、买卖人民警察制式服装、车辆号牌等专用标志、警械，情节严重的，处三年以下有期徒刑、拘役或者管制，并处或者单处罚金。

单位犯前款罪的，对单位判处罚金，并对其直接负责的主管人员和其他直接责任人员，依照前款的规定处罚。

【立案追诉标准】

《最高人民检察院、公安部关于公安机关管辖的刑事案件立案追诉标准的规定(一)》(公通字〔2008〕36号，20080625)

第三十五条　〔非法生产、买卖警用装备案(刑法第二百八十一条)〕非法生产、买卖人民警察制式服装、车辆号牌等专用标志、警械，涉嫌下列情形之一的，应予立案追诉：

(一)成套制式服装三十套以上，或者非成套制式服装一百件以上的；

(二)手铐、脚镣、警用抓捕网、警用催泪喷射器、警灯、警报器单种或者合计十件以上的；

(三)警棍五十根以上的；

(四)警衔、警号、胸章、臂章、帽徽等警用标志单种或者合计一百件以上的；

(五)警用号牌、省级以上公安机关专段民用车辆号牌一副以上，或者其他公安机关专段民用车辆号牌三副以上的；

(六)非法经营数额五千元以上，或者非法获利一千元以上的；

(七)被他人利用进行违法犯罪活动的；

(八)其他情节严重的情形。

第二百八十二条　【非法获取国家秘密罪】以窃取、刺探、收买方法，非法获取国家秘密的，处三年以下有期徒刑、拘役、管制或者剥夺政治权利；情节严重的，处三年以上七年以下有期徒刑。

【非法持有国家绝密、机密文件、资料、物品罪】非法持有属于国家绝密、机密的文件、资料或者其他物品，拒不说明来源与用途的，处三年以下有期徒刑、拘役或者管制。

【立法·要点注释】

有本条第一款规定的非法获取国家秘密的犯罪行为，如果行为人窃取、刺探、收买情报是为了提供给境外的机构、组织、人员的，应当以为境外机构、组织、人员窃取、刺探国家秘密罪定罪处罚；在认定本条第二款规定的非法持有属于国家绝密、机密的文件、资料或者其他物品犯罪时，应当首先查清行为人的行为是否构成非法获取国家秘密等犯罪。

【相关立法】

《中华人民共和国反间谍法》(20230701)

第十四条　任何个人和组织都不得非法获取、持有属于国家秘密的文件、数据、资料、物品。

第六十一条　非法获取、持有属于国家秘密的文件、数据、资料、物品，……尚不构成犯罪的，由国家安全机关予以警告或者处十日以下行政拘留。

第六十三条　涉案财物符合下列情形之一的，应当依法予以追缴、没收，或者采取措施消除隐患：

（一）违法所得的财物及其孳息、收益，供实施间谍行为所用的本人财物；

（二）非法获取、持有的属于国家秘密的文件、数据、资料、物品；

（三）……

【司法解释】

参见本法第二百八十四条之一项下【司法解释(2)】第九条至第十三条，第956—957页。

【法院案例库参考案例】

〔王某军、翁某能等非法获取国家秘密、非法出售、提供试题、答案案，2024-18-1-244-001〕非法获取属于国家秘密的试题、答案，而后向他人非法出售、提供试题、答案的处理

非法获取法律规定的国家考试的试题、答案，又非法出售、提供试题、答案，分别符合刑法第二百八十二条和刑法第二百八十四条之一规定的，应当以非法获取国家秘密罪和非法出售、提供试题、答案罪并罚。

第二百八十三条　【非法生产、销售专用间谍器材、窃听、窃照专用器材罪】非法生产、销售专用间谍器材或者窃听、窃照专用器材的，处三年以下有期徒刑、拘役或者管制，并处或者单处罚金；情节严重的，处三年以上七年以下有期徒刑，并处罚金。

单位犯前款罪的，对单位判处罚金，并对其直接负责的主管人员和其他直接责任人员，依照前款的规定处罚。

【修正前条文】

第二百八十三条　【非法生产、销售间谍专用器材罪】非法生产、销售窃听、窃照等专用间谍器材的，处三年以下有期徒刑、拘役或者管制。

【修正说明】

刑法修正案(九)第二十四条对原条文作出下述修改：一是将原来规定的非法生产、销售“窃听、窃照等专用间谍器材”修改为生产、销售“专用间谍器材或者窃听、窃照专用器材”。二是增加了单位犯罪。三是完善了本罪的法定刑配置，提高了本罪的法定刑，将法定刑最高刑由三年有期徒刑提高到七年有期徒刑，并增加了罚金刑。

【立法 · 要点注释】

1.按照国务院2017年颁布的《反间谍法实施细则》第十八条，专用间谍器材是指用于间谍活动特殊需要的下列器材：(1)暗藏式窃听、窃照器材；(2)突发式收发报机、一次性密码本、密写工具；(3)用于获取情报的电子监听、截收器材；(4)其他专用间谍器材。此外，关于专用间谍器材的认定，反间谍法也延续了原国家安全法的规定，即由国务院国家安全主管部门依照国家有关规定确认。实践中也应当继续按照此程序办理。

2.“窃听、窃照专用器材”，是指具有窃听、窃照功能，并专门用于窃听、窃照的器材，如专用于窃听、窃照的窃听器、微型录音机、微型照相机等。“窃听”，是指使用专用器材、设备，在当事人未察觉、不知晓或无法防范的情况下,偷听其谈话或者通话以及其他活动的行为;"窃照",是指使用专用器材、设备,对窃照对象的形象或者活动进行的秘密拍照摄录的活动。

【相关立法】

《中华人民共和国反间谍法》(20230701)

第十五条　任何个人和组织都不得非法生产、销售、持有、使用间谍活动特殊需要的专用间谍器材。专用间谍器材由国务院国家安全主管部门依照国家有关规定确认。

第六十一条　……非法生产、销售、持有、使用专用间谍器材,尚不构成犯罪的,由国家安全机关予以警告或者处十日以下行政拘留。

第六十三条　涉案财物符合下列情形之一的,应当依法予以追缴、没收,或者采取措施消除隐患:

(一)违法所得的财物及其孳息、收益,供实施间谍行为所用的本人财物;

(二)……

(三)非法生产、销售、持有、使用的专用间谍器材。

【司法解释】

参见本法第二百八十四条之一项下【司法解释(2)】第十条、第十二条、第十三条,第956—957页。

【司法指导文件(1)】

《最高人民法院、最高人民检察院、公安部、国家安全部关于依法办理非法生产销售使用"伪基站"设备案件的意见》(公通字〔2014〕13号,20140314)

一、准确认定行为性质

(一)……

非法生产、销售"伪基站"设备,经鉴定为专用间谍器材的,依照刑法第二百八十三条的规定,以非法生产、销售间谍专用器材罪①追究刑事责任;同时构成非法经营罪的,以非法经营罪追究刑事责任。

【司法指导文件(2)】

《最高人民法院研究室关于非法生产、销售、使用"伪基站"行为定性的研究意见》(2014)

一、关于生产、销售"伪基站"设备行为的定性。如果"伪基站"设备经有关部门依法认定为"窃听、窃照等专用间谍器材"的,对于未经许可生产、销售"伪基站"设备行为,可以认定为刑法第二百八十三条②规定的"非法生产、销售窃听、窃照等专用间谍器材"。

【法院案例库参考案例】

〔闫某坤等非法销售窃照专用器材案,2025-03-1-246-002〕非法销售窃照专用器材罪"情节严重"的认定

行为人非法销售窃听、窃照专用器材是否达到"情节严重"的程度,应当结合经营数额,因他人非法使用而对国家安全、社会公共利益及公民、企事业单位等的合法权益造成的损害等因素进行综合判断。非法销售窃照专用器材经营数额大,因他人非法使用引发了次生犯罪的,应当认定为"情节严重"。

① 罪名已变更为"非法生产、销售专用间谍器材罪"。——编者注
② 刑法修正案(九)第二十四条已对刑法第二百八十三条作出修正。——编者注

第二百八十四条　【非法使用窃听、窃照专用器材罪】非法使用窃听、窃照专用器材，造成严重后果的，处二年以下有期徒刑、拘役或者管制。

【立法 · 要点注释】

"造成严重后果"，是指由于非法使用窃听、窃照专用器材，造成他人自杀、精神失常，引起杀人、伤害等犯罪发生或者造成重大经济损失等严重后果。

【法院案例库参考案例】

〔颜某平、颜某建非法使用窃照专用器材案，2025-03-1-247-001〕非法使用窃照专用器材罪中"造成严重后果"的认定

非法使用窃听、窃照专用器材罪中的"造成严重后果"，主要包括严重侵犯他人隐私、贬损他人人格，造成重大经济损失，严重扰乱社会秩序，以及造成恶劣社会影响等情形。将窃照专用器材安装于酒店房间内，用于偷拍住店旅客，严重侵犯他人隐私、扰乱社会管理秩序的，应当根据刑法第二百八十四条的规定，以非法使用窃照专用器材罪论处；同时构成其他犯罪的，依照处罚较重的规定定罪处罚。

第二百八十四条之一　【组织考试作弊罪】在法律规定的国家考试中，组织作弊的，处三年以下有期徒刑或者拘役，并处或者单处罚金；情节严重的，处三年以上七年以下有期徒刑，并处罚金。

为他人实施前款犯罪提供作弊器材或者其他帮助的，依照前款的规定处罚。

【非法出售、提供试题、答案罪】为实施考试作弊行为，向他人非法出售或者提供第一款规定的考试的试题、答案的，依照第一款的规定处罚。

【代替考试罪】代替他人或者让他人代替自己参加第一款规定的考试的，处拘役或者管制，并处或者单处罚金。

【修正说明】

本罪由刑法修正案(九)第二十五条增设。

【立法 · 要点注释】

1."法律规定的国家考试"并不要求是"统一由国家一级组织的考试"。有些法律规定的考试，依照规定不是由国家一级统一组织，而是由地方根据法律规定组织实施，这些考试也属于"法律规定的国家考试"。例如，公务员录用考试，既包括国家统一组织的招录中央机关及其直属机构公务员的考试，也包括各省市等地方组织的录用地方各级机关公务员的考试。再如，高考既有全国统一考试，也有各省依照法律规定组织的考试。

2.将组织考试作弊犯罪限于"法律规定的国家考试"，并非意味着对这些考试范围之外的其他考试中作弊的行为都不予追究。司法实践中，对其他作弊行为还需要根据案件的具体情况，依照相关法律规定处理。对其中有的行为，可以依照刑法第二百五十三条之一侵犯公民个人信息罪，第二百八十条伪造、变造、买卖国家机关公文、证件、印章罪，第二百八十二条非法获取国家秘密罪，第二百八十四条非法使用窃听、窃照专用器材罪，第二百八十八条扰乱无线电通讯管理秩序罪等规定追究刑事责任。对其中尚不构成犯罪的，可以依照治安管理处罚法的规定处理。

3.本条第二款规定的“提供”作弊器材包括为其生产，向其销售、出租、出借等多种方式。“其他帮助”包括进行无线作弊器材使用培训，窃取、出售考生信息，以及作弊网站的设立与维护等。

4.本条第三款中行为人提供试题、答案的对象不限于组织作弊的团伙或个人，也包括参加考试的人员及其亲友，这一点不同于第二款规定的为组织考试作弊提供器材的犯罪。

【司法解释(1)】

《最高人民法院关于〈中华人民共和国刑法修正案(九)〉时间效力问题的解释》(法释〔2015〕19号，20151101)

第六条　对于2015年10月31日以前组织考试作弊，为他人组织考试作弊提供作弊器材或者其他帮助，以及非法向他人出售或者提供考试试题、答案，根据修正前刑法应当以非法获取国家秘密罪、非法生产、销售间谍专用器材罪[①]或者故意泄露国家秘密罪等追究刑事责任的，适用修正前刑法的有关规定。但是，根据修正后刑法第二百八十四条之一的规定处刑较轻的，适用修正后刑法的有关规定。

【司法解释(2)】

《最高人民法院、最高人民检察院关于办理组织考试作弊等刑事案件适用法律若干问题的解释》(法释〔2019〕13号，20190904)

第一条　刑法第二百八十四条之一规定的“法律规定的国家考试”，仅限于全国人民代表大会及其常务委员会制定的法律所规定的考试。

根据有关法律规定，下列考试属于“法律规定的国家考试”：

(一)普通高等学校招生考试、研究生招生考试、高等教育自学考试、成人高等学校招生考试等国家教育考试；

(二)中央和地方公务员录用考试；

(三)国家统一法律职业资格考试、国家教师资格考试、注册会计师全国统一考试、会计专业技术资格考试、资产评估师资格考试、医师资格考试、执业药师职业资格考试、注册建筑师考试、建造师执业资格考试等专业技术资格考试；

(四)其他依照法律由中央或者地方主管部门以及行业组织的国家考试。

前款规定的考试涉及的特殊类型招生、特殊技能测试、面试等考试，属于“法律规定的国家考试”。

第二条　在法律规定的国家考试中，组织作弊，具有下列情形之一的，应当认定为刑法第二百八十四条之一第一款规定的“情节严重”：

(一)在普通高等学校招生考试、研究生招生考试、公务员录用考试中组织考试作弊的；

(二)导致考试推迟、取消或者启用备用试题的；

(三)考试工作人员组织考试作弊的；

(四)组织考生跨省、自治区、直辖市作弊的；

① 罪名已变更为“非法生产、销售专用间谍器材罪”。——编者注

（五）多次组织考试作弊的；

（六）组织三十人次以上作弊的；

（七）提供作弊器材五十件以上的；

（八）违法所得三十万元以上的；

（九）其他情节严重的情形。

第三条　具有避开或者突破考场防范作弊的安全管理措施，获取、记录、传递、接收、存储考试试题、答案等功能的程序、工具，以及专门设计用于作弊的程序、工具，应当认定为刑法第二百八十四条之一第二款规定的“作弊器材”。

对于是否属于刑法第二百八十四条之一第二款规定的“作弊器材”难以确定的，依据省级以上公安机关或者考试主管部门出具的报告，结合其他证据作出认定；涉及专用间谍器材、窃听、窃照专用器材、“伪基站”等器材的，依照相关规定作出认定。

第四条　组织考试作弊，在考试开始之前被查获，但已经非法获取考试试题、答案或者具有其他严重扰乱考试秩序情形的，应当认定为组织考试作弊罪既遂。

第五条　为实施考试作弊行为，非法出售或者提供法律规定的国家考试的试题、答案，具有下列情形之一的，应当认定为刑法第二百八十四条之一第三款规定的“情节严重”：

（一）非法出售或者提供普通高等学校招生考试、研究生招生考试、公务员录用考试的试题、答案的；

（二）导致考试推迟、取消或者启用备用试题的；

（三）考试工作人员非法出售或者提供试题、答案的；

（四）多次非法出售或者提供试题、答案的；

（五）向三十人次以上非法出售或者提供试题、答案的；

（六）违法所得三十万元以上的；

（七）其他情节严重的情形。

第六条　为实施考试作弊行为，向他人非法出售或者提供法律规定的国家考试的试题、答案，试题不完整或者答案与标准答案不完全一致的，不影响非法出售、提供试题、答案罪的认定。

第七条　代替他人或者让他人代替自己参加法律规定的国家考试的，应当依照刑法第二百八十四条之一第四款的规定，以代替考试罪定罪处罚。

对于行为人犯罪情节较轻，确有悔罪表现，综合考虑行为人替考情况以及考试类型等因素，认为符合缓刑适用条件的，可以宣告缓刑；犯罪情节轻微的，可以不起诉或者免予刑事处罚；情节显著轻微危害不大的，不以犯罪论处。

第八条　单位实施组织考试作弊、非法出售、提供试题、答案等行为的，依照本解释规定的相应定罪量刑标准，追究组织者、策划者、实施者的刑事责任。

第九条　以窃取、刺探、收买方法非法获取法律规定的国家考试的试题、答案，又组织考试作弊或者非法出售、提供试题、答案，分别符合刑法第二百八十二条和刑法第二百八十四条之一规定的，以非法获取国家秘密罪和组织考试作弊罪或者非法出售、提供试题、答案罪数罪并罚。

第十条　在法律规定的国家考试以外的其他考试中，组织作弊，为他人组织作弊提供作弊器材或者其他帮助，或者非法出售、提供试题、答案，符合非法获取国家秘密罪、非法生产、销售窃听、窃照专用器材罪、非法使用窃听、窃照专用器材罪、非法利用信息网络罪、扰乱无线电通讯管理秩序罪等犯罪构成要件的，依法追究刑事责任。

第十一条　设立用于实施考试作弊的网站、通讯群组或者发布有关考试作弊的信息，情节严重的，应当依照刑法第二百八十七条之一的规定，以非法利用信息网络罪定罪处罚；同时构成组织考试作弊罪、非法出售、提供试题、答案罪、非法获取国家秘密罪等其他犯罪的，依照处罚较重的规定定罪处罚。

第十二条　对于实施本解释规定的犯罪被判处刑罚的，可以根据犯罪情况和预防再犯罪的需要，依法宣告职业禁止；被判处管制、宣告缓刑的，可以根据犯罪情况，依法宣告禁止令。

第十三条　对于实施本解释规定的行为构成犯罪的，应当综合考虑犯罪的危害程度、违法所得数额以及被告人的前科情况、认罪悔罪态度等，依法判处罚金。

第十四条　本解释自2019年9月4日起施行。

【司法解释(2)·注释】

1.关于“法律规定的国家考试”的具体理解。(1)“法律规定的国家考试”不限于由中央有关主管部门依照法律统一组织的全国性考试，也包括地方主管部门依照法律规定组织的考试。(2)普通高等学校招生考试中的自主选拔录取、艺术类专业、体育类专业、保送生等类型的高校招生考试，以及相关招生、公务员录用、专业技术资格等考试涉及的特殊技能测试、面试等考试，均属于“法律规定的国家考试”。(3)不宜依据教育法第二十一条的笼统规定认定只要是教育部组织的考试均属于“法律规定的国家考试”，而应限于法律有相对明确具体规定的考试，否则恐会导致“法律规定的国家考试”范围过于宽泛。属于“法律规定的国家考试”的国家教育考试主要是指普通高等学校招生考试、研究生招生考试、高等教育自学考试、成人高等学校招生考试等四种考试。(4)建筑法第十四条、药品管理法(2015)第二十二条属于“法律规定”。注册建筑师考试、建造师执业资格考试、执业药师执业资格考试均属于“法律规定的国家考试”。(5)职业教育法(1996)第八条、劳动法第六十九条、行政许可法第五十四条的规定过于原则，且相关考核不能等同于考试，故不宜成为认定资格类考试属于“法律规定的国家考试”的依据，而应看各类资格类考试有无法律的具体规定。

2.关于“组织作弊”的认定。应当根据案件具体情况加以把握。一般而言，领导、策划、指挥他人在法律规定的国家考试中实施下列行为之一的，可以认定为刑法第二百八十四条之一规定的“组织作弊”：(1)向他人提供试题、答案的；(2)代替他人参加考试的；(3)携带与考试内容相关的资料、作弊器材的；(4)篡改考试成绩的；(5)其他组织作弊的情形。

3.刑法第二百八十四条之一第三款规定了非法出售、提供试题、答案罪，第四款规定了代替考试罪，但是在组织考试作弊中提供试题、答案或者代替他人参加考试的，该行为应当视为组织考试作弊的有机组成部分，不应再单独评价。

4.关于“作弊器材”的认定。司法解释第三条第一款从功能上将“作弊器材”限定为具有避开或者突破考场防范作弊的安全管理措施(如纽扣式数码相机、眼镜式密拍设备通过伪装,以规避考场检查),并具有获取、记录、传递、接收、存储试题、答案等功能(如密拍设备、数据接收设备可以发送、接收相关信息)。据此,对于普通的手机、相机,不宜认定为“作弊器材”。此外,随着技术发展,未来有可能出现新型作弊器材。例如,在机动车驾驶员考试中,目前实行电子路考,即摒弃原先的考试员监考评分,取而代之的是电脑监控评判,进行扣分等工作。如果研制相关作弊程序,从而控制电子路考设备,使其失去相应功能,无法进行扣分的,也应当认定为“作弊器材”。

5.关于为他人实施组织作弊犯罪提供的“其他帮助”,应当根据案件的具体情况加以把握。从实践来看,下列行为可以认定为“其他帮助”:(1)帮助安排作弊考点、考场或者考位的;(2)帮助控制考场视频监控系统和无线通讯信号屏蔽系统的;(3)帮助传递考试试题、答案、作弊器材或者通讯设备的;(4)帮助违规招录监考人员的;(5)帮助更换答题卡的;(6)其他为实施组织考试作弊犯罪提供帮助的行为。

6.对于组织考试作弊,在考试开始之前被查获,未达到犯罪既遂的,可以以组织考试作弊罪(未遂)定罪处罚;情节严重的,在相应的法定刑幅度内,结合未遂犯的处罚原则量刑。

7.关于侵犯国家秘密类犯罪的适用。对于法律规定的国家考试以外的考试而言,相关试题依照有关规定被认定为国家秘密的,考前作弊(即行为人在考前通过盗窃试卷、贿买特定知悉人员等方式非法获取考试试题、参考答案、评分标准等,而后实施组织考试作弊行为)可以适用侵犯国家秘密类犯罪。具体而言,可能同时构成非法获取国家秘密罪、故意泄露国家秘密罪等罪名,应当根据牵连犯的处断原则,择一重罪处断。考中作弊(即行为人通过雇佣“枪手”进入考场,将试题非法发送给场外人员,进而作弊的行为)能否认定为侵犯国家秘密类犯罪,则取决于依照相关规定能否将开考后、结束前的试题认定为国家秘密。对此,有些考试主管部门明确规定相关试题在开考后、结束前仍然属于国家秘密。例如,2012年9月28日人力资源和社会保障部人事考试中心《关于对〈人事工作中国家秘密及其密级具体范围的补充规定〉中“启用前”一词解释的通知》明确:“‘启用’一词包含‘启封’和‘使用完毕’两层涵义。‘启用前’即‘启封并使用完毕前’,特指应试人员按规定结束考试离开考场之前的时间段。”按照这一规定,非法获取相关考试从命题到考试结束之前的试题、答案的行为,都属于侵害国家秘密的行为,可以视情适用非法获取国家秘密罪等侵犯国家秘密类犯罪。稳妥起见,司法机关在办案过程中宜仔细查阅相关规定,商请有关考试主管部门对相关考试试题在开考后、结束前是否属于国家秘密出具认定意见。

【司法解释(3)】

《最高人民法院关于审理走私、非法经营、非法使用兴奋剂刑事案件适用法律若干问题的解释》(法释〔2019〕16号,20200101)

第四条 在普通高等学校招生、公务员录用等法律规定的国家考试涉及的体育、体能测试等体育运动中,组织考生非法使用兴奋剂的,应当依照刑法

第二百八十四条之一的规定，以组织考试作弊罪定罪处罚。

明知他人实施前款犯罪而为其提供兴奋剂的，依照前款的规定定罪处罚。

【司法指导文件(1)】

《最高人民法院研究室关于对计算机技术与软件专业技术资格(水平)考试是否属于“法律规定的国家考试”征求意见的复函》(法研〔2019〕140号)

……计算机技术与软件专业技术资格(水平)考试系依据部门规章《计算机技术与软件专业技术资格(水平)考试暂行规定》(国人部发〔2003〕39号)的规定举办，根据《最高人民法院、最高人民检察院关于办理组织考试作弊等刑事案件适用法律若干问题的解释》(法释〔2019〕13号)第一条第一款“刑法第二百八十四条之一规定的‘法律规定的国家考试’，仅限于全国人民代表大会及其常务委员会制定的法律所规定的考试”的规定，不属于刑法第二百八十四条之一规定的“法律规定的国家考试”。

【司法指导文件(2)】

《最高人民法院研究室关于护士执业资格考试是否属于“法律规定的国家考试”问题的答复》(法研〔2018〕109号)

一、刑法第二百八十四条之一规定的“法律规定的国家考试”，是指全国人大及其常委会制定的法律中规定的国家考试。目前，护士执业资格考试的设定依据是护士条例。护士条例属于国务院制定的行政法规，不属于法律。护士执业资格考试不属于“法律规定的国家考试”。对于在护士执业资格考试中组织作弊，非法出售、提供试题、答案等扰乱考试秩序的行为，符合非法获取国家秘密罪、非法生产、销售窃听、窃照专用器材罪、非法使用窃听、窃照专用器材罪、非法利用信息网络罪、扰乱无线电通讯管理秩序罪等犯罪构成要件的，依照相关犯罪追究刑事责任。

……

【法院案例库参考案例】

〔杜某波、马某圆组织考试作弊案，2024-18-1-248-001〕在地方公务员录用考试中组织作弊的处理

1.地方公务员录用考试属于刑法第二百八十四条之一规定的“法律规定的国家考试”。在公务员录用考试组织作弊的，应当以组织考试作弊罪定罪处罚。

2.对于组织考试作弊共同犯罪的主从犯认定，可以从犯意提出、作弊器材提供、组织作弊行为实施等方面，判断行为人在共同犯罪中所起作用大小。

〔刘某红等组织考试作弊案，2025-02-1-248-001〕〔陈某东组织考试作弊案，2024-03-1-248-003〕机动车驾驶人考试属于“法律规定的国家考试”

道路交通安全法第十九条规定，申请机动车驾驶证经考试合格后，由公安机关交通管理部门发给相应类别的机动车驾驶证，故机动车驾驶人考试属于法律规定的国家考试。在机动车驾驶人考试中组织作弊的，情节严重，符合刑法第二百八十四条之一的，依法应当以组织考试作弊罪论处。

〔吴某平等人组织考试作弊案，2024-03-1-248-002〕组织考生利用

作答后的假试卷替换真试卷，构成组织考试作弊罪

判断是否构成组织“作弊”，关键在于是否组织他人以不正当手段获得或者试图获得试题答案、考试成绩。“作弊”行为不仅包括抄袭或者协助他人抄袭答案，在相关国家考试结束后，帮助考生用已作答的假试卷替换真试卷，同样属于组织作弊。

〔何某豪等人组织考试作弊案，2024-03-1-248-001〕组织考生跨省、自治区、直辖市作弊的司法认定

在法律规定的国家考试中组织作弊，尽管参与作弊的考生涉及多个省、自治区、直辖市，但考生未跨省、自治区、直辖市参加考试的，不属于“组织考生跨省、自治区、直辖市作弊”的情形。

〔郭某尧等组织考试作弊案，2024-02-1-248-001〕共同犯罪中实施关键和不可替代行为者，应当认定为主犯

考生能否携带作弊器材进入考场，是能否实现组织考试作弊的关键环节。考场工作人员与社会人员串通，故意让作弊的考生携带社会人员提供的作弊器材通过安检进入考场，在共同犯罪中实施了关键且不可替代的行为，起主要作用，应当认定为主犯。

〔李某刚非法出售答案案，2024-18-1-249-001〕非法出售、提供试题、答案罪的认定

为实施考试作弊行为，向他人非法出售或者提供法律规定的国家考试的试题、答案，试题不完整或者答案与标准答案不完全一致的，不影响非法出售、提供试题、答案罪的认定。当然，如果试题本身错误或者答案与标准答案完全或者较大程度不一致的，不能认定为非法出售、提供试题、答案罪；符合诈骗罪等其他犯罪的，可以适用相应罪名。

〔侯某亮、虎某代替考试案，2024-18-1-250-001〕代替考试罪的认定

1.代替他人或者让他人代替自己参加法律规定的国家考试的，应当依照刑法第二百八十四条之一第四款的规定，以代替考试罪定罪处罚。

2.对于代替他人或者让他人代替自己参加法律规定的国家考试的，在决定是否追究刑事责任以及如何追究刑事责任时，应当综合全案有关情况，特别是考试类型等因素。对于所涉考试系招生考试等重要考试的，一般应当追究刑事责任；对于在其他考试中代替考试的，可以根据案件具体情况作出妥当处理。

〔王某、战某昆代替考试案，2024-04-1-250-001〕代替考试罪的认定和量刑考量

代替考试的，应当同时追究替考人和被替考人的刑事责任。实践中代替考试情形较为复杂，在决定是否追究刑事责任及如何追究刑事责任时，应当综合考虑所涉考试类型、替考次数和人数、地域范围、行为后果、违法所得等因素，确保案件处理结果符合罪责刑相适应原则。

〔刘某博、王某兰等组织考试作弊、代替考试案，2023-03-1-248-001〕家长为子女寻找“枪手”替考的构成代替考试罪

家长为自己孩子寻找“枪手”代替考试的，构成代替考试罪。实践中有家长作为居间方为自己的孩子寻找“枪手”代替考试，居间活动的方式包括介绍、沟通应考者与替考者双方的关系，参与传递、拟定谈判条件，甚至帮助报名、采集信息、现场确认等。在此种情形下，对家长行为性质的认定，应着重审查家长在共同犯罪中的作用。

【法院公报案例】

〔上海市崇明区人民检察院诉张志杰、陈钟鸣、包周鑫组织考试作弊案，GB2018-12〕

组织考试作弊罪中的考试是指法律规定的国家考试，这里的“法律”应当限缩解释为全国人大及其常委会制定的法律。若某部法律中未对国家考试作出直接规定，但明确规定由相关国家机关制定有关制度，相关国家机关据此制定了行政法规或部门规章对国家考试作出规定，则该考试仍应认定为法律规定的国家考试。在该考试中组织作弊的，应依法以组织考试作弊罪追究刑事责任。

【《刑事审判参考》案例】

〔参考案例第1441号：王学军等非法获取国家秘密、非法出售、提供试题、答案案〕建造师考试是否属于“法律规定的国家考试”？非法出售、提供的试题、答案与考试原题、标准答案不一致，应如何认定？

“法律规定的国家考试”应解读为全国人大及其常委会制定的法律规定的国家考试，但实践中亦不能简单机械要求法律条文必须出现“考试”的明确表述，对相关法律条文应结合生活实践以及行政法规、部门规章进行系统解释。部分考试可以由法律作出隐含式原则性规定，行政法规和部门规章进行明确细化。建造师考试在建筑法第十四条中并没有明确使用“考试”字样，但执业资格主要通过考试取得，隐含着“从事建筑活动的技术人员应当通过执业资格考试”的内容。因此，建造师考试属于“法律规定的国家考试”。

第二百八十五条　【非法侵入计算机信息系统罪】违反国家规定，侵入国家事务、国防建设、尖端科学技术领域的计算机信息系统的，处三年以下有期徒刑或者拘役。

【非法获取计算机信息系统数据、非法控制计算机信息系统罪】违反国家规定，侵入前款规定以外的计算机信息系统或者采用其他技术手段，获取该计算机信息系统中存储、处理或者传输的数据，或者对该计算机信息系统实施非法控制，情节严重的，处三年以下有期徒刑或者拘役，并处或者单处罚金；情节特别严重的，处三年以上七年以下有期徒刑，并处罚金。

【提供侵入、非法控制计算机信息系统程序、工具罪】提供专门用于侵入、非法控制计算机信息系统的程序、工具，或者明知他人实施侵入、非法控制计算机信息系统的违法犯罪行为而为其提供程序、工具，情节严重的，依照前款的规定处罚。

单位犯前三款罪的，对单位判处罚金，并对其直接负责的主管人员和其他直接责任人员，依照各该款的规定处罚。

【第二次修正前条文】

第二百八十五条　【非法侵入计算机信息系统罪】违反国家规定，侵入国家事务、国防建设、尖端科学技术领域的计算机信息系统的，处三年以下有期徒刑或者拘役。

【非法获取计算机信息系统数据、非法控制计算机信息系统罪】违反国家规定，侵入前款规定以外的计算机信息系统或者采用其他技术手段，获取该计算机信息系统中存储、处理或者传输的数据，或者对该计算机信息系统实施非法控制，情节严重的，处三年以下有期徒刑或者拘役，并处或者单处罚金；情节特别严重的，处三年以上七年以下有期徒刑，并处罚金。

【提供用于侵入、非法控制计算机系统的程序、工具罪】提供专门用于侵入、非法控制计算机信息系统的程序、工具，或者明知他人实施侵入、非法控制计算机信息系统的违法犯罪行为而为其提供程序、工具，情节严重的，依照前款的规定处罚。

【第一次修正前条文】

第二百八十五条　【非法侵入计算机信息系统罪】违反国家规定，侵入国家事务、国防建设、尖端科学技术领域的计算机信息系统的，处三年以下有期徒刑或者拘役。

【修正说明】

1.刑法修正案(七)第九条增设了本条第二款、第三款。

2.刑法修正案(九)第二十六条增设了本条第四款。

【司法解释(1)】

《最高人民法院、最高人民检察院关于办理危害计算机信息系统安全刑事案件应用法律若干问题的解释》(法释〔2011〕19号，20110901)

第一条　非法获取计算机信息系统数据或者非法控制计算机信息系统，具有下列情形之一的，应当认定为刑法第二百八十五条第二款规定的“情节严重”：

(一)获取支付结算、证券交易、期货交易等网络金融服务的身份认证信息十组以上的；

(二)获取第(一)项以外的身份认证信息五百组以上的；

(三)非法控制计算机信息系统二十台以上的；

(四)违法所得五千元以上或者造成经济损失一万元以上的；

(五)其他情节严重的情形。

实施前款规定行为，具有下列情形之一的，应当认定为刑法第二百八十五条第二款规定的“情节特别严重”：

(一)数量或者数额达到前款第(一)项至第(四)项规定标准五倍以上的；

(二)其他情节特别严重的情形。

明知是他人非法控制的计算机信息系统，而对该计算机信息系统的控制权加以利用的，依照前两款的规定定罪处罚。

第二条　具有下列情形之一的程序、工具，应当认定为刑法第二百八十五条第三款规定的“专门用于侵入、非法控制计算机信息系统的程序、工具”：

(一)具有避开或者突破计算机信息系统安全保护措施，未经授权或者超越授权获取计算机信息系统数据的功能的；

(二)具有避开或者突破计算机信息系统安全保护措施，未经授权或者超越授权对计算机信息系统实施控制的功能的；

(三)其他专门设计用于侵入、非法

控制计算机信息系统、非法获取计算机信息系统数据的程序、工具。

第三条　提供侵入、非法控制计算机信息系统的程序、工具，具有下列情形之一的，应当认定为刑法第二百八十五条第三款规定的“情节严重”：

（一）提供能够用于非法获取支付结算、证券交易、期货交易等网络金融服务身份认证信息的专门性程序、工具五人次以上的；

（二）提供第（一）项以外的专门用于侵入、非法控制计算机信息系统的程序、工具二十人次以上的；

（三）明知他人实施非法获取支付结算、证券交易、期货交易等网络金融服务身份认证信息的违法犯罪行为而为其提供程序、工具五人次以上的；

（四）明知他人实施第（三）项以外的侵入、非法控制计算机信息系统的违法犯罪行为而为其提供程序、工具二十人次以上的；

（五）违法所得五千元以上或者造成经济损失一万元以上的；

（六）其他情节严重的情形。

实施前款规定行为，具有下列情形之一的，应当认定为提供侵入、非法控制计算机信息系统的程序、工具“情节特别严重”：

（一）数量或者数额达到前款第（一）项至第（五）项规定标准五倍以上的；

（二）其他情节特别严重的情形。

第八条　以单位名义或者单位形式实施危害计算机信息系统安全犯罪，达到本解释规定的定罪量刑标准的，应当依照刑法第二百八十五条、第二百八十六条的规定追究直接负责的主管人员和其他直接责任人员的刑事责任。[①]

第九条　明知他人实施刑法第二百八十五条、第二百八十六条规定的行为，具有下列情形之一的，应当认定为共同犯罪，依照刑法第二百八十五条、第二百八十六条的规定处罚：

（一）为其提供用于破坏计算机信息系统功能、数据或者应用程序的程序、工具，违法所得五千元以上或者提供十人次以上的；

（二）为其提供互联网接入、服务器托管、网络存储空间、通讯传输通道、费用结算、交易服务、广告服务、技术培训、技术支持等帮助，违法所得五千元以上的；

（三）通过委托推广软件、投放广告等方式向其提供资金五千元以上的。

实施前款规定行为，数量或者数额达到前款规定标准五倍以上的，应当认定为刑法第二百八十五条、第二百八十六条规定的“情节特别严重”或者“后果特别严重”。[②]

第十条　对于是否属于刑法第二百八十五条、第二百八十六条规定的“国家事务、国防建设、尖端科学技术领域的计算机信息系统”、“专门用于侵入、非法控制计算机信息系统的程序、工具”、“计算机病毒等破坏性程序”难以确定的，应当委托省级以上负责计算机信息系统安全保护管理工作的部门检验。司法机关根据检验结论，并结合案件具体情况认定。

---

① 对于该条的适用，需结合刑法修正案（九）第二十六条、第二十七条增设的刑法第二百八十五条第四款、第二百八十六条第四款的规定综合考虑。——编者注

② 对于该条的适用，需结合刑法修正案（九）第二十九条增设的刑法第二百八十七条之二即帮助信息网络犯罪活动罪的规定综合考虑。——编者注

第十一条　本解释所称“计算机信息系统”和“计算机系统”，是指具备自动处理数据功能的系统，包括计算机、网络设备、通信设备、自动化控制设备等。

本解释所称“身份认证信息”，是指用于确认用户在计算机信息系统上操作权限的数据，包括账号、口令、密码、数字证书等。

本解释所称“经济损失”，包括危害计算机信息系统犯罪行为给用户直接造成的经济损失，以及用户为恢复数据、功能而支出的必要费用。

【司法解释(2)】

《最高人民法院关于审理危害军事通信刑事案件具体应用法律若干问题的解释》(法释〔2007〕13号，20070629)

第六条第三款　违反国家规定，侵入国防建设、尖端科学技术领域的军事通信计算机信息系统，尚未对军事通信造成破坏的，依照刑法第二百八十五条的规定定罪处罚；对军事通信造成破坏，同时构成刑法第二百八十五条、第二百八十六条、第三百六十九条第一款规定的犯罪的，依照处罚较重的规定定罪处罚。

【司法指导文件】

《最高人民法院研究室关于利用计算机窃取他人游戏币非法销售获利如何定性问题的研究意见》(2012)

利用计算机窃取他人游戏币非法销售获利行为目前宜以非法获取计算机信息系统数据罪定罪处罚。

【指导性案例·法院】

〔张竣杰等非法控制计算机信息系统案，FZD145-2020〕

1.通过植入木马程序的方式，非法获取网站服务器的控制权限，进而通过修改、增加计算机信息系统数据，向相关计算机信息系统上传网页链接代码的，应当认定为刑法第二百八十五条第二款“采用其他技术手段”非法控制计算机信息系统的行为。

2.通过修改、增加计算机信息系统数据，对该计算机信息系统实施非法控制，但未造成系统功能实质性破坏或者不能正常运行的，不应当认定为破坏计算机信息系统罪，符合刑法第二百八十五条第二款规定的，应当认定为非法控制计算机信息系统罪。

【指导性案例·检察】

〔卫梦龙、龚旭、薛东东非法获取计算机信息系统数据案，JZD36-2017〕

超出授权范围使用账号、密码登录计算机信息系统，属于侵入计算机信息系统的行为；侵入计算机信息系统后下载其储存的数据，可以认定为非法获取计算机信息系统数据。

【法院案例库参考案例】

〔陈某睿非法获取计算机信息系统数据案，2024-04-1-252-003〕盗取网络游戏运营商游戏币行为的定性

行为人通过技术手段非法获取游戏运营商的虚拟游戏币、游戏道具等，符合刑法第二百八十五条第二款规定的，依法以非法获取计算机信息系统数据罪定罪处罚。

〔马某某等非法获取计算机信息系统数据案，2024-04-1-252-002〕非法使用网络爬虫技术获取他人计算机

信息数据的行为应如何认定

所谓"采用侵入或其他技术手段"主要强调的是未经授权或者他人同意，通过技术手段进入计算机系统。本案被告人在用户不知情，且未经百度网盘授权的情况下，利用"某索云盘搜索"的插件自动抓取用户存储于百度网盘的分享链接的地址和提取码，并将该信息收录于自己研发的网站，符合非法获取计算机信息系统数据罪的客观行为要件；同时，二人违法所得人民币七万余元，达到有关司法解释规定的构成"情节特别严重"的标准。

〔解某某侵犯公民个人信息、非法获取计算机信息系统数据案，2024-18-1-207-007〕非法获取计算机信息系统数据罪与侵犯公民个人信息罪的处断

公民个人电子信息通常表现为计算机信息系统数据。违反国家规定侵入计算机信息系统，或者采用其他技术手段，获取该计算机信息系统中存储、处理或者传输的个人信息，同时符合了侵犯公民个人信息罪与非法获取计算机信息系统数据罪两个犯罪构成，但由于只有一个犯罪行为，属于刑法中的想象竞合犯，应当从一重罪处断；两罪法定刑相同时，可以按照侵犯公民个人信息罪定罪处罚。

〔深圳市帮某科技有限公司、谭某峰等非法获取计算机信息系统数据案，2024-04-1-252-001〕未经授权使用他人账号密码侵入计算机信息系统并获取数据行为的定性

串通公司员工，未经授权使用员工账号和密码，侵入公司计算机信息系统，通过植入外挂软件获取计算机信息系统中存储的数据，属于非法获取计算机信息系统数据；情节严重的，应当依照刑法第二百八十五条第二款的规定，以非法获取计算机信息系统数据罪定罪处罚。

〔韩某非法控制计算机信息系统案，2024-03-1-252-001〕非法控制他人视频监控行为的定性

就非法控制计算机信息系统罪而言，非法控制的本质在于未经授权或者超越授权。以购买或交换的方式非法获取他人网络监控摄像头账号、用户名、密码等信息，在未经他人允许的情况下，私自添加到自己手机或电脑中，控制他人监控摄像头，远程观看画面，并将部分登录成功的账号及观看到的监控画面进行截图保存在电脑中，属于"非法控制"，符合刑法第二百八十五条第二款规定的，以非法控制计算机信息系统罪论处。

〔余某等提供侵入、非法控制计算机信息系统程序、工具案，2024-04-1-253-001〕提供涉案软件已取得著作权的，是否影响专门侵入、非法控制计算机信息系统程序、工具罪的构成

软件著作权的登记审查为形式性审查，其主要是对技术或产品成果的独创性进行确认，并不对软件用途的合法性进行认定。涉案软件已取得著作权的，不影响对提供侵入、非法控制计算机信息系统程序、工具罪的认定。

〔叶某星、张某秋提供侵入计算机信息系统程序、谭某妹非法获取计算机信息系统数据案，2024-18-1-253-002〕对"利用窃取的账号密码，以人工大量输入验证码行为撞库方式入侵他人账户"平台组织者的定性

1.对有证据证明用途单一，只能用于侵入计算机信息系统的程序，司法机关可依法认定为“专门用于侵入计算机信息系统的程序”；难以确定的，应当委托专门部门或司法鉴定机构作出检验或鉴定。

2.图片验证码识别平台与侵入计算机信息系统程序共同实现侵入他人计算机信息系统的功能，对于该平台的组织运营者，应当依照提供侵入计算机信息系统程序共同犯罪论处。

【《刑事审判参考》案例】

〔参考案例第1459号：吴冰非法获取计算机信息系统数据案〕利用游戏系统漏洞非法充值的行为应如何认定？

利用游戏系统漏洞非法充值的行为，虽然在一定程度上是对充值程序的破坏，使其暂时不能正常充值，但并未妨害其他游戏用户的正常充值，对整个充值系统功能也未造成功能性、持续性破坏，不属于典型的破坏计算机信息系统行为。游戏币作为虚拟财产，本质上是一种经过信息系统所预设并认可的数据。非法生成、复制、传输游戏币的行为，本质上是一种非法获取权限，并非法使用该权限的行为。利用游戏系统漏洞非法获取游戏币的行为，可以认为是非法获取了计算机信息系统数据，构成非法获取计算机信息系统数据罪。

〔参考案例第1553号：丁某提供侵入计算机信息系统程序案〕提供侵入计算机信息系统程序罪涉及的“专门用于侵入、非法控制计算机信息系统的程序、工具”应如何认定？

涉案程序、工具是否属于“专门用于侵入、非法控制计算机信息系统的程序、工具”，可以从以下两方面进行综合审查判断：一是功能审查。即涉案程序是否具备侵入、非法控制计算机信息系统的功能，关键在于能否避开或突破安全保护措施。“专门用于侵入、非法控制计算机信息系统的程序、工具”，可以通过破解、盗取密码，病毒或后门攻击以及协议漏洞渗透等手段，避开或突破计算机信息系统的安全措施，帮助他人非法侵入计算机信息系统，进而实施非法获取计算机信息系统数据、非法控制计算机信息系统等行为。二是权限审查。即用涉案程序或工具获取计算机信息系统数据，对计算机信息系统进行控制、访问，是否经过授权以及是否在授权范围内进行。涉案程序和工具虽具备侵入和控制功能，但使用者获取计算机信息系统数据和控制计算机信息系统得到合法授权，相应地，提供行为也不具有社会危害性和非法性。相反，他人利用被告人提供的程序和工具，未经相关授权或越权获取计算机信息系统数据，对计算机信息系统进行控制、访问，违背用户意愿，损害计算机系统控制人利益和意志，危害用户信息安全和计算机系统安全、数据安全，就应当认定涉案程序、工具系“专门用于侵入、非法控制计算机信息系统的程序、工具”。

〔参考案例第1574号：温某某非法控制计算机信息系统案〕非法控制计算机信息系统罪与破坏计算机信息系统罪如何认定与区分？

行为人对他人计算机信息系统实施非法控制后，对系统中存储的数据进行删除、增加，从而实现对增加的数据进行使用进而获利，但并未造成计算机系统功能实质性破坏或者不能正常运行，也未造成授权人不能操控计算机信息系统；行为人主观目的是控制计算机信息系统后利用，而非破坏计算机信息系统，不能认定破坏计算机信息系统罪，以非法控制计算机信息系统罪定罪处罚符合罪刑法定原则。

第二百八十六条 【破坏计算机信息系统罪】违反国家规定，对计算机信息系统功能进行删除、修改、增加、干扰，造成计算机信息系统不能正常运行，后果严重的，处五年以下有期徒刑或者拘役；后果特别严重的，处五年以上有期徒刑。

违反国家规定，对计算机信息系统中存储、处理或者传输的数据和应用程序进行删除、修改、增加的操作，后果严重的，依照前款的规定处罚。

故意制作、传播计算机病毒等破坏性程序，影响计算机系统正常运行，后果严重的，依照第一款的规定处罚。

单位犯前三款罪的，对单位判处罚金，并对其直接负责的主管人员和其他直接责任人员，依照第一款的规定处罚。

【修正前条文】

第二百八十六条 【破坏计算机信息系统罪】违反国家规定，对计算机信息系统功能进行删除、修改、增加、干扰，造成计算机信息系统不能正常运行，后果严重的，处五年以下有期徒刑或者拘役；后果特别严重的，处五年以上有期徒刑。

违反国家规定，对计算机信息系统中存储、处理或者传输的数据和应用程序进行删除、修改、增加的操作，后果严重的，依照前款的规定处罚。

故意制作、传播计算机病毒等破坏性程序，影响计算机系统正常运行，后果严重的，依照第一款的规定处罚。

【修正说明】

刑法修正案(九)第二十七条增设本条第四款。

【司法解释(1)】

《最高人民法院、最高人民检察院关于办理危害计算机信息系统安全刑事案件应用法律若干问题的解释》(法释〔2011〕19号，20110901)

第四条 破坏计算机信息系统功能、数据或者应用程序，具有下列情形之一的，应当认定为刑法第二百八十六条第一款和第二款规定的"后果严重"：

(一)造成十台以上计算机信息系统的主要软件或者硬件不能正常运行的；

(二)对二十台以上计算机信息系统中存储、处理或者传输的数据进行删除、修改、增加操作的；

(三)违法所得五千元以上或者造成经济损失一万元以上的；

(四)造成为一百台以上计算机信息系统提供域名解析、身份认证、计费等基础服务或者为一万以上用户提供服务的计算机信息系统不能正常运行累计一小时以上的；

(五)造成其他严重后果的。

实施前款规定行为，具有下列情形之一的，应当认定为破坏计算机信息系统"后果特别严重"：

(一)数量或者数额达到前款第(一)项至第(三)项规定标准五倍以上的；

(二)造成为五百台以上计算机信息系统提供域名解析、身份认证、计费等基础服务或者为五万以上用户提供服务的计算机信息系统不能正常运行累计一小时以上的；

（三）破坏国家机关或者金融、电信、交通、教育、医疗、能源等领域提供公共服务的计算机信息系统的功能、数据或者应用程序，致使生产、生活受到严重影响或者造成恶劣社会影响的；

（四）造成其他特别严重后果的。

第五条　具有下列情形之一的程序，应当认定为刑法第二百八十六条第三款规定的“计算机病毒等破坏性程序”：

（一）能够通过网络、存储介质、文件等媒介，将自身的部分、全部或者变种进行复制、传播，并破坏计算机系统功能、数据或者应用程序的；

（二）能够在预先设定条件下自动触发，并破坏计算机系统功能、数据或者应用程序的；

（三）其他专门设计用于破坏计算机系统功能、数据或者应用程序的程序。

第六条　故意制作、传播计算机病毒等破坏性程序，影响计算机系统正常运行，具有下列情形之一的，应当认定为刑法第二百八十六条第三款规定的“后果严重”：

（一）制作、提供、传输第五条第（一）项规定的程序，导致该程序通过网络、存储介质、文件等媒介传播的；

（二）造成二十台以上计算机系统被植入第五条第（二）、（三）项规定的程序的；

（三）提供计算机病毒等破坏性程序十人次以上的；

（四）违法所得五千元以上或者造成经济损失一万元以上的；

（五）造成其他严重后果的。

实施前款规定行为，具有下列情形之一的，应当认定为破坏计算机信息系统“后果特别严重”：

（一）制作、提供、传输第五条第（一）项规定的程序，导致该程序通过网络、存储介质、文件等媒介传播，致使生产、生活受到严重影响或者造成恶劣社会影响的；

（二）数量或者数额达到前款第（二）项至第（四）项规定标准五倍以上的；

（三）造成其他特别严重后果的。

第八条　以单位名义或者单位形式实施危害计算机信息系统安全犯罪，达到本解释规定的定罪量刑标准的，应当依照刑法第二百八十五条、第二百八十六条的规定追究直接负责的主管人员和其他直接责任人员的刑事责任。①

【司法解释(1)·注释】

1.从司法实践来看，破坏数据、应用程序的案件，主要表现为对数据进行删除、修改、增加的操作，鲜有破坏应用程序的案件。因此，对于刑法第二百八十六条“对计算机信息系统中存储、处理或者传输的数据和应用程序进行删除、修改、增加的操作”的规定，应当理解为“数据”“应用程序”均可以成为犯罪对象，而并不要求一次破坏行为必须同时破坏数据和应用程序，这样才能实现对计算机信息系统中存储、处理或者传输的数据、应用程序的有效保

---

①　对于该条的适用，需结合刑法修正案(九)第二十六条、第二十七条增设的刑法第二百八十五条第四款、第二百八十六条第四款的规定综合考虑。——编者注

护，有效维护计算机信息系统安全。

2.本司法解释第四条只是明确了破坏计算机信息系统功能、数据或者应用程序行为的“后果严重”“后果特别严重”的具体情形，是否构成犯罪，还需要结合刑法规定的其他要件判断。而根据刑法第二百八十六条第一款、第二款的规定，破坏计算机信息系统功能和破坏计算机信息系统数据、应用程序行为的入罪要件并不相同，前者要求“造成计算机信息系统不能正常运行”，而后者不需要这一要件。因此，在司法实践中，需要依据刑法和本司法解释规定，根据具体案件情况进行分析判断，确保定罪量刑的准确。

3.本司法解释第十一条第三款明确了“经济损失”的计算范围，具体包括危害计算机信息系统犯罪行为给用户造成的直接经济损失，以及用户为恢复数据、功能而支出的必要费用。破坏计算机信息系统功能、数据给用户带来的预期利益的损失不能纳入“经济损失”的计算范围。

4.关于跨国共同犯罪的处理问题。由于网络的无国界，危害计算机信息系统安全犯罪行为和犯罪结果可能分别发生在中华人民共和国领域内外。根据刑法第六条的规定，犯罪的行为或者结果有一项发生在中华人民共和国领域内的，就认为是在中华人民共和国领域内犯罪。因此，对于这类危害计算机信息系统安全犯罪案件，只要其危害后果最终发生在中华人民共和国领域内，就应当认为是在中华人民共和国领域内犯罪，应当适用我国刑法的相关规定。在此前提下，可能对境外实行犯无法实际行使刑事管辖权，在境外实行犯未归案的情况下，对于境内为境外实行犯提供帮助的行为人，应当依照本条确定的规则处理。

5.关于帮助犯在共同犯罪中的类型认定问题。与传统犯罪不同，网络环境中的帮助犯在共同犯罪中所起的作用具有一定的特殊性和复杂性，并非只起次要和辅助作用，也可能起主要作用。因此，对于行为人帮助他人实施刑法第二百八十五条、第二百八十六条规定的行为的，应当根据其在共同犯罪中的作用予以认定，既可以认定为主犯，也可以认定为从犯。

【司法解释(2)】

《最高人民法院、最高人民检察院关于办理环境污染刑事案件适用法律若干问题的解释》(法释〔2023〕7号，20230815)

第十一条　违反国家规定，针对环境质量监测系统实施下列行为，或者强令、指使、授意他人实施下列行为，后果严重的，应当依照刑法第二百八十六条的规定，以破坏计算机信息系统罪定罪处罚：

(一)修改系统参数或者系统中存储、处理、传输的监测数据的；

(二)干扰系统采样，致使监测数据因系统不能正常运行而严重失真的；

(三)其他破坏环境质量监测系统的行为。

重点排污单位、实行排污许可重点管理的单位篡改、伪造自动监测数据或者干扰自动监测设施，排放化学需氧量、氨氮、二氧化硫、氮氧化物等污染物，同时构成污染环境罪和破坏计算机信息系统罪的，依照处罚较重的规定定罪处罚。

从事环境监测设施维护、运营的

人员实施或者参与实施篡改、伪造自动监测数据、干扰自动监测设施、破坏环境质量监测系统等行为的，依法从重处罚。

【司法指导文件】

《最高人民法院研究室关于对交警部门计算机信息系统中存储的交通违章信息进行删除行为如何定性的研究意见》(2012)

违反国家规定，对交警部门计算机信息系统中存储的交通违章信息进行删除，收取违章人员的好处，应当认定为刑法第二百八十六条第二款规定的对计算机信息系统中存储、处理、传输的数据进行删除的操作，以破坏计算机信息系统罪定罪处罚。

【公安文件】

《公安部关于对破坏未联网的微型计算机信息系统是否适用〈刑法〉第二百八十六条的请示的批复》(公复字〔1998〕7号，19981125)

《刑法》第二百八十六条中的"违反国家规定"是指包括《中华人民共和国计算机信息系统安全保护条例》(以下简称《条例》)在内的有关行政法规、部门规章[①]的规定。《条例》第五条第二款规定的"未联网的微型计算机的安全保护办法，另行规定"，主要是考虑到未联入网络的单台微型计算机系统所处环境和使用情况比较复杂，且基本无安全功能，需针对这些特点另外制定相应的安全管理措施。然而，未联网的计算机信息系统也属计算机信息系统，《条例》第二、三、七条的安全保护原则、规定，对未联网的微型计算机系统完全适用。因此破坏未联网的微型计算机信息系统适用刑法第二百八十六条。

【指导性案例·法院】

〔付宣豪、黄子超破坏计算机信息系统案，FZD102-2018〕

1.通过修改路由器、浏览器设置、锁定主页或者弹出新窗口等技术手段，强制网络用户访问指定网站的"DNS劫持"行为，属于破坏计算机信息系统，后果严重的，构成破坏计算机信息系统罪。

2.对于"DNS劫持"，应当根据造成不能正常运行的计算机信息系统数量、相关计算机信息系统不能正常运行的时间，以及所造成的损失或者影响等，认定其是"后果严重"还是"后果特别严重"。

〔徐强破坏计算机信息系统案，FZD103-2018〕

企业的机械远程监控系统属于计算机信息系统。违反国家规定，对企业的机械远程监控系统功能进行破坏，造成计算机信息系统不能正常运行，后果严重的，构成破坏计算机信息系统罪。

〔李森、何利民、张锋勃等人破坏计算机信息系统案，FZD104-2018〕

环境质量监测系统属于计算机信息系统。用棉纱等物品堵塞环境质量监测采样设备，干扰采样，致使监测数据严重失真的，构成破坏计算机信息系统罪。

【指导性案例·检察】

〔李丙龙破坏计算机信息系统案，

① 根据刑法第九十六条的规定，部门规章不属于国家规定的范畴。——编者注

JZD33-2017〕

以修改域名解析服务器指向的方式劫持域名，造成计算机信息系统不能正常运行，是破坏计算机信息系统的行为。

〔曾兴亮、王玉生破坏计算机信息系统案，JZD35-2017〕

智能手机终端，应当认定为刑法保护的计算机信息系统。锁定智能手机导致不能使用的行为，可认定为破坏计算机信息系统。

【法院案例库参考案例】

〔张某破坏计算机信息系统案，2024-02-1-254-001〕行为人采用分布式拒绝服务攻击方式，对计算机信息系统功能进行干扰，造成相应后果的，构成破坏计算机信息系统罪

行为人采用分布式拒绝服务攻击(DDoS)方式，对计算机信息系统功能进行干扰，造成计算机信息系统不能正常运行，后果严重的，以破坏计算机信息系统罪论处。

〔张某等人破坏计算机信息系统案，2024-18-1-254-001〕通过DDoS攻击他人IP地址、网站行为的定罪量刑

1.行为人创建、运营为他人提供DDoS攻击的网站，造成被攻击网站、服务器相关计算机信息系统不能正常运行，后果严重的，以破坏计算机信息系统罪论处。对于所涉网站经营管理者、网络攻击请求者，可以根据具体情节认定为共同犯罪。

2.对于通过DDoS攻击他人IP地址、网站的案件，不能简单将被攻击IP地址、网站域名的个数直接等同于计算机信息系统的台数，而应当结合被攻击IP地址、网站域名的数量，攻击持续时间以及所造成的损失或者影响等情节，综合评判是否属于“后果严重”或者“后果特别严重”。

〔姚某等破坏计算机信息系统案，2025-18-1-254-001〕黑客DDoS网络攻击行为后果的认定

受到计算机犯罪侵害的公司为修复系统数据、功能而支出的员工工资系因犯罪产生的必要费用，属于“两高”《关于办理危害计算机信息系统安全刑事案件应用法律若干问题的解释》规定的“用户为恢复数据、功能而支出的必要费用”，依法认定为“经济损失”。

〔张某清等破坏计算机信息系统案，2024-18-1-254-002〕破坏环境质量监测系统行为的定性

1.违反国家规定，干扰环境质量监测系统采样，致使监测数据因系统不能正常运行而严重失真，情节严重的，应当依照刑法第二百八十六条的规定，以破坏计算机信息系统罪定罪处罚。

2.对于所涉行为“情节严重”的判断，应当结合破坏环境质量监测系统的次数、导致监测数据失真的程度及引发的后果等情节综合考量，确保刑法适用的准确，做到罪责刑相适应。

〔钱某等破坏计算机信息系统案，2024-03-1-254-001〕非法获取政府公共服务管理平台账号并登录审批虚假信息的行为认定

非法获取政府公共服务管理平台账号、密码，非法录入、审批虚假信息，造成该计算机信息系统中存储的数据失真，属于刑法第二百八十六条第二款规定的“对计算机信息系统中存储、处理或者传输的数据和应用程序进行删除、修改、增加的操作”。

〔罗某某破坏计算机信息系统案，

2024-04-1-254-001〕破坏计算机信息系统罪对直接经济损失的认定与路径

破坏计算机信息系统罪中，对经济损失的认定一直存有争议。依照法律规定及其应有之义，经济损失的内涵为直接经济损失；外延首先是“硬件损失”+“恢复数据、功能的必要费用”+“因不能及时修复或替代而不能正常运行的合理时段内的直接关联损失”，其次是穷尽所有合理合法手段后，被害人确已无法履行合同或其他法定义务，因承担违约责任或其他法定责任而实际依法应承担的赔偿金额，不包括其他可得利益的损失。

具体到本案中，认定被告人罗某某的行为造成直接经济损失数额应按照以下顺序考量判断：第一，为及时恢复删除的图片而支出的必要费用。对恢复性费用，法律规定强调“必要”二字。第二，若是图片无法恢复，则“及时”重新收集参赛选手的图片而支出的必要费用，成为替代性费用。同理，若被破坏的是系统功能或应用程序，在无法恢复的情况下，重新更换系统功能或者程序所需要支出的费用为替代性费用。第三，穷尽所有合理合法手段后，系统数据、功能、应用程序均无法恢复或者替换，被害人确已无法履行合同，因承担违约责任而实际应向合同相对方支付的赔偿金额。

【法院公报案例】

〔江苏省无锡市滨湖区人民检察院诉马志松等破坏计算机信息系统案，GB2009-2〕

根据刑法第二百八十六条的规定，违反国家规定，对计算机信息系统功能进行删除、修改、增加、干扰或者对计算机信息系统中存储、处理或者传输的数据和应用程序进行删除、修改、增加的操作或者故意制作、传播计算机病毒等破坏性程序，造成计算机信息系统不能正常运行，后果严重的，构成破坏计算机信息系统罪。

行为人违反国家规定，采用干扰的技术手段攻击劫持互联网运营商的公共域名服务器，在域名服务器中添加指令，在大量个人计算机信息系统中植入木马病毒，造成计算机信息系统不能正常运行，后果严重的，应以破坏计算机信息系统罪定罪处罚。

【《刑事审判参考》案例】

〔参考案例第783号：童莉、蔡少英破坏计算机信息系统案〕公安交通管理部门协管员非法侵入道路交通违法信息管理系统，清除车辆违章信息，收取违章人员钱财的行为如何定性？

公安交通管理部门协管员非法侵入道路交通违法信息管理系统，清除车辆违章信息，收取违章人员钱财的行为构成破坏计算机信息系统罪。

〔参考案例第784号：孙小虎破坏计算机信息系统案〕如何适用破坏计算机系统罪中的“经济损失”和“违法所得”情节？

经济损失数额和违法所得数额都是破坏计算机信息系统犯罪中定罪量刑的标准。如果这两个数额分别属于后果严重、后果特别严重的情节，导致量刑上的冲突时，应当按照处罚较重的数额对被告人进行量刑，另一数额可作为量刑的酌定情节予以考虑，如此才能真正在具体案件中实现罪刑相适应。

〔参考案例第1029号：乐姿等破坏计算机信息系统案〕在无法准确认定经

济损失、用户数量的情况下，如何认定破坏计算机信息系统的“后果严重”？

行为人恶意攻击计算机信息系统达10次以上，总计时间约40小时，造成为全国知名婚恋交友网站提供服务的计算机信息系统长时间内无法正常运行，并造成一定的经济损失。受害公司向法庭提交的因网站受攻击导致客户退费112万元及该公司有16万余名注册用户的证据材料虽不能作为定案根据，却可以作为评价其公司经营规模与实际注册用户数量的重要参考。因此，行为人所实施的具体行为，既必然造成经济损失，又导致众多计算用户受影响，且影响时间较长，这些情节较相关司法解释规定的“造成经济损失一万元以上”或者“造成为一万以上用户提供服务的计算机信息系统不能正常运行累计一小时以上”的入罪条件，在性质、情节、社会危害程度等方面均有过之而无不及。因此，可以据此认定上述行为符合“造成其他严重后果”的情形。

第二百八十六条之一 【拒不履行信息网络安全管理义务罪】网络服务提供者不履行法律、行政法规规定的信息网络安全管理义务，经监管部门责令采取改正措施而拒不改正，有下列情形之一的，处三年以下有期徒刑、拘役或者管制，并处或者单处罚金：

（一）致使违法信息大量传播的；

（二）致使用户信息泄露，造成严重后果的；

（三）致使刑事案件证据灭失，情节严重的；

（四）有其他严重情节的。

单位犯前款罪的，对单位判处罚金，并对其直接负责的主管人员和其他直接责任人员，依照前款的规定处罚。

有前两款行为，同时构成其他犯罪的，依照处罚较重的规定定罪处罚。

【修正说明】

本罪由刑法修正案(九)第二十八条增设。

【司法解释(1)】

《最高人民法院、最高人民检察院关于办理侵犯公民个人信息刑事案件适用法律若干问题的解释》(法释〔2017〕10号，20170601)

第九条 网络服务提供者拒不履行法律、行政法规规定的信息网络安全管理义务，经监管部门责令采取改正措施而拒不改正，致使用户的公民个人信息泄露，造成严重后果的，应当依照刑法第二百八十六条之一的规定，以拒不履行信息网络安全管理义务罪定罪处罚。

【司法解释(2)】

《最高人民法院、最高人民检察院关于办理非法利用信息网络、帮助信息网络犯罪活动等刑事案件适用法律若干问题的解释》(法释〔2019〕15号，20191101)

第一条 提供下列服务的单位和个人，应当认定为刑法第二百八十六条之一第一款规定的“网络服务提供者”：

(一)网络接入、域名注册解析等信息网络接入、计算、存储、传输服务；

(二)信息发布、搜索引擎、即时通

讯、网络支付、网络预约、网络购物、网络游戏、网络直播、网站建设、安全防护、广告推广、应用商店等信息网络应用服务；

（三）利用信息网络提供的电子政务、通信、能源、交通、水利、金融、教育、医疗等公共服务。

第二条　刑法第二百八十六条之一第一款规定的“监管部门责令采取改正措施”，是指网信、电信、公安等依照法律、行政法规的规定承担信息网络安全监管职责的部门，以责令整改通知书或者其他文书形式，责令网络服务提供者采取改正措施。

认定“经监管部门责令采取改正措施而拒不改正”，应当综合考虑监管部门责令改正是否具有法律、行政法规依据，改正措施及期限要求是否明确、合理，网络服务提供者是否具有按照要求采取改正措施的能力等因素进行判断。

第三条　拒不履行信息网络安全管理义务，具有下列情形之一的，应当认定为刑法第二百八十六条之一第一款第一项规定的“致使违法信息大量传播”：

（一）致使传播违法视频文件二百个以上的；

（二）致使传播违法视频文件以外的其他违法信息二千个以上的；

（三）致使传播违法信息，数量虽未达到第一项、第二项规定标准，但是按相应比例折算合计达到有关数量标准的；

（四）致使向二千个以上用户账号传播违法信息的；

（五）致使利用群组成员账号数累计三千以上的通讯群组或者关注人员账号数累计三万以上的社交网络传播违法信息的；

（六）致使违法信息实际被点击数达到五万以上的；

（七）其他致使违法信息大量传播的情形。

第四条　拒不履行信息网络安全管理义务，致使用户信息泄露，具有下列情形之一的，应当认定为刑法第二百八十六条之一第一款第二项规定的“造成严重后果”：

（一）致使泄露行踪轨迹信息、通信内容、征信信息、财产信息五百条以上的；

（二）致使泄露住宿信息、通信记录、健康生理信息、交易信息等其他可能影响人身、财产安全的用户信息五千条以上的；

（三）致使泄露第一项、第二项规定以外的用户信息五万条以上的；

（四）数量虽未达到第一项至第三项规定标准，但是按相应比例折算合计达到有关数量标准的；

（五）造成他人死亡、重伤、精神失常或者被绑架等严重后果的；

（六）造成重大经济损失的；

（七）严重扰乱社会秩序的；

（八）造成其他严重后果的。

第五条　拒不履行信息网络安全管理义务，致使影响定罪量刑的刑事案件证据灭失，具有下列情形之一的，应当认定为刑法第二百八十六条之一第一款第三项规定的“情节严重”：

（一）造成危害国家安全犯罪、恐怖活动犯罪、黑社会性质组织犯罪、贪污贿赂犯罪案件的证据灭失的；

（二）造成可能判处五年有期徒刑以上刑罚犯罪案件的证据灭失的；

（三）多次造成刑事案件证据灭

失的；

(四)致使刑事诉讼程序受到严重影响的；

(五)其他情节严重的情形。

第六条　拒不履行信息网络安全管理义务，具有下列情形之一的，应当认定为刑法第二百八十六条之一第一款第四项规定的“有其他严重情节”：

(一)对绝大多数用户日志未留存或者未落实真实身份信息认证义务的；

(二)二年内经多次责令改正拒不改正的；

(三)致使信息网络服务被主要用于违法犯罪的；

(四)致使信息网络服务、网络设施被用于实施网络攻击，严重影响生产、生活的；

(五)致使信息网络服务被用于实施危害国家安全犯罪、恐怖活动犯罪、黑社会性质组织犯罪、贪污贿赂犯罪或者其他重大犯罪的；

(六)致使国家机关或者通信、能源、交通、水利、金融、教育、医疗等领域提供公共服务的信息网络受到破坏，严重影响生产、生活的；

(七)其他严重违反信息网络安全管理义务的情形。

第十四条　单位实施本解释规定的犯罪的，依照本解释规定的相应自然人犯罪的定罪量刑标准，对直接负责的主管人员和其他直接责任人员定罪处罚，并对单位判处罚金。

第十五条　综合考虑社会危害程度、认罪悔罪态度等情节，认为犯罪情节轻微的，可以不起诉或者免予刑事处罚；情节显著轻微危害不大的，不以犯罪论处。

第十六条　多次拒不履行信息网络安全管理义务、非法利用信息网络、帮助信息网络犯罪活动构成犯罪，依法应当追诉的，或者二年内多次实施前述行为未经处理的，数量或者数额累计计算。

第十七条　对于实施本解释规定的犯罪被判处刑罚的，可以根据犯罪情况和预防再犯罪的需要，依法宣告职业禁止；被判处管制、宣告缓刑的，可以根据犯罪情况，依法宣告禁止令。

第十八条　对于实施本解释规定的犯罪的，应当综合考虑犯罪的危害程度、违法所得数额以及被告人的前科情况、认罪悔罪态度等，依法判处罚金。

第十九条　本解释自2019年11月1日起施行。

【司法解释(2)·注释】

网络服务提供者包括提供互联网服务的网络运营者，也包括虽然提供内部网络服务但涉及公共服务的网络运营者。

【司法指导文件(1)】

《最高人民法院、最高人民检察院、公安部关于办理电信网络诈骗等刑事案件适用法律若干问题的意见》(法发〔2016〕32号，20161219)

三、全面惩处关联犯罪

(六)网络服务提供者不履行法律、行政法规规定的信息网络安全管理义务，经监管部门责令采取改正措施而拒不改正，致使诈骗信息大量传播，或者用户信息泄露造成严重后果的，依照刑法第二百八十六条之一的规定，以拒不履行信息网络安全管理义务罪追究刑事责任。同时构成诈骗罪的，依照处罚较重的规定定罪处罚。

【司法指导文件(2)】

《最高人民法院、最高人民检察院、公安部关于依法惩治网络暴力违法犯罪的指导意见》(法发〔2023〕14号，20230920)

6.依法惩治拒不履行信息网络安全管理义务行为。网络服务提供者对于所发现的有关网络暴力违法犯罪的信息不依法履行信息网络安全管理义务，经监管部门责令采取改正措施而拒不改正，致使违法信息大量传播或者有其他严重情节，符合刑法第二百八十六条之一规定的，以拒不履行信息网络安全管理义务罪定罪处罚；依照刑法和司法解释规定，同时构成其他犯罪的，依照处罚较重的规定定罪处罚。

第二百八十七条　【利用计算机实施有关犯罪行为的处理】利用计算机实施金融诈骗、盗窃、贪污、挪用公款、窃取国家秘密或者其他犯罪的，依照本法有关规定定罪处罚。

【法院案例库参考案例】

〔刘某麟盗窃案，2023-03-1-221-002〕刑法第二百八十七条关于利用计算机实施盗窃等其他犯罪中“依照本法有关规定定罪处罚”的理解与适用

通过非法控制他人计算机信息系统，秘密转移并占有他人账户内的资金，未造成计算机信息系统中存储、处理或传输的数据丢失、损坏，或者导致计算机信息系统不能正常运行等其他危害后果，非法控制计算机信息系统行为是秘密窃取的手段行为，二者属于牵连犯，依据刑法第二百八十七条之规定，按照盗窃罪一罪进行处罚。

【《刑事审判参考》案例】

〔参考案例第1202号：赵宏铃等盗窃案〕非法侵入景点检售票系统修改门票数据获取门票收益的行为如何定性？

对景区门票收益无主管、经手和管理职责的网管员，非法侵入单位的景点检售票系统，修改门票数据，并获取门票收益的行为，应当以盗窃罪论处。破坏计算机信息系统行为应当作为盗窃罪情节在量刑时适当考虑。

第二百八十七条之一　【非法利用信息网络罪】利用信息网络实施下列行为之一，情节严重的，处三年以下有期徒刑或者拘役，并处或者单处罚金：

（一）设立用于实施诈骗、传授犯罪方法、制作或者销售违禁物品、管制物品等违法犯罪活动的网站、通讯群组的；

（二）发布有关制作或者销售毒品、枪支、淫秽物品等违禁物品、管制物品或者其他违法犯罪信息的；

（三）为实施诈骗等违法犯罪活动发布信息的。

单位犯前款罪的，对单位判处罚金，并对其直接负责的主管人员和其他直接责任人员，依照第一款的规定处罚。

有前两款行为，同时构成其他犯罪的，依照处罚较重的规定定罪处罚。

【修正说明】

本罪由刑法修正案(九)第二十九条增设。

【立法 · 要点注释】

1.行为人设立网站、通讯群组的目的是用于实施违法犯罪活动。如果行为人是出于发布合法信息,从事正常的社交或者网络经营行为等目的设立网站、通讯群组,事后被他人用于从事违法犯罪行为的,不属于设立用于违法犯罪活动的网站、通讯群组。当然,如果行为人事后知道他人利用其设立的网站、通讯群组从事违法犯罪活动,而为其提供技术支持的,可以适用刑法修正案(九)增设的第二百八十七条之二关于帮助实施网络犯罪的规定追究刑事责任。此外,也不排除当事人设立网站或者通讯群组的初始目的是正当的,但在以后将这一网站或者通讯群组逐步演化为用以实施违法犯罪的信息平台的情况。这种情况,也属于本条第一款第一项规定的设立用于实施违法犯罪活动的网站、通讯群组。

2.行为人设立违法犯罪网站、通讯群组,主要是从事诈骗、传授犯罪方法、制作或者销售违禁物品、管制物品,但并不限于法律明确列举的这几类违法犯罪活动。司法实践中如果行为人设立网站是为了实施其他违法犯罪行为的,也可以构成本罪,刑法列举的是比较常见、多发的几类违法犯罪活动。

【司法解释(1)】

《最高人民法院、最高人民检察院关于办理非法利用信息网络、帮助信息网络犯罪活动等刑事案件适用法律若干问题的解释》(法释〔2019〕15号,20191101)

第七条　刑法第二百八十七条之一规定的“违法犯罪”,包括犯罪行为和属于刑法分则规定的行为类型但尚未构成犯罪的违法行为。

第八条　以实施违法犯罪活动为目的而设立或者设立后主要用于实施违法犯罪活动的网站、通讯群组,应当认定为刑法第二百八十七条之一第一款第一项规定的“用于实施诈骗、传授犯罪方法、制作或者销售违禁物品、管制物品等违法犯罪活动的网站、通讯群组”。

第九条　利用信息网络提供信息的链接、截屏、二维码、访问账号密码及其他指引访问服务的,应当认定为刑法第二百八十七条之一第一款第二项、第三项规定的“发布信息”。

第十条　非法利用信息网络,具有下列情形之一的,应当认定为刑法第二百八十七条之一第一款规定的“情节严重”:

(一)假冒国家机关、金融机构名义,设立用于实施违法犯罪活动的网站的;

(二)设立用于实施违法犯罪活动的网站,数量达到三个以上或者注册账号数累计达到二千以上的;

(三)设立用于实施违法犯罪活动的通讯群组,数量达到五个以上或者群组成员账号数累计达到一千以上的;

(四)发布有关违法犯罪的信息或者为实施违法犯罪活动发布信息,具有下列情形之一的:

1.在网站上发布有关信息一百条以上的;

2.向二千个以上用户账号发送有关信息的;

3.向群组成员数累计达到三千以上的通讯群组发送有关信息的；

4.利用关注人员账号数累计达到三万以上的社交网络传播有关信息的；

（五）违法所得一万元以上的；

（六）二年内曾因非法利用信息网络、帮助信息网络犯罪活动、危害计算机信息系统安全受过行政处罚，又非法利用信息网络的；

（七）其他情节严重的情形。

【司法解释(1)·注释】

对刑法第二百八十七条之一规定中的“等”，应当作等外的理解，即不只限于该条所明确列举的类型，也包括其他违法犯罪。另外，对于刑法未规定、仅在治安管理处罚法或者其他法律法规规定的行政违法行为，即使利用信息网络实施，也不应当构成非法利用信息网络罪。例如，对于买卖驾照计分的行为，目前无法直接追究刑事责任；对于此类行为，即使通过互联网、通信群组发布相关信息的，也不构成非法利用信息网络罪。

【司法解释(2)】

《最高人民法院、最高人民检察院关于办理侵犯公民个人信息刑事案件适用法律若干问题的解释》（法释〔2017〕10号，20170601）

第八条　设立用于实施非法获取、出售或者提供公民个人信息违法犯罪活动的网站、通讯群组，情节严重的，应当依照刑法第二百八十七条之一的规定，以非法利用信息网络罪定罪处罚；同时构成侵犯公民个人信息罪的，依照侵犯公民个人信息罪定罪处罚。

【司法解释(3)】

《最高人民法院、最高人民检察院关于办理组织考试作弊等刑事案件适用法律若干问题的解释》（法释〔2019〕13号，20190904）

第十一条　设立用于实施考试作弊的网站、通讯群组或者发布有关考试作弊的信息，情节严重的，应当依照刑法第二百八十七条之一的规定，以非法利用信息网络罪定罪处罚；同时构成组织考试作弊罪、非法出售、提供试题、答案罪、非法获取国家秘密罪等其他犯罪的，依照处罚较重的规定定罪处罚。

【司法解释(4)】

《最高人民法院、最高人民检察院关于办理组织、强迫、引诱、容留、介绍卖淫刑事案件适用法律若干问题的解释》（法释〔2017〕13号，20170725）

第八条第二款　利用信息网络发布招嫖违法信息，情节严重的，依照刑法第二百八十七条之一的规定，以非法利用信息网络罪定罪处罚。同时构成介绍卖淫罪的，依照处罚较重的规定定罪处罚。

【司法解释(5)】

《最高人民法院关于审理毒品犯罪案件适用法律若干问题的解释》（法释〔2016〕8号，20160411）

第十四条　利用信息网络，设立用于实施传授制造毒品、非法生产制毒物品的方法，贩卖毒品，非法买卖制毒物品或者组织他人吸食、注射毒品等违法犯罪活动的网站、通讯群组，或者发布实施前述违法犯罪活动的信息，情节严重的，应当依照刑法第二百八十七条之一的规定，以非法利用信息网络罪定罪处罚。

实施刑法第二百八十七条之一、第二百八十七条之二规定的行为，同时构成贩卖毒品罪、非法买卖制毒物品罪、传授犯罪方法罪等犯罪的，依照处罚较重的规定定罪处罚。

【司法指导文件(1)】

《最高人民法院、最高人民检察院、公安部、司法部关于依法严厉打击传播艾滋病病毒等违法犯罪行为的指导意见》(公通字〔2019〕23号，20190519)

(十一)非法利用信息网络罪。设立网站、通讯群组，用于销售谎称含有或者含有艾滋病病毒的血液等违法犯罪活动，情节严重的，依照刑法第二百八十七条之一的规定，以非法利用信息网络罪定罪处罚。

【司法指导文件(2)】

《最高人民法院、最高人民检察院、公安部关于依法惩治网络暴力违法犯罪的指导意见》(法发〔2023〕14号，20230920)

5.依法惩治借网络暴力事件实施的恶意营销炒作行为。基于蹭炒热度、推广引流等目的，利用互联网用户公众账号等推送、传播有关网络暴力违法犯罪的信息，符合刑法第二百八十七条之一规定的，以非法利用信息网络罪定罪处罚；依照刑法和司法解释规定，同时构成其他犯罪的，依照处罚较重的规定定罪处罚。

【司法指导文件(3)】

《最高人民法院、最高人民检察院、公安部关于依法处理信访活动中违法犯罪行为的指导意见》(公通字〔2019〕7号，20190228)

(六)信息网络有关行为。设立网站、通讯群组，用于在信访活动中或者以信访为名实施违法犯罪活动，情节严重的，依照刑法第二百八十七条之一的规定，以非法利用信息网络罪定罪处罚；明知他人利用信息网络在信访活动中或者以信访为名实施犯罪行为，为其提供技术支持或者其他帮助，情节严重的，依照刑法第二百八十七条之二的规定，以帮助信息网络犯罪活动罪定罪处罚；网络服务提供者不履行法律、行政法规规定的信息网络安全管理义务，经监管部门责令采取改正措施而拒不改正，情节严重的，依照刑法第二百八十六条之一的规定，以拒不履行信息网络安全管理义务罪定罪处罚。

【司法指导文件(4)】

参见本法第三百零三条项下【司法指导文件(4)】中“四、关于跨境赌博关联犯罪的认定”的相关规定，第1071—1072页。

第二百八十七条之二　【帮助信息网络犯罪活动罪】明知他人利用信息网络实施犯罪，为其犯罪提供互联网接入、服务器托管、网络存储、通讯传输等技术支持，或者提供广告推广、支付结算等帮助，情节严重的，处三年以下有期徒刑或者拘役，并处或者单处罚金。

单位犯前款罪的，对单位判处罚金，并对其直接负责的主管人员和其他直接责任人员，依照第一款的规定处罚。

有前两款行为，同时构成其他

犯罪的，依照处罚较重的规定定罪处罚。

【修正说明】

本罪由刑法修正案(九)第二十九条增设。

【立法 · 要点注释】

1.“互联网接入”，是指为他人提供访问互联网或者在互联网发布信息的通路。目前常用的互联网接入服务有电话线拨号接入、ADSL接入、光纤宽带接入、无线网络等方式。用户只有通过这些特定的通信线路连接到互联网服务提供商，享受其提供的互联网入网连接和信息服务，才能连接使用互联网或者建立服务器发布消息。这一规定主要针对互联网接入服务提供商，如果其明知他人利用其接入服务实施犯罪，仍继续让对方使用，情节严重的，构成本罪。

2.“服务器托管”，是指将服务器及相关设备托管到具有专门数据中心的机房。托管的服务器一般由客户通过远程方式自行维护，由机房负责提供稳定的电源、带宽、温湿度等物理环境。“网络存储”，通常是指通过网络存储、管理数据的载体空间，如常用的百度网盘、QQ中转站等。

3.“通讯传输”，是指用户之间传输信息的通路。例如，电信诈骗犯罪中犯罪分子常用的VOIP电话，这种技术能将语音信号经技术处理后通过互联网传输出去。另一种常用的通讯传输通道是VPN(虚拟专用网络)，该技术能在公用网络上建立专用网络，进行加密通讯。目前很多网络犯罪嫌疑人使用VPN技术隐藏其真实位置。

4.常见的为他人实施网络犯罪提供技术支持的行为方式还有销售赌博网站代码，为病毒、木马程序提供免杀服务，为网络盗窃、QQ视频诈骗制作专用木马程序，为设立“钓鱼网站”等提供技术支持等行为。

5.为他人利用信息网络实施犯罪提供广告推广包括两种情况：一种情况是为利用网络实施犯罪的人做广告、拉客户；另一种情况是为他人设立的犯罪网站拉广告客户，帮助该犯罪网站获得广告收入，以支持犯罪网站的运营。打击此类行为，有利于切断犯罪网站收入来源。

【司法解释】

《最高人民法院、最高人民检察院关于办理非法利用信息网络、帮助信息网络犯罪活动等刑事案件适用法律若干问题的解释》(法释〔2019〕15号，20191101)

第十一条　为他人实施犯罪提供技术支持或者帮助，具有下列情形之一的，可以认定行为人明知他人利用信息网络实施犯罪，但是有相反证据的除外：

(一)经监管部门告知后仍然实施有关行为的；

(二)接到举报后不履行法定管理职责的；

(三)交易价格或者方式明显异常的；

(四)提供专门用于违法犯罪的程序、工具或者其他技术支持、帮助的；

(五)频繁采用隐蔽上网、加密通信、销毁数据等措施或者使用虚假身份，逃避监管或者规避调查的；

(六)为他人逃避监管或者规避调查提供技术支持、帮助的；

(七)其他足以认定行为人明知的情形。

第十二条　明知他人利用信息网络实施犯罪，为其犯罪提供帮助，具有下列情形之一的，应当认定为刑法第二百八十七条之二第一款规定的“情节严重”：

(一)为三个以上对象提供帮助的；

(二)支付结算金额二十万元以上的；

(三)以投放广告等方式提供资金五万元以上的；

(四)违法所得一万元以上的；

(五)二年内曾因非法利用信息网络、帮助信息网络犯罪活动、危害计算机信息系统安全受过行政处罚，又帮助信息网络犯罪活动的；

(六)被帮助对象实施的犯罪造成严重后果的；

(七)其他情节严重的情形。

实施前款规定的行为，确因客观条件限制无法查证被帮助对象是否达到犯罪的程度，但相关数额总计达到前款第二项至第四项规定标准五倍以上，或者造成特别严重后果的，应当以帮助信息网络犯罪活动罪追究行为人的刑事责任。

第十三条　被帮助对象实施的犯罪行为可以确认，但尚未到案、尚未依法裁判或者因未达到刑事责任年龄等原因依法未予追究刑事责任的，不影响帮助信息网络犯罪活动罪的认定。

【司法解释·注释】

1.考虑到与传统犯罪中帮助行为不同，网络犯罪中帮助者往往为众多对象提供帮助，一一查证被帮助对象是否已构成犯罪存在客观困难，而帮助行为累计的社会危害性严重，本司法解释第十二条第二款规定：“实施前款规定的行为，确因客观条件限制无法查证被帮助对象是否达到犯罪的程度，但相关数额总计达到前款第二项至第四项规定标准五倍以上，或者造成特别严重后果的，应当以帮助信息网络犯罪活动罪追究行为人的刑事责任。”适用本款时应当注意：一是此种情形下通常是被帮助对象人数众多，对于帮助单个或者少数对象利用信息网络实施犯罪的，必须以被帮助对象构成犯罪为入罪前提；二是确因客观条件限制无法证实被帮助对象实施的行为达到犯罪程度，但经查证确系刑法分则规定的行为的，如果是一般的违法行为也不能适用这一例外规则；三是情节远高于情节严重的程度，即此种情形下虽然无法查证被帮助对象构成犯罪，但帮助行为本身具有十分严重的社会危害性，达到独立刑事惩处的程度。

2.根据刑法第二百八十七条之二第一款的规定，帮助信息网络犯罪活动罪中被帮助对象的行为必须构成犯罪，但是对此处规定的“犯罪”只应理解为相关犯罪查证属实，而不能理解为要求经人民法院生效裁判确认。同时，即使被帮助对象的行为符合刑法规定的其他构成要件，但因行为人未达到刑事责任年龄等原因依法未予追究刑事责任的，也不应影响帮助信息网络犯罪活动罪的认定。基于此，本司法解释第十三条规定：“被帮助对象实施的犯罪行为可以确认，但尚未到案、尚未依法裁判或者因未达到刑事责任年龄等原因依法未予追究刑事责任的，不影响帮助信息网络犯罪活动罪的认定。”

【司法指导文件(1)】

《最高人民法院、最高人民检察院关于常见犯罪的量刑指导意见(二)(试行)》(法〔2024〕132号,20240701)

(四)帮助信息网络犯罪活动罪

1.构成帮助信息网络犯罪活动罪的,在一年以下有期徒刑、拘役幅度内确定量刑起点。

2.在量刑起点的基础上,根据被帮助对象数量、提供资金数额、违法所得数额等其他影响犯罪构成的犯罪事实增加刑罚量,确定基准刑。

3.构成帮助信息网络犯罪活动罪的,根据提供资金数额、违法所得数额等犯罪情节,综合考虑被告人缴纳罚金的能力,决定罚金数额。

4.构成帮助信息网络犯罪活动罪的,综合考虑被帮助对象数量、提供资金数额、违法所得数额、退赃退赔等犯罪事实、量刑情节,以及被告人的主观恶性、人身危险性、认罪悔罪表现等因素,决定缓刑的适用。

【司法指导文件(2)】

《最高人民法院、最高人民检察院、公安部关于办理帮助信息网络犯罪活动等刑事案件有关问题的意见》(法发〔2025〕12号,20250722)

为依法惩治电信网络诈骗及其关联的帮助信息网络犯罪活动等犯罪,根据《中华人民共和国刑法》、《中华人民共和国刑事诉讼法》、《中华人民共和国反电信网络诈骗法》等法律和有关司法解释规定,针对司法实践中新情况新问题,结合工作实际,制定本意见。

一、总体要求

1.严格依法办理案件。办案机关要贯彻证据裁判原则,确保案件事实清楚,证据确实、充分,适用法律准确,依法认定帮助信息网络犯罪活动等犯罪,保证罪责刑相适应,切实维护网络安全和人民安宁。

2.深入贯彻宽严相济刑事政策。办案机关要全面准确贯彻宽严相济刑事政策,做到该宽则宽,当严则严,宽严相济,罚当其罪。对于组织性、职业性和跨境协同实施的帮助信息网络犯罪活动行为,以及实施帮助信息网络犯罪活动等犯罪的组织者、策划者、指挥者、骨干成员等,依法从严惩处。对于未成年人、在校学生,以及处于犯罪链条末端、情节较轻的人员,依法从宽处理。

3.坚持惩治与预防相结合。办案机关要坚持系统观念、法治思维,强化行政执法和刑事司法相衔接,充分发挥司法建议、检察建议和公安机关监督管理工作的重要作用,加强与金融、电信、网信、教育行政、市场监管等有关部门协作,共同推动帮助信息网络犯罪活动等犯罪的综合治理。

二、依法认定帮助信息网络犯罪活动等犯罪

4.全面把握帮助信息网络犯罪活动罪主客观方面。认定行为人是否构成帮助信息网络犯罪活动罪,应根据刑法第二百八十七条之二和《最高人民法院、最高人民检察院关于办理非法利用信息网络、帮助信息网络犯罪活动等刑事案件适用法律若干问题的解释》(法释〔2019〕15号)等规定,准确把握行为人是否明知他人利用信息网络实施犯罪、是否为他人利用信息网络实施犯罪提供帮助、行为是否属于“情节严重”等,予以综合认定。

5.准确认定帮助信息网络犯罪活

动罪的“明知”。认定刑法第二百八十七条之二规定的“明知他人利用信息网络实施犯罪”，应当根据行为人提供帮助的时间、方式、次数、工具、相关行为是否违反法律禁止性规定、行为人是否逃避监管或者规避调查以及非法获利等情况，结合行为人的认知能力、职业身份、既往经历、与被帮助对象的关系及其供述和辩解等综合认定。对信息网络犯罪行为类型认识有误的，不影响“明知”的认定。

具有下列情形之一的，可以认定为《最高人民法院、最高人民检察院关于办理非法利用信息网络、帮助信息网络犯罪活动等刑事案件适用法律若干问题的解释》第十一条第七项规定的“其他足以认定行为人明知的情形”，但是有相反证据的除外：

(1)非法提供电话卡批量插入设备，非法提供具有改变主叫号码、虚拟拨号、互联网电话违规接入公用电信网络等功能的设备、软件，非法提供批量账号、网络地址自动切换系统、批量接收提供短信验证、语音验证的平台的；

(2)因涉诈等异常情形被金融机构、电信业务经营者、互联网服务提供者采取限制、暂停服务等措施后，仍然实施有关行为的；

(3)事先准备应对调查的话术口径的。

6.准确把握帮助信息网络犯罪活动罪的“情节严重”。具有下列情形之一的，可以认定为《最高人民法院、最高人民检察院关于办理非法利用信息网络、帮助信息网络犯罪活动等刑事案件适用法律若干问题的解释》第十二条第一款第七项规定的“其他情节严重的情形”：

(1)出售、出租本人银行账户、支付账户三个以上，且账户流入资金三十万元以上的；

(2)收购、出售、出租非本人银行账户、支付账户或者单位银行账户、单位支付账户，且账户流入资金三十万元以上的；

(3)收购、出售、出租电话卡、物联网卡二十张以上的。

以上述情形认定行为人构成帮助信息网络犯罪活动罪，应先行查证流入资金中被帮助对象涉嫌犯罪金额等是否达到相关犯罪认定标准。

《最高人民法院、最高人民检察院关于办理非法利用信息网络、帮助信息网络犯罪活动等刑事案件适用法律若干问题的解释》第十二条第二款中的“确因客观条件限制无法查证被帮助对象是否达到犯罪的程度”，是指因被帮助的对象众多等原因，难以逐一查证被帮助对象是否达到被追究刑事责任的程度。

7.准确区分帮助信息网络犯罪活动罪与掩饰、隐瞒犯罪所得、犯罪所得收益罪。办案机关应当综合考察行为人主观明知的内容和程度、提供帮助的类型和方式，根据主客观相一致原则准确区分涉“两卡”案件中帮助信息网络犯罪活动罪与掩饰、隐瞒犯罪所得、犯罪所得收益罪，准确定罪量刑，做到罪责刑相适应。

8.准确区分帮助信息网络犯罪活动罪与关联犯罪共犯。为他人利用信息网络实施诈骗等犯罪收购或者组织、招募、介绍人员提供银行账户、支付账户、电话卡、物联网卡、互联网账号等，事先通谋或者形成较为稳定配合关系的，按照电信网络诈骗等信息网络犯罪的共同犯罪处罚。

三、准确把握宽严相济刑事政策

9.依法严惩组织性、职业性和跨境协同行为。实施帮助信息网络犯罪活动等犯罪，具有下列情形之一的，依法从严惩处：

(1) 组织或者长期从事收购、贩卖他人银行账户、支付账户、单位银行账户、单位支付账户、电话卡、物联网卡、互联网账号等非法活动的；

(2)组织、利用未成年人、在校学生、老年人、残疾人等群体实施犯罪的；

(3) 电信、金融、互联网等行业从业人员利用职业或者提供服务便利实施犯罪的；

(4) 跨境非法提供技术支持或者帮助的；

(5) 提供专门或者主要用于信息网络犯罪活动的技术、软件、设备的；

(6) 利用"深度合成"等人工智能技术实施犯罪的；

(7) 二年内曾因帮助信息网络犯罪活动、掩饰、隐瞒犯罪所得、犯罪所得收益等行为受过行政处罚的；

(8) 五年内曾因帮助信息网络犯罪活动、掩饰、隐瞒犯罪所得、犯罪所得收益等行为被判决有罪或者作相对不起诉的。

10.依法把握从宽处罚情形。实施帮助信息网络犯罪活动等犯罪，具有下列情形之一的，可以依法从宽处罚：

(1) 被诱骗实施犯罪的；

(2) 参与时间较短、获利较少的；

(3) 认罪认罚的；

(4) 积极配合办案机关追查相关信息网络犯罪，起到重要作用的。

具有前款规定情形，犯罪情节轻微的，可以依法不起诉或者免予刑事处罚。

11.准确把握对未成年人等群体刑事政策。对未成年人实施帮助信息网络犯罪活动等犯罪，应当坚持"教育、感化、挽救"方针，依法从宽处罚。情节显著轻微危害不大的，依法不作为犯罪处理；具有本意见第10条规定情形之一，犯罪情节轻微的，一般应当不起诉或者免予刑事处罚，但具有第9条规定的依法从严惩处情形的除外。

在校学生实施帮助信息网络犯罪活动等犯罪，可以参照前款规定，酌情从宽处罚。

四、坚持综合治理

12.依法做好行刑衔接。办案机关在办理涉"两卡"案件时，应当全面查明案件事实，根据收购、出售、出租银行账户、支付账户、电话卡等的性质、资金流入、转移情况、违法所得情况，以及行为人地位作用、主观恶性等，综合判断行为人责任轻重和刑事追究的必要性，确定是否追究其刑事责任。犯罪情节轻微的，可以依法不起诉或者免予刑事处罚；情节显著轻微危害不大的，不认为是犯罪。

实施本意见规定的行为尚不构成犯罪，或者被不起诉、免予刑事处罚，需要给予行政处罚的，根据《中华人民共和国反电信网络诈骗法》等法律法规依法处理。

13.依法落实职业禁止、禁止令。利用职业便利或者违背职业要求的特定义务，实施帮助信息网络犯罪活动等犯罪被判处刑罚的，人民法院可以根据犯罪情况和预防再犯罪的需要，依法对行为人宣告职业禁止；对于严重违背职业要求的特定义务的，应当依法对行为人宣告职业禁止。其他法律、行政法规另有规定的，从其规定。

行为人实施帮助信息网络犯罪活

动等犯罪被判处刑罚并宣告缓刑的，人民法院可以根据犯罪情况，依法对行为人宣告禁止令，禁止其在缓刑考验期限内从事特定活动，进入特定区域、场所，接触特定的人。

人民法院、人民检察院、公安机关应当加强与司法行政机关、电信、网信等部门的协作配合，对违反人民法院作出的职业禁止、禁止令的，由公安机关依法给予处罚；情节严重的，依法追究刑事责任，或者撤销缓刑，执行原判刑罚。

14.推动落实司法建议、检察建议。人民法院、人民检察院在办理帮助信息网络犯罪活动等刑事案件过程中发现金融机构、电信业务经营者、互联网服务提供者和有关监管部门、行业组织存在系统性风险隐患的，应当及时制发司法建议书、检察建议书，并会同有关部门加强落实监督。

15.积极开展法治宣传教育。办案机关应当通过以案释法、普法宣传等方式，有针对性地开展反信息网络违法犯罪宣传教育，营造全社会共同参与治理的社会环境。

办案机关应当注重加强与教育行政部门、学校及其他教育机构的沟通协作，协同做好对未成年人、在校学生等重点群体的教育管理和法治宣传教育。

五、附则

16.最高人民法院、最高人民检察院、公安部以前的相关规定与本意见不一致的，以本意见为准。

【司法指导文件(2)·注释】

1.本意见明确规定，应在全面准确把握行为人是否“明知他人利用信息网络实施犯罪”，是否“为他人利用信息网络实施犯罪”提供帮助，行为是否属于“情节严重”构成要件基础上，综合认定行为人是否构成帮助信息网络犯罪活动罪，并突出强调在涉“两卡”帮助信息网络犯罪活动犯罪案件中，应先行查证流入资金中被帮助对象涉嫌犯罪金额等，是否达到被帮助对象实施的相关信息网络犯罪的入罪标准，防止仅依据行为人的行为符合“情节严重”一项情形，即一概认定构成帮信罪，切实避免客观归罪。

2.为更好适应涉“两卡”犯罪的形势变化，本意见对《电诈意见(二)》和相关会议纪要规定的涉“两卡”犯罪“情节严重”认定标准进行了整合调整，进一步统一裁判尺度。将原规定的出售、出租本人银行账户、支付账户并达到相应流水金额的“情节严重”标准，明确为出售、出租本人三个银行账户、支付账户并达到相应流水金额的“情节严重”标准。同时，针对当前涉电话卡违法犯罪活动高发的新情况，还将原规定的收购、出售、出租他人电话卡20张以上属于“情节严重”情形，调整为不再区分他人、本人，只要收购、出售、出租电话卡20张以上，即认定属于“情节严重”情形，进一步严密刑事法网。

【司法指导文件(3)】

《最高人民法院、最高人民检察院、公安部关于办理电信网络诈骗等刑事案件适用法律若干问题的意见(二)》(法发〔2021〕22号，20210617)

七、为他人利用信息网络实施犯罪而实施下列行为，可以认定为刑法第二百八十七条之二规定的“帮助”行为：

(一)收购、出售、出租信用卡、银行账户、非银行支付账户、具有支付结算功能的互联网账号密码、网络支付接口、网上银行数字证书的；

（二）收购、出售、出租他人手机卡、流量卡、物联网卡的。

八、认定刑法第二百八十七条之二规定的行为人明知他人利用信息网络实施犯罪，应当根据行为人收购、出售、出租前述第七条规定的信用卡、银行账户、非银行支付账户、具有支付结算功能的互联网账号密码、网络支付接口、网上银行数字证书，或者他人手机卡、流量卡、物联网卡等的次数、张数、个数，并结合行为人的认知能力、既往经历、交易对象、与实施信息网络犯罪的行为人的关系、提供技术支持或者帮助的时间和方式、获利情况以及行为人的供述等主客观因素，予以综合认定。

收购、出售、出租单位银行结算账户、非银行支付机构单位支付账户，或者电信、银行、网络支付等行业从业人员利用履行职责或提供服务便利，非法开办并出售、出租他人手机卡、信用卡、银行账户、非银行支付账户等的，可以认定为《最高人民法院、最高人民检察院关于办理非法利用信息网络、帮助信息网络犯罪活动等刑事案件适用法律若干问题的解释》第十一条第（七）项规定的"其他足以认定行为人明知的情形"。但有相反证据的除外。

九、明知他人利用信息网络实施犯罪，为其犯罪提供下列帮助之一的，可以认定为《最高人民法院、最高人民检察院关于办理非法利用信息网络、帮助信息网络犯罪活动等刑事案件适用法律若干问题的解释》第十二条第一款第（七）项规定的"其他情节严重的情形"：

（一）收购、出售、出租信用卡、银行账户、非银行支付账户、具有支付结算功能的互联网账号密码、网络支付接口、网上银行数字证书5张（个）以上的；

（二）收购、出售、出租他人手机卡、流量卡、物联网卡20张以上的。[①]

十、电商平台预付卡、虚拟货币、手机充值卡、游戏点卡、游戏装备等经销商，在公安机关调查案件过程中，被明确告知其交易对象涉嫌电信网络诈骗犯罪，仍与其继续交易，符合刑法第二百八十七条之二规定的，以帮助信息网络犯罪活动罪追究刑事责任。同时构成其他犯罪的，依照处罚较重的规定定罪处罚。

【司法指导文件(4)】

《最高人民法院刑事审判第三庭、最高人民检察院第四检察厅、公安部刑事侦查局关于"断卡"行动中有关法律适用问题的会议纪要》(20220322)

一、关于帮助信息网络犯罪活动罪中"明知他人利用信息网络实施犯罪"的理解适用。认定行为人是否"明知"他人利用信息网络实施犯罪，应当坚持主客观相一致原则，即要结合行为人的认知能力、既往经历、交易对象、与信息网络犯罪行为人的关系、提供技术支持或者帮助的时间和方式、获利情况、出租、出售"两卡"的次数、张数、个数，以及行为人的供述等主客观因素，同时注重听取行为人的辩解并根据其辩解合理与否，予以综合认定。司法办案中

① 《最高人民法院、最高人民检察院、公安部关于办理帮助信息网络犯罪活动等刑事案件有关问题的意见》（法发〔2025〕12号）第六条对"其他情节严重的情形"的定罪标准作出新的规定。该意见施行后，司法实践中应以新的规定为准。——编者注

既要防止片面倚重行为人的供述认定明知；也要避免简单客观归罪，仅以行为人有出售“两卡”行为就直接认定明知。特别是对于交易双方存在亲友关系等信赖基础，一方确系偶尔向另一方出租、出售“两卡”的，要根据在案事实证据，审慎认定“明知”。

在办案过程中，可着重审查行为人是否具有以下特征及表现，综合全案证据，对其构成“明知”与否作出判断：(1)跨省或多人结伙批量办理、收购、贩卖“两卡”的；(2)出租、出售“两卡”后，收到公安机关、银行业金融机构、非银行支付机构、电信服务提供者等相关单位部门的口头或书面通知，告知其所出租、出售的“两卡”涉嫌诈骗、洗钱等违法犯罪，行为人未采取补救措施，反而继续出租、出售的；(3)出租、出售的“两卡”因涉嫌诈骗、洗钱等违法犯罪被冻结，又帮助解冻，或者注销旧卡、办理新卡，继续出租、出售的；(4)出租、出售的具有支付结算功能的网络账号因涉嫌诈骗、洗钱等违法犯罪被查封，又帮助解封，继续提供给他人使用的；(5)频繁使用隐蔽上网、加密通信、销毁数据等措施或者使用虚假身份，逃避监管或者规避调查的；(6)事先串通设计应对调查的话术口径的；(7)曾因非法交易“两卡”受过处罚或者信用惩戒、训诫谈话，又收购、出售、出租“两卡”的等。

二、关于《最高人民法院、最高人民检察院关于办理非法利用信息网络、帮助信息网络犯罪活动等刑事案件适用法律若干问题的解释》(以下简称“《解释》”)第十二条第一款第(一)项的理解适用。该项所规定的“为三个以上对象提供帮助”，应理解为分别为三个以上行为人或团伙组织提供帮助，且被帮助的行为人或团伙组织实施的行为均达到犯罪程度。为同一对象提供三次以上帮助的，不宜理解为“为三个以上对象提供帮助”。

三、关于《解释》第十二条第一款第(四)项的理解适用。该项所规定“违法所得一万元”中的“违法所得”，应理解为行为人为他人实施信息网络犯罪提供帮助，由此所获得的所有违法款项或非法收入。行为人收卡等“成本”费用无须专门扣除。

四、关于《关于深入推进“断卡”行动有关问题的会议纪要》(以下简称“《2020年会议纪要》”)中列举的符合《解释》第十二条规定的情节严重情形的理解适用。《2020年会议纪要》第五条规定，出租、出售的信用卡被用于实施电信网络诈骗，达到犯罪程度，该信用卡内流水金额超过三十万元的，按照符合《解释》第十二条规定的“情节严重”处理。在适用时应把握单向流入涉案信用卡中的资金超过三十万元，且其中至少三千元经查证系涉诈骗资金。行为人能够说明资金合法来源和性质的，应当予以扣除。以上述情形认定行为“情节严重”的，要注重审查行为人的主观明知程度、出租、出售信用卡的张数、次数、非法获利的数额以及造成的其他严重后果，综合考虑与《解释》第十二条第一款其他项适用的相当性。

行为人出租、出售的信用卡被用于接收电信网络诈骗资金，但行为人未实施代为转账、套现、取现等行为，或者未实施为配合他人转账、套现、取现而提供刷脸等验证服务的，不宜认定为《解释》第十二条第一款第(二)项规定的“支付结算”行为。

五、关于正确区分帮助信息网络犯罪活动罪、掩饰、隐瞒犯罪所得、犯罪所得收益罪与诈骗罪的界限。在办理涉“两卡”犯罪案件中，存在准确界定前述三个罪名之间界限的问题。应当根据行为人的主观明知内容和实施的具体犯罪行为，确定其行为性质。以信用卡为例：(1)明知他人实施电信网络诈骗犯罪，参加诈骗团伙或者与诈骗团伙之间形成较为稳定的配合关系，长期为他人提供信用卡或者转账取现的，可以诈骗罪论处。(2)行为人向他人出租、出售信用卡后，在明知是犯罪所得及其收益的情况下，又代为转账、套现、取现等，或者为配合他人转账、套现、取现而提供刷脸等验证服务的，可以掩饰、隐瞒犯罪所得、犯罪所得收益罪论处。(3)明知他人利用信息网络实施犯罪，仅向他人出租、出售信用卡，未实施其他行为，达到情节严重标准的，可以帮助信息网络犯罪活动罪论处。

在司法实践中，应当具体案情具体分析，结合主客观证据，重视行为人的辩解理由，确保准确定性。

……

八、关于收购、出售、出租信用卡“四件套”行为的处理。行为人收购、出售、出租信用卡“四件套”(一般包括信用卡，身份信息，U盾，网银)，数量较大的，可能同时构成帮助信息网络犯罪活动罪、妨害信用卡管理罪等。“断卡”行动中破获的此类案件，行为人收购、出售、出租的信用卡“四件套”，主要流向电信网络诈骗犯罪团伙或人员手中，用于非法接收、转移诈骗资金，一般以帮助信息网络犯罪活动罪论处。对于涉案信用卡“四件套”数量巨大，同时符合妨害信用卡管理罪构成要件的，择一重罪论处。

九、关于重大电信网络诈骗及其关联犯罪案件的管辖。对于涉案人数超过80人，以及在境外实施的电信网络诈骗及其关联犯罪案件，公安部根据工作需要指定异地管辖的，指定管辖前应当商请最高人民检察院和最高人民法院。

【司法指导文件(5)】

《最高人民法院刑事审判第三庭、最高人民检察院第四检察厅、公安部刑事侦查局关于深入推进“断卡”行动有关问题的会议纪要》(高检四厅〔2020〕12号，20201221)

三、准确把握政策，依法精准打击。人民法院、人民检察院和公安机关要认真贯彻宽严相济刑事政策，坚持打击与治理、惩治与预防、教育相结合，重点打击专门从事非法收购、贩卖电话卡、信用卡(以下简称“两卡”)活动的犯罪团伙以及与之内外勾结的电信、银行等行业从业人员。对于初犯、偶犯、未成年人、在校学生、老年人等，要以教育、挽救、惩戒、警示为主，善于综合运用行政处罚、信用惩戒和刑事打击手段。情节显著轻微危害不大的，不以犯罪论处；到案后主动认罪认罚，积极退赃退赔的，可以依法不起诉或者免予刑事处罚。

四、全面收集证据，综合审查判断主观故意。要高度重视犯罪嫌疑人主观故意方面证据的收集、审查和认定，依法准确适用帮助信息网络犯罪活动罪相关法律条款。要准确把握《最高人民法院、最高人民检察院关于办理非法利用信息网络、帮助信息网络犯罪活动等刑事案件适用法律若干问题的解释》(法释〔2019〕15号,以下简称《解释》)第十一条之规定,实践中,对于多次出租、出售信用卡或者出租、出售多张信用卡的,结合其认知能力、既往经历、生活环境、交易对象等情况,可以认定行为人明知他人利用信息网络实施犯罪。对于犯罪嫌疑人提出的主观明知方面的辩解,要高度重视、认真查证、综合认定。对于出租、出售信用卡达不到多次、多张的,认定构成犯罪要特别慎重。

五、坚持主客观相统一,准确认定犯罪情节。对于涉"两卡"案件,要全面收集主客观证据,加强对"两卡"交易细节、流向用途和造成后果的查证。对于明知他人利用信息网络实施犯罪,向三个以上的个人(团伙)出租、出售电话卡、信用卡,被帮助对象实施的诈骗行为均达到犯罪程度的;或者出租、出售的信用卡被用于实施电信网络诈骗,达到犯罪程度,该信用卡内流水金额超过三十万元的;或者利用被出租、出售的电话卡、信用卡实施的电信网络诈骗犯罪,造成被害人及其近亲属死亡、重伤、精神失常的,按照符合《解释》第十二条规定的"情节严重"处理。

【司法指导文件(6)】

参见本法第二百八十七条之一项下【司法指导文件(3)】,第979页。

【司法指导文件(7)】

参见本法第三百零三条项下【司法指导文件(4)】中"四、关于跨境赌博关联犯罪的认定"的相关规定,第1071—1072页。

【指导性案例·检察】

〔李某某帮助信息网络犯罪活动案,JZD203-2024〕

未成年人客观上实施"供卡"等帮助支付结算的行为,符合帮助信息网络犯罪客观要件规定的,应按照主客观相一致原则,认定构成帮助信息网络犯罪活动罪。但如果经全案证据审查,认定未成年犯罪嫌疑人对上游是否系犯罪活动,以及犯罪的危害程度缺乏明确认识,即使在客观上对信息网络犯罪活动起到了帮助作用,因此获利,也不能认定为构成该罪。

【法院案例库参考案例】

〔杨某明帮助信息网络犯罪活动案,2024-04-1-257-003〕帮助信息网络犯罪活动罪中"明知他人利用信息网络实施犯罪"的认定

1.帮助信息网络犯罪活动案件中,认定行为人是否明知他人利用信息网络实施犯罪,应当根据行为人实施的"帮助"行为,并结合行为人的认知能力、既往经历、交易对象、与实施信息网络犯罪的行为人的关系、提供技术支持或者帮助的时间和方式、获利情况等因素进行综合判断。行为人以明显高于市场价格、通过虚拟货币交易等隐蔽方式收款,为他人安装多部宽带、固定电话及交换机等设备,供他人非法使用,且频繁变更地点、删除信息记录等的,可以认定为"明知他人利用信息网络实施犯罪"。

2.被帮助对象实施的犯罪行为可以确认,即使尚未到案,但能够查证行为人具有违法所得一万元以上或者被帮助对象实施的犯罪造成严重后果等情形，应当认定为刑法第二百八十七条之二第一款规定的“情节严重”。

第二百八十八条　【扰乱无线电通讯管理秩序罪】违反国家规定，擅自设置、使用无线电台（站），或者擅自使用无线电频率，干扰无线电通讯秩序，情节严重的，处三年以下有期徒刑、拘役或者管制，并处或者单处罚金；情节特别严重的，处三年以上七年以下有期徒刑，并处罚金。

单位犯前款罪的，对单位判处罚金，并对其直接负责的主管人员和其他直接责任人员，依照前款的规定处罚。

【修正前条文】

第二百八十八条　【扰乱无线电通讯管理秩序罪】违反国家规定，擅自设置、使用无线电台(站)，或者擅自占用频率，经责令停止使用后拒不停止使用，干扰无线电通讯正常进行，造成严重后果的，处三年以下有期徒刑、拘役或者管制，并处或者单处罚金。

单位犯前款罪的，对单位判处罚金，并对其直接负责的主管人员和其他直接责任人员，依照前款的规定处罚。

【修正说明】

刑法修正案(九)第三十条对原条文作出下述修改：一是取消了原来“经责令停止使用后拒不停止使用”的规定，降低了构成犯罪的门槛；二是将原来规定的“造成严重后果”改为“情节严重”；三是增加了一档刑罚，对“情节特别严重的”，处三年以上七年以下有期徒刑，并处罚金。

【司法解释(1)】

《最高人民法院、最高人民检察院关于办理扰乱无线电通讯管理秩序等刑事案件适用法律若干问题的解释》(法释〔2017〕11号，20170701)

第一条　具有下列情形之一的，应当认定为刑法第二百八十八条第一款规定的“擅自设置、使用无线电台(站)，或者擅自使用无线电频率，干扰无线电通讯秩序”：

(一)未经批准设置无线电广播电台(以下简称“黑广播”)，非法使用广播电视专用频段的频率的；

(二)未经批准设置通信基站(以下简称“伪基站”)，强行向不特定用户发送信息，非法使用公众移动通信频率的；

(三)未经批准使用卫星无线电频率的；

(四)非法设置、使用无线电干扰器的；

(五)其他擅自设置、使用无线电台(站)，或者擅自使用无线电频率，干扰无线电通讯秩序的情形。

第二条　违反国家规定，擅自设置、使用无线电台(站)，或者擅自使用无线电频率，干扰无线电通讯秩序，具有下列情形之一的，应当认定为刑法第二百八十八条第一款规定的“情节严重”：

(一)影响航天器、航空器、铁路机车、船舶专用无线电导航、遇险救助和安全通信等涉及公共安全的无线电频率正常使用的；

(二)自然灾害、事故灾难、公共卫生事件、社会安全事件等突发事件期间，在事件发生地使用“黑广播”“伪基站”的；

（三）举办国家或者省级重大活动期间，在活动场所及周边使用“黑广播”“伪基站”的；

（四）同时使用三个以上“黑广播”“伪基站”的；

（五）“黑广播”的实测发射功率五百瓦以上，或者覆盖范围十公里以上的；

（六）使用“伪基站”发送诈骗、赌博、招嫖、木马病毒、钓鱼网站链接等违法犯罪信息，数量在五千条以上，或者销毁发送数量等记录的；

（七）雇佣、指使未成年人、残疾人等特定人员使用“伪基站”的；

（八）违法所得三万元以上的；

（九）曾因扰乱无线电通讯管理秩序受过刑事处罚，或者二年内曾因扰乱无线电通讯管理秩序受过行政处罚，又实施刑法第二百八十八条规定的行为的；

（十）其他情节严重的情形。

第三条　违反国家规定，擅自设置、使用无线电台（站），或者擅自使用无线电频率，干扰无线电通讯秩序，具有下列情形之一的，应当认定为刑法第二百八十八条第一款规定的“情节特别严重”：

（一）影响航天器、航空器、铁路机车、船舶专用无线电导航、遇险救助和安全通信等涉及公共安全的无线电频率正常使用，危及公共安全的；

（二）造成公共秩序混乱等严重后果的；

（三）自然灾害、事故灾难、公共卫生事件和社会安全事件等突发事件期间，在事件发生地使用“黑广播”“伪基站”，造成严重影响的；

（四）对国家或者省级重大活动造成严重影响的；

（五）同时使用十个以上“黑广播”“伪基站”的；

（六）“黑广播”的实测发射功率三千瓦以上，或者覆盖范围二十公里以上的；

（七）违法所得十五万元以上的；

（八）其他情节特别严重的情形。

第五条　单位犯本解释规定之罪的，对单位判处罚金，并对直接负责的主管人员和其他直接责任人员，依照本解释规定的自然人犯罪的定罪量刑标准定罪处罚。

第六条　擅自设置、使用无线电台（站），或者擅自使用无线电频率，同时构成其他犯罪的，按照处罚较重的规定定罪处罚。

明知他人实施诈骗等犯罪，使用“黑广播”“伪基站”等无线电设备为其发送信息或者提供其他帮助，同时构成其他犯罪的，按照处罚较重的规定定罪处罚。

第八条　为合法经营活动，使用“黑广播”“伪基站”或者实施其他扰乱无线电通讯管理秩序的行为，构成扰乱无线电通讯管理秩序罪，但不属于“情节特别严重”，行为人系初犯，并确有悔罪表现的，可以认定为情节轻微，不起诉或者免予刑事处罚；确有必要判处刑罚的，应当从宽处罚。

第九条　对案件所涉的有关专门性问题难以确定的，依据司法鉴定机构出具的鉴定意见，或者下列机构出具的报告，结合其他证据作出认定：

（一）省级以上无线电管理机构、省级无线电管理机构依法设立的派出机构、地市级以上广播电视主管部门就是否系“伪基站”“黑广播”出具的报告；

（二）省级以上广播电视主管部门及其指定的检测机构就“黑广播”功率、覆盖范围出具的报告；

（三）省级以上航空、铁路、船舶等主管部门就是否干扰导航、通信等出具的报告。

对移动终端用户受影响的情况，可以依据相关通信运营商出具的证明，结合被告人供述、终端用户证言等证据作出认定。

第十条　本解释自2017年7月1日起施行。

【司法解释(2)】

《最高人民法院关于审理扰乱电信市场管理秩序案件具体应用法律若干问题的解释》（法释〔2000〕12号，20000524）

第五条　违反国家规定，擅自设置、使用无线电台（站），或者擅自占用频率，非法经营国际电信业务或者涉港澳台电信业务进行营利活动，同时构成非法经营罪和刑法第二百八十八条规定的扰乱无线电通讯管理秩序罪的，依照处罚较重的规定定罪处罚。

【司法解释(3)】

《最高人民法院关于审理危害军事通信刑事案件具体应用法律若干问题的解释》（法释〔2007〕13号，20070629）

第六条第四款　违反国家规定，擅自设置、使用无线电台、站，或者擅自占用频率，经责令停止使用后拒不停止使用，干扰无线电通讯正常进行，构成犯罪的，依照刑法第二百八十八条的规定定罪处罚；[①]造成军事通信中断或者严重障碍，同时构成刑法第二百八十八条、第三百六十九条第一款规定的犯罪的，依照处罚较重的规定定罪处罚。

【司法解释(4)】

参见本法第二百八十四条之一项下【司法解释(2)】第十条、第十二条、第十三条，第956—957页。

【司法指导文件】

《最高人民法院、最高人民检察院、公安部关于办理电信网络诈骗等刑事案件适用法律若干问题的意见》（法发〔2016〕32号，20161219）

三、全面惩处关联犯罪

（一）在实施电信网络诈骗活动中，非法使用“伪基站”“黑广播”，干扰无线电通讯秩序，符合刑法第二百八十八条规定的，以扰乱无线电通讯管理秩序罪追究刑事责任。同时构成诈骗罪的，依照处罚较重的规定定罪处罚。

【《刑事审判参考》案例】

〔参考案例第1227号：李雄剑等扰乱无线电通讯管理秩序案〕利用伪基站群发短信的行为如何定罪处罚？

对利用伪基站群发短信的行为，在刑法修正案（九）实施前，以破坏公用电信设施罪定罪处罚。但是，刑法修正案（九）实施后，对此类行为，应当适用刑法第二百八十八条第一款的规定，以扰乱无线电通讯管理秩序罪定罪处罚。

---

① 刑法修正案（九）第三十条已经删除了“经责令停止使用后拒不停止使用”的入罪要求，实践中应当按修正后的条文执行。——编者注

第二百八十九条　【故意伤害罪】【故意杀人罪】【抢劫罪】聚众"打砸抢"，致人伤残、死亡的，依照本法第二百三十四条、第二百三十二条的规定定罪处罚。毁坏或者抢走公私财物的，除判令退赔外，对首要分子，依照本法第二百六十三条的规定定罪处罚。

【司法解释】

《最高人民法院、最高人民检察院关于办理妨害预防、控制突发传染病疫情等灾害的刑事案件具体应用法律若干问题的解释》(法释〔2003〕8号，20030515)

第九条　在预防、控制突发传染病疫情等灾害期间，聚众"打砸抢"，致人伤残、死亡的，依照刑法第二百八十九条、第二百三十四条、第二百三十二条的规定，以故意伤害罪或者故意杀人罪定罪，依法从重处罚。对毁坏或者抢走公私财物的首要分子，依照刑法第二百八十九条、第二百六十三条的规定，以抢劫罪定罪，依法从重处罚。

第二百九十条　【聚众扰乱社会秩序罪】聚众扰乱社会秩序，情节严重，致使工作、生产、营业和教学、科研、医疗无法进行，造成严重损失的，对首要分子，处三年以上七年以下有期徒刑；对其他积极参加的，处三年以下有期徒刑、拘役、管制或者剥夺政治权利。

【聚众冲击国家机关罪】聚众冲击国家机关，致使国家机关工作无法进行，造成严重损失的，对首要分子，处五年以上十年以下有期徒刑；对其他积极参加的，处五年以下有期徒刑、拘役、管制或者剥夺政治权利。

【扰乱国家机关工作秩序罪】多次扰乱国家机关工作秩序，经行政处罚后仍不改正，造成严重后果的，处三年以下有期徒刑、拘役或者管制。

【组织、资助非法聚集罪】多次组织、资助他人非法聚集，扰乱社会秩序，情节严重的，依照前款的规定处罚。

【修正前条文】

第二百九十条　【聚众扰乱社会秩序罪】聚众扰乱社会秩序，情节严重，致使工作、生产、营业和教学、科研无法进行，造成严重损失的，对首要分子，处三年以上七年以下有期徒刑；对其他积极参加的，处三年以下有期徒刑、拘役、管制或者剥夺政治权利。

【聚众冲击国家机关罪】聚众冲击国家机关，致使国家机关工作无法进行，造成严重损失的，对首要分子，处五年以上十年以下有期徒刑；对其他积极参加的，处五年以下有期徒刑、拘役、管制或者剥夺政治权利。

【修正说明】

刑法修正案(九)第三十一条对原条文作出下述修改：一是在第一款聚众扰乱社会秩序保护范围的规定中增加了"医疗"秩序。二是增加了多次扰乱国家机关工作秩序，经行政处罚后仍不改正，造成严重后果的，追究刑事责任的规定。三是增加了多次组织、资助他人非法聚集，扰乱社会秩序，情节严重的，追究刑事责任的规定。

【司法指导文件】

《最高人民法院、最高人民检察院、公安部关于依法处理信访活动中违法犯罪行为的指导意见》(公通字〔2019〕7号,20190228)

一、依法打击违法犯罪行为,明确法律底线

(一)扰乱公共秩序。在信访活动中或者以信访为名,实施下列行为的,依照刑法有关规定定罪处罚:

1.在各级党委、人大、政协、行政、监察、审判、检察、军事机关,厂矿、商场等企业单位,学校、医院、报社、电视台、科研院所等事业单位,工会、妇联等社会团体单位,机场、车站、码头等重要交通场站,或者在上述场所周边的其他公共场所,聚众实施统一着装、佩戴统一标识、静坐滞留、张贴散发材料、喊口号、打横幅、穿状衣等行为,或者实施跳楼、服毒等自杀、自伤行为以及扬言实施自杀、自伤行为,情节严重,致使工作、生产、营业和教学、科研、医疗活动无法进行,造成严重损失的,依照刑法第二百九十条第一款的规定,对首要分子和其他积极参加者,以聚众扰乱社会秩序罪定罪处罚;

2.在各级党委、人大、政协、行政、监察、审判、检察、军事机关,聚众实施强行冲闯、围堵大门通道,围攻、辱骂工作人员,强占办公场所,投掷石块杂物等冲击国家机关行为,致使国家机关工作无法进行,造成严重损失的,依照刑法第二百九十条第二款的规定,对首要分子和其他积极参加者,以聚众冲击国家机关罪定罪处罚;

3.聚众扰乱车站、码头、民用航空站、商场、公园、影剧院、展览会、运动场及周边公共场所或者其他公共场所秩序,聚众堵塞交通或者破坏交通秩序,抗拒、阻碍国家治安管理工作人员依法执行职务,情节严重的,依照刑法第二百九十一条的规定,对首要分子,以聚众扰乱公共场所秩序、交通秩序罪定罪处罚;

4.个人多次扰乱国家机关的工作秩序,经行政处罚后仍不改正,造成严重后果的,依照刑法第二百九十条第三款的规定,以扰乱国家机关工作秩序罪定罪处罚。

(二)组织、资助非法聚集。多次组织、资助他人到各级党委、人大、政协、行政、监察、审判、检察、军事机关,厂矿、商场等企业单位,学校、医院、报社、电视台、科研院所等事业单位,工会、妇联等社会团体单位,机场、车站、码头等重要交通场站,或者到上述场所周边的其他公共场所,非法聚集,扰乱社会秩序,情节严重的,依照刑法第二百九十条第四款的规定,以组织、资助非法聚集罪定罪处罚。

【公安文件】

《公安部关于公安机关处置信访活动中违法犯罪行为适用法律的指导意见》(公通字〔2013〕25号,20130719)

一、对扰乱信访工作秩序违法犯罪行为的处理

6.聚众扰乱信访工作秩序,情节严重,符合《刑法》第二百九十条第一款规定的,对首要分子和其他积极参加者以聚众扰乱社会秩序罪追究刑事责任。

四、对妨害社会管理秩序违法犯罪行为的处理

1.在国家机关办公场所周围实施静坐,张贴、散发材料,呼喊口号,打横

幅，穿着状衣、出示状纸，扬言自伤、自残、自杀等行为或者非法聚集，经有关国家机关工作人员劝阻、批评和教育无效的，依据《信访条例》第四十七条第二款①规定，公安机关予以警告、训诫或者制止，收缴相关材料和横幅、状纸、状衣等物品；符合《治安管理处罚法》第二十三条②第一款第一项、第二款规定的，以扰乱单位秩序、聚众扰乱单位秩序依法予以治安管理处罚；符合《刑法》第二百九十条第一款规定的，对非法聚集的首要分子和其他积极参加者以聚众扰乱社会秩序罪追究刑事责任；聚集多人围堵、冲击国家机关，扰乱国家机关正常秩序，符合《刑法》第二百九十条第二款规定的，对首要分子和其他积极参加者以聚众冲击国家机关罪追究刑事责任。

4.在外国使领馆区、国际组织驻华机构所在地实施静坐，张贴、散发材料，呼喊口号，打横幅，穿着状衣、出示状纸等行为或者非法聚集的，应当立即制止，根据《人民警察法》第八条规定，迅速带离现场，并收缴相关材料和横幅、状纸、状衣等物品；符合《治安管理处罚法》第二十三条第一款第一项、第二款规定的，以扰乱公共场所秩序、聚众扰乱公共场所秩序依法予以治安管理处罚；符合《刑法》第二百九十条第一款规定的，对首要分子和其他积极参加者以聚众扰乱社会秩序罪追究刑事责任。

第二百九十一条　【聚众扰乱公共场所秩序、交通秩序罪】聚众扰乱车站、码头、民用航空站、商场、公园、影剧院、展览会、运动场或者其他公共场所秩序，聚众堵塞交通或者破坏交通秩序，抗拒、阻碍国家治安管理工作人员依法执行职务，情节严重的，对首要分子，处五年以下有期徒刑、拘役或者管制。

【立法 · 要点注释】

“其他公共场所”，主要是指礼堂、公共食堂、游泳池、浴池、农村集市等。“情节严重”，主要是指聚众扰乱公共场所秩序或者聚众破坏交通秩序，人数多或者时间长的；造成人员伤亡、建筑物损坏、公私财物受到重大损失等严重后果的；影响或者行为手段恶劣的；等等。

【公安文件】

《公安部关于公安机关处置信访活动中违法犯罪行为适用法律的指导意见》(公通字〔2013〕25号，20130719)

四、对妨害社会管理秩序违法犯罪行为的处理

2.在车站、码头、商场、公园、广场等公共场所张贴、散发材料，呼喊口号，打横幅，穿着状衣、出示状纸，或者非法聚集，以及在举办文化、体育等大型群众性活动或者国内、国际重大会议期间，在场馆周围、活动区域或者场内实施前述行为，经劝阻、批评和教育无效的，依据《信访条例》第四十七条第二

① 现为2022年5月1日施行的《信访工作条例》第四十七条第二款。——编者注

② 2025年修订的治安管理处罚法第二十六条，下同。——编者注

款[①]规定，公安机关予以警告、训诫或者制止，收缴相关材料和横幅、状纸、状衣等物品；符合《治安管理处罚法》第二十三条[②]第一款第二项、第二款或者第二十四条[③]第一款第一项、第三项、第五项规定的，以扰乱公共场所秩序、聚众扰乱公共场所秩序或者强行进入大型活动场所内、在大型活动场所内展示侮辱性物品、向大型活动场所内投掷杂物依法予以治安管理处罚；聚众扰乱公共场所秩序，抗拒、阻碍国家治安管理工作人员依法执行职务，情节严重，符合《刑法》第二百九十一条规定的，对首要分子以聚众扰乱公共场所秩序罪追究刑事责任。

3.在信访接待场所、其他国家机关门前或者交通通道上堵塞、阻断交通或者非法聚集，影响交通工具正常行驶，符合《治安管理处罚法》第二十三条第一款第四项、第二款规定的，以妨碍交通工具正常行驶、聚众妨碍交通工具正常行驶依法予以治安管理处罚；符合《刑法》第二百九十一条规定的，对首要分子以聚众扰乱交通秩序罪追究刑事责任。

【《刑事审判参考》案例】

〔参考案例第932号：余胜利、尤庆波聚众扰乱交通秩序案〕如何认定聚众扰乱交通秩序罪中的"首要分子"和"情节严重"?

1.聚众扰乱活动的造意者、煽动者应当认定为聚众扰乱交通秩序罪中的"首要分子"。聚众犯罪中的首要分子是聚众犯罪的犯意发动者、参与人员的聚集者、犯罪实施过程的指挥操控者，在整个犯罪中起着关键性作用。"组织、策划、指挥"为选择性要件，只需具备其中之一即可认定为"首要分子"。

2.聚众扰乱交通秩序罪不要求"聚众堵塞交通或者破坏交通秩序"达到情节严重的同时"抗拒、阻碍国家治安管理工作人员依法执行职务"也达到情节严重。

3.对具有交通堵塞严重、持续时间长、聚集人数多、社会影响恶劣、公私财产损失大、发生人员伤亡等情形的，都可以认定为聚众扰乱交通秩序罪中的"情节严重"。

第二百九十一条之一　【投放虚假危险物质罪】【编造、故意传播虚假恐怖信息罪】投放虚假的爆炸性、毒害性、放射性、传染病病原体等物质，或者编造爆炸威胁、生化威胁、放射威胁等恐怖信息，或者明知是编造的恐怖信息而故意传播，严重扰乱社会秩序的，处五年以下有期徒刑、拘役或者管制；造成严重后果的，处五年以上有期徒刑。

【编造、故意传播虚假信息罪】编造虚假的险情、疫情、灾情、警情，在信息网络或者其他媒体上传播，或者明知是上述虚假信息，故意在信息网络或者其他媒体上传播，严重扰乱社会秩序的，处三年以下有期徒刑、拘役或者管制；造

① 现为2022年5月1日施行的《信访工作条例》第四十七条第二款。——编者注
② 2025年修订的治安管理处罚法第二十六条，下同。——编者注
③ 2025年修订的治安管理处罚法第二十八条。——编者注

成严重后果的，处三年以上七年以下有期徒刑。

【修正前条文】

第二百九十一条之一 【投放虚假危险物质罪】【编造、故意传播虚假恐怖信息罪】投放虚假的爆炸性、毒害性、放射性、传染病病原体等物质，或者编造爆炸威胁、生化威胁、放射威胁等恐怖信息，或者明知是编造的恐怖信息而故意传播，严重扰乱社会秩序的，处五年以下有期徒刑、拘役或者管制；造成严重后果的，处五年以上有期徒刑。

【修正说明】

本罪由刑法修正案(三)第八条增设，刑法修正案(九)第三十二条增加了第二款关于传播虚假的险情、疫情、灾情、警情的规定。

【司法解释(1)】

《最高人民法院关于审理编造、故意传播虚假恐怖信息刑事案件适用法律若干问题的解释》(法释〔2013〕24号，20130930)

第一条 编造恐怖信息，传播或者放任传播，严重扰乱社会秩序的，依照刑法第二百九十一条之一的规定，应认定为编造虚假恐怖信息罪。

明知是他人编造的恐怖信息而故意传播，严重扰乱社会秩序的，依照刑法第二百九十一条之一的规定，应认定为故意传播虚假恐怖信息罪。

第二条 编造、故意传播虚假恐怖信息，具有下列情形之一的，应当认定为刑法第二百九十一条之一的“严重扰乱社会秩序”：

(一)致使机场、车站、码头、商场、影剧院、运动场馆等人员密集场所秩序混乱，或者采取紧急疏散措施的；

(二)影响航空器、列车、船舶等大型客运交通工具正常运行的；

(三)致使国家机关、学校、医院、厂矿企业等单位的工作、生产、经营、教学、科研等活动中断的；

(四)造成行政村或者社区居民生活秩序严重混乱的；

(五)致使公安、武警、消防、卫生检疫等职能部门采取紧急应对措施的；

(六)其他严重扰乱社会秩序的。

第三条 编造、故意传播虚假恐怖信息，严重扰乱社会秩序，具有下列情形之一的，应当依照刑法第二百九十一条之一的规定，在五年以下有期徒刑范围内酌情从重处罚：

(一)致使航班备降或返航；或者致使列车、船舶等大型客运交通工具中断运行的；

(二)多次编造、故意传播虚假恐怖信息的；

(三)造成直接经济损失二十万元以上的；

(四)造成乡镇、街道区域范围居民生活秩序严重混乱的；

(五)具有其他酌情从重处罚情节的。

第四条 编造、故意传播虚假恐怖信息，严重扰乱社会秩序，具有下列情形之一的，应当认定为刑法第二百九十一条之一的“造成严重后果”，处五年以上有期徒刑：

(一)造成三人以上轻伤或者一人以上重伤的；

(二)造成直接经济损失五十万元以上的；

(三)造成县级以上区域范围居民

生活秩序严重混乱的；

（四）妨碍国家重大活动进行的；

（五）造成其他严重后果的。

第五条　编造、故意传播虚假恐怖信息，严重扰乱社会秩序，同时又构成其他犯罪的，择一重罪处罚。

第六条　本解释所称的"虚假恐怖信息"，是指以发生爆炸威胁、生化威胁、放射威胁、劫持航空器威胁、重大灾情、重大疫情等严重威胁公共安全的事件为内容，可能引起社会恐慌或者公共安全危机的不真实信息。[①]

【司法解释(2)】

《最高人民法院、最高人民检察院关于办理预防、控制突发传染病疫情等灾害的刑事案件具体应用法律若干问题的解释》(法释〔2003〕8号，20030515)

第十条第一款　编造与突发传染病疫情等灾害有关的恐怖信息，或者明知是编造的此类恐怖信息而故意传播，严重扰乱社会秩序的，依照刑法第二百九十一条之一的规定，以编造、故意传播虚假恐怖信息罪定罪处罚。[②]

【司法解释(3)】

参见本法第二百二十一条项下【司法解释】第九条，第635页。

【司法指导文件(1)】

《最高人民法院、最高人民检察院、公安部关于依法惩治在使用中的航空器内实施违法犯罪行为的指导意见》(公通字〔2024〕3号，20240112)

二、准确认定行为性质

（五）编造、故意传播虚假恐怖信息。编造、故意传播爆炸威胁、劫持航空器威胁等恐怖信息，具有下列情形之一，严重扰乱社会秩序的，依照刑法第二百九十一条之一第一款规定，以编造、故意传播虚假恐怖信息罪定罪处罚：

1.致使航班备降、返航或者中断运行的；

2.致使公安、武警、消防救援等职能部门启动应急预案、采取紧急应对措施的；

3.致使机场关闭跑道、采取紧急疏散措施或者其他安保措施的；

4.其他严重扰乱社会秩序的情形。

实施前款规定的相关行为，尚不构成犯罪的，依照治安管理处罚法第二十五条[③]、反恐怖主义法第九十条第二款规定处罚。

【司法指导文件(2)】

《最高人民检察院关于依法严厉打击编造、故意传播虚假恐怖信息威胁民航飞行安全犯罪活动的通知》(高检发侦监字〔2013〕5号，20130531)

二、……根据刑法第二百九十一条之一的有关规定，编造虚假恐怖信息并向特定对象散布，严重扰乱社会秩序的，即构成编造虚假恐怖信息罪。编造虚假恐怖信息以后向不特定对象散布，严重扰乱社会秩序的，构成编造、故意

① 对于该条的适用，需结合刑法修正案(九)第三十二条增设的刑法第二百九十一条之一第二款即编造、故意传播虚假信息罪的规定综合考虑。——编者注

② 对于该条的适用，需结合刑法修正案(九)第三十二条增设的刑法第二百九十一条之一第二款即编造、故意传播虚假信息罪的规定综合考虑。——编者注

③ 2025年修订的治安管理处罚法第二十九条。——编者注

传播虚假恐怖信息罪。对于编造、故意传播虚假恐怖信息，引起公众恐慌，或者致使航班无法正常起降，破坏民航正常运输秩序的，应当认定为“严重扰乱社会秩序”。工作中，要准确把握犯罪构成要件，依法引导取证，加强法律监督，防止打击不力。

【公安文件】

《公安部关于公安机关处置信访活动中违法犯罪行为适用法律的指导意见》(公通字〔2013〕25号，20130719)

四、对妨害社会管理秩序违法犯罪行为的处理

8.散布谣言，谎报险情、疫情、警情，投放虚假的爆炸性、毒害性、放射性、腐蚀性物质或者传染病病原体等危险物质，扬言实施放火、爆炸、投放危险物质，制造社会影响、扰乱公共秩序，符合《治安管理处罚法》第二十五条[①]规定的，以虚构事实扰乱公共秩序、投放虚假危险物质扰乱公共秩序、扬言实施放火、爆炸、投放危险物质扰乱公共秩序依法予以治安管理处罚；符合《刑法》第二百九十一条之一规定的，以投放虚假危险物质罪、编造、故意传播虚假恐怖信息罪追究刑事责任。[②]

【指导性案例·检察】

〔李泽强编造、故意传播虚假恐怖信息案，JZD9-2013〕

编造、故意传播虚假恐怖信息罪是选择性罪名。编造恐怖信息以后向特定对象散布，严重扰乱社会秩序的，构成编造虚假恐怖信息罪。编造恐怖信息以后向不特定对象散布，严重扰乱社会秩序的，构成编造、故意传播虚假恐怖信息罪。对于实施数个编造、故意传播虚假恐怖信息行为的，不实行数罪并罚，但应当将其作为量刑情节予以考虑。

〔卫学臣编造虚假恐怖信息案，JZD10-2013〕

关于编造虚假恐怖信息造成“严重扰乱社会秩序”的认定，应当结合行为对正常的工作、生产、生活、经营、教学、科研等秩序的影响程度，对公众造成的恐慌程度以及处置情况等因素进行综合分析判断。对于编造、故意传播虚假恐怖信息威胁民航安全，引起公众恐慌，或者致使航班无法正常起降的，应当认定为“严重扰乱社会秩序”。

〔袁才彦编造虚假恐怖信息案，JZD11-2013〕

对于编造虚假恐怖信息造成有关部门实施人员疏散，引起公众极度恐慌的，或者致使相关单位无法正常营业，造成重大经济损失的，应当认定为“造成严重后果”。以编造虚假恐怖信息的方式，实施敲诈勒索等其他犯罪的，应当根据案件事实和证据情况，择一重罪处断。

【法院案例库参考案例】

〔王某东编造虚假恐怖信息案，2025-04-1-265-001〕编造爆炸威胁恐怖信息致使职能部门采取紧急应对措施行为的定性

---

① 2025年修订的治安管理处罚法第二十九条。——编者注

② 对于该条的适用，需结合刑法修正案(九)第三十二条增设的刑法第二百九十一条之一第二款即编造、故意传播虚假信息罪的规定综合考虑。——编者注

行为人为发泄个人不满，编造爆炸威胁的虚假恐怖信息，致使公安、消防等职能部门采取紧急应对措施，进行人员疏散和风险排查，造成相关单位无法正常营业的，属于刑法第二百九十一条之一的“严重扰乱社会秩序”，应当以编造虚假恐怖信息罪定罪处罚。

〔张某伟、陈某宇编造、故意传播虚假信息案，2024-18-1-266-001〕利用AI技术自动合成虚假视频并传播行为的定性

1.利用AI技术自动合成灾情、险情等虚假视频，在网络平台上传播，严重扰乱社会秩序的，应当根据刑法第二百九十一条之一第二款的规定，以编造、故意传播虚假信息罪定罪处罚。

2.对于是否达到“严重扰乱社会秩序”的程度，应当结合虚假信息的发布数量、点击转发量、对社会公共秩序的影响及相关职能部门采取的应对措施等因素进行综合判断。

〔王某某编造、故意传播虚假信息案，2024-04-1-266-001〕以发布“研究成果”为名编造、传播虚假地震预警信息，严重扰乱社会秩序的，构成编造、故意传播虚假信息罪

违反国家地震预报管理规定，以发布“研究成果”为名擅自发布虚假地震预测信息，引发社会恐慌，严重扰乱社会秩序，符合刑法第二百九十一条之一规定的，以编造、故意传播虚假信息罪论处。

【《刑事审判参考》案例】

〔参考案例第1328号：刘星星编造、传播虚假信息案〕如何把握编造、故意传播虚假信息罪的入罪标准？公安机关采取紧急应对措施，防止产生严重后果的，可否作为出罪理由？

1.判断编造、故意传播虚假信息的行为是否严重扰乱了社会秩序，应当从实质上把握虚假信息对公共生活有序状态的影响程度和普通公众的生活感受，进行综合判定。具体而言，可以从以下方面判断：(1)虚假信息内容是否严重影响社会公众的安全感，造成民众的恐慌；(2)虚假信息发布的时间是否发生在疫情防控期间；(3)虚假信息直接受众范围是否较为广泛；(4)虚假信息传播手段的传播力和影响力如何。

2.虚假信息发布之后，即使因为相关职能部门采取紧急应对措施，阻止严重后果发生发展的，也可将相关职能部门采取紧急应对措施视为严重扰乱社会秩序的认定标准之一。紧急应对措施确实避免了危害结果扩大，但是系职能部门依职权采取，不能成为阻却行为人犯罪成立的理由。

第二百九十一条之二　【高空抛物罪】从建筑物或者其他高空抛掷物品，情节严重的，处一年以下有期徒刑、拘役或者管制，并处或者单处罚金。

有前款行为，同时构成其他犯罪的，依照处罚较重的规定定罪处罚。

【修正说明】

本罪由刑法修正案(十一)第三十三条增设。

【立法 · 要点注释】

1.物品必须是从建筑物或者其他高空抛掷，如果不是从建筑物或者其他高空抛掷的，不构成本罪。这里所说的“建筑物”，是指人工建筑而成的东西，既包括居住建筑、公共建筑，也包括构筑物。其中，“居住建筑”，是指供人们居住使用的建筑；“公共建筑”，是指供人们购物、办公、学习、医疗、娱乐、体育活动等使用的建筑，如商店、办公楼、影剧院、体育馆、医院等；“构筑物”，是指不具备、不包含或不提供人类居住功能的人工建筑，如桥梁、堤坝、隧道、水塔、电塔、纪念碑、围墙、水泥杆等。“其他高空”，是指距离地面有一定高度的空间，如飞机、热气球、脚手架、井架、施工电梯、吊装机械等。

2.“抛掷物品”，是指向外投、扔、丢弃物品的行为。如果行为人没有实施抛掷物品的行为，物品是由于刮风、下雨等原因，从建筑物或高空中坠落的，即使该物品是行为人的，也不构成本罪，如果给受害人造成损害的，可以依照民法典的有关规定处理。

3.“情节严重”，主要是指多次实施高空抛掷物品行为，高空抛掷物品数量较大的，在人员密集场所实施的，造成一定损害等，具体可以视情节依照相关规定处理。

【相关立法】

《中华人民共和国民法典》(20210101)

第一千二百五十四条 禁止从建筑物中抛掷物品。从建筑物中抛掷物品或者从建筑物上坠落的物品造成他人损害的，由侵权人依法承担侵权责任；经调查难以确定具体侵权人的，除能够证明自己不是侵权人的外，由可能加害的建筑物使用人给予补偿。可能加害的建筑物使用人补偿后，有权向侵权人追偿。

物业服务企业等建筑物管理人应当采取必要的安全保障措施防止前款规定情形的发生；未采取必要的安全保障措施的，应当依法承担未履行安全保障义务的侵权责任。

发生本条第一款规定的情形的，公安等机关应当依法及时调查，查清责任人。

【司法指导文件】

《最高人民法院关于依法妥善审理高空抛物、坠物案件的意见》(法发〔2019〕25号，20191021)[①]

5.准确认定高空抛物犯罪。对于高空抛物行为，应当根据行为人的动机、抛物场所、抛掷物的情况以及造成的后果等因素，全面考量行为的社会危害程度，准确判断行为性质，正确适用罪名，准确裁量刑罚。

故意从高空抛弃物品，尚未造成严重后果，但足以危害公共安全的，依照刑法第一百一十四条规定的以危险方法危害公共安全罪定罪处罚；致人重伤、死亡或者使公私财产遭受重大损失的，依照刑法第一百一十五条第一款的规定处罚。为伤害、杀害特定人员实施上述行为的，依照故意伤害罪、故意杀人罪定罪处罚。

6.依法从重惩治高空抛物犯罪。具有下列情形之一的，应当从重处罚，一般不得适用缓刑：(1)多次实施的；(2)经劝阻仍继续实施的；(3)受过刑事处罚或者行政处罚后又实施的；(4)在人员密集场所实施的；(5)其他情节严

① 对于该意见的适用，需结合刑法修正案(十一)第三十三条增设的刑法第二百九十一条之二即高空抛物罪的规定综合考虑。——编者注

重的情形。

7.准确认定高空坠物犯罪。过失导致物品从高空坠落,致人死亡、重伤,符合刑法第二百三十三条、第二百三十五条规定的,依照过失致人死亡罪、过失致人重伤罪定罪处罚。在生产、作业中违反有关安全管理规定,从高空坠落物品,发生重大伤亡事故或者造成其他严重后果的,依照刑法第一百三十四条第一款的规定,以重大责任事故罪定罪处罚。

【法院案例库参考案例】

〔姜某高空抛物案,2025-05-1-267-001〕高空抛物罪中“情节严重”的认定

对于高空抛物行为是否达到“情节严重”的程度,应当结合当行为人的动机、抛物场所、时间、抛掷物的情况及造成的后果等因素,全面考量行为的社会危害程度,妥当作出判断。行为人在小区住宅等人口密集的公共场所,多次在人出行高峰时段抛掷建筑垃圾,造成人员轻微受伤后果的,依法认定为“情节严重”,以高空抛物罪定罪处罚。

〔廖某香过失致人死亡案,2024-05-1-178-001〕高空抛物致人死亡的定性

1.高空抛物虽然造成被害人死亡等实害后果,但未危害、也不具有危害不特定多数人的人身安全或者重大公私财产安全的危险性的,不构成过失以危险方法危害公共安全罪或者以危险方法危害公共安全罪。

2.高空抛物过失致人死亡,同时构成高空抛物罪和过失致人死亡罪的,应当依照处罚较重的过失致人死亡罪定罪处罚。

第二百九十二条　【聚众斗殴罪】聚众斗殴的,对首要分子和其他积极参加的,处三年以下有期徒刑、拘役或者管制;有下列情形之一的,对首要分子和其他积极参加的,处三年以上十年以下有期徒刑:

(一)多次聚众斗殴的;

(二)聚众斗殴人数多,规模大,社会影响恶劣的;

(三)在公共场所或者交通要道聚众斗殴,造成社会秩序严重混乱的;

(四)持械聚众斗殴的。

聚众斗殴,致人重伤、死亡的,依照本法第二百三十四条、第二百三十二条的规定定罪处罚。

【立案追诉标准】

《最高人民检察院、公安部关于公安机关管辖的刑事案件立案追诉标准的规定(一)》(公通字〔2008〕36号,20080625)

第三十六条　〔聚众斗殴案(刑法第二百九十二条第一款)〕组织、策划、指挥或者积极参加聚众斗殴的,应予立案追诉。

【司法指导文件(1)】

《最高人民法院、最高人民检察院关于常见犯罪的量刑指导意见(试行)》(法发〔2021〕21号,20210701)

(十七)聚众斗殴罪

1.构成聚众斗殴罪的,根据下列情形在相应的幅度内确定量刑起点:

(1)犯罪情节一般的,在二年以下有期徒刑、拘役幅度内确定量刑起点。

(2)有下列情形之一的,在三年至五年有期徒刑幅度内确定量刑起点:聚众斗殴三次的；聚众斗殴人数多，规模大，社会影响恶劣的；在公共场所或者交通要道聚众斗殴，造成社会秩序严重混乱的；持械聚众斗殴的。

2.在量刑起点的基础上，根据聚众斗殴人数、次数、手段严重程度等其他影响犯罪构成的犯罪事实增加刑罚量，确定基准刑。

3.构成聚众斗殴罪的，综合考虑聚众斗殴的手段、危害后果等犯罪事实、量刑情节，以及被告人的主观恶性、人身危险性、认罪悔罪表现等因素，决定缓刑的适用。

【司法指导文件(2)】

关于对参加聚众斗殴受重伤或者死亡的人及其家属提出的民事赔偿请求能否予以支持问题，参见本法第三十六条项下【司法指导文件(4)】，第77页。

【法院案例库参考案例】

〔李某坤、王某豪、张某鹏聚众斗殴案，2025-05-1-268-001〕互殴型聚众斗殴中共同犯罪的审查认定

对于互殴型聚众斗殴犯罪中共同犯罪的认定，应当结合主观故意、犯罪对象、犯罪目的等因素进行综合判断。互殴的双方虽然共同实施了扰乱公共秩序的行为，但双方的犯罪对象不同，犯罪的主观故意不同，不应将互殴的双方认定为共同犯罪，而应当对双方犯罪分别处理。

【《刑事审判参考》案例】

〔参考案例第350号：倪以刚等聚众斗殴案〕如何把握聚众斗殴罪的犯罪构成及转化要件？

1.单方有聚众斗殴故意的也可以构成聚众斗殴罪。在殴斗的理解上，只要双方或一方采用暴力方式进行殴斗，不论采用何种暴力方式都是结伙殴斗行为。

2.关于聚众斗殴向故意伤害的转化。在聚众斗殴致人伤害案件中，首要分子对全部犯罪事实负责，无论其是否实施实行行为，应转化为故意伤害无异议。其他行为人如相互配合，实施殴打的行为，尽管行为人所处的地位、具体分工、参与程度可能不同，但他们行为指向的目标相同，为达到同一个目的，每一个人的行为都是整个加害行为的有机组成部分，因此共同行为人的行为与被害人重伤的结果之间互为因果关系。即使难以分清致被害人受伤的直接责任人，对参与砍打被害人的行为均应按本条第二款的规定转化为故意伤害罪。如没有实施殴打行为，仍只应定聚众斗殴罪。

3.关于聚众斗殴"次"的认定。应综合考虑聚众斗殴故意、在时间上是否有明显的间隔、在场所上是否为不同地方、客观上针对的对象情况。在时间、地点、针对的对象上均有不同，虽然是同一个故意支配，但在行为上不是持续而是连续，在两地均可以独立地构成聚众斗殴犯罪，应认定为两次。

〔参考案例第521号：王乾坤故意杀人案〕聚众斗殴既致人死亡又致人轻伤的，如何定罪处罚？

聚众斗殴既致人死亡又致人轻伤的，以故意杀人一罪定罪处罚，而不应以故意杀人、故意伤害两罪处罚。

〔参考案例第882号：李天龙、高政聚众斗殴案〕聚众斗殴并驾车撞击对方的行为是否认定为持械聚众斗殴，以及如何认定相关帮助行为的性质？

利用车辆撞击聚众斗殴一方的人可以认定为“持械聚众斗殴”。帮助指认对象，明知行为人持械斗殴而未实施任何阻止的，应当认定为持械斗殴的共同故意行为。

第二百九十三条　【寻衅滋事罪】有下列寻衅滋事行为之一，破坏社会秩序的，处五年以下有期徒刑、拘役或者管制：

（一）随意殴打他人，情节恶劣的；

（二）追逐、拦截、辱骂、恐吓他人，情节恶劣的；

（三）强拿硬要或者任意损毁、占用公私财物，情节严重的；

（四）在公共场所起哄闹事，造成公共场所秩序严重混乱的。

纠集他人多次实施前款行为，严重破坏社会秩序的，处五年以上十年以下有期徒刑，可以并处罚金。

【修正前条文】

第二百九十三条　【寻衅滋事罪】有下列寻衅滋事行为之一，破坏社会秩序的，处五年以下有期徒刑、拘役或者管制：

（一）随意殴打他人，情节恶劣的；

（二）追逐、拦截、辱骂他人，情节恶劣的；

（三）强拿硬要或者任意损毁、占用公私财物，情节严重的；

（四）在公共场所起哄闹事，造成公共场所秩序严重混乱的。

【修正说明】

刑法修正案(八)第四十二条对原条文作出下述修改：一是在原第二项“追逐、拦截、辱骂”后增加了“恐吓”他人的行为；二是增加了一款纠集他人多次实施寻衅滋事严重破坏社会秩序的行为。

【立案追诉标准】

《最高人民检察院、公安部关于公安机关管辖的刑事案件立案追诉标准的规定(一)》[公通字〔2008〕36号，20080625，经2017年4月27日发布的《最高人民检察院、公安部关于公安机关管辖的刑事案件立案追诉标准的规定(一)的补充规定》(公通字〔2017〕12号)修正]

第三十七条　〔寻衅滋事案(刑法第二百九十三条)〕随意殴打他人，破坏社会秩序，涉嫌下列情形之一的，应予立案追诉：

(一)致一人以上轻伤或者二人以上轻微伤的；

(二)引起他人精神失常、自杀等严重后果的；

(三)多次随意殴打他人的；

(四)持凶器随意殴打他人的；

(五)随意殴打精神病人、残疾人、流浪乞讨人员、老年人、孕妇、未成年人，造成恶劣社会影响的；

(六)在公共场所随意殴打他人，造成公共场所秩序严重混乱的；

(七)其他情节恶劣的情形。

追逐、拦截、辱骂、恐吓他人，破坏社会秩序，涉嫌下列情形之一的，应予立案追诉：

(一)多次追逐、拦截、辱骂、恐吓他人，造成恶劣社会影响的；

(二)持凶器追逐、拦截、辱骂、恐吓他人的；

（三）追逐、拦截、辱骂、恐吓精神病人、残疾人、流浪乞讨人员、老年人、孕妇、未成年人，造成恶劣社会影响的；

（四）引起他人精神失常、自杀等严重后果的；

（五）严重影响他人的工作、生活、生产、经营的；

（六）其他情节恶劣的情形。

强拿硬要或者任意损毁、占用公私财物，破坏社会秩序，涉嫌下列情形之一的，应予立案追诉：

（一）强拿硬要公私财物价值一千元以上，或者任意损毁、占用公私财物价值二千元以上的；

（二）多次强拿硬要或者任意损毁、占用公私财物，造成恶劣社会影响的；

（三）强拿硬要或者任意损毁、占用精神病人、残疾人、流浪乞讨人员、老年人、孕妇、未成年人的财物，造成恶劣社会影响的；

（四）引起他人精神失常、自杀等严重后果的；

（五）严重影响他人的工作、生活、生产、经营的；

（六）其他情节严重的情形。

在车站、码头、机场、医院、商场、公园、影剧院、展览会、运动场或者其他公共场所起哄闹事，应当根据公共场所的性质、公共活动的重要程度、公共场所的人数、起哄闹事的时间、公共场所受影响的范围与程度等因素，综合判断是否造成公共场所秩序严重混乱。

【司法解释(1)】

《最高人民法院、最高人民检察院关于办理寻衅滋事刑事案件适用法律若干问题的解释》(法释〔2013〕18号，20130722)

第一条 行为人为寻求刺激、发泄情绪、逞强耍横等，无事生非，实施刑法第二百九十三条规定的行为的，应当认定为“寻衅滋事”。

行为人因日常生活中的偶发矛盾纠纷，借故生非，实施刑法第二百九十三条规定的行为的，应当认定为“寻衅滋事”，但矛盾系由被害人故意引发或者被害人对矛盾激化负有主要责任的除外。

行为人因婚恋、家庭、邻里、债务等纠纷，实施殴打、辱骂、恐吓他人或者损毁、占用他人财物等行为的，一般不认定为“寻衅滋事”，但经有关部门批评制止或者处理处罚后，继续实施前列行为，破坏社会秩序的除外。

第二条 随意殴打他人，破坏社会秩序，具有下列情形之一的，应当认定为刑法第二百九十三条第一款第一项规定的“情节恶劣”：

（一）致一人以上轻伤或者二人以上轻微伤的；

（二）引起他人精神失常、自杀等严重后果的；

（三）多次随意殴打他人的；

（四）持凶器随意殴打他人的；

（五）随意殴打精神病人、残疾人、流浪乞讨人员、老年人、孕妇、未成年人，造成恶劣社会影响的；

（六）在公共场所随意殴打他人，造成公共场所秩序严重混乱的；

（七）其他情节恶劣的情形。

第三条 追逐、拦截、辱骂、恐吓他人，破坏社会秩序，具有下列情形之一的，应当认定为刑法第二百九十三条第一款第二项规定的“情节恶劣”：

（一）多次追逐、拦截、辱骂、恐吓他人，造成恶劣社会影响的；

（二）持凶器追逐、拦截、辱骂、恐吓他人的；

（三）追逐、拦截、辱骂、恐吓精神病人、残疾人、流浪乞讨人员、老年人、孕妇、未成年人，造成恶劣社会影响的；

（四）引起他人精神失常、自杀等严重后果的；

（五）严重影响他人的工作、生活、生产、经营的；

（六）其他情节恶劣的情形。

第四条　强拿硬要或者任意损毁、占用公私财物，破坏社会秩序，具有下列情形之一的，应当认定为刑法第二百九十三条第一款第三项规定的“情节严重”：

（一）强拿硬要公私财物价值一千元以上，或者任意损毁、占用公私财物价值二千元以上的；

（二）多次强拿硬要或者任意损毁、占用公私财物，造成恶劣社会影响的；

（三）强拿硬要或者任意损毁、占用精神病人、残疾人、流浪乞讨人员、老年人、孕妇、未成年人的财物，造成恶劣社会影响的；

（四）引起他人精神失常、自杀等严重后果的；

（五）严重影响他人的工作、生活、生产、经营的；

（六）其他情节严重的情形。

第五条　在车站、码头、机场、医院、商场、公园、影剧院、展览会、运动场或者其他公共场所起哄闹事，应当根据公共场所的性质、公共活动的重要程度、公共场所的人数、起哄闹事的时间、公共场所受影响的范围与程度等因素，综合判断是否“造成公共场所秩序严重混乱”。

第六条　纠集他人三次以上实施寻衅滋事犯罪，未经处理的，应当依照刑法第二百九十三条第二款的规定处罚。

第七条　实施寻衅滋事行为，同时符合寻衅滋事罪和故意杀人罪、故意伤害罪、故意毁坏财物罪、敲诈勒索罪、抢夺罪、抢劫罪等罪的构成要件的，依照处罚较重的犯罪定罪处罚。

第八条　行为人认罪、悔罪，积极赔偿被害人损失或者取得被害人谅解的，可以从轻处罚；犯罪情节轻微的，可以不起诉或者免予刑事处罚。

【司法解释(2)】

《最高人民法院关于审理未成年人刑事案件具体应用法律若干问题的解释》(法释〔2006〕1号，20060123)

第八条　已满十六周岁不满十八周岁的人出于以大欺小、以强凌弱或者寻求精神刺激，随意殴打其他未成年人、多次对其他未成年人强拿硬要或者任意损毁公私财物，扰乱学校及其他公共场所秩序，情节严重的，以寻衅滋事罪定罪处罚。

【司法解释(3)】

《最高人民法院、最高人民检察院关于办理妨害预防、控制突发传染病疫情等灾害的刑事案件具体应用法律若干问题的解释》(法释〔2003〕8号，20030515)

第十一条　在预防、控制突发传染病疫情等灾害期间，强拿硬要或者任意损毁、占用公私财物情节严重，或者在公共场所起哄闹事，造成公共场所秩序严重混乱的，依照刑法第二百九十三条的规定，以寻衅滋事罪定罪，依法从重处罚。

【司法解释(4)】

《最高人民法院、最高人民检察院关于办理利用信息网络实施诽谤等刑事案件适用法律若干问题的解释》(法释〔2013〕21号,20130910)

第五条第一款　利用信息网络辱骂、恐吓他人,情节恶劣,破坏社会秩序的,依照刑法第二百九十三条第一款第(二)项的规定,以寻衅滋事罪定罪处罚。

【司法解释(4)·注释】

1.如果利用信息网络辱骂特定的个人,则可能存在寻衅滋事罪与侮辱罪的竞合。如果辱骂他人情节恶劣,破坏社会秩序的,应依照处罚较重的罪,即寻衅滋事罪定罪处罚。

2.辱骂、恐吓行为必须达到"情节恶劣"的程度,同时对社会秩序造成了现实的破坏。对于一些网民在网络上发泄不满,辱骂他人的,要重在教育,强化管理,一般不要轻易适用本款规定按犯罪处理。

【司法指导文件(1)】

《最高人民法院、最高人民检察院关于常见犯罪的量刑指导意见(试行)》(法发〔2021〕21号,20210701)

(十八)寻衅滋事罪

1.构成寻衅滋事罪的,根据下列情形在相应的幅度内确定量刑起点:

(1)寻衅滋事一次的,在三年以下有期徒刑、拘役幅度内确定量刑起点。

(2)纠集他人三次寻衅滋事(每次都构成犯罪),严重破坏社会秩序的,在五年至七年有期徒刑幅度内确定量刑起点。

2.在量刑起点的基础上,根据寻衅滋事次数、伤害后果、强拿硬要他人财物或任意损毁、占用公私财物数额等其他影响犯罪构成的犯罪事实增加刑罚量,确定基准刑。

3.构成寻衅滋事罪,判处五年以上十年以下有期徒刑,并处罚金的,根据寻衅滋事的次数、危害后果、对社会秩序的破坏程度等犯罪情节,综合考虑被告人缴纳罚金的能力,决定罚金数额。

4.构成寻衅滋事罪的,综合考虑寻衅滋事的具体行为、危害后果、对社会秩序的破坏程度等犯罪事实、量刑情节,以及被告人的主观恶性、人身危险性、认罪悔罪表现等因素,决定缓刑的适用。

【司法指导文件(2)】

《最高人民法院、最高人民检察院、公安部、司法部关于办理黑恶势力犯罪案件若干问题的指导意见》(法发〔2018〕1号,20180116)

四、依法惩处利用"软暴力"实施的犯罪

17.黑恶势力为谋取不法利益或形成非法影响,有组织地采用滋扰、纠缠、哄闹、聚众造势等手段侵犯人身权利、财产权利,破坏经济秩序、社会秩序,构成犯罪的,应当分别依照《刑法》相关规定处理:

(1)有组织地采用滋扰、纠缠、哄闹、聚众造势等手段扰乱正常的工作、生活秩序,使他人产生心理恐惧或者形成心理强制,分别属于《刑法》第二百九十三条第一款第(二)项规定的"恐吓"、《刑法》第二百二十六规定的"威胁",同时符合其他犯罪构成条件的,应分别以寻衅滋事罪、强迫交易罪定罪处罚。

《关于办理寻衅滋事刑事案件适用法律若干问题的解释》第二条至第四条中的“多次”一般应当理解为二年内实施寻衅滋事行为三次以上。二年内多次实施不同种类寻衅滋事行为的，应当追究刑事责任。

……

采用上述手段，同时又构成其他犯罪的，应当依法按照处罚较重的规定定罪处罚。

……为强索不受法律保护的债务或者因其他非法目的，雇佣、指使他人有组织地采用上述手段寻衅滋事，构成寻衅滋事罪的，对雇佣者、指使者，一般应当以共同犯罪中的主犯论处；[①] 为追讨合法债务或者因婚恋、家庭、邻里纠纷等民间矛盾而雇佣、指使，没有造成严重后果的，一般不作为犯罪处理，但经有关部门批评制止或者处理处罚后仍继续实施的除外。

【司法指导文件(3)】

《最高人民法院、最高人民检察院、公安部、司法部关于办理实施“软暴力”的刑事案件若干问题的意见》(公通字〔2019〕15号，20190409)

五、采用“软暴力”手段，使他人产生心理恐惧或者形成心理强制，分别属于《刑法》第二百二十六条规定的“威胁”、《刑法》第二百九十三条第一款第(二)项规定的“恐吓”，同时符合其他犯罪构成要件的，应当分别以强迫交易罪、寻衅滋事罪定罪处罚。

《关于办理寻衅滋事刑事案件适用法律若干问题的解释》第二条至第四条中的“多次”一般应当理解为二年内实施寻衅滋事行为三次以上。三次以上寻衅滋事行为既包括同一类别的行为，也包括不同类别的行为；既包括未受行政处罚的行为，也包括已受行政处罚的行为。

【司法指导文件(4)】

《最高人民法院、最高人民检察院、公安部、司法部关于办理利用信息网络实施黑恶势力犯罪刑事案件若干问题的意见》(公通字〔2019〕28号，20191021)

二、依法严惩利用信息网络实施的黑恶势力犯罪

7.利用信息网络辱骂、恐吓他人，情节恶劣，破坏社会秩序的，依照刑法第二百九十三条第一款第二项的规定，以寻衅滋事罪定罪处罚。

编造虚假信息，或者明知是编造的虚假信息，在信息网络上散布，或者组织、指使人员在信息网络上散布，起哄闹事，造成公共秩序严重混乱的，依照刑法第二百九十三条第一款第四项的规定，以寻衅滋事罪定罪处罚。

【司法指导文件(5)】

《最高人民检察院、公安部关于依法妥善办理轻伤害案件的指导意见》(高检发办字〔2022〕167号，20221222)

(八)准确区分寻衅滋事罪与故意伤害罪。对出现被害人轻伤后果的案件，人民检察院、公安机关要全面分析案件性质，查明案件发生起因、犯罪嫌疑人的动机、是否有涉黑涉恶或者其他

---

① 对相关行为的定性，需结合刑法修正案(十一)第三十四条增设的刑法第二百九十三条之一即催收非法债务罪的规定综合考虑。——编者注

严重情节等，依法准确定性，不能简单化办案，一概机械认定为故意伤害罪。犯罪嫌疑人无事生非、借故生非，随意殴打他人的，属于“寻衅滋事”，构成犯罪的，应当以寻衅滋事罪依法从严惩处。

【司法指导文件(6)】

《最高人民法院、最高人民检察院、公安部、司法部关于依法严厉打击传播艾滋病病毒等违法犯罪行为的指导意见》(公通字〔2019〕23号，20190519)

二、准确认定行为性质

(三) 寻衅滋事罪。假冒或者利用艾滋病病毒感染者或者病人身份，以谎称含有或者含有艾滋病病毒的血液为工具，追逐、拦截、恐吓他人，情节恶劣，破坏社会秩序的，依照刑法第二百九十三条第一款第二项的规定，以寻衅滋事罪定罪处罚。

编造致人感染艾滋病病毒等虚假信息，或者明知是编造的虚假信息，在信息网络上散布，或者组织、指使人员在信息网络上散布，起哄闹事，造成公共秩序严重混乱的，依照刑法第二百九十三条第一款第四项的规定，以寻衅滋事罪定罪处罚。

对前款中“明知”的认定，应当结合行为人的主观认知、行为表现、案件的具体情节等综合分析，准确认定。对无确实、充分的证据证明主观明知的，不得以犯罪论处。

【司法指导文件(7)】

《最高人民法院、最高人民检察院、公安部、司法部、国家卫生和计划生育委员会关于依法惩处涉医违法犯罪维护正常医疗秩序的意见》(法发〔2014〕5号，20140422)

二、严格依法惩处涉医违法犯罪

(一) 在医疗机构内殴打医务人员或者故意伤害医务人员身体、故意损毁公私财物，尚未造成严重后果的，分别依照治安管理处罚法第四十三条、第四十九条[①]的规定处罚；故意杀害医务人员，或者故意伤害医务人员造成轻伤以上严重后果，或者随意殴打医务人员情节恶劣、任意损毁公私财物情节严重，构成故意杀人罪、故意伤害罪、故意毁坏财物罪、寻衅滋事罪的，依照刑法的有关规定定罪处罚。

(二) 在医疗机构私设灵堂、摆放花圈、焚烧纸钱、悬挂横幅、堵塞大门或者以其他方式扰乱医疗秩序，尚未造成严重损失，经劝说、警告无效的，要依法驱散，对拒不服从的人员要依法带离现场，依照治安管理处罚法第二十三条[②]的规定处罚；聚众实施的，对首要分子和其他积极参加者依法予以治安处罚；造成严重损失或者扰乱其他公共秩序情节严重，构成寻衅滋事罪、聚众扰乱社会秩序罪、聚众扰乱公共场所秩序、交通秩序罪的，依照刑法的有关规定定罪处罚。

在医疗机构的病房、抢救室、重症监护室等场所及医疗机构的公共开放区域违规停放尸体，影响医疗秩序，经

---

① 2025年修订的治安管理处罚法第五十一条、第五十八条、第五十九条。——编者注
② 2025年修订的治安管理处罚法第二十六条。——编者注

劝说、警告无效的，依照治安管理处罚法第六十五条[①]的规定处罚；严重扰乱医疗秩序或者其他公共秩序，构成犯罪的，依照前款的规定定罪处罚。

（四）公然侮辱、恐吓医务人员的，依照治安管理处罚法第四十二条[②]的规定处罚；采取暴力或者其他方法公然侮辱、恐吓医务人员情节严重（恶劣），构成侮辱罪、寻衅滋事罪的，依照刑法的有关规定定罪处罚。

（六）对于故意扩大事态，教唆他人实施针对医疗机构或者医务人员的违法犯罪行为，或者以受他人委托处理医疗纠纷为名实施敲诈勒索、寻衅滋事等行为的，依照治安管理处罚法和刑法的有关规定从严惩处。

【司法指导文件(8)】

《最高人民法院、最高人民检察院、公安部关于依法惩治在使用中的航空器内实施违法犯罪行为的指导意见》(公通字〔2024〕3号，20240112)

二、准确认定行为性质

（四）寻衅滋事。为寻求刺激、发泄情绪、逞强耍横等，无事生非，在使用中的航空器内实施下列行为，破坏社会秩序的，依照刑法第二百九十三条规定，以寻衅滋事罪定罪处罚：

1.辱骂、恐吓或者随意殴打乘客、空乘人员等，情节恶劣的；

2.拦截其他乘客正常登机、下机，情节恶劣的；

3.强拿硬要或者任意损毁、占用公私财物，情节严重的；

4.其他情节恶劣或者情节严重的寻衅滋事行为。

实施前款规定的相关行为，尚不构成犯罪的，依照治安管理处罚法第二十三条第一款第三项、第二款、第二十六条[③]规定处罚。

强行进入使用中的航空器驾驶舱，尚不构成犯罪的，依照治安管理处罚法第三十四条[④]第一款规定处罚。

在使用中的航空器内使用可能影响导航系统正常功能的器具、工具，不听劝阻，尚不构成犯罪的，依照治安管理处罚法第三十四条第二款规定处罚。

【司法指导文件(9)】

《最高人民法院、最高人民检察院、公安部关于依法处理信访活动中违法犯罪行为的指导意见》(公通字〔2019〕7号，20190228)

（三）寻衅滋事。在信访活动中或者以信访为名，为制造影响或者发泄不满，实施下列行为之一的，依照刑法第二百九十三条的规定，以寻衅滋事罪定罪处罚：

1.在各级党委、人大、政协、行政、监察、审判、检察、军事机关，厂矿、商场等企业单位，学校、医院、报社、电视台、科研院所等事业单位，工会、妇联等社会团体单位，机场、车站、码头等重要交通场站，或者在上述场所周边的其他公共场所，实施自杀、自伤、打横幅、撒传单、拦车辆、统一着装、佩戴统一标识等行为，起哄闹事，造成公共场所秩序严重混乱的；

---

① 2025年修订的治安管理处罚法第七十七条。——编者注
② 2025年修订的治安管理处罚法第五十条。——编者注
③ 2025年修订的治安管理处罚法第二十六条、第三十条。——编者注
④ 2025年修订的治安管理处罚法第四十条，下同。——编者注

2.追逐、拦截、辱骂、恐吓、随意殴打他人，情节恶劣的，或者强拿硬要、任意损毁、占用公私财物，情节严重的；

3.……

实施寻衅滋事行为，同时符合寻衅滋事罪、故意杀人罪、故意伤害罪、故意毁坏财物罪、敲诈勒索罪、抢夺罪、抢劫罪等犯罪的构成要件的，依照处罚较重的犯罪定罪处罚。

【公安文件】

《公安部关于公安机关处置信访活动中违法犯罪行为适用法律的指导意见》(公通字〔2013〕25号，20130719)

四、对妨害社会管理秩序违法犯罪行为的处理

10.任意损毁、占用信访接待场所、国家机关或者他人财物，符合《治安管理处罚法》第二十六条[①]第三项规定的，以寻衅滋事依法予以治安管理处罚；符合《刑法》第二百九十三条规定的，以寻衅滋事罪追究刑事责任。

【法院案例库参考案例】

〔王某艳寻衅滋事案，2025-05-1-269-002〕为泄私愤驾车故意冲撞路边停放车辆行为的定性

行为人实施“任意损毁公私财物”行为，同时符合寻衅滋事罪和故意毁坏财物罪的构成要件的，依照处罚较重的犯罪定罪处罚。对于行为人为寻求刺激、发泄情绪、逞强耍横、无事生非而任意毁损公私财物的，以寻衅滋事罪论处。

〔丁某、王某伟寻衅滋事案，2025-05-1-269-001〕“借故生非型”寻衅滋事行为的审查认定

即便被害人对日常生活中偶发性的轻微矛盾纠纷有一定责任，但在事态已平息、纠纷已中止、双方已分开的情况下，行为人仍小题大做，借题发挥，随意殴打他人，情节恶劣的，依法应以寻衅滋事罪论处。

〔万某寻衅滋事案，2023-05-1-269-004〕为骚扰、恐吓、威胁他人而故意制造火警，严重影响他人正常的工作、生活，情节恶劣的，构成寻衅滋事罪

骚扰、恐吓、威胁他人而故意制造火警，明显不致引起火灾，但严重影响他人正常的工作、生活，情节恶劣的，不构成放火罪，应认定为恐吓型寻衅滋事罪。

〔朱某等寻衅滋事案，2023-02-1-269-003〕校内殴打、辱骂他人造成轻微伤的行为定性

身体攻击和语言攻击是校园欺凌的两种典型表现形式。校园欺凌者随意殴打、辱骂他人，造成他人轻微伤，虽不构成故意伤害罪，但情节恶劣，破坏社会秩序的，构成寻衅滋事罪。

【《刑事审判参考》案例】

〔参考案例第206号：杨国栋投放虚假危险物质案〕在公共场所用锥子扎人造成恐怖气氛的如何定性?

行为人在公共场所用锥子扎人，导致有人通过“扎针”传播艾滋病的传言广泛传播，给社会公众和被害人造成较大心理压力，构成寻衅滋事罪。

〔参考案例第517号：张彪等寻衅滋事案〕未成年人以轻微暴力强索硬要他人财物的行为如何定性?

① 2025年修订的治安管理处罚法第三十条。——编者注

未成年人出于教训、报复他人的目的，使用轻微暴力强拿硬要财物的行为扰乱了正常的社会秩序，应以寻衅滋事罪定罪。对于未成年人使用或威胁使用轻微暴力强抢少量财物的行为，一般不以抢劫罪定罪处罚。

〔参考案例第1026号：肖胜故意伤害案〕因不满医院治疗效果而持刀伤害医护人员的，如何定性？

如果行为人殴打对象是为其治疗的医务人员，或者是其误认为参与治疗的医务人员，作案对象相对特定，一般不认定为“寻衅滋事”，若经有关部门批评制止或者处理处罚后，继续殴打医务人员，破坏公共场所秩序的，才可构成“寻衅滋事”。如果行为人进入医疗机构后不加区分，见医务人员就动手殴打，作案对象具有随意性，“滋事”的故意十分明显，则认定为“寻衅滋事”。

〔参考案例第1248号：黄民喜等寻衅滋事案〕使用轻微暴力帮他人抢回赌资的行为如何定性？

对使用轻微暴力手段帮助他人抢回赌资的行为，并未劫去多余财物，根据暴力强度、主观目的及罪责刑相适应的原则，应以寻衅滋事罪而非抢劫罪论处。

〔参考案例第1305号：林作明寻衅滋事案〕吸毒致幻后持刀拦乘汽车、恐吓驾驶人员的行为如何定性？

吸毒致幻后持刀拦乘汽车、恐吓驾驶人员的行为，主观上并非为了劫夺和控制汽车，客观上不足以危及道路上不特定人员的公共安全的，可认定为寻衅滋事罪。

〔参考案例第1329号：谢庆茂寻衅滋事案〕疫情防控期间拒不配合疫情防控人员工作，为发泄个人不满，任意损毁公私财物，造成他人财物损失的行为构成寻衅滋事罪还是故意毁坏财物罪？

疫情防控期间拒不配合疫情防控人员工作，为发泄个人不满，任意毁损公私财物，造成他人财物损失的，应以寻衅滋事罪追究刑事责任。

〔参考案例第1330号：卢方锁、周凯寻衅滋事案〕疫情防控期间，随意殴打从事疫情防控工作人员的行为构成妨害公务罪还是寻衅滋事罪？

疫情防控期间，为逞强耍横、显示威风、发泄情绪，随意殴打从事疫情防控工作的公务人员，但起因上与防疫工作人员的公务活动无直接关联的，应以寻衅滋事罪追究刑事责任。

〔参考案例第1345号：朱伦军寻衅滋事案〕为寻求精神刺激或满足变态心理，多次拦截儿童强行夺取特定较低经济价值物品的行为如何定性？

从构成要件的角度，判断一个行为是构成抢劫罪还是寻衅滋事罪，首先应当考察行为人的主观目的是非法占有他人财物，还是满足畸形的生理和心理需要；其次应当判断该行为客观上主要侵害的是公民人身、财产权利，还是滋扰他人、破坏社会秩序。此外，在区分罪与非罪时，还要充分发挥罪责刑相适应原则的指导作用，考虑一般大众的朴素正义情感，正确衡量犯罪行为的实质危害性大小。行为人为寻求精神刺激，多次在少年宫、街道等场所拦截他人，强行抢走被害人的袜子，是一种多次拦截他人、强拿硬要他人财物的寻衅滋事行为，主观上是为了满足其畸形的生理、心理需要，而并非为了将他人财物非法占为己有，属于寻衅滋事行为。

〔参考案例第1346号：蔡恒寻衅滋

事案〕凌晨酒后驾车追撵他人机动车，导致车损人伤的行为如何定性？

凌晨酒后驾车追逐竞驶，追撵他人机动车，导致车损人伤的行为，除了构成危险驾驶罪外，还构成故意伤害罪、故意毁坏财物罪、寻衅滋事罪。一个行为侵犯了数个法益，属于想象竞合犯，应当依照处罚较重的规定定罪处罚，即寻衅滋事罪。

第二百九十三条之一 【催收非法债务罪】有下列情形之一，催收高利放贷等产生的非法债务，情节严重的，处三年以下有期徒刑、拘役或者管制，并处或者单处罚金：

（一）使用暴力、胁迫方法的；

（二）限制他人人身自由或者侵入他人住宅的；

（三）恐吓、跟踪、骚扰他人的。

【修正说明】

本罪由刑法修正案(十一)第三十四条增设。

【立法 · 要点注释】

1.“催收高利放贷等产生的非法债务”的含义如下：一是行为人实施了“催收”行为，“催”是方式，“收”是目的。行为人实施这些行为的目的就是为了将高利放贷等产生的非法债务明确化、固定化、收讫化。二是行为人催收的是“高利放贷等产生的非法债务”。对于违反国家规定的借款利率，实施高利放贷产生的债务，就属于本条规定的非法债务。“产生”既包括因高利放贷等非法行为直接产生，也包括由非法债务产生、延伸的所谓孳息、利息等。这里的“等”，根据实践中的情况，包括赌债、毒债等违法行为产生的债务，以及其他违法犯罪行为产生的债务。催收高利放贷等产生的非法债务要“情节严重”才能构成本罪，对于具有一定的社会危害性，但情节不算严重的，违反治安管理处罚法的，可根据治安管理处罚法的有关规定予以行政处罚。“情节严重”的具体情况，可由司法机关通过司法解释的方式作进一步细化。

2.关于“非法债务”的认定。实践中，有的债务是受害人通过签订虚假的借款协议“自愿”对财产性利益予以让与、抵押、交付、承兑的，在形式上构成意思自治的合法行为；有的借助诉讼、仲裁、公证等手段确认“债务”，伪装成有法律背书、认可的“债务”；有的通过“保证金”“中介费”“服务费”“违约金”等名目扣除或者收取额外费用。这些行为基本上是以所谓的合法形式掩盖非法目的，其实质仍源于“高利放贷等”非法行为，在性质上应认定为由高利放贷等产生的“非法债务”。司法机关在办理案件时，需要结合相关证据，准确区分合法债务和非法债务。

【《刑事审判参考》案例】

〔参考案例第1620号：戴某隆催收非法债务案〕如何把握催收非法债务罪中的“非法债务”？如何把握非法催收行为中的“软暴力”？刑法修正案(十一)施行后，对于行为人之前实施的“软暴力”非法催收行为，如何论处？

1.非法债务为法律不予保护的债务，包括高利放贷、赌债、毒债等违法犯罪行为产生的债务。

2.非法催收行为中的“软暴力”具体包括胁迫、严重限制他人人身自由或者侵入他人住宅、恐吓、跟踪、骚扰他人等。

3.刑法修正案(十一)施行后，对于行为人之前实施的采用“软暴力”催收非法债务，情节严重，判决尚未生效的行为，应当根据刑法第十二条的规定，按照从旧兼从轻的原则处理。

第二百九十四条　【组织、领导、参加黑社会性质组织罪】组织、领导黑社会性质的组织的，处七年以上有期徒刑，并处没收财产；积极参加的，处三年以上七年以下有期徒刑，可以并处罚金或者没收财产；其他参加的，处三年以下有期徒刑、拘役、管制或者剥夺政治权利，可以并处罚金。

【入境发展黑社会组织罪】境外的黑社会组织的人员到中华人民共和国境内发展组织成员的，处三年以上十年以下有期徒刑。

【包庇、纵容黑社会性质组织罪】国家机关工作人员包庇黑社会性质的组织，或者纵容黑社会性质的组织进行违法犯罪活动的，处五年以下有期徒刑；情节严重的，处五年以上有期徒刑。

犯前三款罪又有其他犯罪行为的，依照数罪并罚的规定处罚。

黑社会性质的组织应当同时具备以下特征：

（一）形成较稳定的犯罪组织，人数较多，有明确的组织者、领导者，骨干成员基本固定；

（二）有组织地通过违法犯罪活动或者其他手段获取经济利益，具有一定的经济实力，以支持该组织的活动；

（三）以暴力、威胁或者其他手段，有组织地多次进行违法犯罪活动，为非作恶，欺压、残害群众；

（四）通过实施违法犯罪活动，或者利用国家工作人员的包庇或者纵容，称霸一方，在一定区域或者行业内，形成非法控制或者重大影响，严重破坏经济、社会生活秩序。

【修正前条文】

第二百九十四条　【组织、领导、参加黑社会性质组织罪】组织、领导和积极参加以暴力、威胁或者其他手段，有组织地进行违法犯罪活动，称霸一方，为非作恶，欺压、残害群众，严重破坏经济、社会生活秩序的黑社会性质的组织的，处三年以上十年以下有期徒刑；其他参加的，处三年以下有期徒刑、拘役、管制或者剥夺政治权利。

【入境发展黑社会组织罪】境外的黑社会组织的人员到中华人民共和国境内发展组织成员的，处三年以上十年以下有期徒刑。

犯前两款罪又有其他犯罪行为的，依照数罪并罚的规定处罚。

【包庇、纵容黑社会性质组织罪】国家机关工作人员包庇黑社会性质的组织，或者纵容黑社会性质的组织进行违法犯罪活动的，处三年以下有期徒刑、拘役或者剥夺政治权利；情节严重的，处三年以上十年以下有期徒刑。

【修正说明】

刑法修正案(八)第四十三条对原条文作出下述修改：一是根据黑社会性质的组织成员在组织中的不同地位、作用，规定了不同的刑罚，更好地体现了罪刑相适应的原则；二是将组织者、领导者的刑罚，由原来的三年以上十年以下有期徒刑提高为七年以上有期徒刑，最高刑到十五年；三是增加规定了财产刑，以铲除黑社会性质组织再犯罪的经济基础；四是提高了国家机关工作人员包庇或者纵容黑社会性质的组织犯罪的刑罚，第一档刑由原来的三年有期徒刑提高到五年，最高刑由原来的十年有期徒刑提高到十五年；五是将有关“黑社会性质的组织”的立法解释的内容纳入了本条。

【立法·要点注释】

1.“境外的黑社会组织”，是指被境外国家和地区确定为黑社会的组织，既包括外国的黑社会组织，也包括我国台湾、香港、澳门地区的黑社会组织。

2.“包庇”，是指国家机关工作人员为使黑社会性质组织及其成员逃避查禁，而通风报信，隐匿、毁灭、伪造证据，阻止他人作证、检举揭发，指使他人作伪证，帮助逃匿，或者阻挠其他国家机关工作人员依法查禁等行为。

3.“纵容”，是指国家机关工作人员不依法履行职责，对黑社会性质的组织的违法犯罪活动不依法制止，反而予以放纵的行为。

4.“其他犯罪行为”，对黑社会性质的组织的组织者、领导者，应当按其所组织、领导的黑社会性质的组织所犯的全部罪行处罚；对于黑社会性质的组织的参加者，应当按照其所参与的犯罪处罚。凡是黑社会性质组织成员是为了实现该组织称霸一方、威慑公众的目的，为了组织利益而实施的犯罪，即使首要分子对具体的犯罪行为事先并不明知，也要对其组织成员的全部罪行承担全部罪责。

5.目前，黑社会性质的犯罪组织出现了一个明显的变化，即组织者、领导者、骨干成员可能并不多，但他们控制着一批社会上的闲散人员，这些人员形成了一个市场，需要实施违法犯罪时，即通过这个市场雇用打手，形成“一呼即来，一哄而散”的活动方式。对以这种方式存在的组织，只要其基本的组织者、领导者、骨干成员较为固定，就应认定其形成了“较稳定的犯罪组织”。

6.实践中，有些黑社会性质的组织的头目，在其具备了一定的实力后，往往通过各种手段将财产洗白，合法地进行一些经营活动，以此支撑该组织的活动，这部分资产也应当算作该组织的“经济实力”。

7.应正确把握“在一定区域或者行业内，形成非法控制或者重大影响”，无论是合法行业还是非法行业，只要对其实行垄断或控制，严重影响了当地该行业的正常经营，扰乱了当地百姓的正常生活秩序，就应当予以认定。

【相关立法】

《中华人民共和国反有组织犯罪法》(20220501)

第二条　本法所称有组织犯罪，是指《中华人民共和国刑法》第二百九十四条规定的组织、领导、参加黑社会性质组织犯罪，以及黑社会性质组织、恶势力组织实施的犯罪。

本法所称恶势力组织，是指经常纠集在一起，以暴力、威胁或者其他手段，在一定区域或者行业领域内多次实施违法犯罪活动，为非作恶，欺压群众，扰乱社会秩序、经济秩序，造成较为恶劣的社会影响，但尚未形成黑社会性质组织的犯罪组织。

境外的黑社会组织到中华人民共和国境内发展组织成员、实施犯罪，以及在境外对中华人民共和国国家或者公民犯罪的，适用本法。

第十八条 监狱、看守所、社区矫正机构对有组织犯罪的罪犯，应当采取有针对性的监管、教育、矫正措施。

有组织犯罪的罪犯刑满释放后，司法行政机关应当会同有关部门落实安置帮教等必要措施，促进其顺利融入社会。

第十九条 对因组织、领导黑社会性质组织被判处刑罚的人员，设区的市级以上公安机关可以决定其自刑罚执行完毕之日起，按照国家有关规定向公安机关报告个人财产及日常活动。报告期限不超过五年。

第二十条 曾被判处刑罚的黑社会性质组织的组织者、领导者或者恶势力组织的首要分子开办企业或者在企业中担任高级管理人员的，相关行业主管部门应当依法审查，对其经营活动加强监督管理。

第二十二条 办理有组织犯罪案件，应当以事实为根据，以法律为准绳，坚持宽严相济。

对有组织犯罪的组织者、领导者和骨干成员，应当严格掌握取保候审、不起诉、缓刑、减刑、假释和暂予监外执行的适用条件，充分适用剥夺政治权利、没收财产、罚金等刑罚。

有组织犯罪的犯罪嫌疑人、被告人自愿如实供述自己的罪行，承认指控的犯罪事实，愿意接受处罚的，可以依法从宽处理。

第二十三条 利用网络实施的犯罪，符合本法第二条规定的，应当认定为有组织犯罪。

为谋取非法利益或者形成非法影响，有组织地进行滋扰、纠缠、哄闹、聚众造势等，对他人形成心理强制，足以限制人身自由、危及人身财产安全，影响正常社会秩序、经济秩序的，可以认定为有组织犯罪的犯罪手段。

第三十三条 犯罪嫌疑人、被告人积极配合有组织犯罪案件的侦查、起诉、审判等工作，有下列情形之一的，可以依法从宽处罚，但对有组织犯罪的组织者、领导者应当严格适用：

（一）为查明犯罪组织的组织结构及其组织者、领导者、首要分子的地位、作用提供重要线索或者证据的；

（二）为查明犯罪组织实施的重大犯罪提供重要线索或者证据的；

（三）为查处国家工作人员涉有组织犯罪提供重要线索或者证据的；

（四）协助追缴、没收尚未掌握的赃款赃物的；

（五）其他为查办有组织犯罪案件提供重要线索或者证据的情形。

对参加有组织犯罪组织的犯罪嫌疑人、被告人不起诉或者免予刑事处罚的，可以根据案件的不同情况，依法予以训诫、责令具结悔过、赔礼道歉、赔偿损失，或者由主管部门予以行政处罚或者处分。

第三十四条 对黑社会性质组织的组织者、领导者，应当依法并处没收财产。对其他组织成员，根据其在犯罪组织中的地位、作用以及所参与违法犯罪活动的次数、性质、违法所得数额、造成的损失等，可以依法并处罚金或者没收财产。

第三十五条 对有组织犯罪的罪

犯，执行机关应当依法从严管理。

黑社会性质组织的组织者、领导者或者恶势力组织的首要分子被判处十年以上有期徒刑、无期徒刑、死刑缓期二年执行的，应当跨省、自治区、直辖市异地执行刑罚。

第三十六条　对被判处十年以上有期徒刑、无期徒刑、死刑缓期二年执行的黑社会性质组织的组织者、领导者或者恶势力组织的首要分子减刑的，执行机关应当依法提出减刑建议，报经省、自治区、直辖市监狱管理机关复核后，提请人民法院裁定。

对黑社会性质组织的组织者、领导者或者恶势力组织的首要分子假释的，适用前款规定的程序。

第五十条　国家工作人员有下列行为的，应当全面调查，依法作出处理：

（一）组织、领导、参加有组织犯罪活动的；

（二）为有组织犯罪组织及其犯罪活动提供帮助的；

（三）包庇有组织犯罪组织、纵容有组织犯罪活动的；

（四）在查办有组织犯罪案件工作中失职渎职的；

（五）利用职权或者职务上的影响干预反有组织犯罪工作的；

（六）其他涉有组织犯罪的违法犯罪行为。

国家工作人员组织、领导、参加有组织犯罪的，应当依法从重处罚。

第六十六条　组织、领导、参加黑社会性质组织，国家机关工作人员包庇、纵容黑社会性质组织，以及黑社会性质组织、恶势力组织实施犯罪的，依法追究刑事责任。

境外的黑社会组织的人员到中华人民共和国境内发展组织成员、实施犯罪，以及在境外对中华人民共和国国家或者公民犯罪的，依法追究刑事责任。

第六十七条　发展未成年人参加黑社会性质组织、境外的黑社会组织，教唆、诱骗未成年人实施有组织犯罪，或者实施有组织犯罪侵害未成年人合法权益的，依法从重追究刑事责任。

第六十八条　对有组织犯罪的罪犯，人民法院可以依照《中华人民共和国刑法》有关从业禁止的规定，禁止其从事相关职业，并通报相关行业主管部门。

第六十九条　有下列情形之一，尚不构成犯罪的，由公安机关处五日以上十日以下拘留，可以并处一万元以下罚款；情节较重的，处十日以上十五日以下拘留，并处一万元以上三万元以下罚款；有违法所得的，除依法应当返还被害人的以外，应当予以没收：

（一）参加境外的黑社会组织的；

（二）积极参加恶势力组织的；

（三）教唆、诱骗他人参加有组织犯罪组织，或者阻止他人退出有组织犯罪组织的；

（四）为有组织犯罪活动提供资金、场所等支持、协助、便利的；

（五）阻止他人检举揭发有组织犯罪、提供有组织犯罪证据，或者明知他人有有组织犯罪行为，在司法机关向其调查有关情况、收集有关证据时拒绝提供的。

教唆、诱骗未成年人参加有组织犯罪组织或者阻止未成年人退出有组织犯罪组织，尚不构成犯罪的，依照前款规定从重处罚。

【立法解释】

《全国人民代表大会常务委员会关于〈中华人民共和国刑法〉第二百九十四条第一款的解释》(20020428)

刑法第二百九十四条第一款规定的“黑社会性质的组织”应当同时具备以下特征：

(一)形成较稳定的犯罪组织，人数较多，有明确的组织者、领导者，骨干成员基本固定；

(二)有组织地通过违法犯罪活动或者其他手段获取经济利益，具有一定的经济实力，以支持该组织的活动；

(三)以暴力、威胁或者其他手段，有组织地多次进行违法犯罪活动，为非作恶，欺压、残害群众；

(四)通过实施违法犯罪活动，或者利用国家工作人员的包庇或者纵容，称霸一方，在一定区域或者行业内，形成非法控制或者重大影响，严重破坏经济、社会生活秩序。

【司法解释】

《最高人民法院关于审理黑社会性质组织犯罪的案件具体应用法律若干问题的解释》(法释〔2000〕42号，20001210)

第一条　刑法第二百九十四条规定的“黑社会性质的组织”，一般应具备以下特征：[①]

……

第二条　刑法第二百九十四条第二款规定的“发展组织成员”，是指将境内、外人员吸收为该黑社会组织成员的行为。对黑社会组织成员进行内部调整等行为，可视为“发展组织成员”。

港、澳、台黑社会组织到内地发展组织成员的，适用刑法第二百九十四条第二款的规定定罪处罚。

第三条　组织、领导、参加黑社会性质的组织又有其他犯罪行为的，根据刑法第二百九十四条第三款[②]的规定，依照数罪并罚的规定处罚；对于黑社会性质组织的组织者、领导者，应当按照其所组织、领导的黑社会性质组织所犯的全部罪行处罚；对于黑社会性质组织的参加者，应当按照其所参与的犯罪处罚。

对于参加黑社会性质的组织，没有实施其他违法犯罪活动的，或者受蒙蔽、胁迫参加黑社会性质的组织，情节轻微的，可以不作为犯罪处理。

第四条　国家机关工作人员组织、领导、参加黑社会性质组织的，从重处罚。

第五条　刑法第二百九十四条第四款[③]规定的“包庇”，是指国家机关工作人员为使黑社会性质组织及其成员逃避查禁，而通风报信，隐匿、毁灭、伪造证据，阻止他人作证、检举揭发，指使他人作伪证，帮助逃匿，或者阻挠其他国家机关工作人员依法查禁等行为。

刑法第二百九十四条第四款规定的“纵容”，是指国家机关工作人员不依法履行职责，放纵黑社会性质组织进行违法犯罪活动的行为。

第六条　国家机关工作人员包庇、

---

① 对黑社会性质组织特征的理解，应当以刑法修正案(八)第四十三条修正的刑法第二百九十四条第五款的规定为准。——编者注

② 现行刑法第二百九十四条第四款。——编者注

③ 现行刑法第二百九十四条第三款，下同。——编者注

纵容黑社会性质的组织，有下列情形之一的，属于刑法第二百九十四条第四款规定的“情节严重”：

(一) 包庇、纵容黑社会性质组织跨境实施违法犯罪活动的；

(二) 包庇、纵容境外黑社会组织在境内实施违法犯罪活动的；

(三) 多次实施包庇、纵容行为的；

(四) 致使某一区域或者行业的经济、社会生活秩序遭受黑社会性质组织特别严重破坏的；

(五) 致使黑社会性质组织的组织者、领导者逃匿，或者致使对黑社会性质组织的查禁工作严重受阻的；

(六) 具有其他严重情节的。

第七条　对黑社会性质组织和组织、领导、参加黑社会性质组织的犯罪分子聚敛的财物及其收益，以及用于犯罪的工具等，应当依法追缴、没收。

【司法指导文件(1)】

《最高人民法院、最高人民检察院、公安部、司法部关于办理黑恶势力犯罪案件若干问题的指导意见》(法发〔2018〕1号，20180116)[①]

一、总体要求

……

二、依法认定和惩处黑社会性质组织犯罪

3.黑社会性质组织应同时具备《刑法》第二百九十四条第五款中规定的“组织特征”“经济特征”“行为特征”和“危害性特征”。由于实践中许多黑社会性质组织并非这“四个特征”都很明显，在具体认定时，应根据立法本意，认真审查、分析黑社会性质组织“四个特征”相互间的内在联系，准确评价涉案犯罪组织所造成的社会危害，做到不枉不纵。

4.发起、创建黑社会性质组织，或者对黑社会性质组织进行合并、分立、重组的行为，应当认定为“组织黑社会性质组织”；实际对整个组织的发展、运行、活动进行决策、指挥、协调、管理的行为，应当认定为“领导黑社会性质组织”。黑社会性质组织的组织者、领导者，既包括通过一定形式产生的有明确职务、称谓的组织者、领导者，也包括在黑社会性质组织中被公认的事实上的组织者、领导者。

5.知道或者应当知道是以实施违法犯罪为基本活动内容的组织，仍加入并接受其领导和管理的行为，应当认定为“参加黑社会性质组织”。没有加入黑社会性质组织的意愿，受雇到黑社会性质组织开办的公司、企业、社团工作，未参与黑社会性质组织违法犯罪活动的，不应认定为“参加黑社会性质组织”。

参加黑社会性质组织并具有以下情形之一的，一般应当认定为“积极参加黑社会性质组织”：多次积极参与黑社会性质组织的违法犯罪活动，或者积极参与较严重的黑社会性质组织的犯罪活动且作用突出，以及其他在组织中起重要作用的情形，如具体主管黑社会性质组织的财务、人员管理等事项。

6.组织形成后，在一定时期内持续

---

① 该指导意见发布后，有关部门又公布了与扫黑除恶相关的配套规范性文件，对指导意见的内容作了进一步的细化、补充和完善。在具体适用时，应当将相关文件内容结合起来综合考虑。——编者注

存在，应当认定为“形成较稳定的犯罪组织”。

黑社会性质组织一般在短时间内难以形成，而且成员人数较多，但鉴于“恶势力”团伙和犯罪集团向黑社会性质组织发展是一个渐进的过程，没有明显的性质转变的节点，故对黑社会性质组织存在时间、成员人数问题不宜作出“一刀切”的规定。

黑社会性质组织未举行成立仪式或者进行类似活动的，成立时间可以按照足以反映其初步形成非法影响的标志性事件的发生时间认定。没有明显标志性事件的，可以按照本意见中关于黑社会性质组织违法犯罪活动认定范围的规定，将组织者、领导者与其他组织成员首次共同实施该组织犯罪活动的时间认定为该组织的形成时间。该组织者、领导者因未到案或者因死亡等法定情形未被起诉的，不影响认定。

黑社会性质组织成员既包括已有充分证据证明但尚未归案的组织成员，也包括虽有参加黑社会性质组织的行为但因尚未达到刑事责任年龄或因其他法定情形而未被起诉，或者根据具体情节不作为犯罪处理的组织成员。

7.在组织的形成、发展过程中通过以下方式获取经济利益的，应当认定为“有组织地通过违法犯罪活动或者其他手段获取经济利益”：

(1) 有组织地通过违法犯罪活动或其他不正当手段聚敛；

(2) 有组织地以投资、控股、参股、合伙等方式通过合法的生产、经营活动获取；

(3) 由组织成员提供或通过其他单位、组织、个人资助取得。

8.通过上述方式获得一定数量的经济利益，应当认定为“具有一定的经济实力”，同时也包括调动一定规模的经济资源用以支持该组织活动的能力。通过上述方式获取的经济利益，即使是由部分组织成员个人掌控，也应计入黑社会性质组织的“经济实力”。组织成员主动将个人或者家庭资产中的一部分用于支持该组织活动，其个人或者家庭资产可全部计入“一定的经济实力”，但数额明显较小或者仅提供动产、不动产使用权的除外。

由于不同地区的经济发展水平、不同行业的利润空间均存在很大差异，加之黑社会性质组织存在、发展的时间也各有不同，在办案时不能一般性地要求黑社会性质组织所具有的经济实力必须达到特定规模或特定数额。

9.黑社会性质组织实施的违法犯罪活动包括非暴力性的违法犯罪活动，但暴力或以暴力相威胁始终是黑社会性质组织实施违法犯罪活动的基本手段，并随时可能付诸实施。暴力、威胁色彩虽不明显，但实际是以组织的势力、影响和犯罪能力为依托，以暴力、威胁的现实可能性为基础，足以使他人产生恐惧、恐慌进而形成心理强制或者足以影响、限制人身自由、危及人身财产安全或者影响正常生产、工作、生活的手段，属于《刑法》第二百九十四条第五款第(三)项中的“其他手段”，包括但不限于所谓的“谈判”“协商”“调解”以及滋扰、纠缠、哄闹、聚众造势等手段。

10.为确立、维护、扩大组织的势力、影响、利益或者按照纪律规约、组织惯例多次实施违法犯罪活动，侵犯不特定多人的人身权利、民主权利、财产权利，破坏经济秩序、社会秩序，应当认定为“有组织地多次进行违法犯罪活动，为非作恶，欺压、残害群众”。

符合以下情形之一的，应当认定为是黑社会性质组织实施的违法犯罪活动：

(1) 为该组织争夺势力范围、打击竞争对手、形成强势地位、谋取经济利益、树立非法权威、扩大非法影响、寻求非法保护、增强犯罪能力等实施的；

(2) 按照该组织的纪律规约、组织惯例实施的；

(3)组织者、领导者直接组织、策划、指挥、参与实施的；

(4) 由组织成员以组织名义实施，并得到组织者、领导者认可或者默许的；

(5) 多名组织成员为逞强争霸、插手纠纷、报复他人、替人行凶、非法敛财而共同实施，并得到组织者、领导者认可或者默许的；

(6) 其他应当认定为黑社会性质组织实施的。

11.鉴于黑社会性质组织非法控制和影响的“一定区域”的大小具有相对性，不能简单地要求“一定区域”必须达到某一特定的空间范围，而应当根据具体案情，并结合黑社会性质组织对经济、社会生活秩序的危害程度加以综合分析判断。

通过实施违法犯罪活动，或者利用国家工作人员的包庇或者不依法履行职责，放纵黑社会性质组织进行违法犯罪活动的行为，称霸一方，并具有以下情形之一的，可认定为“在一定区域或者行业内，形成非法控制或者重大影响，严重破坏经济、社会生活秩序”：

(1) 致使在一定区域内生活或者在一定行业内从事生产、经营的多名群众，合法利益遭受犯罪或严重违法活动侵害后，不敢通过正当途径举报、控告的；

(2) 对一定行业的生产、经营形成垄断，或者对涉及一定行业的准入、经营、竞争等经济活动形成重要影响的；

(3) 插手民间纠纷、经济纠纷，在相关区域或者行业内造成严重影响的；

(4)干扰、破坏他人正常生产、经营、生活，并在相关区域或者行业内造成严重影响的；

(5) 干扰、破坏公司、企业、事业单位及社会团体的正常生产、经营、工作秩序，在相关区域、行业内造成严重影响，或者致使其不能正常生产、经营、工作的；

(6) 多次干扰、破坏党和国家机关、行业管理部门以及村委会、居委会等基层群众自治组织的工作秩序，或者致使上述单位、组织的职能不能正常行使的；

(7) 利用组织的势力、影响，帮助组织成员或他人获取政治地位，或者在党政机关、基层群众自治组织中担任一定职务的；

(8) 其他形成非法控制或者重大影响，严重破坏经济、社会生活秩序的情形。

12.对于组织者、领导者和因犯参加黑社会性质组织罪被判处五年以上有期徒刑的积极参加者，可以根据《刑法》第五十六条第一款的规定适用附加剥夺政治权利。对于符合《刑法》第三十七条之一规定的组织成员，应当依法禁止其从事相关职业。符合《刑法》第六十六条规定的组织成员，应当认定为累犯，依法从重处罚。

对于因有组织的暴力性犯罪被判

处死刑缓期执行的黑社会性质组织犯罪分子，可以根据《刑法》第五十条第二款的规定同时决定对其限制减刑。对于因有组织的暴力性犯罪被判处十年以上有期徒刑、无期徒刑的黑社会性质组织犯罪分子，应当根据《刑法》第八十一条第二款规定，不得假释。

13.对于组织者、领导者一般应当并处没收个人全部财产。对于确属骨干成员或者为该组织转移、隐匿资产的积极参加者，可以并处没收个人全部财产。对于其他组织成员，应当根据所参与实施违法犯罪活动的次数、性质、地位、作用、违法所得数额以及造成损失的数额等情节，依法决定财产刑的适用。

三、依法惩处恶势力犯罪

14.具有下列情形的组织，应当认定为“恶势力”：经常纠集在一起，以暴力、威胁或者其他手段，在一定区域或者行业内多次实施违法犯罪活动，为非作恶，欺压百姓，扰乱经济、社会生活秩序，造成较为恶劣的社会影响，但尚未形成黑社会性质组织的违法犯罪组织。恶势力一般为三人以上，纠集者相对固定，违法犯罪活动主要为强迫交易、故意伤害、非法拘禁、敲诈勒索、故意毁坏财物、聚众斗殴、寻衅滋事等，同时还可能伴随实施开设赌场、组织卖淫、强迫卖淫、贩卖毒品、运输毒品、制造毒品、抢劫、抢夺、聚众扰乱社会秩序、聚众扰乱公共场所秩序、交通秩序以及聚众“打砸抢”等。

在相关法律文书中的犯罪事实认定部分，可使用“恶势力”等表述加以描述。

五、依法打击非法放贷讨债的犯罪活动[①]

19.在民间借贷活动中，如有擅自设立金融机构、非法吸收公众存款、骗取贷款、套取金融机构资金发放高利贷以及为强索债务而实施故意杀人、故意伤害、非法拘禁、故意毁坏财物等行为的，应当按照具体犯罪侦查、起诉、审判。依法符合数罪并罚条件的，应当并罚。

20.对于以非法占有为目的，假借民间借贷之名，通过“虚增债务”“签订虚假借款协议”“制造资金走账流水”“肆意认定违约”“转单平账”“虚假诉讼”等手段非法占有他人财产，或者使用暴力、威胁手段强立债权、强行索债的，应当根据案件具体事实，以诈骗、强迫交易、敲诈勒索、抢劫、虚假诉讼等罪名侦查、起诉、审判。对于非法占有的被害人实际所得借款以外的虚高“债务”和以“保证金”“中介费”“服务费”等各种名目扣除或收取的额外费用，均应计入违法所得。对于名义上为被害人所得、但在案证据能够证明实际上却为犯罪嫌疑人、被告人实施后续犯罪所使用的“借款”，应予以没收。

21.对采用讨债公司、“地下执法队”等各种形式有组织地进行上述活动，符合黑社会性质组织、犯罪集团认定标准的，应当按照组织、领导、参加黑社会性质组织罪或者犯罪集团侦查、起诉、审判。

六、依法严惩“保护伞”

22.《刑法》第二百九十四条第三款中规定的“包庇”行为，不要求相关国

---

① 对于该部分规定的适用，需结合刑法修正案(十一)第三十四条增设的刑法第二百九十三条之一即催收非法债务罪的规定综合考虑。——编者注

家机关工作人员利用职务便利。利用职务便利包庇黑社会性质组织的，酌情从重处罚。包庇、纵容黑社会性质组织，事先有通谋的，以具体犯罪的共犯论处。

23.公安机关、人民检察院、人民法院对办理黑恶势力犯罪案件中发现的涉嫌包庇、纵容黑社会性质组织犯罪、收受贿赂、渎职侵权等违法违纪线索，应当及时移送有关主管部门和其他相关部门，坚决依法严惩充当黑恶势力"保护伞"的职务犯罪。

24.依法严惩农村"两委"等人员在涉农惠农补贴申领与发放、农村基础设施建设、征地拆迁补偿、救灾扶贫优抚、生态环境保护等过程中，利用职权恃强凌弱、吃拿卡要、侵吞挪用国家专项资金的犯罪，以及放纵、包庇"村霸"和宗族恶势力，致使其坐大成患，或者收受贿赂、徇私舞弊，为"村霸"和宗族恶势力充当"保护伞"的犯罪。

八、其他

35.……

犯罪嫌疑人、被告人，积极配合侦查、起诉、审判工作，在查明黑社会性质组织的组织结构和组织者、领导者的地位作用，组织实施的重大犯罪事实，追缴、没收赃款赃物，打击"保护伞"等方面提供重要线索和证据，经查证属实的，可以根据案件具体情况，依法从轻、减轻或者免除处罚，并对其参照证人保护的有关规定采取保护措施。前述规定，对于确属组织者、领导者的犯罪嫌疑人、被告人应当严格掌握。

对于确有重大立功或者对于认定重大犯罪事实或追缴、没收涉黑财产具有重要作用的组织成员，确有必要通过分案审理予以保护的，公安机关可以与人民检察院、人民法院在充分沟通的基础上作出另案处理的决定。

……

36.本意见颁布实施后，最高人民法院、最高人民检察院、公安部、司法部联合发布或者单独制定的其他相关规范性文件，内容如与本意见中有关规定不一致的，应当按照本意见执行。

【司法指导文件(2)】

《最高人民法院、最高人民检察院、公安部办理黑社会性质组织犯罪案件座谈会纪要》(法〔2009〕382号，20091209)[①]

（一）关于黑社会性质组织的认定

黑社会性质组织必须同时具备《立法解释》[②]中规定的"组织特征"、"经济特征"、"行为特征"和"危害性特征"。由于实践中许多黑社会性质组织并非这"四个特征"都很明显，因此，在具体认定时，应根据立法本意，认真审查、分析黑社会性质组织"四个特征"相互间的内在联系，准确评价涉案犯罪组织所造成的社会危害，确保不枉不纵。

1.关于组织特征。黑社会性质组织不仅有明确的组织者、领导者，骨干成员基本固定，而且组织结构较为稳定，并有比较明确的层级和职责分工。

当前，一些黑社会性质组织为了增强隐蔽性，往往采取各种手段制造"人

① 对该纪要的适用，需结合刑法修正案(八)第四十三条修正的刑法第二百九十四条的规定以及此后发布的规范性文件综合考虑。——编者注

② 即《全国人民代表大会常务委员会关于〈中华人民共和国刑法〉第二百九十四条第一款的解释》(20020428)，下同。——编者注

员频繁更替、组织结构松散”的假象。因此，在办案时，要特别注意审查组织者、领导者，以及对组织运行、活动起着突出作用的积极参加者等骨干成员是否基本固定、联系是否紧密，不要被其组织形式的表象所左右。

关于组织者、领导者、积极参加者和其他参加者的认定。组织者、领导者，是指黑社会性质组织的发起者、创建者，或者在组织中实际处于领导地位，对整个组织及其运行、活动起着决策、指挥、协调、管理作用的犯罪分子，既包括通过一定形式产生的有明确职务、称谓的组织者、领导者，也包括在黑社会性质组织中被公认的事实上的组织者、领导者；积极参加者，是指接受黑社会性质组织的领导和管理，多次积极参与黑社会性质组织的违法犯罪活动，或者积极参与较严重的黑社会性质组织的犯罪活动且作用突出，以及其他在组织中起重要作用的犯罪分子，如具体主管黑社会性质组织的财务、人员等事项的犯罪分子；其他参加者，是指除上述组织成员之外，其他接受黑社会性质组织的领导和管理的犯罪分子。根据《司法解释》[①]第三条第二款的规定，对于参加黑社会性质的组织，没有实施其他违法犯罪活动的，或者受蒙蔽、胁迫参加黑社会性质的组织，情节轻微的，可以不作为犯罪处理。

关于黑社会性质组织成员的主观明知问题。在认定黑社会性质组织的成员时，并不要求其主观上认为自己参加的是黑社会性质组织，只要其知道或者应当知道该组织具有一定规模，且是以实施违法犯罪为主要活动的，即可认定。

对于黑社会性质组织存在时间、成员人数及组织纪律等问题的把握。黑社会性质组织一般在短时间内难以形成，而且成员人数较多，但鉴于普通犯罪集团、“恶势力”团伙向黑社会性质组织发展是一个渐进的过程，没有明显的性质转变的节点，故对黑社会性质组织存在时间、成员人数问题不宜作出“一刀切”的规定。对于那些已存在一定时间，且成员人数较多的犯罪组织，在定性时要根据其是否已具备一定的经济实力，是否已在一定区域或行业内形成非法控制或重大影响等情况综合分析判断。此外，在通常情况下，黑社会性质组织为了维护自身的安全和稳定，一般会有一些约定俗成的纪律、规约，有些甚至还有明确的规定。因此，具有一定的组织纪律、活动规约，也是认定黑社会性质组织特征时的重要参考案例依据。

2.关于经济特征。一定的经济实力是黑社会性质组织坐大成势，称霸一方的基础。由于不同地区的经济发展水平、不同行业的利润空间均存在很大差异，加之黑社会性质组织存在、发展的时间也各有不同，因此，在办案时不能一般性地要求黑社会性质组织所具有的经济实力必须达到特定规模或特定数额。此外，黑社会性质组织的敛财方式也具有多样性。实践中，黑社会性质组织不仅会通过实施赌博、敲诈、贩毒等违法犯罪活动攫取经济利益，而且还往往会通过开办公司、企业等方式

① 即《最高人民法院关于审理黑社会性质组织犯罪的案件具体应用法律若干问题的解释》(法释〔2000〕42号)，下同。——编者注

"以商养黑"、"以黑护商"。因此，无论其财产是通过非法手段聚敛，还是通过合法的方式获取，只要将其中部分或全部用于违法犯罪活动或者维系犯罪组织的生存、发展即可。

"用于违法犯罪活动或者维系犯罪组织的生存、发展"，一般是指购买作案工具、提供作案经费，为受伤、死亡的组织成员提供医疗费、丧葬费，为组织成员及其家属提供工资、奖励、福利、生活费用，为组织寻求非法保护以及其他与实施有组织的违法犯罪活动有关的费用支出等。

3.关于行为特征。暴力性、胁迫性和有组织性是黑社会性质组织行为方式的主要特征，但有时也会采取一些"其他手段"。

根据司法实践经验，《立法解释》中规定的"其他手段"主要包括：以暴力、威胁为基础，在利用组织势力和影响已对他人形成心理强制或威慑的情况下，进行所谓的"谈判"、"协商"、"调解"；滋扰、哄闹、聚众等其他干扰、破坏正常经济、社会生活秩序的非暴力手段。

"黑社会性质组织实施的违法犯罪活动"主要包括以下情形：由组织者、领导者直接组织、策划、指挥、参与实施的违法犯罪活动；由组织成员以组织名义实施，并得到组织者、领导者认可或者默许的违法犯罪活动；多名组织成员为逞强争霸、插手纠纷、报复他人、替人行凶、非法敛财而共同实施，并得到组织者、领导者认可或者默许的违法犯罪活动；组织成员为组织争夺势力范围、排除竞争对手、确立强势地位、谋取经济利益、维护非法权威或者按照组织的纪律、惯例、共同遵守的约定而实施的违法犯罪活动；由黑社会性质组织实施的其他违法犯罪活动。

会议认为，在办案时还应准确理解《立法解释》中关于"多次进行违法犯罪活动"的规定。黑社会性质组织实施犯罪活动过程中，往往伴随着大量的违法活动，对此均应作为黑社会性质组织的违法犯罪事实予以认定。但如果仅实施了违法活动，而没有实施犯罪活动的，则不能认定为黑社会性质组织。此外，"多次进行违法犯罪活动"只是认定黑社会性质组织的必要条件之一，最终能否认定为黑社会性质组织，还要结合危害性特征来加以判断。即使有些案件中的违法犯罪活动已符合"多次"的标准，但根据其性质和严重程度，尚不足以形成非法控制或者重大影响的，也不能认定为黑社会性质组织。

4.关于危害性特征。称霸一方，在一定区域或者行业内，形成非法控制或者重大影响，从而严重破坏经济、社会生活秩序，是黑社会性质组织的本质特征，也是黑社会性质组织区别于一般犯罪集团的关键所在。

对于"一定区域"的理解和把握。区域的大小具有相对性，且黑社会性质组织非法控制和影响的对象并不是区域本身，而是在一定区域中生活的人，以及该区域内的经济、社会生活秩序。因此，不能简单地要求"一定区域"必须达到某一特定的空间范围，而应当根据具体案情，并结合黑社会性质组织对经济、社会生活秩序的危害程度加以综合分析判断。

对于"一定行业"的理解和把握。黑社会性质组织所控制和影响的行业，既包括合法行业，也包括黄、赌、毒等非法行业。这些行业一般涉及生产、流通、交换、消费等一个或多个市场环节。

通过实施违法犯罪活动，或者利用国家工作人员的包庇、纵容，称霸一方，并具有以下情形之一的，可认定为“在一定区域或者行业内，形成非法控制或者重大影响，严重破坏经济、社会生活秩序”：对在一定区域内生活或者在一定行业内从事生产、经营的群众形成心理强制、威慑，致使合法利益受损的群众不敢举报、控告的；对一定行业的生产、经营形成垄断，或者对涉及一定行业的准入、经营、竞争等经济活动形成重要影响的；插手民间纠纷、经济纠纷，在相关区域或者行业内造成严重影响的；干扰、破坏他人正常生产、经营、生活，并在相关区域或者行业内造成严重影响的；干扰、破坏公司、企业、事业单位及其他社会团体的正常生产、经营、工作秩序，在相关区域、行业内造成严重影响，或者致使其不能正常生产、经营、工作的；多次干扰、破坏国家机关、行业管理部门以及村委会、居委会等基层群众自治组织的工作秩序，或者致使上述单位、组织的职能不能正常行使的；利用组织的势力、影响，使组织成员获取政治地位，或者在党政机关、基层群众自治组织中担任一定职务的；其他形成非法控制或者重大影响，严重破坏经济、社会生活秩序的情形。

（二）关于办理黑社会性质组织犯罪案件的其他问题

1.关于包庇、纵容黑社会性质组织罪主观要件的认定。本罪主观方面要求必须是出于故意，过失不能构成本罪。会议认为，只要行为人知道或者应当知道是从事违法犯罪活动的组织，仍对该组织及其成员予以包庇，或者纵容其实施违法犯罪活动，即可认定本罪。至于行为人是否明知该组织系黑社会性质组织，不影响本罪的成立。

2.关于黑社会性质组织成员的刑事责任。对黑社会性质组织的组织者、领导者，应根据法律规定和本纪要中关于“黑社会性质组织实施的违法犯罪活动”的规定，按照该组织所犯的全部罪行承担刑事责任。组织者、领导者对于具体犯罪所承担的刑事责任，应当根据其在该起犯罪中的具体地位、作用来确定。对黑社会性质组织中的积极参加者和其他参加者，应按照其所参与的犯罪，根据其在具体犯罪中的地位和作用，依照罪责刑相适应的原则，确定应承担的刑事责任。

3.关于涉黑犯罪财物及其收益的认定和处置。在办案时，要依法运用查封、扣押、冻结、追缴、没收等手段，彻底摧毁黑社会性质组织的经济基础，防止其死灰复燃。对于涉黑犯罪财物及其收益以及犯罪工具，均应按照刑法第六十四条和《司法解释》第七条的规定予以追缴、没收。黑社会性质组织及其成员通过犯罪活动聚敛的财物及其收益，是指在黑社会性质组织的形成、发展过程中，该组织及组织成员通过违法犯罪活动或其他不正当手段聚敛的全部财物、财产性权益及其孳息、收益。在办案工作中，应认真审查涉案财产的来源、性质，对被告人及其他单位、个人的合法财产应依法予以保护。

4.关于认定黑社会性质组织犯罪的证据要求。办理涉黑案件同样应当坚持案件“事实清楚，证据确实、充分”的法定证明标准。但应当注意的是，“事实清楚”是指能够对定罪量刑产生影响的事实必须清楚，而不是指整个案件的所有事实和情节都要一一查证属实；

"证据确实、充分"是指能够据以定罪量刑的证据确实、充分，而不是指案件中所涉全部问题的证据都要达到确实、充分的程度。对此，一定要准确理解和把握，不要纠缠那些不影响定罪量刑的枝节问题。比如，在可以认定某犯罪组织已将所获经济利益部分用于组织活动的情况下，即使此部分款项的具体数额难以全部查实，也不影响定案。

5.关于黑社会性质组织成员的立功问题。积极参加者、其他参加者配合司法机关查办案件，有提供线索、帮助收集证据或者其他协助行为，并对侦破黑社会性质组织犯罪案件起到一定作用的，即使依法不能认定立功，一般也应酌情对其从轻处罚。组织者、领导者检举揭发与该黑社会性质组织及其违法犯罪活动有关联的其他犯罪线索，即使依法构成立功或者重大立功，在量刑时也应从严掌握。

6.关于对"恶势力"团伙的认定和处理。"恶势力"是黑社会性质组织的雏形，有的最终发展成为了黑社会性质组织。因此，及时严惩"恶势力"团伙犯罪，是遏制黑社会性质组织滋生，防止违法犯罪活动造成更大社会危害的有效途径。

会议认为，"恶势力"是指经常纠集在一起，以暴力、威胁或其他手段，在一定区域或者行业内多次实施违法犯罪活动，为非作恶，扰乱经济、社会生活秩序，造成较为恶劣的社会影响，但尚未形成黑社会性质组织的犯罪团伙。"恶势力"一般为三人以上，纠集者、骨干成员相对固定，违法犯罪活动一般表现为敲诈勒索、强迫交易、欺行霸市、聚众斗殴、寻衅滋事、非法拘禁、故意伤害、抢劫、抢夺或者黄、赌、毒等。各级人民法院、人民检察院和公安机关在办案时应根据本纪要的精神，结合组织化程度的高低、经济实力的强弱、有无追求和实现对社会的非法控制等特征，对黑社会性质组织与"恶势力"团伙加以正确区分。同时，还要本着实事求是的态度，正确理解和把握"打早打小"方针。在准确查明"恶势力"团伙具体违法犯罪事实的基础上，构成什么罪，就按什么罪处理，并充分运用刑法总则关于共同犯罪的规定，依法惩处。对符合犯罪集团特征的，要按照犯罪集团处理，以切实加大对"恶势力"团伙依法惩处的力度。

7.关于视听资料的收集、使用。公安机关在侦查时要特别重视对涉黑犯罪视听资料的收集。对于那些能够证明涉案犯罪组织具备黑社会性质组织的"四个特征"及其实施的具体违法犯罪活动的录音、录像资料，要及时提取、固定、移送。通过特殊侦查措施获取的视听资料，在移送审查起诉时，公安机关对证据的来源、提取经过应予说明。

8.庭审时应注意的有关问题。为确保庭审效果，人民法院在开庭审理涉黑案件之前，应认真做好庭审预案。法庭调查时，除必须传唤共同被告人同时到庭质证外，对各被告人应当分别讯问，以防止被告人当庭串供或者不敢如实供述、作证。对于诉讼参与人、旁听人员破坏法庭秩序、干扰法庭审理的，法庭应按照刑事诉讼法及有关司法解释的规定及时作出处理。构成犯罪的，应当依法追究刑事责任。

【司法指导文件(3)】

《全国部分法院审理黑社会性质组织犯罪案件工作座谈会纪要》(法

〔2015〕291号，20151013)[①]

……2009年印发的《最高人民法院、最高人民检察院、公安部办理黑社会性质组织犯罪案件座谈会纪要》(以下简称：2009年《座谈会纪要》)对于指导审判实践发挥了重要作用。由于黑社会性质组织犯罪始终处于不断发展变化之中，且刑法、刑事诉讼法的相关规定均有修改，因此，对于一些实践中反映较为突出，但2009年《座谈会纪要》未作规定或者有关规定尚需进一步细化和完善的问题，确有必要及时加以研究解决。

经过与会代表的认真研究，会议就人民法院审理黑社会性质组织犯罪案件时遇到的部分政策把握及具体应用法律问题达成了共识。同时，与会代表也一致认为，本次会议所取得的成果是对2009年《座谈会纪要》的继承与发展，原有内容审判时仍应遵照执行；内容有所补充的，审判时应结合执行。纪要如下：

一、准确把握形势、任务，坚定不移地在法治轨道上深入推进打黑除恶专项斗争

(一)毫不动摇地贯彻依法严惩方针

会议认为，……对于黑社会性质组织犯罪分子要依法加大资格刑、财产刑的适用力度，有效运用刑法中关于禁止令的规定，严格把握减刑、假释适用条件，全方位、全过程地体现从严惩处的精神。

(二)认真贯彻落实宽严相济刑事政策

审理黑社会性质组织犯罪案件应当认真贯彻落实宽严相济刑事政策。要依照法律规定，根据具体的犯罪事实、情节以及人身危险性、主观恶性、认罪悔罪态度等因素充分体现刑罚的个别化。同时要防止片面强调从宽或者从严，切实做到区别对待，宽严有据，罚当其罪。对于黑社会性质组织的组织者、领导者、骨干成员及其"保护伞"，要依法从严惩处。根据所犯具体罪行的严重程度，依法应当判处重刑的要坚决判处重刑。确属罪行极其严重，依法应当判处死刑的，也必须坚决判处。对于不属于骨干成员的积极参加者以及一般参加者，确有自首、立功等法定情节的，要依法从轻、减轻或免除处罚；具有初犯、偶犯等酌定情节的，要依法酌情从宽处理。对于一般参加者，虽然参与实施了少量的违法犯罪活动，但系未成年人或是只起次要、辅助作用的，应当依法从宽处理。符合缓刑条件的，可以适用缓刑。

(三)正确把握"打早打小"与"打准打实"的关系

"打早打小"，是指各级政法机关必须依照法律规定对有可能发展成为黑社会性质组织的犯罪集团、"恶势力"团伙及早打击，绝不能允许其坐大成势，而不应被理解为对尚处于低级形态的犯罪组织可以不加区分地一律按照黑社会性质组织处理。"打准打实"，就是要求审判时应当本着实事求是的态度，在准确查明事实的基础上，构成什么罪，就按什么罪判处刑罚。对于不符合黑社会性质组织认定标准的，应当根据案件事实依照刑法中的相关条款处理，从而把法律规定落到实处。由于黑社会性质组织的形成、发展一般都会经

① 对该纪要的适用，需结合此后发布的规范性文件综合考虑。——编者注

历一个从小到大、由“恶”到“黑”的渐进过程，因此，“打早打小”不仅是政法机关依法惩治黑恶势力犯罪的一贯方针，而且是将黑社会性质组织及时消灭于雏形或萌芽状态，防止其社会危害进一步扩大的有效手段。而“打准打实”既是刑事审判维护公平正义的必然要求，也是确保打黑除恶工作实现预期目标的基本前提。只有打得准，才能有效摧毁黑社会性质组织；只有打得实，才能最大限度地体现惩治力度。“打早打小”和“打准打实”是分别从惩治策略、审判原则的角度对打黑除恶工作提出的要求，各级人民法院对于二者关系的理解不能简单化、片面化，要严格坚持依法办案原则，准确认定黑社会性质组织，既不能“降格”，也不能“拔高”，切实防止以“打早打小”替代“打准打实”。

(四)依法加大惩处“保护伞”的力度

个别国家机关工作人员的包庇、纵容，不仅会对黑社会性质组织的滋生、蔓延起到推波助澜的作用，而且会使此类犯罪的社会危害进一步加大。各级人民法院应当充分认识“保护伞”的严重危害，将依法惩处“保护伞”作为深化打黑除恶工作的重点环节和深入开展反腐败斗争的重要内容，正确运用刑法的有关规定，有效加大对于“保护伞”的惩处力度。同时，各级人民法院还应当全面发挥职能作用，对于审判工作中发现的涉及“保护伞”的线索，应当及时转往有关部门查处，确保实现“除恶务尽”的目标。

(五)严格依照法律履行审判职能

……

二、关于黑社会性质组织的认定

(一)认定组织特征的问题

黑社会性质组织存续时间的起点，可以根据涉案犯罪组织举行成立仪式或者进行类似活动的时间来认定。没有前述活动的，可以根据足以反映其初步形成核心利益或强势地位的重大事件发生时间进行审查判断。没有明显标志性事件的，也可以根据涉案犯罪组织为维护、扩大组织势力、实力、影响、经济基础或按照组织惯例、纪律、活动规约而首次实施有组织的犯罪活动的时间进行审查判断。存在、发展时间明显过短、犯罪活动尚不突出的，一般不应认定为黑社会性质组织。

黑社会性质组织应当具有一定规模，人数较多，组织成员一般在10人以上。其中，既包括已有充分证据证明但尚未归案的组织成员，也包括虽有参加黑社会性质组织的行为但因尚未达到刑事责任年龄或因其他法定情形而未被起诉，或者根据具体情节不作为犯罪处理的组织成员。

黑社会性质组织应有明确的组织者、领导者，骨干成员基本固定，并有比较明确的层级和职责分工，一般有三种类型的组织成员，即：组织者、领导者与积极参加者、一般参加者(也即“其他参加者”)。骨干成员，是指直接听命于组织者、领导者，并多次指挥或积极参与实施有组织的违法犯罪活动或者其他长时间在犯罪组织中起重要作用的犯罪分子，属于积极参加者的一部分。

对于黑社会性质组织的组织纪律、活动规约，应当结合制定、形成相关纪律、规约的目的与意图来进行审查判断。凡是为了增强实施违法犯罪活动的组织性、隐蔽性而制定或者自发形成，并用以明确组织内部人员管理、职责分工、行为规范、利益分配、行动准则等事项的成文或不成文的规定、约定，均可认定为黑社会性质组织的组织纪律、活动规约。

对于参加黑社会性质组织，没有实施其他违法犯罪活动，或者受蒙蔽、威胁参加黑社会性质组织，情节轻微的，可以不作为犯罪处理。对于参加黑社会性质组织后仅参与少量情节轻微的违法活动的，也可以不作为犯罪处理。

以下人员不属于黑社会性质组织的成员：1.主观上没有加入黑社会性质组织的意愿，受雇到黑社会性质组织开办的公司、企业、社团工作，未参与或者仅参与少量黑社会性质组织的违法犯罪活动的人员；2.因临时被纠集、雇佣或受蒙蔽为黑社会性质组织实施违法犯罪活动或者提供帮助、支持、服务的人员；3.为维护或扩大自身利益而临时雇佣、收买、利用黑社会性质组织实施违法犯罪活动的人员。上述人员构成其他犯罪的，按照具体犯罪处理。

对于被起诉的组织成员主要为未成年人的案件，定性时应当结合"四个特征"审慎把握。

（二）认定经济特征的问题

"一定的经济实力"，是指黑社会性质组织在形成、发展过程中获取的，足以支持该组织运行、发展以及实施违法犯罪活动的经济利益。包括：1.有组织地通过违法犯罪活动或其他不正当手段聚敛的资产；2.有组织地通过合法的生产、经营活动获取的资产；3.组织成员以及其他单位、个人资助黑社会性质组织的资产。通过上述方式获取的经济利益，即使是由部分组织成员个人掌控，也应计入黑社会性质组织的"经济实力"。

各高级人民法院可以根据本地区的实际情况，对黑社会性质组织所应具有的"经济实力"在20—50万元幅度内，自行划定一般掌握的最低数额标准。

是否将所获经济利益全部或部分用于违法犯罪活动或者维系犯罪组织的生存、发展，是认定经济特征的重要依据。无论获利后的分配与使用形式如何变化，只要在客观上能够起到豢养组织成员、维护组织稳定、壮大组织势力的作用即可认定。

（三）认定行为特征的问题

涉案犯罪组织仅触犯少量具体罪名的，是否应认定为黑社会性质组织要结合组织特征、经济特征和非法控制特征（危害性特征）综合判断，严格把握。

黑社会性质组织实施的违法犯罪活动包括非暴力性的违法犯罪活动，但暴力或以暴力相威胁始终是黑社会性质组织实施违法犯罪活动的基本手段，并随时可能付诸实施。因此，在黑社会性质组织所实施的违法犯罪活动中，一般应有一部分能够较明显地体现出暴力或以暴力相威胁的基本特征。否则，定性时应当特别慎重。

属于2009年《座谈会纪要》规定的五种情形之一的，一般应当认定为黑社会性质组织实施的违法犯罪活动，但确与维护和扩大组织势力、实力、影响、经济基础无任何关联，亦不是按照组织惯例、纪律、活动规约而实施，则应作为组织成员个人的违法犯罪活动处理。

组织者、领导者明知组织成员曾多次实施起因、性质类似的违法犯罪活动，但并未明确予以禁止的，如果该类行为对扩大组织影响起到一定作用，可以视为是按照组织惯例实施的违法犯罪活动。

（四）认定非法控制特征（危害性特

征)的问题

黑社会性质组织所控制和影响的“一定区域”，应当具备一定空间范围，并承载一定的社会功能。既包括一定数量的自然人共同居住、生活的区域，如乡镇、街道、较大的村庄等，也包括承载一定生产、经营或社会公共服务功能的区域，如矿山、工地、市场、车站、码头等。对此，应当结合一定地域范围内的人口数量、流量、经济规模等因素综合评判。如果涉案犯罪组织的控制和影响仅存在于一座酒店、一处娱乐会所等空间范围有限的场所或者人口数量、流量、经济规模较小的其他区域，则一般不能视为是对“一定区域”的控制和影响。

黑社会性质组织所控制和影响的“一定行业”，是指在一定区域内存在的同类生产、经营活动。黑社会性质组织通过多次有组织地实施违法犯罪活动，对黄、赌、毒等非法行业形成非法控制或重大影响的，同样符合非法控制特征(危害性特征)的要求。

2009年《座谈会纪要》明确了可以认定为“在一定区域或者行业内，形成非法控制或者重大影响，严重破坏经济、社会生活秩序”的八种情形，适用时应当注意以下问题：第1种情形中的“致使合法利益受损的群众不敢举报、控告的”，是指致使多名合法利益遭受犯罪或者严重违法活动侵害的群众不敢通过正当途径维护权益；第2种情形中的“形成垄断”，是指可以操控、左右、决定与一定行业相关的准入、退出、经营、竞争等经济活动。“形成重要影响”，是指对与一定行业相关的准入、退出、经营、竞争等经济活动具有较大的干预和影响能力，或者具有在该行业内占有较大市场份额、通过违法犯罪活动或以其他不正当手段在该行业内敛财数额巨大(最低数额标准由各高院根据本地情况在20—50万元的幅度内自行划定)、给该行业内从事生产、经营活动的其他单位、组织、个人造成直接经济损失100万元以上等情节之一；第3、4、5种情形中的“造成严重影响”，是指具有致人重伤或致多人轻伤、通过违法犯罪活动或以其他不正当手段敛财数额巨大(数额标准同上)、造成直接经济损失100万元以上、多次引发群体性事件或引发大规模群体性事件等情节之一；第6种情形中的“多次干扰、破坏国家机关、行业管理部门以及村委会、居委会等基层群众自治组织的工作秩序”，包括以拉拢、收买、威胁等手段多次得到国家机关工作人员包庇或纵容，或者多次对前述单位、组织中正常履行职务的工作人员进行打击、报复的情形；第7种情形中的“获取政治地位”，是指当选各级人大代表、政协委员。“担任一定职务”，是指在各级党政机关及其职能部门、基层群众自治组织中担任具有组织、领导、监督、管理职权的职务。

根据实践经验，在黑社会性质组织犯罪案件中，2009年《座谈会纪要》规定的八种情形一般不会单独存在，往往是两种以上的情形同时并存、相互交织，从而严重破坏经济、社会生活秩序。审判时，应当充分认识这一特点，准确认定该特征。

“四个特征”中其他构成要素均已具备，仅在成员人数、经济实力规模方面未达到本纪要提出的一般性要求，但已较为接近，且在非法控制特征(危害性特征)方面同时具有2009年《座谈会纪要》相关规定中的多种情形，其中至少有一种情形已明显超出认定标准的，也可以认定为黑社会性质组织。

三、关于刑事责任和刑罚适用

（一）已退出或者新接任的组织者、领导者的刑事责任问题

对于在黑社会性质组织形成、发展过程中已经退出的组织者、领导者，或者在加入黑社会性质组织之后逐步发展成为组织者、领导者的犯罪分子，应对其本人参与及其实际担任组织者、领导者期间该组织所犯的全部罪行承担刑事责任。

（二）量刑情节的运用问题

黑社会性质组织的成员虽不具有自首情节，但到案后能够如实供述自己罪行，并具有以下情形之一的，一般应当适用《刑法》第六十七条第三款的规定予以从轻处罚：1.如实交代大部分尚未被掌握的同种犯罪事实；2.如实交代尚未被掌握的较重的同种犯罪事实；3.如实交代犯罪事实，并对收集定案证据、查明案件事实有重要作用的。

积极参加者、一般参加者配合司法机关查办案件，有提供线索、帮助收集证据或者其他协助行为，并在侦破黑社会性质组织犯罪案件、认定黑社会性质组织及其主要成员、追缴黑社会性质组织违法所得、查处“保护伞”等方面起到较大作用的，即使依法不能认定立功，一般也应酌情对其从轻处罚。

组织者、领导者、骨干成员以及“保护伞”协助抓获同案中其他重要的组织成员，或者骨干成员能够检举揭发其他犯罪案件中罪行同样严重的犯罪分子，原则上依法应予从轻或者减轻处罚。组织者、领导者检举揭发与该黑社会性质组织及其违法犯罪活动有关联的其他犯罪线索，如果在是否认定立功的问题上存在事实、证据或法律适用方面的争议，应当严格把握。依法应认定为立功或者重大立功的，在决定是否从宽处罚、如何从宽处罚时，应当根据罪责刑相一致原则从严掌握。可能导致全案量刑明显失衡的，不予从宽处罚。

审理黑社会性质组织犯罪案件，应当通过判处和执行民事赔偿以及积极开展司法救助来最大限度地弥补被害人及其亲属的损失。被害人及其亲属确有特殊困难，需要接受被认定为黑社会性质组织成员的被告人赔偿并因此表示谅解的，量刑时应当特别慎重。不仅应当查明谅解是否确属真实意思表示以及赔偿款项与黑社会性质组织违法所得有无关联，而且在决定是否从宽处罚、如何从宽处罚时，也应当从严掌握。可能导致全案量刑明显失衡的，不予从宽处罚。

（三）附加剥夺政治权利的适用问题

对于黑社会性质组织的组织者、领导者，可以适用《刑法》第五十六条第一款的规定附加剥夺政治权利。对于因犯参加黑社会性质组织罪被判处五年以上有期徒刑的积极参加者，也可以适用该规定附加剥夺政治权利。

（四）财产刑的适用问题

对于黑社会性质组织的组织者、领导者，依法应当并处没收财产。黑社会性质组织敛财数额特别巨大，但因犯罪分子转移、隐匿、毁灭证据或者拒不交代涉案财产来源、性质，导致违法所得以及其他应当追缴的财产难以准确查清和追缴的，对于组织者、领导者以及为该组织转移、隐匿资产的积极参加者可以并处没收个人全部财产。

对于确属骨干成员的积极参加者一般应当并处罚金或者没收财产。对

于其他积极参加者和一般参加者，应当根据所参与实施违法犯罪活动的次数、性质、地位、作用、违法所得数额以及造成损失的数额等情节，依法决定财产刑的适用。

四、关于审判程序和证据审查

(一)分案审理问题

为便宜诉讼，提高审判效率，防止因法庭审理过于拖延而损害当事人的合法权益，对于被告人人数众多，合并审理难以保证庭审质量和庭审效率的黑社会性质组织犯罪案件，可分案进行审理。分案应当遵循有利于案件顺利审判、有利于查明案件事实、有利于公正定罪量刑的基本原则，确保有效质证、事实统一、准确定罪、均衡量刑。对于被作为组织者、领导者、积极参加者起诉的被告人，以及黑社会性质组织重大犯罪的共同作案人，分案审理影响庭审调查的，一般不宜分案审理。

(二)证明标准和证据运用问题

办理黑社会性质组织犯罪案件应当坚持"事实清楚，证据确实、充分"的法定证明标准。黑社会性质组织犯罪案件侦查取证难度大，"四个特征"往往难以通过实物证据来加以证明。审判时，应当严格依照刑事诉讼法及有关司法解释的规定对相关证据进行审查与认定。在确保被告人供述、证人证言、被害人陈述等言词证据取证合法、内容真实，且综合全案证据，已排除合理怀疑的情况下，同样可以认定案件事实。

(三)法庭举证、质证问题

审理黑社会性质组织犯罪案件时，合议庭应当按照刑事诉讼法及有关司法解释的规定有效引导控辩双方举证、质证。不得因为案件事实复杂、证据繁多，而不当限制控辩双方就证据问题进行交叉询问、相互辩论的权利。庭审时，应当根据案件事实繁简、被告人认罪态度等采取适当的举证、质证方式，突出重点；对黑社会性质组织的"四个特征"应单独举证、质证。为减少重复举证、质证，提高审判效率，庭审中可以先就认定具体违法犯罪事实的证据进行举证、质证。对认定黑社会性质组织行为特征的证据进行举证、质证时，之前已经宣读、出示过的证据，可以在归纳、概括之后简要征询控辩双方意见。对于认定组织特征、经济特征、非法控制特征(危害性特征)的证据，举证、质证时一般不宜采取前述方式。

(四)对出庭证人、鉴定人、被害人的保护问题

人民法院受理黑社会性质组织犯罪案件后，应当及时了解在侦查、审查起诉阶段有无对证人、鉴定人、被害人采取保护措施的情况，确保相关保护措施在审判阶段能够紧密衔接。开庭审理时，证人、鉴定人、被害人因出庭作证，本人或其近亲属的人身安全面临危险的，应当采取不暴露外貌、真实声音等出庭作证措施。必要时，可以进行物理隔离，以音频、视频传送的方式作证，并对声音、图像进行技术处理。有必要禁止特定人员接触证人、鉴定人、被害人及其近亲属的，以及需要对证人、鉴定人、被害人及其近亲属的人身和住宅采取专门性保护措施的，应当及时与检察机关、公安机关协调，确保保护措施及时执行到位。依法决定不公开证人、鉴定人、被害人真实姓名、住址和工作单位等个人信息的，应当在开庭前核实其身份。证人、鉴定人签署的如实作证保证书应当列入审判副卷，不得对外公开。

五、关于黑社会性质组织犯罪案件审判工作相关问题

(一)涉案财产的处置问题

审理黑社会性质组织犯罪案件时,对于依法查封、冻结、扣押的涉案财产,应当全面审查证明财产来源、性质、用途、权属及价值大小的有关证据,调查财产的权属情况以及是否属于违法所得或者依法应当追缴的其他财物。属于下列情形的,依法应当予以追缴、没收:1.黑社会性质组织形成、发展过程中,该组织及其组织成员通过违法犯罪活动或其他不正当手段聚敛的财产及其孳息、收益,以及合法获取的财产中实际用于支持该组织存在、发展和实施违法犯罪活动的部分;2.其他单位、个人为支持黑社会性质组织存在、发展以及实施违法犯罪活动而资助或提供的财产;3.组织成员通过个人实施的违法犯罪活动所聚敛的财产及其孳息、收益,以及供个人犯罪所用的本人财物;4.黑社会性质组织及其组织成员个人非法持有的违禁品;5.依法应当追缴的其他涉案财物。

(二)发挥庭审功能问题

黑社会性质组织犯罪案件开庭前,应当按照重大案件的审判要求做好从物质保障到人员配备等各方面的庭审准备,并制定详细的庭审预案和庭审提纲。同时,还要充分发挥庭前会议了解情况、听取意见的应有作用,提前了解控辩双方的主要意见,及时解决可能影响庭审顺利进行的程序性问题。对于庭前会议中出示的证据材料,控辩双方无异议的,庭审举证、质证时可以简化。庭审过程中,合议庭应当针对争议焦点和关键的事实、证据问题,有效引导控辩双方进行法庭调查与法庭辩论。庭审时,还应当全程录音录像,相关音视频资料应当存卷备查。

【司法指导文件(3)·注释】

关于"一定经济实力"的范围,主要应从以下两个方面来把握:第一,黑社会性质组织所具有的经济实力并不等同刑法第六十四条规定的违法所得和犯罪工具。所谓"经济实力",是指掌控经济资源并随时为己所用的能力,因此,应当包括合法获取的资产。第二,根据刑法第二百九十四条第五款第二项的规定,"一定经济实力"的取得方式应具备"有组织性"的特点。也就是说,无论是违法所得还是合法资产,都应当是通过与黑社会性质组织有关联的行为或方式而获取,包括黑社会性质组织通过实施违法犯罪活动而获取的资产、黑社会性质组织利用从事不法活动所确立的优势地位和影响力而获取的资产、黑社会性质组织聚敛资产后进行合法投资而获取的孳息、收益,等等。

【司法指导文件(4)】

《最高人民法院、最高人民检察院、公安部、司法部关于依法严惩利用未成年人实施黑恶势力犯罪的意见》(高检发〔2020〕4号,20200323)

一、突出打击重点,依法严惩利用未成年人实施黑恶势力犯罪的行为

(一)黑社会性质组织、恶势力犯罪集团、恶势力,实施下列行为之一的,应当认定为"利用未成年人实施黑恶势力犯罪":

1.胁迫、教唆未成年人参加黑社会性质组织、恶势力犯罪集团、恶势力,或者实施黑恶势力违法犯罪活动的;

2.拉拢、引诱、欺骗未成年人参加

黑社会性质组织、恶势力犯罪集团、恶势力，或者实施黑恶势力违法犯罪活动的；

3.招募、吸收、介绍未成年人参加黑社会性质组织、恶势力犯罪集团、恶势力，或者实施黑恶势力违法犯罪活动的；

4.雇佣未成年人实施黑恶势力违法犯罪活动的；

5.其他利用未成年人实施黑恶势力犯罪的情形。

黑社会性质组织、恶势力犯罪集团、恶势力，根据刑法和《最高人民法院、最高人民检察院、公安部、司法部关于办理黑恶势力犯罪案件若干问题的指导意见》《最高人民法院、最高人民检察院、公安部、司法部关于办理恶势力刑事案件若干问题的意见》等法律、司法解释性质文件的规定认定。

（二）利用未成年人实施黑恶势力犯罪，具有下列情形之一的，应当从重处罚：

1.组织、指挥未成年人实施故意杀人、故意伤害致人重伤或者死亡、强奸、绑架、抢劫等严重暴力犯罪的；

2.向未成年人传授实施黑恶势力犯罪的方法、技能、经验的；

3.利用未达到刑事责任年龄的未成年人实施黑恶势力犯罪的；

4.为逃避法律追究，让未成年人自首、做虚假供述顶罪的；

5.利用留守儿童、在校学生实施犯罪的；

6.利用多人或者多次利用未成年人实施犯罪的；

7.针对未成年人实施违法犯罪的；

8.对未成年人负有监护、教育、照料等特殊职责的人员利用未成年人实施黑恶势力违法犯罪活动的；

9.其他利用未成年人违法犯罪应当从重处罚的情形。

（三）黑社会性质组织、恶势力犯罪集团利用未成年人实施犯罪的，对犯罪集团首要分子，按照集团所犯的全部罪行，从重处罚。对犯罪集团的骨干成员，按照其组织、指挥的犯罪，从重处罚。

恶势力利用未成年人实施犯罪的，对起组织、策划、指挥作用的纠集者，恶势力共同犯罪中罪责严重的主犯，从重处罚。

黑社会性质组织、恶势力犯罪集团、恶势力成员直接利用未成年人实施黑恶势力犯罪的，从重处罚。

（四）有胁迫、教唆、引诱等利用未成年人参加黑社会性质组织、恶势力犯罪集团、恶势力，或者实施黑恶势力犯罪的行为，虽然未成年人并没有加入黑社会性质组织、恶势力犯罪集团、恶势力，或者没有实际参与实施黑恶势力违法犯罪活动，对黑社会性质组织、恶势力犯罪集团、恶势力的首要分子、骨干成员、纠集者、主犯和直接利用的成员，即便有自首、立功、坦白等从轻减轻情节的，一般也不予从轻或者减轻处罚。

（五）被黑社会性质组织、恶势力犯罪集团、恶势力利用，偶尔参与黑恶势力犯罪活动的未成年人，按其所实施的具体犯罪行为定性，一般不认定为黑恶势力犯罪组织成员。

二、严格依法办案，形成打击合力

（一）人民法院、人民检察院、公安机关和司法行政机关要加强协作配合，对利用未成年人实施黑恶势力犯罪的，在侦查、起诉、审判、执行各阶段，要全面体现依法从严惩处精神，及时查明利用未成年人的犯罪事实，避免纠缠细枝末节。要加强对下指导，对利用未成年人实施黑恶势力犯罪的重特大案件，可以单独或者联合挂牌督办。对于重大疑难复杂和社会影响较大的案件，办案部门应当及时层报上级人民法院、人民检察院、公安机关和司法行政机关。

（二）公安机关要注意发现涉黑涉恶案件中利用未成年人犯罪的线索，落实以审判为中心的刑事诉讼制度改革要求，强化程序意识和证据意识，依法收集、固定和运用证据，并可以就案件性质、收集证据和适用法律等听取人民检察院意见建议。从严掌握取保候审、监视居住的适用，对利用未成年人实施黑恶势力犯罪的首要分子、骨干成员、纠集者、主犯和直接利用的成员，应当依法提请人民检察院批准逮捕。

（三）人民检察院要加强对利用未成年人实施黑恶势力犯罪案件的立案监督，发现应当立案而不立案的，应当要求公安机关说明理由，认为理由不能成立的，应当依法通知公安机关立案。对于利用未成年人实施黑恶势力犯罪的案件，人民检察院可以对案件性质、收集证据和适用法律等提出意见建议。对于符合逮捕条件的依法坚决批准逮捕，符合起诉条件的依法坚决起诉。不批准逮捕要求公安机关补充侦查、审查起诉阶段退回补充侦查的，应当分别制作详细的补充侦查提纲，写明需要补充侦查的事项、理由、侦查方向、需要补充收集的证据及其证明作用等，送交公安机关开展相关侦查补证活动。

（四）办理利用未成年人实施黑恶势力犯罪案件要将依法严惩与认罪认罚从宽有机结合起来。对利用未成年人实施黑恶势力犯罪的，人民检察院要考虑其利用未成年人的情节，向人民法院提出从严处罚的量刑建议。对于虽然认罪，但利用未成年人实施黑恶势力犯罪，犯罪性质恶劣、犯罪手段残忍、严重损害未成年人身心健康，不足以从宽处罚的，在提出量刑建议时要依法从严从重。对被黑恶势力利用实施犯罪的未成年人，自愿如实认罪、真诚悔罪，愿意接受处罚的，应当依法提出从宽处理的量刑建议。

（五）人民法院要对利用未成年人实施黑恶势力犯罪案件及时审判，从严处罚。严格掌握缓刑、减刑、假释的适用，严格掌握暂予监外执行的适用条件。依法运用财产刑、资格刑，最大限度铲除黑恶势力“经济基础”。对于符合刑法第三十七条之一规定的，应当依法禁止其从事相关职业。

三、积极参与社会治理，实现标本兼治

……

【司法指导文件(5)】

《最高人民法院、最高人民检察院、公安部、司法部关于办理涉未成年人有组织犯罪案件若干问题的意见》（高检发办字〔2022〕119号，20220912）

一、总体要求

1.本意见所称未成年人涉有组织犯罪，是指未成年人实施《中华人民共和国刑法》第二百九十四条规定的组织、领导、参加黑社会性质组织犯罪，以及参与黑社会性质组织、恶势力组织实施的犯罪。

未成年人被境外的黑社会组织发展为组织成员并在我国境内实施犯罪，以及在我国境外对我国国家或者公民犯罪的，适用本意见。

2.本意见所称组织未成年人犯罪，

是指成年人采取胁迫、教唆、拉拢、引诱、雇佣、欺骗等手段，利用未成年人实施犯罪。

3.本意见所称未成年人犯罪组织，是指全部成员或者组织者、领导者以及骨干成员主要为未成年人的犯罪组织。

4.办理未成年人涉有组织犯罪案件，应当正确把握对有组织犯罪依法从严惩处与涉未成年人刑事政策适用的关系，在案件事实清楚，证据确实、充分的基础上，结合未成年人身心特点，重点审查未成年人涉有组织犯罪的原因、动机和目的、违法犯罪行为、造成的社会危害以及在共同犯罪中的地位作用等，准确把握未成年人实施的犯罪行为是否属于有组织犯罪。

5.办理未成年人涉有组织犯罪案件，应当坚持“教育、感化、挽救”方针和“教育为主、惩罚为辅”的原则，强调精准帮教与依法惩治并重，全面、综合保护未成年人合法权益。同时，要切实加强未成年人涉有组织犯罪预防工作，避免就案办案，注意发现和解决案件背后的普遍性问题，推动溯源治理，强化综合防治。

6.认定未成年人犯罪组织是否系有组织犯罪组织时应当特别慎重，根据未成年人犯罪组织的违法犯罪事实和情节，从有利于未成年人回归社会、犯罪预防、社会治理等方面综合运用刑事政策，从严把握。

7.未成年人曾经遭受违法犯罪侵害，为寻求庇护而加入有组织犯罪组织，参与实施违法犯罪行为的，在判断其人身危险性时应当与其他积极加入的成员有所区别。

8.办理未成年人涉有组织犯罪案件应当积极适用认罪认罚从宽制度，未成年犯罪嫌疑人、被告人自愿如实供述自己的罪行，承认指控的犯罪事实，愿意接受处罚的，可以依法从宽处理。在校学生犯罪、积极赔偿取得被害人谅解、具有有效的家庭监护或者社会化帮教条件等情形，可以依法适用非羁押措施、非刑罚处罚措施或非监禁刑罚措施。

二、未成年人涉黑社会性质组织犯罪的认定标准

9.认定未成年人犯罪组织是否具有黑社会性质组织的组织特征，应当重点审查该犯罪组织的犯罪目的性、稳定性、组织性，将未成年人因身心发育特点而一时成群结队、跟风盲从实施危害社会行为，与黑社会性质组织的组织特征相区别。

对主要系同学伙伴关系，出于模仿、好奇、炫耀等动机，以团伙的形式经常纠集在一起，以帮派、帮会、家族等命名，并无严格帮规等管束、人员流动性大，不以实施违法犯罪为主要目的的，不认定具备黑社会性质组织的组织特征。

10.认定未成年人犯罪组织是否具有黑社会性质组织的经济特征，应当重点审查该组织获取经济利益的途径，支持组织生存、发展的经济来源、数额大小以及具体用途。对于主要费用为未成年人父母、家庭提供或劳动所得，犯罪所得主要用于组织成员日常消费、吃喝玩乐的，不认定具有黑社会性质组织的经济特征。

11.认定未成年人犯罪组织是否具有黑社会性质组织的行为特征，应当重点审查违法犯罪行为的暴力性、胁迫性及有组织性。下列情形一般不认定具有黑社会性质组织的行为特征：

⑴ 虽多次实施违法犯罪活动，但暴力性显著轻微或者其中仅有少数行为具有暴力性特征的；

⑵ 多为临时起意或事出有因实施的违法犯罪行为，犯罪具有偶发性的；

⑶ 其他不宜认定的情形。

12.认定未成年人犯罪组织是否具有黑社会性质组织的危害性特征，应当重点审查区域或者行业的空间及人员范围，形成非法控制或者重大影响的程度。违法犯罪发生在未成年人集中的学校及周边、酒吧、网吧、娱乐场所等地，但并未在这些区域或行业形成控制和影响的，一般不认定具有黑社会性质组织的危害性特征。

13.认定未成年人是否系黑社会性质组织成员，应当结合未成年人的年龄、文化程度、生活经历、就学就业等情况，重点审查其是否明知该组织是以实施违法犯罪为主要活动仍加入，并接受领导和管理；应根据其参与实施的具体违法犯罪行为、在组织中的地位作用，准确区分其属于积极参加者还是一般参加者。下列情形一般不认定为黑社会性质组织成员：

⑴ 主观上没有加入黑社会性质组织意愿，受雇到黑社会性质组织开办的公司、企业、社团工作，未参与或者仅参与少量黑社会性质组织实施的违法犯罪活动的；

⑵ 因临时被纠集、雇佣或受蒙蔽、教唆参与黑社会性质组织实施的违法犯罪活动的；

⑶ 被胁迫、诱骗加入黑社会性质组织，未参与或者仅参与少量黑社会性质组织实施的违法犯罪活动的；

⑷ 被黑社会性质组织利用，偶尔参与黑社会性质组织实施的违法犯罪活动的；

⑸ 其他不宜认定的情形。

三、未成年人涉恶势力组织犯罪的认定标准

14.认定未成年人犯罪组织是否系恶势力组织，应当重点审查是否具有为非作恶、欺压百姓特征，不能仅因未成年人犯罪组织纠集人数较多、组织内成员有明确分工或者形成层级就认定为恶势力组织。下列情形一般不认定为恶势力组织：

⑴ 未成年人犯罪组织存续时间明显较短，或者因民间纠纷引发及其他事出有因实施的违法犯罪活动，虽对特定对象造成伤害，但不具有一贯为非作恶、欺压百姓特征的；

⑵ 未成年人团伙在校园内外以大欺小、恃强凌弱、组织未成年人打架斗殴等，未对老师、学生形成心理强制或威慑，尚未严重扰乱学校教学管理秩序的；

⑶ 其他不宜认定的情形。

15.未成年人被胁迫、临时被纠集、受蒙蔽参与少量恶势力组织违法犯罪活动的，不应认定为恶势力组织成员。不能仅因未成年人是即时通讯软件或社交软件的群管理者或者与纠集者、首要分子关系密切，而认定为骨干成员。

16.未成年人犯罪组织针对未成年人、残疾人、老年人等弱势群体多次实施违法犯罪行为，即使受害人数少，但危害严重、性质恶劣的，应当认定具有欺压百姓特征。

四、依法严惩组织未成年人犯罪

17.对成年人采取胁迫、教唆、拉拢、引诱、雇佣、欺骗等手段，组织未成年人实施犯罪，侵害未成年人合法权益的行为，应当依法严厉打击。

18.组织未成年人犯罪，具有下列情形之一的，应依法从严惩处：

(1)使用暴力手段的；

(2)系对未成年人负有照护职责的人员；

(3)被组织者中有不满16周岁未成年人的；

(4)被组织者中有残疾未成年人或者精神智力发育迟滞未成年人的；

(5)被组织者中有留守未成年人、未成年学生的；

(6)导致被组织未成年人辍学、吸毒或者精神抑郁、自残、自杀的；

(7)其他应当从严处罚的情形。

19.对组织未成年人犯罪的案件，应当严格掌握涉案成年人的取保候审、不起诉、缓刑、减刑、假释和暂予监外执行适用条件，认罪认罚从宽幅度应当从严把握，充分适用剥夺政治权利、没收财产、罚金等刑罚，降低再犯可能性。

20.对利用职业便利，或者违背职业要求的特定义务，组织未成年人犯罪的罪犯，人民法院可以依照刑法有关从业禁止的规定，判决禁止其从事相关职业，并通报相关行业主管部门。

五、严格落实未成年人刑事案件特别程序

……

六、积极参与社会治理

……

【司法指导文件(6)】

《最高人民法院、最高人民检察院、公安部、司法部关于办理恶势力刑事案件若干问题的意见》(法发〔2019〕10号，20190409)[①]

【司法指导文件(7)】

《最高人民法院、最高人民检察院、公安部、司法部关于办理实施“软暴力”的刑事案件若干问题的意见》(公通字〔2019〕15号，20190409)

为深入贯彻落实中央关于开展扫黑除恶专项斗争的决策部署，正确理解和适用最高人民法院、最高人民检察院、公安部、司法部《关于办理黑恶势力犯罪案件若干问题的指导意见》(法发〔2018〕1号，以下简称《指导意见》)关于对依法惩处采用“软暴力”实施犯罪的规定，依法办理相关犯罪案件，根据《刑法》《刑事诉讼法》及有关司法解释、规范性文件，提出如下意见：

一、“软暴力”是指行为人为谋取不法利益或形成非法影响，对他人或者在有关场所进行滋扰、纠缠、哄闹、聚众造势等，足以使他人产生恐惧、恐慌进而形成心理强制，或者足以影响、限制人身自由、危及人身财产安全，影响正常生活、工作、生产、经营的违法犯罪手段。

二、“软暴力”违法犯罪手段通常的表现形式有：

(一)侵犯人身权利、民主权利、财产权利的手段，包括但不限于跟踪贴靠、扬言传播疾病、揭发隐私、恶意举报、诬告陷害、破坏、霸占财物等；

(二)扰乱正常生活、工作、生产、经营秩序的手段，包括但不限于非法侵入他人住宅、破坏生活设施、设置生活障碍、贴报喷字、拉挂横幅、燃放鞭炮、播放哀乐、摆放花圈、泼洒污物、断水断电、堵门阻工，以及通过驱赶从业人员、

① 参见本法第二十六条项下【司法指导文件(3)】，第54—57页。

派驻人员据守等方式直接或间接地控制厂房、办公区、经营场所等；

(三)扰乱社会秩序的手段，包括但不限于摆场架势示威、聚众哄闹滋扰、拦路闹事等；

(四)其他符合本意见第一条规定的“软暴力”手段。

通过信息网络或者通讯工具实施，符合本意见第一条规定的违法犯罪手段，应当认定为“软暴力”。

三、行为人实施“软暴力”，具有下列情形之一，可以认定为足以使他人产生恐惧、恐慌进而形成心理强制或者足以影响、限制人身自由、危及人身财产安全或者影响正常生活、工作、生产、经营：

(一)黑恶势力实施的；

(二)以黑恶势力名义实施的；

(三)曾因组织、领导、参加黑社会性质组织、恶势力犯罪集团、恶势力以及因强迫交易、非法拘禁、敲诈勒索、聚众斗殴、寻衅滋事等犯罪受过刑事处罚后又实施的；

(四)携带凶器实施的；

(五)有组织地实施的或者足以使他人认为暴力、威胁具有现实可能性的；

(六)其他足以使他人产生恐惧、恐慌进而形成心理强制或者足以影响、限制人身自由、危及人身财产安全或者影响正常生活、工作、生产、经营的情形。

由多人实施的，编造或明示暴力违法犯罪经历进行恐吓的，或者以自报组织、头目名号、统一着装、显露纹身、特殊标识以及其他明示、暗示方式，足以使他人感知相关行为的有组织性的，应当认定为“以黑恶势力名义实施”。

由多人实施的，只要有部分行为人符合本条第一款第(一)项至第(四)项所列情形的，该项即成立。

虽然具体实施“软暴力”的行为人不符合本条第一款第(一)项、第(三)项所列情形，但雇佣者、指使者或者纠集者符合的，该项成立。

四、“软暴力”手段属于《刑法》第二百九十四条第五款第(三)项“黑社会性质组织行为特征”以及《指导意见》第14条“恶势力”概念中的“其他手段”。

五、采用“软暴力”手段，使他人产生心理恐惧或者形成心理强制，分别属于《刑法》第二百二十六条规定的“威胁”、《刑法》第二百九十三条第一款第(二)项规定的“恐吓”，同时符合其他犯罪构成要件的，应当分别以强迫交易罪、寻衅滋事罪定罪处罚。

《关于办理寻衅滋事刑事案件适用法律若干问题的解释》第二条至第四条中的“多次”一般应当理解为二年内实施寻衅滋事行为三次以上。三次以上寻衅滋事行为既包括同一类别的行为，也包括不同类别的行为；既包括未受行政处罚的行为，也包括已受行政处罚的行为。

六、有组织地多次短时间非法拘禁他人的，应当认定为《刑法》第二百三十八条规定的“以其他方法非法剥夺他人人身自由”。非法拘禁他人三次以上、每次持续时间在四小时以上，或者非法拘禁他人累计时间在十二小时以上的，应当以非法拘禁罪定罪处罚。

七、以“软暴力”手段非法进入或者滞留他人住宅的，应当认定为《刑法》第二百四十五条规定的“非法侵入他人住宅”，同时符合其他犯罪构成要件的，应当以非法侵入住宅罪定罪处罚。

八、以非法占有为目的，采用"软暴力"手段强行索取公私财物，同时符合《刑法》第二百七十四条规定的其他犯罪构成要件的，应当以敲诈勒索罪定罪处罚。

《关于办理敲诈勒索刑事案件适用法律若干问题的解释》第三条中"二年内敲诈勒索三次以上"，包括已受行政处罚的行为。

九、采用"软暴力"手段，同时构成两种以上犯罪的，依法按照处罚较重的犯罪定罪处罚，法律另有规定的除外。

十、根据本意见第五条、第八条规定，对已受行政处罚的行为追究刑事责任的，行为人先前所受的行政拘留处罚应当折抵刑期，罚款应当抵扣罚金。

十一、雇佣、指使他人采用"软暴力"手段强迫交易、敲诈勒索，构成强迫交易罪、敲诈勒索罪的，对雇佣者、指使者，一般应当以共同犯罪中的主犯论处。

为强索不受法律保护的债务或者因其他非法目的，雇佣、指使他人采用"软暴力"手段非法剥夺他人人身自由构成非法拘禁罪，或者非法侵入他人住宅、寻衅滋事，构成非法侵入住宅罪、寻衅滋事罪的，对雇佣者、指使者，一般应当以共同犯罪中的主犯论处；因本人及近亲属合法债务、婚恋、家庭、邻里纠纷等民间矛盾而雇佣、指使，没有造成严重后果的，一般不作为犯罪处理，但经有关部门批评制止或者处理处罚后仍继续实施的除外。[①]

十二、本意见自2019年4月9日起施行。

【司法指导文件(7)·注释】

关于利用信息网络或者通讯工具实施的网店刷分、恶意差评、侮辱诽谤等行为，能否认定为"软暴力"。本意见第二条第一款列举的"软暴力"的通常表现形式，是对现实社会中"软暴力"表现形式的概括和分类。意见第二条第二款同时规定，"通过信息网络或者通讯工具实施"，符合"软暴力"定义的违法犯罪手段，"应当认定为'软暴力'"，是对第一款规定的"软暴力"表现形式的补充，"通过信息网络或者通讯工具实施"的"软暴力"应当同时符合第一条关于"软暴力"定义的规定，并与第二条第一款列举的通常表现形式相当，才能认定为"软暴力"手段。对单纯通过信息网络或者通讯工具实施的网店刷分、恶意差评、侮辱诽谤等行为，一般达不到上述规定条件，不应当认定为"软暴力"。

【司法指导文件(8)】

《最高人民法院、最高人民检察院、公安部、司法部关于办理利用信息网络实施黑恶势力犯罪刑事案件若干问题的意见》(公通字〔2019〕28号，20191021)

为认真贯彻中央关于开展扫黑除恶专项斗争的部署要求，正确理解和适用最高人民法院、最高人民检察院、公安部、司法部《关于办理黑恶势力犯罪案件若干问题的指导意见》(法发〔2018〕1号，以下简称《指导意见》)，根据刑法、刑事诉讼法、网络安全法及

---

① 对于该部分规定的适用，需结合刑法修正案(十一)第三十四条增设的刑法第二百九十三条之一即催收非法债务罪的规定综合考虑。——编者注

有关司法解释、规范性文件的规定，现对办理利用信息网络实施黑恶势力犯罪案件若干问题提出以下意见：

二、依法严惩利用信息网络实施的黑恶势力犯罪

4.对通过发布、删除负面或虚假信息，发送侮辱性信息、图片，以及利用信息、电话骚扰等方式，威胁、要挟、恐吓、滋扰他人，实施黑恶势力违法犯罪的，应当准确认定，依法严惩。

5.利用信息网络威胁他人，强迫交易，情节严重的，依照刑法第二百二十六条的规定，以强迫交易罪定罪处罚。

6.利用信息网络威胁、要挟他人，索取公私财物，数额较大，或者多次实施上述行为的，依照刑法第二百七十四条的规定，以敲诈勒索罪定罪处罚。

7.利用信息网络辱骂、恐吓他人，情节恶劣，破坏社会秩序的，依照刑法第二百九十三条第一款第二项的规定，以寻衅滋事罪定罪处罚。

编造虚假信息，或者明知是编造的虚假信息，在信息网络上散布，或者组织、指使人员在信息网络上散布，起哄闹事，造成公共秩序严重混乱的，依照刑法第二百九十三条第一款第四项的规定，以寻衅滋事罪定罪处罚。

8.侦办利用信息网络实施的强迫交易、敲诈勒索等非法敛财类案件，确因被害人人数众多等客观条件的限制，无法逐一收集被害人陈述的，可以结合已收集的被害人陈述，以及经查证属实的银行账户交易记录、第三方支付结算账户交易记录、通话记录、电子数据等证据，综合认定被害人人数以及涉案资金数额等。

三、准确认定利用信息网络实施犯罪的黑恶势力

9.利用信息网络实施违法犯罪活动，符合刑法、《指导意见》以及最高人民法院、最高人民检察院、公安部、司法部《关于办理恶势力刑事案件若干问题的意见》等规定的恶势力、恶势力犯罪集团、黑社会性质组织特征和认定标准的，应当依法认定为恶势力、恶势力犯罪集团、黑社会性质组织。

认定利用信息网络实施违法犯罪活动的黑社会性质组织时，应当依照刑法第二百九十四条第五款规定的“四个特征”进行综合审查判断，分析“四个特征”相互间的内在联系，根据在网络空间和现实社会中实施违法犯罪活动对公民人身、财产、民主权利和经济、社会生活秩序所造成的危害，准确评价，依法予以认定。

10.认定利用信息网络实施违法犯罪的黑恶势力组织特征，要从违法犯罪的起因、目的，以及组织、策划、指挥、参与人员是否相对固定，组织形成后是否持续进行犯罪活动、是否有明确的职责分工、行为规范、利益分配机制等方面综合判断。利用信息网络实施违法犯罪的黑恶势力组织成员之间一般通过即时通讯工具、通讯群组、电子邮件、网盘等信息网络方式联络，对部分组织成员通过信息网络方式联络实施黑恶势力违法犯罪活动，即使相互未见面、彼此不熟识，不影响对组织特征的认定。

11.利用信息网络有组织地通过实施违法犯罪活动或者其他手段获取一定数量的经济利益，用于违法犯罪活动或者支持该组织生存、发展的，应当认定为符合刑法第二百九十四条第五款第二项规定的黑社会性质组织经济特征。

12.通过线上线下相结合的方式，

有组织地多次利用信息网络实施违法犯罪活动，侵犯不特定多人的人身权利、民主权利、财产权利，破坏经济秩序、社会秩序的，应当认定为符合刑法第二百九十四条第五款第三项规定的黑社会性质组织行为特征。单纯通过线上方式实施的违法犯罪活动，且不具有为非作恶、欺压残害群众特征的，一般不应作为黑社会性质组织行为特征的认定依据。

13.对利用信息网络实施黑恶势力犯罪非法控制和影响的“一定区域或者行业”，应当结合危害行为发生地或者危害行业的相对集中程度，以及犯罪嫌疑人、被告人在网络空间和现实社会中的控制和影响程度综合判断。虽然危害行为发生地、危害的行业比较分散，但涉案犯罪组织利用信息网络多次实施强迫交易、寻衅滋事、敲诈勒索等违法犯罪活动，在网络空间和现实社会造成重大影响，严重破坏经济、社会生活秩序的，应当认定为“在一定区域或者行业内，形成非法控制或者重大影响”。

四、利用信息网络实施黑恶势力犯罪案件管辖

14.利用信息网络实施的黑恶势力犯罪案件管辖依照《关于办理黑社会性质组织犯罪案件若干问题的规定》和《关于办理网络犯罪案件适用刑事诉讼程序若干问题的意见》的有关规定确定，坚持以犯罪地管辖为主、被告人居住地管辖为辅的原则。

15.公安机关可以依法对利用信息网络实施的黑恶势力犯罪相关案件并案侦查或者指定下级公安机关管辖，并案侦查或者由上级公安机关指定管辖的公安机关应当全面调查收集能够证明黑恶势力犯罪事实的证据，各涉案地公安机关应当积极配合。并案侦查或者由上级公安机关指定管辖的案件，需要提请批准逮捕、移送审查起诉、提起公诉的，由立案侦查的公安机关所在地的人民检察院、人民法院受理。

16.人民检察院对于公安机关提请批准逮捕、移送审查起诉的利用信息网络实施的黑恶势力犯罪案件，人民法院对于已进入审判程序的利用信息网络实施的黑恶势力犯罪案件，被告人及其辩护人提出的管辖异议成立，或者办案单位发现没有管辖权的，受案人民检察院、人民法院经审查，可以依法报请与有管辖权的人民检察院、人民法院共同的上级人民检察院、人民法院指定管辖，不再自行移交。对于在审查批准逮捕阶段，上级检察机关已经指定管辖的案件，审查起诉工作由同一人民检察院受理。人民检察院、人民法院认为应当分案起诉、审理的，可以依法分案处理。

17.公安机关指定下级公安机关办理利用信息网络实施的黑恶势力犯罪案件的，应当同时抄送同级人民检察院、人民法院。人民检察院认为需要依法指定审判管辖的，应当协商同级人民法院办理指定管辖有关事宜。

18.本意见自2019年10月21日起施行。

【司法指导文件(9)】

《最高人民法院、最高人民检察院、公安部、司法部关于办理非法放贷刑事案件若干问题的意见》(法发〔2019〕24号，20191021)

六、……

为强行索要因非法放贷而产生的债务，实施故意杀人、故意伤害、非法拘禁、故意毁坏财物、寻衅滋事等行为，

构成犯罪的，应当数罪并罚。

纠集、指使、雇佣他人采用滋扰、纠缠、哄闹、聚众造势等手段强行索要债务，尚不单独构成犯罪，但实施非法放贷行为已构成非法经营罪的，应当按照非法经营罪的规定酌情从重处罚。

以上规定的情形，刑法、司法解释另有规定的除外。[①]

七、有组织地非法放贷，同时又有其他违法犯罪活动，符合黑社会性质组织或者恶势力、恶势力犯罪集团认定标准的，应当分别按照黑社会性质组织或者恶势力、恶势力犯罪集团侦查、起诉、审判。

黑恶势力非法放贷的，据以认定“情节严重”“情节特别严重”的非法放贷数额、违法所得数额、非法放贷对象数量起点标准，可以分别按照本意见第二条规定中相应数额、数量标准的50%确定；同时具有本意见第三条第一款规定情形的，可以分别按照相应数额、数量标准的40%确定。

【司法指导文件(10)】

《国家监察委员会、最高人民法院、最高人民检察院、公安部、司法部关于在扫黑除恶专项斗争中分工负责、互相配合、互相制约严惩公职人员涉黑涉恶违法犯罪问题的通知》(国监发〔2019〕3号，20191020)

三、准确适用法律

6.国家机关工作人员包庇黑社会性质的组织，或者纵容黑社会性质的组织进行违法犯罪活动的，以包庇、纵容黑社会性质组织罪定罪处罚。

国家机关工作人员既组织、领导、参加黑社会性质组织，又对该组织进行包庇、纵容的，应当以组织、领导、参加黑社会性质组织罪从重处罚。

国家机关工作人员包庇、纵容黑社会性质组织，该包庇、纵容行为同时还构成包庇罪、伪证罪、妨害作证罪、徇私枉法罪、滥用职权罪、帮助犯罪分子逃避处罚罪、徇私舞弊不移交刑事案件罪，以及徇私舞弊减刑、假释、暂予监外执行罪等其他犯罪的，应当择一重罪处罚。

7.非国家机关工作人员与国家机关工作人员共同包庇、纵容黑社会性质组织，且不属于该组织成员的，以包庇、纵容黑社会性质组织罪的共犯论处。非国家机关工作人员的行为同时还构成其他犯罪，应当择一重罪处罚。

8.公职人员利用职权或职务便利实施包庇、纵容黑恶势力、伪证、妨害作证，帮助毁灭、伪造证据，以及窝藏、包庇等犯罪行为的，应酌情从重处罚。事先有通谋而实施支持帮助、包庇纵容等保护行为的，以具体犯罪的共犯论处。

【司法指导文件(11)】

《最高人民检察院关于认真贯彻执行全国人大常委会〈关于刑法第二百九十四条第一款的解释〉和〈关于刑法第三百八十四条第一款的解释〉的通知》(高检发研字〔2002〕11号，20020513)

二、……根据《解释》[②]的规定，黑

---

① 对于该部分规定的适用，需结合刑法修正案(十一)第三十四条增设的刑法第二百九十三条之一即催收非法债务罪的规定综合考虑。——编者注

② 即《全国人民代表大会常务委员会关于〈中华人民共和国刑法〉第二百九十四条第一款的解释》(20020428)。——编者注

社会性质组织是否有国家工作人员充当“保护伞”，即是否要有国家工作人员参与犯罪或者为犯罪活动提供非法保护，不影响黑社会性质组织的认定，对于同时具备《解释》规定的黑社会性质组织四个特征的案件，应依法予以严惩，以体现“打早打小”的立法精神。同时，对于确有“保护伞”的案件，也要坚决一查到底，绝不姑息。

【指导性案例 · 法院】

〔龚品文等组织、领导、参加黑社会性质组织案，FZD186-2022〕

犯罪组织以其势力、影响和暴力手段的现实可能性为依托，有组织地长期采用多种“软暴力”手段实施大量违法犯罪行为，同时辅之以“硬暴力”，“软暴力”有向“硬暴力”转化的现实可能性，足以使群众产生恐惧、恐慌进而形成心理强制，并已造成严重危害后果，严重破坏经济、社会生活秩序的，应认定该犯罪组织具有黑社会性质组织的行为特征。

〔史广振等组织、领导、参加黑社会性质组织案，FZD188-2022〕

在涉黑社会性质组织犯罪案件审理中，应当对查封、扣押、冻结财物及其孳息的权属进行调查，案外人对查封、扣押、冻结财物及其孳息提出权属异议的，人民法院应当听取其意见，确有必要的，人民法院可以通知其出庭，以查明相关财物权属。

【指导性案例 · 检察】

〔林某彬等人组织、领导、参加黑社会性质组织案，JZD84-2020〕

认罪认罚从宽制度可以适用于所有刑事案件，没有适用罪名和可能判处刑罚的限定，涉黑涉恶犯罪案件依法可以适用该制度。认罪认罚从宽制度贯穿刑事诉讼全过程，适用于侦查、起诉、审判各个阶段。检察机关办理涉黑涉恶犯罪案件，要积极履行主导责任，发挥认罪认罚从宽制度在查明案件事实、提升指控效果、有效追赃挽损等方面的作用。

【法院案例库参考案例】

〔陈某春等16人寻衅滋事、聚众斗殴、盗窃、抢劫、非法拘禁、敲诈勒索、故意伤害、非法持有枪支案，2024-04-1-271-001〕黑社会性质组织与恶势力犯罪集团的界定

黑社会性质组织和恶势力犯罪集团的区别主要是：(1) 组织特征不同。黑社会性质组织一般需要经过较长的发展壮大，通常具有组织、领导者，骨干成员、积极参加者，其他成员三个层级；恶势力犯罪集团要求有三名以上的组织成员，有明显的首要分子，重要成员较为固定，组织成员经常纠集在一起。(2) 经济特征不同。黑社会性质组织具有较强的经济实力，所获经济利益全部或部分用于违法犯罪活动或者维系犯罪组织的生存发展；恶势力犯罪集团没有关于经济特征方面的明确要求。(3) 对社会的控制和影响不同。黑社会性质组织通过对不特定多人实施大量违法犯罪，在一定区域或行业内形成非法控制或重大影响；恶势力犯罪集团则尚不足以形成对一定区域或行业的非法控制，对生产、生活秩序的影响仅仅是局部和低程度的。

【《刑事审判参考》案例】

〔参考案例第1358号：黄图望等

人组织、领导、参加黑社会性质组织案〕如何认定“积极参加黑社会性质组织”?

参加黑社会性质组织并具有以下三种情形之一的,一般应当认定为“积极参加黑社会性质组织”:一是多次积极参加黑社会性质组织的违法犯罪活动。二是积极参加的是较为严重的黑社会性质组织犯罪,且作用突出。其中的“较为严重的黑社会性质组织犯罪”,既包括故意杀人、故意伤害等性质严重的暴力性犯罪,也包括造成重大财产损失或者恶劣社会影响的其他严重犯罪。而“作用突出”应理解为在犯意形成、共同犯罪行为完成以及危害结果发生等方面具有的突出性、决定性作用。三是在黑社会性质组织中起重要作用,即对整个黑社会性质组织的人员、财物、事务等重要事项具有“主要管理权”,且对犯罪组织的维系、运行、活动确实起到重要作用的成员。

〔参考案例第1153号:朱光辉等人组织、领导、参加黑社会性质组织案〕如何准确把握和认定黑社会性质组织的骨干成员?

1.关于“骨干成员”的认定,应分以下几个层次把握:第一,骨干成员是积极参加者中的一部分,应当满足积极参加者的认定条件,不符合积极参加者认定条件的应直接被排除在外。第二,骨干成员应当是直接听命于组织者、领导者的积极参加者。第三,骨干成员在黑社会性质组织所起的作用应当大于一般的积极参加者。在认定骨干成员时,仅仅“直接听命于组织者、领导者”还是不够的。只要未达到“多次”,即便“积极参与较严重的黑社会性质组织的犯罪活动,且作用突出”,也不能认定。同理,只要未达到“长时间”,即便是对黑社会性质组织的人、财、物等重要事项具有主要管理职权,亦不能认定。

2.关于“骨干成员”与“积极参加者”在裁判文书中的区别表述。在裁判文书认定的事实部分,对于谁是骨干成员应予明确表述,不属于骨干成员的积极参加者也要单独表述清楚。而在裁判文书的本院认为部分,由于需要准确叙述罪状和量刑依据,对确属骨干成员的被告人,只表述“被告人某某积极参加黑社会性质组织”即可。因为,骨干成员并没有与之对应的法定刑,积极参加者的身份才是对被告人定罪量刑的适当依据。

〔参考案例第1154号:史锦钟等人组织、领导、参加黑社会性质组织案〕如何认定黑社会性质组织的形成时间?

1.从司法实践情况看,尽管举行成立仪式也并不意味着四个特征都已具备,但由于此类活动往往带有明确组织层级、结构、宗旨、目标的性质,故将举行成立仪式作为黑社会性质组织形成时间的起点很少会引起争议。不过,由于黑社会性质组织的成熟程度、严密程度毕竟不同于典型的黑社会组织,通过举行专门仪式来宣告成立的为数很少,故仅此一个判断标准尚不足以应对实践中各类复杂情况。

2.相当多的黑社会性质组织在发展过程中,都存在对其树立非法权威、争夺势力范围、获取稳定经济来源具有重要意义的违法犯罪活动或其他重大事件。这些违法犯罪活动或重大事件的具体情形和后果不尽相同,有的是击垮主要竞争对手、有的是抢得重要资源、还有的是制造重大社会影响并极大提升了犯罪组织的知名度，但相同之处在于，它们都会对黑社会性质组织的发展、升级产生显著的推动或催化作用。将这些违法犯罪活动或重大事件作为黑社会性质组织的形成起点，不仅易于判断，而且也符合黑社会性质组织成立宗旨和发展规律。

3.一些案件中不存在明显的标志性事件，则可将首次实施有组织犯罪的时间作为形成起点。“首次有组织犯罪”并非仅指实施犯罪的方式具有组织性，更重要的是看该犯罪是否为了组织利益、按照组织意志而实施，以及犯罪能否体现该组织追求非法控制的意图。认定黑社会性质组织的违法犯罪活动，并非只有那些直接体现组织利益和组织意图的违法犯罪活动才能构成，只要符合组织惯例、纪律、规约，或者客观上起到维护和扩大组织势力、实力、影响、经济基础作用的也可认定。但是，在判断黑社会性质组织形成时间起点时，由于还没有所谓的惯例、纪律、规约可供参照，反映非法控制意图的事实尚不充分，如果作为判断依据的首次有组织犯罪不能体现组织利益、意图，则会失去应有的作用和意义。

〔参考案例第 1355 号：谢培忠等人组织、领导、参加黑社会性质组织案〕如何准确界定涉黑组织形成的标志性事件？

在甄别、确定黑社会性质组织形成的标志性事件时，至少应从以下三个方面分析：(1) 该事件一般是组织、领导者亲自组织或直接参与实施的违法犯罪事实或者其他重大事件；(2) 该事件对于涉案犯罪组织进一步发展做大或者在一定区域或行业内开始初步形成非法影响具有明显作用，客观上为该组织实施后续违法犯罪活动打下基础；(3) 标志性事件一般发生在首次有组织犯罪之前或者本身就是首次有组织犯罪。

〔参考案例第 1155 号：汪振等人组织、领导、参加黑社会性质组织案〕较长时期内暂停实施违法犯罪活动的，是否可以认定黑社会性质组织仍持续存在？

在确定犯罪组织的形成起点后，只要该犯罪组织以组织名义、为组织利益，连续多次实施违法犯罪活动的，就可以认定犯罪组织持续存在。实践中，有以下三个问题值得注意：

1.有些黑社会性质组织脱离“打打杀杀”的初级阶段后，往往会以合法行业为主要经济来源，并会为逃避打击而自我洗白，有意减少甚至在一定时期内暂时停止实施违法犯罪活动，给人造成犯罪组织已经“转型”或者“解散”的错觉。一旦需要打击对手、抢夺市场、攫取资源之时，便会恢复本来面目，继续实施违法犯罪活动。由于暂停违法犯罪活动期间，组织成员、结构一般不会发生大的变化，故仍应认定其持续存在。

2.有些黑社会性质组织在发展过程中，因某些具体的犯罪案件被公安司法机关查破，原有的组织成员或被抓或潜逃，被迫暂时停止实施违法犯罪活动，由此形成组织“溃散”的假象。但经过一段时间以后，组织成员又会重新聚集，或者又有新的成员加入并继续实施有组织的违法犯罪活动。这种情况下，应当着重审查组织者、领导者、骨干成员等组织的核心成员是否具有延续性，以及组织的非法影响是否具有延续性。组织的核心成员具有延续性，说明犯罪组织的基本构成是稳定的；非法影响具有延续性，说明犯罪组织的行为方式和犯罪宗旨未发生根本变化。

3.对于刑法第二百九十四条第五款第一项中的“骨干成员基本固定”，不能理解为骨干成员不变或基本不变。如同正规合法的社会组织，黑社会性质组织也会存在新老交替，当原本的骨干成员受到司法打击或由于死亡、受伤、潜逃、被开除等其他原因脱离组织后，由低层级的成员或新成员填补继位，并不会影响组织结构的稳定性和组织运转的有效性，组织者、领导者依然能够通过对骨干成员的直接指挥来对整个犯罪组织进行稳定的管控。因此，只要不是时聚时散或者频繁地大面积更换，就可以视为“骨干成员基本固定”。正因如此，在判断组织核心成员的延续性时，也并不要求骨干成员全部或者大部分保持不变。

〔参考案例第1156号：焦海涛等人寻衅滋事案〕如何根据违法犯罪活动的多样性把握黑社会性质组织的认定标准？

黑社会性质组织与犯罪集团、恶势力团伙最为显著的区别就在于，黑社会性质组织实施违法犯罪活动的目标不仅是攫取经济利益，同时也追求对经济、生活秩序的非法控制，之后再通过由其掌控的非法秩序来实现经济利益的最大化。也就是说，是否追求非法控制是区分黑社会性质组织与犯罪集团、恶势力团伙的关键标尺。审判时，对于黑社会性质组织的四个特征不能简单套用，而是应以非法控制为核心，将四个特征作为一个有机整体来判断。黑社会性质组织并不是单纯为实施违法犯罪而存在，违法犯罪只是服务于非法控制目的的手段，违法犯罪的性质、次数、严重程度也都是由实现非法控制的需要所决定。

2015年纪要中关于犯罪“多样性”的要求，反映了非法控制的内在要求，并不超出法律规定的本意与合理解释的范畴。如果涉案犯罪组织触犯的具体罪名明显偏少，则要考虑其是否属于专门从事某一两种犯罪的犯罪集团，而非黑社会性质组织，但也不能仅凭未触犯多个罪名这一点就可以认定某一犯罪组织并不涉黑。

〔参考案例第1157号：符青友等人敲诈勒索、强迫交易、故意销毁会计账簿、对公司、企业人员行贿、行贿案〕如何把握黑社会性质组织行为特征中的暴力性？

暴力性是黑社会性质组织行为特征中的必备属性，即便是黑社会性质组织的非暴力行为，也往往是以暴力或以暴力威胁为后盾的。实践中，一些团伙为达到非法控制的目的，虽然实施了强迫交易、敲诈勒索等犯罪手段，但暴力色彩极为微弱，既没有带领组织成员打打杀杀的行为，也没有通过暴力对人民群众形成事实上的心理威慑，所谓“谈判、协商”也并不是以暴力为基础，最多以到工地堵门、堵路、不让施工等手段相威胁，这类情况在行为特征方面，与黑社会性质组织特有的行为方式存在明显区别。

〔参考案例第1159号：王云娜等人故意伤害、寻衅滋事、非法拘禁、敲诈勒索案〕如何根据“非法控制或重大影响”的内在要求准确认定黑社会性质组织的危害性特征？

对涉案犯罪组织是否形成非法控

制与重大影响进行司法判断时，除了要对照两个纪要的相关规定，还应着重审查涉案犯罪组织是否是基于争抢势力范围、树立非法权威、攫取不法利益等非法控制目的而实施违法犯罪行为；是否在一段较长的时期内连续、多次通过实施违法犯罪行为对他人的自主性造成干扰或破坏；被侵害对象的数量以及所造成的后果是否已达到形成非法控制或重大影响的严重程度。如果以上几点都已齐备，危害性特征一般能够成立。反之，则不能认定。

〔参考案例第 1160 号：牛子贤等人绑架、敲诈勒索、开设赌场、重婚案〕如何准确把握黑社会性质组织的认定标准；最高人民法院经复核认为涉黑罪名不成立的应如何依法处理？

对于指控证据尚未达到“确实、充分”的程度，不符合黑社会性质组织认定标准的，应当根据案件事实和证据，依照刑法的相关规定予以处理，对被告人依法定罪处刑，不能勉强认定为黑社会性质组织犯罪。

〔参考案例第 1158 号：刘汉等人组织、领导、参加黑社会性质组织案〕如何认定黑社会性质组织的组织者、领导者对具体犯罪的罪责？

黑社会性质组织的组织者、领导者对黑社会性质组织所犯的全部罪行承担刑事责任，并不意味着组织者、领导者在具体犯罪中承担最重罪责，而要根据其在具体犯罪中的地位和作用来确定罪责。具体来说，在确定组织者、领导者对具体犯罪的罪责时，应把握以下原则：

第一，组织者、领导者对于并非由自己直接组织、策划、指挥、参与的犯罪一般不承担最重的责任。如上文所述，2009 年纪要规定了四种并非由组织者、领导者直接组织、策划、指挥、参与的违法犯罪。上述四种情形下，组织者、领导者对具体犯罪只是一般性地知晓，甚至根本不知晓，只应负一般的责任，而应当由具体犯罪的起意者、组织者、指挥者或者实施者承担最重的责任。

第二，组织者、领导者对由其直接组织、策划、指挥、参与实施的犯罪，一般应承担最重的刑事责任。实践中存在的争议问题是，如果组织者、领导者提出犯意后未参与具体的策划、实施，如何确定其罪责程度？《最高人民法院关于审理故意杀人、故意伤害案件正确适用死刑的指导意见》指出：对于雇凶者与受雇者共同直接实施故意杀人、故意伤害犯罪的，应认定雇凶者为罪行最为严重的主犯；雇凶者没有直接实施故意杀人、故意伤害犯罪行为，但参与了共同犯罪的策划，实施了具体组织、指挥行为的，对雇凶者也应认定为罪行最为严重的主犯；雇凶者只是笼统提出犯意，没有实施具体组织、指挥行为，积极实施犯罪行为的受雇者可以认定为罪行最为严重的主犯。上述意见对黑社会性质组织犯罪案件具有参考意义，但审判时应当结合涉黑犯罪的自身特点来把握，不能机械理解。

具体来说，如果组织者、领导者不仅提出犯意，而且具体策划、组织、指挥，或者直接参与实施犯罪的，当然应认定为罪责最为严重的主犯。但是，如果组织者、领导者没有针对具体犯罪进行策划、组织、指挥以及参与实施，只是提出犯意后交由组织成员负责实施，也并不能就此认为组织者、领导者不是罪责最为严重的主犯，还是应当结合具体案情进行分析。这是因为，黑社会性质组织犯罪不同于一般共同犯罪、团伙犯罪，组织者、领导者与组织成员的联系更加紧密，具有领导与被领导、管理与被管理的关系，犯罪的组织化程度也更高，分工更明确，隐蔽性更强。基于这些特点，组织者、领导者往往只需要躲在幕后发号施令即可，不必策划、组织、指挥具体的违法犯罪活动，参与实施的情况就更少。实践中，组织者、领导者一旦发出指示，组织成员都会不遗余力地执行，如果简单套用上述意见，无疑会给黑社会性质组织的组织者、领导者逃避处罚以可乘之机。

〔参考案例第1161号：邓统文等人组织、领导、参加黑社会性质组织案〕组织者、领导者通过赔偿经济损失取得被害人家属谅解的，量刑时应当如何把握？

组织者、领导者通过赔偿经济损失取得被害人家属谅解的，审判时应从以下几个方面来理解和把握：一是被害人谅解必须基于真实意思表示。由于黑社会性质组织体系严密，人员构成复杂，经济实力较强，因此，即便在被司法机关打掉之后，仍有可能残存一定的犯罪能力和社会活动能力。审判时，若被害方对黑社会性质组织犯罪分子表示谅解的，一定要审慎核实背景情况，排除因受到威逼、诱骗而违背真实意愿的情形。二是被告人的赔偿款项应当与黑社会性质组织的违法犯罪所得无关。根据刑法第六十四条的规定，犯罪分子违法所得的一切财物，都应当予以追缴或者责令退赔。但是，在黑社会性质组织犯罪案件中，犯罪分子往往采取各种手段极力掩饰、隐瞒违法犯罪所得的来源、去向，给司法机关的追缴工作制造困难。因此，审判时应当认真甄别赔偿款项的来源，不能让黑社会性质组织犯罪分子利用隐匿的违法犯罪所得在量刑时获利。三是在谅解意思真实、赔偿款项与违法犯罪所得无关的情况下，量刑仍应从严把握。如前所述，黑社会性质组织犯罪具有极大的社会危害，对于此类犯罪分子原则上不能因被害方谅解而予从宽处罚。如果被害方确因特殊生活困难急需获得经济赔偿的(如丧失劳动能力以及急需支付就学、就医费用等)，在考虑是否从宽以及确定从宽幅度时，要以保证罪责刑相一致、实现刑罚目的以及全案量刑平衡为底线。

〔参考案例第1162号：吴亚贤等人组织、领导、参加黑社会性质组织案〕组织者、领导者检举揭发构成立功，量刑时应如何把握？

如果线索是利用特殊地位而取得，且与该黑社会性质组织及其违法犯罪活动有关联的，则一般不应从宽处罚。至于对检举线索"关联性"的判断，则应当从是否与黑社会性质组织寻求非法保护、实施违法犯罪等活动有关联，是否与该组织的成员、"保护伞"及雇佣、纠集的人员有关联等方面来进行审查。

〔参考案例第1163号：刘学军、刘忠伟、吕斌包庇、纵容黑社会性质组织案〕行为人包庇、纵容黑社会性质组织的犯罪行为跨越刑法修正施行日期的，如何具体适用刑法？行为人包庇黑社会性质组织，或者纵容黑社会性质组织进行违法犯罪活动，归案后如实供述相关黑社会性质组织的犯罪活动，能否认定立功？

1.行为人包庇、纵容黑社会性质组织的犯罪行为跨越刑法修正施行日期的，应当适用修正后的刑法，一并进行追诉。

2.包庇黑社会性质组织，或者纵容

黑社会性质组织进行违法犯罪活动的行为人归案后如实供述相关黑社会性质组织的犯罪活动的，不能认定立功情节。

第二百九十五条 【传授犯罪方法罪】传授犯罪方法的，处五年以下有期徒刑、拘役或者管制；情节严重的，处五年以上十年以下有期徒刑；情节特别严重的，处十年以上有期徒刑或者无期徒刑。

【修正前条文】

第二百九十五条 【传授犯罪方法罪】传授犯罪方法的，处五年以下有期徒刑、拘役或者管制；情节严重的，处五年以上有期徒刑；情节特别严重的，处无期徒刑或者死刑。

【修正说明】

刑法修正案(八)第四十四条对原条文作出下述修改：删去死刑规定，且对有期徒刑作了适当调整，将“五年以上有期徒刑”修改为“五年以上十年以下有期徒刑”，在情节特别严重一档，增加了“处十年以上有期徒刑”的规定。

【立法·要点注释】

实践中应当注意传授犯罪方法罪和教唆犯罪的区别。传授犯罪方法是教给他人犯罪时应采取的具体方法、技术或传授经验，如教授他人用什么方法、什么工具、在什么时间、什么地点实施盗窃他人财物等具体行为；而教唆他人犯罪则是用语言、示意或旁敲侧击等方法，促使他人产生犯意。

【司法指导文件】

《最高人民法院、最高人民检察院、公安部、司法部关于依法严厉打击传播艾滋病病毒等违法犯罪行为的指导意见》(公通字〔2019〕23号，20190519)

二、准确认定行为性质

(七)传授犯罪方法罪。通过语言、文字、动作或者其他方式传授能够致人感染艾滋病病毒的具体方法的，依照刑法第二百九十五条的规定，以传授犯罪方法罪定罪处罚。

【法院案例库参考案例】

〔刘某传授犯罪方法案，2024-06-1-274-001〕传授犯罪方法行为的认定

行为人实施传授犯罪方法行为后，被传授人利用该犯罪方法实施犯罪的，不能一概以想象竞合犯定罪处罚，而应结合案件实际情况，分析行为人的主观故意与客观行为。若传授犯罪方法行为人与被传授人没有共同犯罪的犯意联络，对该行为以传授犯罪方法罪进行评价较为适当。

【《刑事审判参考》案例】

〔参考案例第651号：李祥英传授犯罪方法案〕强迫他人学习犯罪方法后胁迫其实施犯罪应如何定性？

向他人传授犯罪方法，并胁迫他人实施犯罪行为的，构成传授犯罪方法罪与其所胁迫实施犯罪的教唆犯，且两种行为之间具有手段行为与目的行为的关系，构成牵连犯，应当从一重罪处断。

〔参考案例第688号：冯庆钊传授犯罪方法案〕在互联网上散布关于特定犯罪方法的技术知识，能否构成传授犯罪方法罪？

1.关于“犯罪方法”。确有一些技能、方法的应用范围只能是违法犯罪，如扒窃技术。对此，只要行为人向他人传授该技术，就应当认定其传授行为具备了传授犯罪方法罪的客观要件。但更多的实际技能、方法都是“中性”的，是否作为“犯罪方法”，取决于其实际运用的具体途径和场合。对于传授此类方法的行为如何认定，需要结合整体传授过程，并根据社会通常观念作出恰当判断。

在司法实践中应当重点结合以下情况予以认定：(1)行为人的个人情况；(2)向他人传授该种方法的原因；(3)在何种场合下或者利用何种途径传授该方法；(4)被传授人会基于何种原因向行为人学习该种方法；(5)行为人和被传授人言行的倾向性(如有无指明该种方法是实行某种犯罪的方法)等。

2.传授犯罪方法并未限定为特定主体，在互联网上传授技能方法，应以传授犯罪方法罪论处。目前在网络环境下，传授犯罪方法主要表现为：(1)利用QQ等即时通信软件或者电子邮件等方式进行一对一交流；(2)在BBS、论坛、微博等公共交流平台上发帖，讲解特定犯罪方法；(3)开设专门网站，讲授相关犯罪的技术知识等。[①]

3.构成传授犯罪方法罪，并不要求犯罪方法必须为被传授者所接受。虽然传授的程度是影响传授行为是否构成犯罪的一个重要因素，但不能过于夸大其对犯罪成立的作用。决定传授行为危害社会程度及是否成立犯罪的因素，不仅有传授的程度，还有传授的是何种犯罪的方法、传授的次数、行为人传授意志坚决的程度、被传授人是否接受传授，以及是否利用传授的犯罪方法实施具体的犯罪等因素。只有对这些因素进行综合考察，才能得出传授行为是否构成犯罪的正确结论。

第二百九十六条　【非法集会、游行、示威罪】举行集会、游行、示威，未依照法律规定申请或者申请未获许可，或者未按照主管机关许可的起止时间、地点、路线进行，又拒不服从解散命令，严重破坏社会秩序的，对集会、游行、示威的负责人和直接责任人员，处五年以下有期徒刑、拘役、管制或者剥夺政治权利。

【立案追诉标准】

《最高人民检察院、公安部关于公安机关管辖的刑事案件立案追诉标准的规定(一)》(公通字〔2008〕36号，20080625)

第三十八条　〔非法集会、游行、示威案(刑法第二百九十六条)〕举行集会、游行、示威，未依照法律规定申请或者申请未获许可，或者未按照主管机关许可的起止时间、地点、路线进行，又拒不服从解散命令，严重破坏社会秩序的，应予立案追诉。

【公安文件】

《公安部关于公安机关处置信访活

① 根据刑法修正案(九)第二十九条增设的刑法第二百八十七条之一第一款的规定，利用信息网络设立用于传授犯罪方法等违法犯罪活动的网站、通讯群组，或者发布有关违法犯罪信息，情节严重的，构成非法利用信息网络罪。该条第三款规定，有第一款的行为，同时构成其他犯罪的，依照处罚较重的规定定罪处罚。因此，利用互联网传授犯罪方法的行为，可能同时构成非法利用信息网络罪、传授犯罪方法罪，但应择一重罪处罚。——编者注

动中违法犯罪行为适用法律的指导意见》(公通字〔2013〕25号,20130719)

四、对妨害社会管理秩序违法犯罪行为的处理

5.煽动、策划非法集会、游行、示威,不听劝阻,符合《治安管理处罚法》第五十五条[①]规定的,以煽动、策划非法集会、游行、示威依法予以治安管理处罚;举行集会、游行、示威活动未经主管机关许可,未按照主管机关许可的目的、方式、标语、口号、起止时间、地点、路线进行,或者在进行中出现危害公共安全、破坏社会秩序情形的,根据《集会游行示威法》第二十七条规定予以制止、命令解散;不听制止,拒不解散的,依法强行驱散、强行带离现场或者立即予以拘留;符合《集会游行示威法》第二十八条规定的,对其负责人和直接责任人员依法予以警告或者拘留;拒不服从解散命令,符合《刑法》第二百九十六条规定的,对负责人和直接责任人员,以非法集会、游行、示威罪追究刑事责任。集会游行示威过程中实施其他违法犯罪行为的,依法追究法律责任。

第二百九十七条 【非法携带武器、管制刀具、爆炸物参加集会、游行、示威罪】违反法律规定,携带武器、管制刀具或者爆炸物参加集会、游行、示威的,处三年以下有期徒刑、拘役、管制或者剥夺政治权利。

【立法 · 要点注释】

1.“携带”,既包括随身藏带,也包括利用他人身体、容器、运输工具夹带武器、管制刀具或者爆炸物。只要违反法律规定,带着这些禁止携带的武器、管制刀具或者爆炸物品参加集会、游行、示威的,无论行为人对这些物品是非法持有还是合法持有,均构成本罪。

2.对非法持有、私藏枪支弹药同时又携带参加集会、游行、示威的,应当依照本法关于数罪并罚的规定处罚。

【立案追诉标准】

《最高人民检察院、公安部关于公安机关管辖的刑事案件立案追诉标准的规定(一)》(公通字〔2008〕36号,20080625)

第三十九条 〔非法携带武器、管制刀具、爆炸物参加集会、游行、示威案(刑法第二百九十七条)〕违反法律规定,携带武器、管制刀具或者爆炸物参加集会、游行、示威的,应予立案追诉。

第二百九十八条 【破坏集会、游行、示威罪】扰乱、冲击或者以其他方法破坏依法举行的集会、游行、示威,造成公共秩序混乱的,处五年以下有期徒刑、拘役、管制或者剥夺政治权利。

【立法 · 要点注释】

1.“扰乱”,主要是指针对集会、游行、示威队伍起哄、闹事,破坏其正常秩序的行为;“冲击”,主要是指冲散、冲入依法举行的集会、游行、示威队伍,使集会、游行、示威不能正常进行的行为;“其他方法”,是指扰乱、冲击方法以外的破坏依法举行的集会、游行、示威的方法,如堵塞集会、游行、示威队

① 2025年修订的治安管理处罚法第六十六条。——编者注

伍行进、停留的通道、场所等。

2."破坏",是指采用扰乱、冲击或者其他方法进行捣乱,致使依法举行的集会、游行、示威不能正常进行。如果针对的不是依法举行的集会、游行、示威,不构成本罪。

【立案追诉标准】

《最高人民检察院、公安部关于公安机关管辖的刑事案件立案追诉标准的规定(一)》(公通字〔2008〕36号,20080625)

第四十条　〔破坏集会、游行、示威案(刑法第二百九十八条)〕扰乱、冲击或者以其他方法破坏依法举行的集会、游行、示威,造成公共秩序严重混乱的,应予立案追诉。

第二百九十九条　【侮辱国旗、国徽、国歌罪】在公共场合,故意以焚烧、毁损、涂划、玷污、践踏等方式侮辱中华人民共和国国旗、国徽的,处三年以下有期徒刑、拘役、管制或者剥夺政治权利。

在公共场合,故意篡改中华人民共和国国歌歌词、曲谱,以歪曲、贬损方式奏唱国歌,或者以其他方式侮辱国歌,情节严重的,依照前款的规定处罚。

【修正前条文】

第二百九十九条　【侮辱国旗、国徽罪】在公众场合故意以焚烧、毁损、涂划、玷污、践踏等方式侮辱中华人民共和国国旗、国徽的,处三年以下有期徒刑、拘役、管制或者剥夺政治权利。

【修正说明】

刑法修正案(十)对原条文作出下述修改:一是将第一款中的"公众场合"修改为"公共场合";二是增加本条第二款,增设了侮辱国歌罪。

【立法·要点注释】

1."焚烧",是指放火燃烧国旗、国徽的行为;"毁损",是指撕毁、砸毁或者以其他破坏方法使国旗、国徽遭到毁坏、损坏的行为;"涂划",是指用笔墨、颜料等在国旗、国徽上涂划的行为;"玷污",是指用唾沫、粪便等玷污国旗、国徽的行为;"践踏",是指将国旗、国徽放在脚下、车轮下等处进行踩踏、碾压的行为。

2.关于故意篡改中华人民共和国国歌歌词、曲谱。具体行为可表现为:故意篡改《义勇军进行曲》的国歌名称,将国歌名称修改成其他侮辱性名称的,也属于篡改国歌;将国歌歌词全部篡改或者部分篡改的,特别是将歌词篡改成一些讽刺性、侮辱性的语言;篡改国歌曲谱,改变部分曲调或者以其他曲调奏唱国歌歌词,如使用哀乐演唱国歌等。

3.关于以歪曲、贬损方式奏唱国歌。除篡改国歌歌词、曲谱外,在奏唱方式上歪曲、贬损国歌的,也是侮辱国歌罪的一种表现形式,如以轻佻、"恶搞"的方式奏唱国歌,在奏唱国歌时配以侮辱性的肢体语言、着装等。奏唱包括演奏和歌唱。

4.关于以其他方式侮辱国歌。"其他方式"指除以上两种情形之外,其他各种侮辱国歌的行为,这是兜底性的规定。如在互联网上故意传播配以贬损国家形象、侮辱性的图片、影像、文字的国歌奏唱音视频的；公共场合奏唱国歌时，在场人员“嘘”国歌、作出不雅手势的行为等，都属于侮辱国歌的其他方式。

5.虽然刑法对侮辱国旗、国徽罪没有规定“情节严重”的犯罪门槛，也不是说对所有侮辱国旗、国徽的行为，不分情节轻重都要追究刑事责任。实践中还是要根据案件的具体情况确定社会危害性是否达到犯罪的程度。对于符合刑法第十三条的规定，情节显著轻微危害不大的，不作为犯罪处理。

6.侮辱外国国歌的，不构成本罪，视案件具体情况，构成其他犯罪的，可依照刑法其他有关规定追究刑事责任。

7.侮辱国歌犯罪行为的主体，既可以是中国人，也可以是外国人。

8.在公共场合侮辱国歌，同时构成寻衅滋事罪，聚众扰乱社会秩序罪，聚众扰乱公共场所秩序、交通秩序罪等犯罪的，应当依照处罚较重的规定定罪处罚。

第二百九十九条之一 【侵害英雄烈士名誉、荣誉罪】侮辱、诽谤或者以其他方式侵害英雄烈士的名誉、荣誉，损害社会公共利益，情节严重的，处三年以下有期徒刑、拘役、管制或者剥夺政治权利。

【修正说明】

本罪由刑法修正案(十一)第三十五条增设。

【立法 · 要点注释】

1.“英雄烈士”，包括近代以来，为国家、为民族、为人民作出牺牲和贡献的英烈先驱和革命先行者，重点是中国共产党、人民军队和中华人民共和国历史上涌现出的无数英雄烈士。英雄烈士既包括个人也包括群体，既包括有名英烈也包括无名英烈。

2.本条规定的“英雄烈士”都是已经牺牲、去世的，如果行为人侮辱、诽谤或者以其他方式侵害健在的英雄模范人物的名誉、荣誉，应当依照本法关于侮辱、诽谤罪的规定追究行为人的刑事责任，不适用本条。对健在的英雄模范人物的褒奖、保护，适用国家勋章和国家荣誉称号法等相关法律法规。

3.“侮辱”，主要是指通过语言、文字或者其他方式辱骂、贬低、嘲讽英雄烈士的行为。“诽谤”，是指针对英雄烈士，捏造事实并进行散播，公然丑化、贬损英雄烈士，损害英雄烈士名誉、荣誉的行为。实践中比较常见的是通过网络、文学作品等形式侮辱、诽谤英雄烈士的情况。

4.“以其他方式侵害英雄烈士的名誉、荣誉”，是指采用侮辱、诽谤以外的其他方式侵害英雄烈士的名誉、荣誉的行为，如虽未采用侮辱、诽谤方式，但以“还原历史”“探究细节”等名义否定、贬损、丑化英雄烈士；非法披露涉及英雄烈士隐私的信息或者图片，侵害英雄烈士隐私等。

5.“情节严重的”，是指侮辱、诽谤或者以其他方式侵害英雄烈士的名誉、荣誉，损害社会公共利益，造成严重的不良影响或者侵害行为持续时间长、范围广等情形。

【相关立法(1)】

《中华人民共和国民法典》(20210101)

第一百八十五条　侵害英雄烈士等的姓名、肖像、名誉、荣誉，损害社会公共利益的，应当承担民事责任。

【相关立法(2)】

《中华人民共和国英雄烈士保护法》(20180501)

第二条第二款　近代以来，为了争取民族独立和人民解放，实现国家富强和人民幸福，促进世界和平和人类进步而毕生奋斗、英勇献身的英雄烈士，功勋彪炳史册，精神永垂不朽。

【司法指导文件】

《最高人民法院、最高人民检察院、公安部关于依法惩治侵害英雄烈士名誉、荣誉违法犯罪的意见》(公通字〔2022〕5号，20220111)

一、关于英雄烈士的概念和范围

根据英雄烈士保护法第二条的规定，刑法第二百九十九条之一规定的"英雄烈士"，主要是指近代以来，为了争取民族独立和人民解放，实现国家富强和人民幸福，促进世界和平和人类进步而毕生奋斗、英勇献身的英雄烈士。

司法适用中，对英雄烈士的认定，应当重点注意把握以下几点：

(一)英雄烈士的时代范围主要为"近代以来"，重点是中国共产党、人民军队和中华人民共和国历史上的英雄烈士。英雄烈士既包括个人，也包括群体；既包括有名英雄烈士，也包括无名英雄烈士。

(二)对经依法评定为烈士的，应当认定为刑法第二百九十九条之一规定的"英雄烈士"；已牺牲、去世，尚未评定为烈士，但其事迹和精神为我国社会普遍公认的英雄模范人物或者群体，可以认定为"英雄烈士"。

(三)英雄烈士是指已经牺牲、去世的英雄烈士。对侮辱、诽谤或者以其他方式侵害健在的英雄模范人物或者群体名誉、荣誉，构成犯罪的，适用刑法有关侮辱、诽谤罪等规定追究刑事责任，符合适用公诉程序条件的，由公安机关依法立案侦查，人民检察院依法提起公诉。但是，被侵害英雄烈士群体中既有已经牺牲的烈士，也有健在的英雄模范人物的，可以统一适用侵害英雄烈士名誉、荣誉罪。

二、关于侵害英雄烈士名誉、荣誉罪入罪标准

根据刑法第二百九十九条之一的规定，侮辱、诽谤或者以其他方式侵害英雄烈士的名誉、荣誉，损害社会公共利益，情节严重的，构成侵害英雄烈士名誉、荣誉罪。

司法实践中，对侵害英雄烈士名誉、荣誉的行为是否达到"情节严重"，应当结合行为方式，涉及英雄烈士的人数，相关信息的数量、传播方式、传播范围、传播持续时间，相关信息实际被点击、浏览、转发次数，引发的社会影响、危害后果以及行为人前科情况等综合判断。根据案件具体情况，必要时，可以参照适用《最高人民法院、最高人民检察院关于办理利用信息网络实施诽谤等刑事案件适用法律若干问题的解释》(法释〔2013〕21号)的规定。

侵害英雄烈士名誉、荣誉，达到入罪标准，但行为人认罪悔罪，综合考虑案件具体情节，认为犯罪情节轻微的，可以不起诉或者免予刑事处罚；情节显著轻微危害不大的，不以犯罪论处；构成违反治安管理行为的，由公安机关依法给予治安管理处罚。

三、关于办案工作要求

(一)坚决依法惩治。英雄烈士的事迹和精神是中华民族共同的历史记忆和宝贵的精神财富,英雄不容亵渎、先烈不容诋毁、历史不容歪曲。各级公安机关、人民检察院、人民法院要切实增强责任感和使命感,依法惩治侵害英雄烈士名誉、荣誉的违法犯罪活动,坚决维护中国特色社会主义制度,坚决维护社会公共利益。

(二)坚持宽严相济。对侵害英雄烈士名誉、荣誉的,要区分案件具体情况,落实宽严相济刑事政策,突出惩治重点,重在教育挽救,避免打击扩大化、简单化,确保实现政治效果、法律效果和社会效果的有机统一。对利用抹黑英雄烈士恶意攻击我国基本社会制度、损害社会公共利益,特别是与境外势力勾连实施恶意攻击,以及长期、多次实施侵害行为的,要依法予以严惩。对没有主观恶意,仅因模糊认识、好奇等原因而发帖、评论的,或者行为人系在校学生、未成年人的,要以教育转化为主,切实做到教育大多数、打击极少数。

(三)严格规范办案。公安机关要落实严格规范公正文明执法要求,依法全面、及时收集、固定证据,严格履行法定程序,依法保障嫌疑人合法权益。人民检察院对公安机关提请批准逮捕、移送审查起诉的案件,符合批捕、起诉条件的,依法予以批捕、起诉。对重大、疑难案件,公安机关可以商请人民检察院派员通过审查证据材料等方式,就案件定性、证据收集、法律适用等提出意见建议。人民法院要加强审判力量,制定庭审预案,依法审理。公安机关、人民检察院、人民法院要与退役军人事务部门和军队有关部门建立健全工作联系机制,妥善解决英雄烈士甄别、认定过程中的问题。

【指导性案例·检察】

〔仇某侵害英雄烈士名誉、荣誉案,JZD136-2022〕

利用信息网络侵害英雄烈士名誉、荣誉行为虽未达到司法解释规定的数量、情节要求,但在特定时间节点通过具有公共空间属性的网络平台和媒介公然侵害英雄烈士名誉、荣誉,引起广泛传播,造成恶劣社会影响的,也可以认定为“情节严重”。对于只是在相对封闭的网络空间,如在亲友微信群、微信朋友圈等发表不当言论,没有造成大范围传播的,可以不认定为“情节严重”。

【《刑事审判参考》案例】

〔参考案例第1516号:许某怡侵害英雄烈士名誉、荣誉案〕侵害英雄烈士名誉、荣誉刑民责任应如何认定与衔接?

1.把握此类案件罪与非罪的标准,首先应判断侵害英雄烈士名誉、荣誉行为的侵害程度是否达到“情节严重”程度。具体而言可以从传播内容、传播方式、传播效果三方面综合考量。其一,传播内容上,结合侮辱、诽谤的具体方式,对英雄烈士事迹和精神的歪曲、否定、丑化和亵渎程度,被侵害英雄烈士的知名度及热度综合判断。侵害方式既包括直接的侮辱、诽谤,也包括“其他方式”,如将英雄烈士与反面人物进行类比,以所谓“还原历史”“探究细节”的名义歪曲、否定、丑化、亵渎英雄烈士或非法披露涉及英雄烈士隐私的信息,以及公开发布对英雄烈士具有侮辱性的绘画，在烈士陵园等标志性地点以侮辱性姿势、符号拍照等。其二，传播方式上，一是区分媒介和场域，如传播平台是报纸杂志等传统媒体还是网络等新型媒体，是在主流社交网络平台发表言论，还是通过朋友圈或私信进行传播，由此不仅可以判断被告人的主观恶性大小还可预判不当言论的传播范围，进而判断对法益的侵害程度。一般而言，通过网络发布侮辱性言论传播速度快、传播领域广、接触人员多，一经发出公众即可浏览、回复、转发，并可对言论进行加工、删减，且网络具有储存功能，难以彻底清除，可能造成较大负面影响。二是看是否向特殊群体传播造成恶劣影响，如向未成年人传播或向境外传播等，在入罪及量刑时应酌情考量。其三，传播效果上，包括量化效果和社会评价效果。量化效果可参照《最高人民法院、最高人民检察院关于办理利用信息网络实施诽谤等刑事案件适用法律若干问题的解释》，同一信息实际被点击、浏览次数达到5000次以上，或者被转发次数达到500次以上即可作为入罪的标准。社会评价效果可结合犯罪言论的传播时间长短、范围，通过社会公众对传播内容的反响，如点评内容、转载注解、是否报案，以及英雄烈士及其近亲属因侵害行为所造成的精神和物质损害加以判断。

2.民法学中名誉权与荣誉权有明确概念区分，但刑事司法实践中如无明确证据证实仅侵害了一种权利时，宜将二者合并诉判，即认定被告人构成侵害英雄烈士名誉、荣誉罪，不再选择适用罪名。根据法律规定，对于侵害英雄烈士名誉、荣誉行为，检察机关可以代表国家提起公益诉讼，行为达到犯罪程度的，可以一并提起刑事附带民事公益诉讼。英雄烈士的名誉和荣誉具有私益和公益双重属性，通过附带民事公益诉讼的方式，在裁判文书中责令被告人公开赔礼道歉，是恢复英雄烈士名誉、消除恶劣影响和维护社会公共利益的最佳途径。

第三百条　【组织、利用会道门、邪教组织、利用迷信破坏法律实施罪】组织、利用会道门、邪教组织或者利用迷信破坏国家法律、行政法规实施的，处三年以上七年以下有期徒刑，并处罚金；情节特别严重的，处七年以上有期徒刑或者无期徒刑，并处罚金或者没收财产；情节较轻的，处三年以下有期徒刑、拘役、管制或者剥夺政治权利，并处或者单处罚金。

【组织、利用会道门、邪教组织、利用迷信致人重伤、死亡罪】组织、利用会道门、邪教组织或者利用迷信蒙骗他人，致人重伤、死亡的，依照前款的规定处罚。

犯第一款罪又有奸淫妇女、诈骗财物等犯罪行为的，依照数罪并罚的规定处罚。

【修正前条文】

第三百条　【组织、利用会道门、邪教组织、利用迷信破坏法律实施罪】组织和利用会道门、邪教组织或者利用迷信破坏国家法律、行政法规实施的，处三年以上七年以下有期徒刑；情节特别严重的，处七年以上有期徒刑。

【组织、利用会道门、邪教组织、利用迷信致人死亡罪】组织和利用会道门、邪教组织或者利用迷信蒙骗他人，致人死亡的,依照前款的规定处罚。

【强奸罪】【诈骗罪】组织和利用会道门、邪教组织或者利用迷信奸淫妇女、诈骗财物的,分别依照本法第二百三十六条、第二百六十六条的规定定罪处罚。

【修正说明】

刑法修正案(九)第三十三条对原条文作出下述修改:一是增加了一档情节较轻的,处三年以下有期徒刑、拘役、管制或者剥夺政治权利,并处或者单处罚金的规定。二是将法定最高刑由十五年有期徒刑提高到无期徒刑,并增加了罚金刑和没收财产刑。三是明确了组织、利用会道门、邪教组织或者利用迷信蒙骗他人,致人重伤的,依照该罪处罚。四是明确了组织、利用会道门、邪教组织或者利用迷信破坏法律实施,又有奸淫妇女、诈骗财物等犯罪行为的,依法实行数罪并罚。

【立法·要点注释】

实践中,有些人利用某些邪教组织成员对邪教的深信不疑,直接组织、策划、煽动、教唆、帮助邪教组织人员自杀、自残的,其性质就与有些人因愚昧无知、受蒙骗而自己进行绝食等自杀行为不同。对此应当依照刑法第二百三十二条、第二百三十四条规定的故意杀人罪、故意伤害罪定罪处罚。

【相关立法】

《全国人民代表大会常务委员会关于取缔邪教组织、防范和惩治邪教活动的决定》(19991030)

一、坚决依法取缔邪教组织,严厉惩治邪教组织的各种犯罪活动。邪教组织冒用宗教、气功或者其他名义,采用各种手段扰乱社会秩序,危害人民群众生命财产安全和经济发展,必须依法取缔,坚决惩治。人民法院、人民检察院和公安、国家安全、司法行政机关要各司其职,共同做好这项工作。对组织和利用邪教组织破坏国家法律、行政法规实施,聚众闹事,扰乱社会秩序,以迷信邪说蒙骗他人,致人死亡,或者奸淫妇女、诈骗财物等犯罪活动,依法予以严惩。

二、坚持教育与惩罚相结合,团结、教育绝大多数被蒙骗的群众,依法严惩极少数犯罪分子。在依法处理邪教组织的工作中,要把不明真相参与邪教活动的人同组织和利用邪教组织进行非法活动、蓄意破坏社会稳定的犯罪分子区别开来。对受蒙骗的群众不予追究。对构成犯罪的组织者、策划者、指挥者和骨干分子,坚决依法追究刑事责任;对于自首或者有立功表现的,可以依法从轻、减轻或者免除处罚。

【司法解释】

《最高人民法院、最高人民检察院关于办理组织、利用邪教组织破坏法律实施等刑事案件适用法律若干问题的解释》(法释〔2017〕3号,20170201)

第一条　冒用宗教、气功或者以其他名义建立,神化、鼓吹首要分子,利用制造、散布迷信邪说等手段蛊惑、蒙骗他人,发展、控制成员,危害社会的非法组织,应当认定为刑法第三百条规定的"邪教组织"。

第二条　组织、利用邪教组织,破坏国家法律、行政法规实施,具有下列情形之一的,应当依照刑法第三百条第一款的规定,处三年以上七年以下有期徒刑，并处罚金：

(一) 建立邪教组织，或者邪教组织被取缔后又恢复、另行建立邪教组织的；

(二) 聚众包围、冲击、强占、哄闹国家机关、企业事业单位或者公共场所、宗教活动场所，扰乱社会秩序的；

(三) 非法举行集会、游行、示威，扰乱社会秩序的；

(四) 使用暴力、胁迫或者以其他方法强迫他人加入或者阻止他人退出邪教组织的；

(五) 组织、煽动、蒙骗成员或者他人不履行法定义务的；

(六) 使用"伪基站""黑广播"等无线电台(站)或者无线电频率宣扬邪教的；

(七) 曾因从事邪教活动被追究刑事责任或者二年内受过行政处罚，又从事邪教活动的；

(八) 发展邪教组织成员五十人以上的；

(九) 敛取钱财或者造成经济损失一百万元以上的；

(十) 以货币为载体宣扬邪教，数量在五百张(枚)以上的；

(十一) 制作、传播邪教宣传品，达到下列数量标准之一的：

1.传单、喷图、图片、标语、报纸一千份(张)以上的；

2.书籍、刊物二百五十册以上的；

3.录音带、录像带等音像制品二百五十盒(张)以上的；

4.标识、标志物二百五十件以上的；

5.光盘、U盘、储存卡、移动硬盘等移动存储介质一百个以上的；

6.横幅、条幅五十条(个)以上的。

(十二) 利用通讯信息网络宣扬邪教，具有下列情形之一的：

1.制作、传播宣扬邪教的电子图片、文章二百张(篇)以上，电子书籍、刊物、音视频五十册(个)以上，或者电子文档五百万字符以上、电子音视频二百五十分钟以上的；

2.编发信息、拨打电话一千条(次)以上的；

3.利用在线人数累计达到一千以上的聊天室，或者利用群组成员、关注人员等账号数累计一千以上的通讯群组、微信、微博等社交网络宣扬邪教的；

4.邪教信息实际被点击、浏览数达到五千次以上的。

(十三) 其他情节严重的情形

第三条　组织、利用邪教组织，破坏国家法律、行政法规实施，具有下列情形之一的，应当认定为刑法第三百条第一款规定的"情节特别严重"，处七年以上有期徒刑或者无期徒刑，并处罚金或者没收财产：

(一) 实施本解释第二条第一项至第七项规定的行为，社会危害特别严重的；

(二) 实施本解释第二条第八项至第十二项规定的行为，数量或者数额达到第二条规定相应标准五倍以上的；

(三) 其他情节特别严重的情形。

第四条　组织、利用邪教组织，破坏国家法律、行政法规实施，具有下列情形之一的，应当认定为刑法第三百条第一款规定的"情节较轻"，处三年以下有期徒刑、拘役、管制或者剥夺政治权利，并处或者单处罚金：

(一) 实施本解释第二条第一项至第七项规定的行为，社会危害较轻的；

(二) 实施本解释第二条第八项至

第十二项规定的行为，数量或者数额达到相应标准五分之一以上的；

（三）其他情节较轻的情形。

第五条　为了传播而持有、携带，或者传播过程中被当场查获，邪教宣传品数量达到本解释第二条至第四条规定的有关标准的，按照下列情形分别处理：

（一）邪教宣传品是行为人制作的，以犯罪既遂处理；

（二）邪教宣传品不是行为人制作，尚未传播的，以犯罪预备处理；

（三）邪教宣传品不是行为人制作，传播过程中被查获的，以犯罪未遂处理；

（四）邪教宣传品不是行为人制作，部分已经传播出去的，以犯罪既遂处理，对于没有传播的部分，可以在量刑时酌情考虑。

第六条　多次制作、传播邪教宣传品或者利用通讯信息网络宣扬邪教，未经处理的，数量或者数额累计计算。

制作、传播邪教宣传品，或者利用通讯信息网络宣扬邪教，涉及不同种类或者形式的，可以根据本解释规定的不同数量标准的相应比例折算后累计计算。

第七条　组织、利用邪教组织，制造、散布迷信邪说，蒙骗成员或者他人绝食、自虐等，或者蒙骗病人不接受正常治疗，致人重伤、死亡的，应当认定为刑法第三百条第二款规定的组织、利用邪教组织“蒙骗他人，致人重伤、死亡”。

组织、利用邪教组织蒙骗他人，致一人以上死亡或者三人以上重伤的，处三年以上七年以下有期徒刑，并处罚金。

组织、利用邪教组织蒙骗他人，具有下列情形之一的，处七年以上有期徒刑或者无期徒刑，并处罚金或者没收财产：

（一）造成三人以上死亡的；

（二）造成九人以上重伤的；

（三）其他情节特别严重的情形。

组织、利用邪教组织蒙骗他人，致人重伤的，处三年以下有期徒刑、拘役、管制或者剥夺政治权利，并处或者单处罚金。

第八条　实施本解释第二条至第五条规定的行为，具有下列情形之一的，从重处罚：

（一）与境外机构、组织、人员勾结，从事邪教活动的；

（二）跨省、自治区、直辖市建立邪教组织机构、发展成员或者组织邪教活动的；

（三）在重要公共场所、监管场所或者国家重大节日、重大活动期间聚集滋事，公开进行邪教活动的；

（四）邪教组织被取缔后，或者被认定为邪教组织后，仍然聚集滋事，公开进行邪教活动的；

（五）国家工作人员从事邪教活动的；

（六）向未成年人宣扬邪教的；

（七）在学校或者其他教育培训机构宣扬邪教的。

第九条　组织、利用邪教组织破坏国家法律、行政法规实施，符合本解释第四条规定情形，但行为人能够真诚悔罪，明确表示退出邪教组织、不再从事邪教活动的，可以不起诉或者免予刑事处罚。其中，行为人系受蒙蔽、胁迫参加邪教组织的，可以不作为犯罪处理。

组织、利用邪教组织破坏国家法律、行政法规实施，行为人在一审判决前能够真诚悔罪，明确表示退出邪教组织、不再从事邪教活动的，分别依照下

列规定处理:

(一)符合本解释第二条规定情形的,可以认定为刑法第三百条第一款规定的“情节较轻”;

(二)符合本解释第三条规定情形的,可以不认定为刑法第三百条第一款规定的“情节特别严重”,处三年以上七年以下有期徒刑,并处罚金。

第十条　组织、利用邪教组织破坏国家法律、行政法规实施过程中,又有煽动分裂国家、煽动颠覆国家政权或者侮辱、诽谤他人等犯罪行为的,依照数罪并罚的规定定罪处罚。

第十一条　组织、利用邪教组织,制造、散布迷信邪说,组织、策划、煽动、胁迫、教唆、帮助其成员或者他人实施自杀、自伤的,依照刑法第二百三十二条、第二百三十四条的规定,以故意杀人罪或者故意伤害罪定罪处罚。

第十二条　邪教组织人员以自焚、自爆或者其他危险方法危害公共安全的,依照刑法第一百一十四条、第一百一十五条的规定,以放火罪、爆炸罪、以危险方法危害公共安全罪等定罪处罚。

第十三条　明知他人组织、利用邪教组织实施犯罪,而为其提供经费、场地、技术、工具、食宿、接送等便利条件或者帮助的,以共同犯罪论处。

第十四条　对于犯组织、利用邪教组织破坏法律实施罪、组织、利用邪教组织致人重伤、死亡罪,严重破坏社会秩序的犯罪分子,根据刑法第五十六条的规定,可以附加剥夺政治权利。

第十五条　对涉案物品是否属于邪教宣传品难以确定的,可以委托地市级以上公安机关出具认定意见。

第十六条　本解释自2017年2月1日起施行。《最高人民法院、最高人民检察院关于办理组织和利用邪教组织犯罪案件具体应用法律若干问题的解释》(法释〔1999〕18号),《最高人民法院、最高人民检察院关于办理组织和利用邪教组织犯罪案件具体应用法律若干问题的解释(二)》(法释〔2001〕19号),以及《最高人民法院、最高人民检察院关于办理组织和利用邪教组织犯罪案件具体应用法律若干问题的解答》(法发〔2002〕7号)同时废止。

第三百零一条　【聚众淫乱罪】聚众进行淫乱活动的,对首要分子或者多次参加的,处五年以下有期徒刑、拘役或者管制。

【引诱未成年人聚众淫乱罪】引诱未成年人参加聚众淫乱活动的,依照前款的规定从重处罚。

【立法·要点注释】

1.“聚众”,是指在首要分子的组织、纠集下,多人聚集在一起进行淫乱活动。在男女性别上,既可以是男性多人,也可以是女性多人,还可以是男女混杂多人。

2.“淫乱活动”,主要是指性交行为,即群奸群宿。

3.“首要分子”,是指在聚众淫乱犯罪中起策划、组织、指挥、纠集作用的为首分子;“多次参加的”,一般是指三次或者三次以上参加聚众淫乱的。对偶尔参加者,应当进行批评教育或者给予必要的治安处罚,不宜定罪处刑。

4.引诱未成年人参加聚众淫乱活动,不需具备“多次”的条件。

【立案追诉标准】

《最高人民检察院、公安部关于公安

机关管辖的刑事案件立案追诉标准的规定(一)》(公通字〔2008〕36号，20080625)

第四十一条 〔聚众淫乱案(刑法第三百零一条第一款)〕组织、策划、指挥三人以上进行淫乱活动或者参加聚众淫乱活动三次以上的，应予立案追诉。

第四十二条 〔引诱未成年人聚众淫乱案(刑法第三百零一条第二款)〕引诱未成年人参加聚众淫乱活动的，应予立案追诉。

【法院案例库参考案例】

〔王某旭、杨某田等聚众淫乱案，2024-05-1-282-001〕聚众淫乱罪中首要分子的认定

行为人采取拉拢腐蚀、蛊惑人心、煽情刺激等手段，将不特定多人纠集在一起进行淫乱活动，并负责规划聚众淫乱方案、联系参与人员、提供淫乱场所、指导淫乱活动过程、录制淫乱视频等的，系在聚众淫乱中起组织、策划、指挥作用的人，应当认定为聚众进行淫乱活动的“首要分子”。

第三百零二条 【盗窃、侮辱、故意毁坏尸体、尸骨、骨灰罪】盗窃、侮辱、故意毁坏尸体、尸骨、骨灰的，处三年以下有期徒刑、拘役或者管制。

【修正前条文】

第三百零二条 【盗窃、侮辱尸体罪】盗窃、侮辱尸体的，处三年以下有期徒刑、拘役或者管制。

【修正说明】

刑法修正案(九)第三十四条对原条文作出下述修改：一是在犯罪对象中增加了尸骨、骨灰；二是增加了故意毁坏的行为。

【立法·要点注释】

实践中，行为人实施盗窃、侮辱、故意毁坏尸体、尸骨、骨灰的行为，动机可能是多种多样的，有的是出于泄愤报复，有的则是为盗窃财物或者出卖尸体，有的是为盗走尸骨制成标本，有的出于变态心理以泄淫欲等，但这只是量刑的酌定情节，不影响本罪的构成。判断是否侮辱、故意毁坏尸体的犯罪，主要是看行为人主观上是否有侮辱、故意毁坏尸体的故意，如医务人员、司法工作人员因履行职责依法对尸体进行解剖，殡仪馆工作人员按照规定火化尸体等，主观上没有侮辱、故意毁坏尸体的故意，不能认为是侮辱、故意毁坏尸体。

第三百零三条 【赌博罪】以营利为目的，聚众赌博或者以赌博为业的，处三年以下有期徒刑、拘役或者管制，并处罚金。

【开设赌场罪】开设赌场的，处五年以下有期徒刑、拘役或者管制，并处罚金；情节严重的，处五年以上十年以下有期徒刑，并处罚金。

【组织参与国（境）外赌博罪】组织中华人民共和国公民参与国（境）外赌博，数额巨大或者有其他严重情节的，依照前款的规定处罚。

【第二次修正前条文】

第三百零三条 【赌博罪】以营利为目的，聚众赌博或者以赌博为业的，处三年以下有期徒刑、拘役或者管制，并处罚金。

【开设赌场罪】开设赌场的，处三年以下有期徒刑、拘役或者管制，并处罚金；情节严重的，处三年以上十年以下有期徒刑，并处罚金。

【第一次修正前条文】

第三百零三条 【赌博罪】以营利为目的，聚众赌博、开设赌场或者以赌博为业的，处三年以下有期徒刑、拘役或者管制，并处罚金。

【修正说明】

1.刑法修正案(六)第十八条对原条文作出下述修改：一是增设开设赌场罪；二是提高了相关行为的法定刑。

2.刑法修正案(十一)第三十六条对原条文作出下述修改：一是进一步提升和调整了开设赌场罪的刑罚配置；二是增设组织参与国(境)外赌博罪。

【立法·要点注释】

1.“以赌博为业的”，是指以赌博为常业，即以赌博所得为其生活或者挥霍的主要来源的行为。以赌博为生活或主要经济来源者既包括没有正式职业和其他正当收入而以赌博为生的人，也包括那些虽然有职业或其他收入，但其经济收入的主要部分来自赌博活动的人。

2.对于招揽中国公民参与国(境)外赌博是否构成本罪，不能一概而论。实践中，要注意与正常出国(境)旅游的组团活动的区别，如旅行社或者个人组织人员赴境外旅游，如果只是作为旅游项目招揽人员去赌场进行娱乐性赌博，不能视为组织参与国(境)外巨额赌博的犯罪；如果招揽人员去赌场赌博的数额较大、时间较长，或者旅游的主要目的就是去赌场赌博的等，则应当视为组织参与国(境)外巨额赌博的犯罪。

【立案追诉标准】

《最高人民检察院、公安部关于公安机关管辖的刑事案件立案追诉标准的规定(一)》(公通字〔2008〕36号，20080625)

第四十三条 〔赌博案(刑法第三百零三条第一款)〕以营利为目的，聚众赌博，涉嫌下列情形之一的，应予立案追诉：

(一)组织三人以上赌博，抽头渔利数额累计五千元以上的；

(二)组织三人以上赌博，赌资数额累计五万元以上；

(三)组织三人以上赌博，参赌人数累计二十人以上的；

(四)组织中华人民共和国公民十人以上赴境外赌博，从中收取回扣、介绍费的；①

(五)其他聚众赌博应予追究刑事责任的情形。

以营利为目的，以赌博为业的，应予立案追诉。

赌博犯罪中用作赌注的款物、换取筹码的款物和通过赌博赢取的款物属于赌资。通过计算机网络实施赌博犯罪的，赌资数额可以按照在计算机网络上投注或者赢取的点数乘以每一点实际代表的金额认定。

第四十四条 〔开设赌场案(刑法第三百零三条第二款)〕开设赌场的，应予立案追诉。

① 对该行为的定性，需结合刑法修正案(十一)第三十六条增设的刑法第三百零三条第三款即组织参与国(境)外赌博罪的规定综合考虑。——编者注

在计算机网络上建立赌博网站，或者为赌博网站担任代理，接受投注的，属于本条规定的“开设赌场”。

【司法解释(1)】

《最高人民法院、最高人民检察院关于办理赌博刑事案件具体应用法律若干问题的解释》(法释〔2005〕3号，20050513)

第一条　以营利为目的，有下列情形之一的，属于刑法第三百零三条规定的“聚众赌博”：

(一)组织3人以上赌博，抽头渔利数额累计达到5000元以上的；

(二)组织3人以上赌博，赌资数额累计达到5万元以上的；

(三)组织3人以上赌博，参赌人数累计达到20人以上的；

(四)组织中华人民共和国公民10人以上赴境外赌博，从中收取回扣、介绍费的。[①]

第二条　以营利为目的，在计算机网络上建立赌博网站，或者为赌博网站担任代理，接受投注的，属于刑法第三百零三条规定的“开设赌场”。

第三条　中华人民共和国公民在我国领域外周边地区聚众赌博、开设赌场，以吸引中华人民共和国公民为主要客源，构成赌博罪的，可以依照刑法规定追究刑事责任。

第四条　明知他人实施赌博犯罪活动，而为其提供资金、计算机网络、通讯、费用结算等直接帮助的，以赌博罪的共犯论处。[②]

第五条　实施赌博犯罪，有下列情形之一的，依照刑法第三百零三条的规定从重处罚：

(一)具有国家工作人员身份的；

(二)组织国家工作人员赴境外赌博的；

(三)组织未成年人参与赌博，或者开设赌场吸引未成年人参与赌博的。

第六条　未经国家批准擅自发行、销售彩票，构成犯罪的，依照刑法第二百二十五条第(四)项的规定，以非法经营罪定罪处罚。

第七条　通过赌博或者为国家工作人员赌博提供资金的形式实施行贿、受贿行为，构成犯罪的，依照刑法关于贿赂犯罪的规定定罪处罚。

第八条　赌博犯罪中用作赌注的款物、换取筹码的款物和通过赌博赢取的款物属于赌资。通过计算机网络实施赌博犯罪的，赌资数额可以按照在计算机网络上投注或者赢取的点数乘以每一点实际代表的金额认定。

赌资应当依法予以追缴；赌博用具、赌博违法所得以及赌博犯罪分子所有的专门用于赌博的资金、交通工具、通讯工具等，应当依法予以没收。

第九条　不以营利为目的，进行带有少量财物输赢的娱乐活动，以及提供棋牌室等娱乐场所只收取正常的场所和服务费用的经营行为等，不以赌博论处。

---

① 对该行为的定性，需结合刑法修正案(十一)第三十六条增设的刑法第三百零三条第三款即组织参与国(境)外赌博罪的规定综合考虑。——编者注

② 对于该条的适用，在明知他人实施网络赌博犯罪活动的情形下，需结合刑法修正案(九)第二十九条增设的刑法第二百八十七条之二即帮助信息网络犯罪活动罪的规定综合考虑。——编者注

【司法解释(2)】

《最高人民法院关于对设置圈套诱骗他人参赌又向索还钱财的受骗者施以暴力或暴力威胁的行为应如何定罪问题的批复》(法复〔1995〕8号，19951106)[①]

行为人设置圈套诱骗他人参赌获取钱财，属赌博行为，构成犯罪的，应当以赌博罪定罪处罚。参赌者识破骗局要求退还所输钱财，设赌者又使用暴力或者以暴力相威胁，拒绝退还的，应以赌博罪从重处罚；致参赌者伤害或者死亡的，应以赌博罪和故意伤害罪或者故意杀人罪，依法实行数罪并罚。

【司法指导文件(1)】

《最高人民法院、最高人民检察院关于常见犯罪的量刑指导意见(二)(试行)》(法〔2024〕132号，20240701)

(五)开设赌场罪

1.构成开设赌场罪的，根据下列情形在相应的幅度内确定量刑起点：

⑴犯罪情节一般的，在二年以下有期徒刑、拘役幅度内确定量刑起点。

⑵情节严重的，在五年至六年有期徒刑幅度内确定量刑起点。

2.在量刑起点的基础上，根据赌资数额、参赌人数、违法所得数额等其他影响犯罪构成的犯罪事实增加刑罚量，确定基准刑。

3.构成开设赌场罪的，根据赌资数额、违法所得数额等犯罪情节，综合考虑被告人缴纳罚金的能力，决定罚金数额。

4.构成开设赌场罪的，综合考虑赌资数额、参赌人数、违法所得数额、危害后果、退缴赃款、社会影响等犯罪事实、量刑情节，以及被告人的主观恶性、人身危险性、认罪悔罪表现等因素，决定缓刑的适用。

【司法指导文件(2)】

《最高人民法院、最高人民检察院、公安部关于办理网络赌博犯罪案件适用法律若干问题的意见》(公通字〔2010〕40号，20100831)

一、关于网上开设赌场犯罪的定罪量刑标准

利用互联网、移动通讯终端等传输赌博视频、数据，组织赌博活动，具有下列情形之一的，属于刑法第三百零三条第二款规定的“开设赌场”行为：

(一)建立赌博网站并接受投注的；

(二)建立赌博网站并提供给他人组织赌博的；

(三)为赌博网站担任代理并接受投注的；

(四)参与赌博网站利润分成的。

实施前款规定的行为，具有下列情形之一的，应当认定为刑法第三百零三条第二款规定的“情节严重”：

(一)抽头渔利数额累计达到3万元以上的；

(二)赌资数额累计达到30万元以上的；

(三)参赌人数累计达到120人以上的；

① 设置圈套控制赌博输赢，并从中获取钱财的行为，应当定性为诈骗罪。参见本法第二百六十六条项下【法院案例库参考案例】中〔倪某晶等人诈骗案，2024-03-1-222-008〕〔史某其诈骗案，2023-05-1-222-003〕，第881页。——编者注

（四）建立赌博网站后通过提供给他人组织赌博，违法所得数额在3万元以上的；

（五）参与赌博网站利润分成，违法所得数额在3万元以上的；

（六）为赌博网站招募下级代理，由下级代理接受投注的；

（七）招揽未成年人参与网络赌博的；

（八）其他情节严重的情形。

二、关于网上开设赌场共同犯罪的认定和处罚①

明知是赌博网站，而为其提供下列服务或者帮助的，属于开设赌场罪的共同犯罪，依照刑法第三百零三条第二款的规定处罚：

（一）为赌博网站提供互联网接入、服务器托管、网络存储空间、通讯传输通道、投放广告、发展会员、软件开发、技术支持等服务，收取服务费数额在2万元以上的；

（二）为赌博网站提供资金支付结算服务，收取服务费数额在1万元以上或者帮助收取赌资20万元以上的；

（三）为10个以上赌博网站投放与网址、赔率等信息有关的广告或者为赌博网站投放广告累计100条以上的。

实施前款规定的行为，数量或者数额达到前款规定标准5倍以上的，应当认定为刑法第三百零三条第二款规定的“情节严重”。

实施本条第一款规定的行为，具有下列情形之一的，应当认定行为人“明知”，但是有证据证明确实不知道的除外：

（一）收到行政主管机关书面等方式的告知后，仍然实施上述行为的；

（二）为赌博网站提供互联网接入、服务器托管、网络存储空间、通讯传输通道、投放广告、软件开发、技术支持、资金支付结算等服务，收取服务费明显异常的；

（三）在执法人员调查时，通过销毁、修改数据、账本等方式故意规避调查或者向犯罪嫌疑人通风报信的；

（四）其他有证据证明行为人明知的。

如果有开设赌场的犯罪嫌疑人尚未到案，但是不影响对已到案共同犯罪嫌疑人、被告人的犯罪事实认定的，可以依法对已到案者定罪处罚。

三、关于网络赌博犯罪的参赌人数、赌资数额和网站代理的认定

赌博网站的会员账号数可以认定为参赌人数，如果查实一个账号多人使用或者多个账号一人使用的，应当按照实际使用的人数计算参赌人数。

赌资数额可以按照在网络上投注或者赢取的点数乘以每一点实际代表的金额认定。

对于将资金直接或间接兑换为虚拟货币、游戏道具等虚拟物品，并用其作为筹码投注的，赌资数额按照购买该虚拟物品所需资金数额或者实际支付资金数额认定。

对于开设赌场犯罪中用于接收、流转赌资的银行账户内的资金，犯罪嫌疑人、被告人不能说明合法来源的，可以认定为赌资。向该银行账户转入、转出资金的银行账户数量可以认定为参赌

① 对于该部分规定的适用，需结合刑法修正案（九）第二十九条增设的刑法第二百八十七条之二即帮助信息网络犯罪活动罪的规定综合考虑。——编者注

人数。如果查实一个账户多人使用或多个账户一人使用的，应当按照实际使用的人数计算参赌人数。

有证据证明犯罪嫌疑人在赌博网站上的账号设置有下级账号的，应当认定其为赌博网站的代理。

四、关于网络赌博犯罪案件的管辖

网络赌博犯罪案件的地域管辖，应当坚持以犯罪地管辖为主、被告人居住地管辖为辅的原则。

"犯罪地"包括赌博网站服务器所在地、网络接入地，赌博网站建立者、管理者所在地，以及赌博网站代理人、参赌人实施网络赌博行为地等。

……

【司法指导文件(2)·注释】

1.关于网络开设赌场行为的认定。开设赌场行为有情节轻重之别，轻者违反治安管理处罚法，重者才触犯刑法。判别罪与非罪时，应综合考虑行为客观方面诸要素，包括抽头渔利数额、赌资数额、参赌人数、违法所得数额和社会影响等。利用局域网在少数固定的人员之间传输赌博视频、数据，抽头渔利数额较小或仅赢取少量钱财，危害不大的，可不以犯罪论处。另外，如果行为人既没有建立赌博网站，也没有为赌博网站担任代理，仅以营利为目的，通过利用自己掌握的赌博网站的网址、账户、密码等信息，组织多人进行网络赌博活动，则其行为不属于刑法规定的"开设赌场"，符合"聚众赌博"认定标准的，可按赌博罪处理。

2.关于赌场共犯与非法经营罪竞合。未经国家行政审批部门许可而从事网络支付业务，为赌博犯罪提供网络支付业务，既符合刑法修正案(七)规定的非法从事资金支付结算条件而构成非法经营罪，又可以按开设赌场罪共犯处理的，可择一重罪处断。

【司法指导文件(3)】

《最高人民法院、最高人民检察院、公安部关于办理利用赌博机开设赌场案件适用法律若干问题的意见》(公通字〔2014〕17号，20140326)

一、关于利用赌博机组织赌博的性质认定

设置具有退币、退分、退钢珠等赌博功能的电子游戏设施设备，并以现金、有价证券等贵重款物作为奖品，或者以回购奖品方式给予他人现金、有价证券等贵重款物(以下简称设置赌博机)组织赌博活动的，应当认定为刑法第三百零三条第二款规定的"开设赌场"行为。

二、关于利用赌博机开设赌场的定罪处罚标准

设置赌博机组织赌博活动，具有下列情形之一的，应当按照刑法第三百零三条第二款规定的开设赌场罪定罪处罚：

(一)设置赌博机10台以上的；

(二)设置赌博机2台以上，容留未成年人赌博的；

(三)在中小学校附近设置赌博机2台以上的；

(四)违法所得累计达到5000元以上的；

(五)赌资数额累计达到5万元以上的；

(六)参赌人数累计达到20人以上的；

(七)因设置赌博机被行政处罚后，两年内再设置赌博机5台以上的；

（八）因赌博、开设赌场犯罪被刑事处罚后，五年内再设置赌博机5台以上的；

（九）其他应当追究刑事责任的情形。

设置赌博机组织赌博活动，具有下列情形之一的，应当认定为刑法第三百零三条第二款规定的“情节严重”：

（一）数量或者数额达到第二条第一款第一项至第六项规定标准六倍以上的；

（二）因设置赌博机被行政处罚后，两年内再设置赌博机30台以上的；

（三）因赌博、开设赌场犯罪被刑事处罚后，五年内再设置赌博机30台以上的；

（四）其他情节严重的情形。

可同时供多人使用的赌博机，台数按照能够独立供一人进行赌博活动的操作基本单元的数量认定。

在两个以上地点设置赌博机，赌博机的数量、违法所得、赌资数额、参赌人数等均合并计算。

三、关于共犯的认定

明知他人利用赌博机开设赌场，具有下列情形之一的，以开设赌场罪的共犯论处：

（一）提供赌博机、资金、场地、技术支持、资金结算服务的；

（二）受雇参与赌场经营管理并分成的；

（三）为开设赌场者组织客源，收取回扣、手续费的；

（四）参与赌场管理并领取高额固定工资的；

（五）提供其他直接帮助的。

四、关于生产、销售赌博机的定罪量刑标准

以提供给他人开设赌场为目的，违反国家规定，非法生产、销售具有退币、退分、退钢珠等赌博功能的电子游戏设施设备或者其专用软件，情节严重的，依照刑法第二百二十五条的规定，以非法经营罪定罪处罚。

实施前款规定的行为，具有下列情形之一的，属于非法经营行为“情节严重”：

（一）个人非法经营数额在五万元以上，或者违法所得数额在一万元以上的；

（二）单位非法经营数额在五十万元以上，或者违法所得数额在十万元以上的；

（三）虽未达到上述数额标准，但两年内因非法生产、销售赌博机行为受过二次以上行政处罚，又进行同种非法经营行为的；

（四）其他情节严重的情形。

具有下列情形之一的，属于非法经营行为“情节特别严重”：

（一）个人非法经营数额在二十五万元以上，或者违法所得数额在五万元以上的；

（二）单位非法经营数额在二百五十万元以上，或者违法所得数额在五十万元以上的。

五、关于赌资的认定

本意见所称赌资包括：

（一）当场查获的用于赌博的款物；

（二）代币、有价证券、赌博积分等实际代表的金额；

（三）在赌博机上投注或赢取的点数实际代表的金额。

六、关于赌博机的认定

对于涉案的赌博机，公安机关应当采取拍照、摄像等方式及时固定证据，并予以认定。对于是否属于赌博机难以确定的，司法机关可以委托地市级以上公安机关出具检验报告。司法机关根据检验报告，并结合案件具体情况作出认定。必要时，人民法院可以依法通知检验人员出庭作出说明。

七、关于宽严相济刑事政策的把握

办理利用赌博机开设赌场的案件，应当贯彻宽严相济刑事政策，重点打击赌场的出资者、经营者。对受雇佣为赌场从事接送参赌人员、望风看场、发牌坐庄、兑换筹码等活动的人员，除参与赌场利润分成或者领取高额固定工资的以外，一般不追究刑事责任，可由公安机关依法给予治安管理处罚。对设置游戏机，单次换取少量奖品的娱乐活动，不以违法犯罪论处。

八、关于国家机关工作人员渎职犯罪的处理

负有查禁赌博活动职责的国家机关工作人员，徇私枉法，包庇、放纵开设赌场违法犯罪活动，或者为违法犯罪分子通风报信、提供便利、帮助犯罪分子逃避处罚，构成犯罪的，依法追究刑事责任。

国家机关工作人员参与利用赌博机开设赌场犯罪的，从重处罚。

【司法指导文件(4)】

《最高人民法院、最高人民检察院、公安部办理跨境赌博犯罪案件若干问题的意见》(公通字〔2020〕14号，20201016)[①]

二、关于跨境赌博犯罪的认定

(一)以营利为目的，有下列情形之一的，属于刑法第三百零三条第二款规定的“开设赌场”：

1.境外赌场经营人、实际控制人、投资人，组织、招揽中华人民共和国公民赴境外赌博的；

2.境外赌场管理人员，组织、招揽中华人民共和国公民赴境外赌博的；

3.受境外赌场指派、雇佣，组织、招揽中华人民共和国公民赴境外赌博，或者组织、招揽中华人民共和国公民赴境外赌博，从赌场获取费用、其他利益的；

4.在境外赌场包租赌厅、赌台，组织、招揽中华人民共和国公民赴境外赌博的；

5.其他在境外以提供赌博场所、提供赌资、设定赌博方式等，组织、招揽中华人民共和国公民赴境外赌博的。

在境外赌场通过开设账户、洗码等方式，为中华人民共和国公民赴境外赌博提供资金担保服务的，以“开设赌场”论处。

(二)以营利为目的，利用信息网络、通讯终端等传输赌博视频、数据，组织中华人民共和国公民跨境赌博活动，有下列情形之一的，属于刑法第三百零三条第二款规定的“开设赌场”：

1.建立赌博网站、应用程序并接受投注的；

2.建立赌博网站、应用程序并提供给他人组织赌博的；

3.购买或者租用赌博网站、应用程序，组织他人赌博的；

4.参与赌博网站、应用程序利润分成的；

5.担任赌博网站、应用程序代理并

① 对于该意见的适用，需结合刑法修正案(十一)第三十六条增设的刑法第三百零三条第三款即组织参与国(境)外赌博罪的规定综合考虑。——编者注

接受投注的；

6.其他利用信息网络、通讯终端等传输赌博视频、数据，组织跨境赌博活动的。

（三）组织、招揽中华人民共和国公民赴境外赌博，从参赌人员中获取费用或者其他利益的，属于刑法第三百零三条第一款规定的“聚众赌博”。

（四）跨境开设赌场犯罪定罪处罚的数量或者数额标准，参照适用《关于办理赌博刑事案件具体应用法律若干问题的解释》《关于办理利用赌博机开设赌场案件适用法律若干问题的意见》和《关于办理网络赌博犯罪案件适用法律若干问题的意见》的有关规定。

三、关于跨境赌博共同犯罪的认定

（一）三人以上为实施开设赌场犯罪而组成的较为固定的犯罪组织，应当依法认定为赌博犯罪集团。对组织、领导犯罪集团的首要分子，按照集团所犯的全部罪行处罚。对犯罪集团中组织、指挥、策划者和骨干分子，应当依法从严惩处。

（二）明知他人实施开设赌场犯罪，为其提供场地、技术支持、资金、资金结算等服务的，以开设赌场罪的共犯论处。

（三）明知是赌博网站、应用程序，有下列情形之一的，以开设赌场罪的共犯论处：

1.为赌博网站、应用程序提供软件开发、技术支持、互联网接入、服务器托管、网络存储空间、通讯传输通道、广告投放、会员发展、资金支付结算等服务的；

2.为赌博网站、应用程序担任代理并发展玩家、会员、下线的。

为同一赌博网站、应用程序担任代理，既无上下级关系，又无犯意联络的，不构成共同犯罪。

（四）对受雇佣为赌场从事接送参赌人员、望风看场、发牌坐庄、兑换筹码、发送宣传广告等活动的人员及赌博网站、应用程序中与组织赌博活动无直接关联的一般工作人员，除参与赌场、赌博网站、应用程序利润分成或者领取高额固定工资的外，可以不追究刑事责任，由公安机关依法给予治安管理处罚。

四、关于跨境赌博关联犯罪的认定

（一）使用专门工具、设备或者其他手段诱使他人参赌，人为控制赌局输赢，构成犯罪的，依照刑法关于诈骗犯罪的规定定罪处罚。

网上开设赌场，人为控制赌局输赢，或者无法实现提现，构成犯罪的，依照刑法关于诈骗犯罪的规定定罪处罚。部分参赌者赢利、提现不影响诈骗犯罪的认定。

（二）通过开设赌场或者为国家工作人员参与赌博提供资金的形式实施行贿、受贿行为，构成犯罪的，依照刑法关于贿赂犯罪的规定定罪处罚。同时构成赌博犯罪的，应当依法与贿赂犯罪数罪并罚。

（三）实施跨境赌博犯罪，同时构成组织他人偷越国（边）境、运送他人偷越国（边）境、偷越国（边）境罪等罪的，应当依法数罪并罚。

（四）实施赌博犯罪，为强行索要赌债，实施故意杀人、故意伤害、非法拘禁、故意毁坏财物、寻衅滋事等行为，构成犯罪的，应当依法数罪并罚。

（五）为赌博犯罪提供资金、信用卡、资金结算等服务，构成赌博犯罪共犯，同时构成非法经营罪、妨害信用卡管理罪、窃取、收买、非法提供信用卡信息罪、掩饰、隐瞒犯罪所得、犯罪收益罪等罪的，依照处罚较重的规定定罪处罚。

为网络赌博犯罪提供互联网接入、服务器托管、网络存储、通讯传输等技术支持，或者提供广告推广、支付结算等帮助，构成赌博犯罪共犯，同时构成非法利用信息网络罪、帮助信息网络犯罪活动罪等罪的，依照处罚较重的规定定罪处罚。

为实施赌博犯罪，非法获取公民个人信息，或者向实施赌博犯罪者出售、提供公民个人信息，构成赌博犯罪共犯，同时构成侵犯公民个人信息罪的，依照处罚较重的规定定罪处罚。

五、关于跨境赌博犯罪赌资数额的认定及处理

赌博犯罪中用作赌注的款物、换取筹码的款物和通过赌博赢取的款物属于赌资。

通过网络实施开设赌场犯罪的，赌资数额可以依照开设赌场行为人在其实际控制账户内的投注金额，结合其他证据认定；如无法统计，可以按照查证属实的参赌人员实际参赌的资金额认定。

对于将资金直接或者间接兑换为虚拟货币、游戏道具等虚拟物品，并用其作为筹码投注的，赌资数额按照购买该虚拟物品所需资金数额或者实际支付资金数额认定。

对于开设赌场犯罪中主要用于接收、流转赌资的银行账户内的资金，犯罪嫌疑人、被告人不能说明合法来源的，可以认定为赌资。

公安机关、人民检察院已查封、扣押、冻结的赌资、赌博用具等涉案财物及孳息，应当制作清单。人民法院对随案移送的涉案财物，依法予以处理。赌资应当依法予以追缴。赌博违法所得、赌博用具以及赌博犯罪分子所有的专门用于赌博的财物等，应当依法予以追缴、没收。

六、关于跨境赌博犯罪案件的管辖

（一）跨境赌博犯罪案件一般由犯罪地公安机关立案侦查，由犯罪嫌疑人居住地公安机关立案侦查更为适宜的，可以由犯罪嫌疑人居住地公安机关立案侦查。犯罪地包括犯罪行为发生地和犯罪结果发生地。

跨境网络赌博犯罪地包括用于实施赌博犯罪行为的网络服务使用的服务器所在地，网络服务提供者所在地，犯罪嫌疑人、参赌人员使用的网络信息系统所在地，犯罪嫌疑人为网络赌博犯罪提供帮助的犯罪地等。

（二）多个公安机关都有权立案侦查的跨境赌博犯罪案件，由最初受理的公安机关或者主要犯罪地公安机关立案侦查。有争议的，应当按照有利于查清犯罪事实、有利于诉讼的原则，协商解决。经协商无法达成一致的，由共同上级公安机关指定有关公安机关立案侦查。

在境外实施的跨境赌博犯罪案件，由公安部商最高人民检察院和最高人民法院指定管辖。

（三）具有下列情形之一的，有关公安机关可以在其职责范围内并案侦查：

1.一人犯数罪的；

2.共同犯罪的；

3.共同犯罪的犯罪嫌疑人实施其他犯罪的；

4.多个犯罪嫌疑人实施的犯罪存在直接关联，并案处理有利于查明案件

事实的。

(四)部分犯罪嫌疑人在逃，但不影响对已到案共同犯罪嫌疑人、被告人的犯罪事实认定的，可以依法先行追究已到案共同犯罪嫌疑人、被告人的刑事责任。

已确定管辖的跨境赌博共同犯罪案件，在逃的犯罪嫌疑人、被告人归案后，一般由原管辖的公安机关、人民检察院、人民法院管辖。

七、关于跨境赌博犯罪案件证据的收集和审查判断

(一)公安机关、人民检察院、人民法院在办理跨境赌博犯罪案件中应当注意对电子证据的收集、审查判断。公安机关应当遵守法定程序，遵循有关技术标准，全面、客观、及时收集、提取电子证据；人民检察院、人民法院应当围绕真实性、合法性、关联性审查判断电子证据。

公安机关、人民检察院、人民法院收集、提取、固定、移送、展示、审查、判断电子证据应当严格依照《最高人民法院、最高人民检察院、公安部关于办理刑事案件收集提取和审查判断电子数据若干问题的规定》《最高人民法院、最高人民检察院、公安部关于办理网络犯罪案件适用刑事诉讼程序若干问题的意见》的规定进行。

(二)公安机关采取技术侦查措施收集的证据材料，能够证明案件事实的，应当随案移送，并移送批准采取技术侦查措施的法律文书。

(三)依照国际条约、刑事司法协助、互助协议或者平等互助原则，请求证据材料所在地司法机关收集，或者通过国际警务合作机制、国际刑警组织启动合作取证程序收集的境外证据材料，公安机关应当对其来源、提取人、提取时间或者提供人、提供时间以及保管移交的过程等作出说明。

当事人及其辩护人、诉讼代理人提供的来自境外的证据材料，该证据材料应当经所在国公证机关证明，所在国中央外交主管机关或者其授权机关认证，并经我国驻该国使、领馆认证。未经证明、认证的，不能作为证据使用。

来自境外的证据材料，能够证明案件事实且符合刑事诉讼法及相关规定的，经查证属实，可以作为定案的根据。

八、关于跨境赌博犯罪案件宽严相济刑事政策的运用

人民法院、人民检察院、公安机关要深刻认识跨境赌博犯罪的严重社会危害性，正确贯彻宽严相济刑事政策，运用认罪认罚从宽制度，充分发挥刑罚的惩治和预防功能。对实施跨境赌博犯罪活动的被告人，应当在全面把握犯罪事实和量刑情节的基础上，依法从严惩处，并注重适用财产刑和追缴、没收等财产处置手段，最大限度剥夺被告人再犯的能力。

(一)实施跨境赌博犯罪，有下列情形之一的，酌情从重处罚：

1.具有国家工作人员身份的；

2.组织国家工作人员赴境外赌博的；

3.组织、胁迫、引诱、教唆、容留未成年人参与赌博的；

4.组织、招揽、雇佣未成年人参与实施跨境赌博犯罪的；

5.采用限制人身自由等手段强迫他人赌博或者结算赌资，尚不构成其他犯罪的；

6.因赌博活动致1人以上死亡、重伤或者3人以上轻伤，或者引发其他严

重后果，尚不构成其他犯罪的；

7.组织、招揽中华人民共和国公民赴境外多个国家、地区赌博的；

8.因赌博、开设赌场曾被追究刑事责任或者二年内曾被行政处罚的。

（二）对于具有赌资数额大、共同犯罪的主犯、曾因赌博犯罪行为被追究刑事责任、悔罪表现不好等情形的犯罪嫌疑人、被告人，一般不适用不起诉、免予刑事处罚、缓刑。

（三）对实施赌博犯罪的被告人，应当加大财产刑的适用。对被告人并处罚金时，应当根据其在赌博犯罪中的地位作用、赌资、违法所得数额等情节决定罚金数额。

（四）犯罪嫌疑人、被告人提供重要证据，对侦破、查明重大跨境赌博犯罪案件起关键作用，经查证属实的，可以根据案件具体情况，依法从宽处理。

【司法指导文件(5)】

《最高人民检察院法律政策研究室对〈关于《关于办理利用赌博机开设赌场案件适用法律若干问题的意见》第七条是否适用于其他开设赌场案件的请示〉的答复意见》(20141222)

办理利用赌博机开设赌场以外的其他开设赌场案件，应当参照“两高”、公安部《关于办理利用赌博机开设赌场案件适用法律若干问题的意见》（公通字〔2014〕17号）第七条“关于宽严相济刑事政策的把握”的有关规定。

【公安文件(1)】

《公安部关于办理赌博违法案件适用法律若干问题的通知》(公通字〔2005〕30号，20050525)

五、赌博活动中用作赌注的款物、换取筹码的款物和通过赌博赢取的款物属于赌资。

在利用计算机网络进行的赌博活动中，分赌场、下级庄家或者赌博参与者在组织或者参与赌博前向赌博组织者、上级庄家或者赌博公司交付的押金，应当视为赌资。

六、赌博现场没有赌资，而是以筹码或者事先约定事后交割等方式代替的，赌资数额经调查属实后予以认定。个人投注的财物数额无法确定时，按照参赌财物的价值总额除以参赌人数的平均值计算。

通过计算机网络实施赌博活动的赌资数额，可以按照在计算机网络上投注或者赢取的总点数乘以每个点数实际代表的金额认定。赌博的次数，可以按照在计算机网络上投注的总次数认定。

七、对查获的赌资、赌博违法所得应当依法没收，上缴国库，并按照规定出具法律手续。对查缴的赌具和销售的具有赌博功能的游戏机，一律依法予以销毁、严禁截留、私分或者以其他方式侵吞赌资、赌具、赌博违法所得以及违法行为人的其他财物。违者，对相关责任人员依法予以行政处分；构成犯罪的，依法追究刑事责任。

对参与赌博人员使用的交通、通讯工具未作为赌注的，不得没收。在以营利为目的，聚众赌博、开设赌场，或者采取不报经国家批准，擅自发行、销售彩票的方式为赌博提供条件，尚不够刑事处罚的案件中，违法行为人本人所有的用于纠集、联络、运送参赌人员以及用于望风护赌的交通、通讯工具，应当依法没收。

【公安文件(2)】

《公安部法制局就〈关于办理赌博违法案件有关法律适用问题的通知〉的电话答复》(20050905)

一、行为人诱使他人参与赌博，约定由行为人本人直接参赌，他人与其共同承担输赢责任，在行为人故意输给其他参赌人后，要求被诱骗人承担还款责任，骗取钱款数额巨大的，应以诈骗罪追究行为人的刑事责任。

二、赌博违法活动中既有赌资又有欠条的，打欠条属于《通知》第六条规定的“事先约定事后交割”方式，欠条所载金额经调查属实后可以认定为赌资。

【指导性案例·法院】

〔洪小强、洪礼沃、洪清泉、李志荣开设赌场案，FZD105-2018〕

以营利为目的，通过邀请人员加入微信群的方式招揽赌客，根据竞猜游戏网站的开奖结果等方式进行赌博，设定赌博规则，利用微信群进行控制管理，在一段时间内持续组织网络赌博活动的，属于刑法第三百零三条第二款规定的“开设赌场”。

〔谢检军、高垒、高尔樵、杨泽彬开设赌场案，FZD106-2018〕

以营利为目的，通过邀请人员加入微信群，利用微信群进行控制管理，以抢红包方式进行赌博，在一段时间内持续组织赌博活动的行为，属于刑法第三百零三条第二款规定的“开设赌场”。

〔陈庆豪、陈淑娟、赵延海开设赌场案，FZD146-2020〕

以“二元期权”交易的名义，在法定期货交易场所之外利用互联网招揽“投资者”，以未来某段时间外汇品种的价格走势为交易对象，按照“买涨”“买跌”确定盈亏，买对涨跌方向的“投资者”得利，买错的本金归网站(庄家)所有，盈亏结果不与价格实际涨跌幅度挂钩的，本质是“押大小、赌输赢”，是披着期权交易外衣的赌博行为。对相关网站应当认定为赌博网站。

【法院案例库参考案例】

〔周某权等赌博案，2024-05-1-285-001〕在内地利用香港“六合彩”开奖信息聚众下注竞猜行为的定性

利用一定形式为载体，以财物作注比输赢的，属于赌博。以营利为目的，在内地利用香港“六合彩”开奖信息进行竞猜，聚众以财物作注比输赢，符合刑法第三百零三条第一款规定的，以赌博罪论处。

〔尉某平、贾某珍开设赌场准许撤回起诉案，2024-18-1-286-001〕无证经营棋牌室，仅收取服务费而未抽头渔利行为的定性

对于聚众赌博、开设赌场等刑事案件的办理，应当严格把握赌博犯罪与群众文娱活动的界限。根据有关司法解释的规定，不以营利为目的，进行带有少量财物输赢的娱乐活动，以及提供棋牌室等娱乐场所只收取正常的场所和服务费用的经营行为等，不以赌博论处。鉴此，对于无证经营棋牌室，仅收取正常服务费、未抽头渔利的行为，不应以赌博犯罪论处。

〔谢某非、刘某功等开设赌场案，2024-06-1-286-005〕利用区块链技术开设赌场的处理规则

1.利用区块链等技术建立赌博网站，并接受参赌人员以虚拟货币作为筹码投注的，属于刑法第三百零三条第二款规定的“开设赌场”行为。

2.对于以虚拟货币作为筹码投注的，赌资数额按照购买该虚拟货币所需资金数额或者实际支付资金数额认定；无法认定实际支付资金数额的，可以结合相关鉴定意见等证据对赌资作出综合认定。

〔谷某霖开设赌场案，2024-06-1-286-004〕为赌博网站担任代理并发展会员参赌行为的定罪量刑

1.对于为赌博网站担任代理并发展会员参赌的，依法认定为开设赌博罪的共犯。

2.对于上述行为，在决定应否追究刑事责任以及如何裁量刑罚时，不仅应当考虑涉案赌资数额，还应当考虑违法所得数额、所起作用大小、犯罪后表现等情节，综合评估社会危害性，确保罪责刑相适应。

〔于某开设赌场案，2023-06-1-286-007〕为赌博网站担任代理并接受投注，情节严重的，构成开设赌场罪

利用掌握的赌博网站会员账号行使代理权，聚集多人长期在相对固定的微信群内进行赌博，组织多人并使用同一会员账号在赌博网站投注的，系开设赌场行为，情节严重的，以开设赌场罪定罪处罚。

〔王某某等人开设赌场案，2024-06-1-286-003〕平台设立盲盒游戏构成开设赌场罪的认定

经营者设立盲盒网站，通过开盲盒获取价值大小不等游戏道具的抽奖活动，实际上是向玩家提供以小博大的中奖机会，博取中奖结果由偶然性决定，属于射幸行为，具有赌博性质。玩家在平台能实现“付费投入—随机抽取—放弃奖品获得折价虚拟货币—再次抽盒”的方式，属于赌博行为。平台运营者为赌博行为提供平台，从网站平台中营利，行为构成开设赌场罪。

〔李某某等开设赌场案，2024-06-1-286-002〕在赌场内不参与决策及投资分红的赌场服务人员的处理

在赌场内不参与决策及投资分红，仅获得普通劳务性报酬的赌场劳务、服务人员，根据案件具体情节，依法可不认定为开设赌场罪。

〔刘某琼等开设赌场案，2023-06-1-286-010〕利用网站彩票开奖信息作为判断赌博输赢标准，以销售彩票为幌子建立电脑系统接受投注的，属开设赌场行为

借助正规彩票的信息，为个人赌博提供一个获取非法所得的平台，其行为本质是招引人员竞赌，不具有非法经营、销售的特点，符合开设赌场罪的构成要件。

〔辛某某、郑某某等开设赌场案，2023-06-1-286-008〕通过虚假宣传引诱客户参与竞猜赌博行为的司法认定

行为人运用以销售商品为名的网络平台，通过虚假宣传的方式引诱客户参与平台购物升级活动，实际上是以营利为目的，吸引社会公众参与竞猜赌博，以购物升级的方式变相接受社会公众投注，以开设赌场罪定罪处罚。

〔郭某峰等开设赌场案，2024-06-1-286-001〕准确区分开设赌场行为与诈骗行为

应准确区分开设赌场与诈骗行为，注重从参与人主观是否陷入错误认识进而处分财物进行判断。两罪在犯罪构成上有本质区别。从主观方面看，参与赌博人员明知赌博活动规则，其处分自己财物时未产生错误认识，交付财物时明知处置后果；而诈骗犯罪的被害人对活动规则或内容并不了解，其在处分财物时产生了错误认识，导致主动交付财物给犯罪分子，且有时并不了解处置后果。

〔邵某等人开设赌场案，2023-06-1-286-003〕“百家乐”网络赌博犯罪中可以使用洗码量认定赌资数额

在“百家乐”赌场平台中，洗码量是赌博平台与下级代理之间进行利益分配的基础性数据，可以客观地反映被告人在开设赌场期间操纵参与“百家乐”网络赌博的真实交易量，同时根据行规，账号使用人亦根据洗码量与平台结算。故对于此类案件，应以涉案赌博账号中的洗码量而非最初投入额作为赌资数额及构成“情节严重”的认定依据。

【《刑事审判参考》案例】

〔参考案例第 804 号：萧俊伟开设赌场案〕明知是赌博网站仍为其提供资金结算便利的行为如何定性？

明知是赌博网站，仍为其提供资金结算便利的行为，构成开设赌场罪。刑法修正案(九)施行后发生的明知是赌博网站，仍为其提供资金结算便利的行为，既构成帮助信息网络犯罪活动罪，又构成开设赌场罪的共同犯罪的，应当依照处罚较重的规定定罪处罚。

〔参考案例第 1331 号：叶国新赌博案〕疫情防控期间聚众赌博的如何从严惩处？

疫情防控关键时期，违反疫情防控不得进行公共聚集活动的相关规定，进行聚众赌博的，相比于正常时期的赌博行为，社会危害性更大，故应以赌博罪从严惩处。

〔参考案例第 1347 号：夏永华等人开设赌场案〕开设微信赌博群，利用微信群抢红包等方式进行赌博的，能否以开设赌场罪定罪处罚？量刑上与传统网络赌博有何不同？

1.开设微信赌博群，利用抢红包等方式进行赌博的，可以开设赌场罪定罪处罚。由于组建微信群赌博，无论是人员规模、公开程度、获利途径和方式、专业化程度，都与网络赌博中的开设赌场具有高度的一致性，因此，可以参照适用《最高人民法院、最高人民检察院、公安部关于办理网络赌博犯罪案件适用法律若干问题的意见》第一条第二款认定利用微信群开设赌场的“情节严重”。

2.在网络赌博和微信群赌博案件中，涉案赌资实行累计计算往往数额巨大，而被告人实际获利却与赌资大小没有必然关系。开设赌场者的获利主要依据赌博的局数或者依据输赢的数量抽头。促使开设赌场者不断实施犯罪行为的内在动力不是赌资的大小，而是抽头的数额。因此，在实际处理中，相比于赌资，抽头渔利数额和非法所得数额是更为重要的量刑情节。

3.相比网络赌博而言，组建微信群赌博，能够入群参与赌博的，一般都是基于组建微信群者或者管理者或者其他赌博参与者的介绍而入群，相互之间的熟悉程度比网络赌博高。而且，由于微信账户不等同于网络银行账户，每次投入资金受到微信规则的限制，特别是发红包，更是受到微信红包每人不得超过200元的限制。因此，微信群红包赌博的社会危害性比网络赌博的社会危害性会相对小一些。故在量刑时不能完全机械地依照前述网络赌博指导意见条文的相关规定，而应该体现微信红包赌博的自身特点。

〔参考案例第1461号：陈枝滨等人开设赌场案〕如何认定新型网络抽奖式销售及类似销售经营行为的性质？

一是审查抽奖式销售行为的实质。首先，看抽奖式销售是否真实。如果行为人以抽奖式销售为名，通过操控中奖结果、虚假抽奖等方式骗取参与人财物，应考虑构成诈骗罪。相反，如属真实抽奖式销售，则可能涉及赌博类犯罪。其次，看抽奖式销售是否为主要经营内容及营利手段。如果纯粹或主要以抽奖式销售为经营内容，且主要依靠无实物销售的折价、抽成等方式营利，应认定为赌博类犯罪。相反，如果抽奖式销售服务于正常商品销售经营，则不宜作为犯罪处理。

二是审查网络平台运营管理的性质。对以营利为目的，在网络上提供较稳定的场所(包括网站、微信群等)组织用户参与赌博，并对“场所”管理、运营、维护的行为，应认定为开设赌场。仅借助网络平台或其他网络手段，在较小范围内召集人员参与较为隐秘的短期赌博的行为，可考虑定性为赌博罪(聚众赌博)。

三是审查行为人的主观故意。构成赌博类犯罪，涉案行为人应以营利为目的，同时应当明知其使用的经营模式涉嫌或可能涉嫌违规甚至违法。在涉及多层级人员参与网站或企业运营的案件中，对参与网站或企业运营的人员是否构成共犯，应重点审查其主观故意，即对经营行为实质是否知情。对部分仅参与经营某些具体环节，且确有证据证实对经营行为的营利方式、违规性质等均不知情的人员，不应论罪处理。

第三百零四条 【故意延误投递邮件罪】邮政工作人员严重不负责任，故意延误投递邮件，致使公共财产、国家和人民利益遭受重大损失的，处二年以下有期徒刑或者拘役。

【立法·要点注释】

1.“邮政工作人员”，是指邮政企业及其分支机构的营业员、投递员、押运员以及其他从事邮政工作的人员。本罪主体是邮政工作人员，其他人员如一般单位收发室人员故意延误邮件收发的，不构成本罪。

2.“延误投递”，是指邮政工作人员故意拖延、耽误邮件的分发、递送，没有按照国务院邮政主管部门规定的时限投交邮件；“邮件”，是指通过邮政企业及其分支机构寄送、递交的信件、电报、传真、印刷品、邮包、汇款通知、报纸杂志等。

【立案追诉标准】

《最高人民检察院、公安部关于公安机关管辖的刑事案件立案追诉标准的规定(一)》(公通字〔2008〕36号，20080625)

第四十五条　〔故意延误投递邮件案(刑法第三百零四条)〕邮政工作人员严重不负责任，故意延误投递邮件，涉嫌下列情形之一的，应予立案追诉：

(一)造成直接经济损失二万元以上的；

(二)延误高校录取通知书或者其他重要邮件投递，致使他人失去高校录取资格或者造成其他无法挽回的重大损失的；

(三)严重损害国家声誉或者造成其他恶劣社会影响的；

(四)其他致使公共财产、国家和人民利益遭受重大损失的情形。

第二节 妨害司法罪

第三百零五条 【伪证罪】在刑事诉讼中，证人、鉴定人、记录人、翻译人对与案件有重要关系的情节，故意作虚假证明、鉴定、记录、翻译，意图陷害他人或者隐匿罪证的，处三年以下有期徒刑或者拘役；情节严重的，处三年以上七年以下有期徒刑。

【立法·要点注释】

"情节严重的"，主要指犯罪手段极为恶劣或者造成严重后果，如致使罪行重大的案犯逃脱法律制裁，使无辜的人受到刑事追究等。

【《刑事审判参考》案例】

〔参考案例第98号：金某伪证案〕被害人在向司法机关报案时，故意夸大犯罪事实，并指使他人作伪证的行为如何定罪处刑？

被害人在向司法机关报案时，故意夸大犯罪事实的行为不构成伪证罪和诬告陷害罪，被害人指使他人作伪证的行为性质属于妨害作证，如果情节达到犯罪的程度，应当以妨害作证罪处理。

第三百零六条 【辩护人、诉讼代理人毁灭证据、伪造证据、妨害作证罪】在刑事诉讼中，辩护人、诉讼代理人毁灭、伪造证据，帮助当事人毁灭、伪造证据，威胁、引诱证人违背事实改变证言或者作伪证的，处三年以下有期徒刑或者拘役；情节严重的，处三年以上七年以下有期徒刑。

辩护人、诉讼代理人提供、出示、引用的证人证言或者其他证据失实，不是有意伪造的，不属于伪造证据。

【立法·要点注释】

1."情节严重"，主要是指犯罪手段极其恶劣、严重妨害了刑事诉讼的正常进行，以及造成犯罪人逃避刑事追究或者使无罪的人受到刑事追究等严重后果。

2."不是有意伪造"，是指辩护人、诉讼代理人对证据不真实的情况并不知情，未参与伪造证据的，证据虚假的原因是证人或者提供证据的人造成的，以及辩护人、诉讼代理人由于工作上的失误造成的。

【法院案例库参考案例】

〔肖某泉辩护人妨害作证案，2023-04-1-291-001〕辩护人妨害作证罪中的"证人"是否包括被害人

辩护人、诉讼代理人妨害作证罪中的"证人"应当包括被害人。

【《刑事审判参考》案例】

〔参考案例第62号：刘某辩护人妨害作证案〕辩护人妨害作证罪是否以发生危害后果为构成要件？

1.只要辩护人在刑事诉讼中，实施了威胁、引诱证人违背事实改变证言或者作伪证的行为，即可以构成犯罪。至于证人在威胁、引诱下改变了证言或者作了伪证，是否足以或者已经导致案件处理或者裁判错误，不影响犯罪的成立。

2.实践中，对于辩护人故意引诱、威胁证人改变证言或者作伪证，但情节显著轻微，如证人坚持如实作证，或者辩护人最终没有将取得的虚假证言向司法机关提供的，不应追究辩护人刑事责任。

第三百零七条　【妨害作证罪】以暴力、威胁、贿买等方法阻止证人作证或者指使他人作伪证的，处三年以下有期徒刑或者拘役；情节严重的，处三年以上七年以下有期徒刑。

【帮助毁灭、伪造证据罪】帮助当事人毁灭、伪造证据，情节严重的，处三年以下有期徒刑或者拘役。

司法工作人员犯前两款罪的，从重处罚。

【立法・要点注释】

本条规定未限于刑事诉讼，可适用于刑事、民事、行政等一切诉讼当中。

【法院公报案例】

〔上海市卢湾区人民检察院诉万才华妨害作证案，GB2012-12〕

行为人为逃避债务，伙同他人提起虚假民事诉讼并指使他人作伪证，妨害人民法院正常司法活动的，应当依照刑法第三百零七条的规定，以妨害作证罪定罪处罚。

【《刑事审判参考》案例】

〔参考案例第681号：俞耀交通肇事案〕交通肇事逃逸后以贿买的方式指使他人冒名顶罪、作伪证的行为，如何定性？

行为人在交通肇事逃逸后以贿买方式指使他人顶罪、作伪证的行为，扰乱了司法秩序，应另定妨害作证罪，而不应作为交通肇事罪中的一个量刑情节来处理。

〔参考案例第933号：徐云宝、郑献洋帮助伪造证据案〕民事诉讼中当庭所作的虚假证言是否属于帮助伪造证据罪中的“证据”？

民事诉讼中当庭所作的虚假证言属于帮助伪造证据罪中的“证据”。

〔参考案例第1590号：李某帮助毁灭、伪造证据案〕为掩盖自己犯罪行为，通过一般的嘱托、请求等方式指使他人作伪证的行为性质应如何认定？

被告人指使他人格式化删除视频监控，并伪造增补合同的行为构成帮助毁灭、伪造证据罪。此后又电话指使他人作虚假陈述的行为系掩饰先前犯罪的手段行为，该行为与格式化视频监控行为之间具有高度的关联性、延续性，且系采用一般的嘱托、请求的方式，而非妨害作证罪中的暴力、威胁、贿买等方式，因而不宜将电话指使他人作虚假陈述的行为单独作为犯罪评价。

第三百零七条之一　【虚假诉讼罪】以捏造的事实提起民事诉讼，妨害司法秩序或者严重侵害他人合法权益的，处三年以下有期徒刑、拘役或者管制，并处或者单处罚金；情节严重的，处三年以上七年以下有期徒刑，并处罚金。

单位犯前款罪的，对单位判处罚金，并对其直接负责的主管人员

和其他直接责任人员，依照前款的规定处罚。

有第一款行为，非法占有他人财产或者逃避合法债务，又构成其他犯罪的，依照处罚较重的规定定罪从重处罚。

司法工作人员利用职权，与他人共同实施前三款行为的，从重处罚；同时构成其他犯罪的，依照处罚较重的规定定罪从重处罚。

【修正说明】

本罪由刑法修正案(九)第三十五条增设。

【立法・要点注释】

1.“捏造的事实”，是指凭空编造的不存在的事实。如根本不存在的债权债务关系，从未发生过的商标侵权行为等。如果民事纠纷客观存在，行为人对具体数额、期限等事实作夸大、隐瞒或虚假陈述的，不属于这里的“捏造”。以捏造的事实提起民事诉讼，是指通过伪造书证、物证、恶意串通、指使证人作假证言等手段，以凭空捏造的根本不存在的事实为基础，向法院提出诉讼请求，要求法院作出裁判。

2.只要虚假诉讼行为妨害司法秩序或者严重侵害他人合法权益，就可以构成本条规定的犯罪，并不一定要求诉讼程序已经完结，司法机关已经实际完成了裁判文书制作、送达，裁判文书完全符合行为人的意愿等。

3.对于提起诉讼的基本事实是真实的，但在一些证据材料上弄虚作假，企图欺骗司法机关，获取有利于自己的裁判的行为，不适用本条规定。对这类行为，可以按照民事诉讼法的有关规定予以罚款、拘留。构成妨害作证，帮助毁灭、伪造证据等其他犯罪的，应当按照刑法有关规定追究刑事责任。

【立案追诉标准】

《最高人民检察院、公安部关于公安机关管辖的刑事案件立案追诉标准的规定(二)》(公通字〔2022〕12号，20220515)

第七十八条　〔虚假诉讼案(刑法第三百零七条之一)〕单独或者与他人恶意串通，以捏造的事实提起民事诉讼，涉嫌下列情形之一的，应予立案追诉：

(一)致使人民法院基于捏造的事实采取财产保全或者行为保全措施的；

(二)致使人民法院开庭审理，干扰正常司法活动的；

(三)致使人民法院基于捏造的事实作出裁判文书、制作财产分配方案，或者立案执行基于捏造的事实作出的仲裁裁决、公证债权文书的；

(四)多次以捏造的事实提起民事诉讼的；

(五)因以捏造的事实提起民事诉讼被采取民事诉讼强制措施或者受过刑事追究的；

(六)其他妨害司法秩序或者严重侵害他人合法权益的情形。

【司法解释(1)】

《最高人民法院关于〈中华人民共和国刑法修正案(九)〉时间效力问题的解释》(法释〔2015〕19号，20151101)

第七条　对于2015年10月31日以前以捏造的事实提起民事诉讼，妨害司法秩序或者严重侵害他人合法权益，根据修正前刑法应当以伪造公司、企业、事业单位、人民团体印章罪或者妨害作证罪等追究刑事责任的，适用修正前刑法的有关规定。但是，根据修正后刑法第三百零七条之一的规定处刑较轻的，适用修正后刑法的有关规定。

实施第一款行为，非法占有他人财产或者逃避合法债务，根据修正前刑法应当以诈骗罪、职务侵占罪或者贪污罪等追究刑事责任的，适用修正前刑法的有关规定。

【司法解释(1)·注释】

由于虚假诉讼罪是新增罪名，对于2015年10月31日以前以捏造的事实提起民事诉讼，妨害司法秩序、非法占有他人财产、逃避合法债务或者严重侵害他人合法权益的，原则上均不以虚假诉讼罪定罪处罚。但有两点需要注意：

第一，对于在虚假诉讼过程中实施的妨害作证、伪造印章等行为，触犯修正前刑法有关规定的，仍应以妨害作证罪或者伪造公司印章罪等罪名予以定罪处罚，这并不违反罪刑法定原则。当然，根据从旧兼从轻原则，如果根据修正后刑法第三百零七条之一的规定处刑较轻的(如情节严重的伪造、变造国家机关公文、证件、印章罪的处刑比情节严重的虚假诉讼罪重)，则作为例外，可以虚假诉讼罪定罪处罚。

第二，对于以非法占有为目的，以虚假诉讼为手段，骗取、侵吞国家、集体或者他人财产，或者逃避合法债务的，应当以诈骗罪、职务侵占罪或者贪污罪等追究刑事责任。此时，虽然虚假诉讼罪的处刑较轻，但因虚假诉讼罪只能评价诈骗、职务侵占或者贪污的手段行为，不能反映罪行全貌及危害后果，不能根据从旧兼从轻原则以虚假诉讼罪处罚，只能依照处罚较重的规定定罪从重处罚。

【司法解释(2)】

《最高人民法院、最高人民检察院关于办理虚假诉讼刑事案件适用法律若干问题的解释》(法释〔2018〕17号，20181001)

第一条　采取伪造证据、虚假陈述等手段，实施下列行为之一，捏造民事法律关系，虚构民事纠纷，向人民法院提起民事诉讼的，应当认定为刑法第三百零七条之一第一款规定的“以捏造的事实提起民事诉讼”：

(一)与夫妻一方恶意串通，捏造夫妻共同债务的；

(二)与他人恶意串通，捏造债权债务关系和以物抵债协议的；

(三)与公司、企业的法定代表人、董事、监事、经理或者其他管理人员恶意串通，捏造公司、企业债务或者担保义务的；

(四)捏造知识产权侵权关系或者不正当竞争关系的；

(五)在破产案件审理过程中申报捏造的债权的；

(六)与被执行人恶意串通，捏造债权或者对查封、扣押、冻结财产的优先权、担保物权的；

(七)单方或者与他人恶意串通，捏造身份、合同、侵权、继承等民事法律关系的其他行为。

隐瞒债务已经全部清偿的事实，向人民法院提起民事诉讼，要求他人履行债务的，以“以捏造的事实提起民事诉讼”论。

向人民法院申请执行基于捏造的事实作出的仲裁裁决、公证债权文书，或者在民事执行过程中以捏造的事实对执行标的提出异议、申请参与执行财产分配的，属于刑法第三百零七条之一第一款规定的“以捏造的事实提起民事诉讼”。

第二条　以捏造的事实提起民事诉讼，有下列情形之一的，应当认定为刑法第三百零七条之一第一款规定的“妨害司法秩序或者严重侵害他人合法权益”：

（一）致使人民法院基于捏造的事实采取财产保全或者行为保全措施的；

（二）致使人民法院开庭审理，干扰正常司法活动的；

（三）致使人民法院基于捏造的事实作出裁判文书、制作财产分配方案，或者立案执行基于捏造的事实作出的仲裁裁决、公证债权文书的；

（四）多次以捏造的事实提起民事诉讼的；

（五）曾因以捏造的事实提起民事诉讼被采取民事诉讼强制措施或者受过刑事追究的；

（六）其他妨害司法秩序或者严重侵害他人合法权益的情形。

第三条　以捏造的事实提起民事诉讼，有下列情形之一的，应当认定为刑法第三百零七条之一第一款规定的“情节严重”：

（一）有本解释第二条第一项情形，造成他人经济损失一百万元以上的；

（二）有本解释第二条第二项至第四项情形之一，严重干扰正常司法活动或者严重损害司法公信力的；

（三）致使义务人自动履行生效裁判文书确定的财产给付义务或者人民法院强制执行财产权益，数额达到一百万元以上的；

（四）致使他人债权无法实现，数额达到一百万元以上的；

（五）非法占有他人财产，数额达到十万元以上的；

（六）致使他人因为不执行人民法院基于捏造的事实作出的判决、裁定，被采取刑事拘留、逮捕措施或者受到刑事追究的；

（七）其他情节严重的情形。

第四条　实施刑法第三百零七条之一第一款行为，非法占有他人财产或者逃避合法债务，又构成诈骗罪，职务侵占罪，拒不执行判决、裁定罪，贪污罪等犯罪的，依照处罚较重的规定定罪从重处罚。

第五条　司法工作人员利用职权，与他人共同实施刑法第三百零七条之一前三款行为的，从重处罚；同时构成滥用职权罪，民事枉法裁判罪，执行判决、裁定滥用职权罪等犯罪的，依照处罚较重的规定定罪从重处罚。

第六条　诉讼代理人、证人、鉴定人等诉讼参与人与他人通谋，代理提起虚假民事诉讼、故意作虚假证言或者出具虚假鉴定意见，共同实施刑法第三百零七条之一前三款行为的，依照共同犯罪的规定定罪处罚；同时构成妨害作证罪，帮助毁灭、伪造证据罪等犯罪的，依照处罚较重的规定定罪从重处罚。

第七条　采取伪造证据等手段篡改案件事实，骗取人民法院裁判文书，构成犯罪的，依照刑法第二百八十条、第三百零七条等规定追究刑事责任。

第八条　单位实施刑法第三百零七条之一第一款行为的，依照本解释规定的定罪量刑标准，对其直接负责的主管人员和其他直接责任人员定罪处罚，并对单位判处罚金。

第九条　实施刑法第三百零七条

之一第一款行为，未达到情节严重的标准，行为人系初犯，在民事诉讼过程中自愿具结悔过，接受人民法院处理决定，积极退赃、退赔的，可以认定为犯罪情节轻微，不起诉或者免予刑事处罚；确有必要判处刑罚的，可以从宽处罚。

司法工作人员利用职权，与他人共同实施刑法第三百零七条之一第一款行为的，对司法工作人员不适用本条第一款规定。

第十条　虚假诉讼刑事案件由虚假民事诉讼案件的受理法院所在地或者执行法院所在地人民法院管辖。有刑法第三百零七条之一第四款情形的，上级人民法院可以指定下级人民法院将案件移送其他人民法院审判。

第十一条　本解释所称裁判文书，是指人民法院依照民事诉讼法、企业破产法等民事法律作出的判决、裁定、调解书、支付令等文书。

第十二条　本解释自2018年10月1日起施行。

【司法解释(2)·注释】

1.虚假诉讼罪仅适用于民事诉讼领域。对于实践中出现的以捏造的事实提起行政诉讼的行为，不能以虚假诉讼罪定罪处刑。

2.虚假诉讼犯罪仅限于“无中生有型”行为，即凭空捏造根本不存在的民事法律关系和因该民事法律关系产生民事纠纷的情形。“捏造事实”行为的本质是捏造民事法律关系、虚构民事纠纷，两者应同时具备、缺一不可。对于“部分篡改型”虚假诉讼行为，即民事法律关系和民事纠纷客观存在，行为人只是对具体的诉讼标的额、履行方式等部分事实作夸大或者隐瞒的行为，不属于刑法规定的虚假诉讼罪的范畴；构成犯罪的，可以以伪造公司、企业、事业单位、人民团体印章罪或者妨害作证罪等罪名追究其刑事责任。捏造事实既可以是积极行为，也可以是特定形式的消极行为。行为人隐瞒他人已经全部清偿债务的事实，向人民法院提起民事诉讼，要求对方履行债务的，也可以构成虚假诉讼罪。

3.虚假诉讼犯罪行为的具体实施方式可以表现为“单方欺诈型”和“恶意串通型”。刑法中的虚假诉讼犯罪行为与民事诉讼法(2017年)第一百一十二条、第一百一十三条规定的虚假诉讼行为并不完全等同，除了当事人双方恶意串通之外，一方当事人以捏造的事实提起民事诉讼，意图使对方当事人败诉，以达到非法占有对方财产等目的的，也可以构成虚假诉讼罪。

4.民事执行程序属于虚假诉讼罪中的“民事诉讼”。以捏造的事实申请人民法院进行民事执行，同样可能妨害司法秩序和严重侵害他人合法权益，需要采取刑事手段予以规制。实践中存在的向人民法院申请执行基于捏造的事实作出的仲裁裁决、公证债权文书，或者在民事执行过程中以捏造的事实对执行标的提出异议、申请参与执行财产分配，均可以构成虚假诉讼罪。

5.为了突出打击重点，方便司法实践中正确适用和准确把握虚假诉讼罪，司法解释对实践中常见多发的夫妻债务认定、以物抵债、公司债务、知识产权侵权和不正当竞争、企业破产、民事执行等类型案件中捏造民事法律关系的行为作了列举式规定，并在兜底条款中对捏造民事法律关系的行为应当如何界定作了进一步明确。这种规定方式属于不完全列举。从理论上讲,虚假诉讼犯罪行为可能存在于几乎所有类型的民商事案件中。实践中,需要根据刑法和司法解释的规定正确理解、准确适用。

6.关于2002年《最高人民检察院法律政策研究室关于通过伪造证据骗取法院民事裁判占有他人财物的行为如何适用法律问题的答复》(〔2002〕高检研发第18号,以下简称《2002年最高检答复》)的效力问题。《2002年最高检答复》规定:"以非法占有为目的,通过伪造证据骗取法院民事裁判占有他人财物的行为所侵害的主要是人民法院正常的审判活动,可以由人民法院依照民事诉讼法的有关规定作出处理,不宜以诈骗罪追究行为人的刑事责任。如果行为人伪造证据时,实施了伪造公司、企业、事业单位、人民团体印章的行为,构成犯罪的,应当依照刑法第280条第2款的规定,以伪造公司、企业、事业单位、人民团体印章罪追究刑事责任;如果行为人有指使他人作伪证行为,构成犯罪的应当依照刑法第307条第1款的规定,以妨害作证罪追究刑事责任。"此后,2006年《最高人民法院研究室关于伪造证据通过诉讼获取他人财物的行为如何适用法律问题的批复》(法研〔2006〕73号)中明确,审理此类案件时可参酌适用《2002年最高检答复》的规定。刑法理论界和实务界对上述两个文件存在分歧意见,实务中也有不同处理做法。最高人民法院经研究认为,刑法修正案(九)增设虚假诉讼罪后,《2002年最高检答复》的效力仅及于虚假诉讼罪以外的情形,主要是"部分篡改型"虚假诉讼行为。

【司法指导文件(1)】

《最高人民法院、最高人民检察院、公安部、司法部关于进一步加强虚假诉讼犯罪惩治工作的意见》(法发〔2021〕10号,20210310)

第一章　总　　则

第二条　本意见所称虚假诉讼犯罪,是指行为人单独或者与他人恶意串通,采取伪造证据、虚假陈述等手段,捏造民事案件基本事实,虚构民事纠纷,向人民法院提起民事诉讼,妨害司法秩序或者严重侵害他人合法权益,依照法律应当受刑罚处罚的行为。

第二章　虚假诉讼犯罪的甄别和发现

第四条　实施《最高人民法院、最高人民检察院关于办理虚假诉讼刑事案件适用法律若干问题的解释》第一条第一款、第二款规定的捏造事实行为,并有下列情形之一的,应当认定为刑法第三百零七条之一第一款规定的"以捏造的事实提起民事诉讼":

(一)提出民事起诉的;

(二)向人民法院申请宣告失踪、宣告死亡,申请认定公民无民事行为能力、限制民事行为能力,申请认定财产无主,申请确认调解协议,申请实现担保物权,申请支付令,申请公示催告的;

(三)在民事诉讼过程中增加独立的诉讼请求、提出反诉,有独立请求权的第三人提出与本案有关的诉讼请求的;

(四)在破产案件审理过程中申报债权的;

(五)案外人申请民事再审的;

(六)向人民法院申请执行仲裁裁决、公证债权文书的;

(七)案外人在民事执行过程中对

执行标的提出异议，债权人在民事执行过程中申请参与执行财产分配的；

（八）以其他手段捏造民事案件基本事实，虚构民事纠纷，提起民事诉讼的。

第五条　对于下列虚假诉讼犯罪易发的民事案件类型，人民法院、人民检察院在履行职责过程中应当予以重点关注：

（一）民间借贷纠纷案件；

（二）涉及房屋限购、机动车配置指标调控的以物抵债案件；

（三）以离婚诉讼一方当事人为被告的财产纠纷案件；

（四）以已经资不抵债或者已经被作为被执行人的自然人、法人和非法人组织为被告的财产纠纷案件；

（五）以拆迁区划范围内的自然人为当事人的离婚、分家析产、继承、房屋买卖合同纠纷案件；

（六）公司分立、合并和企业破产纠纷案件；

（七）劳动争议案件；

（八）涉及驰名商标认定的案件；

（九）其他需要重点关注的民事案件。

第六条　民事诉讼当事人有下列情形之一的，人民法院、人民检察院在履行职责过程中应当依法严格审查，及时甄别和发现虚假诉讼犯罪：

（一）原告起诉依据的事实、理由不符合常理，存在伪造证据、虚假陈述可能的；

（二）原告诉请司法保护的诉讼标的额与其自身经济状况严重不符的；

（三）在可能影响案外人利益的案件中，当事人之间存在近亲属关系或者关联企业等共同利益关系的；

（四）当事人之间不存在实质性民事权益争议和实质性诉辩对抗的；

（五）一方当事人对于另一方当事人提出的对其不利的事实明确表示承认，且不符合常理的；

（六）认定案件事实的证据不足，但双方当事人主动迅速达成调解协议，请求人民法院制作调解书的；

（七）当事人自愿以价格明显不对等的财产抵付债务的；

（八）民事诉讼过程中存在其他异常情况的。

第七条　民事诉讼代理人、证人、鉴定人等诉讼参与人有下列情形之一的，人民法院、人民检察院在履行职责过程中应当依法严格审查，及时甄别和发现虚假诉讼犯罪：

（一）诉讼代理人违规接受对方当事人或者案外人给付的财物或者其他利益，与对方当事人或者案外人恶意串通，侵害委托人合法权益的；

（二）故意提供虚假证据，指使、引诱他人伪造、变造证据、提供虚假证据或者隐匿、毁灭证据的；

（三）采取其他不正当手段干扰民事诉讼活动正常进行的。

第三章　线索移送和案件查处

第八条　人民法院、人民检察院、公安机关发现虚假诉讼犯罪的线索来源包括：

（一）民事诉讼当事人、诉讼代理人和其他诉讼参与人、利害关系人、其他自然人、法人和非法人组织的报案、控告、举报和法律监督申请；

（二）被害人有证据证明对被告人通过实施虚假诉讼行为侵犯自己合法权益的行为应当依法追究刑事责任，且有证据证明曾经提出控告，而公安机关或者人民检察院不予追究被告人刑事责任，向人民法院提出的刑事自诉；

（三）人民法院、人民检察院、公安机关、司法行政机关履行职责过程中主动发现；

（四）有关国家机关移送的案件线索；

（五）其他线索来源。

第九条　虚假诉讼刑事案件由相关虚假民事诉讼案件的受理法院所在地或者执行法院所在地人民法院管辖。有刑法第三百零七条之一第四款情形的，上级人民法院可以指定下级人民法院将案件移送其他人民法院审判。

前款所称相关虚假民事诉讼案件的受理法院，包括该民事案件的一审、二审和再审法院。

虚假诉讼刑事案件的级别管辖，根据刑事诉讼法的规定确定。

……

第四章　程序衔接

……

第五章　责任追究

第二十二条　对于故意制造、参与虚假诉讼犯罪活动的民事诉讼当事人和其他诉讼参与人，人民法院应当加大罚款、拘留等对妨害民事诉讼的强制措施的适用力度。

民事诉讼当事人、其他诉讼参与人实施虚假诉讼，人民法院向公安机关移送案件有关材料前，可以依照民事诉讼法的规定先行予以罚款、拘留。

对虚假诉讼刑事案件被告人判处罚金、有期徒刑或者拘役的，人民法院已经依照民事诉讼法的规定给予的罚款、拘留，应当依法折抵相应罚金或者刑期。

第二十三条　人民检察院可以建议人民法院依照民事诉讼法的规定，对故意制造、参与虚假诉讼的民事诉讼当事人和其他诉讼参与人采取罚款、拘留等强制措施。

第二十四条　司法工作人员利用职权参与虚假诉讼的，应当依照法律法规从严处理；构成犯罪的，依法从严追究刑事责任。

第二十五条　司法行政机关、相关行业协会应当加强对律师、基层法律服务工作者、司法鉴定人、公证员、仲裁员的教育和管理，发现上述人员利用职务之便参与虚假诉讼的，应当依照规定进行行政处罚或者行业惩戒；构成犯罪的，依法移送司法机关处理。律师、基层法律服务工作者、司法鉴定人、公证员、仲裁员利用职务之便参与虚假诉讼的，依照有关规定从严追究法律责任。

人民法院、人民检察院、公安机关在办理案件过程中，发现律师、基层法律服务工作者、司法鉴定人、公证员、仲裁员利用职务之便参与虚假诉讼，尚未构成犯罪的，可以向司法行政机关、相关行业协会或者上述人员所在单位发出书面建议。司法行政机关、相关行业协会或者上述人员所在单位应当在收到书面建议之日起三个月内作出处理决定，并书面回复作出书面建议的人民法院、人民检察院或者公安机关。

第六章　协作机制

……

第七章　附　　则

第二十八条　各省、自治区、直辖市高级人民法院、人民检察院、公安机关、司法行政机关可以根据本地区实际情况，制定实施细则。

第二十九条　本意见自2021年3月10日起施行。

【司法指导文件(1)·注释】

1.民事二审程序不属于虚假诉讼罪中的民事诉讼范围。我国的民事二审程序采用续审制原则,除特殊情况外,二审审理范围原则上不超出一审之诉和当事人上诉请求的范围。据此,民事诉讼当事人在一审宣判后以捏造的事实提出上诉的,因其上诉请求不超出一审之诉的范围,不符合无中生有捏造事实的行为特征。因此,民事诉讼当事人在一审宣判后提出上诉、启动民事二审程序的,不宜认定为虚假诉讼罪中的"提起民事诉讼"。

2.刑事附带民事诉讼是否属于虚假诉讼罪中的民事诉讼,应当区分不同情况分别认定。首先,在刑事公诉案件中,即使公诉机关起诉指控的事实经人民法院裁判认定不能成立、被告人的行为不构成犯罪,但基于被害人一方对公安、检察机关的信赖心理,亦不能认定其行为属于无中生有捏造事实。因此,在刑事公诉案件中提起附带民事诉讼的,不能认定为虚假诉讼罪中的"提起民事诉讼"。其次,刑事自诉案件不以公安机关侦查和检察机关审查起诉为前置程序,自诉人自行承担证明被告人有罪的举证责任,存在自诉人无中生有捏造事实的可能性,故刑事自诉人的行为可能构成虚假诉讼罪。刑事自诉人以捏造的事实提起附带民事诉讼的,可以认定为本意见第四条第八项规定的"以其他手段捏造民事案件基本事实,虚构民事纠纷,提起民事诉讼的"情形。

【司法指导文件(2)】

《最高人民法院关于防范和制裁虚假诉讼的指导意见》(法发〔2016〕13号,20160620)

1.虚假诉讼一般包含以下要素:(1)以规避法律、法规或国家政策谋取非法利益为目的;(2)双方当事人存在恶意串通;(3)虚构事实;(4)借用合法的民事程序;(5)侵害国家利益、社会公共利益或者案外人的合法权益。

2.实践中,要特别注意以下情形:(1)当事人为夫妻、朋友等亲近关系或者关联企业等共同利益关系;(2)原告诉请司法保护的标的额与其自身经济状况严重不符;(3)原告起诉所依据的事实和理由明显不符合常理;(4)当事人双方无实质性民事权益争议;(5)案件证据不足,但双方仍然主动迅速达成调解协议,并请求人民法院出具调解书。

12.对虚假诉讼参与人,要适度加大罚款、拘留等妨碍民事诉讼强制措施的法律适用力度;虚假诉讼侵害他人民事权益的,虚假诉讼参与人应当承担赔偿责任;虚假诉讼违法行为涉嫌虚假诉讼罪、诈骗罪、合同诈骗罪等刑事犯罪的,民事审判部门应当依法将相关线索和有关案件材料移送侦查机关。

【司法指导文件(3)】

《最高人民法院关于深入开展虚假诉讼整治工作的意见》(法〔2021〕281号,20211104)

二、精准甄别查处,依法保护诉权。单独或者与他人恶意串通,采取伪造证据、虚假陈述等手段,捏造民事案件基本事实,虚构民事纠纷,向人民法院提起民事诉讼,损害国家利益、社会公共利益或者他人合法权益,妨害司法秩序的,构成虚假诉讼。向人民法院申请执行基于捏造的事实作出的仲裁裁决、调解书及公证债权文书，在民事执行过程中以捏造的事实对执行标的提出异议、申请参与执行财产分配的，也属于虚假诉讼。诉讼代理人、证人、鉴定人、公证人等与他人串通，共同实施虚假诉讼的，属于虚假诉讼行为人。在整治虚假诉讼的同时，应当依法保护当事人诉权。既要防止以保护当事人诉权为由，放松对虚假诉讼的甄别、查处，又要防止以整治虚假诉讼为由，当立案不立案，损害当事人诉权。

十七、依法认定犯罪，从严追究虚假诉讼刑事责任。虚假诉讼行为符合刑法和司法解释规定的定罪标准的，要依法认定为虚假诉讼罪等罪名，从严追究行为人的刑事责任。实施虚假诉讼犯罪，非法占有他人财产或者逃避合法债务，又构成诈骗罪、职务侵占罪、拒不执行判决、裁定罪、贪污罪等犯罪的，依照处罚较重的罪名定罪并从重处罚。对于多人结伙实施的虚假诉讼共同犯罪中罪责最突出的主犯、有虚假诉讼违法犯罪前科再次实施虚假诉讼犯罪的被告人，要充分体现从严，控制缓刑、免予刑事处罚的适用范围。

十八、保持高压态势，严惩“套路贷”虚假诉讼犯罪。及时甄别、依法严厉打击“套路贷”中的虚假诉讼违法犯罪行为，符合黑恶势力认定标准的，应当依法认定。对于被告人实施“套路贷”违法所得的一切财物，应当予以追缴或者责令退赔，依法保护被害人的财产权利。保持对“套路贷”虚假诉讼违法犯罪的高压严打态势，将依法严厉打击“套路贷”虚假诉讼违法犯罪作为常态化开展扫黑除恶斗争的重要内容，切实维护司法秩序和人民群众合法权益，满足人民群众对公平正义的心理期待。

十九、做好程序衔接，保持刑民协同。经审理认为民事诉讼当事人的行为构成虚假诉讼犯罪的，作出生效刑事裁判的人民法院应当及时函告审理或者执行该民事案件的人民法院。生效刑事裁判认定构成虚假诉讼犯罪的，有关人民法院应当及时依法启动审判监督程序对相关民事判决、裁定、调解书予以纠正。当事人、案外人以生效刑事裁判认定构成虚假诉讼犯罪为由对生效民事判决、裁定、调解书申请再审的，应当依法及时进行审查。

【司法指导文件(4)】

参见本法分则第五章侵犯财产罪项下【司法指导文件(1)】第一条第二款的规定，第806页。

【司法指导文件(5)】

参见本法分则第五章侵犯财产罪项下【司法指导文件(2)】第四条的规定，第808页。

【指导性案例·检察】

〔李卫俊等“套路贷”虚假诉讼案，JZD87-2020〕

1.检察机关办理涉及“套路贷”案件时，应当查清是否存在通过虚假诉讼行为实现非法利益的情形。对虚假诉讼中涉及的民事判决、裁定、调解协议书等，应当依法开展监督。针对办案中发现的非法金融活动和监管漏洞，应当运用检察建议等方式，促进依法整治并及时堵塞行业监管漏洞。

2.对涉黑涉恶案件中存在“套路贷”行为的，检察机关应当注重审查是否存在通过虚假诉讼手段实现“套路贷”非法利益的情形。对此，可围绕案件中是否存在疑似职业放贷人，借贷合同是否为统一格式，原告提供的证据形式是否不合常理，被告是否缺席判决等方面进行审查。发现虚假诉讼严重损害当事人利益，妨害司法秩序的，应当依职权启动监督，及时纠正错误判决、裁定和调解协议书。

〔周某某与项某某、李某某著作权权属、侵权纠纷等系列虚假诉讼监督案，JZD192-2023〕

冒充作者身份，以他人创作的作品骗取著作权登记，并以此为主要证据提起诉讼谋取不正当利益，损害他人合法权益、妨害司法秩序的，构成虚假诉讼。著作权登记证书作为著作权权属的初步证明，是著作权权属、侵权纠纷中最常见的证据之一。但是著作权登记时，对相关作品是否系申请人创作、是否具有独创性不做实质审查，客观上难以防范恶意登记著作权行为。故意提交虚假申请材料以他人作品或者公有领域的作品骗取著作权登记，再利用骗取的著作权登记证书提起诉讼谋取不正当利益，是知识产权领域一类比较典型的虚假诉讼。检察机关办理著作权权属、侵权纠纷民事诉讼监督案件，除审查著作权登记证书外，还应重点审查创作底稿、原件等证据材料，并调查核实作品是否为他人创作、在登记证书载明的创作完成日前是否已存在等事实，综合判断著作权权属。

〔杨某涉嫌虚假诉讼不批捕复议案，JZD210-2024〕

办理虚假诉讼刑事案件应当审查行为人是否属于“以捏造的事实提起民事诉讼”。虚假诉讼罪的本质特征在于，行为人与他人之间不存在民事法律关系和民事纠纷，无中生有捏造民事法律关系和民事纠纷并提起民事诉讼。判断是否属于“无中生有”捏造民事法律关系和民事纠纷，应当坚持实质判断。如果行为人与他人之间实际上存在民事法律关系和民事纠纷，为了达到胜诉目的，篡改了部分证据，并没有从实质上改变原民事法律关系和民事纠纷的，不认定为虚假诉讼罪。如果构成其他违法犯罪的，按照有关规定追究法律责任。

【法院案例库参考案例】

〔周某某虚假诉讼案，2024-03-1-293-001〕虚假诉讼罪的捏造事实的认定

对于虚假诉讼罪的捏造事实应当坚持实质性判断，不能进行形式化、简单化认定。“事实”是指据以提起民事诉讼的，对启动民事诉讼具有决定性作用的事实，“捏造”是指无中生有、凭空虚构特定事实的行为。

〔周某云虚假诉讼案，2023-05-1-293-011〕虚构职工工资提起虚假诉讼逃避履行债务

实践中，少数企业控制人、股东为逃避履行债务，与他人恶意串通，捏造劳动合同关系，以虚构的劳动者名义起诉企业要求支付工资劳动报酬，以达到转移企业资产、逃避履行债务的目的，应依法承担相应法律责任。

【《刑事审判参考》案例】

〔参考案例第1375号：胡群光妨害作证、王荣炎帮助伪造证据案〕“部分篡改型”行为是否构成虚假诉讼罪？

“部分篡改型”的诉讼行为，不同于在不存在民事法律关系的情况下凭空捏造民事法律关系、虚构民事纠纷并向人民法院提起民事诉讼的"无中生有型"行为。"部分篡改型"行为不构成虚假诉讼罪，但行为人在提起民事诉讼之前或者民事诉讼过程中，有妨害作证、伪造证据等行为的，可以分别相应地构成妨害作证罪、帮助伪造证据罪。

〔参考案例第1376号：高云虚假诉讼案〕民事共同诉讼案件中如何正确认定虚假诉讼罪？

在虚假诉讼刑事案件审理过程中，对于行为人实施的行为是否属于捏造民事法律关系、虚构民事纠纷，应当结合民事诉讼理论和案件具体情况进行实质判断，行为人与他人之间确实存在民事法律关系和民事纠纷，仅对民事法律关系的性质进行篡改的，不宜简单认定为捏造民事法律关系，进而以虚假诉讼罪论处。在民事普通共同诉讼案件中，对于某一行为是否构成虚假诉讼罪，应当区分不同原告的行为，分别进行评价。

〔参考案例第1377号：胡文新、黎维军虚假诉讼案〕向人民法院申请执行仲裁调解书是否属于虚假诉讼罪中的"提起民事诉讼"？

以捏造的事实获取仲裁调解书后，向人民法院申请执行该仲裁调解书的，属于虚假诉讼罪中的"提起民事诉讼"，可以构成虚假诉讼罪。

〔参考案例第1378号：嘉善双赢轴承厂诉单国强虚假诉讼案〕如何正确认定虚假诉讼犯罪案件的自诉条件？

虚假诉讼犯罪案件中的被害人提起刑事自诉，应当同时满足以下三个方面的条件：(1)自己的人身、财产权利遭到虚假诉讼犯罪行为侵害。(2)有证据证明对被告人通过虚假诉讼侵犯自己人身、财产权利的行为应当依法追究刑事责任。(3)有证据证明被害人曾向公安机关或者人民检察院控告被告人实施虚假诉讼犯罪行为，而公安机关或者人民检察院不予追究被告人刑事责任。

〔参考案例第1379号：万春禄虚假诉讼案〕隐瞒真相行为能否构成虚假诉讼罪？如何确定虚假诉讼罪的既遂标准？

1.虚假诉讼罪中的"捏造事实"包括虚构事实和隐瞒真相两种行为方式，采用隐瞒真相的方式捏造事实并提起民事诉讼的行为，可以构成虚假诉讼罪。

2.虚假诉讼罪是结果犯，以行为造成犯罪构成要件预定的后果为既遂标准。虚假诉讼罪所保护的法益为复合法益，行为造成"妨害司法秩序"或者"严重侵害他人合法权益"后果之一，即可构成本罪的既遂。此处的"司法秩序"是指人民法院受理民事案件后的正常司法活动，实践中主要表现为行为人提起虚假民事诉讼后导致司法机关作出错误裁判，或者大量占用司法资源、影响正常司法活动等两个方面。

〔参考案例第1380号：张崇光、张崇荣虚假诉讼案〕虚假诉讼犯罪案件中如何正确适用从旧兼从轻原则？

行为人在刑法修正案(九)生效之前实施虚假诉讼行为，在刑法修正案(九)生效之后交付审判的，应当适用从旧兼从轻的原则来准确选择所适用的罪名。具体而言，在刑法修正案(九)生效之前，虚假诉讼行为过程中如伴随有妨害作证、帮助伪造证据等行为，可以相应构成妨害作证罪、帮助伪造证据罪。但根据虚假诉讼罪对被告人处刑较轻的，以虚假诉讼罪追究其刑事责任，此处所称的"处刑较轻"，是指刑法规定的法定刑较轻，而非被告人可能实际被判处的刑罚较轻。

〔参考案例第1591号：叶某某虚假诉讼案〕如何正确认定跨多个民事案件的虚假诉讼行为？

对于跨多个民事诉讼案件的涉虚假诉讼行为，应当结合虚构的具体事实、对司法秩序造成的影响及行为的延续性等因素，综合评判是否均属于虚假诉讼犯罪行为。

第三百零八条　【打击报复证人罪】对证人进行打击报复的，处三年以下有期徒刑或者拘役；情节严重的，处三年以上七年以下有期徒刑。

【立法 · 要点注释】

1.“证人”不仅包括刑事诉讼中的证人，也包括行政、民事诉讼中的证人。

2.“打击报复”包括多种方式，主要有对证人进行暴力伤害，利用职权降薪、降职、辞退，当众侮辱或捏造事实诽谤等。

3.“情节严重”，主要是指行为人犯罪手段极其恶劣；多次打击报复证人或者打击报复证人多人的；造成被害人精神失常、自杀等严重后果的。

4.如果故意伤害、杀害证人或者有其他犯罪行为的，其行为则构成伤害罪、杀人罪等，应根据刑法中从一重罪处罚的原则，按照该行为触犯的刑罚较重的犯罪规定处刑。

第三百零八条之一　【泄露不应公开的案件信息罪】司法工作人员、辩护人、诉讼代理人或者其他诉讼参与人，泄露依法不公开审理的案件中不应当公开的信息，造成信息公开传播或者其他严重后果的，处三年以下有期徒刑、拘役或者管制，并处或者单处罚金。

【故意泄露国家秘密罪】【过失泄露国家秘密罪】有前款行为，泄露国家秘密的，依照本法第三百九十八条的规定定罪处罚。

【披露、报道不应公开的案件信息罪】公开披露、报道第一款规定的案件信息，情节严重的，依照第一款的规定处罚。

单位犯前款罪的，对单位判处罚金，并对其直接负责的主管人员和其他直接责任人员，依照第一款的规定处罚。

【修正说明】

本罪由刑法修正案(九)第三十六条增设。

【立法 · 要点注释】

1.“不应当公开的信息”，是指公开以后可能对国家安全和利益、当事人受法律保护的隐私权、商业秘密造成损害，以及对涉案未成年人的身心健康造成不利影响的信息。包括案件涉及的国家秘密、个人隐私、商业秘密本身，也包括其他与案件有关不宜为诉讼参与人以外人员知悉的信息，如案件事实的细节，诉讼参与人在参加庭审时发表言论的具体内容，被性侵犯的被害人的个人信息等。对于未成年人犯罪案件，未成年犯罪嫌疑人、被告人的姓名、住所、照片、图像以及可能推断出该未成年人的资料，都属于不应当公开的信息。由于行为人的故意或者过失，造成不应当知悉有关案件信息的人员知悉有关案件信息的，即属于泄露该信息的行为。

2."其他严重后果",是指信息公开传播以外的其他严重的危害后果,如造成被害人不堪受辱而自杀,造成审判活动被干扰导致无法顺利进行等。

3."公开披露",是指通过各种途径向他人和公众发布有关案件信息。"报道",主要是指报刊、广播、电视、网站等媒体向公众公开传播有关案件信息。在网络自媒体发达的今天,公开披露和媒体报道有关信息,都会使得相关信息被广泛传播,从而损害当事人合法权益。

第三百零九条 【扰乱法庭秩序罪】有下列扰乱法庭秩序情形之一的,处三年以下有期徒刑、拘役、管制或者罚金:

(一)聚众哄闹、冲击法庭的;

(二)殴打司法工作人员或者诉讼参与人的;

(三)侮辱、诽谤、威胁司法工作人员或者诉讼参与人,不听法庭制止,严重扰乱法庭秩序的;

(四)有毁坏法庭设施,抢夺、损毁诉讼文书、证据等扰乱法庭秩序行为,情节严重的。

【修正前条文】

第三百零九条 【扰乱法庭秩序罪】聚众哄闹、冲击法庭,或者殴打司法工作人员,严重扰乱法庭秩序的,处三年以下有期徒刑、拘役、管制或者罚金。

【修正说明】

刑法修正案(九)第三十七条对原条文作出下述修改:一是增加了殴打诉讼参与人的行为;二是增加了侮辱、诽谤、威胁司法工作人员或者诉讼参与人的行为;三是增加了毁坏法庭设施,抢夺诉讼文书、证据等行为。

【立法 · 要点注释】

本条规定集中惩治在庭审过程中扰乱司法秩序的行为。对于在庭审以外的人民法院履行职责的活动中扰乱秩序的行为,如聚众冲击人民法院,在参加庭审以外的诉讼活动时殴打、侮辱、诽谤、威胁司法工作人员或者诉讼参与人等,可以根据刑法、治安管理处罚法关于聚众冲击国家机关、妨害公务等规定予以处罚。

【法院案例库参考案例】

〔唐某某、张某甲、张某乙扰乱法庭秩序案,2024-05-1-297-001〕对扰乱法庭秩序行为的认定

在庭审过程中,旁听人员聚众哄闹、冲击法庭,侮辱、诽谤、威胁司法工作人员或者诉讼参与人,不听法庭制止,严重扰乱法庭秩序的,属于刑法第三百零九条规定的扰乱法庭秩序行为。

第三百一十条 【窝藏、包庇罪】明知是犯罪的人而为其提供隐藏处所、财物,帮助其逃匿或者作假证明包庇的,处三年以下有期徒刑、拘役或者管制;情节严重的,处三年以上十年以下有期徒刑。

犯前款罪,事前通谋的,以共同犯罪论处。

【司法解释(1)】

《最高人民法院、最高人民检察院关于办理窝藏、包庇刑事案件适用法律

若干问题的解释》(法释〔2021〕16号，20210811)

第一条　明知是犯罪的人，为帮助其逃匿，实施下列行为之一的，应当依照刑法第三百一十条第一款的规定，以窝藏罪定罪处罚：

(一)为犯罪的人提供房屋或者其他可以用于隐藏的处所的；

(二)为犯罪的人提供车辆、船只、航空器等交通工具，或者提供手机等通讯工具的；

(三)为犯罪的人提供金钱的；

(四)其他为犯罪的人提供隐藏处所、财物，帮助其逃匿的情形。

保证人在犯罪的人取保候审期间，协助其逃匿，或者明知犯罪的人的藏匿地点、联系方式，但拒绝向司法机关提供的，应当依照刑法第三百一十条第一款的规定，对保证人以窝藏罪定罪处罚。

虽然为犯罪的人提供隐藏处所、财物，但不是出于帮助犯罪的人逃匿的目的，不以窝藏罪定罪处罚；对未履行法定报告义务的行为人，依法移送有关主管机关给予行政处罚。

第二条　明知是犯罪的人，为帮助其逃避刑事追究，或者帮助其获得从宽处罚，实施下列行为之一的，应当依照刑法第三百一十条第一款的规定，以包庇罪定罪处罚：

(一)故意顶替犯罪的人欺骗司法机关的；

(二)故意向司法机关作虚假陈述或者提供虚假证明，以证明犯罪的人没有实施犯罪行为，或者犯罪的人所实施行为不构成犯罪的；

(三)故意向司法机关提供虚假证明，以证明犯罪的人具有法定从轻、减轻、免除处罚情节的；

(四)其他作假证明包庇的行为。

第三条　明知他人有间谍犯罪或者恐怖主义、极端主义犯罪行为，在司法机关向其调查有关情况、收集有关证据时，拒绝提供，情节严重的，依照刑法第三百一十一条的规定，以拒绝提供间谍犯罪、恐怖主义犯罪、极端主义犯罪证据罪定罪处罚；作假证明包庇的，依照刑法第三百一十条的规定，以包庇罪从重处罚。

第四条　窝藏、包庇犯罪的人，具有下列情形之一的，应当认定为刑法第三百一十条第一款规定的“情节严重”：

(一)被窝藏、包庇的人可能被判处无期徒刑以上刑罚的；

(二)被窝藏、包庇的人犯危害国家安全犯罪、恐怖主义或者极端主义犯罪，或者系黑社会性质组织犯罪的组织者、领导者，且可能被判处十年有期徒刑以上刑罚的；

(三)被窝藏、包庇的人系犯罪集团的首要分子，且可能被判处十年有期徒刑以上刑罚的；

(四)被窝藏、包庇的人在被窝藏、包庇期间再次实施故意犯罪，且新罪可能被判处五年有期徒刑以上刑罚的；

(五)多次窝藏、包庇犯罪的人，或者窝藏、包庇多名犯罪的人的；

(六)其他情节严重的情形。

前款所称“可能被判处”刑罚，是指根据被窝藏、包庇的人所犯罪行，在不考虑自首、立功、认罪认罚等从宽处罚情节时应当依法判处的刑罚。

第五条　认定刑法第三百一十条第一款规定的“明知”，应当根据案件的客观事实，结合行为人的认知能力，接触被窝藏、包庇的犯罪人的情况，以及行为人和犯罪人的供述等主、客观因素进行认定。

行为人将犯罪的人所犯之罪误认为其他犯罪的，不影响刑法第三百一十条第一款规定的“明知”的认定。

行为人虽然实施了提供隐藏处所、财物等行为，但现有证据不能证明行为人知道犯罪的人实施了犯罪行为的，不能认定为刑法第三百一十条第一款规定的“明知”。

第六条　认定窝藏、包庇罪，以被窝藏、包庇的人的行为构成犯罪为前提。

被窝藏、包庇的人实施的犯罪事实清楚，证据确实、充分，但尚未到案、尚未依法裁判或者因不具有刑事责任能力依法未予追究刑事责任的，不影响窝藏、包庇罪的认定。但是，被窝藏、包庇的人归案后被宣告无罪的，应当依照法定程序宣告窝藏、包庇行为人无罪。

第七条　为帮助同一个犯罪的人逃避刑事处罚，实施窝藏、包庇行为，又实施洗钱行为，或者掩饰、隐瞒犯罪所得及其收益行为，或者帮助毁灭证据行为，或者伪证行为的，依照处罚较重的犯罪定罪，并从重处罚，不实行数罪并罚。

第八条　共同犯罪人之间互相实施的窝藏、包庇行为，不以窝藏、包庇罪定罪处罚，但对共同犯罪以外的犯罪人实施窝藏、包庇行为的，以所犯共同犯罪和窝藏、包庇罪并罚。

第九条　本解释自2021年8月11日起施行。

【司法解释(1)·注释】

1.关于为犯罪的人通风报信、出谋划策行为的处理。有观点认为，应当将为犯罪的人通风报信、出谋划策的行为规定为窝藏罪的行为之一。理由是：该行为严重妨碍侦查，妨碍刑事诉讼；而且，刑法第三百六十二条也规定：“旅馆业、饮食服务业、文化娱乐业、出租汽车业等单位的人员，在公安机关查处卖淫、嫖娼活动时，为违法犯罪分子通风报信，情节严重的，依照本法第三百一十条的规定定罪处罚。”本解释未采纳这一观点。主要理由：一是通风报信、出谋划策行为不属于提供隐藏处所、财物的行为，司法解释不能随便扩大刑法的调整范围。二是刑法第三百六十二条是特别规定，该条规定只适用于涉卖淫刑事案件，不能依据此条规定将所有通风报信行为都作犯罪化处理。三是国家工作人员为犯罪的人通风报信，刑法规定了渎职犯罪予以规制。而普通群众难以获得相关信息，即便有通风报信行为，一般也不必作为犯罪论处；如果情节严重，妨害公安、安全机关执行国家安全任务造成严重后果的，可以妨害公务罪定罪处罚。

2.关于指示逃跑路线的行为的处理。对刑法语词的解释应该遵循罪刑法定原则和常理。对于提供隐藏处所中的“处所”进行解释，既不能局限于日常生活概念，又不能任意扩大；指示逃跑路线一般情况下不具有提供处所的性质；如果行为人为帮助犯罪的人逃匿，既指示逃跑路线，又提供隐藏处所或者财物，构成犯罪的，则应当以窝藏罪定罪处罚。

3.具有下列情形之一的，应当认定行为人属于刑法第三百一十条第一款规定的“明知”，但有证据证明确实不知道的除外：(1)行为人目击犯罪事实发生的；(2)犯罪的人告知其实施犯罪行为的；(3) 根据衣着、携带物品等，应当能够判断出系犯罪的人的；(4) 司法机关查处犯罪事实时已经明确告知的；(5) 其他可以认定为明知的情形。

4.对亲属间实施的窝藏、包庇行为，可从以下四个方面把握：第一，近亲属实施窝藏、包庇行为，考虑到这类情况下的犯罪动机主要是出于亲情，而不是妨碍司法秩序，总体上可予从宽；第二，近亲属实施窝藏、包庇行为，情节较轻，且认罪悔罪的，可免予刑事处罚或者不起诉；第三，近亲属实施窝藏、包庇行为，属情节严重，但未造成严重妨害司法活动的实际后果，且认罪悔罪，可酌情从宽处罚，具有自首、立功等法定从宽处罚情节的，可以不起诉或者免予刑事处罚；第四，其他亲情和血缘关系密切的人实施窝藏、包庇行为，应与近亲属有所区别，只能参照近亲属的处罚原则适度从宽。

【司法解释(2)】

《最高人民法院、最高人民检察院关于办理组织、强迫、引诱、容留、介绍卖淫刑事案件适用法律若干问题的解释》(法释〔2017〕13号，20170725)

第十四条　根据刑法第三百六十二条、第三百一十条的规定，旅馆业、饮食服务业、文化娱乐业、出租汽车业等单位的人员，在公安机关查处卖淫、嫖娼活动时，为违法犯罪分子通风报信，情节严重的，以包庇罪定罪处罚。事前与犯罪分子通谋的，以共同犯罪论处。

具有下列情形之一的，应当认定为刑法第三百六十二条规定的“情节严重”：

(一) 向组织、强迫卖淫犯罪集团通风报信的；

(二) 二年内通风报信三次以上的；

(三) 一年内因通风报信被行政处罚，又实施通风报信行为的；

(四) 致使犯罪集团的首要分子或者其他共同犯罪的主犯未能及时归案的；

(五) 造成卖淫嫖娼人员逃跑，致使公安机关查处犯罪行为因取证困难而撤销刑事案件的；

(六) 非法获利人民币一万元以上的；

(七) 其他情节严重的情形。

【司法解释(3)】

《最高人民法院关于适用〈中华人民共和国刑事诉讼法〉的解释》(法释〔2021〕1号，20210301)

第一百五十七条　根据案件事实和法律规定，认为已经构成犯罪的被告人在取保候审期间逃匿的，如果系保证人协助被告人逃匿，或者保证人明知被告人藏匿地点但拒绝向司法机关提供，对保证人应当依法追究责任。

【法院案例库参考案例】

〔杨某窝藏案，2025-05-1-298-001〕为逃往境外犯罪分子提供生产经营所需资金帮助其逃匿行为的认定

犯罪分子逃往境外并不意味其逃匿状态的结束，其在境外开展生产经营的目的是为其长期在境外生存提供物质保障，在帮助犯罪分子逃匿意义上，为其生产经营提供资金支持，与直接为其在境外生活提供钱财并无本质上的区别。对于明知是逃往境外的犯罪分子，为其生产经营提供资金支持，帮助犯罪分子继续逃匿的，应以窝藏罪追究刑事责任。

【《刑事审判参考》案例】

〔参考案例第178号：谢茂强等强奸、奸淫幼女案〕行为人对同案犯实施包庇行为的，是否构成包庇罪？

行为人为掩盖本人罪行，而在案发后包庇同案犯的行为，不适用刑法关于包庇罪的规定。

〔参考案例第1554号：王某元包庇案〕为帮助犯罪的人获得从宽处罚，故意向司法机关提供虚假证明的行为，是否构成包庇罪？

虽然作假证明包庇的最常见表现形式是帮助犯罪分子开脱罪责，但是作假证明帮助犯罪分子减轻罪责，同样侵害了包庇罪所保护的法益即司法机关的正常刑事追诉活动，属于包庇罪的应有之义。

第三百一十一条　【拒绝提供间谍犯罪、恐怖主义犯罪、极端主义犯罪证据罪】明知他人有间谍犯罪或者恐怖主义、极端主义犯罪行为，在司法机关向其调查有关情况、收集有关证据时，拒绝提供，情节严重的，处三年以下有期徒刑、拘役或者管制。

【修正前条文】

第三百一十一条　【拒绝提供间谍犯罪证据罪】明知他人有间谍犯罪行为，在国家安全机关向其调查有关情况、收集有关证据时，拒绝提供，情节严重的，处三年以下有期徒刑、拘役或者管制。

【修正说明】

刑法修正案(九)第三十八条对原条文作出下述修改：一是扩大了本条的适用范围，增加了明知他人有恐怖主义、极端主义犯罪行为而拒绝提供证据的犯罪；二是相应将“国家安全机关”改为“司法机关”。

【立法 · 要点注释】

“情节严重”包括以下情形：行为人在司法机关要求提供证据时进行暴力抗拒的；行为人拒不提供证据手段恶劣的；由于行为人的不配合而延误对间谍犯罪或者恐怖主义、极端主义犯罪案件的侦破，致使犯罪分子逃避法律追究或致使国家安全、利益遭受损害的；妨害司法机关执行维护国家安全任务等。如果行为人虽然实施了拒绝提供证据的行为，但没有影响到司法机关的正常活动，没有造成危害国家安全或恐怖活动，没有使犯罪分子逃避法律制裁等严重后果的，则不构成本罪。

【相关立法】

《中华人民共和国反间谍法》(20230701)

第二十六条　国家安全机关工作人员依法执行反间谍工作任务时，根据国家有关规定，经设区的市级以上国家安全机关负责人批准，可以查阅、调取有关的文件、数据、资料、物品，有关个人和组织应当予以配合。查阅、调取不得超出执行反间谍工作任务所需的范围和限度。

第三十二条　在国家安全机关调查了解有关间谍行为的情况、收集有关证据时，有关个人和组织应当如实提供，不得拒绝。

第五十九条　违反本法规定，拒不配合数据调取的，由国家安全机关依照《中华人民共和国数据安全法》的有关规定予以处罚。

第六十条　违反本法规定，有下列行为之一，构成犯罪的，依法追究刑事责任；尚不构成犯罪的，由国家安全机关予以警告或者处十日以下行政拘留，可以并处三万元以下罚款：

……

（二）明知他人有间谍犯罪行为，在国家安全机关向其调查有关情况、收集有关证据时，拒绝提供；

……

【司法解释】

《最高人民法院、最高人民检察院关于办理窝藏、包庇刑事案件适用法律若干问题的解释》（法释〔2021〕16号，20210811）

第三条　明知他人有间谍犯罪或者恐怖主义、极端主义犯罪行为，在司法机关向其调查有关情况、收集有关证据时，拒绝提供，情节严重的，依照刑法第三百一十一条的规定，以拒绝提供间谍犯罪、恐怖主义犯罪、极端主义犯罪证据罪定罪处罚；作假证明包庇的，依照刑法第三百一十条的规定，以包庇罪从重处罚。

第三百一十二条　【掩饰、隐瞒犯罪所得、犯罪所得收益罪】明知是犯罪所得及其产生的收益而予以窝藏、转移、收购、代为销售或者以其他方法掩饰、隐瞒的，处三年以下有期徒刑、拘役或者管制，并处或者单处罚金；情节严重的，处三年以上七年以下有期徒刑，并处罚金。

单位犯前款罪的，对单位判处罚金，并对其直接负责的主管人员和其他直接责任人员，依照前款的规定处罚。

【第二次修正前条文】

第三百一十二条　【掩饰、隐瞒犯罪所得、犯罪所得收益罪】明知是犯罪所得及其产生的收益而予以窝藏、转移、收购、代为销售或者以其他方法掩饰、隐瞒的，处三年以下有期徒刑、拘役或者管制，并处或者单处罚金；情节严重的，处三年以上七年以下有期徒刑，并处罚金。

【第一次修正前条文】

第三百一十二条　【窝藏、转移、收购、销售赃物罪】明知是犯罪所得的赃物而予以窝藏、转移、收购或者代为销售的，处三年以下有期徒刑、拘役或者管制，并处或者单处罚金。

【修正说明】

1.刑法修正案（六）第十九条对原条文进行了下述修改：一是将犯罪对象由“犯罪所得的赃物”扩大为所有“犯罪所得及其产生的收益”；二是将客观行为由“窝藏、转移、收购或者代为销售”扩大为所有“掩饰、隐瞒”的行为；三是提高了法定刑。

2.刑法修正案（七）第十条增设了本条第二款。

【立法 · 要点注释】

根据刑法修正案（十一）对洗钱罪的修改，“自洗钱”行为可以按照刑法第一百九十一条洗钱罪定罪处罚。同样，作为广义的洗钱犯罪，刑法第三百一十二条"掩饰、隐瞒犯罪所得、犯罪所得收益罪"也适用"自洗钱"行为可以独立定罪。从文意表述看，刑法第三百一十二条"掩饰、隐瞒犯罪所得、犯罪所得收益罪"的规定与"自洗钱"单独定罪并不矛盾。因此，刑法修正案(十一)没有对其进行修改。"自洗钱"行为可以按照洗钱罪定罪处罚后，"自洗钱"独立定罪处罚也一并适用于刑法第三百一十二条"掩饰、隐瞒犯罪所得、犯罪所得收益罪"。对此，第十三届全国人民代表大会常务委员会第二十二次会议《全国人民代表大会宪法和法律委员会关于〈中华人民共和国刑法修正案(十一)(草案)〉修改情况的汇报》作了明确说明："宪法和法律委员会经同有关方面研究，建议对草案作以下修改补充……修改洗钱罪，将实施一些严重犯罪后的'自洗钱'明确为犯罪，同时完善有关洗钱行为方式，增加地下钱庄通过'支付'结算方式洗钱等。作上述修改以后，我国刑法第一百九十一条、第三百一十二条等规定的洗钱犯罪的上游犯罪包含所有犯罪，'自洗钱'也可单独定罪，为有关部门有效预防、惩治洗钱违法犯罪以及境外追逃追赃提供充足的法律保障。"

【立法解释】

《全国人民代表大会常务委员会关于〈中华人民共和国刑法〉第三百四十一条、第三百一十二条的解释》(20140424)

知道或者应当知道是国家重点保护的珍贵、濒危野生动物及其制品，为食用或者其他目的而非法购买的，属于刑法第三百四十一条第一款规定的非法收购国家重点保护的珍贵、濒危野生动物及其制品的行为。

知道或者应当知道是刑法第三百四十一条第二款规定的非法狩猎的野生动物而购买的，属于刑法第三百一十二条第一款规定的明知是犯罪所得而收购的行为。

【司法解释(1)】

《最高人民法院、最高人民检察院关于办理掩饰、隐瞒犯罪所得、犯罪所得收益刑事案件适用法律若干问题的解释》(法释〔2025〕13号，20250826)

第一条　刑法第三百一十二条规定的"犯罪所得"，是指通过犯罪得到的赃款、赃物或其他财产性利益；"犯罪所得收益"，是指通过犯罪所得获取的孳息等财产性利益。

刑法第三百一十二条规定的"其他方法"，包括任何足以掩饰、隐瞒犯罪所得及其收益的行为手段，如居间介绍买卖，收受，持有，使用，加工，提供资金账户，将财产转换为现金、金融票据、有价证券，通过转账或者其他支付结算方式转移资金，跨境转移资产等。

第二条　刑法第三百一十二条规定的"明知"，包括知道或者应当知道。应当根据行为人所接触、接收的信息，经手他人犯罪所得及其收益的情况，犯罪所得及其收益的种类、数额，犯罪所得及其收益的转移、转换方式，交易行为、资金账户的异常情况，结合行为人的职业经历、与上游犯罪人之间的关系以及其供述和辩解等综合审查判断。

第三条　办理掩饰、隐瞒犯罪所得、犯罪所得收益刑事案件，应当综合考虑上游犯罪的性质和社会危害，掩饰、隐瞒犯罪所得及其收益的情节、后果和妨害司法秩序的程度等，依法定罪处罚。

第四条　掩饰、隐瞒犯罪所得及其收益，行为人认罪认罚并积极配合追缴犯罪所得及其收益，且具有下列情形之一，情节轻微的，可以不起诉或者免予刑事处罚：

（一）具有法定从宽处罚情节的；

（二）为近亲属掩饰、隐瞒犯罪所得及其收益，且系初犯、偶犯的；

（三）配合司法机关追查上游犯罪起较大作用的；

（四）其他情节轻微、危害不大的。

第五条　上游犯罪为非法采矿罪等定罪量刑数额标准相对较高的犯罪，掩饰、隐瞒犯罪所得及其收益的数额达到五百万元以上，且具有下列情形之一的，可以认定为刑法第三百一十二条第一款规定的"情节严重"：

（一）多次实施掩饰、隐瞒行为的；

（二）明知掩饰、隐瞒的犯罪所得及其收益系电力设备、交通设施、广播电视设施、公用电信设施、军事设施或者救灾、抢险、防汛、优抚、移民、救济、防疫、社会捐助、社会保险基金等特定款物，仍实施掩饰、隐瞒行为的；

（三）拒不配合财物追缴，致使赃款、赃物无法追缴的；

（四）造成损失二百五十万元以上的；

（五）其他情节严重的情形。

上游犯罪为前款规定以外的其他犯罪，掩饰、隐瞒犯罪所得及其收益的数额达到五十万元以上，且具有前款规定第（一）（二）（三）（五）项情形之一，或者造成损失二十五万元以上的，可以认定为刑法第三百一十二条第一款规定的"情节严重"。

认定"情节严重"，应当注意与上游犯罪保持量刑均衡。

第六条　掩饰、隐瞒犯罪所得及其收益的数额，应当以实施掩饰、隐瞒行为时为准。收购或者代为销售财物的价格高于其实际价值的，以收购或者代为销售的价格计算。

多次实施掩饰、隐瞒犯罪所得及其收益行为，未经行政处罚，依法应当追诉的，犯罪所得、犯罪所得收益的数额应当累计计算。

第七条　事前与盗窃、抢劫、诈骗、抢夺等行为人通谋，掩饰、隐瞒犯罪所得及其收益，构成犯罪的，分别以盗窃、抢劫、诈骗、抢夺等犯罪的共犯论处。

第八条　对犯罪所得及其收益实施盗窃、抢劫、诈骗、抢夺等行为，构成犯罪的，分别以盗窃、抢劫、诈骗、抢夺等犯罪定罪处罚。

第九条　明知是犯罪所得及其收益而予以掩饰、隐瞒，构成掩饰、隐瞒犯罪所得、犯罪所得收益罪，同时构成其他犯罪的，依照处罚较重的规定定罪处罚。

第十条　认定掩饰、隐瞒犯罪所得、犯罪所得收益罪，以上游犯罪事实存在为前提。

上游犯罪事实经查证属实，但行为人尚未到案的，或者因行为人死亡、不具有刑事责任能力等原因依法不予追究刑事责任的，不影响掩饰、隐瞒犯罪所得、犯罪所得收益罪的认定。

第十一条　单位实施掩饰、隐瞒犯罪所得及其收益犯罪的，依照本解释规定的相应自然人犯罪的定罪量刑标准，对单位判处罚金，并对其直接负责的主管人员和其他直接责任人员定罪处罚。

盗用单位名义实施掩饰、隐瞒犯罪所得及其收益行为，违法所得由行为人私分的，依照刑法和司法解释有关自然人犯罪的规定定罪处罚。

第十二条 本解释自2025年8月26日起施行。《最高人民法院关于审理掩饰、隐瞒犯罪所得、犯罪所得收益刑事案件适用法律若干问题的解释》(法释〔2015〕11号)及《最高人民法院关于修改〈关于审理掩饰、隐瞒犯罪所得、犯罪所得收益刑事案件适用法律若干问题的解释〉的决定》(法释〔2021〕8号)同时废止。最高人民法院、最高人民检察院此前发布的司法解释与本解释不一致的,以本解释为准。

【司法解释(1)·注释】

1.本解释在入罪方面继续采用综合性认定标准,规定应当从上下游关系、主观恶性、行为手段、涉案金额、犯罪后果等方面综合判断行为社会危害性,更加精准打击犯罪。对数额较小但与上游犯罪关联紧密、情节恶劣、实际危害较大的掩饰、隐瞒犯罪所得行为,可以定罪处罚;对数额较大但因与上游犯罪关联松散、情节轻微、实际危害较小的掩饰、隐瞒犯罪所得行为,也可以不起诉或免予刑事处罚。

2.本解释对"情节严重"的认定即加重处罚标准作了进一步优化,根据上游犯罪类型,区分非法采矿罪等定罪量刑标准相对较高的犯罪和其他犯罪,分别设置了五百万元和五十万元的数额标准,规定同时满足数额标准和具备一定情节的,可以适用加重处罚幅度量刑。

【司法解释(2)】

《最高人民法院、最高人民检察院关于办理洗钱刑事案件适用法律若干问题的解释》(法释〔2024〕10号,20240820)

第六条 掩饰、隐瞒刑法第一百九十一条规定的上游犯罪的犯罪所得及其产生的收益,构成刑法第一百九十一条规定的洗钱罪,同时又构成刑法第三百一十二条规定的掩饰、隐瞒犯罪所得、犯罪所得收益罪的,依照刑法第一百九十一条的规定定罪处罚。

实施刑法第一百九十一条规定的洗钱行为,构成洗钱罪,同时又构成刑法第三百四十九条、第二百二十五条、第一百七十七条之一或者第一百二十条之一规定的犯罪的,依照处罚较重的规定定罪处罚。

【司法解释(3)】

《最高人民法院、最高人民检察院关于办理与盗窃、抢劫、诈骗、抢夺机动车相关刑事案件具体应用法律若干问题的解释》(法释〔2007〕11号,20070511)

第一条 明知是盗窃、抢劫、诈骗、抢夺的机动车,实施下列行为之一的,依照刑法第三百一十二条的规定,以掩饰、隐瞒犯罪所得、犯罪所得收益罪定罪,处三年以下有期徒刑、拘役或者管制,并处或者单处罚金:

(一)买卖、介绍买卖、典当、拍卖、抵押或者用其抵债的;

(二)拆解、拼装或者组装的;

(三)修改发动机号、车辆识别代号的;

(四)更改车身颜色或者车辆外形的;

(五)提供或者出售机动车来历凭证、整车合格证、号牌以及有关机动车的其他证明和凭证的;

(六)提供或者出售伪造、变造的机动车来历凭证、整车合格证、号牌以及有关机动车的其他证明和凭证的。

实施第一款规定的行为涉及盗窃、

抢劫、诈骗、抢夺的机动车五辆以上或者价值总额达到五十万元以上的，属于刑法第三百一十二条规定的“情节严重”，处三年以上七年以下有期徒刑，并处罚金。

第六条　行为人实施本解释第一条、第三条第三款规定的行为，涉及的机动车有下列情形之一的，应当认定行为人主观上属于上述条款所称“明知”：

（一）没有合法有效的来历凭证；

（二）发动机号、车辆识别代号有明显更改痕迹，没有合法证明的。

【司法解释(4)】

《最高人民法院、最高人民检察院关于办理盗窃油气、破坏油气设备等刑事案件具体应用法律若干问题的解释》(法释〔2007〕3号，20070119)

第五条　明知是盗窃犯罪所得的油气或者油气设备，而予以窝藏、转移、收购、加工、代为销售或者以其他方法掩饰、隐瞒的，依照刑法第三百一十二条的规定定罪处罚。

实施前款规定的犯罪行为，事前通谋的，以盗窃犯罪的共犯定罪处罚。

【司法解释(5)】

《最高人民法院、最高人民检察院关于办理危害计算机信息系统安全刑事案件应用法律若干问题的解释》(法释〔2011〕19号，20110901)

第七条　明知是非法获取计算机信息系统数据犯罪所获取的数据、非法控制计算机信息系统犯罪所获取的计算机信息系统控制权，而予以转移、收购、代为销售或者以其他方法掩饰、隐瞒，违法所得五千元以上的，应当依照刑法第三百一十二条第一款的规定，以掩饰、隐瞒犯罪所得罪定罪处罚。

实施前款规定行为，违法所得五万元以上的，应当认定为刑法第三百一十二条第一款规定的“情节严重”。

单位实施第一款规定行为的，定罪量刑标准依照第一款、第二款的规定执行。

【司法解释(6)】

《最高人民法院、最高人民检察院关于办理妨害文物管理等刑事案件适用法律若干问题的解释》(法释〔2015〕23号，20160101)

第九条　明知是盗窃文物、盗掘古文化遗址、古墓葬等犯罪所获取的三级以上文物，而予以窝藏、转移、收购、加工、代为销售或者以其他方法掩饰、隐瞒的，依照刑法第三百一十二条的规定，以掩饰、隐瞒犯罪所得罪追究刑事责任。

实施前款规定的行为，事先通谋的，以共同犯罪论处。

【司法解释(7)】

《最高人民法院、最高人民检察院关于办理危害药品安全刑事案件适用法律若干问题的解释》(高检发释字〔2022〕1号，20220306)

第十三条　明知系利用医保骗保购买的药品而非法收购、销售，金额五万元以上的，应当依照刑法第三百一十二条的规定，以掩饰、隐瞒犯罪所得罪定罪处罚；指使、教唆、授意他人利用医保骗保购买药品，进而非法收购、销售，符合刑法第二百六十六条规定的，以诈骗罪定罪处罚。

对于利用医保骗保购买药品的行为人是否追究刑事责任，应当综合骗取医保基金的数额、手段、认罪悔罪态度等案件具体情节，依法妥当决定。利用医保骗保购买药品的行为人是否被追究刑事责任，不影响对非法收购、销售有关药品的行为人定罪处罚。

对于第一款规定的主观明知，应当根据药品标志、收购渠道、价格、规模及药品追溯信息等综合认定。

【司法解释(7)·注释】

1.鉴于医保骗保案件情况复杂，本解释第十三条第二款专门明确了此类案件的处理政策：(1)“对于利用医保骗保购买药品的行为人是否追究刑事责任，应当综合考虑骗取医保基金的数额、手段、认罪悔罪态度等案件具体情节，依法妥当决定”，即重点惩治医保骗保犯罪的组织者、职业骗保人和利用职务职业便利骗取医保基金的行为人；对于虽实施骗保行为，数额达到诈骗罪入罪标准，但具有系初犯、偶犯、受人指使、认罪悔罪、本人也是病患者等情节，经综合考量认为犯罪情节轻微的，可以依法不起诉或者免予刑事处罚；情节显著轻微危害不大的，不作为犯罪处理。(2)“利用医保骗保购买药品的行为人是否被追究刑事责任，不影响对非法收购、销售有关药品的行为人定罪处罚”，即要重点惩治倒卖医保骗保药品“中间商”，斩断“回流药”的产业链。

2.传统上，一般认为帮助犯，包括共同犯罪中的帮助犯和事后帮助犯，罪责往往要相对轻于实行犯。但从医保骗保类案件情况看，倒卖医保骗保药品的“中间商”往往罪责更为严重，表现在，他们往往是“一对多”地从医保人员手中收购骗保药品；不少是以此为业；涉案数额往往特别巨大；是“回流药”形成产业、市场的关键因素。将其作为打击重点，完全符合罪责刑相适应的刑法基本原则和宽严相济刑事政策。

3.综合看来，本解释第十三条第一款和第二款规定，在一定程度上系对刑法第三百一十二条所规定的“犯罪”作了更符合实际的解释，即不要求必须绝对查明上游行为已符合有关犯罪的入罪标准，只要非法收购、销售的金额累计在五万元以上即可(既收购又销售的，金额应以高者计)。这是因为，倒卖骗保药品的中间商，往往是“一对多”地从医保人员手中收购药品，其累计的危害重大；从实践看，要查明其上游行为人是否已达到诈骗罪的入罪标准，往往非常困难，也无必要；特别规定非法收购、销售的药品金额在五万元以上才以掩饰、隐瞒犯罪所得罪论处，已有适当控制刑事打击面的考虑，不会形成上下游行为“罪刑倒挂”的问题。

4.为指导司法实践，本解释第十三条第三款进一步明确了此类案件中主观明知的综合认定规则，即可以综合药品标志、收购渠道、价格、规模及药品追溯信息等作出认定。需要提及的是，《国家药监局关于药品信息化追溯体系建设的指导意见》(国药监药管〔2018〕35号)提出：“药品上市许可持有人和生产企业在销售药品时，应向下游企业或医疗机构提供相关追溯信息，以便下游企业或医疗机构验证反馈。”“药品批发企业在采购药品时，向上游企业索取相关追溯信息，在药品验收时进行核对，并将核对信息反馈上游企业；在销售药品时，应向下游企业或医疗机构提供相关追溯信息。”据此，可以通过药品追溯信息的索取及相关活动，对行为人对涉案药品是否系医保骗保购买的药品作出判断。

【司法解释(8)】

参见本法第三百四十条项下【司法解释(1)】第九条，第1182页。

【司法解释(9)】

参见本法第三百一十条项下【司法解释(1)】第七条，第1095页。

【司法解释(10)】

参见本法第三百四十三条项下【司法解释(1)】第七条，第1215页。

【司法指导文件(1)】

《最高人民法院、最高人民检察院关于常见犯罪的量刑指导意见(试行)》(法发〔2021〕21号，20210701)

(十九)掩饰、隐瞒犯罪所得、犯罪所得收益罪

1.构成掩饰、隐瞒犯罪所得、犯罪所得收益罪的，根据下列情形在相应的幅度内确定量刑起点：

(1)犯罪情节一般的，在一年以下有期徒刑、拘役幅度内确定量刑起点。

(2)情节严重的，在三年至四年有期徒刑幅度内确定量刑起点。

2.在量刑起点的基础上，根据犯罪数额等其他影响犯罪构成的犯罪事实增加刑罚量，确定基准刑。

3.构成掩饰、隐瞒犯罪所得、犯罪所得收益罪的，根据掩饰、隐瞒犯罪所得及其收益的数额、犯罪对象、危害后果等犯罪情节，综合考虑被告人缴纳罚金的能力，决定罚金数额。

4.构成掩饰、隐瞒犯罪所得、犯罪所得收益罪的，综合考虑掩饰、隐瞒犯罪所得及其收益的数额、危害后果、上游犯罪的危害程度等犯罪事实、量刑情节，以及被告人的主观恶性、人身危险性、认罪悔罪表现等因素，决定缓刑的适用。

【司法指导文件(2)】

《最高人民法院、最高人民检察院、公安部关于办理电信网络诈骗等刑事案件适用法律若干问题的意见》(法发〔2016〕32号，20161219)

三、全面惩处关联犯罪

(五)明知是电信网络诈骗犯罪所得及其产生的收益，以下列方式之一予以转账、套现、取现的，依照刑法第三百一十二条第一款的规定，以掩饰、隐瞒犯罪所得、犯罪所得收益罪追究刑事责任。但有证据证明确实不知道的除外：

1.通过使用销售点终端机具(POS机)刷卡套现等非法途径，协助转换或者转移财物的；

2.帮助他人将巨额现金散存于多个银行账户，或在不同银行账户之间频繁划转的；

3.多次使用或者使用多个非本人身份证明开设的信用卡、资金支付结算账户或者多次采用遮蔽摄像头、伪装等异常手段，帮助他人转账、套现、取现的；

4.为他人提供非本人身份证明开设的信用卡、资金支付结算账户后，又帮助他人转账、套现、取现的；

5.以明显异于市场的价格，通过手机充值、交易游戏点卡等方式套现的。

实施上述行为，事前通谋的，以共同犯罪论处。

实施上述行为，电信网络诈骗犯罪嫌疑人尚未到案或案件尚未依法裁判，

但现有证据足以证明该犯罪行为确实存在的，不影响掩饰、隐瞒犯罪所得、犯罪所得收益罪的认定。

实施上述行为，同时构成其他犯罪的，依照处罚较重的规定定罪处罚。法律和司法解释另有规定的除外。

【司法指导文件(3)】

《最高人民法院、最高人民检察院、公安部关于办理电信网络诈骗等刑事案件适用法律若干问题的意见(二)》(法发〔2021〕22号，20210617)

十一、明知是电信网络诈骗犯罪所得及其产生的收益，以下列方式之一予以转账、套现、取现，符合刑法第三百一十二条第一款规定的，以掩饰、隐瞒犯罪所得、犯罪所得收益罪追究刑事责任。但有证据证明确实不知道的除外。

(一)多次使用或者使用多个非本人身份证明开设的收款码、网络支付接口等，帮助他人转账、套现、取现的；

(二)以明显异于市场的价格，通过电商平台预付卡、虚拟货币、手机充值卡、游戏点卡、游戏装备等转换财物、套现的；

(三)协助转换或者转移财物，收取明显高于市场的“手续费”的。

实施上述行为，事前通谋的，以共同犯罪论处；同时构成其他犯罪的，依照处罚较重的规定定罪处罚。法律和司法解释另有规定的除外。

十二、为他人实施电信网络诈骗犯罪提供技术支持、广告推广、支付结算等帮助，或者窝藏、转移、收购、代为销售及以其他方法掩饰、隐瞒电信网络诈骗犯罪所得及其产生的收益，诈骗犯罪行为可以确认，但实施诈骗的行为人尚未到案，可以依法先行追究已到案的上述犯罪嫌疑人、被告人的刑事责任。

【司法指导文件(4)】

参见本法第二百八十七条之二项下【司法指导文件(4)】第五条，第988页。

【司法指导文件(5)】

参见本法第三百二十六条项下【司法指导文件】中“(三)准确认定掩饰、隐瞒与倒卖行为”的规定，第1142页。

【司法指导文件(6)】

《最高人民法院、最高人民检察院、公安部关于办理盗窃油气、破坏油气设备等刑事案件适用法律若干问题的意见》(法发〔2018〕18号，20180928)

五、关于窝藏、转移、收购、加工、代为销售被盗油气行为的处理

明知是犯罪所得的油气而予以窝藏、转移、收购、加工、代为销售或者以其他方式掩饰、隐瞒，符合刑法第三百一十二条规定的，以掩饰、隐瞒犯罪所得罪追究刑事责任。

“明知”的认定，应当结合行为人的认知能力、所得报酬、运输工具、运输路线、收购价格、收购形式、加工方式、销售地点、仓储条件等因素综合考虑。

实施第一款规定的犯罪行为，事前通谋的，以盗窃罪、破坏易燃易爆设备罪等有关犯罪的共同犯罪论处。

【司法指导文件(7)】

《最高人民法院、最高人民检察院、公安部、国家工商行政管理局关于依法查处盗窃、抢劫机动车案件的规定》(公通字〔1998〕31号，19980508)

二、明知是盗窃、抢劫所得机动车

而予以窝藏、转移、收购或者代为销售的，依照《刑法》第三百一十二条的规定处罚。

对明知是盗窃、抢劫所得机动车而予以拆解、改装、拼装、典当、倒卖的，视为窝藏、转移、收购或者代为销售，依照《刑法》第三百一十二条的规定处罚。

三、国家指定的车辆交易市场、机动车经营企业（含典当、拍卖行）以及从事机动车修理、零部件销售企业的主管人员或者其他直接责任人员，明知是盗窃、抢劫的机动车而予以窝藏、转移、拆解、拼装、收购或者代为销售的，依照《刑法》第三百一十二条的规定处罚。单位组织实施上述行为的，由工商行政管理机关予以处罚。[①]

四、本规定第二条和第三条中的行为人事先与盗窃、抢劫机动车辆的犯罪分子通谋的，分别以盗窃、抢劫犯罪的共犯论处。

五、机动车交易必须在国家指定的交易市场或合法经营企业进行，其交易凭证经工商行政管理机关验证盖章后办理登记或过户手续，私下交易机动车辆属于违法行为，由工商行政管理机关依法处理。

明知是赃车而购买，以收购赃物罪[②]定罪处罚。单位的主管人员或者其他直接责任人员明知是赃车购买的，以收购赃物罪[③]定罪处罚。

明知是赃车而介绍买卖的，以收购、销售赃物罪[④]的共犯论处。

十七、本规定所称的“明知”，是指知道或者应当知道。有下列情形之一的，可视为应当知道，但有证据证明属被蒙骗的除外：

（一）在非法的机动车交易场所和销售单位购买的；

（二）机动车证件手续不全或者明显违反规定的；

（三）机动车发动机号或者车架号有更改痕迹，没有合法证明的；

（四）以明显低于市场价格购买机动车的。

【司法指导文件(8)】

《最高人民法院、最高人民检察院、公安部、农业农村部依法惩治长江流域非法捕捞等违法犯罪的意见》（公通字〔2020〕17号，20201217）

二、准确适用法律，依法严惩非法捕捞等危害水生生物资源的各类违法犯罪

（三）依法严惩非法渔获物交易犯罪。明知是在长江流域重点水域非法捕捞犯罪所得的水产品而收购、贩卖，价值一万元以上的，应当依照刑法第三百一十二条的规定，以掩饰、隐瞒犯罪所得罪定罪处罚。

……

【司法指导文件(9)】

《最高人民法院、最高人民检察院、公安部关于办理涉窨井盖相关刑事案件的指导意见》（高检发〔2020〕3号，

① 刑法修正案(七)第十条增设刑法第三百一十二条第二款单位犯罪的规定。——编者注

② 罪名已变更为“掩饰、隐瞒犯罪所得、犯罪所得收益罪”。——编者注

③ 罪名已变更为“掩饰、隐瞒犯罪所得、犯罪所得收益罪”。——编者注

④ 罪名已变更为“掩饰、隐瞒犯罪所得、犯罪所得收益罪”。——编者注

20200316)

七、知道或者应当知道是盗窃所得的窨井盖及其产生的收益而予以窝藏、转移、收购、代为销售或者以其他方法掩饰、隐瞒的，依照刑法第三百一十二条和《最高人民法院关于审理掩饰、隐瞒犯罪所得、犯罪所得收益刑事案件适用法律若干问题的解释》的规定，以掩饰、隐瞒犯罪所得、犯罪所得收益罪定罪处罚。

十二、本意见所称的"窨井盖"，包括城市、城乡结合部和乡村等地的窨井盖以及其他井盖。

【司法指导文件(10)】

《最高人民法院研究室关于〈最高人民法院、最高人民检察院关于办理与盗窃、抢劫、诈骗、抢夺机动车相关刑事案件具体应用法律若干问题的解释〉有关规定如何适用问题的答复》(法研〔2014〕98号，20140729)

根据罪责刑相适应刑法基本原则，《最高人民法院、最高人民检察院关于办理与盗窃、抢劫、诈骗、抢夺机动车相关刑事案件具体应用法律若干问题的解释》第一条第二款中规定的"机动车五辆以上"，应当是指机动车数量在五辆以上，且价值总额接近五十万元。

【司法指导文件(11)】

《最高人民法院、最高人民检察院、公安部关于办理医保骗保刑事案件若干问题的指导意见》(法发〔2024〕6号，20240228)

9.明知系利用医保骗保购买的药品而非法收购、销售的，依照刑法第三百一十二条和相关司法解释的规定，以掩饰、隐瞒犯罪所得罪定罪处罚；指使、教唆、授意他人利用医保骗保购买药品，进而非法收购、销售，依照刑法第二百六十六条的规定，以诈骗罪定罪处罚。

利用医保骗保购买药品的行为人是否被追究刑事责任，不影响对非法收购、销售有关药品的行为人定罪处罚。

对第一款规定的主观明知，应当根据药品标志、收购渠道、价格、规模及药品追溯信息等综合认定。具有下列情形之一的，可以认定行为人具有主观明知，但行为人能够说明药品合法来源或作出合理解释的除外：

(1)药品价格明显异于市场价格的；

(2)曾因实施非法收购、销售利用医保骗保购买的药品，受过刑事或行政处罚的；

(3)以非法收购、销售基本医疗保险药品为业的；

(4)长期或多次向不特定交易对象收购、销售基本医疗保险药品的；

(5)利用互联网、邮寄等非接触式渠道多次收购、销售基本医疗保险药品的；

(6)其他足以认定行为人主观明知的。

【审判实务释疑】

掩饰、隐瞒犯罪所得、犯罪所得收益次数应如何认定？

……在个案把握中，不宜简单以转账次数为标准，否则容易造成打击面过大、处罚过严的问题。

掩饰、隐瞒的次数要结合案件具体情况来认定。一般来说，认定为一次掩饰、隐瞒，必须是一个独立行为，包括独立的主观故意，独立的掩饰、隐瞒行为，以及独立的行为结果。如果基于同一个故意，在同一时间、同一地点，同时或者连续为多起上游犯罪掩饰、隐瞒犯罪所得及其收益的，一般应认定为一次掩饰、隐瞒的行为。例如，行为人明知银行卡内接收的多笔资金均系他人诈骗犯罪所得，在同一地点集中将卡内资金连续转出、分流，以逃避追查的，应当认定为一次掩饰、隐瞒犯罪所得的行为。

为同一个上游犯罪行为人同一起犯罪事实的犯罪所得及其收益分多次予以窝藏、转移、收购、代为销售或者以其他方法掩饰、隐瞒的，基于犯罪对象的同一性，一般也应当认定为一次掩饰、隐瞒犯罪所得及其收益的行为。例如，行为人明知银行卡内接收的一笔资金，系某一网络赌场的犯罪所得，仍按照上游开设赌场行为人的指令，将该笔资金在多个银行账号间来回转移并提现的，一般也应当认定为一次掩饰、隐瞒犯罪所得的行为。但是，如果行为人明知卡内还有诈骗团伙犯罪所得的赃款，而予以转移的，掩饰、隐瞒犯罪所得的次数则应当与上述转移赌资的行为分别计算。①

【指导性案例·检察】

〔王某掩饰、隐瞒犯罪所得不批捕复议复核案，JZD211-2024〕

办理掩饰、隐瞒犯罪所得案件，应当根据具体情节、后果、社会危害程度，以及上游犯罪的性质、危害后果等全面审查，决定是否追诉。认定“明知”时，应当结合行为人的职业性质、认知能力、赃物形态、收购价格、所获收益等综合判断。认定“情节严重”时，不能简单地以收赃次数作为判断标准，应当结合行为人的故意内容、收赃次数、赃物价值、持续时间、犯罪对象、危害后果，以及上下游犯罪的量刑均衡等综合判断。

【法院案例库参考案例】

〔宋某严盗窃、罗某礼掩饰、隐瞒犯罪所得案，2024-18-1-221-002〕掩饰、隐瞒盗窃、抢劫、诈骗、抢夺的机动车“五辆以上”的认定

相关司法解释规定的“机动车五辆以上”是指机动车数量在五辆以上，且价值总额接近五十万元。其中，“接近”宜掌握在相应数额的百分之八十以上。

〔王某碗、王某甲、王某兵掩饰、隐瞒犯罪所得案，2023-04-1-300-001〕掩饰、隐瞒犯罪所得罪中情节加重“次数”的认定

掩饰、隐瞒犯罪所得罪属于下游犯罪，应结合主观故意、犯罪构成、犯罪客体等方面综合认定情节严重中的“次数”，并把其作为酌定从重处罚情节。

第一，基于掩饰、隐瞒的客体是犯罪所得，“次数”应以相应上游行为达到犯罪程度为前提。从刑法体系上看，作为入罪条件的“次数”与作为情节加重的“次数”具有完全不同的认定标准。司法解释规定十次以上应认定情节严重，对此处情节加重的“次”应作严格认定，进行限制性理解。因掩饰、

① 参见《法答网精选答问(第四批)》，载《人民法院报》2024年4月11日，第7版。

隐瞒的客体是犯罪所得，所以认定情节严重中的“次”应以相应上游行为达到犯罪标准为前提。

第二，基于同一主观故意连续实施多起掩饰、隐瞒行为的，应认定为“一次”。认定“次数”应综合考虑行为人犯罪故意的产生、犯罪行为实施的时间、地点等因素，客观分析、认定。被告人基于同一犯意实施犯罪的，原则上认定“一次”。如在同一地点，同时对在场的多人收赃的；或基于同一犯意在同一地点连续多次收赃的，如在同一地点连续对途经此地多人收赃的，一般应认定“一次”而不是多次犯罪。

第三，基于同一上游犯罪客体实施掩饰、隐瞒行为的，应认定为“一次”。上游犯罪行为人对处置涉案财物具有主动性或随意性，对同一物品可以一次性或分数十次出售。但无论上游犯罪行为人处置了多少次，相应实施掩饰、隐瞒的犯罪客体只有一个，多次收赃行为实质上属于多次的不能犯，不宜片面认定多次。

第四，基于上游犯罪以情节入罪实施掩饰、隐瞒的，应认定为“一次”。上游犯罪以情节入罪，意味着对上游犯罪进行了整体性评价。此时，上游犯罪等同于一个整体，可以评价为上述“第一”或“第三”规制的范围，则无论收赃多少次在评价是否属于情节严重的次数时亦应认定为“一次”。

〔徐某盗窃、王某掩饰、隐瞒犯罪所得案，2024-18-1-221-001〕连续多次收购同一上游犯罪所得“情节严重”的认定

1.对掩饰、隐瞒犯罪所得、犯罪所得收益案件的入罪和升档量刑，应当坚持综合考量原则，结合上游犯罪的性质，掩饰、隐瞒犯罪所得及其收益的情节、后果及社会危害程度等，妥当定罪量刑。

2.认定“掩饰、隐瞒犯罪所得及其产生的收益十次以上，或者三次以上且价值总额达到五万元以上”，不应简单以次数进行评判。对于连续多次收购同一上游犯罪所得，收购次数超过十次，且每次收购价值较小，累计价值不大的，一般不宜认定为“情节严重”。

〔沈某某等人掩饰、隐瞒犯罪所得、帮助信息网络犯罪活动案，2023-05-1-300-001〕利用网络平台为他人“跑分”行为的定性

1.“跑分”是指专门利用银行账户或者第三方支付平台账户为他人代收款，再转账到指定账户，从中赚取佣金的行为。实践中，应从主客观方面综合分析犯罪事实，准确认定“跑分”行为的性质。行为人明知他人涉嫌犯罪，其所经手的资金应系他人犯罪所得及其收益，仍用本人或收集来的银行卡为他人“跑分”的，依法构成掩饰、隐瞒犯罪所得、犯罪所得收益罪。行为人明知他人涉嫌利用信息网络实施犯罪，仅向他人出租、出售银行卡用于“跑分”的，达到情节严重标准，构成帮助信息网络犯罪活动罪。

2.在量刑时应注意主从关系。“跑分”团伙一般涉及人员众多，应结合各行为人具体作用大小，从而认定主从犯。“跑分”团伙领导者、主要管理者、操盘手等能够起到决定作用的人应认定为主犯，对于租赁场地、对接“卡农”、维持秩序、买水买饭等，并未参与到“跑分”关键环节或核心领域，仅起到次要辅助作用的，应认定为从犯。作为“跑分”操盘手及“跑分”团伙的管理者，应对所参与的或者组织、指挥的全部犯罪负责。

【《刑事审判参考》案例】

〔参考案例第 1095 号：袁某某信用卡诈骗，张某某掩饰、隐瞒犯罪所得案〕掩饰、隐瞒犯罪所得、犯罪所得收益罪的罪名如何适用？

本罪名属于单一式选择性罪名，即只有犯罪对象之间存在选择关系，而掩饰与隐瞒之间不存在选择关系，可根据案件事实认定为掩饰、隐瞒犯罪所得、犯罪所得收益罪，掩饰、隐瞒犯罪所得罪，掩饰、隐瞒犯罪所得收益罪。

〔参考案例第 1030 号：韩亚泽掩饰、隐瞒犯罪所得案〕〔参考案例第 1105 号：谭细松掩饰、隐瞒犯罪所得案〕上游犯罪尚未依法裁判，但查证属实的，是否影响对掩饰、隐瞒犯罪所得罪的认定？

掩饰、隐瞒犯罪所得罪的成立以上游犯罪事实成立为前提，即要求上游犯罪构成实质意义上的犯罪，而不要求必须是已经由刑事判决确认的形式意义上的犯罪。只要行为符合刑法规定的犯罪构成要件，就构成掩饰、隐瞒犯罪所得罪，无须依赖上游犯罪是否经过裁判。

〔参考案例第 1106 号：唐某中、唐某波掩饰、隐瞒犯罪所得案〕上游犯罪行为人在逃是否影响掩饰、隐瞒犯罪所得罪的认定？掩饰、隐瞒犯罪所得数额如何认定？

1.上游犯罪行为人在逃不影响掩饰、隐瞒犯罪所得、犯罪所得收益罪的认定。

2.物价水平处于上涨趋势，案件被查处时赃物的价格通常会高于行为时的价格，故依照行为时的价格计算犯罪数额，有利于保护被告人的合法权益。但也不排除有的案件查处时赃物价格低于行为时的价格，此时，仍应以行为时的价格计算犯罪数额。但是，查处时的价格明显低于行为时的价格的，则应在量刑时予以酌情考虑。

〔参考案例第 1107 号：元某某掩饰、隐瞒犯罪所得罪案〕上游犯罪查证属实但依法不追究刑事责任的，是否影响掩饰、隐瞒犯罪所得罪的成立？

上游犯罪事实成立，但因主体不适格而不予追究刑事责任的，仍然以掩饰、隐瞒犯罪所得、犯罪所得收益罪对掩饰、隐瞒的行为人定罪处罚。

〔参考案例第 1092 号：雷某仁、黄某生、黄某平破坏交通设施，田某祥掩饰、隐瞒犯罪所得、犯罪所得收益案〕掩饰、隐瞒犯罪所得、犯罪所得收益罪的上游犯罪是否仅限于侵财型犯罪？掩饰、隐瞒犯罪所得系交通设施的如何处理？

掩饰、隐瞒犯罪所得、犯罪所得收益罪的上游犯罪主要是但并不限于侵财型犯罪。上游犯罪系破坏交通设施罪，且对象为正在使用中的高速公路电缆的，应当依法从严处罚。

〔参考案例第 1100 号：孙善凯、刘军、朱康盗窃案〕事先承诺收购指定的特殊产品，并在事后低价收购的行为如何定性？

1.明知财物系上游犯罪人犯罪所得，事先承诺收购，事后在上游犯罪现场收购赃物的，可以认定为与上游犯罪人通谋犯罪。

2.认定掩饰、隐瞒犯罪所得行为人是否与盗窃、抢劫、诈骗、抢夺等上游犯罪分子通谋，一般从以下几个方面把握：(1)从主观上分析判断，一看其是否明知上游犯罪人实施犯罪行为。如果有证据证明掩饰、隐瞒行为人误认为上游犯罪所得是正常所得，那么，掩饰、隐瞒行为人虽然客观上起到了帮助上游犯罪人的作用，但因缺乏主观要件而不能对其定罪。二看其是否明知上游犯罪人犯罪的时间。如果上游犯罪既遂后才知道上游犯罪行为的，自然不能认定为与上游犯罪人通谋，如果事先知道(包括事中知道)上游犯罪行为，且在客观上实施了协助上游犯罪人完成犯罪的行为的，就可以认定为与上游犯罪人通谋。(2)从客观上分析判断，即其实施的掩饰、隐瞒行为是在上游犯罪完成后，还是在上游犯罪实施前或者实施过程中。如果掩饰、隐瞒行为是在上游犯罪完成后才介入的，需要结合掩饰、隐瞒行为人主观是否存在事先通谋故意进行综合判断。如果掩饰、隐瞒行为在事先、事中就起到了对上游犯罪参与、配合、协助的作用，那么，就可以认定其掩饰、隐瞒的故意产生于上游犯罪实施前或实施中。

〔参考案例第 1098 号：汤雨华、庄瑞军盗窃，朱端银掩饰、隐瞒犯罪所得案〕掩饰、隐瞒犯罪所得罪与上游犯罪的量刑如何平衡？

在掩饰、隐瞒犯罪所得、犯罪所得收益罪和上游犯罪指向同一笔财物的情况下，对掩饰、隐瞒犯罪所得行为人的量刑必须要比上游犯罪人量刑轻一些，而且要适当拉开档次。

〔参考案例第 1097 号：汤某掩饰、隐瞒犯罪所得案〕明知是盗窃的手机而购买自用的如何定罪处罚？

1.行为人为自用而实施掩饰、隐瞒行为的，在本质上是构成犯罪的，但因犯罪情节较轻、行为人主观恶性较小，事后恢复性措施到位，而不作犯罪处理或者虽然追究刑事责任但酌情从宽处理。这与行为本身不构成犯罪是有本质区别的。在不作犯罪处理的情况下，需要适用刑法第十三条的“但书”规定，即“情节显著轻微危害不大的，不认为是犯罪”，而不能仅适用《最高人民法院关于审理掩饰、隐瞒犯罪所得、犯罪所得收益刑事案件适用法律若干问题的解释》第二条第二款。

2.为自用而收购不以犯罪论处，必须同时符合以下三个条件：(1)行为人购买赃物的目的是“自用”，即主要是出于生活中使用的目的而购买，如购买自行车、摩托车等用来自己出行，购买高压锅用来做饭等。一般情况下，购买生产资料，如机器设备等用于生产经营的，不能认定为自用，自用的范围应严格掌握在生活用品范围内。(2)所购买赃物的价值刚达到前述司法解释第一条第一款第一项规定的3000元至10000元的数额。“刚达到”，不能机械地理解为正好达到，而是超过不多，如果数额超过50%以上，一般不能认定为“刚达到”。(3)行为人认罪、悔罪并且退赃、退赔的。

〔参考案例第 1114 号：侯某某掩饰、隐瞒犯罪所得案〕保安将巡逻时抓获的盗窃犯罪分子盗窃所得物据为己有的行为如何定性？

行为人没有替上游犯罪行为人掩饰、隐瞒的主观意思，而仅仅是出于将手机据为己有的目的，不能以掩饰、隐瞒犯罪所得罪处理，对该行为的定性应当根据其主体身份、职务性质、财物金额确定为贪污或职务侵占。

〔参考案例第 1102 号：陈某、欧阳

某等掩饰、隐瞒犯罪所得案〕如何区分“收购”和“代为销售”两种行为方式？

1.“收购”的行为类型中包含着“先购后卖”这种情况，根据掩饰、隐瞒犯罪所得罪的立法旨意，法律在这时惩罚的侧重点仍在于“购”，因为明知是他人犯罪所得及其收益而仍然购买，不管其目的是不是再次出售，购买行为都体现出行为人为上游犯罪人掩饰、隐瞒的主观故意，可能是直接故意，也可以是间接故意，这是本罪打击的重点。

2.“代为销售”与“收购”不同，它是替犯罪分子销售犯罪所得，中间过程中并没有以自有资金取得对犯罪所得的所有权。“代为销售”既可以表现为行为人以卖主身份替上游犯罪人销售犯罪所得的行为；也包括在犯罪分子与购赃人之间进行斡旋介绍的行为。行为人先将犯罪所得进行窝藏，然后以卖主身份寻找买赃人售出的行为，仍是一种代为销售行为。

〔参考案例第1110号：陈飞、刘波掩饰、隐瞒犯罪所得案〕对犯罪所得的赃车修改发动机号后使用行为如何定性？

明知是犯罪所得的赃车，予以改装并介绍买卖的行为，应认定为掩饰、隐瞒犯罪所得的行为。

〔参考案例第1517号：舒某掩饰、隐瞒犯罪所得案〕掩饰、隐瞒非法获取的计算机信息系统数据的行为，应当如何准确定罪量刑？

《最高人民法院、最高人民检察院关于办理危害计算机信息系统安全刑事案件应用法律若干问题的解释》第七条规定的“违法所得”，应理解为掩饰、隐瞒行为人的非法获利数额。对于行为人尚未实际获利或无法查清获利数额的，因不能明确违法所得数额而无法适用上述司法解释，但仍可以适用掩饰、隐瞒司法解释对这类犯罪的规定，即以掩饰、隐瞒犯罪所得及其产生的收益的价值作为定罪量刑标准。

〔参考案例第1111号：李涛、曹某某掩饰、隐瞒犯罪所得案〕如何认定“以其他方法”掩饰、隐瞒？

关于掩饰、隐瞒的“其他方法”的认定，必须坚持以下几点：一是行为人的目的是出于掩饰、隐瞒上游犯罪人的犯罪所得及其收益；二是这些方法与窝藏、转移、收购和代为销售在罪质上具有相当性；三是以“其他方式”掩饰、隐瞒的行为与他人的上游犯罪行为难以被司法机关追诉具有因果关系，且这种难以被追诉的效果是行为人追求或者放任的结果。

〔参考案例第1112号：张晗、方建策、傅鹰掩饰、隐瞒犯罪所得案〕帮助更换被盗电动车锁的行为能否认定为掩饰、隐瞒犯罪所得罪客观要件中的“其他方法”？

帮助更换被盗电动车锁的行为属于掩饰、隐瞒犯罪所得、犯罪所得收益罪中的“其他方法”。

〔参考案例第1113号：吴某等掩饰、隐瞒犯罪所得案〕明知是盗窃所得的农用车而拆解后出售的行为如何定性？

拆解农用车的行为、居间介绍买卖的行为均属于掩饰、隐瞒的“其他方法”。

〔参考案例第1099号：李林掩饰、隐瞒犯罪所得罪案〕如何认定掩饰、隐瞒犯罪所得罪“情节严重”？

判断被告人掩饰、隐瞒犯罪所得的犯罪行为是否属于“情节严重”，应当坚持以法律、司法解释规定的“情节严重”为标准。在量刑时，根据被告人的主观恶性、犯罪对象、上游犯罪的社会危害性、作案手段、作案次数、犯罪数额等情节综合考量。

〔参考案例第 1219 号：杜国军、杜锡军非法捕捞水产品，刘训山、严荣富掩饰、隐瞒犯罪所得案〕如何理解掩饰、隐瞒犯罪所得、犯罪所得收益罪“情节严重”的犯罪次数？

根据《最高人民法院关于审理掩饰、隐瞒犯罪所得、犯罪所得收益刑事案件适用法律若干问题的解释》第三条第一款第二项规定，“掩饰、隐瞒犯罪所得及其产生的收益十次以上”的情形，属于掩饰、隐瞒犯罪所得“情节严重”。在适用“十次以上”情形时，应当把握好以下几点：

第一，每一次掩饰、隐瞒的行为，必须是一个独立的行为，即独立的主观意图，独立的掩饰、隐瞒行为，独立的行为结果，但如果基于同一个故意，在同一时间、同一地点，同时或者连续对多起上游犯罪实施掩饰、隐瞒行为的，一般应认定为一次掩饰、隐瞒犯罪所得及其产生的收益行为。为同一个上游犯罪人同一起犯罪事实的犯罪所得及其产生的收益而分多次予以窝藏、转移、收购、代为销售或者以其他方法掩饰、隐瞒的，由于其犯罪对象的同一性，因而也应认定为一次掩饰、隐瞒犯罪所得及其产生的收益行为。

第二，每一次掩饰、隐瞒的行为，不以都构成犯罪为前提。

第三，即使认定为一次掩饰、隐瞒犯罪所得及其产生的收益行为的，仍然必须注意同时适用该解释第四条第二款的规定，并注意有关治安处罚时效和刑事追诉时效的规定。单次掩饰、隐瞒行为不构成犯罪，且超过治安处罚时效的，不再累计次数；单次掩饰、隐瞒行为构成犯罪，但超过刑事追诉时效的，也不再累计次数。

第四，每一次掩饰、隐瞒行为都应由相应的证据证明，而不是模糊的认定次数。特别是在九次还是十次的关键节点，更是要求每一次掩饰、隐瞒行为都达到事实清楚，证据充分。

第五，每一次掩饰、隐瞒的上游行为都必须以构成犯罪为前提。如果上游犯罪不成立，司法机关不能进行追诉，那么掩饰、隐瞒的行为也就不存在妨害司法活动进而需要在刑法上否定评价的前提，因而不能认定为犯罪。当然，不构成犯罪不意味着收赃行为不必接受惩罚，公安机关完全可以依照治安管理处罚法的相关规定对收赃行为进行处罚。

〔参考案例第 1093 号：闻福生掩饰、隐瞒犯罪所得案〕大量回收购物卡并出售获利的行为是否构成犯罪？

行为人大量回收购物卡并出售获利，在现有证据无法确定其明知是赃物的情况下，购物卡应视为市场流通领域中的一种代货币，其发行量、流通范围、买卖主体仅需通过民事法律或行政法规调整即可，相关行为不宜作为犯罪处罚。

〔参考案例第 1575 号：李某俊掩饰、隐瞒犯罪所得及刘某通帮助信息网络犯罪活动案〕利用网络平台为他人“刷单跑分”行为如何定性？

“刷单跑分”具有将资金分散、匿名交易的特点，因此被用于黑灰产资金的流转，与电信诈骗、网络赌博等犯罪活动密切相关，可能构成非法经营罪、帮助信息网络犯罪活动罪、洗钱罪以及掩饰、隐瞒犯罪所得、犯罪所得收益罪，还可能构成诈骗罪、赌博罪、开设赌场罪等上游犯罪的共犯。被告人明知“跑分”行为系为他人“洗白”犯罪所得，仍实施买入卖出等转账行为，帮助掩饰、隐瞒他人犯罪所得的来源及性质，应认定为掩饰、隐瞒犯罪所得罪。

〔参考案例第1576号：陈某顺掩饰、隐瞒犯罪所得案〕电信网络诈骗案件中掩饰、隐瞒犯罪所得罪如何认定？

根据被告人作案时的主观认知、其与涉案人员的联系方式和上游犯罪资金转移方式的隐秘性、交易过程的异常性等，足以认定被告人具有明知是犯罪所得的主观故意，且客观上利用其本人及女友银行账户协助上游犯罪分子接收犯罪赃款，并使用其本人商家号购买虚拟货币，将上述赃款转化为虚拟货币后提币到上游犯罪分子指定的收币地址，以此实现赃款转移，应认定为掩饰、隐瞒犯罪所得罪。

第三百一十三条 【拒不执行判决、裁定罪】对人民法院的判决、裁定有能力执行而拒不执行，情节严重的，处三年以下有期徒刑、拘役或者罚金；情节特别严重的，处三年以上七年以下有期徒刑，并处罚金。

单位犯前款罪的，对单位判处罚金，并对其直接负责的主管人员和其他直接责任人员，依照前款的规定处罚。

【修正前条文】

第三百一十三条 【拒不执行判决、裁定罪】对人民法院的判决、裁定有能力执行而拒不执行，情节严重的，处三年以下有期徒刑、拘役或者罚金。

【修正说明】

刑法修正案(九)第三十九条对原条文作出下述修改：一是增加了一档法定刑，规定“情节特别严重的，处三年以上七年以下有期徒刑，并处罚金”。二是增加了一款，作为第二款，对单位犯罪及其处罚作了明确。

【立法・要点注释】

1.虽然实践中作为本罪拒不执行对象的判决和裁定，主要是人民法院审理民事案件所作的判决和裁定。但从法律规定上讲，刑事案件、行政案件的判决和裁定也属于本条规定的“判决、裁定”。刑法修正案(九)还在刑法第三十七条之一中专门明确，违反人民法院作出的禁止从事相关职业的决定，情节严重的，依照本条规定定罪处罚。

2.本罪是特殊主体，主要是指有义务执行人民法院判决、裁定的当事人。根据民事诉讼法的有关规定，对判决、裁定负有协助执行义务的个人和单位，也可以成为本罪的主体。

【立法解释】

《全国人民代表大会常务委员会关于〈中华人民共和国刑法〉第三百一十三条的解释》(20020829)

刑法第三百一十三条规定的“人民法院的判决、裁定”，是指人民法院依法作出的具有执行内容并已发生法律效力的判决、裁定。人民法院为依法执行支付令、生效的调解书、仲裁裁决、公证债权文书等所作的裁定属于该条规定的裁定。

下列情形属于刑法第三百一十三条规定的“有能力执行而拒不执行，情节严重”的情形：

（一）被执行人隐藏、转移、故意毁损财产或者无偿转让财产、以明显不合理的低价转让财产，致使判决、裁定无法执行的；

（二）担保人或者被执行人隐藏、转移、故意毁损或者转让已向人民法院提供担保的财产，致使判决、裁定无法执行的；

（三）协助执行义务人接到人民法院协助执行通知书后，拒不协助执行，致使判决、裁定无法执行的；

（四）被执行人、担保人、协助执行义务人与国家机关工作人员通谋，利用国家机关工作人员的职权妨害执行，致使判决、裁定无法执行的；

（五）其他有能力执行而拒不执行，情节严重的情形。

国家机关工作人员有上述第四项行为的，以拒不执行判决、裁定罪的共犯追究刑事责任。国家机关工作人员收受贿赂或者滥用职权，有上述第四项行为的，同时又构成刑法第三百八十五条、第三百九十七条规定之罪的，依照处罚较重的规定定罪处罚。

【司法解释(1)】

《最高人民法院、最高人民检察院关于办理拒不执行判决、裁定刑事案件适用法律若干问题的解释》(法释〔2024〕13号，20241201)

第一条　被执行人、协助执行义务人、担保人等负有执行义务的人，对人民法院的判决、裁定有能力执行而拒不执行，情节严重的，应当依照刑法第三百一十三条的规定，以拒不执行判决、裁定罪处罚。

本解释所称负有执行义务的人，包括自然人和单位。

第二条　刑法第三百一十三条规定的“人民法院的判决、裁定”，是指人民法院依法作出的具有执行内容并已发生法律效力的判决、裁定。人民法院为依法执行支付令、生效的调解书、仲裁裁决、公证债权文书等所作的裁定属于该条规定的裁定。

第三条　负有执行义务的人有能力执行而拒不执行，且具有下列情形之一，应当认定为全国人民代表大会常务委员会关于刑法第三百一十三条的解释中规定的“其他有能力执行而拒不执行，情节严重的情形”：

（一）以放弃债权、放弃债权担保等方式恶意无偿处分财产权益，或者恶意延长到期债权的履行期限，或者以虚假和解、虚假转让等方式处分财产权益，致使判决、裁定无法执行的；

（二）实施以明显不合理的高价受让他人财产、为他人的债务提供担保等恶意减损责任财产的行为，致使判决、裁定无法执行的；

（三）伪造、毁灭、隐匿有关履行能力的重要证据，以暴力、威胁、贿买方法阻止他人作证或者指使、贿买、胁迫他人作伪证，妨碍人民法院查明负有执行义务的人财产情况，致使判决、裁定无法执行的；

（四）具有拒绝报告或者虚假报告财产情况、违反人民法院限制消费令等拒不执行行为，经采取罚款、拘留等强制措施后仍拒不执行的；

（五）经采取罚款、拘留等强制措施后仍拒不交付法律文书指定交付的财物、票证或者拒不迁出房屋、退出土地，致使判决、裁定无法执行的；

（六）经采取罚款、拘留等强制措施后仍拒不履行协助行使人身权益等作为义务，致使判决、裁定无法执行，情节恶劣的；

（七）经采取罚款、拘留等强制措施后仍违反人身安全保护令、禁止从事相关职业决定等不作为义务，造成被害人轻微伤以上伤害或者严重影响被害人正常的工作生活的；

（八）以恐吓、辱骂、聚众哄闹、威胁等方法或者以拉拽、推搡等消极抗拒行为，阻碍执行人员进入执行现场，致使执行工作无法进行，情节恶劣的；

（九）毁损、抢夺执行案件材料、执行公务车辆和其他执行器械、执行人员服装以及执行公务证件，致使执行工作无法进行的；

（十）其他有能力执行而拒不执行，情节严重的情形。

第四条　负有执行义务的人有能力执行而拒不执行，且具有下列情形之一，应当认定属于“情节特别严重”的情形：

（一）通过虚假诉讼、虚假仲裁、虚假公证等方式妨害执行，致使判决、裁定无法执行的；

（二）聚众冲击执行现场，致使执行工作无法进行的；

（三）以围攻、扣押、殴打等暴力方法对执行人员进行人身攻击，致使执行工作无法进行的；

（四）因拒不执行，致使申请执行人自杀、自残或者造成其他严重后果的；

（五）其他情节特别严重的情形。

第五条　有能力执行是指负有执行义务的人有全部执行或者部分执行给付财产义务或履行特定行为义务的能力。

在认定负有执行义务的人的执行能力时，应当扣除负有执行义务的人及其所扶养家属的生活必需费用。

第六条　行为人为逃避执行义务，在诉讼开始后、裁判生效前实施隐藏、转移财产等行为，在判决、裁定生效后经查证属实，要求其执行而拒不执行的，可以认定其有能力执行而拒不执行，情节严重，以拒不执行判决、裁定罪追究刑事责任。

前款所指诉讼开始后，一般是指被告接到人民法院应诉通知后。

第七条　全国人民代表大会常务委员会关于刑法第三百一十三条的解释和本解释中规定的“致使判决、裁定无法执行”，一般是指人民法院依据法律及相关规定采取执行措施后仍无法执行的情形，包括判决、裁定全部无法执行，也包括部分无法执行。

第八条　案外人明知负有执行义务的人有能力执行而拒不执行人民法院的判决、裁定，与其通谋，协助实施隐藏、转移财产等拒不执行行为，致使判决、裁定无法执行的，以拒不执行判决、裁定罪的共犯论处。

第九条　负有执行义务的人有能力执行而拒不执行人民法院的判决、裁定，同时构成拒不执行判决、裁定罪，妨害公务罪，袭警罪，非法处置查封、扣押、冻结的财产罪等犯罪的，依照处罚较重的规定定罪处罚。

第十条　拒不执行支付赡养费、扶养费、抚养费、抚恤金、医疗费用、劳动报酬等判决、裁定，构成犯罪的，应当依法从重处罚。

第十一条　实施刑法第三百一十三条规定的拒不执行判决、裁定行为，情节显著轻微危害不大的，不认为是犯罪；在提起公诉前，履行全部或者部分执行义务，犯罪情节轻微的，可以依法不起诉。在一审宣告判决前，履行全部或者部分执行义务，犯罪情节轻微的，可以依法从轻或者免除处罚。

第十二条　对被告人以拒不执行判决、裁定罪追诉时，对其故意毁损、无偿处分、以明显不合理价格处分、虚假转让等方式违法处置的财产，应当依法予以追缴或者责令退赔，交由执行法院依法处置。

第十三条　人民检察院应当结合侦查移送情况对涉案财产进行审查，在提起公诉时对涉案财产提出明确处理意见。人民法院应当依法作出判决，对涉案财产作出处理。

第十四条　申请执行人有证据证明同时具有下列情形，人民法院认为符合刑事诉讼法第二百一十条第三项规定的，以自诉案件立案审理：

（一）负有执行义务的人拒不执行判决、裁定，侵犯了申请执行人的人身、财产权利，应当依法追究刑事责任的；

（二）申请执行人曾经提出控告，而公安机关或者人民检察院对负有执行义务的人不予追究刑事责任的。

自诉人在判决宣告前，可以同被告人自行和解或者撤回自诉。

第十五条　拒不执行判决、裁定刑事案件，一般由执行法院所在地人民法院管辖。

第十六条　本解释自2024年12月1日起施行。《最高人民法院关于审理拒不执行判决、裁定刑事案件适用法律若干问题的解释》（法释〔2015〕16号）同时废止。最高人民法院、最高人民检察院此前发布的司法解释和规范性文件与本解释不一致的，以本解释为准。

【司法解释(1)·注释】

1.拒不执行判决、裁定罪包括拒不执行人民法院作出的具有执行内容并已发生法律效力的行政判决、裁定，特别是行政非诉执行裁定。

2.对于少数拒不履行抚养权、探视权生效裁判，造成严重后果或者恶劣影响，或者情节十分严重，通过普通强制执行手段仍无法解决的，可以依照拒不执行判决、裁定罪依法惩治。但需要强调的是，对此条款，司法实践中应当慎重适用，不到万不得已，不主张采取刑事手段。对于情节较轻的抢夺、藏匿行为，可以依法给予其他处罚。否则，可能既无助于解决纠纷，也不符合子女的意愿，不利于子女的健康成长。

【司法解释(2)】

《最高人民法院关于办理人身安全保护令案件适用法律若干问题的规定》（法释〔2022〕17号，20220801）

第十二条　被申请人违反人身安全保护令，符合《中华人民共和国刑法》第三百一十三条规定的，以拒不执行判决、裁定罪定罪处罚；同时构成其他犯罪的，依照刑法有关规定处理。

【司法指导文件(1)】

《最高人民法院、最高人民检察院关于常见犯罪的量刑指导意见(二)(试行)》（法〔2024〕132号，20240701）

（六）拒不执行判决、裁定罪

1.构成拒不执行判决、裁定罪的，根据下列情形在相应的幅度内确定量刑起点：

(1)犯罪情节严重的，在一年以下

有期徒刑、拘役幅度内确定量刑起点。

⑵ 情节特别严重的，在三年至四年有期徒刑幅度内确定量刑起点。

2.在量刑起点的基础上，根据拒不执行判决、裁定造成的后果、犯罪情节严重程度等其他影响犯罪构成的犯罪事实增加刑罚量，确定基准刑。

3.构成拒不执行判决、裁定罪的，根据拒不执行判决、裁定的手段、危害后果等犯罪情节，综合考虑被告人缴纳罚金的能力，决定罚金数额。

4.构成拒不执行判决、裁定罪的，综合考虑拒不执行判决、裁定的手段、危害后果、执行情况、社会影响等犯罪事实、量刑情节，以及被告人的主观恶性、人身危险性、认罪悔罪表现等因素，决定缓刑的适用。

【司法指导文件(2)】

《最高人民法院、最高人民检察院、公安部关于依法严肃查处拒不执行判决裁定和暴力抗拒法院执行犯罪行为有关问题的通知》(法发〔2007〕29号，20070830)

一、对下列拒不执行判决、裁定的行为，依照刑法第三百一十三条的规定，以拒不执行判决、裁定罪论处。

(一) 被执行人隐藏、转移、故意毁损财产或者无偿转让财产、以明显不合理的低价转让财产，致使判决、裁定无法执行的；

(二) 担保人或者被执行人隐藏、转移、故意毁损或者转让已向人民法院提供担保的财产，致使判决、裁定无法执行的；

(三) 协助执行义务人接到人民法院协助执行通知书后，拒不协助执行，致使判决、裁定无法执行的；

(四) 被执行人、担保人、协助执行义务人与国家机关工作人员通谋，利用国家机关工作人员的职权妨害执行，致使判决、裁定无法执行的；

(五) 其他有能力执行而拒不执行，情节严重的情形。

四、国家机关工作人员有本《通知》第一条第四项行为的，以拒不执行判决、裁定罪的共犯追究刑事责任。

……

【司法指导文件(3)】

《最高人民法院、最高人民检察院、公安部关于办理拒不执行判决、裁定刑事案件若干问题的意见》(法发〔2025〕8号，20250701)

一、人民法院、人民检察院和公安机关办理拒不执行判决、裁定刑事案件，应当分工负责，互相配合，互相制约，依法惩治拒不执行判决、裁定犯罪。

二、拒不执行判决、裁定刑事案件，一般由执行法院所在地的公安机关、人民检察院和人民法院管辖。

三、人民法院在办理案件过程中，发现负有执行义务的人涉嫌拒不执行判决、裁定犯罪的，应当制作案件移送函及执行情况说明，并将已经掌握的证明犯罪事实的相关证据材料等一并移送有管辖权的公安机关立案侦查。

四、人民法院向公安机关移送时，应当附以下证据材料：

(一) 证明犯罪嫌疑人身份情况的证据材料；

(二) 证明犯罪嫌疑人负有执行义务或者协助执行义务的证据材料；

(三) 证明犯罪嫌疑人有能力执行判决、裁定确定的全部或者部分义务的证据材料；

(四)证明犯罪嫌疑人有拒不执行判决、裁定行为的证据材料；

(五)证明犯罪嫌疑人拒不执行判决、裁定相关情节或者造成后果的证据材料。

五、对人民法院移送涉嫌拒不执行判决、裁定罪的刑事案件材料，公安机关应当接受，制作受案登记表并出具回执。

公安机关经审查认为符合立案条件的，应当在七日内立案侦查；案情重大疑难复杂的，审查期限可以延长至三十日。经审查认为不符合立案条件的，应当在审查期限内作出不予立案决定，并将不予立案通知书送达移送案件的人民法院。

六、公安机关立案后，应当及时开展侦查工作，并依法对犯罪嫌疑人采取强制措施。

公安机关应当及时对犯罪嫌疑人通过隐藏、转移等手段处理的涉案财产依法采取查封、扣押、冻结措施。

七、公安机关不予立案或者立案后撤销案件的，应当在七日内函告执行法院并说明理由。执行法院认为公安机关应当立案侦查而不立案侦查的，可提请人民检察院予以监督。

八、人民检察院经审查，认为公安机关应当立案侦查而不立案侦查的，应当要求公安机关书面说明不立案的理由。公安机关应当在收到通知书后七日以内，书面说明不立案的情况、依据和理由，连同有关证据材料回复人民检察院。

人民检察院经审查，认为公安机关不立案理由不能成立的，经检察长决定，应当通知公安机关立案，公安机关应当在收到通知书后十五日以内立案。

人民检察院在审查办理执行监督案件中，发现负有执行义务的人涉嫌拒不执行判决、裁定罪的，应当将本意见第四条规定的有关案件材料移送有管辖权的公安机关，公安机关接受刑事案件材料后，应当制作受案登记表并出具回执。公安机关经审查认为符合立案条件的，应当立案侦查。

九、人民检察院对公安机关提请批准逮捕的，应当在法定期限内审查并作出是否批准逮捕的决定；对公安机关移送审查起诉的，应当及时审查，符合起诉条件的，应当依法提起公诉。

十、人民法院对涉嫌拒不执行判决、裁定罪案件，应当依法进行审理并作出判决。

十一、申请执行人有证据证明同时具有下列情形，人民法院认为符合刑事诉讼法第二百一十条第三项规定的，以自诉案件立案审理：

(一)负有执行义务的人拒不执行判决、裁定，侵犯了申请执行人的人身、财产权利，应当依法追究刑事责任的；

(二)申请执行人曾经提出控告，而公安机关不予接受控告材料、在接受控告材料后三十日内不予书面答复、决定不予立案，或者人民检察院对负有执行义务的人不予追究刑事责任的。

十二、人民法院向公安机关移送拒不执行判决、裁定罪案件材料，公安机关决定不予立案或者在接受案件材料后三十日内不予书面答复，或者人民检察院对负有执行义务的人不予追究刑事责任的，人民法院应当告知申请执行人可以依法向有管辖权的人民法院提起刑事自诉。

人民检察院向公安机关移送拒不执行判决、裁定罪案件材料，公安机关决定不予立案，人民检察院认为公安机关不立案理由成立的，应当告知申请执行人可以依法向有管辖权的人民法院提起刑事自诉。

十三、申请执行人以负有执行义务的人涉嫌拒不执行判决、裁定罪向人民法院提起刑事自诉时，应当提交以下材料：

（一）刑事自诉状；

（二）证明自诉人身份的证明材料，自诉人的法定代理人、近亲属告诉或者代为告诉的，应当提供与自诉人关系的证明材料和自诉人不能亲自告诉的证明材料；

（三）作为执行依据的生效法律文书、执行案件受理通知书等证明材料；

（四）证明犯罪嫌疑人负有执行义务或者协助执行义务、有能力执行而拒不执行的证据材料；

（五）公安机关不予接受控告材料或者超过三十日未予书面答复的证明材料或者公安机关出具的《不予立案通知书》，或者人民检察院出具的《不起诉决定书》；

（六）人民法院认为应当提供的其他材料。

十四、人民法院立案部门对申请执行人提交的材料进行审查后，对于符合立案条件的自诉案件，应当及时立案。

人民法院应当及时对犯罪嫌疑人通过隐藏、转移等手段处理的涉案财产采取查封、扣押、冻结措施。

十五、自诉案件立案或者审理过程中，自诉人要求复制已由执行法院收集和固定，证明其人身、财产权利受到侵犯的证据，执行法院应当及时提供。

十六、被告人下落不明的，人民法院可以请求公安机关协助查找，公安机关应当依法协助。

十七、自诉人在判决宣告前，可以同被告人自行和解或者撤回自诉。

十八、人民法院在执行过程中，发现国家机关工作人员涉嫌利用职权妨害执行的，应当及时将违纪违法线索移送相关纪检监察机关或者人民检察院依法处理。

十九、人民法院、人民检察院、公安机关应当建立联席会议机制，确定专门人员，加强沟通交流，强化监督制约，确保本意见贯彻执行。

二十、本意见自2025年7月1日起施行。

【司法指导文件(4)】

《最高人民法院研究室关于拒不执行人民法院调解书的行为是否构成拒不执行判决、裁定罪的答复》(法研〔2000〕117号，20001214)

刑法第三百一十三条规定的“判决、裁定”，不包括人民法院的调解书。对于行为人拒不执行人民法院调解书的行为，不能依照刑法第三百一十三条的规定定罪处罚。[①]

【指导性案例·法院】

〔毛建文拒不执行判决、裁定案，FZD71-2016〕

有能力执行而拒不执行判决、裁定的时间从判决、裁定发生法律效力时起算。具有执行内容的判决、裁定发生法

① 人民法院为依法执行生效的调解书所作的裁定属于本条规定的“裁定”。——编者注

律效力后，负有执行义务的人有隐藏、转移、故意毁损财产等拒不执行行为，致使判决、裁定无法执行，情节严重的，应当以拒不执行判决、裁定罪定罪处罚。

【指导性案例 · 检察】

〔上海甲建筑装饰有限公司、吕某拒不执行判决立案监督案，JZD92-2020〕

负有执行义务的单位和个人以更换企业名称、隐瞒到期收入等方式妨害执行，致使已经发生法律效力的判决、裁定无法执行，情节严重的，应当以拒不执行判决、裁定罪予以追诉。申请执行人认为公安机关对拒不执行判决、裁定的行为应当立案侦查而不立案侦查，向检察机关提出监督申请的，检察机关应当要求公安机关说明不立案的理由。经调查核实，认为公安机关不立案理由不能成立的，应当通知公安机关立案。对于通知立案的涉企业犯罪案件，应当依法适用认罪认罚从宽制度。

【法院案例库参考案例】

〔王某辉拒不执行裁定案，2025-05-1-301-002〕违反人身安全保护令情节严重的，构成拒不执行裁定罪

1.人身安全保护令属于人民法院作出的裁定。在人身安全保护令的有效期内，被申请人违反裁定确定的禁止性义务，对申请人实施殴打、威胁，损害被害人权益的，属于“对人民法院的裁定有能力执行而拒不执行”；情节严重的，应当依照刑法第三百一十三条的规定，以拒不执行判决、裁定罪定罪处罚。

2.违反人身安全保护令殴打申请人，被行政拘留、司法机关训诫后，仍然实施发送死亡威胁信息等行为，对申请人造成心理强制和心理伤害，严重影响申请人正常工作生活的，应当认定为刑法第三百一十三条规定的“情节严重”。

〔邓某拒不执行判决、裁定案，2025-05-1-301-001〕拒不执行支付劳动报酬判决犯罪的处理

拒不执行支付劳动报酬的判决、裁定，符合刑法第三百一十三条规定的，依法以拒不执行判决、裁定罪从重处罚。

〔彭某等拒不执行判决案，2024-05-1-301-001〕达成执行和解能否构罪

关于转移、隐藏财产等行为发生于执行和解阶段是否构罪的问题。拒不执行判决、裁定罪中规定的“有能力执行而拒不执行”的行为起算时间一般应从民事判决发生法律效力时起算，而不是从执行立案时起算。根据举轻以明重的原则，本案是在执行阶段达成执行和解，被申请执行人在此阶段转移、隐藏财产，应属于“有能力执行而拒不执行”的情形。

〔某钢铁公司、林某某拒不执行判决、裁定案，2023-16-1-301-001〕拒不执行判决、裁定罪中“情节严重”的把握

拒不执行判决、裁定罪中如何把握是否达到“情节严重”程度。全国人大常委会对刑法第三百一十三条的立法解释以及最高人民法院关于拒不执行判决、裁定罪的司法解释对“有能力执行而不执行情节严重”作出解释，明确“情节严重”是指“致使判决、裁定无法执行”。“无法执行”，是指即使负有执行义务的人具有阻碍、抗拒执行的行为，而人民法院在穷尽一切强制执行措施后，仍然无法实现判决、裁定所确定的结果。实践中，负有执行义务的人抗拒执行或消极执行的情形大量存在，生效法律文书是否能得到充分执行一定程度上还取决于执行法院是否采取足够的执行措施，不能仅以有抗拒执行或消极执行的行为就认定行为人构成犯罪。

〔何某拒不执行判决、裁定案，2024-18-1-301-002〕被执行人违反财产报告制度拒不履行生效法律文书确定的义务行为的定性

负有执行义务的人有能力执行，但拒绝报告财产情况，经采取拘留等强制措施后仍拒不执行的，应当认定为全国人大常委会关于刑法第三百一十三条的解释中规定的“其他有能力执行而拒不执行，情节严重的情形”。认定被执行人是否拒绝报告财产情况，应当结合其履行财产报告制度的情况、执行过程中的搜查情况等因素进行综合判断。

〔刘某海拒不执行判决案，2024-18-1-301-001〕在被起诉前转移财产构成拒不执行判决罪的认定规则

1.对于刑法第三百一十三条规定的“对人民法院的判决、裁定有能力执行而拒不执行”，通常应当从判决、裁定发生法律效力时起算。但是，负有执行义务的人在判决、裁定发生法律效力前，为逃避执行，通过“假离婚”等方式转移、隐匿财产并持续至执行阶段，致使判决、裁定无法执行，情节严重的，亦应以拒不执行判决、裁定罪论处。

2.刑法第三百一十三条规定的“对人民法院的判决、裁定有能力执行而拒不执行”，包括有部分执行能力而不拒不执行的情形。经综合考量执行能力的大小、拒不执行的金额、造成的后果等情节，符合“情节严重”认定标准的，构成拒不执行判决、裁定罪。

【《刑事审判参考》案例】

〔参考案例第478号：马素英、杨保全拒不执行判决、裁定案〕如何理解拒不执行判决、裁定罪中的“致使判决、裁定无法执行”？

“致使判决、裁定无法执行”是指债务人逃避或者抗拒执行的行为造成人民法院执行机构无法运用法律规定的执行措施，或者虽运用了法律规定的各种执行措施，但仍无法执行的情形。即使债权人通过再次起诉等途径最终实现了债权，仍应认定出现了“致使判决、裁定无法执行”的结果，可以追究债务人的刑事责任。

〔参考案例第1462号：肖应文、李秋发拒不执行判决案〕如何认定“致使判决、裁定无法执行”？

“致使判决、裁定无法执行”不仅指生效的判决确定的执行内容终局性、永久性无法执行，也包括被执行人拒不执行，情节严重，导致执行措施无法有效开展的情形。

〔参考案例第1204号：龙某某拒不执行判决案〕如何理解拒不执行判决、裁定罪中的“有能力执行”？

认定“有能力执行”的时间从判决、裁定生效时起算，不限于执行期间或刑事案件审理期间。“有能力执行”是客观事实，不以行为人的主观认识为要件，且不受执行情况的制约。在对财产的执行中，“有能力执行”是指有可供执行的财产，既包括有可供全部执行的财产，也包括可供部分执行的财产。即使行为人没有能力一次性全部履行执行义务，但有能力分次履行、部分履行执行义务的，可以认定行为人“有能力执行”。

〔参考案例第 1396 号：杨建荣、颜爱英、姜雪富拒不执行判决、裁定案〕为逃避执行，在民事判决确定前转移、隐匿财产等，并指使他人作伪证，致使人民法院判决长期无法执行的行为应如何定性？

在民事裁判生效前，甚至在进入民事诉讼程序前，转移、隐匿财产等行为的状态只要持续至民事裁判生效后，情节严重的，即可构成拒不执行判决、裁定罪。

第三百一十四条 【非法处置查封、扣押、冻结的财产罪】隐藏、转移、变卖、故意毁损已被司法机关查封、扣押、冻结的财产，情节严重的，处三年以下有期徒刑、拘役或者罚金。

【立法 · 要点注释】

1.“查封”，是指被司法机关签封，这种签封应载明查封日期、查封单位并盖章。物品一经司法机关查封，未经查封机关批准不得私自开封、使用，更不得变卖、转移。“扣押”，是指司法机关因办案需要将与案件有关的物品暂时扣留。这种扣押，一般是将物品扣在司法机关，但一些大宗物品也可扣押在仓库等地。“冻结”，主要是指冻结与案件相关的资金账户，一旦冻结，不经依法解冻，该项资金不得私自使用，更不得转移。

2.“情节严重”，主要是指隐藏、转移、变卖、故意毁损已被司法机关查封、扣押、冻结的财产，严重妨害了诉讼活动的正常进行或者使国家、集体、公民的利益遭受了重大损失。

3.本条规定的隐藏、转移、变卖、故意毁损已被司法机关查封、扣押、冻结的财产的行为不仅限于刑事诉讼，也包括在民事、行政诉讼中的行为。

【法院案例库参考案例】

〔陆某忠、刘某非法处置扣押的财产案，2024-06-1-302-001〕窃取本人被司法机关扣押的财物行为的定性

窃取本人被司法机关查封、扣押、冻结的财物，主观上并无窃取后又找司法机关“索赔”的打算的，因行为人不具有非法占有的目的，不构成盗窃罪；所涉行为属于隐藏、转移已被司法机关查封、扣押、冻结的财产，符合刑法第三百一十四条规定的，应当以非法处置扣押的财产罪论处。

【《刑事审判参考》案例】

〔参考案例第 428 号：罗扬非法处置查封的财产案〕明知房产被依法查封而隐瞒事实将房产卖与他人并收取预付款的行为如何定性？

行为人未以拒不执行法院生效裁判为目的，明知房产被依法查封，而隐瞒事实将房产卖与他人并收取预付款的行为，应按非法处置查封的财产罪处理。

〔参考案例第 1177 号：何弦、汪顺太非法处置扣押的财产案〕盗取自己被公安机关扣押的车辆应如何定性？

行为人在公安机关明确告知车辆被依法扣押的情况下，将本人被扣押的车辆予以转移，扰乱了司法机关的正常活动，依法构成非法处置扣押的财产罪。

第三百一十五条 【破坏监管秩序罪】依法被关押的罪犯，有下列破坏监管秩序行为之一，情节严重的，处三年以下有期徒刑：

（一）殴打监管人员的；

（二）组织其他被监管人破坏监管秩序的；

（三）聚众闹事，扰乱正常监管秩序的；

（四）殴打、体罚或者指使他人殴打、体罚其他被监管人的。

第三百一十六条 【脱逃罪】依法被关押的罪犯、被告人、犯罪嫌疑人脱逃的，处五年以下有期徒刑或者拘役。

【劫夺被押解人员罪】劫夺押解途中的罪犯、被告人、犯罪嫌疑人的，处三年以上七年以下有期徒刑；情节严重的，处七年以上有期徒刑。

【立法·要点注释】

被非法关押的人脱逃的，不构成本罪。所谓“脱逃”，是指行为人逃离司法机关的监管场所的行为。主要是指从监狱、看守所、拘留所等监管场所逃跑，也包括在押解途中逃跑。

【司法指导文件】

《最高人民法院研究室关于因错判在服刑期“脱逃”后确有犯罪其错判服刑期限可否与后判刑期折抵问题的电话答复》(19830831)

对被错判徒刑的在服刑期间“脱逃”的行为，可不以脱逃论罪判刑；但在脱逃期间犯罪的，应依法定罪判刑；对被错判已服刑的日期与后来犯罪所判处的刑期不宜折抵，可在量刑时酌情考虑从轻或减轻处罚。

【《刑事审判参考》案例】

〔参考案例第93号：陈维仁等脱逃案〕无罪被错捕羁押的人伙同他人共同脱逃是否构成脱逃罪？

行为人无罪被错捕羁押，虽不具有脱逃罪的主体身份，但他与部分犯罪分子共同实施脱逃行为，而且从中起重要作用，其行为虽然不能独立构成脱逃罪，但却完全可以成为脱逃罪的共犯。

第三百一十七条 【组织越狱罪】组织越狱的首要分子和积极参加的，处五年以上有期徒刑；其他参加的，处五年以下有期徒刑或者拘役。

【暴动越狱罪】【聚众持械劫狱罪】暴动越狱或者聚众持械劫狱的首要分子和积极参加的，处十年以上有期徒刑或者无期徒刑；情节特别严重的，处死刑；其他参加的，处三年以上十年以下有期徒刑。

第三节 妨害国(边)境管理罪[①]

【司法解释】

《最高人民法院、最高人民检察院关于办理妨害国(边)境管理刑事案件应用法律若干问题的解释》(法释

① 本节所涉“国(边)境”的罪名不是选择性罪名，具体适用时应完整表述。主要理由参见本节第三百二十二条项下【审判实务释疑】，第1133—1134页。——编者注

〔2012〕17号，20121220）

第六条　具有下列情形之一的，应当认定为刑法第六章第三节规定的“偷越国（边）境”行为：

（一）没有出入境证件出入国（边）境或者逃避接受边防检查的；

（二）使用伪造、变造、无效的出入境证件出入国（边）境的；

（三）使用他人出入境证件出入国（边）境的；

（四）使用以虚假的出入境事由、隐瞒真实身份、冒用他人身份证件等方式骗取的出入境证件出入国（边）境的；

（五）采用其他方式非法出入国（边）境的。

第七条　以单位名义或者单位形式组织他人偷越国（边）境、为他人提供伪造、变造的出入境证件或者运送他人偷越国（边）境的，应当依照刑法第三百一十八条、第三百二十条、第三百二十一条的规定追究直接负责的主管人员和其他直接责任人员的刑事责任。

第八条　实施组织他人偷越国（边）境犯罪，同时构成骗取出境证件罪、提供伪造、变造的出入境证件罪、出售出入境证件罪、运送他人偷越国（边）境罪的，依照处罚较重的规定定罪处罚。

第九条　对跨地区实施的不同妨害国（边）境管理犯罪，符合并案处理要求，有关地方公安机关依照法律和相关规定一并立案侦查，需要提请批准逮捕、移送审查起诉、提起公诉的，由该公安机关所在地的同级人民检察院、人民法院依法受理。

第十条　本解释发布实施后，《最高人民法院关于审理组织、运送他人偷越国（边）境等刑事案件适用法律若干问题的解释》（法释〔2002〕3号）不再适用。

【司法指导文件】

《最高人民法院、最高人民检察院、公安部、国家移民管理局关于依法惩治妨害国（边）境管理违法犯罪的意见》（法发〔2022〕18号，20220629）

一、总体要求

……

二、关于妨害国（边）境管理犯罪的认定

……

5.《解释》[①]第一条第二款、第四条规定的“人数”，以实际组织、运送的人数计算；未到案人员经查证属实的，应当计算在内。

8.对于偷越国（边）境的次数，按照非法出境、入境的次数分别计算。但是，对于非法越境后及时返回，或者非法出境后又入境投案自首的，一般应当计算为一次。

9.偷越国（边）境人员相互配合，共同偷越国（边）境的，属于《解释》第五条第二项规定的“结伙”。偷越国（边）境人员在组织者、运送者安排下偶然同行的，不属于“结伙”。

在认定偷越国（边）境“结伙”的人数时，不满十六周岁的人不计算在内。

10.偷越国（边）境，具有下列情形之一的，属于《解释》第五条第六项规定的“其他情节严重的情形”：

（1）犯罪后为逃避刑事追究偷越国

① 即《最高人民法院、最高人民检察院关于办理妨害国（边）境管理刑事案件应用法律若干问题的解释》（法释〔2012〕17号）。——编者注

(边)境的；

(2)破坏边境物理隔离设施后，偷越国(边)境的；

(3)以实施电信网络诈骗、开设赌场等犯罪为目的，偷越国(边)境的；

(4)曾因妨害国(边)境管理犯罪被判处刑罚，刑罚执行完毕后二年内又偷越国(边)境的。

实施偷越国(边)境犯罪，又实施妨害公务、袭警、妨害传染病防治等行为，并符合有关犯罪构成的，应当数罪并罚。

……

三、关于妨害国(边)境管理刑事案件的管辖

……

四、关于证据的收集与审查

16.对于妨害国(边)境管理案件所涉主观明知的认定，应当结合行为实施的过程、方式、被查获时的情形和环境，行为人的认知能力、既往经历、与同案人的关系、非法获利等，审查相关辩解是否明显违背常理，综合分析判断。

在组织他人偷越国(边)境、运送他人偷越国(边)境等案件中，具有下列情形之一的，可以认定行为人主观明知，但行为人作出合理解释或者有相反证据证明的除外：

(1)使用遮蔽、伪装、改装等隐蔽方式接送、容留偷越国(边)境人员的；

(2)与其他妨害国(边)境管理行为人使用同一通讯群组、暗语等进行联络的；

(3)采取绕关避卡等方式躲避边境检查，或者出境前、入境后途经边境地区的时间、路线等明显违反常理的；

(4)接受执法检查时故意提供虚假的身份、事由、地点、联系方式等信息的；

(5)支付、收取或者约定的报酬明显不合理的；

(6)遇到执法检查时企图逃跑，阻碍、抗拒执法检查，或者毁灭证据的；

(7)其他足以认定行为人明知的情形。

……

五、关于宽严相济刑事政策的把握

21.办理妨害国(边)境管理刑事案件，应当综合考虑行为人的犯罪动机、行为方式、目的以及造成的危害后果等因素，全面把握犯罪事实和量刑情节，依法惩治。做好行政执法与刑事司法的衔接，对涉嫌妨害国(边)境管理犯罪的案件，要及时移送立案侦查，不得以行政处罚代替刑事追究。

对于实施相关行为被不起诉或者免予刑事处罚的行为人，依法应当给予行政处罚、政务处分或者其他处分的，依法移送有关主管机关处理。

22.突出妨害国(边)境管理刑事案件的打击重点，从严惩处组织他人偷越国(边)境犯罪，坚持全链条、全环节、全流程对妨害国(边)境管理的产业链进行刑事惩治。对于为组织他人偷越国(边)境实施骗取出入境证件，提供伪造、变造的出入境证件，出售出入境证件，或者运送偷越国(边)境等行为，形成利益链条的，要坚决依法惩治，深挖犯罪源头，斩断利益链条，不断挤压此类犯罪滋生蔓延空间。

对于运送他人偷越国(边)境犯罪，要综合考虑运送人数、违法所得、前科情况等依法定罪处罚，重点惩治以此为业、屡罚屡犯、获利巨大和其他具有重大社会危害的情形。

对于偷越国(边)境犯罪，要综合考虑偷越动机、行为手段、前科情况等依

法定罪处罚，重点惩治越境实施犯罪、屡罚屡犯和其他具有重大社会危害的情形。

23.对于妨害国(边)境管理犯罪团伙、犯罪集团，应当重点惩治首要分子、主犯和积极参加者。对受雇佣或者被利用从事信息登记、材料递交等辅助性工作人员，未直接实施妨害国(边)境管理行为的，一般不追究刑事责任，可以由公安机关、移民管理机构依法作出行政处罚或者其他处理。

24.对于妨害国(边)境管理犯罪所涉及的在偷越国(边)境之后的相关行为，要区分情况作出处理。对于组织、运送他人偷越国(边)境，进而在他人偷越国(边)境之后组织实施犯罪的，要作为惩治重点，符合数罪并罚规定的，应当数罪并罚。

对于为非法用工而组织、运送他人偷越国(边)境，或者明知是偷越国(边)境的犯罪分子而招募用工的，在决定是否追究刑事责任以及如何裁量刑罚时，应当综合考虑越境人数、违法所得、前科情况、造成影响或者后果等情节，恰当评估社会危害性，依法妥当处理。其中，单位实施上述行为，对组织者、策划者、实施者依法追究刑事责任的，定罪量刑应作综合考量，适当体现区别，确保罪责刑相适应。

25.对以牟利为目的实施妨害国(边)境管理犯罪，要注重适用财产刑和追缴犯罪所得、没收作案工具等处置手段，加大财产刑的执行力度，最大限度剥夺其重新犯罪的能力和条件。

26.犯罪嫌疑人、被告人提供重要证据或者重大线索，对侦破、查明重大妨害国(边)境管理刑事案件起关键作用，经查证属实的，可以依法从宽处理。

第三百一十八条　【组织他人偷越国（边）境罪】组织他人偷越国（边）境的，处二年以上七年以下有期徒刑，并处罚金；有下列情形之一的，处七年以上有期徒刑或者无期徒刑，并处罚金或者没收财产：

（一）组织他人偷越国（边）境集团的首要分子；

（二）多次组织他人偷越国（边）境或者组织他人偷越国（边）境人数众多的；

（三）造成被组织人重伤、死亡的；

（四）剥夺或者限制被组织人人身自由的；

（五）以暴力、威胁方法抗拒检查的；

（六）违法所得数额巨大的；

（七）有其他特别严重情节的。

犯前款罪，对被组织人有杀害、伤害、强奸、拐卖等犯罪行为，或者对检查人员有杀害、伤害等犯罪行为的，依照数罪并罚的规定处罚。

【立法 · 要点注释】

"造成被组织人重伤、死亡的"，是指在组织偷越国(边)境过程中，由于运输工具出现故障等原因导致伤亡事故或者导致被组织人自杀等，造成被组织人重伤、死亡后果的。

【司法解释】

《最高人民法院、最高人民检察院关于办理妨害国(边)境管理刑事案件应用法律若干问题的解释》(法释〔2012〕17号，20121220)

第一条　领导、策划、指挥他人偷越国(边)境或者在首要分子指挥下，实施拉拢、引诱、介绍他人偷越国(边)境等行为的，应当认定为刑法第三百一十八条规定的“组织他人偷越国(边)境”。

组织他人偷越国(边)境人数在十人以上的，应当认定为刑法第三百一十八条第一款第(二)项规定的“人数众多”；违法所得数额在二十万元以上的，应当认定为刑法第三百一十八条第一款第(六)项规定的“违法所得数额巨大”。

以组织他人偷越国(边)境为目的，招募、拉拢、引诱、介绍、培训偷越国(边)境人员，策划、安排偷越国(边)境行为，在他人偷越国(边)境之前或者偷越国(边)境过程中被查获的，应当以组织他人偷越国(边)境罪(未遂)论处；具有刑法第三百一十八条第一款规定的情形之一的，应当在相应的法定刑幅度基础上，结合未遂犯的处罚原则量刑。

【司法指导文件】

《最高人民法院、最高人民检察院、公安部、国家移民管理局关于依法惩治妨害国(边)境管理违法犯罪的意见》(法发〔2022〕18号，20220629)

二、关于妨害国(边)境管理犯罪的认定

2.具有下列情形之一的，应当认定为刑法第三百一十八条规定的“组织他人偷越国(边)境”行为：

(1)组织他人通过虚构事实、隐瞒真相等方式掩盖非法出入境目的，骗取出入境边防检查机关核准出入境的；

(2)组织依法限定在我国边境地区停留、活动的人员，违反国(边)境管理法规，非法进入我国非边境地区的。

对于前述行为，在决定是否追究刑事责任以及如何裁量刑罚时，应当综合考虑组织者前科情况、行为手段、组织人数和次数、违法所得数额及被组织人员偷越国(边)境的目的等情节，依法妥当处理。

3.事前与组织、运送他人偷越国(边)境的犯罪分子通谋，在偷越国(边)境人员出境前或者入境后，提供接驳、容留、藏匿等帮助的，以组织他人偷越国(边)境罪或者运送他人偷越国(边)境罪的共同犯罪论处。

……

6.明知他人实施骗取出境证件犯罪，提供虚假证明、邀请函件以及面签培训等帮助的，以骗取出境证件罪的共同犯罪论处；符合刑法第三百一十八条规定的，以组织他人偷越国(边)境罪定罪处罚。

7.事前与组织他人偷越国(边)境的犯罪分子通谋，为其提供虚假证明、邀请函件以及面签培训等帮助，骗取入境签证等入境证件，为组织他人偷越国(边)境使用的，以组织他人偷越国(边)境罪的共同犯罪论处。

……

11.徒步带领他人通过隐蔽路线逃避边防检查偷越国(边)境的，属于运送他人偷越国(边)境。领导、策划、指挥他人偷越国(边)境，并实施徒步带领行为的，以组织他人偷越国(边)境罪论处。

徒步带领偷越国(边)境的人数较少，行为人系初犯，确有悔罪表现，综合考虑行为动机、一贯表现、违法所得、实际作用等情节，认为对国(边)境管理秩序妨害程度明显较轻的，可以认定为犯罪情节轻微，依法不起诉或者免予刑事处罚；情节显著轻微危害不大的，不作为犯罪处理。

【司法指导文件 · 注释】

骗取出境证件实质上是组织他人偷越国(边)境犯罪的帮助行为，设置为专门罪名，旨在堵截社会危害更加严重的组织他人偷越国(边)境犯罪，并更加准确地评价骗证行为的社会危害性，实现罪责刑相适应。根据刑法规定，“为组织他人偷越国(边)境使用”本身就是骗取出境证件罪的构成要件，行为人如不具有组织他人偷越国(边)境的实行行为，不能仅以“为组织他人偷越国(边)境使用”为由，就对其以组织他人偷越国(边)境罪的共犯论处；否则，将实际架空刑法关于骗取出境证件罪的专门规定，违反罪责刑相适应的基本原则。

【《刑事审判参考》案例】

〔参考案例第304号：顾国均、王建忠组织他人偷越国境案〕以旅游名义骗取出境证件，非法组织他人出境劳务的应如何定性？

以旅游名义骗取出境证件，非法组织他人出境劳务，构成组织他人偷越国(边)境罪。

〔参考案例第1031号：凌文勇组织他人偷越边境、韦德其等运送他人偷越边境案〕如何区分组织他人偷越边境罪与运送他人偷越边境罪？

组织他人偷越边境罪的“组织”行为，主要有两种方式：一是领导、策划、指挥他人偷越边境的行为；二是在首要分子指挥下，实施拉拢、引诱、介绍他人偷越边境等行为。由于组织他人偷越边境犯罪环节较多，参与人员情况复杂，对于拉拢、引诱、介绍三种方式以外的其他协助行为，一般不宜认定为“组织”行为。明知他人组织他人偷越边境，而参与购买、联系、安排船只、汽车等交通工具，提供运输服务，将非法出境人员送至离境口岸、指引路线，甚至是积极对偷渡人员进行英语培训以应付通关的需要，转交与出境人员身份不符的虚假证件，安排食宿、送取机票等行为，均是为组织他人偷越边境提供帮助，且由于主观目的及行为缺乏组织性，不能认定为组织他人偷越边境罪的共同犯罪，而应认定为运送他人偷越边境罪。

第三百一十九条 【骗取出境证件罪】以劳务输出、经贸往来或者其他名义，弄虚作假，骗取护照、签证等出境证件，为组织他人偷越国（边）境使用的，处三年以下有期徒刑，并处罚金；情节严重的，处三年以上十年以下有期徒刑，并处罚金。

单位犯前款罪的，对单位判处罚金，并对其直接负责的主管人员和其他直接责任人员，依照前款的规定处罚。

【立法 · 要点注释】

如果骗取护照、签证等出境证件，是为了本人或者他人出国，不是为组织他人偷越国(边)境使用的，不构成本罪。

【司法解释】

《最高人民法院、最高人民检察院关于办理妨害国(边)境管理刑事案件应用法律若干问题的解释》(法释

〔2012〕17号，20121220)

第二条 为组织他人偷越国(边)境，编造出境事由、身份信息或者相关的境外关系证明的，应当认定为刑法第三百一十九条第一款规定的“弄虚作假”。

刑法第三百一十九条第一款规定的“出境证件”，包括护照或者代替护照使用的国际旅行证件，中华人民共和国海员证，中华人民共和国出入境通行证，中华人民共和国旅行证，中国公民往来香港、澳门、台湾地区证件，边境地区出入境通行证，签证、签注，出国(境)证明、名单，以及其他出境时需要查验的资料。

具有下列情形之一的，应当认定为刑法第三百一十九条第一款规定的“情节严重”：

(一)骗取出境证件五份以上的；

(二)非法收取费用三十万元以上的；

(三)明知是国家规定的不准出境的人员而为其骗取出境证件的；

(四)其他情节严重的情形。

【司法指导文件】

参见本法第三百一十八条项下【司法指导文件】第六条，第1128页。

第三百二十条 【提供伪造、变造的出入境证件罪】【出售出入境证件罪】为他人提供伪造、变造的护照、签证等出入境证件，或者出售护照、签证等出入境证件的，处五年以下有期徒刑，并处罚金；情节严重的，处五年以上有期徒刑，并处罚金。

【司法解释】

《最高人民法院、最高人民检察院关于办理妨害国(边)境管理刑事案件应用法律若干问题的解释》(法释〔2012〕17号，20121220)

第三条 刑法第三百二十条规定的“出入境证件”，包括本解释第二条第二款所列的证件以及其他入境时需要查验的资料。

具有下列情形之一的，应当认定为刑法第三百二十条规定的“情节严重”：

(一)为他人提供伪造、变造的出入境证件或者出售出入境证件五份以上的；

(二)非法收取费用三十万元以上的；

(三)明知是国家规定的不准出入境的人员而为其提供伪造、变造的出入境证件或者向其出售出入境证件的；

(四)其他情节严重的情形。

【公安文件(1)】

《公安部关于盗窃空白因私护照有关问题的批复》(公境出〔2000〕881号，20000516)

三、李某、万某等人将盗窃的护照出售，其出售护照的行为也妨害国(边)境管理秩序，触犯刑法第三百二十条，涉嫌构成出售出入境证件罪。

【公安文件(2)】

《公安部法制局对〈关于倒卖邀请函的行为如何处理的请示〉的答复》(公法〔2001〕21号，20010201)

办理出入境证件所需的邀请函不属于出入境证件。对仅仅是为他人联系提供办理出入境证件所需邀请函并获得报酬的行为，如果该邀请函真实有效、当事人之间没有欺诈行为，不应……按招摇撞骗行为予以处罚；也不应将该行为认定为组织、运送他人偷越国(边)境的行为以刑事或行政处罚。

对以联系提供办理出入境证件所需的邀请函为名，编造情况，提供假证明，骗取出入境证件以及从事诈骗、组织他人偷越国(边)境等违法犯罪活动的，应依法予以查处。

第三百二十一条　【运送他人偷越国（边）境罪】运送他人偷越国（边）境的，处五年以下有期徒刑、拘役或者管制，并处罚金；有下列情形之一的，处五年以上十年以下有期徒刑，并处罚金：

（一）多次实施运送行为或者运送人数众多的；

（二）所使用的船只、车辆等交通工具不具备必要的安全条件，足以造成严重后果的；

（三）违法所得数额巨大的；

（四）有其他特别严重情节的。

在运送他人偷越国（边）境中造成被运送人重伤、死亡，或者以暴力、威胁方法抗拒检查的，处七年以上有期徒刑，并处罚金。

犯前两款罪，对被运送人有杀害、伤害、强奸、拐卖等犯罪行为，或者对检查人员有杀害、伤害等犯罪行为的，依照数罪并罚的规定处罚。

【立法·要点注释】

1.“运送”，主要是指用车辆、船只等交通工具将偷越国(边)境的人非法运送出、入我国国(边)境的行为。行为人没有利用交通工具，如亲自带领他人通过隐蔽的路线偷越国(边)境的，也应当认为是运送他人偷越国(边)境的行为。至于运送他人偷越国(边)境的数量是多人还是一人，不影响本罪的成立。

2.“造成被运送人重伤、死亡”，是指在运送他人偷越国(边)境中，因交通工具不具备必要的安全条件等各种原因，发生重伤、死亡事故，或者导致被运送人自伤、自杀等重伤、死亡后果的。

3.组织他人偷越国(边)境的行为人在实施组织他人偷越国(边)境犯罪行为的过程中又实施了运送行为的，应当根据从一重罪处罚的原则，以处刑较重的犯罪定罪处罚。

【司法解释】

《最高人民法院、最高人民检察院关于办理妨害国(边)境管理刑事案件应用法律若干问题的解释》(法释〔2012〕17号，20121220)

第四条　运送他人偷越国(边)境人数在十人以上的，应当认定为刑法第三百二十一条第一款第(一)项规定的“人数众多”；违法所得数额在二十万元以上的，应当认定为刑法第三百二十一条第一款第(三)项规定的“违法所得数额巨大”。

【司法指导文件】

《最高人民法院、最高人民检察院、公安部、国家移民管理局关于依法惩治妨害国(边)境管理违法犯罪的意见》(法发〔2022〕18号，20220629)

二、关于妨害国(边)境管理犯罪的认定

4.明知是偷越国(边)境人员，分段

运送其前往国(边)境的，应当认定为刑法第三百二十一条规定的“运送他人偷越国(边)境”，以运送他人偷越国(边)境罪定罪处罚。但是，在决定是否追究刑事责任以及如何裁量刑罚时，应当充分考虑行为人在运送他人偷越国(边)境过程中所起作用等情节，依法妥当处理。

11.徒步带领他人通过隐蔽路线逃避边防检查偷越国(边)境的，属于运送他人偷越国(边)境。领导、策划、指挥他人偷越国(边)境，并实施徒步带领行为的，以组织他人偷越国(边)境罪论处。

徒步带领偷越国(边)境的人数较少，行为人系初犯，确有悔罪表现，综合考虑行为动机、一贯表现、违法所得、实际作用等情节，认为对国(边)境管理秩序妨害程度明显较轻的，可以认定为犯罪情节轻微，依法不起诉或者免予刑事处罚；情节显著轻微危害不大的，不作为犯罪处理。

12.对于刑法第三百二十一条第一款规定的“多次实施运送行为”，累计运送人数一般应当接近十人。

【《刑事审判参考》案例】

〔参考案例第1031号：凌文勇组织他人偷越边境、韦德其等运送他人偷越边境案〕如何认定运送他人偷越边境罪既未遂形态？

运送他人偷越边境犯罪是组织他人偷越边境犯罪的环节之一，从刑法规定的量刑幅度也可看出该罪的社会危害性低于组织他人偷越边境罪，根据举重以明轻的解释原理，故应以运送的偷渡人员是否越过边境线作为区分运送他人偷越边境罪既未遂的认定标准。

第三百二十二条　【偷越国（边）境罪】违反国（边）境管理法规，偷越国（边）境，情节严重的，处一年以下有期徒刑、拘役或者管制，并处罚金；为参加恐怖活动组织、接受恐怖活动培训或者实施恐怖活动，偷越国（边）境的，处一年以上三年以下有期徒刑，并处罚金。

【修正前条文】

第三百二十二条　【偷越国(边)境罪】违反国(边)境管理法规，偷越国(边)境，情节严重的，处一年以下有期徒刑、拘役或者管制，并处罚金。

【修正说明】

刑法修正案(九)第四十条对原条文作出下述修改：为参加恐怖活动组织、接受恐怖活动培训或者实施恐怖活动而偷越国(边)境的，将法定最高刑提高到三年。

【司法解释(1)】

《最高人民法院、最高人民检察院关于办理妨害国(边)境管理刑事案件应用法律若干问题的解释》(法释〔2012〕17号，20121220)

第五条　偷越国(边)境，具有下列情形之一的，应当认定为刑法第三百二十二条规定的“情节严重”：

(一)在境外实施损害国家利益行为的；

(二)偷越国(边)境三次以上或者三人以上结伙偷越国(边)境的；

(三)拉拢、引诱他人一起偷越国(边)境的；

(四)勾结境外组织、人员偷越国

（边）境的；

（五）因偷越国（边）境被行政处罚后一年内又偷越国（边）境的；

（六）其他情节严重的情形。

【司法解释(2)】

《最高人民法院关于审理发生在我国管辖海域相关案件若干问题的规定(二)》(法释〔2016〕17号，20160802)

第三条 违反我国国（边）境管理法规，非法进入我国领海，具有下列情形之一的，应当认定为刑法第三百二十二条规定的“情节严重”：

（一）经驱赶拒不离开的；

（二）被驱离后又非法进入我国领海的；

（三）因非法进入我国领海被行政处罚或者被刑事处罚后，一年内又非法进入我国领海的；

（四）非法进入我国领海从事捕捞水产品等活动，尚不构成非法捕捞水产品等犯罪的；

（五）其他情节严重的情形。

【司法指导文件(1)】

参见第三节妨害国（边）境管理罪项下【司法指导文件】第八条至第十条，第1125—1126页。

【司法指导文件(2)】

《最高人民法院、最高人民检察院、公安部关于办理跨境电信网络诈骗等刑事案件适用法律若干问题的意见》(高检发办字〔2024〕166号，20240626)

9.认定犯罪嫌疑人、被告人实施偷越国（边）境行为，可以根据其出入境证件、出入境记录、行踪轨迹、移交接收人员证明等，结合犯罪嫌疑人、被告人供述综合认定。

犯罪嫌疑人、被告人以旅游、探亲、求学、务工、经商等为由申领出入境证件，但出境后即前往电信网络诈骗、敲诈勒索等犯罪窝点的，属于《最高人民法院、最高人民检察院关于办理妨害国（边）境管理刑事案件应用法律若干问题的解释》第六条第（四）项规定的使用以虚假的出入境事由骗取的出入境证件出入国（边）境情形，应当认定为偷越国（边）境行为。

10.具有下列情形之一的，应当认定为《最高人民法院、最高人民检察院关于办理妨害国（边）境管理刑事案件应用法律若干问题的解释》第五条第（二）项规定的“结伙”：

(1)犯罪嫌疑人、被告人就偷越国（边）境的路线、交通方式、中途驻留地点、规避检查方式等进行商议或者以实际行为相互帮助的；

(2)犯罪嫌疑人、被告人之间代为支付交通、住宿等偷越国（边）境过程中产生的相关费用的；

(3)有犯罪嫌疑人、被告人负责与组织、运送偷越国（边）境的犯罪团伙或者个人联系，并带领其他人员一起偷越国（边）境的。

【审判实务释疑】

偷越国（边）境罪是否为选择性罪名、具体适用时应当如何准确表述？

偷越国（边）境罪不是选择性罪名，具体适用时应完整表述，主要理由是：从内容上看，虽然刑法条文中未对国境、边境的含义进行具体解释，但陆地国界法对边境的含义作过具体规定。为维护法律的统一性，刑法亦应参照理解，即边境是指陆地国界内侧一定范围内的区域，而非仅指我国内地或大陆与港澳台地区的边界。从立法技术上看，刑法条文中对选择性罪名采用顿号分隔方式进行并列列举，如破坏界碑、界桩罪，走私、贩卖、运输、制造毒品罪等，而偷越国(边)境罪并未采用此种表述方式，也说明该罪并非选择性罪名。[①]

【法院案例库参考案例】

〔王某偷越国(边)境案，2024-06-1-314-001〕拉拢他人偷越国(边)境行为的定性

对于拉拢他人偷越国(边)境行为的定性，关键在于该拉拢行为是否系在组织偷越国(边)境首要分子的指挥下进行，是否属于与组织偷越国(边)境的首要分子之间存在协作关系。如果不是在首要分子的指挥下实施拉拢、引诱行为，而是拉拢、引诱他人一起偷越国(边)境的，则构成偷越国(边)境罪。

第三百二十三条　【破坏界碑、界桩罪】【破坏永久性测量标志罪】故意破坏国家边境的界碑、界桩或者永久性测量标志的，处三年以下有期徒刑或者拘役。

【立法 · 要点注释】

无论行为人破坏的界碑、界桩是永久性的，还是临时性的，是钢筋水泥浇铸的，还是一般的木桩，是根据条约埋设的，还是按照历史形成的管辖范围埋设的，均不影响本罪的成立；而破坏永久性测量标志罪，行为人破坏的必须是永久性的测量标志，如果破坏的是非永久性测量标志，如开挖河道、修建道路、铺设地下管道、建设房屋等临时设置的测量标志，则不能构成本罪。

【相关立法】

《中华人民共和国测绘法》(20170701)

第四十一条　任何单位和个人不得损毁或者擅自移动永久性测量标志和正在使用中的临时性测量标志，不得侵占永久性测量标志用地，不得在永久性测量标志安全控制范围内从事危害测量标志安全和使用效能的活动。

本法所称永久性测量标志，是指各等级的三角点、基线点、导线点、军用控制点、重力点、天文点、水准点和卫星定位点的觇标和标石标志，以及用于地形测图、工程测量和形变测量的固定标志和海底大地点设施。

第六十四条　违反本法规定，有下列行为之一的，给予警告，责令改正，可以并处二十万元以下的罚款；对直接负责的主管人员和其他直接责任人员，依法给予处分；造成损失的，依法承担赔偿责任；构成犯罪的，依法追究刑事责任：

(一)损毁、擅自移动永久性测量标志或者正在使用中的临时性测量标志；

(二)侵占永久性测量标志用地；

(三)在永久性测量标志安全控制范围内从事危害测量标志安全和使用效能的活动；

(四)擅自拆迁永久性测量标志或者使永久性测量标志失去使用效能，或者拒绝支付迁建费用；

(五)违反操作规程使用永久性测量标志，造成永久性测量标志毁损。

① 参见《法答网精选答问(第五批)》，载《人民法院报》2024年5月30日，第7版。

第四节 妨害文物管理罪

【相关立法】

《中华人民共和国文物保护法》(20250301)

第二条 文物受国家保护。本法所称文物，是指人类创造的或者与人类活动有关的，具有历史、艺术、科学价值的下列物质遗存：

(一)古文化遗址、古墓葬、古建筑、石窟寺和古石刻、古壁画[①]；

(二)与重大历史事件、革命运动或者著名人物有关的以及具有重要纪念意义、教育意义或者史料价值的近代现代重要史迹、实物、代表性建筑；

(三)历史上各时代珍贵的艺术品、工艺美术品；

(四)历史上各时代重要的文献资料、手稿和图书资料等；

(五)反映历史上各时代、各民族社会制度、社会生产、社会生活的代表性实物。

文物认定的主体、标准和程序，由国务院规定并公布。

具有科学价值的古脊椎动物化石和古人类化石同文物一样受国家保护。

第三条 文物分为不可移动文物和可移动文物。

古文化遗址、古墓葬、古建筑、石窟寺、古石刻、古壁画、近代现代重要史迹和代表性建筑等不可移动文物，分为文物保护单位和未核定公布为文物保护单位的不可移动文物(以下称未定级不可移动文物)；文物保护单位分为全国重点文物保护单位，省级文物保护单位，设区的市级、县级文物保护单位。

历史上各时代重要实物、艺术品、工艺美术品t、文献资料、手稿、图书资料、代表性实物等可移动文物，分为珍贵文物和一般文物；珍贵文物分为一级文物、二级文物、三级文物。

第五条 中华人民共和国境内地下、内水和领海中遗存的一切文物，以及中国管辖的其他海域内遗存的起源于中国的和起源国不明的文物，属于国家所有。

古文化遗址、古墓葬、石窟寺属于国家所有。国家指定保护的纪念建筑物、古建筑、古石刻、古壁画、近代现代代表性建筑等不可移动文物，除国家另有规定的以外，属于国家所有。

国有不可移动文物的所有权不因其所依附的土地的所有权或者使用权的改变而改变。

第六条 下列可移动文物，属于国家所有：

(一)中国境内地下、内水和领海以及中国管辖的其他海域内出土、出水的文物，国家另有规定的除外；

(二)国有文物收藏单位以及其他国家机关、部队和国有企业、事业单位等收藏、保管的文物；

(三)国家征集、购买或者依法没收的文物；

(四)公民、组织捐赠给国家的文物；

(五)法律规定属于国家所有的其他文物。

国有可移动文物的所有权不因其

---

① 2024年修订的文物保护法将“石刻、壁画”改为“古石刻、古壁画”。鉴此，本节项下文件中涉及的“石刻、壁画”的表述应理解为“古石刻、古壁画”。——编者注

收藏、保管单位的终止或者变更而改变。

第七条　国有文物所有权受法律保护，不容侵犯。

属于集体所有和私人所有的纪念建筑物、古建筑和祖传文物以及依法取得的其他文物，其所有权受法律保护。文物的所有者必须遵守国家有关文物保护的法律、法规的规定。

【立法解释】

《全国人民代表大会常务委员会关于〈中华人民共和国刑法〉有关文物的规定适用于具有科学价值的古脊椎动物化石、古人类化石的解释》(20051229)

刑法有关文物的规定，适用于具有科学价值的古脊椎动物化石、古人类化石。

【司法解释】

《最高人民法院、最高人民检察院关于办理妨害文物管理等刑事案件适用法律若干问题的解释》(法释〔2015〕23号，20160101)

第十一条　单位实施走私文物、倒卖文物等行为，构成犯罪的，依照本解释规定的相应自然人犯罪的定罪量刑标准，对直接负责的主管人员和其他直接责任人员定罪处罚，并对单位判处罚金。

公司、企业、事业单位、机关、团体等单位实施盗窃文物，故意损毁文物、名胜古迹，过失损毁文物，盗掘古文化遗址、古墓葬等行为的，依照本解释规定的相应定罪量刑标准，追究组织者、策划者、实施者的刑事责任。

第十三条　案件涉及不同等级的文物的，按照高级别文物的量刑幅度量刑；有多件同级文物的，五件同级文物视为一件高一级文物，但是价值明显不相当的除外。

第十四条　依照文物价值定罪量刑的，根据涉案文物的有效价格证明认定文物价值；无有效价格证明，或者根据价格证明认定明显不合理的，根据销赃数额认定，或者结合本解释第十五条规定的鉴定意见、报告认定。

第十五条　在行为人实施有关行为前，文物行政部门已对涉案文物及其等级作出认定的，可以直接对有关案件事实作出认定。

对案件涉及的有关文物鉴定、价值认定等专门性问题难以确定的，由司法鉴定机构出具鉴定意见，或者由国务院文物行政部门指定的机构出具报告。其中，对于文物价值，也可以由有关价格认证机构作出价格认证并出具报告。

第十六条　实施本解释第一条、第二条、第六条至第九条规定的行为，虽已达到应当追究刑事责任的标准，但行为人系初犯，积极退回或者协助追回文物，未造成文物损毁，并确有悔罪表现的，可以认定为犯罪情节轻微，不起诉或者免予刑事处罚。

实施本解释第三条至第五条规定的行为，虽已达到应当追究刑事责任的标准，但行为人系初犯，积极赔偿损失，并确有悔罪表现的，可以认定为犯罪情节轻微，不起诉或者免予刑事处罚。

第十七条　走私、盗窃、损毁、倒卖、盗掘或者非法转让具有科学价值的古脊椎动物化石、古人类化石的，依照刑法和本解释的有关规定定罪量刑。

第十八条　本解释自2016年1月1日起施行。本解释公布施行后，最高人民法院、最高人民检察院《关于办理盗窃、盗掘、非法经营和走私文物的案件具体应用法律的若干问题的解释》(法(研)发〔1987〕32号)同时废止;之前发布的司法解释与本解释不一致的,以本解释为准。

【司法指导文件】

《最高人民法院、最高人民检察院、公安部、国家文物局关于办理妨害文物管理等刑事案件若干问题的意见》(公通字〔2022〕18号,20220816)

三、涉案文物的认定和鉴定评估

对案件涉及的文物等级、类别、价值等专门性问题,如是否属于古文化遗址、古墓葬、古建筑、石窟寺、石刻、壁画、近代现代重要史迹和代表性建筑等不可移动文物,是否具有历史、艺术、科学价值,是否属于各级文物保护单位,是否属于珍贵文物,以及有关行为对文物造成的损毁程度和对文物价值造成的影响等,案发前文物行政部门已作认定的,可以直接对有关案件事实作出认定;案发前未作认定的,可以结合国务院文物行政部门指定的机构出具的《涉案文物鉴定评估报告》作出认定,必要时,办案机关可以依法提请文物行政部门对有关问题作出说明。《涉案文物鉴定评估报告》应当依照《涉案文物鉴定评估管理办法》(文物博发〔2018〕4号)规定的程序和格式文本出具。

四、文物犯罪案件管辖

文物犯罪案件一般由犯罪地的公安机关管辖,包括文物犯罪的预谋地、工具准备地、勘探地、盗掘地、盗窃地、途经地、交易地、倒卖信息发布地、出口(境)地、涉案不可移动文物的所在地、涉案文物的实际取得地、藏匿地、转移地、加工地、储存地、销售地等。多个公安机关都有权立案侦查的文物犯罪案件,由主要犯罪地公安机关立案侦查。

具有下列情形之一的,有关公安机关可以在其职责范围内并案处理:

(1)一人犯数罪的;

(2)共同犯罪的;

(3)共同犯罪的犯罪嫌疑人还实施其他犯罪的;

(4)三人以上时分时合,交叉结伙作案的;

(5)多个犯罪嫌疑人实施的盗掘、盗窃、倒卖、掩饰、隐瞒、走私等犯罪存在直接关联,或者形成多层级犯罪链条,并案处理有利于查明案件事实的。

五、宽严相济刑事政策的应用

(一)要着眼出资、勘探、盗掘、盗窃、倒卖、收赃、走私等整个文物犯罪网络开展打击,深挖幕后金主,斩断文物犯罪链条,对虽未具体参与实施有关犯罪实行行为,但作为幕后纠集、组织、指挥、筹划、出资、教唆者,在共同犯罪中起主要作用的,可以依法认定为主犯。

(二)对曾因文物违法犯罪而受过行政处罚或者被追究刑事责任、多次实施文物违法犯罪行为,以及国家工作人员实施本意见规定相关犯罪行为的,可以酌情从重处罚。

(三)正确运用自首、立功、认罪认罚从宽等制度,充分发挥刑罚的惩治和预防功能。对积极退回或协助追回文物,协助抓捕重大文物犯罪嫌疑人,以及提供重要线索,对侦破、查明其他重大文物犯罪案件起关键作用的,依法从宽处理。

(四)人民法院、人民检察院、公安

机关应当加强与文物行政等部门的沟通协调，强化行刑衔接，对不构成犯罪的案件，依据有关规定及时移交。公安机关依法扣押的国家禁止经营的文物，经审查与案件无关的，应当交由文物行政等有关部门依法予以处理。文物行政等部门在查办案件中，发现涉嫌构成犯罪的案件，依据有关规定及时向公安机关移送。

第三百二十四条　【故意损毁文物罪】故意损毁国家保护的珍贵文物或者被确定为全国重点文物保护单位、省级文物保护单位的文物的，处三年以下有期徒刑或者拘役，并处或者单处罚金；情节严重的，处三年以上十年以下有期徒刑，并处罚金。

【故意损毁名胜古迹罪】故意损毁国家保护的名胜古迹，情节严重的，处五年以下有期徒刑或者拘役，并处或者单处罚金。

【过失损毁文物罪】过失损毁国家保护的珍贵文物或者被确定为全国重点文物保护单位、省级文物保护单位的文物，造成严重后果的，处三年以下有期徒刑或者拘役。

【立案追诉标准】

《最高人民检察院、公安部关于公安机关管辖的刑事案件立案追诉标准的规定(一)》(公通字〔2008〕36号，20080625)[①]

第四十六条　〔故意损毁文物案(刑法第三百二十四条第一款)〕故意损毁国家保护的珍贵文物或者被确定为全国重点文物保护单位、省级文物保护单位的文物的，应予立案追诉。

第四十七条　〔故意损毁名胜古迹案(刑法第三百二十四条第二款)〕故意损毁国家保护的名胜古迹，涉嫌下列情形之一的，应予立案追诉：

(一)造成国家保护的名胜古迹严重损毁的；

(二)损毁国家保护的名胜古迹三次以上或者三处以上，尚未造成严重损毁后果的；

(三)损毁手段特别恶劣的；

(四)其他情节严重的情形。

第四十八条　〔过失损毁文物案(刑法第三百二十四条第三款)〕过失损毁国家保护的珍贵文物或者被确定为全国重点文物保护单位、省级文物保护单位的文物，涉嫌下列情形之一的，应予立案追诉：

(一)造成珍贵文物严重损毁的；

(二)造成被确定为全国重点文物保护单位、省级文物保护单位的文物严重损毁的；

(三)造成珍贵文物损毁三件以上的；

(四)其他造成严重后果的情形。

【司法解释】

《最高人民法院、最高人民检察院关于办理妨害文物管理等刑事案件适用法律若干问题的解释》(法释〔2015〕23号，20160101)

第三条　全国重点文物保护单位、

① 《立案追诉标准(一)》第四十六条至第四十八条的规定与本条项下【司法解释】第三条至第五条的规定不一致的，应以后者的规定为准。——编者注

省级文物保护单位的本体，应当认定为刑法第三百二十四条第一款规定的“被确定为全国重点文物保护单位、省级文物保护单位的文物”。

故意损毁国家保护的珍贵文物或者被确定为全国重点文物保护单位、省级文物保护单位的文物，具有下列情形之一的，应当认定为刑法第三百二十四条第一款规定的“情节严重”：

(一)造成五件以上三级文物损毁的；

(二)造成二级以上文物损毁的；

(三)致使全国重点文物保护单位、省级文物保护单位的本体严重损毁或者灭失的；

(四)多次损毁或者损毁多处全国重点文物保护单位、省级文物保护单位的本体的；

(五)其他情节严重的情形。

实施前款规定的行为，拒不执行国家行政主管部门作出的停止侵害文物的行政决定或者命令的，酌情从重处罚。

第四条　风景名胜区的核心景区以及未被确定为全国重点文物保护单位、省级文物保护单位的古文化遗址、古墓葬、古建筑、石窟寺、石刻、壁画、近代现代重要史迹和代表性建筑等不可移动文物的本体，应当认定为刑法第三百二十四条第二款规定的“国家保护的名胜古迹”。

故意损毁国家保护的名胜古迹，具有下列情形之一的，应当认定为刑法第三百二十四条第二款规定的“情节严重”：

(一)致使名胜古迹严重损毁或者灭失的；

(二)多次损毁或者损毁多处名胜古迹的；

(三)其他情节严重的情形。

实施前款规定的行为，拒不执行国家行政主管部门作出的停止侵害文物的行政决定或者命令的，酌情从重处罚。

故意损毁风景名胜区内被确定为全国重点文物保护单位、省级文物保护单位的文物的，依照刑法第三百二十四条第一款和本解释第三条的规定定罪量刑。

第五条　过失损毁国家保护的珍贵文物或者被确定为全国重点文物保护单位、省级文物保护单位的文物，具有本解释第三条第二款第一项至第三项规定情形之一的，应当认定为刑法第三百二十四条第三款规定的“造成严重后果”。

【司法指导文件】

《最高人民法院、最高人民检察院、公安部、国家文物局关于办理妨害文物管理等刑事案件若干问题的意见》(公通字〔2022〕18号，20220816)

二、依法惩处文物犯罪

(二)准确认定盗窃行为

采用破坏性手段盗窃古建筑、石窟寺、石刻、壁画、近现代重要史迹和代表性建筑等不可移动文物未遂，具有下列情形之一的，应当依法追究刑事责任：

1.针对全国重点文物保护单位、省级文物保护单位中的建筑构件、壁画、雕塑、石刻等实施盗窃，损害文物本体历史、艺术、科学价值，情节严重的；

2.以被确定为市、县级以上文物保护单位整体为盗窃目标的；

3.造成市、县级以上文物保护单位

的不可移动文物本体损毁的；

4.针对不可移动文物中的建筑构件、壁画、雕塑、石刻等实施盗窃，所涉部分具有等同于三级以上文物历史、艺术、科学价值的；

5.其他情节严重的情形。

实施前款规定的行为，同时构成刑法第三百二十四条第一款、第二款规定的故意损毁文物罪、故意损毁名胜古迹罪的，依照处罚较重的规定定罪处罚。

【指导性案例·法院】

〔张永明、毛伟明、张鹭故意损毁名胜古迹案，FZD147-2020〕

1.风景名胜区的核心景区属于刑法第三百二十四条第二款规定的“国家保护的名胜古迹”。对核心景区内的世界自然遗产实施打岩钉等破坏活动，严重破坏自然遗产的自然性、原始性、完整性和稳定性的，综合考虑有关地质遗迹的特点、损坏程度等，可以认定为故意损毁国家保护的名胜古迹“情节严重”。

2.对刑事案件中的专门性问题需要鉴定，但没有鉴定机构的，可以指派、聘请有专门知识的人就案件的专门性问题出具报告，相关报告在刑事诉讼中可以作为证据使用。

【指导性案例·检察】

〔张某方、李某香故意损毁文物案，JZD232-2025〕

在全国或者省级文物保护单位重要构成的文物上乱涂乱写，对文物保护单位的历史、艺术、科学价值造成破坏的，可以认定为故意损毁文物行为。对于此种行为，虽未造成单个文物的严重破损、毁坏，但是显著改变文物外观，影响文物保护单位整体历史风貌，破坏其历史、艺术、科学价值，可以认定为刑法第三百二十四条规定的故意“损毁”文物，依法追究行为人的刑事责任。

【法院案例库参考案例】

〔鲁某等故意损毁文物案，2023-11-1-317-001〕涉古墓葬群案件中故意损毁文物罪的认定

对于涉古墓葬群的案件而言，应当主要从有无改变古墓葬群的面貌、性质、形状及损毁的方法、损毁的程度等方面综合判定是否构成“损毁”。在土墩墓群核心区域进行地面清表、开挖沟槽、铺设水管，破坏土墩墓的地表、地貌，且对墓本体造成严重破坏的，构成故意损毁文物罪。

第三百二十五条　【非法向外国人出售、赠送珍贵文物罪】违反文物保护法规，将收藏的国家禁止出口的珍贵文物私自出售或者私自赠送给外国人的，处五年以下有期徒刑或者拘役，可以并处罚金。

单位犯前款罪的，对单位判处罚金，并对其直接负责的主管人员和其他直接责任人员，依照前款的规定处罚。

第三百二十六条　【倒卖文物罪】以牟利为目的，倒卖国家禁止经营的文物，情节严重的，处五年以下有期徒刑或者拘役，并处罚金；情节特别严重的，处五年以上十年以下有期徒刑，并处罚金。

单位犯前款罪的，对单位判处罚金，并对其直接负责的主管人员和其他直接责任人员，依照前款的

规定处罚。

【相关立法】

《中华人民共和国文物保护法》(20250301)

第六十七条　文物收藏单位以外的公民、组织可以收藏通过下列方式取得的文物：

(一)依法继承或者接受赠与；

(二)从文物销售单位购买；

(三)通过经营文物拍卖的拍卖企业(以下称文物拍卖企业)购买；

(四)公民个人合法所有的文物相互交换或者依法转让；

(五)国家规定的其他合法方式。

文物收藏单位以外的公民、组织收藏的前款文物可以依法流通。

第六十八条　禁止买卖下列文物：

(一)国有文物，但是国家允许的除外；

(二)国有不可移动文物中的壁画、雕塑、建筑构件等，但是依法拆除的国有不可移动文物中的壁画、雕塑、建筑构件等不属于本法第三十一条第四款规定的应由文物收藏单位收藏的除外；

(三)非国有馆藏珍贵文物；

(四)国务院有关部门通报或者公告的被盗文物以及其他来源不符合本法第六十七条规定的文物；

(五)外国政府、相关国际组织按照有关国际公约通报或者公告的流失文物。

【司法解释】

《最高人民法院、最高人民检察院关于办理妨害文物管理等刑事案件适用法律若干问题的解释》(法释〔2015〕23号，20160101)

第六条　出售或者为出售而收购、运输、储存《中华人民共和国文物保护法》规定的“国家禁止买卖的文物”的，应当认定为刑法第三百二十六条规定的“倒卖国家禁止经营的文物”。

倒卖国家禁止经营的文物，具有下列情形之一的，应当认定为刑法第三百二十六条规定的“情节严重”：

(一)倒卖三级文物的；

(二)交易数额在五万元以上的；

(三)其他情节严重的情形。

实施前款规定的行为，具有下列情形之一的，应当认定为刑法第三百二十六条规定的“情节特别严重”：

(一)倒卖二级以上文物的；

(二)倒卖三级文物五件以上的；

(三)交易数额在二十五万元以上的；

(四)其他情节特别严重的情形。

第九条　明知是盗窃文物、盗掘古文化遗址、古墓葬等犯罪所获取的三级以上文物，而予以窝藏、转移、收购、加工、代为销售或者以其他方法掩饰、隐瞒的，依照刑法第三百一十二条的规定，以掩饰、隐瞒犯罪所得罪追究刑事责任。

实施前款规定的行为，事先通谋的，以共同犯罪论处。

第十二条　针对不可移动文物整体实施走私、盗窃、倒卖等行为的，根据所属不可移动文物的等级，依照本解释第一条、第二条、第六条的规定定罪量刑：

(一)尚未被确定为文物保护单位的不可移动文物，适用一般文物的定罪量刑标准；

(二)市、县级文物保护单位，适用三级文物的定罪量刑标准；

（三）全国重点文物保护单位、省级文物保护单位，适用二级以上文物的定罪量刑标准。

针对不可移动文物中的建筑构件、壁画、雕塑、石刻等实施走私、盗窃、倒卖等行为的，根据建筑构件、壁画、雕塑、石刻等文物本身的等级或者价值，依照本解释第一条、第二条、第六条的规定定罪量刑。建筑构件、壁画、雕塑、石刻等所属不可移动文物的等级，应当作为量刑情节予以考虑。

【司法指导文件】

《最高人民法院、最高人民检察院、公安部、国家文物局关于办理妨害文物管理等刑事案件若干问题的意见》（公通字〔2022〕18号，20220816）

二、依法惩处文物犯罪

（三）准确认定掩饰、隐瞒与倒卖行为

1.明知是盗窃文物、盗掘古文化遗址、古墓葬等犯罪所获取的文物，而予以窝藏、转移、收购、加工、代为销售或者以其他方法掩饰、隐瞒的，符合《最高人民法院、最高人民检察院关于办理妨害文物管理等刑事案件适用法律若干问题的解释》第九条规定的，以刑法第三百一十二条规定的掩饰、隐瞒犯罪所得罪追究刑事责任。

对是否“明知”，应当结合行为人的认知能力、既往经历、行为次数和手段，与实施盗掘、盗窃、倒卖文物等犯罪行为人的关系，获利情况，是否故意规避调查，涉案文物外观形态、价格等主、客观因素进行综合审查判断。具有下列情形之一，行为人不能做出合理解释的，可以认定其“明知”，但有相反证据的除外：

（1）采用黑话、暗语等方式进行联络交易的；

（2）通过伪装、隐匿文物等方式逃避检查，或者以暴力等方式抗拒检查的；

（3）曾因实施盗掘、盗窃、走私、倒卖文物等犯罪被追究刑事责任，或者二年内受过行政处罚的；

（4）有其他证据足以证明行为人应当知道的情形。

2.出售或者为出售而收购、运输、储存《中华人民共和国文物保护法》第五十一条[①]规定的“国家禁止买卖的文物”，可以结合行为人的从业经历、认知能力、违法犯罪记录、供述情况，交易的价格、次数、件数、场所，文物的来源、外观形态等综合审查判断，认定其行为系刑法第三百二十六条规定的“以牟利为目的”，但文物来源符合《中华人民共和国文物保护法》第五十条[②]规定的除外。

【法院案例库参考案例】

〔霍某某等十一人倒卖文物案，2023-11-1-321-001〕倒卖文物罪中“倒卖”行为的认定

1.出售或者为出售而收购、运输、储存文物保护法规定的“国家禁止买卖的文物”的，应当认定为刑法第三百二十六条规定的“倒卖国家禁止经营的文物”。对于无牟利目的，纯粹出于个人兴趣赠与或者收藏的，不应以犯罪论。

① 现行文物保护法第六十八条。——编者注
② 现行文物保护法第六十七条。——编者注

2.倒卖行为中的“出售”并不要求先收后卖，只要行为人出售的文物系国家禁止经营的文物，就构成本罪中倒卖行为。但对收购、运输或者储存行为来说，只有行为人以“出售”为目的而实施前述行为的，才构成本罪中的倒卖行为。

【法院公报案例】

〔天津市人民检察院第一分院诉刘大力、曹振庆、赵殿永等盗掘古文化遗址、倒卖文物、转移赃物案，GB2009-5〕

行为人明知文物系他人盗掘所得，为从中牟取非法利益而帮助他人积极联系买主，居中促成非法文物交易的，其行为不构成销赃罪[①]，应以倒卖文物罪定罪处罚。

第三百二十七条 【非法出售、私赠文物藏品罪】违反文物保护法规，国有博物馆、图书馆等单位将国家保护的文物藏品出售或者私自送给非国有单位或者个人的，对单位判处罚金，并对其直接负责的主管人员和其他直接责任人员，处三年以下有期徒刑或者拘役。

【司法解释】

《最高人民法院、最高人民检察院关于办理妨害文物管理等刑事案件适用法律若干问题的解释》(法释〔2015〕23号，20160101)

第七条　国有博物馆、图书馆以及其他国有单位，违反文物保护法规，将收藏或者管理的国家保护的文物藏品出售或者私自送给非国有单位或者个人的，依照刑法第三百二十七条的规定，以非法出售、私赠文物藏品罪追究刑事责任。

第三百二十八条 【盗掘古文化遗址、古墓葬罪】盗掘具有历史、艺术、科学价值的古文化遗址、古墓葬的，处三年以上十年以下有期徒刑，并处罚金；情节较轻的，处三年以下有期徒刑、拘役或者管制，并处罚金；有下列情形之一的，处十年以上有期徒刑或者无期徒刑，并处罚金或者没收财产：

（一）盗掘确定为全国重点文物保护单位和省级文物保护单位的古文化遗址、古墓葬的；

（二）盗掘古文化遗址、古墓葬集团的首要分子；

（三）多次盗掘古文化遗址、古墓葬的；

（四）盗掘古文化遗址、古墓葬，并盗窃珍贵文物或者造成珍贵文物严重破坏的。

【盗掘古人类化石、古脊椎动物化石罪】盗掘国家保护的具有科学价值的古人类化石和古脊椎动物化石的，依照前款的规定处罚。

【修正前条文】

第三百二十八条 【盗掘古文化遗址、古墓葬罪】盗掘具有历史、艺术、科学价值的古文化遗址、古墓葬的，处三年以上十年以下有期徒刑，并处罚金；情节较轻的，处三年以下有期徒刑、拘役或者管制，并处罚金；有下列情形之一的，处十年以上有期徒刑、无期徒刑或者死刑，并处罚金或者没收财产：

① 罪名已变更为“掩饰、隐瞒犯罪所得、犯罪所得收益罪”。——编者注

（一）盗掘确定为全国重点文物保护单位和省级文物保护单位的古文化遗址、古墓葬的；

（二）盗掘古文化遗址、古墓葬集团的首要分子；

（三）多次盗掘古文化遗址、古墓葬的；

（四）盗掘古文化遗址、古墓葬，并盗窃珍贵文物或者造成珍贵文物严重破坏的。

【盗掘古人类化石、古脊椎动物化石罪】盗掘国家保护的具有科学价值的古人类化石和古脊椎动物化石的，依照前款的规定处罚。

【修正说明】

刑法修正案（八）第四十五条取消了本罪的死刑规定。

【司法解释】

《最高人民法院、最高人民检察院关于办理妨害文物管理等刑事案件适用法律若干问题的解释》（法释〔2015〕23号，20160101）

第八条　刑法第三百二十八条第一款规定的“古文化遗址、古墓葬”包括水下古文化遗址、古墓葬。“古文化遗址、古墓葬”不以公布为不可移动文物的古文化遗址、古墓葬为限。

实施盗掘行为，已损害古文化遗址、古墓葬的历史、艺术、科学价值的，应当认定为盗掘古文化遗址、古墓葬罪既遂。

采用破坏性手段盗窃古文化遗址、古墓葬以外的古建筑、石窟寺、石刻、壁画、近代现代重要史迹和代表性建筑等其他不可移动文物的，依照刑法第二百六十四条的规定，以盗窃罪追究刑事责任。

第九条　明知是盗窃文物、盗掘古文化遗址、古墓葬等犯罪所获取的三级以上文物，而予以窝藏、转移、收购、加工、代为销售或者以其他方法掩饰、隐瞒的，依照刑法第三百一十二条的规定，以掩饰、隐瞒犯罪所得罪追究刑事责任。

实施前款规定的行为，事先通谋的，以共同犯罪论处。

【司法指导文件(1)】

《最高人民法院、最高人民检察院、公安部、国家文物局关于办理妨害文物管理等刑事案件若干问题的意见》（公通字〔2022〕18号，20220816）

二、依法惩处文物犯罪

（一）准确认定盗掘行为

1.针对古建筑、石窟寺等不可移动文物中包含的古文化遗址、古墓葬部分实施盗掘，符合刑法第三百二十八条规定的，以盗掘古文化遗址、古墓葬罪追究刑事责任。

盗掘对象是否属于古文化遗址、古墓葬，应当按照《最高人民法院、最高人民检察院关于办理妨害文物管理等刑事案件适用法律若干问题的解释》第八条、第十五条的规定作出认定。

2.以盗掘为目的，在古文化遗址、古墓葬表层进行钻探、爆破、挖掘等作业，因意志以外的原因，尚未损害古文化遗址、古墓葬的历史、艺术、科学价值的，属于盗掘古文化遗址、古墓葬未遂，应当区分情况分别处理：

（1）以被确定为全国重点文物保护单位、省级文物保护单位的古文化遗址、古墓葬为盗掘目标的，应当追究刑事责任；

（2）以被确定为市、县级文物保护

单位的古文化遗址、古墓葬为盗掘目标的，对盗掘团伙的纠集者、积极参加者，应当追究刑事责任；

(3) 以其他古文化遗址、古墓葬为盗掘目标的，对情节严重者，依法追究刑事责任。

实施前款规定的行为，同时构成刑法第三百二十四条第一款、第二款规定的故意损毁文物罪、故意损毁名胜古迹罪的，依照处罚较重的规定定罪处罚。

3.刑法第三百二十八条第一款第三项规定的“多次盗掘”是指盗掘三次以上。对于行为人基于同一或者概括犯意，在同一古文化遗址、古墓葬本体周边一定范围内实施连续盗掘，已损害古文化遗址、古墓葬的历史、艺术、科学价值的，一般应认定为一次盗掘。

【司法指导文件(2)】

《最高人民法院研究室关于盗掘古文化遗址罪适用法律问题的研究意见》(2012)

盗掘古文化遗址罪的犯罪对象为古文化遗址的保护范围，不包括建设控制地带。因行为人对保护范围与建设控制地带的界限认识不清，而在建设控制地带进行盗掘，从而未能实现盗掘古文化遗址的犯罪目的的，构成盗掘古文化遗址罪(未遂)。

【法院案例库参考案例】

〔韩某、胡某俊盗掘古墓葬案，2023-05-1-323-002〕盗掘古墓葬石像生的行为应如何定罪

行为人未直接挖掘古墓葬的墓室，而是以非法占有为目的，偷挖古墓葬墓室以外墓道上的石像生的行为构成盗掘古墓葬罪。不能狭义地理解“古墓葬”及“掘”的含义，盗掘古墓葬罪的犯罪对象不仅包括古墓葬的主体——墓室，也包括墓室外的一些重要附属物，如墓道、石像生、碑刻等，对附属物的偷挖同样应当认定为刑法意义上的“盗掘”。对盗挖石像生的行为以盗掘古墓葬罪定罪处罚既符合法理，又便于司法实践操作，更有利于对古墓葬的保护。

〔廖某1等盗掘古墓葬案，2023-11-1-323-005〕古文化遗址、古墓葬不以公布为不可移动文物为限

刑法第三百二十八条规定的“古文化遗址、古墓葬”不以公布为不可移动文物的古文化遗址、古墓葬为限。盗掘未被公布为不可移动文物的古文化遗址、古墓葬，亦可以构成盗掘古文化遗址、古墓葬罪。

〔陈某强、董某师等盗掘古墓葬案，2023-11-1-323-004〕盗掘确定为全国重点文物保护单位的古墓葬案件的处理

对于盗掘古墓葬案件，人民法院应当根据案涉盗掘墓葬的保护等级、盗掘的次数、盗掘文物的等级，以及盗掘行为对原墓葬结构的毁坏和遗存文物缺失的危害后果等情节，准确定罪量刑，体现依法严厉惩治的司法导向。盗掘确定为全国重点文物保护单位的古墓葬的，应当在“十年以上有期徒刑或者无期徒刑，并处罚金或者没收财产”的幅度内裁量刑罚。

〔色某曲等五人盗掘古文化遗址、色某曲等三人盗窃文物案，2023-11-1-323-002〕盗掘古文化遗址罪的理解与适用

盗掘古文化遗址的犯罪对象为具有历史、艺术、科学价值的古文化遗址。只要行为人实施了盗掘古文化遗址的行为，就构成本罪；相关行为是否使古文化遗址受到严重破坏，只是影响量刑的情节。

【《刑事审判参考》案例】

〔参考案例第485号：孙立平等盗掘古墓葬案〕如何认定盗掘古墓葬罪中的多次盗掘？

被告人出于同一个犯意，针对同一古墓葬连续分次盗掘的，如果每次盗掘间隔时间不长，不宜认定为“多次”。

〔参考案例第560号：卞长军等盗掘古墓葬案〕盗掘古墓葬罪是否要求行为人明知所盗掘古墓葬的历史、艺术、科学价值？如何认定盗掘古墓葬罪的加重量刑情节？

1.盗掘古墓葬罪要求行为人应当明知所盗掘的是古墓葬，但不要求行为人确切认识到所盗掘古墓葬的历史、艺术、科学价值。

2.认定“盗窃珍贵文物”情节，并不是在私自挖掘古墓葬时挖掘到了珍贵文物，就可以适用加重法定情节。从主观方面讲，行为人必须具有盗窃珍贵文物的故意。这种故意可以是基于对所盗掘古墓葬价值一定认识基础上的相对明确的故意，至少应当是一种不确定的概括故意，即行为人对结果的具体范围及其性质没有确定的认识，而希望、放任这种结果发生的心理态度。

〔参考案例第1442号：王朋威、周楠盗掘古文化遗址案〕未作为犯罪形态上的行为犯，盗掘古文化遗址、古墓葬罪是否存在犯罪中止？

盗掘古文化遗址、古墓葬罪属于行为犯，但并非所有行为犯的行为都是一着手就完成的，不同危害行为的过程长短不一、内容各异，行为犯的实行行为进行到犯罪进程的哪一个阶段才能达到犯罪既遂状态，既与行为是否实施终了有关，也与立法对犯罪行为的社会危害性评价相关。盗掘古文化遗址、古墓葬罪保护的法益主要是文物、遗址、墓葬的历史、艺术及其科学价值，是否构成本罪，需要评判盗掘对象的文物等级及其历史、艺术、科学价值，对此应聘请专业的文物专家进行鉴定，内容包括文物属性、行为对文物及其价值造成的影响，以及其他定罪量刑的专门性问题。根据刑罚谦抑原则，若盗掘行为并未损毁古文化遗址、古墓葬的历史、艺术、科学价值，就不应认定为犯罪既遂。在既遂之前自动放弃犯罪，应认定为犯罪中止。

第三百二十九条　【抢夺、窃取国有档案罪】抢夺、窃取国家所有的档案的，处五年以下有期徒刑或者拘役。

【擅自出卖、转让国有档案罪】违反档案法的规定，擅自出卖、转让国家所有的档案，情节严重的，处三年以下有期徒刑或者拘役。

有前两款行为，同时又构成本法规定的其他犯罪的，依照处罚较重的规定定罪处罚。

【立法 · 要点注释】

1.“抢夺”国家所有的档案，是指以非法占有为目的，公然夺取国家所有的档案，当然也应包含抢劫档案的行为。

2.刑法虽然将关于档案的犯罪放在妨害文物管理罪一节，这并不是说档案都属于文物，档案中只有一部分属于文物。

第五节　危害公共卫生罪

第三百三十条　【妨害传染病防治罪】违反传染病防治法的规

定，有下列情形之一，引起甲类传染病以及依法确定采取甲类传染病预防、控制措施的传染病传播或者有传播严重危险的，处三年以下有期徒刑或者拘役；后果特别严重的，处三年以上七年以下有期徒刑：

（一）供水单位供应的饮用水不符合国家规定的卫生标准的；

（二）拒绝按照疾病预防控制机构提出的卫生要求，对传染病病原体污染的污水、污物、场所和物品进行消毒处理的；

（三）准许或者纵容传染病病人、病原携带者和疑似传染病病人从事国务院卫生行政部门规定禁止从事的易使该传染病扩散的工作的；

（四）出售、运输疫区中被传染病病原体污染或者可能被传染病病原体污染的物品，未进行消毒处理的；

（五）拒绝执行县级以上人民政府、疾病预防控制机构依照传染病防治法提出的预防、控制措施的。

单位犯前款罪的，对单位判处罚金，并对其直接负责的主管人员和其他直接责任人员，依照前款的规定处罚。

甲类传染病的范围，依照《中华人民共和国传染病防治法》和国务院有关规定确定。

【修正前条文】

第三百三十条 【妨害传染病防治罪】违反传染病防治法的规定，有下列情形之一，引起甲类传染病传播或者有传播严重危险的，处三年以下有期徒刑或者拘役；后果特别严重的，处三年以上七年以下有期徒刑：

（一）供水单位供应的饮用水不符合国家规定的卫生标准的；

（二）拒绝按照卫生防疫机构提出的卫生要求，对传染病病原体污染的污水、污物、粪便进行消毒处理的；

（三）准许或者纵容传染病病人、病原携带者和疑似传染病病人从事国务院卫生行政部门规定禁止从事的易使该传染病扩散的工作的；

（四）拒绝执行卫生防疫机构依照传染病防治法提出的预防、控制措施的。

单位犯前款罪的，对单位判处罚金，并对其直接负责的主管人员和其他直接责任人员，依照前款的规定处罚。

甲类传染病的范围，依照《中华人民共和国传染病防治法》和国务院有关规定确定。

【修正说明】

刑法修正案(十一)第三十七条对原条文作出下述修改：一是将本条规定的传染病的种类由“甲类传染病”修改为“甲类传染病以及依法确定采取甲类传染病预防、控制措施的传染病”。二是与传染病防治法相衔接，在“后果特别严重的”情形中增加一项作为第四项“出售、运输疫区中被传染病病原体污染或者可能被传染病病原体污染的物品，未进行消毒处理的”。三是根据有关方面的意见，将“后果特别严重的”情形中原第四项改为第五项，同时将“卫生防疫机构”修改为“县级以上人民政府、疾病预防控制机构”。四是将“后果特别严重的”情形中第二项中“卫生防疫机构”修改为“疾病预防控制机构”，将“粪便”修改为“场所和物品”。

【相关立法】

《中华人民共和国传染病防治法》(20250901)

第三条　本法所称传染病，分为甲类传染病、乙类传染病、丙类传染病，以及突发原因不明的传染病等其他传染病。

甲类传染病，是指对人体健康和生命安全危害特别严重，可能造成重大经济损失和社会影响，需要特别严格管理、控制疫情蔓延的传染病，包括鼠疫、霍乱。

乙类传染病，是指对人体健康和生命安全危害严重，可能造成较大经济损失和社会影响，需要严格管理、降低发病率、减少危害的传染病，包括新型冠状病毒感染、传染性非典型肺炎、艾滋病、病毒性肝炎、脊髓灰质炎、人感染新亚型流感、麻疹、流行性出血热、狂犬病、流行性乙型脑炎、登革热、猴痘、炭疽、细菌性和阿米巴性痢疾、肺结核、伤寒和副伤寒、流行性脑脊髓膜炎、百日咳、白喉、新生儿破伤风、猩红热、布鲁氏菌病、淋病、梅毒、钩端螺旋体病、血吸虫病、疟疾。

丙类传染病，是指常见多发，对人体健康和生命安全造成危害，可能造成一定程度的经济损失和社会影响，需要关注流行趋势、控制暴发和流行的传染病，包括流行性感冒、流行性腮腺炎、风疹、急性出血性结膜炎、麻风病、流行性和地方性斑疹伤寒、黑热病、包虫病、丝虫病、手足口病，除霍乱、细菌性和阿米巴性痢疾、伤寒和副伤寒以外的感染性腹泻病。

国务院疾病预防控制部门根据传染病暴发、流行情况和危害程度，及时提出调整各类传染病目录的建议。调整甲类传染病目录，由国务院卫生健康主管部门报经国务院批准后予以公布；调整乙类、丙类传染病目录，由国务院卫生健康主管部门批准、公布。

第四条　突发原因不明的传染病需要采取本法规定的甲类传染病预防、控制措施的，国务院疾病预防控制部门及时提出建议，由国务院卫生健康主管部门报经国务院批准后予以公布。

对乙类传染病中的传染性非典型肺炎、炭疽中的肺炭疽，采取本法规定的甲类传染病预防、控制措施。其他乙类传染病需要采取本法规定的甲类传染病预防、控制措施的，依照前款规定的程序批准、公布。

需要解除依照本条规定采取的甲类传染病预防、控制措施的，国务院疾病预防控制部门及时提出建议，由国务院卫生健康主管部门报经国务院批准后予以公布。

依照本法规定采取甲类传染病预防、控制措施的传染病，适用本法有关甲类传染病的规定。

【立案追诉标准】

《最高人民检察院、公安部关于公安机关管辖的刑事案件立案追诉标准的规定(一)》(公通字〔2008〕36号，20080625)

第四十九条[①]　〔妨害传染病防治

① 刑法修正案(十一)第三十七条对刑法第三百三十条作了修改，该条立案追诉标准的适用，需结合修正的刑法第三百三十条以及2025年修订的传染病防治法第三条、第四条的规定综合考虑。——编者注

案(刑法第三百三十条)〕违反传染病防治法的规定,引起甲类或者按照甲类管理的传染病传播或者有传播严重危险,涉嫌下列情形之一的,应予立案追诉:

(一)供水单位供应的饮用水不符合国家规定的卫生标准的;

(二)拒绝按照疾病预防控制机构提出的卫生要求,对传染病病原体污染的污水、污物、粪便进行消毒处理的;

(三)准许或者纵容传染病病人、病原携带者和疑似传染病病人从事国务院卫生行政部门规定禁止从事的易使该传染病扩散的工作的;

(四)拒绝执行疾病预防控制机构依照传染病防治法提出的预防、控制措施的。

本条和本规定第五十条规定的“甲类传染病”,是指鼠疫、霍乱;“按甲类管理的传染病”,是指乙类传染病中传染性非典型肺炎、炭疽中的肺炭疽、人感染高致病性禽流感以及国务院卫生行政部门根据需要报经国务院批准公布实施的其他需要按甲类管理的乙类传染病和突发原因不明的传染病。

【《刑事审判参考》案例】

〔参考案例第1333号:张勇智妨害传染病防治案〕疫情防控中以危险方法危害公共安全罪与妨害传染病防治罪如何区分适用?

新冠肺炎疫情防控期间,尚未被确诊为新冠肺炎病人或者宣布为新冠肺炎疑似病例的行为人,故意隐瞒与疫区人员有接触史的事实,不遵守相关规定,不执行隔离措施进入公共场所和公共交通工具,导致相关人员被隔离,其居住小区被封闭管控的,应以妨害传染病防治罪追究刑事责任。[①]

第三百三十一条　【传染病菌种、毒种扩散罪】从事实验、保藏、携带、运输传染病菌种、毒种的人员,违反国务院卫生行政部门的有关规定,造成传染病菌种、毒种扩散,后果严重的,处三年以下有期徒刑或者拘役;后果特别严重的,处三年以上七年以下有期徒刑。

【立法·要点注释】

1.“后果严重”主要是指传染病菌种、毒种传播面积较大,使多人受到传染,或者造成被传染病人因病死亡等。

2.“后果特别严重”是指引起传染病大面积传播或者长时间传播的;造成人员死亡或多人残疾的;引起民心极度恐慌造成社会秩序严重混乱的;致使国家对于传染病防治的正常活动受到特别严重干扰的等。

【立案追诉标准】

《最高人民检察院、公安部关于公安机关管辖的刑事案件立案追诉标准的规定(一)》(公通字〔2008〕36号,20080625)

第五十条　〔传染病菌种、毒种扩

---

① 2023年1月7日,最高人民法院、最高人民检察院、公安部、司法部、海关总署联合出台了《关于适应新阶段疫情防控政策调整依法妥善办理相关刑事案件的通知》。通知明确,自2023年1月8日对新型冠状病毒感染实施“乙类乙管”、不再纳入检疫传染病管理之日起,对违反新型冠状病毒感染疫情预防、控制措施和国境卫生检疫规定的行为,不再以刑法第三百三十条妨害传染病防治罪、第三百三十二条妨害国境卫生检疫罪定罪处罚。——编者注

散案(刑法第三百三十一条)〕从事实验、保藏、携带、运输传染病菌种、毒种的人员，违反国务院卫生行政部门的有关规定，造成传染病菌种、毒种扩散，涉嫌下列情形之一的，应予立案追诉：

(一)导致甲类和按甲类管理的传染病传播的；

(二)导致乙类、丙类传染病流行、暴发的；

(三)造成人员重伤或者死亡的；

(四)严重影响正常的生产、生活秩序的；

(五)其他造成严重后果的情形。

第三百三十二条　【妨害国境卫生检疫罪】违反国境卫生检疫规定，引起检疫传染病传播或者有传播严重危险的，处三年以下有期徒刑或者拘役，并处或者单处罚金。

单位犯前款罪的，对单位判处罚金，并对其直接负责的主管人员和其他直接责任人员，依照前款的规定处罚。

【立案追诉标准】

《最高人民检察院、公安部关于公安机关管辖的刑事案件立案追诉标准的规定(一)》(公通字〔2008〕36号，20080625)

第五十一条　〔妨害国境卫生检疫案(刑法第三百三十二条)〕违反国境卫生检疫规定，引起检疫传染病传播或者有传播严重危险的，应予立案追诉。

【司法指导文件】

《最高人民法院、最高人民检察院、公安部、司法部、海关总署关于进一步加强国境卫生检疫工作依法惩治妨害国境卫生检疫违法犯罪的意见》(署法发〔2020〕50号，20200313)

二、依法惩治妨害国境卫生检疫的违法犯罪行为

(二)依法惩治妨害国境卫生检疫犯罪。根据刑法第三百三十二条规定，违反国境卫生检疫规定，实施下列行为之一的，属于妨害国境卫生检疫行为：[①]

1.检疫传染病染疫人或者染疫嫌疑人拒绝执行海关依照国境卫生检疫法等法律法规提出的健康申报、体温监测、医学巡查、流行病学调查、医学排查、采样等卫生检疫措施，或者隔离、留验、就地诊验、转诊等卫生处理措施的；

2.检疫传染病染疫人或者染疫嫌疑人采取不如实填报健康申明卡等方式隐瞒疫情，或者伪造、涂改检疫单、证等方式伪造情节的；

3.知道或者应当知道实施审批管理的微生物、人体组织、生物制品、血液及其制品等特殊物品可能造成检疫传染病传播，未经审批仍逃避检疫，携运、寄递出入境的；

4.出入境交通工具上发现有检疫传染病染疫人或者染疫嫌疑人，交通工

① 2023年1月7日，最高人民法院、最高人民检察院、公安部、司法部、海关总署联合出台了《关于适应新阶段疫情防控政策调整依法妥善办理相关刑事案件的通知》。通知明确，自2023年1月8日对新型冠状病毒感染实施“乙类乙管”、不再纳入检疫传染病管理之日起，对违反新型冠状病毒感染疫情预防、控制措施和国境卫生检疫规定的行为，不再以刑法第三百三十条妨害传染病防治罪、第三百三十二条妨害国境卫生检疫罪定罪处罚。——编者注

具负责人拒绝接受卫生检疫或者拒不接受卫生处理的；

5.来自检疫传染病流行国家、地区的出入境交通工具上出现非意外伤害死亡且死因不明的人员，交通工具负责人故意隐瞒情况的；

6.其他拒绝执行海关依照国境卫生检疫法等法律法规提出的检疫措施的。

实施上述行为，引起鼠疫、霍乱、黄热病以及新冠肺炎等国务院确定和公布的其他检疫传染病传播或者有传播严重危险的，依照刑法第三百三十二条的规定，以妨害国境卫生检疫罪定罪处罚。

对于单位实施妨害国境卫生检疫行为，引起鼠疫、霍乱、黄热病以及新冠肺炎等国务院确定和公布的其他检疫传染病传播或者有传播严重危险的，应当对单位判处罚金，并对其直接负责的主管人员和其他直接责任人员定罪处罚。

第三百三十三条　【非法组织卖血罪】【强迫卖血罪】非法组织他人出卖血液的，处五年以下有期徒刑，并处罚金；以暴力、威胁方法强迫他人出卖血液的，处五年以上十年以下有期徒刑，并处罚金。

有前款行为，对他人造成伤害的，依照本法第二百三十四条的规定定罪处罚。

【立法·要点注释】

“有前款行为，对他人造成伤害的”，是指非法组织他人或者以暴力、威胁方法强迫他人出卖血液，对供血者造成伤害，主要包括三种情况：第一，组织患有疾病或者有其他原因不宜输血的人输血，造成被采血人健康受到严重损害的；第二，由于长期过度供血，使供血者身体健康受到严重损害的；第三，为了抽取他人血液，使用暴力手段致人身体伤害的情况。

【立案追诉标准】

《最高人民检察院、公安部关于公安机关管辖的刑事案件立案追诉标准的规定(一)》(公通字〔2008〕36号，20080625)

第五十二条　〔非法组织卖血案(刑法第三百三十三条第一款)〕非法组织他人出卖血液，涉嫌下列情形之一的，应予立案追诉：

(一)组织卖血三人次以上的；

(二)组织卖血非法获利二千元以上的；

(三)组织未成年人卖血的；

(四)被组织卖血的人的血液含有艾滋病病毒、乙型肝炎病毒、丙型肝炎病毒、梅毒螺旋体等病原微生物的；

(五)其他非法组织卖血应予追究刑事责任的情形。

第五十三条　〔强迫卖血案(刑法第三百三十三条第一款)〕以暴力、威胁方法强迫他人出卖血液的，应予立案追诉。

第三百三十四条　【非法采集、供应血液、制作、供应血液制品罪】非法采集、供应血液或者制作、供应血液制品，不符合国家规定的标准，足以危害人体健康的，处五年以下有期徒刑或者拘役，并处罚金；对人体健康造成严重危害的，处五年以上十年以下有期徒刑，并处罚金；造成特别严重后果的，处十年以上有期徒刑或者无期徒刑，并处罚金或者没收财产。

【采集、供应血液、制作、供应血液制品事故罪】经国家主管部门批准采集、供应血液或者制作、供应血液制品的部门，不依照规定进行检测或者违背其他操作规定，造成危害他人身体健康后果的，对单位判处罚金，并对其直接负责的主管人员和其他直接责任人员，处五年以下有期徒刑或者拘役。

【立案追诉标准】

《最高人民检察院、公安部关于公安机关管辖的刑事案件立案追诉标准的规定(一)》(公通字〔2008〕36号,20080625)

第五十四条〔非法采集、供应血液、制作、供应血液制品案(刑法第三百三十四条第一款)〕非法采集、供应血液或者制作、供应血液制品，涉嫌下列情形之一的，应予立案追诉：

(一)采集、供应的血液含有艾滋病病毒、乙型肝炎病毒、丙型肝炎病毒、梅毒螺旋体等病原微生物的；

(二)制作、供应的血液制品含有艾滋病病毒、乙型肝炎病毒、丙型肝炎病毒、梅毒螺旋体等病原微生物，或者将含有上述病原微生物的血液用于制作血液制品的；

(三)使用不符合国家规定的药品、诊断试剂、卫生器材，或者重复使用一次性采血器材采集血液，造成传染病传播危险的；

(四)违反规定对献血者、供血浆者超量、频繁采集血液、血浆，足以危害人体健康的；

(五)其他不符合国家有关采集、供应血液或者制作、供应血液制品的规定，足以危害人体健康或者对人体健康造成严重危害的情形。

未经国家主管部门批准或者超过批准的业务范围，采集、供应血液或者制作、供应血液制品的，属于本条规定的"非法采集、供应血液、制作、供应血液制品"。

本条和本规定第五十二条、第五十三条、第五十五条规定的"血液"，是指全血、成分血和特殊血液成分。

本条和本规定第五十五条规定的"血液制品"，是指各种人血浆蛋白制品。

第五十五条〔采集、供应血液、制作、供应血液制品事故案(刑法第三百三十四条第二款)〕经国家主管部门批准采集、供应血液或者制作、供应血液制品的部门，不依照规定进行检测或者违背其他操作规定，涉嫌下列情形之一的，应予立案追诉：

(一)造成献血者、供血浆者、受血者感染艾滋病病毒、乙型肝炎病毒、丙型肝炎病毒、梅毒螺旋体或者其他经血液传播的病原微生物的；

(二)造成献血者、供血浆者、受血者重度贫血、造血功能障碍或者其他器官组织损伤导致功能障碍等身体严重危害的；

(三)其他造成危害他人身体健康后果的情形。

经国家主管部门批准的采供血机构和血液制品生产经营单位，属于本条规定的"经国家主管部门批准采集、供应血液或者制作、供应血液制品的部门"。采供血机构包括血液中心、中心血站、脐带血造血干细胞库和国家卫生行政主管部门根据医学发展需要批准、设置的其他类型血库、单采血浆站。

具有下列情形之一的，属于本条规定的"不依照规定进行检测或者违背其他操作规定”：

（一）血站未用两个企业生产的试剂对艾滋病病毒抗体、乙型肝炎病毒表面抗原、丙型肝炎病毒抗体、梅毒抗体进行两次检测的；

（二）单采血浆站不依照规定对艾滋病病毒抗体、乙型肝炎病毒表面抗原、丙型肝炎病毒抗体、梅毒抗体进行检测的；

（三）血液制品生产企业在投料生产前未用主管部门批准和检定合格的试剂进行复检的；

（四）血站、单采血浆站和血液制品生产企业使用的诊断试剂没有生产单位名称、生产批准文号或者经检定不合格的；

（五）采供血机构在采集检验样本、采集血液和成分血分离时，使用没有生产单位名称、生产批准文号或者超过有效期的一次性注射器等采血器材的；

（六）不依照国家规定的标准和要求包装、储存、运输血液、原料血浆的；

（七）对国家规定检测项目结果呈阳性的血液未及时按照规定予以清除的；

（八）不具备相应资格的医务人员进行采血、检验操作的；

（九）对献血者、供血浆者超量、频繁采集血液、血浆的；

（十）采供血机构采集血液、血浆前，未对献血者或者供血浆者进行身份识别，采集冒名顶替者、健康检查不合格者血液、血浆的；

（十一）血站擅自采集原料血浆，单采血浆站擅自采集临床用血或者向医疗机构供应原料血浆的；

（十二）重复使用一次性采血器材的；

（十三）其他不依照规定进行检测或者违背操作规定的。

【司法解释】

《最高人民法院、最高人民检察院关于办理非法采供血液等刑事案件具体应用法律若干问题的解释》（法释〔2008〕12号，20080923）

第一条　对未经国家主管部门批准或者超过批准的业务范围，采集、供应血液或者制作、供应血液制品的，应认定为刑法第三百三十四条第一款规定的“非法采集、供应血液或者制作、供应血液制品”。

第二条　对非法采集、供应血液或者制作、供应血液制品，具有下列情形之一的，应认定为刑法第三百三十四条第一款规定的“不符合国家规定的标准，足以危害人体健康”，处五年以下有期徒刑或者拘役，并处罚金：

（一）采集、供应的血液含有艾滋病病毒、乙型肝炎病毒、丙型肝炎病毒、梅毒螺旋体等病原微生物的；

（二）制作、供应的血液制品含有艾滋病病毒、乙型肝炎病毒、丙型肝炎病毒、梅毒螺旋体等病原微生物，或者将含有上述病原微生物的血液用于制作血液制品的；

（三）使用不符合国家规定的药品、诊断试剂、卫生器材，或者重复使用一次性采血器材采集血液，造成传染病传播危险的；

（四）违反规定对献血者、供血浆者超量、频繁采集血液、血浆，足以危害人体健康的；

（五）其他不符合国家有关采集、供应血液或者制作、供应血液制品的规定标准，足以危害人体健康的。

第三条　对非法采集、供应血液或者制作、供应血液制品，具有下列情形之一的，应认定为刑法第三百三十四条第一款规定的“对人体健康造成严重危害”，处五年以上十年以下有期徒刑，并处罚金：

（一）造成献血者、供血浆者、受血者感染乙型肝炎病毒、丙型肝炎病毒、梅毒螺旋体或者其他经血液传播的病原微生物的；

（二）造成献血者、供血浆者、受血者重度贫血、造血功能障碍或者其他器官组织损伤导致功能障碍等身体严重危害的；

（三）对人体健康造成其他严重危害的。

第四条　对非法采集、供应血液或者制作、供应血液制品，具有下列情形之一的，应认定为刑法第三百三十四条第一款规定的“造成特别严重后果”，处十年以上有期徒刑或者无期徒刑，并处罚金或者没收财产：

（一）因血液传播疾病导致人员死亡或者感染艾滋病病毒的；

（二）造成五人以上感染乙型肝炎病毒、丙型肝炎病毒、梅毒螺旋体或者其他经血液传播的病原微生物的；

（三）造成五人以上重度贫血、造血功能障碍或者其他器官组织损伤导致功能障碍等身体严重危害的；

（四）造成其他特别严重后果的。

第五条　对经国家主管部门批准采集、供应血液或者制作、供应血液制品的部门，具有下列情形之一的，应认定为刑法第三百三十四条第二款规定的“不依照规定进行检测或者违背其他操作规定”：

（一）血站未用两个企业生产的试剂对艾滋病病毒抗体、乙型肝炎病毒表面抗原、丙型肝炎病毒抗体、梅毒抗体进行两次检测的；

（二）单采血浆站不依照规定对艾滋病病毒抗体、乙型肝炎病毒表面抗原、丙型肝炎病毒抗体、梅毒抗体进行检测的；

（三）血液制品生产企业在投料生产前未用主管部门批准和检定合格的试剂进行复检的；

（四）血站、单采血浆站和血液制品生产企业使用的诊断试剂没有生产单位名称、生产批准文号或者经检定不合格的；

（五）采供血机构在采集检验标本、采集血液和成分血分离时，使用没有生产单位名称、生产批准文号或者超过有效期的一次性注射器等采血器材的；

（六）不依照国家规定的标准和要求包装、储存、运输血液、原料血浆的；

（七）对国家规定检测项目结果呈阳性的血液未及时按照规定予以清除的；

（八）不具备相应资格的医务人员进行采血、检验操作的；

（九）对献血者、供血浆者超量、频繁采集血液、血浆的；

（十）采供血机构采集血液、血浆前，未对献血者或供血浆者进行身份识别，采集冒名顶替者、健康检查不合格者血液、血浆的；

（十一）血站擅自采集原料血浆，单采血浆站擅自采集临床用血或者向医疗机构供应原料血浆的；

（十二）重复使用一次性采血器材的；

（十三）其他不依照规定进行检测或者违背操作规定的。

第六条　对经国家主管部门批准采集、供应血液或者制作、供应血液制品的部门，不依照规定进行检测或者违背其他操作规定，具有下列情形之一的，应认定为刑法第三百三十四条第二款规定的“造成危害他人身体健康后果”，对单位判处罚金，并对其直接负责的主管人员和其他直接责任人员，处五年以下有期徒刑或者拘役：

（一）造成献血者、供血浆者、受血者感染艾滋病病毒、乙型肝炎病毒、丙型肝炎病毒、梅毒螺旋体或者其他经血液传播的病原微生物的；

（二）造成献血者、供血浆者、受血者重度贫血、造血功能障碍或者其他器官组织损伤导致功能障碍等身体严重危害的；

（三）造成其他危害他人身体健康后果的。

第七条　经国家主管部门批准的采供血机构和血液制品生产经营单位，应认定为刑法第三百三十四条第二款规定的“经国家主管部门批准采集、供应血液或者制作、供应血液制品的部门”。

第八条　本解释所称“血液”，是指全血、成分血和特殊血液成分。

本解释所称“血液制品”，是指各种人血浆蛋白制品。

本解释所称“采供血机构”，包括血液中心、中心血站、中心血库、脐带血造血干细胞库和国家卫生行政主管部门根据医学发展需要批准、设置的其他类型血库、单采血浆站。

【司法指导文件】

《最高人民法院、最高人民检察院、公安部、司法部关于依法严厉打击传播艾滋病病毒等违法犯罪行为的指导意见》（公通字〔2019〕23号，20190519）

二、准确认定行为性质

（十）非法采集、供应血液罪。非法采集、供应血液，含有艾滋病病毒的，依照刑法第三百三十四条第一款的规定，以非法采集、供应血液罪定罪处罚。

三、依法收集证据查明案件事实

公安机关要依法、及时，全面收集固定证据，确保证据真实性、合法性。突出以下取证重点：

（三）查明非法采集供应血液情况，及时讯问犯罪嫌疑人获取对非法采集供应血液过程、使用器械工具的供述。收集工商登记营业执照等书证，查明犯罪嫌疑人未经国家主管部门批准或者超过批准的业务范围采集供应血液的情况。及时对非法采集供应的血液进行艾滋病病毒抗体检测，查明是否含有艾滋病病毒。询问被害人获取其使用非法供应血液的时间、地点、经过等陈述。调查非法采集供应血液过程的中间介绍人、血液供应者以及其他参与人员，查明是否参与共同犯罪。

第三百三十四条之一　【非法采集人类遗传资源、走私人类遗传资源材料罪】违反国家有关规定，非法采集我国人类遗传资源或者非法运送、邮寄、携带我国人类遗传资源材料出境，危害公众健康或者社会公共利益，情节严重的，处三年以下有期徒刑、拘役或者管制，并处或者单处罚金；情节特别严重的，处三年以上七年以下有期徒刑，并处罚金。

【修正说明】

本罪由刑法修正案(十一)第三十八条增设。

【立法·要点注释】

1.与传统的人身、财产犯罪不同,非法采集人类遗传资源及运送、邮寄、携带人类遗传资源材料出境的行为后果通常短期内很难立即显现,实践中对于"危害公众健康或者社会公共利益"的理解和判断还要结合其具体情形来综合判断。实施了非法采集人类遗传资源或者运送、邮寄、携带人类遗传资源材料出境的行为如果达到一定的次数即具备危害性。"危害公众健康或社会公共利益"主要是指在采集过程中因采集方法、采集的设备或者程序等因素造成被采集人感染疾病、组织器官造成伤害、部分功能丧失或者造成我国特定地区或者种系的遗传资源遭到严重破坏等。

2.对于"情节严重"及"情节特别严重"的判断。可以从行为方式上判断,也可以从造成危害结果的角度考量,如非法采集人类遗传资源及运送、邮寄、携带人类遗传资源材料的样本数量、采集地区、采集的方式、采集目的和用途、采集的年龄段等,例如是否造成被采集人身体伤害、感染疾病或身体功能异常,是否为境外非法组织或基于非法目的获取我国人类遗传资源信息而研制某些生物制剂等。具体的判断标准,可以在总结司法实践经验的基础上通过相关司法解释予以明确。对于尚不构成犯罪的,应当根据生物安全法等相关规定予以行政处罚。

3.本条规定的保护对象是"我国人类遗传资源""我国人类遗传资源资料",对在我国境内采集非我国种族的遗传资源,刑法对此并没有作出限定,不宜根据本条规定追究刑事责任。如果采集的程序、目的、方式等违反国家有关规定,符合行政处罚条件的,进行行政处罚即可。

【相关立法】

《中华人民共和国生物安全法》(20240426)

第五十六条　从事下列活动,应当经国务院卫生健康主管部门批准:

(一)采集我国重要遗传家系、特定地区人类遗传资源或者采集国务院科学技术主管部门规定的种类、数量的人类遗传资源;

(二)保藏我国人类遗传资源;

(三)利用我国人类遗传资源开展国际科学研究合作;

(四)将我国人类遗传资源材料运送、邮寄、携带出境。

前款规定不包括以临床诊疗、采供血服务、查处违法犯罪、兴奋剂检测和殡葬等为目的的采集、保藏人类遗传资源及开展的相关活动。

为了取得相关药品和医疗器械在我国上市许可,在临床试验机构利用我国人类遗传资源开展国际合作临床试验、不涉及人类遗传资源出境的,不需要批准;但是,在开展临床试验前应当将拟使用的人类遗传资源种类、数量及用途向国务院卫生健康主管部门备案。

境外组织、个人及其设立或者实际控制的机构不得在我国境内采集、保藏我国人类遗传资源,不得向境外提供我国人类遗传资源。

第八十五条　本法下列术语的

含义：

……

(八) 人类遗传资源，包括人类遗传资源材料和人类遗传资源信息。人类遗传资源材料是指含有人体基因组、基因等遗传物质的器官、组织、细胞等遗传材料。人类遗传资源信息是指利用人类遗传资源材料产生的数据等信息资料。

第三百三十五条 【医疗事故罪】医务人员由于严重不负责任，造成就诊人死亡或者严重损害就诊人身体健康的，处三年以下有期徒刑或者拘役。

【立案追诉标准】

《最高人民检察院、公安部关于公安机关管辖的刑事案件立案追诉标准的规定(一)》(公通字〔2008〕36号，20080625)

第五十六条 〔医疗事故案(刑法第三百三十五条)〕医务人员由于严重不负责任，造成就诊人死亡或者严重损害就诊人身体健康的，应予立案追诉。

具有下列情形之一的，属于本条规定的“严重不负责任”：

(一) 擅离职守的；

(二) 无正当理由拒绝对危急就诊人实行必要的医疗救治的；

(三) 未经批准擅自开展试验性医疗的；

(四) 严重违反查对、复核制度的；

(五) 使用未经批准使用的药品、消毒药剂、医疗器械的；

(六) 严重违反国家法律法规及有明确规定的诊疗技术规范、常规的；

(七) 其他严重不负责任的情形。

本条规定的“严重损害就诊人身体健康”，是指造成就诊人严重残疾、重伤、感染艾滋病、病毒性肝炎等难以治愈的疾病或者其他严重损害就诊人身体健康的后果。

【《刑事审判参考》案例】

〔参考案例第429号：孟广超医疗事故案〕具有执业资格的医生根据民间验方、偏方制成药物诊疗，造成就诊人死亡的行为如何定性？

具有执业资格的医生，在有限范围内，针对特定的病症个体，采用未经有关机构认可和授权使用的偏方、验方，致就诊人死亡的情形，应当定医疗事故罪，如果主体资格不符，可以非法行医罪追究刑事责任。如果行为人利用未经有关机构认可和授权使用的偏方、验方制成药物，大规模生产，或者公开在药店、医疗机构等医药市场上向不特定的患者或公众大范围销售，足以严重危害人体健康的，可以生产、销售假药罪定罪处罚。

〔参考案例第1288号：梁娟医疗事故案〕护士在医院安排下违法从事治疗行为，导致医疗事故发生的，应当如何定性？

护士在医院安排下违法从事治疗行为，导致医疗事故发生的，应当以医疗事故罪追究其刑事责任，而不应以过失致人死亡罪或者非法行医罪论处。

第三百三十六条 【非法行医罪】未取得医生执业资格的人非法行医，情节严重的，处三年以下有期徒刑、拘役或者管制，并处或者单处罚金；严重损害就诊人身体健康的，处三年以上十年以下有期徒刑，并处罚金；造成就诊人死亡的，处十年以上有期徒刑，并处

罚金。

【非法进行节育手术罪】未取得医生执业资格的人擅自为他人进行节育复通手术、假节育手术、终止妊娠手术或者摘取宫内节育器，情节严重的，处三年以下有期徒刑、拘役或者管制，并处或者单处罚金；严重损害就诊人身体健康的，处三年以上十年以下有期徒刑，并处罚金；造成就诊人死亡的，处十年以上有期徒刑，并处罚金。

【立法·要点注释】

"未取得医生执业资格的人非法行医"，是指未取得医师从业资格的人从事医疗卫生工作，主要有以下几种表现形式：一是非医务人员私设诊所；二是非医疗机构超服务范围进行治疗活动，如一些不具有医院机构资格的美容院擅自开展医学整容手术；三是利用仪器或技能开展非法治疗活动，如非法用电脑医学专家程序在公共场所为顾客诊病，开医药处方；四是利用非法行医的手段，推销新产品。

【立案追诉标准】

《最高人民检察院、公安部关于公安机关管辖的刑事案件立案追诉标准的规定(一)》(公通字〔2008〕36号，20080625)

第五十七条 〔非法行医案(刑法第三百三十六条第一款)〕未取得医生执业资格的人非法行医，涉嫌下列情形之一的，应予立案追诉：

(一)造成就诊人轻度残疾、器官组织损伤导致一般功能障碍，或者中度以上残疾、器官组织损伤导致严重功能障碍，或者死亡的；

(二)造成甲类传染病传播、流行或者有传播、流行危险的；

(三)使用假药、劣药或不符合国家规定标准的卫生材料、医疗器械，足以严重危害人体健康的；

(四)非法行医被卫生行政部门行政处罚两次以后，再次非法行医的；

(五)其他情节严重的情形。

具有下列情形之一的，属于本条规定的"未取得医生执业资格的人非法行医"：

(一)未取得或者以非法手段取得医师资格从事医疗活动的；

(二)个人未取得《医疗机构执业许可证》开办医疗机构的；[①]

(三)被依法吊销医师执业证书期间从事医疗活动的；

(四)未取得乡村医生执业证书，从事乡村医疗活动的；

(五)家庭接生员实施家庭接生以外的医疗活动的。

本条规定的"轻度残疾、器官组织损伤导致一般功能障碍"、"中度以上残疾、器官组织损伤导致严重功能障碍"，参照卫生部《医疗事故分级标准(试行)》认定。

第五十八条 〔非法进行节育手术案(刑法第三百三十六条第二款)〕未取得医生执业资格的人擅自为他人进行节育复通手术、假节育手术、终止妊娠手术或者摘取宫内节育器，涉嫌下列情形之一的，应予立案追诉：

---

① 在非法行医司法解释原法释〔2008〕5号中，该项内容已被法释〔2016〕27号删除，故本条此项规定应不再适用。——编者注

(一)造成就诊人轻伤、重伤、死亡或者感染艾滋病、病毒性肝炎等难以治愈的疾病的；

(二)非法进行节育复通手术、假节育手术、终止妊娠手术或者摘取宫内节育器五人次以上的；

(三)致使他人超计划生育的；

(四)非法进行选择性别的终止妊娠手术的；

(五)非法获利累计五千元以上的；

(六)其他情节严重的情形。

【司法解释(1)】

《最高人民法院关于审理非法行医刑事案件具体应用法律若干问题的解释》(原法释〔2008〕5号，根据法释〔2016〕27号修正，20161220)

第一条 具有下列情形之一的，应认定为刑法第三百三十六条第一款规定的“未取得医生执业资格的人非法行医”：

(一)未取得或者以非法手段取得医师资格从事医疗活动的；

(二)被依法吊销医师执业证书期间从事医疗活动的；

(三)未取得乡村医生执业证书，从事乡村医疗活动的；

(四)家庭接生员实施家庭接生以外的医疗行为的。

第二条 具有下列情形之一的，应认定为刑法第三百三十六条第一款规定的“情节严重”：

(一)造成就诊人轻度残疾、器官组织损伤导致一般功能障碍的；

(二)造成甲类传染病传播、流行或者有传播、流行危险的；

(三)使用假药、劣药或不符合国家规定标准的卫生材料、医疗器械，足以严重危害人体健康的；

(四)非法行医被卫生行政部门行政处罚两次以后，再次非法行医的；

(五)其他情节严重的情形。

第三条 具有下列情形之一的，应认定为刑法第三百三十六条第一款规定的“严重损害就诊人身体健康”：

(一)造成就诊人中度以上残疾、器官组织损伤导致严重功能障碍的；

(二)造成三名以上就诊人轻度残疾、器官组织损伤导致一般功能障碍的。

第四条 非法行医行为系造成就诊人死亡的直接、主要原因的，应认定为刑法第三百三十六条第一款规定的“造成就诊人死亡”。

非法行医行为并非造成就诊人死亡的直接、主要原因的，可不认定为刑法第三百三十六条第一款规定的“造成就诊人死亡”。但是，根据案件情况，可以认定为刑法第三百三十六条第一款规定的“情节严重”。

第五条 实施非法行医犯罪，同时构成生产、销售假药罪①，生产、销售劣药罪②，诈骗罪等其他犯罪的，依照刑法处罚较重的规定定罪处罚。

第六条 本解释所称“医疗活动”“医疗行为”，参照《医疗机构管理条例实施细则》中的“诊疗活动”“医疗美容”认定。

本解释所称“轻度残疾、器官组织损伤导致一般功能障碍”“中度以上残

① 罪名已变更为“生产、销售、提供假药罪”。——编者注
② 罪名已变更为“生产、销售、提供劣药罪”。——编者注

疾、器官组织损伤导致严重功能障碍”，参照《医疗事故分级标准(试行)》认定。

【司法解释(2)】

《最高人民法院、最高人民检察院关于办理妨害预防、控制突发传染病疫情等灾害的刑事案件具体应用法律若干问题的解释》(法释〔2003〕8号，20030515)

第十二条　未取得医师执业资格非法行医，具有造成突发传染病病人、病原携带者、疑似突发传染病病人贻误诊治或者造成交叉感染等严重情节的，依照刑法第三百三十六条第一款的规定，以非法行医罪定罪，依法从重处罚。

【司法指导文件】

《最高人民检察院法律政策研究室关于非法行医被刑事处罚后再次非法行医适用法律问题的答复意见》(高检研〔2014〕2号，20140213)

行为人因非法行医被刑事处罚以后，又非法行医的，属于《最高人民法院关于审理非法行医刑事案件具体应用法律若干问题的解释》第二条第(五)项、《最高人民检察院、公安部关于公安机关管辖的刑事案件立案追诉标准的规定(一)》第五十七条第一款第(五)项规定的“其他情节严重”的情形，应予追究刑事责任。请示所涉及案件，建议根据具体情况依法处理。

【法院案例库参考案例】

〔马某某非法行医案，2024-06-1-336-001〕未取得医生执业资格开具中医处方并配售“中药材”行为的定性

没有行医资格的人员根据医书开具诊疗处方并为他人配制、销售“中草药”的行为，应当认定为诊疗行为。行为人未取得医生执业资格，为他人开具中医诊疗处方并配制“中草药”，属于非法行医，符合刑法第三百三十六条规定的，以非法行医罪定罪处罚。

〔李某、徐某非法行医案，2024-03-1-336-002〕非法医疗美容致过敏性休克死亡的刑事责任认定

医疗美容项目从业者无相关资质，在未能确认就诊人过敏体质等健康情况下径行操作，事发后未采取有效急救措施，造成他人死亡等严重后果，符合刑法第三百三十六条规定的，依法以非法行医罪定罪处罚。

〔侯某英非法行医案，2024-03-1-336-001〕未取得医生执业资格的人在诊所负责人默许下独立从事医疗活动行为的定性

行为人未取得医师资格，虽经所在诊所负责人同意，但在没有医师的授权和指导下独立从事医疗活动，符合刑法第三百三十六条第一款规定的，以非法行医罪定罪处罚。

〔张某军非法行医再审改判无罪案，2024-01-1-336-001〕非法行医罪的主体认定

已取得执业助理医师资格但尚未取得执业证书的人从事乡村医疗活动的，不属于刑法第三百三十六条第一款规定的“未取得医生执业资格的人非法行医”。

〔王某某非法行医案，2023-06-1-336-002〕行医行为超出执业许可证所确定执业范围的行为定性

对于已经取得乡村医生执业资格的行为人，未向卫生行政管理部门注册，没有取得医疗机构执业许可证，擅自行医的，按现行司法解释的意见，不符合非法行医罪主体方面的要求，不构成非法行医罪。

〔贾某某非法行医案，2023-06-1-336-001〕非法行医案件中医疗行为与危害后果之间因果关系的认定

就诊人死亡的非法行医案件中，如果行为人的非法行医行为是就诊人死亡后果医学上的直接致害因素，则通常行为人构成非法行医罪的结果加重犯。如果医院没有明显过错的抢救行为，不能中断非法行医行为与死亡后果之间的因果关系。

【《刑事审判参考》案例】

〔参考案例第 283 号：周兆钧被控非法行医案〕如何正确把握非法行医罪的主体要件？

刑法第三百三十六条的惩罚对象仅是未取得执业医师资格而非法行医的人，凡具有执业医生资格的人，不属于该条第一款非法行医罪的主体范围。

〔参考案例第 316 号：周某某非法行医案〕患者自愿求医的，能否阻却非法行医罪的成立？

在非法行医案件中，即使行为人非法行医时得到患者的承诺，也不能阻却其犯罪的成立。

〔参考案例第 421 号：贺淑华非法行医案〕产妇在分娩过程中因并发症死亡，非法行医人对其死亡应当承担刑事责任？

非法行医罪中严重损害就诊人健康以及造成其死亡的规定，属于刑法理论上的“结果加重犯”。只要行为人在实施基本犯罪时对加重结果“有过失”或者“能预见”，就应对加重结果负刑事责任。

〔参考案例第 732 号：徐如涵非法进行节育手术案〕如何认定非法进行节育手术罪中的“严重损害就诊人身体健康”？

《最高人民法院关于审理非法行医刑事案件具体应用法律若干问题的解释》关于非法行医罪“严重损害就诊人身体健康”的认定标准，应当适用于非法进行节育手术罪。

第三百三十六条之一　【非法植入基因编辑、克隆胚胎罪】将基因编辑、克隆的人类胚胎植入人体或者动物体内，或者将基因编辑、克隆的动物胚胎植入人体内，情节严重的，处三年以下有期徒刑或者拘役，并处罚金；情节特别严重的，处三年以上七年以下有期徒刑，并处罚金。

【修正说明】

本罪由刑法修正案(十一)第三十九条增设。

【立法 · 要点注释】

对于“情节严重”“情节特别严重”的考量因素主要有：一是行为对象的人数。二是被基因编辑的婴儿是否实际出生。三是是否严重损害或影响身体健康。这里的身体健康既包括基因编辑的婴儿也包括被植入的人的健康情况。四是违反人类伦理道德。如将基因编辑的人类胚胎植入动物体内，在动物体内发育至分娩出生，或将基因编辑的动物胚胎植入人体并经分娩出生。将分别来自动物和人类生殖细胞的杂合体经过基因编辑植入人或动物体内并经分娩出生。五是基因编辑的目的是比对实验、数据分析或进行会损害或削弱身体机能的试验。六是产生恶劣社会影响、负面国际影响或使用其他手段的。如社会关注度高、影响恶劣，或在国际造成恶劣影响，对我国科研领域造成负面影响的，或采用隐瞒、欺骗、暴力等手段，将基因编辑的胚胎植入第三人体内的。

【相关立法】

《中华人民共和国民法典》(20210101)

第一千零九条　从事与人体基因、人体胚胎等有关的医学和科研活动，应当遵守法律、行政法规和国家有关规定，不得危害人体健康，不得违背伦理道德，不得损害公共利益。

第三百三十七条　【妨害动植物防疫、检疫罪】违反有关动植物防疫、检疫的国家规定，引起重大动植物疫情的，或者有引起重大动植物疫情危险，情节严重的，处三年以下有期徒刑或者拘役，并处或者单处罚金。

单位犯前款罪的，对单位判处罚金，并对其直接负责的主管人员和其他直接责任人员，依照前款的规定处罚。

【修正前条文】

第三百三十七条　【逃避动植物检疫罪】违反进出境动植物检疫法的规定，逃避动植物检疫，引起重大动植物疫情的，处三年以下有期徒刑或者拘役，并处或者单处罚金。

单位犯前款罪的，对单位判处罚金，并对其直接负责的主管人员和其他直接责任人员，依照前款的规定处罚。

【修正说明】

刑法修正案(七)第十一条在原条文第一款中增加了有引起重大动植物疫情危险，情节严重的犯罪情形。

【立案追诉标准】

《最高人民检察院、公安部关于公安机关管辖的刑事案件立案追诉标准的规定(一)》[公通字〔2008〕36号，20080625，经2017年4月27日发布的《最高人民检察院、公安部关于公安机关管辖的刑事案件立案追诉标准的规定(一)的补充规定》(公通字〔2017〕12号)修正]

第五十九条　〔妨害动植物防疫、检疫案(刑法第三百三十七条)〕违反有关动植物防疫、检疫的国家规定，引起重大动植物疫情的，应予立案追诉。

违反有关动植物防疫、检疫的国家规定，有引起重大动植物疫情危险，涉嫌下列情形之一的，应予立案追诉：

(一)非法处置疫区内易感动物或者其产品，货值金额五万元以上的；

(二)非法处置因动植物防疫、检疫需要被依法处理的动植物或者其产品，货值金额二万元以上的；

(三)非法调运、生产、经营感染重大植物检疫性有害生物的林木种子、苗木等繁殖材料或者森林植物产品的；

(四)输入《中华人民共和国进出境动植物检疫法》规定的禁止进境物逃避检疫，或者对特许进境的禁止进境物未有效控制与处置，导致其逃逸、扩散的；

(五)进境动植物及其产品检出有引起重大动植物疫情危险的动物疫病或者植物有害生物后，非法处置导致进境动植物及其产品流失的；

（六）一年内携带或者寄递《中华人民共和国禁止携带、邮寄进境的动植物及其产品名录》所列物品进境逃避检疫两次以上，或者窃取、抢夺、损毁、抛洒动植物检疫机关截留的《中华人民共和国禁止携带、邮寄进境的动植物及其产品名录》所列物品的；

（七）其他情节严重的情形。

本条规定的"重大动植物疫情"，按照国家行政主管部门的有关规定认定。

【法院案例库参考案例】

〔吝某富、颜某高妨害动植物防疫、检疫案，2023-11-1-339-001〕非法购买、运输松材线虫疫区松木材行为的定性

行为人违反有关动植物防疫、检疫的国家规定，非法买卖、运输已被划为松材线虫疫区内的松木材，有引起重大植物疫情危险的，属于刑法第三百三十七条规定的妨害植物防疫、检疫的行为；情节严重的，构成妨害动植物防疫、检疫罪。

第六节　破坏环境资源保护罪

第三百三十八条　【污染环境罪】违反国家规定，排放、倾倒或者处置有放射性的废物、含传染病病原体的废物、有毒物质或者其他有害物质，严重污染环境的，处三年以下有期徒刑或者拘役，并处或者单处罚金；情节严重的，处三年以上七年以下有期徒刑，并处罚金；有下列情形之一的，处七年以上有期徒刑，并处罚金：

（一）在饮用水水源保护区、自然保护地核心保护区等依法确定的重点保护区域排放、倾倒、处置有放射性的废物、含传染病病原体的废物、有毒物质，情节特别严重的；

（二）向国家确定的重要江河、湖泊水域排放、倾倒、处置有放射性的废物、含传染病病原体的废物、有毒物质，情节特别严重的；

（三）致使大量永久基本农田基本功能丧失或者遭受永久性破坏的；

（四）致使多人重伤、严重疾病，或者致人严重残疾、死亡的。

有前款行为，同时构成其他犯罪的，依照处罚较重的规定定罪处罚。

【第二次修正前条文】

第三百三十八条 【污染环境罪】违反国家规定，排放、倾倒或者处置有放射性的废物、含传染病病原体的废物、有毒物质或者其他有害物质，严重污染环境的，处三年以下有期徒刑或者拘役，并处或者单处罚金；后果特别严重的，处三年以上七年以下有期徒刑，并处罚金。

【第一次修正前条文】

第三百三十八条 【重大环境污染事故罪】违反国家规定，向土地、水体、大气排放、倾倒或者处置有放射性的废物、含传染病病原体的废物、有毒物质或者其他危险废物，造成重大环境污染事故，致使公私财产遭受重大损失或者人身伤亡的严重后果的，处三年以下有期徒刑或者拘役，并处或者单处罚金；后果特别严重的，处三年以上七年以下有期徒刑，并处罚金。

【修正说明】

1.刑法修正案(八)第四十六条对原条文作出下述修改：一是删去了“向土地、水体、大气”排放、倾倒或者处置，使条文更简练。二是扩大了污染行为所排放、倾倒或者处置的物质，将原来规定的“其他危险废物”修改为“其他有害物质”。三是降低了犯罪的门槛，将原来规定的“造成重大环境污染事故，致使公私财产遭受重大损失或者人身伤亡的严重后果”修改为“严重污染环境”。

2.刑法修正案(十一)第四十条将“后果特别严重”修改为“情节严重”，并增加了“处七年以上有期徒刑，并处罚金”的情形。

【立法·要点注释】

污染环境犯罪案件多涉及专门性问题，如污染物的种类、数量、造成的损失数额计算等。司法实践中应当将司法鉴定与行政认定统筹运用，单纯依靠司法鉴定，既不可能，也没有必要。环境保护主管部门及其所属监测机构在行政执法过程中收集的监测数据，在刑事诉讼中可以作为证据使用。公安机关单独或者会同环境保护主管部门，提取污染物样品进行检测获取的数据，在刑事诉讼中可以作为证据使用。对国家危险废物名录所列的废物，可以依据涉案物质的来源、产生过程、被告人供述、证人证言以及经批准或者备案的环境影响评价文件等证据，结合环境保护主管部门、公安机关等出具的书面意见作出认定。对于危险废物的数量，可以综合被告人供述，涉案企业的生产工艺、物耗、能耗情况，以及经批准或者备案的环境影响评价文件等证据作出认定。对案件所涉的环境污染专门性问题难以确定的，依据司法鉴定机构出具的鉴定意见，或者国务院环境保护主管部门、公安部门指定的机构出具的报告，结合其他证据作出认定。

【立案追诉标准】

《最高人民检察院、公安部关于公安机关管辖的刑事案件立案追诉标准的规定(一)》[公通字〔2008〕36号，20080625，经2017年4月27日发布的《最高人民检察院、公安部关于公安机关管辖的刑事案件立案追诉标准的规定(一)的补充规定》(公通字〔2017〕12号)修正]

第六十条[①]　〔污染环境案(刑法第三百三十八条)〕违反国家规定，排放、倾倒或者处置有放射性的废物、含传染病病原体的废物、有毒物质或者其他有害物质，涉嫌下列情形之一的，应予立案追诉：

(一)在饮用水水源一级保护区、自然保护区核心区排放、倾倒、处置有放射性的废物、含传染病病原体的废物、有毒物质的；

(二)非法排放、倾倒、处置危险废物三吨以上的；

(三)排放、倾倒、处置含铅、汞、镉、

---

① 对于该条立案追诉标准的适用，需结合刑法修正案(十一)第四十条修正的刑法第三百三十八条以及本条项下【司法解释(1)】的规定综合考虑，不一致的以后者为准。——编者注

铬、砷、铊、锑的污染物，超过国家或者地方污染物排放标准三倍以上的；

（四）排放、倾倒、处置含镍、铜、锌、银、钒、锰、钴的污染物，超过国家或者地方污染物排放标准十倍以上的；

（五）通过暗管、渗井、渗坑、裂隙、溶洞、灌注等逃避监管的方式排放、倾倒、处置有放射性的废物、含传染病病原体的废物、有毒物质的；

（六）二年内曾因违反国家规定，排放、倾倒、处置有放射性的废物、含传染病病原体的废物、有毒物质受过两次以上行政处罚，又实施前列行为的；

（七）重点排污单位篡改、伪造自动监测数据或者干扰自动监测设施，排放化学需氧量、氨氮、二氧化硫、氮氧化物等污染物的；

（八）违法减少防治污染设施运行支出一百万元以上的；

（九）违法所得或者致使公私财产损失三十万元以上的；

（十）造成生态环境严重损害的；

（十一）致使乡镇以上集中式饮用水水源取水中断十二小时以上的；

（十二）致使基本农田、防护林地、特种用途林地五亩以上，其他农用地十亩以上，其他土地二十亩以上基本功能丧失或者遭受永久性破坏的；

（十三）致使森林或者其他林木死亡五十立方米以上，或者幼树死亡二千五百株以上的；

（十四）致使疏散、转移群众五千人以上的；

（十五）致使三十人以上中毒的；

（十六）致使三人以上轻伤、轻度残疾或者器官组织损伤导致一般功能障碍的；

（十七）致使一人以上重伤、中度残疾或者器官组织损伤导致严重功能障碍的；

（十八）其他严重污染环境的情形。

本条规定的“有毒物质”，包括列入国家危险废物名录或者根据国家规定的危险废物鉴别标准和鉴别方法认定的具有危险特性的废物，《关于持久性有机污染物的斯德哥尔摩公约》附件所列物质，含重金属的污染物，以及其他具有毒性可能污染环境的物质。

本条规定的“非法处置危险废物”，包括无危险废物经营许可证，以营利为目的，从危险废物中提取物质作为原材料或者燃料，并具有超标排放污染物、非法倾倒污染物或者其他违法造成环境污染情形的行为。

本条规定的“重点排污单位”，是指设区的市级以上人民政府环境保护主管部门依法确定的应当安装、使用污染物排放自动监测设备的重点监控企业及其他单位。

本条规定的“公私财产损失”，包括直接造成财产损毁、减少的实际价值，为防止污染扩大、消除污染而采取必要合理措施所产生的费用，以及处置突发环境事件的应急监测费用。

本条规定的“生态环境损害”，包括生态环境修复费用，生态环境修复期间服务功能的损失和生态环境功能永久性损害造成的损失，以及其他必要合理费用。

本条规定的“无危险废物经营许可证”，是指未取得危险废物经营许可证，或者超出危险废物经营许可证的经营范围。

【司法解释(1)】

《最高人民法院、最高人民检察院

关于办理环境污染刑事案件适用法律若干问题的解释》(法释〔2023〕7号，20230815)

第一条　实施刑法第三百三十八条规定的行为，具有下列情形之一的，应当认定为“严重污染环境”：

(一)在饮用水水源保护区、自然保护地核心保护区等依法确定的重点保护区域排放、倾倒、处置有放射性的废物、含传染病病原体的废物、有毒物质的；

(二)非法排放、倾倒、处置危险废物三吨以上的；

(三)排放、倾倒、处置含铅、汞、镉、铬、砷、铊、锑的污染物，超过国家或者地方污染物排放标准三倍以上的；

(四)排放、倾倒、处置含镍、铜、锌、银、钒、锰、钴的污染物，超过国家或者地方污染物排放标准十倍以上的；

(五)通过暗管、渗井、渗坑、裂隙、溶洞、灌注、非紧急情况下开启大气应急排放通道等逃避监管的方式排放、倾倒、处置有放射性的废物、含传染病病原体的废物、有毒物质的；

(六)二年内曾因在重污染天气预警期间，违反国家规定，超标排放二氧化硫、氮氧化物等实行排放总量控制的大气污染物受过二次以上行政处罚，又实施此类行为的；

(七)重点排污单位、实行排污许可重点管理的单位篡改、伪造自动监测数据或者干扰自动监测设施，排放化学需氧量、氨氮、二氧化硫、氮氧化物等污染物的；

(八)二年内曾因违反国家规定，排放、倾倒、处置有放射性的废物、含传染病病原体的废物、有毒物质受过二次以上行政处罚，又实施此类行为的；

(九)违法所得或者致使公私财产损失三十万元以上的；

(十)致使乡镇集中式饮用水水源取水中断十二小时以上的；

(十一)其他严重污染环境的情形。

第二条　实施刑法第三百三十八条规定的行为，具有下列情形之一的，应当认定为“情节严重”：

(一)在饮用水水源保护区、自然保护地核心保护区等依法确定的重点保护区域排放、倾倒、处置有放射性的废物、含传染病病原体的废物、有毒物质，造成相关区域的生态功能退化或者野生生物资源严重破坏的；

(二)向国家确定的重要江河、湖泊水域排放、倾倒、处置有放射性的废物、含传染病病原体的废物、有毒物质，造成相关水域的生态功能退化或者水生生物资源严重破坏的；

(三)非法排放、倾倒、处置危险废物一百吨以上的；

(四)违法所得或者致使公私财产损失一百万元以上的；

(五)致使县级城区集中式饮用水水源取水中断十二小时以上的；

(六)致使永久基本农田、公益林地十亩以上，其他农用地二十亩以上，其他土地五十亩以上基本功能丧失或者遭受永久性破坏的；

(七)致使森林或者其他林木死亡五十立方米以上，或者幼树死亡二千五百株以上的；

(八)致使疏散、转移群众五千人以上的；

(九)致使三十人以上中毒的；

(十)致使一人以上重伤、严重疾病或者三人以上轻伤的；

(十一)其他情节严重的情形。

第三条 实施刑法第三百三十八条规定的行为，具有下列情形之一的，应当处七年以上有期徒刑，并处罚金：

(一)在饮用水水源保护区、自然保护地核心保护区等依法确定的重点保护区域排放、倾倒、处置有放射性的废物、含传染病病原体的废物、有毒物质，具有下列情形之一的：

1.致使设区的市级城区集中式饮用水水源取水中断十二小时以上的；

2.造成自然保护地主要保护的生态系统严重退化，或者主要保护的自然景观损毁的；

3.造成国家重点保护的野生动植物资源或者国家重点保护物种栖息地、生长环境严重破坏的；

4.其他情节特别严重的情形。

(二)向国家确定的重要江河、湖泊水域排放、倾倒、处置有放射性的废物、含传染病病原体的废物、有毒物质，具有下列情形之一的：

1.造成国家确定的重要江河、湖泊水域生态系统严重退化的；

2.造成国家重点保护的野生动植物资源严重破坏的；

3.其他情节特别严重的情形。

(三)致使永久基本农田五十亩以上基本功能丧失或者遭受永久性破坏的；

(四)致使三人以上重伤、严重疾病，或者一人以上严重残疾、死亡的。

第五条 实施刑法第三百三十八条、第三百三十九条规定的犯罪行为，具有下列情形之一的，应当从重处罚：

(一)阻挠环境监督检查或者突发环境事件调查，尚不构成妨害公务等犯罪的；

(二)在医院、学校、居民区等人口集中地区及其附近，违反国家规定排放、倾倒、处置有放射性的废物、含传染病病原体的废物、有毒物质或者其他有害物质的；

(三)在突发环境事件处置期间或者被责令限期整改期间，违反国家规定排放、倾倒、处置有放射性的废物、含传染病病原体的废物、有毒物质或者其他有害物质的；

(四)具有危险废物经营许可证的企业违反国家规定排放、倾倒、处置有放射性的废物、含传染病病原体的废物、有毒物质或者其他有害物质的；

(五)实行排污许可重点管理的企业事业单位和其他生产经营者未依法取得排污许可证，排放、倾倒、处置有放射性的废物、含传染病病原体的废物、有毒物质或者其他有害物质的。

第六条 实施刑法第三百三十八条规定的行为，行为人认罪认罚，积极修复生态环境的，可以从宽处罚；犯罪情节轻微的，可以不起诉或者免予刑事处罚；情节显著轻微危害不大的，不作为犯罪处理。

第七条 无危险废物经营许可证从事收集、贮存、利用、处置危险废物经营活动，严重污染环境的，按照污染环境罪定罪处罚；同时构成非法经营罪的，依照处罚较重的规定定罪处罚。

实施前款规定的行为，不具有超标排放污染物、非法倾倒污染物或者其他违法造成环境污染的情形的，可以认定为非法经营情节显著轻微危害不大，不认为是犯罪；构成生产、销售伪劣产品等其他犯罪的，以其他犯罪论处。

第八条 明知他人无危险废物经营许可证，向其提供或者委托其收集、贮存、利用、处置危险废物，严重污染环境的，以共同犯罪论处。

第九条　违反国家规定，排放、倾倒、处置含有毒害性、放射性、传染病病原体等物质的污染物，同时构成污染环境罪、非法处置进口的固体废物罪、投放危险物质罪等犯罪的，依照处罚较重的规定定罪处罚。

第十条　承担环境影响评价、环境监测、温室气体排放检验检测、排放报告编制或者核查等职责的中介组织的人员故意提供虚假证明文件，具有下列情形之一的，应当认定为刑法第二百二十九条第一款规定的"情节严重"：

（一）违法所得三十万元以上的；

（二）二年内曾因提供虚假证明文件受过二次以上行政处罚，又提供虚假证明文件的；

（三）其他情节严重的情形。

实施前款规定的行为，在涉及公共安全的重大工程、项目中提供虚假的环境影响评价等证明文件，致使公共财产、国家和人民利益遭受特别重大损失的，应当依照刑法第二百二十九条第一款的规定，处五年以上十年以下有期徒刑，并处罚金。

实施前两款规定的行为，同时索取他人财物或者非法收受他人财物构成犯罪的，依照处罚较重的规定定罪处罚。

第十一条　违反国家规定，针对环境质量监测系统实施下列行为，或者强令、指使、授意他人实施下列行为，后果严重的，应当依照刑法第二百八十六条的规定，以破坏计算机信息系统罪定罪处罚：

（一）修改系统参数或者系统中存储、处理、传输的监测数据的；

（二）干扰系统采样，致使监测数据因系统不能正常运行而严重失真的；

（三）其他破坏环境质量监测系统的行为。

重点排污单位、实行排污许可重点管理的单位篡改、伪造自动监测数据或者干扰自动监测设施，排放化学需氧量、氨氮、二氧化硫、氮氧化物等污染物，同时构成污染环境罪和破坏计算机信息系统罪的，依照处罚较重的规定定罪处罚。

从事环境监测设施维护、运营的人员实施或者参与实施篡改、伪造自动监测数据、干扰自动监测设施、破坏环境质量监测系统等行为的，依法从重处罚。

第十二条　对于实施本解释规定的相关行为被不起诉或者免予刑事处罚的行为人，需要给予行政处罚、政务处分或者其他处分的，依法移送有关主管机关处理。有关主管机关应当将处理结果及时通知人民检察院、人民法院。

第十三条　单位实施本解释规定的犯罪的，依照本解释规定的定罪量刑标准，对直接负责的主管人员和其他直接责任人员定罪处罚，并对单位判处罚金。

第十四条　环境保护主管部门及其所属监测机构在行政执法过程中收集的监测数据，在刑事诉讼中可以作为证据使用。

公安机关单独或者会同环境保护主管部门，提取污染物样品进行检测获取的数据，在刑事诉讼中可以作为证据使用。

第十五条　对国家危险废物名录所列的废物，可以依据涉案物质的来源、产生过程、被告人供述、证人证言以及经批准或者备案的环境影响评价文件、排污许可证、排污登记表等证据，结合环境保护主管部门、公安机关等出具的书面意见作出认定。

对于危险废物的数量，依据案件事实，综合被告人供述，涉案企业的生产工艺、物耗、能耗情况，以及经批准或者备案的环境影响评价文件等证据作出认定。

第十六条　对案件所涉的环境污染专门性问题难以确定的，依据鉴定机构出具的鉴定意见，或者国务院环境保护主管部门、公安部门指定的机构出具的报告，结合其他证据作出认定。

第十七条　下列物质应当认定为刑法第三百三十八条规定的"有毒物质"：

(一)危险废物，是指列入国家危险废物名录，或者根据国家规定的危险废物鉴别标准和鉴别方法认定的，具有危险特性的固体废物；

(二)《关于持久性有机污染物的斯德哥尔摩公约》附件所列物质；

(三)重金属含量超过国家或者地方污染物排放标准的污染物；

(四)其他具有毒性，可能污染环境的物质。

第十八条　无危险废物经营许可证，以营利为目的，从危险废物中提取物质作为原材料或者燃料，并具有超标排放污染物、非法倾倒污染物或者其他违法造成环境污染的情形的行为，应当认定为"非法处置危险废物"。

第十九条　本解释所称"二年内"，以第一次违法行为受到行政处罚的生效之日与又实施相应行为之日的时间间隔计算确定。

本解释所称"重点排污单位"，是指设区的市级以上人民政府环境保护主管部门依法确定的应当安装、使用污染物排放自动监测设备的重点监控企业及其他单位。

本解释所称"违法所得"，是指实施刑法第二百二十九条、第三百三十八条、第三百三十九条规定的行为所得和可得的全部违法收入。

本解释所称"公私财产损失"，包括实施刑法第三百三十八条、第三百三十九条规定的行为直接造成财产损毁、减少的实际价值，为防止污染扩大、消除污染而采取必要合理措施所产生的费用，以及处置突发环境事件的应急监测费用。

本解释所称"无危险废物经营许可证"，是指未取得危险废物经营许可证，或者超出危险废物经营许可证的经营范围。

第二十条　本解释自2023年8月15日起施行。本解释施行后，《最高人民法院、最高人民检察院关于办理环境污染刑事案件适用法律若干问题的解释》(法释〔2016〕29号)同时废止；之前发布的司法解释与本解释不一致的，以本解释为准。

【司法解释(2)】

《最高人民法院、最高人民检察院关于办理妨害预防、控制突发传染病疫情等灾害的刑事案件具体应用法律若干问题的解释》(法释〔2003〕8号，20030515)

第十三条　违反传染病防治法等国家有关规定，向土地、水体、大气排放、倾倒或者处置含传染病病原体的废物、有毒物质或者其他危险废物，造成突发传染病传播等重大环境污染事故，致使公私财产遭受重大损失或者人身伤亡的严重后果的，依照刑法第三百三十八条的规定，以重大环境污染事故罪[①]定罪处罚。

【司法解释(3)】

《最高人民法院、最高人民检察院关于办理破坏黑土地资源刑事案件适用法律若干问题的解释》(法释〔2025〕7号，20250506)

第三条　违反国家规定，排放、倾倒或者处置有放射性的废物、含传染病病原体的废物、有毒物质或者其他有害物质，严重污染黑土地，符合刑法第三百三十八条第一款规定的，以污染环境罪定罪处罚。

实施前款行为，致使属于永久基本农田的黑土地六亩以上或者永久基本农田以外的黑土地十二亩以上基本功能丧失或者遭受永久性破坏的，应当认定为刑法第三百三十八条第一款规定的"情节严重"，处二年以上七年以下有期徒刑，并处罚金。

实施第一款行为，致使属于永久基本农田的黑土地三十亩以上基本功能丧失或者遭受永久性破坏的，应当处七年以上有期徒刑，并处罚金。

第四条　实施本解释第一条、第二条或者第三条规定的行为，同时构成非法占用农用地罪、非法采矿罪或者污染环境罪等犯罪的，依照处罚较重的规定定罪处罚。

第五条　明知是犯罪所得的黑土及其产生的收益，而予以窝藏、转移、收购、代为销售或者以其他方法掩饰、隐瞒，符合刑法第三百一十二条规定的，以掩饰、隐瞒犯罪所得、犯罪所得收益罪妥当定罪量刑。

实施前款规定的犯罪行为，事前通谋的，以共同犯罪论处。

第六条　实施破坏黑土地资源犯罪，具有下列情形之一的，从重处罚：

(一)在行政主管部门作出责令停止违法行为、限期改正等行政处理决定后继续实施相关行为的；

(二)暴力抗拒、阻碍国家机关工作人员依法执行职务的；

(三)向国家工作人员行贿的。

实施前款第二项、第三项规定的行为，同时构成妨害公务罪、袭警罪、行贿罪等其他犯罪的，依照数罪并罚的规定处罚。

第七条　组织他人实施破坏黑土地资源犯罪的，应当按照其组织实施的全部罪行处罚。

对于受雇佣为破坏黑土地资源犯罪提供劳务的人员，除曾因破坏土地资源受过刑事处罚的以外，一般不以犯罪论处。

第八条　单位实施破坏黑土地资源犯罪的，依照本解释规定的定罪量刑标准，对直接负责的主管人员和其他直接责任人员定罪处罚，并对单位判处罚金。

第九条　多次实施破坏黑土地资源犯罪，依法应当追诉的，或者二年内多次实施破坏黑土地资源行为未经处理的，数量、数额累计计算。

第十条　实施破坏黑土地资源的行为，在认定是否构成犯罪以及裁量刑罚时，应当综合考虑行为动机目的、对黑土地资源的破坏程度、是否积极履行

① 罪名已变更为"污染环境罪"。——编者注

生态环境修复责任等情节，综合评估社会危害性，准确认定是否构成犯罪，妥当裁量刑罚，确保罪责刑相适应。

第十一条 对于实施破坏黑土地资源的相关行为被不起诉、宣告无罪或者免予刑事处罚的行为人，依法应当给予行政处罚、政务处分或者其他处分的，依法移送有关主管机关处理。

第十二条 对于涉案黑土地类型、面积，涉案黑土体积、数量、价值等专门性事实问题，可以依据鉴定机构出具的鉴定意见，或者农业农村、自然资源、水行政、生态环境等主管部门出具的认定意见，或者价格认证机构、国务院相关主管部门指定或推荐的机构、地市级以上人民政府相关主管部门出具的报告，结合其他证据作出认定。

第十三条 本解释所称"黑土地"，是指《中华人民共和国黑土地保护法》第二条第二款所规定的黑龙江省、吉林省、辽宁省、内蒙古自治区的相关区域范围内具有黑色或者暗黑色腐殖质表土层，性状好、肥力高的耕地。

盗挖、滥挖、非法买卖前款规定相关区域的林地、草原、湿地、河湖等范围内农用地的黑土，参照本解释的规定定罪量刑。

第十四条 本解释自2025年5月6日起施行。

【司法解释(3)·注释】

1.本司法解释第三条第一款没有规定关于"亩数"的入罪门槛，第三款中没有规定关于致使"属于永久基本农田以外的黑土地基本功能丧失或者遭受永久性破坏的，应当处以七年以上有期徒刑，并处罚金"的亩数标准，主要考虑是：环境污染相关司法解释规定的污染环境罪入罪标准多为行为入罪，而第三条第一款如果按照黑土地毁坏面积这一实害结果对该罪设置入罪门槛，新设的入罪标准将与环境污染相关司法解释的定罪量刑体系冲突，且可能形成是否必须以实害结果为入罪要件的困惑，从而实质降低对黑土地的保护力度；同时，如果第三条第三款将永久基本农田以外的黑土地纳入污染环境罪第三档刑的适用对象，将突破刑法第三百三十八条的明确规定。

2.关于盗窃已经剥离出的黑土的行为能否适用盗窃罪的问题。将盗窃已经剥离出的黑土的行为认定为盗窃罪，从法理上看并无不当。在司法实践中，针对盗窃已经剥离出的黑土的行为，如果案涉黑土已经打包待售等具有更多附加价值、体现了更为明显的独立财产外观等，可以以盗窃罪定罪处罚，但应从严把握认定构成盗窃罪，对于尚未脱离黑土地，独立财产权利外观不具体明显的，不宜按照盗窃罪处罚。

【司法指导文件】

《最高人民法院、最高人民检察院、公安部、司法部、生态环境部关于办理环境污染刑事案件有关问题座谈会纪要》(高检会〔2019〕3号，20190220)

会议要求，各部门要正确理解和准确适用刑法和《最高人民法院、最高人民检察院关于办理环境污染刑事案件适用法律若干问题的解释》(法释〔2016〕29号，以下称《环境解释》)的规定，坚持最严格的环保司法制度、最严密的环保法治理念，统一执法司法尺度，加大对环境污染犯罪的惩治力度。

1.关于单位犯罪的认定

会议针对一些地方存在追究自然

人犯罪多，追究单位犯罪少，单位犯罪认定难的情况和问题进行了讨论。会议认为，办理环境污染犯罪案件，认定单位犯罪时，应当依法合理把握追究刑事责任的范围，贯彻宽严相济刑事政策，重点打击出资者、经营者和主要获利者，既要防止不当缩小追究刑事责任的人员范围，又要防止打击面过大。

为了单位利益，实施环境污染行为，并具有下列情形之一的，应当认定为单位犯罪：(1) 经单位决策机构按照决策程序决定的；(2) 经单位实际控制人、主要负责人或者授权的分管负责人决定、同意的；(3) 单位实际控制人、主要负责人或者授权的分管负责人得知单位成员个人实施环境污染犯罪行为，并未加以制止或者及时采取措施，而是予以追认、纵容或者默许的；(4) 使用单位营业执照、合同书、公章、印鉴等对外开展活动，并调用单位车辆、船舶、生产设备、原辅材料等实施环境污染犯罪行为的。

单位犯罪中的"直接负责的主管人员"，一般是指对单位犯罪起决定、批准、组织、策划、指挥、授意、纵容等作用的主管人员，包括单位实际控制人、主要负责人或者授权的分管负责人、高级管理人员等；"其他直接责任人员"，一般是指在直接负责的主管人员的指挥、授意下积极参与实施单位犯罪或者对具体实施单位犯罪起较大作用的人员。

对于应当认定为单位犯罪的环境污染犯罪案件，公安机关未作为单位犯罪移送审查起诉的，人民检察院应当退回公安机关补充侦查。对于应当认定为单位犯罪的环境污染犯罪案件，人民检察院只作为自然人犯罪起诉的，人民法院应当建议人民检察院对犯罪单位补充起诉。

2.关于犯罪未遂的认定

会议针对当前办理环境污染犯罪案件中，能否认定污染环境罪(未遂)的问题进行了讨论。会议认为，当前环境执法工作形势比较严峻，一些行为人拒不配合执法检查、接受检查时弄虚作假、故意逃避法律追究的情形时有发生，因此对于行为人已经着手实施非法排放、倾倒、处置有毒有害污染物的行为，由于有关部门查处或者其他意志以外的原因未得逞的情形，可以污染环境罪(未遂)追究刑事责任。

3.关于主观过错的认定

会议针对当前办理环境污染犯罪案件中，如何准确认定犯罪嫌疑人、被告人主观过错的问题进行了讨论。会议认为，判断犯罪嫌疑人、被告人是否具有环境污染犯罪的故意，应当依据犯罪嫌疑人、被告人的任职情况、职业经历、专业背景、培训经历、本人因同类行为受到行政处罚或者刑事追究情况以及污染物种类、污染方式、资金流向等证据，结合其供述，进行综合分析判断。

实践中，具有下列情形之一，犯罪嫌疑人、被告人不能作出合理解释的，可以认定其故意实施环境污染犯罪，但有证据证明确系不知情的除外：(1) 企业没有依法通过环境影响评价，或者未依法取得排污许可证，排放污染物，或者已经通过环境影响评价并且防治污染设施验收合格后，擅自更改工艺流程、原辅材料，导致产生新的污染物质的；(2) 不使用验收合格的防治污染设施或者不按规范要求使用的；(3) 防治污染设施发生故障，发现后不及时排除，继续生产放任污染物排放的；(4) 生态环境部门责令限制生产、停产整治或者予以行政处罚后，继续生产放任污染物排放的；(5)将危险废物委托第三方处置，没有尽到查验经营许可的义务，或者委托处置费用明显低于市场价格或者处置成本的；(6)通过暗管、渗井、渗坑、裂隙、溶洞、灌注等逃避监管的方式排放污染物的；(7)通过篡改、伪造监测数据的方式排放污染物的；(8)其他足以认定的情形。

……

5.关于非法经营罪的适用

会议针对如何把握非法经营罪与污染环境罪的关系以及如何具体适用非法经营罪的问题进行了讨论。会议强调，要高度重视非法经营危险废物案件的办理，坚持全链条、全环节、全流程对非法排放、倾倒、处置、经营危险废物的产业链进行刑事打击，查清犯罪网络，深挖犯罪源头，斩断利益链条，不断挤压和铲除此类犯罪滋生蔓延的空间。

会议认为，准确理解和适用《环境解释》第六条①的规定应当注意把握两个原则：一要坚持实质判断原则，对行为人非法经营危险废物行为的社会危害性作实质性判断。比如，一些单位或者个人虽未依法取得危险废物经营许可证，但其收集、贮存、利用、处置危险废物经营活动，没有超标排放污染物、非法倾倒污染物或者其他违法造成环境污染情形的，则不宜以非法经营罪论处。二要坚持综合判断原则，对行为人非法经营危险废物行为根据其在犯罪链条中的地位、作用综合判断其社会危害性。比如，有证据证明单位或者个人的无证经营危险废物行为属于危险废物非法经营产业链的一部分，并且已经形成了分工负责、利益均沾、相对固定的犯罪链条，如果行为人或者与其联系紧密的上游或者下游环节具有排放、倾倒、处置危险废物违法造成环境污染的情形，且交易价格明显异常的，对行为人可以根据案件具体情况在污染环境罪和非法经营罪中，择一重罪处断。

6.关于投放危险物质罪的适用

会议强调，目前我国一些地方环境违法犯罪活动高发多发，刑事处罚威慑力不强的问题仍然突出，现阶段在办理环境污染犯罪案件时必须坚决贯彻落实中央领导同志关于重典治理污染的指示精神，把刑法和《环境解释》的规定用足用好，形成对环境污染违法犯罪的强大震慑。

会议认为，司法实践中对环境污染行为适用投放危险物质罪追究刑事责任时，应当重点审查判断行为人的主观恶性、污染行为恶劣程度、污染物的毒害性危险性、污染持续时间、污染结果是否可逆、是否对公共安全造成现实、具体、明确的危险或者危害等各方面因素。对于行为人明知其排放、倾倒、处置的污染物含有毒害性、放射性、传染病病原体等危险物质，仍实施环境污染行为放任其危害公共安全，造成重大人员伤亡、重大公私财产损失等严重后果，以污染环境罪论处明显不足以罚当其罪的，可以按投放危险物质罪定罪量刑。实践中，此类情形主要是向饮用水水源保护区，饮用水供水单位取水口和出水口，南水北调水库、干渠、涵洞等

① 《最高人民法院、最高人民检察院关于办理环境污染刑事案件适用法律若干问题的解释》(法释〔2023〕7号)第七条。——编者注

配套工程，重要渔业水体以及自然保护区核心区等特殊保护区域，排放、倾倒、处置毒害性极强的污染物，危害公共安全并造成严重后果的情形。

7.关于涉大气污染环境犯罪的处理

会议针对涉大气污染环境犯罪的打击处理问题进行了讨论。会议强调，打赢蓝天保卫战是打好污染防治攻坚战的重中之重。各级人民法院、人民检察院、公安机关、生态环境部门要认真分析研究全国人大常委会大气污染防治法执法检查发现的问题和提出的建议，不断加大对涉大气污染环境犯罪的打击力度，毫不动摇地以法律武器治理污染，用法治力量保卫蓝天，推动解决人民群众关注的突出大气环境问题。

会议认为，司法实践中打击涉大气污染环境犯罪，要抓住关键问题，紧盯薄弱环节，突出打击重点。对重污染天气预警期间，违反国家规定，超标排放二氧化硫、氮氧化物，受过行政处罚后又实施上述行为或者具有其他严重情节的，可以适用《环境解释》第一条第十八项规定的“其他严重污染环境的情形”追究刑事责任。[①]

8.关于非法排放、倾倒、处置行为的认定

会议针对如何准确认定环境污染犯罪中非法排放、倾倒、处置行为进行了讨论。会议认为，司法实践中认定非法排放、倾倒、处置行为时，应当根据《固体废物污染环境防治法》和《环境解释》的有关规定精神，从其行为方式是否违反国家规定或者行业操作规范、污染物是否与外环境接触、是否造成环境污染的危险或者危害等方面进行综合分析判断。对名为运输、贮存、利用，实为排放、倾倒、处置的行为应当认定为非法排放、倾倒、处置行为，可以依法追究刑事责任。比如，未采取相应防范措施将没有利用价值的危险废物长期贮存、搁置，放任危险废物或者其有毒有害成分大量扬散、流失、泄漏、挥发，污染环境的。

9.关于有害物质的认定

会议针对如何准确认定刑法第三百三十八条规定的“其他有害物质”的问题进行了讨论。会议认为，办理非法排放、倾倒、处置其他有害物质的案件，应当坚持主客观相一致原则，从行为人的主观恶性、污染行为恶劣程度、有害物质危险性毒害性等方面进行综合分析判断，准确认定其行为的社会危害性。实践中，常见的有害物质主要有：工业危险废物以外的其他工业固体废物；未经处理的生活垃圾；有害大气污染物、受控消耗臭氧层物质和有害水污染物；在利用和处置过程中必然产生有毒有害物质的其他物质；国务院生态环境保护主管部门会同国务院卫生主管部门公布的有毒有害污染物名录中的有关物质等。

10.关于从重处罚情形的认定

会议强调，要坚决贯彻党中央推动长江经济带发展的重大决策，为长江经济带共抓大保护、不搞大开发提供有力的司法保障。实践中，对于发生在长江经济带十一省(直辖市)的下列环境污染犯罪行为，可以从重处罚：(1)跨省(直辖市)排放、倾倒、处置有放射性的废

---

① 对此情形，《最高人民法院、最高人民检察院关于办理环境污染刑事案件适用法律若干问题的解释》(法释〔2023〕7号)第一条第六项专门作出了明确规定。——编者注

物、含传染病病原体的废物、有毒物质或者其他有害物质的；(2) 向国家确定的重要江河、湖泊或者其他跨省(直辖市)江河、湖泊排放、倾倒、处置有放射性的废物、含传染病病原体的废物、有毒物质或者其他有害物质的。

11.关于严格适用不起诉、缓刑、免予刑事处罚

会议针对当前办理环境污染犯罪案件中如何严格适用不起诉、缓刑、免予刑事处罚的问题进行了讨论。会议强调，环境污染犯罪案件的刑罚适用直接关系加强生态环境保护打好污染防治攻坚战的实际效果。各级人民法院、人民检察院要深刻认识环境污染犯罪的严重社会危害性，正确贯彻宽严相济刑事政策，充分发挥刑罚的惩治和预防功能。要在全面把握犯罪事实和量刑情节的基础上严格依照刑法和刑事诉讼法规定的条件适用不起诉、缓刑、免予刑事处罚，既要考虑从宽情节，又要考虑从严情节；既要做到刑罚与犯罪相当，又要做到刑罚执行方式与犯罪相当，切实避免不起诉、缓刑、免予刑事处罚不当适用造成的消极影响。

会议认为，具有下列情形之一的，一般不适用不起诉、缓刑或者免予刑事处罚：(1) 不如实供述罪行的；(2) 属于共同犯罪中情节严重的主犯的；(3) 犯有数个环境污染犯罪依法实行并罚或者以一罪处理的；(4) 曾因环境污染违法犯罪行为受过行政处罚或者刑事处罚的；(5) 其他不宜适用不起诉、缓刑、免予刑事处罚的情形。

会议要求，人民法院审理环境污染犯罪案件拟适用缓刑或者免予刑事处罚的，应当分析案发前后的社会影响和反映，注意听取控辩双方提出的意见。对于情节恶劣、社会反映强烈的环境污染犯罪，不得适用缓刑、免予刑事处罚。人民法院对判处缓刑的被告人，一般应当同时宣告禁止令，禁止其在缓刑考验期内从事与排污或者处置危险废物有关的经营活动。生态环境部门根据禁止令，对上述人员担任实际控制人、主要负责人或者高级管理人员的单位，依法不得发放排污许可证或者危险废物经营许可证。

会议要求，各部门要认真执行《环境解释》和原环境保护部、公安部、最高人民检察院《环境保护行政执法与刑事司法衔接工作办法》(环环监〔2017〕17号)的有关规定，进一步理顺部门职责，畅通衔接渠道，建立健全环境行政执法与刑事司法衔接的长效工作机制。

12.关于管辖的问题

会议针对环境污染犯罪案件的管辖问题进行了讨论。会议认为，实践中一些环境污染犯罪案件属于典型的跨区域刑事案件，容易存在管辖不明或者有争议的情况，各级人民法院、人民检察院、公安机关要加强沟通协调，共同研究解决。

会议提出，跨区域环境污染犯罪案件由犯罪地的公安机关管辖。如果由犯罪嫌疑人居住地的公安机关管辖更为适宜的，可以由犯罪嫌疑人居住地的公安机关管辖。犯罪地包括环境污染行为发生地和结果发生地。“环境污染行为发生地”包括环境污染行为的实施地以及预备地、开始地、途经地、结束地以及排放、倾倒污染物的车船停靠地、始发地、途经地、到达地等地点；环境污染行为有连续、持续或者继续状态的，相关地方都属于环境污染行为发生地。“环境污染结果发生地”包括污染

物排放地、倾倒地、堆放地、污染发生地等。

多个公安机关都有权立案侦查的，由最初受理的或者主要犯罪地的公安机关立案侦查，管辖有争议的，按照有利于查清犯罪事实、有利于诉讼的原则，由共同的上级公安机关协调确定的公安机关立案侦查，需要提请批准逮捕、移送审查起诉、提起公诉的，由该公安机关所在地的人民检察院、人民法院受理。

13.关于危险废物的认定

会议针对危险废物如何认定以及是否需要鉴定的问题进行了讨论。会议认为，根据《环境解释》的规定精神，对于列入《国家危险废物名录》的，如果来源和相应特征明确，司法人员根据自身专业技术知识和工作经验认定难度不大的，司法机关可以依据名录直接认定。对于来源和相应特征不明确的，由生态环境部门、公安机关等出具书面意见，司法机关可以依据涉案物质的来源、产生过程、被告人供述、证人证言以及经批准或者备案的环境影响评价文件等证据，结合上述书面意见作出是否属于危险废物的认定。对于需要生态环境部门、公安机关等出具书面认定意见的，区分下列情况分别处理：(1) 对已确认固体废物产生单位，且产废单位环评文件中明确为危险废物的，根据产废单位建设项目环评文件和审批、验收意见、案件笔录等材料，可对照《国家危险废物名录》等出具认定意见。(2) 对已确认固体废物产生单位，但产废单位环评文件中未明确为危险废物的，应进一步分析废物产生工艺，对照判断其是否列入《国家危险废物名录》。列入名录的可以直接出具认定意见；未列入名录的，应根据原辅材料、产生工艺等进一步分析其是否具有危险特性，不可能具有危险特性的，不属于危险废物；可能具有危险特性的，抽取典型样品进行检测，并根据典型样品检测指标浓度，对照《危险废物鉴别标准》(GB5085.1–7) 出具认定意见。(3) 对固体废物产生单位无法确定的，应抽取典型样品进行检测，根据典型样品检测指标浓度，对照《危险废物鉴别标准》(GB5085.1–7) 出具认定意见。对确需进一步委托有相关资质的检测鉴定机构进行检测鉴定的，生态环境部门或者公安机关按照有关规定开展检测鉴定工作。

14.关于鉴定的问题

会议指出，针对当前办理环境污染犯罪案件中存在的司法鉴定有关问题，司法部将会同生态环境部，加快准入一批诉讼急需、社会关注的环境损害司法鉴定机构，加快对环境损害司法鉴定相关技术规范和标准的制定、修改和认定工作，规范鉴定程序，指导各地司法行政机关会同价格主管部门制定出台环境损害司法鉴定收费标准，加强与办案机关的沟通衔接，更好地满足办案机关需求。

会议要求，司法部应当根据《关于严格准入严格监管提高司法鉴定质量和公信力的意见》(司发〔2017〕11 号) 的要求，会同生态环境部加强对环境损害司法鉴定机构的事中事后监管，加强司法鉴定社会信用体系建设，建立黑名单制度，完善退出机制，及时向社会公开违法违规的环境损害司法鉴定机构和鉴定人行政处罚、行业惩戒等监管信息，对弄虚作假造成环境损害鉴定评估结论严重失实或者违规收取高额费用、情节严重的，依法撤销登记。鼓励有关单位或者个人向司法部、生态环境部举报环境损害司法鉴定机构的违法违规行为。

会议认为，根据《环境解释》的规定精神，对涉及案件定罪量刑的核心或者关键专门性问题难以确定的，由司法鉴定机构出具鉴定意见。实践中，这类核心或者关键专门性问题主要是案件具体适用的定罪量刑标准涉及的专门性问题，比如公私财产损失数额、超过排放标准倍数、污染物性质判断等。对案件的其他非核心或者关键专门性问题，或者可鉴定也可不鉴定的专门性问题，一般不委托鉴定。比如，适用《环境解释》第一条第二项"非法排放、倾倒、处置危险废物三吨以上"的规定对当事人追究刑事责任的，除可能适用公私财产损失第二档定罪量刑标准的以外，则不应再对公私财产损失数额或者超过排放标准倍数进行鉴定。涉及案件定罪量刑的核心或者关键专门性问题难以鉴定或者鉴定费用明显过高的，司法机关可以结合案件其他证据，并参考生态环境部门意见、专家意见等作出认定。

15.关于监测数据的证据资格问题

会议针对实践中地方生态环境部门及其所属监测机构委托第三方监测机构出具报告的证据资格问题进行了讨论。会议认为，地方生态环境部门及其所属监测机构委托第三方监测机构出具的监测报告，地方生态环境部门及其所属监测机构在行政执法过程中予以采用的，其实质属于《环境解释》第十二条[①]规定的"环境保护主管部门及其所属监测机构在行政执法过程中收集的监测数据"，在刑事诉讼中可以作为证据使用。

【司法指导文件·注释】

关于污染环境未遂的认定和处理。司法适用中，需要注意的是：(1)对于犯罪未遂的认定，以行为人着手实施非法排放、倾倒、处置有毒有害污染物的行为为前提，故应当准确判断"着手"。对于排放、倾倒危险废物"着手"的判断，通常不存在问题。相比之下，处置危险废物"着手"的判断较为复杂，须妥当把握。(2)根据刑法第二十三条第二款的规定，对于未遂犯，可以比照既遂犯从轻或者减轻处罚。鉴于未遂造成的社会危害性相对较小，参照以往司法解释的相关规定，实践中对未遂的定罪量刑标准可以把握为既遂标准的三倍以上。(3)实践中存在部分既遂、部分未遂的情形，参照以往司法解释的规定，对此不宜将数量简单相加，可以分别评价既遂情节和未遂情节，在认定全案既遂的前提下，在处罚较重的法定刑幅度内酌情从重处罚。例如，行为人用罐车装有十吨的危险废物并开往某河流旁倾倒，在倾倒完一吨时被环保执法人员及时制止，对于此案可以依法认定行为人非法倾倒危险废物既遂一吨，未遂九吨，依照上述规则作出处理。

【法院案例库参考案例】

〔李某猛、李某甲等污染环境案，2025-11-1-340-001〕对非法倾倒"毛垃圾"行为的定罪和量刑

---

① 《最高人民法院、最高人民检察院关于办理环境污染刑事案件适用法律若干问题的解释》(法释〔2023〕7号)第十四条。——编者注

污染环境犯罪案件中，行为人非法倾倒“毛垃圾”违法所得或者致使公私财产损失一百万元以上的，应当认定为“情节严重”，处三年以上七年以下有期徒刑，并处罚金。“公私财产损失”的计算范围包括为防止污染扩大、消除污染而采取必要合理措施产生的费用，比如现场清理费用，但不包括环境修复费用。

〔童某胜、杨某污染环境案，2024-11-1-340-003〕污染环境罪中的主犯认定

重点排污单位的环保管理人员、环保设施运维人员等实施篡改、伪造自动监测数据或者干扰自动监测设施，排放化学需氧量、氨氮、二氧化硫、氮氧化物等污染物的，应当认定为刑法第三百三十八条规定的“严重污染环境”，以污染环境罪论处。第三方自动监测设施运维人员主动提出伪造自动监测数据、干扰自动监测设施并积极实施的，依法认定为污染环境罪的主犯。

〔盛某等4人污染环境案，2024-11-1-340-006〕购买盐酸用于电镀除锈，排放电镀产生的废水严重污染环境行为的定性

行为人购买盐酸用于电镀除锈，非法排放电镀产生的废水，严重污染环境的，应当根据刑法第三百三十八条的规定，以污染环境罪论处。

〔黄某旺、罗某济、陈某育、廖某慧污染环境案，2024-11-1-340-005〕具有反应性危险特性的固体废物应认定为危险废物

行为人非法处置、倾倒的固体废物，虽然不属于《国家危险废物名录》中的危险废物，但其与水混合能产生足以危害人体健康或环境的氨气(高毒物质)。根据《危险废物鉴别标准反应性鉴别》进行认定，该固体废物属于具有反应性特性的危险废物。故行为人非法处置、倾倒该具有反应性特性的固体废物的行为，可构成污染环境罪。

〔江苏某科技有限公司等污染环境案，2023-11-1-340-024〕消极处置危险废物污染环境行为的定性

未采取符合国家环保标准的防范措施，以“产品中间体”名义露天堆放危险废物3000余吨，放任有毒有害物质时有泄漏、流失、挥发，严重危害生态环境安全，属于刑法第三百三十八条规定的非法“处置”。

〔戴某、钟某等污染环境案，2023-11-1-340-022〕非法处置“副产盐”行为的定性

行为人在未取得危险废物经营许可证的情况下从事副产盐的处置行为，造成副产盐堆放周边土壤、水体污染等严重后果，经鉴别认定案涉副产盐系危险废物的，应当根据刑法第三百三十八条的规定，以污染环境罪追究刑事责任。

〔长兴某环保科技公司等污染环境案，2023-11-1-340-021〕违法投加“COD去除剂”干扰自动监测设施排放化学需氧量的，构成污染环境罪

行为人违法投加“COD去除剂”干扰自动监测设施排放化学需氧量的，构成污染环境罪；行为人是否知道其购买、使用的“COD去除剂”的具体成分和所谓降低COD值的原理，以及所排放废水中COD的具体含量、排放的时长、投加“COD去除剂”的数量、对水体具体造成的危害等，均不影响行为定性，但可以在量刑时予以考虑。

〔白某等污染环境案，2023-11-

1-340-014〕非法处置含矿物油的包装桶构成污染环境罪

1.行为人在无危险废物经营许可证的情况下，收集、贮存、清洗、切割含有矿物油的包装桶，非法处置的危险废物在三吨以上并将清洗废水排放至外环境的，可以认定为“严重污染环境”。

2.行为人明知处置危险废物需要相应资质，虽未与他人共谋经营危险废物，但在明知他人无危险废物经营许可证的情况下，向其出售提供危险废物，致使所涉危险废物被非法倾倒、处置，严重污染环境的，以污染环境罪的共同犯罪论处。

〔王某林等人污染环境案，2023-11-1-340-004〕倾倒生活垃圾与建筑垃圾混合物严重污染环境行为的定性

1.未经处理的生活垃圾属于刑法第三百三十八条规定的“其他有害物质”。对于建筑垃圾的属性，则需结合鉴定机构出具的关于案涉建筑垃圾具体成分等的检测结果及鉴定评估报告，加以准确认定。

2.将未经处理的生活垃圾和建筑垃圾混合在一起，随意排放、倾倒或者处置，经鉴定案涉混合物属于有害物质的，可以适用刑法第三百三十八条关于污染环境罪的规定。

【《刑事审判参考》案例】

〔参考案例第1463号：董传桥、张锁等十九人污染环境案〕两个以上被告人分别实施污染环境行为发生化学反应造成危害后果的，如何准确认定因果关系和责任分担？

两个以上被告人分别实施污染环境行为发生化学反应造成危害后果的，构成了重叠的因果关系，分别实施犯罪行为的被告人之间并无意思联络的，应各自单独构成污染环境罪。同时，上述情形构成客观联系型的共同侵权，应当对民事赔偿承担连带责任。

第三百三十九条【非法处置进口的固体废物罪】违反国家规定，将境外的固体废物进境倾倒、堆放、处置的，处五年以下有期徒刑或者拘役，并处罚金；造成重大环境污染事故，致使公私财产遭受重大损失或者严重危害人体健康的，处五年以上十年以下有期徒刑，并处罚金；后果特别严重的，处十年以上有期徒刑，并处罚金。

【擅自进口固体废物罪】未经国务院有关主管部门许可，擅自进口固体废物用作原料，造成重大环境污染事故，致使公私财产遭受重大损失或者严重危害人体健康的，处五年以下有期徒刑或者拘役，并处罚金；后果特别严重的，处五年以上十年以下有期徒刑，并处罚金。

以原料利用为名，进口不能用作原料的固体废物、液态废物和气态废物的，依照本法第一百五十二条第二款、第三款的规定定罪处罚。

【修正前条文】

第三百三十九条【非法处置进口的固体废物罪】违反国家规定，将境外的固体废物进境倾倒、堆放、处置的，处五年以下有期徒刑或者拘役，并处罚金；造成重大环境污染事故，致使公私财产遭受重大损失或者严重危害人体健康的，处五年以上十年以下有期徒

刑，并处罚金；后果特别严重的，处十年以上有期徒刑，并处罚金。

【擅自进口固体废物罪】未经国务院有关主管部门许可，擅自进口固体废物用作原料，造成重大环境污染事故，致使公私财产遭受重大损失或者严重危害人体健康的，处五年以下有期徒刑或者拘役，并处罚金；后果特别严重的，处五年以上十年以下有期徒刑，并处罚金。

以原料利用为名，进口不能用作原料的固体废物的，依照本法第一百五十五条的规定定罪处罚。

【修正说明】

刑法修正案(四)第五条将本条第三款规定修改为："以原料利用为名，进口不能作原料的固体废物、液态废物和气态废物的，依照本法第一百五十二条第二款、第三款的规定定罪处罚。"

【相关立法】

《中华人民共和国固体废物污染环境防治法》(20200901)

第一百二十四条　本法下列用语的含义：

(一)固体废物，是指在生产、生活和其他活动中产生的丧失原有利用价值或者虽未丧失利用价值但被抛弃或者放弃的固态、半固态和置于容器中的气态的物品、物质以及法律、行政法规规定纳入固体废物管理的物品、物质。经无害化加工处理，并且符合强制性国家产品质量标准，不会危害公众健康和生态安全，或者根据固体废物鉴别标准和鉴别程序认定为不属于固体废物的除外。

(二)工业固体废物，是指在工业生产活动中产生的固体废物。

(三)生活垃圾，是指在日常生活中或者为日常生活提供服务的活动中产生的固体废物，以及法律、行政法规规定视为生活垃圾的固体废物。

(四)建筑垃圾，是指建设单位、施工单位新建、改建、扩建和拆除各类建筑物、构筑物、管网等，以及居民装饰装修房屋过程中产生的弃土、弃料和其他固体废物。

(五)农业固体废物，是指在农业生产活动中产生的固体废物。

(六)危险废物，是指列入国家危险废物名录或者根据国家规定的危险废物鉴别标准和鉴别方法认定的具有危险特性的固体废物。

(七)贮存，是指将固体废物临时置于特定设施或者场所中的活动。

(八)利用，是指从固体废物中提取物质作为原材料或者燃料的活动。

(九)处置，是指将固体废物焚烧和用其他改变固体废物的物理、化学、生物特性的方法，达到减少已产生的固体废物数量、缩小固体废物体积、减少或者消除其危险成分的活动，或者将固体废物最终置于符合环境保护规定要求的填埋场的活动。

【立案追诉标准】

《最高人民检察院、公安部关于公安机关管辖的刑事案件立案追诉标准的规定(一)》(公通字〔2008〕36号，20080625)

第六十一条　〔非法处置进口的固体废物案(刑法第三百三十九条第一款)〕违反国家规定，将境外的固体废物进境倾倒、堆放、处置的，应予立案追诉。

第六十二条[①]〔擅自进口固体废物案(刑法第三百三十九条第二款)〕未经国务院有关主管部门许可,擅自进口固体废物用作原料,造成重大环境污染事故,涉嫌下列情形之一的,应予立案追诉:

(一)致使公私财产损失三十万元以上的;

(二)致使基本农田、防护林地、特种用途林地五亩以上,其他农用地十亩以上,其他土地二十亩以上基本功能丧失或者遭受永久性破坏的;

(三)致使森林或者其他林木死亡五十立方米以上,或者幼树死亡二千五百株以上的;

(四)致使一人以上死亡、三人以上重伤、十人以上轻伤,或者一人以上重伤并且五人以上轻伤的;

(五)致使传染病发生、流行或者人员中毒达到《国家突发公共卫生事件应急预案》中突发公共卫生事件分级Ⅲ级以上情形,严重危害人体健康的;

(六)其他致使公私财产遭受重大损失或者严重危害人体健康的情形。

【司法解释】

《最高人民法院、最高人民检察院关于办理环境污染刑事案件适用法律若干问题的解释》(法释〔2023〕7号,20230815)[②]

第四条　实施刑法第三百三十九条第一款规定的行为,具有下列情形之一的,应当认定为“致使公私财产遭受重大损失或者严重危害人体健康”:

(一)致使公私财产损失一百万元以上的;

(二)具有本解释第二条第五项至第十项规定情形之一的;

(三)其他致使公私财产遭受重大损失或者严重危害人体健康的情形。

第三百四十条　【非法捕捞水产品罪】违反保护水产资源法规,在禁渔区、禁渔期或者使用禁用的工具、方法捕捞水产品,情节严重的,处三年以下有期徒刑、拘役、管制或者罚金。

【立法·要点注释】

“情节严重”主要指非法捕捞水产品数量较大的;组织或者聚众非法捕捞水产品的首要分子;非法捕捞水产品,屡教不改的;使用禁用的工具、方法捕捞水产品,造成水产资源重大损失的;抗拒渔政管理,行凶殴打渔政管理人员的;等等。

【立案追诉标准】

《最高人民检察院、公安部关于公安机关管辖的刑事案件立案追诉标准的规定(一)》(公通字〔2008〕36号,20080625)

第六十三条[③]〔非法捕捞水产品

---

① 因我国从2021年起禁止进口固体废物用作原料,相关固体废物已不存在合法进口的问题,基于此,本条项下【司法解释】未就擅自进口固体废物罪的定罪量刑作出专门规定。实践中,对擅自进口固体废物的行为,符合刑法第一百五十二条第二款规定的,可以走私废物罪定罪处罚。该条立案追诉标准已无适用空间。——编者注

② 该司法解释其他条文,参见本法第三百三十八条污染环境罪项下【司法解释(1)】,第1165页。

③ 该条立案追诉标准与本条项下【司法解释(1)】第三条、【司法解释(2)】第四条的规定不一致的,应以后者的规定为准。——编者注

案(刑法第三百四十条)〕违反保护水产资源法规，在禁渔区、禁渔期或者使用禁用的工具、方法捕捞水产品，涉嫌下列情形之一的，应予立案追诉：

（一）在内陆水域非法捕捞水产品五百公斤以上或者价值五千元以上的，或者在海洋水域非法捕捞水产品二千公斤以上或者价值二万元以上的；

（二）非法捕捞有重要经济价值的水生动物苗种、怀卵亲体或者在水产种质资源保护区内捕捞水产品，在内陆水域五十公斤以上或者价值五百元以上，或者在海洋水域二百公斤以上或者价值二千元以上的；

（三）在禁渔区内使用禁用的工具或者禁用的方法捕捞的；

（四）在禁渔期内使用禁用的工具或者禁用的方法捕捞的；

（五）在公海使用禁用渔具从事捕捞作业，造成严重影响的；

（六）其他情节严重的情形。

【司法解释(1)】

《最高人民法院、最高人民检察院关于办理破坏野生动物资源刑事案件适用法律若干问题的解释》(法释〔2022〕12号，20220409)

第三条　在内陆水域，违反保护水产资源法规，在禁渔区、禁渔期或者使用禁用的工具、方法捕捞水产品，具有下列情形之一的，应当认定为刑法第三百四十条规定的"情节严重"，以非法捕捞水产品罪定罪处罚：

（一）非法捕捞水产品五百公斤以上或者价值一万元以上的；

（二）非法捕捞有重要经济价值的水生动物苗种、怀卵亲体或者在水产种质资源保护区内捕捞水产品五十公斤以上或者价值一千元以上的；

（三）在禁渔区使用电鱼、毒鱼、炸鱼等严重破坏渔业资源的禁用方法或者禁用工具捕捞的；

（四）在禁渔期使用电鱼、毒鱼、炸鱼等严重破坏渔业资源的禁用方法或者禁用工具捕捞的；

（五）其他情节严重的情形。

实施前款规定的行为，具有下列情形之一的，从重处罚：

（一）暴力抗拒、阻碍国家机关工作人员依法履行职务，尚未构成妨害公务罪、袭警罪的；

（二）二年内曾因破坏野生动物资源受过行政处罚的；

（三）对水生生物资源或者水域生态造成严重损害的；

（四）纠集多条船只非法捕捞的；

（五）以非法捕捞为业的。

实施第一款规定的行为，根据渔获物的数量、价值和捕捞方法、工具等，认为对水生生物资源危害明显较轻的，综合考虑行为人自愿接受行政处罚、积极修复生态环境等情节，可以认定为犯罪情节轻微，不起诉或者免予刑事处罚；情节显著轻微危害不大的，不作为犯罪处理。

第九条　明知是非法捕捞犯罪所得的水产品、非法狩猎犯罪所得的猎获物而收购、贩卖或者以其他方法掩饰、隐瞒，符合刑法第三百一十二条规定的，以掩饰、隐瞒犯罪所得罪定罪处罚。

第十九条　在海洋水域，非法捕捞水产品，非法采捕珊瑚、砗磲或者其他珍贵、濒危水生野生动物，或者非法收购、运输、出售珊瑚、砗磲或者其他珍贵、濒危水生野生动物及其制品的，定罪量刑标准适用《最高人民法院关于审理发生在我国管辖海域相关案件若干问题的规定(二)》(法释〔2016〕17号)的相关规定。

【司法解释(1)·注释】

1.符合“两禁”标准的非法捕捞水产品案件,可以综合考虑网具的最小网目尺寸、渔具的功率强度、渔获物中幼鱼比例等情节综合评判行为对渔业资源的具体危害,实现对案件的妥当处理。对于捕捞水产品数量较少、价值较小,但对水产资源破坏较大的,应当定罪处罚;对于捕捞水产品数量较少、价值较小,且对水产资源危害明显较轻的,不予刑事追究,必要时,可予以行政处罚。

2.关于“在繁育期非法捕捞”是否作为从重处罚情节。繁育期往往为禁渔期,一律作为从重处罚的条件,可能存在入罪情节与从重情节的重复评价问题。从重处罚在繁育期内实施的非法捕捞行为,原因在于此类行为对水产资源的破坏更加严重,对此,本解释第三条第二款第三项已将“对水生生物资源或者水域生态造成严重损害的”作为从重处罚的情节之一,可以实现罪刑相当。

【司法解释(2)】

《最高人民法院关于审理发生在我国管辖海域相关案件若干问题的规定(二)》(法释〔2016〕17号,20160802)

第四条　违反保护水产资源法规,在海洋水域,在禁渔区、禁渔期或者使用禁用的工具、方法捕捞水产品,具有下列情形之一的,应当认定为刑法第三百四十条规定的“情节严重”:

(一)非法捕捞水产品一万公斤以上或者价值十万元以上的;

(二)非法捕捞有重要经济价值的水生动物苗种、怀卵亲体二千公斤以上或者价值二万元以上的;

(三)在水产种质资源保护区内捕捞水产品二千公斤以上或者价值二万元以上的;

(四)在禁渔区内使用禁用的工具或者方法捕捞的;

(五)在禁渔期内使用禁用的工具或者方法捕捞的;

(六)在公海使用禁用渔具从事捕捞作业,造成严重影响的;

(七)其他情节严重的情形。

【司法指导文件(1)】

《最高人民法院、最高人民检察院、公安部、司法部关于依法惩治非法野生动物交易犯罪的指导意见》(公通字〔2020〕19号,20201218)

一、依法严厉打击非法猎捕、杀害野生动物的犯罪行为,从源头上防控非法野生动物交易。

……

违反保护水产资源法规,在禁渔区、禁渔期或者使用禁用的工具、方法捕捞水产品,情节严重,符合刑法第三百四十条规定的,以非法捕捞水产品罪定罪处罚。

【司法指导文件(2)】

《最高人民法院、最高人民检察院、公安部、农业农村部依法惩治长江流域非法捕捞等违法犯罪的意见》(公通字〔2020〕17号,20201217)

二、准确适用法律,依法严惩非法捕捞等危害水生生物资源的各类违法犯罪

（一）依法严惩非法捕捞犯罪。违反保护水产资源法规，在长江流域重点水域非法捕捞水产品，具有下列情形之一的，依照刑法第三百四十条的规定，以非法捕捞水产品罪定罪处罚：

1.非法捕捞水产品五百公斤以上或者一万元以上的；

2.非法捕捞具有重要经济价值的水生动物苗种、怀卵亲体或者在水产种质资源保护区内捕捞水产品五十公斤以上或者一千元以上的；

3.在禁捕区域使用电鱼、毒鱼、炸鱼等严重破坏渔业资源的禁用方法捕捞的；

4.在禁捕区域使用农业农村部规定的禁用工具捕捞的；

5.其他情节严重的情形。

（四）依法严惩危害水生生物资源的单位犯罪。水产品交易公司、餐饮公司等单位实施本意见规定的行为，构成单位犯罪的，依照本意见规定的定罪量刑标准，对直接负责的主管人员和其他直接责任人员定罪处罚，并对单位判处罚金。

（五）依法严惩危害水生生物资源的渎职犯罪。……

（六）依法严惩危害水生生物资源的违法行为。实施上述行为，不构成犯罪的，由农业农村（渔政）部门等依据《渔业法》等法律法规予以行政处罚；构成违反治安管理行为的，由公安机关依法给予治安管理处罚。

（七）贯彻落实宽严相济刑事政策。多次实施本意见规定的行为构成犯罪，依法应当追诉的，或者二年内二次以上实施本意见规定的行为未经处理的，数量数额累计计算。

实施本意见规定的犯罪，具有下列情形之一的，从重处罚：（1）暴力抗拒、阻碍国家机关工作人员依法履行职务，尚未构成妨害公务罪的；（2）二年内曾因实施本意见规定的行为受过处罚的；（3）对长江生物资源或水域生态造成严重损害的；（4）具有造成重大社会影响等恶劣情节的。具有上述情形的，一般不适用不起诉、缓刑、免予刑事处罚。

非法捕捞水产品，根据渔获物的数量、价值和捕捞方法、工具等情节，认为对水生生物资源危害明显较轻的，可以认定为犯罪情节轻微，依法不起诉或者免予刑事处罚，但是曾因破坏水产资源受过处罚的除外。

……

三、健全完善工作机制，保障相关案件的办案效果

（三）全面收集涉案证据材料。对于农业农村（渔政）部门等行政机关在行政执法和查办案件过程中收集的物证、书证、视听资料、电子数据等证据材料，在刑事诉讼或者公益诉讼中可以作为证据使用。农业农村（渔政）部门等行政机关和公安机关要依法及时、全面收集与案件相关的各类证据，并依法进行录音录像，为案件的依法处理奠定事实根基。对于涉案船只、捕捞工具、渔获物等，应当在采取拍照、录音录像、称重、提取样品等方式固定证据后，依法妥善保管；公安机关保管有困难的，可以委托农业农村（渔政）部门保管；对于需要放生的渔获物，可以在固定证据后先行放生；对于已死亡且不宜长期保存的渔获物，可以由农业农村（渔政）部门采取捐赠捐献用于科研、公益事业或者销毁等方式处理。

（四）准确认定相关专门性问题。对于长江流域重点水域禁捕范围（禁捕

区域和时间),依据农业农村部关于长江流域重点水域禁捕范围和时间的有关通告确定。涉案渔获物系国家重点保护的珍贵、濒危水生野生动物的,动物及其制品的价值可以根据国务院野生动物保护主管部门综合考虑野生动物的生态、科学、社会价值制定的评估标准和方法核算。其他渔获物的价值,根据销赃数额认定;无销赃数额、销赃数额难以查证或者根据销赃数额认定明显偏低的,根据市场价格核算;仍无法认定的,由农业农村(渔政)部门认定或者由有关价格认证机构作出认证并出具报告。对于涉案的禁捕区域、禁捕时间、禁用方法、禁用工具、渔获物品种以及对水生生物资源的危害程度等专门性问题,由农业农村(渔政)部门于二个工作日以内出具认定意见;难以确定的,由司法鉴定机构出具鉴定意见,或者由农业农村部指定的机构出具报告。

(五)正确认定案件事实。要全面审查与定罪量刑有关的证据,确保据以定案的证据均经法定程序查证属实,确保综合全案证据,对所认定的事实排除合理怀疑。既要审查犯罪嫌疑人、被告人的供述和辩解,更要重视对相关物证、书证、证人证言、视听资料、电子数据等其他证据的审查判断。对于携带相关工具但是否实施电鱼、毒鱼、炸鱼等非法捕捞作业,是否进入禁捕水域范围以及非法捕捞渔获物种类、数量等事实难以直接认定的,可以根据现场执法音视频记录、案发现场周边视频监控、证人证言等证据材料,结合犯罪嫌疑人、被告人的供述和辩解等,综合作出认定。

(六)强化工作配合。人民法院、人民检察院、公安机关、农业农村(渔政)部门要依法履行法定职责,分工负责,互相配合,互相制约,确保案件顺利移送、侦查、起诉、审判。对于阻挠执法、暴力抗法的,公安机关要依法及时处置,确保执法安全。犯罪嫌疑人、被告人自愿如实供述自己的罪行,承认指控的犯罪事实,愿意接受处罚的,可以依法从宽处理;对于犯罪情节轻微,依法不需要判处刑罚或者免除刑罚的,人民检察院可以作出不起诉决定。对于实施危害水生生物资源的行为,致使社会公共利益受到侵害的,人民检察院可以依法提起民事公益诉讼。对于人民检察院作出不起诉决定、人民法院作出无罪判决或者免予刑事处罚,需要行政处罚的案件,由农业农村(渔政)部门等依法给予行政处罚。

【司法指导文件(3)】

《检察机关办理长江流域非法捕捞案件有关法律政策问题的解答》(高检办发〔2021〕1号,20210224)

为贯彻落实习近平总书记关于“共抓大保护、不搞大开发”重要指示精神,服务保障党中央、国务院关于长江“十年禁渔”重大决策部署,确保各级检察机关正确理解和准确适用刑法、长江保护法、渔业法,以及《最高人民法院、最高人民检察院、公安部、农业农村部依法惩治长江流域非法捕捞等违法犯罪的意见》(以下简称《意见》)等规定,现就办理长江流域非法捕捞案件有关法律政策问题,作如下解答。

一、办理长江流域非法捕捞案件,如何准确把握“长江流域重点水域”禁捕范围?

答:根据《意见》规定,办理涉长

江流域重点水域的非法捕捞等危害水生生物资源的各类违法犯罪案件应当适用《意见》。司法实践中，检察机关要依照《农业农村部关于长江流域重点水域禁捕范围和时间的通告》(农业农村部通告〔2019〕4号)和《农业农村部关于设立长江口禁捕管理区的通告》(农业农村部通告〔2020〕3号)，准确把握“长江流域重点水域”禁捕范围。禁捕范围包括五类区域：

(一)长江流域水生生物保护区。包括《农业部关于公布率先全面禁捕长江流域水生生物保护区名录的通告》(农业部通告〔2017〕6号)公布的长江上游珍稀特有鱼类国家级自然保护区等332个自然保护区和水产种质资源保护区，以及今后长江流域范围内新建立的以水生生物为主要保护对象的自然保护区和水产种质资源保护区。

(二)长江干流和重要支流。包括青海省曲麻莱县以下至长江河口(东经122°、北纬31°36′30″、北纬30°54′之间的区域)的长江干流江段，岷江、沱江、赤水河、嘉陵江、乌江、汉江等重要通江河流在甘肃省、陕西省、云南省、贵州省、四川省、重庆市、湖北省境内的干流江段，大渡河在青海省和四川省境内的干流河段，以及各省确定的其他重要支流。

(三)长江口禁捕管理区。长江口禁捕管理区范围为东经122°15′、北纬31°41′36″、北纬30°54′形成的框型区线，向西以水陆交界线为界。

(四)大型通江湖泊。相关省级渔业行政主管部门划定的鄱阳湖、洞庭湖等大型通江湖泊除水生生物自然保护区和水产种质资源保护区以外的禁捕天然水域。

(五)其他重点水域。相关省级渔业行政主管部门划定的与长江干流、重要支流、大型通江湖泊连通的其他禁捕天然水域。

对于涉案的禁捕区域，检察机关可以根据《意见》规定，结合案件具体情况，商请农业农村(渔政)部门出具认定意见。

二、办理长江流域非法捕捞案件，如何准确把握非法捕捞水产品罪的入罪标准?

答：根据刑法第三百四十条的规定，非法捕捞水产品罪是指违反保护水产资源法规，在禁渔区、禁渔期或者使用禁用的工具、方法捕捞水产品，情节严重的行为。《意见》明确了在长江流域重点水域非法捕捞水产品，构成非法捕捞水产品罪的入罪标准：1.非法捕捞水产品五百公斤以上或者价值一万元以上的；2.非法捕捞具有重要经济价值的水生动物苗种、怀卵亲体或者在水产种质资源保护区内捕捞水产品五十公斤以上或者价值一千元以上的；3.在禁捕区域使用电鱼、毒鱼、炸鱼等严重破坏渔业资源的禁用方法捕捞的；4.在禁捕区域使用农业农村部规定的禁用工具捕捞的；5.其他情节严重的情形。

司法实践中，检察机关要依照刑法和《意见》相关规定，根据案件具体情况，从行为人犯罪动机、主观故意、所使用的方法、工具、涉案水生生物的珍贵、濒危程度、案发后修复生态环境情况等方面，综合判断其行为的社会危害性。既要用足用好法律规定，总体体现依法从严惩治的政策导向，又要准确把握司法办案尺度，切实避免“一刀切”简单司法、机械办案。

要注意防止“唯数量论”与“唯结

果论”的做法。对于刚达到《意见》规定的数量或价值标准，行为人积极配合调查并接受且具有本解答规定的从宽处罚情形之一的，可以不追究刑事责任；需要给予行政处罚的，移送有关主管部门进行行政处罚。

三、办理长江流域非法捕捞案件，如何准确认定“电鱼、毒鱼、炸鱼等严重破坏渔业资源的禁用方法”和“农业农村部规定的禁用工具”？

答：根据《意见》规定，“在禁捕区域使用电鱼、毒鱼、炸鱼等严重破坏渔业资源的禁用方法捕捞”和“在禁捕区域使用农业农村部规定的禁用工具捕捞”，是构成非法捕捞水产品罪的两项入罪追诉标准。

在认定“禁用方法”时，要注意审查具体方法对渔业资源的严重危害程度。对于在禁捕区域使用电鱼、毒鱼、炸鱼方法的，一般应当以非法捕捞水产品罪追究刑事责任。对于确属情节轻微、对渔业资源危害不大，依法不需要判处刑罚或者可以免除刑罚的，可以依法作出不起诉决定。对于电鱼、毒鱼、炸鱼以外的其他严重破坏渔业资源的禁用方法，注意从两个方面来把握：一是具有破坏渔业资源正常生长繁殖的现实危害或危险性；二是与电鱼、毒鱼、炸鱼方法的社会危害程度大致相当。对于虽使用禁用方法但尚未严重破坏渔业资源的行为，检察机关在依法作出不起诉决定的同时，应当依照长江保护法、渔业法等相关规定，移送有关主管部门给予行政处罚。

在认定“禁用工具”时，应当适用农业农村部出台的标准。办案中可参照《农业部关于长江干流禁止使用单船拖网等十四种渔具的通告(试行)》(农业部通告〔2017〕2号)的规定，将单船拖网、双船拖网、多船拖网、多桩有翼单囊张网、双锚框架张网、拦河撑架敷网、岸敷箕状敷网、岸敷撑架敷网、拦截插网陷阱、拦截箔筌陷阱、导陷插网陷阱、导陷箔荃陷阱、拖曳齿耙耙刺、定置延绳滚钩耙刺等十四种渔具，认定为“农业农村部规定的禁用工具”。农业农村部没有相应标准的，对相关工具不应认定为非法捕捞水产品罪中的“禁用工具”；前述认定不影响对相应行为的行政处罚。

四、办理长江流域非法捕捞案件，如何准确认定行为人的主观故意？

答：在认定行为人是否具有非法捕捞水产品犯罪的主观故意时，应当依据其生活背景、职业经历、捕捞方法、捕捞工具、渔获物去向、获利资金流向，以及本人有无因同类行为受到行政处罚或者刑事追究情况等方面的证据，进行综合分析判断。

在办理非法捕捞水产品的案件中，认定主观故意原则上不要求行为人对有关禁渔区、禁渔期或者禁用的工具、方法等法律规定具有明确的认知，只要其认识到行为可能违法、被禁止即可。对于行为人作出合理解释，或者有证据证明其确系对禁捕区域、禁捕时间、禁用方法或者禁用工具不知情的，依法可不作为犯罪处理，但应当做好宣传教育工作，移送有关主管部门予以行政处罚。

五、办理长江流域非法捕捞案件，如何贯彻宽严相济刑事政策？

答：检察机关办理非法捕捞水产品案件，应当贯彻宽严相济刑事政策，准确判断行为人的责任轻重和刑事追究的必要性，综合运用刑事、行政、经济手段惩治违法犯罪，做到惩处少数、教育挽救大多数，实现罪责刑相适应。对于不同性质案件的处理，要体现区别对待的原则：一方面，要从严惩处有组织的、经常性的或者形成产业链的危害水生生物资源犯罪；另一方面，对个人偶尔实施的不具有生产性、经营性的非法捕捞行为要慎用刑罚，危害严重构成犯罪的，在处罚时应与前一类犯罪案件有所区别。

除《意见》规定的从重处罚情形外，对具有下列情形之一的，一般可以认定为非法捕捞水产品罪的从严处罚情形，并依法提出从严的量刑建议：1.在繁育期非法捕捞的；2.纠集多条船只或者使用大型设施设备非法捕捞的；3.以非法捕捞为业的；4.与黑恶势力犯罪相交织的；5.其他严重破坏渔业资源或者生态环境的情形。

对具有下列情形之一的，一般可以认定为非法捕捞水产品罪的从宽处罚情形，并依法提出从宽的量刑建议：1.不以生产、经营为目的，使用小型网具、钓具等对渔业资源和生态环境危害较轻的工具、方法非法捕捞的；2.自愿认罪认罚的；3.具有积极承诺及履行生态环境修复义务等悔罪表现的；4.其他对渔业资源、生态环境损害较轻的情形。如果行为人主观恶性不大，并综合捕捞方法、工具、渔获物的数量、价值等情节，认为对水生生物资源危害明显较轻的，可以认定为犯罪情节轻微，依法作出不起诉决定。

六、办理长江流域非法捕捞案件，如何准确把握非法捕捞水产品罪与其他关联犯罪的界限？

答：《意见》要求全力摧毁危害长江流域水生生物资源的“捕、运、销”地下产业链，并明确了关联犯罪的定罪量刑标准。司法实践中，检察机关要注意从以下几个方面把握非法捕捞水产品罪与关联犯罪的界限，推动形成“水上不捕、市场不卖、餐厅不做、群众不吃”的良好氛围。

一是注意把握非法捕捞水产品罪与掩饰、隐瞒犯罪所得、犯罪所得收益罪的界限。两罪是上下游犯罪的关系，后罪的成立要求上游行为达到犯罪的程度。基于处罚平衡的考虑，为避免罪刑倒挂现象，对于明知是在长江流域重点水域非法捕捞犯罪所得的水产品而予以窝藏、转移、收购、代为销售或者以其他方法掩饰、隐瞒，价值一万元以上的，一般应依照刑法第三百一十二条的规定以掩饰、隐瞒犯罪所得、犯罪所得收益罪，提出处三年以下有期徒刑、拘役或者管制，并处或者单处罚金的量刑建议。

二是注意把握非法捕捞水产品罪与非法猎捕、杀害珍贵、濒危野生动物罪[①]的界限。前罪的保护对象是“水产品”，包括一般的水生动物与珍贵、濒危的水生动物，后罪的保护对象是“国家重点保护的珍贵、濒危野生动物”。行为人基于同一主观故意，实施同一非法捕捞行为，但捕捞对象同时涉及一般水生动物与珍贵、濒危水生动物的，应区分以下情况处理：第一种情况，同一行为同时构成两罪，应当从一重罪论处，对涉案一般水生生物的数量或价值作为量刑情节考虑，以非法猎捕、杀害珍贵、濒危野生动物罪定性并酌情从重处理；第二种情况，同一行为不能分别构成两罪，但涉案水生生物的数量或价值

① 本段该罪名已变更为“危害珍贵、濒危野生动物罪”。——编者注

按相应比例折算后合计达到非法捕捞水产品罪入罪标准的，应以非法捕捞水产品罪定性处理；第三种情况，同一行为构成非法捕捞水产品罪，但尚不构成非法猎捕、杀害珍贵、濒危野生动物罪的，对涉案珍贵、濒危水生动物的数量或价值按相应比例折算后，一并以非法捕捞水产品罪定性处理；第四种情况，同一行为构成非法猎捕、杀害珍贵、濒危野生动物罪，但尚不构成非法捕捞水产品罪的，对涉案一般水生生物的数量或价值作为量刑情节考虑，以非法猎捕、杀害珍贵、濒危野生动物罪定性并酌情从重处理。

三是注意把握非法捕捞水产品罪与非法收购、运输、出售珍贵、濒危野生动物、珍贵、濒危野生动物制品罪[①]的界限。根据刑法和《意见》的规定，非法收购、运输、出售在长江流域重点水域非法猎捕、杀害的中华鲟、长江鲟、长江江豚或者其他国家重点保护的珍贵、濒危水生野生动物及其制品，达到相应价值标准的，以非法收购、运输、出售珍贵、濒危野生动物、珍贵、濒危野生动物制品罪定罪处罚。同时，根据全国人大常委会《关于〈中华人民共和国刑法〉第三百四十一条、第三百一十二条的解释》，知道或者应当知道是国家重点保护的珍贵、濒危野生动物及其制品，为食用或者其他目的而非法购买，符合刑法第三百四十一条第一款规定的，以非法收购珍贵、濒危野生动物、珍贵、濒危野生动物制品罪定罪处罚。

四是注意认定非法捕捞水产品犯罪的其他关联犯罪。制造、销售禁用渔具，情节严重，符合刑法第一百四十条或者第一百四十六条规定的，以生产、销售伪劣产品罪或者生产、销售不符合安全标准的产品罪定罪处罚。明知是长江流域非法捕捞渔获物而利用信息网络设立用于收购、出售的网站、通讯群组，或者发布相关犯罪信息，情节严重，符合刑法第二百八十七条之一规定的，以非法利用信息网络罪定罪处罚。

五是注意认定非法捕捞水产品犯罪的共同犯罪。事前通谋，按照分工分别实施非法捕捞、运输、销售等行为的，以共同犯罪论处。明知他人从事非法捕捞，仍为其提供工具、运输、加工、销售等帮助的，以共同犯罪论处。

【法院案例库参考案例】

〔郭某义非法捕捞水产品刑事附带民事公益诉讼案，2024-11-1-343-001〕在保护区核心区使用禁用的工具捕捞水产品的责任认定

被告人违反保护水产资源法规，在自然保护区核心区使用禁用的工具捕捞水产品的，应当认定为刑法第三百四十条规定的“情节严重”，以非法捕捞水产品罪定罪处罚。

〔汤某等非法捕捞水产品案，2023-11-1-343-013〕非法大量捕捞螺蛳行为的定性

在禁渔区、禁渔期，利用船、拖网及吸螺机等工具大量捕捞螺蛳，达到五百公斤以上或者价值一万元以上的，应当根据刑法第三百四十条的规定，以非法捕捞水产品罪追究其刑事责任。

〔毛某彩等13人非法捕捞水产品案，2023-11-1-343-007〕使用吊杆式机动捕捞螺蛳渔具捕捞行为的定性

① 本段该罪名已变更为“危害珍贵、濒危野生动物罪”。——编者注

1."吊杆式机动捕捞螺蛳渔具"属于禁止使用的渔具。使用上述禁用工具捕捞，属于非法捕捞，情节严重的，构成非法捕捞水产品罪。

2.被告人主动缴纳生态补偿款，履行生态修复义务，且自愿认罪认罚的，可从宽处罚。

第三百四十一条　【危害珍贵、濒危野生动物罪】非法猎捕、杀害国家重点保护的珍贵、濒危野生动物的，或者非法收购、运输、出售国家重点保护的珍贵、濒危野生动物及其制品的，处五年以下有期徒刑或者拘役，并处罚金；情节严重的，处五年以上十年以下有期徒刑，并处罚金；情节特别严重的，处十年以上有期徒刑，并处罚金或者没收财产。

【非法狩猎罪】违反狩猎法规，在禁猎区、禁猎期或者使用禁用的工具、方法进行狩猎，破坏野生动物资源，情节严重的，处三年以下有期徒刑、拘役、管制或者罚金。

【非法猎捕、收购、运输、出售陆生野生动物罪】违反野生动物保护管理法规，以食用为目的非法猎捕、收购、运输、出售第一款规定以外的在野外环境自然生长繁殖的陆生野生动物，情节严重的，依照前款的规定处罚。

【修正前条文】

第三百四十一条　【非法猎捕、杀害珍贵、濒危野生动物罪】【非法收购、运输、出售珍贵、濒危野生动物、珍贵、濒危野生动物制品罪】非法猎捕、杀害国家重点保护的珍贵、濒危野生动物的，或者非法收购、运输、出售国家重点保护的珍贵、濒危野生动物及其制品的，处五年以下有期徒刑或者拘役，并处罚金；情节严重的，处五年以上十年以下有期徒刑，并处罚金；情节特别严重的，处十年以上有期徒刑，并处罚金或者没收财产。

【非法狩猎罪】违反狩猎法规，在禁猎区、禁猎期或者使用禁用的工具、方法进行狩猎，破坏野生动物资源，情节严重的，处三年以下有期徒刑、拘役、管制或者罚金。

【修正说明】

刑法修正案(十一)第四十一条在原条文基础上增加第三款。将以食用为目的的非法猎捕、收购、运输、出售除珍贵、濒危野生动物和"三有野生动物"以外的陆生野生动物，情节严重的行为增列为犯罪。

【立法 · 要点注释】

1.在办理这类案件时如果涉案动物系人工繁育的，在认定是否构成犯罪以及如何裁量刑罚时，应当考虑涉案动物的濒危程度、野外存活状况、人工繁育情况、是否列入人工繁育国家重点保护野生动物名录、行为手段、对野生动物资源的损害程度等情节，综合评估社会危害性，保证罪责刑相适应，如实践中出售自己繁育的珍贵濒危乌龟或者鹦鹉等的，应当依法作出妥当处理。对于涉案动物是否系人工繁育，应当综合被告人或其辩护人提供的证据材料和其他材料依法审查认定。

2.关于"以食用为目的"。实践中构成犯罪不要求查证已经"食用"，对于在集市、餐馆等经营场所查到野生动物，行为人不能说明正当理由和合理用途的，即可认定为具有“以食用为目的”，对于猎捕、出售大雁等主要用作食用目的的野生动物的，可认定具有“以食用为目的”，将来司法实践中也可对如何认定“以食用为目的”作出进一步解释。对公民为自己食用而猎捕、购买一般的野生动物，或者对于个人在日常劳作生活中捕捉到少量野生动物并食用的，比如个人捕捉到的野兔、野猪、麻雀并食用的，不宜以非法猎捕、收购、运输、出售陆生野生动物罪论处。

3.知道或者应当知道是非法狩猎的野生动物而购买的，且属于“以食用为目的”的购买，同时构成掩饰、隐瞒犯罪所得罪和本条第三款非法收购陆生野生动物犯罪，根据案件具体情况，依照第三百一十二条和本条及有关司法解释定罪量刑的规定，确定从一重罪处罚。掩饰、隐瞒犯罪所得罪有两档法定刑，最高为七年有期徒刑，因此以食用为目的购买、经营、运输非法狩猎的野生动物可以判处比本条第三款法定刑更重的刑罚。

【立法解释】

《全国人民代表大会常务委员会关于〈中华人民共和国刑法〉第三百四十一条、第三百一十二条的解释》(20140424)

知道或者应当知道是国家重点保护的珍贵、濒危野生动物及其制品，为食用或者其他目的而非法购买的，属于刑法第三百四十一条第一款规定的非法收购国家重点保护的珍贵、濒危野生动物及其制品的行为。

知道或者应当知道是刑法第三百四十一条第二款规定的非法狩猎的野生动物而购买的，属于刑法第三百一十二条第一款规定的明知是犯罪所得而收购的行为。

【立案追诉标准】

《最高人民检察院、公安部关于公安机关管辖的刑事案件立案追诉标准的规定(一)》(公通字〔2008〕36号，20080625)[①]

第六十四条　〔非法猎捕、杀害珍贵、濒危野生动物案[②](刑法第三百四十一条第一款)〕非法猎捕、杀害国家重点保护的珍贵、濒危野生动物的，应予立案追诉。

本条和本规定第六十五条规定的“珍贵、濒危野生动物”，包括列入《国家重点保护野生动物名录》[③]的国家一、二级保护野生动物、列入《濒危野生动植物种国际贸易公约》附录一、附录二的野生动物以及驯养繁殖的上述物种。

第六十五条　〔非法收购、运输、出售珍贵、濒危野生动物、珍贵、濒危野生动物制品案[④](刑法第三百四十一条第一款)〕非法收购、运输、出售国家重点保护的珍贵、濒危野生动物及其制品的，应予立案追诉。

本条规定的“收购”，包括以营利、

① 《立案追诉标准(一)》第六十四条至第六十六条的规定与本条项下【司法解释(1)】第四条至第七条的规定不一致的，应以后者的规定为准。——编者注

② 罪名已变更为“危害珍贵、濒危野生动物罪”。——编者注

③ 经国务院批准，调整后的《国家重点保护野生动物名录》已于2021年2月1日公布施行。——编者注

④ 罪名已变更为“危害珍贵、濒危野生动物罪”。——编者注

自用等为目的的购买行为；"运输"，包括采用携带、邮寄、利用他人、使用交通工具等方法进行运送的行为；"出售"，包括出卖和以营利为目的的加工利用行为。

第六十六条 〔非法狩猎案(刑法第三百四十一条第二款)〕违反狩猎法规，在禁猎区、禁猎期或者使用禁用的工具、方法进行狩猎，破坏野生动物资源，涉嫌下列情形之一的，应予立案追诉：

(一)非法狩猎野生动物二十只以上的；

(二)在禁猎区内使用禁用的工具或者禁用的方法狩猎的；

(三)在禁猎期内使用禁用的工具或者禁用的方法狩猎的；

(四)其他情节严重的情形。

【司法解释(1)】

《最高人民法院、最高人民检察院关于办理破坏野生动物资源刑事案件适用法律若干问题的解释》(法释〔2022〕12号，20220409)

第四条 刑法第三百四十一条第一款规定的"国家重点保护的珍贵、濒危野生动物"包括：

(一)列入《国家重点保护野生动物名录》的野生动物；

(二)经国务院野生动物保护主管部门核准按照国家重点保护的野生动物管理的野生动物。

第五条 刑法第三百四十一条第一款规定的"收购"包括以营利、自用等为目的的购买行为；"运输"包括采用携带、邮寄、利用他人、使用交通工具等方法进行运送的行为；"出售"包括出卖和以营利为目的的加工利用行为。

刑法第三百四十一条第三款规定的"收购""运输""出售"，是指以食用为目的，实施前款规定的相应行为。

第六条 非法猎捕、杀害国家重点保护的珍贵、濒危野生动物，或者非法收购、运输、出售国家重点保护的珍贵、濒危野生动物及其制品，价值二万元以上不满二十万元的，应当依照刑法第三百四十一条第一款的规定，以危害珍贵、濒危野生动物罪处五年以下有期徒刑或者拘役，并处罚金；价值二十万元以上不满二百万元的，应当认定为"情节严重"，处五年以上十年以下有期徒刑，并处罚金；价值二百万元以上的，应当认定为"情节特别严重"，处十年以上有期徒刑，并处罚金或者没收财产。

实施前款规定的行为，具有下列情形之一的，从重处罚：

(一)属于犯罪集团的首要分子的；

(二)为逃避监管，使用特种交通工具实施的；

(三)严重影响野生动物科研工作的；

(四)二年内曾因破坏野生动物资源受过行政处罚的。

实施第一款规定的行为，不具有第二款规定的情形，且未造成动物死亡或者动物、动物制品无法追回，行为人全部退赃退赔，确有悔罪表现的，按照下列规定处理：

(一)珍贵、濒危野生动物及其制品价值二百万元以上的，可以认定为"情节严重"，处五年以上十年以下有期徒刑，并处罚金；

(二)珍贵、濒危野生动物及其制品价值二十万元以上不满二百万元的，可以处五年以下有期徒刑或者拘役，并处罚金；

（三）珍贵、濒危野生动物及其制品价值二万元以上不满二十万元的，可以认定为犯罪情节轻微，不起诉或者免予刑事处罚；情节显著轻微危害不大的，不作为犯罪处理。

第七条　违反狩猎法规，在禁猎区、禁猎期或者使用禁用的工具、方法进行狩猎，破坏野生动物资源，具有下列情形之一的，应当认定为刑法第三百四十一条第二款规定的“情节严重”，以非法狩猎罪定罪处罚：

（一）非法猎捕野生动物价值一万元以上的；

（二）在禁猎区使用禁用的工具或者方法狩猎的；

（三）在禁猎期使用禁用的工具或者方法狩猎的；

（四）其他情节严重的情形。

实施前款规定的行为，具有下列情形之一的，从重处罚：

（一）暴力抗拒、阻碍国家机关工作人员依法履行职务，尚未构成妨害公务罪、袭警罪的；

（二）对野生动物资源或者栖息地生态造成严重损害的；

（三）二年内曾因破坏野生动物资源受过行政处罚的。

实施第一款规定的行为，根据猎获物的数量、价值和狩猎方法、工具等，认为对野生动物资源危害明显较轻的，综合考虑猎捕的动机、目的、行为人自愿接受行政处罚、积极修复生态环境等情节，可以认定为犯罪情节轻微，不起诉或者免予刑事处罚；情节显著轻微危害不大的，不作为犯罪处理。

第八条　违反野生动物保护管理法规，以食用为目的，非法猎捕、收购、运输、出售刑法第三百四十一条第一款规定以外的在野外环境自然生长繁殖的陆生野生动物，具有下列情形之一的，应当认定为刑法第三百四十一条第三款规定的“情节严重”，以非法猎捕、收购、运输、出售陆生野生动物罪定罪处罚：

（一）非法猎捕、收购、运输、出售有重要生态、科学、社会价值的陆生野生动物或者地方重点保护陆生野生动物价值一万元以上的；

（二）非法猎捕、收购、运输、出售第一项规定以外的其他陆生野生动物价值五万元以上的；

（三）其他情节严重的情形。

实施前款规定的行为，同时构成非法狩猎罪的，应当依照刑法第三百四十一条第三款的规定，以非法猎捕陆生野生动物罪定罪处罚。

第九条　明知是非法捕捞犯罪所得的水产品、非法狩猎犯罪所得的猎获物而收购、贩卖或者以其他方法掩饰、隐瞒，符合刑法第三百一十二条规定的，以掩饰、隐瞒犯罪所得罪定罪处罚。

第十条　负有野生动物保护和进出口监督管理职责的国家机关工作人员，滥用职权或者玩忽职守，致使公共财产、国家和人民利益遭受重大损失的，应当依照刑法第三百九十七条的规定，以滥用职权罪或者玩忽职守罪追究刑事责任。

负有查禁破坏野生动物资源犯罪活动职责的国家机关工作人员，向犯罪分子通风报信、提供便利，帮助犯罪分子逃避处罚的，应当依照刑法第四百一十七条的规定，以帮助犯罪分子逃避处罚罪追究刑事责任。

第十一条　对于"以食用为目的",应当综合涉案动物及其制品的特征,被查获的地点,加工、包装情况,以及可以证明来源、用途的标识、证明等证据作出认定。

实施本解释规定的相关行为,具有下列情形之一的,可以认定为"以食用为目的":

(一)将相关野生动物及其制品在餐饮单位、饮食摊点、超市等场所作为食品销售或者运往上述场所的;

(二)通过包装、说明书、广告等介绍相关野生动物及其制品的食用价值或者方法的;

(三)其他足以认定以食用为目的的情形。

第十二条　二次以上实施本解释规定的行为构成犯罪,依法应当追诉的,或者二年内实施本解释规定的行为未经处理的,数量、数额累计计算。

第十三条　实施本解释规定的相关行为,在认定是否构成犯罪以及裁量刑罚时,应当考虑涉案动物是否系人工繁育、物种的濒危程度、野外存活状况、人工繁育情况、是否列入人工繁育国家重点保护野生动物名录,行为手段、对野生动物资源的损害程度,以及对野生动物及其制品的认知程度等情节,综合评估社会危害性,准确认定是否构成犯罪,妥当裁量刑罚,确保罪责刑相适应;根据本解释的规定定罪量刑明显过重的,可以根据案件的事实、情节和社会危害程度,依法作出妥当处理。

涉案动物系人工繁育,具有下列情形之一的,对所涉案件一般不作为犯罪处理;需要追究刑事责任的,应当依法从宽处理:

(一)列入人工繁育国家重点保护野生动物名录的;

(二)人工繁育技术成熟、已成规模,作为宠物买卖、运输的。

第十四条　对于实施本解释规定的相关行为被不起诉或者免予刑事处罚的行为人,依法应当给予行政处罚、政务处分或者其他处分的,依法移送有关主管机关处理。

第十五条　对于涉案动物及其制品的价值,应当根据下列方法确定:

(一)对于国家禁止进出口的珍贵动物及其制品、国家重点保护的珍贵、濒危野生动物及其制品的价值,根据国务院野生动物保护主管部门制定的评估标准和方法核算;

(二)对于有重要生态、科学、社会价值的陆生野生动物、地方重点保护野生动物、其他野生动物及其制品的价值,根据销赃数额认定;无销赃数额、销赃数额难以查证或者根据销赃数额认定明显偏低的,根据市场价格核算,必要时,也可以参照相关评估标准和方法核算。

第十六条　根据本解释第十五条规定难以确定涉案动物及其制品价值的,依据司法鉴定机构出具的鉴定意见,或者下列机构出具的报告,结合其他证据作出认定:

(一)价格认证机构出具的报告;

(二)国务院野生动物保护主管部门、国家濒危物种进出口管理机构或者海关总署等指定的机构出具的报告;

(三)地、市级以上人民政府野生动物保护主管部门、国家濒危物种进出口管理机构的派出机构或者直属海关等出具的报告。

第十七条　对于涉案动物的种属类别、是否系人工繁育,非法捕捞、狩猎的工具、方法，以及对野生动物资源的损害程度等专门性问题，可以由野生动物保护主管部门、侦查机关依据现场勘验、检查笔录等出具认定意见；难以确定的，依据司法鉴定机构出具的鉴定意见、本解释第十六条所列机构出具的报告，被告人及其辩护人提供的证据材料，结合其他证据材料综合审查，依法作出认定。

第十八条　餐饮公司、渔业公司等单位实施破坏野生动物资源犯罪的，依照本解释规定的相应自然人犯罪的定罪量刑标准，对直接负责的主管人员和其他直接责任人员定罪处罚，并对单位判处罚金。

第十九条　在海洋水域，非法捕捞水产品，非法采捕珊瑚、砗磲或者其他珍贵、濒危水生野生动物，或者非法收购、运输、出售珊瑚、砗磲或者其他珍贵、濒危水生野生动物及其制品的，定罪量刑标准适用《最高人民法院关于审理发生在我国管辖海域相关案件若干问题的规定(二)》(法释〔2016〕17号)的相关规定。

第二十条　本解释自2022年4月9日起施行。本解释公布施行后，《最高人民法院关于审理破坏野生动物资源刑事案件具体应用法律若干问题的解释》(法释〔2000〕37号)同时废止；之前发布的司法解释与本解释不一致的，以本解释为准。

【司法解释(2)】

《最高人民法院关于审理发生在我国管辖海域相关案件若干问题的规定(一)》(法释〔2016〕16号，20160802)

第三条　中国公民或者外国人在我国管辖海域实施非法猎捕、杀害珍贵濒危野生动物或者非法捕捞水产品等犯罪的，依照我国刑法追究刑事责任。

【司法解释(3)】

《最高人民法院关于审理发生在我国管辖海域相关案件若干问题的规定(二)》(法释〔2016〕17号，20160802)

第五条　非法采捕珊瑚、砗磲或者其他珍贵、濒危水生野生动物，具有下列情形之一的，应当认定为刑法第三百四十一条第一款规定的“情节严重”：

(一)价值在五十万元以上的；

(二)非法获利二十万元以上的；

(三)造成海域生态环境严重破坏的；

(四)造成严重国际影响的；

(五)其他情节严重的情形。

实施前款规定的行为，具有下列情形之一的，应当认定为刑法第三百四十一条第一款规定的“情节特别严重”：

(一)价值或者非法获利达到本条第一款规定标准五倍以上的；

(二)价值或者非法获利达到本条第一款规定的标准，造成海域生态环境严重破坏的；

(三)造成海域生态环境特别严重破坏的；

(四)造成特别严重国际影响的；

(五)其他情节特别严重的情形。

第六条　非法收购、运输、出售珊瑚、砗磲或者其他珍贵、濒危水生野生动物及其制品，具有下列情形之一的，应当认定为刑法第三百四十一条第一款规定的“情节严重”：

(一)价值在五十万元以上的；

(二)非法获利在二十万元以上的；

(三)具有其他严重情节的。

非法收购、运输、出售珊瑚、砗磲或者其他珍贵、濒危水生野生动物及其制品，具有下列情形之一的，应当认定为刑法第三百四十一条第一款规定的“情节特别严重”：

（一）价值在二百五十万元以上的；

（二）非法获利在一百万元以上的；

（三）具有其他特别严重情节的。

第七条　对案件涉及的珍贵、濒危水生野生动物的种属难以确定的，由司法鉴定机构出具鉴定意见，或者由国务院渔业行政主管部门指定的机构出具报告。

珍贵、濒危水生野生动物或者其制品的价值，依照国务院渔业行政主管部门的规定核定。核定价值低于实际交易价格的，以实际交易价格认定。

本解释所称珊瑚、砗磲，是指列入《国家重点保护野生动物名录》中国家一、二级保护的，以及列入《濒危野生动植物种国际贸易公约》附录一、附录二中的珊瑚、砗磲的所有种，包括活体和死体。

第八条　实施破坏海洋资源犯罪行为，同时构成非法捕捞水产品罪、非法猎捕、杀害珍贵、濒危野生动物罪①、组织他人偷越国（边）境罪、偷越国（边）境罪等犯罪的，依照处罚较重的规定定罪处罚。

有破坏海洋资源犯罪行为，又实施走私、妨害公务等犯罪的，依照数罪并罚的规定处理。

【司法指导文件(1)】

《最高人民法院、最高人民检察院、公安部、司法部关于依法惩治非法野生动物交易犯罪的指导意见》（公通字〔2020〕19号，20201218）

一、依法严厉打击非法猎捕、杀害野生动物的犯罪行为，从源头上防控非法野生动物交易。

非法猎捕、杀害国家重点保护的珍贵、濒危野生动物，符合刑法第三百四十一条第一款规定的，以非法猎捕、杀害珍贵、濒危野生动物罪定罪②处罚。

违反狩猎法规，在禁猎区、禁猎期或者使用禁用的工具、方法进行狩猎，破坏野生动物资源，情节严重，符合刑法第三百四十一条第二款规定的，以非法狩猎罪定罪处罚。

违反保护水产资源法规，在禁渔区、禁渔期或者使用禁用的工具、方法捕捞水产品，情节严重，符合刑法第三百四十条规定的，以非法捕捞水产品罪定罪处罚。

二、依法严厉打击非法收购、运输、出售、进出口野生动物及其制品的犯罪行为，切断非法野生动物交易的利益链条。

非法收购、运输、出售国家重点保护的珍贵、濒危野生动物及其制品，符合刑法第三百四十一条第一款规定的，以非法收购、运输、出售珍贵、濒危野生动物、珍贵、濒危野生动物制品罪定罪③处罚。

走私国家禁止进出口的珍贵动物及其制品，符合刑法第一百五十一条第二款规定的，以走私珍贵动物、珍贵动物制品罪定罪处罚。

三、依法严厉打击以食用或者其他

① 罪名已变更为“危害珍贵、濒危野生动物罪”。——编者注
② 罪名已变更为“危害珍贵、濒危野生动物罪”。——编者注
③ 罪名已变更为“危害珍贵、濒危野生动物罪”。——编者注

目的非法购买野生动物的犯罪行为，坚决革除滥食野生动物的陋习。

知道或者应当知道是国家重点保护的珍贵、濒危野生动物及其制品，为食用或者其他目的而非法购买，符合刑法第三百四十一条第一款规定的，以非法收购珍贵、濒危野生动物、珍贵、濒危野生动物制品罪[①]定罪处罚。

四、二次以上实施本意见第一条至第三条规定的行为构成犯罪，依法应当追诉的，或者二年内二次以上实施本意见第一条至第三条规定的行为未经处理的，数量、数额累计计算。

五、明知他人实施非法野生动物交易行为，有下列情形之一的，以共同犯罪论处：

（一）提供贷款、资金、账号、车辆、设备、技术、许可证件的；

（二）提供生产、经营场所或者运输、仓储、保管、快递、邮寄、网络信息交互等便利条件或者其他服务的；

（三）提供广告宣传等帮助行为的。

六、对涉案野生动物及其制品价值，可以根据国务院野生动物保护主管部门制定的价值评估标准和方法核算。对野生动物制品，根据实际情况予以核算，但核算总额不能超过该种野生动物的整体价值。具有特殊利用价值或者导致动物死亡的主要部分，核算方法不明确的，其价值标准最高可以按照该种动物整体价值标准的80%予以折算，其他部分价值标准最高可以按整体价值标准的20%予以折算，但是按照上述方法核算的价值明显不当的，应当根据实际情况妥当予以核算。核算价值低于实际交易价格的，以实际交易价格认定。

根据前款规定难以确定涉案野生动物及其制品价值的，依据下列机构出具的报告，结合其他证据作出认定：

（一）价格认证机构出具的报告；

（二）国务院野生动物保护主管部门、国家濒危物种进出口管理机构、海关总署等指定的机构出具的报告；

（三）地、市级以上人民政府野生动物保护主管部门、国家濒危物种进出口管理机构的派出机构、直属海关等出具的报告。

七、对野生动物及其制品种属类别，非法捕捞、狩猎的工具、方法，以及对野生动物资源的损害程度、食用涉案野生动物对人体健康的危害程度等专门性问题，可以由野生动物保护主管部门、侦查机关或者有专门知识的人依据现场勘验、检查笔录等出具认定意见。难以确定的，依据司法鉴定机构出具的鉴定意见，或者本意见第六条第二款所列机构出具的报告，结合其他证据作出认定。

八、办理非法野生动物交易案件中，行政执法部门依法收集的物证、书证、视听资料、电子数据等证据材料，在刑事诉讼中可以作为证据使用。

对不易保管的涉案野生动物及其制品，在做好拍摄、提取检材或者制作足以反映原物形态特征或者内容的照片、录像等取证工作后，可以移交野生动物保护主管部门及其指定的机构依法处置。对存在或者可能存在疫病的野生动物及其制品，应立即通知野生动物保护主管部门依法处置。

九、实施本意见规定的行为，在认

① 罪名已变更为“危害珍贵、濒危野生动物罪”。——编者注

定是否构成犯罪以及裁量刑罚时，应当考虑涉案动物是否系人工繁育、物种的濒危程度、野外存活状况、人工繁育情况、是否列入国务院野生动物保护主管部门制定的人工繁育国家重点保护野生动物名录，以及行为手段、对野生动物资源的损害程度、食用涉案野生动物对人体健康的危害程度等情节，综合评估社会危害性，确保罪责刑相适应。相关定罪量刑标准明显不适宜的，可以根据案件的事实、情节和社会危害程度，依法作出妥当处理。

十、本意见自下发之日起施行。

【司法指导文件(2)】

《最高人民法院、最高人民检察院、公安部、农业农村部依法惩治长江流域非法捕捞等违法犯罪的意见》(公通字〔2020〕17号，20201217)

二、准确适用法律，依法严惩非法捕捞等危害水生生物资源的各类违法犯罪

(二)依法严惩危害珍贵、濒危水生野生动物资源犯罪。在长江流域重点水域非法猎捕、杀害中华鲟、长江鲟、长江江豚或者其他国家重点保护的珍贵、濒危水生野生动物，价值二万元以上不满二十万元的，应当依照刑法第三百四十一条的规定，以非法猎捕、杀害珍贵、濒危野生动物罪[①]，处五年以下有期徒刑或者拘役，并处罚金；价值二十万元以上不满二百万元的，应当认定为“情节严重”，处五年以上十年以下有期徒刑，并处罚金；价值二百万元以上的，应当认定为“情节特别严重”，处十年以上有期徒刑，并处罚金或者没收财产。

(三)依法严惩非法渔获物交易犯罪。……

非法收购、运输、出售在长江流域重点水域非法猎捕、杀害的中华鲟、长江鲟、长江江豚或者其他国家重点保护的珍贵、濒危水生野生动物及其制品，价值二万元以上不满二十万元的，应当依照刑法第三百四十一条的规定，以非法收购、运输、出售珍贵、濒危野生动物、珍贵、濒危野生动物制品罪[②]，处五年以下有期徒刑或者拘役，并处罚金；价值二十万元以上不满二百万元的，应当认定为“情节严重”，处五年以上十年以下有期徒刑，并处罚金；价值二百万元以上的，应当认定为“情节特别严重”，处十年以上有期徒刑，并处罚金或者没收财产。

(四)依法严惩危害水生生物资源的单位犯罪。水产品交易公司、餐饮公司等单位实施本意见规定的行为，构成单位犯罪的，依照本意见规定的定罪量刑标准，对直接负责的主管人员和其他直接责任人员定罪处罚，并对单位判处罚金。

(七)贯彻落实宽严相济刑事政策。多次实施本意见规定的行为构成犯罪，依法应当追诉的，或者二年内二次以上实施本意见规定的行为未经处理的，数量数额累计计算。

实施本意见规定的犯罪，具有下列情形之一的，从重处罚：(1)暴力抗拒、阻碍国家机关工作人员依法履行职务，尚未构成妨害公务罪的；(2)二年内曾

---

① 罪名已变更为“危害珍贵、濒危野生动物罪”。——编者注

② 罪名已变更为“危害珍贵、濒危野生动物罪”。——编者注

因实施本意见规定的行为受过处罚的；(3)对长江生物资源或水域生态造成严重损害的；(4)具有造成重大社会影响等恶劣情节的。具有上述情形的，一般不适用不起诉、缓刑、免予刑事处罚。

……

非法猎捕、收购、运输、出售珍贵、濒危水生野生动物，尚未造成动物死亡，综合考虑行为手段、主观罪过、犯罪动机、获利数额、涉案水生生物的濒危程度、数量价值以及行为人的认罪悔罪态度、修复生态环境情况等情节，认为适用本意见规定的定罪量刑标准明显过重的，可以结合具体案件的实际情况依法作出妥当处理，确保罪责刑相适应。

【司法指导文件(3)】

《最高人民法院、最高人民检察院、国家林业局、公安部、海关总署关于破坏野生动物资源刑事案件中涉及的CITES附录Ⅰ和附录Ⅱ所列陆生野生动物制品价值核定问题的通知》(林濒发〔2012〕239号，20120917)

我国是《濒危野生动植物种国际贸易公约》(CITES)缔约国，非原产我国的CITES附录Ⅰ和附录Ⅱ所列陆生野生动物已依法被分别核准为国家一级、二级保护野生动物。近年来，各地严格按照CITES和我国野生动物保护法律法规的规定，查获了大量非法收购、运输、出售和走私CITES附录Ⅰ、附录Ⅱ所列陆生野生动物及其制品案件。为确保依法办理上述案件，依据《陆生野生动物保护实施条例》第二十四条、《最高人民法院关于审理走私刑事案件具体应用法律若干问题的解释》(法释〔2000〕30号)第四条，以及《最高人民法院关于审理破坏野生动物资源刑事案件具体应用法律若干问题的解释》(法释〔2000〕37号)第十条和第十一条的有关规定，[①]结合《林业部关于在野生动物案件中如何确定国家重点保护野生动物及其产品价值标准的通知》(林策通字〔1996〕8号)，现将破坏野生动物资源案件中涉及的CITES附录Ⅰ和附录Ⅱ所列陆生野生动物制品的价值标准规定如下：

一、CITES附录Ⅰ、附录Ⅱ所列陆生野生动物制品的价值，参照与其同属的国家重点保护陆生野生动物的同类制品价值标准核定；没有与其同属的国家重点保护陆生野生动物的，参照与其同科的国家重点保护陆生野生动物的同类制品价值标准核定；没有与其同科的国家重点保护陆生野生动物的，参照与其同目的国家重点保护陆生野生动物的同类制品价值标准核定；没有与其同目的国家重点保护陆生野生动物的，参照与其同纲或者同门的国家重点保护陆生野生动物的同类制品价值标准核定。

二、同属、同科、同目、同纲或者同门中，如果存在多种不同保护级别的国家重点保护陆生野生动物的，应当参照该分类单元中相同保护级别的国家重点保护陆生野生动物的同类制品价值标准核定；如果存在多种相同保护级别

① 上述两个司法解释已被废止，有关规定参见《最高人民法院、最高人民检察院关于办理破坏野生动物资源刑事案件适用法律若干问题的解释》(法释〔2022〕12号)第二条、第六条、第十五条、第十六条。——编者注

的国家重点保护陆生野生动物的，应当参照该分类单元中价值标准最低的国家重点保护陆生野生动物的同类制品价值标准核定；如果CITES附录Ⅰ和附录Ⅱ所列陆生野生动物所处分类单元有多种国家重点保护陆生野生动物，但保护级别不同的，应当参照该分类单元中价值标准最低的国家重点保护陆生野生动物的同类制品价值标准核定；如果仅有一种国家重点保护陆生野生动物的，应当参照该种国家重点保护陆生野生动物的同类制品价值标准核定。

三、同一案件中缴获的同一动物个体的不同部分的价值总和，不得超过该种动物个体的价值。

四、核定价值低于非法贸易实际交易价格的，以非法贸易实际交易价格认定。

五、犀牛角、象牙等野生动物制品的价值，继续依照《国家林业局关于发布破坏野生动物资源刑事案件中涉及走私的象牙及其制品价值标准的通知》（林濒发〔2001〕234号），以及《国家林业局关于发布破坏野生动物资源刑事案件中涉及犀牛角价值标准的通知》（林护发〔2002〕130号）的规定核定。

人民法院、人民检察院、公安、海关等办案单位可以依据上述价值标准，核定破坏野生动物资源刑事案件中涉及的CITES附录Ⅰ和附录Ⅱ所列陆生野生动物制品的价值。核定有困难的，县级以上林业主管部门、国家濒危物种进出口管理机构或其指定的鉴定单位应该协助。

【司法指导文件(4)】

《最高人民法院研究室关于刑法第三百四十一条第一款犯罪对象问题征求意见的复函》(法研〔2021〕16号)

……刑法第三百四十一条第一款规定的“野生动物”指珍贵、濒危野生动物的整体，包括活体与死体；“野生动物制品”指动物的部分、衍生物以及经人为处置、加工形成的产品等。主要考虑：

一、《野生动物及其制品价值评估方法》第二条规定：“本方法所称野生动物，是指陆生野生动物的整体(含卵、蛋)；所称野生动物制品，是指陆生野生动物的部分及其衍生物，包括产品。”《水生野生动物及其制品价值评估办法》第二条规定：“本办法规定的水生野生动物，是指国家重点保护水生野生动物及《濒危野生动植物种国际贸易公约》附录水生物种的整体(含卵)。本办法规定的水生野生动物制品，是指水生野生动物的部分及其衍生物。”将野生动物理解为动物整体，将野生动物制品理解动物的部分、衍生物以及产品等，符合野生动物保护部门规章的明确规定。

二、区分动物和动物制品，宜综合考虑物理形态的完整性和是否经过人为处置、加工等因素。实践中，对于动物的活体、部分以及产品应如何认定，似无大的争议。例如，将虎皮、象牙等动物的部分认定为动物制品，将用完整昆虫制成的琥珀等人工制造物品也作为动物制品等。对于死亡动物的整体，一般应当认定为动物，以准确评价涉案行为的特征和社会危害性，也更符合社会公众的一般认知，确保准确适用法律、实现罪责刑相适应。

……

【审判实务释疑】

非法狩猎罪中涉案野生动物价值如何认定？

非法狩猎罪的犯罪对象，实践中一般把握的是列入《有重要生态、科学、社会价值的陆生野生动物名录》中的"三有动物"（有重要生态、科学、社会价值的陆生野生动物）和地方重点保护的陆生野生动物。对于这些野生动物及其制品的价值，如果简单按照《野生动物及其制品价值评估方法》进行认定，就可能会出现评估价值过高的情形，如麻雀的评估价值为每只300元，而实践中交易价格一般在20元左右，相差近15倍。因此，对于非法狩猎罪的犯罪对象，即"三有动物"和地方重点保护的陆生野生动物，如一律按评估标准和方法核算，将导致价值普遍过高，从而实际降低了非法狩猎罪的入罪门槛，势必扩大刑事打击范围，难以实现罪责刑相适应，亦与社会公众的朴素公平正义观念不符。……非法狩猎罪涉案野生动物的价值应依据《最高人民法院、最高人民检察院关于办理破坏野生动物资源刑事案件适用法律若干问题的解释》第十五条、第十六条的规定进行认定。①

【法院案例库参考案例】

〔罗某福等危害珍贵、濒危野生动物、非法狩猎、掩饰、隐瞒犯罪所得案，2025-11-1-344-001〕野生鸟类自然繁殖下的孵化成活损失不应作为扣减非法狩猎犯罪中涉案野生动物资源损失的依据

对于涉野生鸟类蛋卵、幼鸟等破坏野生动物资源案件中，蛋卵的无精率、孵化率、幼鸟成活率及亲鸟补窝产卵等鸟类正常野外繁殖过程中的自然生态现象，与被告人实施犯罪行为、人为终结野生鸟类繁殖活动、违背自然繁殖规律不同，不应当作为扣减涉案鸟类损失的依据。

〔汤某政危害珍贵、濒危野生动物、非法狩猎案，2024-11-1-344-003〕危害珍贵、濒危野生动物罪和非法狩猎罪的罪数处断

行为人在不同地点、不同时间非法猎捕，犯罪对象不同，犯罪行为不同，实际危害结果不同，分别符合刑法规定的危害珍贵濒危野生动物罪、非法狩猎罪犯罪构成的，依法予以数罪并罚。

〔沈某危害珍贵、濒危野生动物案，2023-11-1-344-002〕无证采捕红珊瑚，无证收购、运输、出售红珊瑚及其制品行为的定性

红珊瑚系国家一级保护水生野生动物。无证采捕红珊瑚，或者无证收购、运输、出售红珊瑚及其制品的，应当依照刑法第三百四十一条的规定，以危害珍贵、濒危野生动物罪论处。

〔达某某危害珍贵、濒危野生动物案，2023-05-1-344-001〕对出售野生动物保护法实施前已持有的雪豹皮行为的定罪处罚

非法猎捕、杀害珍贵、濒危野生动物的行为，是刑法重点惩治的对象。但是，作为猎捕、杀害行为的延伸，收购、运输、出售珍贵、濒危野生动物及其制品的行为也必须予以严惩才能有效遏制非法猎捕、杀害珍贵、濒危野生动物

① 参见《法答网精选答问（第七批）》，载《人民法院报》2024年7月18日，第7版。

的行为。对于野生动物保护法实施前收购的野生动物制品进行出卖，可依法酌情从宽处罚。

【法院公报案例】

〔张爱民、李楠等非法猎捕、收购、运输、出售珍贵、濒危野生动物案，GB2018-2〕

对野生动物的乱捕滥猎、非法交易破坏生物链的完整性和生物多样性，进而破坏整个生态环境，需要加大对野生动物的刑事司法保护。行为人只要实施了非法猎捕或者非法收购、运输、出售国家重点保护的野生动物的行为，即构成犯罪。

【《刑事审判参考》案例】

〔参考案例第603号：曾巩义、陈月容非法狩猎案〕私拉电网非法狩猎并危及公共安全的，应当如何处理？

以私设电网的方法猎捕野生动物，并致人重伤、死亡或者使公私财产遭受重大损失，同时触犯了非法狩猎罪和过失以危险方法危害公共安全罪的，应当按照想象竞合犯的处理原则，择一重罪处理。

〔参考案例第1383号：解景芳非法出售珍贵、濒危野生动物案〕如何准确把握对破坏人工繁育野生动物资源犯罪的定罪量刑？

1.司法机关在保护野生动物资源方面，应当重点保护野外种群，以及濒危程度和保护等级较高且繁育技术不成熟、繁育规模较小的物种。对于破坏人工繁育野生动物资源的行为，在决定是否追究刑事责任以及如何裁量刑罚时，应当结合案件事实和证据，综合考量涉案动物的濒危程度、野外种群状况、人工繁育情况、行为手段和对野生动物资源的损害程度等情节，综合评估社会危害性，依法作出妥当处理，确保罪责刑相适应。

2.关于涉案动物的濒危程度和野外种群状况。在对破坏野生动物资源，尤其是破坏人工繁育的野生动物资源的行为定罪量刑时，除了考虑涉案动物的保护等级，还应当注意，有些野生动物虽然规定的保护等级较高，但野外种群规模相对较大，濒危程度相对较低，在量刑时可以适当从宽。另外，对于虽然列入《濒危野生动植物种国际贸易公约》附录Ⅰ、Ⅱ，但在我国没有野外种群分布的濒危物种的人工繁育种群，还可以考察该物种的人工繁育种群在原产或者引种国家和地区的立法保护情况，量刑时根据具体情况进行适当区分。

3.关于涉案动物的人工繁育情况。对于涉案动物系人工繁育技术成熟且养殖规模较大的物种的，在定罪量刑时应与人工繁育技术不成熟、养殖规模较小物种的犯罪有所区别。如果属于濒危程度较高、人工繁育技术不成熟、养殖规模较小的物种，如大熊猫、东北虎、华南虎等，量刑时原则上不宜从宽，确有特殊情况需要从宽处理的，亦应从严掌握；如果属于人工繁育技术成熟且养殖规模较大的物种，如球蟒、黄金蟒、缅甸陆龟、豹纹陆龟、红色吸蜜鹦鹉、珍达锥尾鹦鹉等，考虑到行为人的主观恶性较小、行为的社会危害性较低，在决定是否追究刑事责任时应慎重，确有追究刑事责任必要的，量刑时亦应从宽。具体还可以从以下方面作进一步区分：

(1)判断涉案动物是否属于合法繁

育的情形。实践中，有的行为人是合法繁育但无证出售其人工繁育的野生动物，相对于由野外非法捕获的动物进行繁育等非法繁育的情形，该行为对野外种群的影响更小，涉案动物的来源可溯，因而危害性更小，行为人的主观恶性也相对较低，量刑上应当体现从宽。

(2)判断涉案动物是否被列入《人工繁育国家重点保护野生动物名录》。根据野生动物保护法的规定，人工繁育技术成熟稳定且纳入《人工繁育国家重点保护野生动物名录》的国家重点保护野生动物，其人工繁育种群可以不再列入《国家重点保护野生动物名录》，凭省级政府野生动物保护主管部门核发的许可证和专用标识经营利用，无须再在市场流通环节申请运输、出售、收购、利用等许可证件。有关部门据此先后出台了《人工繁育国家重点保护陆生野生动物名录(第一批)》和两批《人工繁育国家重点保护水生野生动物名录》，将包括梅花鹿、马鹿、尼罗鳄、暹罗鳄、湾鳄等30种国家一、二级重点保护野生动物纳入。根据前述规定，被列入名录的30种野生动物的合法人工繁育种群，不再属于破坏野生动物资源犯罪的犯罪对象。

实践中，对于被列入名录的30种野生动物，有的行为人取得了人工繁育许可，但在经营利用相关动物及其制品的过程中未取得专用标识，这种情况应当依据行政法规进行处罚，原则上不宜按犯罪处理；如果行为人未取得人工繁育许可，涉案动物系非法人工繁育的，此种情形下，应结合涉案动物的濒危程度、人工繁育状况等因素，依法确定是否应追究刑事责任，确有追究刑事责任必要的，在量刑时亦应与30种野生动物以外的其他野生动物犯罪有所区别。这样的考虑也有充分的法律依据，如原国家林业局2017年发布的《野生动物及其制品价值评估方法》第七条规定："人工繁育的野生动物及其制品的价值，按照同种野生动物及其制品价值的百分之五十执行。人工繁育的列入《人工繁育国家重点保护野生动物名录》的野生动物及其制品的价值，按照同种野生动物及其制品价值的百分之二十五执行。"根据该规定，是否列入《人工繁育国家重点保护野生动物名录》，在计算人工繁育的野生动物及其制品价值时有着显著差异，该规定在办理人工繁育野生动物案件的定罪量刑时亦可作为参考。

4.关于涉案动物的用途。在办理破坏人工繁育野生动物资源犯罪案件时，应结合涉案动物的用途准确定罪量刑。如涉案动物系用于非法放生或者食用等目的，定罪量刑时应当从严把握。如涉案动物系用于科学研究、物种保护、展示展演、文物保护或者药用等合法用途的，在量刑时应与前者有所区别。

5.关于行为方式、手段和对野生动物资源的损害程度。具有以下情形的，在决定从宽量刑时应依法从严掌握：一是武装掩护或者使用军用、警用车辆等特种交通工具实施犯罪的；二是妨害野生动物的科研、养殖等工作的；三是造成野生动物死亡或者无法追回等严重后果的；四是引起重大疫情或者有引起重大疫情风险的；五是非法放生或者因动物逃逸造成他人人身、财产损害或者危害生态系统安全的。需要注意的是，如果行为人主动捕回放生或者逃逸的野生动物，尚未造成他人人身、财产损害或者危害生态系统安全的，量刑时可酌情从宽。

6.对于以观赏或者饲养宠物为目的购买少量人工繁育珍贵、濒危野生动物的行为，通常以人工繁育技术较为成熟且养殖规模巨大的物种为对象，如较为常见的宠物龟、宠物鹦鹉等。相比于非法出售等行为，上述行为的社会危害性和相关行为人的主观恶性相对更小，在决定是否追究刑事责任时应当更加慎重，原则上不宜按犯罪处理，确有追究刑事责任必要的，量刑时亦应大幅度从宽。

〔参考案例第1397号：刘纯军非法收购珍贵、濒危野生动物案〕非法收购珍贵、濒危野生动物罪[①]是否属于选择性罪名？野生动物死体属于野生动物还是野生动物制品？

1.珍贵野生动物与濒危野生动物范围相互交叉或转化，在认定罪名时无法也无必要具体区分。珍贵野生动物与濒危野生动物是从不同侧面对同一物种作出的认定，不具有区分性，故不符合选择性罪名的认定规则。立法将珍贵野生动物与濒危野生动物规定在同一个罪名中，主要目的是严密法网，并昭示国家对野生动物给予重点保护的范围和鲜明态度。

2.珍贵、濒危野生动物制品是指对捕获或得到的珍贵、濒危野生动物通过某种加工手段而获利的成品与半成品，如标本、皮张和其他有极高经济价值的动物部位、肉食等。珍贵、濒危野生动物的死体如果能够保持完整性，没有经过加工，应认定为珍贵、濒危野生动物。

〔参考案例第1606号：魏某某被诉非法收购、运输、出售珍贵、濒危野生动物、珍贵、濒危野生动物制品案〕如何准确理解和把握《关于办理破坏野生动物资源刑事案件适用法律若干问题的解释》第十三条第二款的规定？

被列入人工繁育国家重点保护野生动物名录的人工繁育野生动物及其制品，不属于刑法第三百四十一条第一款规定的犯罪对象。

第三百四十二条 【非法占用农用地罪】违反土地管理法规，非法占用耕地、林地等农用地，改变被占用土地用途，数量较大，造成耕地、林地等农用地大量毁坏的，处五年以下有期徒刑或者拘役，并处或者单处罚金。

【修正前条文】

第三百四十二条 【非法占用耕地罪】违反土地管理法规，非法占用耕地改作他用，数量较大，造成耕地大量毁坏的，处五年以下有期徒刑或者拘役，并处或者单处罚金。

【修正说明】

刑法修正案(二)对原条文进行了修改，增加了对非法占用林地等农用地行为追究刑事责任的规定。

【立法 · 要点注释】

1.“非法占用耕地、林地等农用地”，是指违反土地利用总体规划或计划，未经批准或骗取批准擅自将耕地改为建设用地或者作其他用途，或者擅自占用林地进行建设或者开垦林地进行

① 罪名已变更为“危害珍贵、濒危野生动物罪”。——编者注

种植、养殖以及实施采石、采沙等活动。

2.“改变被占用土地用途”，是指未经依法办理农用地转用批准手续，土地征用、占用审批手续，非法占用耕地、林地、草地等农用地，在被占用的农用地上从事建设、采矿、养殖等活动，改变土地利用总体规划规定的农用地的原用途。如占用耕地建设度假村，开垦林地、草地种植庄稼，占用林地挖塘养虾等。

【相关立法】

《中华人民共和国土地管理法》(20200101)

第四条第三款　前款所称农用地是指直接用于农业生产的土地，包括耕地、林地、草地、农田水利用地、养殖水面等……

【立法解释】

《全国人民代表大会常务委员会关于〈中华人民共和国刑法〉第二百二十八条、第三百四十二条、第四百一十条的解释》(20090827)

刑法第二百二十八条、第三百四十二条、第四百一十条规定的“违反土地管理法规”，是指违反土地管理法、森林法、草原法等法律以及有关行政法规中关于土地管理的规定。

【立案追诉标准】

《最高人民检察院、公安部关于公安机关管辖的刑事案件立案追诉标准的规定(一)》(公通字〔2008〕36号，20080625)

第六十七条[①]　〔非法占用农用地案(刑法第三百四十二条)〕违反土地管理法规，非法占用耕地、林地等农用地，改变被占用土地用途，造成耕地、林地等农用地大量毁坏，涉嫌下列情形之一的，应予立案追诉：

(一)非法占用基本农田五亩以上或者基本农田以外的耕地十亩以上的；

(二)非法占用防护林地或者特种用途林地数量单种或者合计五亩以上的；

(三)非法占用其他林地十亩以上的；

(四)非法占用本款第(二)项、第(三)项规定的林地，其中一项数量达到相应规定的数量标准的百分之五十以上，且两项数量合计达到该项规定的数量标准的；

(五)非法占用其他农用地数量较大的情形。

违反土地管理法规，非法占用耕地建窑、建坟、建房、挖沙、采石、采矿、取土、堆放固体废弃物或者进行其他非农业建设，造成耕地种植条件严重毁坏或者严重污染，被毁坏耕地数量达到以上规定的，属于本条规定的“造成耕地大量毁坏”。

违反土地管理法规，非法占用林地，改变被占用林地用途，在非法占用的林地上实施建窑、建坟、建房、挖沙、采石、采矿、取土、种植农作物、堆放或者排泄废弃物等行为或者进行其他非林业生产、建设，造成林地的原有植被或者林业种植条件严重毁坏或者严重污染，被毁坏林地数量达到以上规

① 该条立案追诉标准与本条项下【司法解释(1)】第三条、【司法解释(2)】第一条、【司法解释(3)】第二条、【司法解释(4)】第一条的规定不一致的，应以后者的规定为准。——编者注

定的，属于本条规定的“造成林地大量毁坏”。

【司法解释(1)】

《最高人民法院关于审理破坏土地资源刑事案件具体应用法律若干问题的解释》(法释〔2000〕14号，20000622)

第三条　违反土地管理法规，非法占用耕地改作他用，数量较大，造成耕地大量毁坏的，依照刑法第三百四十二条的规定，以非法占用耕地罪①定罪处罚：

(一)非法占用耕地“数量较大”，是指非法占用基本农田五亩以上或者非法占用基本农田以外的耕地十亩以上。

(二)非法占用耕地“造成耕地大量毁坏”，是指行为人非法占用耕地建窑、建坟、建房、挖沙、采石、采矿、取土、堆放固体废弃物或者进行其他非农业建设，造成基本农田五亩以上或者基本农田以外的耕地十亩以上种植条件严重毁坏或者严重污染。

第八条　单位犯非法转让、倒卖土地使用权罪、非法占有耕地罪②的定罪量刑标准，依照本解释第一条、第二条、第三条的规定执行。

第九条　多次实施本解释规定的行为依法应当追诉的，或者一年内多次实施本解释规定的行为未经处理的，按照累计的数量、数额处罚。

【司法解释(2)】

《最高人民法院关于审理破坏森林资源刑事案件适用法律若干问题的解释》(法释〔2023〕8号，20230815)

第一条　违反土地管理法规，非法占用林地，改变被占用林地用途，具有下列情形之一的，应当认定为刑法第三百四十二条规定的造成林地“毁坏”：

(一)在林地上实施建窑、建坟、建房、修路、硬化等工程建设的；

(二)在林地上实施采石、采砂、采土、采矿等活动的；

(三)在林地上排放污染物、堆放废弃物或者进行非林业生产、建设，造成林地被严重污染或者原有植被、林业生产条件被严重破坏的。

实施前款规定的行为，具有下列情形之一的，应当认定为刑法第三百四十二条规定的“数量较大，造成耕地、林地等农用地大量毁坏”：

(一)非法占用并毁坏公益林地五亩以上的；

(二)非法占用并毁坏商品林地十亩以上的；

(三)非法占用并毁坏的公益林地、商品林地数量虽未分别达到第一项、第二项规定标准，但按相应比例折算合计达到有关标准的；

(四)二年内曾因非法占用农用地受过二次以上行政处罚，又非法占用林地，数量达到第一项至第三项规定标准一半以上的。

第九条　多次实施本解释规定的行为，未经处理，且依法应当追诉的，数量、数额累计计算。

第十二条　实施破坏森林资源犯罪，具有下列情形之一的，从重处罚：

(一)造成林地或者其他农用地基本功能丧失或者遭受永久性破坏的；

① 罪名已变更为“非法占用农用地罪”。——编者注
② 罪名已变更为“非法占用农用地罪”。——编者注

（二）非法占用自然保护地核心保护区内的林地或者其他农用地的；

（三）非法采伐国家公园、国家级自然保护区内的林木的；

（四）暴力抗拒、阻碍国家机关工作人员依法执行职务，尚不构成妨害公务罪、袭警罪的；

（五）经行政主管部门责令停止违法行为后，继续实施相关行为的。

实施本解释规定的破坏森林资源行为，行为人系初犯，认罪认罚，积极通过补种树木、恢复植被和林业生产条件等方式修复生态环境，综合考虑涉案林地的类型、数量、生态区位或者涉案植物的种类、数量、价值，以及行为人获利数额、行为手段等因素，认为犯罪情节轻微的，可以免予刑事处罚；认为情节显著轻微危害不大的，不作为犯罪处理。

第十三条 单位犯刑法第三百四十二条、第三百四十四条、第三百四十五条规定之罪的，依照本解释规定的相应自然人犯罪的定罪量刑标准，对直接负责的主管人员和其他直接责任人员定罪处罚，并对单位判处罚金。

第十八条 对于涉案农用地类型、面积，国家重点保护植物或者其他林木的种类、立木蓄积、株数、价值，以及涉案行为对森林资源的损害程度等问题，可以由林业主管部门、侦查机关依据现场勘验、检查笔录等出具认定意见；难以确定的，依据鉴定机构出具的鉴定意见或者下列机构出具的报告，结合其他证据作出认定：

（一）价格认证机构出具的报告；

（二）国务院林业主管部门指定的机构出具的报告；

（三）地、市级以上人民政府林业主管部门出具的报告。

【司法解释(3)】

《最高人民法院关于审理破坏草原资源刑事案件应用法律若干问题的解释》(法释〔2012〕15号，20121122)

第一条 违反草原法等土地管理法规，非法占用草原，改变被占用草原用途，数量较大，造成草原大量毁坏的，依照刑法第三百四十二条的规定，以非法占用农用地罪定罪处罚。

第二条 非法占用草原，改变被占用草原用途，数量在二十亩以上的，或者曾因非法占用草原受过行政处罚，在三年内又非法占用草原，改变被占用草原用途，数量在十亩以上的，应当认定为刑法第三百四十二条规定的“数量较大”。

非法占用草原，改变被占用草原用途，数量较大，具有下列情形之一的，应当认定为刑法第三百四十二条规定的“造成耕地、林地等农用地大量毁坏”：

（一）开垦草原种植粮食作物、经济作物、林木的；

（二）在草原上建窑、建房、修路、挖砂、采石、采矿、取土、剥取草皮的；

（三）在草原上堆放或者排放废弃物，造成草原的原有植被严重毁坏或者严重污染的；

（四）违反草原保护、建设、利用规划种植牧草和饲料作物，造成草原沙化或者水土严重流失的；

（五）其他造成草原严重毁坏的情形。

第五条 单位实施刑法第三百四十二条规定的行为，对单位判处罚金，并对其直接负责的主管人员和其他直接责任人员，依照本解释规定的定罪量刑标准定罪处罚。

第六条　多次实施破坏草原资源的违法犯罪行为，未经处理，应当依法追究刑事责任的，按照累计的数量、数额定罪处罚。

第七条　本解释所称“草原”，是指天然草原和人工草地，天然草原包括草地、草山和草坡，人工草地包括改良草地和退耕还草地，不包括城镇草地。

【司法解释(4)】

《最高人民法院、最高人民检察院关于办理破坏黑土地资源刑事案件适用法律若干问题的解释》(法释〔2025〕7号，20250506)[①]

第一条　违反土地管理法规，具有下列情形之一的，应当认定为刑法第三百四十二条规定的非法占用耕地，改变被占用耕地用途，造成耕地毁坏：

(一)非法占用黑土地实施建房、建窑、建坟、挖湖造景等工程建设的；

(二)非法占用黑土地实施挖砂、采石、采矿、取土等活动的；

(三)非法占用黑土地排放污染物、堆放废弃物等造成黑土地被严重污染的；

(四)其他非法占用黑土地，改变被占用黑土地用途，造成黑土地毁坏的情形。

实施前款规定的行为，具有下列情形之一的，应当认定为刑法第三百四十二条规定的“数量较大，造成耕地、林地等农用地大量毁坏”：

(一)非法占用并毁坏属于永久基本农田的黑土地三亩以上，或者非法占用并毁坏永久基本农田以外的黑土地六亩以上的；

(二)非法在属于永久基本农田的黑土地上取黑土五百立方米以上，或者非法在永久基本农田以外的黑土地上取黑土一千立方米以上的；

(三)非法占用并毁坏黑土地，或者非法在黑土地上取黑土，数量虽未分别达到第一项、第二项规定标准，但按相应标准的比例折算合计达到标准的；

(四)二年内曾因非法占用农用地受过二次以上行政处罚，又非法占用并毁坏黑土地，数量达到第一项至第三项规定标准一半以上的。

【司法解释(4)·注释】

1.本条第一款的规定，对非法占用农用地罪构成要件中的“非法占用耕地，改变被占用耕地用途，造成耕地毁坏”予以整体认定。这一规定改变了以往法释〔2000〕14号只规定了“造成耕地大量毁坏”以及法释〔2023〕8号只规定了“毁坏”情形的做法，解决了还需进一步证明“改变被占用耕地用途”这一长期困扰司法实践的问题。换言之，只要行为人实施了本解释第一条第一款规定的四种情形之一的行为，即可以整体认定为刑法第三百四十二条规定的非法占用耕地，改变被占用耕地用途，造成耕地毁坏。

2.本条第一款第一项规定了具有非法占用黑土地实施建房、建窑、建坟、挖湖造景等工程建设这一情形的，可以认定为刑法第三百四十二条规定的非

① 该司法解释其他条文，参见本法第三百三十八条污染环境罪项下【司法解释(3)】，第1170页。

法占用耕地，改变被占用耕地用途，造成耕地毁坏的情形。主要考虑是，“建房、建窑、建坟和挖湖造景”等情形在土地管理法和粮食安全保障法等法律中均有明确的规定，而“修路、硬化”虽然在法释〔2023〕8号中有过规定，但毕竟和“建房、建窑、建坟和挖湖造景”等情形不一样，尚未有明确的法律依据，故决定在本条规定的行文中不直接体现“修路、硬化”的字样，而将其作为“等”内的内容包含在“非法占用黑土地实施建房、建窑、建坟、挖湖造景等工程建设”中的“等”字内。即司法实践中如果行为人非法占用黑土地实施修路、硬化工程建设的行为，且该行为符合刑法第三百四十二条和本解释的规定，则该破坏黑土地资源的行为同样构成非法占用农用地罪。

3.本条第二款第一项体现了对黑土地的从严保护，即在法释〔2000〕14号关于非法占用农用地罪“五亩”“十亩”入刑标准基础上，适当降低入罪门槛，采用了“三亩”“六亩”标准。这里的“三亩”“六亩”标准，是通过将黑土地的肥力和普通耕地的肥力对比反向折算而来。

4.本条第二款第二项引入了涉案黑土体积(立方米)作为非法占用农用地罪的入罪标准。主要考虑是：实践中，犯罪分子为逃避打击，对黑土地经常采取“掏洞深挖”式和“蚂蚁搬家”式盗采行为，有的盗采量很大，对黑土地破坏很严重，但仅从面积上看达不到非法占用农用地罪的入罪门槛，适用盗窃罪打击又不合适，引入体积标准，则是对此类破坏黑土地资源犯罪行为加大打击力度、增强打击效果的重要途径。黑土地保护法第三十二条第二款规定对非法出售黑土按照每立方米处以五百至五千元的罚款。盗挖黑土的目的多是出售牟利，故本解释借鉴了黑土地保护法以黑土体积(立方米)作为行政处罚数量标准的做法，明确可以将采挖黑土的体积(立方米)数量作为非法占用农用地罪的一种入罪标准。

5.本条第二款第三项规定了按比例折算的问题，即非法占用并毁坏黑土地，或者非法在黑土地上取黑土，数量虽未分别达到第一项、第二项规定标准，但按相应标准的比例折算合计达到标准的，也构成非法占用农用地罪。举例来说，如果行为人非法占用并毁坏属于永久基本农田的黑土地二亩(三亩入罪标准的66%)，同时，又非法占用并毁坏永久基本农田以外的黑土地三亩(六亩入罪标准的50%)，则按比例折算合计达到116%，应当认定为属于“数量较大，造成耕地、林地等农用地大量毁坏”的情形。再如，行为人非法在属于永久基本农田的黑土地上取黑土二百立方米(五百立方米入罪标准的40%)，又非法在永久基本农田以外的黑土地上取黑土三百立方米(一千立方米标准的30%)，则按比例折算合计达到70%，没有达到或者超过100%，则应当认定为不符合“数量较大，造成耕地、林地等农用地大量毁坏”的适用条件。

6.关于本条第二款第一项和第二项之间是否可以折抵。例如，如果行为人既有非法占用并毁坏黑土地的行为，又有非法在黑土地上取黑土的行为，但各自都未达到本解释规定的相应标准，此时是否可以根据第一项规定的面积标准折算出一个比例，再根据第二项规定的体积标准折算出一个比例，然后将两者相加后看是否合计达到标准。经研究，我们认为目前相关法律和司法解释确实没有关于能否交叉折抵的明确规定，但实践中也许会出现这样一种情况，例如行为人非法占用并毁坏属于永久基本农田的黑土地2.9亩，同时又非法在属于永久基本农田的黑土地上取黑土490立方米，行为人两项违法行为加起来的社会危害性都超过了单独一项违法行为的社会危害性，如果不能交叉折抵的话，确实存在放纵犯罪的嫌疑和人民群众朴素法感情难以接受的问题。故此，我们认为原则上应该是各项内自行折抵，但特殊情形下为了办案需要也可以允许交叉折抵。对此，本条第二款第三项的规定，从表述上看虽未明确能否进行交叉折抵，但也为实践中特殊情形下自由裁量进行交叉折抵留下了空间，这也是符合案件办理实际需要的。

【司法指导文件(1)】

《最高人民法院关于个人违法建房出售行为如何适用法律问题的答复》(法〔2010〕395号，20101101)

一、……在农村宅基地、责任田上违法建房出售如何处理的问题，涉及面广，法律、政策性强。据了解，有关部门正在研究制定政策意见和处理办法，在相关文件出台前，不宜以犯罪追究有关人员的刑事责任。

三、办理案件中，发现负有监管职责的国家机关工作人员有渎职、受贿等涉嫌违法犯罪的，要依法移交相关部门处理；发现有关部门在履行监管职责方面存在问题的，要结合案件处理，提出司法建议，促进完善社会管理。

【司法指导文件(2)】

《最高人民检察院法律政策研究室关于对〈“在禁牧区偷牧造成草场大量毁坏”行为性质的认定和法律适用问题的请示〉的答复》(高检研〔2018〕18号，20180929)

依据《中华人民共和国刑法》第三百四十二条和《最高人民法院关于审理破坏草原资源刑事案件应用法律若干问题的解释》的规定，在禁牧区偷牧造成草场大量毁坏的行为，不构成非法占用农用地罪。目前，应根据现行法律法规的规定，由草原行政主管部门依法对在禁牧区偷牧行为给予行政处罚。

……

【指导性案例·检察】

〔刘强非法占用农用地案，JZD60-2019〕

行为人违反土地管理法规，在耕地上建设“大棚房”“生态园”“休闲农庄”等，非法占用耕地数量较大，造成耕地等农用地大量毁坏的，应当以非法占用农用地罪追究实际建设者、经营者的刑事责任。

【法院案例库参考案例】

〔徐某成非法占用农用地案，2024-18-1-347-002〕破坏林地原有植被“毁坏”林地的认定

毁坏林地的实质在于破坏林地土壤种植条件或者原有生态功能。非法占用林地并进行修建道路、厂房等非林业生产、建设，造成林地被严重污染或者原有植被、林业生产条件被严重破坏的，应当认定为“毁坏”林地；符合刑法第三百四十二条规定的，应当以非法占用农用地罪论处。

〔于某鹏等非法占用农用地案，2024-18-1-347-001〕在林地上种植农作物"毁坏"林地的认定

林地是依法规划确定的用于发展林业的土地。保证林地专门用途，对于有效保护地上原有植被，维持森林生态系统的多样性、稳定性、持续性，确保森林资源发挥应有生态功能，至关重要。在林地上进行非林业生产、建设，造成原有植被、林业生产条件被严重破坏的，属于毁坏林地；符合刑法第三百四十二条规定的，应当以非法占用农用地罪论处。

〔张某非法占用农用地案，2024-11-1-347-005〕非法占用农用地中"擅自改变土地用途"的认定

行为人未经审批，擅自将其租赁的耕地改造成鱼塘，属于刑法第三百四十二条所规定的"改变被占用土地用途"的行为，如果数量较大，造成耕地大量毁坏的，则行为人构成非法占用农用地罪。

〔季某辉、李某非法占用农用地案，2024-11-1-347-002〕以修建大棚、发展农业养殖为名的非法占用农用地行为认定

违反土地管理法规，以修建大棚、发展农业养殖为名，针对耕地进行非法取土，造成耕地大量毁坏，符合刑法第三百四十二条规定的，应以非法占用农用地罪论处。

〔梁某东等人非法占用农用地案，2024-11-1-347-001〕村民小组组长在土地发包过程中违反土地管理法规变更土地用途、毁坏耕地的性质认定

村民小组随意变更土地性质、用途将土地发包，数量较大，造成耕地、林地等农用地大量毁坏的，可以依法追究作为直接负责的主管人员的村民小组组长的刑事责任。

〔曹某某非法占用农用地案，2023-11-1-347-004〕行为人主动购买碳汇，自愿履行修复受损生态环境责任的评价

行为人主动购买林业碳汇修复受损生态环境，有效弥补了补种树木成活期、幼龄期的固碳增汇损失，弥补了生态环境受到损害至修复完成期间的损失，既是自愿履行其应当承担的修复受损生态环境责任的具体行动，也是其真诚悔罪、认罪认罚的具体表现。对此，在刑罚裁量时可以酌情从轻处罚。

【《刑事审判参考》案例】

〔参考案例第445号：廖渭良等非法占用农用地、非法转让土地使用权案〕非法占用园地、改变园地用途的能否以非法占用农用地罪定罪处罚？

非法占用园地，擅自改变土地用途，数量较大的构成非法占用农用地罪。单位擅自转让园地使用权并改变用途，情节严重的，应追究单位的刑事责任。

〔参考案例第1398号：赵石山、王海杰、杨建波非法占用农用地案〕擅自以村委会名义将村山坡林地承包给村民作为墓地使用应当如何定性？

擅自以村委会名义将村山坡林地承包给村民作为墓地使用的，构成非法占用农用地罪。

第三百四十二条之一　【破坏自然保护地罪】违反自然保护地管理法规，在国家公园、国家级自然保护区进行开垦、开发活动或者修建建筑物，造成严重后果或者有其

他恶劣情节的，处五年以下有期徒刑或者拘役，并处或者单处罚金。

有前款行为，同时构成其他犯罪的，依照处罚较重的规定定罪处罚。

【修正说明】

本罪由刑法修正案(十一)第四十二条增设。

【立法 · 要点注释】

构成本罪要求"违反自然保护地管理法规",并非对国家公园、国家级自然保护区内的一切活动予以禁止和惩治,对于经过批准的合法开发建设活动不能适用本条,如经过批准的修建道路行为。特别是要注意处理好历史遗留问题和原住民为生产生活需要进行的必要活动。对因历史原因或者因后来被划为国家公园、国家级自然保护区域而仍在国家公园、国家级自然保护区内居住生活的,对其必要的开发建设行为不得作为本罪处理。

【法院案例库参考案例】

〔赵某强、辛某宝破坏自然保护地案,2024-11-1-348-001〕破坏自然保护地罪的适用

违反自然保护地管理法规,在国家公园内盗采矿石,随意弃置固体废物和生活垃圾、破坏植被及使用混凝土硬化路面等,应当认定为刑法第三百四十二条之一第一款规定的"开垦、开发活动"。实施上述行为,造成自然资源破坏、财产损失、人员伤亡、环境损害等后果的,应当认定为"造成严重后果",构成破坏自然保护地罪;同时构成非法采矿罪等其他犯罪的,依照处罚较重的规定定罪处罚。

第三百四十三条【非法采矿罪】违反矿产资源法的规定，未取得采矿许可证擅自采矿，擅自进入国家规划矿区、对国民经济具有重要价值的矿区和他人矿区范围采矿，或者擅自开采国家规定实行保护性开采的特定矿种，情节严重的，处三年以下有期徒刑、拘役或者管制，并处或者单处罚金；情节特别严重的，处三年以上七年以下有期徒刑，并处罚金。

【破坏性采矿罪】违反矿产资源法的规定，采取破坏性的开采方法开采矿产资源，造成矿产资源严重破坏的，处五年以下有期徒刑或者拘役，并处罚金。

【修正前条文】

第三百四十三条【非法采矿罪】违反矿产资源法的规定,未取得采矿许可证擅自采矿的,擅自进入国家规划矿区、对国民经济具有重要价值的矿区和他人矿区范围采矿的,擅自开采国家规定实行保护性开采的特定矿种,经责令停止开采后拒不停止开采,造成矿产资源破坏的,处三年以下有期徒刑、拘役或者管制,并处或者单处罚金;造成矿产资源严重破坏的,处三年以上七年以下有期徒刑,并处罚金。

【破坏性采矿罪】违反矿产资源法的规定,采取破坏性的开采方法开采矿产资源,造成矿产资源严重破坏的,处五年以下有期徒刑或者拘役,并处罚金。

【修正说明】

刑法修正案(八)第四十七条对非法采矿罪的犯罪构成条件作了修改,将“经责令停止开采后拒不停止开采,造成矿产资源破坏”修改为“情节严重”,“造成矿产资源严重破坏”修改为“情节特别严重”。

【立案追诉标准】

《最高人民检察院、公安部关于公安机关管辖的刑事案件立案追诉标准的规定(一)》[公通字〔2008〕36号,20080625,经2017年4月27日发布的《最高人民检察院、公安部关于公安机关管辖的刑事案件立案追诉标准的规定(一)的补充规定》(公通字〔2017〕12号)修正]

第六十八条　〔非法采矿案(刑法第三百四十三条第一款)〕违反矿产资源法的规定,未取得采矿许可证擅自采矿,或者擅自进入国家规划矿区、对国民经济具有重要价值的矿区和他人矿区范围采矿,或者擅自开采国家规定实行保护性开采的特定矿种,涉嫌下列情形之一的,应予立案追诉:

(一)开采的矿产品价值或者造成矿产资源破坏的价值在十万元至三十万元以上的;

(二)在国家规划矿区、对国民经济具有重要价值的矿区采矿,开采国家规定实行保护性开采的特定矿种,或者在禁采区、禁采期内采矿,开采的矿产品价值或者造成矿产资源破坏的价值在五万元至十五万元以上的;

(三)二年内曾因非法采矿受过两次以上行政处罚,又实施非法采矿行为的;

(四)造成生态环境严重损害的;

(五)其他情节严重的情形。

在河道管理范围内采砂,依据相关规定应当办理河道采砂许可证而未取得河道采砂许可证,或者应当办理河道采砂许可证和采矿许可证,既未取得河道采砂许可证又未取得采矿许可证,具有本条第一款规定的情形之一,或者严重影响河势稳定危害防洪安全的,应予立案追诉。

采挖海砂,未取得海砂开采海域使用权证且未取得采矿许可证,具有本条第一款规定的情形之一,或者造成海岸线严重破坏的,应予立案追诉。

具有下列情形之一的,属于本条规定的“未取得采矿许可证”:

(一)无许可证的;

(二)许可证被注销、吊销、撤销的;

(三)超越许可证规定的矿区范围或者开采范围的;

(四)超出许可证规定的矿种的(共生、伴生矿种除外);

(五)其他未取得许可证的情形。

多次非法采矿构成犯罪,依法应当追诉的,或者二年内多次非法采矿未经处理的,价值数额累计计算。

非法开采的矿产品价值,根据销赃数额认定;无销赃数额,销赃数额难以查证,或者根据销赃数额认定明显不合理的,根据矿产品价格和数量认定。

矿产品价值难以确定的,依据价格认证机构,省级以上人民政府国土资源、水行政、海洋等主管部门,或者国务院水行政主管部门在国家确定的重要江河、湖泊设立的流域管理机构出具的报告,结合其他证据作出认定。

第六十九条[①] 〔破坏性采矿案(刑法第三百四十三条第二款)〕违反矿产资源法的规定,采取破坏性的开采方法开采矿产资源,造成矿产资源严重破坏,价值在三十万至五十万元以上的,应予立案追诉。

本条规定的"采取破坏性的开采方法开采矿产资源",是指行为人违反地质矿产主管部门审查批准的矿产资源开发利用方案开采矿产资源,并造成矿产资源严重破坏的行为。

破坏性的开采方法以及造成矿产资源严重破坏的价值数额,由省级以上地质矿产主管部门出具鉴定结论,经查证属实后予以认定。

【司法解释(1)】

《最高人民法院、最高人民检察院关于办理非法采矿、破坏性采矿刑事案件适用法律若干问题的解释》(法释〔2016〕25号,20161201)

第一条 违反《中华人民共和国矿产资源法》《中华人民共和国水法》等法律、行政法规有关矿产资源开发、利用、保护和管理的规定的,应当认定为刑法第三百四十三条规定的"违反矿产资源法的规定"。

第二条 具有下列情形之一的,应当认定为刑法第三百四十三条第一款规定的"未取得采矿许可证":

(一)无许可证的;

(二)许可证被注销、吊销、撤销的;

(三)超越许可证规定的矿区范围或者开采范围的;

(四)超出许可证规定的矿种的(共生、伴生矿种除外);

(五)其他未取得许可证的情形。

第三条 实施非法采矿行为,具有下列情形之一的,应当认定为刑法第三百四十三条第一款规定的"情节严重":

(一)开采的矿产品价值或者造成矿产资源破坏的价值在十万元至三十万元以上的;

(二)在国家规划矿区、对国民经济具有重要价值的矿区采矿,开采国家规定实行保护性开采的特定矿种,或者在禁采区、禁采期内采矿,开采的矿产品价值或者造成矿产资源破坏的价值在五万元至十五万元以上的;

(三)二年内曾因非法采矿受过两次以上行政处罚,又实施非法采矿行为的;

(四)造成生态环境严重损害的;

(五)其他情节严重的情形。

实施非法采矿行为,具有下列情形之一的,应当认定为刑法第三百四十三条第一款规定的"情节特别严重":

(一)数额达到前款第一项、第二项规定标准五倍以上的;

(二)造成生态环境特别严重损害的;

(三)其他情节特别严重的情形。

第四条 在河道管理范围内采砂,具有下列情形之一,符合刑法第三百四十三条第一款和本解释第二条、第三条规定的,以非法采矿罪定罪处罚:

(一)依据相关规定应当办理河道采砂许可证,未取得河道采砂许可证的;

(二)依据相关规定应当办理河道

---

① 该条立案追诉标准与本条项下【司法解释(1)】第六条的规定不一致的,应以后者的规定为准。——编者注

采砂许可证和采矿许可证，既未取得河道采砂许可证，又未取得采矿许可证的。

实施前款规定行为，虽不具有本解释第三条第一款规定的情形，但严重影响河势稳定，危害防洪安全的，应当认定为刑法第三百四十三条第一款规定的“情节严重”。

第五条 未取得海砂开采海域使用权证，且未取得采矿许可证，采挖海砂，符合刑法第三百四十三条第一款和本解释第二条、第三条规定的，以非法采矿罪定罪处罚。

实施前款规定行为，虽不具有本解释第三条第一款规定的情形，但造成海岸线严重破坏的，应当认定为刑法第三百四十三条第一款规定的“情节严重”。

第六条 造成矿产资源破坏的价值在五十万元至一百万元以上，或者造成国家规划矿区、对国民经济具有重要价值的矿区和国家规定实行保护性开采的特定矿种资源破坏的价值在二十五万元至五十万元以上的，应当认定为刑法第三百四十三条第二款规定的“造成矿产资源严重破坏”。

第七条 明知是犯罪所得的矿产品及其产生的收益，而予以窝藏、转移、收购、代为销售或者以其他方法掩饰、隐瞒的，依照刑法第三百一十二条的规定，以掩饰、隐瞒犯罪所得、犯罪所得收益罪定罪处罚。

实施前款规定的犯罪行为，事前通谋的，以共同犯罪论处。

第八条 多次非法采矿、破坏性采矿构成犯罪，依法应当追诉的，或者二年内多次非法采矿、破坏性采矿未经处理的，价值数额累计计算。

第九条 单位犯刑法第三百四十三条规定之罪的，依照本解释规定的相应自然人犯罪的定罪量刑标准，对直接负责的主管人员和其他直接责任人员定罪处罚，并对单位判处罚金。

第十条 实施非法采矿犯罪，不属于“情节特别严重”，或者实施破坏性采矿犯罪，行为人系初犯，全部退赃退赔，积极修复环境，并确有悔改表现的，可以认定为犯罪情节轻微，不起诉或者免予刑事处罚。

第十一条 对受雇佣为非法采矿、破坏性采矿犯罪提供劳务的人员，除参与利润分成或者领取高额固定工资的以外，一般不以犯罪论处，但曾因非法采矿、破坏性采矿受过处罚的除外。

第十三条 非法开采的矿产品价值，根据销赃数额认定；无销赃数额，销赃数额难以查证，或者根据销赃数额认定明显不合理的，根据矿产品价格和数量认定。

矿产品价值难以确定的，依据下列机构出具的报告，结合其他证据作出认定：

（一）价格认证机构出具的报告；

（二）省级以上人民政府国土资源、水行政、海洋等主管部门出具的报告；

（三）国务院水行政主管部门在国家确定的重要江河、湖泊设立的流域管理机构出具的报告。

第十四条 对案件所涉的有关专门性问题难以确定的，依据下列机构出具的鉴定意见或者报告，结合其他证据作出认定：

（一）司法鉴定机构就生态环境损害出具的鉴定意见；

（二）省级以上人民政府国土资源主管部门就造成矿产资源破坏的价值、是否属于破坏性开采方法出具的报告；

（三）省级以上人民政府水行政主管部门或者国务院水行政主管部门在国家确定的重要江河、湖泊设立的流域管理机构就是否危害防洪安全出具的报告；

（四）省级以上人民政府海洋主管部门就是否造成海岸线严重破坏出具的报告。

第十五条　各省、自治区、直辖市高级人民法院、人民检察院，可以根据本地区实际情况，在本解释第三条、第六条规定的数额幅度内，确定本地区执行的具体数额标准，报最高人民法院、最高人民检察院备案。

第十六条　本解释自2016年12月1日起施行。本解释施行后，《最高人民法院关于审理非法采矿、破坏性采矿刑事案件具体应用法律若干问题的解释》（法释〔2003〕9号）同时废止。

【司法解释(1)·注释】

1.实践中采矿许可证到期后继续开采矿产资源的情形十分复杂，一律认定为“未取得采矿许可证”恐有不妥。而且，对于其中情节严重的，可以吊销许可证，对于此后采矿的可以认定为本解释第二条第二项规定的情形。因此，未将此种情形明确列为“未取得采矿许可证”的情形。此外，对于非法转让采矿权的，可以根据矿产资源法的相关规定吊销采矿许可证，进而将此后采砂的行为认定为本解释第二条第二项规定的情形。

2.关于“二年内曾因非法采矿受过两次以上行政处罚，又实施非法采矿行为的”。借鉴《最高人民法院、最高人民检察院关于办理走私刑事案件适用法律若干问题的解释》第十七条“刑法第一百五十三条第一款规定的‘一年内曾因走私被给予二次行政处罚后又走私’中的‘一年内’，以因走私第一次受到行政处罚的生效之日与‘又走私’行为实施之日的时间间隔计算确定”的规定，“二年内”宜以第一次违法行为受到行政处罚的生效之日与又实施相应行为之日的时间间隔计算确定。此外，“两次以上行政处罚”，包括但不限于国土资源主管部门的行政处罚，只要是有关部门依法对非法采矿行为给予的行政处罚即可。

3.为避免法律适用的漏洞，本解释第四条第一款、第五条第一款对刑法第三百四十三条第一款规定的“采矿许可证”作扩大解释，将开采河砂需要申请的采矿许可证、河道采砂许可证和开采海砂需要申请的采矿许可证、海砂开采海域使用权证均含括在内。由之带来的问题是，如何准确认定“未取得采矿许可证擅自采矿”。对于实行一证管理的区域，这一问题并不存在。但是，对于实行“两证”管理的区域，由于两证之间没有先后之分，取得其中一个证并非申领另一个证的前置程序，且实践中经常会出现取得其中一个证但无法取得另一个证的情形。例如，行为人已经申领了海域开采使用权证，并缴纳了海域使用金；但是行为人继而向有关部门申领采矿许可证，未被批准。经研究认为，这一现象与现行的采砂管理体制不无关系，如果统一许可证发放或者明确两证之间的衔接关系完全可以避免上述现象。此种情况下对行为人开采海砂的行为以非法采矿罪追究刑事责任，并不合适。总之，不应由行为人承担由于现行采砂管理体制带来的不利后果，上述情形不宜认定为刑法第三百四十三条第一款规定的“未取得采矿许可证擅自采矿”，不应以非法采矿罪论处。

4.由于本解释第二条对“未取得采矿许可证”作了明确，故第四条第一款、第五条第一款明确对于采砂领域“未取得采矿许可证擅自采矿”的认定要适用第二条的规定。对此司法实务要注意把握。例如，在实行一证管理的区域，虽然取得了河道采砂许可证，但是许可证被注销、吊销、撤销后继续采砂的，符合本解释第二条第二项、第三项的规定，也应当认定为“未取得采矿许可证擅自采矿”。

【司法解释(2)】

《最高人民法院、最高人民检察院关于办理盗窃油气、破坏油气设备等刑事案件具体应用法律若干问题的解释》(法释〔2007〕3号，20070119)

第六条　违反矿产资源法的规定，非法开采或者破坏性开采石油、天然气资源的，依照刑法第三百四十三条……的规定追究刑事责任。

【司法解释(3)】

《最高人民法院、最高人民检察院关于办理破坏黑土地资源刑事案件适用法律若干问题的解释》(法释〔2025〕7号，20250506)[①]

第二条　违反矿产资源法的规定，非法开采属于矿产资源的黑土，符合刑法第三百四十三条第一款规定的，以非法采矿罪定罪处罚。

【司法指导文件(1)】

《最高人民法院关于进一步加强危害生产安全刑事案件审判工作的意见》(法发〔2011〕20号，20111230)

10.……

违反安全生产管理规定，非法采矿、破坏性采矿或排放、倾倒、处置有害物质严重污染环境，造成重大伤亡事故或者其他严重后果，同时构成危害生产安全犯罪和破坏环境资源保护犯罪的，依照数罪并罚的规定处罚。

【司法指导文件(2)】

《最高人民法院关于充分发挥环境资源审判职能作用依法惩处盗采矿产资源犯罪的意见》(法发〔2022〕19号，20220701)

二、正确适用法律，充分发挥依法惩处盗采矿产资源犯罪的职能作用

5.严格依照刑法第三百四十三条及《最高人民法院、最高人民检察院关于办理非法采矿、破坏性采矿刑事案件适用法律若干问题的解释》(以下简称《解释》)的规定，对盗采矿产资源行为定罪量刑。对犯罪分子主观恶性深、人身危险性大，犯罪情节恶劣、后果严重的，坚决依法从严惩处。

6.正确理解和适用《解释》第二条、第四条第一款、第五条第一款规定，准确把握盗采矿产资源行为入罪的前提条件。对是否构成“未取得采矿许可证”情形，要在综合考量案件具体事实、情节的基础上依法认定。

7.正确理解和适用《解释》第三条、

---

① 该司法解释其他条文，参见本法第三百三十八条污染环境罪项下【司法解释(3)】，第1170页。

第四条第二款、第五条第二款规定，对实施盗采矿产资源行为同时构成两种以上“情节严重”或者“情节特别严重”情形的，要综合考虑各情节，精准量刑。对在河道管理范围、海域实施盗采砂石行为的，要充分关注和考虑其危害堤防安全、航道畅通、通航安全或者造成岸线破坏等因素。

8.充分关注和考虑实施盗采矿产资源行为对生态环境的影响，加强生态环境保护力度。对具有破坏生态环境情节但非依据生态环境损害严重程度确定法定刑幅度的，要酌情从重处罚。盗采行为人积极修复生态环境、赔偿损失的，可以依法从轻或者减轻处罚；符合《解释》第十条规定的，可以免予刑事处罚。

9.正确理解和适用《解释》第十三条规定，准确把握矿产品价值认定规则。为获取非法利益而对矿产品进行加工、保管、运输的，其成本支出一般不从销赃数额中扣除。销赃数额与评估、鉴定的矿产品价值不一致的，要结合案件的具体事实、情节作出合理认定。

10.依法用足用好罚金刑，提高盗采矿产资源犯罪成本，要综合考虑矿产品价值或者造成矿产资源破坏的价值、生态环境损害程度、社会影响等情节决定罚金数额。法律、行政法规对同类盗采矿产资源行为行政罚款标准有规定的，决定罚金数额时可以参照行政罚款标准。盗采行为人就同一事实已经支付了生态环境损害赔偿金、修复费用的，决定罚金数额时可予酌情考虑，但不能直接抵扣。

11.准确理解和把握刑法第七十二条规定，依法正确适用缓刑。对盗采矿产资源犯罪分子具有“涉黑”“涉恶”或者属于“沙霸”“矿霸”，曾因非法采矿或者破坏性采矿受过刑事处罚，与国家工作人员相互勾结实施犯罪或者以行贿等非法手段逃避监管，毁灭、伪造、隐藏证据或者转移财产逃避责任，或者数罪并罚等情形的，要从严把握缓刑适用。依法宣告缓刑的，可以根据犯罪情况，同时禁止犯罪分子在缓刑考验期限内从事与开采矿产资源有关的特定活动。

12.准确理解和把握法律关于共同犯罪的规定，对明知他人盗采矿产资源，而为其提供重要资金、工具、技术、单据、证明、手续等便利条件或者居间联络，结合全案证据可以认定为形成通谋的，以共同犯罪论处。

13.正确理解和适用《解释》第十二条规定，加强涉案财物处置力度。对盗采矿产资源犯罪的违法所得及其收益，用于盗采矿产资源犯罪的专门工具和供犯罪所用的本人财物，坚决依法追缴、责令退赔或者没收。对在盗采、运输、销赃等环节使用的机械设备、车辆、船舶等大型工具，要综合考虑案件的具体事实、情节及工具的属性、权属等因素，依法妥善认定是否用于盗采矿产资源犯罪的专门工具。

14.依法妥善审理国家规定的机关或者法律规定的组织提起的生态环境保护附带民事公益诉讼，综合考虑盗采行为人的刑事责任与民事责任。既要依法全面追责，又要关注盗采行为人的担责能力，保证裁判的有效执行。鼓励根据不同环境要素的修复需求，依法适用劳务代偿、补种复绿、替代修复等多种修复责任承担方式，以及代履行、公益信托等执行方式。支持各方依法达成调解协议，鼓励盗采行为人主动、及时承担民事责任。

【司法指导文件(3)】

《最高人民法院、最高人民检察院、中国海警局依法打击涉海砂违法犯罪座谈会纪要》(法发〔2023〕9号，20230606)

……各部门要正确理解和准确适用刑法和《最高人民法院、最高人民检察院关于办理非法采矿、破坏性采矿刑事案件适用法律若干问题的解释》(法释〔2016〕25号，以下简称《非法采矿解释》)、《最高人民法院关于充分发挥环境资源审判职能作用依法惩处盗采矿产资源犯罪的意见》(法发〔2022〕19号)等规定，坚持宽严相济刑事政策，统一执法司法尺度，依法加大对涉海砂违法犯罪的惩治力度，切实维护海洋生态环境和矿产资源安全。现形成纪要如下。

一、关于罪名适用

1.未取得海砂开采海域使用权证，且未取得采矿许可证，在中华人民共和国内水、领海采挖海砂，符合刑法第三百四十三条第一款和《非法采矿解释》第二条、第三条规定的，以非法采矿罪定罪处罚。

对于在中华人民共和国毗连区、专属经济区、大陆架以及中华人民共和国管辖的其他海域实施前款规定的行为，适用我国刑法追究刑事责任的案件，参照前款规定定罪处罚。

2.具有下列情形之一的，对过驳和运输海砂的船主或者船长，依照刑法第三百四十三条第一款的规定，以非法采矿罪定罪处罚：

(1)与非法采挖海砂犯罪分子事前通谋，指使或者驾驶运砂船前往指定海域直接从采砂船过驳和运输海砂的；

(2)未与非法采挖海砂犯罪分子事前通谋，但受其雇佣，指使或者驾驶运砂船前往指定海域，在非法采砂行为仍在进行时，明知系非法采挖的海砂，仍直接从采砂船过驳和运输海砂的；

(3)未与非法采挖海砂犯罪分子事前通谋，也未受其雇佣，在非法采砂行为仍在进行时，明知系非法采挖的海砂，临时与非法采挖海砂犯罪分子约定时间、地点，直接从采砂船过驳和运输海砂的。

具有下列情形之一的，对过驳和运输海砂的船主或者船长，依照刑法第三百一十二条的规定，以掩饰、隐瞒犯罪所得罪定罪处罚：

(1)未与非法采挖海砂犯罪分子事前通谋，指使或者驾驶运砂船前往相关海域，在非法采砂行为已经完成后，明知系非法采挖的海砂，仍直接从采砂船过驳和运输海砂的；

(2)与非法收购海砂犯罪分子事前通谋，指使或者驾驶运砂船前往指定海域过驳和运输海砂的；

(3)无证据证明非法采挖、运输、收购海砂犯罪分子之间存在事前通谋或者事中共同犯罪故意，但受其中一方雇佣后，指使或者驾驶运砂船前往指定海域，明知系非法采挖的海砂，仍从其他运砂船上过驳和运输海砂的。

二、关于主观故意认定

3.判断过驳和运输海砂的船主或者船长是否具有犯罪故意，应当依据其任职情况、职业经历、专业背景、培训经历、本人因同类行为受到行政处罚或者刑事责任追究情况等证据，结合其供述，进行综合分析判断。

实践中，具有下列情形之一，行为人不能作出合理解释的，一般可以认定其“明知系非法采挖的海砂”，但有相反证据的除外：

(1) 故意关闭船舶自动识别系统，或者船舶上有多套船舶自动识别系统，或者故意毁弃船载卫星电话、船舶自动识别系统、定位系统数据及手机存储数据的；

(2) 故意绕行正常航线和码头、在隐蔽水域或者在明显不合理的隐蔽时间过驳和运输，或者使用暗号、暗语、信物等方式进行联络、接头的；

(3) 使用“三无”船舶、虚假船名船舶或非法改装船舶，或者故意遮蔽船号，掩盖船体特征的；

(4) 虚假记录船舶航海日志、轮机日志，或者进出港未申报、虚假申报的；

(5) 套用相关许可证、拍卖手续、合同等合法文件资料，或者使用虚假、伪造文件资料的；

(6) 无法出具合法有效海砂来源证明，或者拒不提供海砂真实来源证明的；

(7) 以明显低于市场价格进行交易的；

(8) 支付、收取或者约定的报酬明显不合理，或者使用控制的他人名下银行账户收付海砂交易款项的；

(9) 逃避、抗拒执法检查，或者事前制定逃避检查预案的；

(10) 其他足以认定的情形。

4.明知他人实施非法采挖、运输、收购海砂犯罪，仍为其提供资金、场地、工具、技术、单据、证明、手续等重要便利条件或者居间联络，对犯罪产生实质性帮助作用的，以非法采矿罪或者掩饰、隐瞒犯罪所得罪的共同犯罪论处。

三、关于下游行为的处理

5.认定非法运输、收购、代为销售或者以其他方法掩饰、隐瞒非法采挖的海砂及其产生的收益构成掩饰、隐瞒犯罪所得、犯罪所得收益罪，以上游非法采矿犯罪事实成立为前提。上游犯罪尚未依法裁判，但查证属实的，不影响掩饰、隐瞒犯罪所得、犯罪所得收益罪的认定。上游非法采挖海砂未达到非法采矿罪“情节严重”标准的，对下游对应的掩饰、隐瞒行为可以依照海洋环境保护法、海域使用管理法、治安管理处罚法等法律法规给予行政处罚。

6.明知是非法采挖的海砂及其产生的收益，而予以运输、收购、代为销售或者以其他方法掩饰、隐瞒，一年内曾因实施此类行为受过行政处罚，又实施此类行为的，应当依照刑法第三百一十二条的规定，以掩饰、隐瞒犯罪所得、犯罪所得收益罪定罪处罚。多次实施此类行为，未经行政处罚，依法应当追诉的，犯罪所得、犯罪所得收益的数额应当累计计算。

7.以掩饰、隐瞒犯罪所得、犯罪所得收益罪定罪处罚的，应当注意与上游非法采矿犯罪保持量刑均衡。

四、关于劳务人员的责任认定

8.《非法采矿解释》第十一条规定，对受雇佣提供劳务的人员，除参与利润分成或者领取高额固定工资的以外，一般不以犯罪论处，但曾因非法采矿、破坏性采矿受过处罚的除外。对于该条中“高额固定工资”的理解，不宜停留在对“高额”的字面理解层面，应当结合其在整个犯罪活动中的职责分工、参与程度等因素进行综合判断。

实践中，要注意结合本地区经济社会发展水平，以及采矿行业提供劳务人员的平均工资水平审查认定。一般情况下，领取或者约定领取上一年度本省（自治区、直辖市）同种类采矿、运输等行业提供劳务人员平均工资二倍以上固定财产性收益的，包括工资、奖金、补贴、物质奖励等，可以认定为“高额固定工资”。

9.具有下列情形之一的，一般不适用《非法采矿解释》第十一条“一般不以犯罪论处”的规定：

(1) 明知他人实施非法采挖、运输、收购海砂犯罪，仍多次为其提供开采、装卸、运输、销售等实质性帮助或者重要技术支持，情节较重的；

(2) 在相关犯罪活动中，承担一定发起、策划、操纵、管理、协调职责的；

(3) 多次逃避检查，或者采取通风报信等方式为非法采挖海砂犯罪活动逃避监管或者为犯罪分子逃避处罚提供帮助的。

五、关于涉案海砂价格的认定

10.对于涉案海砂价值，有销赃数额的，一般根据销赃数额认定；对于无销赃数额，销赃数额难以查证，或者根据销赃数额认定明显不合理的，根据海砂市场交易价格和数量认定。

非法采挖的海砂在不同环节销赃，非法采挖、运输、保管等过程中产生的成本支出，在销赃数额中不予扣除。

11.海砂价值难以确定的，依据当地政府相关部门所属价格认证机构出具的报告认定，或者依据省级以上人民政府自然资源、水行政、海洋等主管部门出具的报告，结合其他证据作出认定。

12.确定非法开采的海砂价值，一般应当以实施犯罪行为终了时当地海砂市场交易价格或者非法采挖期间当地海砂的平均市场价格为基准。犯罪行为存在明显时段连续性的，可以分别按照不同时段实施犯罪行为时当地海砂市场交易价格为基准。如当地县（市、区）无海砂市场交易价格，可参照周边地区海砂市场交易价格。

六、关于涉案船舶、财物的处置

13.对涉案船舶，海警机构应当依法及时查封、扣押，扣押后一般由海警机构自行保管，特殊情况下，也可以交由船主或者船长暂时保管。

14.具有下列情形之一的，一般可以认定为《非法采矿解释》第十二条第二款规定的“用于犯罪的专门工具”，并依法予以没收：

(1) 犯罪分子所有，并专门用于非法采挖海砂犯罪的工具；

(2) 长期不作登记或者系“三无”船舶或者挂靠、登记在他人名下，但实为犯罪分子控制，并专门用于非法采挖海砂犯罪的工具；

(3) 船舶、机具所有人明知犯罪分子专门用于非法采挖海砂违法犯罪而出租、出借船舶、机具，构成共同犯罪或者相关犯罪的。

15.具有下列情形之一的，一般可以认定为船舶所有人明知他人专门用于非法采挖海砂违法犯罪而出租、出借船舶，但是能够作出合理解释或者有相反证据的除外：

(1) 未经有关部门批准，擅自将船舶改装为可用于采挖、运输海砂的船舶或者进行伪装的；

(2) 同意或者默许犯罪分子将船舶改装为可用于采挖、运输海砂的船舶或者进行伪装的；

(3) 曾因出租、出借船舶用于非法采挖、运输海砂受过行政处罚，又将船船出租、出借给同一违法犯罪分子的；

(4)拒不提供真实的实际使用人信息，或者提供虚假的实际使用人信息的；

(5)其他足以认定明知的情形。

16.非法采挖、运输海砂犯罪分子为逃避专门用于犯罪的船舶被依法罚没，或者为逃避一年内曾因非法采挖、运输海砂受过行政处罚，又实施此类行为被追究刑事责任，而通过虚构买卖合同、口头协议等方式转让船舶所有权，但并未进行物权变动登记，也未实际支付船舶转让价款的，可以依法认定涉案船舶为“用于犯罪的专门工具”。

17.涉案船舶的价值与涉案金额过于悬殊，且涉案船舶证件真实有效、权属明确、船证一致的，一般不予没收。实践中，应当综合行为的性质、情节、后果、社会危害程度及行为人认罪悔罪表现等因素，对涉案船舶依法处置。

18.船主以非法运输海砂为业，明知是非法采挖海砂仍一年内多次实施非法运输海砂犯罪活动，构成共同犯罪或者相关犯罪的，涉案船舶可以认定为《非法采矿解释》第十二条第二款规定的“供犯罪所用的本人财物”，并依法予以没收。

19.海警机构对查扣的涉案海砂，在固定证据和留存样本后，经县级以上海警机构主要负责人批准，可以依法先行拍卖，并对拍卖进行全流程监管。拍卖所得价款暂予保管，诉讼终结后依法处理。

对于涉案船舶上采运砂机具等设施设备，海警机构在侦查过程中应当及时查封、扣押，人民法院原则上应当依法判决没收，或者交由相关主管部门予以拆除。

七、关于加强协作配合与监督制约

20.案件发生后，犯罪嫌疑人、被告人从海上返回陆地的登陆地的海警机构、人民检察院、人民法院可以依法行使管辖权。“登陆地”既包括犯罪嫌疑人、被告人自行或者通过其他途径“主动登陆地”，也包括被海警机构等执法部门押解返回陆地的“被动登陆地”。海警机构应当按照就近登陆、便利侦查的原则选择登陆地。

……

【法院案例库参考案例】

〔李某非法采矿案，2024-11-1-349-005〕对非法开采矿石行为非法性的认定

在非法采矿案件中，应当准确认定被告人开采矿石行为的非法性。若被告人开采矿石是为了保护财产、排除安全隐患的避险行为，则应当认定其为刑法允许实施的合法开采行为，不具有社会危害性和非法性，不构成非法采矿罪。但是，对于同一案件中同一被告人既有避险行为又有非法开采行为的，应当作出明确区分，分别依法进行裁判。

〔汤某某等三人非法采矿案，2023-16-1-349-001〕采矿许可证到期后继续开采的行为不能一律认定为“未取得采矿许可证擅自采矿”

实践中采矿许可证到期后继续开采的情形成因比较复杂，判断其是否属于规定的“其他未取得许可证”情形，应当综合行政机关对采矿权延续申请的受理、是否作出决定等情节进行审查。如果依法取得采矿许可证并在到期前向行政机关申请延续，但由于行政机关的执法不规范、不作为而未能在法定期限内获得采矿许可的延续批准的，不应认定为“未取得采矿许可证擅自采矿”。

〔梁某德、梁某明非法采矿案，2023-11-1-349-003〕**超范围采矿的数量及价值认定**

被告人实际采挖数量远超国土资源主管部门的批准量的，系超范围采矿行为，符合刑法第三百四十三条规定的，应当以非法采矿罪定罪处罚。

〔奇台县某服务部、林某非法采矿案，2023-11-1-349-004〕**仅获得探矿许可但进行采矿行为的定性**

对仅获得探矿许可的采矿行为，在认定行为性质时应综合考量行为人主观恶意、开采矿产品价值或者造成矿产资源破坏的价值、开采时间长短等因素。被告人在取得探矿许可情况下，未办理采矿权证手续，擅自采矿，开采的矿产品价值大，符合刑法第三百四十三条规定的，应当认定为构成非法采矿罪。

〔刘某江非法采矿案，2024-11-1-349-001〕**借合法承包工程之机非法采砂应认定为非法采矿**

在合法承建项目工程施工中，超出项目工程范围，违反矿产资源法的规定，未取得采矿许可证而擅自大量采挖项目工程所在地的砂石等矿产资源牟利的，属于非法采矿。

〔范某某非法采矿案，2023-11-1-349-018〕**借清理垃圾为名擅自采挖砂石对外销售行为的定性**

借清理垃圾为名，在施工过程中擅自实施非法采挖砂、风化料对外销售，符合刑法第三百四十三条规定的，应当以非法采矿罪定罪处罚。

〔缪某林、郭某晶非法采矿案，2023-11-1-349-013〕**非法开采稀土矿行为的定性**

离子型稀土被列为国家实行保护性开采的特定矿种之一。违反矿产资源法的规定，未取得采矿许可证擅自开采离子型稀土矿产的，属于刑法第三百四十三条第一款规定的“擅自开采国家规定实行保护性开采的特定矿种”；情节严重的，构成非法采矿罪。

〔徐某发非法采矿宣告无罪案，2023-11-1-349-011〕**未取得采矿许可证，对采矿剥离物进行再利用行为的定性**

非法采矿罪的对象矿产资源应系地质作用形成的自然资源。人工开采矿石后的剥离物、废石，并非经地质作用自然形成，不符合自然状态的属性，不属于非法采矿罪的对象。

〔杨某平等六人非法采矿案，2023-11-1-349-009〕**行为人盗采湿地泥炭情节严重行为的定性**

被告人违反矿产资源法的规定，未取得采矿许可证，擅自开采、贩卖高寒沼泽湿地泥炭，符合刑法第三百四十三条第一款规定的，构成非法采矿罪。

〔张某胜等人非法采矿案，2023-11-1-349-008〕**在土地复垦过程中非法采矿行为的司法认定**

行为人以土地复垦项目为名，违反矿产资源法的规定，在未取得采矿许可证的情形下擅自采矿，符合刑法第三百四十三条第一款规定的，构成非法采矿罪。

〔宋某友非法采矿案，2023-11-1-349-007〕**在承包的农村集体土地上非法采砂构成非法采矿罪**

行为人未取得采矿许可证，在其承包的集体土地上非法采砂，破坏矿产资源和生态环境，符合刑法第三百四十三条第一款规定的，构成非法采矿罪。

〔山西某能源投资集团有限公司、陈某志等人非法采矿案，2023-11-1-349-005〕非法采矿单位犯罪的认定

集团公司每年年底通过召开采掘规划大会的方式，布置安排下属煤矿下年度的开采计划、生产任务；集团公司下属煤矿采掘计划及开采图纸的设计，生产计划及生产任务的制定均由该集团公司审核、下达，并由集团公司检查督促实施；生产出来的煤炭由集团公司统一调配到下属洗煤厂，统一销售，收益归集团所有。在上述情形之下，集团公司应当对下属企业所具体实施的非法采矿犯罪承担刑事责任，成立单位犯罪。

【《刑事审判参考》案例】

〔参考案例第1621号：青海JM产业(集团)有限公司等被诉非法采矿案〕未取得采矿许可证采矿是否必然构成非法采矿罪？

根据刑法第三百四十三条第一款规定的精神，未取得采矿许可证擅自采矿是构成非法采矿罪的典型情形之一，但该条未规定"未取得采矿许可证采矿"即构成非法采矿罪，而是采用了"未取得采矿许可证+擅自采矿"的认定标准。由于无证开采的情形在现实中较为复杂，造成无证开采的原因可能也是多方面的，按照主客观相一致的原则，认定本罪既要审查行为人客观上是否实施了未取得采矿许可证采矿的行为，也要审查行为人主观上是否有"擅自"开采的故意。

第三百四十四条　【危害国家重点保护植物罪】违反国家规定，非法采伐、毁坏珍贵树木或者国家重点保护的其他植物的，或者非法收购、运输、加工、出售珍贵树木或者国家重点保护的其他植物及其制品的，处三年以下有期徒刑、拘役或者管制，并处罚金；情节严重的，处三年以上七年以下有期徒刑，并处罚金。

【修正前条文】

第三百四十四条　【非法采伐、毁坏珍贵树木罪】违反森林法的规定，非法采伐、毁坏珍贵树木的，处三年以下有期徒刑、拘役或者管制，并处罚金；情节严重的，处三年以上七年以下有期徒刑，并处罚金。

【修正说明】

刑法修正案(四)第六条对原条文作出下述修改：一是把该条惩治犯罪行为从"非法采伐、毁坏"增加到"非法收购、运输、加工、出售"；二是保护范围从"珍贵林木"扩大到国家重点保护的所有植物及其制品。

【立案追诉标准】

《最高人民检察院、公安部关于公安机关管辖的刑事案件立案追诉标准的规定(一)》(公通字〔2008〕36号，20080625)[①]

第七十条　〔非法采伐、毁坏国家重点保护植物案[②](刑法第三百四十四条)〕违反国家规定，非法采伐、毁坏珍

① 《立案追诉标准(一)》第七十条、第七十一条的规定与本条项下【司法解释(1)】第二条的规定不一致的，应以后者的规定为准。——编者注

② 罪名已变更为"危害国家重点保护植物罪"。——编者注

贵树木或者国家重点保护的其他植物的，应予立案追诉。

本条和本规定第七十一条规定的“珍贵树木或者国家重点保护的其他植物”，包括由省级以上林业主管部门或者其他部门确定的具有重大历史纪念意义、科学研究价值或者年代久远的古树名木，国家禁止、限制出口的珍贵树木以及列入《国家重点保护野生植物名录》的树木或者其他植物。

第七十一条〔非法收购、运输、加工、出售国家重点保护植物、国家重点保护植物制品案[①]（刑法第三百四十四条）〕违反国家规定，非法收购、运输、加工、出售珍贵树木或者国家重点保护的其他植物及其制品的，应予立案追诉。

【司法解释(1)】

《最高人民法院关于审理破坏森林资源刑事案件适用法律若干问题的解释》（法释〔2023〕8号，20230815）

第二条　违反国家规定，非法采伐、毁坏列入《国家重点保护野生植物名录》的野生植物，或者非法收购、运输、加工、出售明知是非法采伐、毁坏的上述植物及其制品，具有下列情形之一的，应当依照刑法第三百四十四条的规定，以危害国家重点保护植物罪定罪处罚：

（一）危害国家一级保护野生植物一株以上或者立木蓄积一立方米以上的；

（二）危害国家二级保护野生植物二株以上或者立木蓄积二立方米以上的；

（三）危害国家重点保护野生植物，数量虽未分别达到第一项、第二项规定标准，但按相应比例折算合计达到有关标准的；

（四）涉案国家重点保护野生植物及其制品价值二万元以上的。

实施前款规定的行为，具有下列情形之一的，应当认定为刑法第三百四十四条规定的“情节严重”：

（一）危害国家一级保护野生植物五株以上或者立木蓄积五立方米以上的；

（二）危害国家二级保护野生植物十株以上或者立木蓄积十立方米以上的；

（三）危害国家重点保护野生植物，数量虽未分别达到第一项、第二项规定标准，但按相应比例折算合计达到有关标准的；

（四）涉案国家重点保护野生植物及其制品价值二十万元以上的；

（五）其他情节严重的情形。

违反国家规定，非法采伐、毁坏古树名木，或者非法收购、运输、加工、出售明知是非法采伐、毁坏的古树名木及其制品，涉案树木未列入《国家重点保护野生植物名录》的，根据涉案树木的树种、树龄以及历史、文化价值等因素，综合评估社会危害性，依法定罪处罚。

第九条　多次实施本解释规定的行为，未经处理，且依法应当追诉的，数量、数额累计计算。

第十二条　实施破坏森林资源犯罪，具有下列情形之一的，从重处罚：

（一）造成林地或者其他农用地基本功能丧失或者遭受永久性破坏的；

① 罪名已变更为“危害国家重点保护植物罪”。——编者注

（二）非法占用自然保护地核心保护区内的林地或者其他农用地的；

（三）非法采伐国家公园、国家级自然保护区内的林木的；

（四）暴力抗拒、阻碍国家机关工作人员依法执行职务，尚不构成妨害公务罪、袭警罪的；

（五）经行政主管部门责令停止违法行为后，继续实施相关行为的。

实施本解释规定的破坏森林资源行为，行为人系初犯，认罪认罚，积极通过补种树木、恢复植被和林业生产条件等方式修复生态环境，综合考虑涉案林地的类型、数量、生态区位或者涉案植物的种类、数量、价值，以及行为人获利数额、行为手段等因素，认为犯罪情节轻微的，可以免予刑事处罚；认为情节显著轻微危害不大的，不作为犯罪处理。

第十三条　单位犯刑法第三百四十二条、第三百四十四条、第三百四十五条规定之罪的，依照本解释规定的相应自然人犯罪的定罪量刑标准，对直接负责的主管人员和其他直接责任人员定罪处罚，并对单位判处罚金。

第十四条　针对国家、集体或者他人所有的国家重点保护植物和其他林木实施犯罪的违法所得及其收益，应当依法追缴或者责令退赔。

第十五条　组织他人实施本解释规定的破坏森林资源犯罪的，应当按照其组织实施的全部罪行处罚。

对于受雇佣为破坏森林资源犯罪提供劳务的人员，除参与利润分成或者领取高额固定工资的以外，一般不以犯罪论处，但曾因破坏森林资源受过处罚的除外。

第十六条　对于实施本解释规定的相关行为未被追究刑事责任的行为人，依法应当给予行政处罚、政务处分或者其他处分的，移送有关主管机关处理。

第十七条　涉案国家重点保护植物或者其他林木的价值，可以根据销赃数额认定；无销赃数额，销赃数额难以查证，或者根据销赃数额认定明显不合理的，根据市场价格认定。

第十八条　对于涉案农用地类型、面积，国家重点保护植物或者其他林木的种类、立木蓄积、株数、价值，以及涉案行为对森林资源的损害程度等问题，可以由林业主管部门、侦查机关依据现场勘验、检查笔录等出具认定意见；难以确定的，依据鉴定机构出具的鉴定意见或者下列机构出具的报告，结合其他证据作出认定：

（一）价格认证机构出具的报告；

（二）国务院林业主管部门指定的机构出具的报告；

（三）地、市级以上人民政府林业主管部门出具的报告。

第十九条　本解释所称“立木蓄积”的计算方法为：原木材积除以该树种的出材率。

本解释所称“幼树”，是指胸径五厘米以下的树木。

滥伐林木的数量，应当在伐区调查设计允许的误差额以上计算。

第二十条　本解释自2023年8月15日起施行。本解释施行后，《最高人民法院关于滥伐自己所有权的林木其林木应如何处理的问题的批复》（法复〔1993〕5号）、《最高人民法院关于审理破坏森林资源刑事案件具体应用法律若干问题的解释》（法释〔2000〕36号）、《最高人民法院关于在林木采伐许可证规定的地点以外采伐本单位或者本人所有的森林或者其他林木的行为如何适用法律问题的批复》(法释〔2004〕3号)、《最高人民法院关于审理破坏林地资源刑事案件具体应用法律若干问题的解释》(法释〔2005〕15号)同时废止;之前发布的司法解释与本解释不一致的,以本解释为准。

【司法解释(2)】

《最高人民法院、最高人民检察院关于适用〈中华人民共和国刑法〉第三百四十四条有关问题的批复》(法释〔2020〕2号,20200321)

一、古树名木以及列入《国家重点保护野生植物名录》的野生植物,属于刑法第三百四十四条规定的“珍贵树木或者国家重点保护的其他植物”。

二、根据《中华人民共和国野生植物保护条例》的规定,野生植物限于原生地天然生长的植物。人工培育的植物,除古树名木外,不属于刑法第三百四十四条规定的“珍贵树木或者国家重点保护的其他植物”。非法采伐、毁坏或者非法收购、运输人工培育的植物(古树名木除外),构成盗伐林木罪、滥伐林木罪、非法收购、运输盗伐、滥伐的林木罪等犯罪的,依照相关规定追究刑事责任。

三、对于非法移栽珍贵树木或者国家重点保护的其他植物,依法应当追究刑事责任的,依照刑法第三百四十四条的规定,以非法采伐国家重点保护植物罪[①]定罪处罚。

鉴于移栽在社会危害程度上与砍伐存在一定差异,对非法移栽珍贵树木或者国家重点保护的其他植物的行为,在认定是否构成犯罪以及裁量刑罚时,应当考虑植物的珍贵程度、移栽目的、移栽手段、移栽数量、对生态环境的损害程度等情节,综合评估社会危害性,确保罪责刑相适应。

四、本批复自2020年3月21日起施行,之前发布的司法解释与本批复不一致的,以本批复为准。

【法院案例库参考案例】

〔何某长等危害国家重点保护植物案,2024-18-1-351-001〕毒害古树行为的处理

1.古树是指树龄在一百年以上的树木。非法采伐、毁坏古树,或者明知是古树及其制品而非法收购、运输、加工、出售,符合刑法第三百四十四条规定的,以危害国家重点保护植物罪论处。

2.对于危害古树名木的行为,应当综合涉案树木的树龄、种类及生态、历史、文化价值等,恰当评价社会危害性,依法妥当处理。采用灌注毒药的方式毁坏古树,给古树生长造成难以修复的损害,危害严重,甚至形成非法链条,在定罪量刑时应当体现依法严惩的立场。

【法院公报案例】

〔重庆市渝北区人民检察院诉胡仁国非法采伐国家重点保护植物案,GB2023-4〕

未办理林木采伐许可证,非法移植国家重点保护植物的行为,属于刑法第三百四十四条规定的“非法采伐国家

① 罪名已变更为“危害国家重点保护植物罪”。——编者注

重点保护植物”。认定被告人是否具有非法采伐国家重点保护植物的主观故意，可结合野生植物是否具有可普遍识别的外观特征、被告人是否具有林木行业工作经验、自然保护区是否设置特殊的林木保护设施等因素予以确定。

【《刑事审判参考》案例】

〔参考案例第1429号：钟文福等非法采伐国家重点保护植物案〕人工种植列入《国家重点保护野生植物名录》的树种是否属于国家重点保护植物?

人工种植《国家重点保护野生植物名录》的树种，并不能等同于原生地天然生长的国家重点保护植物。因此，除了特别规定外，一般人工种植的树种不应属于《中华人民共和国野生植物保护条例》的保护对象，一般不属于刑法的保护对象。

第三百四十四条之一　【非法引进、释放、丢弃外来入侵物种罪】违反国家规定，非法引进、释放或者丢弃外来入侵物种，情节严重的，处三年以下有期徒刑或者拘役，并处或者单处罚金。

【修正说明】

本罪由刑法修正案(十一)第四十三条增设。

【立法·要点注释】

1.“引进”主要是指从国外非法携带、运输、邮寄、走私进境等行为。“释放”“丢弃”是非法处置外来入侵物种的行为，包括经过批准引进的物种，在进行实验研究等之后予以非法野外放养或者随意丢弃的情况。

2.外来入侵物种实行目录制管理，应当严格按照目录认定外来入侵物种，而不能将一切外来物种都认定为本罪的对象。实践中也不能因为属于目录中的外来入侵物种就认定犯罪，也要考虑行为人的主观故意和目的，具体的行为方式和情节，外来入侵物种是否已经在国内较大规模生存，是否可能造成严重损害生态环境后果等主客观方面的因素综合判断，确保罪责刑相适应。

【法院案例库参考案例】

〔易某华非法引进外来入侵物种案，2024-11-1-352-001〕非法引进外来入侵物种罪的司法认定

1.根据法律规定，我国对外来入侵物种实行名录管理制度。对于是否属于外来入侵物种，可以根据国务院农业农村主管部门会同国务院其他有关部门制定的外来入侵物种名录予以确定。

2.在认定非法引进、释放或者丢弃外来入侵物种的行为是否属于刑法第三百四十四条之一规定的“情节严重”时，应当结合涉案外来入侵物种的种类、数量、价值、行为人违法行为次数、违法所得、涉案生态区位、危害后果等情节进行综合判断。

第三百四十五条　【盗伐林木罪】盗伐森林或者其他林木，数量较大的，处三年以下有期徒刑、拘役或者管制，并处或者单处罚金；数量巨大的，处三年以上七年以下有期徒刑，并处罚金；数量特别巨大的，处七年以上有期徒刑，并处罚金。

【滥伐林木罪】违反森林法的规定，滥伐森林或者其他林木，数

量较大的，处三年以下有期徒刑、拘役或者管制，并处或者单处罚金；数量巨大的，处三年以上七年以下有期徒刑，并处罚金。

【非法收购、运输盗伐、滥伐的林木罪】非法收购、运输明知是盗伐、滥伐的林木，情节严重的，处三年以下有期徒刑、拘役或者管制，并处或者单处罚金；情节特别严重的，处三年以上七年以下有期徒刑，并处罚金。

盗伐、滥伐国家级自然保护区内的森林或者其他林木的，从重处罚。

【修正前条文】

第三百四十五条 【盗伐林木罪】盗伐森林或者其他林木，数量较大的，处三年以下有期徒刑、拘役或者管制，并处或者单处罚金；数量巨大的，处三年以上七年以下有期徒刑，并处罚金；数量特别巨大的，处七年以上有期徒刑，并处罚金。

【滥伐林木罪】违反森林法的规定，滥伐森林或者其他林木，数量较大的，处三年以下有期徒刑、拘役或者管制，并处或者单处罚金；数量巨大的，处三年以上七年以下有期徒刑，并处罚金。

【非法收购盗伐、滥伐的林木罪】以牟利为目的，在林区非法收购明知是盗伐、滥伐的林木，情节严重的，处三年以下有期徒刑、拘役或者管制，并处或者单处罚金；情节特别严重的，处三年以上七年以下有期徒刑，并处罚金。

盗伐、滥伐国家级自然保护区内的森林或者其他林木的，从重处罚。

【修正说明】

刑法修正案(四)第七条删去了原条文中“以牟利为目的”和“在林区”的规定，增加了运输行为的规定。

【立案追诉标准】

《最高人民检察院、公安部关于公安机关管辖的刑事案件立案追诉标准的规定(一)》(公通字〔2008〕36号，20080625)[①]

第七十二条 〔盗伐林木案(刑法第三百四十五条第一款)〕盗伐森林或者其他林木，涉嫌下列情形之一的，应予立案追诉：

(一)盗伐二至五立方米以上的；

(二)盗伐幼树一百至二百株以上的。

以非法占有为目的，具有下列情形之一的，属于本条规定的“盗伐森林或者其他林木”：

(一)擅自砍伐国家、集体、他人所有或者他人承包经营管理的森林或者其他林木的；

(二)擅自砍伐本单位或者本人承包经营管理的森林或者其他林木的；

(三)在林木采伐许可证规定的地点以外采伐国家、集体、他人所有或者他人承包经营管理的森林或者其他林木的。

本条和本规定第七十三条、第七十四条规定的林木数量以立木蓄积计算，计算方法为：原木材积除以该树种的出材率；“幼树”，是指胸径五厘米以下的树木。

---

① 《立案追诉标准(一)》第七十二条至第七十四条的规定与本条项下【司法解释】第三条至第八条的规定不一致的，应以后者的规定为准。——编者注

第七十三条　〔滥伐林木案(刑法第三百四十五条第二款)〕违反森林法的规定,滥伐森林或者其他林木,涉嫌下列情形之一的,应予立案追诉:

(一)滥伐十至二十立方米以上的;

(二)滥伐幼树五百至一千株以上的。

违反森林法的规定,具有下列情形之一的,属于本条规定的"滥伐森林或者其他林木":

(一)未经林业行政主管部门及法律规定的其他主管部门批准并核发林木采伐许可证,或者虽持有林木采伐许可证,但违反林木采伐许可证规定的时间、数量、树种或者方式,任意采伐本单位所有或者本人所有的森林或者其他林木的;

(二)超过林木采伐许可证规定的数量采伐他人所有的森林或者其他林木的。

违反森林法的规定,在林木采伐许可证规定的地点以外,采伐本单位或者本人所有的森林或者其他林木的,除农村居民采伐自留地和房前屋后个人所有的零星林木以外,属于本条第二款第(一)项"未经林业行政主管部门及法律规定的其他主管部门批准并核发林木采伐许可证"规定的情形。

林木权属争议一方在林木权属确权之前,擅自砍伐森林或者其他林木的,属于本条规定的"滥伐森林或者其他林木"。

滥伐林木的数量,应在伐区调查设计允许的误差额以上计算。

第七十四条　〔非法收购、运输盗伐、滥伐的林木案(刑法第三百四十五条第三款)〕非法收购、运输明知是盗伐、滥伐的林木,涉嫌下列情形之一的,应予立案追诉:

(一)非法收购、运输盗伐、滥伐的林木二十立方米以上或者幼树一千株以上的;

(二)其他情节严重的情形。

本条规定的"非法收购"的"明知",是指知道或者应当知道。具有下列情形之一的,可以视为应当知道,但是有证据证明确属被蒙骗的除外:

(一)在非法的木材交易场所或者销售单位收购木材的;

(二)收购以明显低于市场价格出售的木材的;

(三)收购违反规定出售的木材的。

【司法解释】

《最高人民法院关于审理破坏森林资源刑事案件适用法律若干问题的解释》(法释〔2023〕8号,20230815)[①]

第三条　以非法占有为目的,具有下列情形之一的,应当认定为刑法第三百四十五条第一款规定的"盗伐森林或者其他林木":

(一)未取得采伐许可证,擅自采伐国家、集体或者他人所有的林木的;

(二)违反森林法第五十六条第三款的规定,擅自采伐国家、集体或者他人所有的林木的;

(三)在采伐许可证规定的地点以外采伐国家、集体或者他人所有的林木的。

不以非法占有为目的,违反森林

---

① 该司法解释其他条文,参见本法第三百四十四条危害国家重点保护植物罪项下【司法解释(1)】,第1225页。

法的规定，进行开垦、采石、采砂、采土或者其他活动，造成国家、集体或者他人所有的林木毁坏，符合刑法第二百七十五条规定的，以故意毁坏财物罪定罪处罚。

第四条　盗伐森林或者其他林木，涉案林木具有下列情形之一的，应当认定为刑法第三百四十五条第一款规定的“数量较大”：

（一）立木蓄积五立方米以上的；

（二）幼树二百株以上的；

（三）数量虽未分别达到第一项、第二项规定标准，但按相应比例折算合计达到有关标准的；

（四）价值二万元以上的。

实施前款规定的行为，达到第一项至第四项规定标准十倍、五十倍以上的，应当分别认定为刑法第三百四十五条第一款规定的“数量巨大”、“数量特别巨大”。

实施盗伐林木的行为，所涉林木系风倒、火烧、水毁或者林业有害生物等自然原因死亡或者严重毁损的，在决定应否追究刑事责任和裁量刑罚时，应当从严把握；情节显著轻微危害不大的，不作为犯罪处理。

第五条　具有下列情形之一的，应当认定为刑法第三百四十五条第二款规定的“滥伐森林或者其他林木”：

（一）未取得采伐许可证，或者违反采伐许可证规定的时间、地点、数量、树种、方式，任意采伐本单位或者本人所有的林木的；

（二）违反森林法第五十六条第三款的规定，任意采伐本单位或者本人所有的林木的；

（三）在采伐许可证规定的地点，超过规定的数量采伐国家、集体或者他人所有的林木的。

林木权属存在争议，一方未取得采伐许可证擅自砍伐的，以滥伐林木论处。

第六条　滥伐森林或者其他林木，涉案林木具有下列情形之一的，应当认定为刑法第三百四十五条第二款规定的“数量较大”：

（一）立木蓄积二十立方米以上的；

（二）幼树一千株以上的；

（三）数量虽未分别达到第一项、第二项规定标准，但按相应比例折算合计达到有关标准的；

（四）价值五万元以上的。

实施前款规定的行为，达到第一项至第四项规定标准五倍以上的，应当认定为刑法第三百四十五条第二款规定的“数量巨大”。

实施滥伐林木的行为，所涉林木系风倒、火烧、水毁或者林业有害生物等自然原因死亡或者严重毁损的，一般不以犯罪论处；确有必要追究刑事责任的，应当从宽处理。

第七条　认定刑法第三百四十五条第三款规定的“明知是盗伐、滥伐的林木”，应当根据涉案林木的销售价格、来源以及收购、运输行为违反有关规定等情节，结合行为人的职业要求、经历经验、前科情况等作出综合判断。

具有下列情形之一的，可以认定行为人明知是盗伐、滥伐的林木，但有相反证据或者能够作出合理解释的除外：

（一）收购明显低于市场价格出售的林木的；

（二）木材经营加工企业伪造、涂改产品或者原料出入库台账的；

（三）交易方式明显不符合正常习惯的；

（四）逃避、抗拒执法检查的；

（五）其他足以认定行为人明知的情形。

第八条　非法收购、运输明知是盗伐、滥伐的林木，具有下列情形之一的，应当认定为刑法第三百四十五条第三款规定的“情节严重”：

（一）涉案林木立木蓄积二十立方米以上的；

（二）涉案幼树一千株以上的；

（三）涉案林木数量虽未分别达到第一项、第二项规定标准，但按相应比例折算合计达到有关标准的；

（四）涉案林木价值五万元以上的；

（五）其他情节严重的情形。

实施前款规定的行为，达到第一项至第四项规定标准五倍以上或者具有其他特别严重情节的，应当认定为刑法第三百四十五条第三款规定的“情节特别严重”。

第十条　伪造、变造、买卖采伐许可证，森林、林地、林木权属证书以及占用或者征用林地审核同意书等国家机关批准的林业证件、文件构成犯罪的，依照刑法第二百八十条第一款的规定，以伪造、变造、买卖国家机关公文、证件罪定罪处罚。

买卖允许进出口证明书等经营许可证明，同时构成刑法第二百二十五条、第二百八十条规定之罪的，依照处罚较重的规定定罪处罚。

第十一条　下列行为，符合刑法第二百六十四条规定的，以盗窃罪定罪处罚：

（一）盗窃国家、集体或者他人所有并已经伐倒的树木的；

（二）偷砍他人在自留地或者房前屋后种植的零星树木的。

非法实施采种、采脂、掘根、剥树皮等行为，符合刑法第二百六十四条规定的，以盗窃罪论处。在决定应否追究刑事责任和裁量刑罚时，应当综合考虑对涉案林木资源的损害程度以及行为人获利数额、行为动机、前科情况等情节；认为情节显著轻微危害不大的，不作为犯罪处理。

【法院案例库参考案例】

〔彭某祥非法收购滥伐的林木案，2024-18-1-355-001〕关于非法收购滥伐的林木行为的处理

1.非法收购、运输盗伐、滥伐的林木罪以行为人“明知是盗伐、滥伐的林木”为主观要件。实践中，应当结合行为人对涉案林木的认知能力和涉案交易、运输行为的方式、特点，妥当认定行为人对于涉案林木来源于盗伐、滥伐是否具有主观明知。对于行为人本身从事木材加工，熟知当地禁伐某类特定林木，且因收购非法采伐的此类林木受过行政处罚，仍收购同类林木的，应当认定为具有主观明知。

2.职业化、链条化非法收购盗伐、滥伐的林木行为，辐射范围广，涉案林木数量多，非法获利数额大，不仅对林业资源造成严重损害，还成为持续引发非法采伐的诱因。对此类涉森林资源销赃犯罪行为的认定，应当准确评估实际社会危害，切实贯彻宽严相济刑事政策“严”的要求。符合从重处罚、升档量刑条件的，应当依法从严惩处。

〔旦知某旦盗伐林木案，2024-18-1-353-001〕关于盗伐国家级自然保护区的林木的处罚

自然保护区是自然保护地的重要组成部分，发挥着更为重要的生态功能，依法实行更为严格的保护措施。对于盗伐国家级自然保护区的林木的行为，应当在法定刑幅度范围内判处较重刑罚，落实法律、司法解释关于从重处罚的规定。

〔黄某某盗伐林木案，2024-11-1-353-001〕盗伐林木罪中被告人犯罪既遂标准的认定

盗伐林木罪保护的法益是国家对森林资源的管理制度以及林木的所有权。只要森林或者其他林木被盗伐，就已经侵害了国家保护森林资源的管理制度，即使被砍伐的林木全部未运离现场，也应依法认定构成犯罪既遂。

【法院公报案例】

〔库尔勒铁路运输检察院诉伊敏·萨衣木滥伐林木案，GB2022-10〕

滥伐林木类案件中，被告人认罪认罚，积极缴纳补植复绿保证金，并承诺按受损林木倍数补种树木用于生态修复的，可对其从轻处罚。

第三百四十六条　【单位犯本节之罪的处罚】单位犯本节第三百三十八条至第三百四十五条规定之罪的，对单位判处罚金，并对其直接负责的主管人员和其他直接责任人员，依照本节各该条的规定处罚。

第七节　走私、贩卖、运输、制造毒品罪

【司法指导文件(1)】

《全国法院毒品案件审判工作会议纪要》(法〔2023〕108号，20230626)

……最高人民法院于2023年2月16日在云南省昆明市召开了全国法院毒品案件审判工作会议。……会议认为，最高人民法院2008年印发的《全国部分法院审理毒品犯罪案件工作座谈会纪要》(以下简称《大连会议纪要》)和2015年印发的《全国法院毒品犯罪审判工作座谈会纪要》(以下简称《武汉会议纪要》)，较好地解决了毒品案件审判中存在的一些突出法律适用问题，在一定时期内发挥了重要指导作用。随着毒品犯罪形势不断发展变化，审判实践中出现了一些新情况新问题，需要及时应对、有效解决。与会代表对《大连会议纪要》和《武汉会议纪要》的内容进行了系统总结，对以上两个纪要没有作出规定或者规定不尽完善的突出问题进行了认真讨论，达成了共识。现纪要如下。

一、总体要求(略)

二、罪名认定问题

(一)关于走私、贩卖、运输、制造、非法持有毒品行为

刑法第三百四十七条规定的走私、贩卖、运输、制造毒品罪是选择性罪名，确定罪名时不以行为实施的先后、毒品数量或者危害大小排列，一律按照刑法条文规定的顺序表述。对同一宗毒品实施了不同种犯罪行为且有确凿证据证明的，应当按照犯罪行为的性质并列确定罪名，毒品数量不重复计算，不实行数罪并罚。对同一宗毒品可能实施了不同种犯罪行为，但根据证据只能认定其中一种或者几种行为，认定其他行为的证据不属确实、充分的，则按照依法能够认定的行为性质定罪。对不同宗毒品分别实施了不同种犯罪行为的，应对不同行为并列确定罪名，累计毒品

数量，不实行数罪并罚。

检察机关起诉指控或者原审法院判决确定的选择性罪名不准确或顺序不当的，审理法院可以减少部分罪名或者改动罪名顺序；检察机关指控了相关犯罪事实，但未适用相应选择性罪名的，在充分听取控辩双方意见的基础上，可以根据审理认定的事实，增加或者变更为相应选择性罪名，但上诉案件不得加重刑罚或者对刑罚执行产生不利于被告人的影响。

对于从贩毒人员住所、车辆等处查获的毒品，一般应认定为其贩卖的毒品。确有证据证明查获的毒品并非贩毒人员用于贩卖，其行为另构成非法持有毒品罪、窝藏毒品罪等其他犯罪的，依法定罪处罚。

用毒品支付劳务报酬、偿还债务或者换取其他财产性利益的，以贩卖毒品罪定罪处罚。用毒品向他人换取毒品用于贩卖的，以贩卖毒品罪定罪处罚；双方以吸食为目的互换毒品，构成非法持有毒品罪等其他犯罪的，依法定罪处罚。

吸毒者因购买、存储毒品被查获，没有证据证明其有实施贩卖毒品等其他犯罪的故意，毒品数量达到刑法第三百四十八条规定的最低数量标准的，以非法持有毒品罪定罪处罚。吸毒者因运输毒品被查获，没有证据证明其有实施贩卖毒品等其他犯罪的故意，毒品数量达到上述最低数量标准的，一般以运输毒品罪定罪处罚。

购毒者接收贩毒者通过物流寄递方式交付的毒品，没有证据证明其有实施贩卖毒品等其他犯罪的故意，毒品数量达到刑法第三百四十八条规定的最低数量标准的，一般以非法持有毒品罪定罪处罚。代收者明知物流寄递的是毒品而代购毒者接收，没有证据证明其与购毒者有实施贩卖毒品等其他犯罪的共同故意，毒品数量达到上述最低数量标准的，对代收者一般以非法持有毒品罪定罪处罚。

制造毒品，除传统、典型的非法利用毒品原植物直接提炼和用化学方法加工、配制毒品的行为以外，还包括以改变毒品的成分和效用为目的用物理方法加工、配制毒品的行为。为欺骗购毒者或者逃避查缉等，对毒品掺杂使假，通过物理方法使毒品溶解、混合、吸附于某种物质，或者以自用为目的对少量毒品添加其他物质、改变形态的，不认定为制造毒品。

（二）关于代购毒品行为

明知他人实施毒品犯罪而为其代购毒品，未从中牟利的，以相关毒品犯罪的共犯论处。

代购者加价或者变相加价从中牟利的，以贩卖毒品罪定罪处罚。代购者收取、私自截留部分购毒款、毒品，或者通过在交通、食宿等开销外收取“介绍费”“劳务费”等方式从中牟利的，属于变相加价。代购者从托购者事先联系的贩毒者处，为托购者购买仅用于吸食的毒品，并收取、私自截留少量毒品供自己吸食的，一般不以贩卖毒品罪论处。

没有证据证明代购者明知他人实施毒品犯罪而为其代购毒品，代购者亦未从中牟利，代购毒品数量达到刑法第三百四十八条规定的最低数量标准，代购者因购买、存储毒品被查获的，以非法持有毒品罪定罪处罚；因运输毒品被查获的，一般以运输毒品罪定罪处罚。

对于辩称系代购毒品者，应当全面

审查其所辩称的托购者、贩毒者身份、购毒目的、毒品价格及其实际获利等情况，综合判断其行为是否属于代购，并依照前述规定处理。向购毒者收取毒资并提供毒品，但购毒者无明确的托购意思表示，又没有其他证据证明存在代购行为的，一般以贩卖毒品罪定罪处罚。

（三）关于涉麻醉药品、精神药品行为

走私、贩卖、运输、制造国家规定管制的、没有医疗等合法用途的麻醉药品、精神药品的，一般以走私、贩卖、运输、制造毒品罪定罪处罚。

确有证据证明出于治疗疾病等相关目的，违反药品管理法规，未取得药品相关批准证明文件，生产国家规定管制的麻醉药品、精神药品，进口在境外也未合法上市的国家规定管制的麻醉药品、精神药品，或者明知是上述未经批准生产、进口的国家规定管制的麻醉药品、精神药品而予以销售，构成妨害药品管理罪的，依法定罪处罚。

明知是走私、贩卖毒品的犯罪分子或者吸毒人员，而向其贩卖国家规定管制的、具有医疗等合法用途的麻醉药品、精神药品的，以贩卖毒品罪定罪处罚。依法从事生产、运输、管理、使用国家规定管制的麻醉药品、精神药品的人员，实施刑法第三百五十五条规定的行为的，区分不同情形，分别以非法提供麻醉药品、精神药品罪或者贩卖毒品罪定罪处罚。

确有证据证明出于治疗疾病等相关目的，违反有关药品管理的国家规定，未经许可经营国家规定管制的、具有医疗等合法用途的麻醉药品、精神药品的，不以毒品犯罪论处；情节严重，构成其他犯罪的，依法处理。实施带有自救、互助性质的上述行为，一般可不作为犯罪处理；确须追究刑事责任的，应依法充分体现从宽。

因治疗疾病需要，在自用、合理数量范围内携带、寄递国家规定管制的、具有医疗等合法用途的麻醉药品、精神药品进出境的，不构成犯罪。

明知他人利用麻醉药品、精神药品实施抢劫、强奸等犯罪仍向其贩卖，同时构成贩卖毒品罪和抢劫罪、强奸罪等犯罪的，依照处罚较重的规定定罪处罚。案件存在其他情形，符合数罪并罚条件的，依法定罪处罚。

（四）关于其他涉毒行为

利用信息网络，设立用于实施贩卖毒品，非法买卖制毒物品，引诱、教唆、欺骗他人吸毒或者传授制造毒品、非法生产制毒物品的方法等违法犯罪活动的网站、通讯群组，或者发布实施上述违法犯罪活动的信息，情节严重的，以非法利用信息网络罪定罪处罚。实施上述行为，同时构成贩卖毒品罪、非法买卖制毒物品罪、引诱、教唆、欺骗他人吸毒罪、传授犯罪方法罪等犯罪的，依照处罚较重的规定定罪处罚。利用信息网络，组织他人吸毒，构成引诱、教唆、欺骗他人吸毒罪等犯罪的，依法定罪处罚。

盗窃、抢夺或者抢劫毒品，构成盗窃罪、抢夺罪或者抢劫罪的，根据情节轻重依法量刑。盗窃、抢夺或者抢劫毒品后实施贩卖毒品等毒品犯罪的，依法数罪并罚。

不以提炼毒品或者非法买卖为目的，种植罂粟、大麻等毒品原植物，构成非法种植毒品原植物罪的，可以酌情从宽处罚；犯罪情节轻微不需要判处刑罚的，可以免予刑事处罚。

三、毒品数量、含量问题(略)[①]

四、共同犯罪问题

(一)一般规定

对于毒品共同犯罪,根据现有证据能够区分主从犯的,应当依法认定,不能因为涉案毒品数量巨大,就不加区分一律将在案被告人认定为主犯,或者实际上都按主犯处罚。部分涉案人员未到案,根据现有证据能够认定系共同犯罪,或者能够认定在案被告人系共同犯罪中的主犯的,应当依法认定。确有证据证明在案被告人起次要或者辅助作用的,不能因为部分共同犯罪人未到案而不认定为从犯,甚至认定为主犯或者实际上按主犯处罚。

区分毒品共同犯罪中的主犯和从犯,应当从犯意提起、具体分工、出资或者占有毒品的比例、约定或者实际分得毒赃的多少及共犯之间的相互关系等方面,准确认定共同犯罪人的地位和作用。为主出资者、毒品所有者或者起意、策划、纠集、组织、指使、雇用他人参与犯罪等起主要作用的,是主犯;起次要或者辅助作用的,是从犯。受指使、雇用实施毒品犯罪的,应当根据其在共同犯罪中具体发挥的作用准确认定为主犯或者从犯。对于在共同犯罪中起次要或者辅助作用的被告人,不能因其具有累犯、毒品再犯等从重处罚情节,而认定为主犯或者实际上按主犯处罚。

应当准确认定共同犯罪人的涉案毒品数量,并非对所有共同犯罪人均按照涉案毒品的总数量认定处罚。对毒品犯罪集团的首要分子,应当按照集团毒品犯罪的总数量认定处罚。对一般共同犯罪的主犯,应当按照其所参与的或者组织、指挥的毒品犯罪的数量认定处罚。对从犯,应当按照其所参与的毒品犯罪的数量认定处罚。

毒品共同犯罪中有多个主犯的,应当在全面考察各主犯实际发挥作用的差别、具体犯罪情节、危害后果的差异及主观恶性、人身危险性不同的基础上,对其中罪行更为严重者依法判处更重的刑罚。

对于从犯的处罚,不同的毒品案件不能简单类比。本案从犯的涉案毒品数量可能大于他案主犯,但对本案从犯的处罚并非必然重于他案主犯。依法认定为从犯的,无论主犯是否到案,也无论其涉案毒品数量是否大于他案主犯,均应依法从轻、减轻或者免除处罚。

(二)关于居间介绍买卖毒品

对于居间介绍买卖毒品行为,应当准确认定,并与居中倒卖毒品行为相区别。居间介绍者在毒品交易中处于中间人地位,发挥介绍联络作用,通常与交易一方构成共同犯罪,但不以牟利为要件。受购毒者或者贩毒者委托,为其提供交易信息、介绍交易对象、居中协调交易数量、价格,或者提供其他帮助,促成毒品交易的,属于居间介绍买卖毒品。居中倒卖者则属于毒品交易主体,与前后环节的交易对象是上下家关系,直接与上家、下家联系,自主决定交易毒品的数量、价格并赚取差价。

受贩毒者委托,为其居间介绍贩卖毒品的,与贩毒者构成贩卖毒品共同犯罪。明知购毒者以贩卖为目的购买毒品,受委托为其介绍联络贩毒者的,与购毒者构成贩卖毒品共同犯罪。受以吸食为目的的购毒者委托,为其提供购

① 参见本法第三百五十七条项下【司法指导文件(4)】,第1284—1285页。

毒信息或者介绍认识贩毒者，毒品数量达到刑法第三百四十八条规定的最低数量标准的，一般与购毒者构成非法持有毒品共同犯罪；同时与贩毒者、购毒者共谋，联络促成双方交易的，与贩毒者构成贩卖毒品共同犯罪。

居间介绍者实施帮助行为，对促成毒品交易起次要或者辅助作用，一般应当认定为从犯。以居间介绍者的身份介入毒品交易，但在交易中实际已超出居间介绍者的地位，对交易的发起和达成起重要作用的，可以认定为主犯。

(三)关于运输毒品共同犯罪

二人以上同行运输毒品的，应当从是否明知他人带有毒品、有无共同运输毒品的犯意联络、有无实施配合、掩护他人运输毒品的行为等方面，综合审查认定是否构成共同犯罪。

受雇于同一雇主同行运输毒品，但受雇者之间没有共同犯罪故意，或者虽然明知他人受雇运输毒品，但各自的运输行为相对独立，既未实施配合、掩护他人运输毒品的行为，又分别按照各自运输的毒品数量获取报酬的，不认定为共同犯罪，受雇者对各自运输的毒品承担刑事责任。受雇于同一雇主分段运输同一宗毒品，但受雇者之间没有共谋的，也不认定为共同犯罪。雇用他人运输毒品的雇主，以及其他对受雇者起到一定组织、指挥作用的人员，与各受雇者分别构成运输毒品共同犯罪，对运输的全部毒品承担刑事责任。

五、死刑适用问题

要毫不动摇地坚持依法从严惩处毒品犯罪的方针，突出打击重点，依法严惩走私、制造和大宗贩卖毒品等源头性犯罪，依法严惩毒品犯罪集团首要分子、职业毒犯、累犯、毒品再犯等犯罪分子，依法严惩具有武装掩护毒品犯罪、以暴力抗拒查缉情节严重、参与有组织的国际贩毒活动等严重情节的犯罪分子，对其中罪行极其严重、依法应当判处死刑的，坚决依法判处，充分发挥死刑对于预防和惩治毒品犯罪的重要作用。同时，应当全面、准确地贯彻宽严相济刑事政策，体现区别对待，做到罚当其罪，综合考虑毒品数量、犯罪性质、情节、危害后果及被告人的主观恶性、人身危险性等因素，严格审慎地决定死刑适用，确保死刑只适用于极少数罪行极其严重的犯罪分子。

(一)一般规定

毒品数量是量刑的重要情节，但不是唯一情节。在对被告人决定死刑适用时，应当坚持“毒品数量+其他情节”的标准，不能仅因涉案毒品数量远超过实际掌握的死刑适用数量标准，就不加区分地判处一案多名被告人死刑，还应充分考虑不同被告人的不同犯罪情节。

毒品数量接近实际掌握的死刑适用数量标准，具有累犯，毒品再犯，利用、教唆未成年人走私、贩卖、运输、制造毒品，或者向未成年人出售毒品等法定从重处罚情节的，可以判处被告人死刑。

毒品数量刚超过实际掌握的死刑适用数量标准，具有多次走私、贩卖、运输、制造毒品，向多人贩卖毒品，在戒毒、监管场所贩卖毒品，向在校学生贩卖毒品，组织、利用残疾人等特定人员实施毒品犯罪，或者国家工作人员利用职务便利实施毒品犯罪等情节的，可以判处被告人死刑。

毒品数量达到实际掌握的死刑适用数量标准，具有下列情形之一的，可以不判处被告人死刑：(1)被告人自首或者立功的；(2)已查明的毒品数量未达到实际掌握的死刑适用数量标准，被告人到案后坦白司法机关尚未掌握的其他毒品犯罪，累计数量达到实际掌握的死刑适用数量标准的；(3)经鉴定，毒品纯度明显低于同类毒品正常纯度，掺杂掺假后数量达到实际掌握的死刑适用数量标准，或者有证据表明毒品纯度明显偏低但因客观原因无法鉴定的；(4)原本意图实施的毒品犯罪数量未达到实际掌握的死刑适用数量标准，确系或者不排除因受隐匿身份人员引诱，毒品数量达到实际掌握的死刑适用数量标准的；(5)其他不是必须判处死刑的。

毒品数量达到实际掌握的死刑适用数量标准，同时具有法定、酌定从严和从宽处罚情节的，应当在全面考察犯罪的事实、性质、情节和对社会危害程度的基础上，结合被告人的主观恶性、人身危险性等因素，审慎决定是否适用死刑。

审理毒品死刑案件，应当严格贯彻证据裁判原则，始终坚持证据审查判断认定的最高标准和最严要求，确保办案质量。全案未查获毒品的，一般不判处被告人死刑。主要犯罪事实中未查获毒品的，判处被告人死刑应当特别慎重。

(二)关于毒品共同犯罪的死刑适用

毒品共同犯罪案件的死刑适用，应当与涉案毒品数量、犯罪情节、社会危害性及被告人的主观恶性、人身危险性相适应。

涉案毒品数量超过实际掌握的死刑适用数量标准，但未达到数量巨大，依法应当判处死刑的，要进一步区分主犯间的罪责大小，一般只对其中罪责最大的一名主犯判处死刑。涉案毒品数量达到巨大以上，两名以上主犯的罪责均很突出，或者罪责稍小的主犯具有法定从重处罚情节，判处二人以上死刑符合罪刑相适应原则，并利于实现全案量刑平衡的，可以依法判处。涉案毒品数量刚超过实际掌握的死刑适用数量标准，共同犯罪人地位和作用相当或者责任大小难以区分，且均不具有法定从重处罚情节的，可以不判处被告人死刑。

对于部分共同犯罪人未到案的毒品案件，在案被告人罪行最为严重，或者在案被告人与未到案共同犯罪人均属罪行极其严重，即使共同犯罪人到案也不影响对在案被告人适用死刑的，可以依法判处在案被告人死刑。在案被告人的罪行不足以判处死刑，或者根据已查明的事实全案只宜判处未到案共同犯罪人死刑的，不能因为共同犯罪人未到案而对在案被告人适用死刑。在案被告人与未到案共同犯罪人的罪责大小难以准确认定，进而影响准确适用死刑的，不应对在案被告人判处死刑。

(三)关于毒品上下家犯罪的死刑适用

对于贩卖毒品的上下家，应当结合其贩毒数量、次数及对象范围，犯罪的主动性，对促成交易所发挥的作用，犯罪后果等因素，综合考虑其主观恶性和人身危险性，决定是否适用死刑。

对于买卖同宗毒品的上下家，涉案毒品数量超过实际掌握的死刑适用数量标准，但未达到数量巨大的，一般不同时判处死刑；上家持毒待售或者已掌握毒品来源，主动联络销售毒品，积极促成毒品交易的，可以考虑判处上家死刑；下家积极筹资，主动向上家约购毒品，对促成毒品交易起更大作用的，可以考虑判处下家死刑。涉案毒品数量达到巨大以上的，也应综合考量上述因素决定死刑适用，同时判处上下家死刑符合罪刑相适应原则，并利于实现全案量刑平衡的，可以依法判处。

多名共同犯罪人、上下家针对同宗或者部分同宗毒品实施犯罪的，综合运用前述毒品共同犯罪、上下家犯罪的死刑适用原则予以处理。

(四)关于运输毒品犯罪的死刑适用

对于运输毒品犯罪，应当准确把握打击重点。依法严惩运输毒品犯罪集团首要分子，组织、指使、雇用他人运输毒品的主犯或者职业毒犯、毒品再犯，以及具有武装掩护运输毒品、以暴力抗拒查缉情节严重、以运输毒品为业、多次运输毒品等严重情节的被告人，对其中依法应当判处死刑的，坚决依法判处。

对于涉嫌为实施走私、贩卖、制造毒品犯罪而运输毒品，由于认定走私、贩卖、制造毒品犯罪的证据不充分而认定为运输毒品犯罪的被告人，在决定死刑适用时，应当与单纯受指使、雇用为他人运输毒品的情形有所区别。

对于受人指使、雇用运输毒品的被告人，应当充分考虑其在毒品犯罪链条中所处的地位和实际发挥的作用，体现区别对待，不能单纯根据涉案毒品数量大小或者所获报酬多少决定死刑适用。要综合考虑其运输毒品的次数和距离、犯罪的主动性和独立性、在共同犯罪中的地位和作用、社会危害大小、获利方式、主观恶性、人身危险性，结合毒品数量等因素，慎重适用死刑。对于确属受人指使、雇用运输毒品的被告人，具有不排除系初次运输毒品；被雇用者严密指挥或同行人员监视，从属性、辅助性明显；与雇用者同行运输毒品，处于被支配地位；或者确因急迫生活困难而运输毒品等情形之一的，即使毒品数量超过实际掌握的死刑适用数量标准，也可以不判处死刑。对于不能排除受人指使、雇用运输毒品的被告人，符合上述条件的，也可以考虑不判处死刑。

多人受雇同行或者分段运输毒品的，在决定死刑适用时，除各被告人运输毒品的数量外，还应当综合考虑其具体犯罪情节、参与犯罪程度、与雇用者的关系及其主观恶性、人身危险性等因素，同时判处二人死刑应当特别慎重。

(五)关于制造毒品犯罪的死刑适用

制造毒品是源头性犯罪，应当充分体现从严惩处的政策要求。已经制出粗制毒品或者半成品的，以制造毒品罪的既遂论处。应当综合考虑被告人制造毒品的种类、次数、规模，有无制出毒品成品，被查获时所处的制毒阶段，制出的毒品成品、半成品或者粗制毒品的数量、性状、含量及造成的危害后果等因素，决定死刑适用。

已制出的毒品成品数量达到实际掌握的死刑适用数量标准，又无法定、酌定从宽处罚情节的，可以判处被告人死刑。没有证据证明被告人曾制出毒品成品，仅查获毒品半成品，或者现有证据表明由于制毒原料、方法等问题实际无法制出毒品成品的，不得判处被告人死刑。已制出的毒品成品数量未达到实际掌握的死刑适用数量标准，或者仅制出粗制毒品的，判处被告人死刑应当慎重。

(六)关于非传统毒品犯罪的死刑适用

甲基苯丙胺片剂中的甲基苯丙胺含量相对较低，危害性亦有所不同，其死刑适用数量标准可以按照甲基苯丙胺的2倍左右掌握。

综合考虑致瘾癖性、毒害性、滥用范围和犯罪形势等因素，氯胺酮(俗称“K粉”，下同)的死刑适用数量标准可以按照海洛因的10倍以上掌握。走私、贩卖、制造氯胺酮，数量超过上述标准，且犯罪情节严重、社会危害大，或者具有法定从重处罚情节的，可以判处死刑。

涉案毒品为刑法、司法解释未规定定罪量刑数量标准的新类型毒品的，一般不判处被告人死刑。对于刑法、司法解释规定了定罪量刑数量标准的新类型毒品，实施走私、制造或者大宗贩卖等源头性犯罪，毒品数量远超过实际掌握的死刑适用数量标准，被告人系犯罪集团首要分子、其他罪责更为突出的主犯，或者具有法定从重处罚情节，不判处死刑难以体现罚当其罪的，可以判处死刑。

(七)关于死缓限制减刑的适用

对于实施毒品犯罪论罪应当判处死刑，因案件的具体情况而被判处死缓的累犯，具有武装掩护毒品犯罪，以暴力抗拒查缉情节严重，或者曾因暴力犯罪被判处十年有期徒刑以上刑罚等情形之一的，为实现罚当其罪、确保量刑平衡，可以决定限制减刑。

六、主观明知认定问题

被告人到案后否认明知是毒品的，应当综合运用在案证据加以证明，必要时可要求检察机关补充提供相关证据。综合被告人供述，相关证人证言，从涉毒场所、物品上提取的痕迹、生物检材，从被告人体内或者贴身隐秘处查获的毒品，从被告人体表、随身物品上提取的毒品残留物，以及调取的物流寄递单据、资金交易记录、通信记录、行程轨迹信息等证据，足以证明被告人明知是毒品的，可以依法认定。

被告人到案后否认明知是毒品，又缺乏其他证据证明其明知的，可以根据其实施毒品犯罪的方式、过程及毒品被查获时的情形，结合其年龄、文化程度、生活状况、职业背景、是否有毒品违法犯罪经历及与共同犯罪人之间的关系等情况，综合分析判断。运用此方法认定明知的，应当认真审查被告人的辩解是否有事实依据、对异常行为的解释是否合理、是否存在被蒙骗的可能等，防止认定错误，在决定对被告人是否适用死刑时更要特别慎重。

具有下列情形之一，被告人不能作出合理解释的，可以认定其明知走私、贩卖、运输、非法持有的是毒品，但有证据证明其确实不知情或者确系被蒙骗的除外：(1)执法人员在口岸、机场、车站、港口、邮局、快递站点等场所检查时，要求申报为他人运输、携带、寄递的物品和其他毒品疑似物，并告知法律责任，但被告人未如实申报，在其运输、携带、寄递的物品中查获毒品的；(2)以伪报、藏匿、伪装等蒙蔽手段逃避海关、边防等检查，或者行程路线故意绕开检查站点，在其运输、携带、寄递的物品中查获毒品的；(3)在执法人员检查时有逃跑、藏匿、丢弃、试图销毁其携带的物品、弃车逃离或者其他逃避、抗拒检查行为，在其携带的物品或者遗弃的车辆中查获毒品的；(4)采用高度隐蔽方式运输、携带、交接物品，明显违背合法物品的惯常运输、携带、交接方式，从中查获毒品的；(5)以虚假的身份、地址或者物品名称办理托运、寄递手续，从托运、寄递的物品中查获毒品的；(6)采用隐匿真实身份、支付不等值报酬等不合理方式，指使、雇用他人运输、携带、寄递物品或者代为接收物流寄递的物品，从中查获毒品的；(7)为获取不同寻常的高额、不等值报酬，为他人运输、携带、寄递物品或者接收物流寄递的物品，从中查获毒品的；(8)其他可以认定被告人明知的情形。

七、隐匿身份人员实施侦查案件的处理问题

对于有证据证明被告人正在准备或者已经着手实施毒品犯罪，隐匿身份人员采取贴靠、接洽手段破获案件，不存在犯罪引诱的，应当依法处理。

隐匿身份人员在侦查活动中违反刑事诉讼法等相关规定，诱使本无犯意的人实施毒品犯罪的，属于"犯意引诱"。隐匿身份人员向被引诱人提供毒品或者毒资、购毒渠道的，其所提供的毒品、毒资、被引诱人从其提供的渠道购买的毒品及其证实被引诱人实施毒品犯罪的证据材料，不得作为认定被引诱人实施毒品犯罪的证据。排除上述证据后，在案证据达不到认定被引诱人有罪的证明标准的，应当依法作出证据不足、指控的犯罪不能成立的无罪判决。

隐匿身份人员诱使他人超出其原本意图实施的毒品犯罪数量，实施了更大数量的毒品犯罪的，属于"数量引诱"。对于因受"数量引诱"实施毒品犯罪的被告人，一般应当从轻处罚。特别是对于因受"数量引诱"而实施了对应更高量刑幅度或刑种的毒品犯罪的被告人，量刑时更应充分体现从宽。

被引诱人又诱使本无犯意的其他人实施毒品犯罪，或者诱使其他人超出原本意图实施了更大数量的毒品犯罪的，属于"间接引诱"。对于受"间接引诱"实施毒品犯罪的被告人，参照前述关于"犯意引诱"或者"数量引诱"的规定处理。

存在或者不排除存在其他不规范使用隐匿身份人员实施侦查的情形，影响定罪量刑的，应当作出有利于被告人的处理。

八、自首、立功问题

毒品犯罪中的自首情节具有较高司法价值，对于自首的被告人，一般应当依法从宽处罚。对于积极响应司法机关发布的敦促涉毒在逃人员投案自首通告，在通告期限内自行或者经亲属劝说、陪同投案，并如实供述犯罪事实的被告人，从宽处罚的幅度应当更大；有的虽不构成自首，量刑时也应充分考虑其自动投案情节，尽可能地兑现政策。

认定立功情节，应当充分考虑毒品犯罪线索发现、案件侦破及抓捕工作的特殊性。按照公安机关的安排，经现场或即时视频通讯方式指认、辨认其他犯罪嫌疑人(包括同案犯)，或者通过打电话、发信息、即时通讯等方式将其他犯罪嫌疑人(包括同案犯)约至指定地点，公安机关据此抓获该人员的；以及通过打电话、发信息、即时通讯等方式稳控其他犯罪嫌疑人(包括同案犯)，对抓获该人员起到实质性协助作用的，可以认定为协助公安机关抓捕其他犯罪嫌疑人(包括同案犯)。具有到案后规劝其他犯罪嫌疑人(包括同案犯)投案、提供线索协助公安机关查获大量案外毒品等情形之一的，可以认定为其他有利于国家和社会的突出表现。

被告人提供毒品共同犯罪人、上下家的姓名、住址、体貌特征等基本情况，或者提供犯罪前、犯罪中使用、掌握的上述人员的联络方式、藏匿地址，公安机关据此抓获该人员的，虽不认定有立功表现，但量刑时可酌情考虑。

对于具有立功情节的被告人，是否从宽处罚及从宽处罚的幅度，应当根据犯罪性质、具体情节、危害后果、毒品数量及其主观恶性、人身危险性，结合立功的类型、价值大小等因素综合考量，以功是否足以抵罪为标准。对于部分被告人具有立功情节的案件，要注意共同犯罪人及上下家之间的量刑平衡。犯罪集团首要分子、罪责相对较大的主犯检举揭发其他罪行相对较轻的犯罪分子，或者协助抓获从犯、罪责相对较小的主犯构成立功的，量刑时应当从严掌握，如果被告人罪行极其严重，只有一般立功表现，功不足以抵罪的，可不予从宽处罚；如果其检举揭发的是其他案件中罪行同样严重的犯罪分子，或者协助抓获的是其他首要分子、罪责相对较大的主犯，功足以抵罪的，可以从轻或者减轻处罚。对于从犯、罪责相对较小的主犯立功，特别是协助抓获首要分子、罪责相对较大的主犯的，应当充分体现政策，依法从轻、减轻或者免除处罚。

九、累犯、毒品再犯问题(略)[①]

十、特定人员参与毒品犯罪问题

对于毒品犯罪分子为逃避打击，组织、利用残疾人、严重疾病患者、怀孕或者正在哺乳自己婴儿的妇女等特定人员实施毒品犯罪的案件，要做到区别对待，依法准确惩处。对于利用、教唆上述特定人员实施毒品犯罪的组织者、指挥者和教唆者，应当依法从严惩处，该判处重刑直至死刑的，坚决依法判处。对于被利用、被诱骗参与毒品犯罪的特定人员，可以从宽处罚。

对于利用自身特殊状况积极实施毒品犯罪，以及曾在取保候审、监视居住或者暂予监外执行期间又实施毒品犯罪的特定人员，应当从严把握上述强制措施和暂予监外执行的适用条件。

十一、涉案财物处理、财产刑适用问题

应当更加注重从经济上制裁毒品犯罪，切实加大制裁力度，依法追缴被告人的违法所得及其收益，充分发挥财产刑的作用。不能因为被告人没有财产，或者其财产难以查清、难以分割或者难以执行，就不判处财产刑或者判处与主刑不相匹配的财产刑。对于未依照相关规定，全面收集证明被告人财产状况的证据并随案移送财产清单和相关证据材料的，应当要求有关机关收集并移送。

应当更加注重审查证明涉案财物及其孳息的来源、性质、用途和权属情况的证据，并在裁判文书中写明对涉案财物及其孳息的具体处理情况。对查封、扣押、冻结的财物及其孳息，经查确属毒品犯罪的违法所得及其收益、供毒品犯罪所用的本人财物或者依法应当追缴的其他涉案财物的，应当判决没收上缴国库，但法律另有规定的除外。对于被告人将依法应当追缴的毒品犯罪涉案财物用于投资、置业，因此形成的财产及其收益；或者将依法应当追缴的毒品犯罪涉案财物与其他合法财产共同用于投资、置业，因此形成的财产中与涉案财物对应的份额及其收益，均应予以追缴。

---

① 参见本法第三百五十六条项下【司法指导文件(1)】，第1281—1282页。

审理黑社会性质组织、恶势力组织实施的毒品犯罪案件，依法应当追缴、没收的涉案财产无法找到、灭失或者与其他合法财产混合且不可分割的，可以判决追缴、没收其他等值财产或者混合财产中的等值部分。有证据证明被告人在毒品犯罪期间获得的财产高度可能属于黑社会性质组织犯罪的违法所得及其孳息、收益，被告人不能说明财产合法来源的，应当判决追缴、没收。

重大毒品犯罪案件的犯罪嫌疑人、被告人逃匿，在通缉一年后不能到案，或者犯罪嫌疑人、被告人死亡，依照刑法规定应当追缴其违法所得及其他涉案财产的，适用刑事诉讼法有关犯罪嫌疑人、被告人逃匿、死亡案件违法所得没收程序审理。经审理认为申请没收的财产高度可能属于违法所得及其他涉案财产的，应当裁定没收。

判处罚金刑，应当结合毒品犯罪的性质、情节、危害后果及被告人的获利情况、经济状况等因素，合理确定罚金数额。对于决定并处没收财产的毒品犯罪，判处被告人有期徒刑的，应当按照上述确定罚金数额的原则，确定没收个人部分财产的数额；判处无期徒刑的，可以并处没收个人全部财产；判处死缓或者死刑的，应当并处没收个人全部财产。

十二、缓刑适用及减刑、假释问题

应当从严掌握毒品犯罪被告人的缓刑适用条件。对于毒品再犯，一般不适用缓刑。对于不能排除有多次贩毒嫌疑的零包贩毒被告人，因认定构成贩卖毒品等犯罪的证据不足而认定为非法持有毒品罪的被告人，以及引诱、教唆、欺骗、强迫他人吸毒的被告人，应当严格控制缓刑适用。

对于具有犯罪集团首要分子、累犯、毒品再犯等情节的毒品罪犯，应当从严掌握减刑条件，适当延长减刑起始时间、间隔时间，严格控制减刑幅度。应当严格审查毒品罪犯履行生效裁判中财产性判项的能力，对于确有履行能力而不履行或者不全部履行相关财产性判项的，一般不认定其确有悔改表现。对于刑法未禁止假释的上述毒品罪犯，应当严格控制假释适用。

十三、管辖问题

毒品犯罪的犯罪地，包括犯罪预谋地，毒资筹集地，交易进行地，毒品制造地，毒品和毒资、毒赃的藏匿地、转移地，走私或者贩运毒品的途经地、目的地等。主要利用计算机网络实施的毒品犯罪，犯罪地还包括用于实施犯罪行为的网络服务使用的服务器所在地，网络服务提供者所在地，犯罪过程中被告人、被害人使用的信息网络系统所在地等。

对于毒品案件中一人犯数罪、上下家犯罪、共同犯罪及共同犯罪的被告人实施其他犯罪的，一般应当并案审理。对于上下家犯罪的被告人实施的其他犯罪，以及他人实施的包庇毒品犯罪分子、窝藏毒品、为毒品犯罪洗钱等关联犯罪，并案审理有利于查明案件事实的，可以并案审理。对于分案起诉的毒品共同犯罪或者关联犯罪案件，合并审理更有利于查明案件事实、保障诉讼权利、准确定罪量刑的，可以并案审理。

因客观原因造成毒品共同犯罪或者密切关联的上下家犯罪分案审理且无法并案的，应当及时了解关联案件的审理进展和处理结果，充分保障被告人的质证权等诉讼权利，并注重量刑平衡。

【司法指导文件(1)·注释】

1.《全国法院毒品案件审判工作会议纪要》(以下简称《纪要》)印发后,《全国法院毒品犯罪审判工作座谈会纪要》(法〔2015〕129号,以下简称《武汉会议纪要》)和《全国部分法院审理毒品犯罪案件工作座谈会纪要》(法〔2008〕324号,以下简称《大连会议纪要》)不再适用。

2.关于改变选择性罪名的规则。《纪要》对《大连会议纪要》的规定作出一定调整:(1)将规则适用范围扩展到检察机关指控选择性罪名不准确或者顺序不当的情形,即同时明确了一审、二审两级法院改变选择性罪名的规则。(2)将《大连会议纪要》中"不得增加罪名"的规则修改为"可以增加选择性罪名"。(3)明确了变更或者增加选择性罪名的限制条件,即检察机关指控了相关犯罪事实,且该犯罪事实根据现有证据足以认定,在充分听取控辩双方意见的基础上增加或变更,但是二审不得加重刑罚或者对刑罚执行产生不利于被告人的影响。

3.关于吸毒者购买、运输、存储毒品行为的定性。《纪要》对《武汉会议纪要》关于吸毒者购买、运输、存储毒品行为的规定进行了相应修改:(1)将原规定中"在……毒品过程中被查获"改为"因……毒品过程中被查获",这样可以同时包括购买、运输、存储毒品行为正在进行或实施完毕的情形。(2)将原规定中没有证据证明"其是为了实施贩卖毒品等其他犯罪"修改为"其有实施贩卖毒品等其他犯罪的故意",这样无论是为了实施、正在实施还是已经实施贩卖毒品等其他犯罪的情形都能涵括。(3)在"以运输毒品罪定罪处罚"前增加了"一般"二字,增强了认定的灵活性和周延性。

4.关于制造毒品行为的认定。《纪要》删去了《大连会议纪要》中用物理方法加工、配制毒品部分的举例内容,规定对于此类行为是否属于制造毒品行为,主要根据是否以改变毒品的成分和效用为目的来判定。同时,《纪要》规定了用物理方法加工、配置毒品不认定为制造毒品的典型情形,以从反面进一步界定制造毒品行为。通过添加"辅料"实现增重目的系欺骗购毒者的典型行为,将毒品溶于液体隐蔽运输系逃避查缉的典型行为,吸毒者为自用而将少量毒品改变形态或者掺入其他成分的,应视为滥用毒品的手段,对上述行为均不应认定为制造毒品。

5.关于代购毒品行为的定性。(1)共犯型代购。《纪要》将《大连会议纪要》规定的"无论是否牟利"改为"未从中牟利",即明知他人实施毒品犯罪而为其代购毒品,未从中牟利的,以相关毒品犯罪的共犯论处。(2)从中牟利型代购。《纪要》扩大了"牟利"的外延:其一,将"以贩卖为目的收取部分毒品"改为"收取、私自截留部分购毒款、毒品",特别是将收取、私自截留部分毒品直接规定为从中牟利,不再限定于以贩卖为目的,进一步限缩了代购毒品牟利行为出罪的范围。其二,增加了"等方式"的表述,将变相加价设置为开放性条款,使其包括但又不限于所列举的几种情形。需要特别说明的是,《纪要》明确了"代购蹭吸"行为出罪的条件:其一,对于托购者事先联系好贩毒者的"跑腿型"代购,不宜将代购者认定为贩毒者的共犯。其二,在托购者购买的毒品仅用于吸食的情况下，代购者与托购者也不存在实施贩卖毒品等犯罪的共同故意。其三，代购者收取、私自截留少量毒品仅供自身吸食，其行为虽属获利，但实质上相当于吸毒行为和帮助吸毒行为，故可不作为犯罪处理。(3)其他代购毒品行为。针对实践中部分贩毒人员购买毒品后辩称系为他人代购、试图逃避司法打击的情况，《纪要》明确了该类情况证据审查的要点，实际增加了被告人提供证据线索的义务，并明确达不到相应证明标准、被告人行为符合贩卖毒品罪犯罪构成的，依法定罪处罚。

6.关于居间介绍买卖毒品问题，《纪要》对《武汉会议纪要》的规定作了个别修改：一是在原文对居间介绍者、居中倒卖者的特征作概括性规定后，增加了对居间介绍具体行为方式的列举式规定，并丰富了居中倒卖者的行为特征，以便于实践掌握。二是对于受以吸食为目的的购毒者委托的居间介绍者，根据其发挥的实际作用，进一步细化、完善了有关其行为定性的规定。仅将为以吸食为目的的购毒者提供购毒信息或者介绍认识贩毒者的情形，规定与购毒者构成非法持有毒品罪的共犯，而对同时与贩毒者存在共谋并有实际联络、促成交易行为的，规定应认定为贩毒者的共犯，加大了对后一类行为的处罚力度。

7.关于可以判处死刑的情形。《纪要》中的死刑均指死刑立即执行。《纪要》在《大连会议纪要》相关规定的基础上作了修改完善，分别以毒品数量"接近""刚超过"实际掌握的死刑适用数量为标准，规定了两种情形。其一，对于"接近"实际掌握的死刑适用数量标准，应理解为略低于实际掌握的死刑适用标准，但不能有较大差距。对于具有累犯、毒品再犯等法定重处罚情节的被告人，在决定死刑适用时，也应根据其前罪的性质和罪行轻重体现区别对待，不能简单化、一刀切。其二，鉴于"达到"涵盖了毒品数量刚超过和超过实际掌握的死刑适用数量标准较多的情况，《纪要》将《大连会议纪要》规定的毒品数量"达到"实际掌握的死刑适用数量标准，改为"刚超过"，以与后文的严重情节相匹配。同时，根据《2016年毒品犯罪解释》第四条的规定，对该数量标准下可以判处死刑的具体情节作了调整，其中《大连会议纪要》规定的"在毒品犯罪中诱使、容留多人吸毒"的情节，根据该解释规定精神，应按照数罪并罚的原则处理，故不再作为可以判处死刑的情节规定。

8.关于可以不判处死刑的情形。对于毒品数量达到实际掌握的死刑适用数量标准，可以不判处被告人死刑的情形，《纪要》对《大连会议纪要》相关规定作了较大修改，将原规定的9种情形减为5种，其中删除2种、调位2种，并对保留的除兜底项之外的4种情形均作了修改。其一，关于删除的情形。删除原第五项的主要考虑是，对于贩卖毒品数量达到死刑适用数量标准的有吸毒情节的被告人，不宜认定为以贩养吸者，且吸毒情节对其贩卖毒品数量认定的影响并不大。删除原第八项的主要考虑是，对于家庭成员共同犯罪的，可以按照毒品共同犯罪死刑适用的一般原则予以规范，故不再专门规定。其二，关于调位的情形。考虑到原第六项关于毒品犯罪初犯从宽的规定在受指使、雇用运输毒品犯罪的死刑适用等部分作了专门强调，故在一般规定部分将其并入兜底情形。将原第七项关于毒品共同犯罪死刑适用的规定，移至该节专门予以规定。其三，关于修改的情形。《纪要》将第一项“具有自首、立功等法定从宽处罚情节的”中的“等法定从宽处罚情节”删除，主要考虑重要坦白情节已在第二项中作出规定，从犯系法定应当从宽处罚的情节，与本条可以不判处死刑的前提不对应，其他法定从宽处罚情节可以通过兜底项解决。将第二项“已查获的毒品数量未达到实际掌握的死刑数量标准，到案后坦白尚未被司法机关掌握的其他毒品犯罪，累计数量超过实际掌握的死刑数量标准的”中的“已查获”改为“已查明”。“已查明”既包括已查获毒品的情况，也包括虽未查获毒品但司法机关根据现有证据已掌握涉案毒品犯罪的情况，与下文的司法机关“尚未”掌握相对应。将第三项中毒品“含量极低”改为“纯度明显低于同类毒品正常纯度”，将该项中的毒品“可能大量掺假”改为“纯度明显偏低”，用语更加规范，涵盖范围也更广。将第四项因“特情引诱”毒品数量才达到实际掌握的死刑数量标准的表述，改为因“受隐匿身份人员引诱”，增加了“不排除”受引诱的情形，并进一步明确了原本意图实施的毒品犯罪数量未达到死刑适用标准的前提。

9.关于死刑案件的证据要求。为进一步提高毒品死刑案件证据质量，《纪要》新增了对于全案未查获毒品的，一般不判处被告人死刑的规定。规定中使用了“一般”的表述，为个别特殊案件保留了一定死刑适用空间。

10.关于存在数量引诱的案件。《纪要》对《大连会议纪要》的规定作了修改：一是进一步规范了数量引诱的含义。二是在应当从轻处罚前增加了“一般”二字，主要考虑如果被告人原本意图实施的毒品犯罪数量已超过实际掌握的死刑适用数量标准，且论罪应处死刑的，即使其因为受到数量引诱而实施了更大数量的毒品犯罪，通常也无从轻处罚的空间。三是新增提示性规定，即对于因受“数量引诱”而实施了对应更高量刑幅度或刑种的毒品犯罪的被告人，在量刑时更应充分体现从宽。

【司法指导文件(2)】

《最高人民法院、最高人民检察院、公安部办理毒品犯罪案件适用法律若干问题的意见》(公通字〔2007〕84号，20071218)

一、关于毒品犯罪案件的管辖问题

根据刑事诉讼法的规定，毒品犯罪案件的地域管辖，应当坚持以犯罪地管辖为主、被告人居住地管辖为辅的原则。

“犯罪地”包括犯罪预谋地，毒资筹集地，交易进行地，毒品生产地，毒资、毒赃和毒品的藏匿地、转移地，走私或者贩运毒品的目的地以及犯罪嫌疑人被抓获地等。

“被告人居住地”包括被告人常住地、户籍地及其临时居住地。

对怀孕、哺乳期妇女走私、贩卖、运输毒品案件，查获地公安机关认为移交其居住地管辖更有利于采取强制措施和查清犯罪事实的，可以报请共同的上级公安机关批准，移送犯罪嫌疑人居住地公安机关办理，查获地公安机关应继续配合。

公安机关对侦办跨区域毒品犯罪案件的管辖权有争议的，应本着有利于查清犯罪事实，有利于诉讼，有利于保障案件侦查安全的原则，认真协商解决。经协商无法达成一致的，报共同的上级公安机关指定管辖。对即将侦查终结的跨省（自治区、直辖市）重大毒品案件，必要时可由公安部商最高人民法院和最高人民检察院指定管辖。

为保证及时结案，避免超期羁押，人民检察院对于公安机关移送审查起诉的案件，人民法院对于已进入审判程序的案件，被告人及其辩护人提出管辖异议或者办案单位发现没有管辖权的，受案人民检察院、人民法院经审可以依法报请上级人民检察院、人民法院指定管辖，不再自行移送有管辖权的人民检察院、人民法院。

二、关于毒品犯罪嫌疑人、被告人主观明知的认定问题

走私、贩卖、运输、非法持有毒品主观故意中的“明知”，是指行为人知道或者应当知道所实施的行为是走私、贩卖、运输、非法持有毒品行为。具有下列情形之一，并且犯罪嫌疑人、被告人不能做出合理解释的，可以认定其“应当知道”，但有证据证明确属被蒙骗的除外：

（一）执法人员在口岸、机场、车站、港口和其他检查站检查时，要求行为人申报为他人携带的物品和其他疑似毒品物，并告知其法律责任，而行为人未如实申报，在其所携带的物品内查获毒品的；

（二）以伪报、藏匿、伪装等蒙蔽手段逃避海关、边防等检查，在其携带、运输、邮寄的物品中查获毒品的；

（三）执法人员检查时，有逃跑、丢弃携带物品或逃避、抗拒检查等行为，在其携带或丢弃的物品中查获毒品的；

（四）体内藏匿毒品的；

（五）为获取不同寻常的高额或不等值的报酬而携带、运输毒品的；

（六）采用高度隐蔽的方式携带、运输毒品的；

（七）采用高度隐蔽的方式交接毒品，明显违背合法物品惯常交接方式的；

（八）其他有证据足以证明行为人应当知道的。

【《刑事审判参考》案例】

〔参考案例第1639号：潘某、陈某兵、陈某等贩卖、运输、制造毒品案〕全案未查获毒品的，如何认定毒品数量及能否适用死刑？

2023年《毒品犯罪审判纪要》对全案未查获毒品的情形提出“一般不判处死刑”，表明可以存在例外情况。虽未查获毒品实物，若在案证据足以证明涉案毒品远超实际掌握的死刑适用数量标准，不判处死刑难以实现罪责刑相适应的，则应当依法判处。

第三百四十七条　【走私、贩卖、运输、制造毒品罪】走私、贩卖、运输、制造毒品，无论数量多少，都应当追究刑事责任，予以刑事处罚。

走私、贩卖、运输、制造毒品，有下列情形之一的，处十五年有期徒刑、无期徒刑或者死刑，并处没收财产：

（一）走私、贩卖、运输、制造鸦片一千克以上、海洛因或者甲基苯丙胺五十克以上或者其他毒品数量大的；

（二）走私、贩卖、运输、制

造毒品集团的首要分子；

（三）武装掩护走私、贩卖、运输、制造毒品的；

（四）以暴力抗拒检查、拘留、逮捕，情节严重的；

（五）参与有组织的国际贩毒活动的。

走私、贩卖、运输、制造鸦片二百克以上不满一千克、海洛因或者甲基苯丙胺十克以上不满五十克或者其他毒品数量较大的，处七年以上有期徒刑，并处罚金。

走私、贩卖、运输、制造鸦片不满二百克、海洛因或者甲基苯丙胺不满十克或者其他少量毒品的，处三年以下有期徒刑、拘役或者管制，并处罚金；情节严重的，处三年以上七年以下有期徒刑，并处罚金。

单位犯第二款、第三款、第四款罪的，对单位判处罚金，并对其直接负责的主管人员和其他直接责任人员，依照各该款的规定处罚。

利用、教唆未成年人走私、贩卖、运输、制造毒品，或者向未成年人出售毒品的，从重处罚。

对多次走私、贩卖、运输、制造毒品，未经处理的，毒品数量累计计算。

【立案追诉标准】

《最高人民检察院、公安部关于公安机关管辖的刑事案件立案追诉标准的规定(三)》(公通字〔2012〕26号，20120516)

第一条　〔走私、贩卖、运输、制造毒品案(刑法第三百四十七条)〕走私、贩卖、运输、制造毒品，无论数量多少，都应予立案追诉。

本条规定的“走私”是指明知是毒品而非法将其运输、携带、寄递进出国(边)境的行为。直接向走私人非法收购走私进口的毒品，或者在内海、领海、界河、界湖运输、收购、贩卖毒品的，以走私毒品罪立案追诉。

本条规定的“贩卖”是指明知是毒品而非法销售或者以贩卖为目的而非法收买的行为。

有证据证明行为人以牟利为目的，为他人代购仅用于吸食、注射的毒品，对代购者以贩卖毒品罪立案追诉。不以牟利为目的，为他人代购仅用于吸食、注射的毒品，毒品数量达到本规定第二条规定的数量标准的，对托购者和代购者以非法持有毒品罪立案追诉。明知他人实施毒品犯罪而为其居间介绍、代购代卖的，无论是否牟利，都应以相关毒品犯罪的共犯立案追诉。

本条规定的“运输”是指明知是毒品而采用携带、寄递、托运、利用他人或者使用交通工具等方法非法运送毒品的行为。

本条规定的“制造”是指非法利用毒品原植物直接提炼或者用化学方法加工、配制毒品，或者以改变毒品成分和效用为目的，用混合等物理方法加工、配制毒品的行为。为了便于隐蔽运输、销售、使用、欺骗购买者，或者为了增重，对毒品掺杂使假，添加或者去除其他非毒品物质，不属于制造毒品的行为。

为了制造毒品而采用生产、加工、提炼等方法非法制造易制毒化学品的，以制造毒品罪(预备)立案追诉。购进制造毒品的设备和原材料，开始着手制造毒品，尚未制造出毒品或者半成品的，以制造毒品罪(未遂)立案追诉。明知他人制造毒品而为其生产、加工、提炼、提供醋酸酐、乙醚、三氯甲烷等制毒物品的，以制造毒品罪的共犯立案追诉。

走私、贩卖、运输毒品主观故意中的“明知”，是指行为人知道或者应当知道所实施的是走私、贩卖、运输毒品行为。具有下列情形之一，结合行为人的供述和其他证据综合审查判断，可以认定其“应当知道”，但有证据证明确属被蒙骗的除外：

（一）执法人员在口岸、机场、车站、港口、邮局和其他检查站点检查时，要求行为人申报携带、运输、寄递的物品和其他疑似毒品物，并告知其法律责任，而行为人未如实申报，在其携带、运输、寄递的物品中查获毒品的；

（二）以伪报、藏匿、伪装等蒙蔽手段逃避海关、边防等检查，在其携带、运输、寄递的物品中查获毒品的；

（三）执法人员检查时，有逃跑、丢弃携带物品或者逃避、抗拒检查等行为，在其携带、藏匿或者丢弃的物品中查获毒品的；

（四）体内或者贴身隐秘处藏匿毒品的；

（五）为获取不同寻常的高额或者不等值的报酬为他人携带、运输、寄递、收取物品，从中查获毒品的；

（六）采用高度隐蔽的方式携带、运输物品，从中查获毒品的；

（七）采用高度隐蔽的方式交接物品，明显违背合法物品惯常交接方式，从中查获毒品的；

（八）行程路线故意绕开检查站点，在其携带、运输的物品中查获毒品的；

（九）以虚假身份、地址或者其他虚假方式办理托运、寄递手续，在托运、寄递的物品中查获毒品的；

（十）有其他证据足以证明行为人应当知道的。

制造毒品主观故意中的“明知”，是指行为人知道或者应当知道所实施的是制造毒品行为。有下列情形之一，结合行为人的供述和其他证据综合审查判断，可以认定其“应当知道”，但有证据证明确属被蒙骗的除外：

（一）购置了专门用于制造毒品的设备、工具、制毒物品或者配制方案的；

（二）为获取不同寻常的高额或者不等值的报酬为他人制造物品，经检验是毒品的；

（三）在偏远、隐蔽场所制造，或者采取对制造设备进行伪装等方式制造物品，经检验是毒品的；

（四）制造人员在执法人员检查时，有逃跑、抗拒检查等行为，在现场查获制造出的物品，经检验是毒品的；

（五）有其他证据足以证明行为人应当知道的。

走私、贩卖、运输、制造毒品罪是选择性罪名，对同一宗毒品实施了两种以上犯罪行为，并有相应确凿证据的，应当按照所实施的犯罪行为的性质并列适用罪名，毒品数量不重复计算。对同一宗毒品可能实施了两种以上犯罪行为，但相应证据只能认定其中一种或者几种行为，认定其他行为的证据不够确实充分的，只按照依法能够认定的行为的性质适用罪名。对不同宗毒品分别实施了不同种犯罪行为的，应对不同行为并列适用罪名，累计计算毒品数量。

第十三条　本规定中的毒品是指鸦片、海洛因、甲基苯丙胺(冰毒)、吗啡、大麻、可卡因以及国家规定管制的其他能够使人形成瘾癖的麻醉药品和精神药品。具体品种以国家食品药品监督管理局、公安部、卫生部发布的《麻醉药品品种目录》、《精神药品品种目录》为依据。

本规定中的“制毒物品”是指刑法第三百五十条第一款规定的醋酸酐、乙醚、三氯甲烷或者其他用于制造毒品的原料或者配剂，具体品种范围按照国家关于易制毒化学品管理的规定确定。

第十四条　本规定中未明确立案追诉标准的毒品，有条件折算为海洛因的，参照有关麻醉药品和精神药品折算标准进行折算。

第十五条　本规定中的立案追诉标准，除法律、司法解释另有规定的以外，适用于相关的单位犯罪。

第十六条　本规定中的“以上”，包括本数。

第十七条　本规定自印发之日起施行。

【司法解释】

《最高人民法院关于审理毒品犯罪案件适用法律若干问题的解释》（法释〔2016〕8号，20160411）

第一条　走私、贩卖、运输、制造、非法持有下列毒品，应当认定为刑法第三百四十七条第二款第一项、第三百四十八条规定的“其他毒品数量大”：

（一）可卡因五十克以上；

（二）3，4-亚甲二氧基甲基苯丙胺（MDMA）等苯丙胺类毒品（甲基苯丙胺除外）、吗啡一百克以上；

（三）芬太尼一百二十五克以上；

（四）甲卡西酮二百克以上；

（五）二氢埃托啡十毫克以上；

（六）哌替啶（度冷丁）二百五十克以上；

（七）氯胺酮五百克以上；

（八）美沙酮一千克以上；

（九）曲马多、γ-羟丁酸二千克以上；

（十）大麻油五千克、大麻脂十千克、大麻叶及大麻烟一百五十千克以上；

（十一）可待因、丁丙诺啡五千克以上；

（十二）三唑仑、安眠酮五十千克以上；

（十三）阿普唑仑、恰特草一百千克以上；

（十四）咖啡因、罂粟壳二百千克以上；

（十五）巴比妥、苯巴比妥、安钠咖、尼美西泮二百五十千克以上；

（十六）氯氮卓、艾司唑仑、地西泮、溴西泮五百千克以上；

（十七）上述毒品以外的其他毒品数量大的。

国家定点生产企业按照标准规格生产的麻醉药品或者精神药品被用于毒品犯罪的，根据药品中毒品成分的含量认定涉案毒品数量。

第二条　走私、贩卖、运输、制造、非法持有下列毒品，应当认定为刑法第三百四十七条第三款、第三百四十八条规定的“其他毒品数量较大”：

（一）可卡因十克以上不满五十克；

（二）3，4-亚甲二氧基甲基苯丙胺（MDMA）等苯丙胺类毒品（甲基苯丙胺除外）、吗啡二十克以上不满一百克；

（三）芬太尼二十五克以上不满一百二十五克；

（四）甲卡西酮四十克以上不满二百克；

（五）二氢埃托啡二毫克以上不满

十毫克；

（六）哌替啶（度冷丁）五十克以上不满二百五十克；

（七）氯胺酮一百克以上不满五百克；

（八）美沙酮二百克以上不满一千克；

（九）曲马多、γ-羟丁酸四百克以上不满二千克；

（十）大麻油一千克以上不满五千克、大麻脂二千克以上不满十千克、大麻叶及大麻烟三十千克以上不满一百五十千克；

（十一）可待因、丁丙诺啡一千克以上不满五千克；

（十二）三唑仑、安眠酮十千克以上不满五十千克；

（十三）阿普唑仑、恰特草二十千克以上不满一百千克；

（十四）咖啡因、罂粟壳四十千克以上不满二百千克；

（十五）巴比妥、苯巴比妥、安钠咖、尼美西泮五十千克以上不满二百五十千克；

（十六）氯氮卓、艾司唑仑、地西泮、溴西泮一百千克以上不满五百千克；

（十七）上述毒品以外的其他毒品数量较大的。

第三条　在实施走私、贩卖、运输、制造毒品犯罪的过程中，携带枪支、弹药或者爆炸物用于掩护的，应当认定为刑法第三百四十七条第二款第三项规定的“武装掩护走私、贩卖、运输、制造毒品”。枪支、弹药、爆炸物种类的认定，依照相关司法解释的规定执行。

在实施走私、贩卖、运输、制造毒品犯罪的过程中，以暴力抗拒检查、拘留、逮捕，造成执法人员死亡、重伤、多人轻伤或者具有其他严重情节的，应当认定为刑法第三百四十七条第二款第四项规定的“以暴力抗拒检查、拘留、逮捕，情节严重”。

第四条　走私、贩卖、运输、制造毒品，具有下列情形之一的，应当认定为刑法第三百四十七条第四款规定的“情节严重”：

（一）向多人贩卖毒品或者多次走私、贩卖、运输、制造毒品的；

（二）在戒毒场所、监管场所贩卖毒品的；

（三）向在校学生贩卖毒品的；

（四）组织、利用残疾人、严重疾病患者、怀孕或者正在哺乳自己婴儿的妇女走私、贩卖、运输、制造毒品的；

（五）国家工作人员走私、贩卖、运输、制造毒品的；

（六）其他情节严重的情形。

第十五条　本解释自2016年4月11日起施行。《最高人民法院关于审理毒品案件定罪量刑标准有关问题的解释》（法释〔2000〕13号）同时废止；之前发布的司法解释和规范性文件与本解释不一致的，以本解释为准。

【司法解释·注释】

1.本解释中现有的毒品种类原则上按照数量标准由低到高排列（二氢埃托啡除外），并对数量标准相同的进行了分组归类。毒品名称主要根据2013年版《麻醉药品品种目录》和《精神药品品种目录》确定，个别在听取行业专家意见后进行了规范和调整。例如，将2000年司法解释中的“度冷丁”调整为“哌替啶”，将“盐酸二氢埃托啡”调整为“二氢埃托啡”，将2007年办理毒品犯罪案件适用法律若干问题的意见中的“二亚甲基双氧安非他明”调整为“3, 4-亚甲二氧基甲基苯丙胺”，并用括号注明其通用简称MDMA。

2.第一条第二款规定国家定点生产企业按照标准规格生产的麻醉药品或者精神药品，流入非法渠道被用于毒品犯罪的，要根据药品中毒品成分的含量认定涉案毒品数量，这主要基于以下几点考虑：

第一，药品中水分、淀粉、糖分、色素等成分占有相当大的比重，有效药物成分(即毒品成分)的含量较低，如果根据药品的总重量认定涉案毒品数量，势必同毒品成分的实际数量有明显差距，难以体现罚当其罪。

第二，对于不同厂家生产或者同一厂家生产的不同规格的同类药品，在总重量相同的情况下，其有效药物成分的含量可能存在较大差异，如果根据药品总重量认定涉案毒品数量，会影响量刑平衡。

第三，从药品生产、使用单位流入非法渠道的麻精药品，其有效药物成分的含量有严格标准，不涉及毒品的含量鉴定问题，不会给司法实践带来操作上的困难，有关实务部门也均同意这种毒品数量认定方法。

第四，本款规定仅适用于国家定点企业生产、流入非法渠道的麻醉药品和精神药品，并非国家定点企业生产的麻精药品以及海洛因、甲基苯丙胺等没有临床用途的麻精药品不在此列。另外，对于以制造毒品为目的生产出的纯度不高的毒品以及为了增加毒品数量而掺杂、掺假的情形，均应按照毒品的全部数量认定。

3.关于第三条第一款“武装掩护”的界定。本司法解释将其明确界定为携带枪支、弹药或者爆炸物用于掩护毒品犯罪的情形。其中，“武装”限定于枪支、弹药、爆炸物，不包括尖刀、棍棒等普通器械；“携带”既包括随身携带、随包携带、随车携带，也包括在制毒场所存放等。考虑到该行为具有高度的危险性，故既不要求显示、出示、使用，对枪支、弹药或者爆炸物的数量亦无要求。之所以强调“用于掩护”，旨在从用途和目的上加以限制，对于只携带子弹而没有携带枪支，不可能实现掩护目的的，不能认定为武装掩护。此外，对于枪支、弹药、爆炸物种类的认定，参照《最高人民法院关于审理非法制造、买卖、运输枪支、弹药、爆炸物等刑事案件具体应用法律若干问题的解释》执行。例如，枪支主要包括军用枪支、以火药为动力发射枪弹的非军用枪支、以压缩气体等为动力的其他非军用枪支等。

4.关于第四条第一项“向多人贩卖毒品”是否一律认定为“情节严重”。起草过程中，有意见提出，实践中很多零包贩毒案件，被告人虽然具有向多人贩毒或者多次贩毒的情节，但累计贩卖毒品的数量却不足一克，如果将这种情况认定为情节严重，处三年以上七年以下有期徒刑，会出现罪刑不相适应，故应当设定最低毒品数量限制。经研究认为，向多人贩卖毒品或者多次走私、贩卖、运输、制造毒品的，具有较大的社会危害性，也体现了犯罪分子较深的主观恶性，应重点打击、从严惩处，故不再设定最低数量限制。

5.关于第四条第三项“向在校学生贩卖毒品”。“在校学生”包括中小学、中等职业学校学生和普通高等学校中的本、专科学生(不包括研究生)。其中，中等职业学校包括中专、职高、技校，普通高等学校包括全日制大学、学院、职业技术学院、高等专科学校。本项规定与刑法第三百四十七条第六款“向未成年人出售毒品的，从重处罚”的规定之间不存在矛盾，如果贩卖对象既是未成年人又是在校学生的，适用本项的规定处罚。

【司法指导文件(1)】

《最高人民法院、最高人民检察院关于常见犯罪的量刑指导意见(试行)》(法发〔2021〕21号，20210701)

(二十)走私、贩卖、运输、制造毒品罪

1.构成走私、贩卖、运输、制造毒品罪的，根据下列情形在相应的幅度内确定量刑起点：

(1)走私、贩卖、运输、制造鸦片一千克，海洛因、甲基苯丙胺五十克或者其它毒品数量达到数量大起点的，量刑起点为十五年有期徒刑。依法应当判处无期徒刑以上刑罚的除外。

(2)走私、贩卖、运输、制造鸦片二百克，海洛因、甲基苯丙胺十克或者其它毒品数量达到数量较大起点的，在七年至八年有期徒刑幅度内确定量刑起点。

(3)走私、贩卖、运输、制造鸦片不满二百克，海洛因、甲基苯丙胺不满十克或者其他少量毒品的，可以在三年以下有期徒刑、拘役幅度内确定量刑起点；情节严重的，在三年至四年有期徒刑幅度内确定量刑起点。

2.在量刑起点的基础上，根据毒品犯罪次数、人次、毒品数量等其他影响犯罪构成的犯罪事实增加刑罚量，确定基准刑。

3.有下列情节之一的，增加基准刑的10%—30%：

(1)利用、教唆未成年人走私、贩卖、运输、制造毒品的；

(2)向未成年人出售毒品的；

(3)毒品再犯。

4.有下列情节之一的，可以减少基准刑的30%以下：

(1)受雇运输毒品的；

(2)毒品含量明显偏低的；

(3)存在数量引诱情形的。

5.构成走私、贩卖、运输、制造毒品罪的，根据走私、贩卖、运输、制造毒品的种类、数量、危害后果等犯罪情节，综合考虑被告人缴纳罚金的能力，决定罚金数额。

6.构成走私、贩卖、运输、制造毒品罪的，综合考虑走私、贩卖、运输、制造毒品的种类、数量、危害后果等犯罪事实、量刑情节，以及被告人的主观恶性、人身危险性、认罪悔罪表现等因素，从严把握缓刑的适用。

【司法指导文件(2)】

《最高人民法院、最高人民检察院、公安部办理毒品犯罪案件适用法律若干问题的意见》(公通字〔2007〕84号，20071218)

三、关于办理氯胺酮等毒品案件定罪量刑标准问题①

(一)走私、贩卖、运输、制造、非法持有下列毒品，应当认定为刑法第三百

① 涉及氯胺酮的定罪量刑标准，应当按照本条项下【司法解释】第一条、第二条的规定执行。——编者注

四十七条第二款第(一)项、第三百四十八条规定的“其他毒品数量大”:

1.二亚甲基双氧安非他明(MDMA)等苯丙胺类毒品(甲基苯丙胺除外)100克以上;

2.氯胺酮、美沙酮1千克以上;

3.三唑仑、安眠酮50千克以上;

4.氯氮卓、艾司唑仑、地西泮、溴西泮500千克以上;

5.上述毒品以外的其他毒品数量大的。

(二)走私、贩卖、运输、制造、非法持有下列毒品,应当认定为刑法第三百四十七条第三款、第三百四十八条规定的“其他毒品数量较大”:

1.二亚甲基双氧安非他明(MDMA)等苯丙胺类毒品(甲基苯丙胺除外)20克以上不满100克的;

2.氯胺酮、美沙酮200克以上不满1千克的;

3.三唑仑、安眠酮10千克以上不满50千克的;

4.氯氮卓、艾司唑仑、地西泮、溴西泮100千克以上不满500千克的;

5.上述毒品以外的其他毒品数量较大的。

(三)走私、贩卖、运输、制造下列毒品,应当认定为刑法第三百四十七条第四款规定的“其他少量毒品”:

1.二亚甲基双氧安非他明(MDMA)等苯丙胺类毒品(甲基苯丙胺除外)不满20克的;

2.氯胺酮、美沙酮不满200克的;

3.三唑仑、安眠酮不满10千克的;

4.氯氮卓、艾司唑仑、地西泮、溴西泮不满100千克的;

5.上述毒品以外的其他少量毒品的。

(四)上述毒品品种包括其盐和制剂。毒品鉴定结论中毒品品名的认定应当以国家食品药品监督管理局、公安部、卫生部最新发布的《麻醉药品品种目录》、《精神药品品种目录》为依据。

【司法指导文件(3)】

《最高人民法院、最高人民检察院、公安部关于办理走私、非法买卖麻黄碱类复方制剂等刑事案件适用法律若干问题的意见》(法发〔2012〕12号,20120618)

一、关于走私、非法买卖麻黄碱类复方制剂等行为的定性

以加工、提炼制毒物品制造毒品为目的,购买麻黄碱类复方制剂,或者运输、携带、寄递麻黄碱类复方制剂进出境的,依照刑法第三百四十七条的规定,以制造毒品罪定罪处罚。

……

实施第一款、第二款规定的行为,同时构成其他犯罪的,依照处罚较重的规定定罪处罚。

二、关于利用麻黄碱类复方制剂加工、提炼制毒物品行为的定性

以制造毒品为目的,利用麻黄碱类复方制剂加工、提炼制毒物品的,依照刑法第三百四十七条的规定,以制造毒品罪定罪处罚。

……

三、关于共同犯罪的认定

明知他人利用麻黄碱类制毒物品制造毒品,向其提供麻黄碱类复方制剂,为其利用麻黄碱类复方制剂加工、提炼制毒物品,或者为其获取、利用麻黄碱类复方制剂提供其他帮助的,以制造毒品罪的共犯论处。

……

四、关于犯罪预备、未遂的认定

实施本意见规定的行为，符合犯罪预备或者未遂情形的，依照法律规定处罚。

五、关于犯罪嫌疑人、被告人主观目的与明知的认定

对于本意见规定的犯罪嫌疑人、被告人的主观目的与明知，应当根据物证、书证、证人证言以及犯罪嫌疑人、被告人供述和辩解等在案证据，结合犯罪嫌疑人、被告人的行为表现，重点考虑以下因素综合予以认定：

1.购买、销售麻黄碱类复方制剂的价格是否明显高于市场交易价格；

2.是否采用虚假信息、隐蔽手段运输、寄递、存储麻黄碱类复方制剂；

3.是否采用伪报、伪装、藏匿或者绕行进出境等手段逃避海关、边防等检查；

4.提供相关帮助行为获得的报酬是否合理；

5.此前是否实施过同类违法犯罪行为；

6.其他相关因素。

六、关于制毒物品数量的认定

……

实施本意见规定的行为，以制造毒品罪定罪处罚的，应当将涉案麻黄碱类复方制剂所含的麻黄碱类物质可以制成的毒品数量作为量刑情节考虑。

多次实施本意见规定的行为未经处理的，涉案制毒物品的数量累计计算。

七、关于定罪量刑的数量标准

……

实施本意见规定的行为，以制造毒品罪定罪处罚的，无论涉案麻黄碱类复方制剂所含的麻黄碱类物质数量多少，都应当追究刑事责任。

八、关于麻黄碱类复方制剂的范围

本意见所称麻黄碱类复方制剂是指含有《易制毒化学品管理条例》(国务院令第445号)品种目录所列的麻黄碱(麻黄素)、伪麻黄碱(伪麻黄素)、消旋麻黄碱(消旋麻黄素)、去甲麻黄碱(去甲麻黄素)、甲基麻黄碱(甲基麻黄素)及其盐类，或者麻黄浸膏、麻黄浸膏粉等麻黄碱类物质的药品复方制剂。

【司法指导文件(4)】

《最高人民法院、最高人民检察院、公安部、农业部、食品药品监管总局关于进一步加强麻黄草管理严厉打击非法买卖麻黄草等违法犯罪活动的通知》(公通字〔2013〕16号，20130521)[①]

三、依法查处非法采挖、买卖麻黄草等犯罪行为

各地人民法院、人民检察院、公安机关要依法查处非法采挖、买卖麻黄草等犯罪行为，区别情形予以处罚：

(一)以制造毒品为目的，采挖、收购麻黄草的，依照刑法第三百四十七条的规定，以制造毒品罪定罪处罚。

(二)以提取麻黄碱类制毒物品后进行走私或者非法贩卖为目的，采挖、收购麻黄草，涉案麻黄草所含的麻黄碱类制毒物品达到相应定罪数量标准的，依照刑法第三百五十条第一款、第三款的规定，分别以走私制毒物品罪、非法买卖制毒物品罪定罪处罚。

---

① 对于该文件的适用，需结合刑法修正案(九)第四十一条修正的刑法第三百五十条的规定综合考虑。——编者注

（三）明知他人制造毒品或者走私、非法买卖制毒物品，向其提供麻黄草或者提供运输、储存麻黄草等帮助的，分别以制造毒品罪、走私制毒物品罪、非法买卖制毒物品罪的共犯论处。

（四）违反国家规定采挖、销售、收购麻黄草，没有证据证明以制造毒品或者走私、非法买卖制毒物品为目的，依照刑法第二百二十五条的规定构成犯罪的，以非法经营罪定罪处罚。

（五）实施以上行为，以制造毒品罪、走私制毒物品罪、非法买卖制毒物品罪定罪处罚的，涉案制毒物品的数量按照三百千克麻黄草折合一千克麻黄碱计算；以制造毒品罪定罪处罚的，无论涉案麻黄草数量多少，均应追究刑事责任。

【司法指导文件(5)】

《最高人民法院研究室关于被告人对不同种毒品实施同一犯罪行为是否按比例折算成一种毒品予以累加后量刑的答复》（法研〔2009〕146号，20090817）

……对被告人一人走私、贩卖、运输、制造两种以上毒品的，不实行数罪并罚，量刑时可综合考虑毒品的种类、数量及危害，依法处理。故同意你院处理意见。[①]

【司法指导文件(6)】

《最高人民法院研究室关于贩卖、运输经过取汁的罂粟壳废渣是否构成贩卖、运输毒品罪的答复》（法研〔2010〕168号，20100927）

……对本案被告人不宜以贩卖、运输毒品罪论处。主要考虑：⑴被告人贩卖、运输的是经过取汁的罂粟壳废渣，吗啡含量只有0.01%，含量极低，从技术和成本看，基本不可能用于提取吗啡；⑵国家对经过取汁的罂粟壳并无明文规定予以管制，实践中有关药厂也未按照管制药品对其进行相应处理；⑶无证据证明被告人购买、加工经过取汁的罂粟壳废渣是为了将其当作毒品出售，具有贩卖、运输毒品的故意。如果查明行为人有将罂粟壳废渣作为制售毒品原料予以利用的故意，可建议由公安机关予以治安处罚。

【公安文件(1)】

《公安部关于在成品药中非法添加阿普唑仑和曲马多进行销售能否认定为制造贩卖毒品有关问题的批复》（公复字〔2009〕1号，20090319）

一、阿普唑仑和曲马多为国家管制的二类精神药品。根据《中华人民共和国刑法》第三百五十五条的规定，如果行为人具有生产、管理、使用阿普唑仑和曲马多的资质，却将其掺加在其他药品中，违反国家规定向吸食、注射毒品的人提供的，构成非法提供精神药品罪；向走私、贩卖毒品的犯罪分子或以牟利为目的向吸食、注射毒品的人提供的，构成走私、贩卖毒品罪。根据《中华人民共和国刑法》第三百四十七条的规定，如果行为人没有生产、管理、使用阿普唑仑和曲马多的资质，而将其掺加在其他药品中予以贩卖，构成贩卖、制造毒品罪。

二、在办案中应当注意区别为治

---

① 这里的“处理意见”指：应当将案件涉及的不同种毒品按一定比例折算后予以累加进行量刑。——编者注

疗、戒毒依法合理使用的行为与上述犯罪行为的界限。只有违反国家规定，明知是走私、贩卖毒品的人员而向其提供阿普唑仑和曲马多，或者明知是吸毒人员而向其贩卖或超出规定的次数、数量向其提供阿普唑仑和曲马多的，才可以认定为犯罪。

【公安文件(2)】

《公安部禁毒局关于非法制造贩卖安钠咖立案问题的答复》(公禁毒〔2002〕434号，20021105)

安钠咖属于刑法规定的毒品。根据刑法第三百四十七条第一款的规定，贩卖、制造毒品，无论数量多少，都应当追究刑事责任，予以刑事处罚。因此，对于非法制造、贩卖安钠咖的，不论查获的数量多少，公安机关都应当按照非法制造、贩卖毒品罪立案侦查。

……饭店经营者直接向顾客(主要是过往就餐的汽车司机)推销毒品，犯罪情节恶劣，严重危害社会治安，不仅可以致使顾客吸毒成瘾，而就餐的司机吸食安钠咖后驾驶汽车，其吸毒后产生的不良反应将给交通安全带来很大隐患，随时可能导致严重后果，危及人民生命财产。因此，公安机关应当依法严厉打击此类毒品犯罪活动。

【指导性案例 · 检察】

〔王某贩卖、制造毒品案，JZD150-2022〕

行为人利用未列入国家管制的化学品为原料，生产、销售含有国家管制的麻醉药品、精神药品成分的食品，明知该成分毒品属性的，应当认定为贩卖、制造毒品罪。

〔马某某走私、贩卖毒品案，JZD151-2022〕

1.行为人未核实购买人购买麻醉药品、精神药品具体用途，但知道其不是用于合法用途，为非法获利，基于放任的故意，向用于非法用途的人贩卖的，应当认定为贩卖毒品罪。对于“非法用途”，可以从行为人买卖麻醉药品、精神药品是否用于医疗等合法目的予以认定。判断行为人对涉案毒品性质是否明知，除审查其供述外，还应结合其认知能力、学历、从业背景、是否曾有同类药物服用史、是否使用虚假身份交易等证据进行综合认定。

2.行为人出于非法用途，以贩卖为目的非法购买国家管制的麻醉药品、精神药品的，应当认定为贩卖毒品罪既遂。

3.涉案麻醉药品、精神药品往往具有数量小、纯度低等特点，检察机关提出量刑建议时，应当考虑毒品数量、折算比例、效能及浓度、交易价格、犯罪次数、违法所得、危害后果、行为人的主观恶性及人身危险性等各种因素。对于将麻醉药品和精神药品用于实施其他犯罪的，还应当考量其用途、可能作用的人数及后果、其他犯罪的社会危害性等，确保罪责刑相适应。

〔何某贩卖、制造毒品案，JZD153-2022〕

行为人明知某类植物系未被国家管制的原生植物，但含有国家管制的麻醉药品、精神药品成分，采取特定方法提炼出植物中国家管制的麻醉药品、精神药品成分，改变了原生植物的物理形态，使其具备毒品效用，应当认定为制造毒品行为。行为人从未管制原生植物中提炼出毒品并予以贩卖的，应当认定为贩卖、制造毒品罪。

【法院案例库参考案例】

〔唐某某走私毒品案，2023-06-1-356-016〕为“治病”而走私麻精药品的犯罪认定

行为人没有吸毒史或传统毒品吸食行为，仅是出于治疗疾病需要，购买符合正常治疗使用数量的麻醉药品、精神药品或对其明显超出正常用量能够作出合理解释，且不存在向贩毒分子或吸毒人员进行贩卖行为的，通常不应认为构成毒品犯罪。

〔章某龙贩卖、运输毒品、方某生贩卖毒品案，2025-06-1-356-001〕贩卖毒品案件上下家的死刑适用

对于买卖同宗毒品的上下家，涉案毒品数量超过实际掌握的死刑适用数量标准，未达到数量巨大的，一般不同时判处死刑；达到数量巨大以上的，也应综合考量慎重决定死刑适用。至于是判处上家死刑，还是判处下家死刑，要结合贩毒数量、次数及对象范围，犯罪的主动性，对促成毒品交易所发挥的作用，犯罪后果等因素，综合考虑被告人主观恶性、人身危险性，决定是否适用死刑。

〔王某等走私、贩卖毒品、强奸、强制猥亵案，2024-06-1-356-009〕走私、贩卖国家管制精神药品并利用精神药品迷奸、猥亵他人的，应当数罪并罚

走私、贩卖国家管制精神药品并利用精神药品迷奸、猥亵他人的，应当数罪并罚。

〔马某某贩卖毒品案，2024-06-1-356-011〕贩毒人员委托他人代收邮寄毒品的，构成犯罪既遂

1.为贩卖而购买毒品的行为，构成贩卖毒品罪。即使购得的毒品没有卖出，也应计入贩卖数量，而不以非法持有毒品罪论处。

2.贩毒人员中的卖家将毒品交付给快递、物流，买家收取包裹是安排他人进行的，买卖双方都属于既遂。

〔倪某、逄某等贩卖、运输毒品案，2024-06-1-356-008〕毒品因质量等问题被退回情节的认定

贩卖毒品罪中，毒品进入实质性交易环节的，犯罪即既遂。实践中，交易完成后毒品被退回的原因并不限于质量问题，还可能因毒品数量不足、品类含量不对等原因被退回，不影响贩卖毒品罪既遂的成立，但在毒品被退回可作为量刑情节考虑。

〔罗某海等贩卖毒品案，2024-06-1-356-007〕利用快递柜贩卖毒品的行为构成贩卖毒品罪

通过将毒品放置于电子快递柜中进行毒品交付的行为，系贩卖毒品的一种具体行为方式，依法应以贩卖毒品罪定罪处罚。

〔黄某、代某贩卖毒品案，2023-06-1-356-012〕“互联网+快递”方式贩卖毒品的认定

行为人利用“互联网+快递”等非接触手段实施贩卖毒品行为的，以贩卖毒品罪论处。

〔贺某贩卖毒品案，2024-06-1-356-003〕居中倒卖含有合成大麻素成分的电子烟的行为单独构成贩卖毒品罪

居中倒卖与居间介绍行为存在本质区别。居中倒卖者直接参与毒品交易并从中获利，自主决定交易毒品数量、价格并赚取差价，与前后环节的交易对象是上下家关系，属于独立的毒品交易主体。行为人明知电子烟含有合成大麻素成分仍然贩卖，在该类电子烟对外扩散过程中，行为人起到主要作用，虽然电子烟的交付由他人完成，但不影响行为人与向其购买电子烟的下家之间成立独立的贩卖关系，属于居中倒卖行为，单独构成贩卖毒品罪。

〔张某、王某贩卖毒品案，2023-06-1-356-036〕贩卖含有合成大麻素的电子烟油的，以贩卖毒品罪论处

贩卖含有合成大麻素的电子烟油的，属贩卖毒品行为，向多人贩卖或者多次贩卖的，属情节严重，应依法以贩卖毒品罪论处。

〔萨某某等贩卖毒品案，2023-06-1-356-038〕贩卖含有合成大麻素类物质混合烟丝的行为应当认定为贩卖毒品罪

合成大麻素类新精神活性物质于2021年7月1日被我国列入《非药用类麻醉药品和精神药品管制品种增补目录》，该类毒品具有较强的兴奋、致幻、麻醉等效果。对于贩卖含有合成大麻素类物质混合烟丝的行为，应当认定为贩卖毒品罪。

〔邓某某贩卖毒品案，2024-06-1-356-002〕帮助他人代购毒品并“蹭吸”行为属于贩卖毒品

对于蹭吸毒品的代购行为，应当从托购者意思表示、购毒目的、托购者是否自行联系售毒者，代购者是否自行联系售毒者、是否从托购者预先联系的售毒者处购买毒品、毒品价格、实际获利情况等方面，综合性审查相关事实。在毒品上下家相互不认识或者吸毒者没有毒品来源的情况下，蹭吸毒品的代购行为事实上促成了毒品交易和流通，应认定为贩卖毒品罪。

〔黄某荣贩卖毒品案，2024-06-1-356-005〕代购毒品并从中牟利、加价进行贩卖行为构成贩卖毒品罪

如果被告人明知他人实施毒品犯罪而为其代购毒品，未从中牟利，应以相关毒品犯罪的共犯论处。如果代购者主观上为了获取好处，客观上为托购者代购毒品，并从中加价牟利，无论加价数额多少，均应当认定为贩卖毒品罪。在代购毒品并加价从中牟利的案件中，被告人不仅帮助托购者购买毒品，还帮助毒贩销售毒品，加剧了毒品向社会的扩散与流转，促成了吸毒者与贩毒者的成功交易，具有社会危害性与刑罚可罚性，依法构成贩卖毒品罪。

〔周某武贩卖毒品罪案，2023-06-1-356-049〕贩卖毒品的，无论数量多少，均应依法追究刑事责任

贩卖毒品的，无论数量多少，都应当依法追究刑事责任。对于贩卖毒品数量较少，且行为人具有坦白、认罪认罚等情节的，依法从轻处罚。

〔李某某等贩卖毒品案，2023-06-1-356-011〕从贩毒人员住所、车辆等处查获的毒品应计入贩卖毒品数量

贩毒人员被抓获后，对于从其住所、车辆等处查获的毒品，一般均应认定为其贩卖的毒品。被告人购进一定数量的毒品后，将部分毒品分成差不多固定数量的小包毒品存放在住处，且旁边放置有电子秤等称量工具，客观上反映其进行出售包装处理，主观上反映其在为贩卖毒品作积极准备，结合被告人之前有售出过毒品的事实，故将在被告人的房间内查获的毒品数量认定为其贩卖毒品的数量。

〔唐某贩卖毒品案，2023-06-1-356-052〕毒品交易未完成的量刑把握

贩毒者和购毒者做好了前期商谈毒品种类、数量、价格、交货地点后，双方到达交易地点接头进入毒品交易环节，但未完成毒品交付情况下被抓获的，不宜认定为未遂。

〔邹某某、漆某、余某某制造毒品案，2024-06-1-356-015〕采用无法再加工出成品、半成品的废液、废料为原料制造毒品的构成犯罪未遂

采用无法再加工出成品、半成品的废液、废料等为原料制造毒品的，废液、废料不计入制造毒品的数量，属于制造毒品罪犯罪未遂。

〔刘某红贩卖、制造毒品案，2024-02-1-356-004〕对于制造毒品行为应结合在案证据综合认定，废液、废料不应计入制造毒品的数量

在认定制造毒品的数量时，对于案件中查获的含有毒品成分的物质，应综合其毒品成分的含量、外观形态、存放的容器和位置，结合被告人对制毒过程、查获毒品疑似物性质的供述和辩解等证据进行分析，判断其属于毒品成品、半成品还是制毒废液、废料；认定为废液、废料的，不计入制造毒品的数量。

〔鲁某等制造毒品案，2023-06-1-356-020〕利用新康泰克感冒药提炼麻黄碱制造甲基苯丙胺的行为定性

行为人通过各种渠道大量购买新康泰克感冒胶囊作为制毒原料，非法制造毒品的，以制造毒品罪论处。

〔林某泉制造毒品案，2023-04-1-356-005〕制造毒品案件中，缴获的毒品系液态毒品的，不得判处死刑

制造毒品案件中，公安机关缴获的含甲基苯丙胺的液态毒品与含甲基苯丙胺的晶体状毒品在毒品性质、毒品含量及社会危害性上均有区别，按照“昆明会议纪要”有关规定，不得判处死刑。

【《刑事审判参考》案例】

〔参考案例第1132号：易卜拉欣·阿卜杜西默德·阿布多什走私毒品案〕恰特草在走私人国籍国是合法药品，将恰特草带入我国的行为如何定性？

2013年11月11日公布的《精神药品品种目录(2013年版)》中，将恰特草作为第一类精神药品进行管制。该目录自2014年1月1日起施行，故此后对于非法种植、非法持有、贩卖、走私、服食恰特草的行为均可按照违法犯罪行为处理。恰特草在被告人国籍国未被列入毒品范畴，但是对被告人非法携带恰特草入境我国的行为，仍然应以走私毒品罪论处。

〔参考案例第463号：庄木根、刘平平、郑斌非法买卖枪支、贩卖毒品案〕非法买卖枪支时以毒品冲抵部分价款行为如何定性？

以毒品冲抵部分买卖枪支价款的行为构成贩卖毒品罪，该贩卖毒品行为与非法买卖枪支行为之间不存在牵连关系，应予数罪并罚。

〔参考案例第528号：武汉同济药业有限公司等四单位及孙伟民等人贩卖、运输、制造毒品案〕不明知他人购买咖啡因是用于贩卖给吸毒人员的情况下，违规大量出售咖啡因的行为如何定性？

制药单位在不明知他人购买咖啡因是用于贩卖给吸毒人员的情况下，违反国家对精神药品及咖啡因生产经营的管理规定，非法大量出售咖啡因的行为不构成贩卖毒品罪，应认定为非法经营罪。

〔参考案例第639号：包占龙贩卖毒品案〕在毒品犯罪案件中，如何区

别侦查机关的“犯意引诱”和“数量引诱”?

“数量引诱”与“犯意引诱”的根本区别在于:“数量引诱”系行为人在特情介入之前就已经具有毒品犯罪的主观故意,而“犯意引诱”系行为人在特情介入之前没有实施毒品犯罪的主观意图。“数量引诱”与“机会引诱”的相同点是在特情介入之前行为人已经具有实施毒品犯罪的主观故意。区别在于,“机会引诱”只是提供机会,不存在实质性引诱,而“数量引诱”不仅提供机会,而且毒品数量上还存在从小到大的实质性引诱。购毒者在侦查人员控制下,以非真实交易意思,明显超出其往常交易数额向贩毒者示意购买毒品,属于数量引诱。

〔参考案例第 767 号:蒋泵源贩卖毒品案〕明知他人从事贩卖毒品活动而代为保管甲基苯丙胺的行为如何定性?

窝藏毒品罪和非法持有毒品罪的客观方面都可以表现为对毒品的非法持有,贩卖毒品罪的客观方面也往往包含非法持有毒品的行为表现。对于替他人藏匿毒品的行为,不能一概认定为窝藏毒品罪或非法持有毒品罪,而应当根据具体情况分析被告人的主观意图,准确适用法律。行为人明知对方系贩毒分子,仍应其要求先后两次代为保管甲基苯丙胺,实际上对贩毒行为起到了配合、帮助作用,据此应当认定二者形成毒品犯罪的共犯关系,应当以贩卖毒品罪追究其刑事责任。

〔参考案例第 1194 号:张成建等贩卖毒品案〕贩卖毒品案件中如何区分上下家罪责?

处于毒品交易中间环节的上下家,仅是一个相对的概念,在社会危害性上并不具有绝对的衡量价值,不能简单地认为毒品上家的地位、作用及社会危害性就一定高于毒品下家,对其量刑也并非一律要重于毒品下家,仍要坚持具体案件具体分析。综合考虑毒品交易的数量、次数、对象范围以及危害后果;毒品交易过程中的主动性及对促成交易所发挥的作用;主观恶性和人身危险性等因素决定罪责。

〔参考案例第 1197 号:章远贩卖毒品、容留他人吸毒案〕为索要债务而唆使他人贩卖毒品的行为如何定性?

明知债务人系贩毒分子而唆使其贩卖毒品以偿还债务,应当以贩卖毒品罪的教唆犯定罪处罚。索要合法债务的动机,不影响对被告人犯罪行为性质的认定。

〔参考案例第 1231 号:姚明跃等贩卖毒品案〕对于有吸毒情节的被告人短期内购入大量毒品且大部分毒品去向不明时,如何认定其贩卖毒品的数量?

已被被告人吸食的部分毒品,不应计入被告人贩卖毒品的数量,但必须“确有证据证明”该部分毒品已被被告人吸食。被告人应当提供确切证据证明去向不明的毒品并非用于贩卖,仅有被告人本人供述和辩解,没有其他证据印证的,不属于“确有证据证明”。

〔参考案例第 1290 号:唐立新、蔡立兵贩卖毒品案〕如何把握贩卖毒品罪的既遂未遂标准?

在毒品刑事案件中,认定贩卖毒品罪的既遂,宜采取“进入实质交易环节”的标准。毒品上下家已经进入毒品交易现场并实施了验货、谈价、称重等实际交易行为,仅差支付毒资后交付毒品的环节未完成。如果以毒品是否实际交付给下家为标准来认定犯罪既遂与否，则会使一部分毒品犯罪案件作未遂处理，不利于对毒品犯罪的打击。当然，对毒品犯罪也并非完全不区分既遂与未遂，对于实践中典型的犯罪未遂如买方尚未达到交易地点，或者买到的是假毒品等情形，可以认定为犯罪未遂。审判中对“进入实质交易环节”的把握也不能太宽，以免把一些本应认定为犯罪未遂的情形作为既遂处理，失之过严。

〔参考案例第1384号：孙德柱贩卖毒品、容留他人吸毒案〕容留他人吸毒且提供毒品并收取费用的行为如何定性？

行为人容留他人在自己家中吸食毒品的行为构成容留他人吸毒罪，在容留他人吸毒的场所为吸毒者提供毒品并收取毒品费用的行为，构成贩卖毒品罪。

〔参考案例第1014号：刘继芳贩卖毒品案〕为吸食者代购少量毒品的行为如何定性？

不以牟利为目的，为他人代购用于吸食的毒品，毒品数量未达到非法持有毒品罪的定罪标准的，不宜认定为犯罪。

〔参考案例第1385号：齐先贺贩卖、运输毒品案〕如何区分毒品代购与加价贩卖？

毒品代购有广义和狭义之分，狭义的毒品代购是指行为人受吸毒者委托无偿为吸毒者代为购买仅用于吸食的毒品。广义的毒品代购，既包括狭义的毒品代购，也包括明知他人实施犯罪行为而为其代购毒品以及介绍毒品买卖等情形。行为人与购毒者缺少共同犯罪故意、脱离居间介绍性质，实质地参与到毒品交易环节中，成为独立上家的，应当认定其为毒品犯罪的实行犯，而非共犯。

〔参考案例第1521号：徐某贩卖毒品案〕代购毒品、“代购蹭吸”行为应如何处理？

明知他人实施毒品犯罪而为其代购毒品，代购毒品行为依附于托购毒品行为，无论代购者是否牟取利益，代购者与托购者构成相关毒品犯罪的共犯，对代购者以相关毒品犯罪论处。代购者从代购毒品行为中牟取利益的，对代购者直接以贩卖毒品罪定罪处罚。代购者无偿为托购者代购用于吸食毒品的，毒品数量超过刑法第三百四十八条规定的最低数量标准的，对托购者、代购者应以非法持有毒品罪定罪。代购者为吸毒者代购毒品，在运输过程中被查获，没有证据证明托购者、代购者是为了实施贩卖毒品等其他犯罪，毒品数量达到较大以上的，对托购者、代购者以运输毒品罪的共犯论处。“代购蹭吸”行为是代购者出于自身吸食而非贩卖目的收取部分毒品作为酬劳，原则上不宜对“蹭吸”行为追究刑事责任。

〔参考案例第550号：周桂花运输毒品案〕被告人以托运方式运输毒品的，如何认定其主观明知？

以虚假身份办理托运手续，在托运的物品中查获毒品，结合运输的方式、过程、托运人的年龄、阅历、智力等情况，可以推定托运人明知是毒品而运输。

〔参考案例第486号：朱海斌等制造、贩卖毒品案〕制造毒品失败的行为能否认定为犯罪未遂？

对于制毒行为已经完成，成品却已灭失，如被丢弃或吸食，制毒原材料无法提取的情形，因缺乏必要的毒品鉴定结论，亦没有充分证据证实所制造出的物品系毒品的，可分下列情况处理：(1)毒品灭失情况下，仅有被告人供述，亦缺乏相关证据材料证实被告人实施制毒犯罪的，不能仅靠被告人供述确定毒品数量并定案。(2)毒品灭失情况下，毒品交易双方或者毒品共犯的被告人均供认已经制造出“毒品”，且根据其他证据能够逻辑地推定制造出毒品的，应当认定犯罪既遂。毒品数量可根据双方一致的供认认定，若双方供述不一致，采取“就低不就高”，有利被告的原则认定。(3)毒品灭失情况下，毒品交易双方或者毒品共犯的被告人均供认制造毒品，但对毒品的品质有疑义，因成品灭失致使无法鉴定，也缺乏证据证明制毒原材料为何物的，按照排除合理怀疑的证明标准，可以认定为犯罪未遂。具体毒品数量应根据被告人供述，结合“就低不就高”原则确定。

〔参考案例第800号：凌万春、刘光普贩卖、制造毒品案〕在毒品中添加非毒品物质是否构成制造毒品罪？

行为人将“摇头丸”“Y仔”与“K粉”混合后加入袋装“雀巢”咖啡内贩卖，主观目的并不是制造出一种新类型的毒品，而是通过这种混合的形式达到表面上似乎是贩卖咖啡以掩人耳目的目的，其主观目的是贩卖毒品。在客观行为上，这种物理混合的方式只是简单地把一些毒品和咖啡掺杂起来，既没有严格的比例配置规范要求，也没有专业化的配比工艺程序，还不足以达到改变毒品成分和效用的程度，没有形成新的混合型毒品，不属于制造毒品的行为。

〔参考案例第1057号：吴名强、黄桂荣等非法经营案〕非法生产、经营国家管制的第二类精神药品盐酸曲马多，应如何定性？

1.临床上也在使用的精神药品，与常见的鸦片、海洛因、甲基苯丙胺等毒品还是有所不同的，特别是成瘾性、危害性相对较低的第二类精神药品，其同时具有毒品和临床药品的双重性质。盐酸曲马多药片属于第二类精神药品，目前在我国市场上仍然流通，药店里也能买到，只是对其实行严格的管理。作为毒品，盐酸曲马多药片可能被吸毒者吸食，或者在缺少海洛因、甲基苯丙胺时被犯罪分子作为替代品使用，但当以医疗等目的被生产、加工、使用时，它的本质仍然是药品。故实践中对于非法生产、销售盐酸曲马多的行为如何定罪处罚还须谨慎。

2.无资质的行为主体单纯以生产药品供临床使用为目的，生产、经营国家管制的麻醉药品、精神药品，事实上所生产的药品也没有流向毒品市场的，不能认定为贩卖、制造毒品罪。对非法生产、销售国家管制的麻醉药品、精神药品的行为以制造、贩卖毒品罪定罪，必须同时符合以下条件：(1)被告人明知所制造、贩卖的是麻醉药品、精神药品，并且制造、贩卖的目的是将其作为毒品的替代品，而不是作为治疗所用的药品。(2)麻醉药品、精神药品的去向明确，即毒品市场或者吸食毒品群体。(3)获得了远远超出正常药品经营所能获得的利润。

第三百四十八条　【非法持有毒品罪】非法持有鸦片一千克以上、海洛因或者甲基苯丙胺五十克以上或者其他毒品数量大的，处七年以上有期徒刑或者无期徒刑，并

处罚金；非法持有鸦片二百克以上不满一千克、海洛因或者甲基苯丙胺十克以上不满五十克或者其他毒品数量较大的，处三年以下有期徒刑、拘役或者管制，并处罚金；情节严重的，处三年以上七年以下有期徒刑，并处罚金。

【立法 · 要点注释】

对于被查获的非法持有毒品者，首先应当尽力调查犯罪事实，如果经查证是以走私、贩卖毒品为目的而非法持有毒品的，应当以走私、贩卖毒品罪定罪量刑。只有在确实难以查实犯罪分子走私、贩卖毒品证据的情况下，才能适用本条规定对犯罪分子进行处罚。

【立案追诉标准】

《最高人民检察院、公安部关于公安机关管辖的刑事案件立案追诉标准的规定(三)》(公通字〔2012〕26号，20120516)

第二条　〔非法持有毒品案(刑法第三百四十八条)〕明知是毒品而非法持有，涉嫌下列情形之一的，应予立案追诉：

(一)鸦片二百克以上、海洛因、可卡因或者甲基苯丙胺十克以上；

(二)二亚甲基双氧安非他明(MDMA)等苯丙胺类毒品(甲基苯丙胺除外)、吗啡二十克以上；

(三)度冷丁(杜冷丁)五十克以上(针剂100mg/支规格的五百支以上，50mg/支规格的一千支以上；片剂25mg/片规格的二千片以上，50mg/片规格的一千片以上)；

(四)盐酸二氢埃托啡二毫克以上(针剂或者片剂20mg/支、片规格的一百支、片以上)；

(五)氯胺酮、美沙酮二百克以上；

(六)三唑仑、安眠酮十千克以上；

(七)咖啡因五十千克以上；

(八)氯氮卓、艾司唑仑、地西泮、溴西泮一百千克以上；

(九)大麻油一千克以上，大麻脂二千克以上，大麻叶及大麻烟三十千克以上；

(十)罂粟壳五十千克以上；

(十一)上述毒品以外的其他毒品数量较大的。①

非法持有两种以上毒品，每种毒品均没有达到本条第一款规定的数量标准，但按前款规定的立案追诉数量比例折算成海洛因后累计相加达到十克以上的，应予立案追诉。

本条规定的“非法持有”，是指违反国家法律和国家主管部门的规定，占有、携带、藏有或者以其他方式持有毒品。

非法持有毒品主观故意中的“明知”，依照本规定第一条第八款的有关规定予以认定。

【司法解释】

《最高人民法院关于审理毒品犯罪案件适用法律若干问题的解释》(法释〔2016〕8号，20160411)②

第五条　非法持有毒品达到刑法第三百四十八条或者本解释第二条规

① 涉及氯胺酮、咖啡因、罂粟壳的立案追诉标准，应当按照本法第三百四十七条项下【司法解释】第二条的规定执行，第1250—1251页。——编者注

② 关于第三百四十八条规定的“其他毒品数量大”“其他毒品数量较大”的认定标准，参见第三百四十七条项下【司法解释】第一条、第二条，第1250—1251页。——编者注

定的“数量较大”标准，且具有下列情形之一的，应当认定为刑法第三百四十八条规定的“情节严重”：

(一)在戒毒场所、监管场所非法持有毒品的；

(二)利用、教唆未成年人非法持有毒品的；

(三)国家工作人员非法持有毒品的；

(四)其他情节严重的情形。

【司法指导文件】

《最高人民法院、最高人民检察院关于常见犯罪的量刑指导意见(试行)》(法发〔2021〕21号，20210701)

(二十一)非法持有毒品罪

1.构成非法持有毒品罪的，根据下列情形在相应的幅度内确定量刑起点：

(1)非法持有鸦片一千克以上、海洛因或者甲基苯丙胺五十克以上或者其他毒品数量大的，在七年至九年有期徒刑幅度内确定量刑起点。依法应当判处无期徒刑的除外。

(2)非法持有毒品情节严重的，在三年至四年有期徒刑幅度内确定量刑起点。

(3)非法持有鸦片二百克、海洛因或者甲基苯丙胺十克或者其他毒品数量较大的，在一年以下有期徒刑、拘役幅度内确定量刑起点。

2.在量刑起点的基础上，根据毒品数量等其他影响犯罪构成的犯罪事实增加刑罚量，确定基准刑。

3.构成非法持有毒品罪的，根据非法持有毒品的种类、数量等犯罪情节，综合考虑被告人缴纳罚金的能力，决定罚金数额。

4.构成非法持有毒品罪的，综合考虑非法持有毒品的种类、数量等犯罪事实、量刑情节，以及被告人主观恶性、人身危险性、认罪悔罪表现等因素，从严把握缓刑的适用。

【法院案例库参考案例】

〔颜某某非法持有毒品案，2024-06-1-357-002〕吸毒人员违反治疗规定持有美沙酮，达到数量较大标准的，应认定为非法持有毒品罪

吸毒人员利用到治疗机构戒毒之机，将美沙酮私自带出并持有，严重妨害了国家对毒品的管理制度，达到刑法规定的数量较大标准的，构成非法持有毒品罪。

〔王某华非法持有毒品案，2024-06-1-357-001〕多次非法持有毒品的数量认定

多次购毒，且每次购毒数量均达到数量较大标准的，在认定非法持有毒品犯罪的数量时应累计计算。

〔梅某炊容留他人吸毒案，2023-06-1-365-003〕吸毒人员为便于吸食添加非毒品物质案件中的毒品数量认定

非法持有毒品的行为人，主观上不以制造毒品为目的，也不积极追究毒品重量增加，客观上亦未造成同宗毒品社会危害性的明显增加，而是为了便于吸食而改变毒品常规形态，添加非毒品物质的，应当以未添加非毒品物质时原始毒品数量认定，未达数量较大的，不构成非法持有毒品罪。

〔欧阳某松非法持有毒品案，2023-06-1-357-002〕从吸毒人员住处查获数量较大的毒品，但认定其贩卖毒品的证据不足的，应当认定为非法持有毒品罪

从吸毒人员住处查获数量较大的

毒品，但认定其实施贩卖毒品的证据不足的，应当以非法持有毒品罪定罪处罚。在认定行为人是否具有贩卖毒品的故意时，应当细致审查被告人的辩解和理由。如果认定被告人贩卖毒品的证据没有达到确实、充分的程度，且现有证据不能排除被告人提出的被查获的毒品是其准备用于自己吸食的辩解的真实性和合理性的，就不能认定被告人对其被查获的毒品存在贩卖的故意。

【《刑事审判参考》案例】

〔参考案例第853号：高某贩卖毒品、宋某非法持有毒品案〕为他人代购数量较大的毒品用于吸食并在同城间运送的行为如何定性？

不以牟利为目的，为他人代购数量较大的用于吸食的毒品并在同城内运送的行为，构成非法持有毒品罪。

〔参考案例第1348号：赛黎华、王翼龙贩卖毒品，赛黎华非法持有毒品案〕如何认定非法持有毒品罪中的“持有”？

非法持有毒品罪中的“持有”是指对毒品实际占有、携有、藏有或者其他方式持有毒品的行为。持有是一种事实上的支配，即行为人与毒品之间存在一种事实上的支配与被支配关系。持有不要求物理上的握有，不要求行为人时时刻刻将毒品握在手中、放在身上和装在口袋里，只要行为人认识到它的存在，能够对之进行管理或者支配，就是“持有”。本案行为人将毒品放在电力助动车的储物箱内，而没有随身携带，但并不影响其对毒品的支配状态，仍属于“持有”。

第三百四十九条　【包庇毒品犯罪分子罪】【窝藏、转移、隐瞒毒品、毒赃罪】包庇走私、贩卖、运输、制造毒品的犯罪分子的，为犯罪分子窝藏、转移、隐瞒毒品或者犯罪所得的财物的，处三年以下有期徒刑、拘役或者管制；情节严重的，处三年以上十年以下有期徒刑。

缉毒人员或者其他国家机关工作人员掩护、包庇走私、贩卖、运输、制造毒品的犯罪分子的，依照前款的规定从重处罚。

犯前两款罪，事先通谋的，以走私、贩卖、运输、制造毒品罪的共犯论处。

【立案追诉标准】

《最高人民检察院、公安部关于公安机关管辖的刑事案件立案追诉标准的规定(三)》(公通字〔2012〕26号，20120516)

第三条　〔包庇毒品犯罪分子案(刑法第三百四十九条)〕包庇走私、贩卖、运输、制造毒品的犯罪分子，涉嫌下列情形之一的，应予立案追诉：

(一)作虚假证明，帮助掩盖罪行的；

(二)帮助隐藏、转移或者毁灭证据的；

(三)帮助取得虚假身份或者身份证件的；

(四)以其他方式包庇犯罪分子的。

实施前款规定的行为，事先通谋的，以走私、贩卖、运输、制造毒品罪的共犯立案追诉。

第四条　〔窝藏、转移、隐瞒毒品、毒赃案(刑法第三百四十九条)〕为走私、贩卖、运输、制造毒品的犯罪分子窝藏、转移、隐瞒毒品或者犯罪所得的财物的，应予立案追诉。

实施前款规定的行为，事先通谋的，以走私、贩卖、运输、制造毒品罪的共犯立案追诉。

【司法解释(1)】

《最高人民法院关于审理毒品犯罪案件适用法律若干问题的解释》(法释〔2016〕8号，20160411)

第六条　包庇走私、贩卖、运输、制造毒品的犯罪分子，具有下列情形之一的，应当认定为刑法第三百四十九条第一款规定的"情节严重"：

(一)被包庇的犯罪分子依法应当判处十五年有期徒刑以上刑罚的；

(二)包庇多名或者多次包庇走私、贩卖、运输、制造毒品的犯罪分子的；

(三)严重妨害司法机关对被包庇的犯罪分子实施的毒品犯罪进行追究的；

(四)其他情节严重的情形。

为走私、贩卖、运输、制造毒品的犯罪分子窝藏、转移、隐瞒毒品或者毒品犯罪所得的财物，具有下列情形之一的，应当认定为刑法第三百四十九条第一款规定的"情节严重"：

(一)为犯罪分子窝藏、转移、隐瞒毒品达到刑法第三百四十七条第二款第一项或者本解释第一条第一款规定的"数量大"标准的；

(二)为犯罪分子窝藏、转移、隐瞒毒品犯罪所得的财物价值达到五万元以上的；

(三)为多人或者多次为他人窝藏、转移、隐瞒毒品或者毒品犯罪所得的财物的；

(四)严重妨害司法机关对该犯罪分子实施的毒品犯罪进行追究的；

(五)其他情节严重的情形。

包庇走私、贩卖、运输、制造毒品的近亲属，或者为其窝藏、转移、隐瞒毒品或者毒品犯罪所得的财物，不具有本条前两款规定的"情节严重"情形，归案后认罪、悔罪、积极退赃，且系初犯、偶犯，犯罪情节轻微不需要判处刑罚的，可以免予刑事处罚。

【司法解释(2)】

《最高人民法院、最高人民检察院关于办理洗钱刑事案件适用法律若干问题的解释》(法释〔2024〕10号，20240820)

第六条第二款　实施刑法第一百九十一条规定的洗钱行为，构成洗钱罪，同时又构成刑法第三百四十九条、第二百二十五条、第一百七十七条之一或者第一百二十条之一规定的犯罪的，依照处罚较重的规定定罪处罚。

第三百五十条　【非法生产、买卖、运输制毒物品、走私制毒物品罪】违反国家规定，非法生产、买卖、运输醋酸酐、乙醚、三氯甲烷或者其他用于制造毒品的原料、配剂，或者携带上述物品进出境，情节较重的，处三年以下有期徒刑、拘役或者管制，并处罚金；情节严重的，处三年以上七年以下有期徒刑，并处罚金；情节特别严重的，处七年以上有期徒刑，并处罚金或者没收财产。

明知他人制造毒品而为其生产、买卖、运输前款规定的物品的，以制造毒品罪的共犯论处。

单位犯前两款罪的，对单位判处罚金，并对其直接负责的主管人员和其他直接责任人员，依照前两

款的规定处罚。

【修正前条文】

第三百五十条　【走私制毒物品罪】【非法买卖制毒物品罪】违反国家规定，非法运输、携带醋酸酐、乙醚、三氯甲烷或者其他用于制造毒品的原料或者配剂进出境的，或者违反国家规定，在境内非法买卖上述物品的，处三年以下有期徒刑、拘役或者管制，并处罚金；数量大的，处三年以上十年以下有期徒刑，并处罚金。

明知他人制造毒品而为其提供前款规定的物品的，以制造毒品罪的共犯论处。

单位犯前两款罪的，对单位判处罚金，并对其直接负责的主管人员和其他直接责任人员，依照前两款的规定处罚。

【修正说明】

刑法修正案(九)第四十一条对原条文作出下述修改：一是增加规定了非法生产、运输制毒物品的犯罪。二是修改了本条的刑罚规定，将最高刑由十年有期徒刑提高至十五年有期徒刑，并增加了并处没收财产的规定。三是根据第一款的修改，相应将“明知他人制造毒品而为其提供前款规定的物品”修改为“明知他人制造毒品而为其生产、买卖、运输前款规定的物品”。

【立案追诉标准】

《最高人民检察院、公安部关于公安机关管辖的刑事案件立案追诉标准的规定(三)》(公通字〔2012〕26号，20120516)[①]

第五条　〔走私制毒物品案(刑法第三百五十条)〕……

非法运输、携带两种以上制毒物品进出国(边)境，每种制毒物品均没有达到本条第一款规定的数量标准，但按前款规定的立案追诉数量比例折算成一种制毒物品后累计相加达到上述数量标准的，应予立案追诉。

为了走私制毒物品而采用生产、加工、提炼等方法非法制造易制毒化学品的，以走私制毒物品罪(预备)立案追诉。

实施走私制毒物品行为，有下列情形之一，且查获了易制毒化学品，结合行为人的供述和其他证据综合审查判断，可以认定其“明知”是制毒物品而走私或者非法买卖，但有证据证明确属被蒙骗的除外：

(一)改变产品形状、包装或者使用虚假标签、商标等产品标志的；

(二)以藏匿、夹带、伪装或者其他隐蔽方式运输、携带易制毒化学品逃避检查的；

(三)抗拒检查或者在检查时丢弃货物逃跑的；

(四)以伪报、藏匿、伪装等蒙蔽手段逃避海关、边防等检查的；

(五)选择不设海关或者边防检查站的路段绕行出入境的；

(六)以虚假身份、地址或者其他虚假方式办理托运、寄递手续的；

(七)以其他方法隐瞒真相，逃避对

---

① 《立案追诉标准(三)》第五条、第六条中的罪名已变更为“非法生产、买卖、运输制毒物品、走私制毒物品罪”，具体的定罪量刑标准的认定，应按本条项下【司法解释】第七条的规定执行。——编者注

易制毒化学品依法监管的。

明知他人实施走私制毒物品犯罪，而为其运输、储存、代理进出口或者以其他方式提供便利的，以走私制毒物品罪的共犯立案追诉。

第六条 〔非法买卖制毒物品案(刑法第三百五十条)〕……

非法买卖两种以上制毒物品，每种制毒物品均没有达到本条第一款规定的数量标准，但按前款规定的立案追诉数量比例折算成一种制毒物品后累计相加达到上述数量标准的，应予立案追诉。

违反国家规定，实施下列行为之一的，认定为本条规定的非法买卖制毒物品行为：

(一)未经许可或者备案，擅自购买、销售易制毒化学品的；

(二)超出许可证明或者备案证明的品种、数量范围购买、销售易制毒化学品的；

(三)使用他人的或者伪造、变造、失效的许可证明或者备案证明购买、销售易制毒化学品的；

(四)经营单位违反规定，向无购买许可证明、备案证明的单位、个人销售易制毒化学品的，或者明知购买者使用他人的或者伪造、变造、失效的许可证明或者备案证明，向其销售易制毒化学品的；

(五)以其他方式非法买卖易制毒化学品的。易制毒化学品生产、经营、使用单位或者个人未办理许可证明或者备案证明，购买、销售易制毒化学品，如果有证据证明确实用于合法生产、生活需要，依法能够办理只是未及时办理许可证明或者备案证明，且未造成严重社会危害的，可不以非法买卖制毒物品罪立案追诉。

为了非法买卖制毒物品而采用生产、加工、提炼等方法非法制造易制毒化学品的，以非法买卖制毒物品罪(预备)立案追诉。

非法买卖制毒物品主观故意中的“明知”，依照本规定第五条第四款的有关规定予以认定。

明知他人实施非法买卖制毒物品犯罪，而为其运输、储存、代理进出口或者以其他方式提供便利的，以非法买卖制毒物品罪的共犯立案追诉。

【司法解释】

《最高人民法院关于审理毒品犯罪案件适用法律若干问题的解释》(法释〔2016〕8号，20160411)

第七条 违反国家规定，非法生产、买卖、运输制毒物品、走私制毒物品，达到下列数量标准的，应当认定为刑法第三百五十条第一款规定的“情节较重”：

(一)麻黄碱(麻黄素)、伪麻黄碱(伪麻黄素)、消旋麻黄碱(消旋麻黄素)一千克以上不满五千克；

(二)1-苯基-2-丙酮、1-苯基-2-溴-1-丙酮、3，4-亚甲基二氧苯基-2-丙酮、羟亚胺二千克以上不满十千克；

(三)3-氧-2-苯基丁腈、邻氯苯基环戊酮、去甲麻黄碱(去甲麻黄素)、甲基麻黄碱(甲基麻黄素)四千克以上不满二十千克；

(四)醋酸酐十千克以上不满五十千克；

(五)麻黄浸膏、麻黄浸膏粉、胡椒醛、黄樟素、黄樟油、异黄樟素、麦角酸、麦角胺、麦角新碱、苯乙酸二十千克以上不满一百千克；

(六)N-乙酰邻氨基苯酸、邻氨基苯甲酸、三氯甲烷、乙醚、哌啶五十千克以上不满二百五十千克;

(七)甲苯、丙酮、甲基乙基酮、高锰酸钾、硫酸、盐酸一百千克以上不满五百千克;

(八)其他制毒物品数量相当的。

违反国家规定,非法生产、买卖、运输制毒物品、走私制毒物品,达到前款规定的数量标准最低值的百分之五十,且具有下列情形之一的,应当认定为刑法第三百五十条第一款规定的"情节较重":

(一)曾因非法生产、买卖、运输制毒物品、走私制毒物品受过刑事处罚的;

(二)二年内曾因非法生产、买卖、运输制毒物品、走私制毒物品受过行政处罚的;

(三)一次组织五人以上或者多次非法生产、买卖、运输制毒物品、走私制毒物品,或者在多个地点非法生产制毒物品的;

(四)利用、教唆未成年人非法生产、买卖、运输制毒物品、走私制毒物品的;

(五)国家工作人员非法生产、买卖、运输制毒物品、走私制毒物品的;

(六)严重影响群众正常生产、生活秩序的;

(七)其他情节较重的情形。

易制毒化学品生产、经营、购买、运输单位或者个人未办理许可证明或者备案证明,生产、销售、购买、运输易制毒化学品,确实用于合法生产、生活需要的,不以制毒物品犯罪论处。

第八条　违反国家规定,非法生产、买卖、运输制毒物品、走私制毒物品,具有下列情形之一的,应当认定为刑法第三百五十条第一款规定的"情节严重":

(一)制毒物品数量在本解释第七条第一款规定的最高数量标准以上,不满最高数量标准五倍的;

(二)达到本解释第七条第一款规定的数量标准,且具有本解释第七条第二款第三项至第六项规定的情形之一的;

(三)其他情节严重的情形。

违反国家规定,非法生产、买卖、运输制毒物品、走私制毒物品,具有下列情形之一的,应当认定为刑法第三百五十条第一款规定的"情节特别严重":

(一)制毒物品数量在本解释第七条第一款规定的最高数量标准五倍以上的;

(二)达到前款第一项规定的数量标准,且具有本解释第七条第二款第三项至第六项规定的情形之一的;

(三)其他情节特别严重的情形。

【司法指导文件(1)】

《最高人民法院、最高人民检察院、公安部关于办理制毒物品犯罪案件适用法律若干问题的意见》(公通字〔2009〕33号,20090623)[①]

一、关于制毒物品犯罪的认定

(一)本意见中的"制毒物品",是指刑法第三百五十条第一款规定的醋酸酐、乙醚、三氯甲烷或者其他用于制造毒品的原料或者配剂,具体品种范围按

① 对于该意见的适用,需结合刑法修正案(九)第四十一条修正的刑法第三百五十条的规定综合考虑。——编者注

照国家关于易制毒化学品管理的规定确定。

（二）违反国家规定，实施下列行为之一的，认定为刑法第三百五十条规定的非法买卖制毒物品行为：

1.未经许可或者备案，擅自购买、销售易制毒化学品的；

2.超出许可证明或者备案证明的品种、数量范围购买、销售易制毒化学品的；

3.使用他人的或者伪造、变造、失效的许可证明或者备案证明购买、销售易制毒化学品的；

4.经营单位违反规定，向无购买许可证明、备案证明的单位、个人销售易制毒化学品的，或者明知购买者使用他人的或者伪造、变造、失效的购买许可证明、备案证明，向其销售易制毒化学品的；

5.以其他方式非法买卖易制毒化学品的。

（三）易制毒化学品生产、经营、使用单位或者个人未办理许可证明或者备案证明，购买、销售易制毒化学品，如果有证据证明确实用于合法生产、生活需要，依法能够办理只是未及时办理许可证明或者备案证明，且未造成严重社会危害的，可不以非法买卖制毒物品罪论处。

（四）为了制造毒品或者走私、非法买卖制毒物品犯罪而采用生产、加工、提炼等方法非法制造易制毒化学品的，根据刑法第二十二条的规定，按照其制造易制毒化学品的不同目的，分别以制造毒品、走私制毒物品、非法买卖制毒物品的预备行为论处。

（五）明知他人实施走私或者非法买卖制毒物品犯罪，而为其运输、储存、代理进出口或者以其他方式提供便利的，以走私或者非法买卖制毒物品罪的共犯论处。

（六）走私、非法买卖制毒物品行为同时构成其他犯罪的，依照处罚较重的规定定罪处罚。

二、关于制毒物品犯罪嫌疑人、被告人主观明知的认定

对于走私或者非法买卖制毒物品行为，有下列情形之一，且查获了易制毒化学品，结合犯罪嫌疑人、被告人的供述和其他证据，经综合审查判断，可以认定其“明知”是制毒物品而走私或者非法买卖，但有证据证明确属被蒙骗的除外：

1.改变产品形状、包装或者使用虚假标签、商标等产品标志的；

2.以藏匿、夹带或者其他隐蔽方式运输、携带易制毒化学品逃避检查的；

3.抗拒检查或者在检查时丢弃货物逃跑的；

4.以伪报、藏匿、伪装等蒙蔽手段逃避海关、边防等检查的；

5.选择不设海关或者边防检查站的路段绕行出入境的；

6.以虚假身份、地址办理托运、邮寄手续的；

7.以其他方法隐瞒真相，逃避对易制毒化学品依法监管的。

【司法指导文件(2)】

《最高人民法院、最高人民检察院、公安部关于办理走私、非法买卖麻黄碱类复方制剂等刑事案件适用法律若干问题的意见》（法发〔2012〕12号，

20120618)[①]

一、关于走私、非法买卖麻黄碱类复方制剂等行为的定性

……

以加工、提炼制毒物品为目的，购买麻黄碱类复方制剂，或者运输、携带、寄递麻黄碱类复方制剂进出境的，依照刑法第三百五十条第一款、第三款的规定，分别以非法买卖制毒物品罪、走私制毒物品罪定罪处罚。

将麻黄碱类复方制剂拆除包装、改变形态后进行走私或者非法买卖，或者明知是已拆除包装、改变形态的麻黄碱类复方制剂而进行走私或者非法买卖的，依照刑法第三百五十条第一款、第三款的规定，分别以走私制毒物品罪、非法买卖制毒物品罪定罪处罚。

非法买卖麻黄碱类复方制剂或者运输、携带、寄递麻黄碱类复方制剂进出境，没有证据证明系用于制造毒品或者走私、非法买卖制毒物品，或者未达到走私制毒物品罪、非法买卖制毒物品罪的定罪数量标准，构成非法经营罪、走私普通货物、物品罪等其他犯罪的，依法定罪处罚。

实施第一款、第二款规定的行为，同时构成其他犯罪的，依照处罚较重的规定定罪处罚。

二、关于利用麻黄碱类复方制剂加工、提炼制毒物品行为的定性

……

以走私或者非法买卖为目的，利用麻黄碱类复方制剂加工、提炼制毒物品的，依照刑法第三百五十条第一款、第三款的规定，分别以走私制毒物品罪、非法买卖制毒物品罪定罪处罚。

三、关于共同犯罪的认定

……

明知他人走私或者非法买卖麻黄碱类制毒物品，向其提供麻黄碱类复方制剂，为其利用麻黄碱类复方制剂加工、提炼制毒物品，或者为其获取、利用麻黄碱类复方制剂提供其他帮助的，分别以走私制毒物品罪、非法买卖制毒物品罪的共犯论处。

……

六、关于制毒物品数量的认定

实施本意见规定的行为，以走私制毒物品罪、非法买卖制毒物品罪定罪处罚的，应当以涉案麻黄碱类复方制剂中麻黄碱类物质的含量作为涉案制毒物品的数量。

……

多次实施本意见规定的行为未经处理的，涉案制毒物品的数量累计计算。

【司法指导文件(2)·注释】

个人以药用目的，将少量麻黄碱类复方制剂拆除包装后携带进出境的，由于其中麻黄碱类物质的含量达不到制毒物品犯罪的定罪数量标准，不应被作为犯罪处理。

【公安文件】

《公安部禁毒局关于对已去除糖衣包装的新康泰克药品混合颗粒能否认定为制毒物品的意见》(公禁毒〔2010〕166号，20100328)

根据《药品管理法》规定，药品是

① 对于该意见的适用，需结合刑法修正案(九)第四十一条修正的刑法第三百五十条的规定综合考虑。——编者注

指用于预防、治疗、诊断人的疾病，有目的地调节人的生理机能并规定有适应症或者功能主治、用法和用量的物质，包括中药材、中药饮片、中成药、化学原料及其制剂、抗生素、生化药品、放射性药品、血清、疫苗、血液制品和诊断药品等。你处查获的已去除糖衣包装的新康泰克药品混合颗粒实为去除了空心胶囊的颗粒，不用于预防、治疗、诊断人的疾病，且不具有功能主治、用法和用量，已不属于《药品管理法》规定的药品范畴。伪麻黄素是属于《易制毒化学品管理条例》列管的第一类易制毒化学品，依据……规定，若检验发现缴获的新康泰克药品混合颗粒中含有伪麻黄素且成分含量达到制毒物品犯罪定罪量刑的有关数量标准，即应当依法处理。

【法院案例库参考案例】

〔陈某涛等非法生产制毒物品案，2024-06-1-360-001〕非法生产制毒物品罪中犯罪形态的认定

行为人学习制造麻黄碱技术，出资购买相关工具和麻黄草，为犯罪准备工具，制造条件，系进行犯罪预备，后将部分麻黄草泡水进行熬制，属于开始制造麻黄碱，系已经着手实行犯罪，只是在制造麻黄碱过程中因意志以外的原因而未得逞，故其犯罪形态属于未遂。

【法院公报案例】

〔谢杰威、梁雁玲走私制毒物品案，GB2007-9〕

1.判断某种物品是否为制毒物品，应当依据国家相关法律、行政法规的规定。国家相关法律、行政法规未规定为制毒物品的，即使该物品可以用于制造毒品，亦不能将其认定为制毒物品。

2.根据刑法第三百五十条的规定，构成走私制毒物品罪必须要求行为人具有明知是制毒物品而走私的犯罪故意。如果行为人确实不知道所走私的物品是制毒物品，且其走私目的系用于正当生产经营，则即使该物品可以用于制毒，亦不能认定行为人具有走私制毒物品的犯罪故意。

【《刑事审判参考》案例】

〔参考案例第802号：王小情、杨平先等非法买卖制毒物品案〕利用麻黄碱类复方制剂加工、提炼制毒物品并非法贩卖的，如何定性？

以非法贩卖为目的，利用麻黄碱类复方制剂加工、提炼制毒物品的，应当认定为非法买卖制毒物品罪。

〔参考案例第803号：解群英等非法买卖制毒物品、张海明等非法经营案〕将麻黄碱类复方制剂拆解成粉末进行买卖的，如何定性？

将麻黄碱类复方制剂拆解成粉末进行买卖的，应当认定为非法买卖制毒物品罪。

第三百五十一条　【非法种植毒品原植物罪】非法种植罂粟、大麻等毒品原植物的，一律强制铲除。有下列情形之一的，处五年以下有期徒刑、拘役或者管制，并处罚金：

（一）种植罂粟五百株以上不满三千株或者其他毒品原植物数量较大的；

（二）经公安机关处理后又种植的；

（三）抗拒铲除的。

非法种植罂粟三千株以上或者其他毒品原植物数量大的，处五年以上有期徒刑，并处罚金或者没收财产。

非法种植罂粟或者其他毒品原植物，在收获前自动铲除的，可以免除处罚。

【立法・要点注释】

"自动铲除"，是指非法种植毒品原植物的人主动进行铲除，而不是在执法人员的强制下铲除。如果行为人在铲除后利用被铲除的毒品原植物制造毒品的，则不能适用本条第三款的规定。

【立案追诉标准】

《最高人民检察院、公安部关于公安机关管辖的刑事案件立案追诉标准的规定(三)》(公通字〔2012〕26号，20120516)

第七条　〔非法种植毒品原植物案(刑法第三百五十一条)〕非法种植罂粟、大麻等毒品原植物，涉嫌下列情形之一的，应予立案追诉：

(一)非法种植罂粟五百株以上的；

(二)非法种植大麻五千株以上的；

(三)非法种植其他毒品原植物数量较大的；

(四)非法种植罂粟二百平方米以上、大麻二千平方米以上或者其他毒品原植物面积较大，尚未出苗的；

(五)经公安机关处理后又种植的；

(六)抗拒铲除的。

本条所规定的"种植"，是指播种、育苗、移栽、插苗、施肥、灌溉、割取津液或者收取种子等行为。非法种植毒品原植物的株数一般应以实际查获的数量为准。因种植面积较大，难以逐株清点数目的，可以抽样测算每平方米平均株数后按实际种植面积测算出种植总株数。

非法种植罂粟或者其他毒品原植物，在收获前自动铲除的，可以不予立案追诉。

【司法解释】

《最高人民法院关于审理毒品犯罪案件适用法律若干问题的解释》(法释〔2016〕8号，20160411)

第九条　非法种植毒品原植物，具有下列情形之一的，应当认定为刑法第三百五十一条第一款第一项规定的"数量较大"：

(一)非法种植大麻五千株以上不满三万株的；

(二)非法种植罂粟二百平方米以上不满一千二百平方米、大麻二千平方米以上不满一万二千平方米，尚未出苗的；

(三)非法种植其他毒品原植物数量较大的。

非法种植毒品原植物，达到前款规定的最高数量标准的，应当认定为刑法第三百五十一条第二款规定的"数量大"。

第三百五十二条　【非法买卖、运输、携带、持有毒品原植物种子、幼苗罪】非法买卖、运输、携带、持有未经灭活的罂粟等毒品原植物种子或者幼苗，数量较大的，处三年以下有期徒刑、拘役或者管制，并处或者单处罚金。

【立法・要点注释】

"未经灭活的罂粟等毒品原植物种子"，是指没有经过烘烤、放射线照射等处理手段，还能继续繁殖、发芽的罂粟等毒品原植物种子。

【立案追诉标准】

《最高人民检察院、公安部关于公安机关管辖的刑事案件立案追诉标准的规定(三)》(公通字〔2012〕26号，20120516)

第八条　〔非法买卖、运输、携带、持有毒品原植物种子、幼苗案(刑法第三百五十二条)〕非法买卖、运输、携带、持有未经灭活的罂粟等毒品原植物种子或者幼苗，涉嫌下列情形之一的，应予立案追诉：

(一) 罂粟种子五十克以上、罂粟幼苗五千株以上；

(二) 大麻种子五十千克以上、大麻幼苗五万株以上；

(三) 其他毒品原植物种子、幼苗数量较大的。

【司法解释】

《最高人民法院关于审理毒品犯罪案件适用法律若干问题的解释》(法释〔2016〕8号，20160411)

第十条　非法买卖、运输、携带、持有未经灭活的毒品原植物种子或者幼苗，具有下列情形之一的，应当认定为刑法第三百五十二条规定的“数量较大”：

(一) 罂粟种子五十克以上、罂粟幼苗五千株以上的；

(二) 大麻种子五十千克以上、大麻幼苗五万株以上的；

(三) 其他毒品原植物种子或者幼苗数量较大的。

第三百五十三条　【引诱、教唆、欺骗他人吸毒罪】引诱、教唆、欺骗他人吸食、注射毒品的，处三年以下有期徒刑、拘役或者管制，并处罚金；情节严重的，处三年以上七年以下有期徒刑，并处罚金。

【强迫他人吸毒罪】强迫他人吸食、注射毒品的，处三年以上十年以下有期徒刑，并处罚金。

引诱、教唆、欺骗或者强迫未成年人吸食、注射毒品的，从重处罚。

【立案追诉标准】

《最高人民检察院、公安部关于公安机关管辖的刑事案件立案追诉标准的规定(三)》(公通字〔2012〕26号，20120516)

第九条　〔引诱、教唆、欺骗他人吸毒案(刑法第三百五十三条)〕引诱、教唆、欺骗他人吸食、注射毒品的，应予立案追诉。

第十条　〔强迫他人吸毒案(刑法第三百五十三条)〕违背他人意志，以暴力、胁迫或者其他强制手段，迫使他人吸食、注射毒品的，应予立案追诉。

【司法解释】

《最高人民法院关于审理毒品犯罪案件适用法律若干问题的解释》(法释〔2016〕8号，20160411)

第十一条　引诱、教唆、欺骗他人吸食、注射毒品，具有下列情形之一的，应当认定为刑法第三百五十三条第一款规定的“情节严重”：

(一) 引诱、教唆、欺骗多人或者多次引诱、教唆、欺骗他人吸食、注射毒品的；

(二) 对他人身体健康造成严重危害的；

(三)导致他人实施故意杀人、故意伤害、交通肇事等犯罪行为的;

(四)国家工作人员引诱、教唆、欺骗他人吸食、注射毒品的;

(五)其他情节严重的情形。

【指导性案例·检察】

〔郭某某欺骗他人吸毒案,JZD152-2022〕

对于行为人明知系国家管制的麻醉药品、精神药品而向他人的饮料、食物中投放,欺骗他人吸食的,应当以欺骗他人吸毒罪追究刑事责任。对于有证据证明行为人为实施强奸、抢劫等犯罪而欺骗他人吸食麻醉药品、精神药品的,应当按照处罚较重的罪名追究刑事责任。

【法院案例库参考案例】

〔胡某军欺骗他人吸毒案,2024-06-1-363-001〕欺骗他人吸毒罪的认定

欺骗他人吸毒,是指明知是毒品而在他人不知情的情况下让他人吸食、注射、服用。

被欺骗人是否染上毒瘾不影响定罪。根据相关司法解释的规定,被欺骗人因此染上毒瘾的,可以作为"情节严重"的情形,在量刑中予以考量。

第三百五十四条　【容留他人吸毒罪】容留他人吸食、注射毒品的,处三年以下有期徒刑、拘役或者管制,并处罚金。

【立法·要点注释】

为他人吸毒提供场所,可以是自己的住所,也可以是其经管的场所,如酒吧等。其重点打击的应是以牟利为目的,为他人吸毒提供处所和集中为多人提供吸毒场所的行为。对于不知某人是吸毒人,而为其提供旅馆等场所住宿,吸毒人在其场所吸毒的,不应按犯罪处理。

【司法解释】

《最高人民法院关于审理毒品犯罪案件适用法律若干问题的解释》(法释〔2016〕8号,20160411)

第十二条　容留他人吸食、注射毒品,具有下列情形之一的,应当依照刑法第三百五十四条的规定,以容留他人吸毒罪定罪处罚:

(一)一次容留多人吸食、注射毒品的;

(二)二年内多次容留他人吸食、注射毒品的;

(三)二年内曾因容留他人吸食、注射毒品受过行政处罚的;

(四)容留未成年人吸食、注射毒品的;

(五)以牟利为目的容留他人吸食、注射毒品的;

(六)容留他人吸食、注射毒品造成严重后果的;

(七)其他应当追究刑事责任的情形。

向他人贩卖毒品后又容留其吸食、注射毒品,或者容留他人吸食、注射毒品并向其贩卖毒品,符合前款规定的容留他人吸毒罪的定罪条件的,以贩卖毒品罪和容留他人吸毒罪数罪并罚。

容留近亲属吸食、注射毒品,情节显著轻微危害不大的,不作为犯罪处理;需要追究刑事责任的,可以酌情从宽处罚。

【司法解释·注释】

1.2012年《最高人民检察院、公安部关于公安机关管辖的刑事案件立案追诉标准的规定(三)》(以下简称《立案追诉标准三》)第十一条为容留他人吸毒罪设定了立案追诉标准,对该罪的定罪处罚起到一定规范作用。但近年来的实践情况表明,《立案追诉标准三》为容留他人吸毒罪设定的部分入罪条件偏低,加之一些地方机械执行这一标准,导致一些不完全符合该罪犯罪构成要件的行为,以及一些原本可以通过行政处罚手段处理的容留他人吸毒行为,也被按照刑事犯罪处理。本条吸收了《立案追诉标准三》的部分合理内容,结合司法实践情况,完善了容留他人吸毒罪的定罪标准。

2.本条第一款第一项保留了《立案追诉标准三》中一次容留三人以上吸食、注射毒品的规定,在表述上将"三人以上"调整为"多人"。第二项对《立案追诉标准三》中"容留他人吸食、注射毒品两次以上"的规定作了修改,增加了"二年内"的时间限制,并要求是多次容留他人吸食、注射毒品的才入罪,即二年内第三次容留他人吸食、注射毒品的才作为犯罪处理。第三项在《立案追诉标准三》原有规定的基础上增加了"二年内"的时间限制。第四项、第五项、第六项保留了《立案追诉标准三》的原有规定,因这三项均属于社会危害大、应予追究刑事责任的情形,故未在时间、人数、次数上设定条件。需要说明的是,第五项中的"以牟利为目的"主要是指为赚取场所使用费或者为了招揽生意而容留他人吸食、注射毒品的情形,如专门开设地下烟馆容留他人吸食、注射毒品并收取场地使用费,或者娱乐场所经营者、管理者为招揽生意而容许顾客在场所内吸食、注射毒品的。需要特别说明的是,在司法工作中,可以将行为人"曾因容留他人吸食、注射毒品受过刑事处罚的"认定为第一款第七项中"其他应当追究刑事责任的情形"。如果行为人不构成累犯的,依法定罪处罚;行为人构成累犯的,可以认定累犯但不予从重处罚,以免违反禁止重复评价原则。

3.对于向他人贩卖毒品后容留其吸食、注射毒品,或者容留他人吸食、注射毒品并向其贩卖毒品的,有的地方以容留他人吸毒罪与贩卖毒品罪数罪并罚,也有的地方以贩卖毒品罪一罪定罪处罚。经研究认为,通常情况下贩卖毒品行为与容留他人吸毒行为并不具有刑法上的牵连关系,故原则上应单独评价,在容留他人吸毒行为达到定罪标准的情况下,与贩卖毒品罪数罪并罚。对于实践中常见的多次让他人在相关场所试吸毒品后又向其贩卖毒品的,因让他人试吸毒品的行为属于贩卖毒品的手段行为,故不宜认定为容留他人吸毒罪并数罪并罚。

4.构成容留他人吸毒罪仅限于容留者拥有对场所的支配、控制权,而被容留者未经容留者允许,不享有场所使用权的情形。此外,对场所有共同居住、使用权的一方放任另一方在共同的住所内容留他人吸食、注射毒品的,因放任者不符合认定为犯罪的条件,对其亦不应以容留他人吸毒罪定罪处罚。

【司法指导文件】

《最高人民法院、最高人民检察院关于常见犯罪的量刑指导意见(试行)》

（法发〔2021〕21号，20210701）

（二十二）容留他人吸毒罪

1.构成容留他人吸毒罪的，在一年以下有期徒刑、拘役幅度内确定量刑起点。

2.在量刑起点的基础上，根据容留他人吸毒的人数、次数等其他影响犯罪构成的犯罪事实增加刑罚量，确定基准刑。

3.构成容留他人吸毒罪的，根据容留他人吸毒的人数、次数、违法所得数额、危害后果等犯罪情节，综合考虑被告人缴纳罚金的能力，决定罚金数额。

4.构成容留他人吸毒罪的，综合考虑容留他人吸毒的人数、次数、危害后果等犯罪事实、量刑情节，以及被告人主观恶性、人身危险性、认罪悔罪表现等因素，决定缓刑的适用。

【法院案例库参考案例】

〔刘某某容留他人吸毒案，2023-06-1-365-004〕认定"容留行为"应综合判断行为人对"场所"的控制能力

容留他人吸毒罪中，行为人提供的场所必须是其享有一定控制能力的空间，这就要求行为人对空间有一定的使用权或管理权。行为人基于房屋承租人的委托，临时性取得涉案房屋的使用权、管理权，实际上获得了对房屋的控制能力，其提供场所让他人吸毒，即属于容留他人吸毒罪中的"容留"。

【《刑事审判参考》案例】

〔参考案例第1032号：聂凯凯容留他人吸毒案〕旅馆经营者发现客人在房间内吸毒不予制止，是否构成容留他人吸毒罪？

1.虽然容留他人吸毒罪的主观方面包括间接故意，但并非对于所有放任型的容留他人吸毒行为都要追究刑事责任。在个案处理上，要根据案件的具体情况区别对待。例如，房主出租房屋后，偶然发现他人在房屋内吸食、注射毒品未予制止或者报案的，一般不成立本罪；行为人放任共同生活的家庭成员在自家住所吸食、注射毒品的，一般也不成立本罪。

2.旅馆经营者对于入住客人的吸毒行为有义务制止或者向公安机关报告。对于旅馆经营者发现入住客人在房间内吸食毒品不予制止的，尽管可以以容留他人吸毒罪追究刑事责任，但此种情形毕竟不同于事先明知他人吸食毒品而提供场所的行为，旅馆经营者也没有从吸毒人员处收取除应收房费外的其他费用，故量刑时可以酌情从轻处罚。

第三百五十五条　【非法提供麻醉药品、精神药品罪】【贩卖毒品罪】依法从事生产、运输、管理、使用国家管制的麻醉药品、精神药品的人员，违反国家规定，向吸食、注射毒品的人提供国家规定管制的能够使人形成瘾癖的麻醉药品、精神药品的，处三年以下有期徒刑或者拘役，并处罚金；情节严重的，处三年以上七年以下有期徒刑，并处罚金。向走私、贩卖毒品的犯罪分子或者以牟利为目的，向吸食、注射毒品的人提供国家规定管制的能够使人形成瘾癖的麻醉药品、精神药品的，依照本法第三百四十七条的规定定罪处罚。

单位犯前款罪的，对单位判处罚金，并对其直接负责的主管人员

和其他直接责任人员，依照前款的规定处罚。

【立法·要点注释】

对于以牟利为目的，违反国家规定，虽向他人提供国家管制的麻醉药品和精神药品，但用于医疗、教学、科研的，不能适用本条规定，而应依照其他有关法律追究责任。

【司法解释】

《最高人民法院关于审理毒品犯罪案件适用法律若干问题的解释》（法释〔2016〕8号，20160411）

第十三条 依法从事生产、运输、管理、使用国家管制的麻醉药品、精神药品的人员，违反国家规定，向吸食、注射毒品的人提供国家规定管制的能够使人形成瘾癖的麻醉药品、精神药品，具有下列情形之一的，应当依照刑法第三百五十五条第一款的规定，以非法提供麻醉药品、精神药品罪定罪处罚：

（一）非法提供麻醉药品、精神药品达到刑法第三百四十七条第三款或者本解释第二条规定的“数量较大”标准最低值的百分之五十，不满“数量较大”标准的；

（二）二年内曾因非法提供麻醉药品、精神药品受过行政处罚的；

（三）向多人或者多次非法提供麻醉药品、精神药品的；

（四）向吸食、注射毒品的未成年人非法提供麻醉药品、精神药品的；

（五）非法提供麻醉药品、精神药品造成严重后果的；

（六）其他应当追究刑事责任的情形。

具有下列情形之一的，应当认定为刑法第三百五十五条第一款规定的“情节严重”：

（一）非法提供麻醉药品、精神药品达到刑法第三百四十七条第三款或者本解释第二条规定的“数量较大”标准的；

（二）非法提供麻醉药品、精神药品达到前款第一项规定的数量标准，且具有前款第三项至第五项规定的情形之一的；

（三）其他情节严重的情形。

【司法解释·注释】

关于非法提供麻醉药品、精神药品罪的定罪标准，2012年《最高人民检察院、公安部关于公安机关管辖的刑事案件立案追诉标准的规定(三)》(以下简称《立案追诉标准三》)作了相关规定。本条第一款结合实践情况，对《立案追诉标准三》的规定加以完善。第一项规定了非法提供麻醉药品、精神药品罪的定罪数量标准。因该罪系向吸食、注射毒品的人无偿提供麻精药品，被告人的主观恶性相对小于贩卖毒品罪，故在设定其定罪量刑数量标准时，需要注意与贩卖毒品罪的协调、衔接问题。《立案追诉标准三》将非法提供麻醉药品、精神药品的立案追诉标准设定为刑法第三百四十七条中数量较大标准最低值的10%。但这样一来，在毒品(或者说是麻精药品)数量相同的情况下，非法提供麻醉药品、精神药品罪的量刑就与走私、贩卖、运输、制造毒品罪基本相当，这便与两类犯罪的罪行严重程度不相适应。基于上述考虑，本条将该罪的定罪数量起点上调至数量较大标准最低值的50%。第二项至第五项规定的是非法提供麻醉药品、精神药品罪的定罪情节标准，即虽未达到定罪数量标准，但具有这几项所列情形之一的，也应当定罪处罚。

【司法指导文件】

《最高人民检察院法律政策研究室关于安定注射液是否属于刑法第三百五十五条规定的精神药品问题的答复》（〔2002〕高检研发第23号，20021024）

根据《精神药品管理办法》等国家有关规定，"能够使人形成瘾癖"的精神药品，是指使用后能使人的中枢神经系统兴奋或者抑制连续使用能使人产生依赖性的药品。安定注射液属于刑法第三百五十五条第一款规定的"国家规定管制的能够使人形成瘾癖的"精神药品。鉴于安定注射液属于《精神药品管理办法》规定的第二类精神药品，医疗实践中使用较多，在处理此类案件时，应当慎重掌握罪与非罪的界限。对于明知他人是吸毒人员而多次向其出售安定注射液，或者贩卖安定注射液数量较大的，可以依法追究行为人的刑事责任。

【法院案例库参考案例】

〔陈某明非法提供麻醉药品案，2024-06-1-366-001〕医务人员向滥用成瘾人员非法提供麻醉药品行为的定性

具有开具麻醉药品处方资格的执业医师，在明知患者注射吗啡已成瘾且冒用他人身份就诊的情况下，仍非法提供盐酸吗啡注射液等麻醉品的，在没有证据证明该执业医师以牟利为目的情况下，依法认定其构成非法提供麻醉药品罪。

第三百五十五条之一【妨害兴奋剂管理罪】引诱、教唆、欺骗运动员使用兴奋剂参加国内、国际重大体育竞赛，或者明知运动员参加上述竞赛而向其提供兴奋剂，情节严重的，处三年以下有期徒刑或者拘役，并处罚金。

组织、强迫运动员使用兴奋剂参加国内、国际重大体育竞赛的，依照前款的规定从重处罚。

【修正说明】

本罪由刑法修正案(十一)第四十四条增设。

【立法・要点注释】

1."引诱"，是指以提高比赛成绩、物质奖励等条件诱使运动员使用兴奋剂。"教唆"，是指唆使运动员使用兴奋剂。"欺骗"，是指使用欺诈手段使运动员在不知情的情况下使用兴奋剂，如谎称是服用正常药品等。

2."运动员"，根据国家体育总局《体育运动中兴奋剂管制通则》的规定，是指体育社会团体注册运动员，以及参加政府举办、授权举办或资助的体育比赛或赛事的运动员。

3."兴奋剂"，是指兴奋剂目录所列的禁用物质、禁用方法等，具体包括蛋白同化制剂、肽类激素、有关麻醉药品、刺激剂和"血液回输"等。

4."国内、国际重大体育竞赛"，是指体育法第二十六条规定的重大体育竞赛，如奥运会、亚运会、单项世界锦标赛等，具体范围由国务院体育主管部门确定。如果不是在国内、国际重大体育竞赛中，而是在低级别比赛中使用兴奋剂，不构成本条规定的犯罪，可依照其他法律法规的规定予以处罚。

5.“情节严重”，是指引诱、教唆、欺骗运动员使用兴奋剂或者提供兴奋剂的数量较大，涉及人数较多，给国家荣誉和形象造成不良影响，对运动员健康造成不良影响等，具体可由司法机关制定司法解释确定。

【法院案例库参考案例】

〔杨某、刘某妨害兴奋剂管理案，2025-18-1-367-001〕妨害兴奋剂管理罪的认定

1.根据法律规定，我国对兴奋剂实行目录管理制度。对于是否属于兴奋剂，应当根据国务院体育主管部门会同国务院其他有关部门制定的兴奋剂目录予以确定。

2.认定刑法第三百五十五条之一第一款规定的“情节严重”，应当结合使用兴奋剂的行为对象、涉及人次、违法所得数额、危害后果及行为人主体身份等综合考量，妥当作出判断。

3.对于是否属于“兴奋剂”“国内、国际重大体育竞赛”等专门性问题难以确定的，可以结合国务院体育主管部门和相关机构出具的认定意见等作出认定。

第三百五十六条　【毒品再犯】因走私、贩卖、运输、制造、非法持有毒品罪被判过刑，又犯本节规定之罪的，从重处罚。

【立法 · 要点注释】

“从重处罚”，是指在法定量刑幅度内处以较重的刑种、较长的刑期。在执行中需要特别注意以下两点：第一，本条将先犯的罪限定为走私、贩卖、运输、制造、非法持有毒品五种犯罪，而对再犯的罪则取消了上述限制，只要再犯本节规定的任何一种罪，都应从重处罚；第二，行为人再犯的罪名不一定与其被判过刑的罪名一样，但只要符合本条规定的犯罪种类，就应从重处罚。

【司法指导文件(1)】

《全国法院毒品案件审判工作会议纪要》(法〔2023〕108号，20230626)

九、累犯、毒品再犯问题

根据刑法规定，因走私、贩卖、运输、制造、非法持有毒品罪被判过刑的被告人，无论是在刑罚执行完毕或者赦免后，还是在缓刑、假释、暂予监外执行期间或者缓刑考验期满后，又犯刑法分则第六章第七节规定之罪的，均应认定为毒品再犯。对于上述在前罪缓刑、假释或者暂予监外执行期间又犯罪的被告人，应当对其所犯新的毒品犯罪依法从重处罚后，再与前罪依法并罚。

累犯、毒品再犯是法定从重处罚情节，即使本次毒品犯罪情节较轻，也要体现从严惩处的精神。尤其对于曾因严重暴力犯罪被判刑的累犯、刑罚执行完毕后短期内又实施毒品犯罪的再犯，以及在缓刑、假释或者暂予监外执行期间又实施毒品犯罪的再犯，应当严格依法从重处罚。

对于同时构成累犯和毒品再犯的被告人，在裁判文书中应当同时引用刑法关于累犯和毒品再犯的条款。对于因同一毒品犯罪前科同时构成累犯和毒品再犯的，量刑时不得重复从重处罚。对于因不同犯罪前科分别构成累犯和毒品再犯的，从重处罚幅度一般应大于上述情形。对于因不同现行犯罪分别构成累犯和毒品再犯的，应当对其所犯各罪分别予以从重处罚。

【司法指导文件(1)·注释】

《纪要》在以往两个会议纪要规定基础上，对累犯和毒品再犯问题作了进一步补充和完善。

1.为弥补原有规定关于再犯成立时段的缺漏，增加了“赦免后”和“缓刑考验期满后”的内容。

2.新增了累犯和毒品再犯竞合的情形。《武汉会议纪要》规定了因同一毒品犯罪前科和因不同犯罪前科同时构成累犯和毒品再犯的两种竞合情形。《纪要》新增了因不同现行犯罪分别构成累犯和毒品再犯的情形。考虑被告人具有不同犯罪前科或者同时犯数罪的情况，区分累犯与毒品再犯竞合的三种情形，规定分别适用不同的从重处罚规则。对于因不同现行犯罪分别构成累犯和毒品再犯的情形，《纪要》规定，应当对其所犯各罪分别从重处罚后再依法数罪并罚。

【司法指导文件(2)】

《最高人民法院关于贯彻宽严相济刑事政策的若干意见》(法发〔2010〕9号，20100208)

11.要依法从严惩处累犯和毒品再犯。凡是依法构成累犯和毒品再犯的，即使犯罪情节较轻，也要体现从严惩处的精神。尤其是对于前罪为暴力犯罪或被判处重刑的累犯，更要依法从严惩处。

【《刑事审判参考》案例】

〔参考案例第542号：贺建军贩卖、运输毒品案〕保外就医期间再犯毒品犯罪的是否应当认定为毒品再犯？

被告人曾因犯贩卖毒品罪、非法持有毒品罪被判刑，在保外就医期间再犯贩卖、运输毒品罪，符合刑法第三百五十六条关于毒品再犯的规定，且不违背禁止重复评价的原则。

〔参考案例第839号：李光耀等贩卖、运输毒品案〕被告人未满十八周岁时曾因毒品犯罪被判刑，在刑法修正案(八)实施后是否构成毒品再犯？

毒品再犯已经是独立于累犯制度的一种特殊规定，二者不存在隶属关系。被告人未满十八周岁时曾因毒品犯罪被判刑，在刑法修正案(八)实施后可以构成毒品再犯。

第三百五十七条　【毒品定义与数量计算】本法所称的毒品，是指鸦片、海洛因、甲基苯丙胺（冰毒）、吗啡、大麻、可卡因以及国家规定管制的其他能够使人形成瘾癖的麻醉药品和精神药品。

毒品的数量以查证属实的走私、贩卖、运输、制造、非法持有毒品的数量计算，不以纯度折算。

【司法解释】

《最高人民检察院关于〈非药用类麻醉药品和精神药品管制品种增补目录〉能否作为认定毒品依据的批复》(高检发释字〔2019〕2号，20190430)

根据《中华人民共和国刑法》第三百五十七条和《中华人民共和国禁毒法》第二条的规定，毒品是指鸦片、海洛因、甲基苯丙胺(冰毒)、吗啡、大麻、可卡因以及国家规定管制的其他能够使人形成瘾癖的麻醉药品和精神药品。

2015年10月1日起施行的公安部、国家食品药品监督管理总局、国家卫生和计划生育委员会、国家禁毒委员会办公室《非药用类麻醉药品和精神药品列管办法》及其附表《非药用类麻醉药品和精神药品管制品种增补目录》,是根据国务院《麻醉药品和精神药品管理条例》第三条第二款授权制定的,《非药用类麻醉药品和精神药品管制品种增补目录》可以作为认定毒品的依据。

【司法指导文件(1)】

《最高人民法院、最高人民检察院、公安部办理毒品犯罪案件毒品提取、扣押、称量、取样和送检程序若干问题的规定》(公禁毒〔2016〕511号,20160701)

第三十三条 具有下列情形之一的,公安机关应当委托鉴定机构对查获的毒品进行含量鉴定:

(一)犯罪嫌疑人、被告人可能被判处死刑的;

(二)查获的毒品系液态、固液混合物或者系毒品半成品的;

(三)查获的毒品可能大量掺假的;

(四)查获的毒品系成分复杂的新类型毒品,且犯罪嫌疑人、被告人可能被判处七年以上有期徒刑的;

(五)人民检察院、人民法院认为含量鉴定对定罪量刑有重大影响而书面要求进行含量鉴定的。

进行含量鉴定的检材应当与进行成分鉴定的检材来源一致,且一一对应。

【司法指导文件(2)】

《最高人民法院、最高人民检察院、公安部关于规范毒品名称表述若干问题的意见》(法〔2014〕224号,20140820)

一、规范毒品名称表述的基本原则

(一)毒品名称表述应当以毒品的化学名称为依据,并与刑法、司法解释及相关规范性文件中的毒品名称保持一致。刑法、司法解释等没有规定的,可以参照《麻醉药品品种目录》《精神药品品种目录》中的毒品名称进行表述。

(二)对于含有二种以上毒品成分的混合型毒品,应当根据其主要毒品成分和具体形态认定毒品种类、确定名称。混合型毒品中含有海洛因、甲基苯丙胺的,一般应当以海洛因、甲基苯丙胺确定其毒品种类;不含海洛因、甲基苯丙胺,或者海洛因、甲基苯丙胺的含量极低的,可以根据其中定罪量刑数量标准较低且所占比例较大的毒品成分确定其毒品种类。混合型毒品成分复杂的,可以用括号注明其中所含的一至二种其他毒品成分。

(三)为体现与犯罪嫌疑人、被告人供述的对应性,对于犯罪嫌疑人、被告人供述的毒品常见俗称,可以在文书中第一次表述该类毒品时用括号注明。

二、几类毒品的名称表述

(一)含甲基苯丙胺成分的毒品

1.对于含甲基苯丙胺成分的晶体状毒品,应当统一表述为甲基苯丙胺(冰毒),在下文中再次出现时可以直接表述为甲基苯丙胺。

2.对于以甲基苯丙胺为主要毒品成分的片剂状毒品,应当统一表述为甲基苯丙胺片剂。如果犯罪嫌疑人、被告人供述为“麻古”“麻果”或者其他俗称的,可以在文书中第一次表述该类毒品时用括号注明,如表述为甲基苯丙胺片剂(俗称“麻古”)等。

3.对于含甲基苯丙胺成分的液体、固液混合物、粉末等,应当根据其毒品成分和具体形态进行表述,如表述为含甲基苯丙胺成分的液体、含甲基苯丙胺成分的粉末等。

（二）含氯胺酮成分的毒品

1.对于含氯胺酮成分的粉末状毒品，应当统一表述为氯胺酮。如果犯罪嫌疑人、被告人供述为“K粉”等俗称的，可以在文书中第一次表述该类毒品时用括号注明，如表述为氯胺酮（俗称“K粉”）等。

2.对于以氯胺酮为主要毒品成分的片剂状毒品，应当统一表述为氯胺酮片剂。

3.对于含氯胺酮成分的液体、固液混合物等，应当根据其毒品成分和具体形态进行表述，如表述为含氯胺酮成分的液体、含氯胺酮成分的固液混合物等。

（三）含MDMA等成分的毒品

对于以MDMA、MDA、MDEA等致幻性苯丙胺类兴奋剂为主要毒品成分的丸状、片剂状毒品，应当根据其主要毒品成分的中文化学名称和具体形态进行表述，并在文书中第一次表述该类毒品时用括号注明下文中使用的英文缩写简称，如表述为3，4-亚甲二氧基甲基苯丙胺片剂（以下简称MDMA片剂）、3，4-亚甲二氧基苯丙胺片剂（以下简称MDA片剂）、3，4-亚甲二氧基乙基苯丙胺片剂（以下简称MDEA片剂）等。如果犯罪嫌疑人、被告人供述为“摇头丸”等俗称的，可以在文书中第一次表述该类毒品时用括号注明，如表述为3，4-亚甲二氧基甲基苯丙胺片剂（以下简称MDMA片剂，俗称“摇头丸”）等。

（四）“神仙水”类毒品

对于俗称“神仙水”的液体状毒品，应当根据其主要毒品成分和具体形态进行表述。毒品成分复杂的，可以用括号注明其中所含的一至二种其他毒品成分，如表述为含氯胺酮（咖啡因、地西泮等）成分的液体等。如果犯罪嫌疑人、被告人供述为“神仙水”等俗称的，可以在文书中第一次表述该类毒品时用括号注明，如表述为含氯胺酮（咖啡因、地西泮等）成分的液体（俗称“神仙水”）等。

（五）大麻类毒品

对于含四氢大麻酚、大麻二酚、大麻酚等天然大麻素类成分的毒品，应当根据其外形特征分别表述为大麻叶、大麻脂、大麻油或者大麻烟等。

【司法指导文件(3)】

《最高人民法院、最高人民检察院、公安部办理毒品犯罪案件适用法律若干问题的意见》（公通字〔2007〕84号，20071218）

四、关于死刑案件的毒品含量鉴定问题

可能判处死刑的毒品犯罪案件，毒品鉴定结论中应有含量鉴定的结论。

【司法指导文件(4)】

《全国法院毒品案件审判工作会议纪要》（法〔2023〕108号，20230626）

三、毒品数量、含量问题

走私、贩卖、运输、制造、非法持有刑法、司法解释明确规定了定罪量刑数量标准的毒品的，按照相关标准依法定罪量刑。对于刑法、司法解释未规定定罪量刑数量标准的毒品，参考已有折算标准，综合考虑其毒害性、滥用情况、受管制程度、纯度及犯罪形势、交易价格等因素，依法定罪量刑。涉案毒品既无定罪量刑数量标准，亦无折算标准的，应当委托有关专业机构确定涉案毒品的致瘾癖性、毒害性、纯度等，综合考虑其滥用情况、受管制程度及犯罪形势、交易价格等因素，依法定罪量刑。

走私、贩卖、运输、制造、非法持有两种以上毒品，刑法、司法解释明确规定了定罪量刑数量标准的，可以根据现有定罪量刑数量标准，将不同种类的毒品分别折算为海洛因的数量，以折算后累加的毒品总量作为定罪量刑的根据，但在裁判文书中，应当客观表述涉案毒品的种类和数量，不表述折算的毒品数量；刑法、司法解释未规定定罪量刑数量标准的，参照前述规定，综合考虑相关因素，依法定罪量刑。

根据现有证据能够认定被告人实施了毒品犯罪，但未查获毒品实物的，应当根据在案证据依法认定毒品数量。有确实、充分的证据证实毒品交易金额和单价的，可以据此认定毒品数量。制造毒品的，不应单纯根据制毒原料制成毒品率估算毒品数量。无法根据现有证据认定涉案毒品具体数量的，可以在事实部分客观表述毒品交易的金额、次数或者制毒原料的数量等，表明其实施毒品犯罪的情节、危害。对于未查获实物的甲基苯丙胺片剂(俗称“麻古”等，下同)、MDMA片剂(俗称“摇头丸”)等混合型毒品，可以根据在案证据证明的毒品粒数，参考相关案件中查获的同类毒品的一般重量计算毒品数量；在裁判文书中，则只客观表述根据在案证据认定的毒品粒数。

对于有吸毒情节的贩毒人员，一般应当按照其购买的毒品数量认定其贩毒数量，量刑时酌情考虑其吸食毒品的情节；购买的毒品数量无法查明的，按照能够证明的贩卖数量及查获的毒品数量认定其贩毒数量；确有证据证明其购买的部分毒品并非用于贩卖的，不计入其贩毒数量。

除司法解释另有规定或者为了逃避查缉等临时改变毒品常规形态的情形外，一般均应将查证属实的毒品数量认定为毒品犯罪的数量，并据此确定适用的法定刑幅度。涉案毒品纯度明显低于同类毒品的正常纯度的，量刑时可酌情考虑。

毒品成品、半成品的数量应当全部认定为制造毒品的数量，废液、废料不计入制造毒品的数量。制毒废液、废料的认定，可以根据其残存毒品成分的含量、外观形态、存放的容器和位置，结合被告人对制毒过程、查获毒品疑似物性质的供述和辩解等证据进行分析判断，必要时可以听取专业机构意见。

对于查获的相关毒品，未根据《最高人民法院、最高人民检察院、公安部办理毒品犯罪案件毒品提取、扣押、称量、取样和送检程序若干问题的规定》第三十三条进行鉴定的，应当要求公安机关委托鉴定机构进行含量鉴定。

对于含有两种以上毒品成分的混合型毒品，应当根据相关成分和含量鉴定，确定其所含不同毒品的成分及比例，并根据主要毒品成分和具体形态认定毒品种类、确定名称。混合型毒品中含有海洛因或者甲基苯丙胺(冰毒，下同)成分的，一般以海洛因或者甲基苯丙胺分别认定毒品种类；不含海洛因、甲基苯丙胺成分，或者海洛因、甲基苯丙胺含量极低的，可以根据混合型毒品中其他定罪量刑数量标准较低且含量较高的毒品成分认定毒品种类，并在量刑时综合考虑其他毒品的成分、含量和全案毒品数量。

【司法指导文件(4)·注释】

1.低纯度毒品的数量认定及对量刑的影响是长期困扰司法实践的难题，但鉴于刑法明确规定毒品数量不以纯度折算,《纪要》在保留《武汉会议纪要》规定的两种例外情形的基础上，仅略作修改：其一，关于司法解释另有规定的情形，目前是指《2016年毒品犯罪解释》第一条第二款的规定，即国家定点生产企业按照标准规格生产的麻醉药品或者精神药品被用于毒品犯罪的，根据药品中毒品成分的含量认定涉案毒品数量。其二，将《武汉会议纪要》规定的“隐蔽运输”改为“逃避查缉”，使适用范围能够涵盖为了隐蔽走私或静态下为了逃避查缉而临时改变毒品常规形态的情形；增加“等”字，主要是为了应对司法实践中的复杂情况。

2.《纪要》通过指向性规定的方式，提示了应对查获毒品进行含量鉴定的案件范围，较《大连会议纪要》规定的“可能判处被告人死刑”和“涉案毒品可能大量掺假或者系成分复杂的新类型毒品”的含量鉴定范围有大幅度扩展。对于混合型毒品的鉴定与性质认定,《纪要》也参考相关规范性文件，对《大连会议纪要》原有规定作了一定修改，现有规定更加科学、严谨，更有利于实现罚当其罪。

【公安文件(1)】

《公安部关于认定海洛因有关问题的批复》(公禁毒〔2002〕236号,20020628)

一、海洛因是以“二乙酰吗啡”或“盐酸二乙酰吗啡”为主要成分的化学合成的精制鸦片类毒品,“单乙酰吗啡”和“单乙酰可待因”是只有在化学合成海洛因过程中才会衍生的化学物质，属于同一种类的精制鸦片类毒品。海洛因在运输、贮存过程中，因湿度、光照等因素的影响，会出现“二乙酰吗啡”自然降解为“单乙酰吗啡”的现象，即“二乙酰吗啡”含量呈下降趋势,“单乙酰吗啡”含量呈上升趋势，甚至出现只检出“单乙酰吗啡”成分而未检出“二乙酰吗啡”成分的检验结果。因此，不论是否检出“二乙酰吗啡”成分，只要检出“单乙酰吗啡”或“单乙酰吗啡和单乙酰可待因”的，根据化验部门出具的检验报告，均应当认定送检样品为海洛因。

二、根据海洛因的毒理作用，海洛因进入吸毒者的体内代谢后，很快由“二乙酰吗啡”转化为“单乙酰吗啡”，然后再代谢为吗啡。在海洛因滥用者或中毒者的尿液或其他检材检验中，只能检出少量“单乙酰吗啡”及吗啡成分，无法检出“二乙酰吗啡”成分。因此，在尿液及其他检材中，只要检验出“单乙酰吗啡”，即证明涉嫌人员服用了海洛因。

【公安文件(2)】

《公安部禁毒局关于非法制造贩卖安钠咖立案问题的答复》(公禁毒〔2002〕434号,20021105)

安钠咖属于刑法规定的毒品。根据刑法第三百四十七条第一款的规定，贩卖、制造毒品，无论数量多少，都应当追究刑事责任，予以刑事处罚。因此，对于非法制造、贩卖安钠咖的，不论查获的数量多少，公安机关都应当按照非法制造、贩卖毒品罪立案侦查。

【公安文件(3)】

《公安部、国家食品药品监督管理总局、国家卫生和计划生育委员会关于将卡芬太尼等四种芬太尼类物质列入非药用类麻醉药品和精神药品管制品种增补目录的公告》(20170301)

根据《麻醉药品和精神药品管理条例》《非药用类麻醉药品和精神药品列管办法》的有关规定,公安部、国家食品药品监督管理总局和国家卫生和计划生育委员会决定将卡芬太尼、呋喃芬太尼、丙烯酰芬太尼、戊酰芬太尼四种物质列入非药用类麻醉药品和精神药品管制品种增补目录。

【公安文件(4)】

《公安部、国家卫生健康委员会、国家药品监督管理局关于将芬太尼类物质列入〈非药用类麻醉药品和精神药品管制品种增补目录〉的公告》(20190501)

根据《麻醉药品和精神药品管理条例》《非药用类麻醉药品和精神药品列管办法》有关规定,公安部、国家卫生健康委员会和国家药品监督管理局决定将芬太尼类物质列入《非药用类麻醉药品和精神药品管制品种增补目录》。"芬太尼类物质"是指化学结构与芬太尼(N-[1-(2-苯乙基)-4-哌啶基]-N-苯基丙酰胺)相比,符合以下一个或多个条件的物质:

一、使用其他酰基替代丙酰基;

二、使用任何取代或未取代的单环芳香基团替代与氮原子直接相连的苯基;

三、哌啶环上存在烷基、烯基、烷氧基、酯基、醚基、羟基、卤素、卤代烷基、氨基及硝基等取代基;

四、使用其他任意基团(氢原子除外)替代苯乙基。

上述所列管物质如果发现有医药、工业、科研或者其他合法用途,按照《非药用类麻醉药品和精神药品列管办法》第三条第二款规定予以调整。

已列入《麻醉药品和精神药品品种目录》和《非药用类麻醉药品和精神药品管制品种增补目录》的芬太尼类物质依原有目录予以管制。

本公告自2019年5月1日起施行。

【《刑事审判参考》案例】

〔参考案例第1196号:刘守红贩卖、制造毒品案〕对于制造毒品案件中查获的含有毒品成分但外观明显有别于成品的非常态物质,能否认定为毒品?

对于制造毒品案件中查获的含有毒品成分但外观明显有别于成品的非常态物质,除结合被告人对制毒过程的供述、物品的外观、提取状况等进行分析外,主要根据其毒品含量判断属于半成品还是废液、废料,必要时可以听取鉴定机构的意见。例如,对于制造毒品现场查获的毒品含量在0.2%以下的物质,犯罪分子因受技术水平所限,通常难以再加工出毒品,且从成本角度考虑,犯罪分子也不太可能再对含量如此之低的物质进行加工、提纯,相关物质可以不计入制造毒品的数量。

〔参考案例第1520号:王某贩卖、制造毒品案〕使用尚未列入《易制毒化学品名录》的化学原料生产含毒品成分的饮料并销售的应如何认定?

行为人主观上明知所贩卖、制造的物品系毒品,即使使用尚未列入《易制毒化学品名录》的化学原料生产含毒品成分的饮料并销售的，也应认定为贩卖、制造毒品罪。新型毒品犯罪案件应在含量鉴定的基础上，综合考虑该毒品的成瘾性、戒断性及社会危害性等予以量刑。

第八节　组织、强迫、引诱、容留、介绍卖淫罪

第三百五十八条　【组织卖淫罪】【强迫卖淫罪】组织、强迫他人卖淫的，处五年以上十年以下有期徒刑，并处罚金；情节严重的，处十年以上有期徒刑或者无期徒刑，并处罚金或者没收财产。

组织、强迫未成年人卖淫的，依照前款的规定从重处罚。

犯前两款罪，并有杀害、伤害、强奸、绑架等犯罪行为的，依照数罪并罚的规定处罚。

【协助组织卖淫罪】为组织卖淫的人招募、运送人员或者有其他协助组织他人卖淫行为的，处五年以下有期徒刑，并处罚金；情节严重的，处五年以上十年以下有期徒刑，并处罚金。

【第二次修正前条文】

第三百五十八条　【组织卖淫罪】【强迫卖淫罪】组织他人卖淫或者强迫他人卖淫的，处五年以上十年以下有期徒刑，并处罚金；有下列情形之一的，处十年以上有期徒刑或者无期徒刑，并处罚金或者没收财产：

(一)组织他人卖淫，情节严重的；

(二)强迫不满十四周岁的幼女卖淫的；

(三)强迫多人卖淫或者多次强迫他人卖淫的；

(四)强奸后迫使卖淫的；

(五)造成被强迫卖淫的人重伤、死亡或者其他严重后果的。

有前款所列情形之一，情节特别严重的，处无期徒刑或者死刑，并处没收财产。

【协助组织卖淫罪】为组织卖淫的人招募、运送人员或者有其他协助组织他人卖淫行为的，处五年以下有期徒刑，并处罚金；情节严重的，处五年以上十年以下有期徒刑，并处罚金。

【第一次修正前条文】

第三百五十八条　【组织卖淫罪】【强迫卖淫罪】组织他人卖淫或者强迫他人卖淫的，处五年以上十年以下有期徒刑，并处罚金；有下列情形之一的，处十年以上有期徒刑或者无期徒刑，并处罚金或者没收财产：

(一)组织他人卖淫，情节严重的；

(二)强迫不满十四周岁的幼女卖淫的；

(三)强迫多人卖淫或者多次强迫他人卖淫的；

(四)强奸后迫使卖淫的；

(五)造成被强迫卖淫的人重伤、死亡或者其他严重后果的。

有前款所列情形之一，情节特别严重的，处无期徒刑或者死刑，并处没收财产。

【协助组织卖淫罪】协助组织他人卖淫的，处五年以下有期徒刑，并处罚金；情节严重的，处五年以上十年以下有期徒刑，并处罚金。

【修正说明】

1.刑法修正案(八)第四十八条对原条文第三款作了修改,进一步明确列出为组织卖淫的人招募、运送人员这两种协助组织他人卖淫行为。

2.刑法修正案(九)第四十二条对本条作出下述修改:一是取消了组织卖淫罪、强迫卖淫罪的死刑。二是将判处十年以上刑罚的具体列举的五项情形修改为"情节严重的"。三是增加组织、强迫未成年人卖淫的,从重处罚的规定。四是增加规定,对组织、强迫他人卖淫的,并有杀害、伤害、强奸、绑架等犯罪行为的,依照数罪并罚的规定处罚。

【立法 · 要点注释】

1."强迫他人卖淫",主要是指行为人采取暴力、威胁或者其他手段,违背他人意志,迫使他人卖淫的行为。这里所说的"强迫",既包括直接使用暴力手段或者以暴力相威胁,也包括使用其他非暴力的逼迫手段,如以揭发他人隐私或者以可能使他人某种利害关系遭受损失相威胁,或者通过使用某种手段和方法,形成精神上的强制,在别无出路的情况下,违背自己的意愿从事卖淫活动。无论行为人采取哪一种强迫手段,都构成强迫他人卖淫罪。

2."他人",既包括妇女,也包括男性。强迫的对象,既可以是没有卖淫习性的人,也可以是由于某种原因不愿卖淫的有卖淫恶习的人。

3."情节严重的",主要是指长期组织他人卖淫,或卖淫集团的首要分子,或组织较多人员卖淫等;强迫未成年人卖淫,情节恶劣的;强迫多人卖淫或者多次强迫他人卖淫的;造成被强迫卖淫的人自残、自杀或其他严重后果的情形等。

4."协助组织他人卖淫",是指为组织卖淫的人招募、运送人员或者有其他协助行为的。这里所规定的"招募",是指协助组织卖淫者招雇、征召、招聘、募集人员,但本身并不参与组织卖淫活动的行为;"运送",是指为组织卖淫者通过提供交通工具接送、输送所招募的人员的行为。为组织卖淫者招募、运送人员,在有的情况下,招募、运送者可能只拿到几百元、上千元的所谓"人头费""介绍费",但正是这些招募、运送行为,为卖淫场所输送了大量的卖淫人员,使这种非法活动得以发展延续。

5."其他协助组织他人卖淫行为",是指在组织他人卖淫的活动中,起协助、帮助作用的其他行为,如为"老鸨"充当保镖、打手,为组织卖淫活动看门望哨或者管账等。协助组织他人卖淫,也是组织他人卖淫活动的一个环节,但其行为的性质、所起的作用与组织卖淫者具有很大的不同,不宜笼统地以组织卖淫罪的共犯处理。

【立案追诉标准】

《最高人民检察院、公安部关于公安机关管辖的刑事案件立案追诉标准的规定(一)》[公通字〔2008〕36号,20080625,经2017年4月27日发布的《最高人民检察院、公安部关于公安机关管辖的刑事案件立案追诉标准的规定(一)的补充规定》(公通字〔2017〕

12号)修正]

第七十五条[①] 〔组织卖淫案(刑法第三百五十八条第一款)〕以招募、雇佣、强迫、引诱、容留等手段,组织他人卖淫的,应予立案追诉。

第七十六条 〔强迫卖淫案(刑法第三百五十八条第一款)〕以暴力、胁迫等手段强迫他人卖淫的,应予立案追诉。

第七十七条 〔协助组织卖淫案(刑法第三百五十八条第四款)〕在组织卖淫的犯罪活动中,帮助招募、运送、培训人员三人以上,或者充当保镖、打手、管账人等,起帮助作用的,应予立案追诉。

【司法解释(1)】

《最高人民法院、最高人民检察院关于办理组织、强迫、引诱、容留、介绍卖淫刑事案件适用法律若干问题的解释》(法释〔2017〕13号,20170725)

第一条 以招募、雇佣、纠集等手段,管理或者控制他人卖淫,卖淫人员在三人以上的,应当认定为刑法第三百五十八条规定的"组织他人卖淫"。

组织卖淫者是否设置固定的卖淫场所、组织卖淫者人数多少、规模大小,不影响组织卖淫行为的认定。

第二条 组织他人卖淫,具有下列情形之一的,应当认定为刑法第三百五十八条第一款规定的"情节严重":

(一)卖淫人员累计达十人以上的;

(二)卖淫人员中未成年人、孕妇、智障人员、患有严重性病的人累计达五人以上的;

(三)组织境外人员在境内卖淫或者组织境内人员出境卖淫的;

(四)非法获利人民币一百万元以上的;

(五)造成被组织卖淫的人自残、自杀或者其他严重后果的;

(六)其他情节严重的情形。

第三条 在组织卖淫犯罪活动中,对被组织卖淫的人有引诱、容留、介绍卖淫行为的,依照处罚较重的规定定罪处罚。但是,对被组织卖淫的人以外的其他人有引诱、容留、介绍卖淫行为的,应当分别定罪,实行数罪并罚。

第四条 明知他人实施组织卖淫犯罪活动而为其招募、运送人员或者充当保镖、打手、管账人等的,依照刑法第三百五十八条第四款的规定,以协助组织卖淫罪定罪处罚,不以组织卖淫罪的从犯论处。

在具有营业执照的会所、洗浴中心等经营场所担任保洁员、收银员、保安员等,从事一般服务性、劳务性工作,仅领取正常薪酬,且无前款所列协助组织卖淫行为的,不认定为协助组织卖淫罪。

第五条 协助组织他人卖淫,具有下列情形之一的,应当认定为刑法第三百五十八条第四款规定的"情节严重":

(一)招募、运送卖淫人员累计达十人以上的;

(二)招募、运送的卖淫人员中未成年人、孕妇、智障人员、患有严重性病的人累计达五人以上的;

(三)协助组织境外人员在境内卖淫或者协助组织境内人员出境卖淫的;

(四)非法获利人民币五十万元以上的;

---

① 本条项下【司法解释(1)】第一条要求"卖淫人员在三人以上"。——编者注

（五）造成被招募、运送或者被组织卖淫的人自残、自杀或者其他严重后果的；

（六）其他情节严重的情形。

第六条　强迫他人卖淫，具有下列情形之一的，应当认定为刑法第三百五十八条第一款规定的“情节严重”：

（一）卖淫人员累计达五人以上的；

（二）卖淫人员中未成年人、孕妇、智障人员、患有严重性病的人累计达三人以上的；

（三）强迫不满十四周岁的幼女卖淫的；

（四）造成被强迫卖淫的人自残、自杀或者其他严重后果的；

（五）其他情节严重的情形。

行为人既有组织卖淫犯罪行为，又有强迫卖淫犯罪行为，且具有下列情形之一的，以组织、强迫卖淫“情节严重”论处：

（一）组织卖淫、强迫卖淫行为中具有本解释第二条、本条前款规定的“情节严重”情形之一的；

（二）卖淫人员累计达到本解释第二条第一、二项规定的组织卖淫“情节严重”人数标准的；

（三）非法获利数额相加达到本解释第二条第四项规定的组织卖淫“情节严重”数额标准的。

第七条　根据刑法第三百五十八条第三款的规定，犯组织、强迫卖淫罪，并有杀害、伤害、强奸、绑架等犯罪行为的，依照数罪并罚的规定处罚。协助组织卖淫行为人参与实施上述行为的，以共同犯罪论处。

根据刑法第三百五十八条第二款的规定，组织、强迫未成年人卖淫的，应当从重处罚。

第十条　组织、强迫、引诱、容留、介绍他人卖淫的次数，作为酌定情节在量刑时考虑。

第十三条　犯组织、强迫、引诱、容留、介绍卖淫罪的，应当依法判处犯罪所得二倍以上的罚金。共同犯罪的，对各共同犯罪人合计判处的罚金应当在犯罪所得的二倍以上。

对犯组织、强迫卖淫罪被判处无期徒刑的，应当并处没收财产。

【司法解释(1)·注释】

1.关于如何理解刑法意义上的“卖淫”。(1)对传统意义上的提供性交服务并收取财物的行为应当认定为卖淫。(2)男性也可以提供卖淫服务。随着社会的发展变迁，男性也存在为获取物质利益而与不特定的女性发生性关系的现象。将此现象理解为卖淫，已经得到了立法和司法的肯定。(3)肛交、口交应当列入卖淫的方式。在男男可以卖淫、女女可以卖淫的现实情况及法律规定下，肛交、口交显然是同性卖淫的主要方式，且异性卖淫也可采取肛交、口交的方式。三者的共性都是一方生殖器进入另一方的体内，均属于进入式性活动。并且，从传播性病的角度看，此三种方式，均可引起性病的传播。

2.关于行政违法能否等同于刑事犯罪。违反行政法律、法规的行为不等同于构成犯罪。关于提供手淫等非进入式而是接触式的色情服务能否认定为刑法意义上的卖淫，《公安部关于对同性之间以钱财为媒介的性行为定性处理问题的批复》(公复字〔2001〕4号，20010218)可以作为行政处罚和相关行政诉讼案件的依据，但不能作为定罪依据。行政法规扩大解释可以把所有的性行为方式都纳入卖淫行为方式并进行行政处罚，但刑法罪名的设立、犯罪行为的界定及解释应遵循谦抑性原则，司法解释对刑法不应进行扩张解释。因此，司法实践中对于如何认定刑法意义上的卖淫，应当依照刑法的基本含义，结合大众的普遍理解及公民的犯罪心理预期等进行认定，并严格遵循罪刑法定原则。据此，不宜对刑法上的卖淫概念作扩大解释，刑法没有明确规定手淫行为属于刑法意义上的"卖淫"，对相关行为就不宜入罪。

待条件成熟时，应当建议由立法机关作出相应解释或由立法直接规定。

3.关于协助组织卖淫罪的入罪标准。相对独立于组织卖淫罪的协助组织卖淫行为，如成立专门的培训机构、运输组织等，可以参照组织卖淫罪的人数标准，即培训三人或运输三人以上的，构成协助组织卖淫罪。

4.关于组织、容留、介绍卖淫犯罪的既遂标准。组织、容留、介绍卖淫以其组织、容留、介绍的实施为犯罪既未遂界限，即只要组织、容留、介绍行为实施完毕，就处于犯罪既遂状态。至于卖淫人员与嫖客是否实际进行了卖淫嫖娼违法活动以及卖淫嫖娼活动是否处于结束状态，都不影响组织、容留、介绍卖淫行为的既遂状态成立。

5.关于强迫卖淫罪的既遂标准。判断强迫卖淫的既未遂问题，既要看行为人的强迫行为是否已经实施，也要看被强迫卖淫人员的卖淫行为是否实施。关于卖淫行为开始实施，指的是开始实施而不是已经完成。卖淫嫖娼是一个过程，为卖淫嫖娼所做的谈价格、找地点、性交易前准备、性交易过程等均属卖淫嫖娼的组成部分，只要被强迫卖淫人员实施了上述一个或数个行为的，均应认定卖淫行为开始实施。实践中特别要注重四种状态下的既遂。(1)强迫卖淫行为完成后，卖淫人员已经进入与嫖娼人员约定的地点，还未开始实施卖淫嫖娼活动，即被公安人员查获的。(2)强迫卖淫行为完成后，卖淫人员已经进入与嫖娼人员约定的地点，卖淫人员逃离卖淫嫖娼场所，从而使嫖娼人员实际无法实施嫖娼行为的。(3)强迫卖淫行为完成后，卖淫人员已经进入与嫖娼人员约定的地点，卖淫人员与嫖娼人员商谈后，嫖娼人员放弃嫖娼行为的。(4)被害人已被迫卖淫，在卖淫过程中，嫖客没有接受性服务，或者进行的只是一般猥亵行为，或者嫖客因自身的因素没能实现嫖娼目的的。上述四种状态下，均应认定强迫卖淫行为已经既遂。这主要原因就是卖淫嫖娼活动已经开始实施，只是尚未进入实质性的发生性关系行为或者无法发生性关系而已。下列情况下，应当认定为强迫卖淫未遂：(1)强迫行为并未实现目的，即强迫行为没有达到强制他人的目的，被害人一直拒绝卖淫的。(2)强迫行为使他人不得不同意卖淫，但被害人答应后又在进入卖淫场所前拒绝的或者在进入卖淫场所前逃脱的，则行为人仍然没有达到强制他人卖淫的目的。

6.关于组织卖淫中的容留与单纯容留卖淫的区别。组织卖淫行为，尤其是以容留卖淫为手段的组织卖淫行为，与单纯的容留卖淫行为，最主要的区别在于行为人对卖淫人员的卖淫活动是否实施了管理、控制行为。组织卖淫行为的最主要行为特征是对卖淫活动实施了管理、控制行为，而容留卖淫行为人对卖淫人员的卖淫活动既不管理，更不控制，而仅仅提供固定或者临时租借的场所以及流动场所，收取一定的场所费用甚至不收取任何费用，对卖淫人员在何时卖淫、向谁卖淫、如何收费等均不过问，至于卖淫人员的日常行为，更是卖淫人员自行安排。即使卖淫人员来去自愿，只要犯罪分子收取和分配卖淫人员卖淫所收取的费用，为卖淫活动提供食宿和放风等，而不是卖淫人员收取嫖资后向犯罪分子缴纳场所费用的，就应当认定犯罪分子的犯罪性质为组织卖淫，而不是容留卖淫。

7.关于组织卖淫和协助组织卖淫犯罪中“招募”的含义。在涉卖淫类犯罪中，招募是指行为人为了组织卖淫活动而向社会招集卖淫人员。组织卖淫罪和协助组织卖淫罪的构罪要件中“招募”一词的含义是一样的。但是，“招募”在组织卖淫罪中只是一种手段，并非犯罪方面的构成要件，而只是组织卖淫罪中管理或者控制他人卖淫这一客观方面构成要件的手段之一。协助组织卖淫罪中的“招募”就是犯罪行为本身。此外，组织卖淫罪中，行为人招募的目的是自己实现组织卖淫犯罪，而协助组织卖淫罪中，行为人招募的目的是帮助组织卖淫者。理解“招募”一词，必须把其放到具体的法条语境中理解和适用。唯如此，才能区别招募行为实施人所犯之罪是组织卖淫罪还是协助组织卖淫罪。

8.关于组织、强迫卖淫“造成被组织、强迫卖淫的人自残、自杀或者其他严重后果”的理解。“自残、自杀”是一种结果，而不是行为本身，即卖淫人员的自残、自杀行为必须导致严重残疾或者死亡的结果，如果行为人仅有自残、自杀的行为，但没有造成严重残疾或者死亡结果的，不能认定为造成卖淫人员自残、自杀的情形。“其他严重后果”，是指与严重残疾、死亡基本同质的后果，如造成卖淫人员严重精神病致不能自理生活的，造成多人重伤的，等等。卖淫人员在卖淫期间发生死亡、严重残疾等严重后果，且该严重后果与卖淫活动有紧密的因果或者条件关系的，如卖淫时因嫖资纠纷被嫖客杀害，应当认定为“其他严重后果”。

9.在卖淫人数已经作为涉卖淫类犯罪入罪门槛和界定是否属于“情节严重”的标准这一背景下，同一个卖淫人员先进后退，又进入，甚至多次“进退进”的，仍然应该按照一人来计算，不能重复计算人数。在基本事实确定的情况下，对卖淫人数、次数，有时可以采取模糊表述的方式，如十余人，一百余次。但这种模糊表述的前提是基本事实清楚，基本证据扎实。如表述卖淫人员十余人时，对卖淫人员达到十人这一基本事实必须证据确实、充分。不能在卖淫人员是否达到十人这一基本事实还不清楚的情况下，作出卖淫人员十余人的表述。

10.关于犯罪所得的计算。一般情况下就是指收取嫖娼人员所有费用的总和。至于行为人为此而付出的成本，如付给卖淫人员的费用，卖淫场所发生的相关费用，付给协助组织卖淫人、介绍卖淫人、通风报信人等的费用，都属于犯罪成本，依法不能在犯罪所得中予以扣除。即使犯罪所得不足以支付其犯罪成本，计算犯罪所得时也应该按照犯罪分子因犯罪行为的全部收入计算，而不考虑犯罪成本。

11.关于罚金刑的适用。在犯罪分

子罪行较重，但非法获利不多，可依照本司法解释规定的二倍比例判处罚金，如果罚金还不到一千元时，就应当根据《最高人民法院关于适用财产刑若干问题的规定》(法释〔2000〕45号)第二条，处以最低一千元的罚金刑，对未成年人罪犯则处以最低五百元的罚金刑。

【司法解释(2)】

《最高人民法院关于审理拐卖妇女儿童犯罪案件具体应用法律若干问题的解释》(法释〔2016〕28号，20170101)

第六条　收买被拐卖的妇女、儿童后又组织、强迫卖淫或者组织乞讨、进行违反治安管理活动等构成其他犯罪的，依照数罪并罚的规定处罚。

【司法指导文件】

《最高人民法院、最高人民检察院关于常见犯罪的量刑指导意见(二)(试行)》(法〔2024〕132号，20240701)

(七)组织卖淫罪

1.构成组织卖淫罪的，根据下列情形在相应的幅度内确定量刑起点：

(1)犯罪情节一般的，在五年至七年有期徒刑幅度内确定量刑起点。

(2)情节严重的，在十年至十三年有期徒刑幅度内确定量刑起点。

2.在量刑起点的基础上，根据卖淫人员数量、违法所得数额等其他影响犯罪构成的犯罪事实增加刑罚量，确定基准刑。

3.有下列情节之一的，增加基准刑的10%—20%：

(1)组织未成年人卖淫的；

(2)旅馆业、饮食服务业、文化娱乐业、出租汽车业等单位的主要负责人，利用本单位的条件，组织他人卖淫的。

4.构成组织卖淫罪的，根据卖淫人员数量、违法所得数额、危害后果等犯罪情节，综合考虑被告人缴纳罚金的能力，决定罚金数额。

5.构成组织卖淫罪的，综合考虑组织卖淫次数、卖淫人员数量、违法所得数额、危害后果、退缴赃款等犯罪事实、量刑情节，以及被告人的主观恶性、人身危险性、认罪悔罪表现等因素，从严把握缓刑的适用。

【公安文件】

《公安部关于对同性之间以钱财为媒介的性行为定性处理问题的批复》(公复字〔2001〕4号，20010218)[①]

根据《中华人民共和国治安管理处罚条例》和《全国人民代表大会常务委员会关于严禁卖淫嫖娼的决定》的规定，不特定的异性之间或者同性之间以金钱、财物为媒介发生不正当性关系的行为，包括口淫、手淫、鸡奸等行为，都属于卖淫嫖娼行为，对行为人应当依法处理。

自本批复下发之日起，《公安部关于对以营利为目的的手淫、口淫等行为定性处理问题的批复》(公复字〔1995〕6号)同时废止。

附：《国务院法制办公室对浙江省人民政府法制办公室〈关于转送审查处理公安部公复字〔2001〕4号批复的请示〉的复函》(2003年5月22日，国法函〔2003〕155号)

---

① 刑事司法实践中，对这一文件的理解，应当参照本条项下【司法解释(1)·注释】的内容综合考虑。——编者注

我们征求了全国人大常委会法工委意见，他们认为，公安部对卖淫嫖娼的含义进行解释符合法律规定的权限，公安部公复字〔2001〕4号批复的内容与法律的规定是一致的，卖淫嫖娼是指通过金钱交易一方向另一方提供性服务，以满足对方性欲的行为，至于具体性行为采用什么方式，不影响对卖淫嫖娼行为的认定。据此，公安部公复字〔2001〕4号批复的规定是合法的。

【指导性案例·检察】

〔茅某组织卖淫不起诉复议复核案，JZD212-2024〕

1.办理涉卖淫刑事案件时，对场所经营者辩解不知场所内有卖淫活动的，应当综合全案证据分析判断。当涉案场所内正规项目与卖淫行为并存时，对场所经营者辩称不知场所内有卖淫活动的，人民检察院认定其是否具有主观明知，应当审查在案证据证明方向是否一致、证据间是否相互印证，并结合场所经营者的职务、职权、有无规避检查以及场所是否曾因卖淫嫖娼受过处罚等因素，运用逻辑规则和经验法则分析行为人的辩解是否符合常理，综合全案证据予以判定。

2.对于场所经营者为卖淫活动提供场所的同时，还对卖淫活动有管理、控制行为的，应当认定为组织卖淫罪。组织卖淫罪与容留卖淫罪的客观方面可能都有容留卖淫行为，但容留卖淫罪的要件限于提供场所，如果场所经营者明知他人租赁其场所并以招募、雇佣等手段管理或者控制他人卖淫，仍为其提供场所，并约定、管理嫖资分配比例、管理卖淫场所、人员和卖淫收入的，应当认定为组织卖淫罪。

【法院案例库参考案例】

〔李某组织卖淫案，2025-05-1-368-001〕组织男性从事同性性交易行为的定性

1.根据罪刑法定原则的要求，刑法没有明文规定为犯罪行为的，不得定罪处刑。但对于刑法用语，应当根据立法精神，适应时代发展和社会变迁，作出符合公众普遍认知的解释，而不应拘泥于辞典等对相关术语的含义界定。

2.以招募、雇佣、纠集等手段，管理或者控制男性从事同性性交易，卖淫人员在三人以上的，应当认定为刑法第三百五十八条规定的“组织他人卖淫”。

〔席某松等组织卖淫、协助组织卖淫案，2023-05-1-368-003〕组织卖淫罪中“组织”要件的认定

“管理或者控制他人卖淫”是组织卖淫罪的最主要行为特征。具体的管理或者控制手段很多，如招募、雇用、引诱、容留、纠集。在司法实践中，卖淫犯罪往往以合法形式掩盖犯罪实质，如开设洗浴中心、保健中心等。在认定中，投资者只要明知实际经营者、管理控制者所进行的是组织卖淫活动，即使没有实际直接参与经营，没有直接对卖淫活动进行管理控制，其投资行为也应认定为组织卖淫行为的组成部分。

〔何某燕介绍卖淫案，2025-05-1-371-001〕组织卖淫罪与介绍卖淫罪的界分

组织卖淫以“卖淫人员在三人以上”作为要件，即在指控的犯罪期间内，管理控制的卖淫人员不仅达到三人以上，而且三名以上卖淫人员在被管理、控制的某个时间段必须同一。对于不符合上述情形的，不以组织卖淫罪论处；构成介绍卖淫罪等其他犯罪的，以相应犯罪论处。

〔纪某奎、汤某改组织卖淫案，2024-02-1-368-001〕采用“口交”等进入式性行为提供有偿色情服务的，应当认定为卖淫行为

采用“口交”“肛交”等进入式性行为提供有偿色情服务的，应当认定为卖淫行为。

〔刘某某、陈某甲、孔某某强迫卖淫案，2023-05-1-369-001〕如何认定强迫卖淫罪的“强迫”要件

强迫卖淫的强迫性主要表现为以下情形：(1)在他人不愿意从事卖淫活动的情况下，使用强制手段迫使其从事卖淫活动；(2)他人虽然原本从事卖淫活动，但在他人不愿意继续从事卖淫活动的情况下，使用强制手段强迫其继续从事卖淫活动；(3)在卖淫者不愿意在某地从事卖淫活动或者为某人从事卖淫活动的情况下，使用强制手段在某地或为某人从事卖淫活动。因此，从事卖淫活动的卖淫者也可以成为强迫卖淫的对象。

〔郭某某、耿某强迫卖淫案，2023-02-1-369-002〕对强迫卖淫罪既遂标准的把握

强迫卖淫罪属于行为犯，只要行为人实施的强迫卖淫行为达到一定的必要程度，就构成既遂。强迫卖淫行为是否达到必要的程度，可从以下情形予以考量：(1)行为人是否认为其所实施的强迫行为足以迫使被害人违背自身意志，无须再实施强迫行为。(2)行为人的强迫行为是否足以使一般人违背自身意志而被迫同意卖淫。强迫行为是否足以违背他人意志，可以从行为人所实施暴力手段的紧迫性、直接性、持续性及侵害强度，行为人通过威胁等手段对被害人施加精神强制的程度，行为人与被害人之间的人身依附性关系及未成年被害人身心承受能力等方面进行综合判断。

【《刑事审判参考》案例】

〔参考案例第1523号：林某国等组织卖淫案〕“组织境外人员在境内卖淫”能否理解为“在境外组织人员入境卖淫”？是否要求被组织的境外人员达到三人以上？

1.认定“组织境外人员在境内卖淫”，不要求行为人对卖淫人员的入境行为实施相关组织、帮助行为。“组织境外人员在境内卖淫”既包括“在境外组织人员入境卖淫”，也包括组织已经在境内的境外人员卖淫。

2.认定“组织境外人员在境内卖淫”，首先要求被组织卖淫的境外人员达到三人以上。如果被组织的卖淫人员均为境外人员，并达到三人以上，即构成“组织境外人员在境内卖淫”；如果被组织的卖淫人员既有境内人员又有境外人员，被组织卖淫的境外人员达到三人以上才构成“组织境外人员在境内卖淫”。

〔参考案例第1291号：胡宗友、李仲达组织卖淫案〕卖淫女在实施卖淫违法行为时被嫖客杀害的，能否认定为组织卖淫罪“情节严重”？

《最高人民法院、最高人民检察院关于办理组织、强迫、引诱、容留、介绍卖淫刑事案件适用法律若干问题的解释》第二条规定了组织卖淫罪“情节严重”的六种情形。根据该条第五项，造成被组织卖淫的人自残、自杀或者其他严重后果的，应当认定为组织卖淫罪情节严重。实践中,“其他严重后果”是指与严重残疾、死亡基本同质的后果,如造成被害人精神病致不能自理生活的,造成多人重伤的,等等。而不是所有没有任何范围约束的严重结果。“其他严重后果”,必须是被害人即卖淫女在卖淫期间发生的,且该严重后果与卖淫活动有紧密的因果或者条件关系。卖淫女在进行卖淫活动时,因嫖资纠纷被嫖客杀害,与卖淫活动有着刑法意义上的紧密联系,应当认定为“其他严重后果”。

〔参考案例第 768 号:蔡轶等组织卖淫、协助组织卖淫案〕如何区分组织卖淫罪与协助组织卖淫罪?

在认定“组织卖淫”与“协助组织卖淫”行为时不能简单地以作用大小为标准,而应根据组织与协助组织行为的分工来认定。在组织卖淫活动中对卖淫者的卖淫活动直接进行安排、调度的,属于组织卖淫罪的行为人,应当以组织卖淫罪论处。其中起主要作用的是主犯,起次要作用的是从犯,从犯当然应当以组织卖淫罪论处。并且从犯的犯罪行为也是组织行为,即对卖淫者的卖淫行为直接进行策划、管理、指派,只是这种组织行为相对于主要组织者而言处于辅助地位。如果不是对卖淫者的卖淫活动直接进行安排、调度,而是在外围协助组织者实施其他行为,如充当保镖、打手、管账人或为直接组织者招募、雇佣、运送卖淫者,为卖淫者安排住处或为组织者充当管账人、提供反调查信息等行为的,则都不构成组织卖淫罪,而仅构成协助组织卖淫罪。

〔参考案例第 1267 号:席登松等组织卖淫、刘斌斌等协助组织卖淫案〕协助组织卖淫罪是否区分主从犯?

刑法专门规定了协助组织卖淫罪以后,并不影响组织卖淫共同犯罪中根据案件事实区分主从犯。同样,协助组织卖淫罪本身也有主从犯之分。如有的犯罪分子成立专门的运送卖淫女团伙,在团伙内部就有主从犯之分。

〔参考案例第 1268 号:方斌等组织卖淫案〕组织卖淫共同犯罪中的主犯如何认定?如何区分组织卖淫罪与协助组织卖淫罪?

1.在组织卖淫共同犯罪中,主要投资者(所有人)一般应认定为主犯。

2.区分组织卖淫罪和协助组织卖淫罪的关键,在于是否实施了管理、控制卖淫活动的组织行为。所谓组织卖淫行为,一般是以招募、雇佣、容留等手段,管理或者控制多人从事卖淫的行为。认定的关键是行为人对卖淫活动有策划、指挥、管理、控制、安排和调度等组织行为(实行行为),对卖淫者的卖淫活动已经形成有效管理和控制。因此,在组织卖淫活动中对卖淫者的卖淫活动直接实施安排、调度等行为的,也属于对卖淫者的管理组织行为,不论是主犯、从犯,还是实行犯、帮助犯,都应当按照组织卖淫罪定罪处罚,绝不能根据分工或者作用的不同而分别定罪。

〔参考案例第 1269 号:杨恩星等组织卖淫案〕如何区分组织卖淫罪的从犯与协助组织卖淫罪的行为人?

1.协助组织卖淫罪是将组织卖淫罪的帮助行为单独成罪,而非将组织卖淫罪的所有从犯单独成罪。

2.协助组织卖淫罪的行为人与组织卖淫罪的从犯的本质区别在于行为不同,而非作用大小。组织卖淫罪中从犯实施的行为也应是组织行为,而协助组织卖淫罪中行为人所实施的行为不能是组织行为，不与卖淫行为发生直接联系，只能是在外围保障卖淫活动顺利进行的辅助行为。

〔参考案例第1309号：胡杨等协助组织卖淫案〕既非出资人，也非主要获利人，仅受雇佣而担任执行经理，对卖淫违法犯罪活动进行日常管理，构成组织卖淫罪还是协助组织卖淫罪？

组织卖淫罪和协助组织卖淫罪都可能存在一人犯罪和数人共同犯罪的情况，只要是数人共同犯罪，除全是主犯的外，都应当有主从犯之分，应当根据他们在共同组织卖淫或者协助组织卖淫犯罪活动中起的作用，按照刑法关于共同犯罪的相关规定确定，不能将组织卖淫罪的从犯认定为构成协助组织卖淫罪。既非出资人，也非主要获利人，仅因受雇佣而担任执行经理，对卖淫违法犯罪活动进行日常管理，构成组织卖淫罪的共犯，而非构成协助组织卖淫罪。各犯主从地位之分，要具体比较在共同犯罪中的具体分工和所起作用，如果地位作用完全一致或者基本相同，可以不作主从犯的区别，都认定为主犯。

〔参考案例第1310号：张海峰组织卖淫、李志强协助组织卖淫、饶有才容留卖淫案〕强奸幼女后，将幼女送至组织卖淫行为人处从事卖淫活动的如何定性？

奸淫幼女后，将幼女送至组织卖淫行为人处进行卖淫活动的，应当以强奸罪和协助组织卖淫罪数罪并罚。奸淫不满十四周岁的幼女的，应当从重处罚。协助组织未成年人卖淫的，可以酌情从重处罚。

〔参考案例第1054号：张桂方、冯晓明组织卖淫案〕如何区分与认定组织卖淫罪与引诱、容留、介绍卖淫罪？

区分组织卖淫罪和容留、介绍、引诱卖淫罪的关键是行为人是否对卖淫者具有管理、控制等组织行为。如果行为人只是实施了容留、介绍甚至引诱卖淫的行为，没有对卖淫活动进行组织的，就不能以组织卖淫罪处罚。

〔参考案例第1292号：周兰英组织卖淫案〕如何区分组织卖淫罪与容留卖淫罪？

组织卖淫与容留卖淫的区别在于：首先，行为人对卖淫人员的卖淫活动是否实施了管理、控制行为，即组织卖淫行为人最主要的行为特征是对卖淫活动进行了管理、控制，而容留卖淫行为人对卖淫人员的卖淫活动既不管理，更不控制，而仅仅提供固定或者临时租借的场所以及流动场所，对卖淫人员在何时卖淫、向谁卖淫、如何收费等均不过问，只收取一定的场所费用甚至不收取任何费用，至于卖淫人员的日常活动，均由卖淫人员自行安排。其次，两者在人数上也有一定的区别。组织卖淫中的卖淫人员必须达到三人以上，而容留卖淫中的卖淫人员可以在三人以上，也可以在三人以下。如果行为人虽然实施了组织行为，但被组织卖淫人员的人数不到三人的，这种情况下只能依法降格作容留或者介绍卖淫处理。

〔参考案例第1293号：于维、彭玉蓉组织卖淫案〕组织卖淫罪是否必须以营利为目的？组织卖淫中有引诱、介绍卖淫行为的，如何适用法律？

1.组织卖淫罪不以营利为构成要件。

2.组织卖淫中有引诱、介绍卖淫行为的，择一重罪处罚。

3.引诱卖淫中有一种特殊情形，就是引诱不满十四周岁的幼女卖淫。根据刑法第三百五十九条第二款的规定，引诱不满十四周岁的幼女卖淫的，处五年以上有期徒刑，并处罚金。因此，在某些情况下，引诱幼女卖淫罪的处罚可能重于组织卖淫罪，即组织卖淫犯罪未达到“情节严重”时，其法定刑幅度为五年以上十年以下有期徒刑，而引诱幼女卖淫罪的法定刑幅度为五年以上、十五年以下有期徒刑。此时应依照引诱幼女卖淫罪定罪处罚，组织卖淫行为作为犯罪情节考虑。如果组织卖淫犯罪达到“情节严重”时，因其法定最高刑为无期徒刑，一般应当以组织卖淫罪一罪定罪处罚。

〔参考案例第1294号：丁宝骏、何红等组织卖淫、协助组织卖淫案〕在组织卖淫过程中采取非法限制卖淫人员人身自由等强迫行为的，应如何定性？

组织卖淫或者协助组织卖淫犯罪中，对卖淫人员采取非法限制人身自由等强迫行为的，应以组织卖淫罪或者协助组织卖淫罪论处，其中限制人身自由等手段可作为量刑情节考虑。

〔参考案例第1577号：左某、潘某某等人组织卖淫案〕卖淫人员参与组织卖淫的，其本人卖淫行为是否作为其组织卖淫的事实予以刑事评价？

涉卖淫犯罪中的行为对象均应指“他人”，即组织的对象不能包括本人。同时，治安管理处罚法对卖淫嫖娼及其关联行为进行了规制，明确规定卖淫行为系行政违法行为。卖淫行为违反行政法律法规，不具有刑事违法性，不须追究刑事责任，只有组织他人卖淫的行为才应当由刑法进行调整。若将本人卖淫行为纳入刑法调整范畴，于法无据。因此，被告人虽实施组织卖淫的行为，但其本人卖淫行为不应作为其组织卖淫的事实予以刑事评价。

〔参考案例第1308号：王道军强迫卖淫案〕多次强迫已满十四周岁的未成年人卖淫是否构成强迫卖淫罪的“情节严重”？

强迫卖淫罪的“情节严重”主要从强迫卖淫的人数、造成的伤亡后果以及被强迫卖淫人员的特殊情况，如孕妇、智障人员、患有严重性病的人等方面考虑，而“多次”强迫卖淫不作为强迫卖淫罪的加重处罚情节。多次强迫已满十四周岁的未成年人卖淫，不构成强迫卖淫罪的“情节严重”，但应作为酌定量刑情节予以考虑。

第三百五十九条 【引诱、容留、介绍卖淫罪】引诱、容留、介绍他人卖淫的，处五年以下有期徒刑、拘役或者管制，并处罚金；情节严重的，处五年以上有期徒刑，并处罚金。

【引诱幼女卖淫罪】引诱不满十四周岁的幼女卖淫的，处五年以上有期徒刑，并处罚金。

【立法·要点注释】

1.“容留”他人卖淫，是指行为人故意为他人从事卖淫、嫖娼活动提供场所的行为。这里规定的“容留”既包括在自己所有的、管理的、使用的、经营的固定或者临时租借的场所容留卖淫、嫖娼人员从事卖淫、嫖娼活动，也包括在流动场所，如运输工具中容留他人卖淫、嫖娼。

2.本条规定的引诱、容留、介绍他人卖淫的犯罪规定，是一个选择性规定，这三种行为只要实施了其中一种行为，即可构成犯罪。但如果兼有这三种行为的，一般不实行数罪并罚。

【立案追诉标准】

《最高人民检察院、公安部关于公安机关管辖的刑事案件立案追诉标准的规定(一)》(公通字〔2008〕36号，20080625)

第七十八条[①]　〔引诱、容留、介绍卖淫案(刑法第三百五十九条第一款)〕引诱、容留、介绍他人卖淫，涉嫌下列情形之一的，应予立案追诉：

(一) 引诱、容留、介绍二人次以上卖淫的；

(二) 引诱、容留、介绍已满十四周岁未满十八周岁的未成年人卖淫的；

(三) 被引诱、容留、介绍卖淫的人患有艾滋病或者患有梅毒、淋病等严重性病。

(四) 其他引诱、容留、介绍卖淫应予追究刑事责任的情形。

第七十九条　〔引诱幼女卖淫案(刑法第三百五十九条第二款)〕引诱不满十四周岁的幼女卖淫的，应予立案追诉。

【司法解释】

《最高人民法院、最高人民检察院关于办理组织、强迫、引诱、容留、介绍卖淫刑事案件适用法律若干问题的解释》(法释〔2017〕13号，20170725)

第八条　引诱、容留、介绍他人卖淫，具有下列情形之一的，应当依照刑法第三百五十九条第一款的规定定罪处罚：

(一) 引诱他人卖淫的；

(二) 容留、介绍二人以上卖淫的；

(三) 容留、介绍未成年人、孕妇、智障人员、患有严重性病的人卖淫的；

(四) 一年内曾因引诱、容留、介绍卖淫行为被行政处罚，又实施容留、介绍卖淫行为的；

(五) 非法获利人民币一万元以上的。

利用信息网络发布招嫖违法信息，情节严重的，依照刑法第二百八十七条之一的规定，以非法利用信息网络罪定罪处罚。同时构成介绍卖淫罪的，依照处罚较重的规定定罪处罚。

引诱、容留、介绍他人卖淫是否以营利为目的，不影响犯罪的成立。

引诱不满十四周岁的幼女卖淫的，依照刑法第三百五十九条第二款的规定，以引诱幼女卖淫罪定罪处罚。

被引诱卖淫的人员中既有不满十四周岁的幼女，又有其他人员的，分别以引诱幼女卖淫罪和引诱卖淫罪定罪，实行并罚。

第九条　引诱、容留、介绍他人卖淫，具有下列情形之一的，应当认定为刑法第三百五十九条第一款规定的"情节严重"：

(一) 引诱五人以上或者引诱、容留、介绍十人以上卖淫的；

(二) 引诱三人以上的未成年人、孕妇、智障人员、患有严重性病的人卖淫，或者引诱、容留、介绍五人以上该类人员卖淫的；

(三) 非法获利人民币五万元以上的；

(四) 其他情节严重的情形。

第十条　组织、强迫、引诱、容留、

---

①　该条立案追诉标准与本条项下【司法解释】第八条不一致的，应以后者的规定为准。——编者注

介绍他人卖淫的次数，作为酌定情节在量刑时考虑。

第十三条第一款　犯组织、强迫、引诱、容留、介绍卖淫罪的，应当依法判处犯罪所得二倍以上的罚金。共同犯罪的，对各共同犯罪人合计判处的罚金应当在犯罪所得的二倍以上。

【司法解释·注释】

1.本司法解释入罪标准与《最高人民检察院、公安部关于公安机关管辖的刑事案件立案追诉标准的规定(一)》(公通字〔2008〕36号)相冲突的，以本司法解释为准。例如，关于引诱卖淫，引诱一人卖淫即构成犯罪，而非引诱二人次以上卖淫才可追诉。关于容留、介绍卖淫，容留、介绍二人卖淫才构成犯罪，而非容留、介绍二人次以上卖淫(含容留、介绍一人二次卖淫)才可追诉。

2.引诱、容留、介绍卖淫是选择性罪名。如果被引诱卖淫的人数达到5人以上的，即构成情节严重。如果被引诱卖淫的人数不到5人，但被引诱、容留、介绍卖淫的人数达到10人以上的，也构成情节严重。

3.关于介绍嫖娼能否以介绍卖淫论处。刑法惩罚的是介绍卖淫行为，不能随意将惩处范围扩大到介绍嫖娼行为。为了卖淫人员或者组织、强迫、引诱、容留卖淫行为人的利益而介绍他人去嫖娼的，依法应当认定为介绍他人卖淫。仅仅知道卖淫窝点或联系方式等，而与卖淫方面的相关人员没有关联性，介绍他人去嫖娼的，属于介绍嫖娼，不应当认定为刑法意义上的介绍卖淫。区别介绍卖淫与介绍嫖娼的关键，在于介绍人主要是为了组织、强迫、引诱、容留卖淫行为人的利益或者卖淫人员的利益还是为了嫖娼人员的非法需求。前者属于介绍卖淫，后者属于介绍嫖娼。

4.关于"一年内曾因引诱、容留、介绍卖淫行为被行政处罚，又实施容留、介绍卖淫行为"中"一年内"的理解。所谓"一年内"，不是历法上的1月1日至当年的12月31日，而是前一次行为与后一次行为的时间跨度在十二个月内，如2017年3月2日至2018年3月1日。如果第一个行为发生在2017年3月2日，第二个行为发生在2018年的3月2日，此时两个行为就比一年多一天，因而就超过一年，不属于一年内了。另外，"一年内"，指的是两个行为在一年内，而不是前一个行为的行政处罚时间和后一个行为的发生时间在一年内。这主要是因为前一次行为的时间是固定的，而行政处罚的时间则可能由于行政执法机关的原因会有较长的拖延，从有利于被告人的原则出发，应理解为两个行为之间的时间在一年内。

5.一年内曾因引诱、容留、介绍卖淫犯罪被判处刑罚，又实施容留、介绍卖淫行为的，不能比照适用司法解释第八条第一款第四项关于"一年内曾因引诱、容留、介绍卖淫行为被行政处罚，又实施容留、介绍卖淫行为的"规定入罪。

6.关于引诱卖淫(包括引诱幼女卖淫)的既遂标准。引诱卖淫的卖淫人员是开始没有卖淫意愿，经引诱后自愿卖淫的。因此，应当以卖淫人员是否被引诱并着手实施卖淫作为引诱卖淫行为的既遂标志。卖淫人员意志转变且开始实施卖淫行为时，即为引诱卖淫完成时。不能将卖淫行为的完成作为引诱行为的既遂标志。引诱行为的完成和被引诱对象卖淫行为的开始构成了引诱卖淫行为既遂的综合判断标准，两者缺一不可。

【司法指导文件】

《最高人民法院、最高人民检察院关于常见犯罪的量刑指导意见(试行)》(法发〔2021〕21号，20210701)

(二十三)引诱、容留、介绍卖淫罪

1.构成引诱、容留、介绍卖淫罪的，根据下列情形在相应的幅度内确定量刑起点：

(1)情节一般的，在二年以下有期徒刑、拘役幅度内确定量刑起点。

(2)情节严重的，在五年至七年有期徒刑幅度内确定量刑起点。

2.在量刑起点的基础上，根据引诱、容留、介绍卖淫的人数等其他影响犯罪构成的犯罪事实增加刑罚量，确定基准刑。

3.旅馆业、饮食服务业、文化娱乐业、出租汽车业等单位的主要负责人，利用本单位的条件，引诱、容留、介绍他人卖淫的，增加基准刑的10%—20%。

4.构成引诱、容留、介绍卖淫罪的，根据引诱、容留、介绍卖淫的人数、次数、违法所得数额、危害后果等犯罪情节，综合考虑被告人缴纳罚金的能力，决定罚金数额。

5.构成引诱、容留、介绍卖淫罪的，综合考虑引诱、容留、介绍卖淫的人数、次数、危害后果等犯罪事实、量刑情节，以及被告人主观恶性、人身危险性、认罪悔罪表现等因素，决定缓刑的适用。

【法院案例库参考案例】

〔牟某宏、王某强容留卖淫案，2024-02-1-371-001〕明知他人承租房屋用于容留卖淫，仍出租房屋，构成容留卖淫罪的共同犯罪

容留卖淫是指为卖淫人员从事卖淫活动提供场所的行为。认定房屋出租者是否构成容留卖淫罪，关键要把握出租者的主观故意，即其是否明知承租人租赁房屋是从事卖淫嫖娼活动，如在案证据证实房屋出租者在明知的情况下仍出租房屋，为对方容留卖淫创造条件、提供帮助的，可认定构成容留卖淫罪的共同犯罪。

【《刑事审判参考》案例】

〔参考案例第193号：林庆介绍卖淫案〕通过互联网发布卖淫信息如何定性?

通过互联网发布卖淫信息的行为，构成介绍卖淫罪，信息发送成功且为互联网访问者所知悉，即为既遂。[①]

〔参考案例第1350号：阎吉粤介绍卖淫案〕利用“QQ”网络建群为群成员卖淫嫖娼活动提供方便的行为应如何定性?

1.行为人线上介绍他人卖淫嫖娼致他人线下达成卖淫嫖娼交易，但并未对卖淫嫖娼活动实施管理或者控制行为，应当认定为介绍卖淫罪。

2.这类行为在构成介绍卖淫罪的同时，还构成非法利用信息网络罪，属

---

① 刑法修正案(九)第二十九条增设了刑法第二百八十七条之一的规定，即非法利用信息网络罪。对于利用信息网络发布招嫖违法信息的定罪，本条项下【司法解释】第八条第二款已有明确规定，应依该规定处理。——编者注

于竞合犯。从法定刑幅度上看,介绍卖淫罪的处罚更重,应当依照处罚较重的规定定罪处罚。

〔参考案例第376号:吴祥海介绍卖淫案〕介绍卖淫罪与介绍嫖娼行为的区别?

1.所谓介绍卖淫,是指为卖淫人员介绍嫖客的淫媒行为,表现为替卖淫者寻找、招徕、介绍嫖客,在卖淫者和嫖客之间牵线搭桥、沟通撮合,使卖淫嫖娼活动得以实现的行为。所谓介绍嫖娼,严格意义上讲,主要是指为嫖客介绍何处有暗娼、如何联系或者直接将嫖客带往卖淫地点等。介绍卖淫和介绍嫖娼,总的来说都是一种淫媒行为,但二者也是有区别的。介绍卖淫者是直接为卖淫人员服务的,甚至干脆就是受雇于卖淫人员,常常会从卖淫人员那里收取介绍费或者借助其他方式获取利益,如娱乐服务业等介绍卖淫以招徕生意从中获取更多利润等。一般而言,介绍卖淫者与卖淫人员关系更为密切、利益相关,介绍卖淫者对卖淫者的情况更为知情,有固定联系,有的甚至对卖淫者有相当的操控能力,可以招之即来。而单纯的介绍嫖娼行为,介绍嫖娼者往往不具备上述营利性、固定性、经常性等特点,多是偶发的。介绍他人卖淫同时还是妨害社会管理秩序、妨害社会风化的一种犯罪行为,依法应予刑事惩处。而单纯的介绍嫖娼行为则没有被规定为犯罪。介绍嫖娼行为尽管在客观上也会促进卖淫业,对社会管理秩序和社会风化也有一定的妨害性,但其危害程度远未达到动用刑罚进行处罚的必要。

2.实践中,介绍他人卖淫与介绍嫖娼行为往往容易有重叠和混淆的现象。在处理介绍卖淫嫖娼的案件时,必须注意现实生活中介绍卖淫嫖娼行为的多样性和复杂性,正确区分某一行为到底是介绍卖淫行为还是介绍嫖娼行为,正确区分罪与非罪。例如:(1)行为人往往临时起意为他人介绍嫖娼,自己与卖淫者并不相识。(2)行为人根据市场讯息,自己介绍嫖客到某处进行嫖娼。(3)行为人根据自己曾经嫖娼的经历所熟悉的处所,带领或者介绍嫖客到该处所进行嫖娼。(4)行为人基于其与卖淫人员的约定,介绍嫖客与该卖淫人员进行卖淫嫖娼活动。(5)行为人基于其与某介绍卖淫者的约定,介绍嫖客通过该介绍卖淫者与卖淫人员进行卖淫嫖娼活动。一般而言,前三种情形应认定行为人不构成犯罪,而后两种情形实际上是介绍嫖娼者与介绍卖淫者二者合二为一,行为人表现为具有双重身份,通常认为,行为人的行为可以构成介绍卖淫罪。

〔参考案例第1311号:郭某某介绍卖淫案〕介绍智障人员卖淫行为如何定罪处罚?

介绍智障人员卖淫一般按照介绍卖淫罪定罪处罚。但在下列情形下,要以强奸罪定罪处罚:(1)介绍人在介绍卖淫过程中对智障人员实施了奸淫,此时应以强奸罪对介绍人定罪处罚,其介绍卖淫行为亦构成犯罪的,则以强奸罪和介绍卖淫罪数罪并罚。(2)嫖客的行为构成强奸罪,且介绍人也明知所介绍的人员属于无性自我防卫能力的智障人员的。

〔参考案例第689号:杨某、米某容留卖淫案〕明知他人在出租房内从事卖淫活动仍出租房屋的行为,如何定性?

明知他人在出租房内从事卖淫活

动仍出租房屋的行为，应当认定为容留卖淫罪。

〔参考案例第1312号：阳怀容留卖淫案〕卖淫行为尚未完成的，容留卖淫罪能否认定既遂？

容留卖淫罪是行为犯，只要实施了容留他人卖淫的行为，满足前述各项要件的，不论卖淫嫖娼行为实际上是否完成，不影响本罪既遂的成立。换言之，卖淫者在行为人的容留下，已与嫖娼者达成合意并基于该合意着手实施卖淫嫖娼行为的，无论卖淫嫖娼行为本身是否完成，容留卖淫罪均应认定既遂。

〔参考案例第1556号：陈某箭介绍卖淫案〕如何认定为他人提供寻求卖淫嫖娼合意场所的行为性质？

如果该场所仅起到为他人提供寻求卖淫嫖娼合意的作用，且卖淫嫖娼行为发生在行为人所支配场所之外，或该场所并不由其支配，则应认定为介绍卖淫罪。如果行为人所支配的场所仅作为双方卖淫嫖娼具体实施的场所，应认定为容留卖淫罪。

第三百六十条　【传播性病罪】明知自己患有梅毒、淋病等严重性病卖淫、嫖娼的，处五年以下有期徒刑、拘役或者管制，并处罚金。

【修正前条文】

第三百六十条　【传播性病罪】明知自己患有梅毒、淋病等严重性病卖淫、嫖娼的，处五年以下有期徒刑、拘役或者管制，并处罚金。

【嫖宿幼女罪】嫖宿不满十四周岁的幼女的，处五年以上有期徒刑，并处罚金。

【修正说明】

刑法修正案(九)第四十三条删去了原条文第二款，取消了嫖宿幼女罪。

【立案追诉标准】

《最高人民检察院、公安部关于公安机关管辖的刑事案件立案追诉标准的规定(一)》(公通字〔2008〕36号，20080625)

第八十条　〔传播性病案(刑法第三百六十条第一款)〕明知自己患有梅毒、淋病等严重性病卖淫、嫖娼的，应予立案追诉。

具有下列情形之一的，可以认定为本条规定的“明知”：

(一)有证据证明曾到医疗机构就医，被诊断为患有严重性病的；

(二)根据本人的知识和经验，能够知道自己患有严重性病的；

(三)通过其他方法能够证明是“明知”的。

【司法解释】

《最高人民法院、最高人民检察院关于办理组织、强迫、引诱、容留、介绍卖淫刑事案件适用法律若干问题的解释》(法释〔2017〕13号，20170725)

第十一条　具有下列情形之一的，应当认定为刑法第三百六十条规定的“明知”：

(一)有证据证明曾到医院或者其他医疗机构就医或者检查，被诊断为患有严重性病的；

(二)根据本人的知识和经验，能够知道自己患有严重性病的；

(三)通过其他方法能够证明行为人是“明知”的。

传播性病行为是否实际造成他人

患上严重性病的后果，不影响本罪的成立。

刑法第三百六十条规定所称的“严重性病”，包括梅毒、淋病等。其他性病是否认定为“严重性病”，应当根据《中华人民共和国传染病防治法》《性病防治管理办法》的规定，在国家卫生与计划生育委员会规定实行性病监测的性病范围内，依照其危害、特点与梅毒、淋病相当的原则，从严掌握。

第十二条第一款　明知自己患有艾滋病或者感染艾滋病病毒而卖淫、嫖娼的，依照刑法第三百六十条的规定，以传播性病罪定罪，从重处罚。

【司法解释 · 注释】

有的行为人虽然明知自己患有严重性病而卖淫、嫖娼，但注意采取了防护措施，又确实没有致他人染上严重性病的，一般不以传播性病罪处理。

【司法指导文件】

《最高人民法院、最高人民检察院、公安部、司法部关于依法严厉打击传播艾滋病病毒等违法犯罪行为的指导意见》（公通字〔2019〕23号，20190519）

二、准确认定行为性质

（二）传播性病罪。明知自己感染艾滋病病毒或者患有艾滋病而卖淫、嫖娼，未致人感染艾滋病病毒的，依照刑法第三百六十条的规定，以传播性病罪定罪，并从重处罚。

明知他人感染艾滋病病毒或者患有艾滋病，介绍其卖淫，同时构成介绍卖淫罪、故意伤害罪的，依照处罚较重的规定定罪处罚。

【《刑事审判参考》案例】

〔参考案例第1133号：王某传播性病案〕明知自己携带艾滋病病毒而卖淫的如何定性？

行为人明知自己为艾滋病病毒携带者，进行性交易时其会要求对方使用安全套，可见其并无恶意传播艾滋病病毒以报复社会的意图，根据在案证据尚不足以认定其行为造成了广泛社会危害，故不构成以危险方法危害公共安全罪。如有充分证据证实其得知自己系艾滋病病毒携带者后仍长期卖淫，与其进行性交易的人员众多，甚至导致艾滋病的进一步扩散，可认定其构成以危险方法危害公共安全罪。

第三百六十一条　【特定单位的人员组织、强迫、引诱、容留、介绍他人卖淫的处理】旅馆业、饮食服务业、文化娱乐业、出租汽车业等单位的人员，利用本单位的条件，组织、强迫、引诱、容留、介绍他人卖淫的，依照本法第三百五十八条、第三百五十九条的规定定罪处罚。

前款所列单位的主要负责人，犯前款罪的，从重处罚。

第三百六十二条　【包庇罪】旅馆业、饮食服务业、文化娱乐业、出租汽车业等单位的人员，在公安机关查处卖淫、嫖娼活动时，为违法犯罪分子通风报信，情节严重的，依照本法第三百一十条的规定定罪处罚。

【立法・要点注释】

1.“为违法犯罪分子通风报信”，是指在公安机关依法查处卖淫、嫖娼活动时，将行动地点、时间、对象等情况以及其他有关的消息告知组织、强迫、引诱、容留、介绍他人卖淫以及卖淫、嫖娼的违法犯罪分子。

2.“在公安机关依法查处卖淫、嫖娼活动时”，是指在公安机关依法查处的全过程中的任何阶段，既包括查处卖淫、嫖娼活动的部署阶段，也包括实施阶段。无论在哪个阶段向违法犯罪分子通风报信，以使他们及时隐藏、逃避查处的行为都应按本条的规定处罚，而不能仅仅理解为具体实施查处行动的时刻。

3.“通风报信”包括各种传递消息的方法和手段，如打电话、发送短信息、传呼信号和事先规定的各种联系暗号等。

4.本条与第三百一十条规定相比较，有以下两点不同：第三百一十条规定的是窝藏犯罪分子和作假证明行为，本条规定的是为违法犯罪分子通风报信的行为；第三百一十条的对象仅限于犯罪分子，本条补充了违法人员，这里的“违法人员”主要指不构成犯罪的卖淫、嫖娼人员。

【司法解释】

《最高人民法院、最高人民检察院关于办理组织、强迫、引诱、容留、介绍卖淫刑事案件适用法律若干问题的解释》(法释〔2017〕13号，20170725)

第十四条　根据刑法第三百六十二条、第三百一十条的规定，旅馆业、饮食服务业、文化娱乐业、出租汽车业等单位的人员，在公安机关查处卖淫、嫖娼活动时，为违法犯罪分子通风报信，情节严重的，以包庇罪定罪处罚。事前与犯罪分子通谋的，以共同犯罪论处。

具有下列情形之一的，应当认定为刑法第三百六十二条规定的“情节严重”：

(一)向组织、强迫卖淫犯罪集团通风报信的；

(二)二年内通风报信三次以上的；

(三)一年内因通风报信被行政处罚，又实施通风报信行为的；

(四)致使犯罪集团的首要分子或者其他共同犯罪的主犯未能及时归案的；

(五)造成卖淫嫖娼人员逃跑，致使公安机关查处犯罪行为因取证困难而撤销刑事案件的；

(六)非法获利人民币一万元以上的；

(七)其他情节严重的情形。

【司法解释・注释】

向仅是违法的卖淫嫖娼者通风报信，也可适用刑法第三百六十二条和第三百一十条。理由在于：对第三百六十二条规定的行为的定罪虽然引用第三百一十条，但其犯罪构成却是独立的，即犯罪构成不依照第三百一十条的规定，而是由第三百六十二条规定。公安机关查处卖淫嫖娼活动未必仅查处组织、强迫、引诱、容留、介绍卖淫犯罪活动，也可能查处卖淫嫖娼活动本身。而卖淫嫖娼，除明知自己患有严重性病卖淫嫖娼的行为及嫖宿不满十四周岁的幼女构成犯罪以外，一般的卖淫嫖娼行为非犯罪行为，本来无所谓包庇的问题。但鉴于对这种违法行为的包庇性质较为严重，刑法作出与一般包庇犯罪所不同的规定，将包庇的对象界定为违法犯罪分子。

第九节　制作、贩卖、传播淫秽物品罪

第三百六十三条 【制作、复制、出版、贩卖、传播淫秽物品牟利罪】以牟利为目的，制作、复制、出版、贩卖、传播淫秽物品的，处三年以下有期徒刑、拘役或者管制，并处罚金；情节严重的，处三年以上十年以下有期徒刑，并处罚金；情节特别严重的，处十年以上有期徒刑或者无期徒刑，并处罚金或者没收财产。

【为他人提供书号出版淫秽书刊罪】为他人提供书号，出版淫秽书刊的，处三年以下有期徒刑、拘役或者管制，并处或者单处罚金；明知他人用于出版淫秽书刊而提供书号的，依照前款的规定处罚。

【立法·要点注释】

1.根据本条第一款的规定，制作、复制、出版、贩卖、传播淫秽物品罪要求行为人主观上有牟利的目的，对不是以牟利为目的的，如制作、复制淫秽音像制品供自己观看的，可以予以批评教育或者治安处罚，不作为犯罪处理。但是，如果有传播淫秽物品的行为，则要视情节而定，对情节严重的，应当依照刑法第三百六十四条的规定，以传播淫秽物品罪定罪处罚。

2.根据本条第二款的规定，行为人实施了向他人提供书号，出版淫秽书刊的行为，他人应当是将淫秽书刊印刷成书，并发行到社会上，如果他人并没有利用其提供的书号出版淫秽书刊，或者在出版过程中因某种原因而停止，未将书刊发行到社会上，或者是从其他地方得到的书号出版的淫秽书刊，一般情况下对行为人不能以本罪追究刑事责任。

【相关立法】

《全国人民代表大会常务委员会关于维护互联网安全的决定》(20001228)

三、为了维护社会主义市场经济秩序和社会管理秩序，有下列行为之一，构成犯罪的，依照刑法有关规定追究刑事责任：

……

(五)在互联网上建立淫秽网站、网页，提供淫秽站点链接服务，或者传播淫秽书刊、影片、音像、图片。

【立案追诉标准】

《最高人民检察院、公安部关于公安机关管辖的刑事案件立案追诉标准的规定(一)》(公通字〔2008〕36号，20080625)

第八十二条 〔制作、复制、出版、贩卖、传播淫秽物品牟利案(刑法第三百六十三条第一款、第二款)〕以牟利为目的，制作、复制、出版、贩卖、传播淫秽物品，涉嫌下列情形之一的，应予立案追诉：

(一)制作、复制、出版淫秽影碟、软件、录像带五十至一百张(盒)以上，淫秽音碟、录音带一百至二百张(盒)以上，淫秽扑克、书刊、画册一百至二百副(册)以上，淫秽照片、画片五百至一千张以上的；

(二)贩卖淫秽影碟、软件、录像带一百至二百张(盒)以上，淫秽音碟、录

音带二百至四百张(盒)以上，淫秽扑克、书刊、画册二百至四百副(册)以上，淫秽照片、画片一千至二千张以上的；

(三)向他人传播淫秽物品达二百至五百人次以上，或者组织播放淫秽影、像达十至二十场次以上的；

(四)制作、复制、出版、贩卖、传播淫秽物品，获利五千至一万元以上的。

以牟利为目的，利用互联网、移动通讯终端制作、复制、出版、贩卖、传播淫秽电子信息，涉嫌下列情形之一的，应予立案追诉：

(一)制作、复制、出版、贩卖、传播淫秽电影、表演、动画等视频文件二十个以上的；

(二)制作、复制、出版、贩卖、传播淫秽音频文件一百个以上的；

(三)制作、复制、出版、贩卖、传播淫秽电子刊物、图片、文章、短信息等二百件以上的；

(四)制作、复制、出版、贩卖、传播的淫秽电子信息，实际被点击数达到一万次以上的；

(五)以会员制方式出版、贩卖、传播淫秽电子信息，注册会员达二百人以上的；

(六)利用淫秽电子信息收取广告费、会员注册费或者其他费用，违法所得一万元以上的；

(七)数量或者数额虽未达到本款第(一)项至第(六)项规定标准，但分别达到其中两项以上标准的百分之五十以上的；

(八)造成严重后果的。

利用聊天室、论坛、即时通信软件、电子邮件等方式，实施本条第二款规定行为的，应予立案追诉。

以牟利为目的，通过声讯台传播淫秽语音信息，涉嫌下列情形之一的，应予立案追诉：

(一)向一百人次以上传播的；

(二)违法所得一万元以上的；

(三)造成严重后果的。

明知他人用于出版淫秽书刊而提供书号、刊号的，应予立案追诉。

第八十三条 〔为他人提供书号出版淫秽书刊案(刑法第三百六十三条第二款)〕为他人提供书号、刊号出版淫秽书刊，或者为他人提供版号出版淫秽音像制品的，应予立案追诉。

【司法解释(1)】

《最高人民法院关于审理非法出版物刑事案件具体应用法律若干问题的解释》(法释〔1998〕30号，19981223)

第八条 以牟利为目的，实施刑法第三百六十三条第一款规定的行为，具有下列情形之一的，以制作、复制、出版、贩卖、传播淫秽物品牟利罪定罪处罚：

(一)制作、复制、出版淫秽影碟、软件、录像带五十至一百张(盒)以上，淫秽音碟、录音带一百至二百张(盒)以上，淫秽扑克、书刊、画册一百至二百副(册)以上，淫秽照片、画片五百至一千张以上的；

(二)贩卖淫秽影碟、软件、录像带一百至二百张(盒)以上，淫秽音碟、录音带二百至四百张(盒)以上，淫秽扑克、书刊、画册二百至四百副(册)以上，淫秽照片、画片一千至二千张以上的；

(三)向他人传播淫秽物品达二百至五百人次以上，或者组织播放淫秽影、像达十至二十场次以上的；

(四)制作、复制、出版、贩卖、传播淫秽物品，获利五千至一万元以上的。

以牟利为目的，实施刑法第三百六十三条第一款规定的行为，具有下列情形之一的，应当认定为制作、复制、出版、贩卖、传播淫秽物品牟利罪“情节严重”：

（一）制作、复制、出版淫秽影碟、软件、录像带二百五十至五百张（盒）以上，淫秽音碟、录音带五百至一千张（盒）以上，淫秽扑克、书刊、画册五百至一千副（册）以上，淫秽照片、画片二千五百至五千张以上的；

（二）贩卖淫秽影碟、软件、录像带五百至一千张（盒）以上，淫秽音碟、录音带一千至二千张（盒）以上，淫秽扑克、书刊、画册一千至二千副（册）以上，淫秽照片、画片五千至一万张以上的；

（三）向他人传播淫秽物品达一千至二千人次以上，或者组织播放淫秽影、像达五十至一百场次以上的；

（四）制作、复制、出版、贩卖、传播淫秽物品，获利三万至五万元以上的。

以牟利为目的，实施刑法第三百六十三条第一款规定的行为，其数量（数额）达到前款规定的数量（数额）五倍以上的，应当认定为制作、复制、出版、贩卖、传播淫秽物品牟利罪“情节特别严重”。

第九条 为他人提供书号、刊号，出版淫秽书刊的，依照刑法第三百六十三条第二款的规定，以为他人提供书号出版淫秽书刊罪定罪处罚。

为他人提供版号，出版淫秽音像制品的，依照前款规定定罪处罚。

明知他人用于出版淫秽书刊而提供书号、刊号的，依照刑法第三百六十三条第一款的规定，以出版淫秽物品牟利罪定罪处罚。

第十六条 出版单位与他人事前通谋，向其出售、出租或者以其他形式转让该出版单位的名称、书号、刊号、版号，他人实施本解释第二条、第四条、第八条、第九条、第十条、第十一条规定的行为，构成犯罪的，对该出版单位应当以共犯论处。

【司法解释(2)】

《最高人民法院、最高人民检察院关于办理利用互联网、移动通讯终端、声讯台制作、复制、出版、贩卖、传播淫秽电子信息刑事案件具体应用法律若干问题的解释》(法释〔2004〕11号，20040906)[①]

第一条 以牟利为目的，利用互联网、移动通讯终端制作、复制、出版、贩卖、传播淫秽电子信息，具有下列情形之一的，依照刑法第三百六十三条第一款的规定，以制作、复制、出版、贩卖、传播淫秽物品牟利罪定罪处罚：

（一）制作、复制、出版、贩卖、传播淫秽电影、表演、动画等视频文件二十个以上的；

（二）制作、复制、出版、贩卖、传播淫秽音频文件一百个以上的；

（三）制作、复制、出版、贩卖、传播淫秽电子刊物、图片、文章、短信息等二百件以上的；

（四）制作、复制、出版、贩卖、传播的淫秽电子信息，实际被点击数达到一万次以上的；

---

① 刑法修正案（九）第二十九条增设了刑法第二百八十七条之一、第二百八十七条之二的规定，即非法利用信息网络罪和帮助信息网络犯罪活动罪。对于本条项下【司法解释(2)】和【司法解释(3)】的适用，需结合刑法修正内容综合考虑。——编者注

（五）以会员制方式出版、贩卖、传播淫秽电子信息，注册会员达二百人以上的；

（六）利用淫秽电子信息收取广告费、会员注册费或者其他费用，违法所得一万元以上的；

（七）数量或者数额虽未达到第（一）项至第（六）项规定标准，但分别达到其中两项以上标准一半以上的；

（八）造成严重后果的。

利用聊天室、论坛、即时通信软件、电子邮件等方式，实施第一款规定行为的，依照刑法第三百六十三条第一款的规定，以制作、复制、出版、贩卖、传播淫秽物品牟利罪定罪处罚。

第二条　实施第一条规定的行为，数量或者数额达到第一条第一款第（一）项至第（六）项规定标准五倍以上的，应当认定为刑法第三百六十三条第一款规定的"情节严重"；达到规定标准二十五倍以上的，应当认定为"情节特别严重"。

第五条　以牟利为目的，通过声讯台传播淫秽语音信息，具有下列情形之一的，依照刑法第三百六十三条第一款的规定，对直接负责的主管人员和其他直接责任人员以传播淫秽物品牟利罪定罪处罚：

（一）向一百人次以上传播的；

（二）违法所得一万元以上的；

（三）造成严重后果的。

实施前款规定行为，数量或者数额达到前款第（一）项至第（二）项规定标准五倍以上的，应当认定为刑法第三百六十三条第一款规定的"情节严重"；达到规定标准二十五倍以上的，应当认定为"情节特别严重"。

第六条　实施本解释前五条规定的犯罪，具有下列情形之一的，依照刑法第三百六十三条第一款、第三百六十四条第一款的规定从重处罚：

（一）制作、复制、出版、贩卖、传播具体描绘不满十八周岁未成年人性行为的淫秽电子信息的；[①]

（二）明知是具体描绘不满十八周岁的未成年人性行为的淫秽电子信息而在自己所有、管理或者使用的网站或者网页上提供直接链接的；

（三）向不满十八周岁的未成年人贩卖、传播淫秽电子信息和语音信息的；

（四）通过使用破坏性程序、恶意代码修改用户计算机设置等方法，强制用户访问、下载淫秽电子信息的。

第八条　利用互联网、移动通讯终端、声讯台贩卖、传播淫秽书刊、影片、录像带、录音带等以实物为载体的淫秽物品的，依照《最高人民法院关于审理非法出版物刑事案件具体应用法律若干问题的解释》的有关规定定罪处罚。

【司法解释(3)】

《最高人民法院、最高人民检察院关于办理利用互联网、移动通讯终端、声讯台制作、复制、出版、贩卖、传播淫秽电子信息刑事案件具体应用法律若干问题的解释(二)》(法释〔2010〕3号，20100204)

第一条　以牟利为目的，利用互联网、移动通讯终端制作、复制、出版、贩

① 本项内容经解释(二)局部修改，具体适用时应将两者结合起来综合考虑。另外，第七条的情形同上。——编者注

卖、传播淫秽电子信息的，依照《最高人民法院、最高人民检察院关于办理利用互联网、移动通讯终端、声讯台制作、复制、出版、贩卖、传播淫秽电子信息刑事案件具体应用法律若干问题的解释》第一条、第二条的规定定罪处罚。

以牟利为目的，利用互联网、移动通讯终端制作、复制、出版、贩卖、传播内容含有不满十四周岁未成年人的淫秽电子信息，具有下列情形之一的，依照刑法第三百六十三条第一款的规定，以制作、复制、出版、贩卖、传播淫秽物品牟利罪定罪处罚：

（一）制作、复制、出版、贩卖、传播淫秽电影、表演、动画等视频文件十个以上的；

（二）制作、复制、出版、贩卖、传播淫秽音频文件五十个以上的；

（三）制作、复制、出版、贩卖、传播淫秽电子刊物、图片、文章等一百件以上的；

（四）制作、复制、出版、贩卖、传播的淫秽电子信息，实际被点击数达到五千次以上的；

（五）以会员制方式出版、贩卖、传播淫秽电子信息，注册会员达一百人以上的；

（六）利用淫秽电子信息收取广告费、会员注册费或者其他费用，违法所得五千元以上的；

（七）数量或者数额虽未达到第（一）项至第（六）项规定标准，但分别达到其中两项以上标准一半以上的；

（八）造成严重后果的。

实施第二款规定的行为，数量或者数额达到第二款第（一）项至第（七）项规定标准五倍以上的，应当认定为刑法第三百六十三条第一款规定的“情节严重”；达到规定标准二十五倍以上的，应当认定为“情节特别严重”。

第四条　以牟利为目的，网站建立者、直接负责的管理者明知他人制作、复制、出版、贩卖、传播的是淫秽电子信息，允许或者放任他人在自己所有、管理的网站或者网页上发布，具有下列情形之一的，依照刑法第三百六十三条第一款的规定，以传播淫秽物品牟利罪定罪处罚：

（一）数量或者数额达到第一条第二款第（一）项至第（六）项规定标准五倍以上的；

（二）数量或者数额分别达到第一条第二款第（一）项至第（六）项两项以上标准二倍以上的；

（三）造成严重后果的。

实施前款规定的行为，数量或者数额达到第一条第二款第（一）项至第（七）项规定标准二十五倍以上的，应当认定为刑法第三百六十三条第一款规定的“情节严重”；达到规定标准一百倍以上的，应当认定为“情节特别严重”。

第六条　电信业务经营者、互联网信息服务提供者明知是淫秽网站，为其提供互联网接入、服务器托管、网络存储空间、通讯传输通道、代收费等服务，并收取服务费，具有下列情形之一的，对直接负责的主管人员和其他直接责任人员，依照刑法第三百六十三条第一款的规定，以传播淫秽物品牟利罪定罪处罚：

（一）为五个以上淫秽网站提供上述服务的；

（二）为淫秽网站提供互联网接入、服务器托管、网络存储空间、通讯传输通道等服务，收取服务费数额在二万元以上的；

（三）为淫秽网站提供代收费服务，收取服务费数额在五万元以上的；

（四）造成严重后果的。

实施前款规定的行为，数量或者数额达到前款第（一）项至第（三）项规定标准五倍以上的，应当认定为刑法第三百六十三条第一款规定的“情节严重”；达到规定标准二十五倍以上的，应当认定为“情节特别严重”。

第七条　明知是淫秽网站，以牟利为目的，通过投放广告等方式向其直接或者间接提供资金，或者提供费用结算服务，具有下列情形之一的，对直接负责的主管人员和其他直接责任人员，依照刑法第三百六十三条第一款的规定，以制作、复制、出版、贩卖、传播淫秽物品牟利罪的共同犯罪处罚：

（一）向十个以上淫秽网站投放广告或者以其他方式提供资金的；

（二）向淫秽网站投放广告二十条以上的；

（三）向十个以上淫秽网站提供费用结算服务的；

（四）以投放广告或者其他方式向淫秽网站提供资金数额在五万元以上的；

（五）为淫秽网站提供费用结算服务，收取服务费数额在二万元以上的；

（六）造成严重后果的。

实施前款规定的行为，数量或者数额达到前款第（一）项至第（五）项规定标准五倍以上的，应当认定为刑法第三百六十三条第一款规定的“情节严重”；达到规定标准二十五倍以上的，应当认定为“情节特别严重”。

第八条　实施第四条至第七条规定的行为，具有下列情形之一的，应当认定行为人“明知”，但是有证据证明确实不知道的除外：

（一）行政主管机关书面告知后仍然实施上述行为的；

（二）接到举报后不履行法定管理职责的；

（三）为淫秽网站提供互联网接入、服务器托管、网络存储空间、通讯传输通道、代收费、费用结算等服务，收取服务费明显高于市场价格的；

（四）向淫秽网站投放广告，广告点击率明显异常的；

（五）其他能够认定行为人明知的情形。

第九条　一年内多次实施制作、复制、出版、贩卖、传播淫秽电子信息行为未经处理，数量或者数额累计计算构成犯罪的，应当依法定罪处罚。

第十条　单位实施制作、复制、出版、贩卖、传播淫秽电子信息犯罪的，依照《中华人民共和国刑法》、《最高人民法院、最高人民检察院关于办理利用互联网、移动通讯终端、声讯台制作、复制、出版、贩卖、传播淫秽电子信息刑事案件具体应用法律若干问题的解释》和本解释规定的相应个人犯罪的定罪量刑标准，对直接负责的主管人员和其他直接责任人员定罪处罚，并对单位判处罚金。

第十一条　对于以牟利为目的，实施制作、复制、出版、贩卖、传播淫秽电子信息犯罪的，人民法院应当综合考虑犯罪的违法所得、社会危害性等情节，依法判处罚金或者没收财产。罚金数额一般在违法所得的一倍以上五倍以下。

第十二条　《最高人民法院、最高人民检察院关于办理利用互联网、移动通讯终端、声讯台制作、复制、出版、贩卖、传播淫秽电子信息刑事案件具体应用法律若干问题的解释》和本解释所称网站,是指可以通过互联网域名、IP地址等方式访问的内容提供站点。

以制作、复制、出版、贩卖、传播淫秽电子信息为目的建立或者建立后主要从事制作、复制、出版、贩卖、传播淫秽电子信息活动的网站,为淫秽网站。

第十三条　以前发布的司法解释与本解释不一致的,以本解释为准。

【司法解释(4)】

《最高人民法院、最高人民检察院关于利用网络云盘制作、复制、贩卖、传播淫秽电子信息牟利行为定罪量刑问题的批复》(法释〔2017〕19号,20171201)

一、对于以牟利为目的,利用网络云盘制作、复制、贩卖、传播淫秽电子信息的行为,是否应当追究刑事责任,适用刑法和《最高人民法院、最高人民检察院关于办理利用互联网、移动通讯终端、声讯台制作、复制、出版、贩卖、传播淫秽电子信息刑事案件具体应用法律若干问题的解释》(法释〔2004〕11号)、《最高人民法院、最高人民检察院关于办理利用互联网、移动通讯终端、声讯台制作、复制、出版、贩卖、传播淫秽电子信息刑事案件具体应用法律若干问题的解释(二)》(法释〔2010〕3号)的有关规定。

二、对于以牟利为目的,利用网络云盘制作、复制、贩卖、传播淫秽电子信息的行为,在追究刑事责任时,鉴于网络云盘的特点,不应单纯考虑制作、复制、贩卖、传播淫秽电子信息的数量,还应充分考虑传播范围、违法所得、行为人一贯表现以及淫秽电子信息、传播对象是否涉及未成年人等情节,综合评估社会危害性,恰当裁量刑罚,确保罪责刑相适应。

【司法指导文件(1)】

《最高人民法院研究室关于在局域网内制作、复制、传播淫秽电子信息行为适用法律问题的研究意见》(2012)

互联网是指直接进行国际联网的计算机信息网络。互联网上网服务营业场所内部局域网不属于互联网,在互联网上网服务营业场所内部局域网内制作、复制、传播淫秽电子信息的行为不适用《最高人民法院、最高人民检察院关于办理利用互联网、移动通讯终端、声讯台制作、复制、出版、贩卖、传播淫秽电子信息刑事案件具体应用法律若干问题的解释》的规定。

【司法指导文件(2)】

《最高人民法院研究室关于淫秽视频个数如何认定的研究意见》(2012)

对淫秽视频以自然的个数计算认定,即不考虑各个视频的内容之间是否存在关联,只要行为人提供直接链接的视频是独立的视频文件,就认定为一个视频。

【司法指导文件(3)】

《最高人民检察院法律政策研究室对北京市人民检察院〈关于利用移动存储介质复制、贩卖淫秽视频电子信息牟利如何适用法律问题的请示〉的答复意见》(20150407)

以牟利为目的,利用手机存储卡、U盘等移动存储介质复制、贩卖淫秽电子信息的,依照刑法第三百六十三条第一款的规定定罪处罚。有关定罪量刑标准可以参考《最高人民法院关于审理非法出版物刑事案件具体应用法律若干问题的解释》第八条规定，同时综合考虑移动存储介质数量、传播人数、获利金额等情节。对于移动存储介质中淫秽视频电子信息的数量计算以电子视频文件的个数为单位，一个淫秽文件视为一张影碟、一个软件、一盘录像带；具体定罪量刑标准，可以参考制作、复制、贩卖淫秽影碟、软件、录像带的相关规定。

【公安文件】

《公安部关于对出售带有淫秽内容的文物的行为可否予以治安管理处罚问题的批复》（公复字〔2010〕3号，20100522）

公安机关查获的带有淫秽内容的物品可能是文物的，应当依照《中华人民共和国文物保护法》等有关规定进行文物认定。经文物行政部门认定为文物的，不得对合法出售文物的行为予以治安管理处罚。

【指导性案例·检察】

〔钱某制作、贩卖、传播淫秽物品牟利案，JZD139-2022〕

1.自然人在私密空间的日常生活属于民法典保护的隐私。行为人以牟利为目的，偷拍他人性行为并制作成视频文件，以贩卖、传播方式予以公开，不仅侵犯他人隐私，而且该偷拍视频公开后具有描绘性行为、宣扬色情的客观属性，符合刑法关于"淫秽物品"的规定，构成犯罪的，应当以制作、贩卖、传播淫秽物品牟利罪追究刑事责任。

2.以牟利为目的提供互联网链接，使他人可以通过偷拍设备实时观看或者下载视频文件的，属于该罪的"贩卖、传播"行为。

3.行为人偷拍他人隐私，行为方式、目的多样，应当区分不同情形依法惩处。行为人非法使用偷拍设备窥探他人隐私，未贩卖、传播的，如果相关设备经鉴定属于窃听、窃照专用器材，造成严重后果的，应当以非法使用窃听、窃照专用器材罪追究刑事责任；如果行为人又将偷拍的内容贩卖、传播的，应当按照处罚较重的罪名追究刑事责任。行为人通过远程操控侵入他人自行安装的摄像头后台信息系统，对他人私密空间、行为进行窥探，进行遥控并自行观看，情节严重的，应当以非法控制计算机信息系统罪追究刑事责任；如果行为人在侵入上述计算机信息系统以后，又将偷拍的视频贩卖、传播的，应当按照处罚较重的罪名追究刑事责任。行为人以非法占有他人财物为目的，通过偷拍获取他人隐私，进而要挟他人、获取财物，构成犯罪的，应当以敲诈勒索罪追究刑事责任。上述行为尚未构成犯罪的，应当依法从严追究其行政违法责任。

【法院案例库参考案例】

〔石某等制作、贩卖淫秽物品牟利案，2025-04-1-374-001〕偷拍盗摄他人性行为并制成视频售卖行为的定性

1.行为人以牟利为目的，使用窃听、窃照设备在酒店、宾馆等地偷拍他人性行为并制作成视频予以贩卖，相关视频具有具体描绘性行为或者露骨宣扬色情的诲淫性，属于"淫秽物品"，故相关行为符合刑法第三百六十三条规定的，以制作、贩卖淫秽物品牟利罪定罪处罚。同时构成其他犯罪的，择一重罪处断。

2.对于多人参与制作、贩卖淫秽物品，形成偷拍盗摄黑灰产业链，构成制作、贩卖淫秽物品牟利罪共同犯罪的，应当根据行为人在犯罪中的地位作用、犯罪情节分别认定主犯、从犯，并结合各行为人参与制作淫秽物品数量、违法所得等因素，综合考量，均衡量刑。

〔孔某某贩卖淫秽物品牟利案，2024-04-1-374-002〕不能以传播数量单一标准确定被告人罪责程度

利用新兴网络信息技术进行贩卖淫秽物品相关活动的，不应单纯以淫秽视频的数量认定情节，还应考虑传播范围、违法所得、行为人一贯表现等事项，综合评估犯罪行为的社会危害性，准确定罪量刑，确保罪责刑相适应。如网络云盘的涉案淫秽电子信息往往数量巨大，但其又是在相对比较封闭的网络空间，往往传播范围、获利数额不大。如按照司法解释的量刑标准，则此类案件的法定刑为十年以上有期徒刑，明显畸重。故对利用网络云盘制作、复制、贩卖、传播淫秽电子信息牟利案件，量刑时，不应单纯考虑制作、复制、贩卖、传播淫秽电子信息的数量，还应充分考虑传播范围、违法所得、行为人一贯表现以及淫秽电子信息、传播对象是否涉及未成年人等情节，综合评估社会危害性，恰当裁量刑罚。

〔龚某某传播淫秽物品牟利案，2024-04-1-374-001〕利用爬虫技术传播淫秽物品牟利"情节特别严重"的认定

利用云技术、AI技术、爬虫等新兴技术传播淫秽物品牟利的，情节认定不宜简单适用相关司法解释中的数量标准，还应综合考量行为人主观故意和全案事实、情节作出判断，做到罪责刑相一致。

〔深圳市某播科技有限公司、王某等人传播淫秽物品牟利案，2023-06-1-374-001〕网络视频缓存加速服务提供者构成传播淫秽物品牟利罪的认定

认定是否构成传播淫秽物品牟利罪，客观上主要应当审查是否存在传播淫秽物品的行为，主观上主要看对参与淫秽视频传播是否存在明知，是否具有非法牟利的目的。关于"技术中立"原则的适用，应该充分考虑该原则所保护的社会价值、适用范围，结合具体行为及传播内容进行理解。在提供P2P视频技术服务和缓存技术等服务时，虽然客观上没有对视频内容进行选择，但当其明知自己的P2P视频技术服务被他人用于传播淫秽视频，自己的缓存技术等服务被利用成为大量淫秽视频的加速传播工具，本身有义务、有能力阻止而不阻止时，就不可能再获得"技术中立"的责任豁免。出于牟利目的，拒不履行网络安全管理义务，放任他人利用某播网络系统大量传播淫秽视频，且放任自己的缓存服务器介入淫秽视频的传播，在使用技术的过程中明显存在恶意，应当承担法律责任。构成犯罪的，应以传播淫秽物品牟利罪追究刑事责任。

〔彭某传播淫秽物品牟利案，2023-04-1-374-001〕传播淫秽物品牟利罪中"实际被点击数"的认定

1.制作、复制、出版、贩卖、传播淫秽物品牟利罪的量刑情节判定时，"两高"解释使用了"物品数量""实际被点击数""注册会员数""违法所得"等各种指标；指标背后的精神是在各种复杂的现实案件情形下尽可能衡量淫秽物品的真实传播量级和获利情况，以判断行为的社会危害性。因此，在应用"实际被点击数"等指标时，也应遵循此精神，以真实传播量级作为着眼点和落脚点。

2.真实传播量级应结合互联网特征，将淫秽作品视为整体的原则指导下进行。如果案件环境下具有类似作用的其他指标，例如某网络视频的实际观看人数，也可以作为估算"实际被点击数"、判定真实传播量级的工具。

〔陈某明等传播淫秽物品牟利案，2023-04-1-374-002〕仅为提高浏览权限而担任淫秽网站版主的行为，如何定罪处罚

被告人虽无牟利目的，客观上也未获得报酬，但在明知他人建立淫秽网站收取广告费牟利，仍申请成为网站的版主，对网站进行管理、编辑和维护，从而吸引更多的网民进行点击和浏览，其行为对他人的行为起到了帮助作用，应当构成传播淫秽物品牟利罪的共犯；被告人行为完全符合帮助犯的构成要件，应认定为从犯。

【《刑事审判参考》案例】

〔参考案例第664号：唐小明制作、贩卖淫秽物品牟利案〕编写添加淫秽色情内容的手机网站建站程序并贩卖的行为应如何定罪？

编写添加淫秽色情内容的手机网站建站程序并贩卖的，依法以制作、贩卖淫秽物品牟利罪定罪处罚。

〔参考案例第666号：李志雷贩卖淫秽物品牟利案〕贩卖指向淫秽视频链接的行为定性和数量认定？

贩卖指向淫秽视频的网络链接，构成贩卖淫秽物品牟利罪。行为人在"淘宝网"上开设店铺贩卖内含上千淫秽视频链接的压缩文件，每次贩卖均以该压缩文件为最小单位，压缩文件所含内容亦基本相同，购买者无法选择里面的视频链接内容，只能以该压缩文件一件商品进行购买，故应当以内含淫秽视频链接的压缩文件为单位计算淫秽视频文件数量。

〔参考案例第641号：方惠茹传播淫秽物品牟利案〕以牟利为目的与多人进行网络视频裸聊的行为如何定罪？

以牟利为目的，与多人进行网络视频裸聊的行为，应当以传播淫秽物品牟利罪定罪处罚。

〔参考案例第691号：北京掌中时尚科技有限公司等传播淫秽物品牟利案〕利用手机WAP网传播淫秽信息的牟利行为，如何认定？

利用手机WAP网传播淫秽信息的牟利行为，构成传播淫秽物品牟利罪。

〔参考案例第667号：魏大巍、戚本厚传播淫秽物品牟利案〕以牟利为目的向淫秽网站投放广告的行为如何定罪？

明知是淫秽网站，利用淫秽网站投放广告销售产品，向淫秽网站直接或者间接地提供资金，应以传播淫秽物品牟利罪认定。

〔参考案例第669号：罗刚等传播淫秽物品牟利案〕如何正确把握淫秽电子信息的实际被点击数？

计算实际被点击数时，需要考虑的是排除人为设置的虚假计数、网站的自点击数、有证据证实的无效点击数以及因为手机WAP上网的特性导致的对同一电子文件设置的重复计数，从而得出实际被点击数。对于其他需要排除的计数方式，必须有必要和充分的证据证实才能予以排除，而且实践中这种排除的范围不能过大。一是排除的范围越精确，则法定的点击数越接近甚至等同于传播人数，这样定罪标准与传统介质相比显然过低，不利于对此犯罪行为的打击。二是计算的标准越复杂，越增加法律的适用成本，加大法律适用的难度，实践中更难以把握，且易引起不必要的争议。

〔参考案例第723号：杨勇传播淫秽物品牟利案〕淫秽电子信息实际被点击数和注册会员数如何认定？

1.行为人在所建网站上链接大量淫秽电子信息并在互联网和移动通信网络中传播，加入广告联盟后，利用淫秽电子信息增加广告点击量，以实现牟利目的，应当以传播淫秽物品牟利罪追究刑事责任。

2.要区分包含淫秽信息的普通网站与淫秽网站。如果认定某个网站为淫秽网站，且该网站内的电子信息均为淫秽信息，那么，淫秽电子信息的实际被点击数就等同于截至案发当日该网站的实际被点击数。如果淫秽网站内的电子信息主要是淫秽信息，同时存在少量普通信息，那么淫秽电子信息的实际被点击数就可能略低于截至案发当日该网站的实际被点击数。相比之下，如果普通网站的某些板块存在淫秽电子信息，由于该网站同时存在普通信息与淫秽信息，在认定淫秽电子信息的实际被点击数时，就应当区分普通电子信息与淫秽电子信息的被点击数，不能笼统地将整个网站的实际被点击数认定为淫秽电子信息的实际被点击数。

3.要区分“点击数”与“实际被点击数”。网站经营者出于牟利目的，通常会想方设法提高网站点击率，从而扩大网站影响，获取更多的广告费收入。因此，淫秽网站的点击数能够反映其社会危害性的大小。但在实践中，一些淫秽网站为了营造声势或者获取更多的非法利益，故意将点击率计数器的初始值设为10万次甚至更多，或者将点击率计数器计数办法设置为点击一次计数10次甚至更多，还有些网站管理者亲自或者指使、雇佣少数人持续点击淫秽电子信息，从而导致网站的点击数呈现虚增状态，不能真实反映淫秽网站的实际危害。为贯彻罪责刑相适应原则，准确认定淫秽网站的实际危害，在计算淫秽电子信息的实际被点击数时，如查明确实存在虚增点击数的情况，就应当扣除上述虚增的点击数。

第三百六十四条 【传播淫秽物品罪】传播淫秽的书刊、影片、音像、图片或者其他淫秽物品，情节严重的，处二年以下有期徒刑、拘役或者管制。

【组织播放淫秽音像制品罪】组织播放淫秽的电影、录像等音像制品的，处三年以下有期徒刑、拘役或者管制，并处罚金；情节严重的，处三年以上十年以下有期徒刑，并处罚金。

制作、复制淫秽的电影、录像等音像制品组织播放的，依照第二款的规定从重处罚。

向不满十八周岁的未成年人传播淫秽物品的，从重处罚。

【立案追诉标准】

《最高人民检察院、公安部关于公安机关管辖的刑事案件立案追诉标准的规定(一)》(公通字〔2008〕36号，20080625)

第八十四条 〔传播淫秽物品案

(刑法第三百六十四条第一款)〕传播淫秽的书刊、影片、音像、图片或者其他淫秽物品,涉嫌下列情形之一的,应予立案追诉:

(一)向他人传播三百至六百人次以上的;

(二)造成恶劣社会影响的。

不以牟利为目的,利用互联网、移动通讯终端传播淫秽电子信息,涉嫌下列情形之一的,应予立案追诉:

(一)数量达到本规定第八十二条第二款第(一)项至第(五)项规定标准二倍以上的;

(二)数量分别达到本规定第八十二条第二款第(一)项至第(五)项两项以上标准的;

(三)造成严重后果的。

利用聊天室、论坛、即时通信软件、电子邮件等方式,实施本条第二款规定行为的,应予立案追诉。

第八十五条　〔组织播放淫秽音像制品案(刑法第三百六十四条第二款)〕组织播放淫秽的电影、录像等音像制品,涉嫌下列情形之一的,应予立案追诉:

(一)组织播放十五至三十场次以上的;

……

【司法解释(1)】

《最高人民法院关于审理非法出版物刑事案件具体应用法律若干问题的解释》(法释〔1998〕30号,19981223)

第十条　向他人传播淫秽的书刊、影片、音像、图片等出版物达三百至六百人次以上或者造成恶劣社会影响的,属于"情节严重",依照刑法第三百六十四条第一款的规定,以传播淫秽物品罪定罪处罚。

组织播放淫秽的电影、录像等音像制品达十五至三十场次以上或者造成恶劣社会影响的,依照刑法第三百六十四条第二款的规定,以组织播放淫秽音像制品罪定罪处罚。

【司法解释(2)】

《最高人民法院、最高人民检察院关于办理利用互联网、移动通讯终端、声讯台制作、复制、出版、贩卖、传播淫秽电子信息刑事案件具体应用法律若干问题的解释》(法释〔2004〕11号,20040906)[①]

第三条　不以牟利为目的,利用互联网或者移动通讯终端传播淫秽电子信息,具有下列情形之一的,依照刑法第三百六十四条第一款的规定,以传播淫秽物品罪定罪处罚:

(一)数量达到第一条第一款第(一)项至第(五)项规定标准二倍以上的;

(二)数量分别达到第一条第一款第(一)项至第(五)项两项以上标准的;

(三)造成严重后果的。

利用聊天室、论坛、即时通信软件、电子邮件等方式,实施第一款规定行为的,依照刑法第三百六十四条第一款的规定,以传播淫秽物品罪定罪处罚。

【司法解释(3)】

《最高人民法院、最高人民检察院

① 刑法修正案(九)第二十九条增设了刑法第二百八十七条之一、第二百八十七条之二的规定,即非法利用信息网络罪和帮助信息网络犯罪活动罪。对于本条项下【司法解释(2)】和【司法解释(3)】的适用,需结合刑法修正内容综合考虑。——编者注

关于办理利用互联网、移动通讯终端、声讯台制作、复制、出版、贩卖、传播淫秽电子信息刑事案件具体应用法律若干问题的解释(二)》(法释〔2010〕3号,20100204)

第二条 利用互联网、移动通讯终端传播淫秽电子信息的,依照《最高人民法院、最高人民检察院关于办理利用互联网、移动通讯终端、声讯台制作、复制、出版、贩卖、传播淫秽电子信息刑事案件具体应用法律若干问题的解释》第三条的规定定罪处罚。

利用互联网、移动通讯终端传播内容含有不满十四周岁未成年人的淫秽电子信息,具有下列情形之一的,依照刑法第三百六十四条第一款的规定,以传播淫秽物品罪定罪处罚:

(一)数量达到第一条第二款第(一)项至第(五)项规定标准二倍以上的;

(二)数量分别达到第一条第二款第(一)项至第(五)项两项以上标准的;

(三)造成严重后果的。

第三条 利用互联网建立主要用于传播淫秽电子信息的群组,成员达三十人以上或者造成严重后果的,对建立者、管理者和主要传播者,依照刑法第三百六十四条第一款的规定,以传播淫秽物品罪定罪处罚。

第五条 网站建立者、直接负责的管理者明知他人制作、复制、出版、贩卖、传播的是淫秽电子信息,允许或者放任他人在自己所有、管理的网站或者网页上发布,具有下列情形之一的,依照刑法第三百六十四条第一款的规定,以传播淫秽物品罪定罪处罚:

(一)数量达到第一条第二款第(一)项至第(五)项规定标准十倍以上的;

(二)数量分别达到第一条第二款第(一)项至第(五)项两项以上标准五倍以上的;

(三)造成严重后果的。

【公安文件】

《公安部关于携带、藏匿淫秽VCD是否属于传播淫秽物品问题的批复》(公复字〔1998〕6号,19981109)

对于携带、藏匿淫秽VCD的行为,不能简单地视为"传播",而应注意广泛搜集证据,根据主客观相统一的原则,来判断是否构成"传播"行为。如果行为人主观上没有"传播"故意,只是为了自己观看,不能认定为"传播淫秽物品",但应当没收淫秽VCD,并对当事人进行必要的法制教育。此外,还应注意扩大线索,挖掘来源,及时查获有关违法犯罪活动。

【法院案例库参考案例】

〔黄某东传播淫秽物品案,2024-04-1-376-001〕为获取淫秽网站"金币"观看淫秽视频而上传淫秽视频的,不认定具有"牟利"目的

行为人仅为获取淫秽网站"金币"用于观看淫秽视频而上传大量淫秽视频的,其传播淫秽物品并未收取或者获得相关财物,所得利益仅是获得观看其他淫秽视频的资格,不应当认定行为人具有"牟利"目的。对于情节严重的,依法以传播淫秽物品罪定罪处罚。

【《刑事审判参考》案例】

〔参考案例第670号:胡鹏等传播淫秽物品案〕如何把握利用网络群组传播淫秽物品的犯罪?

设立群组主要用于传播淫秽电子信息,群组成员超过三十人或造成严重后果的，构成传播淫秽物品罪。

〔参考案例第671号：冷继超传播淫秽物品案〕如何认定网站版主传播淫秽物品的刑事责任？

1.网站版主属于网站的直接管理者，明知是淫秽信息，又允许或放任其存在，涉及的淫秽信息数量达到法律规定的标准的，应当以传播淫秽物品罪认定。

2.计算淫秽电子信息的数量应有一定的时间、空间界限：空间上，应以行为人参与管理的版块为限。由于版主的级别不同，所管理的版块层次也有所差别。对于最低层次的版主，其所涉及的淫秽电子信息数量自然只计算其所实际参与管理的版块；而对于较高层次的版主、总版主，则应既计算其直接管理的版块，也计算其通过监督下设子版主工作而间接参与管理的子版块的淫秽电子信息数量。时间上，应以行为人担任版主的期间作为计算区间。既要计算行为人在此期间由其本人上传和编辑的淫秽电子信息数量，也要计算在此期间虽然不是其主动上传和编辑，但因其采取默许态度而上传到其管理论坛中的淫秽电子信息。

〔参考案例第672号：宋文传播淫秽物品、敲诈勒索案〕将自己与他人性交的视频片段上传至网络空间的行为如何定性？

行为人将本人与他人性交的视频上传至网络空间，构成传播淫秽物品罪。

〔参考案例第1444号：周菊清传播淫秽物品案〕利用淫秽物品招揽顾客，推销合法产品的行为，能否认定为传播淫秽物品牟利罪？

行为人在个人网站或者微信群内传播淫秽物品，其目的只是增加关注度，从而为销售合法产品创造商机。既没有让被传播者支付信息费，也没有通过网站本身或者微信群作广告赚取广告费，不能认定为传播淫秽物品牟利罪中的“牟利”情节，只构成传播淫秽物品罪。

第三百六十五条　【组织淫秽表演罪】组织进行淫秽表演的，处三年以下有期徒刑、拘役或者管制，并处罚金；情节严重的，处三年以上十年以下有期徒刑，并处罚金。

【立法 · 要点注释】

1.本罪主体是淫秽表演的组织者，有些可能是专门从事组织淫秽性表演的组织者，类似“穴头”；有些就是酒吧的老板，为招揽生意而组织淫秽性表演。表演者不构成本罪，对表演者应采用教育和行政措施使其认识错误，从事正当的生产活动。对于既是组织者又是表演者的，应按照组织者处理。对于明知他人组织淫秽表演，仍为其提供场所或者其他便利条件的，按照组织淫秽表演罪的共犯处理，应根据其在犯罪中的作用处罚。对于为组织淫秽表演活动卖票或者进行其他服务性活动的，应根据实际情况，区别对待，对于犯罪团伙、集团的成员应当按共犯处理，对于犯罪分子雇用的服务员，一般可不按照犯罪处理。

2.行为人所雇用的演员的多少以及观众的多少，一般并不影响本罪的构成，而应作为犯罪情节考虑。实践中，这些淫秽表演大多以牟利为目的，但也有个别情况下，不是以牟利为目的。不论是否以牟利为目的，均不影响本罪的构成。

3.“组织”，是指策划表演过程，纠集、招募、雇用表演者，寻找、租用表演场地，招揽观众等组织演出的行为。“淫秽表演”，是指关于性行为或者露骨宣扬色情的淫秽性的表演，如进行性交表演、手淫口淫表演、脱衣舞表演等。

4.“情节严重”，是指多次组织淫秽表演、造成非常恶劣影响，以暴力、胁迫的方式迫使他人进行淫秽表演以及犯罪集团首要分子等严重的情节。

5.聚众进行淫乱活动中，也经常出现由数人进行性交表演，其他人观看的情况，这种表演属于聚众进行淫乱的一部分，对于这种行为，应按照本法关于聚众淫乱罪的规定来处理。

【立案追诉标准】

《最高人民检察院、公安部关于公安机关管辖的刑事案件立案追诉标准的规定(一)》(公通字〔2008〕36号，20080625)

第八十六条　〔组织淫秽表演案(刑法第三百六十五条)〕以策划、招募、强迫、雇用、引诱、提供场地、提供资金等手段，组织进行淫秽表演，涉嫌下列情形之一的，应予立案追诉：

(一)组织表演者进行裸体表演的；

(二)组织表演者利用性器官进行诲淫性表演的；

(三)组织表演者半裸体或者变相裸体表演并通过语言、动作具体描绘性行为的；

(四)其他组织进行淫秽表演应予追究刑事责任的情形。

【法院案例库参考案例】

〔郑某峰强制猥亵、组织淫秽表演、引诱、介绍卖淫案，2024-02-1-184-004〕组织淫秽表演罪“情节严重”的认定

关于刑法第三百六十五条规定中的“情节严重”，应当结合组织参与表演人员的年龄、身份情况及人数，组织手段、组织表演次数，表演规模、表演传播方式，观看人员身份情况及人数，是否造成恶劣影响等因素认定。多次组织多名未成年人进行淫秽表演，并通过互联网直播的方式向不特定多数人进行传播的，可以认定为“情节严重”。

【《刑事审判参考》案例】

〔参考案例第673号：重庆访问科技有限公司等单位及郑立等人组织淫秽表演案〕利用网络视频组织淫秽表演的行为如何定罪量刑?

无论是传统的组织人员进行“现场面对面式”淫秽表演，还是借助网络视频以会员付费方式组织人员进行“视频面对面式”淫秽表演，均构成组织淫秽表演罪。

〔参考案例第770号：董志尧组织淫秽表演案〕招募模特和摄影者，要求模特摆出淫秽姿势供摄影者拍摄的，如何定性?

1.模特在不特定的摄影者面前暴露生殖器、摆出淫秽姿势供其拍摄，属于刑法意义上的淫秽表演，该种拍摄活动的组织者应以组织淫秽表演罪认定。

2.尽管模特进行淫秽表演的受众并非一般意义上的观众，而是拍摄淫秽图像的摄影者，但这些摄影者是组织者从互联网上公开招募而来，只要交纳拍摄费用，携带较为高端的相机，就能参与拍摄活动，成为该淫秽表演活动的受众。由此可见，参与摄影活动的人具有不特定性，且随着拍摄场次的增多，这类受众的人数也增多。因此，相关模特属于在不特定多数受众面前露骨宣扬色情，其表演行为属于刑法意义上的淫秽表演。

第三百六十六条 【单位犯本节规定之罪的处理】单位犯本节第三百六十三条、第三百六十四条、第三百六十五条规定之罪的，对单位判处罚金，并对其直接负责的主管人员和其他直接责任人员，依照各该条的规定处罚。

第三百六十七条 【淫秽物品的界定】本法所称淫秽物品，是指具体描绘性行为或者露骨宣扬色情的诲淫性的书刊、影片、录像带、录音带、图片及其他淫秽物品。

有关人体生理、医学知识的科学著作不是淫秽物品。

包含有色情内容的有艺术价值的文学、艺术作品不视为淫秽物品。

【立法・要点注释】

1.“具体描绘性行为”，是指较详尽、具体地描写性行为的过程及其心理感受；具体描写通奸、淫乱、卖淫、乱伦、强奸的过程细节；描写少年儿童的性行为、同性恋的性行为或者其他性变态行为及与性变态有关的暴力、虐待、侮辱行为和令普通人不能容忍的对性行为等的淫亵描写。

2.“露骨宣扬色情”，是指公然地、不加掩饰地宣扬色情淫荡形象；着力表现人体生殖器官；挑动人们的性欲；足以导致普通人的腐化堕落的具有刺激、挑逗性的文字和画面。

3.“有关人体生理、医学知识的科学著作”，是指有关人体的解剖生理知识、生育知识、疾病防治和其他有关性知识、性道德、性社会等自然科学和社会科学作品。依本款规定，这类作品不是淫秽物品。

4.“有艺术价值”，是指在现实生活中以及文化艺术发展的历史长河中具有较高文学、艺术价值，同时也包含有对性行为、色情等内容的描绘的文学、艺术作品。如中国古典小说《金瓶梅》不仅在文学史上有一定的地位，而且在今天看来仍有较高的文学、艺术价值，是人类文化的遗产。

【司法解释】

《最高人民法院、最高人民检察院关于办理利用互联网、移动通讯终端、声讯台制作、复制、出版、贩卖、传播淫秽电子信息刑事案件具体应用法律若干问题的解释》（法释〔2004〕11号，20040906）

第九条 刑法第三百六十七条第一款规定的“其他淫秽物品”，包括具体描绘性行为或者露骨宣扬色情的诲淫性的视频文件、音频文件、电子刊物、图片、文章、短信息等互联网、移动通讯终端电子信息和声讯台语音信息。

有关人体生理、医学知识的电子信息和声讯台语音信息不是淫秽物品。包含色情内容的有艺术价值的电子文学、艺术作品不视为淫秽物品。

第七章　危害国防利益罪

第三百六十八条　【阻碍军人执行职务罪】以暴力、威胁方法阻碍军人依法执行职务的，处三年以下有期徒刑、拘役、管制或者罚金。

【阻碍军事行动罪】故意阻碍武装部队军事行动，造成严重后果的，处五年以下有期徒刑或者拘役。

第三百六十九条　【破坏武器装备、军事设施、军事通信罪】破坏武器装备、军事设施、军事通信的，处三年以下有期徒刑、拘役或者管制；破坏重要武器装备、军事设施、军事通信的，处三年以上十年以下有期徒刑；情节特别严重的，处十年以上有期徒刑、无期徒刑或者死刑。

【过失损坏武器装备、军事设施、军事通信罪】过失犯前款罪，造成严重后果的，处三年以下有期徒刑或者拘役；造成特别严重后果的，处三年以上七年以下有期徒刑。

战时犯前两款罪的，从重处罚。

【修正前条文】

第三百六十九条　【破坏武器装备、军事设施、军事通信罪】破坏武器装备、军事设施、军事通信的，处三年以下有期徒刑、拘役或者管制；破坏重要武器装备、军事设施、军事通信的，处三年以上十年以下有期徒刑；情节特别严重的，处十年以上有期徒刑、无期徒刑或者死刑。战时从重处罚。

【修正说明】

刑法修正案(五)第三条增设了过失损坏武器装备、军事设施、军事通信罪。

【司法解释】

《最高人民法院关于审理危害军事通信刑事案件具体应用法律若干问题的解释》(法释〔2007〕13号，20070629)

第一条　故意实施损毁军事通信线路、设备，破坏军事通信计算机信息系统，干扰、侵占军事通信电磁频谱等行为的，依照刑法第三百六十九条第一款的规定，以破坏军事通信罪定罪，处三年以下有期徒刑、拘役或者管制；破坏重要军事通信的，处三年以上十年以下有期徒刑。

第二条　实施破坏军事通信行为，具有下列情形之一的，属于刑法第三百六十九条第一款规定的“情节特别严重”，以破坏军事通信罪定罪，处十年以上有期徒刑、无期徒刑或者死刑：

(一)造成重要军事通信中断或者严重障碍，严重影响部队完成作战任务或者致使部队在作战中遭受损失的；

(二)造成部队执行抢险救灾、军事演习或者处置突发性事件等任务的通信中断或者严重障碍，并因此贻误部队行动，致使死亡3人以上、重伤10人以上或者财产损失100万元以上的；

（三）破坏重要军事通信三次以上的；

（四）其他情节特别严重的情形。

第三条　过失损坏军事通信，造成重要军事通信中断或者严重障碍的，属于刑法第三百六十九条第二款规定的“造成严重后果”，以过失损坏军事通信罪定罪，处三年以下有期徒刑或者拘役。

第四条　过失损坏军事通信，具有下列情形之一的，属于刑法第三百六十九条第二款规定的“造成特别严重后果”，以过失损坏军事通信罪定罪，处三年以上七年以下有期徒刑：

（一）造成重要军事通信中断或者严重障碍，严重影响部队完成作战任务或者致使部队在作战中遭受损失的；

（二）造成部队执行抢险救灾、军事演习或者处置突发性事件等任务的通信中断或者严重障碍，并因此贻误部队行动，致使死亡3人以上、重伤10人以上或者财产损失100万元以上的；

（三）其他后果特别严重的情形。

第五条　建设、施工单位直接负责的主管人员、施工管理人员，明知是军事通信线路、设备而指使、强令、纵容他人予以损毁的，或者不听管护人员劝阻，指使、强令、纵容他人违章作业，造成军事通信线路、设备损毁的，以破坏军事通信罪定罪处罚。

建设、施工单位直接负责的主管人员、施工管理人员，忽视军事通信线路、设备保护标志，指使、纵容他人违章作业，致使军事通信线路、设备损毁，构成犯罪的，以过失损坏军事通信罪定罪处罚。

第六条　破坏、过失损坏军事通信，并造成公用电信设施损毁，危害公共安全，同时构成刑法第一百二十四条和第三百六十九条规定的犯罪的，依照处罚较重的规定定罪处罚。

盗窃军事通信线路、设备，不构成盗窃罪，但破坏军事通信的，依照刑法第三百六十九条第一款的规定定罪处罚；同时构成刑法第一百二十四条、第二百六十四条和第三百六十九条第一款规定的犯罪的，依照处罚较重的规定定罪处罚。

违反国家规定，侵入国防建设、尖端科学技术领域的军事通信计算机信息系统，尚未对军事通信造成破坏的，依照刑法第二百八十五条的规定定罪处罚；对军事通信造成破坏，同时构成刑法第二百八十五条、第二百八十六条、第三百六十九条第一款规定的犯罪的，依照处罚较重的规定定罪处罚。

违反国家规定，擅自设置、使用无线电台、站，或者擅自占用频率，经责令停止使用后拒不停止使用，干扰无线电通讯正常进行，构成犯罪的，依照刑法第二百八十八条的规定定罪处罚；[①] 造成军事通信中断或者严重障碍，同时构成刑法第二百八十八条、第三百六十九条第一款规定的犯罪的，依照处罚较重的规定定罪处罚。

第七条　本解释所称“重要军事通信”，是指军事首脑机关及重要指挥中心的通信，部队作战中的通信，等级战备通信，飞行航行训练、抢险救灾、军事演习或者处置突发性事件中的通

① 刑法修正案（九）第三十条已经删除了“经责令停止使用后拒不停止使用”的入罪要求，实践中应当按修正后的条文执行。——编者注

信，以及执行试飞试航、武器装备科研试验或者远洋航行等重要军事任务中的通信。

本解释所称军事通信的具体范围、通信中断和严重障碍的标准，参照中国人民解放军通信主管部门的有关规定确定。

【司法指导文件】

《最高人民法院、最高人民检察院、公安部、商务部、国家市场监督管理总局、中央军委后勤保障部、中央军委装备发展部、中央军委训练管理部、中央军委国防动员部关于军地共同加强部队训练场未爆弹药安全风险防控的意见》（军训〔2022〕181号，20221022）

（十三）打击违法犯罪。非法进入训练场、不听制止的，破坏训练场围墙、围网等周界防护设施的，依照军事设施保护法的有关规定处罚，符合刑法第三百六十九条第一款、第三百七十一条规定的，分别以破坏军事设施罪、聚众冲击军事禁区罪、聚众扰乱军事管理区秩序罪定罪处罚。挖捡、非法买卖未爆弹药，符合刑法第一百二十七条第一款、第一百二十五条第一款规定的，分别以盗窃弹药、爆炸物罪和非法买卖弹药、爆炸物罪定罪处罚。非法买卖未爆弹药拆解的炮弹引信、火炸药，符合刑法第一百二十五条第一款规定的，以非法买卖弹药、爆炸物罪定罪处罚。非法进入训练场挖捡炮弹残片，符合刑法第二百六十四条规定的，以盗窃罪定罪处罚。因敲击、拆解未爆弹药等行为引发爆炸，符合刑法第一百一十五条第二款、第二百三十三条、第二百三十五条规定的，分别以过失爆炸罪、过失致人死亡罪、过失致人重伤罪定罪处罚。明知是非法拆解的未爆弹药或者非法挖捡的炮弹残片及其所产生的收益而窝藏、转移、代为销售或者以其他方法掩饰、隐瞒，符合刑法第三百一十二条规定的，以掩饰、隐瞒犯罪所得、犯罪所得收益罪定罪处罚。有非法挖捡买卖行为，经教育后确有悔改表现，上交未爆弹药、炮弹残片或者销售炮弹残片违法所得的，可以依法从宽处罚；情节显著轻微危害不大不构成犯罪、构成违反治安管理行为的，依法给予治安管理处罚。

【法院案例库参考案例】

〔刘某茂、杨某过失损坏军事通信案，2025-03-1-382-001〕过失损坏军事通信罪中“过失”的审查认定

对于过失损坏军事通信罪中主观罪过的认定，应当结合行为合法性、行为地周边环境、行为地标识情况、行为人职业与智能水平等因素进行综合判断。对于施工时未尽到注意义务，忽略附近提示标识的，依法认定行为人主观上有过失。

第三百七十条　【故意提供不合格武器装备、军事设施罪】明知是不合格的武器装备、军事设施而提供给武装部队的，处五年以下有期徒刑或者拘役；情节严重的，处五年以上十年以下有期徒刑；情节特别严重的，处十年以上有期徒刑、无期徒刑或者死刑。

【过失提供不合格武器装备、军事设施罪】过失犯前款罪，造成严重后果的，处三年以下有期徒刑或者拘役；造成特别严重后果的，处三年以上七年以下有期徒刑。

单位犯第一款罪的，对单位判处罚金，并对其直接负责的主管人员和其他直接责任人员，依照第一款的规定处罚。

【立案追诉标准】

《最高人民检察院、公安部关于公安机关管辖的刑事案件立案追诉标准的规定(一)》(公通字〔2008〕36号，20080625)

第八十七条 〔故意提供不合格武器装备、军事设施案(刑法第三百七十条第一款)〕明知是不合格的武器装备、军事设施而提供给武装部队，涉嫌下列情形之一的，应予立案追诉：

(一)造成人员轻伤以上的；

(二)造成直接经济损失十万元以上的；

(三)提供不合格的枪支三支以上、子弹一百发以上、雷管五百枚以上、炸药五千克以上或者其他重要武器装备、军事设施的；

(四)影响作战、演习、抢险救灾等重大任务完成的；

(五)发生在战时的；

(六)其他故意提供不合格武器装备、军事设施应予追究刑事责任的情形。

第八十八条 〔过失提供不合格武器装备、军事设施案(刑法第三百七十条第二款)〕过失提供不合格武器装备、军事设施给武装部队，涉嫌下列情形之一的，应予立案追诉：

(一)造成死亡一人或者重伤三人以上的；

(二)造成直接经济损失三十万元以上的；

(三)严重影响作战、演习、抢险救灾等重大任务完成的；

(四)其他造成严重后果的情形。

第三百七十一条 【聚众冲击军事禁区罪】聚众冲击军事禁区，严重扰乱军事禁区秩序的，对首要分子，处五年以上十年以下有期徒刑；对其他积极参加的，处五年以下有期徒刑、拘役、管制或者剥夺政治权利。

【聚众扰乱军事管理区秩序罪】聚众扰乱军事管理区秩序，情节严重，致使军事管理区工作无法进行，造成严重损失的，对首要分子，处三年以上七年以下有期徒刑；对其他积极参加的，处三年以下有期徒刑、拘役、管制或者剥夺政治权利。

【立案追诉标准】

《最高人民检察院、公安部关于公安机关管辖的刑事案件立案追诉标准的规定(一)》(公通字〔2008〕36号，20080625)

第八十九条 〔聚众冲击军事禁区案(刑法第三百七十一条第一款)〕组织、策划、指挥聚众冲击军事禁区或者积极参加聚众冲击军事禁区，严重扰乱军事禁区秩序，涉嫌下列情形之一的，应予立案追诉：

(一)冲击三次以上或者一次冲击持续时间较长的；

(二)持械或者采取暴力手段冲击的；

(三)冲击重要军事禁区的；

(四)发生在战时的；

(五)其他严重扰乱军事禁区秩序应予追究刑事责任的情形。

第九十条 〔聚众扰乱军事管理区秩序案(刑法第三百七十一条第二款)〕

组织、策划、指挥聚众扰乱军事管理区秩序或者积极参加聚众扰乱军事管理区秩序，致使军事管理区工作无法进行，造成严重损失，涉嫌下列情形之一的，应予立案追诉：

（一）造成人员轻伤以上的；

（二）扰乱三次以上或者一次扰乱持续时间较长的；

（三）造成直接经济损失五万元以上的；

（四）持械或者采取暴力手段的；

（五）扰乱重要军事管理区秩序的；

（六）发生在战时的；

（七）其他聚众扰乱军事管理区秩序应予追究刑事责任的情形。

第三百七十二条 【冒充军人招摇撞骗罪】冒充军人招摇撞骗的，处三年以下有期徒刑、拘役、管制或者剥夺政治权利；情节严重的，处三年以上十年以下有期徒刑。

【司法指导文件】

参见本法第二百七十九条项下【司法指导文件(1)】，第940—941页。

第三百七十三条 【煽动军人逃离部队罪】【雇用逃离部队军人罪】煽动军人逃离部队或者明知是逃离部队的军人而雇用，情节严重的，处三年以下有期徒刑、拘役或者管制。

【立案追诉标准】

《最高人民检察院、公安部关于公安机关管辖的刑事案件立案追诉标准的规定(一)》(公通字〔2008〕36号，20080625)

第九十一条 〔煽动军人逃离部队案(刑法第三百七十三条)〕煽动军人逃离部队，涉嫌下列情形之一的，应予立案追诉：

（一）煽动三人以上逃离部队的；

（二）煽动指挥人员、值班执勤人员或者其他负有重要职责人员逃离部队的；

（三）影响重要军事任务完成的；

（四）发生在战时的；

（五）其他情节严重的情形。

第九十二条 〔雇用逃离部队军人案(刑法第三百七十三条)〕明知是逃离部队的军人而雇用，涉嫌下列情形之一的，应予立案追诉：

（一）雇用一人六个月以上的；

（二）雇用三人以上的；

（三）明知是逃离部队的指挥人员、值班执勤人员或者其他负有重要职责人员而雇用的；

（四）阻碍部队将被雇用军人带回的；

（五）其他情节严重的情形。

第三百七十四条 【接送不合格兵员罪】在征兵工作中徇私舞弊，接送不合格兵员，情节严重的，处三年以下有期徒刑或者拘役；造成特别严重后果的，处三年以上七年以下有期徒刑。

【立案追诉标准】

《最高人民检察院、公安部关于公安机关管辖的刑事案件立案追诉标准的规定(一)》(公通字〔2008〕36号，20080625)

第九十三条 〔接送不合格兵员案(刑法第三百七十四条)〕在征兵工作中徇私舞弊，接送不合格兵员，涉嫌下列情形之一的，应予立案追诉：

（一）接送不合格特种条件兵员一名以上或者普通兵员三名以上的；

（二）发生在战时的；

（三）造成严重后果的；

（四）其他情节严重的情形。

第三百七十五条　【伪造、变造、买卖武装部队公文、证件、印章罪】【盗窃、抢夺武装部队公文、证件、印章罪】伪造、变造、买卖或者盗窃、抢夺武装部队公文、证件、印章的，处三年以下有期徒刑、拘役、管制或者剥夺政治权利；情节严重的，处三年以上十年以下有期徒刑。

【非法生产、买卖武装部队制式服装罪】非法生产、买卖武装部队制式服装，情节严重的，处三年以下有期徒刑、拘役或者管制，并处或者单处罚金。

【伪造、盗窃、买卖、非法提供、非法使用武装部队专用标志罪】伪造、盗窃、买卖或者非法提供、使用武装部队车辆号牌等专用标志，情节严重的，处三年以下有期徒刑、拘役或者管制，并处或者单处罚金；情节特别严重的，处三年以上七年以下有期徒刑，并处罚金。

单位犯第二款、第三款罪的，对单位判处罚金，并对其直接负责的主管人员和其他直接责任人员，依照各该款的规定处罚。

【修正前条文】

第三百七十五条　【伪造、变造、买卖武装部队公文、证件、印章罪】【盗窃、抢夺武装部队公文、证件、印章罪】伪造、变造、买卖或者盗窃、抢夺武装部队公文、证件、印章的，处三年以下有期徒刑、拘役、管制或者剥夺政治权利；情节严重的，处三年以上十年以下有期徒刑。

【非法生产、买卖军用标志罪】非法生产、买卖武装部队制式服装、车辆号牌等专用标志，情节严重的，处三年以下有期徒刑、拘役或者管制，并处或者单处罚金。

单位犯第二款罪的，对单位判处罚金，并对其直接负责的主管人员和其他直接责任人员，依照该款的规定处罚。

【修正说明】

刑法修正案（七）第十二条对原条文作出下述修改：一是对本条第二款作了修改，将非法生产、买卖武装部队制式服装的犯罪及处罚单独作为一款规定；二是增加一款作为第三款，对伪造、盗窃、买卖或者非法提供、使用武装部队车辆号牌等专用标志的犯罪作了专门的规定；三是将原第三款作为第四款并作了相应的修改。

【立案追诉标准】

《最高人民检察院、公安部关于公安机关管辖的刑事案件立案追诉标准的规定（一）》[公通字〔2008〕36号，20080625，经2017年4月27日发布的《最高人民检察院、公安部关于公安机关管辖的刑事案件立案追诉标准的规定（一）的补充规定》（公通字〔2017〕12号）修正]

第九十四条　〔非法生产、买卖武装部队制式服装案（刑法第三百七十五条第二款）〕非法生产、买卖武装部队制式服装，涉嫌下列情形之一的，应予立案追诉：

(一)非法生产、买卖成套制式服装三十套以上，或者非成套制式服装一百件以上的；

(二)非法生产、买卖帽徽、领花、臂章等标志服饰合计一百件(副)以上的；

(三)非法经营数额二万元以上的；

(四)违法所得数额五千元以上的；

(五)其他情节严重的情形。

买卖仿制的现行装备的武装部队制式服装，情节严重的，应予立案追诉。

第九十四条之一　〔伪造、盗窃、买卖、非法提供、非法使用武装部队专用标志案(刑法第三百七十五条第三款)〕伪造、盗窃、买卖或者非法提供、使用武装部队车辆号牌等专用标志，涉嫌下列情形之一的，应予立案追诉：

(一)伪造、盗窃、买卖或者非法提供、使用武装部队军以上领导机关车辆号牌一副以上或者其他车辆号牌三副以上的；

(二)非法提供、使用军以上领导机关车辆号牌之外的其他车辆号牌累计六个月以上的；

(三)伪造、盗窃、买卖或者非法提供、使用军徽、军旗、军种符号或者其他军用标志合计一百件(副)以上的；

(四)造成严重后果或者恶劣影响的。

盗窃、买卖、提供、使用伪造、变造的武装部队车辆号牌等专用标志，情节严重的，应予立案追诉。

【司法解释】

《最高人民法院、最高人民检察院关于办理妨害武装部队制式服装、车辆号牌管理秩序等刑事案件具体应用法律若干问题的解释》(法释〔2011〕16号，20110801)

第一条　伪造、变造、买卖或者盗窃、抢夺武装部队公文、证件、印章，具有下列情形之一的，应当依照刑法第三百七十五条第一款的规定，以伪造、变造、买卖武装部队公文、证件、印章罪或者盗窃、抢夺武装部队公文、证件、印章罪定罪处罚：

(一)伪造、变造、买卖或者盗窃、抢夺武装部队公文一件以上的；

(二)伪造、变造、买卖或者盗窃、抢夺武装部队军官证、士兵证、车辆行驶证、车辆驾驶证或者其他证件二本以上的；

(三)伪造、变造、买卖或者盗窃、抢夺武装部队机关印章、车辆牌证印章或者其他印章一枚以上的。

实施前款规定的行为，数量达到第(一)至(三)项规定标准五倍以上或者造成严重后果的，应当认定为刑法第三百七十五条第一款规定的“情节严重”。

第二条　非法生产、买卖武装部队现行装备的制式服装，具有下列情形之一的，应当认定为刑法第三百七十五条第二款规定的“情节严重”，以非法生产、买卖武装部队制式服装罪定罪处罚：

(一)非法生产、买卖成套制式服装三十套以上，或者非成套制式服装一百件以上的；

(二)非法生产、买卖帽徽、领花、臂章等标志服饰合计一百件(副)以上的；

(三)非法经营数额二万元以上的；

(四)违法所得数额五千元以上的；

(五)具有其他严重情节的。

第三条　伪造、盗窃、买卖或者非法提供、使用武装部队车辆号牌等专用标志，具有下列情形之一的，应当认定为刑法第三百七十五条第三款规定的“情节严重”，以伪造、盗窃、买卖、非法提供、非法使用武装部队专用标志罪定罪处罚：

（一）伪造、盗窃、买卖或者非法提供、使用武装部队军以上领导机关车辆号牌一副以上或者其他车辆号牌三副以上的；

（二）非法提供、使用军以上领导机关车辆号牌之外的其他车辆号牌累计六个月以上的；

（三）伪造、盗窃、买卖或者非法提供、使用军徽、军旗、军种符号或者其他军用标志合计一百件（副）以上的；

（四）造成严重后果或者恶劣影响的。

实施前款规定的行为，具有下列情形之一的，应当认定为刑法第三百七十五条第三款规定的“情节特别严重”：

（一）数量达到前款第（一）、（三）项规定标准五倍以上的；

（二）非法提供、使用军以上领导机关车辆号牌累计六个月以上或者其他车辆号牌累计一年以上的；

（三）造成特别严重后果或者特别恶劣影响的。

第四条　买卖、盗窃、抢夺伪造、变造的武装部队公文、证件、印章的，买卖仿制的现行装备的武装部队制式服装情节严重的，盗窃、买卖、提供、使用伪造、变造的武装部队车辆号牌等专用标志情节严重的，应当追究刑事责任。定罪量刑标准适用本解释第一至第三条的规定。

第五条　明知他人实施刑法第三百七十五条规定的犯罪行为，而为其生产、提供专用材料或者提供资金、账号、技术、生产经营场所等帮助的，以共犯论处。

第六条　实施刑法第三百七十五条规定的犯罪行为，同时又构成逃税、诈骗、冒充军人招摇撞骗等犯罪的，依照处罚较重的规定定罪处罚。

第七条　单位实施刑法第三百七十五条第二款、第三款规定的犯罪行为，对单位判处罚金，并对其直接负责的主管人员和其他直接责任人员，分别依照本解释的有关规定处罚。

【法院案例库参考案例】

〔北京兵某有限公司、唐某等非法买卖武装部队制式服装案，2024-18-1-393-001〕通过网络平台非法销售武装部队制式服装行为的定性

通过网络平台非法销售武装部队制式服装，情节严重的，应当根据刑法第三百七十五条第二款的规定，以非法买卖武装部队制式服装罪论处。网络平台无权授予平台内经营者工商登记经营范围以外的销售权限，故通过网络平台审核后取得的“自营店”认证仅是对网络销售资质的认可，不能改变平台内经营者非法买卖武装部队制式服装的行为性质。

第三百七十六条　【战时拒绝、逃避征召、军事训练罪】预备役人员战时拒绝、逃避征召或者军事训练，情节严重的，处三年以下有期徒刑或者拘役。

【战时拒绝、逃避服役罪】公民战时拒绝、逃避服役，情节严重的，处二年以下有期徒刑或者拘役。

【立案追诉标准】

《最高人民检察院、公安部关于公安机关管辖的刑事案件立案追诉标准的规定(一)》(公通字〔2008〕36号，20080625)

第九十五条　〔战时拒绝、逃避征召、军事训练案(刑法第三百七十六条第一款)〕预备役人员战时拒绝、逃避征召或者军事训练，涉嫌下列情形之一的，应予立案追诉：

(一)无正当理由经教育仍拒绝、逃避征召或者军事训练的；

(二)以暴力、威胁、欺骗等手段，或者采取自伤、自残等方式拒绝、逃避征召或者军事训练的；

(三)联络、煽动他人共同拒绝、逃避征召或者军事训练的；

(四)其他情节严重的情形。

第九十六条　〔战时拒绝、逃避服役案(刑法第三百七十六条第二款)〕公民战时拒绝、逃避服役，涉嫌下列情形之一的，应予立案追诉：

(一)无正当理由经教育仍拒绝、逃避服役的；

(二)以暴力、威胁、欺骗等手段，或者采取自伤、自残等方式拒绝、逃避服役的；

(三)联络、煽动他人共同拒绝、逃避服役的；

(四)其他情节严重的情形。

第三百七十七条　【战时故意提供虚假敌情罪】战时故意向武装部队提供虚假敌情，造成严重后果的，处三年以上十年以下有期徒刑；造成特别严重后果的，处十年以上有期徒刑或者无期徒刑。

第三百七十八条　【战时造谣扰乱军心罪】战时造谣惑众，扰乱军心的，处三年以下有期徒刑、拘役或者管制；情节严重的，处三年以上十年以下有期徒刑。

第三百七十九条　【战时窝藏逃离部队军人罪】战时明知是逃离部队的军人而为其提供隐蔽处所、财物，情节严重的，处三年以下有期徒刑或者拘役。

【立案追诉标准】

《最高人民检察院、公安部关于公安机关管辖的刑事案件立案追诉标准的规定(一)》(公通字〔2008〕36号，20080625)

第九十七条　〔战时窝藏逃离部队军人案(刑法第三百七十九条)〕战时明知是逃离部队的军人而为其提供隐蔽处所、财物，涉嫌下列情形之一的，应予立案追诉：

(一)窝藏三人次以上的；

(二)明知是指挥人员、值班执勤人员或者其他负有重要职责人员而窝藏的；

(三)有关部门查找时拒不交出的；

(四)其他情节严重的情形。

第三百八十条　【战时拒绝、故意延误军事订货罪】战时拒绝或者故意延误军事订货，情节严重的，对单位判处罚金，并对其直接负责的主管人员和其他直接责任人员，处五年以下有期徒刑或者拘役；造成严重后果的，处五年以上有期徒刑。

【立案追诉标准】

《最高人民检察院、公安部关于公安

机关管辖的刑事案件立案追诉标准的规定(一)》(公通字〔2008〕36号,20080625)

第九十八条 〔战时拒绝、故意延误军事订货案(刑法第三百八十条)〕战时拒绝或者故意延误军事订货,涉嫌下列情形之一的,应予立案追诉:

(一)拒绝或者故意延误军事订货三次以上的;

(二)联络、煽动他人共同拒绝或者故意延误军事订货的;

(三)拒绝或者故意延误重要军事订货,影响重要军事任务完成的;

(四)其他情节严重的情形。

第三百八十一条 【战时拒绝军事征收、征用罪】战时拒绝军事征收、征用,情节严重的,处三年以下有期徒刑或者拘役。

【相关立法】

《全国人民代表大会常务委员会关于修改部分法律的决定》(20090827)

二、对下列法律和法律解释中关于“征用”的规定作出修改

(一)将下列法律和法律解释中的“征用”修改为“征收、征用”

12.《中华人民共和国刑法》第三百八十一条、第四百一十条

【立案追诉标准】

《最高人民检察院、公安部关于公安机关管辖的刑事案件立案追诉标准的规定(一)》[公通字〔2008〕36号,20080625,经2017年4月27日发布的《最高人民检察院、公安部关于公安机关管辖的刑事案件立案追诉标准的规定(一)的补充规定》(公通字〔2017〕12号)修正]

第九十九条 〔战时拒绝军事征收、征用案(刑法第三百八十一条)〕战时拒绝军事征收、征用,涉嫌下列情形之一的,应予立案追诉:

(一)无正当理由拒绝军事征收、征用三次以上的;

(二)采取暴力、威胁、欺骗等手段拒绝军事征收、征用的;

(三)联络、煽动他人共同拒绝军事征收、征用的;

(四)拒绝重要军事征收、征用,影响重要军事任务完成的;

(五)其他情节严重的情形。

第八章　贪污贿赂罪

【司法解释(1)】

《最高人民法院、最高人民检察院关于办理贪污贿赂刑事案件适用法律若干问题的解释》(法释〔2016〕9号，20160418)[①]

第一条　贪污或者受贿数额在三万元以上不满二十万元的，应当认定为刑法第三百八十三条第一款规定的“数额较大”，依法判处三年以下有期徒刑或者拘役，并处罚金。

贪污数额在一万元以上不满三万元，具有下列情形之一的，应当认定为刑法第三百八十三条第一款规定的“其他较重情节”，依法判处三年以下有期徒刑或者拘役，并处罚金：

(一)贪污救灾、抢险、防汛、优抚、扶贫、移民、救济、防疫、社会捐助等特定款物的；

(二)曾因贪污、受贿、挪用公款受过党纪、行政处分的；

(三)曾因故意犯罪受过刑事追究的；

(四)赃款赃物用于非法活动的；

(五)拒不交待赃款赃物去向或者拒不配合追缴工作，致使无法追缴的；

(六)造成恶劣影响或者其他严重后果的。

受贿数额在一万元以上不满三万元，具有前款第二项至第六项规定的情形之一，或者具有下列情形之一的，应当认定为刑法第三百八十三条第一款规定的“其他较重情节”，依法判处三年以下有期徒刑或者拘役，并处罚金：

(一)多次索贿的；

(二)为他人谋取不正当利益，致使公共财产、国家和人民利益遭受损失的；

(三)为他人谋取职务提拔、调整的。

第二条　贪污或者受贿数额在二十万元以上不满三百万元的，应当认定为刑法第三百八十三条第一款规定的“数额巨大”，依法判处三年以上十年以下有期徒刑，并处罚金或者没收财产。

贪污数额在十万元以上不满二十万元，具有本解释第一条第二款规定的情形之一的，应当认定为刑法第三百八十三条第一款规定的“其他严重情节”，依法判处三年以上十年以下有期徒刑，并处罚金或者没收财产。

受贿数额在十万元以上不满二十万元，具有本解释第一条第三款规定的情形之一的，应当认定为刑法第三百八十三条第一款规定的“其他严重情节”，依法判处三年以上十年以下有期徒刑，并处罚金或者没收财产。

第三条　贪污或者受贿数额在三百万元以上的，应当认定为刑法第三百八十三条第一款规定的“数额特别巨大”，依法判处十年以上有期徒刑、无

---

① 对于该司法解释规定的相关犯罪的定罪量刑标准，需结合刑法修正案(十一)、刑法修正案(十二)修正后的刑法相关规定综合考虑。——编者注

期徒刑或者死刑，并处罚金或者没收财产。

贪污数额在一百五十万元以上不满三百万元，具有本解释第一条第二款规定的情形之一的，应当认定为刑法第三百八十三条第一款规定的“其他特别严重情节”，依法判处十年以上有期徒刑、无期徒刑或者死刑，并处罚金或者没收财产。

受贿数额在一百五十万元以上不满三百万元，具有本解释第一条第三款规定的情形之一的，应当认定为刑法第三百八十三条第一款规定的“其他特别严重情节”，依法判处十年以上有期徒刑、无期徒刑或者死刑，并处罚金或者没收财产。

第四条　贪污、受贿数额特别巨大，犯罪情节特别严重、社会影响特别恶劣、给国家和人民利益造成特别重大损失的，可以判处死刑。

符合前款规定的情形，但具有自首，立功，如实供述自己罪行、真诚悔罪、积极退赃，或者避免、减少损害结果的发生等情节，不是必须立即执行的，可以判处死刑缓期二年执行。

符合第一款规定情形的，根据犯罪情节等情况可以判处死刑缓期二年执行，同时裁判决定在其死刑缓期执行二年期满依法减为无期徒刑后，终身监禁，不得减刑、假释。

第十条　刑法第三百八十八条之一规定的利用影响力受贿罪的定罪量刑适用标准，参照本解释关于受贿罪的规定执行。

刑法第三百九十条之一规定的对有影响力的人行贿罪的定罪量刑适用标准，参照本解释关于行贿罪的规定执行。

单位对有影响力的人行贿数额在二十万元以上的，应当依照刑法第三百九十条之一的规定以对有影响力的人行贿罪追究刑事责任。

第十二条　贿赂犯罪中的“财物”，包括货币、物品和财产性利益。财产性利益包括可以折算为货币的物质利益如房屋装修、债务免除等，以及需要支付货币的其他利益如会员服务、旅游等。后者的犯罪数额，以实际支付或者应当支付的数额计算。

第十六条　国家工作人员出于贪污、受贿的故意，非法占有公共财物、收受他人财物之后，将赃款赃物用于单位公务支出或者社会捐赠的，不影响贪污罪、受贿罪的认定，但量刑时可以酌情考虑。

特定关系人索取、收受他人财物，国家工作人员知道后未退还或者上交的，应当认定国家工作人员具有受贿故意。

第十八条　贪污贿赂犯罪分子违法所得的一切财物，应当依照刑法第六十四条的规定予以追缴或者责令退赔，对被害人的合法财产应当及时返还。对尚未追缴到案或者尚未足额退赔的违法所得，应当继续追缴或者责令退赔。

第十九条　对贪污罪、受贿罪判处三年以下有期徒刑或者拘役的，应当并处十万元以上五十万元以下的罚金；判处三年以上十年以下有期徒刑的，应当并处二十万元以上犯罪数额二倍以下的罚金或者没收财产；判处十年以上有期徒刑或者无期徒刑的，应当并处五十万元以上犯罪数额二倍以下的罚金或者没收财产。

对刑法规定并处罚金的其他贪污

贿赂犯罪，应当在十万元以上犯罪数额二倍以下判处罚金。

第二十条　本解释自2016年4月18日起施行。最高人民法院、最高人民检察院此前发布的司法解释与本解释不一致的，以本解释为准。

【司法解释(1)·注释】

1.《最高人民法院、最高人民检察院关于办理贪污贿赂刑事案件适用法律若干问题的解释》(以下简称《贪贿解释》)对贪污贿赂犯罪的定罪量刑标准作了较大调整，在选择适用新旧法律、新旧司法解释时，要注意正确理解和执行从旧兼从轻的法律和司法解释适用原则。

第一，对于2015年10月31日以前实施的贪污罪、受贿罪，一般适用新法、新解释。即：适用刑法修正案(九)修正后规定将判处更轻自由刑的，适用修正后刑法和《贪贿解释》规定。其中，修正前刑法未规定罚金刑但修正后刑法规定了罚金刑的，应当按照《贪贿解释》确定的判罚标准一并适用修正后刑法有关罚金刑的规定；一审在刑法修正案(九)实施之前已经判处没收财产刑的，二审可以按照《贪贿解释》确定的判罚标准改判罚金刑。

第二，对于2015年10月31日以前实施的行贿罪，一般适用旧法、新解释。由于刑法修正案(九)对行贿罪增加规定了罚金刑并对行贿罪规定了更加严格的从宽处罚适用条件，故一般应当适用修正前刑法。同时，由于刑法修正案(九)未对行贿罪的基础法定刑作出修改，《贪贿解释》有关行贿罪的主刑判罚标准可以溯及修正前的行贿罪刑法规定，较之于前述《行贿解释》，适用《贪贿解释》对被告人有利的，适用《贪贿解释》。

2.对于贪污罪的定罪量刑情节，《贪贿解释》第一条第二款明确了五种具体情形，简要说明如下：

第一项"贪污救灾、抢险、防汛、优抚、扶贫、移民、救济、防疫、社会捐助等特定款物的"中的"等"字，实践中要注意从两个方面来把握：一是这里的"等"为"等外等"，这也是法律文件中"等"字的通常性理解，所以，特定款物不限于列明的九种款物；二是其他特定款物的认定要从严掌握，只有与所列举的款物具有实质相当性的款物才可以认定为特定款物，具体可以从事项重要性、用途特定性以及时间紧迫性等方面进行判断。

第二项、第三项是曾因贪污、受贿、挪用公款受过党纪、行政处分或者因故意犯罪受过刑事追究的。适用本规定时需要注意以下两点：一是严格限定党纪、行政处分的事由为贪污、受贿、挪用公款三种具体职务违纪违法行为。二是对刑事追究的理解。鉴于实践中受过刑事追究的仍有担任公职特别是在国家出资企业任职的情况，且由于工作衔接等原因，受过刑事追究的未必都进行过党纪、行政处分，故《贪贿解释》第三项对因故意犯罪受过刑事追究的情形一并作出规定。文字表述上之所以用"刑事追究"而非"刑事处罚"，主要是考虑到较轻的刑事犯罪还有不起诉或者免予刑事处罚等处理措施，"刑事追究"一词更具包容性。三是对故意犯罪的理解。故意犯罪侧重于主观恶性，不能因为一些过失犯罪的刑罚重于故意犯罪而对这里的故意犯罪人为设限。但是，综合全案情节，贪污、受贿行为确实属于情节显著轻微危害不大，符合刑法第十三条但书条款规定的，可以不作为犯罪处理。

第四项是赃款赃物用于非法活动的。适用本项规定时要注意避免绝对化理解：一方面，不要求赃款赃物全部或者大部分用于非法活动；另一方面，用于非法活动的赃款赃物数额需要达到一定程度，对于用于非法活动的赃款赃物占比较小的，不宜适用本项规定。"度"的具体把握，实践中可以根据个案情况结合非法活动的比例数和绝对数综合判断。

第六项规定了造成恶劣影响或者其他严重后果的情节。作为兜底条款，本项规定对危害结果予以特别强调，本质上是结果加重情节，所以，在开放性程度上与其他司法解释文件的相关规定是有所不同的。具体适用本项规定时，一方面要注意发挥其兜底性作用，这里的影响或者后果不局限于物质层面的损失；另一方面要注意结合《贪贿解释》的本意从严掌握，影响或者后果必须实际发生且为相关证据证明。

3.对于受贿罪的定罪量刑情节，除《贪贿解释》第一条第二款规定的第二至六种情形外，《贪贿解释》第一条第三款针对受贿罪的特点另外规定了三种情形，分别说明如下：

第一，第一项是多次索贿。对于这里的"多次"，实践中要注意结合行为人的主观目的、索贿事由、对象等进行具体认定，避免单纯形式化的理解。比如，基于一笔款项10万元的索贿目的经多次索要才陆续得逞的，不宜认定为多次索贿；同时向多个不同的对象索贿的，也应当认定为多次索贿。此外，这里的"多次"没有时间限定，不论时间长短，凡是基于具体职务行为索要贿赂的，均应一并纳入犯罪处理。

第二，第二项是为他人谋取不正当利益，致使公共财产、国家和人民利益遭受损失。受贿罪以为他人谋取利益为法定要件，但是否实际为他人谋取利益、所谋取的利益正当与否均不影响受贿罪的认定。从损害结果的角度，受贿罪存在三种情形，分别是：收受财物后未实施相关职务行为；收受财物后正常履职；收受财物后违法行使职权为他人谋取不正当利益。第三种情形直接以妨害公权力正当行使、损害国家或者他人利益为交换条件，具有明显更为严重的危害性，理应从严惩处。

第三，第三项是为他人谋取职务提拔、调整。适用本项规定时需要注意以下几点：一是为他人谋取职务提拔、调整不要求实际谋取，承诺、实施、实现三个阶段中任何一个阶段的行为均应认定为本项规定的情形。《贪贿解释》第七条关于行贿罪定罪量刑情节规定中的谋取职务提拔、调整也作此理解。二是职务调整包括职务的平级调整，但是，离职、退休等不再具有国家工作人员公职身份的调整一般不宜认定为这里的职务调整。

4.死刑立即执行仅适用于极个别罪行极其严重的贪污受贿犯罪分子。《贪贿解释》第四条第一款规定的"特别重大损失"，包括但不限于物质损失。对于贪污、受贿犯罪判处死缓的，首先考虑适用的是一般死缓，而非终身监禁，以此避免实践中可能出现的、不加区分地一概适用终身监禁，从而加重原本就应当判处一般死缓的被告人刑罚的不当做法。终身监禁主要适用于原本可能判处死刑立即执行的情形；在

一、二审作出死缓裁判的同时应当一并作出终身监禁的决定，而不能等到死缓执行期间届满再视情而定，以此强调终身监禁不受执行期间重大立功等服刑表现的影响。

5.只有当贪污、受贿故意得以认定时，用于公务支出或者社会捐赠才不影响定罪。对于行为时犯罪故意不明确或者不能证明存在贪污或者个人受贿故意的，则应根据案件事实并结合赃款赃物具体去向实事求是地加以认定。

【司法解释(2)】

《最高人民检察院关于贪污养老、医疗等社会保险基金能否适用〈最高人民法院、最高人民检察院关于办理贪污贿赂刑事案件适用法律若干问题的解释〉第一条第二款第一项规定的批复》(高检发释字〔2017〕1号，20170807)

养老、医疗、工伤、失业、生育等社会保险基金可以认定为《最高人民法院、最高人民检察院关于办理贪污贿赂刑事案件适用法律若干问题的解释》第一条第二款第一项规定的"特定款物"。

根据刑法和有关司法解释规定，贪污罪和挪用公款罪中的"特定款物"的范围有所不同，实践中应注意区分，依法适用。

【司法解释(3)】

《最高人民法院、最高人民检察院关于办理妨害预防、控制突发传染病疫情等灾害的刑事案件具体应用法律若干问题的解释》(法释〔2003〕8号，20030515)

第十四条第一款　贪污、侵占用于预防、控制突发传染病疫情等灾害的款物或者挪用归个人使用，构成犯罪的，分别依照刑法第三百八十二条、第三百八十三条、第二百七十一条、第三百八十四条、第二百七十二条的规定，以贪污罪、侵占罪、挪用公款罪、挪用资金罪定罪，依法从重处罚。

【司法解释(4)】

《最高人民法院、最高人民检察院关于办理赌博刑事案件具体应用法律若干问题的解释》(法释〔2005〕3号，20050513)

第七条　通过赌博或者为国家工作人员赌博提供资金的形式实施行贿、受贿行为，构成犯罪的，依照刑法关于贿赂犯罪的规定定罪处罚。

【司法解释(5)】

《最高人民检察院关于先后受理同一犯罪嫌疑人涉嫌职务犯罪和其他犯罪的案件审查起诉期限如何起算问题的批复》(高检发释字〔2022〕2号，20221118)

对于同一犯罪嫌疑人涉嫌职务犯罪和其他犯罪的案件，监察机关、侦查机关移送人民检察院审查起诉时间不一致，需要并案处理的，审查起诉期限自受理后案之日起重新计算。

【司法指导文件(1)】

《最高人民法院、最高人民检察院关于办理职务犯罪案件严格适用缓刑、免予刑事处罚若干问题的意见》(法发〔2012〕17号，20120808)

一、严格掌握职务犯罪案件缓刑、免予刑事处罚的适用。职务犯罪案件的刑罚适用直接关系反腐败工作的实际效果。人民法院、人民检察院要深刻认识职务犯罪的严重社会危害性，正确贯彻宽严相济刑事政策，充分发挥刑罚的惩治和预防功能。要在全面把握犯罪事实和量刑情节的基础上严格依照刑法规定的条件适用缓刑、免予刑事处罚，既要考虑从宽情节，又要考虑从严情节；既要做到刑罚与犯罪相当，又要做到刑罚执行方式与犯罪相当，切实避免缓刑、免予刑事处罚不当适用造成的消极影响。

二、具有下列情形之一的职务犯罪分子，一般不适用缓刑或者免予刑事处罚：

（一）不如实供述罪行的；

（二）不予退缴赃款赃物或者将赃款赃物用于非法活动的；

（三）属于共同犯罪中情节严重的主犯的；

（四）犯有数个职务犯罪依法实行并罚或者以一罪处理的；

（五）曾因职务违纪违法行为受过行政处分的；

（六）犯罪涉及的财物属于救灾、抢险、防汛、优抚、扶贫、移民、救济、防疫等特定款物的；

（七）受贿犯罪中具有索贿情节的；

（八）渎职犯罪中徇私舞弊情节或者滥用职权情节恶劣的；

（九）其他不应适用缓刑、免予刑事处罚的情形。

三、不具有本意见第二条规定的情形，全部退缴赃款赃物，依法判处三年有期徒刑以下刑罚，符合刑法规定的缓刑适用条件的贪污、受贿犯罪分子，可以适用缓刑；符合刑法第三百八十三条第一款第（三）项的规定，依法不需要判处刑罚的，可以免予刑事处罚。[①]

不具有本意见第二条所列情形，挪用公款进行营利活动或者超过三个月未还构成犯罪，一审宣判前已将公款归还，依法判处三年有期徒刑以下刑罚，符合刑法规定的缓刑适用条件的，可以适用缓刑；在案发前已归还，情节轻微，不需要判处刑罚的，可以免予刑事处罚。

四、人民法院审理职务犯罪案件时应当注意听取检察机关、被告人、辩护人提出的量刑意见，分析影响性案件案发前后的社会反映，必要时可以征求案件查办等机关的意见。对于情节恶劣、社会反映强烈的职务犯罪案件，不得适用缓刑、免予刑事处罚。

五、对于具有本意见第二条规定的情形之一，但根据全案事实和量刑情节，检察机关认为确有必要适用缓刑或者免予刑事处罚并据此提出量刑建议的，应经检察委员会讨论决定；审理法院认为确有必要适用缓刑或者免予刑事处罚的，应经审判委员会讨论决定。

【司法指导文件(2)】

《最高人民检察院关于充分发挥检察职能依法保障和促进科技创新的意见》(高检发〔2016〕9号，20160707)

7.准确把握法律政策界限。……办案中要正确区分罪与非罪界限：对于身兼行政职务的科研人员特别是学术带头人，要区分其科研人员与公务人员的身份，特别是要区分科技创新活动与公务管理，正确把握科研人员以自身专业知识提供咨询等合法兼职获利的行

① 对于该条款的适用，需结合刑法修正案(九)第四十四条修正的刑法第三百八十三条的规定综合考虑。——编者注

为，与利用审批、管理等行政权力索贿受贿的界限；要区分科研人员合法的股权分红、知识产权收益、科技成果转化收益分配与贪污、受贿之间的界限；要区分科技创新探索失败、合理损耗与骗取科研立项、虚增科研经费投入的界限；要区分突破现有规章制度，按照科技创新需求使用科研经费与贪污、挪用、私分科研经费的界限；要区分风险投资、创业等造成的正常亏损与失职渎职的界限。……

【司法指导文件(3)】

《最高人民法院、最高人民检察院关于办理职务犯罪案件认定自首、立功等量刑情节若干问题的意见》(法发〔2009〕13号，20090312)

一、关于自首的认定和处理

根据刑法第六十七条第一款的规定，成立自首需同时具备自动投案和如实供述自己的罪行两个要件。犯罪事实或者犯罪分子未被办案机关掌握，或者虽被掌握，但犯罪分子尚未受到调查谈话、讯问，或者未被宣布采取调查措施或者强制措施时，向办案机关投案的，是自动投案。在此期间如实交代自己的主要犯罪事实的，应当认定为自首。

犯罪分子向所在单位等办案机关以外的单位、组织或者有关负责人员投案的，应当视为自动投案。

没有自动投案，在办案机关调查谈话、讯问、采取调查措施或者强制措施期间，犯罪分子如实交代办案机关掌握的线索所针对的事实的，不能认定为自首。

没有自动投案，但具有以下情形之一的，以自首论：(1)犯罪分子如实交代办案机关未掌握的罪行，与办案机关已掌握的罪行属不同种罪行的；(2)办案机关所掌握线索针对的犯罪事实不成立，在此范围外犯罪分子交代同种罪行的。

单位犯罪案件中，单位集体决定或者单位负责人决定而自动投案，如实交代单位犯罪事实的，或者单位直接负责的主管人员自动投案，如实交代单位犯罪事实的，应当认定为单位自首。单位自首的，直接负责的主管人员和直接责任人员未自动投案，但如实交代自己知道的犯罪事实的，可以视为自首；拒不交代自己知道的犯罪事实或者逃避法律追究的，不应当认定为自首。单位没有自首，直接责任人员自动投案并如实交代自己知道的犯罪事实的，对该直接责任人员应当认定为自首。

对于具有自首情节的犯罪分子，办案机关移送案件时应当予以说明并移交相关证据材料。

对于具有自首情节的犯罪分子，应当根据犯罪的事实、性质、情节和对于社会的危害程度，结合自动投案的动机、阶段、客观环境，交代犯罪事实的完整性、稳定性以及悔罪表现等具体情节，依法决定是否从轻、减轻或者免除处罚以及从轻、减轻处罚的幅度。

二、关于立功的认定和处理

立功必须是犯罪分子本人实施的行为。为使犯罪分子得到从轻处理，犯罪分子的亲友直接向有关机关揭发他人犯罪行为，提供侦破其他案件的重要线索，或者协助司法机关抓捕其他犯罪嫌疑人的，不应当认定为犯罪分子的立功表现。

据以立功的他人罪行材料应当指明具体犯罪事实；据以立功的线索或者

协助行为对于侦破案件或者抓捕犯罪嫌疑人要有实际作用。犯罪分子揭发他人犯罪行为时没有指明具体犯罪事实的；揭发的犯罪事实与查实的犯罪事实不具有关联性的；提供的线索或者协助行为对于其他案件的侦破或者其他犯罪嫌疑人的抓捕不具有实际作用的，不能认定为立功表现。

犯罪分子揭发他人犯罪行为，提供侦破其他案件重要线索的，必须经查证属实，才能认定为立功。审查是否构成立功，不仅要审查办案机关的说明材料，还要审查有关事实和证据以及与案件定性处罚相关的法律文书，如立案决定书、逮捕决定书、侦查终结报告、起诉意见书、起诉书或者判决书等。

据以立功的线索、材料来源有下列情形之一的，不能认定为立功：(1)本人通过非法手段或者非法途径获取的；(2)本人因原担任的查禁犯罪等职务获取的；(3)他人违反监管规定向犯罪分子提供的；(4)负有查禁犯罪活动职责的国家机关工作人员或者其他国家工作人员利用职务便利提供的。

犯罪分子检举、揭发的他人犯罪，提供侦破其他案件的重要线索，阻止他人的犯罪活动，或者协助司法机关抓捕的其他犯罪嫌疑人，犯罪嫌疑人、被告人依法可能被判处无期徒刑以上刑罚的，应当认定为有重大立功表现。其中，可能被判处无期徒刑以上刑罚，是指根据犯罪行为的事实、情节可能判处无期徒刑以上刑罚。案件已经判决的，以实际判处的刑罚为准。但是，根据犯罪行为的事实、情节应当判处无期徒刑以上刑罚，因被判刑人有法定情节经依法从轻、减轻处罚后判处有期徒刑的，应当认定为重大立功。

对于具有立功情节的犯罪分子，应当根据犯罪的事实、性质、情节和对于社会的危害程度，结合立功表现所起作用的大小、所破获案件的罪行轻重、所抓获犯罪嫌疑人可能判处的法定刑以及立功的时机等具体情节，依法决定是否从轻、减轻或者免除处罚以及从轻、减轻处罚的幅度。

三、关于如实交代犯罪事实的认定和处理

犯罪分子依法不成立自首，但如实交代犯罪事实，有下列情形之一的，可以酌情从轻处罚：(1)办案机关掌握部分犯罪事实，犯罪分子交代了同种其他犯罪事实的；(2)办案机关掌握的证据不充分，犯罪分子如实交代有助于收集定案证据的。

犯罪分子如实交代犯罪事实，有下列情形之一的，一般应当从轻处罚：(1)办案机关仅掌握小部分犯罪事实，犯罪分子交代了大部分未被掌握的同种犯罪事实的；(2)如实交代对于定案证据的收集有重要作用的。

四、关于赃款赃物追缴等情形的处理

贪污案件中赃款赃物全部或者大部分追缴的，一般应当考虑从轻处罚。

受贿案件中赃款赃物全部或者大部分追缴的，视具体情况可以酌定从轻处罚。

犯罪分子及其亲友主动退赃或者在办案机关追缴赃款赃物过程中积极配合的，在量刑时应当与办案机关查办案件过程中依职权追缴赃款赃物的有所区别。

职务犯罪案件立案后，犯罪分子及其亲友自行挽回的经济损失，司法机关或者犯罪分子所在单位及其上级主管部门挽回的经济损失，或者因客观原因减少的经济损失，不予扣减，但可以作为酌情从轻处罚的情节。

【司法指导文件(4)】

《最高人民法院研究室关于对行为人通过伪造国家机关公文、证件担任国家工作人员职务并利用职务上的便利侵占本单位财物、收受贿赂、挪用本单位资金等行为如何适用法律问题的答复》(法研〔2004〕38号，20040320)

行为人通过伪造国家机关公文、证件担任国家工作人员职务以后，又利用职务上的便利实施侵占本单位财物、收受贿赂、挪用本单位资金等行为，构成犯罪的，应当分别以伪造国家机关公文、证件罪和相应的贪污罪、受贿罪、挪用公款罪等追究刑事责任，实行数罪并罚。

第三百八十二条 【贪污罪】国家工作人员利用职务上的便利，侵吞、窃取、骗取或者以其他手段非法占有公共财物的，是贪污罪。

受国家机关、国有公司、企业、事业单位、人民团体委托管理、经营国有财产的人员，利用职务上的便利，侵吞、窃取、骗取或者以其他手段非法占有国有财物的，以贪污论。

与前两款所列人员勾结，伙同贪污的，以共犯论处。

【司法解释】

《最高人民法院关于审理贪污、职务侵占案件如何认定共同犯罪几个问题的解释》(法释〔2000〕15号，20000708)

第一条 行为人与国家工作人员勾结，利用国家工作人员的职务便利，共同侵吞、窃取、骗取或者以其他手段非法占有公共财物的，以贪污罪共犯论处。

第二条 行为人与公司、企业或者其他单位的人员勾结，利用公司、企业或者其他单位人员的职务便利，共同将该单位财物非法占为己有，数额较大的，以职务侵占罪共犯论处。

第三条 公司、企业或者其他单位中，不具有国家工作人员身份的人与国家工作人员勾结，分别利用各自的职务便利，共同将本单位财物非法占为己有的，按照主犯的犯罪性质定罪。

【司法指导文件(1)】

《全国法院审理经济犯罪案件工作座谈会纪要》(法〔2003〕167号，20031113)

二、关于贪污罪

(一)贪污罪既遂与未遂的认定

贪污罪是一种以非法占有为目的的财产性职务犯罪，与盗窃、诈骗、抢夺等侵犯财产罪一样，应当以行为人是否实际控制财物作为区分贪污罪既遂与未遂的标准。对于行为人利用职务上的便利，实施了虚假平账等贪污行为，但公共财物尚未实际转移，或者尚未被行为人控制就被查获的，应当认定为贪污未遂。行为人控制公共财物后，是否将财物据为己有，不影响贪污既遂的认定。

(二)“受委托管理、经营国有财产”的认定

刑法第三百八十二条第二款规定的“受委托管理、经营国有财产”，是指因承包、租赁、临时聘用等管理、经营国有财产。

(三)国家工作人员与非国家工作人员勾结共同非法占有单位财物行为

的认定

对于国家工作人员与他人勾结，共同非法占有单位财物的行为，应当按照《最高人民法院关于审理贪污、职务侵占案件如何认定共同犯罪几个问题的解释》的规定定罪处罚。对于在公司、企业或者其他单位中，非国家工作人员与国家工作人员勾结，分别利用各自的职务便利，共同将本单位财物非法占有的，应当尽量区分主从犯，按照主犯的犯罪性质定罪。司法实践中，如果根据案件的实际情况，各共同犯罪人在共同犯罪中的地位、作用相当，难以区分主从犯的，可以贪污罪定罪处罚。

（四）共同贪污犯罪中"个人贪污数额"的认定

刑法第三百八十三条第一款规定的"个人贪污数额"，在共同贪污犯罪案件中应理解为个人所参与或者组织、指挥共同贪污的数额，不能只按个人实际分得的赃款数额来认定。对共同贪污犯罪中的从犯，应当按照其所参与的共同贪污的数额确定量刑幅度，并依照刑法第二十七条第二款的规定，从轻、减轻处罚或者免除处罚。

【司法指导文件(2)】

《最高人民法院、最高人民检察院关于办理国家出资企业中职务犯罪案件具体应用法律若干问题的意见》（法发〔2010〕49号，20101126）

一、关于国家出资企业工作人员在改制过程中隐匿公司、企业财产归个人持股的改制后公司、企业所有的行为的处理

国家工作人员或者受国家机关、国有公司、企业、事业单位、人民团体委托管理、经营国有财产的人员利用职务上的便利，在国家出资企业改制过程中故意通过低估资产、隐瞒债权、虚设债务、虚构产权交易等方式隐匿公司、企业财产，转为本人持有股份的改制后公司、企业所有，应当依法追究刑事责任的，依照刑法第三百八十二条、第三百八十三条的规定，以贪污罪定罪处罚。贪污数额一般应当以所隐匿财产全额计算；改制后公司、企业仍有国有股份的，按股份比例扣除归于国有的部分。

所隐匿财产在改制过程中已为行为人实际控制，或者国家出资企业改制已经完成的，以犯罪既遂处理。

第一款规定以外的人员实施该款行为的，依照刑法第二百七十一条的规定，以职务侵占罪定罪处罚；第一款规定以外的人员与第一款规定的人员共同实施该款行为的，以贪污罪的共犯论处。

在企业改制过程中未采取低估资产、隐瞒债权、虚设债务、虚构产权交易等方式故意隐匿公司、企业财产的，一般不应当认定为贪污；造成国有资产重大损失，依法构成刑法第一百六十八条或者第一百六十九条规定的犯罪的，依照该规定定罪处罚。

二、关于国有公司、企业在改制过程中隐匿公司、企业财产归职工集体持股的改制后公司、企业所有的行为的处理

国有公司、企业违反国家规定，在改制过程中隐匿公司、企业财产，转为职工集体持股的改制后公司、企业所有的，对其直接负责的主管人员和其他直接责任人员，依照刑法第三百九十六条第一款的规定，以私分国有资产罪定罪处罚。

改制后的公司、企业中只有改制前

公司、企业的管理人员或者少数职工持股，改制前公司、企业的多数职工未持股的，依照本意见第一条的规定，以贪污罪定罪处罚。

四、关于国家工作人员在企业改制过程中的渎职行为的处理

……

国家出资企业中的国家工作人员在公司、企业改制或者国有资产处置过程中徇私舞弊，将国有资产低价折股或者低价出售给特定关系人持有股份或者本人实际控制的公司、企业，致使国家利益遭受重大损失的，依照刑法第三百八十二条、第三百八十三条的规定，以贪污罪定罪处罚。贪污数额以国有资产的损失数额计算。

……

五、关于改制前后主体身份发生变化的犯罪的处理

国家工作人员在国家出资企业改制前利用职务上的便利实施犯罪，在其不再具有国家工作人员身份后又实施同种行为，依法构成不同犯罪的，应当分别定罪，实行数罪并罚。

国家工作人员利用职务上的便利，在国家出资企业改制过程中隐匿公司、企业财产，在其不再具有国家工作人员身份后将所隐匿财产据为己有的，依照刑法第三百八十二条、第三百八十三条的规定，以贪污罪定罪处罚。

……

【司法指导文件(2)·注释】

1.关于国家出资企业工作人员在改制过程中隐匿公司、企业财产归个人持股的改制后公司、企业所有的行为的定性处理。

(1)关于性质认定。

第一，本款规定的行为在客观方面须同时具备两个要件。一是行为人在改制后的企业拥有股份，否则一般应以渎职犯罪处理；二是属于个人或者少数管理层的行为，如出于改制前企业的单位意志，改制后职工均享利益的行为，一般应以私分国有资产罪论处。

第二，本款规定的行为在主观方面须出于故意。只有采取弄虚作假的手段故意隐匿、侵吞国有资产的行为才构成本款规定的犯罪。改制过程中因工作失误造成资产流失，比如因财务账册、资产管理方面的原因造成资产清查不全面、不准确，资产评估价格偏低或者漏估等，或者经地方政府同意将国有资产处分给改制后企业，行为人未实施故意隐匿企业财产的行为，因不符合贪污罪的基本特征要件，不能以贪污罪定罪处罚，其中符合渎职犯罪构成要件的，可以渎职犯罪追究刑事责任。

第三，隐匿债权不影响贪污罪的认定。债权也可以成为贪污罪的对象。低估资产、隐瞒债权、虚设债务、虚构产权交易等均属隐匿企业财产的具体行为方式。

(2)关于贪污数额的计算。

第一，原则上应以行为人隐匿财产的全额计算贪污数额。个人所占股份比例情况，在量刑时可予酌情考虑，但不得据此随意更改数额认定的一般规则。此外，实践中还存在按照在案被起诉的共同参与人所占全部比例计算贪污数额的情形，此做法同样是错误的，应予纠正。

第二，作为例外，国有股份所占比例部分可予扣除。在坚持全额认定的基础上，对于改制后公司、企业仍保留有国有股份的，认定贪污数额时可按比

例扣除归于国有的部分。其基本立足点在于是否造成了国有资产损失。

第三，行为人在改制前企业已经占有股份的，不影响贪污数额的认定。

(3)关于既遂、未遂的认定标准。

第一，贪污债权的既遂、未遂认定。根据现有规定，可以解决以债权为对象的贪污既遂、未遂的认定问题。首先，债权尚未实现的，通常可以认定为贪污未遂；其次，债权尚未实现，但企业改制已经完成的，同样有必要认定为贪污既遂，因为，不同于其他情形的贪污行为，此种情形下国有资产的损失业已造成。所以，尽管以债权为对象的贪污行为具有一定的特殊性，但不能将贪污债权的行为一概按未遂处理。

第二，贪污不动产的既遂、未遂认定。贪污不动产的既遂、未遂认定，关键在于如何结合不动产移转的特殊性稳妥地把握和认定是否形成了实际控制。办理了变更登记手续或者在事实上转移了占有的，均可认定为贪污既遂，而不应在本意见规定之外另设标准。

2.关于国有公司、企业在改制过程中隐匿公司、企业财产归职工集体持股的改制后公司所有的行为的定性处理。

私分国有资产罪和贪污罪的区分关键在于单位行为还是个人行为。企业领导集体研究决定并由单位统一组织实施，在企业内部一定程度公开，企业不同层面的多数人员获得利益的，一般应当认定为私分国有资产罪；少数人共同实施，企业其他人员不知情或者不知实情，分取利益范围以参与决策、具体实施贪污行为以及为贪污行为提供帮助等少数某一层面的人员如企业管理层为限的，一般应当认定为贪污罪。其中，部分共同贪污犯罪人未分取赃物或者将赃物交给共同犯罪人之外的个别其他人的，不影响贪污罪的认定。

【司法指导文件(3)】

《最高人民检察院法律政策研究室对〈关于贪污困难职工帮扶资金能否适用《最高人民法院、最高人民检察院关于办理贪污贿赂刑事案件适用法律若干问题的解释》的请示〉的答复》(高检研〔2020〕4号，20200525)

困难职工帮扶资金属于社会救助的组成部分，是工会履行社会救助的职责范畴。困难职工帮扶资金救助对象为困难职工群体，与民政部门的最低生活保障等救助资金具有相同性质，应属于“救济”款物。

【司法指导文件(4)】

《最高人民法院、最高人民检察院、公安部关于办理医保骗保刑事案件若干问题的指导意见》(法发〔2024〕6号，20240228)

5.……

定点医药机构的国家工作人员，利用职务便利，实施第一款规定的行为，骗取医疗保障基金，依照刑法第三百八十二条、第三百八十三条的规定，以贪污罪定罪处罚。

7.医疗保障行政部门及经办机构工作人员利用职务便利，骗取医疗保障基金支出的，依照刑法第三百八十二条、第三百八十三条的规定，以贪污罪定罪处罚。

【指导性案例·法院】

〔杨延虎等贪污案，FZD11-2012〕

1.贪污罪中的“利用职务上的便

利”，是指利用职务上主管、管理、经手公共财物的权力及方便条件，既包括利用本人职务上主管、管理公共财物的职务便利，也包括利用职务上有隶属关系的其他国家工作人员的职务便利。

2.土地使用权具有财产性利益，属于刑法第三百八十二条第一款规定中的“公共财物”，可以成为贪污的对象。

【指导性案例·检察】

〔沈某某、郑某某贪污案，JZD187-2023〕

1.国家工作人员利用职务便利提前获知国有公司期货交易指令后，先用个人控制账户买入或卖出期货产品，再与国有公司账户进行相互交易的行为，属于在正常期货交易过程中增设相互交易环节，该行为直接造成国有公司交易成本提高，使本应归属国有公司的利益被个人占有，增设交易环节的行为与个人非法获利之间具有刑法上的因果关系，具有侵吞公共财产的性质，可依法认定为贪污罪。

2.对于利用期货交易手段实施贪污犯罪的数额，可以结合案件具体情况，根据行为人实际获利数额予以认定，不扣除交易中亏损部分。行为人在期货交易中增加相互交易环节提高国有公司支出成本，侵占公共财产获利的，在认定贪污犯罪数额时，可以根据行为人获利手段、公共财产损失以及因果关系等情况，以行为人实际获利数额计算。对于行为人与国有公司交易的亏损部分，如果系行为人交易不当、市场反向变化造成，且国有公司并未因此降低交易成本的，可以认定为犯罪成本，不在犯罪数额中扣减。

【法院案例库参考案例】

〔陶某贪污案，2025-03-1-402-004〕国家工作人员侵吞履职过程中代为收取并自行保管的私人财物行为的定性

国家工作人员履行调解职责时，当事人一方委托国家工作人员向另一方当事人转交赔偿款，自国家工作人员收取该赔偿款时起，赔偿款即属于国家机关管理的财产，应当以公共财产论。国家工作人员利用职务便利非法侵吞所涉款项的，依法以贪污罪论处。

〔殷某富贪污、受贿案，2025-03-1-402-001〕公办学校管理人员利用职务上的便利非法套取学生伙食费行为的定性

公办学校的管理人员利用职务上的便利，采取虚增货款、虚构供货商等套取方式非法占有学生伙食费等公共财物，符合刑法第三百八十二条规定的，依法以贪污罪论处。

〔高某宏贪污、受贿案，2024-03-1-402-005〕应归单位所有的收入及财产性利益属于贪污罪中的公共财物

贪污罪中的公共财物不能仅以单位的既有财产为限，应当归单位所有的收入及财产性利益同样应纳入贪污罪的对象范围。

〔汪某华贪污案，2024-03-1-402-003〕将执法扣押的财物变卖行为的定性

行政机关委托私人企业保管的扣押物品，该扣押物品仍在行政机关的管理、控制之下，受托单位并无处置的权利，因此扣押物品仍属于公共财物。被告人利用其行政执法人员的身份，私自将单位扣押的财物提走变卖，符合刑法第三百八十二条规定的，以贪污罪论处。

〔王某某贪污案，2024-03-1-402-002〕截留非法捐赠的财物的定性

行为人私自截留非法捐赠财物的行为应定性为贪污罪。违反公益事业捐赠法规定的捐赠财物可以成为贪污罪的对象。对所涉捐赠财物私自截留，符合刑法第三百八十二条规定的，以贪污罪论处。

〔胡某贪污、受贿、徇私舞弊减刑案，2024-03-1-402-001〕刑法修正案(九)颁布后审理的贪污受贿案，对刑法修正案(九)之前的犯罪是否适用罚金刑

对于发生在刑法修正案(九)之前的贪污、受贿犯罪，一般应适用刑法修正案(九)和《最高人民法院、最高人民检察院关于办理贪污贿赂刑事案件适用法律若干问题的解释》，依法并处罚金。

〔吴某文贪污案，2023-03-1-402-009〕高校科研经费财产属性的认定

国有高校作为科研项目承担单位，所收科研经费无论来源，均应认定为公共财产。课题组和科研人员以非法占有为目的，通过虚列支出、虚开发票等手段套取科研经费，应按照贪污罪定罪处罚。

〔高某华等贪污案，2023-02-1-402-001〕使用公款购买房屋构成贪污的，犯罪对象是公款

1.使用公款以个人名义购买房屋构成贪污罪的，犯罪对象是公款而不是房屋。行为人使用国有单位的公款，以个人名义购买房屋，是行为人将贪污所得赃款的处理结果，如果房屋未在单位进行固定资产登记，未按公房管理，单位因此遭受损失的财产仍然是公款。

2.行为人对不动产已经达到实际控制状态，即使产权证尚未办理，也不影响贪污犯罪既遂的成立。

〔杨某某等贪污案，2023-03-1-402-008〕集体研究讨论决定继续设立“小金库”进行资金套取及使用行为性质的认定

以虚假交易方式转移资产设立的“小金库”，体现单位意志，属单位控制的账外资金，不能将被告人等套取单位公款设立“小金库”的行为直接认定为贪污单位公款，应在“小金库”资金的使用上进一步分析认定被告人的行为所涉及的犯罪。认定本案贪污犯罪数额的关键是被告人对套取的全部资金是否具有非法占有目的，对于确实用于单位开支，资金去向难以查清的不宜直接计入贪污犯罪数额。

〔刘某春贪污案，2023-02-1-402-002〕自收自支事业单位中非法套取公款发放“奖金”的行为定性

对于自收自支事业单位发放的“奖金”，可以从所发钱款性质、来源方面考察单位对所分财产有无支配权，进而认定该款是否属于“公款”。自收自支的事业单位，虽然国家不再核拨经费，靠自身经营收入维持，但对于经营收入并不能完全自由支配，其自留分成部分，包括发放工资、奖金、福利的标准等都要经过相关部门的核定。对于超出核定范围的钱款，公司不具有支配权，应认定为公款。如果违法套取钱款或者违规截留应当上缴国家、无权支配的钱款，则侵犯了国家对于公共财产的经营、管理和支配的权限，已超出一般违纪行为的范畴，应受刑法的规制。

【法院公报案例】

〔上海市人民检察院第二分院诉王一兵贪污案，GB2004-5〕

在企业改制过程中，国有企业工作人员利用受委派在国有、集体联营企业中从事公务的职务便利，将国有、集体联营企业的公共财产转移至自己及亲属控股的个人股份制企业并非法占有，应认定构成贪污罪。

〔成都市人民检察院诉尚荣多等贪污案，GB2004-12〕

国有事业单位工作人员利用职务便利，截留并侵吞本单位违法收取的不合理费用，应根据刑法第三百八十二条的规定，以贪污罪论处。

【《刑事审判参考》案例】

〔参考案例第236号：彭国军贪污、挪用公款案〕如何区分贪污罪与挪用公款罪？

贪污罪是以非法占有公共财物为目的，而挪用公款罪则是以非法使用公款为目的。两罪区别的关键在于行为人主观上是否以非法占有为目的，客观上是否实施了侵吞公款的行为。

〔参考案例第216号：于继红贪污案〕不动产能否成为贪污罪的犯罪对象？如何认定犯罪既遂？

不动产可以成为贪污罪的犯罪对象。只要行为人利用职务之便，采取欺骗等非法手段，使公有不动产脱离了公有产权人的实际控制，并被行为人现实地占有的，或者行为人已经就所有权的取得进行了变更登记的，即可认定为贪污罪的既遂。

〔参考案例第275号：胡启能贪污案〕如何区分截留并非法占有本单位利润款的贪污行为与收受回扣的受贿行为？

一般而言，通过犯罪对象，可以对贪污与受贿作出清楚的界定。行为人所取得的财物系他人(包括单位)的财物，即为受贿；所取得的财物系本单位的公共财物(包括本单位管理、使用或者运输中的私人财物)，即为贪污。但是，在经济往来中，国家工作人员利用签订、履行合同的职务便利，经由交易对方以各种名义的回扣、手续费等形式给付其个人的财物，不能不加区别地一概认定为受贿行为，而应当结合交易的真实情况，具体分析行为人所获得的财物实际上是属于经济往来的对方单位，还是行为人单位，审慎加以区分，然后准确认定其行为的性质。

在购销活动中，如果购入方行为人收受的各种名义的回扣、手续费等实际上来源于虚增标的金额，或者卖出方行为人收受的各种名义的回扣、手续费，实际上来源于降低标的金额者，因该回扣或者手续费实质上属于本单位的额外支出或者应得利益，实际上侵犯的是本单位的财产权利，就应当特别注意是否是一种变相的贪污行为。

〔参考案例第313号：杨代芳贪污、受贿案〕〔参考案例第377号：李祖清等被控贪污案〕如何区分私分国有资产与共同贪污？

两种行为的差别主要是：

第一，实施主体方面。私分国有资产罪是单位犯罪，贪污罪则是自然人犯罪。不能因为刑法规定仅处罚相关责任人员以及非为单位谋取利益，而否认私分国有资产罪是单位犯罪，认定是否单位犯罪的关键在于行为的实施是否以单位的名义，代表单位的意志。

第二，行为方式方面。私分国有资产罪一般表现为本单位领导集体研究决定并由单位统一组织实施，尽管往往需要采取一定的欺骗手段以逃避有关部门的监管，但就本单位内部而言是相对公开的，因而具有较大程度和较大范围的公开性；贪污罪表现为行为人利用职务便利，以侵吞、窃取、骗取等不为人所知或者他人不知实情的方式实施，除了行为人或者共同行为人之外，其他人并不知情，因而具有相当的秘密性和隐蔽性。

第三，受益人员的数量、构成方面。私分国有资产属于集体私分行为，表现为单位多数员工甚至所有员工均实际分取了财物，在受益人员的数量上具有多数性特征，而且，一般不以某一特定层面为限，在受益人员的构成上具有广泛性特征。在私分国有资产行为当中，决策和具体执行的人员可以不是实际受益人，但是，实际受益人员不能仅仅局限在决策和具体执行等少数人员。贪污罪属于个人侵占行为，分取赃物人与贪污行为人是直接对应的，具有一致性。在共同贪污犯罪中，分取赃物人仅限于参与决策、具体实施贪污行为以及为贪污行为提供帮助等共同犯罪人。实践中也存在部分共同贪污犯罪人未分取赃物或者将赃物交给共同犯罪人之外的其他人的情形，但这属于赃物的事后分割和处理问题。

〔参考案例第334号：阎怀民、钱玉芳贪污、受贿案〕国家工作人员利用职务上的便利以单位名义向有关单位索要“赞助款”并占为己有的行为是索贿还是贪污？

国家工作人员利用职务上的便利，以单位名义向有关单位索要“赞助款”，并占为己有的行为，应以贪污罪定罪处罚。

〔参考案例第355号：朱洪岩贪污案〕租赁国有企业的人员盗卖国有资产的行为如何处理？

租赁经营国有企业的行为，属于受委托管理、经营国有财产，行为人利用职务上的便利盗卖国有财产并私分的行为，应以贪污罪定罪处罚。

〔参考案例第734号：王妙兴贪污、受贿、职务侵占案〕对国有公司改制中利用职务便利隐匿并实际控制国有资产的行为，如何认定？

在国有公司改制过程中，利用职务便利，隐匿并实际控制国有资产的行为应认定为贪污罪而非国有公司人员滥用职权罪。贪污罪和国有公司人员滥用职权罪虽然都可由国有公司人员构成，但存在明显区别：

第一，在造成国有资产损失的主观心理状态上，贪污罪是由直接故意构成，而国有公司人员滥用职权罪对国有资产造成的损失往往是非直接故意所致。

第二，在主观目的上，贪污罪是以非法占有为目的，而国有公司人员滥用职权罪一般不具有非法占有的目的。

第三，在客观表现上，贪污罪是以侵吞、窃取、骗取等方法非法占有公共财产，而国有公司人员滥用职权罪是以超越职权或者不适当行使职权，造成国有公司严重损失。

〔参考案例第1087号：祝贵财等贪污案〕如何区分非法经营同类营业罪和贪污罪？

区分获取购销差价的非法经营同类营业行为与增设中间环节截留国有财产的贪污行为的关键，在于行为人是采取何种方式取得非法利益的。如果行为人直接通过非法手段将国有公司、企业的财产转移到兼营公司、企业中，属于截留国有财产的贪污行为，构成贪污罪。如果行为人没有直接转移财产，而是利用职务便利将任职国有公司、企业的盈利性商业机会交由兼营公司、企业经营，获取数额巨大的非法利益的，则构成非法经营同类营业罪。

〔参考案例第1088号：赵明贪污、挪用公款案〕对采取虚列支出手段实施平账行为如何认定？

对采取虚列支出手段实施平账行为，但有后续归还行为的，不宜直接推定被告人犯罪故意转化为非法占有目的。非法占有目的是对被告人主观心态的评价，平账是指把各个分类账户的金额与其汇总账户的金额互相核算，将原本不相等的情况调整为相等，只是账目处理的一种技术性手段，不能取代对被告人的主观心态评价。在缺乏直接证据印证时，推定被告人具有非法占有目的，需要结合被告人实施犯罪过程中的具体行为，以对被告人的内心想法和真实目的作出综合性判断，合理评价实施虚开票据的平账行为应当遵循以下审查标准：第一，平账行为是否造成挪用的公款从单位账目上难以反映出来。第二，对财物账目的处理能否达到掩盖涉案款项去向效果。第三，从有无归还行为上判断被告人是否有非法占有目的。

〔参考案例第1139号：周爱武、周晓贪污案〕《贪贿解释》中规定的“特定款物”如何认定？

司法实践中认定犯罪对象是否属于特定款物，不仅要看具体款物的表现形式，还要通过贪污方式看其本质特征，只有在公款已经类型化为特定款物，且妨害了特定事项办理或者特殊群体权利的情况下，才可认定为特定款物。

〔参考案例第1142号：王雪龙挪用公款、贪污案〕如何认定“小金库”性质的公司？

1.认定“小金库”性质的公司，应当从其设置的知情面、设置的目的、公司的管理、经费的使用及受益方等方面进行综合考量。

第一，从公司设立知情面来看，虽然从表面上知情面较窄，具有一定隐蔽性，但由于“小金库”性质公司的设立体现的是单位意志，单位的决策管理层应当对该公司的设立知情，绝非仅个别领导知情。

第二，从公司设置目的来看，单位设立“小金库”一般用于安置单位违规收费、罚款、摊派的资金、以会议费等名义套取的资金、虚列支出转出的资金等，以便单位逃避监管违规发放工资、福利、接待费等，也不排除部分资金用于弥补正常公务支出的差额。

第三，从公司管理来看，“小金库”及“小金库”性质公司的管理同样应体现单位意志，在“小金库”资金的收入、支出，或者“小金库”性质公司的人、财、物管理等方面都应体现出单位的集体决策。因为从本质来讲，单位“小金库”中的资金仍属于单位财产，即使成立了独立的“小金库”性质公司，该公司的财产也属于设立该公司的单位所有，公司事务也应由设立其的单位管理。

第四，从经费的使用及受益方来看，“小金库”或者“小金库”性质公司中的资金由设立其的单位支配、使用，受益方也是设立该“小金库”的单位，这是由“小金库”的性质决定的。

2.“小金库”在设立、管理、使用过程中均应经过单位的集体决策程序，体现单位意志，任何个人决定或者以个人名义截留公共款项设立的所谓“小金库”，均属于违纪、违法甚至犯罪行为，不应认定为本单位的“小金库”。

〔参考案例第1558号：丁某圣、王某受贿、贪污案〕国家工作人员与请托人互送大额财物以及套取银行营销费用的性质应如何认定？

银行国家工作人员按照规定使用营销费用时属于一种“公务行为”，不能因与个人业绩挂钩而视为个人财物随意占有、处分。判断国家工作人员套取银行营销费用的行为性质应当从形式判断和实质判断两方面入手：一是审查营销费用的支出和报销在形式上是否合规；二是审查营销费用的真实用途及去向。主要从报销事由、报销票据反映的内容、钱款流向(包括银行与银行国家工作人员之间、银行国家工作人员与开具发票的主体之间因营销活动产生的钱款往来情况)、相关营销服务的履行情况以及相关主体的言词证据等入手，查明营销费用的真实去向。达到犯罪追诉标准的，认定构成贪污罪；未达到犯罪追诉标准的，认定为违纪违规行为。

〔参考案例第1623号：史某某贪污案〕村干部在协助政府相关部门进行腾退拆迁工作中，与村民共谋骗取拆迁补偿款的行为如何定性？

村干部协助人民政府从事腾退拆迁等行政管理工作，具有国家工作人员身份，在具体骗取拆迁补偿款的过程中利用了职务便利，其行为应当认定为贪污罪。与其共谋的村民虽不具有国家工作人员身份，但伙同村干部共同利用职务便利骗取拆迁补偿款，构成贪污罪的共犯。

【职务犯罪案例】

〔公司负责人将公司账外股权秘密转移至本人实际控制的公司名下的行为如何认定，ZWFZ2-2022〕

判断公司负责人究竟系在单位授权下体外运营带有“单位小金库”性质的账外股权，还是利用职务便利非法占有本单位公共财产，关键看该账外股权是否脱离本单位的监管。在实践中，可以从公司负责人是否通过垄断账外股权交易的信息、价格、数额、审批和登记等程序，形成了高度隐蔽的股份流转形式；账外股权运行过程中是否有公司其他高级管理人员、财会人员参与资金分配、记账结算或对股权流转过程知情；公司负责人是否擅自处置、变现其掌握的公司账外股权，是否曾向相关部门、人员汇报、交接其掌握公司账外股权的情况，是否实施隐匿、毁弃与账外股权运营相关的会计账簿行为等方面综合审查判断。

〔职务犯罪中“影子公司”实际控制人的认定及合同真实性的判断，ZWFZ30-2024〕

认定国家工作人员是否为企业实际控制人，应综合企业重大事项的决策程序、利润分配流向、主要负责人与国家工作人员的关系、主营业务与国家工作人员职权的关系等因素进行研判。在相关案件的办理中，还应注意审查“影子公司”与其他市场主体所签订合同的真实性，区分正常交易行为与非法利益输送，从而准确认定犯罪数额。

〔粮食购销储领域贪腐案件的司法认定，ZWFZ32-2024〕

非国有单位依据政府采购合同履行管理、经管属于国有财产的政府储备粮的职责，符合贪污罪受委托管理、经营国有财产的人员的主体要件。在受委托管理、经营国有财产期间，侵吞、窃取、骗取或者以其他手段非法占有国有财产的，应以贪污论。

第三百八十三条　【对贪污罪的处罚】对犯贪污罪的，根据情节轻重，分别依照下列规定处罚：

（一）贪污数额较大或者有其他较重情节的，处三年以下有期徒刑或者拘役，并处罚金。

（二）贪污数额巨大或者有其他严重情节的，处三年以上十年以下有期徒刑，并处罚金或者没收财产。

（三）贪污数额特别巨大或者有其他特别严重情节的，处十年以上有期徒刑或者无期徒刑，并处罚金或者没收财产；数额特别巨大，并使国家和人民利益遭受特别重大损失的，处无期徒刑或者死刑，并处没收财产。

对多次贪污未经处理的，按照累计贪污数额处罚。

犯第一款罪，在提起公诉前如实供述自己罪行、真诚悔罪、积极退赃，避免、减少损害结果的发生，有第一项规定情形的，可以从轻、减轻或者免除处罚；有第二项、第三项规定情形的，可以从轻处罚。

犯第一款罪，有第三项规定情形被判处死刑缓期执行的，人民法院根据犯罪情节等情况可以同时决定在其死刑缓期执行二年期满依法减为无期徒刑后，终身监禁，不得减刑、假释。

【修正前条文】

第三百八十三条　【对贪污罪的处罚】对犯贪污罪的，根据情节轻重，分别依照下列规定处罚：

（一）个人贪污数额在十万元以上的，处十年以上有期徒刑或者无期徒刑，可以并处没收财产；情节特别严重的，处死刑，并处没收财产。

（二）个人贪污数额在五万元以上不满十万元的，处五年以上有期徒刑，可以并处没收财产；情节特别严重的，处无期徒刑，并处没收财产。

（三）个人贪污数额在五千元以上不满五万元的，处一年以上七年以下有期徒刑；情节严重的，处七年以上十年以下有期徒刑。个人贪污数额在五千元以上不满一万元，犯罪后有悔改表现、积极退赃的，可以减轻处罚或者免予刑事处罚，由其所在单位或者上级主管机关给予行政处分。

（四）个人贪污数额不满五千元，情节较重的，处二年以下有期徒刑或者拘役；情节较轻的，由其所在单位或者上级主管机关酌情给予行政处分。

对多次贪污未经处理的，按照累计贪污数额处罚。

【修正说明】

刑法修正案(九)第四十四条对原条文作出下述修改：一是修改了贪污受贿犯罪的定罪量刑标准，取消了刑法第三百八十三条对贪污受贿犯罪定罪量刑的具体数额标准，采用数额加情节的标准，同时增加了罚金刑。二是进一步明确、严格了对贪污受贿犯罪从轻、减轻、免除处罚的条件。三是增加一款规定，对犯贪污罪，被判处死刑缓期执行的，人民法院根据犯罪情节等情况可以同时决定在其死刑缓期执行二年期满依法减为无期徒刑后，终身监禁，不得减刑、假释。

【立法・要点注释】

1.本条第三款“如实供述自己罪行、真诚悔罪、积极退赃”是并列条件，要求全部具备。实践中，有些犯罪分子虽然如实供述了自己的罪行，但没有积极退赃的表现，有的甚至将所贪污受贿的财产转移，企图出狱后自己和家人仍继续享受这些财产，这种行为表明其不具有真诚悔罪的表现，不符合从宽处理的条件。

2.本条第四款规定只是明确了可以适用“终身监禁”的人员的范围，并不是所有贪污受贿犯罪被判处死刑缓期执行的都要“终身监禁”，是否“终身监禁”，应由人民法院根据其所实施犯罪的具体情节等情况综合考虑。这里规定的“同时”，是指被判处死刑缓期执行的同时，不是在死刑缓期执行二年期满以后减刑的“同时”。根据刑事诉讼法第二百六十五条的规定，可以暂予监外执行的对象是被判处有期徒刑和拘役的罪犯，因此，终身监禁的罪犯，不得减刑、假释，也不得暂予监外执行。

【司法解释】

《最高人民法院关于〈中华人民共和国刑法修正案(九)〉时间效力问题的解释》(法释〔2015〕19号，20151101)

第八条　对于2015年10月31日以前实施贪污、受贿行为，罪行极其严重，根据修正前刑法判处死刑缓期执行不能体现罪刑相适应原则，而根据修正后刑法判处死刑缓期执行同时决定在其死刑缓期执行二年期满依法减为无期徒刑后，终身监禁，不得减刑、假释可以罚当其罪的，适用修正后刑法第三百八十三条第四款的规定。根据修正前刑法判处死刑缓期执行足以罚当其罪的，不适用修正后刑法第三百八十三条第四款的规定。

【司法解释・注释】

对于2015年10月31日以前犯贪污罪、受贿罪，刑法修正案(九)生效后依法应当判处死刑缓期执行的，包括三种情形：一是依照修正前刑法本应判处死刑立即执行，但依照修正后刑法判处死缓同时决定终身监禁，可以罚当其罪的；二是依照修正前刑法判处死刑缓期执行足以罚当其罪的；三是除前两种情形以外的其他死缓犯，包含依据生效判决、裁定已经收押的死缓犯。考虑到终身监禁对被告人不利，对上述第二、三种情形，应适用修正前刑法的规定，不能判处终身监禁；而对上述第一种情形，适用修正后刑法可不判处死刑立即执行，有利于被告人，故可适用新法。

【《刑事审判参考》案例】

〔参考案例第1139号：周爱武、周晓贪污案〕贪污罪的罚金刑是否适用于刑法修正案(九)实施前的贪污犯罪行为？

比较法定刑的轻重，首要的标准在于主刑的轻重，而不在于刑种的多少。在两个主刑存在轻重之分的情况下，有无附加刑不影响法定刑轻重的判断。主刑重的，属于处刑较重的；主刑轻的，属于处刑较轻的。因此，对于刑法修正案(九)实施之前的贪污犯罪行为,应当根据从旧兼从轻原则适用主刑处罚较轻的新法规定,同时适用新法规定的罚金刑。

第三百八十四条　【挪用公款罪】国家工作人员利用职务上的便利,挪用公款归个人使用,进行非法活动的,或者挪用公款数额较大、进行营利活动的,或者挪用公款数额较大、超过三个月未还的,是挪用公款罪,处五年以下有期徒刑或者拘役;情节严重的,处五年以上有期徒刑。挪用公款数额巨大不退还的,处十年以上有期徒刑或者无期徒刑。

挪用用于救灾、抢险、防汛、优抚、扶贫、移民、救济款物归个人使用的,从重处罚。

【立法 · 要点注释】

1.“挪用公款归个人使用”,包括挪用者本人使用或者给其他人使用。挪用公款后,为私利以个人名义将挪用的公款给其他单位使用的,应视为挪用公款归个人使用。

2.“进行非法活动”,是指进行违法犯罪活动,如赌博、走私等。对挪用公款归个人使用进行非法活动的,不要求数额较大,也不论挪用时间长短,原则上都可构成本罪。

3.“进行营利活动”,是指进行经商办企业、投资股市、放贷等经营性活动。对这种情况,无论挪用时间长短,原则上也可以定罪。

4.“挪用公款数额较大的,归个人使用,超过三个月未还的”,主要指用于个人生活,如挪用公款盖私房、买车或者进行挥霍等。这里所说的“未还”,是指案发前(被司法机关、主管部门或者有关单位发现前)未还。如果挪用公款数额较大,超过三个月后在案发前已全部归还本息的,不作为犯罪处理。

【立法解释】

《全国人民代表大会常务委员会关于〈中华人民共和国刑法〉第三百八十四条第一款的解释》(20020428)

有下列情形之一的,属于挪用公款“归个人使用”:

(一)将公款供本人、亲友或者其他自然人使用的;

(二)以个人名义将公款供其他单位使用的;

(三)个人决定以单位名义将公款供其他单位使用,谋取个人利益的。

【立法解释 · 注释】

1.“以个人名义”是指打着个人的旗号,实践中多表现为在单位的出借款条上或者其他提供款项的文件上签的是个人的名字,且无单位的公章。这样,虽然把单位的公款借给了其他单位,但手续上反映的却是个人把钱借出。“供”是提供之意,包括借出或赠与。以个人名义将公款供其他单位使用的,无须再看是否谋取个人利益。

2.实践中,有的人利用职权,个人决定以单位名义将公款供其他单位使用,自己又没有从中谋取个人利益,但用款单位无力还款,给单位造成重大损失的,对挪用人可以渎职罪追究刑事责任。

【司法解释(1)】

《最高人民法院、最高人民检察院

关于办理贪污贿赂刑事案件适用法律若干问题的解释》(法释〔2016〕9号,20160418)

第五条 挪用公款归个人使用,进行非法活动,数额在三万元以上的,应当依照刑法第三百八十四条的规定以挪用公款罪追究刑事责任;数额在三百万元以上的,应当认定为刑法第三百八十四条第一款规定的“数额巨大”。具有下列情形之一的,应当认定为刑法第三百八十四条第一款规定的“情节严重”:

(一)挪用公款数额在一百万元以上的;

(二)挪用救灾、抢险、防汛、优抚、扶贫、移民、救济特定款物,数额在五十万元以上不满一百万元的;

(三)挪用公款不退还,数额在五十万元以上不满一百万元的;

(四)其他严重的情节。

第六条 挪用公款归个人使用,进行营利活动或者超过三个月未还,数额在五万元以上的,应当认定为刑法第三百八十四条第一款规定的“数额较大”;数额在五百万元以上的,应当认定为刑法第三百八十四条第一款规定的“数额巨大”。具有下列情形之一的,应当认定为刑法第三百八十四条第一款规定的“情节严重”:

(一)挪用公款数额在二百万元以上的;

(二)挪用救灾、抢险、防汛、优抚、扶贫、移民、救济特定款物,数额在一百万元以上不满二百万元的;

(三)挪用公款不退还,数额在一百万元以上不满二百万元的;

(四)其他严重的情节。

【司法解释(2)】

《最高人民法院关于审理挪用公款案件具体应用法律若干问题的解释》(法释〔1998〕9号,19980509)

第二条 对挪用公款罪,应区分三种不同情况予以认定:

(一)挪用公款归个人使用,数额较大、超过三个月未还的,构成挪用公款罪。

挪用正在生息或者需要支付利息的公款归个人使用,数额较大,超过三个月但在案发前全部归还本金的,可以从轻处罚或者免除处罚。给国家、集体造成的利息损失应予追缴。挪用公款数额巨大,超过三个月,案发前全部归还的,可以酌情从轻处罚。

(二)挪用公款数额较大,归个人进行营利活动的,构成挪用公款罪,不受挪用时间和是否归还的限制。在案发前部分或者全部归还本息的,可以从轻处罚;情节轻微的,可以免除处罚。

挪用公款存入银行、用于集资、购买股票、国债等,属于挪用公款进行营利活动。所获取的利息、收益等违法所得,应当追缴,但不计入挪用公款的数额。

(三)挪用公款归个人使用,进行赌博、走私等非法活动的,构成挪用公款罪,不受“数额较大”和挪用时间的限制。

挪用公款给他人使用,不知道使用人用公款进行营利活动或者用于非法活动,数额较大、超过三个月未还的,构成挪用公款罪;明知使用人用于营利活动或者非法活动的,应当认定为挪用人挪用公款进行营利活动或者非法活动。

第四条　多次挪用公款不还，挪用公款数额累计计算；多次挪用公款，并以后次挪用的公款归还前次挪用的公款，挪用公款数额以案发时未还的实际数额认定。

第五条　“挪用公款数额巨大不退还的”，是指挪用公款数额巨大，因客观原因在一审宣判前不能退还的。

第六条　携带挪用的公款潜逃的，依照刑法第三百八十二条、第三百八十三条的规定定罪处罚。

第七条　因挪用公款索取、收受贿赂构成犯罪的，依照数罪并罚的规定处罚。

挪用公款进行非法活动构成其他犯罪的，依照数罪并罚的规定处罚。

第八条　挪用公款给他人使用，使用人与挪用人共谋，指使或者参与策划取得挪用款的，以挪用公款罪的共犯定罪处罚。

【司法解释(3)】

《最高人民法院关于挪用公款犯罪如何计算追诉期限问题的批复》(法释〔2003〕16号，20031010)

根据刑法第八十九条、第三百八十四条的规定，挪用公款归个人使用，进行非法活动的，或者挪用公款数额较大、进行营利活动的，犯罪的追诉期限从挪用行为实施完毕之日起计算；挪用公款数额较大、超过三个月未还的，犯罪的追诉期限从挪用公款罪成立之日起计算。挪用公款行为有连续状态的，犯罪的追诉期限应当从最后一次挪用行为实施完毕之日或者犯罪成立之日起计算。

【司法解释(4)】

《最高人民检察院关于挪用失业保险基金和下岗职工基本生活保障资金的行为适用法律问题的批复》(高检发释字〔2003〕1号，20030130)

国家工作人员利用职务上的便利，挪用失业保险基金和下岗职工基本生活保障资金归个人使用，构成犯罪的，应当依照刑法第三百八十四条的规定，以挪用公款罪追究刑事责任。

【司法解释(5)】

《最高人民检察院关于国家工作人员挪用非特定公物能否定罪的请示的批复》(高检发释字〔2000〕1号，20000315)

刑法第三百八十四条规定的挪用公款罪中未包括挪用非特定公物归个人使用的行为，对该行为不以挪用公款罪论处。如构成其他犯罪的，依照刑法的相关规定定罪处罚。

【司法解释(6)】

《最高人民检察院关于挪用国库券如何定性问题的批复》(高检发释字〔1997〕5号，19971013)

国家工作人员利用职务上的便利，挪用公有或本单位的国库券的行为以挪用公款论；符合刑法第三百八十四条、第二百七十二第二款规定的情形构成犯罪的，按挪用公款罪追究刑事责任。

【司法指导文件(1)】

《全国法院审理经济犯罪案件工作座谈会纪要》(法〔2003〕167号，20031113)

四、关于挪用公款罪

(一)单位决定将公款给个人使用

行为的认定

经单位领导集体研究决定将公款给个人使用，或者单位负责人为了单位的利益，决定将公款给个人使用的，不以挪用公款罪定罪处罚。上述行为致使单位遭受重大损失，构成其他犯罪的，依照刑法的有关规定对责任人员定罪处罚。

（二）挪用公款供其他单位使用行为的认定

根据全国人大常委会《关于〈中华人民共和国刑法〉第三百八十四条第一款的解释》的规定，“以个人名义将公款供其他单位使用的”、“个人决定以单位名义将公款供其他单位使用，谋取个人利益的”，属于挪用公款“归个人使用”。在司法实践中，对于将公款供其他单位使用的，认定是否属于“以个人名义”，不能只看形式，要从实质上把握。对于行为人逃避财务监管，或者与使用人约定以个人名义进行，或者借款、还款都以个人名义进行，将公款给其他单位使用的，应认定为“以个人名义”。“个人决定”既包括行为人在职权范围内决定，也包括超越职权范围决定。“谋取个人利益”，既包括行为人与使用人事先约定谋取个人利益实际尚未获取的情况，也包括虽未事先约定但实际已获取了个人利益的情况。其中的“个人利益”，既包括不正当利益，也包括正当利益；既包括财产性利益，也包括非财产性利益，但这种非财产性利益应当是具体的实际利益，如升学、就业等。

（三）国有单位领导向其主管的具有法人资格的下级单位借公款归个人使用的认定

国有单位领导利用职务上的便利指令具有法人资格的下级单位将公款供个人使用的，属于挪用公款行为，构成犯罪的，应以挪用公款罪定罪处罚。

（四）挪用有价证券、金融凭证用于质押行为性质的认定

挪用金融凭证、有价证券用于质押，使公款处于风险之中，与挪用公款为他人提供担保没有实质的区别，符合刑法关于挪用公款罪规定的，以挪用公款罪定罪处罚，挪用公款数额以实际或者可能承担的风险数额认定。

（五）挪用公款归还个人欠款行为性质的认定

挪用公款归还个人欠款的，应当根据产生欠款的原因，分别认定属于挪用公款的何种情形。归还个人进行非法活动或者进行营利活动产生的欠款，应当认定为挪用公款进行非法活动或者进行营利活动。

（六）挪用公款用于注册公司、企业行为性质的认定

申报注册资本是为进行生产经营活动作准备，属于成立公司、企业进行营利活动的组成部分。因此，挪用公款归个人用于公司、企业注册资本验资证明的，应当认定为挪用公款进行营利活动。

（七）挪用公款后尚未投入实际使用的行为性质的认定

挪用公款后尚未投入实际使用的，只要同时具备“数额较大”和“超过三个月未还”的构成要件，应当认定为挪用公款罪，但可以酌情从轻处罚。

（八）挪用公款转化为贪污的认定

挪用公款罪与贪污罪的主要区别在于行为人主观上是否具有非法占有公款的目的。挪用公款是否转化为贪污，应当按照主客观相一致的原则，具

体判断和认定行为人主观上是否具有非法占有公款的目的。在司法实践中，具有以下情形之一的可以认定行为人具有非法占有公款的目的：

1.根据《最高人民法院关于审理挪用公款案件具体应用法律若干问题的解释》第六条的规定，行为人“携带挪用的公款潜逃的”，对其携带挪用的公款部分，以贪污罪定罪处罚。

2.行为人挪用公款后采取虚假发票平账、销毁有关账目等手段，使所挪用的公款已难以在单位财务账目上反映出来，且没有归还行为的，应当以贪污罪定罪处罚。

3.行为人截取单位收入不入账，非法占有，使所占有的公款难以在单位财务账目上反映出来，且没有归还行为的，应当以贪污罪定罪处罚。

4.有证据证明行为人有能力归还所挪用的公款而拒不归还，并隐瞒挪用的公款去向的，应当以贪污罪定罪处罚。

【司法指导文件(2)】

《最高人民法院、最高人民检察院关于办理国家出资企业中职务犯罪案件具体应用法律若干问题的意见》(法发〔2010〕49号，20101126)

三、关于国家出资企业工作人员使用改制公司、企业的资金担保个人贷款，用于购买改制公司、企业股份的行为的处理

国家出资企业的工作人员在公司、企业改制过程中为购买公司、企业股份，利用职务上的便利，将公司、企业的资金或者金融凭证、有价证券等用于个人贷款担保的，依照刑法第二百七十二条或者第三百八十四条的规定，以挪用资金罪或者挪用公款罪定罪处罚。

行为人在改制前的国家出资企业持有股份的，不影响挪用数额的认定，但量刑时应当酌情考虑。

经有关主管部门批准或者按照有关政策规定，国家出资企业的工作人员为购买改制公司、企业股份实施前款行为的，可以视具体情况不作为犯罪处理。

【司法指导文件(3)】

《最高人民检察院关于认真贯彻执行全国人民代表大会常务委员会〈关于刑法第二百九十四条第一款的解释〉和〈关于刑法第三百八十四条第一款的解释〉的通知》(高检发研字〔2002〕11号，20020513)

对于国家工作人员利用职务上的便利，实施《全国人民代表大会常务委员会关于刑法第三百八十四条第一款的解释》规定的挪用公款“归个人使用”的三种情形之一的，无论使用公款的是个人还是单位以及单位的性质如何，均应认定为挪用公款归个人使用，构成犯罪的，应依法严肃查处。

【司法指导文件(4)】

《最高人民法院研究室关于挪用退休职工社会养老金行为如何适用法律问题的复函》(法研〔2004〕102号，20040709)

退休职工养老保险金不属于我国刑法中的救灾、抢险、防汛、优抚、扶贫、移民、救济等特定款物的任何一种。因此，对于挪用退休职工养老保险金的行为，构成犯罪时，不能以挪用特定款物罪追究刑事责任，而应当按照行为人身份的不同，分别以挪用资金罪或者挪用

公款罪追究刑事责任。

【指导性案例 · 检察】

〔李某等人挪用公款案，JZD189-2023〕

1.对于为下一步个人擅自挪用公款做铺垫准备，相关负责人在集体研究时采取虚构事实、隐瞒真相的方式，引导形成错误决策的，不影响对个人责任的认定。对于为个人从事营利活动而违规使用单位公款的行为，应重点审查使用公款目的、公款流转去向、公款潜在风险、违法所得归属等要素，如公款形式上归单位使用、实质上为个人使用的，可以认定挪用公款“归个人使用”。

2.对于挪用公款犯罪中“归个人使用”后进行营利活动取得的财物和孳息，如能排除系善意取得，应依法追缴。对于行为人实施挪用公款犯罪取得的非法获利，应按照犯罪所得依法予以追缴。在特定情况下，其他不构成犯罪或未被追究刑事责任的相关人员也可能因行为人实施挪用公款行为获利，如能够证实该获利系因挪用公款犯罪行为而直接产生，相关人员主观上对收益的违法性有认知，不属于善意取得，检察机关可以建议监察机关根据刑法、监察法、监察法实施条例等相关法律法规的规定，将该部分获利作为违法所得，依法予以没收、追缴。

【法院案例库参考案例】

〔刘某坚挪用公款案，2025-03-1-403-001〕“私户公用”情形下挪用公款购买理财产品行为的定性

经国有单位同意，将行为人个人账户作为单位对公账户使用，该账户实际系公款账户，该账户内资金系公款。行为人作为国家工作人员，未经国有单位同意，利用职务上的便利，使用该公款账户内的资金私自购买银行理财产品，属于挪用公款进行营利活动，数额较大的，依法以挪用公款罪论处。

〔李某、钱某挪用公款案，2024-18-1-403-001〕金融机构理财管理行为与挪用公款行为的界分

银行等金融机构基于金融理财管理需要，经集体研究、决定使用单位资金的行为系单位行为，不宜以挪用公款罪论处。对于个人假借单位名义，以集体讨论、研究为幌子，违规使用单位资金，谋取个人利益的行为，本质上系公款私用行为，应当依法以挪用公款罪论处。

〔徐某峰挪用公款案，2023-03-1-403-006〕以借款形式提前支取工程款行为性质的认定

建设工程施工过程中，施工方违反与发包方签订的房屋竣工验收后一次性付清房款的约定，通过疏通关系，以借款形式提前向发包方支取部分工程款，并在工程交付后将该借款作为工程款一并清算，属于违约提前领取工程款的行为，不具有挪用公款罪的特征，不能以挪用公款罪(共犯)定罪处罚。

〔何某某挪用公款案，2023-03-1-403-005〕安排所分管的企业出借资金归个人使用构成挪用公款罪

利用职务上的便利，安排他人将其分管企业的资金挪出归个人使用，超过三个月未还的，构成挪用公款罪。

〔朱某挪用公款案，2023-03-1-403-002〕行业协会会费是否属于公款的认定

1.挂靠于国家行政机关的行业协会的财政由被挂靠行政机关统一管理，

行政机关对行业协会的会费具有管理权、支配权，故行业协会会费应当被认定为公款，行为人挪用行业协会的会费归个人使用的行为，构成挪用公款罪。

2.行为人在签订理财协议时，明知自身个人银行卡用于公款临时存储，却加以利用，为追求物质利益，通过购买理财产品获取收益，尽管该理财产品可以随时赎回，但与其他挪用公款犯罪行为无本质之分，属于挪用公款归个人使用，进行营利活动的行为，可构成挪用公款罪。

〔钱某甲、钱某乙挪用公款案，2023-03-1-403-001〕用公款帮人完成揽储任务行为性质的认定

行为人作为国有企业中从事公务的人员，应当以国家工作人员论，其利用职务上的便利，挪用公款用于帮助亲友完成银行揽储任务、购置房产，在案证据不能证明其从中获取利益的，属于归个人使用。数额较大，超过三个月未还的，构成挪用公款罪。

【法院公报案例】

〔河南省新郑市人民检察院诉歹进学挪用公款案，GB2005-5〕

1.国有企业工作人员因单位经营的需要，根据集体决定的意见，将公款划拨至名为个体实为集体的其他企业使用，没有从中谋取私人利益的，其行为不构成挪用公款罪。

2.工商行政管理机关核发的营业执照标明的企业性质，与企业的实际情况不一致时，应当根据企业的成立过程、资金来源、利润分配、管理经营方式等情况，如实认定企业性质。

【《刑事审判参考》案例】

〔参考案例第75号：王正言挪用公款案〕以使用变价款为目的挪用公物的行为是否构成挪用公款罪？

行为人将公物变现，使公物转换为公款，并使用该款项从事营利行为的，挪用行为实际上追求的是公物的实际价值，这种情况下应按挪用公款罪定罪处罚。

〔参考案例第217号：万国英受贿、挪用公款案〕利用职务上的便利借用下级单位公款进行营利活动能否构成挪用公款罪？

1.刑法第三百八十四条规定的挪用公款罪定罪条件中的“利用职务上的便利”，是指国家工作人员职务活动的一切便利，包括利用本人对下属单位领导、管理关系中的各种便利。担任单位领导职务的国家工作人员通过自己主管的下级部门的国家工作人员实施违法犯罪活动的，应当认定为“利用职务上的便利”。

2.从我国国有企业的实际情况来看，大量的国有企业是由上级国有企业出资设立的，下级企业的主要领导也是由上级企业任命的，上下级企业虽然都具备公司法规定的独立法人资格，但实质上仍有较强的行政领导的特点。这就意味着上下级企业间的行政关系可以超越一般意义上独立法人之间相对平等的财产关系，使得上级法人享有对下级法人人事和经营活动的监督、管理的权力。由于这种隶属关系的存在，在司法实践中对刑法第三百八十四条第一款规定的“利用职务上的便利”，应当作出实事求是的理解，对那些担任领导职务的国家工作人员，即使其是通过属于自己主管的本单位或者下级单位的国家工作人员的职务挪用公款的，也应当认定为“利用职务上的便利”。与此相对应，挪用公款罪中的公款，应指国家工作人员利用职务便利能够挪用的所有公款，既包括国家工作人员依职务直接经管、支配的公款，也包括国家工作人员职务或者职权便利所涉及的下属单位经管、支配的公款。

3.下级单位人员受上级单位的领导指使挪用公款，不一定都构成挪用公款罪的共犯。对下级单位人员应区分情况，依法分别处理。如果下级单位人员与上级单位领导共谋，给上级领导挪用公款出谋划策，帮助上级单位领导完成挪用公款的，下级单位人员已具有帮助上级单位领导挪用公款的主观故意和行为，应以挪用公款罪共犯论处；如果下级单位人员不知道上级单位领导划拨款项的真实意图，仅仅出于执行上级单位领导的指示而办理划拨手续的，下级单位人员不应承担刑事责任；如果上级单位的领导将挪用公款的意图告诉下级单位人员，下级单位人员迫于上级单位领导的压力而挪用公款归上级领导使用的，一般也不宜以挪用公款罪论处，构成犯罪的，可依照刑法其他有关规定处理。

〔参考案例第356号：冯安华、张高祥挪用公款案〕多次挪用公款的如何计算犯罪数额？

《最高人民法院关于审理挪用公款案件具体应用法律若干问题的解释》第四条规定：“多次挪用公款不还，挪用公款数额累计计算；多次挪用公款，并以后次挪用的公款归还前次挪用的公款，挪用公款数额以案发时未还的实际数额认定。”实践中应注意：第一，挪用公款的时间以挪用公款达到构成犯罪的标准那天开始计算。第二，“案发时未还的实际数额”实际上是指案发时，行为人挪用公款的总额扣除了已归还的数额，不能简单理解为如果案发时行为人全部还款就无须定罪。第三，应正确认定“以后次挪用的公款归还前次挪用的公款”的情形。如行为人第一次挪用公款5万元，第二次又挪用了5万元，挪用5万元以后不是挪用后次还前次，而是挪用以后做生意，赚了钱后把前面那次还了。这种情况挪用公款的数额还是应累计计算，因为行为人通过赚的钱还款，不属于拆东墙补西墙的情形。

〔参考案例第385号：鞠胤文挪用公款、受贿案〕〔参考案例第805号：姚太文贪污、受贿案〕因挪用公款索取、收受贿赂或者行贿构成犯罪的，是择一重处还是两罪并罚？

1.受贿罪和行贿罪是刑法意义上的对合犯，往往相伴相生，既然司法解释对挪用公款罪与受贿罪的牵连犯规定两罪并罚，对于挪用公款罪与行贿罪的牵连犯，也应按照这个原则处理，否则将可能出现一个案件中挪用公款罪的共犯，一方行贿另一方受贿，受贿者构成挪用公款罪和受贿罪两罪，而行贿者只构成挪用公款罪或者行贿罪一罪的不平等现象。

2.“挪用公款归个人使用”的含义分为三种类型：一是将公款供本人、亲友或者其他自然人使用的；二是以个人名义将公款供其他单位使用的；三是个人决定以单位名义将公款供其他单位使用，谋取个人利益的。如果挪用公款的行为属于前述第一、二种情形，则挪用公款罪的构成不以行为人谋取个人利益为要件，即无论是否收受他人财物，均不影响挪用公款罪的成立。如果在此过程中，行为人又乘机索要或者收受他人财物的，则行为人已超出挪用公款罪的犯罪故意，即产生新的受贿罪的犯意，根据《最高人民法院关于审理挪用公款案件具体应用法律若干问题的解释》第七条的规定，因挪用公款索取、收受贿赂构成犯罪的，依照数罪并罚的规定处罚。如果行为人挪用公款的行为属于前述第三种情形，则挪用公款罪的构成必须以行为人谋取个人利益为要件，该情形下收受贿赂的行为，可能同时被认定为谋取个人利益，即一行为同时构成挪用公款罪和受贿罪，应当按照想象竞合犯从一重罪处断原则，以受贿罪定罪处罚。如果在此种情况下仍然机械照搬适用前述司法解释第七条的规定，对行为人以挪用公款罪和受贿罪实行并罚，则实质上是对谋取个人利益的事实(包括挪用公款的事实)进行了双重评价，违反了刑法禁止重复评价的原则。

〔参考案例第 502 号：张威同挪用公款案〕个人决定以单位名义将公款借给其他单位使用，没有谋取个人利益的，应如何定性?

个人决定以单位名义将公款借给其他单位使用，没有谋取个人利益的，不构成挪用公款罪。

〔参考案例第 574 号：杨培珍挪用公款案〕利用职务便利将关系单位到期的银行承兑汇票转让用于清偿本单位的债务，同时将本单位等额的银行转账支票出票给关系单位的行为，应如何定性?

行为人作为国有某医院分管财务的副院长，在征得医药供应商同意的情况下，利用职务便利将关系单位到期的银行承兑汇票转让用于清偿本单位的债务，同时将本单位等额的银行转账支票出票给关系单位的行为，属于违反财务纪律的违规行为，不构成贪污罪与挪用公款罪。

〔参考案例第 1313 号：佟茂华、牛玉杰私分国有资产，佟茂华挪用公款、受贿案〕经集体研究决定，使用单位定期银行存单质押，贷款供他人使用的行为，是否构成挪用公款罪?

经单位集体研究决定，使用单位定期银行存单质押，贷款供他人使用的行为，不构成挪用公款罪。

【职务犯罪案例】

〔挪用型与占有型职务犯罪的区分，ZWFZ9-2022〕

挪用型职务犯罪和占有型职务犯罪有时会呈现相同的行为特征，都可能使用骗取、窃取等手段和方法，区分二者行为性质的关键在于主观方面是否具有非法占有目的，即实施骗取、窃取行为当时及之后是否打算或者愿意以及有无能力归还。非法占有目的是占有型犯罪的实质构成要件，不能根据骗取、窃取的行为手段就直接推定被告人具有非法占有目的，而是要进行具体的、实质的司法判断。在没有口供的情况下，对被告人的主观意图需要通过对客观的间接证据的综合分析来认定。

〔将公款出借给一人公司使用的行为性质认定，ZWFZ16-2023〕

国家工作人员挪用公款供一人公司使用，属于挪用公款供其他单位使用，但有证据证实一人公司不具有独立人格的，应认定挪用公款供自然人使用。单位负责人决定将公款出借给自然人使用，并非为了单位利益的，仍然应当以挪用公款罪定罪处罚。审查认定单位负责人是否系为单位利益出借公款，要从单位视角出发，综合出借公款的起因、借款时单位是否有出借公款需求、款项出借风险情况、出借利益归属及大小、单位负责人对单位款项出借条件的主观认知等方面进行综合判断。

第三百八十五条 【受贿罪】国家工作人员利用职务上的便利，索取他人财物的，或者非法收受他人财物，为他人谋取利益的，是受贿罪。

国家工作人员在经济往来中，违反国家规定，收受各种名义的回扣、手续费，归个人所有的，以受贿论处。

【司法解释(1)】

《最高人民法院、最高人民检察院关于办理贪污贿赂刑事案件适用法律若干问题的解释》(法释〔2016〕9号，20160418)

第十三条 具有下列情形之一的，应当认定为“为他人谋取利益”，构成犯罪的，应当依照刑法关于受贿犯罪的规定定罪处罚：

(一)实际或者承诺为他人谋取利益的；

(二)明知他人有具体请托事项的；

(三)履职时未被请托，但事后基于该履职事由收受他人财物的。

国家工作人员索取、收受具有上下级关系的下属或者具有行政管理关系的被管理人员的财物价值三万元以上，可能影响职权行使的，视为承诺为他人谋取利益。

第十五条 对多次受贿未经处理的，累计计算受贿数额。

国家工作人员利用职务上的便利为请托人谋取利益前后多次收受请托人财物，受请托之前收受的财物数额在一万元以上的，应当一并计入受贿数额。

第十六条 国家工作人员出于贪污、受贿的故意，非法占有公共财物、收受他人财物之后，将赃款赃物用于单位公务支出或者社会捐赠的，不影响贪污罪、受贿罪的认定，但量刑时可以酌情考虑。

特定关系人索取、收受他人财物，国家工作人员知道后未退还或者上交的，应当认定国家工作人员具有受贿故意。

第十七条 国家工作人员利用职务上的便利，收受他人财物，为他人谋取利益，同时构成受贿罪和刑法分则第三章第三节、第九章规定的渎职犯罪的，除刑法另有规定外，以受贿罪和渎职犯罪数罪并罚。

【司法解释(1)·注释】

1.本解释第十三条第一款第三项是针对事后受贿作出的新规定。履行职责时没有受贿故意，双方亦未就请托事项进行意思沟通，但在履行职责后收取他人财物的，只要收受财物与其先前职务行为存在关联，其收受财物的行为同样侵犯了国家工作人员的职务廉洁性。适用本项规定时需要注意以下两点：一是根据此前司法解释等文件的规定，国家工作人员离职、退休后收受财物，认定受贿须以离职、退休之前即国家工作人员身份存续期间有事先约定为条件。本项规定同样受此约束，不能认为本项规定修改了此前文件的规定。

二是事后的时间间隔没有限制，但收受财物与履职事项之间应存在实质关联。

2.第十三条第二款规定的是受贿犯罪与“感情投资”的界限划分问题。纯粹的感情投资不能以受贿犯罪处理。同时，对于日常意义上的“感情投资”，又有必要在法律上作进一步区分：一种是与行为人的职务无关的感情投资；另一种是与行为人职务行为有着具体关联的所谓的“感情投资”。对于后者，由于双方在职务活动中日常而紧密的关系，谋利事项要么已经通过具体的职务行为得以实现，要么可以推断出给付金钱有对对方职务行为施加影响的意图，这种情况下只要能够排除正常人情往来的，同样应认定为受贿。

3.多次受贿未经处理的，累计计算受贿数额，这里的处理包括刑事处罚和党纪、行政处分，已经受过处理的原则上不再累计。受贿人长期连续收受财物，且超出正常人情往来，其间只要发生过具体请托事项，则可以把这些连续收受的财物视为一个整体行为，全额认定受贿数额。

4.关于国家工作人员办事、“身边人”收钱行为的刑事定罪问题，本解释明确，特定关系人索取、收受他人财物，国家工作人员知道后未退还或者上交的，应当认定国家工作人员具有受贿故意。适用本规定时需要注意以下四点：一是此情形以国家工作人员接受特定关系人转请托为前提，特定关系人未将转请托事项告知国家工作人员的，不适用本规定。二是不同于刑法在影响力贿赂犯罪中规定的关系密切的人，对于特定关系人的认定范围，要依照《最高人民法院、最高人民检察院关于办理受贿刑事案件适用法律若干问题的意见》的相关规定从严掌握，即特定关系人仅指“与国家工作人员有近亲属、情妇(夫)以及其他共同利益关系的人”。三是知道后未退还或者上交强调的是主观故意的判断，因赃款赃物被特定关系人挥霍等，知道时确实已经不具备退还或者上交的客观条件的，则应当有所区别，慎重适用。四是影响力贿赂犯罪以国家工作人员不构成受贿罪为前提，在认定国家工作人员构成受贿罪的情况下，相关行受贿犯罪的罪名适用应当保持协调一致，对特定关系人不得另以利用影响力受贿罪处理，对行贿人也不得以对有影响力的人行贿罪处理。

【司法解释(2)】

《最高人民法院关于国家工作人员利用职务上的便利为他人谋取利益离退休后收受财物行为如何处理问题的批复》(法释〔2000〕21号，20000721)

国家工作人员利用职务上的便利为请托人谋取利益，并与请托人事先约定，在其离退休后收受请托人财物，构成犯罪的，以受贿罪定罪处罚。

【司法指导文件(1)】

《全国法院审理经济犯罪案件工作座谈会纪要》(法〔2003〕167号，20031113)

三、关于受贿罪

(一)关于“利用职务上的便利”的认定

刑法第三百八十五条第一款规定的“利用职务上的便利”，既包括利用本人职务上主管、负责、承办某项公共事务的职权，也包括利用职务上有隶属、制约关系的其他国家工作人员的职权。担任单位领导职务的国家工作人员通过不属自己主管的下级部门的国家工作人员的职务为他人谋取利益的，应当认定为“利用职务上的便利”为他人谋取利益。

（二）“为他人谋取利益”的认定

为他人谋取利益包括承诺、实施和实现三个阶段的行为。只要具有其中一个阶段的行为，如国家工作人员收受他人财物时，根据他人提出的具体请托事项，承诺为他人谋取利益的，就具备了为他人谋取利益的要件。明知他人有具体请托事项而收受其财物的，视为承诺为他人谋取利益。

……

（四）离职国家工作人员收受财物行为的处理

参照《最高人民法院关于国家工作人员利用职务上的便利为他人谋取利益离退休后收受财物行为如何处理问题的批复》规定的精神，国家工作人员利用职务上的便利为请托人谋取利益，并与请托人事先约定，在其离职后收受请托人财物，构成犯罪的，以受贿罪定罪处罚。

（五）共同受贿犯罪的认定

根据刑法关于共同犯罪的规定，非国家工作人员与国家工作人员勾结，伙同受贿的，应当以受贿罪的共犯追究刑事责任。非国家工作人员是否构成受贿罪共犯，取决于双方有无共同受贿的故意和行为。国家工作人员的近亲属向国家工作人员代为转达请托事项，收受请托人财物并告知该国家工作人员，或者国家工作人员明知其近亲属收受了他人财物，仍按照近亲属的要求利用职权为他人谋取利益的，对该国家工作人员应认定为受贿罪，其近亲属以受贿罪共犯论处。近亲属以外的其他人与国家工作人员通谋，由国家工作人员利用职务上的便利为请托人谋取利益，收受请托人财物后双方共同占有的，构成受贿罪共犯。

国家工作人员利用职务上的便利为他人谋取利益，并指定他人将财物送给其他人，构成犯罪的，应以受贿罪定罪处罚。

（六）以借款为名索取或者非法收受财物行为的认定

国家工作人员利用职务上的便利，以借为名向他人索取财物，或者非法收受财物为他人谋取利益的，应当认定为受贿。具体认定时，不能仅仅看是否有书面借款手续，应当根据以下因素综合判定：⑴有无正当、合理的借款事由；⑵款项的去向；⑶双方平时关系如何、有无经济往来；⑷出借方是否要求国家工作人员利用职务上的便利为其谋取利益；⑸借款后是否有归还的意思表示及行为；⑹是否有归还的能力；⑺未归还的原因；等等。

（七）涉及股票受贿案件的认定

在办理涉及股票的受贿案件时，应当注意：⑴国家工作人员利用职务上的便利，索取或非法收受股票，没有支付股本金，为他人谋取利益，构成受贿罪的，其受贿数额按照收受股票时的实际价格计算。⑵行为人支付股本金而购买较有可能升值的股票，由于不是无偿收受请托人财物，不以受贿罪论处。⑶股票已上市且已升值，行为人仅支付股本金，其“购买”股票时的实际价格与股本金的差价部分应认定为受贿。

【司法指导文件(2)】

《最高人民法院、最高人民检察院关于办理受贿刑事案件适用法律若干问题的意见》（法发〔2007〕22号，

20070708)

一、关于以交易形式收受贿赂问题

国家工作人员利用职务上的便利为请托人谋取利益，以下列交易形式收受请托人财物的，以受贿论处：

(1) 以明显低于市场的价格向请托人购买房屋、汽车等物品的；

(2) 以明显高于市场的价格向请托人出售房屋、汽车等物品的；

(3) 以其他交易形式非法收受请托人财物的。

受贿数额按照交易时当地市场价格与实际支付价格的差额计算。

前款所列市场价格包括商品经营者事先设定的不针对特定人的最低优惠价格。根据商品经营者事先设定的各种优惠交易条件，以优惠价格购买商品的，不属于受贿。

二、关于收受干股问题

干股是指未出资而获得的股份。国家工作人员利用职务上的便利为请托人谋取利益，收受请托人提供的干股的，以受贿论处。进行了股权转让登记，或者相关证据证明股份发生了实际转让的，受贿数额按转让行为时股份价值计算，所分红利按受贿孳息处理。股份未实际转让，以股份分红名义获取利益的，实际获利数额应当认定为受贿数额。

三、关于以开办公司等合作投资名义收受贿赂问题

国家工作人员利用职务上的便利为请托人谋取利益，由请托人出资，“合作”开办公司或者进行其他“合作”投资的，以受贿论处。受贿数额为请托人给国家工作人员的出资额。

国家工作人员利用职务上的便利为请托人谋取利益，以合作开办公司或者其他合作投资的名义获取“利润”，没有实际出资和参与管理、经营的，以受贿论处。

四、关于以委托请托人投资证券、期货或者其他委托理财的名义收受贿赂问题

国家工作人员利用职务上的便利为请托人谋取利益，以委托请托人投资证券、期货或者其他委托理财的名义，未实际出资而获取“收益”，或者虽然实际出资，但获取“收益”明显高于出资应得收益的，以受贿论处。受贿数额，前一情形，以“收益”额计算；后一情形，以“收益”额与出资应得收益额的差额计算。

五、关于以赌博形式收受贿赂的认定问题

根据《最高人民法院、最高人民检察院关于办理赌博刑事案件具体应用法律若干问题的解释》第七条规定，国家工作人员利用职务上的便利为请托人谋取利益，通过赌博方式收受请托人财物的，构成受贿。

实践中应注意区分贿赂与赌博活动、娱乐活动的界限。具体认定时，主要应当结合以下因素进行判断：(1) 赌博的背景、场合、时间、次数；(2) 赌资来源；(3) 其他赌博参与者有无事先通谋；(4) 输赢钱物的具体情况和金额大小。

六、关于特定关系人“挂名”领取薪酬问题

国家工作人员利用职务上的便利为请托人谋取利益，要求或者接受请托人以给特定关系人安排工作为名，使特定关系人不实际工作却获取所谓薪酬的，以受贿论处。

七、关于由特定关系人收受贿赂

问题

国家工作人员利用职务上的便利为请托人谋取利益，授意请托人以本意见所列形式，将有关财物给予特定关系人的，以受贿论处。

特定关系人与国家工作人员通谋，共同实施前款行为的，对特定关系人以受贿罪的共犯论处。特定关系人以外的其他人与国家工作人员通谋，由国家工作人员利用职务上的便利为请托人谋取利益，收受请托人财物后双方共同占有的，以受贿罪的共犯论处。

八、关于收受贿赂物品未办理权属变更问题

国家工作人员利用职务上的便利为请托人谋取利益，收受请托人房屋、汽车等物品，未变更权属登记或者借用他人名义办理权属变更登记的，不影响受贿的认定。

认定以房屋、汽车等物品为对象的受贿，应注意与借用的区分。具体认定时，除双方交代或者书面协议之外，主要应当结合以下因素进行判断：(1)有无借用的合理事由；(2)是否实际使用；(3)借用时间的长短；(4)有无归还的条件；(5)有无归还的意思表示及行为。

九、关于收受财物后退还或者上交问题

国家工作人员收受请托人财物后及时退还或者上交的，不是受贿。

国家工作人员受贿后，因自身或者与其受贿有关联的人、事被查处，为掩饰犯罪而退还或者上交的，不影响认定受贿罪。

十、关于在职时为请托人谋利，离职后收受财物问题

国家工作人员利用职务上的便利为请托人谋取利益之前或者之后，约定在其离职后收受请托人财物，并在离职后收受的，以受贿论处。

国家工作人员利用职务上的便利为请托人谋取利益，离职前后连续收受请托人财物的，离职前后收受部分均应计入受贿数额。

十一、关于"特定关系人"的范围

本意见所称"特定关系人"，是指与国家工作人员有近亲属、情妇(夫)以及其他共同利益关系的人。

十二、关于正确贯彻宽严相济刑事政策的问题

依照本意见办理受贿刑事案件，要根据刑法关于受贿罪的有关规定和受贿罪权钱交易的本质特征，准确区分罪与非罪、此罪与彼罪的界限，惩处少数，教育多数。在从严惩处受贿犯罪的同时，对于具有自首、立功等情节的，依法从轻、减轻或者免除处罚。

【司法指导文件(2)·注释】

1.关于以赌博形式收取贿赂的认定问题。双方均有通过赌博方式实施行、受贿的意思，且行贿方预先设定了一个行贿数额，但因"客观"方面的原因，导致受贿方实际收受财物的数额大于原先设计的行贿数额。比如，原计划通过打麻将行贿10万元，但受贿者手气好，"赢取"了20万元，这种情况下，受贿金额应认定为20万元。

2.关于特定关系人"挂名"领取薪酬的问题。理解本条规定时，应注意以下几点：第一，特定关系人是否实际从事工作，是一个实体判断问题，形式上、象征性的工作，如名义上的顾问等，不能认定为实际从事工作；第二，特定关系人不实际从事工作领取薪酬，须以基于国家工作人员的意思或者国家工

作人员有主观明知为条件，否则，不能将特定关系人的行为归之于国家工作人员。

3.关于收受财物后退还或者上交问题。国家工作人员收受请托人财物后及时退还或者上交的，不是受贿。“及时”主要是基于受贿故意而言的，“及时”不仅限于当时当刻，如果主观上有归还或者上交的意思，但因为客观方面的原因未能立即归还或者上交，在客观障碍消除后立即归还或者上交的，同样应当理解为“及时”。

4.关于“特定关系人”的范围。认定是否属于“特定关系人”，关键在于第三人是否与国家工作人员有共同利益关系。对于共同利益关系的理解，应注意把握两点：一是共同利益关系主要指经济利益关系，纯粹的同学、同事、朋友关系不属于共同利益关系；二是共同利益关系不限于共同财产关系，本意见规定的“特定关系人”范围，明显宽于《全国法院审理经济犯罪案件工作座谈会纪要》基于共同财产关系所确定的近亲属的范围。

【司法指导文件(3)】

《最高人民法院、最高人民检察院关于办理商业贿赂刑事案件适用法律若干问题的意见》(法发〔2008〕33号，20081120)

四、医疗机构中的国家工作人员，在药品、医疗器械、医用卫生材料等医药产品采购活动中，利用职务上的便利，索取销售方财物，或者非法收受销售方财物，为销售方谋取利益，构成犯罪的，依照刑法第三百八十五条的规定，以受贿罪定罪处罚。

……

五、学校及其他教育机构中的国家工作人员，在教材、教具、校服或者其他物品的采购等活动中，利用职务上的便利，索取销售方财物，或者非法收受销售方财物，为销售方谋取利益，构成犯罪的，依照刑法第三百八十五条的规定，以受贿罪定罪处罚。

……

六、……

依法组建的评标委员会、竞争性谈判采购中谈判小组、询价采购中询价小组中国家机关或者其他国有单位的代表有前款行为的，依照刑法第三百八十五条的规定，以受贿罪定罪处罚。

七、商业贿赂中的财物，既包括金钱和实物，也包括可以用金钱计算数额的财产性利益，如提供房屋装修、含有金额的会员卡、代币卡(券)、旅游费用等。具体数额以实际支付的资费为准。

八、收受银行卡的，不论受贿人是否实际取出或者消费，卡内的存款数额一般应全额认定为受贿数额。使用银行卡透支的，如果由给予银行卡的一方承担还款责任，透支数额也应当认定为受贿数额。

十、办理商业贿赂犯罪案件，要注意区分贿赂与馈赠的界限。主要应当结合以下因素全面分析、综合判断：(1)发生财物往来的背景，如双方是否存在亲友关系及历史上交往的情形和程度；(2)往来财物的价值；(3)财物往来的缘由、时机和方式，提供财物方对于接受方有无职务上的请托；(4)接受方是否利用职务上的便利为提供方谋取利益。

十一、非国家工作人员与国家工作人员通谋，共同收受他人财物，构成共同犯罪的，根据双方利用职务便利的具体情形分别定罪追究刑事责任：

(1) 利用国家工作人员的职务便利为他人谋取利益的，以受贿罪追究刑事责任。

(2) 利用非国家工作人员的职务便利为他人谋取利益的，以非国家工作人员受贿罪追究刑事责任。

(3) 分别利用各自的职务便利为他人谋取利益的，按照主犯的犯罪性质追究刑事责任，不能分清主从犯的，可以受贿罪追究刑事责任。

【司法指导文件(4)】

《最高人民法院、最高人民检察院关于办理国家出资企业中职务犯罪案件具体应用法律若干问题的意见》(法发〔2010〕49号，20101126)

四、关于国家工作人员在企业改制过程中的渎职行为的处理

……

国家出资企业中的国家工作人员因实施第一款、第二款行为收受贿赂，同时又构成刑法第三百八十五条规定之罪的，依照处罚较重的规定定罪处罚。[①]

五、关于改制前后主体身份发生变化的犯罪的处理

国家工作人员在国家出资企业改制前利用职务上的便利实施犯罪，在其不再具有国家工作人员身份后又实施同种行为，依法构成不同犯罪的，应当分别定罪，实行数罪并罚。

……

国家工作人员在国家出资企业改制过程中利用职务上的便利为请托人谋取利益，事先约定在其不再具有国家工作人员身份后收受请托人财物，或者在身份变化前后连续收受请托人财物的，依照刑法第三百八十五条、第三百八十六条的规定，以受贿罪定罪处罚。

【司法指导文件(5)】

《最高人民法院、最高人民检察院、公安部、国家工商行政管理局关于依法查处盗窃、抢劫机动车案件的规定》(公通字〔1998〕31号，19980508)

八、公安、工商行政管理人员利用职务上的便利，索取或者非法收受他人财物，为赃车入户、过户、验证构成犯罪的，依照刑法第三百八十五条、第三百八十六条的规定处罚。

【司法指导文件(6)】

《最高人民检察院关于佛教协会工作人员能否构成受贿罪或者公司、企业人员受贿罪主体问题的答复》(〔2003〕高检研发第2号，20030113)

佛教协会属于社会团体，其工作人员除符合刑法第九十三条第二款的规定属于受委托从事公务的人员外，既不属于国家工作人员，也不属于公司、企业人员。根据刑法的规定，对非受委托从事公务的佛教协会的工作人员利用职务之便收受他人财物，为他人谋取利益的行为，不能按受贿罪或者公司、企

---

① 根据《最高人民法院、最高人民检察院关于办理贪污贿赂刑事案件适用法律若干问题的解释》(法释〔2016〕9号)第十七条的规定，国家工作人员利用职务上的便利，收受他人财物，为他人谋取利益，同时构成受贿罪和刑法分则第三章第三节、第九章规定的渎职犯罪的，除刑法另有规定外，以受贿罪和渎职犯罪数罪并罚。——编者注

业人员受贿罪追究刑事责任。[①]

【司法指导文件(7)】

《最高人民检察院法律政策研究室关于集体性质的乡镇卫生院院长利用职务之便收受他人财物的行为如何适用法律问题的答复》(〔2003〕高检研发第9号,20030402)

经过乡镇政府或者主管行政机关任命的乡镇卫生院院长,在依法从事本区域卫生工作的管理与业务技术指导,承担医疗预防保健服务工作等公务活动时,属于刑法第九十三条第二款规定的其他依照法律从事公务的人员。对其利用职务上的便利,索取他人财物的,或者非法收受他人财物,为他人谋取利益的,应当依照刑法第三百八十五条、第三百八十六条的规定,以受贿罪追究刑事责任。

【司法指导文件(8)】

《最高人民法院研究室关于共同受贿案件中受贿数额认定问题的研究意见》(法研〔2012〕23号,20120224)

对于共同受贿犯罪,被告人"受贿所得数额"原则上应当以其参与或者组织、指挥的共同受贿数额认定。但在难以区分主从犯的共同受贿案件中,行贿人的贿赂款分别或者明确送给多人,且按照各被告人实际所得数额处罚更能实现罪刑相适应的,依法按照被告人实际所得数额,并考虑共同受贿犯罪情况予以处罚。

【司法指导文件(9)】

《最高人民法院关于被告人林少钦受贿请示一案的答复》(〔2016〕最高法刑他5934号,20170213)

追诉时效是依照法律规定对犯罪分子追究刑事责任的期限,在追诉时效期限内,司法机关应当依法追究犯罪分子刑事责任。对于法院正在审理的贪污贿赂案件,应当依据司法机关立案侦查时的法律规定认定追诉时效。依据立案侦查时的法律规定未过时效,且已经进入诉讼程序的案件,在新的法律规定生效后应当继续审理。

【审判实务释疑】

1.收受贿赂后滥用职权为他人牟取利益,以受贿罪与滥用职权罪数罪并罚,滥用职权罪是否仍可认定"徇私舞弊"?

《最高人民法院、最高人民检察院关于办理贪污贿赂刑事案件适用法律若干问题的解释》第十七条规定:"国家工作人员利用职务上的便利,收受他人财物,为他人谋取利益,同时构成受贿罪和刑法分则第三章第三节、第九章规定的渎职犯罪的,除刑法另有规定外,以受贿罪和渎职犯罪数罪并罚。"据此,对于行为人受贿又滥用职权而同时构成受贿罪和滥用职权罪的,应当实行数罪并罚;受贿不应再作为滥用职权罪的"徇私舞弊"情节予以重复评价。[②]

2.行贿人支付的税费是否应计入受贿数额?

对于以"挂名领薪"等方式受贿过

---

① 刑法修正案(六)第七条对刑法第一百六十三条作了修改,将犯罪主体扩充到了公司、企业以外的"其他单位"的工作人员,罪名也相应调整为非国家工作人员受贿罪。因此,佛教协会的工作人员当然可以成为该罪的适格主体。——编者注

② 参见《法答网精选答问(第一批)》,载《人民法院报》2024年2月29日,第1版。

程中行贿人支付的个人所得税和以交易形式的受贿中产生的各种税费应否计入受贿数额……一般情况下，上述税费不应计入受贿数额……如果有确切证据证实受贿人对税款部分明知，如行受贿双方对于税费已经明确达成合意由行贿人缴纳的，根据主客观一致原则，可考虑计入受贿数额。[①]

【指导性案例·法院】

〔潘玉梅、陈宁受贿案，FZD3-2011〕

1.国家工作人员利用职务上的便利为请托人谋取利益，并与请托人以“合办”公司的名义获取“利润”，没有实际出资和参与经营管理的，以受贿论处。

2.国家工作人员明知他人有请托事项而收受其财物，视为承诺“为他人谋取利益”，是否已实际为他人谋取利益或谋取到利益，不影响受贿的认定。

3.国家工作人员利用职务上的便利为请托人谋取利益，以明显低于市场的价格向请托人购买房屋等物品的，以受贿论处，受贿数额按照交易时当地市场价格与实际支付价格的差额计算。

4.国家工作人员收受财物后，因与其受贿有关联的人、事被查处，为掩饰犯罪而退还的，不影响认定受贿罪。

【指导性案例·检察】

〔桑某受贿、国有公司人员滥用职权、利用未公开信息交易案，JZD188-2023〕

办理以投融资方式收受贿赂的职务犯罪案件，要综合审查投融资的背景、方式、真实性、风险性、风险与收益是否相符等证据，判断是否具备受贿罪权钱交易的本质特征。对于利用股权收益权代持融资等投融资手段进行利益输送的受贿案件，检察机关应当着重审查投融资的背景情况、请托方是否有真实融资需求、投融资的具体方式、受贿人是否支付对价以及是否需要承担投资风险、风险是否与所获收益相符等情况。对于资本运作或相关交易异于正常市场投资，受贿人职务行为和非法获利之间紧密关联，受贿人所支付对价与所获收益明显不对等，具备受贿犯罪权钱交易特征的，依法认定构成受贿罪。

【法院案例库参考案例】

〔蒋某受贿案，2024-03-1-404-011〕利用职务上的便利与利用工作上的便利的界分

行为人利用职务上的便利还是利用工作上的便利，是界分受贿罪与其他犯罪的关键。职务便利是指职务所赋予的主管、管理、经手公共事务、财物的权力所形成的便利条件；而工作便利是指行为人与实际利用的权力并无职责上管理与支配的权限，仅仅是基于工作地点、机会的原因能够接触到他人的管理权而形成的便利条件，具有一定的临时性、偶然性。换言之，行为人对于所利用的便利是否具有职务上赋予的独立支配的权利是界分关键：行为人具有独立支配的权力的，则属于利用职务上的便利；相反，则属于利用工作上的

---

① 参见《行贿人支付的税费是否应计入受贿数额》，载最高人民法院刑事审判第二庭编：《职务犯罪审判指导》（第1辑），法律出版社2022年版，第88—89页。

便利。

〔丁某康受贿案，2023-05-1-404-007〕社区卫生服务中心办公室信息管理员"拉统方"非法收受财物行为之定性

信息管理员代表国家对医保信息、国有资产行使管理权，应以国家工作人员论。社区卫生服务中心办公室信息管理员"拉统方"是利用其职务上的便利，应以受贿罪论处。

〔卢某某受贿案，2023-03-1-404-033〕通过非国家工作人员为他人谋利并收受财物行为的定性

对于新类型贿赂，应当借助于是否具有权钱交易的本质对行为性质进行分析。凡是符合权钱交易特征的，不管采取什么名义，都是变相的受贿，可以纳入受贿罪的评价范围。国家工作人员利用职务制约关系，通过非国家工作人员为请托人谋利的，符合受贿罪的本质特征，应当适用受贿罪。

〔翁某受贿案，2024-18-1-404-001〕银行工作人员收取存款回报费的定性规则

国有金融机构工作人员违反国家规定，利用职务上的便利，为贷款企业介绍其他单位代为完成存款任务，收取贷款企业支付的具有回扣、手续费性质的存款回报费，归个人所有的，以受贿论处。

〔戴某晖受贿案，2024-02-1-404-001〕受贿犯罪与违规收受礼金行为的区分

区分受贿犯罪与收受礼金行为的关键在于双方是否属于权钱交易，实践中可通过行为人收受礼金的时间、方式、价值、双方关系、是否与行为人的职务行为存在具体关联等情况综合判断。对于谋利事项已经通过行为人的职务行为得以实现，或者可以推断给付礼金有对行为人的职务行为施加影响的意图，并能够排除系正常的人情往来的，应当认定为受贿。

〔庄某萍受贿案，2023-03-1-404-013〕以节日红包等形式收受财物的行为认定

行贿人利用逢年过节期间以红包的形式给付行贿款，行贿的目的系围绕着受贿人在特定领域的相关职责，虽然每一次行受贿未必都一一对应具体的请托事项，但该类节日红包并不属于朋友之间的馈赠，具有明显的行贿特征。受贿人利用职务之便连续、多次收受他人财物，为他人谋取利益，构成受贿罪。

〔刘某等受贿案，2024-18-1-404-002〕以公司收入掩盖贿赂款项的处理规则

1.国家工作人员利用职务上的便利为请托人谋取利益，伙同他人开设投资、财务咨询公司，并以"财务顾问费""咨询服务费"等名义收取请托人财物的，以受贿论处。

2.为掩盖受贿犯罪而将贿赂款项转变为公司收入的，为此缴纳的税费等费用支出属于受贿过程中所支出的犯罪成本，不应从受贿数额中扣除。

〔刘某和受贿案，2024-03-1-404-009〕以民事合伙购房之名收受贿赂行为的认定

判断是民事合伙购房还是受贿，主要看国家工作人员有无实质性出资及是否对出资行为承担风险。如果国家工作人员没有出资或出资额与所得产权价值相差较大，特别是国家工作人员一方利用其职务便利为另一方谋取利益的，明显区别于正常的民事合伙购房，应当认定国家工作人员收受贿赂。

〔朱某林受贿案，2023-05-1-404-006〕以“合作投资房产”名义收受贿赂的认定

利用职务便利为他人谋取利益后，参与“合作”投资房产，仅有投资之名但不承担投资风险，在项目获得利润后收受投资本金和收益的，应认定为受贿，受贿数额应为他人给国家工作人员的出资额。

〔张某庆受贿案，2025-03-1-404-002〕受贿人实际出资受让原始股中受贿数额的认定

行为人利用职务便利为他人谋取利益，在不具备购买资格的情况下购买原始股的，受贿数额以行为人在涉案股份交易中所获取的全部溢价认定。

〔兰某发受贿案，2024-03-1-404-022〕利用职权购买原始股获利行为的定性及犯罪数额的认定

1.国家工作人员利用职务便利，为他人谋取利益，并以此取得上市公司新增原始股认购权，以自己名义或者家庭成员等他人名义购买原始股，谋取公司成功上市之后的高额经济利益等期待利益的，本质上属于权钱交易，构成受贿罪。

2.原始股交易型受贿的行为对象既包括原始股作为股份本身的价值这一确定性的物质利益，也包括股东依照按股分利原则获得股息、分红以及上市后的巨大溢价等期待利益。案发前行为人已经通过股票出售套现获利的，以实际获利认定受贿犯罪数额，即出售股票所得减去支出的原始股股本金后的实际获利金额，以及基于原始股而获得的股息、分红等实际获利金额。

〔唐某有受贿、利用影响力受贿案，2024-03-1-404-014〕以投资生息、借贷分红为名收受财物行为的定性

以借款形式实施的受贿往往有借条等借款手续及款项流动，仅从形式上难以准确判断行为性质。对于所涉行为是否属于以借款为名掩盖受贿事实，应当综合考虑双方有无正当、合理的借款事由、款项的去向、双方平时关系如何、有无经济往来、国家工作人员是否利用职务上的便利为出借方谋取利益等情节，依法准确作出认定。

〔韩某受贿案，2024-03-1-404-006〕放贷收息型受贿的认定及数额计算

1.对于放贷收息型受贿的认定，可以从如下方面加以判断：一是借贷双方存在权钱交易关系；二是借贷双方并不存在真实借贷关系，主要表现为借款人无真实资金需求，资金用途与借款人事先承诺不符，借贷协议不规范或只有口头约定，借款利息畸高等。

2.就放贷收息型受贿而言，所收取的利息均应认定为受贿数额。

〔诸葛某某受贿案，2024-03-1-404-002〕放贷收息形式受贿中犯罪数额的认定

国家工作人员利用职务便利为请托人谋利，明知请托人不具有借款需求，仍以借款为名放款给请托人收取利息的，以收取的全部利息认定受贿数额；明知请托人有借款实际需求而放款给请托人，以利息为名收取钱款的，以收取的钱款超出请托人支付给同类正常民间借款最高利率的差额部分，认定受贿数额。

〔凌某受贿、挪用公款、滥用职权案，2024-03-1-404-001〕放贷收息型受贿数额的司法认定

以放贷收息为名掩盖受贿的，以

被告人实际收取的利息认定受贿数额。判断是否以放贷收息为名掩盖受贿，主要从三个方面予以考虑：一是出借人是否利用职务便利为借款人谋取利益；二是借款人有无实际借款需求；三是双方是否明知借贷事宜的发生、利息的支付是基于请托事项，并达成合意。

〔张某受贿案，2023-02-1-404-001〕债务免除型受贿的认定

1.国家工作人员与债权人之间具有行政管理与被管理的关系，债权人基于国家工作人员为其谋取利益的需要或者报答，免除了国家工作人员或其近亲属的债务，国家工作人员的行为即属于债务免除型受贿。在债务免除型受贿中，债权人可以通过口头或书面形式免除债务，也可以通过明示或者默示免除债务。

2.判断默示债务免除型受贿应注意与因客观原因致债务长期无法归还情形进行区分，结合以下因素进行综合判断：(1)债权人是否积极主张债权；(2)债权人不主张债权的时间长短及债权是否超过诉讼时效；(3)债务人有无给付能力；(4)债务人有无给付意愿及给付行为；(5)债务人到案后的辩解是否合理或有无证据支持。

〔刘某锋受贿案，2024-03-1-404-010〕高价卖房型受贿的认定

对高价卖房型受贿，应当根据全案证据综合判定：一是审查国家工作人员确定房产价格的依据是否合理；二是国家工作人员为他人谋取的利益是否足以让对方支付房产评估价格与交易价格差的对价，以及国家工作人员出售房产期间对他人有无制约关系；三是审查房产评估报告是否具备客观真实性。经综合审查认为现有证据不足以认定被告人系假借出售房产获取贿赂的，则不应当认定为受贿。

〔胡某富受贿案，2023-05-1-404-004〕如何区分国家工作人员以优惠价格购买商品房与以交易形式收受贿赂

1.交易型受贿仍然具有受贿罪权钱交易的本质特征。所谓市场交易只不过是权钱交易的幌子，权钱交易才是交易型受贿的本质特征。

2.在交易型受贿犯罪中，优惠房价仅针对特定的国家工作人员等个别对象，社会上的不特定多数人是不可能享受到同等优惠的。

〔张某受贿案，2023-03-1-404-010〕低价购房的受贿数额计算以及产生税款的性质认定

在低价购房类受贿案件中，应当以市场价格与实际支付价格的差额为基础确定受贿数额。对于受贿犯罪过程中产生的税款，应当结合具体产生税款的环节、所产生税款的具体类型及特点，确定是否将该税款计入受贿数额。对作为掩饰形式的经济活动征税时，不应将税款计入受贿数额；对受贿人受贿的违法所得征税时，则应当将税款计入受贿数额。

〔凌某某受贿案，2023-06-1-404-001〕以明显高于市场的价格向请托人出租房屋，所收取的租金与市场价格的差额应当认定为受贿数额

明知他人有与自己职务相关的请托事项，仍然以明显高于市场的价格向对方出租自己房屋，实质上是收受请托人的财物，可以视为行为人默示同意为对方谋取利益，属于采取交易形式变相收受贿赂。

〔汤某某受贿案，2024-03-1-404-003〕受贿案件中索贿情节的认定

国家工作人员利用职务上的便利为他人谋取利益并收受贿赂，行受贿双方形成长期的权钱交易关系，部分钱款系受贿人主动向行贿人提出给付要求，行贿人欣然同意，钱款给付未违背行贿人意愿，不宜认定为索贿。

〔吴某徕受贿案，2023-06-1-404-002〕以欺骗方式让行贿人主动交付财物行为的定性

以虚构事实、隐瞒真相的方式向行贿人施加压力进而索要财物，并利用职务上便利为行贿人谋取利益的行为，应认定为索贿。

〔刘某星受贿案，2023-03-1-404-003〕职务行为与所获非法利益有直接关联，实质上属于钱权交易，应认定受贿罪

在受贿案件中，利益请托人及赃款获得人为同一人的情况下，受贿行为人利用职务上的便利，让第三方钱款支付人按照受贿行为人的指使、安排，向利益请托人支付特定款项，赃款虽非受贿行为人实际占有，但他人占有赃款亦是其指使、安排的直接结果，实质上属于钱权交易，构成受贿罪。

〔于某荣受贿、徇私舞弊假释案，2023-03-1-404-002〕行贿人代为保管贿赂款既未遂的认定

受贿罪中收受他人财物既未遂的认定，应当注意把握财物的实际权属情况：财物已经脱离行贿人的控制，并已经实际置于受贿人控制之下，即为受贿罪的既遂，否则为未遂。对于虽有约定，但由行贿人代为保管、没有实际交付的贿赂，根据案件情况，可以认定为未遂。

〔王某辉行贿案，2024-03-1-407-005〕受贿人在案发前退还行贿人赃款赃物的价值超出行贿数额的追缴

受贿人在案发前退还行贿人赃款赃物的价值超出行贿数额，经审查确认属于受贿款物所生孳息，应一并向行贿人追缴后上缴国库，避免行贿人从犯罪中获利。

〔马某选受贿案，2024-03-1-404-017〕向廉政账户上交款项是否可以从受贿数额中扣除

被告人在案发前向廉政账户上交款项是否应从受贿数额中扣除，应结合上交时间距离收受时间长短、上交具体原因、上交款项占受贿总额比例等情况进行综合判断。收受后长时期未上交，案发前为了掩饰犯罪仅上交极少部分的受贿款，可不再从受贿数额中扣除。无证据证明上交款项属于其他违法违纪所得的情况，上交部分应从责令退赃数额中扣减。

〔李某山受贿案，2024-03-1-404-008〕受贿人收受银行卡形式贿赂的数额认定

受贿人收受行贿人所送银行卡并获取取款密码，已实现对银行卡内钱款的控制，成立犯罪既遂。行贿人在受贿人不知情的情况下，挂失并取走卡内钱款，不影响受贿数额的认定。

〔吴某梅受贿案，2023-03-1-404-021〕事中通谋并帮助受贿人完成财产转移的行为构成受贿共犯

非国家工作人员与国家工作人员通谋，由国家工作人员利用职务上的便利为请托人谋取利益，收受请托人财物后双方共同占有的，以受贿罪的共犯论处。同案人受贿事实有多起，时间跨度大，被告人在房产购买、过户、登记过程中具有亲历性与长时性的特点，且用同一手段多次帮助同案人收受贿赂，数额巨大，应认定被告人为事中通谋，共同受贿，构成受贿罪而非掩饰、隐瞒犯罪所得、犯罪所得收益罪。

〔林某钦受贿案，2023-03-1-404-017〕新司法解释降低受贿行为对应法定刑幅度后，已经立案侦查并进入诉讼程序的受贿案件是否需要重新计算诉讼时效

追诉时效是依照法律规定对犯罪分子追究刑事责任的期限，在追诉时效期限内，司法机关应当依法追究犯罪分子刑事责任。对于法院正在审理的贪污贿赂案件，应当依据司法机关立案侦查时的法律规定认定追诉时效。依据立案侦查时的法律规定未过时效，且已经进入诉讼程序的案件，在新的法律规定生效后应当继续审理。

【法院公报案例】

〔北京市人民检察院第二分院诉程绍志受贿案，GB2004-1〕

国家工作人员，利用职务上的便利，为他人谋取利益，收受他人的银行卡并改动密码，至案发时虽未实际支取卡中存款，但主观上明显具有非法占有的故意，应视为收受钱款的行为已经实施终了，构成了受贿罪。

〔成都市人民检察院诉刘爱东贪污、受贿案，GB2004-9〕

根据刑法第三百八十五条第一款的规定，国家工作人员明知他人有具体请托事项，仍利用职务之便收受其财物的，虽尚未为他人谋取实际利益，其行为亦构成受贿罪。

【《刑事审判参考》案例】

〔参考案例第1558号：丁某圣、王某受贿、贪污案〕国家工作人员与请托人互送大额财物以及套取银行营销费用的性质应如何认定？

判断交往双方互送财物的行为系礼尚往来还是权钱交易，应当严格按照受贿罪的构成要件，从交往双方的关系、互送财物的目的和时机、互送财物的价值、是否存在一方利用职权便利为请托人谋取利益等方面综合判断。

〔参考案例第218号：姜杰受贿案〕逢年过节收受下级单位“慰问金”的行为如何定性？

在社会生活中，下级单位逢年过节期间出于各种不同的目的，以给上级单位及其工作人员发放所谓的“奖金”“福利”“慰问金”等名义送钱送物的情况较为普遍。收受钱物的一方是否构成受贿？对此，应当区分不同情况，结合受贿犯罪的构成要件即是否具有为他人谋取利益这一点来加以具体认定。仅仅出于人情往来，不具有为他人谋取利益的意图及行为，属于不正之风，应按一般的违纪处理，不应认定为受贿犯罪；如借逢年过节这些传统节日之机，明知他人有具体请托事项，或者根据他人提出的具体请托事项、承诺为他人谋取利益而收受他人财物的，则不管是单位还是个人，均应认定为受贿行为。

〔参考案例第407号：方俊受贿案〕国家工作人员以“劳务报酬”为名收受请托人财物的行为如何定性？

国家工作人员单纯利用个人技术、管理专长为他人提供服务，而收取合理报酬的，不宜认定为受贿。实践中，区分正当劳务报酬与受贿的界限，可从以下几方面综合把握：(1)国家工作人员是利用职务便利为他人谋取利益还是利用个人技术换取报酬；(2)是否确实提供了有关服务；(3)接受的财物是否与提供的服务等值。

〔参考案例第470号：马平、沈建萍受贿案〕以房产交易形式收受贿赂的犯罪数额如何认定？

以房产交易形式收受贿赂的，受贿数额应当按照交易时该房产的市场价格与实际支付价格的差额计算。这里的市场价格包括商品经营者事先设定的各种优惠交易条件，以优惠价格购买商品的，不属于受贿。

〔参考案例第1432号：寿永年受贿案〕如何认定以明显低于市场价购买房屋的受贿形式？

在房产交易型受贿案件中，判定房屋交易价格是否明显高于或者低于市场价，应当以差价绝对值作为基础，同时兼顾折扣率的高低，综合判断购房价是否明显高于或者低于市场价。需要指出的是，认定国家工作人员向请托人以明显高于或者低于市场的价格交易房产构成受贿，客观上还需要国家工作人员利用职务便利为请托人谋利，主观上还需要国家工作人员明知或者应当知道其交易房产获得的差价不是正常的市场行为所致，而是权钱交易的结果，才能认定其成立受贿罪。

〔参考案例第1352号：李群受贿案〕接受他人装修房屋长期未付款，也未有付款表示的行为，能否认定为受贿行为？

行为人接受请托单位房屋装修，请托单位虽未明确免除其装修款，但从行为人的偿还能力、拖欠装修款的时间、请托单位将该笔装修款予以核销以及行为人为请托单位谋取利益等事实，综合可以推定行为人与请托单位之间存在权钱交易关系的，可以受贿罪追究行为人的刑事责任。

〔参考案例第1447号：沈财根受贿案〕对于国家工作人员利用职务便利以民间借贷形式收受请托人高额利息的行为应如何定性？受贿金额如何计算？

1.国家工作人员利用职务上的便利给予请托人照顾，又以个人名义向请托人出借钱款，收取高额利息完成利益输送，属于以借贷为名的受贿行为，符合受贿罪的犯罪构成，应认定为受贿罪。

2.在数额认定上，需要分情况对待：一是国家工作人员与请托人之间存在实际上的借款关系，即请托人确实存在借款需求，并加以使用，只是在相互借款关系基础上附加了利益输送，则宜以借款人同期从他人处借款的最高利率的差额来认定受贿数额；二是国家工作人员与请托人之间不存在实际的借款关系，即借款人本身无借款需要，国家工作人员也明知借款人无借款需要，仍将款项“借”给借款人，款项放在借款人处完全是幌子，以此来收取高额利息，而且借款人实际也并未使用该款项，那么根据主客观相一致原则，在认定受贿数额时，国家工作人员获得的所有利息均应认定为受贿数额。

〔参考案例第562号：梁晓琦受贿案〕收受无具体金额的会员卡、未出资而委托他人购买股票获利是否认定为受贿？

行为人收受无具体金额的会员卡，可以行为人凭卡免单消费的实际金额计算受贿金额。行为人未出资，委托他人购买股票获利的应认定为受贿。实践中，对于以投资理财名义收受贿赂的，可区分具体情况计算受贿金额：(1)国家工作人员未实际出资，由请托人出资以国家工作人员名义购买记名股票等证券，其受贿金额应当为请托人为购买该记名股票等证券的出资额。国家工作人员所得的股票收益，可按受贿孳息处理。(2)国家工作人员未实际出资，由请托人出资为其购买无记名股票等证券，如股票等证券获利后，请托人收回购买股票等证券的出资额，应以国家工作人员所持股票等证券的实际收益计算其受贿金额；如果请托人没有收回出资额，应以出资额加上实际收益计算受贿金额；案发时股票等证券还未转让出售的，应以案发时股票证券市场行情计算受贿金额。(3)国家工作人员并未实际出资，而委托请托人购买股票等证券，请托人也未交付股票等证券，而是直接将收益交付国家工作人员，这种情况下，无论请托人是否真正购买股票等证券，交付给国家工作人员的资金即为受贿金额。

〔参考案例第1594号：黄某受贿案〕原始股交易型受贿及数额如何认定？

国家工作人员向请托人购买原始股获取上市增值利益的行为构成受贿罪。国家工作人员购买原始股后，公司不定期按比例无偿配股，配股获利部分应计入受贿犯罪数额。

〔参考案例第1250号：张帆受贿案〕利用职务便利为自己与他人合作的项目谋取利益，后明显超出出资比例获取分红的行为，能否认定为受贿？

行为人身为国家工作人员，利用职务便利，为其参股企业或者项目谋利，不属于股东正常参与企业或者项目的经营管理行为。行为人在项目中有投资，亦有利益，不影响认定其主观明知并客观在为自己谋利的同时为他人谋取了利益。行为人获取的超额分红中，包含有其他人的份额，可以理解为收受了他人财物。综上，行为人上述行为构成受贿罪。

〔参考案例第384号：胡发群受贿、巨额财产来源不明案〕国家工作人员利用职务便利索要高额投资回报的行为是否构成受贿罪？

国家工作人员假借投资合伙经营，在实际并未经营的情况下，利用职务便利强要"合伙"相对方高额投资回报的，属于索贿行为，构成受贿罪。

〔参考案例第608号：李万、唐自成受贿案〕国有媒体的记者能否构成受贿罪主体？

国有媒体记者以威胁曝光为由，向有关单位索要钱财的行为，构成受贿罪。记者从事的新闻报道等业务活动属于职务行为，利用采访等实现舆论监督的手段索要财物的，属于"利用职务上的便利"。国有媒体记者对公务事务行使舆论监督权，属于从事公务活动。

〔参考案例第1431号：吴仕宝受贿案〕交易型受贿犯罪数额及索贿应如何认定？

1.交易型受贿案件中，涉案金额应按照交易时当地市场价格与实际支付价格的差额计算。市场价格则包括商品经营者事先设定的不针对特定人的最低优惠价格。

2.实践中，在认定索贿情节时，可以从以下角度进行把握：(1)并非国家工作人员先提出的均构成索贿，但是索贿应当是国家工作人员率先通过明示或者暗示的方式向请托人表达了收取财物的意图。(2)索贿的本质是违背了行贿人的意愿，虽然不要求达到被胁迫、勒索的程度，但是应当能够反映出行贿人是出于压力、无奈、不情愿才交付财物。(3)实践中可以根据受贿人为请托人谋取利益的大小，受贿人提出的财物要求是否在请托人心理预期之内，请托人请托事项是否违法等进行综合判断。

〔参考案例第1089号：杨德林滥用职权、受贿案〕受贿既、未遂并存的如何处罚？

在受贿犯罪中，对于既遂与未遂并存的定罪处罚相对较复杂。实践中，可以借鉴并参照2010年3月《最高人民法院、最高人民检察院关于办理非法生产、销售烟草专卖品等刑事案件具体应用法律若干问题的解释》第二条第二款和2011年4月《最高人民法院、最高人民检察院关于办理诈骗刑事案件具体应用法律若干问题的解释》第六条的规则进行处理。具体言之，首先要分别根据被告人受贿的既遂数额和未遂数额判定其各自所对应的法定刑幅度；之后，如果既遂部分所对应的量刑幅度较重或者既遂、未遂部分所对应的量刑幅度相同的，则以既遂部分对应的量刑幅度为基础，酌情从重处罚；如果未遂部分对应的量刑幅度较重的，则以该量刑幅度为基础，酌情从重处罚。

〔参考案例第1145号：朱渭平受贿案〕国家工作人员对特定关系人收受他人财物事后知情且未退还，如何判定其是否具有受贿故意？国家工作人员收受请托人所送房产，后请托人又将该房产用于抵押贷款的，是受贿既遂还是未遂？

1.国家工作人员和特定关系人在事先未通谋的情况下，利用职务上的便利为请托人谋取利益，在知道特定关系人索取、收受请托人财物后虽有退还的意思表示，但发现特定关系人未退还予以默认的，应当认定国家工作人员具有受贿故意，构成受贿罪。

2.国家工作人员收受请托人所送房产，后请托人又将该房产用于抵押贷款的，应当认定构成受贿的既遂。

〔参考案例第1143号：罗菲受贿案〕如何认定特定关系人是否成立受贿罪共犯？

非国家工作人员是否构成受贿罪共犯，取决于双方有无共同受贿的故意和行为。虽不具有代为转达请托事项行为，但特定关系人与国家工作人员具有受贿通谋和行为的，仍构成受贿罪共犯。

〔参考案例第1593号：褚某某受贿案〕通过市场交易收受财产性利益行为的性质如何认定？

房产开发商通过将自己的房产交给国家工作人员特定关系人出售，将在房产限购、限价政策下产生的财产性利益输送给国家工作人员及其特定关系人，属于变相的权钱交易行为，应以受贿行贿定性；该国家工作人员及其特定关系人的行为构成共同受贿犯罪。

〔参考案例第652号：黄德林滥用职权、受贿案〕滥用职权同时又受贿，是否实行数罪并罚？

行为人在实施滥用职权等渎职犯罪行为的同时又收受贿赂齐备两个犯罪的构成要件，除刑法有特别规定的以外，应当认定为两罪，实行数罪并罚。

〔参考案例第855号：杨孝理受贿、非国家工作人员受贿案〕

国家工作人员在国家出资企业改制前后利用职务上的便利实施犯罪，在其不具有国家工作人员身份后又实施同种行为，依法构成不同犯罪的，应当分别定罪，实行数罪并罚。

〔参考案例第1580号：缪某某利用影响力受贿、受贿案〕离职前后约定收受他人财物如何认定，以及同一单位具有上下级关系的国家工作人员共同犯罪如何认定？

1.国家工作人员与请托人在离职前约定，并于离职前后连续收受请托人财物的，被告人构成受贿罪一罪。

2.国家工作人员利用职务上的便利为请托人谋取利益，授意请托人将有关财物给予其下属的，以受贿论处。具有上下级关系的二人通谋，共同实施上述行为的，对该下属以受贿罪的共犯论处。在共同犯罪中所起的作用，不囿于身份关系上的依附性，要具体问题具体分析，根据各自的行为来判断其作用大小，具体到本案中，在部分共同犯罪中不应当区分主从犯。

【职务犯罪案例】

〔利用放贷收息型受贿行为的认定，ZWFZ5-2022〕

国家工作人员利用职务便利为请托人谋利，明知请托人不具有借款需求，仍然以借款为名放款给请托人收取利息的，或虽然请托人有借款实际需求而放款给请托人，但国家工作人员明知请托人支付给其的利息明显高于请托人支付给其他同类正常民间借款的利息的，均应以受贿论处。

〔收受情人款项的性质认定，ZWFZ6-2022〕

收受情人款项的行为应当综合案件进行判断，如果是在权钱交易的同时进行权色交易，情人关系不影响受贿行为性质的判断。如果双方有共同生活的基础且有共同组成家庭的计划，则应当进一步研判，排除其他可能性。

〔概括故意型受贿案件中相关问题的认定，ZWFZ7-2022〕

受贿人具有利用手中职权收受贿赂的概括故意，即使没有直接经手具体的受贿事项，也不影响对其受贿犯罪的认定。在概括故意下，应当考虑行为人的客观行为及其结果，按照主客观相一致的原则认定受贿犯罪数额；并考虑行为人对所得财物的所有权转移是否存在明知，结合财物转移的实际情况认定既未遂。

〔法院指定的破产管理人工作人员利用职务便利收受贿赂的定性，ZWFZ8-2022〕

准确认定法院指定的破产管理人工作人员利用职务便利收受贿赂的行为性质，关键在于正确理解刑法意义上的国家工作人员身份。是否认定国家工作人员，需要从两个方面分析判断：一看形式要件，即是否经过法定程序任命、国有委派、法律授权等方式从事公务；二看实质要件，即是否从事公务。破产案件涉及社会方方面面的利益，作为法院指定的破产管理人工作人员，所从事的不仅是技术专业性工作，更是涉及社会公共利益，应认定系其他依照法律从事公务的人员，在行使管理人相关职权过程中为他人谋取利益并收受贿赂的行为应认定构成受贿罪。

〔未转达请托事项的斡旋受贿与诈骗的区别，ZWFZ15-2023〕

国家工作人员承诺通过其他国家工作人员的职务行为，为请托人谋取不正当利益，收受财物之后没有向其他国家工作人员转达请托事项，不影响受贿罪的认定；国家工作人员调离原工作岗位，利用原任职务掌握其他国家工作人员违法犯罪线索，承诺帮忙疏通关系，向线索指向对象索取财物，属于刑法第三百八十八条规定的索贿行为，应当以受贿罪论处。

〔接受他人代为支付“跑官”“买官”费用行为的性质认定，ZWFZ19-2023〕

行为人对于他人代为支付“跑官”“买官”费用具有概括故意的，即便双方对具体数额事前无通谋，仍应按受贿犯罪处理，数额以实际支付的计算。

〔以房屋交易形式收受贿赂犯罪中房屋价格认定报告的审查与判断，ZWFZ20-2023〕

价格认定报告应包括价格认定依据、过程及方法。就房屋价格认定而言，选取市场法对房屋价格进行认定的，价格认定报告应包括选取的可比实例房屋情况及依据可比实例进行价格计算的过程和方法。应对价格认定报告所附价格认定依据、过程及方法进行实质审查判断。

〔有实际出资的合作经营型受贿行为认定，ZWFZ21-2023〕

党政领导干部在职期间，利用职务之便为请托人谋取利益，或请托人为了与其搞好关系而进行长期“感情投资”的前提下，党政领导干部虽实际出资但未参与经营管理，即只享受收益、不承担风险的“旱涝保收”型合作投资，且所获“利润”明显高于出资应得利润，或者所获“利润”与企业经营情况无关，可以受贿论处。国家工作人员有实际出资，但收取了超出出资比例分红的，则超出部分系国家工作人员利用职务之便为合办的公司谋取利益的一种对价，属于权钱交易的范畴(受贿数额=实际收益-出资额-出资应得收益)。

〔受贿犯罪中用他人股票账户及资金炒股导致亏损行为的认定，ZWFZ22-2023〕

国家工作人员借助自身的公权力通过约定免除了自身本应承担的风险，其炒股导致的“亏损”是一种财产性利益，应当认定到受贿金额中。此类案件犯罪既遂的认定，需结合受贿罪权钱交易本质特征进行判断。对于利用他人股票账户及资金炒股的亏损受贿数额的认定，应兼顾有利于被告人原则及司法经济原则。

〔收受未还清银行抵押贷款房产的受贿罪既、未遂认定，ZWFZ24-2023〕

在实践中，因房产价值较高，一些案件中出现了“贷款行贿”的现象。在认定受贿犯罪时，应当按照行受贿双方达成的合意，结合涉案房产的价值确定具体受贿数额。通常将受贿人实际取得涉案财物作为认定受贿既遂的重要标准，即使没有办理权属登记，只要有证据证实受贿人实际上对涉案房产实现了控制，即应认定为受贿既遂。受贿人收受未还清银行贷款的房产，抵押对应的未偿还贷款本金部分应认定为受贿未遂。认定未还贷款本金部分未遂，与认定收受房产既遂实质上并不矛盾，只是对房产价值作出的精细化认定。将尚未还清贷款本金部分认定为未遂，有利于追赃挽损工作的顺利进行。

〔国家工作人员利用职务便利，向行政管理对象索要由财政资金支持的工程项目，由自己组织施工获取工程利润行为的认定，ZWFZ25-2023〕

国家工作人员利用职务之便向行政管理对象索取中标工程项目，自己组织施工获取的利润本质是权钱交易的结果，还应当进一步从是否有投入、是否承担市场风险的角度判断行为人向行政管理对象索取工程项目，自己组织施工获取的利润是商业机会还是财产性利益，进而判断行为人是否构成受贿罪。

〔国家工作人员通过民企经营者为请托人谋取利益并收受该请托人财物的行为如何认定，ZWFZ26-2023〕

国家工作人员利用职务上的便利为民企经营者谋取利益，没有收受民企经营者财物，后又通过该民企经营者为请托人谋取利益，并收受该请托人财物的，构成受贿罪。如果国家工作人员与民企之间具有监督、制约关系，即使国家工作人员没有利用职务上的便利为民企经营者谋取利益，只要通过该民企经营者为请托人谋取利益并收受该请托人财物，即构成受贿罪；如果国家工作人员与民企之间不具有监督、制约关系，没有利用职务上的便利为民企经营者谋取利益，即使其通过该民企经营者为请托人谋取利益，也与其职权无关，不属于“利用职务上的便利”，在这种情况下，国家工作人员收受该请托人财物，不构成受贿罪。

〔商业机会型受贿的认定思路探析，ZWFZ34-2024〕

随着反腐败斗争不断深入，行受贿双方为规避调查，往往精心设计、掩饰伪装权钱交易行为，利用商业机会进行利益输送，犯罪手段更趋隐蔽。由于该行为既有职权介入成分，又有市场交易因素，因而在实践中存在不同认识。案件办理中，对利用职权接受商业机会的行为，应当结合具体案情，抽丝剥茧，去伪存真，综合考虑收送双方之间的主观动机、谋利事项、收受财物和风险承担等情节，透过现象发现权钱交易的行为本质，作出精准认定。

〔转贷型“借鸡生蛋”受贿行为的认定，ZWFZ36-2024〕

国家工作人员和请托人之间发生的借贷关系的性质认定应严格把握，特别是因此产生大额利息的情形。国家工作人员为请托人的请托事项提供斡旋帮助，无偿借用请托人资金转贷给第三方收息的行为构成受贿罪。在主客观一致范围内，将国家工作人员知晓的第三方借款人支付的实际利息额认定为受贿额更为适宜。

〔“旋转门”型受贿的认定因素，ZWFZ37-2024〕

“旋转门”型受贿即国家工作人员在职期间，利用其职务上的便利为请托人谋取利益，离职后以到请托人实际控制的相关公司参加工作或与请托人企业合作等方式为名，领取“工资”或利用请托人资源等形式直接或变相收受财物的受贿。该类受贿的认定应结合被告人存在利用职务便利为他人谋取利益的行为、国家工作人员身份存续期间的事先约定、离职后收受财物行为与离职前谋取利益行为具有较强的关联性、存在收受远高于实际工作产生的“报酬”这四个因素综合考量。被告人受贿金额应以其约定“报酬”减去其所在公司或行业中同岗位、同级别的工资或实际应得收入即扣除合理报酬认定为宜。

〔经党纪处理后的收受财物事实认定，ZWFZ40-2024〕

行为人经党纪处理后的受贿行为是否累计为犯罪数额，要视不同情况区别对待。一般而言，党纪处理过的受贿行为不再移送司法机关处理，但行为人出于逃避处罚的目的避重就轻或者通过贿赂、打招呼等违法手段得以按党纪处分的，在查明事实撤销原党纪处分后，之前受党纪处分的受贿行为应当一并作为犯罪事实处理，收受的财物应当累计到受贿数额。同时要注意避免重复评价，行为人在党纪处理时已退出的违纪款，应当在刑事案件中折抵退赃款。

〔贿赂款由行贿人代为投资并实际获益情况下既未遂和犯罪数额的认定，ZWFZ41-2024〕

判断受贿是否既遂需要根据案情综合判断财物已经脱离行贿人的控制，并已经实际置于受贿人控制之下。对于行受贿双方达成合意或者受贿人指使行贿人将贿赂款进行投资，且受贿人已经获取投资收益的，应当认定为既遂。此种情况下的投资收益一般计入孳息。

〔受贿人案发前向行贿人支付贿赂物价款性质的认定及相关财物的处理，ZWFZ42-2024〕

受贿人收受贿赂物后为掩饰犯罪向行贿人支付该贿赂物价款的，贿赂物兼具受贿人违法所得及行贿人供犯罪所用财物的性质，应当予以追缴、上缴国库；贿赂物价款属于行贿人的违法所得，如该款来源于受贿人的合法财产，则应予以追缴并返还受贿人。

〔受贿人“退物收钱”情形中受贿数额的认定，ZWFZ43-2024〕

对收受行贿物后退还行贿人行为性质的认定，应当结合受贿人退还的主观目的和客观行为进行综合判断。如果受贿人因为受到组织函询或者其他原因欲减轻罪责而退还，则属于受贿既遂。如果受贿人为了获取更多金钱，将行贿人送给的物品退还，而后再收取行贿人金钱的，相当于用行贿物进行交易，属于二次受贿，且第二次受贿属于交易型受贿。该种情形下受贿数额为第一次贿赂物的价格加上交易物品的差额，且监察机关从行贿人处扣押的行贿物不能抵扣受贿人退赃金额。

第三百八十六条 【对受贿罪的处罚】对犯受贿罪的，根据受贿所得数额及情节，依照本法第三百八十三条的规定处罚。索贿的从重处罚。

第三百八十七条 【单位受贿罪】国家机关、国有公司、企业、事业单位、人民团体，索取、非法收受他人财物，为他人谋取利益，情节严重的，对单位判处罚金，并对其直接负责的主管人员和其他直接责任人员，处三年以下有期徒刑或者拘役；情节特别严重的，处三年以上十年以下有期徒刑。

前款所列单位，在经济往来中，在帐外暗中收受各种名义的回扣、手续费的，以受贿论，依照前款的规定处罚。

【修正前条文】

第三百八十七条 【单位受贿罪】国家机关、国有公司、企业、事业单位、人民团体，索取、非法收受他人财物，为他人谋取利益，情节严重的，对单位判处罚金，并对其直接负责的主管人员和其他直接责任人员，处五年以下有期徒刑或者拘役。

前款所列单位，在经济往来中，在帐外暗中收受各种名义的回扣、手续费的，以受贿论，依照前款的规定处罚。

【修正说明】

刑法修正案(十二)第四条将本罪的刑罚由原来最高判处五年有期徒刑的一档刑罚，修改为“三年以下有期徒刑或者拘役”和“三年以上十年以下有期徒刑”两档刑罚。

【立法·要点注释】

1.单位受贿罪的犯罪主体是国家机关、国有公司、企业、事业单位、人民团体。除此以外，其他单位包括集体经济组织、中外合资企业、中外合作企业、外商独资企业和私营企业，都不能成为单位受贿罪的主体。这里的“人民团体”主要是指工会、共青团、妇联、工商联、台联等特定群团组织。

2.单位受贿罪作为一种主体特殊的受贿犯罪，有时与受贿罪难以区分。在实践中，要根据是否属于单位决策、是否体现单位意志，犯罪利益归属等因素综合判断。比如，单位受贿罪是将索取、非法收受的他人财物归单位所有，如果单位直接负责的主管人员和其他直接责任人员借单位名义索取、收受他人财物后私分、中饱私囊的，则不适用本条规定，而应根据对个人犯受贿罪的刑法规定追究刑事责任。

【司法指导文件】

《最高人民检察院法律政策研究室关于国有单位的内设机构能否构成单位受贿罪主体问题的答复》(〔2006〕高检研发8号，20060912)

国有单位的内设机构利用其行使职权的便利，索取、非法收受他人财物并归该内设机构所有或者支配，为他人谋取利益，情节严重的，依照刑法第三百八十七条的规定以单位受贿罪追究刑事责任。

上述内设机构在经济往来中，在账外暗中收受各种名义的回扣、手续费的，以受贿论。

第三百八十八条　【受贿罪】国家工作人员利用本人职权或者地位形成的便利条件，通过其他国家工作人员职务上的行为，为请托人谋取不正当利益，索取请托人财物或者收受请托人财物的，以受贿论处。

【司法指导文件】

《全国法院审理经济犯罪案件工作座谈会纪要》(法〔2003〕167号，20031113)

三、关于受贿罪

(三)“利用职权或地位形成的便利条件”的认定

刑法第三百八十八条规定的“利用本人职权或者地位形成的便利条件”，是指行为人与被其利用的国家工作人员之间在职务上虽然没有隶属、制约关系，但是行为人利用了本人职权或者地位产生的影响和一定的工作联系，如单位内不同部门的国家工作人员之间、上下级单位没有职务上隶属、制约关系的国家工作人员之间、有工作联系的不同单位的国家工作人员之间等。

【《刑事审判参考》案例】

〔参考案例第754号：陆某受贿案〕国家工作人员通过其情人职务上的行为收取贿赂，为他人谋取不正当利益的行为如何定性？

只要国家工作人员同时具备本人

的职权或者地位形成的便利条件和其与其他国家工作人员的密切关系，原则上应当依照刑法第三百八十八条的规定，以受贿罪论处，但确有证据证实国家工作人员仅利用了其与被其利用的其他国家工作人员的密切关系的，应当依照刑法第三百八十八条之一的规定，以利用影响力受贿罪论处。

【职务犯罪案例】

〔斡旋受贿的成立是否要求国家工作人员向其他国家工作人员转达请托谋利事项，ZWFZ4—2022〕

国家工作人员在索取或收受他人财物时，承诺为他人谋取不正当利益，即使其后来未向其他国家工作人员转达请托谋利事项，也应当认定构成斡旋型受贿罪。在斡旋受贿中，对于行为人虚假承诺的，一般应当认定为受贿罪，但实践中请托及收钱情形纷繁复杂，还需要结合案件情况进行具体分析，不能因为主体是国家工作人员就绝对排除诈骗等犯罪的可能性。例如，若请托事项正当，收受财物的国家工作人员不构成斡旋型受贿罪，且由于国家工作人员不是利用自己职务上的便利，也不构成一般受贿罪，在这种情况下，对于构成诈骗罪的，可以诈骗罪论处。

第三百八十八条之一　【利用影响力受贿罪】国家工作人员的近亲属或者其他与该国家工作人员关系密切的人，通过该国家工作人员职务上的行为，或者利用该国家工作人员职权或者地位形成的便利条件，通过其他国家工作人员职务上的行为，为请托人谋取不正当利益，索取请托人财物或者收受请托人财物，数额较大或者有其他较重情节的，处三年以下有期徒刑或者拘役，并处罚金；数额巨大或者有其他严重情节的，处三年以上七年以下有期徒刑，并处罚金；数额特别巨大或者有其他特别严重情节的，处七年以上有期徒刑，并处罚金或者没收财产。

离职的国家工作人员或者其近亲属以及其他与其关系密切的人，利用该离职的国家工作人员原职权或者地位形成的便利条件实施前款行为的，依照前款的规定定罪处罚。

【修正说明】

本罪由刑法修正案(七)第十三条增设。

【立法 · 要点注释】

本罪的犯罪主体是与国家工作人员有着某种特定关系的非国家工作人员，包括国家工作人员的近亲属或者其他与该国家工作人员关系密切的人。至于关系密切的人具体指哪些人，应当由司法机关根据案件的具体情况确定，也可以由司法机关依法作出司法解释。这里规定的近亲属主要是指夫、妻、父、母、子、女、同胞兄弟姐妹、祖父母、外祖父母、孙子女、外孙子女。

【司法解释】

《最高人民法院、最高人民检察院关于办理贪污贿赂刑事案件适用法律若干问题的解释》(法释〔2016〕9号，20160418)

第十条第一款　刑法第三百八十八条之一规定的利用影响力受贿罪的定罪量刑适用标准，参照本解释关于受贿罪的规定执行。

【职务犯罪案例】

〔以出资分红为名收受贿赂行为的认定，ZWFZ14-2023〕

国家工作人员的近亲属利用国家工作人员职务上的行为，为请托人谋取不正当利益，为掩盖罪行而以出资分红为名收受贿赂，应当认定利用影响力受贿罪并根据案件事实计算犯罪金额。在审查行为人的“入股分红”行为是否属于隐秘的行贿受贿性质时，可以从行为人投入资金是否属于平等主体的民事行为、行为人获取收益是否符合股东入股分成、入股款是否计入项目股份及用于项目支出等角度综合判断。对于行为人虽注入资金但未占项目合伙股份，“入股资金”未计入项目资金、未用于项目开支，未参与经营，与其他股东没有风险共担等共同投资所应具备的约定的，不能视为投资入股。

〔离职后利用原职权或者地位形成的便利条件为他人谋取不正当利益并收取“咨询费”“顾问费”等行为的性质认定，ZWFZ38-2024〕

国家工作人员离职后利用原职权或者地位形成的便利条件，通过原任职或者上下级单位在任的国家工作人员职务上的行为，为请托人谋取不正当利益，并利用开办或者实际控制的公司收取“咨询费”“顾问费”的，其行为构成利用影响力受贿罪。

第三百八十九条【行贿罪】为谋取不正当利益，给予国家工作人员以财物的，是行贿罪。

在经济往来中，违反国家规定，给予国家工作人员以财物，数额较大的，或者违反国家规定，给予国家工作人员以各种名义的回扣、手续费的，以行贿论处。

因被勒索给予国家工作人员以财物，没有获得不正当利益的，不是行贿。

【司法解释】

《最高人民法院、最高人民检察院关于办理行贿刑事案件具体应用法律若干问题的解释》(法释〔2012〕22号，20130101)

第十二条　行贿犯罪中的“谋取不正当利益”，是指行贿人谋取的利益违反法律、法规、规章、政策规定，或者要求国家工作人员违反法律、法规、规章、政策、行业规范的规定，为自己提供帮助或者方便条件。

违背公平、公正原则，在经济、组织人事管理等活动中，谋取竞争优势的，应当认定为“谋取不正当利益”。

【司法指导文件(1)】

《最高人民法院、最高人民检察院关于办理商业贿赂刑事案件适用法律若干问题的意见》(法发〔2008〕33号，20081120)

九、在行贿犯罪中，“谋取不正当利益”，是指行贿人谋取违反法律、法规、规章或者政策规定的利益，或者要求对方违反法律、法规、规章、政策、行业规范的规定提供帮助或者方便条件。

在招标投标、政府采购等商业活动中，违背公平原则，给予相关人员财物以谋取竞争优势的，属于“谋取不正当利益”。

【司法指导文件(2)】

《最高人民法院、最高人民检察院关于各地在办理受贿犯罪大要案的同时严肃查处严重行贿犯罪分子的通知》(高检会〔1999〕1号,19990304)

二、对于为谋取不正当利益而行贿,构成行贿罪、向单位行贿罪、单位行贿罪的,必须依法追究刑事责任。“谋取不正当利益”是指谋取违反法律、法规、国家政策和国务院各部门规章规定的利益,以及要求国家工作人员或者有关单位提供违反法律、法规、国家政策和国务院各部门规章规定的帮助或者方便条件。

对于向国家工作人员介绍贿赂,构成犯罪的案件,也要依法查处。

四、在查处严重行贿、介绍贿赂犯罪案件中,既要坚持从严惩处的方针,又要注意体现政策。……

【法院案例库参考案例】

〔谭某云、吴某莲行贿案,2024-03-1-407-004〕在确定行贿人非法获利数额时,应当将行贿人经营中已经缴纳的税款扣除

贿赂案件中,行贿人利用行贿手段所获取的不正当利益应当依法予以追缴。行贿人利用行贿手段获取交易机会,在该交易中所获取的利益均为不正当利益。在确定具体获利数额时,应当将行贿人在经营中已经缴纳的税款予以扣除。

〔高某梅行贿案,2024-03-1-407-003〕如何准确认定利用行贿手段获取不正当利益的数额

贿赂案件中,对于行贿人利用行贿手段所获取的不正当利益应当依法予以追缴。行贿所获不正当利益是行贿人实际获利数额。在确定行贿所获不正当利益的具体数额时,应当将行贿人经营中的业务成本等合理费用予以扣除。

〔胡某松行贿案,2024-03-1-407-002〕行贿罪中被索贿情节的认定

行受贿双方形成长期权钱交易关系,受贿人向行贿人主动提出给付财物的要求,行贿人积极回应、投其所好,未受到心理强制而被迫行贿的,不属于被索贿。

第三百九十条　【对行贿罪的处罚】对犯行贿罪的，处三年以下有期徒刑或者拘役，并处罚金；因行贿谋取不正当利益，情节严重的，或者使国家利益遭受重大损失的，处三年以上十年以下有期徒刑，并处罚金；情节特别严重的，或者使国家利益遭受特别重大损失的，处十年以上有期徒刑或者无期徒刑，并处罚金或者没收财产。

有下列情形之一的，从重处罚：

（一）多次行贿或者向多人行贿的；

（二）国家工作人员行贿的；

（三）在国家重点工程、重大项目中行贿的；

（四）为谋取职务、职级晋升、调整行贿的；

（五）对监察、行政执法、司法工作人员行贿的；

（六）在生态环境、财政金融、安全生产、食品药品、防灾救灾、社会保障、教育、医疗等领域行贿，实施违法犯罪活动的；

（七）将违法所得用于行贿的。

行贿人在被追诉前主动交待

行贿行为的，可以从轻或者减轻处罚。其中，犯罪较轻的，对调查突破、侦破重大案件起关键作用的，或者有重大立功表现的，可以减轻或者免除处罚。

【第二次修正前条文】

第三百九十条　【对行贿罪的处罚】对犯行贿罪的，处五年以下有期徒刑或者拘役，并处罚金；因行贿谋取不正当利益，情节严重的，或者使国家利益遭受重大损失的，处五年以上十年以下有期徒刑，并处罚金；情节特别严重的，或者使国家利益遭受特别重大损失的，处十年以上有期徒刑或者无期徒刑，并处罚金或者没收财产。

行贿人在被追诉前主动交待行贿行为的，可以从轻或者减轻处罚。其中，犯罪较轻的，对侦破重大案件起关键作用的，或者有重大立功表现的，可以减轻或者免除处罚。

【第一次修正前条文】

第三百九十条　【对行贿罪的处罚】对犯行贿罪的，处五年以下有期徒刑或者拘役；因行贿谋取不正当利益，情节严重的，或者使国家利益遭受重大损失的，处五年以上十年以下有期徒刑；情节特别严重的，处十年以上有期徒刑或者无期徒刑，可以并处没收财产。

行贿人在被追诉前主动交待行贿行为的，可以减轻处罚或者免除处罚。

【修正说明】

1.刑法修正案(九)第四十五条对原条文作出下述修改：一是对行贿罪增加规定罚金刑；二是进一步严格了对行贿罪从宽处罚的条件。

2.刑法修正案(十二)第五条对原条文作出下述修改：一是增加一款规定，对七类情形从重处罚；二是调整行贿罪的起刑点和刑罚档次，与受贿罪相衔接；三是与国家监察体制改革相适应，增加“调查突破”的表述。

【立法·要点注释】

1.“多次”“多人”一般是指“三次(含三次)以上”“三人(含三人)以上”。“多次”要结合行为人的主观目的、行贿事由、对象等进行具体认定，避免单纯形式化的理解。比如，基于同一请托事项对同一对象多次行贿的，不宜认定为多次行贿。

2.“国家重点工程、重大项目”的范围，实践中可参照国家有关部门公布或发布的国家重点工程、重大项目来认定。

3.职务调整包括职务的平级调整，离职、退休等调整一般不宜认定为这里的职务调整。

【司法解释(1)】

《最高人民法院、最高人民检察院关于办理贪污贿赂刑事案件适用法律若干问题的解释》(法释〔2016〕9号，20160418)[①]

第七条　为谋取不正当利益，向

① 对于该司法解释有关行贿罪定罪量刑标准的适用，需结合刑法修正案(十二)第五条修正的刑法第三百九十条的规定综合考虑。——编者注

国家工作人员行贿，数额在三万元以上的，应当依照刑法第三百九十条的规定以行贿罪追究刑事责任。

行贿数额在一万元以上不满三万元，具有下列情形之一的，应当依照刑法第三百九十条的规定以行贿罪追究刑事责任：

（一）向三人以上行贿的；

（二）将违法所得用于行贿的；

（三）通过行贿谋取职务提拔、调整的；

（四）向负有食品、药品、安全生产、环境保护等监督管理职责的国家工作人员行贿，实施非法活动的；

（五）向司法工作人员行贿，影响司法公正的；

（六）造成经济损失数额在五十万元以上不满一百万元的。

第八条　犯行贿罪，具有下列情形之一的，应当认定为刑法第三百九十条第一款规定的“情节严重”：

（一）行贿数额在一百万元以上不满五百万元的；

（二）行贿数额在五十万元以上不满一百万元，并具有本解释第七条第二款第一项至第五项规定的情形之一的；

（三）其他严重的情节。

为谋取不正当利益，向国家工作人员行贿，造成经济损失数额在一百万元以上不满五百万元的，应当认定为刑法第三百九十条第一款规定的“使国家利益遭受重大损失”。

第九条　犯行贿罪，具有下列情形之一的，应当认定为刑法第三百九十条第一款规定的“情节特别严重”：

（一）行贿数额在五百万元以上的；

（二）行贿数额在二百五十万元以上不满五百万元，并具有本解释第七条第二款第一项至第五项规定的情形之一的；

（三）其他特别严重的情节。

为谋取不正当利益，向国家工作人员行贿，造成经济损失数额在五百万元以上的，应当认定为刑法第三百九十条第一款规定的“使国家利益遭受特别重大损失”。

第十四条　根据行贿犯罪的事实、情节，可能被判处三年有期徒刑以下刑罚的，可以认定为刑法第三百九十条第二款规定的“犯罪较轻”。

根据犯罪的事实、情节，已经或者可能被判处十年有期徒刑以上刑罚的，或者案件在本省、自治区、直辖市或者全国范围内有较大影响的，可以认定为刑法第三百九十条第二款规定的“重大案件”。

具有下列情形之一的，可以认定为刑法第三百九十条第二款规定的“对侦破重大案件起关键作用”：

（一）主动交待办案机关未掌握的重大案件线索的；

（二）主动交待的犯罪线索不属于重大案件的线索，但该线索对于重大案件侦破有重要作用的；

（三）主动交待行贿事实，对于重大案件的证据收集有重要作用的；

（四）主动交待行贿事实，对于重大案件的追逃、追赃有重要作用的。

【司法解释(2)】

《最高人民法院、最高人民检察院关于办理行贿刑事案件具体应用法律若干问题的解释》（法释〔2012〕22号，

20130101)[①]

第五条　多次行贿未经处理的，按照累计行贿数额处罚。

第六条　行贿人谋取不正当利益的行为构成犯罪的，应当与行贿犯罪实行数罪并罚。

第八条　行贿人被追诉后如实供述自己罪行的，依照刑法第六十七条第三款的规定，可以从轻处罚；因其如实供述自己罪行，避免特别严重后果发生的，可以减轻处罚。

第九条　行贿人揭发受贿人与其行贿无关的其他犯罪行为，查证属实的，依照刑法第六十八条关于立功的规定，可以从轻、减轻或者免除处罚。

第十条　实施行贿犯罪，具有下列情形之一的，一般不适用缓刑和免予刑事处罚：

(一)向三人以上行贿的；

(二)因行贿受过行政处罚或者刑事处罚的；

(三)为实施违法犯罪活动而行贿的；

(四)造成严重危害后果的；

(五)其他不适用缓刑和免予刑事处罚的情形。

具有刑法第三百九十条第二款规定的情形的，不受前款规定的限制。

第十一条　行贿犯罪取得的不正当财产性利益应当依照刑法第六十四条的规定予以追缴、责令退赔或者返还被害人。

因行贿犯罪取得财产性利益以外的经营资格、资质或者职务晋升等其他不正当利益，建议有关部门依照相关规定予以处理。

第十三条　刑法第三百九十条第二款规定的"被追诉前"，是指检察机关对行贿人的行贿行为刑事立案前。

第三百九十条之一　【对有影响力的人行贿罪】为谋取不正当利益，向国家工作人员的近亲属或者其他与该国家工作人员关系密切的人，或者向离职的国家工作人员或者其近亲属以及其他与其关系密切的人行贿的，处三年以下有期徒刑或者拘役，并处罚金；情节严重的，或者使国家利益遭受重大损失的，处三年以上七年以下有期徒刑，并处罚金；情节特别严重的，或者使国家利益遭受特别重大损失的，处七年以上十年以下有期徒刑，并处罚金。

单位犯前款罪的，对单位判处罚金，并对其直接负责的主管人员和其他直接责任人员，处三年以下有期徒刑或者拘役，并处罚金。

【修正说明】

本罪由刑法修正案(九)第四十六条增设。

【司法解释】

《最高人民法院、最高人民检察院关于办理贪污贿赂刑事案件适用法律若干问题的解释》(法释〔2016〕9号，20160418)

第十条第二款、第三款　刑法第三百九十条之一规定的对有影响力的人

① 对于该司法解释的适用，需结合刑法修正案(十二)第五条修正的刑法第三百九十条的规定综合考虑。——编者注

行贿罪的定罪量刑适用标准，参照本解释关于行贿罪的规定执行。

单位对有影响力的人行贿数额在二十万元以上的，应当依照刑法第三百九十条之一的规定以对有影响力的人行贿罪追究刑事责任。

第三百九十一条 【对单位行贿罪】为谋取不正当利益，给予国家机关、国有公司、企业、事业单位、人民团体以财物的，或者在经济往来中，违反国家规定，给予各种名义的回扣、手续费的，处三年以下有期徒刑或者拘役，并处罚金；情节严重的，处三年以上七年以下有期徒刑，并处罚金。

单位犯前款罪的，对单位判处罚金，并对其直接负责的主管人员和其他直接责任人员，依照前款的规定处罚。

【第二次修正前条文】

第三百九十一条 【对单位行贿罪】为谋取不正当利益，给予国家机关、国有公司、企业、事业单位、人民团体以财物的，或者在经济往来中，违反国家规定，给予各种名义的回扣、手续费的，处三年以下有期徒刑或者拘役，并处罚金。

单位犯前款罪的，对单位判处罚金，并对其直接负责的主管人员和其他直接责任人员，依照前款的规定处罚。

【第一次修正前条文】

第三百九十一条 【对单位行贿罪】为谋取不正当利益，给予国家机关、国有公司、企业、事业单位、人民团体以财物的，或者在经济往来中，违反国家规定，给予各种名义的回扣、手续费的，处三年以下有期徒刑或者拘役。

单位犯前款罪的，对单位判处罚金，并对其直接负责的主管人员和其他直接责任人员，依照前款的规定处罚。

【修正说明】

1.刑法修正案(九)第四十七条在原条文基础上增设了“并处罚金”的规定。

2.刑法修正案(十二)第六条对本罪增加一档“情节严重的，处三年以上七年以下有期徒刑，并处罚金”的刑罚。

第三百九十二条 【介绍贿赂罪】向国家工作人员介绍贿赂，情节严重的，处三年以下有期徒刑或者拘役，并处罚金。

介绍贿赂人在被追诉前主动交待介绍贿赂行为的，可以减轻处罚或者免除处罚。

【修正前条文】

第三百九十二条 【介绍贿赂罪】向国家工作人员介绍贿赂，情节严重的，处三年以下有期徒刑或者拘役。

介绍贿赂人在被追诉前主动交待介绍贿赂行为的，可以减轻处罚或者免除处罚。

【修正说明】

刑法修正案(九)第四十八条在原条文基础上增设了“并处罚金”的规定。

【司法指导文件】

《最高人民法院研究室关于向非国家工作人员介绍贿赂行为如何定性问

题的研究意见》(2012)

对于向非国家工作人员介绍贿赂行为，根据罪刑法定原则，不宜定罪处罚。但对于确已明显构成行贿共犯或者受贿共犯的，予以定罪处罚，也依法有据，并不违反罪刑法定原则。

【职务犯罪案例】

〔贿赂犯罪中"中介人"的行为如何定性，ZWFZ35-2024〕

贿赂犯罪中"中介人"的行为应结合主观故意、客观行为进行综合考察。特定关系人之外的第三人作为"中介人"不依附于行贿或受贿任何一方，在请托人和国家工作人员之间介绍贿赂，同时为请托人向国家工作人员转送贿赂的，一般以介绍贿赂罪定罪处罚，转送贿赂事实作为量刑情节予以考虑；"中介人"与国家工作人员通谋，索取或非法收受他人财物并共同占有的，构成受贿罪的共同犯罪；"中介人"与行贿人共谋，通过引荐、沟通、撮合等介绍行为，与行贿人共同谋取不正当利益的，构成行贿犯罪的共同犯罪；"中介人"向请托人虚构与国家工作人员关系密切的事实，未向国家工作人员转达请托事项，骗取请托人财物的，以诈骗罪定罪处罚。

第三百九十三条　【单位行贿罪】单位为谋取不正当利益而行贿，或者违反国家规定，给予国家工作人员以回扣、手续费，情节严重的，对单位判处罚金，并对其直接负责的主管人员和其他直接责任人员，处三年以下有期徒刑或者拘役，并处罚金；情节特别严重的，处三年以上十年以下有期徒刑，并处罚金。因行贿取得的违法所得归个人所有的，依照本法第三百八十九条、第三百九十条的规定定罪处罚。

【第二次修正前条文】

第三百九十三条　【单位行贿罪】单位为谋取不正当利益而行贿，或者违反国家规定，给予国家工作人员以回扣、手续费，情节严重的，对单位判处罚金，并对其直接负责的主管人员和其他直接责任人员，处五年以下有期徒刑或者拘役，并处罚金。因行贿取得的违法所得归个人所有的，依照本法第三百八十九条、第三百九十条的规定定罪处罚。

【第一次修正前条文】

第三百九十三条　【单位行贿罪】单位为谋取不正当利益而行贿，或者违反国家规定，给予国家工作人员以回扣、手续费，情节严重的，对单位判处罚金，并对其直接负责的主管人员和其他直接责任人员，处五年以下有期徒刑或者拘役。因行贿取得的违法所得归个人所有的，依照本法第三百八十九条、第三百九十条的规定定罪处罚。

【修正说明】

1.刑法修正案(九)第四十九条在原条文基础上增设了"并处罚金"的规定。

2.刑法修正案(十二)第七条将本罪刑罚由原来最高判处五年有期徒刑的一档刑罚，修改为"三年以下有期徒刑或者拘役，并处罚金"和"三年以上十年以下有期徒刑，并处罚金"的两档刑罚。

第三百九十四条 【贪污罪】国家工作人员在国内公务活动或者对外交往中接受礼物，依照国家规定应当交公而不交公，数额较大的，依照本法第三百八十二条、第三百八十三条的规定定罪处罚。

第三百九十五条 【巨额财产来源不明罪】国家工作人员的财产、支出明显超过合法收入，差额巨大的，可以责令该国家工作人员说明来源，不能说明来源的，差额部分以非法所得论，处五年以下有期徒刑或者拘役；差额特别巨大的，处五年以上十年以下有期徒刑。财产的差额部分予以追缴。

【隐瞒境外存款罪】国家工作人员在境外的存款，应当依照国家规定申报。数额较大、隐瞒不报的，处二年以下有期徒刑或者拘役；情节较轻的，由其所在单位或者上级主管机关酌情给予行政处分。

【修正前条文】

第三百九十五条 【巨额财产来源不明罪】国家工作人员的财产或者支出明显超过合法收入，差额巨大的，可以责令说明来源。本人不能说明其来源是合法的，差额部分以非法所得论，处五年以下有期徒刑或者拘役，财产的差额部分予以追缴。

【隐瞒境外存款罪】国家工作人员在境外的存款，应当依照国家规定申报。数额较大、隐瞒不报的，处二年以下有期徒刑或者拘役；情节较轻的，由其所在单位或者上级主管机关酌情给予行政处分。

【修正说明】

刑法修正案(七)第十四条对原条文作出下述修改：一是将本罪的法定最高刑由五年有期徒刑提高到十年有期徒刑。二是将原来的“国家工作人员的财产或者支出明显超过合法收入”，以及“本人不能说明其来源是合法的”，分别修改为“国家工作人员的财产、支出明显超过合法收入”和“可以责令该国家工作人员说明来源，不能说明来源的”，使刑法条文在文字表述上更加严谨。

【立法 · 要点注释】

巨额财产来源不明罪，是指国家工作人员的财产、支出明显超过合法收入，差额巨大，本人不能说明其来源的行为。这里所说的“国家工作人员的财产”，是指国家工作人员私人所有的房屋、车辆、存款、现金、股票、生活用品等。“支出”，是指各种消费以及其他开支。“超过合法收入”，是指国家工作人员的财产、支出数额，明显超过其工资、奖金、津贴以及其他依照国家规定取得的报酬的数额。“财产、支出明显超过合法收入”，不仅包括财产和支出两项总和明显超过其合法收入，也包括财产或者支出其中一项明显超过合法收入的情况。本条所规定的“不能说明来源的”，是指行为人不能说明其支出明显超过合法收入，差额巨大的财产是如何获得的。这里既包括本人拒不向调查的司法机关说明，也包括“说明”的内容经调查证明是虚假的情况。

【司法指导文件】

《全国法院审理经济犯罪案件工作座

谈会纪要》(法〔2003〕167号,20031113)

五、关于巨额财产来源不明罪

(一)行为人不能说明巨额财产来源合法的认定

刑法第三百九十五条第一款规定的“不能说明”,包括以下情况:⑴行为人拒不说明财产来源;⑵行为人无法说明财产的具体来源;⑶行为人所说的财产来源经司法机关查证并不属实;⑷行为人所说的财产来源因线索不具体等原因,司法机关无法查实,但能排除存在来源合法的可能性和合理性的。

(二)“非法所得”的数额计算

刑法第三百九十五条规定的“非法所得”,一般是指行为人的全部财产与能够认定的所有支出的总和减去能够证实的有真实来源的所得。在具体计算时,应注意以下问题:⑴应把国家工作人员个人财产和与其共同生活的家庭成员的财产、支出等一并计算,而且一并减去他们所有的合法收入以及确属与其共同生活的家庭成员个人的非法收入。⑵行为人所有的财产包括房产、家具、生活用品、学习用品及股票、债券、存款等动产和不动产;行为人的支出包括合法支出和不合法的支出,包括日常生活、工作、学习费用、罚款及向他人行贿的财物等;行为人的合法收入包括工资、奖金、稿酬、继承等法律和政策允许的各种收入。⑶为了便于计算犯罪数额,对于行为人的财产和合法收入,一般可以从行为人有比较确定的收入和财产时开始计算。

【职务犯罪案例】

〔隐瞒境外存款罪的适用问题,ZWFZ17-2023〕

我国现行有效的明确要求国家工作人员对其境外存款和投资情况予以报告的国家规定为2017年2月8日中共中央办公厅、国务院办公厅发布的《领导干部报告个人有关事项规定》。隐瞒境外存款罪中的存款不限于合法财产,亦可包括非法财产,但该非法财产应当是证明构成其他犯罪证据不足情形下的非法财产,而非已查明构成其他犯罪情形下的非法财产。境外存款已经查明系贪污等犯罪所得,行为人隐瞒不报的,一般不以隐瞒境外存款罪定罪。

第三百九十六条　【私分国有资产罪】国家机关、国有公司、企业、事业单位、人民团体,违反国家规定,以单位名义将国有资产集体私分给个人,数额较大的,对其直接负责的主管人员和其他直接责任人员,处三年以下有期徒刑或者拘役,并处或者单处罚金;数额巨大的,处三年以上七年以下有期徒刑,并处罚金。

【私分罚没财物罪】司法机关、行政执法机关违反国家规定,将应当上缴国家的罚没财物,以单位名义集体私分给个人的,依照前款的规定处罚。

【立法·要点注释】

“以单位名义将国有资产集体私分给个人”,是指由单位负责人决定,或者单位决策机构集体讨论决定,分给单位所有职工。如果不是分给所有职工,而是几个负责人暗中私分,则不应以本条定罪处罚,而应以贪污罪追究私分者的刑事责任。

【司法指导文件(1)】

《最高人民法院、最高人民检察院关于办理国家出资企业中职务犯罪案件具体应用法律若干问题的意见》(法发〔2010〕49号,20101126)

二、关于国有公司、企业在改制过程中隐匿公司、企业财产归职工集体持股的改制后公司、企业所有的行为的处理

国有公司、企业违反国家规定,在改制过程中隐匿公司、企业财产,转为职工集体持股的改制后公司、企业所有的,对其直接负责的主管人员和其他直接责任人员,依照刑法第三百九十六条第一款的规定,以私分国有资产罪定罪处罚。

……

【司法指导文件(2)】

《最高人民法院研究室关于如何理解私分国有资产问题的研究意见》(2012)

县交通局稽查队代征的车船使用税、代办的个体工商管理费的返还款均属于利用国家公权力收取的费用,虽然系违法代收,但仍无法改变款项的公款性质。县交通局稽查队收到的停车费也属于公款。因此,县交通局稽查队代征的车船使用税、代办的个体工商管理费的返还款及停车费属于刑法第三百九十六条第一款所规定的“国有资产”。

【法院案例库参考案例】

〔陈某某、陶某某私分国有资产、陈某某贪污、受贿案,2024-03-1-414-001〕套取国有公司资产擅自违规发放员工福利行为的定性

国有公司直接负责的主管人员和其他直接责任人员,违反国家财经管理制度,采用虚开发票等方式套取国有公司资产,擅自决定违规发放职工福利,数额较大的,构成私分国有资产罪。

【《刑事审判参考》案例】

〔参考案例第125号:刘忠伟私分国有资产案〕〔参考案例第313号:杨代芳贪污、受贿案〕〔参考案例第377号:李祖清等被控贪污案〕集体私分国有资产行为与共同贪污行为如何区分?

“以单位名义集体私分”是私分国有资产罪区别于贪污罪最本质的特征,表现为:

第一,行为方式不同。共同贪污国有资产通常表现为非法占有国有资产的人共同利用职务上的便利,共同实施,一般是秘密进行的,并且想方设法将有关账目抹平,以掩盖非法占有国有资产的事实。而私分国有资产行为则表现为在单位意志的支配下,集体共同私分,而大多数分得财产的人对是否私分没有决定权,并且在单位内部往往是公开的,有的还做了详细的财务记录。

第二,承担刑事责任的主体范围不同。参与共同贪污的人,均应依法承担刑事责任。而私分国有资产罪只能由对私分国有资产直接负责的主管人员和其他直接责任人员构成,被动分得国有资产的人依法不构成犯罪,只承担返还所分得财产的民事责任。

〔参考案例第293号:张金康、夏琴私分国有资产案〕如何区分变相集体私分国有资产犯罪与违反财经纪律超标准、超范围发放奖金、福利等行为的界限?

下列情形一般可认定为私分国有资产行为:第一,在单位没有经营效益甚至

经营亏损的情况下，变卖分配国有财产等严重违背国有财产的经营管理职责，妨害国有公司、企业的正常生产、经营活动的；第二，单位将无权自主支配、分配的钱款通过巧立名目、违规做账等手段从财务账上支出，或者将应依法上缴财务入账的正常或者非正常收入予以截留，编造各种栏目进行私分发放等，严重破坏国家财政收支政策的贯彻落实的。

〔参考案例第939号：徐国桢等私分国有资产罪案〕在仅能由单位构成犯罪的情形下，能否认定非适格主体与单位构成共犯？

对于非适格主体参与实施私分国有资产行为，只要非适格主体与适格单位共同实施了私分国有资产的行为，就可以成立共同犯罪。

〔参考案例第1401号：林财私分国有资产案〕国有企业改制过程中隐匿公司财产，转为改制后其个人和部分职工持股的公司所有的行为应如何定性？行政划拨的出租车营运牌照等无形资产是否属于国有资产范围？

1.对于这类行为，应当综合考虑国企改制的特殊背景及个别企业的特殊性，不能以经营层控股、经营者持大股就简单地否定企业为职工集体持股。从外部股权及职工内部股权关系看，行为人并非处于控股地位，鉴于管理人员持大股、职工集体持小股的做法是特定时期内国有企业改制的通行做法，故不能简单据此认定为贪污，对行为人按照直接负责的主管人员应以私分国有资产罪定罪处罚。

2.行政划拨的出租车营运牌照等无形资产、财产性利益的财产可以成为刑法规定的相关犯罪的犯罪对象。作为无形资产，在企业改制时应当纳入改制时的国有资产。

第九章　渎职罪

【立法解释】

《全国人民代表大会常务委员会关于〈中华人民共和国刑法〉第九章渎职罪主体适用问题的解释》(20021228)

在依照法律、法规规定行使国家行政管理职权的组织中从事公务的人员，或者在受国家机关委托代表国家机关行使职权的组织中从事公务的人员，或者虽未列入国家机关人员编制但在国家机关中从事公务的人员，在代表国家机关行使职权时，有渎职行为，构成犯罪的，依照刑法关于渎职罪的规定追究刑事责任。

【司法解释(1)】

《最高人民法院、最高人民检察院关于办理渎职刑事案件适用法律若干问题的解释(一)》(法释〔2012〕18号，20130109)

第二条　国家机关工作人员实施滥用职权或者玩忽职守犯罪行为，触犯刑法分则第九章第三百九十八条至第四百一十九条规定的，依照该规定定罪处罚。

国家机关工作人员滥用职权或者玩忽职守，因不具备徇私舞弊等情形，不符合刑法分则第九章第三百九十八条至第四百一十九条的规定，但依法构成第三百九十七条规定的犯罪的，以滥用职权罪或者玩忽职守罪定罪处罚。

第三条　国家机关工作人员实施渎职犯罪并收受贿赂，同时构成受贿罪的，除刑法另有规定外，以渎职犯罪和受贿罪数罪并罚。

第四条　国家机关工作人员实施渎职行为，放纵他人犯罪或者帮助他人逃避刑事处罚，构成犯罪的，依照渎职罪的规定定罪处罚。

国家机关工作人员与他人共谋，利用其职务行为帮助他人实施其他犯罪行为，同时构成渎职犯罪和共谋实施的其他犯罪共犯的，依照处罚较重的规定定罪处罚。

国家机关工作人员与他人共谋，既利用其职务行为帮助他人实施其他犯罪，又以非职务行为与他人共同实施该其他犯罪行为，同时构成渎职犯罪和其他犯罪的共犯的，依照数罪并罚的规定定罪处罚。

第五条　国家机关负责人员违法决定，或者指使、授意、强令其他国家机关工作人员违法履行职务或者不履行职务，构成刑法分则第九章规定的渎职犯罪的，应当依法追究刑事责任。

以“集体研究”形式实施的渎职犯罪，应当依照刑法分则第九章的规定追究国家机关负有责任的人员的刑事责任。对于具体执行人员，应当在综合认定其行为性质、是否提出反对意见、危害结果大小等情节的基础上决定是否追究刑事责任和应当判处的刑罚。

第六条　以危害结果为条件的渎职犯罪的追诉期限，从危害结果发生之日起计算；有数个危害结果的，从最后一个危害结果发生之日起计算。

第七条 依法或者受委托行使国家行政管理职权的公司、企业、事业单位的工作人员，在行使行政管理职权时滥用职权或者玩忽职守，构成犯罪的，应当依照《全国人民代表大会常务委员会关于〈中华人民共和国刑法〉第九章渎职罪主体适用问题的解释》的规定，适用渎职罪的规定追究刑事责任。

第八条 本解释规定的"经济损失"，是指渎职犯罪或者与渎职犯罪相关联的犯罪立案时已经实际造成的财产损失，包括为挽回渎职犯罪所造成损失而支付的各种开支、费用等。立案后至提起公诉前持续发生的经济损失，应一并计入渎职犯罪造成的经济损失。

债务人经法定程序被宣告破产，债务人潜逃、去向不明，或者因行为人的责任超过诉讼时效等，致使债权已经无法实现的，无法实现的债权部分应当认定为渎职犯罪的经济损失。

渎职犯罪或者与渎职犯罪相关联的犯罪立案后，犯罪分子及其亲友自行挽回的经济损失，司法机关或者犯罪分子所在单位及其上级主管部门挽回的经济损失，或者因客观原因减少的经济损失，不予扣减，但可以作为酌定从轻处罚的情节。

第九条 负有监督管理职责的国家机关工作人员滥用职权或者玩忽职守，致使不符合安全标准的食品、有毒有害食品、假药、劣药等流入社会，对人民群众生命、健康造成严重危害后果的，依照渎职罪的规定从严惩处。

第十条 最高人民法院、最高人民检察院此前发布的司法解释与本解释不一致的，以本解释为准。

【司法解释(2)】

《最高人民法院、最高人民检察院关于办理贪污贿赂刑事案件适用法律若干问题的解释》(法释〔2016〕9号，20160418)

第十七条 国家工作人员利用职务上的便利，收受他人财物，为他人谋取利益，同时构成受贿罪和刑法分则第三章第三节、第九章规定的渎职犯罪的，除刑法另有规定外，以受贿罪和渎职犯罪数罪并罚。

【司法指导文件(1)】

《全国法院审理经济犯罪案件工作座谈会纪要》(法〔2003〕167号，20031113)

六、关于渎职罪

(一)渎职犯罪行为造成的公共财产重大损失的认定

根据刑法规定，玩忽职守、滥用职权等渎职犯罪是以致使公共财产、国家和人民利益遭受重大损失为构成要件的。其中，公共财产的重大损失，通常是指渎职行为已经造成的重大经济损失。在司法实践中，有以下情形之一的，虽然公共财产作为债权存在，但已无法实现债权的，可以认定为行为人的渎职行为造成了经济损失：(1)债务人已经法定程序被宣告破产；(2)债务人潜逃，去向不明；(3)因行为人责任，致使超过诉讼时效；(4)有证据证明债权无法实现的其他情况。

(二)玩忽职守罪的追诉时效

玩忽职守行为造成的重大损失当时没有发生，而是玩忽职守行为之后一定时间发生的，应从危害结果发生之日起计算玩忽职守罪的追诉期限。

(三)国有公司、企业人员渎职犯罪

的法律适用

对于1999年12月24日《中华人民共和国刑法修正案》实施以前发生的国有公司、企业人员渎职行为(不包括徇私舞弊行为),尚未处理或者正在处理的,不能按照刑法修正案追究刑事责任。

(四)关于"徇私"的理解

徇私舞弊型渎职犯罪的"徇私"应理解为徇个人私情、私利。国家机关工作人员为了本单位的利益,实施滥用职权、玩忽职守行为,构成犯罪的,依照刑法第三百九十七条第一款的规定定罪处罚。

【司法指导文件(2)】

《最高人民法院关于进一步加大力度,依法严惩危害食品安全及相关职务犯罪的通知》(20110527)

2011年4月30日以前实施食品安全监管渎职行为,依法构成滥用职权罪、玩忽职守罪或其他渎职犯罪,在5月1日以后审理的,适用修正前刑法的规定定罪处罚。5月1日以后实施食品安全监管渎职行为,未导致发生重大食品安全事故或者造成其他严重后果,不构成食品监管渎职罪,但符合其他渎职犯罪构成要件的,依照刑法相关规定对其定罪处罚。

【指导性案例 · 检察】

〔崔某环境监管失职案,JZD4-2012〕

实践中,一些国有公司、企业和事业单位经合法授权从事具体的管理市场经济和社会生活的工作,拥有一定管理公共事务和社会事务的职权,这些实际行使国家行政管理职权的公司、企业和事业单位工作人员,符合渎职罪主体要求;对其实施渎职行为构成犯罪的,应当依照刑法关于渎职罪的规定追究刑事责任。

〔杨某玩忽职守、徇私枉法、受贿案,JZD8-2012〕

如果负有监管职责的国家机关工作人员没有认真履行其监管职责,从而未能有效防止危害结果发生,那么,这些对危害结果具有"原因力"的渎职行为,应认定与危害结果之间具有刑法意义上的因果关系。对于国家机关工作人员实施渎职犯罪并收受贿赂,同时构成受贿罪的,除刑法第三百九十九条有特别规定的外,以渎职犯罪和受贿罪数罪并罚。

【职务犯罪案例】

〔受招生办委托行使招生职责的高中工作人员滥用职权导致他人被冒名顶替上大学的行为定性及相关追诉时效问题,ZWFZ11-2022〕

冒名顶替类案件中,招生考试机构、学校等单位的工作人员在招考录取、办理考生学籍档案等工作中滥用职权、徇私舞弊或者玩忽职守,符合刑法有关规定的,应根据案件具体情况区分行为人的身份和工作性质,分别以滥用职权罪、玩忽职守罪、招收学生徇私舞弊罪或者国有事业单位人员滥用职权罪、国有事业单位人员失职罪定罪处罚;对于以"造成恶劣社会影响"作为入罪情形的渎职类案件,不宜将引发媒体关注等损失认定为"致使国家利益遭受重大损失",追诉时效也不宜从媒体披露后出现"恶劣社会影响"之日起计算追诉期限。

第三百九十七条　【滥用职权罪】【玩忽职守罪】国家机关工作人员滥用职权或者玩忽职守，致使公共财产、国家和人民利益遭受重大损失的，处三年以下有期徒刑或者拘役；情节特别严重的，处三年以上七年以下有期徒刑。本法另有规定的，依照规定。

国家机关工作人员徇私舞弊，犯前款罪的，处五年以下有期徒刑或者拘役；情节特别严重的，处五年以上十年以下有期徒刑。本法另有规定的，依照规定。

【相关立法】

《全国人民代表大会常务委员会关于惩治骗购外汇、逃汇和非法买卖外汇犯罪的决定》(19981229)

六、海关、外汇管理部门的工作人员严重不负责任，造成大量外汇被骗购或者逃汇，致使国家利益遭受重大损失的，依照刑法第三百九十七条的规定定罪处罚。

【司法解释(1)】

《最高人民法院、最高人民检察院关于办理渎职刑事案件适用法律若干问题的解释(一)》(法释〔2012〕18号，20130109)

第一条　国家机关工作人员滥用职权或者玩忽职守，具有下列情形之一的，应当认定为刑法第三百九十七条规定的“致使公共财产、国家和人民利益遭受重大损失”：

(一)造成死亡1人以上，或者重伤3人以上，或者轻伤9人以上，或者重伤2人、轻伤3人以上，或者重伤1人、轻伤6人以上的；

(二)造成经济损失30万元以上的；

(三)造成恶劣社会影响的；

(四)其他致使公共财产、国家和人民利益遭受重大损失的情形。

具有下列情形之一的，应当认定为刑法第三百九十七条规定的“情节特别严重”：

(一)造成伤亡达到前款第(一)项规定人数3倍以上的；

(二)造成经济损失150万元以上的；

(三)造成前款规定的损失后果，不报、迟报、谎报或者授意、指使、强令他人不报、迟报、谎报事故情况，致使损失后果持续、扩大或者抢救工作延误的；

(四)造成特别恶劣社会影响的；

(五)其他特别严重的情节。

【司法解释(2)】

《最高人民检察院关于企业事业单位的公安机构在机构改革过程中其工作人员能否构成渎职侵权犯罪主体问题的批复》(高检发释字〔2002〕3号，20020516)

企业事业单位的公安机构在机构改革过程中虽尚未列入公安机关建制，其工作人员在行使侦查职责时，实施渎职侵权行为的，可以成为渎职侵权犯罪的主体。

【司法解释(3)】

《最高人民法院、最高人民检察院关于办理妨害预防、控制突发传染病疫情等灾害的刑事案件具体应用法律若干问题的解释》(法释〔2003〕8号，20030515)

第十五条　在预防、控制突发传染

病疫情等灾害的工作中，负有组织、协调、指挥、灾害调查、控制、医疗救治、信息传递、交通运输、物资保障等职责的国家机关工作人员，滥用职权或者玩忽职守，致使公共财产、国家和人民利益遭受重大损失的，依照刑法第三百九十七条的规定，以滥用职权罪或者玩忽职守罪定罪处罚。

【司法解释(4)】

《最高人民法院、最高人民检察院关于办理非法制造、买卖、运输、储存毒鼠强等禁用剧毒化学品刑事案件具体应用法律若干问题的解释》(法释〔2003〕14号，20031001)

第四条 对非法制造、买卖、运输、储存毒鼠强等禁用剧毒化学品行为负有查处职责的国家机关工作人员，滥用职权或者玩忽职守，致使公共财产、国家和人民利益遭受重大损失的，依照刑法第三百九十七条的规定，以滥用职权罪或者玩忽职守罪追究刑事责任。

【司法解释(5)】

《最高人民法院、最高人民检察院关于办理盗窃油气、破坏油气设备等刑事案件具体应用法律若干问题的解释》(法释〔2007〕3号，20070119)

第七条 国家机关工作人员滥用职权或者玩忽职守，实施下列行为之一，致使公共财产、国家和人民利益遭受重大损失的，依照刑法第三百九十七条的规定，以滥用职权罪或者玩忽职守罪定罪处罚：

(一)超越职权范围，批准发放石油、天然气勘查、开采、加工、经营等许可证的；

(二)违反国家规定，给不符合法定条件的单位、个人发放石油、天然气勘查、开采、加工、经营等许可证的；

(三)违反《石油天然气管道保护条例》等国家规定，在油气设备安全保护范围内批准建设项目的；

(四)对发现或者经举报查实的未经依法批准、许可擅自从事石油、天然气勘查、开采、加工、经营等违法活动不予查封、取缔的。

【司法解释(6)】

《最高人民法院、最高人民检察院关于办理危害生产安全刑事案件适用法律若干问题的解释》(法释〔2015〕22号，20151216)

第十五条 国家机关工作人员在履行安全监督管理职责时滥用职权、玩忽职守，致使公共财产、国家和人民利益遭受重大损失的，或者徇私舞弊，对发现的刑事案件依法应当移交司法机关追究刑事责任而不移交，情节严重的，分别依照刑法第三百九十七条、第四百零二条的规定，以滥用职权罪、玩忽职守罪或者徇私舞弊不移交刑事案件罪定罪处罚。

公司、企业、事业单位的工作人员在依法或者受委托行使安全监督管理职责时滥用职权或者玩忽职守，构成犯罪的，应当依照《全国人民代表大会常务委员会关于〈中华人民共和国刑法〉第九章渎职罪主体适用问题的解释》的规定，适用渎职罪的规定追究刑事责任。

【司法解释(7)】

《最高人民法院、最高人民检察院关于办理与盗窃、抢劫、诈骗、抢夺机动车相关刑事案件具体应用法律若干问题

的解释》(法释〔2007〕11号,20070511)

第三条　国家机关工作人员滥用职权,有下列情形之一,致使盗窃、抢劫、诈骗、抢夺的机动车被办理登记手续,数量达到三辆以上或者价值总额达到三十万元以上的,依照刑法第三百九十七条第一款的规定,以滥用职权罪定罪,处三年以下有期徒刑或者拘役:

(一)明知是登记手续不全或者不符合规定的机动车而办理登记手续的;

(二)指使他人为明知是登记手续不全或者不符合规定的机动车办理登记手续的;

(三)违规或者指使他人违规更改、调换车辆档案的;

(四)其他滥用职权的行为。

国家机关工作人员疏于审查或者审查不严,致使盗窃、抢劫、诈骗、抢夺的机动车被办理登记手续,数量达到五辆以上或者价值总额达到五十万元以上的,依照刑法第三百九十七条第一款的规定,以玩忽职守罪定罪,处三年以下有期徒刑或者拘役。

国家机关工作人员实施前两款规定的行为,致使盗窃、抢劫、诈骗、抢夺的机动车被办理登记手续,分别达到前两款规定数量、数额标准五倍以上的,或者明知是盗窃、抢劫、诈骗、抢夺的机动车而办理登记手续的,属于刑法第三百九十七条第一款规定的"情节特别严重",处三年以上七年以下有期徒刑。

国家机关工作人员徇私舞弊,实施上述行为,构成犯罪的,依照刑法第三百九十七条第二款的规定定罪处罚。

【司法解释(8)】

《最高人民检察院关于对林业主管部门工作人员在发放林木采伐许可证之外滥用职权玩忽职守致使森林遭受严重破坏的行为适用法律问题的批复》(高检发释字〔2007〕1号,20070516)

林业主管部门工作人员违法发放林木采伐许可证,致使森林遭受严重破坏的,依照刑法第四百零七条的规定,以违法发放林木采伐许可证罪追究刑事责任;以其他方式滥用职权或者玩忽职守,致使森林遭受严重破坏的,依照刑法第三百九十七条的规定,以滥用职权罪或者玩忽职守罪追究刑事责任,立案标准依照《最高人民检察院关于渎职侵权犯罪案件立案标准的规定》第一部分渎职犯罪案件第十八条第三款的规定执行。

【司法解释(9)】

《最高人民法院、最高人民检察院关于办理扰乱无线电通讯管理秩序等刑事案件适用法律若干问题的解释》(法释〔2017〕11号,20170701)

第七条第一款　负有无线电监督管理职责的国家机关工作人员滥用职权或者玩忽职守,致使公共财产、国家和人民利益遭受重大损失的,应当依照刑法第三百九十七条的规定,以滥用职权罪或者玩忽职守罪追究刑事责任。

【司法解释(10)】

《最高人民法院关于审理走私、非法经营、非法使用兴奋剂刑事案件适用法律若干问题的解释》(法释〔2019〕16号,20200101)

第六条　国家机关工作人员在行使反兴奋剂管理职权时滥用职权或者玩忽职守,造成严重兴奋剂违规事件,严重损害国家声誉或者造成恶劣社会影响,符合刑法第三百九十七条规定的，以滥用职权罪、玩忽职守罪定罪处罚。

依法或者受委托行使反兴奋剂管理职权的单位的工作人员，在行使反兴奋剂管理职权时滥用职权或者玩忽职守的，依照前款规定定罪处罚。

【司法解释(11)】

《最高人民法院、最高人民检察院关于办理破坏野生动物资源刑事案件适用法律若干问题的解释》(法释〔2022〕12号，20220409)

第十条第一款　负有野生动物保护和进出口监督管理职责的国家机关工作人员，滥用职权或者玩忽职守，致使公共财产、国家和人民利益遭受重大损失的，应当依照刑法第三百九十七条的规定，以滥用职权罪或者玩忽职守罪追究刑事责任。

【司法指导文件(1)】

《最高人民检察院关于镇财政所所长是否适用国家机关工作人员的批复》(高检发研字〔2000〕9号，20000504)

对于属行政执法事业单位的镇财政所中按国家机关在编干部管理的工作人员，在履行政府行政公务活动中，滥用职权或玩忽职守构成犯罪的，应以国家机关工作人员论。

【司法指导文件(2)】

《最高人民检察院关于合同制民警能否成为玩忽职守罪主体问题的批复》(高检发研字〔2000〕20号，20001009)

根据刑法第九十三条第二款的规定，合同制民警在依法执行公务期间，属其他依照法律从事公务的人员，应以国家机关工作人员论。对合同制民警在依法执行公务活动中的玩忽职守行为，符合刑法第三百九十七条规定的玩忽职守罪构成条件的，依法以玩忽职守罪追究刑事责任。

【司法指导文件(3)】

《最高人民检察院关于属工人编制的乡(镇)工商所所长能否依照刑法第三百九十七条的规定追究刑事责任问题的批复》(高检发研字〔2000〕23号，20001031)

根据刑法第九十三条第二款的规定，经人事部门任命，但为工人编制的乡(镇)工商所所长，依法履行工商行政管理职责时，属其他依照法律从事公务的人员，应以国家机关工作人员论。如果玩忽职守，致使公共财产、国家和人民利益遭受重大损失，可适用刑法第三百九十七条的规定，以玩忽职守罪追究刑事责任。

【司法指导文件(4)】

《最高人民检察院研究室关于买卖尚未加盖印章的空白〈边境证〉行为如何适用法律问题的答复》(〔2002〕高检研发第19号，20020925)

对买卖尚未加盖发证机关的行政印章或者通行专用章印鉴的空白《中华人民共和国边境管理区通行证》的行为，不宜以买卖国家机关证件罪追究刑事责任。国家机关工作人员实施上述行为，构成犯罪的，可以按滥用职权等相关犯罪依法追究刑事责任。

【司法指导文件(5)】

《最高人民检察院关于对海事局工作人员如何适用法律问题的答复》(〔2003〕高检研发第1号，20030113)

根据国办发〔1999〕90号、中编办函〔2000〕184号等文件的规定，海事局负责行使国家水上安全监督和防止船舶污染及海上设施检验、航海保障的管理职权，是国家执法监督机构。海事局及其分支机构工作人员在从事上述公务活动中，滥用职权或者玩忽职守，致使公共财产、国家和人民利益遭受重大损失的，应当依照刑法第三百九十七条的规定，以滥用职权罪或者玩忽职守罪追究刑事责任。

【司法指导文件(6)】

《最高人民法院、最高人民检察院、公安部、农业农村部依法惩治长江流域非法捕捞等违法犯罪的意见》(公通字〔2020〕17号，20201217)

二、准确适用法律，依法严惩非法捕捞等危害水生生物资源的各类违法犯罪

(五)依法严惩危害水生生物资源的渎职犯罪。对长江流域重点水域水生生物资源保护负有监督管理、行政执法职责的国家机关工作人员，滥用职权或者玩忽职守，致使公共财产、国家和人民利益遭受重大损失的，应当依照刑法第三百九十七条的规定，以滥用职权罪或者玩忽职守罪定罪处罚。

……

【司法指导文件(7)】

《最高人民法院、最高人民检察院、公安部、国家工商行政管理局关于依法查处盗窃、抢劫机动车案件的规定》(公通字〔1998〕31号，19980508)

九、公安、工商行政管理人员或者其他国家机关工作人员滥用职权或者玩忽职守、徇私舞弊，致使赃车入户、过户、验证的，给予行政处分；致使公共财产、国家和人民利益遭受重大损失的，依照《刑法》第三百九十七条的规定处罚。

【司法指导文件(8)】

《最高人民法院、最高人民检察院、公安部关于办理涉窨井盖相关刑事案件的指导意见》(高检发〔2020〕3号，20200316)

八、在窨井盖采购、施工、验收、使用、检查过程中负有决定、管理、监督等职责的国家机关工作人员玩忽职守或者滥用职权，致使公共财产、国家和人民利益遭受重大损失的，依照刑法第三百九十七条的规定，分别以玩忽职守罪、滥用职权罪定罪处罚。

九、在依照法律、法规规定行使窨井盖行政管理职权的公司、企业、事业单位中从事公务的人员以及在受国家机关委托代表国家机关行使窨井盖行政管理职权的组织中从事公务的人员，玩忽职守或者滥用职权，致使公共财产、国家和人民利益遭受重大损失的，依照刑法第三百九十七条和《全国人民代表大会常务委员会关于〈中华人民共和国刑法〉第九章渎职罪主体适用问题的解释》的规定，分别以玩忽职守罪、滥用职权罪定罪处罚。

十一、国家机关工作人员利用职务上的便利，收受他人财物，为他人谋取与窨井盖相关利益，同时构成受贿罪和刑法分则第九章规定的渎职犯罪的，除刑法另有规定外，以受贿罪和渎职犯罪数罪并罚。

十二、本意见所称的“窨井盖”，包括城市、城乡结合部和乡村等地的窨井盖以及其他井盖。

……

【司法指导文件(9)】

《最高人民法院、最高人民检察院、公安部关于严格执行刑事诉讼法,切实纠防超期羁押的通知》(法〔2003〕163号,20031112)

五、严格执行超期羁押责任追究制度。超期羁押侵犯犯罪嫌疑人、被告人的合法权益,损害司法公正,对此必须严肃查处,绝不姑息。本通知发布以后,凡违反刑事诉讼法和本通知的规定,造成犯罪嫌疑人、被告人超期羁押的,对于直接负责的主管人员和其他直接责任人员,由其所在单位或者上级主管机关依照有关规定予以行政或者纪律处分;造成犯罪嫌疑人、被告人超期羁押,情节严重的,对于直接负责的主管人员和其他直接责任人员,依照刑法第三百九十七条的规定,以玩忽职守罪或者滥用职权罪追究刑事责任。

【审判实务释疑】

司法工作人员玩忽职守行为的追诉时效如何认定?

玩忽职守行为不属于刑法第八十九条规定的"犯罪行为有连续或者继续状态的"情形。对于玩忽职守犯罪的追诉期限不能从犯罪的不法状态终了之日起计算,而应当从犯罪成立之日起计算。[①]

【指导性案例·检察】

〔陈某、林某、李甲滥用职权案,JZD5-2012〕

随着我国城镇建设和社会主义新农村建设逐步深入推进,村民委员会、居民委员会等基层组织协助人民政府管理社会发挥越来越重要的作用。实践中,对村民委员会、居民委员会等基层组织人员协助人民政府从事行政管理工作时,滥用职权、玩忽职守构成犯罪的,应当依照刑法关于渎职罪的规定追究刑事责任。

〔罗甲、罗乙、朱某、罗丙滥用职权案,JZD6-2012〕

根据刑法规定,滥用职权罪是指国家机关工作人员滥用职权,致使"公共财产、国家和人民利益遭受重大损失"的行为。实践中,对滥用职权"造成恶劣社会影响的",应当依法认定为"致使公共财产、国家和人民利益遭受重大损失"。

【法院案例库参考案例】

〔沈某某滥用职权案,2023-05-1-416-001〕滥用职权罪追诉时效期限的起算点认定

滥用职权罪属于状态犯,而非继续犯。滥用职权罪的犯罪行为实行终了后产生不法状态,即侵害结果,此后,侵害结果虽然一直存在,但滥用职权行为本身已经实行终了,没有持续。因此,追诉期限仍应从滥用职权行为造成的侵害结果发生之日起算,而不能以侵害结果终了之日起算。

〔卢某春滥用职权案,2023-03-1-416-002〕放弃履职致使其他行政机关不能行使行政处罚权行为的定性

被告人作为受委托行使行政管理

---

① 参见《司法工作人员玩忽职守行为追诉时效的认定问题》,载最高人民法院刑事审判第二庭编:《职务犯罪审判指导》(第1辑),法律出版社2022年版,第85页。

职权的国有企业负责人，安排工作人员放弃履行行政管理职责，导致其他行政机关无法行使行政管理职权，进而造成行政违法行为人逃避行政处罚以及相应的行政罚款流失，致使国家利益遭受重大损失，应当认定构成滥用职权罪。

〔黄某某受贿、贪污、滥用职权案，2023-03-1-416-001〕"转圈粮"行为的司法规制

1."转圈粮"行为既造成国有财产的有形损失，还扰乱了国家粮食流通秩序，危害国家粮食安全，造成国家和人民利益的无形损失，具有刑事危害性和违法性，应受刑罚规制。

2.国家机关工作人员在执行国家政策性粮食收储和储备粮轮换过程中，通过虚构虚销、以陈顶新、未轮报轮等手段，实施"转圈粮"行为，套取国家财政补贴，破坏粮食流通管理秩序，危害国家粮食安全，构成滥用职权罪。

〔张某某、胡某某玩忽职守案，2023-16-1-417-001〕未严格按照规定履行公务，造成无辜公民在派出所留置室自缢身亡的，构成玩忽职守罪

不正确履行职责，致使无辜公民在在派出所留置室自缢身亡的，属于"致使公共财产、国家和人民利益遭受重大损失"的行为。

〔沈某文玩忽职守案，2024-03-1-417-001〕公安机关协勤人员亦可构成玩忽职守罪

对于渎职罪的犯罪主体，应当以在国家机关中从事公务或者行使职权为判断标准。被临时借调、聘用等人员虽未列入国家机关人员编制，但在国家机关中从事公务，代表国家机关行使职权时，有渎职行为，构成犯罪的，依照刑法关于渎职罪的规定追究刑事责任。

〔杨某玩忽职守、受贿案，2025-18-1-417-001〕未严格按照规定履行公务，造成人民群众生命财产重大损失的，构成玩忽职守罪

1.负有监管职责的国家机关工作人员没有认真履行其监管职责，从而未能有效防止危害结果发生，其渎职行为对危害结果的发生具有刑法上"原因力"，应当认定其渎职行为与危害结果之间具有刑法意义上的因果关系，构成犯罪的，应当依法定罪处罚。

2.对于国家机关工作人员实施渎职犯罪并收受贿赂，同时构成受贿罪的，除刑法第三百九十九条特别规定的外，应当以渎职犯罪和受贿罪数罪并罚。

【《刑事审判参考》案例】

〔参考案例第327号：包智安受贿、滥用职权案〕滥用职权行为与损失后果之间没有必然因果关系的是否构成滥用职权罪？

滥用职权行为与损失后果之间不具有刑法上的因果关系，不构成滥用职权罪，行为人只就其超越职权行为导致的后果承担行政领导责任。

〔参考案例第345号：王刚强、王鹏飞过失致人死亡案〕交通运输管理站工作人员在稽查路费过程中追赶逃费车辆致人身亡的应如何定罪？

交通运输管理站工作人员在稽查路费过程中，超越职权，追赶逃费车辆致人身亡的行为，应按滥用职权罪处理。

〔参考案例第563号：张群生滥用职权案〕国家机关工作人员以单位名义擅自出借公款给其他单位使用，造成巨大损失的行为如何处理？

国家机关工作人员以单位名义擅自出借公款给其他单位使用，造成巨大损失的行为，应按滥用职权罪处理。

〔参考案例第652号：黄德林滥用职权、受贿案〕滥用职权同时又受贿是否实行数罪并罚？

行为人在实施滥用职权等渎职犯罪行为的同时又收受贿赂齐备两个犯罪的构成要件，除刑法有特别规定的以外，实行数罪并罚。

〔参考案例第1089号：杨德林滥用职权、受贿案〕滥用职权造成恶劣社会影响的如何认定？

司法实践中对国家机关工作人员渎职犯罪"造成恶劣社会影响"的认定，在正确认识渎职犯罪行为侵犯的是国家机关公务的合法、公正、有效执行以及人民群众对此的信赖这一法益的基础上，一般可从以下几个方面予以把握：(1) 渎职行为严重损害国家机关形象，致使政府公信力下降的；(2) 渎职行为引发新闻媒体广泛关注，引起强烈社会反响的；(3) 渎职行为造成大规模上访、暴力冲突等事件，影响国家机关正常职能活动的；(4) 渎职行为诱发民族矛盾纠纷，严重影响民族团结、社会稳定的；(5) 渎职行为造成其他恶劣社会影响的。

【职务犯罪案例】

〔在招商引资过程中，国家工作人员违规给国家参股企业减免土地出让金、契税等，在认定其行为造成的"公共财产损失"时，国有股份所对应的减免数额是否应予扣除，ZWFZ10-2022〕

在招商引资过程中，国家工作人员违规给国家参股企业减免土地出让金、契税等，在认定滥用职权罪造成的公共财产损失时，应当坚持损失是具体的而非抽象的观点，并结合具体情况区分国有资产的不同主体，以准确甄别和客观把握国有资产的范围，一般不宜将国有股份对应的减免数额从公共财产损失数额中扣除。

〔为避免政府违约而违规返还土地出让金的行为是否构成滥用职权罪，ZWFZ18-2023〕

考虑当前国家土地政策多次发生调整、变动以及党和国家大力倡导加强诚信政府建设等背景因素，在地方政府未能履行招商引资承诺并返还土地出让金的情况下，国家机关工作人员为避免政府违约而违规返还土地出让金的，尽管客观上造成了公共财产损失，但鉴于其行为具有维护政府诚信、"新官理旧账"的性质，一般不宜以滥用职权罪追究刑事责任。

〔玩忽职守罪"严重不负责任"以及"因果关系"的认定，ZWFZ44-2024〕

严重的社会危害性是犯罪的本质特征，对情节显著轻微危害不大的行为不认为是犯罪。并非所有的不履行职责或者不认真履行职责的行为都是刑法意义上的玩忽职守行为，只有达到严重不负责任的程度，才是刑法意义上的玩忽职守行为。并非所有的引起与被引起关系都是刑法意义上的因果关系，只有当原因力很强时才可认定具有刑法意义上的因果关系。

第三百九十八条　【故意泄露国家秘密罪】【过失泄露国家秘密罪】国家机关工作人员违反保守国家秘密法的规定，故意或者过失泄露国家秘密，情节严重的，处三年

以下有期徒刑或者拘役；情节特别严重的，处三年以上七年以下有期徒刑。

非国家机关工作人员犯前款罪的，依照前款的规定酌情处罚。

【相关立法】

《中华人民共和国保守国家秘密法》(20240501)

第二条　国家秘密是关系国家安全和利益，依照法定程序确定，在一定时间内只限一定范围的人员知悉的事项。

第十三条　下列涉及国家安全和利益的事项，泄露后可能损害国家在政治、经济、国防、外交等领域的安全和利益的，应当确定为国家秘密：

(一)国家事务重大决策中的秘密事项；

(二)国防建设和武装力量活动中的秘密事项；

(三)外交和外事活动中的秘密事项以及对外承担保密义务的秘密事项；

(四)国民经济和社会发展中的秘密事项；

(五)科学技术中的秘密事项；

(六)维护国家安全活动和追查刑事犯罪中的秘密事项；

(七)经国家保密行政管理部门确定的其他秘密事项。

政党的秘密事项中符合前款规定的，属于国家秘密。

第十四条　国家秘密的密级分为绝密、机密、秘密三级。

绝密级国家秘密是最重要的国家秘密，泄露会使国家安全和利益遭受特别严重的损害；机密级国家秘密是重要的国家秘密，泄露会使国家安全和利益遭受严重的损害；秘密级国家秘密是一般的国家秘密，泄露会使国家安全和利益遭受损害。

【司法解释(1)】

《最高人民检察院关于渎职侵权犯罪案件立案标准的规定》(高检发释字〔2006〕2号，20060726)

(三)故意泄露国家秘密案(第三百九十八条)

故意泄露国家秘密罪是指国家机关工作人员或者非国家机关工作人员违反保守国家秘密法，故意使国家秘密被不应知悉者知悉，或者故意使国家秘密超出了限定的接触范围，情节严重的行为。

涉嫌下列情形之一的，应予立案：

1.泄露绝密级国家秘密1项(件)以上的；

2.泄露机密级国家秘密2项(件)以上的；

3.泄露秘密级国家秘密3项(件)以上的；

4.向非境外机构、组织、人员泄露国家秘密，造成或者可能造成危害社会稳定、经济发展、国防安全或者其他严重危害后果的；

5.通过口头、书面或者网络等方式向公众散布、传播国家秘密的；

6.利用职权指使或者强迫他人违反国家保守秘密法的规定泄露国家秘密的；

7.以牟取私利为目的泄露国家秘密的；

8.其他情节严重的情形。

(四)过失泄露国家秘密案(第三百九十八条)

过失泄露国家秘密罪是指国家机

关工作人员或者非国家机关工作人员违反保守国家秘密法，过失泄露国家秘密，或者遗失国家秘密载体，致使国家秘密被不应知悉者知悉或者超出了限定的接触范围，情节严重的行为。

涉嫌下列情形之一的，应予立案：

1.泄露绝密级国家秘密1项(件)以上的；

2.泄露机密级国家秘密3项(件)以上的；

3.泄露秘密级国家秘密4项(件)以上的；

4.违反保密规定，将涉及国家秘密的计算机或者计算机信息系统与互联网相连接，泄露国家秘密的；

5.泄露国家秘密或者遗失国家秘密载体，隐瞒不报、不如实提供有关情况或者不采取补救措施的；

6.其他情节严重的情形。

【司法解释(2)】

《最高人民法院关于审理为境外窃取、刺探、收买、非法提供国家秘密、情报案件具体应用法律若干问题的解释》(法释〔2001〕4号，20010122)

第六条　通过互联网将国家秘密或者情报非法发送给境外的机构、组织、个人的，依照刑法第一百一十一条的规定定罪处罚；将国家秘密通过互联网予以发布，情节严重的，依照刑法第三百九十八条的规定定罪处罚。

【法院案例库参考案例】

〔郭某红等故意泄露国家秘密案，2023-03-1-418-001〕泄露货运驾驶员资格考试答案行为的定性

经保密机关鉴定，道路货运驾驶员从业资格考试启用前的考试试卷、标准答案属于机密级国家秘密，相关知情人员故意泄露，构成故意泄露国家秘密罪。

【《刑事审判参考》案例】

〔参考案例第258号：李宝安等故意泄露国家秘密案〕利用中考命题工作的便利，将考前辅导内容作为中考试题的行为能否构成故意泄露国家秘密罪？

利用参加中考命题工作的便利，将考前辅导内容作为正式试题，情节严重的，应当以故意泄露国家秘密罪定罪处罚。

第三百九十九条　【徇私枉法罪】司法工作人员徇私枉法、徇情枉法，对明知是无罪的人而使他受追诉、对明知是有罪的人而故意包庇不使他受追诉，或者在刑事审判活动中故意违背事实和法律作枉法裁判的，处五年以下有期徒刑或者拘役；情节严重的，处五年以上十年以下有期徒刑；情节特别严重的，处十年以上有期徒刑。

【民事、行政枉法裁判罪】在民事、行政审判活动中故意违背事实和法律作枉法裁判，情节严重的，处五年以下有期徒刑或者拘役；情节特别严重的，处五年以上十年以下有期徒刑。

【执行判决、裁定失职罪】【执行判决、裁定滥用职权罪】在执行判决、裁定活动中，严重不负责任或者滥用职权，不依法采取诉讼保全措施、不履行法定执行职责，或者违法采取诉讼保全措施、强制执行措施，致使当事人或者其他人的

利益遭受重大损失的，处五年以下有期徒刑或者拘役；致使当事人或者其他人的利益遭受特别重大损失的，处五年以上十年以下有期徒刑。

司法工作人员收受贿赂，有前三款行为的，同时又构成本法第三百八十五条规定之罪的，依照处罚较重的规定定罪处罚。

【修正前条文】

第三百九十九条【徇私枉法罪】司法工作人员徇私枉法、徇情枉法，对明知是无罪的人而使他受追诉、对明知是有罪的人而故意包庇不使他受追诉，或者在刑事审判活动中故意违背事实和法律作枉法裁判的，处五年以下有期徒刑或者拘役；情节严重的，处五年以上十年以下有期徒刑；情节特别严重的，处十年以上有期徒刑。

【枉法裁判罪】在民事、行政审判活动中故意违背事实和法律作枉法裁判，情节严重的，处五年以下有期徒刑或者拘役；情节特别严重的，处五年以上十年以下有期徒刑。

司法工作人员贪赃枉法，有前两款行为的，同时又构成本法第三百八十五条规定之罪的，依照处罚较重的规定定罪处罚。

【修正说明】

刑法修正案(四)第八条在原条文基础上增补了第三款，增设了执行判决、裁定失职罪与执行判决、裁定滥用职权罪。

【司法解释】

《最高人民检察院关于渎职侵权犯罪案件立案标准的规定》(高检发释字〔2006〕2号，20060726)

(五)徇私枉法案(第三百九十九条第一款)

徇私枉法罪是指司法工作人员徇私枉法、徇情枉法，对明知是无罪的人而使他受追诉、对明知是有罪的人而故意包庇不使他受追诉，或者在刑事审判活动中故意违背事实和法律作枉法裁判的行为。

涉嫌下列情形之一的，应予立案：

1.对明知是没有犯罪事实或者其他依法不应当追究刑事责任的人，采取伪造、隐匿、毁灭证据或者其他隐瞒事实、违反法律的手段，以追究刑事责任为目的立案、侦查、起诉、审判的；

2.对明知是有犯罪事实需要追究刑事责任的人，采取伪造、隐匿、毁灭证据或者其他隐瞒事实、违反法律的手段，故意包庇使其不受立案、侦查、起诉、审判的；

3.采取伪造、隐匿、毁灭证据或者其他隐瞒事实、违反法律的手段，故意使罪重的人受较轻的追诉，或者使罪轻的人受较重的追诉的；

4.在立案后，采取伪造、隐匿、毁灭证据或者其他隐瞒事实、违反法律的手段，应当采取强制措施而不采取强制措施，或者虽然采取强制措施，但中断侦查或者超过法定期限不采取任何措施，实际放任不管，以及违法撤销、变更强制措施，致使犯罪嫌疑人、被告人实际脱离司法机关侦控的；

5.在刑事审判活动中故意违背事实和法律，作出枉法判决、裁定，即有罪判无罪、无罪判有罪，或者重罪轻判、轻罪重判的；

6.其他徇私枉法应予追究刑事责

任的情形。

(六)民事、行政枉法裁判案(第三百九十九条第二款)

民事、行政枉法裁判罪是指司法工作人员在民事、行政审判活动中，故意违背事实和法律作枉法裁判，情节严重的行为。

涉嫌下列情形之一的，应予立案：

1.枉法裁判，致使当事人或者其近亲属自杀、自残造成重伤、死亡，或者精神失常的；

2.枉法裁判，造成个人财产直接经济损失10万元以上，或者直接经济损失不满10万元，但间接经济损失50万元以上的；

3.枉法裁判，造成法人或者其他组织财产直接经济损失20万元以上，或者直接经济损失不满20万元，但间接经济损失100万元以上的；

4.伪造、变造有关材料、证据，制造假案枉法裁判的；

5.串通当事人制造伪证，毁灭证据或者篡改庭审笔录而枉法裁判的；

6.徇私情、私利，明知是伪造、变造的证据予以采信，或者故意对应当采信的证据不予采信，或者故意违反法定程序，或者故意错误适用法律而枉法裁判的；

7.其他情节严重的情形。

(七)执行判决、裁定失职案(第三百九十九条第三款)

执行判决、裁定失职罪是指司法工作人员在执行判决、裁定活动中，严重不负责任，不依法采取诉讼保全措施、不履行法定执行职责，或者违法采取保全措施、强制执行措施，致使当事人或者其他人的利益遭受重大损失的行为。

涉嫌下列情形之一的，应予立案：

1.致使当事人或者其近亲属自杀、自残造成重伤、死亡，或者精神失常的；

2.造成个人财产直接经济损失15万元以上，或者直接经济损失不满15万元，但间接经济损失75万元以上的；

3.造成法人或者其他组织财产直接经济损失30万元以上，或者直接经济损失不满30万元，但间接经济损失150万元以上的；

4.造成公司、企业等单位停业、停产1年以上，或者破产的；

5.其他致使当事人或者其他人的利益遭受重大损失的情形。

(八)执行判决、裁定滥用职权案(第三百九十九条第三款)

执行判决、裁定滥用职权罪是指司法工作人员在执行判决、裁定活动中，滥用职权，不依法采取诉讼保全措施、不履行法定执行职责，或者违法采取保全措施、强制执行措施，致使当事人或者其他人的利益遭受重大损失的行为。

涉嫌下列情形之一的，应予立案：

1.致使当事人或者其近亲属自杀、自残造成重伤、死亡，或者精神失常的；

2.造成个人财产直接经济损失10万元以上，或者直接经济损失不满10万元，但间接经济损失50万元以上的；

3.造成法人或者其他组织财产直接经济损失20万元以上，或者直接经济损失不满20万元，但间接经济损失100万元以上的；

4.造成公司、企业等单位停业、停产6个月以上，或者破产的；

5.其他致使当事人或者其他人的利益遭受重大损失的情形。

【司法指导文件】

《最高人民检察院法律政策研究室

关于非司法工作人员是否可以构成徇私枉法罪共犯问题的答复》(〔2003〕高检研发第11号,20030416)

非司法工作人员与司法工作人员勾结,共同实施徇私枉法行为,构成犯罪的,应当以徇私枉法罪的共犯追究刑事责任。

【法院案例库参考案例】

〔杨某、符某某徇私枉法案,2024-03-1-420-001〕行为人事前与司法工作人员共谋,并协助司法工作人员实施徇私枉法相关行为的,构成徇私枉法罪的共犯

1.司法工作人员收受他人贿赂,实施徇私枉法行为,同时又构成受贿罪的,根据刑法第三百九十九条第四款的规定,依照处罚较重的规定定罪处罚。

2.行为人事前与司法工作人员共谋,并协助司法工作人员实施徇私枉法相关行为的,构成徇私枉法罪的共犯,不要求其有特殊身份。

第三百九十九条之一 【枉法仲裁罪】依法承担仲裁职责的人员,在仲裁活动中故意违背事实和法律作枉法裁决,情节严重的,处三年以下有期徒刑或者拘役;情节特别严重的,处三年以上七年以下有期徒刑。

【修正说明】

本罪由刑法修正案(六)第二十条增设。

【立法·要点注释】

本罪主体为特殊主体,即"依法承担仲裁职责的人员"。根据仲裁法第十三条的规定,仲裁委员会应当从公道正派的人员中聘任仲裁员。仲裁员应当符合下列条件之一:(1)从事仲裁工作满八年的;(2)从事律师工作满八年的;(3)曾任审判员满八年的;(4)从事法律研究、教学工作并具有高级职称的;(5)具有法律知识、从事经济贸易等专业工作并具有高级职称或者具有同等专业水平的。具备上述条件人员经仲裁委员会聘任并登记注册,即可承担仲裁职责,其如有枉法仲裁行为的,构成本罪主体。除此之外,本罪中"依法承担仲裁职责的人员"还包括根据劳动法、公务员法、体育法、著作权法、《反兴奋剂条例》等法律、行政法规的规定,在由政府行政主管部门代表参加组成的仲裁机构中对法律、行政法规规定的特殊争议承担仲裁职责的人员。

【《刑事审判参考》案例】

〔参考案例第1402号:曾德明枉法仲裁案〕劳动争议仲裁员是否属于枉法仲裁罪的主体?劳动仲裁中的枉法调解行为能否构成枉法仲裁罪?

1.劳动争议仲裁员属于枉法仲裁罪的主体。

2.劳动仲裁中的枉法调解行为应纳入枉法仲裁罪规制范围。

第四百条 【私放在押人员罪】司法工作人员私放在押的犯罪嫌疑人、被告人或者罪犯的,处五年以下有期徒刑或者拘役;情节严重的,处五年以上十年以下有期徒刑;情节特别严重的,处十年以上有期徒刑。

【失职致使在押人员脱逃罪】司法工作人员由于严重不负责任,

致使在押的犯罪嫌疑人、被告人或者罪犯脱逃，造成严重后果的，处三年以下有期徒刑或者拘役；造成特别严重后果的，处三年以上十年以下有期徒刑。

【司法解释(1)】

《最高人民检察院关于渎职侵权犯罪案件立案标准的规定》(高检发释字〔2006〕2号，20060726)

(九)私放在押人员案(第四百条第一款)

私放在押人员罪是指司法工作人员私放在押(包括在羁押场所和押解途中)的犯罪嫌疑人、被告人或者罪犯的行为。

涉嫌下列情形之一的，应予立案：

1.私自将在押的犯罪嫌疑人、被告人、罪犯放走，或者授意、指使、强迫他人将在押的犯罪嫌疑人、被告人、罪犯放走的；

2.伪造、变造有关法律文书、证明材料，以使在押的犯罪嫌疑人、被告人、罪犯逃跑或者被释放的；

3.为私放在押的犯罪嫌疑人、被告人、罪犯，故意向其通风报信、提供条件，致使该在押的犯罪嫌疑人、被告人、罪犯脱逃的；

4.其他私放在押的犯罪嫌疑人、被告人、罪犯应予追究刑事责任的情形。

(十)失职致使在押人员脱逃案(第四百条第二款)

失职致使在押人员脱逃罪是指司法工作人员由于严重不负责任，不履行或者不认真履行职责，致使在押(包括在羁押场所和押解途中)的犯罪嫌疑人、被告人、罪犯脱逃，造成严重后果的行为。

涉嫌下列情形之一的，应予立案：

1.致使依法可能判处或者已经判处10年以上有期徒刑、无期徒刑、死刑的犯罪嫌疑人、被告人、罪犯脱逃的；

2.致使犯罪嫌疑人、被告人、罪犯脱逃3人次以上的；

3.犯罪嫌疑人、被告人、罪犯脱逃以后，打击报复报案人、控告人、举报人、被害人、证人和司法工作人员等，或者继续犯罪的；

4.其他致使在押的犯罪嫌疑人、被告人、罪犯脱逃，造成严重后果的情形。

【司法解释(2)】

《最高人民检察院关于工人等非监管机关在编监管人员私放在押人员行为和失职致使在押人员脱逃行为适用法律问题的解释》(高检发释字〔2001〕2号，20010302)

工人等非监管机关在编监管人员在被监管机关聘用受委托履行监管职责的过程中私放在押人员的，应当依照刑法第四百条第一款的规定，以私放在押人员罪追究刑事责任；由于严重不负责任，致使在押人员脱逃，造成严重后果的，应当依照刑法第四百条第二款的规定，以失职致使在押人员脱逃罪追究刑事责任。

第四百零一条　【徇私舞弊减刑、假释、暂予监外执行罪】司法工作人员徇私舞弊，对不符合减刑、假释、暂予监外执行条件的罪犯，予以减刑、假释或者暂予监外执行的，处三年以下有期徒刑或者拘役；情节严重的，处三年以上七年以下有期徒刑。

【司法解释】

《最高人民检察院关于渎职侵权犯罪案件立案标准的规定》(高检发释字〔2006〕2号,20060726)

(十一)徇私舞弊减刑、假释、暂予监外执行案(第四百零一条)

徇私舞弊减刑、假释、暂予监外执行罪是指司法工作人员徇私舞弊,对不符合减刑、假释、暂予监外执行条件的罪犯予以减刑、假释、暂予监外执行的行为。

涉嫌下列情形之一的,应予立案:

1.刑罚执行机关的工作人员对不符合减刑、假释、暂予监外执行条件的罪犯,捏造事实,伪造材料,违法报请减刑、假释、暂予监外执行的;

2.审判人员对不符合减刑、假释、暂予监外执行条件的罪犯,徇私舞弊,违法裁定减刑、假释或者违法决定暂予监外执行的;

3.监狱管理机关、公安机关的工作人员对不符合暂予监外执行条件的罪犯,徇私舞弊,违法批准暂予监外执行的;

4.不具有报请、裁定、决定或者批准减刑、假释、暂予监外执行权的司法工作人员利用职务上的便利,伪造有关材料,导致不符合减刑、假释、暂予监外执行条件的罪犯被减刑、假释、暂予监外执行的;

5.其他徇私舞弊减刑、假释、暂予监外执行应予追究刑事责任的情形。

第四百零二条 【徇私舞弊不移交刑事案件罪】行政执法人员徇私舞弊,对依法应当移交司法机关追究刑事责任的不移交,情节严重的,处三年以下有期徒刑或者拘役;造成严重后果的,处三年以上七年以下有期徒刑。

【司法解释(1)】

《最高人民检察院关于渎职侵权犯罪案件立案标准的规定》(高检发释字〔2006〕2号,20060726)

(十二)徇私舞弊不移交刑事案件案(第四百零二条)

徇私舞弊不移交刑事案件罪是指工商行政管理、税务、监察等行政执法人员,徇私舞弊,对依法应当移交司法机关追究刑事责任的案件不移交,情节严重的行为。

涉嫌下列情形之一的,应予立案:

1.对依法可能判处3年以上有期徒刑、无期徒刑、死刑的犯罪案件不移交的;

2.不移交刑事案件涉及3人次以上的;

3.司法机关提出意见后,无正当理由仍然不予移交的;

4.以罚代刑,放纵犯罪嫌疑人,致使犯罪嫌疑人继续进行违法犯罪活动的;

5.行政执法部门主管领导阻止移交的;

6.隐瞒、毁灭证据,伪造材料,改变刑事案件性质的;

7.直接负责的主管人员和其他直接责任人员为牟取本单位私利而不移交刑事案件,情节严重的;

8.其他情节严重的情形。

【司法解释(2)】

参见本法第三百九十七条项下【司法解释(6)】第十五条,第1400页。

【法院案例库参考案例】

〔胡某刚、郑某徇私舞弊不移交刑事案件案，2024-18-1-428-001〕行政执法人员徇私舞弊，不移交有关刑事案件"情节严重"的认定

行政执法人员徇私舞弊，对依法应当移交司法机关追究刑事责任的案件不移交，以罚代刑，放纵犯罪嫌疑人，致使犯罪嫌疑人继续进行违法活动严重危害社会的，属于"情节严重"，依法以徇私舞弊不移交刑事案件罪追究其刑事责任。

【《刑事审判参考》案例】

〔参考案例第209号：丁锡方徇私舞弊不移交刑事案件案〕认定徇私舞弊不移交刑事案件罪是否应以未移交的犯罪嫌疑人已被生效判决确定有罪为前提？

认定徇私舞弊不移交刑事案件罪不以未移交的犯罪嫌疑人已被生效判决确定有罪为前提。

第四百零三条　【滥用管理公司、证券职权罪】国家有关主管部门的国家机关工作人员，徇私舞弊，滥用职权，对不符合法律规定条件的公司设立、登记申请或者股票、债券发行、上市申请，予以批准或者登记，致使公共财产、国家和人民利益遭受重大损失的，处五年以下有期徒刑或者拘役。

上级部门强令登记机关及其工作人员实施前款行为的，对其直接负责的主管人员，依照前款的规定处罚。

【司法解释】

《最高人民检察院关于渎职侵权犯罪案件立案标准的规定》(高检发释字〔2006〕2号，20060726)

(十三)滥用管理公司、证券职权案(第四百零三条)

滥用管理公司、证券职权罪是指工商行政管理、证券管理等国家有关主管部门的工作人员徇私舞弊，滥用职权，对不符合法律规定条件的公司设立、登记申请或者股票、债券发行、上市申请予以批准或者登记，致使公共财产、国家和人民利益遭受重大损失的行为，以及上级部门、当地政府强令登记机关及其工作人员实施上述行为的行为。

涉嫌下列情形之一的，应予立案：

1.造成直接经济损失50万元以上的；

2.工商行政管理部门的工作人员对不符合法律规定条件的公司设立、登记申请，违法予以批准、登记，严重扰乱市场秩序的；

3.金融证券管理机构的工作人员对不符合法律规定条件的股票、债券发行、上市申请，违法予以批准，严重损害公众利益，或者严重扰乱金融秩序的；

4.工商行政管理部门、金融证券管理机构的工作人员对不符合法律规定条件的公司设立、登记申请或者股票、债券发行、上市申请违法予以批准或者登记，致使犯罪行为得逞的；

5.上级部门、当地政府直接负责的主管人员强令登记机关及其工作人员，对不符合法律规定条件的公司设立、登记申请或者股票、债券发行、上市申请予以批准或者登记，致使公共财产、国家或者人民利益遭受重大损失的；

6.其他致使公共财产、国家和人民利益遭受重大损失的情形。

第四百零四条　【徇私舞弊不征、少征税款罪】税务机关的工作人员徇私舞弊，不征或者少征应征税款，致使国家税收遭受重大损失的，处五年以下有期徒刑或者拘役；造成特别重大损失的，处五年以上有期徒刑。

【立法·要点注释】

实践中，如果行为人在征税工作中不认真负责，计算有误，没有征收或者少征了应征税款，致使国家税收遭受重大损失的，可按玩忽职守罪追究其刑事责任。如果行为人与纳税人相勾结，帮助纳税人偷税，如为其出主意，然后不征或少征其应缴的税款，应按逃税罪的共犯追究其刑事责任。

【司法解释】

《最高人民检察院关于渎职侵权犯罪案件立案标准的规定》（高检发释字〔2006〕2号，20060726）

（十四）徇私舞弊不征、少征税款案（第四百零四条）

徇私舞弊不征、少征税款罪是指税务机关工作人员徇私舞弊，不征、少征应征税款，致使国家税收遭受重大损失的行为。

涉嫌下列情形之一的，应予立案：

1.徇私舞弊不征、少征应征税款，致使国家税收损失累计达10万元以上的；

2.上级主管部门工作人员指使税务机关工作人员徇私舞弊不征、少征应征税款，致使国家税收损失累计达10万元以上的；

3.徇私舞弊不征、少征应征税款不满10万元，但具有索取或者收受贿赂或者其他恶劣情节的；

4.其他致使国家税收遭受重大损失的情形。

【《刑事审判参考》案例】

〔参考案例第809号：杜战军徇私舞弊不征税款、受贿案〕徇私舞弊不征税款罪的税收损失数额如何认定？

在计算徇私舞弊不征税款罪造成的税款损失时，要以纳税人已经实现的实际所得额作为基础。

第四百零五条　【徇私舞弊发售发票、抵扣税款、出口退税罪】税务机关的工作人员违反法律、行政法规的规定，在办理发售发票、抵扣税款、出口退税工作中，徇私舞弊，致使国家利益遭受重大损失的，处五年以下有期徒刑或者拘役；致使国家利益遭受特别重大损失的，处五年以上有期徒刑。

【违法提供出口退税凭证罪】其他国家机关工作人员违反国家规定，在提供出口货物报关单、出口收汇核销单等出口退税凭证的工作中，徇私舞弊，致使国家利益遭受重大损失的，依照前款的规定处罚。

【司法解释】

《最高人民检察院关于渎职侵权犯罪案件立案标准的规定》（高检发释字〔2006〕2号，20060726）

（十五）徇私舞弊发售发票、抵扣税

款、出口退税案(第四百零五条第一款)

徇私舞弊发售发票、抵扣税款、出口退税罪是指税务机关工作人员违反法律、行政法规的规定,在办理发售发票、抵扣税款、出口退税工作中徇私舞弊,致使国家利益遭受重大损失的行为。

涉嫌下列情形之一的,应予立案:

1.徇私舞弊,致使国家税收损失累计达10万元以上的;

2.徇私舞弊,致使国家税收损失累计不满10万元,但发售增值税专用发票25份以上或者其他发票50份以上或者增值税专用发票与其他发票合计50份以上,或者具有索取、收受贿赂或者其他恶劣情节的;

3.其他致使国家利益遭受重大损失的情形。

(十六)违法提供出口退税凭证案(第四百零五条第二款)

违法提供出口退税凭证罪是指海关、外汇管理等国家机关工作人员违反国家规定,在提供出口货物报关单、出口收汇核销单等出口退税凭证的工作中徇私舞弊,致使国家利益遭受重大损失的行为。

涉嫌下列情形之一的,应予立案:

1.徇私舞弊,致使国家税收损失累计达10万元以上的;

2.徇私舞弊,致使国家税收损失累计不满10万元,但具有索取、收受贿赂或者其他恶劣情节的;

3.其他致使国家利益遭受重大损失的情形。

【司法指导文件】

《最高人民法院研究室关于违反经行政法规授权制定的规范一般纳税人资格的文件应否认定为“违反法律、行政法规的规定”问题的答复》(法研〔2012〕59号,20120503)

国家税务总局《关于加强新办商贸企业增值税征收管理有关问题的紧急通知》(国税发明电〔2004〕37号)和《关于加强新办商贸企业增值税征收管理有关问题的补充通知》(国税发明电〔2004〕62号),是根据1993年制定的《中华人民共和国增值税暂行条例》的规定对一般纳税人资格认定的细化,且2008年修订后的《中华人民共和国增值税暂行条例》第十三条明确规定:“小规模纳税人以外的纳税人应当向主管税务机关申请资格认定。具体认定办法由国务院主管部门制定。”因此,违反上述两个通知关于一般纳税人资格的认定标准及相关规定,授予不合格单位一般纳税人资格的,相应违反了《中华人民共和国增值税暂行条例》的有关规定,应当认定为刑法第四百零五条第一款规定的“违反法律、行政法规的规定”。

第四百零六条 【国家机关工作人员签订、履行合同失职被骗罪】国家机关工作人员在签订、履行合同过程中,因严重不负责任被诈骗,致使国家利益遭受重大损失的,处三年以下有期徒刑或者拘役;致使国家利益遭受特别重大损失的,处三年以上七年以下有期徒刑。

【司法解释】

《最高人民检察院关于渎职侵权犯罪案件立案标准的规定》(高检发释字〔2006〕2号,20060726)

（十七）国家机关工作人员签订、履行合同失职被骗案（第四百零六条）

国家机关工作人员签订、履行合同失职被骗罪是指国家机关工作人员在签订、履行合同过程中，因严重不负责任，不履行或者不认真履行职责被诈骗，致使国家利益遭受重大损失的行为。

涉嫌下列情形之一的，应予立案：

1.造成直接经济损失30万元以上，或者直接经济损失不满30万元，但间接经济损失150万元以上的；

2.其他致使国家利益遭受重大损失的情形。

【审判实务释疑】

参见本法第一百六十七条项下【审判实务释疑】，第469页。

【《刑事审判参考》案例】

〔参考案例第270号：高原、梁汉钊信用证诈骗，签订、履行合同失职被骗案〕如何理解签订、履行合同失职被骗罪的客观条件？

国家机关工作人员签订、履行合同失职被骗罪的客观构成应符合以下三个方面的要件：一是本体要件，严重不负责任，在签订、履行合同过程中不履行职责，即通常所谓的失职行为；二是后果要件，失职行为给国家利益造成重大损失之现实后果；三是中介要件，或者说是附加要件，造成重大损失后果之直接原因系合同对方的诈骗行为。其中，失职行为包括当为、能为、不为三个层面的蕴意，即具有法定或者职务上的避免损失，仍不履行或者不正确履行义务；损失后果指的是现实的、具体的经济的损失。可能的、间接的、潜在的或者非经济性的损失一般不能视为这里的损失后果。

诈骗行为需要以构成犯罪为充足，不能将一般的民事欺诈行为理解为这里的诈骗行为，但无须为合同对方已经被人民法院判决构成诈骗犯罪行为认定本案当事人构成签订、履行合同失职被骗罪的前提，在程序上仅需认定对方当事人的行为已经涉嫌构成诈骗犯罪即可。

〔参考案例第1353号：王琦筠等国家机关工作人员签订、履行合同失职被骗案〕国家机关工作人员虽未在合同上签字署名，但在负责签订、履行合同的调查、核实、商谈等工作过程中，严重不负责任被骗的，如何定性？

玩忽职守类犯罪罪名竞合时，应遵循特别法优于普通法的原则。国家机关工作人员虽未在合同上签字署名，但接受委派，在负责签订、履行合同的调查、核实、商谈等工作过程中，严重不负责任被骗的，依法构成国家机关工作人员签订、履行合同失职被骗罪。

第四百零七条　【违法发放林木采伐许可证罪】林业主管部门的工作人员违反森林法的规定，超过批准的年采伐限额发放林木采伐许可证或者违反规定滥发林木采伐许可证，情节严重，致使森林遭受严重破坏的，处三年以下有期徒刑或者拘役。

【司法解释(1)】

《最高人民检察院关于渎职侵权犯罪案件立案标准的规定》（高检发释字〔2006〕2号，20060726）

（十八）违法发放林木采伐许可证

案(第四百零七条)

违法发放林木采伐许可证罪是指林业主管部门的工作人员违反森林法的规定，超过批准的年采伐限额发放林木采伐许可证或者违反规定滥发林木采伐许可证，情节严重，致使森林遭受严重破坏的行为。

涉嫌下列情形之一的，应予立案：

1.发放林木采伐许可证允许采伐数量累计超过批准的年采伐限额，导致林木被超限额采伐10立方米以上的；

2.滥发林木采伐许可证，导致林木被滥伐20立方米以上，或者导致幼树被滥伐1000株以上的；

3.滥发林木采伐许可证，导致防护林、特种用途林被滥伐5立方米以上，或者幼树被滥伐200株以上的；

4.滥发林木采伐许可证，导致珍贵树木或者国家重点保护的其他树木被滥伐的；

5.滥发林木采伐许可证，导致国家禁止采伐的林木被采伐的；

6.其他情节严重，致使森林遭受严重破坏的情形。

林业主管部门工作人员之外的国家机关工作人员，违反森林法的规定，滥用职权或者玩忽职守，致使林木被滥伐40立方米以上或者幼树被滥伐2000株以上，或者致使防护林、特种用途林被滥伐10立方米以上或者幼树被滥伐400株以上，或者致使珍贵树木被采伐、毁坏4立方米或者4株以上，或者致使国家重点保护的其他植物被采伐、毁坏后果严重的，或者致使国家严禁采伐的林木被采伐、毁坏情节恶劣的，按照刑法第三百九十七条的规定以滥用职权罪或者玩忽职守罪追究刑事责任。

【司法解释(2)】

《最高人民检察院关于对林业主管部门工作人员在发放林木采伐许可证之外滥用职权、玩忽职守致使森林遭受严重破坏的行为适用法律问题的批复》(高检发释字〔2007〕1号，20070516)

林业主管部门工作人员违法发放林木采伐许可证，致使森林遭受严重破坏的，依照刑法第四百零七条的规定，以违法发放林木采伐许可证罪追究刑事责任；以其他方式滥用职权或者玩忽职守，致使森林遭受严重破坏的，依照刑法第三百九十七条的规定，以滥用职权罪或者玩忽职守罪追究刑事责任……

【《刑事审判参考》案例】

〔参考案例第694号：李明违法发放林木采伐许可证案〕如何理解违法发放林木采伐许可证罪中的“致使”？

“致使森林遭受严重破坏”中，“致使”的含义是：行为人的危害行为导致了森林遭受严重破坏的危害结果发生，也即二者之间应当具有刑法上的因果关系。

第四百零八条　【环境监管失职罪】负有环境保护监督管理职责的国家机关工作人员严重不负责任，导致发生重大环境污染事故，致使公私财产遭受重大损失或者造成人身伤亡的严重后果的，处三年以下有期徒刑或者拘役。

【法院案例库参考案例】

〔崔某国环境监管失职案，2024-18-1-435-001〕在受国家机关委托代

表国家机关履行环境监管职责的组织中从事公务的人员具有环境监管失职罪的主体资格

在受国家机关委托代表国家机关履行环境监管职责的国有事业单位中从事公务的人员，具有管理相关公共事务和社会事务的职权，符合环境监管失职罪的主体要求，其实施的渎职行为符合刑法第四百零八条规定的，应当以环境监管失职罪定罪处罚。

第四百零八条之一 【食品、药品监管渎职罪】负有食品药品安全监督管理职责的国家机关工作人员，滥用职权或者玩忽职守，有下列情形之一，造成严重后果或者有其他严重情节的，处五年以下有期徒刑或者拘役；造成特别严重后果或者有其他特别严重情节的，处五年以上十年以下有期徒刑：

（一）瞒报、谎报食品安全事故、药品安全事件的；

（二）对发现的严重食品药品安全违法行为未按规定查处的；

（三）在药品和特殊食品审批审评过程中，对不符合条件的申请准予许可的；

（四）依法应当移交司法机关追究刑事责任不移交的；

（五）有其他滥用职权或者玩忽职守行为的。

徇私舞弊犯前款罪的，从重处罚。

【修正前条文】

第四百零八条之一 【食品监管渎职罪】负有食品安全监督管理职责的国家机关工作人员，滥用职权或者玩忽职守，导致发生重大食品安全事故或者造成其他严重后果的，处五年以下有期徒刑或者拘役；造成特别严重后果的，处五年以上十年以下有期徒刑。

徇私舞弊犯前款罪的，从重处罚。

【修正说明】

1.本罪由刑法修正案(八)第四十九条增设。

2.刑法修正案(十一)第四十五条对原条文作出下述修改：一是在犯罪主体方面，在负有食品安全监督管理职责的国家机关工作人员的基础上，增加负有药品安全监督管理职责的国家机关工作人员；二是在构成犯罪和适用第二档刑的条件中增加了情节因素；三是增加规定了五类具体犯罪情形。

【立法·要点注释】

实践中执行本条规定应当注意本条第一款第四项规定的犯罪与刑法第四百零二条规定的徇私舞弊不移交刑事案件罪的区分。构成徇私舞弊不移交刑事案件罪要求行政执法人员有徇私舞弊情节，本条第一款第四项没有规定徇私舞弊情节。同时，本条规定的刑罚比第四百零二条规定更重。本条是对食品药品监督管理工作人员不移交刑事案件的行为规定了更严格严厉的处罚。

【司法解释(1)】

《最高人民法院、最高人民检察院关于办理危害食品安全刑事案件适用法律若干问题的解释》(法释〔2021〕24号，20220101)

第二十条　负有食品安全监督管理职责的国家机关工作人员滥用职权

或者玩忽职守，构成食品监管渎职罪，同时构成徇私舞弊不移交刑事案件罪、商检徇私舞弊罪、动植物检疫徇私舞弊罪、放纵制售伪劣商品犯罪行为罪等其他渎职犯罪的，依照处罚较重的规定定罪处罚。

负有食品安全监督管理职责的国家机关工作人员滥用职权或者玩忽职守，不构成食品监管渎职罪，但构成前款规定的其他渎职犯罪的，依照该其他犯罪定罪处罚。

负有食品安全监督管理职责的国家机关工作人员与他人共谋，利用其职务行为帮助他人实施危害食品安全犯罪行为，同时构成渎职犯罪和危害食品安全犯罪共犯的，依照处罚较重的规定定罪从重处罚。

【司法解释(2)】

《最高人民法院、最高人民检察院关于办理危害药品安全刑事案件适用法律若干问题的解释》(高检发释字〔2022〕1号，20220306)

第十四条　负有药品安全监督管理职责的国家机关工作人员，滥用职权或者玩忽职守，构成药品监管渎职罪，同时构成商检徇私舞弊罪、商检失职罪等其他渎职犯罪的，依照处罚较重的规定定罪处罚。

负有药品安全监督管理职责的国家机关工作人员滥用职权或者玩忽职守，不构成药品监管渎职罪，但构成前款规定的其他渎职犯罪的，依照该其他犯罪定罪处罚。

负有药品安全监督管理职责的国家机关工作人员与他人共谋，利用其职务便利帮助他人实施危害药品安全犯罪行为，同时构成渎职犯罪和危害药品安全犯罪共犯的，依照处罚较重的规定定罪从重处罚。

【指导性案例·检察】

〔胡林贵等人生产、销售有毒、有害食品，行贿；骆梅等人销售伪劣产品；朱伟全等人生产、销售伪劣产品；黎达文等人受贿，食品监管渎职案，JZD15-2014〕

负有食品安全监督管理职责的国家机关工作人员，滥用职权，向生产、销售有毒、有害食品的犯罪分子通风报信，帮助逃避处罚的，应当认定为食品监管渎职罪；在渎职过程中受贿的，应当以食品监管渎职罪和受贿罪实行数罪并罚。

〔赛跃、韩成武受贿、食品监管渎职案，JZD16-2014〕

负有食品安全监督管理职责的国家机关工作人员，滥用职权或玩忽职守，导致发生重大食品安全事故或者造成其他严重后果的[①]，应当认定为食品监管渎职罪。在渎职过程中受贿的，应当以食品监管渎职罪和受贿罪实行数罪并罚。

第四百零九条　【传染病防治失职罪】从事传染病防治的政府卫生行政部门的工作人员严重不负责任，导致传染病传播或者流行，情节严重的，处三年以下有期徒刑或者拘役。

① 刑法修正案(十一)已将“导致发生重大食品安全事故或者造成其他严重后果的”修改为“造成严重后果或者有其他严重情节的”。——编者注

【司法解释(1)】

《最高人民检察院关于渎职侵权犯罪案件立案标准的规定》(高检发释字〔2006〕2号,20060726)

(二十)传染病防治失职案(第四百零九条)

传染病防治失职罪是指从事传染病防治的政府卫生行政部门的工作人员严重不负责任,不履行或者不认真履行传染病防治监管职责,导致传染病传播或者流行,情节严重的行为。

涉嫌下列情形之一的,应予立案:

1.导致甲类传染病传播的;

2.导致乙类、丙类传染病流行的;

3.因传染病传播或者流行,造成人员重伤或者死亡的;

4.因传染病传播或者流行,严重影响正常的生产、生活秩序的;

5.在国家对突发传染病疫情等灾害采取预防、控制措施后,对发生突发传染病疫情等灾害的地区或者突发传染病病人、病原携带者、疑似突发传染病病人,未按照预防、控制突发传染病疫情等灾害工作规范的要求做好防疫、检疫、隔离、防护、救治等工作,或者采取的预防、控制措施不当,造成传染范围扩大或者疫情、灾情加重的;

6.在国家对突发传染病疫情等灾害采取预防、控制措施后,隐瞒、缓报、谎报或者授意、指使、强令他人隐瞒、缓报、谎报疫情、灾情,造成传染范围扩大或者疫情、灾情加重的;

7.在国家对突发传染病疫情等灾害采取预防、控制措施后,拒不执行突发传染病疫情等灾害应急处理指挥机构的决定、命令,造成传染范围扩大或者疫情、灾情加重的;

8.其他情节严重的情形。

【司法解释(2)】

《最高人民法院、最高人民检察院关于办理妨害预防、控制突发传染病疫情等灾害的刑事案件具体应用法律若干问题的解释》(法释〔2003〕8号,20030515)

第十六条 在预防、控制突发传染病疫情等灾害期间,从事传染病防治的政府卫生行政部门的工作人员,或者在受政府卫生行政部门委托代表政府卫生行政部门行使职权的组织中从事公务的人员,或者虽未列入政府卫生行政部门人员编制但在政府卫生行政部门从事公务的人员,在代表政府卫生行政部门行使职权时,严重不负责任,导致传染病传播或者流行,情节严重的,依照刑法第四百零九条的规定,以传染病防治失职罪定罪处罚。

在国家对突发传染病疫情等灾害采取预防、控制措施后,具有下列情形之一的,属于刑法第四百零九条规定的“情节严重”:

(一)对发生突发传染病疫情等灾害的地区或者突发传染病病人、病原携带者、疑似突发传染病病人,未按照预防、控制突发传染病疫情等灾害工作规范的要求做好防疫、检疫、隔离、防护、救治等工作,或者采取的预防、控制措施不当,造成传染范围扩大或者疫情、灾情加重的;

(二)隐瞒、缓报、谎报或者授意、指使、强令他人隐瞒、缓报、谎报疫情、灾情,造成传染范围扩大或者疫情、灾情加重的;

(三)拒不执行突发传染病疫情等灾害应急处理指挥机构的决定、命令,造成传染范围扩大或者疫情、灾情加重的；

(四)具有其他严重情节的。

【《刑事审判参考》案例】

〔参考案例第1332号：黎善文传染病防治失职案〕多种因素造成传染病传播或者流行时，对从事传染病防治的政府卫生行政部门工作人员失职行为，如何定罪量刑？

1.传染病防治失职罪与一般工作失误的区别在于：(1)主观动机和客观行为表现不同。即行为人是否认真履职，在恪尽职守中是否能预见或者已经预见到其行为可能导致传染病传播或者流行的严重后果。工作失误的主观动机往往是行为人为了做好工作，认真履行工作职责，但主观上仍未预见到危害后果的发生，或者在尽责履职中已经预见，但因为经验能力有限、政策界限模糊、管理机制缺失等情况出现失误，以致发生传染范围扩大或者疫情、灾情加重的危害后果。反之，传染病防治失职罪在主观上表现为行为人对自身职责的认识偏差，不认真履行职责，违反传染病防治法及相关法律和工作制度，疏忽大意、过于自信、不尽职责、擅离职守等，导致发生严重危害后果。(2)追责前提不同。即行为人违反职责的行为与传染病传播、流行的后果是否有刑法上的因果关系以及因果作用力大小。如果行为人没有违反所承担职责的规定，或者违反职责的行为与危害后果之间不具有刑法上因果关系或者作用力较小，即便发生了严重危害后果，也属于工作失误或意外事件；反之，则构成本罪的失职行为。(3)政策界限不同。即在国家对突发传染病疫情等灾害尚未采取预防、控制措施时，行为人履职中行为有差错，通常属于工作失误；反之，在采取预防、控制措施之后，具有司法解释所规定“情节严重”的情形之一，才以传染病防治失职罪论处。

2.关于导致传染病传播或者流行存在其他原因，且行为人有自首情节时，量刑时应体现宽严相济的刑事政策。

第四百一十条　【非法批准征收、征用、占用土地罪】【非法低价出让国有土地使用权罪】国家机关工作人员徇私舞弊，违反土地管理法规，滥用职权，非法批准征收、征用、占用土地，或者非法低价出让国有土地使用权，情节严重的，处三年以下有期徒刑或者拘役；致使国家或者集体利益遭受特别重大损失的，处三年以上七年以下有期徒刑。

【相关立法】

《全国人民代表大会常务委员会关于修改部分法律的决定》(20090827)

二、对下列法律和法律解释中关于“征用”的规定作出修改

(一)将下列法律和法律解释中的“征用”修改为“征收、征用”

12.《中华人民共和国刑法》第三百八十一条、第四百一十条

14.全国人民代表大会常务委员会关于《中华人民共和国刑法》第二百二十八条、第三百四十二条、第四百一十条的解释

【立法解释】

**《全国人民代表大会常务委员会关

于〈中华人民共和国刑法〉第二百二十八条、第三百四十二条、第四百一十条的解释》(20090827)

刑法第二百二十八条、第三百四十二条、第四百一十条规定的“违反土地管理法规”，是指违反土地管理法、森林法、草原法等法律以及有关行政法规中关于土地管理的规定。

刑法第四百一十条规定的“非法批准征收、征用、占用土地”，是指非法批准征收、征用、占用耕地、林地等农用地以及其他土地。

【司法解释(1)】①

《最高人民检察院关于渎职侵权犯罪案件立案标准的规定》(高检发释字〔2006〕2号，20060726)

(二十一)非法批准征用、占用土地案(第四百一十条)

非法批准征用、占用土地罪是指国家机关工作人员徇私舞弊，违反土地管理法、森林法、草原法等法律以及有关行政法规中关于土地管理的规定，滥用职权，非法批准征用、占用耕地、林地等农用地以及其他土地，情节严重的行为。

涉嫌下列情形之一的，应予立案：

1.非法批准征用、占用基本农田10亩以上的；

2.非法批准征用、占用基本农田以外的耕地30亩以上的；

3.非法批准征用、占用其他土地50亩以上的；

4.虽未达到上述数量标准，但造成有关单位、个人直接经济损失30万元以上，或者造成耕地大量毁坏或者植被遭到严重破坏的；

5.非法批准征用、占用土地，影响群众生产、生活，引起纠纷，造成恶劣影响或者其他严重后果的；②

6.非法批准征用、占用防护林地、特种用途林地分别或者合计10亩以上的；

7.非法批准征用、占用其他林地20亩以上的；

8.非法批准征用、占用林地造成直接经济损失30万元以上，或者造成防护林地、特种用途林地分别或者合计5亩以上或者其他林地10亩以上毁坏的；

9.其他情节严重的情形。

(二十二)非法低价出让国有土地使用权案(第四百一十条)

非法低价出让国有土地使用权罪是指国家机关工作人员徇私舞弊，违反土地管理法、森林法、草原法等法律以及有关行政法规中关于土地管理的规定，滥用职权，非法低价出让国有土地使用权，情节严重的行为。

涉嫌下列情形之一的，应予立案：

1.非法低价出让国有土地30亩以上，并且出让价额低于国家规定的最低价额标准的百分之六十的；

2.造成国有土地资产流失价额30万元以上的；

3.非法低价出让国有土地使用权，影响群众生产、生活，引起纠纷，造成恶劣影响或者其他严重后果的；

4.非法低价出让林地合计30亩以

---

① 依据2009年修正前的刑法制定的司法解释及司法指导文件中的“征用”，在刑法修改后应理解为“征收、征用”。——编者注

② 该项立案标准在相关司法解释中未有规定，在司法实践中宜根据案件具体情况妥当把握。非法低价出让国有土地使用权案中的相关情形同样如此处理。——编者注

上，并且出让价额低于国家规定的最低价额标准的百分之六十的；

5.造成国有资产流失30万元以上的；

6.其他情节严重的情形。

【司法解释(2)】

《最高人民法院关于审理破坏土地资源刑事案件具体应用法律若干问题的解释》(法释〔2000〕14号，20000622)

第四条　国家机关工作人员徇私舞弊，违反土地管理法规，滥用职权，非法批准征用、占用土地，具有下列情形之一的，属于非法批准征用、占用土地"情节严重"，依照刑法第四百一十条的规定，以非法批准征用、占用土地罪定罪处罚：

(一)非法批准征用、占用基本农田十亩以上的；

(二)非法批准征用、占用基本农田以外的耕地三十亩以上的；

(三)非法批准征用、占用其他土地五十亩以上的；

(四)虽未达到上述数量标准，但非法批准征用、占用土地造成直接经济损失三十万元以上；造成耕地大量毁坏等恶劣情节的。

第五条　实施第四条规定的行为，具有下列情形之一的，属于非法批准征用、占用土地"致使国家或者集体利益遭受特别重大损失"：

(一)非法批准征用、占用基本农田二十亩以上的；

(二)非法批准征用、占用基本农田以外的耕地六十亩以上的；

(三)非法批准征用、占用其他土地一百亩以上的；

(四)非法批准征用、占用土地，造成基本农田五亩以上，其他耕地十亩以上严重毁坏的；

(五)非法批准征用、占用土地造成直接经济损失五十万元以上等恶劣情节的。

第六条　国家机关工作人员徇私舞弊，违反土地管理法规，非法低价出让国有土地使用权，具有下列情形之一的，属于"情节严重"，依照刑法第四百一十条的规定，以非法低价出让国有土地使用权罪定罪处罚：

(一)出让国有土地使用权面积在三十亩以上，并且出让价额低于国家规定的最低价额标准的百分之六十的；

(二)造成国有土地资产流失价额在三十万元以上的。

第七条　实施第六条规定的行为，具有下列情形之一的，属于非法低价出让国有土地使用权，"致使国家和集体利益遭受特别重大损失"：

(一)非法低价出让国有土地使用权面积在六十亩以上，并且出让价额低于国家规定的最低价额标准的百分之四十的；

(二)造成国有土地资产流失价额在五十万元以上的。

【司法解释(3)】

《最高人民法院关于审理破坏草原资源刑事案件具体应用法律若干问题的解释》(法释〔2012〕15号，20121122)

第三条　国家机关工作人员徇私舞弊，违反草原法等土地管理法规，具有下列情形之一的，应当认定为刑法第四百一十条规定的"情节严重"：

(一)非法批准征收、征用、占用草原四十亩以上的；

(二)非法批准征收、征用、占用草

原，造成二十亩以上草原被毁坏的；

（三）非法批准征收、征用、占用草原，造成直接经济损失三十万元以上，或者具有其他恶劣情节的。

具有下列情形之一，应当认定为刑法第四百一十条规定的“致使国家或者集体利益遭受特别重大损失”：

（一）非法批准征收、征用、占用草原八十亩以上的；

（二）非法批准征收、征用、占用草原，造成四十亩以上草原被毁坏的；

（三）非法批准征收、征用、占用草原，造成直接经济损失六十万元以上，或者具有其他特别恶劣情节的。

【司法指导文件】

《最高人民检察院法律政策研究室对贵州省人民检察院法律政策研究室〈关于对刑法第四百一十条“违反土地管理法规”如何理解问题的请示〉的答复》（高检研〔2017〕9号）

1.根据全国人大常委会有关立法解释，刑法第四百一十条规定的“违反土地管理法规”是指违反土地管理法、森林法、草原法等法律以及有关行政法规中关于土地管理的规定。农业部《草原征占审核审批管理办法》是有关行政主管部门为执行草原法所作出的细化规定，属部门规章，不属于刑法第四百一十条规定的“土地管理法规”。

2.……

第四百一十一条　【放纵走私罪】海关工作人员徇私舞弊，放纵走私，情节严重的，处五年以下有期徒刑或者拘役；情节特别严重的，处五年以上有期徒刑。

【司法解释】

《最高人民检察院关于渎职侵权犯罪案件立案标准的规定》（高检发释字〔2006〕2号，20060726）

（二十三）放纵走私案（第四百一十一条）

放纵走私罪是指海关工作人员徇私舞弊，放纵走私，情节严重的行为。

涉嫌下列情形之一的，应予立案：

1.放纵走私犯罪的；

2.因放纵走私致使国家应收税额损失累计达10万元以上的；

3.放纵走私行为3起次以上的；

4.放纵走私行为，具有索取或者收受贿赂情节的；

5.其他情节严重的情形。

【司法指导文件】

《最高人民法院、最高人民检察院、海关总署关于办理走私刑事案件适用法律若干问题的意见》（法〔2002〕139号，20020708）

十六、关于放纵走私罪的认定问题

依照刑法第四百一十一条的规定，负有特定监管义务的海关工作人员徇私舞弊，利用职权，放任、纵容走私犯罪行为，情节严重的，构成放纵走私罪。放纵走私行为，一般是消极的不作为。如果海关工作人员与走私分子通谋，在放纵走私过程中以积极的行为配合走私分子逃避海关监管或者在放纵走私之后分得赃款的，应以共同走私犯罪追究刑事责任。

海关工作人员收受贿赂又放纵走私的，应以受贿罪和放纵走私罪数罪并罚。

第四百一十二条 【商检徇私舞弊罪】国家商检部门、商检机构的工作人员徇私舞弊，伪造检验结果的，处五年以下有期徒刑或者拘役；造成严重后果的，处五年以上十年以下有期徒刑。

【商检失职罪】前款所列人员严重不负责任，对应当检验的物品不检验，或者延误检验出证、错误出证，致使国家利益遭受重大损失的，处三年以下有期徒刑或者拘役。

【司法解释】

《最高人民检察院关于渎职侵权犯罪案件立案标准的规定》(高检发释字〔2006〕2号，20060726)

(二十四) 商检徇私舞弊案(第四百一十二条第一款)

商检徇私舞弊罪是指出入境检验检疫机关、检验检疫机构工作人员徇私舞弊，伪造检验结果的行为。

涉嫌下列情形之一的，应予立案：

1.采取伪造、变造的手段对报检的商品的单证、印章、标志、封识、质量认证标志等作虚假的证明或者出具不真实的证明结论的；

2.将送检的合格商品检验为不合格，或者将不合格商品检验为合格的；

3.对明知是不合格的商品，不检验而出具合格检验结果的；

4.其他伪造检验结果应予追究刑事责任的情形。

(二十五) 商检失职案(第四百一十二条第二款)

商检失职罪是指出入境检验检疫机关、检验检疫机构工作人员严重不负责任，对应当检验的物品不检验，或者延误检验出证、错误出证，致使国家利益遭受重大损失的行为。

涉嫌下列情形之一的，应予立案：

1.致使不合格的食品、药品、医疗器械等商品出入境，严重危害生命健康的；

2.造成个人财产直接经济损失15万元以上，或者直接经济损失不满15万元，但间接经济损失75万元以上的；

3.造成公共财产、法人或者其他组织财产直接经济损失30万元以上，或者直接经济损失不满30万元，但间接经济损失150万元以上的；

4.未经检验，出具合格检验结果，致使国家禁止进口的固体废物、液态废物和气态废物等进入境内的；

5.不检验或者延误检验出证、错误出证，引起国际经济贸易纠纷，严重影响国家对外经贸关系，或者严重损害国家声誉的；

6.其他致使国家利益遭受重大损失的情形。

第四百一十三条 【动植物检疫徇私舞弊罪】动植物检疫机关的检疫人员徇私舞弊，伪造检疫结果的，处五年以下有期徒刑或者拘役；造成严重后果的，处五年以上十年以下有期徒刑。

【动植物检疫失职罪】前款所列人员严重不负责任，对应当检疫的检疫物不检疫，或者延误检疫出证、错误出证，致使国家利益遭受重大损失的，处三年以下有期徒刑或者拘役。

【司法解释】

**《最高人民检察院关于渎职侵权犯

罪案件立案标准的规定》(高检发释字〔2006〕2号,20060726)

(二十六)动植物检疫徇私舞弊案(第四百一十三条第一款)

动植物检疫徇私舞弊罪是指出入境检验检疫机关、检验检疫机构工作人员徇私舞弊,伪造检疫结果的行为。

涉嫌下列情形之一的,应予立案:

1.采取伪造、变造的手段对检疫的单证、印章、标志、封识等作虚假的证明或者出具不真实的结论的;

2.将送检的合格动植物检疫为不合格,或者将不合格动植物检疫为合格的;

3.对明知是不合格的动植物,不检疫而出具合格检疫结果的;

4.其他伪造检疫结果应予追究刑事责任的情形。

(二十七)动植物检疫失职案(第四百一十三条第二款)

动植物检疫失职罪是指出入境检验检疫机关、检验检疫机构工作人员严重不负责任,对应当检疫的检疫物不检疫,或者延误检疫出证、错误出证,致使国家利益遭受重大损失的行为。

涉嫌下列情形之一的,应予立案:

1.导致疫情发生,造成人员重伤或者死亡的;

2.导致重大疫情发生、传播或者流行的;

3.造成个人财产直接经济损失15万元以上,或者直接经济损失不满15万元,但间接经济损失75万元以上的;

4.造成公共财产或者法人、其他组织财产直接经济损失30万元以上,或者直接经济损失不满30万元,但间接经济损失150万元以上的;

5.不检疫或者延误检疫出证、错误出证,引起国际经济贸易纠纷,严重影响国家对外经贸关系,或者严重损害国家声誉的;

6.其他致使国家利益遭受重大损失的情形。

第四百一十四条 【放纵制售伪劣商品犯罪行为罪】对生产、销售伪劣商品犯罪行为负有追究责任的国家机关工作人员,徇私舞弊,不履行法律规定的追究职责,情节严重的,处五年以下有期徒刑或者拘役。

【司法解释(1)】

《最高人民检察院关于渎职侵权犯罪案件立案标准的规定》(高检发释字〔2006〕2号,20060726)

(二十八)放纵制售伪劣商品犯罪行为案(第四百一十四条)

放纵制售伪劣商品犯罪行为罪是指对生产、销售伪劣商品犯罪行为负有追究责任的国家机关工作人员徇私舞弊,不履行法律规定的追究职责,情节严重的行为。

涉嫌下列情形之一的,应予立案:

1.放纵生产、销售假药或者有毒、有害食品犯罪行为的;

2.放纵生产、销售伪劣农药、兽药、化肥、种子犯罪行为的;

3.放纵依法可能判处3年有期徒刑以上刑罚的生产、销售伪劣商品犯罪行

为的；[1]

4.对生产、销售伪劣商品犯罪行为不履行追究职责，致使生产、销售伪劣商品犯罪行为得以继续的；

5.3次以上不履行追究职责，或者对3个以上有生产、销售伪劣商品犯罪行为的单位或者个人不履行追究职责的；

6.其他情节严重的情形。

【司法解释(2)】

《最高人民法院、最高人民检察院关于办理生产、销售伪劣商品刑事案件具体应用法律若干问题的解释》(法释〔2001〕10号，20010410)

第八条 国家机关工作人员徇私舞弊，对生产、销售伪劣商品犯罪不履行法律规定的查处职责，具有下列情形之一的，属于刑法第四百一十四条规定的“情节严重”：

(一)放纵生产、销售假药或者有毒、有害食品犯罪行为的；

(二)放纵依法可能判处二年有期徒刑以上刑罚的生产、销售伪劣商品犯罪行为的；

(三)对三个以上有生产、销售伪劣商品犯罪行为的单位或者个人不履行追究职责的；

(四)致使国家和人民利益遭受重大损失或者造成恶劣影响的。

第四百一十五条【办理偷越国(边)境人员出入境证件罪】【放行偷越国(边)境人员罪】负责办理护照、签证以及其他出入境证件的国家机关工作人员，对明知是企图偷越国(边)境的人员，予以办理出入境证件的，或者边防、海关等国家机关工作人员，对明知是偷越国(边)境的人员，予以放行的，处三年以下有期徒刑或者拘役；情节严重的，处三年以上七年以下有期徒刑。

【司法解释】

《最高人民检察院关于渎职侵权犯罪案件立案标准的规定》(高检发释字〔2006〕2号，20060726)

(二十九)办理偷越国(边)境人员出入境证件案(第四百一十五条)

办理偷越国(边)境人员出入境证件罪是指负责办理护照、签证以及其他出入境证件的国家机关工作人员，对明知是企图偷越国(边)境的人员，予以办理出入境证件的行为。

负责办理护照、签证以及其他出入境证件的国家机关工作人员涉嫌在办理护照、签证以及其他出入境证件的过程中，对明知是企图偷越国(边)境的人员而予以办理出入境证件的，应予立案。

(三十)放行偷越国(边)境人员案(第四百一十五条)

放行偷越国(边)境人员罪是指边防、海关等国家机关工作人员，对明知是偷越国(边)境的人员予以放行的行为。

边防、海关等国家机关工作人员涉嫌在履行职务过程中，对明知是偷越国(边)境的人员而予以放行的，应予立案。

---

① 该项立案标准与本条项下【司法解释(2)】第八条第二项的规定不完全一致。——编者注

第四百一十六条 【不解救被拐卖、绑架妇女、儿童罪】对被拐卖、绑架的妇女、儿童负有解救职责的国家机关工作人员，接到被拐卖、绑架的妇女、儿童及其家属的解救要求或者接到其他人的举报，而对被拐卖、绑架的妇女、儿童不进行解救，造成严重后果的，处五年以下有期徒刑或者拘役。

【阻碍解救被拐卖、绑架妇女、儿童罪】负有解救职责的国家机关工作人员利用职务阻碍解救的，处二年以上七年以下有期徒刑；情节较轻的，处二年以下有期徒刑或者拘役。

【司法解释】

《最高人民检察院关于渎职侵权犯罪案件立案标准的规定》(高检发释字〔2006〕2号，20060726)

(三十一)不解救被拐卖、绑架妇女、儿童案(第四百一十六条第一款)

不解救被拐卖、绑架妇女、儿童罪是指对被拐卖、绑架的妇女、儿童负有解救职责的公安、司法等国家机关工作人员接到被拐卖、绑架的妇女、儿童及其家属的解救要求或者接到其他人的举报，而对被拐卖、绑架的妇女、儿童不进行解救，造成严重后果的行为。

涉嫌下列情形之一的，应予立案：

1.导致被拐卖、绑架的妇女、儿童或者其家属重伤、死亡或者精神失常的；

2.导致被拐卖、绑架的妇女、儿童被转移、隐匿、转卖，不能及时进行解救的；

3.对被拐卖、绑架的妇女、儿童不进行解救3人次以上的；

4.对被拐卖、绑架的妇女、儿童不进行解救，造成恶劣社会影响的；

5.其他造成严重后果的情形。

(三十二)阻碍解救被拐卖、绑架妇女、儿童案(第四百一十六条第二款)

阻碍解救被拐卖、绑架妇女、儿童罪是指对被拐卖、绑架的妇女、儿童负有解救职责的公安、司法等国家机关工作人员利用职务阻碍解救被拐卖、绑架的妇女、儿童的行为。

涉嫌下列情形之一的，应予立案：

1.利用职权，禁止、阻止或者妨碍有关部门、人员解救被拐卖、绑架的妇女、儿童的；

2.利用职务上的便利，向拐卖、绑架者或者收买者通风报信，妨碍解救工作正常进行的；

3.其他利用职务阻碍解救被拐卖、绑架的妇女、儿童应予追究刑事责任的情形。

第四百一十七条 【帮助犯罪分子逃避处罚罪】有查禁犯罪活动职责的国家机关工作人员，向犯罪分子通风报信、提供便利，帮助犯罪分子逃避处罚的，处三年以下有期徒刑或者拘役；情节严重的，处三年以上十年以下有期徒刑。

【立法·要点注释】

1.“有查禁犯罪活动职责的国家机关工作人员”，是指对犯罪活动负有查禁职责的国家机关工作人员，主要是指有查禁犯罪活动职责的公安机关、国家安全机关、检察机关、审判机关中的司法工作人员。海关、税务、市场监管、生态环境等行政执法机关的人员，因其负责查禁的行政违法行为情节严重的即可能构成犯罪，也可以成为本条规定的犯罪的主体。

2.“通风报信”，是指向犯罪分子有意泄露或者直接告知犯罪分子有关部门查禁活动的部署、措施、时间、地点等情况的行为；“提供便利”，是指为犯罪分子提供隐藏处所、交通工具、通信设备或其他便利条件，协助其逃避法律追究的行为。这里规定的通风报信、提供便利条件的行为是一种故意行为，即行为人在主观上必须具有使犯罪分子逃避处罚的目的，而故意向犯罪分子通风报信、提供便利的，才能适用本条的规定。如果行为人是无意中泄露有关情况，或者是在不知情的情况下，为犯罪分子提供了便利，则不能适用本条的规定。

【司法解释(1)】

《最高人民检察院关于渎职侵权犯罪案件立案标准的规定》(高检发释字〔2006〕2号，20060726)

(三十三)帮助犯罪分子逃避处罚案(第四百一十七条)

帮助犯罪分子逃避处罚罪是指有查禁犯罪活动职责的司法及公安、国家安全、海关、税务等国家机关工作人员，向犯罪分子通风报信、提供便利，帮助犯罪分子逃避处罚的行为。

涉嫌下列情形之一的，应予立案：

1.向犯罪分子泄漏有关部门查禁犯罪活动的部署、人员、措施、时间、地点等情况的；

2.向犯罪分子提供钱物、交通工具、通讯设备、隐藏处所等便利条件的；

3.向犯罪分子泄漏案情的；

4.帮助、示意犯罪分子隐匿、毁灭、伪造证据，或者串供、翻供的；

5.其他帮助犯罪分子逃避处罚应予追究刑事责任的情形。

【司法解释(2)】

《最高人民法院、最高人民检察院关于办理扰乱无线电通讯管理秩序等刑事案件适用法律若干问题的解释》(法释〔2017〕11号，20170701)

第七条第二款 有查禁扰乱无线电管理秩序犯罪活动职责的国家机关工作人员，向犯罪分子通风报信、提供便利，帮助犯罪分子逃避处罚的，应当依照刑法第四百一十七条的规定，以帮助犯罪分子逃避处罚罪追究刑事责任；事先通谋的，以共同犯罪论处。

【司法解释(3)】

《最高人民法院、最高人民检察院关于办理破坏野生动物资源刑事案件适用法律若干问题的解释》(法释〔2022〕12号，20220409)

第十条第二款 负有查禁破坏野生动物资源犯罪活动职责的国家机关工作人员，向犯罪分子通风报信、提供便利，帮助犯罪分子逃避处罚的，应当依照刑法第四百一十七条的规定，以帮助犯罪分子逃避处罚罪追究刑事责任。

【司法指导文件(1)】

《最高人民法院、最高人民检察院、公安部、国家工商行政管理局关于依法查处盗窃、抢劫机动车案件的规定》(公通字〔1998〕31号，19980508)

十、公安人员对盗窃、抢劫的机动车辆，非法提供机动车牌证或者为其取得机动车牌证提供便利，帮助犯罪分子逃避处罚的，依照《刑法》第四百一十七条规定处罚。

【司法指导文件(2)】

《最高人民法院、最高人民检察院、公安部、农业农村部依法惩治长江流域非法捕捞等违法犯罪的意见》(公通字〔2020〕17号,20201217)

二、准确适用法律,依法严惩非法捕捞等危害水生生物资源的各类违法犯罪

(五)依法严惩危害水生生物资源的渎职犯罪。……

负有查禁破坏水生生物资源犯罪活动职责的国家机关工作人员,向犯罪分子通风报信、提供便利,帮助犯罪分子逃避处罚的,应当依照刑法第四百一十七条的规定,以帮助犯罪分子逃避处罚罪定罪处罚。

【法院案例库参考案例】

〔汪某帮助犯罪分子逃避处罚案,2024-03-1-450-001〕有查禁犯罪活动职责的国家机关工作人员向犯罪分子通风报信并积极配合伪造证据的行为性质认定

1.辅警属于有查禁犯罪活动职责的国家机关工作人员,可以成为帮助犯罪分子逃避处罚罪的主体。

2.有查禁犯罪活动职责的国家机关工作人员为犯罪分子通风报信并积极配合伪造证据,帮助犯罪分子逃避处罚,同时构成帮助犯罪分子逃避处罚罪和帮助伪造证据罪,无论基于择一重罪处断原则,还是基于全面评价犯罪行为的考虑,应以帮助犯罪分子逃避处罚罪论处。

【法院公报案例】

〔上海市静安区人民检察院诉黄春海帮助犯罪分子逃避处罚、销售假冒注册商标的商品案,GB2009-6〕

1.根据《全国人民代表大会常务委员会关于〈中华人民共和国刑法〉第九章渎职罪主体适用问题的解释》的规定,在依照法律、法规规定行使国家行政管理职权的组织中从事公务的人员,或者在受国家机关委托代表国家机关行使职权的组织中从事公务的人员,或者虽未列入国家机关人员编制但在国家机关中从事公务的人员,在代表国家机关行使职权时,有渎职行为,构成犯罪的,依照刑法关于渎职罪的规定追究刑事责任。烟草专卖局系接受有关国家行政机关的委托,代表有关国家机关依法行使烟草专卖市场稽查和查处违反烟草专卖行为等行政执法权的组织。因此,烟草专卖局的工作人员在代表国家机关行使职权时,有渎职行为,构成犯罪的,应当依照刑法关于渎职罪的规定追究刑事责任。

2.根据刑法第四百一十七条的规定,帮助犯罪分子逃避处罚罪是指有查禁犯罪活动职责的国家机关工作人员,向犯罪分子通风报信、提供便利,帮助犯罪分子逃避处罚的行为。该条规定的“查禁犯罪活动职责”,不仅是指司法机关依法负有的刑事侦查、检察、审判、刑罚执行等职责,也包括法律赋予相关行政机关的查禁犯罪活动的职责。烟草专卖局接受有关国家行政机关的委托,代表有关国家行政机关依法行使烟草专卖市场稽查和查处违反烟草专卖行为等行政执法权。……烟草专卖局稽查队的工作人员在履职过程中,采用通风报信的手法,多次将突击检查假烟销售行动的部署安排透露给销售假烟的犯罪分子,致使犯罪分子逃避刑

事处罚的，构成帮助犯罪分子逃避处罚罪。

【《刑事审判参考》案例】

〔参考案例第129号：杨有才帮助犯罪分子逃避处罚案〕参与案件侦查工作的公安机关借用人员是否属于司法工作人员？

刑法所称的司法工作人员，是指具有侦查、检察、审判、监管职责的工作人员，只要借用人员履行了上述职责，便可认定系司法工作人员。

〔参考案例第186号：李刚等帮助犯罪分子逃避处罚案〕执行法官能否成为帮助犯罪分子逃避处罚罪的主体？

执行法官并不承担查禁犯罪活动的职责，一般不能成为帮助犯罪分子逃避处罚罪的主体，行为人如果存在帮助伪造证据行为的，可按帮助伪造证据罪处理。

〔参考案例第357号：潘楠博帮助犯罪分子逃避处罚、受贿案〕帮助逃避行政处罚的行为能否构成帮助犯罪分子逃避处罚罪？

有查禁犯罪活动职责的警察，向行政违法者通风报信、提供便利，帮助其逃避行政处罚，即使行政违法者实际犯有其他罪行，但违规警察实施帮助行为时并不明知的，不构成帮助犯罪分子逃避处罚罪。

第四百一十八条　【招收公务员、学生徇私舞弊罪】国家机关工作人员在招收公务员、学生工作中徇私舞弊，情节严重的，处三年以下有期徒刑或者拘役。

【司法解释】

《最高人民检察院关于渎职侵权犯罪案件立案标准的规定》（高检发释字〔2006〕2号，20060726）

（三十四）招收公务员、学生徇私舞弊案（第四百一十八条）

招收公务员、学生徇私舞弊罪是指国家机关工作人员在招收公务员、省级以上教育行政部门组织招收的学生工作中徇私舞弊，情节严重的行为。

涉嫌下列情形之一的，应予立案：

1.徇私舞弊，利用职务便利，伪造、变造人事、户口档案、考试成绩或者其他影响招收工作的有关资料，或者明知是伪造、变造的上述材料而予以认可的；

2.徇私舞弊，利用职务便利，帮助5名以上考生作弊的；

3.徇私舞弊招收不合格的公务员、学生3人次以上的；

4.因徇私舞弊招收不合格的公务员、学生，导致被排挤的合格人员或者其近亲属自杀、自残造成重伤、死亡，或者精神失常的；

5.因徇私舞弊招收公务员、学生，导致该项招收工作重新进行的；

6.其他情节严重的情形。

【审判实务释疑】

教师能否成为招收学生徇私舞弊罪的主体？

刑法第四百一十八条所规定的招收学生徇私舞弊罪的主体是国家机关工作人员，学校的教师属于文教事业单位人员，不属于国家机关工作人员，因此不能成为招收学生徇私舞弊罪的构成主体；教师接受委托或者聘请临时担任考试监考员等与招收学生相关职务的，并不具有国家机关工作人员身份，同样不能成为招收学生徇私舞弊罪的犯罪主体。[①]

第四百一十九条 【失职造成珍贵文物损毁、流失罪】国家机关工作人员严重不负责任，造成珍贵文物损毁或者流失，后果严重的，处三年以下有期徒刑或者拘役。

【司法解释(1)】

《最高人民法院、最高人民检察院关于办理妨害文物管理等刑事案件适用法律若干问题的解释》(法释〔2015〕23号,20160101)

第十条 国家机关工作人员严重不负责任,造成珍贵文物损毁或者流失,具有下列情形之一的,应当认定为刑法第四百一十九条规定的"后果严重":

(一)导致二级以上文物或者五件以上三级文物损毁或者流失的;

(二)导致全国重点文物保护单位、省级文物保护单位的本体严重损毁或者灭失的;

(三)其他后果严重的情形。

【司法解释(2)】

《最高人民检察院关于渎职侵权犯罪案件立案标准的规定》(高检发释字〔2006〕2号,20060726)

(三十五)失职造成珍贵文物损毁、流失案(第四百一十九条)[②]

失职造成珍贵文物损毁、流失罪是指文物行政部门、公安机关、工商行政管理部门、海关、城乡建设规划部门等国家机关工作人员严重不负责任,造成珍贵文物损毁或者流失,后果严重的行为。

涉嫌下列情形之一的,应予立案:

1.导致国家一、二、三级珍贵文物损毁或者流失的;

2.导致全国重点文物保护单位或者省、自治区、直辖市级文物保护单位损毁的;

3.其他后果严重的情形。

---

① 参见《最高人民法院刑二庭审判长会议关于教师能否成为招收学生徇私舞弊罪主体问题》,载最高人民法院刑事审判第一庭、第二庭编:《刑事审判参考》(总第13辑),法律出版社2001年版,第86页。

② 该条立案标准与本条项下【司法解释(1)】第十条的规定不一致的,应以后者的规定为准。——编者注

第十章　军人违反职责罪

【立案追诉标准】

《军人违反职责罪案件立案标准的规定》(政检〔2013〕1号,20130328)

第三十二条　本规定适用于中国人民解放军的现役军官、文职干部、士兵及具有军籍的学员和中国人民武装警察部队的现役警官、文职干部、士兵及具有军籍的学员以及执行军事任务的预备役人员和其他人员涉嫌军人违反职责犯罪的案件。[①]

第三十三条　本规定所称"战时",是指国家宣布进入战争状态、部队受领作战任务或者遭敌突然袭击时。部队执行戒严任务或者处置突发性暴力事件时,以战时论。

第三十四条　本规定中的"违反职责",是指违反国家法律、法规,军事法规、军事规章所规定的军人职责,包括军人的共同职责,士兵、军官和首长的一般职责,各类主管人员和其他从事专门工作的军人的专业职责等。

第三十五条　本规定所称"以上",包括本数;有关犯罪数额"不满",是指已达到该数额百分之八十以上。

第三十六条　本规定中的"直接经济损失",是指与行为有直接因果关系而造成的财产损毁、减少的实际价值;"间接经济损失",是指由直接经济损失引起和牵连的其他损失,包括失去在正常情况下可能获得的利益和为恢复正常管理活动或者为挽回已经造成的损失所支付的各种费用等。

第三十七条　本规定中的"武器装备",是实施和保障军事行动的武器、武器系统和军事技术器材的统称。

第三十八条　本规定中的"军用物资",是除武器装备以外专供武装力量使用的各种物资的统称,包括装备器材、军需物资、医疗物资、油料物资、营房物资等。

第三十九条　本规定中财物价值和损失的确定,由部队驻地人民法院、人民检察院和公安机关指定的价格事务机构进行估价。武器装备、军事设施、军用物资的价值和损失,由部队军以上单位的主管部门确定;有条件的,也可以由部队驻地人民法院、人民检察院和公安机关指定的价格事务机构进行估价。

第四十条　本规定自2013年3月28日起施行。2002年10月31日总政治部发布的《关于军人违反职责罪案件立案标准的规定(试行)》同时废止。

第四百二十条　【军人违反职责罪的界定】军人违反职责,危害国家军事利益,依照法律应当受刑罚处罚的行为,是军人违反职责罪。

① 刑法修正案(十一)第四十七条对刑法第四百五十条作了修正,在军人违反职责罪的适用主体范围中增加了"文职人员"。——编者注

第四百二十一条 【战时违抗命令罪】战时违抗命令，对作战造成危害的，处三年以上十年以下有期徒刑；致使战斗、战役遭受重大损失的，处十年以上有期徒刑、无期徒刑或者死刑。

【立案追诉标准】

《军人违反职责罪案件立案标准的规定》(政检〔2013〕1号，20130328)

第一条　战时违抗命令案(刑法第四百二十一条)

战时违抗命令罪是指战时违抗命令，对作战造成危害的行为。

违抗命令，是指主观上出于故意，客观上违背、抗拒首长、上级职权范围内的命令，包括拒绝接受命令、拒不执行命令，或者不按照命令的具体要求行动等。

战时涉嫌下列情形之一的，应予立案：

(一)扰乱作战部署或者贻误战机的；

(二)造成作战任务不能完成或者迟缓完成的；

(三)造成我方人员死亡一人以上，或者重伤二人以上，或者轻伤三人以上的；

(四)造成武器装备、军事设施、军用物资损毁，直接影响作战任务完成的；

(五)对作战造成其他危害的。

第四百二十二条 【隐瞒、谎报军情罪】【拒传、假传军令罪】故意隐瞒、谎报军情或者拒传、假传军令，对作战造成危害的，处三年以上十年以下有期徒刑；致使战斗、战役遭受重大损失的，处十年以上有期徒刑、无期徒刑或者死刑。

【立案追诉标准】

《军人违反职责罪案件立案标准的规定》(政检〔2013〕1号，20130328)

第二条　隐瞒、谎报军情案(刑法第四百二十二条)

隐瞒、谎报军情罪是指故意隐瞒、谎报军情，对作战造成危害的行为。

涉嫌下列情形之一的，应予立案：

(一)造成首长、上级决策失误的；

(二)造成作战任务不能完成或者迟缓完成的；

(三)造成我方人员死亡一人以上，或者重伤二人以上，或者轻伤三人以上的；

(四)造成武器装备、军事设施、军用物资损毁，直接影响作战任务完成的；

(五)对作战造成其他危害的。

第三条　拒传、假传军令案(刑法第四百二十二条)

拒传军令罪是指负有传递军令职责的军人，明知是军令而故意拒绝传递或者拖延传递，对作战造成危害的行为。

假传军令罪是指故意伪造、篡改军令，或者明知是伪造、篡改的军令而予以传达或者发布，对作战造成危害的行为。

涉嫌下列情形之一的，应予立案：

(一)造成首长、上级决策失误的；

(二)造成作战任务不能完成或者迟缓完成的；

(三)造成我方人员死亡一人以上，或者重伤二人以上，或者轻伤三人以上的；

（四）造成武器装备、军事设施、军用物资损毁，直接影响作战任务完成的；

（五）对作战造成其他危害的。

第四百二十三条 【投降罪】在战场上贪生怕死，自动放下武器投降敌人的，处三年以上十年以下有期徒刑；情节严重的，处十年以上有期徒刑或者无期徒刑。

投降后为敌人效劳的，处十年以上有期徒刑、无期徒刑或者死刑。

【立法·要点注释】

"投降"是向敌对一方表示屈服的行为。要将自动放下武器投降敌人与被俘区分开来。对不是由于贪生怕死放下武器投降的，不应当追究刑事责任。

【立案追诉标准】

《军人违反职责罪案件立案标准的规定》（政检〔2013〕1号，20130328）

第四条　投降案（刑法第四百二十三条）

投降罪是指在战场上贪生怕死，自动放下武器投降敌人的行为。

凡涉嫌投降敌人的，应予立案。

第四百二十四条 【战时临阵脱逃罪】战时临阵脱逃的，处三年以下有期徒刑；情节严重的，处三年以上十年以下有期徒刑；致使战斗、战役遭受重大损失的，处十年以上有期徒刑、无期徒刑或者死刑。

【立案追诉标准】

《军人违反职责罪案件立案标准的规定》（政检〔2013〕1号，20130328）

第五条　战时临阵脱逃案（刑法第四百二十四条）

战时临阵脱逃罪是指在战斗中或者在接受作战任务后，逃离战斗岗位的行为。

凡战时涉嫌临阵脱逃的，应予立案。

第四百二十五条 【擅离、玩忽军事职守罪】指挥人员和值班、值勤人员擅离职守或者玩忽职守，造成严重后果的，处三年以下有期徒刑或者拘役；造成特别严重后果的，处三年以上七年以下有期徒刑。

战时犯前款罪的，处五年以上有期徒刑。

【立案追诉标准】

《军人违反职责罪案件立案标准的规定》（政检〔2013〕1号，20130328）

第六条　擅离、玩忽军事职守案（刑法第四百二十五条）

擅离、玩忽军事职守罪是指指挥人员和值班、值勤人员擅自离开正在履行职责的岗位，或者在履行职责的岗位上，严重不负责任，不履行或者不正确履行职责，造成严重后果的行为。

指挥人员，是指对部队或者部属负有组织、领导、管理职责的人员。专业主管人员在其业务管理范围内，视为指挥人员。

值班人员，是指军队各单位、各部门为保持指挥或者履行职责不间断而设立的、负责处理本单位、本部门特定事务的人员。

值勤人员，是指正在担任警卫、巡逻、观察、纠察、押运等勤务，或者作战勤务工作的人员。

涉嫌下列情形之一的，应予立案：

(一)造成重大任务不能完成或者迟缓完成的；

(二)造成死亡一人以上，或者重伤三人以上，或者重伤二人、轻伤四人以上，或者重伤一人、轻伤七人以上，或者轻伤十人以上的；

(三)造成枪支、手榴弹、爆炸装置或者子弹十发、雷管三十枚、导火索或者导爆索三十米、炸药一千克以上丢失、被盗，或者不满规定数量，但后果严重的，或者造成其他重要武器装备、器材丢失、被盗的；

(四)造成武器装备、军事设施、军用物资或者其他财产损毁，直接经济损失三十万元以上，或者直接经济损失、间接经济损失合计一百五十万元以上的；

(五)造成其他严重后果的。

第四百二十六条 【阻碍执行军事职务罪】以暴力、威胁方法，阻碍指挥人员或者值班、值勤人员执行职务的，处五年以下有期徒刑或者拘役；情节严重的，处五年以上十年以下有期徒刑；情节特别严重的，处十年以上有期徒刑或者无期徒刑。战时从重处罚。

【修正前条文】

第四百二十六条 【阻碍执行军事职务罪】以暴力、威胁方法，阻碍指挥人员或者值班、值勤人员执行职务的，处五年以下有期徒刑或者拘役；情节严重的，处五年以上有期徒刑；致人重伤、死亡的，或者有其他特别严重情节的，处无期徒刑或者死刑。战时从重处罚。

【修正说明】

刑法修正案(九)第五十条废除了本罪的死刑规定。

【立案追诉标准】

《军人违反职责罪案件立案标准的规定》(政检〔2013〕1号，20130328)

第七条 阻碍执行军事职务案(刑法第四百二十六条)

阻碍执行军事职务罪是指以暴力、威胁方法，阻碍指挥人员或者值班、值勤人员执行职务的行为。

凡涉嫌阻碍执行军事职务的，应予立案。

第四百二十七条 【指使部属违反职责罪】滥用职权，指使部属进行违反职责的活动，造成严重后果的，处五年以下有期徒刑或者拘役；情节特别严重的，处五年以上十年以下有期徒刑。

【立案追诉标准】

《军人违反职责罪案件立案标准的规定》(政检〔2013〕1号，20130328)

第八条 指使部属违反职责案(刑法第四百二十七条)

指使部属违反职责罪是指指挥人员滥用职权，指使部属进行违反职责的活动，造成严重后果的行为。

涉嫌下列情形之一的，应予立案：

(一)造成重大任务不能完成或者迟缓完成的；

(二)造成死亡一人以上，或者重伤

二人以上，或者重伤一人、轻伤三人以上，或者轻伤五人以上的；

（三）造成武器装备、军事设施、军用物资或者其他财产损毁，直接经济损失二十万元以上，或者直接经济损失、间接经济损失合计一百万元以上的；

（四）造成其他严重后果的。

第四百二十八条 【违令作战消极罪】指挥人员违抗命令，临阵畏缩，作战消极，造成严重后果的，处五年以下有期徒刑；致使战斗、战役遭受重大损失或者有其他特别严重情节的，处五年以上有期徒刑。

【立案追诉标准】

《军人违反职责罪案件立案标准的规定》（政检〔2013〕1号，20130328）

第九条　违令作战消极案（刑法第四百二十八条）

违令作战消极罪是指指挥人员违抗命令，临阵畏缩，作战消极，造成严重后果的行为。

违抗命令，临阵畏缩，作战消极，是指在作战中故意违背、抗拒执行首长、上级的命令，面临战斗任务而畏难怕险，怯战怠战，行动消极。

涉嫌下列情形之一的，应予立案：

（一）扰乱作战部署或者贻误战机的；

（二）造成作战任务不能完成或者迟缓完成的；

（三）造成我方人员死亡一人以上，或者重伤二人以上，或者轻伤三人以上的；

（四）造成武器装备、军事设施、军用物资或者其他财产损毁，直接经济损失二十万元以上，或者直接经济损失、间接经济损失合计一百万元以上的；

（五）造成其他严重后果的。

第四百二十九条 【拒不救援友邻部队罪】在战场上明知友邻部队处境危急请求救援，能救援而不救援，致使友邻部队遭受重大损失的，对指挥人员，处五年以下有期徒刑。

【立案追诉标准】

《军人违反职责罪案件立案标准的规定》（政检〔2013〕1号，20130328）

第十条　拒不救援友邻部队案（刑法第四百二十九条）

拒不救援友邻部队罪是指指挥人员在战场上，明知友邻部队面临被敌人包围、追击或者阵地将被攻陷等危急情况请求救援，能救援而不救援，致使友邻部队遭受重大损失的行为。

能救援而不救援，是指根据当时自己部队（分队）所处的环境、作战能力及所担负的任务，有条件组织救援却没有组织救援。

涉嫌下列情形之一的，应予立案：

（一）造成战斗失利的；

（二）造成阵地失陷的；

（三）造成突围严重受挫的；

（四）造成我方人员死亡三人以上，或者重伤十人以上，或者轻伤十五人以上的；

（五）造成武器装备、军事设施、军用物资损毁，直接经济损失一百万元以上的；

（六）造成其他重大损失的。

第四百三十条 【军人叛逃罪】在履行公务期间，擅离岗位，叛逃境外或者在境外叛逃，危害国家军

事利益的，处五年以下有期徒刑或者拘役；情节严重的，处五年以上有期徒刑。

驾驶航空器、舰船叛逃的，或者有其他特别严重情节的，处十年以上有期徒刑、无期徒刑或者死刑。

【立案追诉标准】

《军人违反职责罪案件立案标准的规定》(政检〔2013〕1号，20130328)

第十一条　军人叛逃案(刑法第四百三十条)

军人叛逃罪是指军人在履行公务期间，擅离岗位，叛逃境外或者在境外叛逃，危害国家军事利益的行为。

涉嫌下列情形之一的，应予立案：

(一)因反对国家政权和社会主义制度而出逃的；

(二)掌握、携带军事秘密出境后滞留不归的；

(三)申请政治避难的；

(四)公开发表叛国言论的；

(五)投靠境外反动机构或者组织的；

(六)出逃至交战对方区域的；

(七)进行其他危害国家军事利益活动的。

第四百三十一条　【非法获取军事秘密罪】以窃取、刺探、收买方法，非法获取军事秘密的，处五年以下有期徒刑；情节严重的，处五年以上十年以下有期徒刑；情节特别严重的，处十年以上有期徒刑。

【为境外窃取、刺探、收买、非法提供军事秘密罪】为境外的机构、组织、人员窃取、刺探、收买、非法提供军事秘密的，处五年以上十年以下有期徒刑；情节严重的，处十年以上有期徒刑、无期徒刑或者死刑。

【修正前条文】

第四百三十一条　【非法获取军事秘密罪】以窃取、刺探、收买方法，非法获取军事秘密的，处五年以下有期徒刑；情节严重的，处五年以上十年以下有期徒刑；情节特别严重的，处十年以上有期徒刑。

【为境外窃取、刺探、收买、非法提供军事秘密罪】为境外的机构、组织、人员窃取、刺探、收买、非法提供军事秘密的，处十年以上有期徒刑、无期徒刑或者死刑。

【修正说明】

刑法修正案(十一)第四十六条对为境外窃取、刺探、收买、非法提供军事秘密罪增加了一档“五年以上十年以下有期徒刑”的刑罚。

【立案追诉标准】

《军人违反职责罪案件立案标准的规定》(政检〔2013〕1号，20130328)

第十二条　非法获取军事秘密案(刑法第四百三十一条第一款)

非法获取军事秘密罪是指违反国家和军队的保密规定，采取窃取、刺探、收买方法，非法获取军事秘密的行为。

军事秘密，是关系国防安全和军事利益，依照规定的权限和程序确定，在一定时间内只限一定范围的人员知悉的事项。内容包括：

(一)国防和武装力量建设规划及

其实施情况；

（二）军事部署，作战、训练以及处置突发事件等军事行动中需要控制知悉范围的事项；

（三）军事情报及其来源，军事通信、信息对抗以及其他特种业务的手段、能力，密码以及有关资料；

（四）武装力量的组织编制，部队的任务、实力、状态等情况中需要控制知悉范围的事项，特殊单位以及师级以下部队的番号；

（五）国防动员计划及其实施情况；

（六）武器装备的研制、生产、配备情况和补充、维修能力，特种军事装备的战术技术性能；

（七）军事学术和国防科学技术研究的重要项目、成果及其应用情况中需要控制知悉范围的事项；

（八）军队政治工作中不宜公开的事项；

（九）国防费分配和使用的具体事项，军事物资的筹措、生产、供应和储备等情况中需要控制知悉范围的事项；

（十）军事设施及其保护情况中不宜公开的事项；

（十一）对外军事交流与合作中不宜公开的事项；

（十二）其他需要保密的事项。

凡涉嫌非法获取军事秘密的，应予立案。

第十三条　为境外窃取、刺探、收买、非法提供军事秘密案（刑法第四百三十一条第二款）

为境外窃取、刺探、收买、非法提供军事秘密罪是指违反国家和军队的保密规定，为境外的机构、组织、人员窃取、刺探、收买、非法提供军事秘密的行为。

凡涉嫌为境外窃取、刺探、收买、非法提供军事秘密的，应予立案。

第四百三十二条　【故意泄露军事秘密罪】【过失泄露军事秘密罪】违反保守国家秘密法规，故意或者过失泄露军事秘密，情节严重的，处五年以下有期徒刑或者拘役；情节特别严重的，处五年以上十年以下有期徒刑。

战时犯前款罪的，处五年以上十年以下有期徒刑；情节特别严重的，处十年以上有期徒刑或者无期徒刑。

【立案追诉标准】

《军人违反职责罪案件立案标准的规定》（政检〔2013〕1号，20130328）

第十四条　故意泄露军事秘密案（刑法第四百三十二条）

故意泄露军事秘密罪是指违反国家和军队的保密规定，故意使军事秘密被不应知悉者知悉或者超出了限定的接触范围，情节严重的行为。

涉嫌下列情形之一的，应予立案：

（一）泄露绝密级或者机密级军事秘密一项（件）以上的；

（二）泄露秘密级军事秘密三项（件）以上的；

（三）向公众散布、传播军事秘密的；

（四）泄露军事秘密造成严重危害后果的；

（五）利用职权指使或者强迫他人泄露军事秘密的；

（六）负有特殊保密义务的人员泄密的；

（七）以牟取私利为目的泄露军事秘密的；

（八）执行重大任务时泄密的；

（九）有其他情节严重行为的。

第十五条　过失泄露军事秘密案（刑法第四百三十二条）

过失泄露军事秘密罪是指违反国家和军队的保密规定，过失泄露军事秘密，致使军事秘密被不应知悉者知悉或者超出了限定的接触范围，情节严重的行为。

涉嫌下列情形之一的，应予立案：

（一）泄露绝密级军事秘密一项（件）以上的；

（二）泄露机密级军事秘密三项（件）以上的；

（三）泄露秘密级军事秘密四项（件）以上的；

（四）负有特殊保密义务的人员泄密的；

（五）泄露军事秘密或者遗失军事秘密载体，不按照规定报告，或者不如实提供有关情况，或者未及时采取补救措施的；

（六）有其他情节严重行为的。

第四百三十三条　【战时造谣惑众罪】战时造谣惑众，动摇军心的，处三年以下有期徒刑；情节严重的，处三年以上十年以下有期徒刑；情节特别严重的，处十年以上有期徒刑或者无期徒刑。

【修正前条文】

第四百三十三条　【战时造谣惑众罪】战时造谣惑众，动摇军心的，处三年以下有期徒刑；情节严重的，处三年以上十年以下有期徒刑。

勾结敌人造谣惑众，动摇军心的，处十年以上有期徒刑或者无期徒刑；情节特别严重的，可以判处死刑。

【修正说明】

刑法修正案（九）第五十一条将原条文两款合并为一款，并废除了本罪的死刑。

【立案追诉标准】

《军人违反职责罪案件立案标准的规定》（政检〔2013〕1号，20130328）

第十六条　战时造谣惑众案（刑法第四百三十三条）

战时造谣惑众罪是指在战时造谣惑众，动摇军心的行为。

造谣惑众，动摇军心，是指故意编造、散布谣言，煽动怯战、厌战或者恐怖情绪，蛊惑官兵，造成或者足以造成部队情绪恐慌、士气不振、军心涣散的行为。

凡战时涉嫌造谣惑众，动摇军心的，应予立案。

第四百三十四条　【战时自伤罪】战时自伤身体，逃避军事义务的，处三年以下有期徒刑；情节严重的，处三年以上七年以下有期徒刑。

【立案追诉标准】

《军人违反职责罪案件立案标准的规定》（政检〔2013〕1号，20130328）

第十七条　战时自伤案（刑法第四百三十四条）

战时自伤罪是指在战时为了逃避军事义务，故意伤害自己身体的行为。

逃避军事义务，是指逃避临战准备、作战行动、战场勤务和其他作战保障任务等与作战有关的义务。

凡战时涉嫌自伤致使不能履行军事义务的，应予立案。

第四百三十五条　【逃离部队罪】违反兵役法规，逃离部队，情节严重的，处三年以下有期徒刑或者拘役。

战时犯前款罪的，处三年以上七年以下有期徒刑。

【立案追诉标准】

《军人违反职责罪案件立案标准的规定》(政检〔2013〕1号，20130328)

第十八条　逃离部队案(刑法第四百三十五条)

逃离部队罪是指违反兵役法规，逃离部队，情节严重的行为。

违反兵役法规，是指违反国防法、兵役法和军队条令条例以及其他有关兵役方面的法律规定。

逃离部队，是指擅自离开部队或者经批准外出逾期拒不归队。

涉嫌下列情形之一的，应予立案：

(一)逃离部队持续时间达三个月以上或者三次以上或者累计时间达六个月以上的；

(二)担负重要职责的人员逃离部队的；

(三)策动三人以上或者胁迫他人逃离部队的；

(四)在执行重大任务期间逃离部队的；

(五)携带武器装备逃离部队的；

(六)有其他情节严重行为的。

【司法解释】

《最高人民法院、最高人民检察院关于对军人非战时逃离部队的行为能否定罪处罚问题的批复》(法释〔2000〕39号，20001208)

军人违反兵役法规，在非战时逃离部队，情节严重的，应当依照刑法第四百三十五条第一款的规定定罪处罚。

【法院案例库参考案例】

〔张某某逃离部队案，2024-18-1-470-001〕假期期满拒不返回部队行为的定性

1.违反兵役法规，在假期期满后拒不返回部队的，属于刑法第四百三十五条规定的“逃离部队”。

2.对于刑法第四百三十五条逃离部队“情节严重”的判断，应当综合行为动机、逃离时间、逃离方式及造成影响等情节，作出准确认定。对于逃离部队时间较长，且经多次劝返仍不返回部队的，应当认定为“情节严重”。

第四百三十六条　【武器装备肇事罪】违反武器装备使用规定，情节严重，因而发生责任事故，致人重伤、死亡或者造成其他严重后果的，处三年以下有期徒刑或者拘役；后果特别严重的，处三年以上七年以下有期徒刑。

【立案追诉标准】

《军人违反职责罪案件立案标准的规定》(政检〔2013〕1号，20130328)

第十九条　武器装备肇事案(刑法第四百三十六条)

武器装备肇事罪是指违反武器装备使用规定，情节严重，因而发生责任事故，致人重伤、死亡或者造成其他严重后果的行为。

情节严重，是指故意违反武器装备

使用规定，或者在使用过程中严重不负责任。

涉嫌下列情形之一的，应予立案：

（一）影响重大任务完成的；

（二）造成死亡一人以上，或者重伤二人以上，或者轻伤三人以上的；

（三）造成武器装备、军事设施、军用物资或者其他财产损毁，直接经济损失三十万元以上，或者直接经济损失、间接经济损失合计一百五十万元以上的；

（四）严重损害国家和军队声誉，造成恶劣影响的；

（五）造成其他严重后果的。

第四百三十七条 【擅自改变武器装备编配用途罪】违反武器装备管理规定，擅自改变武器装备的编配用途，造成严重后果的，处三年以下有期徒刑或者拘役；造成特别严重后果的，处三年以上七年以下有期徒刑。

【立案追诉标准】

《军人违反职责罪案件立案标准的规定》（政检〔2013〕1号，20130328）

第二十条　擅自改变武器装备编配用途案（刑法第四百三十七条）

擅自改变武器装备编配用途罪是指违反武器装备管理规定，未经有权机关批准，擅自将编配的武器装备改作其他用途，造成严重后果的行为。

涉嫌下列情形之一的，应予立案：

（一）造成重大任务不能完成或者迟缓完成的；

（二）造成死亡一人以上，或者重伤三人以上，或者重伤二人、轻伤四人以上，或者重伤一人、轻伤七人以上，或者轻伤十人以上的；

（三）造成武器装备、军事设施、军用物资或者其他财产损毁，直接经济损失三十万元以上，或者直接经济损失、间接经济损失合计一百五十万元以上的；

（四）造成其他严重后果的。

第四百三十八条 【盗窃、抢夺武器装备、军用物资罪】盗窃、抢夺武器装备或者军用物资的，处五年以下有期徒刑或者拘役；情节严重的，处五年以上十年以下有期徒刑；情节特别严重的，处十年以上有期徒刑、无期徒刑或者死刑。

盗窃、抢夺枪支、弹药、爆炸物的，依照本法第一百二十七条的规定处罚。

【立案追诉标准】

《军人违反职责罪案件立案标准的规定》（政检〔2013〕1号，20130328）

第二十一条　盗窃、抢夺武器装备、军用物资案（刑法第四百三十八条）

盗窃武器装备罪是指以非法占有为目的，秘密窃取武器装备的行为。

抢夺武器装备罪是指以非法占有为目的，乘人不备，公然夺取武器装备的行为。

凡涉嫌盗窃、抢夺武器装备的，应予立案。

盗窃军用物资罪是指以非法占有为目的，秘密窃取军用物资的行为。

抢夺军用物资罪是指以非法占有为目的，乘人不备，公然夺取军用物资的行为。

凡涉嫌盗窃、抢夺军用物资价值二千元以上，或者不满规定数额，但后果严重的,应予立案。

第四百三十九条　【非法出卖、转让武器装备罪】非法出卖、转让军队武器装备的,处三年以上十年以下有期徒刑;出卖、转让大量武器装备或者有其他特别严重情节的,处十年以上有期徒刑、无期徒刑或者死刑。

【立案追诉标准】

《军人违反职责罪案件立案标准的规定》(政检〔2013〕1号,20130328)

第二十二条　非法出卖、转让武器装备案(刑法第四百三十九条)

非法出卖、转让武器装备罪是指非法出卖、转让武器装备的行为。

出卖、转让,是指违反武器装备管理规定,未经有权机关批准,擅自用武器装备换取金钱、财物或者其他利益,或者将武器装备馈赠他人的行为。

涉嫌下列情形之一的,应予立案:

(一)非法出卖、转让枪支、手榴弹、爆炸装置的;

(二)非法出卖、转让子弹十发、雷管三十枚、导火索或者导爆索三十米、炸药一千克以上,或者不满规定数量,但后果严重的;

(三)非法出卖、转让武器装备零部件或者维修器材、设备,致使武器装备报废或者直接经济损失三十万元以上的;

(四)非法出卖、转让其他重要武器装备的。

第四百四十条　【遗弃武器装备罪】违抗命令,遗弃武器装备的,处五年以下有期徒刑或者拘役;遗弃重要或者大量武器装备的,或者有其他严重情节的,处五年以上有期徒刑。

【立案追诉标准】

《军人违反职责罪案件立案标准的规定》(政检〔2013〕1号,20130328)

第二十三条　遗弃武器装备案(刑法第四百四十条)

遗弃武器装备罪是指负有保管、使用武器装备义务的军人,违抗命令,故意遗弃武器装备的行为。

涉嫌下列情形之一的,应予立案:

(一)遗弃枪支、手榴弹、爆炸装置的;

(二)遗弃子弹十发、雷管三十枚、导火索或者导爆索三十米、炸药一千克以上,或者不满规定数量,但后果严重的;

(三)遗弃武器装备零部件或者维修器材、设备,致使武器装备报废或者直接经济损失三十万元以上的;

(四)遗弃其他重要武器装备的。

第四百四十一条　【遗失武器装备罪】遗失武器装备,不及时报告或者有其他严重情节的,处三年以下有期徒刑或者拘役。

【立案追诉标准】

《军人违反职责罪案件立案标准的规定》(政检〔2013〕1号,20130328)

第二十四条　遗失武器装备案(刑法第四百四十一条)

遗失武器装备罪是指遗失武器装备,不及时报告或者有其他严重情节的行为。

其他严重情节,是指遗失武器装备

严重影响重大任务完成的；给人民群众生命财产安全造成严重危害的；遗失的武器装备被敌人或者境外的机构、组织和人员或者国内恐怖组织和人员利用，造成严重后果或者恶劣影响的；遗失的武器装备数量多、价值高的；战时遗失的，等等。

凡涉嫌遗失武器装备不及时报告或者有其他严重情节的，应予立案。

第四百四十二条 【擅自出卖、转让军队房地产罪】违反规定，擅自出卖、转让军队房地产，情节严重的，对直接责任人员，处三年以下有期徒刑或者拘役；情节特别严重的，处三年以上十年以下有期徒刑。

【立案追诉标准】

《军人违反职责罪案件立案标准的规定》(政检〔2013〕1号，20130328)

第二十五条 擅自出卖、转让军队房地产案(刑法第四百四十二条)

擅自出卖、转让军队房地产罪是指违反军队房地产管理和使用规定，未经有权机关批准，擅自出卖、转让军队房地产，情节严重的行为。

军队房地产，是指依法由军队使用管理的土地及其地上地下用于营房保障的建筑物、构筑物、附属设施设备，以及其他附着物。

涉嫌下列情形之一的，应予立案：

(一)擅自出卖、转让军队房地产价值三十万元以上的；

(二)擅自出卖、转让军队房地产给境外的机构、组织、人员的；

(三)擅自出卖、转让军队房地产严重影响部队正常战备、训练、工作、生活和完成军事任务的；

(四)擅自出卖、转让军队房地产给军事设施安全造成严重危害的；

(五)有其他情节严重行为的。

第四百四十三条 【虐待部属罪】滥用职权，虐待部属，情节恶劣，致人重伤或者造成其他严重后果的，处五年以下有期徒刑或者拘役；致人死亡的，处五年以上有期徒刑。

【立案追诉标准】

《军人违反职责罪案件立案标准的规定》(政检〔2013〕1号，20130328)

第二十六条 虐待部属案(刑法第四百四十三条)

虐待部属罪是指滥用职权，虐待部属，情节恶劣，致人重伤、死亡或者造成其他严重后果的行为。

虐待部属，是指采取殴打、体罚、冻饿或者其他有损身心健康的手段，折磨、摧残部属的行为。

情节恶劣，是指虐待手段残酷的；虐待三人以上的；虐待部属三次以上的；虐待伤病残部属的，等等。

其他严重后果，是指部属不堪忍受虐待而自杀、自残造成重伤或者精神失常的；诱发其他案件、事故的；导致部属一人逃离部队三次以上，或者二人以上逃离部队的；造成恶劣影响的，等等。

凡涉嫌虐待部属，情节恶劣，致人重伤、死亡或者造成其他严重后果的，应予立案。

第四百四十四条 【遗弃伤病军人罪】在战场上故意遗弃伤病军人，情节恶劣的，对直接责任人

员，处五年以下有期徒刑。

【立案追诉标准】

《军人违反职责罪案件立案标准的规定》(政检〔2013〕1号，20130328)

第二十七条　遗弃伤病军人案(刑法第四百四十四条)

遗弃伤病军人罪是指在战场上故意遗弃我方伤病军人，情节恶劣的行为。

涉嫌下列情形之一的，应予立案：

(一)为挟嫌报复而遗弃伤病军人的；

(二)遗弃伤病军人三人以上的；

(三)导致伤病军人死亡、失踪、被俘的；

(四)有其他恶劣情节的。

第四百四十五条　【战时拒不救治伤病军人罪】战时在救护治疗职位上，有条件救治而拒不救治危重伤病军人的，处五年以下有期徒刑或者拘役；造成伤病军人重残、死亡或者有其他严重情节的，处五年以上十年以下有期徒刑。

【立案追诉标准】

《军人违反职责罪案件立案标准的规定》(政检〔2013〕1号，20130328)

第二十八条　战时拒不救治伤病军人案(刑法第四百四十五条)

战时拒不救治伤病军人罪是指战时在救护治疗职位上，有条件救治而拒不救治危重伤病军人的行为。

有条件救治而拒不救治，是指根据伤病军人的伤情或者病情，结合救护人员的技术水平、医疗单位的医疗条件及当时的客观环境等因素，能够给予救治而拒绝抢救、治疗。

凡战时涉嫌拒不救治伤病军人的，应予立案。

第四百四十六条　【战时残害居民、掠夺居民财物罪】战时在军事行动地区，残害无辜居民或者掠夺无辜居民财物的，处五年以下有期徒刑；情节严重的，处五年以上十年以下有期徒刑；情节特别严重的，处十年以上有期徒刑、无期徒刑或者死刑。

【立案追诉标准】

《军人违反职责罪案件立案标准的规定》(政检〔2013〕1号，20130328)

第二十九条　战时残害居民、掠夺居民财物案(刑法第四百四十六条)

战时残害居民罪是指战时在军事行动地区残害无辜居民的行为。

无辜居民，是指对我军无敌对行动的平民。

战时涉嫌下列情形之一的，应予立案：

(一)故意造成无辜居民死亡、重伤或者轻伤三人以上的；

(二)强奸无辜居民的；

(三)故意损毁无辜居民财物价值五千元以上，或者不满规定数额，但手段恶劣、后果严重的。

战时掠夺居民财物罪是指战时在军事行动地区抢劫、抢夺无辜居民财物的行为。

战时涉嫌下列情形之一的，应予立案：

(一)抢劫无辜居民财物的；

(二)抢夺无辜居民财物价值二千元以上，或者不满规定数额，但手段恶劣、后果严重的。

第四百四十七条 【私放俘虏罪】私放俘虏的，处五年以下有期徒刑；私放重要俘虏、私放俘虏多人或者有其他严重情节的，处五年以上有期徒刑。

【立案追诉标准】

《军人违反职责罪案件立案标准的规定》(政检〔2013〕1号，20130328)

第三十条　私放俘虏案(刑法第四百四十七条)

私放俘虏罪是指擅自将俘虏放走的行为。

凡涉嫌私放俘虏的，应予立案。

第四百四十八条 【虐待俘虏罪】虐待俘虏，情节恶劣的，处三年以下有期徒刑。

【立案追诉标准】

《军人违反职责罪案件立案标准的规定》(政检〔2013〕1号，20130328)

第三十一条　虐待俘虏案(刑法第四百四十八条)

虐待俘虏罪是指虐待俘虏，情节恶劣的行为。

涉嫌下列情形之一的，应予立案：

(一)指挥人员虐待俘虏的；

(二)虐待俘虏三人以上，或者虐待俘虏三次以上的；

(三)虐待俘虏手段特别残忍的；

(四)虐待伤病俘虏的；

(五)导致俘虏自杀、逃跑等严重后果的；

(六)造成恶劣影响的；

(七)有其他恶劣情节的。

第四百四十九条 【战时缓刑】在战时，对被判处三年以下有期徒刑没有现实危险宣告缓刑的犯罪军人，允许其戴罪立功，确有立功表现时，可以撤销原判刑罚，不以犯罪论处。

【立法·要点注释】

战时对犯罪军人的缓刑与对一般犯罪人的缓刑不同。本条规定，对于战时被宣告缓刑的犯罪军人，如果确有立功表现的，可以撤销原判刑罚，并且不以犯罪论处。就是说，这个军人不再被认为曾经犯罪。

第四百五十条 【关于本章适用范围的规定】本章适用于中国人民解放军的现役军官、文职干部、士兵及具有军籍的学员和中国人民武装警察部队的现役警官、文职干部、士兵及具有军籍的学员以及文职人员、执行军事任务的预备役人员和其他人员。

【修正前条文】

第四百五十条 【关于本章适用范围的规定】本章适用于中国人民解放军的现役军官、文职干部、士兵及具有军籍的学员和中国人民武装警察部队的现役警官、文职干部、士兵及具有军籍的学员以及执行军事任务的预备役人员和其他人员。

【修正说明】

刑法修正案(十一)第四十七条将军队文职人员增列为本罪犯罪主体。

第四百五十一条 【战时的概念】本章所称战时，是指国家宣布进入战争状态、部队受领作战任务或者遭敌突然袭击时。

部队执行戒严任务或者处置突发性暴力事件时，以战时论。

附则

第四百五十二条 【生效日期和有关法律文件效力的规定】本法自 1997 年 10 月 1 日起施行。

列于本法附件一的全国人民代表大会常务委员会制定的条例、补充规定和决定，已纳入本法或者已不适用，自本法施行之日起，予以废止。

列于本法附件二的全国人民代表大会常务委员会制定的补充规定和决定予以保留。其中，有关行政处罚和行政措施的规定继续有效；有关刑事责任的规定已纳入本法，自本法施行之日起，适用本法规定。

附件一：

全国人民代表大会常务委员会制定的下列条例、补充规定和决定，已纳入本法或者已不适用，自本法施行之日起，予以废止：

1.中华人民共和国惩治军人违反职责罪暂行条例

2.关于严惩严重破坏经济的罪犯的决定

3.关于严惩严重危害社会治安的犯罪分子的决定

4.关于惩治走私罪的补充规定

5.关于惩治贪污罪贿赂罪的补充规定

6.关于惩治泄露国家秘密犯罪的补充规定

7.关于惩治捕杀国家重点保护的珍贵、濒危野生动物犯罪的补充规定

8.关于惩治侮辱中华人民共和国国旗国徽罪的决定

9.关于惩治盗掘古文化遗址古墓葬犯罪的补充规定

10.关于惩治劫持航空器犯罪分子的决定

11.关于惩治假冒注册商标犯罪的补充规定

12.关于惩治生产、销售伪劣商品犯罪的决定

13.关于惩治侵犯著作权的犯罪的决定

14.关于惩治违反公司法的犯罪的决定

15.关于处理逃跑或者重新犯罪的劳改犯和劳教人员的决定

附件二：

全国人民代表大会常务委员会制定的下列补充规定和决定予以保留，其中，有关行政处罚和行政措施的规定继续有效；有关刑事责任的规定已纳入本法，自本法施行之日起，适用本法规定：

1.关于禁毒的决定①

2.关于惩治走私、制作、贩卖、传播淫秽物品的犯罪分子的决定②

---

① 根据禁毒法第七十一条的规定，本决定自 2008 年 6 月 1 日起废止。——编者注

② 《全国人民代表大会常务委员会关于修改部分法律的决定》(20090827) 将本决定第二条、第三条中的“治安管理处罚条例”修改为“治安管理处罚法”。——编者注

3.关于严禁卖淫嫖娼的决定[①]

4.关于严惩拐卖、绑架妇女、儿童的犯罪分子的决定[②]

5.关于惩治偷税、抗税犯罪的补充规定[③]

6.关于严惩组织、运送他人偷越国(边)境犯罪的补充规定[④]

7.关于惩治破坏金融秩序犯罪的决定

8.关于惩治虚开、伪造和非法出售增值税专用发票犯罪的决定

① 《全国人民代表大会常务委员会关于修改部分法律的决定》(20090827)将本决定第三条、第四条中的“依照治安管理处罚条例第三十条的规定处罚”修改为“依照《中华人民共和国治安管理处罚法》的规定处罚”。《全国人民代表大会常务委员会关于废止有关收容教育法律规定和制度的决定》(20191229)废止本决定第四条第二款、第四款,以及据此实行的收容教育制度。——编者注

② 《全国人民代表大会常务委员会关于修改部分法律的决定》(20090827)将本决定第四条中的“治安管理处罚条例”修改为“治安管理处罚法”。——编者注

③ 根据《全国人民代表大会常务委员会关于废止部分法律的决定》(20090627),本决定自2009年6月27日起废止。——编者注

④ 根据《全国人民代表大会常务委员会关于废止部分法律的决定》(20090627),本决定自2009年6月27日起废止。——编者注

附录

全国人民代表大会常务委员会
关于惩治骗购外汇、逃汇和非法买卖外汇犯罪的决定

(1998年12月29日第九届全国人民代表大会常务委员会第六次会议通过　1998年12月29日中华人民共和国主席令第十四号公布　自公布之日起施行)

为了惩治骗购外汇、逃汇和非法买卖外汇的犯罪行为，维护国家外汇管理秩序，对刑法作如下补充修改：

一、有下列情形之一，骗购外汇，数额较大的，处五年以下有期徒刑或者拘役，并处骗购外汇数额百分之五以上百分之三十以下罚金；数额巨大或者有其他严重情节的，处五年以上十年以下有期徒刑，并处骗购外汇数额百分之五以上百分之三十以下罚金；数额特别巨大或者有其他特别严重情节的，处十年以上有期徒刑或者无期徒刑，并处骗购外汇数额百分之五以上百分之三十以下罚金或者没收财产：

(一)使用伪造、变造的海关签发的报关单、进口证明、外汇管理部门核准件等凭证和单据的；

(二)重复使用海关签发的报关单、进口证明、外汇管理部门核准件等凭证和单据的；

(三)以其他方式骗购外汇的。

伪造、变造海关签发的报关单、进口证明、外汇管理部门核准件等凭证和单据，并用于骗购外汇的，依照前款的规定从重处罚。

明知用于骗购外汇而提供人民币资金的，以共犯论处。

单位犯前三款罪的，对单位依照第一款的规定判处罚金，并对其直接负责的主管人员和其他直接责任人员，处五年以下有期徒刑或者拘役；数额巨大或者有其他严重情节的，处五年以上十年以下有期徒刑；数额特别巨大或者有其他特别严重情节的，处十年以上有期徒刑或者无期徒刑。

二、买卖伪造、变造的海关签发的报关单、进口证明、外汇管理部门核准件等凭证和单据或者国家机关的其他公文、证件、印章的，依照刑法第二百八十条的规定定罪处罚。

三、将刑法第一百九十条修改为：公司、企业或者其他单位，违反国家规定，擅自将外汇存放境外，或者将境内的外汇非法转移到境外，数额较大的，对单位判处逃汇数额百分之五以上百分之三十以下罚金，并对其直接负责的主管人员和其他直接责任人员处五年以下有期徒刑或者拘役；数额巨大或者有其他严重情节的，对单位判处逃汇数额百分之五以上百分之三十以下罚金，并对其直接负责的主管人员和其他直接责任人员处五年以上有期徒刑。

四、在国家规定的交易场所以外非法买卖外汇，扰乱市场秩序，情节严重的，依照刑法第二百二十五条的规定定罪处罚。

单位犯前款罪的,依照刑法第二百三十一条的规定处罚。

五、海关、外汇管理部门以及金融机构、从事对外贸易经营活动的公司、企业或者其他单位的工作人员与骗购外汇或者逃汇的行为人通谋,为其提供购买外汇的有关凭证或者其他便利的,或者明知是伪造、变造的凭证和单据而售汇、付汇的,以共犯论,依照本决定从重处罚。

六、海关、外汇管理部门的工作人员严重不负责任,造成大量外汇被骗购或者逃汇,致使国家利益遭受重大损失的,依照刑法第三百九十七条的规定定罪处罚。

七、金融机构、从事对外贸易经营活动的公司、企业的工作人员严重不负责任,造成大量外汇被骗购或者逃汇,致使国家利益遭受重大损失的,依照刑法第一百六十七条的规定定罪处罚。

八、犯本决定规定之罪,依法被追缴、没收的财物和罚金,一律上缴国库。

九、本决定自公布之日起施行。

中华人民共和国刑法修正案

(1999年12月25日第九届全国人民代表大会常务委员会第十三次会议通过　1999年12月25日中华人民共和国主席令第二十七号公布　自公布之日起施行)

为了惩治破坏社会主义市场经济秩序的犯罪,保障社会主义现代化建设的顺利进行,对刑法作如下补充修改:

一、第一百六十二条后增加一条,作为第一百六十二条之一:"隐匿或者故意销毁依法应当保存的会计凭证、会计帐簿、财务会计报告,情节严重的,处五年以下有期徒刑或者拘役,并处或者单处二万元以上二十万元以下罚金。

"单位犯前款罪的,对单位判处罚金,并对其直接负责的主管人员和其他直接责任人员,依照前款的规定处罚。"

二、将刑法第一百六十八条修改为:"国有公司、企业的工作人员,由于严重不负责任或者滥用职权,造成国有公司、企业破产或者严重损失,致使国家利益遭受重大损失的,处三年以下有期徒刑或者拘役;致使国家利益遭受特别重大损失的,处三年以上七年以下有期徒刑。

"国有事业单位的工作人员有前款行为,致使国家利益遭受重大损失的,依照前款的规定处罚。

"国有公司、企业、事业单位的工作人员,徇私舞弊,犯前两款罪的,依照第一款的规定从重处罚。"

三、将刑法第一百七十四条修改为:"未经国家有关主管部门批准,擅自设立商业银行、证券交易所、期货交易所、证券公司、期货经纪公司、保险公司或者其他金融机构的,处三年以下有期徒刑或者拘役,并处或者单处二万元以上二十万元以下罚金;情节严重的,处三年以上十年以下有期徒刑,并处五万元以上五十万元以下罚金。

"伪造、变造、转让商业银行、证券

交易所、期货交易所、证券公司、期货经纪公司、保险公司或者其他金融机构的经营许可证或者批准文件的，依照前款的规定处罚。

“单位犯前两款罪的，对单位判处罚金，并对其直接负责的主管人员和其他直接责任人员，依照第一款的规定处罚。”

四、将刑法第一百八十条修改为：“证券、期货交易内幕信息的知情人员或者非法获取证券、期货交易内幕信息的人员，在涉及证券的发行，证券、期货交易或者其他对证券、期货交易价格有重大影响的信息尚未公开前，买入或者卖出该证券，或者从事与该内幕信息有关的期货交易，或者泄露该信息，情节严重的，处五年以下有期徒刑或者拘役，并处或者单处违法所得一倍以上五倍以下罚金；情节特别严重的，处五年以上十年以下有期徒刑，并处违法所得一倍以上五倍以下罚金。

“单位犯前款罪的，对单位判处罚金，并对其直接负责的主管人员和其他直接责任人员，处五年以下有期徒刑或者拘役。

“内幕信息、知情人员的范围，依照法律、行政法规的规定确定。”

五、将刑法第一百八十一条修改为：“编造并且传播影响证券、期货交易的虚假信息，扰乱证券、期货交易市场，造成严重后果的，处五年以下有期徒刑或者拘役，并处或者单处一万元以上十万元以下罚金。

“证券交易所、期货交易所、证券公司、期货经纪公司的从业人员，证券业协会、期货业协会或者证券期货监督管理部门的工作人员，故意提供虚假信息或者伪造、变造、销毁交易记录，诱骗投资者买卖证券、期货合约，造成严重后果的，处五年以下有期徒刑或者拘役，并处或者单处一万元以上十万元以下罚金；情节特别恶劣的，处五年以上十年以下有期徒刑，并处二万元以上二十万元以下罚金。

“单位犯前两款罪的，对单位判处罚金，并对其直接负责的主管人员和其他直接责任人员，处五年以下有期徒刑或者拘役。”

六、将刑法第一百八十二条修改为：“有下列情形之一，操纵证券、期货交易价格，获取不正当利益或者转嫁风险，情节严重的，处五年以下有期徒刑或者拘役，并处或者单处违法所得一倍以上五倍以下罚金：

（一）单独或者合谋，集中资金优势、持股或者持仓优势或者利用信息优势联合或者连续买卖，操纵证券、期货交易价格的；

（二）与他人串通，以事先约定的时间、价格和方式相互进行证券、期货交易，或者相互买卖并不持有的证券，影响证券、期货交易价格或者证券、期货交易量的；

（三）以自己为交易对象，进行不转移证券所有权的自买自卖，或者以自己为交易对象，自买自卖期货合约，影响证券、期货交易价格或者证券、期货交易量的；

（四）以其他方法操纵证券、期货交易价格的。

“单位犯前款罪的，对单位判处罚金，并对其直接负责的主管人员和其他直接责任人员，处五年以下有期徒刑或者拘役。”

七、将刑法第一百八十五条修改为：“商业银行、证券交易所、期货交易所所、证券公司、期货经纪公司、保险公司或者其他金融机构的工作人员利用职务上的便利，挪用本单位或者客户资金的，依照本法第二百七十二条的规定定罪处罚。

“国有商业银行、证券交易所、期货交易所、证券公司、期货经纪公司、保险公司或者其他国有金融机构的工作人员和国有商业银行、证券交易所、期货交易所、证券公司、期货经纪公司、保险公司或者其他国有金融机构委派到前款规定中的非国有机构从事公务的人员有前款行为的，依照本法第三百八十四条的规定定罪处罚。”

八、刑法第二百二十五条增加一项，作为第三项：“未经国家有关主管部门批准，非法经营证券、期货或者保险业务的；”原第三项改为第四项。

九、本修正案自公布之日起施行。

中华人民共和国刑法修正案(二)

（2001年8月31日第九届全国人民代表大会常务委员会第二十三次会议通过　2001年8月31日中华人民共和国主席令第五十六号公布　自公布之日起施行）

为了惩治毁林开垦和乱占滥用林地的犯罪，切实保护森林资源，将刑法第三百四十二条修改为：

“违反土地管理法规，非法占用耕地、林地等农用地，改变被占用土地用途，数量较大，造成耕地、林地等农用地大量毁坏的，处五年以下有期徒刑或者拘役，并处或者单处罚金。”

本修正案自公布之日起施行。

中华人民共和国刑法修正案(三)

（2001年12月29日第九届全国人民代表大会常务委员会第二十五次会议通过　2001年12月29日中华人民共和国主席令第六十四号公布　自公布之日起施行）

为了惩治恐怖活动犯罪，保障国家和人民生命、财产安全，维护社会秩序，对刑法作如下补充修改：

一、将刑法第一百一十四条修改为：“放火、决水、爆炸以及投放毒害性、放射性、传染病病原体等物质或者以其他危险方法危害公共安全，尚未造成严重后果的，处三年以上十年以下有期徒刑。”

二、将刑法第一百一十五条第一款修改为：“放火、决水、爆炸以及投放毒害性、放射性、传染病病原体等物质或者以其他危险方法致人重伤、死亡或者使公私财产遭受重大损失的，处十年以上有期徒刑、无期徒刑或者死刑。”

三、将刑法第一百二十条第一款修改为：“组织、领导恐怖活动组织的，处十年以上有期徒刑或者无期徒刑；积极参加的，处三年以上十年以下有期徒刑；其他参加的，处三年以下有期徒刑、拘役、管制或者剥夺政治权利。”

四、刑法第一百二十条后增加一条，作为第一百二十条之一：“资助恐怖活动组织或者实施恐怖活动的个人的，处五年以下有期徒刑、拘役、管制或者剥夺政治权利，并处罚金；情节严重的，处五年以上有期徒刑，并处罚金或者没收财产。

“单位犯前款罪的，对单位判处罚金，并对其直接负责的主管人员和其他直接责任人员，依照前款的规定处罚。”

五、将刑法第一百二十五条第二款修改为：“非法制造、买卖、运输、储存毒害性、放射性、传染病病原体等物质，危害公共安全的，依照前款的规定处罚。”

六、将刑法第一百二十七条修改为：“盗窃、抢夺枪支、弹药、爆炸物的，或者盗窃、抢夺毒害性、放射性、传染病病原体等物质，危害公共安全的，处三年以上十年以下有期徒刑；情节严重的，处十年以上有期徒刑、无期徒刑或者死刑。

“抢劫枪支、弹药、爆炸物的，或者抢劫毒害性、放射性、传染病病原体等物质，危害公共安全的，或者盗窃、抢夺国家机关、军警人员、民兵的枪支、弹药、爆炸物的，处十年以上有期徒刑、无期徒刑或者死刑。”

七、将刑法第一百九十一条修改为：“明知是毒品犯罪、黑社会性质的组织犯罪、恐怖活动犯罪、走私犯罪的违法所得及其产生的收益，为掩饰、隐瞒其来源和性质，有下列行为之一的，没收实施以上犯罪的违法所得及其产生的收益，处五年以下有期徒刑或者拘役，并处或者单处洗钱数额百分之五以上百分之二十以下罚金；情节严重的，处五年以上十年以下有期徒刑，并处洗钱数额百分之五以上百分之二十以下罚金：(一)提供资金帐户的；(二)协助将财产转换为现金或者金融票据的；(三)通过转帐或者其他结算方式协助资金转移的；(四)协助将资金汇往境外的；(五)以其他方法掩饰、隐瞒犯罪的违法所得及其收益的来源和性质的。

“单位犯前款罪的，对单位判处罚金，并对其直接负责的主管人员和其他直接责任人员，处五年以下有期徒刑或者拘役；情节严重的，处五年以上十年以下有期徒刑。”

八、刑法第二百九十一条后增加一条，作为第二百九十一条之一：“投放虚假的爆炸性、毒害性、放射性、传染病病原体等物质，或者编造爆炸威胁、生化威胁、放射威胁等恐怖信息，或者明知是编造的恐怖信息而故意传播，严重扰乱社会秩序的，处五年以下有期徒刑、拘役或者管制；造成严重后果的，处五年以上有期徒刑。”

九、本修正案自公布之日起施行。

中华人民共和国刑法修正案(四)

(2002年12月28日第九届全国人民代表大会常务委员会第三十一次会议通过　2002年12月28日中华人民共和国主席令第八十三号公布　自公布之日起施行)

为了惩治破坏社会主义市场经济秩序、妨害社会管理秩序和国家机关工作人员的渎职犯罪行为,保障社会主义现代化建设的顺利进行,保障公民的人身安全,对刑法作如下修改和补充:

一、将刑法第一百四十五条修改为:“生产不符合保障人体健康的国家标准、行业标准的医疗器械、医用卫生材料,或者销售明知是不符合保障人体健康的国家标准、行业标准的医疗器械、医用卫生材料,足以严重危害人体健康的,处三年以下有期徒刑或者拘役,并处销售金额百分之五十以上二倍以下罚金;对人体健康造成严重危害的,处三年以上十年以下有期徒刑,并处销售金额百分之五十以上二倍以下罚金;后果特别严重的,处十年以上有期徒刑或者无期徒刑,并处销售金额百分之五十以上二倍以下罚金或者没收财产。”

二、在第一百五十二条中增加一款作为第二款:“逃避海关监管将境外固体废物、液态废物和气态废物运输进境,情节严重的,处五年以下有期徒刑,并处或者单处罚金;情节特别严重的,处五年以上有期徒刑,并处罚金。”

原第二款作为第三款,修改为:“单位犯前两款罪的,对单位判处罚金,并对其直接负责的主管人员和其他直接责任人员,依照前两款的规定处罚。”

三、将刑法第一百五十五条修改为:“下列行为,以走私罪论处,依照本节的有关规定处罚:(一)直接向走私人非法收购国家禁止进口物品的,或者直接向走私人非法收购走私进口的其他货物、物品,数额较大的;(二)在内海、领海、界河、界湖运输、收购、贩卖国家禁止进出口物品的,或者运输、收购、贩卖国家限制进出口货物、物品,数额较大,没有合法证明的。”

四、刑法第二百四十四条后增加一条,作为第二百四十四条之一:“违反劳动管理法规,雇用未满十六周岁的未成年人从事超强度体力劳动的,或者从事高空、井下作业的,或者在爆炸性、易燃性、放射性、毒害性等危险环境下从事劳动,情节严重的,对直接责任人员,处三年以下有期徒刑或者拘役,并处罚金;情节特别严重的,处三年以上七年以下有期徒刑,并处罚金。

“有前款行为,造成事故,又构成其他犯罪的,依照数罪并罚的规定处罚。”

五、将刑法第三百三十九条第三款修改为:“以原料利用为名,进口不能用作原料的固体废物、液态废物和气态废物的,依照本法第一百五十二条第二款、第三款的规定定罪处罚。”

六、将刑法第三百四十四条修改为:“违反国家规定,非法采伐、毁坏珍贵树木或者国家重点保护的其他植物的,或者非法收购、运输、加工、出售珍贵树木或者国家重点保护的其他植物及其制品的,处三年以下有期徒刑、拘役或者管制，并处罚金；情节严重的，处三年以上七年以下有期徒刑，并处罚金。”

七、将刑法第三百四十五条修改为：“盗伐森林或者其他林木，数量较大的，处三年以下有期徒刑、拘役或者管制，并处或者单处罚金；数量巨大的，处三年以上七年以下有期徒刑，并处罚金；数量特别巨大的，处七年以上有期徒刑，并处罚金。

“违反森林法的规定，滥伐森林或者其他林木，数量较大的，处三年以下有期徒刑、拘役或者管制，并处或者单处罚金；数量巨大的，处三年以上七年以下有期徒刑，并处罚金。

“非法收购、运输明知是盗伐、滥伐的林木，情节严重的，处三年以下有期徒刑、拘役或者管制，并处或者单处罚金；情节特别严重的，处三年以上七年以下有期徒刑，并处罚金。

“盗伐、滥伐国家级自然保护区内的森林或者其他林木的，从重处罚。”

八、将刑法第三百九十九条修改为：“司法工作人员徇私枉法、徇情枉法，对明知是无罪的人而使他受追诉、对明知是有罪的人而故意包庇不使他受追诉，或者在刑事审判活动中故意违背事实和法律作枉法裁判的，处五年以下有期徒刑或者拘役；情节严重的，处五年以上十年以下有期徒刑；情节特别严重的，处十年以上有期徒刑。

“在民事、行政审判活动中故意违背事实和法律作枉法裁判，情节严重的，处五年以下有期徒刑或者拘役；情节特别严重的，处五年以上十年以下有期徒刑。

“在执行判决、裁定活动中，严重不负责任或者滥用职权，不依法采取诉讼保全措施、不履行法定执行职责，或者违法采取诉讼保全措施、强制执行措施，致使当事人或者其他人的利益遭受重大损失的，处五年以下有期徒刑或者拘役；致使当事人或者其他人的利益遭受特别重大损失的，处五年以上十年以下有期徒刑。

“司法工作人员收受贿赂，有前三款行为的，同时又构成本法第三百八十五条规定之罪的，依照处罚较重的规定定罪处罚。”

九、本修正案自公布之日起施行。

中华人民共和国刑法修正案(五)

(2005年2月28日第十届全国人民代表大会常务委员会
第十四次会议通过　2005年2月28日中华人民共和国
主席令第三十二号公布　自公布之日起施行)

一、在刑法第一百七十七条后增加一条，作为第一百七十七条之一：“有下列情形之一，妨害信用卡管理的，处三年以下有期徒刑或者拘役，并处或者单处一万元以上十万元以下罚金；数量巨大或者有其他严重情节的，处三年以上十年以下有期徒刑，并处二万元以上二十万元以下罚金：

“(一)明知是伪造的信用卡而持有、运输的，或者明知是伪造的空白信用卡而持有、运输，数量较大的；

“(二)非法持有他人信用卡，数量

较大的；

“（三）使用虚假的身份证明骗领信用卡的；

“（四）出售、购买、为他人提供伪造的信用卡或者以虚假的身份证明骗领的信用卡的。

“窃取、收买或者非法提供他人信用卡信息资料的，依照前款规定处罚。

“银行或者其他金融机构的工作人员利用职务上的便利，犯第二款罪的，从重处罚。”

二、将刑法第一百九十六条修改为：“有下列情形之一，进行信用卡诈骗活动，数额较大的，处五年以下有期徒刑或者拘役，并处二万元以上二十万元以下罚金；数额巨大或者有其他严重情节的，处五年以上十年以下有期徒刑，并处五万元以上五十万元以下罚金；数额特别巨大或者有其他特别严重情节的，处十年以上有期徒刑或者无期徒刑，并处五万元以上五十万元以下罚金或者没收财产：

“（一）使用伪造的信用卡，或者使用以虚假的身份证明骗领的信用卡的；

“（二）使用作废的信用卡的；

“（三）冒用他人信用卡的；

“（四）恶意透支的。

“前款所称恶意透支，是指持卡人以非法占有为目的，超过规定限额或者规定期限透支，并且经发卡银行催收后仍不归还的行为。

“盗窃信用卡并使用的，依照本法第二百六十四条的规定定罪处罚。”

三、在刑法第三百六十九条中增加一款作为第二款，将该条修改为：“破坏武器装备、军事设施、军事通信的，处三年以下有期徒刑、拘役或者管制；破坏重要武器装备、军事设施、军事通信的，处三年以上十年以下有期徒刑；情节特别严重的，处十年以上有期徒刑、无期徒刑或者死刑。

“过失犯前款罪，造成严重后果的，处三年以下有期徒刑或者拘役；造成特别严重后果的，处三年以上七年以下有期徒刑。

“战时犯前两款罪的，从重处罚。”

四、本修正案自公布之日起施行。

中华人民共和国刑法修正案（六）

（2006年6月29日第十届全国人民代表大会常务委员会第二十二次会议通过　2006年6月29日中华人民共和国主席令第五十一号公布　自公布之日起施行）

一、将刑法第一百三十四条修改为：“在生产、作业中违反有关安全管理的规定，因而发生重大伤亡事故或者造成其他严重后果的，处三年以下有期徒刑或者拘役；情节特别恶劣的，处三年以上七年以下有期徒刑。

“强令他人违章冒险作业，因而发生重大伤亡事故或者造成其他严重后果的，处五年以下有期徒刑或者拘役；情节特别恶劣的，处五年以上有期徒刑。”

二、将刑法第一百三十五条修改为：“安全生产设施或者安全生产条件不符合国家规定，因而发生重大伤亡事故或者造成其他严重后果的，对直接负责的主管人员和其他直接责任人员，处三年以下有期徒刑或者拘役；情节特别恶劣的，处三年以上七年以下有期徒刑。”

三、在刑法第一百三十五条后增加一条，作为第一百三十五条之一：“举办大型群众性活动违反安全管理规定，因而发生重大伤亡事故或者造成其他严重后果的，对直接负责的主管人员和其他直接责任人员，处三年以下有期徒刑或者拘役；情节特别恶劣的，处三年以上七年以下有期徒刑。”

四、在刑法第一百三十九条后增加一条，作为第一百三十九条之一：“在安全事故发生后，负有报告职责的人员不报或者谎报事故情况，贻误事故抢救，情节严重的，处三年以下有期徒刑或者拘役；情节特别严重的，处三年以上七年以下有期徒刑。”

五、将刑法第一百六十一条修改为：“依法负有信息披露义务的公司、企业向股东和社会公众提供虚假的或者隐瞒重要事实的财务会计报告，或者对依法应当披露的其他重要信息不按照规定披露，严重损害股东或者其他人利益，或者有其他严重情节的，对其直接负责的主管人员和其他直接责任人员，处三年以下有期徒刑或者拘役，并处或者单处二万元以上二十万元以下罚金。”

六、在刑法第一百六十二条之一后增加一条，作为第一百六十二条之二：“公司、企业通过隐匿财产、承担虚构的债务或者以其他方法转移、处分财产，实施虚假破产，严重损害债权人或者其他人利益的，对其直接负责的主管人员和其他直接责任人员，处五年以下有期徒刑或者拘役，并处或者单处二万元以上二十万元以下罚金。”

七、将刑法第一百六十三条修改为：“公司、企业或者其他单位的工作人员利用职务上的便利，索取他人财物或者非法收受他人财物，为他人谋取利益，数额较大的，处五年以下有期徒刑或者拘役；数额巨大的，处五年以上有期徒刑，可以并处没收财产。

“公司、企业或者其他单位的工作人员在经济往来中，利用职务上的便利，违反国家规定，收受各种名义的回扣、手续费，归个人所有的，依照前款的规定处罚。

“国有公司、企业或者其他国有单位中从事公务的人员和国有公司、企业或者其他国有单位委派到非国有公司、企业以及其他单位从事公务的人员有前两款行为的，依照本法第三百八十五条、第三百八十六条的规定定罪处罚。”

八、将刑法第一百六十四条第一款修改为：“为谋取不正当利益，给予公司、企业或者其他单位的工作人员以财物，数额较大的，处三年以下有期徒刑或者拘役；数额巨大的，处三年以上十年以下有期徒刑，并处罚金。”

九、在刑法第一百六十九条后增加一条，作为第一百六十九条之一：“上市公司的董事、监事、高级管理人员违背对公司的忠实义务，利用职务便利，操纵上市公司从事下列行为之一，致使上市公司利益遭受重大损失的，处三年以下有期徒刑或者拘役，并处或者单处罚金；致使上市公司利益遭受特别重大损失的，处三年以上七年以下有期徒刑，并处罚金：

“(一)无偿向其他单位或者个人提供资金、商品、服务或者其他资产的；

“(二)以明显不公平的条件,提供或者接受资金、商品、服务或者其他资产的;

“(三)向明显不具有清偿能力的单位或者个人提供资金、商品、服务或者其他资产的;

“(四)为明显不具有清偿能力的单位或者个人提供担保,或者无正当理由为其他单位或者个人提供担保的;

“(五)无正当理由放弃债权、承担债务的;

“(六)采用其他方式损害上市公司利益的。

“上市公司的控股股东或者实际控制人,指使上市公司董事、监事、高级管理人员实施前款行为的,依照前款的规定处罚。

“犯前款罪的上市公司的控股股东或者实际控制人是单位的,对单位判处罚金,并对其直接负责的主管人员和其他直接责任人员,依照第一款的规定处罚。”

十、在刑法第一百七十五条后增加一条,作为第一百七十五条之一:“以欺骗手段取得银行或者其他金融机构贷款、票据承兑、信用证、保函等,给银行或者其他金融机构造成重大损失或者有其他严重情节的,处三年以下有期徒刑或者拘役,并处或者单处罚金;给银行或者其他金融机构造成特别重大损失或者有其他特别严重情节的,处三年以上七年以下有期徒刑,并处罚金。

“单位犯前款罪的,对单位判处罚金,并对其直接负责的主管人员和其他直接责任人员,依照前款的规定处罚。”

十一、将刑法第一百八十二条修改为:“有下列情形之一,操纵证券、期货市场,情节严重的,处五年以下有期徒刑或者拘役,并处或者单处罚金;情节特别严重的,处五年以上十年以下有期徒刑,并处罚金:

“(一)单独或者合谋,集中资金优势、持股或者持仓优势或者利用信息优势联合或者连续买卖,操纵证券、期货交易价格或者证券、期货交易量的;

“(二)与他人串通,以事先约定的时间、价格和方式相互进行证券、期货交易,影响证券、期货交易价格或者证券、期货交易量的;

“(三)在自己实际控制的帐户之间进行证券交易,或者以自己为交易对象,自买自卖期货合约,影响证券、期货交易价格或者证券、期货交易量的;

“(四)以其他方法操纵证券、期货市场的。

“单位犯前款罪的,对单位判处罚金,并对其直接负责的主管人员和其他直接责任人员,依照前款的规定处罚。”

十二、在刑法第一百八十五条后增加一条,作为第一百八十五条之一:“商业银行、证券交易所、期货交易所、证券公司、期货经纪公司、保险公司或者其他金融机构,违背受托义务,擅自运用客户资金或者其他委托、信托的财产,情节严重的,对单位判处罚金,并对其直接负责的主管人员和其他直接责任人员,处三年以下有期徒刑或者拘役,并处三万元以上三十万元以下罚金;情节特别严重的,处三年以上十年以下有期徒刑,并处五万元以上五十万元以下罚金。

“社会保障基金管理机构、住房公积金管理机构等公众资金管理机构,以及保险公司、保险资产管理公司、证券投资基金管理公司,违反国家规定运用资金的,对其直接负责的主管人员和其他直接责任人员，依照前款的规定处罚。”

十三、将刑法第一百八十六条第一款、第二款修改为：“银行或者其他金融机构的工作人员违反国家规定发放贷款，数额巨大或者造成重大损失的，处五年以下有期徒刑或者拘役，并处一万元以上十万元以下罚金；数额特别巨大或者造成特别重大损失的，处五年以上有期徒刑，并处二万元以上二十万元以下罚金。

“银行或者其他金融机构的工作人员违反国家规定，向关系人发放贷款的，依照前款的规定从重处罚。”

十四、将刑法第一百八十七条第一款修改为：“银行或者其他金融机构的工作人员吸收客户资金不入帐，数额巨大或者造成重大损失的，处五年以下有期徒刑或者拘役，并处二万元以上二十万元以下罚金；数额特别巨大或者造成特别重大损失的，处五年以上有期徒刑，并处五万元以上五十万元以下罚金。”

十五、将刑法第一百八十八条第一款修改为：“银行或者其他金融机构的工作人员违反规定，为他人出具信用证或者其他保函、票据、存单、资信证明，情节严重的，处五年以下有期徒刑或者拘役；情节特别严重的，处五年以上有期徒刑。”

十六、将刑法第一百九十一条第一款修改为：“明知是毒品犯罪、黑社会性质的组织犯罪、恐怖活动犯罪、走私犯罪、贪污贿赂犯罪、破坏金融管理秩序犯罪、金融诈骗犯罪的所得及其产生的收益，为掩饰、隐瞒其来源和性质，有下列行为之一的，没收实施以上犯罪的所得及其产生的收益，处五年以下有期徒刑或者拘役，并处或者单处洗钱数额百分之五以上百分之二十以下罚金；情节严重的，处五年以上十年以下有期徒刑，并处洗钱数额百分之五以上百分之二十以下罚金：

“(一)提供资金帐户的；

“(二)协助将财产转换为现金、金融票据、有价证券的；

“(三)通过转帐或者其他结算方式协助资金转移的；

“(四)协助将资金汇往境外的；

“(五)以其他方法掩饰、隐瞒犯罪所得及其收益的来源和性质的。”

十七、在刑法第二百六十二条后增加一条，作为第二百六十二条之一：“以暴力、胁迫手段组织残疾人或者不满十四周岁的未成年人乞讨的，处三年以下有期徒刑或者拘役，并处罚金；情节严重的，处三年以上七年以下有期徒刑，并处罚金。”

十八、将刑法第三百零三条修改为：“以营利为目的，聚众赌博或者以赌博为业的，处三年以下有期徒刑、拘役或者管制，并处罚金。

“开设赌场的，处三年以下有期徒刑、拘役或者管制，并处罚金；情节严重的，处三年以上十年以下有期徒刑，并处罚金。”

十九、将刑法第三百一十二条修改为：“明知是犯罪所得及其产生的收益而予以窝藏、转移、收购、代为销售或者以其他方法掩饰、隐瞒的，处三年以下有期徒刑、拘役或者管制，并处或者单处罚金；情节严重的，处三年以上七年以下有期徒刑，并处罚金。”

二十、在刑法第三百九十九条后增加一条，作为第三百九十九条之一：“依法承担仲裁职责的人员，在仲裁活动中故意违背事实和法律作枉法裁决，情节严重的，处三年以下有期徒刑或者拘役；情节特别严重的，处三年以上七年以下有期徒刑。”

二十一、本修正案自公布之日起施行。

中华人民共和国刑法修正案(七)

(2009年2月28日第十一届全国人民代表大会常务委员会第七次会议通过　2009年2月28日中华人民共和国主席令第十号公布　自公布之日起施行)

一、将刑法第一百五十一条第三款修改为：“走私珍稀植物及其制品等国家禁止进出口的其他货物、物品的，处五年以下有期徒刑或者拘役，并处或者单处罚金；情节严重的，处五年以上有期徒刑，并处罚金。”

二、将刑法第一百八十条第一款修改为：“证券、期货交易内幕信息的知情人员或者非法获取证券、期货交易内幕信息的人员，在涉及证券的发行，证券、期货交易或者其他对证券、期货交易价格有重大影响的信息尚未公开前，买入或者卖出该证券，或者从事与该内幕信息有关的期货交易，或者泄露该信息，或者明示、暗示他人从事上述交易活动，情节严重的，处五年以下有期徒刑或者拘役，并处或者单处违法所得一倍以上五倍以下罚金；情节特别严重的，处五年以上十年以下有期徒刑，并处违法所得一倍以上五倍以下罚金。”

增加一款作为第四款：“证券交易所、期货交易所、证券公司、期货经纪公司、基金管理公司、商业银行、保险公司等金融机构的从业人员以及有关监管部门或者行业协会的工作人员，利用因职务便利获取的内幕信息以外的其他未公开的信息，违反规定，从事与该信息相关的证券、期货交易活动，或者明示、暗示他人从事相关交易活动，情节严重的，依照第一款的规定处罚。”

三、将刑法第二百零一条修改为：“纳税人采取欺骗、隐瞒手段进行虚假纳税申报或者不申报，逃避缴纳税款数额较大并且占应纳税额百分之十以上的，处三年以下有期徒刑或者拘役，并处罚金；数额巨大并且占应纳税额百分之三十以上的，处三年以上七年以下有期徒刑，并处罚金。

“扣缴义务人采取前款所列手段，不缴或者少缴已扣、已收税款，数额较大的，依照前款的规定处罚。

“对多次实施前两款行为，未经处理的，按照累计数额计算。

“有第一款行为，经税务机关依法下达追缴通知后，补缴应纳税款，缴纳滞纳金，已受行政处罚的，不予追究刑事责任；但是，五年内因逃避缴纳税款受过刑事处罚或者被税务机关给予二次以上行政处罚的除外。”

四、在刑法第二百二十四条后增加一条，作为第二百二十四条之一：“组织、领导以推销商品、提供服务等经营活动为名，要求参加者以缴纳费用或者购买商品、服务等方式获得加入资格，并按照一定顺序组成层级，直接或者间接以发展人员的数量作为计酬或者返利依据，引诱、胁迫参加者继续发展他人参加，骗取财物，扰乱经济社会秩序的传销活动的，处五年以下有期徒刑或者拘役，并处罚金；情节严重的，处五年以上有期徒刑，并处罚金。”

五、将刑法第二百二十五条第三项修改为：“未经国家有关主管部门批准非法经营证券、期货、保险业务的，或者非法从事资金支付结算业务的；”

六、将刑法第二百三十九条修改为：“以勒索财物为目的绑架他人的，或者绑架他人作为人质的，处十年以上有期徒刑或者无期徒刑，并处罚金或者没收财产；情节较轻的，处五年以上十年以下有期徒刑，并处罚金。

“犯前款罪，致使被绑架人死亡或者杀害被绑架人的，处死刑，并处没收财产。

“以勒索财物为目的偷盗婴幼儿的，依照前两款的规定处罚。”

七、在刑法第二百五十三条后增加一条，作为第二百五十三条之一：“国家机关或者金融、电信、交通、教育、医疗等单位的工作人员，违反国家规定，将本单位在履行职责或者提供服务过程中获得的公民个人信息，出售或者非法提供给他人，情节严重的，处三年以下有期徒刑或者拘役，并处或者单处罚金。

“窃取或者以其他方法非法获取上述信息，情节严重的，依照前款的规定处罚。

“单位犯前两款罪的，对单位判处罚金，并对其直接负责的主管人员和其他直接责任人员，依照各该款的规定处罚。”

八、在刑法第二百六十二条之一后增加一条，作为第二百六十二条之二：“组织未成年人进行盗窃、诈骗、抢夺、敲诈勒索等违反治安管理活动的，处三年以下有期徒刑或者拘役，并处罚金；情节严重的，处三年以上七年以下有期徒刑，并处罚金。”

九、在刑法第二百八十五条中增加两款作为第二款、第三款：“违反国家规定，侵入前款规定以外的计算机信息系统或者采用其他技术手段，获取该计算机信息系统中存储、处理或者传输的数据，或者对该计算机信息系统实施非法控制，情节严重的，处三年以下有期徒刑或者拘役，并处或者单处罚金；情节特别严重的，处三年以上七年以下有期徒刑，并处罚金。

“提供专门用于侵入、非法控制计算机信息系统的程序、工具，或者明知他人实施侵入、非法控制计算机信息系统的违法犯罪行为而为其提供程序、工具，情节严重的，依照前款的规定处罚。”

十、在刑法第三百一十二条中增加一款作为第二款：“单位犯前款罪的，对单位判处罚金，并对其直接负责的主管人员和其他直接责任人员，依照前款的规定处罚。”

十一、将刑法第三百三十七条第一款修改为：“违反有关动植物防疫、检疫的国家规定，引起重大动植物疫情的，或者有引起重大动植物疫情危险，情节严重的，处三年以下有期徒刑或者拘役，并处或者单处罚金。”

十二、将刑法第三百七十五条第二款修改为：“非法生产、买卖武装部队制式服装，情节严重的，处三年以下有期徒刑、拘役或者管制，并处或者单处罚金。”

增加一款作为第三款：“伪造、盗窃、买卖或者非法提供、使用武装部队车辆号牌等专用标志，情节严重的，处三年以下有期徒刑、拘役或者管制，并处或者单处罚金；情节特别严重的，处三年以上七年以下有期徒刑，并处罚金。”

原第三款作为第四款，修改为：“单位犯第二款、第三款罪的，对单位判处罚金，并对其直接负责的主管人员和其他直接责任人员，依照各该款的规定处罚。”

十三、在刑法第三百八十八条后增加一条作为第三百八十八条之一：“国家工作人员的近亲属或者其他与该国家工作人员关系密切的人，通过该国家工作人员职务上的行为，或者利用该国家工作人员职权或者地位形成的便利条件，通过其他国家工作人员职务上的行为，为请托人谋取不正当利益，索取请托人财物或者收受请托人财物，数额较大或者有其他较重情节的，处三年以下有期徒刑或者拘役，并处罚金；数额巨大或者有其他严重情节的，处三年以上七年以下有期徒刑，并处罚金；数额特别巨大或者有其他特别严重情节的，处七年以上有期徒刑，并处罚金或者没收财产。

“离职的国家工作人员或者其近亲属以及其他与其关系密切的人，利用该离职的国家工作人员原职权或者地位形成的便利条件实施前款行为的，依照前款的规定定罪处罚。”

十四、将刑法第三百九十五条第一款修改为：“国家工作人员的财产、支出明显超过合法收入，差额巨大的，可以责令该国家工作人员说明来源，不能说明来源的，差额部分以非法所得论，处五年以下有期徒刑或者拘役；差额特别巨大的，处五年以上十年以下有期徒刑。财产的差额部分予以追缴。”

十五、本修正案自公布之日起施行。

中华人民共和国刑法修正案（八）

（2011年2月25日第十一届全国人民代表大会常务委员会第十九次会议通过　2011年2月25日中华人民共和国主席令第四十一号公布　自2011年5月1日起施行）

一、在刑法第十七条后增加一条，作为第十七条之一：“已满七十五周岁的人故意犯罪的，可以从轻或者减轻处罚；过失犯罪的，应当从轻或者减轻处罚。”

二、在刑法第三十八条中增加一款作为第二款：“判处管制，可以根据犯罪情况，同时禁止犯罪分子在执行期间从事特定活动，进入特定区域、场所，接触特定的人。”

原第二款作为第三款，修改为：“对判处管制的犯罪分子，依法实行社区矫正。”

增加一款作为第四款：“违反第二款规定的禁止令的，由公安机关依照《中华人民共和国治安管理处罚法》的规定处罚。”

三、在刑法第四十九条中增加一款作为第二款："审判的时候已满七十五周岁的人，不适用死刑，但以特别残忍手段致人死亡的除外。"

四、将刑法第五十条修改为："判处死刑缓期执行的，在死刑缓期执行期间，如果没有故意犯罪，二年期满以后，减为无期徒刑；如果确有重大立功表现，二年期满以后，减为二十五年有期徒刑；如果故意犯罪，查证属实的，由最高人民法院核准，执行死刑。

"对被判处死刑缓期执行的累犯以及因故意杀人、强奸、抢劫、绑架、放火、爆炸、投放危险物质或者有组织的暴力性犯罪被判处死刑缓期执行的犯罪分子，人民法院根据犯罪情节等情况可以同时决定对其限制减刑。"

五、将刑法第六十三条第一款修改为："犯罪分子具有本法规定的减轻处罚情节的，应当在法定刑以下判处刑罚；本法规定有数个量刑幅度的，应当在法定量刑幅度的下一个量刑幅度内判处刑罚。"

六、将刑法第六十五条第一款修改为："被判处有期徒刑以上刑罚的犯罪分子，刑罚执行完毕或者赦免以后，在五年以内再犯应当判处有期徒刑以上刑罚之罪的，是累犯，应当从重处罚，但是过失犯罪和不满十八周岁的人犯罪的除外。"

七、将刑法第六十六条修改为："危害国家安全犯罪、恐怖活动犯罪、黑社会性质的组织犯罪的犯罪分子，在刑罚执行完毕或者赦免以后，在任何时候再犯上述任一类罪的，都以累犯论处。"

八、在刑法第六十七条中增加一款作为第三款："犯罪嫌疑人虽不具有前两款规定的自首情节，但是如实供述自己罪行的，可以从轻处罚；因其如实供述自己罪行，避免特别严重后果发生的，可以减轻处罚。"

九、删去刑法第六十八条第二款。

十、将刑法第六十九条修改为："判决宣告以前一人犯数罪的，除判处死刑和无期徒刑的以外，应当在总和刑期以下、数刑中最高刑期以上，酌情决定执行的刑期，但是管制最高不能超过三年，拘役最高不能超过一年，有期徒刑总和刑期不满三十五年的，最高不能超过二十年，总和刑期在三十五年以上的，最高不能超过二十五年。

"数罪中有判处附加刑的，附加刑仍须执行，其中附加刑种类相同的，合并执行，种类不同的，分别执行。"

十一、将刑法第七十二条修改为："对于被判处拘役、三年以下有期徒刑的犯罪分子，同时符合下列条件的，可以宣告缓刑，对其中不满十八周岁的人、怀孕的妇女和已满七十五周岁的人，应当宣告缓刑：

"(一)犯罪情节较轻；

"(二)有悔罪表现；

"(三)没有再犯罪的危险；

"(四)宣告缓刑对所居住社区没有重大不良影响。

"宣告缓刑，可以根据犯罪情况，同时禁止犯罪分子在缓刑考验期限内从事特定活动，进入特定区域、场所，接触特定的人。

"被宣告缓刑的犯罪分子，如果被判处附加刑，附加刑仍须执行。"

十二、将刑法第七十四条修改为："对于累犯和犯罪集团的首要分子，不适用缓刑。"

十三、将刑法第七十六条修改为："对宣告缓刑的犯罪分子，在缓刑考验期限内，依法实行社区矫正，如果没有本法第七十七条规定的情形，缓刑考验期满，原判的刑罚就不再执行，并公开予以宣告。”

十四、将刑法第七十七条第二款修改为：“被宣告缓刑的犯罪分子，在缓刑考验期限内，违反法律、行政法规或者国务院有关部门关于缓刑的监督管理规定，或者违反人民法院判决中的禁止令，情节严重的，应当撤销缓刑，执行原判刑罚。”

十五、将刑法第七十八条第二款修改为：“减刑以后实际执行的刑期不能少于下列期限：

“(一)判处管制、拘役、有期徒刑的，不能少于原判刑期的二分之一；

“(二)判处无期徒刑的，不能少于十三年；

“(三)人民法院依照本法第五十条第二款规定限制减刑的死刑缓期执行的犯罪分子，缓期执行期满后依法减为无期徒刑的，不能少于二十五年，缓期执行期满后依法减为二十五年有期徒刑的，不能少于二十年。”

十六、将刑法第八十一条修改为：“被判处有期徒刑的犯罪分子，执行原判刑期二分之一以上，被判处无期徒刑的犯罪分子，实际执行十三年以上，如果认真遵守监规，接受教育改造，确有悔改表现，没有再犯罪的危险的，可以假释。如果有特殊情况，经最高人民法院核准，可以不受上述执行刑期的限制。

“对累犯以及因故意杀人、强奸、抢劫、绑架、放火、爆炸、投放危险物质或者有组织的暴力性犯罪被判处十年以上有期徒刑、无期徒刑的犯罪分子，不得假释。

“对犯罪分子决定假释时，应当考虑其假释后对所居住社区的影响。”

十七、将刑法第八十五条修改为：“对假释的犯罪分子，在假释考验期限内，依法实行社区矫正，如果没有本法第八十六条规定的情形，假释考验期满，就认为原判刑罚已经执行完毕，并公开予以宣告。”

十八、将刑法第八十六条第三款修改为：“被假释的犯罪分子，在假释考验期限内，有违反法律、行政法规或者国务院有关部门关于假释的监督管理规定的行为，尚未构成新的犯罪的，应当依照法定程序撤销假释，收监执行未执行完毕的刑罚。”

十九、在刑法第一百条中增加一款作为第二款：“犯罪的时候不满十八周岁被判处五年有期徒刑以下刑罚的人，免除前款规定的报告义务。”

二十、将刑法第一百零七条修改为：“境内外机构、组织或者个人资助实施本章第一百零二条、第一百零三条、第一百零四条、第一百零五条规定之罪的，对直接责任人员，处五年以下有期徒刑、拘役、管制或者剥夺政治权利；情节严重的，处五年以上有期徒刑。”

二十一、将刑法第一百零九条修改为：“国家机关工作人员在履行公务期间，擅离岗位，叛逃境外或者在境外叛逃的，处五年以下有期徒刑、拘役、管制或者剥夺政治权利；情节严重的，处五年以上十年以下有期徒刑。

“掌握国家秘密的国家工作人员叛逃境外或者在境外叛逃的，依照前款的规定从重处罚。”

二十二、在刑法第一百三十三条后增加一条，作为第一百三十三条之一：“在道路上驾驶机动车追逐竞驶，情节恶劣的，或者在道路上醉酒驾驶机动车的，处拘役，并处罚金。

"有前款行为，同时构成其他犯罪的，依照处罚较重的规定定罪处罚。"

二十三、将刑法第一百四十一条第一款修改为："生产、销售假药的，处三年以下有期徒刑或者拘役，并处罚金；对人体健康造成严重危害或者有其他严重情节的，处三年以上十年以下有期徒刑，并处罚金；致人死亡或者有其他特别严重情节的，处十年以上有期徒刑、无期徒刑或者死刑，并处罚金或者没收财产。"

二十四、将刑法第一百四十三条修改为："生产、销售不符合食品安全标准的食品，足以造成严重食物中毒事故或者其他严重食源性疾病的，处三年以下有期徒刑或者拘役，并处罚金；对人体健康造成严重危害或者有其他严重情节的，处三年以上七年以下有期徒刑，并处罚金；后果特别严重的，处七年以上有期徒刑或者无期徒刑，并处罚金或者没收财产。"

二十五、将刑法第一百四十四条修改为："在生产、销售的食品中掺入有毒、有害的非食品原料的，或者销售明知掺有有毒、有害的非食品原料的食品的，处五年以下有期徒刑，并处罚金；对人体健康造成严重危害或者有其他严重情节的，处五年以上十年以下有期徒刑，并处罚金；致人死亡或者有其他特别严重情节的，依照本法第一百四十一条的规定处罚。"

二十六、将刑法第一百五十一条修改为："走私武器、弹药、核材料或者伪造的货币的，处七年以上有期徒刑，并处罚金或者没收财产；情节特别严重的，处无期徒刑或者死刑，并处没收财产；情节较轻的，处三年以上七年以下有期徒刑，并处罚金。

"走私国家禁止出口的文物、黄金、白银和其他贵重金属或者国家禁止进出口的珍贵动物及其制品的，处五年以上十年以下有期徒刑，并处罚金；情节特别严重的，处十年以上有期徒刑或者无期徒刑，并处没收财产；情节较轻的，处五年以下有期徒刑，并处罚金。

"走私珍稀植物及其制品等国家禁止进出口的其他货物、物品的，处五年以下有期徒刑或者拘役，并处或者单处罚金；情节严重的，处五年以上有期徒刑，并处罚金。

"单位犯本条规定之罪的，对单位判处罚金，并对其直接负责的主管人员和其他直接责任人员，依照本条各款的规定处罚。"

二十七、将刑法第一百五十三条第一款修改为："走私本法第一百五十一条、第一百五十二条、第三百四十七条规定以外的货物、物品的，根据情节轻重，分别依照下列规定处罚：

"(一)走私货物、物品偷逃应缴税额较大或者一年内曾因走私被给予二次行政处罚后又走私的，处三年以下有期徒刑或者拘役，并处偷逃应缴税额一倍以上五倍以下罚金。

"(二)走私货物、物品偷逃应缴税额巨大或者有其他严重情节的，处三年以上十年以下有期徒刑，并处偷逃应缴税额一倍以上五倍以下罚金。

"(三)走私货物、物品偷逃应缴税额特别巨大或者有其他特别严重情节的，处十年以上有期徒刑或者无期徒刑，并处偷逃应缴税额一倍以上五倍以下罚金或者没收财产。"

二十八、将刑法第一百五十七条第一款修改为："武装掩护走私的，依照本法第一百五十一条第一款的规定从重处罚。”

二十九、将刑法第一百六十四条修改为：“为谋取不正当利益，给予公司、企业或者其他单位的工作人员以财物，数额较大的，处三年以下有期徒刑或者拘役；数额巨大的，处三年以上十年以下有期徒刑，并处罚金。

“为谋取不正当商业利益，给予外国公职人员或者国际公共组织官员以财物的，依照前款的规定处罚。

“单位犯前两款罪的，对单位判处罚金，并对其直接负责的主管人员和其他直接责任人员，依照第一款的规定处罚。

“行贿人在被追诉前主动交待行贿行为的，可以减轻处罚或者免除处罚。”

三十、将刑法第一百九十九条修改为：“犯本节第一百九十二条规定之罪，数额特别巨大并且给国家和人民利益造成特别重大损失的，处无期徒刑或者死刑，并处没收财产。”

三十一、将刑法第二百条修改为：“单位犯本节第一百九十二条、第一百九十四条、第一百九十五条规定之罪的，对单位判处罚金，并对其直接负责的主管人员和其他直接责任人员，处五年以下有期徒刑或者拘役，可以并处罚金；数额巨大或者有其他严重情节的，处五年以上十年以下有期徒刑，并处罚金；数额特别巨大或者有其他特别严重情节的，处十年以上有期徒刑或者无期徒刑，并处罚金。”

三十二、删去刑法第二百零五条第二款。

三十三、在刑法第二百零五条后增加一条，作为第二百零五条之一：“虚开本法第二百零五条规定以外的其他发票，情节严重的，处二年以下有期徒刑、拘役或者管制，并处罚金；情节特别严重的，处二年以上七年以下有期徒刑，并处罚金。

“单位犯前款罪的，对单位判处罚金，并对其直接负责的主管人员和其他直接责任人员，依照前款的规定处罚。”

三十四、删去刑法第二百零六条第二款。

三十五、在刑法第二百一十条后增加一条，作为第二百一十条之一：“明知是伪造的发票而持有，数量较大的，处二年以下有期徒刑、拘役或者管制，并处罚金；数量巨大的，处二年以上七年以下有期徒刑，并处罚金。

“单位犯前款罪的，对单位判处罚金，并对其直接负责的主管人员和其他直接责任人员，依照前款的规定处罚。”

三十六、将刑法第二百二十六条修改为：“以暴力、威胁手段，实施下列行为之一，情节严重的，处三年以下有期徒刑或者拘役，并处或者单处罚金；情节特别严重的，处三年以上七年以下有期徒刑，并处罚金：

“（一）强买强卖商品的；

“（二）强迫他人提供或者接受服务的；

“（三）强迫他人参与或者退出投标、拍卖的；

“（四）强迫他人转让或者收购公司、企业的股份、债券或者其他资产的；

“（五）强迫他人参与或者退出特定的经营活动的。”

三十七、在刑法第二百三十四条后增加一条，作为第二百三十四条之一：“组织他人出卖人体器官的，处五年以下有期徒刑，并处罚金；情节严重的，处五年以上有期徒刑，并处罚金或者没收财产。

“未经本人同意摘取其器官，或者

摘取不满十八周岁的人的器官，或者强迫、欺骗他人捐献器官的，依照本法第二百三十四条、第二百三十二条的规定定罪处罚。

“违背本人生前意愿摘取其尸体器官，或者本人生前未表示同意，违反国家规定，违背其近亲属意愿摘取其尸体器官的，依照本法第三百零二条的规定定罪处罚。”

三十八、将刑法第二百四十四条修改为：“以暴力、威胁或者限制人身自由的方法强迫他人劳动的，处三年以下有期徒刑或者拘役，并处罚金；情节严重的，处三年以上十年以下有期徒刑，并处罚金。

“明知他人实施前款行为，为其招募、运送人员或者有其他协助强迫他人劳动行为的，依照前款的规定处罚。

“单位犯前两款罪的，对单位判处罚金，并对其直接负责的主管人员和其他直接责任人员，依照第一款的规定处罚。”

三十九、将刑法第二百六十四条修改为：“盗窃公私财物，数额较大的，或者多次盗窃、入户盗窃、携带凶器盗窃、扒窃的，处三年以下有期徒刑、拘役或者管制，并处或者单处罚金；数额巨大或者有其他严重情节的，处三年以上十年以下有期徒刑，并处罚金；数额特别巨大或者有其他特别严重情节的，处十年以上有期徒刑或者无期徒刑，并处罚金或者没收财产。”

四十、将刑法第二百七十四条修改为：“敲诈勒索公私财物，数额较大或者多次敲诈勒索的，处三年以下有期徒刑、拘役或者管制，并处或者单处罚金；数额巨大或者有其他严重情节的，处三年以上十年以下有期徒刑，并处罚金；数额特别巨大或者有其他特别严重情节的，处十年以上有期徒刑，并处罚金。”

四十一、在刑法第二百七十六条后增加一条，作为第二百七十六条之一：“以转移财产、逃匿等方法逃避支付劳动者的劳动报酬或者有能力支付而不支付劳动者的劳动报酬，数额较大，经政府有关部门责令支付仍不支付的，处三年以下有期徒刑或者拘役，并处或者单处罚金；造成严重后果的，处三年以上七年以下有期徒刑，并处罚金。

“单位犯前款罪的，对单位判处罚金，并对其直接负责的主管人员和其他直接责任人员，依照前款的规定处罚。

“有前两款行为，尚未造成严重后果，在提起公诉前支付劳动者的劳动报酬，并依法承担相应赔偿责任的，可以减轻或者免除处罚。”

四十二、将刑法第二百九十三条修改为：“有下列寻衅滋事行为之一，破坏社会秩序的，处五年以下有期徒刑、拘役或者管制：

“(一)随意殴打他人，情节恶劣的；

“(二)追逐、拦截、辱骂、恐吓他人，情节恶劣的；

“(三)强拿硬要或者任意损毁、占用公私财物，情节严重的；

“(四)在公共场所起哄闹事，造成公共场所秩序严重混乱的。

“纠集他人多次实施前款行为，严重破坏社会秩序的，处五年以上十年以下有期徒刑，可以并处罚金。”

四十三、将刑法第二百九十四条修改为：“组织、领导黑社会性质的组织的，处七年以上有期徒刑，并处没收财产；积极参加的，处三年以上七年以下有期徒刑，可以并处罚金或者没收财产；其他参加的，处三年以下有期徒刑、拘役、管制或者剥夺政治权利，可以并处罚金。

“境外的黑社会组织的人员到中华人民共和国境内发展组织成员的，处三年以上十年以下有期徒刑。

“国家机关工作人员包庇黑社会性质的组织，或者纵容黑社会性质的组织进行违法犯罪活动的，处五年以下有期徒刑；情节严重的，处五年以上有期徒刑。

“犯前三款罪又有其他犯罪行为的，依照数罪并罚的规定处罚。

“黑社会性质的组织应当同时具备以下特征：

“（一）形成较稳定的犯罪组织，人数较多，有明确的组织者、领导者，骨干成员基本固定；

“（二）有组织地通过违法犯罪活动或者其他手段获取经济利益，具有一定的经济实力，以支持该组织的活动；

“（三）以暴力、威胁或者其他手段，有组织地多次进行违法犯罪活动，为非作恶，欺压、残害群众；

“（四）通过实施违法犯罪活动，或者利用国家工作人员的包庇或者纵容，称霸一方，在一定区域或者行业内，形成非法控制或者重大影响，严重破坏经济、社会生活秩序。”

四十四、将刑法第二百九十五条修改为：“传授犯罪方法的，处五年以下有期徒刑、拘役或者管制；情节严重的，处五年以上十年以下有期徒刑；情节特别严重的，处十年以上有期徒刑或者无期徒刑。”

四十五、将刑法第三百二十八条第一款修改为：“盗掘具有历史、艺术、科学价值的古文化遗址、古墓葬的，处三年以上十年以下有期徒刑，并处罚金；情节较轻的，处三年以下有期徒刑、拘役或者管制，并处罚金；有下列情形之一的，处十年以上有期徒刑或者无期徒刑，并处罚金或者没收财产：

“（一）盗掘确定为全国重点文物保护单位和省级文物保护单位的古文化遗址、古墓葬的；

“（二）盗掘古文化遗址、古墓葬集团的首要分子；

“（三）多次盗掘古文化遗址、古墓葬的；

“（四）盗掘古文化遗址、古墓葬，并盗窃珍贵文物或者造成珍贵文物严重破坏的。”

四十六、将刑法第三百三十八条修改为：“违反国家规定，排放、倾倒或者处置有放射性的废物、含传染病病原体的废物、有毒物质或者其他有害物质，严重污染环境的，处三年以下有期徒刑或者拘役，并处或者单处罚金；后果特别严重的，处三年以上七年以下有期徒刑，并处罚金。”

四十七、将刑法第三百四十三条第一款修改为：“违反矿产资源法的规定，未取得采矿许可证擅自采矿，擅自进入国家规划矿区、对国民经济具有重要价值的矿区和他人矿区范围采矿，或者擅自开采国家规定实行保护性开采的特定矿种，情节严重的，处三年以下有期徒刑、拘役或者管制，并处或者单处罚金；情节特别严重的，处三年以上七年以下有期徒刑，并处罚金。”

四十八、将刑法第三百五十八条第三款修改为：“为组织卖淫的人招募、运送人员或者有其他协助组织他人卖淫行为的，处五年以下有期徒刑，并处罚金；情节严重的，处五年以上十年以下有期徒刑，并处罚金。”

四十九、在刑法第四百零八条后增加一条，作为第四百零八条之一：“负有食品安全监督管理职责的国家机关工作人员，滥用职权或者玩忽职守，导致发生重大食品安全事故或者造成其他严重后果的，处五年以下有期徒刑或者拘役；造成特别严重后果的，处五年以上十年以下有期徒刑。

“徇私舞弊犯前款罪的，从重处罚。”

五十、本修正案自2011年5月1日起施行。

中华人民共和国刑法修正案(九)

（2015年8月29日第十二届全国人民代表大会常务委员会第十六次会议通过　2015年8月29日中华人民共和国主席令第三十号公布　自2015年11月1日起施行）

一、在刑法第三十七条后增加一条，作为第三十七条之一：“因利用职业便利实施犯罪，或者实施违背职业要求的特定义务的犯罪被判处刑罚的，人民法院可以根据犯罪情况和预防再犯罪的需要，禁止其自刑罚执行完毕之日或者假释之日起从事相关职业，期限为三年至五年。

“被禁止从事相关职业的人违反人民法院依照前款规定作出的决定的，由公安机关依法给予处罚；情节严重的，依照本法第三百一十三条的规定定罪处罚。

“其他法律、行政法规对其从事相关职业另有禁止或者限制性规定的，从其规定。”

二、将刑法第五十条第一款修改为：“判处死刑缓期执行的，在死刑缓期执行期间，如果没有故意犯罪，二年期满以后，减为无期徒刑；如果确有重大立功表现，二年期满以后，减为二十五年有期徒刑；如果故意犯罪，情节恶劣的，报请最高人民法院核准后执行死刑；对于故意犯罪未执行死刑的，死刑缓期执行的期间重新计算，并报最高人民法院备案。”

三、将刑法第五十三条修改为：“罚金在判决指定的期限内一次或者分期缴纳。期满不缴纳的，强制缴纳。对于不能全部缴纳罚金的，人民法院在任何时候发现被执行人有可以执行的财产，应当随时追缴。

“由于遭遇不能抗拒的灾祸等原因缴纳确实有困难的，经人民法院裁定，可以延期缴纳、酌情减少或者免除。”

四、在刑法第六十九条中增加一款作为第二款：“数罪中有判处有期徒刑和拘役的，执行有期徒刑。数罪中有判处有期徒刑和管制，或者拘役和管制的，有期徒刑、拘役执行完毕后，管制仍须执行。”

原第二款作为第三款。

五、将刑法第一百二十条修改为：“组织、领导恐怖活动组织的，处十年以上有期徒刑或者无期徒刑，并处没收财产；积极参加的，处三年以上十年以下有期徒刑，并处罚金；其他参加的，处三年以下有期徒刑、拘役、管制或者剥夺政治权利，可以并处罚金。

“犯前款罪并实施杀人、爆炸、绑架等犯罪的，依照数罪并罚的规定处罚。”

六、将刑法第一百二十条之一修改为：“资助恐怖活动组织、实施恐怖活动的个人的，或者资助恐怖活动培训的，处五年以下有期徒刑、拘役、管制或者剥夺政治权利，并处罚金；情节严重的，处五年以上有期徒刑，并处罚金或者没收财产。

“为恐怖活动组织、实施恐怖活动或者恐怖活动培训招募、运送人员的，依照前款的规定处罚。

“单位犯前两款罪的，对单位判处罚金，并对其直接负责的主管人员和其他直接责任人员，依照第一款的规定处罚。”

七、在刑法第一百二十条之一后增加五条，作为第一百二十条之二、第一百二十条之三、第一百二十条之四、第一百二十条之五、第一百二十条之六：

“第一百二十条之二　有下列情形之一的，处五年以下有期徒刑、拘役、管制或者剥夺政治权利，并处罚金；情节严重的，处五年以上有期徒刑，并处罚金或者没收财产：

“（一）为实施恐怖活动准备凶器、危险物品或者其他工具的；

“（二）组织恐怖活动培训或者积极参加恐怖活动培训的；

“（三）为实施恐怖活动与境外恐怖活动组织或者人员联络的；

“（四）为实施恐怖活动进行策划或者其他准备的。

“有前款行为，同时构成其他犯罪的，依照处罚较重的规定定罪处罚。

“第一百二十条之三　以制作、散发宣扬恐怖主义、极端主义的图书、音频视频资料或者其他物品，或者通过讲授、发布信息等方式宣扬恐怖主义、极端主义的，或者煽动实施恐怖活动的，处五年以下有期徒刑、拘役、管制或者剥夺政治权利，并处罚金；情节严重的，处五年以上有期徒刑，并处罚金或者没收财产。

“第一百二十条之四　利用极端主义煽动、胁迫群众破坏国家法律确立的婚姻、司法、教育、社会管理等制度实施的，处三年以下有期徒刑、拘役或者管制，并处罚金；情节严重的，处三年以上七年以下有期徒刑，并处罚金；情节特别严重的，处七年以上有期徒刑，并处罚金或者没收财产。

“第一百二十条之五　以暴力、胁迫等方式强制他人在公共场所穿着、佩戴宣扬恐怖主义、极端主义服饰、标志的，处三年以下有期徒刑、拘役或者管制，并处罚金。

“第一百二十条之六　明知是宣扬恐怖主义、极端主义的图书、音频视频资料或者其他物品而非法持有，情节严重的，处三年以下有期徒刑、拘役或者管制，并处或者单处罚金。”

八、将刑法第一百三十三条之一修改为：“在道路上驾驶机动车，有下列情形之一的，处拘役，并处罚金：

“（一）追逐竞驶，情节恶劣的；

“（二）醉酒驾驶机动车的；

“（三）从事校车业务或者旅客运输，严重超过额定乘员载客，或者严重超过规定时速行驶的；

“（四）违反危险化学品安全管理规定运输危险化学品，危及公共安全的。

“机动车所有人、管理人对前款第三项、第四项行为负有直接责任的，依照前款的规定处罚。

“有前两款行为，同时构成其他犯罪的，依照处罚较重的规定定罪处罚。”

九、将刑法第一百五十一条第一款修改为：“走私武器、弹药、核材料或者伪造的货币的，处七年以上有期徒刑，并处罚金或者没收财产；情节特别严重的，处无期徒刑，并处没收财产；情节较轻的，处三年以上七年以下有期徒刑，并处罚金。”

十、将刑法第一百六十四条第一款修改为："为谋取不正当利益，给予公司、企业或者其他单位的工作人员以财物，数额较大的，处三年以下有期徒刑或者拘役，并处罚金；数额巨大的，处三年以上十年以下有期徒刑，并处罚金。"

十一、将刑法第一百七十条修改为："伪造货币的，处三年以上十年以下有期徒刑，并处罚金；有下列情形之一的，处十年以上有期徒刑或者无期徒刑，并处罚金或者没收财产：

"（一）伪造货币集团的首要分子；

"（二）伪造货币数额特别巨大的；

"（三）有其他特别严重情节的。"

十二、删去刑法第一百九十九条。

十三、将刑法第二百三十七条修改为："以暴力、胁迫或者其他方法强制猥亵他人或者侮辱妇女的，处五年以下有期徒刑或者拘役。

"聚众或者在公共场所当众犯前款罪的，或者有其他恶劣情节的，处五年以上有期徒刑。

"猥亵儿童的，依照前两款的规定从重处罚。"

十四、将刑法第二百三十九条第二款修改为："犯前款罪，杀害被绑架人的，或者故意伤害被绑架人，致人重伤、死亡的，处无期徒刑或者死刑，并处没收财产。"

十五、将刑法第二百四十一条第六款修改为："收买被拐卖的妇女、儿童，对被买儿童没有虐待行为，不阻碍对其进行解救的，可以从轻处罚；按照被买妇女的意愿，不阻碍其返回原居住地的，可以从轻或者减轻处罚。"

十六、在刑法第二百四十六条中增加一款作为第三款："通过信息网络实施第一款规定的行为，被害人向人民法院告诉，但提供证据确有困难的，人民法院可以要求公安机关提供协助。"

十七、将刑法第二百五十三条之一修改为："违反国家有关规定，向他人出售或者提供公民个人信息，情节严重的，处三年以下有期徒刑或者拘役，并处或者单处罚金；情节特别严重的，处三年以上七年以下有期徒刑，并处罚金。

"违反国家有关规定，将在履行职责或者提供服务过程中获得的公民个人信息，出售或者提供给他人的，依照前款的规定从重处罚。

"窃取或者以其他方法非法获取公民个人信息的，依照第一款的规定处罚。

"单位犯前三款罪的，对单位判处罚金，并对其直接负责的主管人员和其他直接责任人员，依照各该款的规定处罚。"

十八、将刑法第二百六十条第三款修改为："第一款罪，告诉的才处理，但被害人没有能力告诉，或者因受到强制、威吓无法告诉的除外。"

十九、在刑法第二百六十条后增加一条，作为第二百六十条之一："对未成年人、老年人、患病的人、残疾人等负有监护、看护职责的人虐待被监护、看护的人，情节恶劣的，处三年以下有期徒刑或者拘役。

"单位犯前款罪的，对单位判处罚金，并对其直接负责的主管人员和其他直接责任人员，依照前款的规定处罚。

"有第一款行为，同时构成其他犯罪的，依照处罚较重的规定定罪处罚。"

二十、将刑法第二百六十七条第一款修改为："抢夺公私财物，数额较大的，或者多次抢夺的，处三年以下有期徒刑、拘役或者管制，并处或者单处罚金；数额巨大或者有其他严重情节的，处三年以上十年以下有期徒刑，并处罚金；数额特别巨大或者有其他特别严重情节的，处十年以上有期徒刑或者无期徒刑，并处罚金或者没收财产。”

二十一、在刑法第二百七十七条中增加一款作为第五款：“暴力袭击正在依法执行职务的人民警察的，依照第一款的规定从重处罚。”

二十二、将刑法第二百八十条修改为：“伪造、变造、买卖或者盗窃、抢夺、毁灭国家机关的公文、证件、印章的，处三年以下有期徒刑、拘役、管制或者剥夺政治权利，并处罚金；情节严重的，处三年以上十年以下有期徒刑，并处罚金。

“伪造公司、企业、事业单位、人民团体的印章的，处三年以下有期徒刑、拘役、管制或者剥夺政治权利，并处罚金。

“伪造、变造、买卖居民身份证、护照、社会保障卡、驾驶证等依法可以用于证明身份的证件的，处三年以下有期徒刑、拘役、管制或者剥夺政治权利，并处罚金；情节严重的，处三年以上七年以下有期徒刑，并处罚金。”

二十三、在刑法第二百八十条后增加一条作为第二百八十条之一：“在依照国家规定应当提供身份证明的活动中，使用伪造、变造的或者盗用他人的居民身份证、护照、社会保障卡、驾驶证等依法可以用于证明身份的证件，情节严重的，处拘役或者管制，并处或者单处罚金。

“有前款行为，同时构成其他犯罪的，依照处罚较重的规定定罪处罚。”

二十四、将刑法第二百八十三条修改为：“非法生产、销售专用间谍器材或者窃听、窃照专用器材的，处三年以下有期徒刑、拘役或者管制，并处或者单处罚金；情节严重的，处三年以上七年以下有期徒刑，并处罚金。

“单位犯前款罪的，对单位判处罚金，并对其直接负责的主管人员和其他直接责任人员，依照前款的规定处罚。”

二十五、在刑法第二百八十四条后增加一条，作为第二百八十四条之一：“在法律规定的国家考试中，组织作弊的，处三年以下有期徒刑或者拘役，并处或者单处罚金；情节严重的，处三年以上七年以下有期徒刑，并处罚金。

“为他人实施前款犯罪提供作弊器材或者其他帮助的，依照前款的规定处罚。

“为实施考试作弊行为，向他人非法出售或者提供第一款规定的考试的试题、答案的，依照第一款的规定处罚。

“代替他人或者让他人代替自己参加第一款规定的考试的，处拘役或者管制，并处或者单处罚金。”

二十六、在刑法第二百八十五条中增加一款作为第四款：“单位犯前三款罪的，对单位判处罚金，并对其直接负责的主管人员和其他直接责任人员，依照各该款的规定处罚。”

二十七、在刑法第二百八十六条中增加一款作为第四款：“单位犯前三款罪的，对单位判处罚金，并对其直接负责的主管人员和其他直接责任人员，依照第一款的规定处罚。”

二十八、在刑法第二百八十六条后增加一条，作为第二百八十六条之一：“网络服务提供者不履行法律、行政法规规定的信息网络安全管理义务，经监管部门责令采取改正措施而拒不改正，有下列情形之一的，处三年以下有期徒刑、拘役或者管制，并处或者单处罚金：

“（一）致使违法信息大量传播的；

“（二）致使用户信息泄露，造成严重后果的；

“（三）致使刑事案件证据灭失，情节

严重的；

“(四)有其他严重情节的。

“单位犯前款罪的，对单位判处罚金，并对其直接负责的主管人员和其他直接责任人员，依照前款的规定处罚。

“有前两款行为，同时构成其他犯罪的，依照处罚较重的规定定罪处罚。”

二十九、在刑法第二百八十七条后增加二条，作为第二百八十七条之一、第二百八十七条之二：

“第二百八十七条之一　利用信息网络实施下列行为之一，情节严重的，处三年以下有期徒刑或者拘役，并处或者单处罚金：

“(一)设立用于实施诈骗、传授犯罪方法、制作或者销售违禁物品、管制物品等违法犯罪活动的网站、通讯群组的；

“(二)发布有关制作或者销售毒品、枪支、淫秽物品等违禁物品、管制物品或者其他违法犯罪信息的；

“(三)为实施诈骗等违法犯罪活动发布信息的。

“单位犯前款罪的，对单位判处罚金，并对其直接负责的主管人员和其他直接责任人员，依照第一款的规定处罚。

“有前两款行为，同时构成其他犯罪的，依照处罚较重的规定定罪处罚。

“第二百八十七条之二　明知他人利用信息网络实施犯罪，为其犯罪提供互联网接入、服务器托管、网络存储、通讯传输等技术支持，或者提供广告推广、支付结算等帮助，情节严重的，处三年以下有期徒刑或者拘役，并处或者单处罚金。

“单位犯前款罪的，对单位判处罚金，并对其直接负责的主管人员和其他直接责任人员，依照第一款的规定处罚。

“有前两款行为，同时构成其他犯罪的，依照处罚较重的规定定罪处罚。”

三十、将刑法第二百八十八条第一款修改为：“违反国家规定，擅自设置、使用无线电台(站)，或者擅自使用无线电频率，干扰无线电通讯秩序，情节严重的，处三年以下有期徒刑、拘役或者管制，并处或者单处罚金；情节特别严重的，处三年以上七年以下有期徒刑，并处罚金。”

三十一、将刑法第二百九十条第一款修改为：“聚众扰乱社会秩序，情节严重，致使工作、生产、营业和教学、科研、医疗无法进行，造成严重损失的，对首要分子，处三年以上七年以下有期徒刑；对其他积极参加的，处三年以下有期徒刑、拘役、管制或者剥夺政治权利。”

增加二款作为第三款、第四款：“多次扰乱国家机关工作秩序，经行政处罚后仍不改正，造成严重后果的，处三年以下有期徒刑、拘役或者管制。

“多次组织、资助他人非法聚集，扰乱社会秩序，情节严重的，依照前款的规定处罚。”

三十二、在刑法第二百九十一条之一中增加一款作为第二款：“编造虚假的险情、疫情、灾情、警情，在信息网络或者其他媒体上传播，或者明知是上述虚假信息，故意在信息网络或者其他媒体上传播，严重扰乱社会秩序的，处三年以下有期徒刑、拘役或者管制；造成严重后果的，处三年以上七年以下有期徒刑。”

三十三、将刑法第三百条修改为：“组织、利用会道门、邪教组织或者利用迷信破坏国家法律、行政法规实施的，处三年以上七年以下有期徒刑，并处罚金；情节特别严重的，处七年以上有期徒刑或者无期徒刑，并处罚金或者没收财产；情节较轻的，处三年以下有期徒刑、拘役、管制或者剥夺政治权利，并处或者单处罚金。

“组织、利用会道门、邪教组织或者利用迷信蒙骗他人，致人重伤、死亡的，依照前款的规定处罚。

“犯第一款罪又有奸淫妇女、诈骗财物等犯罪行为的，依照数罪并罚的规定处罚。”

三十四、将刑法第三百零二条修改为：“盗窃、侮辱、故意毁坏尸体、尸骨、骨灰的，处三年以下有期徒刑、拘役或者管制。”

三十五、在刑法第三百零七条后增加一条，作为第三百零七条之一：“以捏造的事实提起民事诉讼，妨害司法秩序或者严重侵害他人合法权益的，处三年以下有期徒刑、拘役或者管制，并处或者单处罚金；情节严重的，处三年以上七年以下有期徒刑，并处罚金。

“单位犯前款罪的，对单位判处罚金，并对其直接负责的主管人员和其他直接责任人员，依照前款的规定处罚。

“有第一款行为，非法占有他人财产或者逃避合法债务，又构成其他犯罪的，依照处罚较重的规定定罪从重处罚。

“司法工作人员利用职权，与他人共同实施前三款行为的，从重处罚；同时构成其他犯罪的，依照处罚较重的规定定罪从重处罚。”

三十六、在刑法第三百零八条后增加一条，作为第三百零八条之一：“司法工作人员、辩护人、诉讼代理人或者其他诉讼参与人，泄露依法不公开审理的案件中不应当公开的信息，造成信息公开传播或者其他严重后果的，处三年以下有期徒刑、拘役或者管制，并处或者单处罚金。

“有前款行为，泄露国家秘密的，依照本法第三百九十八条的规定定罪处罚。

“公开披露、报道第一款规定的案件信息，情节严重的，依照第一款的规定处罚。

“单位犯前款罪的，对单位判处罚金，并对其直接负责的主管人员和其他直接责任人员，依照第一款的规定处罚。”

三十七、将刑法第三百零九条修改为：“有下列扰乱法庭秩序情形之一的，处三年以下有期徒刑、拘役、管制或者罚金：

“（一）聚众哄闹、冲击法庭的；

“（二）殴打司法工作人员或者诉讼参与人的；

“（三）侮辱、诽谤、威胁司法工作人员或者诉讼参与人，不听法庭制止，严重扰乱法庭秩序的；

“（四）有毁坏法庭设施，抢夺、损毁诉讼文书、证据等扰乱法庭秩序行为，情节严重的。”

三十八、将刑法第三百一十一条修改为：“明知他人有间谍犯罪或者恐怖主义、极端主义犯罪行为，在司法机关向其调查有关情况、收集有关证据时，拒绝提供，情节严重的，处三年以下有期徒刑、拘役或者管制。”

三十九、将刑法第三百一十三条修改为：“对人民法院的判决、裁定有能力执行而拒不执行，情节严重的，处三年以下有期徒刑、拘役或者罚金；情节特别严重的，处三年以上七年以下有期徒刑，并处罚金。

“单位犯前款罪的，对单位判处罚金，并对其直接负责的主管人员和其他直接责任人员，依照前款的规定处罚。”

四十、将刑法第三百二十二条修改为：“违反国（边）境管理法规，偷越国（边）境，情节严重的，处一年以下有期徒刑、拘役或者管制，并处罚金；为参加恐怖活动组织、接受恐怖活动培训或者实施恐怖活动，偷越国（边）境的，处一年以上三年以下有期徒刑，并处罚金。”

四十一、将刑法第三百五十条第一款、第二款修改为：“违反国家规定，非法生产、买卖、运输醋酸酐、乙醚、三氯甲烷或者其他用于制造毒品的原料、配剂，或者携带上述物品进出境，情节较重的，处三年以下有期徒刑、拘役或者管制，并处罚金；情节严重的，处三年以上七年以下有期徒刑，并处罚金；情节特别严重的，处七年以上有期徒刑，并处罚金或者没收财产。

“明知他人制造毒品而为其生产、买卖、运输前款规定的物品的，以制造毒品罪的共犯论处。”

四十二、将刑法第三百五十八条修改为：“组织、强迫他人卖淫的，处五年以上十年以下有期徒刑，并处罚金；情节严重的，处十年以上有期徒刑或者无期徒刑，并处罚金或者没收财产。

“组织、强迫未成年人卖淫的，依照前款的规定从重处罚。

“犯前两款罪，并有杀害、伤害、强奸、绑架等犯罪行为的，依照数罪并罚的规定处罚。

“为组织卖淫的人招募、运送人员或者有其他协助组织他人卖淫行为的，处五年以下有期徒刑，并处罚金；情节严重的，处五年以上十年以下有期徒刑，并处罚金。”

四十三、删去刑法第三百六十条第二款。

四十四、将刑法第三百八十三条修改为：“对犯贪污罪的，根据情节轻重，分别依照下列规定处罚：

“（一）贪污数额较大或者有其他较重情节的，处三年以下有期徒刑或者拘役，并处罚金。

“（二）贪污数额巨大或者有其他严重情节的，处三年以上十年以下有期徒刑，并处罚金或者没收财产。

“（三）贪污数额特别巨大或者有其他特别严重情节的，处十年以上有期徒刑或者无期徒刑，并处罚金或者没收财产；数额特别巨大，并使国家和人民利益遭受特别重大损失的，处无期徒刑或者死刑，并处没收财产。

“对多次贪污未经处理的，按照累计贪污数额处罚。

“犯第一款罪，在提起公诉前如实供述自己罪行、真诚悔罪、积极退赃，避免、减少损害结果的发生，有第一项规定情形的，可以从轻、减轻或者免除处罚；有第二项、第三项规定情形的，可以从轻处罚。

“犯第一款罪，有第三项规定情形被判处死刑缓期执行的，人民法院根据犯罪情节等情况可以同时决定在其死刑缓期执行二年期满依法减为无期徒刑后，终身监禁，不得减刑、假释。”

四十五、将刑法第三百九十条修改为：“对犯行贿罪的，处五年以下有期徒刑或者拘役，并处罚金；因行贿谋取不正当利益，情节严重的，或者使国家利益遭受重大损失的，处五年以上十年以下有期徒刑，并处罚金；情节特别严重的，或者使国家利益遭受特别重大损失的，处十年以上有期徒刑或者无期徒刑，并处罚金或者没收财产。

“行贿人在被追诉前主动交待行贿行为的，可以从轻或者减轻处罚。其中，犯罪较轻的，对侦破重大案件起关键作用的，或者有重大立功表现的，可以减轻或者免除处罚。”

四十六、在刑法第三百九十条后增加一条，作为第三百九十条之一：“为谋取不正当利益，向国家工作人员的近亲属或者其他与该国家工作人员关系密切的人，或者向离职的国家工作人员或者其近亲属以及其他与其关系密切的人行贿的，处三年以下有期徒刑或者拘役，并处罚金；情节严重的，或者使国家利益遭受重大损失的，处三年以上七年以下有期徒刑，并处罚金；情节特别严重的，或者使国家利益遭受特别重大损失的，处七年以上十年以下有期徒刑，并处罚金。

“单位犯前款罪的，对单位判处罚金，并对其直接负责的主管人员和其他直接责任人员，处三年以下有期徒刑或者拘役，并处罚金。”

四十七、将刑法第三百九十一条第一款修改为：“为谋取不正当利益，给予国家机关、国有公司、企业、事业单位、人民团体以财物的，或者在经济往来中，违反国家规定，给予各种名义的回扣、手续费的，处三年以下有期徒刑或者拘役，并处罚金。”

四十八、将刑法第三百九十二条第一款修改为：“向国家工作人员介绍贿赂，情节严重的，处三年以下有期徒刑或者拘役，并处罚金。”

四十九、将刑法第三百九十三条修改为：“单位为谋取不正当利益而行贿，或者违反国家规定，给予国家工作人员以回扣、手续费，情节严重的，对单位判处罚金，并对其直接负责的主管人员和其他直接责任人员，处五年以下有期徒刑或者拘役，并处罚金。因行贿取得的违法所得归个人所有的，依照本法第三百八十九条、第三百九十条的规定定罪处罚。”

五十、将刑法第四百二十六条修改为：“以暴力、威胁方法，阻碍指挥人员或者值班、值勤人员执行职务的，处五年以下有期徒刑或者拘役；情节严重的，处五年以上十年以下有期徒刑；情节特别严重的，处十年以上有期徒刑或者无期徒刑。战时从重处罚。”

五十一、将刑法第四百三十三条修改为：“战时造谣惑众，动摇军心的，处三年以下有期徒刑；情节严重的，处三年以上十年以下有期徒刑；情节特别严重的，处十年以上有期徒刑或者无期徒刑。”

五十二、本修正案自2015年11月1日起施行。

中华人民共和国刑法修正案（十）

（2017年11月4日第十二届全国人民代表大会常务委员会第三十次会议通过　2017年11月4日中华人民共和国主席令第八十号公布　自2017年11月4日起施行）

为了惩治侮辱国歌的犯罪行为，切实维护国歌奏唱、使用的严肃性和国家尊严，在刑法第二百九十九条中增加一款作为第二款，将该条修改为：

“在公共场合，故意以焚烧、毁损、涂划、玷污、践踏等方式侮辱中华人民共和国国旗、国徽的，处三年以下有期徒刑、拘役、管制或者剥夺政治权利。

“在公共场合，故意篡改中华人民共和国国歌歌词、曲谱，以歪曲、贬损方式奏唱国歌，或者以其他方式侮辱国歌，情节严重的，依照前款的规定处罚。”

本修正案自公布之日起施行。

中华人民共和国刑法修正案(十一)

(2020年12月26日第十三届全国人民代表大会常务委员会第二十四次会议通过　2020年12月26日中华人民共和国主席令第六十六号公布　自2021年3月1日起施行)

一、将刑法第十七条修改为:“已满十六周岁的人犯罪,应当负刑事责任。

“已满十四周岁不满十六周岁的人,犯故意杀人、故意伤害致人重伤或者死亡、强奸、抢劫、贩卖毒品、放火、爆炸、投放危险物质罪的,应当负刑事责任。

“已满十二周岁不满十四周岁的人,犯故意杀人、故意伤害罪,致人死亡或者以特别残忍手段致人重伤造成严重残疾,情节恶劣,经最高人民检察院核准追诉的,应当负刑事责任。

“对依照前三款规定追究刑事责任的不满十八周岁的人,应当从轻或者减轻处罚。

“因不满十六周岁不予刑事处罚的,责令其父母或者其他监护人加以管教;在必要的时候,依法进行专门矫治教育。”

二、在刑法第一百三十三条之一后增加一条,作为第一百三十三条之二:“对行驶中的公共交通工具的驾驶人员使用暴力或者抢控驾驶操纵装置,干扰公共交通工具正常行驶,危及公共安全的,处一年以下有期徒刑、拘役或者管制,并处或者单处罚金。

“前款规定的驾驶人员在行驶的公共交通工具上擅离职守,与他人互殴或者殴打他人,危及公共安全的,依照前款的规定处罚。

“有前两款行为,同时构成其他犯罪的,依照处罚较重的规定定罪处罚。”

三、将刑法第一百三十四条第二款修改为:“强令他人违章冒险作业,或者明知存在重大事故隐患而不排除,仍冒险组织作业,因而发生重大伤亡事故或者造成其他严重后果的,处五年以下有期徒刑或者拘役;情节特别恶劣的,处五年以上有期徒刑。”

四、在刑法第一百三十四条后增加一条,作为第一百三十四条之一:“在生产、作业中违反有关安全管理的规定,有下列情形之一,具有发生重大伤亡事故或者其他严重后果的现实危险的,处一年以下有期徒刑、拘役或者管制:

“(一)关闭、破坏直接关系生产安全的监控、报警、防护、救生设备、设施,或者篡改、隐瞒、销毁其相关数据、信息的;

“(二)因存在重大事故隐患被依法责令停产停业、停止施工、停止使用有关设备、设施、场所或者立即采取排除危险的整改措施,而拒不执行的;

“(三)涉及安全生产的事项未经依法批准或者许可,擅自从事矿山开采、金属冶炼、建筑施工,以及危险物品生产、经营、储存等高度危险的生产作业活动的。”

五、将刑法第一百四十一条修改为:“生产、销售假药的,处三年以下有期徒刑或者拘役，并处罚金；对人体健康造成严重危害或者有其他严重情节的，处三年以上十年以下有期徒刑，并处罚金；致人死亡或者有其他特别严重情节的，处十年以上有期徒刑、无期徒刑或者死刑，并处罚金或者没收财产。

"药品使用单位的人员明知是假药而提供给他人使用的，依照前款的规定处罚。"

六、将刑法第一百四十二条修改为："生产、销售劣药，对人体健康造成严重危害的，处三年以上十年以下有期徒刑，并处罚金；后果特别严重的，处十年以上有期徒刑或者无期徒刑，并处罚金或者没收财产。

"药品使用单位的人员明知是劣药而提供给他人使用的，依照前款的规定处罚。"

七、在刑法第一百四十二条后增加一条，作为第一百四十二条之一："违反药品管理法规，有下列情形之一，足以严重危害人体健康的，处三年以下有期徒刑或者拘役，并处或者单处罚金；对人体健康造成严重危害或者有其他严重情节的，处三年以上七年以下有期徒刑，并处罚金：

"（一）生产、销售国务院药品监督管理部门禁止使用的药品的；

"（二）未取得药品相关批准证明文件生产、进口药品或者明知是上述药品而销售的；

"（三）药品申请注册中提供虚假的证明、数据、资料、样品或者采取其他欺骗手段的；

"（四）编造生产、检验记录的。

"有前款行为，同时又构成本法第一百四十一条、第一百四十二条规定之罪或者其他犯罪的，依照处罚较重的规定定罪处罚。"

八、将刑法第一百六十条修改为："在招股说明书、认股书、公司、企业债券募集办法等发行文件中隐瞒重要事实或者编造重大虚假内容，发行股票或者公司、企业债券、存托凭证或者国务院依法认定的其他证券，数额巨大、后果严重或者有其他严重情节的，处五年以下有期徒刑或者拘役，并处或者单处罚金；数额特别巨大、后果特别严重或者有其他特别严重情节的，处五年以上有期徒刑，并处罚金。

"控股股东、实际控制人组织、指使实施前款行为的，处五年以下有期徒刑或者拘役，并处或者单处非法募集资金金额百分之二十以上一倍以下罚金；数额特别巨大、后果特别严重或者有其他特别严重情节的，处五年以上有期徒刑，并处非法募集资金金额百分之二十以上一倍以下罚金。

"单位犯前两款罪的，对单位判处非法募集资金金额百分之二十以上一倍以下罚金，并对其直接负责的主管人员和其他直接责任人员，依照第一款的规定处罚。"

九、将刑法第一百六十一条修改为："依法负有信息披露义务的公司、企业向股东和社会公众提供虚假的或者隐瞒重要事实的财务会计报告，或者对依法应当披露的其他重要信息不按照规定披露，严重损害股东或者其他人利益，或者有其他严重情节的，对其直接负责的主管人员和其他直接责任人员，处五年以下有期徒刑或者拘役，并处或者单处罚金；情节特别严重的，处五年以上十年以下有期徒刑，并处罚金。

"前款规定的公司、企业的控股股东、实际控制人实施或者组织、指使实施前款行为的，或者隐瞒相关事项导致前款规定的情形发生的，依照前款的规定处罚。

“犯前款罪的控股股东、实际控制人是单位的，对单位判处罚金，并对其直接负责的主管人员和其他直接责任人员，依照第一款的规定处罚。”

十、将刑法第一百六十三条第一款修改为：“公司、企业或者其他单位的工作人员，利用职务上的便利，索取他人财物或者非法收受他人财物，为他人谋取利益，数额较大的，处三年以下有期徒刑或者拘役，并处罚金；数额巨大或者有其他严重情节的，处三年以上十年以下有期徒刑，并处罚金；数额特别巨大或者有其他特别严重情节的，处十年以上有期徒刑或者无期徒刑，并处罚金。”

十一、将刑法第一百七十五条之一第一款修改为：“以欺骗手段取得银行或者其他金融机构贷款、票据承兑、信用证、保函等，给银行或者其他金融机构造成重大损失的，处三年以下有期徒刑或者拘役，并处或者单处罚金；给银行或者其他金融机构造成特别重大损失或者有其他特别严重情节的，处三年以上七年以下有期徒刑，并处罚金。”

十二、将刑法第一百七十六条修改为：“非法吸收公众存款或者变相吸收公众存款，扰乱金融秩序的，处三年以下有期徒刑或者拘役，并处或者单处罚金；数额巨大或者有其他严重情节的，处三年以上十年以下有期徒刑，并处罚金；数额特别巨大或者有其他特别严重情节的，处十年以上有期徒刑，并处罚金。

“单位犯前款罪的，对单位判处罚金，并对其直接负责的主管人员和其他直接责任人员，依照前款的规定处罚。

“有前两款行为，在提起公诉前积极退赃退赔，减少损害结果发生的，可以从轻或者减轻处罚。”

十三、将刑法第一百八十二条第一款修改为：“有下列情形之一，操纵证券、期货市场，影响证券、期货交易价格或者证券、期货交易量，情节严重的，处五年以下有期徒刑或者拘役，并处或者单处罚金；情节特别严重的，处五年以上十年以下有期徒刑，并处罚金：

“(一)单独或者合谋，集中资金优势、持股或者持仓优势或者利用信息优势联合或者连续买卖的；

“(二)与他人串通，以事先约定的时间、价格和方式相互进行证券、期货交易的；

“(三)在自己实际控制的帐户之间进行证券交易，或者以自己为交易对象，自买自卖期货合约的；

“(四)不以成交为目的，频繁或者大量申报买入、卖出证券、期货合约并撤销申报的；

“(五)利用虚假或者不确定的重大信息，诱导投资者进行证券、期货交易的；

“(六)对证券、证券发行人、期货交易标的公开作出评价、预测或者投资建议，同时进行反向证券交易或者相关期货交易的；

“(七)以其他方法操纵证券、期货市场的。”

十四、将刑法第一百九十一条修改为：“为掩饰、隐瞒毒品犯罪、黑社会性质的组织犯罪、恐怖活动犯罪、走私犯罪、贪污贿赂犯罪、破坏金融管理秩序犯罪、金融诈骗犯罪的所得及其产生的收益的来源和性质，有下列行为之一的，没收实施以上犯罪的所得及其产生的收益，处五年以下有期徒刑或者拘役，并处或者单处罚金；情节严重的，处五年以上十年以下有期徒刑，并处罚金：

“（一）提供资金帐户的；

“（二）将财产转换为现金、金融票据、有价证券的；

“（三）通过转帐或者其他支付结算方式转移资金的；

“（四）跨境转移资产的；

“（五）以其他方法掩饰、隐瞒犯罪所得及其收益的来源和性质的。

“单位犯前款罪的，对单位判处罚金，并对其直接负责的主管人员和其他直接责任人员，依照前款的规定处罚。”

十五、将刑法第一百九十二条修改为：“以非法占有为目的，使用诈骗方法非法集资，数额较大的，处三年以上七年以下有期徒刑，并处罚金；数额巨大或者有其他严重情节的，处七年以上有期徒刑或者无期徒刑，并处罚金或者没收财产。

“单位犯前款罪的，对单位判处罚金，并对其直接负责的主管人员和其他直接责任人员，依照前款的规定处罚。”

十六、将刑法第二百条修改为：“单位犯本节第一百九十四条、第一百九十五条规定之罪的，对单位判处罚金，并对其直接负责的主管人员和其他直接责任人员，处五年以下有期徒刑或者拘役，可以并处罚金；数额巨大或者有其他严重情节的，处五年以上十年以下有期徒刑，并处罚金；数额特别巨大或者有其他特别严重情节的，处十年以上有期徒刑或者无期徒刑，并处罚金。”

十七、将刑法第二百一十三条修改为：“未经注册商标所有人许可，在同一种商品、服务上使用与其注册商标相同的商标，情节严重的，处三年以下有期徒刑，并处或者单处罚金；情节特别严重的，处三年以上十年以下有期徒刑，并处罚金。”

十八、将刑法第二百一十四条修改为：“销售明知是假冒注册商标的商品，违法所得数额较大或者有其他严重情节的，处三年以下有期徒刑，并处或者单处罚金；违法所得数额巨大或者有其他特别严重情节的，处三年以上十年以下有期徒刑，并处罚金。”

十九、将刑法第二百一十五条修改为：“伪造、擅自制造他人注册商标标识或者销售伪造、擅自制造的注册商标标识，情节严重的，处三年以下有期徒刑，并处或者单处罚金；情节特别严重的，处三年以上十年以下有期徒刑，并处罚金。”

二十、将刑法第二百一十七条修改为：“以营利为目的，有下列侵犯著作权或者与著作权有关的权利的情形之一，违法所得数额较大或者有其他严重情节的，处三年以下有期徒刑，并处或者单处罚金；违法所得数额巨大或者有其他特别严重情节的，处三年以上十年以下有期徒刑，并处罚金：

“（一）未经著作权人许可，复制发行、通过信息网络向公众传播其文字作品、音乐、美术、视听作品、计算机软件及法律、行政法规规定的其他作品的；

“（二）出版他人享有专有出版权的图书的；

“（三）未经录音录像制作者许可，复制发行、通过信息网络向公众传播其制作的录音录像的；

“（四）未经表演者许可，复制发行录有其表演的录音录像制品，或者通过信息网络向公众传播其表演的；

“（五）制作、出售假冒他人署名的美术作品的；

“(六)未经著作权人或者与著作权有关的权利人许可，故意避开或者破坏权利人为其作品、录音录像制品等采取的保护著作权或者与著作权有关的权利的技术措施的。”

二十一、将刑法第二百一十八条修改为：“以营利为目的，销售明知是本法第二百一十七条规定的侵权复制品，违法所得数额巨大或者有其他严重情节的，处五年以下有期徒刑，并处或者单处罚金。”

二十二、将刑法第二百一十九条修改为：“有下列侵犯商业秘密行为之一，情节严重的，处三年以下有期徒刑，并处或者单处罚金；情节特别严重的，处三年以上十年以下有期徒刑，并处罚金：

“(一)以盗窃、贿赂、欺诈、胁迫、电子侵入或者其他不正当手段获取权利人的商业秘密的；

“(二)披露、使用或者允许他人使用以前项手段获取的权利人的商业秘密的；

“(三)违反保密义务或者违反权利人有关保守商业秘密的要求，披露、使用或者允许他人使用其所掌握的商业秘密的。

“明知前款所列行为，获取、披露、使用或者允许他人使用该商业秘密的，以侵犯商业秘密论。

“本条所称权利人，是指商业秘密的所有人和经商业秘密所有人许可的商业秘密使用人。”

二十三、在刑法第二百一十九条后增加一条，作为第二百一十九条之一：“为境外的机构、组织、人员窃取、刺探、收买、非法提供商业秘密的，处五年以下有期徒刑，并处或者单处罚金；情节严重的，处五年以上有期徒刑，并处罚金。”

二十四、将刑法第二百二十条修改为：“单位犯本节第二百一十三条至第二百一十九条之一规定之罪的，对单位判处罚金，并对其直接负责的主管人员和其他直接责任人员，依照本节各该条的规定处罚。”

二十五、将刑法第二百二十九条修改为：“承担资产评估、验资、验证、会计、审计、法律服务、保荐、安全评价、环境影响评价、环境监测等职责的中介组织的人员故意提供虚假证明文件，情节严重的，处五年以下有期徒刑或者拘役，并处罚金；有下列情形之一的，处五年以上十年以下有期徒刑，并处罚金：

“(一)提供与证券发行相关的虚假的资产评估、会计、审计、法律服务、保荐等证明文件，情节特别严重的；

“(二)提供与重大资产交易相关的虚假的资产评估、会计、审计等证明文件，情节特别严重的；

“(三)在涉及公共安全的重大工程、项目中提供虚假的安全评价、环境影响评价等证明文件，致使公共财产、国家和人民利益遭受特别重大损失的。

“有前款行为，同时索取他人财物或者非法收受他人财物构成犯罪的，依照处罚较重的规定定罪处罚。

“第一款规定的人员，严重不负责任，出具的证明文件有重大失实，造成严重后果的，处三年以下有期徒刑或者拘役，并处或者单处罚金。”

二十六、将刑法第二百三十六条修改为：“以暴力、胁迫或者其他手段强奸妇女的，处三年以上十年以下有期徒刑。

“奸淫不满十四周岁的幼女的，以强奸论，从重处罚。

“强奸妇女、奸淫幼女，有下列情

形之一的，处十年以上有期徒刑、无期徒刑或者死刑：

“（一）强奸妇女、奸淫幼女情节恶劣的；

“（二）强奸妇女、奸淫幼女多人的；

“（三）在公共场所当众强奸妇女、奸淫幼女的；

“（四）二人以上轮奸的；

“（五）奸淫不满十周岁的幼女或者造成幼女伤害的；

“（六）致使被害人重伤、死亡或者造成其他严重后果的。”

二十七、在刑法第二百三十六条后增加一条，作为第二百三十六条之一：“对已满十四周岁不满十六周岁的未成年女性负有监护、收养、看护、教育、医疗等特殊职责的人员，与该未成年女性发生性关系的，处三年以下有期徒刑；情节恶劣的，处三年以上十年以下有期徒刑。

“有前款行为，同时又构成本法第二百三十六条规定之罪的，依照处罚较重的规定定罪处罚。”

二十八、将刑法第二百三十七条第三款修改为：“猥亵儿童的，处五年以下有期徒刑；有下列情形之一的，处五年以上有期徒刑：

“（一）猥亵儿童多人或者多次的；

“（二）聚众猥亵儿童的，或者在公共场所当众猥亵儿童，情节恶劣的；

“（三）造成儿童伤害或者其他严重后果的；

“（四）猥亵手段恶劣或者有其他恶劣情节的。”

二十九、将刑法第二百七十一条第一款修改为：“公司、企业或者其他单位的工作人员，利用职务上的便利，将本单位财物非法占为己有，数额较大的，处三年以下有期徒刑或者拘役，并处罚金；数额巨大的，处三年以上十年以下有期徒刑，并处罚金；数额特别巨大的，处十年以上有期徒刑或者无期徒刑，并处罚金。”

三十、将刑法第二百七十二条修改为：“公司、企业或者其他单位的工作人员，利用职务上的便利，挪用本单位资金归个人使用或者借贷给他人，数额较大、超过三个月未还的，或者虽未超过三个月，但数额较大、进行营利活动的，或者进行非法活动的，处三年以下有期徒刑或者拘役；挪用本单位资金数额巨大的，处三年以上七年以下有期徒刑；数额特别巨大的，处七年以上有期徒刑。

“国有公司、企业或者其他国有单位中从事公务的人员和国有公司、企业或者其他国有单位委派到非国有公司、企业以及其他单位从事公务的人员有前款行为的，依照本法第三百八十四条的规定定罪处罚。

“有第一款行为，在提起公诉前将挪用的资金退还的，可以从轻或者减轻处罚。其中，犯罪较轻的，可以减轻或者免除处罚。”

三十一、将刑法第二百七十七条第五款修改为：“暴力袭击正在依法执行职务的人民警察的，处三年以下有期徒刑、拘役或者管制；使用枪支、管制刀具，或者以驾驶机动车撞击等手段，严重危及其人身安全的，处三年以上七年以下有期徒刑。”

三十二、在刑法第二百八十条之一后增加一条，作为第二百八十条之二：“盗用、冒用他人身份，顶替他人取得的高等学历教育入学资格、公务员录用资格、就业安置待遇的，处三年以下有期徒刑、拘役或者管制，并处罚金。

“组织、指使他人实施前款行为的，依照前款的规定从重处罚。

“国家工作人员有前两款行为，又构成其他犯罪的，依照数罪并罚的规定处罚。”

三十三、在刑法第二百九十一条之一后增加一条，作为第二百九十一条之二：“从建筑物或者其他高空抛掷物品，情节严重的，处一年以下有期徒刑、拘役或者管制，并处或者单处罚金。

“有前款行为，同时构成其他犯罪的，依照处罚较重的规定定罪处罚。”

三十四、在刑法第二百九十三条后增加一条，作为第二百九十三条之一：“有下列情形之一，催收高利放贷等产生的非法债务，情节严重的，处三年以下有期徒刑、拘役或者管制，并处或者单处罚金：

“(一)使用暴力、胁迫方法的；

“(二)限制他人人身自由或者侵入他人住宅的；

“(三)恐吓、跟踪、骚扰他人的。”

三十五、在刑法第二百九十九条后增加一条，作为第二百九十九条之一：“侮辱、诽谤或者以其他方式侵害英雄烈士的名誉、荣誉，损害社会公共利益，情节严重的，处三年以下有期徒刑、拘役、管制或者剥夺政治权利。”

三十六、将刑法第三百零三条修改为：“以营利为目的，聚众赌博或者以赌博为业的，处三年以下有期徒刑、拘役或者管制，并处罚金。

“开设赌场的，处五年以下有期徒刑、拘役或者管制，并处罚金；情节严重的，处五年以上十年以下有期徒刑，并处罚金。

“组织中华人民共和国公民参与国(境)外赌博，数额巨大或者有其他严重情节的，依照前款的规定处罚。”

三十七、将刑法第三百三十条第一款修改为：“违反传染病防治法的规定，有下列情形之一，引起甲类传染病以及依法确定采取甲类传染病预防、控制措施的传染病传播或者有传播严重危险的，处三年以下有期徒刑或者拘役；后果特别严重的，处三年以上七年以下有期徒刑：

“(一)供水单位供应的饮用水不符合国家规定的卫生标准的；

“(二)拒绝按照疾病预防控制机构提出的卫生要求，对传染病病原体污染的污水、污物、场所和物品进行消毒处理的；

“(三)准许或者纵容传染病病人、病原携带者和疑似传染病病人从事国务院卫生行政部门规定禁止从事的易使该传染病扩散的工作的；

“(四)出售、运输疫区中被传染病病原体污染或者可能被传染病病原体污染的物品，未进行消毒处理的；

“(五)拒绝执行县级以上人民政府、疾病预防控制机构依照传染病防治法提出的预防、控制措施的。”

三十八、在刑法第三百三十四条后增加一条，作为第三百三十四条之一：“违反国家有关规定，非法采集我国人类遗传资源或者非法运送、邮寄、携带我国人类遗传资源材料出境，危害公众健康或者社会公共利益，情节严重的，处三年以下有期徒刑、拘役或者管制，并处或者单处罚金；情节特别严重的，处三年以上七年以下有期徒刑，并处罚金。”

三十九、在刑法第三百三十六条后增加一条，作为第三百三十六条之一：

"将基因编辑、克隆的人类胚胎植入人体或者动物体内,或者将基因编辑、克隆的动物胚胎植入人体内,情节严重的,处三年以下有期徒刑或者拘役,并处罚金;情节特别严重的,处三年以上七年以下有期徒刑,并处罚金。"

四十、将刑法第三百三十八条修改为:"违反国家规定,排放、倾倒或者处置有放射性的废物、含传染病病原体的废物、有毒物质或者其他有害物质,严重污染环境的,处三年以下有期徒刑或者拘役,并处或者单处罚金;情节严重的,处三年以上七年以下有期徒刑,并处罚金;有下列情形之一的,处七年以上有期徒刑,并处罚金:

"(一)在饮用水水源保护区、自然保护地核心保护区等依法确定的重点保护区域排放、倾倒、处置有放射性的废物、含传染病病原体的废物、有毒物质,情节特别严重的;

"(二)向国家确定的重要江河、湖泊水域排放、倾倒、处置有放射性的废物、含传染病病原体的废物、有毒物质,情节特别严重的;

"(三)致使大量永久基本农田基本功能丧失或者遭受永久性破坏的;

"(四)致使多人重伤、严重疾病,或者致人严重残疾、死亡的。

"有前款行为,同时构成其他犯罪的,依照处罚较重的规定定罪处罚。"

四十一、在刑法第三百四十一条中增加一款作为第三款:"违反野生动物保护管理法规,以食用为目的非法猎捕、收购、运输、出售第一款规定以外的在野外环境自然生长繁殖的陆生野生动物,情节严重的,依照前款的规定处罚。"

四十二、在刑法第三百四十二条后增加一条,作为第三百四十二条之一:"违反自然保护地管理法规,在国家公园、国家级自然保护区进行开垦、开发活动或者修建建筑物,造成严重后果或者有其他恶劣情节的,处五年以下有期徒刑或者拘役,并处或者单处罚金。

"有前款行为,同时构成其他犯罪的,依照处罚较重的规定定罪处罚。"

四十三、在刑法第三百四十四条后增加一条,作为第三百四十四条之一:"违反国家规定,非法引进、释放或者丢弃外来入侵物种,情节严重的,处三年以下有期徒刑或者拘役,并处或者单处罚金。"

四十四、在刑法第三百五十五条后增加一条,作为第三百五十五条之一:"引诱、教唆、欺骗运动员使用兴奋剂参加国内、国际重大体育竞赛,或者明知运动员参加上述竞赛而向其提供兴奋剂,情节严重的,处三年以下有期徒刑或者拘役,并处罚金。

"组织、强迫运动员使用兴奋剂参加国内、国际重大体育竞赛的,依照前款的规定从重处罚。"

四十五、将刑法第四百零八条之一第一款修改为:"负有食品药品安全监督管理职责的国家机关工作人员,滥用职权或者玩忽职守,有下列情形之一,造成严重后果或者有其他严重情节的,处五年以下有期徒刑或者拘役;造成特别严重后果或者有其他特别严重情节的,处五年以上十年以下有期徒刑:

"(一)瞒报、谎报食品安全事故、药品安全事件的;

"(二)对发现的严重食品药品安全违法行为未按规定查处的;

"(三)在药品和特殊食品审批审评过程中,对不符合条件的申请准予许可的；

“（四）依法应当移交司法机关追究刑事责任不移交的；

“（五）有其他滥用职权或者玩忽职守行为的。”

四十六、将刑法第四百三十一条第二款修改为：“为境外的机构、组织、人员窃取、刺探、收买、非法提供军事秘密的，处五年以上十年以下有期徒刑；情节严重的，处十年以上有期徒刑、无期徒刑或者死刑。”

四十七、将刑法第四百五十条修改为：“本章适用于中国人民解放军的现役军官、文职干部、士兵及具有军籍的学员和中国人民武装警察部队的现役警官、文职干部、士兵及具有军籍的学员以及文职人员、执行军事任务的预备役人员和其他人员。”

四十八、本修正案自2021年3月1日起施行。

中华人民共和国刑法修正案（十二）

（2023年12月29日第十四届全国人民代表大会常务委员会第七次会议通过　2023年12月29日中华人民共和国主席令第十八号公布　自2024年3月1日起施行）

一、在刑法第一百六十五条中增加一款作为第二款，将该条修改为：“国有公司、企业的董事、监事、高级管理人员，利用职务便利，自己经营或者为他人经营与其所任职公司、企业同类的营业，获取非法利益，数额巨大的，处三年以下有期徒刑或者拘役，并处或者单处罚金；数额特别巨大的，处三年以上七年以下有期徒刑，并处罚金。

“其他公司、企业的董事、监事、高级管理人员违反法律、行政法规规定，实施前款行为，致使公司、企业利益遭受重大损失的，依照前款的规定处罚。”

二、在刑法第一百六十六条中增加一款作为第二款，将该条修改为：“国有公司、企业、事业单位的工作人员，利用职务便利，有下列情形之一，致使国家利益遭受重大损失的，处三年以下有期徒刑或者拘役，并处或者单处罚金；致使国家利益遭受特别重大损失的，处三年以上七年以下有期徒刑，并处罚金：

“（一）将本单位的盈利业务交由自己的亲友进行经营的；

“（二）以明显高于市场的价格从自己的亲友经营管理的单位采购商品、接受服务或者以明显低于市场的价格向自己的亲友经营管理的单位销售商品、提供服务的；

“（三）从自己的亲友经营管理的单位采购、接受不合格商品、服务的。

“其他公司、企业的工作人员违反法律、行政法规规定，实施前款行为，致使公司、企业利益遭受重大损失的，依照前款的规定处罚。”

三、在刑法第一百六十九条中增加一款作为第二款，将该条修改为：“国有公司、企业或者其上级主管部门直接负责的主管人员，徇私舞弊，将国有资产低价折股或者低价出售，致使国家利益遭受重大损失的，处三年以下有期徒刑或者拘役；致使国家利益遭受特别重大损失的，处三年以上七年以下有期徒刑。

“其他公司、企业直接负责的主管人员，徇私舞弊，将公司、企业资产低价折股或者低价出售，致使公司、企业利益遭受重大损失的，依照前款的规定处罚。”

四、将刑法第三百八十七条第一款修改为：“国家机关、国有公司、企业、事业单位、人民团体，索取、非法收受他人财物，为他人谋取利益，情节严重的，对单位判处罚金，并对其直接负责的主管人员和其他直接责任人员，处三年以下有期徒刑或者拘役；情节特别严重的，处三年以上十年以下有期徒刑。”

五、将刑法第三百九十条修改为：“对犯行贿罪的，处三年以下有期徒刑或者拘役，并处罚金；因行贿谋取不正当利益，情节严重的，或者使国家利益遭受重大损失的，处三年以上十年以下有期徒刑，并处罚金；情节特别严重的，或者使国家利益遭受特别重大损失的，处十年以上有期徒刑或者无期徒刑，并处罚金或者没收财产。

“有下列情形之一的，从重处罚：

“（一）多次行贿或者向多人行贿的；

“（二）国家工作人员行贿的；

“（三）在国家重点工程、重大项目中行贿的；

“（四）为谋取职务、职级晋升、调整行贿的；

“（五）对监察、行政执法、司法工作人员行贿的；

“（六）在生态环境、财政金融、安全生产、食品药品、防灾救灾、社会保障、教育、医疗等领域行贿，实施违法犯罪活动的；

“（七）将违法所得用于行贿的。

“行贿人在被追诉前主动交待行贿行为的，可以从轻或者减轻处罚。其中，犯罪较轻的，对调查突破、侦破重大案件起关键作用的，或者有重大立功表现的，可以减轻或者免除处罚。”

六、将刑法第三百九十一条第一款修改为：“为谋取不正当利益，给予国家机关、国有公司、企业、事业单位、人民团体以财物的，或者在经济往来中，违反国家规定，给予各种名义的回扣、手续费的，处三年以下有期徒刑或者拘役，并处罚金；情节严重的，处三年以上七年以下有期徒刑，并处罚金。”

七、将刑法第三百九十三条修改为：“单位为谋取不正当利益而行贿，或者违反国家规定，给予国家工作人员以回扣、手续费，情节严重的，对单位判处罚金，并对其直接负责的主管人员和其他直接责任人员，处三年以下有期徒刑或者拘役，并处罚金；情节特别严重的，处三年以上十年以下有期徒刑，并处罚金。因行贿取得的违法所得归个人所有的，依照本法第三百八十九条、第三百九十条的规定定罪处罚。”

八、本修正案自2024年3月1日起施行。

致谢读者

《刑法注释书》自2019年出版以来，得到了广大从事刑事法律实务、教学和研习的读者朋友的支持和喜爱，其中更有不少热心读者为我们提出了中肯的修订意见和建议，在此特向他们致谢：

殷启亮

二蛋 marc（豆瓣网友）

金　琳

林子淇

叶竹盛

不止是林律

熙　元

阿　部

杨　晨

丹丹 mer

希望更多读者朋友为我们提供意见、纠错补漏，共同打造一本品质精良、可靠实用的刑法工具书！

麦读编辑部

反馈意见请扫码联系麦读编辑